2022

YEARBOOK OF CHINA AGRICULTURAL PRODUCTS PROCESSING INDUSTRIES

中国农产品加工业年鉴

科学技术部农村科技司
中国农业机械化科学研究院集团有限公司
中国包装和食品机械有限公司
食品装备产业技术创新战略联盟
编

中国农业出版社
CHINA AGRICULTURE PRESS

内 容 简 介

本年鉴较系统地记述了我国有关农产品加工业发展的方针、政策、法律、法规和规划等贯彻执行情况；摘编了有关领导、专家对发展我国农产品加工业的论述及本领域内相关行业的发展综述；简介了相关行业经济运行情况及名、优、特、新产品；登载了农产品加工业的国内外统计资料；记载了相关的国家标准、行业标准、专利以及本行业的大事记。本年鉴资料新颖、准确、科学、翔实，内容丰富，可供政府管理部门、协会、学会、中介组织、生产企业、科研教学单位的管理人员、策划人员、教育工作者和科技工作者参考。

《中国农产品加工业年鉴》编辑委员会

编　辑　部

地　址：北京市德胜门外北沙滩1号82信箱

邮　编：100083

电　话：010－64882617

E-mail：cpfmchy@caams. org. cn

编 辑 出 版 说 明

一、为紧跟我国农产品加工业发展的时代脉搏和大力宣传主旋律，在各级领导和行业专家的支持和帮助下，我们组织编辑出版的《中国农产品加工业年鉴》（2022）与广大读者见面了，其宗旨是为我国农产品加工业的发展起到桥梁和促进作用。

二、《中国农产品加工业年鉴》由科学技术部、农业农村部、国家发展和改革委员会、国家林业和草原局、国家粮食和物资储备局、中华全国供销合作总社、中国机械工业联合会、中国轻工业联合会的有关主管部门及农产品加工业相关协会、学会、科研院所、大专院校等，与中国农业机械化科学研究院集团有限公司、中国包装和食品机械有限公司、食品装备产业技术创新战略联盟联合编辑出版。

三、《中国农产品加工业年鉴》（2022）安排了7个部分的框架内容，栏目名称及顺序稍有调整，原第七部分“附录”改为第五部分“国际综合统计资料”，其中的内容和数据均以2021年的基本情况为主；但根据资料的获取难易程度也有部分2020年前后的情况，并保持每卷年鉴的连续性，其中的政策法规及重要文件、大事记和标准均以2022年的基本情况为主；增加了“成果展示”，以彩页形式展示科研院校、著名企业近年取得的有关科技成果。

四、《中国农产品加工业年鉴》记述了相关方针、政策、法律、法规和规划等贯彻执行情况；摘编了有关领导、专家对发展我国农产品加工业的论述及本领域相关行业的发展综述；介绍了农产品加工业行业经济运行情况；登载了农产品加工业国内外统计资料；记载了相关的国家标准、行业标准、专利以及本行业的大事记等。年鉴每年编辑、出版一卷，不但可以见证我国每年的农产品加工业发展情况，而且将是系统、全面、可靠、翔实的史册和工具书。由于年鉴的权威性和正式的连续出版发行，将有益于国内外各界了解和研究我国农产品加工业现状与发展等情况，促进相互交流与合作；有益于各部门借鉴现实和历史经验，掌握全局，运筹帷幄，制定政策和发展规划，指导本行业健康发展；有益于社会各界沟通行业信息、产品信息，互相学习，取长补短，推动我国农产品加工业的发展和乡村振兴战略的实施。

五、本年鉴各部分所列数据，因来源渠道不同，不尽一致。全面的数据均以国家统计局提供的为准。本年鉴全国性统计数据均不包括香港、澳门两个特别行政区和中国台湾省。

六、为系统、准确、科学、翔实地反映我国农产品加工业现状，并力争办出本年鉴的特色，我们在编辑中继续突出了综述文章以当年国家重点抓的农产品加工业中的有关行业为主，全书内容以推动产业高质量发展为主，国家标准、行业标准与专利以加工工艺、设备和相应的产品为主，统计数据以国家统计局经济行业分类为主，国外的统计数据以特点显著的部分发达国家和少数发展中国家为主等。

七、本年鉴的编辑、出版、发行等工作，得到了国家及各级有关部门、协会、学会、科研院所、高等院校、生产企业、社会团体的大力支持和帮助，谨此表示衷心的感谢！

目 录

第四部分　国内综合统计资料

第五部分　国际综合统计资料

第六部分 标准、专利

第七部分 大 事 记

Contents

Part Ⅰ Special Subjects Exposition

Part Ⅱ Development Situation of Related Trades

Part Ⅲ Policies, Regulations and Important Documents

Part Ⅳ Domestic Comprehensive Statistics Materials

Part Ⅴ International Comprehensive Statistics Materials

Part Ⅵ Standard and Patents

Part Ⅶ Chronicle of Events

1

第一部分

专题论述

食品科技生态系统优化，赋能高端装备自主创新，支撑食品产业高质量发展

科学技术部农村科技司

食品工业具有“一业兴，多业旺”的核心产业拉动作用，是国民经济的支柱产业，是社会经济发展和人民生活质量水平提升的重要标志。深入贯彻落实习近平同志的重要指示批示及党中央国务院各项决策部署，深入实施创新驱动发展战略，目前我国已经成功走出了一条从人才强、科技强到产业强、经济强、国家强的创新发展新道路，进入创新型国家行列，食品工业转型升级、提质增效和高质量发展，食品科技的自主创新能力和产业支撑能力显著提高，我国食品安全和改善公众营养健康水平得到有效保障。科学技术部农村科技司全面贯彻落实习近平总书记关于“树立大食物观”的重要指示精神，深入实施“十四五”国家科技创新规划，以加快实现食品领域高水平科技自立自强为目标，创新理念方法，加强原创性引领性科技攻关，强化科技创新能力建设，重视重大科技成果转化，以科技创新支撑保障粮食安全。2022 年是党的二十大召开之年，也是实施“十四五”规划承上启下的关键之年，虽然面临复杂严峻的国际环境和多重超预期因素冲击，我国食品工业依然显现出厚积薄发的实力和蓄力前行的韧劲。2022 年全年食品工业（不含烟草）以占全国工业 5.1%的资产，创造了 7.1%的营业收入，完成了 8.1%的利润总额。食品工业以稳健的发展充分彰显了保民生的重要价值，在“六稳六保”中作出突出贡献，成为国家经济运行中的“压舱石”。

一、2022 年食品工业发展情况

（一）2022 年食品行业经济稳步发展，驱动国家经济增长

食品工业是保民生的基础产业，在国际大宗商品价格高位运行、输入性通胀压力较大的背景下，食品行业经济的稳步发展，为国家经济稳定发展作出贡献。

1. *食品工业企业利润总额占比居全国第四*　在全国规模以上工业企业实现利润比上年下降 4.0%的背景下，食品工业企业（不含烟草）利润总额 6 815.4 亿元，同比增长 9.6%，高出全部工业 13.6%。其中，农副食品加工业、食品制造业以及酒、饮料和精制茶制造业的增加值分别累计增长 0.7%、2.3%、6.3%，利润分别增长 0.2%、7.6%和 17.6%。

2. *保供稳价政策措施及时有效落实落地，主要产品供应充足*　我国鲜冷藏肉、熟肉制品、速冻食品、乳制品等产量分别增长 7.6%、4.2%、3.3%、2.0%，基本满足消费需求。进出口食品近 1.9 万亿人民币，同比增长 10.3%，食用水产品、蔬菜及食用菌等成为主要出口食品。食品价格全年上涨 2.8%，影响全国居民消费价格（CPI）上涨约 0.51%。全年看，猪肉价格同比下降 6.8%，蛋类价格上涨 7.2%，鲜果价格上涨 12.9%，水产品价格上涨 1.9%，粮食价格上涨 2.8%，鲜菜价格上涨 2.8%，食用油上涨 5.8%，食品价格指数保持温和上涨趋势。

（二）多领域技术协同创新引领产业转型升级

在食品安全基础研究、监管体系、过程控制等方面，结合人工智能、大数据、物联网等 IT 技术，推动食品产业数字化转型升级。机器人、电子感官和科学检测仪器、3D 打印等先进制造技术被广泛应用于食品生产、加工、流通、监测等关键环节，食品产业向自动化创新发展。分子生物学、基因编辑、营养组学等现代生物学技术被创新应用于全新营养化学品、功能食品、配料加工等领域，进行食品原料和微生物改造、发酵工艺改良、功能性添加剂制备等研发，生产效率和规模提升，产品的质量与安全性增强。新型催化剂、纳米材料、可降解包装、可食用包装等前沿化学和新材料被研发推广，助力生活方式提升和环境保护，实现可持续发展。

二、2022 年食品领域重大进展

（一）食品加工共性技术

1. *高水分挤压植物基肉制品技术创新与应用*　揭示了高水分挤压过程中蛋白质、淀粉和脂肪酸三大组

分相互作用规律，提出蛋白纤维结构形成的“分层叠变”理论机制；构建了植物蛋白高水分挤压全过程精准调控数学模型和可视化平台，实现了高水分挤压过程中的数据变化预测与网络共享；创建了高水分挤压-酶法改性联用、在线调色调味、一体化成型等系列产业化关键核心技术，创新了高水分挤压关键工艺与核心装备，有效解决高水分挤压植物基肉制品存在的原料组分互作机制不清、关键核心工艺装备落后等产业化瓶颈问题。

2. *优质薯类食品加工关键技术* 明确了不同品种马铃薯和甘薯制备油炸薯条和烤甘薯的营养功能成分、抗氧化活性与感官特性等指标，筛选出适宜加工薯条和烤甘薯的品种。发明了超声协同营养液真空浸渍-微波真空干燥-油炸相结合制备低油脂含量薯条新技术，外源油脂含量降低53.6%以上，丙烯酰胺含量远低于欧盟委员会规定限值，产品质量达到市售进口国外同类薯条产品水平。创建了3D环绕式焙烤结合梯度变温冷冻加工烤甘薯及冰烤薯关键技术，薯皮及薯瓤中均未检测出丙烯酰胺，营养价值提升。研发出低油脂含量薯条、营养强化薯条、低血糖生成指数烤薯块等新产品，极大丰富了薯条及烤薯加工产品种类。

3. *方便食品关键技术与原创性高端装备创新发展* 我国方便食品工业自主研发力量不断增强，科技成果显著，共性关键技术不断突破。开发的连续真空和面、子母机同时响应联动、预制菜肴品质劣变的适度控制等技术，创新的非油炸酥脆、冷冻冷藏食品复温、香气剖析与感官评价等工艺技术，应用精致结构成型和快速连续印制、嗅觉-味觉相互作用及咸鲜味的分子调理等技术，显著提升冷冻冷藏食品的感官特征，实现传统小吃、经典老字号以及民间手工艺风味的高仿真还原，初步解决科学“三减”与平衡口感之间的行业难题。

机械装备向连续、高效、节能、智能化方向创新发展。全自动非油炸蒸煮面生产线、新型冻干面设备，使方便食品诸多瓶颈问题在2021—2022年通过装备创新实现了局部突破。熟鲜面、手延面等具有餐饮优势产品的连续化、自动化生产装备，运用模块化设计与仿照手工生产的柔性工艺，前瞻性地对接了餐厨化需求，成为食品工业面向餐饮行业跨界融合的支撑点。

4. *全自动智能化模拟人体胃肠道消化酵解装置* 将人体胃肠道消化酵解原理、全方位模拟与人工智能相结合，自主发明全自动模拟人体胃肠道消化酵解的装置，实现了从口腔到胃部、小肠、大肠的全过程模拟，并可对动物或临床试验结果进行系统验证，对食物营养功能的研究具有重要意义。

（二）发酵食品精准制造关键技术

1. *发酵食品特色风味精细化调控* 采用物理场低能高效破壁工艺处理米曲霉和黑曲霉菌丝体，加快菌丝体自身酶系的酶解速度，分离获得菌丝体自溶液，并精准配比低聚果糖、氯化钾和硫酸亚铁等菌种生长因子，发明制备了风味靶向调控的微生物复合促进剂，促进了关键微生物的增殖和微生物互利共生发酵体系的形成，并创制了多菌种耦合发酵新工艺，攻克了菌群调控提升发酵品质的技术瓶颈，有效缩短发酵时间，缓解传统发酵食品特色风味品质提升与现代高效规模化生产之间的矛盾，扭转了传统产业低值难增效的被动局面。

2. *传统白酒酿造工艺精准化智能化转型升级* 突破优质老窖泥和酿造微生态高质量复刻、现代传感和图像识别、酿造关键工序精准控制等技术，创制智能酿造等装备并进行系统集成，研发酿造全过程的智能决策模块，突破了传统浓香型白酒酿造关键装备系统短板和瓶颈，有效解决浓香型白酒生产过程中优质窖泥定向培育难、发酵工艺参数调控难、酿酒装备全自动化集成难等技术难题，实现了酿酒全过程的标准化、高效化和智能化生产，实现了传统浓香型白酒风格的“精准保持”，提高了产品的品质和稳定性。

（三）培育肉制造关键技术创新及产业化研究

在畜禽肌肉干细胞提取技术及细胞库的构建、3D生物打印块状培育肉制备、植物基支架及在培育肉三维培养中的应用、培育肉的食品化加工研究和新型食品安全监管等方面取得了系列创新性技术和理论成果。突破了细胞培养五花肉生产所需核心种子细胞（肌肉干细胞、间充质干细胞、成纤维细胞）的工程化提取及培养技术，建立了高效经济的细胞分离纯化方法。研制促进细胞增殖和分化的低成本培养基，提高了培养成熟肌纤维和脂肪细胞的含量，优化逐级扩大培养工艺和生物反应器控制参数，显著提升了培养肉的品质和生产效率。中国细胞培养肉行业首次进入百升生物反应器试生产阶段，在降本增效、推进产业化生产经营等方面取得重要进展。

（四）预制菜制造关键技术与生产标准

1. *客家预制菜风味保真及安全控制关键技术与产业化应用* 系统解析了盐焗鸡风味物质的形成机制，创新了盐焗鸡的传统工艺，开展了反复冻融、真空渗透、卤汁重复利用、头菜腌制工艺优化、低盐头菜防腐保鲜、低盐头菜绿色安全生产等技术研究，开发出低盐、多口味即食头菜腌制品，建立了热加工牛肉饼中18种杂环胺的高分辨质谱检测方法，有效促进客家预制菜的品质提升、产业升级和健康发展。

2. 多单位制定发布预制菜团体标准或地方标准，预制菜标准缺位等问题被逐步解决　2022 年，江苏省餐饮服务标准化技术委员会和江苏省餐饮协会牵头的《预制菜点质量评价规范》、山东临沂市食品工业协会主要起草的《预制菜加工技术规范》、中国烹饪协会牵头的《预制菜》等团体标准发布；广西南宁市市场监管局发布《预制菜术语》《预制菜分类》《预制菜冷链配送操作规范》3 项地方标准；京东超市联合中国预制菜产业联盟发布并实施电商渠道首个《佛跳墙预制菜产品标准规范》。

（五）特殊人群食品加工技术创新研发

1. 基于人工智能的益生乳酸菌精准筛选及产业化关键技术　明确了我国人群的肠道微生物结构，发明了基于人工智能和肠道菌群作用的益生乳酸菌精准筛选技术和功能评价体系，筛选出 28 株具有调节肠道菌群、免疫应答、降血脂、降血压等功能益生菌，并从动物模型、人群试验和临床研究层面建立了益生功效评价体系，完成了菌株益生特性的多维度功能评价；明确了益生菌通过调节肠道菌群及其代谢发挥功效的作用机制，研创出精准营养高密度发酵和微包膜高效保护冷冻干燥的益生菌制备技术，有效解决益生菌筛选技术落后、生物量和菌体存活率低等技术难题。

2. 营养型农产品基质及其特膳食品精准加工关键技术与产业化　以特色农产品为基质，突破营养活性组分稳态增效、淀粉酶解耦合蒸汽调质挤压膨化加工、慢消化谷物豆类基质粉高效制备、谷物糠麸层精准分离和过热蒸汽灭酶稳定化食味品质提升、果蔬全粉乳酸菌发酵、全营养特医粉剂高效混合加工、全营养特医乳剂乳化稳定、营养与风味质构精准调控等关键技术，创建了农产品基质特膳食品精准营养设计智能化系统，研发了高压射流均质、DSI 杀菌加工技术与装备，满足了不同人群专用特膳食品的多元化消费需求。

（六）食品快速检测与真实性监测预警关键技术

1. 粮油中主要真菌毒素快速检测与防控　揭示了粮油中主要真菌毒素光学信号的响应规律，明确了图谱融合检测的信息耦合机制，探明了抗体可识别区域多靶标分子识别机制，降低基质干扰，提高检测精度。建立了无损筛查模型，优化 AFB1、DON 和 ZEN 等同步富集净化方法，构建了我国粮油行业真菌毒素“无损筛查-精准识别-靶向防控”的技术标准体系，解决了大批量样品现场高通量筛查难题，创制了毒素降解菌剂、植物精油喷雾等产品，形成了具有自主知识产权的真菌毒素快速检测及其防控新产品。

2. 食品真实性非靶向多组学鉴别　创新突破了非定向未知物种侦测、全景式食品组学分析、多谱系轮廓特征识别等关键技术，填补食品掺假物非靶向筛查空白，具有高通量、非偏向性、高分辨率等优势，有效提升了食品未知掺假风险监测和预警能力，在保障食品质量、维护国际贸易公平和市场经济秩序、提升企业产品竞争力、保护消费者权益等方面发挥了重要作用。

三、新形势下食品产业科技创新存在的问题

（一）资源高值化利用不足，整合式、颠覆式原创技术较少

1. 中高端食品国际竞争力弱　面对食品产业供给侧结构性改革的新需求，企业自主研发和创新能力不足，产品低值化和同质化问题严重。农产品加工制造在资源利用、高效转化、智能控制、工程优化、绿色可持续发展等方面相对落后，资源浪费严重，排放及环境污染等问题尤为突出，绿色加工与低碳制造技术仍需要深入研究。在食品生物制造领域技术发展相对滞后，诸多技术仍处于学习、模仿、探索和攻坚阶段，基础理论研究碎片化、核心技术不成熟、生产成本偏高，严重制约了科技和产业发展。

2. 农产品加工副产物综合利用技术创新能力不强　农产品加工副产物综合利用技术虽然持续突破，但规模不大，缺乏有效的深度开发与利用研究，产业链短或不完善，附加值低，致使加工副产物综合利用率低，部分农产品精深加工水平依然处于较低水平。国产高端技术装备供给依然不足，进口比重较大，低端技术装备产能过剩，部分大型企业自主知识产权核心技术缺乏，成套装备长期依赖高价进口以及高昂的设备维护支出，迫切需要提升自主研发能力，打破国外的技术垄断。

（二）中式食品工程化技术装备依然缺乏，营养健康食品创新仍待继续深入

1. 中式食品科技水平和原始创新能力急需全面提高　中式食品加工原料来源丰富，品种多样，但原料标准化研究不足，食品取材难以统一，生产规模难以扩大。一些关键加工技术领域自主创新能力滞后，缺乏食品本身科研成果的基础性支撑，加工中品质形成与保持机理不清，质量难以控制，加工难以规范，产品质量参差不齐。专业机械装备制造技术创新能力明显不足，单机设备多，缺乏连续化、规模化、智能化的成套工程设备，工程装备的设计水平、稳定可靠性及加工设备的质量等难以保障。中式食品是我国独

有的传统食品，没有可供引进和借鉴的基础理论和工程化技术。

2. 营养健康食品加工精准制造高新技术发展缓慢　我国在公众营养健康上面临着营养过剩和营养缺乏双重问题，特别是体重超标与肥胖症、糖尿病、高血压等代谢综合征类问题突显，健康食品精准制造技术水平与开发能力不足，在营养均衡靶向设计与健康干预定向调控、功能保健型营养健康食品与特殊膳食食品开发等方面迫切需要科技引领。功能食品产业水平较为落后，仍然存在品种相对单一、市场集中度较低、核心科技供给不足与产业升级迫切需求不匹配、基础理论研究缺乏创新等突出问题，迫切需要实施科技创新。

四、食品产业发展政策导向

（一）多部门联合推动食品工业高质量发展

为强化数字理念引领和数字化技术应用，释放数字技术对行业发展的放大、叠加、倍增作用，工业和信息化部等五部门联合发布《数字化助力消费品工业“三品”行动方案（2022—2025年）》（以下简称《方案》）。《方案》提出，面向食品医药等消费品行业，结合数字化助力“提品质”，加快推动质量追溯体系建设，积极建设产品质量追溯公共服务平台，提升社会公众认知度，发挥数字化溯源提振消费信心的倍增效应。到2025年提升供给水平，进一步健全以企业为主体的技术创新体系，在食品医药等行业培育200家智能制造示范工厂，打造200家百亿规模知名品牌，产品服务质量和客户满意度持续提升。

为推动我国轻工业高质量发展，工业和信息化部等五部门联合发布《关于推动轻工业高质量发展的指导意见》（以下简称《意见》）。《意见》提出，强化科技创新战略支撑，在液体食品无菌罐装包材及设备、婴幼儿配方乳粉功能基料、在线微生物快速检测、工业核心菌种培育、酶制剂产业支撑技术及装备、危害因子发现和智能监控溯源等方面加快关键技术研发；构建高质量的供给体系，增加升级创新产品，强化品牌培育服务，大力发展功能食品，推动“地方小吃”食品工业化；提升产业链现代化水平，在食品等行业大力开发高端专用装备，推广一批智能制造优秀场景，培育网络安全示范标杆；深入推进绿色低碳转型，加大食品等行业节能降耗和减污降碳力度，加快完善能耗限额和污染排放标准，树立能耗环保标杆企业，推动能效环保对标达标。

（二）传统优势食品产区和地方特色食品产业培育建设

传统优势食品产区和地方特色食品产业是我国食品工业重要发展载体和关键增长引擎。2023年，《中共中央国务院关于做好2023年全面推进乡村振兴重点工作的意见》发布，首次将预制菜写入中央一号文件，明确提升净菜、中央厨房等产业标准化和规范化水平，培育发展预制菜产业。工业和信息化部等十一部门瞄准建设现代食品产业体系，联合发布《关于培育传统优势食品产区和地方特色食品产业的指导意见》，围绕优质原料保障、产业集群建设、技术装备提升、食品产业新业态新模式的拓展等方面进行部署。依托特定区域内的优异、独特资源，融入传统历史、节庆、民俗等文化元素，借助国家重点研发计划等科技资源进行共性关键技术研发，提升先进装备供给能力，加强工业设计推广应用。预计到2025年，我国将基本形成“百亿龙头、千亿集群、万亿产业”的地方特色食品发展格局，拥有5个以上年营业收入超过1 000亿元的传统优势食品产区、25个以上年营业收入超过100亿元的龙头骨干企业，成功打造出一批全国知名地方特色食品品牌和地方特色小吃工业化典型。

（三）促进食品产业高质量发展的标准体系进一步健全

1. 食品质量体系进一步健全　2022年全年发布食品消费品领域相关国家标准308项，截至2022年年底开展消费品标准化试点105个，我国重点领域的主要消费品标准与国际标准的一致性程度达到95%。国家市场监督管理总局、国家卫生健康委员会等监管部门发布了《关于依法查处生产经营含金银箔粉食品违法行为的通知》《限制商品过度包装要求 食品和化妆品》《食品生产经营监督检查管理办法》《食品安全标准与监测评估“十四五”规划》《企业落实食品安全主体责任监督管理规定》《食品相关产品质量安全监督管理暂行办法》《食品生产许可审查通则（2022版）》《特殊医学用途配方食品标识指南》《婴幼儿配方乳粉生产许可审查细则（2022版）》《蜂产品生产许可审查细则（2022版）》等一系列食品行业监管政策，保障了食品安全。

2. 国家多部门联合推动加强食品产业新型标准体系建设　2023年，国家标准化管理委员会、工业和信息化部、商务部印发了《加强消费品标准化建设行动方案》，提出完善食品质量标准体系，逐步构建以基础通用、产品质量分级、食品加工质量控制管理和质量检测方法为主体的新型标准体系，引领食品行业做优做强，满足消费者对高品质食品的需求；完善中国特色风味食品和传统食品产品标准，支持加工、包装等智能化食品机械领域标准制修订工作，推动我国食品工业从“制造”向“智造”转变。

社会共治，让食品安全水平更上一层楼

中国工程院院士
第一届国家食品安全风险评估专家委员会主任委员　陈君石

“民以食为天，食以安为先。”党的十八大以来，习近平总书记高度重视人民生命健康安全，多次对食品安全工作作出重要指示，要求落实“四个最严”要求，确保人民群众“舌尖上的安全”。

10 多年来，我国食品安全形势发生了翻天覆地的变化，包括食品安全法的出台和多次修订，食品安全国家标准体系逐步完善，食品安全管理体制与时俱进，行业企业对食品安全的投入大大增加，自我管理的意识和食品安全保障能力明显提升。可以说，食品安全形势总体稳定向好。但是，鉴于我国农业和食品行业的生产结构仍相对落后的现实，未来，我们还要继续共同面对食品安全问题。而要让我国的食品安全水平更上一层楼，应建立食品生产全过程监管体系，开展多部门、多学科、全行业合作及社会共治，让政府对食品安全监管更有公信力，需要我们每一个人的共同努力。

一、法规标准持续完善，监管不断优化

2008 年发生的三聚氰胺事件是中国食品安全的一个转折点，重挫了消费者对于我国食品安全的信心，也触发了食品安全领域此后一系列重大改变。突出体现在以下三方面：

一是法规从严从全。政策法规是保障食品安全的基石，2009 年，我国第一部食品安全法——《中华人民共和国食品安全法》（以下简称《食品安全法》）正式颁布。尽管是在过去实施了很多年的《中华人民共和国食品卫生法》基础上诞生的，但是有不少新理念，此后于 2015 年、2018 年和 2021 年数度进行修订，法律文本不断完善，最终全面覆盖食品生产、加工、销售、服务等各环节。食品安全法以“风险”理念为导向，采用了国际通用的食品安全风险分析框架，包括风险评估、风险管理和风险交流。基于科学进行风险分析，结合人民群众的实际需要，及时强化了对特殊食品（保健食品、特殊医学用途配方食品和婴幼儿配方食品）、网络食品、进出口食品的安全监管，并强调了食品生产经营者的主体责任。不仅如此，食品安全法还根据民众的反馈，加大了对食品安全违法犯罪的惩罚力度，被称为“史上最严”。此外，涉及食品安全的《生猪屠宰管理条例》《农药管理条例》《中华人民共和国进出口商品检验法实施条例》等也相继修订。

食品安全风险评估制度对我国食品安全监管具有重要意义。2009 年版《食品安全法》出台后不久，国家食品安全风险评估专家委员会建立，次年即开展工作。《食品安全法》规定：“国家建立食品安全风险评估制度，对食品、食品添加剂中生物性、化学性和物理性危害进行风险评估”。专家委员会共 42 位成员，除了卫生，还包括农业、环境和食品安全、化学、生物学等领域的专家。政府部门根据收集到的风险评估要求，提出需要开展的风险评估项目，交由专家委员会讨论，确定哪些需纳入国家评估计划。

10 多年来，专家委员会在风险评估方面取得的成绩可以归纳为以下 3 个方面：首先是建立了中国独一无二的体系。它是国家层面的，由专家组成，并且有一个强大的秘书处（国家食品安全风险评估中心负责）。现在已为第二届，委员人数有较大增加，学科覆盖面有所扩大，分设化学性危害、生物性危害等 4 个专家组，国家食品安全风险评估体系得到进一步完善。其次是培养了一批人才。除了国家食品安全风险评估中心专门从事风险评估的专业人士以外，分布在全国各地的高等院校、科研院所和疾控机构的一批专家已经成长起来，他们不仅成为专家委员会的委员，还承担了地方上的风险评估任务。最后是完成了一系列的评估项目，有优先评估项目，还有一些应急评估项目。

二是标准接轨国际。经过多年努力，我国食品安全国家标准体系框架、制定程序、科学依据等方面与国际食品法典和主要发达国家基本一致，能满足监管部门执法的需要。截至 2021 年年底，我国共发布食品安全国家标准超 1 400 项。从 2007 年开始，中国担任国际食品添加剂法典委员会、国际食品农药残留

法典委员会的主持国，负责统筹讨论并深入参与国际食品标准工作，引领两个领域的国际标准制修订工作。

标准水平的提高，得益于对风险分析框架的应用。以含铝添加剂相关标准为例，铝被认为与老年痴呆有关，尽管科学上证据还不确凿，但铝吃多了对身体确无好处，所以我们就开展了含铝添加剂摄入量的风险评估。收集了数万条食品中铝含量的数据，开展了国际通用的风险评估，结果发现，中国大概有1/3的人超过了世界卫生组织和联合国粮农组织联合食品添加剂专家委员会（JECFA）所建议的健康指导值（PTWI），特别是吃膨化食品的青少年。于是，专家委员会迅速推动了添加剂标准的修改，规定除了油条和少数油炸食品仍允许使用含铝添加剂（如明矾）以外，其他面制品（如馒头等）都不再允许添加含铝添加剂。这个案例很好地体现了以风险为基础的原则。

目前，我国食品安全国家标准规定了19种污染物的313项指标，超过了国际食品法典委员会（18种污染物的113项指标）、美国（10种污染物的29项指标）、欧盟（26种污染物的289项指标）等主要发达国家或地区。一些在国外允许使用的物质，如瘦肉精、面粉增白剂等，在我国都是禁止的。可以说，现在已经找不到一个“国外有而中国没有”的食品标准。相反，中国制定的标准，有些国家可能没有。

三是监管不断优化。2019年，中共中央、国务院印发《关于深化改革加强食品安全工作的意见》，明确将食品安全纳入国家科技计划，加强食品安全领域的科技创新，引导食品企业加大科研投入，完善科技成果转化应用机制，推进食品安全治理体系现代化进程。从农田到餐桌的全过程食品安全监管体系开始建立，由具体行业监管、综合监管逐渐向食品安全风险全链条、各环节治理转变，坚持用“四个最严”保障人民群众饮食安全。近年来，重大食品安全风险得到控制，没有发生过一起重大食品安全事件。

随着经济发展，新技术、新工艺的出现，食品安全领域也面临新的挑战。

近年来炒作甚广的转基因食品，除了人们熟知的转基因蔬果、豆类等，还有由转基因微生物生产的大量食品配料，如维生素、氨基酸等。实际上，85%以上的酶制剂都是由转基因微生物生产，技术十分成熟，是未来食品发展的主要方向之一。我国对转基因食品的监管一直十分严苛，从转基因农作物的研究、试验、种植，再到转基因食品的生产、加工，都要取得相关许可证，在整个流通环节实施严格的标识制度，包括广告用语，这为人们“吃得明白”“吃得放心”提供了保障。

新冠肺炎疫情在全球已经持续3年，疫情下，外卖配送、冷链食品领域出现了人员感染新冠病毒和食品包装病毒核酸阳性等问题。现有科学证据表明，新冠病毒一般不会通过购买、制备食品传播，但污染食品是可能的，会给食品安全带来挑战，要采取科学应对措施。对此，国务院联防联控机制及时印发了《冷链食品生产经营新冠病毒防控技术指南》等系列文件，加强对冷链食品生产经营各环节的消毒、防控及高风险岗位人群的管理，公众不必过于担心。

二、食安问题会长期存在，三类风险须进一步管控

食品安全监管的任务不是消除危害，而是控制风险，这是国际共识。经过10多年的治理，我国食品安全水平有很大提高，食品安全形势稳定向好，通过建章立制、实施食品安全战略，推动食品安全治理进入了持续健康发展轨道。然而必须承认，当前食品安全形势虽然整体上稳中向好，但我国相对落后的农业生产结构和食品产业结构决定了食品安全问题会长期存在。我国现在还有1亿多农户，他们是肉、蛋、奶、粮食、蔬菜、水果的生产者，这些农产品或是直接被人们食用，或是作为加工食品的原料进入食品生产线，这1亿多个体农户生产的农产品很难完全避免发生一点农药残留超标等的问题。同样，我国食品生产加工企业和餐饮服务业都以小型企业为主，尽管所占市场份额不多，但数量大，食品安全素养参差不齐。

从对消费者的健康危害来看，当前我国食品安全主要问题有三类：

一是食源性疾病。俗称食物中毒，包括食物过敏。无论是发病人数还是疾病负担，致病性微生物引起的食源性疾病（占比超95%）都是全球头号食品安全问题，也是中国的首要食品安全问题，但一直没有引起社会大众和有关部门的高度重视。常见的食源性疾病包括畜禽肉类引起的沙门氏菌病；水产品引起的副溶血性弧菌食物中毒和肝吸虫病；水产品等多种食品在儿童青少年中引起的诺如病毒中毒等。据中国疾病预防控制中心调查显示，2020年全国31个省级行政区（西藏除外）发生7 073起食源性疾病暴发疫情，共37 454人患食源性疾病，导致143人死亡。近年来，蘑菇中毒成为食源性疾病首要死因，在2020年发生的4 662起病原确认的食源性疾病疫情

中，有58%由毒蘑菇造成。

二是有害化学物污染。例如，重金属污染、农药残留、兽药残留、天然毒素等化学性污染。虽然我国已建立完善的污染标准，但由于我国农业生产以个体农户为主，中小型食品生产经营者数量众多，农药残留超标、微生物污染、滥用非法添加剂等问题还是偶有发生。据国家市场监管总局2020年抽检显示，占市场份额较大的生产企业、经营企业的食品不合格率均低于总体不合格率。换句话说，提升食品安全水平需要食品生产向集约化、规模化发展。

三是假冒伪劣。几乎每个消费者都曾碰到过假冒伪劣食品，比如用鸡鸭肉等冒充牛羊肉、蜂蜜加糖、用非法添加剂打造诱人的色香味等。假冒伪劣在国际食品安全领域通用的概念叫“食品欺诈”，指用非法手段获得经济利益，除了生产假冒伪劣食品外，还包括虚假宣传、误导消费等。假冒伪劣食品多为小作坊生产，常使用不合格的食品原料，生产环境简陋、生产设备简单、食品安全意识淡薄，再加上部分地方执法不严，导致未经检验检疫的肉类、添加非食用物质的食品、“三无”食品、过期食品、“山寨”品牌等假冒伪劣食品问题屡禁不止。数据显示，仅2021年前8个月，全国农村假冒伪劣食品专项执法行动就查处案件约11.87万件，查扣假冒伪劣食品超3 000t。食品欺诈不一定等于食品不安全，但极大地打击了消费者对食品安全的信心。

三、走向全过程监管，加强食品信息交流

保障广大人民群众的食品安全，贯彻“四严”要求、完善监管是必由之路。当下，在食品终端抽样检查仍是政府监管食品安全的重要手段，未来，我国应建立食品生产全过程监管体系。

政府部门、公众都把样品抽检看得很重要。的确，抽样检验是发现食品安全问题的工具，但它不是监管唯一的、最重要的手段。安全的食品不是靠监管出来的，更不是靠检验出来的，而是生产出来的。即便食品抽检合格率超过99%，也并不能说明食品安全没有问题。且不说抽样是否具有代表性、是否充分覆盖中小型企业产品，单纯这一个数据，只是终端产品的抽检结果，不能反映食品的整个生产过程。

全过程监管与终端产品抽检，是不同的两种监管模式，体现了不同的监管理念。丹麦是全过程监管的标杆，食品安全监管从农田的环境监测开始，直到食品的生产加工、运输流通、餐饮消费、进出口等各环节，覆盖全过程，避免了安全隐患，还能促进经营主体树立责任意识，加强自律。因为构建了这样一套“从养殖场到消费”的安全监管体系，即便食品抽检合格率才70%～80%，丹麦也依然是世界公认的食品最安全国家。当然，现阶段我国不实施抽样检验也是不行的，但应该认识到，终端产品抽检监管模式是落后的，未来要走向全过程监管。

现阶段，还需要着力“修补”我国食品安全风险分析框架中的短板——食品安全风险交流。十几年来，我国食品安全监管力度持续加大，创新监管措施越来越到位，初步形成了食品安全社会共治格局，食品生产经营者诚信守法意识、公众食品安全意识和社会参与度进一步提高。可以说，目前我国在食品安全方面已经和国际接轨，监管之严格甚至已经到了苛刻的地步，例如婴幼儿配方乳粉必须注册配方，世界从未有此先例。然而，从食品安全治理效果和民众的现实感受来看，二者之间还存在一定差距。

《柳叶刀》主编Richard Horton此前说过一段很有意义的话——“我们现在防控新冠病毒肺炎疫情是在两条战线上作战，一条是病毒，另外一条就是信息的严重不对称。”由于信息不对称，消费者对很多食品安全问题存在误解，以至于对食品供应的安全性丧失信心，导致谣言四起，经过社交媒体的传播，负面影响很大。而且，一些谣言往往重复出现，像“西瓜打甜味剂”，每隔一段时间就卷土重来，而且每一次都会有人相信。尽管这些负面信息不会危害健康，但是对消费者造成的心理损伤要远远大于食品添加剂滥用和农药残留、兽药残留、重金属超标等问题，而且又会进一步加剧消费者对于食品安全的担忧与不信任。所以，尽量消除信息不对称，让消费者具备基本的食品安全科学知识，是当务之急。

然而，尽管专家不断地提供科学、准确的信息，主流媒体也努力做正面报道；尽管政府设立了食品安全宣传周，加大科普宣传力度，问题还是远未得到解决。国际共识是，发生任何食品安全事件或要预防任何食品安全问题，都需要遵循食品安全风险分析框架，风险评估、风险管理和风险交流这三部分缺一不可，而且要相互关联。如果说风险评估主要是科学家的行为，风险管理主要是政府的行为，那么风险交流的参与者则是食品安全的所有利益相关方，包括科学家、行业主管人员、监管者、媒体、全产业链上的生产经营者，甚至还包括消费者权益保护组织。政府部门应设立专门的风险交流机构，有专门的人才和经费保障。较之政府部门和科学家个体，学术团体等独立

第三方机构在风险交流方面具有独特优势，因为没有自己的利益和立场，比较公正、客观。在国外，第三方机构比较强大，国内的第三方机构因为建立的时间还短，数量较少且比较弱小，政府应该加以扶持，充分发挥其作用。

另外，要改风险交流为全面的、广义的食品信息交流。从科学家角度，风险不可避免，没有任何事情是零风险的，习惯说“可接受的风险”；但是，对于消费者，“风险”这两个字本身具有负面属性，只要一说“风险”，不管风险多低，都会认为还是不安全。改为食品信息交流还有另一重原因——食品具有营养、美味、健康等多种属性，从这个意义上来说，也应该开展广义的食品信息交流，告诉消费者怎么吃出营养健康，而不局限于风险交流。

总之，政府要出力畅通食品信息的传播渠道，食品专业人士和主流媒体要主动出击，向社会传播食品安全知识，让公众从多维度了解食物，安心享受美味。多部门、多学科、全行业合作及社会共治，使食品安全从稳中向好更上一层楼。

（《中国食品报》，2022 年 07 月 28 日）

双轮驱动创新　提升未来食品安全与健康内涵

中国工程院院士　中国食品科学技术学会理事长　孙宝国

食品产业是民生产业，包括食品工业和餐饮业两大领域。食品工业是我国国民经济第一大产业，在过去 10 余年稳健发展。新时代，中国食品工业作为中国经济“扩大内需”的主体力量，精准扶贫的主要支撑行业，“健康中国”中营养与健康的载体，以食品安全、风味、营养与健康为导向的多元化发展目标，是食品产业创新发展的重要趋势。近年来中国食品工业健康转型的重要实践，也使食品科技界愈加清晰地形成了基本共识，即坚定地走科学“三减”与健康内涵“N 加”的双轮驱动之路，是未来食品产业持续稳健发展的重要法宝。

一、我国食品产业发展简况

（一）食品工业是我国国民经济的支柱产业

2021 年，面对复杂严峻的国际环境和国内疫情持续等多重考验，我国食品工业坚持稳中求进的工作总基调，在新冠疫情防控常态化形势下，表现出强劲的发展韧性，稳步前行。据国家统计局数据，2021 年，我国规模以上食品工业企业实现营业收入 9.14 万亿元（图 1），同比增长 12.0%，其中，酒、饮料和精制茶制造业的利润同比增长了 24.1%。综合来看，食品工业生产稳定，增速有所回升，2021 年规模以上食品工业增加值按可比价格计算同比增长 8.7%，比 2020 年增加 9.8%。但与此同时，食品工业也面临着原材料价格上涨、利润率降低等风险。

（二）大食物观推动食品产业创新发展

2022 年“两会”上，习近平总书记提出，“要树立大食物观”“要向森林要食物，向江河湖海要食物，向设施农业要食物”“向植物动物微生物要热量、要蛋白”。“大食物观”的提出，既是对中国食品产业发展趋势的准确判定，也为未来全行业创新发展提供了重要的理论支撑和政策指引，这也是中国食品产业发展的重要历史机遇期。

食品产业是朝阳产业。“民以食为天”，人们在任何时候都离不开“吃饭”。尤其是近几年在疫情防控中，解决人们居家办公的吃饭问题，更加凸显了食品产业的重要性。食品产业是精准扶贫、实现脱贫的重要途径。以食用菌为例，我国年产食用菌达 4 030 万 t，解决 3 000 万人的就业，使 500 个种植食用菌的县成功脱贫，为 14 亿人口提供了平均每人每天约含 16g 蛋白质的 80g 食用菌。食品产业是健康产业，食品产业界、食品科技工作者和食品企业有责任科普公众“会吃、敢吃、吃好、吃出健康”。食品工业具有的应急、抗灾功能，更是成为中国面对未来复杂环境下诸多挑战的重要国家实力和底气。

（三）食品工业稳健发展中凸显的主要问题

中国食品工业目前已进入以“风味与健康”双导向的深度转型期，但同时凸显出诸多待解的问题，概括起来主要有 5 个方面。

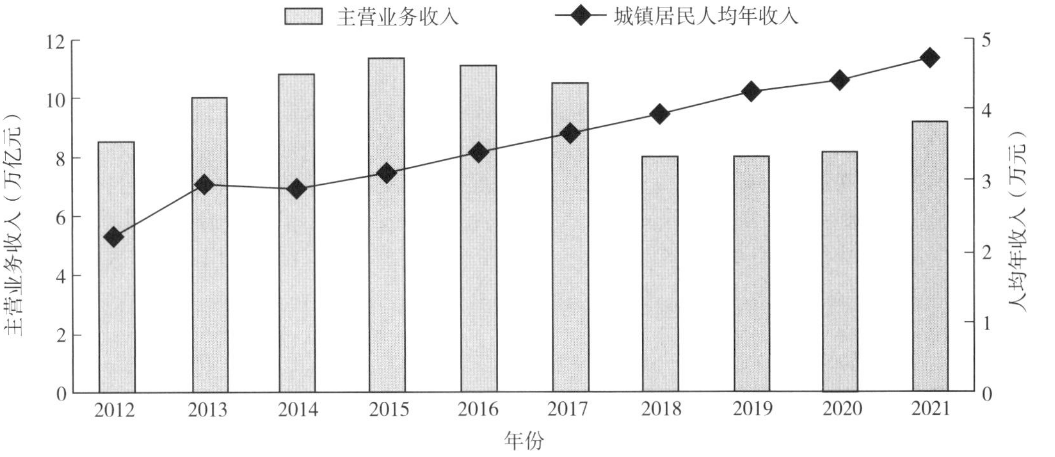

图1　2012—2021年我国食品工业主营业务收入与城镇居民人均年收入对比

1. 缺乏对中华传统食品的文化自信　“一方水土养一方人”，以蒸煮为主要方式，以植物源为主的中华饮食文化，是东方食品的发祥地，亦是中华传统文化的重要构成。中华饮食文化底蕴深厚，适合中国这块土壤，适合这块土地上的人民，适合我国自身食物资源的充分应用。目前，中国食品产业界正在启动的研究与产业化已获重要进展，急需生命科学、智能制造等学科交叉予以集成创新，以形成具有中国特色、符合中国社会需求的科学支撑。

2. 油、盐、糖被妖魔化　油、盐、糖，源自天然，是重要的营养素，是美味的重要物质基础，也是食品工业发展的基础原料。“三减”原本是从居民健康角度出发提出的重要发展战略，但当前，由于对“三减”不科学的认知，导致了新的健康风险。比如，越来越多的企业认为“三减”就是终极目标，忽视了产品营养健康属性的提升；部分企业通过宣称“无糖”“0糖”来吸引消费者；个别专家与媒体存在对油、盐、糖危害性的片面宣传，甚至将油、盐、糖妖魔化，这些现象既不利于食品产业的健康发展，也不利于市场的健康转型。

3. 科技创新与管理创新应有机结合　大食物观的建立，创新了过往食品产业的范围和概念，当诸多新食品、新的食物源走向市场时，其需要的不仅是食品科技和企业界的创新，同时需要政策的跟进、管理的创新，急需在“最严谨的标准”这一框架内完成。这是一场难度很大的系统工程，必须早日完成，还要与时俱进。

4. 对食品营养健康的基础研究仍旧薄弱　我国对食品营养的自主研究，对食品营养与人体健康肠道微生态学的相关研究工作开展较晚，尤其是在食品组分与营养健康促进的深层关联研究领域尚未形成深厚的科学积累。比如，食品营养与健康因子作用机制不明确，特别是缺少针对中医养生、中国传统饮食营养与健康的基础研究和应用研究；膳食营养干预基础研究薄弱。

5. 原材料供应链存在风险　在疫情形势、世界格局变化等因素的影响下，中国食品工业正在发生巨大变化，也面临巨大发展压力。比如原材料供应链的风险、食品基料自主率低、高端食品配料80%以上依赖进口，不仅缺乏功能基料开发的核心技术，也缺乏该类原料生产的相关装备。

二、“双轮驱动”中国食品产业健康转型

目前，相关部门的“三减”加速推进，但食品产业的健康转型，绝非“三减”的独轮推动。在中国经济爬坡过坎的关键时期，加大对现有食品资源的高值化应用，用科学技术稳妥提升产品的营养价值和功能价值，创新更具健康内涵的产品，形成“减”与“加”的双轮驱动，已成共识。

（一）科学认知“三减”

1. 减盐增咸味　盐是人体必需的营养素，也是百味之首，如果没有盐，其他的味道都难以凸显。减盐需要依靠科技创新，要实现减盐增咸味，比如咸味肽的研发和应用。

2. 减油（脂）增香味　油脂是重要的产能营养素，也是香味的重要来源。减油（脂）需要科技支撑，如通过脂肪调控氧化可以增加肉类特征风味，减少脂肪的使用量；通过技术创新，可以提升脱脂奶的风味等。

3. 减糖增甜味　糖是战略储备物资，也是“甜蜜生活”不可或缺的滋味。中国人均糖消费不到世界平均水平的一般，远低于发达国家，同样，减糖也要依靠科技创新。比如蔗糖，可通过技术手段将其颗粒度变细，以减少使用量，增加其甜味。

（二）以科技创新实现“N 加”

我国食品工业健康转型的含义绝不仅仅是“三减”，而是需要发展以中华传统饮食文化为根基，应用具天然、健康特征的功能物质和原料，以满足不同人群的多元化食品的需求。比如，要加强对面广、量大的大宗谷物主食品等产业的营养健康升级，减少精制谷物等的摄入，大力发展全谷物、双蛋白等新兴健康食品，破解我国当前营养不均衡导致的营养不良与营养过剩“双存在”问题。食品产业界的“三减”与功能食品等新一代健康食品的“加”，双轮驱动是实现中国食品产业健康转型的关键所在。

三、未来我国食品安全与健康的新内涵

（一）食品安全是健康的基本保障

安全不是食品的最高要求，而是最基本要求，安全的概念包括数量安全、食品安全和健康保证。当前我国面临的食品安全问题，主要有几个方面：一是农药兽药残留超标问题；二是食品掺假、造假的问题。另外，还有农村市场劣质食品、滥用食品添加剂等问题，需要各界携手共同解决。

（二）“风味、健康双导向”是食品的发展趋势

风味是食品的灵魂。享受美味是人的本性，一种食品如果其味道无法被消费者接受，那么这一食品就不会有市场。提升和改善食品风味品质是食品研发的重要内容，而人们对风味的要求又是不断发展变化的，食品产业要根据不同阶段的不同特点，来满足消费者对风味的不同需求。

营养与健康密切相关。营养是食品的基本属性，食品都是有营养的，但同时任何一种食品的营养又都是不均衡的。所以说，没有不好的食品，只有不好的饮食习惯。而“吃”是一门学问，要享受“吃”的过程，吃出生理和心理的双层满足，吃出健康的结果。未来食品更关注生命全周期的营养需求和特殊人群营养需求，而不是“填鸭饲料式食品”。

（三）延长食品保质期，推动实施“藏粮于食”“藏食于民”工程是食品科技创新的重点

在实现党中央提出的“两个百年”奋斗目标的伟大进程中，食品产业将在加快促进一二三产融合与助力乡村振兴中发挥重要作用，食品科技将在提升国民营养与健康水平，引领世界食品科技发展潮流中勇立潮头。当前，我国食品产业正处于由大到强的关键时期，未来食品科技需要解决食物安全和质量、食品风味和营养、饮食方式和精神享受等多重科学问题。食品产业界在通过科技创新提升产品价值的同时，应与科技界合作，借助多技术融合，在食品产业的高质量发展中诠释“大食物观”的科学真谛。

推进中国传统食品生产现代化，比如今年“3·15”晚会曝光的“土坑酸菜”，该事件则是在呼吁中国传统食品现代化。食品生产的标准化、现代化，是破解中国传统食品安全水平提升的必由之路；同时，传统食品现代化不是把锅放大，也不是把厨房放大。习近平总书记提出“解决吃饭问题，根本出路在科技”，传统食品现代化要靠先进科学技术支撑，把人工变成智能。用现代科技提升、改造传统食品产业，实现由手艺到工艺、由经验到科学、由人工操作到智能控制的飞跃。

（四）学科交叉融合，是提升食品科学内涵的重要措施

以“健康中国”为契机，普及食品科技与营养健康的科学观、价值观，避免人们形成过度、主观、非理性认知，否则将对产业发展和人民健康造成不可估量的损失。

以健康需求为导向，不断提升食品的科学内涵。人类对食物的需求是与时俱进的，食品的多元化是时代的需求。如何进一步提升食品在国民营养健康中的重要地位，是新时代我们需要重点考虑的问题。食品行业需在基于人群营养与健康需求的基础上，进一步推动新产品的研发创新，更关注生命全周期的营养需求和特殊人群健康需求。

关注新生行业的健康发展，如植物基人造肉、细胞培育肉、预制食品、发酵蔬菜。现在预制菜肴行业已经得到越来越高的关注度，根据艾媒咨询数据，2019 年预制菜行业规模约为 2 445 亿元，预计 2023 年预制菜行业规模将达 5 165 亿元。预制菜的产业发展展示了后疫情时代中国食品消费市场处于需求变动期，未来 5 年，中国预制菜会发展成为万亿级销售额的产业。

（五）坚持不懈做好公众科普

食品产业是健康产业，在满足人民日益增长的食物多元化需求的同时，也要掌握人民群众食物结构和喜好变化趋势，做好科普宣传，让人们会吃、敢吃、吃好、吃出健康。比如“三减”，要让消费者科学看待食品中的油、盐、糖，以市场之手倒逼食品企业有

效落实“三减”政策，同时我们还必须更好地满足消费者对食品风味和健康的双重需求。

“要让中国人民品味全世界美食，要让中国的美食走向世界”，这是中国食品科技界和产业界共同的愿望和使命。

（《食品科学技术学报》，2022年08月18日）

树立“大食物观”为“国之大者”保驾护航

中国工程院院士 江南大学校长 陈卫

从“粮食”到“食物”再到“大食物观”，这是一个与时俱进的观念转变，也是一个内涵丰富的观念创新，背后更是一以贯之的战略定力。全面把握和践行“大食物观”，心中要装着“大”，既要以大视野、大思路不断深化对粮食安全战略的认识，也要胸怀“大格局”、立足“大国土”、下足“大力气”、聚焦“大健康”、顺应“大趋势”，全力保障粮食安全，全方位、多途径开发食物资源，为粮食安全保驾护航。

一、要胸怀“大格局”来统筹“国之大者”

粮食安全是“国之大者”。树立“大食物观”，不能离开粮食安全这个基础。构建大食物安全观问题，不但是重大的民生问题，也是重大的政治问题，更是粮食安全战略的补充。只有立足于粮食安全这个“大格局”，才能深刻理解其重要性。

正所谓大国之大，必有大国之重。14亿多人口，每天巨大数量的粮食消耗就决定了我国在粮食安全这个问题上不能有丝毫麻痹大意。党和政府一直将粮食安全纳入国家安全大局，确立了“以我为主、立足国内、确保产能、适度进口、科技支撑”的国家粮食安全战略，走出了一条中国特色粮食安全之路。但粮食安全也绝不是高枕无忧。据统计，虽然自2017年以来，我国每年的水稻、玉米、小麦三大主粮和主要肉类的保障水平较高，但食用植物油、大豆等自给率比较低，蛋白饲料原料等供给自给率不到20%。2021年，我国仍要进口超1亿t粮食以应对可能发生的粮食危机。在日趋复杂的国际环境下，全球食物生产与供给系统正面临前所未有的压力，粮食安全形势不容乐观。此外，全球气候变暖、土壤退化、水污染等问题对粮食等作物产量、质量及收成稳定性不同程度上产生一定负面影响，疫情、国际资金炒作等多方面因素也在不断助推全球粮价上涨。在此大背景下，“大食物观”的提出，不但进一步充实巩固了“大国粮仓”，而且为进一步保障国家粮食安全指明了方向，也切实回应了人民群众要求越吃越好的现实要求。

二、要立足“大国土”来拓展“食物地图”

“大食物观”是传统“粮食观”的延伸，也是对新型食物资源的拓展，是在确保粮食数量、粮食安全的基础上全方位、多途径开发食物资源。

“大食物观”的基础是粮食但不唯粮食，而是要求食物种类更丰富、膳食结构更优化。除主粮作为食物外，肉、蛋、禽、奶、鱼、菜、果、菌、茶等都可以作为食物，要推动食物供给由单一模式向多元供给转变。以“菜篮子”工程为例，1961—1981年，我国蔬菜产量提升了47%；1981—2007年，产量增加了780%；依靠科技进步，蔬菜单位面积产量从2001年的29t/hm^{2}增长到2020年的44t/hm^2；设施蔬菜的推广以及绿色贮运技术的应用实现了我国蔬菜周年均衡供应。

“大食物观”要跳出“食物主要来源于耕地”的传统农业思维模式，在保护好生态环境的前提下，发挥资源禀赋扩大食物来源，将食物获取途径从耕地资源外延到整个国土资源。我国人均耕地仅为世界平均水平的1/4，部分农产品自给率低，要积极向森林、草原、江河湖海要食物，向极地、滩涂、沙漠、深海乃至太空探寻更为广阔的食物来源，要不断新增新食品原料、开拓药食同源食物。以南极磷虾为例，南极磷虾主要生活在南极洲水域，被誉为“海上金矿”，目前储量超过10亿t，而目前我国南极磷虾年捕捞量不超过10万t。南极磷虾营养丰富，富含蛋白质、矿物质和不饱和脂肪酸，是重要的食物战略资源。2013年相关部门批准磷虾油为新食品原料，磷虾油富含多不饱和脂肪酸以及磷脂、类黄酮、维生素A、维生素E、虾青素等，其蛋白含量高达17.56%，或将成为未来人类最大的蛋白来源之一。

三、要下足“大力气”来突破“生物科技”

解决吃饭问题，根本在科技。践行“大食物观”，保障食物供给，不仅要“藏粮于地”，更要“藏粮于技”。《“十四五”生物经济发展规划》明确提出，要顺应全球生物技术加速演进趋势，加快构建现代生物产业体系，做大做强生物经济。推动生物技术在农业、食品领域的应用步伐，是从有限的自然环境中获取增量、践行“大食物观”的必由之路。

首先，要有序推进生物育种产业化进程，把“农业芯片”牢牢抓在自己手中。例如，我国水稻、小麦的种质资源品类、育种水平、市场占有率表现较好，但玉米和大豆产量仅为美国的60%和40%左右，在尊重科学、严格监管、依法依规、确保安全的前提下，利用基因工程、酶工程等生物技术培育出具有较强抗逆性能的植株，显著提高作物生产水平，有效弥补种植和产量短板。

其次，要大力提升生物制造技术创新能力，实现食物生产的提质增效。近年来，以合成生物学、细胞工程等技术为基础的动物、植物、藻类、微生物细胞工厂，不与传统作物竞争土地资源，实现了更高效的食物营养组分生产。例如，传统陆生作物（如小麦、大豆等）的蛋白质产量不超过2t/(hm^2·年)，而利用海洋微藻合成蛋白质的产量为4～15t/(hm^2·年)；且在获得等量蛋白的前提下，微藻提取的淡水消耗量不足陆生作物的1%。近年来，我国科技工作者已成功利用化学催化与生物酶反应，打破了依赖于植物光合作用的淀粉合成的固有途径，实现了从二氧化碳和氢气到淀粉分子的人工全合成，效率可达到传统农业生产的8.5倍，为“向天空要食物”迈出了实质性一步。

此外，落实“大食物观”，还迫切需要培育创新型生物技术人才，打造一批生物科技领域的“国之重器”。面对生物科技高投入、回报周期长的特点，国家还应瞄准主攻方向，加强对人才培养、梯队建设的顶层设计。通过政策扶持促进生物技术人才与其他高新技术人才形成良性互动，切实以人才引领生物科技创新，以科技创新赋能“大食物观”。

四、要聚焦“大健康”来改善“营养供给”

践行“大食物观”，必须顺应“大健康”时代人民群众食品消费结构的变化趋势，在保障食物品种丰富与数量供给的基础上，改善居民膳食结构与营养供给，推动民众食品消费结构由“吃得饱”“吃得好”，向“吃得营养”“吃得健康”成功转型，满足人民群众对食物多样化、精细化、营养化、生态化的膳食新需求。

一方面，以营养为主导优化食物种植模式，从源头上改善营养供给，保障居民膳食结构的转型升级。首先，推广功能性农作物的种植，如富含抗性淀粉、赖氨酸、有机硒、花青素等营养成分的功能谷物，发挥其预防慢性病的潜在优势。其次，加强引种特色杂粮和杂豆新品种，如富含多种生物活性物质的藜麦、荞麦、燕麦等谷物，富含多种膳食纤维和矿物质元素的芸豆、鹰嘴豆等杂豆，满足民众特别是“三高”人群对全谷物和杂豆类的膳食需求。再次，在提升绿色蔬菜种植量基础上，推广种植药食同源的蔬菜和功能价值高的水果，如芦笋、芡实、蓝莓等，以增强人体免疫力。

另一方面，基于人民群众“多元、营养、健康”的食品消费需求，利用高维度、跨层次、多模态的食物大数据，以云计算、人工智能、物联网等前沿信息技术为支撑，开发数据密集型科研、技术、产业升级的新范式，精准对接民众对食物的高层次、个性化需求。例如，基于基因组学、蛋白质组学和代谢组学等技术在农业、食品研究领域的应用与积累而衍生出的“食品组学”，不断挖掘食物营养结构、功能特性、风味品质、加工制造属性、质量安全风险等多个层面的科学规律，并与传统工艺学、营养学深度融合，可为数字化食品创制、科学膳食模式构建、精准营养素供给提供有力保障。

五、要顺应“大趋势”来推动“食育教育”

“开源之外仍需节流”是大食物观的内在要求之一。在积极拓展食物资源的同时，更要向食育教育、“餐桌浪费”等要食物。我国作为传统饮食大国，要努力把食物变成新的教具，强化以食物为载体的“食育教育”。现阶段，我国食育教育还处于初始阶段，人民群众对营养健康和食物的选择能力还存在不足，还需要国家、社会、学校以及家庭在推进食育教育中有序引导。

一是国家层面要立其规，让食育有章可循。要在立法上下功夫，加强食育教育立法、执法，在条件成熟时，适时颁布具有中国特色的“食育法”“食育计划”。制定新型食物资源安全标准，开展食品新资源的营养、功能及食用安全性的科学评估，完善新资源产业监管体系和法律法规。

二是社会层面要倡其风，注重优良精神传扬。要在科普上下功夫，通过食育科普深度挖掘传统饮食的精髓，与现代饮食文化新趋势相结合，增强中华饮食文化的民族自信。

三是学校层面要育其人，构建食育课程体系。要在课程上下功夫，坚持食育同德智体美劳“五育”相融合，充分发挥国内大中小幼一体化教育的优势，围绕“食育与知识”“食育与健康”“食育与礼仪”“食育与科技”等内容构建食育课程体系。

四是家庭层面要知其食，掌握膳食营养知识。要在观念上下功夫，食育是父母能够给孩子终身受益的教育，父母要科学掌握膳食营养知识，培养孩子健康饮食知识，让孩子体验食物从种植养殖、生产加工到流通消费的过程。

五是个体层面要择其方，提高食物选择能力。要在食商上下功夫，认识食物热量、营养，识别食品营养商标，学会膳食营养搭配，提高个人挑选食物获取营养的能力。

（《中国食品报》，2022 年 05 月 31 日）

树立大食物观　端稳中国饭碗

中共黑龙江省委书记　许勤

民以食为天，国以粮为安。习近平总书记高度重视粮食安全，明确提出要树立大农业观、大食物观。在今年参加全国政协十三届五次会议农业界、社会福利和社会保障界委员联组会时，总书记再次强调，要树立大食物观，从更好满足人民美好生活需要出发，掌握人民群众食物结构变化趋势，在确保粮食供给的同时，保障肉类、蔬菜、水果、水产品等各类食物有效供给，缺了哪样也不行。黑龙江省深入贯彻落实习近平总书记关于大食物观的重要论述，坚决扛起维护国家粮食安全政治责任，全方位多途径开发食物资源，着力打造践行大食物观先行地，为保障国家粮食安全贡献力量。

一、深刻领悟树立大食物观的重大战略意义

习近平总书记强调，老百姓的食物需求更加多样化了，这就要求我们转变观念，树立大农业观、大食物观。我们要准确把握大食物观的科学内涵和实践要求，推动党中央决策部署落地见效、造福人民。

大食物观体现了确保谷物基本自给、口粮绝对安全的新粮食安全观，是国家粮食安全战略的重要组成部分。习近平总书记强调，现在讲粮食安全，实际上是食物安全。党的十八大以来，以习近平同志为核心的党中央高度重视国家粮食安全，实施新形势下国家粮食安全战略，形成新粮食安全观，引领推动我国粮食安全理论创新、实践创新、制度创新，续写了用世界 9%的耕地和 6%的淡水养活世界近 20%人口的奇迹。当前，百年变局和世纪疫情相互叠加，给全球粮食供应带来诸多不稳定性不确定性。我们在粮食安全问题上不能有丝毫麻痹大意，也不能指望依靠国际市场来解决，必须始终坚持以我为主、立足国内、确保产能、适度进口、科技支撑。大食物观的提出，立足于国家粮食安全战略，在确保大宗粮食作物安全供给基础上，全方位多途径开发食物资源，推动传统粮食安全向食物安全转变。黑龙江省作为国家的“大粮仓”，尤其要牢固树立大食物观，把多种粮、种好粮作为头等大事，深挖增产潜力，提升生产能力，促进粮食稳产增产，在保障粮食安全供给前提下进一步扩大食物来源、增加食物总量。

大食物观体现了农林牧副渔全面发展的大农业观，是深化农业供给侧结构性改革的重要内容。习近平总书记强调，今后农产品保供，既要保数量，也要保多样、保质量。大食物观的提出，是在牢牢端稳饭碗基础上，从耕地资源向整个国土资源拓展，宜粮则粮、宜经则经、宜牧则牧、宜渔则渔、宜林则林，形成同市场需求相适应、同资源环境承载力相匹配的现代农业生产结构和区域布局。黑龙江省地处世界三大

黑土带和黄金奶源带，全省划定粮食生产功能区和重要农产品生产保护区面积全国第一，要持续深化农业供给侧结构性改革，全方位开发耕地、森林、江河湖等资源，拓宽植物动物微生物等食物来源，打造“粮经饲”、“种养加”、农林牧渔协调发展的食物生产体系。

解决吃饭问题，根本出路在科技。黑龙江省富锦市万亩水稻科技示范园里的稻田画，勾勒出金秋丰收景象。该科技示范园区应用物联网、云计算等现代信息技术，对水稻种子催芽、育秧大棚管控、农田节水灌溉、气象综合信息、水稻田间长势、病虫草害监测等进行全程智能化分析和指导，助力提高水稻产量、种植效率和品质。

大食物观体现了以人民为中心的民生观，是更好满足人民群众日益多元化食物消费需求的有效途径。习近平总书记强调，要全方位、多途径开发食物资源，开发丰富多样的食物品种，实现各类食物供求平衡，更好满足人民群众日益多元化的食物消费需求。我国已全面建成小康社会，人均收入水平和消费水平不断提高，人民群众更加注重膳食营养搭配，人均原粮消费量大幅下降，肉蛋奶、食用油、蔬菜、水果等非主粮食物需求快速增长，正在由“吃得饱”向“吃得好”“吃得安全”“吃得健康”转变。大食物观的提出，是在保障口粮的基础上，多渠道开发食物资源，让食物品类更加丰富、结构更加优化、品质更有保障，更好满足人民群众对美好生活的向往。我们要深刻把握食物消费需求新变化，努力提供更加多样、更有营养、更加安全的食物资源。

大食物观体现了人与自然和谐共生的生态观，是践行绿水青山就是金山银山理念的必然要求。习近平总书记指出，良好生态本身蕴含着经济社会价值。人与自然是生命共同体，绿水青山既是自然财富、生态财富，更是社会财富、经济财富，人与自然和谐相处，大自然才能回馈更丰富的物产、更优质的食物。大食物观的提出，进一步强调资源利用的可持续性，更加注重生态优先、环境友好、资源节约，在保护好生态环境基础上，构建食物生产力与生态系统资源承载力平衡的大食物体系，让绿水青山持续发挥生态效益和经济社会效益，实现生态环境保护和经济社会发展相互促进、相得益彰。黑龙江省森林、湿地面积大，是寒温带的天然生物基因库，也是开发优质原生态食物的资源库，要坚持生态优先、绿色发展，不断提高生态系统稳定性和可持续性，推进森林、草原、江河湖食物资源生态化开发、可持续利用，努力把生态优势转化为经济优势和发展优势。

二、打造践行大食物观先行地的实践路径

习近平总书记强调，要向森林要食物，向草原要食物，向江河湖海要食物，向设施农业要食物，向植物动物微生物要热量、要蛋白。黑龙江省打造践行大食物观先行地有基础、有条件、有优势，要积极探索拓展食物来源、丰富食物品种的有效路径，大力发展农产品加工业，加快发展特色食品产业，建设国家稳定可靠的食物供给基地。

持续提升粮食综合生产能力，建设国家粮食安全战略保障基地。大食物观的重点是粮食，基础在于耕地。保障食物供给，首先要装满“米袋子”，确保吃得饱。黑龙江省现有耕地面积 2.579 亿亩，典型黑土耕地面积占全国 56.1%，建成高标准农田 9 141 万亩，土地适度规模经营面积 1.47 亿亩，农作物耕种收综合机械化率稳定在 98%以上，均居全国第一。主要农作物自主选育品种种植面积占比 87%，农业主推技术到位率稳定在 95%以上。2021 年，黑龙江省粮食总产量达到 786.8 亿 kg，占全国 11.5%，连续 12 年居全国首位。我们要坚持“藏粮于地、藏粮于技”，深入实施现代农业振兴计划，统筹推进科技农业、绿色农业、质量农业、品牌农业，多措并举保护好黑土地这个“耕地中的大熊猫”，扎实推进现代种业提升工程，集成推广高产技术，大力发展科学种植管理模式，推动粮食综合产能持续提升，建设国家粳稻口粮保障基地、玉米优质粮源生产基地、大豆油料作物生产供应基地，坚决当好国家粮食安全的“压舱石”、保障农产品供给安全的“主力军”和国家粮食统筹调剂的“供应地”。

向森林要食物，建设生态森林食品供应基地。森林蕴藏着丰富的食物，是天然的“大粮库”，不仅能丰富人民群众的餐桌，还能满足健康的生活需求。黑龙江省是全国重点林区之一，森林面积 21 万平方公里、居全国第二位，可用于发展林下产业的林地面积近 1 亿亩，开发利用空间巨大。目前已打造了林粮、林菌、林药、林菜、林果、林下养殖等 6 个系列森林食品，有刺五加、黄芪等道地药材，有松茸、黑木耳等优质食用菌，有红松子、榛子等特色坚果，蓝莓、沙棘产量居全国第一。我们要坚持全链思维，充分发挥森林“水库、钱库、粮库、碳库”作用，在保护中有序扩大林下经济用地规模，加强林下标准化生产基地建设，全面提高森林资源利用水平，发展壮大森林食品龙头企业，优化森林食品产业布局，加快培育森林食品品牌，不断提升生态森林食

品供给能力。

森林蕴藏着丰富的食物，是天然的“大粮库”。近年来，黑龙江省大兴安岭地区因地制宜发展林果、林菌等林下绿色有机食品种植业，打造林下绿色有机食品精深加工基地。

向江河湖要食物，建设冷水鱼产品生产供应基地。水产品是重要的农产品，也是优质动物蛋白的重要来源，发展水产业可以更好保障食物供给安全。黑龙江省有黑龙江、松花江、乌苏里江和绥芬河四大水系，有兴凯湖、镜泊湖、连环湖、五大连池等 6 000 多个天然湖泊，孕育着以“三花五罗”为代表的 100 多种野生鱼类，水产品认证国家地理标志产品 25 个、绿色食品 41 个、有机食品 33 个，优质特色水产品深受广大消费者青睐。我们要发挥生态、气候和资源优势，大力发展冷水渔业养殖加工，打造大宗淡水鱼现代渔业核心生产区，建设特色品种和冷水鱼类养殖基地，发展精深加工产业，构建鱼仓冷链物流体系，不断提升标准化、绿色化、产业化、组织化水平，推动冷水渔业高质量发展。

向设施农业要食物，建设寒地果蔬生产基地。设施农业土地利用率和产出率高，是农产品稳产保供的重要途径，也是促进农民增收的有力举措。黑龙江省土地肥沃、气候冷凉、病虫害发生少，发展现代设施农业有明显比较优势，尤其是蔬菜生产天然形成了季节性“北菜南销”的时间窗口。我们要坚持设施农业和露地种植双轮驱动，提升设施农业规模化标准化水平，在大中城市郊区发展设施瓜菜和水果，在东北部沿边口岸县（市）就近发展外向型果蔬，在哈尔滨、牡丹江、大庆等优势区建设果蔬和鲜食玉米加工产业集群，在中西部和东南部地区建立蔬菜原料加工和特色浆果加工产业集群，发展生态循环农业，形成设施先进、绿色优质、高产高效、产销协调的寒地果蔬产业发展格局。

向植物动物微生物要热量、要蛋白，建设生物产业基地。热量和蛋白质的摄入与国民营养健康息息相关，满足人民群众越来越高的生活需求，必须在推进植物动物资源深度开发的同时，依托生物技术创新开发更多新型食品、未来食品。黑龙江省有 185 科约 2 500 种植物、476 种陆生动物、1 000 种大型真菌，农业生物质资源全国第一，婴幼儿配方奶粉产量全国第一、生鲜乳产量全国第二，黑木耳产量全国第一、食用菌鲜品总产量全国第四，是全国最大的生物发酵氨基酸生产基地，汇聚了东北林大、东北农大、哈尔滨兽医研究所等一批高校和科研院所，发展生物产业有良好基础条件。我们要加快发展现代畜牧业，构建现代畜禽养殖、动物防疫和加工流通体系，做优做精食用菌产业，打造标准化、工厂化、智能化、产销一体化食用菌生产基地，完善食用菌加工链条和市场开发，加快发展生物技术和生物产业，推动食物来源由传统农作物和畜禽资源向更丰富的生物资源拓展。

三、构建践行大食物观先行地的支撑保障体系

习近平总书记强调，解决吃饭问题不能光盯着有限的耕地，要树立大食物观；这方面前景广阔、潜力无限，要统筹规划并制定完善相关配套政策。我们要坚持系统谋划，积极组织推进，加强资源要素有效配置，为加快打造践行大食物观先行地提供有力保障。

强化政策支持。研究制定大食物观发展规划，进一步明确优化食物生产结构、产业布局的目标任务和推进措施，引领大食物观落地落实。积极推动加大对粮食主产区的利益补偿力度，完善地力保护补贴发放、农业保险地方配套等支持政策，将食物主产区的生态服务价值、生态保护成本、发展机会成本纳入补偿范围，支持农产品冷链物流体系建设和市场交易网络平台建设，形成支持保护食物资源开发的政策导向。发挥政府投资基金作用，构建多元化多渠道融资服务体系，强化农产品、森林食品、水产品等生产加工项目建设用地、用工、用能等需求保障，推动各类生产要素向食物开发及其生产各环节倾斜。

强化科技支撑。发挥大学大院大所等科教资源优势，促进产学研深度融合、农科教高效协作，加快国家重点实验室等创新平台建设，围绕黑土地保护、良种良法配套、农业农艺结合、种养加循环等领域强化攻关，不断提升食物领域科技创新能力。强化企业创新主体地位，鼓励重点龙头企业牵头建设研发中心，推进农田、森林、江河湖等不同场景下食物资源利用技术研究，大力发展现代合成生物、生物发酵等技术，推动食物开发、生产、加工等各环节协同创新。围绕延链、补链、强链，积极开展以商招商、专业招商、云端招商，引进一批食品加工、生物科技重点企业和区域总部，推动植物基蛋白、细胞基蛋白等生物合成食物产业发展，引领现代食品产业转型升级。

强化品牌培育。坚持质量引领，完善特色农产品、森林食品等标准体系，支持新型农业经营主体申请“二品一标”认证，引导企业争取国际有机农产品认证，推进标准化生产加工基地建设，进一步放大寒地黑土、绿色有机优势。精准定位目标市场和消

费群体，整合资源、深挖特色、严控品质，加强优质农产品地理标志品牌创意塑造，推进省域公用品牌、省级品类品牌、区域公用品牌、领军企业品牌培育，形成特色农产品品牌体系。加大品牌宣传推介力度，积极开展展示营销行动，不断扩大品牌知名度和美誉度，持续提升黑龙江“黑土优品”附加值和竞争力。

（《求是》杂志，2022 年 10 月 03 日）

心怀“国之大者” 践行初心使命 努力为维护国家粮食安全贡献力量

中粮集团党组书记、董事长　吕军

党的十八大以来，以习近平同志为核心的党中央高度重视粮食安全问题，确立了“谷物基本自给、口粮绝对安全”的新粮食安全观和“以我为主、立足国内、确保产能、适度进口、科技支撑”的国家粮食安全战略，习近平总书记就粮食安全问题发表一系列重要讲话，为新时期保障国家粮食安全确立了方向指引，指明了中国特色粮食安全之路。作为中央直接管理的国有重要骨干企业，中粮集团坚持以习近平新时代中国特色社会主义思想为指导，坚决贯彻落实党中央国务院关于维护国家粮食安全的决策部署，始终牢记粮食安全这个“国之大者”，大力弘扬忠于国计、良于民生的优良传统，加快打造具有全球竞争力的国际一流大粮商，努力为维护国家粮食安全贡献中粮力量。

一、聚焦主责、做强主业，不断提高保障我国粮食供给的能力

习近平总书记强调，我国粮食安全基础仍不稳固，粮食安全形势依然严峻，要善于用好国际国内两个市场、两种资源，要有打造我们自己的国际大粮商的信心。我们深刻感到，随着经济社会不断发展和人民生活水平不断提升，国内资源禀赋约束趋紧，个别粮食品种产需结构性矛盾进一步凸显，必须统筹利用两个市场两种资源保障国家粮食安全。作为与新中国同龄的中粮集团，自成立之日起，就按照党和国家部署要求，承担我国粮油食品对外贸易、出口创汇、保障国内粮油供给等重要任务，70 多年来，无论中粮发展模式如何转型、业务领域如何拓展、组织架构如何变化，农粮业务的核心地位始终没有改变，并成长为全球领先、我国最大的全产业链农粮食品企业。

一是深耕国内，持续巩固行业领导地位。坚持专业化经营、产业化发展，以国有资本投资公司改革为契机，对旗下业务进行全面梳理，明确粮棉油糖肉乳的核心主业地位，打造以核心产品为主线的 17 家专业化公司。坚持优化资源配置，聚焦重要品种、重点方向、关键环节和核心能力，引导资源向核心主业聚集，每年在粮油核心主业投资占比过半。坚持完善产能和区域布局，助力提升我国农粮产业链安全性和竞争力，油脂业务形成“沿海＋沿江＋内陆”的布局体系，稻谷和小麦业务覆盖全国优质产区和重要销区，国内粮棉油糖农产品综合经营规模稳居第一。在国资委指挥下积极推进与中储粮开展股权合作、组建合资公司，进一步提升资源配置效率，更好维护国家粮食安全。新冠疫情防控以来，中粮快速调整产能、投放粮油，有效保证市场供应和物价稳定，今年 4 月份上海疫情发生后，中粮全力保障上海市场米面油肉奶糖等农粮食品供应，创新解决配送难题，确保封控区管控区防范区物流畅通、供应充足。

二是拓展海外，不断完善全球战略布局。2014 年以来，集团完成对跨国粮商的全资收购，在全球粮食核心产区拥有了港口、码头、仓储设施等一批战略资源，初步构建起全球粮源资产网络体系，迈入了大型跨国粮商行列。通过国际化战略的持续深入，目前中粮集团海外年综合经营规模超过 1 亿 t，成为阿根廷第一大粮油出口商，巴西第一大对中国的大豆出口商，黑海地区排名前列的出口商，在大豆、玉米、小麦、食用油、食糖、棉花等重要农产品上具备了一定的资源掌控能力，国际市场话语权和影响力显著提升。

三是内外一体，着力强化体系竞争优势。为强化大宗农粮业务之间的协同性耦合性，更好发挥整体优势，集团坚持推进一体化业务运营，成立大宗商品交

易小组，建立大宗商品会商机制，在2020年、2021年国际农产品巨幅波动中，中粮大宗粮油业务稳定增长。同时，中粮集团坚持推进国内外粮油核心资产协同经营，贯通农粮主业全球产业链，实现国内外上下游一体化发展，持续打造国有农粮旗舰企业。

二、发挥优势、全链发力，不断提高引领粮食产业发展的能力

习近平总书记强调，要加快推进农业现代化，夯实农业基础地位，确保国家粮食安全；要加快建立现代农业产业体系，延伸农业产业链、价值链，促进一二三产业交叉融合。我们深刻感到，粮食安全是个系统工程，覆盖粮食产前产中产后、从田间到餐桌、一二三产业等各环节，应运用联系的、发展的、全面的眼光来看待。习近平总书记这一重要指示，科学回答了如何认识和处理粮食安全与现代农业之间的关系，为进一步加强粮食种植、流通、加工、消费等全产业链发展提供了遵循和指引。实践中，我们以“粮头食尾”“农头工尾”为抓手，持续加强全产业链建设，充分发挥自身优势，创新农业综合服务模式，引领和带动我国农业发展方式和食品消费观念转型升级，全方位保障国家粮食安全。

一是在种植端，带动农户“种好粮”。建设“公司＋基地＋农户（合作社）”利益共同体，打造农业综合服务平台，推动订单农业、智慧农业、农业金融、粮食银行、农事服务等创新发展，引导种植结构优化，促进农民增产增收。在订单农业上，中粮提出品种、品质要求，与农业生产带头人、种子公司等建立农业产业化联合体，带动当地连片种植、标准化生产，助力乡村振兴。在智慧农业上，携手中国农业科学院联手打造“中粮智慧农场”，覆盖新能源、节水农业、循环农业、智能化、物联网等关键领域，打造从田间到餐桌的一站式生态链条。在农业金融上，联合银行、农业信贷担保等机构为新型主体提供“种植贷”“粮抵贷”“代储分离”等多种方式金融服务，联合金融机构为奶牛养殖合作社提供预支奶款、贷款、资金扶持等金融服务。2020年，为支持奶农渡过疫情冲击难关，蒙牛乳业预支奶款、发放信用支持，做到不拒收一滴奶。

二是在加工端，引领行业“研好粮”。立足农粮加工内在协同，努力建设综合产业园，实现园区综合设施共建共享和产业之间有机协同。目前中粮集团在全国拥有9个综合性产业园，其中张家港产业园为国内首家粮油综合加工产业园，经过多年发展已成为亚洲最大综合粮油食品加工基地，涵盖大豆压榨、小麦加工、稻谷加工、饲料加工、油脂深加工等多种业态，通过先进科技、先进管理、先进模式引领行业转型升级。聚焦国人体质特点，设立专业研发机构，围绕科学配比、品质调控等，不断改进创新技术、工艺、流程、配方，开发全谷物、杂粮等高品质粮油产品，努力为14亿人民美好生活提供中粮好产品，中粮旗下26家企业获评“中国好粮油”行动示范企业，60余个品类获评“中国好粮油”产品。持续优化全产业链食品安全风险管控机制，优化源头、过程、终端风险管控机制，积极参与国家食品安全标准体系建设，近3年参与国家、行业、地方标准制定修订近400项。

三是在消费端，引导社会“吃好粮”。当前，国内部分消费者存在认知和消费误区，片面追求面粉、大米“精、细、白”，造成不必要的粮食损失和营养流失。中粮通过服务保障全国两会、建国70周年国庆阅兵、世博会、奥运会、G20峰会等一系列重大国事活动，通过全国糖酒会、产品发布会等，宣传粮食健康营养消费知识，倡导健康营养的饮食理念，引导公众养成科学合理膳食习惯，推动国内消费转型升级。“福临门”“长城”“蒙牛”“中茶”“中糖”“香雪”“家佳康”等深入人心，特别是“福临门”成为国内粮油行业领导品牌，获得最受信赖食品品牌等荣誉，是中国体育代表团、上海世博会唯一指定粮油产品，是中国航天事业合作伙伴、中国国家女子排球队官方食用油，入选“品牌强国工程”。

三、胸怀全局、辅政建言，不断提高服务国家管粮治粮的能力

习近平总书记强调，粮食安全是“国之大者”，要心怀“国之大者”，不断提高政治判断力、政治领悟力、政治执行力。中粮始于粮、闻于粮、强于粮，是我国农粮行业的排头兵和国家队，因此对中粮集团来讲，心怀粮食安全这个“国之大者”，不仅要求中粮发挥行业龙头作用，做好粮食产供储加销等具体工作，也要求中粮提高政治站位，想国家之所想、谋国家之所需，以专业优势、人才优势、市场优势、信息优势为国家治粮管粮辅政建言。

一是紧盯紧急要事——围绕国际农粮市场变化趋势建言。粮食兼具必需品、能源、金融等属性，自然天气、供求关系、国际环境、原油市场、美联储货币政策变化等都会对国际粮价产生复杂影响并传导至国内，必须时刻关注、密切跟踪、及时应对。2020年3月，我国疫情防控取得阶段性重要成果，集团党组敏锐察觉到，国内需求将逐步释放，农产品进口迫切性

增强，同时国际经济和金融市场动荡，大宗农产品价格普遍跌入历史性低位，棉花甚至跌破成本，恐对这些国家的生产积极性造成影响，进而导致长期供给出现问题。党组研究提出把握国际农产品低价机会加大采购等意见建议，抓住稍纵即逝的市场机遇果断出手，低成本为国家进口重要农产品，为国家节约了大量资金，有效保障了国内需求、稳定了市场预期、充实了宏观调控资源。

二是聚焦热点时事——围绕国内农粮行业现实问题建言。坚持围绕国内外粮食生产、加工、物流、贸易等方面的新情况新问题，及时主动向有关部委沟通汇报，推动农粮行业重难点问题解决。2021年以来，先后就国际国内粮食价格大幅波动、我国粮食安全面临的主要风险及对策、构建大豆多元化进口格局、小麦饲用替代规模大幅攀升等建言，受到充分肯定。

三是突出长远大事——围绕我国农粮产业未来发展建言。着眼我国粮食安全高质量发展，中粮积极参与国家层面粮食安全、食品供应链建设、仓储物流基础设施建设等规划的研究制定，贡献了中粮智慧，彰显了忠于国计、良于民生的政治担当。

（《国资报告》，2022年06期）

未来食品新业态：数字化食品产业

江南大学食品学院教授　刘元法

一、数字化食品是未来食品产业发展的新业态

进入21世纪后，我国的发展环境和居民生活环境、生活状态、物质需求正在发生深刻改变，未来也同样面临人口增长、气候变化、公共健康等前所未有的挑战，特别是目前全世界正在遭遇新冠肺炎疫情等重大影响。在这个发展与挑战并存的背景下，有必要对重要的民生产业——食品产业的未来发展方向进行梳理和研究。《未来食品科学与技术》一书中指出，未来食品行业发展将催生出“安全、营养、方便、个性化”的产品新需求和“智能、节能、环保、可持续”的产业新追求。其中，基于多学科交叉的食品科技创新、数字化食品是未来食品产业满足消费需求与实现产业追求的必然路径。

人类社会正在进入以数字化为主要标志的新阶段。过去10年风行“由外而内”的数字化转型，而今则趋向于利用呈指数级发展的技术“由内而外”地发挥数据的潜力。食品行业作为国民经济重要支柱产业和民生保障的基础产业，正步入以营养健康为标签的高质量发展阶段，食品消费正由生存型消费向健康型、享受型消费转变，由吃饱、吃好向保障食品安全、健康、满足食品消费多样化转变。而在数字化社会的大背景下，食品行业正在发生巨大变革，基于此，提出了数字化食品的新业态概念。基于食品营养数字化、人体健康数字化、加工制造数字化前提下的全数字化链条制造出的食品，就是数字化食品，在未来将为食品产业的转移、革新带来新机遇。这既是食品行业健康发展的必要需求，也是顺应国家时代发展的必然选择。

通过利用物联网、云计算、人工智能、区块链技术等数字化技术，对食品原料物性、营养特性、人群营养特征等信息数据化和整合分析，继而与食品生物合成、食品重组、增材制造、智能化加工、智慧化物流、智慧化包装等高新技术深度融合后，可以得到具有精准化创制典型特征的数字化食品。食品行业已经开始逐步通过数字技术与实体食品企业的深度融合来形成数字化食品的产业模式，以满足和促进食品行业和企业本身的可持续发展。

二、数字化食品产业模式呈现精准化创制特征

在国家政策支持的大背景下，食品行业发展可期。国家针对食品发展问题制定了多项行业政策，通过改善食品供给、健全食品标准体系、提升产品质量等措施促进食品产业发展并推进健康中国建设。但食品工业的发展目前仍存在很多不足，特别是企业所提供的产品和服务不能有效满足消费者需求、产品形式

单一、产能与有效供给不对称、食品安全问题频发等。食品制造产业长期以来以数量扩张为主的粗放型发展方式仍然未得到全面改变，随着市场需求的转变和国际竞争日趋激烈，产业结构亟待优化调整。推动产业升级和结构优化调整，促进食品制造业发展方式改变的任务依然不可懈怠。而数字化食品的产业模式被认为是解决食品行业痛点和未来食品发展的新业态，即伴随着物联网、云计算、大数据等技术的发展，食品加工行业以人体营养健康需求、食品原料物性等数据流驱动产业链条来实现食用资源与产品的最优配置，这类食品新业态具有精准或定制化制造和供给的典型特征。

随着时代的发展，人们对食品特征开始有额外的滋味、口感、营养及安全特性的需求，甚至对原料产地也开始有需求限定。正因为如此，在加工、生产、运输的过程中，都需要考虑食品的化学、物理或生物特性；食品创制过程中也需要考虑到消费者营养状况背后的健康需求，这些足以使食品行业在产品决策方式上发生根本性改变。这些决策方式包括对大数据的集成数据分析和管理系统，在此基础上进行系统优化和决策管理，从而产生特定需求的数字化食品。

三、数字化食品的核心在于大数据的收集与处理

数字化食品的核心在于食品原材料、加工生产、物流、销售原料、终端消费（特征与需求）等海量大数据的全方位收集与处理，分别在食品营养数字化、人体健康数字化、加工制造数字化链条中产生。在数字化食品产业模式中，可以通过建立人体营养需求与复杂食品体系中原料组分、结构、品质及加工工艺参量之间相互关联的数据分析体系，以个性化需求、符合健康和安全需求为主要目标，基于食品营养数字化、人体健康数字化、加工制造数字化前提下的全数字化链条的数据处理、分析、决策，将加工过程的热量、动量等参数与食品感官、质构和理化特性相互连通，实现食品产业链全元素的连接与整合，以实现数字化食品的设计与制造。

举例来说，植物基产品是当前符合新一代消费者对健康饮食追求的产品形式，包括植物基肉制品和乳制品正在快速发展。植物基肉制品正是通过利用生物质构重组技术，针对产品形式、色香味形、营养功能做大数据分析与整合，拟合仿真并进行多组分重组形成的产品。比如利用人工智能、机器学习技术对植物蛋白原料特性、谷氨酰胺转氨酶的使用参数、产品的热稳定性等数据进行拟合分析，系统性地筛选不同的成分或配方，针对不同的个人需求，快速进行产品设计。这种新型植物肉的生产模式将改变食品的传统农业生产方式，也将重塑未来食品供给和加工制造模式。从另一个角度来看，数字化食品的精准化特征也可以有效推进食品的健康化进程，实现更安全、更营养、更健康和可持续的农业生产和食品获取方式，也便于对食品安全的监管。因此，数字化食品将成为转变我国食品行业发展方式、推动食品行业高质量发展和保障人民健康的发展新业态。其中，食品组学与新一代信息技术的集成通过研究和分析食品制造全过程的质量、安全、营养数据，如食品物性数据、人体营养体征数据等，可为数字化食品的创制奠定技术基础。

在数字化食品的加工制造过程中，人工智能等信息化技术的应用使得数字化食品的工业生产中许多例行或管理任务实现自动化，通过实时对生产线各个环节、设备运行中的设备参数、工艺、中间产品特征数据进行采集，实现多维度的动态数据分析，实现对生产过程工艺优化、质量管控、设备管理与维护等功能。例如，一家饮料生产企业已经通过物联网技术在生产线上安装不同的传感器，实现了从产品调配、吹瓶、灌装到包装、码垛等环节以及产品生产过程中产品参数的在线实时监测。此外，也可以根据产品的定制化需求，基于上述对生产过程、供应链和产品运行、用户使用过程中的海量数据分析，通过虚拟产线模型分析，根据订单情况快速进行产品设计、调动物料供应、安排生产线生产，实现食品的定制化制造。3D、4D打印技术就是数字化食品的加工制造技术中典型的技术案例，根据产品配方和营养成分的不同，能够生产更为精准定制化的食品，具有节约原料成本、产品造型丰富和个性化营养定制等优点。这种技术在未来数字化食品的产业发展中可以发挥更大的作用。

四、食品行业核心竞争力将被重塑

数字化食品是以来源于食物本身的营养特性、人体健康特征、食品加工制造中的特征变化等全方位收集与整合的大数据为核心的，所以其产品设计依赖于大数据和人工智能的数据驱动。这些数据也是数字化时代的新型战略资源。利用这些资源，可以从根本上改变食品系统的资源利用模式。随着未来技术的发展，可以预见，基于数字化系统与智能化制造线的实现，不久的将来仅仅需要消费者通过指尖和屏幕的交互即可达到产品个性化需求的完美满足。

因此，数字化食品的发展模式有利于打造企业竞争力，也可以解决传统工业的发展转型升级，从而降本增效。数字化食品能够带来食品行业的高质量可持续发展和国民膳食营养与安全领域的正向发展，真正实现“健康中国”。作为食品产业主体、消费、产业监管通过数字化转型来相互融合的新产业、新模式、新业态，数字化食品的发展将对食品行业的升级产生越来越大的影响，也将重新塑造食品行业的核心竞争力。

（《中国食品报》，2022 年 05 月 09 日）

新常态下我国杂粮加工产业发展思路的探讨

沈阳师范大学粮食学院　庞文渌

随着科学饮食知识的普及和国民健康意识的提升，以及“精米白面”导致的潜在健康问题不断显现，富含膳食纤维和多种功能性营养素的杂粮及其制品越来越受到普通消费者的青睐。相比于日常主食的“精米白面”，杂粮不仅能促进肠道蠕动、防治便秘，而且更有利于控制血糖、血脂、血压和体重，进而降低心脑血管疾病和某些癌症的发病风险。因此，为了满足国民健康饮食的需求，促进杂粮加工产业的长远发展，杂粮加工产业应以保障国民健康饮食为己任、满足市场需求为导向，客观分析杂粮加工产业现状，认真查找杂粮加工产业存在的问题，从而找到新常态下发展杂粮加工产业的突破口和着力点，抓住机遇，乘势而上。

一、我国杂粮加工产业的现状

我国的杂粮加工产业现状，基本上可以通过杂粮原料供给情况、杂粮加工企业情况和杂粮加工产品情况反映出来。

（一）杂粮原料供给概况

我国是世界上主要的杂粮生产国和出口国，素有“杂粮王国”之称。但遗憾的是，在全国粮食产量及消费逐年提升的背景下，小杂粮的种植面积和产量却在逐年萎缩，其年产量已由历史最高水平占全国粮食总产量的 30%左右，降低到现在的不足 4%左右。据相关资料介绍，近年来我国杂粮的种植面积稳定在 900 万 hm^2 上下，总产量在 1 700 万～2 000 万 t 徘徊。由于杂粮种植面积和产量均处于“双低”水平，使得我国杂粮加工产业的原料供给总体上处于“紧平衡”状态。

（二）杂粮加工企业概况

由于我国传统的杂粮加工行业历史悠久、区域性强，加之进入市场门槛较低等原因，导致我国目前杂粮加工企业数量众多、布局分散、产能不大、技术不精、效益不高等问题突出。据“全国杂粮加工企业名录大全 2020 更新版”收录在营业的杂粮加工企业最新信息，我国目前规模以上的杂粮加工企业有 2 000余家，其中以制粉、碾米等为主的杂粮初级加工企业占 50%以上，以杂粮主食和特色加工为主企业约占近 50%，而从事杂粮精深加工企业占比很小。

（三）杂粮加工产品概况

我国目前的杂粮加工产品尽管表面上看种类较多，但实际上主要还是以杂粮米、杂粮面、杂豆等初级或低级的原料类产品为主，其次还有一些杂粮粥、杂粮饮料、杂粮小食品等以杂粮为主料的杂粮产品。而以杂粮中具有营养保健作用的提取物为核心成分的杂粮精深加工产品占比却很小，有些甚至是空白，这也集中反映了我国目前的杂粮加工技术和工艺总体上还处在较低级的水平，因此亟待加工技术突破升级、加工产品更新换代。

二、我国粮油加工产业目前存在的问题

与其他行业一样，面对新常态下新的经济形势，我国的杂粮加工行业也面临着许多新问题。这些问题主要表现在杂粮原料供给不足、加工企业零星分散、加工产品简单低级等方面，我们只有勇于正视、设法解决面临的问题，才能促进新常态下杂粮加工产业的发展。

（一）杂粮原料供给不足

受制于我国目前杂粮生产单产不高、总产不足以及杂粮加工企业数量过多的现状，导致很多杂粮加工企业由于缺乏足够而稳定的原料供给，使企业开工率普遍不足，造成加工设备闲置浪费，加工效益低位徘徊。尽管在国家已开始进行粮食种植结构调整、重视杂粮杂豆生产的大背景下，杂粮杂豆生产将会迎来一个良好的发展机遇，但是由于杂粮生产长期在低位徘徊，估计短期内不会有大幅提升，因此杂粮加工原料不足的问题，仍将会成为新常态下困扰我国杂粮加工产业发展壮大的瓶颈问题。

（二）加工企业零星分散

据有关资料介绍，我国在营业的杂粮加工企业估计有 5 000 多家，但年加工能力在万 t 以上的仅有几十家。我国杂粮加工企业虽然数量不少，但分布零散、产能低下、技术落后，甚至有很多企业还停留在作坊式加工阶段，工艺完善、设施配套、技术先进的企业凤毛麟角。例如，素有“杂粮之乡”的辽宁建平县，目前全县共有杂粮加工企业 129 家（计划到 2025 年增至 160 家），年加工销售杂粮 60 万 t，厂均仅有 0.46 万 t。这种局面导致我国的杂粮加工产品质量不高、加工效益低下、竞争能力不强，严重地制约了我国杂粮加工产业的发展壮大。

（三）加工产品简单低级

尽管目前我国的杂粮产品种类较多，但仍以米、面、豆等初级或简单加工产品为主，只是在包装形态、形式、设计上在不断改变，而核心产品与 20 年前相比却没有多少实质性的变化。除了杂粮米、面、豆之外，缺乏系列化、功能化杂粮产品，比如杂粮食品系列、杂粮饮品系列、功能性杂粮保健品系列等。与国外农业发达国家用于深加工的杂粮数量占其总产量的 50%以上相比，我国的杂粮深加工的利用率还不到总产量的 10%，且大多数加工产品仅停留在初级加工水平，加工工艺落后、精深加工水平有限、产品质量较差等问题突出。

三、我国杂粮加工产业未来发展思路

如果按人均日消费杂粮制品 100g 计算，我国杂粮年消费量将达 5 000 多万 t。因此，我国的杂粮市场前景广阔。针对我国杂粮加工产业的现状和存在的问题，未来的发展应在尽早实现“五个转变”上做文章、下功夫、花气力。

（一）由分散加工向集约加工转变

针对我国目前杂粮加工企业数量多、规模小、争原料、争市场的问题，政府应鼓励和支持当地粮食产业化龙头单位，通过并购重组、横向联合等措施，将零星分散、各自为战的小型加工企业联合起来组建区域性的杂粮加工产业集团或联盟，以实现原料、市场、信息、技术等资源互通共享，从而使杂粮原料稳定化、加工标准统一化、加工产品多元化、加工效益最大化。在有条件的地区，也可以创建杂粮加工产业园，甚至可以将有实力、够规模的杂粮种植基地纳入进来，以进一步延伸杂粮加工产业链，使其向专业化、规模化、集约化方向发展，争取打造一批科技含量高、综合利用率全、带动能力强的国家级现代杂粮加工基地，从而实现我国杂粮加工产业的升级换代。

（二）由过度加工向适度加工转变

众所周知，杂粮无论是色泽还是口感都远不如“精米白面”。过去人们常常是因为主粮不足才去吃杂粮充饥果腹，而现在人们则是为了营养均衡才去吃杂粮，是为了补充“精米白面”所缺乏的膳食纤维、矿物质元素和多种生物活性物质。如果单纯地为了口感和色泽去追求精细加工，势必会造成这些营养素的大量流失，那就违背了人们食用杂粮的初衷，也降低了杂粮的食用价值。因此，凡事都要“适可而止”，否则就会“过犹不及”，加工企业不能为了片面追求良好的色泽和口感而去生产过度加工的“伪杂粮”。至于杂粮客观存在的不太令人满意的色泽和口感，可以采用现代的加工或改性技术去努力克服或改良，而不应该继续以“精碾细磨”这种舍本逐末的落后加工方式生产“精米白面”式的“伪杂粮”。

（三）由单一加工向混合加工转变

杂粮的优势在于“杂”，也就是其含有主粮中没有或含量很低的多种有益于健康的生物活性物质。现代营养学认为，最好的饮食是“平衡膳食”。但是“尺有所短、寸有所长”，如果只靠单一品种，即使是杂粮也很难做到“平衡膳食”，因为不同种类的杂粮所含微量元素、维生素、生物活性物质的种类及含量各不相同。因此，为了更好地发挥杂粮营养优势，使其更有助于促进“平衡膳食”，可以通过“杂＋杂”或“杂＋主”等复配模式，即在加工过程中按照人体对各种营养素的实际需求，通过科学的营养配比，将几种杂粮或主粮按比例组合，加工成“配制米”“复合面”等杂粮混合产品，从而使多种杂粮的优势互补、弱势补强、营养均衡。

（四）由原料加工向产品加工转变

目前，我国杂粮加工大多是将杂粮加工成米、面等食品原料，很少加工成可以直接或经简单处理就可以食用的方便食品。尽管现在大家都认同杂粮的营养优势，但在日常生活中杂粮的消费占比却一直很低，其中一个主要原因就是对于普通家庭来说，杂粮食品的制作费时费力，因而限制了杂粮消费的普遍性和经常性。如能延长杂粮加工产业链，将一部加工出来的杂粮米面进一步加工成方便即食的杂粮食品，不仅可以方便人们的杂粮消费，也可以提高杂粮加工的经济效益。相信随着消费者健康意识的进一步提高和工作节奏的加快，杂粮方便食品将会拥有广阔的市场空间。因此，应加快实现杂粮产品多元化、系列化发展，如荞麦茶、小米酸奶等杂粮饮品系列；杂粮馒头、杂粮米饭等杂粮主食系列；杂粮面包、杂粮饼干等杂粮食品系列；杂粮片、杂粮圈等杂粮小食品系列；杂粮黄酮、杂粮多酚及杂粮多糖等杂粮保健品系列。

（五）由普通加工向精深加工转变

传统的杂粮加工只是通过碾、磨等普通加工手段，将杂粮加工成杂粮米或者是杂粮粉。由于杂粮含有很多抗营养因子和膳食纤维，因而影响了它的适口性及消化性，导致杂粮食品的口感差、消化率低，造成杂粮所含多种对人体有益微量元素和生物活性成分的浪费。因此，应结合现代新技术和新工艺，综合利用生物技术、化学技术、发酵技术以及分离、挤压、超微粉碎等技术以提高杂粮的可加工性，使杂粮食品更利于消化和吸收。例如，使用超微粉碎技术可使杂粮粉具有很好的分散性、溶解性和生物功能性以及较强的表面吸附力，人体摄取后更容易消化吸收减少浪费；使用静态高压技术可使杂粮淀粉分子长链断裂成短链结构从而制成改性淀粉，以提高可溶性碳水化合物含量和黏弹性；使用挤压加工技术，不仅能改善产品的组织状态和口感，还能丰富杂粮食品的花色品种；使用酸化处理或生物酶解等技术，不仅能提高杂粮的可加工性，还可以提高食品的弹延性、胶黏性、适口性和消化性，进而能改善杂粮食品的风味和品质。

四、结　　语

随着消费者科学饮食意识的不断提升，杂粮的营养保健功能越来越多地得到普通消费者的认同和重视，杂粮产品也必将会越来越受欢迎、越来越有市场。因此，我国的杂粮加工产业在经济新常态下，应抓住机遇、顺势而为、乘势而上，通过切实可行的产业重组、技术更新、产品开发及市场培育等措施，组建联合体、延长产业链、引进新技术、采用新工艺、开发新产品、满足新需求，从而尽快完成经济新常态下我国杂粮加工产业的转型升级，进一步做大做强我国的杂粮加工产业。

（《粮食加工》，2022 年）

推进全链条粮食减损：理论逻辑、现实困境与路径优化

农业农村部农村经济研究中心　高鸣

一、问题的提出

“洪范八政，食为政首”。解决好粮食问题是促进经济社会发展、稳定国家大局的重要基础。党的二十大报告明确提出要全方位夯实粮食安全根基，牢牢守住十八亿亩耕地红线，确保中国人的饭碗牢牢端在自己手中。作为世界人口大国，我国始终重视粮食安全问题，将其视为“国之大者”和“政之本务”，提出了一系列战略目标和政策举措。2021 年，我国粮食总产量达到 6.83 亿 t，连续 7 年保持在 6.5 亿 t 以上，粮食生产实现“十八连丰”，有力地保证了谷物基本自给、口粮绝对安全。尽管粮食连年丰收，但面对来自国内国际的双重压力，我国现代化进程中的粮食安全体系仍面临一定的问题和挑战。从国内看，人口结构变化、生产成本增加、资源环境约束等问题使得粮食稳产保供的压力加大，粮食生产和消费长期处于“紧平衡”状态，并面临着“吃得好”“吃得放心”的粮食与食物消费新需求；从国际看，面对日趋复杂严峻的外部环境和世界百年未有之大变局，粮食市场面临的不确定性增加，保障粮食产业链供应链持续稳定的难度加大。如何在压力增大、挑战增多的现实背景下，确保粮食有效供给、维持食物供求系统的长期平衡，是亟待解决的重大战略性问题。针对上述问题，不同学者从增强粮食综合生产能力、完善农业支持政策、推动市场化改革、牢固国际粮源供应、构建

双重保障机制等方面提出相关建议，为提升我国粮食安全保障能力提供了可行的路径选择。但已有研究多立足于粮食的“开源”，对粮食“节流”的关注相对较少。从现实层面看，据联合国粮食及农业组织（FAO）统计，全球每年有1/3的粮食遭到损失或浪费，从收获后到零售前的供应链环节内的损失约占世界粮食总产量的14%；我国每年在储藏、运输、加工等环节的粮食损失量超过350亿kg，消费环节浪费的食物相当于3 000万到5 000万人一年的口粮。为拧紧粮食“节流阀”，2021年国际粮食减损大会要求通过生产过程和产后减损、减少消费浪费等方式，增强疫情下世界粮食安全韧性；2022年中央一号文件明确指出，要深入推进产运储加消全链条节粮减损，反对食物浪费。可见，推进粮食减损，本质上是另一种形式的“增产”（图1），是新形势下增加粮食有效供给的重要举措，也是保障国家粮食安全的必然要求。

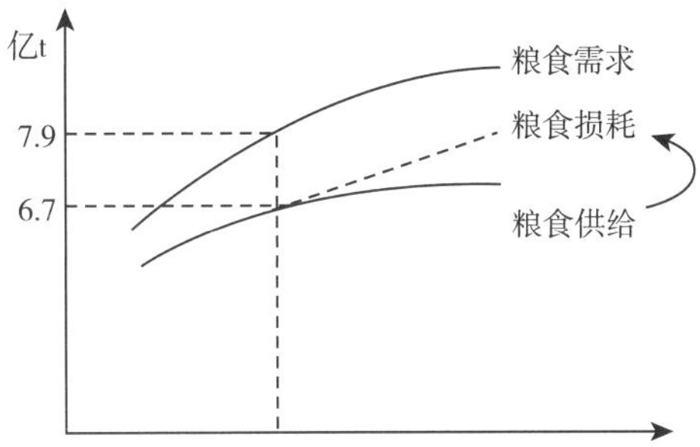

图1　我国的粮食供求状况分析

值得思考的是，当前的粮食损耗现状如何？立足新发展阶段，推进粮食减损的现实条件是什么，面临哪些突出问题和挑战？今后一个时期，粮食减损的发展目标、总体思路和重点任务是什么？如何减少粮食损耗以更好保障国家粮食安全？围绕这些问题，已有研究在对粮食安全进行广泛分析的基础上，对粮食损耗的形势和影响因素、粮食减损的思路和对策等进行了深入探讨，但仍存在一定不足，主要表现为以下几个方面：其一，现有研究主要关注生产环节的粮食损耗问题，基于全链条进行系统分析的研究相对较少；其二，对推进粮食减损的现实条件、面临问题和挑战等还有待进一步明确；其三，现有研究更多的是回答粮食损耗“如何减”的问题，对其发展定位还较为模糊。有鉴于此，本文在对粮食损耗进行内涵界定的基础上，梳理我国粮食减损的现实条件和主要问题；针对现存问题，在分析我国粮食减损体系建设优化空间的同时，对深入推进全链条粮食减损进行制度设计并提出相关政策建议。

二、粮食损耗的内涵界定与理论逻辑

（一）粮食损耗的内涵界定

根据FAO的报告，粮食损失被认为是发生在粮食供应链的生产、收获后和加工等环节，受各种因素影响产生的粮食数量、质量以及经济价值的损失；Lundqvist et al. 认为，粮食损失多发生在经济落后的国家或地区，是指受气候条件恶劣、病虫害、收割效率低下、运输和储存技术差等条件影响，造成的粮食丢失、霉变等。根据这一定义，国内多数学者将粮食损失和浪费进行了较为严格的划分，认为粮食损失是在储运、流通、加工过程中，因自然灾害、技术水平等客观因素造成的损失，或是由于种植决策、田间管理、储备管理等原因，在生产、运输、流通等环节形成的损失；粮食浪费则被认定为，在消费环节由于不合理的消费目的或是缺乏节约意识产生的一种主观行为，属于道德范畴。但需要注意的是，从结果来看，粮食损失和粮食浪费并无二致，其实质均是造成食物的可用性、可食性减少；而对于部分群体而言，其既是生产者也是消费者，粮食损失和浪费的界限并不明晰，因而将二者进行严格划分并没有实际意义。为此，世界资源研究所将粮食损失和粮食浪费（food loss and waste，简称FLW）统一起来，并将其定义为从食物供应链中移除的食品及相关不可食用部分。

为更准确地衡量我国的粮食损耗问题，本文将粮食损失和粮食浪费纳入同一框架进行分析，并将其认定为，在生产、储备、流通、加工、消费等各环节，由于种种主客观原因未能对粮食进行合理利用，造成的粮食数量、质量的减少，具体内容如表1所示。

表1　粮食损耗的主要内容

	主要环节	具体内容	相关文献
粮食损耗	生产	受生产特征因素（包括种植规模、作物品种等）、收获特征因素（包括收获方式、技术条件、收获时机、农机手操作规范程度等）、农户与家庭特征（包括参加技术培训、农户受教育程度、家庭农业收入占比、对损失的认知程度、劳动力充裕程度等）等影响造成的粮食损失	宋洪远等（2015）、曹芳芳等（2018）、李轩复等（2019）

（续）

	主要环节	具体内容	相关文献
粮食损耗	储备	由于缺乏先进的储备设施、科学的储备方式等原因造成的粮食损失	罗屹等（2022）
	流通	由于不合理的包装和运输方式、不健全的物流体系等造成的粮食损失	钱煜昊等（2022）
	加工	由于粮油加工企业科技支撑能力不足、加工转化能力较低等造成的粮食损失	罗万纯（2020）
	消费	受教育水平、年龄结构、收入水平、消费时间等因素影响造成的餐饮消费中的食物浪费；受家庭人口规模、经济状况、文化背景等因素影响造成的家庭食物浪费	张盼等（2018）

（二）粮食减损必要性的理论逻辑

第一，粮食减损倒逼农机装备提档升级，为实现农业农村现代化奠定基础。2021 年中央一号文件明确提出，新发展阶段要优先发展农业农村，加快推进农业现代化。减少全链条粮食损失，不仅对农业机械装备等提出了更新、更高的要求，也为数字农业和智慧农业提供了广阔的市场。从内在逻辑来看，推进粮食减损能够倒逼农机装备组织研发新的技术和机械，以减轻各环节的损失程度，在保障粮食有效供给的前提下，为推进农业机械提档升级提供内在动力。从外部政策来看，粮食减损的政策引导，不仅营造了较好的社会环境，而且为消费端、流通端的粮食减损提供了政策保障和工作手段，这进一步加快构建了粮食减损在产前、产中、产后等全链条各环节的有效机制。综合来看，全链条粮食减损为我国实现农业农村现代化提供了可行路径和必要方法。第二，粮食减损促进粮食产业提质增效，可缓解粮食供求结构性矛盾。改革开放以来，我国粮食供给实现了从“粮食短缺”到“基本平衡”再到“结构性矛盾突出”的根本性转变。从具体品种看，我国玉米、小麦等农产品存在供过于求的问题，油料、食糖、奶制品等则存在较大缺口。随着居民收入和消费水平的提高，城乡居民消费需求从“吃得饱”向“吃得好”“吃得安全”“吃得健康”转变，从关注数量向数量、质量、营养健康并重转变，但当前绿色、安全的高质量农产品生产不足，不能满足人民日益增长的美好生活需要。立足新发展阶段，粮食减损成为缓解粮食供求结构性矛盾的重要方式。一方面，减少粮食损耗能够直接提升粮食的供给保障水平，缓解粮食生产布局与资源禀赋不相匹配的矛盾；另一方面，推进粮食减损的过程中包含着粮食质量损失的减少，有利于提升粮食供给质量水平，确保人民群众吃得放心，并在提高粮食供给质量和效率的过程中，推动粮食产业链、价值链、供应链“三链”协同发展。第三，粮食减损是农业绿色发展的重要抓手，为实现“双碳”目标提供保障。研究表明，我国粮食生产中的农药、化肥施用量远超世界平均水平和最优上限，农业化学品的密集施用易造成面源污染问题，并引致严重的资源环境危机。而据有关学者测算，当水稻收获环节的损失率下降至 2.76%，就可以使稻谷产量增加 54 万 t，相当于减少耕地使用 7.84 万 hm^2、减少施用化肥量 2.61 万 t。因此，减少粮食损耗不仅意味着粮食本身数量的增加，而且意味着实现了在既定投入水平下的产出更大化，能够有效减少化肥、农药投入和农业用水、用地需求，进而缓解农业生产压力。同时，研究显示，生产 1kg 的食物会带来 5.22kg 二氧化碳的排放，推进粮食减损本身就是一个减碳降排的过程，有助于“双碳”目标的顺利实现，推动经济绿色、可持续发展。

三、粮食减损的现实条件和主要问题

为了把饭碗牢牢端在自己手中，我国坚持“开源”与“节流”并重，把推进全链条粮食减损作为保障国家粮食安全的重要工作之一，并在粮食生产、储备、流通、加工、消费等环节以及体系建设方面取得了一定的减损成效。但是从实际情况来看，我国的粮食减损工作仍然面临一定的问题和挑战。一方面，我国的粮食损失率仍处于较高水平。据统计，我国谷物的产后综合损失率达到 15.85%，油料作物、薯类、豆类的损失率分别为 14.22%、12.88%、8.94%，粮食损耗状况较为严重，科技支撑粮食减损的能力需要进一步提升。另一方面，粮食减损体系建设在制度、投入、服务等方面仍存在较大的优化空间。

（一）生产环节粮食减损的现实条件和主要问题

为减少生产环节的粮食损耗，我国通过提高农业机械化水平、提升耕地质量、创新种源技术等方式，不断改善粮食生产环境。2020年，我国农业机械总动力达到10.56亿kW，农作物耕种收综合机械化率达到71.25%，农机服务组织超过19万个；2021年，我国建成高标准农田1.055 1亿亩，同步发展2 825万亩高效节水灌溉农田；耕地地力保护与提升行动不断推进，全国耕地质量平均等级不断提高；种子基地"国家队"基本建立，全国超过70%的农作物用种需求能够得到满足，这都为推进粮食减损工作奠定了重要基础。但是，从技术推广方面看，由于农村劳动力的文化科技素质整体不高，了解新技术的积极性不足，使得粮食减损新技术和新装备的推广受阻；从农机使用方面看，收割机械精细化程度不够，农机、农艺的不配套容易造成"机器伤粮"现象；极端天气、病虫害、农机手操作不规范、农技推广形式和内容单一等问题更是加剧了粮食生产环节的损耗。数据显示，当前我国粮食收获环节的损耗相对较大，不同品种收获环节的损失率均超过3%（图2），从生产环节推进粮食减损工作还有待提升。

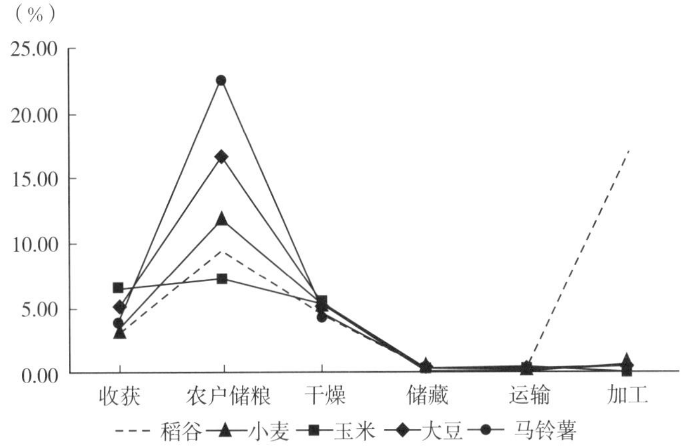

图2　全国层次不同品种分环节产后损失情况

（二）储备环节粮食减损的现实条件和主要问题

随着粮食产量的逐年增长，农民家中的余粮也渐趋增加，农户家庭储粮成为我国粮食储备的重要组成部分。为减少储备环节的粮食损耗，我国推动实施了农户科学储粮专项行动，累计建设近1 000万套标准化科学储粮装具，使得使用新装具的农户储粮损失率平均下降6%，每年减少损失超10亿kg。同时，截至2022年1月，我国建成粮食产后服务中心超过5 400个，覆盖全国1 000多个产粮大县，每日粮食干燥量超过110万t。但是，由于部分地区烘干设备容量不足、仓储设施条件较差，加之农民对科学储粮缺乏正确的认知，仍采取传统的露天晒干方式对新收获的粮食进行脱水处理，并使用编织袋等简陋装具进行储粮。在这一过程中，虫、霉、鼠防护措施的缺乏，造成农户储粮过程中易出现虫害、霉变等问题，家庭储粮损耗较大。据测算，农户储粮环节的粮食损失最为严重，小麦、大豆等品种储备环节的损失率超过10%，马铃薯的损失率超过20%，储备环节的粮食损耗问题亟待解决。

（三）加工环节粮食减损的现实条件和主要问题

针对加工设备落后这一问题，我国不断加大对新型加工装备的创新力度，自主研发的低温升和立式碾米设备、小麦磨粉新装备等不断推广应用，并逐渐替代传统的高耗粮、高耗能的落后工艺设备，使得粮食加工效率大大提高。但是，为迎合"精米白面"的市场需求，加工企业对粮食进行过度加工，不仅造成了营养物质的损失，而且降低了成品粮的出品率。同时，过度加工使得粮食副产物不断增加，但由于粮食资源综合利用水平比较低，大量稻壳、米糠等加工副产物被低值化处理或者直接丢弃，缩短了粮食产业链条、降低了粮食附加值。此外，工作人员待遇低、生活工作环境差、激励机制不健全等问题，使得既了解粮食加工业基本状况，又掌握机械、技术等方面的复合型专业人才较为稀缺，粮食加工环节存在严重的人才短板。数据显示，稻谷在加工环节的损失率近17%，从加工环节减少粮食损耗工作需要进一步推进。

（四）流通环节粮食减损的现实条件和主要问题

近年来，我国粮食流通体系不断完善。粮食"四散化"运输加快推进，专用散粮车、内河船舶等新型专用运输工具，敞顶集装箱、钢板筒仓等集装运输装备及配套装卸设施，以及铁水联运接卸、多式联运高效物流衔接等技术的发展，不仅提高了粮食物流管理水平，而且优化了运输线路，使得运输周期缩短、流通成本降低、运输效率提高。同时，具备条件的乡镇和建制村硬化路全面开通，农村交通运输网络基本形成，粮食物流服务体系不断健全，很大程度上减少了流通环节的粮食损耗。但是，由于粮食装、卸、储、运基本实现“四散化”运输的比例较小，水陆联运的衔接不够紧密，未能实现“一站式”流通，加之农村物流装备发展滞后、粮食物流区域城乡差距较大等问题，使得粮食运输环节仍存在较大损耗。据估算，铁路运输粮食年损耗约为 12 万 t，江海船运年损耗约为 2.5 万 t，公路运输年损耗约为 40 万 t，从流通环节减少粮食损耗不容忽视。

（五）消费环节粮食减损的现实条件和主要问题

在政府的大力倡导下，各地餐饮服务主体加快落实反食品浪费宣传、提供打包服务、引导适度点餐等工作，减少餐饮浪费成为部分消费主体的自觉行为，反食品浪费工作进入新阶段。但是，由于个体收入和消费行为之间存在棘轮效应，消费者很难在短期内调整消费习惯。在不科学的消费心理和消费习惯的影响下，部分消费者会单次购买或消费过量食物，造成严重的食物浪费问题，很大程度上制约了粮食减损工作的推进。世界粮食日、全国粮食安全宣传周等活动，虽然在一定程度上提高了消费和经营主体的节粮减损意识，但在真正落实上还存在较大困难。比如，部分消费者碍于面子或者为了减少麻烦，放弃打包剩余的饭菜；各类宴席菜品较多，餐饮服务经营主体缺乏精细化管理，易产生严重的餐饮浪费现象。据估计，2018 年我国食物浪费总量超过 3 000 万 t，每天人均食物浪费量达 67.33g。集体食堂、个人和家庭等都存在一定的浪费现象，从消费环节推进粮食减损的工作合力需要进一步强化。

（六）体系建设方面粮食减损的现实条件和主要问题

针对不同环节存在的粮食损耗问题，我国不断加强顶层设计和制度安排，推动实施了一系列政策措施（表 2），逐渐形成了“政府主导—需求牵引—全民参与—社会协调推进”的粮食减损体制机制。在粮食消费前环节，我国政府以国家粮食安全为基本出发点，以减少粮食产后损失为主要目标，要求通过完善粮食流通、储备、加工体系和健全产后服务体系等方式减少粮食损耗，为推进粮食减损工作提供了制度支撑。在粮食消费环节，我国针对公款吃喝和餐饮浪费等问题，出台了相关政策法律，推动节粮减损立法取得新进展，并以绿色发展理念为指导，提倡节约、反对浪费，实施全面节约战略，不断增强全民节约意识，为减少粮食浪费提供了良好的社会环境。但是，对标粮食减损的现实要求，我国粮食减损体系建设还有较大的优化空间，需要进一步完善。从制度体系看，已有的法律法规如《反食品浪费法》，对政府部门、餐饮服务经营者、单位食堂、外卖平台等主体的食品浪费行为作出了明确规定，但方式重点在教育引导、警告和行政处罚等方面，政策法规的引导激励作用稍显不足；“光盘行动”被写入有关法律，“舌尖上的浪费”得到一定遏制，但是高质高效的回收利用体系建设远远不足，食物回收工作仍需深入开展。从投入体系看，近年来国家财政农林水事务支出增速趋于下降，2020 年增长率为 4.75%，比 2019 年减少 3.67 个百分点；我国农业科技投入强度不到 1%，农业基础研究投入占比不到 5%，农业科研稳定性支持经费占比不到 60%，与发达国家存在一定差距。从服务体系看，粮食产后服务体系建设是推动粮食减损的重要保障，但由于缺乏相应的激励措施，其主要由政府推动，农业经营主体、企业等各类市场主体参与的积极性不足。

表 2 推动粮食减损的相关政策梳理

环节	来源	主体内容
生产	《国家粮食安全中长期规划纲要（2008—2020 年）》	完善粮食流通体系、储备体系、加工体系，通过推进粮食“四散化”变革、推广农户科学储粮技术、大力发展粮油食品加工业等方式，减少粮食产后损耗
	《农户科学储粮专项管理办法》	加快建立技术服务体系，逐步建立政府支持农户科学储粮的长效机制，将储粮装具推向市场
	《粮食收储供应安全保障工程建设规划（2015—2020 年）》	大力实施粮食收储供应安全保障工程，构建现代粮食收储供应安全保障体系
	《“优质粮食工程”实施方案》	对粮食产后服务体系建设、国家粮食质量安全检验监测体系建设、“中国好粮油”行动计划作出具体安排
	《粮食产后服务体系建设实施指南》	建设一批专业化的经营性粮食产后服务中心，形成新型社会化粮食产后服务体系

（续）

环节	来源	主体内容
生产	《粮食流通管理条例》	要求粮食收购者、粮食储存企业按照规定使用仓储设施、运输工具，以减少粮食损耗
消费	《党政机关厉行节约反对浪费条例》	对公款吃喝、食物浪费等行为作出明确规定，要求厉行节约反对浪费，建设节约型机关
	《餐饮业经营管理办法（试行）》	定期对餐饮行业开展反食品浪费相关行为进行监督检查
	《关于厉行节约反对食品浪费的意见》	明确提出要深入推进反对食品浪费工作
	《中国落实2030年可持续发展议程国别方案》	通过政策引导、技术改进、鼓励转变消费方式等途径，减少人均粮食浪费量
	《关于推动绿色餐饮发展的若干意见》	推进餐饮节约常态化，健全绿色餐饮标准体系
	《中国的粮食安全》	倡导节粮减损、减少“餐桌上的浪费”
	《中华人民共和国反食品浪费法》	对餐饮服务者、单位食堂、学校、个人等各类主体的食品浪费行为作出规定
	《粮食节约行动方案》 《反食品浪费工作方案》	坚决遏制餐饮消费环节浪费，加强节粮减损宣传教育引导

四、推进全链条粮食减损的制度设计与路径优化

在乡村振兴战略全面推进、“两个一百年”奋斗目标历史交汇的关键时期，推进粮食减损培育“无形”粮田，具有重要的理论和现实意义。针对当前粮食减损面临的现实问题和挑战，综合考虑做好粮食全链条减损工作、守牢保障国家粮食安全底线和基本建成现代粮食产业体系的目标任务，推进粮食减损的制度设计应该在发展目标、总体思路和重点任务上更加明确（图3）。在此基础上，可以从提高战略地位、完善运行机制、加强教育引导等方面进一步推进粮食减损工作。

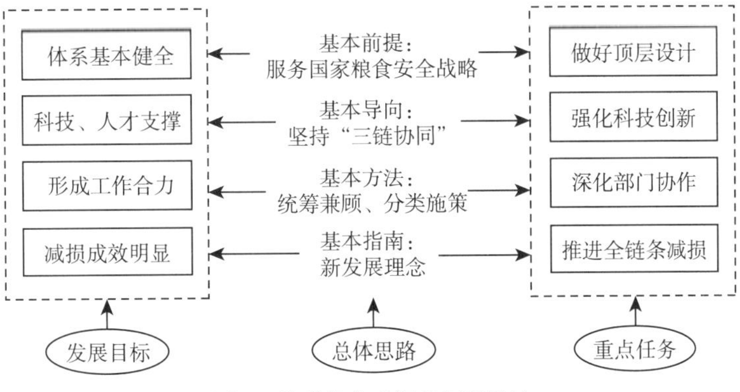

图3　推进粮食减损的制度设计

（一）推进粮食减损的发展目标

第一，粮食减损体系基本健全。在制度体系方面，粮食安全保障法出台实施，法律政策实施细则进一步实化细化，依法管粮节粮力度加大；相关配套制度不断完善，政策法规的引导激励作用同步加强，粮食回收高效利用体系和粮食减损常态长效治理机制基本建立。在投入体系方面，推进粮食减损的财政资金支持力度加大，资金支持的精准度和使用效率提高；粮食产业链供应链各环节的政府投入力度加大，粮食产业链延伸、附加值增加；在保证小农户基本权益的基础上，粮食减损效率高的新型经营主体和企业获取财政资金的渠道拓宽，推动增强其对小农户的示范带

动作用。在服务体系方面，相关国家标准和行业标准全面实施，“产储运加消”全链条减损体系和技术标准体系构建形成，粮食产后服务体系不断健全；各类市场主体广泛积极参与，政府机构与非政府组织间的交流合作深化，粮食损失调查评估机制和监测体系基本建立、食品浪费统计研究工作深入开展。第二，科技、人才成为粮食减损的重要支撑。在支持力度方面，农业科技投入和科研经费不断增加，农业科研投入强度达到3%，农业科研稳定性支持经费占比达到70%；农业基础研究占比达到8%，超过全行业6%的平均水平，与发达国家的差距逐渐缩小。在创新能力方面，粮食减损实用型技术创新成果不断落地见效，种源等关键核心技术攻关取得突破性进展，农业科技成果转化率稳步提升，到2025年，推广应用具有明显经济社会效益的粮食和物资储备领域重大科技成果20项以上。在技术推广方面，农村劳动力文化科技素质显著提升，粮食减损新技术、新装备全面推广；农机装备产业水平不断提高，主要农作物生产实现全过程机械化，机械作业精细化程度大幅跃升；农机农艺农田协同配套得到加强，农机装备使用效率和管理信息化服务水平明显提高，农业高质量发展的需要得到充分满足。在人才队伍方面，基层工作人员待遇提高、生活工作环境改善，粮食减损科技创新人才短板加快补齐，专业型、复合型人才数量增加；打造结构优化、研发能力持续增强的粮食减损科技创新团队，建成若干人才高地，加快形成与粮食减损工作相匹配的人才发展格局。第三，社会各界共同参与，形成粮食减损工作合力。节粮减损工作纳入粮食安全责任制考核，各地区及有关部门密切配合、主动作为，推动粮食减损目标任务和实施方案高质量落实；普法工作全面展开，宣传教育不断加强，粮食减损的社会共识基本形成并成为全社会的共同行动，推动粮食减损工作取得扎实成效；不同主体通过粮食减损平台产生联系并得以联合，各方资源整合形成有效合力，社会各界对粮食减损工作的积极作用充分发挥。第四，粮食损耗切实减少，可持续发展目标按时实现。对标联合国到2030年将零售和消费环节的人均粮食浪费减半、生产和供应环节的粮食损失减少的可持续发展目标，我国粮食全产业链总损耗率下降至6%，生产、储备、加工、流通、消费等环节粮食损耗量大幅减少；食品浪费问题得到有效遏制，“光盘行动”持续深入开展，公民法律意识显著增强，节约粮食、反对浪费在全社会蔚然成风。

（二）推进粮食减损的总体思路

第一，以服务国家粮食安全战略为基本前提。虽然我国可以确保“谷物基本自给、口粮绝对安全”，但是面对世界百年未有之大变局和我国粮食供需长期紧平衡的发展态势，保障国家粮食安全仍面临许多挑战。因此，必须强化风险意识，坚持开源与节流并重、增产与减损并行，推进全链条减损取得更多实效。在制定政策和法律的过程中，综合考虑行政处罚的约束力和奖励激励的引导作用，在对粮食全产业链各主体造成粮食损耗的主观行为进行处罚的基础上，加大对各主体主动参与粮食减损工作的奖励和激励力度，以此降低粮食损耗，并将其作为增加粮食有效供给的重要抓手，保障国家粮食安全。第二，以坚持“三链协同”为基本导向。实现粮食产业链、价值链、供应链的协同发展，是持续稳定推动粮食减损工作的核心要点。通过发展粮食循环经济，延伸粮食产业链；通过提高粮食加工转化环节的附加值，提升粮食价值链；通过畅通粮食供应“最后一公里”，着力减少粮食流通过程中的损失浪费，打造粮食供应链。同时，根据市场供求变化与粮食生产经营现实条件，通过市场激发粮食产业链供应链各环节主体活力，推动粮食生产方式转型升级，促进产业结构不断优化、产品结构更加合理，不断提升粮食的生产、加工、流通效率，减少粮食损耗，进而推动粮食产业经济高质量发展。第三，以统筹兼顾、分类施策为基本方法。粮食产业链供应链不同环节的损耗受多重因素影响，且各因素间存在较强的关联性，某一特定因素可能会造成连锁反应，使得不同环节出现粮食损耗问题。因此，为推进粮食减损，必须综合考虑各方因素，增强不同环节政策的协调性，建立利益相关方行动共识，让粮食产业链供应链各主体充分参与粮食减损。同时，由于不同地区的地理环境、资源禀赋、种植结构、经营模式等存在较大差异，粮食损耗的数量和形式也存在很大不同，同种减损措施可能并不具有普遍适用性；对于消费者而言，受收入水平、个体特征、社会环境等因素影响，消费观念和消费习惯存在差别，对食物浪费的看法也会有一定分歧。因此，在减少粮食损耗的过程中，必须因地制宜、分类施策，切实采取措施推进粮食减损工作。第四，以新发展理念为基本指南。立足新发展阶段国家粮食安全面临的机遇和挑战，贯彻创新、协调、绿色、开放、共享的新发展理念，将创新粮食减损体制机制作为构建国家粮食安全新发展格局的重要组成部分，推动粮食减损由粗放、高耗能向绿色发展转变，通过发展循环经济，促进粮食产业链供应链各环节的资源节约与循环利用。坚持可持续发展战略，建立多层次的食物回收利用和再分配体系，首先考虑将符合食用标准的食物分配给需要的人，其次考虑将食物残渣制成饲料喂养动物或是转化为燃料进行工业生产，最后考虑以堆肥或是填埋焚化的方式改良土壤，最大化地提升食物回收利用效率。

（三）推进粮食减损的重点任务

第一，继续完善粮食减损的顶层设计，做好立法工作。严格落实现有相关政策法律，加大对《反食品浪费法》的普法宣传；根据《粮食节约行动方案》《反食品浪费工作方案》，健全完善粮食减损标准体系、餐饮行业标准与规范、临期食品销售体系等。加快《粮食安全保障法》的立法进程，积极推动相关法律和规则的制定；鼓励指导有条件的地方开展粮食减损立法修规，将地方粮食减损取得的各项成果法制化，强化依法管粮。探索制定粮食产后减损工作指导意见、"十四五"时期国家节粮行动计划方案等，进一步明确粮食减损的目标任务和政策举措。第二，强化科技创新，为推进粮食减损提供科技支撑。加大科技创新和科技支撑力度是促进粮食产业稳定发展的重要路径，必须着力强化科技进步在推动粮食减损中的重要作用，建立与当前我国粮食损耗问题相适应、与国际先进水平相协调的粮食减损科技创新体系，为粮食增产、加工提质、物流增效提供技术保障。通过科技创新，实现粮食减损工作从"软要求"向"硬支撑"转变。第三，深化部门间的协同协作，强化推进粮食减损的外部支持。粮食减损是一个系统工程，涉及生产、储备、加工、流通、消费等各个环节，需要多部门联合行动，比如，开展仓储环节粮食损耗调查评估需要国家粮食和物资储备局、国家统计局、国家发改委等部门的协调配合，加强反食品浪费执法需要市场监管总局、商务部、文化和旅游部以及地方有关部门的协同协作。因此，要在明确农业、交通、宣传、工商等部门职能的前提下，加强各部门间的交流和多部门间的合作，构建部门协同推进工作机制，进而为推进粮食减损提供重要的体制机制保障。第四，多措并举，推进全链条粮食减损。在生产环节，通过选育节种宜机品种、提高机械作业精细化程度和农机手规范操作水平、制定机收减损技术指导规范、加强气象灾害预警系统建设、引导农户适时择机收获等方式，强化生产环节的粮食减损。在储备环节，通过深入实施优质粮食工程和科学储粮工程、推进"智慧粮库"建设、加快实施绿色仓储提升行动、推广先进储具和储粮技术、将粮食烘干成套设施装备纳入农机新产品补贴试点范围等方式，改善粮食产后烘干条件、提高粮食储备水平。在加工环节，通过完善适度加工标准、提升加工技术装备水平等方式，推动提高粮油产品出品率；创新粮食综合利用加工技术，提升稻壳、米糠等加工副产物综合利用水平和粮食加工业数字化管理水平，延长粮食产业链条，增加粮食附加值。在运输环节，通过完善运输设施和装备、加强物流体系建设等方式，推动物流数字化、智能化发展；深入推进粮食"四散化"运输，充分发挥电商平台的渠道优势，不断提高粮食运输效率。在消费环节，通过加快建设粮食节约宣传教育示范基地、开展节粮减损文明创建活动等方式，不断扩大粮食减损宣传范围，发挥正确的导向和示范作用。

（四）推进粮食减损的政策建议

第一，进一步提高粮食减损在保障国家粮食安全中的战略地位。深入推进粮食减损工作，是新时期在更高层次上保障国家粮食安全的重要内容。政府要提高政治站位，加强对粮食减损工作的引导，不断提升社会对粮食减损的正确认识。通过制定、修订相关法律法规，出台粮食减损具体行动计划，明确粮食产业链供应链各主体的法定义务与责任；加强粮食减损国际交流与合作，立足国内现实条件，借鉴吸收国际经验，加快落实联合国可持续发展目标。第二，完善运行机制，提高粮食减损工作质量。通过加大财政资金支持力度、健全粮食产后服务体系、强化粮食减损监管工作等方式，推动建立粮食减损长效运行机制。参照现有相关法律法规，部署推进粮食节约减损、开展反餐饮浪费政策效果评估、推进厨余垃圾资源化利用等工作，通过严格执法监督，加大推进力度，全方位持续减少粮食损耗。加强对粮食减损工作进展缓慢地区的指导，严格落实各部门粮食减损职责；对粮食减损成效较为显著的地区，要进行财政资金适当倾斜，提升地方政府管粮、治粮的积极性，注重发挥其对周围其他地区的辐射带动作用。同时，要组织开展粮食减损"回头看"工作，总结好的经验和做法，形成可推广复制的粮食减损典型模式；对于不足之处则应及时发现并适时整改。第三，加强引导，促进居民膳食结构转型升级。科学的膳食结构既是居民营养健康的重要保障，也是推进粮食减损的核心要点。因此，要根据《中国居民膳食指南》，普及食物"金字塔"，加强消费引导，全面形成科学合理的膳食结构观念，改善营养过剩问题，进而减少食物损耗。同时，要落实"大食物观"的要求，在了解居民膳食结构变化情况的基础上，确保谷薯类、果蔬类、肉蛋奶类、坚果类等各类食物的有效供给。

（《中州学刊》，2022 年第 12 期）

强化原创性引领性科技创新，支撑食品产业高质量发展

中国农业机械化科学研究院集团有限公司科技发展部　吴海华

一、食品加工新技术新装备提升产业链供应链现代化水平

（一）技术装备智能升级，推进大宗农产品加工业转型升级

1. 粮食“产购储加销”全链条技术创新迈出坚实步伐，节粮减损取得良好成效　储粮“四合一”技术已成为国有粮库标配；横向通风升级技术、低温储粮新技术等应用持续扩大；气体传感器、专用害虫传感器等高新科技创新应用，为减少粮食损失提供了信息化支持；低氧储粮技术保障粮食质量稳定，国有大型粮库储粮周期内粮食综合损耗率降至1%以内；“十三五”期间，粮食产后流通环节减少损失约1 300万t/年，储粮粮情风险预测与应急处置技术已在全国68个粮食仓储企业示范推广。2022年，我国粮食总产量达6 865.5亿kg，实现“十九连丰”，为实施新一轮千亿斤粮食产能提升行动奠定坚实基础。

2. 适度加工技术不断突破，为提高粮食利用效率开辟新路径　围绕大宗农产品适度加工进行关键技术装备研发及示范，布局米面制品适度加工控制体系，构建食品加工品质评价及在线控制指标，建立方法体系及技术标准，研发成套新技术装备与新模式，出米率可提高3.2%；优化油料作物精准化、稳态化关键技术，研发出大型智能化装备，有效解决我国油料作物过度加工导致的出油率低、营养素流失大、蛋白质功能损伤等问题；挖掘加工副产物综合利用潜力，开发粮食加工副产物绿色多元化利用集成模式，开展衍生品生产研究，进一步提高综合利用率。

3. 果蔬加工技术及模式创新升级，带动产业进入提质增效新时期　在国家科技项目的支持下，开发出新型智能分选技术，果蔬鲜切生产环节的技术不断创新，研制出具有自主知识产权的成套加工装备；研发高效节水型减菌技术，建立气调包装技术体系，微波、远红外、真空冷冻、冷冻浓缩、冷榨液压、无菌冷灌装、超临界流体萃取、新型膜等技术综合应用；创新果蔬精深加工和副产物高值化利用技术体系，发明营养功能组分快速定性定量检测方法，构建多维网络关系的果蔬品质与营养基础数据库；研发果蔬生产管理系统，实现生产过程精准监控；果蔬标准化、精简化和绿色化生产加速推进，优质产品迅速发展。

（二）科技创新与产品开发相结合，助力完善特色农产品产业体系

1. 高原特色农产品加工创新发展，促进高质化利用　“十三五”期间，西藏自治区组织实施“特色农产品加工技术与产品开发”重大科技专项，累计攻克青稞发酵饮料精深加工、牦牛高档部位肉分割、豌豆加工、青稞产品中重金属快速提取以及重金属镉的快速检测等加工技术60项，研制关键新设备5台套，制定技术规程、标准、操作规程等14项，联合特色农牧业加工企业推动科研成果转化落地，研发新特产品150余种，推动当地农牧业转型升级，培育农牧民增收新的增长点，有力支撑高原特色农产品基地建设。

2. 蜂产品监测与加工技术取得新突破，助力绿色优质发展　“十三五”期间，蜂产业围绕遗传改良、饲养、疾病防控、授粉、蜂产品加工等方向，扎实推进蜂业遗传资源调查与利用、新品种和新技术的研发与推广应用，蜂蜜优质安全生产全程控制和增值加工、蜂蜜品种鉴别与功能评价等新技术取得突破，创新天然成熟蜂蜜优质高产技术并示范推广，明确不同品种蜂蜜的品质特征和营养功能，有效解决我国蜂产业效率、效益低及蜂蜜质量安全等问题，助力企业打造优质特色蜂蜜品牌，扩大产业规模。

（三）颠覆性技术装备加快突破，驱动中国传统食品产业现代化

1. 中华传统及民族特色食品工业化加工技术革新迭代　围绕中华传统谷物、豆类、畜禽、水产、肉类和果蔬食品，集中创新杂粮制粉、品质保真、风味分析、危害物控制、传统工艺挖掘、工艺工业化适应性和标准化制造等关键技术，深入研究节能减排自动

化装备，建立健全食品加工标准与全程质量控制体系，创制典型的工业化民族特色传统食品，完成传统食品工业化技术理论研究、新技术研发和成果产业化应用，推动了传统特色制品向“品质定向调控-安全高效控制-绿色自动化”加工转变，实现绿色、节能、智能化生产。

2. 传统发酵、酿造食品技术装备创新升级　围绕微生物、风味组成、品质控制、危害物控制、智能设备开发等方面进行研究，建立传统酿造食品风味物质数据库和微生物数据库；完善功能性及安全性评价方法，挖掘优质微生物菌种资源，在发酵酒、酿造酱油等领域突破关键技术；进行食品风味与品质调控，创制新型酿造技术，突破传统工艺束缚，节能降耗，提高数字化、智能化水平，推动我国传统发酵、酿造食品生产方式的转型升级。

3. 预制调理食品高效智能升级，满足新型消费需求　围绕植物性、动物性预制调理制品，突破质构重组、特征营养与风味调整、货架期微生物与理化品质变化和控制、新型杀菌、保质保鲜、智能包装和安全控制等关键新技术，自主创制连续化、高效节能、急冻和速冻的核心设备，有效解决产品速冻能耗高、产能低、连续性和智能化程度低等问题；减小风味营养损失，开发便捷化、营养化、个性化与工程化的新型预制调理食品，进行产业化示范与应用。

（四）科技助力整合式创新，加快方便食品健康转型与价值提升

1. 方便制品工艺技术系列化升级　连续真空和面技术改进，子母机同时响应联动技术推广应用，模拟手工面工艺的自动生产线和连续性、大产量的鲜面自动生产线持续研发，蒸面和挤压工艺技术不断升级，有效改善非油炸面和鲜面的产品质量；非油炸酥脆工艺推广应用，降低食品中油脂的残留量；破解挂面全自动生产线热迁移规律，对节能降耗形成理论和技术创新支撑；全自动生产线后端装箱、码垛的自动化装置得到广泛应用，自动化装备日臻完善。

2. 预制菜肴加工冷却技术系统集成　在智能炒制、低温安全油炸与烤制、烹饪方法与风味形成、调味调香、复合气调保鲜包装、全体积快速杀菌技术与装备等方面取得创新性成果，推动预制菜产业发展；启动开发预制菜肴品质劣变的适度控制技术，以还原预制菜肴厨房烹制的新鲜口感；冷冻冷藏食品的复温技术提升，简化复热工艺；集成精致结构成型技术和快速连续印制技术，显著提升冷冻冷藏食品的感官特征；集成预制菜肴预处理、预烹调、预包装、仓储物流保鲜理论与技术体系，研发专用技术装备。

3. 风味配料技术创新，支持方便食品更适应市场需求　热蒸汽杀菌灭酶系统、气流冲击磨超细粉碎系统与分级技术、食品级高能介质磨系统、高压射流磨等技术设备创新升级，解决了靠传统装备解决不了的问题，实现超细研磨，助力行业发展；生物发酵技术应用于风味配料、风味密码的破解和复制，部分配料企业直接进入终端市场，进行网红方便食品的生产和代加工；香气剖析、感官评价等技术不断突破，实现传统小吃、经典老字号以及民间手工艺风味的高仿真还原；创新嗅觉-味觉相互作用及咸鲜味的分子调理技术，初步破解科学“三减”与平衡口感之间的行业难题。

（五）高水平科技自立自强，支撑未来食品创新发展

1. 现代食品绿色加工与低碳制造技术创新发展　在现代食品科技推动和扩大开放的背景下，基因工程、细胞工程、酶工程、发酵工程等生物技术开始在食品加工领域广泛应用，高效分离、靶向萃取、分子修饰、质构重组、超微粉碎、组合干燥、快速钝酶、膜分离、冷杀菌及超低温速冻、绿色制造和综合利用等现代食品制造共性关键技术相继突破，加速代谢调控的细胞工厂技术持续创新，新微生物资源、食品生物制造过程控制技术不断优化，从而为全球化市场扩张提供核心竞争力，驱动实现可持续发展，支持我国食品产业深度参与全球竞争。

2. 植物基食品设计与制造技术不断突破，为植物基食品规模化应用创造条件　积极采用蛋白质分级分离、功能组分优化等新技术装备改善植物基食品的营养成分和吸收性能，采用合成生物学技术生产植物基食品品质提升的关键配料，推进食品酶性质改良、关键配料合成与应用、装备开发与产品生产示范等工作，通过不同学科技术集成提升产品科技含量，加速植物基食品的开发，为全球减碳、国家食物安全、人类可持续发展做出贡献。

3. 食品结构布局向营养健康方向调整　国人膳食需求和健康调控机理、食品与代谢综合征预防及干预基础关系、食品与肠道微生态关系、组分相互作用机制等科学研究不断深入，信息资源库逐渐完善，食品营养健康基础研究取得重大进步。食品营养品质靶向设计技术、特殊膳食食品设计与制造技术、功能食品设计与制造技术等前沿技术不断突破，益生元（菌）、低脂/钠等营养健康系列产品加快开发，推动食品向营养健康与风味平衡发展转型升级，实现精准营养供给及智能健康管理，保障国民合理膳食。

二、新形势下食品产业科技创新面临的机遇与挑战

（一）机遇

1. 我国在世界新一轮科技革命中发挥重要作用　当今世界正经历百年未有之大变局，全球科技创新进入空前密集活跃的时期，我国高度重视科技创新工作，坚持把创新作为引领发展的第一动力，方兴未艾的新一轮科技革命，是我国真正意义上完整参与并在局部领域实现引领的科技革命。随着“一带一路”等科技创新行动的深入实施，我国日益成为全球高端生产要素和科技创新要素转移的重要目的地，国际科技合作的新空间正不断拓展，全方位多层次广领域的科技开放合作格局基本形成，科技创新的全球化水平全面提高，对世界科技创新贡献率大幅提升。

2. 创新驱动发展战略成效奠定科技创新坚实基础　我国科技事业取得历史性成就，发生历史性变革，科技创新量质齐升，创新型国家建设取得重大进展。科技人才队伍结构进一步优化，一批领军人才和创新团队加快涌现，创新活力不断被激发。基础研究、前沿技术和颠覆性技术攻关不断取得新突破，我国食品工程、中式主食工业化、智能装备等领域的科技水平进入世界前列，为自主研发、自立自强提供创新源泉，“卡脖子”问题取得了重大突破。科技体制改革不断深化，创新体系不断完善，创新活力不断增强，重大成果转化产生实质进展。

3. 消费升级和双循环格局推动食品产业进入新发展阶段　在健康中国战略下，社会健康意识普遍提升，消费者对食品品质要求日益提高，新消费习惯和数字经济引领食品产业转型升级，安全健康的创新产品加速开发。食品产业坚定推进创新驱动，产品创新投入不断加大，自主创新、集成创新和引进消化吸收再创新等能力不断增强，全链创新协调发展，高新技术加快应用，食品科技发展进入多元化。一系列新原料、新技术的自主创新稳步推进，产品结构深度优化，食品企业转型升级与营养健康食品加工的双轮驱动格局基本形成，促进食品行业转型升级，助推效益提升。

（二）挑战

1. 科技创新碎片化、创新主体各自为战的局面依然存在　我国食品智能制造尚处于机械化、电气化、自动化和教学数字化并存的状态。不同行业、区域、群体的数字化基础不同，农业、工业等传统产业尚处于数字化转型的起步阶段，核心工艺技术尚未找到合适的融合发展方式。信息技术的前期投入较高，融合探索的难度较大，数字化转型相对滞后。中式菜肴、传统酿造、特色农产品加工、调理食品等传统食品制造业发展不平衡，装备智能化和信息化成为食品行业应对风险挑战的关键，迫切需要用系统思维整合创新力量。

2. 新工艺、新业态带来新的创新压力　新原料、新模式不断涌现，新食品原料的自主创新、安全评价体系亟待发展，防范质量安全风险和市场风险的压力不断增大，食品安全问题还将长期存在，食品工业发展存在安全保障挑战。食品加工过程存在较多的废弃物排放，食品发展存在环境生态挑战，反食品浪费行动给食品绿色生产方式提出了新标准、新要求。面对激烈的国际竞争和全球食品供应链深度融合所带来的巨大冲击，食品标准体系不够健全，我国在国际贸易战中食物可持续供给面临重大挑战。

三、新形势下食品产业科技创新发展路径

（一）聚焦原创性、引领性技术攻坚，提升食品产业链供应链韧性和安全水平

围绕未来食品产业发展需求，主动布局食品领域前沿技术，持续进行核心技术攻关，健全科研攻关路径，实施科技重大项目，探索颠覆性技术创新计划。以新技术、新产业、新业态、新模式推动传统产业改造升级，推动制造业加速向数字化、绿色化、智能化发展。基于地方农产品资源优势和食品重点产业，引导资金、人才、技术向优势区域集中，培养和发展一批重点突出、特色鲜明的区域性科技创新基地。加强不同地域科技联动和衔接，因地制宜，调整优化食品区域科技布局。依托高新区打造高新技术产业集群，布局未来产业发展，壮大战略性新兴产业和现代服务业。扩大科技交流合作，构建多元化的国际科技合作渠道，探索灵活多样的合作策略，不断拓展合作新空间，深度嵌入全球创新网络。

（二）完善科技创新体系建设，打造高水平创新高地

以发展为导向，高效率、最大化吸附主导产业及特色产业的高精尖人才，为创新驱动发展提供强大牵引动力。统筹推进教育、科技、人才工作，强化科技人才全链条培养，加强科技教育协同发展。以重大人才工程为牵引，培养集聚具有全球视野和国际水平的战略科技人才、科技领军人才和高水平创新团队，着力培养一批世界一流的食品创新型人才。加强研究机

构、重点实验室、技术创新中心等研发平台建设，汇聚我国食品领域的优势力量，重点开展产业关键技术、前沿引领技术、颠覆性技术研究，打造食品科技创新高地，提升我国食品领域的国际竞争力。加快科研成果的引入和转化，加强行业共性关键技术研发与推广应用，开展以技术应用为导向的协同创新与集成创新。

（三）营造良好的创新环境，充分发挥食品企业在创新中的主体地位

深刻理解把握农业强国建设背景下科技创新的使命任务和工作定位，健全以企业为主体、市场为导向、产学研深度融合的技术创新体系，形成多方合作、相互协同的良好创新生态。加强创新资源统筹，加大企业在创新资源配置中的主导权，充分发挥企业在技术创新决策、研发投入、科研组织和成果转化应用等方面的主体作用，探索完善多元化的资金投入机制，鼓励和引导企业、社会重视和加强对基础研究、技术创新及产品研发的投入和支持。发挥科技型骨干企业引领支撑作用，鼓励重点企业牵头组建创新联合体，承担重大科技项目，加强与省产研院合作，充分发挥科技创新积分机制激励作用，深入实施中小微企业“小升高”计划，加大对科技型中小企业的精准支持和服务力度。

2

第二部分

行业概况

油料加工业

一、基本情况

2021年，我国的油料生产不如往年，造成总产量减少的主要原因是大豆产量减幅较大。2021年我国八大油料作物的总产量为6 602.1万t，较2020年的6 857.0万t减少254.9万t，下降3.7%。其中大豆产量为1 640万t，较2020年的1 960万t减少320万t，下降16.3%；花生果产量为1 820万t，较2020年的1 799万t增长1.2%；油菜籽产量为1 445万t，较2020年的1 404.9万t增长2.8%；棉籽产量为1 031.5万t，较2020年的1 063.8万t减少3.0%；葵花籽产量为246.8万t、油茶籽产量为340万t、芝麻产量为47.7万t、亚麻籽产量为31.1万t，这四种油料作物的产量较2020年都略有增长，但增幅不大。在利用国产油料榨油方面，2021年我国利用国产油料（扣除大豆、花生、芝麻、葵花籽等四种油料部分直接食用外）榨油的油料量为3 770万t。食用植物油（含玉米油、稻米油及其他小宗油脂）为1 234.8万t，较2020年食用植物油1 212.3万t，多榨得食用植物油22.5万t。原因是2021年我国八大油料的总产量较2020年减少了254.9万t，但减少的是大豆320万t，其他油料都略有增产，而大豆的含油率较低，所以2021年国产油料的榨油量不仅没有减少，反而有所增加。

二、进出口情况

2021年我国进口各类油料合计为10 205.1万t，较2020年的10 614.1万t，少进口409万t，下降3.9%。其中进口大豆9 651.8万t，较2020年的10 032.7万t减少380.9万t，下降3.8%；进口油菜籽263.8万t，较2020年的311.4万t减少47.6万t，下降15.3%；其他油料合计进口289.5万t，较2020年的270万t增长7.2%。2021年，我国进口各类食用植物油合计为1 212.7万t，较2020年的1 169.5万t增加44.2万t，增长3.8%。其中，进口大豆油112.0万t，较2020年的96.3万t增加15.7万t，增长16.3%；进口菜籽油215.4万t，较2020年193.0万t增加22.4万t，增长11.6%；进口棕榈油638.4万t，较2020年的647.7万t减少9.3万t，下降1.4%；进口葵花籽油128.3万t，较2020年的191.6万t减少63.3万t，下降33.0%。消费者喜爱的高端油料油脂（诸如芝麻、亚麻籽和椰子油等）进口数量不断增加，2021年起海关将棕榈仁油也列入了进口食用植物油中。

2021年我国出口油料合计为93万t，出口食用油脂合计为14万t。2021年我国还进口了豆粕8万t，出口豆粕89万t；进口菜籽粕203万t。

三、油料油脂生产情况

2021年度，我国食用油市场的总供给量为4 371.7万t，其中包括国产油料和进口油料合计生产的食用油产量3 102.3万t及直接进口的各类食用油合计1 269.4万t；我国食用油的食用消费量为3 708.0万t，工业及其他消费为546.5万t，出口量为7.3万t，合计年度需求总量为4 261.8万t；年度食用油的消费总量为4 254.5万t（即食用消费量和工业及其他消费量之和，不含出口量），年度节余量109.4万t。2021年度我国食用油的自给率为29.0%（即2021年国产油料榨油量1 234.8万t，与年度食用油消费总量4 254.5万t之比），与上年的自给率相比，又下降了一个百分点，按2020年11月的全国人口总数为14.117 8亿计算，2021年我国人均食用油的消费量为30.1kg，超过了2021年度世界人均食用油消费量27.0kg的水平。

四、行业活动

1. 2021年5月18日，在湖北十堰召开了“2021橄榄油加工与营养研讨会” 会议由中国粮油学会油脂分会主办，湖北鑫榄源油橄榄科技有限公司承办。周丽凤副会长兼秘书长主持会议，来自全国各地的专家学者和企业代表参会。国际橄榄油理事会秘书长恩德先生利用视频的形式做了讲话。王瑞元首席专家、中国疾病预防控制中心张坚研究员等专家学者围绕“持续推动橄榄油产业的健康发展”主题做了精彩的报告。

2\. 2021 年 5 月 27 日，在厦门召开“2021 葵花籽油加工与营养研讨会” 会议由中国粮油学会油脂分会主办，佳格投资（中国）有限公司承办。周丽凤副会长兼秘书长主持会议，来自全国各地的专家学者和企业代表参会。会议围绕“持续推动葵花籽油产业的健康发展”主题开展深入讨论交流，共做学术报告 8 篇。

3\. 2021 年 7 月 15～16 日，“第三届‘瑞元杯’油脂科技青年论坛”论文终评会在武汉举行 会议由中国粮油学会油脂分会主办，武汉轻工大学承办。此次终评会进行现场答辩，特邀国内 13 位知名教授和研究员作为评审专家，从选题的重要性、内容的创新性、研究的科学性、成果的应用性和写作的质量与规范五个角度，对 24 篇青年科技工作者的论文进行评选，经过激烈角逐，最终 8 人获得一等奖、7 人获得二等奖、7 人获得三等奖。

4\. 2021 年 9 月 23～24 日，在广州召开“2021 高油酸油脂品质与营养研讨会” 会议由中国粮油学会油脂分会主办，美国大豆进口协会协办，广州亿帆展览服务有限公司承办。油脂分会周丽凤副会长兼秘书长主持会议，业内专家学者与企业代表参会，共同探讨高油酸油脂的品质与营养价值。会议围绕高油酸油脂的现状及发展、高油酸花生油的营养作用研究、高油酸油脂在煎炸油上的应用研究、高油酸葵花籽油和高油酸菜籽油的营养品质、高油酸大豆油如何满足食品工业和客户需求等系列主题展开了深入的交流和探讨。

5\. 2021 年 10 月 25～27 日，油脂分会第 30 届学术年会在哈尔滨市隆重召开 来自全国粮油食品领域的高校、科研院所、工程技术和装备企业、大型油脂生产企业等 200 余人参加了这次盛会。会议由中国粮油学会油脂分会主办，九三粮油工业集团有限公司协办。大会的主题为“新时代、新征程、新作为、新贡献”。大会同时为 2020 年度中国粮油学会技术进步奖和第三届“瑞元杯”青年油脂科技论文奖的获奖单位和获奖者颁发证书。中国粮油学会张桂凤理事长利用视频的形式做了重要讲话。大会特邀王瑞元名誉会长，原江南大学校长、中国工程院陈坚院士，国家粮食安全政策专家咨询委员会委员、中国人民大学程国强教授分别做了题为《为保障我国食用油安全作出新的贡献》《未来食品与油脂生物技术》《新形势下的我国粮油供给保障》等行业关注的重点报告。其他专家学者就油脂制取、精炼、储藏等新工艺、新设备、新技术，专用油脂和功能性油脂的开发和油脂精细化工产品的研究，特种油料新油源的开发利用及油脂副产品的综合利用，油厂节能减排及安全生产，油脂标准的制修订及油料，油脂检测技术和油脂企业的现代管理与油脂科技信息等多个方面进行了学术交流。85 篇论文入选本届年会的论文集，19 篇论文作为大会报告进行交流。本次大会对推动我国油脂产业的健康发展起到了积极的作用。

6\. 中国油脂博物馆开馆 2021 年 10 月 1 日，由中国粮油学会油脂分会为主导，历经 6 年的谋划、筹备和建设的中国油脂博物馆终于正式开馆。油脂博物馆揭牌开馆仪式在武汉轻工大学金银湖校区隆重举行。油脂行业领导、专家，科研院所和企业代表汇聚一堂，见证了“油幕新开满庭芳”的一幕。中国粮油学会张桂凤理事长为油脂博物馆揭牌开馆，中国粮油学会首席专家、中国粮油学会油脂分会名誉会长王瑞元教授级高工发表讲话。建设油脂博物馆意义重大，它既是弘扬中国油脂文化的需要，也是总结、传承和发展中国油脂行业的需要。油脂博物馆的建成在中国油脂文化展示、油脂技术人才的教育与培养、油脂科技研发与创新成果展示、油脂科学的国际交流与合作和爱国主义教育方面将发挥积极作用。

（武汉轻工大学 何东平）

淀粉加工业

一、基本情况

（一）资源概况

根据国家统计局数据，2021 年中国粮食种植面积及产量均小幅增长。其中，玉米产量 27 255 万 t，比 2020 年增长 4.56%（表 1）。2021 年中国玉米消费量有所增长，其中，饲用约占 67.58%，工业用约占 27.03%，食用约占 3.53%。2021 年全球玉米产量 120 614 万 t，其中美国 38 390 万 t，约占世界总产量 31.83%；中国 27 255 万 t，约占世界总产量的 22.60%。

表1 2021年我国玉米主产区产量

单位：万t、%

省 份	2019年	2020年	同比变化
河 北	2 039.23	2 066.77	1.35
山 西	962.12	977.57	1.61
内蒙古	2 776.96	2 994.25	7.82
辽 宁	1 825.85	2 008.41	10.00
吉 林	2 986.20	3 198.44	7.11
黑龙江	3 527.24	4 149.23	17.63
山 东	2 732.94	2 589.52	−5.25
河 南	2 361.18	2 051.73	−13.11
陕 西	619.50	601.69	−2.87
其 他	6 235.79	6 617.49	6.12
总 计	**26 067.00**	**27 255.10**	**4.56**

(二) 行业概况

根据中国淀粉工业协会不完全统计，2021年我国淀粉总产量4 076.65万t，同比增长20.29%。其中，玉米淀粉3 917.69万t，同比增长21.19%（需要说明的是：2021年玉米淀粉行业协会年报入统企业新增了阜丰集团和梅花集团，两家产量合计650.00万t，如对比相同入统企业的玉米淀粉产量，2021年同比增幅仅1.09%）；木薯淀粉21.18万t，同比下降18.53%；马铃薯淀粉65.34万t，同比下降1.21%；甘薯淀粉20.24万t，同比下降19.60%；小麦淀粉及其他52.19万t，同比增长33.56%。

1. 我国淀粉及深加工品产量和品种情况 2021年，玉米等原料成本继续高位上涨，企业不断提高淀粉产品报价，市场涨跌波动加剧，玉米淀粉价格整体显著上涨，企业能保证一定盈利，促使产量保持增长。但马铃薯淀粉、木薯淀粉及甘薯淀粉产量均有不同程度的下降，主要由于原料供应偏紧、成本持续上涨，而终端需求支撑力度不足，企业加工利润下降，最终导致产量下降。与此同时，小麦淀粉凭借较高的性价比优势，终端需求及产量均保持增长态势（表2、表3）。

表2 2021年我国淀粉产量及品种情况

单位：万t、%

品种	产量	占总淀粉	同比变化
玉米淀粉	3 917.69	96.10	21.19
木薯淀粉	21.18	0.52	−18.53
马铃薯淀粉	65.34	1.60	−1.21
甘薯淀粉	20.24	0.50	−19.60
小麦淀粉及其他	52.19	1.28	33.56
合计	**4 076.65**	**100.00**	**20.29**

表3 2021年我国淀粉深加工品产量及品种情况

单位：万t、%

品种	产量	占总淀粉	同比变化
变性淀粉	182.65	9.12	4.30
结晶葡萄糖	536.18	26.79	−0.01
液体淀粉糖	1 128.55	56.38	10.06
糖醇	154.38	7.71	12.31
合计	**2 001.76**	**100.00**	**6.81**

2. 淀粉产量分布及生产规模情况 2021年我国玉米淀粉产量分布情况是山东、河北、黑龙江位于前三，首位山东省占我国玉米淀粉总产量的50.45%（2020年48.30%）；其次是河北省占全国玉米淀粉总产量的12.97%（2020年13.25%）；黑龙江省玉米淀粉产量占比为8.74%（2020年9.65%），位列第三，前三玉米淀粉产量之和在全国的比重达到72.16%（2020年为71.21%）。吉林省的产量占比7.84%（2020年6.3%），排名上升1位至第四；宁夏回族自治区的产量占比降至第五，为6.56%（2020年为7.05%）。2021年全国玉米淀粉产量10万t以上的企业共38家，比上年减少1家，但10万t以上企业玉米淀粉总产量提高到3 199.29万t（2020年为3 188.00万t），占玉米淀粉总产量的比重保持在97.91%（2020年为98.62%）（表4）。

表4 2021年我国玉米淀粉产量分布及生产规模情况

单位：万t、%

省 份	淀粉产量	占总产量	玉米淀粉生产规模情况	
			年产10万t以上企业数（家）	企业最大年产量
山 东	1 648.44	50.45	17	475.00
河 北	423.79	12.97	6	211.38

（续）

省　份	淀粉产量	占总产量	玉米淀粉生产规模情况	
			年产10万t以上企业数（家）	企业最大年产量
黑龙江	285.75	8.74	2	133.50
吉　林	256.07	7.84	1	56.16
宁　夏	214.27	6.56	1	214.27
辽　宁	82.87	2.54	0	72.43
河　南	78.70	2.41	1	32.05
其　他	277.81	8.50	10	191.43
合　计	**3 267.69**	**100.00**	**38**	**475.00**

注：其他为：山西、内蒙古、辽宁、江苏、湖北、四川、广东、广西、海南、云南、重庆、甘肃、青海、新疆、贵州、安徽、江西、福建等18个省、自治区、直辖市。

二、市场及进出口情况

2021年，随着公共卫生事件得到有效控制，各行业有序复工复产，市场整体需求陆续恢复，淀粉下游应用领域尤其是医药和食品加工需求增长显著；同时由于社会环保及绿色意识的增强，加上政策鼓励支持，新材料及高分子材料方面的需求保持稳定增长。但淀粉糖需求相对偏弱，一方面由于我国淀粉糖价格持续上涨，在国际市场上的价格优势减弱，出口市场受阻；另一方面因淀粉糖对食糖替代效益明显减弱，国内市场需求恢复也较为有限。

2021年，我国淀粉类产品及淀粉深加工产品进口及出口量均下降，玉米淀粉等13种主要商品的出口总量为115.71万t，同比减少51.58%，进口总量为420.44万t，同比减少4.87%。在出口贸易中，2021年我国淀粉类产品出口总量约19.59万t，同比减少70.71%。受全球物流运输条件限制以及价格大幅上涨的影响，玉米淀粉及马铃薯淀粉出口减少幅度较大。受部分国家贸易政策限制，我国淀粉糖出口量为70.27万t，同比减少52.88%。除淀粉糖以外的其他深加工产品出口量有一定增长。在进口贸易中，2021年我国淀粉类产品进口总量约361.25万t，同比增长27.19%。其中由于国内玉米等原料价格持续高位上涨，使得进口淀粉具有一定价格优势，刺激淀粉进口数量大幅提高。2021年我国淀粉糖进口大幅减少，其中，淀粉糖进口总量5 476t，同比减少99.50%；变性淀粉进口量58.35万t，同比增长21.08%；糖醇类进口2 907t，同比增长9.90%（表5）。

表5　2021年我国淀粉及部分深加工品进出口情况

单位：t、%

品　　名	进　口	同比变化	出　口	同比变化
玉米淀粉	14 420	80.81	147 250	−76.37
木薯淀粉	3 485 436	26.42	650	−4.76
马铃薯淀粉	93 899	110.55	1061	−40.13
小麦淀粉	11 562	236.82	2174	−19.53
其他未列名淀粉	7 147	−73.84	44 815	10.08
葡萄糖及葡萄糖浆（果糖<20%）	2 492	1.37	635 390	−17.27
葡萄糖及糖浆（20%≤果糖≤50%，转化糖除外）	211	−96.09	8 505	−3.70

（续）

品　　名	进　口	同比变化	出　口	同比变化
果糖及果糖浆（果糖>50%，转化糖除外）	2 747	−63.09	58 765	−70.30
其他固体糖	26	−100.00	0	−100.00
山梨醇	1742	−13.61	113 255	11.66
甘露糖醇	1 147	86.56	11 739	12.47
木糖醇	17	33.36	42 261	10.79
糊精及其他改性淀粉	583 505	21.08	91 235	14.90
合计	**4 204 351**	**−4.87**	**1 157 098**	**−51.58**

三、生产技术发展情况

（一）生产规模

2021 年我国淀粉及深加工产品的生产集中度依然较高，但规模结构分布有所变化。玉米淀粉、变性淀粉、固体淀粉糖、液体淀粉糖规模以上企业产量占比分别达到 71.76%、83.80%、89.43%和 95.77%，玉米淀粉同比下降 15.12 个百分点，其他三种分别比上年提高 2.92、1.66 和 1.98 个百分点（表 6、表 7）。玉米淀粉年产 100 万 t 以上的企业中，规模最大企业的年产量达到 475.00 万 t，同比提高 11.38%。变性淀粉年产 10 万 t 以上的企业保持在 5 家，年产量合计达到 78.66 万 t，占总产量的 43.07%；其中年产量 5 万 t 至 10 万 t 的企业增加 3 家，产量占比从上年的 18.21%提升至 27.14%。固体淀粉糖年产 100 万 t 以上的企业仍为 1 家，年产量 126.09 万 t，占总产量的 23.52%；年产量 20 万 t 至 100 万 t 的企业仍为 6 家，产量占比同比下降了 0.36 个百分点。液体淀粉糖 50 万 t 以上企业数量增加 2 家至 9 家，合计产量占比 75.59%，同比提高 10.43 个百分点；年产量超过 100 万 t 的企业数量增加 2 家至 4 家，其中规模最大单体企业年产量为 159.00 万 t。

表 6　2021 年我国玉米淀粉生产规模

项　　目	2020 年	2021 年	同比变化（%）
年产 100 万 t 以上企业（家）	10	9	−10.00
年产 100 万 t 以上企业总产量（万 t）	1 962.31	1 903.37	−3.00
占全国玉米淀粉总产量（%）	60.70	48.60	−12.10
年产 40 万 t 以上企业（家）	14	14	持平
年产 40 万 t 以上企业总产量（万 t）	846.19	846.19	0.00
占全国玉米淀粉总产量（%）	26.18	23.16	−3.02

表 7　2021 年我国部分淀粉深加工品生产规模

项　　目		2020 年	2021 年	同比变化（%）
变性淀粉	年产 10 万 t 以上企业（家）	5	5	持平
	年产 10 万 t 以上企业总产量（万 t）	82.47	78.66	−4.62
	占全国总产量（%）	47.09	43.07	−4.02
	年产 5 万 t 以上企业（家）	5	8	60.00
	年产 5 万 t 以上企业总产量（万 t）	31.89	49.56	55.41
	占全国总产量（%）	18.21	27.14	8.93
	年产 3 万 t 以上企业（家）	7	6	−14.29
	年产 3 万 t 以上企业总产量（万 t）	27.29	24.83	−9.01
	占全国总产量（%）	15.58	13.59	−1.93

（续）

项目		2020 年	2021 年	同比变化（%）
结晶葡萄糖	年产 100 万 t 以上企业（家）	1	1	持平
	年产 100 万 t 以上企业总产量（万 t）	123.4	126.09	2.18
	占全国总产量（%）	23.01	23.52	0.51
	年产 20 万 t 以上企业（家）	6	6	持平
	年产 20 万 t 以上企业总产量（万 t）	265.78	263.88	−0.71
	占全国总产量（%）	49.57	49.21	−0.36
	年产 10 万 t 以上企业（家）	5	6	20.00
	年产 10 万 t 以上企业总产量（万 t）	81.45	89.57	9.97
	占全国总产量（%）	15.19	16.7	1.51
液体淀粉糖	年产 50 万 t 以上企业（家）	7	9	28.57
	年产 50 万 t 以上企业总产量（万 t）	668.09	852.93	27.67
	占全国总产量（%）	65.16	75.59	10.43
	年产 10 万 t 以上企业（家）	11	11	0.00
	年产 10 万 t 以上企业总产量（万 t）	293.54	227.81	−22.39
	占全国总产量（%）	28.63	20.18	−8.45

（二）新工艺、新技术、新设备、新产品

2021 年，生物可降解材料产业迎来发展机遇，企业注重开发新产品如聚羟基脂肪酸酯（PHA）、生物基新材料尼龙、淀粉基可降解塑料等产品；传统领域推出特种专用产品，进一步细分市场，全面提升产品及服务体系，从单一的产品销售转向为客户提高一系列解决方案。另外，在绿色制造、智能制造方面获得重大进展。

（1）中粮生化能源（榆树）公司新建 1 000t/年新型生物基可降解材料 PHA 中试装置。

（2）绥化象屿金谷生化科技有限公司低含量缬氨酸产品中试试验成功完成，大幅降低了提取精制中的能源消耗及物料浪费，符合绿色制造及低碳环保的清洁生产要求。

（3）山东寿光巨能金玉米开发有限公司建设生物质热塑复合材料项目，以玉米淀粉及可降解高聚物为主要原料生产淀粉及热塑母粒产品，可代替石油类塑料，成本低、相容性好、可生物降解，技术达到国际水平。2021 年 3 月，年产 2 万 t 乳酸、丙交酯、聚乳酸项目开工建设。

（4）秦皇岛骊骅淀粉股份有限公司成为雀巢婴配级麦芽糊精全球第三大供应商；首次通过日本双日公司无水葡萄糖审核；取得淀粉生产工艺、葡萄糖生产工艺和麦芽糊精生产工艺三项发明专利。

（5）中粮生物科技股份有限公司完成特种小包装糖浆品牌“恬心伴侣”的注册，并加快品牌化发展，特种产品种类达 40 余种。

（6）中粮生物科技股份有限公司联合南京工业大学、清华大学等 9 家单位，共同承担“绿色生物制造”国家重点研发计划中的《全生物合成生物聚合物的绿色制造与产业示范》（2021YFC2101700）重点专项。

（7）绥化象屿金谷生化科技有限公司完成 136 万 t 淀粉糖车间的绿色智能化改造，并与江南大学等多家单位共同承担国家重点研发计划“绿色生物制造”重点专项“重要氨基酸工业菌种系统改造与产业示范”项目“高产氨基酸新菌种智能发酵与生产示范”课题。

（8）秦皇岛骊骅淀粉股份有限公司完成干淀粉和饲料的节汽改造，干淀粉降低蒸汽消耗 10%，纤维降低蒸汽消耗 8%，降低电消耗 18.8%。

（9）中粮生物科技股份有限公司打造了拥有自主知识产权的信息化管理平台，为企业提供一站式安装管理服务方案。基于该信息系统，淀粉企业通过采用生物技术和改造关键设备，解决工序瓶颈问题，提高设备运行效率，提升工序处理能力。

（10）吉林中粮生化有限公司开发出基于 PLA 的可用于快递领域的全生物降解快递袋，成功突破共混改性与吹塑加工多个环节的技术瓶颈。

（11）安徽生化和宿州生化通过工艺优化与系统

水平衡，实现污水零排放，为酒精行业首创。

（12）秦皇岛骊骅淀粉股份有限公司与沈阳新松机器人自动化股份有限公司合作建设自动化立体仓库项目，使仓库的空间实现充分利用，提高仓库的管理水平并可形成先进的生产链，促进生产力进步。

（13）中粮集团有限公司研发了提高玉米浸泡效果的复合菌剂，其“提高玉米浸泡效果的复合菌剂及其应用”发明技术，获得第二十二届“中国发明专利金奖”。

四、行业主要活动

（一）发挥职能，召开特色会议

2021年，疫情依然影响着社会经济的发展，中国淀粉工业协会突破各种困难开展了各种会议，包括协会的换届及会员大会等，持续发挥职能，提高服务质量和引导作用。6月21日，举办了“第七届世界淀粉产业大会”主论坛，以“创新、引领、绿色、发展”为主题，邀请了国家有关部门、院士、专家学者、企业家，就全球粮食现状及我国“十四五”发展趋势、生物制造技术、未来食品、氨基酸产业发展趋势、合成生物学、工业4.0与食品营养市场趋势的融合做了主旨演讲及讨论；6月22日，举办了“功能糖与糖醇创新及绿色制造技术论坛”“粮食安全、市场、深加工论坛”“薯类加工技术与环保论坛”“变性淀粉学术报告、经验交流会”4个分论坛，共有31位行业内外专家、学者做了专题报告，与会嘉宾进行了广泛的交流；9月13日，举办了“2021中国农牧产业（衍生品）大会·深加工论坛”，论坛采取了线下视频录播与线上云直播相结合的模式，大会以“新形势、新征程、新发展”为主题，邀请了协会与企业领导与专家，就行业热点话题分别进行了主题演讲及讨论。

（二）参与标准制定，引领行业发展

2021年，淀粉行业共制（修）订了11个标准项目，其中国家标准8项，行业标准1项，团体标准2项。其中有8个标准由食用淀粉及淀粉衍生物标准化技术委员会归口，对行业起到了引领规范的作用。国家标准包括《食品安全国家标准 食用淀粉》《淀粉工业水污染物排放标准》《变性淀粉中乙酰基含量的测定 滴定法》《变性淀粉中羟丙基含量的测定分光光度法》《淀粉分类》《淀粉术语》《淀粉粘度测定》《淀粉及其衍生物硫酸化灰分》；行业标准为《蜡质玉米淀粉》；团体标准为《高直链玉米淀粉》和《散粉智能物流配送系统》。

（三）开拓创新，协会提高服务质量

2021年10月，中国淀粉工业协会赴绥化象屿金谷生化科技有限公司和京粮龙江生物工程有限公司就污水处理沼气回收利用开发成国家核证自愿减排项目（简称CCER）进行调研。该项目获批后，将获得国家核证自愿减排量的额度，其额度可以进入全国碳交易市场进行交易，取得额外收入，也可以抵用国家核定给企业的碳配额。2021年，继续开展绿色工厂认定活动，此前认定的绿色工厂起到了良好的引领和推动宣传作用；第22届中国专利奖评选结果中，协会获得了“优秀组织奖”；11月3日，在国家召开的科学技术奖励大会上，佟毅理事长牵头的“玉米淀粉及其深加工产品的高效生物制造关键技术与产业化”项目，凭借其显著的经济及社会生态效益，获得了国家科学技术进步二等奖；顾正彪副理事长牵头的“淀粉结构精准设计及其产品创制”成果，荣获2020年度国家技术发明二等奖。

五、淀粉行业未来

（一）行业规模化、集约化显著提升，科技水平及生产能力提高

全球公共卫生事件的爆发使得本就竞争激烈的淀粉行业面临更加严峻的市场环境，科技水平及规模效益在竞争中的优势进一步凸显。淀粉及深加工产能快速整合集中，行业兼并、重组加快；科技装备及科研能力显著提升，市场竞争能力增强。从企业规模来看，大型企业集团数量、单厂规模超过300万t的企业数量增加，超1 000万t级现代化企业集团将成为行业的中坚力量。

（二）全产业链布局，高、精、深加工成为主要趋势

大型企业发展规划及新建产能更多关注全产业链的布局，延伸产业链、开发新品、提升工艺，促使淀粉加工向高、精、深方向发展。将国内资源优势发挥到极致，以满足高档餐饮业、医药行业及特殊用途所需的优级淀粉的需求，减少对国际市场的依赖，获取更大收益。全产业链的发展过程更注重产品的系列化、多元化的开发，在拓展市场的同时可有效规避单一产品市场的风险。

（三）专用、定制化产品的开发和生产对原料提出更多要求

随着市场的拓展和终端需求的进一步细分，淀粉深加工将逐步扩展到原料端。以终端市场需求为导向，反向推导至加工环节、原料种植环节和育种环节，确保为深加工产品提供种类更适用、品质更好的专用原料，从而带动淀粉全产业链的健康、高效、可持续发展。

（四）环保治理为行业可持续发展提供动力

环保是淀粉加工行业面临的长期问题，经过初期的阵痛后，通过环保治理整顿企业生产秩序、促进企业提升生产工艺、改善企业生产环境，为行业健康、可持续发展提供动力。而环保的进一步严苛为淀粉加工行业提供更大的发展空间和机遇。要求企业提升科技和创新能力，在降低自身生产排污的同时，开发出更环保、更适合市场需求的产品。如使用马铃薯、木薯及玉米淀粉等原料生产的可降解塑料将更为普遍，"限塑"工作的进一步开展也将为淀粉行业提供非常广阔的需求空间。

（中国淀粉工业协会　范春艳）

肉类加工业

一、基本情况

2021年，我国肉类产量增加，市场供应改善，猪肉价格下降，进口有所减少。全国屠宰及肉类加工行业规模以上企业数量、工业资产、业务收入增加，利润下降，供给侧结构性改革力度加大。

据国家统计局统计数据，2021年全国猪牛羊禽肉产量8 887万t，比上年增加1 248万t，同比增长16.3%。其中，猪肉产量5 296万t，增加1 183万t，增长28.8%；牛肉产量698万t，增加25万t，增长3.7%；羊肉产量首次突破500万t，达到514万t，增加22万t，增长4.4%；禽肉产量2 380万t，增加19万t，增长0.8%。

全国规模以上屠宰及肉类加工企业3 737家，比上年度的3 502家增加235家，增幅6.7%；营业收入11 347亿元，比上年度的10 578亿元增加769亿元，增幅7.3%；实现利润337亿元，比上年度的407亿元减少70亿元，降幅17%。

二、行业运行分析

（一）重点行业分析

2021年，我国牲畜屠宰、禽类屠宰、肉制品及副产品加工业规模以上企业数量均有所增加，规模以上企业数量和营业收入均有所增长，说明屠宰及肉类加工业的产业集中度明显提升，但禽类屠宰和肉制品及副产品加工业利润下降，说明市场供求变化正在对产业结构调整发生影响。

一是牲畜屠宰业。2021年，全国规模以上牲畜屠宰企业1 275家，比上年度的1 189家增加了86家，增幅7.2%，占屠宰及肉类加工企业总数的34%。其业务收入4 335亿元，同比增加443亿元，增幅11.4%；占肉类行业业务收入总额11 347亿元的38.2%，比上年的36.8%增长了1.4个百分点；其利润126.8亿元，比上年度的119亿元增加了7.8亿元，增幅6.5%。

二是禽类屠宰业。2021年，全国有规模以上禽类屠宰企业682家，比上年的628家增加了54家，增幅8.6%，占企业总数的18.2%，比上年的17.9%上升了0.3个百分点。其业务收入3 017亿元，比上年度的2 730亿元增加了287亿元，增幅10.5%；占肉类行业业务收入总额的26.5%，比上年的25.8%增加了0.7个百分点。2021年，禽类屠宰业亏损5.1亿元，比上年度盈利73亿元减少了78亿元以上。

三是肉制品及副产品加工业。2021年，全国规模以上肉制品及副产品加工企业1 780家，比上年的1 685家增加了95家，增幅5.6%，占企业总数的47.6%，比上年的48.1%下降0.5个百分点。其业务收入3 996亿元，比上年度的3 956亿元增加了40亿元，增幅1%；占肉类行业业务收入总额35.2%，比上年的37.4%下降了2.2个百分点；其利润总额215.7亿元，同比下降15.5%。

（二）市场运行分析

2021年是"十四五"规划实施的开局之年，我国肉类市场供应明显改善。其主要原因是生猪产能的基本恢复带来猪肉产量的大幅增长。

1. *肉禽生产总量*　据国家统计局公报，在猪牛羊禽肉增产总量中，猪肉占比高达95%，牛羊禽肉增产数量仅占5%。8 887万t猪牛羊禽肉加上190多万t杂畜肉，2021年，国内肉类总产量超过9 000万t，达到历史最高水平。

2. *肉类进出口*　2021年，肉类进口有所减少，全年共进口肉类938万t，比2020年减少约53万t，下降5.3%。其中，进口猪肉371万t，比2020年减少近70万t，下降15.5%；进口禽肉148万t，减少

7万多t，下降4.7%；进口猪杂碎122万t，减少近5万t，下降3.7%。牛羊肉进口保持增长，全国共进口牛肉233万t，比2020年增加21万t，增长9.9%；进口羊肉41万t，增加近5万t，增长12.5%。2021年，我国肉类出口35万t，同比增加4万t，增幅12.9%，其中近70%的出口肉类为禽产品。

3. *肉类市场供应总量* 2021年，我国肉类市场供应总量9 980万t，比上年度的8 599万t增加1 381万t，增长16%（表1）。2021年我国人均肉类消费70.7kg，比上年的60.9kg增加近10kg。

表1 2017—2021年肉类生产、贸易、消费情况

单位：万t

年份	肉类总产量	肉类进口量	肉类出口量	肉类供应量
2017	8540	410	92	8 858
2018	8517	401	25	8 893
2019	7649	618	12	8 255
2020	7639	991	31	8 599
2021	9077	938	35	9 980

资料来源：国家统计局、海关总署。

4. *肉禽蛋市场价格* 2021年，由于市场供应充足，猪肉价格明显回落，牛肉价格在高位小幅波动，羊肉价格有所回落仍处于历史高位，白条鸡价格先降后升，肉类市场价格总体稳定（表2）。

表2 2021年12月畜禽产品批发价格及变化情况

单位：元/kg、%

肉类品种	猪肉	牛肉	羊肉	白条鸡
月度均价	24.05	77.18	71.52	17.39
环比变化率	0.3	0.2	1.3	2.8
同比变化率	−44.4	1.1	−1.0	6.7

（三）投资变化分析

2021年，全国屠宰及肉类加工业投资继续增加。据国家统计局数据显示，2021年全国规模以上屠宰及肉类加工企业资产总计6 621亿元，比上年度的6 079.8亿元增加541.2亿元，增幅8.9%。

1. *从投资增幅看，屠宰业增速加快，肉制品加工业增速放缓* 2021年，牲畜屠宰企业资产2 341亿元，比上年度的2 084.1亿元增加256.9亿元，增幅12.3%；禽类屠宰企业资产1 557亿元，比上年度的1 407.2亿元增加149.8亿元，增幅10.6%；肉制品及副产品加工企业资产2 722亿元，比上年度的2 588.5亿元增加133.5亿元，增幅5.2%。

2. *从投资结构看，牲畜和禽类屠宰资产比重上升，肉制品加工资产比重下降* 2021年，牲畜屠宰企业资产在肉类行业的占比，由上年的34.4%升至35.4%，上升了1个百分点；禽类屠宰企业资产占比由上年的23.1%升至23.5%，上升了0.4个百分点；肉制品及副产品加工企业资产占比由上年的42.5%降至41.1%，下降1.4个百分点。

（四）区域变化分析

2021年，规模以上畜禽屠宰企业鲜、冷藏肉产量3 298万t，比2020年增长29%，进一步证明肉类加工的产业集中度有明显提升。

1. *从区域分布看* 华北地区规模以上畜禽屠宰企业鲜、冷藏肉产量345万t，同比增长28.4%，在全国占比稳定在10.5%；东北地区453万t，同比增长15.6%，在全国占比17.0%，同比下降1.7个百分点；华东地区1 458万t，同比增长31.5%，在全国占比44.0%，同比增加0.8个百分点；中南地区612万t，同比增长39%，在全国占比19.0%，同比增加1.3个百分点；西南地区216万t，同比增长27.5%，在全国占比6.5%，同比下降0.1个百分点；西北地区100万t，同比增长17.9%，在全国占比3.0%，同比下降0.3个百分点。总的来说，华东、中南地区发展较快，在全国占比上升，达63%；东北、西北地区发展较慢，在全国占比下降，为20%；华北、西南地区发展速度居中，在全国占比稳定，为17%。

2. *从分省产量看* 2021年，山东省规模以上畜禽屠宰企业鲜、冷藏肉产量1 001.4万t，在全国占比30.36%，居第一位；辽宁368.88万t，占比11.18%，居第二位；河南290.89万t，占比8.82%，居第三位；河北199.99万t，占比6.00%，居第四位；福建158.94万t，占比4.82%，居第五位。前五省产量合计2 020万t，占比超过60%。按照产量排序，超过100万t的还有四川、安徽、湖北、黑龙江四省，占比均超过3%，占比合计14.5%；产量在60万t以上的有湖南、吉林、江苏、广东、陕西五省，占比均超过2%，占比合计12%。

3. *从发展速度看* 2021年，规模以上畜禽屠宰企业鲜、冷藏肉产量增长最快的是广西，增幅高达80.63%；其次是贵州和浙江，增幅分别为51.97%和50.77%；随后是云南、新疆、广东和江西四省（自治区），增幅分别为49.23%、44.9%、41.62%和40.81%；增幅在30%及以上的有七个省（直辖市），其中天津增长38.42%、北京36.51%、吉林35.63%、湖北33.79%、河南32.28%、河北31.14%、安徽30.00%；增幅在20%以上的有七个省（自治区），其中湖南增长27.74%、四川27.24%、甘肃25.79%、黑龙江25.47%、江苏23.19%、山东22.94%、内蒙古21.84%；增幅在10%以上的有四个省（直辖市），其中福建增长15.88%、陕西14.21%、辽宁12.00%、上海10.55%；重庆增幅为9.27%。产量下降的四省（自治区）分别为：山西−1.86%、宁夏−12.04%、海南−24.51%、青海−34.62%；西藏规模以上企业数据依然为零（表3）。

表3 2020—2021年规模以上畜禽屠宰企业鲜、冷藏肉分地区产量及变化情况

单位：万t、%

地 区	2020产量	比重	2021产量	比重	产量同比
全国总计	**2 554.11**	**100**	**3 298.22**	**100**	**24.54**
北 京	40.85	1.59	54.55	1.65	36.51
天 津	5.53	0.21	7.67	0.23	38.42
河 北	143.38	5.61	199.99	6.06	31.14
山 西	59.24	2.32	58.89	1.78	−1.86
内蒙古	19.79	0.77	24.00	0.73	21.84
辽 宁	328.86	12.87	368.88	11.18	12.00
吉 林	62.91	2.46	84.57	2.56	35.63
黑龙江	89.14	3.49	112.64	3.41	25.47
上 海	2.99	0.12	3.31	0.10	10.55
江 苏	67.11	2.63	82.36	2.49	23.19
浙 江	31.77	1.24	52.83	1.60	50.77
安 徽	92.55	3.62	120.29	3.65	30.00
福 建	139.73	5.47	158.94	4.82	15.88
江 西	17.41	0.68	39.45	1.19	40.81
山 东	757.79	29.67	1 001.40	30.36	22.94
河 南	219.38	8.59	290.89	8.82	32.28
湖 北	86.46	3.38	118.24	3.58	33.79
湖 南	64.61	2.53	94.71	2.87	27.74
广 东	48.37	1.89	68.84	2.09	41.62
广 西	20.23	0.79	38.35	1.16	80.63
海 南	1.57	0.06	1.19	0.03	−24.51
重 庆	50.36	1.97	54.80	1.66	9.27

（续）

地 区	2020 产量	比重	2021 产量	比重	产量同比
四 川	97.56	3.82	127.02	3.85	27.24
贵 州	6.56	0.25	12.00	0.36	51.97
云 南	14.91	0.58	22.18	0.67	49.23
西 藏	0.00	0.00	0.00	0.00	0
陕 西	59.53	2.33	67.98	2.06	14.21
甘 肃	11.33	0.44	14.35	0.43	25.79
青 海	2.83	0.11	1.82	0.05	−34.62
宁 夏	1.31	0.05	1.21	0.03	−12.04
新 疆	10.05	0.41	14.90	0.45	44.9

资料来源：国家统计局。

三、科技创新与技术进步

（一）肉制品加工技术

1.“腌腊肉制品标准化加工与质量安全控制技术”取得突破性进展　成都大学四川肉类产业技术研究院以火腿、腊肉、香肠等腌腊肉制品特性、风味形成机制及存在的质量安全隐患研究为基础，对传统加工进行现代化改造，应用冷链调控、微生物干预、智能风干发酵、栅栏控制等技术，实现质量安全可控，提升产品品质，确保产品优质可贮。在剖析腌腊肉制品特性的基础上，对原料减菌保鲜、关键点标准值控制和多因子联合防腐等技术构建的质量安全栅栏控制进行了新的解析。

2. 鸡肉加工科技创新　南京农业大学研究开发以“冷鲜鸡肉感官与食用特性”为目标的品质保障技术，和以延长“新鲜度与货架期”为核心的系统化保鲜技术，从产业链协同、技术革新、消费新需求、产业新业态等角度探索冷鲜鸡肉产业发展的未来。

3. 高品质磷酸盐及功能配料在肉类加工中的实现应用　兴发集团食品加工应用中心针对不同的肉种、加工设备、工艺选择合适的原料、高品质的磷酸盐，设计最佳的配比和肉类加工解决方案，以达到安全、稳定、高效的应用效果。

（二）肉品保鲜技术

1. 复合天然保鲜包装在肉品保鲜中的实现应用　安徽农业大学集中研究利用高新技术和改性的方法来提升可食用包装的性能。同时，研究用含花青素和姜黄素的活性智能指示包装薄膜，通过检测包装内部的环境变化来指示肉品的新鲜度，力求为肉品企业提供一种肉品保鲜和新鲜度检测的新思路和新方法，既解决肉品绿色保鲜问题，又解决传统检测肉品新鲜度方法耗时长、成本高、破坏食品完整度的缺点。

2. 低温等离子体冷杀菌保鲜技术装备创新及生鲜调理肉冷链物流应用研发取得突破性进展　南京农业大学重点研究了生鲜调理肉 CPCS 冷杀菌保鲜机理及调控机制；等离子活性水（PAW）协同介质阻挡放电（DBD）-CPCS 用于生鲜调理肉冷杀菌保鲜，并适应中央厨房快速发展研发“PAW 清洗杀菌——MAP 保鲜包装——CPCS 冷杀菌智能”一体化生产线；应冷链物流疫情防控之急需，研发高压电场低温等离子体新冠病毒消杀专用生产线装备。

（三）新产品研发

1. 预制菜品的研发、生产与管理　“十四五”时期是我国居民食物消费结构升级的关键期和窗口期，构建符合中国国民饮食消费习惯和膳食模式的肉品科技理论体系、技术体系、产业体系至关重要。中国农业科学院农产品加工研究所立足自主创新，根据我国居民饮食习惯特点和现代社会生活节奏快的现状，致力于开展即食（Ready-to-eat）、即热（Ready-to-heat）、即烹（Ready-to-cook）、即配（Ready-to-prepare）4R 肉制品制造技术及装备研发。2021 年，肉类行业已有许多企业开始通过类似中央厨房的工厂，生产制造预制菜并推向市场。有的企业针对现有预制菜品行业区域化、分散化、小规模化的特征，利用信息技术打通菜品管理过程中的产研消协同流程，帮助企业实现整体供应链优化，大幅度提高企业经营效益。2019 年受非洲猪瘟疫情持续影响，畜禽屠宰分割机械装备市场此消彼长。由于肉制品企业的生产原料肉出现供应短缺、成本上升，众多企业大幅压缩肉制品产量，出现大量设备产能闲置，导致肉制品加工机械装备需求疲软，国内肉类机械企业的研发创新条件受到制约。

2. 素肉制品肉类风味形成技术与成型制备技术

研发与应用 目前，传统畜牧业供给渐趋饱和，动物蛋白供应将出现不足。鉴于畜牧业会带来大气污染、水污染、粪便污染、土地占用率高等问题，以及蛋白类食品对人体生理的重要作用，亟须植物蛋白类素肉制品的研发技术。针对素肉制品存在的风味难以仿真、质构难以达到真实纤维状的难题，中国肉类食品综合研究中心研究团队以植物蛋白为原料，借助酶解技术及美拉德反应技术，形成了肉类风味的形成技术；通过调控加工基料，优化蛋白的添加种类和比例，同时优化加工工艺参数，建立了素肉制品的成型技术，模拟了肉制品的质构特性。

四、行业趋势判断及政策建议

（一）存在问题

1. 畜禽养殖基础不稳 2021 年，我国肉类总产量约 9 000 万 t，达历史最高水平。但是，受新冠肺炎及非洲猪瘟等重大疫情冲击、资源环境约束趋紧、玉米等饲料粮供需矛盾突出、产加销利益联结机制不健全、一些地方缺乏发展养殖业的积极性、部分畜禽品种核心种源自给水平不高、行业竞争力较弱、畜产品进口连年增加等多重因素影响，猪牛羊禽肉在高水平上保持稳定供应难度加大。

2. 工业制造升级困难 2021 年，我国屠宰及肉类加工规模以上企业 3 737 家，约占行业企业总数的 15%。大量中小微企业设施设备落后，食品安全管理水平较低，劳动生产率、科技进步贡献率、资源利用率与发达国家相比有较大差距，产业升级任务艰巨。但是，由于企业资金不足、人员素质不高、科技基础薄弱等多重因素影响，产业升级难度很大。

3. 肉品流通堵点增多 由于新冠肺炎疫情等因素对居民就业收入的影响，近两年来需求收缩、预期转弱，肉类食品销售不旺、库存增加；对冷链物流传播新冠病毒风险的防控，使肉类冻品流通速度减缓、流通费用增加、产品价格上升、商品损耗加大。由于管理体制及法律法规原因，肉类食品流通中出具动物检疫合格证、入境货物检疫检验合格证障碍多多，影响企业对市场的正常供应。

4. 企业经营效益下降 受以上各种因素的叠加影响，2021 年屠宰及肉类加工行业规模以上企业营业收入增长，但利润同比减少 17%，使扩大再生产能力及科技研发投入水平下降，减弱了产业整体竞争力。一些地区的企业因经营困难而停业倒闭，部分知名品牌企业不得不破产重组或面临破产的边缘。

（二）工作要点

在未来五到十年内，肉类生产供应依然是我国经济的短板之一，按照国家“十四五”规划和 2035 年远景目标，保障肉类稳定供应、提高肉类自给率是一项艰巨任务。面对国际局势变化推动全球粮价上涨、各种疫情多发削弱肉类保供能力、贸易保护主义增大产业发展风险、肉类产量下降缩小进口调节空间的外部环境，肉类产业发展将按照中央经济工作会议精神，在 2021 年肉类产量明显提升的基础上，坚持稳字当头、稳中求进，着重把握好以下要点。

1. 切实保障肉类产业发展安全 遵循“发展与安全并重”的方针，有效防范化解重大风险，提前做好应对各种复杂局面的工作预案，以安全保稳定，以稳定求发展。将动物疫病防控作为防范肉类产业风险的第一道防线，加强动物防疫体系能力建设，落实生产经营主体责任，保障肉类生产安全；坚持人病兽防、关口前移，从源头前端阻断人畜共患病传播路径，保障公共卫生安全；加强产业运行监测，从核心种源、价格波动、产品质量等方面防范各类风险，保障市场供应安全。

2. 稳步提升肉类产品供应能力 目前，猪牛羊禽肉自给率都还没有达到“十四五”规划目标要求。“稳中求进”是要在巩固前期成绩的基础上，通过改革创新，争取更大发展。要在保障产业安全的前提下，优化产业结构，稳住种养业，提升制造业，顺畅流通业；优化区域布局，按照国家有关生猪、家禽、肉牛、肉羊等不同产业的区域布局规划分区推进；优化肉类产品结构，坚持市场主导，努力提升肉类产品供应的适配性。增加优质、特色差异化产品的供给。

3. 大力推进肉类产业绿色发展 遵循绿色发展理念，促进资源环境承载能力、畜产品供给保障能力和养殖屠宰废弃物资源化利用能力相匹配，畅通种养结合循环链，协同推进畜禽养殖屠宰加工和环境保护，形成种养结合、农牧循环的绿色发展新方式。在畜禽养殖环节，重点推进“牧光互补”项目实施，促进光伏发电与畜禽养殖相结合；在屠宰加工环节，重点推进“绿色制造”项目实施，开展绿色低碳技术和产品示范应用；在贸易流通环节，重点推进“绿色贸易”项目实施，促进肉类产业供应链提质增效、可持续发展。

4. 全面开展肉类产业现代化建设 要深化改革、扩大开放，依靠科技创新和进步，突破发展瓶颈，推进全行业全要素现代化。要加快建设一批种养结合的标准化规模养殖场（园区），提高畜禽良种化、养殖机械化水平和资源利用效率，促进畜牧业发展方式转变；要启动一批屠宰加工及冷链物流集约化、标准化、自动化、智能化建设项目，加快构建现代肉类加工流通体系；要充分发挥市场在资源配置中的决定性作用，更好发挥政府政策引导和市场调控等作用，消除限制肉类产业发展的不合理壁垒，打通各种“卡点”“堵点”，增强产业发展活力和市场竞争力。

（三）政策建议

针对我国肉类产业发展面临的主要困难和重大挑战，以及国家政策落实过程中出现的操作性问题，为稳定产业发展和市场供应，把国家“十四五”发展规划的有关部署真正落地见效，提出以下政策建议。

1. *建立政府-协会-企业密切协同的畜禽养殖公共服务平台*　为发挥肉类加工业的主导作用，稳定畜禽养殖业基础，建议国务院有关主管部门指导中国肉类协会组织屠宰加工企业建立畜禽养殖公共服务平台，将国家有关支持性政策落实到广大中小养殖场户，改变主要通过行政系统分级贯彻的传统做法，建立健全畜禽养殖、屠宰加工、肉品流通产加销利益联结机制，推进肉类一二三产业融合，增强各项产业政策的操作性和实效性，稳定肉食供应的货源基础。

2. *加强肉类产业升级政策落地见效方案及措施的研究*　国家“十四五”规划对推动传统产业高端化、智能化、绿色化，发展服务型制造做出了总体部署。但是，从肉类产业目前的情况看，这一总体部署如何落实还缺乏具体的实施方案和细则。例如，具体由哪些部门负责、重点支持企业的具体标准、产业政策的具体内容、落实这些政策的具体措施，等等。建议国务院明确机构职能，制定统一、有效、高质量的肉类产业政策实施方案，加快产业现代化体系建设。

3. *理顺动物检疫、肉品检验监管体制，尽快消除肉品流通堵点*　针对目前肉类市场流通中部门职责不清、地区不能互认、出证难、效率低、损耗多，影响稳定供应的问题，建议国务院组织有关部门理顺动物检疫、肉品检验监管体制，全面推进肉品检疫检验消杀地区互认，消除流通堵点，提高流通效率，降低肉品损耗和流通成本，保证市场稳定供给。

4. *发挥行业协会作用，协助政府增强纾困政策的可操作性*　在目前压缩政府行政经费的背景下，为了及时把国家给企业的纾困政策落实到位，建议各地政府在加强干部培养教育和监督管理的同时，注重发挥行业协会的助手作用，协助政府明确纾困对象，制定实施细则，降低政策成本，消除操作障碍，提高工作实效，解决形式主义和官僚主义依然突出存在的弊端。

（中国肉类协会　高观）

制　糖　工　业

一、制糖期基本情况

我国有13个省（自治区）产糖，集中在西南部、北部和西北部的省（区）。其中，甘蔗糖产区主要分布在广西、云南、广东、海南及其他省（自治区）；甜菜糖产区主要分布在内蒙古、新疆、黑龙江及其他省（自治区）。2021/2022年制糖期（以下简称“本制糖期”），全国食糖总产量中甘蔗糖占90.97%，甜菜糖占9.03%。

我国的食糖生产销售年度为10月1日至翌年的9月30日，开榨时间由北向南各不相同。甜菜糖厂一般在9月底或10月初开机生产；甘蔗糖厂一般11月中或12月初开榨。本制糖期从2021年9月20日呼伦贝尔晟通糖业科技有限公司正式开机生产，至2022年7月25日孟连昌裕糖业有限责任公司停机，历时309天，比上个制糖期多生产24天。全国开工制糖生产企业（集团）共49家，开工糖厂179家，比上个制糖期少开工7家。其中，甘蔗糖生产企业（集团）42家，制糖厂149家；甜菜糖生产企业（集团）7家，制糖厂30家；原糖加工企业26家。本制糖期食糖产量前十位的制糖企业（集团）产糖量占全国食糖总产量的84.8%。全国共生产食糖956.20万t，其中，优级和一级白砂糖812.3万t，精制糖63.9万t，绵白糖33.0万t，赤砂糖和红糖20.0万t，原糖及其他27.0万t。

本制糖期，全国糖料种植面积126.33万hm^2，比上个制糖期减少6.9%。其中，甘蔗种植面积112.20万hm^2，比上个制糖期减少0.5%；甜菜种植面积14.13万hm^2，比上个制糖期减少38.38%。甘蔗品种以桂糖系列、桂柳系列和粤糖系列为主，三大系列品种占甘蔗总种植面积的79.29%，其他品种约占总种植面积的20.71%；甜菜种子99%依赖进口，以德国KWS系列、安地系列、先正达系列等为主。2021/2022年制糖期全国糖料播种面积、食糖产量、开工糖厂数见表1。

表1　2021/2022年制糖期全国糖料播种面积、食糖产量基本情况

企业名称	糖料播种面积（万 hm^2）	产糖量（万 t）	开工糖厂数（家）
全国累计	**126.33**	**956.20**	**179**
甘蔗糖合计	112.20	869.85	149
广　东	8.00	54.65	19
其中：湛江	7.26	48.02	16
广　西	73.33	611.94	74
云　南	29.14	194.13	50
海　南	1.64	8.44	5
其　他	0.10	0.69	1
甜菜糖合计	14.13	86.35	30
黑龙江	0.29	0.65	1
新　疆	4.91	33.75	14
内蒙古	8.67	49.00	13
其　他	0.27	2.95	2

本制糖期，甘蔗平均收购价格（地头价，不含运输及企业对农民各种补贴费用等，下同）为506元/t，比上个制糖期上调8元/t，甜菜平均收购价格为541元/t，比上个制糖期上调32元/t。全国制糖行业主要技术指标：甘蔗平均单产68.55t/ hm^2，甜菜平均单产51.00t/ hm^2；甘蔗平均含糖分13.76%，甜菜平均含糖分15.04%；甘蔗平均产糖率12.05%，甜菜平均产糖率12.26%。

二、市场概况

（一）国内食糖市场

本制糖期，全国累计产糖956.20万t，比上个制糖期减少110.46万t，减少10.36%。其中，甘蔗糖产量869.85万t，比上个制糖期减少4.77%；甜菜糖产量86.35万t，比上个制糖期减少43.66%。全国食糖消费量1 550万t，年人均食糖消费量为10.97kg。食糖消费结构基本稳定，食糖消费总量中民用消费占比46.6%，工业消费占比53.4%。中国糖业协会食糖价格指数5 902元/t，比上个制糖期回升366元/t，升幅6.61%；制糖工业企业累计销售平均价格5 754元/t，比上个制糖期回升375元/t，升幅6.96%。全国制糖行业销售收入（含综合利用产品销售收入）718亿元，利润10.51亿元，财政税收23.45亿元，糖农收入442亿元。

1. 食糖产量小幅减少　全国糖料种植面积126万 hm^2；加工糖料7 922万t；食糖产量956万t，比上个制糖期减少110万t。

2. 食糖进口量减少　全国食糖进口533万t，比上个制糖期减少100万t。

3. 食糖消费量减少　全国食糖消费量1 550万t，比上个制糖期减少30万t；年人均食糖消费量10.97kg，比上个制糖期减少0.22kg。

4. 食糖销售价格回升　全国制糖企业（集团）成品白糖累计平均销售价格5 754元/t，比上个制糖期回升375元/t。

5. 糖料收购价上调，农民收入基本稳定　甘蔗平均收购价上调8元/t，甜菜平均上调32元/t，农民收入基本稳定。

6. 财政税收增加，企业利润小幅增长　财政税收23.45亿元，同比增加3.17亿元；企业实现利润10.51亿，同比增加1.24亿元。

（二）国际食糖市场

国际食糖价格高位区间震荡，震荡重心下移。国际食糖产消预期存在缺口；俄乌冲突引发印度等部分食糖主产国家（地区）限制食糖出口，刺激食糖进口需求增加，为市场提供了支撑和上涨动能。但是，为遏制高通胀，美联储激进加息，美元走强并创20年新高，市场流动性收紧，国际原油价格冲高后大幅回落；巴西下调燃料税，乙醇竞争力下降，刺激糖厂扩大产糖量，增加了国际食糖供应。与此同时，全球经济衰退忧虑上升，国际食糖产消预期从缺口向平衡乃至过剩转化，市场承压。本制糖期初，美国纽约原糖期货价格震荡下滑，至2022年2月末止跌上扬，于4月中旬创制糖期最高，随后步入下跌，于8月初见制糖期最低，重启反弹，最终报收于18.6美分/磅，比上个制糖期末下跌6.67%，波动区间为17.2美分/磅至20.69美分/磅。

展望2022/2023年制糖期（以下简称“新制糖期”），市场普遍预期全球食糖产量回升，食糖消费增长，但产量增幅高于消费，食糖产消转为过剩，过剩量500万t左右。例如，国际糖业组织（ISO）预期全球食糖产消过剩557万t左右，其中，全球食糖产量1.819亿t增加4.5%，食糖消费量1.763亿t增加0.5%；路易达孚（Louis Dreyfus）预期全球食糖产消过剩610万t，其中，全球食糖产量1.936亿t增加5.18%，食糖消费量1.875亿t增加1.17%，期末库存消费比自最近5年低位回升2.7个百分点至50.9%。进入新制糖期，食糖供求基本面仍然存在巨大不确定性，将影响市场运行节奏及水平，有望促进全球食糖从预期的产消过剩走上现实的再平衡。世界主要产糖国（地区）食糖产量和消费量见表2、表3。

表2　世界主要产糖国（地区）食糖产量统计表

单位：万t（原糖值）

国家（地区）	2018/2019年	2019/2020年	2020/2021年	2021/2022年	2022/2023年
总产量	**17 916**	**16 658**	**18 101**	**18 118**	**18 289**
其中：甘蔗糖	13 961	12 588	14 291	14 271	14 398
甜菜糖	3955	4069	3810	3847	3 891
阿根廷	157	175	183	173	171
澳大利亚	473	429	434	412	445
白俄罗斯	70	74	58	65	60
巴　西	2 950	3 030	4 205	3 535	3 637
中　国	1 076	1 040	1 060	960	1 000
哥伦比亚	240	235	224	230	230
古　巴	130	120	85	80	75
多米尼加	55	59	61	62	63
厄瓜多尔	54	53	54	56	53
埃　及	241	274	278	286	293
埃斯瓦蒂尼	75	67	69	62	63
欧　盟	1 675	1 704	1 591	1 651	1 626
危地马拉	297	276	257	258	260
印　度	3 430	2 890	3 376	3 688	3 580
印度尼西亚	220	225	213	230	240
伊　朗	152	101	154	160	160
日　本	78	83	82	81	81
肯尼亚	50	60	71	70	72
墨西哥	681	560	606	654	636
尼加拉瓜	79	79	76	78	78
巴基斯坦	527	534	651	714	718

（续）

国家（地区）	2018/2019 年	2019/2020 年	2020/2021 年	2021/2022 年	2022/2023 年
秘　鲁	126	120	120	126	132
菲律宾	210	215	214	205	200
俄罗斯	608	780	563	600	650
南　非	226	230	211	191	215
泰　国	1 458	829	759	1 023	1 050
土耳其	270	275	310	280	310
乌克兰	175	164	124	142	109
英　国	113	119	99	103	104
美　国	816	739	838	837	820
其他国家	1 205	1 120	1 080	1 110	1 160

注：产量按制糖期统计，2022/2023 年制糖期为预测数字。

表 3　世界主要食糖消费国（地区）食糖消费量统计表

单位：万 t（原糖值）

国家（地区）	2018/2019 年	2019/2020 年	2020/2021 年	2021/2022 年	2022/2023 年
总消费量	**17 380**	**17 237**	**17 350**	**17 637**	**17 966**
阿尔及利亚	209	214	198	207	212
阿根廷	148	150	152	147	148
澳大利亚	100	80	85	85	90
孟加拉国	252	249	243	259	269
巴　西	1 060	1 065	1 015	980	980
加拿大	134	127	140	147	148
中　国	1 580	1 540	1 550	1 550	1 580
哥伦比亚	186	187	186	187	187
埃　及	310	325	334	343	349
欧　盟	1 700	1 700	1 690	1 700	1 700
危地马拉	90	92	94	95	95
印　度	2 750	2 700	2 800	2 900	2 950
印度尼西亚	706	736	745	760	790
伊　朗	245	218	282	240	232
伊拉克	121	120	112	92	93
日　本	198	197	188	185	185
肯尼亚	101	114	116	109	120
韩　国	167	162	161	165	172
马来西亚	199	188	182	193	197
墨西哥	481	472	469	468	469
摩洛哥	127	129	135	125	149

（续）

国家（地区）	2018/2019 年	2019/2020 年	2020/2021 年	2021/2022 年	2022/2023 年
尼日利亚	165	167	166	165	167
巴基斯坦	540	554	575	590	610
秘　鲁	146	133	139	140	147
菲律宾	230	230	228	230	230
俄罗斯	604	611	544	572	616
沙特阿拉伯	101	99	110	110	111
南　非	179	154	169	173	177
苏　丹	163	196	164	174	176
泰　国	248	236	235	242	252
土耳其	278	300	291	296	298
乌克兰	145	130	125	127	125
阿拉伯联合酋长国	145	72	96	116	123
英　国	188	177	165	192	192
美　国	1 112	1 127	1 115	1 139	1 139
越　南	160	206	207	240	254
也　门	69	76	91	96	98
其他国家	2 044	2 008	2 055	2 102	2 139

注：消费量按年度统计，2022/2023 年消费量为预测数字。

（三）食糖进出口贸易

本制糖期截至 2022 年 8 月底，我国食糖进口同比减少，出口同比增加。累计进口食糖 455.71 万 t，同比减少 16.63%；累计出口食糖 14.74 万 t，同比增长 29.3%。我国食糖进出口贸易情况分别见表 4、表 5。

表 4　2013—2022 年全国食糖进口与贸易方式统计表

单位：万 t

年份	合计	一般贸易	来料加工	进料加工	保税监管场所进出境货物	特殊监管区域物流货物	其他
2013	454.59	434.86	1.30	14.77			3.66
2014	348.58	266.33	1.24	13.94	66.93		0.14
2015	484.59	265.71	0.90	13.93	185.14	18.88	0.03
2016	306.19	219.43	1.21	13.67	61.91	9.96	0.01
2017	306.19	219.43	1.21	13.67	61.91	9.96	0.01
2018	177.96	127	1.24	8.93	36.85	3.94	
2019	197.43	133.91	0.69	8.04	46.54	8.25	
2020	365.36	233.51	0.66	11.25	97.31	22.63	
2021	566.62	300.16	0.71	25.28	230.4	10.07	
2022	272.63	148.54	0.77	24.2	86.68	12.44	

注：2022 年统计数字截至 8 月底。

表 5　2013—2022 年全国食糖出口与贸易方式统计表

单位：万 t

年份	合计	一般贸易	来料加工	进料加工	保税监管场所进出境货物	特殊监管区域物流货物	边贸	其他
2013	4.78	1.48	1.06	1.71			0.02	0.51
2014	4.62	1.39	1.09	2.00				0.14
2015	7.50	1.09	1.09	1.70	0.28	3.32		0.02
2016	14.91	1.17	1.12	2.12	0.16	10.34		
2017	15.79	0.9	1.19	2.01	1.65	10.03		0.01
2018	19.57	0.9	1.6	1.83	1.51	13.73		
2019	18.56	0.76	1.21	2.08	0.65	13.85		0.01
2020	14.74	0.66	1.13	2.25	1.36	9.34		
2021	12.18	0.99	0.99	3.1		7.1		
2022	11.97	0.73	0.57	2.65	0.13	7.89		

注：2022 年度统计数字截至 8 月底。

三、行业工作

1. 2021 年 11 月 1～2 日，“2021/2022 全国食糖产销大会”在广东省广州市召开　会议总结了 2020/2021 年制糖期全国食糖产销工作，通报了本制糖期全国糖料种植及产量预计情况，新制糖期国家食糖宏观调控的思路和原则，分析研究了本制糖期全国糖料生产及食糖产销形势，对新制糖期食糖供求平衡、产销工作、政府调控工作提出了政策建议。会议审议通过了《中国糖业协会秘书处工作报告》《食糖产业“十四五”高质量发展指导意见》《变更中国糖业协会副理事长人选》等决议（决定）。会议同期举办了“2021/2022 食糖市场形势与风险管理论坛”。会议为参会代表提供了工商洽谈、订货的机会，帮助各企业间加强了产销、供需等环节的联系与合作。

2. 2021 年 12 月 22～23 日，中国糖业协会原糖加工委员会工作会议在海南省召开　会议全面回顾了委员会成立以来的工作开展情况，总结行业自律工作取得的成效及经验；听取与会代表汇报 2021 年食糖进口、加工生产、经济运营及原糖进口情况，提出对国家宏观调控政策的意见和建议；研究探讨新形势下行业发展的思路，提出 2022 年委员会工作计划。会议在均衡进口销售、开展技术交流、促进食糖消费等方面达成广泛共识。

3. 中国糖业协会启动了“科学认识食糖 合理消费食糖”系列宣传工作　2022 年 4 月 16 日，在北京举办了以“科学认识食糖”为主题的现场宣传活动。活动期间发放了《蔗糖》图册和《科学认识食糖》论文集，播放了以甘蔗和甜菜卡通人物制作的动画短片，生动活泼地向消费者介绍了食糖基础知识、功效和作用，引导消费者树立健康科学的食糖消费观念，增强食品安全意识。吸引了 23 家媒体的广泛报道，阅读量超过 1 300 万人次。

4. 2022 年 4 月 20 日，原糖加工委员会工作会议以视频形式召开　会议听取了原糖加工企业 2022 年一季度生产经营情况介绍、存在问题及对委员会下一步工作的意见建议，通报了原糖加工委员会 2022 年一季度工作进展、本制糖期全国食糖产销形势及协会秘书处近期工作情况。

5. 2022 年 4 月 27 日，《中国糖史》编纂工作会议以视频形式召开　参编单位分享了《中国糖史》地方篇和企业篇编纂工作经验；针对编纂工作中存在的问题提出意见建议；中国糖业协会通报了《中国糖史》编纂工作进展并部署下一步编纂工作。

6. 2022 年 7 月 14～15 日，中国糖业协会六届三次理事长（扩大）工作会议在山东济南召开　会议审议了中国糖业协会秘书处工作报告，听取了食糖产业高质量发展研究课题工作情况及全国食糖产销形势汇报。会议认真分析了我国糖业发展面临的新问题、重点任务和存在的困难，深入研究了行业及协会的应对策略，并就下一步重点工作进行了安排。会议表决通过了相关决定和决议（草案）。

7. 2022 年 8 月 10 日，中国糖业协会以视频形式召开 2022 年度信息工作会议　会议听取协会近一年来信息工作汇报，介绍信息员关注的热点工作进展，就信息安全、信息反馈、信息化建设等内容展开讨论。会议要求，信息报送工作不仅应准确、及时、客观、实事求是，还应统筹好信息安全和信息发布的关系，服务好行业发展。

8. 2022年9月16日，中国糖业协会在福建厦门市召开2022年原糖加工委员会工作会议　会议通报了近期协会秘书处工作和蔗糖糖浆（食糖预混粉）进口管理相关工作进展情况。企业代表汇报了2022年原糖进口报告执行情况、企业生产经营情况和问题以及政策建议。会议研讨了全国食糖市场形势、原糖加工企业面临困难和目标任务，并在均衡进口销售、促进食糖消费等方面达成共识。

（中国糖业协会　白喆　王让梅）

果品加工业

一、基本情况

1. 原料方面　主要水果品种为苹果、柑橘、梨、葡萄、香蕉。依据国家统计局数据，我国水果产量达2.87亿t，同比增长4.7%，其中柑橘产量5 122万t，占比17%，苹果产量4 407万t，占比15%；全国水果种植面积达1.90亿亩。

2. 加工技术装备　超高压杀菌、射频杀菌等一系列非热杀菌技术进一步发展，但应用于工业化的程度还不是很高，主要受设备价格贵的影响。

3. 加工品种　柑橘、苹果仍然是最大的加工品种，其中苹果加工量约为250万t，柑橘类加工量约为1 200万t。同时，一些地方区域的特色果品受到消费者的喜爱，如内蒙古的沙果、新疆的沙棘等，其加工发展比较快。

4. 销售渠道　随着我国互联网及电商行业的迅速发展，水果零售商业模式越来越多样化，给消费者提供了更便利的购物体验和更多的选择。同时由于疫情的影响，使得人们更加关注食品的安全和产源，消费者愿意为优质美味的水果支付高昂的溢价。人们生鲜消费的方式发生了改变，水果线上消费市场快速发展。电商渠道水果零售额由2016年的277亿元增至2021年的1 567亿元。同时大数据平台的搭建及准确分析，针对消费者的购买记录，果品的销售越来越有针对性。以商超为代表的现代零售水果供应渠道多，价格透明，质量有保证，且有其他品类流量支持，充分满足顾客即时性的消费需求。2021年中国现代零售渠道水果销售额为4 541亿元。

5. 出口情况　还是以苹果浓缩汁的出口量最大。2022年度，我国浓缩苹果汁出口量约419 100t，依然居世界首位。

二、行业分析

（一）产业规模不断扩大

2021年，我国果品种植面积及产量均有增长，水果种植面积约为1.90亿亩，产量达2.87亿t，同比增长4.7%。加工方面，主要加工产品为果汁、罐头、速冻水果等。其中果汁饮料市场规模增长至1 287.1亿元，水果罐头产量约为116万t。苹果深加工量约249万t，约占全国苹果消费量的5.55%。果干加工量约为880万t。

（二）加工产业形成优势布局

我国脱水果品形成山东、江苏、浙江、福建等沿海地区和甘肃、宁夏、新疆等西部地区“优势品种、优势产区加工”的“双优”布局。在浓缩果汁方面，浓缩苹果汁加工基地集中在环渤海地区（山东、辽宁、河北）和西北黄土高原（陕西、山西、河南）；桃汁、桃浆、浓缩梨汁加工基地以天津、河北、安徽等地区为主；番茄酱加工基地集中在西北地区（新疆、宁夏和内蒙古）；以重庆、湖北等地为主形成了柑橘浓缩汁与NFC柑橘汁加工基地；热带水果（菠萝、杧果和香蕉）浓缩汁与浓缩浆加工基地集中在海南、云南等省。

（三）加工品种多样化

随着国家对大健康产业的布局及消费者对产品差异化的需求，果品加工产品品种、形式呈现多样化发展。其中冻干产品和NFC果汁发展迅速，如冻干的百香果、青金橘、柠檬片、橙子片等。还有复合的冻干水果酸奶块，如草莓酸奶块、杧果酸奶块等，还有水果复合的果冻，非常受消费者的喜爱。在液体果汁加工方面，主要的NFC果汁有苹果汁、橙汁、杧果汁等。同时一些口服液形式的全果浆已经上市，比如枸杞浆、黑枸杞浆、沙棘浆等。在加工品种方面，出现了一些口感独特、有一定功能的产品，如针叶樱桃、百香果、沙果等。随着人们生活节奏的加快，一些鲜切水果及净菜及速冻果蔬有了很大的发展，市场份额日益增多。主要的鲜切水果品种为苹果、火龙果、西瓜等，净菜主要为黄瓜、西蓝花、莲藕等，速冻果蔬主要有蓝莓、豌豆等。

（四）加工技术装备持续提升

一些先进的加工技术装备已经在很多食品企业得到运用。如真空榨汁技术、高温短时杀菌技术、超高压杀菌和无菌包装技术、酶液化与澄清技术、膜技术等。随着大数据采集及分析技术的研发，设备也向智能化方向发展。低温连续杀菌技术和连续化去囊衣技术在酸性罐头（如橘子罐头）中得到了广泛应用；引进了电脑控制的新型杀菌技术，如板栗小包装罐头产品；包装方面 EVOH 材料已经应用于罐头生产。目前在果干加工技术装备方面，真空冻干技术得到了更广泛的应用。我国研制的真空冻干技术设备取得了可喜的进步，一些国内冻干设备生产厂家的技术水平已达到 20 世纪 90 年代同类产品的国际水平。另外，微波干燥和远红外干燥技术也在少数企业中得到应用。近年来，速冻食品行业不断发展，我国速冻食品的生产技术水平不断提升。首先是速冻果蔬的形式由整体的大包装转向经过加工鲜切处理后的小包装；其次是冻结方式开始广泛应用以空气为介质的吹风式冻结装置、管架冻结装置、可连续生产的冻结装置、流态化冻结装置等，使冻结的温度更加均匀，生产效益更高；第三是作为冷源的制冷装置也有新的突破，如利用液态氮、液态二氧化碳等直接喷洒冻结，超低温分子锁鲜技术，5min 极速制冷零下 196℃，冰晶极小，不破坏细胞，产品品质较高。在速冻设备方面，我国已开发出液氮速冻隧道、液氮速冻柜等设备，满足了国内速冻行业的部分需求。

（五）出口量及创汇

全球新冠病毒疫情持续，世界农产品的产业链与供应链均遭受一定冲击，我国水果出口受阻，国内流通不畅，部分水果价格出现大幅度波动。自 2020 年后，我国水果鲜果出口出现下降，2021 年全年出口额 46 亿美元，同比减少 15%，出口量 326 万 t，同比减少 8%。主要出口品类为柑橘、鲜苹果、鲜葡萄、鲜梨、葡萄柚及柚等。但鲜苹果出口下滑较多，累计出口总量为 82.31 万 t，同比下降 23.67%；出口总额累计 10.4 亿美元，同比下降 27.36%。中国罐头工业协会统计数据显示，2022 年，我国水果罐头出口量超 50 万 t，出口额超 6 亿美元，分别同比增长 18%、30%。主要出口市场为越南、泰国、印度尼西亚、中国香港、菲律宾、马来西亚、美国、日本等。

（六）标准化和质量控制体系建设

2021 年，我国果品加工领域在果品质量标准体系建设、产品认证和市场准入体系、产品市场监督控制体系、产品质量工程等方面的建设日益完善。苹果全程质量控制技术标准体系、葡萄干质量安全追溯技术指南等一系列果品加工标准发布实施，这些标准适于不同果品的苗木繁育、生产以及贮藏、运输、销售、加工领域。同时很多有关果品加工的产品及加工操作规范的团队标准、行业标准、地方标准等发布，进一步完善了单一果品加工的质量安全，如浓缩苹果汁生产 HACCP 应用规范、苹果干加工技术规程等。

三、科研、新产品、新技术

1. *果汁加工* 在果汁加工领域，真空榨汁技术已经成熟，真空榨汁技术可以隔氧加工，可以更好地保留色素、多酚等热敏性生物活性成分。但由于此设备基本是国外公司生产制造，所以在国内实际生产应用的比较少。专一靶向酶解技术在果汁加工中得到广泛应用，由原来添加单一酶转变为添加复合酶，其应用由单纯提高果汁出汁率扩大为提高果汁超滤通量、改善澄清度、提高色素提取率、降低设备清洗难度、精油回收、果实去皮等多个生产领域，广泛应用于苹果、柑橘、石榴、菠萝等水果制品的加工。非热力杀菌技术如超高压、高压脉冲电场、强磁脉冲、脉冲强光、高能射线等技术在果汁加工产品中得到了应用。随着科技的不断进步和发展，果汁灌装机的生产技术、性能和质量也得到进一步的提升。果汁灌装设备越来越集成化、多功能化，适用于各种液体的灌装。机电一体化、可编程控制器、机器视觉技术、智能控制系统等高科技手段将进一步融入果汁灌装机的设计和生产中，将进一步提高其自动化水平和生产效率，以适应未来市场需求的不断增长。

2. *水果罐头* 在水果罐头领域，机械化、连续化、自动化的罐头生产设备广泛运用，大大降低了能耗和人工成本。低温自动化连续杀菌技术和连续化去囊衣技术等新技术的研发与应用及酶法去皮技术、智能化的加工装备广泛应用于大型罐头企业。蒸煮设备、封口设备、灌装设备、高温高压杀菌设备或巴氏杀菌设备等基本已经能够实现一体化、连续性的成套加工，这既有助于提升食品生产的效率和产能，关键是还将利用现代化的生产手段推动水果罐头在品质上的升级。开发出了易开罐、软包装、半刚性包装等新型水果制品包装容器和材料；水果罐头产品种类不断更新，低糖型、混合型、无糖型等新型果蔬罐头产品开发上市，在国际市场非常畅销。

3. 脱水果品　在脱水果品领域，真空冷冻干燥产品市场份额越来越大，但生产设备还存在能耗高、自动化程度低等问题。目前真空冷冻干燥机加热板内采用了特殊导流装置，使板内流体的流量均匀，保证了加热的均匀和稳定；捕水器在工作中可实现交替捕水和融冰，捕水器盘管内氨液制冷方式由传统的氨液相变制冷改为氨液无相变制冷，使捕水器盘管内温度均匀，结霜性能良好。除此之外，国内自己的研制能力也在提高。抽气系统采用低架式水蒸气喷射泵抽水蒸气，省去了捕水器和制冷系统，使设备价格有所降低。连续式微波干燥机、微波-真空冷冻联合干燥、低温膨化、真空低温油浴等技术已经广泛应用于脱水水果制品的生产。

4. 速冻水果　在速冻水果领域，液氮/液态二氧化碳喷淋等深冷冻结技术、微波解冻、远红外解冻等快速解冻新技术以及连续螺旋式速冻设备、超低温液氮喷淋式速冻设备和配套的果蔬预冷设备，在草莓、荔枝、杨梅等速冻水果产品中实现应用。

5. 水果加工副产物　水果加工副产物综合利用技术得到了快速发展。水果加工产生的副产品所含的生物活性物质主要有必需脂肪酸、酚类化合物、类黄酮、色素、果胶、蛋白质、膳食纤维和维生素。这些生物活性物质可以应用到食品-功能性食品、膳食补充剂、化学色素替代品、合成抗氧化剂替代品。目前主要的产品研发以天然色素、油脂、膳食纤维、果胶、蛋白质为主。同时利用微生物发酵技术生产益生菌等功能性食品。但应用于实际生产的比较少。烟台帝斯曼安德利果胶股份有限公司是亚洲最大的苹果果胶和柑橘果胶生产商，其生产原料为苹果渣、柑橘皮渣，年生产能力超 1 万 t，产品主要销往泰国、印度尼西亚、菲律宾等全球 58 个国家和地区。2022 年，企业果胶出口量 5 800t 以上，同比增长 14%，占我国果胶出口总量的 70%以上。

四、区域布局状况

我国果蔬加工产业集群和基地建设已经完成产业集聚的发展。我国果蔬产品的出口基地大都集中在东部沿海地区，但近年来随着不同区域水果种植的发展，产业正向中西部扩展。例如，2022 年我国苹果出口主要省份为山东、云南、甘肃、辽宁、陕西、河南，出口量前五的省份是山东省（50.74 万 t）、云南省（8.13 万 t）、甘肃省（5.49 万 t）、陕西省（3.78 万 t）和辽宁省（2.93 万 t）。据中国海关数据，2021 年，广东省鲜香梨出口数量为 358.66 万 kg；其次是山东省，鲜香梨出口数量为 172.90 万 kg。2021 年，新疆葡萄产量 327.0 万 t，占全国葡萄总产量的 21.80%，全国排名第一；河北葡萄产量 124.7 万 t，占全国葡萄总产量的 8.31%，全国排名第二；山东葡萄产量 122.9 万 t，占全国葡萄总产量的 8.19%，全国排名第三。2022 年，广西柑橘类面积 950.40 万亩，产量 1 770.23 万 t（约占全区水果总产 60%），分别同比增长 3.3%、10.13%。全国 3 个柑橘有 1 个来自广西，3 个沃柑有 2 个来自广西。

（一）速冻果品

果蔬速冻主要发展区域位于山东、浙江、福建等东南沿海地区，特别是随着预制菜的快速发展，一些特色果蔬的主产区也在大力发展速冻加工规模，如大兴安岭的速冻蓝莓。河北、辽宁、江苏、浙江、福建、山东、广东等地发展速冻果蔬产业，同时向东北及云南、新疆等边疆省份发展，形成环形发展产业布局。增加国际市场上交易量可观的速冻水果如速冻草莓、樱桃、杨梅等果品，重点在东南沿海出口基地进行加工业布局，加强云南、新疆等西部地区及东三省的速冻果蔬企业建设，增强向南亚、中亚及俄罗斯等欧洲国家和地区的出口能力。在碳中和、碳达标背景下，速冻水果加工应更多地考虑开发节能减排低耗的冷冻新技术，例如脱水冷冻技术。

（二）果干制品

在国内，果干行业目前以浙江、福建、广东为主产地，而从天猫、京东等各类电商网站调查发现，果干品牌如雨后春笋般层出不穷，据调查，受到欢迎的品牌有：果然 U 品、小美铺子、御食园、华味亨、良品铺子、百草味、三只松鼠、盐津铺子等。近年来，“绿色、天然”概念盛行，水果干制品消费持续增长，已成为饮品市场的主力，预计未来 5 年内，每年增幅在 10%以上。北方的果干企业多集中在山东、河北两省，但是规模上不及南方成体系。随着互联网和电商行业的发展，一些特色地域性果干发展迅速，如新疆的无核杏干、葡萄，广西的杧果也形成了一定的区域规模和布局。近年来，我国葡萄干产量呈现出波动变化趋势，2021 年中国葡萄干产量约为 18 万 t，较 2020 年减少 1.6 万 t。2022 上半年新疆葡萄干出口数量 179.49 万 kg，出口金额为 443.57 万美元。

（三）果汁

我国果汁饮料销量呈下降趋势。2021 年，我国果汁饮料销量为 82.24 亿 L，同比下降 3.52%，但 NFC 果汁销售有较大发展，预计到 2023 年，NFC 果汁在中国的市场销售规模将达 48.3 亿元。从果汁饮料的品牌竞争格局来看，美汁源和汇源作为中国两大最知名的果汁饮料品牌，占据市场头两把交椅，市场份额分别为10.5%和9.7%。康师傅、统一、农夫果园、纯果乐等品牌的市场份额均有所上升。在浓缩汁、浓缩浆和果浆加工方面，我国的浓缩苹果汁、番茄酱、浓缩菠萝汁和桃浆的加工占有非常明显的优势，形成非常明显的浓缩果蔬加工带。我国苹果浓缩汁生产基地主要分布在陕西、山东、河北、甘肃、河南和安徽等地区；以新疆、宁夏和内蒙古为主的则是番茄酱加工基地和以华北地区为主的桃浆加工基地；天津、河北、安徽等地发展桃汁、浓缩梨汁；重庆、湖北等地发展柑橘浓缩汁与NFC柑橘汁；以热带地区（海南、云南等）为主的则是发展热带水果（菠萝、杧果和香蕉）浓缩汁与浓缩浆加工基地。而直饮型果蔬及其饮料加工则形成了以北京、上海、浙江、天津和广州等地为主的加工基地。

（四）水果罐头

就我国罐头整体产量分布来看，我国罐头食品产量主要集中在华东、华中和西北地区，其中华东是最大的生产区，占全国罐头总产量的59.7%；就出口品种来说，主要有菠萝罐头、柑橘罐头、梨罐头、樱桃罐头、桃罐头、荔枝罐头和龙眼罐头。目前，我国水果罐头加工多以产地加工为主，已形成果蔬罐头的加工产业带，例如有“中国水果罐头之都”之称的山东省临沂市平邑县的黄桃罐头，疫情期间已卖脱销。广西、浙江、湖南、四川、湖北等发展柑橘罐头，河北、辽宁、浙江、山东、安徽等发展梨罐头，广东、广西、福建、海南、云南等地发展菠萝罐头。

五、标准体系与质量控制状况

为了适应果品加工质量控制及标准体系建设，全国果品标准化技术委员会在北京成立，标志着我国果品标准化工作进入了一个崭新的发展阶段。全国果品标准化技术委员会作为从事果品标准化工作的专业机构，今后要积极做好标准规划，加强标准研究，推动标准应用。

1. *果品加工标准体系不断完善* 通过制定相关果品加工标准及操作规范，全面提高果品生产、加工、流通各环节的标准化水平，提升我国果品业在国际市场上的竞争力。全国果品标准化技术委员会围绕果品产业发展与产品质量安全，按照果品产业结构调整、质量升级、保护消费者健康、促进公平贸易的需要，制定科学合理的标准体系规划，建立健全统一权威的果品标准体系；主动向社会各界宣传，分类别、分层次开展培训，加强标准化技术的推广应用；积极创造条件，主动争取主持有关果品国际标准的研究和起草，最大限度保护国内果品产业的利益。

2. *不断提高标准质量，注重标准实施效果* 重点建立了包括产品标准、安全卫生标准、产地环境标准、生产技术规程以及相关投入品标准、基础标准等较为完善的果品标准体系，为推进果品业标准化建设提供技术支撑。着力提高果品标准制修订工作水平，严格审查标准制定修订任务承担单位的资质，对修订和新制定的标准，深入开展了系统的前期研究和实地调查，提高了标准的针对性和可操作性。同时加大了果品标准的宣传，扩大社会影响，推动标准的贯彻实施，同时强化标准的约束力，提高标准的执行力度。积极开展果品业标准化的基础性和前瞻性研究，为政府决策、企业经营和农民生产做好技术服务。

3. *果品企业认证认可体系不断完善* 目前，我国产地果品加工企业绝大部分通过了相应的HACCP认证，有些出口企业还申请了有机认证、绿色认证，从种植源头控制果品质量。有些企业还通过了SGS食品安全管理体系（ISO 22000）认证，获颁ISO 22000：2018食品安全管理体系认证证书，保证了果品的质量安全。

六、行业管理

随着我国果品加工产业的持续快速发展，果品种植面积及产量大量增加，果品加工业也有一定的发展。特别在“十四五”实施的两年来，在国家法规、政策的支持及行业管理水平提高的情况下，我国果品加工产业得到了快速发展。

（一）果品加工业推动“一二三产”联合发展 助力乡村振兴

中央1号文件指出，农副产品加工业是构建现代乡村产业体系、不断提高农业质量效益和竞争力的支柱产业，是全面推进乡村产业振兴、加快农业农村现代化的有力支撑。近年来，围绕水果做文章，大力发展果酒深加工产业，通过发挥自身农业特色，不断延长农业产业链，发展农产品精深加工，将水果“吃干榨净”，带动农民增收，助力乡村振兴。

（二）果品加工技术全面发展

围绕果业由“增产导向”向“提质导向”转变的要求，针对果品贮藏保鲜与加工水平低、采后损耗率高、质量安全控制和营养品质评价滞后等问题，中国农业科学院等国家级科技力量持续开展果品采后保鲜减损与贮运、果品精深加工与营养健康食品制造、果品质量安全快速检测、果品质量安全风险评估与控制、果品营养品质评价与精准调控等科技创新，提升果品及其加工品的商品品质、风味品质、营养品质和功能组分，推进果品的优质化、高值化和品牌化。面向世界农业科技前沿和人民生命健康，研究加工过程对果品营养成分、功能物质、营养组分以及危害物产生等的作用机制；突破果品资源梯次加工技术、发酵与酶催化技术、高值化利用技术、功能因子稳态化技术、功能成分高效制备等重大关键技术；研发功能性水果加工新产品、新食品原料和营养健康食品。

（中华全国供销合作总社济南果品研究所 葛邦国）

蔬菜加工业

一、基本情况

（一）资源情况

中国是世界上最大的蔬菜生产国和消费国，蔬菜产量占全球总产量的50%以上。2021年，全国蔬菜种植面积和总产量均超2020年，种植面积21 985.71khm^2，同比增长2.28%；总产量7.75亿t，同比增长3.35%。

全国蔬菜种植面积排名前6位的省依次为：河南1 758.07khm^2，广西1 596.33khm^2，山东1 524.68 khm^2，贵州1 514.41khm^2，四川1 480.37khm^2，江苏1 453.00khm^2；总产量排名前6位的省依次为：山东8 801.10万t，河南7 607.20万t，江苏5 856.60万t，河北5 284.20万t，四川5 039.10万t，湖北4 299.80万t。以上省份总种植面积9 326.86khm^2，同比增长1.64%；总产量36 888万t，同比增长2.73%。

（二）发展导向

2021年，农业农村部组织开展种植业“三品一标”行动，在全国范围内认定推介100个优势特色突出、示范带动能力强的种植业“三品一标”基地，其中蔬菜基地16个。结合实施绿色高质高效行动，集成推广绿色高质高效技术模式，对农药减量、化肥减施、农机农艺融合、连作障碍治理等技术进行优化完善与组装集成，提升全链条标准化生产管理水平。在“国内国际双循环”的战略引领下，蔬菜产业加强产业科技提升，强化农机农艺融合，加快新型智能设施设备、专用机械等的研发应用。大力建设产地商品化初加工、冷链贮运、分级包装、配送中心等设施，减少采后损耗，提升产品附加值。结合数字乡村建设，完善产品质量检验检测，建设产品线上线下交易平台，发展数字农产品电商。

二、行业概况

（一）蔬菜加工总体情况

蔬菜是日常生活中最重要的副食品之一，蔬菜产业在国民经济中占有重要地位。国家通过实施“菜篮子”工程、强化“菜篮子”市长负责制等政策措施，大力促进蔬菜产业发展。蔬菜加工是指应用冷藏、腌制、脱水、冷冻等方式对蔬菜进行加工。蔬菜经采摘后，随着呼吸作用，所含的糖、淀粉、酸等有机物不断被消耗，同时，微生物的活动又极易造成蔬菜败坏，将新鲜蔬菜进行适当加工，可以延长蔬菜贮藏期，便于保存运输，有利于调节蔬菜市场供需格局，提高产品附加值，增加农民经济收益。蔬菜加工产品主要包括生鲜蔬菜、腌制蔬菜、脱水蔬菜、速冻蔬菜、预制菜肴、蔬菜罐头、蔬菜汁、精深加工制品等。蔬菜加工行业经过快速发展，已经形成了一批具有较强竞争力的企业，如西北番茄酱加工基地和东南沿海干制、罐头、速冻、腌制蔬菜加工基地等，蔬菜加工产业逐步向布局集中、产业聚集的方向发展。

（二）加工业发展及加工技术

1. 采后加工与冷链保鲜　蔬菜是典型的鲜活农产品，理化特性变化迅速，采收后的商品化处理（去杂分拣、包装、预冷）、贮藏保鲜、冷链物流技术应用对产品质量至关重要。蔬菜冷链保鲜是针对气体环境、空气温湿度及微生物环境采用合理的保鲜技术，提高蔬菜在流通过程中的品质质量和保鲜期，在低温的基础上配合快速预冷、气调保鲜、辐照保鲜、化学保鲜剂保鲜、涂膜保鲜等技术方法，是目前常用的蔬菜保鲜方法。将物联网技术与生鲜蔬菜冷链物流相结合，可以提高冷链物流运行效率，促进冷链物流朝数字化、智慧化方向转变。

2. 鲜切蔬菜　鲜切蔬菜是指对新鲜蔬菜进行分级、清洗、整修、去皮、切分、保鲜和包装等一系列的处理，然后经过低温运输进入冷柜销售的蔬菜产品，具有新鲜度高、方便、安全、营养和卫生等优点。但鲜切蔬菜的货架期比较短，其在生产和销售过程当中容易受到各种各样因素的影响，导致品质下降，出现营养流失、微生物侵染、生理生化变化（如变色、变味、衰老、失水）等问题。通过采用合理的加工和贮藏保鲜技术，可有效解决以上问题。鲜切蔬菜常见的贮藏保鲜技术包括物理保鲜、生物保鲜、化学保鲜，低温保鲜、气调保鲜、冷杀菌保鲜、臭氧水保鲜是常用的物理保鲜技术。

3. 预制蔬菜　漂洗、预冷以及包装贮藏等处理，可在冷链或者常温环境进行储存、运输及销售的预制食品。预制蔬菜净菜应用广泛，既包括鲜切蔬菜，也包括清洗消毒后的整棵蔬菜；既可作蔬菜沙拉直接食用，也可作为加工、烹饪的原料。随着我国经济的发展，预制蔬菜净菜的需求旺盛，加工设备得到快速发展，但加工装备自动化程度低、缺乏专业化的设备等问题仍十分突出。

4. 腌制蔬菜　腌制是蔬菜贮藏的一种加工方式，也可以提高蔬菜风味。蔬菜在腌制过程中，其本身的多种矿物质（铁、钙、钾、磷等）与有机酸形成水溶性物质，更有助于人体吸收；另外腌制菜品富含纤维素，其在消化过程中有利于酶作用，促进糖的消化吸收。蔬菜低盐腌制技术一般分为高盐咸坯脱盐技术和直接低盐腌制技术，低盐腌制技术能够克服高盐脱盐工艺生产时间长、成本高、工艺烦琐、不利于现代机械化生产的问题，越来越受到关注。

5. 脱水蔬菜　脱水蔬菜又称复水菜，是指通过自然晒干或设备脱去新鲜蔬菜中大部分水分后而制成干菜的加工方式，既可保留新鲜蔬菜原有的色、香、味、形，又具有理想的快速复水性。因原有色泽和营养成分基本保持不变、质量轻、体积小、易于贮存和运输、食用方便、能有效地调节蔬菜生产淡旺季等特点，成为市场日益青睐的果蔬食品。设备脱水方式有热风干燥、红外干燥、微波干燥、热泵干燥、真空油炸干燥、冷冻干燥等，热风干燥是主流。常见的笋干、黄花菜、梅干菜等是我国传统干制蔬菜，随着技术和装备升级，脱水蔬菜的种类也日益丰富，品质有了明显提升。干制蔬菜除了脱水蔬菜、调味品、香辛料产品以外，马铃薯薯片和非油炸的红薯片、山药脆片、胡萝卜脆片、秋葵脆片等产品发展迅速。

6. 速冻蔬菜　速冻蔬菜是指通过低温使新鲜蔬菜迅速冻结，并且在－18℃环境下长期贮藏的加工方式。相较于其他加工方式，可以更好地保证新鲜蔬菜原本的色泽、风味与营养价值。速冻蔬菜的一般工艺流程为：原料—分级—冷却—清洗—预处理—烫漂—冷却、沥水—速冻—包装—冻藏。速冻蔬菜保存过程中用热水、蒸汽、微波等方式对蔬菜进行微生物杀灭、生物酶灭活处理，可以延长蔬菜的保存时间和保持其风味品质，同时有效控制蔬菜表面的微生物、脏污和农药残留等。国内速冻蔬菜的种类有几十种，主要出口的产品是豆类及甘薯、菠菜、芦笋等，我国内销产品类型主要包括甘薯、玉米、青瓜、辣椒、菜豆和茄子等。

7. 蔬菜汁　蔬菜汁是指将新鲜蔬菜直接压榨或者使用其他方法获得汁液的加工方式。在这个过程中，水溶性的营养成分多数到了蔬菜汁里。一般蔬菜汁饮料通常由两种及以上多种蔬菜汁调配而成的混合蔬菜汁饮料，或者与果汁勾调配置成果蔬汁饮料。也可将蔬菜或者蔬菜汁进行发酵制品加工。目前蔬菜制汁是我国蔬菜加工领域的一个较新的方向，常见的有番茄汁和胡萝卜汁，还有少量南瓜汁、冬瓜汁等。

三、国内外市场概况

（一）国内市场

2021年，我国蔬菜市场价格总体高位运行，基本符合常年季节性波动规律。农业农村部重点监测的28种蔬菜全国批发均价为4.97元/kg，较2020年上涨6.7%。因2020年菜价整体偏高，2021年农户生产积极性相对较高，蔬菜种植面积和产量稳中有增，进出口额保持增长，维持贸易顺差格局。往年10月是我国秋季蔬菜上市高峰，菜价一般季节性小幅下行，但2021年受严重灾害性天气影响，导致北方产区秋茬蔬菜减产、“断茬”，叠加农资等价格上涨增加的生产成本、跨区调运增加的运输成本等因素，10月总体菜价逆季节上行，并且上涨势头较快，第四季度蔬菜价格翘尾明显。北方菜价上涨早于南方且幅度大于南方，叶菜类、瓜类蔬菜价格涨幅较大，根茎类蔬菜相对平稳。其中黄瓜、西葫芦和菠菜涨幅较大，分别为7.01、5.13和9.17元/kg，同比分别上涨85.4%、66.6%和73.0%；洋葱、马铃薯、大白菜涨幅较小，分别为2.30、2.15和1.98元/kg，同比涨幅10%左右。

（二）国际市场

我国蔬菜进口总体规模不大，进口的蔬菜主要来自印度、美国、越南、日本和泰国等，进口蔬菜品类主要包括蔬菜种子、干辣椒、马铃薯（加工）、甜玉米、番茄（加工）、胡椒和豌豆等，主要用于种用、加工及调节特色品种。除蔬菜种子和辣椒等个别品类外，进口蔬菜对国内蔬菜整体市场形势影响不大。

我国蔬菜出口优势品类集中度高，主要有大蒜、蘑菇、番茄、生姜、辣椒、洋葱、胡萝卜及萝卜、木耳、马铃薯和竹笋等，以上品类合计出口额占比超过60%，其中，大蒜出口额占比达17.5%。出口蔬菜以鲜或冷藏蔬菜为主，出口目的地中，印度尼西亚、越南、泰国等东盟国家占比较高。2021年，蔬菜出口157.7亿美元，同比增长5.6%；进口11.9亿美元，同比增长14.8%；贸易顺差145.8亿美元，同比增长4.9%。其中鲜或冷藏蔬菜出口59.6亿美元，同比增长3.3%。

四、质量管理与标准化建设

（一）质量管理

蔬菜质量安全问题涉及产地环境、生产、收获、加工、贮藏、运输、销售、监管、执法等诸多环节。蔬菜质量安全主要风险来源有产地环境污染、农业投入品残留、生产及加工过程中非法添加违禁物质、病原微生物及寄生虫污染，以及收贮运过程中原料、产品、包装、设备污染等。2021年，全国蔬菜例行监测合格率97.1%，连续14年保持96%以上，全年未发生重大质量安全事故，蔬菜质量安全水平保持了总体优良稳定。从监测品种看，水生蔬菜全部合格，甘蓝类、食用菌、根菜类、茄果类、瓜类合格率较高，分别为99.9%、99.2%、98.7%、98.7%、98.6%。国家农产品质量安全追溯管理信息平台建设项目建成验收。项目以责任主体登记和产品流向管理为核心，分为信息采集、信息查询、分析决策、数据共享四大业务系统，通过赋码、打印、张贴使用等过程，实现农产品质量安全源头可追、去向可查、过程可控、责任可究。同时，出台了《农产品质量安全追溯管理专用术语》等11项标准规范和《农产品质量安全信息化追溯管理办法（试行）》及5项配套管理制度，基本形成了较为统一的追溯标准规范管理体系。截至目前，国家农产品质量安全追溯管理信息平台农产品生产经营主体注册申请规模达29.5万家，监管、检测、执法机构近8 000余家。与29个省级农产品质量安全追溯平台和农垦行业平台实现对接，基本实现了业务互融、数据共享。

（二）标准化建设

建立包含蔬菜生产的产地环境、种苗培育、生产种植、加工贮藏、包装运输、质量控制、废弃物利用等环节构成的蔬菜全产业链标准，将推动蔬菜产业实现标准化、优质化、品牌化，实现蔬菜产业的提质增效。

全国蔬菜质量标准中心全力构建产业链蔬菜全产业标准体系，2021年，辣椒、茄子、西葫芦3项全产业链行业标准获农业农村部发布，完成《社会化服务 温室建设服务规范》《农产品产地冷链物流服务规范》2项国家标准草案，《蔬菜种子繁育技术规程》等8项地方标准获立项。农药残留是影响农产品质量安全的重要因素，制定农药最大残留限量标准是加强农药残留风险管理的重要技术手段。2021年3月，国家卫健委、农业农村部和市场监管总局联合发布《食品安全国家标准 食品中农药最大残留限量》（GB 2763—2021），蔬菜等特色小宗作物限量标准显著增加（表1）。

表1 2021年有关部门发布的蔬菜加工相关标准情况

标准号	标准名称	代替标准
GB 2763—2021	食品安全国家标准 食品中农药最大残留限量	GB 2763—2019
GB/T 14215—2021	番茄酱罐头质量通则	GB/T 14215—2008
GB/T 28577—2021	冷链物流分类与基本要求	GB/T 28577—2012
GB/T 29379—2021	马铃薯脱毒种薯贮藏、运输技术规程	GB/T 29379—2012
GB/T 39907—2021	果蔬类周转箱尺寸系列及技术要求	
GB/T 40065—2021	果蔬类周转箱循环公用管理规范	
GB/T 40956—2021	食品冷链物流交接规范	
NY/T 435—2021	绿色食品 水果、蔬菜脆片	NY/T 435—2012
NY/T 1047—2021	绿色食品 水果、蔬菜罐头	NY/T 1047—2014
NY/T 1048—2021	绿色食品 笋及笋制品	NY/T 1048—2012
NY/T 1056—2021	绿色食品 贮藏运输准则	NY/T 1056—2006
NY/T 1884—2021	绿色食品 果蔬粉	NY/T 1884—2010

（续）

标准号	标准名称	代替标准
NY/T 2288—2021	黄瓜绿斑驳花叶病毒检疫检测与鉴定方法	NY/T 2288—2012
NY/T 3871—2021	大蒜中蒜氨酸的测定 高效液相色谱法	
NY/T 3900—2021	绿色食品 豆类罐头	
NY/T 3902—2021	水果、蔬菜及其制品中阿拉伯糖、半乳糖、葡萄糖、果糖、麦芽糖和蔗糖的测定 离子色谱法	
NY/T 3909—2021	非浓缩还原果蔬汁加工技术规程	
NY/T 3910—2021	非浓缩还原果蔬汁冷链物流技术规程	
NY/T 3916—2021	西兰花干燥加工技术规范	
NY/T 3952—2021	日光温室全产业链管理通用技术要求 辣椒	
NY/T 3953—2021	日光温室全产业链管理通用技术要求 茄子	
NY/T 3954—2021	日光温室全产业链管理通用技术要求 西葫芦	
IB/T 14133—2021	果蔬带式压滤机	
IB/T 14134—2021	果蔬链板式干燥机	
IB/T 14135—2021	果蔬真空加压浸渍设备	
IB/T 14143—2021	果蔬微波干燥机	
GH/T 1190—2021	洋葱贮藏技术	GH/T 1190—2017
GH/T 1341—2021	鲜切果蔬	
GH/T 1345—2021	脱水洋葱	
QB/T 2076—2021	果蔬脆	QB/T 2076—1995

五、行业工作

1. 2021 年 4 月 20 日至 5 月 30 日，第二十二届中国（寿光）国际蔬菜科技博览会、2021 中国（寿光）国际蔬菜种业博览会分别在山东省寿光市蔬菜高科技示范园和寿光蔬菜小镇召开 博览会以“绿色·科技·未来”为主题，围绕服务三农和乡村振兴，全面展示蔬菜科技发展水平。“菜博会”由农业农村部、商务部等部委与山东省人民政府联合主办，“种博会”由国家现代蔬菜种业创新创业基地管委会、中国园艺学会、中国种子协会蔬菜分会、寿光市人民政府联合主办。菜博会主展区 45 万 m^2，集中展示国内外蔬菜优良品种 2 000 多个，其中新品种 300 多个，引进种植模式 80 余种、新技术 100 多项。会期共举办“会中会”“展中展”29 项，实现现场交易及订单贸易额达 83 亿元。有 41.6 万人次到会参观，50 余家中央及省市媒体参会报道，媒体总曝光量达 7.1 亿人次。作为国内唯一的国际性蔬菜产业品牌展会已连续成功举办了 22 届。种博会集中展示了国内外 384 家单位的 7 大类作物 4 100 多个优良品种，推动了种权成果转化和品种推广，集中签约重点项目 15 个，总投资 51.7 亿元。

2. 2021 年 5 月 13 日，中国蔬菜产业大会在山东省寿光市召开 大会以“新阶段 新理念 新行动”为主题，由中国蔬菜协会、山东省农业农村厅联合主办，全国多个省、自治区、直辖市农业农村主管部门负责人，农技推广部门负责人，农业科研单位和大学的专家教授，蔬菜行业的生产、营销以及相关的农机、农资等方面的企业家，大宗蔬菜产业技术体系专家，中国蔬菜协会会员等约 500 人参加了本次会议。会议内容主要是解读农业政策，围绕蔬菜机械化智能化、蔬菜绿色防控等议题进行研讨。

3. 2021年6月8日，第二届中国·北方农业（蔬菜）科技创新发展大会在石家庄市农林科学研究院赵县实验基地召开 本届大会由石家庄市农林科学研究院、北京市农林科学院、天津市农业科学院联合主办，来自北京、天津、河北、河南、山东等8个省（直辖市）、32个供种单位的1 066个北方主栽果蔬新品种（品系）进行了示范展示，同时对蔬菜基质栽培、节水高效生产、绿色防控、水培韭菜、智慧管理、废弃物综合利用、高质量生产模式及蔬菜生产新装备等七个方面多项科技创新成果进行了展示推介。

4. 2021年7月2～4日，第三届果蔬类功能食品开发及产业发展大会在贵阳召开 大会以“营养 健康 发展 合作”为主题，由中华全国供销合作社济南果品研究院、中国果蔬贮藏加工技术研究中心联合主办。大会共设5个分会场，240余所高校、企业及科研院所约530余位专家学者参加，通过特邀报告、专题论坛、展览展示等形式，充分展示了我国果蔬产业发展的新技术、新成果，围绕果蔬功能食品开发及新技术、果蔬加工新技术和新工艺、特色果蔬深加工与发展、果蔬品质控制与综合利用、果蔬营养与健康等方面进行了交流和研讨。

5. 2021年9月27～28日，2021中国果蔬汁产业峰会在武汉召开 峰会以“把握新趋势 发掘新动能”为主题，由中国饮料工业协会主办，邀请国内外专家和优秀企业代表130余人参加。峰会围绕果蔬汁新产品新趋势、原料新应用、生产新技术、标准新规定、节水节能新技术等行业热点，从不同角度分析了果蔬汁行业多元化发展现状和趋势，共同探讨果蔬汁行业发展大计。

6. 2021年10月24日，第五届中国·江苏蔬菜种业博览会在江苏省南京市江宁区谷里现代农业示范园召开 博览会以“绿色‘苏’菜 从‘芯’开始”为主题，旨在促进产业交流与合作，提升江苏蔬菜种业发展水平，助力种业翻身仗，助推江苏“绿色蔬菜”“现代种业”两个千亿元级产业高质量发展。种博会由中国蔬菜协会、南京市江宁区人民政府、江苏省农业技术推广总站、江苏省种子管理站、江苏省农机具开发应用中心联合主办。种博会展示面积约200亩，分为露地展示区、设施展示区和农机装备展示区，集中展示了国内124家科研单位、高校、种业企业的1 511个品种，包括茄果类662个、瓜类411个、叶菜类428个、其他类10个。种博会期间还举办了“蔬菜生产机械化新装备新技术展演分会”活动，设立4 000多m^2蔬菜全程机械化农机新装备展示专区，静态展示与动态演示蔬菜产前、产中、产后10多个环节的国内外50多种叶菜类、甘蓝类和茄果类蔬菜适用生产机械设备，主要包括产前：生产净园、耕整、起垄、开沟、覆膜等配套设备；产中：育苗播种、田间直播/移栽、植保、水肥一体化等设备；产后：采收、搬运、废弃物处理、采后处理等设备。

7. 2021年10月28～30日，2021年中国（广西）-东盟蔬菜新品种大会在广西南宁市召开 广西农业农村厅主办，有177家科研单位、种子企业参加，展示蔬菜新品种1 013个，展示区种植80亩。大会就中国（广西）-东盟扩大对外开放、加强合作交流、推动区域创新发展等进行了交流研讨。

8. 2021年10月29～31日，第二十一届国际果蔬·食品博览会在山东省烟台国际博览中心召开 果蔬会以“绿色健康未来”为主题，由商务部和山东省人民政府联合主办。果蔬会展出面积20 000m^2，设立了“产业配套馆、形象馆、果蔬食品馆”三个主题馆，涵盖国际企业及百强企业展区、烟台形象展区、机械设备展区、种苗及生产资料展区、物流及冷链仓储展区、国际展区、果蔬食品展区等七大展区。汇集来自意大利、挪威、瑞士、新西兰、法国、俄罗斯、越南、韩国、日本等10余个国家（地区）和国内20多个省、自治区、直辖市的近600家参展商经销商参会参展。重点展示国内外优良果蔬种苗及产品、生产资料，果蔬生产、植保、加工机械，无害化技术及设备、灌溉技术及设备、保鲜技术及设备、温室工程、自动化控制、包装技术及设备等。

9. 2021年度其他展会 6月22日，第十一届中国（杞县）大蒜节暨大蒜产业发展论坛在河南省杞县召开，中国蔬菜流通协会和开封市人民政府联合主办；9月25～27日，第六届贵州·遵义国际辣椒博览会在贵州省遵义市召开；9月26～28日，第二十四届中国农产品加工业投资贸易洽谈会在河南驻马店国际会展中心召开，农业农村部和河南省人民政府联合主办；10月9～11日，2021年中国·定西马铃薯大会在甘肃省定西市安定区召开，农业农村部和甘肃省人民政府联合主办；10月30日～11月3日，第二十二届中国中部（湖南）农业博览会在湖南省长沙国际会展中心召开，农业农村部和湖南省人民政府联合主办；11月9～11日，第十二届iFresh亚洲果蔬产业博览会在上海新国际博览中心召开。

（山东省农业机械科学研究院 赵峰）

蜂产品加工业

我国养蜂业历史悠久，蜂群数量和蜂农数量位居世界前列，是世界上的养蜂大国。21世纪以来，我国蜂产品行业发展迅速，蜂产品产量和出口数量长期位居世界首位。随着蜂产品的营养、保健功效逐渐被消费者认可，我国蜂产品的销量不断增加，市场不断发展壮大，取得了良好的成效。

蜂产品是保健养生的代表性产品，随着人们生活水平的提高和保健意识的增强，蜂产品被越来越多的消费者所青睐，且消费者回归自然、崇尚自然的保健意识越来越突出，从过去的只认识蜂蜜到现在的蜂王浆、蜂花粉、蜂胶、蜂蜡以及延伸出的系列保健品、化妆品、美容品等，消费者对蜜蜂产品的需求越来越呈现多元化，我国的蜂产品市场正在进入越来越“细分化”的阶段。

一、基本情况

（一）蜂群数量

2001—2020年20年间，我国蜂群数量呈现平稳增长，从2001年的750万群增加到2020年的922万群，平均每年增加8.6万群。从增长速度来看，这20年可以分为两个阶段：第一个阶段是2001—2008年，8年间每年蜂群的增长速度都在10万群以上，年增长率为1.33%～3.13%，增速最高的年份是2005年，比2004年增加了25万群；第二个阶段是2009—2020年，每年蜂群的增长数量都在5万群以下（2017年除外，该年度蜂群增加了10万群），年增长率都在0.57%以下。总体来看，我国蜂群数量前期增长较快，后期增长趋缓。

（二）蜂蜜产量

2001—2020年20年间，我国蜂蜜产量先期稳步增长至最高峰，然后下降至平稳状态。我国蜂蜜产量从2001年的25.2万t，增长到2016年的55.53万t，达到历史最高峰，这16年平均每年蜂蜜产量增加近2万t，其中2006年和2007年蜂蜜产量增长最多，都超过4万t。除了2016年，2017年蜂蜜产量也达到了54.25万t，之后3年我国蜂蜜产量基本稳定在45万t左右。20年来我国平均每群蜂的蜂蜜产量从33.60kg提高到49.71kg，其中最高年份是2016年，单群蜜蜂产蜜量达61.37kg，之后基本稳定在50kg左右。

2020年我国蜂蜜产量45.81万t，比2019年增长3.17%。各省蜂蜜产量差异较大，蜂蜜产量最高的三个省份分别是河南省、四川省和浙江省，产量分别为6.89万t、6.27万t和5.02万t，合计18.18万t，约占全国蜂蜜总产量的40%。此外，蜂蜜产量在2万t以上的省（自治区、直辖市）还有广西、广东、重庆、江西、湖北，合计11.82万t，约占全国蜂蜜总产量的25%，其他省（自治区、直辖市）蜂蜜产量都在2万t以下。我国除了生产蜂蜜，还生产蜂王浆、蜂胶、蜂花粉、蜂蜡、蜂蛹等多种蜂产品。其中，蜂王浆年产量4 000t左右，蜂胶年产量400～500t，蜂花粉年产量约5 000t，蜂蜡年产量超过1万t。每年蜂产品的产量根据市场价格和需求的变化而有所波动。

二、行业发展分析

（一）价格

我国蜜源植物种类丰富，不同蜜源植物来源的蜂蜜价格差异很大，此外蜂蜜的收购价格还受蜂蜜本身的波美度、蜂蜜的产地、蜂蜜的供求关系等多种因素的影响。2021年，由于气候等原因，油菜蜜减产，收购价格较往年略有上涨，油菜蜜的收购价格在8 000～10 000元/t，荔枝蜜的收购价格在9 000～10 000元/t，洋槐蜜的收购价格在13 000～16 000元/t，荆条蜜的收购价格在9 000～13 000元/t，椴树蜜的收购价格在10 000～14 000元/t。蜂王浆的收购价格根据生产的时间和花期不同，价格在120～150元/kg徘徊。

2021年，由于疫情持续影响和洪涝灾害等天气，蜂花粉的生产受到一定影响，价格波动较大，而且不同种类的蜂花粉价格也有差异。由于杂蜂花粉出口疲软，导致杂蜂花粉的收购价格下跌较大，从2020年的23～25元/kg跌到16～17元/kg。油菜蜂花粉的价格与2020年基本持平，维持在27～32元/kg。茶花蜂花粉收购价格达到36元/g，较2020年的25～28元/kg上涨幅度高达30%～40%，价格波动比较大。

（二）市场

从整体市场看，虽然受疫情影响，2020 年、2021 年蜂产品整体消费市场依然呈现稳中有升的状态，但随着疫情的持续，消费者的消费支出减少，2021 年下半年市场开始出现疲软。从经营主体、销售和消费来看，我国蜂产品市场目前呈现三个特点：整体消费市场稳中有升与多数蜂产品企业经营困难并存；国外蜂产品品牌、独立 IP 销售活跃与蜂产品的传统渠道销量下滑并存；蜂产品消费需求仍然旺盛与消费信心低迷并存。

据 2021 年中国蜂产品协会对会员企业的调查，发现 70%的企业出现销售额下降的情况，其中降幅超过 20%的占 39%；持平或上升的仅占 28%。经调查，市场低迷、疫情影响、成本上升、恶性竞争是企业经营中面临的主要困难。中国蜂产品协会的多次市场调查也表明，消费者对国产蜂产品的信心依然不足，真假问题仍然是消费者在选购蜂蜜时首先要考虑的问题，这种信任危机如芒在背，时刻影响着我国蜂产品的消费市场。

（三）区域分布

2021 年，我国的蜂产品企业持续增加，有蜂产品生产许可证的企业大部分集中在东北地区和中部地区。全国获得蜂产品生产许可证的企业共计 1 449 家，比 2018 年增长 5.31%；分布数量最多的省份是黑龙江省，共有 164 家，比 2018 年增长 5.13%，占全国获得蜂产品生产许可证企业总数的 11.32%；获证企业超过 100 家的省份还有山东省（124 家）、吉林省（106 家）和云南省（104 家），这四个省份的获证企业数量占全国获证企业总数的 34.37%

（四）进出口

1. *蜂产品出口* 我国是世界上蜂产品出口大国，蜂产品出口数量最多的品种是蜂蜜，此外还出口一定数量的蜂蜡、蜂王浆、蜂王浆冻干粉和蜂花粉等。2021 年，我国蜂产品行业总体运行平稳，蜂产品出口数量再创新高，蜂产品出口总量 160 104.1t，同比增长 9.30%；出口总额达 37 130.02 万美元，同比增长 1.01%。由于蜂产品出口价格下滑，导致蜂产品出口数量和出口金额的增速相差较大（表 1）。

表 1 2021 年我国蜂产品出口情况

单位：t、万美元、美元/kg、%

产品品类	数量	金额	价格	同比		
				数量	金额	价格
蜂蜜	145 886.00	26 004.67	1.78	10.13	2.36	−7.05
蜂蜡	9 510.67	4 442.51	4.67	4.57	5.33	0.73
蜂王浆	768.89	2 080.58	27.06	0.38	5.64	5.24
蜂王浆冻干粉	244.54	2020.43	82.62	−15.12	−16.16	−1.23
蜂花粉	3 010.48	1 520.31	5.05	−5.15	3.10	8.69
其他蜂产品	342.78	741.03	21.62	−30.59	−32.98	−3.44
蜂王浆制剂	340.67	320.48	9.41	80.13	80.76	0.35
合计	**160 104.10**	**37 130.02**	**2.32**	**9.30**	**1.01**	**−7.59**

资料来源：海关总署。

2. *蜂产品进口* 2021 年，我国蜂产品进口总量 5 141.99t，同比增长 13.01%；进口总额 11 303.46 万美元，同比上涨 18.30%。其中，进口数量最多的是蜂蜜，进口量为 4 809.45t，同比增长 13.91%；进口金额 10 522.57 万美元，同比增长 18.35%，占我国蜂产品进口总额的 93.09%；进口均价 21.88 美元/kg，同比上涨 3.90%，进口均价是我国蜂蜜出口均价（1.78 美元/kg）的 12.29 倍。

我国进口蜂产品金额排在第二位的是其他蜂产品（主要是指蜂胶类、蜂蛹类及其他蜂产品制品等），进口量 38.90t；进口金额 468.28 万美元，同比增长 13.61%。我国进口蜂产品数量排在第二位的是蜂蜡，进口量 287.93t，同比增长 30.11%；进口金额 276.63 万美元，同比增长 26.66%；进口均价 9.61 美元/kg。此外，我国还有很少量的蜂王浆制剂、蜂花粉等蜂产品进口（表 2）。

表 2　2021 年我国蜂产品进口情况

单位：t、万美元、美元/kg、%

产品品类	数量	金额	价格	同比增长		
				数量	金额	价格
蜂蜜	4 809.45	10 522.57	21.88	13.91	18.35	3.90
其他蜂产品	38.90	468.28	120.37	−61.43	13.61	194.56
蜂蜡	287.93	276.63	9.61	30.11	26.66	−2.65
蜂王浆制剂	4.94	30.32	61.35	−7.42	20.91	30.60
蜂花粉	0.67	4.36	64.73	74.81	−42.52	−67.12
蜂王浆冻干粉	0.09	1.29	144.80	790.00	332.45	−51.41
蜂王浆	0.00	0.01	34.50	−73.33	−86.81	−50.53
合计	**5 141.99**	**11 303.46**	**21.98**	**13.01**	**18.30**	**4.68**

资料来源：海关总署。

2017—2021 年五年来，我国蜂产品进口总额在 2017 年达到顶峰超过 1 亿美元，到 2018 年大幅下降，而后三年逐年增长，2021 年再次超过 1 亿美元。我国蜂蜜的进口金额呈现增长趋势，2021 年的蜂蜜进口金额为近年来最高，达 1.05 亿美元，蜂蜡等蜂产品的进口金额相对稳定。我国进口的蜂蜜主要来源于新西兰，2021 年进口量 2 204.06t，同比增长 15.17%，占 2021 年我国进口蜂蜜总量的 45.83%；进口金额 8 139.67 万美元，同比增长 21.34%，占 2021 年我国进口蜂蜜总额的 77.35%；进口均价 36.92 美元/kg，同比增长 5.36%，是我国蜂蜜出口均价（1.78 美元/kg）的 20.74 倍。我国进口蜂蜜金额较大的国家还有澳大利亚和法国，进口数量分别为 340.92t 和 184.14t。来自澳大利亚的进口蜂蜜均价为 35.63 美元/kg，与新西兰的蜂蜜价格接近，进口均价同比增长 72.26%；来自法国的进口蜂蜜均价为 16.49 美元/kg，同比上涨 1.02%。其他蜂产品的进口主要源于巴西，进口数量 13.98t，进口金额 366.13 万美元，进口均价 261.89 美元/kg。蜂蜡的进口主要来源于坦桑尼亚、多哥和美国，进口数量分别为 80.00t、54.84t 和 39.54t，进口金额分别为 61.78 万美元、38.89 万美元和 44.22 万美元，进口均价分别为 7.72 美元/kg、7.09 美元/kg 和 11.18 美元/kg。

（五）发展新亮点、新增长点

1. 乡村振兴战略带动蜂产业再上新台阶　蜂产业是一项集历史传统、经济效益、社会效益、生态效益于一体的集约型低碳产业。蜂产业由于具有投入少、见效快、不污染环境的优势，并且能够充分利用偏远贫困地区自然资源，在精准脱贫和巩固脱贫攻坚成果中发挥了重要作用。近年来，在乡村振兴战略的带动下，蜂产业持续发力，养蜂生产、蜂产品加工、蜂产品电商、蜜蜂小镇、乡村旅游等有机结合，促进地区一二三产业融合发展，起到了良好的示范带动作用，同时进一步拓宽了蜂产业基础，扩大了蜂产品的消费市场。

2. 蜂产品应用领域延伸助推蜂产业迎新局　近年来，随着新技术的引入和科学技术水平的提高，蜂产品企业和科研院所加大了蜂产品的功能研究和新品开发。蜂产品从传统的简单包装直接食用形式，延伸到保健食品、化妆品、药品、日化用品等各个领域。由于蜂产品具有的天然营养食品属性，也引起了其他相关企业的关注，将蜂产品作为其他食品或者产品的配料，如 2021 年销售火爆的蜂蜜芝麻丸、辅助治疗便秘的蜂蜜露等。

三、行业面临的问题

（一）蜂业政策投放不足

蜂产业在满足群众生活需要、促进农业绿色发展、提高农作物产量、维护生态平衡、巩固脱贫攻坚等方面发挥着重要作用，但是我国蜂业发展总体质量不高，种蜂育繁推广体系不健全，养蜂生产方式粗放，蜂产业质量效益、竞争力亟待提升。国家对蜂产业重视程度不够，相关的管理机构不健全，缺乏统一的顶层设计和规划，导致蜂产业一二三产业融合发展路径不清晰。同时，支持蜂产业发展政策不完善，蜂产业很难享受到与其他畜牧业同等的政策支持和待遇。

（二）消费信心不足

随着信息技术的发展，每个人都是自媒体，蜂产品的声誉正由行业更多的人发声汇集，当然也包括少部分行业外的专家、“大V”等，这些声音最终传递给市场，形成行业的整体声誉。近年来，蜂产业内部意见不统一，有时自相矛盾、互相攻击，让行业在消费者心目中的形象较负面，比如中蜂蜜与意蜂蜜之争、浓缩蜜和成熟蜜的问题、超市里的蜂蜜和蜂农的蜂蜜孰优孰劣等，这些声音传递出去，被逐步放大，给消费者造成不小的困扰，长此以往消费信心逐渐被打击，最终放弃购买，最后打击的是整个行业。要推动蜂产品市场的繁荣和市场规模的扩大，必须开始着手构建行业信誉，行业从业者共同维护行业声誉，由行业向市场发出统一的正面的声音，才是恢复消费者信心。

（三）蜂产品行业终端市场高度分散

随着新零售业态的发展，多渠道、多平台的分流效应逐渐显现，如传统线下门店以及文旅结合的新销售实体，以京东、天猫为代表的传统电商，以抖音、快手为代表的短视频销售平台等。蜂产品行业终端市场高度分散，市面上各种渠道都有大大小小不同的品牌以及自产蜂蜜。在这种市场状态下，船小好调头，小品牌和小商家更容易存活，但这并不意味着对有一定规模的传统型企业就是完全劣势，对于能根据自身优势进行差异化品牌营销、精准定位客户群体的规模性企业，反而是一个迅速成长的机会。

（四）蜂产品的同质化、低价恶性竞争严重

由于蜂产品的特殊性，蜂产业受经济周期的影响相对较小，这也是蜂产品所特有的“低风险、高收益”属性，因此吸引了众多新兴市场参与者与投资人，由此衍生出大大小小众多的企业，但大部分企业进行着“拿来主义”的生产方式，创新意识不足，同质化竞争愈演愈烈，产品的附加值低，这些已成为束缚我国蜂产品行业蓬勃发展的主要因素。蜂产品的价格战导致企业的效益逐年下降。蜂产品行业的一些公司为了抢占优质客户资源，依靠价格获取短期绩效成果，导致行业毛利率降低，众多养蜂户和小团体在选择合作企业时有所顾虑，“唯价格论”的出现不利于蜂产业的健康发展。

（五）缺少品牌建设，高端产品发展滞后

我国蜂产品企业新技术、新成果的研发力度相对较小，生产上随意性大，缺乏知名品牌。多数蜂产品企业停留在对商标的注册上，缺少对品牌建设的投入，在品牌推广方面的投入更少。这样就使产品的影响力有限，缺乏消费者认知度，无法与国外知名品牌竞争。在中高端产品领域，还是有较大部分的产品依赖进口。此外，蜂产品企业缺乏创新研发能力，这种现状加剧了下游消费领域对进口产品的依赖，不利于我国蜂产业的良性发展。

四、发展趋势

（一）依托科技支撑，促进蜂产业发展

依托现代技术支撑，依靠产学研发展模式，蜜蜂育种水平将稳步提高，为蜂产业发展提供种源保障。我国专业化蜂场面临着整合的机遇，即蜂场规模会越来越大，特别是1 000群以上的专业蜂场会大量出现，并将成为我国养蜂的主要形式。同时建立规模化蜂群的养蜂企业也会逐步形成，成为区别于蜂产品企业的养殖企业。蜂场管理更趋同于畜牧业企业的管理模式，蜂群所有权与管理人员的分离及养蜂人职业化将随之推进，并将成为今后我国蜜蜂饲养模式的主流。大力推广蜂业智能化，特别是智能化蜂箱的发明和使用，通过人工智能管理可以减少蜂农人为管理，这为降低蜂农劳动强度、提高生产效率从而可以多养蜂、养好蜂提供了可能，从一定程度上推动智慧蜂场和蜂群智能管理的进步。

（二）突出科技创新，促进加工业转型升级

我国蜂产品研究侧重质量检测及产品标准方面，导致消费者关注产品真假及优劣的质量问题，而忽视了蜂产品特有的营养与保健作用。相对而言，我国蜂产品深加工研究滞后于市场的发展。近年来，对蜂产品深加工产业的扶持力度持续加大，更多的科研力量、科研资源转移到蜂产品深加工上去，使蜂产品加工业能够快速发展。政府、企业与科研院校合作共建技术创新平台正在推进，蜂产品营养与功能研究及新产品开发进一步推进，科技成果转化正在完善，蜂产品在包装和品类上有所创新，吸引了更多的消费者关注和购买。

（三）打造知名品牌，提升产业形象

蜂产品行业推动养蜂机械化、规模化，推广生产成熟蜜，制定蜜蜂饲养管理相关标准，提高生产水平，保证产品质量。建立产品溯源机制，加大监督检查力度，严厉打击违规经营行为，营造放心消费环境。借助中国国际服务贸易交易会、世界蜜蜂日等重大展会和活动，对一些龙头企业和新星企业进行重点宣传和推介，建立和完善品牌宣传机制，提升品牌知名度和影响力。创新产品包装形式和消费体验，迎合当今消费者的消费习惯，慢慢改变蜂产品在消费者心中传统初级农产品的形象，促进蜂产品形象的提升。

（四）养蜂生产内外部多元化发展

养蜂生产不仅生产蜂产品，还可以通过为农作物授粉提高农产品的产量和品质，具有明显的外部性特征。与美国等发达国家相比，我国养蜂生产在提高蜜蜂授粉的普及率方面仍有很大的潜力。随着国家蜂产业技术体系等专项的进一步实施，通过蜜蜂授粉技术的研究和试验示范，充分发挥蜜蜂授粉促进农业增产增收，以及促进蜂产品多元化协同发展，将有利于实现蜂农多渠道稳定增收，达到蜂业内外部多元化可持续发展。

五、政策建议

（一）加强政府的主导作用

1. *加强规划设计和融合发展* 尽快完成对植被蜜源、产业家底等情况的调查，结合养蜂业发展现状，加强顶层设计，尽快编制出台域内养蜂业发展规划，明确养蜂业融入并带动全域一二三产业融合发展路径，使蜜蜂与其他相关产业能连点成线、连线成面、整合联动发展，延长产业链、提升价值链、完善利益链。

2. *加强组织领导和政策扶持* 明确与蜂业规划相匹配的工作管理机构，选配精兵强将，加快专业人才培养；加大科技经费投入力度，依靠科技创新驱动产业高质量发展，推动传统饲养模式向现代化饲养转变；完善配套支持养蜂相关产业发展政策，从直接投入到税收费用减免、以奖代补等各种方式对蜂业发展加大支持力度，充分调动养蜂积极性，助力养蜂业提质增效和促进蜂农持续增收。

3. *制定产业和产品规范，加强有效监管* 参照国际标准，制定全域蜜蜂养殖和蜂产品加工规范，对产品安全、产品质量进行统一严格监管，保证品牌、品质。

（二）积极修订养蜂管理办法

早在2012年农业部就推出了《养蜂管理办法（试行）》，经过10年实践检验，其中的部分条款已难以满足当前的养蜂现实情况，同时也需要补充新的内容。因此，《养蜂管理办法（试行）》应根据时代和发展的要求进行修订，并得到有效执行与落实。

（三）建立养蜂保险制度

建议国家有关部门联合保险机构建立养蜂保险基金，为全国920万群蜜蜂建立安身立命的生活保障，同时也为我国的粮食安全生产建立保障。

（四）建立养蜂业的科技创新支持体系

推行建立蜜蜂友好型植物种植体系和养蜂业科技创新支持体系，如养蜂产业的大数据服务、人工智能和物联网等技术的应用；出台鼓励科技创新企业在蜂产业中的投入支持政策；鼓励年轻人从事养蜂业发展体系，同时鼓励出台新型家庭养蜂农场建立的支持政策；加大产业领军企业的扶持政策，推行先试点、先推广的模式，不断创新，服务产业健康发展。

（本文为中国蜂产品协会提供数据，由本编辑部万丽娜编写）

食用菌加工业

一、基本情况

（一）产量产值

1. *产量* 据对全国29个省、自治区、直辖市（不含宁夏、海南和港澳台等省区）的统计调查，2021年，全国食用菌总产量4 133.96万t（鲜品，下同），比2020年增长1.79%。从全国食用菌产量分布情况来看，产量较大的有河南（576.13万t）、福建（478.02万t）、河北（331.35万t）、黑龙江（320.95万t）、山东（303.65万t）、吉林（231.12万t）、四川（224.56万t）、贵州（210.00万t）、江苏（179.80万t）、湖北（146.71万t）、江西（137.81万t）、陕西（129.70万t）、辽宁（128.53万t）、湖南（126.70）万t和广西（100.98万t）。

2. *产值* 2021年总产值3 475.63亿元，比2020年增长0.29%。从全国食用菌产值分布情况看，2021年产值超过100亿的省份有：河南（410.38亿元）、云南（324.93亿元）、福建（248.11亿元）、四川（241.78亿元）、河北（228.71亿元）、贵州（219.6亿元）、黑龙江（190.54亿元）、山东（188.69亿元）、吉林（181.52亿元）、江苏（156.63亿元）、湖北（152.64亿元）、广东（145.78亿元）、江西（135.85亿元）、辽宁（122.20亿元）、湖南（112.65亿元）、陕西（106.30亿元）等16个省，比上年增加1个省份。

（二）出口创汇

1. *出口量* 海关统计出口数据显示，2021年，全国各类食用菌产品出口数量为65.19万t，同比增长1%。出口数量超万吨的10个品种依次为：蘑菇菌丝16.56万t，小白蘑菇（洋蘑菇）罐头14.51万t，其他蘑菇罐头6.95万t，其他鲜或冷藏的蘑菇6.55万t，干香菇5.35万t，鲜或冷藏的金针菇3.55万t，其他伞菌属蘑菇罐头2.51万t，干木耳1.90万t，鲜或冷藏的香菇1.85万t，鲜或冷藏的伞菌属蘑菇1.84万t，同比分别增长13%、持平（0%）、10%、1%、−9%、−7%、−37%、−1%、8%、−3%。

2. 创汇　海关总署统计数字表明，2021年，食用菌类创汇28.67亿美元，同比增长5%。出口创汇金额前10种产品依次为：干香菇8.6亿美元，其他蘑菇罐头6.95亿美元，小白蘑菇（洋蘑菇）罐头2.96亿美元，干木耳2.78亿美元，其他鲜或冷藏的蘑菇1.12亿美元，蘑菇菌丝1.02亿美元，其他伞菌属蘑菇罐头0.72亿美元，鲜或冷藏的金针菇0.72亿美元，干银耳0.66亿美元，其他制作或保藏的蘑菇及块菌0.52亿美元，同比分别增长−10%、11%、65%、−3%、22%、22%、−43%、16%、24%、78%。

二、科研、新产品、新技术

1. 9月5日，农业农村部公告第一批72个国家农作物种质资源库（圃）和19个国家农业微生物种质资源库名单　食用菌行业有5家科研单位入选国家农业微生物种质资源库名单，分别是国家农业微生物种质资源库（依托单位为中国农业科学院农业资源与农业区划研究所）、国家（吉林）食用菌种质资源库（依托单位为吉林农业大学）、国家（上海）食用菌种质资源库（依托单位为上海市农业科学院）、国家（贵州）食用菌种质资源库（依托单位为贵州省农业科学院）、国家（云南）食用菌种质资源库（依托单位为云南省农业科学院生物技术与种质资源研究所）。

2. 10月16日，福建农林大学研究员、国家菌草工程技术研究中心首席科学家林占熺作为食用菌行业代表出席了中国共产党第二十次全国代表大会　1986年，林占熺通过埋头苦干终于成功地发明了菌草技术，并连续获得国际国内发明大奖，该技术“以草代木”，从根本上解决了食用菌类需大量砍树的“菌林矛盾”，在脱贫攻坚战场上战功卓越。目前菌草技术已传播到106个国家和地区，从南太平洋到非洲再到拉美，许多人通过种菌草、种菇、养畜摆脱了贫困，改变了命运，菌草技术为全球减贫提供了中国方案。

3. 10月，国际期刊《微生物学前沿》发表的一篇论文中，记录了一种全球新物种——白盖鸡油菌　该菌菌盖表面光滑，边缘呈波浪状黄白色至浅奶油色，菌肉坚实，气味不明显。据了解，白盖鸡油菌由海南医学院热带转化医学教育部重点实验室、浙江大学生命科学学院食用菌研究所等研究机构的科研人员于2017年和2020年先后在海南鹦哥岭、浙江天目山发现，经基因测序后确定为新物种。

4. 11月4日，FAO GIAHS科学咨询小组在意大利罗马召开会议　专家经认真讨论后一致认为，“浙江庆元林—菇共育系统”符合全球重要农业文化遗产（GIAHS）评选标准。会后，联合国粮食及农业组织（FAO）网站随即公布，“浙江庆元林—菇共育系统”被正式认定为“全球重要农业文化遗产”，其也成为了全球首个食用菌领域的重要农业文化遗产。“浙江庆元林—菇共育系统”的全球重要性主要体现在形成了独特的林-菇共育技术，保留了从剁花法到段木法再到代料法的最完整食用菌栽培技术演化链的“活态博物馆”，是中国重要的菌物资源库，为世界山区森林保育、林下经营、食用菌栽培以及山区多功能农林业发展提供了示范。

5. 吉林农业大学李玉院士团队在赞比亚野外采集野生皱木耳新品种并驯化选育成功　因其形似鹿肚而得名。鹿肚耳，英文名Deer tripe mushroom，又称脆木耳、多皱木耳，夏季叠生或群生于阔叶树倒木或腐朽木上，盘状或耳状，无柄或似具柄，边缘全缘或浅裂，子实层表面非光滑或有明显褶皱，具不规则网状棱纹，不育面具绒毛，新鲜时胶质，黄棕色至红棕色。

6. 福建省农业科学院食用菌研究所以双孢蘑菇W2000单孢分离并经系统选育而成双孢蘑菇新品种“福蘑58”　于2019年通过福建省食用菌新品种鉴定（鉴定编号：闽鉴菌2019005），并于2021年12月获得了植物新品种权（品种权号：CNA20183725.4）。福蘑58适应性广，适合双孢蘑菇周年工厂化、设施化及季节性农法栽培，比一般品种较耐高温1～2℃，对斑点病有较强的抗性。

7. 由无限极申请的发明专利——从香菇、茯苓和银耳中提取的复合多糖组合物对抗流感病毒的作用，正式获得由欧洲专利局（EPO）颁发的专利证书（专利号：EP3216454B1）　本发明将香菇多糖、茯苓多糖和银耳多糖进行科学复配，所得组合物能够显著提高流感病毒感染小鼠的存活率和生存质量。与现有的流感病毒疫苗或单一多糖的作用相比，本发明提供的复合多糖，对流感病毒感染小鼠的保护作用更加显著。该项研究成果也在国际权威学术期刊Food and Agricultural Immunology上发表。

8. 四川省林业科学研究院陈玉龙副研究员团队成功实现冬虫夏草子实体的人工高密度室内栽培　团

队在采集四川产野生冬虫夏草样本的基础上，进行冬虫夏草菌株的分离培养、选育和优化。经多年研究，成功实现冬虫夏草子实体的人工高密度室内栽培，栽培周期5～7个月，每平方米子实体年产量达8万条，培育的子实体颜色和长度均可控制。

三、国内外市场概况

（一）国内市场

云南省供销合作社联合社印发的《云南省食用菌产业“十四五”发展规划和二〇三五年远景目标》提出，通过“一核一带两翼”、“966”产业布局和七大重点建设任务，将昆明打造成国际野生食用菌交易中心。到2025年，云南省食用菌总产量180万t，综合产值达1 200亿元以上。2021年7月25日，中国（广东韶关）RCEP食用菌国际采购交易中心建设暨“善美韶农”农产品推介出口活动在位于韶关市曲江区的粤港澳大湾区“菜篮子”产品韶关配送中心举行。这是广东省农业领域把握RCEP机遇，促进农业对外贸易的又一重要举措。

（二）国际市场

2021年，全球蘑菇市场总额超过588亿美元，双孢蘑菇世界排名第一，约占食用菌总额的40%，香菇、平菇占20%以上。据德国联邦统计局报道，2021年，德国食用菌的总收获量为83 800t，比2020年增加了5%，其中9 100t食用菌（11%）是由完全有机生产的农场生产的。生产面积同比增长6%，达到379hm²，生产食用菌最多的两个联邦州是下萨克森州和北莱茵-威斯特法伦州，分别为186hm²和70hm²。俄罗斯联邦动植物卫生监督局阿穆尔州分局发布消息，10月上旬中国向阿穆尔州出口了超过1t重的金针菇，并顺利通过植物检疫检查并放行进入阿穆尔州境内。较去年的100kg金针菇出口量相比，上涨了10倍。近年来，俄罗斯本地市场对食用菌需求量激增，但本国供应量不足，进口的食用菌产品约占俄罗斯市场份额的80%。

四、质量管理与标准化工作

（1）中国食用菌协会完成《食用菌工厂化生产厂房设计通用技术规范》（T/ZSJX 3201—2022）、《食用菌机械 瓶栽自动装瓶机》（T/ZSJX 3301—2022）两项团体标准发布，这是食用菌产业机械装备方面首次制定团体标准，填补了我国菌用机械装备领域空白。

（2）7月7日，海关总署在2022年第57号公告“关于发布《进境种用雏禽指定隔离检疫场建设规范》等90项行业标准目录的公告”中正式发布《出境蘑菇菌棒检疫操作规程》（SN/T 5459—2022），该标准将于2023年2月1日正式实施。

（3）10月7日，福建省菌草开发工程协会组织召开团体标准立项评审会，与会评审专家对国家菌草工程技术研究中心、福建省标准化研究院与企业联合申请的《巨菌草种茎栽培技术规范》《菌草生态治理技术规范 滨海地区》《菌草栽培金福菇技术规范》三项标准进行了质询与论证。

（4）上海市农业科学院农产品质量标准与检测技术研究所营养品质评价与风险评估研究团队以食用菌为研究对象，梳理分析了近5年来中国食用菌的出口贸易现状，分别对比分析中国与国际食品法典委员会（CAC）、欧盟及美国、日本、韩国的食用菌中农药残留限量标准，提出中国食用菌农药残留限量标准存在的问题，并为提高中国食用菌质量安全和增强国际竞争力提供对策和建议。

五、行业工作

（1）6月10～12日，第三届中国食用菌产业博览会在福州举办。展会安排主题突出、专业实效的十余场会议活动，会展规模达2万m²，突破前两届规模，保持了食用菌业界第一大展会的地位。展会共吸引全国16个省份259家食用菌相关企业参展，累计接待客商观众10 079人，现场零售达2 536万元，实现经贸配对额1.98亿元，展会商贸对接成效显著。

（2）8月19～21日，灵芝全产业链高质量发展大会在山东省冠县召开。会议围绕“打造灵芝高地 引领健康生活”主题，聚焦顶层设计与行业协同发展，探索如何实现绿色发展，推动灵芝产业提质升级。各级领导、专家、生产销售加工企业代表，媒体代表等300余人参加本次会议。大会发布了灵芝产业高质量发展助力乡村振兴倡议书，成立了灵芝产业专家服务队，在业内产生良好反响。

（3）9月，中央广播电视总台央视综合频道创新策划推出《端牢中国饭碗》16集大型系列纪录片，全面解读中国特色的粮食安全之路，全景展现党的十八大以来中国粮食、食用菌、油料等重要农产品生产取得的辉煌成就。千百年来，菌物与植物、动物共同构成了人类的“大食物”。小小菌伞在人们探索“从吃饱到吃好”的征途上蓬勃绽放，书写了中国人拓展食物的智慧与坚定。

（4）10月14日，农业农村部、国家乡村振兴局2022年国家乡村振兴示范县创建名单公布。食用菌主产县福建省古田县、河北省阜平县、安徽省金寨县、安徽省岳西县、河南省清丰县、河南省兰考县、重庆市酉阳县、四川省蓬溪县入围。

（5）10月26日，农业农村部开展的2022年农业品牌精品培育计划名单公布，4个食用菌品牌：吉林长白山黑木耳、随州香菇、平泉香菇、东宁黑木耳入围。

（6）11月10～12日，第十二届庆元香菇文化节暨全国香菇产业高质量发展峰会在浙江庆元召开。会议围绕"千年宋韵、香菇传承"和"'药'约天下、才聚百山"主题，共序友谊、工商合作、共谋发展。各级领导、专家学者、企业家代表等200余人参加会议。大会期间召开了全国香菇产业高质量发展峰会，探索了香菇新技术、新业态、新模式、新动能、新路径。

（中国食用菌协会　戚俊）

乳制品加工业

一、基本情况

（一）生鲜乳生产

2021年，全国生鲜乳产量持续保持较快增长，全年奶类产量3 778.1万t，同比增长7.0%。其中，牛奶产量3 682.7万t，同比增长7.1%；其他奶类产量95.4万t，同比增长6.6%。

牛奶产量前五位省份没有变化，分别为内蒙古、黑龙江、河北、山东和宁夏，合计2 240.7万t，占全国的60.8%。其他奶类生产方面，陕西、新疆、内蒙古、西藏、河南、云南、河北等七省（自治区）产量较高，合计91.7万t，占全国的96.1%；其中陕西产量57.3万t，占全国的60.1%。奶类、牛奶、其他奶类产量前五位省份情况见表1、表2、表3。

（二）经济运行状况

2021年，国内乳制品消费持续增长，乳制品行业产销情况良好，但受企业经营成本明显增加影响，行业整体经营效益有所回落。2021年1～12月，全国规模以上乳制品企业589个，营业收入4 687.4亿元，同比增长10.3%；利润总额375.8亿元，同比下降5.7%；销售收入利润率为8.0%。2021年12月，全行业产成品存货101.3亿元，同比增长10.2%，乳制品产成品存货占销售收入比例为2.0%，保持在正常区间；亏损企业亏损额72.0亿元，同比增长222.5%，行业亏损额与利润总额的比值为1∶5.2，整个行业的经济效益不如2000年。全年乳制品生产投资保持增长。2021年，全国乳制品

表1　2021年全国奶类总产量前五位省份情况

单位：万t、%

地区	产量	同比	占全国比例
全国总计	**3 778.1**	**7.0**	**100.0**
内蒙古	680.0	10.1	18.0
河　北	501.9	2.8	13.3
黑龙江	501.0	0.0	13.3
山　东	288.4	19.4	7.6
宁　夏	280.5	30.3	7.4

资料来源：国家统计局。

表2　2021年全国牛奶产量前五位省份情况

单位：万t、%

地区	产量	同比	占全国比例
全国总计	**3 682.7**	**7.1**	**100.0**
内蒙古	673.2	10.1	18.3
黑龙江	500.3	0.0	13.6
河　北	498.4	3.1	13.5
山　东	288.3	19.4	7.8
宁　夏	280.5	30.3	7.6

资料来源：国家统计局。

表3　2021年全国其他奶类产量前五位省份情况

单位：万t、%

地区	产量	同比	占全国比例
全国总计	**95.4**	**6.6**	**100.0**
陕　西	57.3	8.5	60.1
新　疆	10.4	50.7	10.9
内蒙古	6.8	6.2	7.1
西　藏	4.9	14.0	5.1
河　南	4.7	0.0	4.9

资料来源：国家统计局。

企业资产总计4 639.7亿元，同比增长 12.7%，增速较上年有所提高。2021 年 1～12 月，全国乳制品产量 3 031.7 万 t，同比增长 9.4%，其中液体乳产量 2 843.0 万 t，同比增长 9.7%；乳粉产量 97.9 万 t，同比增长 1.8%。

分地区情况，乳制品产量居前的省（自治区）与上年一样，分别是河北、内蒙古、山东、河南和黑龙江，五省（自治区）乳制品总产量近 1 400 万 t，约占全国的 46%，占比较上年略增，五省（自治区）都为正增长。全国 31 个省（自治区、直辖市）中，乳制品产量处于正增长的有 25 个（去年 16 个），负增长的有 6 个（去年 15 个）；有 11 个省（自治区）乳制品产量超过 100 万 t，分别为河北、内蒙古、山东、河南、黑龙江、宁夏、江苏、湖北、安徽、陕西和四川，其中增长的有 9 个，增幅最大的是宁夏，同比约增长 24%，下降的有 2 个，降幅最大的是安徽，同比约下降 5%。液体乳产量居前的省（自治区）是河北、内蒙古、山东、河南和宁夏，五省（自治区）液体乳总产量超过 1 300 万 t，约占全国的 47%，占比较上年提高 1 个百分点。有 11 个省（自治区）液体乳产量超过 100 万 t，分别是河北、内蒙古、山东、河南、宁夏、黑龙江、江苏、安徽、湖北、四川和陕西，其中增长的有 9 个，增幅最大的是宁夏，同比约增长 24%；下降的有 2 个，降幅最大的是安徽，同比约下降 5%。乳粉产量前五位的省（自治区）是黑龙江、陕西、内蒙古、河北和江苏，五省（自治区）合计生产乳粉近 80 万 t，约占全国的 81%，占比较上年提高近3 个百分点。有 10 个省（自治区）乳粉产量超过1 万 t，其中增长的有 7 个，江苏同比增幅最大，同比约增长 36%；下降的有 3 个，河北降幅最大，同比约下降 8%。2021 年全国规模以上企业乳制品、液体乳、乳粉产量及产量前五位省份情况见表 4、表 5、表 6。

表 4　2021 年全国乳制品产量前五位省份情况

单位：万 t、%

地区	产量	同比	占全国比例
全国总计	**3 031.7**	**9.4**	**100.0**
河　北	397.6	6.5	13.1
内蒙古	368.0	9.3	12.1
山　东	242.6	13.7	8.0
河　南	193.1	9.3	6.4
黑龙江	189.4	17.2	6.2

资料来源：国家统计局月度统计。

表 5　2021 年全国液体乳产量前五位省份情况

单位：万 t、%

地区	产量	同比	占全国比例
全国总计	**2 843.0**	**9.7**	**100.0**
河　北	387.9	7.0	13.6
内蒙古	348.9	9.4	12.3
山　东	226.8	14.1	8.0
河　南	193.1	9.4	6.8
宁　夏	176.8	24.3	6.2

资料来源：国家统计局月度统计。

表 6　2021 年全国乳粉产量前五位省份情况

单位：万 t、%

地区	产量	同比	占全国比例
全国总计	**97.9**	**1.8**	**100.0**
黑龙江	36.3	−0.8	37.0
陕　西	14.9	7.3	15.2
内蒙古	11.0	15.1	11.2
河　北	9.6	−8.5	9.8
江　苏	7.6	36.3	7.7

资料来源：国家统计局月度统计。

二、市场状况

（一）产品结构

2021 年，据中国乳制品工业协会对 90 家会员单位（销售收入占全行业的 83.6%）的统计，在乳粉类产品中，全脂乳粉占 9.1%，全脂加糖乳粉占 3.6%，脱脂乳粉占 0.9%，婴幼儿配方乳粉占 53.2%，中老年乳粉占 19.8%，孕产妇乳粉占 0.4%，儿童乳粉占 8.2%，调味乳粉占 3.0%，其他乳粉占 1.8%。根据中国乳制品工业协会统计数据，全国奶油类产品产量约 15.1 万 t（重新核算后 2020 年约为 13.0 万 t）；干酪类产量约 11.5 万 t，其中原干酪约占 1.3%，再制干酪约占 98.7%；炼乳产量约 22.0 万 t，其中甜炼乳约占 79.4%，无糖炼乳约占 20.6%。全国液体乳产品构成为：巴氏杀菌鲜乳约占 7.9%；灭菌纯乳约占 55.0%；调制乳约占 12.6%，其中灭菌调制乳约占 88.2%；发酵乳约占 24.5%，其中常温发酵乳约占 33.2%。

（二）生鲜乳收购价格

2021 年，国内奶源供求持续偏紧，生乳收购价格波动幅度较往年明显缩小，价格始终处于高位运行。据农业农村部对内蒙古、河北等10个奶牛主产省（自治区）（河北、山西、内蒙古、辽宁、黑龙江、山东、河南、陕西、宁夏、新疆）生乳平均价格的调查数据，2021年全国奶牛主产省（自治区）生乳平均价格为4.29元/kg，同比增长13.2%，其中，1月生乳平均价格为4.25元/kg，5月为4.24元/kg，12月为4.31元/kg，12月平均价格环比涨0.2%，同比涨3.9%。2021年分月全国主产区生鲜乳平均价格见表7。

表7 2021年分月全国主产区生鲜乳平均价格情况

单位：元/kg

月份	1月	2月	3月	4月	5月	6月	7月	8月	9月	10月	11月	12月
价格	4.25	4.29	4.29	4.26	4.24	4.27	4.31	4.37	4.34	4.31	4.30	4.31

（三）乳制品价格

2021年，由于受原料价格持续走高影响，乳制品消费价格继续保持增长，产品价格涨幅与2020年相当。根据国家统计局的统计数据，2021年12月，乳制品价格环比涨0.4%，同比涨1.4%；全年乳制品平均价格同比涨1.8%，高于同期食品全年平均价格−0.3%的增长。

（四）乳制品进出口

1. **进口** 据海关总署统计数据，2021年1～12月，全国共进口各种乳制品410.29万t，金额143.74亿美元，同比分别增长17.96%和14.09%，进口乳制品总金额与国内乳制品工业销售收入的比值为1∶5.06（上年1∶4.83）。从数量上看，乳粉、液体乳、乳清类产品、稀奶油、零售婴幼儿食品、干酪类产品、奶油和无水奶油、乳糖进口量较多，产品进口量都超过了12万t；从增速上看，炼乳、稀奶油、干酪类产品、乳粉、酪蛋白等产品增长较快，增幅都超过了28%。2021年乳制品进口情况见表8。

表8 2021年全国乳制品进口情况

单位：万t、亿美元、%

商品名称	数量	同比	金额	同比
进口合计	**410.29**	**17.96**	**143.74**	**14.09**
液体乳①	99.56	17.77	8.66	26.64
乳　粉②	27.28	40.36	9.47	51.50
炼　乳	127.52	30.21	45.95	39.63
发酵乳	3.39	42.80	0.63	57.53
乳清类产品	2.76	−14.06	0.56	−3.74
奶　油	72.32	15.53	10.23	25.07
干　酪	13.10	13.35	6.67	22.16
乳　糖	17.62	36.31	8.13	37.76
零售婴幼儿食品	12.01	5.37	1.70	23.68
酪蛋白	27.27	−21.80	44.53	−14.63
白蛋白	3.81	28.33	3.74	48.95

注：①液体乳数据不包括发酵乳；②乳粉数据不包括婴幼儿配方乳粉。

数据来源：海关总署。

从进口来源看，新西兰是我国最大的乳制品进口来源地，其次是德国、美国、澳大利亚和法国，我国分别从这些国家进口了155.03万t、53.31万t、43.61万t、27.91万t和22.34万t的乳制品，五国合计占到总进口量的73.66%，占比较上年升高0.08个百分点。其中，液体乳主要来源于德国、新西兰、波兰、澳大利亚和奥地利，进口量分别为38.83万t、22.79万t、15.00万t、11.88万t和2.83万t，五国合计占液体乳总进口量的91.72%，占比较上年升高0.27个百分点。稀奶油主要来源于新西兰、法国、西班牙、英国和德国，进口量分别为 13.55 万 t、5.25 万 t、1.97 万 t、1.48 万 t 和 1.22 万 t，五国合计占稀奶油总进口量的 86.05%，占比较上年升高 4.74 个百分点。乳粉主要来源于新西兰、澳大利亚、美国、乌拉圭和法国，进口量分别为 88.87 万 t、9.02 万 t、4.78 万 t、3.96 万 t 和 3.59 万 t，五国合计占乳粉总进口量的 86.42%，占比较上年微升 0.06 个百分点。乳清类产品主要来自美国、法国、白俄罗斯、荷兰和波兰，进口量分别为 28.64 万 t、6.51 万 t、6.24 万 t、6.04 万 t 和 4.95 万 t，五国合计占乳清类产品总进口量的 72.42%，占比较上年降低 2.69 个百分点。零售婴幼儿食品主要来自荷兰、新西兰、法国、爱尔兰和德国，分别进口 9.70 万 t、6.06 万 t、3.33 万 t、2.49 万 t 和 1.62 万 t，五国合计占零售婴幼儿食品进口量的 85.05%，占比较上年降低 0.15 个百分点。干酪主要来自新西兰、澳大利亚、丹麦、美国和意大利，进口量分别为 9.57 万 t、2.67 万 t、1.36 万 t、0.86 万 t 和 0.65 万 t，五国合计占干酪总进口量的 85.81%，占比较上年升高 1.02 个百分点。乳糖主要来自美国、德国、波兰、法国和意大利，进口量分别为 7.71 万 t、1.40 万 t、0.88 万 t、0.38 万 t 和 0.35 万 t，五国合计占乳糖总进口量的 89.38%，占比较上年升高 3.03 个百分点。奶油和无水奶油主要来自新西兰、澳大利亚、法国、荷兰和比利时，进口量分别为 10.34 万 t、0.55 万 t、0.55 万 t、0.37 万 t 和 0.27 万 t，五国合计占奶油和无水奶油总进口量的 92.20%，占比较上年降低 2.35 个百分点。酪蛋白主要来自新西兰、荷兰、法国、德国和爱尔兰，分别进口 2.30 万 t、0.48 万 t、0.33 万 t、0.24 万 t 和 0.19 万 t，五国合计占酪蛋白总进口量的 93.02%，占比较上年升高 1.22 个百分点。2021 年，乳制品进口价格情况见表 9。

表 9　2021 年乳制品进口价格情况

单位：美元/t、%

商品名称	12 月价格	同比	1～12 月平均价格	同比
液体乳[①]	895	12.34	870	7.54
乳　粉[②]	3 650	7.63	3 471	3.29
炼　乳	4 085	20.46	3 604	7.23
发酵乳	1 694	4.37	1 871	10.31
乳清粉	2 062	10.50	2 018	12.01
奶　油	1 674	29.77	1 414	8.26
干　酪	5 887	33.58	5 091	7.77
乳　糖	5 058	8.45	4 617	1.06
婴幼儿零售食品	1 428	0.95	1 414	17.38
酪蛋白	15 665	3.81	16 331	9.17
白蛋白	11 214	56.15	9 809	16.07

注：①液体乳数据不包括发酵乳；②乳粉数据不包括婴幼儿配方乳粉。

数据来源：海关总署。

2. **出口**　2021 年，我国乳制品出口与上年变化不大。全年乳制品出口 4.62 万 t，金额 3.30 亿美元，同比分别增长 0.35%和 35.66%。其中，液体乳、零售婴幼儿食品、发酵乳、炼乳是出口的主要产品。2021 年乳制品出口情况见表 10。

表 10　2021 年全国乳制品出口情况

单位：万 t、亿美元、%

商品名称	数量	同比	金额	同比
液体乳[①]	2.30	−8.85	0.22	−1.14
乳　粉[②]	0.00	−100.00	0.00	−100.00

（续）

商品名称	数量	同比	金额	同比
炼　乳	0.43	165.70	0.17	138.21
发酵乳	0.17	−34.04	0.04	−24.52
乳清粉	0.51	8.42	0.12	14.76
奶　油	0.02	−69.31	0.00	−73.57
干　酪	0.18	68.12	0.07	65.88
乳　糖	0.02	−53.75	0.02	−16.55
婴幼儿零售食品	2.30	−8.85	0.22	−1.14
酪蛋白	0.00	−100.00	0.00	−100.00
出口合计	**4.62**	**0.35**	**3.30**	**35.66**

注：①液体乳数据不包括发酵乳；②乳粉数据不包括婴幼儿配方乳粉。

数据来源：海关总署。

我国内地乳制品出口主要是为香港和澳门地区提供产品，2021年共向香港和澳门地区出口乳制品3.80万t，同比增长−0.78%，占出口总量的82.25%。我国乳制品进出口数量逆差405.67万t，同比增长18.19%；金额逆差140.43亿美元，同比增长13.67%。

三、行业动态

（一）行业集中度

根据中国乳制品工业协会统计，2021年国内营业收入居前列的乳制品企业有内蒙古伊利实业集团股份有限公司、蒙牛集团、光明乳业股份有限公司、黑龙江飞鹤乳业有限公司、君乐宝乳业集团、新希望乳业股份有限公司、北京三元食品股份有限公司、雀巢（中国）有限公司、北大荒完达山乳业股份有限公司和上海妙可蓝多食品科技股份有限公司，10家企业营业收入合计3 013.59亿元，同比增长17.96%，占全行业的64.29%。

（二）产品质量

根据收集到的国家监督抽检结果，2021年市场监管部门食品安全监督抽检婴幼儿配方乳粉11 288批次，不合格13批次，合格率99.88%，不合格批次产品主要涉及微生物污染、质量指标不符合标准、质量指标与标签标示值不符、食品添加剂超范围使用等问题，从婴幼儿配方乳粉的抽检结果看，国产产品整体质量好于进口产品；乳制品（不含婴幼儿配方乳粉）100 032批次，不合格131批次，合格率99.87%，不合格批次产品主要涉及相关质量指标不达标、质量指标与标签标示值不符等问题。2018年以来，乳制品与婴幼儿配方乳粉的合格率始终保持在99.7%以上，产品质量稳定可靠。2021年，国家监督抽检质量不合格的产品都是由于产品生产储存运输中出现问题造成的，属于偶发性的质量问题，不具有系统性、普遍性或区域性的安全风险。

（中国乳制品工业协会　岳增君）

酿　酒　工　业

一、基本情况

2021年是中国酒业“十四五”计划的开局之年，也是中国酒业进入“疫情常态化”的调整之年。面对疫情的反复性与不确定性，中国酒业保持了良好向上的发展势头，为“十四五”高质量开局取得了良好的开端。

2021年，全国酿酒行业规模以上企业完成酿酒总产量5 406.85万kL，同比增长3.95%。其中，饮料酒产量接近 4 600 万 kL，同比增长 4%；发酵酒精产量 808.26 万 kL，同比增长 1.83%。主要经济效益汇总的全国酿酒行业规模以上企业总计 1 761 家，累计完成产品销售收入 8 686.73 亿元，同比增长 14.35%；累计实现利润总额 1 949.33 亿元，同比增长 30.86%（表 1）。

表 1　2021 年我国酿酒行业生产营收情况

单位：万 kL、亿元、%

行业	产量	同比	营收总额	同比	利润总额	同比
白酒	715.63	−0.59	6 033.48	18.60	1 701.94	32.95
啤酒	3 562.43	5.60	1 584.80	7.91	186.80	38.41
葡萄酒	26.80	−29.08	90.27	−9.79	3.27	7.64
黄酒	—		127.17	−5.24	16.74	−0.97
发酵酒	808.26	1.83	605.28	9.51	0.04	−99.73
其他酒	—	—	245.74	−3.06	40.54	0.89
酿酒总计	**5 406.85**	**3.95**	**8 686.73**	**14.35**	**1 949.33**	**30.86**

数据来源：国家统计局。

（一）主营业务收入

2021 年，全国酿酒行业累计完成销售收入 8 686.73亿元，同比增长 14.35%。其中，白酒行业完成销售收入 6 033.48 亿元，同比增长 18.60%；啤酒行业完成销售收入 1 584.80 亿元，同比增长 7.91%；葡萄酒行业完成销售收入 90.27 亿元，同比下降 9.79%；黄酒行业完成销售收入 127.17 亿元，同比下降 5.24%；其他酒行业完成销售收入 245.74 亿元，同比下降 3.06%；发酵酒精行业完成销售收入 605.28 亿元，同比增长 9.51%（表 1）。

（二）利润

2021 年，酿酒行业累计实现利润总额 1 949.33 亿元，同比增长 30.86%。分行业看，白酒行业累计实现利润总额 1 701.94 亿元，同比增长 32.95%；啤酒行业累计实现利润总额 186.80 亿元，同比增长 38.41%；葡萄酒行业累计实现利润总额 3.27 亿元，同比上升 7.64%；黄酒行业累计实现利润总额 16.74 亿元，同比下降 0.97%；其他酒行业累计实现利润总额 40.54 亿元，同比增长 0.89%；发酵酒精行业累计实现利润总额 0.04 亿元，同比下降 99.73%（见表 1）。总体来说，白酒和啤酒制造业总体经济效益向好，而其他酒类制造业则出现不同幅度下降。

（三）价格

2021 年，除黄酒和发酵酒精制造业利润总额有所下降外，其他酒类制造业的利润总额均较上年同期有所上升。从单位产品利润看，白酒、啤酒、葡萄酒较上年同期均有大幅上升，而发酵酒精较上年大幅下降。

（四）进出口

2021 年，我国酒类商品进出口贸易取得显著增长。根据海关总署数据（表 2），2021 年我国饮料酒及发酵酒精累计进出口总额 64.58 亿美元，同比增长 37.63%。其中，累计出口额 10.85 亿美元，同比增长 80.92%；累计进口额 53.73 亿美元，同比增长 31.28%。饮料酒方面，除黄酒外，我国各类饮料酒出口均有不同程度的提高。其中，白酒出口增幅最大，出口额同比增长 6 111.42%，达到 5.65 亿美元；葡萄酒出口增幅也较为显著，出口量同比增长 178.95%，出口额同比增长 228.80%。相反，啤酒、葡萄酒进口量则持续下滑，其中啤酒进口量同比下降 10.18%，这也从一个侧面反映出我国啤酒、葡萄酒产业的有效升级与品质提升，“中国酿造”的影响力在国际上得到有效提升。发酵酒精出口量在 2020 年显著增长之后，2021 年回落至 2.32 万 kL，同比下降 96.23%；进口量则增至 81.55 万 kL，同比增长 1 087.02%。

表 2　2021 年我国酒类商品进出口贸易情况

单位：万 kL、亿美元、%

商品名称	出口				进口			
	出口量	同比	出口额	同比	进口量	同比	进口额	同比
白酒	1.60	5 151.37	5.65	6 111.42	0.37	33.94	1.32	15.64
啤酒	42.42	9.69	2.79	14.92	52.47	−10.18	7.10	2.22

（续）

商品名称	出口				进口			
	出口量	同比	出口额	同比	进口量	同比	进口额	同比
葡萄酒	0.41	178.95	0.81	228.80	41.29	−1.79	15.77	−10.19
黄酒	1.11	−8.23	0.20	0.64	0.000 7	−5.17	0.00	−33.83
其他饮料酒[①]	1.23	257.92	1.22	133.49	15.69	27.39	25.24	69.20
发酵酒精[②]	2.32	−96.23	0.20	−92.19	81.55	1 087.02	4.29	1 104.57
合计	**49.09**	**−51.91**	**10.85**	**80.92**	**191.38**	**59.58**	**53.73**	**31.28**

注：①根据《饮料酒分类》（GB/T 17204—2008）并结合海关总署统计的类别，其他饮料酒包括：葡萄汽酒（未加香料）、小包装的味美思酒及类似酒（容器容量≤2L；加植物或香料的用鲜葡萄酿造的酒）、蒸馏葡萄酒制得的烈性酒、威士忌酒、朗姆酒及蒸馏已发酵甘蔗产品制得的其他烈性酒、杜松子酒、伏特加酒、利口酒及柯迪尔酒、龙舌兰酒、未改性乙醇（按容量计酒精浓度＜80%）及其他蒸馏酒及酒精饮料；②发酵酒精包括：未改性乙醇（按容量计酒精浓度≥80%）、任何浓度的改性乙醇及其他酒精。

资料来源：海关总署。

（五）市场

2021年，随着酒业调整进程的加快，酒类消费需求在趋向多元化、时尚化、个性化的同时，更加追求健康消费、品质消费，这也促使酒类产业更加注重产品结构优化、产品品质提升、品牌文化升级，同时叠加消费持续升级，“喝好点，喝少点”理性饮酒的消费场景正在成为常态。从酒业市场运行的角度来看，主要有如下特点：

1. 数字驱动，酒类厂商关系开始重构 目前，大数据已经开始应用到各行各业，再加上疫情防控常态化，2021年酒类产业数字营销已渐渐落地，让酒类厂家、品牌方直接链接消费者和终端，有效缩短了生产厂家与消费者之间的距离。基于此，酒类厂家、品牌方也展现出对消费者前所未有的关注，生产厂家也更加关注终端关系。酒类电商的竞争日趋白热化，酒类流通企业的兼并重组进一步加快。

2. 互融互通，业外资本跨界酒业增多 在外部政策利好和内生动力增强的驱动下，资本跨界酒业互融互通增多，成为资本市场的风向标。与此同时，资本市场酒业板块的火热和年轻化美酒品牌的迅速崛起使得我国酒业的发展备受消费者关注。整体上看，我国酒业市场在业外资本的加持下，正在转型升级发展中焕发出新的面貌。

3. 产业集中，引发酒商走向集中化 纵观整个酒类流通市场，不仅生产端集中化程度越来越高，流通端的酒商也正在走向集中化。一是连锁新零售，向上整合供应链，向下锁定消费者，如1919、酒便利等就是典型代表；二是品牌运营商，不仅在快速建网络做陈列，更是在积极做品鉴做品牌。数据显示，中国酒商数量正在逐年减少，正在走向集中，走向规模化发展，大商、超级大商正在成为酒业新风景。

4. 跨界营销成为酒业营销新模式 2021年，跨界营销在酒类产业的应用逐渐成为一种新的营销模式，而且越来越多的著名酒类品牌开始借助跨界营销，寻求强强联合的品牌协同效应。在酒类营销中实施的跨界营销均以强化消费者的体验为基础，通过酒类产品的品牌、渠道、客户跨界合作带给消费者不同的体验，从而实现彼此的相互渗透和融合，实现品牌效应叠加，真正让酒类品牌融入消费者生活，打通消费通道。

5. 供大于求，酒类市场供需矛盾愈发明显 近年来，酒类行业一直处于快速增长期，酒类流通企业因价格上涨预期、销售形势良好、盈利前景看好等各种原因，增加了大量酒类商品库存。酒类市场由供需总体平衡转为供大于求，酒类市场特别是白酒市场供需矛盾逐步显现。

（六）投资

2021年，酿酒行业总体资产总额增加约20%，所有子行业资产总额均有所增加，其中白酒制造业增长约26%，增幅最大。全国酿酒行业规模以上企业共亏损311家，亏损面约18%，亏损企业累计亏损额近53亿元，同比增长约47%。截至2021年12月底，行业资产负债总额达到近5 800亿元，负债率近42%，同比增长约23%。

（七）区域分布

2021年，我国酿酒产量最大的五个地区四川、山东、广东、黑龙江、河南酿酒总产量约2 400万kL，同比增长近6%，约占全国酿酒总产量的45%。除河南省酿酒总产量同比小幅下降外，其他四省均有增长，其中广东省增幅最为明显，同比增长约13%，达到近450万kL，上升到全国第三位。酿酒总产量最大的四川省产量约700万kL，同比增长约8%；山东省酿酒总产量近600万kL，同比增长约3%；黑龙江省酿酒总产量超过360万kL，同比增长约5%；河南省酿酒总产量约350万kL，同比下降近3%。

（八）行业集中度

酿酒行业经过深度调整之后，从2015年开始，酒类消费市场持续向好，酒类产业集中度一年比一年提高，市场结构升级愈发明显。以白酒产业为例，2016年规模以上企业数量1 578家，2021年这一数字下降到965家，集中度再次提升。竞争加剧、分化复苏、快速集中已成为白酒产业的发展常态与主流方向。2021年白酒头部企业表现较好，其中贵州茅台销售额1 090亿元、五粮液667亿元、江苏洋河250亿元、山西汾酒210亿元、泸州老窖200亿元，这五家企业销售额合计约2 417亿元，占全行业年度销售额比重40.00%，这一指标在2019年为33.17%，2020年为34.95%。白酒市场在继续向头部企业集中。啤酒行业的产业集中度也在稳步提高，雪花、青岛、百威、燕京、嘉士伯五大啤酒企业市场占有率为87%。同样在葡萄酒、黄酒等产业，营收与利润均在向龙头企业大幅倾斜。

（九）“三品”战略实施情况和典型案例

1. 增品种　支持企业深度挖掘用户需求，适应和引领消费升级趋势，在产品开发、外观设计、产品包装、市场营销等方面加强创新，积极开展个性化定制，丰富和细化酒类产品种类。2021年，酒类产品的消费特征正在由单一型向多元型转变，新场景、新品类打造盛行。在产品选择上，消费者更加倾向于追求个性化、时尚化产品，以满足他们对酒类产品所提供的物质和精神双重需求提升。白酒行业“小酒”的流行就是一个典型的例证。小酒是小瓶装酒的简称，它也有专业的名字——酒版。这些小酒版容量在50～250mL，售价一般在15～50元不等。2021年，以往不被重视的“小酒”异军突起，取得了销量的大增，各大白酒厂商纷纷推出自己的小酒产品。目前，中国小瓶装白酒市场容量约为300亿元，市面上小酒的品类多达上千种，市场份额不断扩大。作为一个专门为年轻消费客群量身打造的白酒新品类，小酒在口味、包装、营销等方面不断向时尚化、年轻化靠拢。不少小酒在口味上进行了开发，并针对时下流行的饮酒口味与“轻”饮酒时尚推出相应产品，让消费者以更低的门槛来获得更新的体验。与传统的包装相比，小酒更加重视市场传播推广。出现在短视频平台上的许多新款小酒，它们在包装设计上分别增加了许多时尚元素，包括采用时尚酒标、增加流行宣传语等，极大地拓展了消费者市场。

2. 提品质　重点培育和弘扬精益求精酿造的工匠精神，引导企业树立质量为先、信誉至上的经营理念，立足酒类产品走以质取胜的发展道路。2021年，酿酒企业持续加大科技投入，提升产品品质。一是通过科技创新提升原料品质，从酿造源头上为产品品质提供重要保障；二是智慧酿造与传统酿造并驾齐驱，通过科技创新持续提升酿造技术；最后，好酒是严苛检验出来的，酿好酒要用更严的品控，酒类产业通过科技创新，提升了产品的品控水准，使得产品品质更加稳定。除了科技投入外，标准建设也是品质保障的必要途径。近年来，酿酒行业持续推动国家标准、团体标准、企业标准协调使用，使得酒类酿造有了更优的精选、分级，品质有了标准的保证。2021年，新修订国家标准《白酒工业术语》（GB/T 15109—2021）和《饮料酒术语和分类》（GB/T 17204—2021）正式出台。这两项标准清晰界定了各香型白酒的工艺特征，并规定了饮料酒相关术语、定义和分类标准。新标准以“粮谷”为核心，明确了液态法白酒和固液法白酒不得使用非谷物食用酒精和食品添加剂，为白酒品质正名，为消费者明明白白饮酒、健健康康饮酒提供了保障。

3. 创品牌　深入发掘酒类品牌背后的人文底蕴和文化价值，夯实品牌发展基础，提升酒类产品的附加值和软实力，推动中国产品向中国品牌转变。近年来，“国潮”日渐成为消费品行业的时尚新风向。所谓国潮，是一种传统文化元素于当下时尚化的表达，国潮品牌则是介于中国传统文化与现代消费品之间品牌化、文创化的超级符号。酒类行业也一直都在蓄积“国潮力量”。无论是茅台、洋河持续不断推出的妙趣横生生肖酒，还是张裕葡萄酒推出的国潮版系列产品，都彰显出酒类企业厚重的品牌内涵与文化底蕴。啤酒在大多数人印象中是舶来品，但事实上，我国古代即开始酿造啤酒。“曲法酿酒、蘖法酿醴”，这里用“蘖”酿造的“醴”就类似于如今用麦芽酿造的啤酒。2021年，华润雪花推出超高端啤酒“醴”，体现出对于中国数千年酿酒文化的传承，丰富了中国啤酒文化建设，展现出中国品牌的坚定与自信。中国黄酒是世界三大古酒之一，是不折不扣的国粹。然而，一直以来黄酒作为一种“家常酒”，并没有获得“登堂入室”的尊崇。借着国潮化的东风，不少黄酒品牌重新挖掘黄酒背后的国粹技艺与文化传承，有力地推动了黄酒的品牌建设与形象升级。

（十）绿色制造、智能制造

2020年9月，中国向世界宣布了2030年前实现碳达峰、2060年前实现碳中和的目标，“做好碳达峰、碳中和工作”也被纳入我国“十四五”规划中。酒类酿造作为与生态环境较为密切的产业，全行业更是将绿色制造上升到了前所未有的高度。目前，绿色制造已经在酿酒行业广泛推广，通过加强生产管理的提升、酿酒技术的优化、酿酒废弃物的资源化利用，基础设施水平不断提升，企业有效实现了生产过程中的减污降碳，加快了企业绿色转型发展。2021年12月，工信部“2021年度绿色制造”公示名单中，共有20家酒类企业拟入选。与此同时，行业也在积极制定相关标准。2021年，中国酒业协会发布《白酒工业绿色工厂评价要求》和《啤酒工业绿色工厂评价要求》征求意见稿，推动实现酿酒行业绿色制造专业化，建立高效、清洁、低碳、循环的行业绿色制造体系。白酒传统酿造在过去几年发生了巨大变化，在“中国白酒169计划”“中国白酒158计划”引领下，部分传统的生产方式被机械化、自动化取代，促进了白酒产业技术升级和装备升级。同时，全行业加大白酒酿造的基础科学研究，将智能技术引入产业，以白酒酿造智能化实现高品质酿造。劲牌公司自2006年起，与北京大学、华中科技大学等科研院所开展产学研合作，启动小曲白酒酿造新工艺项目，在全面使用自动化机械生产代替传统手工劳动上迈开实质性的一步，首创加压蒸粮、固态培菌、控温糖化、低温槽车发酵、机械上甑蒸馏等新技术，实现了酿造过程的机械化和信息化的有效融合，原料全程不沾地、不与操作人员接触，减轻了员工劳动强度，提高了生产效率，消除了人为因素对生产过程的影响，标志着白酒酿造告别传统作坊式生产，迈进工业化，并逐步实现了机械化、自动化酿造生产模式转变。

（十一）包装与装备

我国酿酒装备不断通过转型升级寻求在技术、运营和管理上的突破，装备技术水平与国际先进水平的差距不断缩小。酒类包装和装备企业科技创新能力显著增强，企业间、企业与科研院所间技术合作日益频繁。酿酒装备、灌装装备、酿酒配套辅助装备的制造技术和能力已经达到一定水平，新建厂中装备配套能力和高精度机械制造能力已经基本实现自给。此外，包装材料，包括硅酸盐玻璃、分离材料、造纸、印刷等行业的生产和供给也达到国际要求。随着我国整体消费水平的提高、物流和互联网的发展，差异化、个性化、便携化的酒类包装形式将越来越受到消费者的青睐，酒类包装和装备产业发展形势良好。

我国啤酒装备制造业已建立起比较完整的装备制造体系，低速贴标装备和低速灌装装备基本实现了国产化，高速贴标和灌装关键部件质量与国际顶尖水平差距较大，国产高速灌装设备尚在研究或实验阶段，未见啤酒厂使用。其他装备如杀菌机、洗瓶机、麦芽处理设备等已基本实现国产化，质量已接近或达到国际水平。国际上啤酒装备智能化尚在研究和实验阶段，啤酒厂真正应用很少，随着劳动力成本的上升，是未来的发展趋势。葡萄酒行业的装备进步迅速，关键设备已经基本实现国产。作为我国传统产业，大部分白酒企业的生产工艺技术装备水平相对落后，多数工序环节仍采用传统的手工或半机械化生产方式，行业整体机械化水平较低。通过使用信息技术和智能化技术改造提升传统装备，结合实验和检测先进技术的推广应用，机械制造业的整体水平得到提高。黄酒行业20世纪70年代曾发起机械化、大罐发酵、黄啤合一等技术革新，其后少数企业机械化蒸饭、大罐发酵、机械化压榨和煎酒等工序得以保留，但再未有实质跨越性进展，技术水平和装备水平基本停留在原有状态。

（十二）发展新亮点与新增长点

1. *数字化建设* 近年来，随着消费需求不断升级，酒类市场竞争加剧，同时疫情加剧了酒类流通渠道变革，包括电商、O2O、直播、社区团购在内的数字化渠道渗透率提升。2021年，越来越多的酒类企业将数字化建设作为提升企业核心竞争力的重要手段。五粮液与IBM合作建设数字化管理平台，实现了酒厂到消费者的精细化管理。通过数字化体系，厂家、各级经销商、终端、消费者层层扫码，监测经销商的销售情况、库存情况、销售价格、销售区域，快速响应市场需求变化。张裕酒业与腾讯合作推出区块链合作项目，利用区块链防篡改的技术和功能属性，实现对每一瓶酒庄酒全流程信息的上链追溯，推动品牌安全管理体系升级。2021年8月，会稽山酒业试水数字化营销，“会稽山数字酒庄”项目正式上链，短短4个月时间里完成销售1 200多万元，吸纳数字酒庄用户1万多名。2021年10月，作为首家被华为鸿蒙审核认可的葡萄酒企业，山西的戎子酒庄正式接入基于华为Harmony OS2.0系统的原子化服务，迈出数字化营销的实质一步。

2. *酒旅融合* 对酒文化的挖掘一直是中国酒类企业的主要课题之一。2021年，酒旅融合成为名酒企业跨界发展和文化挖掘的新突破点。随着各大名酒产区和名酒企业纷纷布局工业旅游，酒旅融合成为酿酒行业集群发展、产区升值的新增长点和新亮点。2021年，多个酒类产区政府将酒旅融合发展纳入“十四五”发展规划，整合政府、协会、酒企、酒商、投资商、旅行社等各方之力，结合本身的旅游资源禀赋，推动产区经济发展。宁夏回族自治区政府先后出台《宁夏回族自治区贺兰山东麓葡萄酒产区保护条例》《关于促进贺兰山东麓葡萄产业及文化长廊发展的意见》《中国（宁夏）贺兰山东麓葡萄产业及文化长廊发展总体规划》等一系列政策文件，为贺兰山东麓葡萄酒产区的酒旅融合和文化发展提供了政策支撑。山西吕梁白酒产区也在酒旅融合上下足功夫，着力打造清香型白酒生产基地和酒文化旅游胜地，不断提高白酒产业全产业链发展水平，推动形成融古村古镇、酒业基地、文化交流、会展博览等功能为一体的酒文化融合发展示范区。相信不久的将来，消费者将会看到更多各具特色的“酱香之旅”“清香之旅”“大漠红酒之旅”等文旅产品。

二、重点行业分析

（一）白酒产业

2021 年，白酒行业销售收入约 6 000 亿元，同比增长近 19%；利润总额约 1 700 亿元，同比增长近 33%。行业结构性升级明显，头部企业净利润普遍增长。数据显示，2021 年，茅台、五粮液、洋河等 10 家上市白酒企业净利润均实现了同比增长；头部企业营收增长稳定；高端产品是主要增长动力，这也导致了行业分化加剧，同时也验证出产品结构性升级才是满足品质消费的关键。通过最近几年的产业数据变化不难看出，白酒产区建设在向名酒产区和特色产区集中；白酒品牌在向名酒品牌、区域强势品牌集中。

1. 白酒产业呈现结构性繁荣　2021 年，白酒产业渠道端、资本端、舆论端也呈现出前所未有的热度。特别是以酱酒为代表的产业投资热，2021 年达到顶峰。这主要是由于近年来，国际上全球化和逆全球化之争愈加激烈，疫情引发全球产业链和经贸格局历史性重构，受国内外宏观经济环境影响，全球经济陷入衰退、市场需求预期疲软、实体经济发展缓慢，很多资本从房地产、制造业等抽身退出寻找新的机遇。而白酒产业的毛利率在制造业中较为突出，受到业外资本青睐。此外，白酒产业还是很多地方财政收入的主要来源，各大名酒产区政府均高度重视，大力扶持白酒产业发展。综合看来，2021 年乃至最近几年，白酒产业无论是在消费市场、资本市场，还是收藏市场，都备受关注，呈现出结构性繁荣的发展态势。

2. 头部企业市场集中度再提升　数据显示，2021 年白酒头部企业表现较好。CR5（业务规模前 5 名企业）销售收入占全行业年度销售收入比重达 40%。这一指标在 2019 年为 33.2%，2020 年为 35.0%。白酒市场销售在继续向头部企业集中。

3. 老酒消费备受青睐　数据显示，近 3 年来，老酒销售呈“V”字形发展态势。2020 年受疫情影响酒类消费按下了“暂停键”，老酒消费随之下降。在 2021 年，随着疫情一定程度上得到控制，收藏酒/老酒消费备受青睐，消费整体增速达 60%，相比疫情前的 2019 年也有大幅提升。这彰显出消费者对收藏酒/老酒的情有独钟，收藏酒/老酒的市场消费势能正在释放。数据显示，目前收藏酒/老酒市场总量在 500 亿～1 000 亿元之间，综合近 3 年消费情况来看，收藏酒/老酒越来越受消费者青睐，发展空间巨大。

4. 数字化加速产业转型升级　纵观白酒产业发展进程，数字化建设 2021 年得到快速推进，并呈现出三大特征：一是在产品端，酒企通过数字化精准掌握消费喜好，通过产品不断创新满足消费需求；二是在渠道端，酒企导入数字化，实现线上线下有机融合，新零售模式开始盛行；三是在消费端，新消费需求层出不穷，消费群体正在叠加换代，围绕新消费群体的消费需求进行转变，数字化成了不可或缺的工具。综合看来，从产品端到渠道端，再到消费端，数字化正在为白酒全产业链赋能，加速了白酒产业转型升级进程。

5. 白酒消费多元化特征明显　回顾 2021 年，发现白酒的消费特征正在由单一型向多元型转变，新场景、新品类打造盛行。在消费场景上，消费者更加注重场景化，更加注重仪式感和现代感；在产品选择上，消费者更加倾向于追求个性化、时尚化产品，以满足他们对白酒产品所提供的物质和精神双重需求提升。由此看来，白酒多元化消费时代已经开启。

（二）啤酒产业

2021 年，规模以上啤酒企业 331 家；完成酿酒总产量约 3 600 万 kL，同比增长超过 5%；但与 2019 年相比，产量尚未完全恢复到疫情前水平。从在饮料酒中的占比来看，2021 年啤酒产量在饮料酒中份额约为 78%，较上年增长约 2%，较 2015 年增长约 7%。综合看来，2021 年啤酒产业实现了量价齐升，持续攀升的市场份额正在助力产业效益进一步提升。此外，国内外宏观政策变化及消费升级使得啤酒终端需求呈现多元性变化，特别是家庭型消费和电商渠道都表现出高品质发展趋势。2021 年，啤酒行业紧跟当下新生代群体注重健康、包装设计和极致化体验的消费诉求变化，全力满足消费者年轻化、个性化、多样化的消费需求，各大啤酒领军企业纷纷推出高端产品，占领中高端市场。

1. 国产啤酒国际影响力提升　2021 年，我国进口啤酒 52.47 万 kL，同比下降 10.18%；出口啤酒 42.42 万 kL，增长 9.7%。从进出口啤酒单价来看，

2021 年进口啤酒价格 1.35 美元/L，同比增长 13.8%；出口啤酒 0.66 美元/L，同比增长 4.8%。可以看出，国产啤酒出口量价均大幅度增长，说明中国啤酒在国际市场的品牌影响力与认可度越来越高。

2. 啤酒原料依旧依赖进口 2021 年，啤酒酿造使用大麦共计 530 万 t。其中，约 470 万 t 为进口麦芽；进口大麦平均单价 284.83 美元/t，同比增长 22.4%；进口酒花浸膏 9.11t，同比增长 1 134.6%。由此看来，我国啤酒产业在原料使用方面依旧依赖国外进口。寻求酿造原料国内自给仍是我国啤酒产业高质量发展必须尽快解决的问题。

3. 啤酒高端化元年正式开启 近年来，啤酒产业愈发注重消费者研究。在 2021 年，中国啤酒产业紧跟当下新生代群体注重健康、包装设计和极致化体验的消费诉求变化，全力满足消费者年轻化、个性化、多样化的消费需求，各大啤酒领军企业纷纷推出高端产品，占领中高端市场。2021 年，中国啤酒产业在领军企业的引领下竞争主线正从“销量为王”积极向“产品高端化”发展挺进。可以说 2021 年中国啤酒产业正式开启了高端化发展元年。

4. 啤酒品类矩阵发展时代开启 2021 年，各大啤酒领军企业大量开发引进品牌产品，以及类啤酒产品，如威士忌、苹果酒等，开启了多品牌、多品类矩阵布局。近年来白酒、啤酒、葡萄酒和烈酒等细分品类间的界限日益模糊，交叉领域有着显著增长潜力。

（三）葡萄酒产业

2021 年，葡萄酒在产销下滑的情况下，却实现了利润增长，折射出葡萄酒产业在高质量发展进程中迈出了关键一步。

1. 我国葡萄酒迎来品牌时代 经过 40 多年的积累，我国葡萄酒产业教育体系、栽培酿造体系和文化建设体系逐步得到完善，渐渐形成了“中国葡萄酒”IP 的品牌基础。我国酒业协会提倡的“中国风土世界品质”与葡萄酒领军企业提倡的“品过世界更爱中国”在 2021 年已深深融入我国葡萄酒产业，并且赢得消费者一致认可，凸显了我国葡萄酒的产业自信、文化自信和品质自信，标志着我国葡萄酒从品质时代进入品牌时代。

2. 我国葡萄酒产区效应进一步放大 最近几年，从中央到地方都给了葡萄酒产业前所未有的支持。习近平总书记在 2020 年视察宁夏时指出：“随着人民生活水平不断提高，葡萄酒产业大有前景。宁夏要把发展葡萄酒产业同加强黄河滩区治理，加强生态恢复结合起来，提高技术水平，增加文化内涵，加强宣传推介，打造自己的知名品牌，提高附加值和综合效益。”这为宁夏推进葡萄酒产业高质量发展指明了方向。提供了遵循、注入了动力，也是对宁夏发展葡萄酒产业提出了更高要求。2021 年，各葡萄酒产区政府发布的“十四五”规划，在强化产区建设等方面均加大了对葡萄酒产业的扶持力度。在各种政策的大力支持下，我国葡萄酒的产区概念、产区文化取得空前发展，葡萄酒产区效应进一步放大。

3. 进口葡萄酒总量逐步回升 2021 年，随着全球疫情的缓解，进口葡萄酒总量逐步回升；同时，因澳大利亚葡萄酒双反裁决结果的影响，智利等葡萄酒在我国市场获得了较大的发展空间，葡萄酒进口量回升也有效诠释着我国庞大的葡萄酒消费容量。

4. 葡萄酒产业发展新方向显现 最近几年，葡萄酒产业在保证安全的前提下，着重于持续提升产品品质，持续推广和普及“随意葡萄酒”的新概念，并致力于消费者购买和饮用方面极简化和便利化，力求做大整个葡萄酒品类的盘子，这成为了我国葡萄酒产业发展的共识，也成了我国葡萄酒产业前行的新方向。

（四）黄酒产业

黄酒行业在 2021 年虽然进行了多种创新，但业绩依旧表现不佳，深度调整、创新发展是 2021 年黄酒产业前行的主旋律。黄酒具有较强的区域性特点，生产与销售主要集中在江浙沪地区。近几年，黄酒产业龙头企业致力于黄酒文化的传播推广和黄酒消费的引导，努力构建全国化市场销售网络，积极推进理念创新、产品创新、技术创新和营销模式创新，黄酒产业传统的区域性特征被逐渐打破，2021 年黄酒全国化发展的效果越来越好。

1. 黄酒产业全国化发展取得进展 长期以来，我国黄酒具有较强的区域性特点，生产与销售主要集中在江浙沪地区。最近几年，黄酒产业龙头企业致力于做强黄酒主业，致力于黄酒文化的传播推广和黄酒消费的引导，有力助推中国黄酒消费氛围的形成，努力构建全国化市场销售网络，积极推进理念创新、产品创新、技术创新和营销模式创新，积极推动着中国黄酒产业持续、稳健的发展。经过多年的努力，黄酒文化逐渐在全国推广，黄酒产业传统的区域性特征被逐渐打破，在全国化发展上取得一定进展，尤其是在 2021 年，黄酒全国化发展的效果越来越好。

2. 黄酒产业价值稳步回归 黄酒有着极高的健康价值、文化价值、品饮价值，但是黄酒在全球和中国的影响力远远不及白酒等其他酒类。为有效彰显黄酒的独特价值，近年来黄酒产业持续加快产业结构调整和市场投入，将年轻元素、时尚元素有机融入黄酒当中，同时通过创新提高黄酒产品多样化与档次。在 2021 年，黄酒产业的产品结构和价值回归初显成效，燃起了广大消费者品饮黄酒、消费黄酒的热情。

3. 科技创新助推黄酒高质量发展　面对当今与未来的酒类消费市场，黄酒企业抓住机遇，在技术上更新观念，认真处理好传承和创新的关系。在继承与发扬黄酒几千年文化内涵与传统工艺的同时，积极鼓励技术创新。坚持科技创新，用创新驱动发展。围绕酿造原料、生产中部分关键基础性技术、黄酒生产关键工艺技术及装备、质量安全控制以及新产品开发等方面进行研发，通过技术攻关与科技创新，助推黄酒产业转型升级与创新发展。

（五）露酒产业

露酒行业的发展特点较为鲜明，长期以来“一超多强众平淡”态势没有改变。销售规模在100亿元左右的劲牌公司仍然是露酒产业的龙头老大，几乎占到露酒市场总份额的1/3；泸州老窖、竹叶青、五粮液、椰岛鹿龟正在向10亿元市场规模冲刺；而绝大多数中小露酒企业营收仍在千万元左右体量徘徊。产品方面，大多数露酒在市场一直处于中低端价位，尚没有成熟的标杆型高端化产品，导致行业的市场影响力小。

1. “一超多强众平淡”态势没改变　纵观整个露酒产业，发展特点极为鲜明，龙头企业市场份额几乎占到露酒市场总份额的三分之一，中国露酒“一超多强众平淡”态势依旧没有改变，从这一态势也不难看出，中国露酒发展空间巨大。

2. 高端特色露酒产品争树标杆　近年来，骨干露酒企业相继开发出了单瓶一千至两千元的高档露酒产品，打造露酒新高地，树立露酒新标杆的品牌提升新实践，拉高了露酒的价位，拓宽了露酒的价格带。这些折射出露酒产业正在探寻高质量发展的道路上全面发力。

3. 露酒品类市场定位依然模糊　露酒在市场是以保健养生功能诉求为主，还是以酒的属性为主；以家庭饮用为主还是商务饮用为主；是礼品酒为主，还是饮用酒为主，各露酒企业都有自己的理解和做法，不尽相同。

4. 露酒品质与价值表达需提升　露酒是非常具有中国特色的酒类产品，高质量的露酒不仅要求有好的基酒，还要有独特的中药配方，同时有科学的药材成分提取工艺和配制方法。工艺比白酒复杂，成本比白酒高，风味比白酒丰富，功效比白酒强大，但露酒的品质表达不到位，多以功能诉求为主，且因法规限制还不能明示和宣传。大多数露酒在市场一直处于中低端价位。露酒缺乏对其高端品质及价值的表达形式，消费者不了解露酒的价值，尚没有成熟的标杆型高端化产品，导致行业的市场影响力小，需要尽快提升露酒的品质与价值表达。

（六）果酒产业

1. 果酒没有突破地域禁锢　果酒的主要酿造原料为水果，而水果原料的地域特色又太鲜明，不同地域之间认知差异较大，目前果酒产品大多是区域性品牌，规模偏小，没有真正的领军企业，严重阻碍了果酒产业的快速发展和果酒的普及，始终没有突破地域禁锢。

2. 果酒酿造工艺缺乏创新　纵观整个果酒产业，目前果酒的生产工艺和生产装备以及辅料等主要借鉴葡萄酒，缺乏专门性的生产工艺和生产设备。同时果酒产业也缺乏创新，严重制约了产业的健康持续发展。

3. 果酒产业标准亟须健全　果酒身为小酒种，由于重视程度不够，导致果酒产业在标准建设等方面严重缺失，现有果酒产业标准仍不能覆盖所有果酒类产品，存在部分劣币驱逐良币情况，果酒要想持续健康发展，必须健全标准，通过标准指引产业高效发展。

（七）发酵酒精产业

2021年，我国发酵酒精总产量约970万kL（含燃料乙醇），同比下降3%，出现近5年来首次下降现象。但实际上国内发酵酒精消费量超过1 000万kL，同比增长约8%，消费量增长非常明显。2021年规模以上发酵酒精企业累计完成销售收入约600亿元，同比增长近10%；但利润仅约0.1亿元，同比下降近100%；亏损企业累计亏损额近16亿元，同比增长176%。产业利润水平明显下降的主要原因在于受进口激增影响。

1. 不同原料酒精利润差异明显　2021年，因国内玉米价格较高、国储稻谷专项拍卖量减少、木薯价格的稳定、第三季度煤炭价格的大幅波动，以及进口量增加，玉米酒精全年处于亏损状态，木薯酒精盈利水平明显。

2. 酒精进口激增影响国内产业　2021年上半年，发酵酒精进出口形势在2020年全年出口61.69万kL的情况下迅速反转，酒精月均进口量超过10万kL，增长态势迅猛，加剧了国内酒精市场过剩和竞争；2021年下半年，国内酒精价格随着玉米价格的调整而不断下降，进口势头得以遏制；但全年总进口量达81.55万kL，创5年来最高纪录，是国内酒精利润大幅下滑的主要原因之一。

消费者对美酒品质的追求和产业发展不平衡、不充分的矛盾是今后酿酒产业发展需要解决的主要矛盾，基于对国家宏观经济、政策以及产业的分析、梳理和今年的开局形势，2022年，我国酿酒产业调整将持续纵深，转型升级不断得到强化，推动产业经济高质量发展，为未来发展提供新机遇、新引擎、新活力。

三、行业面临的问题

我国酿酒行业经济发展基本平稳，增长方式发生转变，产业结构深度调整，产品结构进一步优化，消费市场回归理性，整个酿酒产业实现了由快速增长向平稳增长的过渡。但是，发展过程中积累的政策、市场和创新等方面的诸多问题和所面临的困难依然严峻，需要继续深入关注和探讨。

（一）消费场景的变化导致零售占比提高

限制因公消费不仅给行业需求带来了冲击，消费结构的变化也给经销渠道带来了冲击，原有政务消费的团购渠道占比降低，刺激了白酒零售的发展。品牌需要掌握更准确的消费者需求变化数据以升级产品设计和销售渠道，加大零售比重、降低经销比例将会是既迎合消费者购物习惯，又满足企业需求的重要举措。

（二）经销体系过长，存在效率损失

白酒的历史发展扩张过程中形成的经销商制度导致经销环节链条过长，产品从出厂到终端经历的流转层次多，层层加价。市场调节的失灵导致消费者的即时性需求难以得到满足，从而损害品牌形象，影响客户体验，导致客户黏性下降。取缔中间环节的趋势是渐进的、柔和的，预计未来大经销商和终端零售网点会长期存在，因为大经销商在资金垫付、区域市场管理上具备优势，终端零售网点多元化销售可以降低品牌井直营店的资金和效率压力，其点位和消费者的地理距离也更近。

（三）经销缺乏品牌，产品难以保真

因为较长的流通环节和防伪溯源体系的缺乏，我国市场长期充斥着大量假酒，由于上下游之间仅存在货物交易，缺乏强约束，假酒的暴利空间也导致售假现象难以被发现和惩治，消费者在选购白酒时往往非常慎重，信任关系建立周期长，对假酒相关的负面信息敏感度高。白酒零售企业的低连锁化率和长期的品牌缺乏也导致消费者的渠道选择空间小，消费者出于对资质的信赖倾向于在烟酒专营店购买，但专营店往往也是个体商家独立运营，信用资质缺乏背书。

四、发展趋势

面对宏观经济影响及内外部环境的不确定性，酿酒行业发展呈现出一些新变化和新趋势，产业结构调整将持续纵深，行业集中度也将进一步提高，产业经济高质量发展，为未来发展提供了新机遇、新引擎和新活力。

（一）酒业科技价值将有效提升

酒类产业虽为传统产业，但是随着时代的快速发展，酒类产业必须依靠科技创新的加持才能不断提高产业竞争力，科技创新将会成为酒类产业发展的重要推手。近几年来，行业也充分发挥“产学研协结合”模式的优势，形成以企业为主体、以市场为导向、产学研协相结合的技术创新和合作共建的分享体系，加快“酒类科技创新中心”培育和建设进程，有效提升酒业科技机制。酒类行业当前面向全社会的科普传播远远不够，导致很多人认为酒类酿造没有什么科技含量，反而时常被娱乐，甚至被嘲讽。基于此，强化科技创新、提升酒类科技价值无疑是酒类行业发展的重要趋势，也是我国酒类行业必须长期做好的一项重要工作。

（二）酒业生态酿造体系将逐渐成形

在长期的发展中，广大酒企充分认识到自然生态、酿酒微生态之于酿酒行业的重要意义。同时这与国家、与全球倡导的“双碳”目标高度吻合。无疑，支持和鼓励酿酒行业打造中国酒业零碳示范产区、中国酒业零碳示范工厂标准，引导酿酒行业践行“双碳”目标将会成为接下来的主要工作。“零碳”“绿色生态”是促进酒业转型升级的重要任务，更是实现酒业绿色发展的有效途径，同时也是酒类企业主动承担社会责任的必然选择。

（三）消费体验、美酒消费将成新焦点

伴随这两年疫情的反复困扰，人们对健康生活方式、对品质消费的追求更加强烈。基于此，人们在酒类消费选择上更加强调品牌与品质，尤其是对于品质选择更加挑剔。所有这些都将对酿酒行业未来走势以及酒类产业结构调整方向产生深远影响。无疑，健康消费、理性消费将成为酒类消费的新潮流，酒类消费也将因健康消费变得更具魅力，酿酒行业将用更加过硬的品质满足消费体验需求。而这些正是美酒美生活的有效演绎，可以预见，在我国全面进入小康社会的今天，消费体验将成为新的关注焦点，也将从消费端助力酿酒行业稳健前行。

（四）酒业“元宇宙经济”将显现

2021年被称为“元宇宙经济”元年，数字化时代引发互联网第三次革命，“元宇宙”作为数字社会发展的高等形态，以服务和反哺实体经济为发展目标，盘活经济的存量价值，创造经济的增量价值，将为众多传统行业在虚实融合上赋能。“元宇宙”更偏重营销概念，是基于年轻化的一种考量，而互联网公司也希望利用这样一种概念与酒业进行深度合作，共同碰撞出针对酒业的一个有效的营销解决方案。酒业

与“元宇宙”相结合的核心是将社群放大化，满足社群营销的趋势，与用户产生共鸣。酒业创新发展，要紧抓互联网时代革命发展契机，“元宇宙”将会有效赋能酒业发展。

五、政策建议

（一）优化产业环境，提升优质原料供给保障能力

积极推进白酒、黄酒酿酒专用粮基地建设，提高种粮效益，降低粮食生产成本，促进粮食转化，从原粮保障上确保白酒、黄酒高质量发展。在葡萄酒主产区开展试点，探索实施酿酒葡萄种植政策性保险，支持规模化葡萄酒小镇建设用地审批，摸索通过林权证、葡萄酒产品和酒庄经营权进行抵押担保的可行操作模式。实行财政专项稳定支持机制，稳定和加强大麦优质高产机制、绿色高效生产技术及公益性育种研究。

（二）加强政策建设，建立健全酒类行业标准体系

进一步加快、加强酒类行业政策建设，依据酒类市场消费形势的不断变化，制定适应酒类生产流通特点的专门性法律法规。出台鼓励措施，支持酿酒行业在提高自主创新能力、促进节能减排、提高产品质量、改善安全生产条件、保障酒业食品安全等方面开展的技术改造项目。完善原料、包装、计量、进口等标准，以标准“软联通”推动产业链、供应链畅通，提升“中国制造”品牌认可度。

（三）加大酒类知识产权保护力度，支持行业健康发展

通过相关政策扶持，提升酒业知识产权保护能力，建立酒类知识产权保护联合机制，包括强化知识产权风险防范、加强技术秘密保护、加大知识产权保护力度、提升海外知识产权保护能力。促进酒类知识产权高效运用，强化地理标志和证明商标保护作用，加大知识产权实施力度，加强知识产权合规使用，拓宽知识产权价值实现渠道，建立知识产权运营平台。

（四）优化税收政策，充分释放企业发展活力

取消葡萄酒消费税，将采用国产葡萄酿制葡萄酒纳入《享受企业所得税优惠政策的农产品初加工范围》，免征或减征企业所得税。参照初级农产品的增值税优惠政策，建议进一步将增值税率由 13%优化降低至 9%。取消白酒产品每 500mL 0.5 元的“从量定额消费税”，这样有利于鼓励守法经营企业的发展，促进白酒产品质量提升，有效遏制非法生产经营，避免发生白酒食品安全事故，从源头杜绝偷漏税及假冒伪劣的非法经营行为。

（本文由中国酒业协会提供素材，本编辑部万丽娜编写）

水产品加工业

一、基本情况

（一）生产情况

根据《中国渔业统计年鉴》显示，2021 年我国水产品总产量为 6 690.30 万 t，同比增长 2.16%。其中，养殖产量 5 394.41 万 t，同比增长 3.26%，占我国水产品总产量的 80.63%；捕捞产量 1 295.89 万 t，同比下降 2.18%，占水产品总产量的 19.37%。海水产品产量 3 387.24 万 t，同比增长 2.20%，占总产量的 50.63%，；淡水产品产量 3 303.05 万 t，同比增长 2.11%，占总产量的 49.37%。按照产品类别，鱼类产量 3 561.84 万 t，甲壳类产量 842.36 万 t，贝类产量 1 595.72 万 t，藻类产量 274.34 万 t，头足类产量 58.55 万 t，其他产量 132.84 万 t。

（二）水产品加工

1. 生产规模　2021 年，我国水产品加工企业 9 202个，比 2020 年增加 66 个，同比增长 0.72%。年加工能力为 2 893.84 万 t，同比增长 1.41%。水产冷库 8 454 座，同比增长 3.25%，冻结能力为 85.34 万 t/d，同比增长 −3.26%；冷藏能力为 474.63 万 t/次，同比增长 2.21%；制冰能力 20.15 万 t/d，同比增长−6.21%。

2. 加工产量与产值　2021 年，我国水产品加工总量为 2 125.04 万 t，同比增长 1.64%。其中，淡水加工产品 416.23 万 t，同比增长 1.15%；海水加工产品 1 708.81 万 t，同比增长 1.76%。按照加工方式，冷冻水产品 1 519.52 万 t，同比增长 2.95%，其中冷冻品 797.92 万 t，同比增长 4.98%；冷冻加工品 721.60 万 t，同比增长 0.81%。鱼糜制品及干腌制品产量为 276.51 万 t，同比增长 4.31%，其中鱼糜制品 134.98 万 t，同比增长 6.47%；干腌制品为 141.53 万 t，同比增长 2.32%。藻类加工制品 102.37 万 t，同比增长－2.33%。罐头制品 33.04 万 t，同比增长 0.16%。鱼粉产量 65.90 万 t，同比增长－6.87%。鱼油制品产量 6.78 万 t，同比增长 27.35%。其他水产加工品 119.22 万 t，同比增长 6.82%。2021 年我国水产品加工总产值 4 496.22 亿元，同比增长 3.26%。

二、科研、新产品、新技术

据国家水产品加工技术研发体系统计，2021 年体系在研项目经费 6.31 亿元，在研项目数 700 余项，发表论文 1 098 篇，出版专著 14 部，申请发明专利 412 件，授权发明专利 307 件，参与制修订国家标准 16 项、行业标准 12 项、地方和团体标准 40 项，获得各级奖励 53 项（次）。

1. 褐藻资源的精深加工与综合利用技术研究获辽宁省科学技术进步奖一等奖　大连海洋大学食品科学与工程学院汪秋宽教授团队以提取褐藻聚糖硫酸酯为主线，创建了褐藻高效利用关键技术，即提取褐藻聚糖硫酸酯的同时，通过建立辅助生产线提取分离获得褐藻胶、褐藻多酚、岩藻黄素、褐藻膳食纤维产品和海藻肥等高附加值产品，提高褐藻加工产品的附加值，从而提升加工企业的经济效益，带动整个藻类加工产业的发展。该科技成果——“冷水褐藻培育与加工全产业链关键技术创新及产业化”，已在青岛明月集团有限公司、大连旅顺柏岚子养殖场、大连海宝食品有限公司、大连医诺生物股份有限公司等企业进行了推广应用，取得了良好的经济效益，并于 2021 年 4 月获得辽宁省科技进步一等奖。

2. 大宗海水鱼贮运加工关键技术及应用项目获 2021 年度辽宁省科学技术进步一等奖　针对我国海水鱼加工与流通行业存在的易腐难保鲜、产后损耗大，冷链物流装备效率低、能耗高，精深加工与高值化利用水平低，质量安全问题突出、监管防控技术落后等瓶颈问题，渤海大学励建荣教授研究团队历时十余年，系统开展了海水鱼贮运加工关键技术与理论的创新和集成应用，取得了系列突破性成果，推动了产业健康发展和转型升级。该成果在辽宁省内外多家大型海水鱼贮运加工企业得到了推广应用，产生了显著的经济效益和社会效益。

3. 水产品高质化加工与品质调控研究取得系列原创性突破　中国水产科学研究院南海水产研究所针对我国水产发酵食品生产周期长、品质不稳定等技术瓶颈，揭示了传统水产发酵食品风味形成机制；创新了基于菌群协调的危害因子生物法控制技术，形成了鱼类生物法低盐快速腌制新体系，开发低盐发酵新产品 1 种；集成了低盐腌制、生物法控制及低温热泵干燥的连续式快速绿色腌干加工技术，提高了产品风味品质、安全性、经济附加值和竞争力。研究成果申请发明专利 12 件，其中授权 4 件；发表高水平学术论文 20 余篇、出版专著 1 部。研究成果为传统水产发酵食品行业的转型升级提供重要科学依据和技术支持，获广东省科学技术进步二等奖 1 项。

4. 船载超低温冷冻系统取得新突破　浙江海洋大学研发了船载超低温冷冻系统，通过优化冷冻装备、冷藏舱、超低温制冷排管、控制系统等参数，完成了船载超低温制冷系统核心装备安装，实现船载一线保鲜。课题组突破了海水流化冰保鲜技术，并且研发出一种新型绿色不冻液来代替氟利昂，利用低温等离子体及气调保鲜技术，可以在船上把鱼体的温度降到零下 40℃甚至零下 60℃，加快食物冻结速度，可有效延长水产品的保鲜期，保持水产品新鲜度及品质，该工艺还避免了废弃物的排出，对环境也不会产生破坏。相关内容被中央电视台《大国粮仓》纪录片报道。

5. 南极磷虾船载梯度蒸煮技术与设备研发取得阶段性成果　由中国水产科学研究院渔业机械仪器研究所依托国家重点研发计划课题的支持，研发的南极磷虾船载梯度蒸煮设备，针对物料的不同阶段，实施分步差异化蒸煮，并在辽渔集团“福荣海”轮上完成了第二阶段海上试验。试验结果表明，梯度蒸煮设备的处理能力达到 500kg 以上，升温速率可达到 30℃/min，温度控制比较稳定，控制精度稳定在 ±2℃，出料温度稳定在 85℃左右，蒸煮后的磷虾外观品质良好，放置 2h 后基本无黑变现象发生。对船上取样的样品分析后发现，相比蒸汽直喷蒸煮，梯度蒸煮可以更好地保持磷虾的蒸煮品质，可实现南极磷虾的快速高品质蒸煮，后续进行产能放大和工艺完善后有望应用于实际生产，为实现我国南极磷虾粉加工设备的国产化迈出了关键的一步，具有良好的应用前景。

6. 电解水冰保鲜机理荣获 2020 年上海市自然科学二等奖　食品腐败变质是影响食品安全和人类健康的重要因素，电解水冰是电解水在低温条件下自组装形成的一种新型赋存态，兼具低温和超强保鲜功能，能高效控制食品腐败变质。上海海洋大学围绕电解水相态改造与传质传热机理、电解水冰控菌机理及调控食品内源酶和关键蛋白功能作用机理等科学问题进行探索，从理论上系统阐明了电解水冰保鲜机理：阐明以有效氯衰减为动力的电解水冰传质传热机理，发现其有效活性因子变化规律及协同作用机理；发现电解水冰杀灭食品微生物作用分子靶点，揭示其有效破坏细菌群落多样性和生物被膜机理；发现电解水冰破坏食品内源性生物酶 α-螺旋结构，具有混合型抑制作用，揭示其保护食品功能蛋白机理。

7. 淡水鱼糜制品的质构调控与品质提升技术取得重大突破　华中农业大学食品科技学院以节水生产的鲢鱼糜为原料，研究了鱼糜贮藏过程中脂质、蛋白质氧化对冷冻鱼糜品质的影响，探明导致鱼糜冻藏稳定性下降的关键诱因，筛选出适于节水漂洗鱼糜的抗冻保护剂；研究了超声处理、EGCG/MTGase 协同交联、物料温度和静置时间对鱼糜制品胶凝特性的影响，明确了鱼糜凝胶质构变化规律，建立了基于 EGCG/MTGase 协同交联的质构性能提升技术；研究了鱼糜风味前体物质在热加工中的变化规律，以及交联度、复热方式对鱼糜制品风味品质的影响，解析鱼糜凝胶风味的形成机制，建立了鱼糜制品风味品质提升方法。集成鱼糜制品质构性能改善和风味品质提升技术，开发出高品质的鱼糕、夹心鱼丸和鱼丝等产品，在 4 家企业开展了应用示范。

8. 生鲜鱼肉贮运过程微生物的致腐机制得到阐明　中国农业大学食品科学与营养工程学院通过设计特殊的氨基酸溶液体系，开发了鱼肉腐败菌氨基酸脱氨和脱羧活性的新评价方法，系统地研究了草鱼等鱼肉腐败菌的氨基酸脱氨和脱羧能力，阐明了腐败菌与鱼肉营养物质降解的内在关系及机制。研究成果已发表在国际主流学术期刊《Food Chemistry》上，且授权了发明专利 2 件。该成果提供了一种更加科学和全面的鱼类腐败菌致腐能力评价新方法，提升了水产品腐败机制和品质控制技术的研究水平，为水产品贮运保鲜新技术的开发提供了理论基础。

三、国内外市场情况

（一）国内贸易

随着防疫常态化，水产品市场运行秩序逐渐恢复，2021 年水产品批发市场交易量额齐升，交易价格同比上涨。全国水产品批发市场价格信息采集系统数据显示，水产品批发市场成交量、成交额同比分别增长 16.08%和 11.95%，水产品综合平均价格同比上涨 8.21%。其中，海水产品综合平均价格同比上涨 4.43%，海水鱼类价格同比上涨 3.07%，海水甲壳类、海水贝类和藻类价格同比分别上涨 7.53%、1.66%、5.44%，海水头足类同比微跌 0.20%；淡水产品价格同比上涨 13.26%，淡水鱼价格同比上涨 15.17%，淡水甲壳类和淡水其他类产品价格同比上涨 8.86%和 13.45%。涨幅较大的品种分别为鲑、鲢鱼、草鱼、虹鳟、鳙鱼、鳜鱼、青虾、鲤鱼、梭子蟹和草鱼，价格同比分别上涨 33.08%、21.94%、21.14%、20.64%、18.23%、18.20%、17.43%、15.50%、13.97%和 13.31%；跌幅较大的品种有鲐鱼、蓝圆鲹、田螺、墨鱼和克氏原螯虾，价格同比分别下跌 5.96%、5.82%、4.34%、2.50%和 2.32%。

（二）进出口贸易

1. 总体情况　据海关数据统计，2021 年我国水产品进出口总量 939.38 万 t，同比下降 1.02%，总额 401.59 亿美元，同比增长 16.05%；水产品进出口总额首次突破 400 亿美元，创造历史新高。其中，出口量 367.43 万 t，同比下降 3.61%，出口额 222.69 亿美元，同比增长 16.96%；进口量 571.95 万 t，进口额 178.9 亿美元，同比分别增长 0.72%和 14.94%。与 2019 年相比，进口量额分别下降 8.71%和 4.33%；贸易顺差 43.79 亿美元，同比增长 25.98%。

2. 水产品贸易特点

（1）一般贸易出口同比增长。一般贸易出口量 286.2 万 t，出口额 176.83 亿美元，同比分别增长 3.16%和 24.86%。一般贸易在总出口量额中的占比有所提升，分别为 77.89%和 79.41%。各主要品种的出口普遍增长。其中，头足类出口量额同比分别增长 21.6%和 28.59%，对虾出口量额同比分别增长 19.81%和 36.89%，罗非鱼出口量额同比分别增长 10.29%和 27.65%。

（2）来进料加工贸易出口持续下降。2021 年，水产品来进料加工贸易出口量 76.86 万 t，出口额 43.07 亿美元，同比分别下降 13.58%和 6%，在水产品总出口量额中的占比分别为 20.92%和 19.34%。其中，进料加工出口量 62.98 万 t，出口额 31.81 亿美元，同比分别下降 13.94%和 7.18%，出口额占来进料加工出口总额的 73.86%。来料加工出口量 13.88 万 t，出口额 11.26 亿美元，同比分别下降 11.93%和 2.48%，出口额占来进料加工出口总额的 26.14%。

（3）东盟成为第一大出口市场。2021 年，水产品前六大出口市场分别为东盟、日本、美国、中国香港、韩国和欧盟。其中对东盟、中国香港、美国的水产品出口额增幅最大，同比分别增长 35.43%、23.1%和 21.26%。东盟超过日本，成为我国水产品第一大出口市场。

（4）一般贸易进口较快增长。鱼粉一般贸易进口量 182.13 万 t，进口额 27.29 亿美元，同比分别增长 28.87%和 40.31%；食用水产品一般贸易进口量

254.2 万 t，进口额 118.29 亿美元，同比分别增长 2.05%和 17.41%。来进料加工原料进口量 82.87 万 t，同比下降 3.55%，进口额 21 亿美元，同比增长 3.43%。

(5) 自东盟进口下降，自厄瓜多尔进口大幅增长。东盟自 2019 年起成为我国水产品第一大进口市场，2021 年进口量 122.28 万 t，进口额 30.1 亿美元，同比分别下降 6.86%和 2.59%，但仍位居我国第一大进口市场，其中自越南进口量额同比分别下降 16.00%和 23.33%，自其他主要市场进口额普遍增加，增幅最大的是秘鲁和厄瓜多尔，进口额同比分别增长 79.44%和 29.04%。

3. 主要影响因素分析

(1) 全球通胀及物流成本推高产品单价。通胀方面，2021 年全球经济和贸易需求呈现恢复性增长，在全球流动性过剩、供需缺口扩大、经济复苏不平衡等多种因素推动下，大宗商品价格普遍上涨。物流成本方面，受疫情反复、劳动力不足等多重因素影响，欧美重要港口严重拥堵，货运效率下降，运价持续高位运行。中国水产流通加工协会调研结果显示，2021 年部分热门航段国际运价是 2020 年的 3～4 倍。

(2) 国际需求拉动一般贸易出口。美欧等市场的水产品消费明显回暖，进口需求增加。我国实施动态清零防疫政策，既保障了水产品生产总体有序进行，又从卫生角度提升了产品竞争力。印度、越南等主要出口国疫情反复发生、生产能力受限，促使更多订单流向我国。虽然出口交付环节困难突出，但在充足外需的拉动下，我国水产品一般贸易出口实现量额齐增。

(3) 多重因素制约来进料加工业发展。自 2020 年 9 月起，我国各港口不断加码进口防疫措施，具体形式包括多重消杀检测和建集中监管仓等，被检出阳性的产品一般被强制退运或销毁，大连等港口还曾拒绝散货船卸货。这些措施增加了来进料加工企业经营成本，减缓、阻碍了原料进口。来进料加工业在原料进口难、出口交付难的双向打压下快速萎缩，正逐步向东南亚及俄罗斯等地转移。来进料加工出口额在水产品总出口额中的占比已由 2019 年的 26.61%缩减至 2021 年的 19.34%。

四、质量管理与标准化工作

（一）农业农村部下发 2021 年产地水产品兽药残留监控计划

3 月 29 日，农业农村部下发《关于印发〈2021 年国家产地水产品兽药残留监控计划〉的通知》（农渔发〔2021〕8 号），按照工作安排，2021 年 31 个省（自治区、直辖市）以及 3 个计划单列市和新疆兵团农业农村（渔业）主管部门，将随机抽取本辖区养殖水产品样品 2 350 批次。有关水产品质检机构将对大宗消费水产品如草鱼、鲤鱼等养殖水产品进行检测，涉及风险较大的硝基呋喃类代谢物、孔雀石绿、氧氟沙星等禁用药品及化合物，农业农村部将及时向社会公布国家产地水产品兽药残留监测情况。农业农村部要求各地既要抓“监测”又要抓“管控”，加强对水产养殖中的兽药使用的监管，健全水产品兽药残留管控长效机制，持续开展专项整治行动，加大对违法用药行为的打击力度。同时，农业农村部还将在全国继续开展水产养殖用药减量行动和规范用药科普下乡活动，加强《农产品质量安全法》《兽药管理条例》等法规和《水产养殖用药明白纸 2020 年 1、2 号》的宣传培训，不断提高养殖者规范用药意识。

（二）2021 年批准发布的涉及水产品加工流通的主要相关标准

2021 年批准发布的涉及水产品加工流通环节的主要相关标准如下：

序号	标准编号	标准名称	实施日期
1	GB 2763—2021	食品安全国家标准　食品中农药最大残留限量	2021-09-03
2	GB/T 24402—2021	鲮鱼罐头质量通则	2021-08-01
3	GB 31656.1—2021	食品安全国家标准　水产品中甲苯咪唑及代谢物残留量的测定　高效液相色谱法	2022-02-01
4	GB 31656.2—2021	食品安全国家标准　水产品中泰乐菌素残留量的测定　高效液相色谱法	2022-02-01
5	GB 31656.3—2021	食品安全国家标准　水产品中诺氟沙星、环丙沙星、恩诺沙星、氧氟沙星、噁喹酸、氟甲喹残留量的测定　高效液相色谱法	2022-02-01
6	GB 31656.4—2021	食品安全国家标准　水产品中氯丙嗪残留量的测定　液相色谱-串联质谱法	2022-02-01

（续）

序号	标准编号	标准名称	实施日期
7	GB 31656.5—2021	食品安全国家标准　水产品中安眠酮残留量的测定　液相色谱-串联质谱法	2022-02-01
8	GB 31656.6—2021	食品安全国家标准　水产品中丁香酚残留量的测定　气相色谱-质谱法	2022-02-01
9	GB 31656.7—2021	食品安全国家标准　水产品中氯硝柳胺残留的测定　液相色谱-串联质谱法	2022-02-01
10	GB 31656.8—2021	食品安全国家标准　水产品中有机磷类药物残留量的测定　液相色谱-串联质谱法	2022-02-01
11	GB 31656.9—2021	食品安全国家标准　水产品中二甲戊灵残留的测定　液相色谱-串联质谱法	2022-02-01
12	GB 31656.10—2021	食品安全国家标准　水产品中四聚乙醛残留量的测定　液相色谱-串联质谱法	2022-02-01
13	GB 31656.11—2021	食品安全国家标准　水产品中土霉素、四环素、金霉素和多西环素残留量的测定　液相色谱-紫外检测法	2022-02-01
14	GB 31656.12—2021	食品安全国家标准　水产品中青霉素类药物多残留的测定　液相色谱-串联质谱法	2022-02-01
15	GB 31656.13—2021	食品安全国家标准　水产品中硝基呋喃代谢物多残留的测定　液相色谱-串联质谱法	2022-02-01
16	GB/T 40745—2021	冷冻水产品包冰规范	2021-05-01
17	GB/T 40962—2021	干鲍鱼	2022-06-01
18	GB/T 40956—2021	食品冷链物流交接规范	2022-06-01

来源：中国标准化管理委员会。

五、行业管理

（一）“十四五”渔业发展谋篇布局

一是《“十四五”全国渔业发展规划》正式印发。提出“十四五”期间坚持“稳产保供、创新增效、绿色低碳、规范安全、富裕渔民”的工作思路，明确“提升水产品稳产保供水平、提升渔业产业现代化水平、提升行业治理水平、促进渔业资源可持续利用、促进渔业安全发展、促进合作共赢”的重点任务。

二是经国务院同意，财政部、农业农村部印发通知，实施新一轮渔业发展支持政策。构建与渔业资源养护和产业结构调整相协调的新时代渔业发展支持政策体系，为渔业现代化建设提供坚实保障。

（二）水产品稳产保供能力进一步加强

一是水产品稳产保供统计监测体系不断完善。强化渔业生产统计、养殖渔情监测和市场价格监测，及时调度会商水产品稳价保供形势，合理引导预期，有效应对市场价格波动。

二是考核制度不断健全。首次在全国范围内开展水产品“菜篮子”市长负责制考核，强化地方主体责任，落实重点地区水产品等居民生活必需品供应任务。

三是加工支持政策落地。聚焦水产品主产区、重点品种和国内消费需求，首次利用渔业发展支持政策，开展水产品就地初加工和冷藏保鲜设施设备建设。

四是产销对接不断加强。各地积极开展水产品展销会、博览会，促进市场流通。首次组织开展海水产品进内陆活动，均衡市场供应。同时建立长江刀鱼养殖企业核查和产品标识管理制度，探索开展可追溯管理。

（三）渔业科技创新不断突破

一是水产遗传育种取得进展。成功解析四倍体鲤亚基因组适应性进化及选育机制，首次在多倍体脊椎动物中观察到亚基因组趋同进化现象。运用基因编辑技术培育出无肌间刺鲫鱼，并获得稳定遗传。

二是水产养殖装备研发应用取得突破。建立大黄鱼深远海 3 000t 级中试船“船载舱养”系统，实现大黄鱼全程集约化高效养殖。延绳吊养牡蛎机械化采收设备研制成功，填补了我国牡蛎采收装备的空白。渔船动态监控管理系统正式上线运行。

三是渔业科技成果不断涌现。中国水产科学研究院黄海水产研究所陈松林研究员成功当选中国工程院院士。与世界粮食及农业组织（FAO）联合发起的“全球水产养殖可持续发展联盟”正式成立。国际标准《冷冻鱼糜》发布，实现了我国主导制定水产领域国际标准“零的突破”。

（四）举办专业研讨会，研讨产业热点问题

1. 第四届全球水产养殖大会在上海市举办　来自120多个国家、地区和经济体及有关国际和区域组织的2 700多人通过线上线下参加会议。大会发布《上海宣言》，全面总结近十年全球水产养殖发展成就，着力推动全球负责任水产养殖发展，同时全方位展示我国水产养殖发展成就，展现了负责任大国的良好形象。会议期间举办促进可持续水产养殖发展的南南和三方合作高端圆桌会议，发起的合作倡议得到各方积极响应和广泛支持。

2. 中国水产学会水产品加工和综合利用分会2021年学术年会成功召开　2021年10月15～17日，由中国水产学会主办，中国水产学会水产品加工和综合利用分会、中国水产学会渔业制冷专业委员会、渤海大学承办的中国水产学会水产品加工和综合利用分会2021年学术年会在辽宁省锦州市召开。年会以“创新水产食品科技，助力海洋强国战略”为主题，共有来自全国高校、科研院所和企业的400余名嘉宾代表参加。会议邀请中国工程院院士李培武、浙江工业大学食品科学与工程学院院长丁玉庭等10名专家分别作了“脂肪酸与脂肪营养特性及检测技术”“食品质量安全认识与展望”等主题报告，并就有关学术问题进行深入探讨。会议共收到论文摘要290篇，设置了“水产品保鲜与加工”“水产品营养与健康”“水产品质量与安全”“水产品高值化利用”四个专题领域开展学术交流，40余名专家学者作了涵盖广泛、内容丰富的学术报告，现场学术交流气氛活跃。在研究生专场论坛，来自全国17所高校、研究所的75名博士、硕士研究生作交流报告并进行了深入探讨。会议共评选出30篇研究生优秀交流报告，并进行了颁奖。

3. 2021年中国食品营养与健康暨功能食品创新大会成功举办　2021年10月16～17日，由江西师范大学主办，江西师范大学健康学院、江西农业大学食品科学与工程学院等4家单位共同承办，中国（广西）自由贸易试验区钦州港片区管理委员会、南昌大学食品学院等24家单位协办，广州魔茶健康科技有限公司独家冠名，北京味康食品科技交流中心执行承办的“2021中国食品营养与健康暨功能食品创新大会”在南昌隆重召开。大会以“食品营养与科技创新”为主题，通过特邀报告、专题论坛、展览展示等形式召开，来自全国功能食品领域的各大高校、科研院所、原料配料企业、终端企业、OEM、设备企业、检测分析单位等全产业链约240家单位700余位专家学者和企业家参会。

4. 第三届食品科学与营养健康国际研讨会成功举办　2021年10月19～21日，由大连工业大学、南京农业大学、东北农业大学、沈阳农业大学、吉林农业大学、浙江工商大学、郑州轻工业大学、福建农林大学、贺州学院、中国食品发酵工业研究院有限公司、辽宁省科学技术协会、大连市科学技术协会、辽宁省食品科学技术学会主办，国家海洋食品工程技术研究中心、海洋食品精深加工关键技术省部共建协同创新中心、中国-加拿大食品营养与健康国际联合实验室、国际杂志 Journal of Agricultural and Food Chemistry、eFood共同承办的“第三届食品科学与营养健康国际研讨会”（The 3rd International Symposium of Food Science and Nutrition Health）在大连召开。研讨会采用“线上+线下”相结合的方式举办，来自美国肯塔基大学、加拿大纽芬兰纪念大学、美国马里兰大学、美国马萨诸塞大学、美国田纳西大学、加拿大阿尔伯塔大学和新加坡国立大学，以及国内中国农业大学、江南大学、华南理工大学等食品科学与营养健康领域100余所院校及企业的多位专家学者参加了此次会议。辽宁省科学技术协会朱玉宏副主席、大连市科学技术协会李敏副主席、大连工业大学李长吾校长、国家海洋食品工程技术研究中心主任朱蓓薇院士出席会议，大连工业大学朱公巍副校长主持大会开幕式。

5. 2021世界海洋科技大会分论坛　蓝色食物与营养健康国际论坛成功举办　由中国海洋大学主办，青岛海洋食品营养与健康创新研究院、青岛海洋科学与技术试点国家实验室海洋药物与生物制品功能实验室、中国水产学会、中国水产流通与加工协会、Wiley出版集团协办的蓝色食物与营养健康国际论坛于10月24～25日在青岛举行。中国工程院院士李培武、中国海洋大学党委书记田辉、中国水产学会理事长王清印、中国水产流通与加工协会秘书长王雪光、青岛市科学技术协会副主席柳本才、江西师范大学副校长涂宗财、中国水产科学研究院南海水产研究所副所长李来好、集美大学副校长曹敏杰等出席开幕式，中国海洋大学食品科学与工程学院院长薛长湖主持开幕式。论坛设置了蓝色食物的物质基础、蓝色食物与精准营养、蓝色食物与同一健康、蓝色食物与先进制造、蓝色食物与智能储运、蓝色食物与未来食品等六大专题共64场报告，来自7个国家、40多家单位的280余名专家学者通过线上和线下方式参加了论坛，展开全球范围的学术交流，共同探讨该领域发展趋势，为推动蓝色食品产业技术进步、推动“健康中国”建设进程发挥了重要作用。

6. 2021 中国水产品大会首次线上举办　由农业农村部渔业渔政管理局、中国水产科学研究院、全国水产技术推广总站和中国水产学会作为指导单位，中国水产流通与加工协会主办的“2021 中国水产品大会”主论坛，11 月 19 日在北京以云端会议方式拉开帷幕。大会以“洞察趋势 把握未来 互享共赢”为主题，农业农村部渔业渔政管理局局长刘新中出席大会并做了《勠力同心 推进渔业高质量发展》的主旨发言。大会特邀中央党校（国家行政学院）教授、博士生导师施红，中国工程院院士、国家海洋食品工程技术研究中心主任朱蓓薇等专家学者和部分企业代表就国内外水产品贸易趋势、宏观经济及政策剖析、双循环战略下新格局的建立、水产加工业发展思考、水产品消费市场变化等领域深入剖析。

（中国水产流通与加工协会　朱亚平，国家水产品加工技术研发中心　赵永强）

林 产 品 加 工 业

一、经济林产业

2021 年，全国各类经济林产品产量为 20 726.50 万 t，同比增长 3.79%。其中，水果产量最高，为 16 796.28 万 t，同比增长 2.75%，占经济林产品产量的 81.04%；木本油料、森林药材和林产工业原料产品产量大幅增加，同比增长 16.05%、21.14%和 20.59%；茶油产量 88.94 万 t。全国花卉种植面积 159.41 万 hm^2，花卉销售额 2 160.65 亿元，出口额 6.87 亿美元，观赏苗木面积 89.69 万 hm^2，切花切枝切叶 283.31 亿枝，盆栽植物 305.75 亿盆，花卉市场 3 354 个，花卉从业人员 607 万人。

二、木材生产及林产工业

1. 木材总产量增加　2021 年，全国木材（包括原木和薪材）总产量为 11 589.37 万 m^3，比 2020 年增加 1 332.36 万 m^3，同比增长 12.99%。

2. 竹材产量增加　2021 年，全国竹材产量为 32.56 亿根，比 2020 年增加 1 303 万根，同比增长 0.40%；竹地板产量为 7 030.61 万 m^3，竹胶合板产量 1 806.07 万 m^3，竹笋干产量 91.15 万 t。

3. 锯材产品产量有所增长　2021 年，全国锯材产量为 7 951.65 万 m^3，比 2020 年增加 359.08 万 m^3，同比增长 4.73%。

4. 人造板（三板）、胶合板、纤维板及其他人造板产量均增长　2021 年，全国人造板总产量为 33 673.00 万 m^3，比 2020 年增加 1 128.35 万 m^3，同比增加 3.47%。其中，胶合板产量 19 296.14 万 m^3，减少 500.36 万 m^3，同比减少 2.53%；纤维板产量 6 416.91 万 m^3，增加 190.58 万 m^3，同比增长 3.06%；刨花板产量 3 963.07 万 m^3，增加 961.42 万 m^3，同比增长 32.03%；其他人造板产量 3 996.88 万 m^3，增加 476.70 万 m^3，同比增长 13.54%。

5. 木制家具产量增加　2021 年，全国木制家具总产量 38 002.1 万件，同比增长 18.18%。

6. 纸和纸板、纸浆产量均有所增加　2021 年，全国纸和纸板总产量 12 105 万 t，同比增长 7.50%；纸浆产量 8 177 万 t，同比增长 10.83%，其中木浆产量 1 809 万 t，同比增长 21.41%。

7. 松香类产品有所减少　2021 年，全国松香类产品产量 103.01 万 t，比 2020 年减少 3 257t，同比减少 0.32%。

三、木材产品市场供给与消费

2021 年，林产品出口和进口同比分别增长 20.51%和 25.10%。其中，木质林产品进出口大幅增长，出口增幅大于进口增幅，在林产品出口中的占比持续下降、进口中的占比回升；非木质林产品在进出口中快速增长，出口增速低于进口增速。木材产品市场总供给（总消费）为 56 648.65 万 m^3，同比增长 2.08%。其中，国内供给大幅扩大、进口较快下降，但进口量仍超国内供给量；国内实际消费与 2020 年基本持平，出口大幅增加。木材产品进出口价格水平大幅上涨、出口价格涨幅远低于进口价格涨幅。

（一）木材产品市场供给

1. 商品材　2021 年，木材产品市场总供给为 56 648.65 万 m^3，同比增长 2.08%，其中国内供给占 48.41%，进口占 51.59%。2021 年，国内供给原木产量 10 330.64 万 m^3、薪材产量（不符合原木标准的木材）1 258.73 万 m^3，同比分别增长 12.51% 和 17.12%。

2. 木质纤维板和刨花板　木质纤维板产量 6 053.61 万 m^3、木质刨花板产量 3 963.07 万 m^3，同比分别增长 32.03%和 1.98%，扣除与薪材产量的重复计算部分，二者相当于净折合木材供给15 834.13 万 m^3。

3. 进口　2021 年，进口原木 6 357.47 万 m^3，锯材（含特形材）3 797.65 万 m^3，单板和人造板 1 105.57 万 m^3，纸浆及纸类（木浆、纸和纸板、废纸和废纸浆、印刷品）14 899.99 万 m^3，木片 2 811.55 万 m^3，家具、木制品及木炭 252.92 万 m^3。

（二）木材产品消费

2021 年，木材产品市场总消费为 56 648.65 万 m^3，同比增长 2.08%。其中，国内消费占 78.42%，出口 21.58%。

1. 国内消费　包括工业与建筑用材消费。建筑业用材（含装修与装饰用材）17 103.52 万 m^3，家具用材（指国内家具消费部分，出口家具耗材包括在出口项目中）6 718.94 万 m^3，化纤业用材 1 379.65 万 m^3，同比分别增长 4.88%、13.51%和 5.98%；造纸业用材 16 946.18 万 m^3，煤炭业用材 581.92 万 m^3，包装、车船制造、林化等其他部门用材 1 605.02 万 m^3，同比分别下降 7.16%、6.73%和 17.10%。

2. 出口　按原木当量折合，原木 1.07 万 m^3，锯材（含特形材）54.78 万 m^3，单板和人造板 3 910.43 万 m^3，纸浆及纸类（木浆、纸和纸板、废纸和废纸浆、印刷品）2 905.66 万 m^3，家具 4 966.18万 m^3，木片、木制品和木炭 387.72 万 m^3。

3. 其他　增加库存等形式形成的木材消耗为 87.58 万 m^3。

（三）木材产品市场供需的特点

2021 年，国内供给大幅扩大、进口较快下降，总供给低速增长，原木、薪材和刨花板产量大幅增长，木质纤维板产量略有扩大，国内实际供给增长 11.55%；锯材、人造板、木浆、纸和纸产品、废纸进口量大幅下降，原木、单板、废纸浆、木片进口量大幅增加，木质林产品进口总量下降 5.45%，在木材产品总供给中的份额降低 4.11 个百分点。

1. 国内实际消费基本持平、出口大幅增加　从国内消费看，实际总消费（国内生产消费与出口）低速增长，建筑业、家具和化纤业用材消耗较大幅增长，造纸和煤炭业用材消耗大幅下降，实际国内消费与 2020 年基本持平；人造板、木质家具和木制品的出口量快速增长，纸和纸板出口小幅扩大，木质林产品出口总量增长 15.93%，在木材产品总消费中的份额提高 2.40 个百分点。

2. 进出口价格大幅上涨、出口价格涨幅远低于进口价格涨幅　按综合价格指数计算，2021 年，木质林产品（不含印刷品）总体出口价格水平和进口价格水平分别上涨 9.78%和 23.35%，其中，锯材、特形材、单板、人造板、纸和纸板、家具、木制品的出口价格分别上涨 6.48%、12.30%、9.70%、17.44%、6.54%、11.14%和 9.03%；原木、锯材、人造板、木浆、废纸浆、纸和纸板、木片的进口价格分别提高 29.92%、16.57%、27.77%、31.98%、40.87%、19.93%、5.96%，单板、特形材和木制品进口价格分别下降 33.60%、5.45%和 22.03%。

四、主要林产品进出口

（一）基本态势

1. 林产品进出口大幅增长、进口增幅大于出口增幅　在全国商品出口和进口贸易中所占比重下降。2021 年，林产品进出口贸易总额为 1 850.36 亿美元，同比增长 22.77%。其中，出口 921.56 亿美元，同比增长 20.51%，占全国商品出口额的 2.74%，同比下降 0.21 个百分点；进口 928.80 亿美元，同比增长 25.10%，占全国商品进口额的 3.46%、同比下降 0.16 个百分点。

2. 进出口贸易产品构成以木质林产品为主，且木质林产品的进口份额回升、出口份额持续下降　林产品进出口贸易总额中，木质林产品占 67.02%，同比提高 0.24 个百分点。其中，出口额中木质林产品占 75.72%，同比提高 3.30 个百分点；进口额中木质林产品占 58.39%，同比下降 2.59 个百分点。

3. 林产品出口市场主要集中于亚洲、北美洲和欧洲，但市场集中度下降，美国是林产品的最大出口贸易伙伴；进口市场主要集中于亚洲和欧洲，市场集中度提高，泰国取代俄罗斯成为最大进口贸易伙伴　与 2020 年比，出口总额中亚洲份额下降 3.27 个百分点，北美洲、欧洲和拉丁美洲的份额分别提高 1.57、1.08 和 0.80 个百分点。进口总额中亚洲份额提高 3.84 个百分点，北美洲、大洋洲和拉丁美洲份额分别下降 1.46、1.08 和 0.72 个百分点。从主要贸易伙伴看，前 5 位出口贸易伙伴的市场份额比 2020 年提高 0.60 个百分点，其中，美国份额提高 1.46 个百分点，越南和日本的份额分别下降 0.88 和 0.59 个百分点；前 5 位进口贸易伙伴的市场份额与 2020 年基本持平，其中，泰国和印度尼西亚的份额分别提高 12.69

和4.31个百分点，俄罗斯、巴西、加拿大和美国的份额分别下降4.45、3.42、3.35和3.20个百分点。

（二）木质林产品进出口

2021年，木质林产品出口697.83亿美元、进口542.36亿美元，同比分别增长26.01%和19.80%。出口额中，木家具、纸及纸浆类产品的份额超过75%，与2020年比，纸及纸浆类产品的份额下降2.81个百分点，人造板、木制品和木家具的份额分别提高1.56、0.72和0.55个百分点；进口额的近90%为纸及纸浆类产品、原木和锯材类产品，与2020年比，原木的份额提高2.82个百分点，锯材类产品和木制品的份额分别降低2.28和0.72个百分点。从市场结构看，按贸易额，前5位出口贸易伙伴为：美国23.70%，日本5.84%，英国5.39%，澳大利亚5.08%，越南4.09%，前5位进口贸易伙伴为：俄罗斯10.48%，巴西9.12%，印度尼西亚9.07%，美国8.21%，加拿大7.08%。

（三）非木质林产品进出口

2021年，非木质林产品出口223.73亿美元、进口386.44亿美元，同比分别增长6.07%和33.38%。

1. 从产品结构看　与2020年相比，出口额中，果类和调料、药材、补品类的份额分别下降5.29和1.72个百分点，林化产品、竹藤软木类和茶、咖啡、可可类的份额分别提高3.85、1.83和1.23个百分点。进口额中，森林蔬菜、木薯类林化产品的份额分别提高1.70和0.54个百分点；果类和调料、药材、补品类的份额分别下降1.13和0.98个百分点；其他产品的份额变化微小。

2. 从市场分布看　按贸易额，前5位出口贸易伙伴的份额依次为：越南11.40%，中国香港9.70%，美国9.15%，日本7.33%，泰国5.89%；与2020年比，前5位出口贸易伙伴的总份额下降1.64个百分点，其中，越南和泰国的份额分别下降2.67和1.25个百分点，中国香港和美国的份额分别提高1.81和0.88个百分点。前5位进口贸易伙伴的份额分别为：泰国29.02%，印度尼西亚17.16%，马来西亚8.29%，智利7.12%，法国6.62%；与2020年比，前5位进口贸易伙伴的总份额提高4.85个百分点，其中，泰国、印度尼西亚和法国的份额分别提高5.73、2.13和1.08个百分点，马来西亚和智利的份额分别下降1.58和1.24个百分点。

（国家林业和草原局发展规划与资金管理司　林琳　于百川）

中药材加工业

一、基本情况

2021年是我国中药材行业发展的关键时期，不仅是因为疫情的影响，还因为行业发展面临的挑战和机遇。2021年既是“十四五”规划的开局之年，也是巩固拓展脱贫攻坚成果和全面推进乡村振兴的关键之年。随着人民生活水平逐步提高、人口老龄化加剧以及医疗保障体制不断完善，加之2020年突如其来的新冠病毒蔓延全球，中医药治疗发挥了至关重要的作用。百姓对中医药认知度逐渐提高，对中医药治疗药物以及养生保健品的需求量日益增加。尤其在国家政策鼓励、市场需求、经济带动等多方面因素影响下，中医药行业将继续有着较好的政策环境，中医药文化基础也将不断加深夯实。国务院办公厅印发了《关于加快中医药特色发展的若干政策措施》，提出“实施道地中药材提升工程”；农业农村部印发了《“十四五”全国种植业发展规划》，将中药材列入特色产业；国家林业和草原局印发了《“十四五”林业草原保护发展规划纲要》，把林草中药材纳入“优势产业特色重点项目”，并出台《全国林下经济发展指南（2021—2030年）》，提出到2025年林下中药材生态培育面积达到500万亩，一系列政策文件保障和促进了产业发展。总体来说，2021年中药材生产较为稳定，中药材生产“八化发展”成效显著。在《“十四五”中医药发展规划》中明确提出要加强中药安全监管，提升中药产业发展水平，强化中医药特色人才队伍建设，加强中医药文化研究和传播，推动中医药文化繁荣发展，深化中医药领域改革。这为中医药事业的发展指明了方向。中药产业是一个持续发展的产业，也是中医药事业不可分割的一部分。中药材及饮片是中药产业的源头，其质量优劣直接影响中药全产业及中医药大健康产业。加强中药材及饮片的监督和管理，有效规范种植、采收、加工炮制、包装、贮存、运输等系列环节，对于保障中药配方颗粒、中药成方制剂的质量稳定及中医临床疗效、维护公众健康、推动中医药事业可持续发展具有重要意义。近年来，围绕中药材及饮片质量监管的重点和难点，国家药品监督管理局协同各级地方药品监督管理部门加大了对中药饮片的监督检查和抽查力度，依法查处和曝光违法、违规的企业和不合格产品。在2020年全国范围的中药饮片质量集中整治的基础上，2021年中药材及饮片的质量依然向好的方向发展，并且其质量与监管已引起行业内的高度重视，各级中医药学会、协会近年来也围绕中药材及饮片的质量、标准和监管等展开了系列研讨、协商，积极引导带动企业推出团体标准、行业标准，对规范行业有序发展、推动产业的可持续发展起到了较好的引领示范作用。

二、政策环境分析

（一）落实中医药特色发展的政策措施

随着中医药的国际化进程加快，国家对中药材行业的政策支持也越来越大。2021年，国家加大了对中药材标准化、质量控制、生产监管等方面的投入力度，推动行业规范化、标准化发展。

党的十八大以来，党中央把中医药工作摆在突出位置，中医药改革发展取得显著成效。新冠肺炎疫情发生后，中医药全面参与疫情防控救治，作出了重要贡献。但也要看到，中医药仍然在一定程度上存在高质量供给不够、人才总量不足、创新体系不完善、发展特色不突出等问题。要坚持以习近平新时代中国特色社会主义思想为指导，全面贯彻落实党的十九大和十九届二中、三中、四中、五中全会精神，进一步落实《中共中央 国务院关于促进中医药传承创新发展的意见》和全国中医药大会部署，遵循中医药发展规律，认真总结中医药防治新冠肺炎经验做法，破解存在的问题，更好发挥中医药特色和比较优势，推动中医药和西医药相互补充、协调发展。

（二）中药材行业标准建设逐步完善

2021年，国家中药材质量标准继续完善，加强了对中药材质量监管的力度。《中药材质量控制技术规范》（2019年修订版）和《中药材质量标准》（2020年版）相继发布，对中药材的品质、安全和有效成分含量等方面进行了严格规定。这些标准的制定和实施，有助于提高中药材的品质和安全性，提高中药材行业的整体质量水平；国家卫生健康委员会、国家中医药管理局、国家药品监督管理局等部门联合发布了《中药材行业规范化建设指南》。该指南旨在推动中药材行业的规范化建设，加强中药材的质量控制和管理，保障中药材的安全性和有效性。为了推动中药材的国际化发展，2021年，我国在国际标准化组织（ISO）中提出了“中药材标准化”项目，旨在制定中药材的国际标准，提高中药材的国际竞争力和影响力。中药材种类繁多，其生产也涉及种植、加工、流通、贮藏等多个环节，但目前已建立实行的中药材标准只占很小的一部分，还有一些技术落后的陈旧标准在新标准发布实施后没有及时修订或废止；且相关标准体系建设不完善，未能覆盖中药材从生产到销售的各个环节。此外，有关中药材所含重金属和农药残留限量标准、中药材质量等级评定标准、中药材种子种苗繁育技术标准、中药材采收及产地初加工技术标准等都不完备或存在空白。由此可见，我国在中药材标准领域还有很大的发展上升空间，标准的缺失、落后将会严重制约中医药产业质量和效益的提升。

三、市场环境分析

（一）市场

由于疫情的影响，人们对健康的关注度增加，中药材市场的需求量也相应增长。据统计，2021年我国中药材市场价值达到3 000亿元，同比增长30%以上。其中，传统的中药饮片、中成药和保健食品是市场的主要需求品类。目前，中药产品业态包括：中药饮片，用中药传统制作方法制作的各种蜜丸、水丸、冲剂、糖浆、膏药、颗粒剂、粉剂、代煎代配，以及用现代药物制剂技术制成的中药片剂、针剂、胶囊、口服液等专科用药。

（二）产值

随着中药材市场的增长，中药材行业的竞争也日益加剧。许多中药材企业不断加大研发和生产投入，争夺市场份额。同时，一些非法中药材生产和销售行为仍然存在，对中药材行业的发展造成了一定的负面影响。据统计，规模以上医药制造业企业数量达到7 581家，但龙头企业较少，纯粹中医药收入超1 000亿元的企业尚无一家，超100亿的企业屈指可数。据2018年数据统计，实现销售收入只有2.16万亿元，同比增长12.4%。2018年我国中成药累计产量261.9万t，同比下降31.7%。

（三）进出口

随着中药材在国际市场上的认可度不断提高，中药材出口市场逐渐扩大。2021年，中药材出口量有一定增长，尤其是对东南亚、欧洲、北美等市场的出口量较大。但是由于疫情的影响和国际市场的变化，我国中药材出口面临一定挑战。2021年上半年，我国中药材出口额同比下降5.5%。同时，一些国家对我国中药材的进口进行了限制和管制，加大了中药材出口的难度。海关统计数据显示，2018 年，我国中药类产品进出口额达 57.68 亿美元，同比下降 1.56%。其中，出口额 39.09 亿美元，同比增长 7.39%；进口额 18.59 亿美元，同比增长 19.38%；中成药出口额为 2.64 亿美元，同比增长 5.51%。2018 年我国中成药进口额为 4.03 亿美元，同比增长 9.53%；药材及饮片出口额为 10.31 亿美元，同比下降 9.49%。2018 年我国药材及饮片进口额为 2.85 亿美元，同比增长 9.16%。

（四）价格

由于药材种植监管缺失，原药材质量良莠不齐，完全符合药典要求的原料药缺乏。同时，监管部门对中医药下游产业企业如中药饮片、中成药企业监管逐年加强，各种市场抽检、飞行检查使企业经营压力增大。根据《中华人民共和国药典》要求，对原料药的性状、含量检测、重金属农残等检测项逐年增多，生产企业承担的检测成本增加，检验检测设备投入巨大。

（五）种植

随着农村土地流转政策实施，中药材种植在大江南北蔚然成风。地方政府极力推行中药材种植，但是未能严格按照道地药材规划进行科学种植，同时缺乏道地药材种植技术扶持，源头监管缺乏，土壤检测、田间作业全过程监管缺失，导致品种变异，原药材性状、含量水平差异较大，农残重金属往往超标，出现掺假、增重、染色等不法现象。

（六）标准

中药材市场生产和经营主体繁杂，生产经营方式不一，随之带来中药材质量难以把关，中药材流通难以追溯等问题。中药材拥有药品和农副产品的双重属性，使其在市场流通中存在一定的监管难度，对中药材质量缺乏严格控制把关，中药材市场准入标准缺乏，假劣中药材流入市场，不仅会对我国中药材的声誉造成不良影响，更会伤害需要中药材治疗的患者。在中药材流通追溯问题上，中药材散称售卖通常无固定的包装标识，在购销过程中也缺乏证明和票据，一旦发生质量问题，往往造成卖方不认账，买方无证据而难以维权；缺乏中药材流通追溯体系和相应的追溯平台，也使消费者对中药材的生长、采收和流通等相关信息难以全面了解。

四、技术环境分析

（一）科研、新产品、新技术

随着现代科技的不断进步，中药材加工业也在不断创新发展。2021 年，中药材加工业在新技术、新设备、新产品等方面取得了一定进展，为中药材行业的发展提供了更多可能性。随着人工智能技术的应用，中药材的生产自动化逐渐成为中药材行业的发展趋势。通过采用自动化生产线和智能化生产设备，可以提高中药材的生产效率和质量，降低生产成本和劳动强度。为了满足市场需求和提高中药材的质量和效果，中药材行业不断推进新技术的研发和应用。例如，利用生物技术和分子生物学技术研发新型中药材，利用微生物技术和发酵技术提高中药材的生产效率和质量等。通过集成信息体系、电商体系、溯源质控体系等高新技术，加快在中药材品种选育、种植管理等方面的研究，提升中药材种植标准化水平，保证道地药材质量。抓住产地趁鲜加工发展的良好机遇，加强科技研发和数字化协同应用，研发中药材产地加工先进技术和自动化设备，提高中药材产地加工的机械化、智能化水平。采用现代药物制剂技术制成的中药片剂、针剂、胶囊、口服液、颗粒剂、粉剂等，其生产工艺基本达到化学药物生产技术水平，可以较大程度实现自动化、工业化。但是，中药饮片、颗粒剂、丸剂、膏剂的生产加工，受片型要求的影响，物料流动性差，依然沿用 20 世纪 80 年代日本药材加工技术，很难实现生产过程自动化、信息化。

（二）互联网建设

中药材电子交易平台大大缩短了中间环节。互联网上的中药材之所以价格低廉，是因为电子交易平台缩短了中药材交易的大部分环节。电子交易平台极大程度上降低了中药材交易的成本，提高中药材交易效率，避免或减少中药材在经营企业之间长距离来回周转，还能快速对中药材价格进行实时监控，调节供需关系，增加市场信息透明度。区块链技术的存证与产地溯源，能有效解决中药材交易过程中的信任和安全问题。从原料、生产、加工、包装、入仓、出仓、经销商、供应商到消费者，点对点传输，物联网数据采集，实现全程可追溯。消费者可通过扫描二维码了解中药材种植与生产过程中的土壤水分、阳光、主要成分分析等数据，也可以了解到从原产地到物流转运、生产加工、市场销售每一个环节中的数据，因此，区块链溯源有助于重建消费者信任。建设产业互联网，重点要解决好中药材产业的标准化生产和数字化协同两大问题。依托产业互联网建设，规范中药材标准化生产流程，实现中药材产业链科技、物流、金融和营销的数字化协同，推动数字供应链的建设，带动整个产业链角度的资源整合和价值链优化，从而降低整个产业的运营成本，提高整个产业的运营质量与效率，促进中药材产业的供给侧结构性改革，带动产业链整体转型升级。

（三）营销环境

近年来，随着国家对中药保健品广告市场的规范与整顿，中药保健品行业的营销环境发生了巨大的变化。相关国家职能部门加强了对中药保健品广告的审查，加大了对违法广告的审查和打击力度，舆论声讨违法广告的声音不断，给本来就危机四伏的中药保健品市场带来了强烈的冲击。据了解，包括上药、同仁堂、白云山、康恩贝等上市药企均已涉足日化领域。然而，在日化领域，仅仅只有植物精华面膜、植物洗发露等常规产品面世，药企的药妆战略并不乐观。

五、品质环境分析

（一）中药材的基地标准化种植

为了提高中药材的品质和安全性，中药材的品质标准化成为中药材行业的重要工作。采用中药材质量标准，规定中药材的品质要求和检测方法，可以提高中药材的品质和安全性，并为中药材行业的发展提供技术支持。中药材比一般作物更需要在生产过程中细心照料，但由于受中药材基地规模及其分布限制，中药材种植基地难以实行统一的生产标准，管理难度加大。且在我国很多地区都存在着中药材基地监管执行主体不明确的问题，如农业部门、食品部门等多个相关部门分工混乱，同时我国针对中药材基地的监管大都是结果监管，对中药材基地的种植过程中的标准化操作监管并不到位。由于中药材的生长环境和地理位置等因素影响，不同产地的中药材品质和效果存在差异。为了保护中药材的产地和品质，中药材行业加强了对中药材产地的保护和管理，推广了“地理标志认证”和“中草药地理标志产品保护”等制度。在保证中药材的质量和安全性的基础下，中药材种植业也得到了进一步发展。2021年，中药材种植业在优化种植技术、提高品种质量、提升产能等方面取得了重要进展。为了提高中药材的品质和安全性，中药材的标准化种植成为中药材行业的重要技术。通过采用标准化种植技术，可以控制中药材的品质和有效成分含量，提高中药材的安全性和稳定性。当下我国中药材传统的零散种植模式正逐步向规模化、集约化种植过渡，但大部分的中药材种植还是以农户小规模分散化经营为主，因其投入巨大，一般农户、企业没有足够的能力建设中药材种植基地，基地建设难以形成大的规模，且部分中药材所需的特殊生长环境也决定了无法有效大规模生产。此外，严格的中药材GAP基地认证，也控制了符合认证标准条件的企业数量。中药材的标准化种植离不开规范的技术支持，先进的技术不仅为药材产品的产量和质量提供保障，还可以加快新型中药材基地建设步伐，但我国大部分都是学历不高仅具备一定种植经验的种植户，没有科学知识和先进种植技术的加持不足以支撑中药材的标准化种植与管理。并且种植户在规范标准化生产过程中缺乏经验，在实际操作时难以有效控制，当地的药材企业也未在中药材种植技术上给予足够的指导帮助，这些都限制了种植技术的发展进步。为了提高中药材的品质和安全性，中药材的质量追溯成为中药材行业的发展方向。通过建立中药材质量追溯系统，可以追溯中药材的生产、加工、储存、运输和销售等过程，保障中药材的品质和安全性，增强消费者的信心和满意度。

（二）中药材的仓储物流现代化建设，智慧仓储和冷链物流

中药材行业平台企业应在产地建设符合中药材特征的专属仓库，提升现代化水平，依托智能化技术和设备实现中药材恒温恒湿仓储，避免因仓储不当引起中药品质下降。用智能化仓储管理系统对入库、出库货物进行实时追踪管理，同时直接对接中药材行业专属电商交易平台，实现仓单交易。企业在电商平台采购中药材原料时，可直接通过高清视频系统观看到货物情况，下单采购后货物可继续存储于仓库中，需要使用时再随时调取。发展中药材冷链物流，保障中药材质量。

（三）中药材的数字化技术运用于中药材检验检测

当前，中药材产业转型升级迫在眉睫，“数字化”作为当下经济发展的重要引擎，为中药材产业发展提供了新思路。建设产业互联网，已成为推进中药材产业升级、实现高质量跨越式发展的重要举措。应用大数据、区块链、物联网等技术对产业链企业的科技、物流、金融、营销等进行数字赋能，将中药材种植、初加工、仓储、溯源、检验检测以及贸易等环节紧密联系起来，形成产业链闭环和一二三产业融合发展生态圈，以共享经济的方式提供给产业生态中广大从业者使用。在源头检测、分级是减少外源物“污染”的重要手段，同时也是多层次划分药材等级的最佳环境，也为药厂、饮片厂、外贸等各方需求单位创造了更多的个性化等级需求。道地药材产区可采用引入数字化快速检测技术、建立检测中心以及与第三方检验检测机构合作等形式，帮助当地药农药商辨别药材内在质量，促进中药材质量提升。

六、政策建议

中药产业面临前所未有的发展机遇，要统筹规

划、加强源头和过程监管，提出产业发展指导规划和采取监管措施，分阶段实现产业升级，最终达到中医药产业绿色化、自动化、信息化生产。

（一）建设规范化药材种植基地，构建中药全过程追溯体系

中药材的种植产地非常重要。建议国家相关职能部门统筹规划道地化区域，利用“互联网＋中药材基地”形成数字化管理体系，实现差异化种植，保证药材道地化，避免品种变异，实现药材种植、田间作业可追溯，保证原料药的质量，解决民生问题，实现中药产业的可持续发展。中药全过程追溯体系是确保中药质量的基础性工程，建议由国家中医药管理局、农业农村部、卫健委等职能部门组织成立专业领导小组，推进和完善我国中药材流通追溯体系。通过采取规范化种植、道地药材溯源、供需信息撮合、金融辅助等措施，实现中药的培育、种植、田间地头的作业、采收、产地加工、留样送检等全过程监控可追溯。

（二）开展中药药效物质研究，建立符合中药特点 GMP 体系

中药药效物质不明确是制约中药产业发展的关键问题，建议在国家层面设立科研专项，系统开展中药药效物质基础研究，完成对中药品种有效成分的界定，用于制定中药材的质量标准。在此基础上，探索对中药保密方剂的深入研究，寻找多味药相互作用产生的协同增效机理，用现代医药学原理更好地阐释中医药治疗的理论基础和框架。中药的 GMP 管理体系不可采用完全复制西药管理体系，应该充分掌握传统中药理论与吸取实践经验，制定符合中药特点的 GMP 管理细则，具备较强的可操作性，既能指导中医药企业的管理生产规范，又能作为监管部门监督检查的依据。

（三）加强标准的实施与推广，保证中药产品质量

贯彻落实相关标准，把控中药材的生产过程，从源头上保证中药产品质量。促进中药材质量标准的制修订工作，有针对性地开展标准的实施效果评价工作，将理论研究与实践结合起来，直观体现标准在经济发展中的作用。总结中药材类农业标准化示范区建设中标准实施与推广的经验，为后续示范区建设提供借鉴和指导。在中药材的种植、加工、储藏、流通等环节中严把质量关，以保证中药材的质量稳定、可靠。创新标准实施与推广的途径和方法，使标准实施与推广在原有工作的基础上实现突破。

（四）推进中药材种植基地建设，提高标准化生产水平

将高起点、高质量、高产出、高效益作为中药材标准化基地建设的出发点和落脚点，稳步推进中药材标准化基地建设工作。建设高标准的 GAP 生产基地，突出其特点和亮点，达到模范试点作用，从而确保中药材规模化种植工作的开展。提高中药材基地建设的档次，扩大标准化种植规模，严格遵循 GAP 及优质道地药材基地等相关认证标准，实行统一的标准和管理，做到无公害生产，以提高基地药材的产量和质量，达到良性循环的效果。

（五）重视标准化种植过程的监管，及时发现问题

其一，强化对中药材标准化种植基地的监督与管理，严格把关中药材种植过程中的质量问题，对其种植与初加工等环节进行专业督导与整体规划，对不符合规范标准的部分予以整改优化；其二，与相关质检平台建立合作关系，对中药材的成分含量、重金属以及农药残留等实际水平进行检测，统一检测标准，出具相应的报告，确保中药材生产步骤与质量的规范达标，实现从中药材种植到成品加工的全过程监管；最后，探索构建质量检验与产品可追溯制度，代理商和消费者可通过特定的条码一键追溯中药材的种植、加工、储存、流通等全过程，从而提升品牌的可信度与影响力。

（六）结合“一带一路”倡议，探索多元化发展方式

当地政府可以借助精准扶贫项目完成中药材规模化种植的工作，实现全乡镇的规模化种植。积极探索“政府＋企业＋农户”的方式，政府提供优惠政策和土地资源；企业提供先进的种植技术、销售渠道以及大量的资金；农户提供富有经验的劳动力。充分利用产地优势，对药材进行系列化的开发，进一步提升药材的质量品级和附加值。着力培育中药材出口产品生产企业，优化产品结构，使中药出口产品多样化、现代化。打造国产品牌，参与国际市场竞争，从而实现中药材产业现代化水平整体提高的良好局面。

（中国药科大学　曹崇江）

饲料加工业

一、基本情况

2021年，随着生猪生产加快恢复，水产和反刍动物养殖持续发展，带动饲料工业产量较快增加，饲料行业高质量发展取得新成效。

（一）饲料工业总产值

2021年，全国饲料工业总产值12 234.1亿元，同比增长29.3%；总营业收入11 687.3亿元，增长28.8%。其中，饲料产品产值10 964.0亿元、营业收入10 499.8亿元，分别增长29.8%、29.1%；饲料添加剂产品产值1 154.9亿元、营业收入1 110.4亿元，分别增长23.8%、29.5%；饲料机械产品产值115.2亿元，增长36.4%，营业收入77.0亿元，下降3.6%。

（二）工业饲料总产量

全国工业饲料总产量29 344.3万t，同比增长16.1%。其中，配合饲料产量27 017.1万t，增长17.1%；浓缩饲料产量1 551.1万t，增长2.4%；添加剂预混合饲料产量663.1万t，增长11.5%。分品种看，猪饲料产量13 076.5万t，增长46.6%；蛋禽饲料产量3 231.4万t，下降3.6%；肉禽饲料产量8 909.6万t，下降2.9%；反刍动物饲料产量1 480.3万t，增长12.2%；水产饲料产量2 293.0万t，增长8.0%；宠物饲料产量113.0万t，增长17.3%；其他饲料产量240.5万t，下降16.2%。

（三）饲料添加剂总产量

2021年，全国饲料添加剂总产量1 477.5万t，同比增长6.2%。其中，单一饲料添加剂产量1 367.9万t，增长5.5%；混合型饲料添加剂产量109.6万t，增长16.2%；氨基酸、维生素产量分别为425.5万t、177.3万t，分别增长15.1%、10.5%。酶制剂和微生物制剂等产品产量较快增加，分别增长19.0%、17.4%。

（四）集约化经营情况

2021年，全国10万t以上规模饲料生产厂957家，同比增加208家；合计饲料产量17 707.7万t，同比增长24.4%，在全国饲料总产量中的占比为60.3%，同比提高7.5个百分点。全国有14家生产厂年产量超过50万t，比上年增加5家，单厂最大产量125.1万t。年产百万t以上规模饲料企业集团39家，比上年增加6家；合计饲料产量占全国饲料总产量的59.7%，同比提高5.1个百分点；其中有6家企业集团年产量超过1 000万t，比上年增加3家。

（五）区域布局变化情况

2021年，产量千万吨省份增加。全国饲料产量超千万吨省份13个，比上年增加3个，分别为山东、广东、广西、辽宁、江苏、河南、四川、河北、湖北、湖南、安徽、福建、江西。其中，山东省产量达4 476.3万t，同比增长3.2%；广东省产量3 573.3万t，增长18.7%。山东、广东两省饲料产品总产值继续保持在千亿元以上，分别为1 597亿元、1 482亿元。全国有27个省份和新疆生产建设兵团的饲料产量比上年增长，其中贵州、广西、重庆、四川、江西、湖北、内蒙古、湖南、福建、河南、新疆、浙江等12个省（自治区、直辖市）增幅超过20%。

（六）配方结构趋向多元化

全国饲料生产企业的玉米用量同比下降24.7%，在配合饲料中的比例同比减少15.3个百分点，小麦、稻谷、大麦、高粱等谷物原粮和麦麸、米糠等粮食加工副产物用量较快增加。豆粕用量同比增加5.7%，小于工业饲料总产量增幅，在配合饲料和浓缩饲料中的比例同比减少1.4个百分点，菜粕、棉粕等其他饼粕用量增长17.9%。

（七）行业创新加快推进

饲料新产品研发创制加快，全年通过评审核发新饲料和新饲料添加剂证书4个。乙醇梭菌蛋白获得历史上第一个新饲料原料证书，并取得单一饲料生产许可证，全球首次实现工厂化条件下利用无机物大规模生产优质蛋白原料。饲料原料基础参数评定进度加快，营养价值数据库进一步完善，低蛋白日粮、饲料精准配方和精细加工等技术加快普及。饲料散装散运方式加快推广，散装饲料总量9 028.7万t，同比增长53.1%，占全国配合饲料总产量的33.4%，提高7.8个百分点。

二、国内外市场概况

（一）工业饲料产量大幅增加

2021年，我国工业饲料产品消费结构调整加快，产量连续两年增幅超过10%。浓缩饲料产量增幅远低于配合饲料和添加剂预混合饲料的增幅，主要原因：一是农业农村部出于养殖卫生安全的考虑，发布了"自配料"公告（农业农村部公告第307号：关于养殖者自行配制饲料的有关公告），对养殖户"自配料"的原料来源、存放和监管进行严格要求，违反要求将予以处罚，自配料用户转向使用配合饲料；二是玉米等原料价格大幅上涨，饲料企业通过采购优势和配方多元化降低了原料成本，配合饲料性价比更高；三是使用浓缩饲料的养殖户多为小养殖户，养殖深度亏损使得小养殖户发展速度放缓，造成浓缩饲料产量增幅较上年减少19.6个百分点。

（二）分品种饲料产量有增有减

从饲料需求来看，主要畜禽品种养殖产能涨跌互现，各品种饲料产量总体仍保持增加趋势，生猪饲料仍是饲料需求增长的主要动力。生猪养殖存栏恢复高位以及配合饲料需求激增，猪饲料需求大幅增加，饲料产量达到1.31亿t，较上年增长46.6%，超过猪肉产量增幅17.8个百分点。反刍和水产养殖盈利较好，养殖量均较上年增加，饲料需求保持旺盛，反刍料和水产料产量分别为1 480.3万t和2 293.0万t，较上年分别增长12.2%和8.0%。蛋禽、肉禽存栏高位回落，饲料产量分别为3 231.4万t和8 909.6万t，较上年分别下降3.6%和2.9%。

（三）饲料原料进口大幅上升

1. *饲用谷物原料进口增加* 中国海关数据显示，2021年饲用谷物原料（玉米、小麦、大麦、高粱和玉米酒糟）累计进口6 033.3万t，较上年增长84.2%。其中，玉米进口2 835.6万t，同比增长151.1%；小麦、大麦和高粱分别进口977.0万t、1 248.2万t和941.7万t，同比分别增长16.6%、54.5%和95.6%；玉米酒糟（DDGs）累计进口30.8万t，同比增长69.4%。

2. *蛋白原料进口总体下降* 油籽压榨副产品是我国蛋白原料的主要来源，大豆和菜籽等油籽累计进口9 905.0万t。其中，大豆进口9 652.0万t，同比减少3.8%；菜籽进口253.1万t，同比下降8.2%。饲用蛋白原料持平略降，豆粕、菜粕、葵花籽粕、豌豆和鱼粉等原料累计进口840.7万t，同比下降0.8%，其中豆粕、菜粕和葵花籽粕进口分别为7.8万t、203.2万t和227.4万t，同比分别增长36.7%、7.8%和3.9%，豌豆进口220.0万t，同比下降24.8%。鱼粉进口182.3万t，同比增长28.3%。蛋白饲料整体需求下降的原因是小麦、大麦等谷物饲用添加比例增加，其蛋白含量在13%左右，高于玉米的8.5%。据测算，1 000万t的小麦替代玉米可减少约100万t的豆粕用量，使得蛋白饲料进口下降。

3. *原料进口集中度进一步增加* 全球粮食出口主要集中在少数国家，我国饲用谷物贸易量大幅增加，能满足我国需求的国家有限。2021年大豆进口95%以上来自于美国和巴西，同比增加6个百分点；玉米进口99%来自美国和乌克兰，同比增加7个百分点。

（四）主要饲料原料价格全面上涨

1. *饲用玉米全年均价涨至历史最高水平* 2021年，批发市场年度均价为2.93元/kg，同比上涨26.9%。临储玉米拍卖完成后，东北地区粮食仓容充足，饲料企业利用玉米集中上市期大量建库存，玉米市场购销模式发生改变，从周年按需采购转向一季采购、全年使用，玉米市场季节性波动趋势减弱。

2. *豆粕市场价格涨至近7年内高位* 2021年，豆粕批发市场全年均价为3.78元/kg，同比增长14.1%。中国执行中美第一阶段经贸协议，恢复进口美国大豆，国际大豆期货市场价格大幅上涨。

（五）饲料产品价格不断突破历史高位

2021年受饲料原料价格上涨以及畜禽水产养殖需求的支撑，主要饲料产品价格达到历史最高水平后呈现波动上涨趋势。农业农村部畜牧兽医局数据显示，2021年育肥猪、肉鸡、蛋鸡配合饲料全年均价分别为3.6、3.63、3.35元/kg，同比分别增长12.5%、11.0%、12.2%，增幅创历史新高；主要饲料产品价格增幅低于主要原料价格上涨幅度，3种配合饲料产品价格年内增幅分别为7.7%、7.6%和8.6%，低于玉米和豆粕年内11.7%和8.7%的增幅。主要原因：一是大型饲料企业在玉米粮源集中上市期建立库存，在相对较低的价格上锁定了原料成本；二是饲料企业通过饲料配方多元化降低了玉米、豆粕的使用比例，一定程度上减缓了大宗原料上涨带来的波动。

三、质量管理与标准化工作

（一）加强水产养殖用兽药、饲料和饲料添加剂等投入品管理

为加强水产养殖用兽药、饲料和饲料添加剂等投入品管理，依法打击生产、进口、经营和使用假、劣水产养殖用兽药、饲料和饲料添加剂等违法行为，保障养殖水产品质量安全，加快推进水产养殖业绿色发展，2021年1月7日，农业农村部办公厅发布了《农业农村部关于加强水产养殖用投入品监管的通知》（农渔发〔2021〕1号），要求各级地方农业农村（畜牧兽医、渔业）部门要落实水产养殖用投入品相关监管职责，压实责任、严厉整治、常抓不懈。一是加强对水产养殖用兽药、饲料和饲料添加剂的生产、进口、经营和使用等环节管理，水产养殖用投入品，应当按照兽药、饲料和饲料添加剂管理的，均应依法取得相应生产许可证和产品批准文号，方可生产、经营和使用。二是开展水产养殖用兽药、饲料和饲料添加剂相关违法行为三年专项整治，重点查处故意以所谓“非药品”“动保产品”等名义生产、经营和使用假兽药，逃避兽药监管的违法行为。三是在全国试行水产养殖用投入品使用白名单制度，对发现养殖者使用白名单以外的投入品，依法查处或公布可能有质量安全风险的警示。

（二）实施饲料中玉米豆粕减量替代政策

全国畜牧主管部门于2021年3月发布了《饲料中玉米豆粕减量替代工作方案》，要求降低饲料中玉米、豆粕占比。2021年12月，农业农村部印发《“十四五”全国畜牧兽医行业发展规划》，再一次明确“推动精准配料、精准用料，促进玉米、豆粕减量替代”，同时提出在2022年扩种大豆和油料作物。“饲料粮减量替代”政策的推行，将有效缓解粮食进口激增现象，切实保障国家粮食安全。通过增加大豆及油料作物播种面积，降低我国的对外依存度，缓解国际环境不稳定性对国内油脂及油料市场供应的影响。

（三）出台《直接饲喂微生物和发酵制品生产菌株鉴定及其安全性评价指南》文件

直接饲喂微生物、酶制剂、发酵饲料等微生物发酵产品在保障动物机体健康、提高饲料利用效率等方面表现出良好效果，受到全行业普遍关注，也是研发创新和推广应用的热点领域。微生物发酵在我国拥有悠久的应用传统，但生产工艺和品质控制规范化、标准化还有待提高，安全性、有效性评价体系还不完善，监督管理制度还不够健全。菌种是微生物发酵产品质量安全的基础，为进一步规范菌种鉴定和安全性评价工作，2021年11月1日，农业农村部制定印发了《直接饲喂微生物和发酵制品生产菌株鉴定及其安全性评价指南》，通过科学规范的评价，确保微生物发酵产品质量安全。近年来，农业农村部高度重视生物饲料产业发展，综合施策，从管理制度和技术标准等多方面采取有效措施，有力促进产业规范化健康发展。

（四）不断加强饲料工业标准化建设与管理

饲料工业标准国际化专家组第一次会议于2021年5月在北京召开。会议部署了成立国际标准化组织（ISO）对口TC/SC下设工作组、参与ISO对口TC/SC下设工作组的活动、采用国际标准、加强国家标准外文版翻译、开展国际标准研制等工作任务。饲料工业标准国际化专家组，承担着动物饲料领域的国际标准化工作，既是中国标准化改革发展的要求，也是我国实现饲料工业强国目标、走向国际舞台的重要措施。会议要求，要准确把握对口标准化组织的工作重点，充分发挥专家组的智库作用，引导科研单位和专家学者参与国际标准化活动，帮助企业承担饲料国际标准的制修订任务，助推饲料工业高质量发展，为我国走向饲料工业强国做出更大的贡献。

全国饲料工业标准化技术委员会2020—2021年年会于2021年12月召开。会议指出，“十四五”是加快推进饲料工业转型升级的关键时期，保供给、保安全、促转型的任务艰巨而繁重。要求全体委员和各分技术委员会、标准化工作组要深入贯彻落实《国家标准化发展纲要》《国务院办公厅关于促进畜牧业高质量发展的意见》和全国畜牧渔业工作会议精神，坚持以规划为引领、以质量为重点、以实施为目的、以能力为保障，进一步提高政治站位、深化认识、主动作为，共同推动饲料工业标准化工作迈上新台阶，为全面推进畜牧业现代化建设作出新的贡献。

四、行业运行特点及发展策略

（一）行业运行特点

1. 国内饲料原料缺口扩大，原料高成本运行 2021年，国内饲料原料缺口进一步扩大，进口原料从以大豆为主的蛋白原料扩大至谷物原料。饲用谷物进口量连续两年大幅增长，对国际市场依赖程度增加。大豆等蛋白原料全球贸易量占全球产量的44%，主要出口国美国、巴西和阿根廷高度依赖国际市场，国际供应链保障程度相对较高；玉米、小麦等谷物贸易量占全球产量的比重为16%，主要谷物进口来源国为美国、加拿大和澳大利亚等，这些国家出口量占其国内消费比例较小，出口依赖度较低，谷物进口受制于人的风险大大增加。包含饲料原料在内的全球大宗商品价格高位运行，饲料原料成本上涨制约了国内养殖业健康发展，其影响因素包含诸多方面：一是主要农产品国际贸易定价权缺失，粮食贸易渠道主要掌控在国际粮商手中，通过期货市场和资本杠杆针对中国需求炒作价格，抬高我国进口粮食成本；二是通货膨胀因素，美元仍是国际贸易的定价和结算货币，新冠肺炎疫情以来美国采取扩张性的财政和货币政策刺激消费，造成美元贬值，进一步导致大宗商品价格普遍上涨，传导至国内市场；三是航运价格上涨，受新冠肺炎疫情影响，港口装卸延迟，运输船只在各国港口大量阻滞，国际航运运力紧张，航运物流价格大幅上涨。

2. 饲料产品低质同化严重，饲料资源转化率偏低，养殖行业整体仍处于粗放经营阶段 饲料配方技术和加工技术较世界先进水平有较大差距，动物营养基础性研究不足，饲料研发投入少，饲料产品质量普遍水平较低。饲料行业仍以原料采购成本竞争为主，大部分企业缺乏市场风险管理能力。中小养殖户仍为养殖主体，缺少科学养殖技术，养殖效率较低。玉米主产区的养殖户容易获得粮源，倾向于使用自配料，饲料成本低，但用量随意性较大。过量的添加能量和蛋白原料，不利于营养物质的吸收和转化，容易造成畜禽疾病。此外，小养殖户缺乏标准化养殖的约束，出栏体重变化较大，出栏体重过大时，饲料转化率低，造成粮食资源的严重浪费。我国是全世界最大的养殖国家，饲料原料的消耗量庞大，而养殖行业大而不强，养殖效率低下，与我国紧缺的饲料粮资源形成矛盾。

（二）发展对策

1. 统筹国内外原料市场供给，建立战略资源布局　建立战略资源布局，构建多元化的饲料供应体系。一是对国内现有玉米等粮源贸易进行精细化管理，建立“收购—仓储—交易”通行的玉米流通标准，进行仓储分级，保证玉米贸易过程中饲用粮源不损失，增加有效供给。二是梳理国内可利用的资源，加强饲料原料基础性研究，对国内各种农产品和副产品饲用资源指标鉴定登记入库，指导和鼓励饲料和养殖企业加以开发利用。三是加快饲用作物培育，形成“粮经饲”的三元种植体系，饲用作物具有生长周期短、多次刈割的特点，科学规划生产区域和农时，增加单位土地面积的产出。四是加强新型饲料原料的研究，我国已经在CO合成蛋白质和CO_2合成淀粉等领域取得一定突破，各种原料工业化生产逐渐成为可能，未来将打破传统的粮食生产格局。五是拓展农业对外合作，与主要生产国家建立农业科技和经贸合作关系。亚洲和非洲部分国家拥有较高的玉米和大豆种植面积，但是单位产量仅为欧美等国的一半左右，这些国家具有较大的提升潜力，一旦产量提升，增加全球可贸易量，有助于降低我国粮食贸易的风险程度。

2. 合理规划饲料原料转化途径，提高资源转化效率　一是推动养殖从粗放型向集约型发展，加强畜禽营养基础研究以及饲料配方技术研发，对养殖户加强饲料和养殖技术宣讲培训，指导养殖户根据养殖阶段、季节和盈利状况科学进行配方调整，降低能量和蛋白原料过高的添加比例，减少排放，提高养殖精细化管理水平。二是优化养殖结构，引导养殖户养殖行为标准化、规范化，优先发展禽类和水产等饲料转化率高、低耗粮的养殖品种，通过农业保险和订单合约等约束方式规范养殖行为、提高养殖标准化，限制生猪超标准养殖对饲料的过度消耗。三是加强跨周期政策调节，统筹部门间短期和长期政策目标，实现种植、养殖、深加工协调发展，兼顾饲料粮资源和养殖生产平衡，避免因部门利益导致局部政策变化带来的市场波动风险，强化政策的稳定性、连续性和协调性。

3. 加强饲料养殖全产业链监测预警，完善应急预案　饲料是衔接种植和养殖的中间环节，影响饲料市场变化因素复杂，分品种和分环节的监测已经不能满足监管的需要，需建立全产业链的监测体系，加强各个环节和全品种数据的收集、分析和预警。一是国内外农情风险，从全球粮源供给以及国内养殖市场形势变化对我国饲用粮供需安全进行分析判断；二是国别风险，从国际政治局势和贸易政策等方面对国际贸易风险进行预警；三是市场风险，从宏观经济形势、资本流向和国际粮商粮源掌控等方面进行监测；四是物流风险，运输运力保障、国际海运航道安全、港口装卸和仓容等物流运输问题造成供给风险。建议系统梳理饲料养殖产业链风险点，加强部门间协调合作、信息共享，建立不同风险级别的应急方案。

（中国农业科学院饲料研究所　刁其玉　王世琴）

蚕丝加工业

一、基本情况

（一）蚕桑生产

1. 产量　受气候、技术、市场、环境等因素的影响，2021年我国蚕桑生产依然面临着家蚕微粒子病、桑树病虫害、自然灾害等因素所造成的生产风险，以及工业化与城市化推进带来的劳动力老龄化、劳动力短缺、土地资源稀缺、生产成本不断上升、农药中毒和工业废气污染致减产减收及国外竞争加剧的严峻挑战。据商务部国家茧丝绸协调办公室的统计，2021年全国桑园面积79.67万hm^2，比上年减少1.87万hm^2，减幅2.26%，但是蚕桑生产稳中有升，发种量1 724万张，比上年增加46万张，增幅2.74%；桑蚕茧产量71.72万t，比上年增加2.76万t，增幅4.00%；柞蚕放养面积72.67万hm^2，同比增加

0.58%；柞蚕茧产量 9.51 万 t，同比增加 13.18%；2021 年桑蚕春茧价格同比上涨 63.21%，夏秋茧价格同比上涨 37.45%，全年加权平均茧价达 51.2 元/kg，创历史新高，比上年上涨 16.4 元/kg，涨幅达 47.11%。茧价上涨带动蚕茧产值大幅增加，2021 年全国桑蚕茧产值达 367.15 亿元，同比增加 52.99%，无论绝对值还是增幅，均创历史新高。

2. 资源分布 2021 年，我国蚕桑生产继续向西部地区转移和集中，东部（江苏、浙江、广东、山东、海南 5 省）的蚕茧产量占比由 2019 年 15.87%下降到 2020 年的 14.43%，再下降至 2021 年的 12.64%；而西部（广西、四川、重庆、云南、陕西、贵州、甘肃、新疆 8 省、自治区、直辖市）的蚕茧产量占比由 2019 年的 78.17%上升到 2020 年的 79.14%，再上升至 2021 年的 80.89%。2021 年多数省份实现了增产，其中浙江省依靠全龄人工饲料工厂化养蚕增产 10.16%，一举扭转了连续 13 年的衰退局面；排名前 3 位的广西、四川、云南的蚕茧产量分别为 40.74 万 t、8.6 万 t 和 5.7 万 t，分别增产 8.21%、3.61%和 1.79%，占全国蚕茧总产量的 56.8%、11.99%和 7.95%。从 2021 年各省、自治区、直辖市丝绸主要产品产量情况看，广西的丝类产量虽然同比下降 14.73%，但仍占据全国总产量的 1/3，牢据丝类主产省份首位；四川、江苏、浙江等三省丝类产量略有增长；河南、陕西的丝类产量则大幅提高，同比分别增长 26.21%、31.82%。真丝绸缎产量前 5 位的省份中，占比最大的四川同比下降 12.43%，其余 4 个省市实现正增长，其中江西增长幅度最大，同比增长达到 49.24%。蚕丝被年产量在 100 万条以上的江苏、浙江、河南、江西、湖南等 5 省，同比都实现不同程度增长，河南、江西、湖南增长幅度较大，分别增长 271.07%、46.50%和 63.58%。

（二）加工量、产值、利税、固定资产投资

据国家统计局统计，2021 年，规模以上企业主要产品产量基本稳定，主要产品中，丝类产量 4.76 万 t，同比下降 7.83%。其中，绢丝 3 103t，同比增长 1.60%；绸缎产量 38 632 万 m，同比下降 2.33%；蚕丝被产量 1 340 万条，同比增长 21.31%。2021 年全国规模以上丝绸企业实现营业收入 682.59 亿元，同比增长 10.45%；利润总额 32.99 亿元，同比增长 74.30%。其中，缫丝加工营业收入 264.42 亿元，同比增长 9.14%；实现利润 12.83 亿元，同比增长 238.79%。丝织加工营业收入 336.30 亿元，同比增长 7.69%；实现利润 14.44 亿元，同比增长 29.64%。丝印染加工营业收入 81.88 亿元，同比增长 29.00%；实现利润 5.72 亿元，同比增长 42.91%。从 2021 年全年情况看，随着国内外疫苗接种逐步推进，市场供需关系得到日益改善，企业生产经营持续好转，行业质效水平逐步提升。但由于出口货柜紧张、运费飙升，生产成本不断增加，企业流动资金短缺等不利影响，行业经济运行仍面临较大压力。2021 年丝绸行业规模以上企业亏损 138 家，较 2020 年减少 97 家，亏损企业亏损总额 3.32 亿元，同比下降 62.81%；亏损面 23.51%，同比下降了 13.15 个百分点，亏损面明显收窄，但仍高于纺织行业平均水平 6.38 个百分点。企业存货 143.59 亿元，同比增长 12.18%；企业销售费用 9.93 亿元，同比下降 5.29%；管理费用 22.47 亿元，同比增长 5.37%；财务费用 8.10 亿元，同比下降 11.71%。2021 年丝绸企业三费比例 6.63%，同比下降 0.70 个百分点；产成品周转率 8.27 次/年，同比加快了 1.40%；总资产周转率 1.07 次/年，同比加快了 2.25%。

二、新技术、新成果

1. 基于丝素蛋白的纳米药物递送系统研究方面取得重要进展 该研究将多种治疗功能模态整合到基于丝素蛋白的纳米平台中，用于肿瘤的协同治疗。在该研究中，该团队将具有靶向有机阴离子转运多肽（OATPs）的光敏剂 N770 共价接枝到负载有抗癌药物阿霉素（Dox）的丝素蛋白纳米粒子表面，获得多功能纳米治疗平台。实验表明，该治疗平台可以有效靶向到 OATPs 高表达的恶性肿瘤细胞。同时，具有微晶结构的丝素蛋白纳米颗粒显示出类过氧化氢酶性质，可以缓解肿瘤微环境的乏氧特性。不仅如此，所获得的纳米粒子 N770－Dox^{2}NPs 具有明显的酸性 pH、H_2O_2、GSH 和高温等刺激响应性能，可以响应肿瘤微环境，实现抗癌药物的可控持续释放，对肿瘤细胞进行持续的杀伤。小鼠实验结果表明，在 NIR 照射下实现了多模态成像指导下的光动力学疗法（PDT）、光热疗法（PTT）和化疗协同治疗，显示出比单一疗法更好的治疗效果。这种结构简单，易于构建，同时具有肿瘤靶向、线粒体靶向、多重刺激响应性、多模态成像、肿瘤微环境重塑、光疗和化疗等功能于一体的多功能丝素蛋白纳米治疗平台，可以为下一代癌症靶向协同治疗提供新的设计思路。

2. 科技成果“考古现场纺织品（丝、毛）文物免疫检测关键技术研究与应用”达到国际领先水平 以丝素蛋白水解液和多肽序列为抗原，采用动物免疫制备得到可对古代丝绸进行专一性识别的兔抗丝素蛋白多克隆抗体和单克隆抗体。制备得到的丝素蛋白抗体具有较高的灵敏度和特异性，多克隆抗体最低检出限为0.1 ng/mL，单克隆抗体最低检出限为4.65ng/mL，对墓葬中存在的干扰抗原均呈现阴性，能够实现丝织品的高效检测。该技术针对考古现场泥化、灰化、矿化、炭化纺织品（丝、毛）无法鉴定但需求迫切的技术现状，创新地制备了丝素蛋白和角蛋白的多克隆抗体和单克隆抗体，通过酶联免疫检测法、免疫荧光检测法、电化学免疫传感器等方法，构建了纺织品（丝、毛）文物遗迹的精细鉴别技术，实现了考古现场丝、毛文物遗迹的特异性及痕量检测。

3. 大容量SR-3030型减压自动煮茧机研制成功　通过对罐体、真空、蒸汽、水等循环系统的计算、设计、论证以及煮茧工艺新程序研发，在大容量罐体内实现蒸汽和真空的能量合理配比以及温度精准控制。SR-3030减压自动煮茧机主罐最大装茧量32kg/罐，每小时煮茧能力135kg（干茧），较SR-3020减压自动煮茧机生产效率提高1.5倍，能满足6～7组自动缫丝机生产20/22d规格生丝用茧，达到了预期目标。通过四川省丝绸科学研究院技术团队的指导及煮茧新程序研发应用，宜州嘉凤丝业有限责任公司经过八个多月的生产运行，能够满足干/鲜茧煮茧要求，与长笼V型煮茧机实缫对比，清洁度评价提高0.3～0.8分（满分100分）、洁净度提高0.4～0.7分（满分100分），能够生产5A级以上高等级生丝，质量显著提高；茧耗下降3～6kg/100kg生丝。

4. 中国科学家研制出"增强版蚕丝"　将蚕丝溶解，再放入糖以及锌和铁离子的溶液中重新制作，可以让它变得比大多数蜘蛛丝更为坚韧。天津大学的科研人员找到了一种增强蚕丝性能的方法：先将它溶解在碳酸钠或木瓜蛋白酶中，然后再放入糖、乙醇以及锌和铁离子的溶液中纺成丝。该发现扭转了认为蚕丝机械性能比不上蜘蛛丝的传统观念，找到了一种生产可以赢利的高性能人造丝的大有前途的办法。研究人员发现，在没有拉伸的情况下，这些重纺蚕丝的平均受力（高达2×10^6kPa）比天然蛛丝（0.9×10^6～1.4×10^6kPa）高出70%，其杨氏弹性模量（拉伸模量）高于所有天然丝，它的坚硬性能超过弹性。其刚度和强度性能超过几乎所有天然蛛丝，而且这是人造丝首次取得这种重要成果。

5. 蚕桑多元化开发进程加速　传统蚕桑产业由"桑—蚕—茧—丝—绸"单一产业链正在向现代蚕桑多元产业链转变，传统桑产业衍生出饲料桑、药用桑、茶用桑、生态桑等系列，开发了桑叶饲料、桑叶粉、桑叶面、桑叶茶、桑叶菜等桑叶产品，桑椹酒、桑椹汁、桑椹膏、桑椹酵素、桑椹果冻等桑果产品，桑枝木耳、桑枝香菇、桑枝灵芝等桑枝食用菌产品；孕育出桑园套种、桑园套养、桑博园、桑基鱼塘产业园等立体桑园经济发展模式。传统蚕产业对蚕虫、蚕蛹、蚕蛾、蚕丝、蚕茧等进行功能化利用，开发出僵蚕、医用蛋白等药用产品，蚕蛹蛋白、蚕蛹胶囊、雄蛾酒、蚕沙枕等保健产品，蚕丝面膜、蚕丝护肤乳液、白蚕修复精华等护肤系列产品，蚕茧花、蚕茧画、七彩茧等创意手工艺品。对蚕桑产业链各环节的物质、生物和文化资源进行综合开发，契合当代绿色低碳循环发展的理念，有利于提高产业综合竞争力，实现可持续发展。

6. 蚕桑资源饲料化"蚕羊兼养"模式助推产业提质增效　广西提出"立桑为业"发展战略，实施桑树的多元化发展。随着推广部门在蚕桑资源饲料化开发利用方面研究取得突破，研发并推广了"蚕羊兼养"模式。桑枝和蚕沙能够加工成为优质的牛羊饲料，蚕农利用桑饲料可以发展牛羊养殖，长期制约蚕桑产业发展的三个问题将得到了有效地解决。牛羊产业是广西乡村振兴的重点发展产业，牛羊是大型家畜，饲料消耗量很大，制约牛羊产业发展的最大问题就是饲料供应问题和缺乏成熟资源化经济成本的牛羊颗粒饲料，"蚕羊兼养"模式较好解决蚕桑产业和牛羊产业的融合发展问题。2021年，广西蚕桑资源饲料化开发利用已经具备量产和大规模推广条件，试点农业企业收购农户桑枝和蚕沙加工成为优质的牛羊饲料，同时等价置换桑饲料给蚕农带动其发展牛羊养殖，预计每亩桑园可增加2 500元左右的经济收益。"蚕羊兼养"模式完美解决了桑枝、秸秆、蚕粪乱丢乱弃，污染环境、资源浪费等一系列问题，有力推动两个产业的提质增效，对广西的乡村振兴和农户致富增收发挥助推作用。

三、国内市场概况

（一）国内市场

2021年，随着新冠肺炎疫情的有效防控和电商、直播带货、抖音小店、微商等线上营销模式的不断拓展和国潮品牌的崛起，国内丝绸消费需求开始回升，丝绸产品的内销比例进一步上升至70%左右。据商务部监测，2021年全国50家丝绸样本企业销售额为31.35亿元，同比增长24.91%。其中，真丝绸缎销售额12.28亿元，同比增长46.15%，家纺产品销售额11.81亿元，同比增长14.72%；真丝服装销售额3.79亿元，同比增长9.57%；服饰销售额2.23亿元，同比增长3.54%；其他产品销售额1.25亿元，同比增长56.57%。此外，随着业界对蚕桑茧丝资源多元开发与综合利用的加强及消费者对食品、医药、保健等健康产品的需求增加，桑枝食用菌、桑叶茶、桑椹酒、食用蚕蛹、雄蛾酒等产品不断受到消费者的关注与喜爱；叶绿素、桑枝总生物碱、蚕丝面膜与化妆品、高端家纺等高附加值产品不断涌现。

（二）国外市场

据中国海关统计，2021年全国真丝绸商品出口金额13.49亿美元，同比增长25.95%。相对于过去3年连续下滑，丝类、真丝绸缎和丝绸制成品等三大类商品出口金额均实现止跌回升。其中，丝类产品出口金额2.67亿美元，同比增长9.52%；真丝绸缎出口金额3.94亿美元，同比增长45.25%；丝绸制成品出口金额6.89亿美元，同比增长23.75%。在出口单价方面，丝类产品和真丝绸缎的出口单价也都实现不同程度增长，丝类的出口单价46.41美元/kg，同比增长5.53%；真丝绸缎的出口单价6.12美元/m，同比增长24.39%。从出口产品类别来看，丝类产品方面，欧盟、印度、日本、越南、美国位列前五，出口金额分别为10 981.20万美元、4 434.51万美元、3 679.48万美元、1 050.30万美元、919.00万美元，欧盟、日本和美国同比分别增长13.13%、39.17%、13.07%，印度和越南同比分别下降10.79%、11.20%。真丝绸缎类产品方面，排名前五位的国家和地区为欧盟、中国香港、巴基斯坦、印度和斯里兰卡，出口金额分别为1 012.32万美元、5 171.05万美元、4 637.87万美元、3 007.11万美元和2 284.96万美元，同比分别增长41.07%、47.40%、60.58%、59.81%、68.28%。除土耳其同比下降4.81%外，其他国家和地区同比均实现大幅增长。丝绸服装及制品方面，美国、欧盟、中国香港、英国和日本排名前五位，对美国出口金额23 133.34万美元，同比增长19.08%；对欧盟出口16 159.44万美元，同比增长16.09%；对中国香港出口6 402.26万美元，同比增长21.16%；对英国出口4 832.45万美元，同比增长42.87%；对日本出口4 739.80万美元，同比增长16.73%。主要省、自治区、直辖市出口复苏向好，在出口金额前10的省（自治区、直辖市）中，浙江、江苏、广东、上海、山东等的出口金额超过1亿美元。其中，浙江仍然稳居首位，出口金额47 199.16万美元，同比增长20.15%，总额占比34.99%；江苏位列第2，出口23 008.46万美元，同比增长23.69%，总额占比17.06%；广东出口金额14 942.51万美元，同比增长16.42%，总额占比11.08%。排名第7、第8和第9位的福建、河南和青海三省，真丝绸商品出口金额较上年实现大幅增长，同比分别增长270.37%、120.98%和208.88%。

四、质量管理与标准化工作

1. 探索产业转型新模式，推动桑蚕产业高质量发展　行业主管部门坚持新发展理念，因地制宜，开发利用饲料桑等新饲草资源，促进玉米、豆粕减量替代，保障国家食物安全；提升科技创新水平，支持地方开展蚕桑良种选育，开发省力蚕桑机械，将智能缫丝、全龄饲料工厂化养蚕等关键技术装备列入技术改造重点方向；推进蚕桑生产产业化集约化，扩规模、建基地、探模式，促进建设现代丝绸产业体系，推进重点区域蚕桑产业提质增效；坚持立桑为业，强化以工补农，推动资源综合利用，丰富产品种类，开展智慧桑园、丝绸小镇、桑蚕资源综合利用产业园区创建活动，推进北方生态脆弱区生态饲料桑产业体系建设；实施增品种、提品质、创品牌“三品”专项行动，提高产品质量和创意设计水平，打造丝绸精品和时尚品牌；传承弘扬丝绸文化，保护利用丝绸文化遗产。

2.《桑蚕鲜茧收购技术要求》（SB/T 11225—2021）行业标准正式发布　该标准由农业农村部蚕桑产业产品质量监督检验测试中心（镇江）牵头，联合四川省农业科学院蚕业研究所、四川省丝绸科学研究院、西南大学等单位制定，历时5年完成。标准制定过程中，广泛吸收了相关大学、科研院所、蚕业管理部门、质检部门、蚕业生产单位等有关专家和蚕茧用户等意见，文本经数次意见征求、专家论证修改，于2019年11月11日形成《桑蚕鲜茧收购技术要求》上报标准。桑蚕鲜茧收购技术的质量直接关系到蚕茧产量和茧丝品质，关系到广大农民和茧丝绸企业的利益。一直以来我国对蚕茧收购的技术要求无统一规范，桑蚕鲜茧收购技术没有先进的国际国外标准可采用，全行业对于制定统一的、高质量的规范市场的鲜茧收购技术标准呼声日益强烈。《桑蚕鲜茧收购技术要求》的制定，将为加强事中事后监管，规范市场竞争提供依据。

3. 完善行业标准技术体系　行业质量标准体系不断完善，先后制修订《桑蚕一代杂交种》《蚕丝被》等18项国标、《桑蚕鲜茧收购技术要求》《蚕丝绵》等54项行标、《丝绸包》等7项团标，初步形成国标、行标、团标相互补充、多层次构建格局。2021年3月，第三届全国丝绸标准化技术委员会成立大会在杭州成功召开，会议充分肯定了第二届标委会取得的成绩，提出了未来行业标准化工作的目标和任务。

4. 创建丝绸行业标准化信息服务平台　建立了“中国丝绸标准网”，通过在线交流互动群以及公众号等向委员及相关单位发送《丝绸标准化资讯》，报道标委会活动动态、宣传标准化政策、传递标准化资讯。针对产业自身特点，创建了一个服务便捷、开放性的国内外标准数据库，为企业和委员提供国内外丝绸及相关基础方法标准、技术标准、技术法规和合格评定程序方面的信息，帮助提出应对措施，为企业参与国际竞争、打破国外技术壁垒发挥了作用，受到行业和委员好评。

5. 品牌化建设初见成效　重点企业大力实施品牌战略，争创知名品牌成为自觉行动。截至2021年年底，已有近20家企业获得“中国驰名商标”认证，40家企业获得“高档丝绸标志”商标授权，行业自主品牌的知名度和影响力得到显著提升。企业品牌营销模式不断创新，线上线下销售齐头并进，直播带货、短视频等新零售快速发展，数字经济风生水起。部分优势企业通过收购国外知名品牌、建立海外研发基地，主动参与国际市场竞争，行业自主品牌建设迈入全球化发展新阶段。

五、行业管理

1. 商务部发布《关于茧丝绸行业“十四五”发展的指导意见》《意见》指出，要立足新发展阶段，贯彻新发展理念，构建新发展格局，以推动高质量发展为主题，以深化供给侧结构性改革为主线，坚持科技创新驱动，打造国际竞争新优势，加快构建现代化产业体系，促进茧丝绸一二三产业链协同创新发展。该指导意见明确了“十四五”行业发展主要目标、重点任务及保障措施，将为未来行业高质量发展提供战略支撑。2021年11月2日，广西农业农村厅发布《关于印发广西蚕桑产业发展“十四五”规划的通知》，提出到2025年广西将把蚕桑产业打造成为800亿元产业；11月21日，重庆市商务委等八部门发布《重庆市蚕桑丝绸产业发展“十四五”规划》及《关于推动蚕桑丝绸产业高质量发展的意见》，提出将着力推进丝绸产业稳链强链补链；11月30日，四川省商务厅发布《四川省茧丝绸行业“十四五”发展的指导意见》，提出将推动蚕桑产业向攀西、川南、川中北三大茧丝优势产业带、30个蚕桑重点县集聚发展。

2. 优化产业布局，加强区域协作　东部地区充分利用市场、资本、人才、技术等优势，加大纺织服装的研发设计、工艺革新、市场营销等，重点打造技术含量高、时尚创意出众、市场接受度高的终端产品，以贸易、商业流通带动蚕桑全行业的生产制造。中西部地区继续发挥区位、资源、劳动力等优势，加强机械设备、生产技术及管理模式的对标学习，提高生丝质量和生产效益，积极承接东部丝绸后加工产业转移，通过完善产业发展链条，加快资源优势向产业优势转化。支持蚕桑全产业链企业通过采购或经营合作等方式加强合作，完善利益联结机制，构建企农双赢共同体。

3. 持续推动桑蚕国际合作，提升我国桑蚕丝绸品牌国际影响力和话语权　中古蚕桑科技合作项目，是习近平主席和古巴革命领袖卡斯特罗亲自关心的项目，是“一带一路”科技创新合作在拉美的成功典范，2021年继续总结经验、示范带动。支持申请成立“中国-古巴蚕业一带一路联合实验室”，推进中古在蚕桑科技领域的务实合作，支持鼓励成员单位走出去，充分利用国外的土地和劳动力资源，引进国外的先进技术、工艺和人才，加强技术和生产合作，实现优势互补，互利共赢；筹备成立了“国际桑蚕丝绸促进会”，发挥其组织、协调作用，推动产业高质量发展，畅通国内大循环，促进国内国际双循环；营造良好国际贸易环境，加强国际产能合作，增进文化交流传播。

4. 健全服务体系，筑牢发展后盾　围绕蚕桑产业科研平台建设，打造集基础研究、应用研究、技术推广于一体的蚕桑科研体系。推进产学研、教科农联合，汇聚全国专家团队、优秀企业家队伍、高级技术工人和新型蚕农，组建高水平科研转化平台。建立农业服务支撑体系，通过多渠道、多方式加强对一线生产人员的技术培训和指导，提供全程的生产技术跟踪指导和相关配套服务。发挥蚕业组织和丝绸行业协会在行业协调和价格预测等方面的功能与作用，提高生产者抵御自然风险与市场风险的能力。推进蚕桑生产农业保险的政策性兜底服务，加强对蚕茧保险的财政补贴力度，增加蚕险保险保额，调动蚕农栽桑养蚕积极性，稳固蚕桑茧丝绸产业基础。通过加大科技注入、加深综合开发、优化产业布局、强化文化注入、健全服务体系，我国传统蚕桑产业正在逐步走上高效化、多元化、品牌化、集成化的新路子，成为乡村振兴的新支撑、农业转型发展的新亮点和产业融合发展的新载体，实现绿色、健康、可持续发展。

5. 搭建产业链对接平台　2021年，中国丝绸协会等单位连续举办全国各省市丝绸协会秘书长工作会议、全国茧丝绸产销形势分析会、中国丝绸大会等行业活动，定期交流行业生产运营情况，预判国内外丝绸市场形势，有效促进了上下游产业链企业间的合作。同时，协会全力支持浙江杭州市、四川南充市、重庆璧山区、广西河池市等地政府部门开展行业活动，先后联合举办了“中国丝绸数字经济论坛”“中国茧丝绸发展峰会”“中国茧丝绸行业智能化发展交流会”“中国丝绸产业高质量发展大会”等专题论坛，同期举办了多场招商引资推介会，为推动地方经济发展发挥了积极的作用。

6. 开展鲜茧收购市场秩序专项整治行动　为保持茧丝市场供求总体平衡，维护收购秩序稳定，保护蚕农利益，确保茧丝绸行业平稳有序发展，国家商务部、工商总局印发了《关于做好 2021 年蚕茧生产与收购管理工作的通知》。通知要求各有关部门加强常态化监管针对重点领域组织联合执法，深入开展专项整治。一是开展市场准入专项检查。重点检查蚕茧收购企业、站点及个体商贩是否依法办理营业执照，是否按照营业执照核定的收购区域范围内收购鲜茧。二是开展质量专项检查。重点检查蚕茧收购场所是否按照《桑蚕鲜茧收购技术要求》等标准开展收购，是否存在收购毛脚茧、过潮茧等劣质蚕茧的行为。三是开展价格专项检查。重点检查是否存在相互串通、操纵市场价格，捏造、散布虚假信息，哄抬价格等行为；是否存在蚕茧收购中使用未经有关部门检定或检定不合格的计量衡器的行为。四是开展税务专项检查。重点检查在收购蚕茧过程中是否依法依规向蚕农出具正规发票，是否存在偷税漏税行为。五是开展环保、安全及用地专项检查。重点检查蚕茧收购场所是否依法排放废水、废气、废料等，是否按规定配备消防器材，是否存在违法占用耕地等行为。

（中国农业科学院蚕业研究所　梁培生）

农作物秸秆加工业

一、基本情况

2021 年，全国粮食播种面积 11 763 万 hm^2，粮食总产量达到 68 285 万 t，比 2020 年增加 1 336 万 t，同比增长 1.9%，实现连续 18 年增产丰收。作为粮食生产附属产物的秸秆，产量也实现持续增加。如何有效地利用秸秆，避免焚烧秸秆造成环境污染，实现秸秆经济效益、社会效益和生态效益，成为农作物秸秆加工业的关键问题。

（一）主要成就

2021 年，在国家及各级政府的共同努力下，各地根据实际需要推广不同的秸秆利用技术，综合利用效果显著。

1. 秸秆综合利用率稳步提高　近几年，中央财政不断加大对秸秆综合利用的资金投入力度，促进秸秆的综合利用。2021 年，全国农作物秸秆利用量 6.47 亿 t，综合利用率达 88.1%，较 2018 年增长 3.4 个百分点。秸秆利用市场主体达到 3.4 万家，较 2018 年增加 7 747 家，其中年利用量万吨以上的有1 718家，较 2018 年增加 268 家。饲料化利用主体占比最高，达到 76.9%，肥料化、燃料化、基料化、原料化利用主体分别占比 7.8%、8.9%、3.8%、2.6%。

2. 秸秆综合利用机械数量持续增加　在农业机械购置补贴的连续助力下，各级政府增加对秸秆利用机具补贴力度，数量持续增加。2021 年，免耕播种机拥有量达到 108.19 万台，比 2020 年增加 1.33 万台，增幅达到 1.24%；秸秆粉碎还田机拥有量达到 102.42 万台，比 2020 年增加 2.33 万台，增幅达到 2.33%；秸秆打（压）捆机拥有量达到 14.81 万台，比 2020 年增加 1.63 万台，增幅达到 12.38%；青饲料收获机拥有量达到 6.26 万台，比 2020 年增加 0.63 万台，增幅达到 11.21%。

3. 秸秆机械化粉碎还田面积再创新高　秸秆机械化粉碎还田，不仅省工节本，而且简便易行，同时有利于改善环境，培肥地力，提高土壤有机质含量，实现农业可持续发展。2021 年机械化秸秆还田面积 5 739.90万 hm^2，比 2020 年增加 103.34 万 hm^2，增幅达到 1.83%，成为秸秆综合利用最主要的途径。秸秆还田量达 4.00 亿 t，其中玉米、水稻、小麦秸秆还田量分别为 1.26 亿 t、1.13 亿 t、1.04 亿 t，分别占可收集量的 42.6%、66.5%、73.7%。

4. 秸秆养畜持续发展　2016 年以来，国家在“镰刀弯”地区和黄淮海玉米主产区 17 个省份和黑龙江省农垦总局，启动实施粮改饲政策，选择牛羊养殖基础好、玉米种植面积较大的县实施全株青贮玉米等优质饲草料收贮的粮改饲补贴。2021 年，全国完成粮改饲面积 133.333 万 hm^2，比 2020 年增加了 11.066 万 hm^2，同比增长 9.05%；秸秆捡拾打捆面积 1 339.850 万 hm^2，比 2020 年增长 103.344 万 hm^2，增幅 15.82%；机械化青贮秸秆 10 827.26 万 t，比 2020 年增加 1 196.16 万 t，增幅 12.42%。

5. 秸秆能源化利用技术发展迅速　为了推动秸秆能源化利用技术，中央财政连续安排专项经费支持秸秆能源化利用，2021 年，仅生物质发电项目中央补贴 25 亿元。目前，有大型及超大型沼气工程 7 396 处，年产气 14.27 亿 m^3，在北方地区秸秆打捆直燃集中供暖试点 251 处，建设秸秆固化成型燃料站 2 360 处，年产量 1 250 万 t，全国推广节能炉具3 000 万台，全国实现秸秆能源化年利用量在 6 000 多万 t。

（二）存在问题

1. 专项资金投入不足，滞后于发展　近几年，国家及各级政府对秸秆利用投入增加，但是一些专项资金投入不足，远远不能满足秸秆综合利用产业的发展，因此影响了农业龙头企业和农民综合利用秸秆的积极性。

2. 秸秆收集难度大，成本较高　秸秆资源分散、体积大、密度较低，缺乏配套的收集、运输机械设施，尤其是在粮食主产省，秸秆量大，茬口时间紧，劳动力少，收割后难以及时清理，收集储运成本较高，加之服务体系尚未建立，服务市场难以形成，制约了秸秆综合利用的发展。

3. 经济实用的配套技术设备匮乏　在农作物轮作茬口紧的多熟地区，秸秆乱堆乱放和焚烧处理的现象仍普遍存在，秸秆便捷处理设施不配套。尤其是适合分散经营农户的小型实用化机械设备匮乏，缺乏农艺与农机结合模式的技术攻关研究，部分关键技术还相对薄弱，技术研发和相关机械装备仍比较落后。

4. 秸秆收储运体系不完善　我国各地还没有健全有效的储运体系和市场机制，以及未建立起稳定的价格体系，农户工作积极性明显不高。收储运体系的不完善，出现了“有秆不收、有收无储、有储难运”的现象。

（三）成效显著的地区

在各级政府的指导下，全国各地加大了秸秆综合利用工作的力度，秸秆利用普遍取得了良好的效果，安徽、河南、河北、黑龙江等地区农作物秸秆综合利用效果较为突出。

安徽省　安徽省是农业大省，每年农作物秸秆可收集量 4 800 万 t 左右，全省培育了年利用秸秆千吨以上的企业 1 800 多家，建设了覆盖粮食主产区的标准化收储中心 1 300 多处，建成生物质电厂 50 座、装机规模 146 万 kW·h。全省农作物秸秆综合利用率由 2014 年的 71%提高至 2021 年的 91%以上。

河南省　河南省多措并举、综合施策，逐步建立起“政府引导、市场推动、企业主体”的长效机制，初步形成了“农用为主、多元利用、产业增效”的秸秆还田离田利用新格局。秸秆禁烧和综合利用持续加强，全省秸秆禁烧形势整体平稳向好，火情数量与同比下降 17%，2021 年全省秸秆综合利用率达到 92.4%。

河北省　河北省通过实施农机购置补贴政策，推广带穗青贮、添加剂青贮和秸秆压块等技术，开展沼气化提升、秸秆能源化利用和农村清洁能源集成示范工程，利用小麦、玉米、棉花等作物秸秆作为基料，实现秸秆综合利用率达到 96%以上。其中，肥料化、饲料化、能源化、基料化和原料化利用率分别占 66.6%、25.2%、5.1%、1.4%和 1.7%。

黑龙江省　作为我国的农业大省，黑龙江省每年产生约 9 000 万 t 农作物秸秆。在秸秆综合利用方面始终坚持农用优先、多元利用。优先满足农业生产和农民生活对秸秆肥料、燃料、饲料的需求，突出秸秆还田肥料化利用，保护好黑土地这一耕地中的“大熊猫”。因地制宜，就地就近，统筹推进能源化、饲料化、原料化、基料化等多元化利用方式，实现秸秆资源高效利用。2021 年，全省秸秆综合利用率超过 91%，其中，秸秆还田率超过 66%。

二、新产品、新技术

1. 牵引式秸秆饲料捡拾打捆机　2022 年 6 月，由中国农业机械工业协会组织的“牵引式秸秆饲料捡拾打捆机”项目科技成果评价会上，顺邦秸秆饲料打捆机以其创新科技成果应用度、产品质量性能可靠性、秸秆饲料洁净化等一系列显著特点，项目成果被评定为“国内领先水平”。

2. 亚太地区秸秆综合利用试点项目　由青岛莱西市承担的“亚太地区秸秆综合利用试点项目”在联合国亚洲及太平洋经济社会委员会举办的第二届“创新奖”颁奖仪式上，被评为“最佳创新实践奖”和“最佳推介奖”。该项目实施 3 年来，以秸秆综合利用市场化、产业化为主线，以秸秆“五化”利用为主攻方向，积极寻求秸秆综合利用新途径和新方式，初步解答了秸秆综合利用“怎么用”“怎么做”“怎么推”等关键性问题，探索出了一条绿色循环发展的秸秆“五化”综合利用新路，有效提升土壤肥力、改良土壤结构，减少温室气体排放，实现节本增效、增产增收，探索出适合青岛绿色循环发展的秸秆综合利用新途径。

3. 秸秆提取木质素助力污水处理　南京邮电大学材料科学与工程学院的创新团队利用从秸秆中提取的木质素，制成了一种低成本、强吸附性的多孔结构吸附剂——复合水凝胶。通过改良优化得到的木质素复合水凝胶吸附剂具有优异的机械强度和吸附能力，特别对农业用水中的重金属离子和有机物吸附效果显著，可有效去除水中的污染物，真正实现了“从农田中来，回农田中去”，将为我国环保资源的利用和农业污水用水处理提供另一可行思路。

4. 棉秸秆饲料化技术推广与示范项目　新疆畜牧科学院饲料研究所针对棉秸秆木质纤维素含量较高，无法实现高效的饲用转化，联合新疆农业科学院微生物应用研究所等单位共同研发了棉秸秆饲料化高效利用技术，解决了过去棉秸秆适口性差、饲用率和转化率低、无法作为饲料使用的问题。棉秸秆在牛羊胃中的有机质消化率是小麦秸秆的90%左右，每年棉秸秆替代小麦秸秆的量达100万t，可节省粗饲料投入成本超过4亿元。目前，这项技术已经在哈密、阿克苏、喀什等地得到有效推广，填补了中国棉秸秆饲料化利用技术的空白。

5. 全国农牧渔业丰收奖　2019—2021年度全国农牧渔业丰收奖中，共有5个项目为秸秆利用新技术，包括“农作物秸秆科学还田技术集成与推广”“黑龙江省秸秆还田肥料化利用技术集成与推广应用”2项一等奖，“玉米秸秆全量还田‘一翻两免’耕作栽培技术集成与推广”“四川省秸秆高效利用技术集成与推广应用”2项二等奖，“安徽沿淮淮北秸秆高效还田与作物绿色丰产关键技术研究与集成应用”1项三等奖，为各省份秸秆利用发展做出了巨大的贡献。

三、行业活动

1. 2022年2月22日，气候智慧型农业——华北平原和东北地区秸秆还田与土壤健康促进项目2022年工作部署会议在北京召开　会议强调，农业应对气候变化问题是当前突出的全球性挑战，事关国家粮食安全。推进农业减排固碳是破解农业资源环境约束突出问题的迫切需要，必须着力推动农业发展全面绿色转型，坚定不移走生态优先、绿色低碳发展道路。充分发挥秸秆综合利用的减排固碳作用，深入推进秸秆科学还田，促进农田土壤健康，巩固提升农田土壤碳汇能力，是推动农业绿色发展、助力农业减排固碳的重要举措。

2. 2022年4月13日，农业农村部办公厅颁布了《关于做好2022年农作物秸秆综合利用工作的通知》　提出了坚持农用优先、多措并举，以肥料化、饲料化、能源化为主攻方向，推动需求端供给端协同发力，在全国建设300个秸秆综合利用重点县、600个秸秆综合利用展示基地，确保全国秸秆综合利用率稳定在86%以上。

3. 2022年5月12日，全国秸秆综合利用工作推进会在北京召开　会议采取线上线下相结合的方式进行，农业农村部科教司、生态总站，各省（自治区、直辖市）及有关计划单列市农业农村（农牧）厅（局、委）、新疆生产建设兵团农业农村局和北大荒农垦集团有限公司秸秆综合利用相关负责同志，全国秸秆综合利用专班、专家指导组等参加会议。会议通报了2021年度秸秆综合利用绩效考评情况，安徽、江西、湖南、四川、甘肃等省作了典型发言。会议系统总结了2021年秸秆综合利用工作，分析了当前面临的新形势新任务，对2022年工作进行了全面部署。

4. 2022年7月19日，秸秆还田生态效应监测交流活动在山东泰安顺利召开　会议由农业农村部科技教育司、农业农村部农业生态与资源保护总站主办，山东农业大学承办。会议指出，秸秆是土壤有机质的重要来源，秸秆还田能有效改善土壤性状、优化土壤功能、提高耕地质量。还田监测工作，对支撑秸秆综合利用、推进绿色低碳高质量发展至关重要，可为指导秸秆还田生产实际、优化秸秆还田技术模式、推动农业农村减排固碳提供有效的数据和基础支撑。

5. 2022年8月20日，第五届中国生态农业可再生资源产业循环发展暨现代农业机械行业高峰论坛在长春农博园举行　论坛以“发展中国生态农业·推进中国农村人居环境整治与提升工程建设”为主题，旨在推动我国农村人居环境的整治与提升，加快发展农村庭院经济和乡村旅游，在促进乡村产业振兴、解决农村厕所革命、清洁用能、村容村貌提升、秸秆综合利用、粪污资源化、黑土地保护和农民持续增收等方面做出探索。

6. 2022年12月27日，全国秸秆还田生态效应监测年度总结交流会在北京召开　会上，东北农业大学等20个监测团队重点围绕秸秆还田后土壤理化性质、肥料利用效率、病虫草害发生规律、农田主要温室气体排放、水环境等情况进行了汇报交流。会议指出，秸秆还田监测可为指导秸秆还田生产实际、优化秸秆还田技术模式、推动农业农村减排固碳提供有效的数据和基础支撑，各监测团队结合已有工作，同频共振，充分挖掘监测数据，做好这一项典型的长期性、基础性的工作。

（天津市农业机械与农业工程学会　辛永波　宋樱　张秀明　胡伟）

食品与包装机械制造业

2021年是“十四五”开局之年，我国食品装备行业在复杂严峻的国际贸易形势、多点突发的疫情、原材料大幅涨价、国外进口关键零部件供应不畅等各种不利条件影响下，共克时艰，开拓进取，贯彻新发展理念，构建新发展格局，通过推动数字化、智能化转型，不断创新，持续推动产业基础提高和产业链现代化，取得了较好的发展业绩，实现了行业稳中有升的发展局面。

一、基本情况

2021年，食品装备行业总体发展态势良好，尤其是食品、酒、饮料及茶生产专用设备制造领域主营业务和利润总额增长水平高于全国机械工业的增长水平。行业骨干企业科技投入超过5%，实现了“十四五”良好开局，为我国的经济建设和社会发展做出了积极贡献。

（一）主要经济指标

2021年，我国食品装备行业主要领域主营业务收入1 440.13亿元，实现净利润107.81亿元，包括包装专用设备制造，食品、酒、饮料及茶生产专用设备制造，农副食品加工专用设备制造，烟草生产专用设备制造，商业、饮食、服务业专用设备制造五个细分行业。其中包装专用设备制造和商业、饮食、服务业专用设备制造两个细分领域营业收入增长较大，同比增速均超过20%；利润方面，食品、酒、饮料及茶生产专用设备制造和包装专用设备制造增长较大，同比增长分别超过40%和20%。2021年，农副食品加工专用设备和烟草生产专用设备制造领域主营业务收入与上年基本持平；受原材料涨价、供应链不畅和物流成本增加等因素影响，食品装备行业营业成本上升明显。食品装备行业稳中有升的发展内涵，主要体现在食品装备中高端制造领域技术进步很大，产品附加值提高，利润增长加快；另外，白酒、调味品等传统行业的技术改造和装备更迭换代带来的增量使行业盈利大幅提升。

（二）进出口情况

2021年，国际经济形势复杂多变，中美贸易摩擦持续、新冠疫情在全球继续蔓延，全球供应链受阻、市场供求关系失衡，可用运力跟不上贸易需求，港口周转效率降低，集装箱进出速度缓慢、船只延误，海运价格一路暴涨，不仅影响到了准班率，还导致了港口货物积压。我国食品装备行业骨干企业在海外市场拓展极端困难的情况下，在对外贸易方面做出了优异成绩。2021年食品装备行业对外贸易实现逆势增长，全年累计实现进出口总额141.14亿美元，其中出口额89.42亿美元，进口额51.72亿美元，全年贸易顺差37.70亿美元，创历史新高。

2021年中国食品装备行业进出口数据

单位：亿美元、%

分类名称	出口额		进口额		进出口额总计	
	全年累计	同比	全年累计	同比	总计	同比
食品机械行业	43.83	58.92	30.45	62.40	74.28	60.33
包装机械行业	45.59	54.91	21.27	55.26	66.86	55.02
合计	**89.42**	**56.92**	**51.72**	**58.83**	**141.14**	**57.68**

我国食品装备和包装专用设备主要出口到亚洲、欧洲、北美国家和地区。从国别上看，出口前五位的国家是美国、越南、印度、印度尼西亚、马来西亚；从省市来看，出口前三位的省份是广东省、浙江省和江苏省；在进口方面，我国食品装备主要从德国、日本、意大利和美国进口，这四个国家进口额占全部进口额的59.05%。

二、行业发展分析

2021年，我国食品装备行业企业自主创新能力不断提高，多项制约行业发展的新技术取得突破，高端的关键装备、成套装备的技术水平缩小了同国际先进水平的差距，一些单项设备制造水平已经与国外一流产品比肩；中端产品已基本实现了国产化，整机的技术水平和可靠性得到提高；乳制品前处理工艺装备、高速无菌包装等关键设备在高中端乳制品生产企业大量使用；乳制品后段包装领域的智能化、数字化和机器人技术的应用也越来越多。食品装备行业继续为浓香、清香和酱香型白酒行业龙头企业智能化转型升级提供可行的解决方案，白酒智能化酿造工艺、高速白酒灌装、包装和仓储智能工厂建设等创新技术及产品在泸州老窖、古井贡、五粮液等企业智能化技术革新项目中都得到了很好的应用；食品装备行业在调味品行业的智能化酿造、包装设备、物流装备的推广范围和力度也在加大；工业化的中央厨房设备的智能技术应用也有了广泛推广。

（一）产业结构

2021年，食品装备行业产业结构基本面没有大的改变，产品结构继续向多元化、优质化和功能化方向发展，在智能化、高速化、绿色化产品研发方面有很大进步。2021年，食品装备行业资本运作和重组并购有了新的突破，杭州永创智能设备股份有限公司以现金方式收购廊坊百冠公司自然人持有的廊坊百冠包装机械有限公司（廊坊百冠）、廊坊中佳智能科技有限公司（“中佳智能”）70%股权；广州华研精密机械股份有限公司正式在深圳证券交易所创业板成功上市。

（二）创新发展

1. *食品机械行业在产学研用结合方面取得了较好成绩* 产学研用相结合的技术创新模式，在食品机械各个细分领域发挥了较强的科技创新引领作用。杭州中亚和浙江大学联合研制的“包装食品杀菌与灌装高性能装备关键技术与应用”项目获得2021年国家技术发明二等奖。合肥中辰轻工机械有限公司与合肥工业大学合作的“机械产品数控化创新研发及应用示范”项目，被安徽省人民政府授予“安徽省科学技术奖”一等奖。

2. *食品机械行业企业交出了创新发展的优异成绩单* 广东星联精密机械有限公司的吹瓶模具荣获国家工信部发布的第六批制造业单项冠军产品称号，合肥泰禾智能科技集团股份有限公司、杭州科百特过滤器材有限公司、泰山恒信有限公司荣获国家工信部第六批制造业单项冠军示范企业称号，肥城金塔酒精化工设备有限公司通过了工信部第三批制造业单项冠军复审，中建材智能自动化研究院有限公司、塔罗斯科技股份有限公司、武汉奋进智能机器有限公司荣登国家工信部颁发的第三批专精特新“小巨人”企业名单，昆明克林轻工机械有限责任公司上榜国家工信部发布的建议支持的国家专精特新“小巨人”企业名单；普瑞特机械制造股份有限公司被国家工信部认定为国家级工业设计中心，被山东省工信厅认定为山东省创新示范企业；山东碧海包装材料有限公司“包装领域数据驱动的智能化协同制造创新应用”项目被评为工业和信息化部工业互联网平台创新领航应用案例，苏州澳昆智能机器人技术有限公司发明的柔性裹包机荣获国家知识产权局颁发的第二十二届中国专利银奖，江苏新美星包装机械股份有限公司的发明专利“旋转式灌装机灌装阀中的回气和液位修正机构”荣获国家知识产权局颁发的第二十二届中国专利优秀奖，廊坊百冠包装机械有限公司承担的国家科技部重点研发项目“36 000瓶/h PET瓶（500mL）高速含气/不含气（两用）无菌吹灌旋机组”和“40 000瓶/h（500mL）不含气高速无菌吹灌旋机组”两项前沿技术被科技部确认为国家级科学技术成果；泸州老窖酿酒有限责任公司和青州市鹏程包装机械有限公司联合开发的“白酒异形瓶12 000瓶/h高速智能包装系统研发与应用”项目通过了中国轻工业联合会科技成果鉴定。

3. *食品与包装机械企业在中国轻工业联合会开展的企业竞争力评价中成绩优异* 杭州永创智能设备股份有限公司进入“2020年度中国轻工业二百强企业”榜单；杭州永创、山东三金、杭州中亚、合肥中辰、广东星联进入“2020年度中国轻工业科技百强企业”榜单；杭州永创、山东金塔、广州达意隆、江苏新美星、山东碧海、普瑞特、宁波乐惠、杭州中亚、山东三金、广州华研、廊坊百冠、合肥中辰、广东星联、南京乐鹰进入“2020年度中国轻工业装备制造行业五十强企业”榜单；杭州永创、广州达意隆、江苏新美星、山东碧海、普瑞特、宁波乐惠、杭州中亚、广州华研、廊坊百冠、合肥中辰进入“2020年度中国液态食品机械行业十强企业”榜单。

（三）头部企业

2021年，在疫情常态化环境下，食品装备行业头部企业突破固有模式，开辟新增长点，创新产品技术，如在食品装备数字化转型方面，头部企业在吹瓶技术、无菌灌装、吹贴灌旋、智能酿造、乳品柔性无菌纸盒灌装、异形瓶机器人装箱、精酿啤酒装备生态链等众多产品技术方面都有突破，缩小了我国的食品装备技术水平与国际先进水平的差距。

（四）“三品”战略实施情况

2021年，随着中国食品装备行业继续深入落实增品种、提品质、创品牌的“三品”战略，瞄准发展短板，对标国际先进的食品装备技术，加大技术研发力度，取得了可喜成绩。

1. 杭州中亚机械股份有限公司突破了无菌灌装自动化生产线制造的关键技术　相继推出直线式瓶装无菌灌装设备、预制杯无菌灌装设备、联杯无菌灌装设备、旋转式多功能无菌吹灌旋一体设备，成功解决了国内液态乳品及饮料包装“卡脖子”难题。

2. 山东碧海包装材料有限公司成功自主研发了BH700III系列无菌纸盒灌装机的无菌系统　通过了第三方国际机构的挑战性无菌验证，各项技术指标达到世界行业先进水平；先后推出了柔性无菌纸盒灌装机，高速无菌枕包灌装机、超洁净屋顶纸盒灌装机、直喷式杀菌机等。

3. 中国包装和食品机械有限公司自主研发的“挂面智能干燥系统”开创了中国高端挂面新征程　全封闭干燥空间，使挂面在均匀、稳定、洁净、封闭的干燥环境下实现连续脱水，不仅提高了挂面产品品质，还综合利用智能化技术对热能进行高效利用，实现干燥过程的节能降耗，并建立挂面可追溯体系，整体技术达到了国际先进水平。

4. 山东金塔机械集团有限公司研发了四效溶剂回收节能技术及装置　结合国家双碳目标，围绕绿色节能方向，该装置利用前级蒸馏系统的高压高温溶剂气体热量给后级蒸馏系统加热，一次热源的热量利用了4次，降低蒸汽消耗；采用四效耦合塔热集成工艺，一二三效塔的酒精蒸汽均靠后一级的再沸器冷凝，节省了75%循环水量。

5. 广州达意隆包装机械股份有限公司研发出第六代高效节能PET瓶吹瓶机　该设备能耗降低15%以上，单模腔最高产量可达2 650瓶/h；同时，其高速PET瓶吹贴灌旋一体化装备、新一代无菌吹灌旋生产线已在国内外全面实现市场化，实现中国高端装备走出去。

6. 昆明克林轻工机械有限责任公司成功开发有机垃圾生物式处理系统　开发的甘蔗翻板除杂系统、糖浆过滤系统、蔗渣干燥系统、糖厂滤泥生化处理等新技术、新设备，已应用在微生物技术领域，并在国内全面推广。

7. 合肥泰禾智能科技集团股份有限公司研制的粮食果蔬智能分选、包装成套装备　该系统重点突破了粮食、果蔬等大宗及优势农产品高品质、高产量分选、检测分级及包装、质量追溯等关键技术；开发了中药材、茶叶等特色农产品分选、分级、干燥、包装等智能成套装备以及转运仓储、配送系统等，降低黄曲霉毒素和菌数，提升了食品的品质。企业研发的分选机、智能包装、智能装车产品填补国内外空白，产品已出口80多个国家和地区。

（五）绿色制造、智能制造

2021年，食品装备行业继续朝着数字化、智能化、绿色化方向发展。头部企业在绿色制造、智能制造方面起到了较好的引领作用，取得了显著的成绩。

1. 广州达意隆公司通过与中国联通合作，搭建了面向食品装备行业的“5G＋工业互联网”公共服务平台　同时在5G＋虚拟仿真、5G＋虚拟调试、5G＋能源管理、5G＋智能巡航、5G＋振动监测及预警等场景上进行探索，并形成可复制推广的典型成果；达意隆公司还开展了服务型制造示范项目，构建了全生命周期服务产业链条，开展了包装装备数字化工厂试点示范项目。

2. 山东金塔集团打造了基于PLM智能研发管理平台，对产品全生命周期进行管理服务　覆盖了从接单、概念设计、详细设计、工艺流程到产品全生命周期管理的各个环节，实现企业设计数据、工艺数据的统一管理，满足企业产品数据全局共享的应用需求。

3. 永创智能公司研发了先进制造中心、基于数智云平台的智能工厂系统解决方案　建设了现场控制（在线监测）系统（DMC－K21）、生产执行管理系统（DMC－K22）、企业资源管理系统（DMC－K23）、智能决策分析系统（DMC－K24），实现了装备互联互通、装备与人工的高度协同。

4. 普瑞特公司打造了智能制造车间　加大了绿色安全、智能制造、人工智能、信息技术领域的技术和装备投入；所有车间均配有先进的焊尘除烟系统，完成了全自动等离子焊接生产线、全自动库卡机器人组装焊接生产线、全自动库卡机器人折边生产线等，车间生产过程实现了设计制造一体化，打造了国内行业最先进的精益柔性下料焊接生产线，大大提高生产的智能化程度和加工制造能力，该项目被列入首批山东省智能制造示范项目。

5. 宁波乐惠国际工程装备股份有限公司开发应用了阿米巴数字化管理系统　该系统包括全生命周期项目管理系统、供应链管理系统（SCM）、企业资源管理系统（ERP）、生产管理系统（MES）、OA系统及啤酒装备一整套自控系统等，企业内部实现阿米巴数字化管理；在宁波大目湾年产1万t的柔性智能制精酿啤酒旗舰型工厂正式投产，同时研发了精酿啤酒云酿造管理系统，所属酒厂的工艺或者设备报警能在远程界面及时显示且被准确定位，实现自建互联网产供销业务一体化管理。

（六）发展新亮点和新增长点

1. 白酒行业的酿造及包装生产线的数字化和智能化技术改造和升级是食品装备行业大力发展的领域　如普瑞特机械制造股份有限公司参与的古井酿酒生产

智能改造项目签约4.16亿元大单，说明白酒行业在实现产业转型升级的投资力度很大，发展前景很好。

2. *饮料行业的营养新概念产品继续为食品装备行业无菌饮料灌装线提供市场支撑* 多功能无菌灌装生产线能够同时满足灌装中性产品、满足多内容物兼容灌装能力、满足接触式灌装与非接触式灌装能力且可快速切换、满足含气产品与不含气产品兼容灌装能力的灌装，饮用水灌装线的市场增长依然会很强劲。

3. *智能化主食加工生产线是食品装备行业新的利润增长点* 主食工业化是我国食品工业领域未来最重要也是潜力最大的领域，其细分行业中央厨房的快速发展，标准化的中央厨房的建立，将向消费者提供标准化的产品。在紧急情况下，主食工业化可以为军事、学校、社会活动、备灾救灾等方面提供紧急的餐饮食品保障，随着主食工业化的发展，保鲜设备、冷藏技术设备、冷藏运输设备以及相关的包装设备会迎来快速增长。如南京乐鹰科技股份有限公司生产的中央厨房无菌米饭生产线填补了国内空白，已达到国际先进水平，未来市场巨大。

4. *数字化、智能化烘焙机械发展前景乐观* 2021年，网红零食中的烘焙食品、零糖低卡的糕点类食品等迅速走红，直接拉动了烘焙装备的快速发展，烘焙装备已经开始向数字化、智能化及生态化方向发展，未来智能化烘焙装备将是食品装备行业发展亮点。

三、行业面临的问题

（一）疫情对企业经营的影响

1. *境外项目进展缓慢* 由于国外疫情的持续蔓延和国内疫情的多点突发，导致食品装备企业的项目在前期交流过程中只能停留在线上，缺少实地考察及面对面的交流，大多数新的国外买家都停留在前期方案探讨中，实质性推进缓慢；另外，很多国外项目处于暂停、半施工状态，国内企业的技术、施工人员无法到达现场开展工作。

2. *物流成本增加，周期拉长* 受疫情的影响，导致国际海运费用大幅上涨，增加了企业营运成本；由于各国各地区对疫情的防疫措施不同，国际物流周期拉长，海运仓位紧张，物流费用上涨。国内多点散发的疫情虽然对物流成本没有影响，但是局部地区因疫情对个别项目进度、产品销售发货、售后维修配件发货等还是有一定程度影响。

（二）原材料涨价增大企业成本

企业成本增加且不可控。2021年，原材料特别是有色金属价格持续上涨，不同周期内波动很大，导致前期预算与后期采购时价格相差大，成本增加。钢材、电气配套件、非金属零件普遍上涨了10%～30%（以有色金属原材料“铜”为例，铜管价格同比上涨22.89%），原材料价格上涨，使企业经营成本大幅提高，给企业正常运营造成了很大压力。

（三）供应链不畅

原材料的涨价和食品装备成品售价不变，导致上下游供应链在成本利润的变化上无法同步。国外高端电器产品和国外零配件涨价幅度达到30%（如电器件、控制件），且还有供应不足情况发生；由于全球芯片产量大幅下滑，企业所需的一些核心元器件比如触摸屏、PLC、变频器、控制系统等不能满足货期要求，国外订单不承诺交货期，采购价也较以往翻了一番甚至几倍，导致严重的供应链紊乱。

国内中高端用户对国产食品装备的电器元件、关键配套件配置仍存在指定国外产品品牌的情况，束缚了国内制造业采用国产优质电器元件、关键配套件的手脚，挤压了国内配套件产品的市场空间，也加大了非常时期国内制造业产业链、供应链安全的风险。

（四）产业基础高级化还存在薄弱环节

1. *基础零部件、元器件方面* 目前国产零部件和元器件在食品装备领域已经普遍应用，生产的设备性能指标已接近或达到国外同类产品，但部分高端装备使用可靠性仍落后于国外同类产品，如在畜禽屠宰和肉类加工中高强度耐磨切割刀具（锯条）、特制悬挂输送轨道和食品级高强度输送部件等。其中用于高速生产线的高性能PLC、伺服电机、减速机、电磁阀、密封件、高速轴承和专用传感器等国产关键零部件正在逐步进行测试，未来逐步提升可靠性使用要求。

2. *基础材料方面* 指食品装备中制成品自身及其生产过程中所使用的支撑和关键材料，如机械制造必不可少的铝合金、高强度钢、碳纤维复合材料等材料在性能方面还有一定的提升空间。

3. *基础工艺高级化方面* 这些工艺在工业产品生产过程中使用量大面广、通用性强，且关键共性制造技术以及技术附着的制造装备，包括加工制造工艺、成形制造工艺、增材制造、制造过程检测控制工艺以及数控机床、机器人等制造装备。目前大型骨干企业的自动化生产线关键技术装备仍依赖于进口，缺少先进高端的加工技术和产品质量检测手段，如在畜禽屠宰技术装备中二氧化碳气体致昏系统、家禽（鸡）自动取内脏系统、畜禽胴体自动分割系统以及畜禽肉品质智能识别与在线检测监测系统等仍依赖于进口。

4. *基础软件高级化方面* 工业软件作为工业技术软件化的成果，是解决工业技术高级化问题的重要方面。按照业务维度可分为：研发设计类软件、生产控制类软件、管理运营类软件、服务保障类软件、新型工业软件等。国内缺少占据行业主导的工业软件、工业互联网平台、嵌入式系统软件，未来要突破工业软件关键共性技术，打通“1+N+X”工业互联网平台体系各环节。

（五）数字化转型综合型科技人才资源不足

当前，我国的食品工业以及食品机械、包装机械行业的数字化转型已经开始全面启动，但是对食品工艺、装备以及数字化都比较熟悉的综合型人才极度短缺，难以满足当前的行业需求。

针对这一情况，中国食品和包装机械工业协会启动了食品数字化和包装数字化综合人才培训和评价计划。协会联合重点高校、食品行业、包装行业、装备与数字化行业共同成立行业人才建设委员会。通过建立完整的食品与包装数字化能力培训体系，使学员掌握食品和包装数字化系统理论知识及项目实践应用。帮助企业提升面向未来的数字化人才能力建设，降低企业培养专业人才的成本，为企业数字化人才的引进提供依据，从而推动食品和包装工业数字化转型和高质量发展，同时更好地解决行业数字化转型过程中对于食品和包装数字化人才的需求。

四、发展趋势

（一）稳步发展将是行业发展的主要特征

稳步发展是企业理性面对国际局势动荡和市场激烈竞争的基本定位。食品装备企业将重点致力于推动产品向中高端迈进，提升中国产品的品牌形象和价值，增强国内产业链、供应链的自主可控，补强短板，制订具有先进性的食品装备国际标准，增强参与国际合作和竞争的本领，在全球复杂多变的经济形势下，谋求更大发展。行业企业着力于扩大内需市场，同时寻求国外市场的发展机会。

（二）智能化和数字化将是技术创新发展主线

食品装备行业在创新发展方面将继续以智能化和数字化发展为主线，加快提升装备质量和技术水平、推动产品向中高端迈进，建立新型食品包装、活性调控技术及智能装备体系，构建我国新型食品包装加工多元化集成模式，构建系统的数字营销、智能采购、智能制造、安全检测、数字追溯、协同办公的数智平台，加强装置智能化系统的研发和数据库的建设，提升我国产品的品牌形象和价值。

（三）行业更注重绿色发展，实现双碳达标

食品装备行业将绿色制造、双碳达标和节能减排作为行业发展趋势。制造企业正在建立健全绿色低碳循环发展的设计、制造和管理体系，研发节能减排技术，从源头上减少排放，资源化利用。研究生物基环保包装材料、活性智能包装材料、粉状与不规则固体食品和浓酱与黏稠食品的包装设备，推动新技术、新装备和新产品的创新，如在酒精设备制造方面，更注重节能技术研发和应用，从源头上减少二氧化碳的排放和综合利用，变废为宝。

（四）RCEP协定实施将带来行业发展新机遇

《区域全面经济伙伴关系协定》（RCEP）的正式实施。签约成员国之间最终零关税比重达到90%的贸易条件，将倒逼食品装备行业企业加快提高技术水平，不断创新，提高质量，降低成本，抓住机遇，用好相关政策，加大食品装备产品出口力度。

（五）跨界融合将助力产业链供应链稳定性可靠性的提高

新冠疫情的持续加剧了全球产业链供应链的本地化、区域化和数字化。食品装备行业未来发展的关键是加强产业链供应链的稳定性和可靠性，尽快解决制约行业发展的链条短板，充分发挥企业的市场主体作用，加大跨界融合，加强信息联动，整合链条上的新资源，不断提升产业链供应链稳定性和竞争力。

1. *推动产业链、供应链的各类企业链条式改造* 以龙头企业带动中小企业朝着规模化、集群化、专业化、智能化、高端化方向发展；优化上、中、下游的产业链供应能力，促进产业链的信息共享、资源共享、设计共享、生产共享。鼓励龙头企业围绕产业链搭建企业交流平台，促进龙头企业、中小企业之间的技术交流与研发协同；中小企业积极提高对外部知识（源于龙头企业知识溢出）的吸纳能力。

2. *围绕产业链上、中、下游的核心关键技术和产品开展链式突破* 以基础产品和食品装备中常用的热处理、涂层、密封等基础技术为抓手，着力形成包括产品设计、材料研发、工艺开发、装备制造、示范推广应用在内，诸多企业协同的突破链；支持上、中、下游产品的交叉应用，闭环并拓宽产业链、供应链，保持从基础产品创新到基础产品应用的良性循环。

3. *围绕创新链上、中、下游构建全生命周期链式创新* 以食品装备生产制造为主线，联合高等院校、科研院所、生产企业、检测检验机构开展食品加工生产工艺的协同创新，保持食品加工生产工艺持续升级和良性迭代，提高下游涉及食品加工生产企业的客户交付和综合服务能力。

五、政策建议

（一）加大对科技创新企业的扶持力度

（1）制定相关政策，对重研发、重技术的科技创新型食品装备企业提供科技资金扶持，提供技术改造基金。

(2) 加大国产工业软件的研究力度与应用推广，对硬件接口实行统一要求的可能性，加强软件之间的互联互通，确保制造业的安全可控。

(3) 延续国家对新型轻工机械装备的首台（套）保险补偿政策。

(4) 推动政策发力适当靠前，加大对企业智能化改造和数字化转型的辅导及支持，加强惠企政策的宣贯和解读工作。

（二）增加对外向型企业的扶持

(1) 出台针对外向型企业的业务指南、外向型出口企业境外客户访华的指导文件，建立境外投资环境预警分享平台。

(2) 通过研究设置出口企业海外员工类似疫情险的政策性险种，降低出口企业海外员工疫情成本，提升海外工作员工的信心；保障境外投资项目及涉外人员的人身安全。

（三）支持食品装备行业标准体系建设

利用行业标准技术委员会平台，鼓励、规范行业组织积极开展标准制定，鼓励企业制定企标，积极参与行标和国标的制定，推动食品装备行业标准国际化。

（四）加强公共服务能力建设

建立健全食品装备行业基础服务和科技创新平台，加快食品装备行业基础数据信息采集分析、技术创新、研发设计和检验检测等公共服务平台建设。

（五）加强出口商品原产地签证管理

帮助企业做好 RCEP 协定和普惠制的出口实施工作，帮助我国食品装备在海外享受关税减免；积极推进检验检疫电子证书国际合作，提升贸易便利化水平。

（六）建议国家相关部门在招投标方面出台可行的政策

杜绝低价中标给食品装备制造业带来的损害，避免劣币驱除良币。

（七）引导和支持用户企业在设备采购中优先选择与国内企业合作

推广使用国产优质品牌的生产线、设备配套件和电器元件，促进国产设备的优化升级，保证供应链安全可控，为攻克短板注入动力。

（八）加大中小微企业人才队伍建设的扶持力度

对中小微装备企业人才引进给予政策支持，加大企业产学研合作、成果转化等方面的支持力度。

（中国食品和包装机械工业协会　崔林）

3 第三部分

政策法规及重要文件

关于做好2022年全面推进乡村振兴重点工作的意见

（中共中央 国务院　2022年1月4日）

当前，全球新冠肺炎疫情仍在蔓延，世界经济复苏脆弱，气候变化挑战突出，我国经济社会发展各项任务极为繁重艰巨。党中央认为，从容应对百年变局和世纪疫情，推动经济社会平稳健康发展，必须着眼国家重大战略需要，稳住农业基本盘、做好“三农”工作，接续全面推进乡村振兴，确保农业稳产增产、农民稳步增收、农村稳定安宁。

做好2022年“三农”工作，要以习近平新时代中国特色社会主义思想为指导，全面贯彻党的十九大和十九届历次全会精神，深入贯彻中央经济工作会议精神，坚持稳中求进工作总基调，立足新发展阶段、贯彻新发展理念、构建新发展格局、推动高质量发展，促进共同富裕，坚持和加强党对“三农”工作的全面领导，牢牢守住保障国家粮食安全和不发生规模性返贫两条底线，突出年度性任务、针对性举措、实效性导向，充分发挥农村基层党组织领导作用，扎实有序做好乡村发展、乡村建设、乡村治理重点工作，推动乡村振兴取得新进展、农业农村现代化迈出新步伐。

一、全力抓好粮食生产和重要农产品供给

（一）稳定全年粮食播种面积和产量

坚持中国人的饭碗任何时候都要牢牢端在自己手中，饭碗主要装中国粮，全面落实粮食安全党政同责，严格粮食安全责任制考核，确保粮食播种面积稳定、产量保持在1.3万亿斤以上。主产区、主销区、产销平衡区都要保面积、保产量，不断提高主产区粮食综合生产能力，切实稳定和提高主销区粮食自给率，确保产销平衡区粮食基本自给。推进国家粮食安全产业带建设。大力开展绿色高质高效行动，深入实施优质粮食工程，提升粮食单产和品质。推进黄河流域农业深度节水控水，通过提升用水效率、发展旱作农业，稳定粮食播种面积。积极应对小麦晚播等不利影响，加强冬春田间管理，促进弱苗转壮。

（二）大力实施大豆和油料产能提升工程

加大耕地轮作补贴和产油大县奖励力度，集中支持适宜区域、重点品种、经营服务主体，在黄淮海、西北、西南地区推广玉米大豆带状复合种植，在东北地区开展粮豆轮作，在黑龙江省部分地下水超采区、寒地井灌稻区推进水改旱、稻改豆试点，在长江流域开发冬闲田扩种油菜。开展盐碱地种植大豆示范。支持扩大油茶种植面积，改造提升低产林。

（三）保障“菜篮子”产品供给

加大力度落实“菜篮子”市长负责制。稳定生猪生产长效性支持政策，稳定基础产能，防止生产大起大落。加快扩大牛羊肉和奶业生产，推进草原畜牧业转型升级试点示范。稳定水产养殖面积，提升渔业发展质量。稳定大中城市常年菜地保有量，大力推进北方设施蔬菜、南菜北运基地建设，提高蔬菜应急保供能力。完善棉花目标价格政策。探索开展糖料蔗完全成本保险和种植收入保险。开展天然橡胶老旧胶园更新改造试点。

（四）合理保障农民种粮收益

按照让农民种粮有利可图、让主产区抓粮有积极性的目标要求，健全农民种粮收益保障机制。2022年适当提高稻谷、小麦最低收购价，稳定玉米、大豆生产者补贴和稻谷补贴政策，实现三大粮食作物完全成本保险和种植收入保险主产省产粮大县全覆盖。加大产粮大县奖励力度，创新粮食产销区合作机制。支持家庭农场、农民合作社、农业产业化龙头企业多种粮、种好粮。聚焦关键薄弱环节和小农户，加快发展农业社会化服务，支持农业服务公司、农民合作社、农村集体经济组织、基层供销合作社等各类主体大力发展单环节、多环节、全程生产托管服务，开展订单农业、加工物流、产品营销等，提高种粮综合效益。

（五）统筹做好重要农产品调控

健全农产品全产业链监测预警体系，推动建立统一的农产品供需信息发布制度，分类分品种加强调控和应急保障。深化粮食购销领域监管体制机制改革，开展专项整治，依法从严惩治系统性腐败。加强智能

粮库建设，促进人防技防相结合，强化粮食库存动态监管。严格控制以玉米为原料的燃料乙醇加工。做好化肥等农资生产储备调运，促进保供稳价。坚持节约优先，落实粮食节约行动方案，深入推进产运储加消全链条节粮减损，强化粮食安全教育，反对食物浪费。

二、强化现代农业基础支撑

（六）落实“长牙齿”的耕地保护硬措施

实行耕地保护党政同责，严守18亿亩耕地红线。按照耕地和永久基本农田、生态保护红线、城镇开发边界的顺序，统筹划定落实三条控制线，把耕地保有量和永久基本农田保护目标任务足额带位置逐级分解下达，由中央和地方签订耕地保护目标责任书，作为刚性指标实行严格考核、一票否决、终身追责。分类明确耕地用途，严格落实耕地利用优先序，耕地主要用于粮食和棉、油、糖、蔬菜等农产品及饲草饲料生产，永久基本农田重点用于粮食生产，高标准农田原则上全部用于粮食生产。引导新发展林果业上山上坡，鼓励利用“四荒”资源，不与粮争地。落实和完善耕地占补平衡政策，建立补充耕地立项、实施、验收、管护全程监管机制，确保补充可长期稳定利用的耕地，实现补充耕地产能与所占耕地相当。改进跨省域补充耕地国家统筹管理办法。加大耕地执法监督力度，严厉查处违法违规占用耕地从事非农建设。强化耕地用途管制，严格管控耕地转为其他农用地。巩固提升受污染耕地安全利用水平。稳妥有序开展农村乱占耕地建房专项整治试点。巩固“大棚房”问题专项清理整治成果。落实工商资本流转农村土地审查审核和风险防范制度。

（七）全面完成高标准农田建设阶段性任务

多渠道增加投入，2022年建设高标准农田1亿亩，累计建成高效节水灌溉面积4亿亩。统筹规划、同步实施高效节水灌溉与高标准农田建设。各地要加大中低产田改造力度，提升耕地地力等级。研究制定增加农田灌溉面积的规划。实施重点水源和重大引调水等水资源配置工程。加大大中型灌区续建配套与改造力度，在水土资源条件适宜地区规划新建一批现代化灌区，优先将大中型灌区建成高标准农田。深入推进国家黑土地保护工程。实施黑土地保护性耕作8 000万亩。积极挖掘潜力增加耕地，支持将符合条件的盐碱地等后备资源适度有序开发为耕地。研究制定盐碱地综合利用规划和实施方案。分类改造盐碱地，推动由主要治理盐碱地适应作物向更多选育耐盐碱植物适应盐碱地转变。支持盐碱地、干旱半干旱地区国家农业高新技术产业示范区建设。启动全国第三次土壤普查。

（八）大力推进种源等农业关键核心技术攻关

全面实施种业振兴行动方案。加快推进农业种质资源普查收集，强化精准鉴定评价。推进种业领域国家重大创新平台建设。启动农业生物育种重大项目。加快实施农业关键核心技术攻关工程，实行“揭榜挂帅”“部省联动”等制度，开展长周期研发项目试点。强化现代农业产业技术体系建设。开展重大品种研发与推广后补助试点。贯彻落实种子法，实行实质性派生品种制度，强化种业知识产权保护，依法严厉打击套牌侵权等违法犯罪行为。

（九）提升农机装备研发应用水平

全面梳理短板弱项，加强农机装备工程化协同攻关，加快大马力机械、丘陵山区和设施园艺小型机械、高端智能机械研发制造并纳入国家重点研发计划予以长期稳定支持。实施农机购置与应用补贴政策，优化补贴兑付方式。完善农机性能评价机制，推进补贴机具有进有出、优机优补，重点支持粮食烘干、履带式作业、玉米大豆带状复合种植、油菜籽收获等农机，推广大型复合智能农机。推动新生产农机排放标准升级。开展农机研发制造推广应用一体化试点。

（十）加快发展设施农业

因地制宜发展塑料大棚、日光温室、连栋温室等设施。集中建设育苗工厂化设施。鼓励发展工厂化集约养殖、立体生态养殖等新型养殖设施。推动水肥一体化、饲喂自动化、环境控制智能化等设施装备技术研发应用。在保护生态环境基础上，探索利用可开发的空闲地、废弃地发展设施农业。

（十一）有效防范应对农业重大灾害

加大农业防灾减灾救灾能力建设和投入力度。修复水毁灾损农业、水利基础设施，加强沟渠疏浚以及水库、泵站建设和管护。加强防汛抗旱应急物资储备。强化农业农村、水利、气象灾害监测预警体系建设，增强极端天气应对能力。加强基层动植物疫病防控体系建设，落实属地责任，配齐配强专业人员，实行定责定岗定人，确保非洲猪瘟、草地贪夜蛾等动植物重大疫病防控责有人负、活有人干、事有人管。做好人兽共患病源头防控。加强外来入侵物种防控管理，做好普查监测、入境检疫、国内防控，对已传入并造成严重危害的，要“一种一策”精准治理、有效灭除。加强中长期气候变化对农业影响研究。

三、坚决守住不发生规模性返贫底线

（十二）完善监测帮扶机制

精准确定监测对象，将有返贫致贫风险和突发严重困难的农户纳入监测范围，简化工作流程，缩短认定时间。针对发现的因灾因病因疫等苗头性问题，及时落实社会救助、医疗保障等帮扶措施。强化监测帮扶责任落实，确保工作不留空档、政策不留空白。继续开展巩固脱贫成果后评估工作。

（十三）促进脱贫人口持续增收

推动脱贫地区更多依靠发展来巩固拓展脱贫攻坚成果，让脱贫群众生活更上一层楼。巩固提升脱贫地区特色产业，完善联农带农机制，提高脱贫人口家庭经营性收入。逐步提高中央财政衔接推进乡村振兴补助资金用于产业发展的比重，重点支持帮扶产业补上技术、设施、营销等短板，强化龙头带动作用，促进产业提档升级。巩固光伏扶贫工程成效，在有条件的脱贫地区发展光伏产业。压实就业帮扶责任，确保脱贫劳动力就业规模稳定。深化东西部劳务协作，做好省内转移就业工作。延续支持帮扶车间发展优惠政策。发挥以工代赈作用，具备条件的可提高劳务报酬发放比例。统筹用好乡村公益岗位，实行动态管理。逐步调整优化生态护林员政策。

（十四）加大对乡村振兴重点帮扶县和易地搬迁集中安置区支持力度

在乡村振兴重点帮扶县实施一批补短板促发展项目。编制国家乡村振兴重点帮扶县巩固拓展脱贫攻坚成果同乡村振兴有效衔接实施方案。做好国家乡村振兴重点帮扶县科技特派团选派，实行产业技术顾问制度，有计划开展教育、医疗干部人才组团式帮扶。建立健全国家乡村振兴重点帮扶县发展监测评价机制。加大对国家乡村振兴重点帮扶县信贷资金投入和保险保障力度。完善易地搬迁集中安置区配套设施和公共服务，持续加大安置区产业培育力度，开展搬迁群众就业帮扶专项行动。落实搬迁群众户籍管理、合法权益保障、社会融入等工作举措，提升安置社区治理水平。

（十五）推动脱贫地区帮扶政策落地见效

保持主要帮扶政策总体稳定，细化落实过渡期各项帮扶政策，开展政策效果评估。拓展东西部协作工作领域，深化区县、村企、学校、医院等结对帮扶。在东西部协作和对口支援框架下，继续开展城乡建设用地增减挂钩节余指标跨省域调剂。持续做好中央单位定点帮扶工作。扎实做好脱贫人口小额信贷工作。创建消费帮扶示范城市和产地示范区，发挥脱贫地区农副产品网络销售平台作用。

四、聚焦产业促进乡村发展

（十六）持续推进农村一二三产业融合发展

鼓励各地拓展农业多种功能、挖掘乡村多元价值，重点发展农产品加工、乡村休闲旅游、农村电商等产业。支持农业大县聚焦农产品加工业，引导企业到产地发展粮油加工、食品制造。推进现代农业产业园和农业产业强镇建设，培育优势特色产业集群，继续支持创建一批国家农村产业融合发展示范园。实施乡村休闲旅游提升计划。支持农民直接经营或参与经营的乡村民宿、农家乐特色村（点）发展。将符合要求的乡村休闲旅游项目纳入科普基地和中小学学农劳动实践基地范围。实施“数商兴农”工程，推进电子商务进乡村。促进农副产品直播带货规范健康发展。开展农业品种培优、品质提升、品牌打造和标准化生产提升行动，推进食用农产品承诺达标合格证制度，完善全产业链质量安全追溯体系。加快落实保障和规范农村一二三产业融合发展用地政策。

（十七）大力发展县域富民产业

支持大中城市疏解产业向县域延伸，引导产业有序梯度转移。大力发展县域范围内比较优势明显、带动农业农村能力强、就业容量大的产业，推动形成“一县一业”发展格局。加强县域基层创新，强化产业链与创新链融合。加快完善县城产业服务功能，促进产业向园区集中、龙头企业做强做大。引导具备条件的中心镇发展专业化中小微企业集聚区，推动重点村发展乡村作坊、家庭工场。

（十八）加强县域商业体系建设

实施县域商业建设行动，促进农村消费扩容提质升级。加快农村物流快递网点布局，实施“快递进村”工程，鼓励发展“多站合一”的乡镇客货邮综合服务站、“一点多能”的村级寄递物流综合服务点，推进县乡村物流共同配送，促进农村客货邮融合发展。支持大型流通企业以县城和中心镇为重点下沉供应链。加快实施“互联网+”农产品出村进城工程，推动建立长期稳定的产销对接关系。推动冷链物流服务网络向农村延伸，整县推进农产品产地仓储保鲜冷链物流设施建设，促进合作联营、成网配套。支持供销合作社开展县域流通服务网络建设提升行动，建设县域集采集配中心。

（十九）促进农民就地就近就业创业

落实各类农民工稳岗就业政策。发挥大中城市就业带动作用。实施县域农民工市民化质量提升行动。鼓励发展共享用工、多渠道灵活就业，规范发展新就业形态，培育发展家政服务、物流配送、养老托育等生活性服务业。推进返乡入乡创业园建设，落实各项扶持政策。大力开展适合农民工就业的技能培训和新职业新业态培训。合理引导灵活就业农民工按规定参加职工基本医疗保险和城镇职工基本养老保险。

（二十）推进农业农村绿色发展

加强农业面源污染综合治理，深入推进农业投入品减量化，加强畜禽粪污资源化利用，推进农膜科学使用回收，支持秸秆综合利用。建设国家农业绿色发展先行区。开展农业绿色发展情况评价。开展水系连通及水美乡村建设。实施生态保护修复重大工程，复苏河湖生态环境，加强天然林保护修复、草原休养生息。科学推进国土绿化。支持牧区发展和牧民增收，落实第三轮草原生态保护补助奖励政策。研发应用减碳增汇型农业技术，探索建立碳汇产品价值实现机制。实施生物多样性保护重大工程。巩固长江禁渔成果，强化退捕渔民安置保障，加强常态化执法监管。强化水生生物养护，规范增殖放流。构建以国家公园为主体的自然保护地体系。出台推进乡村生态振兴的指导意见。

五、扎实稳妥推进乡村建设

（二十一）健全乡村建设实施机制

落实乡村振兴为农民而兴、乡村建设为农民而建的要求，坚持自下而上、村民自治、农民参与，启动乡村建设行动实施方案，因地制宜、有力有序推进。坚持数量服从质量、进度服从实效，求好不求快，把握乡村建设的时度效。立足村庄现有基础开展乡村建设，不盲目拆旧村、建新村，不超越发展阶段搞大融资、大开发、大建设，避免无效投入造成浪费，防范村级债务风险。统筹城镇和村庄布局，科学确定村庄分类，加快推进有条件有需求的村庄编制村庄规划，严格规范村庄撤并。开展传统村落集中连片保护利用示范，健全传统村落监测评估、警示退出、撤并事前审查等机制。保护特色民族村寨。实施“拯救老屋行动”。推动村庄小型建设项目简易审批，规范项目管理，提高资金绩效。总结推广村民自治组织、农村集体经济组织、农民群众参与乡村建设项目的有效做法。明晰乡村建设项目产权，以县域为单位组织编制村庄公共基础设施管护责任清单。

（二十二）接续实施农村人居环境整治提升五年行动

从农民实际需求出发推进农村改厕，具备条件的地方可推广水冲卫生厕所，统筹做好供水保障和污水处理；不具备条件的可建设卫生旱厕。巩固户厕问题摸排整改成果。分区分类推进农村生活污水治理，优先治理人口集中村庄，不适宜集中处理的推进小型化生态化治理和污水资源化利用。加快推进农村黑臭水体治理。推进生活垃圾源头分类减量，加强村庄有机废弃物综合处置利用设施建设，推进就地利用处理。深入实施村庄清洁行动和绿化美化行动。

（二十三）扎实开展重点领域农村基础设施建设

有序推进乡镇通三级及以上等级公路、较大人口规模自然村（组）通硬化路，实施农村公路安全生命防护工程和危桥改造。扎实开展农村公路管理养护体制改革试点。稳步推进农村公路路况自动化检测。推进农村供水工程建设改造，配套完善净化消毒设施设备。深入实施农村电网巩固提升工程。推进农村光伏、生物质能等清洁能源建设。实施农房质量安全提升工程，继续实施农村危房改造和抗震改造，完善农村房屋建设标准规范。加强对用作经营的农村自建房安全隐患整治。

（二十四）大力推进数字乡村建设

推进智慧农业发展，促进信息技术与农机农艺融合应用。加强农民数字素养与技能培训。以数字技术赋能乡村公共服务，推动“互联网＋政务服务”向乡村延伸覆盖。着眼解决实际问题，拓展农业农村大数据应用场景。加快推动数字乡村标准化建设，研究制定发展评价指标体系，持续开展数字乡村试点。加强农村信息基础设施建设。

（二十五）加强基本公共服务县域统筹

加快推进以县城为重要载体的城镇化建设。加强普惠性、基础性、兜底性民生建设，推动基本公共服务供给由注重机构行政区域覆盖向注重常住人口服务覆盖转变。实施新一轮学前教育行动计划，多渠道加快农村普惠性学前教育资源建设，办好特殊教育。扎实推进城乡学校共同体建设。深入推进紧密型县域医疗卫生共同体建设，实施医保按总额付费，加强监督考核，实现结余留用、合理超支分担。推动农村基层定点医疗机构医保信息化建设，强化智能监控全覆盖，加强医疗保障基金监管。落实对特殊困难群体参加城乡居民基本医保的分类资助政策。有条件的地方可提供村卫生室运行经费补助，分类落实村医养老保障、医保等社会保障待遇。提升县级敬老院失能照护能力和乡镇敬老院集中供养水平，鼓励在有条件的村庄开展日间照料、老年食堂等服务。加强乡镇便民服务和社会工作服务，实施村级综合服务设施提升工程。健全分层分类的社会救助体系，切实保障困难农民群众基本生活。健全基层党员、干部关爱联系制度，经常探访空巢老人、留守儿童、残疾人。完善未成年人关爱保护工作网络。

六、突出实效改进乡村治理

（二十六）加强农村基层组织建设

强化县级党委抓乡促村职责，深化乡镇管理体制改革，健全乡镇党委统一指挥和统筹协调机制，加强乡镇、村集中换届后领导班子建设，全面开展农村基层干部乡村振兴主题培训。持续排查整顿软弱涣散村党组织。发挥驻村第一书记和工作队抓党建促乡村振兴作用。完善村级重要事项、重大问题经村党组织研究讨论机制，全面落实“四议两公开”制度。深入开展市县巡察，强化基层监督，加强基层纪检监察组织与村务监督委员会的沟通协作、有效衔接，强化对村干部的监督。健全党组织领导的自治、法治、德治相结合的乡村治理体系，推行网格化管理、数字化赋能、精细化服务。推进村委会规范化建设。深化乡村治理体系建设试点示范。开展村级议事协商创新实验。推广村级组织依法自治事项、依法协助政府工作事项等清单制，规范村级组织机构牌子和证明事项，推行村级基础信息统计“一张表”制度，减轻村级组织负担。

（二十七）创新农村精神文明建设有效平台载体

依托新时代文明实践中心、县级融媒体中心等平台开展对象化分众化宣传教育，弘扬和践行社会主义核心价值观。在乡村创新开展“听党话、感党恩、跟党走”宣传教育活动。探索统筹推动城乡精神文明融合发展的具体方式，完善全国文明村镇测评体系。启动实施文化产业赋能乡村振兴计划。整合文化惠民活动资源，支持农民自发组织开展村歌、“村晚”、广场舞、趣味运动会等体现农耕农趣农味的文化体育活动。办好中国农民丰收节。加强农耕文化传承保护，推进非物质文化遗产和重要农业文化遗产保护利用。推广积分制等治理方式，有效发挥村规民约、家庭家教家风作用，推进农村婚俗改革试点和殡葬习俗改革，开展高价彩礼、大操大办等移风易俗重点领域突出问题专项治理。

（二十八）切实维护农村社会平安稳定

推进更高水平的平安法治乡村建设。创建一批“枫桥式公安派出所”“枫桥式人民法庭”。常态化开展扫黑除恶斗争，持续打击“村霸”。防范黑恶势力、家族宗族势力等对农村基层政权的侵蚀和影响。依法严厉打击农村黄赌毒和侵害农村妇女儿童人身权利的违法犯罪行为。加强农村法治宣传教育。加强基层社会心理服务和危机干预，构建一站式多元化矛盾纠纷化解机制。加强农村宗教工作力量。统筹推进应急管理与乡村治理资源整合，加快推进农村应急广播主动发布终端建设，指导做好人员紧急转移避险工作。开展农村交通、消防、安全生产、自然灾害、食品药品安全等领域风险隐患排查和专项治理，依法严厉打击农村制售假冒伪劣农资、非法集资、电信诈骗等违法犯罪行为。加强农业综合行政执法能力建设。落实基层医疗卫生机构疾病预防控制责任。健全农村新冠肺炎疫情常态化防控工作体系，严格落实联防联控、群防群控措施。

七、加大政策保障和体制机制创新力度

（二十九）扩大乡村振兴投入

继续把农业农村作为一般公共预算优先保障领域，中央预算内投资进一步向农业农村倾斜，压实地方政府投入责任。加强考核监督，稳步提高土地出让收入用于农业农村的比例。支持地方政府发行政府债券用于符合条件的乡村振兴公益性项目。提高乡村振兴领域项目储备质量。强化预算绩效管理和监督。

（三十）强化乡村振兴金融服务

对机构法人在县域、业务在县域、资金主要用于乡村振兴的地方法人金融机构，加大支农支小再贷款、再贴现支持力度，实施更加优惠的存款准备金政策。支持各类金融机构探索农业农村基础设施中长期信贷模式。加快农村信用社改革，完善省（自治区）农村信用社联合社治理机制，稳妥化解风险。完善乡村振兴金融服务统计制度，开展金融机构服务乡村振兴考核评估。深入开展农村信用体系建设，发展农户信用贷款。加强农村金融知识普及教育和金融消费权益保护。积极发展农业保险和再保险。优化完善“保险＋期货”模式。强化涉农信贷风险市场化分担和补偿，发挥好农业信贷担保作用。

（三十一）加强乡村振兴人才队伍建设

发现和培养使用农业领域战略科学家。启动“神农英才”计划，加快培养科技领军人才、青年科技人才和高水平创新团队。深入推行科技特派员制度。实施高素质农民培育计划、乡村产业振兴带头人培育“头雁”项目、乡村振兴青春建功行动、乡村振兴巾帼行动。落实艰苦边远地区基层事业单位公开招聘倾斜政策，对县以下基层专业技术人员开展职称评聘“定向评价、定向使用”工作，对中高级专业技术岗位实行总量控制、比例单列。完善耕读教育体系。优化学科专业结构，支持办好涉农高等学校和职业教育。培养乡村规划、设计、建设、管理专业人才和乡土人才。鼓励地方出台城市人才下乡服务乡村振兴的激励政策。

（三十二）抓好农村改革重点任务落实

开展第二轮土地承包到期后再延长30年整县试点。巩固提升农村集体产权制度改革成果，探索建立农村集体资产监督管理服务体系，探索新型农村

集体经济发展路径。稳慎推进农村宅基地制度改革试点，规范开展房地一体宅基地确权登记。稳妥有序推进农村集体经营性建设用地入市。推动开展集体经营性建设用地使用权抵押融资。依法依规有序开展全域土地综合整治试点。深化集体林权制度改革。健全农垦国有农用地使用权管理制度。开展农村产权流转交易市场规范化建设试点。制定新阶段深化农村改革实施方案。

八、坚持和加强党对“三农”工作的全面领导

（三十三）压实全面推进乡村振兴责任

制定乡村振兴责任制实施办法，明确中央和国家机关各部门推进乡村振兴责任，强化五级书记抓乡村振兴责任。开展省级党政领导班子和领导干部推进乡村振兴战略实绩考核。完善市县党政领导班子和领导干部推进乡村振兴战略实绩考核制度，鼓励地方对考核排名靠前的市县给予适当激励，对考核排名靠后、履职不力的进行约谈。落实各级党委和政府负责同志乡村振兴联系点制度。借鉴推广浙江“千万工程”经验，鼓励地方党委和政府开展现场观摩、交流学习等务实管用活动。开展《乡村振兴战略规划（2018—2022年）》实施总结评估。加强集中换届后各级党政领导干部特别是分管“三农”工作的领导干部培训。

（三十四）建强党的农村工作机构

各级党委农村工作领导小组要发挥“三农”工作牵头抓总、统筹协调等作用，一体承担巩固拓展脱贫攻坚成果、全面推进乡村振兴议事协调职责。推进各级党委农村工作领导小组议事协调规范化制度化建设，建立健全重点任务分工落实机制，协同推进乡村振兴。加强各级党委农村工作领导小组办公室建设，充实工作力量，完善运行机制，强化决策参谋、统筹协调、政策指导、推动落实、督导检查等职责。

（三十五）抓点带面推进乡村振兴全面展开

开展“百县千乡万村”乡村振兴示范创建，采取先创建后认定方式，分级创建一批乡村振兴示范县、示范乡镇、示范村。推进农业现代化示范区创建。广泛动员社会力量参与乡村振兴，深入推进“万企兴万村”行动。按规定建立乡村振兴表彰激励制度。

让我们紧密团结在以习近平同志为核心的党中央周围，真抓实干，埋头苦干，奋力开创全面推进乡村振兴新局面，以实际行动迎接党的二十大胜利召开！

关于落实党中央国务院2022年全面推进乡村振兴重点工作部署的实施意见

（农业农村部 农发〔2022〕1号 2022年1月14日）

各省、自治区、直辖市农业农村（农牧）、畜牧兽医、农垦、渔业厅（局、委），新疆生产建设兵团农业农村局，部机关各司局、派出机构，国家乡村振兴局综合司，各直属单位：

2022年是实施“十四五”规划承上启下之年，也是乡村振兴全面展开的关键之年，做好农业农村工作特殊而重要。各级农业农村部门、乡村振兴部门要以习近平新时代中国特色社会主义思想为指导，全面贯彻党的十九大和十九届历次全会精神，深入贯彻中央经济工作会议、中央农村工作会议精神，立足新发展阶段、贯彻新发展理念、构建新发展格局、推动高质量发展，坚持稳字当头、稳中求进，牢牢守住保障国家粮食安全和不发生规模性返贫两条底线，扎实有序推进乡村发展、乡村建设、乡村治理重点工作，按照保供固安全、振兴畅循环的工作定位，持续抓好保供、衔接、禁渔、建设、要害、改革重点任务，以实际行动迎接党的二十大胜利召开。

在工作布局上，重点围绕“四稳四提”展开。粮食生产稳面积提产能。稳口粮、稳玉米，扩大豆、扩油菜，持续推进高标准农田建设，深入实施种业振兴行动，提高农机装备水平，保障种粮农民合理收益，稳步提高农业综合生产能力。产业发展稳基础提效益。稳定用地、金融等政策，加强产业基础设施建设，拓展农业多种功能、开发乡村多元价值，促进农业高质高效，推动农村一二三产业融合发展。乡村建设稳步伐提质量。坚持数量服从质量、进度服从实

效，求好不求快，扎实稳妥推进乡村建设，提高建设质量、管护水平，促进乡村宜居宜业。农民收入稳势头提后劲。坚持产业带动、就业创业拉动、改革驱动等多措并举，坚决杜绝大规模返贫现象发生，稳定农民增收好势头，促进农民富裕富足。

一、全力抓好粮食和农业生产，保障粮食等重要农产品有效供给

（一）千方百计稳定粮食生产

要花更大的功夫、下更大的力气，确保粮食播种面积稳定、产量保持在1.3万亿斤以上。强化责任落实。推动出台粮食安全党政同责规定配套考核办法，增加面积和产量的考核权重，严格开展考核。经国务院同意，将粮食和大豆生产目标任务分别下达各省份，压实地方党委政府责任。加大政策扶持。加快构建农民种粮收益保障机制，让农民种粮有利可图、主产区抓粮有积极性。适当提高稻谷小麦最低收购价，稳定稻谷补贴，实现三大粮食作物完全成本保险和种植收入保险主产省产粮大县全覆盖。根据农资价格上涨情况，适时推动对农民种粮予以补贴。加大产粮大县奖励力度，推动主销区和主产区开展产销合作。加强指导服务。分区域、分作物、分环节制定技术指导意见，特别是针对部分地区的晚播麦制定“促弱转壮、早发稳长”技术方案，集中资金资源，实行包省包片精准指导、科技小分队驻县精细服务，因地因苗落实各项关键措施，加强农资调运和农资打假，打好夏粮丰收这场硬仗。深入推进绿色高产行动，集成推广标准化技术模式。狠抓防灾减灾。加强气象灾害监测预警，制定应对“拉尼娜”应急预案，科学防范低温冻害、干旱洪涝等灾害。加密草地贪夜蛾“三区四带”防线，强化小麦条锈病和赤霉病、水稻“两迁”害虫等重大病虫害防控。强化应急救灾机具储备和作业服务队伍建设。落实粮食节约行动方案，持续抓好机收减损。实施全国粮食生产能力提升建设规划。推进国家粮食安全产业带建设。

（二）攻坚克难扩种大豆和油料

启动大豆和油料产能提升工程。大力推广大豆玉米带状复合种植。加大耕地轮作补贴和产油大县奖励力度，支持在西北、黄淮海、西南和长江中下游地区推广大豆玉米带状复合种植。加强大豆良种调剂调配，强化农机装备改装配套和研发攻关，开展技术指导培训，落实关键技术措施。积极恢复东北大豆面积。合理确定玉米大豆生产者补贴标准，扩大粮豆轮作规模，引导农民扩种大豆。推进地下水超采区、低质低效和井灌稻区“水改旱、稻改豆”，在黑龙江第四、第五积温带等区域实施玉米改大豆。全力抓好油料生产。在长江流域开发利用冬闲田扩种油菜，因地制宜推广稻油、稻稻油种植模式，促进优质、宜机化、短生育期油菜品种应用。在黄淮海和北方农牧交错带发展玉米花生轮作，因地制宜扩大花生面积。拓宽食用植物油来源，挖掘米糠油、玉米胚芽油等生产潜力。

（三）促进畜牧业稳定发展

稳定生猪基础产能。围绕能繁母猪存栏量和规模养殖场（户）保有量等核心指标，分级落实产能调控责任，稳定环保、贷款、保险等长效性支持政策，确保能繁母猪存栏量稳定在4 100万头左右。推动大型猪企组建产能调控联盟，强化市场监测预警和信息发布，引导养殖场（户）合理安排生产，防止生产大起大落。加快发展草食畜牧业。实施肉牛肉羊增量提质行动，开展草原畜牧业转型升级试点示范。启动奶业生产能力提升整县推进行动，开展奶农发展乳制品加工试点。优化屠宰企业区域布局，推进屠宰企业标准化创建。强化重大动物疫病防控。加快推行非洲猪瘟等重大动物疫病分区防控。坚持人病兽防、关口前移，加强高致病性禽流感、布鲁氏菌病等重点人畜共患病防治，建设一批人畜共患病净化场和无疫小区。健全基层动植物疫病防控体系，压实属地责任，配齐配强专业人员。

（四）推进渔业绿色发展

发展健康养殖。编制全国养殖水域滩涂规划，推动建立重要养殖水域保护制度。深入开展国家级水产健康养殖和生态养殖示范区创建，推进内陆养殖池塘标准化改造和尾水达标治理，稳步发展稻渔综合种养和大水面生态渔业，开展深远海养殖试点，推进低洼盐碱荒地渔业开发利用。优化海洋捕捞业。落实海洋渔业资源养护补贴政策，严格执行海洋伏季休渔制度，国内海洋捕捞总产量控制在1 000万吨以内，各省（自治区、直辖市）海洋捕捞年产量不得超过2020年分省控制指标。支持近海捕捞渔民减船转产和渔船更新改造。推进渤海限额捕捞管理，完善黄河禁渔期制度。建设国家级海洋牧场示范区，科学规范开展水生生物增殖放流。扎实推进国家级渔港经济区建设。规范有序发展远洋渔业。

（五）统筹抓好蔬菜和棉糖胶生产

加强蔬菜生产能力建设。强化“菜篮子”市长负责制考核，增加应急保供考核权重。加强北方设施蔬菜和南菜北运基地建设，因地制宜发展塑料大棚、日光温室等设施。建设一批蔬菜应急保供基地，提高大中城市周边蔬菜生产供应能力。稳定棉糖胶生产。完善棉花目标价格补贴政策，稳定新疆棉花生

产。探索开展糖料蔗完全成本保险和种植收入保险。加快天然橡胶老旧胶园更新改造，推进胶园标准化生产。

（六）加强农产品质量安全监管

抓数量更要抓质量，持续严打禁用药物使用，严控常规药物残留超标，力争用三年时间基本解决突出问题。强化监测预警。实施国家农产品质量安全风险监测计划，构建部省联动、各有侧重监测机制，着力解决应检参数覆盖率低、部分产品抽样基数过少等问题。开展粮油生物毒素、跨领域交叉用药等风险评估。强化监管执法。深入实施“治违禁 控药残 促提升”三年行动，加大监督抽查、暗查暗访力度。加快推进常规农药残留快速检测。制定出台农产品质量安全领域行刑衔接办法，强化检打联动。创新监管举措。健全食品安全工作评议考核机制，压实属地责任。推行食用农产品承诺达标合格证制度，强化乡镇农产品质量安全网格化管理，深化国家农产品质量安全县创建，推进“阳光农安”智慧监管试点。实施全程追溯促进行动，落实追溯管理制度，发布一批追溯典型案例。建立健全农产品生产经营主体信用档案，推进信用信息归集共享和动态评价。

（七）加强农业国际合作

搭建合作平台。认定第二批农业国际贸易高质量发展基地，稳步推进农业对外开放合作试验区、上合组织农业技术交流培训示范基地建设。实施农业服务贸易促进行动，促进优势农技、农机走出去。深入参与国际粮农治理。加强全球重要农业文化遗产、土壤健康、粮食减损等共同议题的合作引领，支持全球人道主义应急仓库和枢纽在华运营。

二、持续巩固拓展脱贫攻坚成果，守住不发生规模性返贫底线

（八）健全完善监测帮扶机制

加强动态监测。简化监测识别程序，将脱贫不稳定户、边缘易致贫户和突发严重困难户全部纳入监测，做到应纳尽纳。落实精准帮扶。严格落实监测帮扶责任，对有劳动力的监测户，因人因户落实开发式帮扶。对无劳动力的，及时落实综合性社会保障等帮扶措施。组织开展巩固脱贫成果后评估。

（九）培育脱贫地区特色产业

壮大特色优势产业。实施特色种养业提升行动，指导脱贫县编制实施特色产业发展规划，强化技术服务和人才培育。引导龙头企业到脱贫地区建立标准化原料生产基地，布局加工产能和流通设施。开展脱贫地区农业品牌公益帮扶，支持脱贫地区经营主体参加各类展示展销活动，促进与农产品流通企业、电商平台精准对接。完善联农带农机制，提高脱贫人口家庭经营性收入。发展重点产业。巩固光伏脱贫工程成效，支持有条件的脱贫地区发展光伏产业。持续跟踪金鸡帮扶项目进展，强化产业融合项目等配套支持。打造典型样板。选择脱贫县相对集中、产业基础好的市（地、州），整市建设特色产业高质量发展引领区，推进全域规划、全链开发。推动提高中央财政衔接推进乡村振兴补助资金和涉农整合资金用于产业发展比重，重点支持产业基础设施建设和全产业链开发。

（十）促进脱贫人口稳岗就业

加强技能培训。落实脱贫人口就业奖补等政策，加大培训力度，提高稳岗就业能力。推动东西部省份做好省际间劳务协作，扶持帮扶车间发展，吸纳农村脱贫劳动力就业。强化易地搬迁后续扶持。聚焦大型特大型安置点，持续开展易地搬迁后续发展跟踪监测，全面摸清后扶工作进展情况。深入实施就业帮扶协作专项活动，加强劳务组织化输出，稳步提高就业质量。指导各地健全完善社区治理体系，逐步提高配套设施和公共服务设施水平，不断促进社会融入。

（十一）做好重点帮扶和协作帮扶

加强重点帮扶县扶持。协调落实160个国家乡村振兴重点帮扶县帮扶政策，组织实施一批补短板促发展项目。选派科技特派团帮扶，实行产业技术顾问制度，有计划开展教育医疗“组团式”帮扶。建立健全国家乡村振兴重点帮扶县跟踪监测机制，开展定期监测评估。深化东西部协作和定点帮扶。拓展东西部协作工作领域，深化区县、村企、学校、医院等结对帮扶。持续做好中央单位定点帮扶，开展东西部协作和定点帮扶成效考核评价。强化社会帮扶。深入推进“万企兴万村”行动，优先将产业发展项目纳入衔接推进乡村振兴项目库，引导龙头企业参与脱贫地区产业发展。制定鼓励引导社会组织参与乡村振兴的意见。持续推进农业农村援藏、援疆以及革命老区、民族地区、边境地区等重点区域帮扶工作。

三、提升农业设施装备水平，夯实农业现代化物质基础

（十二）加强耕地用途管制

严守18亿亩耕地红线。配合做好耕地和永久基本农田核实整改补足工作，推动划好划足永久基本农

田。配合有关部门严厉查处违法违规占用耕地从事非农建设，坚决遏制耕地“非农化”。严格落实耕地利用优先序。分类明确耕地用途，确保耕地主要用于粮棉油糖菜和饲草料等生产，永久基本农田重点用于粮食生产，高标准农田原则上全部用于种粮。推动各地通过调整补贴发放、发展社会化服务、强化考核等方式，最大限度挖掘撂荒地潜力。

（十三）加强高标准农田建设

全面完成高标准农田建设阶段性任务。实施新一轮高标准农田建设规划，多渠道增加建设投入，提高投入水平和建设质量。以粮食生产功能区和重要农产品生产保护区为重点新建1亿亩高标准农田，统筹发展1 500万亩高效节水灌溉面积。加强中低产田改造。指导各地特别是东北和黄淮海地区等重点区域，对未纳入高标准农田建设范围的中低产田，制定改造实施方案，分区域有计划实施改造，消除耕地质量关键障碍因素，提升耕地基础地力。推进盐碱地开发利用。开展全国盐碱地普查，摸清资源底数。研究制定盐碱地综合利用规划，探索在具备条件的区域分类建设集中连片耕地，推动由主要治理盐碱地适应作物向更多选育耐盐碱植物适应盐碱地转变。在松嫩平原、环渤海开展盐碱地综合利用试点。在保护好生态环境的条件下，支持在西北戈壁、荒漠等适宜地区发展集成多种设施农业技术的现代寒旱农业，拓出更多耕地增量。

（十四）着力提升耕地地力

加强东北黑土地保护。深入推进国家黑土地保护工程，统筹实施高标准农田建设、小流域综合治理、保护性耕作、秸秆综合利用、有机肥还田等综合措施，完成1亿亩保护任务。实施黑土地保护性耕作8 000万亩。在东北、黄淮海、西北等区域开展农机深松整地作业，面积1亿亩以上。强化退化和污染耕地治理。针对土壤酸化、土壤盐碱化等问题，开展退化耕地治理试点，建设集中连片综合示范区。分区分类治理重金属污染耕地5 000万亩左右，加大安全利用技术推广力度。开展土壤普查。启动全国第三次土壤普查，选择典型县开展普查试点，指导具备条件的省开展全省试点。健全耕地质量监测网络，开展耕地质量监测评价。

（十五）深入实施种业振兴行动

加强种质资源保护。深入推进农作物、畜禽和水产养殖种质资源普查、保护、精准鉴定。加快国家畜禽种质资源库、农业微生物种质资源库建设，建设一批农业野生植物原生境保护区。加快推进育种创新。深入推进育种联合攻关和畜禽遗传改良计划，将耐盐碱育种等纳入攻关范围。探索重大品种研发与推广后补助政策。加快实施农业生物育种重大项目，构建高效精准生物育种技术体系。实施现代种业提升工程，强化制种基地建设。实施南繁硅谷建设规划，加快打造种业创新高地。强化种业市场监管。贯彻落实种子法，开展种业监管执法年活动，强化种业知识产权保护，严厉打击套牌侵权等行为。

（十六）提升农机装备水平

加快装备补短板。分区域、分产业、分品种、分环节明确机械化发展目标任务和实现路径，编制和完善短板机具装备需求目录，制定农机装备补短板行动方案，建设大型大马力高端智能农机装备和丘陵山区适用小型机械推广应用先导区，加快研发制造产业急需、农民急用的短板机具。加强装备集成推广。建设一批主要农作物生产、规模养殖和设施农业全程机械化示范县，打造一批农机农艺融合高标准应用基地，集成推广全程机械化生产先进适用装备。拓展农机社会化服务能力，推动建设区域性农机社会化服务中心。制定加快推进农产品初加工机械化意见。加大政策支持。优化农机购置与应用补贴政策，进一步完善政策实施操作办法，推进补贴机具有进有出、优机优补，重点支持粮食烘干、履带式作业、大豆玉米带状复合种植、油菜收获等机具以及大型复合智能农机和成套设施装备等。

（十七）加快农业科技自立自强

完善农业科技创新体系。加快推进农业关键核心技术攻关。推进农业科技创新联盟实体化运行，加强现代农业产业科技创新中心建设，加快提升企业创新主体地位。持续改善农业农村科技创新能力条件，推进农业农村部学科群重点实验室建设，引导优化中央和地方农业科技资源布局。加强现代农业产业技术体系建设，开展全产业链协同攻关。强化科技推广应用。引导农业科研院校创新整县承包、定向服务等机制，推进全国农业科技现代化先行县建设。开展农业重大技术协同推广，建设国家现代农业科技展示基地，继续实施特聘农技员（防疫员）计划。加快推进国家热带农业科学中心建设。

（十八）建设智慧农业和数字乡村

发展智慧农业。建设一批数字农业农村创新中心和数字农业创新应用基地，支持水肥一体化、饲喂自动化、环境控制智能化等设施装备技术研发应用。建设国家农业农村大数据平台。健全农产品全产业链监测预警体系，推动建立统一的农产品供需信息发布制度。推进数字乡村建设。实施数字乡村建设行动，引导平台企业、物流企业、金融企业等各类主体布局乡村。健全农村信息服务体系，持续开展农民手机应用技能培训。

四、加强农业资源环境保护，推进农业绿色转型

（十九）深入推进农业投入品减量增效

促进节肥节药节水。开展绿色种养循环农业试点，推进粪肥还田、有机肥替代化肥。建设100个绿色防控县。开展科学安全用药技能培训，淘汰4种高毒农药。实施全国兽用抗菌药使用减量化行动，促进规范用药。落实分区域、分作物农业灌溉用水定额，加快推广应用旱作节水技术。建设农业绿色发展先行区。制定农业绿色发展评价指标体系，开展农业绿色发展水平评价。推进农业绿色发展支撑体系建设，组织认定第三批国家农业绿色发展先行区。制定农业农村减排固碳实施方案，探索建立监测评估体系，加强减碳增汇型农业技术研发。

（二十）持续推进农业面源污染治理和外来入侵物种防控

加强畜禽养殖废弃物资源化利用。实施畜禽粪污资源化利用整县推进工程，加快培育畜禽粪肥还田利用社会化服务组织。支持建设病死畜禽无害化处理场。加强农业面源污染治理。推进秸秆高值化利用。加大加厚地膜与全生物降解地膜推广应用力度，打击非标农膜入市下田。在长江、黄河等重点流域选取一批重点县整县推进农业面源污染综合治理。加强外来入侵物种防控。发布外来入侵物种管理办法和名录，深入推进外来入侵物种普查，实施加拿大一枝黄花、福寿螺等外来入侵物种防控灭除行动。

（二十一）常态化抓好长江十年禁渔

强化退捕渔民安置保障。实施“十省百县千户”跟踪帮扶，开展退捕渔民技能培训“暖心行动”，积极纳入“护渔员”队伍。推动落实退捕渔民养老保险、帮扶救助等政策。加强水生生物保护。开展长江流域水生生物完整性指数评价，发布长江水生生物重要栖息地名录。完成长江江豚全面普查，加强中华鲟保护。在重点水域开展水生生物增殖放流。提升执法监管水平。持续开展长江十年禁渔、海洋伏季休渔、黄河流域禁渔管理等“亮剑”专项执法行动，加强长江口周边海域捕捞渔船管控。强化渔政执法能力建设，健全渔政执法队伍和协助巡护队伍，充分利用信息化手段强化监管。开展禁捕工作考核和暗查暗访，用好监督检查、通报约谈等手段，压紧压实地方责任。

（二十二）推进农业生产“三品一标”

深入推进农业品种培优、品质提升、品牌打造和标准化生产提升行动，增加绿色优质农产品供给。强化标准引领。实施农业标准化提升计划，制修订500项农兽药残留等国家标准和行业标准，遴选10个农产品开展现代农业全产业链标准化试点，创建100个国家级标准化示范基地。以粮食、果蔬、畜禽等品种为重点，开展特色优质农产品品质评价，推进农产品分等分级。强化全域推进。依托国家农业现代化示范区、农业绿色发展先行区、农产品质量安全县、现代农业产业园等，全域全面推行农业生产“三品一标”，建设一批展示基地，遴选推介典型技术模式。强化品牌打造。出台发展农产品“三品一标”指导意见，加强绿色、有机、地理标志农产品认证登记管理。实施地理标志农产品保护工程，支持200个地理标志农产品发展，打造农业生产和农产品“三品一标”协同发展典型。实施农业品牌精品培育计划，加快农业品牌标准体系建设。

五、拓展农业多种功能和乡村多元价值，做优乡村特色产业

（二十三）推进产业融合发展

培育平台载体。提升现代农业产业园建设水平，引导龙头企业和要素集聚。加快建设一批农业产业强镇，聚焦省域主导产业培育一批优势特色产业集群。建设全国“一村一品”示范村镇，引导建设一批乡村作坊、家庭工场。发布推介全国乡村特色产品和乡村工匠目录。优化发展环境。指导各地制定保障农村一二三产业融合发展用地实施细则。发布乡村重点产业指导目录。建设拓展农业多种功能先行区，探索建立乡村多元价值实现机制。探索建立乡村产业统计调查体系。推动常态化开展农业及相关产业增加值统计核算，支持有条件的地方自主开展统计核算试点。

（二十四）提升农产品加工业

推动全产业链开发。扶持农民合作社和家庭农场发展冷藏保鲜、原料处理、分级包装等初加工，引导农产品加工企业到产地发展粮油加工、食品制造等精深加工，发展食品预处理、中央厨房等模式，大力推广减损增效加工标准和机械装备。围绕粮食等重要农产品和优势特色农产品，建设一批农业全产业链重点链和典型县。培育壮大龙头企业。遴选推介一批农业产业化头部企业、农业科技领军企业和重点行业头部企业，培育龙头企业牵头、农民合作社和家庭农场跟进、广大小农户参与、上下游主体有效衔接的农业产业化联合体，建设一批国家级农业产业化联合体。创建中国农业食品创新产业园、国际农产品加工产业园。

（二十五）做精做优乡村休闲旅游业

打造精品工程。实施乡村休闲旅游提升计划，建设一批全国休闲农业重点县，遴选推介中国美丽休闲乡村和乡村休闲旅游精品景点线路。促进农文旅融合。支持培育具有农耕特质的乡村文化产品，大力开发乡宿、乡游、乡食、乡购、乡娱等休闲体验产品。创新支持方式。推动将符合要求的乡村休闲旅游项目纳入科普基地和中小学学农劳动实践基地范围。鼓励各地通过购买服务、定点采购等方式，支持乡村民宿、农家乐特色村（点）发展。

（二十六）加强农产品流通体系建设

大力推进农产品仓储保鲜冷链物流设施建设，支持特色农产品优势区和鲜活农产品生产大县整县推进，促进合作联营、成网配套。认定一批国家级农产品产地市场，指导各地结合实际开展田头市场建设。深入推进“互联网＋”农产品出村进城工程，推动建立长期稳定的产销对接关系。培育壮大县级产业化运营主体，优化提升产业链供应链，促进直播电商、社交电商等新业态规范健康发展。

（二十七）促进农民就地就近就业创业

推进返乡入乡创业园、农村创业孵化实训基地建设，落实创业扶持政策，健全创业服务体系，支持返乡农民工、大学生、退役军人等返乡入乡创业。加大农村创业人才培训力度，培育一批农村创业带头人队伍。举办农业农村创业创新项目创意大赛，推介一批全国农村创业创新优秀带头人典型案例。

六、稳妥推进乡村建设，改善农村生产生活条件

（二十八）建立乡村建设推进机制

启动乡村建设行动实施方案，坚持数量服从质量、进度服从实效，求好不求快，把握乡村建设的时度效。落实专项任务责任制。建立乡村建设行动专项推进机制，推动各部门制定专项推进方案，细化年度目标任务。指导各地以县为单位建立乡村建设相关项目库，把产业路资源路旅游路、通村组路硬化、农村供水等优先纳入，健全入库项目审核和绩效评估机制。健全农民参与机制。编制农民参与乡村建设指南，完善程序和方法，引导农民参与乡村建设。总结推广村民自治组织、集体经济组织和农民群众参与乡村建设项目的有效做法。

（二十九）扎实推进农村人居环境整治提升

实施农村人居环境整治提升五年行动，细化年度重点任务，逐项推进落实。稳妥有序推进农村厕所革命。巩固改厕问题摸排整改成果，重点推动中西部地区农村户用厕所改造。常态化开展改厕技术服务和问题排查，指导地方科学选择技术模式，加强厕所粪污无害化处理与资源化利用，强化改厕全过程质量管控。统筹推进农村生活污水垃圾治理。协调有关部门，分区分类推进农村生活污水治理，健全农村生活垃圾收运处置体系，推动分类减量与资源化处理利用。持续开展村庄清洁行动，着力引导农民养成良好卫生习惯。

（三十）协调推动乡村基础设施建设和公共服务发展

加强沟通协作，推动有关部门加强村庄基础性、普惠性、兜底性民生建设。推进村庄规划工作。指导各地以县为单位，制定村庄布局规划，组织有条件、有需求的村庄编制村庄规划或实施方案。加强公共基础设施和公共服务建设。协调推进农村道路、供水、乡村清洁能源、数字乡村等基础设施建设，推动补强农村教育、医疗卫生、养老等薄弱环节。开展示范创建。探索开展县乡村公共服务一体化试点，推进美丽宜居村庄示范创建，遴选推介第四批全国农村公共服务典型案例。

（三十一）提升乡村治理水平

深化乡村治理试点示范。总结乡村治理体系建设试点经验，发挥好乡村治理示范村镇引领带动作用，推广清单制、积分制、数字化治理等乡村治理方式。推动解决乡村治理重点难点问题，研究制定乡村善治指数评价体系。推进农村移风易俗。推动以县乡为单位细化村规民约约束性措施，开展高价彩礼、人情攀比、厚葬薄养等重点领域突出问题专项治理，推介第三批全国村级“文明乡风建设”典型案例。加强农耕文明传承。实施农耕文化传承保护工程，启动第七批中国重要农业文化遗产发掘认定，开展“农业文化遗产里的中国”系列宣传。办好第五个中国农民丰收节等活动。

七、推进农村重点领域改革，增强农业农村发展活力

（三十二）稳步推进农村承包地改革

稳妥推进试点。做好第二轮土地承包到期后再延长30年试点，稳妥扩大试点范围，选择部分县开展整县延包试点。制定农村土地承包合同管理办法，推动中央、省、市、县农村土地承包信息数据库和应用平台互联互通。规范土地流转。开展农村土地经营权流转监测分析，指导各地依法健全工商企业等社会资本流转土地经营权资格审查、项目审核和风险防范制度。

（三十三）稳慎推进农村宅基地改革和管理

深化宅基地改革。继续抓好新一轮宅基地改革试点，总结形成一批确权、赋权、活权的制度成果。统筹推进农村乱占耕地建住宅类房屋专项整治试点，分类确定处置政策，妥善化解宅基地历史遗留问题。完善宅基地管理制度。制定农村宅基地管理办法，指导各地制修订宅基地管理规章制度。加快推进农村宅基地基础信息调查，启动全国农村宅基地管理信息平台建设。完善农村闲置宅基地和闲置住宅盘活利用政策。配合做好房地一体宅基地确权登记颁证工作。

（三十四）深化农村集体产权制度改革

开展农村集体产权制度改革阶段任务总结，推动表扬表彰先进地区、集体和个人。开展扶持村级集体经济发展试点，推动集体经济薄弱村发展提升。推动修订集体经济组织会计制度。开展全国农村产权流转交易市场规范化建设试点。

（三十五）统筹推进农垦等其他领域改革

深化农垦改革。持续深入推进垦区集团化农场企业化改革，开展改革发展质量监测，研究深化农场企业化改革模式和路径，推动解决农场办社会职能改革遗留问题。推动健全农垦国有农用地使用权管理制度，加强农垦行业管理机构队伍建设。加强农村改革顶层设计。推动深化新阶段农村改革，提出系统全面、衔接配套的改革举措，系统谋划农村重点领域改革任务。发挥新时期农村改革试验区示范带动作用，推介一批农村改革典型案例。

（三十六）培育壮大新型农业经营主体，提升发展质量

实施新型农业经营主体提升行动，支持有条件的小农户成长为家庭农场，引导以家庭农场为成员组建农民合作社，引导推动农民合作社办公司发展。开展农民合作社质量提升整县推进试点，加强示范社和示范家庭农场建设。强化服务对接。深化社企对接服务，确定一批社企对接重点县，遴选一批优质企业，解决主体市场营销、品牌培育等共性难题。加强辅导员队伍建设，开展“千员带万社”活动，鼓励创建新型农业经营主体服务中心。

（三十七）加快发展农业社会化服务

制定发展农业社会化服务指导意见，促进小农户和现代农业发展有机衔接。拓展服务领域。推动服务领域从粮棉油糖等大宗农作物向果菜茶等经济作物和养殖业拓展，从产中向产前、产后等环节延伸。加大农业生产社会化服务项目实施力度，支持农业服务公司、农民合作社、农村集体经济组织等各类主体，开展技术集成、生产托管、仓储物流、产品营销等服务。创新指导方式。深入推进农业社会化服务创新试点，打造一批创新基地，培育一批创新组织，形成一批创新模式。鼓励建设农业社会化服务联盟、协会、指导中心等行业组织，制定服务标准规范，加强资源共享和行业自律。

八、强化要素支撑保障，推动各项重点工作落实落地

（三十八）健全乡村振兴工作机制

推动建立乡村振兴责任落实、组织推动、要素保障、社会动员、监督考核等机制，加快形成上下贯通、精准施策的乡村振兴工作体系。落实乡村振兴战略实施目标责任制，开展省级党委和政府推进乡村振兴战略实绩考核，对乡村振兴重点工作成效明显的地方给予督查激励。总结评估《乡村振兴战略规划（2018—2022年）》实施效果，推动如期完成目标任务。推动按规定建立乡村振兴表彰激励制度。引导各地开展现场观摩、交流学习等活动。

（三十九）拓宽农业农村投入渠道

扩大财政投入。加强监督指导，推动各地稳步提高土地出让收入用于农业农村比例。推动出台农业农村领域专项债操作指引，发挥专项债券资金对促进乡村振兴作用。强化金融支持。配合开展金融机构服务乡村振兴考核评估，推动金融机构加大乡村振兴信贷投放，探索加大对农业农村基础设施建设的中长期信贷支持。常态化推进新型农业经营主体信贷直通车，优化农担奖补机制，支持扩大农业农村抵质押物范围，引导更多发放首贷、信用贷。鼓励各地开发特色品种保险、气象指数保险等险种，完善农业保险精准承保精准理赔机制。推动设立乡村振兴基金。落实重大项目。实施“十四五”推进农业农村现代化规划，启动一批重大工程项目。提高乡村振兴领域项目储备质量，强化执行监管和绩效考核。

（四十）强化乡村振兴人才支撑

加强高层次人才培养。启动“神农英才”计划，推动实施“英才岗位”制度，遴选支持一批农业科技领军人才和优秀青年科技创新人才。实施乡村产业振兴带头人培育“头雁”项目，每年培育2万名乡村产业振兴带头人，培养一批乡村工匠。加强高素质农民培育。实施高素质农民培育计划，面向家庭农场主、农民合作社带头人开展全产业链培训，面向种养大户、退捕渔民和专业农机手开展重点培训，面向大豆、油料作物生产和东北黑土地保护开展专项培训行动。举办全国农业行业职业技能大赛和农民技能大赛，挖掘培育一批农村实用人才。

（四十一）加强农业农村法治建设

健全法律体系。推动出台粮食安全保障法、耕地保护法、黑土地保护法，加快农村集体经济组织立法，修订农产品质量安全法、渔业法、畜牧法等，完善种业振兴、生物安全、农村土地制度等领域的配套规章。加强综合执法。深入实施农业综合执法能力提升行动，加强执法培训和队伍规范管理，完善执法装备标准，推进统一着装，开展农业综合行政执法跨省交叉互评和练兵比武活动。强化普法宣传。培育农村学法用法示范户，开展"宪法进农村""乡村振兴、法治先行"等普法活动，推介三农领域法治案例，提升乡村治理法治化水平。深化"放管服"改革。全面推行涉企证明事项告知承诺制，加快推进许可证照电子化，大力推进权责清单编制工作。

（四十二）开展乡村振兴示范创建

坚持分级负责、分类推进，采取先创建后认定方式，建设100个左右乡村振兴示范县、1 000个左右示范乡（镇）、10 000个左右示范村，聚焦乡村振兴重点任务和薄弱环节，发挥示范引领和要素集聚作用。深入推进农业现代化示范区建设，创建一批国家农业现代化示范区，建设标准体系、工作体系和政策体系，推动对建设成效明显的开展正向激励。

促进绿色消费实施方案

（国家发展改革委等部门　发改就业〔2022〕107号　2022年1月18日）

绿色消费是各类消费主体在消费活动全过程贯彻绿色低碳理念的消费行为。近年来，我国促进绿色消费工作取得积极进展，绿色消费理念逐步普及，但绿色消费需求仍待激发和释放，一些领域依然存在浪费和不合理消费，促进绿色消费长效机制尚需完善，绿色消费对经济高质量发展的支撑作用有待进一步提升。促进绿色消费是消费领域的一场深刻变革，必须在消费各领域全周期全链条全体系深度融入绿色理念，全面促进消费绿色低碳转型升级，这对贯彻新发展理念、构建新发展格局、推动高质量发展、实现碳达峰碳中和目标具有重要作用，意义十分重大。按照《中共中央 国务院关于完整准确全面贯彻新发展理念做好碳达峰碳中和工作的意见》和《2030年前碳达峰行动方案》有关要求，制定本方案。

一、总体要求

（一）指导思想

以习近平新时代中国特色社会主义思想为指导，全面贯彻党的十九大和十九届历次全会精神，深入贯彻习近平生态文明思想，落实立足新发展阶段、贯彻新发展理念、构建新发展格局的要求，面向碳达峰、碳中和目标，大力发展绿色消费，增强全民节约意识，反对奢侈浪费和过度消费，扩大绿色低碳产品供给和消费，完善有利于促进绿色消费的制度政策体系和体制机制，推进消费结构绿色转型升级，加快形成简约适度、绿色低碳、文明健康的生活方式和消费模式，为推动高质量发展和创造高品质生活提供重要支撑。

（二）工作原则

坚持系统推进。全面推动吃、穿、住、行、用、游等各领域消费绿色转型，统筹兼顾消费与生产、流通、回收、再利用各环节顺畅衔接，强化科技、服务、制度、政策等全方位支撑，实现系统化节约减损和节能降碳。

坚持重点突破。牢牢把握目标导向和问题导向，聚焦消费重点领域、重点产品和主要矛盾、突出问题，加强改革创新、攻坚克难和试点示范，鼓励有条件的地区和行业先行先试、探索经验。

坚持社会共治。充分发挥市场机制作用，更好发挥政府作用，着力调动社会各方面积极性主动性创造性，努力形成政府大力促进、企业积极自律、社会全面协同、公众广泛参与的共治格局，凝聚工作合力，形成全社会共同参与的良好风尚。

坚持激励约束并举。紧扣绿色低碳目标，深化完善消费领域相关法律、标准、统计等制度体系，优化创新财政、金融、价格、信用、监管等政策措施，形成有效激励约束机制。

（三）主要目标

到2025年，绿色消费理念深入人心，奢侈浪费得到有效遏制，绿色低碳产品市场占有率大幅提升，重点领域消费绿色转型取得明显成效，绿色消费方式得到普遍推行，绿色低碳循环发展的消费体系初步形成。

到2030年，绿色消费方式成为公众自觉选择，绿色低碳产品成为市场主流，重点领域消费绿色低碳发展模式基本形成，绿色消费制度政策体系和体制机制基本健全。

二、全面促进重点领域消费绿色转型

（四）加快提升食品消费绿色化水平

完善粮食、蔬菜、水果等农产品生产、储存、运输、加工标准，加强节约减损管理，提升加工转化率。大力推广绿色有机食品、农产品。引导消费者树立文明健康的食品消费观念，合理、适度采购、储存、制作食品和点餐、用餐。建立健全餐饮行业相关标准和服务规范，鼓励“种植基地＋中央厨房”等新模式发展，督促餐饮企业、餐饮外卖平台落实好反食品浪费的法律法规和要求，推动餐饮持续向绿色、健康、安全和规模化、标准化、规范化发展。加强对食品生产经营者反食品浪费情况的监督。推动各类机关、企事业单位、学校等建立健全食堂用餐管理制度，制定实施防止食品浪费措施。加强接待、会议、培训等活动的用餐管理，杜绝用餐浪费，机关事业单位要带头落实。深入开展“光盘”等粮食节约行动。推进厨余垃圾回收处置和资源化利用。加强食品绿色消费领域科学研究和平台支撑。把节粮减损、文明餐桌等要求融入市民公约、村规民约、行业规范等。（国家发展改革委、教育部、工业和信息化部、民政部、农业农村部、商务部、国务院国资委、市场监管总局、国家粮食和储备局等部门按职责分工负责）

（五）鼓励推行绿色衣着消费

推广应用绿色纤维制备、高效节能印染、废旧纤维循环利用等装备和技术，提高循环再利用化学纤维等绿色纤维使用比例，提供更多符合绿色低碳要求的服装。推动各类机关、企事业单位、学校等更多采购具有绿色低碳相关认证标识的制服、校服。倡导消费者理性消费，按照实际需要合理、适度购买衣物。规范旧衣公益捐赠，鼓励企业和居民通过慈善组织向有需要的困难群众依法捐赠合适的旧衣物。鼓励单位、小区、服装店等合理布局旧衣回收点，强化再利用。支持开展废旧纺织品服装综合利用示范基地建设。（国家发展改革委、教育部、工业和信息化部、民政部、住房和城乡建设部、商务部、国务院国资委等部门按职责分工负责）

（六）积极推广绿色居住消费

加快发展绿色建造。推动绿色建筑、低碳建筑规模化发展，将节能环保要求纳入老旧小区改造。推进农房节能改造和绿色农房建设。因地制宜推进清洁取暖设施建设改造。全面推广绿色低碳建材，推动建筑材料循环利用，鼓励有条件的地区开展绿色低碳建材下乡活动。大力发展绿色家装。鼓励使用节能灯具、节能环保灶具、节水马桶等节能节水产品。倡导合理控制室内温度、亮度和电器设备使用。持续推进农村地区清洁取暖，提升农村用能电气化水平，加快生物质能、太阳能等可再生能源在农村生活中的应用。（国家发展改革委、工业和信息化部、自然资源部、住房和城乡建设部、农业农村部、市场监管总局、国家能源局等部门按职责分工负责）

（七）大力发展绿色交通消费

大力推广新能源汽车，逐步取消各地新能源车辆购买限制，推动落实免限行、路权等支持政策，加强充换电、新型储能、加氢等配套基础设施建设，积极推进车船用 LNG 发展。推动开展新能源汽车换电模式应用试点工作，有序开展燃料电池汽车示范应用。深入开展新能源汽车下乡活动，鼓励汽车企业研发推广适合农村居民出行需要、质优价廉、先进适用的新能源汽车，推动健全农村运维服务体系。合理引导消费者购买轻量化、小型化、低排放乘用车。大力推动公共领域车辆电动化，提高城市公交、出租（含网约车）、环卫、城市物流配送、邮政快递、民航机场以及党政机关公务领域等新能源汽车应用占比。深入开展公交都市建设，打造高效衔接、快捷舒适的公共交通服务体系，进一步提高城市公共汽电车、轨道交通出行占比。鼓励建设行人友好型城市，加强行人步道和自行车专用道等城市慢行系统建设。鼓励共享单车规范发展。（国家发展改革委、工业和信息化部、住房和城乡建设部、交通运输部、商务部、市场监管总局、国家能源局、国家邮政局等部门按职责分工负责）

（八）全面促进绿色用品消费

加强绿色低碳产品质量和品牌建设。鼓励引导消费者更换或新购绿色节能家电、环保家具等家居产品。大力推广智能家电，通过优化开关时间、错峰启停，减少非必要耗能、参与电网调峰。推动电商平台和商场、超市等流通企业设立绿色低碳产品销售专区，在大型促销活动中设置绿色低碳产品专场，积极推广绿色低碳产品。鼓励有条件的地区开展节能家电、智能家电下乡行动。大力发展高质量、高技术、高附加值的绿色低碳产品贸易，积极扩大绿色低碳产品进口。推进过度包装治理，推动生产经营者遵守限制商品过度包装的强制性标准，实施减色印刷，逐步实现商品包装绿色化、减量化和循环化。建立健全一次性塑料制品使用、回收情况报告制度，督促指导商品零售场所开办单位、电子商务平台企业、快递企业

和外卖企业等落实主体责任。（国家发展改革委、工业和信息化部、商务部、市场监管总局、国家邮政局等部门按职责分工负责）

（九）有序引导文化和旅游领域绿色消费

制定大型活动绿色低碳展演指南，引导优先使用绿色环保型展台、展具和展装，加强绿色照明等节能技术在灯光舞美领域应用，大幅降低活动现场声光电和物品的污染、消耗。完善机场、车站、码头等游客集聚区域与重点景区景点交通转换条件，推进骑行专线、登山步道等建设，鼓励引导游客采取步行、自行车和公共交通等低碳出行方式。将绿色设计、节能管理、绿色服务等理念融入景区运营，降低对资源和环境消耗，实现景区资源高效、循环利用。促进乡村旅游消费健康发展，严格限制林区耕地湿地等占用和过度开发，保护自然碳汇。制定发布绿色旅游消费公约或指南，加强公益宣传，规范引导景区、旅行社、游客等践行绿色旅游消费。（国家发展改革委、自然资源部、生态环境部、交通运输部、商务部、文化和旅游部等部门按职责分工负责）

（十）进一步激发全社会绿色电力消费潜力

落实新增可再生能源和原料用能不纳入能源消费总量控制要求，统筹推动绿色电力交易、绿证交易。引导用户签订绿色电力交易合同，并在中长期交易合同中单列。鼓励行业龙头企业、大型国有企业、跨国公司等消费绿色电力，发挥示范带动作用，推动外向型企业较多、经济承受能力较强的地区逐步提升绿色电力消费比例。加强高耗能企业使用绿色电力的刚性约束，各地可根据实际情况制定高耗能企业电力消费中绿色电力最低占比。各地应组织电网企业定期梳理、公布本地绿色电力时段分布，有序引导用户更多消费绿色电力。在电网保供能力许可的范围内，对消费绿色电力比例较高的用户在实施需求侧管理时优先保障。建立绿色电力交易与可再生能源消纳责任权重挂钩机制，市场化用户通过购买绿色电力或绿证完成可再生能源消纳责任权重。加强与碳排放权交易的衔接，结合全国碳市场相关行业核算报告技术规范的修订完善，研究在排放量核算中将绿色电力相关碳排放量予以扣减的可行性。持续推动智能光伏创新发展，大力推广建筑光伏应用，加快提升居民绿色电力消费占比。（国家发展改革委、工业和信息化部、生态环境部、住房和城乡建设部、国务院国资委、国家能源局等部门按职责分工负责）

（十一）大力推进公共机构消费绿色转型

推动国家机关、事业单位、团体组织类公共机构率先采购使用新能源汽车，新建和既有停车场配备电动汽车充电设施或预留充电设施安装条件。积极推行绿色办公，提高办公设备和资产使用效率，鼓励无纸化办公和双面打印，鼓励使用再生制品。严格执行党政机关厉行节约反对浪费条例，确保各类公务活动规范开支，提高视频会议占比，严格公务用车管理。鼓励和推动文明、节俭举办活动。（国家发展改革委、财政部、住房和城乡建设部、国管局等部门按职责分工负责）

三、强化绿色消费科技和服务支撑

（十二）推广应用先进绿色低碳技术

引导企业提升绿色创新水平，积极研发和引进先进适用的绿色低碳技术，大力推行绿色设计和绿色制造，生产更多符合绿色低碳要求、生态环境友好、应用前景广阔的新产品新设备，扩大绿色低碳产品供给。推广低挥发性有机物含量产品生产、使用。加强低碳零碳负碳技术、智能技术、数字技术等研发推广和转化应用，提升餐饮、居住、交通、物流和商品生产等领域智慧化水平和运行效率。（国家发展改革委、科技部、工业和信息化部、生态环境部、住房和城乡建设部、交通运输部、商务部、国家邮政局等部门按职责分工负责）

（十三）推动产供销全链条衔接畅通

推行涵盖上中下游各主体、产供销各环节的全生命周期绿色供应链制度体系，推动电子商务、商贸流通等绿色创新和转型，带动上游供应商和服务商生产领域绿色化改造，鼓励下游企业、商户和居民自觉开展绿色采购，激发全社会生产和消费绿色低碳产品和服务的内生动力。鼓励国有企业率先推进绿色供应链转型。（国家发展改革委、工业和信息化部、商务部、国务院国资委等部门按职责分工负责）

（十四）加快发展绿色物流配送

积极推广绿色快递包装，引导电商企业、快递企业优先选购使用获得绿色认证的快递包装产品，促进快递包装绿色转型。鼓励企业使用商品和物流一体化包装，更多采用原箱发货，大幅减少物流环节二次包装。推广应用低克重高强度快递包装纸箱、免胶纸箱、可循环配送箱等快递包装新产品，鼓励通过包装结构优化减少填充物使用。加快城乡物流配送体系和快递公共末端设施建设，完善农村配送网络，创新绿色低碳、集约高效的配送模式，大力发展集中配送、共同配送、夜间配送。（国家发展改革委、交通运输部、商务部、市场监管总局、国家邮政局等部门按职责分工负责）

（十五）拓宽闲置资源共享利用和二手交易渠道

有序发展出行、住宿、货运等领域共享经济，鼓励闲置物品共享交换。积极发展二手车经销业务，推动落实全面取消二手车限迁政策，进一步扩大二手车流通。积极发展家电、消费电子产品和服装等二手交易，优化交易环境。允许有条件的地区在社区周边空闲土地或划定的特定空间有序发展旧货市场，鼓励社区定期组织二手商品交易活动，促进辖区内居民家庭闲置物品交易和流通。规范开展二手商品在线交易，加强信用和监管体系建设，完善交易纠纷解决规则。鼓励二手检测中心、第三方评测实验室等配套发展。（国家发展改革委、公安部、自然资源部、交通运输部、商务部、市场监管总局等部门按职责分工负责）

（十六）构建废旧物资循环利用体系

将废旧物资回收设施、报废机动车回收拆解经营场地等纳入相关规划，保障合理用地需求，统筹推进废旧物资回收网点与生活垃圾分类网点“两网融合”，合理布局、规范建设回收网络体系。放宽废旧物资回收车辆进城、进小区限制并规范管理，保障合理路权。积极推行“互联网＋回收”模式。加强废旧家电、消费电子等耐用消费品回收处理，鼓励家电生产企业开展回收目标责任制行动。因地制宜完善乡村回收网络，推动城乡废旧物资循环利用体系一体化发展。推动再生资源规模化、规范化、清洁化利用，促进再生资源产业集聚发展。加强废弃电器电子产品、报废机动车、报废船舶、废铅蓄电池等拆解利用企业规范管理和环境监管，依法查处违法违规行为。稳步推进“无废城市”建设。（国家发展改革委、工业和信息化部、公安部、自然资源部、生态环境部、住房和城乡建设部、农业农村部、商务部等部门按职责分工负责）

四、建立健全绿色消费制度保障体系

（十七）加快健全法律制度

研究论证绿色消费相关法律法规，倡导遵循减量化、再利用、资源化三原则，清晰界定围绕绿色消费所进行的采购、制造、流通、使用、回收、处理等各环节要求，明确政府、企业、社会组织、消费者等各主体责任义务。推进修订《招标投标法》和《政府采购法》，完善绿色采购政策。（国家发展改革委、工业和信息化部、司法部、财政部、商务部等部门按职责分工负责）

（十八）优化完善标准认证体系

进一步完善并强化绿色低碳产品和服务标准、认证、标识体系，加强与国际标准衔接，大力提升绿色标识产品和绿色服务市场认可度和质量效益。健全绿色能源消费认证标识制度，引导提高绿色能源在居住、交通、公共机构等终端能源消费中的比重。完善绿色设计和绿色制造标准体系，加快节能标准更新升级，提升重点产品能耗限额要求，大力淘汰低能效产品。制定重点行业和产品温室气体排放标准，探索建立重点产品全生命周期碳足迹标准。制修订工业原辅材料和居民消费品挥发性有机物限量标准。完善并落实好水效等“领跑者”制度和标准，引领带动产品和服务持续提升绿色化水平。（国家发展改革委、工业和信息化部、生态环境部、农业农村部、商务部、市场监管总局、国家能源局等部门按职责分工负责）

（十九）探索建立统计监测评价体系

探索建立绿色消费统计制度，加强对绿色消费的数据收集、统计监测和分析预测。研究建立综合与分类相结合的绿色消费指数和评价指标体系，科学评价不同地区、不同领域绿色消费水平和发展变化情况。（国家发展改革委、国家统计局等部门按职责分工负责）

（二十）推动建立绿色消费信息平台

探索搭建专门性的绿色消费指导机构和全国统一的绿色消费信息平台，统筹指导并定期发布绿色低碳产品清单和购买指南，提高绿色低碳产品生产和消费透明度，引导并便利机构、消费者等选择和采购。（国家发展改革委、商务部、市场监管总局等部门按职责分工负责）

五、完善绿色消费激励约束政策

（二十一）增强财政支持精准性

完善政府绿色采购标准，加大绿色低碳产品采购力度，扩大绿色低碳产品采购范围，提升绿色低碳产品在政府采购中的比例。落实和完善资源综合利用税收优惠政策，更好发挥税收对市场主体绿色低碳发展的促进作用。鼓励有条件的地区对智能家电、绿色建材、节能低碳产品等消费品予以适当补贴或贷款贴息。（国家发展改革委、工业和信息化部、财政部、商务部、税务总局等部门按职责分工负责）

（二十二）加大金融支持力度

引导银行保险机构规范发展绿色消费金融服务，推动消费金融公司绿色业务发展，为生产、销售、购买绿色低碳产品的企业和个人提供金融服务，提升金融服务的覆盖面和便利性。稳步扩大绿色债券发行规模，鼓励金融机构和非金融企业发行绿色债券，更好地为绿色低碳技术产品认证和推广等提供服务支持。鼓励社会资本以市场化方式设立绿色消费相关基金。鼓励开发新能源汽车保险产品，鼓励保险公司为绿色建筑提供保险保障。（国家发展改革委、财政部、人民银行、银保监会、证监会等部门按职责分工负责）

（二十三）充分发挥价格机制作用

进一步完善居民用水、用电、用气阶梯价格制度。完善分时电价政策，有效拉大峰谷价差和浮动幅度，引导用户错峰储能和用电。逐步扩大新能源车和传统燃料车辆使用成本梯度。完善城市公共交通运输价格形成机制，综合考虑城市承载能力、企业运营成本和交通供求状况，建立多层次、差别化的价格体系，增强公共交通吸引力。探索实行有利于缓解城市交通拥堵、有效促进公共交通优先发展的停车收费政策。建立健全餐饮企业厨余垃圾计量收费机制，逐步实行超定额累进加价。建立健全城镇生活垃圾处理收费制度，逐步实行分类计价和计量收费。鼓励有条件的地方建立农村生活污水和生活垃圾处理收费制度。（国家发展改革委牵头，工业和信息化部、生态环境部、住房和城乡建设部、交通运输部、农业农村部、国家能源局等部门按职责分工负责）

（二十四）推广更多市场化激励措施

探索实施全国绿色消费积分制度，鼓励地方结合实际建立本地绿色消费积分制度，以兑换商品、折扣优惠等方式鼓励绿色消费。鼓励各类销售平台制定绿色低碳产品消费激励办法，通过发放绿色消费券、绿色积分、直接补贴、降价降息等方式激励绿色消费。鼓励行业协会、平台企业、制造企业、流通企业等共同发起绿色消费行动计划，推出更丰富的绿色低碳产品和绿色消费场景。鼓励市场主体通过以旧换新、抵押金等方式回收废旧物品。（国家发展改革委、工业和信息化部、商务部、市场监管总局等部门按职责分工负责）

（二十五）强化对违法违规等行为处罚约束

发展针对绿色低碳产品的质量安全责任保障，严厉打击虚标绿色低碳产品行为，有关行政处罚等信息纳入全国信用信息共享平台和国家企业信用信息公示系统。严格依法处罚生产、销售列入淘汰名录的产品、设备行为。完善短视频直播、直播带货等网络直播标准，进一步规范直播行为，严厉打击虚假广告、虚假宣传、数据流量造假等违法违规和不良行为，禁止欺骗、误导消费者消费，遏制诱导消费者过度消费，倡导理性、健康的直播文化。（中央网信办、国家发展改革委、工业和信息化部、商务部、市场监管总局、广电总局等部门按职责分工负责）

六、组织实施

（二十六）加强组织领导

把加强党的全面领导贯穿促进绿色消费各方面和全过程。各地区要切实承担主体责任，结合实际抓紧抓好贯彻落实，不断完善体制机制和政策支持体系。各有关部门要积极按照职能分工加强协同配合，努力形成政策和工作合力，扎实推进各项任务。国家发展改革委要加强统筹协调和督促指导，充分发挥完善促进消费体制机制部际联席会议制度作用，会同相关部门统筹推进本方案组织实施。（国家发展改革委等有关部门按职责分工负责）

（二十七）开展试点示范

组织开展促进绿色消费试点示范工作，鼓励具备条件的重点地区、重点行业、重点企业先行先试、走在前列，积极探索有效模式和有益经验。广泛开展创建节约型机关、绿色家庭、绿色社区、绿色出行等行动。（国家发展改革委、民政部、住房和城乡建设部、交通运输部、国管局、中直管理局、全国妇联等部门按职责分工负责）

（二十八）强化宣传教育

弘扬勤俭节约等中华优秀传统文化，培育全民绿色消费意识和习惯，厚植绿色消费社会文化基础。推进绿色消费宣传教育进机关、进学校、进企业、进社区、进农村、进家庭，引导职工、学生和居民开展节粮、节水、节电、绿色出行、绿色购物等绿色消费实践。综合运用报纸、电视、广播、网络、微博、微信等各类媒介，探索采取群众喜闻乐见的形式，加大绿色消费公益宣传，及时、准确、生动地向社会公众和企业做好政策宣传解读，切实提高政策知晓度。（中央宣传部、国家发展改革委、教育部、民政部、农业农村部、商务部、国务院国资委、市场监管总局、广电总局、国管局、中直管理局、全国总工会、全国妇联等部门按职责分工负责）

（二十九）注重经验推广

及时总结推广各地区各有关部门和市场主体促进绿色消费的好经验好做法，探索编制绿色消费发展年度报告。持续开展全国节能宣传周、全国低碳日、六五环境日等活动，鼓励地方政府和社会机构组织举办以绿色消费为主题的论坛、展览等活动，助力绿色消费理念、经验、政策等的研讨、交流与传播，促进绿色低碳产品和服务推广使用。（国家发展改革委、生态环境部等部门按职责分工负责）

“十四五”全国农业机械化发展规划

（农业农村部　2022 年 2 月 7 日）

引　言

农业机械化是加快推进农业农村现代化的关键抓手和基础支撑。“十三五”以来，我国农业机械化取得了长足发展，形成了向全程全面高质高效转型升级的良好态势，为保障粮食等重要农产品供给安全、打赢脱贫攻坚战、全面建成小康社会提供了强有力支撑。

“十四五”时期，三农工作进入全面推进乡村振兴、加快农业农村现代化的新阶段，对农业机械化全程全面和高质量发展提出了新的更高的要求。为贯彻落实《中华人民共和国国民经济和社会发展第十四个五年规划和 2035 年远景目标纲要》、《“十四五”推进农业农村现代化规划》和《国务院关于加快推进农业机械化和农机装备产业转型升级的指导意见》有关部署，特制定《“十四五”全国农业机械化发展规划》，作为指导各地大力推进农业机械化的重要依据。

第一章　规划背景

一、发展成效

“十三五”时期，我国农业机械化迈入了向全程全面高质高效转型升级的发展时期，农业生产从主要依靠人力畜力转向主要依靠机械动力新的阶段。党中央国务院高度重视农业机械化发展。习近平总书记强调要大力推进农业机械化、智能化，给农业现代化插上科技的翅膀。全国人大常委会首次开展农业机械化促进法执法检查，强化推动农业机械化高质量发展的法治保障。国务院常务会议专题研究农业机械化工作，出台了《国务院关于加快推进农业机械化和农机装备产业转型升级的指导意见》。各地认真贯彻党中央国务院决策部署，推出了一系列加快农业机械化发展的政策举措。农业机械化管理体制机制持续优化。农业机械化管理“放管服”改革加快推进，实施农机安全监理免费政策和便民举措，取消农业机械维修技术合格证核发行政许可，开展农机驾驶培训机构“证照分离”改革试点，改革农机试验鉴定制度，推进农业机械化管理信息化。部省农业农村部门联合工业和信息化部门牵头成立了国家和省级农业机械化发展协调推进机制，统筹协调农机装备产业和农业机械化发展，国家有关部门和各地在财政补贴、装备创新、税费减免、设施用地、信贷担保、融资租赁、跨区作业、农机保险、人才培养等方面采取了系列政策支持举措。农业机械化转型升级取得明显成效。全国农机总动力达到 10.56 亿千瓦，比“十二五”期末增长 17%。农作物耕种收综合机械化率达到 71.25%，比“十二五”期末提高 7.4 个百分点，其中小麦、玉米、水稻三大粮食作物耕种收综合机械化率分别达到 97%、90%和 84%，分别比“十二五”期末提高 3.5 个、8.6 个和 6.2 个百分点，创建 614 个主要农作物生产全程机械化示范县，畜牧水产养殖、设施农业、农产品初加工、果菜茶机械化稳步发展。基于北斗、5G 的无人驾驶农机、植保无人飞机等智能农机进军生产一线。新创建 310 个“平安农机”示范县（市），深入开展农机安全隐患风险排查整治，农机安全生产形势持续稳定向好。农业机械化产业群产业链蓬勃发展，新增农机合作社 1.9 万个，农机服务组织达到 19.5 万个，“机械化部队”不断壮大，作业量和服务收入持续增长，2020 年农机作业总面积达到 70 亿亩次、作业服务收入达到 3 615 亿元，为保障粮食等重要农产品供给、促进农民增收、打赢脱贫攻坚战提供了强有力支撑。

二、面临挑战

随着农业生产进入机械化为主导的新阶段，广大农民群众和农业生产经营组织、服务组织对机械化生产的需求越来越广泛、越来越迫切，农业生产各领域对农业机械化的需求结构发生深刻变化，农业机械化在区域、产业、品种、环节上发展不平衡不充分的矛盾凸显。从区域上看，北方平原地区机械化发展较快，南方地区特别是西南丘陵山区发展较慢，典型丘陵山区县农作物耕种收综合机械化率低于 50%。从产业、品种和环节上看，主要粮食作物生产机械化水平较高，棉油糖果菜茶等经济作物生产关键环节以及畜牧业、渔业、农产品初加工、设施农业等领域机械化水平较低。推进农业机械化全程全面和高质量发展，还有许多制约因素需要攻克。一是农机产品研发制造亟待加强。部分关键核心技术、重要零部件、材料受制于人，制造工艺、重大装备等与发达国家还有较大差距，研发能力和产品性能还不能很好满足农民的需要，农机装备产业水平还不高，部分高端机具主要依赖进口，国产机具多为中低端产品，产能过剩、同质化严重，可靠性适应性亟待提升，部分领域或环节“无机可用”“无好机用”问题依然明显。二是农机农艺农田协同配套亟待加强。一些产业品种、农艺制度、种养方式及产后加工等与机械化生产不协调等问题较为明显，农机农艺融合不够紧密，影响制约农机研发、推广应用效果及作业质量与效益，集成配套的机械化生产体系和系统解决方案还不够多，尚不能充分满足农业高质量发展需要。农机作业、存放等基础设施建设依然滞后，“下田难”“作业难”“存放难”等问题还比较突出，一定程度上影响着农机装备的使用效率与寿命。三是农业机械化政策支持和管理服务有待提升。支持农机研发创新、丘陵山区农业机械化发展等方面的政策举措不够丰富。农业机械化公共服务能力仍有不足，管理服务信息化水平亟待提升，农机安全监管能力需要进一步提高。农业机械化人才总量不足、结构不优，管理人员机构改革后调整较大，专业技能亟须提升。农机维修难、维修贵等问题有待改善，不少高能耗老旧农机需要及时淘汰更新等。

三、发展需求

“十四五”时期是我国全面建成小康社会、实现第一个百年奋斗目标之后，乘势而上开启全面建设社会主义现代化国家新征程、向第二个百年奋斗目标进军的第一个五年，三农工作进入全面推进乡村振兴、加快农业农村现代化的新阶段，对农业机械化提出了新的更为迫切的要求，也为农业机械化带来了新的发展机遇。从农业农村现代化发展进程看，没有农业机械化，就没有农业农村现代化。农业农村现代化的重要标志是农业机械作业服务基本替代人力畜力作业，我国农业农村正处于机械化对人力畜力加速替代的历史进程中。随着我国城镇化、现代化持续推进，新一代农村人口加速向城镇流动，农村劳动力老龄化态势明显，青壮年劳动力短缺成为常态，农业生产人力成本逐年攀升，高素质农业从业人员短缺，解决好“谁来种地、怎样种地”的需求日益迫切，只有加快推进农业机械化，才能为农业产业安全和发展提供坚强保障，为乡村全面振兴、农业农村现代化提供坚实支撑，这同时也为农业机械化的全面发挥作用提供了广阔空间。从党中央国务院部署要求看，“十四五”全面推进乡村振兴，保障粮食和重要农产品供给，必须加快补上农业机械化短板弱项，强化农业装备的支撑保障。党的十九届五中全会审议通过的《中共中央关于制定国民经济和社会发展第十四个五年规划和二〇三五年远景目标的建议》明确提出优先发展农业农村，全面推进乡村振兴，强调深入实施藏粮于地、藏粮于技战略，强化农业科技和装备支撑。《中共中央国务院关于全面推进乡村振兴加快农业农村现代化的意见》提出“提高农机装备自主研制能力，支持高端智能、丘陵山区农机装备研发制造，加大购置补贴力度”等要求。国家“十四五”规划纲要将“农业机械化”列入现代农业农村建设工程，明确了一系列推进举措。《“十四五”推进农业农村现代化规划》部署推进农业机械化全程全面发展。这些决策部署充分肯定了农业机械化在全面推进乡村振兴、加快农业农村现代化中的重要作用，明确了“十四五”农业机械化发展的方向、重点任务和要求。从农机工业支撑能力看，农机装备产业正在向高质量发展迈进，科技创新能力持续提升，新技术、新产品、新服务、新模式、新业态不断涌现，信息化、智能化、数字化技术加快普及应用，产业链供应链自主可控能力稳步提升，为充分满足农业生产各领域对机械化的需求创造了良好条件，加快推进农业机械化将为农机装备产业做大做强注入持久的动力。

综合判断，“十四五”乃至更长时期，是我国农业机械化发展的重大战略机遇期，必须立足于全面推进乡村振兴、加快农业农村现代化的战略部署，准确把握新阶段农业机械化的历史方位，积极应对面临的挑战，加快推进农业机械化全程全面和高质量发展。

第二章 总体要求

一、指导思想

以习近平新时代中国特色社会主义思想为指导，全面贯彻落实党的十九大和十九届历次全会精神，统筹推进“五位一体”总体布局、协调推进“四个全面”战略布局，立足新发展阶段、贯彻新发展理念、构建新发展格局、推动高质量发展；在工作层面，按照保供固安全、振兴畅循环的工作定位，持续抓好保供、衔接、禁渔、建设、要害、改革重点任务，深入推进农业机械化供给侧结构性改革，着力补短板、强弱项、促协调，大力推动机械化与农艺制度、智能信息技术、农业经营方式、农田建设相融合相适应，引领推动农机装备创新发展，做大做强农业机械化产业群产业链，加快推进农业机械化向全程全面高质高效发展，为保障粮食等重要农产品有效供给、巩固拓展脱贫攻坚成果、全面推进乡村振兴、加快农业农村现代化提供有力支撑。

二、基本原则

——坚持围绕中心、服务大局。发挥机械化增产减损作用，为国家粮食安全和重要农产品有效供给提供有力支撑；发挥机械化节本增效作用，推动提高农业质量效益和竞争力；发挥机械化引领作用，促进小农户和现代农业发展有机衔接；发挥机械化驱动作用，拓宽农民就业增收空间。

——坚持政策扶持、市场主导。尊重农民主体地位和首创精神，充分发挥市场在资源配置中的决定性作用和更好发挥政府作用，持续完善农业机械化扶持政策体系，优化管理体制机制，增强公共服务供给，激发市场主体活力，充分调动企业研发生产高端先进机具和农民购机用机的积极性。

——坚持创新驱动、协调发展。持续推进农机研发制造与技术推广机制创新、服务组织形式与社会化服务机制创新、管理制度与扶持政策创新，推动创制运用新型农机装备，提升农机研发制造水平和推广应用效率效益，加快补上农业机械研发制造短板、粮食等重要农产品生产全程机械化短板和丘陵山区机械化发展短板。

——坚持系统谋划、协同推进。着眼于主要作物、重要养殖品种生产全程机械化，推进农机、农艺、农田、农业经营方式协同协调，因地制宜推动品种、种养方式、土地、机具集成，产前产中产后机具配套，技术、主体、规模、机制统筹，构建高质高效全程机械化技术体系，推进各产业、各地区机械化高质量发展。

三、发展目标

到2025年，全国农机总动力稳定在11亿千瓦左右，农机具配置结构趋于合理，农机作业条件显著改善，覆盖农业产前产中产后的农机社会化服务体系基本建立，农机装备节能减排取得明显效果，农机对农业绿色发展支撑明显增强，机械化与信息化、智能化进一步融合，农业机械化防灾减灾能力显著增强，农机数据安全和农机安全生产进一步强化。具体指标为：全国农作物耕种收综合机械化率达到75%，粮棉油糖主产县（市、区）基本实现农业机械化，丘陵山区县（市、区）农作物耕种收综合机械化率达到55%，设施农业、畜牧养殖、水产养殖和农产品初加工机械化率总体达到50%以上。农业机械化产业群产业链更加稳固，农机服务总收入持续增长，农业机械化进入全程全面和高质量发展时期。

展望2035年，我国农业机械化取得决定性进展，主要农作物生产实现全过程机械化，畜禽养殖、水产养殖机械化水平大幅跃升，设施种植、农产品初加工机械化促进农产品增值能力显著增强，“机械化+”信息化、智能化全面应用于农业机械化管理、作业监测与服务，农业生产基本实现机械化全覆盖，机械化全程全面和高质量支撑农业农村现代化的格局基本形成。

第三章　着力提升粮食作物生产全程机械化水平

一、补齐粮食生产全程机械化短板

围绕双季水稻机械化育秧移栽、南方丘陵山区玉米机种机收、冬小麦节水灌溉、马铃薯机种机收、夏大豆免耕播种、玉米大豆带状复合种植等薄弱环节以及适宜稻区再生稻、西南丘陵山区玉米和马铃薯、南方大豆、高原青稞等生产机械化，推进适用机具研发，提高机具适应性、可靠性，强化机械、栽培、品种集成配套，加强试验示范，总结推广适宜技术路线和解决方案。到2025年，水稻种植机械化率达到65%，马铃薯种植、收获机械化率均达到45%，南方玉米、大豆机种机收等水平显著提升。

二、推进粮食机械化生产关键环节减损提质

牢固树立“减损就是增产”意识，切实将减少粮食作物机收损耗浪费工作常态化，推动降低粮食生产各环节损耗浪费。完善粮食作物精量播种、机收减损作业标准和操作规范，加强粮食作物在用播种机、收获机质量调查和作业机具田间测评选型，引领企业改进播种、收获机械产品性能。多形式开展机播机收操作技能大赛、作业能手评选，提高机手规范化操作、标准化作业的意识、能力和水平。精心组织重要农时

机械化生产，注重提高机具技术状态，促进作业有序高效，最大程度减少损失。

三、构建粮食全程机械化高效生产体系

大力推进保护性耕作，促进粮食生产机械化与耕地保护相得益彰。加快选育宜机化粮食品种，提升育种机械化水平，推进良种良机协同。深入推进主要粮食作物生产全程机械化，探索适合不同作物、不同区域、不同规模的全程机械化生产模式，形成高效机械化技术路线和解决方案。加快种子处理、高效植保、产地烘干、秸秆综合利用等环节与耕种收环节机械化集成配套，推动建立健全区域化、标准化的高质量粮食机械化生产体系。

第四章　大力发展经济作物生产机械化

一、提升大宗经济作物全程机械化生产水平

紧盯主要区域、重点作物机械化生产薄弱环节，加快补齐机具短板，推进农机农艺融合，着力完善生产模式、细化技术路线，推进全程机械化生产。重点在黄河流域、长江流域棉区推广棉花标准化种植与机械化采摘技术，在新疆棉花优势区推进适宜机采的长绒棉机械化收获技术，在长江流域冬油菜产区推广高效种植与低损收获机械化技术，在花生优势产区推广夏花生免膜种植与果秧兼收机械化技术，在南方甘蔗优势区推广糖料蔗联合收获机械化技术，在甜菜优势产区推广高效种植与快速收获机械化技术。到2025年，棉花、甘蔗收获机械化率分别达到65%和30%，花生种植、收获机械化率分别达到65%和55%，油菜种植、收获机械化率分别达到50%和65%。

二、突破特色经济作物生产关键环节机械化

加快特色经济作物生产关键环节机械化技术创新与集成应用。推进露地规模种植基地蔬菜精密播种、标准化育苗、高效移栽等机械化技术示范推广，发展叶类和根茎类作物收获机械化，推广花类、茄果类蔬菜采摘辅助平台。推动标准化果园茶园建设，加快适用装备研发推广，为实现开沟施肥、除草打药、节水灌溉、修剪采摘等生产环节机械化创造条件。因地制宜推进中药材、热带作物等区域特色特产作物生产机械化，着力突破机收环节瓶颈。

三、加快推进设施种植机械化

围绕设施种植产业优势区域，积极推进设施布局标准化、建造宜机化、作业机械化、装备智能化、服务社会化。制修订适宜不同地区的温室设施结构与建造标准，推广节能型设施建造材料和低能耗电动设施装备，加快补上精量播种、育苗嫁接、移栽和收获、废弃物处理等环节技术装备短板，普及土地耕整、灌溉施肥、电动运输、水肥一体化设施以及多功能作业平台等技术装备，推广环境自动调控、水肥一体化和作物生长信息监测等机械化信息化技术，探索开展嫁接、授粉、巡检、采收等农业机器人示范应用。到2025年，塑料大棚、日光温室和连栋温室为主的种植设施总面积稳定在200万公顷左右。

第五章　加快发展畜禽水产养殖机械化

一、推进主要畜禽规模化养殖全程机械化

健全完善畜牧业机械化技术标准体系，制定生猪、蛋鸡、肉鸡、奶牛、肉牛、肉羊等主要畜种规模化养殖设施装备配套技术规范。加强畜禽品种、养殖工艺、设施装备集成配套，着力改善中小规模养殖场（户）设施装备条件，巩固提高饲草料生产与加工、饲草料投喂、环境控制等环节机械化水平，推动构建区域化、规模化、标准化、信息化的畜禽养殖全程机械化生产模式。加快解决疫病防控、畜产品采集加工、粪污收集处理与利用等薄弱环节机械装备应用难题，推广应用先进适用畜禽养殖机械装备技术。到2025年，生猪、蛋鸡、肉鸡规模化养殖机械化率达到70%以上，奶牛、肉牛、肉羊规模化养殖机械化率分别达到80%、50%、50%以上。

二、构建水产绿色养殖全程机械化体系

推动设施装备运用与绿色养殖方式发展相适应，促进养殖品种、工艺、设施与机械装备协同联动，健全水产养殖机械化标准体系，加快水产养殖全程机械化及水质监控、水草管护、尾水处理等设施装备的集成配套。完善池塘标准化建设规范，建立健全养殖池塘维护修缮及设施装备管护长效机制，推进养殖池塘

标准化宜机化建设。围绕发展生态健康养殖，开展养殖模式试验优化，总结推广绿色养殖全程机械化解决方案。到2025年，工厂化、集装箱式和池塘工程化等循环水养殖基本实现机械化。

三、推广绿色高效养殖装备技术

加快优质饲草青贮、农作物秸秆饲料制备、畜禽粪污肥料化利用等机械化技术推广应用，推动构建农牧配套、种养结合的生态循环模式。遴选推广畜牧水产绿色高效养殖机械化新技术、新装备、新工艺、新模式，示范推广精准饲喂、智能环控、疫病防控、高效粪污资源化利用、病死畜禽无害化处理、水质净化处理等高效专用技术装备。

第六章　积极推进农产品初加工机械化

一、推进绿色高效农产品初加工机械装备研发应用

加快推进利用太阳能、空气能等清洁能源的绿色高效农产品初加工技术装备研发和推广应用。以农产品初加工重要环节和空白领域为重点，推动快速预冷、节能干燥、绿色储藏、低温压榨、高效去皮脱壳、清洁分等分级及畜禽屠宰、冷链物流等关键技术与装备研发制造。围绕果蔬、畜禽、水产品等鲜活农产品保质增值，发展预冷、保鲜、冷冻、清洗、分级、分割、包装等初加工机械。围绕粮食、油料、棉花等耐储农产品减损增效，发展脱壳、清选、烘干、储藏和膨化保鲜等初加工机械。围绕杂粮、茶叶、中药材等特色农产品开发做强，发展碾磨粉碎、混合调制、切分干制、理条成型、精选分级等初加工机械。

二、加强农产品初加工机械化体系建设

加强农机装备与农产品初加工工艺融合研究，总结推出一批农产品初加工全程机械化解决方案和高水平示范应用场景。推进粮食减损等农产品初加工机械装备成套化，探索示范成套装备与配套设施集成一体化发展，提升农产品初加工工程化水平。探索发展"互联网＋初加工机械化"，推动农产品初加工重点环节装备应用实时信息采集和智能管控系统，鼓励生产主体进行设施与装备物联化、智能化升级改造，推进农产品初加工机械化与信息化、智能化融合发展。制定健全农产品初加工机械与成套装备技术标准，加强技术设施设备筛选评价，提升试验鉴定能力，加快推广应用。大力推进农产品初加工机械社会化服务，积极探索发展农产品初加工生产托管、订单作业、承包服务等新模式、新业态。紧盯脱贫地区特色农产品提质减损增效，突出就地就近，推动建立分区域、分产业、分规模的农产品初加工适配装备体系和技术服务模式，助力巩固拓展脱贫攻坚成果。

第七章　加快补齐丘陵山区农业机械化短板

一、推进适宜装备研发推广

积极发展丘陵山区农业生产高效专用农机，推动丘陵山区通用动力机械装备及特色作物生产、特种养殖需要的高效专用农机研发，增加装备供给。强化需求引领，推进协同合作，积极创设项目，推动产学研推用紧密结合，加快丘陵山区适用农机装备创新和机械化技术的推广应用。大力推进丘陵山区适用农机专项鉴定，落实农机新产品购置补贴试点政策，加快适宜当地产业需求的农机具研发成果转化应用。

二、推进农田宜机化改造

深入开展丘陵山区农田宜机化改造需求摸底，根据丘陵山区地形、地貌特点以及不同作物生产需求，因地制宜明确田间道路、田块长度宽度与平整度等宜机化要求，提出适宜不同地形特点的改造技术方案。完善丘陵山区农田宜机化改造技术标准和评价规范，构建农田宜机化改造标准体系。强化投入成本与收益分析的测算分析，推动各方面资金投入开展宜机化改造，持续改善农机通行和作业条件。

三、推进作业服务模式创新

积极发展"新型农业经营主体＋全程机械化＋综合农事服务中心""新型农业经营主体＋适度规模＋全程机械化""新型农业经营主体＋规模化＋特色优势产业＋全程机械化"等机械化生产、社会化服务多样化模式，引领丘陵山区农业机械化发展。加快推动种养品种、栽培制度、养殖模式、生产规模及产后加工等全方位"宜机化"，大力推动良种良法良田良机良制相配套。加快提升丘陵山区农业机械化技术推广

服务能力，通过政府购买服务等方式，引导多元社会力量积极参与公益性技术推广。

第八章　加快推动农业机械化智能化、绿色化

一、推动智能农机装备技术创新

推动农机导航、农机作业管理和远程数据通信管理等技术系统集成，加快农机装备作业传感器、智能网联终端等关键技术攻关，推进农机作业监测数字化进程。围绕农田精细平整、精准播种、精准施肥、精准施药，创制智能化机具装备，提升精准作业技术水平。推进北斗自动导航、ISOBUS（农机总线）、高压共轨、动力换挡、无级变速、新能源动力、机电液一体化等技术在农机装备上的集成应用，加快创新发展大型高端智能农机装备，推进畜禽水产养殖装备信息化、智能化，促进智慧农业示范应用。

二、示范运用智能化技术

积极引导高端智能农机装备投入农业生产，加快提升农机装备“耕、种、管、收”全程作业质量与作业效率。大力推广基于北斗、5G的自动驾驶、远程监控、智能控制等技术在大型拖拉机、联合收割机、水稻插秧机等机具上的应用，引导高端智能农机装备加快发展。加快播种、施肥施药、收获等环节智能装备的广泛应用，推动设施园艺、畜禽水产养殖、农产品初加工的机械化、自动化、智能化装备应用。

三、推进机械化生产数字化管理

加快机械化生产物联网建设，推广应用具有农机作业监测、远程调度、维修诊断等功能的信息化服务平台，实现对重要农时机械化生产的信息化管理与调度。推广应用手机APP、人脸识别、补贴机具二维码管理和物联网监控等技术，加快农机购置补贴业务全流程线上高效安全办理。提升农机试验鉴定、安全监理、质量监督等业务信息化管理水平，努力实现农机购置补贴、试验鉴定、安全监理、质量监督等数据信息互联互通，提升政策实施质量和效率。大力推进农机智能装备数据服务标准体系建设，引领农业机械化管理、农机作业监测、农机作业服务供需对接向数字化转型，做好机械化生产数据安全管理。

四、推进农机节能减排

加快绿色智能农机装备和节本增效农业机械化技术推广应用，推进农机节能减排，助力实施农业碳达峰、碳中和。支持推动非道路移动机械排放标准由国三升级国四，实施更为严格的农机排放标准，因地制宜发展复式、高效农机和电动农机装备，减少废气排放。大力示范推广节种节水节能节肥节药农业机械化技术，加快侧深施肥、精准施药、节水灌溉、高性能免耕播种等机械装备推广应用，减少种子、化肥、农药、水资源用量。加大粪肥还田、秸秆还田离田、残膜捡拾回收等农业废弃物回收及资源化利用适用高效机械装备的研发推广力度，支撑循环利用农业废弃物。培育壮大新型农机服务组织，提供高效便捷农机作业服务，提升作业效率，降低能源消耗。全面实施农机报废更新补贴政策，加快淘汰能耗高、作业损失大、安全性能低的老旧农机，促进农机安全生产、节能减排和结构调整。

第九章　做大做强农业机械化产业群产业链

一、壮大农机作业社会化服务

培育壮大农机作业服务公司、农机合作社、农机服务专业户等农机社会化服务主体，鼓励农机服务主体创新服务方式，推进农机社会化服务向农业生产全过程、全产业延伸，推动农业适度规模经营，促进小农户和现代农业发展有机衔接。支持农机社会化服务区域中心建设，推广“全程机械化+综合农事”服务模式，广泛开展农业生产托管。加强救灾防灾专用农机装备储备建设，提升农机应急抢收抢种抢烘及排涝抗旱服务能力。鼓励大中专毕业生、退伍军人、科技人员等创办领办新型农机服务组织，引导鼓励农机服务主体与家庭农场、种植养殖大户、农民合作社及农业企业等规模生产主体构建农业生产服务联合体，探索实现农机互助、设备共享、互利共赢的有效方式，提高农机使用效率。

二、推动农机销售、维修及零配件供应产业发展

引导农机流通体系，完善农机售后服务功能，提升售后服务水平，便利农民购买、维修、使用农机。深入贯彻落实国务院关于取消农业机械维修技术合格

证核发的决定，制定农业机械维修服务规范，推动农机维修服务方式创新，激发农机维修市场活力，为农机手提供便捷高效的维修服务。积极推动运用大数据平台技术建设便捷高效的农机销售、维修及零配件供应网络，提升农机流通信息化、规模化水平。

三、推进农机技能培训和职业教育发展

推动农机职业技能开发体系建设，强化大纲制定、教材编写、课件选推等基础工作，有效利用企业现场设备和场所开展培训服务，充分发挥农机培训机构、生产企业、农机合作组织等社会力量的主体作用，壮大农机实用技能培训规模，提高农机技能培训质量。引导相关高校面向农业机械化转型升级开展新工科研究与实践，构建产学合作协同育人项目实施体系。推动实施产教融合、校企合作，支持优势农机企业与学校共建共享工程创新基地、实践基地、实训基地，加快农机职业技能教育发展。

第十章　切实加强农机安全管理

一、严格落实安全监管责任

深入学习贯彻习近平总书记关于安全生产重要论述，树牢安全发展理念，统筹发展和安全，坚持管行业必须管安全、管业务必须管安全、管生产经营必须管安全，建立健全农业农村部门牵头，农机安全监理机构、农业综合执法机构和行政审批机构分工负责的农机安全生产监管责任制。严格履行安全监管职责，依法核发拖拉机和联合收割机牌证，做好驾驶人培训和考试管理，严格农机安全技术检验。强化安全检查和隐患排查，加强重要节假日、重要农时和重要活动等关键时点的安全生产督导检查，严查严处违法违规行为。建立手扶变型运输机等只有运输功能、无农田作业功能的变型拖拉机退出机制，加快清零。切实加强安全生产监管执法，有效遏制农机发生较大以上安全事故。

二、不断提升安全监管能力

深化“平安农机”创建活动，将创建工作纳入政府安全生产考核内容，优化创建方案，完善选拔推荐机制，每年推出一批全国“平安农机”示范市和示范县。深入开展全国“安全生产月”“安全宣传咨询日”和安全宣传“五进”活动，创新宣传形式、丰富宣传内容，提升安全宣传效果。常态化组织农机事故应急演练，加强事故原因分析，完善预防措施，规范农机事故处理认定。加强农机安全监管和应急救援，更新升级基层农机安全监管装备，推进农机安全监管信息化建设，推进农机安全监管数据全国系统内实时共享。加强农机安全监管队伍建设，组织开展岗位知识和技能培训，实现岗位练兵常态化，推行专业岗位持证上岗，培养造就高素质农机安全监管队伍。突出加强乡村农机安全监管力量建设，推进农机安全“网格化”管理。

三、推进驾驶培训制度改革

贯彻国务院“放管服”改革要求，落实全国人大常委会关于修改《中华人民共和国道路交通安全法》的决定，做好农机驾驶培训机构由“资格管理”向“监督管理”的转换。进一步拓宽培训渠道，鼓励农机教学、生产、推广、社会化服务等机构发挥优势开展驾驶培训业务，解决农民学机难、学机不方便的问题。完善拖拉机和联合收割机相关培训制度规范，优化培训内容，创新培训方式，强化驾驶培训工作事中事后监管，提高培训质量，严把考试关口，确保农机手全面掌握安全生产知识和驾驶操作技能。

第十一章　强化支持发展政策举措

一、编制并实施农机装备补短板行动计划

紧盯农业产业发展需求，分区域、分产业、分品种、分环节全面摸清农业机械短板，组织制定农机短板技术装备需求目录，引导科研院所和农机企业等向农业机械补短板聚焦用力。联合有关部门、有关地区和优势领军企业，聚焦解决“一大一小”问题，开展大型大马力高端智能农机装备和丘陵山区适用小型机械推广应用先导区建设，谋划农机装备研发创新重点项目。科学布局和建设“现代农业装备”“设施农业工程”学科群重点实验室、全程机械化科研基地，为农机农艺融合研究创造条件。推动产学研深度融合，支持开展智能农机装备、农业机器人等重点项目研究。推动智能农机装备技术重点实验室和协同创新中心建设，支持地方打造农机产业链发展高地和农机装备创新联盟、基地，主动服务研发制造需求，拓展农机应用场景，培育壮大应用主体，加大政策牵引推动，持续优化市场环境。健全完善农机试验鉴定大纲和农业机械化标准体系，促进科技成果转化应用。

二、强化政策支持投入

稳定实施农机购置与应用补贴政策，充分发挥政策实施的导向作用，着力稳重点、扩范围、优服务、强监管、提效能，突出优机优补、奖优罚劣，加大对智能、高端安全农机装备支撑力度，持续提升政策实施精准化、规范化、便利化水平。开展农机购置综合补贴试点，选择部分有条件、有意愿的省份和中央直属垦区探索创新补贴资金使用与管理方式，实施购置补贴与作业补助、贷款贴息、融资租赁承租补助等相结合的补贴方式。加大农机报废更新补贴力度。支持农机服务主体开展深松深耕、机播机收和生产托管服务，落实好东北黑土地保护性耕作行动计划免（少）耕播种作业补助政策。推动设施农业用地、新型农业经营主体建设用地、农业生产用电、税费减免等相关政策落实落地，鼓励集体经济组织、农机社会化服务组织等主体以各种形式开展机库棚、机耕道、烘干机塔等基础条件建设，加强农机抢种抢收抢烘服务能力建设。结合高标准农田建设等工作，积极推进地方政府债券和有关资金支持开展丘陵山区农田宜机化改造。推动创新农机金融保险服务，探索将权属清晰的大型农机装备纳入农村资产抵押担保融资范围，鼓励开展农机保险。创新国际交流模式，以农业服务贸易为抓手，带动农机优势产能走出去，服务“一带一路”建设，推动先进农机技术及产品“走出去”。

三、加强人才队伍支撑

把“人才强机”作为农业机械化全程全面和高质量发展的重大战略，坚持“服务发展、人才优先、以用为本、创新机制、高端引领、整体开发”的方针，推进农业机械化人才队伍建设。围绕提升科技创新能力，增强农机装备研发制造供应链产业链自主可控水平，引导和推动高等院校、科研院所、优势领军企业以及行业协会、学会等各相关方发挥自身优势，全方位培养、发现、引进创新型、应用型、复合型及领军型农机科研人才。围绕提升公益服务能力，大力开展技术推广、试验鉴定专业技术人员的培训和再教育，建设素质过硬、作风扎实、结构合理、充满活力、开拓创新的农业机械化公益服务人才队伍。围绕提升执法监管能力，加强农机安全监管执法人员教育培训，积极发展乡村安全监理管理员或协管员队伍，切实筑牢农机安全生产监管防线。鼓励支持乡村农机人员参加高素质农民培育计划和学历提升行动，大力开展农机作业服务人员技能培训等职业教育，遴选培养农机使用一线“土专家”，不断壮大基层农机实用人才队伍。

四、提升法治保障能力

推动各级农业机械化管理干部和技术服务人员深入学习贯彻习近平法治思想，积极学习宣传农业农村和农业机械化法律法规，不断提升自觉运用法治思维、法治方式推动发展、化解矛盾、解决问题的能力。全面贯彻落实全国人大常委会农业机械化促进法执法检查要求，加强推动农业机械化高质量发展的法治保障。落实国务院“放管服”改革的部署要求，做好农机维修管理规定、拖拉机驾驶培训管理办法等规章制度的修订，持续推进依法行政建设。强化农业机械化法律法规普法宣传，创新宣传教育方式，推动法律法规进村进户，将普法融入日常管理服务工作中，切实提高农民机手、农机企业、农机服务组织自觉守法意识和依法维权能力，营造良好法治氛围。

第十二章　强化规划实施保障

一、加强组织领导

各级农业农村部门要把规划实施列入重要议事日程，做好各省农业机械化发展规划与本规划的衔接，制定具体措施，明确实施要求，组织调动全系统力量，确保规划任务落到实处。充分发挥国家和省级农业机械化发展协调推进机制的作用，加强统筹协调，合力推进“十四五”农业机械化发展。积极争取各级党委政府的重视支持，推动将农业机械化发展列入粮食安全党政同责考核、乡村振兴考核内容，加快农业机械化向全程全面和高质量发展升级。

二、加强督促指导

组织各地开展以基本实现农业现代化为目标的农业机械化发展目标任务研究，以规划为指引，分区域、分产业、分品种、分环节明确各地“十四五”农业机械化发展的目标任务、存在的短板弱项及相应的政策举措，并定期评估工作进展落实情况，推进规划落细落小。研究制定基本实现农业机械化评价指标和监测办法，开展农业机械化全程全面高质量发展情况监测，构建全面统计、区域评价、定向监测相结合的农业机械化发展动态监测体系，及时发布监测结果，指导规划实施。适时委托第三方机构开展规划实施情况评估，及时发现解决规划实施过程中的问题，推动完成好规划目标任务。

三、动员社会参与

充分调动社会各界支持农业机械化、关心农业机械化发展的积极性和主动性，搭建社会广泛参与平台，构建政府、社会、市场协同推进的工作格局。因地制宜、分类指导，及时总结推广各地推动农业机械化转型升级的好经验、好做法，发挥好典型引领作用。主动加强与新闻媒体的沟通合作，多渠道、多形式开展宣传报道活动，切实加大对农业机械化宣传的力度、广度和深度，讲好农业机械化故事，营造全社会广泛关注和支持的良好氛围。

专栏 1 “十四五”农业机械化主要指标

序号	指标	单位	2020 年基期值	2025 年目标值	指标属性
1	农机总动力	亿千瓦	10.6	11	预期性
2	农作物耕种收综合机械化率	%	71	75	预期性
3	丘陵山区县（市、区）农作物耕种收综合机械化率	%	49	≥55	预期性
4	设施农业机械化率	%	41	≥50	预期性
5	畜牧养殖机械化率	%	36	≥50	预期性
6	水产养殖机械化率	%	32	≥50	预期性
7	农产品初加工机械化率	%	39	≥50	预期性

专栏 2 农作物机械化生产重点工作和重要项目

01 农作物生产全程机械化示范县创建

以粮食作物为重点，以补短板、强全程、提水平为核心，创建 300 个农作物生产全程机械化示范县。

02 东北黑土地保护性耕作行动计划

在辽宁省、吉林省、黑龙江省和内蒙古自治区赤峰市、通辽市、兴安盟、呼伦贝尔市等适宜区域全面推广保护性耕作，实施面积达到 1.4 亿亩。

03 农机深松整地

以打破犁底层、提高土壤蓄水保墒能力为目标，在适宜地区推动开展农机深松深耕整地作业，促进耕地质量改善和农业可持续发展，每年完成作业面积不少于 1 亿亩。

04 特色经济作物适宜品种生产全程机械化典型案例遴选发布

依托典型甘蓝类、小叶类、根茎类蔬菜生产基地和标准果园茶园，以及中药材、热作、杂粮规模种植基地，开展全程机械化技术试验示范，遴选适宜机具，总结技术路线，提炼生产模式，发布 100 个全程机械化典型案例。

05 设施农业全程机械化示范县创建

以优势区域为重点，推动蔬菜、花卉、果树、食用菌、中药材等设施种植主要品种生产全程机械化技术装备体系和社会化服务体系建设，创建 150 个左右设施农业全程机械化示范县。

专栏 3 畜禽水产养殖和农产品初加工机械化重点工作

01 规模养殖全程机械化示范县创建

突破重要养殖产品重点环节的机械化生产，推进畜禽水产养殖机械装备与养殖工艺融合，创建 150 个左右规模养殖全程机械化示范县。

02 机械化助力畜禽水产育制种和工程防疫机具遴选推荐

加快畜禽水产育种机械装备和清洗消毒、病媒防控、隔离转运、空气净化、病死无害化处理等疫病防控机械装备技术的示范推广，总结形成不同品种选育、制种和工程防疫的机械化解决方案，遴选推介一批先进适宜机具。

03 绿色高效农产品初加工机械化典型案例遴选发布

围绕推进技术工艺、装备集成配套，提高烘干清理、储藏保鲜、磨制压榨、切分粉碎、分级包装等重要环节机械化、智能化水平，建设粮食烘储中心、果蔬加工中心等，遴选发布 50 个以上典型案例。

专栏 4 丘陵山区机械化发展重点工作和重要项目

01 丘陵山区高效专用农机研制与应用

制定发布丘陵山区机械化生产技术装备需求目录及补短板优先顺序，引导科研院所和农机生产企业等向短板弱项机具研发聚焦用力，加快适宜丘陵山区产业需求的农机具成果转化和推广应用。

02 丘陵山区农田宜机化改造

因地制宜推进丘陵山区农田以地宜机，鼓励新型经营主体开展农田宜机化改造，持续改善农机作业条件，扩展大中型农机运用空间，力争改造面积达到200万亩以上。

专栏5 农业机械化智能化应用重点工作和重要项目

01 农机智能物联水平提升

综合运用北斗、5G、物联网、大数据等技术，推进农机物联网管理平台建设，提升农业机械化生产状况动态监测、农机作业指挥远程调度和应急处理水平。

02 农机作业北斗监测推广

大力推进农用北斗终端产品在农机上的应用，推广应用加装北斗终端的农业机械不少于50万台。

03 农机精准作业技术装备应用

加大农田精细平整、精准播种、变量施肥、精准喷洒、智能收获和自动驾驶等精准农业技术应用，建立典型区域、大宗作物的智慧生产技术体系，推进智慧农场、智慧牧场、智慧渔场建设。

04 农业机械化管理服务信息化建设

构建全国农业机械化管理服务系统，实现农机试验鉴定、安全监理、技术推广、运用指导、质量监督、公共服务、发展监测和基础信息管理服务系统互联互通。

专栏6 农业机械化产业群产业链重点工作和重要项目

01 农机作业服务新模式新业态培育

大力发展农业生产托管和“智能化＋农机作业”“全程机械化＋综合农事服务中心”等农机服务新模式新业态，支持引导农机服务主体通过跨区作业、订单作业、农业生产托管、数字化应用等多种形式，开展高效便捷的农机作业服务。

02 专业农机手培训行动

以粮食作物机收减损、水稻机械化栽植、东北黑土地保护性耕作、主要农作物全程机械化生产等内容为重点，大力开展基层一线专业农机手培训，加快农业机械化主推技术到位率，切实提升机手关键环节操作水平和作业质量。

03 机械化防灾减灾能力提升

加强农机服务组织防灾减灾能力建设指导，认真分析总结各地自然灾害发生规律和特点，指导农机服务组织科学合理配置作业机具，加强农机手应急救灾防灾技能培训，促使农机保有量和类型结构满足救灾防灾需要，灾害发生时适用农机装备供得上、用得好。

专栏7 农机安全生产重点工作和重大行动

01“平安农机”示范创建

会同应急管理部门组织新一轮“平安农机”创建活动，创新工作形式，每年推出一批全国“平安农机”示范市和示范县，充分发挥典型引领作用。

02 拖拉机“亮尾工程”

强化注册登记、安全检验和安全检查，推进拖拉机运输机组灯光齐全并粘贴反光标识，未粘贴反光标识的不予注册登记、不予通过检验；鼓励其他上道路行驶的农业机械粘贴反光标识、悬挂反光警示牌或插挂反光警示旗。

03 变型拖拉机“清零工程”

持续开展变型拖拉机专项整治，按照严于低速载货汽车的强制报废年限规定，制定各地存量变型拖拉机清零进度表，多方争取政策加大报废力度，严格做到期满报废，2025年前全部清零。

04 老旧农机报废更新

推进老旧拖拉机、联合收割机、水稻插秧机、机动喷雾（粉）机、机动脱粒机、饲料（草）粉碎机、铡草机等农机淘汰更新，推广新能源技术，加快绿色、智能、复式、高效农业机械化技术装备普及应用。

专栏8 农业机械化行业发展和监管能力建设重点工作和重要项目

01 农业机械化科技创新能力条件建设

围绕加快补上农业机械短板，加大农业机械重要装备研发与试验集成力度，增强农业机械化产业链供应链自主可控能力，新建设10个左右农业机械化领域重点实验室和20个以上全程机械化科研基地，巩固完善已建成实验室和科研基地。

02 农机试验鉴定能力提升

布局建设国家农机试验鉴定中心、区域站及专业站，统筹推进推广鉴定、专项鉴定及农机产品质量认证协调实施，有效满足农业各产业所需农机产品的鉴定认证需求，有力支撑农机科技创新和农机购置与应用补贴等重大政策实施。

03 农业机械化标准体系建设和质量监督

完善农机试验鉴定大纲和农业机械化标准技术体系，推进农业机械化管理服务标准化、规范化发展，制修订农业机械化标准100项、农机鉴定大纲200项；开展在用农业机械质量调查，充分反映产品质量状况，促进企业加快技术进步。

04 农业机械化管理及技术人员培训

围绕提升组织管理能力，推动各地利用2～3年左右的时间完成各级农业机械化行政管理人员轮训；组织开展农机推广、鉴定、安全监理等专业技术人员培训，拓展培训渠道，创新培训方式，加快农机技术人员知识更新、专业技能提升，培训补充专业人才。

关于印发《“十四五”全国渔业发展规划》的通知

（农业农村部 农渔发〔2021〕28号 2022年01月06日）

有关省、自治区、直辖市农业农村、渔业厅（局、委），计划单列市渔业主管局，中国农业发展集团有限公司，中国远洋渔业协会，中国水产科学研究院黄海水产研究所、东海水产研究所，上海海洋大学：

为深入贯彻落实《“十四五”推进农业农村现代化规划》《“十四五”全国渔业发展规划》，推进远洋渔业转型升级，促进远洋渔业规范有序高质量发展，提出以下意见。

一、总体要求

（一）指导思想

坚持以习近平新时代中国特色社会主义思想为指导，深入贯彻党的十九大和十九届历次全会精神，认真落实党中央、国务院决策部署，牢牢把握稳中求进总基调，立足新发展阶段、贯彻新发展理念、构建新发展格局、推动高质量发展。深化供给侧结构性改革，稳定扶持政策，强化科技创新，提高渔船装备现代化水平。控制产业规模，促进转型升级，坚持规范管理，推进企业做大做强，延长产业链，提高发展质量和效益。深度参与全球海洋治理与国际规则制定，加强多双边渔业合作交流。

（二）基本原则

——坚持绿色发展。支持绿色、环保的资源利用方式，完善可持续的产业发展体系。合理调控船队规模，科学布局作业区域，持续强化规范管理，严厉打击非法、不报告、不受管制（IUU）渔业活动，主动参与全球渔业治理，切实履行国际责任义务，树立负责任国家形象。

——坚持合作共赢发展。深入践行“海洋命运共同体”理念，深化远洋渔业对外交流，多渠道、多形式开展互利共赢合作，进一步巩固多双边政府间渔业合作机制，提升“走出去”水平，带动合作国家和地区渔业发展。

——坚持全产业链发展。加强区域协同，鼓励分工互补，促进上下游产业协同进步、国内外市场融合畅通。以远洋渔业基地建设为核心，拓展水产品加工、储藏及渔船修造等领域，积极发展水产养殖，构建远洋渔业全产业链发展新格局。

——坚持安全稳定发展。坚持人民至上、生命至上，统筹发展和安全，强化涉外安全事件的监测预警、应急处置和舆情应对。压实企业和船员安全生产、风险保障和疫情防控主体责任，提升生产经营管理能力和安全保障水平，确保不发生重特大安全事件。

（三）主要目标

到2025年，远洋渔业总产量稳定在230万吨左右。严格控制远洋渔船规模，进一步提升装备机械化、信息化、智能化水平。稳定远洋渔业企业数量，远洋渔业企业整体素质和生产效益显著提升，违规事件和安全事故明显下降。区域与产业布局进一步优化，全球渔业资源调查能力逐步提高，监督管理和国际履约措施不断完善。

二、优化远洋渔业区域布局

（四）巩固提升大洋性渔业

金枪鱼。稳定金枪鱼渔业规模，优化船队生产布局。与资源丰富的沿海国家和地区开展长期友好互利合作，根据资源国发展需求，适时推进渔业合作项目建设，带动资源国渔业经济发展。全面落实国际金枪鱼养护管理措施，进一步健全与之相适应的技术支撑和监督管理体系。完善上中下游产业布局，建立产业发展促进平台，加强金枪鱼全产业链建设，提升产业效益；积极培育国内金枪鱼市场，加大市场开拓力度，设立区域金枪鱼交易中心，研究开发“中国远洋金枪鱼指数”，引导价格形成机制，打造一批高端知名品牌。

鱿鱼。稳步发展远洋鱿鱼渔业，控制渔船规模，合理利用北太平洋渔场，调控西南大西洋渔场，优化东南太平洋渔场，稳妥开发印度洋渔场。通过政策引导和履约评价机制，优化鱿鱼渔业生产布局，鼓励发展精深加工，拓展产品市场，提升发展质量。加强鱿鱼全产业链建设，规范产品质量标准，建立渔获可追溯认证体系。逐步完善大洋性鱿鱼产卵场保护和自主休渔制度，全面推广电子渔捞日志和科学观察员制度，探索实行配额捕捞，推进鱿鱼合法捕捞证明制度。积极参与区域渔业管理组织事务，增强鱿鱼渔业履约能力。做大做强中国远洋鱿鱼交易中心，加强“中国远洋鱿鱼指数”开发和应用，引领全球鱿鱼资源的科学养护和可持续利用。

中上层鱼类。合理调控中上层鱼类捕捞船队规模。加强海上转载和运输船监管，规范中上层鱼类渔业活动。加强“灯光诱鱼”在围网作业方式中的替代性技术研究和应用。开展气候变化背景下中上层鱼类资源变动规律研究，增强资源中长期预测能力。加强中上层鱼类资源调查和评估，提升在相关区域渔业管理组织中的科学研究参与能力。

极地渔业。稳妥有序推进南极海洋生物资源开发，合理调控南极磷虾捕捞渔船规模。积极参与南极海洋生物资源养护委员会事务，严格落实养护措施，全面提高履约能力。合作开展资源调查，推进后备渔场储备开发。优化加工产品结构，开发磷虾油等精深加工产品，适应市场消费需求。加强北极渔业资源科学研究，积极参与北极渔业事务。

（五）规范优化过洋性渔业

精细化管理传统合作区。巩固西非和东南亚等传统区域合作，优化生产布局，加强区域协同，控制入渔企业数量，加快推进老旧渔船更新改造，合理调控船队规模，避免无序竞争，减少频繁转场。加强双边合作，优化信息沟通交流机制，共同打击违规作业，稳定提升互利共赢合作水平。拓展发展领域，探索开展水产养殖的可行途径。

积极开发新兴合作区。推进与东非和南太等新兴地区合作，创新合作模式，拓展发展空间。推进政府间渔业合作，建立高起点的合作关系。融合当地发展需求，盘活现有渔船，发展水产养殖，鼓励全产业链深度合作，带动当地经济社会协调发展。

稳步拓展潜力合作区。开展与拉美、西亚、南亚等地区合作，加强对入渔国家和地区渔业管理法律法规和政策体系的研究，建立健全入渔风险评价机制。稳步推进双边合作，促进合作项目顺利落地，为当地经济社会发展提供动力。

三、推进远洋渔业全产业链集聚发展

（六）推动企业全产业链发展

鼓励远洋渔业企业通过管理融合、资源互补、行业协同等方式，加快向产业后端发展，打造聚合捕捞、养殖、加工、冷链、配送、市场和品牌建设的新型全产业链经营形态。支持远洋渔业企业通过股份制改革等方式，兼并重组、做大做强，持续提升国际履约、经营管理水平和抗风险能力。积极开拓国内水产品市场，增强远洋渔业品牌影响力，扩大远洋水产品消费。

（七）推进产业规模化集聚发展

因地制宜，合理布局，鼓励支持企业建设境外远洋渔业基地，推动水产养殖品种与技术走出去，带动当地就业和经济社会发展。根据国内各沿海地区远洋渔业发展实际需求，争取建成3～5个国家远洋渔业基地，打造辐射面广、带动性强的区域性远洋渔业产业集群，提高集聚效应和能级水平，推进产业规模化集聚发展。

四、健全远洋渔业发展支撑体系

（八）强化科技支撑

鼓励科技创新、装备研发与技术应用，加强科技创新支撑体系建设，加快提升远洋渔业科技创新能力。积极推进渔船机械化、自动化和智能化，以机代人，降低成本。支持生态友好、环保节能型渔船渔具和捕捞技术研发，加强物联网、人工智能、大数据等在远洋渔业领域的研发和应用。研究制定科学合理的生态系统与资源环境保护措施，为海洋生物多样性保护和全球渔业治理贡献中国智慧。加快开展公海渔业资源综合科学调查，联合开展重点国家或海域渔业资源调查，持续开展渔业资源生产性探捕，促进全球渔业资源的科学养护和可持续利用。

（九）加强人才培养

构建多层次的人才培养体系，依托远洋渔业科教单位和培训机构，探索远洋渔业人才“订单式”产教融合培养模式。推进高层次远洋渔业企业管理人员培养，落实远洋渔业从业人员资格准入制度。推进船员依法持证上岗，进一步扩大船员技能和安全培训，全面提升从业人员履约意识和能力。推进远洋渔业职业观察员队伍建设，组建适应国际渔业管理发展趋势、满足我国远洋渔业履约要求的观察员队伍。努力拓宽船员来源渠道，稳妥推进外籍船员规范使用和培训管理。结合我国远洋渔业发展需求，加快远洋渔业国际人才团队建设。

五、提升远洋渔业综合治理能力

（十）全面加强监管能力建设

着力推进以船位监测、电子渔捞日志、远程视频监控、公海转载监管、产品溯源为重点的远洋渔业综合监管体系建设，推进实施国家观察员计划，完善公海转载观察员自主监管。持续加强规范管理，坚持以“零容忍”态度严厉打击非法捕鱼，健全长效机制，全面实施远洋渔业企业履约评估制度。强化属地管理，压实地方责任，完善行业自律协调组织与服务体系，完善疫情防控常态化机制，持续提升监管水平。

（十一）不断提高安全生产水平

根据相关国际公约和国内法律法规要求，加大远洋渔业安全生产和安全保障设施设备投入，加强安保防护，推进远洋渔船、船员安全保险全覆盖，保障渔船及船员生命财产安全。研究完善新冠肺炎疫情状态下远洋渔船检验方式方法，消除渔船生产作业安全隐患。健全完善船员工作条件及管理制度，维护包括外籍船员在内的船员合法权益。加大培训力度，提高企业及船员安全生产及风险防范意识，加强几内亚湾、索马里、马六甲海峡等重点海域海盗防范工作，探索建立涉外事件预警响应处理机制，不断提升远洋渔业涉外突发事件处理能力。

（十二）深入参与国际渔业治理

积极参与国际和区域渔业管理组织事务，推动构建公平合理的国际渔业治理秩序。积极研究推动加入重要涉远洋渔业国际公约，落实《联合国海洋法公约》等国际法及区域渔业管理组织养护管理措施要求，认真履行国际义务，提高国际履约能力，积极参与国际渔业治理，推动加强公海渔业执法检查，共同打击 IUU 渔业活动，保障和维护我远洋渔业权益。积极参与 WTO 渔业补贴谈判，维护我合理政策空间，推动达成公正结果。结合亚洲、非洲、南太、拉美等区域当地国家渔业政策和发展需求，加强双边渔业合作。深化中国与太平洋岛国渔业领域沟通交流，积极落实《楠迪宣言》和《广州共识》，推进建立“中国—太平洋岛国渔业合作论坛”稳定交流机制，与入渔合作国家或地区建立长期互利共赢的合作格局。

六、加大远洋渔业发展保障力度

（十三）加强组织领导

协调各相关部门，完善沟通协作机制，推动解决远洋渔业发展政策与机制创新中的重大问题，在政策扶持、监督管理、海外保护等方面，优化顶层设计，合力推进远洋渔业高质量发展。

（十四）完善政策体系

稳定完善远洋渔业相关支持政策，加强远洋渔业国际履约能力建设，提升远洋渔业企业管理水平，推动远洋渔业可持续发展。健全远洋渔业法律法规体系，积极会同有关部门，妥善防范应对新冠肺炎疫情及“灰犀牛”“黑天鹅”等突发事件，提高远洋渔业整体抗风险能力，建立健全重大涉外事件应急处置机制，维护我企业和渔民合法权益。

（十五）深化协调服务

充分发挥行业协会在组织协调远洋渔业生产、规范企业行为、加强行业自律、组织市场开发和品牌打造等方面的作用。加强专家团队培育，强化行业技术支撑，汇聚科技、教育、管理和产业专家，加强远洋渔业可持续发展智库建设。

“十四五”奶业竞争力提升行动方案

（农业农村部 农牧发〔2022〕8号 2022年2月16日）

为深入贯彻落实《国务院办公厅关于推进奶业振兴保障乳品质量安全的意见》《国务院办公厅关于促进畜牧业高质量发展的意见》，提升奶业竞争力，保障奶类供给安全，制定本行动方案。

一、实施背景

“十三五”期间，奶业振兴取得显著成效。2020年，全国奶类产量3 530万吨，百头以上奶牛规模养殖比重达67.2%，分别比2015年提高了7个百分点和18.9个百分点。奶牛年均单产达到8.3吨，比2015年提高了2.3吨。规模牧场生鲜乳乳蛋白、乳脂肪等指标达到奶业发达国家水平，乳制品抽查合格率位居食品行业前列。全国人均乳品消费量折合生鲜乳达38.2公斤，比2015年增长6.3公斤。总的看，奶业生产水平明显提升，质量安全达到较高水准，乳品消费仍在快速增长，实现奶业全面振兴具备了良好条件。但是，由于奶业生产成本高、产销衔接不紧密、产业链利益联结机制不完善等原因，产业整体竞争力不足，进口冲击严重。2020年乳制品进口比2015年增长了70.4%，奶源自给率下滑了9.6个百分点，国产奶源市场份额下降与消费市场日益扩大形成了强烈反差，亟待采取有效措施提升奶业竞争力。

二、总体要求

（一）指导思想

以习近平新时代中国特色社会主义思想为指导，立足新发展阶段、贯彻新发展理念、构建新发展格局、推动高质量发展，按照保供固安全、振兴畅循环的工作定位，对标对表奶业全面振兴和重要农产品保供任务，统筹奶业主产区和潜力区发展，降低养殖成本、完善利益联结、优化产品结构、引导乳品消费，巩固提升奶源供给保障能力，提高国产乳品质量、效益和竞争力，促进奶业高质量发展。

（二）主要原则

——统筹兼顾，抓主抓重。围绕奶业主产省，兼顾南方潜力区和特色奶产区，以节本增效为目标，补短板、强弱项，提升规模养殖场草畜配套比例、资源利用效率和数字化应用水平，优化奶源布局，示范带动奶业高质量发展。

——政府引导，多元投入。充分发挥奶牛养殖场、乳品加工企业、第三方检测机构等市场主体作用，通过政府扶持引导，鼓励地方资金配套，吸引金融、社会资本投入，调动各方参与积极性，形成多元化的投入格局。

——供需适配，消费带动。发挥消费带动生产发展的引擎作用，加强公益和科普宣传，展示国产奶源“新鲜”优势，促进乳品消费多元化、本土化，提升奶业竞争力。

（三）行动目标

到2025年，全国奶类产量达到4 100万吨左右，百头以上规模养殖比重达到75%左右。规模养殖场草畜配套、种养结合生产比例提高5个百分点左右，饲草料投入成本进一步降低，养殖场现代化设施装备水平大幅提升，奶牛年均单产达到9吨左右。养殖加工利益联结更加紧密、形式更加多样，国产奶业竞争力进一步提升。

三、重点任务

（一）优化奶源区域布局

抓住重点区域、突出重点环节，支持主产省加强优质奶源基地建设，启动实施奶业生产能力提升整县推进项目，立足于河北、内蒙古、黑龙江等3个实施千万吨奶工程的省份，打造奶业发展优势产区，推动奶业生产提质增量。发挥垦区产业集群优势，加强奶源基地建设。支持南方主销区奶源产能开发，重点支持适度规模养殖场发展，加强奶牛热应激技术服务支撑，开展饲料资源多元化综合利用技术研发，提高养殖场标准化管理水平，总结形成一批可复制可推广的南方奶业发展模式。

（二）提升自主育种能力

夯实奶牛品种登记和生产性能测定基础，扩大奶牛生产性能测定范围，推进奶牛生产性能测定数据在良种选育过程中的应用，健全奶牛生产性状关键数据库，建立奶牛育种数据平台，提高遗传评估效率，应用全基因组选择等技术，组建参考牛群，开展青年公牛联合后裔测定，培育后备公牛和验证公牛，建设国家奶牛核心育种场，增强良种自主供应能力。

（三）增加优质饲草料供给

实施振兴奶业苜蓿发展行动，支持内蒙古、甘肃、宁夏建设一批高产优质苜蓿基地，提高国产苜蓿品质，推广青贮苜蓿饲喂技术，提升国产苜蓿自给率。推进农区种养结合，探索完善牧区半舍饲模式，推动农牧交错带种草养畜。全面普及奶牛青贮玉米饲喂技术，支持粮改饲政策实施范围扩大到所有奶牛养殖大县。推进饲草料种植和奶牛养殖配套衔接，总结推广粗饲料就地就近供应典型技术模式，降低饲草料投入成本。

（四）支持标准化、数字化规模养殖

培育壮大家庭牧场、奶农合作社等适度规模养殖主体，支持养殖场开展“智慧牧场”建设，对饲喂、挤奶、保健、防疫、粪污处理等关键环节设施设备升级改造，推动基于物联网、大数据技术的智能统计分析软件终端在奶牛养殖中的应用，实现养殖管理数字化、智能化。加强奶牛生产性能测定在生产管理中的解读应用，推进精准饲喂管理，提高资源利用效率。

专栏1　奶业生产能力提升整县推进

“十四五”期间，支持100个奶业大县示范高质量发展。在东北和内蒙古产区、华北和中原产区、西北产区，支持80个年产量5万吨以上的奶业大县，其中，对内蒙古、河北和黑龙江三个省份支持比例不低于50%。在南方产区和大城市周边产区支持20个年产量3万吨以上的奶业大县，优化全国奶源布局。支持内容包括奶牛养殖草畜配套建设和高水平适度规模现代智慧牛场建设。

（五）引导产业链前伸后延

推进奶业一二三产业融合发展，支持乳品企业自建、收购养殖场，提高自有奶源比例，并通过与奶农相互持股、二次分红、溢价收购、利润保障等方式，稳固奶源基础。鼓励有条件的奶农在确保质量安全的条件下，依靠自有奶源有序发展乳制品加工，推动奶牛养殖向乳品加工和流通领域拓展，重点发展巴氏杀菌乳、低温发酵乳、奶酪和民族特色乳制品，通过直营、电商等渠道服务当地和周边社区居民，提高奶牛养殖效益，提升奶农市场地位。

专栏2　奶农养加一体化试点

“十四五”期间，在内蒙古、河南、山东等北方奶业主产省和部分乳制品消费人口集中区域，支持一批有乳制品加工和销售经验基础的奶牛规模养殖场（奶农合作社）发展乳制品加工试点，拓宽增收渠道，稳固奶牛养殖环节在产业链的基础地位。

（六）稳定生鲜乳购销秩序

支持奶业大县、企业和有条件的奶农自建乳品检验检测体系。加强检测技术研发和资源共享，为奶农检测提供便利，做到节约成本，公平公正。加强国家级乳品质量检测能力建设，支持一批奶业科研基础扎实、技术服务支撑能力强、区域服务能力强的生鲜乳检验检测机构设备提升。以构建公平合理的生鲜乳收购价格机制、保障乳品质量安全为目标，探索生鲜乳第三方检测，推动形成以质论价、公平合理的生鲜乳市场购销秩序。

专栏3　生鲜乳质量检验检测第三方试点

“十四五”期间，在全国培育3～5家检测业务专精、市场化程度较好第三方生鲜乳检测机构，以政府购买服务方式，支持5个试点市（盟）对交售的生鲜乳进行检测，示范推动形成以质论价、优质优价的生鲜乳收购价格体系。

（七）提高生鲜乳质量安全监管水平

完善乳品质量安全法规标准体系，健全生鲜乳生产、收购、运输等管理制度。强化源头治理，推进奶牛健康养殖，加强奶牛疫病防控，开展奶牛养殖兽用抗菌药使用减量化行动试点，严格养殖环节饲料、兽药等投入品使用。创新监管方式，提升生鲜乳质量安全监管效率，优化奶业监管平台，加强收购、运输重点环节监管和抽检监测，严厉打击违法违规行为，依法取缔不合格生产经营主体，保障乳品质量安全。

（八）支持乳制品加工做优做强

用好“本土”优势，打好“品质”“新鲜”牌，满足差异化市场需求，研发生产适合不同消费群体的乳制品，避免过度包装，提高国产乳制品竞争力。鼓励企业开展奶酪加工技术攻关，加快奶酪生产工艺和设备升级改造，提高国产奶酪的产出率，研发适合中国消费者口味的奶酪产品。提高乳清、蛋白浓缩物等奶酪副产品加工利用水平。开发羊奶、水牛奶、牦牛奶等特色乳制品。鼓励地方及行业协会注册区域公用品牌或申请地理标志农产品保护。发挥行业协会作用，培育一批示范带动行业发展、积极履行社会责任、具有影响力的国产乳品品牌。

（九）加强消费宣传引导

加大奶业公益宣传，扩大乳品消费科普，倡导科学饮奶，引导健康消费。普及巴氏杀菌乳、灭菌乳、发酵乳、奶酪等乳制品营养知识，培育多样化、本土化的消费习惯。加大学生饮用奶宣传推广。支持奶牛休闲观光牧场发展，深化消费者对奶牛养殖的科学认识，推动一二三产业融合发展。加强乳制品消费监测，研判供需形势。开拓“互联网＋”等新型营销模式，满足乳品便捷、个性化的消费需求。

专栏4　乳品多样化、本土化消费提升

1. 开展乳品消费公益宣传。发布《中国奶业质量报告》，开展奶香飘万家科普宣传，举办奶酪推广活动。支持学生饮用奶宣传引导。

2. 支持奶业品牌提升。通过行业协会等第三方组织，举办奶业20强峰会，支持奶牛休闲观光牧场创建，引导奶牛养殖与加工、消费、文旅、科普相结合，展示国产奶业发展成效，提升国产乳品消费水平。

四、保障措施

（一）加强组织领导

严格落实省负总责和“菜篮子”市长负责制，制定细化落实方案，明确目标任务，抓好奶业生产能力提升整县推进等项目的组织实施。省级农业农村部门要牵头成立工作领导小组，建立定期会商、协同推进、跟踪调度、科学评价等机制，出台配套政策措施，加强对市县的督促指导。农业农村部将定期开展情况调度，并在全系统进行通报。

（二）加大资金投入

各地统筹利用中央和地方财政补助资金、金融资本、实施主体自筹资金等多渠道资金予以支持，财政补助资金可采取“先建后补、以奖代补”的形式，对项目任务予以统筹支持。创新投融资体制机制，引导金融、社会资本参与项目实施，加强与政策性、开发性等各类金融机构对接，积极争取信贷资金、基金等支持，形成多元化的投入格局。支持企业通过并购和参股等方式参与奶业竞争力提升行动。压实地方人民政府项目实施主体责任，严格执行相关标准和规范，确保资金发挥实效。

（三）完善配套政策

各地要结合实际，统筹用好粮改饲等扶持政策，出台地方支持政策，落实好养殖用地、奶牛活体抵押贷款试点等政策，扩大奶牛政策性保险覆盖范围。引导农业信贷担保公司支持奶牛养殖、饲草料生产、奶农发展乳制品加工等。鼓励各地整合政策资源，聚集奶业振兴发展要素，打造一批奶业竞争力提升项目。对项目实施适时开展科学评价，及时发现和解决实施中出现的问题。支持饲草料种植、收获、加工、贮存设施设备升级，将牧场购置符合条件的饲草料加工机械和成套设施装备纳入农机购置补贴范围。

（四）强化技术服务

各级要建立专家指导服务制度，充分利用科研教学单位、技术推广、产业技术体系和行业协会等专家资源，加强对项目的技术指导服务，围绕种、料、病、管等环节开展协作攻关，破解关键技术瓶颈。推动建立以企业为主体、科研院所为支撑、产学研结合的奶业科技创新体系，加强奶业社会化服务体系建设，提高奶业生产技术水平，促进奶业转型升级，提升产业竞争力。

（五）营造良好氛围

充分调动各方主体积极性，宣传项目实施对保障奶类供给、推进奶业振兴的重要作用。各地要认真总结项目实施中的好经验好做法，充分利用各类媒体资源，创新形式和内容，适度宣传报道项目成效和推进经验，树立典型，扩大影响，营造促进项目实施的良好社会氛围。

关于加强中央财政衔接推进乡村振兴补助资金使用管理的指导意见

（财政部 农业农村部 国家乡村振兴局 国家发展改革委 国家民委 国家林草局 财农〔2022〕14号 2023年2月24日）

各省、自治区、直辖市财政厅（局）、农业农村厅（局、委、农垦管理部门）、乡村振兴局、发展改革委、民（宗）委（厅、局）、林业和草原主管部门，新疆生产建设兵团财政局、农业农村局、乡村振兴局、发展改革委、民宗局、林草局：

为深入贯彻落实习近平总书记关于巩固拓展脱贫攻坚成果同乡村振兴有效衔接的重要指示批示精神，认真落实《中共中央 国务院关于全面推进乡村振兴加快农业农村现代化的意见》《中共中央 国务院关于实现巩固拓展脱贫攻坚成果同乡村振兴有效衔接的意见》《中共中央 国务院关于做好2022年全面推进乡村振兴重点工作的意见》有关部署，针对巩固衔接过渡期新情况，切实加强中央财政衔接推进乡村振兴补助资金（以下简称衔接资金）使用管理，推动提升资金使用效益，坚决守住不发生规模性返贫底线，现制定以下指导意见。

一、总体要求

（一）指导思想

深入贯彻习近平总书记关于巩固拓展脱贫攻坚成果同乡村振兴有效衔接的重要指示批示精神，认真贯彻落实党中央、国务院决策部署，保持过渡期财政支持政策总体稳定，积极适应巩固衔接工作形势的发展变化，更多依靠发展来巩固拓展脱贫攻坚成果，进一步优化资金使用结构，突出资金支持重点，创新资金使用方式，强化资金项目管理，切实提升资金使用效益，为巩固好脱贫攻坚成果，衔接全面推进乡村振兴提供有力支撑。

（二）基本原则

1. 总体稳定　围绕坚决守住不发生规模性返贫的底线，继续通过原有资金渠道巩固“三保障”。坚持中央衔接资金管理办法不变、主管部门不变、分配方式总体稳定、支持重点进一步聚焦，稳步提高用于产业发展的比重，促进带动就业，力争过渡期内脱贫人口收入增速高于当地农民收入平均增速。

2. 突出重点　突出重点地区，进一步加大对国家乡村振兴重点帮扶县的倾斜力度。突出重点群体，优先支持监测对象、脱贫户增收。突出重点内容，推动帮扶产业提档升级、提质增效。聚焦短板弱项，继续支持弥补农村供水等小型公益性基础设施建设短板和急需的农村人居环境整治设施项目。

3. 聚焦关键　加强工作的系统谋划，紧紧围绕一二三产业融合发展、培育县域富民产业，支持全产业链的关键环节，解决产业提档升级的关键制约。创新资金分配使用方式，强化生产经营主体的引领带动作用，提升到人到户项目的帮扶实效。

4. 压实责任　发挥地方各级党委农村工作领导小组在督促强化资金使用管理方面的领导作用。压实县级主体责任，落实行业主管部门资金项目指导监督管理责任，凝聚资金使用管理合力。聚焦项目储备、项目实施、绩效管理等重点环节，提升项目资金使用管理水平。

二、加大对国家乡村振兴重点帮扶县的倾斜支持

有关省份要切实将国家乡村振兴重点帮扶县摆在巩固拓展脱贫攻坚成果的突出位置，统筹整合各方资源，加大对重点帮扶县的倾斜支持力度。在分配中央和省级衔接资金时，根据重点帮扶县巩固拓展脱贫攻坚成果的需要，符合资金管理规定的可以单独给予定额补助支持，也可在因素法分配时适当调高重点帮扶县的困难系数权重、补助系数等，确保中央有关倾斜支持重点帮扶县的要求不折不扣落实到位。强化对重点帮扶县的工作指导，督促指导编制巩固拓展脱贫攻坚成果同乡村振兴有效衔接实施方案，实施一批补短板促发展项目，提升财政资金使用效益。

三、突出资金支持重点

（一）优先支持联农带农富农产业发展

1. 重点内容　逐年稳步提高中央衔接资金用于产业的比重，支持各地以产业发展规划为引领，重点支持具有较好资源禀赋、良好市场前景、带动增收能力强的种养业，延伸支持农产品精深加工、副产物综合利用和以农业产业为主体的一二三产业融合发展，统筹支持具有民族特色、地域特色的手工业，并建立健全联农带农富农机制。

2. 关键环节　落实高质量发展要求，以促进全产业链发展、产业集聚发展为方向，补上技术、设施、营销等短板，促进产业提档升级。支持推广良种良法和先进生产加工技术，购买技术服务。支持建设配套于具体产业项目的农业生产设施，以当地农产品为主要原料供应的加工、产地冷藏保鲜等产业配套设施，鼓励建设标准化生产、加工、仓储基地。支持农产品、特色手工制品品牌打造和产销对接，促进解决农产品“卖难”问题。

3. 扶持方式　各地可创新资金使用方式，通过以奖代补、贷款贴息、购买服务等方式，支持重点产业、重点环节，具体由地方根据产业类型和支持环节论证选择。落实精准帮扶要求，中央衔接资金要优先保障到人到户项目的资金需求，重点支持监测对象、脱贫户发展生产增收。通过完善奖补政策设计，引导其扩大种植养殖规模、应用良种良法、调整优化生产结构等，通过参与生产提高家庭经营性收入。

积极发挥龙头企业、专业合作社、村级集体经济组织、家庭农场、农业社会化服务组织的引领带动作用。依托上述主体实施的产业项目，财政投入资金应优先形成固定资产，并通过方案、协议等形式，明确土地流转、就业务工、带动生产、帮助产销对接、资产入股、收益分红等利益联结机制，带动村级集体经济、易地搬迁安置社区发展，避免简单入股分红，确保群众充分受益，并向监测对象倾斜。龙头企业、专业合作社、家庭农场等生产经营主体申报衔接资金项目，一律不得由中介机构直接代理，一律不得将财政补助资金用于支付中介费用。

鼓励各地顺应产业发展规律，立足当地优势资源禀赋，统筹支持产业发展的各渠道资金，用好脱贫县涉农资金统筹整合政策，支持现代农业产业园、农业产业强镇和优势特色产业集群建设，壮大县域富民产业，让农民群众更多分享产业增值收益。

各地在不违反资金管理办法的前提下，利用中央衔接资金支持上述重点领域、关键环节之外的产业项目，要更加充分做好可行性论证、支持方式比选，确保资金使用效益。依托企业等生产经营主体实施的单个项目投资规模达到一定标准的，项目主管部门要组织开展尽职调查，具体限额标准由省级明确。

（二）统筹支持促进增收的其他相关领域

各地可利用中央衔接资金，支持对符合条件的监测对象、脱贫人口开展小额信贷贴息、生产经营和劳动技能培训，到帮扶车间就业，聘用搬迁群众提供易地搬迁集中安置区公共服务，优先聘用监测对象等从事公益岗位，帮助就业创业增收。可对跨省就业的脱贫劳动力（含监测对象）适当安排一次性往返交通补助，促进脱贫劳动力稳定转移就业。对符合条件的脱贫家庭（含监测对象）安排“雨露计划”补助，帮助提升就业能力。东部省份应结合实际将中央衔接资金主要用于吸纳中西部脱贫人口跨省就业。

各地可利用中央衔接资金（少数民族发展任务）支持实施兴边富民行动、人口较少民族发展、民族手工业等特色产业发展和实施困难群众饮用低氟边销茶试点。利用中央衔接资金（以工代赈任务）支持实施以工代赈项目，带动当地监测对象、脱贫人口等务工就业。利用中央衔接资金（欠发达国有农场、国有林场巩固提升任务）支持发展农场、林场的特色优势产业，挖掘开发优势资源。

（三）支持必要的基础设施补短板

1. 重点内容　扎实稳妥推进乡村建设，根据城镇和村庄布局分类，支持有条件、有需求的村庄编制村庄规划，重点支持因地制宜补齐农村供水设施短板、稳步提升农村供水保障水平，允许适当安排资金改善影响群众基本生活条件的村（农场、林场）内道路、桥梁、排水等小型公益性基础设施。

支持完善易地搬迁集中安置区社区内必要的配套设施，适当补助“一站式”社区综合服务设施建设。支持少数民族特色村寨整村规划建设，集中连片民族村寨整体规划建设，推动民族村寨整体面貌提升，特色建筑保护利用。中央衔接资金支持的村内小型公益性基础设施建设和农村人居环境整治项目，要避免与其他渠道安排的资金重复。

2. 支持方式　各地可因地制宜采取以奖代补等方式实施项目建设，具备条件的可推广以工代赈方式，带动群众就地就业。允许各地在科学规划、统筹谋划的基础上，采取分领域推进的方式，解决符合资金用途的一两项突出短板，看准一件抓一件；或者统筹相关领域资金，集中连片改善村内基础设施条件，确保建一个成一个。利用中央衔接资金支持的基础设施补短板项目，要根据发展水平、发展阶段合理确定建设标准，杜绝形象工程。

（四）杜绝用于负面清单事项

各地要严格按照中央衔接资金管理办法规定的用途安排使用资金，不得将资金用于与巩固拓展脱贫攻坚成果和推进乡村振兴无关的支出，包括：单位基本支出、交通工具及通讯设备购置支出、修建楼堂馆所、发放各种工资奖金津贴和福利性补助、防止返贫监测预警工作经费；偿还债务本息（不含对纳入“十三五”规划的易地搬迁贷款给予贴息和对调整规范易地搬迁融资方式后发行的地方政府一般债券按规定予以补助）和垫资等。

低保、医保、养老保险、临时救助等有稳定、固定资金渠道的综合保障措施，教育、卫生、养老服务、文化等有相应资金渠道的农村基本公共服务，按原资金渠道予以支持保障。

四、强化项目实施管理

（一）建立健全项目库

衔接资金支持的项目原则上从巩固拓展脱贫攻坚成果和乡村振兴项目库选择。各省份乡村振兴、发展改革、民族工作、农业农村（农垦）和林草等行业主管部门，组织本行业开展项目库建设，编制项目入库指南，完善项目库建设管理制度，推动项目库共建共享。各地应高度重视项目储备工作，当年第四季度完成下年度项目申报、评审和入库，避免出现“钱等项目”。入库项目实施动态管理，有进有出，3 年未执行的项目自动出库，再次入库按照新项目办理。

（二）严把项目入库质量

各相关行业主管部门严格按程序组织项目申报、评审和报批。项目单位提交项目申请时，应完成必要的前期工作，明确建设内容、投资概算、预期绩效目标、利益联结机制、实施期限等。各相关行业主管部门严格对照入库要求审核，确保入库项目质量，资金到位后可以立即启动。

分配到县衔接资金支持的项目，由县级乡村振兴部门统一汇总报县委农村工作领导小组审批。省、市两级实施的项目按规定履行报批程序后，一并纳入巩固拓展脱贫攻坚成果和乡村振兴项目库管理，具体程序由省级明确．在项目申报、评审、批复各环节，严格落实公告公示要求，接受社会各界监督。

（三）夯实项目施工准备

各相关行业主管部门要根据年度资金安排，商财政部门及时制定年度项目实施计划。对于纳入年度实施计划的项目，组织编制项目实施方案，提前做好项目开工准备。

编制项目实施方案时，要加强衔接资金与其他财政资金的统筹，同一项目整合不同渠道资金实施的，须在实施方案中明确说明，并区分不同资金的具体支持内容，避免交叉重复，不得利用中央衔接资金承担明确由地方履行的支出责任或者承担的配套资金。

年度预算批复后，需要进行政府采购、招投标的抓紧开展，符合规定的村庄小型建设项目可施行简易审批，加快前期工作进度，最大程度用好施工季节。

（四）确保项目有序推进

项目具备施工条件后，项目实施主体要抓紧抓好实施工作，原则上要在明确的实施期限内完成，不得随意变更项目实施内容，确需变更的要按规定履行审批程序。各相关行业主管部门要抓好项目实施工作跟踪督促和质量监督，推动项目按计划如期实施，完成后及时做好项目验收报账工作。

五、切实加强资金管理

（一）加快资金下达和支出进度

各级财政部门收到上级补助的衔接资金后，要根据预算法、预算法实施条例和资金管理办法规定，商相关行业主管部门及时做好资金测算分配和下达工作。

各相关行业主管部门要及时将本级使用的资金分解到具体项目，纳入脱贫县涉农资金统筹整合使用试点实施方案的衔接资金，可按整合规定安排项目，督促加快项目实施进度。财政部门根据实施进度及时办理资金拨付。各地不得为了抬高支出进度“以拨代支”。规范列支衔接资金，中央和省级衔接资金原则上在“21305”科目列支，并严格按照衔接资金管理办法使用管理。

（二）落实全面绩效管理

各相关主管部门承担项目绩效主体责任。落实全面实施绩效管理要求，建立全过程绩效管理链条。强化绩效目标管理，衔接资金支持的具体项目，事前应明确项目绩效目标，未明确绩效目标的项目不得安排预算。

做好绩效运行监控，及时发现和纠正问题。扎实开展绩效评价，加强绩效评价结果应用，作为以后年度申请项目、资金分配的依据。落实资金项目管理各环节的公开公示要求，接受群众和社会监督。

（三）开展定期跟踪督促

省级各相关行业主管部门要定期调度本部门管理的项目实施进度和衔接资金支出进度，每季度结束后次月 10 日前报送上级主管部门，同时抄送财政部当地监管局接受日常监管。在项目推进重点环节或重要施工季节，根据需要开展专门调度。各级行业主管部门要加强资金政策落实情况跟踪督促和调研，及时发现问题、督促整改，推动不断改进工作，确保衔接资金效益和项目成效。

（四）抓细政策落实工作

省级财政和相关行业主管部门要根据本意见精神，结合本地实际情况，进一步细化政策和工作要求，全面加强衔接资金使用管理政策培训，确保有序推进巩固拓展脱贫攻坚成果同乡村振兴有效衔接各项工作。各地要按照“三个区分开来”的要求，在衔接资金支持产业发展中落实好容错纠错机制，鼓励干部干事创业、担当作为，坚决守住不发生规模性返贫底线，推动乡村振兴不断开创新局面。

“十四五”全国农产品产地市场体系发展规划

（农业农村部 2022年3月1日）

农产品产地市场是在农业市场化改革不断深入和农产品专业化、区域化、规模化生产不断发展的基础上兴起的，在具有较高商品率的农产品优势产区，为快速大批量集散农产品、稳定农产品市场运行而建立的批发市场，以交易本地农产品为主，是我国现代农业产业体系和农产品流通体系的重要组成部分。加快农产品产地市场体系建设，是全面推进乡村振兴、加快农业农村现代化的重要内容，是建设现代流通体系、畅通国内大循环的有效举措。为贯彻落实党中央、国务院决策部署，根据《中华人民共和国国民经济和社会发展第十四个五年规划和2035年远景目标纲要》《“十四五”推进农业农村现代化规划》，特编制本规划。

第一章 规划背景

第一节 发展基础

近年来，我国粮食生产连年丰收，果菜茶、肉蛋奶等重要农产品供应稳定，农产品流通规模不断扩大、渠道不断拓宽、效率不断提升，农产品产地市场建设逐渐加快，国家级、区域性和田头三级农产品产地市场体系初步形成。

产地流通规模不断扩大。2020年，我国粮食、油料、果蔬、畜产品、水产品等农产品总产量约20亿吨，绝大部分进入流通领域，全国亿元以上农产品批发市场成交额2.93万亿，比2015年增长24.0%。同时，形成了一批特色鲜明的优势产区，打造了一批优质特色农业品牌，为推进农产品产地市场体系发展奠定了坚实的产业基础。

产地市场体系初步形成。2015年《全国农产品产地市场发展纲要》发布以来，农产品产地市场由自发分散向规范有序转变，由集散交易场所向复合功能平台发展，初步形成了以国家级农产品产地市场为龙头、区域性农产品产地市场为节点、田头市场为基础的农产品产地市场体系。截至2020年底，已建设21个国家级农产品产地市场，带动各地建设了一批区域性农产品产地市场和田头市场。

产地流通主体日趋多元。“十三五”以来，我国农产品流通业蓬勃发展，产销一体化不断融合，新兴业态不断涌现，各类产地流通主体快速发展。2020年，全国成交额亿元以上农产品产地市场近500家，农业产业化龙头企业超9万家，依法登记注册的农民合作社224.9万个，农业农村部门名录管理的家庭农场348.1万个。电子商务正成为农产品产地流通的重要推动力，2020年农村网商（店）达到1 500多万家。

市场发展环境持续改善。《中华人民共和国国民经济和社会发展第十三个五年规划纲要》提出“加强农产品流通设施和市场建设”。各地各部门出台发展规划和支持政策，实施国家物流枢纽建设、农产品仓储保鲜冷链物流设施建设等重点工程，标准规范、教育培训等支撑体系进一步完善，社会资本积极进入农产品仓储、物流、营销等各环节，形成了支持农产品产地市场发展的良好氛围。

第二节 面临挑战

我国农产品产地市场发展总体处于起步阶段，仍面临不少困难和挑战。

产销能力不匹配。我国农产品产地市场发展不平衡不充分问题突出，跨季节、跨区域调节农产品供需能力不足，对产业支撑能力在各地区差异较大。从农产品产地市场成交额与农业总产值比值看，东部地区为 0.35，东北地区、中部地区、西部地区分别约为 0.10、0.10 和 0.07，产业支撑能力远落后于东部地区。

设施建设滞后。农产品产地市场交易设施简陋，相当多的产地市场为简易、季节性交易场所。农产品冷藏保鲜和商品化处理设施不足，产后平均损失率是发达国家的 3～5 倍。消防安全、场地硬化、环保卫生等设施普遍缺乏，交易环境脏、乱、差问题依然突出。

运行效率较低。农产品产地市场流通主体参差不齐、大小不一，建设标准体系不健全，与国家综合立体交通网对接不紧，跨区域衔接不畅，价格发现功能发挥不足，嵌入供应链、融入销售网深度广度不够。产地市场经营效益偏低，单位营业面积成交额平均约为 1.3 万元/平方米，不到农产品批发市场平均水平的 1/3。

第三节　发展机遇

“十四五”时期，国家加快构建以国内大循环为主体、国内国际双循环相互促进的新发展格局，三农工作重心历史性转向全面推进乡村振兴，建设高效顺畅的流通体系，为农产品产地市场发展带来难得机遇。

政策环境拓宽发展空间。全面实施乡村振兴战略，乡村产业支持力度不断加大，多元投入格局加快形成，资源要素向乡村快速集聚，促进产业布局、产品流通和市场消费空间重构，集约化、专业化、精细化的农产品产地流通需求日益增长，为农产品产地市场发展创造了更为广阔的发展前景。

市场需求激活发展潜力。国内超大规模市场优势不断显现，农产品消费更加集中化、多样化、个性化，跨地区、大流通成为常态，有利于农产品产地市场在保障大中城市农产品供应的同时，进一步释放发展潜能，更好地满足大众对安全、绿色、有品质农产品的市场需求。

现代流通提升发展质量。加快完善国内统一大市场，形成供需互促、产销并进的良性循环，实现经济循环畅通无阻，需要农产品产地市场加强基础设施建设，提升经营能力，完善管理制度，增强供给体系对消费需求的适配性，实现高质量发展。

科技革命增强发展动能。大数据、云计算等新一代信息技术和智能化、绿色化装备加速向农业和流通领域融合渗透，技术先进、管理新型、运转高效的智慧服务方式逐步形成，为农产品产地市场转型升级注入新活力。

第二章　总体要求

第一节　指导思想

以习近平新时代中国特色社会主义思想为指导，全面贯彻落实党的十九大和十九届历次全会精神，坚持稳中求进工作总基调，立足新发展阶段、贯彻新发展理念、构建新发展格局、推动高质量发展，以满足人民日益增长的美好生活需要为根本目的，按照保供固安全、振兴畅循环的工作定位，立足我国农业农村实际，优化市场布局，补齐设施短板，提升运营效率，拓展服务功能，强化发展支撑，加快建立现代农产品产地市场体系，推进农产品流通现代化，为全面推进乡村振兴、加快农业农村现代化提供有力支撑。

第二节　工作原则

——坚持政府引导，市场运作。更好地发挥政府作用，通过规划引导，推动资源要素向农产品产地市场进一步集聚，支持具备条件的农产品产地市场做大做强。遵循产业发展规律和市场运行规律，尊重市场主体意愿，激发创新发展活力，提高农产品产地市场体系运行效率。

——坚持统筹布局，分级实施。坚持数量服从质量、进度服从实效、求好不求快，统筹产业基础和区域布局，向农产品优势产区、主导产业、脱贫地区倾斜，省部共建国家级农产品产地市场，地方建设区域性农产品产地市场和田头市场。

——坚持服务产业，富裕农民。推动农产品产地市场建设与农业产业发展相协调，促进农业生产“接二连三”，延长产业链，提升价值链。强化为农服务，构建紧密型利益联结机制，让农民更多分享产业全链条增值收益。

——坚持创新引领，绿色低碳。注重科技赋能，推动绿色发展，鼓励支持产地流通技术创新，推广应用自动化、智能化、绿色化技术装备，降低农产品产地市场单位能耗和流通损耗，提升可持续发展能力。

——坚持协同发展，融合高效。促进三级农产品产地市场优化整合，推动一体化运作，引导信息互联互通、设施协调匹配、设备共享共用，形成整体联动效应，深度嵌入现代农业供应链体系。

第三节　发展目标

到 2025 年，基本建成布局合理、供需适配、组织高效、畅通便捷、安全绿色、保障有力的农产品产地市场体系，初步形成覆盖农产品优势产区、衔接国家综合立体交通网、对接主要消费市场的农产品产地流通网络。

——现代农产品产地市场体系基本形成。围绕粮油、果蔬、畜产品、水产品以及特色农产品，共建或认定40个左右“通达全国、世界知名”的国家级农产品产地市场，建设一批“功能完备、链接产销”的区域性农产品产地市场，建设一批“减损促销、联农带农”的田头市场，推动形成现代化的三级农产品产地市场体系。

——建设水平明显提高。仓储能力大幅提高，期现货交易规范进行，应急保供机制基本建立，能够有效应对重大事件、突发情况；冷藏保鲜设施短板基本补齐，生鲜农产品贮藏损失率降至10%以下；商品化处理设备自动化、绿色化、智能化水平明显提高，道路硬化、环保卫生等配套设施更加完善。

——服务能力显著提升。深度融入现代物流体系，农产品产地市场一体化运作、网络化经营、社会化服务能力显著增强。支撑两个“三品一标”发展，依托国家级农产品产地市场，汇集产加销综合型企业和流通服务企业，打造10个行业知名展会，做强10个国家知名农业品牌。

展望2035年，形成与现代农业发展相适应、与现代流通体系相匹配的农产品产地市场体系，技术装备、经营管理、服务质量达到全国领先水平，农产品产地流通环节损失率与发达国家基本持平。国家级农产品产地市场成为产业转型升级、区域经济协调发展和农产品质量效益竞争力显著提升的重要推动力量。

第三章 优化农产品产地市场空间布局

第一节 构建三级农产品产地市场体系

根据国家区域发展战略和国土空间规划，立足农业产业布局，结合农产品消费区域以及交通运输发展特点，统筹推进农产品产地市场体系发展。在全国农产品优势产区，对接京津冀、长三角、粤港澳、成渝等城市群消费需求，进一步完善以国家级农产品产地市场为龙头、区域性农产品产地市场为节点、田头市场为基础的三级农产品产地市场体系，优化不同层级市场的空间分布和功能作用，实现公益性与市场化相结合、线下物流与线上营销相结合、产地市场与城镇流通体系相结合。

国家级农产品产地市场。在农产品优势产区，由农业农村部和省级人民政府共同支持建设能够辐射带动本区域乃至全国优势产业发展的大型农产品专业批发市场。国家级农产品产地市场主要为农业高质量发展、全国农产品流通和城市大规模消费，提供集聚分拨、仓储物流、产业信息、会展贸易、应急保供等服务，打造国家级农产品产销对接和品牌培育平台，成为农产品流通体系的主导力量。

区域性农产品产地市场。在农产品优势产区建设能够辐射带动市场所在县及周边县（农场）优势产业发展的农产品专业批发市场。区域性农产品产地市场是引领区域主导产业发展的“桥头堡”，主要提供交易结算、分拣包装、仓储保鲜、物流配送和品牌增值等服务，成为畅通产销渠道的农产品区域流通节点。

田头市场。在农产品生产基地，依托家庭农场、农民合作社、农业企业等农业经营主体建设能够辐射带动市场所在村镇及周边村镇（农场）农产品流通的小型农产品专业市场。田头市场是农民家门口的市场，具有很强的公益性，主要提供交易、预冷、分级、包装、暂存等服务，保持产品品质，增加产品价值，成为农产品流通的重要基点。

专栏1 农产品产地市场体系培育工程

> 选择40个农产品优势产区，每个优势产区培育1个国家级农产品产地市场、若干区域性农产品产地市场和一批示范性田头市场，壮大农产品经纪人、经销商两支队伍，构建线上线下互联互通的农产品产销对接渠道，塑强一批国家级农产品区域公用品牌、企业品牌和农产品品牌，形成“三级产地市场带两支队伍、建两条通道、强三类品牌”的“3223”农产品产地市场流通发展模式，推动农业高质量发展，满足城乡居民消费需求，帮助新型农业经营主体和广大农户持续增收。

第二节 明确农产品产地市场建设条件

在农产品优势产区，遵循市场规律，尊重市场选择，以市场自发形成的农产品产地市场为基础，进行重点培育。

国家级农产品产地市场建设条件。特色优势鲜明。主营农产品产量位居全国前列，在国内外具有较高品牌知名度，有一批带动能力强的新型农业经营主体，产业发展空间广、潜力大。物流条件优越。交通便利、路网发达，毗邻铁路公路运输干线、全国主要港口或者航空枢纽机场，有效衔接国家综合立体交通网、“四横四纵”国家冷链物流骨干通道网络。立足已建市场。完善提升已建成的特色明显、优势突出、辐射带动能力强的农产品产地市场，必要情况下可结合产业发展、消费变化等适当整合或迁移。已成为全国性乃至全球性农产品集散交易场所的专业批发市场可不在优势产区共建。服务功能完善。具备国家级农产品产地市场主要功能，辐射带动主营农产品产业发展，市场年交易额在30亿元以上。运营管理规范。市场管理机构健全、制度完善，交易行为监管有力。市场准入制度严格。建有物流和交易信息管理平台的优先发展。联农带农显著。市场辐射带动能力强，有效促进农业生产技术提升、农产品加工企业集聚、农民和新型农业经营主体收入提高。脱贫地区建设条件适当放宽。

区域性农产品产地市场建设条件。产业地位突出。产业规模位居区域前列，主营农产品生产相对集中连片、标准化水平高，产业链条完整，具有一批带动能力强的新型农业经营主体。交通运输便利。毗邻高速路网、铁路场站、水运码头等重要交通基础设施，靠近国家综合立体交通网。服务管理规范。能够充分发挥交易结算、物流集散、信息服务等功能，带动产业发展效果明显，年交易额10亿元以上。管理机构运转有效，规章制度完善，农产品质量安全有保证。利益联结紧密。与农民、新型农业经营主体形成了稳定的利益联结机制，各市场主体能够平等分享产业增值收益。

田头市场建设条件。产业基础牢固。市场所在地为主营农产品专业村镇（农场），“一村一品”示范村镇及农业产业强镇优先布局。交通条件良好。毗邻省道，靠近高速路网、铁路场站、水运码头等重要交通基础设施。为农服务突出。提供代购代销、交易结算、商品化处理、质量速测等服务，明显提高农户营销能力，实现农产品产后“存得住、运得出、卖得掉”，促进农民持续增收，年交易额500万元以上。

第三节 统筹农产品产地市场布局

统筹考虑产业基础、消费导向、市场潜力及交通设施等因素，按照强调“专业”、突出“优势”的原则，聚焦粮油类、果蔬类、畜产品类、水产品类及特色农产品类中的26个重点品类布局国家级农产品产地市场。区域性农产品产地市场和田头市场不限于26个品类，各地结合实际自行确定。

1. 国家级粮油类产地市场　主要在玉米、水稻、小麦、大豆、马铃薯、杂粮杂豆、特色油料等粮经类农产品优势产区，布局国家级玉米产地市场、国家级水稻产地市场、国家级小麦产地市场、国家级大豆产地市场、国家级马铃薯产地市场、国家级杂粮杂豆产地市场和国家级特色油料产地市场，建设规模化浅圆仓、平房仓、筒仓工作塔等大型粮油仓储设施或窖群、大型通风库等马铃薯贮藏设施，依法合规开展现货、期货等交易，为农民、新型农业经营主体、国有农场、收储企业、加工企业等提供仓储、交易、集散、融资等服务，优化产业结构，满足多样化消费需求。

2. 国家级果蔬类产地市场　主要在蔬菜、水果等农产品优势产区，布局国家级蔬菜产地市场、国家级食用菌产地市场、国家级苹果产地市场、国家级柑橘产地市场、国家级梨产地市场、国家级葡萄产地市场、国家级猕猴桃产地市场和国家级热带水果产地市场，建设大型预冷、冷藏保鲜、交易设施以及自动化、智能化初加工生产线，为农民、新型农业经营主体及有关企业提供仓储保鲜、加工处理、干支联运、分拨配送和市场交易等服务，带动产业发展，提供跨区周年供给，促进国内国际农产品流通，满足城市大规模消费需求，提升国际竞争优势。

3. 国家级畜产品类产地市场　主要在牛、羊、禽优势产区，布局国家级牛羊肉产地市场、国家级禽肉产地市场、国家级禽蛋产地市场，建设贮藏保鲜、市场交易、加工物流等设施，为农牧民、新型农业经营主体、经销商等提供仓储保鲜、物流组织、区域分拨及金融结算、供应链管理等增值服务，增强市场流通能力，带动标准化、规模化养殖、屠宰，打造优质安全绿色的品牌，提升产业化水平。

4. 国家级水产品类产地市场　主要在淡水产品、海水产品优势产区，布局国家级淡水产品产地市场和国家级海水产品产地市场，建设大型冻结、冷藏、暂养、净化、制（贮）冰以及交易等设施，主要为渔民、新型农业经营主体、经销商等提供市场交易、加工处理、仓储保鲜、物流配送、货物集散及消杀防疫等服务，提升我国水产品流通效率，提高产品品质，延长产业链，提升价值链，促进水产养殖业发展。

5. 国家级特色农产品类产地市场　主要在茶叶、中药材、花卉、桑蚕、香辛料、干果等特色农产品优势产区，布局国家级茶叶产地市场、国家级中药材产地市场、国家级鲜切花产地市场、国家级桑蚕产地市场、国家级香辛料产地市场和国家级干果产地市场，建设特色农产品交易、仓储、商品化处理、装卸包装等设施设备，积极推广现代交易方式，为农民、新型农业经营主体及有关企业提供交易平台、流通渠道、物流组织、配送分销等一体化的现代供应链服务，带动特色农产品区域化、规范化、绿色化生产，培育一批品牌产品，提升质量效益和竞争力。

6. 区域性农产品产地市场和田头市场　各地依据农产品优势产区，结合国家级农产品产地市场布局以及区域人口分布、消费能力等因素，统筹规划建设一批区域性农产品产地市场。在本地农产品生产集中度高、集散基础好、生产组织化强、商品化处理需求多的村镇，规划发展一批田头市场。

国家级农产品产地市场重点区域布局

品类	主营品种	区域	衔接交通物流网
粮油类	玉米	东北地区等产区	京哈走廊及绥满、京延等通道
	水稻	东北地区、长江流域等产区	京哈、沪昆等走廊及绥满、福银、厦蓉等通道
	小麦	黄淮海平原、长江中下游等产区	京藏、大陆桥等走廊及二湛等通道
	大豆	东北地区、黄淮海平原等产区	京哈、大陆桥等走廊及绥满、二湛等通道
	马铃薯	黄土高原、西南地区、东北地区等产区	大陆桥、西部陆海、成渝昆等走廊及福银、二湛等通道
	杂粮杂豆	黄土高原、内蒙古及长城沿线和东北地区等产区	京哈、大陆桥、京藏等走廊和京延、沿边、二湛等通道
	特色油料	黄淮海平原、黄土高原、西北地区等产区	京藏、大陆桥、西部陆海等走廊和沿边、二湛等通道
果蔬类	蔬菜	华南与西南热区和长江流域冬春蔬菜产区，黄土高原、云贵高原和北部高纬度夏秋蔬菜产区，黄淮海与环渤海设施蔬菜产区	国家综合立体交通网
	食用菌	东北地区、秦巴伏牛山区、长江中上游及东南沿海等产区	京哈、大陆桥、成渝昆等走廊和绥满、福银、厦蓉等通道衔接
	苹果	渤海湾、黄土高原等产区	大陆桥、西部陆海等走廊和福银等通道
	柑橘	长江上中游、赣南—湘南—桂北、浙—闽—粤和鄂西—湘西等产区	西部陆海、沪昆、成渝昆等走廊和福银、湘桂、厦蓉等通道
	梨	环渤海、黄河故道、西北地区、长江流域、黄土高原等产区	京哈、大陆桥等走廊和沿边、福银、二湛等通道
	葡萄	西北地区、东北地区、环渤海等产区	大陆桥、西部陆海、京哈等走廊和京延、福银等通道
	猕猴桃	湖南、四川、贵州、陕西等产区	大陆桥、西部陆海等走廊和福银、二湛等通道
	热带水果	广东、广西、海南、云南等产区	成渝昆、广昆等走廊和二湛、湘桂、厦蓉等通道
畜产品类	牛羊肉	西北地区、华北地区、华中地区等产区	京藏、大陆桥等走廊及沿边、福银、二湛等通道
	禽肉	广东、广西等产区	广昆走廊和二湛、湘桂等通道
	禽蛋	河北、辽宁、山东、河南等产区	京哈、京藏等走廊和京延等通道
水产品类	淡水产品	长江流域、珠江流域、黄河流域等产区	大陆桥、沪昆等走廊及二湛、福银等通道
	海水产品	环渤海、黄海、东海、南海等产区	京哈、西部陆海、广昆等走廊和福银、二湛、厦蓉等通道

（续）

品类	主营品种	区域	衔接交通物流网
特色农产品类	茶叶	长江流域、东南沿海、西南等产区	沪昆、成渝昆、广昆等走廊和福银、湘桂、厦蓉等通道
	中药材	黄土高原、大小兴安岭长白山、黄淮海、南方丘陵等产区	京哈、京藏、大陆桥、西部陆海、广昆等走廊和福银、二湛、厦蓉等通道
	鲜切花	浙江、云南等产区	大陆桥、沪昆、成渝昆等走廊
	桑蚕	华南地区、西南地区等产区	西部陆海、成渝昆、广昆等走廊及厦蓉、湘桂等通道
	香辛料	西南地区、西北地区及黄淮海等产区	西部陆海、成渝昆等走廊和福银、厦蓉等通道
	干果	东北地区、西北地区、华北地区等产区	京哈、京藏等走廊和京延、沿边等通道

第四章　补齐农产品产地市场设施短板

第一节　提升交易服务水平

全面升级交易设施。改变露天交易、占道经营、简易厅棚的现状，建设分区清晰、环境整洁、使用安全、绿色节能的交易及结算场所。支持有条件的市场根据交易需要，建设农产品拍卖厅、电子交易中心或大数据中心。鼓励采用具备数据存储、传输及交易票据打印功能的电子称量设备。

丰富市场交易方式。引导市场内经销商转变交易习惯，规范农产品期现货交易行为，促进索证索票和购销台账电子化。积极推进公平交易，有条件的农产品产地市场依法依规丰富现货交易方式。鼓励发展线上线下融合互通的高效农产品交易。

第二节　提高仓储物流能力

加快仓储设施建设。根据经营农产品种类和规模，充分利用现有仓储设施，按照适度超前原则，高起点高标准规划新建或改扩建粮油自动通风筒仓、果蔬精准控温保鲜库、畜产品和水产品高效节能冷藏库等仓储设施。配备标准托盘、立体货架、自动传输、装卸提升、吊装搬运等设备，建立协调统一、信息共享、上下联动的管理系统。

完善商品化处理设施。建设农产品商品化处理专区或车间，结合市场主营产品特点，安装预冷、清洗、分级、打蜡、包装等果蔬商品化处理设备，以及冷却、分等、分割、冻结等肉类和水产品初加工设备，鼓励配备技术先进、性能可靠、经济实用的农产品加工生产线，最大限度减少农产品产后损失。支持有条件的市场建设农产品产地集配中心，提高规模化、标准化加工配送能力，将更多增值收益留在产地。

健全产地冷链物流体系。鼓励农产品产地市场加强冷链物流设施建设，中西部地区重点提高冷藏保鲜能力，东部地区着重提升冷链物流设施技术装备水平和运行效率。支持农产品产地市场发展冷链运输，提供专业化、社会化第三方冷链物流服务。鼓励国家级、区域性农产品产地市场和田头市场加强冷藏保鲜设施共建共享。

专栏 2　农产品产地市场冷链物流设施建设工程

在农产品优势产区，与国家骨干冷链物流基地建设行动和农产品冷藏保鲜设施建设等加强衔接，鼓励支持国家级农产品产地市场、区域性农产品产地市场和田头市场建设规模适度的分选、预冷、冷藏、冷冻等设施设备，开展产后处理、源头保鲜、产地贮藏、市场交易、物流配送等服务，提高产地冷链物流规模化、集约化、组织化、网络化水平。

第三节　健全配套服务设施

强化市场公用工程建设。加强农产品产地市场内交通道路和停车场硬化建设，减少人流、车流交汇带来的安全风险。建设畅通可靠的给排水系统，接入安全稳定的电力线路，满足用水用电需求。完善消防安全设施建设。

加强污染物综合处理。建设有机废弃物处理站，加强垃圾分类、收集和处理，鼓励有条件的市场采用微生物气化等技术，实现易腐有机垃圾减量化、资源化。集中建设污水收集、输送和处理设施，避免污水直接排放。鼓励市场周边建设防噪降噪设施，强化车辆管控，减少市场噪声污染。

推进市场信息化建设。鼓励国家级、区域性农产品产地市场建立完善仓储、物流、配送、资产、信息及供应链管理等 ERP 系统，实现市场人、财、物、车辆集成化管理。配备信息获取、计算、分析和发布设施设备，构建农产品产地市场信息监测系统。

第五章 提升农产品产地市场运营效率

第一节 促进集群式发展

加快三级市场联动发展。支持国家级农产品产地市场与区域性农产品产地市场、田头市场，通过股份合作、委托经营等多种方式，增强业务联动，促进农产品产地市场集群式发展。引导仓储保鲜、商品化处理和物流配送等流通资源集聚，促进农产品产地市场联建联营、融合互用、上下游有机链接，提升流通组织发展水平和服务效能。鼓励成立农产品产地市场协会，推动市场有序竞争、分工合作和功能互补。

加强跨区域协同发展。鼓励国家级农产品产地市场打破地域界限，建设区域性农产品产地市场和田头市场，形成网络化布局、集团化经营。引导各级农产品产地市场通过平台对接、资源共享等方式，打造优势互补、利益一致的市场共同体，开展符合产业链、供应链要求的流通和配送服务，促进产品空间对接和产业协同发展。

推动产销市场融合发展。鼓励农产品产地市场发展电子商务、配货配送、连锁门店，引导产地市场和销地市场经销商开展摊位共享、代购代销等合作，推动农产品产地直供与销地直采双向融合。支持农产品产地市场发展共同配送，推进农产品上行与工业品下行设施设备共享共用、网络互联互通，提供日用消费品、农资下乡和农产品进城双向服务。

第二节 加快融入现代供应链体系

提高农业生产组织效率。发挥农产品产地市场在供应链中的关键作用，对接新型农业经营主体、农业社会化服务组织、国有农场等主体，发展种养加、产供销和内外贸联动的现代农业。构建产销协同机制，实时共享生产、需求、库存和流通信息，实现按需组织生产，合理安排仓储物流。

提升产地流通服务水平。应用供应链理念和技术，改造提升农产品产地市场，培育形成新型供应链服务平台。推动国家级农产品产地市场整合资源，拓展质量管理、追踪服务、金融支持、品牌培育等功能，提供采购执行、分拨物流、信息处理、融资结算等服务，建立与中间渠道、消费终端经营主体紧密合作机制，构建采购、分销、仓储、配送统一体系。

增强质量安全追溯能力。推行承诺达标合格证制度，引导生产主体在自控自检的基础上开具使用，推动经销商验证采购。鼓励农产品产地市场建立基于供应链的质量安全追溯机制，逐步构建来源可查、去向可追、责任可究的全链条可追溯体系。鼓励有条件的农产品产地市场建立信息化准入准出管理系统，并与农业农村部门农产品追溯平台对接，定期开展信息比对与查验。

专栏 3 “互联网＋”农产品出村进城工程

> 充分利用田头市场，合理规划和建设农产品产地初加工服务站点，开展农产品分等分级、预冷仓储、装卸包装等服务。在国家级、区域性农产品产地市场建设改造具有集中采购和跨区域配送能力的农产品集配中心，作为农产品出村进城枢纽，配备预冷、低温分拣加工、冷藏运输等冷链物流设施设备，集中实现网销农产品商品化处理、品控分拣、打包配送、统配统送等功能。

第三节 主动嵌入国际消费市场

培育国际市场竞争优势。鼓励农产品产地市场加强与贸易企业、出口企业发展战略合作，积极开展跨境物流，开拓农产品对外贸易业务。打造一批农业国际贸易高质量发展基地，构建国内农产品抱团出海、国外农产品批量进口的高效枢纽平台，促进国内市场与国际市场对接。

融入国际农产品物流通道。鼓励国家级农产品产地市场开展国际物流业务，完善铁路专用线、水运港口、多式联运转运、通关保税等配套设施，对接国家物流枢纽等重大物流基础设施及中欧班列、水路航道等运力资源。支持国家级农产品产地市场开展海外仓、分销网络建设，开展或参与“一带一路”国家农产品批发市场或销售终端建设。

提高国际贸易服务能力。深化与自由贸易试验区、综合保税区、农业对外开放合作试验区合作，将农产品贸易政策引入市场落地实施，为农产品进出口企业提供贸易便利化、国际认证等服务。参与国际标准研编，推进农产品贸易国内外标准对接，推动内外贸农产品“同线同质同标”。

第六章 拓展农产品产地市场多种功能

第一节 促进乡村产业发展

引导生产方式转型升级。鼓励农产品产地市场向生产端延伸，建立生产示范性基地，带动生产主体适应消费结构和消费方式变化，推进品种培优、品质提升、品牌打造和标准化生产。发挥农产品产地市场信息集聚、需求反馈、产销对接的作用，带动发展一批现代农业产业园、产业强镇、产业集群、农业现代化示范区，促进产业高质量发展。

促进产业融合集聚发展。实施农产品产地市场融合发展行动，建立以农产品产地市场为依托、家庭农场和农民合作社为支撑、广大农户参与的农产品供应集散平台，促进农产品仓储物流、精深加工、副产物综合利用集聚发展。拓展农产品产地市场功能，带动企业就近发展中央厨房、主食加工、净菜加工等业务，实现生产、加工与物流配送高效对接，降低经营成本。

打造乡村文化传承载体。深入挖掘农产品产地市场文化传承功能，鼓励农产品产地市场建设产业展览馆、博物馆、民俗街、文化长廊，发展农事体验、科普教育、观光游览、美食品鉴等业态，开发“后备箱”“伴手礼”等特色产品。结合中国农民丰收节及传统农事节庆，举办展示展销、趣味比赛、文化研学等活动，弘扬传承中华农耕文明。

第二节 挖掘市场服务新潜力

发展产地流通新模式。聚集技术、人才等资源，发展农产品电商、宅配、前置仓、产地仓等新兴流通业态，促进行业上下游紧密衔接。创新发展“产地市场＋种养”“产地市场＋食品加工”“产地市场＋直销配送”“产地市场＋新零售”等新业态，提升农产品产地市场综合竞争优势和规模经济效应。

建立全产业链服务新平台。适应现代农业生产规模化、标准化发展趋势，支持农产品产地市场拓展农资供应、农机销售及维修等业务。结合农业全产业链发展，提供农技推广、农机作业、代耕代种、烘干仓储、市场营销等社会化服务。鼓励有条件的农产品产地市场，加强信息信用管理，推动金融机构开展农业保险、信贷等服务。

提升农业品牌新价值。引导农产品产地市场实施品牌战略，发挥平台渠道优势，打造企业品牌。依托国家级农产品产地市场，塑强一批农产品区域公用品牌，孵化一批农业企业品牌和农产品品牌。创新品牌营销管理，发展体验式、网络化营销方式，设立销售专馆专区专柜，建立健全品牌保护机制，促进品牌农产品消费。

专栏4 农业品牌提升工程

1. 农产品产地市场品牌提升计划。支持国家级农产品产地市场对标国际企业，制定品牌发展战略，加强技术与管理创新，加大自主品牌发展，持续提升消费环境、流通方式和市场服务水平，打造10个具有较强知名度的企业品牌。

2. 农业品牌精品培育计划。聚焦国家级农产品产地市场，按照“精品化、特色化、国际化”原则，打造一批能够代表我国现代农业发展成就的农产品区域公用品牌，带动企业品牌和农产品品牌协同发展。

3. 农业品牌营销拓展行动。鼓励农产品产地市场发挥平台和渠道优势，利用互联网、大数据、人工智能等现代信息技术，组织开展全国性和区域性农业品牌营销推介活动，带动参加国内外知名展会和节庆活动，建立创意园、体验馆、文化馆，组织开展贸易展示、公益活动、文化交流，提高营销推广效率。

第三节 提高农产品应急保供能力

统筹推进应急保供体系建设。强化农产品产地市场应急保供功能，打造应急储备关键节点和应急转运主要渠道相结合的农产品应急保供体系。加强蔬菜、畜产品、水产品等国家级农产品产地市场储备转运设施建设，促进相互匹配和有机衔接，提高紧急调运能力。蔬菜产地市场重点加强保鲜库、通风库等设施建设，畜产品、水产品产地市场重点加强冷冻库、冷藏车等设施设备配置。

建立健全应急保供机制。加强应急预案管理，促进应急信息共享共用，形成“平时服务、急时应急”的长效运行机制。结合城市群分布，分区域建立应急保供市场名录，分产品做好产销应急对接机制。鼓励国家级农产品产地市场建立应急保供生产基地，积极发挥新型农业经营主体、农垦企业保障重要农产品供给作用，加强与国家储备体系对接，强化与第三方物流企业、大型商超企业以及销地批发市场合作，提升跨区域、大规模调运的组织能力。

专栏5 “菜篮子”产品应急保供能力提升行动

面向京津冀、长三角、粤港澳、成渝等城市群，以“菜篮子”市长负责制考核为抓手，引导各大中城市建立健全应急保供机制，将一批国家级、区域性农产品产地市场确定为“菜篮子”产品保供主体，对接“菜篮子”产品应急保供生产基地、销地批发市场、大型商超企业，确保重要节点、重大事件、突发情况“菜篮子”产品稳定供应，真正落实“菜篮子”市长负责制。

第七章 构建农产品产地市场支撑体系

第一节 培育充满活力的产地流通主体

提高生产主体营销能力。开展农村实用人才培训，实施高素质农民培育计划和学历提升行动，提高种养大户、家庭农场、农民合作社等新型农业经营主体产销对接能力。加强农村经纪人培育，引导经纪人向规范化、职业化、专业化方向发展。鼓励支持农业产业化龙头企业与新型农业经营主体开展多种形式合作，组建流通协会、产销联盟或产销集团，形成集中流通、集约营销的格局。

提升经销商市场竞争力。规范市场内个体工商户经营行为，做好登记注册和财务管理，逐步向现代企业法人转变。推动经销企业建立“产权清晰、行为规范、运营高效”的现代企业制度，做精做专服务。鼓励经销企业通过兼并、联盟、合作等方式，扩大产后加工、仓储物流、城乡配送等服务范围。引导返乡农民工、大中专毕业生、退伍军人等参与农产品产地市场建设，为农产品产地流通注入“新鲜血液”。

专栏6 农产品产地流通主体培育行动

依托农村实用人才培训、高素质农民培育计划和学历提升行动以及农业社会化服务等项目支持，加强农产品产地流通主体培育，实施“千名经销商、万名经纪人”农产品产地流通主体培育行动，打造一支懂市场、会经营、善营销、创品牌的农产品产地流通专业队伍，形成一批农产品产地市场流通社会化服务组织，开展联农带农为农服务，推进资源共享、信息互联、标准协同等机制建设。

第二节 强化创新实用的技术人才保障

加强产地流通技术研发推广。支持各类大专院校、科研院所以及有关企业开展农产品产地流通技术装备研究创制、联合攻关和推广应用。推动国家级农产品流通学科群建设，建设一批农业农村部农产品流通重点实验室和试验基地，推动增补一批现代农业产业技术体系农产品流通岗位科学家。鼓励科研机构与国家级农产品产地市场设立产学研相结合的农产品流通创新中心、市场研究中心或创新联盟，开展共性技术研究推广和人才培训。

建设产地流通人才队伍。通过引进、教育、培训等多种方式，建立一支由创新型、技术型、实用型人才构成的多层次农产品产地流通人才队伍。完善人才培养、使用、评价和激励制度，推动专业技术职称评定、农业技能人才评价向农产品流通领域倾斜。鼓励各类农业高等院校提升物流学科建设水平，加强农业产业、商贸流通复合型人才培养。

第三节 打造权威精准的信息服务窗口

健全产地流通信息监测体系。研究制定反映农产品产地流通重点领域、重点环节的监测指标体系。加强与发展改革、统计、商务、市场监管等部门以及有关行业协会协调联动，建立畅通高效的信息交换机制。完善农业农村部重点农产品市场信息平台建设，开展农产品产地市场发展情况监测试点，掌握农产品产地市场流通品类、数量、价格等情况。

增强产地市场信息服务能力。加强农产品产地市场信息采集、分析，建立信息发布长效机制，充分利用网站、电子显示屏以及新媒体平台等载体，及时准确传递生产、供求、价格等方面的信息。鼓励支持国家级农产品产地市场应用大数据分析、数据挖掘等新技术，研判全球进出口贸易发展趋势，编制主营农产品产地价格、行业景气等指数，逐步成为主营农产品价格形成中心。

第四节 构建务实有效的标准规范体系

完善产地市场标准体系。加快推进现行标准评估复审，提高现行标准规范的系统性和有效性。按照先进实用、统一协调、绿色智能原则，制修订一批农产品产地市场设施工程、工艺技术、管理服务等标准，引导对接国际标准，逐步形成以国家标准为基础，行业标准为补充，团体标准、地方标准及企业标准相配套的农产品产地市场标准体系。

加强产地市场标准宣贯推广。用好传统媒体和新媒体，大力开展标准宣传、解读、培训等工作。建立政府引导、行业协会推动、生产经营主体示范应用的标准实施推广机制，结合现代农业全产业链标准化基地建设和农产品产地市场标准化提升行动，深入开展标准示范推广，提升农产品产地市场标准化水平。

专栏7 农产品产地市场标准化提升行动

鼓励和支持科研院所立足我国产业发展基础，制修订一批重点农产品产地市场国家标准、行业标准，加强与国际标准的接轨。推动各地研编农产品产地市场地方标准，鼓励各类经营主体制定一批企业标准，鼓励有推广价值的企业标准和团体标准上升为国家或行业标准。选择10个国家级农产品产地市场开展标准化基地建设，全面全程应用先进实用的农产品产地流通标准。

第八章 保障措施

第一节 加强组织领导

健全完善“政府引导、企业主体、社会投入”的工作推进机制。农业农村部做好顶层设计，加强协调配合，强化工作指导，统筹推进工作。各省（自治区、直辖市）系统推进农产品产地市场体系发展，开展国家级农产品产地市场共建与认定、区域性农产品产地市场和田头市场建设工作，编制发展规划或实施方案，加大支持力度。引导家庭农场、农民合作社、国有农场、农业企业、批发市场等各类市场主体积极参与，形成高位推动、上下联动、多方共建的良好局面。

第二节 加大政策扶持

增加建设投入。建立健全事权、责权相适应的资金投入保障机制。鼓励各地充分利用土地出让收益、中央财政衔接推进乡村振兴补助资金，积极整合各类涉农资金，集中支持农产品产地市场发展的关键领域、关键环节、关键区域。将符合条件的农产品产地市场建设项目纳入地方政府专项债券支持范围。

强化金融支持。鼓励开发性金融机构、政策性金融机构结合职能定位，在业务范围内对国家级农产品产地市场基础设施建设予以支持。引导商业性金融机构积极支持农产品产地市场建设。指导各级农业信贷担保公司加强与银行业金融机构合作，对符合条件的农产品产地市场积极提供担保业务。

完善用地政策。完善农产品产地市场用地规划，促进农产品产地市场规划与国土空间规划、产业发展规划衔接，加强农产品产地市场基础设施建设用地保障。农产品产地市场内与农业生产直接关联的分拣包装、保鲜存储等设施用地纳入农业设施用地管理。农村集体建设用地、废弃闲置房屋等可依法依规通过入股、租赁等方式用于农产品产地市场的仓储物流、交易厅棚等设施建设。

第三节 创新建管机制

坚持以社会投入为主，各级政府结合实际对农产品产地市场公益性基础设施建设给予支持。探索政府投入、授权经营，企业投入、自主经营，联合投入、企业经营，集体投入、企业经营等多种模式。建立农产品产地市场体系统筹规划、设施共建、服务共享、实施评估机制，定期对规划实施情况进行调研指导、总结调度和效果评价，引导农产品产地市场完善建设和运营管理。制定国家级农产品产地市场管理办法，监测评估运营情况，实行“跟踪评价、有进有退”的动态管理机制。

第四节 优化发展环境

深化“放管服”改革，支持农产品产地市场通过理念创新、模式创新、技术创新、管理创新等方式提升运营水平。规范农产品产地市场的经营行为，加大对不符合强制性标准、不遵守操作规范等行为的惩处力度，坚决禁止乱收费、强买强卖等行为。落实农产品质量安全法等法律法规，加大对以次充好、以假乱真、掺杂掺假等行为的整治力度，依法依规将相关信息纳入全国信用信息共享平台和国家企业信用信息公示系统，加大失信惩戒力度，提高违法违规成本。

社会资本投资农业农村指引（2022年）

（农业农村部 国家乡村振兴局 2022年4月2日）

一、总体要求

（一）指导思想

以习近平新时代中国特色社会主义思想为指导，全面贯彻党的十九大和十九届历次全会精神，深入贯彻中央经济工作会议、中央农村工作会议精神，坚持稳字当头、稳中求进，按照保供固安全、振兴畅循环的工作定位，聚焦乡村振兴重点领域，创新投入方式，打造合作平台，营造良好营商环境，激发社会资本投资活力，规范社会资本投资行为，更好满足全面推进乡村振兴多样化投融资需求，为全面推进乡村振兴、加快农业农村现代化提供有力支撑。

（二）基本原则

1. 尊重农民主体地位　充分尊重农民意愿，切实发挥农民在乡村振兴中的主体作用，引导社会资本与农民建立紧密利益联结机制，不断提升人民群众获得感。支持社会资本依法依规拓展业务，注重合作共赢，把收益更多留在乡村，把就业岗位更多留给农民，带动农村同步发展、农民同步进步。

2. 遵循市场规律　充分发挥市场在资源配置中的决定性作用，更好发挥政府作用，激发社会资本投资活力，引导将人才、技术、管理等现代生产要素注入农业农村。坚持“放管服”改革方向，建立健全监管和风险防范机制，营造公平竞争的市场环境、政策环境、法治环境，创造良好稳定的市场预期。

3. 坚持开拓创新　鼓励社会资本与政府、金融机构开展合作，发挥社会资本市场化、专业化优势，加快投融资模式创新应用，探索典型模式。建立完善社会资本投融资合作对接机制，拓宽社会资本投资渠道，挖掘农业农村领域投资潜力，保持农业农村投资稳定增长，培育经济发展新动能。

4. 稳妥有序投入　立足村庄现有基础，结合乡村发展实际，引导社会资本稳妥有序投入亟须支持的农业农村领域，不超越发展阶段搞大融资、大开发、大建设。坚决守住耕地红线，坚决遏制耕地“非农化”、防止耕地“非粮化”。严禁违规占用耕地从事非农建设，严禁超标准建设绿色通道，严禁违规占用耕地挖湖造景，确保资本下乡不损害农民和集体利益。

二、鼓励投资的重点产业和领域

对标全面推进乡村振兴、加快农业农村现代化目标任务，立足当前农业农村新形势新要求，聚焦乡村发展、乡村建设、乡村治理的重点领域、关键环节，撬动更多社会资本，充分调动各方面积极性，促进农业农村经济转型升级。

（一）现代种养业

支持社会资本发展规模化、标准化、品牌化和绿色化种养业，推动品种培优、品质提升、品牌打造和标准化生产，助力提升粮食和重要农产品供给保障能力。巩固主产区粮棉油糖胶生产，推进国家粮食安全产业带建设。支持大豆油料生产基地建设，支持玉米大豆带状复合种植，发展旱作农业，加强智能粮库建设。加强蔬菜（含食药用菌）生产能力建设，大力发展温室大棚、集约养殖、水肥一体、高效节水等设施农业，鼓励发展工厂化集约养殖、立体生态养殖等新型养殖设施。支持稳定生猪基础产能，推进标准化规模养殖；加快发展草食畜牧业，扩大基础母畜产能，稳步发展家禽业，加强奶源基地建设。支持建设现代化饲草产业体系，推进饲草料专业化生产。鼓励发展水产绿色健康养殖，发展稻渔综合种养、大水面生态渔业和盐碱水养殖。支持深远海养殖业发展，发展深远海大型智能化养殖渔场，推动海洋牧场、远洋渔业基地建设。支持大食物开发，保障各类食物有效供给。

（二）现代种业

鼓励社会资本投资创新型种业企业，扶优扶强种业企业，推进科企深度融合，支持种业龙头企业健全商业化育种体系，提升商业化育种创新能力，提升我国种业国际竞争力。引导参与现代种业自主创新能力提升，推进种源等农业关键核心技术攻关。加强种质资源保存与利用、育种创新、品种检测测试与展示示范、良种繁育等能力建设，促进育繁推一体化发展，建立现代种业体系。在严格监管、风险可控的基础上，鼓励社会资本积极参与生物育种产业化应用。创新推广“龙头企业+优势基地”模式，支持社会资本参与国家南繁育种基地等制种基地建设与升级，加快制种大县和区域性良繁基地建设。鼓励社会资本参与建设国家级育种场，完善良种繁育和生物安全防护设施条件，推进国家级水产供种繁育基地建设。

（三）乡村富民产业

鼓励社会资本开发特色农业农村资源，支持农业现代化示范区主导产业全产业链升级，积极参与建设现代农业产业园、优势特色产业集群、农业产业强镇、渔港经济区，发展特色农产品优势区，发展国家农村产业融合发展示范园，支持建设“一村一品”示范村镇。鼓励企业到产地发展粮油加工、农产品初加工、食品制造。支持发展特色优势产业，发展绿色农产品、有机农产品和地理标志农产品，支持拓展农业多种功能、挖掘乡村多元价值。建设标准化生产基地、集约化加工基地、仓储物流基地，完善科技支撑体系、生产服务体系、品牌与市场营销体系、质量控制体系，建立利益联结紧密的建设运行机制。巩固提升脱贫地区特色产业，鼓励有条件的脱贫地区发展光伏产业。因地制宜发展具有民族、文化与地域特色的乡村手工业，发展一批家庭工厂、手工作坊、乡村车间。加快农业品牌培育，加强品牌营销推介，鼓励社会资本支持区域公用品牌建设，打造一批具有市场竞争力的农业企业品牌。

（四）农产品加工流通业

鼓励社会资本参与粮食主产区和特色农产品优势区发展农产品加工业，提升行业机械化、标准化水平。鼓励发展冷藏保鲜、原料处理、分级包装等初加工，到产地发展粮油加工、农产品加工、食品制造等精深加工，在主产区和大中城市郊区布局中央厨房、主食加工、休闲食品、方便食品、净菜加工等业态。鼓励参与农产品产地、集散地、销地批发市场、田头市场建设，完善农村商贸服务网络。加强粮食、棉花、食糖等重要农产品仓储物流设施建设，建设一批贮藏保鲜、分级包装、冷链配送等设施设备和田头小型仓储保鲜冷链设施。鼓励有条件的地方建设产地冷链配送中心，打造农产品物流节点，发展农超、农社、农企、农校等产销对接的新型流通业态。鼓励发展生鲜农产品新零售。支持冷链物流企业做大做强，支持大型流通企业以县城和中心镇为重点下沉供应链，促进农村客货邮融合发展。

（五）乡村新型服务业

鼓励社会资本发展休闲观光、乡村民宿、创意农业、农事体验、农耕文化、农村康养等产业，做精做优乡村休闲旅游业。支持挖掘和利用农耕文化遗产资源，发展乡村特色文化产业，培育具有农耕特质的乡村文化产品，大力开发乡宿、乡游、乡食、乡购、乡娱等休闲体验产品，建设农耕主题博物馆、村史馆，传承农耕手工艺、曲艺、民俗节庆，促进农文旅融合发展。鼓励发展生产性服务业，引导设施租赁、市场营销、信息咨询等领域市场主体将服务网点延伸到乡村。引导采取“农资+服务”“农机+服务”“科技+服务”“互联网+服务”等方式，发展农业生产托管服务，提供市场信息、农技推广、农资供应、统防统治、深松整地、农产品营销等社会化服务。鼓励社会资本拓展生活性服务业，改造提升餐饮住宿、商超零售、电器维修、再生资源回收和养老护幼、卫生保洁、文化演出等乡村生活服务业。

（六）农业农村绿色发展

鼓励社会资本积极参与建设国家农业绿色发展先行区，支持参与绿色种养循环农业试点、畜禽粪污资源化利用、养殖池塘尾水治理、农业面源污染综合治理、秸秆综合利用、农膜农药包装物回收行动、病死畜禽无害化处理、废弃渔网具回收再利用，推进农业投入品减量增效，加大对收储运和处理体系等方面的投入力度。鼓励投资农村可再生能源开发利用，加大对农村能源综合建设投入力度，推广农村可再生能源利用技术，提升秸秆能源化、饲料化利用能力。支持研发应用减碳增汇型农业技术，探索建立碳汇产品价值实现机制，助力农业农村减排固碳。参与长江黄河等流域生态保护、东北黑土地保护、重金属污染耕地治理修复。

（七）农业科技创新

鼓励社会资本创办农业科技创新型企业，参与农业关键核心技术攻关，开展全产业链协同攻关。鼓励聚焦生物育种、耕地质量、智慧农业、农业机械设备、农业绿色投入品等关键领域，加快研发与创新一批关键核心技术及产品，开展生物育种、高端智能农机、丘陵山区农机、大型复合农机和产业急需农民急用的短板机具、渔业装备、绿色投入品、环保渔具和玻璃钢等新材料渔船等的研发创新、成果转化与技术服务，提升装备研发应用水平。鼓励参与农业领域国家重点实验室等科技创新平台基地建设，参与农业科技创新联盟、国家现代农业产业科技创新中心等建设，促进科技与产业深度融合。支持农业企业牵头建设农业科技创新联合体或新型研发机构，加强农业科技社会化服务体系建设，完善农业科技推广服务云平台。引导发展技术交易市场和科技服务机构，提供科技成果转化服务，加快先进实用技术集成创新与推广应用。

（八）农业农村人才培养

支持社会资本参与农业生产经营人才、农村二三产业发展人才、乡村公共服务人才、乡村治理人才、农业农村科技人才、乡村基础设施建设和管护人才等培养。鼓励依托原料基地、产业园区等建设实训基地，依托信息、科技、品牌、资金等优势打造乡村人才孵化基地。鼓励为优秀农业农村人才提供奖励资助、技术支持、管理服务，促进农业农村人才脱颖而出。

（九）农业农村基础设施建设

支持社会资本参与高标准农田建设、中低产田改造、耕地地力提升、盐碱地开发利用、农田水利建设，农村产业路、资源路、旅游路建设，通村组路硬化，丘陵山区农田宜机化改造，农房质量安全提升，农村电网巩固，农村供水工程建设和小型工程标准化改造，太阳能、风能、水能、地势能、生物质能等清洁能源建设，以及建设乡村储气罐站和微管网供气系统。立足乡村现有基础扎实稳妥推进乡村建设，协调推进农村道路、供水、乡村清洁能源、数字乡村等基础设施建设。在有条件的地区推动实施区域化整体建设，推进田水林路电综合配套，同步发展高效节水灌溉。鼓励参与渔港和避风锚地建设，协同推动乡村基础设施建设和公共服务发展。

（十）数字乡村和智慧农业建设

鼓励社会资本参与建设数字乡村和智慧农业，推进农业遥感、物联网、5G、人工智能、区块链等应用，推动新一代信息技术与农业生产经营、质量安全管控深度融合，促进信息技术与农机农艺融合应用，提高农业生产智能化、经营网络化水平。支持参与数字乡村建设行动，引导平台企业、物流企业、金融企业等各类主体布局乡村。鼓励参与农业农村大数据建设，拓展农业农村大数据应用场景，加强农产品及农资市场监测和分析预警，为新型农业经营主体、小农户提供信息服务。鼓励参与农村地区信息基础设施建设，助力提升乡村治理、社会文化服务等信息化水平。鼓励参与“互联网＋”农产品出村进城工程建设，推进优质特色农产品网络销售，促进农产品产销对接。支持数字乡村标准化建设，加强农村信用基础设施建设，推动遥感卫星数据在农业农村领域中的应用，健全农村信息服务体系。鼓励建设数字田园、数字灌区和智慧农（牧、渔）场，借力信息技术赋能乡村公共服务，推动“互联网＋政务服务”向乡村延伸覆盖。

（十一）农村创业创新

鼓励社会资本投资建设返乡入乡创业园、农村创业创新园区和农村创业孵化实训基地等平台载体，加强各类平台载体的基础设施、服务体系建设，推动产学研用合作，激发农村创业创新活力。鼓励联合普通高校、职业院校、优质教育培训机构等开展面向农村创业创新带头人关于创业能力、产业技术、经营管理方面的培训，建设产学研用协同创新基地，规范发展新就业形态，培育发展家政服务、物流配送、养老托育等生活性服务业，促进农民就地就近就业创业。

（十二）农村人居环境整治

支持社会资本参与农村人居环境整治提升五年行动。鼓励参与农村厕所革命、农村生活垃圾治理、农村生活污水治理等项目建设运营，健全农村生活垃圾收运处置体系，加强村庄有机废弃物综合处置利用设施建设。鼓励参与村庄清洁和绿化行动。推进农村人居环境整治与发展乡村休闲旅游等有机结合。

（十三）农业对外合作

鼓励社会资本参与农业对外经贸合作，支持企业在“一带一路”共建国家开展粮、棉、油、糖、胶、畜、渔等生产加工、仓储物流项目合作，建设境外农业合作园区。鼓励围绕粮食安全、气候变化、绿色发展等领域，积极参与全球农业科技合作，参与农资农机、农产品加工流通、农业信息等服务走出去，带动相关领域产能合作。鼓励参与农业国际贸易高质量发展基地、农业对外开放合作试验区等建设，创新农业经贸合作模式、对接有关规则标准、培育出口农产品品牌、建设国际营销促销网络，培育农业国际竞争新优势。

三、创新投入方式

根据各地农业农村实际发展情况，因地制宜创新投融资模式，推动资源整合、投资结构优化、投资效能提升。通过独资、合资、合作、联营、租赁等途径，采取特许经营、公建民营、民办公助等方式，健全联农带农有效激励机制，稳妥有序投入乡村振兴。

（一）完善全产业链开发模式

支持农业产业化龙头企业、农垦企业联合家庭农场、农民合作社等新型农业经营主体、小农户，加快全产业链开发和一体化经营、标准化生产，开展规模化种养，发展加工和流通。开创品牌、注重营销，推进产业链生产、加工、销售各环节有机衔接，贯通产加销、融合农文旅，推进延链、补链、壮链、优链，打造一批创新能力强、产业链条全、绿色底色足、安全可控制、联农带农紧的农业全产业链。鼓励社会资本聚焦比较优势突出的产业链条，补齐产业链条中的发展短板，参与现代种业提升、农机研发与应用、智慧农业、设施农业等产业发展，提升产业链供应链现代化水平。支持龙头企业下乡进村，建分支机构、生产加工基地等，发挥农业产业化龙头企业的示范带动作用。

（二）探索区域整体开发模式

支持有实力的社会资本在符合法律法规和相关规划、尊重农民意愿的前提下，立足乡村发展实际和乡村建设现状，因地制宜、稳妥有序探索区域整体开发模式，统筹乡村基础设施和公共服务建设、高标准农田建设、国家级水产健康养殖和生态养殖示范区、产业融合发展等进行整体化投资，建立完善合理的利益分配机制，为当地农业农村发展提供区域性、系统性解决方案，促进农业提质增效，带动农村人居环境显著改善、农民收入持续提升，实现社会资本与农户互惠共赢。

（三）创新政府和社会资本合作模式

鼓励信贷、保险机构加大金融产品和服务创新力度，配合财政支持农业农村重大项目实施，加大投贷联动等投融资模式探索力度。鼓励各级农业农村部门按照有关要求，对本地区农业投资项目进行系统性梳理，探索在高标准农田建设、智慧农业、仓储保鲜冷链物流、农村人居环境整治等领域，培育一批适于采取PPP模式的、有稳定收益的公益性项目，依法合规、有序推进政府和社会资本合作，让社会资本投资可预期、有回报、能持续。鼓励社会资本探索通过资产证券化、股权转让等方式，盘活项目存量资产，丰富资本进入退出渠道。

（四）探索设立乡村振兴投资基金

各地要结合当地发展实际，推动设立金融机构大力支持、社会资本广泛参与、市场化运作的乡村振兴基金。鼓励有实力的社会资本结合地方农业产业发展和投资情况规范有序设立产业投资基金。充分发挥农业农村部门的行业优势，积极稳妥推进基金项目储备、项目推介等工作，鼓励相关基金通过直接股权投资和设立子基金等方式，充分发挥在乡村振兴产业发展、基础设施建设等方面的引导和资金撬动作用。

（五）建立紧密合作的利益共赢机制

强化社会资本责任意识，让农民更多分享产业增值收益。鼓励农民以土地经营权、水域滩涂、劳动、技术等入股，支持农村集体经济组织通过股份合作、租赁等形式，参与村庄基础设施建设、农村人居环境整治和产业融合发展。创新村企合作模式，充分发挥产业化联合体等联农带农作用，激发和调动农民参与乡村振兴的积极性、主动性。鼓励社会资本采用“农民＋合作社＋龙头企业”“土地流转＋优先雇用＋社会保障”“农民入股＋保底收益＋按股分红”等利益联结方式，与农民建立稳定合作关系、形成稳定利益共同体，做大做强新型农业经营主体，健全农业专业化社会化服务体系，提升小农户生产经营能力和组织化程度，让社会资本和农民共享发展成果。

四、打造合作平台

打造一批社会资本投资农业农村的合作平台，为社会资本投向农业农村提供规划、项目信息、融资、土地、建设运营等一揽子、全方位投资服务，促进要素集聚、产业集中、企业集群，实现控风险、降成本、提效率。

（一）完善规划体系平台

统筹做好发展引导规划、专项规划、区域规划、建设规划等的管理制定、信息发布等工作，充分发挥以《乡村振兴战略规划（2018—2022年）》《“十四五”推进农业农村现代化规划》等为总纲，以种植业、渔业、畜牧业、种业、乡村产业、农垦、农业科技、农业机械化、农田建设和农业国际合作等相关规划为指导，以地方农业农村发展有关规划为补充的农业农村规划体系作用，引导社会资本突出重点、科学决策，有序投向补短板、强弱项的重点领域和关键环节。

（二）构建现代农业园区平台

围绕农业现代化示范区、粮食生产功能区、重要农产品生产保护区、特色农产品优势区和农业绿色发展先行区，以及国家现代农业产业园、优势特色产业集群、农业产业强镇、全国“一村一品”示范村镇、农村产业融合发展示范园、农村创业创新园区和孵化实训基地、精深加工基地、南繁硅谷、农业对外开放合作试验区等重大农业园区，建立社会资本投资指导服务机构，发挥园区平台的信息汇集、投资对接作用。健全完善政策支持体系，加快园区公共服务设施和能力水平建设，增强各类园区对社会资本的引导和聚集功能，不断提升农业绿色化、优质化、特色化、品牌化水平。

（三）建设重大工程项目平台

依托高标准农田建设、优质粮食工程、农业生产“三品一标”提升行动、奶业振兴行动、种业振兴行动、农产品产地冷藏保鲜设施建设工程，以及畜禽粪污资源化利用整县推进、内陆集中连片养殖池塘改造和尾水达标治理整县推进、农村人居环境整治、新一轮畜禽水产遗传改良计划、农业关键核心技术攻关、“百县千乡万村”乡村振兴示范创建等，建立项目征集和发布机制，引导各类资源要素互相融合。加强宣传和解读，提高重大工程项目参与方式、运营方式、盈利模式、投资回报等相关信息透明度和可获得性；充分发挥政府投资“四两拨千斤”的引导带动作用，稳定市场收益预期，调动社会资本积极性。

（四）推进项目数据信息共享

汇集农业领域基建项目、财政项目，以及各行各业重大项目，形成重点项目数据库，在严守信息安全底线的前提下，通过统一的信息共享平台集中向社会资本公开发布，发挥信息汇集、交流、对接等服务作用，引导各环节市场主体自主调节生产经营决策。推广大数据应用，引导整合线上线下企业的资源要素，推动业态创新、模式变革和效能提高。鼓励行业协会商会主动完善和提升行业服务标准，发布高标准的服务信息指引，发挥行业协会、开发区、孵化器的沟通桥梁作用，加强与资本市场对接。

五、营造良好环境

（一）加强组织领导

各级农业农村部门、乡村振兴部门要把引导社会资本投资农业农村作为重要任务，加强与发改、财政、金融监管、自然资源等部门的沟通，推进信息互通共享，协调各有关部门立足职能、密切配合、形成合力。要建立规范的合作机制，引导社会资本积极参与相关规划编制、项目梳理，严格遵循乡村规划“三区三线”的空间管制，准确把握投资方向，积极探索具体方式，提高各类项目落地效率，充分发挥政府、市场和社会资本的合力作用。加强对外资的管理，推动外资依照《外商投资法》相关规定和要求，投资农业农村。

（二）强化政策激励

完善农村闲置宅基地和闲置住宅盘活利用政策。鼓励各地根据地方实际和农村产业业态特点探索供地新方式，保障和规范农村一二三产业融合发展用地。加快构建以农村土地流转风险防范制度、农村社会信用评价制度，以及农业保险“扩面、增品、提标”和农产品期货价格发现机制等为重要内容的风险防范体系。落实稳步提高土地出让收入用于农业农村比例的政策要求，集中用于乡村振兴重点任务。支持地方政府发行政府债券用于符合条件的乡村振兴公益性项目，发挥专项债券资金对促进乡村振兴作用。加快健全商业性、合作性和政策性、开发性金融，以及信贷担保等为重要内容的多层次农村金融服务体系，发展供应链金融，探索通过投贷联动等模式，不断加大对社会资本投资农业农村的支持力度。

（三）广泛宣传引导

汇集重点规划、农业园区、重大工程项目、示范主体名单等相关信息，各类主体可在农业农村部新型农业经营主体信息直报平台上点击查询。大力宣传社会资本投资农业农村的重大意义，做好政策解读，回应社会关切，稳定市场预期，培育合作理念，正确引导社会资本有序进入农业农村经济领域。各地要加强社会资本投资农业农村成功经验和案例的总结，推介一批典型模式。充分利用报刊、广播、电视、互联网等媒体，全方位、多角度、立体式宣传社会资本投资建设成果，营造社会资本投资农业农村的良好氛围。

蜂产品生产许可审查细则（2022版）

（市场监管总局 2022年第10号　2022年4月12日）

第一章　总　　则

第一条　为了做好蜂产品生产许可审查工作，依据《中华人民共和国食品安全法》《中华人民共和国食品安全法实施条例》《食品生产许可管理办法》及相关食品安全国家标准等规定，制定《蜂产品生产许可审查细则（2022版）》（以下简称《细则》）。

第二条　本《细则》适用于蜂产品生产许可审查工作，应当结合《食品生产许可审查通则》使用。

第三条　蜂产品包括四类，分别为：蜂蜜，类别编号2601；蜂王浆（含蜂王浆冻干品），类别编号2602；蜂花粉，类别编号2603；蜂产品制品，类别编号2604。蜂产品生产许可类别目录及定义见表1。

表1　蜂产品生产许可类别目录及定义

食品类别	类别名称	品种明细	定义	说明
蜂产品	蜂蜜	蜂蜜	蜂蜜：以蜜蜂采集植物的花蜜、分泌物或蜜露，与自身分泌物混合后，充分酿造而成的天然甜物质为原料，经过滤、灌装等工艺加工而成的产品。	

（续）

食品类别	类别名称	品种明细	定义	说明
蜂产品	蜂王浆（含蜂王浆冻干品）	蜂王浆、蜂王浆冻干品	蜂王浆：别名蜂皇浆，以工蜂咽下腺和上颚腺分泌的，主要用于饲喂蜂王和蜂幼虫的浆状物质为原料，经过滤、灌装等工艺加工而成的产品。 蜂王浆冻干品：以蜂王浆为原料经冷冻干燥、粉碎、包装等工艺加工而成的产品。	
	蜂花粉	蜂花粉	蜂花粉：以工蜂采集花粉，用唾液和花蜜混合后形成的物质为原料，经干燥、消毒灭菌、包装等工艺加工而成的产品。	按照《食品安全国家标准 花粉》（GB 31636）要求，油菜花粉、向日葵花粉、紫云英花粉、荞麦花粉、芝麻花粉、高粱花粉、玉米花粉等纳入生产许可管理范围。其他品种依据国务院卫生行政部门后续相关公告执行。松花粉属风媒花粉，该类产品参照蜂花粉相关要求执行。
	蜂产品制品	蜂产品制品	以蜂蜜、蜂王浆（含蜂王浆冻干品）、蜂花粉或其混合物为主要原料，且在成品中含量大于50%，添加或不添加其他食品原料经加工制成的产品。	以蜂蜜为原料生产蜂产品制品，不得添加淀粉糖、糖浆、食糖。

第四条 蜂蜜、蜂王浆（含蜂王浆冻干品）和蜂花粉中不得添加任何其他物质。

蜂产品制品中蜂蜜、蜂王浆（含蜂王浆冻干品）、蜂花粉或其混合物在成品中含量要大于50%，且以蜂蜜为原料生产蜂产品制品不得添加淀粉糖、糖浆、食糖。

第五条 鼓励企业使用巢蜜为原料生产蜂蜜。巢蜜是指在封盖的蜜脾内贮存的蜂蜜，由蜂巢和蜂蜜两部分组成，巢房封盖90%以上（包括：大块巢蜜、格子巢蜜、切块巢蜜）。

第六条 蜂产品不允许分装，蜂花粉除外。

第七条 本《细则》引用的标准、文件应当采用最新版本（包括修改单）。

第二章 生产场所

第八条 企业应当具有与生产产品相适应的生产车间、原料及成品库房等生产场所。生产车间及辅助设施的设置应当按生产工艺、卫生控制要求有序合理布局，根据生产流程、操作需要和清洁度要求进行分离或分隔，避免交叉污染。生产车间划分为清洁作业区、准清洁作业区和一般作业区，不同作业区之间应当采取有效分隔。清洁作业区应当定期采用紫外线照射或臭氧等方式对加工环境消毒。蜂产品生产车间及作业区划分见表2。

表2 蜂产品生产车间及作业区划分

类别名称	清洁作业区	准清洁作业区	一般作业区
蜂蜜		割蜜摇蜜区、投料区、融蜜区、过滤区、灌装间、内包装清洗消毒间等。	周转桶清洗间、外包装间、原料库、包装材料库、成品库、烘房等。

（续）

类别名称	清洁作业区	准清洁作业区	一般作业区
蜂王浆（含蜂王浆冻干品）	蜂王浆：过滤区、灌装区。 蜂王浆冻干品：过滤间、冷冻干燥间、粉碎间、成型间、内包装间等。	解冻区、内包装清洗消毒间等。	外包装区、原料冷库、包装材料库、成品（冷）库等。
蜂花粉	内包装间等。	除杂间、粉碎间、破壁间、干燥区、杀菌区、内包装清洗消毒间等。	外包装区、原料（冷）库、包装材料库、成品库等。
蜂产品制品	内包装（灌装）间等。	原料处理区、配料区、混合加工区、杀菌区、内包装清洗消毒间等。	外包装间、原辅料库、包装材料库、成品库等。

注：本表所列加工区域为常规分区，企业可根据实际生产情况优化调整。

第九条 生产车间地面、墙壁应当易于清洗，保持清洁，设置有效的防尘、防蝇、防虫、防鼠设施。

第十条 原料、成品库房应当满足相应的温度、湿度等贮存要求，避免阳光直射，保持干燥，并设置有效的防尘、防蝇、防虫、防鼠设施及产品防护措施。

以巢蜜为原料生产蜂蜜的，应当设立蜜脾储存库。

蜂王浆（含蜂王浆冻干品）原料及成品储存温度应当在−18℃以下（常温储存产品除外）。

未经干燥的原料蜂花粉应当冷藏或冷冻储存。

第三章 设备设施

第十一条 企业应当具有与生产产品品种、数量相适应的生产设备设施，性能和精度满足生产要求，便于操作、清洁、维护。蜂产品常规生产设备设施见表3。

表3 蜂产品常规生产设备设施

类别名称	常规生产设备设施
蜂蜜	周转桶、周转桶清洗消毒设施、原料罐、摇蜜设备、融蜜设施、过滤设备、成品罐、灌装设备、灯检设备、生产设备清洗消毒设施、内包装清洗消毒设施等。
蜂王浆（含蜂王浆冻干品）	蜂王浆：解冻设施、过滤设备、灌装设备、温度控制设施、生产设备清洗消毒设施、内包装清洗消毒设施等。 蜂王浆冻干品：解冻设施、过滤设备、真空冷冻干燥设备、粉碎设备、成型设备、空气净化设施、温湿度控制设施、包装设备、生产设备清洗消毒设施、内包装清洗消毒设施等。
蜂花粉	筛选设备、干燥设备、杀菌设备、粉碎破壁设施、包装设备、内包装清洗消毒设施等。
蜂产品制品	应具备满足产品生产工艺的相关设备，如原料罐、配料设备、混合设备、成型设备、包装设备、生产设备清洗消毒设施等。

注：本表所列设备设施为企业常规设备设施，可根据实际生产情况优化调整。

第十二条 盛装原料蜂蜜的周转桶，应当符合食品安全要求，可使用蜂蜜包装钢桶、塑料桶，不得使用镀锌铁桶。

第十三条 企业应当具备对生产设备、管道、周转桶等清洗消毒设施，及时进行清洗消毒，防止对产品造成污染。

使用蜂蜜包装钢桶的，还应当定期检查内部涂层的完整性。

第十四条 清洁作业区、准清洁作业区入口处应当设置更衣室，配备洗手、干手、消毒设施，按需设置换鞋（穿戴鞋套）或工作鞋靴消毒设施。

第十五条 生产蜂王浆冻干品的清洁作业区空气洁净度静态时应当达到《食品工业洁净用房建筑技术规范》（GB 50687）中2级要求，生产状态下企业每月至少对清洁作业区沉降菌按照标准要求监测1次。

蜂花粉粉碎破壁车间应当根据粉碎破壁方式设置适宜的通风、除尘设施，保持空气洁净，有效去除和隔离飞溅的花粉粉末。

第十六条 生产蜂王浆（含蜂王浆冻干品）的车间应当配备温度控制设施，加工过程环境温度不得高于25℃；生产蜂王浆冻干品的车间应当配备湿度控制设施，冷冻干燥后的加工环境相对湿度不得高于65%。

第十七条 产品自行检验的，企业应当按照产品执行标准及检验管理制度中规定的检验项目配备满足原料、半成品、成品检验所需的检验设备设施，并确保检验设备的性能、精度满足检验要求。蜂产品常用检验设备见表4。

表4 蜂产品常用检验设备

类别名称	常用检验设备
蜂蜜	天平、恒温培养箱、高压灭菌锅、无菌室或洁净工作台。
蜂王浆（含蜂王浆冻干品）	天平、分析天平（0.1mg）、真空干燥箱、高效液相色谱仪（紫外检测器）。
蜂花粉	天平、分析天平（0.1mg）、真空干燥箱、恒温培养箱、高压灭菌锅、无菌室或洁净工作台。
蜂产品制品	根据产品检验项目，配备相应的检验设备。

第四章 设备布局和工艺流程

第十八条 应当具备合理的生产设备布局和工艺流程，避免交叉污染。

第十九条 应当根据产品特性、质量要求、风险控制等因素确定关键控制环节。蜂产品生产常规工艺流程与关键控制环节见表5。

表5 蜂产品生产常规工艺流程与关键控制环节

类别名称	常规工艺流程	关键控制环节
蜂蜜	用桶装原料蜂蜜生产蜂蜜：原料验收—融蜜—过滤—灌装 用巢蜜原料生产蜂蜜：原料验收—割蜜—摇蜜—过滤—灌装	1. 原料的质量安全控制； 2. 融蜜过程中温度控制； 3. 灌装设备的清洗消毒。
蜂王浆（含蜂王浆冻干品）	蜂王浆：原料验收—解冻—过滤—灌装 蜂王浆冻干品：原料验收—解冻—过滤—真空冷冻干燥—粉碎—成型—包装	1. 原料的质量安全控制； 2. 解冻过程中温度、时间控制； 3. 真空冷冻干燥过程中真空度、温度控制； 4. 灌装（包装）过程中卫生控制； 5. 蜂王浆贮存过程中温度控制。
蜂花粉	原料验收—筛选—干燥—破壁—灭菌—包装	1. 原料的质量安全控制； 2. 干燥过程中温度控制； 3. 灭菌方式及相关参数控制； 4. 包装过程中卫生控制。
蜂产品制品	原料验收—预处理—配料—混合—灭菌—灌装（包装）等	1. 原料的质量安全控制； 2. 配料过程中投料控制； 3. 灌装（包装）过程中卫生控制。

注：表中所列工艺流程为企业常规工艺流程，可根据实际生产情况优化调整。

第二十条　蜂蜜生产过程中融蜜温度不得高于60℃。有需要进行脱水的，应当采取适宜的方式，脱水温度不得高于65℃。

第二十一条　蜂王浆（含蜂王浆冻干品）应当在包装密闭状态下解冻，解冻温度不得高于25℃，解冻时间不应超过72小时；生产过程中环境温度不得高于25℃；解冻完毕至包装或灌装完成不得超过12小时（不含真空冷冻干燥环节）。盛装蜂王浆的容器需要清洗消毒的，应当清洗后用75%食用酒精等进行消毒。

第二十二条　蜂花粉生产过程中应当采用适宜的干燥方式，干燥温度不得高于45℃。采用辐照方式灭菌的蜂花粉生产企业应当取得相应资质或委托具有资质的机构代为辐照。辐照过程应当符合国家相关法律法规和标准要求。

第五章　人员管理

第二十三条　应当配备食品安全管理人员、食品安全专业技术人员和检验人员。

食品安全管理人员应当掌握食品安全法律法规、蜂产品相关标准及生产加工专业知识，具备食品安全管理能力。

食品安全专业技术人员应当掌握蜂产品生产工艺操作规程，熟练操作生产设备设施。

检验人员应当具有食品化学或相关专业知识，经专业培训合格。检验人员数量应当满足企业检验需求。

第二十四条　从事接触直接入口食品工作的人员应当每年进行健康检查，取得健康证明后方可上岗工作。患有国务院卫生行政部门规定的有碍食品安全疾病的人员，不得从事接触直接入口食品的工作。

第二十五条　企业应当建立培训与考核制度，制定培训计划，培训的内容应当与岗位相适应。食品安全管理、专业技术、检验等与质量安全相关岗位的人员应当定期培训和考核，不具备能力的不得上岗。

第六章　管理制度

第二十六条　建立原料采购管理制度，保证采购的原料应当符合国家法律法规和食品安全标准要求。

原料蜂蜜、蜂王浆（含蜂王浆冻干品）、蜂花粉供应商应当相对固定，并签订质量协议，在协议中明确双方所承担的质量责任及供应商采收后的存储、初加工及产品防护要求。企业应当加强蜜源管理，鼓励企业自建蜜源基地，或者与蜜源基地签订稳定的采购协议。

第二十七条　建立原料供应商审核制度，定期对主要原料供应商进行评价、考核，确定合格供应商名单。对原料蜂蜜供应商的审核至少应当包括：供应商的资质，原料蜂蜜来源、品种、价格，原料蜂蜜质量安全状况等。

第二十八条　建立食品原料、食品相关产品验收规范及进货查验记录制度，根据原料特性、风险因素等确定验收项目和要求。

原料蜂蜜的验收应当加强对氯霉素、喹诺酮类、甲硝唑等硝基咪唑类兽药残留的监测，不得采购含有淀粉糖、糖浆、食糖的原料蜂蜜。

第二十九条　建立蜂产品生产过程控制制度，按照生产工艺流程对原料验收、生产过程、贮存运输等全过程质量安全进行控制。

第三十条　蜂蜜生产过程控制应当在投料环节对原料蜂蜜品种进行核对，避免品种混淆；在储存环节对原料蜂蜜、半成品蜂蜜存储时间建立管理控制措施。

企业应当确定原料蜂蜜、半成品蜂蜜的储存期限。不得使用回收的蜂蜜再次生产蜂产品。

以巢蜜为原料生产蜂蜜的，应当制定蜜脾运输、储存等环节产品防护要求。

第三十一条　蜂产品制品生产过程中应当制定产品配方，明确蜂蜜、蜂王浆（含蜂王浆冻干品）、蜂花粉或其混合物的投料比例，严格按照配方投料，并真实记录各种原料的添加量。

第三十二条　建立生产设备管理制度，制定设备、容器具的清洗消毒管理要求，定期维护保养做好记录，出现故障应当及时排除。

第三十三条　建立产品出厂检验管理制度，综合考虑产品特性、工艺特点、原料控制等因素，明确出厂检验项目、批次、频次和检验要求。当执行的标准列出出厂检验项目及要求的，应当按标准规定执行。

当执行标准未列出出厂检验项目及要求的，企业应当确定出厂检验项目及要求。

第三十四条　企业产品出厂检验可自行检验，也可委托具有检验资质的第三方检测机构进行检验。企业自行检验的，应当具备相应的检验能力，每年至少进行1次全项目检验能力验证。

第三十五条　企业可使用快速检测方法进行出厂检验，但应当定期与国家标准规定的检验方法进行比对或者验证。当快速检验方法检验结果显示异常时，应当使用国家标准规定的检验方法进行验证。

第三十六条　建立产品留样制度，产品留样间应当满足产品贮存条件要求，留样数量应当满足复检要求，产品留样应当保存至保质期满并有记录。

第三十七条 建立产品追溯制度，如实记录原料验收、生产加工、产品检验、出厂销售等全过程信息，实现产品有效追溯。

企业应当合理设定产品批次，建立批生产记录。蜂产品制品批生产记录应当如实记录投料的原料名称、投料数量、产品批号、投料日期等信息。

记录内容应当完整、真实、准确，记录保存时限不得少于产品保质期满后6个月。

第三十八条 建立食品标签审核制度，产品标签应当符合法律法规及食品安全标准等规定，反映产品真实属性。蜂产品的产品标签应当符合以下要求：

（一）蜂蜜产品名称可根据蜜源植物命名，不得虚假标注；

（二）蜂产品制品应当在产品标签主展示面上醒目标示反映真实属性的专用名称“蜂产品制品”，字号不得小于同一展示面板其他文字，不得使用“蜂蜜”“×× 蜜”“蜂蜜膏”“蜂蜜宝”等名称；

（三）蜂产品制品标签上的配料表应当如实标明蜂蜜、蜂王浆（含蜂王浆冻干品）、蜂花粉或其混合物的添加量或在成品中的含量。

第三十九条 建立产品召回制度，制定召回管理规定，对召回的食品采取补救、无害化处理、销毁等措施，记录召回和处理情况，并向当地监管部门报告。

第七章 试制产品检验报告

第四十条 企业应当按申请类别及执行标准提供试制产品全项目检验合格报告，企业应当对检验报告真实性负责。

第八章 附 则

第四十一条 本《细则》由国家市场监督管理总局负责解释。

第四十二条 本《细则》自公布之日起施行，原《蜂产品生产许可证审查细则（2006版）2601-1》《蜂花粉及蜂产品制品生产许可证审查细则（2006版）2601-2》同时废止。

第四十三条 本《细则》发布前，已获得蜂产品生产许可，但不符合本《细则》有关要求的，应当在2022年12月31日之前完成整改，并申请获得蜂产品生产许可后，方可进行生产。

关于做好2022年农作物秸秆综合利用工作的通知

（农业农村部办公厅 农办科〔2022〕12号 2022年4月13日）

各省、自治区、直辖市及有关计划单列市农业农村（农牧）厅（局、委），新疆生产建设兵团农业农村局，北大荒农垦集团有限公司：

推进农作物秸秆（以下简称“秸秆”）综合利用，是提升耕地质量、改善农业农村生态环境、加快农业绿色低碳发展的重要举措。为贯彻落实中央一号文件“支持秸秆综合利用”等部署要求，现就做好2022年秸秆综合利用工作通知如下。

一、总体要求

深入贯彻落实党的十九大和十九届历次全会精神，将秸秆综合利用与年度三农重点任务要求紧密结合，坚持农用优先、多措并举，完善秸秆综合利用方式，建设一批全国秸秆综合利用重点县（以下简称“秸秆利用重点县”），培育壮大秸秆利用市场主体，完善收储运体系，加强秸秆资源台账建设，健全监测评价体系，强化科技服务保障，探索建立可推广、可持续的产业发展模式和高效利用机制，引领秸秆综合利用提质增效。

二、年度目标

2022年，建设300个秸秆利用重点县、600个秸秆综合利用展示基地，全国秸秆综合利用率保持在86%以上。秸秆收储运体系不断健全，秸秆利用市场主体进一步壮大，市场运行机制不断完善，秸秆产业化利用结构更加优化，秸秆饲用转化和清洁能源利用规模不断扩大，秸秆基料化、原料化利用途径不断拓宽。

三、重点任务

（一）完善秸秆综合利用方式

结合资源禀赋和农业农村发展需求等，推进适用的秸秆利用方式，促进秸秆利用产业结构优化和提质增效。

1. 推进秸秆变肥料还田，提升耕地质量　因地制宜示范推广秸秆科学还田适用技术，形成适应机械化生产、助力后茬作物稳产优质的秸秆还田规程，推进秸秆就近就地轻简化科学还田，提高土壤钾素利用率，促进农田土壤固碳增汇，巩固提升土地综合生产能力。

2. 推进秸秆变饲料养畜，减少粮食消耗　推进生物菌剂、酶制剂、饲料加工机械等应用，加快秸秆青（黄）贮、颗粒、膨化、微贮等技术产业化，促进秸秆饲料转化增值，提升秸秆在种养循环中的纽带作用，壮大秸秆养畜产业。

3. 推进秸秆变能源降碳，助力“双碳”工作　积极有序发展秸秆为原料的成型燃料、打捆直燃、沼气工程、热解气化等生物质能利用，提升农村清洁用能比例。在乡村社区、园区以及公共机构等推广打捆直燃集中式供热、成型燃料＋生物质锅炉供热、成型燃料＋清洁炉具分散式供暖等模式。

4. 推进秸秆变基质原料，培育富民产业　推动以秸秆为原料生产食用菌基质、育苗基质、栽培基质等，用于菌菇生产、集约化育苗、无土栽培、改良土壤等。鼓励以秸秆为原料，生产非木浆纸、人造板材、复合材料等产品，延伸农业产业链。

（二）开展秸秆利用重点县建设

结合秸秆利用潜力、地方政府积极性等因素，优先在秸秆资源量较大县（市、区）范围内遴选建设秸秆利用重点县，开展秸秆综合利用整体推进。

1. 建设展示基地　选择基础条件好的田块（企业或主体），建设不少于2个秸秆综合利用展示基地，示范展示秸秆利用新技术新成果，推广应用可操作、能落地的秸秆利用模式。基地统一竖立“全国秸秆综合利用展示基地”标牌。

2. 培育市场化主体　按照合理运输半径，建设县有龙头企业、乡镇有规范收储组织、村有固定秸秆收储网点的收储运体系，推进秸秆收储运专业化、标准化、市场化。培育设备适用、技术先进的秸秆加工转化市场主体。

3. 开展监测评价　对区域主要农作物草谷比、可收集系数进行调查测算，为秸秆资源台账关键系数调查核算提供基础支撑。还田比例超过40%以上的秸秆利用重点县，结合主要种植模式，布设不少于1个秸秆还田生态效应监测点位，开展秸秆还田效果监测与评价。

4. 打造典型模式　在县域范围内，围绕秸秆沃土、产业化利用、能源化利用、全量利用、与其他废弃物协同利用等进行创新实践，打造一批秸秆综合利用典型模式。支持有基础、有意愿的秸秆利用重点县，探索建立以绿色低碳为导向的秸秆生态补偿制度。

（三）加强资源台账建设

完善秸秆产生与利用情况调查标准和方法，健全国家、省、市、县四级秸秆资源数据平台，进一步摸清秸秆资源底数，掌握利用情况，为各级政府制定秸秆综合利用、规划布局、产业发展等政策提供支撑。

1. 及时采集上报数据　以县为单元，严格按照调查技术要求和流程，扎实推进秸秆资源台账数据采集、上报，在要求时限内通过“农作物秸秆资源台账系统”完成本省（自治区、直辖市）秸秆产生与利用数据报送。

2. 认真开展核查数据　采取电话抽查、交叉互检、现场核查等方式，对秸秆资源台账数据真实性进行核验。对于核验中发现的问题，及时整改，确保台账数据科学准确。

3. 充分发掘利用数据　加强对秸秆产生与利用数据的挖掘，推动多角度、多维度的数据展示和分析应用，充分发挥台账数据在明确发展目标、制定实施方案、优化产业布局、培育市场主体、加快收储运体系建设等方面的重要作用。

四、有关要求

各地要认真贯彻中央关于秸秆综合利用新部署新要求，切实转变工作思路，加大扶持力度，加快构建政府有效引导、市场主导推进、农民积极参与的秸秆综合利用新格局。

（一）压实工作责任

2022年中央财政通过农业资源及生态保护补助资金对秸秆综合利用工作给予支持，并作为约束性任务进行安排部署。各省农业农村部门要加强统筹协调，明确责任分工，细化工作安排，落实任务要求。各秸秆利用重点县要加强组织推动，细化任务分解，实化工作举措，扎实推进各项工作落实落地。加强与黑土地保护工程、东北黑土地保护性耕作等政策的衔接配合，推动政策同向用力、整体联动。

（二）编好实施方案

各省农业农村部门按照年度总体任务安排，结合地方发展实际，编制省级年度秸秆综合利用实施方案，并于2022年4月30日前报送至我部科技教育司。各秸秆利用重点县要制定县级年度秸秆综合利用实施方案，明确工作目标、重点任务、主要措施、资金使用等，报省级农业农村部门和财政部门备案。

（三）加强指导服务

各省农业农村部门建立省级秸秆综合利用专家指导组，为秸秆综合利用政策制定、任务落实提供决策咨询服务，对年度任务实施提供精准指导，开展重大问题调研并提出解决措施建议。各秸秆利用重点县组建本县秸秆综合利用专家指导组，加强指导培训，推动技术集成示范应用。

（四）加强宣传引导

认真总结各地创新经验和有效做法，大力推广典型模式和创新机制，树立发展标杆。充分利用广播、电视、报刊等传统媒体以及网站、微信、微短视频等新媒体，多角度、全方位进行科普宣传。分层次、分环节、分对象组织开展经验交流和现场观摩，强化示范带动，引领提升各地秸秆综合利用水平。

农业农村减排固碳实施方案

（农业农村部 国家发展改革委 2022年5月7日）

2030年前实现碳排放达峰、2060年前实现碳中和，农业农村减排固碳既是重要举措，也是潜力所在。为贯彻落实党中央、国务院决策部署，做好农业农村减排固碳工作，根据《中共中央、国务院关于完整准确全面贯彻新发展理念做好碳达峰碳中和工作的意见》和《2030年前碳达峰行动方案》，制定本实施方案。

一、重要意义

（一）推进农业农村减排固碳，是农业生态文明建设的重要内容

习近平总书记在中央财经委员会第九次会议上强调，实现碳达峰碳中和是一场广泛而深刻的经济社会系统性变革，要把碳达峰碳中和纳入生态文明建设整体布局。农业具有“绿色”属性和多重功能，是生态产品的重要供给者，是生态系统的重要组成部分。当前，农业资源高度消耗的经营方式尚未根本改变，种养业绿色生产和低碳加工技术相对落后，一些地区农业面源污染严重，生产生活使用散煤造成的大气污染和碳排放问题突出。加快推进农业农村减排固碳，提高农业资源利用效率，改善农业农村生态环境，实现农业绿色发展，将农业农村建设成为美丽中国的“生态屏障”，是建设农业生态文明的内在要求。

（二）推进农业农村减排固碳，是农业农村现代化建设的重要方向

实现农业农村现代化是全面建设社会主义现代化国家的重大任务。以推动高质量发展为主题，统筹发展和安全，守牢国家粮食安全底线，实现农业农村生产生活方式绿色低碳转型，是农业农村现代化建设的重要内容。加快推进农业农村减排固碳，坚持质量兴农、绿色兴农，加快发展生态循环农业，构建节约资源、保护环境的空间格局，形成农业发展与资源环境承载力相匹配、与生产生活条件相协调的总体布局，有利于保障粮食安全和重要农产品有效供给、推动农业提质增效、促进农业农村现代化建设。

（三）推进农业农村减排固碳，是推进乡村振兴的重要任务

乡村振兴是实现中华民族伟大复兴的一项重大任务，生态振兴是乡村振兴的重要内容。实施乡村建设行动，推动农业农村废弃物资源化利用，发展生物质能等清洁能源，促进农村生产生活节能降耗，改善农村人居环境，是实现乡村生态宜居的关键所在。加快推进农业农村减排固碳，进一步推广循环利用、绿色低碳的生产生活方式，让良好生态成为乡村振兴的支撑点，让低碳产业成为乡村振兴新的经济增长点，有利于促进农业高质高效、乡村宜居宜业、农民富裕富足，助力全面推进乡村振兴。

（四）推进农业农村减排固碳，是应对气候变化的重要途径

全球气候变化深刻影响着人类生存和发展，是各国共同面临的重大挑战。应对气候变化是我国可持续发展的内在要求，也是负责任大国应尽的国际义务。加快推进农业农村减排固碳，降低农业农村生产生活温室气体排放强度，提高农田土壤固碳能力，发展农村可再生能源，有利于提升我国农业生产适应气候变化能力，为全球应对气候变化作出积极贡献。

二、总体要求

（一）总体思路

以习近平新时代中国特色社会主义思想为指导，深入贯彻党的十九大和十九届历次全会精神，按照二氧化碳排放力争于 2030 年前达到峰值、努力争取 2060 年前实现碳中和的总体要求，落实把碳达峰碳中和纳入生态文明总体布局的决策部署，以保障粮食安全和重要农产品有效供给为前提，以全面推进乡村振兴、加快农业农村现代化为引领，以农业农村绿色低碳发展为关键，以实施减污降碳、碳汇提升重大行动为抓手，全面提升农业综合生产能力，降低温室气体排放强度，提高农田土壤固碳能力，大力发展农村可再生能源，建立完善监测评价体系，强化科技创新支撑，构建政策保障机制，加快形成节约资源和保护环境的农业农村产业结构、生产方式、生活方式、空间格局，为全国实现碳达峰碳中和作出贡献。

（二）基本原则

坚持系统观念。加强农业农村减排固碳与粮食和重要农产品有效供给、农业农村污染治理等重点工作的有效衔接，统一谋划、统一部署、统一推进，建立统筹融合的战略规划和行动体系，处理好发展和减排、整体和局部、长远目标和短期目标、政府和市场的关系。

坚持分类施策。根据区域资源禀赋、产业基础、生产规模、经营方式、生态功能等差异，因地制宜提出不同区域、不同行业的解决方案，明确重点任务和减排途径，推动形成各具特色、平衡协调的农业农村减排固碳路线图。

坚持创新驱动。把创新作为农业农村减排固碳的根本支撑，加快构建支撑绿色生态种养、废弃物资源化利用、可再生能源开发、生态系统碳汇提升等技术体系，协同推进温室气体减排、耕地质量提升、农业面源污染防治、生态循环农业建设，提升农业对气候变化韧性，提高农业农村绿色低碳发展水平。

坚持政策激励。注重激励性措施与约束性措施相结合，强化优惠政策的引导作用，在资金、项目等方面对农业农村减排固碳给予有力的激励约束。建立农业农村减排固碳监测体系，积极探索碳排放交易有效路径。

（三）主要目标

“十四五”期间，在增强适应气候变化能力、保障粮食安全基础上，坚持降低排放强度为主、控制排放总量为辅的方针，着力构建政策激励、市场引导和监管约束的多向引导机制，探索全社会协同推进农业农村减排固碳的实施路径。

到 2025 年，农业农村减排固碳与粮食安全、乡村振兴、农业农村现代化统筹融合的格局基本形成，粮食和重要农产品供应保障更加有力，农业农村绿色低碳发展取得积极成效，农业生产结构和区域布局明显优化，种植业、养殖业单位农产品排放强度稳中有降，农田土壤固碳能力增强，农业农村生产生活用能效率提升。

到 2030 年，农业农村减排固碳与粮食安全、乡村振兴、农业农村现代化统筹推进的合力充分发挥，种植业温室气体、畜牧业反刍动物肠道发酵、畜禽粪污管理温室气体排放和农业农村生产生活用能排放强度进一步降低，农田土壤固碳能力显著提升，农业农村发展全面绿色转型取得显著成效。

三、重点任务

（一）种植业节能减排

在强化粮食安全保障能力的基础上，优化稻田水分灌溉管理，降低稻田甲烷排放。推广优良品种和绿色高效栽培技术，提高氮肥利用效率，降低氧化亚氮排放。

（二）畜牧业减排降碳

推广精准饲喂技术，推进品种改良，提高畜禽单产水平和饲料报酬，降低反刍动物肠道甲烷排放强度。提升畜禽养殖粪污资源化利用水平，减少畜禽粪污管理的甲烷和氧化亚氮排放。

（三）渔业减排增汇

发展稻渔综合种养、大水面生态渔业、多营养层次综合养殖等生态健康养殖模式，减少甲烷排放。有序发展滩涂和浅海贝藻类增养殖，建设国家级海洋牧场，构建立体生态养殖系统，增加渔业碳汇潜力。推进渔船渔机节能减排。

（四）农田固碳扩容

落实保护性耕作、秸秆还田、有机肥施用、绿肥种植等措施，加强高标准农田建设，加快退化耕地治理，加大黑土地等保护力度，提升农田土壤的有机质含量。发挥果园茶园碳汇功能。

（五）农机节能减排

加快老旧农机报废更新力度，推广先进适用的低碳节能农机装备，降低化石能源消耗和二氧化碳排放。推广新能源技术，优化农机装备结构，加快绿色、智能、复式、高效农机化技术装备普及应用。

（六）可再生能源替代

因地制宜推广应用生物质能、太阳能、风能、地热能等绿色用能模式，增加农村地区清洁能源供应。推动农村取暖炊事、农业生产加工等用能侧可再生能源替代，强化能效提升。

四、重大行动

（一）稻田甲烷减排行动

以水稻主产区为重点，强化稻田水分管理，因地制宜推广稻田节水灌溉技术，提高水资源利用效率，减少甲烷生成。改进稻田施肥管理，推广有机肥腐熟还田等技术，选育推广高产、优质、低碳水稻品种，降低水稻单产甲烷排放强度。

（二）化肥减量增效行动

以粮食主产区、果菜茶优势产区、农业绿色发展先行区等为重点，推进氮肥减量增效。研发推广作物吸收、利用率高的新型肥料产品，推广水肥一体化等高效施肥技术，提高肥料利用率。推进有机肥与化肥结合使用，增加有机肥投入，替代部分化肥。

（三）畜禽低碳减排行动

推动畜牧业绿色低碳发展，以畜禽规模养殖场为重点，推广低蛋白日粮、全株青贮等技术和高产低排放畜禽品种，改进畜禽饲养管理，实施精准饲喂，降低单位畜禽产品肠道甲烷排放强度。改进畜禽粪污处理设施装备，推广粪污密闭处理、气体收集利用或处理等技术，建立粪污资源化利用台账，探索实施畜禽粪污养分平衡管理，提高畜禽粪污处理水平，降低畜禽粪污管理的甲烷和氧化亚氮排放。

（四）渔业减排增汇行动

以重要渔业产区为重点，推进渔业设施和渔船装备节能改造，大力发展水产低碳养殖，推广节能养殖机械。淘汰老旧木质渔船，鼓励建造玻璃钢等新材料渔船，推动渔船节能装备配置和升级换代。发展稻渔综合种养、鱼菜共生、大水面增殖等生态健康养殖模式。推进池塘标准化改造和尾水治理，发展工厂化、集装箱等循环水养殖。在近海及滩涂等主要渔业水域，开展多营养层级立体生态养殖，提升贝类藻类固碳能力，增加渔业碳汇。在沿海地区继续开展国家级海洋牧场示范区建设，实现渔业生物固碳。

（五）农机绿色节能行动

以粮食和重要农产品生产所需农机为重点，推进节能减排。实施更为严格的农机排放标准，减少废气排放。因地制宜发展复式、高效农机装备和电动农机装备，培育壮大新型农机服务组织，提供高效便捷的农机作业服务，减少种子、化肥、农药、水资源用量，提升作业效率，降低能源消耗。加快侧深施肥、精准施药、节水灌溉、高性能免耕播种等机械装备推广应用，大力示范推广节种节水节能节肥节药的农机化技术。实施农机报废更新补贴政策，加大能耗高、排放高、损失大、安全性能低的老旧农机淘汰力度。

（六）农田碳汇提升行动

以耕地土壤有机质提升为重点，增强农田土壤固碳能力。实施国家黑土地保护工程，推广有机肥施用、秸秆科学还田、绿肥种植、粮豆轮作、有机无机肥配施等技术，构建用地养地结合的培肥固碳模式，提升土壤有机质含量。实施保护性耕作，因地制宜推广秸秆覆盖还田免少耕播种技术，有效减轻土壤风蚀水蚀，增加土壤有机质。推进退化耕地治理，重点加强土壤酸化、盐碱化治理，消除土壤障碍因素，提高土壤肥力，提升固碳潜力。加强高标准农田建设，加快补齐农业基础设施短板，提高水土资源利用效率。

（七）秸秆综合利用行动

坚持农用优先、就地就近，以秸秆集约化、产业化、高值化为重点，推进秸秆综合利用。持续推进秸秆肥料化、饲料化和基料化利用，发挥好秸秆耕地保育和种养结合功能。推进秸秆能源化利用，因地制宜发展秸秆生物质能供气供热供电。拓宽秸秆原料化利用途径，支持秸秆浆替代木浆造纸，推动秸秆资源转化为环保板材、炭基产品等。健全秸秆收储运体系，完善秸秆资源台账。

（八）可再生能源替代行动

以清洁低碳转型为重点，大力推进农村可再生能源开发利用。因地制宜发展农村沼气，鼓励有条件地区建设规模化沼气/生物天然气工程，推进沼气集中供气供热、发电上网，及生物天然气车用或并入燃气管网等应用，替代化石能源。推广生物质成型燃料、打捆直燃、热解炭气联产等技术，配套清洁炉具和生物质锅炉，助力农村地区清洁取暖。推广太阳能热水器、太阳能灯、太阳房，利用农业设施棚顶、鱼塘等发展光伏农业。

（九）科技创新支撑行动

系统梳理农业农村减排固碳重大科技需求，加大国家科技计划支持力度。依托现代农业产业技术体系、国家农业科技创新联盟等，组织开展农业农村减排固碳联合攻关，形成一批综合性技术解决方案，补齐农业农村绿色低碳的科技短板。发布农业农村减排固碳技术目录。组建农业农村减排固碳专家指导委员会，加强技术指导、技术培训和技术服务。健全农业农村减排固碳标准体系，制修订一批国家标准、行业标准和地方标准。

（十）监测体系建设行动

完善农业农村减排固碳的监测指标、关键参数、核算方法。统筹中央和地方各级力量，优化不同区域稻田、农用地、养殖场等监测点位设置，推动构建科学布局、分级负责的监测评价体系，开展甲烷、氧化亚氮排放和农田、渔业固碳等定位监测。做好农村可再生能源等监测调查，开展常态化的统计分析。创新监测方式和手段，加快智能化、信息化技术在农业农村减排固碳监测领域的推广应用。

五、保障措施

（一）加强组织领导

农业农村部、国家发展改革委加强统筹协调，审议农业农村减排固碳的总体部署、重要规划，统筹研究重大政策和重要工作安排，协调解决重点难点问题，指导督促扎实开展工作。农业农村部具体负责组织实施农业农村减排固碳工作，开展跟踪评价，加强督促指导。各地农业农村、发展改革部门加强政策衔接和工作对接，结合地方实际情况，编制区域农业农村减排固碳实施方案，确保上下政策取向一致、步伐力度一致。

（二）加强政策创设

强化现有农业农村减排固碳支持政策的落实落地。研究完善重点任务支持政策，推进重大问题研究和政策法规制定，强化正向激励和负面约束等措施，创设完善有利于推进农业农村减排固碳的扶持政策。研究建立核算认证体系，探索农业碳排放交易有效路径。有序开展典型技术模式应用试点，打造一批农业农村低碳零碳先导区。

（三）加强产业培育

大力发展以绿色低碳、生态循环为增长点的农业新产业新业态，推动大数据、人工智能等新技术与产业发展深度融合，带动农业转型升级。探索低碳农产品、节能农产品的认证和管理，引导农业企业、经营主体强化减排固碳技术应用。打造一批农业绿色低碳产品品牌，建立健全农产品碳足迹追溯体系，拓展供给方式和供给渠道，不断壮大新型产业增长动能。

（四）加强宣传引导

充分利用各类传统媒体和新媒体，拓宽宣传渠道，加强对农业农村减排固碳良好做法和典型模式的宣传报道，形成多方合力推进的浓厚氛围。加强农业农村减排固碳科普工作力度，创作一批公众喜闻乐见的科普作品。定期举办专题培训和观摩交流等活动，选树一批有代表性的区域和实施主体，打造典型样板。

农业农村部　财政部关于做好2022年农业生产发展等项目实施工作的通知

（农计财发〔2022〕13号　2022年5月9日）

各省、自治区、直辖市及计划单列市农业农村（农牧）、畜牧兽医、渔业厅（局、委）、财政厅（局），新疆生产建设兵团农业农村局、财政局，北大荒农垦集团有限公司、广东省农垦总局，农业农村部有关直属单位：

为深入贯彻落实党的十九届六中全会以及中央经济工作会议、中央农村工作会议精神，按照中央1号文件部署要求，2022年中央财政安排农业生产发展资金、农业资源及生态保护补助资金、动物防疫等补助经费、渔业发展补助资金，支持深化农业供给侧结构性改革，加快农业农村现代化建设，全面推进乡村振兴。为指导各地做好项目实施工作，确保政策有效落实，现将有关事项通知如下。

一、总体思路

坚持以习近平新时代中国特色社会主义思想为指导，贯彻落实党中央、国务院关于三农工作重大决策部署，坚持稳字当头、稳中求进，按照保供固安全、振兴畅循环的工作定位，重点围绕粮食生产稳面积提产能、产业发展稳基础提效益、乡村建设稳步伐提质量、农民收入稳势头提后劲，调整优化存量、统筹安排增量，强化政策引导、改革完善实施方式，做到政策总体保持稳定、重点任务保障充分、重大试点落实有效，助力牢牢守住保障国家粮食安全和不发生规模性返贫两条底线，推动乡村振兴取得新进展、农业农村现代化迈出新步伐。项目资金安排突出三个导向：一是突出重点领域，着力支持提升粮食和大豆油料等重要农产品供给保障能力，强化现代农业基础支撑，促进乡村产业融合，推进农业绿色发展。二是突出统筹衔接，根据项目各自政策目标和功能属性，科学推进政策统筹、任务统筹、资金统筹，优化支出结构，促进衔接配套，提高资金效益，形成政策合力，集中资金办大事。三是突出创新引导，完善“大专项＋任务清单”管理方式，强化以绩效评价结果为导向的项目和资金安排机制，压实地方投入责任，撬动金融和社会资本投入，引导农民和新型农业经营主体主动参与，扩大农业农村有效投资。

二、重点任务

（一）全力保障粮食和油料等重要农产品有效供给

深入实施“藏粮于地、藏粮于技”战略，加大粮食、油料生产政策扶持力度，统筹推进小麦促壮稳产、水稻集中育秧，千方百计稳定粮食生产，多油并举提升油料产能。促进畜牧业稳定健康发展，推进渔业绿色发展，统筹抓好蔬菜、棉糖胶等生产。

（二）加强耕地保护、种业振兴、农机装备支撑保障

稳定实施耕地地力保护补贴政策，强化东北黑土地保护，扩大保护性耕作面积，推进耕地保护与质量提升。开展土壤普查试点。实施畜禽良种补贴，稳定支持国家级畜禽遗传资源保护，开展生产性能测定，持续提高品种选育水平，提升我国畜禽种业核心竞争力。加快推进农机装备补短板，推进农业用北斗终端及辅助驾驶系统的应用，开展农机研发制造推广应用一体化试点。

（三）大力推动农业产业融合发展和乡村人才振兴

聚焦稳产保供目标任务，统筹布局建设一批国家现代农业产业园、优势特色产业集群、农业产业强镇。统筹推进农业现代化示范区建设。培育高素质农民，实施乡村产业振兴带头人培育“头雁”项目，培育一批乡村产业振兴带头人，加快推进农业社会化服务，引领带动小农户发展。

（四）推进农业资源保护利用和绿色转型发展

深化落实以绿色生态为导向的农业补贴制度改革，推进农业绿色发展体制机制创新，切实保护耕地、草原和水生生物等资源。强化农业生态环境治理，提高地膜科学使用回收水平，促进农作物秸秆综合利用，稳步推进绿色种养循环农业试点。

（五）支持脱贫地区乡村特色产业发展壮大

贯彻落实党中央、国务院关于实现巩固拓展脱贫攻坚成果同乡村振兴有效衔接的决策部署，支持脱贫地区发展壮大特色优势富民产业，完善产业发展支撑保障和设施条件，提升全产业链发展水平，培育壮大新型农业经营主体，健全联农带农富农机制。相关资金项目继续向脱贫县倾斜。

三、强化政策落实与监督评价

（一）推进统筹使用

落实和完善“大专项＋任务清单”管理方式，切实提升政策的精准性、指向性和实效性。约束性任务补助资金不得统筹使用。各省（自治区、直辖市）在完成任务清单及绩效目标的基础上，可在大专项内部统筹安排指导性任务补助资金，但不得跨转移支付项目整合资金、不得超出任务清单范围安排资金、不得将中央财政资金切块用于省级及以下地方性政策任务。安排给832个脱贫县（原国家扶贫开发工作重点县和连片特困地区县）的资金，按照财政部等11部门《关于继续支持脱贫县统筹整合使用财政涉农资金工作的通知》（财农〔2021〕22号）执行。鼓励各地按规定利用现有资金渠道，强化政策衔接配合，推动相关项目在实施过程中统筹。

（二）细化实施方案

省级农业农村、财政部门要按要求抓紧组织编制省级实施方案，明确实施条件、补助对象、补助水平、实施要求和监管措施。要因地制宜研究确定补助方式，鼓励采取政府购买服务、先建后补、以奖代补等支持方式，积极探索适应不同主体、更加科学有效的支持模式。各省（自治区、直辖市）在编制实施方案过程中，要加强与农业农村部、财政部沟通，于2022年6月30日前正式印发并以省级农业农村、财政部门联合发文形式报农业农村部、财政部备案，同时，将农业生产发展等项目实施方案和资金安排情况按规定同步上报农业农村部转移支付管理平台。

（三）强化政策公开

省级农业农村、财政部门要及时将中央财政支农政策和省级实施方案向社会发布，督促指导基层农业农村、财政部门按规定程序加强涉农补贴申报信息公开，简化申报流程，公开申报指南，保障涉农主体知情权和选择权，有关信息公开渠道和查询方式报农业农村部、财政部备案。要做好拟补助对象、资金安排等信息公开公示工作，广泛接受社会监督。要通过多种渠道方式宣传解读政策，使广大农民群众、新型农业经营主体和基层干部准确理解掌握政策内容，积极营造有利于政策落实的良好氛围。

（四）严格过程管控

地方各级农业农村、财政部门要加强项目执行定期调度和督促指导，及时掌握项目执行和资金使用情况。省级农业农村、财政部门要加强日常监督管理，创新工作方式，及时妥善处理项目执行中的问题，重大事项要及时向农业农村部、财政部报告。各省（自治区、直辖市）自2022年7月起每月通过农业农村部转移支付管理平台上报资金执行情况，2023年1月31日前报送项目实施总结报告，按要求报送有关基础数据。各省（自治区、直辖市）要确保各项数据的真实性、准确性和完整性，有关数据材料报送情况纳入相关资金的绩效评价范围。

（五）加强资金监管

各省（自治区、直辖市）财政、农业农村部门要认真落实财政部等七部门联合印发的《关于进一步加强惠民惠农财政补贴资金"一卡通"管理的指导意见》，规范补贴资金代发金融机构，加强惠农财政补贴资金发放管理。各级财政、农业农村部门要切实加强资金监管，不得受理以中介机构名义直接代理申报的资金项目，上下级和同级政府相关部门之间的申报材料不得通过中介机构运转，不得将财政补助资金用于支付中介费用。

（六）深化绩效管理

省级财政、农业农村部门要按照《农业相关转移支付资金绩效管理办法》，进一步建立健全本区域项目绩效评价机制，将政策目标实现情况、任务清单完成情况、资金使用管理情况等纳入指标体系，严格奖惩措施，全面评估、考核政策落实情况。农业农村部和财政部将采取绩效监控与抽查复核相结合的方式，重点评价资金安排规范性、资金执行进度、信息报送以及地方财政投入、社会资本投入等情况，并组织对重点任务、重点地区进行绩效考评。对违反规定统筹中央财政资金用于地方性任务的，中央财政将在安排下年度资金时予以扣减。对由中介机构直接代理申报项目、将财政补助资金用于支付中介费用的，一经查实，项目支持对象列入黑名单，有关县（市、区）暂停安排实施该项目。

附件：

1. 农业生产发展资金项目实施方案
2. 农业资源及生态保护补助资金项目实施方案
3. 动物防疫等补助经费项目实施方案
4. 渔业发展补助资金项目实施方案

附件：

农业生产发展资金项目实施方案

中央财政农业生产发展资金主要用于对农民直接补贴，以及支持农业绿色发展与技术服务、农业经营方式创新、农业产业发展等方面工作。

一、稳定实施直接补贴政策

（一）稳定实施耕地地力保护补贴。认真执行《财政部、农业部关于全面推开农业"三项补贴"改革工作的通知》（财农〔2016〕26号）和《财政部办公厅、农业农村部办公厅关于进一步做好耕地地力保护补贴工作的通知》（财办农〔2021〕11号）要求，继续稳定实施耕地地力保护补贴政策。严格落实国家关于耕地用途管制的相关规定，加大耕地使用情况的核实力度，对已作为畜牧养殖场使用的耕地、林地、草地、成片粮田转为设施农业用地的耕地、非农业征（占）用耕地等已改变用途的耕地不得再给予补贴，对抛荒一年以上的，取消次年补贴资格。按照严格落实耕地利用优先序要求，进一步强化耕地地力保护补贴政策导向，建立健全耕地地力保护补贴发放与耕地执法监督检查联动机制，坚决遏制耕地"非农化"、基本农田"非粮化"。按照直达资金管理要求，加强部门协作，完善政策制度，优化工作流程，规范管理方式，做好政策宣传，确保政策稳定实施。做好直达资金监控系统标准化录入表格衔接工作，具备条件的地区做好"一卡通"系统与直达资金监控系统对接。用好直达资金监控系统，加强资金监管，逐步构建形成补贴大数据管理系统，提升补贴发放的规范性、精准性和时效性。严防补贴资金"跑冒滴漏"，对骗取、贪污、挤占、挪用或违规发放等行为，依法依规严肃处理。

（二）发放实际种粮农民一次性补贴。认真执行《财政部关于下达2022年实际种粮农民一次性补贴资金预算的通知》（财农〔2022〕16号）有关要求，尽快将补贴发放到实际种粮农民手中。各级财政、农业农村部门要进一步完善工作机制，明确责任分工，密切沟通协作，形成工作合力。完善管理制度，简化工作流程，加快拨付进度，不得以任何理由滞拨滞留资金。梳理资金拨付流程，建立定期调度制度，跟踪资金拨付进展情况，做好执行分析，发放情况及时上报转移支付管理平台。加强“一卡通”基础数据的维护与更新，及时向代发银行同步发送账户明细，确保补贴真正发放到实际种粮农民手中。对因基础信息有误而造成发放失败的，及时根据银行反馈数据更正信息，严禁以拨作支，在“一卡通”代发专户形成沉淀。

（三）实施农机购置与应用补贴政策。在落实《农业农村部办公厅财政部办公厅关于印发〈2021—2023年农机购置补贴实施指导意见〉的通知》（农办计财〔2021〕8号）要求基础上，开展农机购置与应用补贴试点，探索创新以机具应用为前提的补贴资金兑付方式。开展农机研发制造推广应用一体化试点，加快大型高端智能农机、丘陵山区先进适用小型小众机械、打包采棉机等短板弱项机具创制与北斗智能监测终端及辅助驾驶系统集成应用，促进农机产业自主安全可控和高质量发展。着力推进补贴机具有进有出、优机优补、补短强弱、奖优罚劣，重点支持粮食烘干、履带式作业、玉米大豆带状复合种植、油菜收获等专用机具和丘陵山区小型适用机具，大力推广现代种养业和智慧农业发展急需的成套设施装备。逐步降低区域内保有量明显过多、技术相对落后机具品目（档次）的补贴额，或退出补贴范围，其中轮式拖拉机补贴额测算比例降低至20%以下。支持将粮油作物生产机械化薄弱环节、玉米大豆带状复合种植所需创新产品和成套设施装备纳入补贴试点，按规定适当提高补贴标准，且相关机具不占用农机新产品试点的资金规模及品目指标，省域内提高补贴额测算比例机具累计不超过10个品目。深化农机产品认证证书在补贴机具资质采信中的运用，强化拖拉机、植保无人驾驶航空器、北斗终端等重点、新型补贴机具资质要求，并可采信认证证书和第三方检测报告作为投档依据，积极探索区域一体化投档资料形式审核和补贴额测算比例提高、实施地方累加补贴、新进补贴范围等重点监管机具现场演示评价，从严整治提供不实投档资料、虚开发票、虚构报补等较重及以上违规行为，引导企业规范参与补贴政策实施，切实提高产品质量和制造水平。抓实抓细高价值、高补贴额度和累加补贴机具的监督管理，严禁将补贴额与机具价格直接挂钩，强化风险评估和应急处置，大力推动二维码识别、手机APP申请、物联网监测等信息化措施落地见效。依法落实省级财政支出责任，共同保障补贴资金需求，对支出责任履行不到位的省份，将纳入绩效评价并相应扣减下年度中央财政资金。认真落实补贴申请审核、补贴资金兑付等限时办理规定，切实加快补贴资金兑付，保障农民合法权益。

二、持续推进农业绿色发展

（一）实施重点作物绿色高质高效行动。聚焦围绕粮食和大豆油料作物，推行种植品种、肥水管理、病虫防控、技术指导和机械作业“五统一”，集成推广新技术、新品种、新机具，打造一批优质强筋弱筋专用小麦、优质食味稻和专用加工早稻、高产优质玉米的粮食示范基地，同时集成示范推广高油高蛋白大豆、“双低”油菜、高油高油酸花生等优质品种和区域化、标准化高产栽培技术模式，打造一批大豆油料高产攻关田，示范带动大范围均衡增产。选择适宜地区开展盐碱地大豆高质高效种植示范，挖掘扩种潜力。适当兼顾蔬菜等经济作物，建设绿色高质高效样板田和品质提升基地。

（二）深化基层农技推广体系改革与建设。利用国家现代农业科技展示基地等平台载体，聚焦粮食稳产增产、大豆油料扩种、农产品有效供给等重点，根据不同区域自然条件和生产方式，示范推广重大引领性技术和农业主推技术，推动农业科技在县域层面转化应用。继续实施农业重大技术协同推广，激发各类推广主体活力，建立联动推广机制。继续实施农技推广特聘计划，通过政府购买服务等方式，从乡土专家、新型农业经营主体、种养能手中招募特聘农技（动物防疫）员。

三、发展壮大乡村产业

（一）加快推进农业产业融合发展。统筹布局建设一批国家现代农业产业园、优势特色产业集群和农业产业强镇。重点围绕保障国家粮食安全和重要农产品有效供给，聚焦稻谷、小麦、玉米、大豆、油菜、花生、牛羊、生猪、淡水养殖、天然橡胶、棉花、食糖、奶类、种业、设施蔬菜等重要农产品，适当兼顾其他特色农产品，构建以产业强镇为基础、产业园为引擎、产业集群为骨干，省县乡梯次布局、点线面协同推进的现代乡村产业体系，整体提升产业发展质量效益和竞争力。

（二）实施奶业振兴行动和畜禽健康养殖。一是整县推进奶业生产能力提升。择优支持奶业大县发展奶牛标准化规模养殖，推广应用先进智能设施装备，推进奶牛养殖和饲草料种植配套衔接，选择有条件的奶农、农民专业合作社依靠自有奶源开展养加一体化试点，示范带动奶业高质量发展。实施苜蓿发展行动，支持苜蓿种植、收获、运输、加工、储存等基础设施建设和装备提升，增强苜蓿等优质饲草料供给能力。二是实施粮改饲。以农牧交错带和黄淮海地区为重点，支持规模化草食家畜养殖场（户）、企业或农民专业合作社以及专业化饲草收储服务组织等主体，收储使用青贮玉米、苜蓿、饲用燕麦、黑麦草、饲用黑麦、饲用高粱等优质饲草，通过以养带种的方式加快推动种植结构调整和现代饲草产业发展。各地可根据当地养殖传统和资源情况，因地制宜将有饲用需求的区域特色饲草品种纳入范围。三是实施肉牛肉羊增量提质行动。进一步扩大项目实施范围，在吉林、山东、河南等19个省（自治区）选择产业基础相对较好的牛（羊）养殖大县，支持开展基础母牛扩群提质和种草养牛养羊全产业链发展。四是实施良种补贴。在主要草原牧区省份对项目区内使用良种精液开展人工授精的肉牛养殖场（户），以及购买优良种公畜进行繁殖的存栏能繁母羊30只以上、牦牛能繁母牛25头以上的养殖场（户）给予适当补助，支持牧区畜牧良种推广。在生猪大县对使用良种猪精液开展人工授精的生猪养殖场（户）给予适当补助，加快生猪品种改良。五是实施蜂业质量提升行动。支持蜜蜂遗传资源保护利用，改善养殖设施装备水平，支持蜂农开展防灾减灾，开展农作物高效蜂授粉试点。

（三）支持种业发展。鼓励地方探索以保促用、保用结合的资源保护利用方式，持续加强育种创新基础性工作，推动种业高质量发展。继续支持符合条件的国家畜禽遗传资源保种场、保护区和基因库等国家级畜禽遗传资源保护品种保护单位开展畜禽遗传资源保护，支持符合条件的国家畜禽核心育种场、种公畜站、奶牛生产性能测定中心等开展种畜禽和奶牛生产性能测定工作。

（四）推进地理标志农产品保护和发展。围绕生产标准化、产品特色化、身份标识化和全程数字化，完善相关标准和技术规范，支持开展地理标志农产品特色种质保存、特色品质保持和特征品质评价，推进全产业链生产标准化，挖掘农耕文化，加强宣传推介，强化质量安全监管和品牌打造，推动地理标志农产品产业发展。

四、大力培育新型农业经营主体

（一）提升新型农业经营主体技术应用和生产经营能力。支持县级及以上农民合作社示范社和示范家庭农场改善生产经营条件，规范财务核算，应用先进技术，推进社企对接，提升规模化、集约化、信息化生产能力。着力加大对从事粮食和大豆油料种植的家庭农场和农民专业合作社、联合社支持力度。鼓励各地加强新型农业经营主体辅导员队伍和服务中心建设，可通过政府购买服务方式，委托其为家庭农场和农民专业合作社提供技术指导、产业发展、财务管理、市场营销等服务。鼓励各地开展农民专业合作社质量提升整县推进。

（二）推广农业生产社会化服务。聚焦围绕粮食和大豆油料生产，支持符合条件的农民专业合作社、农村集体经济组织、专业服务公司和供销合作社等主体开展农业社会化服务，推动服务带动型规模经营发展。要根据资源禀赋、产业特点、劳动力转移程度、农业机械化水平和小农户生产需求等因素，因地制宜确定补助方式与标准，加强与其他农业生产支持政策的衔接配套，支持各类服务主体集中连片开展单环节、多环节、全程托管等服务，提高技术到位率、服务覆盖面和补贴精准性，推动节本增效和农民增收。推进北斗作业监测终端安装与应用，探索将监测数据作为作业补助面积核定、相关补贴资金发放等工作的重要参考依据。

（三）强化高素质农民培育。统筹推进新型农业经营主体能力提升、种养加能手技能培训、农村创新创业者培养、乡村治理及社会事业发展带头人培育。继续开展农村实用人才带头人和到村任职选调生培训。启动实施乡村产业振兴带头人培育“头雁”项目，打造一支与农业农村现代化相适应，能够引领一方、带动一片的乡村产业振兴带头人“头雁”队伍。

（四）稳步推进农产品产地冷藏保鲜设施建设。重点围绕蔬菜、水果等鲜活农产品，兼顾地方优势特色品种，合理布局建设农产品产地冷藏保鲜设施，加快补齐发展短板，提高设施运营效率。在实施区域上，在各省（自治区、直辖市）、新疆生产建设兵团实施，并择优支持蔬菜、水果等产业重点县开展整县推进。832个脱贫县可充分用好涉农资金统筹整合试点政策，通过中央财政衔接推进乡村振兴补助资金支持产地冷藏保鲜设施建设。在建设内容上，重点支持建设通风贮藏设施、机械冷藏库、气调冷藏库，以及预冷设施设备和其他配套设施设备，具体由主体根据实际需要确定类型和建设规模。在实施主体上，依托县级及以上示范家庭农场和农民专业合作社示范社、已登记的农村集体经济组织实施。在补助标准上，按照不超过建设设施总造价的30%进行补贴，单个主体补贴规模最高不超过100万元，具体补贴标准由地方制定。在操作方式上，采取“先建后补、以奖代补”的方式，各地利用农业农村部农产品产地冷藏保鲜设施建设项目管理系统进行管理，实行建设申请、审核、公示到补助发放全过程线上管理。

（五）**推动全国农担体系健康可持续发展。**坚持全国农担体系的政策性定位，优化完善补奖政策，健全“双控”和政策性任务确认机制，强化对“双控”业务量化考核，引导农担体系坚持聚焦主业，防范风险。加大对粮食和大豆油料生产、乡村产业发展等重点领域的支持力度，加强与政府部门、银行和其他担保机构的深度合作，助力农业经营主体信贷直通车常态化服务，提升数字化、信息化服务水平，加快发展首担、信用担。坚守底线思维，压实地方责任，探索通过标准风控模型、大数据预审等技术手段，加强项目管理，及时预警处置，在推动农担业务高质量发展中防范化解风险。

农业资源及生态保护补助资金项目实施方案

中央财政农业资源及生态保护补助资金主要用于耕地质量提升、渔业资源保护、草原生态保护补助奖励、农业废弃物资源化利用等方面的支出。

一、支持耕地质量提升

（一）加强耕地保护与质量提升。一是开展第三次全国土壤普查试点。在各省、自治区、直辖市及计划单列市开展土壤普查试点，在滨海、东北松嫩平原、黄淮海平原和西北内陆开展盐碱地普查，主要支持外业调查采样、内业测试化验、技术培训、专家指导服务、数据分析等。二是开展退化耕地和生产障碍耕地治理。选择部分耕地酸化、盐碱化较严重区域，试点集成推广施用土壤调理剂、绿肥还田、耕作压盐、增施有机肥等治理措施。在西南、华南等地区，因地制宜采取品种替代、水肥调控、农业废弃物回收利用等环境友好型农业生产技术，加强生产障碍耕地治理，克服农产品产地环境障碍，提升农产品质量安全水平。继续做好补充耕地质量评价试点工作。三是开展化肥减量增效示范。继续做好肥料田间试验、施肥情况调查、肥料利用率测算等基础性工作，提高肥料配方科学性和针对性，更好指导农民科学施肥。加大施肥新产品新技术新机具集成推广力度，优化测土配方施肥技术推广机制，扩大推广应用面积，进一步提高覆盖率。鼓励以东北黑土区为重点，因地制宜、规范有序推广应用根瘤菌剂等微生物菌剂，为大豆油料产能提升工程提供支撑。通过施用草木灰、叶面喷施、绿肥种植、增施有机肥等替代部分化肥投入，降低农民用肥成本。

（二）开展耕地深松。以提高土壤蓄水保墒能力为目标，支持在适宜地区开展深松（深耕）整地作业，促进耕地质量改善和农业综合生产能力提升。深松（深耕）作业深度一般要求达到或超过 25 厘米，每亩作业补助原则上不超过 30 元，具体技术模式、补助标准和作业周期由各地因地制宜确定。充分利用北斗作业监测手段保证作业质量，提高监管工作效率，鼓励扩大作业监测范围。

（三）推进东北黑土地保护利用和保护性耕作。继续聚焦黑土地保护重点县，集中连片开展东北黑土地保护利用，重点推广秸秆还田与“深翻＋有机肥还田”等综合技术模式，开展国家黑土地保护工程标准化示范推广。坚持“稳步扩面、质量为先”，针对玉米、大豆、小麦等旱作作物，支持推广应用秸秆覆盖免（少）耕播种等关键技术，持续优化定型技术模式，稳步扩大实施面积，鼓励整乡整村整建制推进，加快高标准示范应用基地建设。

（四）实施耕地轮作休耕试点。立足资源禀赋、突出生态保护、实行综合治理，进一步探索科学有效轮作模式。在东北、黄淮海等地区实施粮豆轮作，在西北、黄淮海、西南和长江中下游等适宜地区推广玉米大豆带状复合种植，在长江流域实施“一季稻＋油菜”“一季稻＋再生稻＋油菜”轮作，在双季稻区实施“稻稻油”轮作，在北方农牧交错区和新疆次宜棉区推广棉花、玉米等与花生轮作或间套作，既通过豆科作物轮作倒茬，发挥固氮作用，提升耕地质量，提高养分利用效率，又通过不同作物间轮作，降低病虫害发生，减少农药使用量，加快构建绿色种植制度，促进资源永续利用。同时，继续在河北地下水漏斗区、新疆塔里木河流域地下水超采区实施休耕试点，休耕期间重点采取土壤改良、地力培肥等措施，促进耕地质量恢复提升。

二、加强渔业资源养护

在流域性大江大湖、界江界河、资源衰退严重海域等重点水域开展渔业增殖放流，恢复水生生物资源。突出增殖放流的生态功能，适当增加长江流域珍贵、濒危水生生物放流数量，在适宜区域继续增殖放流经济物种。科学确定适宜增殖放流的重点水域和物种，原则上仅支持《农业农村部关于做好“十四五”水生生物增殖放流工作的指导意见》确定的放流物种。中央财政补助资金主要用于补助购买苗种、暂养、运输、后期跟踪监测和效果评估等放流苗种支出，其中用于补贴购买苗种的支出不少于 90%。

三、实施第三轮草原生态保护补助奖励政策

按照《财政部农业农村部国家林草局关于印发〈第三轮草原生态保护补助奖励政策实施指导意见〉的通知》（财农〔2021〕82号），扎实实施好草原生态保护补助奖励政策。资金进行专账管理，分账核算，专款专用。对农牧民的补助奖励资金，要通过“一卡通”或“一折通”等方式及时足额发放给农牧民，并在卡折中明确政策项目名称；按要求继续实施“一揽子”政策的地区，对支持草牧业发展的资金要按照项目管理的相关规定使用。资金发放严格实行村级公示制，接受群众监督。

四、强化农业废弃物资源化利用

（一）推进地膜科学使用回收。在河北、内蒙古、辽宁、山东、河南、四川、云南、甘肃、新疆等9省（区）和新疆生产建设兵团、北大荒农垦集团有限公司，支持引导农户、种植大户、农民专业合作社及生产回收企业等实施主体，科学推进加厚高强度地膜使用，有序推广全生物降解地膜。推广地膜高效科学覆盖技术，降低使用强度。严格补贴地膜准入条件，禁止使用不达标地膜。加快构建废旧地膜污染治理长效机制，有效提高地膜科学使用回收水平。

（二）促进农作物秸秆综合利用。以秸秆资源量较大的县（市、区）为重点实施区域，培育壮大秸秆利用市场主体，完善收储运体系，加强资源台账建设，健全监测评价体系，强化科技服务保障，培育推介一批秸秆产业化利用典型模式，形成可推广、可持续的产业发展模式和高效利用机制，提升秸秆综合利用水平。

（三）开展绿色种养循环农业试点。继续在符合条件的试点县整县开展绿色种养循环农业试点，支持企业、专业化服务组织等市场主体提供粪肥收集、处理、施用服务，带动县域内畜禽粪污基本还田，打通种养循环堵点，推动化肥减量化。项目县要统筹考虑区域内种养实际，围绕试点目标任务，进一步完善粪肥还田组织运行模式，创新工作机制，抢抓关键农时，加快粪肥还田，推广适宜技术，促进畜禽粪污资源化利用和农业绿色发展。

动物防疫等补助经费项目实施方案

中央财政动物防疫等补助经费主要用于动物疫病强制免疫、强制扑杀和销毁、养殖环节无害化处理等三方面支出。具体实施要求按照《动物防疫等补助经费管理办法》、《农业部办公厅、财政部办公厅关于印发〈动物疫病防控财政支持政策实施指导意见〉的通知》和《农业农村部办公厅财政部办公厅关于做好非洲猪瘟防控财政补助政策实施工作的通知》执行。

一、强制免疫补助

主要用于开展口蹄疫、高致病性禽流感、H7N9流感、小反刍兽疫、布病、包虫病等动物疫病强制免疫疫苗（驱虫药物）采购、储存、注射（投喂）及免疫效果监测评价、疫病监测和净化、人员防护等相关防控工作，对实施强制免疫和购买动物防疫服务等予以补助。2022年继续对符合条件的养殖场户实施强制免疫“先打后补”。各地要加强资金使用管理，提高免疫质量和政策成效，高致病性禽流感、口蹄疫、小反刍兽疫抗体合格率常年保持在70%以上。

二、强制扑杀和销毁补助

主要用于对在动物疫病预防、控制、净化、消灭过程中强制扑杀的动物、销毁的动物产品和相关物品的所有者给予补偿。纳入中央财政补助范围的疫病种类包括非洲猪瘟、口蹄疫、高致病性禽流感、H7N9流感、小反刍兽疫、布病、结核病、包虫病、马鼻疽和马传贫等。销毁的动物产品包括被动物疫病污染或可能被污染、存在动物疫病传播风险的猪肉、牛肉、羊肉、禽肉、马肉等肉类，鸡蛋等蛋类，牛奶等奶类；销毁的相关物品包括被动物疫病污染或可能被污染的、未拆包装的成品饲料。

三、养殖环节无害化处理补助

按照“谁处理补给谁”的原则，对承担养殖环节病死猪无害化处理任务的实施者给予补助。补助资金不得用于重大动物疫病扑杀畜禽、屠宰环节病死畜禽和病害畜禽产品无害化处理补助。各省（自治区、直辖市）要按照本区域无害化处理补助标准，统筹省市县资金安排，足额安排资金。要加快资金执行进度，中央和省级财政资金下达后，市县财政应在三个月内将补助资金给付到位，确保无害化处理体系有效运行。

渔业发展补助资金项目实施方案

中央财政渔业发展补助资金主要用于支持建设国家级海洋牧场、提升现代渔业装备设施和渔业基础公共设施、渔业绿色循环发展、渔业资源调查养护和国际履约能力提升等方面工作。具体实施要求按照《财政部农业农村部关于实施渔业发展支持政策推动渔业高质量发展的通知》《渔业发展补助资金管理办法》《农业农村部办公厅财政部办公厅关于开展渔业绿色循环发展试点工作的通知》以及《农业农村部办公厅财政部办公厅关于做好2021年渔业发展补助政策实施工作的通知》等文件要求执行。

一、建设国家级海洋牧场

支持沿海省份符合条件的国家级海洋牧场建设，统筹考虑水生生物资源养护、水域生态环境修复、海洋水产品产出、休闲渔业发展等各项功能，重点发展以生态资本保值增值为基础的养护型海洋牧场，促进海洋渔业资源养护。按照"建管一体"的要求，统一谋划建设、运营和管护，明确管护主体和管护责任，建立长期有效的管护机制，切实发挥国家级海洋牧场典型示范和辐射带动作用。中央财政对部分第六批、第七批国家级海洋牧场示范区分年度进行适当补助，补助资金重点用于人工鱼礁、海藻种移植、信息化和管护平台等。

二、建设国家级沿海渔港经济区

着眼渔区乡村振兴，聚焦打造平安渔港、智慧渔港、绿色渔港、产业渔港、人文渔港，建设以中心渔港为核心的沿海渔港经济区。项目所在地要健全投入保障制度，统筹用好相关政策，创新投融资方式，统筹整合相关渠道资金，加大投入力度，加快形成财政引导、金融支持、社会积极参与的多元、多向投入格局。中央财政对沿海各地渔港经济区建设给予适当奖补。各地要按照"建管一体"的要求，统一谋划建设、运营和管护，合理确定管护主体，落实管护资金，压实管护责任。中央财政对通过中期评估的渔港经济区分年度给予适当补助，补助资金重点用于对渔港相关公益性基础设施进行更新改造和整治维护。

三、建设远洋渔业基地

围绕远洋渔业高质量发展，支持远洋渔业企业在有条件的重点区域建设一批布局合理、配套完善、保障有力、集聚广泛的远洋渔业基地，提升"走出去"水平，推动我国远洋渔业产业集聚以及与所在国的深度融合，实现内外联动、功能互补和产业协同的发展格局。承担基地建设项目的企业须具有连续三年以上农业农村部远洋渔业企业资格，并拥有基地所有权或经营管理权，境外基地还需获得有关部门批准的境外投资许可等。中央财政对符合条件的远洋渔业基地项目按照不超过中方企业已完成投资的30%给予补助，补助资金重点用于对基地相关基础设施进行更新改造和整治维护。

四、提升现代渔业设施设备水平

采取后补助方式，支持改善渔业设施设备，提升渔业设施设备现代化水平，提高渔业综合生产能力。

（一）支持渔船和船上设施设备更新改造。支持渔业企业、渔民对捕捞渔船和船上设施设备更新改造，减少渔船能耗和污染物排放，提高渔船安全等级，提升渔船自动化、智能化和现代化水平。中央财政重点支持近海、远洋老旧捕捞渔船更新改造为新材料和资源友好型渔船，支持船上设施设备更新改造。鼓励各地结合现有渔船改造标准，支持新能源渔船更新改造，降低渔船油耗，减轻碳排放。

（二）水产养殖和加工设施设备建设。支持持有养殖证的企业、农民专业合作社等经营主体和渔民在《养殖水域滩涂规划》的养殖区或限养区发展深远海养殖。优先支持国家级水产健康养殖和生态养殖示范区，以及选址在离大陆岸线10公里以上、水深20米以上的项目。支持具备水产品加工冷藏能力的企业、农民专业合作社等经营主体开展水产品初加工和冷藏保鲜。优先支持主产地就地加工、淡水产品加工、大宗产品收储加工，以及脱贫地区特色水产品加工、稻渔和大水面等生态产品加工。补助资金重点用于购置重力式网箱和桁架类网箱式养殖装备、水产品初加工和冷藏保鲜设施设备等方面。

五、持续推进渔业绿色循环发展

支持符合补助要求的养殖企业、农民专业合作社等经营主体和养殖渔民开展内陆养殖池塘标准化改造，推进水产养殖业尾水达标治理，提高内陆池塘养殖综合生产能力和可持续发展能力，推动形成一批标准化、集约化、机械化、智能化、清洁化的规模养殖基地，促进水产养殖绿色高质量发展。补助资金重点用于养殖池塘标准化改造、尾水达标治理、水质监控和环境调控系统、建立管护机制等方面。

六、开展渔业资源调查养护和国际履约能力提升

（一）开展我国近岸近海外海渔业资源调查。采取当年补助方式，支持具备条件的科研院所和高校利用渔业资源专业科学调查船，辅以租用群众渔船，开展我国近岸近海外海渔业资源调查，逐步掌握渔业资源状况和变动趋势。补助资金重点用于在我国禁渔区线内侧沿岸水域、禁渔区线外侧近海海域、包括周边渔业协定水域在内的外海海域，开展理化环境与生源要素、基础生产及鱼卵仔鱼、生物资源等方面调查。

（二）开展公海和过洋性渔业资源调查、动态监测评估。采取当年补助方式，支持符合条件的远洋渔业企业和教学科研单位开展远洋渔业资源调查、监测评估，促进全球渔业资源科学养护和长期可持续利用。补助资金重点用于在公海和重要入渔国海域开展渔业资源生产性调查、综合科学调查、全球重要鱼种资源监测评估，按照项目类型和监测站位数（评估鱼种数）对任务承担单位进行补助。

（三）提升远洋渔业国际履约能力。鼓励引导远洋渔船全面履行国际公约义务养护国际渔业资源，对远洋渔船全面履行国际公约的成果进行奖补，促进远洋渔业规范有序和高质量发展。补助资金以远洋渔船为单位，采取后补助方式，主要依据远洋渔业企业履约评估成绩分类给予适当补助。远洋渔业企业履约评估得分分值按《农业农村部办公厅关于全面实施远洋渔业企业履约评估工作的通知》（农办渔〔2021〕22号）有关规定计算。

关于做好2022年地理标志农产品保护工程实施工作的通知

（农业农村部办公厅 农办质〔2022〕11号 2022年5月30日）

各省、自治区、直辖市及大连、青岛、宁波市农业农村（农牧）厅（局、委），深圳市市场监督管理局：

保护和发展地理标志农产品是推进农业生产和农产品“三品一标”的重要内容，是增加绿色优质农产品供给、促进农业高质量发展的重要举措。根据《农业农村部、财政部关于做好2022年农业生产发展等项目实施工作的通知》（农计财发〔2022〕13号）部署要求，为做好2022年地理标志农产品保护工程（以下简称“保护工程”）组织实施，现将有关事项通知如下。

一、总体要求

（一）工作思路

坚持以习近平新时代中国特色社会主义思想为指导，按照保供固安全、振兴畅循环的工作定位，围绕统筹推进农业生产和农产品“三品一标”工作部署，以发展特色产品、振兴乡村产业、促进农民增收为目标，以推动生产标准化、产品特色化、身份标识化、全程数字化为重点，着力打造一批“特而优”“特而美”“特而强”的地理标志农产品，建立健全地理标志农产品保护与产业发展的长效机制，为农业高质量发展和乡村产业振兴作出新贡献。

在具体实施上突出四个方面：一是突出特性保持。围绕地理标志农产品的独特地域、独特生产方式、独特品质和独特历史文化，强化产品特色挖掘，提高市场辨识度和认可度。二是突出系统提升。每个产品全面推进“六个一”建设标准，培优一个区域特色品种、建设一个以上核心生产基地、建立一套特征品质指标、集成应用一套全产业链标准、叫响一个区域特色品牌、健全一套质量管控机制，让地理标志农产品可展示、可量化、可感知。三是突出全链条推进。以产品为主线、全程质量控制为核心，推进现代农业全产业链标准化，强化全链条质量安全监管，加强分等分级、包装标识、仓储保鲜，延伸产业链，提升价值链。四是突出富民增收。加强产品推介和专业市场建设，创新产销对接模式，让好产品产得出，更要卖得好。建立产业发展与农户利益联结机制，让中小农户切实分享发展成果。

（二）建设目标

2022年，在全国范围内重点支持200个地理标志农产品发展。通过实施保护工程，得到支持的地理

标志农产品综合生产能力明显增强，产品知名度、美誉度和市场占有率显著提高，有效带动农民持续增收，形成一批地理标志农产品助力农业高质量发展、乡村产业振兴的样板。

二、实施重点

围绕农业生产和农产品“三品一标”重点任务，聚焦特色资源发掘、特色产业发展和农耕文化发扬，重点实施以下内容。

（一）培优区域特色品种

坚持种质保护与品种培优相结合，建设区域特色品种保存和繁育基地，加强区域特色品种的调查收集、提纯复壮和繁育选育，保护核心种质（原种）资源，培优一批优良品种，提升地理标志农产品特色品种供种能力。

（二）建设核心生产基地

实施特色农产品生产基地建设行动，建设和提升一批地理标志农产品核心生产基地。改善基地生产设施条件及配套仓储保鲜设施条件，保护特定产地环境，推行绿色化、清洁化、循环化生产模式，提高地理标志农产品综合生产能力。支持相关加工工艺及设备改造升级，促进产加销一体化发展。

（三）提升产品特色品质

实施品质提升行动，开展地理标志农产品特征品质监测鉴定，厘清产品品质与独特地域和独特生产方式关联，加强特色品质保持技术集成和试验转化。建立特征品质数据库，选择外观、质构、风味等方面关键指标，构建产品特征品质指标体系，开展品质评价，推动分等分级和包装标识，推动产品特色化。

（四）推进全产业链标准化

以传统生产方式为基础，结合现代农业新技术新装备的应用，构建以产品为主线、全程质量控制为核心的全产业链标准体系和标准综合体，加快关键环节标准制修订。加大标准化指导、宣贯和培训，加强标准简明化应用，编制模式图、明白纸和风险防控手册等标准宣贯材料，推动标准进企入户、上墙上网。

（五）叫响区域特色品牌

挖掘传统农耕文化，培育以地理标志农产品为核心的区域品牌。加强产品宣传推介，举办和参加地理标志农产品展览展示、文化节庆等活动。依托地标农品中国行、国家地理标志农产品展示体验馆等公益平台扩大品牌影响。实施消费促进行动，打造电商专区、市场专柜，壮大专业经销队伍，创新产销对接模式，促进优质优价。开展绿色食品和有机农产品认证。

（六）建立质量管控机制

建立生产经营主体名录和信用档案，健全质量管理体系，完善生产日志，强化全过程质量控制。实施达标合格农产品亮证行动，推动规范开具合格证。加强质量标识和追溯管理，完善地理标志农产品监管和服务体系。利用现代信息技术，建立或使用智慧生产、营销、监管、服务等信息化平台，推动身份标识化和全程数字化。

三、组织实施

（一）建设条件

一是产品特色突出，文化底蕴深厚，区域优势明显，产业基础较好，发展潜力较大。二是建立按标生产管理制度，生产管理规范有效，承诺达标合格证开具、网格化管理、产品检验检测等监督、指导、服务措施到位，三年内未发生过重大质量安全事件。三是相关主体在产加销环节具有较强的组织能力，示范带动力较强，建立脱贫帮扶机制，能够有效带动农民增收。四是项目符合地方产业发展总体规划，地方政府高度重视，相关主体参与积极性高。优先支持国家农产品质量安全县参与项目实施。

（二）实施方式

省级农业农村部门负责组织实施保护工程，制定本省份重点培育产品目录和年度实施方案，明确支持产品范围、建设目标、建设内容、时间节点、资金使用、政策配套、工作考评等相关要求。组织相关市县遴选确定支持的具体产品、内容、方式和对象。对于影响力大、带动能力强的重点产品，可持续支持。有关省份要加大对乡村振兴重点帮扶县的支持力度。实施单位应按项目要求制定具体产品实施方案，经批准后实施。省级年度实施方案报农业农村部农产品质量安全监管司备案，并同步上传农业农村部农业转移支付项目管理平台。

（三）绩效管理

省级农业农村部门按照《农业相关转移支付资金绩效管理办法》建立健全保护工程绩效评价机制，定期调度项目执行进展和资金使用情况。项目实施单位要按照考核要求有序高效推进项目实施，妥善处理项目执行中遇到的各类问题。项目委托中国绿色食品发展中心以绩效监控与抽查复核等方式开展绩效评价，绩效评价结果与下年度预算安排挂钩。

四、工作要求

（一）强化组织领导

建立健全“县级实施、省级考评、部门指导”的工作机制。省级农业农村部门要成立保护工程实施领导小组和工作组，制定保护工程实施管理办法，明确建设要求，细化管理措施，指导市、县级农业农村部门做好政策落实。要发挥有关科研推广单位和社会化服务组织作用，强化技术指导和专业化服务，建立协同推进机制。

（二）强化实施管理

省级农业农村部门要加强工作部署和统筹实施，做好检查指导、信息公开、绩效评价和组织验收，强化进展调度，加快项目执行。项目所在市、县级农业农村部门要加强与财政等部门沟通，做好具体实施方案，建立资金台账，规范资金使用。鼓励将保护工程与现代农业全产业链标准化示范基地创建统筹实施，提升实施效果。

（三）建立长效机制

各省（自治区、直辖市）农业农村部门要以保护工程为契机，加快建立地理标志农产品保护与产业发展的长效发展机制。做好本区域有关产业发展规划，建立重点培育的地理标志农产品目录，建设并命名地理标志农产品生产核心基地，争取扶持政策，强化产销对接，建立健全技术标准、生产经营、品牌宣传、质量监管、政策扶持等支撑保障体系。支持有条件地区打造地理标志农产品助力乡村产业振兴的发展典型。

（四）强化宣传总结

各级农业农村部门要认真总结、广泛宣传保护工程的实施成效和经验做法，做好典型案例遴选和推荐。每个实施产品要总结凝练发展模式，在地理标志农产品核心生产基地树立标牌。请各省（自治区、直辖市）农业农村部门于2022年6月30日前将保护工程实施方案和备案表、2023年1月15日前将年度实施情况总结，报送农业农村部农产品质量安全监管司。

关于做好2022年农产品产地冷藏保鲜设施建设工作的通知

（农业农村部办公厅 财政部办公厅 2022年6月1日）

各省、自治区、直辖市及计划单列市农业农村（农牧）厅（局、委）、财政厅（局），新疆生产建设兵团农业农村局、财政局，北大荒农垦集团有限公司、广东省农垦总局：

为贯彻落实中央农村工作会议和2022年中央一号文件精神，按照《农业农村部、财政部关于做好2022年农业生产发展等项目实施工作的通知》（农计财发〔2022〕13号，以下简称《通知》）有关政策要求，现就做好2022年农产品产地冷藏保鲜设施建设工作有关事宜通知如下。

一、明确总体要求

以习近平新时代中国特色社会主义思想为指导，按照保供固安全、振兴畅循环的工作定位，聚焦鲜活农产品主产区、特色农产品优势区，重点围绕蔬菜、水果等鲜活农产品，兼顾地方优势特色品种，合理集中建设产地冷藏保鲜设施，提升技术装备水平，完善服务保障机制，强化运营管理能力，推动冷链物流服务网络向农村延伸，畅通鲜活农产品末端冷链微循环，为服务乡村产业、提高农民收入、增强市场稳定性、保障农产品有效供给提供有力支撑。

二、突出重点任务

（一）合理集中建设产地冷藏保鲜设施

各地要认真落实“十四五”农产品冷链物流布局规划，加强产地冷藏保鲜设施与冷链集配中心、骨干冷链物流基地的有效衔接，整体构建功能衔接、上下贯通、集约高效的产地冷链物流体系。支持县级以上示范家庭农场和农民专业合作社示范社，已登记的农村集体经济组织等主体，在重点镇和中心村建设产地冷藏保鲜设施，不断提升设施综合利用效率，满足田头贮藏保鲜和商品化处理需要。引导各类市场主体在产地重要流通节点，建设改造产地冷链集配中心，强化产地预冷、分拣分级、初加工、集散配送、产地直销等功能，打造支撑农产品上行的产地综合服务平台。鼓励开展符合实际的冷藏保鲜设施数字化、智能化建设，提升产地冷链物流信息化水平。

（二）深入开展产地冷藏保鲜整县推进

各地要优先选择鲜活农产品生产大县、“互联网+”农产品出村进城试点县，在有效保障用地用电政策的前提下，整县推进冷藏保鲜设施建设，率先形成产地冷链物流服务网络。鼓励有条件的地方依托产地冷链集配中心，完善电商服务功能，建设农产品电商产业园。做好2021年度农产品产地冷藏保鲜整县推进评价工作，持续提升整县推进建设水平，加大2022年整县推进建设力度，壮大一批运营服务主体，创新一批运营服务模式，培育一批农产品品牌和服务品牌，推广一批实用技术和标准，鼓励探索冷藏设施设备信息化解决方案。鼓励有条件的地方整合各方政策支持开展产地冷藏保鲜设施整市、整省推进。

（三）推动冷链物流服务网络向农村延伸

依托产地冷藏保鲜设施，鼓励引导邮政快递、供销合作社、电子商务、商贸流通等主体利用既有流通网络优势，整合资源、创新模式，优化田头集货、干支衔接运输和农村快递配送，促进合作联营、成网配套，加快建设农产品产地冷链物流服务网络。鼓励引导产地批发市场、现代农业产业园、加工物流园、电商孵化园等产地园区，重点改造公共冷库设施条件，拓展冷链物流服务内容。鼓励冷链物流运营主体利用设施平台和渠道优势，提升品牌打造和孵化能力。

（四）组织冷藏保鲜实用技术和运营管理培训

农产品产地冷藏保鲜实用技术和冷链物流运营管理培训内容已经纳入高素质农民培育、农村实用人才带头人培训支持范围。各地要充分利用相关政策，开设专题班或增加相应培训课程，编制培训教材，整合师资力量，通过线上教学、课堂教学、现场教学等方式，组织形式多样的培训活动，打造一批农产品冷链物流培训基地，不断提升产地冷藏保鲜设施使用效益。省级农业农村部门要统筹安排、有效组织，并举办示范培训班。

三、有序组织实施

农产品产地冷藏保鲜设施建设的补助标准、建设内容、实施主体、实施区域等年度政策，严格按照《通知》有关要求执行。

（一）开展项目储备

省级农业农村部门要建立项目储备库，开展项目储备及动态管理，做好政策宣传和设施建设准备工作。建设主体通过农产品仓储保鲜冷链物流信息系统（以下简称“信息系统”）提出储备申请，经县级审核、地市级复核、省级审定后入库储备。

（二）编制实施方案

省级农业农村部门要会同财政部门编制年度实施方案，明确建设思路、年度目标、重点任务、具体政策、保障措施、进度安排等内容，于6月12日前报农业农村部、财政部审核备案；按照农产品产地冷藏保鲜整县推进要求，指导任务实施县编制整县推进实施方案，于6月12日前报农业农村部、财政部审核备案。

（三）严格申报审批

省级农业农村部门、财政部门要及时向社会公布中央财政年度支农政策和省级实施方案，督促指导县级部门在申报工作启动前不少于10个工作日向社会公布相关政策，切实保障涉农主体知情权和选择权。建设主体通过信息系统自愿申报。县级农业农村部门负责申报审批，及时向社会公示审批通过的项目，一般不少于5个工作日。省级、地市级农业农村部门要监督指导审批工作。

（四）指导项目建设

省级农业农村部门要制定本地区设施建设参考技术方案，明确建设质量标准，支持对冷藏保鲜设施设备实施节能改造，鼓励建设主体采用绿色低碳的新技术、新材料和新装备。各地要及时上报建设进度，重大事项及时向本级人民政府和上级农业农村部门报告。建设主体自主开展设施建设，承担安全建设运营的主体责任。

（五）规范竣工验收

省级农业农村部门要会同财政部门制定本地区统一的项目验收规范，明确验收内容、验收标准、验收程序等。县级农业农村部门、财政部门应会同相关部门开展现场验收，有条件的地方可以委托第三方评估机构参与验收。省级、地市级农业农村部门要按规定对本地区当年竣工验收项目进行抽查。

（六）及时兑付补贴

县级农业农村部门、财政部门要按照职责分工和时限要求，及时向验收合格的建设主体发放补助资金，并予以公示。

四、强化工作保障

（一）加强组织领导

省级农业农村部门、财政部门要高度重视，建立健全工作推进机制，配强工作专班，明确各级职责任务，加强部门间协同配合，强化调度指导力度，提升监督管理能力。任务实施县要落实主体责任，为项目实施提供有力保障。各地要始终坚持数量服从质量、进度服从实效、求好不求快的原则，扎实推进农产品产地冷藏保鲜设施建设，引导主体不断提高设施综合使用效率，防止大面积闲置或废弃。

（二）强化政策支持

各地要全面落实农业设施用地和农业生产用电价格优惠政策，鼓励利用村集体闲置房屋、废弃厂房或经营性建设用地等开展设施建设。鼓励与各类市场主体开展建设和运营合作，合理确定合作方式和利益分配机制。积极争取地方政府债券，对符合条件的项目予以支持。各地要与其他支持冷链物流发展的相关财政资金做好衔接、避免重复投入。

（三）创新金融服务

鼓励各类银行及担保机构创新产品服务，强化信贷担保支持。鼓励保险公司开发特色保险产品，为冷藏保鲜农产品数量、质量安全以及价格波动等提供风险保障。依托信息系统，开展信贷直通车冷藏保鲜设施建设专项行动，帮助对接金融服务。支持金融机构参与整省、整市、整县推进项目设计，提供综合金融服务方案，创新金融支持模式。

（四）严格资金监管

省级农业农村部门要会同财政部门加强项目执行定期调度督导，及时上报项目执行和资金使用情况。对资金结转量大、工作推进慢的地区将调减或不再安排下一年度任务资金。坚决查处虚报冒领、骗取套取、挤占挪用项目资金等违法违规行为。全面梳理2020年度、2021年度补贴兑付情况，督促任务实施县尽快完成兑付，并于2022年6月30日前上报清理执行情况。开展全面自查，查找风险点和不足，加强设施建设工作监督评价，并于2022年12月31日前，将2022年度设施建设工作省级自评报告报送农业农村部市场与信息化司。

（五）完善管理制度

省级农业农村部门要认真落实《农产品产地冷藏保鲜设施建设管理规范（试行）》，并结合本地实际制定具体实施细则，全面规范项目储备、申报审批、建设指导、竣工验收、监督管理等工作，形成上下衔接、分级负责的管理制度，同时建立健全设施建设工作风险自查和监督评价机制，实现项目管理制度化、规范化。

（六）加强示范宣传

各地要加强农产品冷藏保鲜实用技术标准、材料装备等试验示范推广，探索产地农产品流通数据的信息化采集方式。加快总结设施建设运营和整县推进的好经验好做法，强化全媒体宣传，推出一批机制创新、政策创新、模式创新的典型案例，切实发挥示范带动作用。

关于推动轻工业高质量发展的指导意见

（工业和信息化部 人力资源社会保障部 生态环境部 商务部 场监管总局 工信部联消费〔2022〕68号 2022年6月8日）

各省、自治区、直辖市、计划单列市及新疆生产建设兵团工业和信息化、人力资源社会保障、生态环境、商务、市场监管主管部门：

轻工业是我国国民经济的传统优势产业、重要民生产业，在国际上具有较强竞争力。党的十八大以来，轻工业“三品”战略成效显著，创新能力明显增强，在满足消费、稳定出口、扩大就业等方面发挥重要作用，但仍面临中高端产品供给不足、国际知名品牌不多、产业链现代化水平不高等问题。为推动轻工业高质量发展，现提出如下意见。

一、总体要求

（一）指导思想

坚持以习近平新时代中国特色社会主义思想为指导，全面贯彻党的十九大和十九届历次全会精神，立足新发展阶段，完整、准确、全面贯彻新发展理念，构建新发展格局，以推动高质量发展为主题，以深化供给侧结构性改革为主线，以改革创新为动力，以满足人民日益增长的美好生活需要为根本目的，深入实施数字“三品”战略，构建具有更强创新力、更高附加值、更加可持续发展的现代轻工产业体系，实现我国轻工业由大到强的跨越。

（二）发展目标

到2025年，轻工业综合实力显著提升，占工业比重基本稳定，扩内需、促消费的作用明显，服务构建新发展格局、促进经济社会高质量发展的能力增强。

——行业经济稳定运行。轻工业增加值增速与全国工业增加值增速平均水平一致，重点行业利润率和主要产品国际市场份额保持基本稳定，质量效益明显提升。

——科技创新取得新突破。规模以上企业有效发明专利数量较快增长，重点行业研发投入强度明显提高。突破一批关键技术，每年增加一批升级和创新消费品。

——产业结构持续优化。培育形成一批具有竞争力的企业和先进制造业集群。巩固提升内外联动、东西互济的产业发展优势，区域布局进一步优化。

——品牌竞争力大幅提升。培育一批消费引领能力强的轻工产品品牌。造就一批百亿元以上品牌价值企业，重点产业集群区域品牌影响力持续提升。

——产业链现代化水平不断提升。产业基础进一步巩固，数字化转型稳步推进，形成一批优势产业链。建设一批智能制造示范工厂，推广一批智能制造优秀场景。

——绿色发展取得新进步。资源利用效率大幅提高，单位工业增加值能源消耗、碳排放量、主要污染物排放量持续下降。

二、强化科技创新战略支撑

（三）加快关键技术突破

针对造纸、家用电器、日用化学品等行业薄弱环节，研究制定和发布一批重点领域技术创新路线图，实施“揭榜挂帅”等举措，深入推进技术研发与工程化、产业化，加快建立核心技术体系，提升行业技术水平。面向未来重大消费需求，推动建立跨行业、跨学科交流机制，加强战略前沿技术布局。

专栏1　关键技术研发工程

家用电器：高速电机、高效热交换器，智能控制技术、人机交互技术、智能物联网技术、信息安全技术、健康家电技术等共性关键技术。

造纸：高等级绝缘纸，高纯度溶解浆生产技术，特种纸基复合材料，纤维素、半纤维素、木素基等生物质新材料，医疗卫生用纸基材料等。

轻工机械：高速PET瓶旋转式吹瓶机、高速无菌纸灌装机、新型洗涤装备、液体食品无菌罐装包材及设备、毒害物质检测试剂及设备等。

日用化学品：口腔清洁护理用品、化妆品功效和安全评价技术，功能化洗衣凝珠水溶膜及关键配方技术，特色化妆品植物原料，香料香精生物发酵制造等。

自行车钟表衡器：自行车变速器、中置电机力矩传感器，高能效锂电池安全技术，机械手表机心精密制造工艺技术、智能手表用微型压力技术，动态电子衡器、智能衡器、无线力与称重传感器，动态质量测量技术等。

食品：婴幼儿配方乳粉功能基料、在线微生物快速检测技术，工业核心菌种、酶制剂产业支撑技术及装备，危害因子发现和智能监控溯源等。

（四）完善科技创新体系

加快构建以企业为主体、市场为导向、政产学研用深度结合的轻工业创新体系。强化共性技术平台建设，优化轻工领域制造业创新中心、重点实验室、工程（技术）研究中心、工业设计研究院等创新平台布局，鼓励通过市场化运作建设创新平台型企业。加强企业创新创业服务体系建设，培育一批技术创新示范企业，提高科技成果转化率。

（五）优化标准体系建设

围绕产品安全、质量提升、节能节水环保、网络安全管理等方面，加快家用电器、家具、照明电器、婴童用品等领域强制性国家标准制修订，优化推荐性国家标准、行业标准、团体标准供给。建立老年用品产业标准体系，引领适老化产品发展。进一步提升标准化技术组织专业水平，发挥国家技术标准创新基地作用，促进技术创新、标准研制和产业化协调发展。加快适用国际标准转化，积极参与国际标准制修订。

三、构建高质量的供给体系

（六）增加升级创新产品

围绕健康、育幼、养老等迫切需求，大力发展功能食品、化妆品、休闲健身产品、婴童用品、适老化轻工产品等。以乡村振兴战略为契机，积极开发适应农村市场的产品。培育一批国家级工业设计中心，壮大一批设计园区、设计小镇，支持家用电器、家具、皮革、五金制品、玩具和婴童用品等行业设计创新。促进传统手工艺保护和传承，发掘文物文化资源价值内涵，在工艺美术、文教体育用品、礼仪休闲用品等行业发展文化创意产品。推动“地方小吃”食品工业化。

专栏2　升级创新产品制造工程

家用电器：智能节能健康空调、冰箱、洗衣机等家电产品，洗碗机、感应加热电饭煲、破壁机、推杆式无线吸尘器、扫地机器人等新兴小家电，互联网智能家电全场景解决方案。

塑料制品：新型抗菌塑料、面向5G通信用高端塑料、特种工程塑料、血液净化塑料、高端光学膜等。

五金制品：智能锁、智能高档工具等智能五金制品，节水型卫浴五金产品等。

陶瓷日用玻璃：新型日用陶瓷、工艺美术陶瓷，轻量化玻璃瓶罐、高档玻璃餐饮具、微晶玻璃制品等。

照明电器：功能型照明产品，智能化、集成化照明系统解决方案。

自行车：时尚休闲、运动健身、长途越野和高性能折叠等多样化自行车，轻量化、网联化、智能化的电动自行车等。

眼镜钟表：有害光防护、光敏感防护、抗疲劳、青少年近视管控、成人渐进等多功能镜片产品。多功能高档精品手表，非遗传统技艺高档时钟，与健康产业相关的智能手表等。

食品：特殊膳食食品，营养强化食品，菜肴类、自热方便以及功能性罐头产品，新型功能发酵制品、发酵水产食品、发酵肉制品、功能性益生菌发酵食品、食用酵素产品，工业用途食糖产品，高品质日化、生活盐产品，适用不同消费群体的多样化、个性化、低度化的白酒、黄酒等酒类产品，无醇啤酒产品等。

（七）提升质量保障水平

推动企业建立健全质量管理体系，积极应用新技术、新工艺、新材料，提升产品舒适性、安全性、功能性。鼓励企业瞄准国际标准提高水平，开展对标达标活动。发挥质量标杆企业示范引领作用，开展质量风险分析与控制、质量成本管理等活动，提高质量在线监测、控制和产品全生命周期质量追溯能力。建设一批高水平质量控制和技术评价实验室，提升检验检测水平。

（八）强化品牌培育服务

培育会展、设计大赛等品牌建设交流展示平台，在家用电器、皮革、五金制品、钟表、自行车、家具、化妆品、洗涤用品、乳制品、酿酒、功能性食品等领域培育一批国际知名品牌。推广具有中国文化、中国元素、中国技艺的产品，树立行业品牌。鼓励第三方机构加强品牌策划、评价、宣传等服务，助力海外商标注册、品牌国际化推广，提升品牌影响力。

专栏3　品牌培育工程

行业品牌推广：支持行业研究建立和推广具有轻工特色的品牌评价体系，开展企业品牌培育标准宣贯活动、品牌价值专业评价、品牌培育成熟度评价等工作。充分利用国际产业合作、重大活动等机会推广轻工行业品牌。

区域品牌建设：促进轻工产业集群加强技术服务平台建设，推动集群内企业标准协调、创新协同、业务协作、资源共享，加强集体商标、证明商标注册管理，发挥龙头企业带动作用，提升产业集群区域品牌影响力。

产品品牌培育：加大缺少品牌影响力的细分产品的品牌培育力度。植物资源化妆品、高档彩妆、定制化妆品，舒适环保的皮鞋、运动鞋、老年鞋、童鞋等鞋产品，个性化箱包，智能型健身器材、冰雪运动器材及防护用品，文具，浓缩化洗涤产品、适用于母婴童和老年人的洗护产品，环保健康儿童家具、具有特殊功能的老年人家具、高品质传统家具、具有文化创意的竹藤休闲家具，高安全性玩具和婴童用品，中小学教学用乐器、个性化乐器、民族特色乐器等。

（九）推广新型商业模式

鼓励轻工企业加快模式创新，构建有跨界融合特点的“商品＋服务＋文化”组合，联合互联网平台企业向线下延伸拓展，建立品牌与消费者间的深层次连接，形成基于数字决策的智慧营销模式。积极运用新技术，推动传统制造模式向需求驱动、供应链协同的新模式转型。

四、提升产业链现代化水平

（十）推进产业基础高级化

利用产业基础再造工程，围绕基础材料、零部件、软件、工艺、元器件和产业技术基础，加快补齐轻工产业短板。推进轻工业计量测试体系建设，加快计量测试技术、方法和装备的研制与应用，提升整体测量能力和水平。深入实施重点产品、工艺“一条龙”应用计划，促进成果创新示范应用。大力开发塑料制品、家用电器、食品等行业高端专用装备。

（十一）加快产业链补链强链

编制家用电器、塑料制品、化妆品、乳制品等领域产业链图谱，建立风险技术和产品清单，推动补链固链强链。建立监测预警机制，加强风险评估，提供信息服务。发挥工业互联网平台和标识解析体系作用，推动产业链上下游加强合作。支持乳制品、罐头、酿酒、粮油等行业建设优质原料基地。

（十二）深入实施数字化转型

引导企业综合应用新一代数字技术，逐步实现研发、设计、制造、营销、服务全链条数字化、网络化、智能化。支持龙头企业构建智能制造平台，争创国家级工业互联网、两化融合项目。在家用电器、家具、皮革、造纸、塑料制品、缝制机械、五金制品、洗涤用品、食品等行业推广一批智能制造优秀场景，推动网络安全分类分级管理，培育一批网络安全示范标杆。培育数字“三品”示范城市。

专栏4 数字化发展推进工程

轻工机械：智能化造纸装备，塑料机械、洗涤设备云控制平台，全自动吹贴灌旋一体化装备，白酒酿造机器人，液态产品包装生产线智能运维服务系统等。

造纸：智能仓储和立体库、生产线运维管理云平台，质量在线检测技术等。

家用电器：端到端数字化运营及大规模个性化定制，数字化生产、质量、供应链、设备管理和远程运维服务等智能制造解决方案。

皮革：皮革、毛皮及制品和制鞋等智能化生产，全流程信息一体化平台，皮革瑕疵智能检测技术及设备等。

电池：碱性锌锰电池、锂离子电池智能化和数字化制造。铅蓄电池高速、自动化连续极板生产技术，动力型铅蓄电池自动化组装线技术等。

家具：整装云赋能平台，大规模个性化定制家具模块化生产，智能工厂等。

照明电器：产品在线检测技术、柔性制造技术，智能化仓储、物流等。

陶瓷日用玻璃：陶瓷成型、施釉等重点环节数字化改造，基于全生产线工艺参数的采集、分析监测、过程控制和集中智能控制系统的研发和数字化技术应用。

自行车钟表：零部件高精度加工成型自动生产装备、“车网融合”技术等，智能化手表装配线、智能在线检测技术、柔性制造技术等。

日用化学品：研发、配方、体验等过程的数字化升级，在工厂总体设计、工艺流程及布局等方面的数字化仿真技术，液体洗涤剂连续智能化高效生产线等。

缝制机械：智慧缝制工厂技术、自动化缝制单元技术、立体缝制技术、云平台及网络远程运维技术、智能缝纫机及数控系统等。

乐器：钢琴专用智能装备，电鸣乐器、中乐器智能化技术与产品等。

食品：面包、饼干、传统蜜饯智能加工设备，智能生物反应器、智能化分离纯化装备，发酵过程在线监测与自动控制技术与装备，智能化信息采集、监控、分析和控制技术，基于大数据机理混合驱动的智能管控系统，产品追溯体系，酒业大数据全产业链服务平台等。

（十三）发展服务型制造新模式

推进轻工业与现代服务业深度融合，加快培育发展服务型制造新业态新模式，促进轻工业提质增效。引导轻工行业完善服务型制造评价体系。鼓励企业建立客户体验中心、在线设计中心等机构，分析客户需求信息，增强用户参与设计能力。

五、深入推进绿色低碳转型

（十四）加快绿色安全发展

有序推进轻工业碳达峰进程，绘制造纸等行业低碳发展路线图。加大食品、皮革、造纸、电池、陶瓷、日用玻璃等行业节能降耗和减污降碳力度，加快完善能耗限额和污染排放标准，树立能耗环保标杆企业，推动能效环保对标达标。推动塑料制品、家用电器、造纸、电池、日用玻璃等行业废弃产品循环利用。在制革、制鞋、油墨、家具等行业，加大低（无）挥发性有机物（VOCs）含量原辅材料的源头替代力度，推广低挥发性无铅有机溶剂工艺和装备，加快产品中有毒有害化学物质含量限值标准制修订。推动企业依法披露环境信息，接受社会监督。统筹发展和安全，指导企业落实安全生产主体责任，规范安全生产条件，提升本质安全水平。

专栏5 绿色低碳技术发展工程

塑料制品：超纤合成革制造、发泡塑料芯材清洁制备、生物质基复合制品短流程制造、塑料薄膜高值化利用等技术，全生物降解地膜、智能温控贴膜等多功能塑料制品，可循环、易回收的包装材料，超高阻氧透明膜、高阻隔食品收缩膜，环保型塑料添加剂。

造纸：生物质替代化石能源技术，低能耗蒸煮、氧脱木素、透平风机、污泥余热干燥等技术和装备。制浆造纸节水节能技术、植物纤维原料高效利用、废水处理和回用技术、竹材等非木材原料低碳制浆技术等。

皮革：生物质基复合鞋用弹性体材料及生产技术、废液循环技术、废气治理技术、无铬鞣剂及鞣制技术、少盐无盐浸酸技术、除臭技术、生物制革技术、环保胶黏技术、皮革固废资源再利用技术及设备等。

电池：铅蓄电池非铅板栅、连铸连轧铅带、

冲扩网板栅、回馈式充放电电源、铅冷切粒、无镉电池制造等先进工艺和智能装备等。

日用化学品：以植物油脂、微生物、发酵产品等生物来源替代石油来源原料的生产技术，香料香精绿色制造工艺等。

陶瓷日用玻璃：日用陶瓷低温快烧及短流程生产技术，陶瓷砖坯体的减薄干法生产及免烧生产技术，节能环保型玻璃窑炉，自动化废（碎）玻璃加工处理系统，低氮燃烧技术、全氧燃烧技术、余热回收利用技术等。

食品：肉制品、大宗油料、粮食、食品添加剂绿色加工技术，先进膜分离、色谱分离等清洁生产技术，盐、生物发酵产品绿色制造技术，废弃物资源化技术，废水沼气纯化制清洁能源技术，酿酒资源综合利用技术，制糖生产热能优化集中控制及高效煮糖系统等。

（十五）全面建设绿色制造体系

加强持久性有机污染物、内分泌干扰物、铅汞铬等有害物质源头管控和绿色原材料采购，推广全生命周期绿色发展理念。完善绿色工厂评价、节水节能规范等标准，建设统一的绿色产品标准、认证、标识体系。积极推行绿色制造，培育一批绿色制造典型。鼓励企业进园入区，引导企业逐步淘汰高耗能设备和工艺，推广使用绿色、低碳、环保工艺和设备，推进节能降碳改造、清洁生产改造、清洁能源替代、新污染物环境风险管控、节水工艺改造提升，提升清洁生产水平、减污降碳协同控制水平及能源、资源综合利用水平。

（十六）引导绿色产品消费

加快完善家用电器和照明产品等终端用能产品能效标准，促进节能空调、冰箱、热水器、高效照明产品、可降解材料制品、低 VOCs 油墨等绿色节能轻工产品消费。引导企业通过工业产品绿色设计等方式增强绿色产品和服务供给能力。完善政府绿色采购政策，加大绿色低碳产品采购力度。鼓励有条件的地方开展绿色智能家电下乡和以旧换新行动。

六、优化协调发展的产业生态

（十七）提高企业差异化发展水平

聚焦家用电器、电池等行业，支持有条件的企业培育自主生态，发展成为领航企业。实施中小企业创新能力和专业化水平提升工程。鼓励企业通过兼并重组优化资金、技术、人才等生产要素配置，实现做优做强。推动大中小企业在协同制造、供应链管理等方面加强合作，实现融通发展。

（十八）建设高水平的产业集群

推动现有集群转型升级，构建资源高效利用、绿色低碳环保、产业分工协作、企业共生发展的生态体系。推动一批老年用品产业园区向产业集聚区方向发展。选择主导产业特色鲜明的集群，以产业链强链补链为导向，强化区域协同和国际合作，推动形成若干世界级先进制造业集群。

（十九）优化产业空间布局

落实区域重大战略、区域协调发展战略，强化生态环境分区管控，防止产能低水平重复建设，推动轻工业形成优势互补、协同发展的空间格局。推动东部地区凝聚全球创新要素资源，建立前沿技术研发中心、设计中心和品牌中心。引导中西部地区有序承接产业转移，培育形成一批特色和优势的制造基地。推进东北地区进一步激发企业活力，巩固提升传统优势轻工产业。在革命老区、民族地区因地制宜发展特色轻工产业。

（二十）积极融入全球产业体系

发挥轻工业产能优势，加强国际合作，服务共建“一带一路”。提高产品附加值，巩固传统国际市场，开拓新兴市场，鼓励轻工产业“走出去”。做好自由贸易协定原产地证书签证工作，帮助轻工产品在协定伙伴国或地区享受关税减免。推进检验检疫电子证书国际合作，提升贸易便利化水平。完善与国际接轨的标准体系和产品认证制度，提高技术性贸易措施应对能力。

七、加大组织保障实施力度

（二十一）完善财政金融支持政策

落实好促进中小企业发展的财税、金融政策，用好现有税收优惠政策。鼓励地方根据当地轻工业发展需要，完善相关支持政策，增强产业发展后劲。引导市场化运作的各类基金，支持重点轻工领域创新发展和薄弱环节攻关突破。发挥国家产融合作平台及地方相关政策作用。引导金融机构创新金融服务和产品，加大对轻工企业技术改造、科技创新的支持力度，提升轻工业发展效能。

（二十二）强化高素质人才支撑

完善轻工业人才培养体系，加强学科专业建设，鼓励普通高校、职业院校（含技工院校）、科研机构和企业建立联合培养模式，建设一批现代产业学院，加快建立多层次的职业教育和培训体系。深入实施知识更新工程和技能提升行动，持续开展中国工艺美术大师、轻工大国工匠推荐活动，支持举办行业性创新创业大赛，加大对创意设计优秀人才和团队的表彰和宣传力度。全面推行职业技能等级制度、现代学徒制度和企业新型学徒制，健全大师带徒传承机制。培育造就一批创新企业家、先进制造技术人才和先进基础工艺人才。

（二十三）加强公共服务能力建设

支持标准、计量、认证认可、检验检测、试验验证、产业信息、知识产权、成果转化等公共服务平台建设。鼓励地方出台强化公共服务能力建设、促进当地轻工产业发展的政策措施。利用行业工业大数据，支持企业在研发、生产、经营、运维等全流程的数据汇聚，推动上下游企业开放数据、合作共享。

（二十四）优化产业发展环境

加强对重点轻工产品的质量监管，推动实施缺陷产品召回制度，打击和曝光质量违法和制假售假行为。依法加强反垄断、反不正当竞争监管。加强知识产权保护力度，优化市场化、法治化、国际化营商环境。构建重点行业企业高质量发展评价体系，遴选若干轻工典型企业。加强对轻工绿色创新产品、企业先进经验做法的宣传，组织行业发布“升级和创新消费品指南（轻工）”。鼓励有条件的城市以博览会、购物节、动漫展、重大赛事活动等为载体，促进轻工产品的生产和消费。

（二十五）加强组织实施

各地工业和信息化、人力资源社会保障、生态环境、商务、市场监管主管部门要根据本意见，结合本地实际，加强统筹协调，强化过程管理，抓好贯彻落实。行业协会要充分发挥沟通政府与服务企业的桥梁纽带作用，加强本意见落实效果跟踪，及时反映行业和企业诉求，围绕行业特定需求和共性任务开展有利于行业发展的各项活动，引导企业加强自律和诚信体系建设，积极履行社会责任。

农业品牌精品培育计划（2022—2025年）

（农业农村部办公厅　2022年6月10日）

农业品牌是农业农村现代化的重要标志。近年来，各级农业农村部门深入贯彻党中央、国务院决策部署，加快实施品牌强农战略，品牌意识明显增强，品牌数量快速增长，品牌效益显著提升，但我国农业品牌多而不精、大而不强问题依然存在，品牌竞争力影响力带动力仍有待提升。为贯彻落实中央一号文件精神，加快农业品牌打造，充分发挥农业品牌对全面推进乡村振兴、加快农业农村现代化发展的重要作用，我部决定启动实施农业品牌精品培育计划。

一、总体要求

（一）指导思想

以习近平新时代中国特色社会主义思想为指导，全面贯彻党的十九大和十九届历次全会精神，立足新发展阶段、贯彻新发展理念、构建新发展格局、推动高质量发展，把农业品牌打造作为推进农业供给侧结构性改革的重要抓手，以提升品牌核心竞争力为目标，夯实基础支撑，加强营销推广，提升服务能力，促进消费升级，为全面推进乡村振兴、加快农业农村现代化发展提供支撑。

（二）基本原则

坚持抓主抓重，提质提效。树立大食物观，落实“既要保数量，也要保多样、保质量”的要求，在保障粮食安全和重要农产品有效供给基础上，立足特色资源，瞄准市场需求，发展优势产业，提升产品质量，做强农业品牌，提升农业质量效益和竞争力。

坚持重点培育，引领发展。优先培育具有产业领先优势、市场空间大、文化底蕴深厚的农业品牌，建立健全品牌建设促进机制、标准规范和服务体系，加大正向激励，引领带动全国农业品牌创新发展。

坚持消费促进，创新推动。适应消费升级需求，把品牌打造作为畅循环、促消费、稳增长的重要举措，立足延链补链强链，推动营销与数字技术结合，创新营销模式，发展消费新业态，促进消费提质扩容。

坚持市场主导，政府引导。充分发挥市场在资源配置中的决定性作用，创新驱动，激发活力，增强动力，持续提升农业品牌竞争力。政府部门加强引导、规范、服务和保护，不断优化农业品牌发展环境。

（三）主要目标

通过实施农业品牌精品培育计划，农业品牌建设促进机制和支持体系更加健全，优秀品牌脱颖而出，品牌溢价效应明显，农业品牌竞争力影响力带动力显著提升。到 2025 年，聚焦粮油、果蔬、茶叶、畜牧、水产等品类，塑强一批品质过硬、特色鲜明、带动力强、知名度美誉度消费忠诚度高的农产品区域公用品牌，培育推介一批产品优、信誉好、产业带动作用明显、具有核心竞争力的企业品牌和优质特色农产品品牌，不断满足人民日益增长的美好生活需要。

二、夯实品牌培育基础

（四）持续提升供给质量

加快实施农业生产“三品一标”提升行动，以高质量供给筑牢品牌根基。结合粮食生产功能区、重要农产品生产保护区、特色农产品优势区和现代农业产业园等建设，打造精品区域公用品牌。加快绿色食品、有机农产品、地理标志农产品发展，推行农产品全程质量控制，推进食用农产品承诺达标合格证制度和标准化生产，打造绿色优质农产品品牌。支持脱贫地区实施特色种养业提升行动，打造知名特色农产品品牌。加快优良品种选育，推动品质分级评价，推进关键核心技术攻关，提升加工工艺和设备，加强冷链物流基础设施建设，全面提升品牌农产品品种创新能力、精深加工能力和流通供应能力。

（五）培育壮大品牌主体

采取政策引导、项目带动、环境优化等措施，支持新型农业经营主体创建产品和服务品牌，强化品牌意识，加强质量管理，推动技术创新应用，促进技术迭代和质量升级。引导品牌主体以消费者为中心，筑牢产业链、完善供应链、提升价值链、做强创新链，提升产品价值和服务效益。指导品牌主体提升品牌规划、运营服务、营销推广、监管保护等能力，打造具有自主知识产权和品牌效应的品牌。鼓励农垦系统培育壮大中国农垦品牌。

（六）加快品牌标准制定

加快农业品牌标准化建设，引领品牌主体运用先进理念和科学方法开展品牌创建。推动农业品牌国家标准和行业标准研究制定，建立完善农产品区域公用品牌建设评价标准和管理规范。鼓励制定农业品牌地方标准，服务区域产业发展。引导社会团体和行业组织制定相关团体标准。支持企业制定发布具有创新性、先进性和国际性的相关企业标准。做好标准宣贯和实施，提升农业品牌建设的标准化和国际化水平。

三、提升品牌营销能力

（七）推动营销业态创新

创新营销场景，鼓励设立品牌消费体验馆、新品发布中心、创意设计坊、电商直播基地、产地品牌创新工场等，打造沉浸式、体验式、互动式营销场景。加强数字化营销，用好网络购物节、平台促销活动、云展会等营销形式，实现消费者触达和销量双提升。引导品牌主体统筹布局线上线下渠道，根据产品品质和价格分等分级，有针对性地与供应链平台、新零售平台、电商平台、大型农批市场等开展合作，推动品牌农产品从“跑量销售”到“优质优价”。

（八）提高品牌推介能力

支持品牌主体参加国内外知名展会，组织开展线上线下品牌展示推介活动。依托中国农民丰收节、中国国际农产品交易会组织精品品牌发布和推广活动。鼓励依托采摘节、文化节等农业节庆活动推介农业品牌。加大品牌海外推广，在重要节点国家和地区开展巡展推介。加强与国际组织、驻华使领馆、国际研究机构、国际商协会等交流，积极对接 RCEP，推动农业品牌国际合作。

（九）增强品牌传播能力

加强与主流新闻媒体合作，策划品牌推广活动，组织开展专题报道，讲好农业品牌故事，提高农业品牌传播声量。鼓励网络新媒体开展农业品牌推广，采用图文、话题互动、视频、直播等形式多渠道、跨圈层传播。鼓励利用新型户外媒体开展品牌宣传。推动与海外媒体合作，建立品牌农产品传播矩阵，提升中国农业品牌国际影响力。借助中国品牌日，组织开展品牌宣传、品牌交流、品牌推广等活动。

（十）强化品牌文化赋能

推动农业品牌与文化融合，深度挖掘传统农耕文化精髓，推进农业非物质文化遗产、历史文化、红色文化、饮食文化、节庆文化、乡风民俗等元素融入农业品牌，提升农业品牌文化内涵。鼓励线上线下融合，建设品牌博物馆、品牌档案馆等，展示品牌历史和文化，宣传品牌价值。鼓励农业品牌与艺术创意结合，开展跨界融合，推动农产品包装、设计和营销升级。鼓励举办品牌文创活动，开发文创产品，活跃农业品牌创新创意氛围。

四、提高管理服务水平

（十一）健全支撑服务体系

建立健全品牌专家队伍，充分发挥科研院所、专业机构、行业协会、新闻媒体等作用，支持开展基础研究、营销推广、人才培养、监管服务等工作。开展农业品牌市场消费研究，建立科学规范、具有公信力的农业品牌跟踪评价机制。搭建农业品牌公共服务平台，做好信息服务、业务交流、品牌展示和消费索引，打造农业品牌综合服务窗口。

（十二）加大出口服务指导

持续跟踪全球农产品贸易发展和营销推广动向，研究和评估相关国家农业品牌政策设计和执行效果。指导品牌主体开展国际商标注册和产品认证。做好RCEP涉农政策对接，协助品牌主体用好用足成员国降税、区域原产地累积规则等政策红利。开展农业品牌海外消费调查，指导做好国别政策、国际贸易规则等解读，促进品牌农产品国际贸易。

（十三）推动数字化建设

引导品牌主体运用数字技术，优化管理服务，完善业务流程，推进品牌管理、市场监测、展销推广全流程数字化。做好与质量认定、安全追溯、诚信管理等平台对接，推动信息互联共享，掌握品牌发展动态，促进协同监管和信用约束，为品牌健康发展提供支撑。

五、营造品牌消费环境

（十四）提振品牌消费信心

做好品牌宣传推广，强化诚信意识，传递健康消费理念。发布品牌消费索引，激发消费意愿，培育消费热点，扩大品牌农产品消费。支持品牌主体围绕市场消费趋势提升品质、创新设计、改进服务、扩宽渠道，打造新产品，培育新卖点，激发消费潜力，满足和创造消费需求，提振消费信心。

（十五）鼓励扩大品牌消费

加快线上线下消费有机结合，支持打造精品品牌市场专区、商超专柜、电商专馆、自媒体直播间等，促进产品消费。办好中国农民丰收节金秋消费季、品牌热销等活动，促进品牌农产品消费。鼓励各地因地制宜举办嘉年华、美食荟、小吃节、品鉴会等形式多样的农产品消费促进活动。抓住传统节日、节庆假日和网络消费热点时机，策划品牌消费活动，创新消费场景，以节促品，以节兴市。

（十六）加大品牌消费联动

发挥大中城市辐射带动作用，鼓励开展跨区域、跨行业、跨部门合作，推出灵活通用的优惠政策，引导周边产供销企业深化合作，推进品牌农产品优进优供，热卖热销。推动城乡联动，促进农旅融合，鼓励依托特色资源和乡土文化，打造特色乡村品牌，推广优质特色产品。

六、保障措施

（十七）强化组织领导

各级农业农村部门要把农业品牌精品培育作为全面推进乡村振兴、加快农业农村现代化的重要措施，贯彻落实农业生产“三品一标”提升行动的重要抓手，加强统筹协调，完善工作机制，细化政策措施，加大扶持力度，引领带动农业品牌创新发展。抓好精品品牌培育工作，规范推选程序，提升服务能力。

（十八）强化政策支持

培优精品品牌，加大支持和服务力度，项目资金可结合实际向品牌主体倾斜。鼓励各地建立品牌激励机制，对品牌建设成果突出的组织和单位实施激励。创新金融产品，提升金融服务，引导金融机构优化信贷条件，扩大信贷规模，探索创设“品牌贷”等金融产品，支持农业品牌精品培育。

（十九）加大项目带动

围绕特色农产品优势区、国家现代农业产业园、优势特色产业集群等建设，培育壮大主导产业，打造精品区域公用品牌，带动企业品牌和产品品牌协同发展。农业生产“三品一标”重点县、现代农业全产业链标准化试点基地、农业国际贸易高质量发展基地、农产品冷链集配中心等要把品牌打造作为重点内容，积极扶持引导。

（二十）加强品牌保护

建立完善农业品牌保护协作机制，加强跨部门跨区域执法合作，严厉打击冒牌套牌等侵权假冒和不正当竞争行为。积极发挥行业协会作用，强化行业自律，推动行业诚信体系建设。加强区域公用品牌授权、管理和监督机制建设，推动区域公用品牌规范有序发展。

（二十一）做好总结宣传

及时总结典型经验和做法，研究精品品牌成长案例，组织开展互动交流，不断完善培育机制。加大典型宣传，综合运用广播电视、报纸、杂志、网络、新媒体等平台，持续宣传报道，为农业品牌精品培育营造积极氛围。

现代农业产业技术体系建设专项管理办法

（农业农村部 财政部　2022年7月29日）

第一章　总　　则

第一条　为贯彻落实党中央、国务院加快科技创新、实现高水平科技自立自强战略要求，规范国家现代农业产业技术体系（以下简称“体系”）的建设、运行和管理，根据中央财政科技经费相关管理规定，结合体系工作实际，制定本办法。

第二条　本办法所称现代农业产业技术体系，是由农业农村部、财政部共同建设，是国家农业产业科技战略力量。体系聚焦农业农村现代化发展要求，以农产品为单元，以产业为主线，按照全产业链配置科技力量，建立新型农业科研组织模式，及时发现和解决生产中的技术难题，促进农业产业现代化。

第三条　体系建设专项资金（以下简称“专项资金”）主要由中央财政负担，鼓励地方、企业投入资金。中央财政拨款应当单独核算，专款专用。

第二章　组织架构

第四条　根据国家战略需求，布局建设若干重要农产品体系。每个体系由产业技术研发中心和若干综合试验站构成。产业技术研发中心下设若干功能研究室。

第五条　产业技术研发中心设1个首席科学家岗位。每个功能研究室设若干岗位科学家岗位，并从中遴选1名研究室主任。每个综合试验站设1个站长岗位。首席科学家、岗位科学家、综合试验站站长统称为体系专家。

第六条　首席科学家、功能研究室主任和综合试验站站长所在单位分别为产业技术研发中心、功能研究室和综合试验站建设依托单位（以下简称“依托单位”）。

第三章　岗位职责

第七条　首席科学家主要职责是全面负责本体系任务的组织实施、运行指导和监督工作，研判国内外产业发展趋势，提出本体系阶段性、区域性、长期性科技需求，凝练科技研发任务和产业优化布局建议，为产业发展提供决策咨询。负责组织宣传并扩大体系影响力，营造全社会支持体系工作的氛围。副首席科学家从优秀青年岗位科学家中遴选产生，一般不超过2名，协助首席科学家工作。

第八条　功能研究室主任主要职责是根据体系任务要求，研判本领域方向国内外技术发展趋势，提出体系重大任务建议，明确本研究室责任分工，制定落实方案，组织本研究室岗位科学家开展技术攻关、政策咨询和应急服务等工作。

第九条　岗位科学家主要职责是根据体系任务要求以及岗位职责，提出具有基础性和前瞻性的科学技术问题和研究思路，带领团队成员开展本产业关键技术攻关、产业技术培训和指导服务，帮助指导综合试验站开展新技术新品种的试验示范，收集、监测和分析产业发展信息，开展产业政策研究咨询与服务，加强与体系内外的交流合作。

第十条　综合试验站站长主要职责是根据体系任务要求，针对所在产区存在的主要产业科技问题，带领团队成员在有关岗位科学家指导下开展技术综合集成与试验示范，培训技术推广人员和农业生产经营主体，调查、收集并及时提交生产实际问题与技术需求信息报告，监测分析作物病虫害、动物疫情、灾情等变化，开展技术指导交流和应急服务等工作。

第十一条　依托单位要严格履行法人主体责任，负责体系专家的工资福利、党政关系、人事管理和后勤保障，为体系专家工作提供必要的研究场所和辅助人员，及时报告体系专家工作单位调动、出国、违纪违法等重大事项。将体系工作纳入国家级科研项目和任务进行日常监督和绩效管理，加强专项资金内控制度建设。

第四章　组织管理

第十二条　农业农村部会同财政部确定体系总体

布局，各体系首席科学家、岗位科学家以及综合试验站的数量等重大事项。财政部会同农业农村部确定体系定额标准、年度资金规模等资金分配工作，组织指导农业农村部和依托单位做好全过程预算绩效管理。农业农村部负责体系组织管理工作，主要包括拟定体系总体布局、发展方向、重点任务，研究制定体系相关管理制度，组建监督评估委员会及各体系执行专家组，遴选、聘任、调整体系专家，组织签订各体系任务合同并开展考评等，组织实施专项资金全过程预算绩效管理。委托农业农村部科技发展中心承担具体管理工作。

第十三条 农业农村部成立体系监督评估委员会，每五年为一个聘期，由农业农村部技术推广机构、地方农业农村行政主管部门、龙头企业代表和相关业务、财务专家组成。主要职责是对体系任务完成情况及成效进行监督与评估。

第十四条 各体系应成立执行专家组，组长由首席科学家担任，成员包括功能研究室主任、岗位科学家代表和综合试验站站长代表，人数不超过15人，且为奇数。主要职责是研究提出本体系需要协同完成的重点任务规划和年度计划并组织实施，指导、协调、考评和监督各功能研究室和综合试验站的业务活动，对体系岗站设置和人员调整等提出意见建议。

第十五条 省级农业农村行政主管部门、依托单位及其上级行政主管部门（上级主管单位）是体系的支持保障监督部门，负责相关配套政策的制订和落实，对所属单位或所在区域有关的体系工作进行指导监督。

第十六条 加强国家体系与地方体系或创新团队的衔接互动，鼓励各省（自治区、直辖市）农业农村行政主管部门根据自身需要，参照国家体系建设方式，特别是国家体系未覆盖的本地大宗特色农产品品种，建设地方体系或创新团队。

第十七条 国家体系首席科学家不能兼任地方体系或创新团队岗位。确有需要的，国家体系岗位科学家和综合试验站站长可兼任地方体系或创新团队岗位。

第十八条 组建若干共性技术创新团队，强化体系间协同创新。共性技术创新团队设1名首席科学家，从体系专家中遴选产生。共性技术创新团队是体系的重要组成部分，其重点任务设置、年度考评及综合绩效评价，由农业农村部视情况确定。

第十九条 农业农村部建立体系联络员制度。联络员的主要职责是跟踪了解体系运行管理情况，可参与体系调研、年度总结、人员考评、指导服务及监督评估委员会、执行专家组等活动，收集并反馈对体系建设的意见建议。

第五章 任务管理

第二十条 体系任务设置每五年为一个实施周期，与国民经济和社会发展五年规划同步实施。

第二十一条 体系任务主要包括：

（一）系统梳理产业发展现状和技术需求，凝练重大攻关目标。

（二）开展全产业链关键技术研发、集成与示范。

（三）开展产业基础信息收集整理与动态分析。

（四）开展产业发展预测、政策研究与决策咨询。

（五）为产业应急、突发性事件处置提供技术支撑。

（六）为技术用户提供技术培训和指导服务。

（七）上级部门安排的其他重要任务。

第二十二条 各体系应编制五年规划及年度计划。每五年周期开始的前一年，首席科学家应当组织本体系专家围绕国家战略需求和产业发展目标，广泛征集政府部门、推广机构、行业协会、企业、农业生产经营主体等技术用户提出的技术需求，经执行专家组梳理凝练、组织论证，提出本体系未来五年需要协同完成的重点任务规划与分年度计划，报农业农村部审定。

第二十三条 农业农村部根据体系任务规划，与产业技术研发中心依托单位和首席科学家签订五年任务书和分年度任务书。首席科学家对每项任务进行分解，明确牵头人和技术负责人，确定各岗位科学家和综合试验站站长分工责任，并分别与功能研究室主任、岗位科学家、综合试验站站长签订任务书。

第二十四条 农业农村部对体系任务完成情况开展考评，包括年度考评、监督巡查和综合绩效评价。

（一）年度考评。农业农村部组织对首席科学家年度履职情况进行考评，并出具优秀、合格、不合格等考评意见，考评结果由农业农村部向其依托单位进行通报。执行专家组组织本体系专家对功能研究室主任、岗位科学家和综合试验站站长进行年度考评，原则上每年1月底前完成上一年度考评工作。聘期考评在每五年实施周期最后一年的6月份进行，聘期考评当年不再进行年度考评。在完成后的15日内将考评结果报农业农村部备案，由产业技术研发中心向体系专家依托单位通报考评结果。

（二）监督检查。农业农村部聘请项目管理、专业技术和财务审计专家等组建监督检查组，主要对需要协同完成的体系重点任务、产业贡献、规范管理、经费使用等方面开展不定期监督检查，并出具监督检查意见，向体系通报并督促整改。原则上，每五年至少对各体系检查1次。

（三）综合绩效评价。在实施周期最后一年，农业农村部会同财政部委托第三方机构进行综合绩效评价。第三方机构按照综合绩效评价的程序和评定要求组织实施。评价结果作为下一个实施周期体系优化布局的重要依据。

第六章 人员管理

第二十五条 体系按需设岗，按岗聘人，实行动态管理，总体相对稳定。体系专家从全国优秀科技人员中遴选产生。

第二十六条 首席科学家、功能研究室主任、岗位科学家、综合试验站站长实行聘任制，每五年为一个聘期。

第二十七条 根据岗位需要发布岗位申报通知，明确聘任条件和资格，申请人存在以下情况不得申报：

（一）已超国家法定退休年龄或无法完成一个聘期的。

（二）有违纪违法或违反科研诚信等不良记录的。

（三）其他不符合申请条件的。

第二十八条 体系专家聘任程序：

（一）首席科学家和岗位科学家原则上面向社会公开发布招聘信息，经专家评审并公示后确定聘任人选。综合试验站站长由体系执行专家组在综合试验站所在区域内推荐依托单位和站长人选，征得所在省农业农村主管部门同意后确定。原则上每年3—4月集中开展下一年度体系专家调整。

（二）满足以下条件之一的岗位科学家、综合试验站站长，可由符合聘任条件和资格的团队成员接任。（1）在法定退休年龄2年之前且上一聘期综合考评排名前30%的。（2）近3年内年度考评有2次排名前30%的。（3）近5年内年度考评有3次排名前30%的。

（三）每个聘期的最后一年，根据年度考评、监督巡查以及综合绩效评估结果，对符合聘任条件的体系专家予以续聘。

第二十九条 出现下列情况之一的体系专家，应予解聘。

（一）达到法定退休年龄的。

（二）个人主动退出或工作单位调动的。

（三）考评不合格的。

（四）年度考评近3年内连续2次或聘期内累计3次排名后10%的。

（五）出现违纪违法或违反科研诚信的。

（六）因体系调整不再设立岗站的。

（七）其他应予解聘的。

第三十条 因故解聘而出现空缺的岗位，按照新聘程序重新遴选。依托单位应当组织对被解聘专家的工作和经费等开展总结和财务审计。

第三十一条 首席科学家出现岗位空缺的，可由农业农村部指定1名副首席科学家代理岗位职责，直至遴选出新的人选。岗位科学家和综合试验站站长出现岗位空缺的，由执行专家组指定1名团队成员代理岗位职责，报农业农村部备案，直至遴选出新的人选。

第三十二条 农业农村部建立优秀体系专家通报表扬制度。原则上考评优秀的体系专家数量不超过本体系专家总人数的30%。凡年度考评优秀的，农业农村部在全体系内通报表扬。

第七章 日常管理

第三十三条 委托农业农村部科技发展中心承担现代农业产业技术体系日常管理，负责网络管理平台的运行和维护。首席科学家在管理平台上建立网上办公室，对体系任务、研究进展、经费支出等进行工作管理及业务交流。岗位科学家和综合试验站站长建立网上个人办公室，填写并及时更新个人基本情况、工作日志、月度经费支出、年度总结、财务决算报告等内容，开展业务交流。

第三十四条 请假管理。首席科学家出国（境）须提前30日向农业农村部报备。岗位科学家和综合试验站站长出国（境）须提前30日向首席科学家请假。聘期内单次出国（境）不得超过六个月。

第三十五条 因机构合并、分立、更名等原因确需变更单位名称的，由农业农村部审核后变更。

第三十六条 依托单位须在30日内对体系专家出现工作单位调动、出国（境）超过六个月、违纪违法、违反科研诚信、因身体原因无法承担体系工作等重大事项，向产业技术研发中心提交书面情况报告。逾期未报且对体系工作造成严重影响的，取消依托单位推荐资格。

第三十七条 体系根据任务需要组织召开会议，坚持厉行节约，按照有关会议标准规定执行。每个体系原则上每年召开全国性会议不超过1次，全体系会议不超过2次。除会议场馆设备租用费用由会议代表分摊外，不得收取任何额外费用。首席科学家及其他人员不得以体系名义擅自调用体系专家参加体系任务外的各类活动。

第三十八条 体系在执行任务过程中，须按照国家科技保密有关法律法规进行管理。

第三十九条 在专项资金支持下形成的科技成果权属，由执行专家组根据体系任务合同排名和实际贡献确定。使用专项资金开展工作形成的成果、论文、专著以及媒体宣传材料等，须标注"现代农业产业技术体系建设专项资助"或体现体系专家身份。

第四十条 产业技术研发中心应及时将实施体系任务、开展体系工作形成的相关文字资料和图像资料等进行整理归档。产业技术研发中心依托单位变更时，需移交档案。体系专家的技术资料均需由依托单位归档，农业农村部保留调用权利。

第八章 资金管理

第四十一条 专项资金实行定额管理，主要用于产业技术研发中心、功能研究室、综合试验站与体系建设直接相关的研究开发和试验示范等费用。

第四十二条 专项资金纳入农业农村部部门预算管理。预算批复后应严格按照预算执行，一般不予调剂。如因建设任务调整、人员或依托单位变更等因素确需调剂的，应由体系专家所在单位向农业农村部提出申请，农业农村部按照部门预算管理有关程序报财政部审批。

第四十三条 农业农村部按照农业产业发展的内在规律，合理分配专项资金在产业发展各环节、各产业和各区域的投入，与国家科技计划（专项）资金、地方政府资金和农业技术推广、农民教育培训等财政转移支付资金等有机衔接，避免重复交叉。

第四十四条 专项资金可以用于设备费、业务费、劳务费、管理费。

（一）设备费。是指在研究开发和试验示范过程中，购置或试制专用仪器设备、购置计算类仪器设备和软件工具、对现有仪器设备进行升级改造，以及租赁外单位仪器设备或购买专用软件授权而发生的费用。

（二）业务费。是指在研究开发和试验示范过程中，消耗的材料、辅助材料等低值易耗品的采购、运输、装卸、整理等费用，发生的测试化验加工、燃料动力、会议/差旅费、出版/文献/信息传播/知识产权事务等费用，以及其他相关支出。

（三）劳务费。是指在研究开发和试验示范过程中，支付给参与体系任务的研究生、博士后、访问学者和科研辅助人员等劳务性费用，其开支标准参照当地科学研究和技术服务业从业人员平均工资水平，根据其在体系研发中承担的工作任务确定，其由单位缴纳的社会保险补助、住房公积金等可纳入劳务费科目支出。

（四）管理费。是指在研究开发和试验示范过程中，对使用依托单位现有仪器设备及房屋、试验田，日常水、电、气、暖消耗，以及其他有关管理费用的补助支出。管理费比例不超过扣除设备费后的8%，由依托单位管理和使用。设备费预算调剂的，由体系专家提出申请，依托单位统筹考虑现有设备配置情况和科研项目实际需求，及时办理审批手续。除设备费以外的其他费用调剂，由体系专家根据科研活动实际需要自主安排。

第四十五条 依托单位应严格按照本办法的规定，制定专项资金内部资金管理办法，对专项资金单独设账，单独核算，专款专用，并协助首席科学家汇总分析专项资金安排与使用情况，以及相关科技基础条件变化等情况。专项资金的支付按照财政资金支付管理的有关规定执行，资金使用中涉及政府采购的，按照政府采购有关规定执行。依托单位应编制年度决算报告，通过体系管理平台报农业农村部科技发展中心备案。

第四十六条 专项资金形成的资产由依托单位按照国有资产有关规定管理，优先保证体系的建设和运行。专项资金形成的大型科学仪器设备、科学数据、自然科技资源等，按照国家有关规定开放共享。

第四十七条 专项资金全部纳入预算绩效管理，从成本、产出、效益、满意度等方面，综合衡量项目资金使用效果。专项资金的绩效指标设置应指向明确、突出重点、细化、量化、可考核。农业农村部组织对绩效目标实现程度和预算执行进度实行"双监控"，及时纠正发现的问题。专项资金采取依托单位自评和外部评价相结合的绩效评价方式，必要时可以引入第三方机构参与绩效评价，重点评价体系与产业的关联度、体系科学研究的创新度、体系对产业发展的贡献度等。农业农村部根据绩效运行监控和绩效评价结果，相应调整或取消对体系专家的资金支持。

第四十八条 在完成体系任务目标并评价合格后，结余资金可由体系专家统筹用于与体系任务相关的科研活动直接支出。

第九章 附 则

第四十九条 "现代农业产业技术体系"英文名称为"China Agriculture Research System"，缩写为CARS。各体系的名称为"国家＊＊产业技术体系"，英文名称为“CARS—产业英文名称”。成果标注英文为“Supported by the earmarked fund for CARS”，并注明体系编号。

第五十条 地方体系或创新团队的管理可参照本办法。

第五十一条 本办法由农业农村部、财政部负责解释。

第五十二条 本办法自印发之日起生效。2007年12月20日财政部、原农业部印发的《现代农业产业技术体系建设专项资金管理试行办法》（财教〔2007〕410号）同时废止。其他规定如与本办法不一致，以本办法为准。

关于进一步健全完善帮扶项目联农带农机制的指导意见

（国家乡村振兴局 2022年9月20日）

各省、自治区、直辖市和新疆生产建设兵团乡村振兴局，有关省、直辖市协作办（对口办）：

脱贫攻坚期间，各地建立产业扶贫带贫减贫机制，带动农户参与产业发展，不断增加贫困人口收入，为助力打赢脱贫攻坚战发挥了重要作用。脱贫攻坚战取得全面胜利后，各地认真落实“四个不摘”要求，继续加大产业帮扶力度，持续完善帮扶项目联农带农机制，不断巩固拓展帮扶成效。但在实际工作中，有的地方还存在帮扶项目联农带农机制不健全、带动责任落实不到位、带动方式比较单一、带动效果不够明显等问题，影响帮扶项目资金效益发挥和农户持续稳定增收。为进一步健全完善联农带农机制，有效发挥帮扶项目资金对农户特别是脱贫人口、防止返贫监测帮扶对象（以下简称“监测对象”）的带动作用，使其更多分享产业增值收益，不断增强自我发展能力，持续稳定增加收入，更好巩固拓展脱贫攻坚成果、全面推进乡村振兴，现就过渡期内进一步健全完善帮扶项目联农带农机制，提出如下指导意见。

一、总体要求

以习近平新时代中国特色社会主义思想为指导，全面落实党中央、国务院关于巩固拓展脱贫攻坚成果同乡村振兴有效衔接决策部署，切实提高帮扶项目资金使用效果，健全完善帮扶项目联农带农机制，带动农户参与产业发展，持续增加收入。坚持获得支持与落实联农带农责任相结合，使用相关帮扶资金的经营性帮扶项目，原则上都要建立联农带农机制，做到应带尽带。坚持强化带动效益与提升带动能力相结合，科学合理确定带动方式和受益程度，健全完善“带得准”“带得稳”“带得久”的长效机制，既带动农户实现增收，又促进帮扶项目持续发展，为巩固拓展脱贫攻坚成果、全面推进乡村振兴提供有力支持。

二、确定联农带农对象

建立联农带农机制的帮扶项目，重点对脱贫人口和监测对象进行带动帮扶，在此基础上，有序带动其他农户发展。注重发挥农户主体作用，强化依靠辛勤劳动稳定脱贫、增收致富的工作导向，不断激发群众内生动力，提高自我发展能力。

三、落实联农带农责任

纳入扶贫项目资产管理的经营性项目资产，原则上都要建立联农带农机制，资产经营主体要落实联农带农责任。过渡期内，使用各级财政衔接推进乡村振兴补助资金、脱贫县统筹整合使用财政涉农资金、东西部协作资金、中央单位定点帮扶无偿援助资金、社会捐赠资金（上述资金以下统称为“帮扶资金”）扶持的经营性项目，原则上都要建立联农带农机制，项目经营主体要落实联农带农责任。其他资金支持的经营性帮扶项目，具备条件的鼓励建立联农带农机制，采取多种方式带动农户受益。

四、增强联农带农能力

（一）培育壮大农业经营主体

培育发展龙头企业、农民专业合作社、家庭农场、专业大户等农业经营主体，不断提升农业经营主体发展水平和带动能力。鼓励农业经营主体在具备条件的村建设生产基地，加强田头市场、产地储藏、保鲜烘干、食品加工、物流配送等产业设施建设，将适合就地承接的采购订单和劳务等提供给农民专业合作社、村集体经济组织或农户。

（二）加强产业园区建设

支持各地围绕培育壮大特色优势产业，推动产业园区建设，促进特色产业发展。充分发挥东西部协作、省内区域协作、定点帮扶、“万企兴万村”行动等社会帮扶机制作用，加强脱贫地区与经济发达地区的经济交流合作，共建产业园区，加大企业引进力度，推动产业梯度转移。重点发展劳动密集型产业，提升县域就业容量。着力优化营商环境，细化落实支持措施，支持入园企业发展。

（三）增强村集体经济组织发展活力

发挥基层党组织战斗堡垒作用，采取多种措施增强村集体经济组织发展活力，深入推进农村产权制度改革，加强农村集体资产管理和运营，整合盘活农村各项资源要素，培育壮大村集体经济，夯实农户稳定收益的基础。过渡期内经营性帮扶项目资产权属和收益尽量下沉到村到户，确权到村集体的经营性资产收益权量化到成员，在充分尊重成员意见的基础上可将集体收益优先用于脱贫人口和监测对象。帮扶项目产生的村集体经济收益重点用于产业基础设施、乡村公益性岗位、项目运营维护、村级公益事业等。杜绝简单发钱发物，防止“一股了之”“一发了之”和“泛福利化”。

（四）支持就业帮扶车间升级发展

进一步支持就业帮扶车间升级发展，持续巩固帮扶成效，引导就业帮扶车间吸纳更多农村劳动力就地就近稳定就业。对具有较好市场前景的帮扶车间，积极支持其发展壮大，推动帮扶车间发展成为稳定吸纳就业的产业。对闲置的就业帮扶车间积极盘活，调整优化，提升经营带动能力。

五、规范联农带农方式

（一）带动农户发展生产

积极推行经营主体直接带动农户发展生产的利益联结模式，引导支持经营主体与农户通过订单生产、托养托管、产品代销、保护价收购等多种方式，建立利益联结机制，形成经营主体与农户在产业链上优势互补、分工合作的格局，把有发展意愿和能力的农户纳入产业发展之中，增加农户经营性收入。

（二）吸纳农村劳动力稳定就业

积极推动经营主体通过吸纳就业等方式，建立与农村劳动力的利益联结。支持经营主体拓宽用工渠道，扩大用工数量，规范用工方式，积极吸纳农村劳动力就业，稳定增加农村劳动力工资性收入。对劳动能力较弱的农村劳动力，支持通过设立乡村公益性岗位等方式，帮助其实现就业增收。

（三）促进农户共享资产收益

使用帮扶资金的经营性项目，应明确所形成帮扶项目资产的产权归属和收益分配方式，并通过方案、协议等形式予以明确，确保发挥联农带农作用。引导支持农户以资金、土地、房屋、自有设备等资产入股经营主体，以“保底收益＋按股分红”等方式获得收益；鼓励农户通过土地流转、房屋租赁等方式获得租金收益，增加农户财产性收益。

六、加强组织领导

（一）加强统筹协调

各级乡村振兴（东西部协作）等部门要进一步提高思想认识，把健全完善帮扶项目联农带农机制作为加强帮扶资金使用管理和促进农户增加收入的重要举措，切实强化组织领导，进行专题安排部署，加强调度推进，多措并举抓好工作落实，督促经营主体认真落实联农带农责任。各地结合实际，根据帮扶项目类型和帮扶资金投入规模，确定具体的联农带农方式、标准和预期成效，确保带动效果。

（二）强化监督管理

各级乡村振兴（东西部协作）部门要会同相关行业部门，按照“谁审批谁负责、谁使用谁负责”的原则，加大对帮扶项目联农带农机制落实情况的监督。使用帮扶资金的经营性项目，在纳入巩固拓展脱贫攻坚成果和乡村振兴项目库时，要审核联农带农机制和预期成效，没有建立联农带农机制和明确成效的，不得纳入项目库；未建立联农带农机制的经营性帮扶项目，不得审批实施。对已经实施的帮扶项目要加强监督检查，科学评估联农带农方式和效果，及时发现解决存在的问题，对不履行带动责任或者带动效果差、资产闲置、经营亏损的帮扶项目，要妥善整改；对挂名帮扶却未产生带动效果的项目，要及时处置，坚决制止打着帮扶旗号从事与帮扶无关的活动。将健全完善联农带农机制情况纳入巩固拓展脱贫攻坚成果同乡村振兴有效衔接考核评估内容，强化考核指挥棒作用，推动工作落地落实。

（三）注重宣传引导

各级乡村振兴（东西部协作）部门要会同相关部门加强联农带农政策宣传解读，提高政策知晓率。总结推广工作中的好经验、好做法，积极选树联农带农机制完善、带动效果明显、可学可用的先进典型，充分运用报刊、电视、广播、网络等媒体资源进行宣传，发挥示范带动作用。

各级乡村振兴（东西部协作）部门要结合本地实际，制定健全完善帮扶项目联农带农机制的具体实施细则，细化要求，明确责任，抓好落实。

优质农产品生产基地建设行动实施方案

（农业农村部 农质发〔2022〕8号 2022年9月27日）

增加绿色优质农产品供给是农业高质量发展的主攻方向，是城乡居民消费升级的必然要求。为深入贯彻中央一号文件精神，落实部党组统筹推动农业生产和农产品两个“三品一标”的部署要求，实施优质农产品生产基地建设行动，制定本方案。

一、总体思路

以习近平新时代中国特色社会主义思想为指导，深入贯彻“四个最严”“产出来”“管出来”“既要保数量，也要保多样、保质量”要求，按照保供固安全、振兴畅循环的工作定位，以提升绿色优质农产品占比为目标，坚持绿色导向和标准引领，以绿色、有机、地理标志、全程质量控制农产品为重点，聚力优化生产布局、培育生产主体、严格认证管理、提升设施水平，扶持发展一批优质农产品生产基地和重点市、县，做优做强生产供给体系，为增加绿色优质农产品供给、推进农业高质量发展提供有力支撑。

二、工作原则

——标准引领，质量第一。健全优质农产品生产相关产地环境、投入品使用、过程控制、质量分级、基地建设等标准，推进现代农业全产业链标准化。强化全链条监管，严守安全“底线”，提升品质“高线”。

——优化供给，分类推进。对标城乡居民对高品质农产品需求，立足各地市场定位和资源禀赋，优化布局，突出优势，强化特色，分类推进优质农产品生产基地建设，着力提升绿色优质农产品供给能力。

——生态优先，绿色发展。严把优质农产品生产的源头关。净化产地环境，推行绿色生产方式，促进投入品减量化、生产清洁化、废弃物资源化和产业模式生态化，将生态优势转化为高质量发展的产业优势。

——政府引导，市场主导。充分发挥政府在产业规划、政策支持、资金投入、监督管理等方面的引导作用，强化部地协同和示范带动。建立健全以市场为导向的优质优价机制，增强农民、企业和社会力量参与基地建设的积极性。

三、工作目标

在全国范围引导建设50个优质农产品生产重点市、500个优质农产品生产重点县、5 000个优质农产品生产基地，形成以基地为核心的优质农产品生产供给体系。到“十四五”末，绿色有机地理标志农产品总数达到7万个，绿色优质农产品产量占全部农产品的比重提升到20%。

四、实施重点

（一）强化优质农产品生产基地布局和建设

聚焦稳产保供和消费升级，推动各地以绿色有机地理标志农产品为重点，布局建设一批产地清洁、生产绿色、全程贯标、品质优良的优质农产品生产基地。重点打造4类基地：突出精品定位，打造绿色食品生产和原料基地；突出生态环保，打造有机农产品基地；突出特征品质，打造地理标志农产品核心基地；突出全程控制，打造绿色优质农产品生产基地。支持在优势区域，主要依托国家农产品质量安全县、绿色食品原料标准化生产基地等平台，打造优质农产品生产重点市、县。

（二）建立健全绿色优质农产品标准体系

围绕主导品种，按照“有标贯标、缺标补标、低标提标”的原则，加快产地环境、品种种质、生产技术、投入品管控、加工储运、包装标识、分等分级、品牌营销等方面标准的修订，建立健全现代农业全产业链标准体系。构建农产品品质核心指标体系，制定质量分级标准，开展优质农产品品质评价。分类制定优质农产品生产基地建设标准，推动基地按标建设。

（三）集成推广可持续的绿色生产模式

加强产地环境保护，严防工业“三废”、不符合标准的畜禽粪污和投入品废弃物等污染基地环境。加强产学研合作，推行种养结合、农牧循环等绿色模式，支持应用绿色生资，推广减肥减药、有机肥替代化肥、畜禽粪污资源化利用等绿色生产技术。依托优质农产品科技成果转化试验站，开展定位监测及绿色发展效益评估。持续推动青海绿色有机农畜产品输出地和江西绿色有机农产品基地试点省建设，打造整省域推动绿色优质农产品发展模式。

（四）严格实施按标生产和生产档案制度

推动生产操作规程“进企入户”，制定与生产模式相配套的标准综合体和生产操作规程，编制简明易懂的生产模式图、操作明白纸和风险管控手册，推动标准落地。鼓励生产基地设立标牌，标明基地的种养品种、范围规模、技术措施、责任主体等内容。指导基地建立农事操作和生产资料档案，严格落实生产记录、种植养殖用药记录等制度，加强生产过程统一管理。

（五）强化全链条质量安全监管

强化生产者主体责任，建立基地内检员队伍，落实自控自检要求，规范开具承诺达标合格证。建立健全信用档案，推动质量安全情况公示公开。加强质量追溯管理，推动建立信息化质量控制体系，探索智慧监管模式。加强基地的日常巡查和监督抽查。严格认证管理，加强绿色有机地理标志农产品的风险监测和证后监管。加强经销商、消费者的质量安全社会化监督。

（六）提升基地辐射示范带动能力

引导龙头企业、家庭农场、农民合作社等农业经营主体参与基地建设，培育壮大生产主体。支持依托基地，打造绿色有机地理标志农产品精品品牌，建立优质优价机制。支持基地开展专业化全程化生产技术服务，鼓励发展“公司＋基地＋农户”、订单农业等模式，通过统一品种、统一技术、统一管理，促进产业与标准、技术、品牌、服务深度融合，带动区域产业升级和农民增收。

五、实施方式

建立优质农产品生产基地和重点市、县目录制度，经按标建设、省级验收、部级复核后纳入目录管理。通过强化政策驱动、政府推动、市场拉动、示范带动等手段推动建设。

（一）制定方案

农业农村部农产品质量安全监管司牵头组织制定基地建设行动实施方案，发布优质农产品生产基地和重点市、县目录。省级农业农村部门制定本区域基地建设方案，报农产品质量安全监管司备案。

（二）按标建设

农业农村部农产品质量安全监管司会同中国绿色食品发展中心、农业农村部农产品质量安全中心等有关单位，分类制定相关基地建设标准及重点市、县标准。省级农业农村部门按照基地建设标准组织有关市县开展建设，并做好验收。

（三）复核公布

农业农村部农产品质量安全监管司会同相关单位，对各省份验收合格的生产基地和重点市、县进行复核，复核通过的纳入目录管理，按程序向社会公布。

（四）动态管理

省级农业农村部门开展本区域优质农产品生产基地和重点市、县的监督指导、日常管理。农业农村部农产品质量安全监管司会同有关单位不定期组织督促指导，对于发生重大农产品质量安全事件、不符合相关要求或存在违规违法行为的，从目录中删除。

六、保障措施

（一）加强组织领导

发挥农业农村部农产品“三品一标”领导小组作用，加强统筹协调，强化指导服务，推动措施落实。省级农业农村部门应成立相应的推进工作组和专家咨询组，细化实施方案，强化任务落实。基地所在地市县农业农村部门要整合有关资源，抓好具体实施。中国绿色食品发展中心、农业农村部农产品质量安全中心等单位要发挥体系作用，做好相关组织和技术指导。

（二）加强政策扶持

鼓励各地在国家现代农业产业园、农业现代化示范区、国家农业绿色发展先行区、特色农产品优势区、优势特色产业集群、国家数字农业创新应用基地建设工程、智慧农业技术创新工程等项目和农业品牌培育等工作中，统筹对基地建设给予支持。地理标志农产品保护工程向重点市、县和优质农产品生产基地倾斜。优先支持符合条件的基地产品申请绿色、有机等农产品认证。

（三）加强技术支撑

专家咨询组加强对优质农产品生产基地和重点市、县建设的技术指导。各省级农业农村部门加强技术指导和培训，各优质农产品生产基地和重点市、县要与有关科研院所建立合作机制，建立技术专家组，示范先进技术装备，推广绿色生产模式，提升产品质量品质。研究制定绿色优质农产品占比、农业标准化生产普及率等高质量发展指标，将基地作为重要测算依据。

（四）加强产销对接

持续加大基地产品的宣传推介、产销对接和市场培育。运用广播电视、报纸、网站、新媒体等各类媒体媒介，广泛宣传报道。利用中国国际农产品交易会等平台渠道，扩大展示推介。各地及时总结建设成果，宣传经验做法，为行动实施营造良好氛围。

农产品品质提升行动实施方案

（农业农村部　农质发〔2022〕8号　2022年9月27日）

农产品品质提升是推动农产品优质化、特色化、品牌化的关键举措，是推动农业高质量发展、满足城乡居民消费升级需求的重要抓手。为深入贯彻中央一号文件精神，落实部党组统筹推动农业生产和农产品两个“三品一标”部署要求，实施农产品品质提升行动，制定本方案。

一、总体思路

以习近平新时代中国特色社会主义思想为指导，按照保供固安全、振兴畅循环的工作定位，对标人民群众对高品质生活需求，以提升农产品品质和特色为目标，坚持标准引领和创新驱动，围绕优良品种、绿色技术、标准体系、品质评价、分等分级等关键环节，聚集资源要素，强化科技支撑，突出集成示范，实施效益评估，不断创新技术模式和发展机制，建立完善农产品品质保障体系，为增加绿色优质农产品有效供给、促进农业高质量发展提供有力支撑。

二、工作原则

——坚持标准引领。以安全、绿色、优质、营养为梯次，建立健全绿色优质农产品的质量标准体系，加快农产品品质指标及有关标准研制，推动绿色有机地理标志农产品实施现代农业全产业链标准化，打造高标准引领品质提升示范典型。

——坚持绿色导向。始终将绿色生态作为高品质农产品底色。践行绿色发展理念，创新绿色发展模式，推行绿色生产方式，实现投入品减量化、生产清洁化、废弃物资源化、产业模式生态化。

——坚持守正创新。坚持绿色有机地理标志农产品发展理念不动摇。在注重保护传统特色品种和耕作方式的基础上，集成创新先进绿色生产技术，推动农业生产专业化、标准化、集约化，使其焕发新生机。

——坚持系统提升。围绕全产业链条，以优良品种、产地环境、生产模式、品质评价、包装标识等为重点，全面提升农产品优质化、特色化水平。加强绿色、有机农产品认证管理，培育发展地理标志农产品，强化农产品质量监管。

三、工作目标

围绕农产品品质提升，推出“五个一百”建设，培优100个区域特色品种，集成推广100项绿色生产技术，构建100项农产品特征品质指标体系，制修订100项区域性生产操作规程和质量等级标准，布局建设100个优质农产品科技成果转化试验站。到“十四五”末，通过技术集成和模式创新，构建一套标准化引领品质提升的技术模式和推进机制，让品质提升可量化、可评估、可感知。

四、实施重点

（一）培优区域特色品种

以地理标志农产品保护工程为主要依托，坚持种质保护与品种培优相结合，挖掘传统品种优良基因，开展地区特色品种提纯复壮，加强适用于减肥减药、生态循环等绿色生产方式种质种苗的选育培育，培优推广一批区域优良品种。建设一批特色品种繁育基地，提升特色农产品苗种的供给能力。

（二）集成推广绿色生产技术

引导生产基地与大专院校、科研院所合作，强化多学科融合和产学研协同创新，集成研发推广一批产地清洁、品种培优、节水灌溉、减肥减药、废弃物循环利用、农产品收储运和加工等绿色生产技术模式。

支持绿色有机地理标志农产品生产基地全面推行种养结合、农牧循环等绿色清洁新模式。

（三）编制区域性生产操作规程

支持各地结合农业高质量发展需要，聚焦粮油、果蔬、畜禽、水产等主导产业，因地制宜制定区域性生产操作规程，组织编印科普手册、明白纸、操作卡、挂图和风险防控手册。推动操作规程“进企入户”，加强对企业、农民专业合作社、家庭农场和农户的标准化生产培训，提升按标生产意识和水平。

（四）构建特征品质指标体系

选取典型品种，突出特色风味、口感和营养品质，通过比对分析国内外相关产品指标参数和先进标准，结合现代检验检测手段，挖掘农产品特征品质指标，构建与国际接轨、符合高质量发展要求的农产品品质指标体系。组织开展绿色有机地理标志农产品特征品质评价和指标监测，建立地理标志农产品品质数据库。

（五）开展品质提升集成示范

聚焦地方主导产业和特色农产品，发挥科研院校、农技推广、企业的科技研发、生产实践、技术集成、示范推广的优势，以优质农产品基地为主要载体，围绕品质提升，加强优良品种、生产技术、操作规程、品质评价等集成示范。在重点地区，布局建设一批优质农产品科技成果转化试验站，加强技术性能评价和生态效益评估。

五、实施方式

围绕“五个一百”重点任务，采取“边试验、边集成、边示范、边推广”的模式，总结凝练农产品品质提升技术模式和推进机制，遴选发布和示范推广一批有影响力的技术成果和典型模式。

（一）制定方案

农业农村部农产品质量安全监管司会同有关司局总体协调，组织任务牵头单位制定有关工作方案和技术方案，适时启动部署。

（二）实施推进

任务牵头单位联合地方农业农村部门组织实施。培优区域特色品种，由中国绿色食品发展中心牵头协调，各有关市县依托地理标志农产品保护工程具体实施；构建特征品质指标体系，由农业农村部农产品质量标准研究中心、农业农村部食物与营养发展研究所牵头；制修订区域性操作规程和质量分级标准，由中国绿色食品发展中心、农业农村部农产品质量安全中心、农业农村部农产品质量标准研究中心、农业农村部食物与营养发展研究所牵头；集成推广绿色生产技术，由农业农村部农产品质量标准研究中心、农业农村部农产品质量安全中心、农业农村部规划设计研究院牵头；布局优质农产品科技成果转化试验站，由中国绿色食品发展中心牵头，农业农村部规划设计研究院等单位参与。

（三）评估发布

按照“省级推荐、专家评审、部级发布”原则，任务牵头单位和省级农业农村部门结合实际做好相关评估验证和成果推荐。农业农村部农产品质量安全监管司会同有关单位组织专家评审，并以适当形式发布有关成果。

（四）示范推广

任务牵头单位联合省级农业农村部门开展相关工作并加强推广运用，引导当地企业、基地和农户应用新品种、新技术，提升服务水平，并做好总结报送。

六、保障措施

（一）加强组织领导

发挥农业农村部农产品“三品一标”领导小组作用，加强统筹协调，构建上下联动、多方协同的工作格局。任务牵头单位要明确目标任务、具体措施、技术路线和进度安排，组织实施推进。省级农业农村部门应细化实施方案，强化任务落实。

（二）加强政策扶持

地方农业农村部门要依托地理标志农产品保护工程等有关项目资金，支持开展“五个一百”的研究、评审、推广和示范应用等工作。强化信息共享，支持引导金融机构创新金融产品，扩大信贷规模，支持农产品品质提升。

（三）加强应用推广

各地各级农业农村部门要组织有关技术单位、企业、农民专业合作社等参与试验研究和示范推广，加快推进新品种、新技术的推广运用。支持科研机构开展创新研究，加快选育突破性品种，创新绿色生产技术装备。

关于扩大当前农业农村基础设施建设投资的工作方案

（农业农村部 水利部 国家发展和改革委员会 财政部 自然资源部 商务部 中国人民银行 中国银行保险监督管理委员会　2022年9月30日）

加强农业农村基础设施建设，是扩大有效投资、稳住经济大盘的重点任务，有利于增强食物保供能力、带动基础产业发展、畅通城乡经济循环，具有长远的重要性和现实的紧迫性。为加快推进当前农业农村基础设施建设，特制定以下工作方案。

一、总体要求

坚持以习近平新时代中国特色社会主义思想为指导，完整、准确、全面贯彻新发展理念，加快构建新发展格局，推动高质量发展，紧紧围绕扩大有效投资、提升农业综合生产能力，以重大项目设计为支撑，用好投融资政策工具，完善市场化运作机制，加快农业农村基础设施建设进度，尽快形成实物工作量，为保供防通胀、稳住经济大盘奠定坚实基础。在工作推进中，一要体现快速，抓住秋冬农闲有利时机，已开工的项目加快进度，已批复的项目抓紧开工，已下达的投资计划抓紧落实到位，集中时间、聚集资源、聚合力量，加快建设，确保年内见效；二要突出重点，聚焦灌区等水利设施补短板和改造升级、受灾地区农业设施修复，以及事关食物产能巩固提升和农业提质增效的项目，在完成既有建设任务的基础上，适当增加建设量，促进生产发展，改善农村民生；三要创新机制，以省为单位，允许跨市、跨县打捆打包推进，坚持多元化主体共同参与建设，创新农业农村基础设施投融资机制，在不新增地方政府隐性债务的前提下，推动政府投资和金融社会资本联动投入、助农兴村；四要注重实效，加强组织实施，务求选准项目，建立项目台账，确保尽快建成并发挥效益，形成投资拉动效应。

二、建设内容

从现在到年底前，聚焦农业农村基础设施短板弱项，突出抓好大中型灌区等水利设施、小型农田水利设施，以及现代设施农业和农产品仓储保鲜冷链物流设施等项目建设，确保尽快开工、尽快见效。

（一）灌区等水利设施建设和改造升级

灌区等水利设施是保障粮食安全的重要基础。今年水旱灾害暴露出灌区等水利设施短板突出，亟须加快补齐。

一是大中型灌区建设和改造。目前，灌区工程老化失修问题突出，需尽快改造升级。抓紧实施一批大型灌区、中型灌区续建配套与现代化改造，新建一批大型灌区。

二是水库除险加固。加强中小型水库除险加固，及时消除水库安全隐患，并尽快恢复增强现有水库在抗旱保供水、保农业生产等方面的能力。根据国务院批准的《“十四五”水库除险加固实施方案》，今年底前，抓紧实施一批大中型水库、小型水库除险加固。

三是排涝能力建设。针对长江、松花江流域等重点涝区受灾频繁、影响国家粮食安全、治理需求迫切地区，对湖北汉江平原、湖南洞庭湖等重点涝区，安徽、江西等重点易涝区以及松嫩平原、三江平原低洼地进行重点治理，加快实施辽宁省涝区骨干工程治理方案。抓紧实施一批排涝能力建设项目。

四是中小型水源工程。新建一批中小型水源工程，提高农业灌溉用水保障程度，有效解决缺水问题，增强抵御旱灾的能力。重点推进实施一批中型水库、小型水库以及引调水等水源工程。

五是其他农村水利基础设施。开展农村河塘清淤整治、水系连通及农村水系综合整治、坡耕地水土流失治理、淤地坝建设、山洪灾害防治，做好农村水利设施维修养护，实施一批其他农村水利基础设施项目，进一步夯实农业农村发展水利基础。

（二）农田水利设施补短板

针对农田基础设施薄弱，特别是田间水利设施不足问题，强化高标准农田项目区水利设施补短板，提升农田抗旱排涝防渍减灾能力。根据旱、涝、渍综合治理的要求，大力开展农田灌溉排水设施建设，重点建设和配套改造农田斗渠、农渠等输配水渠（管）道和排水沟（管）道、泵站、集蓄水设施、涵闸等渠系建筑物。因地制宜建设高效节水灌溉设施。配套开展田块平整、田间道路、农电设施、农田防护工程建设，发挥基础设施整体效益。今冬提前开工一批农田水利设施补短板项目。

（三）现代设施农业建设

设施农业是提高资源利用率、增加食物供给能力的重要途径。目前，我国设施农业规模偏小、整体设施装备水平较低，影响产出和效益，需要加快改造、提升水平，向设施农业要食物。

一是设施种植业。新建一批设施蔬菜温室大棚，补齐育秧育苗短板。聚焦设施蔬菜优势区，以集中连片或一区多园的方式，新建和改造提升现代设施蔬菜基地，包括新建一批全年生产、立体种植、智能调控的连栋温室和植物工厂等高端生产设施。在南方双季稻区 10 个省份建设一批水稻集中育秧中心，在设施蔬菜优势区建设一批区域性集约化育苗中心。

二是设施畜牧业。建设和改造提升规模养殖场、畜禽屠宰场。围绕奶牛、肉牛和家禽三大畜种，以北方奶业主产区为重点，新建或改扩建一批大型奶牛养殖场，重点建设高标准养殖圈舍，配备粪污清理利用等智能环控设施和自动挤奶等数字化设备。以肉牛主产区和潜力区为重点，建设一批肉牛标准化养殖场，重点支持饲草料机械化收储加工、养殖精准饲喂和智能信息化控制等建设。以家禽主产区和潜力区为重点，建设一批家禽立体高效设施养殖场。新建或改扩建一批畜禽屠宰场，配套冷藏保鲜、检验检疫等设施，提升畜禽屠宰加工能力。

三是设施渔业。建设海洋牧场和中心渔港，提升水产养殖设施装备水平。在辽宁、山东、浙江、福建、海南等地建设一批海洋牧场，包括人工鱼礁礁体、种（移）植修复、海洋牧场监控设施、苗种繁育设施。在沿海地区建设一批渔港经济区、中心渔港和远洋渔业基地，包括防波堤、码头、护岸、港区道路等水陆域建筑物，以及水产品交易、加工物流等设施。在水产养殖重点省份建设一批高标准水产养殖园区、工厂化水产养殖设施、深远海养殖装备，完善池塘尾水净化核心工程以及配套工程、苗种繁育和养殖车间、循环水养殖设备以及养殖精准饲喂和智能信息化控制等设施设备、桁架类深水网箱和养殖工船等。

（四）农产品仓储保鲜冷链物流设施建设

目前，果蔬、肉类和水产品产地低温处理率分别仅为 11%、52%、54%，果蔬产后损失率超过 20%。在结合实际需要、分区分片合理集中建设冷藏保鲜设施的基础上，通过项目带动整省、整市、整县推进，加快完善农产品产地冷链物流设施节点布局、服务网络和支撑体系，融入国家冷链物流骨干通道网络，实现减损增效、顺畅销售。

一是产地冷藏保鲜设施。在重点镇和中心村，推进建设一批田头小型冷藏设施，增加产地仓储保鲜库容，筑牢产地冷链物流设施网络基石。

二是产地冷链集配中心。在产地重要流通节点，推进建设一批具有仓储保鲜、初加工、冷链配送能力的产地冷链集配中心，形成支撑农产品上行的产地综合服务平台。

三是产地区域性冷链物流基地。依托国家级农产品产地市场、大型农产品交易中心、大型物流园区、农垦企业集团等主体，建设一批具有引领产业、辐射城乡和“菜篮子”应急保供等能力的产地区域性冷链物流基地。

四是水产品就地加工和冷链物流设施设备。在广东、福建等沿海和湖南、江西等内陆水产养殖大省，建设一批水产品就地加工及冷链物流设施设备，支持淡水鱼、小龙虾等重点品种加工、预制菜生产、海洋食品及功能产品生产。

三、投融资机制

（一）在建设主体上，鼓励符合条件的相关市场主体参与承建

符合条件的相关市场主体可依法依规按程序要求参与承建农业农村、水利基础设施重大工程项目，承接财政补助和投资基金，申请信贷资金，统借统还，推动将零散项目打捆打包并整体实施，实现项目建设提标扩面、集中连片、整体开发。

（二）在资金筹集上，推行政府投资与金融信贷投贷联动

对市场主体实施的重大工程项目，鼓励地方采取多种符合规定要求的方式，集中支持建设一批现代化农业农村基础设施。对有条件的项目推行政府投资与金融信贷投贷联动，让金融信贷资金能够更好落地。同时，加强监管，避免引发地方金融风险和债务风险。

（三）在运营方式上，鼓励社会资本合作建设运营农业农村基础设施投资项目

对设施农业、冷链物流等市场化程度较高的农业农村基础设施项目，鼓励各地积极探索有效安全方式，加强与社会资本投资合作，发挥社会资本市场经营的优势，减轻社会资本重资产投资压力，促进投资与发展良性互动。

（四）在还款来源上，建立稳定多元的贷款偿还渠道

以项目建成后形成的生产经营收入为主，通过项目打捆打包建设经营，统筹构建多元化还款渠道，实现项目收益自平衡并可持续，做到项目主体长期稳健经营。

四、保障措施

（一）强化统筹协调

农业农村部门、水利部门要加强与有关部门沟通协调，对接相关金融机构，建立协同推进机制，强化项目实施用地、环评等要素保障，层层压实责任，分项推进落实。

（二）强化政策扶持

对于符合条件的农业农村基础设施建设项目，政策性开发性金融工具予以积极支持。加大对农业农村基础设施领域的信贷支持力度，强化商业性贷款支持，鼓励政策性开发性银行立足职能定位，在业务范围内对农业农村基础设施相关领域项目提供信贷支持。鼓励有条件的地方探索通过贴息方式支持现代设施农业建设，优先保障农业、水利设施建设用地指标。在政府部门加强监管、风险可控、适度竞争的前提下，允许农业、水利投资企业等市场主体作为项目主体，按照国家有关法律法规承接高标准农田建设项目。加快推进农业水价综合改革。

（三）强化指导服务

分领域制定项目实施方案，加快做好规划、立项、招投标等项目前期工作，做到资金一到、工程就能启动。深化“放管服”改革，依法优化项目审批流程，推动地方政府根据职责权限，对用地、环评等投资审批事项试行承诺制，提高审批效能。鼓励金融机构与项目单位加强对接，一对一梳理完善项目融资方案，实现信贷资金精准投放。严格落实安全责任，确保安全施工建设。

（四）强化督促检查

分领域列出建设项目清单，建立工作台账，定期调度工作进展，及时通报任务完成情况，督促建设主体加快建设进度。对重点区域和重点项目，适时开展实地指导督促，协助解决项目实施中的困难和问题，确保项目不折不扣落到实处。对具有典型性和推广价值的项目进行总结提炼，形成可复制的案例和模式。

4 第四部分

国内综合统计资料

国内综合统计资料
简 要 说 明

1. 本部分统计资料主要包括农林牧渔业主要产品产量、农产品加工业主要产品产量、按国民经济行业分类统计有关农产品加工业现状、农产品加工业主要产品进出口情况、农产品加工业部分行业与企业排序、我国港澳台综合统计，以及我国西部地区综合统计等7部分统计数据。

2. 本部分中所涉及的全国性统计数据，除特殊注明外，均未包括香港、澳门特别行政区和台湾省数据。根据中华人民共和国“香港特别行政区基本法”和“澳门特别行政区基本法”的有关原则，香港、澳门与内地是相对独立的统计区域，根据各自不同的统计制度和法律规定，独立进行统计工作。

3. 本部分统计资料数据，除已注明“资料来源”之外，其余均采用国家统计局公布的数据。

4. 本部分采用的统计数据，基本上以2021年数据为主，为了保持与上卷年鉴提供数据的连续性，有一部分统计数据是在上卷基础上，延续列出。

5. 本部分有关表中所示“规模以上企业”是指年产品销售收入2 000万元以上的企业。

6. 本部分有关表中所示工业产值、工业增加值、工业产品销售产值、利税总额等数据未单独标注者，均按当年价格计算（当年价格即为现行价格）。

7. 本部分统计资料数据所使用的计量单位，均采用国际统一标准计量单位。对有关行业未按国际统一标准计量单位提供的数据，编辑部均按国际统一标准计量单位进行了相应换算。

8. 本部分中同一类、同一行业统计数据，由于管理渠道、统计范围、数据采集方法、时间等略有不同，加之有些行业与相关管理部门交叉较多，因此数据也略有不同，但出自同一系统的数据基本上保持一致。

9. 本部分统计资料中，依据国家统计局、农业农村部、国家林业和草原局、中国食品工业协会、中国轻工业联合会、中国纺织工业联合会等部门、行业提供的相关数据，开辟了“我国西部地区综合统计”专栏。

10. 本部分统计资料中符号使用说明：“空格”表示该项统计指标数据不详或无该项数据；“*”或“①”表示本表下有注解。

11. 由于时间短促，难免有误，请给予批评指正。

农林牧渔业主要产品产量统计

表1　我国主要农产品产量（2017—2021年）

单位：万 t

年份	粮食						
	合计	谷物				豆类	薯类*
		小计	稻谷	小麦	玉米		
2017	66 160.7	61 520.5	21 267.6	13 424.1	25 907.1	1 841.6	2 798.6
2018	65 789.2	61 003.6	21 212.9	13 144.0	25 717.4	1 920.3	2 865.4
2019	66 384.3	61 369.7	20 961.4	13 359.6	26 077.9	2 131.9	2 882.7
2020	66 949.2	61 674.3	21 186.0	13 425.4	26 066.5	2 287.5	2 987.4
2021	68 284.7	63 275.7	21 284.2	13 694.4	27 255.1	1 965.5	3 043.5

年份	棉花	油料				麻类	
		小计	花生	油菜籽	芝麻	小计	黄红麻
2017	565.3	3 475.2	1 709.2	1 327.4	36.6	21.8	2.9
2018	610.3	3 433.4	1 733.2	1 328.1	43.1	20.3	2.9
2019	588.9	3 493.0	1 752.0	1 348.5	46.7	23.4	2.9
2020	591.0	3 586.4	1 799.3	1 404.9	45.7	24.9	1.9
2021	573.1	3 613.2	1 830.8	1 471.4	45.5	21.1	

年份	糖料			茶叶	烟叶	
	小计	甘蔗	甜菜		小计	烤烟
2017	11 378.8	10 440.4	938.4	246.0	239.1	227.9
2018	11 937.4	10 809.7	1 127.7	261.0	224.1	211.0
2019	12 169.1	10 938.8	1 227.3	277.7	215.3	202.1
2020	12 014.0	10 812.1	1 198.4	293.2	213.4	202.2
2021	11 454.4	10 666.4	785.1	316.4	212.8	202.1

年份	水果					
	小计	苹果	柑橘	梨	葡萄	香蕉
2017	25 241.9	4 139.0	3 816.8	1 641.0	1 308.3	1 117.0
2018	25 688.4	3 923.3	4 138.1	1 607.8	1 366.7	1 122.2
2019	27 400.8	4 242.5	4 584.5	1 731.4	1 419.5	1 165.6
2020	28 692.4	4 406.6	5 121.9	1 781.5	1 431.4	1 151.3
2021	29 970.2	4 597.3	5 595.6	1 887.6	1 499.8	1 172.4

* 薯类产量按5∶1折粮计算，下同。

表 2 我国各地区主要农产品产量（2021 年）

单位：万 t

地区	一、粮食					
	总产	1. 谷物				2. 豆类
		总产	稻谷	小麦	玉米	总产
全国总计	**68 284.7**	**63 275.7**	**21 284.2**	**13 694.4**	**27 255.1**	**1 965.5**
北京	37.8	36.5	0.2	6.8	29.0	0.4
天津	249.9	248.4	54.7	72.2	118.3	0.6
河北	3 825.1	3 664.7	49.6	1 469.1	2 066.8	22.6
山西	1 421.2	1 334.1	1.8	243.4	977.6	21.7
内蒙古	3 840.3	3 529.1	115.3	157.2	2 994.2	186.8
辽宁	2 538.7	2 485.3	424.6	1.1	2 008.4	26.9
吉林	4 039.2	3 951.6	684.7	1.6	3 198.4	62.6
黑龙江	7 867.7	7 104.4	2 913.7	26.3	4 149.2	731.7
上海	94.0	93.7	85.1	7.4	0.7	0.1
江苏	3 746.1	3 649.6	1 984.6	1 342.2	300.1	70.1
浙江	620.9	547.4	469.1	48.3	25.6	30.0
安徽	4 087.6	3 973.6	1 590.4	1 699.7	677.5	95.9
福建	506.4	410.2	393.2	0.0	15.3	12.2
江西	2 192.3	2 100.1	2 073.9	3.2	21.8	33.1
山东	5 500.7	5 336.8	97.5	2 636.7	2 589.5	54.9
河南	6 544.2	6 345.3	476.1	3 802.8	2 051.7	78.7
湖北	2 764.3	2 611.9	1 883.6	399.3	323.5	41.9
湖南	3 074.4	2 932.1	2 683.1	7.8	234.1	41.2
广东	1 279.9	1 165.7	1 104.4	0.1	60.8	11.4
广西	1 386.5	1 306.7	1 017.9	0.6	285.2	26.8
海南	146.0	127.1	127.1			1.3
重庆	1 092.8	761.4	493.0	6.1	254.6	42.1
四川	3 582.1	2 879.4	1 493.4	245.3	1 084.7	143.5
贵州	1 094.9	756.6	417.4	33.3	256.6	35.1
云南	1 930.3	1 605.6	491.9	61.9	992.6	109.1
西藏	106.2	103.9	0.4	20.1	3.0	1.9
陕西	1 270.4	1 132.6	72.9	424.6	601.7	32.0
甘肃	1 231.5	971.1	1.8	279.7	643.0	35.8
青海	109.1	75.4		38.7	15.3	3.5
宁夏	368.4	331.3	41.0	19.0	263.4	1.0
新疆	1 735.8	1 704.1	41.7	639.8	1 012.7	10.8

（续）

地区	一、粮食	二、油料				三、棉花
	3. 薯类* 总产	总产	1. 花生	2. 油菜籽	3. 芝麻	总产
全国总计	**3 043.5**	**3 613.2**	**1 830.8**	**1 471.4**	**45.5**	**573.1**
北京	0.9	0.5	0.5	0.0	0.0	0.0
天津	0.9	0.3	0.3	0.0	0.0	0.4
河北	137.8	118.4	96.3	6.0	0.3	16.0
山西	65.4	15.5	1.3	2.8	0.2	0.1
内蒙古	124.4	213.9	25.7	32.2	0.0	0.0
辽宁	26.5	116.2	115.5	0.1	0.0	
吉林	25.1	85.8	83.3		0.0	
黑龙江	31.7	13.6	10.5	0.0	0.0	
上海	0.1	0.5	0.0	0.4	0.0	0.0
江苏	26.4	97.8	40.3	56.4	1.1	0.8
浙江	43.5	31.7	4.9	25.8	0.8	0.6
安徽	18.1	167.1	71.8	91.1	2.3	2.9
福建	84.1	23.3	22.2	1.0	0.0	0.0
江西	59.1	130.9	53.6	73.4	3.9	1.7
山东	109.1	285.9	281.8	2.4	0.2	14.0
河南	120.1	657.3	588.2	49.4	18.2	1.4
湖北	110.6	354.1	86.3	251.8	13.1	10.9
湖南	101.1	263.0	30.7	230.3	1.6	8.0
广东	102.7	117.3	115.9	0.8	0.6	
广西	53.1	75.9	71.1	3.4	1.1	0.1
海南	17.6	7.5	7.4		0.1	
重庆	289.3	68.5	14.3	52.5	0.5	
四川	559.2	416.6	76.2	338.7	0.3	0.2
贵州	303.2	94.9	11.9	80.9	0.1	0.0
云南	215.6	63.9	8.2	54.5	0.0	
西藏	0.4	4.6	0.0	4.6		
陕西	105.9	58.3	11.3	39.0	1.1	0.0
甘肃	224.6	58.8	0.2	33.7	0.0	3.1
青海	30.2	31.9		31.7		
宁夏	36.2	4.8	0.0	0.5		
新疆	20.9	34.6	1.2	8.1	0.0	512.9

* 薯类产量按 5∶1 折粮计算，下同。

（续）

地区	四、麻类		五、糖料		六、烟叶	
	总产	其中：黄红麻	1. 甘蔗	2. 甜菜	总产	其中：烤烟
全国总计	**21.1**	**1.6**	**10 666.4**	**785.1**	**212.8**	**202.1**
北京					0.0	
天津			0.0		0.0	
河北	0.0			39.6	0.3	0.2
山西	0.2			0.4	0.4	0.4
内蒙古	0.1			362.0	0.3	0.2
辽宁				1.3	1.1	0.9
吉林				1.3	2.1	0.9
黑龙江	11.0			16.0	2.7	2.5
上海			0.1			
江苏	0.0		4.7	1.8	0.0	0.0
浙江	0.0		42.4		0.1	0.1
安徽	1.0		7.0		2.0	2.0
福建	0.0		28.8		10.5	10.5
江西	0.4		60.7		2.6	2.6
山东	0.0			0.0	4.7	4.7
河南	0.6		9.8		19.3	19.2
湖北	0.9		27.2		6.9	5.9
湖南	0.4		35.0		18.6	18.4
广东	0.0		1 306.6		3.9	3.4
广西	0.8		7 365.1		2.0	1.6
海南	0.0		94.4		0.0	0.0
重庆	0.3		8.3		5.3	4.1
四川	3.3		38.6	0.0	16.1	14.7
贵州	0.0		53.6	0.0	23.2	22.0
云南	0.2		1 583.9		84.7	82.2
西藏					0.0	0.0
陕西	0.1		0.2	0.1	5.1	5.1
甘肃	0.2			15.9	0.5	0.5
青海					0.0	
宁夏				0.1	0.0	0.0
新疆	1.8			346.5		

表 3　我国各地区农垦系统畜牧业生产情况（2021 年）

单位：万头、万只

地　区	大牲畜年末头数	牛年末头数	猪年末头数	羊年末只数	家禽年末只数
全国总计	**345.0**	**279.6**	**995.9**	**1 084.7**	**8 995.2**
北　京	10.4	10.2	37.0		340.8
天　津	4.1	4.0	1.9	17.7	190.6
河　北	19.6	19.6	29.7	6.6	299.0
山　西	1.2	1.4	0.5	1.3	12.5
内蒙古	70.5	46.5	14.6	292.9	101.1
辽　宁	6.3	4.6	51.7	13.2	997.5
吉　林	3.6	2.7	3.9	18.9	49.5
黑龙江	20.5	19.5	57.6	20.6	852.1
上　海	9.1	9.1	56.9		46.0
江　苏	1.2	1.2	6.7	1.3	377.4
浙　江	0.5		6.7	0.2	9.6
安　徽	0.2	0.2	1.5	1.0	170.6
福　建	0.4	0.6	13.9	1.2	135.4
江　西	3.4	2.6	33.7	1.9	250.2
山　东			0.4		
河　南	0.6	0.5	8.1	0.5	22.2
湖　北	2.0	3.0	50.9	4.7	669.0
湖　南	5.0	5.0	61.4	2.9	198.5
广　东	5.3	5.3	74.2	0.8	460.4
广　西	0.6	0.6	102.5	0.1	168.1
海　南	43.0	4.3	56.1	9.1	1 657.3
重　庆	3.5	3.5	18.1		123.1
四　川	3.6	3.6	0.3	1.4	0.1
贵　州	0.5	0.5	1.3		1.8
云　南	0.8	0.8	6.6	0.8	209.2
西　藏			0.1		
陕　西	0.7	0.7	0.3	2.2	3.7
甘　肃	5.9	5.7	1.1	19.0	14.4
青　海	5.1	2.6	0.4	26.4	
宁　夏	11.7	11.7	2.6	11.8	32.5
新　疆	144.3	109.4	295.4	628.2	1 602.6

资料来源：表中数据出自 2022 年《中国农村统计年鉴》。

表 4 我国农垦系统国有农场主要农产品产量（2020—2021 年）

项 目	产 量		
	2020 年	2021 年	同比（%）
一、粮食（万 t）	3 563	3 876	8.8
谷物	3 242	3 586	10.6
稻谷	1 857	1 923	3.6
小麦	251	284	13.5
玉米	1 101	1 335	21.3
豆类	247	208	−15.6
大豆	241	202	−15.9
薯类（折粮）	74	82	10.4
二、棉花（t）	2 618 386	2 633 068	0.6
三、油料（t）	735 432	686 707	−6.6
四、糖料（t）	7 125 078	6 131 868	−13.9
五、麻类（t）	31 996	22 427	−29.9
六、烟叶			
七、药材			
八、蔬菜、瓜类			

表 5 我国各地区农垦系统主要农产品产量（2021 年）

地 区	粮食（万 t）	棉花（t）	油料（t）	糖料（t）	麻类（t）
全国总计	**3 876.0**	**2 633 068**	**686 707**	**6 131 868**	**22 427**
北 京	1.0		1		
天 津	2.0				
河 北	68.4	202	3 008	15 719	
山 西	3.7		73		
内蒙古	268.5		224 941	756 258	
辽 宁	132.6		19 453	530	
吉 林	78.7		13 497		
黑龙江	2 315.5		2 599	2 040	8 625
上 海	24.1		3 715		
江 苏	123.9		5 840		
浙 江	0.7	19	101		
安 徽	34.4	72	1 238	85	
福 建	3.7		2 656	2 375	
江 西	71.6	2481	30 450	10 299	
山 东	5.1	39	110	91	
河 南	24.1	106	15 842		
湖 北	91.0	6 081	97 370	2 782	25
湖 南	80.1	52 194	50 417	4 449	333
广 东	4.1		6 086	1 714 137	5 118
广 西	1.7		1 614	1 890 969	
海 南	8.6		3 483	94 391	
重 庆					
四 川	0.5		33		
贵 州			10		
云 南	6.2		142	413 893	
陕 西	10.5		690		
甘 肃	25.6	5 612	12 412	43 251	
青 海	5.4		14 749		
宁 夏	38.8		10		
新 疆	445.5	2 566 262	176 166	1 180 600	8 326

表 6　我国农垦系统茶、桑、果、林生产情况（2020—2021 年）

指　标	单 位	2020 年	2021 年	同比（%）
一、年末实有茶园面积	khm^2	29.8	30.3	1.7
茶叶总产量	万 t	4.3	4.4	1.4
二、年末实有桑园面积	khm^2	0.8	1.6	100.0
三、年末实有果园面积	khm^2	403.3	394.5	−2.2
水果总产量	万 t	817.0	831.2	1.7
其中：苹果	万 t	112.0	111.1	−0.8
梨	万 t	86.2	101.0	17.2
柑橘	万 t	50.4	45.7	−9.4
四、年末实有橡胶园面积	khm^2	407.3	401.4	−1.4
当年橡胶开割面积	khm^2	261.9	273.1	4.3
每公顷产干胶	kg	978.0	999.5	2.2
全年干胶总产量	万 t	25.6	27.3	6.6
五、当年造林面积	khm^2	105.9	127.3	20.2
用材林	khm^2	10.6	9.8	−7.5
经济林	khm^2	24.0	12.8	−46.6
防护林	khm^2	70.5	103.9	47.4
薪炭林	khm^2	0.2	0.2	−14.5
特种用材林	khm^2	0.6	0.7	12.2

表 7　我国农垦系统主要畜产品产量（2020—2021 年）

单位：万 t

项　　目	2020 年	2021 年	同比增长（%）
1. 肉类总产量	129.0	159.6	23.7
其中：猪肉	92.5	119.6	29.3
2. 牛奶	435.2	467.0	7.3
3. 羊毛（t）	30 866.8	30 786.0	−0.3
4. 禽蛋	48.8	47.7	−2.3

表8　我国各地区粮食产量（2021年）

单位：万t

地　区	粮食总产量	
	指标值	位次
全国总计	**68 284.7**	
北　京	37.8	31
天　津	249.9	26
河　北	3 825.1	7
山　西	1 421.2	16
内蒙古	3 840.3	6
辽　宁	2 538.7	12
吉　林	4 039.2	5
黑龙江	7 867.7	1
上　海	94.0	30
江　苏	3 746.1	8
浙　江	620.9	23
安　徽	4 087.6	4
福　建	506.4	24
江　西	2 192.3	13
山　东	5 500.7	3
河　南	6 544.2	2
湖　北	2 764.3	11
湖　南	3 074.4	10
广　东	1 279.9	18
广　西	1 386.5	17
海　南	146.0	27
重　庆	1 092.8	22
四　川	3 582.1	9
贵　州	1 094.9	21
云　南	1 930.3	14
西　藏	106.2	29
陕　西	1 270.4	19
甘　肃	1 231.5	20
青　海	109.1	28
宁　夏	368.4	25
新　疆	1 735.8	15

表9 我国各地区油料产量（2021年）

单位：t

地 区	油料总产量	
	指标值	位次
全国总计	**36 131 743**	
北 京	5 239	29
天 津	3 067	31
河 北	1 183 555	9
山 西	154 558	24
内蒙古	2 138 867	6
辽 宁	1 161 823	11
吉 林	857 544	14
黑龙江	135 817	25
上 海	4 895	30
江 苏	978 074	12
浙 江	317 070	22
安 徽	1 671 366	7
福 建	233 090	23
江 西	1 309 063	8
山 东	2 858 894	4
河 南	6 572 751	1
湖 北	3 541 368	3
湖 南	2 629 953	5
广 东	1 172 974	10
广 西	758 556	15
海 南	74 637	26
重 庆	684 791	16
四 川	4 166 019	2
贵 州	948 811	13
云 南	638 898	17
西 藏	45 831	28
陕 西	583 317	19
甘 肃	587 861	18
青 海	318 833	21
宁 夏	48 192	27
新 疆	346 031	20

表 10　我国各地区糖料产量（2021 年）

单位：t

地　区	糖料总产量	
	指标值	位次
全国总计	**114 544 499**	
北　京		
天　津	45	28
河　北	396 007	10
山　西	4 211	23
内蒙古	3 620 948	4
辽　宁	12 575	22
吉　林	12 875	21
黑龙江	160 294	15
上　海	926	25
江　苏	65 560	20
浙　江	423 726	9
安　徽	99 240	17
福　建	287 941	13
江　西	606 752	7
山　东	180	27
河　南	98 267	18
湖　北	271 691	14
湖　南	349 823	12
广　东	13 065 967	3
广　西	73 651 075	1
海　南	943 894	6
重　庆	82 802	19
四　川	386 539	11
贵　州	536 571	8
云　南	15 838 867	2
西　藏		
陕　西	2 850	24
甘　肃	158 801	16
青　海		
宁　夏	660	26
新　疆	3 465 415	5

表 11　我国各地区蔬菜产量（2020—2021 年）

单位：t

地　区	2020 年	2021 年	同比（%）
全国总计	**749 129 410**	**775 487 813**	**3.52**
北　京	1 378 943	1 656 020	20.09
天　津	2 664 670	2 389 804	−10.32
河　北	51 982 140	52 842 083	1.65
山　西	8 611 947	9 762 978	13.37
内蒙古	10 750 889	9 937 463	−7.57
辽　宁	19 600 134	19 902 294	1.54
吉　林	4 648 713	4 905 397	5.52
黑龙江	6 743 239	7 254 339	7.58
上　海	2 528 555	2 486 396	−1.67
江　苏	57 280 506	58 565 679	2.24
浙　江	19 454 989	19 335 646	0.61
安　徽	23 309 466	24 453 139	4.90
福　建	16 301 786	16 865 045	3.46
江　西	16 426 550	17 305 759	5.35
山　东	84 347 078	88 010 795	4.34
河　南	76 123 900	76 071 501	−0.01
湖　北	41 193 570	42 998 039	4.38
湖　南	41 100 821	42 689 229	3.87
广　东	37 068 474	38 557 342	4.02
广　西	38 307 650	40 474 562	5.66
海　南	5 727 506	5 889 160	2.82
重　庆	20 925 650	21 843 320	4.39
四　川	48 133 904	50 390 871	4.69
贵　州	29 908 721	32 800 856	9.67
云　南	25 078 878	27 488 603	9.61
西　藏	843 352	894 726	6.09
陕　西	19 576 573	20 128 173	2.82
甘　肃	14 785 101	16 552 538	11.95
青　海	1 513 644	1 501 355	−0.81
宁　夏	5 663 548	5 330 328	−5.88
新　疆	17 148 512	16 204 373	−5.50

表 12 我国各地区茶叶产量（2021 年）

单位：t

地 区	茶 叶	其中						
		绿茶	青茶	红茶	黑茶	黄茶	白茶	其他茶叶
全国总计	**3 163 961**	**2 173 630**	**325 701**	**304 490**	**211 356**	**12 078**	**80 185**	**56 521**
北 京								
天 津								
河 北	1	1						
山 西	1 265	28	6	30	12		5	1 184
内蒙古	28	2						26
辽 宁								
吉 林								
黑龙江								
上 海	25	7		18				
江 苏	10 921	8 433		2 485	3			1
浙 江	180 956	170 116	372	7 016	435	937	1 899	181
安 徽	137 259	117 259	42	7 696	234	8 062	2 058	1 908
福 建	487 901	124 845	250 716	57 033			55 029	278
江 西	73 839	57 320	780	12 454	60	295	2 861	69
山 东	28 536	28 051		404				81
河 南	75 043	70 608		4 167	52		216	
湖 北	404 415	284 140	1 227	41 944	67 661	525	2 324	6 594
湖 南	258 537	122 010	851	25 645	101 861	780	1 226	6 164
广 东	139 454	55 862	64 361	12 757		957		5 517
广 西	96 033	62 159	712	23 224	6 204		836	2 900
海 南	1 320	682		90				548
重 庆	50 834	44 790	152	4 100			339	1 453
四 川	374 804	310 262	4 608	13 660	25 846	430	655	19 343
贵 州	245 887	194 106	1 272	26 883	4 536	91	11 794	7 205
云 南	502 108	439 353	593	58 722	22	1	406	3 012
西 藏	67	1	10	1	2		0	53
陕 西	93 171	82 040		6 160	4 429		538	4
甘 肃	1 558	1 558						
青 海								
宁 夏								
新 疆								

表 13　我国各地区水果产量（2021 年）

单位：万 t

地区	水果	其中				
		香蕉	苹果	柑橘	梨	葡萄
全国总计	**29 970.2**	**1 172.4**	**4 597.3**	**5 595.6**	**1 887.6**	**1 499.8**
北京	48.8		3.4		5.5	1.5
天津	49.4		2.5		7.0	7.0
河北	1 445.1		249.1		366.6	124.7
山西	974.9	0.0	430.2		113.2	40.9
内蒙古	190.8		27.8	0.0	8.0	5.1
辽宁	856.4		260.5		132.1	76.2
吉林	164.1		6.6		8.3	8.3
黑龙江	184.3		14.3	0.0	5.1	8.2
上海	32.6			5.3	2.9	3.9
江苏	969.1		55.1	2.9	74.8	62.1
浙江	722.6	0.0	0.0	180.6	35.1	76.4
安徽	778.1		37.3	3.3	128.4	55.7
福建	810.3	46.8	0.0	419.3	20.0	23.4
江西	744.6			444.5	16.6	10.6
山东	3 032.6		977.2		123.3	122.9
河南	2 455.3		405.1	4.8	139.6	86.0
湖北	1 119.4		0.5	540.8	41.0	31.7
湖南	1 193.6			643.2	20.5	26.8
广东	1 957.8	483.3		523.0	12.5	5.7
广西	3 121.1	309.8		1 607.4	50.3	66.6
海南	525.7	115.8		14.3		
重庆	553.2	0.1	0.6	342.7	32.5	12.9
四川	1 290.9	5.2	87.2	522.3	96.0	46.1
贵州	653.7	9.0	38.1	94.1	51.7	39.2
云南	1 142.6	202.4	69.8	192.7	82.5	100.8
西藏	3.0	0.1	0.8	0.1	0.1	0.4
陕西	2 141.1		1 242.5	54.2	104.6	85.1
甘肃	883.8		438.4	0.2	28.0	26.9
青海	3.0		0.4		0.5	0.0
宁夏	262.8		46.2		1.6	17.5
新疆	1 659.5		203.7		179.6	327.0

（续）

地区	其中				
	菠萝	红枣	柿子	西瓜	甜瓜
全国总计	**188.6**	**740.2**	**361.8**	**6 163.4**	**1 377.1**
北京		0.5	0.5	11.2	0.2
天津		3.3	1.2	17.0	1.6
河北		72.9	30.2	243.9	101.1
山西		77.2	31.3	42.3	9.2
内蒙古		1.0		88.9	45.7
辽宁		11.0		140.2	36.4
吉林				106.3	26.2
黑龙江				75.5	54.6
上海		0.0	0.0	10.5	2.3
江苏		0.4	6.9	488.4	82.1
浙江	0.0	0.1	5.8	179.6	46.3
安徽		2.5	10.4	316.8	15.8
福建	1.7		13.4	39.3	3.8
江西			2.4	199.9	16.3
山东		60.8	10.5	750.2	244.0
河南		14.9	42.7	1 256.5	166.9
湖北		2.5	5.1	297.6	49.5
湖南		3.3	2.4	368.2	47.4
广东	126.0		13.2	96.4	13.1
广西	3.2	3.2	135.0	285.3	31.0
海南	45.0			56.3	2.5
重庆		0.8	1.3	57.2	0.8
四川	0.1	1.8	5.4	112.2	2.1
贵州		0.7	1.8	43.7	3.1
云南	12.6	2.0	10.4	55.3	4.0
西藏	0.0		0.0	0.8	0.1
陕西		119.0	29.3	164.5	63.7
甘肃		9.0	2.5	246.6	77.8
青海				0.7	0.0
宁夏		7.7		176.9	6.9
新疆		345.4		235.3	222.5

表 14 我国各地区主要林产品产量（2021 年）

单位：t

地　区	木材（万 m^3）	橡胶	竹材（万根）	核桃	油茶籽
全国总计	**11 589.1**	**871 600**	**325 568**	**5 403 500**	**3 942 376**
北　京	17.0			9 709	
天　津	19.4			4 664	
河　北	110.8			182 216	
山　西	38.7			396 568	
内蒙古	109.3				
辽　宁	132.8			10 194	
吉　林	245.2			15 671	
黑龙江	173.6			537	
上　海					
江　苏	233.4		448	881	
浙　江	99.6		21 649	26 254	94 442
安　徽	611.6		19 797	25 959	129 592
福　建	805.3		96 260		165 321
江　西	408.0		22 083	72	698 116
山　东	399.4			130 729	
河　南	273.0		105	175 402	61 193
湖　北	249.2		4 021	100 352	257 624
湖　南	483.5		25 829	7 489	1 716 414
广　东	1 263.7	18 891	30 907		177 662
广　西	3 904.6		60 367	4 769	454 829
海　南	222.9	345 591	318		6 750
重　庆	46.2		4 300	30 902	15 560
四　川	302.6		23 008	888 524	28 402
贵　州	418.6		2 159	94 718	89 133
云　南	903.5	507 119	13 256	1 598 648	29 802
西　藏	3.1			2 768	
陕　西	30.1		1 060	367 790	17 536
甘　肃	6.3			128 622	
青　海				1 223	
宁　夏				1 931	
新　疆	77.2			1 196 908	

表 15　我国主要牲畜饲养情况（2017—2021 年）

单位：万头（只）

年　份	合　计	大牲畜年底存栏头数				
		牛	马	驴	骡	骆　驼
2017	9 763.6	9 038.7	343.6	267.8	81.1	32.3
2018	9 625.5	8 915.3	347.3	253.3	75.8	33.8
2019	9 877.4	9 138.3	367.1	260.1	71.4	40.5
2020	10 265.1	9 562.1	367.2	232.4	62.3	41.1
2021	10 486.8	9 817.2	372.5	196.7	54.2	46.2

年　份	肉猪出栏头数	猪年底存栏头数	羊年底存栏只数		
			合　计	山　羊	绵　羊
2017	70 202.1	44 158.9	30 231.7	13 823.8	16 407.9
2018	69 382.4	42 817.1	29 713.5	13 574.7	16 138.8
2019	54 419.2	31 040.7	30 072.1	13 723.2	16 349.0
2020	52 704.1	40 650.4	30 654.8	13 345.2	17 309.5
2021	67 128.0	44 922.4	31 969.3	13 331.6	18 637.7

表 16　我国主要畜产品产量（2017—2021 年）

单位：万 t

年　份	总产量	肉类产量				奶类产量		禽蛋产量
		猪牛羊肉				总产量	其中:牛奶	
		小　计	猪　肉	牛　肉	羊　肉			
2017	8 654.4	6 557.5	5 451.8	634.6	471.1	3 148.6	3 038.6	3 096.3
2018	8 624.6	6 522.9	5 403.7	644.1	475.1	3 176.8	3 074.6	3 128.3
2019	7 758.8	5 410.1	4 255.3	667.3	487.5	3 297.6	3 201.2	3 309.0
2020	7 748.4	5 278.1	4 113.3	672.4	492.3	3 529.6	3 440.1	3 467.8
2021	8 990.0	6 507.5	5 295.9	697.5	514.1	3 778.1	3 682.7	3 408.8

年　份	蜂　蜜	蚕茧		绵羊毛（t）			山羊毛总产量（t）	羊绒总产量（t）
		总　产	其中:桑蚕茧	总　产	细羊毛	半细羊毛		
2017	54.3	81.7	75.1	410 523	127 921	133 458	32 863	17 852
2018	44.7	83.1	76.4	356 608	117 891	120 430	26 965	15 438
2019	44.4	83.3	77.2	341 120	108 973	113 284	24 875	14 964
2020	45.8	78.8	73.5	333 625	106 109	116 849	24 034	15 244
2021	47.3	78.2	72.7	356 217	98 154	128 262	23 332	15 102

表 17 我国水产品产量（2017—2021 年）

单位：万 t

年　份	总产量	1. 海水产品	其中		2. 淡水产品	其中	
			捕　捞	养　殖		捕　捞	养　殖
2017	6 445.3	3 321.7	1 321.0	2 000.7	3 123.6	218.3	2 905.3
2018	6 457.7	3 301.4	1 270.2	2 031.2	3 156.2	196.4	2 959.8
2019	6 480.4	3 282.5	1 217.2	2 065.4	3 197.9	184.1	3 013.7
2020	6 549.0	3 314.4	1 179.1	2 135.3	3 234.6	145.8	3 088.9
2021	6 690.3	3 387.2	1 176.1	2 211.1	3 303.1	119.8	3 183.3

表 18 我国各地区水产品产量（2021 年）

单位：t

地　区	总产量	1. 养殖小计	其中		2. 捕捞小计	其中		
			海水养殖	淡水养殖		海洋捕捞	远洋渔业	淡水捕捞
全国总计	**66 902 945**	**53 944 050**	**22 111 374**	**31 832 676**	**12 958 895**	**9 514 584**	**2 246 476**	**1 197 835**
北　京	21 807	11 683		11 683	10 124		7 472	2 652
天　津	273 282	237 966	10 865	227 101	35 316	26 722	5 744	2 850
河　北	1 081 010	805 472	543 151	262 321	275 538	190 903	49 570	35 065
山　西	50 863	49 912		49 912	951			951
内蒙古	106 834	96 442		96 442	10 392			10 392
辽　宁	4 824 064	4 065 948	3 249 160	816 788	758 116	475 350	245 787	36 979
吉　林	249 498	230 867		230 867	18 631			18 631
黑龙江	718 514	675 514		675 514	43 000			43 000
上　海	227 851	67 899	231	67 668	159 952	9 912	149 281	759
江　苏	4 938 062	4 334 936	881 128	3 453 808	603 126	412 819	12 339	177 968
浙　江	5 990 514	2 657 210	1 393 226	1 263 984	3 333 304	2 568 585	608 437	156 282
安　徽	2 365 033	2 242 195		2 242 195	122 838			122 838
福　建	8 530 729	6 321 175	5 437 156	884 019	2 209 554	1 531 132	606 575	71 847
江　西	2 695 115	2 661 004		2 661 004	34 111			34 111
山　东	8 544 248	6 419 349	5 373 842	1 045 507	2 124 899	1 691 798	337 368	95 733
河　南	943 224	833 260		833 260	109 964			109 964
湖　北	4 832 079	4 806 257		4 806 257	25 822			25 822
湖　南	2 661 061	2 655 449		2 655 449	5 612			5 612
广　东	8 845 163	7 568 096	3 362 424	4 205 672	1 277 067	1 127 181	60 819	89 067
广　西	3 548 070	2 964 515	1 587 196	1 377 319	583 555	479 415	18 671	85 469
海　南	1 640 918	624 751	272 995	351 756	1 016 167	1 000 767		15 400
重　庆	545 343	545 343		545 343				
四　川	1 664 890	1 664 890		1 664 890				
贵　州	262 061	257 256		257 256	4 805			4 805
云　南	657 743	628 390		628 390	29 353			29 353
西　藏	828	140		140	688			688
陕　西	170 700	170 700		170 700				
甘　肃	14 205	14 205		14 205				
青　海	18 285	18 285		18 285				
宁　夏	165 999	159 938		159 938	6 061			6 061
新　疆	170 539	155 003		155 003	15 536			15 536

表 19　我国沿海地区海洋捕捞水产品产量（按品种分）（2021 年）

单位：kt

地　区	海洋捕捞产量	1. 鱼　类					
		小计	海鳗	鳓鱼	鳀鱼	沙丁鱼	鲱鱼
全国总计	**9 514.6**	**6 451.5**	**302.1**	**60.3**	**615.2**	**92.7**	**8.9**
天　津	26.7	23.2			15.1		
河　北	190.9	98.5			34.8		
辽　宁	475.4	269.8	0.2	0.4	34.6	0.6	0.0
上　海	9.9	3.6	0.1				
江　苏	412.8	232.2	6.7	1.7	1.5	0.3	0.1
浙　江	2 568.6	1 672.3	68.2	10.9	45.0	7.3	1.2
福　建	1 531.1	1 084.0	57.2	10.2	59.1	6.8	3.9
山　东	1 691.8	1 194.7	11.3		395.7	4.7	0.0
广　东	1 127.2	818.2	77.4	22.2	24.3	49.9	2.7
广　西	479.4	263.2	11.2	14.0		10.3	0.8
海　南	1 000.8	791.8	69.9	0.8	5.0	12.8	0.2

地　区	1. 鱼　类							
	石斑鱼	鲷鱼	蓝圆鲹	白姑鱼	黄姑鱼	鮸鱼	大黄鱼	小黄鱼
全国总计	**95.6**	**127.8**	**416.0**	**96.6**	**60.5**	**57.0**	**38.2**	**289.2**
天　津								0.9
河　北	0.0				0.2		0.1	6.3
辽　宁	0.0	0.1		0.3	0.8	0.1	4.7	54.6
上　海					0.0	0.0	0.0	0.0
江　苏	0.0	0.2	0.0	2.5	4.5	1.6	0.4	24.7
浙　江	1.1	6.8	41.6	52.0	33.4	40.4	0.8	119.1
福　建	15.0	43.4	199.3	8.2	7.8	10.2	0.8	8.9
山　东		0.0		10.5	5.8		4.7	43.9
广　东	39.0	38.2	82.8	15.0	4.3	3.5	22.8	17.7
广　西	4.6	20.8	52.4	1.2	0.1	0.7		
海　南	35.7	18.2	39.9	6.9	3.6	0.4	3.9	13.1

（续）

地区	1. 鱼类							
	梅童鱼	方头鱼	玉筋鱼	带鱼	金钱鱼	梭鱼	鲐鱼	鲅鱼
全国总计	**190.2**	**40.5**	**90.0**	**914.5**	**321.8**	**108.4**	**382.7**	**365.5**
天　津				0.8		0.4	2.6	
河　北	0.2		0.1	1.4		12.3	6.0	9.0
辽　宁	3.8	0.2	2.2	8.4		10.9	24.5	33.4
上　海	0.0			0.1				0.0
江　苏	53.9	0.2	0.4	44.9		6.2	3.5	5.8
浙　江	111.4	17.3	29.2	367.3	1.6	3.7	157.2	69.3
福　建	17.0	3.9	10.2	130.1	8.5	14.0	116.7	38.1
山　东			35.4	96.5		27.0	30.7	185.5
广　东	1.8	5.5	0.4	115.9	69.0	23.0	25.5	20.6
广　西		32		22.5	26.6	7.3	9.0	1.8
海　南	2.1	13.3	12.0	126.5	216.2	3.7	7.1	1.9

地区	1. 鱼类					2. 甲壳类		
							(1) 虾	
	金枪鱼	鲳鱼	马面鲀	竹荚鱼	鲻鱼	小计	小计	毛虾
全国总计	**36.5**	**329.3**	**124.4**	**27.8**	**77.3**	**1 861.4**	**1 214.3**	**359.8**
天　津		0.0				1.2	0.8	0.0
河　北		2.3	0.5		2.9	48.4	32.9	4.5
辽　宁	0.1	0.8	0.2		4.6	97.0	70.0	21.7
上　海	0.0	0.1				6.0	1.4	
江　苏		28.8	0.7	0.0	9.7	120.3	41.0	22.1
浙　江	5.6	102.3	19.2	2.1	7.5	716.4	505.4	147.5
福　建	1.9	55.8	30.8	8.3	19.7	273.2	160.8	48.6
山　东		32.2	2.8	0.0		210.7	168.3	49.8
广　东	8.0	64.9	30.8	3.6	15.4	206.7	133.7	31.9
广　西		8.4	19.2	0.2	7.4	113.3	61.0	24.6
海　南	21.0	33.8	20.1	13.7	10.0	68.1	39.2	8.9

（续）

地区	2. 甲壳类							3. 贝类
	(1) 虾			(2) 蟹				
	对虾	鹰爪虾	虾蛄	小计	梭子蟹	青蟹	蟳	
全国总计	**204.1**	**239.2**	**219.7**	**647.1**	**454.5**	**68.5**	**26.3**	**359.4**
天　津			0.3	0.4	0.2			1.3
河　北	1.5	1.4	23.7	15.5	9.1	0.0	3.0	17.3
辽　宁	4.2	3.5	31.0	27.0	12.5	4.2	4.1	49.8
上　海	0.0	1.2		4.7	3.8			0.0
江　苏	1.7	7.0	6.7	79.3	72.3	2.0	0.9	28.8
浙　江	63.5	142.4	52.7	211.0	171.5	2.7	5.7	19.6
福　建	24.5	37.0	31.3	112.4	75.0	14.9	4.3	30.0
山　东	15.2	22.9	45.2	42.4	26.8	0.4	1.9	118.8
广　东	61.8	13.3	21.5	73.0	41.3	25.5	3.9	29.0
广　西	14.5	7.4	4.5	52.3	26.8	8.2	2.1	45.1
海　南	17.2	3.0	2.7	29.0	15.2	10.6	0.4	19.6

地区	4. 藻类	5. 头足类				6. 其他类	
		小计	乌贼	鱿鱼	章鱼	小计	海蜇
全国总计	**20.3**	**585.5**	**126.2**	**308.5**	**106.3**	**236.5**	**140.2**
天　津		1.0		11.0	0.0		
河　北		12.3	1.1	1.6	8.4	14.4	10.1
辽　宁	0.4	24.5	3.3	14.9	3.7	33.8	8.6
上　海		0.2	0.0	0.0	0.1	0.1	
江　苏	0.9	11.6	1.9	6.3	2.9	18.9	11.8
浙　江	0.6	136.8	39.4	70.5	20.1	22.9	5.7
福　建	1.8	128.7	30.5	75.3	16.9	13.5	11.2
山　东	1.2	91.5	7.6	33.7	30.7	74.8	53.4
广　东	4.7	50.8	13.9	22.5	11.0	17.8	8.5
广　西		31.7	11.0	15.7	4.7	26.1	25.7
海　南	10.8	96.4	17.6	67.1	7.9	14.0	5.4

表 20 我国沿海地区海水养殖水产品产量（按品种分）（2021 年）

单位：kt

地区	海水养殖产量	1. 鱼类						
		小计	鲈鱼	鲆鱼	大黄鱼	军曹鱼	鰤鱼	鲷鱼
全国总计	**22 111.4**	**1 843.8**	**199.1**	**113.8**	**254.2**	**27.4**	**21.1**	**130.9**
天津	10.9	0.6						
河北	543.2	15.3		6.7				
辽宁	3 249.2	66.9	7.5	55.2				0.0
上海	0.2							
江苏	881.2	66.0	0.9	5.2	0.5			
浙江	1 393.2	69.5	11.2	0.1	32.3			4.0
福建	5 437.2	484.6	37.4	5.2	211.4	0.0	4.2	45.3
山东	5 373.8	92.9	11.2	40.9	0.2			0.5
广东	3 362.4	780.0	121.3	0.6	9.8	19.9	16.9	76.8
广西	1 587.2	131.2	7.8			0.0		3.2
海南	273.0	136.8	1.8			7.4	0.0	1.1

地区	1. 鱼类				2. 甲壳类			
	美国红鱼	河豚	石斑鱼	鲽鱼	小计	（1）虾		
						小计	南美白对虾	斑节对虾
全国总计	**63.9**	**15.4**	**204.1**	**9.0**	**1 854.9**	**1 572.3**	**1 273.6**	**104.7**
天津			0.0		10.3	10.3	10.2	
河北		2.2	0.9	3.0	33.4	31.9	21.9	0.1
辽宁		1.9			26.3	25.8	14.5	
上海					0.2	0.2	0.2	
江苏		0.2		1.1	95.8	72.8	19.7	11.2
浙江	7.8		0.4	0.0	110.6	63.1	37.7	0.8
福建	15.4	9.8	35.9	0.0	224.3	144.9	120.2	6.9
山东	0.7	1.0	0.8	4.0	208.8	187.8	149.9	1.2
广东	36.0	0.4	93.0	0.0	723.1	638.1	525.0	79.1
广西	1.8		3.0	0.9	310.4	298.5	296.9	1.0
海南	2.3		70.2		111.7	98.8	77.3	4.2

（续）

地区	2. 甲壳类					3. 贝 类		
	(1) 虾		(2) 蟹			小计	牡蛎	鲍
	中国对虾	日本对虾	小计	梭子蟹	青蟹			
全国总计	**32.5**	**44.5**	**282.7**	**105.3**	**152.1**	**15 260.7**	**5 819.2**	**217.8**
天　津								
河　北	5.1	4.8	1.5	1.5		430.7	5.2	
辽　宁	8.9	2.4	0.5	0.2		2 483.0	399.0	1.1
上　海								
江　苏	4.6	0.6	23.0	20.0	1.8	665.0	47.1	
浙　江	0.4	1.4	47.4	19.4	27.6	1 092.9	266.3	0.4
福　建	5.3	7.4	79.4	32.5	38.9	3 409.9	2 112.0	172.4
山　东	7.9	19.8	21.0	17.2	0.7	4 236.8	1 133.2	35.4
广　东	0.4	8.2	85.0	13.9	59.2	1 784.9	1 182.1	8.5
广　西		0.0	11.9		11.9	1 137.3	672.2	
海　南			12.9	0.6	12.0	20.4	2.0	

地区	3. 贝 类						
	螺	蚶	贻贝	江珧	扇贝	蛤	蛏
全国总计	**299.6**	**340.4**	**829.5**	**12.1**	**1 829.9**	**4 289.8**	**859.7**
天　津							
河　北	6.4	9.2			354.5	55.1	0.2
辽　宁		50.1	28.5		353.3	1 432.3	35.0
上　海							
江　苏	65.6	25.3	43.2			374.7	52.6
浙　江	16.1	146.3	227.7		0.5	92.3	318.3
福　建	8.1	61.1	111.1		11.4	494.0	307.7
山　东	9.5	5.1	337.3	1.9	984.0	1 336.0	142.5
广　东	53.8	41.6	76.6	10.3	124.2	199.0	3.0
广　西	125.9	0.3	5.0		1.5	305.4	0.1
海　南	14 281	1 439			591	1 018	

（续）

地区	4. 藻类						
	小计	海带	裙带菜	紫菜	江蓠	麒麟菜	石花菜
全国总计	**2 714.6**	**1 742.4**	**212.2**	**199.2**	**398.9**	**0.9**	
天　津							
河　北							
辽　宁	505.4	329.4	160.3				
上　海							
江　苏	47.1			47.0			
浙　江	114.8	20.1		66.1			
福　建	1 272.5	847.3		58.8	308.9		
山　东	709.0	542.4	51.1	13.0	50.1		
广　东	61.8	3.2	0.9	14.2	39.9		
广　西							
海　南	4.0				0.0	0.9	

地　区	4. 藻　类		5. 其他类				
	羊栖菜	苔菜	小计	海参	海胆（kg）	海水珍珠（kg）	海蜇
全国总计	**31.1**	**0.0**	**437.3**	**222.7**	**13 590.7**	**2.0**	**77.8**
天　津							
河　北			63.8	13.6			7.3
辽　宁			167.5	73.6	7 903.0		63.6
上　海							
江　苏			7.3	0.0			3.0
浙　江	24.3	0.0	5.5	0.1			1.1
福　建	6.8		45.8	33.3			2.5
山　东			126.4	102.0	5 591.0		0.3
广　东		0.0	12.6	0.1	96.7	1.5	
广　西			8.4			0.5	
海　南							

表 21　我国玉米主产区生产情况（2020—2021 年）

单位：万 t

地　区	2020 年	2021 年	同比（%）
河　北	2 051.8	2 066.8	0.7
山　西	979.9	977.6	−0.2
内蒙古	2 742.7	2 994.2	9.2
辽　宁	1 793.9	2 008.4	12.0
吉　林	2 973.4	3 198.4	7.6
黑龙江	3 646.6	4 149.2	13.8
山　东	2 595.4	2 589.5	−0.2
河　南	2 342.4	2 051.7	−12.4
四　川	1 065.0	1 084.7	1.8
其　他	5 875.4	6 134.5	4.4
总　计	**26 066.5**	**27 255.1**	**4.6**

表 22　我国棉花主产区生产情况（2020—2021 年）

单位：万 hm^2、万 t

地　区	面　积			产　量		
	2020 年	2021 年	同比（%）	2020 年	2021 年	同比（%）
新　疆	250.2	250.6	0.16	516.1	512.9	−0.62
山　东	14.3	11.0	−23.08	18.3	14.0	−23.50
河　南	1.6	1.1	−31.25	1.8	1.4	−22.22
河　北	18.9	14.0	−25.93	20.9	16.0	−23.44
湖　北	13.0	12.1	−6.92	10.8	10.9	0.93
江　苏	0.8	0.6	−25.00	1.1	0.8	−27.27
安　徽	5.1	3.4	−33.33	4.1	2.9	−29.27
湖　南	6.0	6.0	0.00	7.4	8.0	8.11
主产区总计	309.9	298.8	−3.58	580.4	566.9	−2.33
全国总计	**316.9**	**302.8**	**−4.45**	**591.0**	**573.1**	**−3.03**
主产区占全国比重（%）	97.8	98.7	0.92	98.2	98.9	0.71

表 23　我国部分热带水果产量情况（2020—2021 年）

单位：万 t

项　目	2020 年	2021 年	同比（%）
荔　枝	255.35	281.41	10.21
龙　眼			
柑　橘	5 121.9	5 595.6	9.25
香　蕉	1 151.3	1 172.4	1.83
芒　果	330.6		
菠　萝	184.8	188.6	2.06

表 24 我国各地区奶类产量（2020—2021 年）

单位：万 t

地区	2020 年		2021 年	
	奶类产量	其中：牛奶	奶类产量	其中：牛奶
全国总计	**3 529.6**	**3 440.1**	**3 778.1**	**3 682.7**
北京	24.2	24.2	25.8	25.8
天津	50.1	50.1	51.8	51.8
河北	488.3	483.4	501.9	498.4
山西	117.4	117.0	135.7	135.1
内蒙古	617.9	611.5	680.0	673.2
辽宁	137.1	136.7	139.3	138.9
吉林	39.3	39.3	32.8	32.7
黑龙江	501.0	500.2	501.0	500.3
上海	29.1	29.1	29.4	29.4
江苏	63.0	63.0	64.9	64.9
浙江	18.4	18.3	18.6	18.6
安徽	37.6	37.6	47.6	47.6
福建	17.5	16.9	20.0	19.4
江西	9.1	9.1	8.4	8.3
山东	241.6	241.4	288.4	288.3
河南	214.7	210.0	216.8	212.1
湖北	13.4	13.4	9.6	9.6
湖南	5.6	5.6	5.7	5.7
广东	15.2	15.1	17.3	17.2
广西	11.2	11.2	13.1	13.1
海南	0.3	0.3	0.1	0.1
重庆	3.2	3.2	3.1	3.1
四川	68.0	68.0	68.4	68.3
贵州	5.3	5.3	4.9	4.9
云南	73.1	67.3	72.5	68.4
西藏	49.2	44.9	53.7	48.8
陕西	161.5	108.7	161.9	104.6
甘肃	58.4	57.5	67.5	66.6
青海	36.9	36.6	35.6	35.4
宁夏	215.3	215.3	280.5	280.5
新疆	206.9	200.0	221.9	211.5

表 25　我国人口增长情况（2017—2021 年）

单位：万人

项　　目	2017 年	2018 年	2019 年	2020 年	2021 年
人口数（年末）	140 011	140 541	141 008	141 212	141 260
其中：城镇人口	84 343	86 433	88 426	90 220	91 425
农村人口	55 668	54 108	52 582	50 992	49 835
增长人数	737	530	467	204	48

表 26　我国按人口平均的主要农畜产品产量（2017—2021 年）

单位：kg/人

年　　份	粮　　食	棉　　花	油　　料	猪牛羊肉	牛　　奶	水产品
2017	474	4.0	24.9	46.8	21.7	46.0
2018	469	4.4	24.5	46.4	21.9	45.9
2019	472	4.2	24.8	38.4	22.7	46.0
2020	474	4.2	25.4	37.4	24.4	46.4
2021	483	4.1	25.6	46.1	26.1	47.4

表 27　我国城乡居民家庭人均食品消费量比较（2017—2021 年）

单位：kg/人

年份	粮　食		蔬菜及食用菌		食用油（植物油）		肉　类		禽　类		水产品	
	农村	城市	农村	城市	农村	城市	农村	城市	农村	城市	农村	城市
2017	154.6	109.7	90.2	106.7	9.2	10.3	23.6	29.2	7.9	9.7	7.4	14.8
2018	148.5	110.0	87.5	103.1	9.0	8.9	27.5	31.2	8.0	9.8	7.8	14.3
2019	154.8	110.6	89.5	105.8	9.0	8.7	24.7	28.7	10.0	11.4	9.6	16.7
2020	168.4	120.2	95.8	109.8	10.2	9.5	21.4	27.4	12.4	13.0	10.3	16.6
2021	170.8	124.8	107.0	112.0	10.8	9.6	30.9	34.4	12.4	12.3	10.9	16.7

资料来源：表中数据出自 2022 年《中国统计年鉴》。

表 28　我国城镇和农村人口人均食品消费支出情况（2017—2021 年）

单位：元/人

项　　目	2017 年	2018 年	2019 年	2020 年	2021 年
全国人均	5 373.6	5 631.1	6 084.2	6 397.3	7 178.1
城镇居民	7 001.0	7 239.0	7 732.6	7 880.5	8 678.1
农村居民	3 415.4	3 645.6	3 998.2	4 479.4	5 200.2
人均增长	222.6	257.5	453.1	313.1	780.8
城镇居民增长	238.6	238.0	493.6	147.9	797.6
农村居民增长	149.3	230.2	352.6	481.2	720.8

资料来源：表中数据出自 2022 年《中国统计年鉴》。

农产品加工业主要产品产量

表 29　我国农产品加工业主要产品产量（2020—2021 年）

产品名称	单位	2020 年	2021 年	同比（%）
原盐	万 t	5 852.68	5 706.51	−2.50
精制食用植物油	万 t	5 476.22	4 973.11	−9.19
成品糖	万 t	1 431.30	1 449.74	1.29
罐头	万 t	939.21	912.48	−2.85
啤酒	万 kL	3 411.11	3 562.43	4.44
卷烟	亿支	23 863.73	24 182.36	1.34
纱	万 t	2 618.28	2 873.71	9.76
布	亿 m	459.19	501.95	9.31
机制纸及纸板	万 t	12 700.63	13 583.87	6.95
中成药	万 t	244.88	249.95	9.25
合成橡胶	万 t	751.32	820.79	2.07
橡胶轮胎外胎	万条	80 747.48	90 246.15	9.53
化学纤维	万 t	6 124.68	6 708.47	11.76

表 30　我国粮油加工业年生产能力汇总情况（2018—2020 年）

单位：万 t、万台（套）

年份	处理稻谷	处理小麦	处理油料	其中		油脂精炼	处理玉米	处理杂粮	加工饲料	粮机制造
				大豆	菜籽					
2018	36 898	19 663	17 275	11 843	3 508	6 762				66.5
2019	37 401	19 983	16 863	11 587	3 288	6 515				68.1
2020	37 787	20 423	17 343	11 697	3 524	6 815	88.4	35.1		

表 31　我国粮油加工业主要产品产量（2018—2020 年）

单位：万 t、万台（套）

年份	大米	小麦粉	食用植物油	玉米加工产品	粮食食品	其中：大豆食品	杂粮及薯类	饲料	粮机设备
2018	21 213	7 304	6 762						66.5
2019	20 961	7 249	1 872						68.1
2020	7 360	7 473	1 861						

表 32　我国水产品加工产品主要种类与产量（2018—2021 年）

单位：万 t

年　份	冷冻制品	干腌制品	鱼糜制品	鱼　粉	罐制品	鱼油制品
2018	1 515.0	162.4	145.5	65.0	35.6	7.3
2019	1 532.3	152.1	139.4	69.9	35.4	4.9
2020	1 475.9	138.3	126.8	70.8	33.0	5.3
2021	1 519.5	141.5	135.0	65.9	33.0	6.8

资料来源：表中数据出自 2022 年《中国渔业统计年鉴》。

表 33　我国各地区水产品加工总量（2020—2021 年）

单位：t

地　区	2020 年		2021 年	
	水产加工品总量	其中：淡水加工产品	水产加工品总量	其中：淡水加工产品
全国总计	**20 907 861**	**4 115 121**	**21 250 370**	**4 162 262**
北　京	2 425	1 642	1 889	1 026
天　津	1 400	1 400	720	720
河　北	98 451	13 985	98 542	13 464
山　西	785	295	760	305
内蒙古	3 366	3 366	3 038	3 038
辽　宁	2 333 821	27 844	2 354 950	28 050
吉　林	254 549	1 474	255 228	1 546
黑龙江	10 442	10 442	13 236	13 236
上　海	2 430	338	2 805	329
江　苏	1 286 801	645 015	1 347 997	708 664
浙　江	1 857 099	68 785	1 815 309	66 262
安　徽	209 008	204 177	212 458	212 063
福　建	3 701 087	192 471	4 051 762	207 071
江　西	371 737	371 737	374 999	374 999
山　东	6 464 797	118 904	6 417 417	101 108
河　南	19 831	19 831	19 384	19 384
湖　北	1 538 116	1 538 116	1 357 937	1 357 937
湖　南	218 561	218 561	321 162	321 162
广　东	1 454 584	396 997	1 483 550	425 914
广　西	745 052	123 930	747 625	122 506
海　南	257 802	83 094	311 465	125 341
重　庆	584	584	780	780
四　川	3 921	3 921	4 261	4 261
贵　州	4 929	4 929	3 597	3 597
云　南	32 068	32 068	13 017	13 017
西　藏				
陕　西	1 150	1 150	1 206	1 206
甘　肃				
青　海	28 000	28 000	28 000	28 000
宁　夏			1 006	1 006
新　疆	2 065	2 065	6 270	6 270

资料来源：表中数据出自 2022 年《中国渔业统计年鉴》。

表 34 我国饲料工业产品产量（2018—2021 年）

单位：万 t

年份	饲料产量	其中：1. 配（混）合饲料	2. 浓缩饲料	3. 预混合饲料
2018	22 788	20 529	1 606	653
2019	22 885	21 014	1 242	543
2020	25 276	23 071	1 515	595
2021	29 344	27 017	1 551	663

资料来源：表中数据出自中国饲料工业协会。

表 35 我国部分省份饲料产量（2020—2021 年）

单位：万 t、%

地　区	2020 年	2021 年	同比
全国总计	**25 276**	**29 344**	**16.10**
10 省小计	17 597	20 176	14.66
10 省占全国比重	69.62	68.76	−1.23
山　东	4 336	4 476	3.24
广　东	3 010	3 573	18.71
广　西	1 535	2 042	33.02
河　北	1 360	1 376	1.15
湖　南	1 010	1 249	23.76
江　苏	1 361	1 468	7.87
辽　宁	1 603	1 780	11.06
四　川	1 148	1 438	25.29
河　南	1 180	1 456	23.39
湖　北	1 054	1 318	25.07

资料来源：表中数据出自中国饲料工业协会。

表 36 我国酿酒工业主要产品产量（2020—2021 年）

单位：万 kL

产　品	2020 年	2021 年	同比（%）
总　计	**5 400.74**	**5 406.85**	**3.95**
发酵酒精	924.25	808.26	1.83
饮料酒			
葡萄酒	41.33	26.80	−29.08
白　酒	740.73	715.63	−0.59
啤　酒	3 411.11	3 562.43	5.60

表 37　我国烟草工业主要产品产量（2020—2021 年）

年　份	烟叶（万 t）	烤烟（万 t）	卷烟（亿支）
2020 年	213.4	202.2	23 863.7
2021 年	212.8	202.1	24 182.4
同比（%）	−0.28	−0.05	1.34

表 38　我国纺织工业主要产品产量（规模以上企业）（2020—2021 年）

产品名称	单位	2020 年	2021 年	同比（%）
化学纤维	万 t	6 124.7	6 708.5	9.5
纱	万 t	2 618.3	2 873.7	9.8
布	亿 m	459.2	502.0	9.3
服装	亿件		235.4	8.4

资料来源：表中数据出自中国纺织工业联合会。

表 39　我国森林工业主要产品产量（2020—2021 年）

主要产品	单位	2020 年	2021 年	同比（%）
锯材	万 m^3	7 593	7 952	4.73
木片（实积）	万 m^3			
人造板	万 m^3	32 545	33 673	3.47
胶合板	万 m^3	19 796	19 296	−2.53
纤维板	万 m^3	6 226	6 417	3.06
刨花板	万 m^3	3 002	3 963	32.03
其他人造板	万 m^3	3 520	3 997	13.54
其他加工材	万 m^3			
改性木材	万 m^2			
指接材	万 m^2			
木竹地板	万 m^3	77 257	82 347	6.59
林产化学产品				
松香类产品	t	1 033 344	1 030 087	−0.32
松节油类产品	t			
樟脑	t			
冰片	t			
栲胶类产品	t	7 731	5 675	−26.59
紫胶类产品	t	3 642	6 502	78.53
木竹热解产品	t			
木质生物质成型燃料	t			

表 40 我国各地区森林工业主要产品产量（2021 年）

单位：万 m^3

地区	锯材	木片（实积）	人造板					其他加工材	
			合计	胶合板	纤维板	刨花板	其他人造板	改性木材	指接材
全国总计	**7 951.7**		**33 673.0**	**19 296.1**	**6 416.9**	**3 963.1**	**3 996.9**		
北京									
天津									
河北	265.2		1 884.0	722.6	617.2	310.6	233.5		
山西	8.38		7.0	1.0		0.1	5.9		
内蒙古	315.3		23.7	19.1	1.5		3.1		
辽宁	137.2		138.2	49.5	40.4	12.5	35.8		
吉林	71.4		196.3	61.7	58.7	3.4	72.5		
黑龙江	315.8		55.0	21.8	2.9	2.8	27.5		
上海			146.0				146.0		
江苏	493.3		6 083.4	4 059.0	869.2	824.8	330.5		
浙江	406.2		632.7	247.5	110.7	13.2	261.4		
安徽	615.5		3 232.8	2 216.9	526.1	244.1	245.6		
福建	194.1		1 135.4	753.7	100.7	67.6	213.4		
江西	393.5		536.0	201.5	143.5	50.8	140.2		
山东	1 188.0		7 738.4	4 279.4	1 501.9	1 469.0	488.0		
河南	205.3		1 482.3	595.6	413.0	112.5	361.2		
湖北	284.1		770.3	298.7	405.0	48.1	18.6		
湖南	432.3		614.1	300.6	71.9	39.7	202.0		
广东	404.4		1 046.8	307.8	363.5	259.5	115.9		
广西	1 336.1		6 411.7	4 683.7	638.0	342.3	747.7		
海南	81.1		83.8	46.6	17.9	1.0	18.3		
重庆	145.6		148.4	46.0	55.3	40.8	6.2		
四川	203.7		652.7	112.1	327.5	62.1	151.1		
贵州	194.7		151.6	31.6	15.9	4.2	100.0		
云南	221.2		358.0	130.6	109.5	52.5	65.4		
西藏	0.1								
陕西	4.6		25.57	14.0	5.4	0.9	5.3		
甘肃	1.1		5.3	4.3	0.5		0.5		
青海	0.0		61.1	61.1					
宁夏									
新疆	35.6		52.4	30.0	20.5	0.6	1.3		
大兴安岭									

（续）

地　区	木竹地板（万 m^2）	樟脑（t）	冰片（t）	松香类产品（t）	松节油类产品（t）	栲胶类产品（t）	紫胶类产品（t）	木竹热解产品（t）	木质生物质成型燃料
全国总计	**82 347.3**			**1 030 087**		**5 675**	**6 502**		
北　京									
天　津									
河　北	20.0					840			
山　西	5.2								
内蒙古									
辽　宁	1 064.0								
吉　林	2 712.8								
黑龙江	273.5								
上　海	3.0								
江　苏	42 060.8			8 500			500		
浙　江	7 978.7			20 500					
安　徽	9 262.6			11 777					
福　建	2 953.4			121 867					
江　西	2 737.7			179 141					
山　东	1 582.3								
河　南	363.8					300			
湖　北	3 589.8			12 270					
湖　南	2 447.0			41 227					
广　东	3 774.9			186 350		3 000	760		
广　西	994.8			321 947					
海　南	14.5			209					
重　庆	33.2			1 299					
四　川	122.9								
贵　州	174.4			2 213					
云　南	176.9			122 787		1 535	5 242		
西　藏									
陕　西	0.9								
甘　肃									
青　海									
宁　夏									
新　疆	0.1								
大兴安岭									

表 41 我国各地区木本油料产品生产情况（2021 年）

单位：t

地 区	合计	油茶籽	核桃	油橄榄	油用牡丹籽	其他
全国总计	**9 928 172**	**3 942 376**	**5 403 500**	**72 892**	**42 165**	**467 239**
北 京	9 709		9 709			
天 津	4 914		4 664			250
河 北	183 014		182 216		167	631
山 西	419 639		396 568		2 178	20 893
内蒙古	667					667
辽 宁	40 971		10 194		1 509	29 268
吉 林	15 718		15 671			47
黑龙江	582		537			45
上 海						
江 苏	1 605		881		411	313
浙 江	121 748	94 442	26 254			1 052
安 徽	167 130	129 592	25 959		8 924	2 655
福 建	168 400	165 321		173		2 906
江 西	700 127	698 116	72			1 939
山 东	145 688		130 729		7 462	7 497
河 南	247 309	61 193	175 402		4 200	6 514
湖 北	363 357	257 624	100 352	187	2 136	3 058
湖 南	1 786 898	1 716 414	7 489	4	218	62 773
广 东	193 700	177 662				16 038
广 西	492 204	454 829	4 769	7		32 599
海 南	9 703	6 750				2 953
重 庆	56 094	15 560	30 902	2 355	393	6 884
四 川	967 574	28 402	888 524	26 784	516	23 348
贵 州	193 308	89 133	94 718	30	62	9 365
云 南	1 718 707	29 802	1 598 648	1 505	1	88 751
西 藏	2 768		2 768			
陕 西	529 274	17 536	367 790	42	13 723	130 183
甘 肃	187 221		128 622	41 805	246	16 548
青 海	1 229		1 223			6
宁 夏	1 934		1 931		3	
新 疆	1 196 980		1 196 908		16	56
大兴安岭						

表 42　我国各地区主要森林药材产量（2021 年）

单位：t

地　区	合　计	其中：杜仲
全国总计	**4 790 328**	**258 794**
北　京		
天　津		
河　北	76 571	52
山　西	130 018	131
内蒙古	32 551	
辽　宁	38 331	2
吉　林	55 841	
黑龙江	458 603	
上　海	115	
江　苏	54 831	72
浙　江	31 757	1 507
安　徽	101 862	2 213
福　建	122 985	83
江　西	206 702	6 630
山　东	89 904	130
河　南	233 325	25 471
湖　北	306 823	18 266
湖　南	442 973	138 515
广　东	115 672	
广　西	311 666	4 925
海　南	4 397	
重　庆	285 483	9 590
四　川	327 768	29 917
贵　州	254 069	6 397
云　南	323 166	1 078
西　藏	33	
陕　西	263 943	13 815
甘　肃	97 857	
青　海	322 113	
宁　夏	77 369	
新　疆	23 301	
大兴安岭	299	

表 43　我国各地区家具工业主要产品产量（2021 年）

单位：万件

地　区	家　具	地　区	家　具
全国总计	**111 994**	福　建	16 856
北　京		江　西	6 131
天　津		山　东	5 341
河　北	7 908	河　南	4 310
山　西		湖　北	
辽　宁	1 819	湖　南	
吉　林		广　东	22 661
黑龙江		广　西	
上　海		重　庆	
江　苏	6 284	四　川	2 939
浙　江	29 385	贵　州	
安　徽		云　南	

资料来源：表中数据出自中国家具协会。

表 44　我国淀粉产量及品种情况（2020—2021 年）

单位：万 t

品　种	2020 年	2021 年	同比（%）	占总淀粉（%）
合　计	**3 344.78**	**4 024.24**	**20.3**	**100**
玉米淀粉	3 233.00	3 918.00	21.2	97.4
木薯淀粉	20.46	21.00	−19.2	0.5
马铃薯淀粉	66.14	65.00	−1.5	1.6
甘薯淀粉	25.18	20.24	−19.6	0.5

表 45　我国淀粉深加工品产量（2020—2021 年）

单位：万 t

<table>
<tr><th>主要品种</th><th>2020 年</th><th>2021 年</th><th>同比（%）</th><th>占深加工品（%）</th></tr>
<tr><td>合　计</td><td>1 873.57</td><td>1 999.85</td><td>6.74</td><td>100</td></tr>
<tr><td>变性淀粉</td><td>175.11</td><td>182.65</td><td>4.31</td><td>9.13</td></tr>
<tr><td>固体淀粉糖</td><td>536.00</td><td rowspan="2">1 665.00</td><td rowspan="2">6.60</td><td rowspan="2">83.26</td></tr>
<tr><td>液体淀粉糖</td><td>1 025.00</td></tr>
<tr><td>糖　醇</td><td>137.46</td><td>152.20</td><td>10.72</td><td>7.61</td></tr>
</table>

表 46 我国变性淀粉主要品种产量（2020—2021 年）

单位：万 t

主要品种	2020 年	2021 年	同比（%）	占比（%）
合 计	**137.77**			
复合变性淀粉	36.02	37.16	3.16	20.34
氧化淀粉	32.06	33.85	5.58	18.53
阳离子淀粉	22.81	23.41	2.63	12.82
醋酸酯淀粉	19.71	16.66	−15.47	9.12
磷酸酯淀粉	15.59	14.71	−5.64	8.05
预糊化淀粉	11.58			

资料来源：表中数据出自中国淀粉工业协会。

表 47 我国玉米淀粉生产规模情况（2020—2021 年）

项 目	单位	2020 年	2021 年	同比（%）
年产 100 万 t 以上的企业	个	10	11	10.00
年产 100 万 t 以上的企业总产量	万 t	1 972.1	2 546.7	29.14
占全国玉米淀粉总产量	%	61	65	6.56
年产 40 万 t 以上的企业	个	24	25	4.17
年产 40 万 t 以上的企业总产量	万 t	2 812.7	3 447.8	22.58
占全国玉米淀粉总产量	%	87	88	1.15

资料来源：表中数据出自中国淀粉工业协会。

表 48 我国部分淀粉深加工品生产规模情况（2020—2021 年）

项 目		2020 年	2021 年	同比（%）
变性淀粉	年产 10 万 t 以上企业（个）	5		
	年产 10 万 t 以上企业总产量（万 t）	82.46		
	占全国总产量（%）	47.09		
	年产 2 万 t 以上企业（个）	23		
	年产 2 万 t 以上企业总产量（万 t）	157.04		
	占全国总产量（%）	89.68		
	前十家企业总产量（万 t）	114.36		
	占全国总产量（%）	65.31		
固体淀粉糖	年产 100 万 t 以上企业（个）	1		
	年产 100 万 t 以上企业总产量（万 t）	123.40		
	占全国总产量（%）	23.01		
	年产 20 万 t 以上企业（个）	7		
	年产 20 万 t 以上企业总产量（万 t）	389.18		
	占全国总产量（%）	72.58		
	前十家企业总产量（万 t）	440.56		
	占全国总产量（%）	82.16		
液体淀粉糖	年产 50 万 t 以上企业（个）	7		
	年产 50 万 t 以上企业总产量（万 t）	668.09		
	占全国总产量（%）	65.16		
	前十家企业总产量（万 t）	797.07		
	占全国总产量（%）	77.74		

资料来源：表中数据出自中国淀粉工业协会。

表 49 我国各地区饮料产量（2020—2021 年）

单位：万 t

地 区	2020 年	2021 年	同比（%）
全国总计	**16 347.32**	**18 333.8**	**12.15**
北 京	464.07	542.01	16.79
天 津	248.90	293.40	17.88
河 北	514.04	538.58	4.77
山 西	111.30	113.26	1.76
内蒙古	74.17	91.61	23.51
辽 宁	283.98	354.01	24.66
吉 林	443.72	514.32	15.91
黑龙江	212.48	199.72	−6.01
上 海	271.79	302.49	11.30
江 苏	350.07	384.19	9.75
浙 江	898.93	1 119.18	24.50
安 徽	416.88	383.38	−8.04
福 建	834.43	910.37	9.10
江 西	432.23	478.91	10.80
山 东	397.20	538.24	35.51
河 南	643.53	699.99	8.77
湖 北	996.27	1 252.61	25.73
湖 南	778.31	948.59	21.88
广 东	3 108.56	3 755.33	20.81
广 西	336.09	406.74	21.02
海 南	76.19	119.92	57.40
重 庆	229.32	225.69	−1.58
四 川	2 002.18	1 832.24	−8.49
贵 州	526.85	471.25	−10.55
云 南	477.36	491.11	2.88
西 藏	48.08	55.79	16.04
陕 西	843.10	923.43	9.53
甘 肃	137.06	153.82	12.23
青 海	11.17	11.81	5.73
宁 夏	45.74	56.94	24.49
新 疆	133.32	164.89	23.68

资料来源：表中数据出自中国食品工业协会。

表 50 我国发酵酒精产量（2020—2021 年）

单位：万 kL

项　目	2020 年	2021 年	同比（%）
产　量	924.25	808.26	－12.55

资料来源：表中数据出自中国酒业协会。

表 51 我国各地区白酒产量（2020—2021 年）

单位：万 kL

地　区	2020 年	2021 年	同比（%）
全国总计	**740.73**	**715.63**	**－3.38**
北　京	34.13		
天　津	2.67		
河　北	19.89		
山　西	17.93	21.73	21.2
内蒙古	2.58	2.95	14.3
辽　宁	1.42		
吉　林	1.15	0.63	－45.2
黑龙江	11.47		
上　海			
江　苏	18.25	21.32	31.3
浙　江	0.99		
安　徽	28.21	24.60	－12.8
福　建	7.35		
江　西	8.34		
山　东	20.87	23.72	13.7
河　南	66.38		
湖　北	35.87	34.20	－2.0
湖　南	13.31	11.76	－11.6
广　东	10.10	10.74	6.3
广　西	1.61		
海　南			
重　庆	10.47		
四　川	367.58	364.10	3.7
贵　州	26.62	31.81	30.5
云　南	9.11	14.40	58.1
西　藏	0.01		
陕　西	16.54	16.76	1.3
甘　肃	2.91		
青　海	1.33	1.63	22.6
宁　夏			
新　疆	3.62		

表 52　我国各地区啤酒产量（2020—2021 年）

单位：万 kL

地　区	2020 年	2021 年	同比（%）
全国总计	**3 411.1**	**3 562.4**	**4.44**
北　京	79.3	90.6	14.35
天　津	16.4	13.5	−17.60
河　北	178.2	179.4	0.65
山　西	17.8	17.9	0.56
内蒙古	58.5	59.1	0.94
辽　宁	171.4	171.3	−0.05
吉　林	72.4	73.6	1.64
黑龙江	128.5	127.7	−0.61
上　海	28.9	27.9	−3.43
江　苏	173.8	179.7	3.42
浙　江	259.6	246.8	−4.96
安　徽	76.0	79.5	4.67
福　建	156.9	166.1	5.84
江　西	70.0	62.4	−10.78
山　东	458.0	461.3	0.73
河　南	192.9	184.6	−4.31
湖　北	97.5	105.2	7.87
湖　南	66.6	69.8	4.68
广　东	357.5	408.3	14.21
广　西	111.8	116.5	4.17
海　南	3.4	4.2	23.37
重　庆	65.5	80.4	22.67
四　川	218.0	249.9	14.67
贵　州	100.5	109.6	9.05
云　南	69.6	80.7	15.82
西　藏	12.5	12.3	−1.76
陕　西	67.1	65.9	−1.73
甘　肃	34.9	41.9	20.14
青　海	1.3	1.7	30.77
宁　夏	20.0	21.0	5.26
新　疆	46.2	53.6	15.97

资料来源：表中数据出自中国轻工业联合会。

表 53 我国乳制品产量情况（规模以上企业）（2017—2021 年）

单位：万 t

指　　标	2017 年	2018 年	2019 年	2020 年	2021 年
乳制品	2 935.0	2 687.1	2 719.4	2 780.4	3 031.7
其中：液体乳	2 814.3	2 505.6	2 537.7	2 599.4	2 843.0
乳　粉	120.7	97.0	105.2	101.2	97.9

资料来源：表中数据出自中国乳制品工业协会。

表 54 我国乳制品产量前五位省、自治区情况（2021 年）

地　区	产量（万 t）	同比（%）	占全国比例（%）
全国总计	**3 031.7**	**9.4**	**100.0**
河　北	398.6	11.2	13.1
内蒙古	368.0	9.1	12.1
山　东	242.5	11.9	8.0
河　南	192.1	8.4	6.4
黑龙江	189.5	14.9	6.3

资料来源：表中数据出自中国乳制品工业协会。

表 55 我国乳品产量和人均乳及乳制品消费量情况（2003—2021 年）

年　份	奶类产量（万 t）	牛奶产量（万 t）	乳制品产量（万 t）	人均乳及乳制品消费量（kg）
2003	1 848.6	1 746.3	140.6	9.5
2004	2 368.4	2 260.6	949.2	10.2
2005	2 864.8	2 753.4	1 310.4	10.7
2006	3 302.5	2 944.6	1 459.6	11.5
2007	3 055.2	2 947.1	1 787.4	11.8
2008	3 236.2	3 010.6	1 810.6	10.7
2009	3 153.9	2 995.1	1 935.1	11.0
2010	3 211.3	3 038.9	2 159.4	10.6
2011	3 262.8	3 109.9	2 387.5	11.5
2012	3 306.7	3 174.9	2 545.2	11.8
2013	3 118.9	3 000.8	2 698.0	11.7
2014	3 276.5	3 159.9	2 651.8	12.6
2015	3 295.5	3 179.8	2 782.5	12.1
2016	3 173.9	3 064.0	2 993.2	12.0
2017	3 148.6	3 038.6	2 935.0	12.1
2018	3 176.8	3 074.6	2 687.1	12.2
2019	3 297.6	3 201.2	2 870.4	12.5
2020	3 529.6	3 440.1	2 780.4	13.0
2021	3 778.1	3 682.7	3 031.7	14.4

表 56　我国牛羊肉供需情况（2017—2021 年）

单位：万 t、%

年　份	产　量	进口量	出口量	消费量	自给率
2017	1 105.7	94.41	0.61	1 209.74	91.4
2018	1 119.1	135.84	0.37	1 273.79	87.9
2019	1 154.8	205.17	0.23	1 359.76	84.9
2020	1 164.8	248.33	0.18	1 412.88	82.4
2021	1 211.6	274.32	0.20	1 484.86	81.6

资料来源：表中数据出自国家统计局。

表 57　我国牛羊肉消费情况（2014—2021 年）

单位：kg、%

年　份	居民人均牛羊肉消费		农村居民人均牛羊肉消费		城镇居民人均牛羊肉消费	
	数量	占比	数量	占比	数量	占比
2014	2.5	9.8	1.5	6.7	3.4	12.0
2015	2.8	10.7	1.7	7.4	3.9	13.5
2016	3.3	12.6	2.0	8.8	4.3	14.8
2017	3.2	12.0	1.9	8.1	4.2	14.4
2018	3.3	11.2	2.1	7.6	4.2	13.5
2019	3.4	12.6	2.2	8.9	4.3	15.0
2020	3.5	14.1	2.3	10.7	4.5	16.4
2021	3.9	11.9	2.7	8.7	4.8	14.0

表 58　我国猪肉消费和自给情况（2005—2021 年）

单位：万 t、%

年份	产量	净进口量	表观消费量	自给率
2005	4 555.33	−21.95	4 533.38	100.00
2010	5 138.44	9.12	5 147.56	99.82
2015	5 645.41	65.49	5 710.90	98.85
2018	5 403.74	115.11	5 518.85	97.91
2019	4 255.00	196.76	4 451.76	95.58
2020	4 113.00	554.71	4 669.70	88.12
2021	5 296.93		5 659.00	

资料来源：表中数据出自 2022 年《中国畜牧业》第 2 期。

表 59　我国各地区罐头产量（2020—2021 年）

单位：万 t

地　区	2020 年	2021 年	同比（%）
全国总计	**939.2**	**912.5**	**−2.8**
福　建	281.8	299.2	6.2
湖　南	90.4	77.8	−13.9
山　东	56.9	64.1	12.7
湖　北	59.0	54.1	−8.3
新　疆	71.8	69.2	−3.6
安　徽	45.4	47.5	4.6
广　西			
浙　江		54.0	
广　东		22.9	
河　北			
河　南			
四　川		20.6	
海　南			
陕　西			
江　苏		18.7	
江　西			
辽　宁			
重　庆			
黑龙江			
甘　肃			
天　津			
上　海			
云　南			
贵　州			
吉　林			
山　西			
宁　夏			
内蒙古			

表 60　我国食用菌产量、产值情况（2020—2021 年）

项　目	单　位	2020 年	2021 年	同比（%）
产　量	万 t	4 061.40	4 133.94	1.79
产　值	亿元	3 465.70	3 475.63	0.29

表 61　我国鱼油、鱼粉产量（2017—2021 年）

单位：kt

年　份	2017	2018	2019	2020	2021
鱼　粉	375.0	649.9	699.0	707.6	659.0
鱼　油	50.0	72.6	49.0	53.2	67.8

表 62　我国造纸工业纸浆消耗情况（2020—2021 年）

单位：万 t

品　　种	2020 年		2021 年		同比（%）
	消　　耗	所占比例（%）	消　　耗	所占比例（%）	
纸浆消耗量	10 200	100	11 010	100	7.94
1. 木浆	4 046	40	4 151	38	2.60
其中：进口木浆	2 556	25	2 357	22	−7.79
国产木浆	1 490	15	1 794	16	20.40
2. 非木浆	522	5	548	5	4.98
3. 废纸浆	5 632	55	6 311	57	12.06
其中：进口废纸浆	249	2	327	3	31.33
国产废纸浆	5 383	53	5 984	54	11.16

资料来源：表中数据出自中国造纸协会。

表 63　我国造纸工业纸浆生产情况（2017—2021 年）

单位：万 t

品　种	2017 年	2018 年	2019 年	2020 年	2021 年
总　计	**7 949**	**7 201**	**7 207**	**7 378**	**8 177**
木　浆	1 050	1 147	1 268	1 490	1 809
废纸浆	6 302	5 444	5 351	5 363	5 814
非木浆	597	610	588	525	554
苇　浆	69	49	51	54	41
蔗渣浆	86	90	70	97	72
竹　浆	165	191	209	219	242
稻麦草	246	250	222	117	159
其他浆	31	30	36	38	40

资料来源：表中数据出自中国造纸协会。

表 64　我国纸和纸板主要品种产量（2020—2021 年）

单位：万 t

品　　种	2020 年	2021 年	同比（%）
纸及纸板合计	**11 260**	**12 105**	**7.50**
一、纸			
1. 新闻纸	110	90	−18.18
2. 未涂布印刷书写纸	1 730	1 720	−0.58
3. 涂布印刷纸	640	635	−0.78
其中：铜版纸	600	605	0.83
4. 生活用纸	1 080	1 105	2.31
5. 包装用纸	705	715	1.42
二、纸板			
1. 白纸板	1 490	1 525	2.35
其中：涂布白纸板	1 410	1 445	2.48
2. 箱纸板	2 440	2 805	14.96
3. 瓦楞原纸	2 390	2 685	12.34
三、特种纸及纸板	405	395	−2.47
四、其他纸及纸板	270	430	59.26

资料来源：表中数据出自中国造纸协会。

表 65　我国纸和纸板消费结构情况（2020—2021 年）

单位：万 t

产品名称	生产量			消费量		
	2020 年	2021 年	同比（%）	2020 年	2021 年	同比（%）
总　　计	**11 260**	**12 105**	**7.50**	**11 827**	**12 648**	**6.94**
1. 新闻纸	110	90	−18.18	175	160	−8.57
2. 未涂布印刷书写纸	1 730	1 720	−0.58	1 783	1 793	0.56
3. 涂布印刷纸	640	635	−0.78	571	583	2.10
其中：铜版纸	600	605	0.83	556	579	4.14
4. 生活用纸	1 080	1 105	2.31	996	1 046	5.02
5. 包装用纸	705	715	1.42	718	722	0.56
6. 白纸板	1 490	1 525	2.35	1 373	1 427	3.93
其中：涂布白纸板	1 410	1 445	2.48	1 292	1 346	4.18
7. 箱纸板	2 440	2 805	14.96	2 837	3 196	12.65
8. 瓦楞原纸	2 390	2 685	12.34	2 776	2 977	7.24
9. 特种纸和纸板	405	395	−2.47	330	312	−5.45
10. 其他纸和纸板	270	430	59.26	268	432	61.19

资料来源：表中数据出自中国造纸协会。

表 66 我国纸和纸板生产、消费及进口量与人均消费量（2017—2021 年）

年 份	纸和纸板总产量（万 t）	纸和纸板总消费量（万 t）	纸和纸板进口量（万 t）	人均消费量（kg）
2017	11 130	10 897	466	78
2018	10 435	10 439	622	75
2019	10 765	10 704	625	75
2020	11 260	11 827	1 154	84
2021	12 105	12 648	1 090	90

资料来源：表中数据出自中国造纸协会。

表 67 我国人均主要工农业产品产量（2017—2021 年）

产品名称	单位	2017 年	2018 年	2019 年	2020 年	2021 年
粮 食	kg	473.9	469.0	471.6	474.4	483.5
棉 花	kg	4.0	4.4	4.2	4.2	4.1
油 料	kg	24.9	24.5	24.8	25.4	25.6
糖 料	kg	81.5	85.1	86.4	85.1	81.1
茶 叶	kg	1.8	1.9	2.0	2.1	2.2
水 果	kg	180.8	183.1	194.6	203.3	212.2
猪牛羊肉	kg	46.8	46.4	38.4	37.4	46.1
水产品	kg	46.0	45.9	46.0	46.4	47.4
牛 奶	kg	21.7	21.9	22.7	24.4	26.1
布	m	49.5	49.8	39.4	32.5	35.5
机制纸及纸板	kg	89.8	85.9	88.9	90.0	96.2
纱	kg	22.9	22.0	20.1	18.6	20.4

资料来源：表中数据出自 2022 年《中国农村统计年鉴》。

按国民经济行业分类统计农产品加工业现状

表 68　我国农产品加工业规模以上工业企业主要指标（2021 年）

行　　业	单位数（个）	营业收入（亿元）	利润总额（亿元）	资产总计（亿元）	负债合计（亿元）
合　　计	**134 439**	**230 158.7**	**15 076.2**	**188 237.7**	**95 634.5**
农副食品加工业	23 128	55 223.8	2 240.5	33 422.0	19 371.3
食品制造业	8 874	21 619.6	1 738.9	19 040.2	9 412.5
酒、饮料和精制茶制造业	5 665	16 207.5	2 771.2	20 521.3	9 006.5
烟草制品业	122	12 144.3	1 188.1	11 702.6	2 507.0
纺织业	19 774	26 548.8	1 346.3	21 840.8	12 291.7
纺织服装、服饰造业	13 168	15 291.6	883.9	11 633.9	5 928.0
皮革、毛皮、羽毛及其制品和制鞋业	8 308	11 420.2	674.7	7 045.6	3 457.6
木材加工及木、竹、藤、棕、草制品业	11 205	10 249.0	482.5	5 689.6	3 190.3
家具制造业	7 149	8 265.4	460.3	6 957.6	3 979.4
造纸及纸制品业	7 189	15 141.6	958.1	15 922.1	9 234.7
印刷和记录媒介复制业	6 579	7 737.7	493.3	7 012.6	3 250.4
橡胶和塑料制品业	23 278	30 309.3	1 838.5	27 449.4	14 005.0

表 69　我国农产品加工业规模以上工业企业主要成本性指标（2021 年）

行　　业	营业成本（亿元）	销售费用（亿元）	管理费用（亿元）	财务费用（亿元）	平均用工人数（万人）
合　　计	**187 927.0**	**7 633.5**	**11 627.2**	**1 404.0**	**1 990.9**
农副食品加工业	49 936.1	1 102.0	1 635.3	356.4	274.5
食品制造业	16 944.0	1 755.6	1 176.8	97.9	177.6
酒、饮料和精制茶制造业	10 901.9	1 247.7	916.9	48.3	112.7
烟草制品业	3 660.8	156.9	850.0	−85.3	15.9
纺织业	23 156.3	481.1	1 274.5	266.7	280.3
纺织服装、服饰造业	12 883.6	564.7	897.4	100.4	256.5
皮革、毛皮、羽毛及其制品和制鞋业	9 772.4	294.6	609.0	64.9	179.7
木材加工及木、竹、藤、棕、草制品业	9 075.5	204.4	379.9	65.7	96.2
家具制造业	6 826.7	335.1	565.0	56.3	111.8
造纸及纸制品业	12 912.4	428.8	787.8	161.3	100.0
印刷和记录媒介复制业	6 431.9	208.0	564.4	51.7	88.3
橡胶和塑料制品业	25 425.5	854.8	1 970.4	219.8	297.5

表 70 我国农产品加工业国有及国有控股工业企业主要指标（2021 年）

行　业	单位数（个）	营业收入（亿元）	利润总额（亿元）	资产总计（亿元）	负债合计（亿元）
合　计	**2 753**	**30 990.0**	**2 973.3**	**25 915.6**	**11 753.6**
农副食品加工业	816	4 187.7	105.1	2 741.7	1 838.6
食品制造业	380	1 530.7	55.1	1 911.6	1 039.7
酒、饮料和精制茶制造业	329	4 196.3	1 404.0	8 277.8	3 090.3
烟草制品业	81	12 073.1	1 182.0	11 621.3	2 463.0
纺织业	152	757.7	26.2	1 037.1	558.9
纺织服装、服饰造业	226	229.5	9.5	414.5	167.3
皮革、毛皮、羽毛及其制品和制鞋业	16	59.7	3.4	80.1	29.3
木材加工及木、竹、藤、棕、草制品业	66	179.9	2.3	277.1	167.5
家具制造业	23	171.5	27.5	195.6	154.9
造纸及纸制品业	97	698.7	55.5	1 493.4	935.2
印刷和记录媒介复制业	291	630.9	52.7	1 033.5	319.4
橡胶和塑料制品业	276	1 199.8	50.1	1 906.5	989.5

表 71 我国农产品加工业国有及国有控股工业企业主要成本性指标（2021 年）

行　业	营业成本（亿元）	销售费用（亿元）	管理费用（亿元）	财务费用（亿元）	平均用工人数（万人）
合　计	**14 228.0**	**763.5**	**1 642.9**	**−15.0**	**111.7**
农副食品加工业	3 867.0	76.2	93.6	40.2	15.1
食品制造业	1 239.5	116.6	84.0	12.1	13.2
酒、饮料和精制茶制造业	2 219.3	336.0	279.0	−25.7	25.8
烟草制品业	3 605.7	154.2	842.0	−85.6	15.0
纺织业	681.9	10.0	33.2	13.4	8.1
纺织服装、服饰造业	161.5	5.1	57.0	−0.8	7.5
皮革、毛皮、羽毛及其制品和制鞋业	49.6	1.1	6.7	0.1	1.1
木材加工及木、竹、藤、棕、草制品业	160.1	4.0	10.4	4.0	1.2
家具制造业	139.3	2.2	19.9	0.3	0.7
造纸及纸制品业	590.9	9.8	52.7	16.7	4.8
印刷和记录媒介复制业	492.5	11.2	79.7	−0.6	7.5
橡胶和塑料制品业	1 020.9	37.0	84.7	10.9	11.8

表 72　我国农产品加工业外商投资和港澳台商投资工业企业主要指标（2021 年）

行　　业	单位数（个）	营业收入（亿元）	利润总额（亿元）	资产总计（亿元）	负债合计（亿元）
合　　计	**12 337**	**45 324.3**	**3 238.9**	**42 008.8**	**20 728.3**
农副食品加工业	1 326	10 223.7	412.3	6 246.7	3 538.7
食品制造业	1 090	6 624.6	676.3	6 112.0	2 993.6
酒、饮料和精制茶制造业	617	3 490.8	373.7	3 303.1	1 541.2
纺织业	1 589	3 856.8	235.1	4 019.4	1 878.1
纺织服装、服饰业	1 814	3 669.9	206.0	3 464.7	1 754.6
皮革、毛皮、羽毛及其制品和制鞋业	932	3 193.3	233.3	2 138.7	1 097.9
木材加工及木、竹、藤、棕、草制品业	222	371.2	15.1	429.6	223.0
家具制造业	609	1 422.4	70.7	1 411.6	776.2
造纸及纸制品业	734	4 570.9	416.1	6 448.3	3 341.7
印刷和记录媒介复制业	559	1 192.0	90.8	1 504.1	556.1
橡胶和塑料制品业	2 845	6 708.7	509.5	6 930.6	3 027.2

表 73　我国农产品加工业外商投资和港澳台商投资工业企业主要成本性指标（2021 年）

行　　业	营业成本（亿元）	销售费用（亿元）	管理费用（亿元）	财务费用（亿元）	平均用工人数（万人）
合　　计	**37 369.7**	**2 445.2**	**2 348.4**	**184.6**	**399.7**
农副食品加工业	9 385.3	197.3	223.5	41.1	35.8
食品制造业	4 756.1	928.1	370.9	−8.8	41.4
酒、饮料和精制茶制造业	2 518.9	424.5	142.8	−3.0	22.7
纺织业	3 269.8	89.0	231.1	30.3	43.0
纺织服装、服饰业	3 115.8	149.5	225.7	22.9	64.8
皮革、毛皮、羽毛及其制品和制鞋业	2 661.6	119.8	198.6	12.6	55.0
木材加工及木、竹、藤、棕、草制品业	313.5	12.9	21.5	3.1	4.1
家具制造业	1 176.0	65.1	105.4	6.3	20.2
造纸及纸制品业	3 754.6	174.6	249.8	49.1	21.3
印刷业和记录媒介复制业	965.1	41.9	99.4	3.0	17.1
橡胶和塑料制品业	5 453.0	242.5	479.7	28.0	74.3

表74 我国农产品加工业私营工业企业主要指标（2021年）

行业	企业数（个）	营业收入（亿元）	利润总额（亿元）	资产总计（亿元）	负债合计（亿元）
合计	**107 951**	**129 205.5**	**6 909.4**	**83 672.8**	**46 437.7**
农副食品加工业	17 855	31 300.9	1 345.0	17 706.3	9 933.9
食品制造业	6 297	9 905.8	680.3	7 073.6	3 380.4
酒、饮料和精制茶制造业	3 950	5 868.9	597.8	4 970.9	2 323.6
烟草制品业	28	45.8	5.1	50.7	31.6
纺织业	16 964	18 838.0	927.4	13 231.5	8 057.7
纺织服装、服饰业	10 311	9 730.6	539.7	5 886.5	3 186.5
皮革、毛皮、羽毛及其制品和制鞋业	6 978	7 622.5	412.8	4 104.8	2 066.2
木材加工及木、竹、藤、棕、草制品业	10 438	8 984.1	411.5	4 200.3	2 394.1
家具制造业	6 020	5 736.5	330.9	4 153.8	2 335.4
造纸及纸制品业	5 727	7 578.2	362.7	5 012.6	3 119.5
印刷业和记录媒介复制业	5 150	5 097.5	301.6	3 565.6	1 938.8
橡胶和塑料制品业	18 233	18 496.7	994.6	13 716.2	7 670.0

表75 我国农产品加工业私营工业企业主要成本性指标（2021年）

行业	营业成本（亿元）	销售费用（亿元）	管理费用（亿元）	财务费用（亿元）	平均用工人数（万人）
合计	**111 272.0**	**3 348.7**	**6 227.5**	**974.6**	**1 238.5**
农副食品加工业	28 004.3	635.9	1 051.6	209.3	174.1
食品制造业	8 118.7	468.6	546.0	69.9	95.3
酒、饮料和精制茶制造业	4 418.7	293.4	334.4	51.3	44.6
烟草制品业	35.1	2.0	4.5	0.1	0.6
纺织业	16 490.6	319.3	872.9	188.8	194.4
纺织服装、服饰业	8 268.0	316.4	522.6	65.1	162.4
皮革、毛皮、羽毛及其制品和制鞋业	6 590.2	161.4	369.4	49.8	114.6
木材加工及木、竹、藤、棕、草制品业	8 004.0	164.3	305.1	50.7	84.4
家具制造业	4 742.9	219.6	374.0	41.7	77.8
造纸及纸制品业	6 597.7	185.4	377.3	59.0	60.4
印刷业和记录媒介复制业	4 295.9	129.1	322.9	42.3	53.3
橡胶和塑料制品业	15 705.9	453.3	1 146.8	146.6	176.6

表 76 我国农产品加工业大中型工业企业主要指标（2021 年）

行　　业	企业数（个）	营业收入（亿元）	利润总额（亿元）	资产总计（亿元）	负债合计（亿元）
合　　计	**12 515**	**109 712.6**	**9 476.0**	**105 557.1**	**49 152.0**
农副食品加工业	1 811	19 855.2	909.6	14 055.9	7 993.5
食品制造业	1 318	13 363.5	1 211.8	12 002.4	5 837.6
酒、饮料和精制茶制造业	664	10 344.3	2 258.8	14 285.5	5 924.5
烟草制品业	71	12 028.5	1 167.9	11 484.4	2 452.7
纺织业	1 905	11 977.3	769.5	11 046.5	5 669.0
纺织服装、服饰业	1 775	7 532.7	534.8	6 671.6	3 155.2
皮革、毛皮、羽毛及其制品和制鞋业	1063	5 507.7	377.6	3 569.4	1 685.9
木材加工及木、竹、藤、棕、草制品业	335	1 720.2	126.6	1 411.7	738.6
家具制造业	711	3 909.3	250.9	3 898.5	2 223.4
造纸及纸制品业	640	8 361.1	712.9	11 001.5	6 001.2
印刷业和记录媒介复制业	560	2 813.3	230.7	2 916.4	1 176.1
橡胶和塑料制品业	1 662	12 299.5	924.9	13 213.3	6 294.3

表 77 我国农产品加工业大中型工业企业主要成本性指标（2021 年）

行　　业	营业成本（亿元）	销售费用（亿元）	管理费用（亿元）	财务费用（亿元）	平均用工人数（万人）
合　　计	**83 101.2**	**4 699.8**	**5 785.0**	**520.5**	**953.6**
农副食品加工业	17 937.1	415.8	537.3	127.2	122.2
食品制造业	10 175.0	1 387.9	662.6	33.7	103.0
酒、饮料和精制茶制造业	6 327.6	1 000.7	586.8	−3.5	68.7
烟草制品业	3 582.4	154.4	834.2	−83.8	15.1
纺织业	10 269.6	231.0	587.0	128.2	134.1
纺织服装、服饰业	6 195.7	368.8	445.7	45.5	132.1
皮革、毛皮、羽毛及其制品和制鞋业	4 645.6	167.0	318.0	24.1	100.0
木材加工及木、竹、藤、棕、草制品业	1 438.1	56.6	85.5	15.5	18.4
家具制造业	3 171.2	180.1	281.9	23.0	54.2
造纸及纸制品业	6 939.5	265.7	440.4	111.6	44.8
印刷业和记录媒介复制业	2 265.1	85.9	226.3	16.2	34.6
橡胶和塑料制品业	10 154.3	385.9	779.3	82.8	126.4

表 78　我国农产品加工业能源消费总量和主要能源品种消费量（2021 年）

行　业	能源消费总量（万 t 标准煤）	煤炭（万 t）	焦炭（万 t）	汽油（万 t）	煤油（万 t）	柴油（万 t）	燃料油（万 t）	天然气（亿 m^3）	电力（亿 kW·h）
合　计	**26 669**	**8 304**	**74**	**33**	**0**	**55**	**10**	**191**	**6 231**
农副食品加工业	4 002	1 577	16	5	0	12	1	30	842
食品制造业	2 148	1 639	16	4	0	5	0	26	334
酒、饮料和精制茶制造业	1 199	497	4	2		3	0	15	176
烟草加工业	180	5		0		1		1	51
纺织业	6 982	592	6	3	0	4	1	51	1 650
纺织服装、服饰业	854	49		3		2	0	12	220
皮革、毛皮、羽毛及其制品和制鞋业	489	18		2		1	0	3	141
木材加工及木、竹、藤、棕草制品业	1 007	40		1		4	0	3	284
家具制造业	393	2		2	0	2	0	2	121
造纸及纸制品业	3 927	3 545	30	2		10	6	22	798
印刷业和记录媒介复制业	498	60		3	0	3	0	5	133
橡胶和塑料制品业	4 990	280	2	6	0	8	2	21	1 481

表 79　我国农业系统农产品加工企业主要经济指标（2021 年）

项目	单位	2021 年
企业个数	万个	
营业收入	万亿元	16.19
同比增长	%	12.1
利润总额	万亿元	1.02
同比增长	%	−1.6
税金总额	亿元	
同比增长	%	

资料来源：表中数据出自中华人民共和国农业农村部。

表 80　我国林业系统农产品加工业总产值（2020—2021 年）

行　业	工业总产值（万元）		
	2020 年	2021 年	同比（%）
总　计	**356 472 422**	**378 497 412**	**6.18**
1. 非木质林产品加工制造业	58 599 717	61 787 146	5.44
2. 木材加工及木、竹、藤、棕、草制品业	136 023 710	139 993 589	2.92
木材加工	27 523 746	29 374 425	6.72
人造板制造业	70 657 714	75 257 326	6.51
木制品制造业	26 347 924	23 404 737	−11.17
竹、藤、棕、草制品制造业	11 494 326	11 957 101	4.03
3. 木、竹、藤家具制造业	65 600 196	72 715 831	10.85
4. 木、竹、苇浆造纸和纸制品业	69 824 380	75 060 801	7.50
5. 林产化学产品制造业	5 713 592	4 690 607	−17.90
6. 木质工艺品和木质文教体育用品制造	10 577 048	10 804 217	2.15
7. 其他	10 133 779	13 445 221	32.68

表 81 我国林业系统各地区农产品加工业总产值（2021 年）

单位：万元

地 区	合 计	木材加工和木、竹、藤、棕、苇制品制造					非木质林产品加工制造业
		小 计	木材加工	人造板制造业	木制品制造业	竹、藤、棕、苇制品制造	
全国总计	**378 497 412**	**139 993 589**	**29 374 425**	**75 257 326**	**23 404 737**	**11 957 101**	**61 787 146**
北 京							
天 津							
河 北	6 899 284	3 986 388	469 836	3 497 677	18 875		2 016 176
山 西	422 154	34 299	26 726	7109	464		304 248
内蒙古	785 490	682 209	647 684	34 525			68 269
辽 宁	2 402 563	1 068 216	343 141	219 962	505 113		443 096
吉 林	4 139 693	1 274 127	251 507	664 761	357 859		1 973 377
黑龙江	2 349 731	1 014 114	738 934	101 034	174 146		620 244
上 海	2 702 384	443 974		438 700	5 274		
江 苏	31 411 987	18 900 272	1 600 724	13 272 163	3 752 243	275 142	2 888 762
浙 江	28 557 790	5 955 426	942 272	1 876 253	2 025 192	1 111 709	2 264 780
安 徽	22 190 034	12 950 877	2 438 471	7 721 693	1 515 812	1 274 901	4 644 983
福 建	48 151 782	16 431 799	2 189 783	3 603 366	5 177 071	5 461 579	7 588 273
江 西	25 890 515	4 272 040	1 003 575	1 337 347	1 494 337	436 781	2 632 284
山 东	35 258 068	22 201 263	3 097 494	18 117 518	878 762	107 489	4 252 026
河 南	8 218 784	3 223 446	915 189	2 140 989	124 908	42 360	1 817 492
湖 北	13 844 507	3 916 039	752 342	1 772 185	1 217 934	173 578	3 782 363
湖 南	17 524 497	5 503 733	1 561 947	1 230 043	1 065 462	1 646 281	5 835 290
广 东	54 382 470	6 035 172	982 553	2 343 101	2 218 275	491 243	3 172 627
广 西	38 340 507	25 079 337	8 860 529	1 433 428	1 557 767	326 760	3 532 905
海 南	2 835 893	363 305	222 094	140 321	890		172 709
重 庆	4 676 739	947 000	291 985	287 457	299 426	68 132	795 791
四 川	11 806 486	2 845 470	911 759	1 103 659	359 539	470 513	2 661 307
贵 州	5 536 912	1 082 139	469 158	392 150	184 988	35 843	3 324 788
云 南	7 216 670	1 545 747	573 485	519 611	428 042	24 609	4 549 815
西 藏	216	216	216				
陕 西	1 642 679	138 400	41 943	52 931	33 345	10 181	1 297 397
甘 肃	283 853	10 661	5040	5621			220 540
青 海	29 513	3 658	3 658				25 655
宁 夏	317 780						315 200
新 疆	648 454	76 024	32 380	42 869	775		570 553
大兴安岭	29 977	8 238			8 238		16 196

（续）

地区	木质、竹、藤家具制造业	林产化学产品制造业	木、竹、苇浆造纸和纸制品业	木质工艺品和木质文教体育用品制造	其他
全国总计	**72 715 831**	**4 690 607**	**75 060 801**	**10 804 217**	**13 445 221**
北京					
天津					
河北	766 704	1 680	47 143	12 922	68 271
山西	24 405		720	7 833	50 649
内蒙古	2 090		29 113	48	3 761
辽宁	496 262		337 334	7 721	49 934
吉林	247 532		312 072	25 013	307 572
黑龙江	299 994		234 253	76 333	104 793
上海	932 910		1 325 500		
江苏	3 104 080	23 600	4 992 133	259 315	1 243 825
浙江	5 625 011	89 802	10 641 960	2 350 982	1 629 829
安徽	2 614 910	104 215	820 493	605 771	448 785
福建	6 402 972	1 680 225	11 125 673	3 451 752	1 471 088
江西	16 761 738	713 773	517 696	754 277	238 707
山东	2 124 308		4 692 130	1 804 023	184 318
河南	1 547 024	300	937 521	185 636	507 365
湖北	2 587 599	21 754	2 549 784	106 513	880 455
湖南	2 603 134	149 133	2 092 832	379 056	961 319
广东	18 544 262	276 464	23 974 001	197 774	2 182 170
广西	2 904 557	940 918	4 041 928	191 313	1 649 549
海南	123 940	209	2 160 150	15 580	
重庆	1 187 185	1 240	1 467 773	88 147	189 603
四川	3 190 104	223 407	2 129 439	56 677	700 082
贵州	324 136	22 255	376 694	197 753	209 147
云南	200 920	436 381	249 039	27 245	207 523
西藏					
陕西	97 753		4 660	2 418	102 051
甘肃	2 243		760	115	49 534
青海					200
宁夏					2 580
新疆	58				1 819
大兴安岭					292

表 82　我国主要经济林产品生产情况（2021 年）

单位：t

指　　标	产　　量
各类经济林产品总量	**207 264 978**
一、水果	167 962 766
二、干果	12 609 436
其中：板栗	2 278 101
枣（干重）	4 404 820
榛子	149 412
松子	182 962
三、林产饮料产品（干重）	2 462 873
四、林产调料产品（干重）	795 566
五、森林食品	4 794 420
其中：竹笋干	911 479
六、森林药材	4 790 328
其中：杜仲	258 794
七、木本油料	9 928 172
1. 油茶籽	3 942 376
2. 核桃（干重）	5 403 500
3. 油橄榄	72 892
4. 油用牡丹籽	42 165
5. 其他木本油料	467 239
八、林产工业原料	3 921 417
其中：紫胶（原胶）	5 647

表 83 我国各地区主要经济林产品生产情况（2021 年）

单位：t

地 区	各类经济林产品总量						
	合计	水果	干果				
			小计	板栗	枣（干重）	榛子	松子
全国总计	**207 264 978**	**167 962 766**	**12 609 436**	**2 278 101**	**4 404 820**	**149 412**	**182 962**
北 京	489 263	443 450	36 084	26 941	1232		
天 津	217 815	210 909	1 992	1 992			
河 北	10 744 102	9 576 349	898 506	408 769	287 342	12 882	122
山 西	7 441 814	5 025 014	1 818 455	3 131	710 602	661	680
内蒙古	1 220 419	768 568	136 364		2 966	7 508	3 142
辽 宁	5 544 293	4 844 330	511 133	180 700	118 567	90 678	41 732
吉 林	585 818	364 130	88 127	710		10 734	72 715
黑龙江	1 197 817	328 957	42 412			19 686	21 874
上 海	155 053	154 823					
江 苏	3 234 506	3 092 653	34 259	11 386	1 377	191	9
浙 江	6 184 780	5 347 543	95 423	56 135	1 755		
安 徽	5 486 979	4 751 257	136 289	90 965	11 865	129	11
福 建	8 453 002	6 185 153	560 745	51 884	3 614	1 726	
江 西	6 817 143	4 911 427	42 248	21 708	565		136
山 东	19 015 159	18 019 598	578 592	256 957	186 994	4 846	
河 南	7 705 354	6 652 096	297 544	111 323	59 555		155
湖 北	9 150 534	7 317 536	451 632	359 237	8 817		357
湖 南	8 968 820	6 182 252	175 166	104 082	34 476	1	1
广 东	12 583 471	11 703 482	84 410	55 592	70		
广 西	22 145 809	20 249 954	149 520	107 528	6261	1	1 351
海 南	5 140 385	2 493 923	2 491 354				
重 庆	5 481 268	4 833 673	37 298	20 123	4 036		950
四 川	10 183 316	8 144 032	107 083	62 147	12 447	27	11 680
贵 州	5 708 033	4 512 364	126 049	87 640	803	110	8 759
云 南	13 180 359	8 000 218	319 929	166 183	3 375		15 291
西 藏	15 851	12 725					
陕 西	12 854 004	11 224 483	634 475	92 020	360 550		2 215
甘 肃	4 171 977	3 719 023	103 747	948	90 444		94
青 海	333 877	10 492					
宁 夏	735 125	609 118	31 546		31 296	124	
新 疆	12 111 562	8 273 234	2 617 292		2 465 811	34	
大兴安岭	7270		1 762			74	1 688

（续）

地　区	各类经济林产品总量					
	林产饮料产品（干重）	林产调料产品（干重）	森林食品		森林药材	
			小计	其中：竹笋干	小计	其中：杜仲
全国总计	**2 462 873**	**795 566**	**4 794 420 20**	**911 479**	**4 790 328**	**258 794**
北　京			20			
天　津						
河　北	20	1 683	7 119		76 571	52
山　西	3 050	19 236	26 402		130 018	131
内蒙古	17 837	16	24 416		32 551	
辽　宁	9 800		99 728		38 331	2
吉　林	1 121	6	60 875		55 841	
黑龙江	3 725		363 538		458 603	
上　海			115	115	115	
江　苏	8 780	81	32 797	805	54 831	72
浙　江	177 237		381 076	144 838	31 757	1 507
安　徽	172 977	955	135 023	44 409	101 862	2 213
福　建	322 550	97	872 818	210 607	122 985	83
江　西	50 571	316	717 012	41 030	206 702	6 630
山　东	102 473	31 150	47 754		89 904	130
河　南	17 173	32 359	188 282	1 546	233 325	25 471
湖　北	340 132	3 846	323 353	22 477	306 823	18 266
湖　南	119 670	5 883	163 438	76 098	442 973	138 515
广　东	61 619	66 268	87 244	66 153	115 672	
广　西	88 988	149 559	143 722	41 523	311 666	4 925
海　南	1 287	4 933	321	321	4 397	
重　庆	34 447	128 077	98 513	34 322	285 483	9 590
四　川	250 189	118 016	264 998	103 501	327 768	29 917
贵　州	212 087	25 482	368 033	12 183	254 069	6 397
云　南	389 170	98 288	310 508	106 054	323 166	1 078
西　藏			325		33	
陕　西	60 257	48 806	70 085	5 497	263 943	13 815
甘　肃	2658	60 218	1 086		97 857	
青　海	3	40			322 113	
宁　夏	14 907	251			77 369	
新　疆	145		610		23 301	
大兴安岭			5 209		299	

（续）

地　区	各类经济林产品总量							
	木本油料						林产工业原料	
	小计	油茶籽	核桃（干重）	油橄榄	油用牡丹籽	其他木本油料	小计	其中：紫胶（原胶）
全国总计	**9 928 172**	**3 942 376**	**5 403 500**	**72 892**	**42 165**	**467 239**	**3 921 417**	**5 647**
北　京	9709		9 709					
天　津	4 914		4 664			250		
河　北	183 014		182 216		167	631	840	
山　西	419 639		396 568		2 178	20 893		
内蒙古	667					667	240 000	
辽　宁	40 971		10 194		1 509	29 268		
吉　林	15 718		15 671			47		
黑龙江	582		537			45		
上　海								
江　苏	1 605		881		411	313	9 500	500
浙　江	121 748	94 442	26 254			1 052	29 996	
安　徽	167 130	129 592	25 959		8 924	2 655	21 486	
福　建	168 400	165 321		173		2 906	220 254	
江　西	700 127	698 116	72			1 939	188 740	
山　东	145 688		130 729		7 462	7 497		
河　南	247 309	61 193	175 402		4 200	6 514	37 266	
湖　北	363 357	257 624	100 352	187	2 136	3 058	43 855	
湖　南	1 786 898	1 716 414	7 489	4	218	62 773	92 540	
广　东	193 700	177 662				16 038	271 076	760
广　西	492 204	454 829	4 769	7		32 599	560 196	
海　南	9 703	6 750				2 953	134 467	
重　庆	56 094	15 560	30 902	2 355	393	6 884	7 683	
四　川	967 574	28 402	888 524	26 784	516	23 348	3 656	
贵　州	193 308	89 133	94 718	30	62	9 365	16 641	
云　南	1 718 707	29 802	1 598 648	1 505	1	88 751	2 020 373	4 387
西　藏	2 768		2 768					
陕　西	529 274	17 536	367 790	42	13 723	130 183	22 681	
甘　肃	187 221		128 622	41 805	246	16 548	167	
青　海	1 229		1 223			6		
宁　夏	1 934		1 931		3			
新　疆	1 196 980		1 196 908		16	56		
大兴安岭								

表 84 我国渔业经济总产值（2020—2021 年）

单位：万元

指 标	2020 年	2021 年	同比（%）
渔业经济总产值	**275 434 669.36**	**296 897 263.70**	**17.01**
1. 渔业	135 172 365.47	151 586 282.09	4.85
其中：海水养殖	38 361 985.60	43 017 007.14	−16.68
淡水养殖	63 871 516.20	74 737 522.48	7.24
海洋捕捞	21 971 998.25	23 037 181.11	3.71
淡水捕捞	4 039 442.71	3 365 597.77	3.26
水产苗种	6 927 422.71	7 428 973.59	3.51
2. 渔业工业和建筑业	59 350 774.44	61 551 634.31	3.89
其中：水产品加工	43 541 924.34	44 962 174.89	2.88
渔用机具制造	3 950 351.14	4 088 847.46	7.21
其中：渔船渔机修造	2 414 257.41	2 508 171.63	20.11
渔用绳网制造	1 334 170.74	1 372 627.39	1.44
渔用饲料	8 335 029.59	8 935 711.00	−4.89
渔用药物	279 149.20	335 286.03	3.52
建筑业	2 272 674.92	2 305 477.16	2.94
其他	971 645.25	924 137.77	12.70
3. 渔业流通和服务业	80 911 529.45	83 759 347.3	1.19
其中：水产流通	65 589 018.81	67 515 883.16	9.51
水产（仓储）运输	4 710 666.33	5 309 133.15	17.01
休闲渔业	8 257 151.15	8 355 635.93	4.85
其他	2 354 693.16	2 578 695.06	−16.68

表 85 我国水产品加工业发展情况（2020—2021 年）

项　　目	单　位	2020 年	2021 年	同比（%）
一、水产加工企业	个	9 136	9 202	0.72
水产品加工能力	t/年	28 534 343	28 935 838	1.41
其中：规模以上加工企业	个	2 513	2 497	−0.64
二、水产冷库	座	8 188	8 454	3.25
冻结能力	t/d	882 134	853 396	−3.26
冷藏能力	t/次	4 643 754	4 746 275	2.21
制冰能力	t/d	214 863	201 510	−6.21
三、水产加工品总量	t	20 907 861	21 250 370	1.64
淡水加工产品	t	4 115 121	4 162 262	1.15
海水加工产品	t	16 792 740	17 088 108	1.76
（一）水产冷冻品	t	14 759 139	15 195 232	2.95
其中：冷冻品	t	7 600 877	7 979 198	4.98
冷冻加工品	t	7 158 262	7 216 034	0.81
（二）鱼糜制品及干腌制品	t	2 650 891	2 765 064	4.31
其中：鱼糜制品	t	1 267 727	1 349 803	6.47
干腌制品	t	1 383 164	1 415 261	2.32
（三）藻类加工品	t	1 048 090	1 023 691	−2.33
（四）罐制品	t	329 857	330 392	0.16
（五）水产饲料（鱼粉）	t	707 638	659 018	−6.87
（六）鱼油制品	t	53 243	67 807	27.35
（七）其他水产加工品	t	1 116 003	1 192 166	6.82
其中：助剂和添加剂	t	40 848	16 197	−60.35
珍珠	kg	27 943	11 563	−58.62
四、用于加工的水产品总量	t	24 771 592	25 226 780	1.84
其中：淡水产品	t	5 241 770	5 715 741	9.04
海水产品	t	19 529 822	19 511 039	−0.10
五、部分水产品年加工量	t	1 782 023	1 916 476	7.54
其中：对虾	t	490 773	482 322	−1.72
克氏原螯虾	t	566 102	661 843	16.91
罗非鱼	t	549 463	567 059	3.20
鳗鱼	t	129 160	151 370	17.20

表 86　我国水产品加工业加工能力、产量及产值（2017—2021 年）

年　份	加工企业数（个）	加工能力（万 t/年）	水产品加工总产量		折合水产品原料（万 t）	总产值（亿元）	占水产品总产值比率（%）
			总产量（万 t）	同比（%）			
2017	9 674	2 926.2	2 196.3	1.43		4 305.1	
2018	9 336	2 892.2	2 156.9	−1.79			
2019	9 323	2 888.2	2 171.4	0.68			
2020	9 136	2 853.4	2 090.7	−3.71			
2021	9 202	2 893.6	2 125.0	1.64			

表 87　我国沿海省、自治区、直辖市水产品加工业生产情况（2020—2021 年）

单位：万 t

地　区	2020 年	2021 年	同比（%）
全国总计	**2 090.8**	**2 125.0**	**1.64**
天　津	0.1	0.1	−48.57
河　北	9.9	9.9	0.09
辽　宁	233.4	235.5	0.91
上　海	0.2	0.3	15.43
江　苏	128.7	134.8	4.76
浙　江	185.7	181.5	−2.25
福　建	370.4	405.2	9.39
山　东	646.5	641.7	−0.73
广　东	145.5	148.4	1.99
广　西	74.5	74.8	0.35
海　南	25.8	31.2	20.82
11 省份小计	1 820.6	1 863.2	2.59
占全国比率（%）	87.08	87.68	

表 88　我国乳制品行业主要指标（2020—2021 年）

指　　标	单位	2020 年	2021 年	同比（%）
年末奶牛存栏	万头	1 043.3	1 094.3	4.9
全年奶类总产量	万 t	3 529.6	3 778.1	7.04
其中：牛奶产量	万 t	3 440.1	3 682.7	7.05
全国乳制品产量	万 t	2 780.4	2 750.6	−1.07
其中：液态乳	万 t	2 599.4	2 580.1	−0.74
乳粉	万 t	101.2	87.1	−13.98
乳制品工业总产值	亿元			
营业收入	亿元	4 195.6	4 288.3	2.21
乳制品加工利润总额	亿元	394.9	331.45	−16.05
城镇居民人均消费	kg	17.3	18.2	5.20
乳制品进口量	万 t	347.8	389.7	12.04
乳制品进口额	亿美元	126.0	133.57	6.00
乳制品出口量	万 t	4.3	4.5	4.7
乳制品出口额	亿美元	2.4	3.0	37.5

资料来源：表中数据出自《中国农村统计年鉴》(2022)、2022 年《中国统计年鉴》、中国食品工业协会。

表 89　我国乳制品行业主要经济指标（2017—2021 年）

年份	企业数量（个）	营业收入（亿元）	利润总额（亿元）	消费量（万 t）
2017	611	3 590.41	244.87	3 259.3
2018	587	3 582.60	220.60	2 681.5
2019	565	3 946.99	379.35	3 026.8
2020	572	4 195.60	394.85	3 123.6
2021	591	4 288.32	331.45	3 135.8

资料来源：表中数据出自中国食品工业协会。

表 90　我国的酒、饮料和精制茶制造业主要经济指标（2020—2021 年）

指　标	单　位	2020 年	2021 年	同比（%）
企业单位数	个	5 530	5 665	2.44
总产量	万 t			
营业收入	亿 元	14 790.5	16 207.5	9.58
利润总额	亿 元	2 465.7	2 771.2	12.39
职工人数	万 人	113.5	112.7	−0.70
资产总计	亿 元	18 983.2	20 521.3	8.10
负债合计	亿 元	7 943.3	9 006.5	13.38

表 91　我国酿酒行业主要经济指标（2020—2021 年）

指　标	单　位	2020 年	2021 年	同比（%）
企业单位数	个	1 887	1 761	−6.67
产品产量	万 kL	5 400.7	5 406.85	3.95
营业收入	亿元	8 353.3	8 686.73	14.35
利润总额	亿元	1 792.0	1 949.33	30.86

表 92　我国酿酒行业主要酒种销售收入增长情况（2021 年）

单位：%

指　标	产销量增长	销售收入增长	利润总额增长
白　酒	−0.59	18.60	32.95
啤　酒	−5.60	7.91	38.41
葡萄酒	−29.08	−9.79	7.64
发酵酒精	1.83	9.51	−99.73

资料来源：表中数据出自《中国白酒》。

表 93　我国烟草工业主要经济指标（2020—2021 年）

指　标	单　位	2020 年	2021 年	同比（%）
企业数	个	105	122	16.19
工业总产值	亿元			
营业收入	亿元	11 380.6	12 144.3	6.71
利润总额	亿元	1 143.4	1 188.1	3.91
平均用工人数	万人	16.6	15.9	−4.22
资产总计	亿元	11 052.4	11 702.6	5.88
负债合计	亿元	2 322.7	2 507.0	7.93

表 94　我国纺织工业主要经济指标（2020—2021 年）

指　标	单　位	2020 年	2021 年	同比（%）
企业数	个	18 510	19 774	6.83
工业总产值	亿元			
营业收入	亿元	23 473.8	26 548.8	13.10
利润总额	亿元	1 237.7	1 346.3	8.78
平均用工人数	万人	286.1	280.3	−2.03
资产总计	亿元	20 350.0	21 840.8	7.33
负债合计	亿元	11 360.3	12 291.7	8.20

表 95 我国纺织服装、服饰业主要经济指标（2020—2021 年）

指 标	单 位	2020 年	2021 年	同比（%）
企业数	个	12 706	13 168	3.64
工业总产值	亿元			
营业收入	亿元	13 868.6	15 291.6	10.26
利润总额	亿元	721.8	883.9	22.46
平均用工人数	万人	263.9	256.5	−2.80
资产总计	亿元	11 234.2	11 633.9	3.56
负债合计	亿元	5 640.8	5 928.0	5.09

表 96 我国皮革、皮毛、羽毛及其制品和制鞋业经济运行情况（2020—2021 年）

指 标	单 位	2020 年	2021 年	同比（%）
企业数	个	7 942	8 308	4.61
工业总产值	亿元			
营业收入	亿元	10 129.0	11 420.2	12.75
利润总额	亿元	639.6	674.7	5.49
平均用工人数	万人	180.8	179.7	−0.61
资产总计	亿元	6 613.8	7 045.6	6.53
负债合计	亿元	3 097.1	3 457.6	11.64

表 97 我国家具制造业经济运行情况（2020—2021 年）

指 标	单 位	2020 年	2021 年	同比（%）
企业数	个	6 531	7 149	9.46
工业总产值	亿元			
营业收入	亿元	7 069.8	8 265.4	16.91
利润总额	亿元	467.5	460.3	−1.54
平均用工人数	亿元	111.5	111.8	0.27
资产总计	亿元	6 320.7	6 957.6	10.08
负债合计	亿元	3 576.7	3 979.4	11.26

表 98 我国造纸和纸制品业经济运行情况（2020—2021 年）

指 标	单 位	2021 年	2021 年	同比（%）
企业数	个	6 656	7 189	8.01
营业收入	亿元	13 155.7	15 141.6	15.10
利润总额	亿元	876.8	958.1	9.27
平均用工人数	万人	98.8	100.0	1.21
资产总计	亿元	15 107.4	15 922.1	5.39
负债合计	亿元	8 769.8	9 234.7	5.30

表 99 我国新闻出版业产业基本情况（2020—2021 年）

类别		单位	2020 年	2021 年	同比（%）
总计	图书、期刊、报纸总印张	亿印张	1 690.00	1 813.48	7.31
	折合用纸量	万 t			
	其中：书籍用纸量	万 t			
	课本用纸量	万 t			
	期刊用纸量	万 t			
	报纸用纸量	万 t			
	图片用纸量	万 t			
图书	图书出版总量	种	489 051	529 197	8.21
	其中：初版图书	种	213 636	225 253	5.44
	重版重印图书	种	275 415	303 944	10.36
	总印数	亿册（张）	103.74	96.45	−7.03
	总印张	亿印张	918.90	901.29	−1.92
	折合用纸量	万 t			
	定价金额	亿元	2 185.33	2 437.30	11.53
期刊	期刊出版总数	种	10 192	10 185	−0.07
	平均期印数	万册	11 133	11 048	−0.76
	总印数	亿册	20.35	20.09	−1.28
	总印张	亿印张	116.40	118.97	2.21
	折合用纸量	万 t			
	定价金额	亿元	211.92	217.33	2.55
报纸	出版种数	种	1 810	1 752	−3.20
	平均期印数	万份	15 692.99	15 566.80	−0.80
	总印数	亿份	289.14	283.02	−2.12
	总印张	亿印张	654.69	628.57	−3.99
	折合用纸量	万 t			
	定价金额	亿元	366.43	366.06	−0.10
音像制品及电子出版物	出版种数	种	16 436	16 371	−0.40
	出版数量	万盒（张）	42 785.75	48 973.95	14.46
	发行数量	亿盒（张）			
	发行金额	亿元			
出版物进出口 出口	图书、期刊、报纸				
	出口数量	万册	1 146.42	846.10	−26.20
	出口金额	万美元	4 719.50	4 816.57	2.06
出版物进出口 进口	图书、期刊、报纸				
	进口数量	万册	3 974.18	4 435.73	11.61
	进口金额	万美元	36 216.29	37 858.58	4.53

表 100　我国印刷和记录媒介复制业主要经济指标（2020—2021 年）

指　标	单　位	2020 年	2021 年	同比（%）
企业数	个	5 887	6 759	14.81
营业收入	亿元	6 638.3	7 737.7	16.56
利润总额	亿元	452.4	493.3	9.04
资产总计	亿元	6 381.2	7 012.6	9.89
负债合计	亿元	2 924.3	3 250.4	11.15
平均用工人数	万人	91.7	88.3	−3.71

农产品加工业主要产品进出口情况

表 101　我国农产品进出口状况（2017—2021 年）

单位：亿美元、%

年份	出口额	同比	进口额	同比	进出口总额	同比	逆差	同比
2017	755.3	3.5	1 258.6	12.8	2 013.9	9.1	503.2	30.4
2018	797.1	5.5	1 371.0	8.9	2 168.1	7.7	573.8	14.0
2019	791.0	−1.7	1 509.7	10.0	2 300.7	5.7	718.7	26.5
2020	760.3	−3.2	1 708.0	14.0	2 468.3	8.0	947.7	32.9
2021	843.5	10.9	2 198.2	28.6	3 041.7	23.2	1 354.7	42.9

资料来源：表中数据出自中华人民共和国农业农村部。

表 102　我国主要农产品进出口增速情况（2019—2021 年）

单位：亿美元

类别	年份	进口额	同比（%）	出口额	同比（%）
水产品	2019	187.0	25.6	206.6	−8.0
	2020	155.6	16.8	190.4	−7.8
	2021	180.1	15.7	219.1	15.1
蔬菜	2019	9.6	15.9	155.0	1.7
	2020	10.4	8.2	149.3	−3.6
	2021	11.9	14.8	157.7	5.6
水果	2019	103.6	23.2	74.5	4.1
	2020	110.4	6.5	83.5	12.1
	2021	145.2	31.5	75.1	10.1

资料来源：表中数据出自中华人民共和国农业农村部。

表 103　我国海关进口农产品及加工品数量与金额（2020—2021 年）

单位：万美元

产品名称	单位	2020 年		2021 年	
		数量	金额	数量	金额
谷物及谷物粉	万 t			6 536	2 005 242
小麦	万 t	838	234 885	977	307 789
稻谷和大米	万 t	294	149 511	496	223 451
大豆	万 t	10 031	3 954 557	9 652	5 353 921
食用植物油	万 t	983	744 358	1 039	1 092 175
食糖	万 t	527	180 281	567	228 276
天然橡胶（包括胶乳）	万 t			239	
合成橡胶（包括胶乳）	万 t			438	
原木	万 m^3		840 106	6 358	1 159 451
锯材	万 m^3	3 399	764 526	2 884	785 583
纸浆	万 t	3 050	1 562 517	2 969	2 005 594
羊毛及毛条	万 t	22	164 297	29	241 587
棉花	万 t	216	356 563	215	411 190
硫酸钾	万 t			5	
杀虫剂、除草剂及类似品	t			104 083	

表 104　我国海关出口农产品及加工品数量与金额（2020—2021 年）

单位：万元

产品名称	单位	2020 年		2021 年	
		数量	金额	数量	金额
活　猪	万头				
活家禽	万只				
牛　肉	t				
猪　肉	t				
冻　鸡	t				
水海产品	万 t	375	12 976 231	375	13 946 180
鲜　蛋	百万个				
谷物及谷物粉	万 t				
稻谷和大米	万 t				
玉　米	t				
蔬　菜	万 t	1 017	8 281 368	899	7 941 289
鲜或冷藏蔬菜	万 t	692	3 995 865	590	3 849 435
橘、橙	t				
苹　果	t	106	997 578	108	924 109
松子仁	t				
大　豆	万 t				
花生及花生仁	万 t				

（续）

产品名称	单位	2020 年		2021 年	
		数量	金额	数量	金额
食用植物油（含棕榈油）	t				
食　糖	t				
天然蜂蜜	t				
茶　叶	t	348 814	1 416 433	369 354	1 485 247
辣椒干	t				
猪肉罐头	t				
蘑菇罐头	t				
啤　酒	万 L	38 674	168 055	42 420	180 289
肠　衣	t				
填充用羽毛、羽绒	t				
中药材及中成药	t	144 409	2 754 262	1 464 119	32 055 933
烤　烟	t	110 449	231 346	122 429	242 320
纸　烟	万条				
锯　材	万 m^3				
生　丝	t				
山羊绒	t				
棉　花	t				
烟花、爆竹	t	270 912	446 313	322 901	519 840
松香及树脂酸	t				
新的充气橡胶轮胎	万条	604	9 194 001	701	10 791 766
纸及纸板（未切成形）	万 t				
棉纱线	t				
丝织物					
棉机织物					
亚麻及苎麻机织物	万 m				
合成短纤及棉混纺机织物	万 m				
地　毯	万 m^2				
塑料编织袋（周转袋除外）	万条				
纺织机械及零件			3 168 420		3 106 514
家具及其零件			40 375 796		47 712 761
非针织或钩编织物制服装					
针织或钩编织服装					
皮　鞋	万双				
橡胶或塑料底布鞋（包括球鞋）	万双				
足球、篮球、排球	万个				
竹编结品	t				
藤编结品	t				
草编结品	t				
柳编结品	t				

表 105　我国食品主要出口国家（地区）情况（2020—2021 年）

单位：万美元

国家或地区	2020 年（金额）	2021 年（金额）	同比（%）
中国香港	831 376.5	991 424.1	19.3
日　　本	808 025.1	856 823.4	6.0
美　　国	516 905.3	584 225.4	13.0
越　　南	475 123.3	461 242.0	−2.9
泰　　国	396 706.8	429 089.3	8.2
韩　　国	383 406.2	413 622.3	7.9
马来西亚	315 155.7	386 891.6	22.8
菲 律 宾	212 946.8	256 070.0	20.3
印度尼西亚	189 137.4	191 125.6	1.1
中国台湾	179 844.7	177 974.4	−1.0

资料来源：表中数据出自中华人民共和国商务部对外贸易司。

表 106　我国主要粮食进口情况（2003—2021 年）

单位：万 t

年　份	稻　米	小　麦	玉　米	大　豆
2003	26.00	45.00	0.07	2 074.00
2004	76.00	726.00	0.25	2 023.00
2005	52.00	354.00	0.40	2 659.00
2006	73.00	61.00	6.54	2 824.00
2007	49.00	10.00	3.54	3 082.00
2008	32.97	4.31	5.00	3 744.00
2009	36.00	90.40	8.45	4 255.00
2010	38.82	123.07	157.32	5 480.00
2011	59.78	125.81	175.36	5 264.00
2012	236.86	370.10	520.80	5 838.00
2013	227.11	553.51	326.59	6 338.00
2014	257.90	300.00	259.91	7 140.31
2015	337.69	300.59	473.00	8 169.19
2016	356.00	341.00	317.00	8 391.00
2017	403.00	442.00	283.00	9 553.00
2018	308.00	310.00	352.00	8 803.00
2019	255.00	349.00	479.00	8 851.00
2020	294.27	837.65	1 129.60	10 031.45
2021	496.41	977.00	2 835.25	9 651.78

资料来源：表中数据出自中华人民共和国商务部对外贸易司、联合国 UN Comtrade 数据库。

表 107 我国主要粮食出口情况（2003—2021 年）

单位：万 t

年 份	稻 米	玉 米	大 豆
2003	262.00	1 639.00	27.00
2004	91.00	232.00	33.00
2005	69.00	864.00	40.00
2006	124.00	310.00	38.00
2007	134.00	492.00	46.00
2008	97.00	27.00	47.00
2009	79.00	13.00	35.00
2010	62.00	13.00	16.00
2011	51.57	13.61	21.00
2012	27.92	25.73	32.00
2013	47.85	7.76	21.00
2014	41.92	2.00	20.71
2015	28.72	1.11	13.36
2016	39.51	0.41	13.00
2017	119.68	8.59	11.00
2018	208.93	1.22	13.00
2019	274.76	2.61	11.00
2020	230.43	0.25	7.95
2021	244.79	0.68	7.36

资料来源：表中数据出自中华人民共和国商务部对外贸易司和联合国 UN Comtrade 数据库。

表 108 我国谷物及谷物粉进出口情况（2014—2021 年）

单位：万 t、百万美元

年 份	数 量			金 额		
	进 口	出 口	顺 差	进 口	出 口	顺 差
2014	1 951.07	70.93	−1 880.14	6 217.31	555.66	−5 661.65
2015	3 270.44	47.84	−3 222.60	9 391.46	395.07	−8 996.39
2016	2 199.00	67.00	−2 132.00	5 705.24	489.21	−5 216.03
2017	2 559.00	156.00	−2 403.00	6 485.24	756.56	−5 728.68
2018	2 047.00	249.00	−1 798.00	5 911.93	1 065.90	−4 846.03
2019	1 785.07	318.04	−1 467.03	5 202.50	1 240.16	−3 962.34
2020		354.65			2 028.54	
2021	6 536.00	331.00	−6 205.00	20 083.35	1 764.24	−18 319.11

资料来源：表中数据出自国家统计局。

表 109　我国大米主要出口国家（地区）情况（2021 年）

单位：t、万美元

国家或地区	2021 年		同比（%）	
	数　量	金　额	数　量	金　额
韩　国	226 094.0	18 680.3	10	21.5
埃　及	250 000.0	8 013.0	−5.1	5.2
巴布亚新几内亚	148 292.5	5 482.5	17.6	20.4
塞拉利昂	189 500.0	5 471.0	−7.6	−5.6
日　本	61 560.0	5 417.5	−1.1	3.3
科特迪瓦	168 040.0	4 987.2	69.7	74.9
菲律宾	28 047.0	4 803.2	−19.1	25
几内亚	146 985.0	4 413.8	77.1	98
喀麦隆	144 000.0	4 062.6	−23.2	−18.9
尼日尔	140 879.5	3 868.6	6.7	12.2

资料来源：表中数据出自中华人民共和国商务部对外贸易司。

表 110　我国稻谷和大米进口量及主要进口国情况（2005—2020 年）

单位：万 t、%

年　份	进口量	进口国 1	占比	进口国 2	占比
2005	65.40	泰　国	91.74	越　南	8.08
2007	47.15	泰　国	93.10	越　南	5.79
2009	34.25	泰　国	93.88	老　挝	5.05
2011	59.78	泰　国	53.60	越　南	40.42
2013	225.11	越　南	65.99	巴基斯坦	18.58
2014	255.72	越　南	52.89	泰　国	28.46
2015	335.00	越　南	53.56	泰　国	27.80
2016	353.45	越　南	45.79	泰　国	26.27
2017	399.25	越　南	55.85	泰　国	25.70
2018	305.58	越　南	42.21	泰　国	26.83
2019	254.47	泰　国	22.33	缅　甸	21.46
2020	294.27	缅　甸	30.95	越　南	26.76

资料来源：表中数据出自中华人民共和国商务部对外贸易司。

表 111 我国小麦进口贸易情况（2003—2021 年）

单位：万 t、亿美元

年 份	数 量	金 额
2003	42.42	0.77
2004	723.29	16.4
2005	351.01	7.62
2006	58.41	1.08
2007	8.34	0.21
2008	3.19	0.07
2009	89.37	2.05
2010	121.87	3.09
2011	124.88	4.18
2012	368.86	11.01
2013	550.67	18.66
2014	297.12	9.62
2015	297.18	8.86
2016	337.43	8.01
2017	429.65	10.31
2018	287.61	7.81
2019	348.67	10.03
2020	837.65	23.49
2021	977.00	30.78

资料来源：表中数据出自中华人民共和国商务部对外贸易司。

表 112 我国小麦进口量及主要进口国情况（2003—2020 年）

单位：万 t、%

年 份	进口量	进口国 1	占比	进口国 2	占比
2003	42.42	美 国	50.28	加拿大	48.17
2005	351.57	美 国	48.78	加拿大	47.98
2007	8.34	加拿大	52.86	澳大利亚	27.69
2009	89.37	美 国	44.28	澳大利亚	36.34
2011	125.23	澳大利亚	51.01	美 国	34.82
2013	550.71	美 国	69.37	加拿大	15.74
2014	297.20	澳大利亚	46.80	美 国	29.03
2015	297.27	澳大利亚	42.23	加拿大	33.38
2016	337.42	澳大利亚	40.57	美 国	25.56
2017	429.65	澳大利亚	44.20	美 国	36.20
2018	287.61	加拿大	48.05	哈萨克斯坦	18.87
2019	348.67	加拿大	47.70	法 国	13.84
2020	837.65	法 国	28.52	加拿大	27.44

资料来源：表中数据出自中华人民共和国商务部对外贸易司。

表 113 我国玉米进出口贸易情况（2003—2021 年）

单位：万 t、亿美元

年份	数量			金额		
	进口	出口	顺差	进口	出口	顺差
2003	0.03	1 639.90	1 639.87	0.001	17.665	17.664
2004	0.23	231.79	231.56	0.005	3.240	3.235
2005	0.39	861.08	860.69	0.008	10.964	10.956
2006	6.51	307.04	300.53	0.105	4.120	4.015
2007	3.51	491.62	488.11	0.053	8.739	8.686
2008	4.91	25.23	20.32	0.104	0.731	0.627
2009	8.35	12.90	4.55	0.184	0.310	0.126
2010	157.51	12.72	−144.79	3.623	0.330	−3.293
2011	175.26	13.57	−161.69	5.741	0.458	−5.283
2012	520.67	25.71	−494.96	16.834	1.007	−15.827
2013	326.45	7.73	−318.72	9.305	0.322	−8.983
2014	259.81	1.99	−257.82	7.232	0.070	−7.162
2015	472.98	1.08	−471.90	11.038	0.035	−11.003
2016	316.63	0.35	−316.28	6.343	0.011	−6.332
2017	282.52	8.46	−274.06	6.000	0.199	−5.801
2018	352.11	1.13	−350.98	7.821	0.031	−7.790
2019	479.06	2.49	−476.57	10.569	0.068	−10.501
2020	1 129.4	0.30	−1 129.1	24.903	0.427	−24.861
2021	2 835.25	0.68	−2 834.57	80.081	0.720	−79.361

资料来源：表中数据出自中华人民共和国商务部对外贸易司。

表 114 我国玉米主要进口国情况（2005—2020 年）

单位：%

年份	进口国 1	占比	进口国 2	占比
2005	美国	97.35	阿根廷	2.39
2007	老挝	46.21	缅甸	42.87
2009	美国	80.60	巴西	13.40
2011	美国	73.45	巴西	16.85
2013	美国	90.89	乌克兰	3.33
2014	美国	39.52	乌克兰	37.11
2015	乌克兰	81.43	美国	9.76
2016	乌克兰	84.01	美国	7.04
2017	乌克兰	82.39	美国	8.52
2018	乌克兰	60.22	美国	26.57
2019	乌克兰	86.31	美国	6.63
2020	乌克兰	624.41	美国	434.20

资料来源：表中数据出自中华人民共和国商务部对外贸易司。

表 115　我国大豆来源进口国占比情况（2015—2021 年）

单位：%

年　份	美　国	巴　西	阿根廷	加拿大
2015	34.76	49.09	11.55	1.31
2016	40.42	45.68	8.64	1.74
2017	34.19	54.41	6.71	2.14
2018	18.90	75.09	1.66	2.04
2019	19.10	64.03	8.46	2.56
2020	25.80	64.07	7.43	0.24
2021	33.46	60.25	3.88	0.61

资料来源：表中数据出自联合国 UN Comtrade 数据库。

表 116　我国大豆进出口数量情况（2012—2021 年）

单位：万 t

年　份	进口数量	出口数量	逆　差
2012	5 838.00	32.00	5 806.00
2013	6 338.00	21.00	6 317.00
2014	7 140.31	20.71	7 119.60
2015	8 169.19	13.36	8 155.83
2016	8 391.00	13.00	8 378.00
2017	9 553.00	11.00	9 542.00
2018	8 803.10	13.00	8 790.10
2019	8 850.54	11.00	8 839.54
2020	10 032.72	7.95	10 024.77
2021	9 651.68	7.36	9 644.32

资料来源：表中数据出自联合国 UN Comtrade 数据库。

表 117　我国淀粉及部分深加工品进出口情况（2020—2021 年）

单位：t

主要品种	2020 年		2021 年		同比（%）	
	进口量	出口量	进口量	出口量	进口量	出口量
玉米淀粉	7 975	623 000	14 420	147 000	80.82	−76.40
木薯淀粉	2 756 919	682	3 485 400	650	26.41	−4.76
马铃薯淀粉	44 597	1772	93 096	1106	110.55	−40.13
未列名淀粉	27 322	40 712	7959	44 815	−70.87	10.08
糊精及其他改性淀粉	481 912	79 426	583 505	91 235	21.08	14.87
山梨醇	2017	101 432	1742	113 255	−13.61	11.66
甘露醇	615	10 437	1147	11 739	86.56	12.47
木糖醇	13	38 145	17	42 261	33.36	10.79
葡萄糖及葡萄糖浆	7862	776 853	2492	635 390	−68.30	−18.21
果糖及果糖浆（果糖>50%，转化糖除外）	7 442	197 862	2 725	58 325	−63.38	−70.52
其他固体糖	1 079 626	516 427	30 226	445 587	−97.20	−13.72
合　计	4 034 876	2 386 747	4 222 350	1 591 363	4.65	−33.33

资料来源：表中数据出自中国海关。

表 118 我国油料产品出口情况（2019—2021 年）

单位：万 t

年 份	食用植物油	豆油	菜籽油
2019	26.8		
2020	17.0		
2021	12.0		

资料来源：表中数据出自国家粮油信息中心。

表 119 我国植物油主要出口国家（地区）情况（2021 年）

单位：t、万美元

国家或地区	2021 年		同比（%）	
	数量	金额	数量	金额
中国香港	46 206.2	7 827.5	−13.5	20.1
马来西亚	23 360.9	3 340.1	77.5	118.5
美 国	4 949.8	3 170.4	6.4	33.9
韩 国	10 410.1	2 100.4	399.3	207.3
荷 兰	1 699.3	1 903.7	−14.8	−4.9
日 本	2 649.8	1 785.3	−11.9	10.6
澳大利亚	1 655.2	1 675.9	8.5	45.3
孟加拉国	10 128.7	1 324.9	114 090.5	22 767.5
朝 鲜	11 435.2	1 154.0	−86.0	−85.3
新 加 坡	5 464.8	1 137.4	−3.9	45.6

资料来源：表中数据出自中华人民共和国商务部对外贸易司。

表 120 我国主要食用植物油进口量情况（2015—2021 年）

单位：万 t

年 份	总进口量	棕榈油进口量	菜籽油进口量	豆油进口量	葵花油和红花油进口量
2015	839.1	590.9	81.5	81.8	65.1
2016	688.4	447.7	70.0	56.0	95.7
2017	742.8	507.9	75.7	65.3	74.5
2018	808.7	522.7	129.6	54.9	70.3
2019	1 152.7	755.7	161.5	82.6	122.9
2020	1 169.5	646.1	193.2	96.3	195.4
2021	1 090.5	637.6	215.3	111.0	126.6

资料来源：表中数据出自联合国 UN Comtrade 数据库。

表 121　我国食用油籽进出口额情况（2014—2021 年）

单位：亿美元

年　份	进口	出口	贸易逆差
2014	445.1	14.3	430.8
2015	383.9	14.6	369.3
2016	370.4	14.2	356.2
2017	430.2	16.4	413.8
2018	417.5	17.1	400.4
2019	384.0	16.9	367.1
2020	432.7	16.0	416.7
2021	601.7	29.5	572.2

资料来源：表中数据出自联合国 UN Comtrade 数据库。

表 122　我国花生仁果主要出口国家（地区）情况（2021 年）

单位：亿美元

国　家	2021 年		同比（%）	
	数量	金额	数量	金额
日　本	10 818.8	2 668.2	−9.9	−8.9
加拿大	9 668.7	1 728.2	0.1	3.4
泰　国	10 447.8	1 587.4	−17.5	−8.4
西班牙	9 120.1	1 467.1	−11.5	8.3
越　南	7 118.4	1 290.9	−43.2	−17.8
荷　兰	5 874.9	1 064.2	−32.7	−25.1
英　国	6 068.2	1 002.9	−16.7	−15.7
马来西亚	5 690.8	931.1	−18.9	−17.2
菲律宾	5 547.8	778.6	16.6	27.6
新加坡	4 665.2	733.8	43.3	48.1

资料来源：表中数据出自中华人民共和国商务部对外贸易司。

表 123　我国葵花籽主要进口来源国进口量占比情况（2019—2021 年）

单位：%

2019 年		2020 年		2021 年	
进口来源国	占比	进口来源国	占比	进口来源国	占比
哈萨克斯坦	73.675	哈萨克斯坦	64.532	哈萨克斯坦	51.030
保加利亚	13.004	俄罗斯	20.662	保加利亚	26.920
俄罗斯	10.531	保加利亚	14.790	俄罗斯	21.941
日　本	2.250	日　本	0.007	土耳其	0.072
美　国	0.174	法　国	0.006	日　本	0.023

资料来源：表中数据出自联合国商品贸易统计数据库。

表 124 我国葵花籽主要出口目的地出口量占比情况（2019—2021 年）

单位：%

2019 年		2020 年		2021 年	
出口目的地	占比	出口目的地	占比	出口目的地	占比
土耳其	17.0	土耳其	23.7	土耳其	18.4
埃　及	15.2	埃　及	15.8	伊拉克	13.2
伊　朗	7.4	伊拉克	12.6	埃　及	12.2
越　南	7.3	西班牙	5.9	伊　朗	8.0
阿拉伯联合酋长国	7.0	伊　朗	5.6	西班牙	6.9

资料来源：表中数据出自联合国商品贸易统计数据库。

表 125 我国蔬菜进出口额情况（2014—2021 年）

单位：亿美元

年　份	进口	出口	贸易顺差
2014	5.1	125.0	119.9
2015	5.4	132.7	127.3
2016	5.3	147.2	141.9
2017	5.5	155.2	149.7
2018	8.3	152.4	144.1
2019	9.6	155.0	145.4
2020	10.4	119.5	109.1
2021	28.6	122.9	93.4

资料来源：表中数据出自 2022 年《中国统计年鉴》、中国海关。

表 126 我国蔬菜出口情况（2020—2021 年）

单位：万 t、亿美元

品种类别	2020 年		2021 年		同比（%）	
	数量	金额	数量	金额	数量	金额
蔬菜	1 017	119.5	899	122.9	−11.60	2.85
鲜或冷藏蔬菜	692	57.8	590	59.6	−14.74	3.11

表 127 我国大蒜及制品主要出口国家（地区）情况（2021 年）

单位：t、万美元

国家或地区	2021 年		同比（%）	
	数量	金额	数量	金额
印度尼西亚	570 439.4	51 405.6	−9.6	9.0
美　国	141 015.6	34 767.1	7.9	15.8
越　南	227 515.8	29 552.3	−10.6	−2.2
马来西亚	139 687.2	14 568.2	20.4	36.6
日　本	34 069.7	9 286.5	9.8	3.8
菲律宾	94 718.5	9 005.7	−0.3	17.6
泰　国	81 596.8	7 822.5	−9.5	16.4
阿拉伯联合酋长国	66 783.2	7 268.7	−3.2	15.0
俄罗斯联邦	51 060.0	7 162.8	−15.6	0.5
巴　西	51 799.3	6 760.5	−56.8	−48.6

资料来源：表中数据出自中华人民共和国商务部对外贸易司。

表 128　我国大葱及制品主要出口国家（地区）情况（2021 年）

单位：t、万美元

国家或地区	2021 年		同比（%）	
	数量	金额	数量	金额
日　　本	44 604.7	6 149.3	−15.3	9.5
韩　　国	7 998.9	854.4	57.1	155.8
中国香港	3 630.3	428.5	−17.8	−2.0
新 加 坡	794.4	131.1	−23.8	42.3
马来西亚	911.6	126.7	−13.5	23.8
俄罗斯联邦	668.8	115.1	−8.4	30.2
加 拿 大	347.6	60.5	−45.5	0.0
中国澳门	1 807.4	38.2	−0.5	−7.2
泰　　国	384.1	24.6	−67.9	−68.4
越　　南	271.5	18.1	−73.6	−79.3

资料来源：表中数据出自中华人民共和国商务部对外贸易司。

表 129　我国食用菌出口情况（2020—2021 年）

项　目	单　位	2020 年	2021 年	同比（%）
出口量	万 t	64.72	65.19	0.73
创　汇	亿美元	27.28	28.67	5.10

表 130　我国食用菌罐头主要出口国家（地区）情况（2021 年）

单位：t、万美元

国家或地区	2021 年		同比（%）	
	数量	金额	数量	金额
中国香港	24 648.8	29 183.8	48.6	48.7
越　　南	14 065.0	16 366.7	36.2	35.5
俄罗斯联邦	33 368.3	11 566.5	11.3	60.8
马来西亚	21 868.6	10 583.4	−32.0	−50.5
韩　　国	16 937.5	6 253.6	5.4	20.2
日　　本	12 794.1	3 945.5	−4.9	−8.1
缅　　甸	410.4	2 922.3	13.3	48.6
巴　　西	2 558.0	2 409.5	70.3	69.5
菲 律 宾	17 205.2	2 139.7	7.0	17.4
老　　挝	226.2	1 393.3		

资料来源：表中数据出自中华人民共和国商务部对外贸易司。

表 131　我国香菇及制品主要出口国家（地区）情况（2021 年）

单位：t、万美元

国家或地区	2021 年		同比（%）	
	数量	金额	数量	金额
中国香港	21 705.4	33 750.6	56.3	60.1
马来西亚	8 862.6	9 890.6	−23.6	−38.3
泰　国	7 843.0	9 527.7	−46.6	−51.9
越　南	6 641.4	9 450.1	−30.7	−34.1
日　本	6 853.8	7 946.6	9.6	9.7
哈萨克斯坦	2 231.2	4 260.5	189.2	140.4
韩　国	6 943.7	3 793.2	9.7	−4.7
美　国	4 023.8	3 762.7	17.2	20.7
新加坡	1 234.2	1 925.4	−64.8	−56.0
加拿大	867.4	1 146.0	3.6	17.8

资料来源：表中数据出自中华人民共和国商务部对外贸易司。

表 132　我国水果出口贸易情况（2002—2020 年）

单位：亿美元

年　份	出口额	世界排名
2002	5.55	16
2003	7.52	14
2004	9.16	13
2005	10.67	14
2006	12.84	13
2007	16.32	11
2008	21.04	9
2009	23.79	8
2010	26.79	8
2011	31.88	7
2012	37.72	7
2013	41.72	5
2014	43.18	6
2015	52.11	4
2016	54.87	5
2017	53.43	6
2018	52.85	7
2019	62.29	5
2020	25.21	1

资料来源：表中数据出自联合国 UN Comtrade 数据库。

表 133 我国水果主要出口国家（地区）情况（2020 年）

单位：万美元、%

国家或地区	出口额	占比
日　　本	59 761.4	23.71
美　　国	46 606.7	18.49
韩　　国	12 421.8	4.93
泰　　国	11 191.5	4.44
印度尼西亚	8 135.0	3.23
德　　国	7 635.8	3.03
俄罗斯联邦	7 623.1	3.02
马来西亚	7 224.4	2.87
加 拿 大	7 218.6	2.86
荷　　兰	6 983.1	2.77

资料来源：表中数据出自联合国 UN Comtrade 数据库。

表 134 我国苹果主要出口国家（地区）情况（2021 年）

单位：t、万美元

国家或地区	2021 年		同比（%）	
	数量	金额	数量	金额
越　　南	180 509.5	29 890.9	12.6	−7.2
泰　　国	138 064.9	20 813.3	0.8	−2.1
菲 律 宾	160 851.8	20 354.2	−4.5	−4.4
印度尼西亚	159 748.1	18 939.9	19.4	11.0
孟加拉国	179 854.1	18 878.4	0.4	3.1
尼 泊 尔	78 864.9	10 100.5	80.1	113.8
中国香港	32 063.3	5 745.4	5.1	7.4
马来西亚	43 267.5	5 076.8	12.2	17.9
缅　　甸	24 345.0	3 845.6	−54.2	−48.0
新 加 坡	18 602.2	2 480.3	−8.1	−9.4

资料来源：表中数据出自中华人民共和国商务部对外贸易司。

表 135 我国苹果汁主要出口国家（地区）情况（2021 年）

单位：t、万美元

国家或地区	2021 年		同比（%）	
	数量	金额	数量	金额
美　　国	115 602.4	11 282.8	−26.0	−27.8
日　　本	64 549.3	6 778.7	85.2	87.7
俄罗斯联邦	39 703.0	4 391.2	−12.6	−15.2
南　　非	46 019.3	4 349.6	15.7	12.4
加 拿 大	41 613.8	4 347.6	173.6	181.8
澳大利亚	25 924.5	2 787.8	−14.1	−8.9
土 耳 其	26 180.0	2 610.3	5.1	1.9
德　　国	11 282.4	1 092.8	25.3	20.3
印　　度	7 899.6	819.0	−28.7	−30.5
波　　兰	5 895.0	619.2	14.6	13.0

资料来源：表中数据出自中华人民共和国商务部对外贸易司。

表 136 我国梨主要出口国家（地区）情况（2021 年）

单位：t、万美元

国家或地区	2021 年		同比（%）	
	数量	金额	数量	金额
印度尼西亚	218 521.2	19 723.6	8.9	8.5
越　　南	90 787.0	15 123.5	−11.7	−18.0
泰　　国	54 945.4	7 589.3	2.1	8.9
中国香港	30 152.1	4 062.1	−18.0	−20.9
马来西亚	27 990.1	3 071.5	−21.5	−26.2
菲 律 宾	23 020.3	2 563.6	−12.7	−30.0
美　　国	9 564.8	1 434.3	−18.9	−13.8
加 拿 大	8 637.3	1 338.2	−24.1	−14.5
新 加 坡	8 189.1	1 174.3	−21.8	−11.1
荷　　兰	7 638.3	952.0	−6.0	−1.3

资料来源：表中数据出自中华人民共和国商务部对外贸易司。

表 137 我国梨总出口量及出口前三国家（地区）（2020—2021 年）

单位：t、万美元

国家或地区	2020 年		2021 年		同比（%）	
	数量	金额	数量	金额	数量	金额
总出口	**53.9**	**6.7**	**51.0**	**6.1**	**−5.4**	**−9.3**
印度尼西亚	20.1	1.8	21.8	2.0	8.9	8.5
越　南	10.3	1.8	9.1	1.5	−11.7	−18.0
泰　国	5.4	0.7	5.5	0.8	2.1	8.9

资料来源：表中数据出自中华人民共和国商务部对外贸易司。

表 138 我国柑橘属水果主要出口国家（地区）情况（2021 年）

单位：t、万美元

国家或地区	2021 年		同比（%）	
	数量	金额	数量	金额
越　　南	321 677.9	52 590.6	8.7	−3.9
泰　　国	91 826.9	15 289.7	−5.3	−12.2
菲 律 宾	106 562.6	14 923.0	−9.1	−19.3
马来西亚	74 947.4	10 538.5	7.3	−5.9
印度尼西亚	70 956.3	10 112.9	33.6	8.0
中国香港	43 095.7	7 100.0	26.9	19.4
缅　　甸	39 894.2	6 427.4	−54.0	−48.2
荷　　兰	43 135.9	3 901.4	−48.7	−39.5
新 加 坡	18 203.0	2 714.1	120.3	128.2
加 拿 大	14 588.9	1 633.5	−30.2	−19.9

资料来源：表中数据出自中华人民共和国商务部对外贸易司。

表 139 我国柑橘属水果分省份出口情况（2021 年）

单位：t、万美元

地 区	2021 年		同比（%）	
	数量	金额	数量	金额
云 南	396 229.9	66 215.3	−8.7	−18.4
福 建	255 074.9	32 638.8	−12.8	−4.7
山 东	74 255.9	11 094.6	−37.2	−37.7
广 东	71 327.8	10 180.9	23.9	17.1
广 西	17 317.1	2 407.5	84.9	95.8
湖 南	17 082.6	2 252.4	−30.1	−20.4
江 西	19 911.3	2 131.1	−31.2	−25.4
浙 江	13 470.3	1 736.3	3.6	24.7
新 疆	15 961.8	1 605.1	−32.9	−36.6
四 川	14 129.6	1 528.6	130.6	66.7

资料来源：表中数据出自中华人民共和国商务部对外贸易司。

表 140 我国蜂蜜主要出口国家（地区）情况（2021 年）

单位：t、万美元

国家或地区	2021 年		同比（%）	
	数量	金额	数量	金额
日 本	30 110.0	6 576.0	−10.3	−10.7
英 国	37 641.3	5 600.8	1.3	−11.3
比利时	16 123.4	2 768.7	47.6	43.3
波 兰	15 264.3	2 503.4	63.8	48.3
西班牙	5 517.0	936.1	1.2	5.4
南 非	5 633.5	931.4	35.3	31.5
荷 兰	3 890.2	713.9	71.9	70.5
澳大利亚	3 673.9	699.5	6.4	6.4
葡萄牙	4 365.7	641.2	97.3	66.0
德 国	3 306.6	582.3	7.0	1.5

资料来源：表中数据出自中华人民共和国商务部对外贸易司。

表 141 我国蜂产品出口情况（2020—2021 年）

主要产品	数量、金额、单价	2020 年	2021 年	同比（%）
天然蜂蜜	数量（t）	132 469.35	145 886.04	10.13
	金额（万美元）	25 404.50	26 004.67	2.36
	平均单价（美元/kg）	1.92	1.68	−12.55
鲜蜂王浆	数量（t）	765.99	768.89	0.38
	金额（万美元）	1 969.56	2 080.58	5.64
	平均单价（美元/kg）	25.71	27.06	5.25
鲜蜂王浆粉	数量（t）	288.10	244.54	−15.12
	金额（万美元）	2 409.89	2 020.43	−16.16
	平均单价（美元/kg）	83.65	82.62	−1.23
蜂王浆制剂	数量（t）		340.67	
	金额（万美元）		320.48	
	平均单价（美元/kg）		9.41	

资料来源：表中数据出自中国海关。

表 142 我国食糖出口主要国家（地区）情况（2021 年）

单位：t、万美元、%

国家或地区	2021 年		同比	
	数量	金额	数量	金额
蒙　古	58 527.4	2 754.5	234.5	281.9
中国香港	25 661.8	1 393.5	26.5	27.8
马来西亚	11 126.5	627.5	249.4	101.6
美　国	4 488.7	482.1	−3.5	11.0
朝　鲜	11 433.9	468.7	−84.2	−83.6
新加坡	955.4	105.7	−47.2	−30.3
加拿大	898.6	101.0	−9.2	0.8
澳大利亚	662.7	80.1	−28.1	−17.3
阿拉伯联合酋长国	563.3	65.3	28.4	49.1
中国澳门	598.8	63.1	35.6	45.8

资料来源：表中数据出自中华人民共和国商务部对外贸易司。

表 143 我国食糖进出口与贸易方式情况（2019—2021 年）

单位：万 t

进口						
年份	合计	一般贸易	来料加工	进料加工	保税仓库进出境	其他
2019	339.01					
2020	527.30					
2021	556.60					
出口						
年份	合计	一般贸易	来料加工	进料加工	保税仓库进出境	其他
2019	18.56					
2020	13.40	0.32	1.13	2.25	0.364	
2021	11.90	0.66	0.96	3.10	0.004	

资料来源：表中数据出自中国糖业协会。

表 144 我国茶叶总出口量及出口前三国家（地区）（2020—2021 年）

单位：t、万美元

国家或地区	2020 年		2021 年		同比（%）	
	数量	金额	数量	金额	数量	金额
总出口	**348 814.2**	**203 806.1**	**369 355.1**	**229 923.5**	**5.9**	**12.8**
中国香港	13 973.8	46 529.4	16 729.2	64 791.7	19.7	39.2
马来西亚	5 634.0	17 131.5	7 242.6	25 663.4	28.6	49.8
摩洛哥	67 159.2	19 816.4	74 609.5	22 825.9	11.1	15.2

资料来源：表中数据出自中华人民共和国商务部对外贸易司。

表 145 我国花卉主要出口国家（地区）情况（2020—2021 年）

单位：万美元、%

国家或地区	2020 年	2021 年	同比
日　　本	9 366.7	10 410.0	11.1
荷　　兰	4 741.9	6 421.6	35.4
韩　　国	4 774.2	5 415.9	13.4
美　　国	2 689.5	4 827.4	79.5
越　　南	4 641.4	2 390.6	−48.5
泰　　国	1 549.5	2 191.5	41.4
中国香港	1 722.8	2 139.1	24.2
澳大利亚	1 591.5	1 922.4	20.8
新 加 坡	860.4	1 446.2	68.1
菲 律 宾	309.9	1 171.9	278.2

资料来源：表中数据出自中华人民共和国商务部对外贸易司。

表 146 我国中药行业进出口情况（2020—2021 年）

单位：亿美元、%

年份	行　　业	进出口		出口		进口	
		总额	同比	总额	同比	总额	同比
2020	全国医药合计	602.20	13.65	230.33	26.60	371.87	3.50
	中药合计	14.08	19.63	12.07	2.55	2.01	−2.80
2021	全国医药合计	942.88	135.6	496.25	115.50	446.63	20.10
	中药合计	15.72	11.65	12.67	4.97	3.05	52.70

资料来源：表中数据出自中华人民共和国海关总署。

表 147 我国纺织品服装出口情况（2020—2021 年）

产品名称	单　位	2020 年	2021 年	同比（%）
纺织品服装出口总额	亿美元	2 912.2	3 154.7	8.4
其中：纺织品	亿美元	1 538.4	1 452.0	−5.6
服　装	亿美元	1 373.8	1 702.6	24.0

资料来源：表中数据出自中国纺织工业联合会。

表 148　我国棉花进口贸易情况（2014—2021 年）

单位：t、亿美元

年　份	进口量	进口额
2014	266.9	51.6
2015	175.9	27.2
2016	124.0	17.8
2017	136.3	23.6
2018	162.7	32.0
2019	193.7	36.0
2020	223.2	35.9
2021	214.7	41.1

资料来源：表中数据出自中华人民共和国商务部对外贸易司。

表 149　我国棉花主要出口国家（地区）情况（2021 年）

单位：t、万美元

国家或地区	2021 年		同比（%）	
	数量	金额	数量	金额
越　　南	6 679.8	1 593.0	786.3	1 049.9
泰　　国	1 585.1	325.4	1 918.9	2 317.1
印度尼西亚	730.7	168.0	819.1	1 168.1
日　　本	174.9	43.8	271.9	254.4
印　　度	76.7	20.5		
韩　　国	22.6	9.4		

资料来源：表中数据出自中华人民共和国商务部对外贸易司。

表 150　我国乳制品进口情况（2021 年）

单位：万 t、亿美元

项　　目	数　量	金　额	占　比（%）
乳制品	389.73	133.57	100.00
干乳制品	260.12	114.88	66.74
大包奶粉	127.51	45.95	32.72
婴配粉	26.17	43.27	6.71
乳清	72.33	10.23	18.56
奶酪	17.62	8.13	4.52
奶油	13.10	6.67	3.36
液态奶	129.61	18.69	33.26
鲜奶	126.84	18.13	32.55
酸奶	2.76	0.56	0.71

资料来源：表中数据出自中国奶业协会。

表 151　我国乳制品进口来源国排名及其比重情况（2018—2020 年）

单位：%

2018 年		2019 年		2020 年	
国　家	占比	国　家	占比	国　家	占比
新西兰	42.50	新西兰	45.36	新西兰	53.01
美　国	13.90	德　国	13.42	澳大利亚	9.22
德　国	10.48	澳大利亚	8.15	德　国	6.61
澳大利亚	7.40	美　国	6.77	法　国	6.57
法　国	6.87	法　国	5.81	美　国	4.65
荷　兰	3.72	波　兰	4.35	荷　兰	2.90
波　兰	3.07	荷　兰	2.66	爱尔兰	1.86
白俄罗斯	1.89	白俄罗斯	2.11	丹　麦	1.54
爱尔兰	1.68	爱尔兰	2.07	西班牙	1.28
阿根廷	1.09	芬　兰	1.17	英　国	0.83

资料来源：表中数据出自联合国商品贸易统计库。

表 152　我国牛肉主要进口市场及其进口比例情况（2018—2020 年）

单位：%

市　场	2018 年	2019 年	2020 年	平均
巴　西	28.46	24.07	29.08	27.20
澳大利亚	21.49	18.51	15.36	18.45
乌拉圭	20.91	17.22	13.34	17.16
阿根廷	12.08	22.63	24.03	19.58
新西兰	12.54	12.91	6.36	10.60

资料来源：表中数据出自联合国商品贸易统计库。

表 153　我国羊肉主要进口市场及其进口比例情况（2018—2020 年）

单位：%

市　场	2018 年	2019 年	2020 年	平均
新西兰	61.42	53.43	54.96	61.42
澳大利亚	36.81	44.20	41.71	36.81
乌拉圭	1.16	1.63	2.26	1.16
智　利	0.60	0.74	0.93	0.60

资料来源：表中数据出自联合国商品贸易统计库。

表 154　我国猪肉主要出口国家（地区）情况（2021 年）

单位：t、万美元

国家或地区	2021 年		同比（%）	
	数量	金额	数量	金额
中国香港	16 674.7	11 205.3	82.2	46.2
中国澳门	1 119.7	834.3	−23.4	−34.1
越　南	26.9	6.0		
老　挝	12.5	3.1		

资料来源：表中数据出自中华人民共和国商务部对外贸易司。

表 155　我国猪肉主要进口市场及其进口比例情况（2018—2020 年）

单位：%

市　场	2018 年	2019 年	2020 年	平均
德　国	18.90	16.21	10.75	15.29
西班牙	18.56	19.14	21.69	19.80
加拿大	12.02	8.63	9.54	10.06
美　国	6.24	12.28	16.18	11.57
巴　西	15.30	17.22	11.17	14.56

资料来源：表中数据出自联合国商品贸易统计库。

表 156　我国猪肉分省市出口情况（2021 年）

单位：t、万美元

地　区	数量		金额	
	出口量	同比（%）	出口额	同比（%）
广　东	9 220.7	189.8	5 111.3	79.3
江　苏	3 012.5	−1.6	3 104.8	8.9
湖　南	3 314.4	41.7	2 120.5	24.6
云　南	2 014.1	5.7	1 590.4	8.9
重　庆	147.0	17.6	73.5	11.4
河　南	125.0	−100.0	48.2	−100.0

资料来源：表中数据出自中华人民共和国商务部对外贸易司。

表 157　我国禽肉主要进口市场及其进口比例情况（2018—2020 年）

单位：%

市　场	2018 年	2019 年	2020 年	平均
巴　西	81.67	67.37	44.23	64.42
阿根廷	9.16	10.22	6.26	8.55
智　利	4.32	4.85	2.51	3.89
泰　国	4.63	9.10	7.58	7.10

资料来源：表中数据出自联合国商品贸易统计库。

表 158 我国鸡肉主要出口国家（地区）情况（2021 年）

单位：t、万美元、%

国家或地区	2021 年		同比	
	数量	金额	数量	金额
日　本	180 097.8	75 887.6	11.7	11.7
中国香港	162 952.8	53 417.8	14.0	19.5
中国澳门	12 984.6	4 375.6	10.9	9.3
荷　兰	14 316.1	4 365.3	43.6	31.0
马来西亚	16 903.7	4 117.0	28.3	29.4
菲律宾	10 233.3	2 764.6	150.4	149.9
英　国	8 352.0	2 701.4	35.9	32.5
蒙　古	14 179.0	2 662.0	8.1	23.2
韩　国	5 366.0	1 988.2	16.1	12.6
爱尔兰	4 624.7	1 391.5	43.2	21.0

资料来源：表中数据出自中华人民共和国商务部对外贸易司。

表 159 我国蛋类产品出口情况（2017—2021 年）

单位：万美元

国家或地区	2017 年	2018 年	2019 年	2020 年	2021 年
中国香港	13 003.4	13 489.1	13 542.2	12 670.2	14 301.0
中国澳门	1 458.1	1 687.3	1 761.2	1 487.2	1 760.5
日　本	894.2	996.8	957.3	819.4	965.5
美　国	741.2	775.2	775.5	894.0	994.7
新加坡	617.2	621.8	624.2	590.4	724.0
加拿大	343.7	371.8	472.8	474.0	538.8
合　计	17 057.8	17 942.0	18 133.2	16 935.2	19 284.5

资料来源：表中数据出自中华人民共和国商务部对外贸易司。

表 160 我国水产品进出口贸易（2019—2021 年）

单位：万 t、亿美元

年　份	出口量	出口额	进口量	进口额
2019	426.8	206.6	626.5	187.0
2020	381.2	190.4	567.9	155.6
2021	380.1	219.3	574.7	180.2

资料来源：表中数据出自 2022 年《中国渔业统计年鉴》。

表 161 我国各地区水产品进口贸易情况（2020—2021 年）

单位：万美元、t、%

地 区	2020 年		2021 年		同比	
	金额	数量	金额	数量	金额	数量
全国总计	**1 556 469.39**	**5 678 635**	**1 802 312.92**	**5 747 447**	**15.75**	**1.39**
北 京	169 636.96	640 336	165 935.80	573 784	−2.39	−10.23
天 津	67 068.94	165 885	86 904.42	203 225	29.36	22.50
河 北	17 279.91	51 700	17 810.23	62 137	3.07	20.19
山 西	97.06	60	27.96	76	−71.19	25.93
内蒙古	105.47	263				
辽 宁	181 985.79	1 064 631	144 605.59	625 694	−20.44	−41.12
吉 林	22 025.92	48 927	62 968.44	115 675	185.82	136.42
黑龙江	2 034.95	2 844	2 022.67	4 196	−5.32	46.25
上 海	171 886.99	236 834	212 234.88	228 883	23.20	−3.35
江 苏	27 032.51	81 488	31 994.58	84 665	18.58	4.76
浙 江	80 432.73	268 134	132 315.65	383 206	64.69	43.00
安 徽	9 420.63	60 412	12 566.40	81 160	33.39	34.34
福 建	207 097.03	1 020 244	235 240.54	1 250 073	13.39	22.59
江 西	3 795.28	3 816	4 742.31	9 485	24.95	148.54
山 东	280 499.68	1 167 923	315 077.97	1 176 274	12.53	1.16
河 南	3 596.57	8 002	5 235.97	8 178	45.58	2.21
湖 北	3 697.21	13 884	4 208.77	14 024	13.84	1.01
湖 南	40 200.41	41 669	37 155.26	38 750	−8.17	−7.00
广 东	219 582.16	566 169	280 239.19	677 472	27.68	19.70
广 西	20 006.71	95 880	19 973.20	90 534	−0.16	−5.58
海 南	3 061.55	14 831	2 414.53	9 166	−21.06	−38.19
重 庆	3 658.72	18 159	4 013.28	9 954	9.39	−45.19
四 川	10 222.33	48 084	14 232.61	72 818	38.82	51.44
贵 州	2.70	1	1.57		−44.39	
云 南	3 354.35	9 640	5 222.71	11 203	55.32	16.20
西 藏	71.30	222				
陕 西	417.89	1 435	306.05	83	−26.76	−94.24
甘 肃	974.90	1 532	80.07	117	−91.79	−92.37
青 海			0.87			
宁 夏	50.14	91				
新 疆	7 172.60	45 541	4 781.43	16 615	−33.38	−63.52

表 162 我国各地区水产品出口贸易情况（2020—2021 年）

单位：万美元、t、%

地 区	2020 年		2021 年		同比	
	金额	数量	金额	数量	金额	数量
全国总计	**1 904 089.48**	**3 811 795**	**2 192 614.52**	**3 800 729**	**15.13**	**−0.28**
北 京	2 156.93	2 815	1 825.75	2 842	−22.44	0.17
天 津	2 662.66	4 760	3 091.39	5 775	16.02	21.32
河 北	18 599.13	26 286	23 045.71	29 399	23.91	11.84
山 西						
内蒙古	40.70	51	46.25	58	13.63	12.90
辽 宁	244 215.03	709 162	217 843.23	536 528	−10.80	−24.34
吉 林	12 565.13	30 345	13 886.18	34 581	10.51	13.96
黑龙江	138.96	206	53.65	167	−61.39	−19.27
上 海	19 210.83	15 404	15 477.92	11 726	−19.50	−23.88
江 苏	41 012.24	48 126	47 624.61	48 698	15.45	1.18
浙 江	172 705.67	441 290	185 173.93	455 904	7.24	3.35
安 徽	2 899.56	2 909	4 132.63	4 069	42.48	39.82
福 建	594 025.40	826 089	785 672.46	902 239	32.27	9.22
江 西	6 600.09	3 938	9 027.27	5 081	36.76	29.04
山 东	431 405.63	944 252	445 818.29	914 730	3.36	−3.11
河 南	8.64	100	210.17	266	201.53	165.77
湖 北	4 210.38	5 883	5 491.67	6 230	30.41	5.88
湖 南	2 196.94	3 009	3 369.80	3 699	53.39	22.92
广 东	281 415.99	538 035	343 961.49	614 966	22.21	14.30
广 西	15 756.31	35 630	20 476.81	36 882	29.96	3.51
海 南	45 644.61	168 336	52 746.72	176 935	15.56	5.11
重 庆	11.33	81	40.22	21	254.90	−73.97
四 川	4 763.75	2 639	9 512.69	4 620	99.69	75.06
贵 州	170.06	16	310.77	372	82.74	2 188.72
云 南	1 131.67	1 496	1 672.79	1 838	45.64	21.81
西 藏			4.29	9		
陕 西	61.58	72	172.43	164	135.97	123.56
甘 肃			2.45			
青 海	209.56	371	1 561.20	2 592	644.98	597.76
宁 夏	46.19	23	124.47	49	169.46	111.16
新 疆	224.51	470	237.27	292	9.09	−37.24

资料来源：表 161、表 162 中数据出自 2022 年《中国渔业统计年鉴》。

表 163 我国虾制品主要出口国家（地区）情况（2021 年）

单位：t、万美元

国家或地区	2021 年		同比（%）	
	数量	金额	数量	金额
中国香港	20 255.8	30 699.3	38.7	49.2
中国台湾	12 466.3	23 331.9	3.1	6.2
日　　本	34 250.3	21 825.1	6.5	4.4
墨 西 哥	9 944.2	19 883.5	50.9	104.2
智　　利	14 766.7	19 438.8	100.1	137.2
美　　国	20 268.9	18 583.5	−30.1	−25.5
韩　　国	16 404.4	16 091.9	29.2	31.0
马来西亚	8 359.1	15 803.4	85.4	109.6
西 班 牙	13 521.3	9 847.5	24.5	24.1
加 拿 大	9 446.0	9 488.0	27.7	31.0

资料来源：表中数据出自中华人民共和国商务部对外贸易司。

表 164 我国林产品进出口数量（2020—2021 年）

产品名称		贸易	单位	2020 年	2021 年
原木	针叶原木	出口	m^3		
		进口		46 812 777	49 874 124
	阔叶原木	出口	m^3	21 764	10 653
		进口		12 895 217	13 700 606
	合　　计	**出口**	**m^3**	**21 764**	**10 653**
		进口		**59 707 994**	**63 574 730**
锯　材		出口	m^3	237 442	287 143
		进口		33 777 539	28 841 628
单　板		出口	m^3	433 465	574 494
		进口		1 576 553	3 456 058
特形材		出口	t	78 861	79 329
		进口		132 762	219 263
刨花板		出口	m^3	376 527	882 154
		进口		1 187 368	1 131 043
纤维板		出口	m^3	2 027 544	3 160 069
		进口		197 920	178 355
胶合板		出口	m^3	10 385 333	12 262 732
		进口		224 023	159 200
木制品		出口	t	2 479 406	2 912 951
		进口		612 121	574 077
家　具		出口	件	386 551 287	451 471 190
		进口		8 027 567	6 965 620
木　片		出口	t	873	663
		进口		13 525 672	15 619 705

（续）

产品名称		贸易	单位	2020 年	2021 年
木　浆		出口	t	35 799	76 855
		进口		28 787 135	27 215 676
废　纸		出口	t	1 233	1 135
		进口		6 892 536	537 542
纸和纸制品		出口	t	9 053 446	9 222 190
		进口		12 541 823	11 926 843
木　炭		出口	t	50 017	58 697
		进口		287 669	261 350
松　香		出口	t	22 754	22 566
		进口		95 958	96 503
水果	柑橘属	出口	t	1 045 332	917 699
		进口		434 556	453 780
	鲜苹果	出口	t	1 058 094	1 078 352
		进口		75 748	67 985
	鲜　梨	出口	t	539 446	510 138
		进口		10 384	9 302
	鲜葡萄	出口	t	424 918	350 609
		进口		250 499	194 603
	山竹果	出口	t	135	129
		进口		294 649	248 845
	鲜榴梿	出口	t	1	
		进口		575 884	821 589
	鲜龙眼	出口	t	4 396	5 992
		进口		346 805	469 020
	鲜火龙果	出口	t	8 048	10 259
		进口		618 371	587 655
坚果	核　桃	出口	t	130 329	229 027
		进口		7 470	6 511
	板　栗	出口	t	38 949	34 825
		进口		3 537	5 995
	松子仁	出口	t	11 709	15 959
		进口		1 818	13 729
	开心果	出口	t	2 857	2 234
		进口		104 522	127 004
干果	梅干及李干	出口	t	1 661	1 530
		进口		11 479	10 420
	龙眼干、肉	出口	t	889	1 138
		进口		133 163	131 762
	柿　饼	出口	t	2 630	3 216
		进口			
	红　枣	出口	t	16 662	20 434
		进口		517	1 256
	葡萄干	出口	t	31 388	20 232
		进口		22 270	25 326
果汁	柑橘属果汁	出口	t	3 760	2 961
		进口		81 865	139 867
	苹果汁	出口	t	420 783	419 608
		进口		7 913	10 640

表 165　我国林产品进出口额（2020—2021 年）

单位：千美元

产品名称		贸易	2020 年	2021 年
总计		**出口**	**76 469 739**	**92 155 566**
		进口	**74 246 066**	**92 879 432**
原木	针叶原木	出口		
		进口	5 463 484	7 881 548
	阔叶原木	出口	6 488	3 706
		进口	2 937 144	3 713 560
	合计	出口	6 488	3 706
		进口	8 400 629	11 595 109
锯　材		出口	149 687	189 154
		进口	7 646 377	7 856 026
单　板		出口	537 377	800 977
		进口	249 542	380 088
特形材		出口	127 286	143 249
		进口	158 673	258 085
刨花板		出口	162 550	426 751
		进口	257 698	323 096
纤维板		出口	829 184	1 201 989
		进口	107 742	132 355
胶合板		出口	4 152 138	5 819 222
		进口	129 439	152 325
木制品		出口	6 630 796	8 472 553
		进口	898 800	683 928
家　具		出口	20 006 378	25 600 027
		进口	911 527	995 204
木　片		出口	1 120	623
		进口	2 264 548	2 763 888
木　浆		出口	24 767	69 874
		进口	15 092 258	18 961 563
纸和纸制品		出口	20 880 808	4 165 252
		进口	7 333 464	8 828 426
木　炭		出口	90 680	110 567
		进口	69 562	87 064
松　香		出口	33 008	51 378
		进口	96 215	144 968

（续）

产品名称		贸易	2020 年	2021 年
水果	柑橘属	出口	1 577 682	1 336 180
		进口	495 488	532 036
	鲜苹果	出口	1 449 615	1 429 757
		进口	138 539	150 977
	鲜　梨	出口	667 737	605 429
		进口	17 883	17 361
	鲜葡萄	出口	1 212 695	757 081
		进口	642 852	535 397
	山竹果	出口	135	125
		进口	677 684	769 446
	鲜榴莲	出口	1	
		进口	2 304 959	4 205 572
	鲜龙眼	出口	11 210	14 435
		进口	491 574	705 629
	鲜火龙果	出口	13 161	16 813
		进口	552 933	526 749
坚果	核　桃	出口	286 002	465 908
		进口	20 941	15 913
	板　栗	出口	81 838	72 173
		进口	8 433	14 652
	松子仁	出口	258 571	308 008
		进口	26 741	174 190
	开心果	出口	14 226	1 575
		进口	659 233	473 042
干果	梅干及李干	出口	4 392	3 268
		进口	18 879	19 668
	龙眼干、肉	出口	4 467	6 165
		进口	181 624	203 721
	柿　饼	出口	8 197	10 132
		进口		
	红　枣	出口	47 413	66 916
		进口	284	529
	葡萄干	出口	54 596	41 075
		进口	33 480	44 622
果汁	柑橘类果汁	出口	8 428	6 503
		进口	120 909	208 058
	苹果汁	出口	432 605	427 917
		进口	5 885	10 361
其他		出口	16 990 012	19 495 808
		进口	19 589 355	25 863 783

表 166　我国天然橡胶、合成橡胶进口情况（2018—2021 年）

单位：万 t、万美元

产　品	2018 年		2019 年		2020 年		2021 年	
	数 量	金 额	数 量	金 额	数 量	金 额	数 量	金 额
天然橡胶	260.5	360 672	245.0	337 279	229.9	308 000	238.51	385 819
合成橡胶	591.2	960 356	581.2	866 856	711.4	963 265	438.38	826 946

资料来源：表中数据出自联合国商品贸易统计库。

表 167　我国与东盟农产品贸易合作发展情况（2012—2021 年）

单位：亿美元、%

年份	中国自东盟进口	中国对东盟出口	中国与东盟进出口	出口一进口	东盟占中国农产品贸易比重	中国占东盟农产品贸易比重
2012	161.42	100.87	262.29	−60.55	15.08	11.26
2013	148.41	118.74	267.15	−29.67	14.44	11.70
2014	160.38	135.27	295.65	−25.11	15.33	11.20
2015	158.13	147.94	306.07	−10.19	16.43	11.93
2016	144.94	153.78	298.72	8.84	16.30	12.59
2017	161.47	158.23	319.70	−3.24	16.13	12.82
2018	183.44	170.38	353.82	−13.06	16.39	13.3
2019	209.85	185.76	395.61	−24.09	17.32	14.37
2020	231.67	198.63	430.30	−33.04	17.41	14.83
2021	314.84	215.37	530.21	−99.47	17.43	15.73

资料来源：表中数据出自联合国商品贸易统计数据库。

表 168　我国自东盟进口农产品贸易前 10 位产品（2021 年）

单位：亿美元、%

序号	中国自东盟进口				
	HS 编码	产品名称	金额	占比	增长率
1	08106000	榴梿	42.05	13.36	82.44
2	15119010	棕榈液油	41.29	13.11	43.72
3	15119020	精制的棕榈硬脂	17.77	5.65	46.36
4	11081400	木薯淀粉	16.74	5.32	48.10
5	07141020	干木薯	15.34	4.87	96.89
6	10063020	长粒米精米	9.29	2.95	15.50
7	08039000	鲜或干的香蕉	9.02	2.87	21.87
8	15179010	起酥油	8.96	2.85	138.75
9	15132900	精炼棕榈仁油	7.87	2.50	59.60
10	08045030	鲜或干山竹果	7.68	2.44	13.37

资料来源：表中数据出自联合国商品贸易统计数据库。

表 169　我国对东盟出口农产品贸易前 10 位产品（2021 年）

单位：亿美元、%

序号	中国对东盟出口				
	HS 编码	产品名称	金额	占比	增长率
1	07032010	鲜或冷藏的蒜头	11.08	5.14	8.97
2	08081000	鲜苹果	10.15	4.71	−4.76
3	16055400	制作或保藏的墨鱼及鱿鱼	9.67	4.49	124.09
4	08052190	鲜或干的柑橘	9.34	4.34	−9.73
5	21039090	其他调味品	9.02	4.19	38.48
6	03074310	冻的墨鱼及鱿鱼	6.41	2.98	64.63
7	08061000	鲜葡萄	6.38	2.96	−39.04
8	21069090	其他编号未列名的食品	5.66	2.63	27.28
9	08083090	其他鲜梨	4.76	2.21	−9.72
10	23099010	制成的饲料添加剂	4.41	2.05	36.23

资料来源：表中数据出自联合国商品贸易统计数据库。

表 170　我国与东盟农产品贸易国别市场结构（2021 年）

单位：%

国　别	进出口	进　口	出　口
泰　国	31.87	39.06	21.30
印度尼西亚	22.06	29.33	11.37
越　南	18.07	12.70	25.98
马来西亚	14.14	10.43	19.60
菲律宾	7.03	3.10	12.82
新加坡	2.87	1.15	5.40
缅　甸	2.27	2.22	2.34
柬埔寨	1.23	1.48	0.86
老　挝	0.42	0.53	0.23
文　莱	0.04	0.00	0.10

资料来源：表中数据出自联合国商品贸易统计数据库。

表 171　我国自 RCEP 成员国进出口农产品情况（2021 年）

单位：亿美元、%

中国自 RCEP 成员国进口			中国对 RCEP 成员国出口		
RCEP 成员国	进口额	同比	RCEP 成员国	出口额	同比
泰　国	118.8	52.0	日　本	102.7	6.6
新西兰	113.1	26.0	越　南	54.4	−0.8
印度尼西亚	93.9	61.5	韩　国	53.0	9.0
澳大利亚	93.9	−0.9	泰　国	46.4	8.2
越　南	40.4	1.1	马来西亚	42.4	21.4
马来西亚	33.8	8.7	菲律宾	27.6	19.5
日　本	16.3	27.2	印度尼西亚	25.0	7.4
韩　国	14.4	20.3	新加坡	12.1	13.6
菲律宾	10.0	23.6	澳大利亚	11.0	7.5
缅　甸	7.6	17.8	缅　甸	5.0	−33.6
柬埔寨	4.8	28.8	新西兰	2.4	6.3
新加坡	3.6	8.8	柬埔寨	1.9	64.2
老　挝	2.0	−31.0	老　挝	0.5	55.5
文　莱	0.0	74.3	文　莱	0.2	25.3

资料来源：表中数据出自中国海关。

表 172 我国对 RCEP 成员国出口前 10 类农产品（2021 年）

单位：亿美元、%

出口商品名称	出口额	同比
食用蔬菜	54.3	0.2
水、海产品	53.4	3.1
水产品制品	48.6	39.7
蔬菜、水果、坚果等制品	42.0	13.0
食用水果及坚果	41.1	−17.5
杂项食品	25.1	28.2
食品工业的残渣、废料，配制的动物饲料	18.9	26.5
咖啡、茶、马黛茶及调味香料	12.5	−3.1
油料、工业用或药用植物、稻草、秸秆及饲料	11.5	2.4
肉类制品	11.2	10.5

资料来源：表中数据出自中国海关。

表 173 我国自 RCEP 成员国进口前 10 类农产品（2021 年）

单位：亿美元、%

进口商品名称	进口额	同比
食用水果及坚果	102.0	41.9
动植物油脂及其分解产品	92.7	55.9
乳品、蛋品、蜂蜜及其他食用动物产品	81.0	19.8
畜肉及杂碎	45.8	11.8
水、海产品	35.1	−4.7
其他农产品	32.2	33.8
谷物	26.7	25.7
杂项食品	20.9	−2.2
食用蔬菜	18.3	83.2
制粉工业产品	18.1	43.2

资料来源：表中数据出自中国海关。

表 174 我国对日本农产品进出口情况（2016—2021 年）

单位：万美元、%

年份	进出口额	出口额	同比	进口额	同比	顺差
2016	10 788.30	10 039.14	−1.6	749.16	14.8	9 289.98
2017	11 023.79	10 222.47	1.8	801.32	7.0	9 421.16
2018	11 910.97	10 745.33	5.1	1 165.64	45.5	9 579.69
2019	11 639.50	10 352.05	−3.7	1 287.45	10.5	9 064.60
2020	10 916.38	9 635.58	−6.9	1 280.80	−0.5	8 354.78
2021	11 897.34	10 268.83	6.6	1 628.51	27.1	8 640.33

资料来源：表中数据出自中华人民共和国商务部对外贸易司。

表175 我国对日本出口部分商品类章金额表（2021年）

单位：元、%

分类	出口额	占比
我国对日本出口商品总值	**107 216 620**	**100.00**
16章 肉、鱼及其他水生无脊椎动物的制品	1 788 927	1.67
03章 鱼及其他水生无脊椎动物	1 127 163	1.05
20章 蔬菜、水果等或植物其他部分的制品	1 078 615	1.01
07章 食用蔬菜、根及块茎	832 660	0.78
23章 食品工业的残渣及废料；配制的饲料	449 662	0.42
12章 油籽；子仁；工业或药用植物；饲料	200 313	0.19
21章 杂项食品	154 223	0.14
19章 谷物粉、淀粉等或乳制品；糕饼	142 392	0.13
13章 虫胶；树胶、树脂及其他植物液、汁	130 992	0.12

资料来源：表中数据出自中国海关。

表176 我国自日本进口部分商品类章金额表（2021年）

单位：元、%

分类	进口额	占比
我国自日本进口商品总值	**132 979 891**	**100.00**
21章 杂项食品	266 445	0.20
03章 鱼及其他水生无脊椎动物	253 455	0.19
22章 饮料、酒及醋	183 014	0.14
19章 谷物粉、淀粉等或乳制品；糕饼	103 132	0.08
12章 油籽；子仁；工业或药用植物；饲料	47 478	0.04
17章 糖及糖食	35 007	0.03
16章 肉、鱼及其他水生无脊椎动物的制品	21 406	0.02
06章 活植物；茎、根；插花、簇叶	20 879	0.02
24章 烟草、烟草及烟草代用品的制品	16 823	0.01

资料来源：表中数据出自中国海关。

表177 我国与巴西农产品贸易情况（2017—2021年）

单位：亿美元

年份	出口额	进口额	贸易总额
2017	7.20	265.90	273.10
2018	7.80	355.90	363.70
2019	4.16	295.03	299.19
2020	4.27	352.67	356.94
2021	4.22	453.35	457.57

资料来源：表中数据出自中华人民共和国商务部对外贸易司。

表 178　我国与乌兹别克斯坦主要农产品进出口情况（2021 年）

出口			进口		
商品	金额	同比（%）	商品	金额	同比（%）
农产品（亿美元）	1.3	6.8	农产品（亿美元）	1.7	107.6
绿茶（万美元）	5 528.2	38.9	干绿豆（万美元）	8 974.8	177.9
干鲜瓜果及坚果（万美元）	2 464.6	25.4	葡萄干（万美元）	1 828.0	47.4
荚花子（万美元）	2 271.4	−3.0	未梳的棉花（万美元）	1 337.3	−18.2

资料来源：表中数据出自中国海关。

表 179　我国与哈萨克斯坦主要农产品进出口情况（2021 年）

出口			进口		
商品	金额	同比（%）	商品	金额	同比（%）
农产品（亿美元）	3.2	34.9	农产品（亿美元）	2.5	−32.8
核桃（万美元）	7 896.8	60.2	小麦（万美元）	4 981.3	−8.5
干香菇（万美元）	4 260.5	140.4	食用植物油（万美元）	4 446.9	−50.3
番茄酱头（万美元）	1 468.0	−16.7	亚麻子（万美元）	3 523.1	−36.4

资料来源：表中数据出自中国海关。

表 180　我国对巴基斯坦出口部分商品类章金额表（2021 年）

单位：元、%

分　类	出口额	占比
我国对巴基斯坦出口商品总值	**15 657 434**	**100.00**
09 章　咖啡、茶、马黛茶及调味香料	52 616	0.34
07 章　食用蔬菜、根及块茎	31 389	0.20
10 章　谷物	24 531	0.16
23 章　食品工业的残渣及废料；配制的饲料	18 804	0.12
20 章　蔬菜、水果等或植物其他部分的制品	15 415	0.10
08 章　食用水果及坚果；甜瓜等水果的果皮	12 681	0.08
21 章　杂项食品	11 791	0.08
13 章　虫胶；树胶、树脂及其他植物液、汁	10 932	0.07
12 章　油籽；子仁；工业或药用植物；饲料	10 673	0.07

资料来源：表中数据出自中国海关。

表 181 我国自巴基斯坦进口部分商品类章金额表（2021 年）

单位：元、%

分类	出口额	占比
我国自巴基斯坦进口商品总值	**2 319 343**	**100.00**
10 章 谷物	258 044	11.13
03 章 鱼及其他水生无脊椎动物	99 246	4.28
22 章 饮料、酒及醋	81 305	3.51
12 章 油籽；子仁；工业或药用植物；饲料	80 768	3.48
08 章 食用水果及坚果；甜瓜等水果的果皮	41 574	1.79
23 章 食品工业的残渣及废料；配制的饲料	26 172	1.13
05 章 其他动物产品	16 155	0.70
13 章 虫胶；树胶、树脂及其他植物液、汁	7 980	0.34
16 章 肉、鱼及其他水生无脊椎动物的制品	5 391	0.23

资料来源：表中数据出自中国海关。

表 182 我国从“一带一路”沿线国家进口及其对我国出口的情况（2013—2021 年）

单位：亿美元、%

年份	中国从沿线国家的进口额	中国从沿线国家进口额占中国进口总额的比例	沿线国家对中国的出口额	对中国出口占沿线国家出口总额的比例
2013	4 714.29	24.18	2 789.37	5.88
2014	4 834.42	24.68	2 754.68	5.96
2015	3 880.89	23.11	2 373.38	6.32
2016	3 662.49	23.06	2 339.40	6.48
2017	4 543.64	24.64	3 068.04	7.48
2018	5 632.56	26.38	3 498.48	7.51
2019	5 801.47	28.04	3 493.65	7.94
2020	5 699.06	27.72	3 598.03	9.01
2021	7 733.25	28.81	4 577.41	8.85

资料来源：表中数据出自联合国商品贸易统计数据库。

表 183 我国对印度尼西亚农产品进出口情况（2017—2021 年）

单位：百万美元、%

年份	进出口额	出口额	同比	进口额	同比	顺差
2017	7 023.39	2 330.65	13.4	4 692.74	25.9	−2 362.09
2018	7 515.19	2 342.99	0.5	5 172.20	10.2	−2 829.21
2019	8 006.60	2 614.40	11.6	5 842.20	13.0	−3 227.80
2020	8 143.10	2 330.65	−10.9	5 812.45	−0.5	−3 481.80
2021	11 891.31	2 502.47	7.4	9 388.86	61.5	−6 886.39

资料来源：表中数据出自中华人民共和国商务部对外贸易司。

表 184 我国对美国农产品进出口情况（2016—2021 年）

单位：亿美元、%

年　份	进出口额	出口额	同比	进口额	同比	顺差
2016	312.0	73.6	0.1	238.4	−3.3	−164.8
2017	317.3	76.5	4.0	240.8	1.0	−164.3
2018	244.3	82.4	7.7	161.9	−32.8	−79.5
2019	205.3	64.3	−22.1	140.9	−13.0	−76.6
2020	301.8	64.5	0.2	237.3	68.4	−172.8
2021	464.1	74.4	15.5	389.7	64.2	−315.3

资料来源：表中数据出自中华人民共和国商务部对外贸易司。

表 185 我国自美国进口的部分农产品及其贸易额（2019—2021 年）

单位：亿美元、%

产　品	2019 年		2020 年		2021 年	
	金额	同比	金额	同比	金额	同比
玉　米	0.7	7.8	9.6	1 194.9	55.7	480.3
高　粱	1.3	−81.8	10.2	671.5	21.2	107.6
猪肉及杂碎	8.5	6.0	22.1	161.5	17.3	−21.6
牛肉及杂碎	0.8	33.8	3.3	174.5	13.4	477.8
贸易总额	**141.2**	**−12.8**	**237.3**	**68.1**	**389.7**	**64.3**

资料来源：表中数据出自 2023 年《世界农业》第 4 期。

表 186 我国对欧盟出口部分商品类章金额表（2021 年）

单位：美元、%

分　　类	出口额	占比
15 章　动、植物油、脂、蜡；精制食用油脂	1 336 225	0.26
03 章　鱼及其他水生无脊椎动物	1 315 357	0.25
20 章　蔬菜、水果等或植物其他部分的制品	718 024	0.14
23 章　食品工业的残渣及废料；配制的饲料	675 473	0.13
05 章　其他动物产品	624 420	0.12
07 章　食用蔬菜、根及块茎	500 021	0.10
09 章　咖啡、茶、马黛茶及调味香料	484 044	0.09
21 章　杂项食品	457 059	0.09
12 章　油籽；子仁；工业或药用植物；饲料	430 308	0.08
13 章　虫胶；树胶、树脂及其他植物液、汁	382 242	0.07

资料来源：表中数据出自中国海关。

表 187　我国自欧盟进口部分商品类章金额表（2021 年）

单位：美元、%

分　　类	进口额	占比
02 章　肉及食用杂碎	7 760 962	2.50
22 章　饮料、酒及醋	3 770 088	1.22
19 章　谷物粉、淀粉等或乳制品；糕饼	3 393 929	1.10
04 章　乳；蛋；蜂蜜；其他食用动物产品	2 351 813	0.76
10 章　谷物	1 559 629	0.50
21 章　杂项食品	900 638	0.29
15 章　动、植物油、脂、蜡；精制食用油脂	724 652	0.23
23 章　食品工业的残渣及废料；配制的饲料	432 731	0.14
18 章　可可及可可制品	310 555	0.10
03 章　鱼及其他水生无脊椎动物	291 960	0.09

资料来源：表中数据出自中国海关。

表 188　我国对俄罗斯农产品进出口情况（2016—2021 年）

单位：亿美元、%

年　份	进出口额	出口额	同比	进口额	同比	顺差
2016	39.12	19.21	6.7	19.91	15.9	−0.7
2017	40.76	19.56	1.8	21.20	6.4	−1.64
2018	52.25	20.18	3.2	32.07	51.3	−11.89
2019	54.82	18.89	−6.4	35.93	12.1	−17.04
2020	55.29	14.50	−23.2	40.79	3.5	−26.29
2021	59.56	16.70	15.2	42.86	5.1	−26.06

资料来源：表中数据出自中华人民共和国商务部对外贸易司。

表 189　我国自俄罗斯进口部分商品类章金额表（2021 年）

单位：美元、%

分　　类	进口额	占比
03 章　鱼及其他水生无脊椎动物	1 858 381	2.34
15 章　动、植物油、脂、蜡；精制食用油脂	984 576	1.24
12 章　油籽；子仁；工业或药用植物；饲料	450 777	0.57
02 章　肉及食用杂碎	407 924	0.51
23 章　食品工业的残渣及废料；配制的饲料	175 918	0.22
18 章　可可及可可制品	107 173	0.14
10 章　谷物	84 872	0.11
08 章　食用水果及坚果；甜瓜等水果的果皮	73 377	0.09
22 章　饮料、酒及醋	37 149	0.05
19 章　谷物粉、淀粉等或乳制品；糕饼	36 934	0.05

资料来源：表中数据出自中国海关。

表 190 我国自非洲进口农产品金额与占比情况（2010—2020 年）

单位：亿美元、%

年份	金额	占中国农产品进口总金额比重
2010	15.2	2.15
2011	23.2	2.45
2012	27.6	2.50
2013	29.4	2.54
2014	30.4	2.59
2015	28.6	2.60
2016	26.4	2.52
2017	26.8	2.26
2018	32.4	2.60
2019	38.7	2.88
2020	41.8	2.64

资料来源：表中数据出自美国农业部。

农产品加工业部分行业与企业排序

表 191 轻工业系统农产品加工业分行业主要经济指标（2021 年）

序号	按企业单位数排序			序号	按资产总计排序		
	行 业	企业数（个）	行业占轻工系统比重（%）		行 业	资产总计（亿元）	行业占轻工系统比重（%）
	总 计	**104 582**	**100.0**		**总 计**	**153 775.6**	**100.0**
1	农副食品加工业	23 128	22.1	1	农副食品加工业	33 422.0	21.7
2	纺织业	19 774	18.9	2	纺织业	21 840.8	14.2
3	木材加工和木、竹、藤、棕、草制品业	11 205	7.9	3	酒、饮料和精制茶制造业	20 521.3	13.3
4	食品制造业	8 874	8.5	4	食品制造业	19 040.2	12.4
5	皮革、毛皮、羽毛及其制品和制鞋业	8 308	12.6	5	造纸和纸制品业	15 922.1	3.7
6	造纸和纸制品业	7 189	10.7	6	烟草制品业	11 702.6	7.6
7	家具制造业	7 149	6.8	7	皮革、毛皮、羽毛及其制品和制鞋业	7 045.6	7.6
8	酒、饮料和精制茶制造业	5 665	5.4	8	家具制造业	6 957.6	4.5
9	烟草制品业	122	0.1	9	木材加工和木、竹、藤、棕、草制品业	5 689.6	4.6

（续）

序号	按负债合计计序			序号	按营业收入排序		
	行　业	负债合计（亿元）	行业占轻工系统比重（%）		行　业	营业收入（亿元）	行业占轻工系统比重（%）
	总　计	**72 451.0**	**100.0**		**总　计**	**176 820.2**	**100.0**
1	农副食品加工业	19 371.3	26.7	1	农副食品加工业	55 223.8	31.2
2	纺织业	12 291.7	17.0	2	纺织业	26 548.8	15.0
3	食品制造业	9 412.5	13.0	3	食品制造业	21 619.6	12.2
4	造纸和纸制品业	9 234.7	12.7	4	酒、饮料和精制茶制造业	16 207.5	9.2
5	酒、饮料和精制茶制造业	9 006.5	12.4	5	造纸和纸制品业	15 141.6	8.6
6	家具制造业	3 979.4	5.5	6	烟草制品业	12 144.3	6.9
7	皮革、毛皮、羽毛及其制品和制鞋业	3 457.6	4.8	7	皮革、毛皮、羽毛及其制品和制鞋业	11 420.2	6.5
8	木材加工和木、竹、藤、棕、草制品业	3 190.3	4.4	8	木材加工和木、竹、藤、棕、草制品业	10 249.0	5.8
9	烟草制品业	2 507.0	3.5	9	家具制造业	8 265.4	4.7

序号	按营业成本排序			序号	按利润总额排序		
	行　业	营业成本（亿元）	行业占轻工系统比重（%）		行　业	利润总额（亿元）	行业占轻工系统比重（%）
	总　计	**143 186.1**	**100.0**		**总　计**	**11 860.6**	**100.0**
1	农副食品加工业	49 936.1	34.9	1	酒、饮料和精制茶制造业	2 771.2	23.4
2	纺织业	23 156.3	16.2	2	农副食品加工业	2 240.5	18.9
3	食品制造业	16 944.0	11.8	3	食品制造业	1 738.9	14.7
4	造纸和纸制品业	12 912.4	9.0	4	纺织业	1 346.3	11.4
5	酒、饮料和精制茶制造业	10 901.9	7.6	5	烟草制品业	1 188.1	10.0
6	皮革、毛皮、羽毛及其制品和制鞋业	9 772.4	6.8	6	造纸和纸制品业	958.1	8.1
7	木材加工和木、竹、藤、棕、草制品业	9 075.5	6.3	7	皮革、毛皮、羽毛及其制品和制鞋业	674.7	5.7
8	家具制造业	6 826.7	4.8	8	木材加工和木、竹、藤、棕、草制品业	482.5	4.1
9	烟草制品业	3 660.8	2.6	9	家具制造业	460.3	3.9

表 192　我国玉米淀粉产量前十强企业（2021 年）

序　号	企业名称	占有率（%）
1	诸城兴贸玉米开发有限公司	12
2	阜丰集团有限公司	8
3	梅花生物科技集团股份有限公司	8
4	巨能金玉米开发有限公司	7
5	宁夏伊品生物科技股份有限公司	5
6	玉锋实业集团	5
7	中粮生物	5
8	西王集团	4
9	金象生化有限责任公司	3
10	京粮集团	3

资料来源：表中数据出自中国淀粉工业协会。

表 193　我国大米加工 50 强企业（2021 年）

序号	企　业　名　称	序号	企　业　名　称
1	中粮粮谷控股有限公司	26	吉林裕丰米业股份有限公司
2	益海嘉里金龙鱼粮油食品股份有限公司	27	黑龙江秋然米业有限公司
3	湖北国宝桥米有限公司	28	庆安东禾金谷粮食储备有限公司
4	湖北省粮油（集团）有限责任公司	29	五常市乔府大院农业股份有限公司
5	江苏省农垦米业集团有限公司	30	湖北金银丰食品有限公司
6	湖南粮食集团有限责任公司	31	宁夏兴唐米业集团有限公司
7	江西金佳谷物股份有限公司	32	黑龙江省五常金禾米业有限责任公司
8	华润五丰米业（中国）有限公司	33	湖北京和米业有限公司
9	松原粮食集团有限公司	34	安徽光明槐祥工贸集团有限公司
10	万年贡集团有限公司	35	湖南洞庭春米业有限公司
11	湖北禾丰粮油集团有限公司	36	方正县宝兴新龙米业有限公司
12	安徽牧马湖农业开发集团有限公司	37	黑龙江省和粮农业有限公司
13	江西奉新天工米业有限公司	38	广东友粮粮油实业有限公司
14	湖北洪森实业（集团）有限公司	39	五常市彩桥米业有限公司
15	洪湖市洪湖浪米业有限责任公司	40	方正县盛军米业有限公司
16	湖南角山米业有限责任公司	41	黑龙江省博林鑫农业集团有限责任公司
17	宜兴市粮油集团大米有限公司	42	重庆穗花食为天粮油有限公司
18	黑龙江省北大荒米业集团有限公司	43	湖北心辉粮油股份有限公司
19	湖北庄品健实业（集团）有限公司	44	江苏光明天成米业有限公司
20	湖南天下洞庭粮油实业有限公司	45	广东穗方源实业有限公司
21	安徽稼仙金佳粮集团股份有限公司	46	南通季和米业有限责任公司
22	东莞市太粮米业有限公司	47	天长市天鑫粮油贸易有限责任公司
23	安徽联河股份有限公司	48	深圳市中泰米业有限公司
24	湖南浩天米业有限公司	49	安徽省东博米业有限公司
25	福建泉州市金穗米业有限公司	50	上海垠海贸易有限公司

资料来源：表中数据出自中国粮食行业协会。

表194 我国小麦粉加工50强企业（2021年）

序号	企业名称	序号	企业名称
1	五得利面粉集团有限公司	26	广东新粮实业有限公司面粉厂
2	益海嘉里金龙鱼粮油食品股份有限公司	27	宝鸡祥和面粉有限责任公司
3	中粮粮谷控股有限公司	28	江苏省淮安新丰面粉有限公司
4	金沙河集团有限公司	29	潍坊风筝面粉有限责任公司
5	蛇口南顺面粉有限公司	30	宁夏塞北雪面粉有限公司
6	发达面粉集团股份有限公司	31	青岛维良食品有限公司
7	东莞穗丰粮食集团有限公司	32	河南志情面业有限责任公司
8	陕西陕富面业有限责任公司	33	河南粮食投资集团有限公司
9	山东利生食品集团有限公司	34	广东金禾面粉有限公司
10	今麦郎食品有限公司	35	固安县参花面粉有限公司
11	滨州中裕食品有限公司	36	河南天香面业有限公司
12	陕西西瑞（集团）有限责任公司	37	上海福新面粉有限公司
13	甘肃红太阳面业集团有限责任公司	38	深圳市深粮控股股份有限公司
14	江苏三零面粉有限公司	39	菏泽华瑞面业有限公司
15	安徽正宇面粉有限公司	40	安徽皖王面粉集团有限公司
16	山东半球面粉有限公司	41	湖北三杰粮油食品集团有限公司
17	新疆盛康宏鑫（集团）有限公司	42	安徽金鸽面业集团有限公司
18	天津市德农食品有限公司	43	安徽省天麒面业科技股份有限公司
19	北京古船食品有限公司	44	北大荒丰缘集团有限公司
20	广州岭南穗粮谷物股份有限公司	45	河南枣花面业有限公司
21	广东白燕粮油实业有限公司	46	山东梨花面业有限公司
22	山东天邦粮油有限公司	47	安徽皖雪食品股份有限公司
23	陕西老牛面粉有限公司	48	丹阳市同乐面粉有限公司
24	江苏省银河面粉有限公司	49	杭州牡丹面粉有限公司
25	想念食品股份有限公司	50	绵阳仙特米业有限公司

资料来源：表中数据出自中国粮食行业协会。

表 195　我国食用油加工 50 强企业（2021 年）

序号	企业名称	序号	企业名称
1	益海嘉里金龙鱼粮油食品股份有限公司	26	广东省广垦粮油有限公司
2	中粮油脂专业化公司	27	江苏佳丰粮油工业有限公司
3	山东鲁花集团有限公司	28	中储粮镇江粮油有限公司
4	九三粮油工业集团有限公司	29	山东玉皇粮油食品有限公司
5	山东渤海实业股份有限公司	30	广州植之元油脂实业有限公司
6	三河汇福粮油集团有限公司	31	浙江新市油脂股份有限公司
7	防城港澳加粮油工业有限公司	32	青岛品品好粮油集团有限公司
8	西王集团有限公司	33	上海富味乡油脂食品有限公司
9	山东三星玉米产业科技有限公司	34	合肥燕庄食用油有限责任公司
10	山东香驰粮油有限公司	35	邦基正大（天津）粮油有限公司
11	山东金胜粮油食品有限公司	36	濮阳训达粮油股份有限公司
12	道道全粮油股份有限公司	37	广东鹰唛食品有限公司
13	湖北省粮油（集团）有限责任公司	38	瑞福油脂股份有限公司
14	佳格食品（中国）有限公司	39	山东良友工贸集团股份有限公司
15	湖南粮食集团有限责任公司	40	河南省淇花食用油有限公司
16	青岛天祥食品集团有限公司	41	湖南省长康实业有限责任公司
17	京粮（天津）粮油工业有限公司	42	西安邦淇制油科技有限公司
18	仪征方顺粮油工业有限公司	43	凯欣粮油有限公司
19	山东兴泉油脂有限公司	44	北京艾森绿宝油脂有限公司
20	山东龙大植物油有限公司	45	包头市金鹿油脂有限责任公司
21	金太阳粮油股份有限公司	46	吉林出彩农业产品开发有限公司
22	云南滇雪粮油有限公司	47	内蒙古蒙佳粮油工业集团有限公司
23	江苏金洲粮油集团	48	金利油脂（苏州）有限公司
24	长安花粮油股份有限公司	49	上海良龙粮油发展有限公司
25	上海良友海狮油脂实业有限公司	50	绵阳辉达粮油有限公司

资料来源：表中数据出自中国粮食行业协会。

表 196　我国挂面加工十强企业（2021 年）

序　号	企　业　名　称
1	金沙河集团有限公司
2	益海嘉里金龙鱼粮油食品股份有限公司
3	中粮粮谷控股有限公司
4	今麦郎食品有限公司
5	滨州中裕食品有限公司
6	发达面粉集团股份有限公司
7	山东利生食品集团有限公司
8	江西省春丝食品有限公司
9	宁夏塞北雪面粉有限公司
10	想念食品股份有限公司

资料来源：表中数据出自中国粮食行业协会。

表 197　我国杂粮加工十强企业（2021 年）

序　号	企　业　名　称
1	安徽燕之坊食品有限公司
2	吉林市老爷岭农业发展有限公司
3	苏州金记食品有限公司
4	怀仁市龙首山粮油贸易有限责任公司
5	黑龙江省和粮农业有限公司
6	浏阳河集团股份有限公司
7	吉林省农嫂食品有限公司
8	浙江新市油脂股份有限公司
9	十堰市郧阳区鄂鲁淀粉制品有限公司
10	内蒙古老哈河粮油工业有限责任公司

资料来源：表中数据出自中国粮食行业协会。

表 198 我国主食品加工十强企业（2021 年）

序号	企业名称
1	河南今三麦食品有限公司
2	深圳市深粮控股股份有限公司
3	湖北禾丰粮油集团有限公司
4	安徽青松食品有限公司
5	安徽王仁和米线食品有限公司
6	山东环丰食品股份有限公司
7	滨州中裕食品有限公司
8	潢川县裕丰粮业有限责任公司
9	湖南粮食集团有限责任公司
10	江西麻姑实业集团有限公司

资料来源：表中数据出自中国粮食行业协会。

表 199 我国粮油机械制造十强企业（2021 年）

序号	企业名称
1	布勒（中国）投资有限公司
2	丰尚农牧装备有限公司
3	江苏正昌集团有限公司
4	迈安德集团有限公司
5	合肥美亚光电技术股份有限公司
6	湖南郴州粮油机械有限公司
7	安徽捷迅光电技术有限公司
8	河北苹乐面粉机械集团有限公司
9	中粮工程科技股份有限公司
10	湖北永祥粮食机械股份有限公司

资料来源：表中数据出自中国粮食行业协会。

表 200　我国酿酒行业十强企业（2021 年）

序　号	企　业　名　称
1	四川省宜宾五粮液集团有限公司
2	中国贵州茅台酒厂（集团）有限责任公司
3	泸州老窖集团有限责任公司
4	山西杏花村汾酒集团有限责任公司
5	四川剑南春集团有限公司
6	青岛啤酒股份有限公司
7	江苏洋河酒厂股份有限公司
8	北京燕京啤酒集团有限公司
9	北京顺鑫农业股份有限公司牛栏山酒厂
10	陕西西凤酒集团股份有限公司

资料来源：表中数据出自《中国酒业》。

表 201　我国白酒十大品牌生产企业（2021 年）

序　号	品　牌	生　产　企　业
1	贵州茅台	中国贵州茅台酒厂（集团）有限责任公司
2	五 粮 液	四川川省宜宾五粮液集团有限公司
3	泸州老窖	泸州老窖集团有限责任公司
4	山西汾酒	山西杏花村汾酒集团有限责任公司
5	剑 南 春	四川剑南春（集团）有限责任公司
6	洋　　河	江苏洋河酒厂股份有限公司
7	牛 栏 山	北京顺鑫农业股份有限公司
8	古井贡酒	安徽古井贡酒股份有限公司
9	稻 花 香	稻花香集团
10	郎　　酒	四川郎酒集团有限责任公司

资料来源：表中数据出自中商产业研究院。

表 202　我国啤酒十大品牌生产企业（2021 年）

序　号	品　牌	生　产　企　业
1	雪　花	华润雪花啤酒（中国）有限公司
2	青　岛	青岛啤酒股份有限公司
3	哈尔滨	百威英博哈尔滨啤酒有限公司
4	燕　京	北京燕京啤酒集团公司（燕京）
5	重　庆	重庆啤酒股份有限公司
6	珠　江	广州珠江啤酒股份有限公司
7	乌　苏	新疆乌苏啤酒有限责任公司
8	雪　津	百威英博雪津啤酒有限公司
9	崂　山	青岛啤酒股份有限公司
10	金　星	金星啤酒集团有限公司

资料来源：表中数据出自中商产业研究院。

表 203　我国烟草十大品牌生产企业（2021 年）

序　号	品　牌	生　产　企　业
1	中　华	上海烟草集团有限责任公司
2	芙蓉王	湖南中烟工业有限责任公司
3	黄鹤楼	湖北中烟工业有限责任公司
4	玉　溪	红塔烟草（集团）有限责任公司玉溪卷烟厂
5	利　群	浙江中烟工业有限责任公司
6	云　烟	红云红河集团昆明卷烟厂
7	双　喜	上海烟草集团有限责任公司
8	南　京	江苏中烟工业有限公司
9	红塔山	红塔烟草（集团）有限责任公司
10	白　沙	湖南中烟工业有限责任公司

资料来源：表中数据出自胡润品牌榜 2022。

表 204　我国棉纺织行业十强企业（2021 年）

序　号	企　业　名　称
1	山东魏桥创业集团有限公司
2	天虹纺织集团有限公司
3	华孚时尚股份有限公司
4	百隆东方股份有限公司
5	山东如意时尚投资控股有限公司
6	鲁泰集团
7	德州恒丰集团（理事单位）
8	临清三和纺织集团有限公司
9	福建新华源纺织集团有限公司
10	利泰醒狮（太仓）控股有限公司

资料来源：表中数据出自中国棉纺织行业协会。

表 205　我国皮革行业十强企业（2021 年）

序　号	企　业　名　称
1	信泰（福建）科技有限公司
2	兴业皮革科技股份有限公司
3	浙江通天星集团股份有限公司
4	中牛集团有限公司
5	四川达威科技股份有限公司
6	浙江中辉皮草有限公司
7	德津实业发展（深圳）有限公司
8	新秀集团有限公司
9	江苏连港皮革机械有限公司
10	浙江格莱美服装有限公司

资料来源：表中数据出自中国轻工信息网。

表 206　我国家具十大品牌生产企业（2021 年）

序　号	企　业　名　称
1	索菲亚家居股份有限公司
2	江西金虎保险设备集团有限公司
3	全友家私有限公司
4	永艺家具股份有限公司
5	恒林家居股份有限公司
6	北京金隅天坛家具股份有限公司
7	郑州大信家居有限公司
8	明珠家具股份有限公司
9	光明集团股份有限公司
10	广州市番禺永华家具有限公司

资料来源：表中数据出自中国轻工业联合会。

表 207　我国造纸行业十强企业（2021 年）

序　号	企　业　名　称
1	玖龙纸业（控股）有限公司
2	山东晨鸣纸业集团股份有限公司
3	山东太阳控股集团有限公司
4	华泰集团有限公司
5	理文造纸有限公司
6	山鹰国际控股股份公司
7	广西金桂浆纸业有限公司
8	宁波亚洲浆纸业有限公司
9	金东纸业（江苏）股份有限公司
10	中国纸业投资有限公司

资料来源：表中数据出自中国轻工业联合会。

表 208　我国纸及纸板产量 100 万 t 以上省、自治区、直辖市（2020—2021 年）

单位：万 t、%

地　区	产　量		
	2020 年	2021 年	同比
山　东	1 920	2 035	5.99
广　东	2 012	1 970	−2.09
江　苏	1 402	1 415	0.93
浙　江	1 149	1 050	−8.62
福　建	777	845	8.75
河　南	532	672	26.32
湖　北	427	570	33.49
重　庆	352	423	20.17
河　北	317	408	28.71
四　川	313	389	24.28
广　西	255	337	32.16
安　徽	321	335	4.36
天　津	265	280	5.66
江　西	250	269	7.60
湖　南	212	230	8.49
辽　宁	184	200	8.70
海　南	171	178	4.09
合　计	10 859	11 606	6.88

表 209　我国纸及纸板产量 100 万 t 以上的生产企业（2021 年）

单位：万 t

序号	生产企业	产量
1	玖龙纸业（控股）有限公司	1 734.00
2	山东太阳控股集团有限公司	711.66
3	理文造纸有限公司	643.72
4	山鹰国际控股股份公司	602.13
5	山东晨鸣纸业集团股份有限公司	550.00
6	山东博汇集团有限公司	313.52
7	江苏荣成环保科技股份有限公司	312.00
8	华泰集团有限公司	301.70
9	中国纸业投资有限公司	274.00
10	联盛纸业（龙海）有限公司	274.00
11	宁波亚洲浆纸业有限公司	194.90
12	金东纸业（江苏）股份有限公司	184.00
13	金红叶纸业集团有限公司	178.00
14	武汉金凤凰纸业有限公司	173.00
15	山东世纪阳光纸业集团有限公司	171.07
16	东莞建晖纸业有限公司	161.00
17	亚太森博中国控股有限公司	158.00
18	海南金海浆纸业有限公司	154.43
19	浙江景兴纸业股份有限公司	153.78
20	维达国际控股有限公司	139.00
21	广西金桂浆纸业有限公司	133.89
22	新乡新亚纸业集团股份有限公司	123.39
23	东莞金田纸业有限公司	122.72
24	东莞金洲纸业有限公司	117.17
25	芬欧汇川（中国）有限公司	108.00
26	泰盛科技（集团）股份有限公司	101.80

资料来源：表中数据出自中国造纸协会。

表210 我国重点造纸企业产量排名前30名企业（2020—2021年）

单位：万t、%

序号	企业名称	产量		
		2020年	2021年	同比
1	玖龙纸业（控股）有限公司	1 615.00	1 734.00	7.37
2	山东太阳控股集团有限公司	547.77	711.66	29.92
3	理文造纸有限公司	630.21	643.72	2.14
4	山鹰国际控股股份公司	510.17	602.13	18.03
5	山东晨鸣纸业集团股份有限公司	577.00	550.00	−4.68
6	山东博汇集团有限公司	306.91	313.52	2.15
7	江苏荣成环保科技股份有限公司	253.59	312.00	23.03
8	华泰集团有限公司	314.10	301.70	−3.95
9	中国纸业投资有限公司	270.00	274.00	1.48
10	联盛纸业（龙海）有限公司	230.00	274.00	19.13
11	宁波亚洲浆纸业有限公司	262.60	194.90	−25.78
12	金东纸业（江苏）股份有限公司	190.00	184.00	−3.16
13	金红叶纸业集团有限公司	177.00	178.00	0.56
14	武汉金凤凰纸业有限公司	132.45	173.00	30.62
15	山东世纪阳光纸业集团有限公司	155.92	171.07	9.72
16	东莞建晖纸业有限公司	148.00	161.00	8.78
17	亚太森博中国控股有限公司	163.40	158.00	−3.30
18	海南金海浆纸业有限公司	148.48	154.43	4.01
19	浙江景兴纸业股份有限公司	134.86	153.78	14.03
20	维达国际控股有限公司	125.00	139.00	11.20
21	广西金桂浆纸业有限公司	134.03	133.89	−0.10
22	新乡新亚纸业集团股份有限公司	101.25	123.39	21.87
23	东莞金田纸业有限公司	95.41	122.72	28.62
24	东莞金洲纸业有限公司	107.35	117.17	9.15
25	芬欧汇川（中国）有限公司	92.00	108.00	17.39
26	泰盛科技（集团）股份有限公司	61.58	101.80	65.31
27	大河纸业有限公司	62.73	95.26	51.86
28	恒安国际集团有限公司	109.40	93.70	−14.35
29	河南省龙源纸业股份有限公司	82.98	93.64	12.85
30	东莞顺裕纸业有限公司	68.60	74.00	7.87

资料来源：表中数据出自中国造纸协会。

表 211　我国橡胶制品十大品牌生产企业（2021 年）

序　号	企　业　名　称
1	安徽中鼎控股（集团）股份有限公司
2	株洲时代新材料科技股份有限公司
3	建新赵氏集团有限公司
4	陕西延长石油西北橡胶有限责任公司
5	宁波拓普集团股份有限公司
6	江阴海达橡塑股份有限公司
7	山东美晨工业集团有限公司
8	浙江天铁实业股份有限公司
9	江苏冠联新材料科技股份有限公司
10	西安欧德橡塑技术有限公司

资料来源：表中数据出自中国橡胶工业协会。

我国港澳台综合统计

表 212　我国香港特别行政区轻工业生产指数（2016—2021 年）

（2015 年＝100）

工业组别	2016 年	2017 年	2018 年	2019 年	2020 年	2021 年
所有制造行业	99.6	100.0	101.3	101.7	95.8	101.0
其中：食品、饮品及烟草制品业	103.9	107.0	110.3	111.0	97.7	106.7
纺织制品业及成衣业	95.7	91.5	90.5	91.0	89.8	89.1
纸制品及印刷业	99.2	98.6	98.2	97.2	93.3	93.4

表 213　我国台湾省农业生产指数（2016—2020 年）

（2016 年＝100）

年　份	总指数	农作物	林业	畜牧业	渔业
2016	100.0	100.0	100.0	100.0	100.0
2017	105.8	109.7	84.9	99.7	105.7
2018	108.4	113.1	61.2	102.7	104.9
2019	104.4	104.5	73.2	104.2	104.3
2020	104.7	107.1	75.7	107.2	92.9

表 214 我国台湾省主要农产品产量（2018—2020 年）

单位：万 t

年 份	稻米	槟榔	菠萝	杧果	甘蔗	茶叶	花生	香蕉
2018	195.0	10.3	43.2	14.7	57.9	1.5	5.9	35.6
2019	179.1	10.4	43.1	16.8	53.3	1.5	5.3	34.3
2020	175.1	9.9	41.9	17.2	53.1	1.4	5.4	36.0

表 215 我国台湾省对大陆主要蔬菜品种出口量、出口额及占比情况（2021 年）

单位：t、千美元、%

品 种	出口量	占比	出口额	占比
竹 笋	207	3.28	1 073	8.41
豌 豆	26	0.41	115	0.90
其他菌菇	15	0.24	257	2.01
番 茄	14	0.22	34	0.27
胡 瓜	13	0.21	45	0.35
甘 蓝	4	0.06	2	0.02
香 菇	4	0.06	90	0.71
混合蔬菜	4	0.06	69	0.54
姜	1	0.02	48	0.38
白 菜	1	0.02	3	0.02

表 216 我国台湾省对大陆主要蔬菜品种进口量、进口额及占比情况（2021 年）

单位：t、千美元、%

品 种	进口量（t）	占比	进口额	占比
花椰菜及青花菜	12 832	7.75	10 454	9.00
其他菇类	4 543	2.74	5 638	4.85
菜 豆	3 913	2.36	4 634	3.99
番 茄	2 929	1.77	2 491	2.14
豌 豆	684	0.41	667	0.57
竹 笋	438	0.26	668	0.58
姜	235	0.14	812	0.70
洋 葱	232	0.14	534	0.46
马 铃 薯	78	0.05	123	0.11
洋 菇	62	0.04	178	0.15
胡萝卜及芜菁	38	0.02	46	0.04
芦 笋	28	0.02	30	0.03
蚕 豆	22	0.01	24	0.02
甜 玉 米	5	0.00	3	0.00
草 菇	5	0.00	18	0.02

表 217　我国台湾省与主要国家和地区的蔬菜出口贸易情况（2021 年）

单位：t、千美元、%

排序	国家和地区	数量	占比	金额	占比
1	日　本	39 299	55.60	83 750	57.00
2	美　国	9 544	13.50	25 712	17.50
3	中国香港	9 886	13.99	9 479	6.45
4	中国大陆	3 158	4.47	6 381	4.34
5	新加坡	2 439	3.45	4 454	3.03
6	德　国	2 365	3.35	6 682	4.55
7	澳大利亚	1 739	2.46	3 232	2.20
8	加拿大	1 319	1.87	4 010	2.73
9	马来西亚	617	0.87	1 536	1.05
10	泰　国	322	0.46	1 701	1.16

表 218　我国台湾省与主要国家和地区的蔬菜进口贸易情况（2021 年）

单位：t、千美元、%

排序	国家和地区	数量	占比	金额	占比
1	美　国	133 166	29.26	147 045	37.33
2	越　南	91 754	20.16	61 461	15.60
3	中国大陆	82 765	18.18	58 082	14.75
4	韩　国	43 205	9.49	29 920	7.60
5	泰　国	37 123	8.16	43 550	11.06
6	加拿大	22 377	4.92	20 853	5.29
7	荷　兰	20 601	4.53	16 086	4.08
8	印度尼西亚	17 047	3.75	5890	1.50
9	西班牙	7 103	1.56	10 981	2.79

我国西部地区综合统计

表 219　我国西部地区主要农产品产量（2020—2021 年）

单位：万 t

主要农产品	2020 年	2021 年	同比（%）
一、粮食作物	17 247.7	17 748.3	2.90
（一）谷　物	14 614.8	15 157.1	3.71
稻　谷	4 216.3	4 186.7	−0.70
小　麦	1 874.5	1 926.4	2.77
玉　米	7 922.5	8 406.7	6.11
谷　子	116.5	131.2	12.62
高　粱	164.1	185.4	12.98
（二）豆　类	703.1	628.3	−10.64
大　豆	477.8	402.9	−15.68
杂　豆	225.3	225.3	0.00
（三）薯　类	1 929.8	1 962.9	1.72
马铃薯	1 381.1	1 389.1	0.58
二、油料作物	1 135.0	1 126.6	−0.74
花　生	205.8	220.1	6.95
油菜籽	646.5	679.8	5.15
芝　麻	3.1	3.1	0.00
胡麻籽	22.9	20.8	−9.17
葵花籽	231.7	191.7	−17.26
三、棉　花	519.5	516.3	−0.62
四、麻　类	8.9	6.6	−25.84
黄红麻	0.8	0.7	−12.50
五、糖　料	10 223.4	9 774.5	−4.39
甘　蔗	9 117.6	9 049.8	−0.74
甜　菜	1 105.2	724.6	−34.44
六、烟　叶	136.5	137.4	0.66
烤　烟	129.2	130.4	0.93
七、茶　叶	124.4	136.4	9.65
八、水　果	10 989.7	11 905.4	8.33

表 220 我国西部地区主要农产品单位面积产量（2020—2021 年）

单位：kg/hm²

主要农产品	2020 年	2021 年	同比（%）
一、粮食作物	5 088	5 176	1.73
（一）谷 物	5 801	5 859	0.99
稻 谷	6 860	6 920	0.88
小 麦	4 151	4 306	3.73
玉 米	6 295	6 330	0.54
谷 子	3 251	3 283	1.00
高 粱	4 788	4 739	−1.03
（二）豆 类	1 963	1 927	−1.85
大 豆	1 954	1 901	−2.69
杂 豆	1 983	1 974	−0.45
（三）薯 类	3 768	3 808	1.06
马铃薯	3 708	3 753	1.22
二、油料作物	2 318	2 392	3.19
花 生	2 729	2 822	3.44
油菜籽	2 125	2 198	3.46
芝 麻	1 751	1 852	5.77
胡麻籽	1 616	1 554	−3.89
向日葵籽	3 005	3 120	3.84
三、棉花	2 059	2 044	−0.74
四、麻类	2 602	2 284	−12.20
黄红麻	3 060	3 074	0.46
五、糖料	77 115	79 286	2.82
甘 蔗	80 515	81 804	1.60
甜 菜	57 599	57 317	−0.49
六、烟叶	2 012	2 019	0.39
烤 烟	1 996	2 004	0.39

表 221 我国西部地区农林牧渔业总产值、增加值及构成（2020—2021 年）

名 称	总 产 值		增 加 值	
	2020 年	2021 年	2020 年	2021 年
一、绝对数（亿元）				
农林牧渔业合计	**43 549.8**	**47 142.0**	**5 295.7**	**3 592.2**
1. 农业	24 807.6	27 865.4	2 115.1	3 057.8
2. 林业	1 997.2	2 266.4	93.8	269.2
3. 牧业	13 935.3	13 886.4	2 972.3	−48.9
4. 渔业	1 178.2	1 335.4	−3.1	157.2
二、构成（%）				
农林牧渔业合计	**100.0**	**100.0**		
1. 农业	57.0	59.1	−2.3	2.1
2. 林业	4.6	4.8	−0.4	0.2
3. 牧业	32.0	29.5	3.3	−2.5
4. 渔业	2.7	2.8	−0.4	0.1

表 222 我国西部地区国有农场基本情况（2021 年）

地 区	农场个数（个）	职工人数（万人）	耕地面积（khm^2）
全国总计	**1 787**	**2 323.0**	**6 606.0**
地区小计	701	75.0	2 613.8
占全国比重（%）	39	3.2	39.6
内蒙古	99	11.0	748.2
广 西	47	2.2	34.7
重 庆	19	0.6	0.3
四 川	61	0.3	1.0
贵 州	37	0.3	1.0
云 南	43	11.5	13.5
陕 西	12	0.4	11.2
甘 肃	22	1.2	70.6
青 海	20	0.7	31.8
宁 夏	14	1.0	43.2
新 疆	327	45.8	1 658.3

表 223　我国西部地区林业产业总产值（2021 年）

单位：万元

地　区	总　　计	第一产业	第二产业	第三产业
全国总计	**873 419 908**	**275 451 631**	**378 497 412**	**205 856 639**
地区小计	255 188 645	102 269 025	71 285 299	74 972 018
占全国比重（%）	29.22	37.13	18.83	36.42
内蒙古	5 886 597	1 787 525	785 490	1 605 623
广　西	85 264 438	22 761 159	38 340 507	23 294 791
重　庆	16 121 405	6 527 793	4 676 739	4 830 831
四　川	45 091 032	16 157 532	11 806 486	16 500 658
贵　州	37 196 820	10 966 736	5 536 912	20 551 642
云　南	30 023 562	17 624 605	7 216 670	4 379 500
西　藏	576 508	336 193	216	152 508
陕　西	15 383 932	12 096 585	1 642 679	1 573 317
甘　肃	4 797 054	3 744 424	283 853	465 218
青　海	1 971 165	496 450	29 513	122 202
宁　夏	1 843 534	862 303	317 780	619 546
新　疆	11 032 598	8 907 720	648 454	876 182

表 224 我国西部地区森林工业主要产品产量（2021 年）

地区	锯材（万 m³）	木片（万实积 m³）	胶合板（万 m³）	纤维板（万 m³）	刨花板（万 m³）	其他人造板（万 m³）	改性木材（万 m³）	指接材（万 m³）
全国总计	**7 951.65**		**19 296.14**	**6 416.91**	**3 963.07**	**3 996.88**		
地区小计	2 457.90		5 132.36	1 174.16	503.44	1 080.47		
占全国比重（%）	30.91		26.60	18.30	12.70	27.03		
内蒙古	315.31		19.07	1.54		3.10		
广西	1 336.13		4 683.70	638.00	342.29	747.70		
重庆	145.55		45.96	55.34	40.84	6.24		
四川	203.65		112.05	327.52	62.07	151.09		
贵州	194.66		31.55	15.87	4.19	99.96		
云南	221.20		130.59	109.49	52.52	65.35		
西藏	0.11							
陕西	4.59		14.02	5.40	0.90	5.26		
甘肃	1.07		4.33	0.47		0.51		
青海	0.05		61.13					
宁夏								
新疆	35.58		29.96	20.53	0.63	1.26		

地区	木竹地板（万 m²）	松香类产品（t）	松节油类产品（t）	樟脑（t）	冰片（t）	栲胶类产品（t）	紫胶类产品（t）	木材热解产品（t）	木质生物质成型燃料（t）
全国总计	**82 347.27**	**1 030 087.00**				**5 675.00**	**6 502.00**		
地区小计	1 503.25	448 246.00				4 535.00	4 387.00		
占全国比重（%）	1.83	43.52				79.91	67.47		
内蒙古									
广西	994.79	321 947.00				3 000.00			
重庆	33.22	1 299.00							
四川	122.91								
贵州	174.40	2 213.00							
云南	176.92	122 787.00				1 535.00	4 387.00		
西藏									
陕西	0.93								
甘肃									
青海									
宁夏									
新疆	0.08								

表 225　我国西部地区主要林产品产量（2020—2021 年）

产　品	单　位	2020 年	2021 年	同比（%）
木　材	万 m^3	5 231	5 802	10.92
竹　材	万根	108 333	104 151	−3.86
板　栗	t			
竹笋干	t	301 843	303 080	0.41
油茶籽	t	453 339	635 262	40.13
核　桃	t	3 962 531	4 316 803	8.94
生　漆	t			
油桐籽	t			
乌桕籽	t			
五倍子	t			
棕　片	t			
松　脂	t			
紫胶（原胶）	t	3 006	4 387	45.94

表 226　我国西部地区主要畜产品产量（2020—2021 年）

产　品　名　称	单　位	2020 年	2021 年	同比（%）
一、肉类总产量	万 t	2 522.7	2 859.9	13.37
猪　肉	万 t	1 353.9	1 669.7	23.33
牛　肉	万 t	317.7	330.9	4.15
羊　肉	万 t	300.9	310.7	3.26
禽　肉	万 t	484.6	484.4	−0.04
兔　肉	万 t	32.4	31.7	−2.16
二、其他畜产品产量				
奶　类	万 t	1 506.9	1 663.2	10.37
牛　奶	万 t	1 429.4	1 578.5	10.43
山羊粗毛	t	13 662.0	14 492.0	6.08
绵羊毛	t	265 107.0	268 217.0	1.17
细羊毛	t	91 812.0	76 436.0	−16.75
半细羊毛	t	66 087.0	65 833.0	−0.38
山羊绒	t	11 308.0	11 381.0	0.65
蜂　蜜	万 t	16.1	16.5	2.48
禽　蛋	万 t	508.8	516.8	1.57

表 227 我国西部地区水产品产量（2020—2021 年）

单位：t

产品名称	2020 年	2021 年	同比（%）
水产品总产量	**7 123 220**	**7 325 497**	**2.84**
按海水、内陆分			
海水产品产量	2 009 180	2 085 282	3.79
内陆水产品产量	5 114 040	5 240 215	2.47
按生产性质分			
捕捞产量	676 150	650 390	−3.81
养殖产量	6 447 070	6 675 107	3.54

表 228 我国西部地区粮食作物单位面积产量（2021 年）

单位：kg/hm²

地区	谷物	稻谷	小麦	玉米	豆类	薯类	油料
全国总计	**6 316.4**	**7 113.4**	**5 810.8**	**6 290.9**	**1 942.1**	**4 150.2**	**2 757.7**
内蒙古	6 333.7	7 432.1	3 556.2	7 121.4	1 792.5	4 601.5	2 622.3
广西	5 463.7	5 794.3	1 651.8	4 636.2	1 631.5	1 986.0	2 840.5
重庆	6 663.3	7 482.9	3 291.5	5 736.3	2 066.6	4 340.2	2 026.1
四川	6 451.4	7 964.8	4 208.1	5 865.1	2 332.7	4 371.2	2 521.9
贵州	5 055.4	6 468.2	2 457.5	4 661.6	1 031.6	3 188.9	1 888.0
云南	5 135.4	6 525.3	2 127.0	5 281.5	2 350.2	3 590.1	2 089.3
西藏	5 777.6	5 806.3	6 191.3	6 197.2	3 593.0	2 749.2	2 410.6
陕西	4 597.6	6 869.4	4 445.7	5 088.4	1 585.0	3 120.7	2 211.0
甘肃	5 031.6	5 765.1	3 933.0	6 112.8	2 224.7	3 832.7	2 237.7
青海	3 477.1		3 919.2	6 770.2	2 331.1	4 281.5	2 221.8
宁夏	5 707.6	8 064.3	2 826.9	7 168.8	1 090.1	3 619.0	1 768.2
新疆	7 379.7	9 406.6	5 635.3	9 120.8	2 739.1	9 038.5	3 057.6

表 229　我国西部地区茶叶产量（2021 年）

单位：t

地　区	茶叶总产量	其　　中						
		绿茶	青茶	红茶	黑茶	黄茶	白茶	其他茶
全国总计	**3 163 961**	**2 173 630**	**325 701**	**304 490**	**211 356**	**8 826**	**12 078**	**59 295**
地区小计	1 364 490	1 134 271	7 347	132 750	41 039	495	522	12 300
占全国比重（%）	43	52	2	44	19	6	4	21
内蒙古	28	2						
广　西	96 033	62 159	712	23 224	6 204			669
重　庆	50 834	44 790	152	4100				220
四　川	374 804	310 262	4608	13 660	25 846	374	430	638
贵　州	245 887	194 106	1272	26 883	4 536	121	91	10 082
云　南	502 108	439 353	593	58 722	22	0	1	147
西　藏	67	1	10	1	2			
陕　西	93 171	82 040		6 160	4 429			544
甘　肃	1 558	1 558						
青　海								
宁　夏								
新　疆								

表 230　我国西部地区水果产量（2021 年）

单位：万 t

地　区	水果总产量	其　　中					
		香　蕉	苹　果	柑　橘	梨	葡　萄	菠　萝
全国总计	**29 970.2**	**1 172.4**	**4 597.3**	**5 595.6**	**1 887.6**	**1 499.8**	**188.6**
地区小计	11 905.5	526.6	2 155.5	2 813.7	635.4	727.6	15.9
占全国比重（%）	39.7	44.9	46.9	50.3	33.7	48.5	8.4
内蒙古	190.8		27.8	0.0	8.0	5.1	
广　西	3 121.1	309.8		1 607.4	50.3	66.6	3.2
重　庆	553.2	0.1	0.6	342.7	32.5	12.9	
四　川	1 290.9	5.2	87.2	522.3	96.0	46.1	0.1
贵　州	653.7	9.0	38.1	94.1	51.7	39.2	
云　南	1 142.6	202.4	69.8	192.7	82.5	100.8	12.6
西　藏	3.0	0.1	0.8	0.1	0.1	0.4	0.0
陕　西	2 141.1		1 242.5	54.2	104.6	85.1	
甘　肃	883.8		438.4	0.2	28.0	26.9	
青　海	3.0		0.4		0.5	0.0	
宁　夏	262.8		46.2		1.6	17.5	
新　疆	1 659.5		203.7		179.6	327.0	

表 231 我国西部地区人均主要农产品、畜产品、水产品产量（2020—2021 年）

单位：kg/人

产品名称	2020 年	2021 年	同比（%）
一、主要农产品			
（一）粮　食	451.0	463.5	2.77
1. 谷　物	382.2	395.8	3.56
稻　谷	110.3	109.3	−0.91
小　麦	49.0	50.3	2.65
玉　米	207.2	219.5	5.94
谷　子	3.0	3.4	13.33
高　粱	4.3	4.8	11.63
2. 豆　类	18.4	16.4	−10.87
大　豆	12.5	10.5	−16.00
杂　豆	5.9	5.9	0
3. 薯　类	50.5	51.3	1.58
马铃薯	36.1	36.3	0.55
（二）油　料	29.7	29.4	−1.01
花　生	5.4	5.7	5.56
油菜籽	16.9	17.8	5.33
芝　麻	0.1	0.1	0
胡麻籽	0.6	0.5	−16.67
向日葵籽	6.1	5.0	−18.03
（三）棉　花	13.6	13.5	−0.74
（四）麻　类	0.2	0.2	0
黄红麻	0	0	0
（五）糖　料	267.3	255.2	−4.53
甘　蔗	238.4	236.3	−0.88
甜　菜	28.9	18.9	−34.60
（六）水　果	287.4	310.9	8.18
（七）烟　叶	3.6	3.6	0
烤　烟	3.4	3.4	0
二、畜产品			
（一）猪牛羊肉	51.5	60.4	17.28
猪　肉	35.3	43.6	23.51
牛　肉	8.3	8.6	3.61
羊　肉	7.9	8.1	2.53
（二）奶　类	39.3	43.4	10.43
牛　奶	37.3	41.2	10.46
（三）禽　蛋	13.3	13.5	1.50
三、水产品	18.6	19.1	2.69
鱼　类	13.9	14.2	2.16
虾蟹类	1.5	1.4	−6.67

其　　他

表 232　我国农产品质量安全例行监测情况（2021 年）

监测产品种类	合格率（%）	同比（%）
蔬　菜	97.1	下降 0.5 个百分点
畜禽产品	98.8	基本不变
水产品	96.9	上升 1.0 个百分点
水　果	96.5	下降 1.5 个百分点
茶　叶	98.0	下降 0.1 个百分点

资料来源：表中数据出自农业农村部新闻办公室。

5 第五部分

国际综合统计资料

国际综合统计资料简要说明

1. 本部分统计资料数据主要包括：世界和部分国家主要农产品收获面积、单产和总产量；禽畜产品产量；主要国家农业与农产品加工业生产指数；农产品加工业主要经济指标；世界主要国家农、林、畜、禽产品进出口情况；按营业额排序世界最强500企业中农产品加工业企业。

2. 本部分统计资料数据主要来源于国家统计局、农业农村部、2022年《国际统计年鉴》、2022年《中国统计年鉴》、美国农业部、世界银行统计数据、联合国商品贸易统计数据库以及中国海关等。未注明“资料来源”的数据，均采用国家统计局公布的数据。

3. 本部分统计资料中符号使用说明：“空格”表示该项统计指标数据不详或无该项数据；“＊”“①”“△”表示本表下面有注。

表 1 世界部分国家（地区）农业生产指数（2019 年）

（2014—2016 年＝100）

国家或地区	农 业	食 品
世界总计	**106.1**	**105.6**
埃 及	100.8	100.6
南 非	104.1	103.7
加拿大	110.5	110.9
美 国	100.8	100.1
巴 西	110.2	109.3
中 国	102.5	101.9
印 度	114.7	115.3
日 本	100.4	100.4
韩 国	100.3	100.3
法 国	98.8	97.9
德 国	93.6	93.7
意大利	98.4	98.5
俄罗斯	110.0	110.0
英 国	103.6	103.6
澳大利亚	91.6	91.4

资料来源：表中数据来自 2022 年《国际统计年鉴》。

表 2 世界主要国家国土面积、人口排名情况（2020—2021 年）

排名	国土面积（万 km^2）		人口密度（人/km^2）		年中人口数（万人）		
	国 家	2020 年	国 家	2020 年	国 家	2021 年	增长率（%）
世界		**13 467.1**		**59.7**		**783 663.1**	**0.9**
1	俄罗斯	1 709.8	新加坡	7 919.0	中 国	141 236.0	0.1
2	加拿大	988.0	孟加拉国	1 265.2	印 度	139 340.9	1.0
3	美 国	983.2	韩 国	531.3	美 国	30 932.7	0.1
4	中 国	960.0	荷 兰	518.0	印度尼西亚	27 636.2	1.0
5	巴 西	851.6	印 度	464.1	巴基斯坦	22 520.0	1.9

资料来源：表中数据来自 2022 年《国际统计年鉴》。

表 3 我国主要指标居世界位次（2010—2021 年）

指 标	2010 年	2020 年	2021 年
国土面积	4	4	4
人 口	1	1	1
国内生产总值	2	2	2
人均国民总收入①	120（215）	67（191）	68（195）
货物进出口贸易总额	2	1	1
出口额	1	1	1
进口额	2	2	2
外商直接投资	2	2	2
对外直接投资	5	2	4
外汇储备	1	1	1

注：①括号中所列为参加排序的国家和地区数。

资料来源：表中数据来自 2022 年《国际统计年鉴》。

表 4　我国主要指标占世界比重（2020—2021 年）

单位：%

指　　标	2020 年	2021 年
国土面积	7.1	7.1
人　　口	18.1	18.0
国内生产总值	17.4	18.5
货物进出口贸易总额	13.1	13.5
出口额	14.7	15.1
进口额	11.5	11.9
外商直接投资	15.0	11.4
对外直接投资	18.0	8.5
外汇储备	25.0	25.2
稻谷产量	28.0	27.0
小麦产量	17.6	17.8
玉米产量	22.4	22.5
大豆产量	5.5	4.4

资料来源：表中数据来自 2022 年《国际统计年鉴》。

表 5　我国主要农产品产量居世界位次（1978—2021 年）

项　目	1978 年	1980 年	1990 年	2000 年	2010 年	2020 年	2021 年
谷　物	2	1	1	1	1	1	1
肉　类①	3	3	2	1	1	1	1
棉　籽	2	2	1	1	1	1	1
大　豆	3	3	3	4	4	4	4
花　生	2	2	2	1	1	1	1
油菜籽	2	2	1	1	1	2	1
甘　蔗	10	10	4	3	3	3	3
茶　叶	2	2	2	2	1	1	1
水　果	6	8	1	1	1	1	1

注：①1990 年以前为猪、牛、羊肉产量的位次。

资料来源：表中数据来自 2022 年《国际统计年鉴》。

表 6　世界各大洲农产品进出口额（2021 年）

单位：亿美元、%

大　洲	进　　口		出　　口	
	金额	占比	金额	占比
亚　洲	443.6	20.2	550.5	65.3
非　洲	50.3	2.3	36.5	4.3
欧　洲	369.4	16.8	123.1	14.6
南美洲	647.9	29.5	30.6	3.6
北美洲	479.3	21.8	87.1	10.3
大洋洲	207.6	9.4	15.8	1.9

资料来源：表中数据来自中华人民共和国商务部对外贸易司。

表 7 世界大米主产国的大米产量（2019/2020—2021/2022 年度）

单位：万 t

国家或地区	2019/2020 年度	2020/2021 年度	2021/2022 年度
世界总计	**49 894.0**	**50 932.0**	**51 385.2**
中　　国	14 673.0	14 830.0	14 899.0
印　　度	11 887.0	12 436.8	12 947.1
孟加拉国	3 585.0	3 460.0	3 585.0
印度尼西亚	3 470.0	3 450.0	3 440.0
越　　南	2 710.0	2 738.1	2 676.9
泰　　国	1 765.5	1 886.3	1 987.8
缅　　甸	1 265.0	1 260.0	1 235.2
菲 律 宾	1 192.7	1 241.6	1 254.0
日　　本	761.1	757.0	763.6
巴　　西	760.2	800.1	733.7
巴基斯坦	720.6	842.0	932.3
柬 埔 寨	574.0	573.9	577.1
尼日利亚	531.4	514.8	525.5
韩　　国	374.4	350.7	388.2
尼 泊 尔	369.7	374.4	341.7

资料来源：表中数据来自美国农业部（USDA）。

表 8 世界玉米主产国的玉米产量（2019—2021 年）

单位：万 t

国家或地区	2019 年	2020 年	2021 年
世界总计	**114 848.7**	**116 235.3**	**121 023.5**
美　　国	34 704.8	36 025.2	38 394.3
中　　国	26 077.9	26 067.0	27 255.2
巴　　西	10 113.9	10 396.4	8 846.2
阿 根 廷	5 686.1	5 839.6	6 052.6
乌 克 兰	3 588.0	3 029.0	4 211.0
印度尼西亚	3 069.3	2 250.0	2 001.0
印　　度	2 771.5	3 016.0	3 165.0
墨 西 哥	2 722.8	2 742.5	2 750.3
罗马尼亚	1 743.2	1 094.2	1 482.1
俄 罗 斯	1 428.2	1 387.9	1 524.0
加 拿 大	1 340.4	1 356.3	1 398.4
法　　国	1 284.5	1 341.9	1 535.8

资料来源：表中数据来自 2022 年《国际统计年鉴》。

表9 世界小麦主产国的小麦产量（2018/2019—2021/2022年度）

单位：万t

国家或地区	2018/2019年度	2019/2020年度	2020/2021年度	2021/2022年度
世界总计	**73 087.20**	**76 146.60**	**77 440.80**	**77 912.70**
中　国	13 144.10	13 360.00	13 425.00	13 694.60
欧　盟	12 312.40	13 879.90	12 668.40	13 824.40
印　度	9 987.00	10 360.00	10 786.00	10 958.60
俄罗斯	7 168.50	7 361.00	8 535.20	7 515.80
美　国	5 130.60	5 258.10	4 975.10	4 480.40
加拿大	3 235.20	3 267.00	3 543.70	2 242.20
巴基斯坦	2 507.60	2 434.90	2 524.80	2 746.40
乌克兰	2 505.70	2 917.10	2 542.00	3 300.70
阿根廷	1 950.00	1 975.00	1 764.00	2 215.00
土耳其	1 900.00	1 750.00	1 825.00	1 600.00
澳大利亚	1 759.80	1 448.00	3 192.30	3 623.70
伊　朗	1 450.00	1 555.00	1 500.00	1 200.00
哈萨克斯坦	1 394.70	1 145.20	1 425.60	1 181.40
英　国	1 355.50	1 560.00	965.80	1 398.80
埃　及	845.00	877.00	890.00	900.00
巴　西	542.80	520.00	625.00	770.00

资料来源：表中数据来自美国农业部（USDA）。

表10 世界主要农畜产品排名前三生产国（2020年）

单位：kt

农畜产品	第1位国家	产　量	第2位国家	产　量	第3位国家	产　量
谷　物	中　国	61 551.8	美　国	43 487.5	印　度	33 503.5
小　麦	中　国	13 425.0	印　度	10 759.0	俄罗斯	8 589.6
稻　谷	中　国	21 186.0	印　度	17 830.5	孟加拉国	5 490.6
玉　米	美　国	36 025.2	中　国	26 067.0	巴　西	10 396.4
大　豆	巴　西	12 179.8	美　国	11 254.9	阿根廷	4 879.7
甘　蔗	巴　西	75 711.7	印　度	37 050.0	中　国	10 812.1
甜　菜	俄罗斯	3 391.5	美　国	3 049.8	德　国	2 861.8
油菜籽	加拿大	1 948.5	中　国	1 400.0	印　度	912.4
籽　棉	中　国	2 950.0	印　度	1 773.1	美　国	973.7
水　果	中　国	24 279.4	印　度	10 597.1	巴　西	3 975.9
花　生	中　国	1 799.3	印　度	955.2	尼日利亚	449.3
肉　类	中　国	7 536.7	美　国	4 871.1	巴　西	2 912.6
蛋　类	中　国	3 468.0	美　国	660.8	印　度	629.2
奶　类	印　度	18 395.5	美　国	10 127.7	巴基斯坦	6 077.0
鱼　类	中　国	3 707.6	印　度	1 232.5	印度尼西亚	1 034.1
蜂　蜜	中　国	45.8	土耳其	10.4	伊　朗	8.0

资料来源：表中数据来自2022年《国际统计年鉴》和2021年《国际统计年鉴》。

表 11　世界大豆主产国的大豆产量（2019—2021 年）

单位：万 t

国家或地区	2019 年	2020 年	2021 年
世界总计	**33 367.2**	**35 346.4**	**37 169.4**
巴　　西	11 426.9	12 179.8	13 493.5
美　　国	9 679.3	11 254.9	12 070.7
阿 根 廷	5 526.4	4 879.7	4 621.8
中　　国	1 572.4	1 960.0	1 640.0
印　　度	1 326.8	1 122.6	1 261.0
巴 拉 圭	852.0	1 102.4	1 053.7
加 拿 大	604.5	635.9	627.2

资料来源：表中数据来自 2022 年《国际统计年鉴》和 2021 年《国际统计年鉴》。

表 12　世界棉花收获面积及产销量（2015/2016—2021/2022 年度）

单位：万 hm^2、万 t

年　度	收获面积	产　量	消费量	期末库存量
2015/2016	3 071.90	2 093.14	2 464.90	1 993.18
2016/2017	2 985.00	2 335.55	2 538.21	1 785.19
2017/2018	3 367.00	2 708.08	2 690.42	1 803.50
2018/2019	3 321.20	2 579.92	2 609.95	1 796.66
2019/2020	3 446.40	2 616.74	2 269.51	2 138.25
2020/2021	3 135.30	2 427.58	2 684.76	1 878.96
2021/2022	3 256.70	2 525.91	2 531.94	1 877.35

资料来源：表中数据来自美国农业部（USDA）。

表 13　世界棉花主要生产国及产量情况（2018/2019—2021/2022 年度）

单位：万 t

国家或地区	2018/2019 年度	2019/2020 年度	2020/2021 年度	2021/2022 年度
世界总计	**11 849.5**	**12 018.6**	**11 149.8**	**11 601.4**
中　　国	2 800.0	2 745.0	2 960.0	2 680.0
印　　度	2 600.0	2 850.0	2 760.0	2 440.0
美　　国	1 836.7	1 991.3	1 460.8	1 752.3
巴　　西	1 300.0	1 378.0	1 082.0	1 172.0
澳大利亚	220.0	62.5	280.0	585.0
土 耳 其	375.0	345.0	290.0	380.0
巴基斯坦	760.0	620.0	450.0	600.0
其　　他	1 957.8	2 026.8	1 867.0	1 992.1

资料来源：表中数据来自美国农业部（USDA）。

表 14 世界生猪存栏和出栏情况（2018—2021 年）

单位：万头

年 份	存 栏	出 栏
2018	78 129	127 386
2019	76 749	103 816
2020	65 066	116 659
2021	74 955	125 299

资料来源：表中数据来自美国农业部（USDA）、国家统计局。

表 15 世界猪肉贸易量情况（2018—2021 年）

单位：万 t

年 份	贸易量
2018	760
2019	845
2020	1 173
2021	1 163

资料来源：表中数据来自美国农业部（USDA）。

表 16 世界部分国家（地区）主要粮食作物总产量（2021 年）

单位：万 t

国家或地区	谷 物	其 中		
		小 麦	水 稻	玉 米
世界总计	**307 064.5**	**77 087.7**	**78 729.4**	**121 023.5**
中 国	63 206.7	13 694.6	21 284.3	27 255.2
美 国	45 262.8	4 479.0	870.0	38 394.3
印 度	35 634.5	10 959.0	19 542.5	3 165.0
俄罗斯	11 757.4	7 605.7	107.6	1 524.0
巴 西	11 222.0	856.5	1 166.1	8 846.2
阿根廷	8 769.2	1 764.4	145.3	6 052.6
印度尼西亚	7 442.5		5 441.5	2 001.0
加拿大	4 673.9	2 229.6		1 398.4
乌克兰	8 533.9	3 218.3		4 211.0
孟加拉国	6 215.6	108.5	5 694.5	446.2
法 国	6 688.1	3 655.9		1 535.8
越 南	4 830.1		4 385.3	444.6
德 国	4 235.9	2 145.9		446.2
巴基斯坦	5 241.5	2 746.4	1 398.4	1 063.5
土耳其	3 186.4	1 765.0	100.0	675.0

资料来源：表中数据来自 2022 年《国际统计年鉴》。

表 17 世界部分国家（地区）主要油料作物总产量（2021 年）

单位：万 t

国家或地区	大 豆	油菜籽	花 生	芝 麻
世界总计	**37 169.4**	**7 133.3**	**5 392.7**	**635.4**
巴 西	13 493.5	5.6	79.4	6.2
美 国	12 070.7	124.4	289.8	
阿根廷	4 621.8	1.8	126.7	
中 国	1 640.0	1 471.4	1 830.8	45.5
印 度	1 261.0	1 021.0	1 024.4	81.7
巴拉圭	1 053.7	6.1		3.6
加拿大	627.2	1 375.7		
俄罗斯	476.0	279.4		
乌克兰	349.3	293.9		
玻利维亚	331.8			1.4
乌拉圭	170.7	18.3		
南 非	189.7	19.7	6.4	
意大利	92.3	5.5		
印度尼西亚	34.8		75.9	
塞尔维亚	54.0	7.3		

资料来源：表中数据来自 2022 年《国际统计年鉴》。

表 18 世界部分国家（地区）籽棉生产情况（2021 年）

单位：khm^2、kg/hm^2、万 t

国家或地区	收获面积	单 产	总产量
世界总计	**32 876.4**	**2 242.8**	**7 373.6**
印 度	13 477.0	1 276.5	1 720.4
美 国	4 034.1	2 788.0	1 124.7
中 国	3 028.2	5 734.8	1 736.6
巴基斯坦	1 937.0	2 114.6	409.6
巴 西	1 369.6	4 170.6	571.2
土耳其	432.3	5 204.7	225.0
阿根廷	406.3	2 559.7	104.0
尼日利亚	371.3	737.9	27.4
澳大利亚	275.1	4 467.5	122.9
墨西哥	157.8	5 152.1	81.3
缅 甸	148.6	1 621.8	24.1
哈萨克斯坦	110.0	2 636.4	29.0
埃 及	90.0	2 111.1	19.0
朝 鲜	19.8	2 020.2	4.0

资料来源：表中数据来自 2022 年《国际统计年鉴》。

表 19 世界部分国家（地区）甘蔗、甜菜生产情况（2021 年）

单位：khm²、kg/hm²、万 t

甘蔗				甜菜			
国家或地区	收获面积	单 产	总产量	国家或地区	收获面积	单 产	总产量
世界总计	**26 349.6**	**70 566.2**	**185 939.0**	**世界总计**	**4 399.4**	**61 407.5**	**27 015.6**
巴 西	9 971.0	71 774.0	71 565.9	俄罗斯	993.8	41 459.0	4 120.2
印 度	5 159.2	78 577.9	40 539.9	美 国	448.2	74 386.4	3 334.0
泰 国	1 495.4	44 321.9	6 627.9	法 国	401.9	85 506.3	3 436.5
巴基斯坦	1 260.3	70 341.2	8 865.1	德 国	390.7	81 763.5	3 194.5
中 国	1 127.7	94 585.4	10 666.4	土耳其	288.9	63 170.6	1 825.0
墨西哥	813.8	68 180.1	5 548.5	波 兰	250.6	60 949.7	1 527.4
印度尼西亚	448.0	71 875.0	3 220.0	中 国	229.3	34 239.0	785.1
美 国	379.4	78 977.3	2 996.4	乌克兰	226.6	47 899.4	1 085.4
澳大利亚	362.3	85 931.5	3 113.3	埃 及	190.1	77 995.8	1 482.7
阿根廷	383.2	48 609.1	1 862.7	英 国	95.2	77 941.2	742.0
南 非	278.9	64 507.0	1 799.1	荷 兰	80.7	81 239.2	655.6

资料来源：表中数据来自 2022 年《国际统计年鉴》。

表 20 世界部分国家（地区）肉类产量（2020 年）

单位：万 t

国家或地区	肉类总产量	其中			
		牛 肉	羊 肉	猪 肉	禽 肉
世界总计	**33 718.0**	**7 207.0**	**1 602.8**	**10 983.5**	**13 335.7**
中 国	7 536.7	670.6	505.3	4 113.3	2 127.8
美 国	4 871.1	1 235.7	7.4	1 284.5	2 315.0
巴 西	2 912.6	1 010.0	14.1	448.2	1 437.9
俄罗斯	1 122.2	163.4	21.5	428.2	457.7
德 国	782.2	109.1	4.0	511.8	157.2
墨西哥	753.7	208.1	10.5	165.2	361.7
西班牙	750.4	67.8	12.5	500.3	163.2
印 度	747.5	251.6	83.6	33.6	359.7
阿根廷	662.7	316.8	6.5	65.5	226.5
法 国	541.7	143.5	8.6	220.1	164.5

资料来源：表中数据来自 2022 年《国际统计年鉴》。

表 21　世界部分国家（地区）蛋类产品产量（2020 年）

单位：万 t、%

国家或地区	蛋类产量		其中：鸡蛋产量	
	产　量	占世界比重	产　量	占世界比重
世界总计	**9 296.7**	**100.00**	**8 667.0**	**100.00**
中　国	3 468.0	37.30	2 982.5	34.41
美　国	660.8	7.11	660.8	7.62
印　度	629.2	6.77	629.2	7.26
印度尼西亚	540.2	5.81	504.4	5.82
巴　西	343.8	3.70	326.1	3.76
墨西哥	301.6	3.24	301.6	3.48
日　本	263.3	2.83	263.3	3.04
俄罗斯	251.9	2.71	249.2	2.88
土耳其	123.7	1.33	123.7	1.43
泰　国	111.3	1.20	71.3	0.82

资料来源：表中数据来自 2022 年《国际统计年鉴》。

表 22　世界部分国家（地区）奶类产量（2020 年）

单位：万 t、%

国家或地区	奶类产量		其中：牛奶产量	
	产　量	占世界比重	产　量	占世界比重
世界总计	**88 688.2**	**100.00**	**71 803.8**	**100.00**
印　度	18 395.5	20.74	8 782.2	12.23
美　国	10 127.7	11.42	10 125.1	14.10
巴基斯坦	6 077.0	6.85	2 250.8	3.13
中　国	3 876.9	4.37	3 440.0	4.79
巴　西	3 680.7	4.15	3 650.8	5.08
德　国	3 318.9	3.74	3 316.5	4.62
俄罗斯	3 221.9	3.63	3 196.0	4.45
法　国	2 615.2	2.95	2 514.7	3.50
新西兰	2 187.1	2.47	2 187.1	3.05
土耳其	2 183.9	2.46	2 000.0	2.79

资料来源：表中数据来自 2022 年《国际统计年鉴》。

表 23 世界部分国家（地区）蜂蜜产量（2020 年）

单位：万 t

国家或地区	2020 年
世界总计	**177.0**
中　国	45.8
土耳其	10.4
伊　朗	8.0
阿根廷	7.4
乌克兰	6.8
美　国	6.7
俄罗斯	6.6
印　度	6.2
墨西哥	5.4
巴　西	5.2

资料来源：表中数据来自 2022 年《国际统计年鉴》。

表 24 世界部分国家（地区）鱼类产量（2020 年）

单位：万 t

国家或地区	鱼类产品产量	其　中	
		海　域	内陆水域
中　国	3 707.6	1 010.3	2 697.3
印　度	1 232.5	304.3	928.2
印度尼西亚	1 034.1	649.0	385.0
越　南	600.5	297.3	303.2
秘　鲁	509.6	502.0	7.6
俄罗斯	501.2	454.9	46.3
孟加拉国	425.0	77.1	347.9
美　国	376.4	358.5	17.9
挪　威	365.7	365.7	
缅　甸	289.9	98.6	191.3
日　本	287.3	283.1	4.2
智　利	267.8	267.7	0.1
菲律宾	243.8	205.9	37.9

资料来源：表中数据来自 2022 年《国际统计年鉴》。

表 25　世界部分国家（地区）苹果产量（2018/2019—2021/2022 年度）

单位：万 t

国家或地区	2018/2019 年度	2019/2020 年度	2020/2021 年度	2021/2022 年度
世界总计	**7 184.9**	**7 858.1**	**8 068.3**	**8 264.3**
中　国	3 300.0	4 242.5	4 406.6	4 597.3
欧　盟	1 481.0	1 148.0	1 193.5	1 227.7
土耳其	360.0	362.0	430.0	449.3
美　国	447.9	485.2	450.5	433.6
印　度	237.1	237.0	230.0	230.0
伊　朗	224.1	220.7	220.7	220.7
俄罗斯联邦	161.1	177.9	154.0	154.0
乌克兰	115.4	111.5	111.5	111.5
南　非	89.4	99.1	116.4	117.0
智　利	121.0	112.4	109.9	104.6

资料来源：表中数据来自美国农业部（USDA）。

表 26　世界部分国家（地区）葡萄产量（2018/2019—2021/2022 年度）

单位：万 t

国家或地区	2018/2019 年度	2019/2020 年度	2020/2021 年度	2021/2022 年度
世界总计	**2 438.6**	**2 475.7**	**2.5**	**2 625.2**
中　国	990.0	1 080.0	1 145.0	1 198.0
印　度	290.0	228.0	230.0	290.0
土耳其	195.0	205.0	222.0	185.7
乌兹别克斯坦	160.3	160.7	160.7	160.7
欧　盟	158.9	154.8	137.4	142.0
埃　及	135.0	138.5	117.0	143.5
巴　西	148.5	143.6	143.6	143.6
美　国	99.7	90.5	87.1	82.6
秘　鲁	63.0	64.5	68.5	71.3
智　利	83.5	78.5	66.5	79.3

资料来源：表中数据来自美国农业部（USDA）。

表 27　世界部分国家（地区）梨产量（2018/2019—2021/2022 年度）

单位：万 t

国家或地区	2018/2019 年度	2019/2020 年度	2020/2021 年度	2021/2022 年度
世界总计	**2 041.0**	**2 322.6**	**2 390.7**	**2 450.4**
中　国	1 400.0	1 731.4	1 781.5	1 887.6
欧　盟	256.8	205.9	237.3	184.3
阿根廷	60.0	64.0	61.5	55.7
美　国	72.6	64.5	59.3	63.3
土耳其	52.0	53.0	55.0	53.0
南　非	41.3	43.8	46.1	49.5
印　度	30.0	31.0	30.8	31.0
俄罗斯联邦	24.2	29.0	24.7	24.7
韩　国	20.3	20.1	13.3	21.0
智　利	25.2	22.2	23.3	22.2

资料来源：表中数据来自美国农业部（USDA）。

表 28　世界棉花历年进口基本情况（2018/2019—2021/2022 年度）

单位：万 t

国家或地区	2018/2019 年度	2019/2020 年度	2020/2021 年度	2021/2022 年度
世界总计	**924.8**	**886.4**	**1 059.8**	**929.6**
孟加拉国	152.4	163.3	180.7	178.5
中　国	209.6	155.4	280.0	170.7
越　南	150.9	141.1	158.7	144.4
巴基斯坦	62.1	87.1	117.6	98.0
土耳其	78.5	101.7	116.0	120.3
印度尼西亚	66.4	54.7	50.2	56.1
印　度	39.2	49.6	18.4	21.8

资料来源：表中数据来自美国农业部（USDA）。

表 29　世界棉花历年出口基本情况（2018/2019—2021/2022 年度）

单位：万 t

国家或地区	2018/2019 年度	2019/2020 年度	2020/2021 年度	2021/2022 年度
世界总计	**903.2**	**893.9**	**1 063.2**	**933.1**
美　国	323.0	337.7	356.0	318.4
巴　西	131.0	194.6	239.8	168.2
澳大利亚	79.1	29.6	34.4	77.9
印　度	76.7	69.7	134.8	81.5
希　腊	29.5	31.9	35.5	31.1
贝　宁	30.3	21.1	34.2	30.5
马　里	29.4	25.6	13.1	28.3

资料来源：表中数据来自美国农业部（USDA）。

表 30 世界大米主要进口国进口量情况（2014—2021 年）

单位：万 t

年 份	中 国	孟加拉国	科特迪瓦	伊拉克	伊 朗
2014	445.0	133.5	95.0	110.4	140.0
2015	515.0	59.8	115.0	102.8	130.0
2016	460.0	3.5	130.0	102.6	110.0
2017	590.0	240.0	135.0	116.1	140.0
2018	450.0	140.0	150.0	123.7	125.0
2019	280.0	8.0	135.0	126.3	140.0
2020	320.0	2.0	110.0	97.2	111.0
2021	492.1	265.0	145.0	131.5	87.5

资料来源：表中数据来自美国农业部（USDA）。

表 31 世界大米主要出口国出口量情况（2014—2021 年）

单位：万 t

年 份	印 度	泰 国	越 南	巴基斯坦	美 国
2014	1 158.8	1 096.9	632.5	370.0	294.7
2015	1 104.6	977.9	660.6	400.0	338.1
2016	1 006.2	989.1	508.8	410.0	334.3
2017	1 257.3	1 165.8	648.8	364.7	334.9
2018	1 179.1	1 121.3	659.0	391.3	277.6
2019	981.3	756.5	658.1	455.0	314.2
2020	1 457.7	571.5	616.7	393.4	285.7
2021	2 123.8	628.3	627.2	392.8	291.7

资料来源：表中数据来自美国农业部（USDA）。

表 32 世界玉米主要出口国（地区）出口量情况（2018/2019—2020/2021 年度）

国家或地区	2018/2019 年度	2019/2020 年度	2020/2021 年度	2021/2022 年度
世界总计	**17 358.6**	**17 587.1**	**18 407.1**	**19 347.8**
美 国	4 929.7	4 703.5	6 829.3	6 297.8
巴 西	3 287.9	3 991.7	3 654.4	3 885.3
阿根廷	3 877.3	3 413.7	2 749.2	3 192.1
乌克兰	3 032.1	2 892.9	2 386.4	2 698.0
俄罗斯	277.0	407.2	398.9	400.0
南 非	118.3	245.6	275.1	383.0
巴拉圭	48.2	112.5	367.7	344.2
欧 盟	255.9	208.1	256.3	318.7
缅 甸	150.0	220.9	240.0	245.0
加拿大	171.9	71.2	159.2	220.0

资料来源：表中数据来自美国农业部（USDA）。

表 33　世界玉米主要进口国（地区）进口量情况（2018/2019—2021/2022 年度）

单位：万 t

国家或地区	2018/2019 年度	2019/2020 年度	2020/2021 年度	2021/2022 年度
世界总计	**17 358.6**	**17 587.1**	**18 407.1**	**19 347.8**
中　国	448.3	758.0	2 951.2	2 188.4
欧　盟	2 358.3	1 738.4	1 449.3	1 978.3
墨西哥	1 665.8	1 652.6	1 649.8	1 757.2
日　本	1 605.0	1 588.8	1 547.9	1 501.4
韩　国	1 085.6	1 188.2	1 170.8	1 151.9
埃　及	936.7	1 043.2	963.3	976.3
越　南	1 090.0	1 200.0	1 120.0	910.0
伊　朗	900.0	680.0	720.0	860.0
哥伦比亚	604.8	597.6	579.5	651.2
加拿大	252.1	186.7	155.0	610.8

资料来源：表中数据来自美国农业部（USDA）。

表 34　世界小麦主要进口地区进口量情况（2018/2019—2021/2022 年度）

单位：万 t

地　区	2018/2019 年度	2019/2020 年度	2020/2021 年度	2021/2022 年度
世界总计	**17 452.2**	**18 951.4**	**19 490.1**	**20 095.6**
东南亚	2 775.7	2 756.1	2 604.2	2 792.5
北　非	2 695.6	2 799.1	2 824.6	2 726.3
中　东	2 472.8	3 110.2	2 716.3	3 502.4
撒哈拉以南非洲	2 265.8	2 701.0	2 667.8	2 674.8
东　亚	1 501.1	1 727.0	2 220.6	2 216.6
南　美	1 495.5	1 553.7	1 524.6	1 476.5
南　亚	1 005.9	1 130.7	1 613.7	1 354.3
北　美	883.4	859.3	796.0	859.0
前苏联 12 国	784.1	803.4	941.6	1 042.2
欧　盟	576.3	555.1	539.0	462.9
欧洲其他国家	466.3	353.3	479.9	441.2
中　美	192.8	207.4	214.7	208.1
其　他	336.9	395.1	347.1	338.8

资料来源：表中数据来自美国农业部（USDA）。

表 35　世界苹果主要进口国家（地区）进口量情况（2018/2019—2021/2022 年度）

单位：万 t

国家或地区	2018/2019 年度	2019/2020 年度	2020/2021 年度	2021/2022 年度
世界总计	**610.2**	**641.7**	**637.4**	**648.3**
俄罗斯联邦	79.5	76.3	79.6	58.1
印　度	27.7	19.4	37.7	44.8
伊拉克	32.9	40.5	40.6	45.6
英　国	34.3	32.0	33.0	32.8
欧　盟	38.9	37.8	32.5	33.1
越　南	15.8	23.2	27.8	30.0
墨西哥	24.7	2.5	26.0	26.6
埃　及	27.1	25.3	26.6	30.6
孟加拉国	18.8	27.1	26.6	25.2
加拿大	20.3	20.5	19.0	20.6

资料来源：表中数据来自美国农业部（USDA）。

表 36　世界葡萄主要进口国家（地区）进口量情况（2018/2019—2021/2022 年度）

单位：万 t

国家或地区	2018/2019 年度	2019/2020 年度	2020/2021 年度	2021/2022 年度
世界总计	**335.5**	**341.4**	**357.1**	**358.4**
美　国	57.1	67.2	67.0	71.3
欧　盟	52.0	50.1	57.0	59.7
俄罗斯联邦	29.0	28.8	35.1	38.0
英　国	26.8	27.5	26.9	27.1
加拿大	17.9	18.9	19.1	18.4
中　国	26.2	23.9	19.4	18.1
泰　国	12.4	13.1	14.0	10.3
越　南	10.0	11.2	14.6	9.9
孟加拉国	4.8	6.0	10.6	13.0
墨西哥	10.2	9.1	9.8	10.3

资料来源：表中数据来自美国农业部（USDA）。

表 37　世界梨主要进口国家（地区）进口量情况（2018/2019—2021/2022 年度）

单位：万 t

国家或地区	2018/2019 年度	2019/2020 年度	2020/2021 年度	2021/2022 年度
世界总计	**169.1**	**181.8**	**172.9**	**170.0**
俄罗斯联邦	26.1	19.4	24.1	18.6
印度尼西亚	14.5	23.6	19.6	21.5
欧　　盟	15.7	17.2	17.5	18.6
巴　　西	15.4	13.8	12.1	12.8
白俄罗斯	11.8	11.9	11.2	7.8
英　　国	11.8	10	10.5	10.3
越　　南	6.3	13.3	9.7	10.1
中国香港	8.5	7.6	8.1	7.7
美　　国	7.3	7.2	7.5	6.9
墨 西 哥	9.2	8.4	7.3	7.2

资料来源：表中数据来自美国农业部（USDA）。

表 38　柬埔寨农产品贸易发展情况（2001—2020 年）

单位：亿美元

年　份	进口	出口	进出口	顺差
2001	1.48	0.19	1.67	−1.29
2002	1.52	0.15	1.67	−1.36
2003	1.40	0.12	1.52	−1.29
2004	1.70	0.33	2.03	−1.37
2005	1.98	0.29	2.27	−1.69
2006	2.15	0.27	2.42	−1.88
2007	2.27	0.30	2.58	−1.97
2008	3.11	0.31	3.42	−2.81
2009	3.18	0.58	3.76	−2.60
2010	3.54	0.92	−2.61	−2.61
2011	4.10	1.80	5.91	−2.30
2012	5.28	2.12	7.40	−3.16
2013	5.90	4.05	9.95	−1.85
2014	8.08	3.62	11.70	−4.46
2015	9.91	4.61	14.52	−5.31
2016	11.50	5.72	17.21	−5.78
2017	13.92	6.42	20.34	−7.49
2018	16.67	7.13	23.80	−9.54
2019	17.27	7.20	24.48	−10.07
2020	18.06	8.16	26.21	−9.90

资料来源：表中数据来自联合国贸易统计数据库。

表 39　柬埔寨农产品贸易前十位合作伙伴（2020 年）

单位:%

排序	进口		出口	
	贸易伙伴	占比	贸易伙伴	占比
1	泰　　国	26.32	中　　国	40.08
2	印度尼西亚	17.34	越　　南	9.02
3	越　　南	11.28	法　　国	7.12
4	韩　　国	4.26	加　　蓬	5.31
5	美　　国	3.77	马来西亚	4.8
6	中　　国	3.72	澳大利亚	3.77
7	新 加 坡	3.15	美　　国	3.07
8	中国台湾	1.63	荷　　兰	2.64
9	马来西亚	1.58	中国香港	2.45
10	澳大利亚	1.41	文　　莱	1.51

资料来源：表中数据来自联合国贸易统计数据库。

表 40　美国棉花出口贸易情况（2018/2019—2021/2020 年度）

单位：万 t

年　　度	产　量	出口量
2018/2019	3 999	3 230
2019/2020	4 336	3 377
2020/2021	3 181	3 560
2021/2022	3 815	3 184

资料来源：表中数据来自美国农业部（USDA）。

表 41　美国猪肉产量情况（2012—2021 年）

单位：万 t

年 份	产 量
2012	1 055
2013	1 052
2014	1 036
2015	1 111
2016	1 132
2017	1 161
2018	1 194
2019	1 252
2020	1 285
2021	1 256

资料来源：表中数据来自美国农业部（USDA）。

表 42　印度棉花生产贸易情况（2017—2021 年）

单位：万 hm^2、万 t

年　份	种植面积	总产量	出口量
2017	1 260.0	631.4	112.8
2018	1 260.0	566.1	76.7
2019	1 330.0	620.5	69.7
2020	1 330.0	600.9	134.8
2021	1 237.0	531.3	81.5

资料来源：表中数据来自美国农业部（USDA）。

表 43　巴西棉花生产贸易情况（2017—2021 年）

单位：万 t

年　份	总产量	出口量
2017	200.7	90.9
2018	283.0	131.0
2019	300.0	194.6
2020	235.6	239.8
2021	255.2	168.2

资料来源：表中数据来自美国农业部（USDA）。

表 44　俄罗斯部分农产品出口结构（2021 年）

单位：万 t、%

出口产品	国家或地区	出口量	占俄罗斯相关产品出口量的比重
鲜冷冻鱼类	欧　盟	16.33	10.82
	日　韩	84.98	56.29
	中　国	31.88	21.11
小　麦	土耳其	671.11	24.52
	埃　及	565.55	20.67
	欧　盟	138.11	5.05
亚麻籽	中　国	29.12	48.58
	欧　盟	25.31	42.22
	土耳其	3.86	6.44
菜籽油	中　国	32.12	40.00
	挪　威	30.86	38.44
	欧　盟	13.37	16.65
虾蟹类	欧　盟	1.88	21.91
	日　韩	4.72	54.97
	中　国	1.67	19.41
玉　米	土耳其	107.57	36.64
	欧　盟	57.92	19.73
	中　国	10.36	3.53
大豆油	阿尔及利亚	15.34	33.01
	中　国	15.32	32.95
	欧　盟	4.42	9.50

资料来源：表中数据来自联合国贸易统计数据库。

表 45　俄罗斯部分农产品进口结构（2021 年）

单位：万 t、%

进口产品	国家或地区	进口量	占俄罗斯相关产品进口额的比重
葱蒜类	中　国	5.85	27.49
	欧　盟	0.94	4.46
干豆类	中　国	0.21	6.01
	欧　盟	0.43	12.37
果蔬制品	欧　盟	5.27	40.45
	中　国	1.92	14.71
	巴　西	0.69	5.27
	美　国	0.29	2.22

资料来源：表中数据来自联合国贸易统计数据库。

表 46　泰国进口主要贸易伙伴（2021 年）

单位：亿美元、%

贸易伙伴	贸易值	同比	占比	占比较上年同期变化
美　国	410.76	20.64	15.40	0.55
中　国	365.67	23.82	13.71	0.83
日　本	245.99	8.44	9.23	−0.67
越　南	123.17	11.28	4.62	−0.21
马来西亚	118.67	36.89	4.45	0.67
中国香港	114.03	2.16	4.28	−0.59
澳大利亚	107.20	10.30	4.02	−0.22
新加坡	88.36	−5.88	3.31	−0.78
印度尼西亚	87.59	16.22	3.29	0.00
印　度	83.98	55.07	3.15	0.79

资料来源：表中数据来自中国海关。

表 47　泰国出口主要贸易伙伴（2021 年）

单位：亿美元、%

贸易伙伴	贸易值	同比	占比	占比较上年同期变化
中　国	663.71	32.19	24.75	0.70
日　本	356.08	27.85	13.28	−0.06
美　国	144.80	3.77	5.40	−1.81
马来西亚	120.52	16.57	4.49	−0.46
中国台湾	104.79	26.96	3.91	−0.05
韩　国	99.03	28.65	3.69	0.01
阿联酋	97.83	75.90	3.65	0.98
印度尼西亚	82.32	40.09	3.07	0.26
新加坡	73.58	3.18	2.74	−0.90
越　南	69.56	25.91	2.59	−0.05

资料来源：表中数据来自中国海关。

表 48 按营业额排序世界最强 500 企业中相关农产品加工企业（2021 年）

企业名称	国家或地区	营业额位次	营业额（百万美元）
一、食品业			
CVS Health 公司	美国	10	292 111.0
克罗格	美国	51	138 888.0
雀巢公司	瑞士	103	95 292.8
中国华润有限公司	中国	70	119 601.2
日本永旺集团	日本	148	78 155.3
乐购	英国	126	84 192.2
麦德龙	德国	482	29 594.2
中粮集团有限公司	中国	91	103 087.3
皇家阿藿德德尔海兹集团	荷兰	115	89 385.6
西斯科公司	美国	261	51 297.8
巴西 JBS 公司	巴西	194	65 036.3
邦吉公司	美国	219	59 152.0
丰益国际	新加坡	192	65 793.6
泰森食品	美国	290	47 049.0
乔治威斯顿	加拿大	319	43 924.7
大众超级市场公司	美国	283	48 393.9
艾德卡	德国	256	51 949.9
森宝利公司	英国	342	40 831.7
路易达孚集团	荷兰	276	49 569.0
CHS 公司	美国	362	38 448.0
Migros 集团	瑞士	450	31 657.8
达能	法国	499	28 708.2
二、饮料业			
百事公司	美国	143	79 474.0
可口可乐公司	美国	359	38 655.0
喜力控股公司	荷兰		
三、纺织、服装业			
迪奥公司	法国	156	75 923.5
TJX 公司	美国	280	48 550.0
耐克公司	美国	313	44 538.0
四、橡胶和塑料制品业			
普利司通	日本	484	29 570.2
米其林	法国		
五、肥皂与化妆品业			
宝洁公司	美国	154	76 118.0
欧莱雅	法国	367	38 174.7
六、综合			
沃尔玛	美国	1	572 754.0
家乐福	法国	119	87 830.8
ELO 集团	法国	371	37 667.4
联合利华	英国/荷兰	205	62 006.3

资料来源：表中数据来自 2022 年《国际统计年鉴》。

6 第六部分

标准、专利

农产品加工业部分国家标准（2022 年）

标 准 号	标 准 名 称	代 替 标 准
GB/T 5039—2022	杉原条	GB/T 5039—1999
GB/T 7740—2022	天然肠衣	GB/T 7740—2006
GB/T 10644—2022	电热食品烤炉	GB/T 10644—2008
GB/T 10781.2—2022	白酒质量要求 第 2 部分：清香型白酒	GB/T 10781.2—2006
GB/T 10786—2022	罐头食品的检验方法	GB/T 10786—2006
GB/T 12104—2022	淀粉及其衍生物术语	GB/T 12104—2009
GB/T 13212—2022	荸荠（马蹄）罐头质量通则	GB/T 13212—1991
GB/T 14151—2022	食用菌罐头质量通则	GB/T 14151—2006
GB/T 16919—2022	食用螺旋藻粉质量通则	GB/T 16919—1997
GB/T 17238—2022	鲜、冻分割牛肉	GB/T 17238—2008
GB/T 17239—2022	鲜、冻兔肉及副产品	GB/T 17239—2008
GB/T 17714—2022	啤酒桶质量通则	GB/T 17714—1999
GB/T 19113—2022	桑蚕鲜茧分级 茧层量法	GB/T 19113—2003
GB/T 19676—2022	畜禽肉质量分级 鸡肉	GB/T 19676—2005
GB/T 20446—2022	木线条	GB/T 20446—2006
GB/T 20453—2022	柿子产品质量等级	GB/T 20453—2006
GB/T 20711—2022	熏煮火腿质量通则	GB/T 20711—2006
GB/T 20712—2022	火腿肠质量通则	GB/T 20712—2006
GB/T 22165—2022	坚果与籽类食品质量通则	GB/T 22165—2008
GB/T 22479—2022	花椒籽油	GB/T 22479—2008
GB/T 22699—2022	膨化食品质量通则	GB/T 22699—2008
GB/T 22747—2022	饮食加工设备 基本要求	GB 22747—2008
GB/T 22748—2022	饮食加工设备 电动设备 立式和面机	GB 22748—2008
GB/T 22749—2022	饮食加工设备 电动设备 切片机	GB 22749—2008
GB/T 23242—2022	饮食加工设备 电动设备 食物切碎机和搅拌机	GB 23242—2009
GB/T 23492—2022	培根质量通则	GB/T 23492—2009
GB/T 23493—2022	中式香肠质量通则	GB/T 23493—2009
GB/T 23497—2022	鱿鱼丝质量通则	GB/T 23497—2009
GB/T 23586—2022	酱卤肉制品质量通则	GB/T 23586—2009
GB/T 23597—2022	干紫菜质量通则	GB/T 23597—2009
GB/T 23968—2022	肉松质量通则	GB/T 23968—2009
GB/T 23969—2022	肉干质量通则	GB/T 23969—2009

（续）

标准号	标准名称	代替标准
GB/T 23970—2022	卤蛋质量通则	GB/T 23970—2009
GB/T 25733—2022	藕粉质量通则	GB/T 25733—2010
GB/T 29392—2022	畜禽肉质量分级　牛肉	GB/T 29392—2012
GB/T 41233—2022	冻鱼糜制品	
GB/T 41376—2022	啤酒机械通用技术条件	
GB/T 41377—2022	菊粉质量要求	
GB/T 41386—2022	杏仁油	
GB/T 41405.1—2022	果酒质量要求　第1部分：枸杞酒	
GB/T 41545—2022	水产品及水产加工品分类与名称	
GB/T 41548—2022	畜禽屠宰加工设备　畜禽肉分割线	
GB/T 41553—2022	竹纤维	
GB/T 41602—2022	饮食加工设备　组合型设备　旋转热风烤炉	
GB/T 41625—2022	山竹质量等级	
GB/T 41811—2022	魔芋凝胶食品质量通则	
GB/T 41829—2022	畜禽屠宰加工设备　猪脱毛设备	
GB/T 41830—2022	畜禽屠宰加工设备　家禽脱毛设备	
GB/T 41900—2022	罐头食品代号	
GB/T 42069—2022	瘦肉型猪肉质量分级	
GB/T 42110—2022	软木　术语	
GB/T 42119—2022	畜禽屠宰加工设备　家禽胴体螺旋冷却设备	
GB/T 42120—2022	冻卷羊肉	
GB/T 42121—2022	畜禽屠宰加工设备　家禽屠宰加工输送设备	
GB/T 42167—2022	服装用皮革	
GB/T 42173—2022	发芽糙米	
GB/T 42205—2022	黑蒜质量通则	
GB/T 42225—2022	小麦麸	
GB/T 42227—2022	留胚米	
GB/T 42235—2022	蛋液质量通则	
GB/T 42237—2022	蛋粉质量通则	

农产品加工业农业行业标准（2022 年）

标准号	标准名称	代替标准
NY/T 594—2022	食用粳米	NY/T 594—2013
NY/T 595—2022	食用籼米	NY/T 595—2013
NY/T 1436—2022	莲雾等级规格	NY/T 1436—2007
NY/T 4075—2022	桑黄等级规格	
NY/T 4121—2022	饲料原料　玉米胚芽粕	
NY/T 4122—2022	饲料原料　鸡蛋清粉	
NY/T 4123—2022	饲料原料　甜菜糖蜜	
NY/T 4164—2022	现代农业全产业链标准化技术导则	
NY/T 4165—2022	柑橘电商冷链物流技术规程	
NY/T 4166—2022	苹果电商冷链物流技术规程	
NY/T 4167—2022	荔枝冷链流通技术要求	
NY/T 4168—2022	果蔬预冷技术规范	
NY/T 4174—2022	食用农产品生物营养强化通则	
NY/T 4231—2022	香蕉采收及采后处理技术规程	
NY/T 4232—2022	甘蔗尾梢发酵饲料生产技术规程	
NY/T 4237—2022	菠萝等级规格	
NY/T 4238—2022	菠萝良好农业规范	
NY/T 4239—2022	香蕉良好农业规范	
NY/T 4240—2022	西番莲良好农业规范	
NY/T 4245—2022	草莓生产全程质量控制技术规范	
NY/T 4246—2022	葡萄生产全程质量控制技术规范	
NY/T 4247—2022	设施西瓜生产全程质量控制技术规范	
NY/T 4248—2022	水稻生产全程质量控制技术规范	
NY/T 4249—2022	芹菜生产全程质量控制技术规范	
NY/T 4250—2022	干制果品包装标识技术要求	
NY/T 4251—2022	牧草全程机械化生产技术规范	
NY/T 4252—2022	标准化果园全程机械化生产技术规范	
NY/T 4253—2022	茶园全程机械化生产技术规范	
NY/T 4254—2022	生猪规模化养殖设施装备配置技术规范	
NY/T 4255—2022	规模化孵化场设施装备配置技术规范	

农产品加工机械行业标准（2022 年）

标 准 号	标 准 名 称	代 替 标 准
JB/T 14284—2022	马铃薯打秧机	
JB/T 14285—2022	马铃薯收获机械	
JB/T 14348—2022	饲料机械　斗式提升机　畚斗	
JB/T 14349—2022	饲料机械　斗式提升机　头轮	
JB/T 14350—2022	饲料机械　刮板输送机　刮板、链条	
JB/T 14373—2022	超声波液体食品加工设备	
JB/T 14374—2022	食品机械　催化式红外加热设备	
JB/T 14375—2022	蛋糕成型机	
JB/T 14376—2022	蛋糕注芯机	
JB/T 14377—2022	甜甜圈生产线	
JB/T 14378—2022	纸杯蛋糕自动落杯机	
JB/T 14379—2022	腐竹加工生产线	
JB/T 14380—2022	高速异形棒糖加工设备	
JB/T 14381—2022	木糖醇香口胶生产线	
JB/T 14382—2022	鲜湿面条机	
JB/T 14383—2022	果蔬冲浪式清洗机	
JB/T 14384—2022	果蔬提篮式脱水机	
JB/T 14385—2022	食品机械　气流涡旋微粉机	
JB/T 14386—2022	马铃薯磨皮机	
JB/T 14387—2022	食品机械　制包机	
JB/T 14388—2022	洗米机	
JB/T 14397—2022	食品机械　静水压杀菌设备	
JB/T 14398—2022	食品机械　循环风式蒸汽杀菌釜	
JB/T 14399—2022	饺子皮机	
JB/T 14400—2022	食品机械　隧道式蒸烤机	
JB/T 14432—2022	立式颗粒饲料干燥机	
JB/T 14433—2022	饲料机械　蝶阀	
JB/T 14434—2022	饲料机械　旋风分离器	
JB/T 14435—2022	饲料熟化保持器	
JB/T 14618—2022	冷藏肉腐败变质实时监测装置	
JB/T 14619—2022	生鲜肉营养成分无损检测装置	
JB/T 14620—2022	水果品质便携式检测装置	
JB/T 14690—2022	豆油皮加工生产线	

农产品加工业林业行业标准（2022 年）

标准号	标准名称	代替标准
LY/T 1065—2022	松香深加工产品	LY/T 1065—2014 LY/T 1066—1992 LY/T 1067—1992 LY/T 1179—2013 LY/T 1357—2008 LY/T 1358—2014 LY/T 1744—2008 LY/T 1745—2008 LY/T 1972—2011
LY/T 1668—2022	以汽油机为动力的便携式收集粉碎清扫机	LY/T 1668—2006
LY/T 3304—2022	软木装饰板	
LY/T 1979—2022	刨花板生产节材和减排技术规范	LY/T 1979—2011
LY/T 2143—2022	实木衣架	LY/T 2143—2013
LY/T 2058—2022	实木地板坯料	LY/T 2058—2012
LY/T 1068—2022	锯材窑干工艺规程	LY/T 1068—2012
LY/T 1069—2022	锯材气干工艺规程	LY/T 1069—2012
LY/T 3300—2022	家具用干燥锯材	
LY/T 1773—2022	香榧	LY/T 1773—2008 LY/T 1774—2008 LY/T 1940—2011

农产品加工业供销行业标准（2022 年）

标准号	标准名称	代替标准
GH/T 1011—2022	榨菜	GH/T 1011—2007
GH/T 1012—2022	方便榨菜	GH/T 1012—2007
GH/T 1173—2022	速冻花椰菜	GH/T 1173—2017
GH/T 1176—2022	速冻蒜薹	GH/T 1176—2017
GH/T 1367—2022	胡椒种植和初加工技术规程	
GH/T 1373—2022	梳棉胎加工技术要求	
GH/T 1374—2022	雁荡毛峰茶	
GH/T 1382—2022	花果香红茶	
GH/T 1383—2022	谷壳再生木	
GH/T 1384—2022	大麦青汁粉	
GH/T 1385—2022	甘蓝热风干制技术规程	
GH/T 1387—2022	胡萝卜冷冻干燥技术规程	
GH/T 1388—2022	脱水大蒜	
GH/T 1389—2022	西兰花热风干制技术规程	
GH/T 1390—2022	香葱热风干制技术规程	

农产品加工业粮食行业标准（2022年）

标　准　号	标　准　名　称	代　替　标　准
LS/T 1224—2022	花生储藏技术规范	

农产品加工业轻工行业标准（2022年）

标　准　号	标　准　名　称	代　替　标　准
QB/T 4032—2022	纸杯原纸	QB/T 4032—2010
QB/T 5680—2022	绿色设计产品评价技术规范　毛皮制品	
QB/T 5682—2022	竹盐	
QB/T 5705—2022	乳制品行业绿色工厂评价要求	
QB/T 5725—2022	食糖包装防伪追溯体系规范	
QB/T 5726—2022	玛咖粉	
QB/T 5727—2022	等渗食品	
QB/T 5728—2022	阿胶糕	
QB/T 5729—2022	调味面制品	
QB/T 5731—2022	糯玉米淀粉（蜡质玉米淀粉）	
QB/T 5743—2022	酵母行业绿色工厂评价要求	
QB/T 5744—2022	氨基酸行业绿色工厂评价要求	
QB/T 5745—2022	淀粉糖行业绿色工厂评价要求	
QB/T 5746—2022	山梨糖醇行业绿色工厂评价要求	
QB/T 5747—2022	绿色设计产品评价技术规范　淀粉糖	
QB/T 5748—2022	绿色设计产品评价技术规范　有机酸	
QB/T 5749—2022	绿色设计产品评价技术规范　氨基酸	
QB/T 5750—2022	绿色设计产品评价技术规范　酵母制品	
QB/T 5751—2022	绿色设计产品评价技术规范　山梨糖醇	
QB/T 5752—2022	绿色设计产品评价技术规范　果蔬罐头	
QB/T 5753—2022	绿色设计产品评价技术规范　水产罐头	
QB/T 5756—2022	酸面团	
QB/T 5758—2022	罐头食品金属容器用易撕盖	
QB/T 5759—2022	番茄酱罐头中番茄红素含量测定　高效液相色谱法	
QB/T 5761—2022	食品中水苏糖的测定　核磁共振波谱法	
QB/T 5791—2022	食用植物油行业绿色工厂评价要求	
QB/T 5792—2022	皮革和毛皮服饰加工行业绿色工厂评价要求	

农产品加工业出入境检验检疫行业标准（2022年）

标　准　号	标　准　名　称	代　替　标　准
SN/T 1247—2022	猪繁殖与呼吸综合征检疫技术规范	SN/T 1247—2007
SN/T 1723.1—2022	马铃薯金线虫和马铃薯白线虫检疫鉴定方法	SN/T 1723.1—2006 SN/T 1723.2—2006
SN/T 2088—2022	进境小麦、大麦检验检疫规程	SN/T 2088—2008
SN/T 3758—2022	百合西圆尾蚜检疫鉴定方法	SN/T 3758—2013
SN/T 4069—2022	输华水果检疫风险考察评估指南	SN/T 4069—2014
SN/T 5398—2022	进出境水果冷处理操作规程	
SN/T 5430—2022	进出口棉花残损鉴定技术规范	
SN/T 5431.1—2022	进口固体废物鉴别方法　纺织原料及制品　第1部分：通则	
SN/T 5431.2—2022	进口固体废物鉴别方法　纺织原料及制品　第2部分：纱线	
SN/T 5431.3—2022	进口固体废物鉴别方法　纺织原料及制品　第3部分：织物	
SN/T 5431.4—2022	进口固体废物鉴别方法　纺织原料及制品　第4部分：皮革毛皮	
SN/T 5431.5—2022	进口固体废物鉴别方法　纺织原料及制品　第5部分：纤维	
SN/T 5436—2022	乳及乳制品发酵剂、发酵产品中乳酸菌计数　流式细胞仪法	
SN/T 5452—2022	食品检测用浓缩仪采购与验收指南	
SN/T 5465—2022	进境玉米酒糟粕检疫规程	
SN/T 5467—2022	梨波氏盘菌果腐病菌检疫鉴定方法	
SN/T 5468—2022	木瓜秀粉蚧检疫鉴定方法	
SN/T 5471—2022	西红花鉴定方法	
SN/T 5483.1—2022	境外动物卫生状况评估规程　第1部分：通则	
SN/T 5483.2—2022	境外动物卫生状况评估规程　第2部分：口蹄疫	
SN/T 5483.3—2022	境外动物卫生状况评估规程　第3部分：禽流感	
SN/T 5483.4—2022	境外动物卫生状况评估规程　第4部分：牛海绵状脑病	
SN/T 5485—2022	驴饲养、运输、屠宰动物福利规范	
SN/T 5488—2022	猪衣原体病检疫技术规范	
SN/T 5525—2022	本氏巴豆检疫鉴定方法	
SN/T 5526—2022	草莓根耳喙象检疫鉴定方法	
SN/T 5527—2022	出入境快件植物检疫查验规程	
SN/T 5528—2022	大麦条纹花叶病毒检疫鉴定方法	
SN/T 5532—2022	非种用奇亚籽灭活处理技术	
SN/T 5540—2022	进口小麦麦角超标加工处理操作规程	
SN/T 5545—2022	猕猴桃果腐病菌检疫鉴定方法	
SN/T 5547—2022	水果携带南洋臀纹粉蚧检疫辐照处理技术指标	
SN/T 5548—2022	水果蛀虫声检测方法	
SN/T 5551—2022	夜来香花叶病毒检疫鉴定方法	
SN/T 5552—2022	银杉鉴定方法	
SN/T 5553—2022	樱桃检疫处理规程	
SN/T 5554—2022	玉米矮花叶病毒检疫鉴定方法	

农产品加工业纺织行业标准（2022 年）

标 准 号	标 准 名 称	代 替 标 准
FZ/T 13057—2022	自然弹色织布	
FZ/T 14012—2022	竹浆粘胶纤维印染布	FZ/T 14012—2009
FZ/T 14024—2022	棉与粘胶纤维混纺印染布	FZ/T 14024—2012
FZ/T 14026—2022	棉强捻印染绉布	FZ/T 14026—2013
FZ/T 21016—2022	分梳牦牛绒	
FZ/T 21017—2022	牦牛绒绒条	
FZ/T 22018—2022	精梳牦牛绒机织纱	
FZ/T 22019—2022	气流纺机织毛纱	
FZ/T 24020—2022	毛针织服装面料	FZ/T 24020—2013
FZ/T 24029—2022	山羊绒、桑蚕丝双层机织围巾、披肩	
FZ/T 24030—2022	粗梳骆马毛织品	
FZ/T 24031—2022	粗梳兔毛织品	
FZ/T 24033—2022	全成型无缝毛针织服装	
FZ/T 32003—2022	亚麻与涤纶混纺本色纱	FZ/T 32003—2010
FZ/T 32026—2022	大麻与涤纶混纺色纺纱	
FZ/T 34013—2022	天然防紫外线麻纺织品	
FZ/T 34014—2022	天然吸湿速干麻纺织品	
FZ/T 34015—2022	天然吸湿透气麻纺织品	
FZ/T 34016—2022	天然抑菌麻纺织品	
FZ/T 43013—2022	丝绒织物	FZ/T 43013—2011
FZ/T 43026—2022	高密细旦涤纶丝织物	FZ/T 43026—2013
FZ/T 43059—2022	桑蚕丝罗织物	
FZ/T 43060—2022	涤纶假捻丝织物	
FZ/T 43061—2022	莱赛尔长丝织物	
FZ/T 43062—2022	粘胶长丝弹力织物	
FZ/T 43063—2022	醋酯纤维丝织物	
FZ/T 54136—2022	涤纶膨体长丝（BCF）	
FZ/T 64087—2022	木棉纤维絮片	
FZ/T 81017—2022	全毛衬西服	FZ/T 81017—2012

农产品加工业专利（2021 年）

［2021 年农产品加工业（含加工制品、加工技术与设备）部分专利选摘］

申请或批准号	发明名称	申请（专利权）人与通信地址	发明人
CN 202110007246.1	一种低温油炸设备	久久丫食品集团有限公司，浙江省嘉兴市嘉善县姚庄镇宝群路 155 号	袁训安、童明江
CN 202110009733.1	一种农业用的铡草搅拌育肥装置	江西省旺农农机制造有限公司，江西省抚州市乐安县城工业园区	陈红英
CN 202110012684.7	一种自动制作面饼装置	长春市阿兴食品有限公司，吉林省长春市农安县合隆镇规划区 6 丘 441 栋 1 层 1 门	刘占才
CN 202110014148.0	一种机械自动化设备	上海派杰珂实业有限公司，上海市闵行区友东路 358 号 11 幢 310 室	钟展斌
CN 202110019213.9	一种近江牡蛎糖胺聚糖提取生产的原材料预处理装置	北部湾大学，广西壮族自治区钦州市滨海新城滨海大道 12 号	戴梓茹、张晨晓
CN 202110024453.8	一种怪味胡豆加工用的油炸机	重庆芝麻官实业股份有限公司，重庆市江津区先锋镇椒香大道 355－6 号	曹代树
CN 202110040047.0	一种饼干加工填孔防溢装置	宜昌华尔食品有限责任公司，湖北省宜昌市当阳市半月镇枯树岭	王　婧
CN 202110040521.X	一种膨化食品加工发酵装置	中医科学院（北京）养生保健科技有限公司，北京市顺义区张镇赵四路侯庄段 2 号 1166 室	谭治平
CN 202110044049.7	烘焙类食品烫印设备隔热散热结构	广州启幸自动化设备有限公司，广东省广州市增城区宁西街石径村香上路 2 号	王金奎、马小兵
CN 202110044062.2	一种面条挤压机	佛山市顺德区俊凌厨具有限公司，广东省佛山市顺德区陈村镇勒竹金华路 97 号之二	金　春
CN 202110048276.7	一种自动烤地瓜并储存保温的推车设备	南京智悟智能科技有限责任公司，江苏省南京市溧水区永阳街道秦淮大道 288 号	陈　文
CN 202110053135.4	一种巧克力糕点零食自动成形加工装置	陕西安康星旗富硒食品科技有限公司，陕西省安康市汉阴县月河工业园区富硒食品聚集区（蒲溪镇小街村）	匡小花
CN 202110053987.3	一种预醒发的冷冻面团及其制作方法	上海四和食品有限公司，上海市松江区书海路 1506 号 8 幢	熊胜云、蔡文海
CN 202110060342.2	一种乳酸菌发酵液及其应用	欧麦香（福建）食品有限公司，福建省龙岩市龙岩经济开发区龙工路 9 号	蔡云清
CN 202110060780.9	一种抹茶面条加工工艺及其成型设备	艾斯普瑞（广州）食品有限公司，广东省广州市天河区天河路 385 号太古汇发展项目办公楼 1 第 36 层 3602K 号房	高　峰、高　健
CN 202110067027.2	一种双轴柔性运动系统	广东顺德华机机械实业有限公司，广东省佛山市顺德区北滘镇碧江坤州工业区	刘锐华
CN 202110070919.8	一种辅助加工茶叶的采茶设备	日照茶仓茶业有限公司，山东省日照市岚山巨峰镇薄家口村	王海丽

（续）

申请或批准号	发 明 名 称	申请（专利权）人与通信地址	发明人
CN 202110075125.0	一种便于食品加工的油炸机	青岛万永翔食品科技有限公司，山东省青岛市崂山区九水东路658号厂房	陈宏军、刘　涛
CN 202110075807.1	一种油炸食品加工用定时装置	山东华食汇食品有限公司，山东省枣庄市滕州市西岗镇笃西路北侧泉笃路东侧	徐小清
CN 202110076638.3	一种面点摆盘自动上架机及其工作步骤	郑州大学，河南省郑州市高新技术开发区科学大道100号	刘继高、董辛旻
CN 202110082898.1	一种清洁卫生且可翻面的省油式炸油条机	山东正禾园食品有限公司，山东省聊城市莘县莘亭街道耕莘街与甘泉路交汇处向西50米路北	张刘振
CN 202110091400.8	一种砂糖饼干制作设备	骏发（惠州）饼干厂有限公司，广东省惠州市惠城区水口街道办事处统昇东路5号	李桂玲
CN 202110091534.X	一种点心制作设备	唐山四远香食品有限公司，河北省唐山市古冶区唐古路（古冶段）88号南	陈立萍
CN 202110092721.X	面条成型打包生产装置	濉溪县鲁王制粉有限责任公司，安徽省淮北市濉溪县百善镇工业园	樊纯东、卢传涛
CN 202110097683.7	一种高效率全自动鱼鳞去除机	浙江海洋大学，浙江省舟山市定海区临城街道海大南路1号	付鑫洋、李文静
CN 202110100445.7	一种用于食品加工的可调节食品油炸支架设备	岳阳家佳旺食品有限公司，湖南省岳阳市君山区君山工业园标准化厂房四期第2栋	汤井婷
CN 202110102062.3	一种面制食品捶打加工设备	河南省福润食品有限公司，河南省商丘市宁陵县迎宾大道666号	严　云
CN 202110106063.5	一种可调整面条含水量的面条挤压装置	河南金宝师食品有限公司，河南省驻马店市泌阳县学苑路西段与工业路交叉口南50米	周昕松
CN 202110109849.2	一种制作蛋挞时蛋挞皮成型设备	东莞市广隆食品有限公司，广东省东莞市虎门镇捷南路333号	余乾先
CN 202110110713.3	一种食品饺子皮制作设备	大连妙禾食品配送有限公司，辽宁省大连市甘井子区辛寨子小辛村	张海艳
CN 202110111671.5	一种复配功能代糖及其在面包中的应用	江南大学，江苏省无锡市滨湖区蠡湖大道1800号	钱海峰、卢　洁
CN 202110114875.4	一种自动切肉设备	山东达信农牧科技股份有限公司，山东省滨州市无棣县西城工业园	王淑娟
CN 202110172699.X	一种食品加工用月饼成型设备	广东福海饼业有限公司，广东省湛江市吴川市海滨街道国道228线南面食品基地裕海路1号（自编号）	白　凯
CN 202110173026.6	华夫饼生产机	杭州话饼智能科技有限公司，浙江省杭州市西湖区西园一路16号3幢501室	蒋　硕、吴　烽
CN 202110173445.X	一种用于高原环境下的和面醒发装置	浙江科技学院，浙江省杭州市西湖区留和路318号浙江科技学院	吴　坚、陈　铭

（续）

申请或批准号	发　明　名　称	申请（专利权）人与通信地址	发明人
CN 202110173988.1	一种花生摘果机的下料机构	郑州西格罗丁电子科技有限公司，河南省郑州市高新技术开发区长椿路11号国家大学科技园西区孵化2号楼B座8层822号	王　威
CN 202110176509.1	一种食品加工用糕点成型装置	青岛元泉食品有限公司，山东省青岛市胶州经济技术开发区辽河路西22号	蒋永伟
CN 202110185805.8	一种肉类风干装置	恩施州腊冬至食品有限公司，湖北省恩施土家族苗族自治州来凤县绿水镇易地扶贫搬迁后续产业扶贫车间（自主申报承诺）	周立光
CN 202110193398.5	一种刀具可调冻肉切片装置	安徽五优食品有限责任公司，安徽省合肥市巢湖市坝镇花大门工业园区	李仁国
CN 202110196724.8	一种速冻调理锅贴	江苏美伦食品有限公司，江苏省扬州市鼎兴路33号	王孚刚、戴阳军
CN 202110201884.7	一种豆丝生产加工用烘烤装置	安徽家佳食品有限责任公司，安徽省池州市东至县洋湖镇高山村	唐　昶
CN 202110207700.8	一种自动油炸直皮机	东台市科鼎食品机械有限公司，江苏省盐城市东台市东台镇龙腾中路（李海祥经营性用房内）	夏国良
CN 202110212291.0	一种粉尘抑制剂专用绿色食品级白油的制备方法	海南汉地阳光石油化工有限公司，海南省儋州市洋浦经济开发区博洋路D12－8	邓桂笔、吴汉陵
CN 202110219078.2	一种抗氧化复合谷物发酵面包的制备工艺	安徽盼盼食品有限公司，安徽省滁州市经济技术开发区城东工业园长江西路365号	蔡镕骏、蔡丕鹏
CN 202110219306.6	一种桂花鲜果种子与果肉分离装置	信阳农林学院，河南省信阳市平桥区北环路1号	张广波、孙琳苒
CN 202110221401.X	一种食品3D打印机	深圳市优特打印耗材有限公司，广东省深圳市龙华区福城街道茜坑社区观澜大道17－3号202	郑功李
CN 202110221514.X	一种可调节风道的食品加工烘烤装置	无锡市金城环保炊具设备有限公司，江苏省无锡市滨湖区太湖街道双新经济园区雪丰路30号	袁　莹、刘　念
CN 202110221515.4	一种用于食品加工的烘烤装置	海南佳宁娜食品有限公司，海南省海口市琼山区云龙镇海榆北路168	袁　莹、刘　念
CN 202110221872.0	一种食品加工的烘烤方法	广东穗香食品有限公司，广东省汕尾市城区新湖工业园	袁　莹、刘　念
CN 202110222424.2	一种食品生产用面制品切条设备	湖南艾伦食品有限公司，湖南省岳阳市湘阴县石塘镇白湖新村钟家台片	武　闯
CN 202110226153.8	一种使用超高温蒸汽处理制备高蛋白曲奇的方法	江南大学，江苏省无锡市滨湖区蠡湖大道1800号	徐　丹、徐学明
CN 202110232505.0	一种用于生产面条的高效型流水线	郑州马砦精诚机械制造有限公司，河南省郑州市二七区马砦工业苑区	张光进、马定国

（续）

申请或批准号	发 明 名 称	申请（专利权）人与通信地址	发明人
CN 202110234037.0	一种制备载油晶胶的方法及其应用	江南大学，江苏省无锡市滨湖区蠡湖大道 1800 号	孟 宗、刘元法
CN 202110237819.X	一种老鹰茶虫茶的分段式生产方法	贵州省生物研究所，贵州省贵阳市小河区龙江巷 1 号	罗丽林、刘 曼
CN 202110237915.4	一种馅料分切注入方法	成都松川雷博机械设备有限公司，四川省成都市温江区金马镇檬桥路 518 号	彭 涛、李元康
CN 202110237920.5	一种包馅食品成型方法	成都松川雷博机械设备有限公司，四川省成都市温江区金马镇檬桥路 518 号	彭 涛、李元康
CN 202110237950.6	一种馅料分切注入装置	成都松川雷博机械设备有限公司，四川省成都市温江区金马镇檬桥路 518 号	彭 涛、李元康
CN 202110244877.5	一种食品加工用柱形米果加工设备	临沂临港国有资产运营集团有限公司，山东省临沂市临港经济开发区坪上镇人民路与大山路交汇处融创大厦 1006 室	舒崇渊
CN 202110249227.X	一种用于方便面加工的成型设备及其使用方法	揭阳市裕昌食品机械有限公司，广东省揭阳市揭东区锡场镇揭丰公路锡西路段南侧	林东生
CN 202110249227.X	一种用于方便面加工的成型设备及其使用方法	揭阳市裕昌食品机械有限公司，广东省揭阳市揭东区锡场镇揭丰公路锡西路段南侧	林东生
CN 202110249367.7	一种面条制作用挤压设备	湖北硒粮科技集团有限公司，湖北省恩施土家族苗族自治州咸丰县忠堡镇工业园区 F 区 2 号	罗桥远
CN 202110250466.7	一种智能化和面发面一体装置	深圳市三利达电器科技有限公司，广东省深圳市龙岗区龙岗街道五联社区将军帽小区 27 号 A 栋 101	曹祥祥
CN 202110254684.8	一种自动化薯片薯条加工设备	云南理世实业（集团）有限责任公司，云南省昭通市鲁甸县工业园区	李学锋、郑美月
CN 202110258054.8	一种食品加工用烘焙食品降温箱	江苏食品药品职业技术学院，江苏省淮安市高教园区枚乘东路 4 号	曹 阳
CN 202110264809.5	一种玫瑰饼及其制备方法	北京苏稻食品工业有限公司，北京市通州区潞城镇武兴北路 4 号	赵金秀、王传印
CN 202110266513.7	一种发酵型牡丹糕点及其制作方法	山东稻香村食品工业有限公司，山东省菏泽市定陶区（广州路南段西侧）	赵金秀、王传印
CN 202110266541.9	面饼机及制饼方法	丽水市炉麦烧餐饮管理有限公司，浙江省丽水市莲都区中东路 792 号	吕建林、吕启鹏
CN 202110270198.5	一种餐饮业用馒头制造设备	湖南德为教育服务有限责任公司，湖南省怀化市鹤城区盈口乡新垦村 19 组	王土生
CN 202110270920.5	一种蛋液加热成饼状装置	广州市美诚食品科技有限公司，广东省广州市花都区狮岭镇葛岗路 7 号	谢康胜

（续）

申请或批准号	发 明 名 称	申请（专利权）人与通信地址	发明人
CN 202110290371.8	一种新型的自动汉堡机及其调度方法	昀厨智能制造工程（烟台）有限公司，山东省烟台市开发区长江路 33 号 3101	刘昀涵、陈　莉
CN 202110292049.9	面食加工设备	中国农业科学院农产品加工研究所，北京市海淀区圆明园西路 2 号	胡宏海、胡小佳
CN 202110309734.8	一种自动包包子机	临沂惠民早餐工程有限公司，山东省临沂市河东区凤凰大街东段（九曲办事处三官庙村）	李　臣
CN 202110312842.0	一种全自动智能面条机	武昌理工学院，湖北省武汉市江夏区江夏大道 16 号	徐　卓、陈　琛
CN 202110320310.1	食品自动生产装置	广东智源机器人科技有限公司，广东省佛山市顺德区北滘镇博创路 1 号 B2	胡祚才、陈　龙
CN 202110325105.4	一种真空式的和面机	中国农业大学，北京市海淀区清华东路 17 号	倪元颖、魏思凡
CN 202110332701.5	基于烘焙谷物的食用色素及其制备方法和应用	中粮营养健康研究院有限公司，北京市昌平区北七家镇未来科技城南区四路	陈文波、苏红旭
CN 202110334534.8	一种自助式煎饼果子制售机及煎饼果子制造方法	江南大学，江苏省无锡市滨湖区蠡湖大道 1800 号	张　洪、高　威
CN 202110337723.0	一种面团成形分割发酵冷却包装生产线	浙江阿兴食品有限公司，浙江省杭州市余杭区龙船坞路 157 号 4 幢 201 室、502 室	肖水顺、李旺昌
CN 202110337739.1	一种糕点成形烘焙冷却包装生产线	浙江阿兴食品有限公司，浙江省杭州市余杭区龙船坞路 157 号 4 幢 201 室、502 室	肖水顺、谢华坤
CN 202110340509.0	一种花生来源的乳液稳定剂的制备方法	江南大学，江苏省无锡市滨湖区蠡湖大道 1800 号	杨瑞金、叶建芬
CN 202110361383.5	一种果蔬采摘机械手、采摘机器人及其采摘方法	一度智能科技（深圳）有限公司，广东省深圳市龙岗区南湾街道布沙路 215 号百门前工业区 2 栋 6 楼 603	程　寒、储召兵
CN 202110363500.1	一种烤盘清洗设备	义乌工商职业技术学院，浙江省金华市义乌市学院路 2 号	楼洪亮、邱振东
CN 202110364891.9	死虾分拣装置	东营市阔海水产科技有限公司，山东省东营市垦利区黄河口镇绿洲二路 50 号	刘阳白、雪　松
CN 202110369641.4	一种香芋片加工生产线	湖南蔬益园食品有限公司，湖南省永州市江永县潇浦镇工业园工业大道 009 号	张四玲、石又烨
CN 202110372791.0	一种自动化煎饼馃子制作售卖设备及其操作方法	江南大学，江苏省无锡市滨湖区蠡湖大道 1800 号	杜继芸、葛　站
CN 202110380636.3	一种促进小麦面包淀粉消化的面包制作设备及其工作方法	卡尔顿（集团）有限公司，福建省漳州市龙海区海澄镇前厝村后厝 366 号	黄秋平

（续）

申请或批准号	发 明 名 称	申请（专利权）人与通信地址	发明人
CN 202110388391.9	基于卧式多级滚筒轴式推进器的智控鱼类去鳞设备及方法	中国水产科学研究院渔业机械仪器研究所，上海市杨浦区四平街道赤峰路 63 号	陈庆余、郑晓伟
CN 202110403386.0	一种食品加工用包包子设备	湖南德为教育服务有限责任公司，湖南省怀化市鹤城区盈口乡新垦村 19 组	温家宏
CN 202110403897.2	一种杂粮面的加工装置及其加工方法	黑龙江八一农垦大学，黑龙江省大庆市高新区新风路 5 号	周桂霞、贾 建
CN 202110406652.5	一种面食加工用表面标记按压装置	杭州雅焙客食品有限公司，浙江省杭州市临安区高虹镇高乐村工业集聚区	杨 扬
CN 202110406790.3	一种自动化水饺制作机器人	安徽百润食品有限公司，安徽省阜阳市阜南县曹集镇保庄圩	李国正、魏 影
CN 202110406827.2	一种实现均匀加热的面包烘烤设备	安徽省小岗盼盼食品有限公司，安徽省滁州市凤阳县经济开发区小岗农产品深加工产业园	蔡金钗、步显勇
CN 202110408569.1	一种蛋糕表面印花机及其使用方法	龙海市辰坤机械制造有限公司，福建省漳州市龙海市海澄镇豆巷村埭内 130 号	李云龙、黄陈龙
CN 202110415329.4	一种食品加工用面粉发酵装置	安徽巧依食品有限公司，安徽省合肥市巢湖市夏阁镇工业园 1 号路西侧 02	杨润英
CN 202110417610.1	一种塑形挤压式面团出料设备	江苏满嘴香食品科技有限公司，江苏省宿迁市泗阳县现代农业产业园绿都大道 169 号	周 吉
CN 202110436696.2	一种新型花卷发酵工艺	南阳标点食品有限公司，河南省南阳市镇平县玉都街道北工业园区	张大鹏、张银丰
CN 202110443630.6	一种板栗捡取脱蓬装置	上海工程技术大学，上海市松江区龙腾路 333 号	霍元明、白 杰
CN 202110450080.0	一种超市用生肉锯骨机	福建联创智业建设工程有限公司，福建省福州市鼓楼区东街街道东街 121 号新亚大厦 8 层 04 室	吴宝城、曾文国
CN 202110461112.7	一种预留冻干复水口的包饺子装置	宜昌嘉禾绿色产业有限公司，湖北省宜昌市长阳清江经济开发区	范修竹、张星晨
CN 202110470447.5	一种面粉加工用面团按压成型装置	江苏满嘴香食品科技有限公司，江苏省宿迁市泗阳县现代农业产业园绿都大道 169 号	王道龙
CN 202110509138.4	一种具有高中和值的酸性膨松剂及其制备方法与应用	云南莱德福科技有限公司，云南省昆明市西山区海口工业园区	李敬民、李 雯
CN 202110531844.9	一种手抓饼制作方法与生产设备	安庆宜口福食品有限公司，安徽省安庆市宜秀区永兴路 9 号	董连根、董松根
CN 202110581496.6	杂粮酸面团面包的制作方法及其产品	北京农业职业学院，北京市房山区长阳镇稻田南里 5 号	孙玉清、邓志峰

（续）

申请或批准号	发明名称	申请（专利权）人与通信地址	发明人
CN 202110597163.2	一种果芯酥自动生产系统及其生产工艺	浙江德辉食品有限公司，浙江省衢州市龙游县龙洲街道城南工业开发区灵江园区	蓝锦国、黄雪梅
CN 202110690311.5	一种用于水产动物鱼糜的提取装置	中港（福建）水产食品有限公司，福建省漳州市东山县康美镇城安村水产品综合市场东港路32号	林青山
CN 202110725514.3	一种半自动煎饼制作机	南京工业职业技术大学，江苏省南京市栖霞区仙林大学城羊山北路1号	张　辉、陈　涛
CN 202110840182.3	一种环保秸秆饲料制造设备	山东双鹤机械制造股份有限公司，山东省德州市乐陵市高新技术产业园内	刘林鹏
CN 202111054235.5	一种蛋糕加工3D打印系统	深圳翱诺科技有限公司，广东省深圳市光明区凤凰街道凤凰社区观光路招商局光明科技园A1栋	杨佳锷
CN 202111155735.8	一种简便调节型食品烘焙设备	南通欧恒机械有限公司，江苏省南通市如东县丰利镇枫发工业集中区	秦　文
CN 202111565610.2	一种海产品深度清洗保存用加工设备	山东海航水产品有限公司，山东省滨州市沾化区冯家镇北商家村693号	宋希超
CN 202120001836.9	一种全自动初乳巴杀机	苏州娟山智能设备有限公司，江苏省苏州市太仓市经济开发区东仓北路109号	陈　洋、陈　冬
CN 202120002350.7	直排式多道包馅食品生产线	成都松川雷博机械设备有限公司，四川省成都市温江区金马镇檬桥路518号	黄　松
CN 202120002619.1	一种茶叶加工用晾晒装置	合肥安安信息技术有限公司，安徽省合肥市中国（安徽）自由贸易试验区高新区创新产业园二期J1栋A座19楼1978室	尹成男
CN 202120002621.9	一种农产品供应链用的集成式蔬菜运输车	山东唐荷堂生态农业开发有限公司，山东省济南市历城区唐王镇韩家庄东村二区37号	谢玉芝
CN 202120005100.9	一种方便移动的茶叶揉捻机	杭州大明茶叶有限公司，浙江省杭州市余杭区瓶窑镇塘埠村	王祖德
CN 202120005689.2	一种豆腐生产加工用大豆搅拌浸润装置	吉林省长发现代农业科技集团有限公司，吉林省长春市净月开发区生态东街3330号吉林青年创业园（吉林省青年电商双创基地、吉林省青年新媒体创业园）5楼501室	魏　健、魏子涵
CN 202120006118.0	一种大豆加工用清洗效率高的清洗装置	吉林省长发现代农业科技集团有限公司，吉林省长春市净月开发区生态东街3330号吉林青年创业园（吉林省青年电商双创基地、吉林省青年新媒体创业园）5楼501室	魏　健、李复春
CN 202120006383.9	一种用米制作成豆腐的加工装置	重庆紫水豆制品有限公司，重庆市开州区紫水乡华新村9组	田仕艳
CN 202120006617.X	一种馅饼生产用表面刷油装置	淳安千岛湖正好食品有限公司，浙江省杭州市淳安县千岛湖镇鼓山大道517号1幢六楼厂房	汪卫清

（续）

申请或批准号	发 明 名 称	申请（专利权）人与通信地址	发明人
CN 202120008973.5	一种用于大豆油加工辅料投料装置	吉林省长发现代农业科技集团有限公司，吉林省长春市净月开发区生态东街3330号吉林青年创业园	盖玉红、魏子涵
CN 202120009478.6	一种腊肉加工用的晾晒架	重庆市开州区开味九州农业开发有限公司，重庆市开州区河堰镇河堰口社区4组（原水泥厂）	万良春
CN 202120010160.X	一种水浴杀菌设备	芜湖倾行运动科技有限公司，安徽省芜湖市弋江区芜湖高新技术产业开发区科技产业园1号楼19层	吴天音、侯 旻
CN 202120010522.5	一种肉品解冻的加工操作台	金陵科技学院，江苏省南京市江宁区弘景大道99号	姚宏亮、杜贺超
CN 202120012013.6	一种组合式茶叶摊凉回潮装置	新洲区旧街城楼寨茶厂，湖北省武汉市新洲区旧街姚河村	王 飞
CN 202120012947.X	一种面条生产用自吸式和面装置	安徽中江农业有限公司，安徽省安庆市太湖县大石乡民营创业园	汪才旺
CN 202120012949.9	一种防止面粉断裂面条进料口装置	安徽中江农业有限公司，安徽省安庆市太湖县大石乡民营创业园	汪才旺
CN 202120015307.4	一种老面馒头用恒温发酵装置	山西金屹康达食品有限责任公司，山西省晋中市山西示范区晋中开发区汇通产业园区迎宾西街512号金利恒410室	王 娜、王兴华
CN 202120017077.5	一种土豆泥土分离设备	珙县露硒农业科技有限公司，四川省宜宾市珙县巡场镇三合村2组24号	彭 政
CN 202120020479.0	一种馕饼生产设备	泗水得力食品机械股份有限公司，山东省济宁市泗水县泗河办东王庄	夏理泉、夏成国
CN 202120020511.5	一种多功能桃酥加工机	泗水得力食品机械股份有限公司，山东省济宁市泗水县泗河办东王庄	夏理泉、夏成国
CN 202120020986.4	一种卤蛋自动剥壳生产系统	浙江鸿翔食品股份有限公司，浙江省嘉兴市南湖区余新镇镇北路北（嘉兴豪辉工艺品有限公司内）	朱凤华、任 鼎
CN 202120022562.1	一种羊刨毛机	诸城市图和食品机械科技有限公司，山东省潍坊市诸城市206国道与南外环交叉路口西200米路北	梁 智
CN 202120023480.9	一种阿胶生产用胶汁提取装置	湖南东健药业有限公司，湖南省衡阳市衡东县新塘经济开发区	向建成、唐永红
CN 202120026369.5	一种酱牛肉自动化加工装置	山东圣喜清真食品有限公司，山东省德州市齐河县祝阿镇经济开发区	左恩喜、左源兵
CN 202120028880.9	移动气调实验室	德和资（北京）人工环境技术有限公司，北京市昌平区立汤路186甲1号楼5层515号	陈 雷、马 健

（续）

申请或批准号	发 明 名 称	申请（专利权）人与通信地址	发明人
CN 202120029008.6	一种馅料添加装置	连州市众兴旺食品有限公司，广东省清远市连州市连州镇宝石坪30号首层自编之二（住改商）	潘立友
CN 202120030165.9	一种家禽自动宰杀机	福建正大食品有限公司，福建省龙岩市新罗区东城登高东路688号	沈 奇、刘晓芳
CN 202120031062.4	家用豆腐制作盒	宁波工程学院，浙江省宁波市江北区风华路201号宁波工程学院东校区	王 琦、郁 波
CN 202120031079.X	一种敞开式鲜肉冷藏柜	广州博澳斯电器有限公司，广东省广州市白云区新市新科新石路罗岗工业区5号	陈春莲
CN 202120032095.0	一种基于风光互补发电用于圣女果清洗干燥一体传输装置	内蒙古工业大学，内蒙古自治区呼和浩特市新城区爱民街49号内蒙古工业大学	付凌峰、孙 震
CN 202120034544.5	一种用于豆腐加工的大豆原料浸泡装置	吉林省长发现代农业科技集团有限公司，吉林省长春市净月开发区生态东街3330号吉林青年创业园（吉林省青年电商双创基地、吉林省青年新媒体创业园）5楼501室	魏 健、王 颖
CN 202120037352.X	一种腊肉熏制装置	兰州市食品药品检验检测研究院，甘肃省兰州市七里河区彭家坪988号	邵长春、刘光瑞
CN 202120038259.0	一种海鲜清洗机	厦门市金卓信精密机械有限公司，福建省厦门市杏西路51号之34	连圳凤
CN 202120038708.1	花生脱粒机	凉山州春雨农业科技有限责任公司，四川省凉山彝族自治州普格县花山乡联合村10组7号	黎安付
CN 202120044081.0	一种适用于鱼唇加工的可物液分离的清洗装置	韶关学院，广东省韶关市浈江区大学路288号	张 霞、文 菁
CN 202120044359.4	一种飞鱼籽生产用沥水装置	福建鳌霸食品有限公司，福建省漳州市云霄县云陵工业开发区	方云龙
CN 202120044935.5	一种花椒粉烘干装置	贵州中农网农业科技有限公司，贵州省贵阳市清镇市流长苗族乡羊场村三组	胡荣江
CN 202120046401.6	一种黄花菜可移动简易蒸熟装置	山西省农业科学院园艺研究所，山西省太原市小店区许坦东街21号	曹冬梅、李 成
CN 202120046875.0	一种带鱼加工车间用切段设备	福州宏利食品有限公司，福建省福州市连江县敖江镇青塘村龙达路7号	吴明庆、郑华鑫
CN 202120047869.7	一种金针菇采摘、切根及收集装置	福建农林大学，福建省福州市仓山区上下店路15号	赵俊昊、少 霜
CN 202120055330.6	一种屠宰场用排污装置	佛山市景源环保工程有限公司，广东省佛山市顺德区大良国际商业城A区二座二层217号	罗振国、何俭强
CN 202120055380.4	一种水果食品生产用萃取装置	新疆丝凯食品研发中心（有限公司），新疆维吾尔自治区昌吉回族自治州昌吉市高新技术开发区腾飞大道中小型企业创业园1号标准厂房	洪青梅、段继华

（续）

申请或批准号	发明名称	申请（专利权）人与通信地址	发明人
CN 202120055575.9	一种用于生猪屠宰的分割装置	无为市康宁科技食品有限公司，安徽省芜湖市无为市福渡镇石碑村城东工业污水处理厂南侧	江向军、陶福立
CN 202120059176.X	一种羊屠宰集血装置	山东澳菲利清真食品有限公司，山东省滨州市阳信县河流镇政府驻地工业一路以北（阳信鑫源畜牧养殖有限公司西临）	杨立松、杨立辉
CN 202120060330.5	一种循环式茶叶杀青装置	新洲区旧街城楼寨茶厂，湖北省武汉市新洲区旧街姚河村	王　飞
CN 202120060902.X	一种颗粒饲料喷涂机	北京工商大学，北京市海淀区阜成路 11 号	彭　飞、刘尚华
CN 202120061374.X	一种夹心饼干生产用饼干成型冷却装置	威海东旺食品有限公司，山东省威海市环翠区临港经济技术开发区台北路 88 号	张志磊、宋　超
CN 202120063763.6	一种用于成型饲料的液体喷涂装置	北京工商大学，北京市海淀区阜成路 11 号	彭　飞、刘尚华
CN 202120064350.X	一种茶叶加工用的智能化压饼装置	福建农山堂生态农业有限公司，福建省南平市政和县熊山镇南庄路 332 号	曾振林
CN 202120064855.6	一种葡萄半剖机	海通食品（宁海）有限公司，浙江省宁波市宁海县力洋镇明港滨海工贸区滨溪路 3 号	姜晓文、田继韬
CN 202120065402.5	一种茶叶生产专用的萎凋装置	福建农山堂生态农业有限公司，福建省南平市政和县熊山镇南庄路 332 号	曾振林
CN 202120065740.9	一种毛豆采收机的毛豆杂质清除装置	黄冈市农业科学院，湖北省黄冈市黄州区黄州大道 89 号	闫　良、蒋艳艳
CN 202120066698.2	一种杨梅去核机	海通食品（宁海）有限公司，浙江省宁波市宁海县力洋镇明港滨海工贸区滨溪路 3 号	沈德嵩、姜晓文
CN 202120068864.2	一种百叶结包装进料装置	上海艺杏食品有限公司，上海市嘉定区江桥镇宝园三路 617 号	张　伟、宋木琴
CN 202120068993.1	一种豆腐压制用设备	黑龙江省禧涟涟科技有限公司，黑龙江省哈尔滨市道外区公浴街 4 号第一栋 1－3 层 04 号房 K75 室	杨　杨
CN 202120069639.0	一种卤蛋生产用剥壳装置	陕西鼎香食品有限公司，陕西省铜川市王益区黄堡工业园区（铜川市纺织厂院内）	蒋招助
CN 202120069640.3	一种可升降的卤肉架	陕西鼎香食品有限公司，陕西省铜川市王益区黄堡工业园区（铜川市纺织厂院内）	蒋招助
CN 202120069648.X	一种酱卤肉卤煮上色装置	陕西鼎香食品有限公司，陕西省铜川市王益区黄堡工业园区（铜川市纺织厂院内）	蒋招助
CN 202120070290.2	一种玉米收获机的筛分装置	黑龙江省农业机械工程科学研究院，黑龙江省哈尔滨市南岗区哈平路 156 号	甘　露、叶　彤

（续）

申请或批准号	发明名称	申请（专利权）人与通信地址	发明人
CN 202120072029.6	一种螺蛳加工用螺蛳肉和外壳分离设备	柳州职业技术学院，广西壮族自治区柳州市官塘大道16号	韦艳玲、韦志林
CN 202120080295.3	农副产品杀菌保鲜专用箱	湖北睿凌农产品有限公司，湖北省汉川市刘家隔镇码头村同乐大道江豪科技产业园二楼	何志芳
CN 202120081345.X	食品检验用电热恒温干燥箱	南京天泽城食品有限公司，江苏省南京市江宁区淳化街道田园社区前巷牛角山	陈荣斌
CN 202120082587.0	一种家用刮鱼鳞装置	宁波大学，浙江省宁波市江北区风华路818号	泮泽平、王　丽
CN 202120094242.7	一种便于调节尺寸的压面机	安徽冉升食品有限公司，安徽省阜阳市临泉县杨桥镇甄庄村民委员会	李坤宇
CN 202120094810.3	一种肉类食品加工用的可自动清洗的灌肠机	湖北玉如意食品有限公司，湖北省武汉市新洲区汪集街汪集村3栋1－3层	余建栋
CN 202120094810.3	一种肉类食品加工用的可自动清洗的灌肠机	湖北玉如意食品有限公司，湖北省武汉市新洲区汪集街汪集村3栋1－3层	余建栋
CN 202120095316.9	一种肉丸机的肉丸圆度控制装置	湖北玉如意食品有限公司，湖北省武汉市新洲区汪集街汪集村3栋1－3层	余建栋
CN 202120098587.X	一种鱼切片加工装置	海南铺前中远深海渔业有限公司，海南省文昌市铺前镇新兴街116号	陈　腊
CN 202120098589.9	一种鱼片加工设备	海南铺前中远深海渔业有限公司，海南省文昌市铺前镇新兴街116号	陈　腊
CN 202120098693.8	一种鱼类加工生产线的升背机构	海南铺前中远深海渔业有限公司，海南省文昌市铺前镇新兴街116号	陈　腊
CN 202120099442.1	一种猪饲料加工用冷冻干燥一体化设备	苏州登高生物科技有限公司，江苏省苏州市太仓港经济技术开发区银港路52号3号楼104室	邓波波、沈云翔
CN 202120101778.7	一种具有温控功能的泡菜罐	贵州轻工职业技术学院，贵州省贵阳市花溪大学城	何丝汀、黄洪媛
CN 202120104152.1	一种片剂食品加工的压片装置	新疆丝凯食品研发中心（有限公司），新疆维吾尔自治区昌吉回族自治州昌吉市高新技术开发区腾飞大道中小型企业创业园1号标准厂房	马　瑜、刘凤兰
CN 202120107618.3	一种茶叶生产加工用翻炒组件	婺源县鸿大茶叶有限责任公司，江西省上饶市婺源县工业园	胡盛光、汪　健
CN 202120110453.5	一种果园采摘升降平台用多功能果实货篮	安徽江淮重工机械有限公司，安徽省宿州市经济开发区（宿固路立交桥西首）	盛方程、余　震
CN 202120112034.5	一种肉制品一体化定量高效卤制装置	四川盐帮人家食品有限公司，四川省内江市市中区乐江西路281号厂区2楼	雷本洪
CN 202120112790.8	一种五香牛肉加工高效卤煮设备	四川盐帮人家食品有限公司，四川省内江市市中区乐江西路281号厂区2楼	雷本洪

（续）

申请或批准号	发 明 名 称	申请（专利权）人与通信地址	发明人
CN 202120114389.8	用于腊肠加工的拌料装置	宜宾市岷源食品有限公司，四川省宜宾市翠屏区双谊镇文光村	雷贤成
CN 202120117070.0	一种花生脱果剥壳及茎叶壳饲料压制全自动一体机	滨州学院，山东省滨州市黄河五路391号	黄爱芹、王志远
CN 202120117626.6	一种蔬菜脱水加工用锅炉	湘西玉昆农业股份有限公司，湖南省湘西土家族苗族自治州保靖县迁陵镇花井村	蔡玉坤、彭 文
CN 202120118448.9	一种袋装卤肉的冷却装置	嘉兴三珍斋食品有限公司，浙江省嘉兴市桐乡市乌镇镇环城东路工业园区	张吉凯、尤玉林
CN 202120119653.7	一种蔬菜脱水用低温冻结装置	湘西玉昆农业股份有限公司，湖南省湘西土家族苗族自治州保靖县迁陵镇花井村	蔡玉坤、彭 文
CN 202120123547.6	一种西瓜自动采摘机	泉州市一阶方程网络科技有限公司，福建省泉州市泉港区前黄镇三朱村后山6号	叶嘉鑫
CN 202120124368.4	一种具有落料缓冲装置的板栗开口机	湖北益佳食品有限公司，湖北省黄冈市罗田县经济开发区	钟慧兰
CN 202120125615.2	一种用于面条加工生产设备的剪切装置	吉林省面对面食品科技有限公司，吉林省长春市北湖科技开发区盛北小街1205号1号楼3楼	金 辉、金昱良
CN 202120128724.X	一种用于多功能包馅成型机的颗粒加馅器组件	上海升贻机械设备有限公司，上海市松江区洞泾镇茂盛路51号4幢101室	郑家旺
CN 202120129483.0	鸡小肚冲洗沥水机	青岛正大有限公司，山东省青岛市即墨区龙泉街道张家小庄村南	杨 洋、纪纲师
CN 202120129496.8	白条鸡鸡爪脱皮机	青岛正大有限公司，山东省青岛市即墨区龙泉街道张家小庄村南	纪刚师、宋淑美
CN 202120132713.9	一种食品加工用液压压片机	山东森像机械设备有限公司，山东省济南市天桥区北园大街548号嘉汇环球广场C623	金 刚
CN 202120132834.3	一种真空负压冷挤压机	山东森像机械设备有限公司，山东省济南市天桥区北园大街548号嘉汇环球广场C623	金 刚
CN 202120134663.8	一种肉丸加工用肉丸馅绞肉机	湖北玉如意食品有限公司，湖北省武汉市新洲区汪集街汪集村3栋1－3层	余建栋
CN 202120141126.6	一种茯苓削皮机	安徽贺林中药饮片科技有限公司，安徽省亳州市谯城经济开发区华佗大道666号	李志河
CN 202120143490.6	驴用营养饲料发酵装置	山东畜牧兽医职业学院，山东省潍坊市高新区胜利东街88号	温华梅、王永胜
CN 202120147505.6	连续隧道式真空低温油炸机	漯河市鑫锐机械有限公司，河南省漯河市郾城区金山大道北段气象局对面	郑建伟、申松杰

（续）

申请或批准号	发　明　名　称	申请（专利权）人与通信地址	发明人
CN 202120147778.0	一种肉牛加工用清洗装置	河北泽阳园农业科技开发股份有限公司，河北省邢台市隆尧县莲子镇镇任村北	赵彦珍
CN 202120148862.4	一种素食制品压榨装置	四川省胡婆婆食品有限责任公司，四川省巴中市工业园内	刘浩然
CN 202120161310.7	一种粮食烘干机的进风排湿装置	山东好汉种业科技有限公司，山东省济南市高新区济南创新谷一号孵化器裙楼三层 F10－8 房间	刘绍东、刘泽钰
CN 202120164617.2	茶叶恒温恒湿冷冻库	怀集大稠顶茶场有限公司，广东省肇庆市怀集县洽水镇黄京坑	程　柳、施文清
CN 202120166176.X	茶叶自动翻件干燥机	怀集大稠顶茶场有限公司，广东省肇庆市怀集县洽水镇黄京坑	程　柳、施文清
CN 202120171445.1	一种食品处理用高效滚揉机	马鞍山马商食品有限公司，安徽省马鞍山市和县台湾农民创业园海峡大道 12 号标准化厂房 3 号	马寿良
CN 202120171505.X	一种禽爪模具用锁具	青岛国易食品科技有限公司，山东省青岛市黄岛区玉屏路 217 号 1－8 栋	蔡新国
CN 202120171725.2	一种禽爪下料装置	青岛国易食品科技有限公司，山东省青岛市黄岛区玉屏路 217 号 1－8 栋	蔡新国
CN 202120171871.5	一种禽爪脱骨装置	青岛国易食品科技有限公司，山东省青岛市黄岛区玉屏路 217 号 1－8 栋	蔡新国
CN 202120172816.8	一种用于肉丸生产流水线的肉馅搅拌装置	湖北玉如意食品有限公司，湖北省武汉市新洲区汪集街汪集村 3 栋 1－3 层	余建栋
CN 202120175990.8	一种绞切多用途合体机	广州霖森环保科技有限公司，广东省广州市番禺区石楼镇潮田工业区嵩山路 41 号	储得成
CN 202120178475.5	一种用于食用菌的菌柄修剪装置	祥云县品万农业开发有限责任公司，云南省大理白族自治州祥云县沙龙镇花园村谢家田	张永良
CN 202120187798.0	自动刷蛋液机	武汉市金鼎轩食品有限公司，湖北省武汉市东西湖区高桥南五路东、台南二路南 5 号厂房 1－5 层（3）	方云清、王佳良
CN 202120189882.6	一种畜禽类肉品高效精准机器人分割设备	浙江香巴佬食品有限公司，浙江省丽水市松阳县赤寿乡红海路 1 号	徐朝郑、任　东
CN 202120199905.1	一种手推式坚果捡拾车	中国农业大学烟台研究院，山东省烟台市莱山区滨海中路 2006 号	陈庆龙、张海瑜
CN 202120201682.8	一种煮酱锅无线滑环测温系统	赫斯辛克（天津）智能自动化技术有限公司，天津市西青区中北镇中北科技产业园二区 1 号楼 D 区	刘　伟、王文安
CN 202120202469.9	一种莲蓬莲子加工用脱粒装置	湖南和亿莲业股份有限公司，湖南省湘潭市湘潭县花石镇花衡路 48 号	童　纲

（续）

申请或批准号	发 明 名 称	申请（专利权）人与通信地址	发明人
CN 202120208131.4	烘焙食品自动成型装置	武汉市积木食品有限公司，湖北省武汉市江岸区轨道交通1号线头道街站	张 薇、杨 倩
CN 202120208954.7	一种用于炸货制备的循环冷却设备	合肥金俊浩食品有限公司，安徽省合肥市包河工业区太原路8号	陈维浩、刘圣虎
CN 202120210580.2	一种和面机	广东新宝电器股份有限公司，广东省佛山市顺德区勒流镇政和南路	郭建刚、高 波
CN 202120212274.2	一种新鲜菌菇临时储藏装置	山东鲜吃电子商务有限公司，山东省滨州市惠民县皂户李镇西吕家村	宫田田、吴元元
CN 202120216887.3	一种肉类食品生产用的滚揉设备	青岛邦瑞克食品科技有限公司，山东省青岛市李沧区虎山路27－166号（保利中央公园）	顾伟宏、李金莲
CN 202120217205.0	一种手持电动鱼鳞机	泉州市泉石通智能科技有限公司，福建省泉州市台商投资区东园镇东园村新街188号	李 杰
CN 202120217984.4	一种煎饼果子的面饼制作装置	上海粮全其美食品技术有限公司，上海市青浦区天辰路1878号4幢302室	雷耀国
CN 202120218670.6	一种装有自动伸缩通风管的大型智能烘干仓储一体机	山东理工大学，山东省淄博市张店区高新技术产业开发区高创园A座313室	张银平、王占滨
CN 202120222874.7	一种草料切割装置	福莞农业科技有限公司，湖北省孝感市大悟县三里城镇七岗小学	姚保林、徐 皓
CN 202120229404.3	一种生态鸡加工处理系统	怒江金顺生物科技有限责任公司，云南省怒江傈僳族自治州鲁掌镇鲁掌村委会小河组	龚仕金
CN 202120237895.6	一种饼干生产成型机构	山西乡村味食品有限公司，山西省忻州市宁武县阳方口镇经济技术园区	汪 菲
CN 202120245004.1	一种带有清洁装置的锯骨机	天津中津生物发展有限公司，天津市西青区西青经济技术开发区赛达国际工业城D6－1座一层	丁 力、陈 娜
CN 202120245017.9	一种安全型锯骨机	天津中津生物发展有限公司，天津市西青区西青经济技术开发区赛达国际工业城D6－1座一层	丁 力、梁立杰
CN 202120245483.7	一种便于固定的羊肉加工用锯骨机	宁夏宁彝源牛羊肉有限公司，宁夏回族自治区银川市灵武市镇河路北侧电子商务产业园西数第五户	纪成军
CN 202120261269.0	一种安全生产糕点自动成型机	四川麦加乐食品有限责任公司，四川省宜宾市临港经济技术开发区恒源中段4号	杨 琴
CN 202120262593.4	一种具有液位监测功能的肉制品加工用补水箱	辽宁海岳食品有限公司，辽宁省阜新市彰武县沈彰新城中央大街12号	宗晓敏、宗景龙
CN 202120262649.6	一种用于肉制品加工的斩拌机	辽宁海岳食品有限公司，辽宁省阜新市彰武县沈彰新城中央大街12号	宗景龙、宗晓敏

（续）

申请或批准号	发明名称	申请（专利权）人与通信地址	发明人
CN 202120266220.4	一种全自动油条制备系统	威海技师学院，山东省威海市荣成市学院路2006号	刘经伦、刘慧慧
CN 202120270126.6	一种自动喷射脱模油喷油装置	常熟新达汽车零部件有限公司，江苏省苏州市常熟市虞山镇谢桥方浜工业园方桥路58号	孙　伟
CN 202120270348.8	一种全自动安全锯骨机	江门思味园食品有限公司，广东省江门市鹤山市古劳镇沿江工业区	李辉雄、谭永新
CN 202120271489.1	一种圈养牛青饲料发酵生产加工装置	伊川县宇鹏养殖有限公司，河南省洛阳市伊川县半坡镇段庄村	丁延峰
CN 202120271951.8	一种多层清洗分离马铃薯实生种子的装置	定西市农业科学研究院，甘肃省定西市安定区永定西路16号	罗　磊、冯　梅
CN 202120273582.6	一种防粘连饼干辊印机	赣州港嘉兴食品有限公司，江西省赣州市于都县古田工业开发区	李运强
CN 202120274754.1	一种方便面点转运的烘烤炉	赣州港嘉兴食品有限公司，江西省赣州市于都县古田工业开发区	李运强
CN 202120274793.1	一种饼干辊印与烘烤一体机	赣州港嘉兴食品有限公司，江西省赣州市于都县古田工业开发区	李运强
CN 202120276756.4	一种馅料定量填充机	安徽仟吉食品有限公司，安徽省合肥市包河工业区繁华大道26号包装车间	王春普、陶　青
CN 202120280687.4	一种挂面生产用挂面剪齐装置	安徽御味园食品有限公司，安徽省六安市叶集区岗南路	肖本华、李庆贺
CN 202120283719.6	一种面包醒发与蒸烤一体机	赣州港嘉兴食品有限公司，江西省赣州市于都县古田工业开发区	李运强
CN 202120284323.3	一种面包双面涂层机	赣州港嘉兴食品有限公司，江西省赣州市于都县古田工业开发区	李运强
CN 202120284323.3	一种面包双面涂层机	赣州港嘉兴食品有限公司，江西省赣州市于都县古田工业开发区	李运强
CN 202120284348.3	一种能提高和面效率的和面机	赣州港嘉兴食品有限公司，江西省赣州市于都县古田工业开发区	李运强
CN 202120287577.0	一种带储物功能的绞肉机	广东顺德腾辉电器有限公司，广东省佛山市顺德区杏坛工业区科技区十路2号之二	萧沛章、胡英敏
CN 202120289974.1	一种丸子机	佛山市顺德区兆之泓电器有限公司，广东省佛山市顺德区均安镇沙浦村委会新城工业区龙镇路2号之二A1	黎永源
CN 202120290039.7	一种制丸机	佛山市顺德区兆之泓电器有限公司，广东省佛山市顺德区均安镇沙浦村委会新城工业区龙镇路2号之二A1	黎永源

（续）

申请或批准号	发明名称	申请（专利权）人与通信地址	发明人
CN 202120290235.4	一种粮食库中的风透式湿度控制装置	南京恒兴达机电设备制造有限公司，江苏省南京市六合经济开发区时代大道88号	卜用暹
CN 202120290723.5	羊屠宰加工设备	济宁市兖州区源顺屠宰机械有限公司，山东省济宁市兖州区兴隆庄镇巨王林村村北	王西鲁
CN 202120294193.1	一种带有控温效果的脐橙橘子储藏装置	崇义龙润果业有限公司，江西省赣州市崇义县龙勾乡合坪村草城寨	钟　勇
CN 202120295319.7	一种消渴麦片加工用辅料混合装置	天津阿尔发保健品有限公司，天津市滨海新区经济技术开发区黄海路170号4幢	姚　丹、陈　明
CN 202120298451.3	牛屠宰加工设备	济宁市兖州区源顺屠宰机械有限公司，山东省济宁市兖州区兴隆庄镇巨王林村村北	王西鲁
CN 202120299887.4	一种鲜虾冻干设备	宁波乔兴食品有限公司，浙江省宁波市象山县石浦镇兴港路272号	王志文、员卫锋
CN 202120299996.6	自动控温的食品烘烤装置	武汉市积木食品有限公司，湖北省武汉市江岸区轨道交通1号线头道街站	宋长亮、汪　倩
CN 202120303190.X	一种面团等量分割机	陕西安旗食品有限公司，陕西省西安市灞桥区现代纺织产业园纺园三路588-1号	王　敏、张小龙
CN 202120306126.7	一种诺丽果晾干装置	海南松吉云商科技有限公司，海南省海口市美兰区桂林洋海涛大道3号海南师范国家大学科技园	苏松洁、刘秀艳
CN 202120307056.7	一种自动翻面的手工锅巴烘烤模架	泾县章渡喜来福食品有限公司，安徽省宣城市宣州区泾县云岭镇章渡村	李友宝
CN 202120310098.6	一种用于肉类排酸的非接触式加湿系统	烟台冰轮节能科技有限公司，山东省烟台市经济技术开发区长江路331号内7号	贺宝峰、王德华
CN 202120311644.8	一种菌类面食加工制备装置	阿克陶县菌福康农业科技开发有限公司，新疆维吾尔自治区克孜勒苏柯尔克孜自治州阿克陶县阿克陶镇诺库其艾日克村5组268号	杨　洋、杨　奋
CN 202120311769.0	一种具有灭菌功能的绞肉机	中山锐图电器科技有限公司，广东省中山市黄圃镇健业路22号1栋三楼之一	李　刚
CN 202120312989.5	一种便于取料的锅巴烤箱架	泾县章渡喜来福食品有限公司，安徽省宣城市宣州区泾县云岭镇章渡村	李友宝
CN 202120314255.0	一种冻鱼片生产用厚度可调节的开片机	青岛东正海洋生物科技有限公司，山东省青岛市莱西市水集街道珠海路6号	张　侃、张永恒
CN 202120314510.1	一种冻鱼片生产用采肉机	青岛东正海洋生物科技有限公司，山东省青岛市莱西市水集街道珠海路6号	张　侃、张永恒
CN 202120318360.1	一种冷冻肉板给料机构	山东迅华智能科技集团有限公司，山东省济南市中国（山东）自由贸易试验区济南片区工业南路高新万达广场J2座1717室	赵遵迎、高延彬

（续）

申请或批准号	发　明　名　称	申请（专利权）人与通信地址	发明人
CN 202120319911.6	一种面粉发酵用揉动装置	江苏泰兴曲霞面粉有限公司，江苏省泰州市泰兴市曲霞镇西街	刘　平
CN 202120322736.6	一种多功能烟叶带茎采剥工具	山东青岛烟草有限公司，山东省青岛市市北区南京路 202 号	刘　伟、赵丕磊
CN 202120323380.8	一种西点面糊成型装置	四川旅游学院，四川省成都市龙泉驿区红岭路 459 号	姜元华、何江红
CN 202120326047.2	一种虾解冻线	南通宝泰机械科技有限公司，江苏省南通市港闸区永福路 8 号 1 幢	贾维维
CN 202120327447.5	一种养牛用饲料加工装置	凤阳县大明农牧科技发展有限公司，安徽省滁州市凤阳县小溪河	刘洪瑜、赵　勇
CN 202120332115.6	一种肉羊屠宰用吊挂剥皮装置	宁夏福兴神农食品有限公司，宁夏回族自治区银川市灵武市宁夏灵武市白土岗乡灵白路东侧，原白土岗乡劳教所北侧	党志勇、杨小彦
CN 202120332713.3	一种用于牛肉屠宰的分割架	阳信亿利源清真肉类有限公司，山东省滨州市阳信县经济开发区工业三路 277 号	杨振刚、杨璐婵
CN 202120337331.X	一种多层华夫饼冷却塔装置	达夫（福建省）食品有限公司，福建省漳州市龙海市港尾镇斗美后石工业区	林亚木
CN 202120337348.5	一种混料桶刮壁装置	达夫（福建省）食品有限公司，福建省漳州市龙海市港尾镇斗美后石工业区	林亚木
CN 202120338459.8	抖粉传送装置	辽宁菊花女食品有限公司，辽宁省葫芦岛市兴城海滨经济区	王艳红
CN 202120338774.0	灌肠机	厦门华厦学院，福建省厦门市集美天马路文教区 288 号厦门华厦学院环境与公共健康学院	邹忠爱、肖玉娟
CN 202120339678.8	一种软华夫饼烤炉脱模送饼机构	好运来（福建）食品有限公司，福建省漳州市龙海市东园镇秋租村秋租 953 号	蔡腾跃
CN 202120344300.7	一种食叶草挂面生产用上料装置	中农博远宁夏农业发展有限公司，宁夏回族自治区中卫市中宁县宁安镇殷庄大社区 D 区 2 号商业楼 103 铺	邓　斌
CN 202120344869.3	一种糕点面团快速醒发装置	福建一品居生物科技有限公司，福建省福州市仓山区盖山镇台屿路 99 号 4 号楼 2 层、3 层	郑维锋
CN 202120345046.2	一种用于毛肚加工的搅拌桶	河南禾胜合食品有限公司，河南省新乡市原阳县产业集聚区解放路以南中央厨房产业园区内	张　枭、谭禄春
CN 202120351563.0	一种拉虾机	漳州市正汇水产食品股份有限公司，福建省漳州市东山县康美镇东海岸公共保税仓	陈柏宇、赖庆娜
CN 202120351618.8	一种压鱼泥机	漳州市正汇水产食品股份有限公司，福建省漳州市东山县康美镇东海岸公共保税仓	陈柏宇、赖庆娜

（续）

申请或批准号	发明名称	申请（专利权）人与通信地址	发明人
CN 202120352363.7	鱼肉搐溃机	湖南文理学院，湖南省常德市洞庭大道 3150 号	王伯华、胡　阳
CN 202120353557.9	一种华夫饼生产用模具	杭州话饼智能科技有限公司，浙江省杭州市西湖区西园一路 16 号 3 幢 501 室	蒋　硕、吴　烽
CN 202120358009.5	一种微波熟制输送带	山东友康天然植物科技有限公司，山东省德州市齐河县祝阿镇开发区	张　豪、张培祥
CN 202120366922.X	一种用于加工糕点的智能型烘焙装置	河南省经济管理学校，河南省南阳市卧龙区信臣中路 658 巷 66 号	杨　舒
CN 202120368198.4	一种鸡蛋清洗脱壳一体机	龙海市希雅图机械设备有限公司，福建省漳州市龙海市海澄镇埭新村包地 240 号	蔡北贡
CN 202120379381.4	一种麦麸麦胚焙烤处理装置	河南工业大学，河南省郑州市高新技术产业开发区莲花街 100 号	马　森、李　力
CN 202120382204.1	一种具有防潮除尘功能的玉米储存装置	民乐县佳伟农业科技有限公司，甘肃省张掖市民乐县生态工业园区奥星农业科技有限公司院内	谢希智、谢尚佳
CN 202120384556.0	一种小型化面食机	小熊电器股份有限公司，广东省佛山市顺德区勒流街道富裕村委会富安集约工业区 5-2-1 号地	李一峰、贺红林
CN 202120384557.5	一种面食机机座及面食机	小熊电器股份有限公司，广东省佛山市顺德区勒流街道富裕村委会富安集约工业区 5-2-1 号地	李一峰、贺红林
CN 202120397293.7	一种去除田螺壳表面青苔的装置	湖南农业大学，湖南省长沙市芙蓉区湖南农业大学	孟祥杰、黄　璜
CN 202120401648.5	一种鲜食玉米的存储装置	镇江富华农业科技有限公司，江苏省镇江市句容市下蜀镇新村社区新村卫生室后 10 米	李　杰、张　波
CN 202120402125.2	一种苦荞面加工用切面结构	寻甸联合源泰农产品开发有限责任公司，云南省昆明市寻甸县联合乡马店村	李国元
CN 202120402698.5	一种智能化夹心饼干生产用夹心涂抹装置	河南宸之皓新材料科技有限公司，河南省郑州市金水区杨金路 199 号河南新科技市场 6 号楼 10 层 2 号	周　艳
CN 202120410099.8	一种肉制品切割设备	浙江焦氏食品开发有限公司，浙江省杭州市余杭区仁和街道三星路 38 号 1 幢 2 楼 3 楼	焦　华
CN 202120410100.7	一种防污染肉制品加工操作台	浙江焦氏食品开发有限公司，浙江省杭州市余杭区仁和街道三星路 38 号 1 幢 2 楼 3 楼	焦　华
CN 202120411205.4	一种肉制品腌制用扎孔装置	浙江焦氏食品开发有限公司，浙江省杭州市余杭区仁和街道三星路 38 号 1 幢 2 楼 3 楼	焦　华
CN 202120413318.8	一种鳗鱼皮重烤装置	福建福铭食品有限公司，福建省福州市福清市上迳镇南湾村	杨　新、杨　欢

（续）

申请或批准号	发　明　名　称	申请（专利权）人与通信地址	发明人
CN 202120413326.2	一种卧式洗鳗机	福建福铭食品有限公司，福建省福州市福清市上迳镇南湾村	杨　新、杨　欢
CN 202120416683.4	一种改进式软心曲奇食品成型机	重庆锡涵食品有限公司，重庆市九龙坡区陶家都市工业园 12－2－AB	徐小燕
CN 202120418677.2	一种全自动型斩拌机	上海亚米生物科技有限公司，上海市松江区新桥镇卖新公路 836 号 3 幢 302 室	黄　勇
CN 202120418737.0	一种蛋糕加工用全自动烘烤箱	重庆隐涵食品有限公司，重庆市江津区鼎山街道办事处高牙村糠家湾经济合作社	刘安梨
CN 202120419078.2	一种煎饼机	敦化市小万庄食品有限公司，吉林省延边朝鲜族自治州敦化经济开发区工业园区	刘东伟
CN 202120422730.6	一种面包原料送料装置	重庆隐涵食品有限公司，重庆市江津区鼎山街道办事处高牙村糠家湾经济合作社	刘安梨
CN 202120425634.7	一种和面机的投料机构	四川有你一面食品有限公司，四川省成都市郫都区成都现代工业港中国川菜产业化园区永安路 299 号	钟　威、陈　涵
CN 202120427539.0	一种高效率有机牧草颗粒自动化加工设备	民乐县希诺农牧业有限公司，甘肃省张掖市民乐县六坝镇金山村一组	黄汉虎、胡　江
CN 202120428351.8	一种木马轮搓条盘条上杆机	山东省众山机械有限公司，山东省聊城市临清市金郝庄镇栗官屯村村委会西 500 米路南	宁国军、张　明
CN 202120428636.1	一种便于放置的龙牙百合面皮制作装置	湖南一线情农业有限公司，湖南省邵阳市隆回县金石桥镇金南居委会	刘甫智
CN 202120433429.5	胶原蛋白肠衣原料的清洗装置	河南景珍生物科技有限公司，河南省漯河市召陵区经二路东侧东城产业集聚区	舒水菊、谢炯辉
CN 202120433618.2	一种新型切鱼机	镇江恒昌食品机械有限公司，江苏省镇江市丹徒区新丰镇黄墟村冷通路	孔德林
CN 202120436652.5	食品加工用热油炉	柘科（中国）工程设备有限公司，上海市金山区金山工业区天工路 285 弄 15 号、23 号	岑　龙
CN 202120438527.8	一种猪肉加工用滚揉装置	四川美丰源农业科技有限公司，四川省成都市温江区凤溪大道北段 666 号 1 栋 2 单元 10 层 1007 号	陈里忠
CN 202120449394.4	一种家禽内脏去除装置	云南农业大学，云南省昆明市盘龙区黑龙潭云南农业大学	廖国周、王桂瑛
CN 202120452872.7	一种月饼自动脱模装置	重庆隐涵食品有限公司，重庆市江津区鼎山街道办事处高牙村糠家湾经济合作社	刘安梨
CN 202120455884.5	热辐射组件及和面机	广东新宝电器股份有限公司，广东省佛山市顺德区勒流镇政和南路	郭建刚、高　波

（续）

申请或批准号	发明名称	申请（专利权）人与通信地址	发明人
CN 202120456746.9	一种自动配给的和面机	南京中大厨房设备有限公司，江苏省南京市溧水经济开发区滕家路 9 号	张凯峰
CN 202120458390.2	一种防止包子皮发粘的压面装置	青岛颐尔佳食品有限公司，山东省青岛市平度市同和街道办事处富臣路北侧、规划泽河五路东侧	石宝叶、高丽萍
CN 202120459779.9	一种食品加工用烤箱	漯河职业技术学院，河南省漯河市源汇区大学路 123 号	郭志芳、李　轲
CN 202120461321.7	卧式搅拌机	佛山双康机械科技有限公司，广东省佛山市南海区狮山镇小塘新境村委会桃源村厂房自编 A13 号	周中保、曹保华
CN 202120464019.7	一种便于定量配比的青稞饼加工用发酵装置	青海梦源食品开发有限公司，青海省西宁市湟中县西堡镇西堡村（西堡中学印刷厂）	赵金山、李秋芳
CN 202120472214.4	一种牛蛙加工用输送装置	汕头市冠海水产科技有限公司，广东省汕头市濠江区玉新街道珠河路 8 号	柯锐城
CN 202120481071.3	一种新型高效分层吊蓝式面团醒发室	威海市林德工业控制技术有限公司，山东省威海市经济技术开发区长峰馨安苑小区-85 号-8	丛培钊、丛成林
CN 202120481551.X	一种单体式电磁松香锅	诸城市正丰机械厂，山东省潍坊市诸城市开发区箭桥路东段路南 300 米	郑德忠
CN 202120490005.2	一种制作烘焙食品用的恒温恒湿发酵装置	海口欣奇食品有限公司，海南省海口市秀英区狮子岭工业园区光伏北路 10 号	霍俊宇
CN 202120490038.7	一种具有双头生产蛋糕机双头下料机构	海口欣奇食品有限公司，海南省海口市秀英区狮子岭工业园区光伏北路 10 号	霍俊宇
CN 202120491352.7	一种降低糕点粘连度的糕点成型机	海口欣奇食品有限公司，海南省海口市秀英区狮子岭工业园区光伏北路 10 号	霍俊宇
CN 202120491357.X	一种杀鱼机背腹去鳞结构	河南瑞鑫昊科技有限公司，河南省平顶山市高新区皇台办事处叶宝路中段小营村 7 号	栗克瑞
CN 202120491371.X	一种低温烘焙装置	海口欣奇食品有限公司，海南省海口市秀英区狮子岭工业园区光伏北路 10 号	霍俊宇
CN 202120491987.7	一种蛋糕生产线用脱模装置	海口欣奇食品有限公司，海南省海口市秀英区狮子岭工业园区光伏北路 10 号	霍俊宇
CN 202120494193.6	一种蛋糕打发混料装置	福建省然利食品集团有限公司，福建省漳州市龙海市东园镇凤鸣村阳光 530 号	蔡井辉
CN 202120507263.7	一种手动翻斗和面机	山东银鹰炊事机械有限公司，山东省济南市章丘区刁镇银鹰工业园技术中心	李忠民、焦念雷
CN 202120507265.6	一种自动压面机传动机构	山东银鹰炊事机械有限公司，山东省济南市章丘区刁镇银鹰工业园技术中心	李忠民、高海云
CN 202120507490.X	一种活鸡旋转宰杀自动排序装置	宿州市百汇食品有限公司，安徽省宿州市埇桥区符离镇工业园	赵　军、张　雷

（续）

申请或批准号	发 明 名 称	申请（专利权）人与通信地址	发明人
CN 202120510290.X	一种五星酥脆型麦片食品智能烘烤设备	欧扎克（天津）食品有限公司，天津市武清区梅厂镇福源经济区福祥道 6 号	林恩庆
CN 202120513758.0	一种揉面效果好的和面机	四川万凤粮油有限公司，四川省德阳市中江县南华镇西江北路顺西路 9 号	胡泽万
CN 202120519435.2	一种三文鱼鱼体曝气清洗机	新疆三文渔业有限公司，新疆维吾尔自治区伊犁哈萨克自治州尼勒克县喀拉苏乡（三文鱼基地）	仵彦钊、詹滔荣
CN 202120521756.6	一种禽肉超声波结合电子束冷杀菌装置	浙江香巴佬食品有限公司，浙江省丽水市松阳县赤寿乡红海路 1 号	徐朝郑、任 东
CN 202120526966.4	一种旋转叠片机	肇庆市珊瑚食品机械有限公司，广东省肇庆市端州区睦岗北路 3 号（厂房）	冯炳俦
CN 202120531269.8	一种鱼头切割机	宁德市星光食品有限公司，福建省宁德市东侨经济开发区疏港路 6 号	黄 婕、黄朱华
CN 202120532219.1	折叠绫织强力压面装置	成都本色食代面业有限公司，四川省成都市金牛高新技术产业园区金科南路 38 号 IP 科技中心 3 期 12 号楼 5－503 号	程 科
CN 202120533402.3	双螺杆杂面挤压装置	成都本色食代面业有限公司，四川省成都市金牛高新技术产业园区金科南路 38 号 IP 科技中心 3 期 12 号楼 5－503 号	程 科
CN 202120533412.7	一种面条生产用和面装置	成都本色食代面业有限公司，四川省成都市金牛高新技术产业园区金科南路 38 号 IP 科技中心 3 期 12 号楼 5－503 号	程 科
CN 202120533412.7	一种面条生产用和面装置	成都本色食代面业有限公司，四川省成都市金牛高新技术产业园区金科南路 38 号 IP 科技中心 3 期 12 号楼 5－503 号	程 科
CN 202120539192.9	一种花生搓壳机构	新乡市易玖电气设备有限公司，河南省新乡市牧野区高湾公交枢纽站向北 100 米路东	孙 珂、王淑丽
CN 202120539203.3	一种花生脱壳机	新乡市易玖电气设备有限公司，河南省新乡市牧野区高湾公交枢纽站向北 100 米路东	孙 珂、王淑丽
CN 202120545186.4	肉、骨类切断清洗装置	广州市昇永农业有限公司，广东省广州市增城区荔城街棠村村十五社	骆焕彬
CN 202120549206.5	一种冷凝式蒸汽烫毛隧道机	宿州市百汇食品有限公司，安徽省宿州市埇桥区符离镇工业园	赵 军、张 雷
CN 202120549499.7	一种便于更换烘炉芯轴头的食品制造设备	湖北昊朗科技发展有限公司，湖北省武汉市硚口区汉中西路 22 号 3－78	赵克春、金雪燕
CN 202120563875.8	一种鱿鱼清洗机	荣成银海水产有限公司，山东省威海市荣成市王连街道办事处南桥头村	马冬志、王 珊

（续）

申请或批准号	发明名称	申请（专利权）人与通信地址	发明人
CN 202120571472.8	可模拟人工操作的智能扫蛋液机	广州市传稻食品有限公司，广东省广州市天河区粤垦路611号1208房	黄一乔
CN 202120579742.X	一种制作休闲方便肉制品的装置	成都大学，四川省成都市外东十陵镇	王　卫、吉莉莉
CN 202120580526.7	一种饼干加工的焙烤装置	福建美伦多食品有限公司，福建省泉州市石狮市蚶江镇洪窟村九龙山工业区4号	吴康颖
CN 202120581650.5	一种饼干加工的喷液装置	福建美伦多食品有限公司，福建省泉州市石狮市蚶江镇洪窟村九龙山工业区4号	吴康颖
CN 202120583862.7	一种鸡米粒油炸装置	江苏盐铁食品科技有限公司，江苏省宿迁市泗洪县常熟泗洪工业园区常洪大道西侧钱塘江路北侧	宗伟国
CN 202120587014.3	一种家禽快速宰杀装置	宿州市百汇食品有限公司，安徽省宿州市埇桥区符离镇工业园	赵　军、张　雷
CN 202120587739.2	一种牛肉缓化解冻装置	锡林浩特市棒棒牛食品有限责任公司，内蒙古自治区锡林郭勒盟锡市东企业园区（楚古兰办事处）	秦志强、崇建芳
CN 202120589082.3	一种菠罗蜜果实成熟收获装置	海南禄古生态农业有限公司，海南省东方市八所镇东方大道喜乐城801号	唐跃东
CN 202120591398.6	一种饼干生产用的辊切装置	福建美伦多食品有限公司，福建省泉州市石狮市蚶江镇洪窟村九龙山工业区4号	吴康颖
CN 202120601291.5	一种绞肉机	西安大业食品有限公司，陕西省西安市高陵区鹿祥路166号	赵紧战
CN 202120601568.4	一种便捷式鸡肉快速切割装置	湖北好食味食品有限公司，湖北省武汉市东西湖区径河街塔西路北、柏银路西综合楼6层	韩志刚
CN 202120601683.1	一种蛋卷加工用成型装置	福建美伦多食品有限公司，福建省泉州市石狮市蚶江镇洪窟村九龙山工业区4号	吴康颖
CN 202120613138.4	一种高营养蛋卷加工设备	福建美伦多食品有限公司，福建省泉州市石狮市蚶江镇洪窟村九龙山工业区4号	吴康颖
CN 202120616881.5	一种加工低脂健康饼干设备	福建美伦多食品有限公司，福建省泉州市石狮市蚶江镇洪窟村九龙山工业区4号	吴康颖
CN 202120618199.X	一种双温双控的热风喷射型链式烤炉	成都瑞隆达食品有限公司，四川省成都市天府新区天工大道1111号	金卫平
CN 202120622614.9	一种茶园微波杀虫装置	怒江振兴农业科技有限公司，云南省怒江傈僳族自治州泸水市鲁掌镇老防疫站	杨瑞英、杨桂雄
CN 202120628607.X	一种婴幼儿食用小馒头生产用多级烘干装置	宁夏固原福宁广业有限责任公司，宁夏回族自治区固原市经济开发区轻工产业园	王志伟、杨梅玲
CN 202120629003.7	一种鳜鱼内脏快速分拣设备	黄山学院，安徽省黄山市屯溪区西海路39号	吴丽萍、吴永祥

（续）

申请或批准号	发　明　名　称	申请（专利权）人与通信地址	发明人
CN 202120631087.8	一种真空滚揉机	天津春发生物科技集团有限公司，天津市东丽区东丽经济开发区丽北路 11 号	刘　鹏、刘　爽
CN 202120635326.7	一种旋转式烤馕机	潍坊职业学院，山东省潍坊市滨海经济技术开发区科教创新园区海安路 06588 号	吴　宇、康立业
CN 202120635728.7	一种胶原蛋白的原料清洗装置	斐缦（长春）医药生物科技有限责任公司，吉林省长春市高新区光谷大街 1050 号	王　铎、张　鹰
CN 202120635963.4	饺子成型合模机构	石家庄允功机械科技有限公司，河北省石家庄市行唐县经济开发区科技大街中段路北	杨英杰、闫军涛
CN 202120643901.8	一种除虫防霉储粮装置	洛阳师范学院，河南省洛阳市伊滨区吉庆路 6 号	刘旭昊
CN 202120645913.4	一种用于复合调味酱生产线的清洗装置	四川美味源食品有限公司，四川省成都市郫县中国川菜产业化园区永和路 418 号	杨　琼、王利军
CN 202120646251.2	一种丸粒化种子快速干燥装置	湖北农华农业科技有限公司，湖北省武汉市东湖开发区珞狮南路 517 号	卢才军、吴明法
CN 202120652848.8	差速滚筒式油莎豆收获机	吉林省万龙油莎豆专用机械设备制造有限公司，吉林省长春市绿园区长客路 2692 号工业孵化园区 3 栋 201 室	孔卫平、孟祥宇
CN 202120653342.9	一种用于复合调味酱生产线的解冻装置	四川美味源食品有限公司，四川省成都市郫都区中国川菜产业化园区永和路 418 号	杨　琼、李科德
CN 202120655732.X	一种中式面点熟化系统用搂钩装置	上海松川远亿机械设备有限公司，上海市青浦区崧泽大道 9881 号	陈海波、崔光辉
CN 202120657637.3	秸秆发酵装置	中交第三公路工程局有限公司，北京市东城区安定门外大街丙 88 号 801	李　明、王圆圆
CN 202120661603.1	一种便捷清洁型糕点和面机	苏州稻香村食品有限公司，江苏省苏州市苏州工业园区唯亭唯文路 19 号	周广明
CN 202120662647.6	一种带熄火保护装置的燃气烤鸭炉	深圳深美厨具设备有限公司，广东省深圳市龙岗区龙岗街道新生村低山北路 2 号	蓝观标
CN 202120666778.1	一种用于肠衣生产的消毒装置	南通市昊天肠衣有限公司，江苏省南通市如皋市城北街道惠民路 666 号（肠衣城内 801 幢）	刘林兵、丁佐爱
CN 202120666792.1	一种自动化肠衣加工生产设备	南通市昊天肠衣有限公司，江苏省南通市如皋市城北街道惠民路 666 号（肠衣城内 801 幢）	刘林兵、丁佐爱
CN 202120668943.7	一种肉类切割机械	河北凤韩食品有限公司，河北省邢台市隆尧县东方食品城裕华路中段	郝晨熙
CN 202120672356.5	一种撒料均匀的饼干加工装置	福建美伦多食品有限公司，福建省泉州市石狮市蚶江镇洪窟村九龙山工业区 4 号	吴康颖
CN 202120676972.8	一种便于清洁的斩拌机	临沂市君临食品有限公司，山东省临沂市临港经济开发区团林镇驻地	鲁英军

（续）

申请或批准号	发明名称	申请（专利权）人与通信地址	发明人
CN 202120677362.X	出料机构及油炸设备	广东智源机器人科技有限公司，广东省佛山市顺德区北滘镇博创路1号B2	周爱荣、李伟填
CN 202120686127.9	一种挂面生产干燥装置	安徽昌源食品股份有限公司，安徽省淮南市寿县众兴镇众兴街道	高 倩、赵长春
CN 202120688989.5	一种大型面包生产线上的面团投放装置	福州美可食品有限公司，福建省福州市晋安区新店镇赤星路99号1#楼	陈红星、郑 航
CN 202120689893.0	一种牦牛养殖用舔砖固定装置	青海省大通种牛场，青海省西宁市大通县宝库乡宁张公路508号青海省大通种牛场	武甫德、骆正杰
CN 202120692584.9	一种避免堵塞的西瓜取籽机	酒泉市宇田种子有限责任公司，甘肃省酒泉市肃州区解放路351号	张转回、倪晓云
CN 202120694963.1	一种出面煮面一体机	漳州市正汇水产食品股份有限公司福建省漳州市东山县康美镇东海岸公共保税仓	陈柏宇、赖庆娜
CN 202120700919.7	一种烘焙蛋糕裱花转台	无锡启航睿达烘焙工具有限公司，江苏省无锡市梁溪区解放西路1号附楼516	黄 鑫
CN 202120702012.4	一种烧鸡制作清洗装置	天津华融食品科技发展有限公司，天津市西青区辛口镇泰华路7号增4号	李明骏
CN 202120706840.5	一种油炸机供油系统	山东纳佰味食品有限公司，山东省潍坊市经济开发区古亭街11366号1号1	杨大江、柳泉滋
CN 202120706932.3	一种食品搅拌机	杭州骏泰食品有限公司，浙江省杭州市余杭区瓶窑镇长命村富豪路7号1号楼3-201	丁作智、介克明
CN 202120711953.4	一种海产品清洗烘干装置	江阴集成电路设计创新中心有限公司，江苏省无锡市江阴市澄江东路99号	崔荣章、孙袁秀
CN 202120715807.9	一种保温粥料机	湖北扶星农业机械有限公司，湖北省随州市曾都区南郊羊子村	汪 洋、杨 帆
CN 202120716427.7	一种虾片生产用的成型装置	福建美伦多食品有限公司，福建省泉州市石狮市蚶江镇洪窟村九龙山工业区4号	吴康颖
CN 202120719867.8	粮食预处理装置	四川大团结粮油有限责任公司，四川省绵阳市安州区塔水镇工业园区	王益贵、王 虹
CN 202120728862.1	一种用于宰杀鱼类的辅助设备	天津市食新食异食品有限公司，天津市武清区石各庄镇石北村	王凤军
CN 202120741682.7	一种面团表面预划痕装置	福州美可食品有限公司，福建省福州市晋安区新店镇赤星路99号1#楼	陈红星、郑 航
CN 202120741993.3	出面组件及具有其的面条机	广东美的生活电器制造有限公司，广东省佛山市顺德区北滘镇三乐路19号	杨 盛、梁睿智
CN 202120743485.9	一种加热均匀的烤箱	常熟市新艺涂膜工程有限公司，江苏省苏州市常熟市冶塘镇市镇	陈建忠

（续）

申请或批准号	发 明 名 称	申请（专利权）人与通信地址	发明人
CN 202120745308.4	罗布麻茶筛选机的分级筛选装置	新疆大漠绿洲农业发展有限公司，新疆维吾尔自治区喀什地区巴楚县巴楚镇世纪西路（食品加工区）	钟永泉
CN 202120745685.8	一种面团表面撒芝麻装置	福州美可食品有限公司，福建省福州市晋安区新店镇赤星路99号1#楼	陈红星、郑 航
CN 202120745728.2	一种罗布麻茶的揉捻机	新疆大漠绿洲农业发展有限公司，新疆维吾尔自治区喀什地区巴楚县巴楚镇世纪西路（食品加工区）	钟永泉
CN 202120746427.1	一种罗布麻茶筛选装置	新疆大漠绿洲农业发展有限公司，新疆维吾尔自治区喀什地区巴楚县巴楚镇世纪西路（食品加工区）	钟永泉
CN 202120746432.2	一种罗布麻茶发酵机的定量进料装置	新疆大漠绿洲农业发展有限公司，新疆维吾尔自治区喀什地区巴楚县巴楚镇世纪西路（食品加工区）	钟永泉
CN 202120746595.0	一种罗布麻茶筛选加工装置	新疆大漠绿洲农业发展有限公司，新疆维吾尔自治区喀什地区巴楚县巴楚镇世纪西路（食品加工区）	钟永泉
CN 202120747121.8	一种罗布麻茶自动化压制设备	新疆大漠绿洲农业发展有限公司，新疆维吾尔自治区喀什地区巴楚县巴楚镇世纪西路（食品加工区）	钟永泉
CN 202120748020.2	一种和面机的上料机构	佛山市元芳食品机械制造有限公司，广东省佛山市顺德区杏坛镇齐杏社区居民委员会河西路14号之一102房首层	何文元
CN 202120748147.4	一种罗布麻茶生产用的茶叶振动传输设备	新疆大漠绿洲农业发展有限公司，新疆维吾尔自治区喀什地区巴楚县巴楚镇世纪西路（食品加工区）	钟永泉
CN 202120751587.5	一种利用莲藕粉制作汤圆皮的成套设备	广西贵港市华宇葛业有限公司，广西壮族自治区贵港市港北区大圩镇千秋岭	李长俊、蒋慧萍
CN 202120751633.1	一种便于取料的鸡肉加工用鸡肉块成型装置	山东纳佰味食品有限公司，山东省潍坊市经济开发区古亭街11366号1号1	杨大江、柳泉滋
CN 202120752362.1	一种下料稳定的蛋卷加工装置	福建美伦多食品有限公司，福建省泉州市石狮市蚶江镇洪窟村九龙山工业区4号	吴康颖
CN 202120755647.0	一种新型绞肉机用刀片	深圳市炜创达科技有限公司，广东省深圳市宝安区松岗街道沙浦社区广进路新永运厂房101	黄弟炜、龚冬梅
CN 202120768309.0	一种用于一体式鸭掌机的鸭掌割筋总成装置	青岛锐智智能装备科技有限公司，山东省青岛市莱西市珠海南路69号	吴要庆
CN 202120772777.5	比萨机	慈溪市钱龙厨具有限公司，浙江省宁波市慈溪市坎墩街道直塘村	钱本迤、刘启运

（续）

申请或批准号	发明名称	申请（专利权）人与通信地址	发明人
CN 202120777588.7	一种便于安装的肉泥斩拌机	天津市菲亚德食品机械科技开发有限公司，天津市东丽区七经路12号-1	秦　博、张贵纯
CN 202120782103.3	一种禽爪自动切割下料装置	陕西好邦食品股份有限公司，陕西省西安市西咸新区泾河新城永乐镇工业密集区内	韩春元
CN 202120784166.2	一种奶牛养殖用草料处理装置	泰州市金力乳品有限公司，江苏省泰州市姜堰区俞垛镇通北路8号	曹连良、刘　淦
CN 202120793930.2	一种摆动式饲料加工装置	武汉轻工大学，湖北省武汉市东西湖区常青花园学府南路68号	程先忠、熊烈强
CN 202120802887.1	一种牧草颗粒成型快装机	西藏金牧粮草生态农业科技有限公司，西藏自治区拉萨市柳梧新区国际总部城1号楼6楼609室	谢桂华
CN 202120803274.X	中西式面点烘焙实用工具	黑龙江农业经济职业学院，黑龙江省牡丹江市西安区温春镇黑龙江农业经济职业学院	陈秀丽、刘玉兵
CN 202120805927.8	一种新型不锈钢隔油托盘	广东港鑫不锈钢实业有限公司，广东省潮州市潮安区东凤镇高龙池片西吴厝池片	施大泳
CN 202120809414.4	一种牛肉加工用牛肉切条装置	山东鲁拓畜产品有限公司，山东省滨州市无棣县经济开发区星湖一路以北，棣新九路以西300米	于文彪
CN 202120809892.5	一种绞肉均匀的绞肉机	东莞市保利德食品添加剂有限公司，广东省东莞市东城街道勿松四街5号	邓水兵
CN 202120810998.7	一种用于淡水虾的自动分选机	漳州东裕食品有限公司，福建省漳州市诏安县金都工业集中区	余美强、李清造
CN 202120815727.0	一种鸡爪清洗杀菌装置	浙江康恒食品有限公司，浙江省台州市三门县海游街道祥和路45号	蔡朝恒
CN 202120824448.0	一种用于切割牛骨的安全型锯骨装置	上海豪守（河南）食品有限公司，河南省驻马店市西平县谭店乡潘庄西出北路6-3号	王红杰
CN 202120829235.7	一种鱼胶原蛋白肽原料处理用洗皮装置	汕尾市五丰海洋生物科技有限公司，广东省汕尾市城区埔边工业区五丰工业园	宋建业、张　丽
CN 202120836251.9	一种牛肉加工用牛肉吊载装置	山东鲁拓畜产品有限公司，山东省滨州市无棣县经济开发区星湖一路以北，棣新九路以西300米	于文彪
CN 202120836307.0	一种提高鲜食花生储藏期的储藏仓	山东省花生研究所，山东省青岛市李沧区万年泉路126号	杨伟强、毕　洁
CN 202120838093.0	一种高效卫生的肉制品加工绞肉机	福州津闽福祥食品有限公司，福建省福州市闽侯县南屿镇后山村宅山88号厂房二第一层、第二层、第三层	张庭锐
CN 202120838094.5	一种新型肉制品加工用切片机的夹持设备	福州津闽福祥食品有限公司，福建省福州市闽侯县南屿镇后山村宅山88号厂房二第一层、第二层、第三层	张庭锐

（续）

申请或批准号	发明名称	申请（专利权）人与通信地址	发明人
CN 202120838118.7	一种环保型冷冻肉制品原料处理装置	福州津闽福祥食品有限公司，福建省福州市闽侯县南屿镇后山村宅山88号厂房二第一层、第二层、第三层	张庭锐
CN 202120838162.8	一种新型环保节能小型平切式肉制品切片机	福州津闽福祥食品有限公司，福建省福州市闽侯县南屿镇后山村宅山88号厂房二第一层、第二层、第三层	张庭锐
CN 202120838549.3	一种资源利用率高的肉制品加工装置	福州津闽福祥食品有限公司，福建省福州市闽侯县南屿镇后山村宅山88号厂房二第一层、第二层、第三层	张庭锐
CN 202120838715.X	多连土司盒	三能器具（无锡）有限公司，江苏省无锡市锡山区锡山经济开发区友谊北路316号	平东铭
CN 202120839394.5	一种可去除碎末的全自动蛋卷生产设备	珠海元朗食品有限公司，广东省珠海市高新区金鼎科技工业园30号	张立兵
CN 202120843821.7	一种鱼浆加工处理设备	海欣食品股份有限公司，福建省福州市仓山区建新镇建新北路150号1#楼	蒋荣龙、魏倩婷
CN 202120845220.X	一种抓面装置	重庆中面商贸（集团）有限公司，重庆市云阳县青龙街道滨江东路2222号鑫都雅苑2号楼第二层202室	李　清
CN 202120846142.5	一种牛肉混合清洗机	宣汉县汉玺食品有限公司，四川省达州市宣汉县南坝镇龙文村学校二楼	练兆乐、李志兴
CN 202120848708.8	一种水产品加工用便于清理的输送装置	福建省北极星生物科技有限公司，福建省宁德市东侨经济开发区东侨工业集中区加工标准厂房8#厂房三楼	黄国藩、刘传瑞
CN 202120850982.9	一种肉牛屠宰用输送装置	阳信利鑫清真肉类有限公司，山东省滨州市阳信县河流镇耿家村北	马少帅、马　骏
CN 202120852969.7	一种用于老面馒头加工的电动螺旋挤压馒头机	珠海麦香工坊食品有限公司，广东省珠海市高新区唐家湾镇大学路99号1号厂房第1层102单元	郑末晶、张红萍
CN 202120854320.9	一种具有拉伸功能的面条加工切面机	珠海麦香工坊食品有限公司，广东省珠海市高新区唐家湾镇大学路99号1号厂房第1层102单元	郑末晶、张红萍
CN 202120857371.7	一种新型肉制品成型压制机	福州津闽福祥食品有限公司，福建省福州市闽侯县南屿镇后山村宅山88号厂房二第一层、第二层、第三层	张庭锐
CN 202120857518.2	一种高效肉制品腌制装置	福州津闽福祥食品有限公司，福建省福州市闽侯县南屿镇后山村宅山88号厂房二第一层、第二层、第三层	张庭锐
CN 202120857668.3	一种利用牧草为原料的青稞饲料加工装置	益阳市浩轩现代农业发展有限公司，湖南省益阳市资阳区新桥河镇蓼园村拖木村组	刘志辉

（续）

申请或批准号	发明名称	申请（专利权）人与通信地址	发明人
CN 202120858046.2	一种节能环保的肉制品清洗加工装置	福州津闽福祥食品有限公司，福建省福州市闽侯县南屿镇后山村宅山88号厂房二第一层、第二层、第三层	张庭锐
CN 202120859130.6	一种基于甘薯泥的速冻包子生产设备	江苏徐淮地区徐州农业科学研究所（江苏徐州甘薯研究中心），江苏省徐州市经济技术开发区徐海路高铁站北	朱　红、孙　健
CN 202120860224.5	一种便于加工的烤鳗冰昏装置	福建含香食品有限公司，福建省南平市邵武市经济开发区水尾工业平台	潘　峰、林建明
CN 202120860699.4	一种香沙芋斩断装置	江苏红芽农业科技有限公司，江苏省泰州市靖江市生祠镇金星村朱惠路8号	陆海兵、薛卫红
CN 202120866408.2	大型双绞龙牲畜饲料混拌机	广西天等县宏秀牧业有限公司，广西壮族自治区崇左市天等县天等镇弄模工业园区4栋307、308、309室	伍　瑞、黄政唯
CN 202120870652.6	一种防粘结面包生产用过滤搅拌装置	福建省金龙船食品有限责任公司，福建省泉州市石狮市灵秀镇花园路558号	高文艺
CN 202120872194.X	弹力肠穿签装置	东莞鼎众自动化设备有限公司，广东省东莞市东城街道古二村路9号2栋103室	李长清、覃土庆
CN 202120873887.0	一种饼干生产线的刷油装置	徐州工程学院，江苏省徐州市云龙区丽水路2号	孙月娥、孔　婕
CN 202120874325.8	一种秸秆处理再利用装置	黑龙江农业工程职业学院，黑龙江省哈尔滨市南岗区哈双路348号	杜长征、高君伟
CN 202120875484.X	一种发酵蛋糕均匀和面装置	福建省金龙船食品有限责任公司，福建省泉州市石狮市灵秀镇花园路558号	高文艺
CN 202120876345.9	一种大米防霉装置	成都清河米业有限责任公司，四川省成都高新区临江村4号	宋建君
CN 202120878966.0	一种密封性高的肉制品蒸汽灭菌装置	嘉兴市味知斋食品股份有限公司，浙江省嘉兴市秀洲区新塍镇环镇西路459号嘉兴市艾迪尔机械制造有限公司内1号、2号厂房	顾晓峰
CN 202120880862.3	一种烧上箱	嘉兴美旺机械制造有限公司，浙江省嘉兴市秀洲区高照街道桃园路1076号	黄津亮、蔡旺家
CN 202120884526.6	一种复合高纤维面点辅助发酵装置	河南省云阳恒雪实业有限公司，河南省南阳市南召县云阳河东	郑　伟、张　峰
CN 202120885095.5	循环式恒温发酵水料饲喂系统	四川益用畜牧科技有限公司，四川省乐山市市中区龙游路北段189号20幢1单元5楼2号	黄群华
CN 202120885964.4	一种鸡鸭脖漂烫冷却机	诸城市鑫鼎机械有限公司，山东省潍坊市诸城市龙都街道诸郝路以东小庄子村	杨金富

（续）

申请或批准号	发明名称	申请（专利权）人与通信地址	发明人
CN 202120894264.1	一种高效食用小麦粉发酵装置	河南省云阳恒雪实业有限公司，河南省南阳市南召县云阳河东	郑伟、高峰然
CN 202120897903.X	一种牡蛎壳生产用筛选及分离装置	福建省珊瑚岛生物科技有限公司，福建省漳州市南靖县靖城镇高新技术产业园区	庄瀚、庄益中
CN 202120898342.5	一种大豆秸秆饲料压扁再粉碎设备	青岛郁金香机械有限公司，山东省青岛市胶州市胶北镇三山路1号	王涛、李子君
CN 202120899077.2	一种具有降噪功能的绞肉机	宁波市舜辉电器有限公司，浙江省宁波市余姚市丈亭工业开发区	屠营奎、王建明
CN 202120902048.7	一种老面馒头加工挤压成型装置	珠海麦香工坊食品有限公司，广东省珠海市高新区唐家湾镇大学路99号1号厂房第1层102单元	郑末晶、张红萍
CN 202120904888.7	一种隧道式烤箱抽风系统灭火装置	深圳市伟绿达科技有限公司，广东省深圳市宝安区西乡街道宝源路168号华源科技创新园B座3区名优701	杨伟洋
CN 202120907749.X	一种新型半成品牛肉粒滚揉装置	山东莱州大家乐食品有限公司，山东省烟台市莱州市城港路街道前朱石村1888号	马顺廷、彭为锋
CN 202120907783.7	一种牛羊肉加工切片装置	新疆百事联商务信息咨询有限公司，新疆维吾尔自治区乌鲁木齐市高新技术产业开发区（新市区）河北东路430号上海大厦A座16楼A1608室、A1609室、A1610室	丁国冲、张雅君
CN 202120909271.4	一种鱼原料的自动化去磷加工设备	舟山腾新食品有限公司，浙江省舟山市普陀区东港街道海洋工业园区新晨路72号	陈增日
CN 202120909981.7	一种牛肉加工用牛肉中转车架	山东鲁拓畜产品有限公司，山东省滨州市无棣县经济开发区星湖一路以北，棣新九路以西300米	于文彪
CN 202120910601.1	一种可自动对食物进行翻转的烤炉	江苏裕强金属制造有限公司，江苏省宿迁市泗阳县李口镇葛庄村	蔡志春、王韩俊
CN 202120910602.6	一种可以旋转加热的商用烤炉的加工装置	江苏裕强金属制造有限公司，江苏省宿迁市泗阳县李口镇葛庄村	蔡志春、王韩俊
CN 202120912849.1	一种新型穿肠衣机	漯河市鑫荣食品机械有限公司，河南省漯河市经济开发区珠江路中段	彭鑫
CN 202120915311.6	一种新型白条自动机械臂	漯河市鑫荣食品机械有限公司，河南省漯河市经济开发区珠江路中段	彭鑫
CN 202120921302.8	一种挂面的晾晒装置	湖北万星面业股份有限公司，湖北省黄冈市武穴市工业园（蕲孔路北）	孙小豪
CN 202120922666.8	一种饼干挤压成型机	恩喜村（深圳）食品有限公司，广东省深圳市龙华区龙华街道清湖社区清祥路23号德信昌科技园A栋六层601、B栋六层601	陈玮翼

（续）

申请或批准号	发 明 名 称	申请（专利权）人与通信地址	发明人
CN 202120922907.9	一种基于蛋糕制作用的蛋糕胚分切平台的收集机构	安徽丹研食品有限公司，安徽省合肥市经开区桃花工业园工投立恒工业广场二期 A-6 栋 1-2 层	赵兰清
CN 202120925222.X	一种受热均匀的食品加工用烘烤装置	益阳缺牙齿食品有限公司，湖南省益阳市资阳区长春镇竹家园村	徐卫民
CN 202120925669.7	一种带蛋液刺破装置的磕蛋机	珠海元朗食品有限公司，广东省珠海市高新区金鼎科技工业园 30 号	张立兵
CN 202120926027.9	一种火龙果种子的预处理装置	句容厚朴生态农业有限公司，江苏省镇江市句容市茅山镇东部干线电商产业园	崔 诚、熊国云
CN 202120926263.0	一种面条生产用干燥分批截取装置	湖北万星面业股份有限公司，湖北省黄冈市武穴市工业园（蕲孔路北）	孙小豪
CN 202120928110.X	一种面条制作装置	湖北万星面业股份有限公司，湖北省黄冈市武穴市工业园（蕲孔路北）	孙小豪
CN 202120929336.1	一种间歇启停输送设备	南京深农智能装备有限公司，江苏省南京市浦口区行知路 8 号南京国家农创园科创中心 1030 号	李开亮、孙 伟
CN 202120929589.9	一种杀鱼机开背刀盘结构	河南瑞鑫昊科技有限公司，河南省平顶山市高新区皇台办事处叶宝路中段小营村 7 号	栗克瑞
CN 202120929593.5	一种杀鱼机传动结构	河南瑞鑫昊科技有限公司，河南省平顶山市高新区皇台办事处叶宝路中段小营村 7 号	栗克瑞
CN 202120929662.2	一种复合调味酱生产用粉碎机	四川美味源食品有限公司，四川省成都市郫县中国川菜产业化园区永和路 418 号	廖 燚、王利军
CN 202120930050.5	一种用于油炸糕点的油炸装置	福建福锦记食品有限公司，福建省福州市闽侯县祥谦镇兰圃村闽侯县盛辉物流有限公司 2 座三层	吴绍华、吴锦雄
CN 202120938474.6	蒸炼机	嘉兴市洁雅达智能设备制造有限公司，浙江省嘉兴市秀洲区高照街道康和路 500 号 B10、V5 厂房	朱建国、赵 凌
CN 202120939364.1	一种用于泡芙生产的内层奶油包裹装置	恩喜村（深圳）食品有限公司，广东省深圳市龙华区龙华街道清湖社区清祥路 23 号德信昌科技园 A 栋六层 601、B 栋六层 601	陈玮翼
CN 202120940907.1	蒸炼机的搅拌组件	嘉兴市洁雅达智能设备制造有限公司，浙江省嘉兴市秀洲区高照街道康和路 500 号 B10、V5 厂房	朱建国、赵 凌
CN 202120941747.2	一种面包生产用改进型烤箱	广东元宝食品有限公司，广东省广州市南沙区东涌镇天益大道 1 号二栋	周英鹏、肖 尧
CN 202120943853.4	一种食品加工用真空滚揉机	上海唔呶喔哩食品有限公司，上海市金山区枫泾镇环东一路 266，298 号	刘小清
CN 202120945865.0	一种出料方便的真空油炸食品油炸机	东莞市保利德食品添加剂有限公司，广东省东莞市东城街道勿松四街 5 号	邓水兵

（续）

申请或批准号	发 明 名 称	申请（专利权）人与通信地址	发明人
CN 202120947326.0	便于收纳的面条出面模头	杭州海氏智能电器有限公司，浙江省杭州市上城区彭埠街道普大福地商业中心5幢901室	李松辉、于良建
CN 202120948523.4	一种生猪养殖用饲料投喂器	四川原野牧歌农业科技发展有限公司，四川省广元市旺苍县白水镇快活村一社	马建华、戴 亮
CN 202120953302.6	一种用于饼干生产线的自动撒料机	江西芳洲生态农业有限公司，江西省九江市湖口县流芳乡青年村	张运平
CN 202120959581.7	一种方便使用的茄藕食品油炸机	青岛双维食品有限公司，山东省青岛市黄岛区世纪大道2277号	王记宾
CN 202120962087.6	一种多功能切肉机	宣汉县白岩滩农副产品有限公司，四川省达州市宣汉县北街56号	顾元峰、文 玉
CN 202120962611.X	一种用于切割肉类的水切割机器	南京农业大学，江苏省南京市浦口区点将台路40号南京农业大学	陈光明、黄 伟
CN 202120963931.7	高效面团分切装置	武汉家乐美食品有限公司，湖北省武汉市东西湖区走马岭汇通大道11号	安运发、王 勇
CN 202120964840.5	一种玉米种子储藏装置	山东登海宇玉种业有限公司，山东省济南市历城区桑园路11号（国家玉米改良中心济南分中心）417室	沈跃辉、刘全涛
CN 202120965206.3	一种鲜肉高速自动切片机	三明市圣龙食品有限公司，福建省三明市高新技术产业开发区金沙园金福西路1号天泽实业6幢一楼厂房	赖如秋
CN 202120966483.6	风干机	诸城市万利源机械科技有限公司，山东省潍坊市诸城市密州工业园东杨家岭	王 昊、马永健
CN 202120972520.4	一种挂面生产用揉面装置	四川宜宾九彩虹生态农业科技有限公司，四川省宜宾市叙州区柏溪街道新联村9组1号	李 响
CN 202120973932.X	一种熏香肠加工用悬挂装置	四川宜宾九彩虹生态农业科技有限公司，四川省宜宾市叙州区柏溪街道新联村9组1号	李 响
CN 202120974680.2	一种用于鳗鱼加工的切段装置	福州市长乐区太平洋食品有限公司，福建省福州市长乐区漳港街道上墩顶村乐业路26号	毛忠发、陈 亮
CN 202120975356.2	一种虾滑生产加工设备	汕头市冠海水产科技有限公司，广东省汕头市濠江区玉新街道珠河路8号	柯锐城
CN 202120983830.6	一种茄藕油炸食品加工用包装装置	青岛双维食品有限公司，山东省青岛市黄岛区世纪大道2277号	王记宾
CN 202120984126.2	一种海参清洗加工装置	青岛双维食品有限公司，山东省青岛市黄岛区世纪大道2277号	王记宾
CN 202120986713.5	一种手工挂面面头下料装置	安徽先徽食品有限公司，安徽省六安市金寨县现代产业园区江天路	李先辉

（续）

申请或批准号	发 明 名 称	申请（专利权）人与通信地址	发明人
CN 202120987036.9	球形物旋转定向装置及具有该装置的面团定向机	广东顺德赛驰科技有限公司，广东省佛山市顺德区杏坛镇高赞村委会二环路8号顺德智富园22栋101-102	张广锦
CN 202120989199.0	一种烤箱加热洗碗机用水结构	华帝股份有限公司，广东省中山市小榄镇工业大道南华园路1号	刘金斗、黄国利
CN 202120990798.4	一种挂面的自动化收集装置	安徽昌源食品股份有限公司，安徽省淮南市寿县众兴镇众兴街道	高 倩、赵长春
CN 202120992676.9	一种面包生产线用分离式和面机	四川省鑫好麦的多食品有限公司，四川省成都市郫都区安德镇中国川菜产业化园区安平东路289号	吕元平
CN 202120992715.5	一种蛋糕生产线用防结块面糊制备装置	四川省鑫好麦的多食品有限公司，四川省成都市郫都区安德镇中国川菜产业化园区安平东路289号	吕元平
CN 202120994581.0	一种便于出料的食品油炸机	江苏盐铁食品科技有限公司，江苏省宿迁市泗洪县常熟泗洪工业园区常洪大道西侧钱塘江路北侧	宗伟国
CN 202120996796.6	一种去虾头用滚筒机	广东蔚远科技有限公司，广东省湛江市霞山区疏港大道8号宝满冻品加工中心风粗加工四区63号	张金杯
CN 202121003223.5	一种饺子成型的高效脱模装置	广州海霸王食品有限公司，广东省广州市从化江埔街从樟一路6号	庄宗霖、朱志平
CN 202121004967.9	一种超导换热自动卸料压板油炸机	佛山市中技环保节能设备有限公司广东省佛山市南海区狮山镇科技工业园A区兆基路5号（厂房）A	郑绍华、闵先锋
CN 202121005344.3	一种食品加工用面团成丸装置	北京市粮食科学研究院有限公司，北京市西城区狮子店胡同11号	肖羊山
CN 202121005601.3	一种可提高孔雀饲料利用率的饲料制粒机	许昌市水产技术推广站，河南省许昌市八一东路3799号	胡文平、曹树威
CN 202121005920.4	一种防尘且均匀下料的糕点成型机	江苏心思源食品有限公司，江苏省盐城市盐都区龙岗镇食品加工产业园龙瑞路2号（F）	时 彬、张 梅
CN 202121007556.5	一种多功能食品油炸机	江苏盐铁食品科技有限公司，江苏省宿迁市泗洪县常熟泗洪工业园区常洪大道西侧钱塘江路北侧	宗伟国
CN 202121024944.4	一种新型馄饨成型装置	河南中博食品机械有限公司，河南省新乡市新乡县七里营镇金融大道11号	陈光涛、陈荣志
CN 202121025457.X	一种黑猪屠宰脱毛装置	芜湖市润山生态农业有限责任公司，安徽省芜湖市无为县泉塘镇泉塘社区街道门面	俞 健、何曙明
CN 202121036392.9	一种用于糕点排盘机的排盘架	武汉意洋机械设备有限公司，湖北省武汉市东西湖径河家华工业园6栋	李爱民、胡丽珍

（续）

申请或批准号	发　明　名　称	申请（专利权）人与通信地址	发明人
CN 202121042745.6	一种馅饼生产设备	安庆宜口福食品有限公司，安徽省安庆市宜秀区永兴路9号	董连根、董松根
CN 202121043284.4	一种用于稻谷的贮存装置	福建汇融农业开发有限公司，福建省福州市福清市龙田镇西坑村670号	薛林秋、薛洪敏
CN 202121043546.7	一种养猪用饲料投料机械臂	四川七环猪种改良有限公司，四川省成都市蒲江县寿安街道松华社区16组60号	汪询圃、顾蜀龙
CN 202121043886.X	一种高低温豆泡油炸流水线	广州穗诚节能科技有限公司，广东省广州市海珠区华泰大道临编8号A16（可作厂房使用）	李葆均
CN 202121050219.4	一种成型装置及食品生产线	遨博（北京）智能科技有限公司，北京市海淀区农科院西路6号海青大厦10层	魏洪兴、杨吉庆
CN 202121057788.1	一种用于烘烤后牛肉干的冷却挂炉	瑞安市绿洲食品有限公司，浙江省温州市瑞安市湖岭镇天长村	娄崇赞
CN 202121058862.1	一种新型的网肩肉高效切割分离设备	山东如康清真食品有限公司，山东省德州市齐河县表白寺镇济北高铁枢纽经济协作区纬五路1号	魏东晓、高　军
CN 202121060005.5	一种PLC控制的全自动家禽爪脱黄皮机	砀山圣沣食品有限公司，安徽省宿州市砀山县经济开发区	鞠全民
CN 202121061842.X	一种牛仔骨切割收集装置	安徽悦道食品有限公司，安徽省六安市舒城县杭埠经济开发区	史先兵
CN 202121066534.6	一种高效率的鱼丸转运装置	舟山腾新食品有限公司，浙江省舟山市普陀区东港街道海洋工业园区新晨路72号	滕用伟
CN 202121072633.5	一种食品压成型设备	济南黄老泰食品有限公司，山东省济南市天桥区工业开发区东宇大街18号	罗福金
CN 202121072981.2	一种去皮脱粒设备	宜昌思索科技有限公司，湖北省宜昌市中国（湖北）自贸区宜昌片区大连路33号1号楼4楼	胡莎莎、刘思嘉
CN 202121074801.4	一种绞肉机用肉类上料机	江苏淮安苏食肉品有限公司，江苏省淮安市淮安区铁云路58号	高宝华、葛晨书
CN 202121078252.8	一种可拆卸式肉制品切丝装置	佛山市巴汀机械科技有限公司，广东省佛山市顺德区容桂容边居委会天河工业区四横路10号之三	代煜堂
CN 202121082195.0	一种风鹅生产用嫩化装置	连云港高家食品有限公司，江苏省连云港市海州区浦南镇唐顶特色农业区	高传方
CN 202121084522.6	加工挂面的切面设备	安徽昌源食品股份有限公司，安徽省淮南市寿县众兴镇众兴街道	高　倩、赵长春
CN 202121084542.3	一种挂面加工用压面机	安徽昌源食品股份有限公司，安徽省淮南市寿县众兴镇众兴街道	高　倩、赵长春
CN 202121086516.4	一种基于无糖饼干的成型装置	安徽农业大学，安徽省合肥市蜀山区长江西路130号	徐雨薇、张　威

（续）

申请或批准号	发明名称	申请（专利权）人与通信地址	发明人
CN 202121088384.9	一种活鱼全自动加工装置	江苏海洋大学，江苏省连云港市海州区苍梧路59号	韩服善、毛彬彬
CN 202121096964.2	一种调味小龙虾生产用和面机	湖北新柳伍食品集团有限公司，湖北省潜江市总口管理区平原垸路1号	彭宣国、余启芝
CN 202121102318.2	一种用于面条的自动传输机构	广州艾凡德人工智能科技有限公司，广东省广州市天河区华观路1933号之三609房	冯　建
CN 202121113523.9	一种纤维苏打饼干烘烤装置	河南省旷华食品有限公司，河南省驻马店市上蔡县西工业园区	吴家聪、吴长文
CN 202121120967.5	一种馅饼生产用自动翻面装置	友臣集团有限公司，福建省泉州市泉州经济技术开发区崇文街388号	游晓文、游铃华
CN 202121121646.7	一种面絮残留少的面食机	杭州九阳小家电有限公司，浙江省杭州市经济技术开发区下沙街道银海街760号	王旭宁、王泽宇
CN 202121132507.4	湿面深加工装置	甘肃扬帆起航电子商务发展有限公司，甘肃省兰州市皋兰县石洞镇三川口新兴路无号1-2层（新兴路11附1）	杨　涛
CN 202121133430.2	一种农产品加工用挂面悬挂装置	山东天晴生物科技有限公司，山东省济宁市鱼台县清河镇251省道35公里处	郑雅文
CN 202121138514.5	一种熏鸽加工用内脏高压清洗装置	河北又一家饮食服务有限责任公司，河北省廊坊市固安县永康路西侧	张俊堂
CN 202121138880.0	一种灌肠用拌馅机	济南又一斋食品有限公司，山东省济南市章丘区枣园街道枣园大街（经营场所：枣园街道枣园工业园规划路北首路东）	马加卫、彭维丽
CN 202121144180.2	一种多功能切鱼片机	珠海集元水产科技有限公司，广东省珠海市斗门区城南区白藤三路3号珠海盛通达农产品物流有限公司厂房一楼东面	沈少波
CN 202121160474.4	微波和红外线联合烤制隧道式烤箱	中国肉类食品综合研究中心，北京市丰台区洋桥70号	臧明伍、张哲奇
CN 202121161272.1	一种用于畜禽养殖的富硒饲料投放装置	利川市春源农业开发有限责任公司，湖北省恩施土家族苗族自治州利川市东城街道办事处腾龙大道国泰名都1栋2单元3楼	詹登奎、刘程移
CN 202121161322.6	一种面带切断机	阳政精机（无锡）有限公司，江苏省无锡市新区硕放工业园三期B-5号地块	黄陈琼味
CN 202121162636.8	一种可拆卸的面带成型机下滑道结构	阳政精机（无锡）有限公司，江苏省无锡市新区硕放工业园三期B-5号地块	黄陈琼味
CN 202121163155.9	一种肉制品的滚揉设备	济南又一斋食品有限公司，山东省济南市章丘区枣园街道枣园大街（经营场所：枣园街道枣园工业园规划路北首路东）	彭维丽、马砚仙

（续）

申请或批准号	发 明 名 称	申请（专利权）人与通信地址	发明人
CN 202121166745.7	一种适用于元宝馄饨的包馅食品成型设备的吸盘	成都松川雷博机械设备有限公司，四川省成都市温江区金马镇檬桥路 518 号	黄　松、薛博勋
CN 202121167928.0	一种自走式牧场取草车	泰安意美特机械有限公司，山东省泰安市新泰市谷里镇小新兴村西（新蒙馆路北侧）	董和银、陈丙龙
CN 202121169190.1	智能控温的封闭式旋转炭烤炉	上海阪正科技有限公司，上海市浦东新区环桥路 555 弄 45 号 2 层 203 室	李　文、王　凯
CN 202121170706.4	一种撕肉机	广东菠萝鸡文化科技有限公司，广东省广州市黄埔区黄埔公园西路 28 号大湾区数字娱乐产业园 A 栋 9 层 9007 房	王远波
CN 202121170756.2	一种机器人采菇机	苏州阿提申机械有限公司，江苏省苏州市太仓市兴业北路 399 号	顾梦威、黄殿杰
CN 202121171360.X	一种面包面团用等量分割设备	福建粽福食品有限公司，福建省龙岩市新罗区南城街道南环中路 59－55 号	李　敏、张　惠
CN 202121172424.8	一种具有防溅出结构的超级恒温油槽	重庆北仑静顺实业有限公司，重庆市北碚区安礼路 128 号大学科技园科技创业中心 4 幢 2－5	吴江浩
CN 202121172487.3	一种面条加工的晾晒装置	东营好如食品科技有限公司，山东省东营市利津县经济开发区云慧科技创新中心 1 楼 110 室 18 卡位	刘德雯
CN 202121176261.0	一种生产鱼滑的智能化设备	石狮正源水产科技开发有限公司，福建省泉州市石狮市永宁镇港边东区 259 号	李天培、李晓鹏
CN 202121187472.4	一种全自动珍珠天然提取装置	江西万年清华珠宝有限公司，江西省上饶市万年县城万昌路	徐　刚
CN 202121193531.9	一种面包烘焙用刷油设备	福建粽福食品有限公司，福建省龙岩市新罗区南城街道南环中路 59－55 号	李秋松、傅文鑫
CN 202121195264.9	一种加工蛋挞用装置	郑州昱之丰机械设备有限公司，河南省郑州市高新技术产业开发区紫竹路东、冬青街南 93 号 2 号厂房	姚　纳、温　亮
CN 202121195313.9	一种新型下条机	郑州昱之丰机械设备有限公司，河南省郑州市高新技术产业开发区紫竹路东、冬青街南 93 号 2 号厂房	姚　纳、温　亮
CN 202121195916.9	一种自动高效和面机	筠连县川梦食品有限公司，四川省宜宾市筠连县腾达镇龙井村 4 组 3 号	何文川
CN 202121200043.6	一种星鳗鱼宰杀流水操作台	荣成银海水产有限公司，山东省威海市荣成市王连街道办事处南桥头村	王　艺、王金进
CN 202121200123.1	一种海产品清洗排酸箱	荣成银海水产有限公司，山东省威海市荣成市王连街道办事处南桥头村	马冬志、王艳梅

（续）

申请或批准号	发 明 名 称	申请（专利权）人与通信地址	发明人
CN 202121202261.3	一种用于家禽屠宰的放血装置	广东工业大学，广东省广州市越秀区东风东路729号大院	许嘉豪、陈锦成
CN 202121205538.8	一种自动整形封口机	漳州昊睿智能科技有限公司，福建省漳州市龙海市海澄镇埭新村锦地尾214号	陈晓钦
CN 202121206407.1	一种香肠生产用喷淋装置	沈阳东方嘉益食品制造有限公司，辽宁省沈阳市于洪区造化街道高力村	芦赛群
CN 202121216882.7	一种果芯酥用烘烤装置	浙江德辉食品有限公司，浙江省衢州市龙游县龙洲街道城南工业开发区灵江园区	蓝锦国、黄雪梅
CN 202121219899.8	一种高速揉面机	湖北巴黎香食品有限公司，湖北省襄阳市襄城区卧龙镇谭庄村旅游商品加工园	郭　辉、郭宇涵
CN 202121221418.7	真空灌装机	河南御江食品股份有限公司，河南省漯河市临颍县产业集聚区临颍大道中段北侧	李　栋、王　娟
CN 202121231084.1	一种用于面筋生产的混合装置	河北九凯食品有限公司，河北省邯郸市魏县农业园区安农路路北	张　耀
CN 202121231113.4	一种金枕馒头成型前馒头胚团揉搓装置	安徽五优食品有限责任公司，安徽省巢湖市坝镇花大门工业园区	徐祥勇、王利民
CN 202121235314.1	一种蒲公英绿豆面生产的切割装置	洛阳洛肴农业开发有限公司，河南省洛阳市洛宁县长水镇农林专业园区创业路二号	侯玉方
CN 202121239493.6	一种离缸式和面机的自动分离结构	广州金唛食品机械有限公司，广东省广州市南沙区大岗镇北龙路83号（自编2号）厂房之三	彭海峰
CN 202121246120.1	一种新型面食醒发汽蒸一体装置	新乡富元食品有限公司，河南省新乡市封丘县产业集聚区	于吉斌、王海营
CN 202121258456.X	一种用于面包屑生产的整形机	大连横关食品有限公司，辽宁省大连市金州区站前街道金泉路369号	邵芳玉
CN 202121258474.8	一种用于面包屑生产的发酵室	大连横关食品有限公司，辽宁省大连市金州区站前街道金泉路369号	邵芳玉
CN 202121260050.5	一种速冻手抓饼生产自动盘剂装置	新乡富元食品有限公司，河南省新乡市封丘县产业集聚区	王海营、于吉斌
CN 202121260129.8	一种用于面包屑生产的和面机	大连横关食品有限公司，辽宁省大连市金州区站前街道金泉路369号	邵芳玉
CN 202121260444.0	盒盖一体翻转油炸盒	德州威思拓机械科技有限公司，山东省德州市宁津县大祁工业园A4号	周长山
CN 202121263362.1	一种用于生产速冻素馅饼的自动给馅加馅装置	新乡富元食品有限公司，河南省新乡市封丘县产业集聚区	于吉斌、王海营
CN 202121266302.5	制面器组件和制面器	东莞市振中康精密传动科技有限公司，广东省东莞市黄江镇黄江北岸南路28号3栋101室	倪堂荣、谢镇海

（续）

申请或批准号	发明名称	申请（专利权）人与通信地址	发明人
CN 202121267598.2	一种夹心蛋糕用小型奶油涂布装置	洛凰食品（山东）有限公司，山东省聊城市高唐县杨屯镇高官屯村西308国道路北	王　健、姜凤军
CN 202121267600.6	一种夹心蛋糕的分层机构	洛凰食品（山东）有限公司，山东省聊城市高唐县杨屯镇高官屯村西308国道路北	王　健、姜凤军
CN 202121268400.2	一种丸子成型装置	重庆市荣夔食品有限公司，重庆市奉节县永乐镇酒溜村6社	唐家荣
CN 202121269208.5	一种用于面包屑生产的焙烤装置	大连横关食品有限公司，辽宁省大连市金州区站前街道金泉路369号	邵芳玉
CN 202121273548.5	鱼类腹背自动定向装置	广东省现代农业装备研究所，广东省广州市石牌五山路261号	王水传、黄家怿
CN 202121276256.7	一种肉制品加工用绞肉装置	上海天容肉制品集团有限公司，上海市金山区亭林镇亭华路158号	鲁建明、王　东
CN 202121276811.6	一种面片连续自动醒发装置	新乡富元食品有限公司，河南省新乡市封丘县产业集聚区	于吉斌、王海营
CN 202121277142.4	高效稳定的米粉块面块干燥机	青岛海科永佳智能科技有限公司，山东省青岛市高新区锦业路11号B厂房	柳先知、夏廷润
CN 202121279366.9	全自动现烤售饼机的半成品烤制机构	杭州沐嵩自动化设备有限公司，浙江省杭州市桐庐县瑶琳镇琴溪村	文思人、汤伟荣
CN 202121281603.5	鱼肉真空滚揉机	茂名市恒兴水产科技有限公司，广东省茂名市化州市鉴江区百室堂山底岭大园坡	陈　升、周卫彪
CN 202121286783.6	一种煎饼机用啮合式翻转装置	费县金鏊机械有限公司，山东省临沂市费县上冶镇上冶一村309号	李青华
CN 202121288753.9	一种速冻素馅饼自动装盘装置	新乡富元食品有限公司，河南省新乡市封丘县产业集聚区	于吉斌、王海营
CN 202121288932.2	一种青贮饲料揉丝机	山西中科宏发农业开发股份有限公司，山西省临汾市蒲县西关冯家坡	李慧蓉、李茂泉
CN 202121293068.5	一种鹅肉预加工操作台	安徽丽清餐饮科技有限公司，安徽省合肥市蜀山区长江西路551号鼎金大厦1114室	鲍云清
CN 202121296597.0	鱿鱼切圈机	肇庆市鼎湖景晟机械有限公司，广东省肇庆市鼎湖区坑口焦园村红岭第二经济合作社厂房之三（恒大鼎湖豪庭北侧180米）	谢庆文
CN 202121298628.6	一种用于食品馅料均匀撒料的撒料机	河南农业大学，河南省郑州市郑东新区龙子湖高校园区15号	祝超智、茹　昂
CN 202121305463.0	一种食品加工用肉馅调制装置	江西桔娃食品有限公司，江西省抚州市南丰县黄金工业园区	徐　迎
CN 202121306864.8	一种烘烤均匀的腊肉烘烤装置	衡阳市聚味宝盆食品有限公司，湖南省衡阳市珠晖区东风路1号（中钢衡重园内）	张建林

（续）

申请或批准号	发明名称	申请（专利权）人与通信地址	发明人
CN 202121309747.7	一种便于清理的面带成型机	阳政精机（无锡）有限公司，江苏省无锡市新区硕放工业园三期 B-5 号地块	黄陈琼咊
CN 202121312183.2	一种面食醒发蒸制自动加热加湿装置	新乡富元食品有限公司，河南省新乡市封丘县产业集聚区	王海营、于吉斌
CN 202121321702.1	一种油炸菜生产装置	巢湖嘉谊食品有限公司，安徽省合肥市巢湖经济技术开发区金巢大道北区	朱玉仓、蒋维斌
CN 202121328911.9	一种便于携带的茶叶采摘用收集盒	四川犍小茉科技有限公司，四川省成都市温江区永宁镇八一路南段 128 号 1 栋附 4 号	万义才
CN 202121331274.0	一种灌肠机	北京翰祺食品配料有限公司，北京市顺义区牛栏山镇腾仁路 22 号 4 幢 2 层	赵 慧、李金雪
CN 202121338370.8	一种自动插棒机	良品铺子股份有限公司，湖北省武汉市东西湖区走马岭革新大道 8 号	张伟祥、郭 梦
CN 202121338688.6	一种搅拌均匀的防粘壁面粉搅拌机	河源市六脉仙境食品有限公司，广东省河源市新市区昌盛街 41 号（2 楼）	缪利珍、缪怀德
CN 202121340299.7	一种面团发酵往复压面机	山东匠造烘焙食品有限公司，山东省潍坊市经济开发区新元路 2188 号 4 号	冯翠萍、刘爱如
CN 202121341920.1	一种油炸食品加工设备	巢湖嘉谊食品有限公司，安徽省合肥市巢湖经济技术开发区金巢大道北区	朱玉仓、蒋维斌
CN 202121342054.8	面柱上杆装置	青岛海科央厨智能科技有限公司，山东省青岛市高新区锦业路 11 号 A、B 厂房	柳先知、徐庆斌
CN 202121343426.9	多连土司盒的盖合结构	三能器具（无锡）有限公司，江苏省无锡市锡山区锡山经济开发区友谊北路 316 号	赵国胜
CN 202121344715.0	一种自动炸藕机用传送装置	青岛双维食品有限公司，山东省青岛市黄岛区世纪大道 2277 号	王记宾
CN 202121345534.X	一种流体饲料喷洒设备及系统	湖南裕翔生物科技有限公司，湖南省长沙市浏阳经济技术开发区康宁路 329 号	陈湘云、刘绍春
CN 202121345747.2	一种以油沙豆为原料的青贮饲料制备装置	中国科学院西北生态环境资源研究院，甘肃省兰州市城关区东岗西路 318 号	段育龙、李玉霖
CN 202121346185.3	一种多功能自动可控式分隔滚圆机	乌鲁木齐泰和食品有限公司，新疆维吾尔自治区乌鲁木齐市新市区安宁渠路 123 号	王林振、钱永河
CN 202121346388.2	一种高效鱼类去鳞装置	衡阳市望夫湖农业发展有限公司，湖南省衡阳市石鼓区角山乡三星村祖头山组	刘运来
CN 202121349054.0	一种饼干加工用成型机	山东森像机械设备有限公司，山东省济南市天桥区北园大街 548 号嘉汇环球广场 C623	张德印
CN 202121353925.6	一种设置有规整机构的仿手工擀饼机	合肥丰翔食品机械有限公司，安徽省合肥市蜀山区蜀山新产业园区仙霞路 018 号 3 幢厂房 301，101，201	杨 双

（续）

申请或批准号	发 明 名 称	申请（专利权）人与通信地址	发明人
CN 202121353954.2	一种改进的自动开酥机	合肥丰翔食品机械有限公司，安徽省合肥市蜀山区蜀山新产业园区仙霞路 018 号 3 幢厂房 301，101，201	杨 双
CN 202121355308.X	一种新型烤炉	宁波乐拓金属科技有限公司，浙江省宁波市余姚市河姆渡镇翁方村翁家河西 73 号	杨燕狄
CN 202121356725.6	一种火腿发酵架	金华大拇指火腿食品股份有限公司，浙江省金华市婺城区雅畈镇竹园工业区 08 号（自主申报）	龚斌福
CN 202121359018.2	一种数控式摆盘机	乌鲁木齐泰和食品有限公司，新疆维吾尔自治区乌鲁木齐市新市区安宁渠路 123 号	王林振、钱永河
CN 202121364827.2	一种用于生姜联合收获机的姜块装箱装置	莱芜职业技术学院，山东省济南市莱芜高新区山财大街 1 号	魏燕马、伟 顺
CN 202121366104.6	一种饺子馅料放料机	威海红印食品科技股份有限公司，山东省威海市经济技术开发区崮山镇成大线北、崮山路东	迟桂丽
CN 202121366246.2	一种方便清理的饲料粉碎装置	徐州乐源牧业有限公司，江苏省徐州市丰县顺河镇工业大道南	王士伟
CN 202121376544.X	一种压面机的自动送料装置	阳政精机（无锡）有限公司，江苏省无锡市新区硕放工业园三期 B－5 号地块	黄陈琼味
CN 202121378680.2	一种月饼生产用冲压成型装置	杭州百味聚食品有限公司，浙江省杭州市临安区青山湖街道潘联村	李 君
CN 202121381007.4	一种具备自动打包的毛豆采摘机	临泽县康利脱水蔬菜有限公司，甘肃省张掖市临泽县高铁南站绿色食品加工集中园区	李存林、李继军
CN 202121383867.1	种用于包子制作的保温发酵結构裝置	江苏宇宸面粉有限公司，江苏省泰州市泰兴市农产品加工园区古宣路	陆 飞
CN 202121384022.4	一种基于牛羊饲料的揉丝机	天津溢佳农牧科技有限公司，天津市宝坻区牛道口镇郭家深村西经济开发区	李建磊、李建彬
CN 202121384031.3	一种家用陈皮存储陈化智能柜	华南农业大学，广东省广州市天河区五山路 483 号	闫国琦、张德峰
CN 202121386340.4	一种循环发面恒温器	沙县鑫锦食品有限公司，福建省三明市沙县凤岗六三路 38 号	陈如锦
CN 202121396174.6	一种防拖拽的蛋糕自动注浆装置	福建省然利食品集团有限公司，福建省漳州市龙海市东园镇凤鸣村阳光 530 号	蔡井辉
CN 202121396190.5	一种具备保温功能的蛋糕烘烤炉用烟囱装置	福建省然利食品集团有限公司，福建省漳州市龙海市东园镇凤鸣村阳光 530 号	蔡井辉
CN 202121396420.8	手抓饼生产线辅料下料机构	上海粮全其美食品技术有限公司，上海市青浦区天辰路 1878 号 4 幢 302 室	郭 涛
CN 202121400717.7	一种面饼生产用复合压片机	杨掌柜食品科技（河南）有限公司，河南省焦作市孟州市大定办事处冠达工业园区	姬长勇

（续）

申请或批准号	发 明 名 称	申请（专利权）人与通信地址	发明人
CN 202121400720.9	一种面饼加工用加湿装置	杨掌柜食品科技（河南）有限公司，河南省焦作市孟州市大定办事处冠达工业园区	姬长勇
CN 202121404515.X	一种面包加工用的自动搓卷成型设备	河源市六脉仙境食品有限公司，广东省河源市新市区昌盛街 41 号（二楼）	缪利珍、缪怀德
CN 202121406077.0	一种隧道炉的传送辊清理装置	襄阳农博源农业有限公司，湖北省襄阳市襄城区卧龙镇谭庄村食品和旅游产品加工产业园	邹　涛
CN 202121409072.3	一种便于清洗的组合式蛋糕模具	浙江煌泰厨具有限公司，浙江省金华市永康市经济开发区金都路 998 号第 5 幢	应　周、应宇豪
CN 202121409377.4	挤面器	东莞市振中康精密传动科技有限公司，广东省东莞市黄江镇黄江北岸南路 28 号 3 栋 101 室	倪堂荣、盛小玲
CN 202121409843.9	一种球形蛋糕烘焙模具	浙江煌泰厨具有限公司，浙江省金华市永康市经济开发区金都路 998 号第 5 幢	应　周、应宇豪
CN 202121413855.9	一种馄饨机的光电感应装置	长治市凯兴机械制造有限公司，山西省长治市城区城北西街 191 号（高新技术开发区工业园区）	吴会刚、刘大勇
CN 202121414731.2	一种五谷杂粮粉生产用烘焙装置	山东朝旭食品有限公司，山东省枣庄市市中区仙台东路 166 号	金晴晴、朱召旭
CN 202121415006.7	一种五味子采摘装置	吉林裕泰特产开发有限公司，吉林省白山市靖宇县物流园区、营抚公路南侧（国药西 100 米）	郭　杰
CN 202121416463.8	一种奶牛养殖用料草粉碎装置	澄江市众益奶牛养殖农民专业合作社，云南省玉溪市澄江市九村镇九村居民委员会花园村小营盘	李绍白、李　明
CN 202121417457.4	一种隧道式烤炉	多麦（福建）食品有限公司，福建省漳州市龙海市榜山镇江东开发区	陈俊辉、邱艺超
CN 202121417748.3	一种生猪加工用高效洗猪机	临沂市君临食品有限公司，山东省临沂市临港经济开发区团林镇驻地	鲁英军
CN 202121418617.7	欧式烤炉玻璃门	无锡市双麦机械有限公司，江苏省无锡市锡山经济开发区蓉强路 2 号	陈晓明、王蓉蓉
CN 202121418690.4	一种高效生产的锅巴烘烤机	无锡松昊农业发展有限公司，江苏省无锡市江阴市祝塘镇富顺村组巷上 1－4 号	吴风暴、张安峰
CN 202121419111.8	面包成型设备中的分割装置	多麦（福建）食品有限公司，福建省漳州市龙海市榜山镇江东开发区	邱艺超、陈俊辉
CN 202121419237.5	面包成型设备中的裹馅装置	多麦（福建）食品有限公司，福建省漳州市龙海市榜山镇江东开发区	洪庆年、曾少青
CN 202121419512.3	面包成型设备中的输送装置	多麦（福建）食品有限公司，福建省漳州市龙海市榜山镇江东开发区	洪庆年、曾少青
CN 202121420884.8	一种八孔挞皮机	青岛可颂食品有限公司，山东省青岛市市北区小港一路 6 号名城荟 3316 号	付金海

（续）

申请或批准号	发　明　名　称	申请（专利权）人与通信地址	发明人
CN 202121422932.7	一种锯骨机用便于清洁的带锯轮	河北祈强金属制品有限公司，河北省保定市徐水区仁里村北	王晓旭
CN 202121429348.4	一种安全烘焙防烫装置	安徽芈八子农产品集团有限公司，安徽省淮南市寿县工业园区	黄　鋆
CN 202121429382.1	一种面包蛋糕的双层涂浆设备	福建省然利食品集团有限公司，福建省漳州市龙海市东园镇凤鸣村阳光 530 号	蔡井辉
CN 202121429924.5	一种食品加工用烘烤装置	佛山职业技术学院，广东省佛山市三水区乐平镇职教路 3 号	齐　明、许哲玲
CN 202121430658.8	一种便于锁死的鱿鱼剖片切割装置	大连仁达食品有限公司，辽宁省大连市大连保税区二十里堡镇二十里村	赵友力
CN 202121437059.9	一种水饺皮快速按压切换加工装置	荣成泰祥食品股份有限公司，山东省威海市荣成市石岛渔岛路	杨　青、王金梅
CN 202121444994.8	一种仿手掰馍粒生产设备	陕西秦吼食品科技股份有限公司，陕西省咸阳市秦都区宝泉西路北侧 111 号中信园区 3 号楼	刘　杨
CN 202121445068.2	一种月饼胚制作机构	南阳德益食品有限公司，河南省南阳市桐柏县城关镇大路冲 229 号	李　柯、龚义乐
CN 202121449034.0	一种带有无油轴承的烘焙转炉把手	无锡市双麦机械有限公司，江苏省无锡市锡山经济开发区蓉强路 2 号	虞鑫洋、顾文翰
CN 202121449170.X	一种糊粉层面粉预混装置	河南龙达面业有限公司，河南省周口市西华县大王庄工业区	梁志文、刘富顺
CN 202121450842.9	手抓饼生产线分切卷面机构	上海粮全其美食品技术有限公司，上海市青浦区天辰路 1878 号 4 幢 302 室	郭　涛
CN 202121459005.2	一种面饼生产用油料回收装置	周口市掌柜食品有限公司，河南省周口市沈丘县沙南工业园区	魏武召
CN 202121459184.X	一种用于培养基生产的投料装置	北京太东生物科技有限公司，北京市海淀区上地信息路 12 号 1 幢 4 层 D409	李立东
CN 202121462485.8	一种超声波嫩肉机	汕头市创新科技电子有限公司，广东省汕头市华山路 48 号龙湖工业区 F2 幢北座六楼	王　伟、王尔东
CN 202121462921.1	一种面包制作用高资源利用率的发酵系统	荣成日祥食品有限公司，山东省威海市荣成市虎山镇虎山大街 56 号	冯　山、宋志伟
CN 202121465396.9	一种带有三层玻璃的烤炉封板	无锡市双麦机械有限公司，江苏省无锡市锡山经济开发区蓉强路 2 号	倪　峰、虞鑫洋
CN 202121467023.5	一种饺子干蒸生产轧皮机	广东华饮食品供应链管理有限公司，广东省清远市清城区高新技术产业开发区彩云街 4 号	段智飞、陈锦春
CN 202121475603.9	一种猪蹄断面喷淋清洗装置	巢湖市亿弘食品有限公司，安徽省合肥市巢湖市大湾路 1 号	洪　明、凌　宇

（续）

申请或批准号	发 明 名 称	申请（专利权）人与通信地址	发明人
CN 202121479453.9	一种烤制蛋糕振动脱模机构	洛凰食品（山东）有限公司，山东省聊城市高唐县杨屯镇高官屯村西308国道路北	郭子斌、王 健
CN 202121480656.X	一种包子喷水晾水输送机	广州市汇沣园食品有限公司，广东省广州市花都区新华街清布村南阳庄二十一队南2号	王永标
CN 202121484093.1	一种连续型真空和面机	福建省创味食品有限公司，福建省福州市罗源县起步镇上长治村351号	杨书清
CN 202121486162.2	一种窒晕机双向猪笼	青岛建华食品机械制造有限公司，山东省青岛市胶州市营海办事处北辛庄村西	殷彩红、杨华建
CN 202121489602.X	一种高效冻肉刨片机	嘉兴振华乳业食品有限责任公司，浙江省嘉兴市经济开发区昌盛路永兴桥堍	罗运国
CN 202121491970.8	一种具有可移动功能的食物烤炉设备	金华市新安电气有限公司，浙江省金华市婺城区秋滨街道美和路1088号	宋秉禄
CN 202121497423.0	一种牦牛养殖用饲料处理设备	高原牧歌（成都）科技有限公司，四川省成都市青白江区凤凰大道699号公园世家	敬丕军、陈 亮
CN 202121499630.X	一种蛋糕与面包生产用新型燃气加热隧道炉	洛凰食品（山东）有限公司，山东省聊城市高唐县杨屯镇高官屯村西308国道路北	郭子斌、王 健
CN 202121499960.9	一种面包脱模机的防尘结构	安徽今统食品有限公司，安徽省合肥市肥东县肥东经济技术开发区龙脊山路与相西河路交叉口西南5号楼	李 军
CN 202121506262.7	一种鸭腿毛刮除工具	山东新希望六和集团有限公司，山东省青岛市崂山区九水东路592－26号3号楼4楼	汪 阅
CN 202121508138.4	一种自动和面机	嘉兴振华乳业食品有限责任公司，浙江省嘉兴市经济开发区昌盛路永兴桥堍	刘 刚
CN 202121511594.4	一种酱油生产用新型晒缸	广东省肇庆市香满源食品有限公司，广东省肇庆市黄岗镇宾日开发区	梁悦明、梁耀楠
CN 202121522987.5	一种牛皮生产用高效脱纤机	山东冠华蛋白肠衣有限公司，山东省聊城市莘县工业园区创业街中段	王洪江
CN 202121530465.X	一种用于速冻食品加工的清洗装置	南京年吉冷冻食品有限公司，江苏省南京市溧水区和凤镇工业园	谭美兰
CN 202121532065.2	一种天然膏状肉味香精制备用绞肉机	武汉慧康利兹食品有限公司，湖北省武汉市黄陂区武湖农场青龙分场青武大道一号	杨瑞娜、吕文凯
CN 202121533658.0	一种面皮压花纹机	广东华饮食品供应链管理有限公司，广东省清远市清城区高新技术产业开发区彩云街4号	段智飞、罗观清
CN 202121535764.2	厨师机专用压面机	大连家宝电器有限公司，辽宁省大连市沙河口区长兴街139号富鸿国际大厦B2206	薛 东、胡德令
CN 202121539297.0	一种起酥机的新型刮面机构	河源市六脉仙境食品有限公司，广东省河源市新市区昌盛街41号（2楼）	缪利珍、缪怀德

（续）

申请或批准号	发 明 名 称	申请（专利权）人与通信地址	发明人
CN 202121540172. X	一种面包发酵温湿度控制系统装置	荣成日祥食品有限公司，山东省威海市荣成市虎山镇虎山大街 56 号	冯 山、宋志伟
CN 202121541424. 0	一种食品加工用食品加工成型装置	河南质量工程职业学院，河南省平顶山市姚电大道中段	刘冠楠、孟 庆
CN 202121544838. 9	一种鸡鸭养殖用定量投喂装置	丰城市极土禽业有限公司，江西省宜春市丰城市秀市镇龙山村委会石岗组	丁 颖、马灿辉
CN 202121549708. 4	全自动鸡蛋煎饼制作设备	北京正方恒泰科技发展有限公司，北京市西城区裕民路 18 号北环中心 1011	王 樯
CN 202121551653. 0	一种活猪屠宰吊挂装置	巴中市巴山牧业股份有限公司，四川省巴中市通江县工业园	张洪骞
CN 202121556940. 0	一种多味花生生产加工设备	南昌县一顺食品有限公司，江西省南昌市南昌县小蓝经济开发区 A 区二支路 295 号	许月浪、许旭南
CN 202121557339. 3	一种薯片全自动油炸加工设备	盐城康泽源食品有限公司，江苏省盐城市盐都区龙冈镇凤凰大道 2 号	陈 杰、陈中星
CN 202121557547. 3	一种方便清洗的油炸装置	盐城康泽源食品有限公司，江苏省盐城市盐都区龙冈镇凤凰大道 2 号	陈 杰、陈中星
CN 202121558568. 7	一种通过仿生手揉面的压面机	北京乐益博教育科技有限公司，北京市朝阳区北京经济技术开发区经海三路 18 号 5 幢 1 至 6 层 607	朱博文、宋伯涵
CN 202121558804. 5	一种牛羊夹皮式扯皮机	青岛中邦昊通机械有限公司，山东省青岛市胶州市胶北街道办事处北关工业园江苏路 7 号	汪田强、张东波
CN 202121559043. 5	一种包馅食品初胚的压合整形装置	长治市凯兴机械制造有限公司，山西省长治市城区城北西街 191 号（高新技术开发区工业园区）	赵秋文、刘大勇
CN 202121559811. 7	一种注心糕点制作用的成型设备	杭州万隆果干食品有限公司，浙江省杭州市余杭区乔司街道方桥村 1 幢 6 号楼 2 楼	竺培基、蒋利萍
CN 202121560916. 4	三子无抗富硒饲料生产设备	广西贺州农贝贝农牧科技有限公司，广西壮族自治区贺州市八步区仁义镇双龙村	文 灵、邓深松
CN 202121568408. 0	一种温度自适应调节的面包醒发箱	苏州都好食品有限责任公司，江苏省苏州市吴中区河东工业园区南尹丰路 166 号	施雅洪、刘光亭
CN 202121568812. 8	一种油茶加工用油茶籽储存装置	贵州风彩油茶科技有限公司，贵州省黔东南苗族侗族自治州锦屏县敦寨镇工业园区	谌国华、赖昌前
CN 202121570475. 6	一种番茄饼干生产用烘干设备	骏发（惠州）饼干厂有限公司，广东省惠州市惠城区水口街道办事处统昇东路 5 号	黄建林、傅嘉敏
CN 202121583353. 0	一种饼干和面加工系统	秦皇岛海洋食品有限公司，河北省秦皇岛市海港区北部工业区北二环 439 支 6 号	崔 昆

（续）

申请或批准号	发 明 名 称	申请（专利权）人与通信地址	发明人
CN 202121585605.3	一种旋风射频调湿与两相分离一体化协同食品加热设备	扬州大学，江苏省扬州市大学南路 88 号	谢成城、曹仲文
CN 202121588428.4	一种猪肉烘烤装置	张家界婉嘉生态农业有限公司，湖南省张家界市桑植县利福塔镇赤溪村	吴金娥
CN 202121591049.0	一种肉制品加工清洗装置	湖南省山间情生态农业有限责任公司，湖南省湘西土家族苗族自治州吉首市马颈坳补戈村一组	刘延涛
CN 202121595879.0	一种用于家禽类的屠宰切割装置	广西壮族自治区动物疫病预防控制中心，广西壮族自治区南宁市西乡塘区友爱北路 51 号	熊　毅、韦绍婉
CN 202121606115.7	一种发酵面包生产用冷冻库温度识别系统	荣成日祥食品有限公司，山东省威海市荣成市虎山镇虎山大街 56 号	冯　山、宋志伟
CN 202121610039.7	一种丹麦面包加工用烘烤装置	安徽老约翰食品有限公司，安徽省蚌埠市城南新区虎山东路西侧	张　军、高叶松
CN 202121610478.8	一种生产效率高的面团定量挤出装置	河源市六脉仙境食品有限公司，广东省河源市新市区昌盛街 41 号（2 楼）	缪利珍、缪怀德
CN 202121623402.9	一种茶桶鸡用烤炉	绍兴越江茶业有限公司，浙江省绍兴市诸暨市东白湖镇新上泉村 56 号	杨思班、陈秋玲
CN 202121623451.2	一种食品油炸生产用高效油炸设备	阳江市平海水产制品有限公司，广东省阳江市高新区平冈站港路边	陈华挺、黄昭鸿
CN 202121624442.5	一种食品成型用背翻式面团提升翻斗机	骏发（惠州）饼干厂有限公司，广东省惠州市惠城区水口街道办事处统昇东路 5 号	黄世健、傅嘉敏
CN 202121625936.5	一种馄饨成型装置的定位结构	河南中博食品机械有限公司，河南省新乡市新乡县七里营镇金融大道 11 号	陈光涛、陈荣志
CN 202121626058.9	一种鱼肉切片加工装置	四川旅游学院，四川省成都市龙泉驿区红岭路 459 号	王　林、代　汐
CN 202121629249.0	一种面制品运输机构以及加工装置	丹阳市烽创机械制造有限公司，江苏省镇江市丹阳市珥陵镇左墓桥南侧	冯文兵
CN 202121631691.7	一种可识别满载的面制品下料机构以及加工装置	丹阳市烽创机械制造有限公司，江苏省镇江市丹阳市珥陵镇左墓桥南侧	冯文兵
CN 202121633984.9	糕点生产线	漯河泓一食品有限公司，河南省漯河市漯河经济开发区燕山路南段立达工业园	王培新
CN 202121634010.2	糕点叠送装置	漯河泓一食品有限公司，河南省漯河市漯河经济开发区燕山路南段立达工业园	王培新
CN 202121634126.6	一种面制品下料机构以及加工装置	丹阳市烽创机械制造有限公司，江苏省镇江市丹阳市珥陵镇左墓桥南侧	冯文兵

（续）

申请或批准号	发 明 名 称	申请（专利权）人与通信地址	发明人
CN 202121634827.X	一种植源性蛋白素肉制品加工用连续式油炸机	湖北周黑鸭食品工业园有限公司，湖北省武汉市东西湖区走马岭汇通大道 8－1 号	唐 勇、于世民
CN 202121634845.8	一种用于烘焙食品的双层冷却输送装置	漳州好名新食品有限公司，福建省漳州市龙文区蓝田工业开发区	苏雄彬
CN 202121635419.6	一种烤鸽子机	温州精宇机械有限公司，浙江省温州市瑞安市马屿镇山后村	叶增浴
CN 202121635491.9	一种用于蛋糕生产线的自动撒肉松装置	漳州好名新食品有限公司，福建省漳州市龙文区蓝田工业开发区	苏艺辉
CN 202121640944.7	一种罗非鱼切片机	海南哩哩渔娘渔业科技有限公司，海南省海口市龙华区学院路杏林苑 A 栋 1 单元 102	符来换、肖 勇
CN 202121651737.1	一种用于饲料加工的破碎设备	瓦房店市宏昕机械制造有限公司，辽宁省大连市瓦房店市复州城镇东瓦村	姜德众
CN 202121659644.3	一种分离奶油用环保型刮刀装置	无锡贝克威尔器具有限公司，江苏省无锡市滨湖区太湖街道黄金湾工业园	郑风光、崇 斌
CN 202121659767.7	一种自动简易蛋糕奶油涂抹机	无锡贝克威尔器具有限公司，江苏省无锡市滨湖区太湖街道黄金湾工业园	郑风光、崇 斌
CN 202121660300.4	一种月饼制作成型机	长沙市木风格食品有限公司，湖南省长沙市自由贸易试验区长沙片区星沙产业基地蓝田北路 1 号梦工厂 B2 栋 401、402	梁韵佳
CN 202121664372.6	一种挤压式面条机	徐州工程学院江苏省徐州市云龙区丽水路 2 号	王瑞杰、苏 旭
CN 202121674662.9	一种海参晾晒收集装置	山东新希望六和集团有限公司，山东省青岛市崂山区九水东路 592－26 号 3 号楼 4 楼	黄金发、王向积
CN 202121677558.5	一种食品加工用的烘焙装置	爱逸（厦门）食品科技有限公司，福建省厦门市软件园三期诚毅北大街 65 号 901 单元	徐 谦
CN 202121681227.9	一种灌肠机	真之味食品（福建）有限公司，福建省福州市福清市海口镇元载工业村（山下 1069－14 号）	林 潇、林 勤
CN 202121683212.6	一种肉食周转箱	山东纳佰味食品有限公司，山东省潍坊市经济开发区古亭街 11366 号 1 号 1	杜晓宏、杨大江
CN 202121684955.5	一种种面初级发酵间	友臣集团有限公司，福建省泉州市经济技术开发区崇文街 388 号	陈 辉、游晓文
CN 202121686258.3	一种用于马蹄螺取肉的简易工具	广东海洋大学，广东省湛江市麻章区海大路 1 号	郑惠娜
CN 202121687263.6	一种肉制品腌制用滚揉机	福州蛮将食品有限责任公司，福建省福州市仓山区盖山镇天水路北侧利嘉海峡商业城 6B 号馆负二层 87 店铺	章国仗

（续）

申请或批准号	发 明 名 称	申请（专利权）人与通信地址	发明人
CN 202121688798.5	一种方便清洗的压面机	温州理工学院，浙江省温州市经济技术开发区滨海二十二路 326 号	王文安、李美琴
CN 202121693500.X	一种发酵和面机	友臣集团有限公司，福建省泉州市经济技术开发区崇文街 388 号	游铃华、陈　辉
CN 202121696761.7	一种牛胴体喷淋清洗装置	福瑞珂食品设备（济宁）有限公司，山东省济宁市开发区黄屯镇经济工业园	曹树红、李治政
CN 202121699340.X	一种双动双速和面机	大连浩和食品有限公司，辽宁省大连市金州区双D港二街 36 号	张黎明、艾洪超
CN 202121700011.2	一种面包烘烤隧道炉	陕西好利来食品有限公司，陕西省西安市西咸新区秦汉新城周陵街道新庄村天工一路东段 6 号	邹文君
CN 202121703121.4	一种鸡胸肉扎针快速注液装置	安徽明旭食品有限公司，安徽省淮北市烈山区宋疃镇宝迪食品工业园 2 号 4 幢	李年中
CN 202121703916.5	一种馅料搅拌机	青岛华盛楼食品有限公司，山东省青岛市平度市南村镇朱诸路 111 号	隋守义、李　想
CN 202121705182.4	一种包馅机自动折对角装置	安徽巧依食品有限公司，安徽省合肥市巢湖市夏阁镇工业园 1 号路西侧 02	袁道亮、夏　芒
CN 202121705894.6	一种饼干烘烤剥落机	佛山职业技术学院，广东省佛山市三水区乐平镇职教路 3 号	齐　明、吴民富
CN 202121707058.1	一种全自动和面搅拌组件	安徽巧依食品有限公司，安徽省合肥市巢湖市夏阁镇工业园 1 号路西侧 02	袁道亮、夏　芒
CN 202121707083.X	一种切面揉面一体化组合装置	安徽巧依食品有限公司，安徽省合肥市巢湖市夏阁镇工业园 1 号路西侧 02	袁道亮、夏　芒
CN 202121708379.3	打浆机高速打浆刀	广东勇仁机械科技有限公司，广东省揭阳市揭东区埔田镇曲埔路庵后重笪中段	吴伊然
CN 202121708913.0	一种自动调节的食品加工用开酥装置	安徽巧依食品有限公司，安徽省合肥市巢湖市夏阁镇工业园 1 号路西侧 02	袁道亮、夏　芒
CN 202121714462.1	一种挂面加工面料混料装置	淮北旭源食品有限公司，安徽省淮北市濉溪县百善镇御河路西	黄旭远、黄　曦
CN 202121714465.5	一种面片加工切料装置	淮北旭源食品有限公司，安徽省淮北市濉溪县百善镇御河路西	黄旭远、黄　曦
CN 202121714501.8	一种挂面加工切料装置	淮北旭源食品有限公司，安徽省淮北市濉溪县百善镇御河路西	黄旭远、黄　曦
CN 202121714504.1	一种挂面加工晾干装置	淮北旭源食品有限公司，安徽省淮北市濉溪县百善镇御河路西	黄旭远、黄　曦
CN 202121716024.9	一种手工荠菜窝窝头生产用烘焙装置	巢湖市龙健峰食品有限公司，安徽省合肥市巢湖市坝镇田埠工业园区	伍文龙、伍俊峰

（续）

申请或批准号	发 明 名 称	申请（专利权）人与通信地址	发明人
CN 202121718757.6	一种牛羊饲料原料粉碎装置	新疆酵博仕生物科技有限公司，新疆维吾尔自治区乌鲁木齐市米东区米东南路华凌西三巷1151号华凌畜牧基地办公室2楼215室	姚 峻、刘孟健
CN 202121722972.3	一种酥饼面团的二次发酵设备	江西鑫万来食品有限公司，江西省九江市柴桑区沙城工业园发展大道16号	李玉林、程荣荣
CN 202121725162.3	一种产线用冻肉卷切片装置	安徽靖童科技农业发展有限公司，安徽省六安市舒城县经济开发区	童友敏、袁乃林
CN 202121729642.7	烤盘清洁车	上海元祖梦果子股份有限公司，上海市青浦区赵巷镇嘉松中路6088号	张秀琬
CN 202121732329.9	一种料水自动输送机装置	临沂金锣文瑞食品有限公司，山东省临沂市兰山区半程镇金锣科技园	姚现强、田 磊
CN 202121736959.3	一种奶油自动挤出机	绍兴新烨食品有限公司，浙江省绍兴市柯桥区兰亭街道任家畈村前泗汶地段	陶立群
CN 202121739983.2	一种自动撒粉自动卷辊压面机	安徽刘鸿盛餐饮有限公司，安徽省合肥市庐阳区宿州路170号	胡明朗、耿 耿
CN 202121740160.1	一种水培蔬菜采收机	广东省良种引进服务公司，广东省珠海市拱北水湾路131号发展大厦七楼710－715室	陈兴平、郭少龙
CN 202121742318.9	面食加工的三合一夹心成片机	安徽综科智能装备有限公司，安徽省蚌埠市东海大道6525号（安徽省大富重工技术有限公司专用车组装7# 车间）	刘晔东、张晓冲
CN 202121742442.5	一种便于调节的面条加工用成条装置	河南省熙康食品有限公司，河南省新乡市原阳县产业集聚区解放路以南餐饮中央厨房产业园	宋建国、张清河
CN 202121746271.3	一种食品加工用肉泥快速制备装置	厦门爱逸零食研究所有限公司，福建省厦门市软件园三期溪西山尾路63号2301单元	张跃海
CN 202121753411.X	一种肉类高效破碎分离装置	浙江金华味海食品股份有限公司，浙江省金华市兰溪经济开发区江南园区	陈文柱
CN 202121760231.4	一种龙虾振动盘组件及剥虾机	湖北科峰智能传动股份有限公司，湖北省黄冈市黄州区中粮大道9号	周志勇、吕小波
CN 202121763528.6	一种渔业饵料加工装置	漳州市科兴渔业有限公司，福建省漳州市南靖县山城镇汤坑村东埔社	邹俊杰、阙炳根
CN 202121767182.7	一种面粉加工后发酵箱	河南省大众粮油食品有限公司，河南省驻马店市遂平县产业集聚区希望大道西段	白 冰
CN 202121773785.8	一种水产养殖辅料添加器	赣州市畜牧水产研究所，江西省赣州市蓉江新区潭东镇潭赣路203号	张家海、钟颖良
CN 202121774406.7	一种圆馒头揉圆整形结构	山东银鹰炊事机械有限公司，山东省济南市章丘区刁镇刁西村兴隆街477号银鹰公司技术中心	高海云、焦 峰

（续）

申请或批准号	发　明　名　称	申请（专利权）人与通信地址	发明人
CN 202121775556. X	一种糕点生产的面团发酵优化控制装置	江西鑫万来食品有限公司，江西省九江市柴桑区沙城工业园发展大道 16 号	程荣荣、李玉林
CN 202121782645. 7	一种安全型宫面压面机	石家庄市传承宫面有限公司，河北省石家庄市藁城区廉州镇系井村南行 1 公里处	严成敏、冯　刚
CN 202121785167. 5	一种和面机的和面搅拌装置	盐池县对了杂粮食品有限公司，宁夏回族自治区吴忠市盐池县工业园区县城功能区	吴彩娟、马建忠
CN 202121786300. 9	一种冻肉切块装置	河南康康食品有限公司，河南省焦作市武陟县西陶镇西滑封村（原斯美特公司南边）	康叶茂、乔　艳
CN 202121787883. 7	一种用于面点的自动排盘装置	宁夏味福季食品科技有限公司，宁夏回族自治区银川市兴庆区大连东路 531 号	高永峰、高　洋
CN 202121793186. 2	一种食品烘焙箱	无锡中信实业有限公司，江苏省无锡市新吴区旺庄路 15 号	李　晶
CN 202121794874. 0	包馅食品注馅装置	无锡中信实业有限公司，江苏省无锡市新吴区旺庄路 15 号	李　晶
CN 202121802581. 2	一种蛋黄酥高压多层挤出装置	杭州彼诺食品有限公司，浙江省杭州市富阳区东洲街道高尔夫路 298 号第 3 幢	汪国城、施国良
CN 202121805356. 4	一种可简易调速的面团定向机	广东顺德赛驰科技有限公司，广东省佛山市顺德区杏坛镇高赞村委会二环路 8 号顺德智富园 22 栋 101－102	张广锦
CN 202121807892. 8	一种具有快速取料传输防卡顿的食品加工用隧道炉	爱逸（厦门）食品科技有限公司，福建省厦门市软件园三期诚毅北大街 65 号 901 单元	黄春秋
CN 202121813226. 5	一种营养保健湿生青面条生产加工装置	上海清美绿色食品（集团）有限公司，上海市浦东新区宣桥镇三灶工业园区宣春路 201 号、宣夏路 666 号 1、2 幢	沈　洁、王卫军
CN 202121816422. 8	一种面团输送挤压压型装置	杭州彼诺食品有限公司，浙江省杭州市富阳区东洲街道高尔夫路 298 号第 3 幢	施国良、易际光
CN 202121820814. 1	一种夹层饼生产用夹层机	葫芦岛恒瑞食品有限公司，辽宁省葫芦岛市辽宁东戴河新区高岭工业园区 1－12	张树良、回淑彬
CN 202121832033. 4	可调的饼制造机	深圳市闽兴科技有限公司，广东省深圳市龙岗区龙岗街道五联社区瓦陶四路 8 号 B 栋一层	严清平
CN 202121835457. 6	一种畜牧饲料制备装置	盐池县鑫宏养殖专业合作社，宁夏回族自治区吴忠市盐池县高沙窝镇南台自然村	朱日升
CN 202121839777. 9	一种具有自动上粉及和面斗制冷功能的真空和面机	河南省新乡食品机械有限公司，河南省新乡市新乡县小冀镇	贾　蔚、李晓楠

（续）

申请或批准号	发 明 名 称	申请（专利权）人与通信地址	发明人
CN 202121842426.3	一种月饼自动生产输送线	广东福海饼业有限公司，广东省湛江市吴川市海滨街道国道 325 线南面食品基地裕海路 1 号	梁伟兴
CN 202121844194.5	一种油条加工自动化滚切装置	安徽维斯达食品机械有限公司，安徽省合肥市肥西县官亭镇长岗路 2 号	刘言顺
CN 202121851680.X	一种畜牧养殖牧草粉碎设备	山东恒基农牧机械有限公司，山东省潍坊市诸城市南二环中段	李志鹏、王华友
CN 202121864494.X	一种集成式的糕饼批量烘焙装置	广东幸福食品有限公司，广东省茂名市茂南区茂水路 33 号	江火任
CN 202121865066.9	一种带防护机构的锯骨机	四川欧牛食品有限公司，四川省成都市彭州市蒙阳镇兴农路西段 56 号 2 栋 1 号	欧兴超、欧新磊
CN 202121877196.4	一种肉类加工用骨肉分离机	河南康康食品有限公司，河南省焦作市武陟县西陶镇西滑封村（原斯美特公司南边）	康叶茂、乔　艳
CN 202121889281.2	一种高效复合杀鱼机	广东甘竹罐头有限公司，广东省佛山市顺德区杏坛镇东村村	林　海
CN 202121890431.1	一种鸡屠宰设备	诸城市浩泽机械有限公司，山东省潍坊市诸城市龙都街道龙乡街 3840 号	赵炳昌、王恩云
CN 202121890908.6	一种挂面生产用烘干装置	河南金禾智能装备有限公司，河南省郑州市自贸试验区郑州片区（经开）航海东路 1356 号创业中心创新大厦 A 座 222 室	王继远、郭　奇
CN 202121894638.6	一种食品加工用面层摊平装置	北屯额河草原食品有限责任公司，新疆维吾尔自治区北屯市西北路 1234 号	徐小连、陈素贤
CN 202121904697.7	一种饼干生产制造机械	山东森像机械设备有限公司，山东省济南市天桥区北园大街 548 号嘉汇环球广场 C623	金　刚
CN 202121908030.4	一种智能宠物喂食器的干燥剂抽屉	上海铜爪智能科技有限公司，上海市杨浦区武东路 198 号 607－6 室	周仁龙、秦　燕
CN 202121908034.2	一种春卷皮生产设备	潍坊格瑞食品机械有限公司，山东省潍坊市诸城市兴华东路东首	黄国臣
CN 202121908035.7	一种面浆打浆机	潍坊格瑞食品机械有限公司，山东省潍坊市诸城市兴华东路东首	黄国臣
CN 202121930471.4	旋转式烤箱	信华食品（漳州）有限公司，福建省漳州市金峰工业区前山小区	杨博仁、蓝展毅
CN 202121937896.8	一种快速取皮的肉类加工用去皮机	重庆德佳肉类科技发展有限公司，重庆市合川区铜合路 999 号	孟　敏、王丹宇
CN 202121964760.6	一种谷物晾晒用谷粒回收装置	天津开发区一诺精工机电有限公司，天津市滨海新区开发区黄海路 249 号中信物流科技园 3 号单体 2 层 C018 室	周鹏祥、李秀茹

（续）

申请或批准号	发 明 名 称	申请（专利权）人与通信地址	发明人
CN 202121968092.4	一种稻谷快速杀菌装置	湖北华昌农业科技有限公司，湖北省武汉市东湖新技术开发区高新大道888号高农生物园总部B区1#楼A栋010-015号	周　健
CN 202121977808.7	一种适用于面条量产用面条成型烘干设备	江门市黎记食品有限公司，广东省江门市江海区高新西路145号车间	伍志达
CN 202121988211.2	一种马铃薯种薯的新型储藏装置	甘肃农业大学，甘肃省兰州市安宁区营门村1号	韩叶杨、瑞　瑞
CN 202121995542.9	一种水产品加工用风干生产线	青岛益和兴食品有限公司，山东省青岛市黄岛区大珠山南路2176号	李新成
CN 202122005803.4	一种基于牛粪秸秆的有机饲料自制设备	三江县聚和农业发展专业合作社，广西壮族自治区柳州市三江侗族自治县独峒镇具盘村具河屯	石红甲、黄　杰
CN 202122015309.6	一种葡萄采摘器	驻马店市驿城区禾绿农业开发有限公司，河南省驻马店市驿城区水屯镇石庄村	石新明、李俊山
CN 202122018868.2	一种羊骨头切割收集装置	宁夏盐池县鑫海食品有限公司，宁夏回族自治区吴忠市盐池县花马池镇刘八庄自然村	陈　海、侯彦军
CN 202122021918.2	一种往复分料装置	四川雅巢食品有限公司，四川省遂宁市安居区经济开发区食品工业园	谢长清、周成春
CN 202122025771.4	一种面条生产用提速醒面装置	六盘水平俊商通有限责任公司，贵州省六盘水市钟山区月照社区大坝村马鞍组	邱平俊
CN 202122037072.1	一种肉类食品加工用悬挂装置	湖南中医药高等专科学校，湖南省株洲市芦淞区芦淞路136号	胡　鹏
CN 202122046966.7	一种水浴式蛋黄酥自动化微生物发酵装置	安徽小精灵食品有限公司，安徽省铜陵市铜井东路1888号	王建发
CN 202122048276.5	一种鱿鱼片的摆片装置	大连仁达食品有限公司，辽宁省大连市大连保税区二十里堡镇二十里村	赵友力
CN 202122071478.1	一种冻鱼解冻后自动分级装置	漳州市紫山食品工业有限公司，福建省漳州市龙海市颜厝镇田址	洪水河
CN 202122080940.4	一种养猪用自动喂料的饲料混合装置	重庆万州德康农牧科技有限公司，重庆市万州区万州经开区新田园疏港大道	唐　俊
CN 202122081790.9	一种饼干加工用成型装置	河北味盟生物科技食品有限公司，河北省邯郸市邱县经济开发区富强大街12号	潘结俭
CN 202122083267.X	一种食品制作用粉肉混合滚揉机	三明市圣龙食品有限公司，福建省三明市三明高新技术产业开发区金沙园金福西路1号天泽实业6幢一楼厂房	廖应岳
CN 202122094171.3	一种气爆熟化饲料的生产设备	哈尔滨跃金科技发展有限公司，黑龙江省哈尔滨市经开区哈平路集中区平顺街55号1栋2楼209室	王　垚、刘　宇

（续）

申请或批准号	发　明　名　称	申请（专利权）人与通信地址	发明人
CN 202122109163.1	一种安全性高具备警报装置的醒发蒸煮装置	南通远征冷冻设备有限公司，江苏省南通市通州区兴仁镇李家楼村五组兴仁中学东侧	陈　霞
CN 202122134823.1	一种方便面生产用自动整形装置	安徽猛牛食品有限公司，安徽省阜阳市颍东经济开发区纬四路116号	董继珍
CN 202122143565.3	一种新型贝类筛分机	福建海恒生物科技有限公司，福建省福州市马尾区罗星街道青洲路66号福州海峡水产品交易中心及商务配套项目-C地块渔业大厦1A1B（原商务楼2A2B）13A层27办公（自贸试验区内）	郑燕平、余美琼
CN 202122148893.2	一种气爆饲料的连续生产线	哈尔滨跃金科技发展有限公司，黑龙江省哈尔滨市经开区哈平路集中区平顺街55号1栋2楼209室	于海涵、王　垚
CN 202122149529.8	一种用于风味鱼皮的油炸装置	安徽灵猫食品有限公司，安徽省滁州市全椒县襄河镇杨桥路二路9号10幢	丁　荣、王荣富
CN 202122167816.1	一种肉制品加工腌制设备	宜宾郭满堂生态食品有限公司，四川省宜宾市珙县巡场镇河口村1社	郭志强、李婷婷
CN 202122174832.3	杀猪盆	重庆澳盛塑胶有限公司，重庆市双桥经开区双桥工业园区	林　晋
CN 202122176034.4	一种蛋糕生产用搅拌筒	洛凰食品（山东）有限公司，山东省聊城市高唐县杨屯镇高官屯村西308国道路北	姜凤军、郭子斌
CN 202122183296.3	一种用于方便面生产的截断装置	安徽猛牛食品有限公司，安徽省阜阳市颍东经济开发区纬四路116号	董继珍
CN 202122192291.7	一种熟肉制品切割机	蚌埠市宏业肉类联合加工有限责任公司，安徽省蚌埠市凤阳东路76号	蔡　玮
CN 202122201280.0	一种用于蜂蜜加工的过滤冷藏设备	大姚汇源蜂业食品有限公司，云南省楚雄彝族自治州大姚县金碧镇观音寺77号	杨仲志
CN 202122219391.4	具有除杂功能的自动跟踪式太阳能粮食干燥系统	华北理工大学，河北省唐山市曹妃甸区渤海大道21号	刘　芸、张　源
CN 202122220324.4	一种分割生产线上料装置	台前县荡宇惠民食业有限公司，河南省濮阳市吴坝镇郑三里村西200米路北	王　刚
CN 202122227720.X	一种新型快速烤炉	山东鲁工厨房设备有限公司，山东省菏泽市经济开发区长江路与福州路交汇处北50米	张万景
CN 202122233522.4	一种屠宰用放血装置	台前县荡宇惠民食业有限公司，河南省濮阳市吴坝镇郑三里村西200米路北	王　刚
CN 202122234520.7	可自动加料的牛饲养喂食装置	墨江俊豪农牧有限公司，云南省普洱市墨江哈尼族自治县孟弄乡丙曼村丙二组	杨利伟

（续）

申请或批准号	发明名称	申请（专利权）人与通信地址	发明人
CN 202122240879.5	一种新型海参生产用清洗设备	辽宁靳路路健康食品有限公司，辽宁省铁岭市开原市哈大路178号1013	陈雷、靳路路
CN 202122243498.2	一种铡草机变速箱和铡草机	凤城市盛翔机械制造有限公司，辽宁省丹东市凤城市凤凰城经济管理区西箭亭街268号	陶振
CN 202122246514.3	一种烧腊食品生产用原料解冻清洗装置	福建敬萱堂食品有限公司，福建省福州市闽侯县甘蔗街道铁岭西路10号3#车间第三层东侧	江东、翁梅招
CN 202122249461.0	双孢菇工厂化生产的采摘机器人	山东农业大学，山东省泰安市岱宗大街61号	苑进、陶凯
CN 202122263031.4	一种禽类双辊剥皮机	诸城市远大工贸有限公司，山东省潍坊市诸城市龙都街道西土墙工业园	于金波、李彦臣
CN 202122263228.8	一种用于奶牛养殖的饲料搅拌机	鞍钢实业集团乳业有限公司，辽宁省鞍山市千山区东路455号	贾洪雄、程鑫
CN 202122267779.1	一种肉类切丝切片机	广州霖森环保科技有限公司，广东省广州市番禺区石楼镇潮田工业区嵩山路41号	储得成
CN 202122278103.2	一种高效海参加工用内脏取出装置	青岛农业大学海都学院，山东省烟台市莱阳市文化路11号青岛农业大学海都学院	于蕾妍、赵旭光
CN 202122278622.9	一种半球形和面饧发器装置	宁夏亲喜之面食品有限公司，宁夏回族自治区银川市兴庆区滨河新区横城花园商业区营业房34B-105号	李展鸿、李泽坤
CN 202122278857.8	一种晾晒架智能操作机器人装置	宁夏亲喜之面食品有限公司，宁夏回族自治区银川市兴庆区滨河新区横城花园商业区营业房34B-105号	李展鸿、李泽坤
CN 202122287495.9	一种螺旋面包冷却塔的快速散热组件	安徽今统食品有限公司，安徽省合肥市肥东县肥东经济技术开发区龙脊山路与相西河路交叉口西南5号楼	李江
CN 202122300169.7	一种绞肉机的密封结构	山东银鹰炊事机械有限公司，山东省济南市章丘区刁镇刁西村兴隆街477号	李忠民、胡冠梅
CN 202122303273.1	一种鹌鹑蛋卤制用去壳装置	寿光市飞龙食品有限公司，山东省潍坊市寿光市侯镇侯泊路东首	刘帅
CN 202122303841.8	一种烘焙生产线用防烤焦后自动停止运行功能的烘焙机	常州市佳善干燥设备有限公司，江苏省常州市天宁区郑陆镇施家巷村	魏旭龙、魏俊虎
CN 202122314106.7	高效斩拌机	福建升隆食品有限公司，福建省漳州市漳州台商投资区角美镇福龙工业园幸福陈8号（经营场所：福建省漳州台商投资区角美镇升隆路1号）	张特忠、张合义
CN 202122321758.3	一种肉制品加工用分切产线	连云港老丹刃食品有限公司，江苏省连云港市赣榆区赣马镇城里村1888号	徐明、仲随军

（续）

申请或批准号	发明名称	申请（专利权）人与通信地址	发明人
CN 202122327812.5	用于面条机的主机及面条机	浙江绍兴苏泊尔生活电器有限公司，浙江省绍兴市袍江工业园区世纪西街3号	陈应军、唐路蒙
CN 202122335609.2	一种带有蚊虫驱赶机构的烤鸭晾挂架	南京陈桥食品有限公司，江苏省南京市栖霞区栖霞街道新合村狮子冲农场	陈永乔、徐　蓉
CN 202122336246.4	一种牛羊饲料加工用的铡草机	安徽新华学院，安徽省合肥市蜀山区望江西路555	马易韬
CN 202122349750.8	一种防结冰的猪肉冷鲜保存制冷装置	浙江省农业科学院，浙江省杭州市石桥路198号	肖英平、吕文涛
CN 202122351498.4	一种茶叶萎调装置	桐柏嘉木茶叶有限公司，河南省南阳市桐柏县程湾镇石头庄村李小庄组	杨　莉、后开斌
CN 202122364011.6	一种家禽加工用抽筋装置	南平圣丰生态农业发展有限公司，福建省南平市延平区巨口乡巨口街11号	胡宗远
CN 202122376518.3	一种用于面条生产加工用的晾晒装置	丰顺县瑞丰粮油食品有限公司，广东省梅州市丰顺县汤坑镇东里村老河坝	陈茂玲、陈新国
CN 202122380651.6	一种可折叠小鱼开背机	信阳市集创机电科技有限公司，河南省信阳市羊山新区新五大道阳光华府H栋1103室	贾　欣
CN 202122380655.4	一种蛋鸡养殖用加药机构	河南乐易机械制造有限公司，河南省焦作市修武县产业集聚区华芳路西段北侧	刘　柯、任世杰
CN 202122393401.6	一种果实采收装置	新疆农业科学院农业机械化研究所，新疆维吾尔自治区乌鲁木齐市南昌南路291号	刘　奎、闫圣坤
CN 202122414955.X	一种多功能绞肉机	福建美之扣科技有限公司，福建省福州市仓山区盖山镇阳岐路73号金山工业集中区福湾片4#西生产车间一楼	陈乃华、俞晓强
CN 202122415208.8	一种面条加工用压面机	常州市墅乐厨具有限公司，江苏省常州市新北区西夏墅镇	白少伟、方惠东
CN 202122418254.3	一种牛皮切块机	佛山市巴汀机械科技有限公司，广东省佛山市顺德区容桂容边居委会天河工业区四横路10号之三	代煜堂
CN 202122427716.8	一种面条多级碾压设备	湖南裕湘食品有限公司，湖南省郴州市北湖区石盖塘镇商业大道南侧	李先银、罗慧芳
CN 202122434119.8	一种蓝莓籽分离装置	重庆瑞航生物科技有限公司，重庆市南川区大观镇神农路9号（中心研发楼）	彭新书、张　新
CN 202122437571.X	一种扎线机香肠快速换线装置	安徽麦喆机械科技有限公司，安徽省合肥市新站区新蚌埠路3768号佳海工业城一期D52幢303	夏起全、张文峰
CN 202122442067.9	一种防松动的生猪肢体定位装置	山丹县润泽食品有限责任公司，甘肃省张掖市山丹县瞭高山高效养殖示范园区	周一航、李兴全

（续）

申请或批准号	发明名称	申请（专利权）人与通信地址	发明人
CN 202122452989.8	一种自带清洗消毒烘干功能的敲蛋机	湖南创天蛋品智能科技有限公司，湖南省长沙市望城区高塘岭街道旺旺西路 8 号（湖南中野高科技特种材料有限公司内 0808425 栋 A 区）	谭元军、孙栓辉
CN 202122464591.6	一种具有调节功能的灌肠机	辽宁黄氏食品有限公司，辽宁省鞍山市铁西区红旗南街 42 号	黄　磊、黄德成
CN 202122465915.8	一种高效便捷的丸子生产装置	厦门合铁机械有限公司，福建省厦门市同安区西柯美溪道思明工业园 50 号 102 号	陈智强
CN 202122473872.8	一种便于清洁的和面机装载容器	泰州祥瑞食品有限公司，江苏省泰州市高港区口岸街道戴集社区古高线 1 号	戴　滨
CN 202122479140.X	一种用于真空油炸设备的加热机构	连城县鑫荣真空油炸设备有限责任公司，福建省龙岩市连城县文亨镇斑竹新村新希路 17 号	吕火生
CN 202122486626.6	精养鱼塘抬网抓鱼设备	通威股份有限公司，四川省成都市高新区天府大道 588 号通威国际中心	张超超、张哲勇
CN 202122493009.9	一种夹心饼干生产用饼干成型冷却装置	湖南全都旺食品有限公司，湖南省岳阳市湘阴县文星镇工业园	李小敏
CN 202122494980.3	一种蛋糕浆铺盘机	东莞市广隆食品有限公司，广东省东莞市虎门镇捷南路 333 号	邹春烈、张诗孟
CN 202122501811.8	一种劲道草本胚芽挂面的生产加工装置	泰州祥瑞食品有限公司，江苏省泰州市高港区口岸街道戴集社区古高线 1 号	戴　滨
CN 202122502893.8	一种苹果保鲜库用的智能通风降温装置	山西宏祥果业股份有限公司，山西省运城市万荣县皇甫乡周家村万运公路东侧	吴　婧、吴星辰
CN 202122503148.5	一种西红柿取籽设备	通渭县丰源农业科技有限公司，甘肃省定西市通渭县平襄镇西街 58 号	师增胜、王军亮
CN 202122503353.1	一种鸡蛋加工用清洗消毒输送机构	台州学院，浙江省台州市市府大道 1139 号	吴继华
CN 202122503362.0	一种甜椒取籽设备	通渭县丰源农业科技有限公司，甘肃省定西市通渭县平襄镇西街 58 号	王军亮、师增胜
CN 202122507678.7	一种鸭肉分割平台	武汉周氏鸭业有限公司，湖北省武汉市江岸区江岸路 12 号 A 区速冻楼 1 楼	周治红
CN 202122525991.3	一种农业循环用秸秆发酵罐	湖南工程学院，湖南省湘潭市岳塘区福星东路 88 号	邓旭霞、邵学亮
CN 202122533844.0	一种生猪屠宰用锯骨装置	都江堰福润肉类加工有限公司，四川省成都市都江堰市科技产业开发区金江村二组	张修苹、代　亮
CN 202122544737.8	一种高档肉牛撒料运输装置	临清市君博食品有限公司，山东省聊城市临清市尚店镇东段屯村	马伟民、邢艳霞

（续）

申请或批准号	发 明 名 称	申请（专利权）人与通信地址	发明人
CN 202122547722.7	一种转动式加热的烤炉	肇庆市铭凯金属制品有限公司，广东省肇庆市封开县平凤镇粤桂合作特别试验区中金润工业园区内第 3/5/7/9 栋	骆立连、徐大海
CN 202122549093.1	一种用于糕点模具的脱模摆臂机构	淄博兆瑞食品机械有限公司，山东省淄博市桓台县工业二路 899 号	谢春亭、刘冲冲
CN 202122551923.4	一种养蚕自动喂料消毒设备	平昌县鑫平蚕业有限公司，四川省巴中市平昌县同州街道办事处政法街社区新华街东段 72 号九楼	蒲富勇、王　果
CN 202122556100.0	一种鸡食混料机	博罗县元立养殖有限公司，广东省惠州市博罗县石坝镇乌坭湖村	黄元立、邓仕芳
CN 202122556999.6	一种卡口式揉面刀	东莞市邦卓金属制品有限公司，广东省东莞市石排镇黄家壆村财誉工业园 B 区 1 栋	程贤金
CN 202122564639.0	一种小龙虾智能清洗分级分选装置	潜江市潜虾共享农业科技有限责任公司，湖北省潜江市总口管理区华中产业新城华中西路 88 号	邹开封
CN 202122564936.5	坚果包装前自动灭菌灭虫装置	武汉天择食品科技有限公司，湖北省武汉市东西湖区走马岭食品一路 33 号	文声扬、李银川
CN 202122579806.9	一种用于水产加工的切块装置	浙江国际海运职业技术学院，浙江省舟山市临城新区海天大道 268 号	何定芬、刘　媚
CN 202122581968.6	一种可自动清洁的牦牛屠宰工作台	青海省大通种牛场，青海省西宁市大通县宝库乡宁张公路 508 号	武甫德、马国军
CN 202122603382.5	一种用于发酵面包制作的烘焙烤箱	江苏爸爸糖食品科技有限公司，江苏省无锡市梁溪区会西路 30 号 26 栋-1	曹国亮、曹红亮
CN 202122633145.3	一种面条加工用和面装置	怀化靖垣食品有限责任公司，湖南省怀化市鹤城区沿河南路 6 号怀化面粉厂内	贺健峰
CN 202122639833.0	一种带有鸡蛋表面清洗功能的蛋液分离机	那曲市金诚青稞食品生产有限公司，西藏自治区那曲市色尼区滨河路塔恰拉姆风景区内金诚青稞产业园基地	李含勇
CN 202122649608.5	一种灌肠机凸轮自动灌料装置	安徽麦喆机械科技有限公司，安徽省合肥市新站区新蚌埠路 3768 号佳海工业城一期 D52 幢 303	夏起全、张文峰
CN 202122649984.4	一种用于茶叶种植的开沟施肥机	绿春县大水沟生态茶业有限公司，云南省红河哈尼族彝族自治州绿春县大水沟乡新区	王加发、王银国
CN 202122672321.4	一种生态蔬菜采摘收纳装置	醴陵茶田农业发展有限公司，湖南省株洲市醴陵市泗汾镇茶田村月塘组	瞿辉明
CN 202122682959.6	一种肉类加工用肉末收集装置	湖南省味来食界食品股份有限公司，湖南省长沙市宁乡市回龙铺镇华田村（金玉乡镇集中区金发路北 7 号）	何子其、罗正春
CN 202122684443.5	一种鱼丸加工用骨肉分离装置	荣成市已欲施科技有限公司，山东省威海市荣成市海湾南路 86 号 C 栋楼	赵文周、孙淑红

（续）

申请或批准号	发　明　名　称	申请（专利权）人与通信地址	发明人
CN 202122687774.4	一种食品加工用自动化送料装置	杭州脉兴机械有限公司，浙江省杭州市余杭区瓶窑镇风城路2号4幢1层	金国强、吴志云
CN 202122692718.X	一种鱼肉加工用切片机	郴州市年年有东江鱼特色食品制造有限公司，湖南省郴州市宜章县东风笠头	李常伙
CN 202122696385.8	物料并道机	青岛海科央厨智能科技有限公司，山东省青岛市高新区锦业路11号A、B厂房	柳先知、王　伟
CN 202122708410.X	一种花生仁油炸设备	山东省李老头食品股份有限公司，山东省济宁市邹城市郭里镇小微企业园内	李　鹏
CN 202122716897.6	一种油炸机翻转除油机构	广东头号丸家食品科技有限公司，广东省佛山市三水区西南街道金森路5号联东双创园一期13座103	李文卿、张钧领
CN 202122720153.1	一种大蒜收获机的切割收集机构	聊城大学，山东省聊城市湖南路1号	邱立琦、张协良
CN 202122724823.7	一种生猪养殖用自动投喂装置	绵阳瑞丰中升农业科技有限公司，四川省绵阳市涪城区玉皇镇鲜家坝村五组	王　涛、李建华
CN 202122734468.1	一种智能化小麦生产设备	广州穗粮实业有限公司，广东省广州市南沙区榄核镇沙兴路1号（厂房）A102	郭文生
CN 202122748440.3	一种杀鱼生产装置	厦门金润达机械有限公司，福建省厦门市海沧区阳泰路6-2号一楼	陈锡贤、陈桂阳
CN 202122803650.8	一种用于月饼加工的铲饼器	丰镇市海鹏食品股份有限公司，内蒙古自治区乌兰察布市丰镇市食品园区4号厂区	魏海鹏、魏　中
CN 202122815846.9	一种用于袋栽式黑木耳采耳机装置	贵州五象实业有限公司，贵州省黔南布依族苗族自治州荔波县甲良镇洞庭组	俞大安、俞厚春

7

第七部分

大事记

1 月

9 日　由中国农业机械学会农业机械化分会和中国农业大学中国农业机械化发展研究中心联合主办的“第十届中国农业机械化展望大会”在中国农业大学国际会议中心隆重举行。会议分“‘十四五’、远景目标与粮食安全”“农业机械化与智能农机发展”“智能农机制造与绿色发展”三个部分。会议以保障国家粮食安全的重大意义、粮食安全的新形势新挑战和新发展阶段的粮食安全战略、我国粮食安全发展现状、智慧农业关键技术、“十四五”农机化发展规划与智能农机发展等主题，会议还深入学习贯彻了《中华人民共和国国民经济和社会发展第十四个五年规划和2035年远景目标纲要》《国务院关于加快推进农业机械化和农机装备产业转型升级的指导意见》《“十四五”我国农业机械化发展规划》文件精神，院士、专家报告内容丰富。来自中央农办、国务院发展研究中心、农业农村部、国家发改委、科技部、工业和信息化部、中国科学院、中国工程院等单位的领导，行业协会、科研院所、高等院校、生产企业等单位的专家，以及相关媒体记者等近 1 000 人线上线下参加了会议。

19 日　农业农村部召开全国农业农村市场信息工作会议，全面总结交流工作，深入分析研判形势，部署 2022 年及“十四五”时期重点任务。会议指出，近年来，全国农业农村市场信息系统认真贯彻党中央、国务院决策部署，积极应对国内外农产品市场形势变化，围绕促进粮食等重要农产品市场平稳运行和农业农村经济健康发展，推动监测分析、市场建设、流通保供和信息化发展等各项工作取得积极进展，为“三农”全局发挥了重要支撑作用。会议强调，2022年及今后一个时期，农业农村市场信息工作要坚持稳字当头、稳中求进，紧紧围绕确保国家粮食安全和重要农产品保供，加强统计质量建设，强化分析预警，提升信息发布效果，建设更加完备有力的农产品市场监测预警体系；紧紧围绕构建双循环新发展格局，主攻产地冷藏保鲜设施建设，强化产地市场建设，深入推进品牌强农，建设更加畅通有效的现代农产品流通体系；紧紧围绕推动数字乡村发展，抓好规划落地，突出建设重点，加快科技创新，建设更加先进适用的农业农村信息化体系。会议同时对抓好冬春“菜篮子”产品保供稳价工作进行了部署安排。农业农村部副部长马有祥出席会议并讲话，农业农村部总畜牧师张天佐主持会议，农业农村部有关单位负责人在主会场参加会议。各省（自治区、直辖市）、计划单列市、省会城市及新疆生产建设兵团农业农村部门负责人在分会场参加会议。

2 月

23 日　第 24 届联合国粮食及农业组织政府间茶叶工作组会议在线上召开。会议选举英国担任主席国，印度和中国为副主席国。会议就全球茶叶市场发展现状和主要问题进行交流，同时就茶叶生产、消费、贸易和价格远景以及其对全球茶叶经济可持续性的潜在影响等问题进行探讨。会议讨论并通过政府间茶叶工作组项下的 6 个工作小组（农药残留、茶叶贸易与质量、有机茶、气候变化、全球茶叶市场分析与促进、茶叶小生产者）提交的小组会议报告。茶叶工作组秘书处和主要小组成员国简要介绍“国际茶日”庆祝活动的开展情况。经会议讨论，一致同意新成立“茶与健康工作小组”，中国与加拿大为联合主席国。于露副会长作为中方代表团核心成员参与会议研讨并发言。来自阿根廷、澳大利亚、加拿大、中国、德国、印度、印度尼西亚、意大利、日本、肯尼亚、马来西亚、美国、俄罗斯、斯里兰卡、土耳其、英国等近 30 个茶叶生产国和消费国的近 200 余位代表出席会议。联合国粮食及农业组织总干事屈冬玉出席会议开幕式并讲话。

25 日　由中国食品土畜进出口商会与加拿大驻中国大使馆联合主办的中国—加拿大豌豆蛋白及植物基产业线上对接会成功召开。加拿大驻华大使馆农业参赞白乔女士主持会议，中国食品土畜进出口商会曹德荣会长出席会议并就中加两国豌豆贸易发展与加工行业合作致辞，加拿大驻华大使馆代办倪杰民先生出席会议并致辞。对接会将成为贸易商、供货商和企业之间共享发展机遇、实现互利共赢的重要见证。要积极响应国家关于“国内国际双循环”的号召，通过共同携手、交流合作，赢得国际经济发展的先机，获得更加广阔的、可持续的发展空间。中加两国豌豆贸易、加工、技术研发与植物基企业 600 余位代表参与了活动。

3 月

10～11 日　联合国粮食及农业组织（FAO）亚太区域第 36 届部长级会议在孟加拉国首都达卡召开。中国农业农村部副部长马有祥率团线上出席，农业农村部总农艺师曾衍德出席部长级圆桌会议，就成员国和区域优先发展重点阐明中方立场。马有祥指出，粮农组织积极推动亚太区域形成优先发展共识，以应对疫情灾情等多种风险挑战，中方对此表示赞赏。中国政府高度重视粮食和农业生产，全面实施乡村振兴战略，积极推进农业全面升级、农村全面进步和农民全面发展。为保障亚太区域粮食安全，提出三点倡议：一是坚持农业农村优先发展，积极响应全球发展倡议，优先保障资金投入、要素配置、基本公共服务、人才配备，着力解决贫困和粮食安全问题；二是坚持农业绿色发展，积极响应 FAO 全球战略，推进粮食系统转型，走资源节约、环境友好的可持续发展道路；三是加强区域协同，重点围绕动植物疫病防控、土壤健康、农业文化遗产保护、农业服务贸易等开展务实合作，共同提升亚太地区粮食安全水平。曾衍德围绕"后疫情时代建设更绿色、更美好的农业粮食体系"主题，重点介绍了中国坚持实施"藏粮于地、藏粮于技"战略，推动农业绿色发展及提升农业对外开放合作水平的做法和成效。孟加拉国总理谢赫·哈西娜，FAO 总干事屈冬玉，以及亚太区域 42 个成员国部级代表团出席会议。

17 日 农业农村部召开全国农业机械化工作会议，部署 2022 年农业机械化工作。会议强调，要树立大食物观，紧贴实际需求加快提高农机装备水平，强化粮食生产、大豆油料扩种、设施种养等机具保障，为牢牢守住保障国家粮食安全和不发生规模性返贫两条底线作出贡献。会议指出，对农机的需求，正由部分品种生产的局部需求，转变为种养加全链条的需求，从非刚性需求转变为刚性需求。要按照保供固安全、振兴畅循环的工作定位，持续推进农业机械化全程全面和高质量发展，为全面推进乡村振兴、加快农业农村现代化提供有力支撑。会议要求，2022 年农业机械化工作，要围绕农业农村"四稳四提"的工作布局，紧盯为各类食物生产提供装备保障，加快农机装备补短板，加快机械化与农艺制度、智能信息技术、农业经营方式、农田建设相融合，扎实打牢农机基础，提升农机装备研发应用水平。要突出重点，狠抓重要农时粮食机械化生产，保障大豆和油料扩种机具供给，支持现代化设施种养业发展，推进丘陵山区农业机械化，启动实施农机装备补短板行动，推动农机社会化服务提质增效，打好"全国安全生产专项整治三年行动"农机安全整治收官之战，以实际行动迎接党的二十大胜利召开。会议以视频形式召开，农业农村部总农艺师曾衍德主持会议，农业农村部副部长张桃林出席会议并讲话，农业农村部相关司局负责同志在主会场参会，相关直属事业单位和省（自治区、直辖市）、计划单列市、新疆生产建设兵团农业农村部门，北大荒农垦集团有限公司、广东省农垦总局负责同志在分会场参会。山东、湖南、浙江、江西、四川、上海等省（直辖市）农业农村部门做交流发言，江苏省宝应县柳堡镇做典型发言。

4 月

6～8 日 中国食品科学技术学会第 18 届年会以线上会议形式召开。大会由天津科技大学、天津市食品学会联合津京冀 13 家单位共同承办和协办，共设立 16 个分会场。会议指出，2021 年是"十四五"开局之年，1～12 月全国规模以上食品工业企业实现营业收入 9.14 万亿元，同比增长 12.05%，食品工业对国内整体经济的拉动作用显著，这源于中国食品科技对产业探索和创新的脚步从未停下。众多从"0"到"1"的原始性突破，为百年变局和世纪疫情相互交织时期，中国食品工业的厚积薄发和逆势上扬夯实了科学基础，让中国食品工业在全球食品领域拥有了强大的话语权。面对新时代的新机遇与新挑战，会议要求，要以解决人民吃好饭问题为初心，潜心钻研未来食品；以学科交叉打破壁垒，用跨界思维实现创新发展。会议强调，特色农产品深加工是实施乡村振兴战略的关键。目前我国农产品的加工技术和装备相对落后于发达国家，亟须推进农产品加工业新技术研发和落地。由河北省食品学会、河北农业大学、河北工程大学和河北北方学院承办的"北方特色农产品加工技术与功能论坛"，聚焦北方特色食品，针对地域特色农产品在研发、加工、营养功能等多个领域开展专题报告，为农产品加工技术发展提供新思路。会议还围绕中餐工业化、我国食品冷链物流产业化、食品营养与功能、肠道微生物与健康、个性化营养、食品胶体与食品功能设计、3D 打印装备等国内产业和前沿科学问题，和与会代表分享新视角、新观点以及最新前沿研究成果。中国工程院院士、中国食品科学技术学会理事长、北京工商大学校长孙宝国，天津市政协副主席曹小红，天津科技大学党委书记韩金玉，中国工程院院士、中国食品科学技术学会副理事长、江南大学粮食发酵工艺与技术国家工程实验室主任陈坚，中国食品科学技术学会副理事长、中国疾病预防控制中心营养与健康所所长丁钢强，中国食品科学技术学会副理事长、天津科技大学校长路福平等领导、院士和 140 余位报告人出席会议。

20 日 "2022 中国农业展望大会"在京召开。会议指出，中国粮食产量连续 7 年保持在 1.3 万亿斤以上，粮食库存保持充裕，目前冬小麦苗情转化好于预期，肉蛋奶鱼菜果等"菜篮子"品种生产供应充足，加工和应急保障能力不断增强，农产品稳产保供有保障。会议强调，针对疫情影响、农资涨价、生猪养殖亏损等问题，农业农村部会同有关部门，加强产销对接，畅通农资运输配送，多措并举保障化肥供应；落实种粮农民一次性补贴，适当提高稻谷、小麦最低收购价，稳定种粮农民收益预期；稳定生猪养殖基础政策，引导养殖场户合理安排生产，保持生猪产能基本稳定。要加强农产品全产业链监测预警体系建设，把中国农业展望大会打造成全球农业信息交流合作的品牌。大会发布了《中国农业展望报告（2022—2031）》。报告显示，未来10年，中国农业发展基础更加牢固，粮食等重要农产品供给得到切实保障，农产品消费升级明显加快，农产品贸易持续活跃。农业农村部副部长马有祥出席会议并讲话，商务部副部长钱克明、中国农业科学院院长吴孔明出席会议并致辞。联合国粮食及农业组织总干事屈冬玉、美国农业部首席经济学家塞斯·迈尔视频致辞。农业农村部总畜牧师张天佐主持大会开幕式。

5月

21日 2022“国际茶日”中国主场活动在广东潮州和陕西安康同时举办。会议指出，农业农村部要认真贯彻落实习近平总书记重要指示精神，围绕“茶和世界、共品共享”主题，组织开展丰富多彩、形式多样的“国际茶日”系列活动，积极做好茶文化、茶产业、茶科技这篇大文章，为茶农增收打造新平台，为世界茶文化交融互鉴搭建新桥梁，为全球茶产业健康发展不断贡献新力量。会议强调，中国作为“国际茶日”的首倡国，愿同各方紧密合作，更好地为茶农谋利、为饮者造福。一是开放交流，推动世界茶文化交融互鉴，让茶成为传递“和而不同、美美与共”理念的文化使者；二是为民兴茶，让世界茶农共享茶产业发展红利，促进各国茶产业协同发展；三是以茶为媒，共同创新业态模式和合作动能，拓展农产品贸易新活力。农业农村部副部长马有祥以视频方式出席活动并致辞，广东省省长王伟中、省委常委叶贞琴，陕西省副省长蒿慧杰出席活动。联合国粮农组织总干事屈冬玉、印度尼西亚农业部部长夏赫鲁·亚辛·林波、卢旺达农业和动物资源部部长热拉尔迪娜·穆克希马纳应邀发表视频致辞。

29日 2022年中国荔枝龙眼产业大会在广东省茂名市开幕。会议指出，荔枝、龙眼已分别成为我国第一大、第四大热带水果，建成了广东、广西、海南、福建、四川、云南、贵州等一批优势产区。近年来，国家持续推动荔枝龙眼产业转型升级，布局建设了一批现代农业产业园、农业科技园等项目，荔枝龙眼已成为主产区富民兴村的“甜蜜果”“幸福果”。会议对未来发展提出三点希望：一是以中国荔枝龙眼产业大会为契机，积极搭建交流互动、宣传推介、招商引资等平台，努力打造全方位展示我国荔枝龙眼产业发展成果的窗口；二是进一步推动荔枝龙眼产业转型升级，发挥好国家荔枝现代农业产业园、国家荔枝种质资源圃等“国字号”平台作用，努力打造“小特产”升级“大产业”的样板；三是以荔枝龙眼产业“小切口”推动现代农业“大变化”，加快热区一二三产业融合发展和农业供给侧结构性改革，为畅通国内国际双循环、实现联农惠农增收、全面推进乡村振兴提供有力支撑。大会由农业农村部南亚热带作物中心、国家荔枝龙眼产业技术体系、广东省农业农村厅、茂名市人民政府联合主办，期间举办了中国荔枝博览馆揭牌、荔枝龙眼重大科技成果发布、“南品北上、北品南下”省际合作云签约、国内国际产销合作云签约等系列活动。农业农村部副部长张桃林作视频致辞，广东省人大常委会副主任叶贞琴出席大会并讲话。

31日 由中国畜牧业协会和国家草产业科技创新联盟主办，中国畜牧业协会草业分会承办的第九届（2022）中国苜蓿发展大会在线上召开。大会以“应对疫情、壮大主体、创新驱动、提质增效”为主题，与会领导、专家学者以主旨报告、特邀报告和专题报告形式，围绕加强苜蓿专业化基地建设、强化科技创新支撑苜蓿产业发展、提升苜蓿产品质量和数量、摆脱优质牧草对外依赖等内容进行研讨。会议指出，当前我国粮食安全的主要压力在饲料粮，促进饲料粮减量的一个重要举措就是增加饲草供应。近年来，中央大力发展现代饲草产业，相继实施草原生态保护补助奖励、粮改饲、振兴奶业苜蓿发展行动等政策措施，草食畜牧业集约化发展步伐加快，优质饲草需求快速增加，推动现代饲草产业发展取得积极成效。产量增，2021年全国优质饲草产量超过7 500万t，比2015年增长了58%；质量优，饲草供种能力、生产组织化程度持续提高，70%的苜蓿达到二级以上水平；模式多，各地积极探索特色模式，在河西走廊、北方农牧交错带、河套灌区、黄河中下游等重点区域，培育一批以苜蓿为主的饲草产业集群，逐步建立健全我国新型的苜蓿产业体系；作用大，优质饲草供应增加，促进了草食畜牧业提质增效。但饲草产业发展面临的困难和挑战仍然存在，主要体现在四个方面：第一个是市场，产不足需，缺口很大；第二个是主体，加工企业规模小，产品质量规格差异大；第三个是科技，良种支撑不强，机械化水平不高；第四个是空间，好地种植受限，边际土地产出不佳。会议要求，要通过多方面呼吁，对各界传播四个理念：一是种草即种粮。优质饲草可折算粮食，建立青贮玉米、苜蓿与粮食的关系。牛羊饲喂优质饲草，可节约饲料粮。二是种草效益高。1亩全株青贮玉米相当于1.3亩籽粒玉米，1亩苜蓿相当于2亩大豆的蛋白，可提高土地产出率。人工种草增加饲草供应，可促进牛羊产业转型升级、缓解天然草原压力。三是种草可增地。边际土地（如盐碱地）种草可改良地力，增加耕地资源储备。耕地复种，既倒茬养地，又增产增效。四是种草符合政策。2020年国务院办公厅印发《关于防止耕地“非粮化”稳定粮食生产的意见》提出，确保耕地利用优先序，永久基本农田重点用于发展粮食生产，一般耕地主要用于粮食和棉、油、糖、蔬菜等农产品及饲草饲料生产。今年农业农村部印发了第一个针对全国饲草产业发展的专项规划（《“十四五”全国饲草产业发展规划》），对发展以青贮玉米、苜蓿等优质饲草为代表的现代饲草产业提出了明确的目标、路径和措施。把苜蓿等饲草产业继续做大做强，化草为粮，为国家粮食安全“保驾护航”。会议强调，我国是畜牧业生产大国，也是草食畜产品的消费大国。下一步，农业农村部将牢固树立大食物观，全面实施《“十四五”全国饲草产业发展规划》，充分挖掘各类土地资源生产潜力，引导资本、技术、人才等要素向优势区域集中，持续提高苜蓿等优质饲草生产供给能力，促进饲草供应与牛羊养殖规模、饲养模式相匹配，更好满足草食畜牧业发展的饲草需求。

6月

15日 “2022中国（山东）预制食品产业发展大会”在山东淄博举行。大会指出，淄博区位优势明显，农产品种类繁多，工业基础扎实，餐饮业底蕴厚重。淄博将预制食品产业作为助推乡村振兴、促进共同富裕、实现产业转型升级的重要突破口，融合预制食品上下游全产业链推动高质量发展。商务部将继续在冷链物流和供应链体系建设、老字号培育等方面给予大力支持，助推淄博抢占发展先机，实现预制食品产业跨越式发展。当前，全国预制食品正处于产业爆发期。借助大会畅谈前景、相互启发，交流沟通、合作共赢，助力淄博打造中国北方预制食品产业发展高地，为找到一条适合中国国情的预制食品行业又好又快发展道路贡献智慧力量。大会还发布了中国预制菜产业园区调查报告和淄博市预制食品产业高质量发展报告；为中国预制菜产业联盟园区联合会、“中国北方预制食品产业示范基地”“预制食品南北共建基地”揭牌；发布了“淄博市20亿元预制食品创新产业发展基金”“淄博中垦30亿元冷链物流基金”；淄博高新区齐鲁预制食品科创产业园一期线上开园，淄博经开区中国北方健康食品产业园暨预制食品产业基地线上开工；淄博市部分区县、功能区与有关预制食品企业进行了项目签约；发布签署了《中国（北方）预制食品产业高质量发展淄博宣言》。农业农村部畜牧兽医局副局长孔亮，北京工商大学党委副书记、校长、中国工程院院士、中国食品科学技术学会理事长孙宝国，中国肉类协会副会长高观和来自预制食品领域的300余位专家学者、企业家参加了大会。

24日 中国食品土畜进出口商会与意大利对外贸易委员会线上召开第一次中意食品工作组工作会议。会上，中国食品土畜进出口商会于露副会长和意大利对外贸易委员会食品和酒类总监Brunella Saccone女士分别向与会人员介绍了各自所代表的两家机构的基本情况，并就工作组的合作范围和工作内容进行了讨论。会议就双方共同关注的农产品贸易促进、农业技术合作、新蛋白食品推广、地理标识产品推广、食品进口准入和相关法律法规培训等重点工作方向进行了坦诚的交流和讨论。中国商务部欧洲司、条法司、驻意大利使馆经济商务参赞处、意大利外交和经济合作部、意大利驻华使馆及多家意大利政府及行业组织参会。

7月

3日 “2022新疆农业机械博览会”在乌鲁木齐市新疆国际会展中心举办。展会旨在贯彻习近平总书记“大力推进农业机械化、智能化，给农业现代化插上科技的翅膀”的指示精神，深入落实《中共中央 国务院关于做好2022年全面推进乡村振兴重点工作的意见》的有关部署，推动新疆农业现代化发展，满足现代农业对农业机械化多样性需求，展示农机新品，搭建农机交流推广平台，加快新疆农业机械化和农机装备转型升级，为实施乡村振兴战略，推进农业现代化提供支撑。2022年新疆农业机械博览会以“创新引领农机支撑，给农业现代化插上科技的翅膀”为主题，融合“展示展销、农技推广、招商引资、贸易洽谈”为一体。汇集了来自国内外350家优质农机企业，展出5 000多个品种农机产品，机具高达1万余台（套）。本届博览会针对新疆农机化发展特色，打造了六大看点：一是展览展示全面优化、多方升级。根据新疆农业、农村发展变革，围绕新疆农业机械化主攻方向做出相应调整，进一步扩大展示品，强化细分领域的展示与交流。展会共设置了5大展区，通过多形式、多角度、多方面展示，为观众带来更多新的视觉感受与农机方面的眼界开阔。二是畜牧板块全新升级。2022年新疆农业机械博览会为响应“十四五”畜牧业机械化率达50%的发展目标，立足国家“一带一路”倡议，服务我国西部及“一带一路”沿线国家和地区的畜牧产业，着重诠释出粮经饲统筹、种养加一体、农牧结合的现代循环农业构架。三是完善产业链布局，打造多元融合综合性农业商贸技术交流平台。2022年博览会全面展示了种植业、畜牧业、林果业、设施农业、水产养殖、农产品初加工、工程机械等全程全面机械化技术与装备，同时补齐农业生产上游设备投入品，形成多元融合的综合性农业商贸技术交流平台，促进现代农业服务业高质量发展，助力以服务过程的现代化实现农业现代化。四是推进现代高端农机装备制造企业落地。2022年新疆农业机械博览会举办农机项目招商引资签约活动和农机研发推广应用一体化项目签约仪式，包含《制种玉米收获机和去雄机研发制造推广应用》《大型智能青贮玉米饲料收获机研发制造推广应用》《智能棉花精量播种机研发制造推广应用》《智能机器人棉花机械化打顶装备研发制造推广应用》等签约项目12个，总签约金额达50亿元。以农机整机为方向，加强与各企业的交流对接，推动配套企业积极跟进，实现制造业脱胎换骨。五是科技引领农业发展。“2022新疆农业机械博览会”精心组织高端会议与专题活动13场，全面解析以服务“一带一路”和服务新疆农业、国内大循环为主体，国内国际双循环相互促进的新发展格局，深度展现先进农业技术与装备。六是加快推进农机研发推广应用一体化项目实施。通过机具展示演示、学术交流和配套活动的开展，让合作社、经销商、基层农民代表等专业观众近距离感受和体验新产品新技术，了解未来农业发展趋势，拓宽致富思路，为新型农业科技的普及与推广打开全新局面，推动新疆农机“走出去”与“引进来”。农业农村部总畜牧师兼农村合作经济指导司司长张天佐，新疆维吾尔自治区人民政府副秘书长郝勤芳，新疆维吾尔自治区政协副秘书长买合木提·吾斯曼，新疆维吾尔自治区农业农村厅党组副书记、厅长库尔班江·胡土勒克，中国工程院院士陈学庚，中国工程院院士邓铭江，中国科学院院士、中国科学院新疆分院院长肖文交，农业农村部农垦局局长左常升，农业农村部农业机械化总站副站长涂志强，中国农业机械流通协会会长范建华，中国农业机械化协会会长刘宪等领导、嘉宾，广东、陕西、浙江、河北、广西、湖南、河南等省（自治区）农机管理部门领导及部分参展企业代表参加展会。

27～29日 中西部农产品加工高峰论坛暨河南省农产品加工与贮藏工程学会第八次学术年会在河南农业大学隆重召开。会议表示，中国农业工程学会农产品加工及贮藏工程分会多年来在中国科协和中国农业工程学会的领导支持下，一直积极团结引领我国农产品加工及贮藏工程领域广大科技工作者积极开展学术交流、科学普及、人才培养和社会服务等方面的工作，取得了显著成效，为促进我国农产品加工及贮藏工程科技事业发展作出了积极的贡献。作为会议的主办方，中国农业工程学会将会一如既往地高度关注、大力支持我国农产品加工及贮藏工程领域的科技创新，为三产融合、乡村振兴和农业农村现代化贡献力量。大会围绕“中西部农产品加工贮藏发展战略与产业转移、特色农产品高值化利用、农产品精深加工及农产品贮藏新技术与装备、农产品精深加工工程技术与装备、农产品质量安全与溯源技术与装备、农产品生物加工工程技术与装备、速冻食品加工技术工程与装备、农产品营养与健康、农产品功效与生物活性成分”等9个议题展开深度研讨，突出“农产品加工与贮藏行业卡脖子问题的科技创新与实践”重点，充分探讨河南乃至全国农产品加工与贮藏行业的科技创新成果及未来发展。会议旨在提高农产品精深加工和资源高值化利用水平，推动中西部和黄河流域生态可持续发展，助力河南省乡村振兴战略和健康中国战略实施，为全面建设现代化河南增添科技力量，以实实在在的工作成效迎接党的二十大胜利召开。中国工程院院士及来自国内外的42名知名专家学者进行了学术报告交流，线上线下近两万人次参会。河南省科学技术协会党组书记王新会、中国农业工程学会常务副理事长朱明、河南农业大学校长介晓磊、河南省科学技术厅现代农业农村处处长李锦辉、河南省农产品加工与贮藏工程学会理事长吴坤出席会议开幕式并致辞。会议由河南农业大学食品科学技术学院院长黄现青主持。中国工程院院士庞国芳、孙宝国、朱蓓薇、吴清平和教育部食品科学与工程类专业教指委主任金征宇等8 000余名学者线上参加了会议开幕式。

31日 中国预制菜产业发展峰会·德州预制菜产业联盟成立暨“德州味”区域公用品牌推介会在德州市召开。本次活动由德州市政府和中国预制菜产业联盟、国家农产品加工产业科技创新联盟共同主办。农业农村部原党组成员、中国农产品市场协会会长张玉香，农业农村部乡村产业发展司二级巡视员陈建光，农业农村部农业贸易促进中心副主任宋聚国，中国农业科学院农产品加工研究所所长王凤忠，农民日报副总编辑杨志华，中国预制菜产业联盟理事长、北京一亩田新农网络科技有限公司董事长邓锦宏，以及山东省农业农村厅二级巡视员宋民等省直有关部门负责人，山东健康肉产业联合会、山东预制菜产业联盟、部分央企和预制菜产业代表企业负责人在现场参加活动。中国工程院院士、中国农业大学营养与健康研究院院长任发政，中国工程院院士、江南大学原校长陈坚在线参会并讲话。王国利会长受邀出席会议并作了题为《冷链央厨和冷鲜预制菜——中国预制菜产业新赛道》的演讲报告。

8月

4～5日 第十三届全球大宗粮油产业峰会在湖南省长沙市召开。会议指出，2022年上半年，受国内新冠疫情反复和国际大宗商品价格高涨的双重影响，我国农产品贸易增速放缓。今年下半年，能源价格上涨、极端天气、地缘政治冲突等诸多不稳定因素将继续冲击全球谷物和油料的生产和供应，全球谷物和油料供应依然偏紧。中国是世界上第一大粮食生产国，为全球的粮食安全做出了重大贡献。在端牢自身饭碗的基础上，我国还积极参与联合国组织倡导的粮食援助计划，不断地扩大农产品出口，为应对全球粮食安全做出贡献。今年以来，中国已经向发展中国家提供了他们需要的3万t粮食的紧急人道主义援助，还向全球出口了百万吨的粮食及制品。会议表示，全球粮食危机给了中国重要的启示。一是应对全球粮食危机，各个国家必须靠自己，这就意味着各个国家农业的发展不能出现丝毫的战略失误和偏差。二是必须统筹农业对外开放、农业现代化的进程。必须要坚持农业对外开放，这是中国农业现代化的战略选择。在这个进程中必须要推进小农与现代农业的有效衔接。三是要提升全球农业食品产业链对国外农业资源综合利用的能力和可控性。我国粮食对外的依附性必须要控制在5%以内。今年中央财政安排产油大县奖励、绿色高质高效行动等项目资金30多亿元支持油菜生产，大豆玉米带状复合种植面积增加1 500多万亩，2022年我国大豆和油料产量将会增加。中国食品土畜进出口商会曹德荣会长、中国商务部外贸司承春二级巡视员、澳大利亚驻华使馆柯琳雅农业参赞出席会议并致辞。国家粮油信息中心决策服务处处长张立伟、中国畜牧兽医学会副秘书长孔平涛、中国农业科学院北京畜牧兽医研究所研究员朱增勇，以及来自美国、澳大利亚、马来西亚、印度尼西亚、德国和国内的行业协会代表和业界专家现场或视频作专题报告。来自生产、加工、进出口、物流等行业的约200名业界代表出席会议。

6～7日 由国家稻米精深加工产业技术创新战略联盟主办，黑龙江省农业科学院食品所、东北稻米精深加工产业技术创新战略联盟、中国大米网承办的全国稻米精深加工产业技术创新发展大会在哈尔滨召开。大会以“中国稻米 科创未来”为主题，聚焦稻米产业发展前景、稻米产业创新技术，围绕产业界共同关注的重点难点问题，进行了精彩的报告研讨。大会对联盟理事、常务理事、副理事长单位进行了增补，评选出稻米精深加工领域的技术创新奖、产品创新奖和优秀论文奖三大奖项，并为获奖单位及个人颁发了证书。大会还对五常市乔府大院农业股份有限公司等8家全国稻米精深加工产业技术创新示范企业颁发证书。同时，大会进行了“低GI全谷物糙米即食米饭加工技术”等项目签约仪式。中国科学院院士张启发，中国工程院院士孙宝国、张洪程，科技部以及黑龙江省科技厅、黑龙江省农业厅及哈尔滨市有关领导出席大会。国内高等院校、科研院所和粮食、食品领域专家学者以及国内稻米产业企业家代表近300人参加大会。

15～17日 2022年中国（国际）果蔬汁加工技术研讨会在陕西延安成功举办。会议以“走进水果产区，科技赋能产业”为主题，深入延安苹果产地，聚焦我国果蔬汁行业发展形势，交流国际果蔬汁技术的前沿动态，围绕产业“营养化、绿色化、个性化”创新方向，深入分析并探讨果蔬汁行业面临的技术问题及产业难点。会议聚焦行业发展困境，积极搭建国际交流平台，有效推动果蔬加工产业健康持续发展，助力现代产业升级。大会在提高果蔬加工科技创新、促进果蔬产业提升、助力院/校企融合等方面起到了良好的推动作用。国际果汁工业保护协会中国办公室负责人赵岩主持大会开幕式。中国食品土畜进出口商会会长曹德荣、延安市副市长魏延安、中华全国供销合作总社济南果品研究所首席专家朱风涛分别代表主办方致辞。来自政府机关、科研院所、相关协会、果蔬加工企业、设备供应商等近200人参加了会议。

29日 全国农产品产地冷藏保鲜整县推进现场会在湖南省茶陵县召开。会议旨在进一步加强组织领导，提升农产品产地冷藏保鲜设施建设项目管理制度化、规范化水平，坚持数量服从质量、进度服从实效、求好不求快的原则，扎实稳健推进产地冷藏保鲜设施建设。会议要求，省级农业农村部门要提高政治站位，深刻领会习近平总书记的重要指示批示精神，全面贯彻落实党中央、国务院决策部署，建立健全工作推进机制，配强工作专班，明确各级职责任务，加强部门间协同配合。要增强底线意识和风险意识，全面梳理风险点，建立健全风险防控机制，确保冷链项目行稳致远。会议强调，省级农业农村部门要制定本地区统一的项目验收管理规范，明确统一的验收标准、内容和流程。县级验收要会同财政等相关部门，出具明确验收意见。要健全监督检查机制，对项目风险进行预防和控制，加强事前、事中、事后的监督检查，组织开展项目管理常态化监督评价。要严格按照县级审核、地市级复核、省级审定入库储备项目，充分保证项目质量。会议要求，在补齐设施短板的同时要加快补齐技术短板。省级农业农村部门要强化冷链技术支撑团队建设，提高项目规划、立项审批、评估验收等工作的科学性，指导项目标准化建设。要加强冷藏保鲜技术培训，充分利用相关支持政策，开设专题班或增加相应培训课程，通过线上教学、课堂教学、现场教学等方式，组织形式多样的培训活动。会议强调，整县推进要严格遴选，加强全域谋划，率先形成产地冷链物流服务网络。要加强产地冷链物流设施建后管护，鼓励各类市场主体开展社会化管护服务，探索物业化“管”、产业化“用”，依托整县推进实施县建立设施运行监测点。鼓励开展符合实际的冷藏保鲜设施数字化、智能化建设，提升产地冷链物流信息化水平。据了解，2020 年启动实施农产品仓储保鲜冷链物流设施建设工程以来，农业农村部按照保供固安全、振兴畅循环的工作定位，支持构建产地冷链物流服务网络，为巩固拓展脱贫攻坚成果和乡村产业振兴提供基础支撑。中央财政安排资金 100 多亿元，全面推进产地冷藏保鲜设施建设，新增库容 1 200 万 t 以上。

9 月

2 日　第二届国家农产品加工产业科技创新联盟大会暨农产品加工与资源节约集约高效利用研讨会在兴安盟阿尔山论坛中心以线上线下同步的形式召开。会议以“农产品加工与资源节约集约高效利用”为主题，聚焦行业、产业和区域发展的瓶颈制约和技术难题，积极构建全国一盘棋协同创新体系，为实现乡村全面振兴提供强有力的科技支撑和决策支撑。大会开幕式上，宣读了联盟新成员名单及专委会成立决议；举办了中国农业科学院农产品加工研究所兴安盟食品产业科技创新研究院揭牌仪式；推介了兴安盟稻米业、玉米业、肉牛业、奶产业、传统奶制品产业、杂粮杂豆产业、林果产业 7 项农牧产业；国家农产品加工产业科技创新联盟与兴安盟各旗县市政府和有关企业签订了合作框架协议；阿尔山市向下届大会承办地江苏省泰兴市移交了联盟大旗。国际食品科学院院士、东北农业大学食品学院教授江连洲，中国农业科学院农产品加工研究所所长、国家农产品加工产业科技创新联盟理事长王凤忠在线上分别作了题为《植物基食品发展现状与前景展望》《味道科学助力农产品加工提质增效》的主旨报告，深入探讨了通过强化科技支撑和节约集约发展实现优质农畜产品转化优质商品的有效路径。来自全国近 20 个省、自治区、直辖市的领导嘉宾、专家学者和农产品加工产业科技创新联盟企业家等 300 余人参加会议。

3 日　“2022 中国粮食论坛”在北京国家会议中心举办，中国粮食行业协会副会长兼秘书长任智出席论坛并致辞，中国粮食行业协会副会长衡虹主持论坛并做论坛小结。论坛主题为“推动行业高质量发展　切实保障国家粮食安全”，解析新格局下我国粮食发展与安全的新成就新任务新对策，聚焦粮食市场运行的宏观环境与政策选择。会议指出，党的十八大以来，以习近平同志为核心的党中央把解决好 14 亿人的吃饭问题作为治国理政的头等大事。习近平总书记立足世情国情粮情，高瞻远瞩、审时度势，确立了新粮食安全观，明确了国家粮食安全战略；就端牢“中国饭碗”做出了一系列重要论述，引领推动了粮食安全理论创新、制度创新和实践创新，为做好粮食工作指明了正确方向、提供了根本遵循、注入了强大动力。会议强调，中国粮食行业协会作为企业和政府之间的桥梁纽带，代表着广大会员企业的利益，始终坚持以服务为宗旨，急企业之所急，想大家之所想，充分发挥扎根行业、服务企业、辅助政府、凝聚合力的独特优势，切实做到为政府决策“建言献策”、为社会治理“添砖加瓦”、为企业发展“保驾护航”，确保习近平总书记重要指示批示精神和党中央决策部署在粮食行业落到实处、取得实效，全面落实国家粮食安全战略。中国粮食行业协会副会长、江苏省粮食行业协会会长刘习东，中国粮食行业协会副会长、农业农村部党组原副书记、副部长尹成杰，中国社会科学院农村发展研究所研究员、食物经济研究室主任李国祥，松原粮食集团有限公司董事长、吉林省粮食行业协会会长宝蒙权，中国粮食行业协会副会长、江西省粮食行业协会会长张跃，中国粮食行业协会副秘书长张学军、总工程师赵奕出席会议，来自全国各地粮食行业协会、粮油加工企业和科研院所等代表 200 余人以线上线下方式参会。

6 日　第十三届中国奶业大会暨 2022 年中国奶业 20 强（D20）峰会在山东省济南市召开。会议指出，2021 年，全国奶类产量 3 778 万 t，同比增长 7%；奶牛单产 8.7t，同比提高 400kg；规模养殖比例达到 70%，提高 2.8 个百分点。生鲜乳、乳制品和婴幼儿配方乳粉抽检合格率分别达到 99.9%、99.87%和 99.88%，乳品质量安全水平位居食品行业前列，国产品牌婴幼儿配方乳粉市场占有率提高至 68%，市场主导地位进一步巩固。据国家统计局数据，2022年上半年，牛奶产量同比增长8.4%，持续保持良好增产势头。会议强调，要深入贯彻落实习近平总书记关于振兴奶业的重要指示批示精神和党中央国务院决策部署，总结成绩和经验，认清压力和挑战，凝心聚力，再接再厉，推动奶业振兴再上新台阶。要夯实奶源基地建设，提升优质饲草自主供给水平和良种自主供应能力，筑牢产业根基。要修订完善乳品质量安全标准体系，建立健全养殖、加工、流通等全过程乳品质量安全追溯体系，守住安全底线。要支持乳品企业提高自有奶源比例，鼓励奶农发展乳制品加工，扩大干乳制品生产，健全产业链条。要优化产品供给结构，普及乳制品营养知识，引导乳品消费，加大优质平价乳制品供给，推进供需适配。本届大会以“铸就中国奶业民族自信之魂 行稳致远高质量发展赶考之路”为主题，发布《2022中国奶业质量报告》，开展“十四五”奶业生产能力提升行动。奶业20强企业围绕奶源基地建设、青贮饲料储备监测、奶业数字化转型等内容进行了深入交流。农业农村部副部长马有祥出席开幕式并讲话。

24日 粮食全产业链节粮减损科技创新峰会在山东省滨州市成功召开。会议围绕“全产业链协同创新 推动节粮减损 保障粮食安全”的主题，全方位多角度交流研讨粮食适度加工、农户储粮、绿色仓储、综合利用等领域的研究成果、典型做法和宝贵经验。会议设置了特邀报告与主题报告、节粮减损交流研讨、标准展示、科普展示等四个板块。会议强调，广大粮油科技工作者要积极响应节粮减损战略，践行科学家精神，系统分析粮食全产业减损面临的机遇和挑战，注重原始创新、夯实基础研究，强化协同配合、推动集成创新，引导绿色储藏、适度加工及综合利用领域的技术创新，推进产购储加销全产业链各环节关键技术研究，提升自动化、信息化应用水平，强化粮食安全教育、反对食物浪费，奏出粮食领域全产业链节粮减损新乐章。为促进学术与标准融合发展，会议设置了节粮减损团体标准交流研讨板块。会议是学会主动发挥平台枢纽优势，贯彻落实习近平总书记关于节粮减损的重要指示精神和《粮食节约行动方案》的生动体现。会议汇聚全产业链节粮减损专家、学者的力量和智慧，搭建了节粮减损创新技术和成果的专业化交流展示平台，宣传了节粮减损理念，引领了节粮减损团体标准的推广应用，为构建更高层次、更高质量、更有效率、更可持续的国家粮食安全保障体系提供助力。会议通过线上线下相结合的方式进行，其中现场会议代表约80人，线上参会4 000多人，直播平台观看量达到2.8万人次。中国工程院院士、中国农业科学院油料作物研究所李培武研究员，中国粮油学会首席专家王瑞元教授级高工，国家粮食和物资储备局原副局长吴子丹，国家市场监督管理总局标准创新管理司团体和企业标准化处袁晓鹏处长，中国气象局毛留喜研究员等专家参加会议并做报告。

10月

14日 黄淮北方平原作业区促进农机农艺融合发展工作座谈会以电视电话会议形式召开。会议指出，四次轻简分层采收技术模式是烟草农业技术体系宜机化重构的“牛鼻子”。要以优质烟叶生产和机械化为导向，以烟农收入、烟叶质量、风格特色为标尺，一体化重构烟叶生产环节和技术标准，做好宜机化农艺标准流程的评估验证，努力实现典型作业区内农业技术标准的统一，实质性推进烟草农业向全程全面机械化系统性、全方位转型升级。会议强调，要协同推动农艺宜机化再造、烟田宜机化改造、农机适配能力提升和农机服务体系建设，全力构建烟草农业机械化生产系统。充分认识农机农艺融合的主线、支柱作用，把握四次轻简分层采收这一中心，使全环节农艺宜机化再造和一体设计与农机技术深度融合；大力加强农机装备体系建设，以农机装备作业系列化对接农艺轻简化，不断推动农机与农艺匹配协调；在烟田宜机化改造上下功夫，根据农艺技术需求和农机作业要求，完善土地流转机制，推动烟田连片整治经营，促进规模化高效作业；积极完善农机服务体系，优化农机补贴相关工作，推动通用环节社会化、专用环节专业化服务，与大农业农机服务联动发展，以农机服务体系建设助推全面机械化。会议要求，各典型作业区要统一思想认识，按照《构建宜机化烟草农业标准体系 促进农机农艺融合发展三年行动方案》要求，明确烟草农业现代化发展方向，深化农机农艺融合，加快进度，保证质量，确保构建机械化生产系统工作真正落地见效。黄淮北方平原区拥有率先实现烟草农业全程全面机械化的独特优势，要继续发挥引领作用，走好“优质特色烟叶＋全程全面机械化”有效结合的发展道路，在烟草农业机械化、生产减工降本方面走在全国前列，走出黄淮北方平原区烟草农业现代化的特色发展道路。会议期间，与会代表观看了黑龙江省局（公司）促进农机农艺融合工作专题片，云南、贵州、湖南、山东省局（公司）分别介绍了各自典型作业区农机农艺融合工作进展情况，中国烟草总公司青州烟草研究所介绍了烟草专用机械研发进展情况，山东潍坊市局（公司）汇报了黄淮北方平原作业区烟草农业农机农艺融合规程制定情况，与会人员对融合规程（征求意见稿）

进行了座谈讨论。

11 月

3 日　二十国集团（G20）主席国印度尼西亚组织召开了 G20 可持续植物油大会。会议表示，中国政府高度重视植物油产业可持续发展，大力实施大豆和油料产能提升工程，推广大豆玉米带状复合种植、粮豆轮作、水稻油菜轮作等绿色可持续生产模式，不断提高油料作物保障供应能力。加强农业科技创新，抓住品种和机械两个关键，为植物油发展添“智”、提“质”、增“效”。推动双边、区域和多边开放合作，持续推进贸易便利化和市场多元化，提升植物油供应链韧性和安全水平。会议就促进全球植物油产业可持续发展提出三点倡议：一是畅通国际植物油产业链供应链，促进全球范围内资源合理高效配置，纾解市场供给紧张局面，避免国际价格过度波动；二是加强在油料作物可持续种植、生产技术、病虫害防治及土地改良治理等方面的经验交流和分享，强化绿色发展和科技创新合作，进一步提升全球植物油供应能力；三是加强植物油供需、价格监测和自然灾害预警合作，帮助发展中国家，特别是最不发达国家提高农业气象服务可及性，降低自然灾害对生产的影响。中国农业农村部副部长马有祥应邀出席并作视频发言。

12 日　由国家国际发展合作署、农业农村部、国家粮食和物资储备局共同主办的“杂交水稻援外与世界粮食安全”国际论坛在北京举办，国家主席习近平发表书面致辞。习近平指出，粮食安全是事关人类生存的根本性问题。半个世纪前，杂交水稻在中国率先成功研发并大面积推广，助力中国用不足全球 9% 的耕地，解决世界近五分之一人口吃饭问题，成为世界第一大粮食生产国和第三大粮食出口国。自 1979 年起，杂交水稻远播五大洲近 70 国，为各国粮食增产和农业发展作出突出贡献，为解决发展中国家粮食短缺问题提供了中国方案。习近平强调，当前，全球粮食安全形势严峻复杂，中方愿继续同世界各国一道，坚持命运与共、和衷共济，推进全球发展倡议，加强粮食安全和减贫领域合作，为加快落实联合国 2030 年可持续发展议程、建设没有饥饿贫困的世界作出更大贡献。

29 日　由爱尔兰食品局联合中国肉类协会共同主办的“中国—欧盟禽肉加工及贸易研讨会”以线上会议的形式顺利召开。爱尔兰驻华大使安黛文女士和中国肉类协会常务副会长兼秘书长陈伟为研讨会致辞。会上，爱尔兰行业专家介绍了爱尔兰的“可持续家禽产品保证计划”，该计划包括对鸡、火鸡和鸭从养殖场、孵化场和生产场一直到工厂加工和最终发货的基本可持续发展标准和质量保证要求。中国肉类协会顾问王志刚对国外肉类准入我国的规定、程序及注意事项进行了讲解与分享。重点分享了官方评审关注的问题及可能涉及的风险事项。其中包含了新冠防控、申请资料、生产卫生、质量安全、温度控制、人员管理等各方面的问题及安全风险提示。会议指出，中国是禽肉生产、消费和进口大国，同时也具备向国际市场输出优质禽肉产品的能力。中国与以爱尔兰为代表的欧盟国家就禽肉加工和贸易开展的交流与合作，具备坚实的产业基础，商机无限，潜力巨大。在中国肉类产业中，禽肉产业的规模化、标准化、现代化程度处于领先地位，中国愿意与欧盟、爱尔兰同行互相交流，取长补短，共同进步。爱尔兰驻华使馆、爱尔兰食品局、中国肉类协会、爱尔兰禽肉企业及中国禽肉企业中高层代表在线参加了会议。

12 月

12 日　第四届中国粮食交易大会以线上形式开幕。国家粮食和物资储备局党组成员、副局长贾骞致辞。大会以“畅通产销大循环·共享粮食大市场”为主题，顺应数字化、网络化、智能化趋势，开设粮油产品云展馆，开通优质成品粮油展示交易、原粮专场交易，并同步举办网上粮食科技成果展览、专题系列讲座等活动，大会旨在为国内外粮食企业沟通交流、产销合作提供最大舞台、最优展台和最好平台。此次大会设有 32 个粮油产品云展馆，以 VR 全景 3D 数字化场景交互形式全方位展示各地影响力较大的优质粮油企业、知名特色粮油产品以及产业发展新成果等。同时，大会还开通“中国优质成品粮油电子交易平台”，目前已有千余家企业入驻平台，展销各品类成品粮油商品。会议强调，各地要精心组织、广泛宣传，认真准备特色展品，促进购销洽谈对接，要充分利用好中国粮食交易大会这一平台的优势，做好粮食市场和流通文章，为落实国家粮食安全战略和全面乡村振兴战略发挥积极作用。

19 日　2022 年中国花生年会在青岛市召开。会议旨在为我国花生产业搭建总结本年度花生产业发展，研判新年市场形势的专业平台。来自国内及美国、巴西、苏丹、塞内加尔、印度和阿根廷等国家的 14 名业内专家和企业代表就全球花生生产情况及贸易形势等情况等进行了详细分析，并就后续市场走势开展预测。会上举办了“稳企安农，护航实体——花生期货服务产业发展论坛”，来自中泰期货、中国花生精英网和上海鸿网供应链股份有限公司的三位行业专家就花生现货产业现状、企业如何利用期货市场及套保经验等内容进行详细讲解。中国食品土畜进出口商会曹德荣会长出席会议致开幕辞，郑州商品交易所商品二部刘鸿君总监和巴西驻华大使馆农业处马云飞主任线上参会并致辞，塞内加尔驻华大使馆玛玛杜·萨拉参赞及国内外花生生产、加工和贸易产业代表等100余人线上线下参会。

22日 第十九届中国国际农产品交易会开幕会暨农业绿色发展论坛在四川成都举行。中央农办主任、农业农村部党组书记、部长唐仁健在论坛作书面致辞。会议指出，党的二十大擘画了全面建设社会主义现代化国家的宏伟蓝图，强调要推动绿色发展，促进人与自然和谐共生。全面建设社会主义现代化国家，底子必然是绿色；加快建设农业强国，基调必然是绿色；满足人民群众美好生活需要，方向必然是绿色。新时代新征程，要坚定不移走绿色发展之路，塑造人与自然和谐共生的农业农村发展新格局，为加快建设农业强国、全面推进乡村振兴提供坚实支撑。党的十八大以来，各级农业农村部门认真贯彻新发展理念，着力推动农业发展绿色转型，取得显著成效。农业资源保护利用水平有效提升，一半以上的耕地建成旱涝保收的高标准农田，耕地质量比2014年提高0.35个等级。农田灌溉水有效利用系数达到0.57，年节水能力超过480亿立方米，相当于黄河年供水量的1.3倍。农业产地环境持续改善，化肥农药使用量连续6年负增长，畜禽粪污、作物秸秆等资源利用率分别超过76%、88%，以往的“生态包袱”正在逐步变为“绿色财富”。绿色、有机和地理标志农产品超6万个，越来越多绿色优质农产品摆上了百姓餐桌。会议强调，贯彻落实党的二十大关于推动绿色发展的总体部署，必须统筹农业稳产高产与绿色发展，下大力气构建绿色低碳循环发展的农业产业体系，加快推进农业资源利用集约化、投入品减量化、废弃物资源化、产业模式生态化，实现绿色供给全方位保障、绿色生产全过程转型、绿色空间全维度拓展、绿色产业全链条构建。推进农业绿色发展重点要做到“四个协同”。聚焦绿色品种、技术、装备、工艺，实施种业振兴、农业关键核心技术攻关、农机装备补短板等重大行动，推进良种、良法、良机、良艺协同；持续加强农业绿色发展理论研究，用好国家农业绿色发展先行区等平台载体，推进绿色工程、技术、管理、机制协同；着眼农业生产全过程，统筹各方面资源要素投入，以县域为单元整建制推进农业绿色发展，加快构建农户内部小循环、种养产业中循环、社会层面大循环相互促进、协调发展的种养循环体系，推进源头减量、过程控制、循环利用、末端治理协同；围绕农业产业全链条，全域实施农业品种培优、品质提升、品牌打造和标准化生产提升行动，打造绿色低碳农业产业链，推进生产、加工、流通、消费全链协同。全国政协委员、中国农业绿色发展研究会理事长余欣荣，中国工程院院士张福锁、周卫作了视频主题演讲，中国农业科学院、四川省农业科学院有关专家作现场主题演讲。

薯类产后全程减损保质关键技术与应用

农业农村部规划设计研究院牵头承担完成了科技部“十三五”国家重点研发计划“薯类主食化加工关键新技术装备研发及示范”项目的“薯类产后储运减损技术装备及模式研究与示范”课题（2016YFD0401301），课题参与单位有中国农业科学院蔬菜花卉研究所、宁夏大学、中国农业机械化科学研究院、甘肃薯香园农业科技有限公司。

代表性成果 1 马铃薯储藏病害综合防控减损关键技术

薯类远程智能控制储藏设施：突破储藏设施远程智能控制技术，基于防病减损目标控制环境，采用新型无线传输技术，实现现场、PC 端和移动端协同管理。传感系统精度：温度 ±0.1℃；湿度 ±2%。

甘薯短时高温愈伤技术：克服了整库加热愈伤存在的效率低、能耗大、不均匀问题，创新采用循环加热、隧道式进料的连续生产方式。设备愈伤能力 2 ~ 3 t/h，愈伤率 92.5%，节能率达到 57.5%，延长储藏期 40d。

马铃薯储藏病害综合防控技术：从田间到储藏全程病害防控技术集成，具有低成本、成效高的特点。储藏损失率为 2% ~ 5.7%，发芽率 2.1% ~ 4.1%。

代表性成果 2 马铃薯除土净理分级与检测技术

薯类除土净理技术：突破薯块表面干式除土净理关键技术，刮刷结合、全周位搓擦，除土率高，破损率低。马铃薯处理能力 3.3 ~ 3.5 t/h，除土率 90.4% ~ 90.8%，破损率 2.67% ~ 2.72%。

薯类内部品质检测技术：基于近红外漫透射原理研制便携式检测仪，快速、精准、无损、便利。甘薯干物质检测精度 90.8%，马铃薯干物质、还原糖和淀粉检测精度分别为 91.1%、90.3%、88.6%。

薯类外在缺陷检测剔除技术：突破薯类缺陷机器视觉识别、柔性上料排序及全周位旋转定位等关键技术，创新研发外部品质检测装置等，薯块单个排序、自动剔除定制式分选。处理能力 5 t/h，精度 90.5%。

代表性成果 3 薯类储运加一体化工程模式

以提升薯类储运加（储运）工程模式现代化水平为目标，构建薯类储运加工程模式评价指标体系，利用该指标体系对现有马铃薯储运加工程模式、马铃薯储运工程模式和甘薯储运工程模式进行比较分析，优化提出了大型马铃薯全粉加工企业储运加模式、西南中型马铃薯储运模式、西北中型马铃薯储运模式、华东甘薯规模化储运模式等 4 种薯类储运加一体化典型模式。

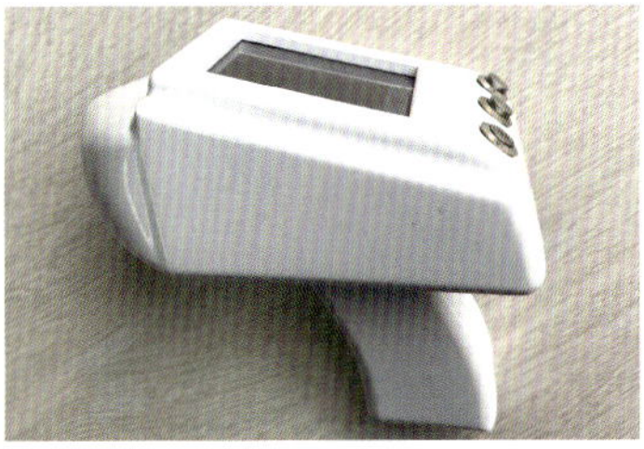

薯类全粉加工关键技术及装备研发与集成示范

河南工业大学牵头承担完成了科技部"十三五"重点研发计划"薯类全粉加工关键技术及装备研发与集成示范"课题（2016YFD0401302）。该课题在马铃薯生全粉的制备工艺和装备、防褐变技术和装备、生全粉鉴定方法及加工性能综合评价、缺陷在线去除技术和装备、薯类全粉共线加工技术和高适应性滚筒干燥机方面取得了6项重大研究成果，构建出了一套完整的马铃薯生全粉加工工艺理论体系，建立了符合马铃薯主食化产品加工的评价标准以及马铃薯内部缺陷快速检测技术。

高适应性清洗脱皮机

能够最大部分地清除物料原料中的泥土和杂质，去除物料的外表皮，尽可能地除去物料皮层中的酶类物质，减轻加工中的褐变，提高产品质量。

创新点

· 设计新颖。砂辐在推料螺旋下方呈圆弧状排列，去皮面积最大，可装配砂辊磨削，不锈钢丝辊或高分子材料波浪辊去皮，多辊组合结构，耐磨性能好，去皮率高，更换方便。

· 一机多用。可连续清洗不同的原料品种，如马铃薯、红薯、木薯、菊芋、百香果等。

低游离淀粉锉磨机

根据微剪切破碎的机理，减小马铃薯物料的破碎粒度，降低能量消耗。采用挤压破碎和锯齿切削相结合的破碎原理，研制微剪切破碎低游离淀粉锉磨机。

创新点

· 采用螺旋挤压方式的微剪切破碎，在机体的挤压槽，采用超大螺旋对清洗去皮后的马铃薯物料进行挤压，使之碎解，然后送入锉磨腔。

· 锉磨锯齿适当加大，降低对马铃薯细胞的破碎程度，同时提高锯条的强度和刚度，增强耐用性，减少更换锯条时间，提高工作效率。

· 采用将锉磨机滚筒内固定锉磨锯条组件、中心轴带动叶轮转动。

专家评价意见

该项目优化出生产马铃薯生全粉的无硫复合护色剂，研制出高性能清洗去皮机和远红外气流干燥设备，保证了产品色泽和质量，保持马铃薯原有风味和营养，防止马铃薯生全粉制备过程中的褐变，项目既有理论成果又为产业化生产提供了新型实用的装备。在马铃薯生全粉加工工艺和设备方面具有创新性，填补了马铃薯生全粉加工领域的空白，项目整体技术达到国际领先水平。

薯类全粉加工技术究及关键技术、核心设备研发

中国包装和食品机械有限公司承担完成了“薯类全粉加工技术优化研究及关键技术、核心设备研发”课题（2016YFD0401302-03）。课题针对薯类全粉加工技术落后、关键装备适应性差等问题，重点开展了薯类（马铃薯、甘薯、紫薯）全粉共线加工技术、高适应性滚筒干燥技术与XGT20/40高适应性滚筒干燥机装备的研究，取得了突破性、创新性研发成果。

CCOA
科学技术成果评价证书
The Scientific and Technical Achievement Appraisal Certificate
中粮油（评价）字〔2020〕第15号
成果名称：马铃薯生全粉防褐变技术与装备研
成果类型：技术开发类应用技术成果
完成单位：河南工业大学
青海威思顿薯业集团有限责任公司
郑州市粮食科学研究所
证书编号：202015SP02
中国粮油学会
2020年12月22日

科学技术成果评价报告
中粮油（评价）字〔2020〕第15号
成果名称：马铃薯生全粉防褐变技术与装备研究
成果类型：技术开发类应用技术成果
完成单位：河南工业大学
青海威思顿薯业集团有限责任公司
郑州市粮食科学研究所
委托评价单位：河南工业大学
委托日期：2020年12月2日
中国粮油学会
二〇一九年制

薯类（马铃薯、甘薯、紫薯）全粉共线加工技术

技术创新点：突破了高稳性、大螺距与大直径等比、变频、正反转、双螺带薯泥摊铺技术，实现了紫甘薯高黏稠物料在滚筒干燥机上的均匀摊铺，优化了薯类全粉共线加工技术的生产流程及生产工艺参数，实现了薯类全粉的共线加工生产。

高适应性滚筒干燥技术与XGT20/40高适应性滚筒干燥机

技术创新点：突破了高稳定双螺带式薯泥摊铺技术，实现了薯类不同品性物料快速均匀摊铺；研发了柔性气囊刮刀技术，实现了不停机更换刀片；优化了主滚筒内部结构和表面加工工艺，干燥产量提高5.4%；研制了XGT20/40高适应性滚筒干燥机，实现不同薯类全粉共线生产，提高了设备利用率。

课题成果鉴定意见

2021年5月23日，中国机械工业联合会组织召开了“薯类（马铃薯、甘薯、紫薯）全粉共线加工技术”和“高适应性滚筒干燥技术与XGT20/40高适应性滚筒干燥机”科技成果鉴定会。鉴定委员会认为：薯类共线加工技术填补了国内空白，高适应性滚筒干燥技术及装备达到国际先进水平。

薯类主食化技术提升与装备研发

乐陵希森马铃薯产业集团有限公司牵头承担完成了科技部“十三五”国家重点研发计划“薯类主食化技术提升与装备研发”课题（2016YFD0401303）。该课题所属项目为中国农业机械化科学研究院牵头承担的“薯类主食化加工关键新技术装备研发及示范”项目，课题参与单位有中国食品发酵工业研究院有限公司、河南农业大学、克明面业股份有限公司、郑州米格机械有限公司。课题针对高占比薯类主食新产品（馒头、面包、面条、米粉等）加工过程中的质构成型、连续压延、降黏、快速醒发、智能醒发、自动化包装等关键问题，开展了一系列研究，取得了突破性、创新性研发成果，部分成果达到了国际领先和国际先进水平。

基于三层面带复合的马铃薯挂面生产技术

技术创新点 1

马铃薯面条的三层复合压延成形过程中，内外层面带厚度比为 1∶3∶1，外层面带的含水量 37% 较为适宜。内外层面带厚度比过高，压延过程中会出现外层面带破损的现象，过低则导致内层面带成形困难；提高面带含水量能增加外层面带的抗延伸位移，使其能与内层面带同步延伸。

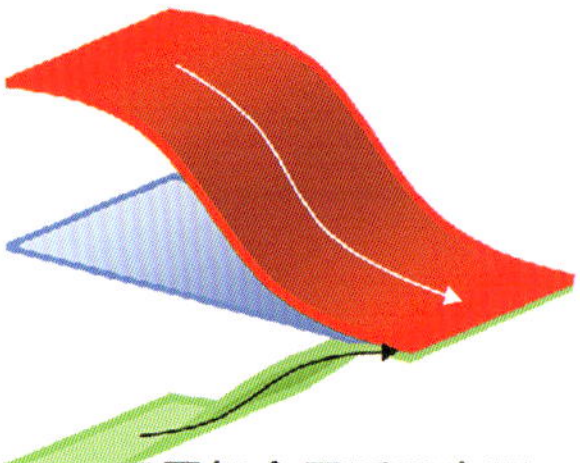

三层复合压延示意图

技术创新点 2

三层复合压延显著提高了马铃薯挂面的抗弯能力，在面条煮制时通过限制小麦淀粉团粒的过度膨胀与马铃薯淀粉分子的溶出，改善了挂面的蒸煮与食用品质。相比普通复合，三层复合马铃薯挂面的弹性模量、断裂应力和断裂位移显著提高（$p < 0.05$），最佳蒸煮时间减少了 45s，蒸煮损失率减小了 37.0%，熟面条黏附性降低了 51%。

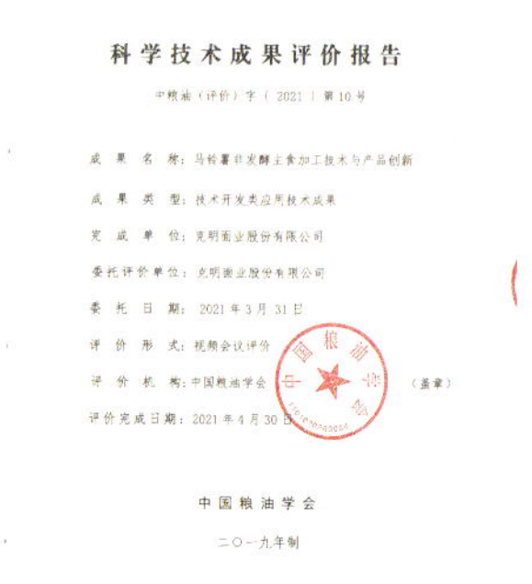

科学技术成果评价报告

中粮油（评价）字（2021）第10号

成果名称：马铃薯非发酵主食加工技术与产品创新

成果类型：技术开发类应用技术成果

完成单位：克明面业股份有限公司

委托评价单位：克明面业股份有限公司

委托日期：2021年3月31日

评价形式：视频会议评价

评价机构：中国粮油学会（盖章）

评价完成日期：2021年4月30日

中国粮油学会

二〇一九年制

技术创新点 3

三层复合面带外层的面筋网络结构形成良好，从而改善了面带的整体加工品质与面条产品品质。内层面带与常规复合面带的面筋网络中均存在较多空洞，其面筋蛋白的面积、分支率均显著低于外层面带（$p < 0.05$），末梢率和蛋白平均宽度则高于外层面带（$p < 0.05$）。面带 / 面条外层的面筋网络结构均匀且致密，能有效弥补内层面带空洞、蛋白质聚集等缺陷，从而显著改善了面带的拉伸特性。

技术创新点 4

三层复合压延方式可显著提高面带的加工品质及面条的蒸煮与食用品质。相比常规复合，同配方下三层复合面带的抗拉能力提高了 28.5%，面条的蒸煮损失降低了 26.2%，爽滑性提高了 50%，而硬度、弹性无显著性差异。

项目成果鉴定意见

2021 年 4 月 30 日，对“马铃薯非发酵主食加工技术与产品创新”项目成果进行了评价。与会专家一致认为：三层复合压延工艺有效改善了马铃薯面带抗拉能力差、易黏附，面条蒸煮损失大、易断条等技术难题；以冷冻薯泥为配料制作面条，避免了由新鲜马铃薯制备全粉的繁琐工序以及巨大能耗，大幅降低了马铃薯挂面的生产成本，且避免了营养成分的流失和破坏。该项目创新性强，项目整体技术达到国际领先水平。

低 GI 薯类面包制备工艺优化及评价

技术创新点 1

创造性研究面包的 5 种发酵方法 (快速发酵法、直接发酵法、中种发酵法、过夜种子面团法、冷藏过夜面团法) 对薯粉面包品质及 eGI 值的影响，在面包制备工艺方面探究功效影响，为低 GI 面包制备工艺优化提供指导。

技术创新点 2

系统探究糖元类、膳食纤维类、淀粉酶竞争抑制剂等多类型降 GI 食品原料对薯类面包 eGI 值的影响，结合面团特性及产品品质研究，开展人体 GI 测试，首次研发得到低 GI 薯粉面包，为低 GI 面包的研发提供重要引领作用。

电子感官客观评价数据结果：中种发酵法硬度显著最低（$p<0.05$），弹性最高，咀嚼度最小，面包品质相对最高。

项目成果鉴定意见

2021 年 3 月 17 日，对“低 GI 薯类面包制备工艺优化及评价技术”进行了技术鉴定，专家一致认为：筛选和优化了不同含量的马铃薯全粉、菊粉、甘蔗提取物等对面包 eGI 值的影响发酵方法；确认了配方组成，开发了一款低 GI 薯类面包。该项目技术达到国内领先水平。

无模质构成型及智能醒发、烘焙技术

技术创新点 1 多条模具并行、同步注浆技术

利用多条模具钢带组成模具槽并行的方式，可同时进行多条面包条的生产，提高生产效率。

技术创新点 2 槽型模具滚筒技术

滚筒采用片状组装的方式组合而成，在每片之间设置有 5mm × 60mm 的槽，便于外部滚筒钢带侧立通过，完成了小钢带和大钢带组成模具槽的需求。

技术创新点 3 超声波多条薄片切割技术

采用此技术可将面包条在运动中利用超声波切刀切成 5mm 左右的薄片。

项目成果鉴定意见

2021 年 5 月 22 日，对“连续自动成型薯类面包自动化生产线——无模质构成型及智能醒发、烘焙技术”项目进行了成果鉴定。评价委员会一致认为：多条模具并行技术实现了多条面包条的同时生产；槽型模具滚筒技术完成了小钢带和大钢带组成模具槽的需求；超声波多条薄片切割技术可将面包条在运动中切成 5mm 左右的薄片；多条同步注浆技术实现了多条模具槽进行注浆成型。该成果达到国际先进水平。

原薯主食制品加工关键技术及装备研发与示范

科技部“十三五”重点研发计划“原薯主食制品加工关键技术及装备研发与示范”课题（2016YFD0401304）已通过技术评审和课题验收。该课题属“薯类主食化加工关键新技术装备研发及示范”项目，课题承担单位为中国机械工业集团有限公司，参与单位为贵州省生物技术研究所、新疆农业科学院综合试验场、大连工业大学、天津科技大学。课题研究了原薯原料在主食制品加工中产品褐变、淀粉回生、营养流失、品控不稳的演变机理；研发了鲜切制品的褐变抑制与品质保持、烘焙制品的质构控制与营养提升、蒸煮制品回生抑制与特色制品工艺优化等新技术，研制出两次剪切制浆、对辊模压成型、桨叶式冲压制泥成型一体机等关键设备，进行了原薯主食和特色食品的生产线、主食厨房模式集成示范。

原薯主食制品加工关键装备

通过中国机械工业联合会组织的成果鉴定，以原薯制浆机、洋芋鱼鱼模压成型机、洋芋粑粑制泥成型一体机为代表的关键装备和技术适用于特色马铃薯制品的加工需求和示范应用，相关研发关键技术和装备达到国际先进水平。原薯制浆机创新设计了二次剪切刀头，采用二次剪切破碎技术和工艺，将淀粉游离率最低降到40%，保留薯浆物料制品的特色风味。洋芋鱼鱼模压成型机采用了模压角＞15° 对辊模压成型方式，解决了物料粘黏难成型的问题，实现了特色马铃薯食品成型率≥90%的目标。洋芋粑粑制泥成型一体机研发了桨叶式冲击制泥、螺旋输送和挤压、切制成型等关键技术，实现多功能装备一体化，成型率≥90%。适用于特色马铃薯食品（洋芋粑粑、马铃薯饼等）加工，实现了工业化生产线示范应用。

洋芋鱼鱼及其系列制品

通过贵州省农学会组织召开成果技术评价。洋芋鱼鱼是新疆、甘肃、陕西、山西等地的传统特色马铃薯主食，具有蒸、煮、炒等多种食用形式，产品认知度很高。课题利用现代食品加工技术，开展了洋芋鱼鱼标准化、工厂化加工技术的开发，集成原料筛选、薯浆护色、机械成型、质构调制、营养强化与保质保鲜等综合技术，构建了市场化洋芋鱼鱼加工的技术体系，实现洋芋鱼鱼产品全程机械化生产。该项技术马铃薯添加量达到60%，产品类型覆盖鲜食、速冻、冷藏复配等系列；产品可用于蒸、炒、拌与菜肴制作，易于冷链运输和储存，保质期达到240d。

原薯不脱水蒸煮系列制品

通过贵州省农学会组织召开成果技术评价。系列制品以马铃薯为主要原料，通过不脱水蒸煮制泥工艺，开发出贵州特色洋芋粑粑、薯泥营养餐、速冻马铃薯丸子、马铃薯汤圆、即食型马铃薯素食肠等系列产品，解决了产品成型难及保质期短等难题，产品保质期延长至180d。通过营养强化、工艺调配等技术创新，产品易于存储，食用便捷；原薯材料直接加工降低了产品成本，实现环保与资源有效利用和有机结合。

薯类方便主食课题成果达到国际领先水平

四川光友薯业有限公司牵头承担完成了科技部“十三五”国家重点研发计划“薯类挤压重组方便主食加工关键技术及装备研发与示范”课题（2016YFD0401305）。该课题所属项目为中国农业机械化科学研究院牵头承担的“薯类主食化加工关键新技术装备研发及示范”项目，课题参与单位有中国农业大学、四川省食品发酵工业研究设计院、北京食品科学研究院、安徽正远包装科技有限公司。课题在四川光友薯业有限公司完成薯类挤压重组方便主食制品工艺关键技术与装备研发，以及完成技术集成与示范。

创新四大薯类方便主食

国家“十三五”四大薯类方便主食分别为非油炸薯类方便面、薯类方便粉丝、薯类方便米粉、薯类方便火锅，选用绿色、天然的甘薯、马铃薯、紫薯为原材料，粗细搭配，口感丰富，营养全面。更好地保留了原薯的膳食纤维、维生素、矿物质等多种营养成分，满足消费者需要的合理膳食结构，既保证营养均衡，又有益身体健康。

薯类方便粉丝

首创了鲜薯胶体磨粉碎、全薯粉丝及调味料配料技术；通过薯类全薯粉丝微观可视化研究，首次建立薯类全薯粉丝加工工艺；首次开发全薯粉丝产品并建立技术集成数字化、产业化示范生产线；首创世界首条年产 3 600 t 具有自主知识产权的薯类全薯方便粉丝示范生产线，形成多种口味、多种包装形式系列产品，实现规模化生产。

薯类方便米粉

创新筛选出适宜薯类方便米粉加工专用薯类品种；创新性地采用了挤压成形工艺，连续老化、隧道式分段节能干燥等技术，解决了方便粉丝的复水时间、粘连并条等品质难题；首创世界首条年产 2 000 t 薯类方便米粉技术集成数字化、产业化示范生产线，创制多口味、多品类、多包装形态的马铃薯方便米粉、甘薯方便米粉系列产品。

非油炸薯类方便面

创新鲜全薯加工薯泥与挤压重组制面工艺技术；突破了非油炸薯类方便面低温冲泡复水技术难关；创新建立了多维度质构数据可视化分析非油炸薯类方便面口感差异的评价方法；创建了年产 3 600 t 非油炸薯类方便面技术集成数字化、产业化示范生产线。

薯类方便火锅

通过对薯类方便火锅配方、工艺技术、蔬菜包中甘薯、马铃薯片保脆护色技术、调料包控盐减钠技术研究，创新研制出甘薯、马铃薯全薯干物质高含量的薯类方便主食。开发了薯类方便火锅鲜马铃薯片、鲜甘薯片保脆护色技术，开发了薯类方便火锅控盐减钠工艺技术；研制了薯类方便火锅系列主食并进行了应用示范；研制出以薯类全薯粉丝和薯片蔬菜包等重组包装成甘薯、马铃薯系列薯类方便火锅主食：自热火锅、四川冒菜、自热酸辣粉等，采用冷水自加热或开水冲泡即可食用。

课题成果评价意见

2020 年 12 月，由中国食品科学技术学会在北京组织相关专家对“十三五”薯类方便主食成果“非油炸薯类方便面、薯类方便粉丝、薯类方便米粉、薯类方便火锅”进行了成果评价，认为具国际创新领先水平。

2021 年 8 月，项目牵头承担单位中国农业机械化科学研究院组织绩效评价专家对该课题进行了绩效评价，专家组认为：“整体技术达到国际先进水平，薯类方便面、粉丝、米粉生产技术达到国际领先水平，同意该课题通过绩效评价。”

传统条状米面制品智能化加工关键技术装备研发与集成应用

由中国农业机械化科学研究院牵头，联合中国包装和食品机械化有限公司、青岛海科佳智能装备科技有限公司、克明面业股份有限公司、山东鲁花（延津）面粉食品有限公司共同承担的“传统条状米面制品智能化加工关键技术装备研发与集成应用”项目荣获“中国机械工业科技进步奖”一等奖。

项目围绕挂面、米粉加工过程中的关键技术环节及主要瓶颈问题进行深入研究，创新加工工艺，研发核心装备，构建产品品质可追溯体系，提升挂面、米粉工业化加工水平。

创新点 1　创新发明了高温改性和低温调质挂面加工工艺，首创米粉加工保湿循环干燥模式，研制高效、节能、分段梯度脱水技术与装备

创新多区分段柔性调节梯度脱水模式，建立含水率与干燥时间的脱水规律数学模型，研制全封闭、全天候、系列化、节能型的智能干燥系统，合格率提高 2%；发明了挂面高温改性（干蒸）和低温调质（面线熟化）加工工艺，创新研发了以“华夏一面”和“鲁花经典”为标志的优质挂面品牌；研发米粉保湿循序脱水工艺，首创保湿循环全自动米粉干燥系统，实现米粉工业化加工从无到有的重大突破；创新利用无动力排气热能回收、蒸汽冷凝水二次循环利用等技术措施，降低热能损失大于 15%。

创新点 2　研究条状米面制品的性状特点，创制高效切断、精准计量、高速包装加工装备

突破传统单层滚刀切断方式，研发了挂面双层垂直分切高效切断机；基于米粉性状特点，首创米粉专用切断装置；突破双通道称量和多规格自适应捆扎技术，研发了自动高效精准称量和捆扎设备；创新 M 型自动制袋等核心技术，研制了条状物料制袋、装填、封口一体化包装系统。切断误差≤ 2mm，计量速度提高 1 倍，包装速度 90 包 / min，合格率大于 98%，节约人工 50%，整体技术达到国际先进水平。

创新点 3　构建挂面、米粉加工技术装备集成和产品品质可追溯体系

通过集成供粉配粉、和面压延、保质干燥、切断包装等核心环节，创建日产 80 t 国际最大规模挂面加工生产线；通过对清洗、挤丝、老化、脱水、切断和包装进行连续化技术开发和系统集成优化，首创米粉加工从原料到成品包装的全程自动化生产；应用智能化、网络化远程监控技术，构建挂面、米粉加工技术装备集成和产品品质可追溯体系，减少人员投入 50%。

项目成果鉴定意见

项目的顺利实施和推广应用促进了挂面、米粉生产技术装备水平的快速提升，引领并推动了我国传统条状米面制品行业的高质量发展。

经中国食品科学技术学会鉴定，项目整体技术达到国际先进水平。

牛羊屠宰与畜禽分割技术装备研发示范

中国农业机械化科学研究院牵头承担完成了科技部“十三五”国家重点研发计划“牛羊屠宰与畜禽分割技术装备研发与示范”项目（2018YFD0700800）。项目针对牛羊屠宰装备落后，畜禽自动化分级分割装备缺乏，瞄准过程卫生、自动高效等关键问题，开展了一系列研究，取得了创新性研发成果。

创制的羊多工位高效扯皮机、内脏卫检同步系统在内蒙古美洋洋完成示范推广，创制的家禽分割产品快速分级系统、家禽分割主要设备在北票宏发示范应用，突破了制约家畜屠宰加工规模化生产的关键技术瓶颈，解决了畜禽屠宰加工效率和避免食品卫生安全隐患等问题。

羊多工位高效扯皮机

突破了双动力驱动的、多种空间动作相互配合的去皮技术，实现了多工位连续自动化扯皮作业，大幅提升关键单机加工效率，有效降低劳动强度。扯皮部件旋转速度与生产能力自动匹配，满足柔性扯皮加工要求，皮张破损率≤1%，有效提升产品质量，降低肉损失。

家禽自动割生产线

完成了“家禽自动化分割技术和装备研发与示范”课题，开发了家禽分割产品快速分级系统，实现挂禽区、烫毛、脱毛、掏膛、预冷及分割的自动化流水作业，集成了家禽自动分割生产线。解决了分割作业人员多，生产效率低等问题，全面提升我国家禽加工技术水平，打破了发达国家对我国的技术垄断。

专家评价意见

该项目研制了羊多工位高效扯皮机、内脏卫检同步系统、家禽快速分级系统等，建立了羊屠宰加工生产线，加工能力达 480 只 /h；建立了家禽自动分割生产线，加工能力达 6 020 只 /h，实现了畜禽屠宰加工自动化、标准化生产，提升了产品品质和卫生安全水平，经济社会效益显著。

食品新型压榨与微细化加工技术与装备开发

中机康元粮油装备（北京）有限公司承担完成了科技部“十三五”重点研发计划“食品新型压榨与微细化加工技术与装备开发”课题（2016YFD0400305）。该课题所属项目为浙江大学“食品工程化与智能化加工新技术装备开发研究”项目。课题参与单位有中国农业大学、北京工商大学、廊坊通用机械制造有限公司。

课题针对设备存在“生产效率低、稳定性差、智能化程度低、压榨理论研究不足”等突出问题，开展了一系列研究，取得了突破性、创新性研发成果，部分成果达到了国际先进水平。

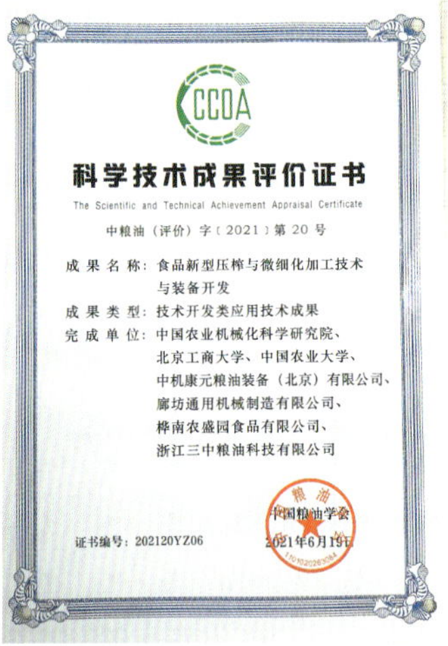
科学技术成果评价证书
The Scientific and Technical Achievement Appraisal Certificate
中粮油（评价）字〔2021〕第20号
成果名称：食品新型压榨与微细化加工技术与装备开发
成果类型：技术开发类应用技术成果
完成单位：中国农业机械化科学研究院、北京工商大学、中国农业大学、中机康元粮油装备（北京）有限公司、廊坊通用机械制造有限公司、桦南农盛园食品有限公司、浙江三中粮油科技有限公司
证书编号：202120YZ06
中国粮油学会
2021年6月19日

技术创新点 1

项目采用了新型高效传动、榨膛适宜增压构建，压榨全程应力应变智能监测及控制、容积式压榨机的全自动喂料、出饼及压榨全程自动化控制等油脂加工新技术。

技术创新点 2

项目通过对油料压榨应力应变与传热传质机理技术研究，构建了榨螺与流体域模型以及油料压榨的应力－应变曲线。

技术创新点 3

开发的 WYZ5.0 全自动容积压榨机，实现了对珍稀油料的连续化规模化生产和自动控制，提高了设备产能；开发的 SLZ-50 低温榨油机，在螺旋铠甲化、压力云图建立和分布式智能压榨监测系统等关键技术和装备上取得了突破，填补了部分领域空白，有效地提升了设备的使用寿命和信息化控制水平。

项目成果评价意见

2021年6月19日，中国粮油学会组织专家对“食品新型压榨与微细化加工技术研究与装备开发”项目成果进行了评价。与会专家一致认为：项目以高效智能化低温压榨装备为研究目标，引领油料压榨领域向绿色清洁、优质优用方式转变，整体技术达到国际先进水平。

低钠盐中式火腿相揉腌制设备和快速风干成熟控制系统研制

中国包装和食品机械有限公司承担了科技部"十三五"国家重点研发计划"低钠盐中式火腿辊揉腌制设备和快速风干成熟控制系统研制"课题（2016YFD0401502-02）。该课题所属项目为江苏雨润肉食品有限公司牵头承担的"中式传统肉制品绿色制造关键技术与装备研发及示范"项目。

课题针对干腌火腿加工周期长、盐分含量高、工艺装备落后、产品单一等关键问题，研制出的火腿自动辊揉腌制机、智能化控制的火腿快速风干成熟控制系统，已在江苏长寿集团实现产业化应用。

火腿快速风干成熟控制系统

构建的智能化温湿度控制系统，实现了传统干腌火腿连续化、自动化风干发酵，大幅节约人工数量，降低能耗，有效降低生产成本，缩短火腿工艺时间50%，达到工业化生产的技术要求，大幅提升了企业的加工技术水平和产能。

火腿自动相揉腌制设备

开发的火腿辊揉腌制自动化加工设备加工能力480条/h，辊揉频率70次/min，解决了干腌火腿品质不稳定、高盐和手工生产等难题。设备采用仿形压辊和托板对火腿进行反复辊揉、弯曲挤压和拉伸，使肌肉组织疏松柔软，有效促进盐分渗透吸收，提升火腿品质。

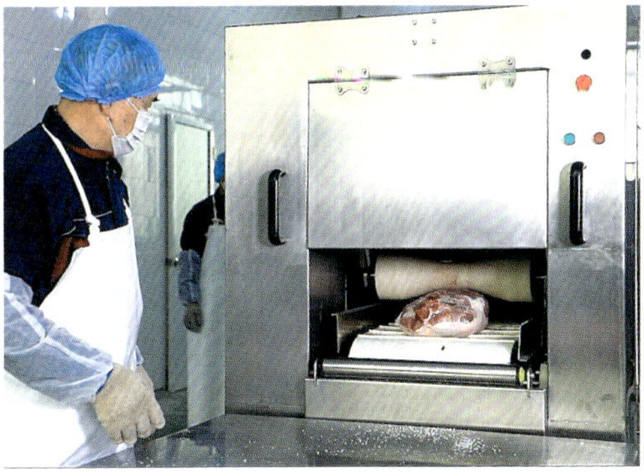

专家评价意见

该课题研制的火腿自动辊揉腌制设备、快速风干成熟控制系统，设备填补了国内空白，实现了火腿辊揉自动化加工及工艺参数自动化控制，突破了制约行业发展的技术难点，改变了传统干腌火腿加工技术装备落后的现状。

图书在版编目（CIP）数据

中国农产品加工业年鉴. 2022 / 科学技术部农村科技司等编. —北京：中国农业出版社，2023.10
ISBN 978-7-109-31324-8

Ⅰ. ①中… Ⅱ. ①科… Ⅲ. ①农产品加工—加工工业—中国—2022—年鉴 Ⅳ. ①F326.5-54

中国国家版本馆CIP数据核字（2023）第209751号

中国农业出版社出版
地址：北京市朝阳区麦子店街18号楼
邮编：100125
责任编辑：孟令洋　郭晨茜
版式设计：王　晨　　责任校对：刘丽香
印刷：北京通州皇家印刷厂
版次：2023年11月第1版
印次：2023年11月北京第1次印刷
发行：新华书店北京发行所
开本：787mm×1092mm　1/16
印张：29.25　插页：6
字数：1100千字
定价：300.00元

ISBN 978-7-109-31324-8

2018

YEARBOOK OF CHINA AGRICULTURAL PRODUCTS PROCESSING INDUSTRIES

中国农产品加工业年鉴

科学技术部农村科技司
中国农业机械化科学研究院
中国包装和食品机械有限公司
食品装备产业技术创新战略联盟
编

中国农业出版社
CHINA AGRICULTURE PRESS

内 容 简 介

本年鉴较系统地记述了我国有关农产品加工业发展的方针、政策、法律、法规和规划等贯彻执行情况；有关领导、专家对发展我国农产品加工业的论述；本领域内相关行业的发展综述；简介了相关行业经济运行情况及名、优、特、新产品；登载了主要农产品加工业的国内外统计资料；记载了相关的国家标准、行业标准、专利以及本行业的大事记。本年鉴资料新颖、准确、科学、翔实，内容丰富，可供政府管理部门、协会、学会、中介组织、生产企业、科研教学单位的管理人员、策划人员、教育工作者和科技工作者参考。

《中国农产品加工业年鉴》编辑委员会

编　辑　部

地　　址：北京市德胜门外北沙滩 1 号 82 信箱

邮　　编：100083

电　　话：010-64882617

传　　真：010-64862464

E-mail：cpfmchy@caams. org. cn

编辑出版说明

一、为紧跟我国农产品加工业发展的时代脉搏和大力宣传主旋律，在各级领导和行业专家的支持与帮助下，我们组织编辑出版的《中国农产品加工业年鉴》（2018）与广大读者见面了，其宗旨是为我国农产品加工业的发展起到桥梁和促进作用。

二、《中国农产品加工业年鉴》由科学技术部、农业农村部、国家发展和改革委员会、国家林业和草原局、国家粮食和物资储备局、中华全国供销合作总社、中国机械工业联合会、中国轻工业联合会的有关主管部门及农产品加工业相关协会、学会、科研院所、大专院校等，与中国农业机械化科学研究院、中国包装和食品机械有限公司、食品装备产业技术创新战略联盟联合编辑出版。

三、《中国农产品加工业年鉴》（2018）安排了7个部分的框架内容，每个栏目名称基本未变，其中的内容和数据均以2017年的基本情况为主；但根据资料的获取难易程度也有部分2017年前后的情况，并保持每卷年鉴的连续性，其中的政策法规及重要文件、大事记和标准均以2018年的基本情况为主。

四、《中国农产品加工业年鉴》记述了相关方针、政策、法律、法规和规划等贯彻执行情况；记述了有关领导、专家对发展我国农产品加工业的论述；记述了本领域相关行业的发展综述；介绍了农产品加工业行业经济运行情况及名、优、特、新产品；登载了农产品加工业国内外统计资料；记载了相关的国家标准、行业标准、专利以及本行业的大事记。年鉴既叙事，也记人，每年编辑、出版一卷。若干年后，不但可以见证我国每年的农产品加工业发展情况，而且将是系统、全面、可靠、翔实的史册和工具书。由于年鉴的权威性和正式的连续出版发行，将有益于国内外各界了解和研究我国农产品加工业现状与发展等情况，促进相互交流与合作；有益于各部门借鉴现实和历史经验，掌握全局，运筹帷幄，制定政策和发展规划，指导本行业健康发展；有益于社会各界沟通行业信息、产品信息，互相学习，取长补短，推动我国农产品加工业的发展和国民经济的腾飞。

五、本年鉴各部分所列数据，因来源渠道不同，不尽一致。全面的数据均以国家统计局提供的为准。本年鉴全国性统计数据均不包括香港、澳门两个特别行政区和中国台湾省。两区一省的相关数据，在年鉴的附录中列出。

六、为系统、准确、科学、翔实地反映我国农产品加工业现状，并力争办出本年鉴的特色，我们在编辑中继续突出了综述文章以当年国家重点抓的农产品加工业中的有关行业为主，全书内容以推动产业发展为主，国家标准、行业标准与专利以加工工艺、设备和相应的产品为主，统计数据以国家统计局经济行业分类为主，国外的统计数据以特点显著的部分发达国家和少数发展中国家为主等。

七、本年鉴的编辑、出版、发行等工作，得到了中央及各级有关部门、协会、学会、科研院所、高等院校、生产企业、社会团体的大力支持和帮助，谨此表示衷心的感谢。

目　录

第四部分　国内综合统计资料

第五部分　标准、专利

第六部分　大事记

第七部分　附　录

Contents

Part Ⅳ Domestic Comprehensive Statistics Materials

Part Ⅴ Standard and Patents

Part Ⅵ Chronicle of Events

Part Ⅶ Appendix

1 第一部分

专题论述

加强食品科技创新 促进产业高质量发展

科学技术部农村科技司

食品产业是关系国计民生的生命产业，是农业与人民生活衔接和农业资源实现市场转化的关键环节，是与工业、流通等领域有着密切联系的大产业。现今的世界食品市场大致可分为成熟市场和发展中市场，前者包括西欧、北美及日本等发达国家，占世界食品市场的60%，后者占世界食品市场的40%。世界食品科技从以满足量的需要为主要特征的食物安全、食品安全保障阶段，进入以满足质的需要为主要特征的营养健康食品制造新时代，进入科技高投入、高产出、高收益阶段。

改革开放40年来，我国食品工业取得了长足发展，食品工业规模化、集约化、智能化、绿色化发展水平明显提升，供给质量和效率也显著提高。但与发达国家相比，我国食品科技水平和高端制造水平还不高，对外依存度仍旧比较高，仍属于发展和转型中产业。

一、我国食品工业发展现状与问题

（一）食品工业已成为国民经济发展的重要支柱产业

1996年，食品工业成为我国工业体系首位产业，2002年我国食品工业总值首次突破1万亿元，2013年超过10万亿元，2014年我国食品工业成为全球第一大食品产业。2016年41 623家规模以上食品工业企业（含烟草）主营业务收入11.97万亿元，企业研发经费达到524.61亿元，是2014年的139.4%，年度发明专利申请数量突破万件。根据2017年实施的《国民经济行业分类》（GB/T 4754—2017）标准，我国食品工业涵盖农副食品加工业，食品制造业，酒、饮料和精制茶制造业三大类（以前为四大类，含烟草制品类），2017年全国规模以上食品工业企业累计完成主营业务收入10.52万亿元，同比增长6.6%；主营业务收入占全国工业总收入的9.0%；实现利润总额7 015.6亿元，同比增长8.5%，对全国工业增长贡献率为10.5%，连续4年超过10%。食品工业是国内外主营业务收入唯一超过10万亿元的产业，已成为国民经济的第一大支柱产业和基础产业，在促进国民经济发展、保障食品安全、提升国民营养健康素质、推动供给侧结构性改革、推进一二三产业融合发展等方面扮演着举足轻重的角色。

食品工业总产值与农业总产值之比是衡量一个国家食品工业发展程度的重要标志。发达国家建立了以市场为导向，以产前、产中、产后协同发展的现代农业全产业链创新体系，食品工业产值与农业总产值之比一般为（2～4）：1，据推算美国约为3.7：1，日本高达11.7：1（据日本农林水产省，2017年食品总值52 453百万日元，农业为4480.7百万日元），食品科技创新在现代农业科技创新中发挥主导和牵引作用。我国食品科技起步晚、发展速度慢，存在重产前产中而轻产后加工的现象。我国粮油水果、豆类、肉蛋、水产品等产量均居世界第一位，但深加工率却很低，仅有30%左右，低于发达国家同期70%以上的水平。1952—2000年近50年间中国食品工业总产值与农业总产值的比值一直停留在（0.3～0.4）：1，2005年超过0.5：1，2013年超过1：1，2017年超过1.7：1（数据来自国家统计局，2017年中国食品工业产值为10.52万亿元，农业总产值为6.17万亿元）。

（二）食品产业科技创新体系与创新能力不断增强

近年来，国家不断加强食品科技创新体系建设和扶持力度。2000年，科技部启动了“农产品深加工技术与设备研究开发”国家重大科技专项，是我国首次在国家层面上对食品领域给予重大专项资助。“十五”以来，中国政府通过科技攻关计划、“863”计划、国家科技支撑计划、国家自然科学基金等专项的实施，逐步加大了对食品及相关产业科技发展的支持力度，中央财政累计资助额度超过50亿元，支持力度、广度和强度在共和国历史上绝无仅有。

2017年，科技部发布《“十三五”食品科技创新专项规划》（简称《规划》），首次从国家层面对食品科技进行了系统部署。中期评估显示，《规划》实施有力地促进了食品科技的发展。一是自主创新能力持续提升。累计投入研发经费逾20亿元，突破了粮食收储保质降耗关键技术、特殊保障食品制造关键技术等241项关键核心技术，取得部队智能化保障系统、果实淀粉降解和成熟衰老的新机制等58项重大创新成果。二是产业发展水平稳步增强。食品加工关键技术与装备制造水平显著提高，重点装备自给率达到80%；产后物流损耗降低至10%左右。三是创新基础条件明显加强，高水平的科技创新基地平台建设水平显著提高。四是科技创新体系趋于完善，食品产业科技的支撑与持续创新能力稳步提升。

企业的创新活力和创新投入日趋活跃。2016年规模以上食品企业研发投入强度为0.44%，虽低于全国2.07%和制造业0.97%的水平，但与自身以往相比已有巨大进步。在企业主导的科技研发活动中企业资金占80%以上，企业已逐渐开始成为科技经费投入的主体。

科技创新队伍日趋壮大。截至2016年底，中国从事食品科学研究的科研院所、高等院校已超过350家；全国有235所高校设立了食品科学与工程专业，其中具有博士点高校24所、硕士点高校100余所，食品学科年招生人数超过1万人。

（三）我国食品工业及食品科技的问题

目前，我国食品工业依然存在一些突出问题。一是生产集中度提升与“小、弱、散”并存；二是绿色高新精深加工与粗放生产方式并存；三是品牌价值凸显与自主品牌培育不足并存；四是食品安全稳定向好与风险隐患严峻并存。这些矛盾导致产业规模巨大而有效供给不足，制造能力较强而创造能力不足。

我国食品科技创新也存在很多突出的问题。一是源头创新不足，食品技术创新缺乏持续动力。我国食品加工与制造优质化、营养化、健康化的自身诉求目标日益清晰，而我国食品领域的基础与应用自主创新能力弱，核心技术研发缺乏关键理论和科学基础支撑，导致自主发展方向和原始性创新无根基。我国自主满足自身诉求目标的能力弱，这是我国长期对西方理论和科学过度依赖、重引进吸收和产业模式的引进、科技创新支持力度不够和支持方向不平衡原因所导致。2015年美国食品工业R&D投入强度为1.36%。国际化公司创新投入大，丹麦诺维信公司酶制剂产品销售额超过20亿美元，2010年研发经费已经占销售额的14%（1.5亿丹麦克朗），重点开发传统微生物学、现代生物化学和分子生物学领域的多项先进核心技术，包括表达克隆、重组技术、蛋白工程和高通量筛选技术等，拥有6 500余项专利。二是关键核心技术装备创新不足，食品产业绿色高效转型升级乏力。我国果蔬、肉类、水产品冷链流通率分别为22%、34%、41%，农产品物流总额达到3.6万亿元，物流损耗达10%～25%；食用油、乳制品等加工量和消费量全球第一，高能耗、高损耗的问题仍旧突出，加工过程中先进的杀菌、均质、干燥、离心机、灌装、储藏保鲜等核心技术和装备主要依赖欧美及日本等国家输入，急需系统创新技术和装备予以解决。三是全链条和多学科交叉创新不足，食品产业缺乏核心竞争力。缺乏创新研究链条和全产业链系统化、链条化布局，发达国家对基于学科交叉的基础和应用创新链布局一直是其创新布局的重要组成部分，如美国NIH和USDA，日本农林省重点持续布局基于生命科学、新型材料、机械制造等交叉的食品营养与健康、健康食品等专项。2016年以干细胞研究为基础的重组牛肉、以物联网和智能化为基础的3D打印等颠覆性创新成果不断出现，基于学科交叉的基础和应用创新链成为发展原动力。

二、发达国家食品工业发展的主要做法和经验

（一）食品与农业并重发展

发达国家普遍认为食品产业包括上游的农业、中游的食品工业和下游的食品运销、餐饮业，食品与农业具有与生俱来的联系。世界各国也普遍将食品与农业并重发展，统一管理，如联合国粮食及农业组织、德国联邦食品和农业部、加拿大农业及农业食品部，美国也将食品产业划归美国农业部管理，2018年美国国家科学院等机构联合发布《2030美国食品和农业研究科学突破研究报告》。食品科技的创新也离不开农业科技的发展，美国室内农场公司Plenty通过将机器学习、物联网、大数据等技术引入室内农场，为消费者提供绿色、健康、营养的食物。加拿大科技公司Localize Your Food为消费者提供食品来源追溯和安全验证服务，使食品生产、运输和销售流程更加透明。

（二）科技创新支撑食品工业整体发展水平提升

食品工业的发展依赖于食品工艺、技术、装备以及标准等，加大研发投入，不断发展和应用新技术、推出新产品，不断更新并统一执行规范的技术标准与

法规，是发达国家食品工业持续发展的经验之一。高科技成果在食品工业领域的广泛应用，为食品工业的发展提供了强有力的支撑。20 世纪 30 年代诞生的无菌处理和包装技术，40 年代出现的超高温瞬时加热技术（UHT），造就了大批果汁饮料和乳品国际大公司。作为科技创新大国，美国的食品工业现已成为以高科技和诸多知识产权及发明创造为核心的全球最具竞争力的行业，其科研投入从 2005 年的 27.16 亿美元增加到 2016 年的 60 亿美元。德国食品工业的发展处于欧洲领导地位，得益于德国联邦食品与农业部持续增加科研投入，创新科技管理体系，为高标准的食品安全性以及德国制造品质奠定坚实基础。此外，以雀巢公司为代表的食品跨国大企业集团正以庞大的规模、雄厚的经济实力和强大的研发能力，决定着世界食品产业的发展方向和潮流。

（三）高聚集度提高生产效率和提升品牌价值

食品企业根据全球市场变化，不断进行结构调整，通过联合、并购和合并等方式，提升企业运行效率，将规模经济与学习效应相结合，形成企业竞争优势，树立企业品牌价值。发达国家食品工业的行业集中度不断提高，未来跨国食品大企业集团将在更大规模和更广范围中扩张自己的实力。美国是食品企业聚集度最高的国家，根据 2014 年全球食品企业的营业收入，全球排名前十的食品公司里，美国企业占据了 60%，其中泰森食品是美国鸡肉第一品牌，是全球最大的鸡肉、牛肉、猪肉供应商、生产商，在美国鸡肉市场占有率为 25%。丹麦的乳制品、肉制品、饮料和烟草行业中排名前十公司的产值在全国同行业总产值所占的比重均超过 80.0%，食品工业前十公司的产值占食品工业总产值的 46.4%，远远超过整个制造业排名前十大公司 23.0%的水平。在行业集聚度不断提高的同时，造就了很多大企业集团、大品牌，大企业集团成为推动食品市场全球化的主要支撑，大品牌对企业竞争力和利润贡献度越来越大。

（四）完善法律和监管体系保障食品工业稳定发展

完善的法律体系和严密的监管网络，可确保食品工业提供的产品质量可靠、安全。美国建立了包括农业部、FDA、环保署、卫生部等 20 多个具有食品安全监管职能的机构在内的食品安全管理机构，形成了成熟的监管网络。加拿大建立了国际一流的食品监察体系，一直以国际标准来加强食品生产中的质量控制，使得加拿大的食品以高质量享誉世界。德国以联邦食品和农业部为最高主管部门，形成了以风险预防为主、强调事前监管的多层次食品安全治理体系，保障了德国制造的品质。

（五）创新人才培养保障食品工业发展人才梯队

高水平的创新人才是食品工业发展的创新源泉和技术保障，发达国家高度重视人才队伍的培养和食品科学学科体系的建设，保障了食品工业发展的人才梯队。美国高度重视食品科学学科体系的建设，大力发展高等学校食品科学专业，建立了以农业部研究机构和大学为主的创新人才培养基地。德国形成了终身学习并被不断认可的创新人才培养模式，一方面，以培养高质素的工程师为目标，立足于成才教育，培养食品科学与工程专业型人才；另一方面，没有大学教育经历的人通过从业训练后也很受重视，成为食品工业的重要力量。

三、启示及建议

国际经验表明，当一个国家或地区人均 GDP 跨越 1 万美元以后，食品工业将经历从食物安全和食品安全保障阶段进入营养健康发展阶段，食品工业将进入高速发展阶段。2018 年我国人均 GDP 达到了9 780 美元，即将跨越 1 万美元的中等收入大关。可以预见，未来 30 年中国食品工业将迎来以营养健康为目标的黄金期和高速发展阶段。当前，“十三五”时期是中国食品产业发展的关键期、转折期，要加大食品科技领域投入，通过科技创新驱动，推动食品产业实现高质量发展。

（一）做好食品科技顶层设计

借鉴发达国家经验做法，制订食品科技创新战略规划。在技术预测的基础上，强化食品科技创新顶层设计，超前部署食品科技重大战略方向和重大任务，加强食品营养健康工程、食品绿色制造工程、食品安全主动保障等重点领域的专项研究。

（二）加大食品科技支持力度

加大对食品科技创新投入的力度、深度和广度，强化基础研究、应用基础研究、颠覆性技术及产业共性关键技术研究，提升原始创新能力。加强食品领域创新基地平台建设，在国家重点实验室、国家技术创新中心等基地平台建设方面给予重点支持，打造食品领域战略科技力量。国家农业科技园区和高新技术产业示范区内的企业多为食品工业企业，应加强对园区内食品企业的政策引导和创新支持。

（三）推动食品工业高质量发展

一是创新融合发展。强化成果转化应用，大力发展食品高新技术产业，提升产业竞争力；强化企业创新主体地位，打造一批具有国际竞争力的创新型食品领军企业。推进三产融合发展，带动三产、拉动一产，拉长产业链、提升价值链、融合创新链。二是改革跨越发展。构筑大数据引领、智能化制造、精准化产品、个性化服务的全民食物营养健康大产业，发展新动能、新业态，形成新模式，领跑世界食品工业发展新潮流。三是绿色开放发展。推进食品绿色制造，加快转型升级，发展循环经济，构建资源节约型、环境友好型的生产方式和消费模式。加快食品工业“走出去”步伐，鼓励企业设立境外技术中心，开展多种形式的食品科技交流合作，构建与国际接轨的创新体系，抢占制高点。

加强管理　协同创新　稳步推进食品产业重点专项工作

科学技术部农村科技司巡视员　王喆

现代食品加工业涵盖食品原料控制与储运、加工与转化、物流与消费等全产业链各环节，食品产业的发展已经成为引领、带动乃至决定我国现代农业发展的“新动力”和“新优势”，成为拉动国民经济发展的“新兴产业”和新的经济“增长点”，利于延伸农业产业链，提高农产品转化率和利用率，实现农产品减损增值，引导农业生产，推进农业增效，促进农民增收，保障农村稳定，开辟了现代农业发展的新机遇、新潜力和新空间。2018 年是国家重点研发计划“现代食品加工及粮食收储运技术与装备”重点专项（以下简称“食品专项”）实施的中期之年，三年来食品专项在科技部的领导下，项目单位按照计划进度稳步执行，达到了预期指标，圆满完成了项目的各项研究进度任务，有力推动了现代食品工业及粮食收储运行业健康快速、高质量发展。

一、食品专项总体情况

（一）任务布置与投入情况

食品专项共设置“食品加工应用基础研究”“食品加工核心技术开发与装备创制”“食品加工工程化技术集成应用与产业化示范”三大板块，批复概算 19.16 亿元，其中中央财政经费 11.71 亿元，其他来源经费 7.45 亿元。食品专项针对未来五年现代食品加工制造与装备开发产业及粮食收储运行业中迫切需要解决的技术问题，按照全链条布局、一体化实施的总体思路，分三批共启动实施 44 个项目，其中 2016 年中央财政经费5.850 0亿，执行期 5 年，共 16 个项目；2017 年中央财政经费3.304 3亿，执行期 4 年，共 14 个项目；2018 年中央财政经费2.479 9亿，执行期 3 年，共 14 个项目。食品专项累计设有 223 个课题，1 147个研究任务，436 家单位（高校 121 家、院所 101 家、企业 215 家）、5 440人参加，囊括和汇集了国内现代食品加工及粮食收储运技术领域的绝大多数优势单位和研发力量。

（二）关键节点任务目标完成情况

截至 2018 年 11 月底，食品专项按照任务书中约定完成了各项中期考核指标，整体超额完成了标准制定、申请获得专利、发表科技论文等各项中期考核指标，完成最低的“获得标准/技术规范”考核指标也达到了任务书约定中期考核指标的 1.69 倍，并且完成“获得科技奖励”“研究生培养”等多项任务书中未约定的中期考核指标。将食品专项整体中期完成指标与任务书中各项目验收指标汇总数据的一半相比较，除“获得标准/技术规范”（77.25%）、“新建示范工程”（79.30%）、“成果创税收”（32.13%）三个指标外，食品专项在执行中期已经超额完成任务书约定的项目验收时半数考核指标，说明食品专项整体进展顺利，2020 年底预期能够圆满完成各项研究任务，能够超额完成专项整体考核指标。据不完全统计，截至 2018 年 11 月底，食品专项共取得新理论、新原理 95 个；发表科技论文1 957篇（其中 SCI/EI 论文 1 146篇），出版专著 24 部，取得软件著作权 48 项；一批达到或接近世界先进水平研究成果陆续涌现，引领我国食品加工及粮食收储运领域的原始创新。食品专项共取得新技术、新工艺、新方法 570 个；累计申请发明专利 1 126 件（其中国际发明专利 33 件），获得授权发明专利 99 件，申请其他各类专利 146 件，其中获得授权 111 件；制定标准 197 项，其中国际标准 3 项、国家标准 23 项、行业标准 48 项、企业标准 123 项。专项成为“十三五”期间引领我国食品加工及粮食收储运领域科技进步的主要驱动力。食品专项取得新产品、新装置 573 个，新建生产线 55 条，新建示范工程 113 个；获得国家科技奖励 5 项，获得省部级科技奖励 50 项；转让成果 43 项，成果转让收入 4 252.49 万元，成果创造产值64 462.85 万元、创造税收5 622.42 万元、创造利润9 429.10 万元、创出口额4 298.72 万元；培训技术人员8 808人。专项实施为国民经济建设主战场提供有力的科技驱动，有效拓展和带动了我国现代农业发展。通过专项实施，在基础研究、共性技术研发及产业化示范领域均取得重大突破，在标准、专利、论文、人才培养、新技术、新方法、新理论、新装置、示范应用以及成果转化等方面成效显著，有力地支撑了我国食品品质的改善、营养的保持和质量安全的保障，有效地推动了食品工业技术创新、产业升级换代。

二、专项组织实施模式和特点

（一）充分发挥“两体系作用”，共同推进专项一体化实施

建立权责清晰的专项主体责任体系和专家实施责任体系。在项目管理层面构建对专项任务目标共同负责的“两体系”。一是建立专项主任、专项主管、项目专员三个层级的专项主体责任体系，并设立流动项目专员，吸纳一线科研单位力量参与项目管理与服务。二是建立包括专项总体专家组、项目负责人的专家实施责任体系，形成一个由项目的整体协调到项目的具体实施及技术服务相互配合的项目专业化实施的组成架构，为高质量完成专项预期目标保驾护航。

（二）加强宣贯引导，进一步落实法人单位主体责任

对标《国务院关于优化科研管理提升科研绩效若干措施的通知》（国发［2018］25 号），修订完善了中期检查实施细则等 28 项制度，并精心设计、高效组织，围绕推动专项一体化实施，召开启动会、推进会、培训会以及现场调研座谈，推动项目承担单位落实法人责任。一是将部分项目和经费管理权限下放，引导各法人单位内部建立健全科研、财务和行政管理相结合的制度，对现行的科研项目、科研资金、科研人员以及因公临时出国等管理办法进行修订，对与新出台政策精神不符的规定要进行清理和修改，充分调动承担单位的积极性、主动性和创造性。二是充分赋予法人单位管理权限，组织细化落实项目实施和经费执行的年度计划，对项目和经费执行情况以及日常管理工作进行不定期检查，并实行重大事项报告，确保项目顺利组织实施，经费使用科学合规，确保在落实科研人员自主权的基础上，突出成果导向，提高科研资金使用绩效，完成科研目标任务。三是强化法人单位建立服务支撑与管理监督并重的基本理念。在项目经费配套、急需人才引进、仪器设备使用、创新环境优化等方面对重点专项项目进行倾斜，积极发挥法人单位的项目统筹集成作用，用政策、激励机制等推动项目形成的科技成果转化为现实生产力。

（三）统筹兼顾，同步推进项目实施与预算执行一体化

围绕专项目标在项目和财务两个层面做好任务分解，实行一体化实施部署。在项目实施阶段，各项目围绕任务目标，在项目专家组和经费管理专家组的指导下，撰写项目实施方案和预算执行计划，将项目规划落实为具体的执行方案，做到项目部署和预算执行同步推进。将实施方案和预算执行计划汇编成册，作为项目管理的重要依据，实现科研任务实施和经费执行一体化管理。

（四）以“小核心、大网络”管理体系，实现资源共享和成果交流

围绕专业机构这一“小核心”，充分调动部门、地方、产学研各界积极性，组建开放协同“大网络”，形成开放协同的新型管理体系。一是加强与部门、地方的紧密协作。专业机构在重点专项的组织实施过程中，始终保持与相关部门、地方经常性的沟通与配合，加强信息的交流与共享，建立联动机制及相应工作渠道，为相关部门和地方提供专业化的服务。二是充分发挥各部门、地方科技部门作用，带动相关责任方参与对项目推荐、启动、推进、验收、转化等全过程的协同管理与监督，为项目成果的转化应用提供支撑。三是充分赋予项目法人单位管理权限。利用启动会、管理培训、财务培训、过程管理等环节，不断强化法人单位责任制，要求法人单位及时了解项目研发信息、把握项目进度、加强资源整合、组织协调和服务于项目组织实施，确保项目顺利进行。四是充分发挥项目负责人在项目实施中的主导作用。明确项目负责人在项目各课题总体方案设计和实施中的牵头作用，统筹各课题按照项目预定目标开展工作，确保按时完成项目各项任务指标。五是充分发挥总体专家组的把关作用。始终按照专项任务目标要求，做好项目实施全过程的目标掌控，并通过召开年度会议、开展中期评估、随机抽查等形式对专项项目的实施进展、预算执行及存在问题进行检查督导，确保项目始终按照既定任务目标和预算安排顺利推进。

（五）全方位深化 ISO9001 质量管理体系，确保项目管理规范高效

高度重视发挥 ISO9001 质量管理体系在专业机

构内部的作用，持续推动管理制度与工作流程科学高效运转。在通过质量管理体系认定的基础上，积极主动按照ISO9001的规范和要求，严格遵循质量管理体系“计划P—执行D—评估A—改进C”原则以及“目标清晰明确、程序科学规范、过程公开透明、监督及时到位”的质量管理要求，在实施项目管理过程中不断规范完善串联式专业化管理新流程和新机制，确保科技计划项目管理科学化、规范化、专业化，为更好完成国家农业农村科技计划项目的管理任务提供坚实保障。

（六）以强化“三位一体”廉政风险防控体系为重点，实现目标清晰明确、程序科学规范

认真梳理管理流程，针对在管理中发现的廉政薄弱环节，建立“一岗双责”、绩效管理、痕迹与信用管理“三位一体”的廉政风险防控体系，打造“两个嵌入式”项目管理风险防控和监督体系，为专业机构建设和项目管理提供坚强保证。一是完善“一岗双责”的内部风险防控制度。将党风廉政建设和反腐败工作全面纳入专业机构建设和专项管理工作中，从监督项目预申报书形式审查、现场监督预申报书首轮评审、全程监督重点专项视频评审，到立项全过程规范化操作、重点专项中期检查等方面建立内控机制，深入实施“矩阵式”支部工作法，切实加强项目一体化实施，与项目管理人员签订廉政责任书，切实将廉政防控作为专业机构建设的重中之重。二是切实加强不相容岗位相互分离的组织体制。形成“决策、执行、监督”相互分离、相互制约的管理架构，根据串联式流程成立的各工作组相对独立、分工明确、责任清晰、流水作业，且相互监督、相互制约，规范个人裁量。同时，在项目串联式管理流程上，由不同人员通过AB角分工承担不同任务，确保不相容岗位分离执行效果，实现不相容岗位承担不同环节工作，防止个人操作，确保重点专项管理决策科学、执行规范、监督到位。三是全面实现痕迹管理，确保项目管理全程可申诉、可查询、可追溯。围绕重点专项管理关键环节，充分利用信息化手段，对评审专家抽取、项目评审、中期检查、验收等环节进行记录，对每一位登录国家科技管理信息系统人员的系统操作情况进行监控和反映，在项目管理中形成的记录表单、签字等定期进行专门归档留痕，并通过信息化手段实现电子留痕，实现“全程留痕、不可逆转、可控可查”，同时加强评审专家诚信管理，规范咨询专家诚信行为。

（七）全面建成“两个嵌入”监督体系，为项目管理提供坚强保证

一是全面建成嵌入式项目管理风险防控体系。梳理项目管理廉政风险点，针对形式审查、专家遴选和使用、项目立项、中期检查等关键环节，制定有效监督问责措施并细化责任事项。监督组参加评价专家抽取工作会和专项评审会，对评审专家名单形成、专家组长推选，专家独立打分、投票、填写评审意见等全过程开展监督，做到监督前移，全程受控，保证立项全过程规范化操作，为专业机构建设和项目管理提供坚强纪律保证。二是全面建成职责明确的监督工作体系。在外部监督方面，在专家抽取、视频答辩评审等关键环节，主动邀请驻部纪检监察组、资管司、农村司、监督司等部门人员到现场进行监督与指导，并依规在科技部科技计划管理信息系统或专业机构门户网站公开答辩评审专家名单、项目评审标准和项目立项公示等信息。在内部监督方面，对专项管理流程各节点工作进行全覆盖监督，独立制定年度监督工作计划，通过抽查方式对重点专项承担单位和团队履职、廉政以及经费使用情况进行随机监督，并在项目评审和立项等环节主动接受社会监督。

（八）持续推行信息公开，实施“梯级应对”，实现项目阳光管理

一是多方式多层次推进信息公开，实现项目阳光管理。通过国家科技管理信息系统主动公布项目评审专家和重要工作进展，在专业机构门户网站和办公区展板公开专业机构简介、专项动态、政策法规以及管理制度等社会各界关心关注的信息。同时及时回应答复各界人士的电话、邮件等咨询，并通过舆情监测及时了解社会对重点专项的关切。二是梯级应对，及时响应创新主体的关切。“梯级应对、集体研究”的工作机制日趋成熟。工作组严格按照规定，事先公布异议咨询及申诉的窗口录音电话，在工作时间安排专人值守，确保第一时间与相关人员沟通，答疑解惑。

三、取得的阶段性重大预期成果

（一）食品加工制造应用基础研究方面

1. 揭示了果实芳香品质调控的新机制　利用代谢组学、转录组学和表观组学等技术手段研究了采后温度影响果实风味品质变化的分子机制。发现采后不适宜温度贮藏诱导了番茄启动子区域DNA甲基化增加，芳香物质形成相关的基因如HPL、ADH和AAT等以及重要的成熟相关转录因子如RIN和NOR等都发生了甲基化水平的改变。除了番茄果实之外，草莓和桃等果实的品质也与DNA甲基化水平的变化有关。研究认为，表观遗传学参与了采后温度对果实风味品质的调控，揭示了DNA甲基化影响果实芳香物质合成的机制。相关研究结果先后在PNAS等期刊发表论文10多篇，研究成果为进一步改进采后冷链物流与贮藏技术体系，特别是建立更为精准贮藏物流温度管理，维持更佳果实品质提供了直接的科学理论支撑，以期回归果实传统风味，保持果实特征芳香。

2. 首次系统构建了基于特征组分多层次结构变化的食品品质功能形成与调控新理论新方法 揭示了基于多尺度结构变化的5类食品体系品质功能形成与调控新理论，阐明了基于5种关键特征组分相互作用的食品品质功能调控新方法，建立了基于纤维网络结构的高水分挤压技术提升蛋白品质功能的新方法，明确了基于油水界面3D网络结构的高压均质技术增强食品乳液品质功能的新理论，首次构建了已知食品级Pickering乳液中油相质量分数最高的HIPPEs（87%），为动态高压微射流技术在食品乳化创新领域的应用提供理论指导，成功研发出一种新型食品高内相Pickering乳液，其外部形态、流变特性等功能性质与人造奶油相近，且不含反式脂肪，是极有潜力的人造奶油替代品。成果已发表在国际顶尖期刊《德国应用化学》（Angewandte Chemie International Edition）（IF：12.102）上，并被《科技日报》头版头条、《中国日报》中英文版及新华网、人民网等主流媒体广泛报道。

（二）食品加工制造核心关键技术开发与装备创制方面

1. 研制了智能贮运一体化技术装备，构建果蔬物流供应链新模式，开拓了“一带一路”国际市场 融合可交换箱技术、多温区冷藏箱技术、多温共配系统技术和贮运一体化技术等多项技术，研制了可交换式多温区贮运一体化装备，具有运行效率高、周转周期短、物流环节短、温度波动小、货物损耗少、物流成本低等特点。同时，使用该装备可全程减少物权转移，明确责任主体，建设监控、检验、追溯三位一体的品控体系，打造了干线物流、销地短储（同一贮运空间）、当地配送的多环节少主体的新型物流供应链模式。在此基础上，集成自主开发的预冷装备、光催化保鲜设备和果蔬物流专用纳米包装等多项设备与技术，突破了蒙阴蜜桃等特色易腐农产品跨境物流的瓶颈，成功实现蒙阴蜜桃跨境出口至迪拜的“零突破”，相关成果获得《科技日报》的报道。进一步开拓了“一带一路”国际市场，将产品销售至新加坡、泰国、俄罗斯和坦桑尼亚等国。截至2018年10月，先后向阿拉伯联合酋长国、新加坡、泰国、俄罗斯、坦桑尼亚等“一带一路”国家累计出口蜜桃等果品超过8万余t，出口创汇8 000余万美元。

2. 创建了跨境食品品质与质量控制关键技术体系，搭建了智慧口岸信息评价预警平台 挖掘了基于化学组分、风味信息和营养组分的多种品质识别标志物，基于DNA、多肽及化合物的多种身份识别标志物，初步创建了集现代分子生物学、食品组学、光学和电磁学等多学科技术的跨境特色食品（水果、乳制品、水产品等）品质及身份特征技术平台，研制了具有自主知识产权的快速检测装置（试纸条光热读卡仪、超声显微三维成像仪），搭建了智慧口岸信息评价预警平台，为跨境食品“互联网+快速通关”的服务模式带来技术支撑。其中国内首台具有自主知识产权的超声显微三维成像仪检测无需前处理、不破坏样本，检测全程仅需15min；试纸条光热读卡仪，成本低（从40 000降低到200元），检出限可比肉眼视觉检测提高10倍，大大缩短了通关时间和检测成本。技术成果“食品真实性检测鉴别组学技术研究与应用”荣获2018年度中国食品科学技术学会科技创新奖——技术进步奖一等奖。

（三）食品加工制造技术集成应用与产业化示范方面

1. 大宗油料适度加工与综合利用技术及智能装备研发与示范 开发了具备完全自主知识产权的第五代浸出器——迈安德E形浸出器，已经投放国内市场，出口国外。浸出是油脂精炼工艺中最为关键的工序，主要设备为浸出器，迈安德集团有限公司发明的E形浸出器可实现链条的双轴驱动并且双轴同步平稳运行，日处理量可达10 000～12 000t，是目前国内日处理量最大的环形浸出器。E形浸出器的研发彻底改变了浸出器市场由国外垄断的局面，使我国油脂行业真正拥有了自主知识产权的核心装备，这也是我国油脂加工业拥有核心技术的代表，为行业的发展起到巨大的推动作用。基于菜籽智能化低温压榨工艺技术优化，开发了菜籽低温压榨智能装备、新型油菜籽微波调质装备及集剪切锥圈、油渣自动清理和回榨机构一体化的智能化低温低残油榨油机，有效提高了能量利用率，可比原有设备能耗降低20%，显著提升了产地压榨设备的自动化水平，经压榨后残油小于8%，低温菜粕的出油率在95%以上。相关装备技术成果在中粮集团有限公司、山东渤海实业有限公司、益海嘉里集团（金龙鱼）、山东三维油脂集团股份有限公司、九三粮油工业集团有限公司等20余家大型食用油企业应用，建成了59条适度加工生产线，装备总值11.5亿元，近三年新增产值135.77亿元。

2. 平房仓横向通风集成绿色储粮、“四合一”升级绿色储粮技术示范成果显著 开发出了变温干燥及旋流式粮食干燥机2种，生产率可达100t/d，降耗

20%，实现了入仓前质量控制；完成了稻谷储藏霉菌区系调研及显微形态特征研究，提出了多元储粮真菌生长预测模型和匹配监测装备，可提前 30d 预测粮食安全状态；研发了储粮过程中害虫扑食螨等生物防治技术，射频、微波、光诱杀等害虫物理防控技术，研发相应设备 3 套，实现了储粮害虫绿色防控，化学药剂使用量减少 50%；完成了横向保水通风工艺，研发了横向通风专用设备 7 套。横向谷冷通风能耗降低 60%，储粮水分损耗可以控制在 0.3%之内，确保粮食质量和数量安全，提高企业经济效益。“四合一”升级绿色储粮技术示范成果显著，已经完成 36 个技术产业化示范库，实际储粮数量 128.45 万 t，按每千克预计粮食保质减损增效 0.02 元计算，吨粮增效 20 元计算，保质减损增效2 568.90 万元。开展了高温高湿地区、西南地区、中南地区等“绿色生态储粮新技术培训”8 期，培训人数达1 200余人。

推进农村一二三产业融合发展的思路与路径

农业农村部农产品加工局局长　宗锦耀

党的十九大报告指出，实施乡村振兴战略，促进农村一二三产业融合发展，支持和鼓励农民就业创业，拓宽增收渠道。这既是新时代做好“三农”工作的总方略，也提出了“乡村振兴”的思路与路径。在此，我着重就促进农村一二三产业融合发展、助力实施乡村振兴战略谈点意见。

一、促进农村一二三产业融合发展的重要意义

党中央、国务院高度重视农村产业融合发展。党的十八届三中全会提出要推进粮经饲统筹、农牧渔循环、产加销一体、农文旅结合和一二三产业融合发展。2015 年中央 1 号文件首次提出“推进农村一二三产业融合发展”，并明确了相关具体要求，这标志着党的“三农”工作理念的又一重大创新。同年，国务院办公厅印发了《关于推进农村一二三产业融合发展的指导意见》（国办发〔2015〕93 号），进一步明确了推进农村一二三产业融合发展的指导思想、基本原则、主要目标和工作措施。2016 年、2017 年、2018 年的中央 1 号文件都提出，要在现代农业建设中引进全产业链全价值链，推进农村产业融合发展试点示范，财政支农资金要与农民分享二三产业增值收益挂钩。这些年来，各地各部门把农村产业融合发展作为农业农村经济转型升级的重要抓手和有效途径，加大工作力度，积极推动政策落实，实施支持项目，加强示范引导，农村产业融合发展态势良好，取得了积极成效，特别是新产业新业态新模式大量兴起。

农产品加工业加快提档升级，2017 年加工产值达 21 万亿元，与农业总产值之比由 2012 年的 1.9∶1 提高到 2.2∶1，农业产业链条加快延伸；休闲农业和乡村旅游蓬勃兴起，2017 年营业收入达6 200亿元，吸纳了 900 多万农民就业，拓展了农业多功能；农村电子商务发展如火如荼，截至 2017 年底，农村网民规模累计达 2 亿多，农村网络零售额达 1.2 万亿元，农产品网络零售额达1 600多亿元；农业生产性服务业快速发展，农资供应、产品集聚、物流配送等广泛开展，2017年产值超过2 000多亿元；新型农业经营主体大量出现，累计达到 350 万家，新型职业农民超过1 500万人，农民工、中高等院校毕业生、退役士兵、企业主、科技人员等返乡下乡双创人员累计达到 740 万人。同时产业融合机制不断深化，以“保底收益、按股分红”、合作制、股份合作制和股份制等为主要形式，引导企业与农户建立紧密利益联结关系。但从总体看，还存在着产业链延伸不够，价值链提升不充分，农民利益联结机制不完善，一些地方认识还不足，政策落实不到位等问题。

促进农村一二三产业融合发展是党中央、国务院作出的重要决策，是党的“三农”理论和政策的创新和发展，对于构建农村产业融合发展体系，实施乡村振兴战略，加快农业农村现代化都具有十分重要的意义。

一是构建现代农业产业体系生产体系经营体系的迫切要求。可以延伸农业产业链、价值链，构建产加销、贸工农一体化的现代农业产业体系，构建良种良法配套、农机农艺融合的现代农业生产体系，构建适

度规模经营和社会化服务的现代农业经营体系，让小农户与现代农业进行有效的衔接。

二是促进农民持续较快增收的重要支撑。可以创造出更多新型业态，产生更多增值的环节，增加就业岗位，为农民增收创造新的增长点；可以推动农民专业合作社、龙头企业等新型农业经营主体与农户建立利益分享机制，让农户分享产业链、价值链延伸后的增值收益。

三是培育农村新产业新业态新模式的有效途径。可以吸引现代生产要素，构建产业跨界融合的产业体系，将传统产业改造成为现代产业；拓宽传统“衣食农业”的狭窄发展领域，通过不同产业之间的技术融合、功能融合和价值整合，催生新的产业和新的经济增长极。

四是推动城乡融合发展的必然选择。有利于激活城乡闲置资源、闲暇时间和闲散劳力，同时吸引城市和工业资源要素向农村流动，促进城乡之间资金、人才、信息和产品双向合理流动和平等交换，构建以工促农、工农互惠、以城带乡、城乡互动的新型工农城乡关系。

二、推进农村一二三产业融合发展的思路与路径

总体思路上，要按照“基在农业、惠在农村、利在农民”的总体要求，以让农民分享二三产业增值收益为核心，以构建现代农业产业体系、生产体系、经营体系为基础，以延长产业链、提升价值链、组合供应链为关键，以培育农村新产业、新业态、新模式为重点，促进产业兴旺和城乡融合，为农业农村现代化提供有力支撑。

基本原则上，要坚持利农惠农，尊重农民意愿和创造，强化企业和农民紧密利益联结机制，保障农民获得合理的产业链增值收益。坚持分类施策，发挥资源优势特色，立足现有基础条件，探索不同地区、不同产业、不同企业的融合模式。坚持市场导向，营造良好市场环境，加快培育市场主体，引导各类企业与农民共建产业融合体。坚持以绿色引领，牢固树立绿水青山就是金山银山理念，建立低碳、低耗、循环、高效的绿色发展方式，促进资源节约集约利用和生态环境保护。

基本路径上，一要多主体培育。构建农村产业融合的经营体系，支持新型经营主体发展融合项目，激发多种主体生机活力；二要多业态打造。构建农村产业融合的产业体系，以加工流通、休闲旅游为引领，促进产业相互渗透和交叉重组；三要多要素发力。构建农村产业融合的生产体系，将产业发展由依靠单要素发展转变到依靠资金、技术、管理、企业家等多要素协同发力上来；四要多利益联结。积极发展合作制、股份合作制、股份制等组织形式，构建多种类型的融合模式，打造利益共同体和命运共同体。五要多模式推进。积极探索融合发展模式，打造产城（镇）融合型、农业内部循环型、农业产业链延伸型、农业多种功能拓展型、新业态向农业渗透型、园区前延后展型等多种类型。

三、推动农村一二三产业融合发展的政策措施

第一，以落实政策为重点引导融合。继续推动落实国办《关于推进农村一二三产业融合发展的指导意见》（国办发［2015］93号）、《关于进一步促进农产品加工业发展的意见》（国办发［2016］93号）、《关于支持返乡下乡人员创业创新促进农村一二三产业融合发展的意见》（国办发［2016］84号）和农业部等14部委《关于大力发展休闲农业的指导意见》（农加发［2016］3号）的精神，推动扶持农村产业融合发展的各项政策措施落地生效。继续与有关部门协调合作，争取财税、金融、用地、用电、科技、信息、人才、运输等政策支持。联合有关部委制定促进农产品精深加工若干政策，促进初加工、精深加工和综合利用加工协调发展。认真组织实施农村产业融合发展项目，扶持一批带动力强、影响力大的产业融合发展主体。继续与农发行、农行等金融机构合作，为产业融合发展提供优惠信贷支持。

第二，以创业创新为动力促进融合。实施乡村就业创业促进行动，按照政府搭建平台、平台聚集资源、资源服务双创的总体思路，搭建平台、完善机制、培育主体、强化服务、树立典型，以创新带创业，以创业带就业。支持农民工、中高等院校毕业生、退役士兵、企业主、科技人员等返乡下乡人员结合自身优势和特长，根据市场需求和当地资源禀赋，利用新理念、新技术和新渠道，开发农业农村资源，发展优势特色产业，繁荣农村经济。重点支持发展特色农业、农产品加工业和农产品流通、乡村休闲旅游等服务业，以及其他新产业新业态新模式。建立健全双创推进协调机制，召开现场会、对接会，引导双创与优势区域和农村产业融合发展对接。“农村双创百县千乡万名带头人培育行动”，利用3年时间培训40万名农村双创人员和导师。

第三，以产业发展为基础支撑融合。促进农村产业优化升级，加快培育发展新动能，着力实现技术集

成、要素集聚、企业集中和产业集群。做优农村第一产业，发展绿色循环农业，推进优质农产品生产，优化农业发展设施条件，夯实产业融合发展基础；做强农产品加工业，实施农产品加工业提升行动，大力支持发展初加工，全面提高精深加工水平，积极推动综合利用加工，不断增强产业融合发展带动能力；做活农村第三产业，大力发展各类专业流通服务，积极发展电子商务等新业态新模式，加快发展休闲农业和乡村旅游，拓宽产业融合发展途径。实施休闲农业和乡村旅游精品工程、农耕文化保护传承工程，推进休闲旅游主体多元化、业态多样化、设施现代化、发展集聚化、服务规范化，提高中高端乡村休闲旅游产品供给能力。打造产业融合领军型企业，鼓励一批在经济规模、科技含量和社会影响力方面具有引领优势的企业突出主业，带动产业链前延后伸，挖掘各环节潜力，创新多种业态，增强核心竞争能力和辐射带动能力。

第四，以树立典型为示范带动融合。注重典型引路开新局，加强分类指导，因地制宜，围绕产业融合模式、主体培育、政策创新和投融资机制等方面，积极探索和总结产业融合发展好经验好做法，树立一批典型，形成一批可复制可推广的案例模式。加强农产品加工业典型范例的宣传推介，特别是主食加工示范企业、中央厨房典型模式、副产物综合利用加工典型模式和农产品加工示范园区（基地）等的宣传推介。大力宣传推介全国休闲农业和乡村旅游示范县（区、市）、中国美丽休闲乡村、精品线路和景点，大力宣传中国重要农业文化遗产保护传承的好经验好做法。宣传推介一批全国农村双创典型范例、优秀带头人和企业家。

第五，以公共服务为手段推动融合。推进农产品加工投资贸易、展示展销、科企对接平台建设，加强政策咨询、融资信息、科研开发、人才对接等公共服务；创建全国农产品加工业示范园区（基地），打造一批融合先导区和示范园；加快制修订一批农产品加工标准和追溯标准；办好一年一度的中国农产品加工业投资贸易洽谈会；分类分层开展休闲农业管理和服务人员培训，建立一批乡村休闲旅游设计研究中心、规划中心、创意中心，加快构建线上线下网络营销服务平台；办好农事节庆活动和全国乡村休闲旅游大会；打造农村双创公共服务平台，加强农村双创园区（基地）建设，推动市县政府设立联合服务窗口，依托现有的各类公益性农产品市场和园区（基地），为返乡下乡人员提供创业创新场所和高效便捷服务。通过优化公共服务，推动农村一二三产业融合蓬勃发展。

（本文为作者于2018年6月9日在“2018中国乡村振兴·产业兴旺高峰会议”上的讲话，略有删改）

推进农村创业创新
助力乡村振兴战略

农业农村部农产品加工局巡视员　王秀忠

今天，我们齐聚四川省成都市金堂县举办全国农村创业创新现场交流活动。这次活动的目的是，以习近平新时代中国特色社会主义思想和党的十九大精神为指导，认真贯彻落实2018年中央1号文件和《国务院办公厅关于支持返乡下乡人员创业创新促进农村一二三产业融合发展的意见》（国办发［2016］84号）精神，围绕实施乡村振兴战略，总结交流做法经验，现场参观金堂县农村双创典型模式，宣传推广全国县域农村创业创新（以下简称农村双创）典型模式，推动形成农村双创的浪潮。

改革开放以来，我国农村创业创新的浪潮经久不息。党中央、国务院高度重视农村双创工作。习近平总书记明确指出，实施乡村振兴战略，促进农民就业创业，拓宽增收渠道。李克强总理强调指出，要健全农村双创促进机制，支持农民工返乡创业，鼓励高校毕业生、退役军人、科技人员到农村施展才华。汪洋副总理热情赞扬返乡下乡双创是“雁归经济”，要求更好地推动农村双创浪潮这种态势。为了更好地推动农村双创工作，国务院办公厅于2016年12月出台了《关于支持返乡下乡人员创业创新促进农村一二三产业融合发展的意见》（以下简称国办意见）。

农业部认真贯彻落实党中央、国务院关于双创工作的决策部署，积极发挥牵头作用，开展了很多有亮点的工作。一是抓政策。细化实化政策措施，贯彻国办意见八项政策，推动 19 个省（自治区、直辖市）以政府办公厅名义制定了实施意见，通过把政策变成工程和项目使其落地生根。二是建机制。农业部与国家发展和改革委员会等 13 个部门组建“农村创业创新工作推进协调机制”，推动 19 个省（自治区、直辖市）建立了相应的机制。三是育主体。农业部和农业系统 2017 年以来共培训农村双创人员 5.43 万人，树立 100 名农村双创优秀带头人，组织农村双创项目创意大赛。四是搭平台。农业部公布了1 096个全国农村双创园区（基地）目录，其中有 7 家列入了国家双创示范基地；联合 12 部门印发《关于促进农村创业创新园区（基地）建设的指导意见》，还认定了一批返乡下乡双创典范区，入库登记管理了 172 个创业孵化基地。五是搞服务。为双创人员开展各类服务，加强与特色优势产业、新动能产业和农村产业融合对接。

通过这些推进工作，为农村双创创造了良好的外部环境，让广大农村双创人员轻装上阵、活力迸发。到 2017 年年底，返乡下乡创业创新人员达 740 万人，农村本地非农自营人员3 140万人，新型农业经营主体 300 万家，新型职业农民1 400万人，农村网民规模突破 2 亿人。大量的人才返乡、企业回乡和资金下乡，催生了一大批适用于农村的新技术新产业新业态，涌现出一大批农村双创的典型模式。

今年，农业部农产品加工局和农村社会事业发展中心将于 3 月、5 月、10 月分别在四川、浙江和河南举办三次推进农村双创现场交流活动，推广一批农村双创典型模式。在浙江的活动侧重乡村层面，在河南的活动侧重园区层面，此次活动侧重总结推广县域层面的典型模式。通过从多方面、多区域的考察研究，我们总结出全国县域农村五大双创典型模式。

第一，“特色产业拉动型”典型模式。该模式围绕特色产业，强化产业链创业创新，沿着产业链上中下游，面向产前、产中、产后环节的生产与服务需求，开展创业创新活动，形成大中小微企业并立，各类经营主体集聚，产业集群持续壮大的创业生态系统。产业特色立足地区资源特色，并将其转化为特色产业优势，形成农村双创的核心竞争力。四川省金堂县依托食用菌、黑山羊、油橄榄、柑橘等优新特产业，建成农村双创园区 105 个、产业基地1 453个，创业人数达 3.1 万人，带动就业 22 万人。创业者依托特色产业创造的机会开展双创，开办各类特产企业和配套企业。福建安溪县以铁观音茶产业为主导，建成安溪县国家现代农业产业园，通过产业引领区、技术装备集成区、创业创新孵化区、创业创新示范核心区等建设，实现涉茶双创实体总产值超 90 亿元，茶叶种植和产品加工年产值 56.18 亿元。农村双创扩大了特色产业规模，提升了特色产业档次，打造了特色产业品牌，促进了特色产业的发展，二者相辅相成，紧密相连。吉林省长春市双阳区鹿乡镇引导双创人员从事梅花鹿养殖、加工、营销和休闲旅游，设立鹿产品创业一条街，为创业者提供创业平台，极大地激发了创业者创业活力。

第二，“返乡下乡能人带动型”典型模式。该模式主要是返乡农民工、中高等院校毕业生及科技人员等返乡下乡人员通过创办、领办企业和合作社等农村新型经营主体，引领带动周边农村双创。这些创业者有头脑、懂技术、能经营、善管理，一个人创业，引领带动周边人员乃至整村或整乡共同发展。山西省阳城县皇城村党支部书记、皇城相府集团董事长陈晓拴，带领村民挖掘历史文化，修缮皇城相府，建成国家 AAAA 级景区；发展休闲观光农业和乡村旅游业，打造“旅游景点＋宾馆酒店＋文化演艺＋农家乐”发展模式，形成了游、购、娱、吃、住、行“一条龙”产业链条，带动农村双创。北京密农人家农业科技公司总经理孔博，创建密农人家电商平台，经营生鲜农产品，带动 68 名新农人创业者共同创业，带动 300 余农户生产种植转型，2016 年销售额突破2 600万元，示范带动作用明显。

第三，“龙头骨干企业带动型”典型模式。该模式依托龙头骨干企业优势，带动当地农村双创为企业配套服务，引领当地经济发展。龙头引领，产业特色鲜明。河南新郑好想你枣业股份有限公司将红枣种植加工、冷藏保鲜、科技研发、贸易出口、观光旅游集为一体，不断扩大产品的市场占有率和品牌知名度，目前已成为红枣行业规模最大、技术最先进、产品种类最多、销售网络覆盖最全、辐射带动最广、市场占有率最高的龙头企业，带动红枣产业成为农村双创的主导产业。带动创业，配套服务企业。广东云浮市新兴县温氏集团将主业放在业务流程上投资额大，技术含量高，风险高的环节，包括饲料生产、种苗供应、销售网络的建设等，把养殖环节和配套服务等交给创业者创业，双方紧密结合，实现了互惠双赢、互促共进。

第四，“双创园区（基地）集群型”典型模式。该模式以双创园区（基地）和农业企业为主的平台载体，聚集要素、共享资源、产业关联，为农村双创提供见习、实习、实训、咨询、孵化等多种服务的模式，推动产业集群的形成。一是资源聚集度高，推动农村双创。福建晋江市建设海峡创业园，构建“三创园（创业、创新、创意）”、国际工业设计园、智能装备产业园、新区创新中心、高校科教园等五大科技创新载体，聚集双创要素，为双创提供空间，入驻创业项目和企业超200个。二是基础设施条件较好，带动农村双创。长春国信农业投资建设了70万 m^2 的众创空间及创业孵化基地等涉农孵化器，打造了有机农业种植标准化双创园区、农产品加工示范园区、农业企业孵化园等12个综合性园区，接纳双创人员，为双创人员服务，提供实习就业创业岗位4 000多个。三是政策服务到位，驱动农村双创。四川成都市郫都区将7个系列专项支持政策，集成落实到农村双创园区（基地）、众创空间、创业孵化器等，打造菁蓉·成都现代农业创业创新空间，孵化新创企业，为企业提供保姆式服务。2017年涉农双创项目政策扶持资金累计达到1.67亿元，其中农业双创园区道路、沟渠、高标准农田改造、"互联网＋物联网"和园区孵化办公条件等基础设施完善项目资金投入1.41亿元。

第五，"产业融合创新驱动型"典型模式。该模式主要是围绕产业融合形成的新产业新业态新模式开展双创活动，加速区域之间、产业之间的资源和要素的流动与重组。一是电商聚集融合。通过建设电子商务产业园区，提供电商服务，吸引生产加工企业入驻园区。福建安溪弘桥智谷电子商务产业基地以电商服务聚集生产企业和创业者，形成了"电子商务＋仓储服务＋商品集散"的运营模式，吸引了茶叶、铁艺、鞋服和休闲食品产业等众多规模企业和一大批创业者入驻园区创业。二是休闲旅游带动融合。四川成都郫都区青杠树村遵循"小规模、组团式、生态化、微田园"理念，以川西民居特色为主基调，规划建设9个聚居组团、共9.7万 m^2 的农民新居，统筹推进乡村建设、产业培育、公共配套、环境优化、社会治理和农村双创，建设幸福美丽乡村，成为成都及周边市民周末休闲度假好去处。三是行业横向融合。利用大数据为涉农企业提供咨询、规划、融资等服务，成功地把工商企业大数据配套服务移植到农村双创企业。成都坊田·天空农场立足楼顶平台，发展绿色循环都市农业，既利用了城市楼顶平台的优质资源，又拓展了农业的观光科普体验功能，走出了独具特色的双创道路。

这些典型模式的背后，是各地的好做法、好经验，概括起来主要有以下几点：一是加强领导是关键；二是完善政策是核心；三是构建平台是基础；四是引育人才是根本；五是优化服务是保障。各地立足农村双创实际，重视县域农村双创典型模式提炼推广，不断总结农村双创的生动实践和鲜活经验，凝练好典型、好机制、好创意，形成具有推广价值的模式案例，通过成功模式和成熟经验的借鉴，实现典型引路、示范带动。同时，充分利用各类媒体特别是新媒体，宣传政策举措，宣传好模式好经验，努力营造支持农村双创的良好氛围，推动农村双创向纵深发展。

农村创业创新，是实施乡村振兴战略的生力军，是增加农民收入的新渠道，是促进城乡统筹、城乡融合、城乡一体化发展的新动能。我们要认真落实中央决策部署，切实把促进农村双创作为战略性、长期性、经常性任务来抓，按照"政府搭建平台、平台聚集资源、资源服务双创"总体思路，在持续抓好典型模式推广的同时，统筹做好其他各方面的工作，努力推动农村双创取得新进展新突破新成效。

第一，强化政策落实。进一步促进农村双创政策措施完善，特别是贯彻落实工作。切实加强与有关部门协调沟通，积极推动市场准入、金融服务、财政税收、用地用电、创业培训、社会保障、信息技术和创业园区等政策落地，充分发挥政策的扶持引导作用；切实加强调查研究和督促检查。

第二，强化战略对接。推进农村双创要与乡村振兴战略和推进农业农村现代化的大目标结合起来，当前要特别注重引导返乡下乡人员做到"三个对接"：主动对接新一轮优势农产品区域布局规划和特色农产品优势区建设，主动对接农村新产业新业态新模式，主动对接农村一二三产业融合发展，形成有特色的农村双创优势产业。

第三，强化主体培育。要利用和整合现有渠道，切实抓好农村双创培训，建设一批双创活跃、业态新颖、生命力强的农村双创县乡，培育一批标杆引领、示范带动的农村双创带头人。到2020年年底，完成全国培训农村创业创新方面人才40万人次的目标，组织实施"百千万"农村创业创新导师培训计划，组织培养100名左右的国家级、1 000名省级、10 000名市县级农村双创导师。

第四，强化平台搭建。建立创业创新园区、培训基地、见习基地、创业孵化基地和创客服务平台，引导返乡下乡人员到各类园区去创业创新。2018年农业部将联合12部门推出100个标准高、服务优、示范带动作用强的国家农村双创园区（基地），到2020年达到300家，集成整合政策、资源和要素，为农村双创提供场所和高效便捷的服务。

推动农村双创浪潮，助力实施乡村振兴战略，使命光荣，任务艰巨。让我们更加紧密地团结在以习近平同志为核心的党中央周围，不忘初心、牢记使命，履职尽责、奋发作为，推动农村双创蓬勃发展、蔚然成风，为乡村振兴和农业农村现代化作出新的更大贡献！

（本文为作者于2018年3月16日，在农业农村部农产品加工局联合农村社会事业发展中心在四川省成都市金堂县举办的"全国推进农村创业创新助力乡村振兴战略现场交流活动"上的讲话，略有删改）

推进农产品加工业科研条件建设 提升创新能力，实施创新驱动战略

农业农村部农产品加工局副局长　潘利兵

这次活动的主要任务是，贯彻落实我部对加强科研创新能力条件建设的有关要求，结合行业实际，就农产品加工技术集成科研基地建设，交流工作经验、提高思想认识，把握原则要求、明确工作措施，推进建设进度、提高管理水平，真正使项目发挥好做用。刚才，2015年、2016年立项的6个技术集成科研基地建设单位交流了进展情况，中国农业科学院、中国热带农业科学院、山东省农业厅作为主管单位做了典型发言，讲得都很好，有些做法和经验值得大家学习借鉴。根据活动安排，还将专门对农业科技创新能力条件建设的总体要求以及对农产品加工技术集成科研基地建设项目申报流程等进行解读，优势单位还将对前期工作进行汇报交流，目的就是为了让大家相互学习，真正了解把握相关要求，推动项目建设更好地开展。下面，我讲三点意见。

一、提高认识，增强建好农产品加工技术集成科研基地的责任感和使命感

农产品加工技术集成科研基地建设，是我部农业科研创新能力条件建设的重要内容，是改善农产品加工科技创新能力条件，推动农产品加工业技术装备集成创新的重要措施。2017年5月，农业部办公厅印发了《关于加强农产品加工业技术集成科研基地建设的指导意见》，明确了农产品加工技术集成科研基地的建设目标、基本原则、重点任务等，提出了建设管理要求。“十三五”期间，围绕粮油、果蔬茶、畜产品和水产品等农产品加工重点领域，突出在初加工、主食加工、精深加工和副产物综合利用等方面，计划支持建设36个技术集成科研基地。截至目前，已启动17个项目，中央投资达2.56亿元，力度不断加大。加强基地建设目的是打造三个新平台，即打造科技创新的新平台、成果转化应用的新平台和技术联合攻关的新平台。

第一，打造科技创新的新平台。农产品加工业一头连农业一头连工业，既是现代农业产业体系中承前启后的关键一环，还与工业加工技术和装备制造业紧密相关。通过农产品加工技术集成科研基地建设，开展自主研发技术和装备的工程化成套化、加工技术的自动化智能化、进口设备的吸收转化等集成创新，能够有效提升农产品加工业技术装备水平，为农产品加工业转型升级、农业科技进步、工业装备制造业提升提供有力支撑。近年来，一大批新技术、新装备、新产品被应用到农产品加工过程中，为推动农产品加工业转型升级发挥了重要作用。但我国农产品加工业科技创新能力还不强，技术装备水平还不高，整体上比发达国家要落后15年。这其中一个重要的原因是技术集成性和应用性不强，中试环节能力薄弱，导致技术成果与企业需求之间存在很多不适应。所以，必须加强农产品加工技术集成科研基地建设，提升科研基础设施条件，打造科技创新的新平台。

第二，打造成果转化的新平台。习近平总书记指出，科技创新绝不仅仅是实验室里的研究，而是必须将科技创新成果转化为推动经济社会发展的现实动力。在农产品加工领域，很多关键技术装备主要还是依赖进口。很多科研院所的技术成果往往躺在档案柜里，迟迟难以变成反哺经济社会发展的“真金白银”，错过了最具有竞争力的市场窗口期，失去了应用的价值。这主要源于科研成果转化不畅，部分成果不符合企业需求，难以变成市场接受的产品。农产品加工技术集成科研基地一头连着技术，一头连着产品，一端连着实验室，一端连着企业。通过推进技术集成科研基地建设，能够实现科技成果的熟化、组装、集成、配套研究等任务，缩短科研成果与产业化应用距离。所以，必须加强农产品加工技术集成科研基地建设，打造科技成果转化应用的新平台，让科技成果尽快转化成生产力。

第三，打造联合攻关的新平台。近年来，产业竞争出现了新趋势，已从单一的产品、技术、装备、标准等领域的竞争，演变为以平台为核心的产业体系的竞争。谁掌握了平台，谁就掌握了产业体系的主导

权。在我部指导下，先后组建了农业部农产品加工重点实验室学科群、全国农产品加工科技协同创新体系、产业联盟等多个产业体系平台，在基础研究、应用研究等方面开展联合攻关，但在中试转化方面一直缺少这样的平台。通过推进技术集成科研基地建设，打造联合攻关的平台，对于科企、院所间开展协同创新和联合攻关，具有重要的平台体系作用。各建设单位都是本领域内的主力军、领头羊，立足于这一国家级创新平台，面向全国、全行业需求，牵头进行联合攻关，解决区域性、综合性难题。所以，必须加强农产品加工技术集成科研基地建设，搭建面向行业的开放式创新平台，突破地域、组织、机制等界限，创建技术联合攻关和人才培养的新高地。

打造这三个新平台，既是行业发展的机遇，也是我们的责任。我们一定要提高认识，抢抓机遇，增强责任感使命感，下功夫把它建好用好，发挥好作用。

二、把握方向，进一步明确农产品加工技术集成科研基地建设的总体要求

当前，我国经济发展已由高速增长阶段转向高质量发展阶段，正处在转变发展方式、优化经济结构、转换增长动能的攻关期。创新是引领高质量发展的第一动力和第一要素。农产品加工技术集成科研基地建设要主动适应这一重大变化要求，把握好工作方向和总体要求，重点要把握好如下三个方面。

第一是要把握好基本定位和指导思想。对基地建设的定位，不是一般的实验室，也不是生产车间，不是开展一般性的研究，也不是简单的技术和装备的集合，而是要形成一个集成度高、系统化强、能应用、可复制的农产品加工工程化技术研究与产业化应用的示范平台，以此提升农产品加工集成创新与熟化应用的科研能力，满足农产品加工业共性关键技术的需求。根据这个基本定位，在工作指导思想上，要以高质量建设为根本要求，坚持质量第一、创新驱动、绿色发展，以加速实现农产品加工业提档升级为目标，以加强行业科技创新条件能力建设和强化行业发展支撑能力建设为重点，开展共性关键技术工程化研究和核心装备创制，真正搭建起科研创新、成果转化和联合攻关的新平台，努力满足农产品加工业转型升级对科技和装备等方面的需求，为行业发展提供强有力的支撑。

第二是要把握好几大基本原则。一是要坚持国家战略，需求导向。聚焦国家战略需求和行业突出问题，坚持目标导向和问题导向。要为推动实施乡村振兴战略服务，特别是要为促进产业振兴服好务。要结合市场需求实际，针对产后损失严重、综合利用率低、物耗能耗高、自动化程度低、风味和营养成分损失大等问题，开展共性关键技术工程化研究和核心装备创制，切实解决农产品加工产业共性关键技术装备难题，促进行业提质增效。二是要坚持创新引领，绿色发展。深入实施创新驱动战略，瞄准新一轮科技革命前沿，谋划和建设一批创新实力强的重大项目和工程，加速推进技术、工艺和设施装备水平迈向国际一流。将绿色发展理念贯穿项目和工程建设始终，更加注重节能环保安全，多用绿色技术和绿色装备，推进农产品加工业绿色发展。三是要坚持自主研发，技术集成。要大力开展自主研发，形成具有自主知识产权的核心技术和科研成果，才能真正领先世界先进技术，这是农产品加工业未来真正的出路。要注重应用智能制造、绿色制造、互联网等现代技术，推进技术集成与融合创新，全面增强集成创新能力，才能跟上甚至引领世界农产品加工发展新方向，掌握国际竞争主动权。四是要坚持开放共享，协同创新。坚持条件建设与后期运行有效对接，把开放共享作为基本承诺，确保建成后即可投入使用，发挥设施设备应有作用。坚决杜绝仪器设备生产线闲置浪费。推进科研院所、高等院校、企业等单位建立“产学研推用”合作机制，积极开展协同创新和科研成果示范推广应用，实现多部门、多主体互利共赢。可以说，技术集成科研基地不是一家单位的基地，而是整个行业的基地。总之，要按照这几个原则，筹划好、建设好基地，还要利用好基地。

第三是要把握好目标任务。“十三五”期间，要通过中央投资引导与调动发挥市场主体作用相结合的方式，集中支持建设 36 个基地，以此提升农产品加工业的科研创新能力，在技术装备上取得较大突破，在加工产品上提质增效明显，在技术服务能力上显著提升，基本形成“布局合理、技术先进、协作紧密、运行高效、支撑有力”的农产品加工业科技创新能力条件保障新体系，为农产品加工业转型升级发展提供有力有效的科技创新条件支撑。这就是我们在“十三五”期间基地建设的目标任务，为长远进一步强化农产品加工业科研创新能力夯实基础。

三、加强指导，切实做好农产品加工技术集成科研基地建设的各项工作

去年我们对其中 6 个基本建设项目开展了实地督导，总体上项目执行情况是好的，但也发现部分单位

在项目实施过程中还存在一些问题，比如执行力不强，执行进度慢，主管部门督促不够等。因此，各建设单位和主管部门要高度重视，加强组织管理，把农产品加工技术集成科研基地管理作为重点工作来抓，明确分工和要求，强化工作措施，切实把基地建好用好管好，为农产品加工业技术创新和转型升级作出积极贡献。

第一，加强项目管理，确保建设质量。坚持建设和管理“两手抓、两手硬”，以工匠精神打造精品工程。优质的工程是建出来的，也是管出来的，必须严格执行项目建设各项规章制度，将工匠精神贯穿项目实施管理的全过程，建设经得起历史检验的精品工程、优质工程。一是各建设单位要提高对技术集成科研基地目标定位和任务要求的认识，要严格落实投资计划执行和项目监管的主体责任，严格按批复的建设内容、规模等组织项目建设，同时及时、准确、完整地报送项目信息和进展数据，并自觉接受监督。二是各单位要加强项目管理，落实法人责任制，强化责任追究，加强项目建设过程管控，切实加快项目执行进度，如期保质保量完工投用。三是各项目单位尽早谋划项目建成后如何发挥示范、带动和引领作用，积极参与农业部的相关活动，扩大项目建设单位在行业中的影响力。

第二，提早筹划准备，做好前期工作。《农业科技创新能力条件建设规划（2016—2020 年）》（农计发［2016］98 号）和《农业部办公厅关于加强农产品加工技术集成科研基地建设的指导意见》（农办加［2017］12 号）中明确了技术集成科研基地建设规划和目标要求。一是根据项目申报的最新要求，对纳入规划、符合条件且前期工作到位的项目，项目建设单位可随时按程序申报，推行项目申报常态化。二是各优势单位要以规划为遵循，进一步深入谋划，找准切入点，深化项目设计，积极做好项目建设前期工作，争取早日立项建设。三是各建设项目谋划时，要着眼于国家战略，突出绿色发展、科技创新和质量兴农；要着眼于国际领先，突出前瞻性、创新性；要着眼于开放共享，突出优势互补、合作共赢。

第三，加强组织指导，强化日常监管。2004 年 10 月，农业部印发了《农业建设项目监督检查规定》（农计发［2004］10 号），今年年初又印发了《农业部关于进一步加强直属单位建设项目监管的意见》（农计发［2017］201 号），进一步明确了项目监管的工作重点，完善了体制机制，在落实项目法人责任制、强化责任追究等方面提出了针对性的措施。这些规章制度的制定和完善，是确保项目建设规范、有序、高效开展的保障，要执行到位。一是农产品加工局将会同农业部计划司加强对项目建设情况的实时监测调度，督促项目单位加快项目建设进度，高质量开展项目建设。二是农业部直属单位和有关省级农业厅（委）农产品加工业管理部门，要指导项目建设单位开展项目前期工作和建设管理工作，落实日常监管职责，做好监督检查及竣工验收等工作。三是要强化项目总结评估和绩效考核机制，加大对项目单位的督促检查力度，努力建设精品工程和标志性工程，发挥最大投资效益。

农产品加工技术集成科研基地是新时代下农产品加工业转型升级的新动力，是我国农产品加工自主创新的主力军，各建设单位和主管部门使命光荣、担负重任。希望通过今天的交流活动，进一步推进项目建设过程规范、进度加快、验收及时，尽早发挥项目作用和投资效益，着力打造推进农产品加工业转型升级的国家队，为推动我国农产品加工业发展再上新台阶作出新的更大贡献！

（本文为作者于 2018 年 3 月 28 日，在首次举办的“农产品加工技术集成科研基地建设推进交流活动”上的讲话，略有删改）

守护天下粮仓　服务高质量发展

国家粮食局局长　张务锋

中国粮：饭碗端得怎么样

党的十八大以来，中央确立了国家粮食安全战略，推动了中国特色粮食安全理论创新、制度创新和实践创新。五年来，我国粮食流通改革发展扎实推进，国家粮食安全保障能力全面提高，为促进经济发展、社会稳定、民生改善做出了积极贡献。

政策兴粮惠农效应进一步显现。年均收购粮食 4 000亿 kg，没有出现大面积“卖粮难”。通过托市收购、优质优价、产后减损等措施，累计帮助农民增收逾2 000亿元。

粮食流通能力现代化水平明显提高。新建标准仓容800多亿 kg，维修改造危仓老库仓容1 250多亿 kg，完好仓容总量 6 000 亿 kg，仓储设施和技术水平处于世界前列。

全国各类粮食企业库存充裕，中央储备粮规模稳定，地方储备粮增储任务全部落实，发挥了“压舱石”和“第一道防线”作用。粮食供应充足，价格总体平稳，对稳定物价总水平发挥了重要作用。

粮食产业经济持续稳定发展。纳入粮食产业经济统计的企业 1.8 万家，年加工转化粮食近 5 000 亿 kg，实现工业总产值达 3 万亿元。

中央和地方共同负责的粮食安全保障制度体系初步建立。粮食安全省长责任制建立健全，中央和地方粮食安全事权责任进一步明确。

但由于消费需求刚性增长，水土资源紧张、气候不确定性增加和生态环境约束，我国粮食供求中长期还是紧平衡态势。作为全球人口最多的发展中大国，依靠进口保吃饭，既不现实也不可能。粮食多一点少一点是技术问题，粮食安全是战略问题，不能因为技术问题影响战略问题。必须始终绷紧保障国家粮食安全这根弦，确保谷物基本自给，口粮绝对安全。

去库存：收储改革进展如何

最低收购价和临时收储政策为发展粮食生产、保护农民利益发挥了重要作用。随着供求形势深刻变化，改革势在必行。2014 年以来，国家陆续改革调整大豆、油菜籽、玉米收储政策，目前正在进行实质性改革完善。

按照国务院统一部署，立足东北地区玉米市场化收购加补贴新机制，玉米市场价格形成机制初步建立，种植结构调整优化，加工企业全面激活，产业竞争力明显提高，改革效果超预期。2017 年全年政策性粮食库存销售 839.5 亿 kg，是 2016 年的 1.36 倍。政策性玉米库存比历史最高点下降 28%。

随着种植结构调整、加工能力扩大、转化渠道拓宽，玉米库存消化进度加快。稻谷库存较高，而且产业链条短、消费弹性小，是库存消化重点难点。要多管齐下、综合施策，完善政策性粮食销售机制，促使库存尽快回归合理水平。

要加快消化超期储存粮食，避免质量逐步退化，造成更大损失。对不符合食品安全标准的粮食，要定向用于生产燃料乙醇等，加强流向监管，严禁流入口粮市场。

吃得好：怎样解决新的供需矛盾

不同历史时期人民群众对粮食的需求呈现出不同特点。进入中国特色社会主义新时代，消费分层明显，市场分化加速，普通谷物、初级加工品和低端产品的需求增长趋缓，而特色品种、精深加工产品和中高端粮油产品等需求快速增长。

在质量要求上，人们更加注重绿色有机、安全营养。群众对食品安全问题的关注度高、容忍度低，对营养健康的期望日益迫切，绿色优质粮油产品的消费逐渐成为主流。在供给服务上，更加注重便捷化、精细化。随着现代生活方式转变，对粮食产品方便快捷供应要求越来越高，网络购物、定制服务、多元融合等消费模式，呼唤更多粮食新产品、新业态。

相比而言，我国粮食产购储加销各环节仍存在一些不平衡不充分矛盾，要增强紧迫感、用好窗口期，加快优化提升粮食供给体系，实现从增产导向转向提质导向。

要高质量发展粮食产业经济，加快由粮食生产大国向粮食产业强国迈进。要选准一批龙头企业，实施粮食产品和业态创新，鼓励开发绿色优质、营养健康的粮油新产品，增加多元化、个性化供给。倡导和推广适度加工，鼓励发展全谷物、大豆蛋白等新型营养健康食品。推动地方特色粮油食品产业化，加快发展杂粮、杂豆、木本油料等特色产品。开展“互联网＋粮食”行动，支持龙头企业发展电子商务，推广网上粮店、主食厨房、农商直供等零售业态。

（本文根据 2018 年 1 月 22 日在“全国粮食流通工作会议”期间作者接受新华社记者专访整理）

2 第二部分

相关行业发展概况

油料加工业

一、基本情况

在党中央、国务院的高度重视和英明领导下，我国粮食生产连年丰收，为国家粮食安全、促进生产、促进经济发展和社会稳定奠定了坚实基础。2017 年，全国粮食总产量达 66 161 万 t，较 2016 年 61 624 万增加 7.4%。其中，小麦产量为 13 433 万 t，较 2016 年 12 885 万 t 增加 4.3%；稻谷产量为 21 268 万 t，较 2016 年的 20 693 万 t 增加 2.8%；玉米产量为 25 907万 t，较 2016 年的 21 955 万 t 增加 18.0%；杂粮产量为 930 万 t，较 2016 年的 912 万 t 增长 1.98%；豆类产量为 1 914 万 t，较 2016 年的 1 842 万 t 增长 3.91%；薯类产品（折干粮）为 2 856 万 t，较 2016 年的 2 799 万 t 增长 2.04%。

二、进出口情况

为满足品种调节和市场供应需要，我国每年都要利用两个市场，从国外进口一部分粮食，2017 年我国进口大米 308 万 t、小麦 309 万 t、玉米 352 万 t、高粱 365 万 t、大麦 682 万 t，合计为 2 016 万 t，较 2016 年进口量 2 520 万 t 下降 20.0%。进口木薯 480 万 t，较 2016 年进口 813 万 t 下降 40.96%。与此同时，2017 年我国粮食合计出口量为 336 万 t，较 2016 年的 244 万 t，增长 37.7%。

我国的油料生产尽管屡创历史新高，但仍然不能满足我国人民生活水平不断提高的需要。为满足我国食用油市场供应和饲养业发展的需要，我国每年都要进口较大数量的油料油脂。2017 年我国进口各类油料合计达9 448.9万 t，较 2016 年的10 200万 t 减少了 751.1 万 t，下降 7.36%。其中进口大豆8 803.1万 t，较 2016 年的 9 552.6 万 t 减少 749.5 万 t，下降 7.85%；进口油菜籽 475.6 万 t，较 2016 年的 474.8 万 t 增加 0.8 万 t。2017 年，我国进口各类食用植物油合计为 808.7 万 t，较 2016 年的 742.8 万 t 增加 65.9 万 t，增长 8.87%。其中进口大豆油 54.9 万 t、棕榈油 532.7 万 t，菜籽油 129.6 万 t、葵花籽油 70.3 万 t、橄榄油 4.0 万 t。我国油料油脂在进口的同时，也有一定数量的出口并逐年呈增加趋势，2017 年我国出口油料合计 120 万 t，出口食用油合计30 万 t。另外，2017 年我国进出口豆粕 114 万 t，进口菜籽粕 130 万 t。

三、我国油料油脂的生产情况

2017 年以油菜籽、花生、大豆为代表的我国油料作物的总产量达6 348.8万 t，创历史最高纪录，较 2016 年的6 020.9万 t 增产 327.9 万 t，增长 5.4%。其中油菜籽产量为1 300万 t，较 2016 年的1 327.4 万 t 下降 2.1%；花生产量为1 693万 t，较 2016 年的 1 709.2万 t 下降 0.95%；大豆产量为1 600万 t，较 2016 年的 1 528.2 万 t 增长 4.7%；棉籽产量为 1 097.3万 t，较 2016 年的 1017.5 万 t 增长 7.8%；葵花籽产量为 326.7 万 t，较 2016 年的 319.7 万 t 增长 2.2%；芝麻产量为 37.3 万 t，较 2016 年的 36.5 万 t 增长 2.2%；亚麻籽产量为 44.5 万 t，与 2016 年的产量持平；油茶籽的产量为 250 万 t，较 2016 年的 243.2 万 t 增长 2.8%。在利用国产油料榨油方面，2017 年我国利用国产油料（扣除大豆、花生、芝麻、葵花籽等四种油料部分直接食用外）榨油的油料量为 3 725万 t，榨得的食用油脂（含玉米油、稻米油及其他油料）为1 192.8万 t，较 2016 年3 575万 t 增加了榨油量 150 万 t，多榨食用油脂 16.8 万 t。

四、食用油产销情况

2016 年度，我国食用油市场的总供给量为 3 714.5万 t，其中包括国产油料和进口油料合计产生的食用油2 962.6万 t 及直接进口的各类食用油合计为 751.9 万 t。2017 年度，我国食用油的食用消费量为3 440.0万 t，工业及其他消费为 383 万 t，出口量为 26.6 万 t，合计年度需求总量为3 849.6万 t，年度挖库存 135.1 万 t。2017 年度我国食用油的自给率为 31.0%，较 2016 年的自给率 31.1% 相比，下降 0.1%。2017 年度我国食用油的总消费量为3 849.6万 t，按 2017 年联合国网络发布的中国人口数为 14.1 亿计算，2018 年度我国人均食用油的消费量为 27.3kg，超过了世界人均食用油消费量为 24.4kg 的水平。

五、科技成果

1. 中国粮油学会组织专家于 2017 年 4 月 7 日对广东润科生物工程有限公司、武汉轻工大学、武汉大学、中国科学院武汉病毒研究所和武汉博特尔油脂科技有限公司共同完成的“含 DHA 藻油的花生油品的研制和应用”成果进行了评价。该成果以《中国居民膳食营养素参考摄入量》为依据，研究设计了以花生油为主要基础油的 DHA 藻油调和油配方，产品经模拟烹饪实验，DHA 的损失率小于 25%，经储存实验表明该调和油的储存期能够达到 18 个月。经 SD 大鼠实验，该成果系统研究了 DHA 藻油花生油的生理活性，证实 DHA 藻油花生油有利于提高机体的抗氧化能力，验证了产品配方的合理性，对微生物油脂产业发展和调和油新产品开发具有重要的促进作用。专家组一致认为，该项成果整体研究达到国际先进水平。

2. 中国粮油学会组织专家于 2017 年 4 月 7 日对海南侯臣生物科技有限公司、武汉轻工大学、海南省粮油科学研究所共同完成的“橡胶籽油加工及综合利用技术开发与应用”成果进行了评价。该成果以橡胶籽仁为原料，研究了超声辅助溶剂萃取技术，出油率达 98%以上。研发采用磷脂酶 A1 和磷脂酶 C 双酶两步脱胶技术，油脂中磷脂含量降至 2.3mg/kg 以下，脱除率达 99%以上；以精炼橡胶籽油为原料，研究了尿素包合和硝酸银络合技术，纯化后 α-亚麻酸含量达 85.6%以上，并通过微胶囊技术制备了包埋率为 87.6%的粉末油脂产品；以橡胶籽粕为原料，研究了碱溶酸沉和糖化酶制备橡胶籽蛋白技术，蛋白质纯度达到 87%以上。同时利用酶水解制备 L-精氨酸技术，产品 L-精氯酸含量为 94%；以橡胶籽壳为原料，研发生产了抗弯强度高的木塑复合材料。专家组一致认为该项成果整体研究达到国际先进水平。

六、标准工作

1. 由全国粮油标准化技术委员会油料及油脂分技术委员会主办、光明国际承办的“橄榄油感官评价方法国际研讨会暨中国橄榄油产业发展论坛和国内首个橄榄油感官风味联合实验室揭牌仪式”，于 2017 年 8 月 30～31 日在上海举行。研讨会上，与会专家学者、业界代表就橄榄油评价方法标准，中国橄榄油产业发展以及品油师的培养等议题做了讨论。专家表示，随着人们生活水平的不断提高与消费理念的不断升级，越来越多的人开始追求健康、美味的消费概念。培养中国本土品油师，是中国橄榄油行业不断升级和发展的要求。

2. 由全国粮油标准化技术委员会油料及油脂分技术委员会主办、山东鲁花集团有限公司承办的《高油酸花生油》《食用植物调和油》标准制修订研讨会于 2017 年 11 月 4 日在“中国花生油之乡”山东莱阳召开。国家有关部门领导、科研机构专家学者及油脂生产企业代表汇聚一堂，对《高油酸花生油》标准制订进行研讨。中国粮油学会油脂分会王瑞元会长作了“科学制定和标示《高油酸花生油》和《食用植物调和油》标准，引领油脂加工业健康发展”专题讲话，表示科学制订好《高油酸花生油》标准，将为今后制订其他“高油酸”食用油产品起到示范作用，强调制订好《高油酸花生油》标准的核心是要确定“高油酸”的“定义与范围”，提出根据《花生油》国家标准报批稿中油酸含量为 35.0%～69.0%，建议油酸含量≥70.0%的花生油才能称得上叫“高油酸花生油”；在《食用植物调和油》标准讨论中，指出由于每一种油脂单品的脂肪酸组成往往是会随着气候变化、产地不同等原因有所波动的，所以在标签上要同时标示固定不变的油种比例和脂肪酸比例是做不到的，认为讨论稿中的两种标识方法任选其一是可取的。

七、行业活动

1. 由国际谷物科技协会（ICC）与中国粮油学会（CCOA）共同主办的“第一届 ICC 亚太区粮食科技大会”，于 2017 年 5 月 21～24 日在厦门举行。粮油与人们的日常生活息息相关，而粮油产业的科技创新更是与人类文明的发展密不可分。本次大会的主题是“粮食科技与创新：从亚太走向世界”，其宗旨是加快促进粮油食品的加工和利用、绿色储藏、质量安全、营养健康等相关领域的科技进步与创新，从而应对消费者对粮油及豆类食品的新需求，进以塑造亚太地区的粮食科技新未来。大会也为来自全球，特别是亚太地区的学术研究、产品开发、政府机构和相关单位的代表搭建了一个合作交流的平台。大会学术委员会汇集专家学者，就“粮食科技”与“油脂科技”两大重点议题进行多学科、跨领域的学术交流，并设立了最佳青年报告、最佳张贴论文两个奖项。同期，还举办了粮油产品、配料、设备和仪器展，分享粮油食品前沿科技。

2. 为进一步推动我国稻米油产业发展，深化我国粮食加工业的转型升级，由中国粮油学会油脂分会、全国粮油标准化技术委员会油料及油脂分技术委员会联合主办、丰益（上海）生物技术研发中心有限公司承办的“稻谷循环经济产业链及稻米油三产融合发展研讨会”，于 2017 年 7 月 6 日在哈尔滨举行。来自国家粮食局标准质量中心、中国粮油学会、武汉轻工大学、江南大学、河南工业大学的专家等云集一堂，为探索稻谷循环经济产业链新模式、加强我国稻米油系列标准实施、提高稻米油生产工艺等建言献策。在本次研讨会上了解到，米糠油又称稻米油，我国的稻米油生产开始于 20 世纪 50 年代，到 20 世纪 70～80 年代，在全国范围内开展了以推广米糠和玉米胚芽榨油为代表的增产油脂工作，并取得了很好的成绩。但后因多种原因这项工作没有坚持下去，致使我国目前米糠利用率不到 20％。大部分米糠作为饲料使用，甚至作为废料抛弃，资源浪费严重。近年来，我国稻米油生产企业及科研工作者积极探索稻米油生产技术，加强自主创新，取得了突破性进展。

3. 由中国粮油学会油脂分会主办，益海嘉里集团公司、西安中粮工程研究设计院有限公司协办的“中国粮油学会油脂分会第二十六届学术年会暨产品展示会”，于 2017 年 9 月 19～22 日在西安隆重召开，来自全国各地的 300 多名代表参加了会议。本次会议由中国粮油学会油脂分会执行会长何东平致开幕词，中国粮油学会理事长张桂凤致辞，协办单位益海嘉里集团和西安中粮工程研究设计院有限公司领导分别致辞。大会特邀中国粮油学会首席专家、油脂分会会长王瑞元，江南大学王兴国教授，益海嘉里集团公司油脂总监涂长明作了题为《国内外油脂科学技术发展现状及趋势》《我国特种油料加工业创新发展之思考与对策》《中国粮油走出去的思索》报告。与会代表就油脂制取、精炼、储藏等新工艺、新设备、新技术，专用油脂、功能性油脂的开发和油脂精细化工产品的研究，特种油料新油源的开发利用及油脂副产品的综合利用，油厂节能减排及安全生产，油脂标准的制修订及油料、油脂检测技术，油脂企业现代管理与油脂科技信息等进行了广泛的学术交流。会议期间，还举办了油脂机械及相关产品展示会，展示了新产品、新技术和新设备。此次会议，为推动我国油脂行业改革创新、调整结构、绿色发展起到了积极的作用。

4. 为促进健康煎炸食品的开发，推动煎炸食品行业可持续发展，由欧洲油脂科技联盟（Euro Fed Lipid）和中国粮油学会（CCOA）共同举办的“第九届煎炸油与煎炸食品国际研讨会”，于 2017 年 10 月 30～31 日在上海召开。根据中国居民的生活习惯，煎炸油除了广泛用于食品工业和餐饮业以外，在居民家庭日常烹调中也经常采用煎炸的方式。随着家庭用油的精细化、多样化发展趋势，专用煎炸油也将逐渐越来越多地进入家庭日常生活。在总量控制前提下引导家庭健康用油，提供更多选择的、脂肪多样性的煎炸油，有利于满足家庭个性化消费的需求。随着煎炸油逐步进入千家万户，我国煎炸油生产将快速发展。在食品工业、餐饮业和家庭各种需求合力作用下，预计我国专用煎炸油每年将以 7％～8％的速度增加，预计到 2020 年，我国煎炸油的产量将达到 170 万～180 万 t。

（武汉轻工大学　何东平）

淀粉加工业

一、基本情况

（一）资源概况

根据有关资料报道，2017 年我国玉米总产量达到25 906.9万 t，比 2016 年增加3 952.3万 t，增长 18.0％（表 1）。2017 年我国玉米消费情况为：饲用 60.0％，工业用 31.0％，食用 8.0％。2017 年世界玉米产量 132 076 万 t，其中美国 37 100万 t，占世界总产量的 28.1％；中国占世界总产量的 19.6％。

表 1　2017 年我国玉米产量

单位：万 t

省　份	2016 年	2017 年	同比增长（％）
河　北	1 753.6	2 035.5	16.1
山　西	888.9	977.9	10.0
内蒙古	2 139.8	2 497.4	16.7
辽　宁	1 465.6	1 789.4	22.1
吉　林	2 833.0	3 250.8	14.8
黑龙江	3 127.4	3 703.1	18.4
山　东	2 065.0	2 662.2	22.4

（续）

省　份	2016 年	2017 年	同比增长（%）
河　南	1 745.9	2 170.1	24.3
陕　西	545.4	551.1	1.0
其　他	6 144.2	6 269.4	2.0
合　计	**21 955.4**	**25 906.9**	**18.0**

（二）加工业概况

根据中国淀粉工业协会不完全统计，2017 年我国淀粉总产量2 720.11万 t，同比增长 15.48%，其中玉米淀粉2 595.08万 t，同比增长 14.90%；木薯淀粉 32.93 万 t，同比下降 9.77%；马铃薯淀粉 53.70 万 t，同比增长 63.10%；甘薯淀粉 26.30 万 t，同比增长 31.40%；小麦淀粉 12.10 万 t，同比增长 61.00%。

1. 我国淀粉及深加工品产量和品种情况　在国家有关部门连年出台的多项有利于玉米深加工行业发展调控措施的刺激下，2016 年玉米淀粉产量结束了负增长的局面，2017 年继续攀高，较 2016 年产量增加了 300 多万 t。由于环保的压力，加之受进口的冲击，木薯淀粉产量连年下降，从长远看也难有大的发展。马铃薯淀粉产量虽然增加幅度较大，但和占世界第一位的资源优势相比还相差甚远。2017 年由于市场价格的回归，提升了下游产品的竞争力，我国淀粉及深加工品产量整体呈上升趋势（表 2、表 3）。

2. 淀粉产量分布及生产规模情况　2017 年我国玉米淀粉产量分布情况仍然是山东、吉林、河北三省位于前 3，但前 3 位总产量在全国的占比与 2016 年相比下降了 5.4%，首位山东省占我国玉米淀粉总产量的 49.34%（2016 年 53.22%）；其次是吉林省和河北省，分别占全国玉米淀粉总产量的 12.58%（2016 年 14.08%）和 12.62%（2016 年 12.64%），该三省玉米淀粉产量之和，占全国玉米淀粉总产量的 74.54%（2016 年 79.94%）。但近两年黑龙江省发展很快，年产量已经达到 208 万 t，占全国总产量的 8%，这 4 个省的年产量合计为2 142万 t，占全国总产量的 82.5%。全国玉米淀粉产量 10 万 t 以上的企业 47 家，玉米淀粉总产量为2 549.91 万 t，占玉米淀粉总产量的 98.26%（2016 年 98.02%）（表 4）。

表 2　2017 年我国淀粉产量及品种情况

品　种	产量（万 t）	占总淀粉（%）	同比增长（%）
玉米淀粉	2 595.1	95.40	14.90
木薯淀粉	32.9	1.21	－9.77
马铃薯淀粉	53.7	1.97	63.10
甘薯淀粉	26.3	0.97	31.40
小麦淀粉	12.1	0.45	61.00
合　计	**2 720.11**	**100.0**	**15.48**

表 3　2017 年我国淀粉深加工品品种及产量情况

主要品种	产量（万 t）	占深加工（%）	同比增长（%）
变性淀粉	170.55	11.8	15.19
结晶葡萄糖	279.63	19.3	－57.28
液体淀粉糖	897.87	61.9	30.97
糖　醇	102.05	7.0	8.93
合　计	**1 450.10**	**100.0**	**14.70**

表 4　2017 年我国淀粉产量分布及生产规模情况

地　区	淀粉产量（万 t）	占总产量（%）	玉米淀粉生产规模情况	
			企业数（10 万 t/年）	企业最大产量（万 t/年）
山　东	1 297.4	47.7	18	340.6
吉　林	328.1	12.1	7	101.9
河　北	331.4	12.2	7	121.9
河　南	93.1	3.4	4	29.6
陕　西	115.5	4.2	3	77.4
其他 20 省（自治区、直辖市）	554.6	20.4	8	125.4
合　计	**2 720.1**	**100.0**	**47**	

注：其他 20 个省（自治区、直辖市）为：山西、内蒙古、辽宁、江苏、湖北、四川、广东、广西、海南、云南、重庆、甘肃、青海、新疆、贵州、安徽、江西、福建、黑龙江、宁夏。

二、市场及进出口情况

2017年是我国玉米政策改革全面实施落地的一年，在国家继续推行农业供给侧结构性改革、一二三产融合发展等政策引导下，玉米加工转化和去库存工作顺利进行。这一年，玉米深加工产量及产能在国家政策导向及生产补贴的双重引导下，得到释放和增长。

2017年，我国玉米淀粉等13种商品的进出口总量比2016年分别增加了11.6%和19.8%，特别是玉米淀粉出口量比2016年增加了93%；葡萄糖浆系列3种商品的出口量在2016年突破100万t的基础上，2017年比2016年又增加了93%。2017年，虽然我国玉米淀粉等13种商品的出口量比2016年增加了19.8%，但由于69%的商品出口单价都是下降的，所以出口创汇金额的增幅大大低于出口量的增幅，只有8.6%。木薯淀粉进口单价一路下跌，2017年进口量在2016年突破200万t的基础上又增加了12.5%；糊精及其他改性淀粉的进口量持续上升（表5）。

表5 2017年我国淀粉及部分深加工品进出口情况

品名	进口（t）	同比增长（%）	出口（t）	同比增长（%）
玉米淀粉	2 303	−29.7	255 199	93.0
木薯淀粉	2 331 544	12.5	541	−32.0
马铃薯淀粉	62 312	479	601	18.6
小麦淀粉	1 281	46.4	2 411	−10.0
山梨醇	1 853	−4.7	53 238	54.4
甘露糖醇	390	2.9	9 323	18.8
肌　醇	7	−22.2	5 753	19.0
葡萄糖及葡萄糖浆，果糖<20%	1 464	49.0	674 534	2.6
葡萄糖及糖浆，20%≤果糖≤50%，转化糖除外	517	持平	15 506	74.0
果糖及果糖浆，果糖>50%，转化糖除外	2 404	20.0	546 788	20.2
糊精及其他改性淀粉	389 419	7.0	83 911	50.0
未列名淀粉	14 562	−52.6	40 378	−3.9
化学纯果糖	3 749	70.3	12 550	−22.9
合　计	**2 811 805**	**11.6**	**1 701 784**	**19.8**

三、生产技术发展情况

（一）生产规模

我国淀粉加工业的生产布局集中度进一步提高，各品种规模以上企业产量的占比均在75%以上，有的品种高达90%（表6、表7）。玉米淀粉年产100万t以上的企业中，最大企业的年产量达到340万t；变性淀粉年产10万t以上的企业比2016年增加2个，合计产量占总产量的近1/2，其中年产量15万t以上的企业有3个，占总产量的28.5%；结晶葡萄糖年产100万t以上的企业仍然是1个，年产量121.3万t，占总产量的43.4%；液体淀粉糖50万t以上的企业3个，合计产量占总产量的25.6%，最大企业年产量接近百万吨（98万t）。

表6 2017年我国玉米淀粉生产规模

项　目	2016年	2017年	同比增长（%）
年产100万t以上企业（个）	3	8	167.0
年产100万t以上企业总产量（万t）	657.5	1 315.3	100.0
占全国玉米淀粉总产量（%）	29.1	50.7	74.2

（续）

项　目	2016 年	2017 年	同比增长（%）
年产 40 万 t 以上企业（个）	17	13	−23.5
年产 40 万 t 以上企业总产量（万 t）	1 031.9	790.7	−323.4
占全国玉米淀粉总产量（%）	45.6	30.5	−33.1

表 7　2017 年我国部分淀粉深加工品生产规模

项　目		2016 年	2017 年	同比增长（%）
变性淀粉	年产 10 万 t 以上企业（个）	4	6	50.0
	年产 10 万 t 以上企业总产量（万 t）	56.2	83.9	49.1
	占全国总产量（%）	37.9	49.2	49.3
	年产 5 万 t 以上企业（个）	4	1	−75.0
	年产 5 万 t 以上企业总产量（万 t）	26.0	8.0	−69.3
	占全国总产量（%）	17.6	4.7	−73.3
	年产 3 万 t 以上企业（个）	9	9	持平
	年产 3 万 t 以上企业总产量（万 t）	35.2	34.6	−1.8
	占全国总产量（%）	23.6	20.3	−14.0
结晶葡萄糖	年产 100 万 t 以上企业（个）	1	1	持平
	年产 100 万 t 以上企业总产量（万 t）	178.5	121.3	−32.0
	占全国总产量（%）	53.0	43.4	−18.1
	年产 20 万 t 以上企业（个）	3	3	持平
	年产 20 万 t 以上企业总产量（万 t）	80.8	77.9	−3.6
	占全国总产量（%）	24.0	24.0	持平
	年产 10 万 t 以上企业（个）	2	1	−50.0
	年产 10 万 t 以上企业总产量（万 t）	35.1	18.8	−46.4
	占全国总产量（%）	10.4	6.7	−35.6
液体淀粉糖	年产 50 万 t 以上企业（个）	4	3	−25.0
	年产 50 万 t 以上企业总产量（万 t）	303.6	229.4	−24.6
	占全国总产量（%）	44.2	25.6	−42.1
	年产 10 万 t 以上企业（个）	13	28	115.4
	年产 10 万 t 以上企业总产量（万 t）	310.2	584.2	88.3
	占全国总产量（%）	45.2	65.1	44.0

（二）新工艺、新技术、新设备、新产品

1. 黑龙江大学和济南圣泉集团股份有限公司联合承担的“生物质石墨烯材料绿色宏量制备工艺项目” 经专家组评鉴认为，该项目在国际上首创从生物质中提取制备石墨烯材料的技术路径，方法绿色环保、成本低，生物质石墨烯材料质量高、导电性优异。目前已建成年产 100t 的生物质石墨烯材料宏量制备生产线一条。年产 100t 生物质石墨烯材料所支撑的产品线可带来产值 3 亿～5 亿元。

2. “先进酶制剂生产技术的研究与应用” 由山东大学牵头，中国科学院青岛生物能源与过程研究所、山东龙力生物科技股份有限公司、青岛蔚蓝生物集团有限公司共同合作的山东省科技重大专项——“先进酶制剂生产技术的研究与应用”通过验收。山东龙力生物科技股份有限公司（简称龙力生物）是国内首家二代燃料乙醇国家定点生产企业，公司玉米芯废渣生产纤维素乙醇项目获得2011年度国家技术发明二等奖。2017年，国家发展和改革委员会等15部委联合印发了《关于扩大生物燃料乙醇生产和推广使用车用乙醇汽油的实施方案》，要求到2025年，力争纤维素乙醇实现规模化生产，先进生物液体燃料技术、装备和产业整体达到国际领先水平。近年来，龙力生物不断优化生物酶制剂生产和优选技术，在多方面取得不断进步，纤维素燃料乙醇提取率逐步提升，生产成本逐步下降。该项目的完成为实现上述目标提供了有力保证。

3.“以PPC为基材的生物降解地膜”　中国科学院长春应用化学研究所在PPC（聚碳酸亚丙酯）合成和生产关键技术上的突破，使得生物降解地膜获得了具有良好功能和性价比的基础材料。在此基础上，通过配方和工艺的改进，研制的以PPC为主要原料的生物降解地膜，其功能性得到极大改善，尤其是成膜性和增温保墒能力大幅度提高，成本显著下降。在全国多地、多点和多种作物上的试验结果表明，以PPC为基材的生物降解地膜具有极大的应用潜力，是传统PE地膜潜在的替代者，具有极大的应用前景和市场，有望为彻底解决农田地膜残留污染问题提供一个新的突破口。

四、行业主要活动

2017年协会努力加强基层建设，创新会员服务方式，开展各种行业调研，扩大服务范围，维护企业权益，举办特色会议，规范档案管理，同时畅通了与政府的沟通渠道，积极争取参与行业政策的制定，参加部委会议。

1. 举办展览会　2017年6月在上海举办第十二届上海国际淀粉及淀粉衍生物展览会。本届展会联袂2017第十七届世界制药原料展及第二十届亚洲食品配料、天然原料中国展，共同打造食药一站式采购平台。随着国家对马铃薯作为“第四主粮”战略的深入推进，本届展会重点推出了“2017上海国际薯业产业开发展览会”，深入聚焦马铃薯种植繁育、生产加工、主食化产品等，现场有70余个薯业产业的相关企业参展。本届展会参加现场媒体报道的单位也较前几届有增加，达到20余个，如日本化学工业日报社、食品伙伴网、食品与发酵工业等。经过12年的经营，展会的设置和会务组织已经很成熟，并已积累起一个比较大的参展对象名单库，接触到的各类人员遍布世界许多国家和多个领域。

2. 召开第二届世界淀粉产业大会　本届大会的主题是“创新发展、产业融合——聚焦淀粉、生物基材料的最新应用”。根据大会主题，会议特别邀请了中国塑协降解塑料专委会、中国造纸化学品工业协会的专家以及国内外行业龙头企业罗盖特、AVA、嘉吉、金玉米、华丽环保等作了专题报告和大会交流。

3. 协办第一届ICC亚太区粮食科技大会　2017年5月21～24日，协助国际谷物科技协会（ICC）和中国粮油学会（CCOA）在厦门举办第一届ICC亚太区粮食科技大会。本次大会的主题是“粮食科技与创新：从亚太走向世界”，宗旨是针对消费者对粮油及豆类食品的新需求，促进粮油食品的加工和利用、绿色储藏、质量安全、营养健康等相关领域的科技进步与创新，塑造亚太地区的粮食科技新未来。大会同期举办了粮油产品、配料、设备和仪器展，为与会代表全面展示粮油食品前沿科技。

4. 深入进行调研　为了给全行业提质增效、转型升级提供良好的服务，给政府有关部委制定行业政策提供真实的资料，2017年协会将深入进行调研列为重点工作之一。3月和5月两次组织大连商品交易所、农科院、投资公司、期货公司和咨询公司20余人参加的调研组，对山东、河北、辽宁、吉林、黑龙江15个市的19个企业在原料采购、生产加工、淀粉销售、企业运营模式（定价机制、供应方式、经营方式等）、企业产能、产量、库存情况、企业存在的问题和困难，以及对接产业需求等方面进行了深入调研。6月、8月和10月又分别对江西、山东8个市和天津市的12个企业进行了调研，在全面了解企业生产运营情况的同时，就如何提升协会的服务功能与企业进行了互动、交流，调研组希望企业顺应时代发展的步伐，重视环保，加大投入，转型升级，不断提升企业自身综合实力，高标准，严要求，着眼国际市场，推动行业发展。

5. 编制年度分析及预测报告　《中国玉米市场和淀粉行业年度分析及预测报告（2016）》推出后，相关方面和行业内外，反响强烈，一致认为这是为会员服务的一种创新方式，希望协会把这件事坚持下去并不断提高。为此，协会与艾格公司2017年度又按时出版了《中国玉米市场和淀粉行业年度分析及预测报告（2017）》，报告就中国玉米市场的生产、消费、贸易、市场价格变化；中国淀粉行业运行情况；玉米及玉米淀粉期货的发展；中国玉米淀粉行业市场竞争态势；玉米及淀粉行业的走势进行了预测和判断。

6. 标准制修订工作　2017年协会承担和参与了《淀粉工业水污染物排放标准》（GB 25461—2010）的评估；以及《排污单位自行监测技术指南　农副食

品加工》《淀粉、淀粉糖、变性淀粉、淀粉制品生产许可审查细则》《排污许可证申请与核发技术规范　农副食品加工业　淀粉工业》《污染源源强核算技术指南　农副食品加工（淀粉）》《马铃薯淀粉有机废水还田》等5个国家标准的制修订项目。

7. 国际化标准工作　协会除了参加国家标准的制修订工作外，还担负着国际标准的制定工作。2017年3月22～23日（牙买加时间），作为ISO/TC 93的P成员国，第三次参加了ISO/TC 93淀粉（包括淀粉衍生物）秘书处在牙买加金斯敦召开的第十五届年会，由于各个P成员国距离牙买加较远，经过协商，召开了网络视频会议。中国商业联合会和全国食用淀粉及淀粉衍生物标准化技术委员会秘书处代表与俄罗斯、圣卢西亚、牙买加等国家代表一起讨论了相关事宜，形成了会议决议。决议中明确黏度测定方法的国际标准由中国主导进行制定，在规定的时间内完成建议工作稿并递交ISO/TC 93秘书处；淀粉白度和细度测定方法合并为一个国际标准，由牙买加主导完成该标准的建议工作稿；木薯淀粉的国际标准由俄罗斯主导，在听取各个P成员国的基础上进行修改后递交ISO/TC 93秘书处；与此同时确定在政策允许的情况下，标委会秘书处（设在协会下属的变性淀粉专业委员会）将与牙买加标准局共同承担ISO/TC 93秘书处的相关工作。

五、淀粉行业未来

我国淀粉加工业发展至今已近40年，40年的发展历程，经历了萌芽期、发展期和成熟期，实现了诸如行业规模全球第一，工艺水平节节攀升，设备制造日新月异，产品种类多元化等。当下，面临国家政策转向鼓励玉米加工的新形势，淀粉加工业必将会走上提高质量效益、推进创新驱动、坚持绿色发展、深化产业融合之道。在今后的发展过程中，将会出现两种态势，一是产品规模逐步集聚，研发科技投入逐步增加的竞争态势；二是产品将迎合全球向保健和健康发展的趋势，根据消费需求，向营养、健康、口味更好/更多元化，向保健/低糖/功能性，向食品添加剂领域延伸的态势。

（中国淀粉工业协会　董延丰）

制　糖　工　业

一、制糖期基本情况

我国有14个省份产糖，沿边境地区分布，主产糖省份集中在我国北部、西北部和西南部。甘蔗糖产区主要分布在广西、云南、广东、海南及邻近省份；甜菜糖产区主要分布在新疆、内蒙古、黑龙江及邻近省份。与糖料种植相关的人员近4 000万。2017/2018年度制糖期全国食糖总产量中甘蔗糖占88.85%，甜菜糖占11.15%。我国的食糖生产销售年度为10月1日至翌年的9月30日，开榨时间由北向南各不相同。甜菜糖厂一般在9月底或10月初开机生产；甘蔗糖厂中，广西、广东、海南等省份11月中旬或12月初开榨，云南省12月底或翌年1月初开榨。2017/2018年度制糖期于2017年9月20日中粮屯河新源糖业有限公司正式开机生产，至2018年6月10日南华孟定糖厂最后一个停机，历时263d，比上制糖期多生产4d。本制糖期，全国共有开工制糖生产企业（集团）46个，开工糖厂216间，比上制糖期少开工5间，其中：甜菜糖生产企业（集团）4个，糖厂29间；甘蔗糖生产企业（集团）42个，糖厂187间；另有炼糖企业16个。食糖产量前10位的制糖企业集团产糖量占全国食糖总产量的77.2%。

2017/2018年度制糖期，全国共生产食糖1 031.04万t。其中优级和一级白砂糖913.69万t，精制糖14.79万t，绵白糖58万t，赤砂糖和红糖29.88万t，原糖及其他14.68万t。本制糖期，全国糖料种植面积137.60万hm^2，同比减少1.42%，其中甘蔗种植面积120.06万hm^2，同比减少1.99%；甜菜种植面积17.54万hm^2，同比增长2.7%。甘蔗品种目前仍以台糖系列、桂糖系列和粤糖系列为主，三大系列品种占总种植面积的85.19%；其他品种约占总种植面积的14.81%。甜菜主要种植品种仍以原种引进为主。甜菜品种主要以德国KWS系列、比利时安地系列、瑞士先正达系列为主，占甜菜总种植面积的90.62%。2017/2018年制糖期食糖产量、播种面积、开工糖厂数见表1。

表 1 2017/2018 年度制糖期全国糖料播种面积、食糖产量基本情况

企业名称	糖料播种面积（万 hm^2）	产糖量（万 t）	开工糖厂数（间）
全国累计	**2 063.98**	**1 031.04**	**216**
甘蔗糖合计	**1 800.85**	**916.07**	**187**
广 东	183.78	87.13	27
其中：湛江	163.00	75.40	20
广 西	1 140.00	602.50	91
云 南	433.34	206.86	56
海 南	37.71	17.25	11
其 他	6.03	2.33	2
甜菜糖合计	**263.12**	**114.97**	**29**
黑龙江	24.82	7.06	3
新 疆	109.30	54.11	14
内蒙古	120.00	48.00	7
其 他	9.00	5.80	5

2017/2018 年度制糖期全国糖料收购价与上一制糖期基本持平。甘蔗平均收购价格（地头价，不含运输及企业对农民各种补贴费用等，下同）为 490 元/t，甜菜平均收购价格为 491 元/t。2017/18 年度制糖期全国制糖行业主要技术指标：甘蔗平均单产 0.30t/hm^2，甜菜平均单产 0.25t/hm^2；甘蔗平均含糖分 13.54%，甜菜平均含糖分 15.19%；甘蔗产糖率 11.78%，甜菜产糖率 12.66%。

二、市场概况

（一）国内食糖市场

2017/2018 年度制糖期全国累计产糖1 031.04万 t，较上一制糖期增加 102.22 万 t，同比增长 11%，其中：甘蔗糖产量 916.07 万 t，同比增长 11.16%；甜菜糖产量 114.97 万 t，同比增长 9.8%。本制糖期全国食糖消费量1 510万 t；年人均食糖消费量为 10.86kg。食糖消费结构略有变化，食糖消费总量中民用消费占 42%，工业消费占 58%。2017/2018 年度制糖期，中国糖业协会食糖价格指数5 938元/t，较上制糖期下跌 11.73%；工业累计销售平均价格为5 642元/t，较上制糖期下跌 15.46%。本制糖期全国制糖行业销售收入 578 亿元；亏损 19.18 亿元，财政税收 30.2 亿元，农民种植糖料收入同比增加 39.1 亿元。2017/2018 年度制糖期行业运行特征：

1. 食糖产量连续第二年恢复性增长　全国糖料种植面积 137.6 万 hm^2；加工糖料8 695万 t，较上一制糖期增加 891 万 t；食糖产量1 031万 t，较上一制糖期增加 102 万 t。

2. 食糖消费增加　全国食糖消费量达到1 510万 t，较上一制糖期增加 20 万 t。

3. 国内食糖价格大幅下跌　国内食糖累计平均销售价格5 642元/t，较上一制糖期下跌1 032元/t。

4. 农民连续增收，企业亏损，财政收入下降　农民增收 39.1 亿元，企业亏损 19.2 亿，财政税收 30.2 亿元。

5. 国家宏观调控有效　国家对进口食糖产品采取保障措施并取消不适用食糖保障措施国家（地区）名单，以及开展打击食糖走私专项行动等一系列的宏观调控措施，保障了国内食糖市场相对稳定，扩大了食糖消费空间。

（二）国际食糖市场

2017/2018 年度制糖期，全球食糖产量增加，尤其是印度食糖产量超预期增长，国际食糖产需过剩压力加剧，以及巴西等全球食糖主要出口国货币贬值，以美元计价的纽约原糖期货价格大幅下跌，并在制糖期末创出 9.83 美分/磅的逾 10 年新低，最终报收于 10.35 磅/美分，同比下跌 23.3%。整个制糖期，纽约原糖期货价格波动区间为 9.83 美分/磅至 15.49 美分/磅。

展望 2017/2018 年度制糖期，市场普遍预期全球食糖产量下降，其中，印度食糖产量继续增加，泰国食糖产量维持高位，巴西和欧盟地区食糖产量下降；全球食糖消费量保持增长；全球食糖产需仍然维持过剩，但是过剩量减少。英国 Czarnikow 公司认为，全球食糖产量将减少 837 万～19 500 万 t，全球食糖消费量增长 233 万～18 600万 t。

食糖作为大宗农产品，其价格波动不但受到天气、产业政策等自身供求基本面因素影响，而且因兼有能源属性和金融属性，还受到原油价格和美元汇率波动等因素影响。食糖价格下跌，抑制全球食糖生产，刺激食糖消费增加，有利于扭转全球食糖产需过剩形势；原油价格走强，巴西产糖用蔗比保持低位，食糖产量下降，以及天气因素，支持原糖期货价格企稳反弹。印度和泰国等国家地区巨大的食糖出口压力、糖业补贴政策及汇率波动左右原糖价格反弹空间。综合判断，在 2018/2019 年度制糖期，国际食糖价格或将初现曙光。世界主要产糖国食糖产量和消费量见表 2、表 3。

表 2 世界主要产糖国食糖产量统计表

单位：万 t（原糖值）

地区/国别	2014/2015 年度	2015/2016 年度	2016/2017 年度	2017/2018 年度	2018/2019 年度
总产量	**18 804.5**	**17 326.9**	**17 949.6**	**20 375.7**	**19 539.0**
其中：甘蔗糖	14 789.4	13 799.1	13 983.1	15 670.3	15 179.0
甜菜糖	4 015.1	3 527.8	3 966.5	4 705.4	4 360.0
欧洲总量	**3 089.7**	**2 549.6**	**2 943.6**	**3 680.8**	**3 281.0**
欧盟（28 国）	1 970.5	1 477.7	1 652.9	2 288.8	2 050.3
俄罗斯	482.4	562.8	661.2	707.4	641.3
乌克兰	227.2	159.4	218.3	232.6	186.5
土耳其	223.4	217.3	244.6	271.7	244.6
美洲总量	**6 958.1**	**6 667.1**	**7 333.9**	**7 210.6**	**6 319.2**
巴 西	3 822.6	3 637.1	4 163.6	4 148.6	3 144.0
哥伦比亚	256.0	227.3	228.4	248.2	250.0
古 巴	202.4	177.3	179.0	99.4	170.0
危地马拉	313.4	303.7	293.3	289.7	320.0
墨西哥	650.5	660.6	654.3	648.1	660.0
美 国	772.0	801.7	899.4	879.4	856.6
加拿大	9.2	9.8	12.4	12.0	13.6
智 利	30.2	28.3	30.0	31.0	30.0
非洲总量	**1 199.7**	**1 132.8**	**1 120.4**	**1 097.6**	**1 226.5**
埃 及	252.2	241.3	254.2	212.1	265.1
南 非	227.3	176.4	184.8	194.0	230.0
摩洛哥	52.6	59.1	65.9	70.1	80.0
亚洲总量	**7 036.9**	**6 414.6**	**6 024.8**	**7 880.1**	**8 172.9**
中国	1 147.4	945.9	1 009.6	1 120.2	1 163.0
印 度	3 105.0	2 845.6	2 173.9	3 496.7	3 804.3
巴基斯坦	547.8	552.4	761.4	702.6	608.7
泰 国	1 205.7	1 041.9	1 068.8	1 566.5	1 571.3
印度尼西亚	280.4	271.4	239.6	230.9	239.1
菲律宾	252.6	243.1	271.8	226.4	243.9
伊 朗	152.2	177.8	179.5	179.3	180.0
日 本	79.2	87.5	73.7	85.2	76.0
大洋洲总量	**513.6**	**556.3**	**520.8**	**500.4**	**534.4**
澳大利亚	485.8	528.7	502.1	477.5	510.5

表 3　　世界主要食糖消费国食糖消费量统计表

单位：万 t（原糖值）

地区/国别	2015 年	2016 年	2017 年	2018 年	2019 年
总消费量	**18 094.7**	**18 291.2**	**18 165.5**	**18 342.8**	**18 576.2**
欧洲总量	**3 287.1**	**3 285.4**	**3 294.4**	**3 307.6**	**3 322.6**
欧盟（28 国）	1 908.7	1 900.1	1 879.4	1 879.4	1 879.4
俄罗斯	621.8	620.2	622.5	624.8	630.0
乌克兰	170.7	170.7	168.5	169.0	169.5
土耳其	247.3	252.8	258.4	265.0	270.0
美洲总量	**4 264.3**	**4 238.4**	**4 118.8**	**4 134.1**	**4 156.8**
巴　西	1 276.6	1 242.5	1 160.5	1 168.0	1 177.8
哥伦比亚	189.9	196.6	195.2	196.9	197.5
古　巴	76.2	76.5	76.5	77.5	78.5
危地马拉	82.9	84.6	80.5	82.0	83.5
墨西哥	479.1	475.3	480.0	482.0	487.0
美　国	1 094.1	1 112.2	1 132.2	1 134.2	1 135.0
非洲总量	**2 088.6**	**2 151.5**	**2 162.4**	**2 218.3**	**2 276.3**
埃　及	327.7	337.8	339.4	348.9	358.0
南　非	205.3	207.7	207.8	208.3	209.0
亚洲总量	**8 299.0**	**8 458.8**	**8 432.0**	**8 524.3**	**8 661.6**
中国	1 689.5	1 709.6	1 663.0	1 663.0	1 663.0
印　度	2 724.1	2 770.4	2 717.1	2 734.5	2 782.9
巴基斯坦	508.7	525.0	545.7	564.5	577.8
泰　国	335.6	352.1	345.8	336.7	351.2
印度尼西亚	698.7	716.2	734.0	752.2	771.7
菲律宾	270.7	273.4	274.1	278.2	282.1
日　本	225.7	226.1	226.5	227.0	227.0
韩　国	144.6	145.7	146.8	147.8	148.0
大洋洲总量	**155.7**	**157.2**	**157.9**	**158.5**	**158.9**
澳大利亚	119.6	120.7	120.9	121.1	121.3

（三）食糖进出口贸易

2017/2018 年度制糖期截至 2018 年 8 月底，我国食糖进出口同比均有增长，累计进口食糖 224.05 万 t，同比增长 5.71%；累计出口食糖 17.57 万 t，同比增长 60.75%。我国食糖进出口贸易情况分别见表 4、表 5。

表 4　2009—2018 年全国食糖进口与贸易方式统计表

单位：万 t

年度	合计	一般贸易	来料加工	进料加工	保税监管场所进出境货物	特殊监管区域物流货物	边贸	其他
2009	106.45	83.02	0.17	9.93	12.77			0.56
2010	176.61	163.91	0.87	10.89	0.04		0.07	0.83
2011	291.94	276.68	0.97	13.27	0.06			0.96

（续）

年度	合计	一般贸易	来料加工	进料加工	保税监管场所进出境货物	特殊监管区域物流货物	边贸	其他
2012	374.72	360.86	0.99	12.55	0.04			0.28
2013	454.59	434.86	1.30	14.77				3.66
2014	348.58	266.33	1.24	13.94	66.93			0.14
2015	484.59	265.71	0.90	13.93	185.14	18.88		0.03
2016	306.19	219.43	1.21	13.67	61.91	9.96		0.01
2017	166.98	91.41	0.96	8.11	59.93	6.56		0.01
2018	177.96	127.00	1.24	8.93	36.85	3.94		

注：2018年统计数字截至8月底。

表5　2009—2018年全国食糖出口与贸易方式统计表

单位：万t

年度	合计	一般贸易	来料加工	进料加工	保税监管场所进出境货物	特殊监管区域物流货物	边贸	其他
2009	6.39	2.21	0.90	3.15				0.13
2010	9.43	5.65	0.91	1.99			0.25	0.63
2011	5.94	1.79	0.99	2.17			0.03	0.96
2012	4.71	1.64	0.93	1.87			0.02	0.25
2013	4.78	1.48	1.06	1.71			0.02	0.51
2014	4.62	1.39	1.09	2.00				0.14
2015	7.50	1.09	1.09	1.70	0.28	3.32		0.02
2016	14.91	1.17	1.12	2.12	0.16	10.34		
2017	8.80	0.70	0.76	1.23	0.15	5.95		0.01
2018	12.15	0.64	0.95	1.25	5.63	3.68		

注：2018年统计数字截至8月底。

三、行业工作

（1）2017年10月17日，中国糖业协会秘书处召开了《中国糖业史》编纂启动工作会议，成立了《中国糖业史》编纂委员会，发布了《关于启动〈中国糖业史〉编纂工作的通知》。

（2）2017年11月1～2日，“2017/2018年度制糖期全国食糖产销工作会议暨全国食糖、糖蜜酒精订货会”在广西南宁召开。会议总结了2016/2017年度制糖期全国食糖产销工作，通报了2017/2018年度制糖期全国糖料种植及产量预计情况，通报了新制糖期国家食糖宏观调控的思路和原则，对全球食糖供求形势、国内经济形势和前景等专题展开了深入探讨，分析研究了2017/2018年度制糖期全国糖料生产及食糖产销形势，对新制糖期食糖供求平衡、产销工作、政府调控工作提出了政策建议。会议为参会代表提供了工商洽谈、订货的机会，帮助企业加强了产销联系与合作。

（3）2017年11月2～4日，由中国糖业协会与广西壮族自治区糖业发展办公室共同主办的“2017中国糖业博览会”（以下简称“糖博会”）在广西南宁国际会展中心隆重召开。糖博会期间分别举办以“把握形势，抓住机遇，促进糖业可持续发展”为主题的主论坛和以“糖业新技术新装备发展论坛”“糖业新品种新技术发展论坛”为主题的分论坛。本届糖博会以“创新、智造、绿色、发展”为主题，共设189个展位，共有参展商162家，举办了9场会议论坛和3项展览活动，吸引了来自多个国家和地区涉糖企业、科研院所的专家学者、媒体代表等观展。

（4）2017年11月20日，《中国糖业史》编纂委员会到黑龙江省糖业协会、轻工黑龙江省甜菜糖业研究所、中国农业科学院黑龙江呼兰甜菜研究所、黑龙江省轻工设计院、黑龙江省档案馆等单位进行了调研，收集到了中国第一家甜菜糖厂厂志及黑龙江省历年糖业发展相关数据等珍贵资料，为进一步开展《中国糖业史》的编写工作打下了基础。

（5）2017 年 12 月 11～13 日原糖进口加工委员会主任（扩大）会议在海南三亚召开。会议听取了委员会秘书处《2017 年原糖进口加工委员会工作总结》报告，听取了与会企业代表关于 2017 年企业原糖进口、加工生产和运营情况的汇报，回顾总结了 2014 年以来行业自律工作取得的经验教训。会议经过充分讨论与协商，在加强行业自律工作方面达成广泛共识，并一致通过 2018 年原糖进口加工行业自律工作思路。

（6）2017 年 12 月 21 日，为深入贯彻落实国务院《关于加快推进重要产品追溯体系建设的意见》（国办发［2015］95 号）以及国务院关于 2016/2017 年度制糖期食糖宏观调控政策意见的精神，积极配合国家有关部门做好打击食糖走私工作，中国糖业协会积极组织全行业开展中国糖业防伪溯源体系建设，并根据中国糖业协会五届六次理事长工作（扩大）会议《关于各主产糖省（区）开展二维码防伪溯源工作的决定》，中国糖业协会组织建设的中国糖业防伪溯源平台验收暨上线启动在京召开。

（中国糖业协会　胡志江　王让梅）

蔬 菜 加 工 业

一、基本情况

（一）资源情况

中国是世界上最大的蔬菜生产和消费国。2017 年蔬菜种植面积和总产量均略超 2016 年，全国蔬菜面积 19 981.07khm²，增 2.19%，全年蔬菜总产量 8.11 亿 t，增 1.63%。播种面积最多的 6 省依次为：河南 1 736.14khm²、山东 1 462.04khm²、江苏 1 407.63 khm²、广西 1 399.74khm²、四川 1 324.27khm²、湖南 1 271.14khm²。总产量排名前 6 位的省依次为：山东 10 618万 t、河南8 331.72 万 t、河北 8 259.8 万 t、江苏 5 752.0 万 t、四川4 523.0 万 t、湖南4 400.3 万 t。

（二）发展导向

2017 年农业部稳定发展“菜篮子”产品，加强北方设施蔬菜尤其北方城市冬季设施蔬菜开发、南方冬春蔬菜及南菜北运生产基地建设。国务院下发《国务院办公厅关于印发“菜篮子”市长负责制考核办法的通知》，为此，农业部牵头制定了《“菜篮子”市长负责制考核办法实施细则》和《“菜篮子”市长负责制考核任务分工方案》。近年来，我国设施蔬菜发展迅速，产量占到蔬菜总产量的 30%以上，为蔬菜周年均衡供应提供了重要保障。蔬菜种植已逐渐形成栽培品种互补、上市档期不同、区域协调发展的稳定格局。做大做强地方特色蔬菜瓜果优势产业，深入实施农业品牌战略，重点在瓜菜等大宗作物及特色产业上培养一批市场信誉度高、影响力大的区域公用品牌、企业品牌和产品品牌。

二、加工业概况

（一）蔬菜加工总体情况

2017 年我国蔬菜加工行业规模以上企业数达 2 329个，销售收入为 4 092.23 亿元，同比增长 9.44%。但目前国内蔬菜加工市场存在着大量的小型企业，据调研，目前我国蔬菜加工规模以上企业销售收入占行业收入总量的 55%左右，2017 年我国蔬菜加工全行业收入总额约为 7 482.56 亿元。综合海关数据，2017 年我国蔬菜加工消费总量增长至 11 230 万 t，同比增长 2.84%。2017 年国家推进蔬菜加工向优势产区集中布局，重点发展“菜篮子”产品加工，支持大中城市郊区发展净菜加工，引进有品牌、有实力、有市场的农业产业化龙头企业，重点发展绿色农产品加工。加快蔬菜初加工发展，支持农户和农民合作社改善储藏、保鲜、清选分级、包装和干燥等设施装备条件，促进商品化处理，减少产后损失，推动蔬菜初加工水平整体提升。鲜切蔬菜、蔬菜料理、蔬菜沙拉、蔬菜脆片和蔬菜粉等新型产品比重不断增大，但保鲜蔬菜、腌制蔬菜、传统技术脱水的干制菜加工占比依然较高。

（二）生产及加工技术

1. *采后加工*　采后加工对于产后减损、提质增效，降低我国蔬菜流通中的高损耗率有着不可替代的意义。去杂清洗与脱水、分选分级、田头预冷、冷藏包装、保鲜储运是重点工作，无损检测与智能分级是技术重点方向。净菜加工和鲜切蔬菜的比重逐年增加，这类时蔬经清洗、修整、鲜切等工序处理后，外覆塑料膜进行包装，由消费者购买后直接烹饪，符合人们对新鲜、卫生、方便的蔬菜需求，也受到快餐业及团体餐饮的青睐。护色、灭菌和保鲜对提高鲜切蔬菜及净菜的商品价值尤其重要，应根据蔬菜品种和加工方式确定正确的灭菌和保鲜工艺。采后预冷也是保持蔬菜品质和安全的重要环节，发达国家将真空预冷等作为果蔬采摘后的首道工序，农业部将组装式恒温库建设列入补助项目。有专家提出采用逐步升、降温或变温储藏，能够防止低温保鲜对果蔬造成的伤害，并且能保留营养成分和原有风味。2017 年农业部发布《枇杷贮藏技术规范》（NY/T 3102—2017）、《杏鲍菇工厂化生产技术规程》（NY/T 3117—2017）等国家标准。

2. 果蔬汁　果蔬汁在分类上主要有原果蔬汁、复合浓缩果蔬汁、果浆果汁、蔬菜汁、复合果蔬汁等，番茄酱等果蔬酱产品有时也并入果蔬汁产品类。逐渐由单一蔬菜汁向功能性复合果蔬汁转变，由嗜好性饮料向营养性饮料转变。新鲜、营养、方便的果蔬还原汁受到青睐，比较有代表性有浓缩果汁、中性复合果蔬汁、复合果蔬汁、乳酸发酵型果蔬饮料。由于蔬菜汁富含维生素、膳食纤维、矿物元素、多酚类物质和生物类黄酮等物质，近年蔬菜汁除了饮料使用以外，还用来作为特色食品的调色剂、添加剂等。复合果蔬的功能性挖掘、杀菌、膜分离等技术是加工工艺的技术热点，利用微胶囊技术对蔬菜中的各种风味物质进行有选择的包埋，避免果蔬汁饮料在萃取、灭菌、储藏过程中的有效成分流失，是近年来新的技术热点。2017 年我国果蔬汁总产量为 2 504.9 万 t，同比增长 1.02%。果蔬汁加工企业总数 560 个，占饮料行业比重为 26.54%；主营业务收入 1 253.36 亿元，同比增长 4.72%；实现利润总额 100.26 亿元，同比下降 1.67%。果蔬汁企业的资产累计增长较快，果蔬汁与包装饮用水、碳酸饮料类同列为“三大”饮料。我国饮料类产品中果蔬汁饮料产品销售收入占比逐年增加，2017 年约占 20%。依据果蔬汁浓度及生产实际，果蔬汁饮料分为果蔬汁、浓缩果蔬汁和果蔬汁类饮料 3 种，国家果蔬加工工程技术研究中心研发低酸性食品领域低于 100℃杀菌（商业无菌）技术，还突破了超高压技术在 NFC 果蔬汁加工上的局限性，率先在国内建立了 3 条 NFC 果蔬汁超高压生产线，首次实现了 NFC 果蔬汁工业化生产。

3. 脱水蔬菜和蔬菜粉　脱水蔬菜因重量轻、体积小、营养损失少、耐储运、食用方便等特点，成为满足现代人高效率、快节奏生活方式的流行食品，蔬菜干制也成为加工、增值的一种重要手段，干制方式正由传统自然晾晒向机械干燥的方向快速发展。常用的干燥方法有热风干燥、真空冻干、真空油炸、红外干燥和微波干燥等。热泵干燥、太阳能干燥、压差膨化干燥也在脱水蔬菜加工中开始应用，传统热风干燥仍是主流，保质、节能、环保、高效脱水蔬菜成为技术重点。基于作业低成本的组合干燥技术是干制工艺创新的热点，热风热泵、热风微波、热风真空油炸、热风压差膨化、微波压差膨化、冻干微波等组合干燥技术，已开始在脱水蔬菜中应用。FD 冻干蔬菜是脱水蔬菜出口主打产品，AD 脱水蔬菜、VF 果蔬脆片市场发展较快，我国也成为脱水蔬菜主要的生产和出口国，出口总量约占世界脱水蔬菜总量的 70%。VF 和膨化果蔬脆片越来越受到市场的欢迎。2017 年，新疆农业科学院利用太阳能装置利用了花椰菜、豇豆、辣椒及萝卜的干制；山西省农业科学院研究热风干燥与真空冷冻干燥两种干燥方式对常见果蔬酚类物质含量的变化；北京市农林科学院在研究不同包装方式对脱水青椒储藏期品质劣变问题的影响等方面，均取得突破性进展。

4. 速冻蔬菜　速冻蔬菜是将新鲜蔬菜通过相应加工处理后，快速冻结、包装的冷冻保鲜蔬菜产品，是蔬菜加工储藏技术中保存其蔬菜原有风味和营养成分较理想的方法。加工原理：在最短的时间内及时将新鲜蔬菜放入－35～－25℃的低温下，使蔬菜中含有的水分迅速凝成冰晶，菜体中的水形成细小的晶体，不致损伤蔬菜细胞组织，阻止蔬菜的霉菌与细菌产生，保证速冻质量。我国速冻蔬菜产品占整个食品消费量的比重远低于发达国家，其市场前景诱人。制约行业发展的主要原因：加工技术与设备制造水平相对落后，产品专用品种较少，高端产品及技术研发不足，原料基地建设不足，原料来源复杂、品质不一，影响了速冻蔬菜品质。IQF 单体速冻蔬菜和 BQF 块状速冻蔬菜工艺得到应用，国内企业也开始了低温高速气流速冻、喷淋或沉浸式速冻技术与装备的使用。

5. 腌制蔬菜　腌制蔬菜市场规模大、历史悠久、成本低廉、风味多样、营养丰富，是一种大量保存蔬菜和保证蔬菜周年均衡供给的传统方法。腌制蔬菜实现了规模化标准生产。腌制蔬菜主要分酱、腌、发酵菜三大类。一是酱菜。香、辣、酸、甜、咸口味俱全，用腌制菜的咸坯，切制、去咸，再用甜面酱、黄酱或酱油等调味料浸泡、酱渍，酱菜主要以华北、东北为主。二是腌菜。品种繁多、市场面广，主要依靠食盐的高渗透压和高盐度，产品的保存期长，含盐量也高，腌菜主要包括咸菜、糖醋菜等。三是发酵菜。是利用乳酸菌、酵母菌和醋酸菌等多种有益微生物的活动加工蔬菜的一种方式，主要包括泡菜、榨菜、酸菜等，盐渍（菜）只是发酵菜防腐变的工艺过程，西南、华南以泡菜和榨菜为主，东北以酸菜为主，华东以榨菜为主。腌制蔬菜的种类和风味繁多，加工工艺的区域特色明显。低盐化是腌制蔬菜的发展方向，通过真空包装、加热杀菌、低温和添加微生物抑制剂等措施替代食盐用量，提高腌制蔬菜的保质期，实现低盐化。中国农业大学开展了超高压对腌制蔬菜微生物和品质影响的研究，杭州师范大学对腌制蔬菜“生花”中的微生物及潜在危害进行了研究。

6. 蔬菜物流 蔬菜是一种易腐烂、易损耗的生活必需品，蔬菜冷链物流要求从采摘后就要在低温环境下完成预冷、分级分选、包装储藏、冷链运输、批发配送等作业，在整个流通过程中不间断地低温物流，是冷链物流的技术核心。目前，我国蔬菜冷链流通比例远低于欧美发达国家水平，市场前景广阔。技术上比较快捷的方式，就是国外先进冷链物流装备的中国化创新。MA简易气调储藏技术比较适合国情，冷链物流应与产地蔬菜品牌化、可追溯的物流信息平台结合起来。由于蔬菜易腐、易损且冷链运输的外部约束较高，若由蔬菜供需双方承担物流，资金投入过大，既难于保证品质又会使蔬菜价格上扬过大，所以现代化大流通的蔬菜物流服务，由专业第三方冷链物流公司承接是必然方向。

7. 蔬菜副产物综合利用 在实际的蔬菜采收、加工、运输以及鲜菜售卖过程中，都会有大量残叶、残帮、残次蔬菜以及蔬菜加工副产物，如皮、核、种子、叶、茎、花、根、渣等下脚料，这些蔬菜副产物中含有很多丰富的营养物质，需要进行综合利用。目前果蔬加工业每年要产生数亿吨的下脚料，如果得不到合理利用，既浪费资源又污染环境，较为普遍的尾菜利用主要有饲料化、肥料化和能源化加工利用。这些副产物再利用也成为新的关注点，如从西瓜皮、南瓜皮、胡萝卜渣中提取果胶，从胡萝卜渣、番茄渣中提取功能性天然色素，从南瓜、山药中提取功能性多糖等。

三、国内外市场概况

2017年随着农业产业结构的调整，农业供给侧改革进一步深化，“粮经饲”三元结构中经济作物的比重进一步加大，蔬菜作为经济作物中的主要产品，已经成为我国种植业中仅次于粮食的第二大农作物，蔬菜产业发展进入快车道，成为农民增收的支柱产业之一。2017年年底，我国城镇常住人口增加2.52%，乡村人口减少2.28%，城镇化率提高1.17%，加之人口自然增长的影响，市场需求强劲。全年蔬菜生产总体稳定供给充足，产量和交易量小幅上升，据全国580个蔬菜重点县监测数据，蔬菜月均在田面积同比减少2.1%，但蔬菜产量同比增长0.7%，蔬菜单产有所提高；全国140家大型蔬菜批发市场交易量增长1.4%，整体价格水平比2016年低，但短时间的缺货与结构性供大于求交替出现，菜价波动幅度较大。从品种看监测的30种蔬菜中，除生姜、山药、番茄价格同比上涨外，27种蔬菜价格均出现下降，叶菜类、果菜类价格降幅较大，根菜类价格总体平稳，茎菜类价格高位回落。

（一）国内市场

2017年全国蔬菜批发价格总体呈现常规的两头高、中间低的V形态势，但与2016年相比下降明显，全国36个大中城市30种蔬菜批发价格4.02元/kg，同比下降10.5%。年初市场需求旺盛，蔬菜价格持续上涨，春节涨至全年最高，但同比仍下降5%，随后本地菜供给比重增加，菜价季节性下降，6月初降至全年低点，6～8月南方强降雨和北方干旱高温，局部地区蔬菜供应紧张菜价回升，9～10月秋菜上市，菜价阶段性下降，11月气温下降，南菜运输成本增加，菜价至年底一直上涨，但仍低于去年10.7%。不可否认，由于需求信息渠道不畅，产销间中介服务体系不健全，我国以家庭自主式、分散式种植蔬菜的方式日益受到冲击，出现阶段性、局域性和结构性供需失调，山东东营塘藕、陕西渭南莴笋、湖北荆州南瓜、海南万宁白皮冬瓜、河南卫辉甘蓝、河南汝州洋葱、四川平武高山胡萝卜等发生滞销。

（二）国际市场

2016年，我国蔬菜出口量总体为稳定增长的态势，随着“一带一路”倡议逐渐形成国际共识，作为我国优势出口农产品的蔬菜必然在国际贸易中扮演更重要的角色。全年蔬菜进口额约5.5亿美元，同比增4.3%；出口额155.2亿美元，同比增5.4%，贸易顺差为149.7亿美元，同比增长5.5%，居农产品出口之首。我国蔬菜产品的主要出口至日本、越南和韩国，以及供应我国香港地区伴随“一带一路”倡议推进，向马来西亚、俄罗斯、印度尼西亚、菲律宾、阿拉伯国家等的蔬菜出口也在稳定增长。

四、质量管理与标准化建设

（一）质量管理

2017年全国蔬菜例行监测合格率达到97.0%，同比上升0.2%，连续10年保持在96%以上，全年未发生重大质量安全事故，蔬菜质量安全水平保持了总体优良稳定。根据中央农村工作会议、全国农业工作会议和国务院食品安全委员会第四次全体会议精神，农业部下发《2017年农产品质量安全专项整治方案》，继续开展农兽药残留超标等突出问题专项整治。按照“一控两减三基本”的要求，农业部制定了《开展果菜茶有机肥替代化肥行动方案》，选择100个果菜茶重点县（市、区）开展有机肥替代化肥示范，创建一批果菜茶知名品牌，形成可复制、可推广的有机肥替代模式。目前蔬菜市场还是以大路货为主，迫切需要以市场为导向，调优升级品种结构，引导菜农增加优质、绿色、安全、有机蔬菜的供给。预计2018年我国蔬菜产业将加快绿色转型，从追求量的增长向注重质的需求转变，为消费者提供更加绿色、安全、放心的蔬菜。

（二）标准化建设

2017年，国家有关部门发布了一系列有关蔬菜方面的标准（表1）。

表1　2017年有关部门发布的蔬菜加工相关标准情况

标准号	标准名称	标准号	标准名称
GB/T 19557.5—2017	植物品种特异性、一致性和稳定性测试指南　大白菜	GH/T 1174—2017	脱水辣根
GB/T 19557.20—2017	植物品种特异性、一致性和稳定性测试指南　茄子	GH/T 1175—2017	冷冻辣根
GB/T 19557.22—2017	植物品种特异性、一致性和稳定性测试指南　豌豆	GH/T 1176—2017	速冻蒜薹
GB/T 34257—2017	农产品购销基本信息描述　茄果类	GH/T 1177—2017	速冻豇豆
GB/T 34258—2017	农产品购销基本信息描述　薯芋类	GH/T 1190—2017	洋葱贮藏技术
GB/T 34259—2017	冬香薄荷	GH/T 1191—2017	叶用莴苣预冷与冷藏运输技术
GB/T 34260—2017	夏香薄荷	GH/T 1192—2017	蒜薹
GB/T 34768—2017	果蔬批发市场交易技术规范	GH/T 1193—2017	番茄
GB/T 35105—2017	鲜食果蔬城市配送中心服务规范	GH/T 1194—2017	大蒜
NY/T 431—2017	绿色食品　果（蔬）酱	LS/T 3252—2017	番茄籽油
NY/T 3082—2017	水果、蔬菜及其制品中叶绿素含量的测定　分光光度法	LS/T 3256—2017	大蒜油
NY/T 3115—2017	富硒大蒜	LS/T 3257—2017	生姜油
SB/T 11192—2017	辣椒油	JB/T 13186—2017	蔬菜脱水机
GH/T 1139—2017	洋葱	JB/T 13260—2017	净菜加工设备
GH/T 1140—2017	速冻黄瓜	JB/T 13265—2017	鲜切蔬菜加工机械　技术规范
GH/T 1141—2017	速冻甜椒	QB/T 1401—2017	雪菜罐头（替代QB/T 1401—1991）
GH/T 1172—2017	姜	QB/T 1402—2017	榨菜类罐头（替代QB/T 1402—1991等）
GH/T 1173—2017	速冻花椰菜	QB/T 5027—2017	果蔬纤维

五、行业工作

（1）“第十八届中国（寿光）国际蔬菜科技博览会”于4月20日至5月30日在山东寿光召开。本届博览会由农业部、商务部、山东省等联合主办，属中国5A级农业专业展会，以“绿色、科技、未来”为主题，突出专业化、市场化和国际化定位，总展览面积45万m^2，展出国内外蔬菜2 000多种，新品种302个，以及生物组培、椰糠基质栽培、水肥一体化和信息化温室远程控制等先进技术105项，栽培模式87种，本届菜博会积极开展国际招商，提高市场化运作水平，综合型国际性农业展会的特点更为明显，作为国内唯一的国际性蔬菜产业品牌展会已连续成功举办了18届。来自荷兰、美国、以色列等47个国家和地区以及国内29个省、自治区、直辖市的万余名客商及200多个重要代表团参展参会，吸引210.2万人次到会参观，实现各类贸易额127亿元。菜博会招商引资集中签约重点项目14个，总投资额71.8亿元，引资额66.7亿元。

（2）“2017中国（国际）果蔬加工及质量控制技术研讨会”于5月10～11日在陕西西安举行。会议由中华全国供销合作总社济南果品院、国际果汁工业保护协会等举办。以“提质、融合、多元化”为主题，来自国内外知名专家、学者、相关协会代表、果蔬加工企业代表、设备供应商等近200人参加此次盛会。聚焦果蔬加工产业发展现状、新技术与新设备、特色产品开发、国际前沿标准、产品提质增效等层面进行探讨，会议邀请了国际国内一流的专家就业界关心的问题作了解析，新型果汁加工技术、IFU果蔬汁行业新技术等13个报告在会上进行了宣讲。

（3）“2017年中国蔬菜产业大会”于5月17～18日在云南玉溪召开。会议由中国蔬菜协会、云南省农业厅主办。来自全国31个省、自治区、直辖市的从事蔬菜生产、加工、科研、技术推广、农资企事业单位800余人参加了会议。以“绿色发展提质增效”为主题，以推进农业供给侧结构性改革为中心，宣讲国家农业农村发展的宏观政策，探讨我国优质高效蔬菜产业的发展路径，展示一批新技术、新装备、新业态、新模式，推广科技新成果，引领产业健康发展。

（4）“2017年中国果蔬加工产业创新发展论坛”于6月2日在安徽滁州召开。会议由中国食品和包装机械工业协会主办，业内知名食品机械企业、行业主管部门、权威专家等应邀参会。以“创新驱动，引领未来”为主题，汇聚果蔬加工、包装、冷链、质量管理全产业链上下游企业，旨在搭建业内科技成果交流和创新平台，促进中国果蔬加工产业发展。与会专家做了“无菌灌装技术在果蔬加工中的应用与创新”“低温果蔬制品加工关键技术与装备”“特色果蔬保鲜、预切果蔬和净菜加工产业化”“互联网+助推果蔬冷链发展”等9个主题报告。会上还揭晓了2016年中国果蔬加工装备十大优质品牌、十大创新企业、十大领军人物名单。

（5）“2017中国果蔬汁产业峰会及2017中国蛋白饮料发展研讨会”于8月16～18日在广东珠海举行。会议由中国饮料工业协会主办，业内领域专家、果蔬汁及蛋白饮料生产企业代表、科研院所代表等共260余人参会。以“营养多元、提质求真”为主题，围绕果蔬汁类饮料行业的现状和发展趋势、产品升级、前沿技术、全供应链建设、食品安全等议题进行专题报告、学术研讨、成果推介、产品及技术参观，展示果蔬汁及蛋白饮料加工的新理念、新技术、新装备等。果蔬汁及蛋白饮料发展迅速，已经成为中国饮料行业重要的品类。同时企业竞争加剧，消费需求升级，科技创新、保证行业稳步健康发展成为行业共识。

（6）“2017第十一届全国果蔬加工研讨会”于10月26～27日在海口隆重举行。研讨会由国家农产品加工技术研发体系蔬菜加工专业委员会、海南省农业科学院等单位承办。以“营养健康、创新发展、智能制造”为主题，来自全国各地300余名专家学者参加了研讨会，围绕果蔬营养与安全、果蔬现代加工技术、热带果蔬现代加工技术、果蔬加工资源综合利用4个专题，50余位专家学者作了专题学术报告，研讨了果蔬加工的发展战略和研发技术，交流了果蔬加工研究与产业化的最新进展。

（7）“2017中国（北京）国际果蔬展览会暨研讨会”于11月3～5日在北京国家会议中心召开。本届果蔬展由中国出入境检验检疫协会等主办，吸引了来自澳大利亚、秘鲁、法国、中国（含台湾）等14个国家和地区的约300名展商、500多个新品种、1 200余家品牌同台亮相，展示内容覆盖鲜果鲜菜、包装、产后处理、冷链物流、果园管理等各类产品和技术，同期举办了“中欧果蔬论坛”“新鲜品牌质造论坛”等专业性研讨会。

（8）“2017年北方秋冬季设施蔬菜大会暨京津冀蔬菜品种展”于11月22日在河北省饶阳县召开。会议由中国蔬菜协会主办，来自全国14个省份的蔬菜管理、育种、生产及销售的从业人员300余人参会。通过专家报告及现场观摩等形式，从供给侧角度探讨我国番茄、茄子、辣椒、黄瓜等设施蔬菜现状、市场变化趋势、设施蔬菜科技发展动态等，推动设施蔬菜新品种、新技术、新理念的落地与传播。

（山东省农业机械科学研究院 李寒松）

蜂产品加工业

一、基本情况

我国是世界养蜂大国，养蜂业历史悠久。作为农业的重要组成部分，养蜂业在中华人民共和国成立后得到了党和政府的重视而飞速发展。我国饲养的蜂群由1949年的50万群发展到2017年的920万群，占世界蜂群总量的1/9。我国对蜂产品全面科学的研究始于中华人民共和国成立初期，经历了漫长、曲折的发展历程。目前，我国蜂产品行业处在平稳发展阶段，产品质量稳步提升，但不管是养蜂业还是蜂产品加工行业，其发展都面临着很多的挑战，完成从数量型向效益型的转型升级任重道远。

蜂产品是蜜蜂在生殖繁衍过程中形成的有益物质，包括蜂蜜、蜂王浆、蜂花粉、蜂胶、蜂蜡等。其中，蜂胶仅限用于保健食品，作为食品消费的主要有蜂蜜、蜂王浆和蜂花粉。近年来，我国蜂产品产量、出口量一直稳居世界前列。2017年，我国蜂蜜产量约45万t，蜂王浆产量约3 000t，蜂花粉产量约4 500t。据海关统计，2017年1～12月，我国蜂产品（蜂蜜、蜂王浆、蜂花粉）的出口总额为3.3亿美元，其中蜂蜜的出口总额最多，约2.7亿美元。

二、生产及出口情况

（一）蜂蜜

油菜蜜在我国出口的各商品蜜种中产量最大。湖北油菜常年种植面积居全国首位，该地区油菜蜜收成是全国油菜蜜收购价格的风向标。2017年，因恶劣的天气，湖北油菜蜜属绝产年份，不足平年的30%。而这已经是第三个油菜蜜减产的重灾年，连续3年的重灾歉收，油菜蜜价格却无大幅上涨，多地蜂场见面价在10 500～11 000元/t，2016年为9 500～10 000元/t。

2017年，我国洋槐蜜源地气候基本正常，洋槐蜜生产总体较好，属正常年景。其中河南西部、山西、陕西、甘肃等中西线洋槐蜜源区因花期雨水偏多，气候异常，属小歉收年景，蜂蜜质量较往年偏中；河南商丘往山东、河北、北京、辽宁等中东线洋槐蜜源区雨水正常，在花期还出现了少有的高温，洋槐蜜源生长正常且流蜜较丰富，属小丰收年景。收购价14 000～18 000元/t，同等级蜜源价格较2016年增加1 000元/t左右。

此外，2017年吉林长白山地区是椴树开花小年，蜜期仅10d左右，属歉收年景。黑龙江东部椴树因6月下旬遭霜冻，流蜜不好，歉收，收购价12 000～13 000元/t。2017年，山东烟台苹果蜜的收购价为13 000～14 000元/t；浙江衢州柑橘蜜的收购价为13 000元/t左右；荔枝蜜、龙眼蜜因蜜源地不同，价格有所偏差，海南地区收购价最高为20 000元/t，广东为17 000～18 000元/t，广西为15 000～16 000元/t。

2017年，市售商品蜜的价格调查显示，专卖店、网店蜂蜜均价上升。在调查的2 286个蜂蜜产品中，平均值为85元/kg，价格中位数为60.8元/kg，售价低于20元/kg的商品蜜有24个，占总数的1.1%，这些产品在北京、天津、网购商店中均有分布。其中价格最低的一款为“鹭蜂庄园”品牌的蜂蜜，售价为11.54元/kg；价格最高的为康维他15＋的麦卢卡蜂蜜，售价为1 596元/kg；国产蜂蜜中价格最高的为迎春黑蜂牌蜂蜜，售价为1 432元/kg。

据海关统计，2017年我国蜂蜜出口12.93万t，同比增长0.74%，出口金额2.71亿美元，同比下降2.12%。2017年我国蜂蜜出口日本最多，为3.01万t，约占全年出口总量的23.29%；其次是英国和比利时，分别占全年出口总量的22.95%和8.81%（表1）。2017年我国蜂蜜进口5 682t，从新西兰进口2 203t，占据了进口总量的38.77%；2017年我国蜂蜜进口总额9 141万美元，其中新西兰为6 691万美元，占进口总额的73.20%。

表1　2017年我国蜂蜜出口国家及地区统计

国家或地区	数量（kg）	金额（美元）
日本	30 109 186	73 056 708
英国	296 64 801	54 403 933
比利时	11 389 822	25 164 242
波兰	9 087 241	17 595 171
西班牙	8 897 182	17 820 548
澳大利亚	6 406 581	12 997 760
荷兰	5 498 739	10 723 586
德国	4 936 745	10 733 514
南非	3 460 920	6 704 871
意大利	3 183 070	5 971 897
葡萄牙	1 969 100	3 971 076
沙特阿拉伯	1 841 621	3 645 420
新加坡	1 661 944	3 656 481
爱尔兰	1 441 300	3 109 220
马来西亚	1 219 090	2 579 607
阿拉伯联合酋长国	1 155 384	2 063 328
泰国	1 116 160	2 463 419
中国香港	913 739	2 814 894
克罗地亚	669 900	1 200 159
阿曼	607 076	1 246 293
保加利亚	589 570	1 060 022
瑞典	480 820	1 180 317
立陶宛	446 600	947 738
摩洛哥	297 926	583 839
罗马尼亚	263 900	526 853
约旦	233 356	441 784
科威特	159 820	412 572
伊拉克	152 285	430 578
文莱	150 312	306 526
希腊	142 680	297 884

（二）蜂王浆

我国是蜂王浆生产和出口大国，蜂王浆总产量占世界的90%。然而，我国蜂王浆的经济价值却不乐观，不论是内销价格还是出口价格均处于全球最低位。

1. 蜂王浆生产　我国蜂王浆生产仍为手工作业，属劳动密集型。近几年，随着国内劳动力及生产资料成本不断上涨，蜂场雇工难，收购价下跌，产销价格倒挂，许多生产蜂王浆的蜂场开始缩减蜂王浆生产，转型生产蜂蜜，导致产量未见上升趋势。2017年我国蜂王浆产量近3 000t，同比持平。

2. 蜂王浆国内市场　2017年春季，由于气候原因，使得多数蜂群不壮，蜂王浆产量不高。3月下旬，湖北、江西蜂王浆的收购价格为140～150元/kg；浙江、江苏为 135 元/kg。油菜花期结束后，蜂王浆的价格降至 120 元/kg；7 月，蜂王浆价格回升至 125 元/kg，比 2016 年同期价格高 20 元/kg；后期，蜂王浆的收购价格仍维持在 140 元/kg。同时，部分蜂农不再完全依靠经销商和企业收购蜂王浆，转而选择自主销售，减少了集中销售，使得 2017 年蜂王浆价格相对稳定。

3. 蜂王浆国际市场　纵观近年来蜂王浆出口情况，2014 年 1 404t，2015 年 1 446t，2016 年 1 449t，2017 年约 1 500t，蜂王浆出口进入低位徘徊期。2017 年，蜂王浆产品虽然整体出口业绩保持稳定，但是在各大洲的市场份额波动剧烈、冷热不均。从海关统计的出口数据看，拉丁美洲、北美洲、欧洲是蜂王浆类产品出口的三大主要地区，占全球出口总额的 87% 以上，大洋洲、亚洲和非洲地区占 13%。2017 年，拉丁美洲、北美洲和大洋洲地区出口额增长幅度均在 18%以上，增幅最大的是大洋洲市场，出口额同比增长 81%。而欧洲、亚洲地区出口额则大幅下滑，其中欧洲市场出口额同比下降 37%，亚洲市场出口额同比下降 56%。据海关统计，2017 年度我国出口鲜蜂王浆 755.24t，同比上升 1.28%，出口额2 009.69 万美元，同比上升 2.46%，平均出口价格 26.61 美元/kg，单价同比上升 1.17%，其中日本仍然是最大的出口国，出口总量 287.47t，占出口总量的 38.0%，出口额 856.33 万美元，占出口总额的 42.0%，其余出口国按照出口量排名分别为：法国、泰国、西班牙、比利时、美国、德国、意大利、韩国、沙特阿拉伯等（表 2）。出口蜂王浆冻干粉 239.642t，同比上升 10.65%，出口额2 107.66万美元，同比上升 10.89%，出口价格 87.96 美元/kg，单价同比上升 0.22%（表 3）。蜂王浆制剂出口 231.028t，同比下降 1.34%，出口额 193.53 万美元，同比下降 17%，出口价格 8.37 美元/kg，单价同比下降 15.88%（表 4）。

表 2　2017 年我国鲜蜂王浆出口国家及地区统计

国家或地区	数量（kg）	金额（美元）
日　本	287 470	8 563 342
法　国	879 00	2 179 043
泰　国	84 625	1 743 177
西班牙	77 030	1 825 278
比利时	50 743	1 322 118
美　国	44 990	1 343 806
德　国	21 500	515 049
意大利	17 900	468 565
韩　国	16 350	443 023
沙特阿拉伯	12 600	305 500
乌拉圭	9 700	213 219
土耳其	9 000	162 860
澳大利亚	7 392	222 807
阿根廷	5 000	121 346
加拿大	3 300	87 576
伊拉克	2 700	67 326
中国香港	2 560	87 022
奥地利	2 105	80 699
黎巴嫩	1 900	48 661
罗马尼亚	1 810	54 904
荷　兰	1 500	42 450
马来西亚	1 500	43 090

（续）

国家或地区	数量（kg）	金额（美元）
阿拉伯联合酋长国	1 421	29 838
科威特	1 210	36 589
希　腊	900	28 050

表 3　2017 年我国蜂王浆冻干粉出口国家及地区统计

国家或地区	数量（kg）	金额（美元）
日　本	95 701	9 957 855
澳大利亚	32 430	2 768 497
美　国	28 725	2 038 884
西班牙	15 866	1 177 230
新西兰	12 750	1 055 659
法　国	8 960	680 680
印度尼西亚	7 511	502 728
埃　及	4 790	412 626
比利时	4 268	302 673
荷　兰	4 100	330 138
德　国	4 053	275 162
韩　国	3 240	285 549
意大利	2 550	190 036
沙特阿拉伯	2 165	124 575
英　国	2 050	133 850
乌拉圭	1 900	98 173
加拿大	1 770	141 945
马来西亚	1 065	100 284
新加坡	901	69 908
泰　国	710	59 836
俄罗斯	500	45 835
土耳其	500	26 750
越　南	490	46 906
伊　朗	425	36 003

表 4　2017 年我国蜂王浆制剂出口国家及地区统计

国家或地区	数量（kg）	金额（美元）
美　国	29 268	211 799
加拿大	25 553	178 522
巴拿马	23 558	175 332

（续）

国家或地区	数量（kg）	金额（美元）
斯洛伐克	22 184	208 790
墨西哥	21 960	228 000
罗马尼亚	19 863	117 759
哥伦比亚	19 443	140 983
印度尼西亚	10 212	15 805
哥斯达黎加	7 669	56 493
厄瓜多尔	6 630	51 600
多米尼加共和国	4 811	23 866
尼加拉瓜	4 806	36 269
荷　兰	4 698	80 788
中国香港	4 326	55 951
危地马拉	4 320	37 764
德　国	4 053	55 070
匈牙利	4 026	52 357
澳大利亚	2 396	50 012
保加利亚	2 376	11 154
俄罗斯	1 986	13 484
马来西亚	1 256	33 346
英　国	1 098	11 100
瑞　士	1 000	14 078
意大利	732	8 100

（三）蜂花粉

我国蜂花粉生产主要以大宗油菜花粉、茶花粉和杂花粉为主，荷花、玉米、柳树、荞麦、五味子等为辅。油菜花粉主要产区有江西、安徽、湖北、四川、辽宁、青海、甘肃、新疆和内蒙古等地；茶花粉主要产区有四川、江西、安徽、浙江、江苏等地。

1. 蜂花粉生产　2017 年由于气候原因，油菜花粉产量有所下降，其他花粉产量无明显波动。据中国养蜂学会及全国蜂产品市场信息会不完全统计，2017 年全国蜂花粉产量 4 500t，其中油菜花粉和茶花粉占总产量的 40%～50%。

2. 蜂花粉国内市场　2017 年油菜花粉收购价（蜂农见面价，下同）为 38～43 元/kg，同比上涨 8%；茶花粉收购价为 38～44 元/kg，较 2016 年稍有下降；荞麦花粉的价格是 29～31 元/kg，比 2016 年下降一个点；杂花粉价格为 28～32 元/kg。

3. 蜂花粉国际市场　2017 年我国蜂花粉国际市场形势良好，主要出口韩国、美国、墨西哥、日本、阿曼、阿根廷、沙特阿拉伯、希腊、伊拉克、乌拉圭、加拿大、马来西亚、土耳其、叙利亚、新加坡、黎巴嫩、比利时、泰国、罗马尼亚、阿拉伯联合酋长国等国家（表 5）。据海关统计，2017 年我国蜂花粉出口 2 583t，同比增长 20%；创汇约 1 605 万美元，平均单价为 6.2 美元/kg。韩国仍为我国花粉出口主市场，而且出口数量与日俱增，2017 年出口 1 400t，占出口总量的 54%；美国为我国蜂花粉出口第二大市场，2017 年出口 410t；我国蜂花粉出口第三大市场为墨西哥，出口 180t。

4. 蜂花粉制品　目前我国蜂花粉制品品种繁多，主要有蜂宝素、花粉蜜、花粉片、花粉晶、花粉冲剂、花粉口服液、破壁花粉及花粉饮品、药品、化妆品等百余种，主市场为国内消费。

表 5 2017 年我国蜂花粉出口国家及地区统计

国家或地区	数量（kg）	金额（美元）
韩 国	1 399 778	8 948 626
美 国	410 873	2 554 150
墨西哥	179 500	970 000
日 本	65 748	422 268
阿 曼	56 000	308 126
阿根廷	56 000	303 300
沙特阿拉伯	52 600	291 300
希 腊	48 000	255 020
伊拉克	46 420	210 983
乌拉圭	42 800	250 982
加拿大	40 950	224 349
马来西亚	21 645	226 706
土耳其	19 000	103 086
叙利亚	18 940	127 110
新加坡	17 000	139 727
黎巴嫩	17 000	85 296
比利时	15 140	109 358
泰 国	15 000	116 645
罗马尼亚	13 000	75 400
阿拉伯联合酋长国	11 000	62 035

（四）蜂胶

2017 年是我国蜂胶产业与蜂胶市场较为困难的一年，总体呈现出下滑的态势。蜂胶原料的产量和价格均有不同程度上涨，但蜂胶产品的销量呈现大幅下滑，而所谓的进口蜂胶产品大幅度增长。虽然我国蜂胶的标准化工作继续得到稳步推进，蜂胶的基础与应用研究成果丰硕，但蜂胶产业与蜂胶市场存在的问题依然严峻。

经统计，2017 年国内 21 个蜂胶骨干企业的毛胶用量约为 419t，约占全行业毛胶总用量的 60%；估算全行业总用量约为 700t，比 2016 年减少 6.7%。2017 年全国毛胶总产量 650t，同比增长 8%。根据 21 家蜂胶骨干企业 2017 年收购的毛胶质量统计结果，含胶量特别高（≥58%）的只占 6%，含胶量 40%以上的占 11.2%，含胶量 30%～40%的占 8.6%，含胶量 15%～30%的占 74.2%，平均含胶量仅为 36.5%，而且，70%以上蜂胶的含胶量都在 30%以下；估算 2017 年全国提纯蜂胶的产量约为 200t，比 2016 年产量增长约 10%。

2017 年毛胶价格呈持续上涨的趋势。大多数蜂农仍以“统货”出售毛胶。毛胶价格为 287～650 元/kg，每个胶含量百分点的价格为 10～15 元，比 2016 年上涨了约 15%。毛胶价格上涨，使提纯蜂胶的原料成本持续增长，加上加工成本的上涨，提纯蜂胶的供货价格为 1 000～2 000元/kg，平均 1 500 元/kg 左右，比 2016 年平均增长 7.5%。统计分析，23 个骨干企业 2017 年蜂胶提取物用量为 93.44t，比 2016 年减少 9.1%；估算全行业总用量约为 175t。

进口蜂胶原料呈下降趋势。据不完全统计，2017 年进口蜂胶原料约 40t，比 2016 年减少约 25%，进口蜂胶原料以巴西酒神菊属蜂胶为主，其他的从土耳其、伊朗、乌拉圭等国进口。

（五）蜂蜡

我国蜂蜡主要以出口为主，德国、美国和法国仍然是我国蜂蜡出口的三大主市场。据海关统计，2017 年我国出口蜂蜡9 156t，出口总额5 473万美元。其中，出口德国2 231t，占出口总量的 24.37%，出口额1 535万美元，占出口总额的 28.04%；出口美国 1 817t，占出口总量的 19.85%，出口额1 304万美元，占出口总额的 23.83%；出口法国 848t，占出口总量的 9.26%，出口额 589 万美元，占出口总额的 10.76%。位居出口前 20 的国家还有阿尔及利亚、希腊、西班牙、意大利、英国、土耳其、澳大利亚、阿尔巴尼亚、突尼斯、塞尔维亚、比利时、巴基斯坦、日本、叙利亚、荷兰、伊朗、黎巴嫩（表 6）。

表 6　2017 年我国蜂蜡出口国家及地区统计

国家或地区	数量（kg）	金额（美元）
德　国	2 231 483	15 348 299
美　国	1 817 076	13 043 339
法　国	847 580	5 887 394
阿尔及利亚	602 895	1 652 712
希　腊	584 303	2 270 943
西班牙	406 407	1 971 685
意大利	387 701	2 749 022
英　国	335 434	2 277 226
土耳其	211 000	910 602
澳大利亚	202 355	1 522 496
阿尔巴尼亚	195 505	648 622
突尼斯	163 860	491 275
塞尔维亚	155 000	793 825
比利时	108 852	741 850
巴基斯坦	68 700	258 642
日　本	63 452	486 426
叙利亚	59 850	146 830
荷　兰	58 201	383 157
伊　朗	57 400	317 254
黎巴嫩	56 478	168 685

三、科技成果

（一）"优质蜂产品安全生产加工及质量控制技术"项目获 2017 年度国家技术发明二等奖

由中国农业科学院蜜蜂研究所吴黎明研究员主持完成的"优质蜂产品安全生产加工及质量控制技术"项目获 2017 年度国家技术发明二等奖。该成果突破了多项技术瓶颈，包括多王群饲养早春蜂群繁殖，蜂产品真伪和品质评价技术等，变革了蜂群饲养和蜂产品生产加工模式，促进了养蜂生产技术水准和产品质量安全水平的整体提高，提高了蜂产品的市场竞争力。创制的蜂胶低温湿法超微粉碎技术和胶囊加工新工艺，抗结晶蜂蜜生产新工艺及装备，实现了传统蜂蜜，蜂胶工艺技术的革新，引领了蜂产品加工产业科技创新，推动了产业技术升级，提升了我国蜂产业的国际影响和竞争力。通过示范企业带动，在蜂产品主产区建立标准化养殖基地，转化已被农业部纳入蜜蜂健康养殖，农产品标准化生产和质量安全监管计划的《蜂产品质量安全生产控制规范》等一批标准和新技术。

（二）中国蜂业再次登上世界领奖台

2017 年 9 月 26 日至 10 月 4 日，第 45 届国际蜂联（APIMONDIA）国际养蜂大会暨博览会在土耳其伊斯坦布尔召开，以中国养蜂学会理事长吴杰研究员为团长的中国养蜂学会中国蜂业代表团 93 人（参会 46 人，参展 47 人）出席了会议。中国养蜂学会中国蜂业代表团共做了 11 篇学术报告，租赁了 20 余个展位，在大会的世界大奖赛中荣获 8 枚奖牌。其中出版物类（大型摄影集《蜜蜂视界》）、机械类（移虫机）各获 1 枚金牌，照片类（蜜蜂摄影）、工艺品类（蜜蜂发育仿真模型）各获 1 枚银牌，工艺品类（蜜蜂邮票)、化妆品类(蜂胶香皂)、包装类(蜂蜜包装)、工艺品类(蜜蜂造型)各获1枚铜牌,为中国蜂业赢得了荣誉。

四、行业活动

1. 举办2017油菜花节暨蜂产业论坛 2017年3月3~5日,由中国养蜂学会举办的"畅游六枝花海,觅蜜油菜花乡"爱心油菜花节暨"六枝峰会—贵州蜂产业论坛"在贵州六枝特区召开,近300人参加了论坛。论坛上,陈黎红秘书长、周冰峰教授、韦小平副所长、何成文副研究员分别作"中国蜂业十三五发展思路——跳出蜂箱看世界""蜜蜂饲养现状与资源保护""贵州蜂业发展情况汇报""贵州养蜂扶贫模式探讨"报告。同时举办了"觅蜜之旅"、摄影大赛、民族歌舞表演、"扶贫爱心订购"、特色农产品展销等丰富多彩的活动。专家为六枝和贵州蜂产业发展把脉问诊、传经送宝,一起交流养蜂经验、献计献策,共同探讨蜂产业与生态、健康、养生、旅游、扶贫有机统一的发展新模式。

2. 举办首届中国"'5·20'世界蜜蜂日"活动 2017年5月20日,中国养蜂学会在全国范围内举办首届中国"'5·20'世界蜜蜂日"主题活动,农业部畜牧业司段宏超;斐济驻华使馆参赞Ratish Singh;中国养蜂学会理事长吴杰,副理事长兼秘书长陈黎红,副理事长胡福良、胥保华、缪晓青、季福标;扬州大学副校长陈国宏;环境保护部南京环境科学研究所及扬州生态科技新城管委会领导等出席了主会场的活动,主会场扬州及全国各地26个分会场同时启动,宣传蜜蜂科普知识。中央电视台财经频道及全国几十家媒体予以报道,引发社会广泛关注。

3. 举办"首届'一带一路'国际蜂业合作论坛" 2017年10月18~20日,由亚洲蜂联、中国养蜂学会、泰州市人民政府主办的"首届'一带一路'国际蜂业合作论坛"在江苏泰州举办。此次"一带一路"国际蜂业合作论坛"的主题是蜂胶,白俄罗斯、乌克兰、尼泊尔、埃塞俄比亚、土耳其、巴西、澳大利亚、缅甸、印度尼西亚、泰国等国家的驻华使馆参赞及专家,以及中国台湾地区、中国社会科学院、中国农业科学院蜜蜂研究所、浙江大学、西北大学、江苏大学、扬州大学、南昌大学、聊城大学、台湾宜兰大学、山东农业大学、河南科技学院、江苏农牧科技职业学院、江西省蜜蜂研究所、吉林省养蜂科学研究所、北京市农林科学院、重庆师范大学、镇江高等专科学校等国内蜂业科研团队的专家、学者,江苏省出入境检验检疫局、中国养蜂学会蜂产品专业委员会、中国养蜂学会蜜蜂博物馆、江苏省蜂业协会、北京市蚕业蜂业管理站、广西壮族自治区养蜂指导站、牡丹江养蜂指导站的专家及学者代表,蜂业企业代表等200余人出席此次论坛。

4. 举办"2017年全国中蜂产业科技发展论坛" 2017年10月26日,由中国养蜂学会、湖北省养蜂学会和神农架林区人民政府共同主办,以"拓展中蜂产业,助推精准扶贫"为主题的2017年全国中蜂产业科技发展论坛暨神农架蜂会在湖北省神农架林区举行。来自全国蜂业界专家、学者、企业家以及养蜂代表等500余人齐聚神农架,就推进中蜂种质资源保护与利用、提高中蜂养殖技术、促进中蜂产业标准化与质量安全等重大话题进行了研讨。

5. "世界蜜蜂日"确定 2017年12月20日,联合国大会上确定5月20日作为"世界蜜蜂日",提出蜜蜂对人类极为重要,养蜂可以确保粮食安全,维护整个生态系统和自然界生物多样性。

(中国农业科学院蜜蜂研究所 陈黎红 徐明)

食用菌加工业

按照中央关于供给侧结构性改革的要求,食用菌行业以转方式、调结构、稳增长为目标,大力推进产业提档升级和提质增效,取得了突出成绩,特别是在国家精准扶贫、精准脱贫战略指引下,全国如吉林、河北、陕西、贵州等省份将食用菌产业作为精准扶贫和脱贫的重要产业,制定了一系列的产业发展引导政策,为企业投资兴业营造了良好的环境,食用菌精准扶贫取得明显成效。

一、基本情况

(一) 产量产值

1. 产量 据对全国27个省、自治区、直辖市(不含西藏、宁夏、青海、海南和港澳台)的统计调查，2017 年全国食用菌总产量为3 712万 t。从全国食用菌产量分布情况来看，产量较大的有河南省(519.10万 t)、福建省 (408.71 万 t)、山东省 (392.99 万 t)、黑龙江省 (324.35 万 t)、河北省 (291.89 万 t)、吉林省 (230.12 万 t)、江苏省(220.15万 t)、四川省(205.56万 t)、陕西省(121.42万 t)、江西省(121.18万 t)、湖北省(115.80万 t)、辽宁省(107.70万 t)。2017 年全国总产量增长速度平缓，多数省份保持平衡发展，部分省份增长较快。与 2016 年相比，福建、贵州、内蒙古、江西、云南、陕西、山西、辽宁分别增长了 59.64%、25.08%、17.16%、14.61%、10.09%、10.05%、8.41%、7.21%。

2. 产值　2017 年全国食用菌总产值2 721.92亿元。从全国食用菌产值分布情况看，2017 年产值超过 100 亿元的有河南、山东、河北、黑龙江、福建、吉林、江苏、江西、四川和湖北 10 个省（份）。超过 50 亿元的有云南、陕西、辽宁、广西、广东、湖南、浙江和贵州等 8 个省（份）。

（二）出口创汇

1. 出口量　据中国海关和国家统计局数据，2017 年我国共出口食（药）用菌类产品 63.08 万 t（干、鲜混合计算），与 2016 年 54.59 万 t 相比增加了 13.09%。

2. 创汇　海关总署统计数字表明，2017 年食用菌类创汇 38.4 亿美元，比 2016 年的 31.68 亿美元增长了 21.21%。

二、科研、新产品、新技术

(1) 浙江科技援疆项目在沙漠戈壁地区培育出首批黑木耳，样品分别送国家农业和林业权威部门检测，指标达到或优于项目预期目标，为科技成果转化应用打下扎实基础。建立乌什、温宿和阿拉尔多点共进，兵地融合发展的中试生产基地，分别在 3 个县（市）各建立一条中试生产线，达到日产 3 万个菌棒的生产能力，给参与项目试验的农户带来实实在在的收入，生产出的菌棒和菌种分别在四县（市）5 个村 10 个贫困家庭 0.8hm^{2}果园开展中试试验，农户获得不同程度收益。

(2) 平泉市希才应用菌科技发展有限公司在 2016 年进行羊肚菌引进试验、示范并成功在春夏季出菇。2017 年继续进行本地区秋冬低温和严寒季节栽培技术攻关，在承德和内蒙古等周边区域试验、示范栽培 30 多 hm^2。目前在当地气温 −20℃ 条件下栽培成功，利用蔬菜暖棚栽培的 10hm^2 正在出菇。标志着在平泉冬季暖棚栽培羊肚菌能够成功并取得较好的经济效益。

(3) 北京市农业技术推广站组织相关专家对食用菌课题组培育的羊肚菌新品种北京羊肚菌进行了鉴定审查。专家组实地观测了北京羊肚菌的性状，详细地听取了课题组的育种工作汇报。根据现场测产，北京羊肚菌在日光温室栽培条件下，出菇密度最高处可在 0.196m^2，形成成品菇数量 123 个，折合每平方米成菇个数为 627.5 个，鲜菇单产为 3.14kg/m^2。确认该新品种的结实性和丰产性均特别突出，具备明显的种质资源优势，其高产特性在北京地区具有一定推广价值。

(4) 白桦茸学名桦褐孔菌，一种主要寄生于白桦树的药用真菌。其形状呈黑褐色的块状，主要分布于俄罗斯西伯利亚、芬兰、波兰、日本北海道及中国黑龙江等北半球北纬 40°～50°的寒温带地区。由于西伯利亚气候极寒，西伯利亚出产的白桦茸生长周期达 10～15 年以上。野生西伯利亚白桦茸的产量极低，平均 2 万棵白桦树 5 年才能长出一个菌株。许多发达国家以及部分发展中国家开始步入老龄化社会，老年人口比例持续增长，肿瘤、糖尿病、心脑血管等慢性病日益高发。近年来，白桦茸重新受到国际医学界的重视和关注。目前，欧美及日本、韩国等国家批准白桦茸提取物药品上市销售。欧美国家更将白桦茸作为“超级食物”应用于保健食品及功能性营养品。现代医学研究表明，白桦茸起主要作用的是多糖体、超氧化物歧化酶、三萜类成分等，主要具有抗肿瘤、降血糖、清脂降压等作用。

(5) 内蒙古某公司的双孢蘑菇产品获得由中国绿色食品发展中心颁发的绿色食品证书，这是包头市首个获得食用菌绿色食品证书的企业。该公司生产基地位于包头市九原区阿嘎如泰苏木乌兰计 5 村，引进荷兰双孢蘑菇生产技术，是包头市首家引进国外先进技术进行工厂化、规模化、标准化生产双孢蘑菇的企业，目前建成投用的标准化双孢蘑菇种植菇房 24 个，实行立体种植，日生产能力 4～5t，产品主要销往呼包鄂地区，为消费者提供绿色、安全、放心、新鲜的绿色食用双孢蘑菇。

(6) 由楚雄彝族自治州质量技术监督局、林业科学研究所起草的《地理标志产品　楚雄牛肝菌》《地理标志产品　南华松茸》两个地理标志产品地方标准被云南省质量技术监督局批准发布，于 2018 年 6 月 1 日开始实施。该标准的批准发布，标志着楚雄彝族自治州野生菌地理标志产品保护工作又迈出坚实的一步。楚雄牛肝菌、南华松茸品质独特，是楚雄少有的山中美味，深受广大消费者喜爱，是楚雄重要的出口创汇商品。楚雄牛肝菌具有食之口感滑糯、菌味浓香鲜甜、食后唇齿留香等特点。不仅食味鲜美，且具有强身健体、补益肠胃、止痛、理气化痰的功效；南华松茸食之香味醇厚浓郁，具有钾高钠低、保健功效突出的特点。为了维护楚雄牛肝菌、南华松茸的质量、声誉，加强品牌建设，楚雄彝族自治州人民政府向国家质量监督检验检疫总局提出申报楚雄牛肝菌、南华松茸地理标志产品保护申请，并于 2016 年 12 月获国家质量监督检验检疫总局批准保护。

(7) 科学技术部发布《关于认定真空计量及应用技术国际联合研究中心等 41 家单位为 2017 年度国家国际联合研究中心的通知》(国科外发［2018］54 号)，吉林农业大学申报的“食用菌新种质资源创制国际联合研究中心”获批，中心主任由中国工程院院士、吉林农业大学教授李玉担任。食用菌新种质资源创制国际联合研究中心主要围绕食用菌种质资源创新，在菌物资源保育、食用菌遗传育种与规范化栽培、食用菌活性成分分析与精深加工等方面开展研究，进一步整合国际科技和智力资源，积极促进和扩大国际科技合作的广度和深度。为我国食用菌产业的转型升级和现代农业提质增效，推进我国农业国际化进程以及融入“一带一路”倡议提供科技支撑，打造成为具有国际影响的食用菌种质资源创新中心和人才高地。

(8) 福建省现代农业食用菌产业体系示范基地建设——将乐县万全乡上华村 20 万袋香菇新品种（申香 215）优质安全生产技术示范项目通过验收。申香 215 是由上海市农业科学院选育的高产优质新品种，该品种出菇均匀，适宜温度区间大，15～26℃都可出菇，菇品香味浓郁，深受市场欢迎，鲜菇售价达10～12 元/kg，具有较好的经济效益。

(9) 茯苓为湖北主产的我国大宗常用中药材和药食两用资源。湖北省中医院牵头的“茯苓全产业链标准体系构建及产品研发”获科技部立项，成为国家重点研发计划中医药现代化研究重点专项，这也是湖北省中医药科研取得的新突破。该项目总经费达 6 428.5万元，将打造以湖北省英山县为核心的茯苓产业集群，培育茯苓产业龙头企业，建设覆盖大别山的茯苓产业带，建设规范化种植基地，增加就业，助力脱贫。届时，还将建立集成多学科力量和国内优势单位，涵盖茯苓种植、加工、研究、开发、生产的高水平学科联合攻关团队，建立茯苓全产业链技术研究体系和高水平的研发平台，建立湖北省茯苓技术创新中心。

(10) 为推进天麻产业快速健康发展，昭通市扎实推进天麻“两菌”和良种繁育，提出优质“两菌”（萌发菌、蜜环菌）覆盖率达 80%以上，鲜麻总产量不低于2 800万 kg。“两菌”和良种是决定天麻品质的关键环节，对“两菌”生产和良种繁育要加大投入、加强研究，降低成本，提高科技含量，加强指导监管，不断提高菌、种质量，满足生产发展需要，确保昭通天麻品质和产量，促进农民增收。

(11)“蘑菇部落”采用“创意农业＋旅游”发展模式，增加观光、采摘以外的旅游项目，拓展了乡村生态游的外延，补上让游客留下来的短板。在上级财政补助与乡贤支持下，桃溪古民居群落的修缮正有序推进，希望桃溪的传统与时尚能相互融合带动客流。好项目落地桃溪，不仅让这个宁静古朴的村落变得热闹起来，还激活了当地贫困群众的内生动力。“蘑菇部落”项目方还成立了古田县中信食用菌专业合作社，以“租金＋股金＋薪金”模式，建立贫困户与合作社的利益共同体，让贫困户从传统农民转型为土地经营者、产业股东、职业工人。

(12) 目前，有一项新技术可利用稻草、麦秆、芦苇等基质进行蘑菇栽培，对秸秆等农副产物资源综合利用和环境保护有重要的意义。而其无须覆土栽培这一技术改进，不但可以降低劳动力及能源消耗等成本，还可以减少重金属污染或农药残留可能性。该技术突破了“覆土”环节的制约，颠覆了传统的蘑菇属种类的栽培模式，为今后培育新型商业化蘑菇栽培技术打下了坚实的基础。

(13) 农业部公布 2018 年第一批农产品地理标志登记产品公告信息，其中，“田林灵芝”由田林县农业技术推广中心申请，经过初审、专家评审和公示，符合农产品地理标志登记程序和条件及相关技术标准要求，准予登记，并允许在农产品或农产品包装物上使用农产品地理标志公共标识。

(14) 河南省 3 个食用菌新品种顺利通过省内鉴定。这 3 个品种分别是新乡市农业科学院选育的新科 108、河南省农业科学院植物营养与资源环境研究所选育的黑平 17-1 和驻马店市农业科学院选育的驻研 2 号。河南省是食用菌生产大省，鲜菇年产量高达 550 万 t，产值超 400 亿元。作为全国平菇重点产区，河南省年产量稳定在 80 万～100 万 t，约占全国平菇总产量的 14%。但是，河南省种植的食用菌品种大多数从国外引进，要交纳昂贵的品种保护费用，菇农的种植成本因此增加很多。为此，河南省食用菌产业技术体系瞄准市场需求，在新品种选育方面狠下功夫，选育出一批食用菌优良新品种。

(15) 5 月 4～6 日，中国中药协会灵芝专业委员会成立大会暨国际灵芝研究学会学术年会、灵芝产业发展论坛在寿仙谷药业有限公司举行。国家食品药品监督管理总局原副局长张文周、国家中医药管理局科技司副巡视员孙丽英、浙江省药学会理事长朱志泉，武义县领导章旭升、陈进一、黄红梅等出席活动。成立大会确定了专委会的机构组成，选举产生了委员单位、常务委员单位、副主任委员单位、主任委员和学术委员。北京大学教授杨宝学担任主任委员，寿仙谷药业有限公司担任常务副主任委员单位。这是国内灵芝学术界和灵芝产业界迄今为止规模最大、议题最广的一次盛会。从事灵芝研究的著名专家学者，从事灵芝产业种植、生产、销售各环节的知名企业齐聚寿仙谷药业有限公司，在灵芝研究、产业发展和国际合作等方面进行广泛交流和讨论，这对提升我国灵芝行业整体水平，促进世界灵芝产业发展很有意义。

三、食用菌保鲜、加工和质量

（1）哈尔滨某菌公司的有机蘑菇产品名为蘑菇妈妈素斋心礼礼盒，里面有 9 袋成人蘑菇面条、1 盒儿童蘑菇面条，还有两瓶蘑菇酱。蘑菇面条是把冰城产的有机蘑菇磨成粉末与进口面粉混合制作而成，是纯有机食品。众筹价格 158 元/盒，未来上市的零售价格在 258 元/盒左右。上线众筹满一个月，筹到 10 021 652元，完成了众筹目标的 100，刷新了京东深加工农产品众筹的纪录。

（2）酱类在加热过程中需要进行翻滚搅拌，夹层锅符合这一生产特性。对于菌菇来说，过度受热对口感的影响较大，因此可以采用真空式样的夹层锅进行生产。目前市面上有一种真空横轴卧式可倾搅拌夹层锅，搅拌器与锅体的全方位充分接触，能够使物料在搅拌翻滚过程中，确保不会因为搅拌不到位而糊锅。真空环境又能降低炒制温度，减少对口感的恶化影响，并且还能提高炒制效率降低能耗，缩短炒制时间。

蘑菇酱的灌装在选择上需要选择适宜浓酱膏体灌装的机械设备。目前来说，灌装设备的集成化趋势明显，通常与旋盖、贴标等多道工序合成。市场上适合膏体灌装的灌装旋盖生产线通常自动化程度较高，能够自动完成灌装、旋盖等步骤。酱料的酸碱度一般会有偏向，因此注意灌装设备的组成材质是否能够耐住酸碱。

（3）云南松茸产量占全国松茸产量的 40%，而迪庆香格里拉松茸占云南省鲜松茸出口量的 65%以上。香格里拉的松茸生长在海拔3 500m 的大山里，从孢子到成熟菌体需时长达 6 年，而每年只有在 7～10 月才能品尝到这一山野珍馐。如今，想要品尝松茸美味的人们只需在网络上动动手指下单，轻松又便捷，物流就能将来自香格里拉的美味珍品全程保鲜地送到消费者家中。打通从原产地到交易市场、经销商客户，再到零售 B 端和消费 C 端的流畅通道。为此将投入 2 架顺丰航空全货机、600 余 t 航空仓位资源、每天 10 余 t 高铁仓位资源、15 辆全冷链车、4 个固定冷库、4 个移动冷库，以及专门为松茸设计的健康材质、保温性能突出的包装材料。其中，预冷型移动冷库能够 2h 预冷 2t 生鲜产品；速冻型移动冷库能 12h 冻结 8t，极大地提高了从原产地到交易市场过程中松茸的保鲜能力。

（4）靖州茯苓加工贸易中心一期厂房项目于 2017 年 6 月启动建设，项目规划建设用地 6.67hm^2，总投资 10 亿元，整个项目把苗侗建筑元素充分融入现代建筑之中。其中一期投资 6 亿元，项目分为茯苓文化展示馆、鲜茯苓交易中心、加工贸易区厂房、茯苓仓储物流区四大功能区域，建成集茯苓等中药材仓储、加工、物流、交易、展示等功能于一体的茯苓加工贸易中心。建成后可集聚茯苓等中药材小微企业 360 余个，整个项目预计 2019 年年底全部建成并投入使用，可带动全县从事茯苓种植、加工从业人员 5 万余人，实现年交易鲜茯苓 10 万余 t，干茯苓 6 万余 t，年贸易总额达 20 亿元以上，解决就业人口 5 000余人，将有效带动靖州贫困人口脱贫增收。

四、质量管理与标准化工作

根据中国现行的法律、法规和标准及实际应用，如国家食品药品监督管理总局《关于公布食品生产许可分类目录的公告》（2016 年第 23 号，2016 年 1 月 22 日）、《关于启用新版〈食品生产许可证〉的公告》（国家食品药品监督管理总局公告 2015 年第 198 号），食用菌包括食用和药用两种。

截至 2018 年 8 月底，我国现行的食用菌国家标准有食品安全标准 1 项、国家标准 39 项、行业标准 97 项，涉及基本术语、菌种、生产规范、产品、生产加工技术规范、出口产品要求、绿色（有机）产品、地理标志产品、检测技术方法等方面。其中，基础标准 1 项，菌种标准 8 项，保育及栽培标准 1 项，加工及产品标准 23 项，产品流通标准 2 项，国家标准化指导性技术文件 2 项。

行业标准中，基础标准 4 项，菌种标准 16 项，保育及栽培标准 16 项，加工及产品标准 56 项，产品流通标准 5 项。全国各省、自治区、直辖市根据食用菌产业发展需求制修订了一批地方标准，根据全国标准信息公共服务平台公布的信息，我国发布实施的食用菌地方标准有 617 项，发布实施的标准涉及菌种、栽培、加工、物流运输等环节，初步构建了食用菌标准化工作体系，发挥了标准在产业中的指导和引领作用。

在药用范围，《中华人民共和国药典》（2015版）记载的有中药（药材、成药）、化药、生物制品、重组制品、药用辅料等。我国正式列入药用的真菌有50多种，常用的有30多种，被明确纳入药典的食用菌类有6种，分别为灵芝、云芝、茯苓、猪苓、雷丸和冬虫夏草，分别有相应的标准。

五、行业工作

（1）“第二届全国药用菌产业发展大会”于2018年4月26日在安徽省六安市金寨县举行。大会的主题是“发展药用菌产业，建设西山药库，促进脱贫攻坚”。国家相关部委、省、市直单位、高校领导等300余人参加了会议。

（2）“第三届全国食用菌产业精准扶贫经验交流会”于2018年7月6～8日在湖北省恩施土家族苗族自治州利川市举办。会议总结了各地扶贫攻坚典型经验，推出精准扶贫的十大模式，引导各地发挥好食用菌产业在扶贫攻坚中的优势作用。同时，加大农村从事食用菌栽培销售、经营管理实用型人才的培训。

（3）首届“中国（鱼台）毛木耳产业发展大会暨2018食用菌行业春季博览会”于2018年5月4日在山东省济宁市鱼台县举行。鱼台县与山东省食用菌产业体系创新团队、济宁市农业科学研究院签订毛木耳产业发展战略合作协议；鱼台县与江苏省丰县人民政府、四川省什邡市人民政府签订“毛木耳产业发展战略合作联盟”意向书；鱼台经济开发区与凯和农业科技有限公司签订毛木耳加工企业投资建设协议；本次活动吸引了近500名代表，组织了45个参展企业。

（4）“大数据精准扶贫标准化论坛暨经验交流会”于2018年5月25日在贵州召开，贵州省人民政府副省长吴强，国家市场监督管理总局副局长、国家标准委主任田世宏，国务院扶贫办副主任洪天云，国家标准化专家委员会副主任张纲出席会议，中国标准化研究院院长刘洪生主持会议。会议期间，发布了《食用菌产业项目运营管理规范》等首批15项产业扶贫国家标准。

（5）“2018中国食用菌行业丝路菇业优秀品牌行动暨西峡香菇国际贸易对接会”于2018年11月3～4日在河南省西峡县成功举办，有关领导、行业专家、新闻媒体、国内外客商等1 000多人士参会、参展，引导食用菌产业外向型发展，在经验交流、技术咨询、市场对接等方面取得新成果。

（6）“中国·郧阳香菇首届双12丰收大会”于2018年12月11～13日在十堰市召开。与会领导、专家就郧阳香菇产业高质量发展，从不同角度发表了见解，提出了中肯建议。这次大会为郧阳香菇产业的高质量发展开启了新征程，按下了“快进键”，为郧阳的精准扶贫、精准脱贫和经济发展做出了积极贡献。

（中国食用菌协会　戚俊）

乳制品制造业

一、基本情况

（一）生鲜乳生产

2017年，全国生鲜乳产量继续小幅下降，全年奶类产量3 148.6万 t，同比增长－0.8%，降幅较2016年收窄2.9个百分点。其中，牛奶产量3 038.6万 t，同比增长－0.8%，降幅较2016年收窄2.8个百分点；其他奶类产量110.0万 t，同比增长0.1%。

牛奶产量前5位省份为内蒙古、黑龙江、河北、山东和河南，其中内蒙古产量552.9万 t，占全国的18.2%。除牛奶外的其他奶类生产方面，陕西、河南、新疆、山东、云南、河北、内蒙古等省份产量较高，其中陕西产量49.6万 t，占全国的45.1%。奶类、牛奶、其他奶类产量前5位省份情况分别见表1、表2、表3。

表1　2017年全国奶类总产量前5位省份情况

地　区	产量（万 t）	同比增长（%）	占全国（%）
全国总计	3 148.6	－15.2	100.0
内蒙古	559.6	－24.5	17.8
黑龙江	468.4	－14.6	14.9
河　北	388.3	－13.3	12.3
山　东	231.3	－16.4	7.3
河　南	212.9	－36.7	6.8

资料来源：国家统计局。

表 2　2017 年全国牛奶产量前 5 位省份情况

地　区	产量（万 t）	同比增长（%）	占全国（%）
全国总计	3 038.6	−15.6	100.0
内蒙古	552.9	−24.7	18.2
黑龙江	465.2	−14.8	15.3
河　北	381.0	−13.5	12.5
山　东	223.5	−16.7	7.4
河　南	202.9	−37.9	6.7

资料来源：国家统计局。

表 3　2017 年除牛奶外的全国其他奶类产量前 5 位省份情况

地　区	产量（万 t）	同比增长（%）	占全国（%）
全国总计	110.0	0.1	100.0
陕　西	49.6	1.4	45.1
河　南	10.0	2.0	9.1
新　疆	8.4	1.2	7.6
山　东	7.8	−7.1	7.1
云　南	7.7	8.5	7.0

资料来源：国家统计局。

（二）经济运行状况

2017 年，我国乳制品行业稳定发展，乳制品生产、消费取得较好成绩，乳制品、婴幼儿配方乳粉的质量安全继续保持了稳定向好的发展态势，广大消费者对国产乳制品的信心进一步增强。

据国家统计局月报数据，2017 年，全国共有规模以上乳制品企业（即年主营业务收入2 000万元及以上工业企业）611 个，比 2016 年减少 16 个；实现主营业务收入3 590.4亿元，同比增长 6.8%，增速比 2016 年降低 1.0 个百分点；利润总额 244.9 亿元，同比增长−3.3%（2016 年为 7.9%）；销售收入利润率为 6.8%，比 2016 年降低 0.7 个百分点。全行业资产合计2 972.5亿元，同比增长 6.7%，增速比 2016 年降低 2.0 个百分点；其中，流动资产合计1 542.4亿元，同比增长 10.9%。企业负债合计1 540.0亿元，同比增长 10.4%，增速比 2016 年提高 3.8 个百分点；资产负债率 51.8%，比 2016 年提高 1.7 个百分点。

2017 年，全国规模以上乳制品生产乳制品产量2 935.0万 t，同比增长 4.2%，增速比 2016 年降低 3.5 个百分点；其中，液体乳产量2 691.7万 t，同比增长 4.5%，增速比 2016 年降低 4.0 个百分点；乳粉产量 120.7 万 t，同比增长 1.0%（2016 年为−0.3%）。分地区情况看，河南省、山东省保持了较快的乳制品增长速度。产量上，乳制品产量居前的省份为河北、河南、内蒙古、山东和江苏，5 省份乳制品总产量为1 399.9万 t，占全国的 47.7%，占比较 2016 年降低 1.4 个百分点。其中液体乳产量居前的省份为河北、河南、内蒙古、山东和江苏，5 省份液体乳总产量为1 348.2万 t，占全国的 50.1%，占比较 2016 年降低 0.1 个百分点。乳粉产量居前的省份为黑龙江、陕西、内蒙古、山东和河北，5 省份合计生产乳粉 87.2 万 t，占全国的 72.2%，占比较 2016 年降低 1.6 个百分点。2017 年全国规模以上企业乳制品、液体乳、乳粉产量及产量前 5 位省份情况分别见表 4、表 5、表 6。

表 4　2017 年全国乳制品产量前 5 位省份情况

地　区	产量（万 t）	同比增长（%）	占全国（%）
全国总计	2 935.0	4.2	100.0
河　北	372.9	0.6	12.7
河　南	351.4	14.9	12.0
内蒙古	263.4	1.9	9.0
山　东	251.1	19.9	8.6
江　苏	161.2	−0.2	5.5

资料来源：国家统计局月度统计。

表 5　2017 年全国液体乳产量前 5 位省份情况

地　区	产量（万 t）	同比增长（%）	占全国（%）
全国总计	2 691.7	4.53	100.0
河　北	362.0	0.50	13.5
河　南	350.7	15.0	13.0
内蒙古	246.8	2.0	9.2
山　东	243.3	26.0	9.0
江　苏	145.4	−2.9	5.4

资料来源：国家统计局月度统计。

表 6　2017 年全国乳粉产量前 5 位省份情况

地　区	产量（万 t）	同比增长（%）	占全国（%）
全国总计	120.7	1.0	100.0
黑龙江	43.5	4.0	36.0
陕　西	24.9	12.9	20.7
内蒙古	8.1	−1.6	6.7
山　东	5.6	49.5	4.7
河　北	5.1	−0.2	4.2

资料来源：国家统计局月度统计。

2017年，乳制品消费增长有所恢复，在企业调整产品结构和主动去库存作用下，企业库存产品总量基本保持稳定。行业应收账款为380.2亿元，同比增长14.5%；库存产成品总额87.8亿元，同比增长2.2%（2016年同期为2.3%）。库存产成品总额占销售总收入的2.4%。

2017年，企业经济效益不佳，中小企业经营困难，亏损企业亏损额较2016年大幅增长。2017年年底，全行业亏损企业110个，行业亏损率为18.0%，同2016年比升高1.4个百分点；全行业亏损企业亏损额为32.6亿元，同比增长80.9%（2016年同期−16.8%）。行业亏损额与利润总额的比例为1∶7.5（2016年为1∶15.5）。

（三）产品结构

2017年，据中国乳制品工业协会对90家会员单位（销售收入占全行业的78.1%）的统计，在乳粉类产品中，全脂乳粉占14.8%，全脂加糖乳粉占4.8%，脱脂乳粉占1.3%，婴幼儿配方乳粉占59.6%，中老年乳粉占11.0%，孕产妇乳粉占0.8%，儿童乳粉占3.8%，调味乳粉占1.1%，其他乳粉占2.8%。

2017年，根据中国乳制品工业协会统计数据，全国奶油类产品产量约12万t；干酪类产量约3.5万t,其中原干酪约占28.8%，再制干酪约占71.2%；炼乳产量约18万t，其中甜炼乳约占79.7%，无糖炼乳约占20.3%。

2017年，根据中国乳制品工业协会统计数据，全国液体乳产品构成为：巴氏杀菌鲜乳约占6.7%，灭菌纯乳约占38.0%，调制乳约占20.4%，发酵乳约占34.9%，其中常温发酵乳约占30.0%。

二、市场状况

（一）生鲜乳收购价格

2017年，国内奶源供应比较稳定，价格维持高位运行，产奶旺季价格小幅回落，旺季过后价格逐渐回升。据农业部对内蒙古、河北等10个奶牛主产省份生鲜乳平均价格的调查数据，2017年1月平均价格3.54元/kg，6月3.42元/kg，8月3.41元/kg，12月3.52元/kg。2017年12月全国主产区生鲜乳平均价格同比上涨了0.30%。

（二）乳制品价格

2017年，乳制品价格小幅波动，全年平均价格微涨。根据国家统计局的调查数据，2017年前3个月价格较2016年同期有所降低，1月降幅最大，为−0.5%，随后乳制品价格逐步回升，12月涨幅最大，为0.6%，全年乳制品平均价格同比上涨0.1%，同期食品全年平均价格下降1.4%。

（三）乳制品进出口

1. 进口　2017年，我国乳制品进口继续较快增长。1～12月共计进口乳制品260.68万t，货值93.38亿美元，同比分别增长12.91%和37.81%，进口乳制品货值占国内行业销售收入的17.2%，较2016年提高4.1个百分点。其中：乳粉、液体乳、乳清类产品、婴幼儿乳粉、干酪、奶油、乳糖进口量较大，液体乳增速放缓，发酵乳、零售婴幼儿食品（其中婴幼儿乳粉占97.8%）、乳粉继续较大幅度增长，具体进口情况见表7。

表7　2017年全国乳制品进口情况

商品名称	数量（万t）	同比增长（%）	金额（亿美元）	同比增长（%）
进口合计	**260.68**	**12.91**	**93.38**	**37.81**
液体乳①	66.76	5.28	8.79	37.46
乳粉②	71.81	18.85	21.68	46.67
炼乳	2.56	27.74	0.46	26.87
发酵乳	3.41	62.73	0.67	58.51
乳清类产品	52.96	6.49	6.66	47.37
奶油	9.16	11.89	5.00	64.99
干酪	10.80	11.14	4.97	18.63
乳糖	8.79	0.87	0.93	33.00
零售婴幼儿食品	30.25	34.29	40.72	32.60
酪蛋白	1.87	−11.48	1.45	7.45
白蛋白	2.32	18.73	2.03	57.74

注：①液体乳数据不包括发酵乳。②乳粉数据不包括婴幼儿配方乳粉。

数据来源：中国海关。

从进口来源看，新西兰仍然是我国最大的乳制品进口来源地，其次是美国、德国、法国和澳大利亚，我国分别从这些国家进口了90.69万t、41.52万t、30.90万t、22.95万t和17.43万t的乳制品，五国合计占到总进口量的80.36%。其中，液体乳主要来源于新西兰、德国、法国、澳大利亚和波兰，进口量分别为21.00万t、19.55万t、9.19万t、7.62万t和1.83万t，五国合计占液体乳总进口量的88.64%。乳粉主要来源于新西兰、澳大利亚、美国、德国和法国，进口量分别为54.98万t、4.60万t、3.38万t、2.42万t和2.22万t，五国合计占乳粉总进口量的94.14%。乳清类产品主要来自美国、法国、荷兰、波兰和爱尔兰，进口量分别为29.05万t、6.15万t、4.08万t、3.07万t和1.81万t，五国合计占乳清粉总进口量的83.39%。零售婴幼儿食品主要来自荷兰、新西兰、法国、爱尔兰和德国，分别进口8.79万t、4.74万t、4.30万t、3.79万t和2.86万t，五国合计占零售婴幼儿食品进口量的80.89%。干酪主要来自新西兰、澳大利亚、美国、丹麦和意大利，进口量分别为5.49万t、2.11万t、1.29万t、0.41万t和0.33万t，五国合计占干酪总进口量的89.11%。乳糖主要来自美国、德国、荷兰、波兰和新西兰，进口量分别为6.52万t、0.79万t、0.48万t、0.32万t和0.22万t，五国合计占乳糖总进口量的94.86%。奶油主要来自新西兰、法国、比利时、澳大利亚和荷兰，进口量分别为7.88万t、0.56万t、0.23万t、0.20万t和0.13万t，五国合计占奶油总进口量的98.30%。酪蛋白主要来自新西兰、荷兰、法国、美国和德国，分别进口1.21万t、0.38万t、0.11万t、0.07万t和0.03万t，五国合计占酪蛋白总进口量的96.95%。

2017年，全球乳制品贸易供求状况逐渐得以改善，国际乳制品价格逐渐回升。具体产品进口价格情况见表8。

表8　2017年乳制品进口价格情况

商品名称	12月价格（美元/t）	同比增长（%）	1～12月平均价格（美元/t）	同比增长（%）
液体乳①	1 458	49.11	1 317	30.57
乳粉②	3 247	18.15	3 020	23.40
炼乳	1 923	13.03	1 809	−0.68
发酵乳	1 946	10.58	1 957	−2.59
乳清粉	1 131	4.71	1 258	38.39
奶油	6 374	71.93	5 460	47.45
干酪	4 890	12.00	4 606	6.74
乳糖	927	−0.16	1 064	31.85
婴幼儿零售食品	12 841	−5.40	13 459	−1.26
酪蛋白	7 962	14.91	7 797	21.39
白蛋白	10 847	47.16	8 739	32.86

注：①液体乳数据不包括发酵乳。②乳粉数据不包括婴幼儿配方乳粉。

数据来源：中国海关。

2. 出口　2017年，我国乳制品出口有所增长。全年乳制品出口3.86万t，货值1.32亿美元，同比分别增长12.84%和51.70%。其中，液体乳、婴幼儿零售食品、乳粉、炼乳、发酵乳、奶油是出口的主要产品，具体出口情况见表9。

我国乳制品出口主要是为我国香港、澳门地区提供产品，2017年共向我国香港、澳门地区提供乳制品3.22万t，同比增长7.67%，占总出口量的83.59%。2017年，我国乳制品进出口数量逆差256.82万t，同比增长12.92%，金额逆差92.05亿美元，同比增长37.63%。

表9　2017年全国乳制品出口情况

商品名称	数量（万t）	同比增长（%）	金额（亿美元）	同比增长（%）
出口合计	**3.86**	**12.84**	**1.32**	**51.70**
液体乳①	2.32	1.47	0.21	2.25

（续）

商品名称	数量（万 t）	同比增长（%）	金额（亿美元）	同比增长（%）
乳粉②	0.28	−20.40	0.09	−41.16
炼乳	0.23	−0.01	0.05	−6.65
发酵乳	0.22	156.17	0.04	175.19
乳清粉	0.02	105.53	0.00	101.99
奶油	0.17	62.98	0.08	111.99
干酪	0.02	17.55	0.01	43.20
乳糖	0.05	−30.47	0.03	11.08
婴幼儿零售食品	0.48	112.05	0.76	134.44
酪蛋白	0.08	78.65	0.04	34.52
白蛋白	0.00	668.76	0.01	−18.69

注：①液体乳数据不包括发酵乳。②乳粉数据不包括婴幼儿配方乳粉。

数据来源：中国海关。

2017 年，我国乳制品进出口数量逆差 256.82 万 t，同比增长 12.92%，金额逆差 92.05 亿美元，同比增长 37.63%。

三、行业动态

（一）产品质量

根据收集到的国家监督抽检结果：2017 年，全国乳制品监督抽检共计40 203批次，不合格批次 266 个，合格率 99.3%。其中，国家食药监总局抽检 1 340批次，不合格 5 批次，合格率 99.6%。国家食品药品监督管理总局抽检不合格项目主要有 1 批次进口灭菌乳商业无菌检测不合格，3 批次干酪酵母超标，1 批次酸乳脂肪含量不合格。

2017 年国家食品药品监督管理总局对婴幼儿配方乳粉实施月月抽检制度，全年共抽检婴幼儿配方乳粉2 657批次，合格2 650批次，合格率 99.7%。主要不合格项目为 2 批次产品阪崎肠杆菌超标，2 批次产品符合食品安全国家标准，但不符合标签标示值，2 批次产品标签营养标示方式错误，1 批次产品标签营养素单位错误。

在 2017 年国家监管部门抽检的 34 大类食品中，乳制品、婴幼儿配方乳粉合格率都是最高水平。

（二）婴幼儿配方乳粉产品配方注册

2017 年，国家正式对婴幼儿配方乳粉产品实施配方注册，从 2018 年 1 月 1 日起，未经注册批准的产品将不能进行生产。截至 2017 年年底，国家食品药品监督管理总局共批准了国内外 130 个工厂的 952 个配方，其中婴儿配方 319 个，较大婴儿配方 316 个，幼儿配方 317 个，具体情况见表 10。

表 10　2017 年年底我国婴幼儿配方注册情况

项　　目	工厂数（个）	配方数量（个）
国内外总计	**130**	**952**
其中：国内	93	743
国外	37	209
其中：羊乳配方	35	204
国内羊乳配方	29	184
国外羊乳配方	6	20

数据来源：国家食品药品监督管理总局网站。

（三）行业年度会议

中国乳制品工业协会第二十四次年会暨中国全球乳业 2018 合作与发展论坛于 2018 年 8 月 24～26 日在西安曲江国际会议中心召开。本次年会围绕“携手创新、开放合作”的主题，组织了“国际乳业发展合作论坛”“液体乳创新发展论坛”“婴幼儿及功能配方乳粉创新发展论坛”“乳品科技创新论坛”“干酪技术创新发展论坛”“羊乳发展创新论坛”“乳制品生产供应链新技术、新产品、新配料发布专场”等 7 个专题论坛，分享了各领域的 85 个主题报告。来自全球的乳业精英、专家、科技工作者近5 000人参与了论坛等相关活动。

大会同时围绕质量安全管理、技术进步、技术发明、优秀新产品、优秀论文等进行了表彰活动。伊利、蒙牛、光明、君乐宝、飞鹤、雅士利、完达山、美赞臣、雀巢、三元、圣元、西安银桥、百跃 13 个企业被授予中国乳业质量安全管理标杆企业。

（中国乳制品工业协会　岳增君）

烟草加工业

2017年，烟草行业认真贯彻落实党中央、国务院重大决策部署，在工业和信息化部的直接领导下，坚持稳中求进工作总基调，坚持新发展理念，以推进供给侧结构性改革为主线，统筹推进稳产销、提结构、控烟叶、降库存、增税利各项任务，圆满完成全年目标任务。

一、基本情况

2017年，烟草行业经济运行保持“两个稳增长”呈现“三个新态势”。“两个稳增长”：一是卷烟销量稳定增长。全年完成4 737.8万箱，同比增加38.6万箱，增长0.8%，实现“销大于产”95.2万箱。二是税利总额稳定增长。全年实现11145.1亿元，同比增加349.32亿元，增长3.24%。“三个新态势”：一是工业税利由负转正的新态势。上半年工业税利一直处于负增长状态，进入三季度开始由负转正，全年增长2.64%。二是市场状态由疲转旺的新态势。全国一二类卷烟、高端卷烟、细支烟、短支烟、爆珠烟销量均保持较高速度增长，特别是细支烟增量对全行业销量增量的贡献率达263.5%、对销售额增量的贡献率达72.6%。低焦油卷烟同比增长9.2%，其中6mg/支以下卷烟同比增长14.0%。全年商业销量增加10万箱以上的有“黄鹤楼”“黄金叶”“泰山”“利群”“南京”“金圣”“黄山”等7个品牌，全国卷烟单箱批发均价达3.03万元，同比增加1 122元，工商库存同比下降59.9万箱，社会库存同比下降78.0万箱，卷烟零售毛利率持续上升。三是财务指标由稳转好的新态势。全行业实现降本增效超过46亿元，实现财务收益241.54亿元，其中战略投资收益40.36亿元。

二、科研、新产品、新技术

推进科技创新体制改革，制定下发《关于激发科技创新活力调动“两个积极性”的若干意见》，加强科技创新平台建设，提升中式卷烟发展质量，推进电子烟、加热不燃烧烟草制品研发创新，《电子烟》国家标准获国家标准化管理委员会立项。推进“走出去”发展配套体系改革，制订《中烟国际“三个在外”转型发展总体方案》《烟草行业参与“一带一路”建设实施“走出去”发展战略工作方案》，积极拓展境外市场，出口烟叶类产品20.4万t，同比有较大幅度增长。推进烟叶流通改革，以专分散收为基础，加快推进原收原调，大力推进均质化加工，建立完善烟叶质量追溯体系，实现烟叶流程优化再造，提高烟叶有效供给水平。

三、国内外市场概况

（一）国内市场概况

2017年各烟叶产区共签订种植收购合同115.0万份，同比减少19.2万份；种植烤烟98.81万hm^2，同比减少9.15万hm^2，比计划减少3.28万hm^2；收购烟叶3 765万担，同比减少450万担，比计划减少387万担。有效促进烟农增收，在抓好烟叶主业增收的前提下，大力推进设施资源综合利用、多元经营和辅助产业发展，积极拓宽烟农增收渠道，全年实现烟农种烟总收入565亿元，实现烟叶税110亿元，烟农户均种烟收入4.91万元，同比增加0.19万元。测算烟农增加非烟收入148亿元，有效弥补因烟叶计划下调而减少的收入。持续推动提质增效，继续加强烟叶生产基础设施建设和水源工程建设，加大先进适用技术集成和推广应用，稳步提升种植规模化、烟农职业化、服务专业化、作业机械化水平，全国推广施用有机肥79.67万hm^2，烟蚜茧蜂防治蚜虫比例达96%。

截至2017年12月末，全国有502万零售客户正常经营，同比减少10万户，其中19个省级单位进货零售客户数同比减少。卷烟销量恢复增长。2017年全国共销售卷烟4 738万箱，同比增加39万箱。从近5年的走势看，2013年、2014年卷烟销量保持稳定增长并在2014年达到峰值5 099万箱，在经历2015年、2016年连续两年下降后，2017年销量恢复增长。33个省级单位单箱结构全部实现同比增长，较2016年增加9个；其中15个省级单位单箱结构超过3万元，其中浙江和西藏分别为43 663元和41 097元。16个省级单位单箱结构增加值超过全国平均水平，其中浙江、西藏和广西分别提升1 959元、1 817元和1 678元，位居前3位。36个重点城市的平均单箱结构为

33 550元，比全国平均值高3 262元。36个城市单箱结构全部实现同比增长，增幅前3位分别为南宁（6.7%）、石家庄（5.9%）和南昌（5.2%）。2017年，全国卷烟实现销售收入14 350亿元。从近5年的走势看，销售收入在经历2016年回落后于2017年企稳回升。收入增幅在经历连续两年回落及2016年负增长后于2017年止跌回升，比2016年高8.3%。

（二）国外市场概况

1. 烟叶　2017年，全球主要烟叶产区（不含中国）烤烟总产量193.1万t，同比增长9.8%，主要受到巴西烟叶丰产影响，其他地区产量基本稳定。白肋烟总产量50.9万t，同比下降11.9%，其中非洲产量锐减42.3%，主要原因是2016年非洲白肋烟产量过剩、价格低迷而导致种植面积大幅缩减，其他地区产量略有增长。总体来看，烟叶质量良好，市场状态向好。巴西南部共种植烤烟25.5万hm^2，烤烟总产量为61.7万t，同比大幅增加15.5万t、增长33.5%，原烟收购均价为8.8巴西雷亚尔/kg（合2.8美元/kg）。预计2017/2018烟季，烟叶种植面积、总产量、单产均将略有下降。津巴布韦共出售烟叶18.8万t，同比减少0.8万t、下降3.9%，销售均价2.96美元/kg，同比提高0.02美元/kg。美国烤烟产量约19.4万t，与2016年的19.57万t基本持平，烟叶成熟度略高于平均水平，感官质量略优于2016年，风格特征稳定，焦甜香韵等成熟烟香较明显，口感和余味有较大改善。中下部烟叶市场需求疲软，上部优质烟叶需求旺盛。

随着烟叶市场供需状况改善，两大烟叶公司经营业绩有所好转：2017年，环球烟叶公司销售收入20.5亿美元，同比下降6.8%，净利润1.1亿美元，同比下降11.4%。受到非洲白肋烟产量下降影响，预计2018年1季度业绩仍将下降。2017年，联一烟叶公司销售收入18.1亿美元，同比下降1.4%，销售烟叶2.6亿kg，同比增长1.7%，销售均价提高7.5%至4.4美元/kg。

2. 卷烟　2017年，全球（除中国外）卷烟销量约6 200万箱，同比下降约2%（2017年欧睿扩大了烟草市场调查范围，本报告数据相应调整，因而与2016年报告数有一定差异）。卷烟单包销售均价约3.1美元，同比增长约3%，主要受到消费税提高的影响。卷烟销售额（含税）约4 700亿美元，同比增长约2%，预计未来5年可保持增长，但占烟草制品销售额比例下降到低于90%，预计未来5年仍将以1个百分点左右速度逐年下降。总体来看，卷烟价格增长越来越难以弥补销量下降，销售额维持增长压力较大。

分区域来看销量，近5年来，销量减少最多的国家是俄罗斯，降幅最大的地区是东欧、拉丁美洲、大洋洲，亚太、中东和非洲的部分市场销量增长。目前，除美国和被四大跨国烟草公司占据的市场外，仍有约1 800万箱卷烟销量分散在各个烟草公司，如埃及东方烟草公司、印度烟草公司、韩国烟草公司等，以及14个国有烟草公司，其中具备一定规模的主要有伊朗、突尼斯、黎巴嫩、利比亚、马里，是跨国烟草公司积极考虑并购的对象。

分区域来看销售均价，近5年来，全球卷烟单包均价累计增长约16%。其中增长率最高的地区是东欧和大洋洲，累计增长约50%。其次是拉丁美洲，累计增长约40%，亚太、北美、西欧、中东加非洲依次累计增长分别为15%、11%、10%、6%。推动卷烟价格上行的动力主要是消费税提高和收入水平提高。卷烟价格的被动上涨容易促使消费者转向低端卷烟，同时限制宣传促销、卷烟平装等消除差异化的管制措施又加剧了价格竞争，因而低端卷烟相对竞争力更强，卷烟提结构难度越来越大。

分区域来看卷烟购买力，不同地区有较大差异。购买力较强的市场（人均日收入可购买10～20包卷烟）大多数是经济发达地区，但同时也包含少数经济欠发达地区，购买力前10位（规模大于20万箱）依次为美国、日本、白俄罗斯、中国台湾、奥地利、德国、哥伦比亚、哈萨克斯坦、韩国、加拿大，预计购买力基本呈现下降趋势。购买力低的市场（人均日收入可购买1～5包卷烟）均为发展中国家。主要有印度、乌兹别克斯坦、摩洛哥、巴基斯坦、南非、保加利亚、阿尔及利亚、罗马尼亚、印度尼西亚，预计大多数的市场购买力将呈上升趋势。2017年，全球烟丝销量折合卷烟约280万箱，销售额约220亿美元，是除卷烟外销售额最大的烟草制品。烟丝与卷烟之间替代性最强，欧洲经济衰退期烟丝销量有所增长，近年来销量相对稳定，预计未来5年将缓慢下降。烟丝消费主要集中在德国、法国、英国等欧洲国家，以及阿根廷、澳大利亚、美国等国。手卷和机制雪茄总销量约230亿支，销售额约180亿美元，均同比略有增长，是销售额仅次于烟丝的第二大类非卷烟烟草制品。主销区美国、英国、意大利等国销量保持增长，德国、法国、西班牙、荷兰、俄罗斯、加拿大等国销量呈现小幅下降。口含烟销量约7万t，仅在美国、瑞典、挪威、阿尔及利亚、突尼斯、加拿大、捷克等国销售，其中美国约占80%，销售额接近120亿美元，是无烟气烟草制品的主要品类。新型烟草制品延续快速增长势头，预计到2020年销售额将超越烟丝、雪茄，成为仅次于卷烟的第二大类烟草制品。其中电子烟增速放缓，加热烟草制品增长迅猛，预计销售额将在3～5年间超越电子烟。2017年，全球电子烟消费者约3 500万，并未出现大幅增长，销量、销售额增速也在逐步放缓。2017年电子烟销售额估算约120亿美元。在各类型烟草制品中，电子烟销售额已超越斗烟、口含烟，成为卷烟、烟丝、雪茄之后销售额第四的品类。北美是第一大电子烟市场，2017年销售额约50亿美元，占比达36%；西欧是第二大电子烟市场，销售额占比约30%；亚太是增速最快的市场。加热烟草制品销售额约50亿美元，预计至2021年将超过150亿美元，接近电子烟销售额，约占新型烟草制品总销售额的45%。

日本市场仍是"一支独大"，2017年日本加热烟草制品销售额约47亿美元，占加热烟草制品总销售额的90%以上。菲莫国际的"iQOS"系列占据绝对优势地位，加热棒（视同卷烟）销量占有率10.8%（合计卷烟），已成为日本第二大品牌。在加热烟草制品竞争较为充分的仙台地区，2017年年底，"iQOS"加热棒销量占加热烟草制品的67.3%，合计卷烟的市场占有率为19.9%。韩国市场容量较小，引入加热烟草制品时间短，虽然规模尚小但势头强劲，2017年年底"iQOS"加热棒市场占有率达5.5%（合计卷烟）。日本市场的火爆与其特定的市场条件密不可分，消费者收入水平高、健康意识强、乐于接受新产品，市场主流产品与减害产品口味差异较小，监管有利于减害产品发展等，尤其是对宣传促销限制较少，能够与消费者建立密切的跟踪联络以促进初期坚持使用，从而实现较高的转换率。目前来看，同时具备以上条件的市场较为少见，因而类似于日本市场的爆发式发展较难再现。

菲莫国际、英美烟草、日本烟草等三家跨国烟草公司均已生产销售加热烟草制品，且均表现出较强的增长势头。2017年，菲莫国际加热棒销量72.4万箱，较2016年的14.8万箱大幅增长；英美烟草全年销售加热烟草制品"Glo"4万箱，2017年英美烟草加热烟草制品销售收入约2.2亿英镑，公司预计2018年全年可达6亿英镑，至2022年将超过35亿英镑；日本烟草加热烟草制品"Ploom TECH"，2016年在日本上市，2017年在欧洲上市。

3. 跨国烟草企业　2017年几项重要并购对四大跨国烟草公司规模对比产生较大影响。2017年7月，英美烟草完成对美国雷诺的收购，销量规模约可增加140万箱，产品品类更为齐全，销售收入接近菲莫国际，2018年有望超过菲莫国际，同时利润率有显著提高。尽管日本烟草近年来国际市场拓展成效显著，但1 000万箱销量规模仍与第一梯次有较大差距，销售收入也仅达到菲莫国际的60%左右。帝国品牌公司仍然是四大公司中规模最小的，销量仅为菲莫国际的1/3，且近年来销量下降速度相对较大。

从市场分布来看：菲莫国际总体市场份额约25%，市场分布均衡，优势最为明显，且在亚太新兴市场占据明显的先发地位。英美烟草总体市场份额约19%，其优势在于全球市场分布同样比较均衡，但收购雷诺之后成为美国市场第二大烟草公司，且在中东和非洲两个新兴市场占据重要地位。日本烟草总体市场份额约14%，但全球市场分布不均衡，对国内市场依赖度高。帝国品牌公司总体市场份额约7%，主要市场在西欧和大洋洲，近年来销量降幅较大，市场分布处于明显劣势，且在开拓新市场方面力度不大，一大亮点是在2016年雷诺收购罗瑞拉德时接收部分剥离资产而提高了美国市场占有率，成为重要效益支撑。

从品牌看竞争局势：品牌始终是各大烟草公司的核心竞争力所在，尽管卷烟总销量持续下降，但各大公司重点品牌销量和占有率均在不断提升。在国际卷烟品牌中，"万宝路"占据绝对优势，菲莫国际凭借"万宝路"保持领先地位，但支撑销量增长的主要是中低端品牌。2017年，菲莫国际7个重点品牌中，2个实现销量增长，均为低端产品，增长主要出现在低收入市场、提税市场，而"万宝路""蓝星""百乐门"等中高端品牌降幅均在3%以上。尽管如此，"万宝路"等高端品牌仍然起到了稳定根基的作用，全年卷烟均价提高5.2%。2017年，英美烟草重点品牌销量增长7.6%，市场占有率提高1.1个百分点（不含雷诺）。9个重点品牌中，除"登喜路""波迈"外，其他7个品牌市场占有率均有所提高。2017年，日本烟草"云斯顿"品牌销量同比增长2%，"骆驼"品牌销量同比增长1.1%。日本烟草产品多为中高端价位，但低端产品销量增速最高，因此近年来有向低端发展的趋势。帝国品牌公司主张发展全系列产品线，即每个品牌均包含卷烟、烟丝等多种品类。通过多年品牌整合，2017年下半年起重点品牌效益出现明显好转。

从盈利能力看竞争局势：四大烟草公司中，帝国品牌公司利润率最高，连续3年在46%以上，主要由于其他烟草制品占比较高。尽管近年来利润持续下降，但利润率仍保持领先地位。"iQOS"产销对菲莫国际利润率有明显影响，推广时期需大量投入，包括宣传、促销、补贴等，导致利润率下降，但"iQOS"有较大的价格和税收优势，因而销量增加将显著提高利润率。

从发展战略分析：培育品牌始终是不变的主题。

但面对日益多变的市场环境，各公司发展战略出现了明显分化。菲莫国际的“无烟”战略：菲莫国际明确提出用新型烟草制品取代卷烟，加热烟草制品已经成为资源配置的核心和效益增长的动力。2016 年菲莫国际对“iQOS”的投资达到了资本支出的 27%，2017 年资本支出追加 3.76 亿美元。2017 年，菲莫国际卷烟销量同比下降 6.3%，而加热棒销量从 14.8 万箱迅猛增长到 72.4 万箱，加热烟草制品销售额从 7.3 亿美元跃升至 36.4 亿美元，占总销售额比重达 12.7%。

发展趋势展望：抢抓新产品发展机遇，不管是细支烟、爆珠烟等改造型新产品，还是电子烟、加热烟草制品等创造型新产品，只要是有需求、有潜力的新产品就可能改变竞争格局；抢抓新市场发展机遇，各大跨国烟草公司加快了抢占新兴市场的步伐。总而言之，及时发现、跟进行业内甚至行业外新增长点的能力对公司发展的意义将更为重大。

加大力度推进产能调整：原有市场不断萎缩，管制措施不断更新，各公司既要研发新产品、开拓新市场，又要改造老产品以满足管制要求，还要高度重视提高生产效率、节约生产成本，这些都要求对现有产能作出较大调整，但实际操作困难较大，因而任意一项产能调整决策都会受到广泛关注。近年来，卷烟工厂关闭主要集中在西欧、澳大利亚、马来西亚等地，西欧产能主要向东欧转移，澳大利亚、马来西亚等地产能主要向东亚转移。零售终端对卷烟品牌培育和结构提升的重要性将日益凸显。平装之后品牌外观几无差异，价格竞争激烈，几个实施卷烟平装的地区已经出现了高端卷烟向中端转移的趋势；其次，日益提高的税收和价格挤占甚至透支结构提升空间。消费升级越来越难以追赶税收提高的步伐，均价提高带来效益提升的空间越来越窄。因此零售终端作为烟草公司与消费者之间的重要桥梁，在品牌培育和结构提升方面的重要性更加凸显。

奥驰亚集团：2017 年，卷烟销量 233.2 万箱，同比下降 5.1%，市场占有率 50.7%，同比下降 0.4 个百分点；雪茄 15.4 亿支，同比增长 9.9%；有烟气烟草制品含税销售收入 226.4 亿美元，同比下降 0.9%。无烟气烟草制品销量 8.4 亿盒，同比下降 1.4%，含税销售收入 21.6 亿美元，同比增长 5.1%。韩国烟草公司：2017 年卷烟总销量 180.5 万箱，同比增长 2%，其中境外卷烟销量 93.7 万箱，同比增长 8.3%。卷烟不含税销售收入26 723亿韩元，同比持平。2017 年在印度尼西亚对“爱喜”品牌进行了本土化，推出了丁香口味爆珠细支和超细支，上半年销量增长 84.6%，销售收入 478 亿韩元，同比增长 98.3%。印度烟草公司：印度第一大烟草公司，卷烟市场占有率 79.1%，但烟草业务占比不断下降，2017 财年卷烟销售收入占比仅 46.8%。2017 财年，卷烟业务销售收入3 400.2亿卢比，同比增长 5.1%，利润1 251.4亿卢比，同比增长 6.5%。埃及东方烟草公司：国内卷烟市场占有率 92%，雪茄市场占有率 77.3%，小雪茄市场占有率 51.2%。2017 财年，销售收入 105.4 亿埃及镑，同比增长 37.8%，利润 41.4 亿埃及镑，同比增长 76.2%。瑞典火柴公司：以新型口含烟为发展方向，坚持“无烟世界”战略目标，2017 年出售了其持有的斯堪的纳维亚烟草集团全部 49%的股份。2017 年，市场占有率约 65.2%，同比下降 2.1 个百分点；瑞典口含烟和湿润鼻烟在美国销量 1.3 亿听，同比减少 3%。在美国销售雪茄 16.3 亿支，同比增长 11%。2017 年，销售收入 161.1 亿瑞典克朗，同比增长 4%，利润 42.2 亿瑞典克朗，同比增长 6%。斯堪的纳维亚烟草集团：全球领先的雪茄和斗烟企业，2017 年前 3 季度，不含税销售收入 47.7 亿丹麦克朗，同比下降 3.3%。

四、行业工作

2017 年年初，部分媒体报道在某些地区，超限价销售高档烟的现象悄然重现。国家烟草专卖局局长凌成兴立即作出批示，要求全行业持之以恒抓好“天价烟”治理。随即，国家烟草专卖局召开联席会议，要求查处违规经营行为，严格规范卷烟生产行为，合理投放货源。4 月 10 日，行业召开进一步治理“天价烟”工作电视电话会议，要求严格规范卷烟营销行为，进一步增强规范意识，确保货源供应公开公平。行业各单位高度重视、强化责任、迅速行动，有效清理了市场，不断巩固“天价烟”治理成果，切实维护国家利益、维护消费者利益。

2017 年，行业卷烟营销网络建设不断推进，自律互助小组作用初步发挥，终端建设水平有效提升，消费环境建设有所突破；卷烟营销网络支撑作用开始彰显，行业各单位将网络建设与“稳产销、提结构、降库存、增税利”各项工作紧密结合，积极发挥网建基础作用，有力促进了卷烟销售平稳运行，销售态势、市场状态、品牌培育稳中向好；卷烟营销市场化取向改革稳步开展，改革范围不断扩大，改革动作逐步到位，改革方案得到检验，卷烟营销网络建设提质升级进一步加快。

2007 年以来，18 个省级工业公司相继改制为省级工业有限责任公司，实现了卷烟工业企业由传统“工厂制”向现代“公司制”的转变，建立了董事会制度。通过10年的实践与发展，初步形成了具有行业特点的董事会、经理层、监事“各司其职、规范运作、有效制衡、协调运转”的现代企业法人治理结构，推动和促进了企业科学决策、民主决策、依法决策、企业规范、企业管理水平的提升。2017年，按照国家烟草专卖局中国烟草总公司的战略部署和要求，明确进一步加强公司治理、决策监督和提升规范管理水平，不断完善工作机制，董事会工作进入整体提升阶段。

（郑州烟草研究院　王英元）

酿　酒　工　业

一、基本情况

2017年，全国酿酒行业规模以上企业完成酿酒总产量7 077.41万kL，同比增长3.31%。规模以上企业累计完成产品销售收入9 239.57亿元，同比增长10.45%；累计实现利润总额1 314.03亿元，同比增长27.24%。全国有2 781个规模以上企业，其中亏损企业为336个，亏损面为12.08%，亏损企业累计亏损额44.73亿元，同比增长－12.95%。

根据国家统计局统计，2017年酿酒行业企业数量分布情况：白酒制造企业占57%，啤酒制造企业占16.0%，葡萄酒制造企业占9.0%，酒精制造企业占5.0%，黄酒制造企业占4.0%，其他酒制造企业占9.0%。2017年酿酒行业产品产量分布情况：啤酒产量占62.0%，白酒产量占17.0%，酒精产量占15.0%，葡萄酒产量占1.0%，黄酒及其他酒产量占5.0%。2017年酿酒行业销售收入分布情况：白酒销售收入占61.0%，啤酒销售收入占19.0%，酒精销售收入占9.0%，葡萄酒销售收入占5.0%，黄酒销售收入占2.0%，其他酒销售收入占4.0%。2017年酿酒行业利润分布情况：白酒利润占75.0%，啤酒利润占10.0%，葡萄酒利润占3.0%，酒精利润占4.0%，黄酒利润占2.0%，其他酒利润占9.0%。

（一）主要经济指标

1. 销售收入　2017年，全国酿酒行业累计实现销售收入9 239.57亿元，同比增长10.45%。其中，白酒行业实现销售收入5 654.42亿元，同比增长14.42%；啤酒行业实现销售收入1 766.45亿元，同比增长2.30%；葡萄酒行业实现销售收入421.37亿元，同比增长－9.0%；黄酒行业实现销售收入195.85亿元，同比增长3.13%；其他酒行业实现销售收入400.34亿元，同比增长15.31%；发酵酒精行业实现销售收入801.16亿元，同比增长14.98%。

2. 利润　2017年，酿酒行业实现利润总额1 314.03亿元，同比增长27.24%。分行业看，白酒行业实现利润总额1 028.48亿元，同比增长35.79%；啤酒行业实现利润总额129.15亿元，同比增长－9.83%；葡萄酒行业实现利润总额42.28亿元，同比增长－11.55%；黄酒行业实现利润总额20.74亿元，同比增长13.04%；其他酒行业实现利润总额46.44亿元，同比增长15.20%；发酵酒精行业实现利润总额46.94亿元，同比增长83.30%。

由以上2017年酿酒行业经济效益数据（表1）并结合产量（表2）情况看出，饮料酒行业总体经济效益向好，而部分行业则出现不同幅度下降。

表1　2017年我国酿酒行业销售收入和利润变化情况

酒种＼指标	销售收入（亿元）	同比增长（%）	利润总额（亿元）	同比增长（%）
发酵酒精制造业	801.16	14.98	46.94	83.30
白酒制造业	5 654.42	14.42	1 028.48	35.79
啤酒制造业	1 766.45	2.30	129.15	－9.83
黄酒制造业	195.85	3.13	20.74	13.04
葡萄酒制造业	421.37	－9.00	42.28	－11.55

（续）

酒种＼指标	销售收入（亿元）	同比增长（%）	利润总额（亿元）	同比增长（%）
其他酒制造业	400.34	15.31	46.44	15.20
合　计	**9 239.57**	**10.45**	**1 314.03**	**27.24**

数据来源：国家统计局。

表 2　2017 年我国酿酒企业分酒种产品产量情况

酒种＼指标	总产量（万 kL）	同比增长（%）
发酵酒精（折 96°）	1 027.29	19.63
饮料酒	6 050.13	0.97
其中：白酒（折 65°）	1 198.06	6.86
啤　酒	4 401.49	−0.66
葡萄酒	100.11	−5.25
黄酒及其他酒	350.46	4.78

说明：饮料酒包括 13 种，麦芽酿造的啤酒、葡萄汽酒、鲜葡萄酿造的酒、味美思酒、黄酒、蒸馏葡萄制得的烈性酒、威士忌酒、朗姆酒、杜松子酒、伏特加酒、利口酒及柯迪尔酒、龙舌兰酒、白酒。

数据来源：国家统计局。

（二）行业发展分析

经历了两三年市场需求深度调整的“阵痛期”，2017 年，我国酿酒产业在深度调整中稳步发展，酿酒总产量出现增长，经济效益整体趋好，产品、渠道、商业模式等创新步伐加快，市场进一步稳定。2017 年，酿酒产业继续保持新常态，产业和产品结构持续调整，酒类消费需求越来越趋于理性化、个性化、多样化，酒产品价格带调整适应市场和经济大环境，流通体系变革持续发酵，多元化消费潮流不断升级。2017 年酿酒行业主要经济效益指标增速变化情况见表 3。

表 3　2017 年酿酒行业主要经济效益指标增速变化情况

单位：%

指标＼时间	1～3 月	1～6 月	1～9 月	1～12 月
产品产量	2.47	3.53	2.88	3.31
产品销售收入	11.22	11.53	11.09	10.45
利润总额	20.29	21.40	27.11	27.24
亏损额	−20.87	−13.24	−10.29	−12.95
进出口总额	−9.86	−7.69	2.17	6.37
其中：出口额	−21.34	−11.92	−6.88	−1.56
进口额	−5.34	−6.34	5.06	8.80

数据来源：国家统计局。

1. 价格　2017 年全国居民消费价格指数同比上涨 1.6%，全国白酒批发价格总指数同比上涨 3.51%，较 2016 年涨幅扩大 3.4 个百分点。2017 年，白酒、黄酒、其他酒及酒精制造业利润总额均有上升，啤酒和葡萄酒利润总额有所下降。从单位产品利润上看，白酒、酒精制造行业大幅上升，啤酒、葡萄酒制造行业有所降低（表 4）。酿酒行业仍处于调整阶段，酒类产品价格仍体现酒类市场资源配置和市场调整状态。以经济指标占比最大的白酒为例看价格走势，2017 年我国规模以上白酒企业累计完成销售收入 5 654.42 亿元，与 2016 年同期相比增长 14.42%；累计实现利润总额1 028.48亿元，与 2016 年同期相比增长 35.79%，均创下了近几年白酒行业收入和利润增长的最高速，白酒行业复苏势头进一步增强。2017 年全国白酒批发价格月度同比指数走势既延续了 2016 年下半年以来的上升势头，涨幅又逐步扩大，显示了复苏势头由逐步改善到逐渐强劲。白酒行业价格的回暖，更多是中高端白酒对于核心产品的提价，带动白酒价格走高。而整体来看，白酒产品价格主要表现为冷暖不均，非名优、同质化、无个性、缺乏性价比的白酒产能依然严重过剩，而具有高性价比，有口味优势的名优酒往往是供不应求，强弱分化明显。

表 4　2017 年酿酒子产业单位产品销售收入和利润情况

类　别	销售收入（元/L）	同比增长（%）	利润总额（元/L）	同比增长（%）
发酵酒精制造	7.80	−3.88	0.46	53.22
白酒制造	47.20	7.07	8.58	27.07
啤酒制造	4.01	2.98	0.29	−9.23
葡萄酒制造	42.09	−3.96	4.22	−6.65

数据来源：国家统计局。

2. 市场　经过 5 年多深度调整，酿酒产业已经由快速增长转入平稳发展，呈现出产业转型升级，结构深度优化、质量显著提升、经济增长换挡、价格体系下沉、市场回归理性的态势。目前，国内居民消费已从基本消费逐步转变为个性化、多样化的高品质消费阶段。随着国内消费升级，高端消费人群增多，“少喝酒、喝好酒”逐渐被人们接受，成为新的饮酒理念，使得高端酒市场处于扩容状态，市场需求回暖，高端酒销售情况改善，消费场景转化，大众消费越来越受重视。中国酒类市场正经历着从商务需求向自我享受及休闲社交的需求转换，酒将从政商社交逐步过渡到休闲社交、自我享受和娱乐，酒文化将从商务场合转向一般的大众餐桌，酒类消费的大众化趋势愈加明显。注重高端向以高中低端兼顾的产品结构转变，从注重追求外观包装向注重产品质量健康为主的功能定位转变，从注重公务和商务消费向以大众消费为主的市场定位转变，从注重追求高价格高利润向合理价值价格回归的发展理念转变。伴随着互联网经济的迅猛发展和个性化消费的流行，定制酒逐渐被大众市场认知并发展成为一个新兴的潜力消费大市场，厂家面临的将是一个数量庞大的新增量消费市场。借助互联网这个平台和工具，定制酒有可能成为酒行业新的蓝海。通过互联网平台实现行业与消费市场的对接，解决了产品与消费者之间的沟通问题，更加注重消费者需求和体验。国内酒类品牌在国际市场上的认可度依旧不高，依然没有突破华人圈，未能实现真正的“走出去”。随着国内市场的逐步饱和，中国文化在世界范围内的影响逐步增强，“一带一路”倡议的出台，国内酒企越来越重视走出国门，开拓海外市场，并呈现出了价格合理化、消费多元化、营销零售化的行业特点。

3. 投资　2017 年，酿酒行业总体资产投资总额增加 8.69%，除酒精制造业外，各子行业资产总额均有所增加，其中其他酒制造业增长 13.87%，增幅最大。全国酿酒行业规模以上企业共亏损 336 个，亏损面为 12.08%，亏损企业累计亏损额 44.73 亿元，比 2016 年同期下降 12.95%（表 5）。2017 年 12 月，行业资产负债率达 40.78%，负债总额达4 500.65亿元，比 2016 年同期上涨 4.28%。

表 5　2017 年酿酒行业亏损及其变化情况

酿酒行业	企业数量（家）	资产总额增长（%）	亏损面（%）	同比增长（%）	亏损额（亿元）	同比增长（%）
白酒制造	1593	13.21	8.04	3.93	7.86	−24.3
啤酒制造	447	0.32	29.53	−4.03	25.29	16.05
葡萄酒制造	244	4.18	12.70	−1.64	1.03	−52.30
黄酒制造	121	0.01	2.48	−44.46	0.04	−81.95
其他酒制造	245	13.87	6.94	24.32	1.15	−0.60
酒精制造	131	−1.71	19.08	−15.11	9.38	−40.28
合计	**2781**	**8.69**	**12.08**	**−3.41**	**44.73**	**−12.95**

数据来源：国家统计局。

4. 区域分布　2017 年我国酿酒产量最大的 5 个地区山东、河南、四川、江苏、广东酿酒产量3 194.88万 kL，比 2016 年同期增长 6.34%，占全国酿酒总产量的 45.14%（表 6）。其中，山东省酿酒产量最大，达到 834.57 万 kL，同比增幅为 3.84%；河南省酿酒产量 721.29 万 kL，同比增幅为 5.33%；四川省酿酒产量 657.09 万 kL，同比增幅为 5.94%；江苏省酿酒产量 534.04 万 kL，同比增幅为 17.98%，增速最快；广东省酿酒产量 447.89 万 kL，同比增幅为 1.12%。

表 6　2017 年重点省份酿酒产量情况

省　区	产量（万 kL）	同比增长（%）
全　国	**7 077.41**	**3.31**
山东省	834.57	3.84
河南省	721.29	5.33
四川省	657.09	5.94
江苏省	534.04	17.98
广东省	447.89	1.12

数据来源：国家统计局。

5. 进出口　根据海关总署数据，2017 年酒类商品累计进出口总额 60.23 亿美元，同比增长 6.37%（表 7）。其中，累计出口额 13.11 亿美元，同比下降 1.56%；进口额 47.12 亿美元，同比增长 8.80%。白酒 2017 年进口量同比增长 27.63%，较 2016 年同期（63.36%）涨幅趋缓。啤酒 2017 年进口量同比增长 10.8%，较 2016 年同期（20.06%）增长幅度趋缓。葡萄酒 2017 年进口量增长 17.13%，上涨幅度较 2016 年略有升高。由进出口数据可以看出，我国酒类商品进出口贸易在 2017 年进一步回暖。

表 7　2017 年酒类商品进出口贸易情况

商品名称	出口				进口			
	出口量（万 kL）	同比增长（%）	出口额（亿美元）	同比增长（%）	进口量（万 kL）	同比增长（%）	进口额（亿美元）	同比增长（%）
白酒	1.66	3.09	4.70	0.35	0.24	27.63	0.70	−1.86
啤酒	36.10	23.79	2.28	18.1	71.62	10.8	7.5	12.73
葡萄酒	0.92	−7.31	4.35	−19.61	73.27	17.13	27.14	17.58
黄酒	1.53	8.03	0.25	3.77	0.002	−33.17	0.001 5	5.99
其他饮料酒①	0.29	−0.49	0.62	8.39	8.49	20.94	11.48	33.47
酒精②	14.00	244.49	0.91	90.67	3.29	−96.35	0.30	−92.87
合计	**54.50**	**45.20**	**13.11**	**−1.56**	**156.92**	**−30.10**	**47.12**	**8.80**

注：①根据《饮料酒分类》（GB/T 17204—2008）并结合海关总署所统计的类别，其他饮料酒包括葡萄汽酒（未加香料），小包装的味美思酒及类似酒（容器容量≤2L；加植物或香料的用鲜葡萄酿造的酒），装入>2L 的容器的味美思酒等酒、蒸馏葡萄酒制得的烈性酒、威士忌酒、朗姆酒及蒸馏已发酵甘蔗产品制得的其他烈性酒、杜松子酒、伏特加酒、利口酒及柯迪尔酒、龙舌兰酒、未改性乙醇（按容量计酒精浓度<80%）及其他蒸馏酒及酒精饮料。

②酒精包括未改性乙醇（按容量计酒精浓度≥80%）、任何浓度的改性乙醇及其他酒精。

资料来源：海关总署。

6. 包装与装备　我国酿酒装备不断通过转型升级寻求在技术、运营和管理上的突破，装备技术水平与国际先进水平的差距不断缩小。酒类包装和装备企业科技创新能力显著增强，企业间、企业与科研院所间技术合作日益频繁。酿酒装备、灌装装备、酿酒配套辅助装备的制造技术和能力已经达到一定水平，新建厂的装备配套和高精度机械制造已经基本实现自给。此外，包装材料，包括硅酸盐玻璃、分离材料、造纸、印刷等行业的生产和供给也达到国际要求。随着我国整体消费水平的提高、物流和互联网的发展，差异化、个性化、便携化的酒类包装形式将越来越受到消费者的青睐，酒类包装和装备产业发展形势良好。我国啤酒装备制造业已建立起了比较完整的装备制造体系，低速贴标装备和低速灌装装备基本实现了国产化，高速贴标和灌装关键部件质量与国际顶尖水平差距较大，国产高速灌装设备尚在研究或试验阶段，未见啤酒厂使用。其他设备如杀菌机、洗瓶机、麦芽处理设备等已基本实现了国产化，质量已接近或达到国际水平。国际装备智能化尚在研究和试验阶段，啤酒厂真正应用很少，但随着劳动力成本的上升，国际装备智能化是未来的发展趋势。值得注意的是，近年来小微型啤酒酿造飞速发展，与之配套的装备制造也快速兴起，但与中国国内产业政策不相适应，国产小微型啤酒装备的发展升级受到严重限制。葡萄酒行业的装备进步迅速，关键设备已经基本实现国产。作为我国传统产业，大部分白酒企业的生产工艺技术装备水平相对落后，多数工序环节仍采用传统的手工或半机械化生产方式，行业整体机械化水平较低。通过使用信息技术和智能化技术改造提升传统装备，结合试验和检测先进技术的推广应用，机械制造业的整体水平得到提高。黄酒行业 20 世纪 70 年代曾发起机械化、大罐发酵、黄啤合一等技术革新，其后少数企业机械化蒸饭、大罐发酵、机械化压榨和煎酒等工序得以保留，但再未有实质跨越性进展。技术水平和装备水平基本停留在原有状态。

二、行业面临的问题分析

我国酿酒行业经济发展基本平稳，增长方式发生转变，产业结构深度调整，产品结构进一步优化，消费市场回归理性，整个酿酒产业实现了由快速增长向平稳增长的过渡。但是，发展过程中积累的政策、市场和创新方面的诸多问题和所面临的困难依然严峻，需要继续深入关注和探讨。

（一）政策与市场

1. 政策调整需强化自主调节，市场监管应力推行业自律　长期以来，酒类产业受政策约束较大，酒类生产企业在立项、扩能、税收、环评等各环节受到严格的控制。在自由竞争的环境下，市场根据供需关系自身可以产生良性的发展轨迹，但对酿酒产业的一些政策限制了市场自动调节能力，对产业发展产生了一定影响。我国法律法规特别是食品安全有关法律进一步完善。2015 年新的《食品安全法》实施，强调充分发挥消费者、行业协会、媒体等监督作用，形成社会共治格局。然而，随着酒类市场消费形势的不断变化，适应酒类生产流通特点的专门性法律法规仍然十分缺乏；涉及检测、流通等方面的标准仍然较少。立法和标准的滞后，造成对酒类商品的监管困难，需要进一步加快相关工作的进行，并应着力强调行业协会的作用，引导企业自律生产经营。

2. *社会舆论关注提升，预警机制亟待健全* 随着人民生活水平的提高，食品质量安全意识不断加强，作为特殊食品的酒类产品，备受社会各界的关注。酒类产品的质量安全，关系到生产企业的命脉，关系到整个酿酒产业的健康发展。特别是白酒行业，舆论关注度高，影响面大，公众美誉度亟待提高。面对行业热点与社会误读，行业与企业仍欠缺快速应变能力和有效的危机公关能力。尽快建立健全行业预警机制，有效组织与引导企业开展行业自律，加强消费教育，普及酒文化知识，倡导理性饮酒，强化社会责任意识，树立行业正面形象，努力营造行业的社会美誉度，应该作为全行业的一项重要工作。

3. *产能增长过快，市场应变能力滞后* 行业高速发展时期企业产能大量增加，国内外资本大量涌入，地方政府的政策性保护等，加剧了酿酒产能规模的扩张。行业进入深度调整期后，产能增长遗留下库存压力过大、销售渠道不畅、消费能力不足，利润空间降低的危机。面对新的市场变化，面对国内外整体经济形势的压力，面对节俭治国的社会环境，部分企业对深度调整的心理落差准备不足，仍然心存幻想，缺乏适应新常态变化的决心，调整发展战略的能力不强，应对市场变化的措施滞后。进一步解放思想，树立信心，主动适应市场形势新常态，积极寻找新的经济增长点，以市场需求定产量，是保障行业稳步发展的必修功课。

4. *经济效益提升困难，企业发展后劲不足* 为应对社会环境与市场环境的新变化，绝大多数企业积极调整产品结构，重新构建价格体系，降低了高端产品价格，加大了中低端产品的生产规模，取得了一定的成效，但却造成收入稳中有升，利润与税金持续下降的被动局面。产品利润率的降低，削减了企业发展后劲，制约了行业科技投入，影响了行业持续健康发展。在控制总量的基础上，建立科学的产品结构体系，控制产品成本，主动适应消费需求，稳定产品价格，是创造企业核心竞争力的必然选择。

（二）科技创新

酿酒行业的科技创新能力明显不均衡，啤酒、葡萄酒行业通过引进吸收国外技术装备，促进了生产水平的提升，但自主研发和自主创新能力尚有不足；白酒、黄酒行业通过加大机械化生产试点，在一定程度上提高了生产效率，但与机械化、自动化、智能化、信息化先进水平差距仍然较大。酒精行业规模企业通过升级改造，技术水平和产品质量逐步提升，但是在全面实现循环经济，资源重复利用，进而提高产出效益方面尚无重大突破。科学建立行业创新机制，加大力度提高自主研发能力，树立传统产业向现代工业迈进的坚定信心，推动酿酒行业现代化工业进程，是我国实行《中国制造 2025》需要，也是整个酿酒产业的重要任务。应支持具有一定规模和实力的装备生产企业，培育其成为水平较高的龙头骨干企业；支持中小企业走专业化、配套生产之路。同时紧紧抓住《中国制造 2025》实施的契机，大力发展具有自主知识产权的酿酒设备，促进行业向集成化、智能化高端化发展。

三、发展走势

我国酒类行业发展呈现新变化和新趋势。酿酒行业在适应市场需求、实现转型升级、探索创新发展的过程中，必须保持清醒的头脑和客观的态度，洞察市场的新特点。

（一）规模、品牌效益向品质、特色效益转变

培育品牌、追求产能、扩大规模是“十二五”期间行业的主旋律，在此期间许多企业规模扩大、产量提升、品牌提升，取得了快速发展。满足人民精神、文化、交际需求是酒的社会属性，随着人们日益增长的精神文化需求、生活品质需求和个性消费需求，在产业产能过剩的背景下，以规模、品牌效益向品质、特色效益转变，打造体验消费，提升产品品质特点，将品质和特色作为产品品牌的核心，是酒类产品发展的新方向，也是产业新的发展机遇。

（二）由传统消费向健康、理性消费转变

国人饮酒的传统消费方式——“干杯文化”正在转变。饮酒是健康，是愉悦，是增加感情，不能成为一种负担。酒类消费在中国的负面形象无不和过量饮酒息息相关。酒类消费缺乏场景感、体验感、仪式感和参与感。必须丰富中国酒类消费的新文化，创新消费新文化，倡导消费新文化，呼吁全社会建立理性消费新理念。引导消费者转变消费方式，创新消费方式非常重要，开创少喝酒、常喝酒、喝好酒的理性消费时代，对产品的安全性和健康性提出了更高的要求，对产品的内在质量成分提出了更多的知情权，也是中国酿酒产业发展的基本方针和方向。

（三）由扩大国内市场需求向开拓国际市场需求转变

中国酿酒产业发展以扩大内需为主导，应该随着中国的崛起，随着“一带一路”走向世界，向世界传播中华酒文化。国产酒类产品国际化蓝海的开创，是各酒种面临的共性问题。“洋酒”文化、“洋酒”消费在中国传播收到了很好效果。中国酒文化和消费方式向世界传播得远远不够。其中最为重要的是中国酒类文化的系统建立，中国酒类标准的系统建立，以及中国酒类消费方式的系统建立。名酒企业正在率先开创国际蓝海。把国产酒的国际化与国家战略相结合，向全世界讲好中国酒的故事，让中国智慧酿造走向世界。

（四）由“总经销＋分销”向“互联网＋”连锁经营转变

酒类传统营销主要有“区域代理＋分销”和“总经销＋分销”两大类型，全国有酒类经营主体近300万家，绝大多数为中小企业，市场无序竞争激烈，营销手段、成本核算、财务管理和人才培养等相对比较落后，发展后劲不足，流通效率偏低。同时酒类流通企业组织化程度偏低，缺少大酒商，不利于酒类市场的规范发展。在酒类行业进入深度调整和转型发展的背景下，店铺租金、人工成本和其他费用快速上升，酒类产品传统店铺分销模式面临越来越大的压力，酒类产品电子商务分销模式应运而生，经过多年的探索，交易规模越来越大，形式也更加多样化。随着移动通信和互联网越来越便利和紧密结合，借助彩信、短信群发、微信、APP、WAP、二维码等“移动终端＋互联网”的新的“互联网＋”分销模式由于具有更强的灵活性、更高的精准度和互动性，逐步被引入酒类分销中来，推动了“互联网＋”营销模式创新发展的不断深化。发展最显著的应该是“互联网＋”酒类连锁经营组织形式，生产企业与酒类销售大商也纷纷尝试连锁专卖方式。可以肯定地说，“互联网＋线下连锁”的融合发展模式将成为酒类分销体系转型发展的重要方向。通过搭建O2O网络、深度进入餐饮业等方式，使消费者可通过平台网络方便、实惠地买酒，同时，依托其数量众多的线下实体店连锁体系、服务体系和仓储体系，让厂家可以将货直接发到门店，然后通过门店配送给消费者，通过线上线下融合发展，实现供应链的整合。

四、政策建议

（一）调整产业政策指导目录，支持行业新业态的发展

如今小微型啤酒业快速发展，消费者对小微型特色啤酒的需求连年高涨，但特色啤酒一般不适合大批量生产，所需生产线均为小型灌装生产线。相关产业政策严重影响了小微型啤酒装备的发展，也进而影响了整个行业的发展和升级。建议重新审议2013年修订的产业结构调整目录，不再规定“限制生产18 000瓶/h啤酒灌装生产线、淘汰12 000瓶/h啤酒灌装生产线”，以适应新的行业发展形势。

（二）提升传统产业文化宣传，推进民族品牌建设

5000年文明史造就了我国传统产业拥有着深厚的文化内涵，民族品牌代表着民族文化，更是民族实力和国家影响力的象征，国家应该着力提升传统产业文化宣传，对传统产业民族品牌进行保护、鼓励和支持，推进民族品牌建设。在保留深层次文化基因的基础上，创新发展适应时代潮流、符合科学理念的“新文化”。在产业升级、产品结构调整继续深化的同时，加大对提升传统产业企业文化、品牌文化、消费文化等方面的引导、开发与探讨。

（三）积极践行企业社会责任，实现行业可持续发展

行业和企业社会责任现已成为行业健康、可持续发展的重要推动力，协会及业内企业近年越来越重视社会责任的践行。青岛啤酒、茅台集团等业内大型集团每年都发布企业社会责任报告，协会每年均针对其报告进行点评，但发布企业占比很小。建议针对酿酒行业企业社会责任报告制定相关发布政策，规定符合相应标准的企业均应每年发布社会责任报告，以推动整个酿酒行业健康发展。

（四）理性饮酒推进政策化，行业引导规范化

国家相关政令法规的持续推动，使得理性饮酒推进不断深化。出台相关政策法规，以便于行业引导更加规范、合理、有效，有利于将理性饮酒推广及酒类知识普及社会化、透明化，有利于推动酿酒产业健康发展，有利于科学引导消费者健康消费。

（五）调整酿酒行业税收政策，引导行业健康发展

近年，协会积极关注酿酒产业税收调整和变化，并为维护行业竞争环境，引导产业健康发展，积极推动酿酒产业税制改革，通过努力，2014年11月，相关部门取消了酒精消费税，解决了酒精行业多年来税负不公平竞争现象，使行业走向良性发展。现今，随着市场环境和消费环境的变化，建议对白酒和啤酒等税收政策进行研究并给予调整，使行业发展做到有序、合理、良性竞争，促进行业健康发展。

（本文为中国酒业协会提供数据，由本编辑部万丽娜编写）

蚕丝加工业

一、基本情况

（一）蚕桑生产

1. *产量* 据商务部统计，2017年全国桑园面积共计78.87万hm^2，同比减少0.6%；发种量1 592万张，同比增长2.8%；蚕茧产量64.3万t，同比增长3.6%；蚕茧收购均价47.4元/kg，同比增长23.6%。

2. *资源分布* 在全国20个蚕茧生产主要省份中，广西、四川、云南、广东等13个省份同比实现小幅增长，浙江、江苏、山东、安徽等7个省份出现不同程度下降。其中，广西桑蚕茧产量依旧遥遥领先，2017年达到31.8万t，占比为49.45%；四川紧随其后，产量比重达到12.62%；其余省份产量均占10%以下。从集中度看，全国有8个地区桑园面积超过33 333hm^2，依次是广西、四川、云南、重庆、陕西、浙江、江苏和安徽，总面积占全国比重为82.4%，较2016年提高1个百分点。分区域看，东、中部桑园面积占比减少，西部增加。其中，东、中、西部地区桑园面积分别为17.97万hm^2、6.56万hm^2和54.77万hm^2，占比分别为22.7%、8.3%和69.1%。东部、中部地区占比较2016年分别减少1%和0.7%，西部地区占比上升1.7%。

（二）加工量、产值、利税、固定资产投资

国家统计局统计，2017年全行业规模以上企业主营业务收入1 203.57亿元，同比增长5.5%；利润64.83亿元，同比增长7.75%，其中缫丝加工实现利润35.24亿元，同比下降0.08%，丝织加工实现利润23.13亿元，同比增长13.84%，丝印染加工实现利润6.46亿元，同比增长41.03%。总体来看，2017年上半年全行业主营业务增速走势基本平稳，但下半年呈现震荡下行趋势，全年增速较2016年同期提高1.02个百分点；下半年受原材料等生产要素成本上涨的影响，行业利润增速出现了前高后低走势，全年增速较2016年提高了3.16个百分点。2017年丝绸行业主营业务收入增速较2016年提升了1.02个百分点，亏损企业亏损总额2.2亿元，同比下降23.26%；企业亏损面10.79%，较2016年同期下降1.51个百分点，低于纺织行业平均水平0.22个百分点。从行业其他主要经济指标来看，企业存货139.41亿元，同比增长4.24%；企业销售费用17.16亿元，同比增长22.17%；管理费用35.22亿元，同比增长15.52%；财务费用11.61亿元，同比下降5.35%，其中利息支出同比下降6.38%。

二、新技术、新成果

1. *家蚕基因组测序成功* 由西南大学、深圳华大基因带领的国际研究团队为29种家蚕和11种野蚕世系的基因组成功地进行了测序并找到了这些世系之间的差别。共获得了40个家蚕突变品系和中国野桑蚕的全基因组序列，共测632.5亿对碱基序列，覆盖了99.8%的基因组区域，是多细胞真核生物大规模重测序研究的首次报道；绘制完成了世界上第一张基因组水平上的蚕类单碱基遗传变异图谱，这是世界上首次报道的昆虫基因组变异图。科学家还发现了驯化对家蚕生物学影响的基因组印记，从全基因组水平上揭示了家蚕的起源进化。研究发现，家蚕很明显在基因上与其野生对应物不同，但即使在各家蚕世系之间，它们仍然维持着大量的变异性。这提示，家蚕只经历了一次牵涉有大量个体的单一且短暂的驯养过程，并在此后在家蚕与野蚕种群之间很少有基因流动。研究人员还能够识别出特别的能够增进丝的生产、蚕虫的繁殖和生长的基因（这些基因很可能是被人类挑选出的）。他们甚至还寻找到了在驯养过程中由蚕虫所获取的行为特征，例如极端的拥挤和容忍人的靠近和操作，以及它们在驯养过程中所丧失的如逃逸及躲避掠食者和疾病等的特征。

2. *转基因绿色蚕丝有望上市* 西南大学家蚕基因组研究团队成功开发出一种转基因新型有色茧品种，这也是我国首次获得的转基因新型有色蚕丝。团队专家指出，天然彩色茧中除了绿色茧的部分色素存在于丝素中外，其他色素大都存在于丝胶中，在缫丝、精炼的过程中极易损失和破坏，这也是人们在长期的品种选育中选择无色素的白色茧而淘汰有色茧的根本原因。西南大学目前已成功建立了高效、实用的家蚕转基因技术体系，在此基础上开发了转基因新型有色茧开发技术，并与广西蚕业技术推广总站合作，育成了一对色彩稳定的新型绿色茧品种，完成批量缫丝和茧丝的性能鉴定，缫出的生丝不但在自然光下具有美丽的绿色，而且在紫外线下能发出绚丽的绿色荧光。成果一旦推广，将产生巨大的经济效益和社会效益。西南大学家蚕研究团队通过5年刻苦攻关，还相继取得了绘制完成30种蚕类基因组变异图谱、绘制完成家蚕重要病原微生物微孢子虫基因组精细图谱等2项重大研究成果。

3. 家蚕新品种野三元（抗）、苏超2号和苏豪×钟晔（抗）育成　野三元（抗）是以近年育成的秋用蚕品种野三元为基础，围绕家蚕耐微量菊酯类农药和抗血液型脓病等关键性状，筛选培育出的耐微量菊酯类农药兼抗血液型脓病的耐粗食高产优质蚕品种。经在江苏规模生产及云南、山东、安徽等省规模试点10多万张蚕种，耐微量菊酯类农药、抗血液型脓病、耐粗食等特性多次得到生产规模验证，已对江苏等省粮桑间作蚕区安全生产发挥出重要的保障作用。苏超2号在眠性与茧丝质等筛选技术方法上有重大突破，经在江苏规模生产及云南、广西、四川、海南等省份多批次规模试点3万张蚕种，已开始规模生产出“超6A”级生丝原料，具有开发高附加值丝绸精品的广阔市场前景。苏豪×钟晔（抗）在抗血液型脓病与多丝量保持的筛选技术方面获得重要突破，经江苏、云南、山东等省份规模试点1万多张蚕种，抗血液型脓病及高产优质特性极其显著，可满足江苏等省春季规模推广应用。3对新蚕品种审定通过后，可在全国进行大规模推广应用，将对我国茧丝绸行业品牌创建、优质茧基地建设、“东桑西移”优质茧丝工程、“一带一路”蚕桑合作等发挥重要推动作用。

4. “家蚕全天然纯丝胶蛋白质生产技术研究”项目通过鉴定　蚕茧丝胶主要成分为丝胶球状蛋白，富含人体8种必需氨基酸在内的18种氨基酸，而且容易被人体吸收。丝胶氨基酸与天然保湿成分极为相似，是化妆品的优良来源。它可以应用在护肤品、食品、医药等方面。在护肤品中，活性胶原蛋白对皮肤的保湿、美白、修复、抗衰老、抗紫外线等多方面都有作用。“丝胶蚕品种”的育成可以无污染、低成本、安全快捷地生产丝胶蛋白质，填补了国内空白。

5. 家蚕抗病毒研究取得重要进展　病毒病是蚕业生产上最常见的一类蚕病，每年带来的损失占总损失的50%以上，其中家蚕核型多角体病毒（BmNPV）的危害最为严重。在目前防治BmNPV的策略中，通过传统选育方法筛选抗性品种，面临着周期长、定向性差以及提高抗性的同时难以兼顾经济性状等局限性；基于转基因RNAi的抗病毒效果受靶标基因选择的影响较大，难以彻底阻断病毒DNA复制。该研究利用遗传操作手段来提高家蚕对BmNPV抗性研究，将转基因与CRISPR/Cas9技术相结合，在家蚕体内构建了靶向BmNPV基因组DNA的抗病毒系统。经测试，家蚕抗BmNPV能力得到了显著提高。同时，此方法针对BmNPV基因组DNA实现了多处断裂或大片段序列删除，使其难以完整修复和正常复制，在根本上切断了病毒复制和转录的模板，从而达到清除家蚕体内的入侵病毒以及阻止病毒在家蚕体内复制的效果。这种抗病毒策略使家蚕获得了可稳定遗传的清除病毒的能力，有望在蚕业生产上发挥积极作用，有效促进我国的蚕业生产取得显著经济效益。

6. 全龄人工饲料工厂化养蚕取得突破性进展　苏州印丝特数码纺织科技有限公司产出的真丝围巾作品充满意境，品类繁多。据介绍，该企业目前年生产规模达到40万m，并且形成了相对完善的前后道工艺整理设备，同时具备了从上浆到蒸化的全系列处理能力，为生产品质的稳定提供了完善的保障，所生产的真丝围巾每年有400多个花型，为国内名牌提供了从设计到生产的一条龙服务，同时也和国际上一些大牌丝巾配饰生产商合作生产丝巾产品，比如美国CAOCH、法国的KENZO、意大利的MAXMARA等。

7. 利用蚕茧制造牙科新材料　从蚕茧里提取的蚕丝蛋白可增加牙床骨骼量，也可制成隔离膜骨膜用于牙科手术，该技术属世界首创。蚕丝蛋白的人体亲和力强，还易于制成多种结构，是制作人工骨的上好材料。目前，韩国及全球的人工骨市场约为2亿韩元和5亿韩元，随着老龄化的进一步发展，预计该市场规模将持续增长。此外，蚕茧还可用于制作化妆品、牙膏、肥皂等。

8. 桑、柞茧丝资源综合开发和利用向产业化方向发展　全国蚕业资源综合利用的科研、开发以及产业化方面已取得突破性进展，形成新的发展局面。桑葚饮料、桑叶饲料、桑皮纤维混纺织物、废弃的桑树条被用于造纸、制作地板优于普通木材，种植食用菌和沼气等，已在全国不断推广应用；蚕沙提取叶绿素、丝素丝胶化妆品与医疗卫生用品、丝绵与丝绒家纺产品、蚕蛹蚕蛾制备的药品保健品等已实现产业化生产，批量进入市场，年产值达数亿元。桑树已开始种植于华北、西北地区，作为防风固沙、保护生态环境的树种。

三、国内市场概况

（一）国内市场

根据中国丝绸营销网络管理系统监测的60家监

测企业数据显示，2017 年丝绸企业内销额 46.8 亿元，同比增加 6.1%，国内市场规模进一步扩大。受国际和国内市场需求增长，加上春季蚕茧供应偏紧，缫丝企业开工不足等因素的影响，干茧和生丝的价格一路上扬，并保持了持续坚挺的态势。据中国茧丝绸交易市场数据显示，截至 2018 年 2 月底，国内干茧和生丝的价格分别为 16.5 万元/t 和 52.17 万元/t，较 2017 年同期分别增长了 40.54%、36.5%，较 2016 年同期分别增长了 88.36%、75.36%。

（二）国外市场

据中国海关统计数据，2017 年全国真丝绸商品出口 35.98 亿美元，同比增长了 22.54%。丝类产品出口 11 510.6t，同比下降 12.82%，出口金额 5.43 亿美元，同比增长 2.61%，单价同比增长 17.68%，其中生丝出口 5 194.82t，同比下降 15.61%，金额 2.84 亿美元，同比增长 1.28%。真丝绸缎出口数量 10 807.68万 m，同比下降 15.38%，金额 6.16 亿美元，同比下降 4.57%，单价同比增长 12.87%，其中坯绸出口数量 7 791.97 万 m，同比下降 15.65%，出口金额 4.07 亿美元，同比下降 10.08%，单价同比增长 6.53%。丝绸服装及制品出口 24.4 亿美元，同比增长 38.45%，其中真丝绸服装出口10 462.23万件（套），同比增长 25.04%，金额 20.37 亿美元，同比增长 52.53%，单价 19.47 美元/件（套），同比增长 21.99%。其中，针织服装出口 2 555.38万件（套）同比下降 21%，金额同比下降 14.03%；梭织服装出口7 096.85万件（套），同比增长 54.05%，金额同比增长 60.16%。各省份丝绸商品出口排名前 10 的省份中绝大部分省份都出现了不同程度地下滑，只有广东、山东、新疆同比增长。浙江、江苏、上海、四川、广西、青海、福建分别下降 9.42%、0.8%、2.97%、15.36%、3.86%、17.63%、35.87%。从各省份丝绸商品出口同比数据来看，下滑态势较 2016 年有较大幅度回暖，而广东省丝绸商品出口依然占据首位，同比实现 88.58%的大幅增长。此外，随着“丝绸之路”经济带建设的不断深入，作为“丝绸之路”重要节点的新疆跻身进入前 10，2017 年真丝绸商品外贸出口金额 2 570.04 万美元，同比增长高达 356.29%，成为最大亮点。

2017 年对美国、中国香港、巴基斯坦的出口金额出现下滑，同比分别下降 6.35%、13.48% 和 19.97%。对印度、尼日利亚、沙特阿拉伯、意大利、埃塞俄比亚、日本、英国等 7 个国家出口金额有不同程度增长。其中，对尼日利亚、沙特阿拉伯、埃塞俄比亚等国家的出口出现大幅度增长，同比分别增长 135.64%、198.4%和 256.5%，分别从 2016 年的出口排名第 9、第 10、第 15，上升至目前的第 3、第 4 和第 6 的位置。

四、质量管理与标准化工作

1. *质量提升工作*　一是强化企业生产管理。企业向管理要效益，通过健全和完善管理规章制度，落实主体责任，明确奖惩激励机制，塑造从生产、销售、流通及售后全流程精细化管理的企业文化。二是强化产品质量管理。不断提高员工产品质量意识，严格按照国家和行业标准规范化生产，通过提高质量来赢得更多的市场。三是强化企业自主创新管理。加强市场流行趋势研究，不断优化产品结构，注重差异化生产，避免同质化竞争，加快新技术、新设备、新工艺的应用，加大新产品开发力度，推动企业提质增效高质量发展。

2. *《生丝纤度试验方法》国际标准正式诞生*　这是我国在总结《生丝电子检测试验方法》第一个国际标准研制经验基础上，由我国主导制定的第二个涉及丝绸的国际标准。《生丝纤度试验方法》国际标准经历 3 年多的研制，2017 年 11 月正式由 ISO 发布。标准制定过程中得到了国内外专家的大力支持，特别是进一步加深了与意大利、法国同行的交流与合作，提升了我国丝绸标准化话语权和影响力，为加快我国丝绸标准国际化添写了浓墨重彩的一笔。

3. *丝绸标准研制步伐不断加快*　2017 年度丝绸标委会在征集委员意见后上报了《生丝》等五项国家标准计划和《桑蚕丝针织服装》《涤纶长丝仿麻家居用织物》等 10 项行业标准计划。完成了《蚕丝拉绒围巾、披肩》《桑蚕土丝》《刺绣花边》《涤纶长丝形态记忆织物》4 项行业标准的审定，本次会议也安排了《蚕丝被》《苏绣》《桑蚕彩色丝鉴别试验方法》以及《锦纶长丝皮肤衣织物》《化纤长丝无尘洁净织物》《装备用涤纶长丝涂层织物》等六项国家、行业标准的审定工作。2017 年，共有《丝绸围巾、披肩》（FZ/T 43014—2018）等 10 项行业标准获得发布。截至目前，丝绸标委会共归口管理丝绸标准 104 项，其中国家标准 29 项、行业标准 75 项，丝绸标准体系得到了进一步完善。

4. *以国际标准为起点，加快行业标准体系服务建设*　在商务部国家茧丝办国家茧丝绸产业公共服务体系建设项目的支持下，中国丝绸行业协会进一步加快茧丝绸行业标准体系服务建设的步伐。一是深入推广丝绸国际标准，举办丝绸国际标准研讨会，推广新型电子检测设备应用，开展生丝电子检测分级标准研究。二是完成商务部茧丝绸行业标准体系服务建设项目，编制茧丝绸行业标准制修订路线图，形成《茧丝绸行业标准汇编》；翻译出版发行我国纺织行业强制性和茧丝绸行业重要的国家标准；产学研联合开展鲜茧丝与干茧丝的鉴别技术研究，做好相关行业标准制定的起草工作；开展以我国为主导的丝绸国际标准制定的前期研究工作。三是持续完善行业标准体系工作，加强丝绸制品重点领域标准化建设，强化关键检测技术方法的研究，加快丝织物系列标准和传统丝绸工艺品标准的研究和制修订。

5.《蚕丝被》国家标准修订趋于完善　《蚕丝被》标准是我国丝绸标准体系中的一项重大标准之一，它不仅涉及众多的生产企业利益，是规范蚕丝被生产的重要手段，更是与百姓消费密切相关，是维护消费者权益的重要依据。《蚕丝被》标准修订，主要解决了三方面问题：第一，解决了蚕丝被中蚕丝增重问题。经过大量试验和比对测试，制定出了增重蚕丝的检测方法，这对防止和打击蚕丝被增重假冒伪劣蔓延将起到重要作用。第二，解决了绢制精梳绵与茧依短绒区别问题。绢纺是丝绸行业重要组成部分，经过精梳并通过绗缝制作的蚕丝被已成为支撑绢纺企业生存和发展的重要产品。把绢制精梳绵纳入《蚕丝被》标准体系内，并与茧依短绒加以区别，既稳定绢纺行业发展，又让老百姓明明白白地消费。第三，解决了蚕丝被造假问题。蚕丝被中用长丝绵包裹棉花、化纤、丝短绒等很多，特别是包裹丝短绒的无法判定其不合格或为假冒伪劣产品，只能判为标识不符。对于这种明显坑害消费者利益的产品，这次在修订过程中，作出了明显规定，弥补了现行标准的缺陷。

6. 生丝电子检测分级标准研究取得新的成果　自从2014年《生丝电子检测试验方法》国际标准发布实施以来，在中国丝绸协会牵头下，由多位专家组成的项目研究组对分级标准的研究和推广工作一直未间断过，项目研究组2017年采用电子检测设备进行了近千批试验，出具检测报告500多批。经过大量的数据分析、试套，提出了生丝电子检测标准草案，目前正在进入试运行阶段，为今后生丝电子检测分级标准出台奠定了坚实的基础。

五、行业管理

1. 加强原料基地建设　2017年，国内蚕茧供应与现有缫丝产能不相匹配问题日益突出，加强原料基地建设，已经成为业内的重要共识。商务部下发了《关于开展规模化集约化蚕桑示范基地建设　推进茧丝绸产业提质增效的通知》，强调要充分利用国家精准扶贫、乡村振兴战略，加快建成一批集约化、规模化程度高的优质蚕茧基地，夯实产业发展基础。充分发挥大型龙头企业的引领示范作用，继续推行“公司＋基地＋农户”经营模式，加快推广应用省力化养蚕新技术和新设备，进一步提升蚕桑生产质量和效益，带动蚕农增收致富。进一步加强市场适度监管和引导，做好市场跟踪监测，强化行业自律，坚持以质定价、优质优价的原则，杜绝无序抢茧哄抬价格，切实维护正常的鲜茧收购市场秩序。

2. 注重化解市场风险　一是防范了原料价格风险。要求企业合理安排生产，以销定产严格控制原料库存，避免盲目跟风囤货，以防高价原料下跌带来贬值亏损风险。二是注意防范国际市场波动风险。在中美贸易摩擦加剧，中东局势动荡不安，国际大宗商品价格波动加大的形势下，密切关注市场动态，及时调整经营策略积极应对。三是防范投融资信贷风险。要求企业综合评估自身经济实力，谨慎对外投资担保借贷，防范内部财务风险和企业间债务风险，尤其是要避免因盲目扩张，导致资金链断裂引发的实体经济破产风险。政府、行业和企业及时对各种风险源进行调查研判，提高了动态监测、实时预警能力，及时排除了风险隐患，把风险化解在了源头，避免了发生系统性风险。

3. 商务部举办“中国茧丝绸行业创新发展成果展”　为积极对接国家“一带一路”倡议，加快推动新时期中国茧丝绸产业转型升级发展，商务部于2017年6月9～12日，在第三届“中国—中东欧国家投资贸易博览会”期间举办了“中国茧丝绸行业创新发展成果展”。本次展览以“中国丝绸、联结世界、织就梦想”为主题，共设置综述、农业、工业、贸易、文化传承交流、未来展望六大板块。通过文字、图表、图片及实物等形式展现“十二五”以来，中国茧丝绸行业在深化贸工农一体化改革、结构调整、科技创新、品牌建设、文化传承等方面取得的成就，以及中国茧丝绸行业与中东欧国家及其他“一带一路”沿线国家紧密联系、加强合作取得的成果。这是商务部（国家茧丝办）近年来首次以展览形式对中国茧丝绸行业创新发展成果进行宣传，为“中国—中东欧国家投资贸易博览会”增添了“中国元素”，这将加深与会中东欧国家官员及客商对中国茧丝绸行业的认识，推动中国茧丝绸产品进一步走进中东欧和国际市场，促进中国与中东欧国家之间在茧丝绸行业方面的务实合作。

4. 商务部发文力推规模化集约化蚕桑示范基地建设　2017年12月20日，商务部经商工业和信息化部、财政部、农业部下发的《关于开展规模化集约化蚕桑示范基地建设　推进茧丝绸产业提质增效的通知》指出，为深入贯彻落实党的十九大精神，落实《中共中央国务院关于深入推进农业供给侧结构性改革加快培育农业农村发展新动能的若干意见》、《中共中央国务院关于打赢脱贫攻坚战的决定》要求及《茧丝绸行业“十三五”发展纲要》部署，推进茧丝绸业供给侧结构性改革，巩固蚕桑生产基础，提升茧丝绸产品质量、产出效益和产业国际竞争力，商务部决定开展规模化集约化蚕桑示范基地建设工作。通知提出了总体思路、基本原则和目标、主要任务及政策保障措施。

5. “一带一路”丝绸文化高峰论坛在杭州举行 2017年6月24日，由中国丝绸协会、浙江省丝绸文化研究会主办，浙江省丝绸协会、杭州市丝绸行业协会、江干笕桥丝尚小镇协办，杭州万事利丝绸文化股份有限公司承办的“一带一路”丝绸文化高峰论坛在杭州举行。本次论坛是国内首个以丝路文化发展为主题的高端论坛。国家相关部委领导、地方政府文化官员、丝绸文化专家学者、相关高校研究机构及西安等地的丝绸文创产业龙头企业代表、影响力媒体代表等百余人汇聚一堂，共议“丝绸之路”文化与中华丝绸文化的挖掘传承，共建以“丝绸之路”为内容核心的文创产业联盟，共同促进以丝绸为重要载体的国际经贸交流合作。

（中国农业科学院蚕业研究所　梁培生）

饲料加工业

一、基本情况

2017年，是深入推进农业供给侧结构性改革之年。饲料行业紧紧围绕推进农业供给侧结构性改革主线，以提质增效、结构调整、科技创新为突破点，着力打造新业态、拓宽新渠道，加快推进饲料工业转型升级，加快饲料工业现代化建设，巩固发展饲料经济形势并取得较好的成绩。2017年饲料产量、产值再创新高，添加剂和单一饲料稳定增长，优质企业主导产业发展特点明显。

（一）商品饲料总产量反弹性增长

2017年，全国共有11 426个饲料和饲料添加剂生产企业，配合饲料、浓缩饲料和精料补充料生产企业7 492个，添加剂预混合饲料生产企业2 349个；饲料添加剂和混合型饲料添加剂生产企业1 785个；单一饲料生产企业2 086个。2017年全国商品饲料总产量22 161.2万t，同比增长5.9%。其中，配合饲料产量19 618.6万t，同比增长6.7%；浓缩饲料产量1 853.7万t，同比增长1.2%；添加剂预混合饲料产量688.9万t，同比下降0.3%。

（二）产品结构继续调整

1. 不同品种饲料产品情况　2017年，猪饲料产量9 809.7万t，同比增长12.4%；蛋禽饲料产量2 931.2万t，同比下降2.4%；肉禽饲料产量6 014.5万t，同比增长0.1%；水产饲料产量2 079.8万t，同比增长7.8%；反刍动物饲料产量922.6万t，同比增长4.9%；其他饲料产量403.4万t，同比增长10.2%。

2. 不同类别饲料产品情况　在配合饲料中，猪配合饲料总产量8 189.0万t，同比增长14.1%，浓缩饲料总产量1 200.6万t，同比增长5.5%，添加剂预混合饲料总产量420.0万t，同比增长2.0%。蛋禽饲料中，配合饲料2 521.2万t，同比下降0.6%，浓缩饲料271.3万t，同比下降14.4%，添加剂预混合饲料138.6万t，同比下降8.9%。肉禽饲料中，配合饲料5819.5万t，同比增长0.4%，浓缩饲料158.6万t，同比下降6.6%，添加剂预混合饲料36.4万t，同比下降14.6%。水产饲料中，配合饲料2 048.9万t，同比增长7.6%，浓缩饲料2.7万t，同比增长66.5%，添加剂预混合饲料28.2万t，同比增长16.0%。反刍饲料中，精料补充料679.2万t，同比增长3.3%，浓缩饲料200.0万t，同比增长9.1%，添加剂预混合饲料43.4万t，同比增长11.1%。其他饲料：配合饲料360.7万t，同比增长11.6%，浓缩饲料20.4万t，同比下降8.5%，添加剂预混合饲料22.3万t，同比增长8.3%。

（三）饲料产业区域集中度进一步提高

2017年，饲料产量过1 000万t省份10个，较2016年增加1个，新增地区为江西省。包括广东、山东、广西、河北、湖南、江苏、辽宁、四川、河南、江西等省份，这10个省份饲料总产量15 424万t，占全国总产量的69.6%，较2016年增长0.5%。

（四）饲料工业产值和营业收入突破8 000亿元

2017年，全国饲料工业总产值和总营业收入分别为8 393.5亿元、8 194.6亿元，同比分别增长4.7%、5.4%。其中，商品饲料工业总产值为7 436.0亿元，同比增长2.0%；营业收入为7 303.0亿元，同比增长3.0%。饲料添加剂总产值899.3亿元，同比增长37.5%。其中，饲料添加剂814.7亿元，同比增长39.2%；混合型饲料添加剂84.5亿元，同比增长22.8%。饲料添加剂总营业收入831.3亿元，同比增长33.5%。其中，饲料添加剂762.1亿元，同比增长36.9%；混合型饲料添加剂69.2亿元，同比增长5.1%。饲料机械设备总产值58.3亿元，同比下降11.3%，饲料机械设备营业收入60.3亿元，同比下降8.0%。

（五）饲料添加剂产量稳定增长

2017年，饲料添加剂产品总产量1 034.6万t，同比增长6.0%。其中，饲料添加剂983.2万t，同比增长6.6%；混合型饲料添加剂51.4万t，同比下降4.2%。其中氨基酸2017年总产量为234.8万t，同比增长16.4%。维生素2017年总产量127.4万t，同比增长12.6%。矿物元素及其络合物2017年总产量498.4万t，同比下降0.4%。酶制剂2017年总产量10.7万t，同比下降8.1%。抗氧化剂2017年总产量6.9万t，同比增长38.2%。防腐防霉剂2017年总产量10.6万t，同比下降32.6%。微生物2017年总产量10.7万t，同比下降6.3%。其他类添加剂2017年总产量135.2万t，同比增长15.8%。

（六）大宗饲料原料消费总量增长

2017年，部分大宗原料消费总量19 633.5万t，同比增长2.5%。其中，玉米10 181.7万t，同比下降3.0%；小麦1 378.7万t，同比增长25.2%；鱼粉230.7万t，同比增长24.4%；豆粕4135.6万t，同比增长9.4%；棉籽粕366.9万t，同比增长3.5%；菜籽粕414.6万t，同比下降7.4%；其他饼粕424.3万t，同比下降13.8%；磷酸氢钙504.3万t，同比增长106.8%；其他1 996.5万t，同比下降2.5%。

（七）成套机组大型饲料机械设备生产总量下降

2017年，饲料加工机械设备生产总量25 689台（套），同比减少1 399台（套），下降5.2%。其中，成套机组1 389台（套），同比增加30台（套），增长2.2%；单机24 300台，同比减少1 429台，下降5.6%。在成套机组中，时产≥10t设备1 041台（套），同比增加12台（套），增长1.2%；时产<10t设备348台（套），同比增长18台（套），增长5.5%。在单机设备中，粉碎机8 127台，同比下降192台，下降2.3%；混合机6 599台，同比增长78台，增长1.2%；制粒机3 672台，同比减少2 506台，下降40.6%；其他5 902台，增加1 191台，增长25.3%。

（八）饲料产品和饲料机械出口增长

2017年，饲料产品出口量9.9万t，同比增长5.2%；饲料添加剂出口量148.1万t，同比增长10.4%；单一饲料出口量40.7万t，同比增长24.7%；饲料机械出口量1.3万台（套），同比下降2.4%。饲料产品、饲料添加剂出口量占总产量比重分别为0.04%、14.3%；饲料机械占总产量比重为50.6%。饲料产品出口额12.0万元，同比增长102.4%；饲料添加剂出口额186.1万元，同比增长51.2%；单一饲料出口额9.8万元，同比增长9.7%；饲料机械出口额15.2万元，同比增长1.8%。

（九）饲料行业从业人数略有下降

2017年，饲料企业年末职工人数为46.8万人，同比下降1.8%。大专以上学历的职工数为19.1万人，占职工总人数的40.8%。其中，博士1871人，同比下降1.1%；硕士9 018人，同比下降1.4%；大学本科6 986人，同比增长0.8%；大学专科110 213人，同比增长2.7%；其他学历276 542人，同比下降4.1%。技术工种35 203人，同比下降3.3%。其中，检化验员20 740人，同比下降5.7%；维修工14 463人，同比增长0.5%。

二、行业运行特点

我国饲料产量2013年首次下降0.6%，2014年、2015年分别增长2.0%、1.4%，2016年、2017年分别增长4.5%、5.9%。2017年的增长超出了之前判断行业温和渐进增长的预期。在2013年饲料行业已经渐进饱和的产业大背景下，以及2017年国家统计局公布的肉蛋奶和畜禽存栏量没有太大增长的情况下，饲料产量近6%的增长高于近几年的发展速度和行业普遍对饲料产量增长逻辑判断。如何理解2017年的较高增长及行业运行特点，主要有以下几个方面。

（一）养殖市场存量推动性增长

2016年饲料总产量20 918万t，2017年22 161万t，净增长量1 244万t。其中，猪饲料增长贡献率87%。山东、广西、广东、湖北、辽宁、江苏、江西7个省份增量1 065万t，占猪饲料增量的86%。2017年，禽养殖产能深度调整、前期产品价格大幅下滑、养殖效益收缩甚至亏损三因素叠加导致蛋禽饲料大幅下降。蛋禽配合饲料、浓缩饲料、添加剂预混合饲料同比分别下降0.6%、14.4%、8.9%。肉禽饲料受H7N9疫情、市场因素影响致使2017年肉禽养殖经历两次结构调整，产能缩减。肉禽饲料同比持平略涨实质上是来自结构性增长，仅配合饲料增长 0.4%，浓缩饲料、添加剂预混合饲料分别下降 6.6%、14.6%。反刍饲料受益于牛羊肉消费需求快速增长，水产饲料增长源于水产养殖模式的变化和部分水产品行情的利好因素。

（二）产品结构变化调整性增长

从产品结构上看，配合饲料是产量增长的主体，同时也出现产品逆势调整的结构性变化。2017 年，配合饲料产量19 618.6万 t，同比增长 6.7%；浓缩饲料产量1 853.7万 t，同比增长 1.2%；添加剂预混合饲料产量 688.9 万 t，同比下降 0.3%。配合饲料比重由 2013 年的 84.3%提高到 2017 年的 88.5%。浓缩饲料自 2010 年以来连续 6 年下降，累计降幅达 30.8%。2017 年呈现新变化，浓缩饲料小幅增长，添加剂预混合饲料微降。一增一减基本持平抵消。产品结构变化究其原因，主要是近两年养殖结构的变化、养殖模式的变化，特别是规模化进程加快助推配合饲料比重不断提高。饲料企业投资生猪养殖量增加，新增的“公司＋农户”养殖模式，辽宁省禽标准化笼养规模大幅增加，这些变化均增加了配合饲料的需求。浓缩饲料产量增长主要与玉米、豆粕价格以及畜产品价格下跌，养殖效益收缩有关，应该是短期的阶段性变化；添加剂预混合饲料除 2010 年受玉米价格高位运行小幅下降外，其他年份均呈现稳定小幅增长之势。

（三）集中度提高区域带动性增长

2017 年，21 个省份产量同比增长、2 个省份持平、7 个省份下降。饲料产量过千万吨省份由 2016 年 9 个省份增加至 10 个省份，占全国总产量的 69.6%，相当于全国 70%的产量集中在这 10 个省份。2016 年饲料总产量20 918万 t，2017 年22 161万 t，净增长量1 244万 t，主要集中在山东、广西、广东、湖北、辽宁、江苏、江西 7 个省份，共增量1 065万 t，占全国增量的 86%。除湖北省外，其他 6 个省份均是产量过千万吨省份。

（四）产业内部结构变化替代性增长

集团企业一体化扩张、散养户退出、规模优势凸显、工业化饲料使用比例提高，部分饲料集团企业一直保持着大幅增长。从 2017 年 50 万 t 以上企业集团产量同比增长情况看，3 个企业集团产量过千万吨，同比增长 6.8%；500 万～1 000 万 t，同比增长 16.9%；200 万～500 万 t，同比增长 12.1%；100 万～200 万 t，同比增长 3.4%；50 万～100 万 t，同比下降 3.4%。通过对 2016 年、2017 年相同企业上报情况比较，2017 年总量增长大背景下，企业间潜在的落差还是挺大的，实际仅 55%的企业增长，45%的企业是下降的。而且，大幅增长的企业和大幅下降的企业并存，这反映了产业内部结构性变化和此消彼长的替代性增长的存在，总体情况是规模优势企业主导产业发展。

（五）产业模式变革的助推和前期产能释放性增长

近两年，饲料业、养殖业相互渗透，融合发展，大型企业前期投资布局的产能呈现释放性增长。2017 年，年产 100 万 t 以上的 35 个饲料企业（集团）产量达 1.3 亿 t，占全国总产量的 62%，同比平均增长 9.4%。其中，31 个企业涉及养殖领域。再如，山东省 18 个饲料龙头企业 2017 年生猪出栏 971.3 万头，同比增长达 147%，湖北省新增饲料企业产能多而且进入释放期，2016 年、2017 年分别新投产 18 个、33 个，新增产能累计突破 600 万 t。同时，养殖企业也在纷纷自建饲料厂，如河南牧原、雏鹰农牧，广东土猪壹号，广西大型养殖场农垦、园丰牧业、金陵公司等猪、禽养殖企业。还有，由于人工、物价等生产成本上涨、生猪养殖场自配料设备老旧逐步淘汰，也改为直接购买商品饲料。总之，伴随着畜禽规模养殖场拆迁，标准化养殖大幅度提升，养殖场自配料趋于萎缩，工业饲料生产量、消费量持续增加。此外，产业一体化发展和经营模式的变革不断助推商品饲料的增长。比如全产业链的探索，饲料企业＋养殖场（户）的不断扩展、饲料企业与养殖企业“厂场对接”散装料的推广，代加工和定制、大型企业通过赊销饲料与养殖场（户）进行战略合作等模式推进产业融合发展步伐，加速商品饲料对自配饲料替代。

（六）较好的盈利助推猪配合饲料增长

2017 年生猪行情好，养殖户使用猪配合饲料增加。因禽饲料亏本，产业结构调整，如山东部分禽饲料厂因 2017 年上半年禽饲料亏本，而生猪养殖行情好，转向生产猪饲料。猪价持续高位运行，普遍延迟大猪出栏体重，增加饲料需求，同时，消费升级产业转型拉动需求增长，养殖企业迎合高端市场需求，大力发展品牌猪生产。如广东部分养殖企业从饲养料肉比较低的三元杂猪转向养殖土猪壹号等品牌猪，全省品牌土猪供给能力 2017 年（约 160 多万头）比 2016 年（约 110 万头）增加近 50%。

（七）其他因素

一是新投产企业和新增养殖产能的释放。如 2016 年年底新投产企业，2017 年步入正常生产，饲料同比增幅较高。调研增量较大的 36 个企业中，9 个企业为新投产企业，合计产量 60.0 万 t，较 2016 年增加 49.9 万 t，同比增长 619%，占 36 个调研企业猪配合饲料产量的 10.2%。二是玉米补贴政策扩大新产玉米的就地加工转化能力，如吉林省 2017 年新增玉米消耗量 60 万 t，辽宁省也受益于玉米补贴政策。

三、质量管理与标准化工作

（一）新版《饲料卫生标准》颁布

国家质量监督检验检疫总局、国家标准化管理委员会（2017年第26号文）于2017年10月发布了新版《饲料卫生标准》，该标准于2018年5月1日开始执行。《饲料卫生标准》与《饲料标签》标准作为我国饲料行业两个最重要的基础性标准，构成了我国饲料工业标准体系的基石，自1991年发布以来，有效保障了养殖动物、人类消费者和环境的安全，对规范行业科学监管、促进饲料行业健康发展做出了重要贡献。此次修订主要包括以下七个方面：一是新增了伏马毒素、多氯联苯、六氯苯三个有毒有害物质项目。二是扩大了适用饲料种类，实现对饲料原料、添加剂预混合饲料、浓缩饲料、精料补充料、配合饲料的全覆盖。三是细化了各项目在不同饲料原料以及不同动物类别和不同生长阶段饲料产品中的限量值，修改或增补限量值达百余个。四是结合检测技术的进步，增加和修改了部分项目的试验方法。五是标准的适用范围删除了饲料添加剂，其卫生指标将在相应的饲料添加剂产品标准中单独规定。六是修改了总砷的限量，删除了原标准对有机砷制剂的例外性规定，杜绝了有机砷制剂在饲料中的添加使用。七是调整了限量值的列示方式，对于每一个污染物项目，限量值首先按照饲料原料和饲料产品两个大类进行列示。

（二）新版《饲料添加剂安全使用规范》颁布

为切实加强饲料添加剂管理，保障饲料和饲料添加剂产品质量安全，促进饲料工业和养殖业持续健康发展，农业农村部于2017年12月15日，发布新的《饲料添加剂安全使用规范》（农业部公告第2625号文），于2018年7月1日执行。新的规范要求，饲料企业和养殖者使用饲料添加剂产品时，应严格遵守“在配合饲料或全混合日粮中的最高限量”规定，不得超量使用饲料添加剂；在实现满足动物营养需要、改善饲料品质等预期目标的前提下，应采取积极措施减少饲料添加剂的用量，对于微量元素执行“在配合饲料或全混合日粮中的最高限量”规定。调整仔猪的铜、锌使用限量，明确了非蛋白氮的使用，规定了添加剂预混合饲料、浓缩饲料、精料补充料产品中的“推荐添加量”“最高限量”按其在配合饲料或全混合粮中的使用比例折算。

四、行业发展面临的问题

（一）产量增长空间有限

饲料工业是依赖于养殖业的，养殖业有多大规模，饲料工业就会有多大的增长空间。“十三五”期间饲料消费年增长约400万t，增速约为1.9%，增速进入2.0时代。畜产品产量，规模化比重和养殖综合技术等方面需进一步提升。

（二）原料竞争力不足

原料竞争力不足体现在两方面。一是饲料质量安全保障成本高。种植业规模化程度不高，再加上土地加快流转导致的土地承包者和经营者分离，一些经营者短期行为严重，种地不养地，只靠化肥农药生产，造成重金属污染，农药残留超标等现象时有发生。二是蛋白饲料原料依靠进口格局不会变。2017年，全国蛋白原料总消费量约6 750万t，进口依存度超过80%；大豆5 050万t，基本全部依靠进口；菜籽粕1 060万t，30%依靠进口；鱼粉150万t，85%依靠进口。

（三）环保压力大

由于在饲料生产过程中产生的污染严重，如发酵饲料和利用玉米生产的添加剂生产过程中产生大量废液，铜、锌超量添加导致的畜禽粪便污染，饲料加工过程中的工业粉尘、噪声污染等，导致南方多个省份调减生猪生产量，全国20多个省份划定生猪禁养区，拆迁猪场。2017年猪场持续关闭或搬迁，生猪存栏数量继续减少。

（中国农业科学院饲料研究所　刁其玉）

水产品加工业

一、基本情况

（一）生产情况

根据《中国渔业统计年鉴》，2017年中国水产品总产量为6 445.33万t，同比增长1.03%，占世界水产品总产量的36.81%。其中，养殖产量4 905.99万t，占中国水产品总产量的76.12%，占全球养殖水产品总量的58.67%；捕捞产量1 539.34万t，占水产品总产量的23.88%，占全球捕捞总量的16.82%。

总产量中，海水产品产量3 321.74万 t，占总产量的51.54%，同比增长 0.62%；淡水产品产量3 123.59万 t，占总产量的 48.46%，同比增长 1.47%。在国内渔业生产中，鱼类产量3 609.71万 t，甲壳类产量691.50 万 t，贝类产量 1 528.09 万 t，藻类产量225.54 万 t，头足类产量 61.66 万 t，其他产量120.22 万 t。

（二）水产品加工

1. 生产规模　2017 年，我国水产品加工企业9 674个，比 2016 年减少 20 个，同比增长－0.21%。年加工能力为2 926.23万 t，同比增长 2.71%。水产品加工业冷库8 237座，同比增长－4.17%，其中，冻结能力为 93.72 万 t/d，同比增长－1.02%；冷藏能力为465.70 万 t/次，同比增长 1.60%；制冰能力为 23.41 万 t/d，同比增长－7.82%。

2. 加工产量与产值　2017 年，我国水产品加工总量为2 196.25万 t，同比增长 1.42%。淡水加工产品为 408.19 万 t，同比增长 4.57%。海水加工产品1 788.06 万 t，同比增长 3.73%。冷冻水产品1 487.35万 t，同比增长 5.87%，其中冷冻品 730.05万 t，同比增长 3.80%；冷冻加工品 757.29 万 t，同比增长 7.94%。鱼糜制品及干腌制品产量为 325.25万 t，同比增长 0.54%，其中鱼糜制品 154.19 万 t，同比增长－0.75%；干腌制品为 171.06 万 t，同比增长 1.73%。藻类加工制品为 110.05 万 t，同比增长3.79%。罐制品为 42.00 万 t，同比增长－6.92%。鱼粉产量为 63.92 万 t，同比增长－9.41%。鱼油制品产量为 6.76 万 t，同比增长－2.49%。其他水产加工品 160.93 万 t，同比增长－22.77%。2017 年中国水产品加工总产值4 305.08亿元，同比增长 5.25%。

二、科研、新产品、新技术

1. 深海鱼类加工安全和品质保持关键技术研究与应用　由北京市北水嘉伦水产品市场有限责任公司和中国肉类食品综合研究中心联合完成。旨在保障金枪鱼质量和安全，降低能源消耗，有利于提高水产品质量安全控制水平。研究了储藏温度及波动、天然抗氧化物、控温解冻、光源类型和气调包装等因素对生食金枪鱼品质和安全的影响，形成了金枪鱼品质安全控制技术体系；研发了两段式新型解冻工艺和协同保鲜技术，解冻损失小于 1%，非冻藏金枪鱼产品货架期达到 4d；建立了金枪鱼冻储技术应用示范基地，在－50～－20℃区间设立了 6 个独立冻储示范分区，降低了冻储能耗，单批次冻储量达 350t；建成了高效保鲜解冻应用示范基地，单批次解冻量达 1.2t。

2. “模块化组合式贝类初加工移动工厂及其加工方法”获国家发明专利授权　由中国水产科学研究院渔机所徐文其等发明的“模块化组合式贝类初加工移动工厂及其加工方法”已获国家发明专利授权，专利授权号为 ZL201510694886.9。本发明的模块化组合式贝类初加工移动工厂由各个不同功能模块的集装箱组合而成，分别包括：供电与中央监控模块、分级清洗模块、净化池模块、保活运输模块、脱壳模块、水处理模块以及辅助模块等。实际应用时，可根据每次需处理加工贝类对象不同，组合选取不同工作模块，在所需的地方临时组合构建贝类加工工厂。本发明的应用可解决现有的贝类加工受到加工工厂地点分布的限制，无法实现原料就地加工的问题。模块独立运输，组合建厂快速灵活，现场加工提高了贝类产品的生产效率以及产品鲜度与成活率。

3. “一种蟹类包装装置”获国家实用新型专利授权　由中国水产科学研究院淡水渔业研究中心成果转化与技术推广处段金荣等人发明的“一种蟹类包装装置”获得国家实用新型专利授权，专利号为 ZL 201621305407.6。本实用新型属于一种蟹类包装装置，包括：蟹类放置区；开口与所述蟹类放置区相连、用于输送蟹类的第一级输送槽；设置在所述第一级输送槽下方且沿由上至下方向依次布置的 n 级输送槽，其中，$n \geqslant 1$；各级输送槽设有沿所述输送槽的延伸方向运动、以刷动蟹类沿输送槽运动的刷毛装置；除最底层一级输送槽之外的各级输送槽均设有用于称量蟹类重量的重量感应装置、底部开口、用于控制所述底部开口打开或关闭的控制机构，当所述重量感应装置感应到的蟹类重量处于预设重量范围之外时，所述控制机构控制所述底部开口打开，以使蟹类掉下至下一级输送槽内。如此设置，本实用新型提供的蟹类包装装置，其能够自动按照蟹类重量进行分类，提高了工作效率，降低了人力劳动强度。

4. “一种鲍鱼喷淋保活运输车”获国家发明专利授权　由中国水产科学研究院渔机所徐文其等发明的“一种鲍鱼喷淋保活运输车”已获国家发明专利授权，专利授权号为 ZL201510785799.4。本发明创新采用了普通行驶、山路行驶以及系统自净模式等多工况模式。通过在水箱内安装可调节缓冲板，循环喷淋系统可改变常规连续式喷淋为间歇式低温水喷雾等手段实现在山路段行驶过程中的系统稳定。而自净模式的设置，可实现整个运输车的自动化清洗，节省人工作业的同时，保证了水产原料对运输载体的卫生安全要求。本发明的应用可大幅提升车辆在山地路况下保活车喷淋系统的稳定性，防止由于喷淋水体泄露或系统故障导致保活失败，同时保证车辆安全平稳行驶的可靠性。

三、国内外市场情况

（一）国内贸易

2017 年全国水产品市场运行稳中向好，市场成交量额双增，渔业“减量增收”效果显著。据对全国 80 个水产批发市场交易情况统计，水产品综合平均价格稳中有升，同比涨幅 1.18%。其中，海水产品综合平均价格与 2016 年同期基本持平，淡水产品价格同比上涨 2.66%，呈现淡水产品走强、海水产品偏弱的格局，淡水产品成为推动价格总水平上升的主要因素。监测的 49 个品种中，有 22 个品种价格上涨，占比 44.9%；18 个品种价格下跌，同比增长−7.87%；9 个品种价格稳定，涨跌幅度在 1%以内。另据可对比的 58 家水产品批发市场成交情况统计，2017 年全国水产品累计成交量1 145.12万 t，同比增长 4.69%；成交额2 298.71亿元，同比增长 5.76%。

（二）进出口贸易

2017 年，面对错综复杂的国内外经济形势，克服国内生产成本不断提高、国际贸易壁垒增多、同构竞争加剧等困难，中国水产品对外贸易呈现量、额齐升局面，进出口总量、总额均创历史新高。

1. *总体情况*　据中国海关统计，2017 年中国水产品进出口总量 923.65 万 t，进出口总额 324.96 亿美元，同比分别增长 11.56%和 7.92%。其中，出口量 433.94 万 t，出口额 211.50 亿美元，同比分别增长 2.40%和 1.99%；进口量 489.71 万 t，进口额 113.46 亿美元，同比分别增长 21.17%和 21.03%。贸易顺差 98.04 亿美元，同比增长−15.59 亿美元。

2. *水产品贸易特点*

（1）主要品种调结构显成效，一般贸易出口呈量额双增　2017 年水产品一般贸易出口量 307.02 万 t，出口额 156.42 亿美元，同比分别增长 1.62% 和 1.32%，分别占水产品出口量和出口额的 70.75%和 73.96%。头足类、对虾、罗非鱼、蟹类、鲭鱼等水产品作为一般贸易主要出口品种实现出口量额同比双增。其中头足类出口到葡萄牙及日本的量额大增，出口量额同比分别增长 5.61%和 6.17%；罗非鱼出口企业成功拓展了非洲、墨西哥等其他国际市场，出口量额同比分别增长 3.47%和 1.21%；捕捞产品鲭鱼表现抢眼，出口量额同比分别增长 16.27% 和 16.20%，达 37.72 万 t 和 7.20 亿美元。

（2）来进料加工贸易出口量减额增　受益于“一带一路”倡议持续推进、国务院陆续出台的促外贸稳增长政策落地，以及渔业转方式调结构的稳步落实，2017 年我国水产品对日、东盟、欧盟、我国台湾地区、韩国等世界主要市场出口量额均扭转颓势，实现量额双升，特别是对欧盟、我国台湾地区、韩国出口增幅强劲。受益于欧盟对我国双壳贝类进口解禁的积极影响，2017 年，中国来进料加工贸易出口量 108.12 万 t，同比增长−2.89%；出口额 52.61 亿美元，同比上涨 2.78%，其中，进料加工出口量 88.93 万 t，同比增长−2.51%，出口额 40.43 亿美元，同比增长 2.94%；来料加工出口量 19.19 万 t，同比增长−4.61%，出口额 12.18 亿美元，同比增长 2.24%。

（3）主要出口市场格局变化不大，中国香港、韩国市场持续低迷　东盟市场受“一带一路”倡议和中菲关系转暖的积极影响，上半年中国对东盟水产品出口量额同比双增，但从 2017 年 7 月开始，对泰国的出口量额持续下滑。泰国在东盟水产品出口市场中占主导地位，受贝类、鲜冷冻鱼类等出口下降影响，中国对泰国水产品出口量额同比分别增长−29.17%和−24.84%，为 17.88 万 t 和 8.40 亿美元。另一方面，受鲭鱼出口急增影响，中国对印度尼西亚水产品出口量额同比分别增长 92.50%和 81.95%，达 10.63 万 t 和 2.36 亿美元。2017 年中国对东盟市场的出口额为 27.32 亿美元，同比增长−2.77%。受活鱼、头足类等出口量额大幅下降影响，出口我国香港量额分别增长−13.83%和−7.80%。受鲜冷冻鱼类出口量额大幅下降影响，出口韩国量额分别增长−9.69%和−3.57%。受虾类及加工鱼类出口额上涨影响，成功逆转 2016 年对我国台湾市场出口量额双降的态势，出口额同比增长 7.90%。

（4）福出口区域布局持续微调　福建、山东、广东、辽宁、浙江、海南等沿海省份仍是中国水产品主要出口省份，出口量额之和分别占全国水产品出口总量额的 97.85%和 96.26%。福建继续位居中国主要省份水产品出口额排名首位，但同比微降 0.55%。山东由于加工贸易出口量（占山东省出口总量的 52.06%）同比增长−7.25%，一般贸易出口额（占山东省出口总额的 41.02%）同比增加 10.96%，出口量减额增。广西受出口鱼类、虾类量额大幅下降的影响，全年出口量额同比分别增长−26.44%和−26.45%。河北尽管加工贸易出口量额大幅增长 32.13%和 24.36%（加工贸易额占出口额比重由同期的 19.69%上升至 31.78%），但受一般贸易出口量额大幅增长−26.04%和−34.70%的影响，水产品出口总量额双降且幅度较大。内陆省份中，江西、湖北和吉林依旧位列前三，但江西受加工鳗鱼出口下滑影响，全省水产品出口量额同比分别增长−15.02%和−13.21%；湖北受小龙虾和冻鮰鱼片出口下滑影响，全省水产品出口量额同比分别增长−21.67%和

－24.87％；吉林近年来虽然充分发挥边境的区位优势，但由于第四季度加工贸易出口量下滑，导致全年出口量同比增长－8.87％。

（5）水产品进口量额双增　2017 年，中国水产品进口量 489.71 万 t，进口额 113.46 亿美元，同比分别增长 21.17％和 21.03％。其中，来进料加工原料进口量 104.87 万 t，同比增长－4.96％，进口额 24.86 亿美元，同比增长 9.57％，对比 2016 年同期的量额双降趋势有所缓和。2015 年同期鱼粉进口大跌之后，国内行情逐渐回暖。2017 年鱼粉进口量额大涨，进口量 157.16 万 t，进口额 22.17 亿美元，同比分别增长 51.55％和 37.41％。除鱼粉外，其他以一般贸易方式进口（主要供国内食用）产品进口量 99.40 万 t，进口额 42.57 亿美元，同比分别增长 22.52％和 23.71％。其他方式（边境小额贸易、保税区仓储等）进口量 128.29 万 t，进口额 23.87 亿美元，同比分别增长 17.22％和 16.34％，继续保持双增态势。从主要进口市场看，除新西兰有所下降外，其他进口市场均量额双增。受冻鲱鱼、冻鳕鱼、冻大麻哈鱼等进口量额激增的影响，中国从俄罗斯进口上扬，进口量额分别上涨 11.13％和 2.78％；受饲料用鱼粉进口量额大增的影响，2017 年中国从秘鲁进口量额同比分别上涨 96.54％和 78.38％。由于 2017 年下半年中国从东盟，尤其是越南进口的加工鱼类、鲜冷冻鱼类量额大增，2017 年中国从东盟进口量额同比分别增加 3.69％和 13.72％。由于从新西兰进口头足类、小龙虾数额大幅下降，2017 年中国从新西兰进口量额同比分别增长－10.89％和－6.09％。

（三）展望

从国内市场走势来看，预计 2018 年水产品供给的基本面没有太大变化，价格有进一步上升空间。这一结论主要基于以下几方面考虑：一是在淡水养殖面积难有增长的背景下，大宗水产品供应量增幅放缓的趋势已定。二是从环境成本来看，2017 年下半年，继环保风暴之后，海洋督查风暴继续来袭。海洋督查风暴是环保风暴的延续，海洋督查风暴重点督查的领域是填海占海。在环境压力下，未来水产养殖业的处境会更加困难，环境成本有进一步上升趋势。三是随着进口产品增加，国内水产品价格的上涨压力会有一定缓解。在 2018 年关税调整方案中，中国与东盟、巴基斯坦、韩国、冰岛、澳大利亚、新西兰等国家或地区的进口关税在原最惠国税率基础上进一步降低，甚至继续零关税，这将进一步刺激食用水产品进口。因此，在国内供给总体缩减、环境成本不断上升、外来产品部分替代的背景下，预计 2018 年水产品价格或呈现温和上升的态势。

从国际贸易方面看，中国外贸发展面临的不确定、不稳定因素仍然较多。全球经济复苏的基础还不稳固，“逆全球化”思潮抬头，贸易保护主义升温；从国内看，中国经济基本面坚实，预计全年人民币汇率易涨难跌，国内综合要素成本不断上涨，订单和产业转移仍然较快，中国出口仍然面临诸多困难和挑战，保持出口回稳向好势头的任务仍然艰巨。不过，考虑到中国居民消费快速升级，国内消费者对优质、绿色水产品需求明显增加，再加上中国 2018 年继续降低水产品进口关税等因素，预计 2018 年中国水产品进口将持续保持快速增长的势头，但考虑到进口增速快于出口增速，2018 年贸易顺差将收窄。

四、质量管理与标准化工作

（1）国家质量监督检验检疫总局、国家标准化管理委员会于 2017 年批准发布《冻罗非鱼片》等水产品国家标准（表 1）。

表 1　2017 年批准发布的水产品国家标准

序号	标准编号	标准名称	实施日期
1	GB/T 21290—2018	冻罗非鱼片	2019-01-01
2	GB/T 35896—2018	脊尾白虾	2019-01-01
3	GB/T 35897—2018	条斑紫菜　半浮动筏式栽培技术规范	2019-01-01
4	GB/T 35898—2018	条斑紫菜　全浮动筏式栽培技术规范	2019-01-01
5	GB/T 35899—2018	条斑紫菜　海上出苗培育技术规范	2019-01-01
6	GB/T 35907—2018	条斑紫菜　冷藏网操作技术规范	2019-01-01
7	GB/T 35941—2018	水产养殖增氧机检测规程	2019-01-01
8	GB/T 36187—2018	冷冻鱼糜	2019-01-01
9	GB/T 36193—2018	水产品加工术语	2019-01-01

（续）

序号	标准编号	标准名称	实施日期
10	GB/T 36205—2018	草鱼配合饲料	2019-01-01
11	GB/T 36206—2018	大黄鱼配合饲料	2019-01-01
12	GB/T 36395—2018	冷冻鱼糜加工技术规范	2019-01-01
13	GB/T 36782—2018	鲤鱼配合饲料	2019-01-01
14	GB/T 36862—2018	青鱼配合饲料	2019-01-01
15	GB/T 37062—2018	水产品感官评价指南	2019-01-01

来源：中国标准化管理委员会。

(2) 中国水产流通与加工协会率先制定并发布《天然水域活鲢、鳙鱼分割规范》《天然水域冻鲢、鳙鱼制品》团体标准。

五、行业管理

(一) 行业协会联手揭穿紫菜谣言还原真相

2017年2月中下旬，一段“紫菜是塑料做的”谣言视频在网上疯传，该谣言一经发酵，就导致超市里的紫菜一度下架，市场里湿紫菜500g跌至几毛钱都无人问津。中国水产流通与加工协会、中国藻业工业协会、福建水产流通与加工协会高度重视，积极组织专家撰写辟谣文章，详细地介绍紫菜生产、加工过程，紫菜的辨别方法以及紫菜的营养和烹饪等知识，并将文章转发给几十家媒体，很快辟谣文章就出现在各大媒体版面中，并引起中央媒体重视，新华社等多家权威媒体对紫菜事件进行了跟踪报道。谣言制造者最终受到法律制裁。

(二) 5个企业成为第一批产品可上市的养殖河豚加工企业

经过中国水产流通与加工协会同中国渔业协会河豚鱼分会对提交申请养殖河豚加工企业审核，共有5个企业符合各项要求，成为第一批产品可上市的养殖河豚加工企业：大连天正实业有限公司曹妃甸加工厂（唐山曹妃甸区天正水产有限公司）、江苏中洋生态鱼类股份有限公司、荣成市泓泰渔业有限公司、大连富谷食品有限公司、唐山海都水产食品有限公司。第一批通过审核的5个河豚加工企业自身拥有经农业部备案的河豚鱼源基地；具有河豚加工设备和专业技术人员；建立了完善的产品质量安全全程可追溯管理制度和卫生管理制度；河豚加工产品包装附带可追溯二维码并标明原料基地备案号及加工企业编号。

(三) 部分进口水产品关税下降

国务院关税税则委员会发布2017年关税调整方案的通知（税委会［2016］31号），对部分产品进出口关税税率调整，其中涉及水产品22项，具体见表2。

表2　进口商品最惠国暂定税率表

序号	EX①	税则号列	商品名称	最惠国税率（%）	2017暂定税率（%）
1		01061211	改良种用鲸、海豚和鼠海豚；改良种用海牛及儒艮	10	0
2		03033110	冻格陵兰庸鲽鱼，但食用杂碎除外	10	5
3		03033200	冻鳎鱼，但食用杂碎除外	12	2
4		03034100	冻长鳍金枪鱼，但食用杂碎除外	12	6
5		03034200	冻黄鳍金枪鱼，但食用杂碎除外	12	6
6		03034400	冻大眼金枪鱼，但食用杂碎除外	12	6
7		03034510	冻大西洋蓝旗金枪鱼，但食用杂碎除外	12	6
8		03034520	冻太平洋蓝旗金枪鱼，但食用杂碎除外	12	6
9		03034600	冻南方蓝旗金枪鱼，但食用杂碎除外	12	6

（续）

序号	EX①	税则号列	商品名称	最惠国税率（%）	2017 暂定税率（%）
10		03035100	冻鲱鱼，但食用杂碎除外	10	2
11		03036300	冻鳕鱼，但食用杂碎除外	10	2
12		03036700	冻狭鳕鱼，但食用杂碎除外	10	5
13		03038910	冻带鱼，但食用杂碎除外	10	5
14	EX	03061490	冻帝王蟹	10	5
15	EX	03061612	冻煮北极甜虾（北方长额虾）	5	2
16		03063190	活、鲜或冷冻其他岩礁虾和其他龙虾	15	10
17		03063290	活、鲜或冷冻其他螯龙虾	15	10
18	EX	03063399	活帝王蟹	14	7
19	EX	03079190	活、鲜或冷冻象拔蚌	14	10
20		05119111	受精鱼卵	12	0

注：①“EX”表示应税商品范围以“商品名称”描述为准，其余以税号为准。

（四）举办专业研讨会，研讨产业热点问题

1. 举办“第九届中国对虾产业发展研讨会” 2017年4月，在广东省湛江市举办了“第九届中国对虾产业发展研讨会”，本届会议围绕种苗繁育、养殖模式、饲料营养和市场消费4个关键环节，共同探讨全球对虾生产、贸易以及消费趋势，提出推动我国对虾产业创新发展新思路。

2. 举办“第十四届国际罗非鱼产业发展论坛” 2017年11月，在海口举办了“第十四届罗非鱼产业发展研讨会”，会议重点分析国内外市场需求和内销拓展情况，并邀请西贝、海底捞、云海肴、新辣道、呷哺呷哺、永辉超市、重庆火锅连锁店等餐饮、零售采购负责人参与主题对话、参观考察等活动，本次会议创新模式，以生产采购对接交流为主线实现了内销渠道拓展的良好效果。

3. 举办“中美水产品贸易及认证研讨会” 2017年11月，在青岛召开了“中美水产品贸易及认证研讨会”。会议系统介绍了美国海产品管理体系和进出口水产品的认证监管情况，以及在打击IUU方面所做的工作，并重点解读了美国《进口海产品监管法案》（SIMP）的关键要求。搭建中方水产企业与美方管理机构的直接对话和沟通平台，帮助企业更深入地了解SIMP，促进中美水产品贸易的正常开展。

4. 举办“中国—挪威海产业合作交流高峰会” 2017年11月，在青岛召开了“中国—挪威海产业合作交流高峰会”，大会以“创新合作，互利共赢”为主题，旨在促进中挪两国海产业的交流与信任，推动两国产业深入合作。来自中挪两国的设备、动保，以及养殖、加工、贸易等产业龙头企业代表、海产投融资企业代表等，同台交流水产养殖的技术创新与发展方向，消费升级驱动下的市场增长点，共同展望两国海产业的发展前景和合作契机。

（中国水产流通与加工协会　陈丽纯）

林产品加工业

一、经济林及花卉产业

2017年，全国经济林产品产量达到1.88亿t，比2016年增长4.44%。从产品类别看，水果产量为1.57亿t，干果产量为1 116.04万t，林产饮料产品（干重）产量为253.94万t，林产调料产品的产量为77.52万t，森林食品产量为384.10万t，森林药材产量为 319.60 万 t，木本油料产量为 697.40 万 t，松脂、油桐等林产工业原料产量为 194.70 万 t。2017 年，全国新造油茶面积 13.77 万 hm^2，低改面积 14.19 万 hm^2，年末实有油茶林面积 407.18 万 hm^2；繁殖苗圃个数 425 个；苗木产量 7.61 亿株；油茶籽产量 243 万 t；油茶企业2 236个。2017 年年末实有花卉种植面积 144.89 万 hm^2，切花切叶 193.80 亿支，盆栽植物 50.44 亿盆，观赏苗木 20.22 亿株，草坪 4.87 亿 m^2，花卉市场4 108个，花卉企业 6.00 万家，花农 149.56 万户，花卉产业从业人员 567.52 万人，控温温室面积 0.58 亿 m^2，日光温室面积 2.07 亿 m^2。

二、木材生产及林产工业

1. *商品材持续增加，非商品材少量减少*　2017 年，全国商品材总产量为8 398.17万 m^3，比 2016 年增长 8.00%；商品材中，原木 7 670.40 万 m^3，占 91.33%；薪材 727.76 万 m^3，占 8.67%，来源于人工林的产量为8 271.84万 m^3，占 98.50%；来源于天然林的产量为 126.33 万 m^3，占 1.50%。非商品材总产量为2 331.21万 m^3，比 2016 年减少 27 万 m^3，同比降低 1.13%。非商品材中，全国农民自用材为 527.22 万 m^3，占 22.62%；农民烧材采伐量为 1 803.99万 m^3，占 77.38%。

2. *竹材产量持续增加*　2017 年，全国大径竹产量为 27.20 亿根，比 2016 年增长 8.53%，其中毛竹 16.10 亿根，其他 11.11 亿根；小杂竹为 1 980.57 万 t，比 2016 年增长 13.92%。

3. *锯材产品产量有所增加，木片、木粒加工产品产量有所减少*　2017 年，锯材产量为 8 602.37 万 m^3，比 2016 年增长 11.49%。木片、木粒加工产品4 438.15万实积 m^3，比 2016 年降低 3.02%。

4. *人造板（三板）总产量减少，其他人造板产量增加*　2017 年，全国人造板总产量为 29 485.87 万 m^3，比 2016 年减少 1.85%。其中，胶合板 17 195.21 万 m^3，减少 3.16%；纤维板 6 297.00 万 m^3，减少 5.33%；刨花板 2 777.77 万 m^3，增长 4.82%。其他人造板产量3 215.89万 m^3，比 2016 年增加 7.72%。

5. *木制家具产量持续增长*　2017 年，全国家具总产量 80 703.47 万件，比 2016 年增长 1.56%。其中，木制家具总产量 27 072.93 万件，比 2016 年增长 3.92%。

6. *纸和纸板产量均有所增长*　2017 年，纸和纸板总产量11 130万 t，比 2016 年增长 2.53%；纸浆产量7 949万 t，比 2016 年增长 0.30%，其中，木浆产量1 050万 t，比 2016 年增长 4.48%。

7. *木竹地板产量有所减少*　2017 年，全国木竹地板产量为 8.26 亿 m^2，比 2016 年减少 1.43%。其中，实木地板 1.29 亿 m^2，占全部木竹地板产量的15.62%；实木复合地板 2.10 亿 m^2，占全部木竹地板产量的 25.42%；强化木地板（浸渍纸层压木质地板）3.61 亿 m^2，占全部木竹地板产量的 43.70%；竹地板 1.20 亿 m^2，占全部木竹地板产量的 14.53%；其他木地板（含软木地板、集成材地板等）0.06 亿 m^2，占全部木竹地板产量的 0.73%。

8. *大部分林产化工产品产量有所增加，个别产品有所降低*　2017 年，全国松节类产品产量 27.82 万 t，樟脑产量 1.50 万 t，紫胶类产品产量 0.71 万 t，分别比 2016 年增长 1.61%、4.90%、42.00%。2017 年，全国松香类产品产量 166.50 万 t，冰片产量 0.11 万 t，栲胶类产品产量 0.47 万 t，分别比 2016 年减少 9.45%、84.06%、6.00%。

三、木材产品市场供给与消费

（一）木材产品供给

木材产品市场供给由国内供给和进口两部分构成。国内供给包括商品材、农民自用材和农民烧柴、木质纤维板和刨花板；进口包括进口原木、锯材、单板、人造板、家具、木浆、纸和纸制品、废纸、木片及其他木质林产品。2017 年，木材产品市场总供给为 56 851.97 万 m^3，比 2016 年增长 1.93%。

1. *商品材*　2017 年，全国商品材产量8 398.17 万 m^3，比 2016 年增长 8.00%；其中，原木7 670.40 万 m^3，薪材（不符合原木标准的木材）727.77 万 m^3，分别比 2016 年增长 7.65%和 11.89%。

2. *农民自用材和烧柴*　根据测算，农民自用材和烧柴折合木材供给3 040.03万 m^3，比 2016 年下降 1.06%；其中，农民自用材 651.51 万 m^3，农民烧柴 2 388.52万 m^3。

3. *木质纤维板和刨花板*　2017 年，木质纤维板产量6 002.24万 m^3，比 2016 年下降 6.85%；木质刨花板产量为2 750.60万 m^3，比 2016 年增长 6.94%。木质纤维板和刨花板折合木材供给14 929.93万 m^3，扣除与薪材产量的重复计算部分，相当于净增加木材供给14 820.76万 m^3。

4. *进口*　2017 年，我国木质林产品进口折合木材30 593.01万 m^3，其中，原木5 539.83万 m^3，锯材

（含特形材）4 866.44万 m^3，单板和人造板 436.47万 m^3，纸浆及纸类（木浆、纸和纸板、废纸和废纸浆、印刷品）17 404.74万 m^3，木片2 052.32万 m^3，家具、木制品及木炭 293.21 万 m^3。

（二）木材产品消费

木材产品市场消费由国内消费和出口两部分构成。国内消费包括工业与建筑用材消费、农民自用材和烧柴消费；出口包括出口原木、锯材、单板、人造板、家具、木浆、木片、纸和纸制品、废纸及其他木质林产品。2017 年，木材产品市场总消费为56 851.97万 m^3，比 2016 年增长 1.93%。

1. 工业与建筑　据国家统计局和有关部门统计，按相关产品木材消耗系数推算，2017 年我国建筑业与工业用材折合木材消耗量为43 433.77万 m^3，比 2016 年增长 1.04%。其中，建筑业用材（包括装修与装饰）17 273.68万 m^3，家具用材（指家具的国内消费部分，出口家具耗材包括在出口项目中）6 601.32万 m^3，分别比 2016 年下降 0.24% 和 1.95%；造纸业用材16 450.97万 m^3，比 2016 年增长 0.97%；煤炭业用材 692.85 万 m^3，比 2016 年下降 11.59%；包装、车船制造、化工、化纤等其他部门用材 2 414.95 万 m^3，比 2016 年增长 29.60%。

2. 农民自用材和烧柴　根据产量测算，农民自用材消耗 651.51 万 m^3，农民烧柴消耗2 388.52万 m^3，扣除农民自用材中约 586.36 万 m^3 用于建筑用材的重复计算后，农民自用材和烧柴消耗2 453.67万 m^3。

3. 出口　2017 年，我国木质林产品出口折合木材10 648.93万 m^3。其中，原木 9.25 万 m^3，锯材（含特形材）69.91 万 m^3，单板和人造板3 322.29万 m^3，纸浆及纸类（木浆、纸和纸板、废纸和废纸浆、印刷品）2 873.98万 m^3，家具4 039.31万 m^3，木片、木制品和木炭 334.19 万 m^3。

4. 其他　2017 年，增加库存等形式形成的木材消耗为 315.60 万 m^3。

（三）木材产品市场供需的特点

2017 年，我国木材产品市场供需的主要特点表现为：木材产品总供求小幅增长，其中，国内供给较大幅度下降，进口较快增长，进口量超过国内供给量；国内需求微幅扩大，出口低速增长，库存增加；原木与锯材产品总体价格水平与进口价格水平基本平稳；从同比看，总体价格水平大幅提高，进口价格水平先升后降、总体上涨；从环比看，总体价格水平在微幅波动中先升后降，进口价格水平小幅波动。

1. 木材产品总供给小幅增长，国内供给减少、进口快速增加，进口在木材产品总供给中的份额进一步提高　从国内供给看，2017 年原木与刨花板产量较快增长，农民自用材和烧柴产量与 2016 年基本持平，但木质纤维板产量较大幅度下降，国内木材产品实际供给减少 7.52%；从进口看，尽管废纸进口量大幅下降，但原木、锯材、木浆、纸类和纸板等主要产品进口量快速增长，木材产品进口总量增长 7.82%，占木材产品总供给的 53.81%。

2. 木材产品总消费略有扩大，出口小幅增长，国内实际消费微幅增长、库存增加　从国内消费看，2017 年，建筑业用材消耗与 2016 年基本持平，家具用材消耗小幅下降，造纸用材消耗略有扩大，木材产品国内消费增长 0.98%；同时，随着美国经济的较快增长以及非洲市场的扩大，家具出口量大幅增长，但由于美国复合木制品甲醛排放标准的提高，胶合板出口小幅下降，加上纸和纸板出口的减少，木材产品出口总规模扩大 3.02%。

四、主要林产品进出口

1. 林产品进出口规模扩大，但出口增速远低于进口增速，贸易差额重现逆差；在全国商品出口和进口贸易中，出口占比下降、进口占比提高　2017 年，林产品进出口贸易总额为1 483.90亿美元，比 2016 年增长 9.83%；其中，林产品出口额 734.06 亿美元，比 2016 年增长 1.00%，占全国商品出口额的 3.24%，比 2016 年下降 0.22 个百分点；林产品进口 749.84 亿美元，比 2016 年增长 20.12%，占全国商品进口额的 4.07%，比 2016 年提高 0.14 个百分点。林产品贸易逆差为 15.78 亿美元。

2. 林产品进出口贸易中木质林产品仍占绝对比重，且出口份额和进口份额略有提高　2017 年，林产品进出口贸易总额中，木质林产品占 71.06%，比 2016 年提高 0.14 个百分点；其中，出口额中木质林产品占 74.47%，进口额中木质林产品占 67.72%，分别比 2016 年提高 0.14 个和 0.77 个百分点。

（国家林业局发展规划与资金管理司　林琳　于百川）

农作物秸秆加工业

一、基本情况

2017年，全国粮食播种面积11.222万hm^2，粮食总产达到61 791万t，比2016年增加166万t，增长0.3%。按照近年来我国农作物种植面积测算，2017年我国秸秆理论资源为8.84亿t，可收集资源量约为7.36亿t。近几年随着全社会对环境质量的重视，秸秆的焚烧及综合利用已经成为各级政府重点关注的问题之一，如何有效地利用秸秆，实现秸秆经济效益、社会效益和生态效益，成为农作物秸秆加工业的关键问题。

（一）主要成就

2017年，在国家及各级政府的共同努力下各地根据实际需要推广不同的秸秆利用技术，综合利用效果显著。

1. 秸秆综合利用率有所提高　为了树立和践行绿水青山就是金山银山的理念，坚持节约资源和保护环境的基本国策，各级政府高度重视秸秆综合利用，加快了对秸秆利用的引导和投入，保证了秸秆综合利用取得较好的成绩。2017年，全国秸秆综合利用率达83.68%，其中肥料化56.53%、饲料化23.24%、燃料化15.19%、基料化2.32%、原料化2.72%，形成了以农用为主，用于肥料和饲料的格局。

2. 秸秆利用机械化机具增速显著　在农业机械购置补贴的基础上，各级政府加大对秸秆利用机具的补贴力度，2017年全国秸秆粉碎还田机达到89.12万台，比2016年增加3.53万台，增幅达到4.12%；秸秆捡拾打捆机达到6.03万台，比2016年增加1.35万台，增幅达到28.85%；青饲料收获机保有量4.55万台，比2016年增加0.21万台，增幅达到4.84%。

3. 秸秆养畜发展形势喜人　2017年，机械化粉碎还田面积达5 003.251万hm^2，比2016年增加203.186万hm^2，增幅达到4.23%，成为秸秆利用最多的方式。

4. 秸秆能源化利用技术发展迅速　2017年，国家继续加大实施“粮改饲”试点工作，在17个试点省份基础上将黑龙江省农垦总局纳入实施范围，中央补助资金达20亿元，实施的面积超过73万hm^2。秸秆捡拾打捆面积506.060万hm^2，比2016年增长71.00万hm^2，增幅16.32%；机械化青储秸秆9 254.46万t，比2016年减少62.28万t，减幅0.67%。

5. 秸秆能源化利用技术发展迅速　秸秆等农林废弃物已经被称作“生物质能资源”，是我国秸秆利用发展趋势。目前，我国秸秆的能源化利用主要有秸秆发电、秸秆沼气、秸秆气化、秸秆压块、秸秆制乙醇等技术。目前，我国已投入运行的秸秆发电项目超过270多个，装机容量已超700万kW。

（二）存在问题

2017年我国秸秆利用在机械化还田、养畜、能源化利用技术等方面取得了较好的成就，但是由于政策、资金、技术及认识等方面的差距，致使我国秸秆利用仍然存在突出的问题。

1. 焚烧秸秆现象屡禁不止　从2017年9月20日到11月15日，环境保护部卫星环境应用中心共监测到全国的秸秆焚烧火点3 638个，比2016年同期增加了约73%。京津冀及周边地区在高压禁烧政策之下，发现的火点有所下降。其中山东省减少了约82%，山西省减少了约66%，河南省更是一个火点都没有被发现。但东北地区的情况却变得越来越严重。黑龙江省监测到的火点增加了约41%，而吉林省更是增加了783%。

2. 农民参与积极性不高　部分地区农民对秸秆资源价值认识不够，环保意识不够强，担心秸秆还田影响播种质量、出苗和产量，加之秸秆还田离田费时费力费工，经济效益低，影响了农民开展秸秆综合利用的主动性、积极性。

3. 收储运体系不健全　目前收储运服务体系尚处于起步阶段，经纪人、合作社等服务组织发展滞后，社会化、专业化、市场化水平不高，影响了秸秆利用产业化发展，“有秆不收、有收无储、有储难运”的现象还比较普遍。从支持政策来看，整体性和系统性也不够，缺少对全产业链的系统性支持，影响了秸秆利用产业化水平。

4. 装备和技术有效供给不足　我国主要农作物种植面积是美国的1.5倍，但秸秆捡拾打捆机和青饲料收获机保有量仅为美国的1/8，适应不同地区需求的玉米、花生等果实茎秆联合收获机和水稻秸秆捡拾打捆机缺口较大，秸秆还田收集加工等机具适应性、可靠性还有待进一步提高。

5. 工作开展不平衡　有的地方对机械化在秸秆综合利用中的作用认识不到位，推进工作力度不大。少数地方对秸秆综合利用试点和东北地区秸秆处理行动的实施重视不够，工作传导不力，投入力量不足，协调力度不够，标志性活动少，甚至连国家已经出台的政策都还没有落实到位，推进的速度和效果不理想。政府、企业和农民之间可持续运行的利益链接机制没有建立起来，综合利用效果没有充分显现。

（三）成效显著的地区

在各级政府的指导下，全国各地加大了秸秆综合利用工作的力度，秸秆利用普遍取得了良好的效果，天津市、河北省、陕西省、江苏省等地区农作物秸秆综合利用效果较为突出。

1. 天津市　2017 年，天津市各级部门按照《市人大关于农作物秸秆综合利用和露天禁烧的决定》的要求，各级政府高度重视，签订责任状，层层传导工作责任和工作压力，有效加强秸秆综合利用网格化管理。各区用足用好秸秆综合利用扶持引导资金，推动秸秆机械化还田、离田作业及收储运体系建设高效开展。市区两级共成立 44 个督查巡查组，加大对联合收割机加装秸秆粉碎还田装置的检查力度，千方百计消除秸秆焚烧隐患，有效保持高压态势。全市小麦秸秆基本实现全量化利用，“三夏”首次实现秸秆全面禁烧；玉米、高粱秸秆利用率超过 97%，水稻、棉花秸秆综合利用工作正在稳步推进；全市秸秆综合利用率达到 97%以上。

2. 河北省　河北省为了提高秸秆综合利用率，从龙头带动、项目引领、拓展途径、健全制度等方面入手，始终坚持秸秆肥料化、饲料化、能源化、基料化、原料化等“五化”利用，实现了秸秆综合利用率的提高。2017 年全省产秸秆7 044万 t，可收集量为5 842万 t，资源化利用5 656万 t，综合利用率达到96.8%，其中肥料化、饲料化、能源化、基料化和原料化利用分别占比 69.8%、23.3%、4.9%、1.1%和 0.9%，全面提高了秸秆综合利用水平和效益。

3. 陕西省　陕西省按照“标本兼治、疏堵并举、属地管理、源头控制”的原则，坚持秸秆禁烧与综合利用相结合、全面防控与重点督查相结合、行政推动与技术服务相结合，形成政府牵头、部门协同、上下联动、齐抓共管”的工作格局，突出抓好秸秆机械化还田、腐熟还田、商品化有机肥还田和过腹还田，不断提高秸秆在原料化、饲料化、基料化、能源（燃料）化等方面的利用率，逐步构建以秸秆肥料化利用为主，其他利用形式为补充的多途径利用格局。在全省各级部门的努力下，全省主要农作物秸秆综合利用率达到 87%，其中机械化综合利用率达 82.6%。

4. 江苏省　江苏省各级政府按照《2017 年农作物秸秆综合利用实施指导意见》开展秸秆综合利用工作，由各级政府作为秸秆综合利用的责任主体，各级农委、农机、环保、财政部门协同合作、密切配合，建立领导责任制、相关部门联动机制。2017 年省政府共安排引导资金 8.8 亿元，实现秸秆综合利用率达到 92%。

5. 安徽省　安徽省高度重视秸秆综合利用，将其列为 2017 年省政府实施的 33 项民心工程之一，制定了《秸秆综合利用提升工程实施办法》，确定了工作目标和实施内容，安排秸秆产业化利用奖补资金2.02 亿元，实现了秸秆综合利用总量4 217.71万 t，综合利用率 87.3%，较 2016 年提高 3.9%。

二、新产品和新技术

秸秆利用技术是秸秆综合利用发展瓶颈之一，国家以及地方各级政府为了解决秸秆焚烧带来的问题及秸秆利用率偏低等问题，2018 年组织开展了一系列技术研究项目，在秸秆处理机、生物质液化、秸秆还田模式、秸秆碳化等方面取得了突出成就，有力地推动了农作物秸秆的综合利用，提高了农作物秸秆的经济价值和社会价值。

1. 玉米秸秆归行与免耕播种同步项目　由长春市农机研究院自主研发设计出与免耕播种机配套的拖拉机前悬挂的前置式秸秆归行处理机，实现了玉米秸秆归行与免耕播种同步作业，解决了玉米秸秆全覆盖状态下免耕播种的难题，目前该机已申报并获得国家发明专利授权号。在有秸秆全量覆盖或部分覆盖的地块进行播种作业时，秸秆归行机首先把播种带上覆盖的秸秆向两侧休闲带上拨离，形成一个 35～50cm 没有秸秆覆盖的播种带，即整理出一个基本洁净的种床，使免耕播种机作业时不受障碍物影响。

2. 生物质直接液化关键技术与装备项目　由北京三聚环保新材料股份有限公司自主研发的生物质直接液化技术取得重大突破。相关试验结果数据显示，以高含氧的玉米秸秆为例，约 2.1t 秸秆可以生成 1t 含氧量小于 5%的初级液化油产品。该公司生物质直接液化技术实现的核心技术突破主要包括三大方面，成功解决了生物质资源的利用率低、加工成本高、产业化困难，无法实现对化石资源的经济性替代的难题。首先，突破了高效低成本新型纳米催化剂研发制备难题。成功地制备了新型纳米级高效生物质直接液化催化剂，材料成本低廉，适合大规模制备和使用。其次，解决了生物质脱氧及生成大量有机废水难题。公司结合核心催化剂，创新开发出独特的脱氧路线，避免通过复杂的变换、净化、吸附分离等多道工序生产氢气，从而有效地降低了成本，大幅度减少了废水的产生。第三，利用悬浮床技术解决了工程化配套问题。

3. 汉中盆地稻麦油两熟区秸秆还田技术集成与示范项目　由汉中市农业科学研究所承担的省科技统筹创新项目“汉中盆地稻麦油两熟区秸秆还田技术集成与示范”项目答辩验收。项目通过秸秆还田方式及其配套机械技术，秸秆还田对作物产量、土壤理化性质、轮作季作物经济效益影响的研究，明确了水稻、小麦、油菜秸秆在下季作物生长季自然腐解特征和适宜水稻快速腐解适宜的氮肥种类，集成了稻麦轮作制度和稻油轮作制度下机械化秸秆直接还田技术模式2套，并进行了示范推广，建立核心示范区8.7hm²，示范区80hm²；项目区秸秆还田率达70%，提出了汉中盆地水旱轮作制条件下作物秸秆腐解特征及还田方式，为本区域秸秆的循环利用提供了技术支撑。

4. 秸秆移动床热解炭化多联产关键技术研究与示范项目　由沈阳农业大学陈温福院士主持的公益性行业（农业）科研专项“秸秆移动床热解炭化多联产关键技术研究与示范”项目验收。项目围绕生物炭的生产和农业应用两大环节，组织实施了“秸秆移动床热解炭化多联产关键技术”、“生物炭农业综合应用关键技术”和“生物炭制备与应用关键技术集成与示范”三大专题研究，研究重点突出、产业结合度高、市场指向性强。项目注重产学研结合，与国家现代农业产业技术体系、农业技术推广部门及企业紧密结合，建设了一系列示范工程，取得了显著的经济、社会和生态效益。项目建立了以生物炭为核心的低碳农业技术体系，推动了“中国生物炭产业技术创新战略联盟”的成立和相关标准体系建设，为促进秸秆综合利用、生物炭产业发展提供了重要的技术支撑。

5. 全量秸秆地免耕机播技术与装备项目　由农业部南京农业机械化研究所完成的全量秸秆地免耕机播技术与装备重大成果获农业部“神农中华农业科技一等奖”。该成果发明了适于全量秸秆地的“秸秆粉碎、拾起输送、向后跨越抛撒”机械化免耕播种技术，彻底破解了“入土部件挂草壅堵、架种、晾种”三大难题；发明了碎秸气力离心组配均匀抛撒与分流调控技术，破解了因过量秸秆不均匀覆盖造成的缺苗弱苗问题，确保作物苗齐苗壮；发明了秸秆拾输过载自动监控和压滑组配防堵滞技术，解决了输秸卡滞与碎秸组件侧边挂秸阻滞难题；创制出一次完成“碎秸拾输、破茬浅旋、洁区播种、均匀抛撒”作业的全量秸秆地免耕播种多功能一体化作业装备，实现全量秸秆地高质顺畅免耕机播玉米、花生、小麦。

三、行业活动

（1）由中国再生资源回收利用协会主办的“2018中国秸秆综合利用产业化峰会”于2018年5月4日在上海举行。论坛以专家讲座、项目对接、技术推广、案例分析、对话交流等方式召开。旨在建立秸秆综合利用产业链协作机制，搭建秸秆等农业废弃物“产学研用”一体化平台，提高秸秆产业链供应效率及服务水平，有效开发秸秆的生态、环保及资源化产业价值，推动秸秆综合利用结构化升级和市场化发展，引领秸秆综合利用产业化发展成为我国新兴产业和新的经济增长点。

（2）由农业农村部2018年5月15日在沈阳组织开展东北地区秸秆处理行动技术对接活动，旨在发挥东北地区玉米秸秆综合利用协同创新联盟对秸秆处理工作的支撑作用，实现东北四省份秸秆处理更科学、更高效，确保到2020年，东北地区秸秆综合利用率达到80%以上，样板县达到90%以上。活动期间，创新联盟的5家成员农科院分别与20个样板县、各省农业厅（委）签署了合作框架协议书。通过技术对接，切实发挥好创新联盟的“智囊团”和“思想库”的作用，推动科研成果在样板县落地生效，帮助样板县出思路、找对策、破难题，提高秸秆利用科学化水平。

（3）由吉林省农业委员会与省财政厅2018年7月10日在双辽市共同举办全省秸秆覆盖还田保护性耕作培训班，总结秸秆覆盖还田保护性耕作的工作成效，交流典型经验，示范推广耕作装备和模式，安排部署下步工作。培训班提出到2025年，力争全省秸秆覆盖还田保护性耕作面积达到玉米播种面积的45%左右；作业成本比传统耕作方式平均降幅10%～15%，玉米单产平均增幅4%～8%，耕层土壤含水率平均提高10%～15%，年均增加土壤有机质含量0.01～0.05个百分点，减少耕地表土流失量40%～80%，减少农田扬尘量30%～60%。在全省基本形成以秸秆直接还田利用与耕地保护相结合的种植生态化耕作制度，形成耕地质量、耕作效益、耕作生态“绿色增长”的推进机制。

（天津市农业机械与农业工程学会　辛永波　宋　樱　胡　伟）

食品与包装机械制造业

2017年，我国食品和包装机械制造业延续了2016年的上升趋势，继续向上保持了较高的行业增速，无论是在国际市场还是国内市场，各细分领域的食品与包装机械制造业都在逐渐摆脱质次价低的尴尬处境。

一、经济运行情况

（一）主营业务收入情况

据中国食品和包装机械工业协会统计，2017年，我国食品和包装机械行业完成主营业务收入4 760.22亿元（按7 000个企业测算），同比增长8.69%，高于全国机械工业当年7.44%的增长率。其中，食品机械主营业务收入为2 201.54亿元，同比增长5.76%；包装机械主营业务收入为2 595.12亿元，同比增长12.93%（表1）。食品和包装机械的健康发展，为食品工业的稳定发展发挥了重要的支撑作用。

表1 2017年我国食品和包装机械行业主营业务收入情况

单位：亿元

名　　称	2016年	2017年	同比增长（%）
食品和包装机械主营业务收入	4 379.63	4 760.22	8.69
其中：食品机械主营业务收入	2 081.64	2 201.54	5.76
包装机械主营业务收入	2 297.99	2 595.12	12.93

由表1分析看出，2017年我国食品和包装机械经济运行大体表明两种态势：一是总体保持正增长态势。食品和包装机械、食品机械、包装机械主营业务收入同比增长分别为8.69%、5.76%和12.93%。二是总体增速趋缓。2016年食品和包装机械同比增长为12.50%，2017年同比增长为8.69%，同比下降约4个百分点。

（二）进出口状况

根据中国海关统计，2017年我国食品和包装机械进出口总额为71.54亿美元，同比增长7.74%。其中，食品机械进出口额为28.65亿美元，同比增长11.35%；包装机械进出口额为42.89亿美元，同比增长5.46%。

1. 进口情况　在进口额中，2017年我国食品和包装机械进口额为27.95亿美元，同比增长2.38%。其中，食品机械进口额为8.84亿美元，占食品和包装机械进口额的31.63%，同比增长−1.45%；包装机械进口额为19.10亿美元，占食品和包装机械进口额的68.37%，同比增长4.2%。进口额较大的食品机械见表2，进口额较大的包装机械见表3。

表2 2017年进口额较大的食品机械

序号	行　业　名　称	进口额（万美元）
1	水过滤净化装置	18 820.74
2	烹调与食品加热机械	13 048.62
3	烟草加工机械	10 121.71
4	家禽屠宰与肉类加工机械	9 172.79
5	食品、饮料加工机械	7 966.54
6	糕点与面条类加工机械	7 062.46
7	果（含坚果）蔬加工机械	2 068.36
8	糖果（含可可粉、巧克力）加工机械	2 003.74
9	农产品干燥机	1 684.91
10	乳品加工机械	1 179.13

表3 2017年进口额较大的包装机械

序号	行　业　名　称	进口额（万美元）
1	打包及热收缩包装机械	63 190.15
2	饮料及液体食品灌装机械	21 206.33

（续）

序号	行　业　名　称	进口额（万美元）
3	饮料充气及容器装封机械	18 736.78
4	灌装包装机械	12 207.70
5	纸或纸板加工机械	7 591.94
6	纸或纸板的整理机械	5 944.34
7	纸浆制品、纸制品加工机械	5 934.19
8	容器洗涤或干燥机械	4 109.02
9	其他容器加工机械	2 654.05

2. 出口情况　在出口额中，2017 年我国食品和包装机械出口额为 43.60 亿美元，同比增长 11.51%。其中，食品机械出口额为 19.81 亿美元，占食品和包装机械出口额的 45.44%，同比增长 18.20%；包装机械出口额为 23.79 亿美元，占食品和包装机械出口额的 54.56%，同比增长 6.48%。出口额较大的食品机械见表 4，出口额较大的包装机械见表 5。

表 4　2017 年出口额较大的食品机械

序号	行　业　名　称	出口额（万美元）
1	水过滤净化装置	45 248.41
2	烹调与食品加热机械	26 686.75
3	食品、饮料加工机械	25 745.44
4	糕点与面条类加工机械	14 344.85
5	家禽屠宰与肉类加工机械	10 004.68
6	油脂加工机械	7 082.08
7	酿酒机械	6 594.34
8	果（含坚果）蔬加工机械	5 651.80
9	面包、饼干加工机械	5 231.13
10	制糖机器	4 596.02

表 5　2017 年出口额较大的包装机械

序号	行　业　名　称	出口额（万美元）
1	打包及热收缩包装机械	42 210.77
2	其他灌装包装机械	30 953.71
3	纸浆制品、纸制品或纸板制品加工机械	24 083.54
4	饮料及液体食品灌装机械	19 627.15
5	食品容器加工机械	14 326.02
6	饮料充气及容器装封机械	12 850.26
7	纸或纸板整理机械	11 226.22
8	纸浆、纸或纸板制品模制成型机械	10 991.63
9	纸或纸板加工机械零件	9 633.27
10	纸或纸板的加工机械	8 347.93

二、行业发展情况

1. 乳制品技术装备　2017 年，乳品前处理领域单机方面，均质机、净乳系统、混料系统、干燥塔等核心设备国内产品均有所突破，但是性能和稳定性还有很大差距，局端阀门类依然需要大量进口。普丽盛、中轻机、龙强、立高等具有整线设计施工能力的企业发展迅速。但规模化工厂的整体设计、施工经验以及国际企业拥有的智能化、自动化较高的整线系统集成能力依然较弱。以普丽盛、碧海、铭慧机械为代表的国内纯牛乳高速无菌智能灌装设备发展迅速，市场份额不断攀升，缩短了与国外一流企业的差距；以中亚为代表的酸乳、乳酸菌饮料高速智能无菌灌装设备，在智能化、信息化、自动化、整机性能精度、稳定性等各方面均代表了国内乳制品装备的最高水平。此外，粤东、永宏、廊坊百冠等企业在酸乳与乳酸菌饮料方面也可以提供较为全面的技术装备；乳粉方面，中轻机、立高、普丽盛等在前处理方面有一定市场份额，仅一包装在乳粉灌装方面已经做了大量突破，市场份额不断扩大；后段包装领域，以杭州永创、武汉人天、州万世德、北京水创、澳昆等为代表的企业已具备了一定的竞争实力，乳制品装箱、码垛等技术已非常成熟。

2. 酿酒工业装备　我国在清香白酒细分领域已经可以实现粮食前处理、酿造、包装等所有生产环节的自动化，甚至是局部的智能化。以智能机器人上甑为代表的白酒酿造装备、白酒装盒机、自动化灌装、贴标、码垛等装备 2017 年得到快速发展，目前白酒企业已经开始采用国产化设备。山东地区齐鲁、鹏程、鼎正、耀宇以及博雅机械等都可以提供成熟的产品；啤酒技术装备以乐惠国际、七云小永创、威海远航、中集安瑞科、合肥中辰、秦皇岛中德等为代表的完整啤酒装备产业链已初具国际竞争力。国内瓶装啤酒生产线最高可以达到80 000瓶/h，易拉罐啤酒生产线可以达到72 000罐/h。乐惠于 2017 年 11 月 13 日在上海证券交易所主板上市，宁波沪港、山东中德、哈尔滨汉德、乐惠、宁波中乳、南阳中德等企业相继推出了整套的精酿啤酒解决方案，目前发展已经非常成熟，精酿啤酒装备开拓海外市场方面也非常喜人；葡萄酒技术装备与国际先进水平差距较大。2017 年在葡萄破碎、压榨技术与装备方面有所突破。2017 年，葡萄酒生产企业对国产设备的信任度增强，装备国产化率明显提高。我国很多葡萄酒装备生产企业重视客户的诸多特殊需求，通过不断的技术攻关，实现持续的非标、个性化服务。

3. 肉类加工装备　2017年，我国肉类加工技术装备进步较快，不仅能够生产90%以上的肉类加工设备，屠宰、分割、肉制品、调理食品、综合利用等加工设备的技术改造和新产品研制都有很大发展，有些设备已经接近国外同类产品水平。其中以济宁兴隆和吉林艾斯克为代表，先后研发成功二氧化碳致昏、真空采血、蒸汽式和喷淋式浸烫、螺旋式自动刨毛、光感定位火焰燎毛、立式剥皮、开肛开胸机器人、在线数控劈半、多动力快速预冷输送机以及多工位多层次数控分割输送机等一批拥有自主知识产权的先进生猪屠宰分割加工技术和设备；以河北晓进为代表的肉类加工装备已经开始得到欧洲客户的广泛认可，以小康机械为代表的国内全自动连续拉伸真空包装机等设备已经在市场占据一定份额。在品质控制、调味料研发和保鲜技术方面的创新有阳光猪肉健康全产业链品质控制技术、发酵大豆蛋白制备肉味香精的研究和复合生物保鲜剂在延长低温肉制品货架期的应用等。

4. 饮料工业及装备　2017年，饮料装备已经全面进入技术水平较高的无菌时代。我国部分饮料设备企业取得了突破性进展，打破了国外厂商对液态食品无菌冷灌装技术的垄断。目前，以新美星、达意隆、廊坊百冠、合肥中辰为代表的企业在PET高速无菌吹灌旋一体机、无菌共挤材料灌装技术、无菌纸铝复合材料灌装技术领域已经达到或接近国际先进水平，其他领域如PE材质饮料灌装、高速易拉罐灌装等方面也进步很快，与国外先进水平的差距正在逐渐缩小，其中含气饮料灌装、无菌冷灌装、热灌装、含果粒高速灌装、高速饮用水灌装、PET瓶高速吹灌旋包装设备等多类型的饮料灌装已经非常成熟，凭借明显的性价比优势初步具备了国际竞争力。在含乳饮料灌装方面，中亚、普丽盛、碧海、粤东等少数国内领先的无菌乳制品包装机械生产企业通过多年来的技术积累和市场开拓，在市场上形成了一定的竞争优势，在挖掘和开拓潜在市场的同时，逐步开始参与国内高端市场的竞争。

5. 焙烤糖制品装备　2017年，我国烘焙机械在智能机器人、智能机械手、智能控制系统的应用方面进步很大。在一些饼干生产车间里，配料、成型、烘烤等各环节已全部实现智能化、机械化。同时，在饼干定型、起发、上色、脱水四个环节中，能够灵活地掌控脱水环节，把饼干含水量控制在标准以下，既提高了生产效率，又保证了饼干产品的质量，成为烘焙机械领域的一大创新。在糖果设备方面先后推出充气奶糖生产线、胶体软糖自动线、超薄膜真空瞬时熬煮机组、棉花糖生产线等，包装机械有单扭结包装机、折叠式包装机、高速枕包机等。巧克力设备方面有多功能花色巧克力浇注线、巧克力复合制品自动生产线、巧克力挤出成型线、巧克力快速精磨机等。

6. 调味品工业装备　2017年，调味品在发酵理论方面成果不断涌现。以酱油酿造技术进步为代表，对调味品行业产能提升、技术升级有很大的促进作用。加加酱油、李锦记等引入了日本酱油酿造工艺，实施连续蒸煮和圆盘制曲系统，仿照啤酒工业的技术标准，实施信息化程度较高的自动控制连续发酵系统，实现了酱油的连续性生产，大规模提高了生产效率，提升了产品的品质，为酱油酿造装备的大规模应用提供了现实的条件。以宁波味华为代表的国内装备企业与加加等国内调味品龙头企业深入合作，以大型圆盘制曲为主要突破，以信息化程度较高的恒温发酵罐进行发酵，形成了目前国内最为先进的酱油酿造装备系统。其自动化、智能化程度已经达到新高度，进一步缩小了与调味品生产强国日本的差距。在调味品生产中使用的装备大都是我国独有的，并没有国外先进的技术装备可以借鉴。因此，大量的技术水平提升只能依靠调味品企业与国内相关技术装备企业深入合作，共同研究工艺的定量和规范，在技术装备的技术提升上取得成绩。

7. 食品安全技术装备　食品工业对品控、在线控制、追溯等技术与设备的需求越来越大，涵盖的范围越来越广，技术等级的要求也越来越高。食品安全技术与装备领域在我国发展非常快，信息技术、激光技术、机器人技术、物联网技术等在食品安全领域的创新应用也越来越广泛。尤其在液态领域，国内明佳、浩克等企业可以提供很多技术装备。这一领域包括软硬件、耗材、服务等在内的整体市场规模在20亿元左右。2017年，通过大规模的互联网技术和大数据技术，食品安全追溯已经开始升级为食品大数据的综合服务，如在食品安全追溯体系的基础上衍生出的消费者兑奖、营销、目标客户分析、市场预测等多种衍生服务，为企业提供了营销和决策的技术和数据支持。尤其是在工业和信息化部的大力支持下，我国婴幼儿配方乳粉追溯体系建设标准最高，体系最全，法律、法规的配套也较为完善。

三、主要行业活动

2017年，食品和包装机械行业组织开展了一系列推进行业健康发展的主题活动。包括第七届亚洲食品装备论坛，面制品加工技术培训会，2017年全国包装与食品工程、农产品加工学术年会，第十五届中国国际食品加工和包装机械展览会，第十七届上海国际包装和食品加工技术展等活动。营造了氛围，丰富了内容，突出了亮点。与往年相比，活动更加有序，活动层次更高，活动安排更加周到细致、安全高效，取得成效更显著。

1. 举办了2017年第十七届上海国际包装和食品加工技术展览会　由中国食品和包装机械工业协会、中国包装和食品机械有限公司和法国爱博展览集团共同主办的2017年第十七届上海国际包装和食品加工技术展，于2017年5月5～7日在上海新国际博览中心举行。来自国内外400多个知名企业的食品机械、包装机械、检测设备等成功参展，推进了食品和包装机械制造企业与食品加工企业的交流合作，增强了供给侧与需求侧的有效对接，扩展了食品和包装机械的市场空间，成效颇丰。

2. 举办了2017年第十五届中国国际食品加工和包装机械展览会　由中国食品和包装机械工业协会、中国包装和食品机械有限公司共同主办的第十五届中国国际食品加工和包装机械展览会，于2017年11月3～5日在北京中国国际展览中心举行。此次展会以30周年庆为契机，邀请了各界领导、各大展商共襄盛事，庆祝China Foodtech 30周年。同期举办休闲食品产业及高新技术产业高端论坛，提升展会的权威性和专业氛围。

3. 举办了面制品加工技术培训会　由中国包装和食品机械有限公司和食品装备产业技术创新战略联盟主办的面制品加工技术培训会于2017年4月26日在中国农业机械化科学研究院顺利召开。会议主要针对面制品加工新工艺、智能加工干燥技术及智能控制技术等相关问题进行培训、探讨，以促进面制品生产新技术的应用推广及行业发展。来自克明面业、益海嘉里、河北永生、金沙河、中粮、中鹤、白象、利生、今麦郎等20余个行业内知名企业的近70人参加了本次培训会。

4. 召开了2017年全国包装与食品工程、农产品加工学术年会　由中国机械工程学会包装与食品工程分会和中国农业机械学会农副产品加工机械分会主办的2017年全国包装与食品工程、农产品加工学术年会于2017年11月3～5日在天津召开，本次会议主要围绕“农产品、食品加工与包装技术装备”开展了广泛的技术交流，并展望了食品装备技术未来发展趋势。大会由中国机械工程学会包装与食品工程分会、中国农业机械学会农副产品加工机械分会、食品装备产业技术创新战略联盟等主办，由天津科技大学、天津市轻工与食品工程机械装备集成设计与在线监控重点实验室、天津市轻工工程学会等承办。来自泰国、马来西亚以及国内的食品科技领域的专家学者、企业家代表和全国各大农业食品院校和科研院所的师生等近210人参加了本次会议。

5. 召开了第七届亚洲食品装备论坛　由中国食品和包装机械工业协会主办的第七届亚洲食品装备论坛，于2017年12月18日在江苏淮安召开，本届年会和论坛的主题为“新思维、新动能、新经济”，来自全国食品工业和装备领域及日本、韩国等亚太地区的数百名行业嘉宾，聚焦食品工业新增长点、新趋势、新技术所带来的食品技术装备创新，论坛为食品工业和食品装备工业提供权威的交流和智库平台。

（本文由中国食品和包装机械工业协会提供数据，由本编辑部万丽娜编写）

3 第三部分

政策法规及重要文件

2018年食品安全抽检计划

（国家食品药品监管总局 2018年1月4日）

为深入贯彻党的十九大精神，落实党中央国务院关于食品安全监管的决策部署，依法、科学、规范做好食品安全抽检工作，根据《中华人民共和国食品安全法》《“十三五”国家食品安全规划》，结合食品安全抽检工作实际，制定2018年食品安全抽检计划。

一、工作目标

以满足人民群众美好生活对安全健康食品的需要为目标，以食品安全抽样检验为抓手，以发现食品安全问题为导向，以监督抽检与信息公布、核查处置联动为保障，有效防控苗头性、系统性、区域性食品安全风险，倒逼生产经营企业落实食品安全主体责任，巩固食品安全稳定向好的态势，促进食品产业有序健康发展。

二、工作原则

（一）坚持问题导向

聚焦群众关切，突出农兽药残留、重金属、生物毒素等重点指标，紧盯风险程度高、合格率较低以及消费量大的重点品种，瞄准大型批发市场、校园周边、城乡接合部等重点区域，加大抽检力度，提高问题发现率。

（二）坚持广泛覆盖

点面结合、统筹兼顾，努力实现监督抽检覆盖城市、农村、城乡接合部等不同区域，覆盖在产获证食品生产企业，覆盖所有食品大类、品种和细类，覆盖生产加工、流通、餐饮、网络销售等不同业态。

（三）坚持专常互补

在计划性抽检的基础上，根据日常检查、既往抽检、节令热销、舆情热点、突发性食品安全问题等，及时有效组织开展专项抽检工作。实现计划性抽检与专项抽检有机结合，互为补充。

（四）坚持检管结合

结合飞行检查、体系检查等日常监管发现的问题，以及法规制度发布、食品质量提升工程实施、食品企业HACCP（危害分析和关键控制点）认证等情况，适时调整抽检任务；针对监管力量相对薄弱的领域加大抽检力度。加强抽检工作与日常监管信息的互联共享，开展会诊会商，联管联动。

（五）坚持科学规范

扩大评价性抽检试点规模，推进评价性抽检与监督抽检分离，实现监督抽检与评价性抽检双轮驱动。按人口规模确定抽检任务，尊重地方实际适当调整匹配任务。鼓励利用现有技术创新抽检方式、方法。严格按照相关法律、法规、规范制度开展抽检。

（六）坚持四级联动

国家、省、市、县四级紧密协作、合理分工、各有侧重。统一制定抽检计划、统一调度抽检任务、统一规范程序标准、统一数据分析利用。鼓励地方在保障抽检计划实施的基础上，根据地区、产业和消费特点安排本地专项抽检任务。

三、工作任务

2018年食品安全抽检计划涵盖33个食品大类、137个食品品种、218个食品细类，共抽检135.05万批次。具体安排如下：

（一）总局本级任务

总局本级抽检2.85万批次，其中计划性抽检2.05万批次，专项抽检0.8万批次。

1. 抽检对象。主要对规模以上重点食品企业、市场份额较大的全国性大型批发市场进行抽检。种类包括婴幼儿配方食品、乳制品、肉制品、饮料、酒类、食用农产品等30大类（详见附件1、2）。对于粮食加工品、食用油、油脂及其制品、乳制品、饮料、葡萄酒、饼干、炒货食品及坚果制品等品种，安排抽检一定量的网购食品和进口食品。在元旦、春节、元宵节、端午节、中秋节等传统节假日前，安排节令性食品抽检。结合舆情监测、日常监管等情况，对反映较突出的问题进行专项抽检。

2. 抽检时间和频次。每月对全部在产的婴幼儿配方乳粉生产企业产品进行抽检，每季度对网络食品、进口食品以及应季食用农产品进行抽检，每半年对总局重点抽检的食品生产企业产品进行抽检。根据具体情况确定专项抽检的时间和频次。

3. 抽检区域、环节和场所。主要在全国流通环节购买抽检样品。抽样场所以大型农产品批发市场、大型连锁超市、大型商场等为主，网购食品以大型网络平台为主。

（二）省级局任务

省级局抽检 49.2 万批次。其中总局专项转移支付 22.7 万批次，各省级局匹配 26.5 万批次。

1. 抽检对象。主要为本省（自治区、直辖市）所有获得生产许可证的在产食品企业和大型餐饮企业。加强对市场占有率高的企业、省域内大型批发市场的抽检，加大对餐饮企业食品原材料和餐饮具的抽检，重点跟踪抽检不合格企业、品种和项目。种类包括特殊膳食食品、保健食品、粮食加工品、食用油、油脂及其制品、肉制品、乳制品、饮料、蜂产品、餐饮食品等 31 大类（详见附件 1）。食用农产品的抽检要突出农兽药残留、重金属等项目（详见附件 2）。

总局专项转移支付部分原则上抽取本省（自治区、直辖市）生产的食品，省级局匹配部分可在本地流通环节抽检一定比例外省产品。

2. 抽检时间和频次。要全年均衡完成抽检任务。季节性生产销售的食品或存在季节性质量安全风险的食品，在相应季节增加采样量。节令性食品要在节前开展抽检工作。“国家食品安全示范城市”创建城市食品抽检总量原则上要达到 4 批次/千人。

要加大对高风险食品的抽检频次。原则上按照高风险食品品种 1∶3、较高风险食品品种 1∶1 进行任务匹配，各省级局可根据当地食品安全状况和特色食品进行适当调整，调整任务量不超过匹配任务总量的 20%。同时要增加对以往检出不合格产品企业的抽检频次，对于连续 2 次检出不合格产品的，属地监管部门要对相关企业进行约谈。

3. 抽检区域、环节和场所。抽样地点应覆盖本行政区域内省会城市、地级市、县、乡和行政村。抽检的样品主要在流通环节购买。流通环节未抽到的样品，可在生产环节抽取。流通环节采样应涵盖批发市场、农贸市场、商场、超市、小食杂店等不同业态。餐饮环节采样重点为学校和托幼机构食堂以及中央厨房、集体用餐配送单位、旅游景区餐饮服务单位等。

（三）市、县级局任务

全国各市、县级局的食用农产品抽检总量 83 万批次。各市县具体任务分配由各省级局根据当地常住人口数量、日常监管情况等进行确定。

1. 抽检对象。市、县级局的抽检品种应尽量覆盖本行政区域内生产销售的蔬菜、水果、畜禽肉、水产品、鲜蛋等食用农产品。适当加大对小作坊、小摊贩、小餐饮的抽检力度。

2. 抽检时间和频次。市级局应根据食用农产品批发市场的交易数量和季节特点等按比例确定抽样频次和数量，原则上每户入场销售者每月至少抽检 1 批次。县级局应每周抽检蔬菜、水果、畜禽肉、水产品、鲜蛋等食用农产品。“国家食品安全示范城市”创建城市食用农产品抽检总量原则上要达到 2 批次/千人。

3. 抽检场所。市级局要对本行政区域内规模以上食用农产品批发市场进行抽检，县级局要对行政区域内的农贸市场、商场超市等经营单位进行抽检。

四、工作要求

（一）加强组织领导

各级食品药品监管部门要高度重视抽检工作，加强统一领导和组织协调。要明确专门机构和专门人员负责抽检工作，确保工作的延续性和人员的稳定性。要尽快组织力量根据本计划认真细化抽检任务，制定实施方案，完善工作机制，规范工作流程，明确岗位责任，确保年度任务有序推进，按时完成。上级食品药品监管部门要加强对下级食品药品监管部门的督促指导，对食品安全抽检工作全过程进行考核，确保抽检工作质量和效率。各省级局应于 2018 年 1 月 20 日前将省级食品抽检计划和实施方案报送总局。

（二）规范抽检工作

各级食品药品监管部门要严格按照相关规定，通过公开招标或遴选等方式确定承检机构；严格按照承检机构有关工作规定开展对承检机构的检查与考核；要监督抽样人员和承检机构在抽检工作中严格执行有关法律法规、规章及相关规定，积极支持承检机构开展工作，在样品采集、运输等方面提供必要帮助；要严格按照规定的时限和规范要求报送抽检数据。总局本级、转移支付任务及省级局匹配任务抽检数据报送至“食品安全抽检监测信息系统”。市、县级局食用农产品抽检数据报送至“食品安全抽检监测信息系统”食用农产品直报模块。各承检机构发现不合格样品中可能存在重大风险隐患或急性健康风险的，应当在确认检验结果后 24 小时之内报告相关食品药品监管部门，并抄送总局。

（三）依法核查处置

各级食品药品监管部门收到不合格食品检验报告后，应当及时送达食品生产经营者，启动核查处置工作。不合格食品可能对身体健康和生命安全造成严重危害的，核查处置工作应当在 24 小时内启动。各级食品药品监管部门应当通过“食品安全抽检监测信息系统”及时报告核查处置工作进展，总局本级监督抽检不合格食品的核查处置，应当按时限逐批次向总局书面报告。核查处置过程中发现涉嫌犯罪或涉及其他部门职责的，应当及时移送移交。

（四）及时公布信息

各级食品药品监管部门要按照总局要求严格审核并每周公布本行政区域抽检信息。公布内容包括产品合格信息和不合格产品信息。其中，产品合格信息主要包括标称生产企业名称、地址，被抽样单位名称及所在省份、产品名称、规格型号、生产日期/批号等，并需注明该产品合格信息仅指本次抽检标称的生产企业相关产品的生产日期/批号和所检项目；不合格产品除以上信息外，还包括标称产品商标、被抽样单位名称与地址、不合格项目及结果和承检机构等。食用农产品产品合格信息公布包括被抽样单位名称（集中交易市场应包括开办者和销售者）、产品名称、进货来源、标称生产企业或产地、生产日期等，不合格产品除上述信息外，还包括不合格项目及结果、承检机构等。对不合格产品信息要组织专家进行风险解读。

省级局要每月汇总本行政区域内上个月食品抽检情况和结果分析，总局定期汇总公布全国食品抽检情况。

（五）严肃工作纪律

各级食品药品监管部门、抽样单位、承检机构及相关人员不得随意更改抽检信息，不得瞒报、谎报、漏报检验数据，不得擅自发布有关抽检的信息，不得在开展抽样工作前事先通知被抽检单位和接受被抽检单位的馈赠，不得利用抽检结果开展有偿活动、牟取不正当利益。对发现的违法违规抽检行为一律依法依规追究相关单位及人员责任。

（六）其他事项。

各级食品药品监管部门要及时向地方政府汇报抽检计划编制情况，争取专项经费保障抽检工作的顺利实施。要根据食品安全事故、热点舆情事件应对处置、案件查办等实际需要，及时组织应急、执法抽检等工作。

总局根据情况可对年度抽检计划进行调整。

附件（略）

关于进一步加强食品药品标准工作的指导意见

（食品药品监管总局　食药监科［2018］6号　2018年1月17日）

各省、自治区、直辖市食品药品监督管理局，新疆生产建设兵团食品药品监督管理局，总局机关各司局、各直属单位：

为贯彻落实《中共中央 国务院关于开展质量提升行动的指导意见》（中发［2017］24号）和《中华人民共和国标准化法》，深入推进中共中央办公厅、国务院办公厅《关于深化审评审批制度改革鼓励药品医疗器械创新的意见》（厅字［2017］42号）标准相关工作，加快建立“最严谨的标准”，构建科学、全面、可检验、能执行的食品药品标准体系，全面提升食品药品监管水平，提出以下意见。

一、总体要求

（一）指导思想

全面贯彻党的十九大会议精神，深入贯彻习近平新时代中国特色社会主义思想，按照党中央、国务院决策部署，紧紧围绕保障和改善民生水平，推动实施食品安全战略，健全药品供应保障制度，助力药品医疗器械审评审批制度改革，完善标准工作管理机制，优化标准体系，强化标准制定与监管衔接，夯实标准技术基础，提高标准国际化水平。加强与《“十三五”国家食品安全规划》《“十三五”国家药品安全规划》《国家标准化体系建设发展规划（2016—2020年）》有机衔接，充分发挥食品药品标准在公众健康保护、安全监管中的技术支撑作用，助推食品药品行业产业创新、协调、绿色、开放、共享发展。

（二）基本原则

支撑监管，需求导向。在审评审批、市场准入、生产经营许可、行政执法、监督抽查（检）等监管政策措施中严格执行强制性标准，充分发挥标准对提升食品药品监管科学化、现代化的基础性作用。加快推进与保障人民群众饮食用药安全密切相关的食品药品标准制修订，不断完善标准体系。加大食品药品补充检验方法研制力度，突破监督执法技术“瓶颈”，助力打击危害食品药品安全行为。

改革创新，科学引领。全面贯彻落实药品医疗器械审评审批制度改革和深化标准化工作改革要求，以创新发展为驱动，推进标准研制、标准实施和产业发展一体化，促进药品医疗器械供给侧结构性改革，满足人民群众饮食用药需求。鼓励创新、自主制定标准，用先进标准引领产品质量提升，推动我国特色优势领域技术标准的国际化进程。

统一规划，统筹管理。切实加强食品药品监管部门在标准政策指引、制度建设、组织协调等方面的主导作用，加强标准顶层设计和合理规划，实施食品药品标准提高行动计划，实现标准与法律法规、政策措施的配套衔接。合理确定各级食品药品监管部门标准工作侧重，形成系统合力。

协同推进，强化实施。提高标准制定的开放性，激发市场主体活力，鼓励科研院所、检验机构、行业企业等多方参与标准研制与应用，构建标准研制、实施监督、跟踪评价、复审修订闭环动态工作机制。加大标准的实施和监督力度，强化标准工作意识，规范监管行为，提高监管效能。

（三）主要目标

到2020年，基本建立适应食品药品安全监管需求、体系完整、结构合理、技术突出的标准体系，标准科学性、有效性、适用性显著增强。标准管理机制更加健全，基本形成公众饮食用药安全有标可保、监管执法有标可依、市场规范有标可循、创新驱动有标引领的良好局面。

——食品安全标准与监管得到有效衔接，推动修订农药残留限量标准，制定发布兽药残留限量标准。强制性标准得到全方位贯彻实施。

——制修订国家药品标准3 050个，其中中药民族药标准1 100个、化学药品标准1 500个、生物制品标准150个、药用辅料标准200个、药包材标准100个。

——制修订医疗器械标准500项，包括诊断试剂类标准80项、有源医疗器械标准200项、无源医疗器械和其他标准220项。

二、加快提升标准水平

（四）提高食品标准科学实用性，保障公众饮食安全

重点推进食品中农兽药残留限量及其检验方法、生物毒素、污染物限量等食品安全标准的制修订，加快保健食品安全国家标准修订，建立符合食品安全法及其实施条例的保健食品标准体系，加大食品（含食品添加剂）产品标准、生产经营规范类标准的参与程度。建立健全食品补充检验方法体系，解决方法缺失问题。完善食品标准制定与安全监管的衔接机制，积极对食品安全国家标准提出意见建议，进一步提高标准的科学性、适用性和操作性。开展国内外食品安全标准比对分析研究，推动食品安全标准与国际对接。多形式多渠道开展标准宣贯培训，督促食品生产经营者严格实施，切实保证标准执行到位。

（五）加快药品标准提档升级，保障药品安全有效

开展药品标准提高行动计划，构建以《中华人民共和国药典》为核心的国家药品标准体系，重点修订完善国家基本药物目录、国家基本医疗保险用药目录品种相关标准，不断提升临床治疗用药质量，满足临床用药需求。推动中药（材）标准处于国际主导地位，化学药品和生物制品标准达到国际先进水平。进一步提高横向覆盖中药、化学药品、生物制品、原料药、药用辅料、药包材以及标准物质的质量控制技术要求，进一步完善纵向涵盖药典凡例、制剂通则、总论、检验方法以及指导原则的制定和修订，逐步加强和完善涉及药品研发、生产、流通和使用等环节的通用性技术要求以及指导原则体系建设，体现药品质量源于设计，有赖于全过程控制保障的理念。建立药品标准淘汰机制，全面清理历版药典未收载品种标准和各类局（部）颁标准，加大对已取消文号、质量不可控、稳定性不高的药品标准的淘汰力度。

（六）提升医疗器械标准科技创新能力，引领高新技术产品发展

适应科学技术快速发展形势下对医疗器械标准制定的新要求，加强生物医学工程、新型医用材料、高性能医疗仪器设备、医用机器人、家用健康监护诊疗器械、先进生命支持设备以及中医特色诊疗设备等重点领域标准制修订工作，优先提高医疗器械基础通用标准和高风险类产品标准。促进高温合金、耐高温高强度工程塑料等增材制造专用材料和创新生物材料等新材料、基因检测和诊断等新技术在医疗器械标准中的应用转化，促进产业升级和产品质量国际竞争力提升。通过标准完善推动移动医疗、远程医疗等诊疗新模式，促进智慧医疗产业发展，推广应用高性能医疗器械，推进适应生命科学新技术发展的新仪器和试剂研发，提升我国医疗器械产业整体竞争力。加快医疗器械标准与国际接轨。

（七）完善化妆品标准体系，促进产品安全优质

适应消费者对化妆品功效的多样化需求，加快制修订基础通用、重要产品和检测方法等标准，加强安全性风险物质残留限量标准的研究，重点制定儿童等特殊群体使用化妆品等产品标准，加快特殊用途化妆品中限用组分等检测方法标准研究。开展化妆品禁限用物质检验方法研制，为打击化妆品掺杂掺假提供支撑。

三、完善标准管理机制

（八）加强标准统筹管理

食品药品监管总局实行标准统一归口管理，健全标准规划和计划制定、实施和监督工作制度，建立标准问题快速响应机制，及时协调解决监管急需，加大标准制定与监管的衔接力度。省级食品药品监管部门建立健全辖区内食品安全标准问题协调会商和收集反馈机制，进一步规范中药饮片的炮制规范等地方药材标准的制修订工作，按规定报送总局备案。

（九）加强标准基础研究

加大对标准基础性研究的支持力度，将标准相关研究作为科研项目的重点领域，开展标准研制的理论和方法学研究。研究开展国家级标准验证检验检测点建设，对标准的重要技术内容、指标、参数等进行试验验证和测试，充分利用食品药品风险监测、监督抽检等大数据资源，提高标准研制的科学性和合理性。

（十）加强标准人才队伍建设

积极探索食品药品标准人才培养途径，把食品药品标准人才队伍建设纳入食品药品监管人才队伍体系建设规划。依托现有食品药品检验检测机构，根据不同领域和学科，建设一批标准研究、转化、推广中心，形成国家各层次食品药品标准化研究团队。加大国际标准化高端人才队伍建设力度，加强标准化专业人才、管理人才培养和企业标准化人员培训，满足不同层次、不同领域的标准化人才需求。

（十一）加强国际交流合作

开展国内外食品药品标准跟踪比对研究，积极采用国际公认的风险分析和风险管理原则，在充分考虑我国国情基础上，提高国际标准转化水平。加大与世界卫生组织、国际食品法典委员会、医疗器械国际标准化组织的沟通交流合作，积极参加国际标准会议等各项活动，鼓励牵头和参与国际标准制定，推动我国食品药品标准“走出去”，增强标准制定话语权，提升我国标准影响力。

（十二）加强标准贯彻实施

在审评审批、生产经营许可、行政执法、监督抽查（检）等工作中，严格实施标准，规范自身管理。组织开展标准培训、标准竞赛、技能比武，切实提高监管人员对标准的理解程度和执行能力，助力职业化检查员队伍建设。依法对从业人员的标准培训与考核情况进行监督检查，督促食品药品生产经营者严格执行标准。采用传统培训与“互联网+”相结合等多种方式，加大对标准的培训宣传力度，推动食品药品标准知识“进校园”“进社区”。组织开展标准实施情况监督检查和评估，加大对标准实施的跟踪评价力度，完善标准实施信息反馈渠道，不断提升标准的实用性和适用性。鼓励企业制定和执行高于国家标准、行业标准、地方标准的企业标准，提高产品质量。

四、健全标准保障措施

（十三）加强组织领导

各级食品药品监管部门要进一步提高对食品药品标准工作的认识，将标准工作摆上重要议事日程，切实加强对食品药品标准工作的统筹协调和组织领导，将标准化建设纳入当地食品药品监管与产业发展规划和年度工作计划予以重点布置和安排。健全地方食品药品监管部门和检验检测机构的标准工作机制，安排专人负责，落实工作责任。建立标准化工作检查督导制度，对承担的标准工作任务定期进行督促检查。加大支持力度，为承担标准制修订项目的单位以及标准起草人提供必要条件和基本保障。

（十四）保障经费投入

各级食品药品监管部门要加大标准工作的经费支持力度，在业务经费中设立标准工作专项，形成持续稳定的经费保障机制，建立与标准制修订项目挂钩的长效投入机制。同时拓宽经费渠道，鼓励社会各界自筹经费参与标准制修订，建立健全以政府投入为主、社会投入为补充的多元投入机制，引导和鼓励有条件的检验检测机构、科研机构、生产企业、临床使用单位等加大投入。强化标准工作经费管理，提高经费使用效益。

（十五）完善激励机制

标准成果属于科研成果，可作为相关申请科研奖励和参加职称评审的依据。建立标准制定与工作业绩、绩效工资、职称评审相联系的激励机制，对社会贡献大、推动解决重大食品药品安全事件的检验方法等标准研制单位和人员给予表彰。

关于大力实施乡村振兴战略加快推进农业转型升级的意见

（农业部　2018年1月18日）

各省、自治区、直辖市及计划单列市农业（农牧、农村经济）、农机、畜牧、兽医、农垦、农产品加工、渔业厅（局、委、办），新疆生产建设兵团农业局：

为深入贯彻党的十九大精神，落实中央经济工作会议、中央农村工作会议和《中共中央 国务院关于实施乡村振兴战略的意见》决策部署，现就大力实施乡村振兴战略、加快推进农业转型升级、扎实做好2018年农业农村经济工作提出以下意见，请结合实际，认真抓好落实。

2017年，各级农业部门坚决贯彻党中央、国务院决策部署，牢固树立新发展理念，坚持稳中求进总基调，扎实推进农业供给侧结构性改革，粮食总产达到12 358亿斤，农民可支配收入达到13 432元，巩固发展了农业农村经济好形势。党的十八大以来，粮食产能迈上新台阶，现代农业建设迈出新步伐，农业绿色发展开拓新局面，农村改革展开新布局，农民收入实现新提升，农业农村发展取得了历史性成就、发生了历史性变革，为党和国家事业全面开创新局面提供了有力支撑。这些成绩的取得，最根本的是有以习近平同志为核心的党中央的坚强领导，有习近平新时代中国特色社会主义思想的科学指引。

党的十九大明确提出实施乡村振兴战略，并作为七大战略之一写入党章。中央经济工作会议、中央农村工作会议对实施乡村振兴战略作出了全面部署，强调，要落实高质量发展的要求，坚持农业农村优先发展，坚持质量兴农、绿色兴农，加快推进农业由增产导向转向提质导向，加快推进农业农村现代化，走中国特色社会主义乡村振兴道路，让农业成为有奔头的产业，让农民成为有吸引力的职业，让农村成为安居乐业的美丽家园。各级农业部门要深入贯彻落实党中央、国务院决策部署，以实施乡村振兴战略为总抓手，履职尽责抓落实，不断开创农业农村经济发展新局面。

2018年是贯彻党的十九大精神、实施乡村振兴战略的开局之年，是以农村改革为发端的改革开放40周年，是决胜全面建成小康社会、实施“十三五”规划承上启下的关键一年。做好2018年和今后一个时期农业农村经济工作总的要求是：全面贯彻党的十九大精神，以习近平新时代中国特色社会主义思想为指导，坚持稳中求进工作总基调，践行新发展理念，按照高质量发展的要求，以实施乡村振兴战略为总抓手，以推进农业供给侧结构性改革为主线，以优化农业产能和增加农民收入为目标，以保护粮食生产能力为底线，坚持质量兴农、绿色兴农、效益优先，加快转变农业生产方式，推进改革创新、科技创新、工作创新，大力构建现代农业产业体系、生产体系、经营体系，大力发展新主体、新产业、新业态，大力推进质量变革、效率变革、动力变革，加快农业农村现代化步伐，朝着决胜全面建成小康社会的目标继续前进。

落实这一总体要求，关键是实现工作导向的重大转变和工作重心的重大调整。当前，我国农业进入高质量发展阶段，要按照高质量发展的要求，推动农业尽快由总量扩张向质量提升转变，唱响质量兴农、绿色兴农、品牌强农主旋律，加快推进农业转型升级。

一、坚持质量第一，推进质量兴农、品牌强农

坚持抓产业必须抓质量，抓质量必须树品牌，坚定不移推进质量兴农、品牌强农，提高农业绿色化、优质化、特色化、品牌化水平。将2018年确定为“农业质量年”，制定和实施国家质量兴农战略规划。

1. 大力推进农业标准化

加快标准制修订，新制修订农药残留标准1000项、兽药残留标准100项、其他行业标准200项。加强农业标准宣传推广和使用指导，大力宣传农兽药、饲料添加剂使用规范，严格落实安全间隔期休药期规定，从源头上减少非法添加、滥用乱用现象。推进规模经营主体按标准规范生产，建立生产记录台账，并将其作为政策支持的重要条件，通过2～3年努力，在大城市郊区、“菜篮子”主产县基本实现农业生产标准化、可追溯。

2. 加强农产品质量安全执法监管

严格投入品使用监管，建好用好农兽药基础数据平台，加快追溯体系建设。落实新修订的农药管理条例，全面实施农药生产二维码追溯制度，2018 年底实现兽药经营企业入网全覆盖。严格兽用抗菌药物管理，不批准人用重要抗菌药物等作为兽药生产使用，逐步退出促生长用抗菌药物，2018 年再禁用 3 种。加快国家农产品质量安全追溯平台推广应用，将农产品追溯与项目安排、品牌评定等挂钩，率先将绿色、有机、品牌农产品纳入追溯管理，选择 10 个省份开展追溯示范试点。建立农产品质量安全信用档案和“黑名单”制度，将新型经营主体全部纳入监管名录。再命名 200 个国家农产品质量安全县，鼓励有条件的地方以省（市）为单位整建制创建。开展质量安全乡村万里行活动。

3. 实施品牌提升行动

将品牌打造与粮食生产功能区、重要农产品生产保护区、特色农产品优势区建设，绿色、有机等产品认证紧密结合，打造一批国家级农产品区域公用品牌、全国知名企业品牌、大宗农产品品牌和特色农产品品牌，保护地理标志农产品。实施产业兴村强县行动，推进一村一品、一县一业发展。强化品牌质量管控，建立农业品牌目录制度，实行动态管理。办好中国国际农产品交易会、中国国际茶叶博览会等展会。开展绿色食品进超市、进社区、进学校活动。建立健全品牌创建激励保护机制，鼓励媒体宣传推介优质品牌。

4. 推进现代种业提档升级

实施现代种业提升工程，建立以企业为主体的商业化育种创新体系，提升农作物、畜禽、水产良种质量。强化绿色育种导向，深化玉米、水稻、小麦、大豆良种联合攻关，选育一批节水节肥节药新品种。启动特色作物良种攻关，建立一批区域性特色良种繁育基地。继续实施制种大县奖励，高标准建设国家南繁育种基地，推进国家种质库、甘肃玉米和四川杂交水稻良种繁育基地等重大工程建设。完善国家农作物、地方畜禽遗传资源和海洋渔业种质资源保护体系。探索建立实质性派生品种保护制度，严厉打击种子套牌侵权行为和非法转基因种子生产销售。加快建设种业大数据平台和国家综合性检验测试设施。鼓励企业在国外申请品种权和专利。继续实施转基因生物新品种培育重大专项。

5. 提高设施农业发展水平

实施园艺产品提质增效工程，推动设施装备升级，优良品种推广，技术集成创新。加强设施蔬菜连作障碍综合治理，推广轮作倒茬、深翻改土、高温闷棚、增施有机肥等技术，改善产地环境。引导优势区加快老果茶园改造，集成推广优质果树无病毒良种苗木和茶树无性系良种苗木。集中打造一批设施标准、管理规范、特色鲜明的中药材生产基地。加快实施马铃薯主食开发，完善主食产品配方及工艺流程。

6. 加强动物疫病净化防控

继续抓好重大动物疫病和人畜共患病防控。启动动物疫病净化工作，逐步推动全国规模养殖场率先净化。强化动物疫病区域化管理，有序推动东北 4 省区无疫区建设，鼓励具备条件的省份建设无疫区和无疫小区。探索建立动物移动监管制度，降低动物疫病传播风险。强化屠宰行业管理，加大生猪屠宰资格审核清理力度，组织开展屠宰专项整治行动，严厉打击屠宰环节违法违规行为。持续推进病死畜禽无害化处理体系建设，提升集中处理比例。推进执业兽医队伍建设，加强官方兽医培训，引导和扶持兽医社会化服务组织发展。

二、坚持效益优先，促进农业竞争力不断提升和农民收入稳定增长

效益决定收入，效益决定投入，效益决定竞争力。建设现代农业，要把提升效益放在优先位置，通过降低生产成本、促进一二三产业融合发展、拓展农业功能、推进适度规模经营等多种途径提高农业效益、增加农民收入。

7. 加快推进农业机械化

推动制定出台加快农业机械化和农机装备产业转型升级的文件，推进“机器换人”。深入实施粮棉油糖等 9 大主要作物生产全程机械化推进行动，加快选育适于机械化作业、轻简化栽培的新品种，着力破解玉米、油菜机收，甘蔗机播机收，棉花机采等瓶颈制约，再创建 100 个率先基本实现全程机械化示范县，支持引导基础较好地区整市整省推进。开展果菜茶、养殖业、农产品初加工、特色优势产品等关键机械化技术试点示范，加强丘陵山区农机装备供给，推动全面机械化。优先保证粮食等主要农产品生产所需机具和畜禽粪污资源化利用等支持农业绿色发展机具的补贴需要。

8. 实施农产品加工业提升行动

加快修订发布农产品初加工目录，制定出台促进农产品精深加工的意见，推进农产品加工技术集成科研基地建设，推动科企对接、银企对接。支持合作社等新型经营主体发展保鲜、储藏、分级、包装等初加工设施，推动初加工、精深加工、主食加工和综合利用加工协调发展，鼓励企业兼并重组，淘汰落后产能，支持主产区农产品就地就近加工转化增值。加强规划和政策引导，推动农产品加工产能向主产区、“三区三园”聚集发展，推进农村一二三产业融合发

展，建设一批农产品精深加工示范基地，创建100个产值超50亿元的农产品加工示范园区、10个产值超100亿元的国际农产品加工园区，打造一批产业融合发展先导区、示范园。引导和促进农产品及加工副产物资源化循环高值梯次利用。

9. 实施休闲农业和乡村旅游精品工程

大力发展休闲农业，支持盘活闲置农房等农村闲置资产资源发展乡村旅游，加强公共服务设施建设，推进农业与旅游、文化、教育、康养、体育等深度融合，建设一批设施完备、功能多样的休闲观光园区、康养基地、乡村民宿等，推动农村厕所革命。积极推进农民体育健身事业发展。培育一批美丽休闲乡村，开展休闲农业和乡村旅游精品发布推介，鼓励各地因地制宜开展农业嘉年华、休闲农业特色村镇、农事节庆等形式多样的品牌创建和推介活动，办好第二届全国休闲农业和乡村旅游大会。开展第五批中国重要农业文化遗产发掘保护工作。

10. 大力推进农村创业创新

推动落实金融服务、财政税收、用地用电等扶持政策。实施乡村就业创业促进行动，大力发展文化、科技、旅游、生态等乡村特色产业，振兴传统工艺，高标准创建100个农村双创示范园区（基地），开展农垦特色农场创建。鼓励支持各类返乡下乡人员到农村发展分享农场、共享农庄、创意农业、特色文化产业，培育一批家庭工厂、手工作坊、乡村车间。

11. 实施新型经营主体培育工程，促进多种形式适度规模经营发展

实施新型经营主体培育工程，培育发展示范家庭农场、合作社、龙头企业、社会化服务组织和农业产业化联合体，加快建设知识型、技能型、创新型农业经营者队伍。全面推广应用新型农业经营主体信息直报系统。鼓励新型经营主体通过土地流转、土地互换、土地入股等形式，扩大经营规模；支持各类服务组织开展土地托管、联耕联种、代耕代种、统防统治等直接面向农户的农业生产托管，扩大服务规模，集中连片推广绿色高效农业生产方式。推进农业生产托管服务标准建设，规范服务行为和服务市场。贯彻落实新修订的农民专业合作社法，开展国家农民合作社示范社评定。

12. 促进小农户与现代农业发展有机衔接

统筹兼顾培育新型农业经营主体和扶持小农户，研究创设支持小农户发展的政策。把对新型经营主体的政策扶持力度与其带动小农户数量挂钩，鼓励将政府补贴量化到小农户、折股到合作社，支持合作社通过统一服务带动小农户应用先进品种技术，引导推动龙头企业等与合作社、小农户建立紧密利益联结关系，通过保底分红、股份合作、利润返还等方式，实现农民分享农业全产业链增值收益，大力提升生产性服务业对小农户的服务覆盖率。发展多样化的联合与合作，提升小农户组织化程度，扶持小农户发展生态农业、设施农业、体验农业、定制农业，改善小农户生产设施条件，提升小农户抗风险能力。

13. 切实抓好农业产业扶贫

加强规划指导、技术服务、经验推广，引导贫困地区确立、发展好主导产业。推动各类支农措施向“三区三州”等深度贫困地区倾斜，重点支持西藏及四省藏区建设高原特色农产品基地，大力发展青稞、牦牛、藏羊等特色产业；支持南疆地区发展节水农业、设施农业；支持四川凉山、云南怒江、甘肃临夏发展蔬菜、水果、中药材等产业，以及休闲农业和乡村旅游。落实定点扶贫帮扶责任，持续打造环京津农业扶贫“百村示范”，统筹推进大兴安岭南麓片区扶贫、援疆、援藏及支持革命老区、民族地区、边境地区等工作，开展好对口支援。深入实施定点扶贫和联系地区产业发展带头人轮训计划。

三、坚持绿色导向，提高农业可持续发展水平

大力推行农业绿色生产方式，开展农业绿色发展行动，发展资源节约型、环境友好型农业，实现投入品减量化、生产清洁化、废弃物资源化、产业模式生态化，逐步把农业资源环境压力降下来，把农业面源污染加重的趋势缓下来。

14. 持续推进农业投入品减量

深入实施化肥、农药使用量零增长行动，加快高效缓释肥料、水溶肥料、低毒低残留农药推广运用。选择100个果菜茶生产大县大市开展有机肥替代化肥试点，集中连片、整体推进，积极探索有机肥大面积推广使用的有效途径。选择150个县开展果菜茶病虫全程绿色防控试点，推广绿色防控技术，力争主要农作物病虫绿色防控覆盖率提高2个百分点左右。组织开展兽用抗菌药减量使用示范创建。通过政府购买服务等形式，支持新型经营主体、社会化服务组织、国有农场开展化肥统配统施、病虫统防统治等服务。

15. 加快推进农业废弃物资源化利用

开展畜牧业绿色发展示范县和现代化示范牧场创建活动，合理布局畜禽养殖，推进种养结合、农牧循环发展。支持200个生猪、奶牛、肉牛养殖大县整建制推进畜禽粪污资源化利用。推动落实沼气发电上网、生物天然气并网政策，推进沼渣沼液有机肥利用，打通种养循环通道。以东北、华北地区为重点，

在150个县开展秸秆综合利用试点，推广“秸秆农用十大模式”和秸秆打捆直燃集中供热等技术。以西北、西南地区为重点开展农膜回收，建设100个地膜治理示范县，加快推进加厚地膜推广应用，对生产和使用不符合标准的地膜，政策上不予支持。

16. 加强农业资源保护

大力实施耕地质量保护与提升行动，将优质的黑土耕地划为永久基本农田，选择一批重点县开展黑土地保护整建制推进试点。强化土壤污染管控和修复，开展耕地土壤环境质量类别划分试点，划定农产品禁止生产区，继续实施湖南重金属污染耕地修复治理试点。轮作休耕试点规模扩大到2400万亩。深松深耕整地面积达到1.5亿亩以上。深入开展大美草原守护行动，组织实施新一轮草原资源清查，落实和完善草原生态保护补助奖励政策，推进退牧还草、退耕还林还草等重大生态工程建设，严厉打击破坏草原的违法行为。以华北西北地区为重点，推广节水小麦品种和水肥一体化等高效节水技术。做好第二次全国农业污染源普查，建立完善耕地等重要农业资源台账制度。

17. 大力开展以长江为重点的水生生物保护行动

科学划定江河湖海禁捕、限捕区域。长江流域水生生物保护区实行全面禁捕，实施中华鲟、长江江豚拯救行动计划，实施珍稀濒危物种关键栖息地生态修复工程，修复水域生态环境。完善海洋伏季休渔制度，启动实施黄河禁渔期制度。全面实施海洋渔业资源总量管理制度，进一步压减内陆水域捕捞，加快捕捞渔民减船转产，实现捕捞产量负增长。持续开展“绝户网”清理整治和涉渔“三无”船舶取缔行动，严厉打击电鱼行为。推进现代化海洋牧场建设，合理规划空间布局，新创建国家级海洋牧场示范区20个以上。加快实施国家海洋渔业生物种质资源库、3 000吨级渔业资源调查船等重大工程。

四、坚持市场导向，着力调整优化农业结构

以满足市场需求为导向，以提高农业供给体系的质量效益为主攻方向，深入推进结构调整，优化生产力布局，不断提升产品质量和产业水平，使农业供需关系在更高水平上实现新的平衡。

18. 巩固粮食综合生产能力

深入实施藏粮于地、藏粮于技战略；严守耕地红线，严格落实高标准农田建设等新增耕地指标和城乡建设用地增减挂钩节余指标跨省调剂政策，加强补充耕地质量验收，防止占优补劣，以次充好；充分调动农民务农种粮和地方政府重农抓粮的积极性，确保国家粮食安全，把中国人的饭碗牢牢端在自己手中。划定9亿亩粮食生产功能区，全面落实永久基本农田特殊保护制度，继续推进高标准农田建设，确保粮食面积稳定、产能稳定，做到结构调整和粮食生产“两手抓两手硬”。

19. 以控水稻、增大豆、粮改饲为重点推进种植业结构调整

巩固玉米调减成果，继续推动“镰刀弯”等非优势产区玉米调减。适当调减水稻面积，在东北地区以黑龙江寒地井灌稻为重点调减粳稻生产，在长江流域双季稻产区以湖南重金属污染区为重点压减籼稻生产。继续扩大粮豆轮作试点，增加大豆、杂粮杂豆、优质饲草料等品种，粮改饲面积扩大到1 200万亩。重点发展优质稻米、强筋弱筋小麦、优质蛋白大豆、双低油菜、高产高糖甘蔗等大宗优质农产品。

20. 以调生猪、提奶业为重点推进畜牧业结构调整

继续推进生猪规模化标准化养殖，优化生产布局，引导产能向粮食主产区、环境容量大的地区转移。推进生猪屠宰标准化创建，加强冷鲜保藏、检验检疫设施建设。持续推进民族奶业振兴，实施振兴奶业苜蓿发展行动，通过优化养殖方式、乳品结构、养加关系，打造一批优质奶源基地。继续举办中国奶业20强企业峰会，推进奶酪校园推广行动，提升中国奶业品牌影响力，引导扩大乳品消费。加强畜禽规模养殖场直连直报平台建设，推广应用畜牧业生产经营单位代码。

21. 以提质减量、改善养殖生态环境为重点推进渔业结构调整

加快实施绿色水产养殖行动，优化养殖区域布局，编制发布养殖水域滩涂规划，年底基本完成禁养区、限养区、养殖区划定。压减水库、湖泊、近海网箱密度，稳定基本养殖水域。继续开展健康养殖示范创建，新认定健康养殖示范场500个以上、渔业健康养殖示范县10个以上。在内陆推广池塘、工厂化、大水面生态养殖、稻渔综合种养、盐碱水养殖，在近海推广贝藻间养、立体生态养殖，在深远海推广深水网箱、大型智能平台养殖。开展循环水养殖和零用药等养殖技术示范。开展水产苗种产地检疫试点，强化水生动物疫病防控。大力发展休闲渔业，建设美丽渔村。加强现代渔港和渔港经济区建设，强化渔业安全生产监管，提高远洋渔业发展质量。

22. 加快推进产业向“三区三园”集聚

加快推进农业产能向粮食生产功能区、重要农产品生产保护区转移集聚，加强“两区”高标准农田建设，集中打造粮食和大豆、棉花、油菜籽、糖料蔗、天然橡胶等产业，完善“两区”支持政策体系。加强

特色农产品优势区建设，再创建认定一批国家级特优区，加大特优区建设政策支持力度。发挥国家现代农业产业园引领作用，推动建立国家、省、市、县建设体系，继续创建和认定一批国家现代农业产业园，加强业务指导、绩效考核、总结宣传。发挥好国家农业创业园、科技园平台作用。

23. 加强农产品市场体系建设

加强国家级农产品市场体系建设，与特优区建设相结合，坚持更高标准、更具特色，成熟一个认定一个，继续认定一批专业市场，建立退出机制，确保真正发挥作用。加强市场流通条件建设，重点支持合作社等新型经营主体建设田头预冷、烘干、分拣包装、净化、物流、冷链等设施设备，加快拍卖、电子结算等新交易方式推广应用。实施农产品电子商务出村工程，鼓励大型电商集团进入农村带动新型经营主体开展网络销售。加快田头市场、专业化电子交易市场建设。健全农业市场信息发布制度。

24. 加快推进农业信息化建设

强化农业大数据应用，构建农业农村数据资源体系，建好用好重要农产品市场信息平台等，加快推进全球农业数据调查分析系统，加快推进政务信息资源整合共享。全面实施信息进村入户工程，新增5个省开展整省推进示范，建成15万个益农信息社，强化村级信息员选聘培育。大力发展数字农业，编制中长期发展规划，开展建设试点，实施智慧农业工程，推进物联网试验示范和遥感技术应用。开展农民手机应用技能培训，继续举办培训周活动，办好全国新农民新技术创业创新博览会。

25. 大力推进农业走出去

深化与“一带一路”沿线国家和地区农产品贸易、农业投资关系。实施特色优势农产品出口提升行动，扩大茶叶、水果、蔬菜、水产品等高附加值的优势农产品出口，鼓励企业申请国际认证认可、参与国际知名展会等。实施农业走出去支撑工程，遴选20家实力强、信誉好的农业龙头企业重点支持，着力培育跨国农业企业集团。加强境外农业合作示范区和农业对外开放合作试验区建设，支持农机、种子、农药、化肥和农产品加工等优势产能国际合作。积极参与多边和双边主场外交活动，为全球粮食安全治理和农业贸易投资规则制定作出新贡献。

五、坚持改革创新，加快培育农业农村发展新动能

推进农业转型升级，实现高质量发展，需要不断深化农村改革，强化农业科技创新，释放改革红利，增强发展活力，提高生产效率。组织开展农村改革40周年纪念活动。

26. 全面完成农村承包地确权登记颁证

加快工作进度，确保2018年底完成确权登记颁证工作。做好确权数据收集、质量检查工作，按照成熟一批汇交一批的原则，确保2017年已报告基本完成的省份的县级行政区数据完整准确入库。加快国家级确权登记数据库和农村土地承包经营权信息应用平台建设，实现平台试运行。推进确权成果应用，为适度规模经营、发放涉农补贴、土地经营权抵押贷款等提供支撑。

27. 推进农村承包地“三权分置”

保持农村土地承包关系稳定并长久不变，研究制定落实土地承包期再延长30年的政策，配合加快修订农村土地承包法。完善农村承包地“三权分置”制度，在依法保护集体土地所有权和农户承包权前提下，平等保护土地经营权。推动落实农村承包土地经营权可以依法向金融机构融资担保、入股发展农业产业化经营政策。加强土地经营权流转交易市场规范建设，研究建立土地经营权流转合同网签备案制度。建立健全工商企业等社会资本流转土地经营权的资格审查、项目审核和风险防范制度。加强农村土地承包调解仲裁体系建设，完善纠纷调处机制。维护进城落户农民土地承包权，引导其依法自愿有偿转让。

28. 深化农村集体产权制度改革

全面实施农村集体资产清产核资，摸清资源性资产和经营性资产家底。建立健全集体资产登记、保管、使用、处置等制度，加快农村集体资产监督管理平台建设。将农村集体产权制度改革试点扩到300个，选择50个地市开展整市试点，条件成熟的开展整省试点。加快推进集体经营性资产股份合作制改革，确认集体成员身份，在资产折股量化、股权设置管理、收益合理分配，以及股份有偿退出、抵押担保、继承等方面积极探索。发展壮大集体经济，开展农村集体经济组织登记，启动集体经济组织登记赋码工作，探索农村集体经济新的实现形式和运行机制。

29. 加大推进农垦改革工作力度

坚持垦区集团化、农场企业化改革主线，不断完善以资本为纽带的母子公司管理体制和现代企业制度，积极组建区域性农业企业集团和专业化农业产业公司。推进办社会职能改革，将国有农场承担的社会管理和公共服务职能纳入地方政府统一管理，妥善解决机构、人员、资产、债务等问题，确保2018年底前基本完成。推进农垦土地确权，争取2018年底确权发证率达到90%以上。加快推进中央直属垦区改革，制定落实直属垦区管理办法。探索建立职业经理

人制度，加大农垦人才培养力度。切实发挥农垦在质量兴农中的带动引领作用。

30. 大力推进农业科技创新与体制改革

实施乡村振兴科技支撑行动，加快调整农业科技创新方向、重点和布局，重点研发节本增效、优质安全、绿色生态等技术。建立产学研融合的农业科技创新联盟，开展东北黑土地保护、南方重金属污染治理、玉米秸秆综合利用、华北地区节水、畜禽粪污资源化利用等重大问题联合攻关。强化现代农业产业技术体系建设。建设一批现代农业产业科技创新中心，支持建设一批国家农业科学观测实验站。推进科技体制改革，放活科技人员和科技成果，健全种业等领域科研人员以知识产权明晰为基础、以知识价值为导向的分配政策。深化基层农技推广体系改革，推进公益性农技推广机构与经营性服务组织融合发展，探索提供技术增值服务合理取酬机制。全面实施农技推广服务特聘计划，强化农科教协同推广。

31. 实施新型职业农民培育工程，加强农业农村人才队伍建设

全面建立职业农民制度，实施新型职业农民培育工程，每年培训100万人次；支持以新型职业农民为主体的农村实用人才通过弹性学制参加中高等农业职业教育；鼓励各地开展职业农民职称评定试点。探索建立农业职业技能等级认定制度，推进农业系列职称制度改革。创新培训机制，支持农民专业合作社、专业技术协会、龙头企业等主体承担培训。深入实施农业科研杰出人才计划和杰出青年农业科学家项目。加大农村实用人才带头人示范培训力度。

32. 创新完善农业支持保护制度

加快建立以绿色生态为导向的农业补贴制度。推动完善玉米、大豆生产者补贴制度和主产区利益补偿机制，探索对粮食生产功能区和重要农产品生产保护区实行差异化补贴。健全全国农业信贷担保体系，2018年底覆盖主要农业县，通过财政担保费率补助和以奖代补等，加大对新型农业经营主体的支持力度。推动制定下发加快农业保险发展的文件。深入实施农业大灾保险试点，探索开展稻谷、小麦、玉米三大粮食作物和天然橡胶完全成本保险和收入保险试点，启动制种保险试点。推动出台优势特色农产品农业保险财政奖补政策。加快中国农垦产业基金组建运营，扩展现代种业基金投资范围。强化农业法治保障，推进土地承包、生猪屠宰、农作物病虫害防治、植物新品种保护等法律法规制修订工作，推进粮食安全保障立法。

33. 深入推进各类试验示范区建设

推动农村改革试验区向多领域综合改革转变，将城乡融合发展、乡村治理、小农户与现代农业发展衔接等纳入改革试验内容。深入推进国家现代农业示范区建设。推进农业可持续发展试验示范区、农业绿色发展先行区建设，以优化空间布局、节约利用资源、保护产地环境、提升生态服务功能为重点，总结一批绿色发展模式和制度规范。

各级农业部门要全面贯彻落实党的十九大精神，深入学习贯彻习近平新时代中国特色社会主义思想，坚持用习近平新时代中国特色社会主义思想中关于“三农”工作的新理念新思想新战略指导新时代农业农村经济工作。要不断提升政治素养，始终把政治建设摆在首位，牢固树立“四个意识”，严格遵守政治纪律和政治规矩，坚决维护以习近平同志为核心的党中央权威，坚决服从党中央集中统一领导，坚决贯彻落实党中央国务院关于“三农”工作的决策部署。要创新工作本领，加强政策理论和业务知识学习，掌握市场经济条件下、农业转型升级背景下，指导推动工作的新本领，在制度设计、政策创新、指导服务上想办法、求突破。要持续改进工作作风，进一步巩固拓展落实中央八项规定精神成果，持续整治“四风”问题特别是形式主义、官僚主义新表现，培养造就一支懂农业、爱农村、爱农民的“三农”工作队伍，巩固发展农业农村经济好形势，为实施乡村振兴战略、加快农业农村现代化作出新的更大贡献。

国家食品药品监督管理总局重点实验室总体规划（2018—2020年）

（食品药品监管总局　食药监科［2018］8号　2018年1月19日）

为科学高效推进国家食品药品监督管理总局重点实验室建设，有力强化食品药品监管技术支撑，按照

《"十三五"国家食品安全规划》《"十三五"国家药品安全规划》有关要求，根据《国家食品药品监督管理总局重点实验室管理办法》相关规定，制定本规划。

一、规划背景

（一）食品药品监管系统实验室发展状况

近年来，食品药品监管系统检验机构和实验室科技能力不断提升，有力支撑了食品药品监管工作。十八大以来，全系统推进科技立项万余项，投入科技经费17.71亿元，先后涌现出了一批科技成果。食品领域，推进实施"食品安全关键技术研究"重点专项，通过"973""863"计划、国家科技支撑计划等，加大食品安全关键技术及平台建设力度；药品领域，在EV71疫苗研发、艾滋病疫苗基础研究及评价关键技术等领域处于世界领先地位，建立了我国特有的、具有国际影响力的中药标准物质国家数据库、数字化中药标本馆；医疗器械领域，国内首创医疗器械检测与评价新技术、新方法，制定了医疗器械标准及指导原则，解决了高风险医疗器械评价的瓶颈问题。

与此同时，当前食品药品监管工作还面临许多技术难题，检验机构和实验室对监管相关技术的研究还比较分散，研究基础薄弱，研究能力不强，与专业龙头研究机构的合作还不够深入，科技创新能力与国际先进水平存在较大差距，科研技术水平在某些领域与国内先进水平相比也有一定欠缺，对食品药品产业发展和安全监管的支撑尚存短板。

（二）规划建设重点实验室的必要性和重要意义

中国特色社会主义进入新时代，我国社会主要矛盾已经转化为人民日益增长的美好生活需要和不平衡不充分的发展之间的矛盾。在食品药品领域，具体体现在广大人民群众不断提高的饮食用药安全需求与目前我国食品药品产业发展和监管整体水平之间不相适应的矛盾，要从根本上解决这一矛盾，必须坚持新发展理念，推动监管科学和创新驱动发展。

2017年10月，中共中央办公厅、国务院办公厅印发了《关于深化审评审批制度改革鼓励药品医疗器械创新的意见》，对加快推进药品、医疗器械科技创新提出了新的举措和要求。重点实验室是食品药品监管科学技术创新的重要平台，是组织开展食品药品监管领域高水平的基础研究和应用研究、聚集和培养优秀人才、促进科技成果转化、带动食品药品检验检测水平和技术支撑能力提升的专业龙头机构。建设一批国家级、创新型的重点实验室，对于完善食品药品科技创新体系，推动科学监管水平提升具有引领和示范作用。因此，紧密围绕食品药品监管面临的焦点和难点技术问题，坚持创新驱动发展战略，强化顶层设计，系统谋划重点实验室的区域、学科、监管领域布局，加强基础性、共性、前瞻性技术研究，有效推进重点实验室建设，对提升食品药品监管科技自主创新能力，解决重大监管难题具有重要意义。

二、总体要求

（一）指导思想

以习近平新时代中国特色社会主义思想为指导，面向食品药品科技前沿、围绕食品药品创新发展和科学监管的战略需求，加强与《"十三五"国家食品安全规划》《"十三五"国家药品安全规划》《"十三五"国家科技创新规划》有机衔接，统筹规划布局、完善功能定位、创新协作机制、提升科研能力，形成结构合理、层次清晰、特色突出的科技创新基地，解决基础性、关键性、战略性技术问题，实现食品药品监管新方法、检验检测新技术、标准制修订、风险分析和预警、安全评价、应急处置等重点领域的科技创新，提高我国食品药品监管能力，满足人民群众不断增长的健康需求。

（二）基本原则

——合理布局、精准定位。统筹考虑学科领域、监管需求、产业需求和区域特点，系统科学布局，充分满足科学监管的综合能力与专业技术需求；明确功能定位，突出研究特色，避免低水平重复、同质化竞争。

——开放共享，优化配置。以食品药品监管系统科研力量为主体，充分利用高等院校、科研院所和社会力量等优势资源，搭建有机互动、协同高效的重点实验室创新体系和共享平台，优化资源配置，提升监管水平和效率。

——问题导向、突出应用。聚焦监管中关键共性问题，以应用研究为主，兼顾基础研究。立足于食品药品监管实际需求，紧扣重点任务，开展创新性研究和科技攻关，研究需求立足于监管，研究成果服务于监管。

——满足需求、科技监管。从满足人民日益增长的美好生活需要出发，立足于人民群众消费需求量大、风险性高的食品、药品、化妆品和医疗器械，探索用科技手段研究解决关键问题，支持监管创新。

——龙头引领、推动创新。瞄准世界科技前沿领域和顶尖水平，加强对转化医学等新兴前沿学科的前瞻性部署，注重多学科协同，提升监管重点领域融合创新能力，形成引领型、突破型、平台型于一体的科技创新体系。

（三）阶段目标

到2020年，基本形成布局合理、任务明确、协作紧密、运转高效的食品药品监管重点实验室体系，为食品药品监管事业发展提供有力保障。主要实现以下目标：

1.2018年，重点评定一批食品、药品、化妆品、医疗器械监管综合性重点实验室，以食品药品监管系统科研力量为主体，鼓励高等院校和科研院所共同参与，开展多学科、多领域的基础性、综合性研究，引领食品药品科学技术创新，接轨国际食品药品科技发展趋势，为监管提供全面系统的技术支撑；

2.2019年，重点评定一批食品、药品、化妆品、医疗器械监管关键技术重点实验室，充分利用高等院校和科研院所相关研究优势，鼓励社会力量举办的相关研究机构参与，在通用性技术研究和前瞻性技术储备方面进行科技攻关，致力于突破关键共性技术瓶颈，解决监管共性技术难题；

3.2020年，重点评定一批食品、药品、化妆品、医疗器械监管专业性重点实验室，建立食品药品监管系统内外协同共享合作平台，在监管重点领域和高风险领域开展研究，增强特色创新能力，成为本领域学科突出、特征鲜明的专业性研究机构，为监管提供针对性的技术支撑。

三、规划任务

（一）食品监管重点实验室

根据食品监管现状和发展的需要，围绕食品安全监管重点、难点、热点问题，立足民众需求和社会关切，以突出主要风险因素、重点食品品种和优势特色学科相结合，按照综合监管重点实验室、关键技术重点实验室和重点品种重点实验室三类建设。综合监管重点实验室主要考虑跨学科、跨领域的综合科研能力及服务监管的全面技术支撑能力；关键技术重点实验室重点考虑实验室在相关领域的专业技术能力、科研水平和研究团队的综合实力；重点品种重点实验室在考虑实验室专业技术能力的同时，适当考虑实验室所在区域的产业优势。通过重点实验室建设，解决基础性、关键性、前瞻性和战略性的技术问题，建成高水平监管科技智库，培养造就一批领军人物和核心骨干人才，显著提升我国食品安全技术保障水平。

1.综合监管重点实验室

围绕食品监管国家重大科技需求，跟踪世界食品科技的前沿发展趋势，开展多学科、多领域的综合性研究，强化系统集成创新，加强国际交流合作，建设学科齐全、具有一定国际影响力的综合性研究机构，突破国家急需的、有重大战略目标的食品监管相关理论和技术，为全国食品监管工作提供技术基准和全面系统的技术支撑。

2.关键技术重点实验室

瞄准食品安全风险识别、风险评价、风险预警、风险控制、应急处置等工作中共性关键技术需求，深入开展检验检测新技术、风险筛查技术、检验检测质量控制技术、风险预警技术、应急处置技术、毒理学评价技术研究以及技术标准研究等相关工作，强化研究的深度和广度，建设学科先进、国内一流的专业性研究机构，突破本研究领域关键共性技术瓶颈，为食品监管工作提供专业高效的技术支撑。

以关键共性技术为主要布局依据，统筹考虑监管迫切技术需求和前瞻性技术储备需要，规划在化学性污染物监控、食品中食品添加剂监控、生物性污染物监控、食品成分监测、毒理学评价、快速检测等6个重点研究方向建设重点实验室。

3.重点品种重点实验室

面向重点食品品种，围绕原料控制、生产流通、储存运输、消费等环节，强化特色领域创新，建设本领域学科突出、特征鲜明的特色性研究机构，解决重点食品品种监管技术难题，为食品监管提供优势特色的技术支撑。

以重点食品品种为主要布局依据，统筹考虑人民群众根本需求和区域覆盖需要，规划在重点加工食品监管、食用农产品监管、和食品添加剂监管等3个重点研究方向建设重点实验室。

（二）药品监管重点实验室

从我国药品监管和产业发展实际出发，解决药品监管重点和难点问题。以顶层设计体现监管特色，根据不同环节、不同品种的药品监管特点及监管重点，在中药、化学药品、生物制品、包材辅料及多学科交叉的关键技术等领域规划5类药品监管重点实验室。根据监管关键共性问题的急迫程度和技术可行性等因素，逐步在各领域建立具有国际领先水平的综合性实验室和针对具体问题的专业性实验室。通过重点实验室建设，在药品监管新方法、检验检测技术发展前沿、标准制修订、风险预警和分析、应急处置、毒理学、生物风险监测等重点领域开展创新性研究和科技攻关，解决基础性、关键性、前瞻性和战略性的技术问题，建成高水平监管科技智库，培养造就一批领军人物和核心骨干人才，显著提升我国药品安全技术保障水平。

1.中药监管重点实验室

建设中药监管综合性重点实验室，发挥引领作用，在中药质量安全领域，围绕全产业链开展多学科、多领域的综合性研究，为中药民族药监管提供全面系统的技术支撑。

以专业性重点实验室为突破，紧紧围绕中药民族药的质量和安全控制需求，开展深入研究，突破检验检测、风险评估以及标准研究中关键共性技术瓶颈，为本领域风险因素的有效识别、安全评价、科学控制、溯源预警以及突发的重大技术难题解决提供专业先进的技术支撑。规划在中药全产业链质量研究、民族药质量评价研究、中药材市场质量监测研究、中药材及饮片全产业链质量控制研究、中药注射剂安全性评价研究、中成药质量控制和评价研究等6个领域建设专业性重点实验室。

2. 化学药品监管重点实验室

围绕化学药的质量和安全有效的控制需求，以及仿制药一致性评价工作中需要解决的重点难点问题，建设化学药品综合性重点实验室，发挥引领性作用，在化学药品质量安全领域，围绕全产业链开展多学科、多领域的综合性研究，包括检验检测、风险评估、标准物质、化药标准与国际化、应急监管技术等方面的关键技术研究；建设专业性重点实验室发挥突破性作用，引导和规范企业开展一致性评价工作，为化学药品监管提供全面系统的技术支撑。

规划在仿制药一致性评价的综合性研究、关键技术研究、生物等效性研究和评价后质量监管，以及制剂质量分析、杂质谱研究、特殊药品质量监管、多组分生化药质量控制研究等8个领域建设重点实验室。

3. 生物制品监管重点实验室

面对我国生物医药产业迅猛发展，疫苗、重组药物、单克隆抗体、细胞/基因治疗等领域的前沿医药科技成果不断涌现的现状，围绕不同种类生物制品全产业链的监管需求，开展检验检测技术、质量标准和标准物质等研究，充分发挥检验技术和质量标准对医药科技成果转化的引领和助推作用，解决监管政策、审评审批、指导原则、技术规范等共性关键问题，全面提升医药科学监管能力，推动我国生物医药产业加快发展，满足人民群众的医疗需求。

主要规划设立综合性重点实验室、预防类疫苗质量控制重点实验室、血液制品质量控制重点实验室、微生态活菌制品质量控制重点实验室、细胞治疗类产品质量控制重点实验室、重组类细胞因子质量控制重点实验室、治疗类单抗质量控制重点实验室。

4. 辅料包材监管重点实验室

根据目前我国药用辅料生产与监管实际，充分考虑生产水平参差不齐，检验标准不尽完善，以及对药用辅料安全性、功能性、适用性等研究还有待提高的现状，为满足监管技术需求，规划设立药用辅料质量控制重点实验室、药用包装材料质量控制重点实验室、药包材与药物相容性研究重点实验室。

5. 涉及多领域交叉的关键技术重点实验室

针对不同种类药品监管的共性问题，以及药品安全和有效性研究中的交叉学科开展相关技术研究。瞄准药品安全评价、风险识别、突发药害事件或严重不良反应原因分析，开展安全性评价研究，规划设立安全评价研究重点实验室。

针对打击非法添加化学成分及药品制假掺伪等危害识别，综合考虑基层使用方便等需要，开展现场筛查技术与实验室确证技术前瞻性研究、拓展药品快速检验和补充检验方法的研究，规划设立快速检验技术研究重点实验室。

围绕制药行业全产业链微生物检验及控制需求，开展微生物检验检测、评价评估、风险预警、溯源调查、应急处置、标准规范制定等方面关键技术研究，规划设立微生物检测重点实验室。

（三）化妆品监管重点实验室

根据化妆品监管现状和发展的需求，为促进化妆品产业健康发展，切实保障公众化妆品消费安全，围绕化妆品生命全周期监管所需的关键技术，针对监管中存在的热点、难点、盲点问题，按照综合监管重点实验室、检验检测技术重点实验室和安全性评价重点实验室三类建设，形成全面引领型、关键技术突破型、多技术运用平台型相结合的化妆品安全监管技术支撑体系。综合监管重点实验室主要考虑综合科研能力及服务监管的全面技术支撑能力；检验检测技术重点实验室主要考虑实验室在相关领域的专业技术能力、科研水平和研究团队的综合实力；安全性评价重点实验室主要考虑实验室在化妆品风险评估和安全性评价等方面的技术能力。通过重点实验室建设，解决基础性、关键性、前瞻性和战略性的技术问题，建成高水平监管科技智库，培养造就一批领军人物和核心骨干人才，显著提升我国化妆品质量安全技术保障水平。

1. 化妆品综合监管重点实验室

围绕化妆品安全性监管的技术需求，跟踪世界化妆品科技发展和监管的变化趋势，开展多学科、多领域的综合性研究，包括检验检测方法、安全性评价、技术规范及标准研究等方面。具有国际化视野，紧跟国际研究的前沿发展趋势，创新引领其他重点实验室的科研工作以及组织开展国内外及相互间的合作与交流，解决化妆品监管急需的监管理论和技术难题，为化妆品监管工作提供全面、系统的技术支撑。

2. 化妆品检验检测技术重点实验室

围绕化妆品安全监管工作中的共性关键技术需求，深入开展禁限用物质、安全风险物质检测技术研究，加快检测技术的开发，提高检测技术水平，完善检测标准体系；统筹和推进动物替代实验技术的开发和验证，逐步完善化妆品动物实验替代技术体系；通过对安全风险物质的溯源研究及风险分析，提出安全风险物质监管建议，为化妆品技术法规的制修订累积基础数据和科学依据，提升化妆品安全监管的技术支撑能力。规划在化妆品理化检测技术、安全风险物质检测与评估技术、快速检测技术、化妆品动物替代试验技术等 4 个领域建设重点实验室。

3. 化妆品安全性评价重点实验室

围绕保障化妆品的使用安全性，从原料安全评价及质量控制、化妆品风险评估技术及评估模型、人体安全评价等方面开展研究，提高化妆品安全风险识别、风险预警、风险控制的能力。针对具有可能存在安全隐患的化妆品原料，开展安全性评价研究；针对中国人群使用习惯，开展化妆品暴露量调查研究并建立数据库，为相关标准和产品限值的制定提供科学数据支持；通过对相关产品进行前瞻性分析和风险评估，为监管部门决策和政策制定提供科学的数据支撑。规划在化妆品原料安全性评价、化妆品风险评估、化妆品人体安全评价 3 个领域建设重点实验室。

（四）医疗器械监管重点实验室

贯彻落实《国家创新驱动发展战略纲要》和《“十三五”国家科技创新规划》的有关要求，认真研究国家医疗器械创新战略，从医疗器械产业发展趋势和监管现状出发，着重解决医疗器械监管中面临的重点、难点、热点问题，针对医疗器械产品涉及门类广、技术上多学科交叉融合、监管上按照产品风险等级分类实施的特点，在重点实验室布局上突出考虑主要风险因素、体现风险管理的理念，重点开展跨门类跨品种的横向技术研究，兼顾高风险的纵向重点技术重点产品研究，设置综合监管、横向技术领域、纵向技术领域三类重点实验室。综合监管重点实验室主要考虑跨学科、跨领域的综合科研能力及服务监管的全面技术支撑能力；横向技术领域重点实验室主要考虑跨领域的通用性安全和技术要求，纵向技术领域重点实验室重点考虑特定产品领域的专业性安全和技术要求。按照“全面统筹、重点推进”的原则开展重点实验室建设，解决医疗器械监管面临的基础性、关键性、前瞻性和战略性技术问题，建成高水平监管科技智库，培养造就一批领军人物和核心骨干人才，显著提升我国医疗器械监管技术保障水平。

1. 医疗器械综合监管重点实验室

跟踪世界医疗器械科技的前沿发展趋势，重点关注跨学科交叉融合创新，强化医疗器械监管各学科、各领域产品监管技术创新和发展的统筹和协同，立足于解决系统性、关键性、战略性的技术问题，开展多学科、多领域通用技术的综合性研究，强化系统集成的技术创新，为医疗器械监管工作提供全面系统的技术支撑。

2. 医疗器械横向技术领域重点实验室

根据医疗器械基于风险管理、强化安全要求的监管特点，开展应用于多类别、多品种、多领域医疗器械的通用性安全和技术研究，重点解决医疗器械监管中的共性关键技术问题。规划在医用电气安全、生物学评价、医用软件和信息安全评价 3 个横向技术领域设立重点实验室。

3. 医疗器械纵向技术领域重点实验室

根据医疗器械分类目录确定的产品类别和风险等级，着重考虑风险比较高、应用面比较广、涉及产品品种多、应用技术复杂性和成熟度等方面因素，选取口腔材料、无源植入器械、医学检验设备、呼吸麻醉设备、数字成像设备、生物医学光学仪器、有源植入器械、超声手术设备、高能射线放疗设备、体外循环器械、生物医学信息及监护设备、数字化微创诊治设备等 13 个重点类别建设重点实验室。

四、保障措施

（一）加强组织领导

充分认识重点实验室建设工作的重要性，积极发挥各方力量，强化综合协调。食品药品监管总局负责重点实验室规划的组织实施，统筹协调重点实验室建设等重大事宜；各省级食品药品监管部门要高度重视重点实验室的发展建设，根据规划制定本区域重点实验室建设任务，加强资源融合，为重点实验室发展运行提供必要支持；重点实验室管理办公室秘书处负责组织重点实验室的评定、督导检查和评估等工作，为重点实验室建设提供技术支持。

（二）合理保障经费

健全投入机制，食品药品监管总局积极申请“十三五”重点实验室建设专项工程项目；各省级食品药品监管部门要争取地方政府财政支持，充分调动社会力量的积极性，加大对重点实验室资金支持力度。依托单位要结合设置领域，积极争取国家相关科技计划立项，促进科研能力提升。

（三）深化交流合作

鼓励重点实验室积极申请和参加国际上区域性的重大科技合作计划，积极参与重要国际科技活动，加快先进技术的引进、消化、吸收与再创新，不断缩小与国际先进水平之间的差距。强化重点实验室间的交流协作，创新科学监管理念。

（四）促进融合衔接

充分利用各类优势技术资源，加快监管急需领域重点实验室建设，完善战略规划布局。建立重点实验室研究任务与国家各类科技重大规划、重点研发计划紧密衔接的有效机制，全面提升监管技术研发水平。

（五）完善考核评估

食品药品监管总局要健全完善考核评估和监督机制，加强对重点实验室运行情况的科学评估；各省级食品药品监管部门要完善工作机制，加强对本区域重点实验室的监督，确保重点实验室高效有序运行，顺利完成规划任务。

附件（略）

国家农业科技园区发展规划（2018—2025年）

（科技部　农业部等　国科发农［2018］30号　2018年1月22日）

当前，我国正处于深入实施创新驱动发展战略、全面深化科技体制改革、推进农业农村现代化的关键时期，处于全面建成小康社会和进入创新型国家行列的决胜阶段。为深入贯彻党的十九大关于“实施乡村振兴战略”部署和《中共中央 国务院关于实施乡村振兴战略的意见》精神，认真落实《“十三五”国家科技创新规划》和《“十三五”农业农村科技创新规划》要求，进一步加快国家农业科技园区（以下简称“园区”）创新发展，制订本规划。

一、现状与成就

为落实中共中央、国务院《关于做好2000年农业和农村工作的意见》（中发［2000］3号）中“要抓紧建设具有国际先进水平的重点实验室和科学园区，并制定扶植政策”和国务院办公厅《关于落实中共中央、国务院做好2000年农业和农村工作意见有关政策问题的通知》（国办函［2000］13号）中“科学园区由科技部牵头，会同有关部门制定建设规划和政策措施”精神，自2000年以来，科技部联合农业部、水利部、国家林业局、中国科学院、中国农业银行等部门，启动了国家农业科技园区建设工作。园区发展经历了试点建设（2001年至2005年）、全面推进（2006年至2011年）、创新发展（2012年至今）三个阶段。截至2017年底，已批准建设了246个国家级园区，基本覆盖了全国所有省、自治区、直辖市、计划单列市及新疆生产建设兵团，初步形成了特色鲜明、模式典型、科技示范效果显著的园区发展格局。按照建设和运营主体的差异，园区形成了政府主导型（占87.0%）、企业主导型（占9.7%）、科研单位主导型（占3.3%）三种模式。近年来，园区基于自身发展模式和区域特色等，为适应创新驱动发展的需要，在功能定位、规划布局上出现了一系列新变化，政府主导型园区向农业高新技术产业培育和产城产镇产村融合的杨凌模式发展，其他两类园区分别向科技服务和成果应用方向发展。

自开始建设以来，园区建设得到了各有关部门、各级政府的大力支持，中央一号文件先后7次对园区工作做出部署，为园区有序、健康发展提供了坚实保障，同时也为依靠科技创新驱动现代农业发展提供了新型模式和示范样板。

（一）保障国家粮食安全的重要基地

在东北平原、华北平原、长江中下游平原的13个粮食主产省份，先后部署了117个园区。通过实施国家种业科技创新、粮食丰产科技工程、渤海粮仓科技示范工程等重大科技项目，园区已成为优良农作物新品种、粮食丰产技术集成创新的示范基地，为粮食产量十二连增作出了重要贡献。截至2015年底，园区累计增产粮食5 600多万吨，增加效益1 000多亿元，有力地带动了园区周边地区粮食增产增效，推动实现“藏粮于地、藏粮于技”。

（二）加快农业科技创新创业和成果转移转化的重要平台

园区注重政产学研合作交流平台和技术研发平台建设，吸引大学、科研院所和企业入驻，联合开展农业技术研发。深入推行科技特派员制度，积极引导科技人员创新创业，鼓励科技特派员创办农业科技型企业，建设星创天地，健全新型社会化农业科技服务体系，发展星火基地、农科驿站、专家大院、科技服务超市及农技信息化服务，加速农业科技成果的转移转化。目前已建成的 246 家园区核心区面积 579 万亩，示范区 2.0 亿亩。园区引进培育的农业企业总数达 8 700多家，其中高新技术企业 1 555 家。累计引进培育新品种 4.09 万个，推广新品种 1.46 万个，引进推广各类农业新技术 2.2 万项，审定省级及以上植物和畜禽水产新品种 642 项，取得专利授权超过 4 000 项。

（三）推动农业产业升级和结构调整的重要支撑

园区坚持以创新为动力，加速现代产业组织方式进入农业领域，产业发展形态由“生产导向”向“消费导向”转变，发展模式由“拼资源、拼环境”的粗放式发展向“稳数量、提质量”的集约式发展转变，有力地推动了产业升级和结构调整。园区内粮食、蔬菜、花卉、林果、农产品加工等传统产业不断发展壮大，农产品物流、科技金融、电子商务等现代服务业加速成长，推动了农村一二三产融合发展。园区以展示现代农业技术、培训职业农民为主攻方向，加强农业先进技术组装集成，促进传统农业改造与升级。2015 年，园区实现总产值 1.2 万亿元，培训农民 374 万人，带动当地农民 170 万人就业；全员劳动生产率 14.25 万元/人，比全国 8.90 万元/人高 60.1%，各项创新指标明显优于全国平均水平。

（四）探索农业科技体制机制改革创新的重要载体

按照加快转变政府职能与更好发挥市场作用相结合的要求，加强园区之间政策联动、投资结盟、信息共享、产业互动，进一步激发园区活力，形成了园区自我发展的长效机制，推动了园区产城产镇产村融合发展，推进了政府、市场、社会的协同创新，提升公共服务水平，推动金融资源更多向农村倾斜，为建设美丽宜居乡村，加快推进城乡二元结构破解做出新贡献。

二、形势与需求

当前，中国特色社会主义进入新时代，我国社会主要矛盾已经转化为人民日益增长的美好生活需要和不平衡不充分的发展之间的矛盾，我国经济也已由高速增长阶段转向高质量发展阶段。深化供给侧结构性改革，加快建设创新型国家，实施创新驱动发展战略和乡村振兴战略，有力推动了农业农村发展进入“方式转变、结构优化、动力转换”的新时期。园区发展既存在诸多有利条件和机遇，也面临不少困难和挑战，必须更加依靠科技进步实现创新驱动、内生发展。

（一）实施创新驱动发展战略为园区发展提供了新动源

实施创新驱动发展战略，建设世界科技强国，是以习近平同志为核心的党中央在新的历史方位立足全局、面向未来做出的重大战略决策。习近平总书记指出，“实施创新驱动发展战略，必须紧紧抓住科技创新这个‘牛鼻子’，切实营造实施创新驱动发展战略的体制机制和良好环境，加快形成我国发展新动源。”当前，全球新一轮农业科技革命和产业变革蓄势待发，信息技术、生物技术、制造技术、新材料技术、新能源技术等广泛渗透到农业农村领域，带动了以绿色、智能、泛在为特征的群体性重大技术突破。深入推行科技特派员制度，创新创业进入活跃期，“大众创业、万众创新”深入人心，人才、知识、技术、资本等创新资源加速流动。园区要准确把握未来发展的阶段性特征和新的任务要求，以创新驱动发展战略为动源，打造科技先发优势，推动更多农业科技成果直接转化为新技术、新产品，形成新产业、新业态，培育新动能、新活力。

（二）推进供给侧结构性改革对园区发展提出了新要求

推进农业供给侧结构性改革任重道远。一方面，农产品价格封顶、农业生产成本抬升、进口农产品冲击、农业资源过度利用与紧缺双重约束日益加剧；另一方面，农村土地流转加速，规模经营比例扩大，新型农业经营主体参与，支撑新型农业经营体系的需求更加迫切；尤其是在经济发展速度放缓的背景下，农民持续增收的压力变大。园区作为农业科技创新、技术应用和产业发展的示范样板，要加快推进农业供给侧结构性改革，把提高农产品的供给质量和效率作为主攻方向，推进农业农村现代化；要建立创新驱动现代农业发展的新模式，融合聚集科教、资本等资源，探索多种模式和途径，孵化、培育农业高新技术企业，提升农业产业整体竞争力，充分发挥科技在农业现代化建设进程中的支撑引领作用。

（三）打赢脱贫攻坚战为园区发展带来新机遇

打赢脱贫攻坚战，全面建成小康社会，是中国共产党对全国人民的庄严承诺，也是中国政府对全世界的郑重宣告。当前我国进入全面建成小康社会决胜期，脱贫攻坚进入攻坚拔寨的冲刺阶段，园区要加强科技供给，发挥示范带动作用，服务于脱贫攻坚的主战场。要充分发挥园区产业集聚、平台载体、政策环境以及基础设施等方面的优势，加快先进适用科技成果的转化应用，培育创新创业主体，加强农民技能培训，推进创业式扶贫，以创业带动产业发展，以产业发展带动精准脱贫，增强贫困地区可持续发展的内生动力。

面对农业农村发展新时期以及供给侧结构性改革的新需求，农业科技园区建设在取得显著成绩的同时，也存在诸多需要进一步完善和亟待解决的新问题，主要表现在：一是引领示范现代农业发展的作用还未充分凸显，园区创新创业、成果转化水平仍需进一步提高，新产业和新业态的集聚效应不够，农业产业竞争力不强；二是区域布局有待进一步优化，园区发展不平衡，建设水平参差不齐，创新资源和要素流动不畅，同质化竞争严重，支撑区域发展显示度不高，东部地区的园区布局密度、发展水平明显高于中西部地区；三是资源整合力度有待加大，园区的组织领导和业务指导有待加强，园区缺乏支撑政策，特别是土地配套政策、金融贷款政策和社会投资政策，导致园区科教资源和创新型企业的集聚力度不强。因此，必须按照党中央国务院的战略部署，按照十九大提出的战略目标，牢牢把握战略机遇，乘势而上，推动园区发展迈上新台阶。

三、总体要求

（一）指导思想

全面贯彻党的十九大精神，以习近平新时代中国特色社会主义思想为指导，统筹推进“五位一体”总体布局和协调推进“四个全面”战略布局，牢固树立和贯彻落实新发展理念，以实施创新驱动发展战略和乡村振兴战略为引领，以深入推进农业供给侧结构性改革为主线，以提高农业综合效益和竞争力为目标，以培育和壮大新型农业经营主体为抓手，着力促进园区向高端化、集聚化、融合化、绿色化方向发展，发展农业高新技术产业，提高农业产业竞争力，推动农业全面升级；着力促进产城产镇产村融合，统筹城乡发展，建设美丽乡村，推动农村全面进步；着力促进一二三产业融合，积极探索农民分享二三产业利益的机制，大幅度增加农民收入，推动农民全面发展。

（二）建设定位

集聚创新资源，培育农业农村发展新动能，着力拓展农村创新创业、成果展示示范、成果转化推广和职业农民培训的功能。强化创新链，支撑产业链，激活人才链，提升价值链，分享利益链，努力推动园区成为农业创新驱动发展先行区、农业供给侧结构性改革试验区和农业高新技术产业集聚区，打造中国特色农业自主创新的示范区。

（三）基本原则

1. 坚持创新引领。深入实施创新驱动发展战略，以科技创新为核心，大力强化农业高新技术应用，培育农业高新技术企业，发展农业高新技术产业，建设一批农业高新技术产业集聚的园区，统筹推进科技、管理、品牌、商业模式等领域全面创新。

2. 加强分类指导。根据各地区的资源禀赋与发展阶段，立足区域农业生态类型和产业布局，对园区进行分类建设和指导，促进区域特色优势产业集聚升级。

3. 强化示范带动。创新完善园区核心区、示范区、辐射区之间的技术扩散和联动机制，增强园区科技成果转移转化和辐射带动能力，提高农业生产的土地产出率、资源利用率和劳动生产率。

4. 发挥“两个作用”。更好地发挥政府的引导作用，集成科技、信息、资本、人才、政策等创新要素，加大对园区支持；更好地发挥市场在资源配置中的决定性作用，调动园区与高等院校、科研院所、企业、新型经营主体等各方面的积极性。

（四）发展目标

到2020年，构建以国家农业科技园区为引领，以省级农业科技园区为基础的层次分明、功能互补、特色鲜明、创新发展的农业科技园区体系。

——园区布局更加优化。国家级农业科技园区达到300个，带动省级园区发展到3 000个，基本覆盖我国主要农业功能类型区和优势农产品产业带。

——园区成果转移转化能力不断增强。累计推广应用农业新技术4 000项、新品种6 000个以上，授权发明专利数在1 000个以上。

——园区高新技术产业集聚度有较大提升。培育20个产值过100亿元、30个产值过50亿的园区，3 000个农业高新技术企业，10 000个农业技术成果推广示范基地。

——园区大众创业万众创新成效显著。园区累计创建500个“星创天地”，创新创业活动持续涌现，创新创业氛围更加浓厚。

——园区精准脱贫带动能力大幅提升。累计培训农民1 000万人次以上，带动周边农民收入增长20%以上，推动园区成为科技扶贫、精准脱贫的重要载体。

到2025年，把园区建设成为农业科技成果培育与转移转化的创新高地，农业高新技术产业及其服务业集聚的核心载体，农村大众创业、万众创新的重要阵地，产城镇村融合发展与农村综合改革的示范典型。

四、重点任务

（一）全面深化体制改革，积极探索机制创新

以体制改革和机制创新为根本途径，在农业转方

式、调结构、促改革等方面进行积极探索，推进农业转型升级，促进农业高新技术转移转化，提高土地产出率、资源利用率、劳动生产率。通过“后补助”等方式支持农业科技创新，深入推进科研成果权益改革试点。加快落实农业科技成果转化收益、科技人员兼职取酬等制度规定。完善政策、金融、社会资本等多元投入机制，着力优化投入结构，创新使用方式，提升支农效能，通过创新驱动将小农生产引入现代农业发展的轨道。

（二）集聚优势科教资源，提升创新服务能力

引导科技、信息、人才、资金等创新要素向园区高度集聚。吸引汇聚农业科研机构、高等学校等科教资源，在园区发展面向市场的新型农业技术研发、成果转化和产业孵化机构，建设农业科技成果转化中心、科技人员创业平台、高新技术产业孵化基地。支持园区企业和科研机构结合区域实际，自主承担或联合参与国家科研项目，开展特色优势产业关键共性技术研发和推广。吸引汇聚农业科研机构、高等学校等科教资源，搭建各类研发机构、测试检测中心、院士专家工作站、技术交易机构等重大功能型和科研公共服务平台，促进国际先进技术、原创技术的对接与转化。引导园区积极开展技术培训、创新创业、企业孵化、信息交流、投融资等一体化服务，加强先进实用技术集成示范，打造科技精准扶贫模式，发挥园区窗口效应和带动作用。

（三）培育科技创新主体，发展高新技术产业

打造科技创业苗圃、企业孵化器、星创天地、现代农业产业科技创新中心等“双创”载体，培育一批技术水平高、成长潜力大的科技型企业，形成农业高新技术企业群。依托园区资源禀赋和产业基础，打造优势特色主导产业，实现标准化生产、区域化布局、品牌化经营和高值化发展，形成一批带动性强、特色鲜明的农业高新技术产业集群。发展“互联网＋园区”等创新模式和新型业态，强化现代服务业与农业高新技术产业的融合发展。加强特色优势产业共性关键技术研发，增强创新能力和发展后劲。突出“高”、“新”特征，强化高新技术在农业中的应用，使产业链向中高端延伸，形成现代农业发展和经济增长的新业态。

（四）优化创新创业环境，提高园区双创能力

构建以政产学研用结合、科技金融、科技服务为主要内容的创新体系，提高创新效率。建设具有区域特点的农民培训基地，提升农民职业技能，优化农业从业者结构，培养适应现代农业发展需要的新农民。按照实施人才强国战略的要求，聚集一批农业领域战略科技人才、科技领军人才、青年科技人才和高水平创新团队，打造一支素质优良、结构合理的农业科技创新创业人才队伍。促进园区更加注重吸引、培养、使用、激励人才，更加注重发挥创新型企业家、专业技术人才在园区发展中的作用，营造集聚创新创业人才的生态环境。坚持高端人才引进与乡土人才培养并重，鼓励有条件的园区建立创业服务中心和科技孵化器。鼓励大学生、企业主、科技人员、留学归国人员自主创新创业，使各类“双创”主体成为推动农业创新发展的主力军。

（五）鼓励差异化发展，完善园区建设模式

全面推进国家农业科技园区建设，引导园区依托科技优势，开展示范推广和产业创新，培育具有较强竞争力的特色产业集群。按照“一园区一主导产业”，打造具有品牌优势的农业高新技术产业集群，提高农业产业竞争力。建设区域农业科技创新中心和产业发展中心，形成区域优势主导产业，探索创新驱动现代农业发展的特色模式，形成可复制可推广的经验做法。

（六）建设美丽宜居乡村，推进园区融合发展

走中国特色新型城镇化道路，探索“园城一体”、“园镇一体”、“园村一体”的城乡一体化发展新模式。整合园区基础设施、土地整治、农业综合开发、新型城镇化等各类资源，兼顾园区生产生活生态协调发展。强化资源节约、环境友好，确保产出高效、产品安全。推进农业资源高效利用、提高农业全要素生产率，发展循环生态农业，打造水体洁净、空气清新、土壤安全的绿色园区。依托园区绿水青山、田园风光、乡土文化等资源，促进农业与旅游休闲、教育文化、健康养生等产业深度融合，发展观光农业、体验农业、创意农业。打造“一园一品”、“一园一景”、“一园一韵”，建设宜业宜居宜游的美丽乡村和特色小镇，带动乡村振兴。

五、保障措施

（一）强化组织领导

建立科技部牵头，联合农业部、水利部、林业局、中科院、中国农业银行等相关部门统筹协调，省级科技主管部门业务指导，园区所在市人民政府具体推进的工作联动机制，形成国家和地方共同支持园区创新发展的新模式，建立管理科学、运转高效、部门协同、部省联动的运行机制。适时调整园区协调指导小组成员单位，加强对园区的组织领导、顶层设计。各省级科技行政管理部门要成立园区工作领导小组，推进园区建设。各园区要设立管理委员会，落实必要的管理职权和专职人员，推进“放管服”改革，构建精干高效的管理体系。实施园区“建管分离、管评分离”的管理机制，发挥好各类创新战略联盟的作用，加强园区之间的培训交流、成果对接，为产业发展提供示范引领和服务支撑。加强园区智库建设，成立园区专家咨询委员会，建立区域性园区核心专家库制度。

（二）加大政策支持

结合中央财政科技计划（基金、专项等）管理改革，通过技术创新引导专项（基金）、“三区”人才支持计划科技人员专项计划等，支持园区开展农业科技成果转化示范、创新创业。鼓励国家重点研发计划农业领域项目优先在园区研发试验、科技示范。科技部会同有关部门，探索制定园区土地、税收、金融以及鼓励科技人员创新创业的专项政策，赋予更大的改革试验权。创新科技金融政策，通过政府和社会资本合作（PPP）等模式，吸引社会资本向示范区倾斜，支持园区基础设施建设；鼓励社会资本在示范区投资组建村镇银行等农村金融机构。创新信贷投放方式，鼓励政策性、商业性金融机构在业务范围内为符合条件的示范区建设项目提供信贷支持。各园区所在地人民政府结合本地情况，制定符合当地实际且操作性强的支持园区发展相关政策。各级科技行政管理部门要加大涉农科技计划项目与园区建设的资源整合。对园区创新驱动发展涌现出的新典型、新模式、新机制，及时总结推广，加大对先进单位和个人的表彰力度。

（三）加强协同发展

进一步转变政府职能、提高服务效能，在投融资、技术创新、成果转化、人才管理以及土地流转等方面进行探索创新，推进园区协同创新。建立园区统一的信息平台、交易平台、成果平台、专家平台，实现园区资源整合和互联互通。引导各地园区建立区域联盟主导产业联盟，开展技术、成果、市场、信息共享，推动园区产业发展。国家级农业科技园区在推进农业科技成果转化、农业新兴产业培育、现代农业管理模式创新方面发挥示范作用。省级农业科技园区要因地制宜，突出区域优势，针对区域农业发展瓶颈，开展联合攻关，解决制约区域农业发展的重大问题。进一步加快农业科技成果转化，加强职业农民培训，推进科技扶贫精准脱贫。可结合实际成立园区投资管理公司或园区服务公司，作为园区工程建设、科技研发与企业服务的执行机构，推进园区建设发展。

（四）开展监测评价

落实国家创新调查制度，加强园区创新能力监测评价研究，更加注重经济发展质量和效益，突出对园区科技创新、产业发展、企业培育、辐射带动、脱贫攻坚等方面的考核和评价。建立园区年度创新能力监测与评价制度和工作体系，组织开展园区年度创新能力监测与评价，根据评价结果和区域发展需求进行针对性指导，在对园区评价监测基础上，采取后补助机制及政府购买服务等形式，重点支持科技创新能力提升和高新技术成果转化应用。强化园区动态管理，建立淘汰退出机制，对已经验收的园区定期进行评估，优先支持成绩优秀的园区。对评估不达标的园区责令限期整改，整改后仍不达标的取消国家农业科技园区资格。

关于加强和促进食品药品科技创新工作的指导意见

（食品药品监管总局科技部　食药监科〔2018〕14号　2018年1月25日）

各省、自治区、直辖市食品药品监督管理局、科技厅（委、局），新疆生产建设兵团食品药品监督管理局、科技局，各有关单位：

为贯彻落实中共中央办公厅、国务院办公厅《关于深化审评审批制度改革鼓励药品医疗器械创新的意见》（厅字〔2017〕42号），在深化改革中切实加强食品药品监管科技工作，以创新引领监管水平提升，进而促进食品药品行业的创新发展，特制定本意见。

一、指导思想和基本原则

（一）指导思想

以习近平新时代中国特色社会主义思想为指导，全面贯彻落实党的十九大精神，以及习近平总书记关于食品药品安全系列重要指示精神，把加强食品药品科技创新作为实施科教兴国战略、人才强国战略、创新驱动发展战略、健康中国战略、食品安全战略重要内容，加强与《“十三五”国家科技创新规划》《“十三五”国家食品安全规划》《“十三五”国家药品安全规划》有机衔接，推进供给侧结构性改革，满足人民群众不断增长的食品药品安全和身体健康需要。

（二）工作原则

——坚持需求导向，聚焦重点。瞄准食品药品科技发展以及人民群众日益增长健康需要，聚焦食品安全保障、临床急需药品、创新药、先进医疗器械等方面，加大创新支持力度，让百姓充分享受科技创新带来的福利。

——坚持立足监管科技创新，保障食品药品创新发展。通过食品药品监管科学系统研究，推动监管技术和手段创新，不断提升食品药品科学监管的水平，使食品药品安全得到有效保障。

——坚持协同发展，形成创新合力。充分发挥企业技术创新的主体作用，提高企业自我检测和评价能力。利用大学、科研院所基础研究和应用研究优势，建立多学科创新网络，充分利用社会资源，形成创新合力，提升监管水平和效率。

——坚持人才至上，打造高端人才队伍。充分发挥人才在科技创新中的核心作用以及在创新创业中的关键作用，培养和凝聚大批具有世界水平的科技创新和审评领军人才，积极吸纳全球优秀人才，打造一支素质优良、结构合理、满足实际需求的学术和技术带头人队伍。

二、优化科技创新布局

（一）加强食品药品监管科技创新

围绕提升创新引领科学监管能力，加强监管科学学科建设发展，并以此促进食品药品科技创新能力的整体提升。国家科技计划支持国家食品、药品医疗器械监管科学研究，围绕药品医疗器械技术审评、特殊食品技术审评、食品药品快检和生物安全等领域，在标准规范、检验检测、评价评估、监督检查、过程控制、监测预警和风险交流、应急处置、智慧监管、上市后监测和再评价等方面开展研究，形成一系列新技术、新方法和新标准，强化监管制度和手段创新，解决指导原则、技术规范等共性关键技术问题，为监管决策提供技术支持。

（二）着力提升食品药品领域科技创新支撑能力

以相关国家科技计划（专项、基金等）为依托，加大对群众急需的重点药品、创新药、先进医疗器械自主创新等支持力度。重点支持食品安全保障，创新药、儿童专用药、临床急需以及罕见病治疗药物医疗器械研发，仿制药质量和疗效一致性评价和上市后药品医疗器械监测和再评价，中药创新药、民族药、天然药物、传统中成药的研发及其临床评价和质量控制技术研究等。围绕产业链部署创新链，围绕创新链完善资金链，统筹推进食品药品产品研发、生产制造、临床应用、成果转化全链条创新。

（三）建立完善科研支撑网络

加强食品药品创新领域社会资源优势集成，建立多部门、多学科联合创新网络。选择一批基础条件好、科研积极性高的食品药品监管技术支撑机构与大学、科研院所和企业等合作建立研究中心，加强国家创新药和创新医疗器械等支撑技术研究，提供药品医疗器械审评跟踪服务，建立沟通机制，助其提高科研效率、缩短研发周期；强化在检验检测、毒理学、临床试验、真实世界证据、不良反应监测、监管绩效评价、伦理审查、拓展性临床试验研究以及监管科学发展理论等方面合作，促进监管科学发展，全面提升监管技术研发水平。各省级食品药品监管技术支撑机构按照有关法律法规和相关管理规定要与大学、科研院所和企业开展人员交流互访及创新创业，加强技术储备和人才培养。

（四）引领企业提升技术创新能力

发挥企业技术创新的主体作用，以监管法规政策和相关科技计划（专项、基金）为依托，引领食品药品企业在新产品研发、工艺创新和已上市产品再评价等方面加强研究。鼓励采用新技术、新设备、新材料，对现有设施、工艺条件及生产服务等进行改造提升，指导和帮助企业提高自我检测和评价能力，增强创新和竞争能力。推进食品药品标准基础研究，充分发挥标准对企业研发的引领作用。涉及企业职务科技成果转化的，按照国家有关规定和管理制度，通过奖励和报酬等方式调动科技人员参与科技创新的积极性。

三、建设高水平科技创新基地

（五）积极推动重点实验室建设

围绕食品安全、药品医疗器械创新链及监管需求，组织食品药品监管系统相关单位参与食品药品等健康领域国家实验室和国家重点实验室建设，加强引领性原创研究、共性技术和核心技术研发和联合攻关，解决食品药品创新重大科技问题。加速推进食品药品监管总局重点实验室建设，在食品药品监管新方法、检验检测新技术、标准制修订、风险分析、预警和交流、安全性评价、应急处置等领域开展原创性研究，解决基础性、关键性、战略性技术难题，形成结构合理、层次清晰、特色突出的科技创新基地，为进一步参与建设国家重点实验室建立技术和管理储备。

（六）加强重大技术创新平台建设

优化科技创新资源配置，采取产学研结合、技术创新联盟等形式，按照共建共享的原则，选择在人才、学科和资源等方面优势单位，聚焦健康中国建设、医疗体制改革的战略需求，建设和培育一批创新药和创新医疗器械、食品安全等领域重大技术创新平台，重点在毒理学、食品安全与营养、生物安全、药品医疗器械评价等监管科学领域打造具有行业、国家和全球有影响力的食品药品科技研发高地，促进我国健康产业科技创新能力提升。

（七）协同推进国家临床医学研究中心建设

面向重大临床需求和产业化需要，国家临床医学研究中心要积极开展临床研究、学术交流、人才培养、成果转化及推广应用等工作。把临床研究中心开展药物医疗器械临床试验研究的情况纳入考核评估和管理重点，包括临床试验条件、临床试验的组织管理、研究人员、设备设施、管理制度、操作规程等。要聚焦国家药品医疗器械审评审批改革重点任务，率先运用信息化的手段，建立健全临床试验管理平台和统一的伦理审查平台，做到在临床试验数据、伦理委员会审查互认等方面数据的统一化、标准化和信息化，实现可追溯和痕迹化管理，发挥更大的示范效应和带动促进作用。

（八）加强省级科技创新基地建设

各省级食品药品监管部门、省级科技行政主管部门要围绕本省食品药品产业特色和新兴门类，共同加强顶层设计，优先考虑建设一批重点突出、特色鲜明的省级重点实验室、工程研究中心和技术创新中心等科研创新基地，开展前瞻性、基础性和应用性技术研发，推进区域创新以及食品药品产业和监管科学创新，提升整体食品药品监管科技水平。各省级食品药品监管部门和科技行政主管部门要加强资源整合，将各类科研仪器、科研设施、科学数据、科技文献、信息资料等纳入地方科技资源共享服务平台，着力解决科技资源缺乏整体布局、重复建设和闲置浪费等问题。

（九）支撑服务产业集群

围绕生物医药产业园区、食品工业园区等产业集群区，加强政策指导，按照分布推进、有序发展的原则，积极推进有条件的食品药品监管部门和技术支撑机构在产业集群区设立分支机构，建立战略合作关系和技术创新联盟，共建一批特色突出、专业优势明显的实验室，培育一批具有国际先进水平的研发、生产等为一体的开发中心，并提供检验检测、审评审批等便利服务，促进产业集群区内企业技术创新升级和产品上市，加速食品药品产业发展。

四、营造科研创新氛围

（十）促进科技成果转化

食品药品监管部门要全面落实国家促进科技成果转化等有关规定和文件精神，建立健全有关对创新药品医疗器械的政策扶持，各审评机构要加强早期介入、全程跟踪服务，及早开展与注册申请人“研审联动”，加速创新药品医疗器械研发和成果转化。各省级食品药品监管部门要建立健全系统内科技成果转化与应用管理制度，完善科技成果登记、评价、共享、收益等相关规定，建立公益性科技成果转化考核评价与激励机制，引导拥有科技成果的人员按照国家有关规定开展创新创业。支持有条件的单位开展科技成果转化为标准的试点工作，推动更多应用类科技成果转化为技术标准。

（十一）建立人才激励和奖励机制

全面落实科技人员流动、创新创业等激励措施，进一步完善人才管理与服务保障制度，调动科技人员创新活力。各省级食品药品监管部门及其技术支撑机构和食品药品监管总局各有关直属单位要建立健全人事聘用、绩效考评、收入分配、成果转化收益分配、教育培训等激励机制，激发科技人员创新热情。按照有关文件规定推进中国药学会等社会力量完善科技评奖体制和机制，开展食品药品科技创新奖评选工作。

（十二）加强科技和科普宣传

制定公众食品药品安全教育计划，提高公众食品药品安全意识。深入开展“科技活动周”“食品安全周”“安全用药月”等活动，充分利用报纸书刊、广播电视等传统媒体以及网络、“两微一端”等新媒体平台，加强对科技创新典型事迹、重大政策精神的宣传和解读力度，主动回应社会关切的热点问题。加强科学技术普及，提高全民食品药品科学素养，在全社会塑造科学理性精神，形成人人关注创新、参与创新、支持创新的良好文化氛围。鼓励市、县食品药品监管部门建设科普宣传基地。加强科研诚信和学风建设，形成风清气正的科技创新生态。

（十三）深化国际交流合作

加强与有关国家、国际组织及“一带一路”沿线国家的交流，借鉴吸收先进的监管技术及经验，开展“一带一路”科技创新行动计划框架下科技人文交流、共建实验室等合作。充分发挥作为ICH、IMDRF等有关国际组织成员国的作用，深入参与并主导国际食品药品政策法规、技术指导原则、标准等制修订以及监管科学相关国际活动，推动和引领食品药品安全保障体系与国际接轨，提升话语权。推动并逐步实现审评、检查、检验结果和标准的国际互认。鼓励技术专家在国际组织中任职，提升在国际合作交流中的影响力。

五、加强组织保障

（十四）加强组织领导

各级食品药品监管部门切实把科技创新放在保障食品安全、促进药品医疗器械创新发展的核心位置，突出科技创新在提升食品药品监管水平的引领和支撑作用。要将食品药品监管科技创新作为落实地方政府食品药品安全党政同责的重要内容，加强对食品药品科技工作的组织领导，制定实施方案，健全工作机制，抓好任务落实。完善食品药品科技创新工作考核评价和监督机制，将把对指导意见的落实情况纳入对地方相关部门的考核评价，并将考核结果作为实施奖惩的重要依据。

（十五）营造科技创新政策环境

按照工作要求，抓紧修改不符合创新导向的规范性文件和制约创新的制度规定，构建综合配套精细化的法治保障体系。充分利用专利强制许可、药品医疗器械优先审评审批以及其他国家科研管理和监管制度，探索建立药品专利链接制度，开展药品专利期限补偿制度试点，推进药品上市许可持有人制度试点，建立健全促进食品药品科技创新的激励政策体系，营造完善的科技创新法治环境，让致力于科技创新者有更大的发展空间，体现科研创新价值。

（十六）建立科技创新资助和管理机制

各级科技行政主管部门要重视和加强食品药品领域科学研究，在相关科技计划（专项、基金）中统筹部署。国家和省级食品药品监管部门要充分利用自身资源优势，开拓多元化资金投入渠道，加强食品药品科技创新研究。国家和省级食品药品监管技术支撑机构按照单位职能建立健全内部科技管理体系，确保有制度、有岗位、有人员，夯实科技创新主体职能基础。鼓励省级以下食品药品监管技术支撑机构在完成监管工作前提下开展技术创新和成果转化，提升科学监管水平和能力。

（十七）强化资源统筹合作

加强部门协同，建立科技部和食品药品监管总局部际协同机制，凝练食品药品科技需求，系统布局食品药品科技创新。省级食品药品监管部门和省级科技行政主管部门建立协同联动机制，在科研立项、科技奖励、资源共享等方面加强合作，并支持省级食品药品监管技术支撑机构纳入科研单位管理序列。

（十八）培育高水平创新人才队伍

全面落实国家有关人才专项规划要求，实施“十百千”人才工程。未来15年，培养和造就数十名能进入世界相关科技前沿并享有盛誉的学术和技术带头人；造就数百名具有国内先进水平并保持学科优势的学术和技术带头人；培养数千名相关学科领域有较高学术造诣、起骨干或核心作用的学术和技术带头人。组建食品药品监管总局科学技术专家委员会，打造高端智库。加强35岁以下科技创新青年人才的培养和支持。打造具有国际视野和战略思维，政策研究、综合协调和组织能力强的科技管理人才。

关于粮食产业科技创新联盟建设的指导意见

（国家粮食局　国粮储〔2018〕17号　2018年1月29日）

各省、自治区、直辖市及新疆生产建设兵团粮食局，中国储备粮管理总公司、中粮集团有限公司、中国供销集团，有关单位：

为深入贯彻党的十九大精神，认真落实“加快建设创新型国家”的战略任务和《国家中长期科学和技术发展规划纲要（2006—2020年）》《国务院办公厅关于加快推进农业供给侧结构性改革大力发展粮食产业经济的意见》（国办发〔2017〕78号）要求，推进产学研融通紧密，提高粮食产业可持续发展动力，国家粮食局积极引导粮食产业科技创新联盟（以下简称联盟）建设工作。现制定如下指导意见。

一、总体要求

着眼于建立“以企业为主体、市场为导向、产学研深度融合的技术创新体系”和推进产业链、创新链、价值链“三链”协同，通过引导企业、大学、科研机构和其他组织机构，以共同的发展需求和各方的共同利益为基础，以提升产业科技创新能力为宗旨，以具有法律约束力的契约为保障，形成联合开发、优势互补、利益共享、风险共担的科技创新合作组织，探索粮食产业科技创新组织形式，规范联盟建设工作流程，促进粮食产业科技创新联盟健康发展。

二、创新建设模式

联盟构建可以按照区域和专业等方式开展。产业集中且创新需求突出的区域，可以构建区域性粮食科技创新联盟，以区域内粮食产业主体为基础，吸引各类粮食科学实验室、涉粮院校及科研机构等资源，构建粮食科技共享平台，聚焦区域科技需求，组织科技攻关与创新。

创新合作需求明确的专业领域可以构建专业性创新联盟，吸引相关专业领域各类粮食科技创新资源，密切科研机构与粮食企业的有机联络，聚焦专业领域关键技术，组织科技攻关与创新。

三、规范建设条件

联盟的技术创新方向应符合国家粮食有关战略目标和产业政策导向，符合提升粮食产业核心竞争力的迫切要求。联盟要有共同投入机制，联盟协议中应约定经费、项目等管理事项，以及知识产权方面的责任和义务。联盟应由成员单位法定代表人按照自愿原则共同签署有法律约束力的协议，协议中应明确科技创新目标和成员单位的任务分工。联盟应建立理事会等议事决策机构或机制，明确约定设立决策、咨询和执行等组织机构，建立相应工作制度，执行机构应配备专职人员。按本意见提交联盟组建信息。

四、完善运行机制

联盟应建立产学研合作的信用机制、责任机制和利益机制，积极探索联盟运行及产学研合作的新机制和新模式，探索承担国家重大科技创新任务的组织模式和运行机制，探索率先落实国家自主创新政策等，充分发挥和调动联盟各成员的优势和积极性。鼓励有条件的企业、大专院校和科研机构或其他组织机构，从粮食产业发展实际需求出发，遵循市场经济规则，探索包括联盟在内的多种长效稳定的产学研合作机制。

五、加强管理服务

国家粮食局常年受理联盟发起人自愿提出的信息报告，对联盟工作进行动态跟踪管理和服务。具体程序为：联盟发起人提出联盟成立信息报告，由国家粮食局仓储与科技司受理；在国家粮食局政府网站进行信息公开；联盟成立后，信息归档；联盟于每年 12 月中旬，报送本年度工作总结和下年度工作计划；联盟自愿接受国家粮食局委托的第三方机构对其运行情况及绩效进行不定期的评估和检查，运行机制良好、创新成效突出、产业带动作用明显的联盟将受到表彰鼓励。

2018 年农产品质量安全工作要点

（农业部办公厅　农办质［2018］6 号　2018 年 2 月 2 日）

2018 年，是贯彻党的十九大精神的开局之年，要坚决贯彻中央农村工作会议、全国农业工作会议及中央 1 号文件精神，深入实施乡村振兴战略，紧紧围绕“农业质量年”这个主题，制定和实施国家质量兴农战略规划，坚持质量第一，大力推进质量兴农、绿色兴农、品牌强农。全年重点工作安排如下。

一、坚持“产出来”，着力增加绿色优质安全农产品供给

坚持推行按标生产，加强产地环境治理和生产源头管控，不断提高农业标准化水平和绿色安全优质农产品供给能力。

（一）编制国家质量兴农战略规划

全力配合做好质量兴农战略规划编制工作，明确总体思路、目标任务、推进路径、责任分工，建立健全质量兴农评价体系、政策体系、工作体系和考核体系。深入落实农业部关于“农业质量年”工作的部署，着力推进质量兴农八大行动。

（二）完善绿色农业标准体系

按照推进农业绿色发展的要求，全面清理我部制定的农业国家标准、行业标准和地方标准，废止与农

业绿色发展不适应的标准。重点制定蔬菜水果和特色农产品的农药残留限量标准和畜禽屠宰、饲料卫生安全、冷链物流、畜禽粪污资源化利用、水产养殖尾水排放等国家标准和行业标准。发布兽药最大残留限量和 2018 年版农药残留最大限量食品安全国家标准。新制定农药残留限量标准 1 000 项、兽药残留标准 100 项、其他行业标准 200 项。制定农业标准制修订管理办法及相关制度，对已列入农业国家标准和行业标准制修订计划的项目实施督导检查。启动开展农产品品质、营养标准的研制。制定《农作物种子质量标准制修订工作方案》和《进口农产品的农药残留限量标准制定指南》，编制《加快完善我国兽药残留标准体系的工作方案（2018—2025 年）》。鼓励和规范有条件的社会团体制定农业团体标准。

（三）加强产地环境保护和治理

加强农业资源养护，统筹山水林田湖草治理。打好农业面源污染防治攻坚战，实施农业绿色发展重大行动。推进耕地土壤污染详查，加强耕地土壤与农产品协同监测，开展耕地土壤环境质量类别划分和重金属污染区耕地修复治理试点，分区域分品种进行受污染耕地安全利用示范，扩大轮作休耕制度试点规模，不断提升耕地质量。推进畜禽粪污、农作物秸秆、废旧农膜、病死畜禽等农业废弃物资源化利用。

（四）严格生产过程管控

深入推进化肥、农药使用量零增长行动，推广有机肥替代化肥、测土配方施肥。加强病虫害统防统治和全程绿色防控。加快实施高剧毒农药替代计划，规范限量使用饲料添加剂，规范使用兽用抗菌药物。

（五）大力推进农业标准化

加强标准推广和使用指导，大力宣传培训农兽药、肥料、饲料和饲料添加剂使用规范，督促生产者严格落实间隔期休药期规定。加快推进规模经营主体按标生产，建立生产记录台账。启动农产品质量安全全程控制体系（GAP、HACCP 等）生产基地创建示范工程。对标准化生产企业、农产品质量安全县开展农产品质量安全综合指数评价。将是否按标生产作为政策支持的重要条件。在农产品质量安全县、“菜篮子”大县、规模种养基地、新型生产经营主体和现代农业示范园区率先推行全程标准化生产。鼓励开展绿色食品原料标准化生产基地、有机农业示范基地建设。把农业标准化生产和农产品质量安全水平作为高标准粮食生产功能区、重要农产品生产保护区、特色农产品优势区、现代农业示范区、农业可持续发展试验示范区和国家现代农业产业园创建和认定的重要指标，在重点产区集中打造一批生态良好、技术成熟、按标准组织生产的绿色、有机农产品生产基地，使之发展成为优质安全农产品供给的示范窗口。

（六）加大科技支撑力度

充分发挥科研院校和专家团队作用，落实《农业绿色发展技术体系规划（2018—2030 年）》，加快农产品质量安全急需的关键技术、前沿引领技术研发。在产地污染修复治理、绿色防控、风险评估、营养功能品质评价、质量追溯、智慧监管、检验检测等技术和设备方面加强技术创新，加大高效低毒经济的替代农药、兽药研发力度，大力推广绿色安全生产技术和模式。开展农业投入品减量化施用对农产品质量安全、营养品质影响研究评价，实施减化肥、减农药、减兽用抗菌药等农业投入品减量化（包括免用）质量安全生产示范基地创建。开展安全优质、绿色生态农业投入品新品种新技术评价、展览展示与示范推广工作，开展全国农产品产地初加工及防腐保鲜科学研究、质量评价、展览展示与示范推广。推动现代农业产业技术体系、农业科技创新联盟、现代农业产业科技创新中心加强质量安全技术的集成、示范和推广。推动“健康中国 2030”“国民营养计划”实施。积极开展国际食品法典和官方评议工作。修改农业部官方评议工作方案，制定农业部官方评议管理办法，积极参与国际标准的制修订，逐步增加我国在国际舞台上的话语权。

二、坚持“管出来”，着力加强监督执法

坚持问题导向，牢固树立“发现问题是业绩，解决问题是政绩”的观念，围绕薄弱环节、重点领域，依法监管、全程监管，严防、严管、严控农产品质量安全风险。

（七）深入开展专项整治

针对非法添加、违禁使用、制假售假、私屠滥宰等突出问题，继续开展农药残留、兽药残留、“瘦肉精”、私屠滥宰、水产品“三鱼两药”、生鲜乳违禁物质等专项整治行动。实施“问题链”管理，建立暗查暗访制度，积极查找问题隐患，采取内部通报、约谈等方式推动各地查找问题，分析原因，督促及时整改，做到举一反三。推动县级以上农业部门建立规模生产经营主体监管名录，实施风险分级管理。充分发挥乡镇监管服务机构和村级协管员作用，加强巡查指导和宣传引导。强化投诉举报奖励制度，公布农产品质量安全举报的微信公众号、热线和邮箱，畅通投诉举报渠道，争取设立举报奖励专项奖金，充分调动群众的积极性，推动社会共治。

（八）强化投入品监管

落实新修订的农药管理条例，逐步淘汰禁用高毒

农药。严格兽用抗菌药准入管理，全面实施《全国兽用抗菌药及禁用兽药综合治理5年行动方案（2015—2020）》和遏制动物源细菌耐药行动计划，全面、系统开展兽用抗菌药及禁用兽药整治工作。继续实施种子、农药、兽药、饲料和饲料添加剂质量监督抽检计划。建立健全农业投入品质量追溯制度，加强农药、兽药生产经营追溯管理，防止滥用、乱用和误用。开展"绿剑护农"农资打假专项行动，重点整治农兽药和肥料非法添加、肥料有效成分不足、种子无证套牌等严重危害农产品质量安全和侵害农民利益的行为。在3.15期间公布一批农资打假典型案件，震慑违法分子，对农业部门查处的大案要案进行曝光，对办案人员进行表扬奖励。推动建立农资领域违法失信"黑名单"制度，将制售假劣农资的违法失信企业纳入重点监管对象，实施跨部门联合惩戒。开展放心农资下乡进村活动，普及识假辨假、科学种养殖和依法维权知识，把安全优质绿色的农资产品和质量安全技术服务送到乡村。

（九）加强风险监测预警

印发《2018年国家农产品质量安全监测计划》，加强监测结果信息会商分析和共享。调整完善国家农产品质量安全例行监测（风险监测）和专项监测计划，重点增加农药和兽用抗菌药等监测参数，扩大监测范围，加大抽检监测力度。按季度组织开展例行监测，对全国150个大中城市基地和市场的5大类产品110个品种122项农兽药和非法添加物参数进行监测。加强监测结果通报发布和预警工作，督促问题突出地区跟进开展监督抽查，加大整改和执法查处力度。对例行监测没有覆盖的产品和质量安全指标开展专项监测。进一步明确各级监测功能定位，发挥部、省、市、县四级监测网络作用。实施省级监测信息报告制度，结合追溯平台建设，逐步实现监测数据直报，部省互联互通、监测数据共享。

（十）强化风险评估排查

以影响农业产业发展、产品质量安全水平和社会高度关切的农产品和风险因子为重点，开展粮油生物毒素、蔬菜农药残留、畜禽抗菌药、水产违禁药物等15大类农产品质量安全风险评估，进行全过程、多层次的风险排查和验证评估，做到家底清、情况明。针对重点品种构建风险防控策略，指导地方建立农产品质量安全风险防控示范基地，在规范用药、绿色生产、品质提升等方面重点发力，做到因品施策、精准防控。启动农产品品质、营养、风味监测计划制定工作，促进农产品质量安全与品质营养水平的不断提升。

（十一）加大执法办案力度

会同公安部、最高人民检察院、最高人民法院等部门，制定出台《农产品质量安全行政执法与刑事司法衔接工作办法》。落实《农业部关于加强农产品质量安全执法工作的意见》，积极拓宽案源线索渠道，充分利用监测、投诉举报、暗访、检查发现的问题，依法调查处理，对地方查处工作实施督办。特别是针对禁限用农兽药使用、非法添加、私屠滥宰、销售病死畜禽等问题，坚决做到"问题产品的来源和去向没有查清的不放过；涉嫌单位责任没有查清的不放过；问题产生原因查找不全面、不透彻的不放过；对相关责任单位查处不到位的不放过；后续整改防范措施不落实的不放过"。按照"四个最严"的要求，剖析案件原因，追根溯源，违法必查、查必到底。对危害性高、社会影响大的案件要会同有关部门采取挂牌督办、集中办案、联合查案等形式予以严办。对线索明显、事实清楚的案件，要商请当地公安机关提前介入。涉嫌犯罪的农产品质量安全案件，要及时移送公安机关，依法追究其刑事责任。加大信息公开力度，积极曝光典型案例，充分发挥警示作用，实现执法与宣传教育相结合。

（十二）完善应急处置机制

抓紧构建属地负责、行业主导、上下协同、全国一盘棋的机制，力求做到第一时间监测预警、调查核实、会商研判、正面发声、系统处置，防范出现大的问题，把负面影响降到最低。壮大质量安全专家队伍，依托现代农业产业技术体系质量安全岗位科学家，调整充实农产品质量安全专家组，贴近产业、贴近消费者，为农产品质量安全应急处置、技术咨询、科普解读提供强有力的技术支撑。

（十三）大力推进农产品质量安全县创建

贯彻落实2017年北京"双安双创"现场会精神，把创建活动推向深入。举办安全县农产品产销对接活动，扩大质量安全县优质绿色农产品的销量和市场影响力，充分发挥安全县金字招牌作用。组织开展第二批创建试点单位中期核查，督促创建单位加大创建力度，适时命名第二批215个国家农产品质量安全县（市）。强化示范推广，总结安全县典型经验做法，形成可推广可复制的创建模式，开展系列宣传报道，组织多种形式的县域间学习交流活动，整体提升监管能力和水平。加强制度建设，根据创建活动开展情况，修订创建活动方案、考核办法和管理办法，制定群众满意度测评规范，推动创建活动更加科学、规范。将农产品追溯与安全县创建结合，并作为新命名安全县的条件，已命名的安全县应在一年内达到上述要求，逾期不达标者摘牌。配合国务院食品安全办开好"双安双创”现场会。鼓励有条件的地方以省（市）为单位整建制创建。

（十四）加快农产品质量安全追溯体系建设

优化完善国家农产品质量安全追溯信息平台，探索建立数据交换与信息共享机制，推动各省已有平台与国家追溯平台有效对接和融合。完善《农产品质量安全追溯管理办法》及配套制度标准，加快国家农产品追溯平台推广应用。将农产品追溯与农业项目安排、农产品品牌推荐、“三品一标”认证登记等挂钩，率先将“三品一标”企业和国家级、省级龙头企业以及农业部门支持建设的各类示范基地纳入追溯管理。选择10个省开展追溯试点，检验平台的功能设置、业务流程和运行机制，强化部省追溯平台对接。加强与线上线下销售平台、商超的合作，通过设置追溯产品销售专区、专柜等方式，提高消费者对追溯产品的认知度，引导增加追溯产品消费，调动生产经营主体纳入追溯平台的积极性。建立产地准出与市场准入衔接机制，在总结试点工作基础上，加强与食药部门的沟通协调，争取在全国范围内推进食用农产品合格证、信息卡制度。

（十五）加快修订《农产品质量安全法》

积极争取国务院法制办和全国人大的支持，力争将《农产品质量安全法》修订工作列入2018年立法工作计划。深入开展实地调研，广泛征求社会各界和专家意见，提出立足新时期、着眼长远的制度设计和安排，明确立足安全、提升质量、加强基层监管能力的措施，形成《农产品质量安全法》修订草案，年底前报国务院法制办。

三、坚持“树起来”，着力提升农产品品牌含金量

坚持市场需求导向，强化农产品品牌意识，为农产品延长产业链、提升价值链、组合供应链，提升农产品品牌影响力、号召力和竞争力，让绿色优质成为我国食用农产品的金字招牌，让农民分享二三产业增值收益。

（十六）加强绿色食品标志许可和有机农产品认证管理

按照“稍有不合、坚决不批，发现问题、坚决出局”的要求，稳步推进绿色食品标志许可和有机农产品认证工作。提高准入门槛，严格审核认证，提升发展质量，防范风险隐患。发挥系统优势，着力提升中绿华夏有机品牌的权威性和影响力。扎实做好绿色食品和有机农产品企业证后监管工作，强化淘汰退出机制，确保标志许可和认证产品持续符合标准规范要求。

（十七）保护农产品地理标志

修改农产品地理标志管理办法。强化申报工作审核把关和质量管理。认真做好中欧地理标志协定谈判和国际知识产权合作与交流工作。继续办好中国国际农产品交易会地标产品专展工作。开展好农产品地理标志品牌培育、管理、保护及宣传工作，带动区域品牌打造和产业培育，更好地促进特色农业和品牌农业发展。

（十八）推进都市现代农业转型升级和质量提升

举办2018年全国都市现代农业现场交流会。重点在农业标准化生产、农产品品牌打造、农产品质量安全追溯等方面选好典型，交流推广成功做法和经验，推动各地提高都市农产品质量安全保障水平。

（十九）扎实推进无公害农产品认证制度调整改革

协调有关部门，制定无公害农产品改革方案及相关配套文件。坚持统一标准规范、统一标志式样、统一证书编号、统一检验机构布局“四统一”，遵循频道不换、放而不乱、程序简化、重心下移的原则，在改革过渡期内，先将无公害农产品认证和产地合格证合二为一，统一下放由省级农业部门相关机构承担。加强对地方无公害农产品认证工作的协调指导。

四、坚持“讲出来”，着力强化宣传引导

坚持正面引导，积极发挥媒体和行业协会等社会力量，通过多种形式加大优质安全农产品宣传推介力度，树立我国农产品安全优质放心的形象。

（二十）加强科普宣传树立消费信心

开展农产品质量安全万里行系列活动。让绿色优质安全农产品进乡村、进社区、进校园，不断提升农产品生产者质量安全意识，提高消费者质量安全科学认知水平，引导放心消费。依托相关技术优势单位，创建农产品质量安全科普示范基地，开展常态化农产品质量安全科学研究、科普宣传、生产指导、消费引导、技术培训和展览展示。开通“中国农产品质量安全”微信公众号，宣传普及农产品质量安全政策和生产、消费知识，建立联合宣传、科普机制。加强与主流媒体及相关辟谣机构的合作，构建谣言处理数据库，对公众关注、反复出现的谣言进行分类解读，做到及时有效识别谣言，快速果断破除谣言，营造风清气正、安心放心的舆论环境。

（二十一）加强绿色食品宣传

以“绿色生产、绿色消费、绿色发展”为主题，举办“绿色食品宣传月”活动，组织开展绿色食品进

社区、媒体记者进企业等集中宣传活动。指导、鼓励、支持各地加大绿色食品形象宣传，以电视台、电台、报刊、互联网为平台，以车站、港口、机场、高速公路广告牌为节点，开展绿色食品品牌形象宣传，上下联动共同推进。提升绿色食品的知名度、美誉度，让绿色食品标志形象深入人心，发展理念广为传播，品牌效应进一步扩大，力争让绿色食品品牌家喻户晓。

（二十二）加大绿色优质农产品市场推介

举办第十九届中国绿色食品博览会、中国国际有机食品博览会，推动“三品一标”农产品在绿博会集中亮相、共同推介。办好区域性绿博会、推介会、产销对接活动，借助展会平台，扩大绿色安全优质农产品影响力。支持办好工行融e购等优质电商平台，帮助绿色食品、有机农产品生产企业拓展市场，鼓励、支持绿色食品有机农产品专柜、专营店建设，为绿色安全优质农产品搭建营销平台，促进“优质优价”市场机制的形成。按品类遴选部分品牌价值较高的名特优新农产品在有关平台集中展示推介，选择部分品种启动建立名特优新农产品独特营养品质数据库。发挥“三品一标”认证产品的门槛作用，开展2018年度名特优新农产品收集登记录入工作，优化升级名特优新农产品申报系统。探索开展低碳环保、绿色优质、经济实用的农产品包装及材料科学研究、筛选评价、展览展示和推广应用。积极开展农产品包装标识设计研发、比对评价和宣传推广工作。

（二十三）大力推动诚信体系建设

逐步构建以信用为核心，事前信用承诺、事中信用监管、事后信用评价的新型监管机制，大力提高生产者的诚信意识和信用水平，增强全社会对农产品质量安全的信任和信心。推动农产品质量安全县、菜篮子主产县、粮食大县的农资和农产品规模生产经营主体全部建立信用档案。延伸农安信用平台，推进部本级与各省信用信息的互联互通。建立农产品质量安全信用评价标准，鼓励行业协会和第三方机构开展信用评价，为社会提供更多的信用产品和服务。建立“黑名单”、失信联合惩戒等信用约束机制，把农产品质量安全信用作为各类农业项目评选、主体资格审查、行政许可审批、制定分类监管措施的必要条件，积极引导农产品生产经营主体诚信经营，对严重失信主体实行一票否决制。大力弘扬农产品质量安全诚信文化，使诚实守信成为市场主体的自觉选择。

五、坚持“强起来”，着力加强队伍能力建设

坚持夯实基层监管基础，加强农产品质量安全监管队伍能力和作风建设，围绕懂农业、爱农村、爱农民的人才培养目标，努力造就一支“脑要勤、脚要勤、嘴要勤、手要勤；有情怀、有本领、有担当、有作为”的农产品质量安全监管干部队伍。

（二十四）加强基层执法监管能力建设

出台乡镇监管服务机构建设标准，推动各地按照标准加大建设力度。加强乡镇监管机构条件建设和人才培养，组织开展业务培训和技术练兵，督促指导乡镇监管服务机构做好农产品生产经营者培训、农业投入品筛查选型、田间地头技术指导、生产过程督导巡查、农兽药使用间隔（休药）期等工作。推动实施农产品质量安全提升工程。加强基层执法监管能力和追溯点建设，鼓励基层监管机构采用“花钱买服务”的方式雇佣监管人员。开展全国农产品质量安全体系队伍人员能力培训，提高基层监管能力，实现基层监管能力由弱到强的转变。

（二十五）加强农业检测体系建设管理

完成《农产品质量安全检测机构考核办法》配套文件的修订工作。加快推进市县农产品质量安全检测机构考核和资质认定，组织开展部县质检机构结对帮扶“双百”活动，择优选择100家部级质检机构一对一帮扶县级质检站开展机构考核和资质认定“双认证”，提升检测能力，充分发挥基层检测机构作用。加强对基层农产品质量安全检测机构建设、运行条件、检测资质、认证参数、检测工作等方面的指导和服务，使国家投资建设的市县农产品质量安全检测中心（站）有能力开展农产品质量安全现场调查、取样速测和样品前处理及基本的定量检验检测工作。组织基层农产品质量安全检测机构开展检测能力校准活动，并及时公布、反馈能力验证和校准结果。强化农业质检机构证后监管，组织开展质检机构飞行检查。探索建立质检机构诚信档案和重点监管名单制度，实行动态管理。组织开展全国和省级农产品质量安全检测技术能力验证，扩大能力验证覆盖面。加快《农产品食品检验员》国家职业标准开发，做好农产品食品检验员职业技能培训认定工作。确定一批农产品质量安全检测技术实训基地，理顺农产品质量安全检测专业职称评审渠道，加强农产品质量安全检测专业技术人才队伍建设。发挥国家农业检测基准实验室作用。

（二十六）加强作风建设

认真贯彻党的十九大精神和习近平新时代中国特色社会主义思想，全面推进农产品质量安全工作上水平、上台阶。扎实开展“不忘初心、牢记使命”学习教育活动，弘扬“红船精神”，以党建促作风转变、以优良作风促业务发展。组织开展农产品质量安全“大学习”，强化全系统学习交流。加强和改进基层调

研工作，做好基层信息统计报送。发挥绩效管理“指挥棒”作用，加强延伸绩效考核和财务项目绩效等各类考核工作，建立健全绩效管理激励约束机制。严格执行中央八项规定精神，坚决防止“四风”。树立勤政廉洁的行风政风，狠抓工作落实，做到部署的工作件件有着落、事事有回音。

各级农业部门要以习近平新时代中国特色社会主义思想为指引，坚决贯彻落实党中央、国务院的一系列决策部署，进一步增强使命感和责任感，只争朝夕，扎实肯干，坚持一张蓝图绘到底，不断创新工作方法，努力提高农产品质量安全水平，切实保障人民群众“舌尖上的安全”。

“十三五”全国农产品质量安全提升规划

（农业部办公厅　农办科［2018］4号　2018年2月8日）

2018年，农业科教环能工作总体思路是：以习近平新时代中国特色社会主义思想为指导，深入贯彻党的十九大精神，认真落实中央农村工作会议、中央1号文件和全国农业工作会议、农业部1号文件精神，按照质量兴农、绿色兴农和效益优先的要求，以农业供给侧结构性改革为主线，大力实施乡村振兴科技支撑行动，加快农业科技创新与推广应用，加强新型职业农民培育，打好农业面源污染防治攻坚战，以试点创建和模式探索示范引领农业绿色发展，以科技创新和制度创新“双轮驱动”农业农村现代化，努力开创农业科教环能事业新局面。

一、以优化布局和机制创新为抓手，持续提升农业科技供给水平

1. *启动乡村振兴科技支撑行动*。瞄准国际前沿，强化生物遗传改良、土壤演变规律、资源高效利用等基础研究，重点突破农业合成生物学、作物高光效育种、物联网等10项前沿颠覆性技术。深入实施转基因生物新品种培育重大专项，加快基因组编辑、多基因聚合等新技术研究，培育突破性重大产品。瞄准制约产业转型升级的重大瓶颈，攻克劳动替代型与自动化、农业废弃物循环利用、农业绿色投入品等20项核心关键技术，支撑引领乡村产业兴旺。瞄准大宗农产品、名特优新产品等提质增效，集成应用100项技术模式与装备，培育一批新产业新业态。依托已创建的“三区三园”、美丽休闲乡村等，集聚优势资源，在全国打造1 000个科技引领乡村振兴示范样板。

2. *强化现代农业产业技术体系建设*。围绕乡村振兴对科技成果的迫切需求，加快体系创新导向重大转变和服务重心重大调整，着力加强减量高效技术、生态循环模式、智能农机装备、绿色标准规范等技术创新和试验示范。加强运行管理，以解决产业实际问题为导向，完善行业部门对体系“提问题、定任务、作评价”的考核评价机制。加强体系之间的联合协作，构建共性技术横向协同创新机制。加强体系地方创新团队建设，承接体系研发成果，因地制宜开展名特优新产品研发，加快推进体系成果的集成熟化与推广应用。充分发挥体系人才和智力优势，为政府决策提供咨询服务和应急支撑。

3. *做强国家农业科技创新联盟*。推动联盟积极参与乡村振兴科技支撑行动，重点打造20个标杆联盟。聚焦西北旱区生态循环、东北地区秸秆综合利用、南方稻区重金属污染防治等区域难题，优质奶业、谷物收获机械、深蓝渔业等产业技术瓶颈，推动联盟在技术攻关和模式创新上取得突破。聚焦产学研用实质性融合，推动农业废弃物资源化利用等联盟构建实体化运行机制，小麦赤霉病综合防控等联盟完善一体化协作机制，农业大数据等联盟健全共建共享机制。拓宽支持渠道，构建财政经费、企业资金、社会资本等多元投入机制。规范联盟管理，确保联盟目标聚焦、任务明确、运转高效、持续发展。

4. *建好现代农业产业科技创新中心*。以科技创新为基础、产业化为方向，促进创新要素集聚、关键技术集成、关联企业集中、优势产业集群，打造现代农业硅谷和区域经济增长极。按照先建、后认、再挂牌和建一个成一个的要求，继续指导江苏南京、山西太谷、四川成都等3个产业科技创新中心，强化政府支持、出台配套政策、吸纳创新资源，力争建成创新能力强、龙头企业强、辐射带动强的示范样板。指导意向创建的产业科技创新中心，明确建设思路，完善建设方案，聚焦地方产业发展需求，适时启动新的产业科技创新中心建设。

5. *推进农业基础性长期性科技工作*。继续开展

国家农业科学实验站建设，按照任务合同要求，指导做好长期定位观测监测工作。在布局试运行站点基础上，首批确定命名36个站点，综合考虑学科布局完整性和区域代表性，适时增加命名站点数量，并给予优先支持。加强农业科学数据中心和分中心建设，提升数据管理的规范化和信息化水平。加强制度建设，适时出台国家农业科学实验站、农业科学数据等管理办法。强化观测监测能力建设，进一步提升条件保障水平。

6. 深化农业科技体制机制改革。遴选部分科研院所开展分类评价改革试点，将科技与产业的关联度、科技自身的创新度、科技对产业的贡献度纳入评价标准，转变创新导向，增强创新活力。开展科技成果权益改革试点，推动科研机构完善科技成果使用、处置、收益管理制度，落实依法赋权、分类管理等机制，激发科技人员创新创业积极性。科学确定部属研究院所事业单位分类改革方案，妥善处理拟转企研究所遗留问题。加大农业知识产权保护力度，发布《2017农业知识产权创造指数报告》，保护科技人员权益。

7. 加强农业转基因生物安全管理。按照农业转基因生物监管工作方案，狠抓研究试验、南繁基地、育制种基地监管，坚决打击非法种植。强化进口转基因农产品流向监管，建立追溯体系。完善约谈、督导、巡查、信息报送等机制，强化责任追究和案件曝光。组建全国农业科普传播联盟，以“讲好基因的故事”为主题，鼓励开展科普创意大赛。组织全国巡回宣讲活动，持续开展网络宣传与常态化科普，持续推进校园、进课堂、进社区等科普活动。

二、以激发活力和提升效能为目标，着力加快农业技术推广与转化

8. 推动基层农技推广体系改革创新。探索公益性推广与经营性服务融合发展机制，引导农技人员为新型农业经营和服务主体提供技术承包、技术转让、技术咨询等形式增值服务，并合理取酬。推动农业科研院校发挥科技和人才优势，加快科技成果转化应用，优化技术推广服务，加强农业农村人才培育。通过购买服务等方式，支持有资质的市场化主体从事可量化、易监管的农技推广服务。推动农技推广补助项目转型升级，创新支持方式，优化实施任务，实行全程绩效管理，对15%项目县进行实地考评，加大实施绩效所占权重。

9. 开展农业重大技术协同推广计划试点。选择部分省份，以重大技术为主线，支持农业科研院校、推广机构、新型农业经营主体等优势互补、分工协作，组建技术指导服务团队，建设农业技术试验示范基地，开展农业重大技术集成熟化和示范推广，完善“农业科研试验基地＋区域示范展示基地＋基层农技推广站点＋新型农业经营主体”的链条式农业技术推广服务模式，实现农技服务与生产需求有效对接。

10. 加大农技推广服务特聘计划实施力度。在贫困地区特别是“三区三州”深度贫困地区以及其他有需求地区，从农业乡土专家、种养能手、新型农业经营主体技术骨干、科研教学单位一线服务人员中招募一批特聘农技员，帮助贫困农户科学发展特色产业，开展技术指导服务，宣传脱贫攻坚政策，激发贫困地区群众脱贫致富的内在活力。

11. 推广绿色高效技术模式。组织推广10项重大引领性农业技术，加强集成熟化，开展示范展示，组织观摩交流。遴选推介100项优质安全、节本增效、绿色环保的农业部主推技术。结合农业部主推技术和本省农业产业发展需要，各省农业部门组织示范推广3～5个绿色高效技术模式，以县域为单元，形成技术操作规范，落实到试验示范基地、农技人员和示范主体，实现技术快速入户到田。

12. 做好农技推广信息化服务。加强农技推广信息平台建设，推动专家、农技人员和服务对象在线学习、互动交流，提高中国农技推广APP在农技人员中的覆盖面和使用率。充分利用信息化手段，开展农技人员业务培训管理、项目绩效考评等工作。通过互联网、移动通讯、广播电视等渠道，组织先进适用农业技术的推送，为广大农民和新型农业经营主体提供精准实时的指导服务。

三、以完善政策和提高质量为重点，大力培育新型职业农民

13. 推进全面建立职业农民制度。会同相关部门，研究制订以职业认证、教育培训、定向扶持等为核心内容的职业农民制度体系，推动出台专门文件。抓好一批全国职业农民制度建设示范省、示范市和示范县，加快完善配套政策，创新体制机制，将新型职业农民培育工作纳入农业农村经济考核，推动地方确立职业农民制度框架。

14. 壮大新型职业农民队伍。依托新型职业农民培育工程，大力实施现代青年农场主培养计划、新型农业经营主体带头人轮训计划、农村实用人才带头人培训计划和农业产业精准扶贫培训计划。2018年培训100万人以上，重点是面向粮食等重要农产品生产，培育新型农业经营主体带头人和农机、植保等专业化服务人员；面向名特优新产品生产，培育专业技

能型人员；面向休闲观光等新产业新业态，培育管理经营型人员。

15. 完善新型职业农民培育模式。采取“一点两线全程分段”方式，分层分类分模块，切实提高培育的针对性、规范性和有效性。探索政企合作模式，采取政府购买服务等方式，支持农民专业合作社、龙头企业、农业职业教育集团承担培育任务。支持新型职业农民采取“弹性学制、农学交替”的方式，接受中高等职业教育。

16. 提升新型职业农民培育条件能力。统筹利用农广校、涉农院校、农业科研院所、农技推广机构等各类教育培训资源，加快构建“专门机构＋多方资源＋市场主体”的农民教育培训体系。充分运用信息化手段，开展在线学习、在线服务和在线考核，实现培育工作线上线下融合发展。继续认定一批全国新型职业农民培育示范基地，加强标准规范、名师队伍、精品课程和教材建设。

四、以降低环境污染和提高资源利用水平为要求，坚决打赢农业面源污染防治攻坚战

17. 实施秸秆综合利用行动。指导各地以县为单元编制全量化利用实施方案，提高秸秆处理利用的区域统筹水平。构建政府、企业、农民三方利益联结机制，集成推广一批县域秸秆全量化利用模式。建设150个秸秆综合利用试点县，打造20个典型示范样板。分区域、分作物、分层级，举办现场交流活动。编制秸秆利用政策清单，培育壮大市场主体，建立五料化利用长效机制。

18. 抓实地膜回收行动。加大农用地膜新国家标准宣贯力度，加快加厚地膜推广应用。研究制定地膜污染防治办法。做好100个地膜治理示范县建设，构建加厚地膜推广应用与地膜回收补贴挂钩机制，开展地膜生产者责任延伸制度试点。培育地膜回收市场主体，不断完善农膜回收体系。加大地膜捡拾机具、资源化利用技术等研发和示范力度，继续开展可降解地膜对比试验。

19. 强化耕地土壤污染防治。在江苏、河南、湖南开展耕地土壤环境质量类别划分试点，探索推进污染耕地分类管理。分区域、分作物品种制定污染耕地安全利用技术要求，开展利用试点。划定特定农产品禁止生产区，严格管控重度污染耕地。继续实施湖南长株潭地区重金属污染耕地修复与种植结构调整试点。

20. 探索绿色低碳循环农业模式。开展生态循环农业试点县（园）创建，抓好100个以沼气为纽带的生态循环农业示范点建设，推动果沼畜种养循环发展。指导生态循环农业试点省、示范市、示范基地建设，推广生态循环农业技术、模式。强化政策扶持和科技供给，构建产业链主体利益链接机制，培育绿色低碳循环农业企业，打造产业化发展的“领跑者”和行业“标杆”。

21. 发展农村可再生能源。出台《关于加快推进农村可再生能源发展的意见》。建设100个农村可再生能源综合示范村，多能互补，因地制宜推广生物质能、太阳能、农村节能等技术。加强已建农村沼气工程的安全生产管理，妥善处置废弃农村沼气设施。盘活已建户用沼气，拓展功能，推进农村厕所革命。实施秸秆气化农村清洁能源利用工程，进一步拓宽农村清洁能源供给渠道。建设一批秸秆打捆直燃清洁供暖示范点。组织农村清洁炉具博览展示会，编制发布《清洁炉灶升级换代发展规划》。

22. 加强农业生物多样性保护。加快推动外来物种管理立法，完善国家重点管理外来入侵物种名录。强化外来入侵物种风险评估、监测预警与综合防控，示范推广生物天敌防治与生物替代技术。加大珍稀濒危农业野生植物资源保护力度，推动制定第二批国家重点保护野生植物名录，开展重点保护物种资源调查与抢救性收集，继续实施农业野生植物原生境保护工程。

23. 组织农业环境监测调查。切实做好第二次全国农业污染源普查。以农田氮磷和畜禽养殖排放为重点，开展农业面源污染例行监测，布设耕地土壤环境质量监测国控点，开展耕地土壤环境质量和农产品协同监测，完善农业环境监测网，掌握农业环境质量总体状况和变化趋势。

24. 强化农业资源环境保护绩效考核。制定农业环境监测评价指标体系，科学设置农业投入品强度、废弃物综合利用程度、污染物减排效果等指标，开展以省、县为单位的年度评价试点。紧紧围绕“一控两减三基本”目标任务，做好12个省农业面源污染延伸绩效考核，压实工作责任，形成农业环境保护压力传导机制。

五、以思想政治和作风建设为主线，打造坚强有力的农业科教环能工作队伍

25. 围绕中心谋划工作。坚持用习近平新时代中国特色社会主义思想和党的十九大精神武装头脑，牢固树立“四个意识”，不断增强“四个自信”，自觉在

思想上政治上行动上与以习近平同志为核心的党中央保持高度一致。全面落实党中央、国务院实施乡村振兴战略的各项决策部署，紧紧围绕农业部党组中心工作，推进农业科教环能工作取得新成效。

26. 改进政风行风。从机关政风建设、科研学风建设、系统行风建设三个层面入手，加强党员干部的教育、管理、监督，进一步提升全系统规范化管理水平。组织向王一成和最美农技员等先进典型学习活动，以榜样引导系统党员干部践行“一懂两爱”要求。把党风廉政建设放在突出位置，与科教环能工作同部署、同落实、同检查、同考核。

27. 大兴调查研究。坚持问题导向，围绕推进农业科技创新、基层农技推广体系改革、新型职业农民培育、农业面源污染治理等工作重点难点问题，引导组织系统党员干部尤其是领导班子成员，聚焦调研主题、安排专门时间、切实沉下身子，深入基层听真话、察实情、获真知，发现和总结基层鲜活经验。完善调研成果交流共享和转化应用机制，切实把调研成果作为科学决策的重要依据，转化为推动工作的具体措施。

2018 年粮食流通工作要点

（国家粮食局　国粮发［2018］24 号　2017 年 2 月 12 日）

2018 年，是贯彻党的十九大精神的开局之年，是改革开放 40 周年，是决胜全面建成小康社会、实施“十三五”规划承上启下的关键一年，也是粮食行业深化改革、转型发展的攻坚之年。粮食流通改革发展的总体要求是：全面贯彻党的十九大精神，以习近平新时代中国特色社会主义思想为指导，坚持稳中求进工作总基调，坚持新发展理念，坚持问题导向和底线思维，围绕实施国家粮食安全战略和乡村振兴战略、健康中国战略，以供给侧结构性改革为主线，以实现高质量发展为目标，突出“六项重点”，强化“六个支撑”，守住安全底线，切实增强粮食部门创新力执行力公信力，努力构建更高层次、更高质量、更有效率、更可持续的粮食安全保障体系。根据全国粮食流通工作会议关于突出粮食收储制度改革、库存消化、粮食流通监管、粮食宏观调控、粮食产业经济、优质粮食工程“六项重点”和强化粮食安全省长责任制考核、粮食安全保障立法、科技兴粮和人才兴粮、国家粮食电子交易平台体系建设、行业信息化建设、粮食流通设施现代化“六个支撑”的部署要求，现提出 2018 年粮食流通工作要点。

一、紧紧围绕“六项重点”，深入推进供给侧结构性改革，加快实现粮食行业转型发展

1. 积极稳妥推进粮食收储制度改革。巩固放大玉米收储制度改革成效，把好做法好经验固化下来并形成有效工作机制。增强小麦和稻谷最低收购价政策的弹性和灵活性，优化执行预案和具体操作办法，进一步明确责任、强化监督。积极推动由政策性收储为主向政府引导下市场化收购为主转变，建立优粮优价的市场运行机制，引导农民积极对接市场需求，主动调整种植结构，增加适销对路的优质粮食种植规模，实现种好粮、卖好价。

2. 全力抓好粮食收购。认真落实小麦、稻谷最低收购价政策，加强市场监测，完善细化工作方案，防止发生大范围农民“卖粮难”。建立健全粮食收购贷款信用保证基金运行机制，拓宽粮食市场化收购资金渠道，加强运力保障，支持加工转化，充分发挥国有和国有控股粮食企业的示范引领作用，积极引导多元市场主体入市收购。指导农户加强庭院科学储粮，防范霉粮坏粮风险。着力强化市场监管，规范收购秩序，严厉查处“打白条”、压级压价等坑农害农行为，保护好农民利益和种粮积极性。

3. 加快消化粮食库存。按照国务院统一部署要求，综合考虑库存粮食品质结构和市场需求等情况，加大库存粮食特别是稻谷消化力度。完善竞价销售机制，合理安排竞卖粮食库点、品种、年限和价格，拉开品质、地区差价。加大粮食加工转化力度，扩大生物燃料乙醇生产消费，努力拓宽消化渠道。敦促指导承储企业、买方企业严格执行国家政策性粮食销售政策，确保销售粮食及时出库。加大监督检查力度，严防“转圈粮”“出库难”，确保粮食流向和用途符合国家规定，严禁不符合食品安全标准的粮食流入口粮市场。

4. 保证粮食供应和市场稳定。加强市场粮源组

织和跨区域调运，有效发挥粮食储备吞吐调节作用，做好重点地区、重要时段、重大节日的市场供应，确保粮油市场平稳有序。进一步强化粮食应急加工、运输、配送、服务能力建设，完善粮食应急预案，提高粮食应急保障能力，切实保证应急救灾、维稳处突的军粮供应和灾区群众粮食供应。

5. 全面加强粮食流通监管。认真贯彻落实党中央、国务院关于强化粮食流通监管的部署要求，强化粮食监管力量，加快构建监管长效体制机制。强化中央事权粮食行政监管，采取更有效的监管措施堵住储备环节漏洞，督促和指导政策执行主体和承储企业加强内部管控。积极创建“全国粮食执法督查创新示范单位”。适时开展政策性粮食库存大清查，摸清底数、掌握实情，采取针对性措施，全力消除风险隐患。完善中央储备粮动态监管系统，实现中央储备粮在线监测和巡查。完成粮食行业“双随机”抽查名录库建设。将监管和处置信息纳入全国信用信息共享平台，实行联合惩戒。建立涉粮案件审委会，健全督查督办机制，完善涉粮案件处置机制和预案，敦促地方和相关政策执行主体及企业严格落实国家有关规定。严肃查处涉粮案件，依法严惩违法违规行为。充分发挥12325全国粮食流通监管热线作用，进一步拓宽社会监督渠道。

6. 创新完善粮食宏观调控。进一步健全政府粮食储备制度，优化中央储备功能定位和结构布局，完善地方粮食储备运行机制。支持经营性涉粮央企做强做优做大，加快培育壮大一批地方国有粮食骨干企业，择优纳入粮食市场调控体系。健全粮食产销合作机制，建立全国粮食产销合作平台，组织举办中国粮食交易大会。鼓励龙头企业跨区域建立商品粮生产和收储基地、加工园区、销售网络，倡导粮食产销区地方政府建立常态化、机制化协作关系。强化粮食统计工作，优化统计直报体系和分工协作，完善统计调查机制，创新调查方式和手段，确保数据真实准确及时。健全粮食市场信息预警监测体系，完善分析研判机制，及时发现“三性”问题。适时发布权威信息，充分发挥服务决策、引导市场的积极作用。

7. 大力发展粮食产业经济。研究完善与粮食产业强国建设相适应的指标体系、统计体系、标准体系。积极推动调整粮食风险基金使用范围，鼓励建立粮食产业发展基金。加强沟通协调，在用电、用地、信贷、税费、技改等方面，争取更多优惠政策。重点支持一批规模优势突出、创新能力强、带动作用大的龙头企业和有技术、有市场、有潜力的骨干企业，推动产业纵向集聚。制定出台粮食产业经济发展示范市县管理办法，遴选一批示范市县，推动产业横向集聚。加快推进现代粮食产业示范园区（基地）、主食产业化、粮食循环经济和副产物综合利用示范项目建设，培树一批具有创新性、可复制性的粮食产业园区及发展模式，推动产业点上集聚。大力推进粮油相关产品国家标准和产品能耗定额标准、粮油机械标准等重点标准的制修订工作。积极参与国际标准体系建设，推动我国优势特色粮油技术标准转化为国际标准。加快粮食产品和经营业态创新，推广网上粮店、“放心粮油”、主食厨房、农商直供等零售业态，推动地方特色粮油食品产业化。召开第二次全国加快推进粮食产业经济发展现场经验交流会，举办“粮食产业强国建设高峰论坛”。

8. 深入实施优质粮食工程。加大资金补助和支持力度，做好第二批优质粮食工程重点支持省份的竞争性评审工作。检查督导各地项目实施情况，加强项目调度考核。加大各地项目规划选址、设备设施选购、操作技能等方面的指导培训，从严把握验收标准，切实提高质量增强实效。继续推动实施第三方检验试点工作，逐步强化第三方检验制度。出台中国好粮油产品管理办法，加强中国好粮油系列标准制订和执行，建立绿色优质粮食品牌评价指标体系和抽检不达标产品退出制度。围绕“五代”服务、质量检验监测、优质粮油区域品牌、“中国好粮油”生产经营等重点，支持一批产粮、产油大县（农场）和加工企业。

9. 统筹抓好军民融合军粮供应保障。按照“平战结合、军民融合、急时应急、战时应战”要求，推动军民融合军粮供应工程建设。打造军民兼容服务平台，推进军粮供应系统融入国民经济动员体系建设。紧贴军改需求，主动对接部队，确保完成军粮供应保障任务。以改革创新思路拓展服务，搞好军粮供应转型发展。开展军粮质量、财务专项检查，严格落实军粮供应政策。

10. 深化国有粮食企业改革。充分发挥企业党组织领导核心和政治核心作用，把党的领导融入公司治理各环节。坚持宜独则独、宜控则控、宜参则参的原则，稳妥发展混合所有制粮食经济，放大国有资本功能。培育一批核心竞争能力强、市场占有率高、辐射带动范围大的国有粮食企业集团。鼓励国有粮食企业积极参与优质粮食工程，增加绿色优质粮食产品供给，满足消费需求。建立骨干国有粮食企业改革发展联系点。

11. 加强粮食国际交流与合作。贯彻落实“一带一路”发展战略，积极参与国际粮食合作交流和贸易规则制定，培育具有国际竞争力的大粮商，提高全球粮食市场话语权。依托农业对外合作部际联席机制，在政策、资金、税收、保险及信息等方面积极提供保障，支持有实力的粮食企业“走出去”，开展粮食生产、加工、仓储、物流、装备制造等跨国合作，服务外交工作大局。

二、紧紧围绕“六个支撑”，夯实粮食流通改革发展基础，全面提升粮食安全保障能力

12. 加强改进粮食安全省长责任制考核。认真履行粮食安全省长责任制考核工作组办公室职责，严格组织2017年度考核，把各地自查、部门评审和抽查评分等各环节抓细抓实。及时将考核结果呈报国务院，并在一定范围内通报，发挥考核“指挥棒”作用，把保障区域粮食安全的主体责任层层落到实处。优化2018年度考核方案及考核项目，强化日常考核，突出重点、注重实效。

13. 加快推动粮食安全保障立法。加大工作力度，争取将粮食安全保障法列入十三届全国人大五年立法规划一类项目，并积极配合有关部门开展立法相关工作。推动《粮食流通管理条例》和《中央储备粮管理条例》尽快修订并颁布实施，适时开展全方位、多层次的普法宣传活动。各地要立足实际，加快修制定地方性法规和政府规章，为保障区域粮食安全提供法律支撑。

14. 积极实施“科技兴粮”。推进粮食行业科技创新体系和基础条件平台建设，搭建粮食科技创新联盟和企业中心，认定一批“科技兴粮示范单位”和“企业创新中心”等。加强粮食科技创新成果转化推广工作，继续开展成果、人才、机构“三对接”活动，推动粮食科技成果应用工业化，遴选培育推荐2019年粮食行业国家科技进步奖候选项目。举办2018年粮食科技活动周。

15. 大力实施“人才兴粮”。深化人才发展体制改革，健全人才保障机制，激发人才创新创造活力。突出管理人才专业素质提升、领军人才创新团队建设、青年拔尖人才支持等重点，建立全国粮食行业人才库，健全完善人才培养、使用和评价、激励等措施。加强人才培训基地建设。深化产教融合，发展粮食高等教育和职业教育。扎实做好职业技能培训和鉴定工作，加快培养专业技术人才和高技能人才。大力发扬工匠精神，培养粮食“卓越工程师”。加强智库建设，集聚高端人才，充分发挥专家决策咨询和政策评估作用。

16. 加快建设国家粮食电子交易平台体系。健全国家粮食交易中心体系，推进省级粮食交易中心建设，鼓励省级中心向市县延伸。建设覆盖全国、布局合理的平台交收库体系。构建交易、信息、物流、融资四个子平台，提升平台服务质量和水平。加强与国内大型互联网企业开展战略合作，创新粮食交易模式。积极探索为种粮农民网上卖粮开展服务。

17. 加快推进行业信息化建设。加快建设国家粮食信息管理平台，打造全行业智能决策中心、数据资源中心、可视化会商中心。继续抓好粮库智能化升级改造，完善提升功能，夯实行业信息化发展基础。健全行业专用信息化标准体系，总结推广一批省级平台建设应用典型案例。加强行业信息化督导和监管，力争年底前各省级管理平台基本建成，实现国家和省级管理平台联通，促进全行业粮食数据共享。

18. 切实提高粮食流通设施现代化水平。仓储设施建设重点转向优化布局、调整结构、完善功能。研究制定仓储备案相关指导意见，规范备案内容，明确仓储基础条件，规范仓储管理行为。及早谋划库存消化腾出仓容的盘活利用。抓紧推动粮食安全保障调控和应急设施专项建设。着力推进粮食物流体系建设，重点支持集仓储、物流、加工、贸易、质检、信息服务等功能于一体的粮食物流（产业）园区，以及铁路散粮运输系统和港口散粮运输提升项目建设。拟定粮食物流园区认定标准，确定一批“国家粮食物流园区”。加快建立全国粮食物流平台，推动多式联运，提高运输效率。改造建设一批区域骨干粮油配送中心，在大中城市建设一批（低温）成品粮储备库，增强应急调运配送能力。

19. 扎实做好粮食行业安全工作。切实增强风险管控意识，突出抓好“两个重点”，坚决守住“四条底线”。健全管理制度，压实责任，扎实推动“一规定两守则”落地。研究制定“安全、绿色、智能、精细”仓储操作指南。加强日常管理、专项治理，适时开展春秋两季粮油安全大检查工作。进一步巩固“大快严”集中行动成果，全面排查整治重点部位和关键环节的安全隐患。

三、紧紧围绕讲政治转作风强素质，切实提高粮食部门创新力执行力公信力

20. 坚持把党的政治建设摆在首位。严格遵守政治纪律和政治规矩，切实增强“四个意识”、坚定“四个自信”，坚决维护习近平总书记在党中央和全党的核心地位，坚决维护党中央权威和集中统一领导，把思想和行动高度统一到党的十九大精神上来，始终在政治立场、政治方向、政治原则、政治道路上同以

习近平同志为核心的党中央保持高度一致。把学习贯彻十九大精神和习近平新时代中国特色社会主义思想作为首要政治任务。持续推进“两学一做”学习教育常态化制度化，扎实开展“不忘初心、牢记使命”主题教育。自觉从政治高度和全局角度看待粮食安全工作，不折不扣落实习近平总书记关于国家粮食安全的战略思想，不折不扣落实国家粮食安全战略和乡村振兴战略、健康中国战略，不折不扣落实党中央国务院关于粮食工作的决策部署。

21. 持续推进大调研大讨论大落实。出台粮食系统深入开展调查研究的指导意见，研究确定一批粮食流通重点调研课题，并抓紧推进。把粮食行业“深化改革、转型发展”大讨论推向深入，进一步丰富内涵，创新载体，用好成果，加快推动粮食行业转变观念、转变职能、转变方式。健全督查调度机制，明确工作任务、标准要求、完成时限和责任分工，跟踪实施，督查督办，做到落细落小落实，确保各项任务圆满完成。认真落实中央关于扶贫开发工作的统一部署，深入推进行业扶贫和定点扶贫，助力打好脱贫攻坚战。全力做好援疆援藏和对口支援革命老区工作。

22. 建设高素质专业化干部队伍。坚持新时期好干部标准，注重使用那些政治上靠得住、工作上有本事、作风上过得硬的优秀干部。加强专题培训、实践锻炼、挂职交流，全面增强干部业务素质，培养专业能力和专业精神。健全完善科学考核评价机制，畅通干部能上能下渠道。建立健全容错纠错机制，支持鼓励广大干部职工敢于担当、善谋实干、锐意进取。加强干部日常教育监督，严在经常、抓在日常，努力保持心齐劲足、风清气正的良好局面。

23. 加强党风廉政建设和反腐败工作。认真落实习近平总书记关于进一步纠正“四风”、加强作风建设的重要批示精神，严格执行中央八项规定精神及新修订的实施细则，锲而不舍抓好作风建设。切实落实党风廉政建设“两个责任”，坚持把纪律挺在前面，抓早抓小、防微杜渐，强化对涉粮项目、资金的管理和监督，以零容忍态度持续查纠行业不正之风，严肃查处各类涉粮腐败案件。

24. 总结推广典型强化示范引领。聚焦当前粮食流通改革发展重点热点，深入开展抓亮点、树典型工作，健全完善长效机制。鼓励基层首创，坚持上下联动，深入挖掘培树一批叫得响、立得住、可信可学的先进典型。在深入调研的基础上，认真总结提炼一批可复制、可推广的发展模式、工作方法、创新举措等，以点带面、引领示范。

25. 抓好粮食流通新闻宣传。围绕中心工作深入开展新闻宣传，准确及时解读政策，引导社会预期，广泛宣传报道粮食流通改革发展好经验、好做法，营造良好发展环境。健全舆情工作机制，完善应急处置预案，及时回应社会关切。强化行业文化建设，继承弘扬传统优秀粮食文化。精心办好官方网站、粮食报刊和“两微一端”，积极推动多平台融合联动，增强宣传效果。办好世界粮食日和全国爱粮节粮宣传周活动。

关于进一步加强“双安双创”工作的意见

（国务院食品安全办 农业部等　食安办〔2018〕3号　2018年2月27日）

各省、自治区、直辖市、新疆生产建设兵团及计划单列市食品安全办（食品药品监督管理局），农业（农牧、农村经济）、畜牧、兽医、渔业（水利）厅（局、委、办）：

国家食品安全示范城市创建和农产品质量安全县创建（以下简称“双安双创”）是加强食品安全工作的重要举措。2014年“双安双创”工作部署开展以来，各地积极参与、主动作为，创建工作由点及面、以点带面，辐射作用日益显现。为深入贯彻落实党的十九大精神和“双安双创”北京现场会有关工作部署，促进城乡协作互动、共同发展，促进“双安双创”深度融合，现就深入开展“双安双创”工作通知如下：

一、坚持落实党政同责，夯实创建工作基础

各地要深入学习领会习近平总书记食品安全战略、乡

村振兴战略思想，严格落实“党政同责”“四个最严”等要求，把食品安全和农产品质量安全作为重大政治任务、重大民心工程，摆到重要位置。地方各级有关部门要积极向本级党委政府汇报争取，把“双安双创”工作作为抓好本地食品安全整体工作的重要平台和抓手，落实属地责任，加强党委和政府对食品安全和农产品质量安全工作的研究指导；以较高比重把食品安全和农产品质量安全纳入党委政府年度综合目标考核；强化对食品安全和农产品质量安全工作的人力、物力、财力保障。要通过“双安双创”工作，确保高质量、高标准完成每年至少4份/千人食品检验样本量（2份/千人农兽药残留检验样本量）的目标；力争实现基层食品安全和农产品质量安全基层监管能力建设标准化。

二、坚持问题导向，努力解决人民群众关心的食品安全问题

“双安双创”必须坚持“以人民为中心”的发展理念，请群众参与、让群众知晓、请群众监督、让群众满意。各参创市、县要广泛开展群众最关心的食品安全和农产品质量安全问题调查，在摸清群众普遍关心问题的基础上，坚持问题导向，精准发力，努力治理解决，以创建实绩回应人民对美好生活的期待。“双安双创”中重点推进：一是强化农产品质量安全管控，推进标准化生产，推行健康种养殖、绿色防控技术，控肥、控药、控添加剂，规范农兽药使用行为；强化生产经营主体责任，推行农产品追溯管理，建立准出准入衔接机制；加强农业投入品监管、质量监测，加大农产品质量安全执法力度；加强品牌建设，与粮食生产功能区、重要农产品生产保护区和特色农产品优势区建设相结合，树立特色优质安全农产品品牌。二是加快推进“放心肉菜示范超市”创建，通过“农超对接”“厂超对接”“订单农业”“基地＋加工企业＋超市”等机制，在国家食品安全示范城市中打造一批“放心肉菜示范超市”，并在此基础上开展批发市场的规范治理和放心肉菜批发市场示范创建，让群众能够买到真正“放心肉菜”。三是鼓励参创城市在食品生产领域探索开展“食品安全示范行业示范企业”创建，推动重点食品行业和大型企业提高食品安全水平，提升行业企业国际竞争力，发挥示范引领作用。四是落实《国务院食品安全办等五部门关于进一步加强农村食品安全治理工作的意见》（食安办［2015］18号），大力开展农村食品安全治理，严防不安全食品下乡。

三、坚持协同联动，扩大创建辐射面

食品药品监管部门和农业部门要密切配合，推进“双安双创”协调发展。建立健全“双安双创”组织机制，国家食品安全示范城市创建和国家农产品质量安全县创建应各有侧重、有机衔接。开展国家食品安全示范城市创建的城市，其创建工作应有农业部门参与；开展国家农产品质量安全县创建的县（市、区），其创建工作应有食品药品监管部门参与。开展“双安双创”的市、县，要主动划清食品和农产品监管职责；建立食用农产品产地准出和市场准入衔接机制；研究构建贯通食用农产品生产、流通、消费全过程的质量安全追溯体系；加强食品和农产品检验检测机构资质认定工作，建立检验检测资源共享机制；协调推进农产品质量安全监测计划、食品安全抽检计划和食品安全风险监测计划实施；建立健全农产品生产经营主体信用档案，建立食用农产品质量安全监管信息共享制度，加快形成监管执法合作机制；共同构建“从农田到餐桌”的全链条食品安全和农产品质量安全治理体系。落实《国家食品安全“十三五”规划》《全国农产品质量安全提升规划（2016—2020年）》要求，实施食品安全和农产品质量安全示范引领工程，鼓励各地分层次、分步骤开展本区域食品安全和农产品质量安全示范创建行动，逐步扩大“双安双创”覆盖范围。

四、坚持“高标准、严要求”，提高创建含金量

各参加创建市、县要认真对照国家食品安全示范城市创建标准和农产品质量安全县创建标准，寻找短板，精准发力，高质量完成各项创建任务。各省（自治区、直辖市）食品安全委员会和农业部门要严格按照有关评价程序、遵循评价标准，重点聚焦人民群众满意度，严格开展评价工作，做到公平、公正、公开，评价结果要向社会公示，广泛听取意见。对于已获得命名授牌的市、县，也要持续开展跟踪评价，防止出现工作滑坡。确保评出的国家食品安全示范城市和国家农产品质量安全县“经得检查、群众公认、社会认可”。

五、坚持创新引领，发挥示范带头作用

各参加创建市、县要勇于探索、积极推动食品安全和农产品质量安全监管制度、监管方式和监管手段创新。要结合促进农业和食品产业转型升级，围绕食

品添加剂不规范使用、微生物污染、农兽药残留、粮食霉菌污染、重金属污染等重点风险治理，创新监管制度，倒逼生产经营者落实主体责任。每个创建市、县都要瞄准本地1～2个主要食品安全和农产品质量安全风险，形成一套可推广、可借鉴、可示范的风险管控技术模式。要大力推广应用物联网、大数据等新技术，创新监管手段，提高监管效能。各创建市、县争取通过创建建成高效完备的食品安全和农产品质量安全监管信息化监管系统，形成"智慧监管"能力，实现"机器换人"目标。

六、坚持共治共享，充分调动各方力量

"双安双创"要坚持"共建、共治、共享"，充分调动广大人民群众、社会组织、媒体、企业等各方社会力量积极参与创建。要发挥好食品行业协会作用，加强行业自我管理、自我评价、自我监督。要发挥好新闻媒体的舆论引导和新闻监督作用，加强科普宣传和风险交流，努力构建诚信守法环境，及时化解社会疑惑和不实传言，抵制虚假宣传和恶意炒作。建立完善食品和农产品质量安全诚信管理制度，积极推行食品安全责任险，利用诚信管理机制和第三方监督力量，促进加强食品和农产品质量安全治理。

七、坚持求真务实，抵制各种形式主义

"双安双创"要坚持走群众路线，要确保工作方向与群众期待一致，工作举措更加贴近群众需求。要坚持求真务实，坚决抵制各种形式主义，坚决杜绝各种扰民做法，坚决不搞"花架子"，不搞迎检等形象工程。创建过程中，一经发现弄虚作假行为，一律撤销参创资格。

关于大兴调研之风加快推动粮食流通改革发展的意见

（国家粮食局 国粮政［2018］30号 2018年3月5日）

各省、自治区、直辖市、计划单列市及新疆生产建设兵团粮食局：

为认真落实习近平总书记关于大兴调查研究之风的重要指示精神，在全行业建立健全科学化、制度化、常态化的调研长效机制，不断提高服务决策、谋划工作、指导实践水平，加快推动粮食流通改革发展，切实增强国家粮食安全保障能力，现提出如下意见：

一、充分认识大兴调研之风的重要意义

习近平总书记多次强调，调查研究是谋事之基、成事之道，没有调查就没有发言权，更没有决策权。在十九届一中全会上，习近平总书记深刻指出，抓好重大工作部署的贯彻落实，离不开调查研究，要在全党大兴调查研究之风。近期，习近平总书记在中宣部寻乌扶贫调研报告上作出重要批示，对加强调查研究又提出明确要求。各级粮食部门要提高政治站位、增强"四个意识"，充分认识大兴调研之风的重要意义。

大兴调研之风，是全面贯彻习近平新时代中国特色社会主义思想和党的十九大精神的客观要求。进入新时代，开启新征程，只有加强调查研究，才能深刻领会社会主要矛盾转化等重大判断和确保国家粮食安全、实现高质量发展、推动乡村振兴等战略部署，找准切入点和突破口，着力提高粮食流通改革发展水平，确保党中央、国务院各项决策部署不折不扣落到实处。

大兴调研之风，是有效破解粮食流通领域难题、切实增强国家粮食安全保障能力的现实需要。肩负新使命，迎接新挑战，只有深入调查研究，才能抓住主要矛盾和矛盾的主要方面，"对症下药"、有的放矢，打基础、补短板、强弱项，加快构建更高层次、更高质量、更有效率、更可持续的国家粮食安全保障体系。

大兴调研之风，是自觉践行群众路线、持续改进工作作风的必然选择。权为民所用，利为民所谋，只有深入基层一线，走进田间地头、车间仓房和集贸市场，与广大种粮农民、多元市场主体和城乡居民面对面交流，才能及时了解人民群众所思所想所盼，反映

民情、集中民智、体现民意，真正做到“为耕者谋利、为食者造福、为业者护航”。

二、准确把握大兴调研之风的总体要求

（一）指导思想

全面贯彻党的十九大精神，以习近平新时代中国特色社会主义思想为指导，认真落实习近平总书记关于加强调查研究的重要指示精神，以“把握新时代、研究新形势、聚焦新任务、提出新对策”为目标方向，紧紧围绕粮食行业深化改革、转型发展的关键环节和重点任务，全面深入开展调查研究，努力形成一批总结情况实事求是、分析问题准确到位、思路建议具体可行的成果，切实增强决策部署的前瞻性、针对性和指导性、实效性，为加快推动粮食流通改革发展、切实提高国家粮食安全保障能力发挥重要作用。

（二）基本原则

坚持围绕中心、服务大局。要坚持在大局中谋划、在大势中推进、在大事上作为，为服务“三农”工作大局、促进经济社会发展当好参谋助手。

坚持问题导向、底线思维。要始终把解决现实问题、筑牢安全底线作为调研工作的出发点和落脚点，选好题目、找准问题、深入研判，提出务实管用的对策建议，确保“参到点子上、谋在关键处”。

坚持着眼长远、超前谋划。要准确把握经济社会发展宏观形势和粮食流通改革发展趋势变化，积极开展苗头性、倾向性、潜在性问题研究，不断丰富政策储备，充实完善政策“工具箱”，做到居安思危、未雨绸缪。

坚持深入基层、实事求是。要扑下身子，深入扎实、全面细致地掌握第一手材料，用数据和事实说话，既报喜又报忧，做到察实情、出实招、办实事、求实效，坚决反对走马观花、浅尝辄止、一得自矜、以偏概全。

三、统筹推进调查研究各环节工作

（一）明确调研重点

一是，要紧紧围绕党中央、国务院重大决策部署开展调研。深入研究粮食行业贯彻落实习近平新时代中国特色社会主义思想和党的十九大精神的创新思路，深入研究贯彻落实中央经济工作会议、中央农村工作会议、中央1号文件和政府工作报告部署要求的主要任务，深入研究实施国家粮食安全战略和服务乡村振兴战略、健康中国战略的方法路径，牢牢把握正确方向。二是，要紧紧围绕新时代粮食流通改革发展“四梁八柱”重点问题开展调研。按照全国粮食流通工作会议部署安排，积极谋划深化粮食收储制度改革、创新完善粮食宏观调控、全面加强粮食流通监管、大力发展粮食产业经济、加快推动粮食安全保障立法、更好服务外交大局等方面的思路举措，加快粮食行业深化改革、转型发展。三是，要紧紧围绕广大群众关心关注的热点难点问题开展调研。当前和今后一个时期，要聚焦市场化改革形势下农民售粮、增加绿色优质粮油供给、保障粮油产品质量安全等问题，不断满足人民日益增长的美好生活需要。

（二）创新调研方式

一是，扩大覆盖面、增强代表性。既要到工作局面好的地方去总结经验，培树一批可复制、可借鉴、可推广的先进典型，发挥以点带面的示范作用；更要到困难较多、情况复杂、矛盾尖锐的地方，特别是多到工作推进慢、群众意见大的地方去研究问题。二是，坚持“眼睛向下、解剖麻雀”。学习借鉴寻乌调研做法，选好调研地点和对象，确保一定时间的蹲点调研；要沉到基层一线，拜人民群众为师，“甘当小学生”，全面摸清搞准实情。要深入思考、系统分析，善于总结提炼，去伪存真、去粗取精，更好地服务科学决策和工作指导。三是，多措并举、放大效应。坚持宏观与微观、定性与定量、座谈与问卷等多种方式结合，灵活采用综合调查、典型调查、抽样调查和现代信息网络技术等多种手段，增强调研的全面性和精准性。四是，协同联动、集思广益。既可独立开展调研，也可与相关部门、研究机构、高校院所等联合调研，积极利用“智库”和“外脑”开展委托调研。

（三）加强成果转化

一是，提高调研成果质量。调研成果要有情况有问题、有措施有建议，做到观点鲜明、数据翔实、条理清晰、逻辑严密，特别是解决问题的办法和路径要切实可行、精准有效。二是，拓宽成果转化渠道。对调研成果进行评价分类，可形成具体政策、解决现实问题，可报送相关部门、提供决策参考，可作为典型经验、指导工作实践，也可纳入政策储备、做好中期和远期谋划。要建立调研成果动态数据库，对转化运用情况跟踪推进、调度督导和定期通报。三是，加强调研成果交流。国家粮食局定期组织“粮安论坛”和“青年干部论坛”等，交流心得，相互学习；同时通过政府网站专栏展示、汇编印发、报刊登载等形式，实现调研成果开放共享。各省级粮食部门要创新方式、搭建平台，积极扩大

调研成果交流。

（四）强化各方联动

国家粮食局商请国家粮食安全政策专家咨询委员会，开展重大课题研究和咨询；委托专业研究机构，开展战略性课题研究；组织各司局单位开展全局性重点课题研究；面向全国粮食系统，开展软科学课题研究。根据工作需要，国家粮食局各司局单位可与地方粮食部门开展联合调研。各省级粮食部门要积极申报国家粮食局软科学课题研究，并支持协助、配合参与国家粮食安全政策专家咨询委员会和国家粮食局各司局单位开展课题研究；同时，根据当地经济社会发展规划和粮食流通改革发展实际，精心组织各自的课题研究工作。各省级粮食部门要及时将优秀调研成果上报，国家粮食局适时组织评审和奖励。

（五）完善推进机制

要完善重要决策调研论证机制。凡事关改革发展大局和群众切身利益的重大事项，在制定政策或出台文件前，都要深入调查研究、广泛征求意见。要完善调研常态管理机制。对确定的调研课题，明确时间表和路线图，建立台账、督查督办，确保调研工作任务落细落小落实。要完善领导带头调研机制。各级粮食部门主要负责同志和相关负责同志，要亲自带头、精心组织，充分发挥示范带动作用。要完善调研成果考核评价机制。把调研工作成效作为评优树先的重要参考，进一步调动广大干部的积极性。要及时总结成功经验和先进做法，不断健全调研工作机制。

四、确保调查研究工作顺利开展

（一）提高思想认识

要充分认识新时代大兴调查研究之风的重大意义，切实把思想和行动高度统一到习近平总书记重要指示精神和党中央、国务院决策部署上来，不断增强调查研究的主动性和自觉性。

（二）加强组织领导

要把调查研究摆在更为突出的位置，统筹谋划、周密安排，召开专题会议研究部署；认真制定调研方案，科学确定调研题目，组织精干力量开展调研。要着力营造大兴调研之风的浓厚氛围，把大调研与大学习、大讨论、大落实有机结合起来，加快推进、形成合力。

（三）强化服务保障

要加强政治教育和业务培训，不断增强广大干部的综合素质和业务能力，提高调研工作水平。要正确处理开展调查研究与抓好日常工作的关系，统筹好人员力量、调研任务和时间安排，为调研工作创造有利条件。要加强选题论证、实地调研、评优奖励、成果运用等各方面的工作经费保障。

（四）严守纪律规矩

要严格遵守中央八项规定及实施细则精神，力戒“四风”特别是形式主义、官僚主义，严禁弄虚作假。要认真执行廉洁纪律和经费使用、食宿安排等有关规定，坚持轻车简从，减轻基层负担。

关于实施农产品加工业提升行动的通知

（农业部　农加发［2018］2号　2018年3月16日）

为深入贯彻党的十九大精神，实施乡村振兴战略，根据《中共中央国务院关于实施乡村振兴战略的意见》和《国务院办公厅关于进一步促进农产品加工业发展的意见》（国办发［2016］93号）要求，进一步推动我国农产品加工业转型升级，促进农业农村经济高质量发展，为乡村振兴提供新动能，农业部决定启动实施农产品加工业提升行动。现将有关事项通知如下。

一、充分认识重要意义

农产品加工业联结工农、沟通城乡、亦工亦农，是为耕者谋利、为食者造福的重要民生产业。经过多年努力，我国农产品加工业取得了长足发展，但产业大而不强、发展不平衡不充分的问题仍很突出，在满足城乡居民美好生活需求方面还有较大差距。主要表现为：加工业与种养业规模不匹配、加工产业结构不合理、内生增长动力不足、创新能力不强、发展质量和效益不高，特别是企业规模偏小、管理水平较低、产业链条短、技术装备水平不高、高质量产品供给不足、优质绿色品牌加工产品缺乏等。目前，我国已由高速增长阶段转向高质量发展阶段，正处在转变发展方式、优化经济结构、转换增长动力的攻关期。大力实施农产品加工业提升行动，对于促进加工业转型升级、实现高质量发展、深化农业供给侧结构性改革、加快培育农业农村发展新动能、促进农民持续稳定增收、提高人民生活质量和健康水平、促进经济社会持续健康发展都具有十分重要的意义。

二、准确把握总体要求

实施农产品加工业提升行动，要以习近平新时代中国特色社会主义思想为指导，深入贯彻新发展理念，落实高质量发展的要求，围绕实施乡村振兴战略，充分发挥农产品加工业在深化供给侧结构性改革、增强农业供给侧对需求侧的适应性灵活性中的重要作用，以市场需求为导向，以农产品加工业提质增效为核心，优化结构布局，强化科技支撑，提升质量品牌，促进融合发展，发挥优势、突出特色，推进质量变革、效率变革、动力变革，不断提升农产品加工业质量效益和竞争力。

实施农产品加工业提升行动，要坚持以下基本原则：

——提质增效发展。把高质量发展作为根本要求，引导产业由数量增长向质量提升转变。弘扬企业家精神和工匠精神，降成本、补短板、强弱项，增品种、提品质、创品牌，提升企业效益和竞争力，推动农产品加工业品质革命。

——创新驱动发展。把创新作为产业发展的第一动能和第一竞争力，引导产业由要素驱动向创新驱动转变。建立以企业为主体、市场为导向、“产学研推用”深度融合的技术创新体系，提升产业科技创新能力和企业技术装备水平。

——绿色引领发展。把绿色发展作为指导产业可持续发展的主攻方向，引导产业由资源消耗型向环境友好型转变。建立低碳、低耗、循环、高效的绿色加工体系，实现增效增绿增收，经济社会生态效益有机统一。

——产业融合发展。把融合发展作为根本路径，引导产业从分散布局向集群发展转变，延长企业产业链、提升价值链、完善利益链，推动农产品加工业与农村其他产业深度融合。

三、力争实现主要目标

到2020年，农产品加工业转型升级取得明显进展，支撑农业农村现代化和带动农民增收作用更加突出，满足城乡居民消费升级需求和美好生活需要的能力进一步增强。

——产业规模持续扩大。农产品加工转化率达到68%，规模以上农产品加工业主营业务收入年均增长6%以上，农产品加工业与农业总产值比达到2.4：1。

——结构布局不断优化。农产品加工业结构布局进一步优化，产业集中度和企业聚集度明显提高，规模以上企业显著增加，初加工、精深加工、综合利用加工和主食加工协调发展。

——创新能力显著增强。关键环节核心技术和装备研发取得较大突破，国家农产品加工科技协同创新体系基本建立，从业人员整体素质进一步提升。

——质量品牌明显提升。打造出一批具有广泛影响力和持久生命力的国内知名农业加工品牌，生产出更多营养安全、美味健康、方便实惠的食品和质优、价廉、物美、实用的农产品加工产品，高附加值产品供给比重显著增加。

四、努力完成重点任务

（一）协调发展促提升

统筹推进初加工、精深加工、综合利用加工和主食加工协调发展。大力支持新型经营主体发展农产品保鲜、储藏、烘干、分级、包装等初加工设施，鼓励建设粮食烘储中心、果蔬加工中心，减少产后损失，提升商品化水平；引导建设一批农产品精深加工示范基地，推动企业技术装备改造升级，开发多元产品，延长产业链，提升价值链；推介一批农产品和加工副产物综合利用典型，推动副产物循环利用、全值利用和梯次利用，提升副产物附加值；认定一批主食加工示范企业，推介一批中央厨房发展新模式，开发多元化产品，提升主食品牌化水平。

（二）园区集聚促提升

引导“三区”（粮食生产功能区、重要农产品生产保护区、特色农产品优势区）大力建设规模种养基地，发展产后加工；引导加工产能向“三园”（现代农业产业园、科技园、创业园）聚集发展，鼓励企业向前端延伸带动农户、合作社、家庭农场等新型农业经营主体建设原料基地，向后端延伸建设物流营销和服务网络。引导主产区农产品就地就近加工转化增值，引导大中城市郊区发展主食加工、方便食品及农产品精深加工产业，打造产业发展集群。鼓励企业兼并重组，培育一批年产值超过30亿元的大型农产品加工企业。创建一批产值超50亿元的国家农产品加工园区和产值超100亿元的国际农产品加工园区。支持贫困地区、革命老区、民族地区和边疆地区因地制宜发展农产品加工业，实现就地就近脱贫。

（三）科技创新促提升

加强国家农产品加工技术研发体系建设，突出企业的创新主体地位，新增一批国家农产品加工技术研发专业分中心，建设一批农产品加工技术集成基地。加快构建现代农业产业技术体系农产品加工协同创新机制，推动国家重点研发计划向农产品加工领域倾斜，支持国家食药同源产业科技创新联盟建设，攻克一批产业关键共性技术难题，取得一批行业亟须的科技创新成果。加快科技成果转化应用，打造线上、线下相结合的科技成果转化平台，组织全国性、综合性的"政产学研银"合作对接活动，指导举办区域性、专业性的合作对接活动，推广一批成熟适用技术装备。

（四）品牌创建促提升

强化"产出来、加出来、管出来、树出来、讲出来"的品牌创建思路，引导企业牢固树立以质量和诚信为核心的品牌观念，支持企业积极参与先进质量管理、食品安全控制等体系认证，提升全程质量控制能力，弘扬精益求精、追求卓越的"工匠"精神。完善标准体系，加强行业标准制修订和宣贯，大力推行标准化生产，鼓励引导企业主动制定和使用先进标准。组织开展全国农产品加工业品牌创建宣传周等系列活动，通过多主体参与、多形式推进、多方位宣传的方式，组织开展培训交流，宣传展示自主品牌，增强公众消费信心，推动农产品加工业增品种、提品质、创品牌。

（五）绿色发展促提升

大力发展绿色加工，鼓励节约集约循环利用各类资源，引导建立低碳、低耗、循环、高效的绿色加工体系，形成"资源—加工—产品—资源"的循环发展模式，推介一批绿色加工先行区典型模式。鼓励在适宜地区建设和使用太阳能干燥、热泵干燥等高效节能环保的技术装备。提高已建农产品产地初加工设施的使用效率，积极推广相关技术，促进农产品冷藏库、烘干房等初加工设施的"一库多用"、"一房多用"、周年使用。支持农产品加工园区的循环化改造，推进清洁生产和节能减排，引导企业建立绿色工厂，加快应用节水、节能等高效节能环保技术装备。促进农产品和加工副产物综合利用企业与农民合作社等新型经营主体有机结合，推动副产物综合利用原料标准化，实现加工副产物的有效供给。针对重点地区、品种和环节，开发新能源、新材料、新产品，变废为宝，化害为利。

（六）融合发展促提升

结合农村一二三产业融合发展试点，支持农户、合作社、企业等经营主体建设、完善、提升初加工、主食加工、综合利用加工、休闲农业和乡村旅游等设施设备。鼓励农产品加工企业通过股份制、股份合作制、合作制等方式，与上下游各类市场主体组建产业联盟，让农户分享二三产业增值收益。引导鼓励利用大数据、物联网、云计算、移动互联网等新一代信息技术，培育发展网络化、智能化、精细化的现代加工新模式，引导农产品加工业与休闲、旅游、文化、教育、科普、养生养老等产业深度融合，积极发展电子商务、农商直供、加工体验、中央厨房、个性定制等新产业新业态新模式，推动产业发展向"产品＋服务"转变。

五、切实强化保障措施

（一）强化政策落实

继续推进《国务院办公厅关于进一步促进农产品加工业发展的意见》（国办发〔2016〕93号）贯彻落实，督促各地出台细化实化的政策措施；联合相关部门研究出台新的政策措施，促进农产品精深加工发展；研究推动修订享受企业所得税优惠政策的农产品初加工范围目录。统筹使用有关项目资金，加大对实施农产品加工业提升行动的支持力度。充分发挥财政资金的撬动作用，联合有关部门，综合运用基金、信贷、贴息、担保、保险等金融工具，积极探索PPP、"互联网＋加工金融"、上市融资等投融资模式，引导金融机构和各类社会资本积极参与农产品加工业提升行动，形成多元化的资金投入格局，共享农产品加工业发展红利。各地农业主管部门要结合实际，协调当地有关部门落实农产品加工业财政、税收、投资贸易、用地、用电、交通运输等方面的优惠政策措施。

（二）强化工作职责

各省级农业主管部门要切实强化责任意识，把推动农产品加工业提升行动作为当前和今后一个时期的重点工作，发挥好牵头作用，履行好规划、指导、管理和服务等职能，加大项目、资金、资源整合力度，优先向发展农产品加工业倾斜。要结合当地农产品加工业发展实际，研究制定本省（自治区、直辖市）开展农产品加工业提升行动的细化实施方案，进一步明确目标任务、主要内容、责任分工和时间节点。各省级农业主管部门要强化对市、县两级实施农产品加工业提升行动的督导，建立健全相应的激励约束机制。要积极与相关部门沟通协调，形成齐抓共管、上下联动的工作格局，共同促进提升行动取得实效。

（三）强化人才保障

组织开展行业人才培训行动，以培养科技创新与推广人才、经营管理人才、企业家、职业技能人才为重点，带动和引导地方广泛组织开展人才培训工作，推介一批全国农业农村优秀企业家典型和全国农村优秀工匠典型。面向行业广大中青年科技人员，培养具有国际视野、紧跟国际科技前沿、既懂技术又懂市场的高端科研人才。以服务产业需求为导向，大力加强科技成果转化专业人才培养。以提高企业核心竞争力为目标，加强企业经营管理人才和企业家队伍培训。支持有条件的农产品加工企业面向生产一线员工，组织开展岗位比武、技能竞赛等岗位练兵活动，组织遴选一批技艺精湛、技能高超的行业技能大师。建立完善行业人才培训师资库，挖掘和认定一批基础设施完善、功能齐全的培训基地，推进全行业共享优质培训资源。

（四）强化宣传引导

发挥好典型案例的示范带动作用，充分利用互联网、微博、微信等各类新媒体，大力宣传促进农产品加工产业发展的方针政策，及时总结宣传各地实施农产品加工业提升行动的好经验、好做法，深入报道实施农产品加工业提升行动的丰富实践、重大成就、先进典型，讲好提升发展故事，营造支持农产品加工转型升级发展的良好氛围。集中宣传一批绿色加工、综合利用加工、主食加工、中央厨房等农产品加工业新业态的典型发展模式，充分发挥典型示范引领作用。加强农产品加工科普宣传教育，引导公众树立营养、健康、绿色的消费理念。

（五）强化公共服务

开展农产品加工业运行监测和景气分析，为行业决策提供数据支撑。充分发挥行业协会、学会、社会化服务组织在调查研究、舆论引导、贸易保护、人才培养、金融服务等方面的重要作用。联合举办中国农产品加工业投资贸易洽谈会，支持各地搭建区域交流合作大平台。围绕落实“一带一路”倡议，组织国际交流合作，推进加工企业“走出去”。加强与中国农业银行、中国农业发展银行、中国建设银行等金融机构合作，继续推荐一批发展前景好的农产品加工发展项目享受优惠信贷支持。

关于“人才兴粮”的实施意见

（国家发展和改革委员会等　国粮发［2018］86号　2018年5月3日）

各省、自治区、直辖市和新疆生产建设兵团发展改革委员会、粮食局、教育厅（教委、教育局）、人力资源社会保障厅（局），河南工业大学、南京财经大学、武汉轻工大学、江南大学，中国储备粮管理集团有限公司、中粮集团有限公司、中国供销集团公司，各有关单位：

为认真落实党中央、国务院关于实施人才强国战略、深化人才发展体制机制改革的决策部署，在粮食行业造就一支数量充足、结构合理、素质优良的人才队伍，为加快推进农业供给侧结构性改革，大力发展粮食产业经济提供坚实人才支撑，现就实施“人才兴粮”提出如下意见。

一、总体要求

近年来，全国粮食行业紧密结合粮食流通改革发展实际，扎实推进人才发展，人才队伍建设取得显著成效。同时也要看到，人才队伍结构不尽合理、人才发展体制机制不够灵活、人才资源开发投入不足等问题依然存在。实施“人才兴粮”，完善体制机制，优化队伍结构，增强综合素质，对于深化粮食流通改革、建设粮食产业强国、保障国家粮食安全具有重要意义。

（一）指导思想

以习近平新时代中国特色社会主义思想为指导，全面贯彻党的十九大精神，聚焦实施科教兴国、人才强国和创新驱动发展战略，紧紧围绕统筹推进“五位一体”总体布局和协调推进“四个全面”战略布局，坚持党管人才原则，聚天下英才而用之，以保障国家粮食安全为目标，以建设粮食产业强国为重点，深化粮食行业人才发展体制机制改革，健全服务粮食全产业链的人才培养体系，优化人才发展环境，激发人才创新创造活力，为粮食流通改革发展提供人才保障。

（二）基本原则

——坚持党管人才、集聚人才。充分发挥党组织总揽全局、协调各方的领导核心作用，加强政治引领和政治吸纳，把各方面人才团结集聚到粮食流通事业中来。

——坚持围绕中心、服务大局。把服务粮食流通改革发展、建设粮食产业强国，作为粮食行业人才工作的根本出发点和落脚点，优先保障重大产业、重点项目、重要工作的人才需求，增强人才工作的针对性和实效性，实现人才发展与粮食流通改革发展的深度融合。

——坚持问题导向、分类施策。从粮食行业人才突出问题和发展短板入手，针对不同类型人才，抓住重点和难点，因地制宜、分类施策，以高层次、创新型人才为先导，以技术技能型人才为主体，统筹推进粮食行业人才队伍建设。

——坚持创新机制、统筹资源。加快体制机制改革和制度创新，重点破除束缚人才发展的观念和体制机制障碍，向用人主体放权、为人才松绑，统筹各方力量和各类资源，服务粮食行业人才工作。

（三）主要目标

到2022年，粮食行业人才队伍与事业发展需求基本相适应，各类人才队伍结构进一步优化，人才体制机制和培养体系更加完善，人才在粮食流通改革发展中的作用更加突出。专业技术人才创新能力明显提升，建设10个以上由领军人才领衔、具有国际水平的创新团队，遴选并重点培养40名以上青年拔尖人才，培养一批粮食卓越工程师。高技能人才规模进一步扩大，培养4 000名技师和高级技师，选拔120名技能拔尖人才，建设60个技能拔尖人才工作室。粮食安全政策智库建设取得突破，集聚一批具有较高政策理论水平和研究能力的专家学者。粮食行业人才培养能力进一步提高，在涉粮院校建立全国粮食行业教育培训基地，建设一批示范性高技能人才培训基地。

二、突出重点推进

（四）着力提升粮食系统党政人才专业素质

坚持统筹使用各类编制资源，广开视野，多渠道、高标准选拔优秀人才。着眼增强学习本领、政治领导本领、改革创新本领、科学发展本领、依法执政本领、群众工作本领、狠抓落实本领、驾驭风险本领，有针对性地给干部交任务压担子。注重在急难险重任务中锻炼干部，选派干部到地方党政宏观综合部门和艰苦地区挂职锻炼，提高干部综合素质和宏观把握能力。加强干部专业能力培养，聚焦粮食流通改革发展重点和难点开展业务培训，定期举办省级粮食局长培训班。建立执法人员名录库和粮油库存检查专业人才库，加强执法督查业务培训，培养一批具有较高执法水平和丰富执法经验的业务骨干。事业单位要围绕粮食流通中心工作引进人才，想方设法为人才发展搭建平台，各项政策要向重点岗位、特殊人才、业绩突出者倾斜。

（五）着力培养粮食科技创新领军人才

面向国家自然科学基金、重点研发计划等国家级科技计划和重大粮食科研（工程）项目主要承担人员，以及省级粮食行业科技创新领军人才，选拔一批全国粮食行业科技创新领军人才，建设国内一流、国际知名的粮食科技创新团队。在科研机构、高校和相关企事业单位建设一批重点实验室、工程中心、技术创新中心和院士（专家）工作室、博士后科研工作（流动）站，为高层次创新人才提供平台。优先从科技创新领军人才和取得突出成绩、做出突出贡献的专业技术人员中，推荐两院院士、享受政府特殊津贴专家。

（六）着力遴选粮食优秀青年科技人才

紧紧围绕粮食行业重点科研方向，遴选一批有发展潜力的优秀青年拔尖人才，自主选题开展创新研究。优先从青年拔尖人才中推荐参评国家“万人计划”青年项目、国家杰出青年科学基金、“长江学者奖励计划”。建立依托重大科研（工程）项目培养青年人才的机制，根据实际情况，每个重大项目可以安排1名青年科技人才为项目第二负责人。开展“百名博士服务粮企”活动，组织具有博士学位的青年教师、科研人员和粮食专业在读博士，到企业对接需求、解决难题。探索青年科技人才接续培养机制，对入选“青年人才托举工程”的，优先列入青年拔尖人才培养。鼓励各地各单位实施青年人才扶持计划，对科研工作成绩突出的青年科技工作者，给予一定项目资金支持和个人奖励。

（七）着力培育粮食领域卓越工程师

国家和省级粮食部门会同有关高校、科研机构和企业，建立粮食领域卓越工程师教育培养产学研联盟。针对绿色生态储粮、粮油加工、装备制造、现代物流、信息技术运用等不同领域特点，分类制定粮食领域卓越工程师专业标准。通过共同制定培养方案、共同建设课程体系，深入开展“新工科”研究与实践，推进人才培养模式改革，完善培养跟踪管理和质量评价机制，培养一批创新能力强、专业水平高的粮食工程技术后备人才。从产业化龙头企业遴选具有丰富实践经验、工作业绩突出的粮食工程师，定期开展专题研修，提高创新能力。

（八）着力扩大粮食高技能人才队伍规模

适应粮食行业技术进步和产业发展需求，以技师和高级技师为重点，开展以新技术、新工艺、新方法为主要内容的职业教育和培训，形成一支具有高超技艺和精湛技能的粮食行业高技能人才队伍。完善国家、省、市分级负责的粮食行业技能拔尖人才选拔培养机制，注重从非国有粮食企业选拔人才。鼓励企业建立“首席技师”制度，发挥高技能人才“传帮带”作用。结合实施“优质粮食工程”，适应专业化社会化粮食产后服务体系、粮食质量安全检验监测体系建设需要，促进粮食仓储、检验等岗位人才转型发展，培养一批粮食产后服务领域复合型高素质技术技能人才和高水平粮油质量检验人才。根据产业分布和发展需要，依托高等学校、职业学校和大型骨干企业，完善技能人才培训基地建设，形成技能人才培训机构网络，广泛开展职业技能培训和鉴定工作。

（九）着力完善粮食安全政策智库

面向国家社会科学基金、国家软科学研究计划等项目和粮食行业重大科研（战略性）项目的主要承担人员，组织选拔全国粮食经济研究领军人才。各类粮食经济研究、信息咨询机构，要对当前粮食流通改革发展热点和难点问题，主动开展研究、加强交流。充分发挥粮食安全政策专家咨询委员会作用，经常向专家通报粮食流通改革发展情况，支持专家有针对性地开展重点专题咨询，提供高质量决策咨询报告。定期举办粮食政策理论研究成果交流论坛。各地要结合实际，建立灵活多样的粮食安全政策智库，围绕本地区涉粮重大问题，开展政策理论研究和决策咨询。鼓励支持有关高校加强粮食流通改革发展重大政策理论研究，并以此为方向重点培养一批博士、硕士人才。

（十）着力建设粮食行业人才培训基地

进一步明确标准，有计划、有重点地建设一批全国粮食行业教育培训基地和示范性高技能人才培训基地。针对部分地区培训资源较少的情况，统筹考虑设置跨区域的培训基地。鼓励培训基地承担面向粮食行业的业务培训，开展人才课题研究，开发职业标准、培训教材等。引导和支持培训基地加强粮食课程建设，建立专兼职相结合的师资队伍。支持涉粮高校、科研机构申报设立国家级专业技术人员继续教育基地。深化产教融合、校企合作，充分发挥粮食行业职业教育集团作用，推广集团化办学，促进校企共育人才。支持示范（骨干）职业院校牵头组建面向粮食行业发展需要的区域性职业教育集团。

三、完善体制机制

（十一）全面优化人才管理体制

以“放权松绑”为核心，全面清理当前束缚用人单位自主权和制约人才发展的不合理制度，保障和落实用人单位自主权，减少对人才不必要的限制。支持和鼓励科研机构、高校等单位研究人员和专业技术人员创新创业，允许专业技术人员到业务领域相近单位兼职、参与项目合作，或利用本人科研成果创业。更加注重市场认可和评价，对在市场中得到检验并认可的项目要开绿灯，加大支持力度，让创新人才“名利双收”。用人主体结合工作实际自主确定用人需求，建立完善人才使用、考核、退出等机制。着力提高人才工作服务水平，解决其工作和生活中的实际困难，免除后顾之忧，做到“拴心留人”。

（十二）实施更具竞争力的引才政策

坚持“缺什么、引什么”的原则，支持各地各单位实施更加积极、开放、有效的引才政策，践行“引进一个人才、带来一个项目、形成一个产业”的理念，依托国家“千人计划”等积极引进高端人才，以产引才、以才促产。各地各单位要围绕补足人才短板，树立“高精尖缺”导向，借鉴精准引才、靶向引才、团队式引进、成建制对口支持等有效经验，推出引才新举措。坚持以用为本，不求所有、但求所用，不求所在、但求所为，鼓励用人单位采取咨询、兼职、项目合作、学术交流或设置创新型岗位等形式，实行柔性引进、弹性管理、个性服务。各类粮食企业要立足实际，积极吸纳、留住本地人才，同时要充分利用当地户籍、社会保障、子女教育等优惠引才政策，在更大范围内引进急需紧缺人才。

（十三）创新人才培养方式。遵循人才成长规律，分类施策培养人才

着眼推进粮库智能化、信息化和提高粮油加工、装备自主创新能力，培养粮食行业紧缺人才。依托粮食行业国家工程实验室、工程技术中心、重点实验室等平台，构建产学研用相结合的协同育人模式。指导有关院校服务国家粮食安全特殊需求，培养粮食行业急需博士人才。加快粮食信息技术人才培养，鼓励青年骨干接受信息技术专业硕士及以上学历教育，与高等院校合作开展信息技术人才培训。引导和鼓励一批普通本科高校设立粮食学院，或围绕粮食产业转型升级需要，增设相关专业，培养应用型本科人才。鼓励粮食企业与职业院校开展深入合作，共同制订专业人才培养方案，构建课程体系，共建实训场所，为学生实习实训和教师实践提供岗位。广泛开展岗位练兵、技术比武等竞赛活动，鼓励技术革新和发明创造，在实践中培养技术技能人才。

（十四）完善人才评价机制

实行人才分类评价，根据粮食科研、工程、经济等不同领域人才特点，科学设定评价指标。建立粮食行业高级职称评审专家库，不断改进职称评审工作。对基础研究人才，着重评价其提出和解决重大问题的原创能力、研究成果质量、学术水平及对行业发展的影响等；对应用研究人才，着重评价其技术创新能力、成果转化、对产业发展的实际贡献等；对科技管理人才，重在评价考核工作绩效，引导其提高服务水平和技术支持能力。落实提高技术工人待遇有关政策，实现技高者多得、多劳者多得；在粮食系统劳动模范评选表彰中增加一线工人名额比例。

（十五）充分发挥科研机构和高校人才高地优势

鼓励和引导有关科研机构、高校发挥各自优势，与企业建立科技协同创新平台、技术创新联盟，共同攻克重大关键技术难题。涉粮院校要进一步紧贴粮食行业需求，突出粮食特色，推进粮食产业相关专业改革与建设，切实提高办学质量，增强人才培养能力。科研机构、高校等单位要发挥科技创新的引领作用，赋予创新团队更大的人财物支配权、技术路线决策权；科学合理设置评价考核周期，加强考核结果运用，建立专业技术人员能上能下、能进能出机制；探索建立“首席科学家”制度，全面落实以增加知识价值为导向的分配政策，对国家“千人计划”“万人计划”等特殊人才探索实行协议工资制等分配办法；设立人才培养基金和人才奖励基金，充分激发科研人员创新创业的积极性。

四、强化保障措施

（十六）加强统筹协调

各级粮食行政管理部门、企事业单位党组织要加强对“人才兴粮”工作的组织领导，制定切实可行的落实措施。要将粮食行业人才队伍建设纳入粮食安全省长责任制考核内容，明确考核标准，层层压实责任。各级粮食行政管理部门要高度重视基层人才队伍建设，积极争取人力资源社会保障、财政、教育等部门支持，采取多种措施培养能够留得下来的基层实用人才。有关地区和单位要积极发挥优势，加大人才援疆援藏力度。要结合粮食科技周等活动，积极开展人才供需对接，搭建人才服务平台。

（十七）完善投入保障

建立健全政府投入为引导、用人单位投入为主体、社会和个人投入为补充的多元化投入机制。积极争取国家人才工程经费，加大“人才兴粮”专项经费投入，对重点人才工作任务要安排配套经费支持，建立对优秀人才和科研团队的持续支持机制。在粮食重大建设项目中要统筹考虑人才培养和专家咨询经费。强化对人才投入绩效考核，提高经费使用效益。

（十八）强化激励引领

充分利用报刊、广播、电视、网站、微信、微博等多种渠道，做好人才宣传工作，要注重宣传粮食流通事业蓬勃发展对各类人才的需求。总结加强人才培养、助推粮食行业转型发展的先进经验，培树一批扎根粮食行业默默奉献、在本领域本专业做出突出贡献的人才典型。大力宣扬先进典型事迹，弘扬劳模精神和工匠精神，以榜样的力量感染人、打动人，增强人才对粮食行业的认同感归属感，鼓励更多人才献身粮食事业。

关于“科技兴粮”的实施意见

（国家发展和改革委员会等　国粮发［2018］100 号　2018 年 5 月 11 日）

各省、自治区、直辖市及新疆生产建设兵团发展改革委、粮食局、科技厅，河南工业大学、南京财经大学、武汉轻工大学、江南大学，中国储备粮管理集团有限公司、中粮集团有限公司、中国供销集团有限公司，各有关单位：

“科技兴粮”是贯彻新发展理念，落实国家粮食安全战略、创新驱动发展战略、乡村振兴战略，促进粮食科技与经济融通发展、建设现代化粮食经济体系的系统性工程，对于深化农业供给侧结构性改革，大力发展粮食产业经济，确保国家粮食安全，把中国人的饭碗牢牢端在自己手中，具有十分重要的意义。为全面实施“科技兴粮”，制定本实施意见。

一、总体要求

（一）指导思想

以习近平新时代中国特色社会主义思想为指导，全面贯彻党的十九大精神，紧紧围绕落实国家粮食安全战略目标，突出创新是引领发展的第一动力的重要作用，以供给侧结构性改革为主线，坚持目标导向和问题导向相统一，坚持改革和创新双轮驱动，坚持藏粮于地和藏粮于技相结合，坚持自主创新和开放发展相结合，坚持创新链、产业链和价值链“三链”协同，深化粮食科技体制改革，激发各类创新主体的积极性，提高粮食科技创新能力，促进科技成果转化，增强粮食产业健康发展新动能，为推动建设粮食产业强国、促进乡村振兴、满足人民日益增长的美好生活需要提供科技支撑。

（二）主要目标

力争到2022年，粮食科技创新体系更加完善，科技水平进一步提高，基础研究、应用研究取得突破性进展，产学研融合更加紧密，解决一批制约发展的关键问题，粮食科技成果加快转化，技术转移成效不断放大，粮食科技人才队伍规模与结构更加合理。科技贡献率力争提高3个百分点；粮油储藏技术继续保持国际领跑地位，粮油科技的“并跑”技术有所增加，深加工和装备制造等技术与国际先进水平差距缩小；取得国家科技奖或省部级一等奖的粮食科技成果30项以上，推广应用经济社会效益显著的重大科技成果20项以上。

二、完善创新体系，提高创新能力

（三）增强粮食企业创新能力，突出企业技术创新主体地位

引导企业发挥技术创新主体作用，支持大型龙头企业、企业集团和转制院所自主决策、先行投入，开展行业共性关键技术装备的研发攻关和成果推广应用；鼓励企业建立内设技术研发机构，开展创新研发和成果推广；在粮食仓储、加工、物流、营养健康主食及主食工业化等重点和特色产业领域培育一批企业技术创新中心或研发中心；引导企业与高校或科研院所联合开展技术创新和示范，建设产学研相结合的特色实验室或科技园区；发挥科技型企业和工程设计机构在科技成果转化中的桥梁作用，及时将新技术转化为产品或在工程项目中推广使用；支持在粮食产业、物流园区建设研发中心，为园区企业提供共性技术服务。鼓励有条件、有特色的地方、骨干企业与科研院所、高等院校等具有技术优势的单位，实现联合开发、成果共享、风险共担、产学研相结合的粮食产业科技创新联盟，支持其承担重大科研项目攻关任务，解决制约产业升级的重大技术难题，突破关键技术难题，创制新产品，力争5年内组建4～5个粮食产业科技创新联盟，并纳入全国粮食行业创新体系。

（四）做强做优粮食科研院所，发挥粮食公益科研机构创新优势

粮食系统内的公益性科研院所应立足行业需求，推进院所体制改革，科学设置内设机构，整合粮食科研、工程技术、设备研发力量，加强粮食应用基础研究，突破粮食公益性、前瞻性和基础性技术难题；支持河南工业大学、南京财经大学、武汉轻工大学等粮食大学建设服务国家粮食安全需求的博士点，充分发挥涉粮大专院校人才培养、基础研究、理论创新和技术服务作用，培育粮食专业优势学科；积极发挥省级科研院所和质检机构依托市场开展粮食技术服务和新技术应用推广的作用。

（五）完善行业科技创新平台，发挥科技创新和人才培养的作用

加强国家重点实验室和国家工程研究中心创新能力建设。鼓励企业申请新建一批粮食行业重点实验室、技术创新中心，培育粮食领域国家级重点实验室、工程研究中心、技术创新中心，鼓励各地依托科研机构、科技型企业等建立科技服务平台，构建多领域、多层次粮食科技创新平台体系，促进创新资源高效配置，进一步增强粮食产业创新能力。支持粮食主产区根据需求建设以粮食产后收储运和加工为主的国家农业科技园区。鼓励各地围绕区域主导产业建设各具特色的粮食科技成果集成示范基地和国家农业科技园区，开展研发试验、成果展示和技术培训，发挥促进科技与生产、集成与示范、教育与推广、创新与营销紧密结合的作用。力争5年内建设15个产学研合作的粮食科技创新平台；每年遴选一批科技创新有特点或科技成果转化成效突出的单位，授牌为“科技兴粮”示范单位，力争5年内授牌30个粮食科技创新示范企业。

（六）创新开放合作机制，吸引各领域优秀科研人员和团队参与粮食科研工作

鼓励多学科交叉合作，共同承担粮食领域国家科技计划项目，攻克行业共性关键技术难题；探索与中国科学院、中国工程院等国家级科研机构合作新机制。加强国际合作与技术交流，鼓励引进先进技术与装备，提升传统产业技术水平；鼓励具有自主知识产权的粮食科技、产品、标准和设备走出去，积极促进“一带一路”国际合作，增强国际竞争力。鼓励科研机构科技创新平台接入国家科技创新服务平台，建立健全科研院所、高等院校、企业的科研设施和仪器设备等科技资源向社会开放的合理运行机制。加大国家工程研究中心以及国家粮食和物资储备局重点实验室、工程研究中心、技术创新中心、分析测试中心等向社会开放服务的力度，积极引导其对企业开展专项服务。加强区域性科研设备协作，提高对企业技术创新的支撑服务能力。

（七）探索科研创新组织模式，推动粮食领域大众创业万众创新

建立粮食产业科技需求调查机制，常年开通在线科技需求征集，科学凝练重点研发任务；支持构建众创空间、创新孵化器，积极探索粮食企业技术难题竞

标等“研发众包”、用户参与设计新型研发组织模式，引导科技人员、科研单位承接粮食企业的科技项目委托和难题招标；促进技术共创共用，加强行业创新资源共享合作。

三、加快成果转化，提高科技贡献率

（八）搭建资源共享平台，持续开展科技“三对接”活动

每年科技活动周举办“全国粮食科技成果转化对接活动”，展示最新实用技术成果；引入中国科协所属学术团体和优势互联网科技企业，推进高新技术成果交叉融通；持续完善粮食行业科技成果、人才、机构“三对接”机制，探索建立政府引导、市场驱动、企业化运作的粮食相关科技成果转移新模式；在国家粮食和物资储备局政府网站建立服务云平台，征集并发布企业创新需求，实时公布粮食科技成果目录和可供企业应用转化的科技成果包；利用大数据、云计算等信息技术手段，筛选和定向推荐粮食相关科研成果和实用技术，支持获奖成果推广应用；利用专家库，开展技术应用、成果转化的指导和咨询服务；探索有效的粮食科技特派员制度和博士服务团工作机制，组织科技人员和高层次专家定期服务基层；通过行业期刊宣传科技兴粮成果和企业示范经验；支持科研院所和大专院校科研人员到企业兼职或留职离岗创业。

（九）鼓励联合攻关，促进科技成果工程化产品化

鼓励科研机构、工程设计单位、设备制造单位和企业联合开展攻关，使科技创新、工艺设计、设备制造和产品开发形成良性互动，促进科技成果快速实现工程化和产品化；聚焦粮食去库存和品质提升等行业重大需求，依托重点项目和工程，运用系统工程思想，建立中间试验、工业化试验、工程化开发、集成示范及推广的协调机制；项目建设设备招标采购时，鼓励优先考虑质量好、环保性能佳的装备。鼓励科研单位建设粮食技术转移中心等科技成果转化服务机构，探索和建立科技成果转化的有效模式与机制，优化成果转化流程，探索目标一致、分工明确、权责明晰、利益共享的“一条龙”新型服务模式；引入相关中介机构提供技术转移转化专业服务，提高转移转化效率和收益。

四、统筹协同推进，提高科技水平

（十）推进安全、绿色、智能、精细仓储科技创新，实施“现代粮仓”创新行动

围绕政府储备粮安全管理需求，专题攻关绿色储粮技术和高标准仓储设施建设标准，实施“现代粮仓”创新行动。加强储粮生态系统相关基础理论研究，加强储粮信息自动感知和自动采集系统、仓储机器人等技术开发与应用。研发物理、生物源储粮药剂等绿色防护技术，推进产业化应用示范。支持粮食分类收购和储藏相关新技术的研发，强化储藏新技术集成与创新。

（十一）推进粮油适度加工技术和深加工技术与产品创新，促进先进粮油加工技术产业化

研究制定适度加工工艺、产品标准。开发小麦、稻谷、大豆、杂粮、特色植物油脂等功能性、专用性新产品，开展工业化传统主食生产技术研发，开展稻米、食用油适度加工产业示范。加强副产物循环、全值和梯次利用研发，为循环经济提供技术支撑。开发方便营养的米制品，强化玉米、大豆在营养健康、生物化工、生物医药等领域深加工技术应用。重点开发新型功能性淀粉糖和醇类新产品，开展食用、可降解包装和地膜用、精细化工用特种变性淀粉等产品研发，促进去库存相关技术的产业化。

（十二）推进先进装备原始创新和集成创新，实现粮食装备制造突破

推动高效、环保、智能化粮食出入库机械设备和物流设备研究开发，提高粮食流通作业效率。对标先进标准，提高粮食设备（装备）制造核心技术水平。结合“粮食产后服务体系”建设，提高国产粮食烘干设备节能环保技术水平和智能控制技术水平。开发高效节粮节能营养型粮油和特色杂粮等加工装备；开发米制品加工成套设备；推进粮食加工自动化、智能化，促进产业技术升级。

（十三）推进高效物流科技创新，促进粮食物流现代化

研发有关移动粮仓的配套设施和技术，应用物联网、北斗等信息技术，支撑智慧物流发展。开发自动化、智能化的粮食物流装备和出入库设备，提升粮食物流设施设备标准衔接水平。优化多式联运衔接和物流管控一体化技术。利用物联网技术、大数据技术，提升粮食流通管理的数据获取能力。

（十四）推进优质粮食质量和安全科技创新，为健康消费提供科技支撑

研究完善“中国好粮油”系列标准及粮食质量控制作业系列标准和评价手段。结合“国家粮食质量安全检验监测体系”建设，突破快速检测技术瓶颈，开发粮食收购现场快速自动采集和质量检测设备；研究建立中国主粮品质分类体系，开发专用品质评价仪器。深入研究真菌毒素、重金属污染和农药残留超标粮食安全合理利用技术，开展超标粮食安全利用工业化示范。开展中央主食厨房健康烹饪与营养均衡配餐的研究，编撰出版粮油营养健康消费指南。

五、营造良好环境，激发创新活力

（十五）落实科技创新激励政策，鼓励科研单位优化激励机制

落实有关股权、期权激励奖励等收益分配政策和事业单位国有资产处置收益政策；落实技术转让或者许可、作价投资等所取得的净收入用于奖励的比例不低于50%，主要贡献人员奖励份额不低于奖励总额的50%的优惠政策；鼓励科研人员带科研项目和成果到企业工作或创办企业；鼓励粮食科研机构设立可供有创新实践经验的企业家和企业科技人才兼职的流动岗位。提升行业科技奖励社会认可程度。探索建立对科研项目实施过程、成果、行业服务等的分类评价机制，以成果转化、技术发明、成果质量及社会经济效益为考核导向，以科研能力、学术水平、成果质量和应用实效等作为评价的重要内容，优化科研人员职称评定、岗位管理、考核评价制度、科技奖励推荐和收入分配激励约束机制，发挥科技成果用户、业务管理部门、地方粮食行政管理部门等单位在科研评价中的作用。

（十六）加大知识产权保护和科普力度，营造科技兴粮的氛围

大力扶持自主创新和原始创新，加大粮食科技创新成果、产品的专利权、商标权等知识产权保护力度；组织举办粮食科技活动周等宣传活动，开展粮食科普进机关、进社区、进家庭、进农村、进军营等活动，增强全社会公众的粮食安全、科学消费、爱粮节粮意识；推进粮食科普网站、微信公众号、知识库、手机APP等新媒体平台的建设，创制“粮油消费大典”等科普产品，创新宣传形式，扩大粮食科学知识传播范围；尊重科学研究规律，弘扬创新精神，倡导创新文化，创造宽松学术环境；完善科技资源分配与成果共享机制；对担任领导职务的科技人员的科技成果转化收益分配实行公开公示制度，不得利用职权侵占他人科技成果转化收益；加强科研学术道德和科研诚信体系建设，完善失信惩戒机制，杜绝学术不端和学术腐败。

（十七）加强粮食科技人才队伍建设，提高行业队伍整体素质

加强粮食专业人才培养，强化专业技术人才和高技能人才队伍建设，探索建立技术人才定期培训、考察、交流机制，培育“工匠精神”，培养科技领军人才、战略科学家和优秀创新团队，不断提升技术人才的业务素养；吸引院士和高端人才，建设院士专家工作站、博士后工作站，支持企业创新；建立“粮食产业科技专家库”和“粮食行业技能拔尖人才库”，鼓励有条件的企业事业单位设立“首席科学家（专家）”岗位；探索应用型创新人才培养机制，支持优秀青年科技人才牵头承担企业科研任务，扶持培育企业优秀技术创新团队。

（十八）加强组织领导，健全粮食行政管理部门推进科技创新工作机制

粮食系统定期召开粮食科技创新大会，部署粮食科技创新工作；建立粮食科技省级协调机制，定期交流创新动态，研究交流技术效果、措施；各级粮食行政管理部门应切实落实粮食安全省长责任制关于科技创新的要求，主动转变观念，深入了解科技需求，掌握粮食科技动向，主动推进科技创新，积极搭建科研人员与企业对接平台，鼓励企业开展技术改造和技术创新，推动科技成果转化，有效保护粮食产业品牌；积极争取地方财政、税务、科技、发展改革等部门创新资源，积极宣传指导研发费用税前加计扣除等激励政策；探索利用风险投资、买（卖）方信贷、知识产权和股权质押、融资租赁等方式，支持科技型企业开展技术创新融资，推进成果转化应用；保护基层创新积极性，营造良好的科技创新环境。

关于推进奶业振兴保障乳品质量安全的意见

（国务院办公厅　国办发［2018］43号　2018年6月3日）

各省、自治区、直辖市人民政府，国务院各部委、各直属机构：

奶业是健康中国、强壮民族不可或缺的产业，是食品安全的代表性产业，是农业现代化的标志性产业和一二三产业协调发展的战略性产业。近年来，我国奶业规模化、标准化、机械化、组织化水平大幅提升，龙头企业发展壮大，品牌建设持续推进，质量监管不断加强，产业素质日益提高，为保障乳品供给、促进奶农增收作出了积极贡献，但也存在产品供需结构不平衡、产业竞争力不强、消费培育不足等突出问题。为推进奶业振兴，保障乳品质量安全，提振广大群众对国产乳制品信心，进一步提升奶业竞争力，经国务院同意，现提出以下意见。

一、总体要求

（一）指导思想

全面贯彻党的十九大和十九届二中、三中全会精神，以习近平新时代中国特色社会主义思想为指导，认真落实党中央、国务院决策部署，统筹推进“五位一体”总体布局和协调推进“四个全面”战略布局，坚定不移贯彻新发展理念，按照高质量发展的要求，以实施乡村振兴战略为引领，以优质安全、绿色发展为目标，以推进供给侧结构性改革为主线，以降成本、优结构、提质量、创品牌、增活力为着力点，强化标准规范、科技创新、政策扶持、执法监督和消费培育，加快构建现代奶业产业体系、生产体系、经营体系和质量安全体系，不断提高奶业发展质量效益和竞争力，大力推进奶业现代化，做大做强民族奶业，为决胜全面建成小康社会提供有力支撑。

（二）基本原则

创新驱动，绿色发展。强化科技创新，推动管理制度改革，推进节本增效，提高奶业综合生产能力。因地制宜，合理布局，种养结合，草畜配套，促进养殖废弃物资源化利用，推动奶业生产与生态协同发展。

利益联结，共享共赢。坚持产业一体化发展方向，延伸产业链，建立奶农和乳品企业之间稳定的利益联结机制，推进形成风险共担、利益共享的产业格局，增强奶农抵御市场风险的能力，实现一二三产业协调发展。

问题导向，重点攻关。针对当前奶业发展不平衡不充分的问题，以关键环节和重点难点为突破口，着力提高奶业供给体系的质量和效率，提升乳品质量安全水平，更好适应消费需求总量和结构变化。

市场主导，政府支持。处理好政府与市场的关系，充分发挥市场在资源配置中的决定性作用，强化乳品企业市场主体作用，优化资源配置，增强发展活力。更好发挥政府在宏观调控、政策引导、支持保护、监督管理等方面的作用，维护公平有序的市场环境。

（三）主要目标

到2020年，奶业供给侧结构性改革取得实质性成效，奶业现代化建设取得明显进展。奶业综合生产能力大幅提升，100头以上规模养殖比重超过65%，奶源自给率保持在70%以上。产业结构和产品结构进一步优化，婴幼儿配方乳粉的品质、竞争力和美誉度显著提升，乳制品供给和消费需求更加契合。乳品质量安全水平大幅提高，产品监督抽检合格率达到99%以上，消费信心显著增强。奶业生产与生态协同发展，养殖废弃物综合利用率达到75%以上。到2025年，奶业实现全面振兴，基本实现现代化，奶源基地、产品加工、乳品质量和产业竞争力整体水平进入世界先进行列。

二、加强优质奶源基地建设

（四）优化调整奶源布局

突出重点，巩固发展东北和内蒙古产区、华北和中原产区、西北产区，打造我国黄金奶源带。积极开辟南方产区，稳定大城市周边产区。以荷斯坦牛等优质高产奶牛生产为主，积极发展乳肉兼用牛、奶水牛、奶山羊等其他奶畜生产，进一步丰富奶源结构。

（五）发展标准化规模养殖

开展奶牛养殖标准化示范创建，支持奶牛养殖场改扩建、小区牧场化转型和家庭牧场发展，引导适度规模养殖。支持奶牛养殖大县整县推进种养结合，发展生态养殖。推广应用奶牛场物联网和智能化设施设备，提升奶牛养殖机械化、信息化、智能化水平。加强奶牛口蹄疫防控和布病、结核病监测净化工作，做好奶牛常见病防治。

（六）加强良种繁育及推广

建立全国奶牛育种大数据和遗传评估平台，完善种牛质量评价制度，构建现代奶牛遗传改良技术体系和组织管理体系。扩大奶牛生产性能测定范围，加快应用基因组选择技术。支持奶牛育种联盟发展，联合开展青年公牛后裔测定。大力引进和繁育良种奶牛，打造高产奶牛核心育种群，建设一批国家核心育种场。加大良种推广力度，提升良种化水平，提高奶牛单产量。

（七）促进优质饲草料生产

推进饲草料种植和奶牛养殖配套衔接，就地就近保障饲草料供应，实现农牧循环发展。建设高产优质苜蓿示范基地，提升苜蓿草产品质量，力争到2020年优质苜蓿自给率达到80%。推广粮改饲，发展青贮玉米、燕麦草等优质饲草料产业，推进饲草料品种专业化、生产规模化、销售市场化，全面提升种植收益、奶牛生产效率和养殖效益。

三、完善乳制品加工和流通体系

（八）优化乳制品产品结构

统筹发展液态乳制品和干乳制品。因地制宜发展灭菌乳、巴氏杀菌乳、发酵乳等液态乳制品，支持发展奶酪、乳清粉、黄油等干乳制品，增加功能型乳粉、风味型乳粉生产。鼓励使用生鲜乳生产灭菌乳、发酵乳和调制乳等乳制品。

（九）提高乳品企业竞争力

引导乳品企业与奶源基地布局匹配、生产协调。鼓励企业兼并重组，提高产业集中度，培育具有国际影响力和竞争力的乳品企业。依法淘汰技术、能耗、环保、质量、安全等不达标的产能，做强做优乳制品加工业。支持企业开展产品创新研发，优化加工工艺，完善质量安全管理体系，增强运营管理能力，降低生产成本，提升产品质量和效益。支持奶业全产业链建设，促进产业链各环节分工合作、有机衔接，有效控制风险。

（十）建立现代乳制品流通体系

发展智慧物流配送，鼓励建设乳制品配送信息化平台，支持整合末端配送网点，降低配送成本。促进乳品企业、流通企业和电商企业对接融合，推动线上线下互动发展，促进乳制品流通便捷化。鼓励开拓“互联网＋”、体验消费等新型乳制品营销模式，减少流通成本，提高企业效益。支持低温乳制品冷链储运设施建设，制定和实施低温乳制品储运规范，确保产品安全与品质。

（十一）密切养殖加工利益联结

培育壮大奶农专业合作组织，推进奶牛养殖存量整合，支持有条件的养殖场（户）建设加工厂，提高抵御市场风险能力。支持乳品企业自建、收购养殖场，提高自有奶源比例，促进养殖加工一体化发展。建立由县级及以上地方人民政府引导，乳品企业、奶农和行业协会参与的生鲜乳价格协商机制，乳品企业与奶农双方应签订长期稳定的购销合同，形成稳固的购销关系。开展生鲜乳质量第三方检测试点，建立公平合理的生鲜乳购销秩序。规范生鲜乳购销行为，依法查处和公布不履行生鲜乳购销合同以及凭借购销关系强推强卖兽药、饲料和养殖设备等行为。

四、强化乳品质量安全监管

（十二）健全法规标准体系

研究完善乳品质量安全法规，健全生鲜乳生产、收购、运输和乳制品加工、销售等管理制度。修订提高生鲜乳、灭菌乳、巴氏杀菌乳等乳品国家标准，严格安全卫生要求，建立生鲜乳质量分级体系，引导优质优价。制定液态乳加工工艺标准，规范加工行为。制定发布复原乳检测方法等食品安全国家标准。监督指导企业按标依规生产。

（十三）加强乳品生产全程管控

落实乳品企业质量安全第一责任，建立健全养殖、加工、流通等全过程乳品质量安全追溯体系。加强源头管理，严格奶牛养殖环节饲料、兽药等投入品使用和监管。引导奶牛养殖散户将生鲜乳交售到合法的生鲜乳收购站。任何单位和个人不得擅自加工生鲜乳对外销售。实施乳品质量安全监测计划，严厉打击非法收购生鲜乳行为以及各类违法添加行为。对生鲜乳收购站、运输车、乳品企业实行精准化、全时段管理，依法取缔不合格生产经营主体。健全乳品质量安全风险评估制度，及时发现并消除风险隐患。

（十四）加大婴幼儿配方乳粉监管力度

严格执行婴幼儿配方乳粉相关法律法规和标准，强化婴幼儿配方乳粉产品配方注册管理。婴幼儿配方乳粉生产企业应当实施良好生产规范、危害分析和关键控制点体系等食品安全质量管理制度，建立食品安全自查制度和问题报告制度。按照“双随机、一公开”要求，持续开展食品安全生产规范体系检查，对检查发现的问题要从严处理。严厉打击非法添加非食用物质、超范围超限量使用食品添加剂、涂改标签标识以及在标签中标注虚假、夸大的内容等违法行为。严禁进口大包装婴幼儿配方乳粉到境内分装。大力提倡和鼓励使用生鲜乳生产婴幼儿配方乳粉，支持乳品企业建设自有自控的婴幼儿配方乳粉奶源基地，进一步提高婴幼儿配方乳粉品质。

（十五）推进行业诚信体系建设

构建奶业诚信平台，支持乳品企业开展质量安全承诺活动和诚信文化建设，建立企业诚信档案。充分运用全国信用信息共享平台和国家企业信用信息公示系统，推动税务、工信和市场监管等部门实现乳品企业信用信息共享。建立乳品企业“黑名单”制度和市场退出机制，加强社会舆论监督，形成市场性、行业性、社会性约束和惩戒。

五、加大乳制品消费引导

（十六）树立奶业良好形象

积极宣传奶牛养殖、乳制品加工和质量安全监管等方面的成效，定期发布乳品质量安全抽检监测信息，展示国产乳制品良好品质，提升广大群众对我国奶业的认可度。推介休闲观光牧场，组织开展乳品企业公众开放日活动，让消费者切身感受牛奶安全生产的全过程，激发消费活力。

（十七）着力加强品牌建设

实施奶业品牌战略，激发企业积极性和创造性，培育优质品牌，引领奶业发展。通过行业协会等第三方组织，推介产品优质、美誉度高的品牌，扩大消费市场。发挥骨干乳品企业引领作用，促进企业大联合、大协作，提升中国奶业品牌影响力。

（十八）积极引导乳制品消费

大力推广国家学生饮用奶计划，增加产品种类，保障质量安全，扩大覆盖范围。开展公益宣传，加大公益广告投放力度，强化乳制品消费正面引导。普及灭菌乳、巴氏杀菌乳、奶酪等乳制品营养知识，倡导科学饮奶，培育国民食用乳制品的习惯。加强舆情监测，及时回应社会关切，营造良好舆论氛围。

六、完善保障措施

（十九）加大政策扶持力度

在养殖环节，重点支持良种繁育体系建设、标准化规模养殖、振兴奶业苜蓿发展行动、种养结合、奶牛场疫病净化、养殖废弃物资源化利用和生鲜乳收购运输监管体系建设；在加工环节，重点支持婴幼儿配方乳粉企业兼并重组、乳品质量安全追溯体系建设。地方人民政府要统筹规划，合理安排奶畜养殖用地。鼓励社会资本按照市场化原则设立奶业产业基金，放大资金支持效应。强化金融保险支持，鼓励金融机构开展奶畜活体抵押贷款和养殖场抵押贷款等信贷产品创新，推进奶业保险扩面、提标，合理厘定保险费率，探索开展生鲜乳目标价格保险试点。

（二十）加强奶业市场调控

完善奶业生产市场信息体系，开展产销动态监测，及时发布预警信息，引导生产和消费。充分发挥行业协会作用，引导各类经营主体自觉维护和规范市场竞争秩序。顺应奶业国际化趋势，实行“引进来”和“走出去”相结合，促进资本、资源和技术等优势互补，增强自我发展能力。

（二十一）强化科技支撑和服务

开展奶业竞争力提升科技行动，推动奶业科技创新，在奶畜养殖、乳制品加工和质量检测等方面，提高先进工艺、先进技术和智能装备应用水平。加强乳制品新产品研发，满足消费多元化需求。完善奶业社会化服务体系，加大技术推广和人才培训力度，提升从业者素质，提高生产经营管理水平。

（二十二）切实加强组织领导

各地区、各有关部门要根据本意见精神，按照职责分工，加大工作力度，强化协同配合，制定和完善具体政策措施，抓好贯彻落实。农业农村部要会同有关部门对本意见落实情况进行督查，并向国务院报告。

贫困地区农产品产销对接实施方案

（农业农村部　农办市［2018］18号　2018年6月4日）

为贯彻落实中央财经委员会第一次会议提出的“产业扶贫要在扶持贫困地区农产品产销对接上拿出管用措施”的部署要求，加强贫困地区特别是集中连片贫困地区、深度贫困地区特色优质农产品产销对接，促进贫困地区农产品销售，提升产业扶贫质量，加快贫困群众脱贫增收步伐，特制定本实施方案。

一、夯实产销对接基础

加快标准化生产基地建设。全面推进特色主导产业标准化建设，加快绿色高产高效基地创建和标准化养殖示范场建设。加快研发适宜贫困地区的特色品种和技术模式，支持贫困地区健全农产品标准体系，加快农业标准化实施。加强仓储冷链设施建设。加大对贫困地区农产品贮藏、保鲜等设施建设力度。支持贫困地区在特色优势农产品产区建设或改建一批气调库、冷藏冷冻保鲜库，缓解农产品集中上市压力。加快新型经营主体培育。加大对带动贫困户特色农产品销售的农业企业、农民合作社、专业大户等新型经营主体培育力度，重点发展壮大一批脱贫能力强的龙头企业。加强特色农业品牌建设。立足区域资源禀赋和产业基础，充分发挥传统媒体和新媒体优势，加强品牌农产品培育、塑造和宣传推介，打造一批竞争力较强、知名度较高的特色农业品牌。打通产销信息渠道。借助现代信息技术开展特色产业市场信息的监测与发布，及时为农户提供市场政策、价格、供需等信息服务，推动建立利益紧密联结、产销密切衔接的长期稳定的农产品流通渠道。

二、开展2018年贫困地区农产品产销对接行动

农业农村部2018年拟开展多种形式的“贫困地区农产品产销对接行动”，重点开展六大活动（工程），着重提升贫困地区特色农产品营销能力。

（一）贫困地区农产品出村活动。引导市场流通主体“走进去”，组织农业产业化龙头企业、大型农产品批发市场、大型商超物流企业、加工企业、食品企业、电商平台等市场流通主体，“走进山村、走进市场”。举办“贫困地区农产品产销对接行动”启动仪式，分期分区域在全国农业展览馆、大兴安岭南麓片区（或武陵山区）、南疆四地州片区、西藏及四省藏区片区、燕山—太行山片区组织开展5场大规模特色农产品产销对接活动。支持集中连片贫困地区参加中国国际茶叶博览会、中国国际农产品交易会、部省共同主办的农业展会以及京津冀品牌农产品产销对接活动等，设置扶贫专区，开展专场推介活动，在展会费用上给予减免。（市场司、计划司、财务司）

（二）农产品电商出村工程。组织10大电商在30个贫困县开展农产品电商出村工程试点，依托电商平台，开展特色优质农产品电商促销月行动。每个试点县选择1～3个特色优质农产品，由电商企业、地方政府、信息进村入户运营商、合作社等多种主体共同出资，整合利用益农信息社等现有渠道，构建适应电商发展的服务体系、新型农产品供应链体系、基础支撑体系，培育多元化市场主体，帮助小农户用信息化手段对接大市场。组织各大电商平台聚焦集中连片贫困地区农产品，根据贫困地区主导农产品集中上市时间，选取量大质优的品种开展特色优质农产品促销活动。建立电商产销联盟，发生较大规模农产品滞销卖难时，及时组织电商开展农产品应急促销。加快推进贫困地区信息进村入户工程，建成5 000个益农信息社。鼓励地方整合利用扶贫资金对销售集中连片贫困地区农产品的电商平台给予奖补。（市场司、财务司）

（三）爱心扶贫销售公益活动。邀请中央宣传部、国务院扶贫办、教育部等部门联合发起扶贫销售公益活动倡议，通过广泛发动和宣传，倡议全国各级党政机关、企事业单位、社会团体等社会各界人士主动、优先购买贫困地区特别是集中连片贫困地区、深度贫困地区特色优质农产品。充分利用市场化手段，以“农业农村部爱心扶贫销售公益网”等冠名方式，联合京东、苏宁等大型电商，直接采购贫困地区农产品，低价或免费提供中小学、养老院等，开展“一天一个水果”“一天一杯果汁”等公益活动。（市场司、办公厅）

（四）特色农业品牌创建活动。研究制定农产品区域公用品牌奖补政策，指导支持贫困地区立足资源禀赋和产业基础，做好品牌规划，加强品牌宣传。支持三区三州贫困县开展“一县一品牌”建设，一个县重点培育和打造一个农产品区域公用品牌。加快推进贫困地区“三品一标”建设，引导和支持贫困地区开展绿色、有机、地理标志农产品认证，对集中连片贫困地区或深度贫困地区特色优质农产品“三品一标”认证在费用上给予一定减免。（市场司、财务司、监管局）

（五）农产品产地市场建设工程。总结地方农产品产地市场建设经验，宣传推广先进典型案例。支持农产品产地市场体系建设，在集中连片贫困地区建设改造一批直接服务农户的区域性农产品产地市场和田头市场，提升农产品分等分级、预冷、初加工、冷藏保鲜、冷链物流等能力。（市场司、计划司）

（六）贫困地区农产品产销对接宣传活动。邀请中央宣传部联合发力，推动新华社、人民日报、中央广播电视总台等主流媒体，开展贫困地区农产品专题宣传。农民日报、农村杂志社、信息中心、农影中心等部属媒体通过设立专栏、专刊、专题节目等，集中力量宣传贫困地区特色优质农产品。推动中央主流媒体为贫困地区播放特色优质农产品公益广告。（办公厅、市场司）

三、保障措施

（一）加强组织领导。各级农业农村部门要高度重视贫困地区农产品产销对接工作，将其作为推进产业扶贫工作的重要抓手。农业农村部牵头做好贫困地区农产品产销对接工作的统筹衔接和整体推进。集中连片贫困地区所在省级农业农村部门要根据本方案，制定省级农产品产销对接行动实施方案，形成部、省、市、县齐抓共管、共同推进的工作格局。

（二）加强指导调度。农业农村部有关司局、事业单位要加大产销对接工作力度，结合自身实际，加强调研与指导，及时提出存在的重大问题和推进建议。加强贫困地区调研数据汇总，摸清贫困地区特色优质农产品品种、种养规模、产量、价格、上市期、储运能力等产销信息，跟踪了解贫困地区农产品产销实际进展。开展产销对接活动前，充分调度产品和经销商信息，进行虚拟配对，确保产销活动精准对接、

高效对接。

（三）加强财政保障。鼓励相关省份利用中央财政农业生产发展等资金支持集中连片贫困地区开展产销对接活动。引导各地将扶贫专项资金、涉农整合资金、对口帮扶资金支持产地市场体系建设、冷链物流体系建设、特色农业品牌建设等产销对接重点环节。加强资金使用监管，确保发挥实效。

（四）引导多元投入。积极推动金融机构创新金融工具，对从事贫困地区农产品生产、加工、流通领域的市场主体给予投融资支持，扩大农业保险覆盖面，提高保费赔付比例，推出价格保险、收益保险等有利于贫困地区产业发展的险种。充分发挥财政资金的杠杆作用，撬动社会资本向贫困地区农产品产销对接领域投入。

关于实施农村一二三产业融合发展推进行动的通知

（农业农村部　农加发［2018］5号　2018年6月6日）

为深入贯彻落实党的十九大关于“促进农村一二三产业融合发展，支持和鼓励农民就业创业，拓宽增收渠道”的决策部署，按照今年中央1号文件“大力开发农业多种功能，构建农村一二三产业融合发展体系”和《政府工作报告》“多渠道增加农民收入，促进农村一二三产业融合发展”的要求，农业农村部决定实施农村一二三产业融合发展推进行动（以下简称“推进行动”）。现将有关事项通知如下。

一、充分认识推进行动的重要意义

促进农村一二三产业融合发展是党中央、国务院作出的重要决策，是党的“三农”理论和政策的创新和发展。十八大以来，各级农业农村部门认真贯彻中央决策部署，把农村一二三产业融合发展（以下简称“农村产业融合发展”）作为农业农村经济转型升级的重要抓手和有效途径，积极推动政策落实和示范带动，取得了积极成效。但总体看，一些地方认识还不足，政策落实不到位；有些地方融合发展水平不高，产加销环节衔接不紧密，产业链延伸、价值链提升不充分；有些地方的企业和农民利益联结机制还不完善，农民分享全产业链增值收益还不够。实施推进行动，有利于构建现代农业产业体系、经营体系和生产体系，提升农业质量效益和市场竞争力；有利于拓宽农民就业增收渠道，促进农民持续较快增收；有利于培育农村新产业新业态新模式，壮大农业农村发展新动能；有利于促进城乡各种资源要素合理流动，以产业融合促进城乡融合。总之，实施推进行动，对于构建农村产业融合发展体系，实施乡村振兴战略，加快农业农村现代化都具有十分重要的意义。

二、准确把握推进行动的总体要求

实施推进行动，要以习近平总书记“三农”思想为指引，坚持“基在农业、惠在农村、利在农民”原则，以农民分享产业链增值收益为核心，以延长产业链、提升价值链、完善利益链为关键，以改革创新为动力，加强农业与加工流通、休闲旅游、文化体育、科技教育、健康养生和电子商务等产业深度融合，增强“产加销消”的互联互通性，形成多业态打造、多主体参与、多机制联结、多要素发力、多模式推进的农村产业融合发展体系，努力助推乡村产业兴旺，切实增强农业农村经济发展新动能。

实施推进行动，要坚持利农惠农，强化企业和农民利益联结，保障农民分享产业融合增值收益。坚持分类施策，发挥各地的特色和资源优势，探索不同地区、不同产业、不同企业的融合模式。坚持市场导向，尊重各类市场主体意愿，引导企业与农民共建产业融合利益共同体，共同提升价值链和利益链。坚持绿色引领，建立低碳、低耗、循环、高效的绿色发展方式，促进资源节约集约利用和生态环境保护。

三、进一步明确推进行动的目标任务

到2020年，农村产业融合主体规模不断壮大，产业链不断延长，价值链明显提升，供应链加快重组，企业和农民的利益联结机制更加完善，融合模式更加多样，建成一批农村产业融合发展先导区和示范园，融合发展体系初步形成，为实施乡村振兴战略提供有力支撑。

（一）落实政策引导融合。继续贯彻落实党中央、国务院关于推进农村产业融合发展、支持返乡下乡人员创业创新、进一步促进农产品加工业发展、发展休闲农业和乡村旅游的决策部署，积极推动财税、金融、保险、投资、科技、人才和用地用电等政策措施落地见效。引导各地以问题为导向，有针对性地细化实化工作举措。组织实施好支持农村产业融合发展项目，促进产业兴村强县和信息进村入户，扶持一批带动力强、影响力大、能让更多农民分享全产业链增值收益的融合发展主体。

（二）创业创新促进融合。积极推动农村创业创新，以返乡下乡本乡创业创新人员为重点，加快培育一批融合利益共同体；以科技人员、企业家、经营管理和职业技能人才等为重点，加快实施一批融合发展相关项目；以农村创业创新项目创意大赛、农村创业创新成果展览展示等为载体，选拔培育一批农村创业创新标杆和代表人物；以农村创业创新园区（基地）为平台，为创业创新主体提供场所和高效便捷服务。

（三）发展产业支撑融合。通过政策推动、企业带动和项目引导，加快发展绿色、循环农业，提高优质农产品生产比例，夯实产业融合发展基础。统筹推动初加工、精深加工、综合利用加工协调发展，不断增强农产品加工业引领带动能力。通过大力发展金融服务、物流配送、电子商务、休闲农业和乡村旅游等新产业新业态新模式，引导第三产业逐步实现主体多元化、业态多样化、设施现代化、发展集聚化、服务规范化，拓宽产业融合发展新途径。同时引导农村一二三产业跨界融合、紧密相连、一体推进，形成农业与其他产业深度融合格局，催生新产业新业态新模式，拓宽农民就业增收渠道。

（四）完善机制带动融合。以保底收购、保底分红、利润返还、合作制、股份合作制、股份制等为主要形式，引导企业和农户建立紧密的利益联结关系；鼓励支持企业将资金、设备、技术与农户的土地经营权等要素有机结合，推动价值分配向上游农户倾斜，打造风险共担、利益共享、命运与共的农村产业融合发展主体；支持企业为农户提供种养技术、产品营销、商品化处理等服务，带领农户发展新产业，增加农户参与产业融合的机会，提升小农户自我发展并与现代农业对接的能力；鼓励企业、科研院所、大专院校和农户成立产业联盟，通过共同研发、成果转化、共有品牌、统一营销等方式，实现信息互通、优势互补。

（五）加强服务推动融合。推进农产品加工流通、休闲旅游、电子商务、投资贸易、展示展销等平台建设，通过政府购买服务等方式为企业提供政策咨询、融资信息、人才对接等公共服务；加快制修订一批行业标准，规范行业管理和提升自律能力；完善统计制度和调查方法，开展行业运行监测分析，指导和推动农村产业融合有序发展；进一步加强与金融机构、产业投资基金的合作，加大农村产业融合发展信贷支持力度。

四、切实强化推进行动的保障措施

（一）强化组织领导。各级农业农村部门要积极发挥指导和引导作用，认真履行有关职责任务，加强沟通协调，推动形成工作合力。各省（自治区、直辖市）农业农村部门要制定推进行动工作方案，进一步明确实施推进行动的目标思路、重点任务、进度安排、责任分工和保障措施，整合资源力量，构建上下联动、部门协调配合的工作环境。于2018年7月15日前将各省（自治区、直辖市）农村产业融合发展推进行动实施方案报送至农业农村部农产品加工局。

（二）强化典型带动。通过政策集成和要素集聚，打造一批具有引领和示范带动作用的农村产业融合发展先导区和示范园；培育一批产业深度融合的现代农业产业园、科技园、创业园、农产品精深加工示范基地和农产品加工园区，促进产园（产城、产镇、产村）融合发展；推介一批农产品加工业发展典型和中央厨房、副产物综合利用模式、休闲农业与乡村旅游示范县、精品线路和景点、美丽休闲乡村、农村创业创新典型县、优秀带头人和企业家典型，充分发挥其辐射带动和示范引领作用。

（三）强化指导督促。各省（自治区、直辖市）农业农村部门要加强对市县农村产业融合发展推进行动的指导，及时对相关工作进行跟踪了解、总结评估。加快建立激励约束机制，开展绩效评估，对实施推进行动好的市县，加大政策、项目等支持力度，切实起到鼓励先进、鞭策后进作用。

（四）强化宣传引导。各省（自治区、直辖市）农业农村部门要广泛通过广播、电视、报纸、网络、宣传册、明白纸等形式，积极宣传政策措施、典型案例和融合模式等，为农村产业融合发展蓄积动力、营造良好的外部环境和舆论氛围。

关于加强现制现售奶茶果蔬汁监督管理的通知

（市场监管总局　市监食监二〔2018〕19号　2018年6月12日）

各省、自治区、直辖市食品药品监督管理局，新疆生产建设兵团食品药品监督管理局：

近年来，现制现售奶茶、果蔬汁等饮品店发展迅速，“网红奶茶”“网红果汁”等饮品吸引广大消费者购买饮用。但检查发现，部分饮品店使用过期原料、卫生条件差、虚假宣传等问题较为突出，存在食品安全隐患。为加强现制现售奶茶、果蔬汁监督管理，保证食品安全，现就有关要求通知如下：

一、严格落实经营者主体责任

各地要督促饮品店严格按照《中华人民共和国食品安全法》《餐饮服务食品安全操作规范》要求，规范饮品制售行为。从业人员要取得健康证明，穿戴清洁的工作衣、帽等，保持个人卫生和手部清洁。采购的鲜奶、奶粉、植脂末、茶粉、茶包、水果、蔬菜、果酱、糖浆、食品添加剂、一次性杯具和吸管等原辅料要符合国家食品安全标准。贮存、运输和盛放原料的容器应安全、无害，使用前应洗净、消毒，保持清洁。购进使用的洗涤剂、消毒剂应对人体安全、无害。制作食用冰、奶茶、果蔬汁的水，应为符合国家标准规定的生活饮用水。用于加工制作果蔬汁的水果、蔬菜应新鲜安全并清洗干净。禁止使用腐败变质的水果、蔬菜以及超过保质期的果酱、糖浆等原辅料加工制作饮品。奶茶、果蔬汁等饮品的公示信息和广告宣传内容应当真实合法，不得存在虚假内容。产品宣传中使用“无糖”“低脂”“鲜奶”“现切水果”等内容的，要与实际相符。

二、加强监督检查和产品抽检

各地要组织对现制现售奶茶、果蔬汁等饮品店开展现场检查，对存在安全隐患的饮品和原辅料进行监督抽检。重点检查以下内容：

（一）复核食品经营许可条件，检查食品经营者证照是否齐全，是否存在超范围经营自制饮品、机打饮料或定型包装饮品的行为，从业人员的健康卫生管理是否符合规定。

（二）对经营鲜榨果蔬汁的，检查水果、蔬菜的进货查验记录以及保存情况。

（三）对经营冲煮饮品的，检查冲煮所用果汁原浆、奶粉茶粉等产品标签是否合规，杜绝使用无证产品和超过保质期产品。

（四）对销售机打饮料的，检查一次性杯具、吸管和现调饮料机供应商资质及产品合格证明。

（五）对制作饮品使用食品添加剂的，检查食品添加剂的使用和保存情况。

（六）食品经营者是否按要求设立专门用于自制饮品制作的专用操作区域并按照要求操作；榨汁机等工具容器在使用前是否洗净消毒，盛装自制饮品的饮具是否清洗消毒。

（七）净水处理设备使用及用水是否符合国家标准。

三、严查违法违规行为

对现场检查、产品抽检和投诉举报中发现的违法违规行为，要责令经营者立即整改，情节较重的要依据《中华人民共和国食品安全法》等法律法规严厉查处。要及时将违法违规经营者名单及其违法违规经营行为记入食品安全信用档案，并通过监管部门官方网站、“两微一端”、新闻媒体等平台向社会公示。对监督检查中多次发现存在违法违规行为的经营者，要从严从重处罚，并将其列为重点监管对象，增加日常监督检查频次。

四、强化社会共治

各地要畅通投诉举报渠道，鼓励消费者监督现制现售奶茶、果蔬汁等饮品店的经营行为，及时核查处置消费者反映的食品安全问题。发布消费警示，提示消费者购买奶茶、果蔬汁等饮品前，先查看经营者的食品经营许可证、从业人员健康证、饮品品质信息和经营场所卫生状况等，不要购买饮用无证饮品店制售的饮品。

各地在监督检查和产品抽检中发现的问题和遇到的困难，要及时报告市场监管总局。

关于加快推进品牌强农的意见

（农业农村部 农市发［2018］3号 2018年6月26日）

各省、自治区、直辖市及计划单列市农业（农牧、农村经济）、农机、畜牧、兽医、农垦、农产品加工、渔业（水利）厅（局、委、办），新疆生产建设兵团农业局：

党的十九大报告提出实施乡村振兴战略。2018年中央1号文件提出质量兴农之路，突出农业绿色化、优质化、特色化、品牌化，全面推进农业高质量发展。品牌建设贯穿农业全产业链，是助推农业转型升级、提质增效的重要支撑和持久动力。为贯彻落实中央精神，深入推进品牌强农，现提出如下意见。

一、充分认识新时期加快品牌强农的重要意义

（一）品牌强农是经济高质量发展的迫切要求

品牌是市场经济的产物，是农业市场化、现代化的重要标志。当前，我国经济发展进入质量效率型集约增长的新阶段，处于转换增长动力的攻关期。加快推进品牌强农，有利于促进生产要素更合理配置，催生新业态、发展新模式、拓展新领域、创造新需求，促进乡村产业兴旺，加快农业转型升级步伐。

（二）品牌强农是推进农业供给侧结构性改革的现实路径

农业品牌化是改善农业供给结构、提高供给质量和效率的过程。加快推进品牌强农，有利于更好发挥市场需求的导向作用，减少低端无效供给，增加绿色优质产品，提升农业生态服务功能，更好满足人民日益增长的美好生活需要，使农业供需关系在更高水平上实现新的平衡。

（三）品牌强农是提升农业竞争力的必然选择

品牌是国家的名片，民族品牌更是代表着国家的经济实力、软实力以及企业的核心竞争力。当前，我国农业品牌众多，但杂而不亮。加快推进品牌强农，有利于提高我国农业产业素质，弘扬中华农耕文化，树立我国农产品良好国际形象，提升对外合作层次与开放水平，增强我国农业在全球竞争中的市场号召力和影响力。

（四）品牌强农是促进农民增收的有力举措

品牌是信誉、信用的集中体现，是产品市场认可度的有力保证。加快推进品牌强农，有利于发挥品牌效应，进一步挖掘和提升广大农村优质农产品资源的价值，促进千家万户小农户有效对接千变万化大市场，增强农民开拓市场、获取利润的能力，更多分享品牌溢价收益。

二、总体要求

（一）指导思想

全面落实党的十九大精神，深入贯彻习近平新时代中国特色社会主义思想，践行新发展理念，按照乡村振兴战略的部署要求，以推进农业供给侧结构性改革为主线，以提质增效为目标，立足资源禀赋，坚持市场导向，提升产品品质，注重科技支撑，厚植文化底蕴，完善制度体系，着力塑造品牌特色，增强品牌竞争力，加快构建现代农业品牌体系，培育出一批“中国第一，世界有名”的农业品牌，促进农业增效、农民增收和农村繁荣，推动我国从农业大国向品牌强国转变。

（二）基本原则

——坚持品质与效益相结合。严把农产品质量安全关，坚持质量第一、效益优先。品质是品牌的前提和基础，是抵御市场风险的基石，要以工匠精神着力提升产品品质，通过规模化提高综合效益，推动品牌建设又快又好发展。

——坚持特色与标准相结合。立足资源禀赋和产业基础，充分发挥标准化的基础保障、技术引领、信誉保证作用，突出区域农产品的差异化优势，以特色塑造品牌的独特性，以标准确保品牌的稳定性。

——坚持传承与创新相结合。农业品牌建设要在传承中创新，在创新中传承，既要保护弘扬中华农耕

文化，延续品牌历史文脉，又要着力增强自主创新能力，与现代元素充分结合，提升产品科技含量，增强品牌国际竞争力。

——坚持市场主导与政府推动相结合。发挥好政府与市场在品牌培育中的作用，强化政府服务意识，加强政策引导、公共服务和监管保护，为品牌发展营造良好环境。强化企业主体地位，弘扬企业家精神，激发品牌创造活力和发展动能。

（三）发展目标

力争 3～5 年，我国农业品牌化水平显著提高，品牌产品市场占有率、消费者信任度、溢价能力明显提升，中高端产品供给能力明显提高，品牌带动产业发展和效益提升作用明显增强。国家级、省级、地市级、县市级多层级协同发展、相互促进的农业品牌梯队全面建立，规模化生产、集约化经营、多元化营销的现代农业品牌发展格局初步形成。重点培育一批全国影响力大、辐射带动范围广、国际竞争力强、文化底蕴深厚的国家级农业品牌，打造 300 个国家级农产品区域公用品牌，500 个国家级农业企业品牌，1 000 个农产品品牌。

三、主要任务

（一）筑牢品牌发展基础

将品质作为品牌发展的第一要义，坚持市场导向、消费者至上，把安全、优质、绿色作为不断提升产品和服务质量的基本要求。统筹农业生产、加工、冷链物流等设施项目建设，建设一批规范标准、生态循环的农产品种养加基地，加快推进农产品生产的规模化、产业化、集约化，提高农产品供给能力。着力构建现代农业绿色生产体系，将产品安全、资源节约、环境友好贯穿始终，将绿色生态融入品牌价值。大力推进标准体系建设，建立健全农产品生产标准、加工标准、流通标准和质量安全标准，推进不同标准间衔接配套，形成完整体系。加强绿色、有机和地理标志认证与管理，强化农业品牌原产地保护。加快构建农产品质量安全追溯体系，强化农产品质量安全全程监管。加强品牌人才培养，以新型经营主体为重点，建设专业素质高、创新能力强、国际视野广的人才队伍，提高品牌经营管理水平。

（二）构建农业品牌体系

结合资源禀赋、产业基础和文化传承等因素，制定具有战略性、前瞻性的品牌发展规划。培育差异化竞争优势的品牌战略实施机制，构建特色鲜明、互为补充的农业品牌体系，提升产业素质和品牌溢价能力。建设和管理农产品区域公用品牌是各级政府的重要职责，以县域为重点加强品牌授权管理和产权保护，有条件的地区要与特色农产品优势区建设紧密结合，一个特优区塑强一个区域公用品牌。结合粮食生产功能区、重要农产品生产保护区及现代农业产业园等园区建设，积极培育粮棉油、肉蛋奶等“大而优”的大宗农产品品牌。以新型农业经营主体为主要载体，创建地域特色鲜明“小而美”的特色农产品品牌。农业企业要充分发挥组织化、产业化优势，与原料基地建设相结合，加强自主创新、质量管理、市场营销，打造具有较强竞争力的企业品牌。

（三）完善品牌发展机制

建立农业品牌目录制度，组织开展品牌目录标准制定、品牌征集、审核推荐、评价认定和培育保护等活动，发布品牌权威索引，引导社会消费。目录实行动态管理，对进入目录的品牌实行定期审核与退出机制。鼓励和引导品牌主体加快商标注册、专利申请、“三品一标”认证等，规范品牌创建标准。结合“三区一园”建设，创新民间投资机制，推动资源要素在品牌引领下集聚，形成品牌与园区共建格局。农业农村部门要加强与发改、财政、商务、海关、市场监管等部门的协同配合，形成创品牌、管品牌、强品牌的联动机制。建立健全农业品牌监管机制，加大套牌和滥用品牌行为的惩处力度。加强品牌中介机构行为监管，严格规范品牌评估、评定、评价、发布等活动，禁止通过品牌价值评估、品牌评比排名等方式变相收费，严肃处理误导消费者、扰乱市场秩序等行为。构建危机处理应急机制，引导消费行为，及时回应社会关切。完善农业品牌诚信体系，构建社会监督体系，将品牌信誉纳入国家诚信体系。

（四）挖掘品牌文化内涵

中华农耕文化是我国农业品牌的精髓和灵魂。农业品牌建设要不断丰富品牌内涵，树立品牌自信，培育具有强大包容性和中国特色的农业品牌文化。深入挖掘农业的生产、生活、生态和文化等功能，积极促进农业产业发展与农业非物质文化遗产、民间技艺、乡风民俗、美丽乡村建设深度融合，加强老工艺、老字号、老品种的保护与传承，培育具有文化底蕴的中国农业品牌，使之成为走向世界的新载体和新符号。充分挖掘农业多功能性，使农业品牌业态更多元、形态更高级。研究并结合品牌特点，讲好农业品牌故事，大力宣扬勤劳勇敢的中国品格、源远流长的中国文化、尚农爱农的中国情怀，以故事沉淀品牌精神，以故事树立品牌形象。充分利用各种传播渠道，开展品牌宣传推介活动，加强国外受众消费习惯的研究，在国内和国外同步发声，增强中国农业品牌在全世界的知名度、美誉度和影响力。

（五）提升品牌营销能力

以消费需求为导向，以优质优价为目标，推动传统营销和现代营销相融合，创新品牌营销方式，实施精准营销服务。全面加强品牌农产品包装标识使用管理，提高包装标识识别度和使用率。充分利用农业展会、产销对接会、产品发布会等营销促销平台，借助大数据、云计算、移动互联等现代信息技术，拓宽品牌流通渠道。探索建立多种形式的品牌农产品营销平台，鼓励专柜、专营店建设，扩大品牌农产品市场占有率。大力发展农业农村电子商务，加快品牌农产品出村上行。聚焦重点品种，着力加强市场潜力大、具有出口竞争优势的农业品牌建设。加大海外营销活动力度，支持有条件的农业企业"走出去"，鼓励参加国际知名农业展会，提升我国农业品牌的影响力和渗透力。支持建设境外中国农业展示展销中心，搭建国际农产品贸易合作平台。

四、保障措施

（一）加强组织领导

各地要深刻认识品牌强农的重要意义，以质量第一、品牌引领为工作导向，纳入各级领导的重要议事日程，持续发力、久久为功，推动农业高质量发展。各级农业农村部门要加快构建职责明确、协同配合、运作高效的工作机制。农业农村部统筹负责全国农业品牌建设的政策创设和组织实施。地方农业农村部门牵头负责本地农业品牌建设和管理，制定实施方案，将农业品牌建设纳入年度工作考核任务。

（二）加大政策支持

鼓励地方整合涉农资金，集中力量支持农业品牌建设的重点区域和关键环节。各级农业农村部门要整合内部资源，安排专项资金，采取多种形式加大对农产品区域公用品牌的扶持力度。发挥财政资金引导作用，撬动社会资本参与企业品牌和特色农产品品牌建设。引导银行、证券等金融机构参与农业品牌建设，创新投融资方式，拓宽资金来源渠道。

（三）加强示范引领

鼓励和支持各地采用多种方式强化宣传推介，营造全社会发展品牌、消费品牌、保护品牌的良好氛围。各级农业农村部门要结合本地实际，推选一批农业品牌，树立一批市场主体，总结一批典型经验，以品牌建设引领现代农业产业发展。综合利用各类媒体媒介，推出具有较强宣传力和影响力的品牌推介活动。

（四）完善公共服务

各级农业农村部门要增强市场主体服务意识、提升服务水平，鼓励支持行业协会、品牌主体等开展标准制定、技术服务、市场推广、业务交流、品牌培训等业务，建立完善的品牌社会化服务体系。强化中介机构能力建设，提升品牌设计、营销、咨询、评价、认证等方面的专业化服务水平。加强信息报送和政策宣传，努力营造全社会关心、支持农业品牌建设的良好氛围。

农业绿色发展技术导则（2018—2030年）

（农业农村部　农科教发［2018］3号　2018年7月2日）

为深入贯彻落实党的十九大精神，坚定不移贯彻创新、协调、绿色、开放、共享的发展理念，落实创新驱动发展战略、乡村振兴战略和可持续发展战略，根据中共中央办公厅、国务院办公厅《关于创新体制机制推进农业绿色发展的意见》有关部署，着力构建支撑农业绿色发展的技术体系，大力推动生态文明建设和农业绿色发展，特制订本导则。

一、重要意义

推进农业绿色发展是农业发展观的一场深刻革命，对农业科技创新提出了更高更新的要求。围绕提高农业质量效益竞争力，破解当前农业资源趋紧、环境问题突出、生态系统退化等重大瓶颈问题，实现农业生产生活生态协调统一、永续发展，形成节约资源和保护环境的空间格局、产业结构、生产方式、生活方式，迫切需要强化创新驱动发展，转变科技创新方向，优化科技资源布局，改革科技组织方式，构建支撑农业绿色发展的技术体系。

（一）构建农业绿色发展技术体系是推进农业供给侧结构性改革，提高我国农业质量效益竞争力的必由之路

推进农业绿色发展是农业供给侧结构性改革的重要内容。推进农业供给侧结构性改革，提高我国农业质量效益竞争力，必然要求以科技创新作为强大引擎，着力解决制约“节本增效、质量安全、绿色环保”的科技问题。近年来，我国通过研究与示范果菜茶有机肥替代化肥、奶牛生猪健康养殖、测土配方施肥、病虫害统防统治、稻渔综合种养等绿色技术和模式，农产品质量安全水平大幅提高，效益不断增加。但是，问题和风险隐患依然存在，农兽药残留超标和产地环境污染问题在个别地区、品种和时段还比较突出，化肥、农药过量使用导致农业生产成本较快上涨、农产品竞争力下降和农业发展不可持续，迫切需要建立农业投入品安全无害、资源利用节约高效、生产过程环境友好、质量标准体系完善、监测预警全程到位为特征的农业绿色发展技术体系，全面激活农业绿色发展的内生动力，大力增加绿色优质农产品供给，变绿色为效益，切实提高我国农业的质量效益竞争力。

（二）构建农业绿色发展技术体系是实施可持续发展战略，破解我国农业农村资源环境突出问题的根本途径

牢固树立节约集约循环利用的资源观，像对待生命一样对待生态环境，实现人与自然和谐共生，是落实可持续发展战略、建设生态文明的战略选择。随着工业化、城镇化加快推进，耕地数量减少、质量下降的问题并存，农业水、土等资源约束日益严重，农业面源污染不断加剧，农业生态服务功能弱化，农业生态系统退化等问题较为突出。实施农业可持续发展战略，必然要求依靠科技创新改变高投入、高消耗、资源过度开发的粗放型发展方式，迫切需要依靠科技进步推动农业绿色生产、种养循环、生态保育和修复治理，有效防控农业面源污染，有力支撑退牧还草、退耕还林还草、生物多样性保护和流域治理，推动建立起农业生产力与资源环境承载力相匹配的生态农业新格局，把农业建设成为美丽中国的生态支撑，坚持走农业绿色发展之路，实现环境友好和生态保育，破解我国农业农村资源环境等方面突出问题。

（三）构建农业绿色发展技术体系是实施乡村振兴战略，实现我国农业农村“三生”协调发展的必然选择

人与自然是生命共同体，人类必须尊重自然、顺应自然、保护自然。遵循自然规律，实现农业绿色发展，必然要求农业农村走生产发展、生活富裕、生态宜居的“三生”协调发展道路。长期以来，在农业农村发展过程中，由于“重开发轻保护、重利用轻循环、重产量轻质量”，致使农业不够强、农村不够美、农民不够富的问题难以解决。实施乡村振兴战略，迫切需要依靠科技推动形成绿色生产方式，加强绿色农产品供给，支撑特色优势产业做大做强，引领乡村农业多功能发展，助推农村环境整洁优美，提高农民科技文化素质和乡居生活幸福指数，实现“产业兴旺、生态宜居、乡风文明、治理有效、生活富裕”的目标，加快推进农业农村现代化。

（四）构建农业绿色发展技术体系是实施创新驱动发展战略，培育壮大农业绿色发展新动能的迫切需要

创新是引领发展的第一动力，是建设现代化经济体系的战略支撑。新时代推动农业绿色发展，实现农业农村现代化，必须加快科技创新，强化科技供给，构建农业绿色发展技术体系。近年来，我国农业科技进步有力支撑了农业农村产业发展，但与加快推进农业绿色发展的新要求相比，仍然存在很多问题。基础性长期性科技工作积累不足，我国在生物资源、水土质量、农业生态功能等方面还缺乏系统的观测和监测，重要资源底数不清。绿色投入品供给不足，节本增效、质量安全、绿色环保等方面的新技术还缺乏储备，先进智能机械装备和部分重要畜禽品种长期依赖进口，循环发展所需集成技术和模式供给不足。支撑引领农业绿色发展，迫切需要以目标和问题为导向，着力突破一批绿色发展关键技术和重大产品，大力培育战略性新兴产业，以新业态、新模式、新产业改造提升传统产业，实现从传统要素驱动为主向科技创新驱动为主的转变，加快实现农业绿色发展。

二、思路和目标

（一）总体思路

以习近平新时代中国特色社会主义思想为指导，全面贯彻落实党的十九大精神，坚持绿水青山就是金山银山的理念，坚持节约优先、保护优先、自然恢复为主的方针，以支撑引领农业绿色发展为主线，以绿色投入品、节本增效技术、生态循环模式、绿色标准规范为主攻方向，全面构建高效、安全、低碳、循环、智能、集成的农业绿色发展技术体系，推动农业科技创新方向和重点实现“三个转变”，即：从注重数量为主向数量质量效益并重转变，从注重生产功能为主向生产生态功能并重转变，从注重单要素生产率提高为主向全要素生产率提高为主转变。

按照“重点研发一批、集成示范一批，推广应用一批”三类情况，分别列出任务清单，通过开展绿色技术创新和示范推广，着力推动形成绿色生产方式和生活方式，着力加强绿色优质农产品和生态产品供给，着力提升农业绿色发展的质量效益和竞争力，为实施乡村振兴战略和实现农业农村现代化提供强有力的科技支撑。

（二）基本原则

1. 坚持目标导向、系统布局。以提高绿色农业投入品和绿色技术成果供给能力为目标，进一步调整思路、凝练任务，系统合理布局科技资源，围绕产业链部署创新链，根据不同产业发展需求和区域特点确定不同攻关方向，建立涵盖农业绿色发展各个方面各个环节的科技创新布局系统。

2. 坚持问题导向、集成创新。瞄准农业水土资源约束趋紧、面源污染加剧、生态系统退化等突出问题，强化单项产品、技术、设施装备等集成与配套熟化，提出不同产业、不同区域的绿色发展技术集成创新方案，系统解决制约产业和区域绿色发展的重大关键科技问题和技术瓶颈。

3. 坚持政府引导、市场驱动。政府通过制定引导政策、设立专项、完善补贴补偿与购买服务等措施，调动农业绿色技术各创新主体的积极性，加大对农业绿色技术创新研究和示范推广的支持。以市场为导向，充分发挥企业在农业绿色技术研发和推广应用等方面的主体作用。

4. 坚持科学评价、强化激励。按照绿色农业发展要求，完善绿色发展科技创新评价指标，建立促进协同创新的评价机制，建立健全绩效评价制度，更加注重中长期评价，更加注重对成果引领支撑产业绿色发展成效的评价，更加注重科技创新效率和创新活力整体提升。

（三）发展目标

围绕实施乡村振兴战略和可持续发展战略，加快支撑农业绿色发展的科技创新步伐，提高绿色农业投入品和技术等成果供给能力，按照“农业资源环境保护、要素投入精准环保、生产技术集约高效、产业模式生态循环、质量标准规范完备”的要求，到2030年，全面构建以绿色为导向的农业技术体系，在稳步提高农业土地产出率的同时，大幅度提高农业劳动生产率、资源利用率和全要素生产率，引领我国农业走上一条产出高效、产品安全、资源节约、环境友好的农业现代化道路，打造促进农业绿色发展的强大引擎。

——绿色投入品创制步伐加快。选育和推广一批高效优质多抗的农作物、牧草和畜禽水产新品种，显著提高农产品的生产效率和优质化率。研发一批绿色高效的功能性肥料、生物肥料、新型土壤调理剂，低风险农药、施药助剂和理化诱控等绿色防控品，绿色高效饲料添加剂、低毒低耐药性兽药、高效安全疫苗等新型产品，突破我国农业生产中减量、安全、高效等方面瓶颈问题。创制一批节能低耗智能机械装备，提升农业生产过程信息化、机械化、智能化水平。肥料、饲料、农药等投入品的有效利用率显著提高。

——绿色技术供给能力显著提升。研发一批土壤改良培肥、雨养和节水灌溉、精准施肥、有害生物绿色防控、畜禽水产健康养殖和废弃物循环利用、面源污染治理和农业生态修复、轻简节本高效机械化作业、农产品收储运和加工等农业绿色生产技术，实现农田灌溉用水有效利用系数提高到0.6以上，主要作物化肥、农药利用率显著提高，农业源氮、磷污染物排放强度和负荷分别削减30%和40%以上，养殖节水源头减排20%以上，畜禽饲料转化率、水产养殖精准投喂水平较目前分别提升10%以上，农产品加工单位产值能耗较目前降低20%以上。

——绿色发展制度与低碳模式基本建立。形成一批主要作物绿色增产增效、种养加循环、区域低碳循环、田园综合体等农业绿色发展模式，技术模式的单位农业增加值温室气体排放强度和能耗降低30%以上，构建绿色轻简机械化种植、规模化养殖工艺模式，基本实现农业生产全程机械化，清洁化、农业废弃物全循环、农业生态服务功能大幅增强。

——绿色标准体系建立健全。制定完善与产地环境质量、农业投入品质量、农业产中产后安全控制、作业机器系统与工程设施配备、农产品质量等相关的农业绿色发展环境基准和技术标准，主要农产品标准化生产覆盖率达到60%以上。

——农业资源环境生态监测预警机制基本健全。研发应用一批耕地质量、产地环境、面源污染、土地承载力等监测评估和预警分析技术模式，完善评价监测技术标准，以物联网、信息平台和IC卡技术等为手段的农业资源台账制度基本建立，农业绿色发展的监测预警机制基本完善。

三、主要任务

（一）研制绿色投入品

1. 高效优质多抗新品种

——重点研发：转基因技术、全基因组选择和多性状复合育种等高新技术；资源高效利用、优质多抗、污染物低吸收、适宜轻简栽培和机械化的农作物和牧草新品种；高效优质多抗专用畜禽水产品种等。

——集成示范：高效优质新品种及良种良法配套技术熟化与集成示范；抗病虫品种区域技术示范；开展品种生产与生态效益评估，建立以优质和绿色为重点的市场准入制度。

——推广应用：在适宜区域推广优质高效多抗农作物和牧草新品种，畜禽水产新品种和良种良法配套绿色种养技术。

2. 环保高效肥料、农业药物与生物制剂

——重点研发：高效液体肥料、水溶肥料、缓/控释肥料、有机无机复混肥料、生物肥料、肥料增效剂、新型土壤调理剂等；高效低毒低风险化学农药、新型生物农药、植物免疫诱抗剂、害虫理化诱控产品、种子生物制剂处理产品和天敌昆虫产品等；微生物、酶制剂、高效植物提取物等新型绿色饲料添加剂；新型中兽药、动物专用药、动物疫病生物防治制剂、诊断制品及工程疫苗等生物制剂；纳米智能控释肥料、绿色环保型纳米农药；新型可降解地膜及地膜制品、农产品包装材料与环境修复制品。

——集成示范：高效复合肥料、生物炭基肥料、新型微生物肥料等新产品及其生产工艺；新型植物源、动物源、微生物源农药、捕食螨和寄生虫等天敌昆虫产品；土壤及种子处理、理化诱控、植物免疫调控等新产品及绿色施药助剂；低毒低耐药性新型兽用化学药物；畜禽水产无抗环保饲料产品。开展相关产品评估和市场准入标准研究。

——推广应用：高效低成本控释肥料；高效低抗疫苗；新型蛋白质农药、昆虫食诱剂等新型生物农药；害虫性诱剂和天敌昆虫、绿色饲料添加剂、中兽医药等新型绿色制品。

3. 节能低耗智能化农业装备

——重点研发：种子优选、耕地质量提升、精量播种与高效移栽、作物修整、精准施药、航空施药、精准施肥、节水灌溉、低损收获与清洁处理、秸秆收储及利用、残膜回收、坡地种植收获、牧草节能干燥、绿色高效设施园艺，精准饲喂、废弃物自动处理、饲料精细加工、采收嫁接、分级分选、智能挤奶捡蛋、屠宰加工、智能化水产养殖以及农产品智能精深加工关键技术装备，农业机器人。

——集成示范：轻简节本减排耕种管技术装备、低损保质收储运与产后处理技术装备；规模化农场全程机械化生产工艺及机器系统；不同区域适度规模种养循环设施技术装备；植物工厂绿色高效生产设施技术装备；畜禽水产生态循环养殖与安全卫生保质储运技术装备。开展相关装备评估和市场准入标准研究。

——推广应用：智能化深松整地、高效免耕精量播种与秧苗移栽装备；高效节水灌溉设备；化肥深施和有机肥机械化撒施装备；高效自动化施药设备；残膜回收机械化装备；秸秆综合利用设备；农业废物厌氧发酵成套设备；畜禽养殖、水产加工废弃物资源化利用装备；智能催芽装备；水产养殖循环水及水处理设备。

（二）研发绿色生产技术

4. 耕地质量提升与保育技术

——重点研发：合理耕层构建及地力保育技术、作物生产系统少免耕地力提升技术、作物秸秆还田土壤增碳技术、有机物还田及土壤改良培肥技术、稻麦秸秆综合利用及肥水高效技术、盐渍化及酸化瘠薄土壤治理与地力提升技术、土壤连作障碍综合治理及修复技术、盐碱地改良与地力提升技术、稻渔循环地力提升技术等。

——集成示范：有机肥深翻增施技术、绿肥作物生产与利用技术、东北地区黑土保育及有机质提升技术、北方旱地合理耕层构建与地力培育技术、西北地区农田残膜回收技术、西南水旱轮作区培肥地力及周年高效生产技术、黄淮海地区与内陆砂姜黑土改良技术、黄淮海地区盐碱地综合改良技术。开展技术评估和市场准入标准研究。

——推广应用：机械化深松整地技术、保护性耕作技术、秸秆全量处理利用技术、大田作物生物培肥集成技术、生石灰改良酸性土壤技术、秸秆腐熟还田技术、沼渣沼液综合利用培肥技术、脱硫石膏改良碱土技术、机械化与暗管排碱技术、盐碱地渔农综合利用技术。

5. 农业控水与雨养旱作技术

——重点研发：农业用水生产效率研究与监测技术、作物需水过程调控与水分生产力提升技术、农田集雨保水和高效利用技术、土壤墒情自动监测传输与图示化技术、不同作物灌溉施肥制度、多水源高效安全调控技术、非常规水循环利用技术、集雨补灌技术、机械化提排水技术。

——集成示范：田间水分信息采集诊断技术、农业多水源联网调控技术、土壤墒情自动监测技术、测墒灌溉技术、作物精细化地面灌溉技术、多年生牧草雨养混播技术、设施园艺智能水肥一体化技术、新型软体窖（池）集雨高效利用技术、机械化旱作保墒技术、垄膜沟植集雨丰产技术、秸秆还田秋施肥高效栽培技术。开展技术评估和市场准入标准研究。

——推广应用：非充分灌溉优化决策与实施技术、高效输配水技术、水肥一体化自动控制技术、作物精细化地面灌溉技术、设施园艺智能水肥一体化节水减污及水质提升技术、旱作全膜覆盖技术、保护性耕作与节水技术、多年生牧草雨养栽培技术、适雨型立体栽培技术。

6. 化肥农药减施增效技术

——重点研发：智能化养分原位检测技术、基于化肥施用限量标准的化肥减量增效技术、基于耕地地力水平的化肥减施增效技术、新型肥料高效施用技术、无人机高效施肥施药技术、化学农药协同增效绿色技术、农药靶向精准控释技术、有害生物抗药性监测与风险评估技术、种子种苗药剂处理技术、天敌昆虫综合利用技术、作物免疫调控与物理防控技术、有害生物全程绿色防控技术模式、农业生物灾害应对与系统治理技术、外来入侵生物监测预警与应急处置技术。

——集成示范：农作物最佳养分管理技术、水肥一体化精量调控技术、有机肥料定量施用技术、农田绿肥高效生产及化肥替代技术、农药高效低风险精准施药技术、主要作物病虫害综合防治新技术。开展技术评估和市场准入标准研究。

——推广应用：高效配方施肥技术、有机养分替代化肥技术、高效快速安全堆肥技术、新型肥料施肥技术、作物有害生物高效低风险绿色防控技术、草原蝗虫监测预警与精准化防控集成技术、土传病虫害全程综合防控技术。

7. 农业废弃物循环利用技术

——重点研发：秸秆肥料化、饲料化、燃料化、原料化、基料化高效利用工程化技术及生产工艺；畜禽粪污二次污染防控健全利用技术；粪污厌氧干发酵技术；粪肥还田及安全利用技术；农业废弃物直接发酵技术。

——集成示范：农作物秸秆发酵饲料生产制备技术、秸秆制取纤维素乙醇技术、畜禽养殖污水高效处理技术、规模化畜禽场废弃物堆肥与除臭技术、秸秆—沼气—发电技术、沼液高效利用技术。开展技术评估和市场准入标准研究。

——推广应用：秸秆机械化还田离田技术、全株秸秆菌酶联用发酵技术、秸秆成型饲料调制配方和加工技术、秸秆饲料发酵技术、秸秆食用菌生产技术、秸秆新型燃料化技术、畜禽养殖场三改两分再利用技术、畜禽养殖废弃物堆肥发酵成套设备推广、家庭农场废弃物异位发酵技术、池塘绿色生态循环养殖技术。

8. 农业面源污染治理技术

——重点研发：农业面源污染在线监测及污染负荷评价技术；地表径流污水净化利用技术；农田有毒有害污染物高通量识别和防控污染物筛选技术；典型农业面源污染物钝化降解新技术；农田残膜污染综合治理配套技术；农药使用风险监测、评价、控制技术。

——集成示范：农业面源污染物联网监测与预警平台技术；农业废弃物高效炭化、定向发酵、种养一体化循环利用技术；有机肥替代化肥技术；典型有机污染化学修复技术；微生物化学降解技术；农田有机污染植物—微生物联合修复技术。开展技术生态评估、市场准入和第三方修复治理与效果评估标准研究。

——推广应用：农田有机污染物绿色生物及物理联合修复技术、池塘养殖尾水多级湿地处理技术、坡耕地径流集蓄与再利用技术、农药包装废弃物回收技术、畜禽养殖污染减量与高效生态处理技术、新型标准地膜与农田高强度地膜回收技术。

9. 重金属污染控制与治理技术

——重点研发：重金属低积累作物品种筛选、粮食作物重金属低积累种质资源关键基因挖掘利用与品种培育、绿色高效低成本土壤重金属活性钝化产品和叶面阻控产品研发、重金属污染快速诊断等技术。

——集成示范：作物轮作栽培与减污技术、重金属低活性的农田土壤管理技术、降低作物重金属吸收的水分管理技术、降低作物重金属吸收的肥料运筹技术、重金属污染生态修复技术。开展技术生态评估和市场准入标准研究。

——推广应用：土壤重金属污染治理复合技术集成、土壤重金属活性钝化剂产品及施用技术、重金属叶面阻控产品及施用技术。

10. 畜禽水产品安全绿色生产技术

——重点研发：畜禽水产饲料营养调控关键技术、饲料精准配方技术、发酵饲料应用技术、促生长药物饲料添加剂替代技术、兽用抗生素耐药性鉴别与风险预警技术、兽药残留监控技术、新型疫苗及诊断制品生产关键技术、禁用药物替代技术、兽药合理应用技术、动物重要疫病综合防控技术、重要人兽共患病免疫与监测等防治技术、畜禽水产疫病快速检测技术、养殖屠宰过程废弃物减量化和资源化利用技术、肉品品质检验技术、畜禽冷热应激调控技术、畜禽水产健康养殖及清洁生产关键技术、新型水产品减菌剂开发技术、新型高效疫苗规模化生产技术。

——集成示范：饲料原料多元化综合利用技术、非常规饲料原料提质增效技术、重大动物疫病和人兽共患病综合防控与净化技术、畜禽废弃物资源化利用技术、规模化畜禽水产养殖场环境设施技术、无抗水产养殖环境技术、集装箱养鱼技术、深远海大型养殖设施应用技术、深水抗风浪网箱养殖技术、大型围栏式养殖技术、外海工船养殖技术。开展技术评估和市场准入标准研究。

——推广应用：畜禽水产绿色提质增效养殖技术、畜禽水产营养精准供给技术、饲料营养调控低氮减排技术、饲料霉菌毒素防控技术、畜禽绿色规范化饲养技术、规模化养殖场环境控制关键技术、畜禽水产疫病监测诊断与防控技术、受控式集装箱高效循环水养殖技术、水生动物无规定疫病菌种场建设技术。

11. 水生生态保护修复技术

——重点研发：水环境生态修复技术、海洋牧场立体养殖技术、水产养殖外来物种防控技术、生态养殖和环境监测技术、水生生物资源评估与保护恢复技术。

——集成示范：工厂化循环水养殖技术、池塘工程化循环水养殖技术、渔农复合综合种养技术、人工鱼巢/礁构建技术、人工藻（草）场移植技术。开展技术评估和市场准入标准研究。

——推广应用：水产标准化健康养殖技术、大水面生态增养殖技术、水生生物资源养护技术。

12. 草畜配套绿色高效生产技术

——重点研发：豆科牧草根瘤菌高效接种与长效管理技术、沙质土壤多年生人工草地越冬率提升技术、盐碱土壤多年生牧草栽培技术、优质高产牧草混播组合筛选技术、无人机坡地撒播施药技术、产草量和放牧牲畜体尺信息自动采集技术、互联网+种养一体生产信息化管理技术。

——集成示范：种养一体资源配置与设施布局技术、种肥一体坡地喷播技术、沙质土盐碱土多年生人工草地高产技术、培肥地力饲草轮作技术、牧草低营养损耗收获加工储存技术、牧区暖牧冬饲设施建设与经营管理技术、饲草型全混日粮调制技术、不同饲草粪肥化肥复合配方施肥技术。开展技术评估和市场准入标准研究。

——推广应用：饲草免耕补播技术、豆科牧草根瘤菌接种技术、苜蓿等温带多年生牧草优质高产栽培技术、狗牙根等热带优质多年生牧草建植技术，苜蓿青贮技术、饲草农副产品混合青贮技术、移动围栏高效划区轮牧技术、坡地种植收获机械及作业技术、不同年龄畜群饲草料配方技术、易扩散牧草病虫害统防统治技术、牛羊分群放牧管理设施与配套技术、草畜生产经营关键参数监测与调控技术。

（三）发展绿色产后增值技术

13. 农产品低碳减污加工贮运技术

——重点研发：绿色农产品质量监测控制技术、农产品质量安全监管与溯源关键技术、农产品产地商品化处理和保鲜物流关键技术、农产品物理生物保鲜和有害微生物绿色防控关键产品和技术、鲜活水产品绿色运输与品质监控技术、新型绿色包装材料制备技术、农产品智能化分级技术。

——集成示范：农产品新型流通方式冷链物流关键技术、农产品贮藏与物流环境精准调控技术、农产品冰温贮藏技术、畜禽肉绿色冷藏保鲜技术、鲜活水产品绿色运输和冷藏保鲜技术。开展技术评估和市场准入标准研究。

——推广应用：农产品联合清洗杀菌技术和贮藏过程主要有害微生物快速检测技术；鲜活和特色农产品节能高效贮藏、冰温气调保鲜、分级和加工技术；果蔬保鲜新产品制备技术；大宗农产品不控温保鲜技术；畜禽胴体无损分级技术；鲜活淡水产品绿色运输保活技术。

14. 农产品智能化精深加工技术

——重点研发：加工过程中食品的品质与营养保持技术、食品功能因子的高效利用技术、过敏原控制技术、食品 3D 打印技术、超微细粉碎技术、真菌毒素脱毒酶制剂和菌制剂的开发技术、畜禽血脂综合利用关键技术研发及营养数据库构建、营养调理肉制品和水产品加工关键技术。

——集成示范：食品品质与安全快速无损检测技术、食品全程清洁化制造关键技术、畜禽肉计算机视觉辅助分割技术、非传统主食产品及其原料绿色高效营养加工技术、薯类营养强化系列食品绿色制造技术。开展技术评估和市场准入标准研究。

——推广应用：新型薯类食品绿色制造技术、食品加工副产物高效回收技术、新型食品发酵技术、绿色休闲食品加工制造技术、畜禽水产品加工副产物综合利用关键技术、食品精准杀菌高效复热技术、节能干燥技术。

（四）创新绿色低碳种养结构与技术模式

15. 作物绿色增产增效技术模式

——重点研发：用养结合的种植制度和耕作制度、雨养农业模式、东北玉米大豆合理轮作间作制度与模式、华北玉米花生/玉米豆类间轮作模式、禾本科豆科牧草轮作模式、重金属污染区稻—油菜降镉增效优化技术和轮作模式、轮作休耕与草田轮作培肥种植制度与模式、重金属污染防治与熟制改革相结合的种植模式、农田及农林复合固碳技术、增产增效与固碳减排同步技术，农业干旱风险规避与能力提升技术、农业气象灾害风险与主要作物种植制度区划、气象灾害伴生生物灾害风险评估与农田生态治理模式。

——集成示范：华北地下水漏斗区夏季雨养农业模式、玉米大豆轮作间作培肥地力模式、西南丘陵区麦/玉/豆间套轮作培肥地力及周年高效生产模式、作物多样性控害技术与模式、农业风险转移技术、抗低温高温化学/生物阻抗技术、不同尺度水土环境等资源承载力测算技术模式。开展技术模式评估和推广应用标准研究。

——推广应用：绿肥—作物交替培肥种植制度与模式、酸性土壤改良种植制度与技术模式、盐碱地改良种植制度与技术模式、农闲田种草技术模式、主要农作物绿色增产增效模式。

16. 种养加一体化循环技术模式

——重点研发：养殖废弃物肥料化与农田统筹消纳技术、规模养殖废弃物无害化高值化开发利用技术、秸秆高效收集饲料化利用技术、稻田综合立体化种养技术、盐碱地高效生产技术、循环农业污染物减控与减排固碳关键技术、人工草场建设与环境友好型牛羊优质高效养殖技术等。

——集成示范：主要作物和畜禽的种养加一体化模式、优势产区粮经饲三元种植模式、农牧渔结合模式，种产加销结合技术模式、多功能农业技术模式。开展技术模式评估和推广应用标准研究。

——推广应用：规模化种养结合模式（猪—沼—菜/果/茶/大田作物模式、猪—菜/果/茶/大田作物模式、牛—草/大田作物模式、牛—沼—草/大田作物模式、渔菜共生养殖模式）；种养结合家庭农场模式（稻—虾/鱼/蟹种养模式、牧草—作物—牛羊种养模式、粮—菜—猪种养模式、稻—菇—鹅种养模式）。

（五）绿色乡村综合发展技术与模式

17. 智慧型农业技术模式

——重点研发：天空地种养生产智能感知、智能分析与管控技术；农业传感器与智能终端设备及技术；分品种动植物生长模型阈值数据和知识库系统；农作物种植与畜禽水产养殖的气候变化适应技术与模式；农业农村大数据采集存储挖掘及可视化技术。

——集成示范：基于地面传感网的农田环境智能监测技术、智能分析决策控制技术、农业资源要素与权属底图研制技术、天空地数字农业集成技术、数字化精准化短期及中长期预警分析系统、草畜平衡信息化分析与超载预警技术、智慧牧场低碳生产技术、主要农作物和畜禽智慧型生产技术模式、草地气候智慧型管理技术模式、农牧业环境物联网、天空地数字牧场管控应用技术。开展技术模式评估和市场准入标准研究。

——推广应用：数字农业智能管理技术、智慧农业生产技术及模式、智慧设施农业技术、智能节水灌溉技术、水肥一体化智能技术、农业应对灾害气候的综合技术，养殖环境监控与畜禽体征监测技术、网络联合选育系统、粮食主产区气候智慧型农业模式、西北地区草地气候智慧型管理模式、有害生物远程诊断/实时监测/早期预警和应急防治指挥调度的监测预警决策系统。

18. 乡村人居环境治理技术模式

——重点研发：农村生产生活污染物源头减量、无害化处理和资源化利用技术；农村清洁能源开发利用与综合节能技术；农村田园综合体建设、绿色庭院建设、绿色节能农房建造、农田景观生态工程技术；田园景观及生态资源优化配置技术；山水林田湖草共同体开发与保护技术模式；一二三产业融合发展技术模式。

——集成示范：基于清洁能源供给和综合节能技术的绿色村镇建设、农村生物质资源高效循环利用技术、绿色农房建设及周边环境生态治理技术、农田景观生态保护与控害技术及模式。开展技术模式评估和市场准入标准研究。

——推广应用：生态沟渠与湿地水质净化和循环利用模式、城乡有机废弃物发酵沼气技术、秸秆固化成型燃料技术、太阳能利用技术、农村省柴节煤炉灶炕技术、节能砖生产与利用技术、绿色农房及配套设施建设技术。

（六）加强农业绿色发展基础研究

19. 重大基础科学问题研究

开展生物固氮机理、植物纤维分解机制、作物高光效机理、动植物机器系统互作机理等重大科学研究，突破一批制约农业绿色发展的重大科技问题，形成一批原创性成果，开辟绿色发展新前沿新方向。

20. 颠覆性前沿技术研究

开展信息技术、生物技术、环境技术、新材料技术、新能源技术、纳米技术、智能制造等应用基础和关键核心技术研究，推动以绿色、智能、泛在为特征的群体性重大技术变革，培育一批新产业新业态。

（七）完善绿色标准体系

21. 农业资源核算与生态功能评估技术标准

研究制定农业生态产品价格、农业资源承载力核算技术标准；评估农林草植被在水源涵养、土壤保持、土壤沉积和大气净化中功能的技术标准；评估农田生态系统对城市中水、城市温室气体排放的固持利用功能的技术标准；评估农作物固碳、防风蚀水蚀等功能的技术标准；评估人工种草固碳、抑尘、改良土壤等功能的技术标准；农业资源利用效益评估技术标准，建立农业生态环境损害赔偿、农业生态产品市场交易与农业生态保护补偿标准体系。

22. 农业投入品质量安全技术标准

研究制定优良品种评价标准；常用肥料和土壤调理剂中有害物质及未知添加物检测分类与安全性评价技术标准；新型肥料生产质量控制技术标准；农药产品质量及检测方法标准；农药产品剂型标准；农药中有毒有害杂质、隐性添加成分分类检测与安全性评价技术标准；饲料质量评价与分级技术标准；生物饲料功能与安全评价技术标准；饲料、兽药中违禁添加物检测、筛查技术标准；农业投入品产品质量、生产质量控制和安全使用及风险评估技术规范；动物源细菌耐药性监测技术标准。研究制定智能精准化种植设施机械的建设运行控制管理等共性技术标准；机械化作业与机器配置规范；主要水产养殖工程设施建造生产和管理等共性技术标准；农业专用传感器设备质量控制技术规范；农业生产经营物联网云服务平台建设管理数据共享等技术标准。

23. 农业绿色生产技术标准

研究制定大宗农产品污染物全过程削减管控技术规范、养殖精准控制共性技术标准、农业光热等资源综合循环利用标准、农业投入品选用技术和病虫害综合防控技术标准、机械化减排与作业标准、农业废弃物全元素资源化循环利用和再加工技术规范、农畜水产品废弃物无害化处理与控制技术标准、水产养殖尾水排放标准、种养加结合技术标准、气候智慧型农业评价方法标准、循环农业质量与效率评价方法。

24. 农产品质量安全评价与检测技术标准

研究制定大宗农产品质量规格标准；特色农产品质量规格标准及营养功能成分识别与检测技术标准；草畜产品质量标准；农产品—土壤重金属污染协同评价与分类技术标准；畜禽产品中药物残留标志物检测技术标准；兽药残留追溯技术规范；常用渔用药物残留标志物检测技术标准；畜禽水产重大疫病诊断与病原检测技术标准；植物源和动物源产品农药限量、检测及安全使用技术标准；农产品生产智能化技术通则标准；农产品产地初加工产品安全性评价及通用技术标准；动植物副产物中活性物质精深加工技术标准；主要农产品种养殖和加工过程废弃物综合利用共性技术标准；鲜活农产品保鲜剂、防腐剂、添加剂使用准则；包装产品检测、包装标识技术等共性技术及专用技术标准；农产品收储运、产地准出、标识要求等通用管理控制技术标准。

25. 农业资源与产地环境技术标准

研究制定农业产地环境监测评估与分级标准和危害因子的快速甄别与检测方法标准；耕地质量监测与调查评价技术标准、农业面源污染监测防治与修复等标准和技术规范体系；农业水资源开发工程论证评价监测技术标准；耕地质量提升与典型农业土壤保育措施关键技术标准；草场环境质量监测测报和草场改良利用等技术标准；畜牧场粪污土地承载能力评估有害气体排放评价标准；水产种质资源保护区规划建设管理评估技术标准、农业清洁小流域建设标准与规范。

四、保障措施

按照积极争取增量、高效利用存量、创新体制机制、强化政策保障的原则，充分调动各方积极性，加快绿色发展技术研发、集成和推广应用，保障绿色发展技术体系建设尽快取得成效，为农业绿色发展提供强有力的科技支撑。

（一）强化科技资金项目支撑

——加大科技投入，完善支持政策。坚持农业农村优先发展，不断加大农业绿色技术体系创新支持力度。通过重大科技突破与产业示范，引领农业供给侧结构性改革，解决制约农业绿色发展的重大瓶颈问题，支撑农业绿色发展。

——依托现有项目，加快集成创新。依托农业科技创新工程、基本科研业务费等现有经费渠道，加大对绿色投入品、生产技术模式的原始创新、集成创新和应用研发；依托转基因生物新品种培育科技重大专项、种业自主创新工程、四大作物良种联合攻关，着力加强高效优质多抗新品种选育及配套技术集成创新和示范推广；依托化学肥料和农药减施增效、畜禽和水生动物重大疫病防控与高效安全养殖、农业面源污染和重金属污染农田综合治理与修复等国家重点研发计划专项，加快形成绿色生产技术与模式的系统解决方案。

——强化基础性长期性工作，夯实科技创新基础。建立农业基础性长期性科研观测监测网络，创新稳定支持模式和评价考核激励机制，依托国家农业科学实验站、科学观测试验站、现代农业产业技术体系综合试验站，重点开展农业生物资源、水土质量、产地环境、生态功能等基础数据的系统观测和监测，补齐科学积累不足的短板。

——加强国际合作，统筹利用好两个市场两种资源。积极推动和落实农业走出去战略，积极参与国际标准制订工作，加强与“一带一路”国家农业标准的对接与协同，进一步推动联合国粮农组织全球重要农业文化遗产体系建设，加强双边地理标志和农产品互认工作，积极参加以绿色发展为导向的国际展会。聚焦核心生物资源和产业关键技术，积极拓展渠道，谋划一批农业科技国际合作项目，共建一批国际联合实验室、示范基地和园区，集聚国际智慧和资源，协同研究解决农业绿色发展面临的关键科学技术问题。

（二）强化科技体制机制创新

——建立以调动积极性为导向的研推用主体激励机制。大力推进农业科技成果权益改革，将科研成果归属依法赋权给科研单位和科技人员，探索农技人员通过提供增值服务获取合理报酬的新机制，探索对使用绿色发展新技术的激励机制，调动支撑农业绿色发展技术研究者、推广者和使用者的积极性。

——建立以绿色为导向的科研评价机制。建立以绿色指标为核心的科研评价导向，把资源消耗、环境损害、生态效益等体现绿色发展的指标纳入评价体系，使之成为评价科技成果、科研机构和科技人员的重要依据，促进科技创新的方向和重点向绿色转变。

——建立以互利共赢为导向的产学研用深度融合机制。新时代发展绿色产业，就是打造新的经济增长极。充分发挥企业在绿色投入品、生产技术、资源利用和机械装备等方面研发投入、成果转化和集成应用的主体作用，构建资源共享、优势互补、互利共赢的产学研用深度融合长效机制。

（三）强化科技政策制度保障

——建立绿色发展技术任务清单制度。根据绿色发展技术各方面的任务清单，面向全社会发榜，吸引和支持有科研基础和优势的企业、社会组织和研究机构等，积极参与揭榜，对任务完成好、改善效率高的，予以适当后补助。

——建立绿色发展技术风险评估和市场准入制度。研究制定绿色发展技术风险评估办法和市场准入标准，对绿色发展技术成果本身以及应用前景和存在的风险进行鉴定评价，提出市场准入要求，对生产经营行为提出相应规范。

——建立绿色发展技术和良种用户奖励制度。以绿色发展为导向，建立财税、信贷担保等奖励制度，鼓励农业企业、新型经营主体、农民等生产经营者使用高效、安全、低碳、循环的科技成果。

（四）强化绿色科技成果转化应用

——充分发挥市场主体的作用。加大 PPP 在农业绿色发展领域的推广应用，以企业为主体，吸引金融机构、风险投资、社会团体等资本，与科研院所建立利益共同体，共同开展绿色技术创新和转化应用，发展壮大农业绿色产业。

——充分发挥基层农技推广体系作用。依托“一主多元”的农技推广体系，通过创新完善农技人员提供增值服务合理取酬机制、实施农技推广服务特聘计划等鼓励支持基层农技推广人员大力推广应用绿色高效技术模式，为乡村振兴提供有力的科技支撑。

——充分发挥新型经营主体的作用。加强产业政策、财政政策和金融政策的衔接和联动，支持家庭农场、农民合作社、农业产业化龙头企业等新型经营主体科学精准高效地开展绿色技术推广应用，实现标准化绿色化品牌化生产。

——加快绿色科技成果示范推广。构建市场化的科技服务和技术交易体系，拓展多元化科技成果转化渠道，建立健全绿色农业科技成果转化交易优惠政策和制度，大幅压缩绿色科技成果转化周期。紧紧围绕农业绿色发展“五大行动”的实施，结合“五区一园”建设，打造绿色发展技术示范样板。

关于规范未加碘食盐管理保证合格碘盐供应的通知

（国家发展改革委办公厅等 发改办经体〔2018〕802 号 2018 年 7 月 9 日）

各省、自治区、直辖市发展改革委、工业和信息化主管部门、卫生计生委、食品药品监管局：

为深入贯彻党的十九大和十九届二中、三中全会精神，以习近平新时代中国特色社会主义思想为指导，认真落实《国务院关于印发盐业体制改革方案的通知》（国发〔2016〕25 号）和《食盐专营办法》（国务院令第 696 号）有关要求，规范未加碘食盐管理，保证合格碘盐供应，现就有关事项通知如下：

一、规范未加碘食盐供应范围

在碘缺乏地区，食盐定点批发企业应当主要销售加碘食盐，确保合格碘盐覆盖率在 90%以上；在水源性高碘地区，食盐定点批发企业应当主要销售未加碘食盐，确保未加碘食盐覆盖率在 90%以上。各省级盐业主管部门要会同卫生健康部门在本机构门户网站上公布本辖区内各县（市、区）盐碘浓度和高水碘地区名单，加强对食盐定点批发企业的指导，加大碘盐政策督促检查力度，确保把相关政策落实到位。

二、规范执行碘盐浓度标准

食盐定点批发企业销售的食盐，应当符合销售地的盐碘浓度规定。对不符合销售地盐碘浓度规定的食盐产品，盐业主管部门要书面通知食盐定点批发企业进行整改，整改时限不得超过7个工作日；整改不到位的，要依法依规进行处罚。

三、规范未加碘食盐供应渠道

在保证合格碘盐供应和区域人群碘营养水平适宜的前提下，各省级盐业主管部门要会同卫生健康部门，做好水源性高碘地区和其他地区特定人群的未加碘食盐供应保障工作。同时，严格规范未加碘食盐供应渠道，指导食盐定点生产企业在一定比例内生产未加碘食盐（未加碘食盐生产比例表见附件），并向社会公布辖区内未加碘食盐销售网点信息，以满足特定人群未加碘食盐消费需要。

四、加强边远贫困地区碘盐供应

各省级卫生健康部门要按照盐业体制改革有关要求，负责划定边远贫困碘缺乏地区，加强碘缺乏病动态监控。各地要根据实际情况，灵活选择政府补贴运销费用或直接补贴贫困人口等方式，保证边远贫困地区和经济欠发达的边疆民族地区人口能够吃得上、吃得起合格碘盐。

五、加强科学补碘宣传教育

各省级卫生健康部门要完善碘缺乏病防范工作机制，做好对重点地区、重点人群碘营养水平的监测工作，加强科学补碘宣传教育，引导消费者树立科学补碘理念。

各级政府要从保证人民群众身体健康和盐业市场长远发展的高度，认真落实党中央、国务院关于深化盐业体制改革的决策部署，把规范未加碘食盐管理、确保合格碘盐供应作为盐业体制改革的重要内容，持续巩固碘缺乏病防治成果，保障科学补碘工作顺利进行。

附件：略

粮食产后服务体系建设实施方案

（国务院办公厅　国办发［2018］61号　2018年7月13日）

各省、自治区、直辖市人民政府，国务院各部委、各直属机构：

政策性粮食库存是维护国家粮食安全的重要物质基础。为全面掌握政策性粮食库存情况，防范化解风险隐患，确保国家粮食储备安全，国务院决定开展全国政策性粮食库存数量和质量大清查（以下简称大清查）。经国务院同意，现将有关事项通知如下：

一、总体要求

（一）指导思想

深入贯彻习近平新时代中国特色社会主义思想和党的十九大精神，认真落实党中央、国务院决策部署，进一步查清全国政策性粮食库存实底，坚决堵塞漏洞，强化依法治理和责任落实，依法严惩违法违规行为，坚决守住管好“天下粮仓”，确保把中国人的饭碗牢牢端在自己手中。

（二）清查原则

问题导向，底线思维。聚焦政策性粮食库存管理中的突出问题和薄弱环节，切实守住库存粮食数量真实、质量良好、储存安全的底线。

全面清查，突出重点。对纳入清查范围的企业粮食库存，坚持有仓必到、有粮必查、有账必核、查必彻底、全程留痕；突出重点品种、重点区域、重点企业，加大清查力度和重要问题线索核查力度。

先行试点，创新方法。结合当前实际，先选择部分有代表性的省份开展试点清查，探索切实可行、高效便捷的方式方法；运用先进信息技术，提高清查效率和水平。

完善机制，压实责任。把建立完善长效机制贯穿大清查全过程，落实逐级分工负责制，对检查结果实行责任追究制；认真落实承储企业的主体责任、地方政府的属地管理责任和行政管理部门的监管责任。

（三）清查范围与内容

1. 清查范围。各类企业存储的政策性粮食，以及存储政策性粮食企业的商品粮。政策性粮食包括中央储备粮、最低收购价粮、国家临时存储粮、国家一次性储备粮、地方储备粮等。

2. 清查内容。

库存粮食数量。纳入清查范围的粮食库存实物数量、品种和粮权归属情况，以及不同年份、不同性质、不同品种粮食分仓（货位）储存管理情况。承储企业粮食库存实物与保管账、统计账、会计账、银行资金台账的账实相符、账账相符情况。

库存粮食质量。政策性粮食质量指标、储存品质指标，以及食品安全主要指标。

对企业执行国家粮食收购政策、储备粮轮换管理、政策性粮食库贷挂钩、财政补贴拨付等情况进行同步检查，验证库存粮食的真实可靠性。

二、清查步骤

以2019年3月末（统计结报日）为清查时点，分准备、自查、普查、抽查、整改五个阶段，开展大清查。

（一）扎实准备

2019年3月底前，做好粮食库存统计数据分解登统、检查人员动员培训、检查器具配备、文件资料梳理等准备工作。纳入清查范围的各类粮食承储企业要实事求是反映粮食库存情况。对已销售出库的粮食要及时进行账务处理，核减当月统计账，未回笼的销售货款计入相应结算账户，不得以任何理由虚增库存。严禁以虚购虚销方式掩盖亏库。

（二）认真自查

2019年4月底前，县级以上地方各级人民政府要组织督导本行政区域内纳入清查范围的所有政策性粮食承储企业，严格按照大清查各项要求进行自查。中储粮直属企业对其管理的本库、分库及其租赁库点的自查结果进行审核，并报中储粮分公司备案；其他中央企业和地方粮食企业对本企业及其租赁库点自查结果进行审核，并报上一级主管单位备案。质量检查原则上由企业对库存粮食逐货位自行扦样检验，逐货位建立企业质量档案数据库；企业不具备扦样检验能力的，可委托有资质的专业检验机构派员实施扦样检验。

（三）全面普查

2019年5月底前，由省级人民政府统一组织，各地市级人民政府对本行政区域内纳入清查范围的承储企业库存粮食逐货位进行检查。按照"统一抽调、混合编组、集中培训、综合交叉、本地回避"的原则，择优安排检查人员。中储粮直属库本库、分库及其租赁库点，由中储粮分公司牵头检查，地方粮食等部门参与配合；地方粮食企业和除中储粮以外的其他中央企业管理的承储企业及其租赁库点，由地方粮食等部门牵头检查，中储粮系统参与配合。普查阶段粮食质量扦样比例按不低于被检查企业政策性粮食库存数量的10%掌握，并突出对重点品种、重点企业和问题多发地区的质量检查。2019年7月底前，各省级人民政府要向国家粮食和储备局提交本地区粮食库存清查结果和工作报告，同时提交本省份行政区域内所有承储政策性粮食企业明细到储存货位的粮食数量和质量数据库。

（四）重点抽查

国务院有关部门将适时派出联合抽查组，采取"四不两直"和"双随机、一公开"的方式，对重点地区、重点企业自查和普查情况进行抽查。质量抽查扦样比例按不低于被抽查企业政策性粮食库存数量的10%掌握，并突出对重点品种、重点企业和问题多发地区的质量检查。样品实行跨省交叉检验。

（五）汇总整改

各地要在全面检查粮食库存的基础上，逐级汇总检查结果，编报相关报表和检查工作报告。国务院有关部门要根据大清查结果，建立完善全国分区域、分品种、分性质的粮食数量和质量状况数据库。对大清查发现的问题，各地要督促企业狠抓整改落实，建立整改台账，明确责任单位和整改时限，实行销号整改。2019年10月底前，国务院有关部门向国务院报送大清查工作总结报告。

三、强化责任

（一）自查责任

企业法定代表人是本企业自查的第一责任人，租赁库点的自查结果由承租企业负责。中储粮直属企业对其管理的本库、分库及其租赁库点的自查结果负全责，相关中储粮分公司负连带责任；其他中央企业的直属企业和地方粮食企业对本企业及其租赁库点自查结果负全责，上一级主管单位负连带责任。

（二）普查责任

由中储粮分公司牵头的普查组，对直属库本库、分库及其租赁库点的普查结果负主要责任，牵头的中储粮分公司负连带责任；地市级粮食等部门牵头的普查组，对其他粮食企业及其租赁库点的普查结果负主要责任，地市级政府和有关部门负连带责任。省级人民政府及其有关部门对普查组织工作负责。

（三）抽查责任

国务院有关部门抽查实行组长负责制，抽查组对抽查结果负责。

四、保障措施

（一）建立协调机制

建立由国家发展改革委、国家粮食和储备局牵头，财政部、农业农村部、国家统计局、中国农业发展银行、中国储备粮管理集团有限公司参与的全国政策性粮食库存数量和质量大清查部际协调机制，办公室设在国家粮食和储备局。部际协调机制要研究制定大清查实施方案。县级以上地方各级人民政府要建立由政府分管负责同志牵头、有关部门和单位参与的大清查工作协调机制，确保大清查工作顺利开展。

（二）先行开展试点

为保证大清查取得预期效果，以2018年9月底（统计结报日）为清查时点，在安徽、福建、江西、河南、湖北、湖南、广东、贵州、陕西、甘肃10个省，每省选择2个市（州）进行试点，2019年1月底前完成。具体试点方案由国务院有关部门另行制定。

（三）创新工作方法

各地要聚焦重点品种、重点区域、重点企业，加大对重要问题线索和涉粮案件的核查力度；加强政策性粮食“三个异常”（交易异常、资金异常、运输异常）监测，拓宽问题线索发现渠道；从严掌握实物库存检查方法，强化对银行信贷和财政补贴资金的账务核查；运用大数据、智能粮库等信息化手段，提高大清查效率；充分发挥“12325”全国粮食流通监管热线作用，建立有奖举报制度，强化社会舆论监督。

（四）严明纪律规矩

要选派政治素质高、业务能力强的人员参加大清查工作。检查人员要严格落实中央八项规定及其实施细则精神，不得参加可能影响大清查工作的任何活动。对违反纪律、不担当、不尽责的，要依法依规严肃查处问责。要明确保密责任，防止发生失泄密事件。

（五）加强案件核查

各地要高度重视大清查期间的举报案件受理、查处工作，建立案件处理相关制度和预案；抽调精干力量，严肃查处涉粮举报案件，做到“有诉必应、有案必查、有查必果、有责必问、有错必纠”；对重大违纪违法案件，要按照相关规定及时移送纪检监察机关和司法机关处理。

（六）落实经费保障

要按照勤俭节约、降低成本的原则，安排落实大清查工作经费。中央事权粮食库存数量和质量清查工作经费，由中央财政承担，列入国家粮食和储备局部门预算；地方事权粮食库存数量和质量清查工作经费由地方财政承担。

（七）注重宣传引导

要及时向社会公布大清查的政策要求和方法步骤，提高透明度，鼓励群众参与，接受社会监督。加强舆论宣传，正确引导市场预期，维护社会和谐稳定。

关于实施蜂业质量提升行动的通知

（农业农村部　财政部　农办牧［2018］40号　2018年9月4日）

黑龙江、江苏、浙江、江西、山东、河南、湖北、湖南、四川、云南省畜牧、农机（农业、农牧）厅（局、委），财政厅：

根据《农业农村部、财政部关于做好2018年农业生产发展等项目实施工作的通知》（农财发［2018］13号），为深入推进农业供给侧结构性改革，助力特色畜牧业发展，今年中央财政支持部分省实施蜂业质量提升行动。为强化政策落实，现就有关事项通知如下：

一、总体思路

养蜂业是农牧业绿色发展的纽带，集经济、社会和生态效益于一体，在满足群众生活需要、促进农业绿色发展、提高农作物产量、维护生态平衡、助力脱贫攻坚等方面发挥着重要作用。我国是世界第一养蜂大国，蜂群规模大，蜂蜜、蜂王浆、蜂胶等蜂产品产量均居世界首位。但受科技水平、劳动者素质等因素影响，我国蜂业发展总体质量不高，种蜂育繁推体系不健全，养蜂生产方式粗放，蜂产业质量效益竞争力亟待提升。

为推动养蜂业健康发展，各地农业农村、财政部门要进一步深化对养蜂业在促进农业绿色发展、节本增效和保护生物多样性方面重要意义的认识，更加重视蜜蜂授粉酿蜜“月下老人”作用和“健康益友”作用，围绕养蜂业关键技术和薄弱环节，以良种化、标准化、集约化、产业化为重点，探索建立蜂产业提质增效、产业融合发展的长效机制，全面提升我国蜂业发展质量。一要提升养蜂业发展水平。建立种蜂育繁推体系，推行标准化养蜂生产，支持建立专业化养蜂场，提升蜜蜂养殖设施装备水平，引导生产成熟蜜等纯天然优质蜂产品，推动实现养蜂生产方式的变革。二要完善蜜蜂授粉发展机制。以设施农作物为重点，引导种植户和养殖户建立紧密型合作关系，大幅提高蜜蜂授粉普及率，充分发挥蜜蜂授粉替代劳动力、提高农产品产量和品质的作用，让蜜蜂授粉真正成为农业绿色发展的助推器。三要提升蜂产品质量安全水平。大力培育龙头企业、农民专业合作社等新型经营主体，积极探索一二三产业融合发展机制，推广使用低毒兽药，创建优质蜂产品品牌，健全蜂产品追溯和质量安全监管体系，提高蜂产品消费信心。四要强化蜂产业科技支撑。整合科研机构、高等院校、行业协会的力量，加强先进蜂种、蜂药、设施装备研发，集成推广高效蜜蜂养殖技术和养殖模式，切实提高蜂农养殖效益，加快蜂产品开发。

二、实施区域、实施内容和资金安排

（一）实施区域

黑龙江、江苏、浙江、江西、山东、河南、湖北、湖南、四川、云南等10个蜂业主产省。

（二）实施内容

各省可结合本地实际，支持蜜蜂良种场或高效优质蜂产业发展示范区建设，提升养蜂业装备现代化水平。

一是支持蜜蜂良种场建设。在充分考虑蜜蜂良种需求的基础上，选择蜜蜂良种育繁推体系基础较好的区域，新建或改扩建1个年生产1万只以上西方蜜蜂生产用王的种蜂场或年生产5 000只以上中华蜜蜂生产用王的种蜂场。原则上种蜂数量达到西方蜜蜂150群以上或中华蜜蜂100群以上，品种血统来源清楚并已经国家审定或鉴定通过，具有相关技术人员和设施，有较强的技术能力，能有效控制蜂王交尾，开展生产性状评价。

二是支持高效优质蜂产业发展示范区建设。选择1个龙头企业实力较强、产业链健全的蜂产业优势区域，以现代化养蜂基地、区域品牌培育和技术示范推广等为重点，提高蜜蜂标准化养殖水平，打造产加销一体、一二三产融合的全产业链发展模式，建设高效优质蜂产业发展示范区。区域内蜂群要达到一定规模，原则上西方蜜蜂达3万群以上或中华蜜蜂达1.5万群以上，生态环境优良，技术力量较强，蜂农合作社发展较好，产品加工营销有基础的县（区）。

三是提升养蜂业技术装备水平。充分发挥中央财政农机购置补贴资金引导作用，加大养蜂机械购置补贴支持力度，对养蜂机械实行敞开补贴。鼓励各省结合本地实际，将有关养蜂机具纳入农机新产品补贴试点。积极支持鼓励先进养蜂机械的研发推广，促进养蜂机具推广应用。

（三）资金安排

中央财政通过2018年农业生产发展资金支持实施蜂业质量提升行动，每省安排500万元。各省要结合本地实际，围绕实施内容，科学测算细化补助资金，明确具体补助对象、补助标准和支出内容。

鼓励各省按规定统筹整合其他相关渠道资金，支持蜂业质量提升工作。充分发挥财政资金的撬动作用，引导社会资本、金融资本协同推动特色畜牧业发展。

三、扎实做好政策实施各项工作

省级农业农村、财政部门要把实施蜂业质量提升支持政策作为加快蜂产业发展的重要抓手，强化项目组织实施，严格资金使用监管，确保政策落实到位。

（一）加强组织领导

各省农业农村、财政部门要建立工作协调机制，尽快研究部署蜜蜂良种场和高效优质蜂产业发展示范区建设工作，组织制定省级实施方案并报农业农村部和财政部备案。指导项目建设主体积极采用先进技术和装备，加强蜜蜂遗传改良，推广生产成熟蜜，提高蜂产品质量。2019年1月15日前、6月30日前，分别将项目实施工作半年和全年总结报送农业农村部和财政部。

（二）严格监管考核

各省农业农村、财政部门要加强项目监督管理，严格项目申报、资金安排各个环节控制，提高资金使用效率，确保资金使用安全。农业农村部、财政部将适时组织督导，检查督促政策落实，及时对项目实施成效进行评估考核，考核结果作为今后项目和资金安排的重要依据。

（三）做好宣传引导

各省要采取有力措施，积极运用示范观摩、技术培训等形式，广泛开展政策宣传。充分调动蜂农的积极性主动性，提高蜂农科学养蜂的意识和能力，及时总结推广先进经验和典型模式，促进蜂产业高效优质发展。

关于进一步规范食品安全监督抽检复检和异议工作的通知

（市场监管总局办公厅　市监食检［2018］48号　2018年9月5日）

各省、自治区、直辖市食品药品监督管理局，新疆生产建设兵团食品药品监督管理局，中国食品药品检定研究院，各有关食品安全监督抽检承检机构：

为规范食品（含食品添加剂）安全监督抽检复检、异议工作，进一步提高工作效率，有效防控食品安全风险，依据《中华人民共和国食品安全法》《食品安全抽样检验管理办法》等法律法规，现就有关事项通知如下：

一、复检工作

（一）复检申请提出

对不合格检验结果有异议的食品生产经营者，可依法提出复检申请。

复检申请人应当自收到检验结论之日起7个工作日内，向实施食品安全监督抽检工作的食品安全监督管理部门或其上一级食品安全监督管理部门提出书面申请。

向市场监管总局提出复检申请的，总局委托复检申请人住所地的省级食品安全监督管理部门负责受理。

逾期未提出的，视为认可检验结论。

（二）复检申请受理

复检申请人应当提交下列材料：

（1）复检申请书；

（2）食品安全抽样检验结果通知书；

（3）复检申请人营业执照或其他资质证明文件；

（4）食品安全抽样检验报告；

（5）食品安全抽样检验抽样单；

（6）经备案的企业标准（如使用）。

对于申请材料不齐全的，受理部门应当告知申请人需要补正的全部内容。

有下列情形之一的，不予受理：

（1）检验结论为微生物指标不合格的；

（2）复检备份样品超过保质期的；

（3）逾期提出复检申请的；

（4）其他原因导致备份样品无法实现复检目的的；

（5）法律、法规、规章规定的不予复检的其他情形。

受理部门应当于收到申请材料之日起7个工作日内，出具受理或不予受理通知书，告知申请人。不予受理的，应当说明理由。

（三）复检机构确定

受理部门应当自出具受理通知书之日起7个工作日内，在公布的复检机构名录中，遵循便捷高效原则，随机确定复检机构进行复检。因客观原因7个工作日不能确定复检机构的，可适当延长，但应当将延长的期限和理由告知申请人。

复检机构无正当理由不得拒绝复检任务，确实无法承担复检任务的，应当于2个工作日内向相关食品安全监督管理部门作出书面说明。无正当理由，一年内2次拒绝承担复检任务的，食品安全监督管理部门可停止其承担的食品安全抽样检验任务，并向复检机构管理部门提出撤销其复检机构资质的建议。

确定复检机构后，受理部门应当将复检受理事项告知初检机构和复检机构，并通报不合格食品生产经营者住所地食品安全监督管理部门。

（四）复检备份样品移交确认

初检机构自接到复检受理通知之日起3个工作日内，将备份样品移交至复检机构。受理部门对时限另有规定的，从其规定。初检机构应当保证备份样品运输过程符合相关标准或样品标示的贮存条件和备份样品的在途安全。

复检机构接到备份样品后，应当通过拍照或录像等方式对备份样品外包装、封条等完整性进行确认，并做好样品接收记录。如发现复检备份样品封条、包装破坏，或出现其他对结果判定产生影响的情况，复检机构应当及时书面报告受理部门。

如发现存在调换样品或人为破坏样品封条、外包装等情形的，受理部门会同有关部门对有关责任单位、责任人员依法严肃查处。

（五）复检实施

复检机构实施复检，应当按照食品安全检验的有关规定进行，并使用与初检机构一致的检验方法（包含其最新版本）。

初检机构可以赴复检机构实验室观察复检实施过程，复检机构应当予以配合。初检机构不得干扰复检工作。

（六）复检报告提交与结果通报

复检机构应当在收到备份样品之日起 10 个工作日内，向受理部门提交复检结论。受理部门与复检机构对时限另有约定的，从其约定。复检机构出具的结论为最终结论。

受理部门应当自收到复检结论之日起 5 个工作日内，将复检结论通报申请人及不合格食品生产经营者住所地食品安全监督管理部门。

（七）复检费用支付

申请人应当自收到交费通知书后 3 个工作日内，先行向复检机构交纳复检费用，逾期不交纳的，视为放弃复检。

复检结论与初检结论一致的，复检费用由申请人承担。复检结论与初检结论不一致的，复检费用由实施监督抽检的食品安全监督管理部门承担，复检机构应当自做出复检结论之日起 3 个工作日内，退回申请人交纳的复检费用。

（八）复检过程监督

受理部门有证据证明复检机构存在不符合食品安全检验要求的行为，应当依法进行处理。

二、异议处理工作

（一）异议申请提出

对食品安全监督抽检工作中抽样过程、样品真实性、检验及判定依据等事项有异议的食品生产经营者可以依法提出异议处理申请。

对抽样过程有异议的，被抽样单位应当在抽样完成后 7 个工作日内，向实施抽检工作的食品安全监督管理部门提出书面申请，并提交相关证明材料。

对样品真实性、检验及判定依据等事项有异议的，申请人应当自收到不合格结论通知之日起 7 个工作日内，向实施抽检工作的食品安全监督管理部门提出书面申请，并提交相关证明材料。

逾期未提出或者未按要求提出的，视为无异议。

（二）异议申请受理

异议申请人应当提交下列材料：

（1）异议处理申请书；

（2）食品安全抽样检验结果通知书；

（3）申请人营业执照或其他资质证明文件；

（4）食品安全抽样检验报告；

（5）食品安全抽样检验抽样单；

（6）经备案的企业标准（如使用）；

（7）与异议内容相关的证明材料。

对于申请材料不齐全的，受理部门应当告知申请人需要补正的全部内容。受理部门应当自收到申请材料之日起 7 个工作日内，出具受理或不予受理通知书，告知申请人。不予受理的，应当说明理由。

向市场监管总局提出的异议处理申请，总局委托申请人住所地的省级食品安全监督管理部门负责受理工作。

（三）异议审核

对抽样及样品真实性有异议，受理部门应当自出具受理通知书之日起 20 个工作日内，完成异议审核，并将审核结论书面告知申请人。

对检验及判定依据等事项有异议，受理部门应当自出具受理通知书之日起 30 个工作日内，完成异议审核，并将审核结论书面告知申请人。需商请有关部门明确检验及判定依据相关要求的，所用时间不计算在内。因客观原因不能完成审核的，经本单位负责人批准，可延长 10 个工作日。

经审核异议成立的，受理部门应当根据实际情况依法进行处理。

（四）异议协助审核及通报

异议涉及多个食品安全监督管理部门时，相关食品安全监督管理部门应当协助进行异议审核。

受理部门应当及时将异议处理申请受理情况及审核结论通报不合格食品生产经营者住所地食品安全监督管理部门。

三、复检、异议处理期间风险防控措施

食品生产经营者在申请复检和异议处理期间，不得停止履行法定义务，应当采取封存库存问题食品，暂停生产、销售和使用问题食品，召回问题食品等措施控制食品安全风险，排查问题产生原因并进行整改，及时向住所地食品安全监督管理部门报告相关处理情况。

附件：略

关于支持长江经济带农业农村绿色发展的实施意见

（农业农村部 农计发［2018］23号 2018年9月11日）

推动长江经济带发展是党中央作出的重大决策，是关系国家发展全局的重大战略。2018年4月26日，习近平总书记在武汉主持召开深入推动长江经济带发展座谈会，为新时代推动长江经济带发展作出重要战略部署。为全面贯彻习近平总书记重要讲话精神，落实《〈长江经济带发展规划纲要〉分工方案》，推动长江经济带农业农村绿色发展，提出如下意见。

一、切实增强推动长江经济带农业农村绿色发展的自觉性和紧迫性

（一）推动长江经济带农业农村绿色发展是深入贯彻习近平总书记重要讲话精神的重要举措

习近平总书记重要讲话提出，要把修复长江生态环境摆在压倒性位置，共抓大保护、不搞大开发，强调要正确把握整体推进和重点突破、生态环境保护和经济发展、总体谋划和久久为功、破除旧动能和培育新动能、自身发展和协同发展“五个关系”。农业农村发展是长江经济带发展的重要内容，全面贯彻习近平总书记重要讲话精神，要求我们把思想和行动统一到中央决策部署上来，牢固树立“四个意识”，增强政治责任感和历史使命感，推动农业农村绿色发展，构建人与自然和谐共生的农业农村发展新格局，支持长江经济带探索出一条生态优先和农业农村绿色发展协同推进的路子。

（二）推动长江经济带农业农村绿色发展是促进长江经济带高质量发展的内在要求

习近平总书记强调，现在我国经济已由高速增长阶段转向高质量发展阶段，要坚持新发展理念，使长江经济带成为引领我国经济高质量发展的生力军。推动长江经济带农业农村绿色发展，唱响质量兴农、绿色兴农、品牌强农主旋律，加快推进农业由增产导向转向提质导向，大力推进质量变革、效率变革、动力变革，有利于促进长江经济带农业高质量发展，推进生态宜居的美丽乡村建设，把绿水青山变成金山银山，实现生态美、百姓富的有机统一。

（三）推动长江经济带农业农村绿色发展是解决长江经济带农业农村生态环境问题的迫切需要

随着《长江经济带发展规划纲要》的实施，沿江省市农业生态环境恶化问题得到初步遏制。同时我们也清醒看到，长江水生生物生存环境日趋恶化，生物多样性指数持续下降，长江江豚、中华鲟等极度濒危，刀鲚、暗纹东方鲀等重要渔业资源面临全面衰退；化肥、农药等农业投入品过量使用，畜禽粪便、农作物秸秆、农田残膜等农业废弃物不合理处置，农业面源污染治理难度大。推进长江经济带农业农村绿色发展，强化水生生物多样性保护，严格控制农业面源污染，实现投入品减量化、生产清洁化、废弃物资源化、产业模式生态化，才能加快补齐农业农村生态环境保护短板。

二、突出抓好长江经济带农业农村绿色发展的重点任务

（四）强化水生生物多样性保护

推进长江禁捕。在长江流域重点水域开展禁捕试点，2018年水生生物保护区实现禁捕，到2020年实现长江干流及重要支流全面禁捕。做好渔民退捕上岸后的转产转业及社会保障等工作。在鄱阳湖、洞庭湖等通江湖泊和有关水域实行禁捕和特殊资源专项管理相结合、组织化养护和合理利用相结合等符合水生生物保护和渔业资源可持续发展要求的资源管理制度。

拯救濒危物种。加快实施中华鲟、长江鲟、长江江豚等长江珍稀水生生物拯救行动计划，建立完善的自然种群监测、评估与预警体系。在三峡水库、长江故道、河口、近海等水域建设一批中华鲟接力保种基地。制定中华鲟规模化增殖放流规划。在长江中下游夹江、故道、水库、湖泊等水域建设一批长江江豚迁地保护水域。支持有条件的科研单位和水族馆建设长江珍稀濒危物种人工繁育和科普教育基地。

加强生态修复。加强水生生物产卵场、索饵场、越冬场和洄游通道等重要鱼类生境的保护和修复。开

展基于水生生物需求的生态调度，降低滞温效应、自然节律改变、气体过饱和等不利影响。建立健全增殖放流管理机制。

完善生态补偿。强化涉水工程过程监管和结果跟踪评估，开展涉水工程普查和后评价工作。完善生态补偿机制，扩大补偿范围，提高补偿标准，制定生态修复方案。探索建立多元化保护工作格局，设立长江水生生物保护基金，鼓励企业和公众支持资助长江水生生物保护事业。

加强资源监测。开展长江流域水生生物资源与生态环境调查评价，建立水生生物资源资产台账，定期向社会公众发布长江水生生物及其关键栖息地状况。

（五）深入推进化肥农药减量增效

推进化肥减量增效。支持长江经济带11省（直辖市）实施化肥使用量负增长行动，选择一批重点县（市）开展化肥减量增效示范，加快技术集成创新，集中推广一批土壤改良、地力培肥、治理修复和化肥减量增效技术模式，探索有效服务机制，在更高层次上推进化肥减量增效。

推进农药减量增效。支持长江经济带11省（直辖市）实施农药使用量负增长行动，建设一批病虫害统防统治与绿色防控融合示范基地、稻田综合种养示范基地，选择一批重点县开展果菜茶病虫全程绿色防控试点，大力推广一批行之有效简便易行的绿色防控技术，扩大绿色防控覆盖范围。推进统防统治减量，推行政府购买服务等方式，扶持一批农作物病虫防治专业服务组织。推进高效药械减量，示范推广高效药械、低毒低残留农药，引导农民安全科学用药。

推进有机肥替代化肥。支持长江经济带11省（直辖市）在果菜茶优势产区、核心产区和知名品牌生产基地，全面实施有机肥替代化肥政策，集中打造一批有机肥替代化肥、绿色优质农产品生产基地（园区），加快形成一批可复制、可推广、可持续的组织方式和技术模式。

（六）促进农业废弃物资源化利用

加强畜禽粪污资源化利用。完善畜禽粪污资源化利用制度体系，推动完善畜禽粪污资源化利用用地政策、畜禽规模养殖场环评制度、碳减排交易制度。落实《畜禽粪污土地承载力测算技术指南》，指导长江经济带合理布局畜禽养殖。在长江经济带畜牧大县率先完成整县推进粪污资源化利用项目，推动形成畜禽粪污资源化利用可持续运行机制。开展畜牧业绿色发展示范县创建活动，示范引领长江经济带畜禽粪污资源化利用工作全面铺开。

推进农作物秸秆资源化利用。指导长江经济带以县为单元编制全量化利用实施方案，提高秸秆综合利用的区域统筹水平。坚持农用为主、五料并举，积极推广深翻还田、捡拾打捆、秸秆离田多元利用等技术，指导创设秸秆还田离田利用政策机制，培育秸秆资源化利用产业化龙头企业，推进秸秆产业化发展。

推进农膜废弃物资源化利用。坚持源头控制、因地制宜、重点突破、综合施策，不断完善农膜回收网络。加大农用地膜新国家标准宣贯力度，加快推广应用加厚地膜。探索应用全生物可降解地膜。

开展农业面源污染综合治理示范区建设。抓好长江经济带重点流域农业面源污染综合治理示范区建设，到2020年建设100个示范区。以县为单位，坚持源头控制与过程防治相结合、农艺措施与工程措施相结合、面上推进与示范创建并举，推动农业面源污染示范区建设与农业发展有机结合，打造一批生态循环农业模式。总结农业面源污染防治综合示范区建设运行机制，大力培育市场主体，以投入品减量和农业废弃物资源化利用为切入点，打造产业“领跑者”和行业“标杆”。

实施长江绿色生态廊道项目。启动亚行贷款农业综合开发长江绿色生态廊道工程建设，对相关地区种植业、畜牧业和水产业生产体系进行改造升级，减少农业生产面源污染和水土流失，促进农业生产更加高效、高产和清洁。

三、协同推进长江经济带农业农村绿色发展与乡村振兴

（七）优化农业农村发展布局

强化农业资源环境管控。坚持最严格的耕地保护制度，全面落实永久基本农田特殊保护政策措施，控制各类建设用地占用耕地，特别要保护好平原和城市周边的永久基本农田。依法加强对商品鱼生产基地和城市郊区重要养殖水域的保护。

落实农业功能区制度。加快划定和建设粮食生产功能区、重要农产品生产保护区，创建认定一批特色农产品优势区，合理划定畜禽养殖适养、限养、禁养区域，依法编制发布县域养殖水域滩涂规划，严格保护农业生产空间，努力建立反映市场供求与资源稀缺程度的农业生产力布局。

建立农业产业准入负面清单制度。以县为单位，针对农业资源与生态环境突出问题，因地制宜制定禁止和限制发展产业目录，明确种植业、畜牧业、渔业发展方向和开发强度，强化准入管理和底线约束，分类推进重点地区资源保护和严重污染地区治理。

统筹山水林田湖草等生产要素。树立山水林田湖草是一个生命共同体的理念，加强对自然生态空间的

整体保护，修复和改善乡村生态环境，提升生态功能和服务价值。

（八）推进乡村产业振兴

推动种植业提质增效。推动长江流域省市加快粮食生产功能区和重要农产品保护区划定，高标准农田建设资金优先支持长江经济带流域第一批完成“两区”划定任务县。支持长江经济带11省（市）建立健全耕地质量监测网络，开展耕地质量调查评价，实施耕地轮作休耕试点。开展绿色高质高效创建，集成全环节绿色高效技术，构建全过程社会化服务体系，打造全链条产业融合模式。支持发展节水农业，培育推广耐旱品种，因地制宜推广管道输水等高效灌溉技术。

推动畜禽养殖业转型升级。进一步提高标准化规模养殖示范创建标准，以生猪、家禽、肉牛等主要畜禽规模养殖场为重点，兼顾其他畜禽品种，引导长江经济带11省（直辖市）创建畜禽养殖标准化示范场，推进种养结合、农牧循环发展。支持上中下游地区重点发展以草食畜牧业为代表的特色生态农业，依托现有草原生态保护补助奖励政策、退牧还草工程、退耕还草工程和南方现代草地畜牧业推进行动等政策措施，开展人工草地建植，推进草食畜牧业转型升级。

推动水产生态健康养殖。优化水产养殖空间布局，指导地方全面完成沿江养殖水域滩涂规划编制，依法科学划定禁止养殖区、限制养殖区和养殖区。推动水产养殖结构调整，大力推广池塘和工厂化循环水养殖、大水面生态增养殖、稻渔综合种养、渔农复合养殖和盐碱水养殖等模式，支持发展碳汇渔业、净水渔业。引导开展水产健康养殖示范创建，支持发展休闲观光渔业，把水产养殖场建设成为美丽渔场、水上景观。加快水产良种场建设，提高良种应用覆盖率。

推动农村一二三产业融合发展。支持长江经济带11省（直辖市）培育打造和创建一批农村一二三产业融合发展先导区、农村产业融合发展示范园、现代农业产业园、农产品加工园区、农业产业强镇、美丽乡村、农村创业创新园区等平台载体，推进农产品精深加工与初加工、综合利用加工协调发展。支持农产品精深加工、综合利用、休闲农业和乡村旅游等产业发展，支持流域省份新型经营主体建设农产品产地初加工设施。

打好产业扶贫三年攻坚战。指导支持长江经济带贫困县、贫困乡镇和贫困村加快发展对贫困户增收带动明显的种养业、林草业、农产品加工业、休闲农业和乡村旅游等，注重产业长期培育和发展，把绿水青山变成金山银山。加快培育龙头企业、农民合作社、农业社会化服务组织等新型经营主体，强化脱贫致富带头人和新型职业农民培育，吸引资本、技术、人才等要素向乡村流动，引导新型经营主体与贫困村、贫困户建立联动发展的利益联结机制。扶持贫困地区农产品产销对接，加强产地市场和仓储冷链物流体系建设，打造特色品牌，提升产销信息服务水平。加强贫困地区特色产业发展的财政资金投入、金融保险扶持、科技服务、风险防范等支撑保障能力建设。

（九）开展农村人居环境整治

整治提升村容村貌。结合乡村振兴战略规划，加强优化村庄规划管理，加快推动功能清晰、布局合理、生态宜居的村庄建设。调动好农民的积极性，鼓励投工投劳，开展房前屋后和村庄公共空间环境整治。

推进农村生活垃圾治理。指导长江经济带11个省（直辖市）按照“标本兼治、综合施策、突出重点、分类施策”要求，做好非正规垃圾堆放点排查和整治工作。建立农村生活垃圾集运处置体系，鼓励具备条件的地方实行村收集、镇转运、县处理。有条件的地区要推行适合农村特点的垃圾就地分类和资源化利用方式。发挥好村级组织作用，增强村集体组织动员能力，支持社会化服务组织提供垃圾收集转运等服务。

推进农村生活污水治理。推动长江经济带11个省（直辖市）科学合理制定本地农村生活污水处理排放标准，因地制宜推进污水处理设施建设。支持有条件的地区，推广城乡生活污水处理统一规划、统一建设、统一运行、统一管理模式，推动城镇污水管网向周边村庄延伸覆盖。切实加强宣传教育，倡导节约用水，加强生活污水源头减量。

推进厕所革命。支持长江经济带11个省（直辖市）推进农村户用卫生厕所改造、加强农村公共卫生厕所建设、配套搞好农村厕所粪污处理。

强化典型示范。学习借鉴浙江“千村示范、万村整治”经验，组织开展农村人居环境整治示范活动，及时总结推广一批先进典型，通过试点示范不断推进农村人居环境整治工作。

四、保障措施

（十）加强组织领导

成立农业农村部支持长江经济带农业农村绿色发展工作领导小组，协调落实中央推动长江经济带发展决策中涉农工作，研究解决重大问题，提出支持举措。领导小组办公室设在发展规划司，做好统筹协调、沟通衔接、督促检查、进展调度等工作。长江经济带11个省（直辖市）农业农村部门要把农业农村绿色发展摆在更加重要的位置，建立工作协调推进机制，主要负责同志要靠前指挥，强化工作落实，确保各项任务落地生效。

（十一）加强倾斜支持

农业农村部各有关司局和单位要围绕任务分工，立足自身职能和行业优势，拿出超常举措，凝聚各方资源，从资金扶持、项目安排、主体培育、科技支撑、人才培养等方面，进一步加大对长江经济带水生生物多样性保护、化肥农药减量增效、农业废弃物资源化利用、农业面源污染防治、农村人居环境整治、乡村产业振兴等方面倾斜支持力度。长江经济带11个省（直辖市）农业农村部门要发挥主体责任，主动作为、积极行动，整合各方资源，加大对农业农村绿色发展的支持力度。

（十二）加强督促调度

农业农村部支持长江经济带农业农村绿色发展工作领导小组每半年要对《长江经济带发展规划纲要》分工方案涉农事项以及支持长江经济带农业农村绿色发展有关工作落实情况进行督促检查，及时调度汇总水生生物多样性保护、化肥农药减量增效、农业废弃物资源化利用等工作进展，确保各项工作有力有序有效推进。农业农村部各有关司局和单位、长江经济带11个省（直辖市）农业农村部门要定期总结工作任务落实情况、存在问题、支持措施、取得成效等。

（十三）加强沟通协调

农业农村部支持长江经济带农业农村绿色发展工作领导小组办公室要加强与推动长江经济带发展领导小组办公室的沟通，积极争取相关政策支持。农业农村部各有关司局和单位要加强与沿江省市的沟通对接，从整体出发，树立“一盘棋”思想，强化共抓大保护的协同性，及时研究解决跨区域的重大问题，推动协调发展、融合发展。

关于印发2018年新增国家农产品加工技术研发专业中心名单的通知

（农业农村部　农办产［2018］1号　2018年9月12日）

各省、自治区、直辖市及计划单列市农产品加工业、渔业行政管理部门，新疆生产建设兵团农业局，国家农产品加工技术研发中心，国家农产品加工技术研发体系各专业委员会、各研发专业中心：

根据《国家农产品加工技术研发中心管理办法》（农加发［2016］2号），我部按照公平、公正、公开的原则，严格程序，严格标准，严格评审，决定新增国家农产品加工技术研发专业中心（以下简称“研发专业中心”）95个（见附件）。

各省（自治区、直辖市）农业部门要加强对新增研发专业中心的指导服务，协调政策落实，强化基础条件建设，促进农产品加工技术创新，为实现乡村产业振兴提供支撑。

新增研发专业中心要勇于担当，开拓创新，攻克技术难关，加快成果转化，严格规范管理，不断提升创新能力，为促进乡村振兴、全面建成小康社会做出贡献。

附件：2018年新增国家农产品加工技术研发专业中心名单

序号	研发中心名称	依托建设单位
一	粮食加工领域	
1	国家稻米加工技术研发专业中心	黑龙江省农业科学院食品加工研究所 庆安东禾金谷粮食储备有限公司
2	国家面制品加工技术研发专业中心	安徽青松食品有限公司
3	国家稻米加工技术研发专业中心	广东海纳农业有限公司
4	国家小麦加工技术研发专业中心	河南工业大学、河南天香面业有限公司
5	国家玉米加工技术研发专业中心	新疆阜丰生物科技有限公司

（续）

序号	研发中心名称	依托建设单位
6	国家螺蛳粉加工技术研发专业中心	广西螺霸王食品有限公司
7	国家速冻米面制品加工技术研发专业中心	河南农业大学、郑州思念食品有限公司
8	国家面制品加工技术研发专业中心	安徽盼盼食品有限公司
9	国家米制品加工技术研发专业中心	浙江五芳斋实业股份有限公司
10	国家玉米加工技术研发专业中心	青岛农业大学、诸城兴贸玉米开发有限公司
11	国家甘薯加工技术研发专业中心	福建连城健尔聪食品有限公司
12	国家青稞加工技术研发专业中心	西藏自治区农牧科学院农产品开发与食品科学研究所 西藏天地绿色饮品发展有限公司
13	国家小麦加工技术研发专业中心	一加一天然面粉有限公司
14	国家马铃薯加工技术研发专业中心	北大荒马铃薯集团有限公司
15	国家高粱加工技术研发专业中心	山西紫林醋业股份有限公司
16	国家马铃薯加工技术研发专业中心	甘肃正阳现代农业服务有限公司
二	油料加工领域	
17	国家油茶加工技术研发专业中心	湖南大三湘茶油股份有限公司
18	国家芝麻加工技术研发专业中心	合肥燕庄食用油有限责任公司
19	国家花生加工技术研发专业中心	山东金胜粮油食品有限公司
20	国家油菜籽加工技术研发专业中心	金太阳粮油股份有限公司
21	国家大豆加工技术研发专业中心	山东万得福实业集团有限公司
三	果品加工领域	
22	国家柑橘保鲜技术研发专业中心	华中农业大学、江西绿萌科技控股有限公司 秭归县屈姑食品有限公司
23	国家柑橘加工技术研发专业中心	浙江丰岛食品股份有限公司
24	国家苹果加工技术研发专业中心	陕西师范大学、陕西众果果汁有限公司 陕西海升果业发展股份有限公司
25	国家坚果加工技术研发专业中心	洽洽食品股份有限公司
26	国家苹果加工技术研发专业中心	中华全国供销合作总社济南果品研究院 烟台泉源食品有限公司
27	国家浆果加工技术研发专业中心	沈阳农业大学、丹东君澳食品股份有限公司
28	国家红枣加工技术研发专业中心	新疆农垦科学院农产品加工研究所 新疆叶河源果业股份有限公司
29	国家芒果保鲜加工技术研发专业中心	广西壮族自治区农业科学院农产品加工研究所 合浦果香园食品有限公司
30	国家果脯加工技术研发专业中心	北京红螺食品有限公司
31	国家浆果保鲜加工技术研发专业中心 （名称变更）	浙江省农业科学院
四	蔬菜加工领域	
32	国家蔬菜加工技术研发专业中心	新疆中亚食品研发中心（有限公司）

（续）

序号	研发中心名称	依托建设单位
33	国家辣椒加工技术研发专业中心	河南中大恒源生物科技股份有限公司
34	国家食用菌加工技术研发专业中心	河南大学、河南龙丰实业股份有限公司
35	国家食用菌加工技术研发专业中心	浙江百兴食品有限公司
36	国家蔬菜加工技术研发专业中心	湖北中蔬农业科技有限公司
37	国家蔬菜加工技术研发专业中心	宁波市农业科学研究院农产品加工研究所 宁波天胜农牧发展有限公司
38	国家豆瓣酱加工技术研发专业中心	四川省丹丹郫县豆瓣集团股份有限公司
39	国家蔬菜汁加工技术研发专业中心	北京牵手果蔬饮品股份有限公司
40	国家蔬菜加工技术研发专业中心	江西省新安食品集团有限公司
41	国家辣椒加工技术研发专业中心	青岛柏兰集团有限公司
42	国家榨菜加工技术研发专业中心	重庆市渝东南农业科学院、重庆涪陵榨菜集团有限公司
43	国家泡菜加工技术研发专业中心	四川省吉香居食品有限公司
44	国家发酵蔬菜加工技术研发专业中心 （名称变更）	四川省食品发酵工业研究设计院
五	畜产加工领域	
45	国家蛋品加工技术研发专业中心	湖北神地农业科贸有限公司
46	国家猪肉加工技术研发专业中心	得利斯集团有限公司
47	国家蛋品加工技术研发专业中心	北京德青源农业科技股份有限公司
48	国家羊肉加工技术研发专业中心	黑龙江大庄园肉业有限公司
49	国家牛肉加工技术研发专业中心	山东农业大学、阳信亿利源清真肉类有限公司
50	国家猪肉加工技术研发专业中心	河南科技学院、河南众品食业股份有限公司
51	国家乳制品加工技术研发专业中心	广东燕塘乳业股份有限公司
52	国家羊乳制品加工技术研发专业中心	陕西科技大学、陕西金牛乳业有限公司
53	国家羊肉加工技术研发专业中心	内蒙古草原宏宝食品股份有限公司
54	国家禽肉加工技术研发专业中心	河南华英农业发展股份有限公司
55	国家禽肉加工技术研发专业中心	南京黄教授食品科技有限公司
56	国家禽肉加工技术研发专业中心	江西煌上煌集团食品股份有限公司
57	国家羊肉加工技术研发专业中心	衡水志豪畜牧科技有限公司
58	国家兔肉加工技术研发专业中心	重庆阿兴记食品股份有限公司
59	国家牦牛肉加工技术研发专业中心	青海省畜牧兽医科学院、青海可可西里食品有限公司
60	国家乳制品加工技术研发专业中心	杭州新希望双峰乳业有限公司
六	水产品加工领域	
61	国家淡水鱼加工技术研发专业中心	江西师范大学、南昌市鄱阳湖农牧渔产业发展股份有限公司
62	国家红藻加工技术研发专业中心	集美大学、绿新（福建）食品有限公司
63	国家鱼糜及鱼糜制品加工技术研发专业中心	渤海大学、辽宁安井食品有限公司
64	国家鲟鱼加工技术研发专业中心	衢州鲟龙水产食品科技开发有限公司

（续）

序号	研发中心名称	依托建设单位
65	国家远洋水产品加工技术研发专业中心	浙江工业大学、海之星集团公司
66	国家冷冻调理水产品加工技术研发专业中心	福建安井食品股份有限公司
67	国家小龙虾加工技术研发专业中心	湖北交投莱克现代农业科技有限公司
68	国家海水鱼类加工技术研发专业中心	山东美佳集团有限公司
69	国家鲅鱼（蓝点马鲛）加工技术研发专业中心	荣成泰祥食品股份有限公司
七	茶叶加工领域	
70	国家普洱茶加工技术研发专业中心	云南天士力帝泊洱生物茶集团有限公司
71	国家茶叶加工技术研发专业中心	广东省农业科学院茶叶研究所、广东鸿雁茶业有限公司
72	国家抹茶加工技术研发专业中心	江苏鑫品茶业有限公司
73	国家茶叶加工技术研发专业中心	四川米仓山茶业集团有限公司
74	国家茶叶加工技术研发专业中心	贵州贵茶有限公司
75	国家茶叶加工技术研发专业中心	重庆市二圣茶业有限公司
八	特色农产品加工领域	
76	国家中药材加工技术研发专业中心	中国药科大学、江苏茅宝葛业有限公司
77	国家糖料加工技术研发专业中心	中粮屯河糖业股份有限公司
78	国家中药材加工技术研发专业中心	吉林省白山本草药业有限公司
79	国家化州橘红加工技术研发专业中心	化州化橘红药材发展有限公司
80	国家辣木加工技术研发专业中心	云南农业大学、云南天佑科技开发有限公司
81	国家蜂产品加工技术研发专业中心	吉林省养蜂科学研究所、延边宝利祥蜂业股份有限公司
82	国家特医食品加工技术研发专业中心	广州力衡临床营养品有限公司
83	国家人参加工技术研发专业中心	康美新开河（吉林）药业有限公司
84	国家鹿产品加工技术研发专业中心	吉林吉春制药股份有限公司
85	国家甘蔗加工技术研发专业中心	广西农垦糖业集团红河制糖有限公司
86	国家咖啡加工技术研发专业中心	德宏后谷咖啡有限公司
87	国家草本植物加工技术研发专业中心	大闽食品（漳州）有限公司
88	国家糖果加工技术研发专业中心	广东展翠食品股份有限公司
89	国家蒙药加工技术研发专业中心	内蒙古自治区中医药研究所 呼伦贝尔市盛博生态科技农牧业发展有限公司
90	国家槟榔加工技术研发专业中心	海南绿槟榔科技发展有限公司
91	国家枸杞加工技术研发专业中心	百瑞源枸杞股份有限公司
92	国家富硒农产品加工技术研发专业中心	武汉轻工大学、恩施德源健康科技发展有限公司
九	农产品加工装备领域	
93	国家面制品包装装备研发专业中心	青岛海科佳电子设备制造有限公司
94	国家茶叶加工装备研发专业中心	长沙湘丰智能装备股份有限公司
95	国家果蔬加工装备研发专业中心	江苏楷益智能科技有限公司
96	国家农产品冷链物流装备研发专业中心	华南农业大学 广州市绰盈制冷设备有限公司
97	国家农产品初加工装备研发专业中心	农业部南京农业机械化研究所 南京精谷种子机械有限公司

乡村振兴战略规划（2018—2022年）

（中共中央　国务院　2018年9月26日）

前　言

党的十九大提出实施乡村振兴战略，是以习近平同志为核心的党中央着眼党和国家事业全局，深刻把握现代化建设规律和城乡关系变化特征，顺应亿万农民对美好生活的向往，对“三农”工作作出的重大决策部署，是决胜全面建成小康社会、全面建设社会主义现代化国家的重大历史任务，是新时代做好“三农”工作的总抓手。从党的十九大到二十大，是“两个一百年”奋斗目标的历史交汇期，既要全面建成小康社会、实现第一个百年奋斗目标，又要乘势而上开启全面建设社会主义现代化国家新征程，向第二个百年奋斗目标进军。为贯彻落实党的十九大、中央经济工作会议、中央农村工作会议精神和政府工作报告要求，描绘好战略蓝图，强化规划引领，科学有序推动乡村产业、人才、文化、生态和组织振兴，根据《中共中央、国务院关于实施乡村振兴战略的意见》，特编制《乡村振兴战略规划（2018—2022年）》。

本规划以习近平总书记关于“三农”工作的重要论述为指导，按照产业兴旺、生态宜居、乡风文明、治理有效、生活富裕的总要求，对实施乡村振兴战略作出阶段性谋划，分别明确至2020年全面建成小康社会和2022年召开党的二十大时的目标任务，细化实化工作重点和政策措施，部署重大工程、重大计划、重大行动，确保乡村振兴战略落实落地，是指导各地区各部门分类有序推进乡村振兴的重要依据。

第一篇　规划背景

党的十九大作出中国特色社会主义进入新时代的科学论断，提出实施乡村振兴战略的重大历史任务，在我国“三农”发展进程中具有划时代的里程碑意义，必须深入贯彻习近平新时代中国特色社会主义思想和党的十九大精神，在认真总结农业农村发展历史性成就和历史性变革的基础上，准确研判经济社会发展趋势和乡村演变发展态势，切实抓住历史机遇，增强责任感、使命感、紧迫感，把乡村振兴战略实施好。

第一章　重大意义

乡村是具有自然、社会、经济特征的地域综合体，兼具生产、生活、生态、文化等多重功能，与城镇互促互进、共生共存，共同构成人类活动的主要空间。乡村兴则国家兴，乡村衰则国家衰。我国人民日益增长的美好生活需要和不平衡不充分的发展之间的矛盾在乡村最为突出，我国仍处于并将长期处于社会主义初级阶段的特征很大程度上表现在乡村。全面建成小康社会和全面建设社会主义现代化强国，最艰巨最繁重的任务在农村，最广泛最深厚的基础在农村，最大的潜力和后劲也在农村。实施乡村振兴战略，是解决新时代我国社会主要矛盾、实现“两个一百年”奋斗目标和中华民族伟大复兴中国梦的必然要求，具有重大现实意义和深远历史意义。

实施乡村振兴战略是建设现代化经济体系的重要基础。农业是国民经济的基础，农村经济是现代化经济体系的重要组成部分。乡村振兴，产业兴旺是重点。实施乡村振兴战略，深化农业供给侧结构性改革，构建现代农业产业体系、生产体系、经营体系，实现农村一二三产业深度融合发展，有利于推动农业从增产导向转向提质导向，增强我国农业创新力和竞争力，为建设现代化经济体系奠定坚实基础。

实施乡村振兴战略是建设美丽中国的关键举措。农业是生态产品的重要供给者，乡村是生态涵养的主体区，生态是乡村最大的发展优势。乡村振兴，生态宜居是关键。实施乡村振兴战略，统筹山水林田湖草系统治理，加快推行乡村绿色发展方式，加强农村人居环境整治，有利于构建人与自然和谐共生的乡村发展新格局，实现百姓富、生态美的统一。

实施乡村振兴战略是传承中华优秀传统文化的有效途径。中华文明根植于农耕文化，乡村是中华文明的基本载体。乡村振兴，乡风文明是保障。实施乡村振兴战略，深入挖掘农耕文化蕴含的优秀思想观念、人文精神、道德规范，结合时代要求在保护传承的基础上创造性转化、创新性发展，有利于在新时代焕发出乡风文明的新气象，进一步丰富和传承中华优秀传统文化。

实施乡村振兴战略是健全现代社会治理格局的固本之策。社会治理的基础在基层，薄弱环节在乡村。乡村振兴，治理有效是基础。实施乡村振兴战略，加强农村基层基础工作，健全乡村治理体系，确保广大农民安居乐业、农村社会安定有序，有利于打造共建共治共享的现代社会治理格局，推进国家治理体系和治理能力现代化。

实施乡村振兴战略是实现全体人民共同富裕的必然选择。农业强不强、农村美不美、农民富不富，关乎亿万农民的获得感、幸福感、安全感，关乎全面建成小康社会全局。乡村振兴，生活富裕是根本。实施乡村振兴战略，不断拓宽农民增收渠道，全面改善农村生产生活条件，促进社会公平正义，有利于增进农民福祉，让亿万农民走上共同富裕的道路，汇聚起建设社会主义现代化强国的磅礴力量。

第二章　振兴基础

党的十八大以来，面对我国经济发展进入新常态带来的深刻变化，以习近平同志为核心的党中央推动“三农”工作理论创新、实践创新、制度创新，坚持把解决好“三农”问题作为全党工作重中之重，切实把农业农村优先发展落到实处；坚持立足国内保证自给的方针，牢牢把握国家粮食安全主动权；坚持不断深化农村改革，激发农村发展新活力；坚持把推进农业供给侧结构性改革作为主线，加快提高农业供给质量；坚持绿色生态导向，推动农业农村可持续发展；坚持在发展中保障和改善民生，让广大农民有更多获得感；坚持遵循乡村发展规律，扎实推进生态宜居的美丽乡村建设；坚持加强和改善党对农村工作的领导，为“三农”发展提供坚强政治保障。这些重大举措和开创性工作，推动农业农村发展取得历史性成就、发生历史性变革，为党和国家事业全面开创新局面提供了有力支撑。

农业供给侧结构性改革取得新进展，农业综合生产能力明显增强，全国粮食总产量连续 5 年保持在 1.2 万亿斤以上，农业结构不断优化，农村新产业新业态新模式蓬勃发展，农业生态环境恶化问题得到初步遏制，农业生产经营方式发生重大变化。农村改革取得新突破，农村土地制度、农村集体产权制度改革稳步推进，重要农产品收储制度改革取得实质性成效，农村创新创业和投资兴业蔚然成风，农村发展新动能加快成长。城乡发展一体化迈出新步伐，5 年间 8 000 多万农业转移人口成为城镇居民，城乡居民收入相对差距缩小，农村消费持续增长，农民收入和生活水平明显提高。脱贫攻坚开创新局面，贫困地区农民收入增速持续快于全国平均水平，集中连片特困地区内生发展动力明显增强，过去 5 年累计 6 800 多万贫困人口脱贫。农村公共服务和社会事业达到新水平，农村基础设施建设不断加强，人居环境整治加快推进，教育、医疗卫生、文化等社会事业快速发展，农村社会焕发新气象。

同时，应当清醒地看到，当前我国农业农村基础差、底子薄、发展滞后的状况尚未根本改变，经济社会发展中最明显的短板仍然在“三农”，现代化建设中最薄弱的环节仍然是农业农村。主要表现在：农产品阶段性供过于求和供给不足并存，农村一二三产业融合发展深度不够，农业供给质量和效益亟待提高；农民适应生产力发展和市场竞争的能力不足，农村人才匮乏；农村基础设施建设仍然滞后，农村环境和生态问题比较突出，乡村发展整体水平亟待提升；农村民生领域欠账较多，城乡基本公共服务和收入水平差距仍然较大，脱贫攻坚任务依然艰巨；国家支农体系相对薄弱，农村金融改革任务繁重，城乡之间要素合理流动机制亟待健全；农村基层基础工作存在薄弱环节，乡村治理体系和治理能力亟待强化。

第三章　发展态势

从 2018 年到 2022 年，是实施乡村振兴战略的第一个 5 年，既有难得机遇，又面临严峻挑战。从国际环境看，全球经济复苏态势有望延续，我国统筹利用国内国际两个市场两种资源的空间将进一步拓展，同时国际农产品贸易不稳定性不确定性仍然突出，提高我国农业竞争力、妥善应对国际市场风险任务紧迫。特别是我国作为人口大国，粮食及重要农产品需求仍将刚性增长，保障国家粮食安全始终是头等大事。从国内形势看，随着我国经济由高速增长阶段转向高质量发展阶段，以及工业化、城镇化、信息化深入推进，乡村发展将处于大变革、大转型的关键时期。居民消费结构加快升级，中高端、多元化、个性化消费需求将快速增长，加快推进农业由增产导向转向提质导向是必然要求。我国城镇化进入快速发展与质量提升的新阶段，城市辐射带动农村的能力进一步增强，但大量农民仍然生活在农村的国情不会改变，迫切需要重塑城乡关系。我国乡村差异显著，多样性分化的趋势仍将延续，乡村的独特价值和多元功能将进一步得到发掘和拓展，同时应对好村庄空心化和农村老龄化、延续乡村文化血脉、完善乡村治理体系的任务艰巨。

实施乡村振兴战略具备较好条件。有习近平总书记把舵定向，有党中央、国务院的高度重视、坚强领导、科学决策，实施乡村振兴战略写入党章，成为全党的共同意志，乡村振兴具有根本政治保障。社会主义制度能够集中力量办大事，强农惠农富农政策力度不断加大，农村土地集体所有制和双层经营体制不断完善，乡村振兴具有坚强制度保障。优秀农耕文明源远流长，寻根溯源的人文情怀和国人的乡村情结历久弥深，现代城市文明导入融汇，乡村振兴具有深厚文化土壤。国家经济实力和综合国力日益增强，对农业农村支持力度不断加大，农村生产生活条件加快改善，农民收入持续增长，乡村振兴具有雄厚物质基础。农业现代化和社会主义新农村建设取得历史性成就，各地积累了丰富的成功经验和做法，乡村振兴具有扎实工作基础。

实施乡村振兴战略，是党对“三农”工作一系列方针政策的继承和发展，是亿万农民的殷切期盼。必须抓住机遇，迎接挑战，发挥优势，顺势而为，努力开创农业农村发展新局面，推动农业全面升级、农村全面进步、农民全面发展，谱写新时代乡村全面振兴新篇章。

第二篇　总体要求

按照到2020年实现全面建成小康社会和分两个阶段实现第二个百年奋斗目标的战略部署，2018年至2022年这5年间，既要在农村实现全面小康，又要为基本实现农业农村现代化开好局、起好步、打好基础。

第四章　指导思想和基本原则

第一节　指导思想

深入贯彻习近平新时代中国特色社会主义思想，深入贯彻党的十九大和十九届二中、三中全会精神，加强党对“三农”工作的全面领导，坚持稳中求进工作总基调，牢固树立新发展理念，落实高质量发展要求，紧紧围绕统筹推进“五位一体”总体布局和协调推进“四个全面”战略布局，坚持把解决好“三农”问题作为全党工作重中之重，坚持农业农村优先发展，按照产业兴旺、生态宜居、乡风文明、治理有效、生活富裕的总要求，建立健全城乡融合发展体制机制和政策体系，统筹推进农村经济建设、政治建设、文化建设、社会建设、生态文明建设和党的建设，加快推进乡村治理体系和治理能力现代化，加快推进农业农村现代化，走中国特色社会主义乡村振兴道路，让农业成为有奔头的产业，让农民成为有吸引力的职业，让农村成为安居乐业的美丽家园。

第二节　基本原则

——坚持党管农村工作。毫不动摇地坚持和加强党对农村工作的领导，健全党管农村工作方面的领导体制机制和党内法规，确保党在农村工作中始终总揽全局、协调各方，为乡村振兴提供坚强有力的政治保障。

——坚持农业农村优先发展。把实现乡村振兴作为全党的共同意志、共同行动，做到认识统一、步调一致，在干部配备上优先考虑，在要素配置上优先满足，在资金投入上优先保障，在公共服务上优先安排，加快补齐农业农村短板。

——坚持农民主体地位。充分尊重农民意愿，切实发挥农民在乡村振兴中的主体作用，调动亿万农民的积极性、主动性、创造性，把维护农民群众根本利益、促进农民共同富裕作为出发点和落脚点，促进农民持续增收，不断提升农民的获得感、幸福感、安全感。

——坚持乡村全面振兴。准确把握乡村振兴的科学内涵，挖掘乡村多种功能和价值，统筹谋划农村经济建设、政治建设、文化建设、社会建设、生态文明建设和党的建设，注重协同性、关联性，整体部署，协调推进。

——坚持城乡融合发展。坚决破除体制机制弊端，使市场在资源配置中起决定性作用，更好发挥政府作用，推动城乡要素自由流动、平等交换，推动新型工业化、信息化、城镇化、农业现代化同步发展，加快形成工农互促、城乡互补、全面融合、共同繁荣的新型工农城乡关系。

——坚持人与自然和谐共生。牢固树立和践行绿水青山就是金山银山的理念，落实节约优先、保护优先、自然恢复为主的方针，统筹山水林田湖草系统治理，严守生态保护红线，以绿色发展引领乡村振兴。

——坚持改革创新、激发活力。不断深化农村改革，扩大农业对外开放，激活主体、激活要素、激活市场，调动各方力量投身乡村振兴。以科技创新引领和支撑乡村振兴，以人才汇聚推动和保障乡村振兴，增强农业农村自我发展动力。

——坚持因地制宜、循序渐进。科学把握乡村的差异性和发展走势分化特征，做好顶层设计，注重规划先行、因势利导，分类施策、突出重点，体现特色、丰富多彩。既尽力而为，又量力而行，不搞层层加码，不搞一刀切，不搞形式主义和形象工程，久久为功，扎实推进。

第五章 发展目标

到2020年，乡村振兴的制度框架和政策体系基本形成，各地区各部门乡村振兴的思路举措得以确立，全面建成小康社会的目标如期实现。到2022年，乡村振兴的制度框架和政策体系初步健全。国家粮食安全保障水平进一步提高，现代农业体系初步构建，农业绿色发展全面推进；农村一二三产业融合发展格局初步形成，乡村产业加快发展，农民收入水平进一步提高，脱贫攻坚成果得到进一步巩固；农村基础设施条件持续改善，城乡统一的社会保障制度体系基本建立；农村人居环境显著改善，生态宜居的美丽乡村建设扎实推进；城乡融合发展体制机制初步建立，农村基本公共服务水平进一步提升；乡村优秀传统文化得以传承和发展，农民精神文化生活需求基本得到满足；以党组织为核心的农村基层组织建设明显加强，乡村治理能力进一步提升，现代乡村治理体系初步构建。探索形成一批各具特色的乡村振兴模式和经验，乡村振兴取得阶段性成果。

第六章 远景谋划

到2035年，乡村振兴取得决定性进展，农业农村现代化基本实现。农业结构得到根本性改善，农民就业质量显著提高，相对贫困进一步缓解，共同富裕迈出坚实步伐；城乡基本公共服务均等化基本实现，城乡融合发展体制机制更加完善；乡风文明达到新高度，乡村治理体系更加完善；农村生态环境根本好转，生态宜居的美丽乡村基本实现。

到2050年，乡村全面振兴，农业强、农村美、农民富全面实现。

第三篇 构建乡村振兴新格局

坚持乡村振兴和新型城镇化双轮驱动，统筹城乡国土空间开发格局，优化乡村生产生活生态空间，分类推进乡村振兴，打造各具特色的现代版“富春山居图”。

第七章 统筹城乡发展空间

按照主体功能定位，对国土空间的开发、保护和整治进行全面安排和总体布局，推进“多规合一”，加快形成城乡融合发展的空间格局。

第一节 强化空间用途管制

强化国土空间规划对各专项规划的指导约束作用，统筹自然资源开发利用、保护和修复，按照不同主体功能定位和陆海统筹原则，开展资源环境承载能力和国土空间开发适宜性评价，科学划定生态、农业、城镇等空间和生态保护红线、永久基本农田、城镇开发边界及海洋生物资源保护线、围填海控制线等主要控制线，推动主体功能区战略格局在市县层面精准落地，健全不同主体功能区差异化协同发展长效机制，实现山水林田湖草整体保护、系统修复、综合治理。

第二节 完善城乡布局结构

以城市群为主体构建大中小城市和小城镇协调发展的城镇格局，增强城镇地区对乡村的带动能力。加快发展中小城市，完善县城综合服务功能，推动农业转移人口就地就近城镇化。因地制宜发展特色鲜明、产城融合、充满魅力的特色小镇和小城镇，加强以乡镇政府驻地为中心的农民生活圈建设，以镇带村、以村促镇，推动镇村联动发展。建设生态宜居的美丽乡村，发挥多重功能，提供优质产品，传承乡村文化，留住乡愁记忆，满足人民日益增长的美好生活需要。

第三节 推进城乡统一规划

通盘考虑城镇和乡村发展，统筹谋划产业发展、基础设施、公共服务、资源能源、生态环境保护等主要布局，形成田园乡村与现代城镇各具特色、交相辉映的城乡发展形态。强化县域空间规划和各类专项规划引导约束作用，科学安排县域乡村布局、资源利用、设施配置和村庄整治，推动村庄规划管理全覆盖。综合考虑村庄演变规律、集聚特点和现状分布，结合农民生产生活半径，合理确定县域村庄布局和规模，避免随意撤并村庄搞大社区、违背农民意愿大拆大建。加强乡村风貌整体管控，注重农房单体个性设计，建设立足乡土社会、富有地域特色、承载田园乡愁、体现现代文明的升级版乡村，避免千村一面，防止乡村景观城市化。

第八章 优化乡村发展布局

坚持人口资源环境相均衡、经济社会生态效益相统一，打造集约高效生产空间，营造宜居适度生活空间，保护山清水秀生态空间，延续人和自然有机融合的乡村空间关系。

第一节 统筹利用生产空间

乡村生产空间是以提供农产品为主体功能的国土空间，兼具生态功能。围绕保障国家粮食安全和重要农产品供给，充分发挥各地比较优势，重点建设以“七区二十三带”为主体的农产品主产区。落实农业功能区制度，科学合理划定粮食生产功能区、重要农产品生产保护区和特色农产品优势区，合理划定养殖业适养、限养、禁养区域，严格保护农业生产空间。适应农村现代产业发展需要，科学划分乡村经济发展片区，统筹推进农业产业园、科技园、创业园等各类园区建设。

第二节　合理布局生活空间

乡村生活空间是以农村居民点为主体、为农民提供生产生活服务的国土空间。坚持节约集约用地，遵循乡村传统肌理和格局，划定空间管控边界，明确用地规模和管控要求，确定基础设施用地位置、规模和建设标准，合理配置公共服务设施，引导生活空间尺度适宜、布局协调、功能齐全。充分维护原生态村居风貌，保留乡村景观特色，保护自然和人文环境，注重融入时代感、现代性，强化空间利用的人性化、多样化，着力构建便捷的生活圈、完善的服务圈、繁荣的商业圈，让乡村居民过上更舒适的生活。

第三节　严格保护生态空间

乡村生态空间是具有自然属性、以提供生态产品或生态服务为主体功能的国土空间。加快构建以“两屏三带”为骨架的国家生态安全屏障，全面加强国家重点生态功能区保护，建立以国家公园为主体的自然保护地体系。树立山水林田湖草是一个生命共同体的理念，加强对自然生态空间的整体保护，修复和改善乡村生态环境，提升生态功能和服务价值。全面实施产业准入负面清单制度，推动各地因地制宜制定禁止和限制发展产业目录，明确产业发展方向和开发强度，强化准入管理和底线约束。

第九章　分类推进乡村发展

顺应村庄发展规律和演变趋势，根据不同村庄的发展现状、区位条件、资源禀赋等，按照集聚提升、融入城镇、特色保护、搬迁撤并的思路，分类推进乡村振兴，不搞一刀切。

第一节　集聚提升类村庄

现有规模较大的中心村和其他仍将存续的一般村庄，占乡村类型的大多数，是乡村振兴的重点。科学确定村庄发展方向，在原有规模基础上有序推进改造提升，激活产业、优化环境、提振人气、增添活力，保护保留乡村风貌，建设宜居宜业的美丽村庄。鼓励发挥自身比较优势，强化主导产业支撑，支持农业、工贸、休闲服务等专业化村庄发展。加强海岛村庄、国有农场及林场规划建设，改善生产生活条件。

第二节　城郊融合类村庄

城市近郊区以及县城城关镇所在地的村庄，具备成为城市后花园的优势，也具有向城市转型的条件。综合考虑工业化、城镇化和村庄自身发展需要，加快城乡产业融合发展、基础设施互联互通、公共服务共建共享，在形态上保留乡村风貌，在治理上体现城市水平，逐步强化服务城市发展、承接城市功能外溢、满足城市消费需求能力，为城乡融合发展提供实践经验。

第三节　特色保护类村庄

历史文化名村、传统村落、少数民族特色村寨、特色景观旅游名村等自然历史文化特色资源丰富的村庄，是彰显和传承中华优秀传统文化的重要载体。统筹保护、利用与发展的关系，努力保持村庄的完整性、真实性和延续性。切实保护村庄的传统选址、格局、风貌以及自然和田园景观等整体空间形态与环境，全面保护文物古迹、历史建筑、传统民居等传统建筑。尊重原住居民生活形态和传统习惯，加快改善村庄基础设施和公共环境，合理利用村庄特色资源，发展乡村旅游和特色产业，形成特色资源保护与村庄发展的良性互促机制。

第四节　搬迁撤并类村庄

对位于生存条件恶劣、生态环境脆弱、自然灾害频发等地区的村庄，因重大项目建设需要搬迁的村庄，以及人口流失特别严重的村庄，可通过易地扶贫搬迁、生态宜居搬迁、农村集聚发展搬迁等方式，实施村庄搬迁撤并，统筹解决村民生计、生态保护等问题。拟搬迁撤并的村庄，严格限制新建、扩建活动，统筹考虑拟迁入或新建村庄的基础设施和公共服务设施建设。坚持村庄搬迁撤并与新型城镇化、农业现代化相结合，依托适宜区域进行安置，避免新建孤立的村落式移民社区。搬迁撤并后的村庄原址，因地制宜复垦或还绿，增加乡村生产生态空间。农村居民点迁建和村庄撤并，必须尊重农民意愿并经村民会议同意，不得强制农民搬迁和集中上楼。

第十章　坚决打好精准脱贫攻坚战

把打好精准脱贫攻坚战作为实施乡村振兴战略的优先任务，推动脱贫攻坚与乡村振兴有机结合相互促进，确保到2020年我国现行标准下农村贫困人口实现脱贫，贫困县全部摘帽，解决区域性整体贫困。

第一节　深入实施精准扶贫精准脱贫

健全精准扶贫精准脱贫工作机制，夯实精准扶贫精准脱贫基础性工作。因地制宜、因户施策，探索多渠道、多样化的精准扶贫精准脱贫路径，提高扶贫措施针对性和有效性。做好东西部扶贫协作和对口支援工作，着力推动县与县精准对接，推进东部产业向西部梯度转移，加大产业扶贫工作力度。加强和改进定点扶贫工作，健全驻村帮扶机制，落实扶贫责任。加大金融扶贫力度。健全社会力量参与机制，引导激励社会各界更加关注、支持和参与脱贫攻坚。

第二节　重点攻克深度贫困

实施深度贫困地区脱贫攻坚行动方案。以解决突出制约问题为重点，以重大扶贫工程和到村到户到人帮扶为抓手，加大政策倾斜和扶贫资金整合力度，着力改善深度贫困地区发展条件，增强贫困农户发展能力。推动新增脱贫攻坚资金、新增脱贫攻坚项目、新增脱贫攻坚举措主要用于“三区三州”等深度贫困地区。推进贫困村基础设施和公共服务设施建设，培育壮大集体经济，确保深度贫困地区和贫困群众同全国人民一道进入全面小康社会。

第三节　巩固脱贫攻坚成果

加快建立健全缓解相对贫困的政策体系和工作机制，持续改善欠发达地区和其他地区相对贫困人口的发展条件，完善公共服务体系，增强脱贫地区“造血”功能。结合实施乡村振兴战略，压茬推进实施生态宜居搬迁等工程，巩固易地扶贫搬迁成果。注重扶志扶智，引导贫困群众克服“等靠要”思想，逐步消除精神贫困。建立正向激励机制，将帮扶政策措施与贫困群众参与挂钩，培育提升贫困群众发展生产和务工经商的基本能力。加强宣传引导，讲好中国减贫故事。认真总结脱贫攻坚经验，研究建立促进群众稳定脱贫和防范返贫的长效机制，探索统筹解决城乡贫困的政策措施，确保贫困群众稳定脱贫。

第四篇　加快农业现代化步伐

坚持质量兴农、品牌强农，深化农业供给侧结构性改革，构建现代农业产业体系、生产体系、经营体系，推动农业发展质量变革、效率变革、动力变革，持续提高农业创新力、竞争力和全要素生产率。

第十一章　夯实农业生产能力基础

深入实施藏粮于地、藏粮于技战略，提高农业综合生产能力，保障国家粮食安全和重要农产品有效供给，把中国人的饭碗牢牢端在自己手中。

第一节　健全粮食安全保障机制

坚持以我为主、立足国内、确保产能、适度进口、科技支撑的国家粮食安全战略，建立全方位的粮食安全保障机制。按照“确保谷物基本自给、口粮绝对安全”的要求，持续巩固和提升粮食生产能力。深化中央储备粮管理体制改革，科学确定储备规模，强化中央储备粮监督管理，推进中央、地方两级储备协同运作。鼓励加工流通企业、新型经营主体开展自主储粮和经营。全面落实粮食安全省长责任制，完善监督考核机制。强化粮食质量安全保障。加快完善粮食现代物流体系，构建安全高效、一体化运作的粮食物流网络。

第二节　加强耕地保护和建设

严守耕地红线，全面落实永久基本农田特殊保护制度，完成永久基本农田控制线划定工作，确保到2020年永久基本农田保护面积不低于15.46亿亩。大规模推进高标准农田建设，确保到2022年建成10亿亩高标准农田，所有高标准农田实现统一上图入库，形成完善的管护监督和考核机制。加快将粮食生产功能区和重要农产品生产保护区细化落实到具体地块，实现精准化管理。加强农田水利基础设施建设，实施耕地质量保护和提升行动，到2022年农田有效灌溉面积达到10.4亿亩，耕地质量平均提升0.5个等级（别）以上。

第三节　提升农业装备和信息化水平

推进我国农机装备和农业机械化转型升级，加快高端农机装备和丘陵山区、果菜茶生产、畜禽水产养殖等农机装备的生产研发、推广应用，提升渔业船舶装备水平。促进农机农艺融合，积极推进作物品种、栽培技术和机械装备集成配套，加快主要作物生产全程机械化，提高农机装备智能化水平。加强农业信息化建设，积极推进信息进村入户，鼓励互联网企业建立产销衔接的农业服务平台，加强农业信息监测预警和发布，提高农业综合信息服务水平。大力发展数字农业，实施智慧农业工程和“互联网＋”现代农业行动，鼓励对农业生产进行数字化改造，加强农业遥感、物联网应用，提高农业精准化水平。发展智慧气象，提升气象为农服务能力。

第十二章　加快农业转型升级

按照建设现代化经济体系的要求，加快农业结构调整步伐，着力推动农业由增产导向转向提质导向，提高农业供给体系的整体质量和效率，加快实现由农业大国向农业强国转变。

第一节　优化农业生产力布局

以全国主体功能区划确定的农产品主产区为主体，立足各地农业资源禀赋和比较优势，构建优势区域布局和专业化生产格局，打造农业优化发展区和农业现代化先行区。东北地区重点提升粮食生产能力，依托“大粮仓”打造粮肉奶综合供应基地。华北地区着力稳定粮油和蔬菜、畜产品生产保障能力，发展节水型农业。长江中下游地区切实稳定粮油生产能力，优化水网地带生猪养殖布局，大力发展名优水产品生产。华南地区加快发展现代畜禽水产和特色园艺产品，发展具有出口优势的水产品养殖。西北、西南地区和北方农牧交错区加快调整产品结构，限制资源消耗大的产业规模，壮大区域特色产业。青海、西藏等生态脆弱区域坚持保护优先、限制开发，发展高原特色农牧业。

第二节　推进农业结构调整

加快发展粮经饲统筹、种养加一体、农牧渔结合的现代农业，促进农业结构不断优化升级。统筹调整种植业生产结构，稳定水稻、小麦生产，有序调减非优势区籽粒玉米，进一步扩大大豆生产规模，巩固主产区棉油糖胶生产，确保一定的自给水平。大力发展优质饲料牧草，合理利用退耕地、南方草山草坡和冬闲田拓展饲草发展空间。推进畜牧业区域布局调整，合理布局规模化养殖场，大力发展种养结合循环农业，促进养殖废弃物就近资源化利用。优化畜牧业生产结构，大力发展草食畜牧业，做大做强民族奶业。加强渔港经济区建设，推进渔港渔区振兴。合理确定内陆水域养殖规模，发展集约化、工厂化水产养殖和深远海养殖，降低江河湖泊和近海渔业捕捞强度，规范有序发展远洋渔业。

第三节　壮大特色优势产业

以各地资源禀赋和独特的历史文化为基础，有序开发优势特色资源，做大做强优势特色产业。创建特色鲜明、优势集聚、市场竞争力强的特色农产品优势区，支持特色农产品优势区建设标准化生产基地、加工基地、仓储物流基地，完善科技支撑体系、品牌与市场营销体系、质量控制体系，建立利益联结紧密的建设运行机制，形成特色农业产业集群。按照与国际标准接轨的目标，支持建立生产精细化管理与产品品质控制体系，采用国际通行的良好农业规范，塑造现代顶级农产品品牌。实施产业兴村强县行动，培育农业产业强镇，打造“一乡一业”、“一村一品”的发展格局。

第四节　保障农产品质量安全

实施食品安全战略，加快完善农产品质量和食品安全标准、监管体系，加快建立农产品质量分级及产地准出、市场准入制度。完善农兽药残留限量标准体系，推进农产品生产投入品使用规范化。建立健全农产品质量安全风险评估、监测预警和应急处置机制。实施动植物保护能力提升工程，实现全国动植物检疫防疫联防联控。完善农产品认证体系和农产品质量安全监管追溯系统，着力提高基层监管能力。落实生产经营者主体责任，强化农产品生产经营者的质量安全意识。建立农资和农产品生产企业信用信息系统，对失信市场主体开展联合惩戒。

第五节　培育提升农业品牌

实施农业品牌提升行动，加快形成以区域公用品牌、企业品牌、大宗农产品品牌、特色农产品品牌为核心的农业品牌格局。推进区域农产品公共品牌建设，擦亮老品牌，塑强新品牌，引入现代要素改造提升传统名优品牌，努力打造一批国际知名的农业品牌和国际品牌展会。做好品牌宣传推介，借助农产品博览会、展销会等渠道，充分利用电商、“互联网＋”等新兴手段，加强品牌市场营销。加强农产品商标及地理标志商标的注册和保护，构建我国农产品品牌保护体系，打击各种冒用、滥用公用品牌行为，建立区域公用品牌的授权使用机制以及品牌危机预警、风险规避和紧急事件应对机制。

第六节　构建农业对外开放新格局

建立健全农产品贸易政策体系。实施特色优势农产品出口提升行动，扩大高附加值农产品出口。积极参与全球粮农治理。加强与“一带一路”沿线国家合作，积极支持有条件的农业企业走出去。建立农业对外合作公共信息服务平台和信用评价体系。放宽农业外资准入，促进引资引技引智相结合。

第十三章　建立现代农业经营体系

坚持家庭经营在农业中的基础性地位，构建家庭经营、集体经营、合作经营、企业经营等共同发展的新型农业经营体系，发展多种形式适度规模经营，发展壮大农村集体经济，提高农业的集约化、专业化、组织化、社会化水平，有效带动小农户发展。

第一节　巩固和完善农村基本经营制度

落实农村土地承包关系稳定并长久不变政策，衔接落实好第二轮土地承包到期后再延长30年的政策，让农民吃上长效“定心丸”。全面完成土地承包经营权确权登记颁证工作，完善农村承包地“三权分置”制度，在依法保护集体所有权和农户承包权前提下，平等保护土地经营权。建立农村产权交易平台，加强土地经营权流转和规模经营的管理服务。加强农用地用途管制。完善集体林权制度，引导规范有序流转，鼓励发展家庭林场、股份合作林场。发展壮大农垦国有农业经济，培育一批具有国际竞争力的农垦企业集团。

第二节　壮大新型农业经营主体

实施新型农业经营主体培育工程，鼓励通过多种形式开展适度规模经营。培育发展家庭农场，提升农民专业合作社规范化水平，鼓励发展农民专业合作社联合社。不断壮大农林产业化龙头企业，鼓励建立现代企业制度。鼓励工商资本到农村投资适合产业化、规模化经营的农业项目，提供区域性、系统性解决方案，与当地农户形成互惠共赢的产业共同体。加快建立新型经营主体支持政策体系和信用评价体系，落实财政、税收、土地、信贷、保险等支持政策，扩大新型经营主体承担涉农项目规模。

第三节　发展新型农村集体经济

深入推进农村集体产权制度改革，推动资源变资产、资金变股金、农民变股东，发展多种形式的股份合作。完善农民对集体资产股份的占有、收益、有偿退出及抵押、担保、继承等权能和管理办法。研究制定农村集体经济组织法，充实农村集体产权权能。鼓励经济实力强的农村集体组织辐射带动周边村庄共同发展。发挥村党组织对集体经济组织的领导核心作用，防止内部少数人控制和外部资本侵占集体资产。

第四节　促进小农户生产和现代农业发展有机衔接

改善小农户生产设施条件，提高个体农户抵御自然风险能力。发展多样化的联合与合作，提升小农户组织化程度。鼓励新型经营主体与小农户建立契约型、股权型利益联结机制，带动小农户专业化生产，提高小农户自我发展能力。健全农业社会化服务体系，大力培育新型服务主体，加快发展“一站式”农业生产性服务业。加强工商企业租赁农户承包地的用途监管和风险防范，健全资格审查、项目审核、风险保障金制度，维护小农户权益。

第十四章　强化农业科技支撑

深入实施创新驱动发展战略，加快农业科技进步，提高农业科技自主创新水平、成果转化水平，为农业发展拓展新空间、增添新动能，引领支撑农业转型升级和提质增效。

第一节　提升农业科技创新水平

培育符合现代农业发展要求的创新主体，建立健全各类创新主体协调互动和创新要素高效配置的国家农业科技创新体系。强化农业基础研究，实现前瞻性基础研究和原创性重大成果突破。加强种业创新、现代食品、农机装备、农业污染防治、农村环境整治等方面的科研工作。深化农业科技体制改革，改进科研项目评审、人才评价和机构评估工作，建立差别化评价制度。深入实施现代种业提升工程，开展良种重大科研联合攻关，培育具有国际竞争力的种业龙头企业，推动建设种业科技强国。

第二节　打造农业科技创新平台基地

建设国家农业高新技术产业示范区、国家农业科技园区、省级农业科技园区，吸引更多的农业高新技术企业到科技园区落户，培育国际领先的农业高新技术企业，形成具有国际竞争力的农业高新技术产业。新建一批科技创新联盟，支持农业高新技术企业建立高水平研发机构。利用现有资源建设农业领域国家技术创新中心，加强重大共性关键技术和产品研发与应用示范。建设农业科技资源开放共享与服务平台，充分发挥重要公共科技资源优势，推动面向科技界开放共享，整合和完善科技资源共享服务平台。

第三节　加快农业科技成果转化应用

鼓励高校、科研院所建立一批专业化的技术转移机构和面向企业的技术服务网络，通过研发合作、技术转让、技术许可、作价投资等多种形式，实现科技成果市场价值。健全省市县三级科技成果转化工作网络，支持地方大力发展技术交易市场。面向绿色兴农重大需求，加大绿色技术供给，加强集成应用和示范推广。健全基层农业技术推广体系，创新公益性农技推广服务方式，支持各类社会力量参与农技推广，全面实施农技推广服务特聘计划，加强农业重大技术协同推广。健全农业科技领域分配政策，落实科研成果转化及农业科技创新激励相关政策。

第十五章　完善农业支持保护制度

以提升农业质量效益和竞争力为目标，强化绿色生态导向，创新完善政策工具和手段，加快建立新型农业支持保护政策体系。

第一节　加大支农投入力度

建立健全国家农业投入增长机制，政府固定资产投资继续向农业倾斜，优化投入结构，实施一批打基础、管长远、影响全局的重大工程，加快改变农业基础设施薄弱状况。建立以绿色生态为导向的农业补贴制度，提高农业补贴政策的指向性和精准性。落实和完善对农民直接补贴制度。完善粮食主产区利益补偿机制。继续支持粮改饲、粮豆轮作和畜禽水产标准化健康养殖，改革完善渔业油价补贴政策。完善农机购置补贴政策，鼓励对绿色农业发展机具、高性能机具以及保证粮食等主要农产品生产机具实行敞开补贴。

第二节　深化重要农产品收储制度改革

深化玉米收储制度改革，完善市场化收购加补贴机制。合理制定大豆补贴政策。完善稻谷、小麦最低收购价政策，增强政策灵活性和弹性，合理调整最低收购价水平，加快建立健全支持保护政策。深化国有粮食企业改革，培育壮大骨干粮食企业，引导多元市场主体入市收购，防止出现卖粮难。深化棉花目标价格改革，研究完善食糖（糖料）、油料支持政策，促进价格合理形成，激发企业活力，提高国内产业竞争力。

第三节　提高农业风险保障能力

完善农业保险政策体系，设计多层次、可选择、不同保障水平的保险产品。积极开发适应新型农业经营主体需求的保险品种，探索开展水稻、小麦、玉米三大主粮作物完全成本保险和收入保险试点，鼓励开展天气指数保险、价格指数保险、贷款保证保险等试点。健全农业保险大灾风险分散机制。发展农产品期权期货市场，扩大“保险＋期货”试点，探索“订单农业＋保险＋期货（权）”试点。健全国门生物安全查验机制，推进口岸动植物检疫规范化建设。强化边境管理，打击农产品走私。完善农业风险管理和预警体系。

第五篇　发展壮大乡村产业

以完善利益联结机制为核心，以制度、技术和商业模式创新为动力，推进农村一二三产业交叉融合，加快发展根植于农业农村、由当地农民主办、彰显地域特色和乡村价值的产业体系，推动乡村产业全面振兴。

第十六章　推动农村产业深度融合

把握城乡发展格局发生重要变化的机遇，培育农业农村新产业新业态，打造农村产业融合发展新载体新模式，推动要素跨界配置和产业有机融合，让农村一二三产业在融合发展中同步升级、同步增值、同步受益。

第一节　发掘新功能新价值

顺应城乡居民消费拓展升级趋势，结合各地资源禀赋，深入发掘农业农村的生态涵养、休闲观光、文化体验、健康养老等多种功能和多重价值。遵循市场规律，推动乡村资源全域化整合、多元化增值，增强地方特色产品时代感和竞争力，形成新的消费热点，增加乡村生态产品和服务供给。实施农产品加工业提升行动，支持开展农产品生产加工、综合利用关键技术研究与示范，推动初加工、精深加工、综合利用加工和主食加工协调发展，实现农产品多层次、多环节转化增值。

第二节　培育新产业新业态

深入实施电子商务进农村综合示范，建设具有广泛性的农村电子商务发展基础设施，加快建立健全适应农产品电商发展的标准体系。研发绿色智能农产品供应链核心技术，加快培育农业现代供应链主体。加强农商互联，密切产销衔接，发展农超、农社、农企、农校等产销对接的新型流通业态。实施休闲农业和乡村旅游精品工程，发展乡村共享经济等新业态，推动科技、人文等元素融入农业。强化农业生产性服务业对现代农业产业链的引领支撑作用，构建全程覆盖、区域集成、配套完备的新型农业社会化服务体系。清理规范制约农业农村新产业新业态发展的行政审批事项。着力优化农村消费环境，不断优化农村消费结构，提升农村消费层次。

第三节　打造新载体新模式

依托现代农业产业园、农业科技园区、农产品加工园、农村产业融合发展示范园等，打造农村产业融合发展的平台载体，促进农业内部融合、延伸农业产业链、拓展农业多种功能、发展农业新型业态等多模式融合发展。加快培育农商产业联盟、农业产业化联合体等新型产业链主体，打造一批产加销一体的全产业链企业集群。推进农业循环经济试点示范和田园综合体试点建设。加快培育一批“农字号”特色小镇，在有条件的地区建设培育特色商贸小镇，推动农村产业发展与新型城镇化相结合。

第十七章　完善紧密型利益联结机制

始终坚持把农民更多分享增值收益作为基本出发点，着力增强农民参与融合能力，创新收益分享模式，健全联农带农有效激励机制，让农民更多分享产业融合发展的增值收益。

第一节　提高农民参与程度

鼓励农民以土地、林权、资金、劳动、技术、产品为纽带，开展多种形式的合作与联合，依法组建农民专业合作社联合社，强化农民作为市场主体的平等地位。引导农村集体经济组织挖掘集体土地、房屋、设施等资源和资产潜力，依法通过股份制、合作制、股份合作制、租赁等形式，积极参与产业融合发展。积极培育社会化服务组织，加强农技指导、信用评价、保险推广、市场预测、产品营销等服务，为农民参与产业融合创造良好条件。

第二节　创新收益分享模式

加快推广“订单收购＋分红”、“土地流转＋优先雇用＋社会保障”、“农民入股＋保底收益＋按股分红”等多种利益联结方式，让农户分享加工、销售环节收益。鼓励行业协会或龙头企业与合作社、家庭农场、普通农户等组织共同营销，开展农产品销售推介和品牌运作，让农户更多分享产业链增值收益。鼓励农业产业化龙头企业通过设立风险资金、为农户提供信贷担保、领办或参办农民合作组织等多种形式，与农民建立稳定的订单和契约关系。完善涉农股份合作制企业利润分配机制，明确资本参与利润分配比例上限。

第三节　强化政策扶持引导

更好发挥政府扶持资金作用，强化龙头企业、合作组织联农带农激励机制，探索将新型农业经营主体带动农户数量和成效作为安排财政支持资金的重要参考依据。以土地、林权为基础的各种形式合作，凡是享受财政投入或政策支持的承包经营者均应成为股东方。鼓励将符合条件的财政资金特别是扶贫资金量化到农村集体经济组织和农户后，以自愿入股方式投入新型农业经营主体，对农户土地经营权入股部分采取特殊保护，探索实行农民负盈不负亏的分配机制。

第十八章　激发农村创新创业活力

坚持市场化方向，优化农村创新创业环境，放开搞活农村经济，合理引导工商资本下乡，推动乡村大众创业万众创新，培育新动能。

第一节　培育壮大创新创业群体

推进产学研合作，加强科研机构、高校、企业、返乡下乡人员等主体协同，推动农村创新创业群体更加多元。培育以企业为主导的农业产业技术创新战略联盟，加速资金、技术和服务扩散，带动和支持返乡创业人员依托相关产业链创业发展。整合政府、企业、社会等多方资源，推动政策、技术、资本等各类要素向农村创新创业集聚。鼓励农民就地创业、返乡创业，加大各方资源支持本地农民兴业创业力度。深入推行科技特派员制度，引导科技、信息、资金、管理等现代生产要素向乡村集聚。

第二节　完善创新创业服务体系

发展多种形式的创新创业支撑服务平台，健全服务功能，开展政策、资金、法律、知识产权、财务、商标等专业化服务。建立农村创新创业园区（基地），鼓励农业企业建立创新创业实训基地。鼓励有条件的县级政府设立“绿色通道”，为返乡下乡人员创新创业提供便利服务。建设一批众创空间、“星创天地”，降低创业门槛。依托基层就业和社会保障服务平台，做好返乡人员创业服务、社保关系转移接续等工作。

第三节　建立创新创业激励机制

加快将现有支持“双创”相关财政政策措施向返乡下乡人员创新创业拓展，把返乡下乡人员开展农业适度规模经营所需贷款按规定纳入全国农业信贷担保体系支持范围。适当放宽返乡创业园用电用水用地标准，吸引更多返乡人员入园创业。各地年度新增建设用地计划指标，要确定一定比例用于支持农村新产业新业态发展。落实好减税降费政策，支持农村创新创业。

第六篇　建设生态宜居的美丽乡村

牢固树立和践行绿水青山就是金山银山的理念，坚持尊重自然、顺应自然、保护自然，统筹山水林田湖草系统治理，加快转变生产生活方式，推动乡村生态振兴，建设生活环境整洁优美、生态系统稳定健康、人与自然和谐共生的生态宜居美丽乡村。

第十九章 推进农业绿色发展

以生态环境友好和资源永续利用为导向，推动形成农业绿色生产方式，实现投入品减量化、生产清洁化、废弃物资源化、产业模式生态化，提高农业可持续发展能力。

第一节 强化资源保护与节约利用

实施国家农业节水行动，建设节水型乡村。深入推进农业灌溉用水总量控制和定额管理，建立健全农业节水长效机制和政策体系。逐步明晰农业水权，推进农业水价综合改革，建立精准补贴和节水奖励机制。严格控制未利用地开垦，落实和完善耕地占补平衡制度。实施农用地分类管理，切实加大优先保护类耕地保护力度。降低耕地开发利用强度，扩大轮作休耕制度试点，制定轮作休耕规划。全面普查动植物种质资源，推进种质资源收集保存、鉴定和利用。强化渔业资源管控与养护，实施海洋渔业资源总量管理、海洋渔船“双控”和休禁渔制度，科学划定江河湖海限捕、禁捕区域，建设水生生物保护区、海洋牧场。

第二节 推进农业清洁生产

加强农业投入品规范化管理，健全投入品追溯系统，推进化肥农药减量施用，完善农药风险评估技术标准体系，严格饲料质量安全管理。加快推进种养循环一体化，建立农村有机废弃物收集、转化、利用网络体系，推进农林产品加工剩余物资源化利用，深入实施秸秆禁烧制度和综合利用，开展整县推进畜禽粪污资源化利用试点。推进废旧地膜和包装废弃物等回收处理。推行水产健康养殖，加大近海滩涂养殖环境治理力度，严格控制河流湖库、近岸海域投饵网箱养殖。探索农林牧渔融合循环发展模式，修复和完善生态廊道，恢复田间生物群落和生态链，建设健康稳定田园生态系统。

第三节 集中治理农业环境突出问题

深入实施土壤污染防治行动计划，开展土壤污染状况详查，积极推进重金属污染耕地等受污染耕地分类管理和安全利用，有序推进治理与修复。加强重有色金属矿区污染综合整治。加强农业面源污染综合防治。加大地下水超采治理，控制地下水漏斗区、地表水过度利用区用水总量。严格工业和城镇污染处理、达标排放，建立监测体系，强化经常性执法监管制度建设，推动环境监测、执法向农村延伸，严禁未经达标处理的城镇污水和其他污染物进入农业农村。

第二十章 持续改善农村人居环境

以建设美丽宜居村庄为导向，以农村垃圾、污水治理和村容村貌提升为主攻方向，开展农村人居环境整治行动，全面提升农村人居环境质量。

第一节 加快补齐突出短板

推进农村生活垃圾治理，建立健全符合农村实际、方式多样的生活垃圾收运处置体系，有条件的地区推行垃圾就地分类和资源化利用。开展非正规垃圾堆放点排查整治。实施“厕所革命”，结合各地实际普及不同类型的卫生厕所，推进厕所粪污无害化处理和资源化利用。梯次推进农村生活污水治理，有条件的地区推动城镇污水管网向周边村庄延伸覆盖。逐步消除农村黑臭水体，加强农村饮用水水源地保护。

第二节 着力提升村容村貌

科学规划村庄建筑布局，大力提升农房设计水平，突出乡土特色和地域民族特点。加快推进通村组道路、入户道路建设，基本解决村内道路泥泞、村民出行不便等问题。全面推进乡村绿化，建设具有乡村特色的绿化景观。完善村庄公共照明设施。整治公共空间和庭院环境，消除私搭乱建、乱堆乱放。继续推进城乡环境卫生整洁行动，加大卫生乡镇创建工作力度。鼓励具备条件的地区集中连片建设生态宜居的美丽乡村，综合提升田水路林村风貌，促进村庄形态与自然环境相得益彰。

第三节 建立健全整治长效机制

全面完成县域乡村建设规划编制或修编，推进实用性村庄规划编制实施，加强乡村建设规划许可管理。建立农村人居环境建设和管护长效机制，发挥村民主体作用，鼓励专业化、市场化建设和运行管护。推行环境治理依效付费制度，健全服务绩效评价考核机制。探索建立垃圾污水处理农户付费制度，完善财政补贴和农户付费合理分担机制。依法简化农村人居环境整治建设项目审批程序和招投标程序。完善农村人居环境标准体系。

第二十一章 加强乡村生态保护与修复

大力实施乡村生态保护与修复重大工程，完善重要生态系统保护制度，促进乡村生产生活环境稳步改善，自然生态系统功能和稳定性全面提升，生态产品供给能力进一步增强。

第一节 实施重要生态系统保护和修复重大工程

统筹山水林田湖草系统治理，优化生态安全屏障体系。大力实施大规模国土绿化行动，全面建设三北、长江等重点防护林体系，扩大退耕还林还草，巩固退耕还林还草成果，推动森林质量精准提升，加强有害生物防治。稳定扩大退牧还草实施范围，继续推进草原防灾减灾、鼠虫草害防治、严重退化沙化草原治理等工程。保护和恢复乡村河湖、湿地生态系统，积极开展农村水生态修复，连通河湖水系，恢复河塘行蓄能力，推进退田还湖还湿、退圩退垸还湖。大力推进荒漠化、石漠化、水土流失综合治理，实施生态清洁小流域建设，推进绿色小水电改造。加快国土综合整治，实施农村土地综合整治重大行动，推进农用地和低效建设用地整理以及历史遗留损毁土地复垦。加强矿产资源开发集中地区特别是重有色金属矿区地质环境和生态修复，以及损毁山体、矿山废弃地修复。加快近岸海域综合治理，实施蓝色海湾整治行动和自然岸线修复。实施生物多样性保护重大工程，提升各类重要保护地保护管理能力。加强野生动植物保护，强化外来入侵物种风险评估、监测预警与综合防控。开展重大生态修复工程气象保障服务，探索实施生态修复型人工增雨工程。

第二节 健全重要生态系统保护制度

完善天然林和公益林保护制度，进一步细化各类森林和林地的管控措施或经营制度。完善草原生态监管和定期调查制度，严格实施草原禁牧和草畜平衡制度，全面落实草原经营者生态保护主体责任。完善荒漠生态保护制度，加强沙区天然植被和绿洲保护。全面推行河长制湖长制，鼓励将河长湖长体系延伸至村一级。推进河湖饮用水水源保护区划定和立界工作，加强对水源涵养区、蓄洪滞涝区、滨河滨湖带的保护。严格落实自然保护区、风景名胜区、地质遗迹等各类保护地保护制度，支持有条件的地方结合国家公园体制试点，探索对居住在核心区域的农牧民实施生态搬迁试点。

第三节 健全生态保护补偿机制

加大重点生态功能区转移支付力度，建立省以下生态保护补偿资金投入机制。完善重点领域生态保护补偿机制，鼓励地方因地制宜探索通过赎买、租赁、置换、协议、混合所有制等方式加强重点区位森林保护，落实草原生态保护补助奖励政策，建立长江流域重点水域禁捕补偿制度，鼓励各地建立流域上下游等横向补偿机制。推动市场化多元化生态补偿，建立健全用水权、排污权、碳排放权交易制度，形成森林、草原、湿地等生态修复工程参与碳汇交易的有效途径，探索实物补偿、服务补偿、设施补偿、对口支援、干部支持、共建园区、飞地经济等方式，提高补偿的针对性。

第四节 发挥自然资源多重效益

大力发展生态旅游、生态种养等产业，打造乡村生态产业链。进一步盘活森林、草原、湿地等自然资源，允许集体经济组织灵活利用现有生产服务设施用地开展相关经营活动。鼓励各类社会主体参与生态保护修复，对集中连片开展生态修复达到一定规模的经营主体，允许在符合土地管理法律法规和土地利用总体规划、依法办理建设用地审批手续、坚持节约集约用地的前提下，利用1－3%治理面积从事旅游、康养、体育、设施农业等产业开发。深化集体林权制度改革，全面开展森林经营方案编制工作，扩大商品林经营自主权，鼓励多种形式的适度规模经营，支持开展林权收储担保服务。完善生态资源管护机制，设立生态管护员工作岗位，鼓励当地群众参与生态管护和管理服务。进一步健全自然资源有偿使用制度，研究探索生态资源价值评估方法并开展试点。

第七篇 繁荣发展乡村文化

坚持以社会主义核心价值观为引领，以传承发展中华优秀传统文化为核心，以乡村公共文化服务体系建设为载体，培育文明乡风、良好家风、淳朴民风，推动乡村文化振兴，建设邻里守望、诚信重礼、勤俭节约的文明乡村。

第二十二章 加强农村思想道德建设

持续推进农村精神文明建设，提升农民精神风貌，倡导科学文明生活，不断提高乡村社会文明程度。

第一节 践行社会主义核心价值观

坚持教育引导、实践养成、制度保障三管齐下，采取符合农村特点的方式方法和载体，深化中国特色社会主义和中国梦宣传教育，大力弘扬民族精神和时代精神。加强爱国主义、集体主义、社会主义教育，深化民族团结进步教育。注重典型示范，深入实施时代新人培育工程，推出一批新时代农民的先进模范人物。把社会主义核心价值观融入法治建设，推动公正文明执法司法，彰显社会主流价值。强化公共政策价值导向，探索建立重大公共政策道德风险评估和纠偏机制。

第二节　巩固农村思想文化阵地

推动基层党组织、基层单位、农村社区有针对性地加强农村群众性思想政治工作。加强对农村社会热点难点问题的应对解读，合理引导社会预期。健全人文关怀和心理疏导机制，培育自尊自信、理性平和、积极向上的农村社会心态。深化文明村镇创建活动，进一步提高县级及以上文明村和文明乡镇的占比。广泛开展星级文明户、文明家庭等群众性精神文明创建活动。深入开展“扫黄打非”进基层。重视发挥社区教育作用，做好家庭教育，传承良好家风家训。完善文化科技卫生“三下乡”长效机制。

第三节　倡导诚信道德规范

深入实施公民道德建设工程，推进社会公德、职业道德、家庭美德、个人品德建设。推进诚信建设，强化农民的社会责任意识、规则意识、集体意识和主人翁意识。建立健全农村信用体系，完善守信激励和失信惩戒机制。弘扬劳动最光荣、劳动者最伟大的观念。弘扬中华孝道，强化孝敬父母、尊敬长辈的社会风尚。广泛开展好媳妇、好儿女、好公婆等评选表彰活动，开展寻找最美乡村教师、医生、村官、人民调解员等活动。深入宣传道德模范、身边好人的典型事迹，建立健全先进模范发挥作用的长效机制。

第二十三章　弘扬中华优秀传统文化

立足乡村文明，吸取城市文明及外来文化优秀成果，在保护传承的基础上，创造性转化、创新性发展，不断赋予时代内涵、丰富表现形式，为增强文化自信提供优质载体。

第一节　保护利用乡村传统文化

实施农耕文化传承保护工程，深入挖掘农耕文化中蕴含的优秀思想观念、人文精神、道德规范，充分发挥其在凝聚人心、教化群众、淳化民风中的重要作用。划定乡村建设的历史文化保护线，保护好文物古迹、传统村落、民族村寨、传统建筑、农业遗迹、灌溉工程遗产。传承传统建筑文化，使历史记忆、地域特色、民族特点融入乡村建设与维护。支持农村地区优秀戏曲曲艺、少数民族文化、民间文化等传承发展。完善非物质文化遗产保护制度，实施非物质文化遗产传承发展工程。实施乡村经济社会变迁物证征藏工程，鼓励乡村史志修编。

第二节　重塑乡村文化生态

紧密结合特色小镇、美丽乡村建设，深入挖掘乡村特色文化符号，盘活地方和民族特色文化资源，走特色化、差异化发展之路。以形神兼备为导向，保护乡村原有建筑风貌和村落格局，把民族民间文化元素融入乡村建设，深挖历史古韵，弘扬人文之美，重塑诗意闲适的人文环境和田绿草青的居住环境，重现原生田园风光和原本乡情乡愁。引导企业家、文化工作者、退休人员、文化志愿者等投身乡村文化建设，丰富农村文化业态。

第三节　发展乡村特色文化产业

加强规划引导、典型示范，挖掘培养乡土文化本土人才，建设一批特色鲜明、优势突出的农耕文化产业展示区，打造一批特色文化产业乡镇、文化产业特色村和文化产业群。大力推动农村地区实施传统工艺振兴计划，培育形成具有民族和地域特色的传统工艺产品，促进传统工艺提高品质、形成品牌、带动就业。积极开发传统节日文化用品和武术、戏曲、舞龙、舞狮、锣鼓等民间艺术、民俗表演项目，促进文化资源与现代消费需求有效对接。推动文化、旅游与其他产业深度融合、创新发展。

第二十四章　丰富乡村文化生活

推动城乡公共文化服务体系融合发展，增加优秀乡村文化产品和服务供给，活跃繁荣农村文化市场，为广大农民提供高质量的精神营养。

第一节　健全公共文化服务体系

按照有标准、有网络、有内容、有人才的要求，健全乡村公共文化服务体系。推动县级图书馆、文化馆总分馆制，发挥县级公共文化机构辐射作用，加强基层综合性文化服务中心建设，实现乡村两级公共文化服务全覆盖，提升服务效能。完善农村新闻出版广播电视公共服务覆盖体系，推进数字广播电视户户通，探索农村电影放映的新方法新模式，推进农家书屋延伸服务和提质增效。继续实施公共数字文化工程，积极发挥新媒体作用，使农民群众能便捷获取优质数字文化资源。完善乡村公共体育服务体系，推动村健身设施全覆盖。

第二节　增加公共文化产品和服务供给

深入推进文化惠民，为农村地区提供更多更好的公共文化产品和服务。建立农民群众文化需求反馈机制，推动政府向社会购买公共文化服务，开展“菜单式”、“订单式”服务。加强公共文化服务品牌建设，推动形成具有鲜明特色和社会影响力的农村公共文化服务项目。开展文化结对帮扶。支持“三农”题材文艺创作生产，鼓励文艺工作者推出反映农民生产生活尤其是乡村振兴实践的优秀文艺作品。鼓励各级文艺组织深入农村地区开展惠民演出活动。加强农村科普工作，推动全民阅读进家庭、进农村，提高农民科学文化素养。

第三节　广泛开展群众文化活动

完善群众文艺扶持机制，鼓励农村地区自办文化。培育挖掘乡土文化本土人才，支持乡村文化能人。加强基层文化队伍培训，培养一支懂文艺爱农村爱农民、专兼职相结合的农村文化工作队伍。传承和发展民族民间传统体育，广泛开展形式多样的农民群众性体育活动。鼓励开展群众性节日民俗活动，支持文化志愿者深入农村开展丰富多彩的文化志愿服务活动。活跃繁荣农村文化市场，推动农村文化市场转型升级，加强农村文化市场监管。

第八篇　健全现代乡村治理体系

把夯实基层基础作为固本之策，建立健全党委领导、政府负责、社会协同、公众参与、法治保障的现代乡村社会治理体制，推动乡村组织振兴，打造充满活力、和谐有序的善治乡村。

第二十五章　加强农村基层党组织对乡村振兴的全面领导

以农村基层党组织建设为主线，突出政治功能，提升组织力，把农村基层党组织建成宣传党的主张、贯彻党的决定、领导基层治理、团结动员群众、推动改革发展的坚强战斗堡垒。

第一节　健全以党组织为核心的组织体系

坚持农村基层党组织领导核心地位，大力推进村党组织书记通过法定程序担任村民委员会主任和集体经济组织、农民合作组织负责人，推行村“两委”班子成员交叉任职；提倡由非村民委员会成员的村党组织班子成员或党员担任村务监督委员会主任；村民委员会成员、村民代表中党员应当占一定比例。在以建制村为基本单元设置党组织的基础上，创新党组织设置。推动农村基层党组织和党员在脱贫攻坚和乡村振兴中提高威信、提升影响。加强农村新型经济组织和社会组织的党建工作，引导其始终坚持为农民服务的正确方向。

第二节　加强农村基层党组织带头人队伍建设

实施村党组织带头人整体优化提升行动。加大从本村致富能手、外出务工经商人员、本乡本土大学毕业生、复员退伍军人中培养选拔力度。以县为单位，逐村摸排分析，对村党组织书记集中调整优化，全面实行县级备案管理。健全从优秀村党组织书记中选拔乡镇领导干部、考录乡镇公务员、招聘乡镇事业编制人员机制。通过本土人才回引、院校定向培养、县乡统筹招聘等渠道，每个村储备一定数量的村级后备干部。全面向贫困村、软弱涣散村和集体经济薄弱村党组织派出第一书记，建立长效机制。

第三节　加强农村党员队伍建设

加强农村党员教育、管理、监督，推进“两学一做”学习教育常态化制度化，教育引导广大党员自觉用习近平新时代中国特色社会主义思想武装头脑。严格党的组织生活，全面落实“三会一课”、主题党日、谈心谈话、民主评议党员、党员联系农户等制度。加强农村流动党员管理。注重发挥无职党员作用。扩大党内基层民主，推进党务公开。加强党内激励关怀帮扶，定期走访慰问农村老党员、生活困难党员，帮助解决实际困难。稳妥有序开展不合格党员组织处置工作。加大在青年农民、外出务工人员、妇女中发展党员力度。

第四节　强化农村基层党组织建设责任与保障

推动全面从严治党向纵深发展、向基层延伸，严格落实各级党委尤其是县级党委主体责任，进一步压实县乡纪委监督责任，将抓党建促脱贫攻坚、促乡村振兴情况作为每年市县乡党委书记抓基层党建述职评议考核的重要内容，纳入巡视、巡察工作内容，作为领导班子综合评价和选拔任用领导干部的重要依据。坚持抓乡促村，整乡推进、整县提升，加强基本组织、基本队伍、基本制度、基本活动、基本保障建设，持续整顿软弱涣散村党组织。加强农村基层党风廉政建设，强化农村基层干部和党员的日常教育管理监督，加强对《农村基层干部廉洁履行职责若干规定（试行）》执行情况的监督检查，弘扬新风正气，抵制歪风邪气。充分发挥纪检监察机关在督促相关职能部门抓好中央政策落实方面的作用，加强对落实情况特别是涉农资金拨付、物资调配等工作的监督，开展扶贫领域腐败和作风问题专项治理，严厉打击农村基层黑恶势力和涉黑涉恶腐败及“保护伞”，严肃查处发生在惠农资金、征地拆迁、生态环保和农村“三资”管理领域的违纪违法问题，坚决纠正损害农民利益的行为，严厉整治群众身边腐败问题。全面执行以财政投入为主的稳定的村级组织运转经费保障政策。满怀热情关心关爱农村基层干部，政治上激励、工作上支持、待遇上保障、心理上关怀。重视发现和树立优秀农村基层干部典型，彰显榜样力量。

第二十六章　促进自治法治德治有机结合

坚持自治为基、法治为本、德治为先，健全和创新村党组织领导的充满活力的村民自治机制，强化法律权威地位，以德治滋养法治、涵养自治，让德治贯穿乡村治理全过程。

第一节　深化村民自治实践

加强农村群众性自治组织建设。完善农村民主选举、民主协商、民主决策、民主管理、民主监督制度。规范村民委员会等自治组织选举办法，健全民主决策程序。依托村民会议、村民代表会议、村民议事会、村民理事会等，形成民事民议、民事民办、民事民管的多层次基层协商格局。创新村民议事形式，完善议事决策主体和程序，落实群众知情权和决策权。全面建立健全村务监督委员会，健全务实管用的村务监督机制，推行村级事务阳光工程。充分发挥自治章程、村规民约在农村基层治理中的独特功能，弘扬公序良俗。继续开展以村民小组或自然村为基本单元的村民自治试点工作。加强基层纪委监委对村民委员会的联系和指导。

第二节　推进乡村法治建设

深入开展“法律进乡村”宣传教育活动，提高农民法治素养，引导干部群众尊法学法守法用法。增强基层干部法治观念、法治为民意识，把政府各项涉农工作纳入法治化轨道。维护村民委员会、农村集体经济组织、农村合作经济组织的特别法人地位和权利。深入推进综合行政执法改革向基层延伸，创新监管方式，推动执法队伍整合、执法力量下沉，提高执法能力和水平。加强乡村人民调解组织建设，建立健全乡村调解、县市仲裁、司法保障的农村土地承包经营纠纷调处机制。健全农村公共法律服务体系，加强对农民的法律援助、司法救助和公益法律服务。深入开展法治县（市、区）、民主法治示范村等法治创建活动，深化农村基层组织依法治理。

第三节　提升乡村德治水平

深入挖掘乡村熟人社会蕴含的道德规范，结合时代要求进行创新，强化道德教化作用，引导农民向上向善、孝老爱亲、重义守信、勤俭持家。建立道德激励约束机制，引导农民自我管理、自我教育、自我服务、自我提高，实现家庭和睦、邻里和谐、干群融洽。积极发挥新乡贤作用。深入推进移风易俗，开展专项文明行动，遏制大操大办、相互攀比、“天价彩礼”、厚葬薄养等陈规陋习。加强无神论宣传教育，抵制封建迷信活动。深化农村殡葬改革。

第四节　建设平安乡村

健全落实社会治安综合治理领导责任制，健全农村社会治安防控体系，推动社会治安防控力量下沉，加强农村群防群治队伍建设。深入开展扫黑除恶专项斗争。依法加大对农村非法宗教、邪教活动打击力度，严防境外渗透，继续整治农村乱建宗教活动场所、滥塑宗教造像。完善县乡村三级综治中心功能和运行机制。健全农村公共安全体系，持续开展农村安全隐患治理。加强农村警务、消防、安全生产工作，坚决遏制重特大安全事故。健全矛盾纠纷多元化解机制，深入排查化解各类矛盾纠纷，全面推广“枫桥经验”，做到小事不出村、大事不出乡（镇）。落实乡镇政府农村道路交通安全监督管理责任，探索实施“路长制”。探索以网格化管理为抓手，推动基层服务和管理精细化精准化。推进农村“雪亮工程”建设。

第二十七章　夯实基层政权

科学设置乡镇机构，构建简约高效的基层管理体制，健全农村基层服务体系，夯实乡村治理基础。

第一节　加强基层政权建设

面向服务人民群众合理设置基层政权机构、调配人力资源，不简单照搬上级机关设置模式。根据工作需要，整合基层审批、服务、执法等方面力量，统筹机构编制资源，整合相关职能设立综合性机构，实行扁平化和网格化管理。推动乡村治理重心下移，尽可能把资源、服务、管理下放到基层。加强乡镇领导班子建设，有计划地选派省市县机关部门有发展潜力的年轻干部到乡镇任职。加大从优秀选调生、乡镇事业编制人员、优秀村干部、大学生村官中选拔乡镇领导班子成员力度。加强边境地区、民族地区农村基层政权建设相关工作。

第二节 创新基层管理体制机制

明确县乡财政事权和支出责任划分，改进乡镇财政预算管理制度。推进乡镇协商制度化、规范化建设，创新联系服务群众工作方法。推进直接服务民生的公共事业部门改革，改进服务方式，最大限度方便群众。推动乡镇政务服务事项一窗式办理、部门信息系统一平台整合、社会服务管理大数据一口径汇集，不断提高乡村治理智能化水平。健全监督体系，规范乡镇管理行为。改革创新考评体系，强化以群众满意度为重点的考核导向。严格控制对乡镇设立不切实际的“一票否决”事项。

第三节 健全农村基层服务体系

制定基层政府在村（农村社区）治理方面的权责清单，推进农村基层服务规范化标准化。整合优化公共服务和行政审批职责，打造“一门式办理”、“一站式服务”的综合服务平台。在村庄普遍建立网上服务站点，逐步形成完善的乡村便民服务体系。大力培育服务性、公益性、互助性农村社会组织，积极发展农村社会工作和志愿服务。开展农村基层减负工作，集中清理对村级组织考核评比多、创建达标多、检查督查多等突出问题。

第九篇 保障和改善农村民生

坚持人人尽责、人人享有，围绕农民群众最关心最直接最现实的利益问题，加快补齐农村民生短板，提高农村美好生活保障水平，让农民群众有更多实实在在的获得感、幸福感、安全感。

第二十八章 加强农村基础设施建设

继续把基础设施建设重点放在农村，持续加大投入力度，加快补齐农村基础设施短板，促进城乡基础设施互联互通，推动农村基础设施提档升级。

第一节 改善农村交通物流设施条件

以示范县为载体全面推进“四好农村路”建设，深化农村公路管理养护体制改革，健全管理养护长效机制，完善安全防护设施，保障农村地区基本出行条件。推动城市公共交通线路向城市周边延伸，鼓励发展镇村公交，实现具备条件的建制村全部通客车。加大对革命老区、民族地区、边疆地区、贫困地区铁路公益性运输的支持力度，继续开好“慢火车”。加快构建农村物流基础设施骨干网络，鼓励商贸、邮政、快递、供销、运输等企业加大在农村地区的设施网络布局。加快完善农村物流基础设施末端网络，鼓励有条件的地区建设面向农村地区的共同配送中心。

第二节 加强农村水利基础设施网络建设

构建大中小微结合、骨干和田间衔接、长期发挥效益的农村水利基础设施网络，着力提高节水供水和防洪减灾能力。科学有序推进重大水利工程建设，加强灾后水利薄弱环节建设，统筹推进中小型水源工程和抗旱应急能力建设。巩固提升农村饮水安全保障水平，开展大中型灌区续建配套节水改造与现代化建设，有序新建一批节水型、生态型灌区，实施大中型灌排泵站更新改造。推进小型农田水利设施达标提质，实施水系连通和河塘清淤整治等工程建设。推进智慧水利建设。深化农村水利工程产权制度与管理体制改革，健全基层水利服务体系，促进工程长期良性运行。

第三节 构建农村现代能源体系

优化农村能源供给结构，大力发展太阳能、浅层地热能、生物质能等，因地制宜开发利用水能和风能。完善农村能源基础设施网络，加快新一轮农村电网升级改造，推动供气设施向农村延伸。加快推进生物质热电联产、生物质供热、规模化生物质天然气和规模化大型沼气等燃料清洁化工程。推进农村能源消费升级，大幅提高电能在农村能源消费中的比重，加快实施北方农村地区冬季清洁取暖，积极稳妥推进散煤替代。推广农村绿色节能建筑和农用节能技术、产品。大力发展“互联网+”智慧能源，探索建设农村能源革命示范区。

第四节 夯实乡村信息化基础

深化电信普遍服务，加快农村地区宽带网络和第四代移动通信网络覆盖步伐。实施新一代信息基础设施建设工程。实施数字乡村战略，加快物联网、地理信息、智能设备等现代信息技术与农村生产生活的全面深度融合，深化农业农村大数据创新应用，推广远程教育、远程医疗、金融服务进村等信息服务，建立空间化、智能化的新型农村统计信息系统。在乡村信息化基础设施建设过程中，同步规划、同步建设、同步实施网络安全工作。

第二十九章　提升农村劳动力就业质量

坚持就业优先战略和积极就业政策，健全城乡均等的公共就业服务体系，不断提升农村劳动者素质，拓展农民外出就业和就地就近就业空间，实现更高质量和更充分就业。

第一节　拓宽转移就业渠道

增强经济发展创造就业岗位能力，拓宽农村劳动力转移就业渠道，引导农村劳动力外出就业，更加积极地支持就地就近就业。发展壮大县域经济，加快培育区域特色产业，拓宽农民就业空间。大力发展吸纳就业能力强的产业和企业，结合新型城镇化建设合理引导产业梯度转移，创造更多适合农村劳动力转移就业的机会，推进农村劳动力转移就业示范基地建设。加强劳务协作，积极开展有组织的劳务输出。实施乡村就业促进行动，大力发展乡村特色产业，推进乡村经济多元化，提供更多就业岗位。结合农村基础设施等工程建设，鼓励采取以工代赈方式就近吸纳农村劳动力务工。

第二节　强化乡村就业服务

健全覆盖城乡的公共就业服务体系，提供全方位公共就业服务。加强乡镇、行政村基层平台建设，扩大就业服务覆盖面，提升服务水平。开展农村劳动力资源调查统计，建立农村劳动力资源信息库并实行动态管理。加快公共就业服务信息化建设，打造线上线下一体的服务模式。推动建立覆盖城乡全体劳动者、贯穿劳动者学习工作终身、适应就业和人才成长需要的职业技能培训制度，增强职业培训的针对性和有效性。在整合资源基础上，合理布局建设一批公共实训基地。

第三节　完善制度保障体系

推动形成平等竞争、规范有序、城乡统一的人力资源市场，建立健全城乡劳动者平等就业、同工同酬制度，提高就业稳定性和收入水平。健全人力资源市场法律法规体系，依法保障农村劳动者和用人单位合法权益。完善政府、工会、企业共同参与的协调协商机制，构建和谐劳动关系。落实就业服务、人才激励、教育培训、资金奖补、金融支持、社会保险等就业扶持相关政策。加强就业援助，对就业困难农民实行分类帮扶。

第三十章　增加农村公共服务供给

继续把国家社会事业发展的重点放在农村，促进公共教育、医疗卫生、社会保障等资源向农村倾斜，逐步建立健全全民覆盖、普惠共享、城乡一体的基本公共服务体系，推进城乡基本公共服务均等化。

第一节　优先发展农村教育事业

统筹规划布局农村基础教育学校，保障学生就近享有有质量的教育。科学推进义务教育公办学校标准化建设，全面改善贫困地区义务教育薄弱学校基本办学条件，加强寄宿制学校建设，提升乡村教育质量，实现县域校际资源均衡配置。发展农村学前教育，每个乡镇至少办好1所公办中心幼儿园，完善县乡村学前教育公共服务网络。继续实施特殊教育提升计划。科学稳妥推行民族地区乡村中小学双语教育，坚定不移推行国家通用语言文字教育。实施高中阶段教育普及攻坚计划，提高高中阶段教育普及水平。大力发展面向农村的职业教育，加快推进职业院校布局结构调整，加强县级职业教育中心建设，有针对性地设置专业和课程，满足乡村产业发展和振兴需要。推动优质学校辐射农村薄弱学校常态化，加强城乡教师交流轮岗。积极发展“互联网＋教育”，推进乡村学校信息化基础设施建设，优化数字教育资源公共服务体系。落实好乡村教师支持计划，继续实施农村义务教育学校教师特设岗位计划，加强乡村学校紧缺学科教师和民族地区双语教师培训，落实乡村教师生活补助政策，建好建强乡村教师队伍。

第二节　推进健康乡村建设

深入实施国家基本公共卫生服务项目，完善基本公共卫生服务项目补助政策，提供基础性全方位全周期的健康管理服务。加强慢性病、地方病综合防控，大力推进农村地区精神卫生、职业病和重大传染病防治。深化农村计划生育管理服务改革，落实全面两孩政策。增强妇幼健康服务能力，倡导优生优育。加强基层医疗卫生服务体系建设，基本实现每个乡镇都有1所政府举办的乡镇卫生院，每个行政村都有1所卫生室，每个乡镇卫生院都有全科医生，支持中西部地区基层医疗卫生机构标准化建设和设备提档升级。切实加强乡村医生队伍建设，支持并推动乡村医生申请执业（助理）医师资格。全面建立分级诊疗制度，实行差别化的医保支付和价格政策。深入推进基层卫生综合改革，完善基层医疗卫生机构绩效工资制度。开展和规范家庭医生签约服务。树立大卫生大健康理念，广泛开展健康教育活动，倡导科学文明健康的生活方式，养成良好卫生习惯，提升居民文明卫生素质。

第三节　加强农村社会保障体系建设

按照兜底线、织密网、建机制的要求，全面建成覆盖全民、城乡统筹、权责清晰、保障适度、可持续的多层次社会保障体系。进一步完善城乡居民基本养老保险制度，加快建立城乡居民基本养老保险待遇确定和基础养老金标准正常调整机制。完善统一的城乡居民基本医疗保险制度和大病保险制度，做好农民重特大疾病救助工作，健全医疗救助与基本医疗保险、城乡居民大病保险及相关保障制度的衔接机制，巩固城乡居民医保全国异地就医联网直接结算。推进低保制度城乡统筹发展，健全低保标准动态调整机制。全面实施特困人员救助供养制度，提升托底保障能力和服务质量。推动各地通过政府购买服务、设置基层公共管理和社会服务岗位、引入社会工作专业人才和志愿者等方式，为农村留守儿童和妇女、老年人以及困境儿童提供关爱服务。加强和改善农村残疾人服务，将残疾人普遍纳入社会保障体系予以保障和扶持。

第四节 提升农村养老服务能力

适应农村人口老龄化加剧形势，加快建立以居家为基础、社区为依托、机构为补充的多层次农村养老服务体系。以乡镇为中心，建立具有综合服务功能、医养相结合的养老机构，与农村基本公共服务、农村特困供养服务、农村互助养老服务相互配合，形成农村基本养老服务网络。提高乡村卫生服务机构为老年人提供医疗保健服务的能力。支持主要面向失能、半失能老年人的农村养老服务设施建设，推进农村幸福院等互助型养老服务发展，建立健全农村留守老年人关爱服务体系。开发农村康养产业项目。鼓励村集体建设用地优先用于发展养老服务。

第五节 加强农村防灾减灾救灾能力建设

坚持以防为主、防抗救相结合，坚持常态减灾与非常态救灾相统一，全面提高抵御各类灾害综合防范能力。加强农村自然灾害监测预报预警，解决农村预警信息发布“最后一公里”问题。加强防灾减灾工程建设，推进实施自然灾害高风险区农村困难群众危房改造。全面深化森林、草原火灾防控治理。大力推进农村公共消防设施、消防力量和消防安全管理组织建设，改善农村消防安全条件。推进自然灾害救助物资储备体系建设。开展灾害救助应急预案编制和演练，完善应对灾害的政策支持体系和灾后重建工作机制。在农村广泛开展防灾减灾宣传教育。

第十篇 完善城乡融合发展政策体系

顺应城乡融合发展趋势，重塑城乡关系，更好激发农村内部发展活力、优化农村外部发展环境，推动人才、土地、资本等要素双向流动，为乡村振兴注入新动能。

第三十一章 加快农业转移人口市民化

加快推进户籍制度改革，全面实行居住证制度，促进有能力在城镇稳定就业和生活的农业转移人口有序实现市民化。

第一节 健全落户制度

鼓励各地进一步放宽落户条件，除极少数超大城市外，允许农业转移人口在就业地落户，优先解决农村学生升学和参军进入城镇的人口、在城镇就业居住5年以上和举家迁徙的农业转移人口以及新生代农民工落户问题。区分超大城市和特大城市主城区、郊区、新区等区域，分类制定落户政策，重点解决符合条件的普通劳动者落户问题。全面实行居住证制度，确保各地居住证申领门槛不高于国家标准、享受的各项基本公共服务和办事便利不低于国家标准，推进居住证制度覆盖全部未落户城镇常住人口。

第二节 保障享有权益

不断扩大城镇基本公共服务覆盖面，保障符合条件的未落户农民工在流入地平等享受城镇基本公共服务。通过多种方式增加学位供给，保障农民工随迁子女以流入地公办学校为主接受义务教育，以普惠性幼儿园为主接受学前教育。完善就业失业登记管理制度，面向农业转移人口全面提供政府补贴职业技能培训服务。将农业转移人口纳入社区卫生和计划生育服务体系，提供基本医疗卫生服务。把进城落户农民完全纳入城镇社会保障体系，在农村参加的养老保险和医疗保险规范接入城镇社会保障体系，做好基本医疗保险关系转移接续和异地就医结算工作。把进城落户农民完全纳入城镇住房保障体系，对符合条件的采取多种方式满足基本住房需求。

第三节 完善激励机制

维护进城落户农民土地承包权、宅基地使用权、集体收益分配权，引导进城落户农民依法自愿有偿转让上述权益。加快户籍变动与农村“三权”脱钩，不得以退出“三权”作为农民进城落户的条件，促使有条件的农业转移人口放心落户城镇。落实支持农业转移人口市民化财政政策，以及城镇建设用地增加规模与吸纳农业转移人口落户数量挂钩政策，健全由政府、企业、个人共同参与的市民化成本分担机制。

第三十二章　强化乡村振兴人才支撑

实行更加积极、更加开放、更加有效的人才政策，推动乡村人才振兴，让各类人才在乡村大施所能、大展才华、大显身手。

第一节　培育新型职业农民

全面建立职业农民制度，培养新一代爱农业、懂技术、善经营的新型职业农民，优化农业从业者结构。实施新型职业农民培育工程，支持新型职业农民通过弹性学制参加中高等农业职业教育。创新培训组织形式，探索田间课堂、网络教室等培训方式，支持农民专业合作社、专业技术协会、龙头企业等主体承担培训。鼓励各地开展职业农民职称评定试点。引导符合条件的新型职业农民参加城镇职工养老、医疗等社会保障制度。

第二节　加强农村专业人才队伍建设

加大“三农”领域实用专业人才培育力度，提高农村专业人才服务保障能力。加强农技推广人才队伍建设，探索公益性和经营性农技推广融合发展机制，允许农技人员通过提供增值服务合理取酬，全面实施农技推广服务特聘计划。加强涉农院校和学科专业建设，大力培育农业科技、科普人才，深入实施农业科研杰出人才计划和杰出青年农业科学家项目，深化农业系列职称制度改革。

第三节　鼓励社会人才投身乡村建设

建立健全激励机制，研究制定完善相关政策措施和管理办法，鼓励社会人才投身乡村建设。以乡情乡愁为纽带，引导和支持企业家、党政干部、专家学者、医生教师、规划师、建筑师、律师、技能人才等，通过下乡担任志愿者、投资兴业、行医办学、捐资捐物、法律服务等方式服务乡村振兴事业，允许符合要求的公职人员回乡任职。落实和完善融资贷款、配套设施建设补助、税费减免等扶持政策，引导工商资本积极投入乡村振兴事业。继续实施“三区”（边远贫困地区、边疆民族地区和革命老区）人才支持计划，深入推进大学生村官工作，因地制宜实施“三支一扶”、高校毕业生基层成长等计划，开展乡村振兴“巾帼行动”、青春建功行动。建立城乡、区域、校地之间人才培养合作与交流机制。全面建立城市医生教师、科技文化人员等定期服务乡村机制。

第三十三章　加强乡村振兴用地保障

完善农村土地利用管理政策体系，盘活存量，用好流量，辅以增量，激活农村土地资源资产，保障乡村振兴用地需求。

第一节　健全农村土地管理制度

总结农村土地征收、集体经营性建设用地入市、宅基地制度改革试点经验，逐步扩大试点，加快土地管理法修改。探索具体用地项目公共利益认定机制，完善征地补偿标准，建立被征地农民长远生计的多元保障机制。建立健全依法公平取得、节约集约使用、自愿有偿退出的宅基地管理制度。在符合规划和用途管制前提下，赋予农村集体经营性建设用地出让、租赁、入股权能，明确入市范围和途径。建立集体经营性建设用地增值收益分配机制。

第二节　完善农村新增用地保障机制

统筹农业农村各项土地利用活动，乡镇土地利用总体规划可以预留一定比例的规划建设用地指标，用于农业农村发展。根据规划确定的用地结构和布局，年度土地利用计划分配中可安排一定比例新增建设用地指标专项支持农业农村发展。对于农业生产过程中所需各类生产设施和附属设施用地，以及由于农业规模经营必须兴建的配套设施，在不占用永久基本农田的前提下，纳入设施农用地管理，实行县级备案。鼓励农业生产与村庄建设用地复合利用，发展农村新产业新业态，拓展土地使用功能。

第三节　盘活农村存量建设用地

完善农民闲置宅基地和闲置农房政策，探索宅基地所有权、资格权、使用权“三权分置”，落实宅基地集体所有权，保障宅基地农户资格权和农民房屋财产权，适度放活宅基地和农民房屋使用权，不得违规违法买卖宅基地，严格实行土地用途管制，严格禁止下乡利用农村宅基地建设别墅大院和私人会馆。在符合土地利用总体规划前提下，允许县级政府通过村土地利用规划调整优化村庄用地布局，有效利用农村零星分散的存量建设用地。对利用收储农村闲置建设用地发展农村新产业新业态的，给予新增建设用地指标奖励。

第三十四章　健全多元投入保障机制

健全投入保障制度，完善政府投资体制，充分激发社会投资的动力和活力，加快形成财政优先保障、社会积极参与的多元投入格局。

第一节　继续坚持财政优先保障

建立健全实施乡村振兴战略财政投入保障制度，明确和强化各级政府“三农”投入责任，公共财政更大力度向“三农”倾斜，确保财政投入与乡村振兴目标任务相适应。规范地方政府举债融资行为，支持地方政府发行一般债券用于支持乡村振兴领域公益性项目，鼓励地方政府试点发行项目融资和收益自平衡的专项债券，支持符合条件、有一定收益的乡村公益性建设项目。加大政府投资对农业绿色生产、可持续发展、农村人居环境、基本公共服务等重点领域和薄弱环节支持力度，充分发挥投资对优化供给结构的关键性作用。充分发挥规划的引领作用，推进行业内资金整合与行业间资金统筹相互衔接配合，加快建立涉农资金统筹整合长效机制。强化支农资金监督管理，提高财政支农资金使用效益。

第二节　提高土地出让收益用于农业农村比例

开拓投融资渠道，健全乡村振兴投入保障制度，为实施乡村振兴战略提供稳定可靠资金来源。坚持取之于地，主要用之于农的原则，制定调整完善土地出让收入使用范围、提高农业农村投入比例的政策性意见，所筹集资金用于支持实施乡村振兴战略。改进耕地占补平衡管理办法，建立高标准农田建设等新增耕地指标和城乡建设用地增减挂钩节余指标跨省域调剂机制，将所得收益通过支出预算全部用于巩固脱贫攻坚成果和支持实施乡村振兴战略。

第三节　引导和撬动社会资本投向农村

优化乡村营商环境，加大农村基础设施和公用事业领域开放力度，吸引社会资本参与乡村振兴。规范有序盘活农业农村基础设施存量资产，回收资金主要用于补短板项目建设。继续深化“放管服”改革，鼓励工商资本投入农业农村，为乡村振兴提供综合性解决方案。鼓励利用外资开展现代农业、产业融合、生态修复、人居环境整治和农村基础设施等建设。推广一事一议、以奖代补等方式，鼓励农民对直接受益的乡村基础设施建设投工投劳，让农民更多参与建设管护。

第三十五章　加大金融支农力度

健全适合农业农村特点的农村金融体系，把更多金融资源配置到农村经济社会发展的重点领域和薄弱环节，更好满足乡村振兴多样化金融需求。

第一节　健全金融支农组织体系

发展乡村普惠金融。深入推进银行业金融机构专业化体制机制建设，形成多样化农村金融服务主体。指导大型商业银行立足普惠金融事业部等专营机制建设，完善专业化的“三农”金融服务供给机制。完善中国农业银行、中国邮政储蓄银行“三农”金融事业部运营体系，明确国家开发银行、中国农业发展银行在乡村振兴中的职责定位，加大对乡村振兴信贷支持。支持中小型银行优化网点渠道建设，下沉服务重心。推动农村信用社省联社改革，保持农村信用社县域法人地位和数量总体稳定，完善村镇银行准入条件。引导农民合作金融健康有序发展。鼓励证券、保险、担保、基金、期货、租赁、信托等金融资源聚焦服务乡村振兴。

第二节　创新金融支农产品和服务

加快农村金融产品和服务方式创新，持续深入推进农村支付环境建设，全面激活农村金融服务链条。稳妥有序推进农村承包土地经营权、农民住房财产权、集体经营性建设用地使用权抵押贷款试点。探索县级土地储备公司参与农村承包土地经营权和农民住房财产权“两权”抵押试点工作。充分发挥全国信用信息共享平台和金融信用信息基础数据库的作用，探索开发新型信用类金融支农产品和服务。结合农村集体产权制度改革，探索利用量化的农村集体资产股权的融资方式。提高直接融资比重，支持农业企业依托多层次资本市场发展壮大。创新服务模式，引导持牌金融机构通过互联网和移动终端提供普惠金融服务，促进金融科技与农村金融规范发展。

第三节　完善金融支农激励政策

继续通过奖励、补贴、税收优惠等政策工具支持“三农”金融服务。抓紧出台金融服务乡村振兴的指导意见。发挥再贷款、再贴现等货币政策工具的引导作用，将乡村振兴作为信贷政策结构性调整的重要方向。落实县域金融机构涉农贷款增量奖励政策，完善涉农贴息贷款政策，降低农户和新型农业经营主体的融资成本。健全农村金融风险缓释机制，加快完善“三农”融资担保体系。充分发挥好国家融资担保基金的作用，强化担保融资增信功能，引导更多金融资源支持乡村振兴。制定金融机构服务乡村振兴考核评估办法。改进农村金融差异化监管体系，合理确定金融机构发起设立和业务拓展的准入门槛。守住不发生系统性金融风险底线，强化地方政府金融风险防范处置责任。

第十一篇 规划实施

实行中央统筹、省负总责、市县抓落实的乡村振兴工作机制，坚持党的领导，更好履行各级政府职责，凝聚全社会力量，扎实有序推进乡村振兴。

第三十六章 加强组织领导

坚持党总揽全局、协调各方，强化党组织的领导核心作用，提高领导能力和水平，为实现乡村振兴提供坚强保证。

第一节 落实各方责任

强化地方各级党委和政府在实施乡村振兴战略中的主体责任，推动各级干部主动担当作为。坚持工业农业一起抓、城市农村一起抓，把农业农村优先发展原则体现到各个方面。坚持乡村振兴重大事项、重要问题、重要工作由党组织讨论决定的机制，落实党政一把手是第一责任人、五级书记抓乡村振兴的工作要求。县委书记要当好乡村振兴“一线总指挥”，下大力气抓好“三农”工作。各地区要依照国家规划科学编制乡村振兴地方规划或方案，科学制定配套政策和配置公共资源，明确目标任务，细化实化政策措施，增强可操作性。各部门要各司其职、密切配合，抓紧制定专项规划或指导意见，细化落实并指导地方完成国家规划提出的主要目标任务。建立健全规划实施和工作推进机制，加强政策衔接和工作协调。培养造就一支懂农业、爱农村、爱农民的“三农”工作队伍，带领群众投身乡村振兴伟大事业。

第二节 强化法治保障

各级党委和政府要善于运用法治思维和法治方式推进乡村振兴工作，严格执行现行涉农法律法规，在规划编制、项目安排、资金使用、监督管理等方面，提高规范化、制度化、法治化水平。完善乡村振兴法律法规和标准体系，充分发挥立法在乡村振兴中的保障和推动作用。推动各类组织和个人依法依规实施和参与乡村振兴。加强基层执法队伍建设，强化市场监管，规范乡村市场秩序，有效促进社会公平正义，维护人民群众合法权益。

第三节 动员社会参与

搭建社会参与平台，加强组织动员，构建政府、市场、社会协同推进的乡村振兴参与机制。创新宣传形式，广泛宣传乡村振兴相关政策和生动实践，营造良好社会氛围。发挥工会、共青团、妇联、科协、残联等群团组织的优势和力量，发挥各民主党派、工商联、无党派人士等积极作用，凝聚乡村振兴强大合力。建立乡村振兴专家决策咨询制度，组织智库加强理论研究。促进乡村振兴国际交流合作，讲好乡村振兴的中国故事，为世界贡献中国智慧和中国方案。

第四节 开展评估考核

加强乡村振兴战略规划实施考核监督和激励约束。将规划实施成效纳入地方各级党委和政府及有关部门的年度绩效考评内容，考核结果作为有关领导干部年度考核、选拔任用的重要依据，确保完成各项目标任务。本规划确定的约束性指标以及重大工程、重大项目、重大政策和重要改革任务，要明确责任主体和进度要求，确保质量和效果。加强乡村统计工作，因地制宜建立客观反映乡村振兴进展的指标和统计体系。建立规划实施督促检查机制，适时开展规划中期评估和总结评估。

第三十七章 有序实现乡村振兴

充分认识乡村振兴任务的长期性、艰巨性，保持历史耐心，避免超越发展阶段，统筹谋划，典型带动，有序推进，不搞齐步走。

第一节 准确聚焦阶段任务

在全面建成小康社会决胜期，重点抓好防范化解重大风险、精准脱贫、污染防治三大攻坚战，加快补齐农业现代化短腿和乡村建设短板。在开启全面建设社会主义现代化国家新征程时期，重点加快城乡融合发展制度设计和政策创新，推动城乡公共资源均衡配置和基本公共服务均等化，推进乡村治理体系和治理能力现代化，全面提升农民精神风貌，为乡村振兴这盘大棋布好局。

第二节 科学把握节奏力度

合理设定阶段性目标任务和工作重点，分步实施，形成统筹推进的工作机制。加强主体、资源、政策和城乡协同发力，避免代替农民选择，引导农民摒弃“等靠要”思想，激发农村各类主体活力，激活乡村振兴内生动力，形成系统高效的运行机制。立足当前发展阶段，科学评估财政承受能力、集体经济实力和社会资本动力，依法合规谋划乡村振兴筹资渠道，避免负债搞建设，防止刮风搞运动，合理确定乡村基础设施、公共产品、制度保障等供给水平，形成可持续发展的长效机制。

第三节　梯次推进乡村振兴

科学把握我国乡村区域差异，尊重并发挥基层首创精神，发掘和总结典型经验，推动不同地区、不同发展阶段的乡村有序实现农业农村现代化。发挥引领区示范作用，东部沿海发达地区、人口净流入城市的郊区、集体经济实力强以及其他具备条件的乡村，到2022年率先基本实现农业农村现代化。推动重点区加速发展，中小城市和小城镇周边以及广大平原、丘陵地区的乡村，涵盖我国大部分村庄，是乡村振兴的主战场，到2035年基本实现农业农村现代化。聚焦攻坚区精准发力，革命老区、民族地区、边疆地区、集中连片特困地区的乡村，到2050年如期实现农业农村现代化。

关于加强冷藏冷冻食品经营监督管理的通知

（市场监管总局办公厅　市监食经［2018］58号　2018年9月30日）

各省、自治区、直辖市及新疆生产建设兵团食品药品监督管理局（市场监督管理部门）：

为切实加强冷藏冷冻食品监督管理工作，进一步预防食品安全风险，保障广大人民群众身体健康，规范冷藏冷冻食品经营秩序，严厉打击违法违规行为，保障冷藏冷冻食品质量安全，现将有关要求通知如下。

一、严格落实经营者主体责任

各地食品药品监督管理部门要督促冷藏冷冻食品经营者严格按照《中华人民共和国食品安全法》等法律法规要求，依法取得营业执照、食品经营许可证等合法主体资格，严格落实进货查验和记录制度，全面履行主体责任义务，切实提升食品安全保障能力和水平。经营者应当在经营和储存场所设置或租赁与其经营的冷藏冷冻食品品种、数量相适应的设施设备，保持场所环境整洁，并与有毒、有害场所以及其他污染源保持规定的距离，防止食品污染。要制定针对经营环境、经营人员、冷藏冷冻设备、设施等的自查制度，记录并存档自查结果。依法如实记录批发食品的名称、数量、购货者名称、地址、联系方式等内容，并保存相关凭证。依据国家相关法律法规及标准，对入库冷藏冷冻食品进行符合性验证和感官抽查，并查验运输冷藏车（厢）内温度的记录、测定食品的中心温度，经验收合格后的食品方可入库，不得接收不符合验收标准的食品。

进口的冷藏冷冻食品应当符合我国法律、行政法规的规定和食品安全国家标准的要求，并载明储存条件。

销售分装的进口冷藏冷冻食用农产品，应当在包装上保留原进口食品全部信息以及分装企业、分装时间、地点、储存条件、保质期等信息，并保存原包装备查。

二、加强日常监管和监督抽检

各地食品药品监督管理部门要组织开展对冷藏冷冻食品经营场所的现场检查，重点检查冷藏冷冻食品和食用农产品的来源、数量和销售去向，严格核查进货查验记录、冷藏冷冻食品的质量安全证明以及批发经营者销售记录等资料；要根据冷藏冷冻食品的温控特点检查温度动态信息记录情况和涉及温控设备技术的设置、运行、维护、校验等情况；并检查从业人员健康管理、食品安全培训情况等冷藏冷冻食品经营制度落实情况。同时，要检查冷库经营者制度落实情况，针对检查情况适时开展监督抽检，在抽检过程中发现的可能存在安全隐患的冷藏冷冻食品，及时反馈属地监管部门。

三、严厉打击违法违规行为

各地食品药品监督管理部门要强化对冷藏冷冻食品和食用农产品经营、贮存等场所的监督检查。对检查发现的不明来源冷藏冷冻食品、食用农产品，应责令货主提供真实合法的来源证明材料。凡不能提供合法来源证明的，入出库数量与记录不符的，来源及销售去向不明的，编造、篡改相关记录的，应依法依规严肃处理。及时追查冷藏冷冻食品来源和流向，建立健全案件查办线索的信息通报和移送机制，及时通报所涉地市场监督管理部门；对涉嫌走私的，要及时移送海关，涉嫌其他犯罪的，要及时移送公安机关。

四、强化社会监督

各地食品药品监督管理部门要及时发布食品安全风险预警和消费提示，引导消费者科学购买、安全消费。要主动发布本地区冷藏冷冻食品安全监管措施、工作进展及取得成效，加大对典型案例的曝光力度，震慑违法犯罪分子。要畅通公众监督和舆论监督渠道，对各方反映的冷藏冷冻食品安全问题，要及时核查处置。要充分发挥行业协会作用，引导社会各方共同监督冷藏冷冻食品经营行为，共同打造良好规范的市场环境。

乡村振兴科技支撑行动实施方案

（农业农村部办公厅　农办科［2018］22号　2018年9月30日）

实施乡村振兴战略，是决胜全面建成小康社会、全面建设社会主义现代化国家的重大历史任务，是新时代做好“三农”工作的总抓手。为深入贯彻党的十九大精神，落实2018年中央1号文件和《乡村振兴战略规划（2018—2022年）》有关部署要求，组织带动全国农业科教系统，全面实施乡村振兴科技支撑行动，特制定本实施方案。

一、总体思路

以习近平新时代中国特色社会主义思想为指导，深入贯彻党的十九大精神，按照乡村振兴“产业兴旺、生态宜居、乡风文明、治理有效、生活富裕”总要求，推动科技创新导向的转变和工作重心的调整，集聚科技、产业、金融、资本等各类创新要素，着力开展关键技术创新、生态循环模式创建、典型示范引领、新型生产经营主体培育和体制机制创新，显著提升科技对农业质量效益竞争力和农村生态环境改善的支撑水平，有力推动农业农村发展质量变革、效率变革、动力变革，支撑引领乡村全面振兴和农业农村现代化。

二、实施原则

——坚持问题导向。按照生产、生态、生活协调发展的理念，着力解决制约节本增效、质量安全、生态环保的重大关键技术问题，推动建立先进农业生产力、资源环境承载力与农民美好生活需求相匹配的乡村发展新格局。

——坚持目标引领。围绕乡村振兴对科技的迫切需求，聚焦产业技术供给、绿色投入品供给、优质农产品供给等主要目标，强化技术集成创新和成果转化应用，推动形成乡村振兴科技供给新体系。

——坚持联合协作。通过体制机制创新，统筹协调好中央与地方各级各类科技创新力量分工协作，充分发挥企业等各类农业新型生产经营主体的技术创新和市场主体作用，形成各方面共同发力、协调推进科技支撑乡村振兴的新局面。

——坚持分类施策。根据资源禀赋、生态功能、生产规模、产业基础、经营主体等差异，因地制宜、分类施策，提供适用于不同区域、不同主体的技术解决方案，推动形成各具特色、平衡协调的乡村发展新模式。

三、目标任务

（一）总体目标

围绕解决制约乡村振兴的重大技术瓶颈问题，着力创新一批关键核心技术，集成应用一批先进实用科技成果，示范推广一批农业可持续发展模式，打造一批科技引领示范村（镇），培育壮大一批新型农业生产经营主体，建立健全科技支撑乡村振兴的制度政策，基本满足乡村振兴和农业农村现代化对新品种、新装备、新产品、新技术和新模式等科技成果有效供给的需求。力争通过一段时间努力，农业全要素生产率显著提高，农业农村科技创新整体实力进入世界前列，科技支撑引领产业发展的现代化水平显著提高，农村生活环境显著改善，农业农村人力资源充分开发，专业化社会化科技服务水平明显提升。

（二）主要任务

——突破一批重大基础理论问题。瞄准世界农业科技前沿，积极抢占未来农业科技发展制高点，着力在基因组学、合成生物学、智慧农业、农业物联网、农业废弃物资源化利用等领域突破一批重大基础理论问题，提升我国农业科技原始创新能力，强化我国农业科技创新源头供给，打造发展新优势。

——创新一批关键核心技术和装备。紧紧围绕乡村振兴急需的关键核心技术，针对制约我国农业产业转型升级的全局性重大瓶颈问题，在作物改良、病虫害防控、生态循环农业、农产品质量安全、农机农艺融合和农业大数据等关键领域，重点攻克一批关键核心技术与装备，并研发配套技术系统，引领传统农业向现代农业转型发展，为加快农业农村现代化进程提供科技支撑。

——集成应用一批科技成果和技术模式。坚持市场需求和产业问题导向，着力加强重大科技成果的集成熟化、示范推广和转化应用，重点转化一批经济性状突出、发展潜力大的粮、棉、油等重大新品种，在适宜地区推广一批蔬菜、果树、烟草、茶叶以及畜禽水产重要新品种；转化一批技术含量高、市场前景好的新肥料、新兽药、新疫苗、新农药以及农业机械等重大新产品（装备），推广一批绿色高效的重要农作物畜禽水产种养殖、重大病虫害绿色防控、畜禽水产重大疫病防治、农机农艺结合、农产品加工和流通、水土资源节约高效利用、农业废弃物收储与高值利用、投入品减量高效施用等关键技术和模式，强有力支撑农业产业提质增效和农民持续增收。

——打造一批乡村振兴的科技引领示范区。坚持生产、生活和生态“三生共赢”的基本导向，综合考虑不同区域资源环境承载力、生态类型和农业发展基础条件，探索农业生产与资源环境保护协调发展的有效途径，治理当前农业农村环境突出问题，形成可复制可推广的技术路径与运行机制，重点围绕做强区域主导产业、资源环境修复保育、推进一二三产融合发展三方面内容，突出科技引领示范作用，促进农业产业化发展和产业集群的形成，实现“四化”同步和城乡一体化发展。

——做好实用技术、专业技能和创业培训。坚持科技引领和示范带动的工作思路，加强核心技术创新成果的提炼总结和示范宣传，加强职业农民、农村干部和新型经营主体的生产、经营和创业技能培训，提高各类参与主体的科技文化水平和生产实践技能，调动共同参与乡村振兴的积极性，培养创新意识和合作精神，培育一批名副其实的乡村振兴实施和参与主体。

四、实施重点

（一）加强基础前沿技术研究

面向世界科学前沿、国家农业重大需求和未来科技发展趋势，针对事关国计民生和产业核心竞争力的重大战略任务，围绕农作物高效育种、有害生物长效绿色防控、农业资源高效利用、农产品质量安全控制、主要畜禽全基因组选择育种技术、农业合成生物技术、农业大数据整合技术、农业纳米技术、农业人工智能技术、智能装备研制等创新能力带动作用强，研究基础和人才储备较好的战略性、前瞻性重大科学和前沿技术问题，强化以原始创新和系统布局为特点的大科学研究组织模式，部署基础研究重点方向，实现重大科学突破，抢占世界科学发展制高点。

（二）加快关键核心技术研发

——大宗农产品方面。重点是按照节本增效、优质安全、绿色发展要求，选育高产高效优质、适宜机械化作业、资源高效利用的动植物水产新品种，研发主要农作物畜禽水产优质高产品种配套栽培养殖技术，研发土壤理化性状调控关键技术，研发农田养分均衡调控技术、水肥一体化技术与关键设备，研发水产高效生态健康生产技术，研发渔业生物资源高值化利用技术，研发高效、低毒、低残留化学农药、生物农药和先进施药机械化技术，研发动物用抗菌药替代技术和产品以及中兽药制剂和精准用药技术，研发大宗农产品保鲜、贮藏和运输工程化技术；开展新型非热加工、绿色节能干燥、高效分离提取、长效减菌包装和清洁生产技术升级与集成应用。

——名特优新产品方面。重点是按照改善产品品质、提高效益、保护产地生态的要求，选育风味独特、品质优良、商品性好、适于加工的特色农作物畜禽水产新品种，研发配套高效、环保的轻简化栽培技术和设备，开发特色农产品高效干燥、储藏保鲜等初加工工艺和设备，开展传统食品工业化关键技术研究，研发传统加工食品高效加工工艺、储运技术和设备。

——新产业新业态培育方面。重点是围绕拓展农业多种功能，推进农业与休闲旅游、教育文化、健康养生等深度融合，发展观光农业、体验农业、创意农业等新产业新业态的目标，选育适合于休闲农业基地种养条件的特色优质农作物畜禽水产新品种，研发配套栽培养殖技术，适合于民俗手工艺品制作的特色加工利用技术和设备，适用于不同规模经营主体的废弃物无害化处理技术和设备，围绕农村电商、餐饮、娱乐等新业态开发特色适用的农业信息化新技术，研发农业农村大数据收集整理挖掘和云平台技术。

（三）强化技术模式集成示范

——在重要农产品主产区，围绕粮食等重要农产品有效供给开展集成推广，主要包括优势产区水稻、小麦、玉米、大豆、油菜、马铃薯、棉花、蔬菜、糖料、橡胶、奶牛、肉羊、生猪、肉鸭、水产品等不同产业的绿色提质增效技术模式。

——在特色优势农产品产区，围绕推动传统产业转型升级重点开展集成推广，主要包括果树、蔬菜、茶叶、牧草、烟草、中药材、热带香辛饮料、水产品等不同特色优势产业的绿色提质增效技术模式。

——在典型生态区，围绕农业可持续发展和创新农林文旅深度融合开展集成推广，主要包括北方“四位一体”生态模式、南方“猪—沼—果”循环模式、牧区减牧还草模式、农牧交错带退耕还草模式、南方山区种草养畜模式、南方经济林林下经济模式、热区稻田绿色增效技术模式、沙漠化土地综合防治模式、石漠化地区综合治理技术模式、“粮饲—猪—沼—肥”生态模式、“林果—粮经”立体生态模式、不同水体绿色生态养殖模式、渔农综合种养模式、渔业资源增养殖与高值利用模式、综合生态养殖场生产模式、规模化养殖场生产模式、“围山转”生态农业模式、生态经济沟模式、西北地区“牧—沼—粮—草—果”五配套模式、生态果园模式、不同区域生态观光村和生态农庄等农业绿色持续发展技术模式。

（四）打造1 000个乡村振兴科技引领示范村（镇）

——依托农业高新技术产业示范区等，建设一批推动我国农业农村产业升级发展的科技引领示范村（镇）。依托国家农业高新技术产业示范区、国家现代农业产业科技创新中心等已有的国家级农业科技产业平台发展基础、科技优势和产业聚集效应，进一步完善金融、政策支持农业高技术产业发展机制，加快推动农业高新技术成果在示范区转化落地。探索乡村农业产业创新驱动发展路径，培育一批与乡村产业发展紧密融合的创新型农业企业，引领乡村产业向高层次发展，产业结构优化提升，形成具有竞争优势的农业高新技术产业集群，成为区域经济发展与产业升级的助推器。

——依托国家农业可持续发展试验示范区，建设一批推动我国农业绿色发展的科技引领示范村（镇）。依托国家农业可持续发展试验示范区暨农业绿色发展先行先试区，以质量兴农、绿色兴农、生态优先为导向，围绕农业产业与资源节约、环境友好、生态保育的协调发展，重点推进农业绿色生产、农业资源保护与节约利用、产地环境保护与治理、农业生态系统养护修复等方面的技术创新、机制创新、成果转化推广，凝练总结可复制、可推广的农业绿色发展技术模式，打造一批技术创新能力突出、技术推广水平领先、技术应用效益显著、模式辐射带动有力的科技引领示范村（镇）。

——依托国家现代农业示范区等，建设一批推动我国农村产业兴旺的科技引领示范村（镇）。依托国家现代农业产业园、国家现代农业示范区等区域发展中心，以现代产业发展理念为指导，坚持城乡统筹，立足区域优势特色产业，以规模化种养基地依托、产业化龙头企业带动、现代生产要素聚集为重点，以集约化高效生产、智能化设施装备、绿色化精深加工等重大关键技术为核心，发展农业产业化联合体，推进区域乡村主导产业全产业链开发和一二三产业融合发展，充分发挥科技引领示范作用，推进农业由增产导向转向提质导向，实现农业农村发展动能转换，打造一批产业特色鲜明、设施装备先进、生产方式绿色、经济效益显著、辐射带动有力的现代农业科技引领示范村（镇）。

——依托特色农产品优势区等，建设一批推动我国农业农村质量效益竞争力提升的科技引领示范村（镇）。依托农业竞争力提升科技行动示范县、中国美丽休闲乡村等已有基础，按照质量兴农、绿色兴农、效益优先的要求，聚焦区域优势农产品和农业多功能性，以产学研协同、一体化攻关的科技创新联合体为单元，围绕主导品种、主推技术和种养机具等的系统集成和生态环境养护修复、休闲农业、生态观光农业技术集成与示范，推广应用节本降耗、提质增效、绿色生产和循环利用等技术模式，打造一批与当地农业资源禀赋和发展主流方向深度融合的创新驱动增长点，推动形成一批综合竞争力显著、质量效益同步提升、生态环境优美、产业功能多元、文化内涵丰富、农民收入明显增加、科技支撑保障有力的科技引领示范村（镇）。

（五）培育一批引领乡村振兴的新型农业经营主体

——实施农业经营主体带头人轮训计划。以专业大户、家庭农场经营者、农民合作社带头人、农业龙头企业负责人和农业社会化服务组织负责人等为培训对象，重点培训提高综合素质和职业能力。加强规范管理、政策扶持、跟踪服务，支持其发展多种形式的适度规模经营，发挥新型职业农民引领现代农业发展的主力军作用。

——实施现代青年农场主培养计划。以中等教育及以上学历的返乡下乡创业青年、中高等院校毕业生、退役士兵以及农村务农青年为对象，加强培训指导、创业孵化、认定管理、政策扶持，吸引年轻人务农创业，提高其创业兴业能力。

——实施农村实用人才带头人培训计划。以产业发展带头人、大学生村官等为主要对象，以现代农业和新农村发展的先进典型村为依托，按照“村庄是教室、村官是教师、现场是教材”的培养模式，通过专家授课、现场教学、交流研讨，不断提高农村带头人增收致富本领和示范带动能力。

——实施农业产业精准扶贫带头人培训计划。面向贫困地区，以村党组织书记及村“两委”成员、大学生村官、种养大户、农民合作社负责人等为对象，聚焦贫困地区产业精准扶贫，加大对农民创新创业、农民合作社培育、美丽乡村建设、大学生村官创业富民等方面培训，提高扶贫带头人组织和带领农民群众脱贫致富的能力。

（六）强化制度创新，激发创新创业活力

——激活机制。推进科研机构和科技人员分类评价机制改革，核心是把科技与产业的关联度、科技自身的创新度、科技对产业的贡献度作为评价标准。完善协同创新机制，做强国家农业科技创新联盟，着力解决农业基础性、区域性和行业性重大关键问题。探索科技与人才、金融、资本等要素资源结合新机制，推进建设现代农业产业科技创新中心，打造区域农业经济增长极。

——放活人员。建立以增加知识价值为导向的分配机制，让科技人员“名利双收”，激发科技人员面向市场的创新活力。以兼职取酬、股权期权等多种形式，鼓励农业科研人员在企业和科研院校之间兼职兼薪、顺畅流动。促进公益性推广机构与经营性服务组织融合发展，激发农技人员推广活力。

——用活成果。建立健全科技成果评估机制，准确评价市场价值和应用前景，提高科技成果的供给质量和转化效率。搭建科技成果转化交易平台，打通成果供给与产业应用的通道。加快科技成果的集成配套、熟化应用，解决单一成果、单项技术用不了、用不好的问题。

五、保障措施

（一）加强组织领导

农业农村部成立乡村振兴科技支撑行动工作推进小组，制定行动方案，牵头组织实施，开展绩效评估，进行指导监督，总结宣传典型案例；各省（自治区、直辖市）农业农村主管部门可参照本工作方案，组织协调本地科教系统、企业、新型农业经营主体和农户等共同参与行动。

（二）加强协调协同

围绕实施方案目标任务和实施重点，统筹优化政府、科教单位、推广机构和企业等各类主体的资源配置，整合存量资金，优先向产业升级关键技术、特色产业扶贫实用技术和“一带一路”农业“走出去”领先技术研发倾斜，引导各类资源向乡村振兴科技支撑行动的重点领域和重点研究方向集聚。

（三）整合各类资源

以乡村振兴重点任务为核心，大力整合现代农业产业技术体系、农技推广体系、农业科技创新联盟、现代农业产业科技创新中心、农业农村部重点实验室学科群等已有研究团队、平台。推动信息资源、平台仪器的共建共享，在任务组织上统筹考虑。在任务设置、研发推动、中试转化、推广应用中注重发挥企业的作用。

（四）加强考核评价

根据职责定位和主体责任，明确各参加单位重点工作的职责分工；制定考核评价办法，执行重点工作落实情况定期报告制度和定期监督检查制度，强化目标管理、量化考核、绩效奖罚；推行第三方评价，探索建立政府、社会组织、公众等多方参与的评价机制，优化管理结构，强化工作督办问责，确保重点工作落地。

关于开展粉丝粉条面制品专项整治的通知

（市场监管总局　国市监食生［2018］189号　2018年10月22日）

各省、自治区、直辖市食品药品监督管理局，新疆生产建设兵团食品药品监督管理局：

为了加强粉丝粉条和面制品质量安全监管，解决粉丝粉条和面制品中铝含量超标的问题，市场监管总局决定开展粉丝粉条面制品专项整治。现对有关事项通知如下：

一、整治范围

（一）粉丝粉条、面制品生产企业。

（二）加工经营小麦粉制品（馒头、花卷、包子、发糕等）、焙烤食品（饼干、面包、蛋糕等）、油炸面制品（油条、油饼、炸糕、麻花等）等面制品和粉丝粉条的餐饮服务提供者。

（三）粉丝粉条、面制品加工经营小作坊。

二、整治措施

（一）督促生产经营者开展全面自查

各地食品安全监管部门要督促生产经营者严格按照食品安全法等法律法规及相关标准组织生产经营，落实企业主体责任，开展全面自查，重点检查以下内容：

1. 食品配方。重点检查是否针对生产加工的食品制定食品配方，配方是否包括使用的原辅料及食品添加剂的名称和使用量等；食品添加剂的使用是否符合《食品安全国家标准 食品添加剂使用标准》（GB 2760）的规定。

2. 原辅料采购。重点检查是否严格对原料供应商进行审核；是否做好原辅料进货查验记录，确保购进的食品原料、含铝食品添加剂和含铝食品相关产品等符合食品安全国家标准；是否购买来源不明、标识不清的食品原辅料、食品添加剂和食品相关产品；粉丝粉条的生产者要对淀粉原料中的铝含量进行检验把关。

3. 生产加工制作过程。重点检查生产加工过程中是否对原料和食品添加剂的用量进行称量，是否严格按照《食品安全国家标准 食品添加剂使用标准》（GB 2760）和原国家卫生计生委等5部门《关于调整含铝食品添加剂使用规定的公告》（2014年 第8号）相关规定使用含铝食品添加剂；是否超范围、超限量使用含铝食品添加剂。

4. 产品出厂检验。粉丝粉条获证生产企业重点检查是否根据《国家卫生计生委关于批准β-半乳糖苷酶为食品添加剂新品种等的公告》（2015年 第1号）要求，确保粉丝粉条中铝的残留量控制在≤200mg/kg；不具备自检能力的，是否委托有资质的食品检验机构对产品进行出厂检验；发现不符合标准的，是否立即查明原因、召回产品、切实整改，并向当地食品安全监管部门报告。

（二）开展监督检查和抽检工作，严厉打击违法违规行为

1. 加强监督检查。各地食品安全监管部门要明确对生产经营者的监管事权，加大日常监督检查、抽样检验力度，主要检查食品配方、原辅料及食品添加剂的使用、产品检验等。各地食品安全监管部门要将专项整治工作与严厉打击非法添加非食用物质和超范围、超限量使用食品添加剂违法行为结合起来，落实监管责任。在生产环节，要对粉丝粉条、面制品获证生产企业进行全面排查，重点验证企业原辅料把关、生产过程控制尤其是含铝食品添加剂使用控制有效性。在餐饮环节，要将使用含铝食品添加剂加工制作食品等行为作为重点内容，将加工经营面制品的餐饮服务提供者作为重点对象，将小吃街、美食城等餐饮消费聚集区作为重点区域，加大日常监督检查力度，查处违法违规行为。

2. 加强监督抽检监测。各地食品安全监管部门要结合年度抽检计划，开展抽检监测。要重点加强对粉丝粉条生产加工聚集区、批发市场、面制品制售集中的集贸市场的产品进行监督抽检，要坚持问题导向，有针对性地对产品进行抽样，必要时可以对原辅料进行抽样检验。对抽检不合格的，要及时处置，控制风险，整改到位。涉及其他省（自治区、直辖市）的，及时通报协查，严控产品安全风险。

3. 严厉打击违法违规行为。对监督检查中发现的违法违规行为线索，要立即核查，严惩重处；涉及上游环节或其他区域的，要及时通报案件线索，联查联动；涉嫌犯罪的，依法移交公安机关。要严格落实原食品药品监管总局和公安部联合印发的《关于加大食品药品安全执法力度　严格落实食品药品违法行为处罚到人的规定》要求，加大对违法行为的惩治力度，坚决落实违法行为“处罚到人”，对违法生产经营单位直接负责的主管人员和其他直接责任人员，依法追究法律责任，实施禁业限制。

三、时间安排

（一）第一阶段：2018年10月至2019年2月底，督促相关生产经营者开展自查。

（二）第二阶段：2019年3月至2019年5月底，开展监督检查和抽检工作。

（三）第三阶段：2019年6月，对专项整治工作进行总结。

四、工作要求

一是加强组织领导。各地要组织成立整治工作领导小组，根据实际情况制定具体工作方案、细化工作目标和措施、抓好落实，做好专项整治工作。

二是注重宣传引导。要加大对违法违规使用含铝食品添加剂的危害和法律后果的宣传力度，及时曝光典型案例，畅通投诉举报渠道，强化社会共治。

三是及时报送工作信息。各地食品安全监管部门要严格按照要求，将专项整治的基本情况、主要做法、发现问题及原因分析、典型案例和工作建议等形成报告，于2019年6月30日前，将报告及统计表的电子版、纸质版报送至总局食品生产安全监管司。

附件：略

关于加快推进食品经营许可改革工作的通知

（市场监管总局 国市监食经［2018］213号 2018年11月14日）

各省、自治区、直辖市市场监督管理局、食品药品监督管理局，新疆生产建设兵团食品药品监督管理局：

为贯彻全国深化“放管服”改革转变政府职能电视电话会议精神，根据《国务院关于在全国推开“证照分离”改革的通知》（国发［2018］35号）要求，营造更优营商环境，现就加快推进食品经营许可改革工作相关事宜通知如下。

一、主要目标

深入贯彻落实国务院“放管服”改革要求，在保障食品安全的前提下，进一步优化食品经营许可条件、简化许可流程、缩短许可时限，加快推行电子化审批，不断完善许可工作体系，持续提升食品经营许可工作便利化、智能化水平。

二、主要任务

（一）试点推行“告知承诺制”

告知承诺，是指申请人提出食品经营许可申请，监管部门一次性告知其审批条件和需要提交的材料，申请人在规定时间内提交的申请材料齐全、符合法定形式，且书面承诺申请材料与实际一致的，监管部门可以当场作出书面行政许可决定的方式。各地对新申请食品经营许可（限仅从事预包装食品销售）、申请变更许可（限经营条件未发生变化）、申请延续许可（限经营条件未发生变化）的，要试点推行“告知承诺制”。各地可结合实际，在保障食品安全的前提下，扩大推行告知承诺制的范围。

（二）优化许可事项

对餐饮服务经营者申请在就餐场所销售饮料等预包装食品的，不需在食品经营许可证上标注销售类经营项目。

（三）缩短许可时限

许可部门作出行政许可决定的时限缩短至自受理申请之日起12个工作日内，因特殊原因需要延长期限的，经本行政机关负责人批准，可以延长6个工作日，并应当将延长期限的理由告知申请人。许可部门自作出行政许可决定之日起6个工作日内颁发食品经营许可证。鼓励有条件的省（自治区、直辖市）根据地方实际，进一步缩短许可审查和发证时限。

（四）全面推行许可信息化

各地要全面推行许可申请、受理、审查、发证、查询等网上办理，切实提高网上办理时效。加快推进食品经营许可电子证书的发放和使用。不断完善食品经营许可数据库，并及时向社会公开，供公众查询。推进食品经营许可数据库与相关市场主体数据库信息互通共享，在线获取核验营业执照、法定代表人或负责人身份证明等材料，不断提高许可效率。

三、工作要求

（一）加强组织领导

要认真梳理许可审查各环节存在的主要问题、难点堵点，有针对性地提出解决措施，并逐项落实改革任务、责任人和时限。要加强对食品经营许可改革工作推进情况的跟踪了解和检查指导，及时协调解决改革中出现的问题，重大问题要及时向市场监管总局报告。

（二）加强调查研究

对监管中发现的新问题、新情况，特别是新业态、新模式、新技术，要加强调查研究，适时组织开展食品安全风险状况和关键风险点评估，以包容审慎为原则，探索制定有针对性的许可和日常监管要求、措施，严控食品安全风险。

（三）规范许可工作

要进一步明确食品经营许可事权，加强对基层一线许可工作人员的指导和培训，统一执行标准，细化审查要求，不得擅自增加申请材料、增设审查要求。要全面公开食品经营许可办理流程，实现办理全过程公开透明、可追溯、可核查，切实保障群众的知情权、参与权和监督权。

（四）强化服务指导

要加强对申请人办理食品经营许可的针对性指导。鼓励地方积极推行提供申请材料样本、提前咨询等服务，提前咨询应明确办结时限。

（五）加强事中事后监管

对以告知承诺方式取得许可的食品经营者，应在作出许可决定之日起 30 个工作日内实施监督检查，重点检查食品经营者实际情况与承诺内容是否相符、食品经营条件是否符合食品安全要求等情况。对实际情况与承诺内容不相符的，应当从严处理，将相关行政处罚和失信信息记于食品经营者名下，并通过国家企业信用信息公示系统向社会公示。

关于农产品质量安全追溯与农业农村重大创建认定、农产品优质品牌推选、农产品认证、农业展会等工作挂钩的意见

（农业农村部　农质发［2018］10 号　2018 年 11 月 27 日）

根据中央 1 号文件、《中共中央办公厅、国务院办公厅关于创新体制机制推进农业绿色发展的意见》和全国农业工作会议关于加强农产品质量安全追溯体系建设的精神和工作要求，当前要大力推动农产品生产经营主体及其产品积极主动地实行追溯管理，以整体提高我国农产品追溯覆盖面，进一步落实农产品生产经营者主体责任，提升农产品质量安全水平。现就农产品质量安全追溯与农业农村重大创建认定、农业品牌推选、农产品认证、农业展会等“4 挂钩”工作（以下简称“追溯挂钩”）提出如下意见：

一、农产品质量安全追溯管理形式

本《意见》中的农产品质量安全追溯管理（以下简称“追溯管理”）有电子追溯、标签说明、合格证明等几种形式，其中电子追溯是指借助信息化手段实现信息可查询的追溯方式。

二、挂钩任务

（一）与农业农村重大创建认定工作挂钩

首批与国家农产品质量安全县认定及国家现代农业示范区、国家农业可持续发展试验示范区（农业绿色发展先行区）、国家现代农业产业园“二区一园”创建工作挂钩。

1. 认定国家农产品质量安全县时，将区域内 80%以上的生产经营主体（指在工商注册登记的农业企业、农民专业合作社，下同）及其产品实行追溯管理作为前置条件。

2. 批准国家现代农业示范区、国家农业可持续发展试验示范区（农业绿色发展先行区）、国家现代农业产业园时，将区域内 80%以上的生产经营主体及其产品实行追溯管理作为前置条件。

（二）与农业品牌推选挂钩

指与农业农村部农产品区域公用品牌推选工作挂钩。

推选部级农产品区域公用品牌时，将生产经营主体及其产品实行追溯管理作为前置条件。

（三）与农产品认证挂钩

指与农业农村部绿色食品、有机农产品、地理标志农产品认证审批及产品续展条件挂钩。

认证绿色食品、有机农产品、地理标志农产品时，将相关生产经营主体及产品纳入国家农产品质量安全追溯管理信息平台作为新申报审批和产品续展的前置条件。

（四）与农业展会挂钩

指与参加我部主办或部省共同主办的全国农业展会的审查条件挂钩。

1. 参加我部主办或部省共同主办的全国农业展会的农产品，必须以实行追溯管理作为参展的前置条件。

2. 组织参加境外展会时，应当优先支持实行追溯管理的农产品生产经营主体及其产品，以提升我国农产品国际形象。

三、工作安排

（一）2019年1月1日开始，以上农业农村重大创建认定、农业品牌推选、农产品认证和农业展会，全面执行追溯挂钩工作机制。

（二）2019年1月1日前已认定的国家农产品质量安全县，国家现代农业示范区、国家农业可持续发展试验示范区（农业绿色发展先行区）、国家现代农业产业园，要按照要求推动区域内的生产经营主体及其产品，尽快实行追溯管理。2019年底前要全部完成，2020年1～3月份组织核查。从2020年4月1日起，没有达到80%追溯比例的一律取消认定。

（三）2019年1月1日前已认证的绿色食品、有机农产品、地理标志农产品，要推动相关生产经营主体及产品纳入国家农产品质量安全追溯管理信息平台。2019年6月底前要全部完成，2019年7～8月份组织核查。从2020年1月1日起，没有纳入国家追溯平台管理的认证农产品一律取消认证。

四、有关要求

各级农业农村部门要充分认识开展追溯挂钩的重要意义。这是推动我国农业高质量发展，实现质量兴农、绿色兴农和品牌强农的任务要求，是实现农产品质量安全监管体系和监管能力现代化的体制机制创新，是扩大我国农产品追溯覆盖面、快速提升农产品消费安全感、满足人民美好生活要求的重要举措。当前大力推进农产品质量安全追溯挂钩意义重大，势在必行。

各级农产品质量安全追溯工作牵头部门要加强组织协调，认真调研各方反映，适时调度工作进展，组织开展检查。各级农业农村部门和部内有关司局要按照本文件要求，严格把关审查，切实做好各层级农产品质量安全追溯与农业农村重大创建认定、农业品牌推选、农产品认证、农业展会等“4挂钩”工作。

下一步，追溯挂钩机制将进一步扩大到所有农业农村部门审批、推选、认证、展会等工作范畴，使农产品质量安全追溯体系不断健全完善。农业农村部农产品质量安全中心要确保国家追溯平台运行平稳，及时分配账号和密码，积极配合做好追溯信息的查询、比对。各省（自治区、直辖市）在积极配合我部做好相关工作的同时，要结合实际，做好所辖区域内追溯挂钩工作，出台本地农产品质量安全追溯挂钩办法。

关于进一步促进奶业振兴的若干意见

（农业农村部等　农牧发［2018］18号　2018年12月24日）

各省、自治区、直辖市人民政府，国务院各部门、直属机构：

为贯彻落实《国务院办公厅关于推进奶业振兴保障乳品质量安全的意见》（以下简称《意见》）和全国奶业振兴工作推进会议精神，进一步明确目标任务，突出工作重点，加大政策支持力度，促进奶业振兴发展，经国务院同意，现提出如下意见。

一、目标任务

按照《意见》要求，以实现奶业全面振兴为目标，优化奶业生产布局，创新奶业发展方式，建立完善以奶农规模化养殖为基础的生产经营体系，密切产业链各环节利益联结，提振乳制品消费信心，力争到2025年全国奶类产量达到4 500万吨，切实提升我国奶业发展质量、效益和竞争力。

二、加快确立奶农规模化养殖的基础性地位

（一）支持农户适度规模养殖发展

研究完善促进农户规模奶牛养殖发展的政策措施，积极发展奶牛家庭牧场，培育壮大奶农合作组织，加强奶农培训和奶业社会化服务体系建设，构建“奶农＋合作社＋公司”的奶业发展模式，先行在内蒙古、黑龙江、河北等奶业主产省（自治区）试点，培育适度规模奶牛养殖主体。（农业农村部牵头）

（二）支持奶农发展乳制品加工

推进一二三产业融合发展，出台金融信贷支持、用地用电保障等相关配套政策，支持具备条件的奶牛养殖场、合作社生产带有地方特色的乳制品。（发展改革委、工业和信息化部、财政部、自然资源部、农业农村部、人民银行、市场监管总局、银保监会等部门分工负责）加快修订乳制品工业产业政策，放宽对乳制品加工布局的半径和日处理能力等限制。鼓励奶农、合作社将奶牛养殖与乳制品加工、增值服务等结合起来，在严格执行生产许可、食品安全标准等法律法规标准，确保乳品质量安全的前提下，推行生产加工销售一体化，发展居民小区和周边酒店、饭店、商店乳制品供应，重点生产巴氏杀菌乳、发酵乳、奶酪等乳制品，通过直营、电商等服务当地和周边群众，积极培育鲜奶消费市场，满足高品质、差异化、个性化需求。（工业和信息化部、农业农村部、市场监管总局等部门分工负责）

（三）强化养殖保险和贷款支持

完善奶牛养殖保险政策，提高保障水平，减少养殖风险。鼓励地方结合实际探索开展生鲜乳目标价格保险试点，稳定养殖收益预期。将符合条件的中小牧场贷款纳入全国农业信贷担保体系予以支持。（财政部、农业农村部、人民银行、银保监会等部门分工负责）

三、降低奶牛饲养成本

（四）大力发展优质饲草业

推进农区种养结合，探索牧区半放牧、半舍饲模式，研究推进农牧交错带种草养牛，将粮改饲政策实施范围扩大到所有奶牛养殖大县，大力推广全株玉米青贮。（农业农村部牵头）研究完善振兴奶业苜蓿发展行动方案，支持内蒙古、甘肃、宁夏等优势产区大规模种植苜蓿，鼓励科研创新，提高国产苜蓿产量和质量。（农业农村部、财政部分工负责）总结一批降低饲草料成本、就地保障供应的典型案例予以推广。（农业农村部负责）

（五）提升饲草料生产加工和养殖装备水平

对牧场购置符合条件的全混合日粮（TMR）配制以及其他养殖、饲草料加工机械纳入农机购置补贴范围。（农业农村部、财政部分工负责）加强对苜蓿等饲草料收获加工机械的研发和推广支持。（工业和信息化部、农业农村部等部门分工负责）

四、提高奶牛生产效率

（六）增加奶牛良种供应

支持国家奶牛（奶山羊）核心育种场和种公牛站建设，完善良种繁育体系，培育国产精品奶牛良种，提高良种繁育和推广能力。（农业农村部、发展改革委等部门分工负责）

（七）扩大奶牛精准饲喂规模

提高奶牛生产性能测定中心服务能力，扩大测定奶牛范围，逐步覆盖所有规模牧场，通过测定牛奶成分调整饲草料配方，实现奶牛精准饲喂管理。（农业农村部、发展改革委、财政部分工负责）

（八）支持养殖和粪污处理利用设施建设

引导地方政府加强中小牧场标准化改造提升，重点支持圈舍改造、养殖设施设备和挤奶机械更新。把符合条件的奶牛养殖粪污处理利用纳入畜禽粪污资源化利用项目支持范围，分步实施，改造达标。（农业农村部、发展改革委、财政部等部门分工负责）

（九）加强奶业社会化服务体系建设

支持奶牛养殖社会化服务体系建设，创新奶牛养殖技术服务模式，加大牧场主和业务骨干培训力度。积极开展良种奶牛繁育、饲养管理、疫病防控、养牛机械维护、生产资料采购和产品加工销售等服务，促进奶业节本提质增效。推进全国数字奶业信息服务云平台建设。（农业农村部牵头，科技部等部门分工负责）

五、做强做优乳制品加工业

（十）优化乳制品结构

发展适销对路的低温乳制品，支持和引导奶酪、黄油等干乳制品生产，开发羊奶、水牛奶、牦牛奶等特色乳制品。鼓励使用生鲜乳生产灭菌乳、发酵乳、调制乳和婴幼儿配方乳粉等乳制品。（工业和信息化部、农业农村部、市场监管总局等部门分工负责）

（十一）提升乳制品竞争力

鼓励乳品企业加强冷链储运设施建设。力争3年内在规模以上企业建立乳品质量安全追溯体系与危害分析和关键控制点体系。支持开展乳制品创新研发，优化加工工艺和产品结构，完善冷链运输体系和质量安全体系，增强运营管理能力，降低生产流通成本和销售价格，提高产品质量和效益。（工业和信息化部、商务部、市场监管总局等部门分工负责）

（十二）增强国产婴幼儿配方乳粉竞争力

完善良好生产规范体系，继续执行最严格的监管制度，力争3年内显著提升国产婴幼儿配方乳粉的品质、竞争力和美誉度，提高市场占有率。依托现有机构，加强婴幼儿配方乳粉核心营养成分等研发，增强为企业服务能力。（发展改革委、科技部、工业和信息化部、财政部、农业农村部、市场监管总局等部门分工负责）

六、促进养殖加工融合发展

（十三）支持加工企业反哺奶农

采取加工企业与奶农相互持股等形式，建立互利共赢的纽带。采用养殖圈舍和奶牛入股、补贴资金入股等方式，鼓励加工企业通过二次分红、溢价收购、利润保障等支持奶农，切实保障奶农合理收益，引导养殖向专精发展。（工业和信息化部、财政部、农业农村部等部门分工负责）

（十四）整顿生鲜乳收购秩序

奶业主产省（自治区）省级人民政府要采取有力举措，抓紧建立生鲜乳价格协商机制，保障养殖、加工环节的合理收益。监督签订和履行规范的生鲜乳收购合同，排除霸王条款，严肃查处违反合同约定和“潜规则”行为。依法查处和公布不履行生鲜乳购销合同以及凭借购销关系强推强卖兽药、饲料和养殖设备等行为。（农业农村部牵头，工业和信息化部、市场监管总局等部门分工负责）

七、提升乳品质量安全水平

（十五）积极推行第三方检测

鼓励有条件的奶业主产省（自治区）采取补贴、购销双方付费的方式，探索建立地市级的生鲜乳收购第三方质量检测中心，明确检测权威，减少生鲜乳购销质量争议。加强检测技术研发和资源共享，为奶农检测提供便利，做到节约成本，公平公正。支持奶业大县、企业和有条件的奶农自建乳品检验检测体系。（农业农村部牵头，工业和信息化部、财政部、市场监管总局等部门分工负责）

（十六）加强乳品质量安全监管

建立健全乳品质量标准体系，修订食品安全国家标准规定，制定复原乳检测方法食品安全国家标准和液态乳加工工艺标准。（工业和信息化部、农业农村部、卫生健康委、市场监管总局等部门分工负责）加强乳品质量安全监管能力建设，着力提升基层监管水平。加强乳品生产加工、储存运输、经营销售等环节的质量安全监管和抽检监测，针对不同生产类型和规模，创新监管方式，加大监管密度，确保乳品质量安全。加大乳品质量安全监管信息发布力度，提高监管工作的透明度和公信力。（农业农村部、市场监管总局等部门分工负责）严格落实复原乳标识制度，依法查处使用复原乳但不标识的企业。（市场监管总局牵头，工业和信息化部、农业农村部等部门分工负责）

八、推动主产省（自治区）率先实现奶业振兴

（十七）加大工作推进力度

奶业主产省（自治区）要落实奶业振兴责任，立足环境、资源承载力和市场需求，按照对标国际、示范国内的要求，制定本省（自治区）奶业振兴方案，提出推进奶业振兴的目标、任务和政策措施，并报农业农村部、工业和信息化部等有关部门备案；强化组织协调和督促指导，率先实现奶业全面振兴。国务院有关部门要在政策和技术等方面，加大对主产省（自治区）奶业振兴的支持力度。（发展改革委、工业和信息化部、财政部、农业农村部、市场监管总局等部门分工负责）

九、大力引导和促进乳制品消费

（十八）加强宣传引导

加大奶业公益宣传，支持在主流媒体和新媒体上大力宣传奶业成效，树立中国奶业的良好形象，提升广大群众的认知度和信任度。倡导科学饮奶，普及巴氏杀菌乳、灭菌乳、奶酪等乳制品营养知识，培育国民食用乳制品特别是干乳制品的习惯。发挥行业协会自律作用，引导乳品企业立足于“让每一个中国人都能喝上好奶”的定位，研发生产适合不同消费群体的乳制品，避免过度包装和广告，切实让利于民。（中央宣传部、中央网信办、工业和信息化部、农业农村部、商务部、卫生健康委、市场监管总局等部门分工负责）

各地区、各有关部门要强化责任落实，按照本意见要求，结合自身实际，明确目标任务和责任分工，确保推进奶业振兴各项工作落到实处。

关于进一步加强婴幼儿谷类辅助食品监管的规定

（市场监管总局　国市监食生［2018］239号　2018年12月25日）

第一条　为规范婴幼儿谷类辅助食品生产经营行为，落实生产经营者主体责任，加强监管，防范风险，严惩违法违规，保障婴幼儿食品安全，根据《中华人民共和国食品安全法》等法律法规，制定本规定。

第二条　国家市场监督管理总局依法指导全国婴幼儿谷类辅助食品监管工作，省级或设区的市级市场监督管理部门组织实施本辖区内婴幼儿谷类辅助食品监管工作。原则上婴幼儿谷类辅助食品的生产许可由省级市场监督管理部门负责。

第三条　婴幼儿谷类辅助食品生产企业应当按照《中华人民共和国食品安全法》等法律法规、食品安全国家标准等相关规定，严格组织生产，保证婴幼儿谷类辅助食品的安全。

婴幼儿谷类辅助食品生产企业应当按照《食品生产许可管理办法》《婴幼儿辅助食品生产许可审查细则》等规定，持续保持食品生产许可条件。

第四条　婴幼儿谷类辅助食品生产企业应当严格落实食品安全主体责任，企业主要负责人要对本企业的食品安全工作全面负责，设立食品安全管理机构，配备专职或者兼职的食品安全专业技术人员和管理人员，明确岗位职责，建立并严格执行食品安全管理制度。

第五条　婴幼儿谷类辅助食品生产企业应当严格执行原料进货把关义务，不符合食品安全国家标准的原料，一律不得使用。婴幼儿谷类辅助食品生产企业每年对大米、小米等主要原料供应商开展现场审核评估应不少于1次。使用大米为原料生产婴幼儿谷类辅助食品的生产企业，要对每批次大米的铅、镉等重金属项目进行查验。

第六条　生产婴幼儿谷类辅助食品要具备完整的生产工艺流程，应以谷物（大米、小米等）为主要原料进行生产。

第七条　婴幼儿谷类辅助食品生产企业应当严格执行食品添加剂使用规定，按照《食品安全国家标准 食品添加剂使用标准》（GB 2760）、《食品安全国家标准 食品营养强化剂使用标准》（GB 14880）及其增补公告等标准要求使用食品添加剂，严格把控食品添加剂和营养强化剂的使用量，不得超范围、超限量使用食品添加剂。

第八条　婴幼儿谷类辅助食品生产企业应当严格落实出厂检验制度，严格执行婴幼儿谷类辅助食品标准规定和国家卫生健康委发布的婴幼儿谷类辅助食品中镉的临时限量值规定要求，开展婴幼儿谷类辅助食品产品出厂检验，检验不合格的，一律不得出厂销售。

第九条　婴幼儿谷类辅助食品生产企业应当按照《食品安全国家标准 食品生产通用卫生规范》（GB 14881）等国家标准，建立质量管理体系，每年对该体系的运行情况进行自查应不少于1次，保证其有效运行，并向省级或设区市的市级市场监管部门提交自查报告。

第十条　婴幼儿谷类辅助食品生产企业应当建立婴幼儿辅助食品的原料采购、生产加工、运输、交付、贮存、销售等关键控制环节的全链条食品安全追溯体系；婴幼儿谷类辅助食品销售者应当建立婴幼儿辅助食品购入、运输、交付、贮存、销售等环节的食品安全追溯体系。

婴幼儿谷类辅助食品生产企业及销售者应真实地记录和保存食品质量安全信息，确保食品可追溯。

委托加工生产婴幼儿谷类辅助食品的，委托方和被委托方也应当遵守追溯相应规定。

第十一条　委托生产婴幼儿谷类辅助食品的，委托方与被委托方应当采取签订合同、协议等方式明确双方依法应当承担的相应责任。被委托方应当严格按照食品安全法等法律法规要求组织生产，确保生产的食品符合质量安全要求；委托方应当对委托生产的食品承担食品安全主体责任。

委托生产的婴幼儿谷类辅助食品，其包装上应当同时标注委托方的名称、地址和被委托方的名称、地址、生产许可证编号等内容。

第十二条 生产婴幼儿辅助食品大包装产品且不生产婴幼儿辅助食品最终销售包装产品的，不予生产许可。

禁止以分装方式生产婴幼儿谷类辅助食品。

第十三条 婴幼儿谷类辅助食品生产企业应当加强标签标识管理，按照《食品安全国家标准 预包装食品标签通则》（GB 7718）、《食品安全国家标准 预包装食品营养标签通则》（GB 28050）、《食品安全国家标准 预包装特殊膳食用食品标签》（GB 13432）、《食品安全国家标准 婴幼儿谷类辅助食品》（GB 10769）、《食品安全国家标准 辅食营养补充品》（GB 22570）等食品安全国家标准规定要求进行标识标注。

标签标注“婴幼儿食用”或“6个月以上婴幼儿食用”等表明专供婴幼儿食用的用语、图案的，应当真实、准确，其产品应符合食品安全国家标准关于“婴儿”或“幼儿”定义的要求；其广告应当真实、合法，不得含有虚假或者引人误解的内容，不得欺骗、误导消费者。

不得以虚假、夸大、使消费者误解或欺骗性的文字、图形等方式介绍食品，也不得利用字号大小或色差误导消费者。

第十四条 省级、设区的市级市场监管部门要以商场、超市和母婴店为重点，统筹城市、乡镇、农村等不同地区，兼顾线上、线下两种销售渠道，加强婴幼儿谷类辅助食品监督抽检工作，依法处置不合格食品及其生产经营者。

第十五条 省级、设区的市级 市场监管部门要加大婴幼儿谷类辅助食品生产企业监管力度，在食品安全年度监督管理计划中将婴幼儿谷类辅助食品生产企业列为重点检查企业，加强对委托生产婴幼儿谷类辅助食品行为的监管，严格按照《中华人民共和国食品安全法》等相关法律法规规定，依法查处婴幼儿谷类辅助食品生产经营违法违规行为。

关于促进农产品精深加工高质量发展若干政策措施的通知

（农业农村部等 农产发［2018］3号 2018年12月25日）

农产品精深加工是在粗加工、初加工基础上，将其营养成分、功能成分、活性物质和副产物等进行再次加工，实现精加工、深加工等多次增值的加工过程，是延长农业产业链、提升价值链、优化供应链、构建利益链的关键环节，是推进农业供给侧结构性改革、加快农业农村现代化的重要支撑力量。促进农产品精深加工高质量发展，对于农业提质增效、农民就业增收和农村一二三产业融合发展，推动农产品加工技术装备提升，实施乡村振兴战略，保持国民经济平稳较快增长，都具有十分重要的意义。

近年来，我国农产品精深加工发展迅速，有效推动了农产品加工转化增值，但总体上由于发展时间短，创新发展能力不足，政策扶持不到位，工作机制不完善，产业链条短，上下游环节不匹配，增值空间有限，迫切需要提高政策的指向性、精准性和可操作性，促进农产品精深加工增品种、提质量、创品牌，加快转型升级发展，提高质量效益和竞争力。为深入贯彻落实党的十九大精神，实施乡村振兴战略，根据2018年中央1号文件提出的“实施农产品加工业提升行动”要求和国务院领导批示精神，现就促进农产品精深加工高质量发展若干政策措施，通知如下。

一、优化产业结构

统筹推动农产品精深加工与初加工、综合利用加工协调发展，与专用原料生产、仓储物流（含冷链物流）、市场消费等上下游产业有机衔接，与营养健康、休闲旅游、教育文化、健康养生和电子商务等农村产业有机结合、深度融合。定期监测分析大宗农产品精深加工和综合利用产能布局，引导过剩产能化解转移和短缺产能加快建设，优化产业链布局。提升玉米加工特别是东北地区玉米加工产品附加值，加快发展秸秆、玉米芯等综合加工利用。引导水稻、小麦等口粮适度加工，减少因过度加工造成的资源浪费和营养流失。加大果品、蔬菜、茶叶、菌类、中药材、畜产品和水产品等营养功能成分提取开发力度，以满足需求为导向，不断增加营养均衡、养生保健、食药同源的加工食品和质优价廉、物美实用的非食用加工产品的市场供应。探索多主体参与、多层次联动的农产品和加工产品市场化收购制度，建立健全农产品市场化收购调运、仓储物流和应急供应体系。

二、加快布局调整

农产品精深加工产能要向粮食生产功能区、重要农产品生产保护区、特色农产品优势区、现代农业示范区和现代农业产业园布局，推动农产品就地就近转化增值；要向大中城市郊区、加工园区、产业集聚区和物流节点发展，实现节能减排和节本降耗，提高精深加工产品市场竞争力。依托现有加工园区、物流园区、产业集聚区等，建设一批产业发展规模大、科技创新能力强、精深加工程度深、示范带动机制好、政策保障环境优的全国农产品精深加工示范基地，遴选推介一批农产品精深加工发展典型企业和综合利用典型模式，引导其对接国际市场，打造国际化品牌，形成国家竞争力。要通过 PPP 等方式，撬动更多社会资本加大加工园区、聚集区基础设施和公共服务体系建设的投资力度。依托大数据、云计算等信息化手段，加快形成品种专用、生产定制、产销对路的精深加工引领生产发展的新模式。

三、积极培育精深加工企业

把培育精深加工企业作为一项重要措施，支持加工企业加快技术改造、装备升级和模式创新，向产业链中高端延伸，向研发设计和品牌营销这两端延伸，不断提升企业加工转化增值能力，实现新兴加工业“腾笼换鸟”、传统加工业“凤凰涅槃”，促进加工企业由小到大、加工层次由粗（初）到精（深）、加工业态由少到多、加工布局由散到聚。引导加工企业依靠科学技术，牢固树立质量、诚信、品牌发展理念，建设全程质量控制、清洁生产和可追溯体系，生产开发安全优质、营养健康、绿色生态的各类食品及加工品，促进资源循环高值梯次利用。支持龙头企业采取兼并重组、股份合作、资产转让等形式，建立大型企业集团或利益联结机制，带动中小微企业发展，提升企业引领行业发展能力。鼓励一批在经济规模、科技含量和社会影响力方面具有引领优势的加工企业突出主业，适度延伸产业链条，增强核心竞争能力和辐射带动能力，形成一批领军企业和平台型企业。支持企业牵头成立科技创新联盟，推动“产学研推用”一体化发展。引导企业弘扬精益求精、追求卓越、争创一流的“工匠”精神。引导加工企业与农民合作社和农民构建紧密的利益联结机制，着力扶持一批农村一二三产业融合发展利益共同体，让农民更多地分享精深加工带来的增值收益，促进就地就近就业增收。

四、提升技术装备水平

实施科技创新驱动战略，加快建设一批农产品精深加工装备研发机构和生产创制企业，推动高等学校设立农产品加工装备相关专业，提升我国农产品精深加工技术装备研发能力。深入实施农产品精深加工提升行动，加大生物、工程、环保、信息等技术集成应用力度，加快新型非热加工、新型杀菌、高效分离、节能干燥、清洁生产等技术升级，开展精深加工技术和信息化、智能化、工程化装备研发，攻克一批农产品精深加工关键共性技术难题，取得一批行业亟须的科技创新成果，提高关键装备国产化水平。采取先进的提取、分离与制备技术，加快推进秸秆、稻壳米糠、麦麸、油料饼粕、果蔬皮渣、畜禽皮毛骨血、水产品皮骨内脏等副产物综合利用，开发新能源、新材料、新产品等。建立精深加工和综合利用加工技术装备目录，支持和鼓励企业和单位攻破关键核心技术。

五、加强人才培养

组织实施好全国农产品加工业人才培训行动。农产品加工学科群重点实验室、技术集成科研基地、技术体系加工岗位科学家所在实验室等科技创新基地，应建立企业人员参与研究的相关机制（如设立流动岗位等），建立吸引企业研发人员到实验室开展联合攻关、开展新技术、新产品研发等工作；建立健全科研人员校企、院企共建双聘机制，引导科研人员到企业挂职或兼职，将与企业开展合作、解决企业实际问题等指标纳入科研项目申报的前提条件。国家重点研发计划等科研项目立项、评估、考核、验收等环节，适当增加企业人员比例，把解决企业现实问题纳入考核指标。以科技创新与推广、经营管理、企业家和职业技能人才为重点开展专题培训。推动国家农产品加工技术研发体系、农产品加工科技创新联盟和农产品加工科技成果转化服务平台建设。逐步建立涉农专业毕业生到农业企业、合作社等新型经营主体实习的培养制度，缓解毕业生实践能力不足和企业用工难等问题。

六、加大财政支持力度

鼓励地方加强对相关资金统筹整合力度，围绕农产品产后商品化处理、初加工、精深加工、综合利用加工等关键环节，以及农村一二三产业融合发展需要，加快提升精深加工产能，将农产品及其加工副产物收集再利用、节能环保等设施设备纳入支持范围。国家重点研发计划、技术创新引导专项等科研项目，适当扩大农产品精深加工技术装备科研工作的支持力度，建立数字化加工车间，推动互联网、大数据、人工智能和农产品精深加工深度融合。鼓励各地综合运用贴息、奖补等政策，按规定统筹相关资金支持精深加工企业发展。逐步将农业企业、合作社等新型经营主体纳入培训机构范围，依托其开展农业技术、经营管理等培训，既满足培训学员的实际操作需求，也能补贴新型经营主体，拓宽其经营范围。落实农产品加工企业可以凭收购发票按规定抵扣增值税政策。

七、强化金融服务

鼓励金融机构综合考虑自身发展战略、企业状况和市场定位等因素，加大对重点精深加工企业、综合利用加工短缺产能和重要特色农产品原料收购的信贷支持力度，合理提高授信额度，允许符合条件的企业流动资金贷款周转使用，满足企业对差异化金融服务的有效需求。不断创新产品和服务，加大对农业产业化龙头企业的信贷支持，引导担保机构在企业贷款、发行债券等进行担保增信，建立多层次风险缓释措施和风险分担机制。建立偿还意外风险保障制度，拓宽精深加工企业融资渠道。支持符合条件的农产品精深加工企业申请发行农村产业融合发展专项债券，申请上市、新三板等挂牌融资。

八、落实用地政策

各地应细化用地用途分类，增加农产品精深加工、综合利用加工和仓储流通设施用地规划空间。对农产品精深加工、综合利用加工和仓储流通设施建设用地，在年度新增建设用地计划指标安排上予以倾斜支持。优先考虑现代农业示范区、现代农业产业园、农产品精深加工示范基地、加工园区、产业集聚区建设用地，引导加工企业入驻加工园区、产业集聚区集中发展。支持农村集体经济组织依法办理审批手续后，以集体建设用地使用权入股、联营等形式与其他单位、个人共同兴办农产品精深加工企业。支持精深加工企业将企业总部和加工产能向县城和中心镇转移。城乡建设用地增减挂钩节余的用地指标要重点支持农产品精深加工发展。市、县农业农村和自然资源等部门应加强在农产品精深加工、综合利用加工用地落实方面的沟通协作，切实做好用地保障。

九、建立工作机制

各级农业农村部门要按照《国务院办公厅关于进一步促进农产品加工业发展的意见》要求，发挥牵头作用，履行规划、指导、管理、服务等职能，督促各项政策措施落实。有关部门要各司其职，密切配合，形成合力。各地要将加工产值与其农业产值的比值纳入经济社会发展绩效考核指标体系，支持科研院所、高等院校、现代农业产业技术体系、农业各类产业联盟、行业组织加强科普宣传，引导广大消费者科学消费、健康消费，共同推动农产品精深加工发展，为实施乡村振兴战略、促进农业农村现代化提供强有力的支撑。

附件（略）

关于规范生猪及生猪产品调运活动的通知

（农业农村部　农牧发［2018］23号　2018年12月27日）

各省、自治区、直辖市畜牧兽医（农业农村、农牧）厅（局、委），新疆生产建设兵团畜牧兽医局：

为贯彻落实12月11日全国加强非洲猪瘟防控工作电视电话会议精神，进一步做好非洲猪瘟防控工作，切实保障生猪生产和肉品供应，现就非洲猪瘟疫区解除封锁前，规范生猪及生猪产品调运活动通知如下。

一、疫区所在的县（含县级市、区，下同）暂停生猪及生猪产品调出本县，疫区所在的省（含自治区、直辖市，下同）暂停生猪调出本省。符合以下规定的生猪、生猪产品除外。

二、疫区所在县内的生猪养殖企业符合下列条件的，可在本省范围内与屠宰企业实施出栏肥猪“点对点”调运，具体办法由各省规定。

（一）养殖企业应当符合的条件：

1. 具有独立法人资格，拟调出生猪的养殖场取得《动物防疫条件合格证》，防疫管理制度健全，配备专职兽医人员。

2. 具有较高生物安全水平，过去3年内未发生重大动物疫情，在部、省两级重大动物疫病抗体监测中，未出现低于国家规定标准的情形。

3. 县域内无屠宰企业或现有屠宰企业产能不足。

4. 按规定开展非洲猪瘟实验室检测，检测结果为非洲猪瘟病毒核酸阴性。

5. 与屠宰企业签订专项供应生产合同。

（二）屠宰企业应当符合的条件：

1. 取得《生猪定点屠宰许可证》。

2. 拟调入生猪的屠宰厂（场）2017年实际屠宰生猪15万头以上。

3. 过去3年内，在相关部门无产品质量方面的不良记录，在部、省两级农产品质量安全监督检测中未检出禁用药物或违禁添加物。

4. 经省级畜牧兽医主管部门检查，符合《生猪屠宰厂（场）监督检查规范》（农医发［2016］14号）要求。

5. 能够按照生猪来源场户分批屠宰生猪。

三、疫区所在县符合前款第二条所列条件的屠宰企业，其生猪产品经非洲猪瘟检测合格和检疫合格后，可以在本省范围内调运。

四、疫区所在县的种猪、商品仔猪（重量在30公斤及30公斤以下且用于育肥的生猪）经非洲猪瘟检测合格和检疫合格后，可在本省范围内调运。疫区所在县以外的种猪、商品仔猪经非洲猪瘟检测合格和检疫合格后，可调出本省。各地不得阻碍经非洲猪瘟检测合格和检疫合格的种猪、商品仔猪调运。

五、依据本通知规定调运的种猪、商品仔猪以及实施“点对点”调运的出栏肥猪，应按照下列程序检疫：

（一）出栏前15天向当地动物卫生监督机构申报检疫。

（二）按照以下要求实施抽检。

1. 按照拟调运种猪数量的30％采集生猪血液样品进行非洲猪瘟检测，样品应覆盖本批次拟调运种猪所在全部圈舍，原则上不少于10头，调运数量不足10头的要全部检测。

2. 按照拟调运商品仔猪数量的10％采集生猪血液样品进行非洲猪瘟检测，样品应覆盖本批次拟调运商品仔猪所在全部圈舍，原则上不少于10头，调运数量不足10头的要全部检测。

3. 按照每个出栏肥猪待出栏圈采集2头生猪血液样品，拟出栏生猪总数不足5头的要全部采集血液样品，开展非洲猪瘟实验室检测。

（三）严格按照《生猪产地检疫规程》和《跨省调运乳用种用动物产地检疫规程》实施检疫。

（四）非洲猪瘟检测必须使用符合农业农村部规定的检测方法或试剂盒。

（五）对未经非洲猪瘟检测合格或饲喂餐厨剩余物的生猪，不得出具动物检疫证明。

六、依据本通知规定调运的种猪、商品仔猪以及实施“点对点”调运的出栏肥猪，其运输车辆应符合农业农村部第79号公告规定，并配备车辆定位跟踪系统，相关信息记录保存半年以上。生猪运输车辆按照指定路线行驶，不得随意变更路线。跨省调运种猪、商品仔猪的，应主动接受省际间动物卫生监督检查站的监督检查，动物检疫证明应当加盖监督检查专用签章。运输途中不得无故停留，不得装（卸）载或抛弃病、死、残猪。承运人应在装载前、卸载后对车辆进行彻底清洗消毒。

七、各级畜牧兽医主管部门要按照“疏堵结合”的原则，尽快落实本通知要求，推动生猪及生猪产品规范有序调运，提高稳定生猪生产和肉品供应保障能力。要加强对养殖企业与屠宰企业实施出栏肥猪“点对点”调运活动的监督管理，及时掌握生猪调运真实情况。要进一步加大监督执法力度，严厉打击违法调运行为，严防非洲猪瘟疫情扩散蔓延。

八、本通知印发前，我部公布实施的限制调运规定与本通知不一致的，以本通知为准。

九、执行过程中的有关问题和建议，请及时与农业农村部联系。

4 第四部分

国内综合统计资料

国内综合统计资料
简 要 说 明

1. 本部分统计资料主要包括农林牧渔业主要产品产量、农产品加工机械拥有量及农产品加工行业固定资产投资情况、按国民经济行业分类统计有关农产品加工业现状、农产品加工业主要产品产量、农产品加工业主要产品出口创汇情况、农产品加工业部分行业与企业排序，以及我国西部地区综合统计等7部分统计数据。

2. 香港和澳门特别行政区的统计是构成国家统计总体的一部分，但根据中华人民共和国“香港特别行政区基本法”和“澳门特别行政区基本法”的有关原则，香港、澳门与内地是相对独立的统计区域。根据各自不同的统计制度和法律规定，独立进行统计工作。本部分中所涉及的统计数据均未包括香港、澳门特别行政区和台湾地区。这三部分相关统计数据，另在本年鉴附录中列出。

3. 本部分统计资料数据，除已注明“资料来源”之外，其余均采用国家统计局公布的数据。

4. 本部分采用的统计数据，基本上以2017年数据为主，为了保持与上卷年鉴提供数据的连续性，有一部分统计数据是在上卷基础上，延续列出。

5. 本部分有关表中所示“规模以上企业”是指年产品销售收入2 000万元以上的企业。

6. 本部分有关表中所示工业产值、工业增加值、工业产品销售产值、利税总额等数据未单独标注者，均按当年价格计算（当年价格即为现行价格）。

7. 本部分统计资料数据所使用的计量单位，均采用国际统一标准计量单位。对有关行业未按国际统一标准计量单位提供的数据，编辑部均按国际统一标准计量单位进行了相应换算。

8. 本部分中同一类、同一行业统计数据，由于管理渠道、统计范围、数据采集方法、时间等略有不同，加之有些行业与相关管理部门交叉较多，因此数据也略有不同。但来自同一系统的数据基本上还是一致的。

9. 本部分统计资料中，依据国家统计局、农业农村部、国家林业和草原局、中国食品工业协会、中国轻工业联合会、中国纺织工业联合会等部门、行业提供的相关数据，开辟了“我国西部地区综合统计”专栏。

10. 本部分统计资料中符号使用说明：“空格”表示该项统计指标数据不详或无该项数据；“*”或“①”表示本表下有注解。

11. 由于时间短促，难免有误，请给予批评指正。

农林牧渔业主要产品产量统计

表1 我国主要农产品产量（2013—2017年）

单位：万t

年份	粮食						
	合计	谷物				豆类	薯类
		小计	稻谷	小麦	玉米		
2013	63 048	58 650	20 629	12 371	24 845	1 542	2 855
2014	63 965	59 602	20 961	12 832	24 976	1 565	2 799
2015	66 060	61 818	21 214	13 264	26 499	1 513	2 729
2016	66 044	61 667	21 109	13 327	26 361	1 651	2 726
2017	66 161	61 521	21 268	13 433	25 907	1 842	2 799

年份	棉花	油料				麻类	
		小计	花生	油菜籽	芝麻	小计	黄红麻
2013	628.2	3 287	1 608	1 352	43.8	17.6	5.7
2014	629.9	3 372	1 590	1 391	43.7	16.5	5.1
2015	590.7	3 391	1 596	1 386	45.0	15.6	4.8
2016	534.3	3 400	1 636	1 313	35.2	18.1	3.4
2017	565.3	3 475	1 709	1 327	36.6	21.8	2.9

年份	糖料			茶叶	烟叶	
	小计	甘蔗	甜菜		小计	烤烟
2013	12 555	11 926	629	188.7	322.0	304.0
2014	12 089	11 579	510	204.9	284.7	269.7
2015	11 215	10 706	509	227.7	267.7	249.5
2016	11 177	10 322	855	231.3	257.4	244.5
2017	11 378	10 440	938	246.0	239.1	227.9

年份	水果					
	合计	苹果	柑橘	梨	葡萄	香蕉
2013	22 748	3 630	3 196	1 544	1 089	1 103
2014	23 303	3 735	3 362	1 582	1 173	1 062
2015	24 525	3 890	3 618	1 653	1 316	1 063
2016	24 405	4 039	3 592	1 596	1 263	1 094
2017	25 242	4 139	3 817	1 641	1 308	1 117

表2 各地区主要农产品产量（2017年）

单位：万t

地区	一、粮食					
	总产	1. 谷物				2. 豆类
		总产	稻谷	小麦	玉米	总产
全国总计	**66 160.5**	**61 520.3**	**21 267.3**	**13 433.4**	**25 906.9**	**1 841.4**
北京	41.1	39.9	0.1	6.2	33.2	0.6
天津	212.3	209.9	26.3	62.4	119.3	0.8
河北	3 829.2	3 674.5	50.4	1 504.1	2 035.5	20.8
山西	1 355.1	1 280.1	0.5	232.4	977.9	28.3
内蒙古	3 254.5	2 930.8	85.2	189.1	2 497.4	186.2
辽宁	2 330.7	2 261.3	422.0	1.3	1 789.4	21.0
吉林	4 154.0	4 044.0	684.4	0.1	3 250.8	67.1
黑龙江	7 410.3	6 609.7	2 819.3	38.1	3 703.1	719.6
上海	99.8	99.3	85.6	10.2	2.1	0.3
江苏	3 610.8	3 536.2	1 892.6	1 295.5	318.1	58.8
浙江	580.1	513.4	444.9	41.9	23.0	27.4
安徽	4 019.7	3 907.7	1 647.5	1 644.5	610.7	97.1
福建	487.2	406.3	393.2	0.1	11.4	9.9
江西	2 221.7	2 145.9	2 126.1	3.1	15.4	28.3
山东	5 374.3	5 259.2	90.1	2 495.1	2 662.2	33.6
河南	6 524.2	6 382.9	485.2	3 705.2	2 170.1	53.4
湖北	2 846.1	2 716.0	1 927.2	426.9	356.7	38.5
湖南	3 073.6	2 955.2	2 740.4	9.6	199.2	32.0
广东	1 208.6	1 102.0	1 046.3	0.1	54.6	11.1
广西	1 370.5	1 298.0	1 019.8	0.5	271.6	24.7
海南	138.1	123.2	123.2			1.7
重庆	1 079.9	756.4	487.0	9.8	252.6	40.2
四川	3 488.9	2 831.8	1 473.7	251.6	1 068.0	119.2
贵州	1 242.4	950.6	448.8	41.2	441.2	25.6
云南	1 843.4	1 568.1	529.2	73.7	912.9	118.3
西藏	106.5	102.0	0.5	21.9	3.0	4.0
陕西	1 194.2	1 074.3	80.6	406.4	551.1	28.6
甘肃	1 105.9	889.3	2.9	269.7	576.7	25.2
青海	102.5	64.9		42.3	12.2	2.8
宁夏	370.1	333.1	68.8	37.8	214.9	1.7
新疆	1 484.7	1 454.3	65.5	612.6	772.6	14.6

（续）

地区	一、粮食	二、油料				三、棉花
	3. 薯类*					
	总　产	总　产	1. 花生	2. 油菜籽	3. 芝麻	总　产
全国总计	**2 798.4**	**3 475.6**	**1 709.3**	**1 327.3**	**35.6**	**565.3**
北　京	0.6	0.5	0.4		0.0	0.0
天　津	1.5	1.3	0.5	0.0	0.0	2.5
河　北	133.9	129.4	103.4	4.2	0.2	24.0
山　西	46.7	15.0	1.3	1.8	0.1	0.4
内蒙古	137.5	240.7	5.9	35.6	0.2	0.0
辽　宁	48.4	81.5	80.0	0.1	0.1	
吉　林	42.9	128.5	109.3		0.0	
黑龙江	81.0	14.3	5.0	0.1	0.0	
上　海	0.2	0.8	0.3	0.5	0.0	0.0
江　苏	15.8	85.4	34.8	49.8	0.8	2.6
浙　江	39.3	26.9	5.1	20.2	0.0	0.6
安　徽	14.8	154.7	68.8	83.2	0.7	8.6
福　建	70.9	19.6	18.7	0.8	0.0	0.0
江　西	47.5	120.6	46.8	70.4	3.3	10.5
山　东	81.5	318.3	313.5	2.1	0.1	20.7
河　南	88.0	586.9	529.8	42.1	14.1	4.4
湖　北	91.6	307.7	78.4	213.2	10.5	18.4
湖　南	86.5	226.1	27.6	195.7	1.4	11.0
广　东	95.4	101.3	98.4	2.1	0.5	
广　西	47.8	64.9	60.8	2.2	1.7	0.1
海　南	13.1	9.0	8.9		0.1	
重　庆	283.3	62.4	13.4	47.4	1.0	
四　川	537.9	357.9	66.0	288.0	0.2	0.4
贵　州	266.3	115.5	11.3	88.0	0.1	0.1
云　南	157.0	56.3	6.2	47.5	0.0	0.0
西　藏	0.5	5.9	0.0	5.9		
陕　西	91.3	59.8	12.5	38.2	1.5	1.2
甘　肃	191.4	77.4	0.2	43.8		3.2
青　海	34.8	30.3		29.0		
宁　夏	35.2	6.9	0.1	0.4	0.0	
新　疆	15.8	69.7	1.9	15.0	0.0	456.6

* 薯类产量按 5∶1 折粮计算，下同。

（续）

地区	四、麻类		五、糖料		六、烟叶	
	总产	其中：黄红麻	1. 甘蔗	2. 甜菜	总产	其中：烤烟
全国总计	**21.7**	**2.8**	**10 440.3**	**938.3**	**239.0**	**228.2**
北京					0.0	0.0
天津						
河北	0.0	0.0		62.5	0.2	0.2
山西	0.0			0.6	0.5	0.5
内蒙古	0.7			344.3	0.6	0.5
辽宁	0.0			10.7	2.6	2.5
吉林	0.0			2.6	1.8	0.8
黑龙江	11.8			37.4	4.7	4.6
上海			0.2			
江苏	0.1		4.8	0.0		
浙江	0.0	0.0	37.5		0.1	
安徽	0.3	0.1	6.2	5.0	2.1	2.1
福建	0.0	0.0	26.4		11.6	11.6
江西	0.6	0.0	67.3		5.6	5.6
山东	0.0			0.0	5.7	5.7
河南	2.2	2.2	16.2		26.7	26.4
湖北	0.3	0.0	27.0	0.0	6.8	6.2
湖南	0.4	0.0	33.2		20.8	20.5
广东	0.0	0.0	1 343.5		4.3	3.7
广西	0.6	0.5	7 132.3		2.5	2.1
海南	0.0	0.0	133.1		0.0	0.0
重庆	0.7	0.0	8.8		6.9	5.9
四川	3.0	0.0	34.7	0.2	18.0	16.6
贵州	0.1	0.0	50.3	0.0	26.8	24.5
云南	0.0		1 516.1		86.2	83.9
西藏						
陕西	0.1	0.0	2.7	0.0	3.9	3.8
甘肃	0.3			26.7	0.5	0.4
青海				0.0		
宁夏					0.1	0.1
新疆	0.5			448.3		

表 3 我国玉米主产区生产情况（2016—2017 年）

单位：万 t

地 区	2016 年	2017 年	同比增长（%）
河 北	1 753.60	2 035.50	16.07
山 西	888.90	977.90	10.01
内蒙古	2139.80	2 497.40	16.71
辽 宁	1 465.60	1 789.40	22.09
吉 林	2 833.00	3 250.80	14.75
黑龙江	3 127.40	3 703.10	18.41
山 东	2 065.00	2 662.20	22.43
河 南	1 745.90	2 170.10	24.30
陕 西	545.40	551.10	1.04
其 他	6 144.20	6 269.40	2.04
总 计	**21 955.20**	**25 906.90**	**18.00**

表 4 各地区水果产量（2017 年）

单位：t

地 区	水 果	其中					
		苹 果	梨	柑 橘	西 瓜	甜 瓜	葡 萄
全国总计	**252 418 960**	**41 390 038**	**16 409 704**	**38 167 784**	**63 147 189**	**12 326 499**	**13 082 860**
北 京	144 013	70 529	90 677		156 615	2 630	26 509
天 津	582 466	56 266	64 067		184 500	9 622	114 112
河 北	13 653 397	2 281 498	3 424 349		2 542 733	900 777	1 115 727
山 西	8 440 220	4 449 441	866 535		389 460	59 183	304 528
内 蒙 古	3 228 780	154 936	78 866		1 596 326	973 934	74 569
辽 宁	7 702 674	2 409 450	1 161 854		1 303 898	350 022	705 477
吉 林	895 151	45 642	38 748		509 170	56 184	63 273
黑 龙 江	2 369 142	144 496	36 587		3 060 091	656 473	72 848
上 海	463 911	15	31 793	93 773	156 869	39 270	63 642
江 苏	9 425 037	580 002	779 779	31 713	4 816 134	737 538	649 038
浙 江	7 512 900		388 600	1 867 900	2 166 200	443 300	808 000
安 徽	6 063 467	199 867	1 242 368	8 063	2 507 942	50 735	425 348
福 建	6 446 710	12	166 632	3 153 927	389 498	19 340	196 137
江 西	6 701 215		167 795	4 042 623	1 840 769	171 217	80 135
山 东	28 043 016	9 395 202	1 037 279		8 867 900	1 790 916	1 098 698
河 南	26 024 381	4 345 272	1 218 395	49 086	14 470 056	2 013 759	702 948
湖 北	9 484 438	12 357	374 865	4 658 958	2 689 529	398 361	241 813
湖 南	9 563 859		166 466	5 009 023	3 168 273	423 913	176 231
广 东	15 387 323		104 015	4 102 811	842 318	123 014	
广 西	19 003 955		358 607	6 820 611	2 788 432	213 636	549 530
海 南	4 054 773		267 750	66 267	478 601	37 079	
重 庆	4 033 758	4 202	917 214	2 505 840	532 000	7 000	102 464
四 川	10 078 775	652 206	280 362	4 156 786	1 009 407	12 889	379 184
贵 州	2 801 365	70 673	635 555	253 871	484 107	37 078	202 705
云 南	7 839 001	596 959	1 052 072	888 481	474 248	24 707	1 264 970
西 藏	1 557		210 400		1 308		
陕 西	19 220 638	10 924 554	300	457 489	1 716 100	652 900	785 573
甘 肃	6 308 533	3 111 300	16 889	562	1 947 449	131 969	249 300
青 海	36 453	3 600	1 230 884		13 046		100
宁 夏	2 106 003	439 849	1 218 395		1 409 277	13 375	137 331
新 疆	14 202 049	1 441 708	374 865		2 634 934	1 975 681	2 492 669

（续）

地区	其中					
	红枣	柿子	香蕉	菠萝	荔枝	龙眼
全国总计	**7 212 569**	**3 029 004**	**12 466 346**	**1 495 422**		
北京	9 299	27 612				
天津	55 251	10 502				
河北	772 949	318 444				
山西	725 311	102 862				
内蒙古	1 107					
辽宁	122 681					
吉林						
黑龙江						
上海	269	467				
江苏	6 693	108 886				
浙江		56 700				
安徽	15 086	122 563				
福建		97 694	387 087	14 472		
江西		14 084				
山东	831 929	115 296				
河南	299 054	508 652				
湖北	31 012	46 882				
湖南	31 949	22 048				
广东		123 644	3 952 438	945 317		
广西	29 149	897 306	3 715 679	35 470		
海南			1 271 723	409 891		
重庆	9 124	14 575	11 766			
四川	18 965	60 620	45 748			
贵州	2 908	15 566	17 299			
云南	30 633	96 821	1 768 073	89 645		
西藏						
陕西	924 650	231 083				
甘肃	79 300	36 700				
青海						
宁夏	56 246					
新疆	3 159 003					

表5 各地区茶叶产量（2017年）

单位：t

地 区	茶 叶	其中						
		绿 茶	青 茶	红 茶	黑 茶	黄 茶	白 茶	其他茶叶
全国总计	**2 460 409**	**1 638 155**	**266 711**	**225 501**	**162 867**	**516**	**24 596**	**141 933**
北 京								
天 津								
河 北	6	6						
山 西	62							62
内蒙古								
辽 宁								
吉 林								
黑龙江								
上 海								
江 苏	13 942	10 760	93	3 011	75		3	
浙 江	178 300	172 100		1 400	3 200			1 600
安 徽	107 787	99 769	28	5 772			471	1 539
福 建	394 941	117 537	209 387	47 398			19 135	1 483
江 西	61 399	49 319	803	7 162	40	33	1 049	2 993
山 东	19 501	19 501						
河 南	63 954	58 229		5 637				
湖 北	303 254	211 203	1 136	34 243	48 431	247	1 477	6 518
湖 南	197 133	88 483	2 449	21 198	78 795	63	191	5 954
广 东	92 889	37 607	41 050	6 396	10			7 826
广 西	71 919	48 581	356	16 021	2 331		2	4 784
海 南	1 025	473		319				233
重 庆	38 752	33 623	57	3 687			17	1 369
四 川	277 777	232 536	5 198	5 352	17 975	86	360	16 270
贵 州	176 498	141 306	914	12 634	10 130	87	1 888	9 539
云 南	393 499	255 281	5 420	51 212			3	81 763
西 藏								
陕 西	66 581	60 641		4 060	1 880			
甘 肃	1 200	1 200						
青 海								
宁 夏								
新 疆								

表 6　我国农垦系统主要农产品产量（2016—2017 年）

项　　目	产　　量（万 t）		
	2016 年	2017 年	同比增减（%）
一、粮食	3 483.2	3 512.2	0.83
谷物	3 249.7	3 198.4	−1.58
稻谷	1 841.5	1 942.8	5.50
小麦	341.0	292.2	−14.30
玉米	1 035.8	933.4	−9.89
豆类	176.7	236.8	34.01
大豆	166.0	228.5	37.65
薯类（折粮）	56.7	80.3	41.62
二、棉花	187.7	208.6	11.14
三、油料	81.7	76.6	−6.24
四、糖料	734.5	774.8	5.48
五、麻类	2.6	3	17.19
六、烟叶	0.82		
七、药材	24.49		
八、蔬菜、瓜类	1 457.36		

表7　各地区农垦系统主要农产品产量（2017年）

单位：万t

地　区	粮　食	棉　花	油　料	糖　料	麻　类
全国总计	**3 515.5**	**208.6**	**76.9**	**774.8**	**3.0**
北　京	0.1				
天　津	1.3				
河　北	65.3	0.5	0.2	1.6	
山　西	3.2				
内蒙古	199.0		21.2	12.1	0.8
辽　宁	140.3		1.7	0.3	
吉　林	86.0		1.7		
黑龙江	2 094.1		0.9	3.7	1.5
上　海	24.5		0.1		
江　苏	116.8				
浙　江	1.1				
安　徽	33.3		0.2		
福　建	4.7		0.3	0.4	
江　西	72.2	0.3	2.8	0.8	
山　东	8.7	0.1			
河　南	28.7		2.5		
湖　北	98.7	1.2	7.7	0.9	
湖　南	64.6	1.4	6.3	6.2	0.3
广　东	5.4		0.7	215.1	
广　西	1.7		0.4	238.6	
海　南	12.7		0.5	22.3	
重　庆	0.4				
四　川	0.3				
贵　州	0.7		0.1		
云　南	5.9			43.2	
陕　西	9.2		0.1		
甘　肃	27.3	0.8	2.1	1.9	
青　海	3.5		0.8	0.1	
宁　夏	35.5		0.2		
新　疆	370.4	204.2	26.3	227.4	0.4

表 8　我国农垦系统茶、桑、果、林生产情况（2016—2017 年）

指　标	单 位	2016 年	2017 年	同比增长（%）
一、年末实有茶园面积	khm^2	29.0	28.5	−1.4
茶叶总产量	万 t	2.4	5.2	2.0
二、年末实有桑园面积	khm^2	1.6	1.0	−37.5
三、年末实有果园面积	khm^2	418.5	418.0	−0.1
水果总产量	万 t	677.5	737.5	8.9
其中：苹果	万 t	91.3	103.4	13.3
梨	万 t	68.8	84.4	22.7
柑橘	万 t	34.5	37.2	7.8
四、年末实有橡胶园面积	khm^2	453.6	453.6	
当年橡胶开割面积	khm^2	297.2	297.2	
每公顷产干胶	kg	962.3	962.3	
全年干胶总产量	万 t	28.6	27.0	−5.6
五、当年造林面积	khm^2	73.6	135.6	84.2
用材林	khm^2	13.0	20.4	56.9
经济林	khm^2	28.7	29.8	3.8
防护林	khm^2	32.8	83.9	155.8
薪炭林	khm^2	0.2	0.1	−50.0
特种用材林	khm^2	0.2	0.1	−50.0

表 9　我国主要坚果产量情况（2012—2017 年）　　单位：万 t

年份	开心果	核桃	松子	板栗	榛子	杏仁
2012	3.12	204.7	8.1	195.0	8.9	0.5
2013	3.45	232.5	8.4	202.0	10.2	0.7
2014	3.51	271.4	11.2	208.0	9.5	1.0
2015	3.68	333.2	12.8	215.0	10.8	3.0
2016	3.88	364.5	13.4	222.0	10.5	4.0
2017	4.02	384.6	13.9	235.0	9.0	4.3

表 10　我国棉花主产区生产情况（2016—2017 年）

单位：万 hm^2、万 t

地　区	面　积			产　量		
	2016 年	2017 年	同比增长（%）	2016 年	2017 年	同比增长（%）
新　疆	180.5	221.8	22.88	359.3	456.6	27.08
山　东	46.5	17.5	−62.37	54.8	20.7	−62.23
河　南	10.1	4.0	−60.40	9.7	4.4	−54.64
河　北	28.8	22.1	−23.26	29.9	24.0	−19.73
湖　北	20.2	20.5	1.49	18.8	18.4	−2.13
江　苏	6.3	2.1	−66.67	7.3	2.6	−64.38
安　徽	18.3	8.8	−51.91	18.4	8.6	−53.26
湖　南	10.3	8.6	−16.50	9.7	11.0	13.40
主产区总计	320.9	305.4	−4.83	507.9	546.3	7.56
全国总计	**334.4**	**319.5**	−4.46	529.9	565.2	6.66
主产区占全国比重（%）	95.6	95.6		95.8	96.7	0.90

表 11 各地区蔬菜产量增减情况（2016—2017 年）

单位：万 t

地区	2016 年	2017 年	同比增长（%）
全国总计	**79 797.1**	**69 192.7**	**−13.29**
北京	183.5	156.8	−14.54
天津	450.3	269.6	−40.13
河北	8 193.3	5 058.5	−38.26
山西	1 294.5	806.7	−37.68
内蒙古	1 502.2	1 111.3	−26.02
辽宁	2 257.4	1 797.8	−20.36
吉林	852.4	356.6	−58.16
黑龙江	936.8	798.6	−14.75
上海	334.2	293.5	−12.18
江苏	5 593.9	5 540.5	−0.95
浙江	1 865.0	1 910.5	2.44
安徽	2 774.6	2 019.6	−27.21
福建	1 951.6	1 415.3	−27.48
江西	1 420.1	1 490.1	4.93
山东	10 327.0	8 133.8	−21.24
河南	7 807.6	7 530.2	−3.55
湖北	4 001.6	3 826.4	−4.38
湖南	4 196.3	3 671.6	−12.50
广东	3 569.1	3 177.5	−10.97
广西	2 928.8	3 282.6	12.08
海南	579.7	553.1	−4.60
重庆	1 875.1	1 862.6	−0.67
四川	4 388.5	4 252.3	−3.10
贵州	1 878.4	2 272.2	20.96
云南	1 968.8	2 077.8	5.53
西藏	70.6	72.7	3.02
陕西	1 896.1	1 734.0	−8.55
甘肃	1 954.1	1 212.3	−37.96
青海	170.0	148.1	−12.89
宁夏	593.1	539.9	−8.96
新疆	1 966.4	1 820.1	−7.44

表 12 我国主要经济林产品产量（2013—2017 年）

单位：万 t

年份	木材（万 m^3）	松脂	生漆	油桐籽	油茶籽
2013	8 438.5	130.77	2.52	41.89	177.65
2014	8 233.3	130.95	2.23	41.61	202.34
2015	7 200.3	132.63	2.28	41.20	216.35
2016	7 775.8	132.89	2.19	40.85	216.44
2017	8 398.2	144.39	1.81	37.01	243.16

表 13　各地区主要林产品产量（2017 年）

单位：t

地　区	木材（万 m³）	松　脂	生　漆	油桐籽	油茶籽
全国总计	**8 398.17**	**1 443 868**	**18 145**	**370 083**	**2 431 647**
北　京	12.74				
天　津	14.70				
河　北	78.70				
山　西	21.81				
内蒙古	83.52				
辽　宁	194.49				
吉　林	185.63				
黑龙江	91.18				
上　海					
江　苏	140.71				265
浙　江	95.99	287	20	168	61 039
安　徽	434.13	15 057	343	1 894	85 763
福　建	524.06	105 171	155	26 972	155 172
江　西	233.18	215 713	655	12 644	454 077
山　东	421.79				
河　南	246.03	7	2 086	68 173	32 047
湖　北	200.42	42 665	3 217	21 593	146 879
湖　南	327.62	46 986	1 009	33 347	1 007 523
广　东	793.50	238 825		7 469	125 195
广　西	3 059.21	638 216	423	83 676	225 213
海　南	174.20	7 464			3 439
重　庆	51.75	82	1 400	4 310	9 131
四　川	223.56	384	458	6 972	20 852
贵　州	248.55	19 077	6 942	65 902	74 528
云　南	487.51	113 016	518	15 475	14 237
西　藏					
陕　西	7.57	918	885	21 436	16 287
甘　肃	2.36		34	52	
青　海					
宁　夏					
新　疆	42.67				

表 14 我国主要牲畜饲养情况（2013—2017 年）

单位：万头（只）

年份	合计	大牲畜年底存栏头数				
		牛	马	驴	骡	骆驼
2013	10 008.6	8 985.8	431.7	425.7	138.0	27.4
2014	9 952.0	9 007.3	415.8	383.6	117.4	28.0
2015	9 929.8	9 055.8	397.5	342.4	104.1	30.1
2016	9 559.9	8 834.5	351.2	259.3	84.5	30.5
2017	9 763.6	9 038.7	343.6	267.8	81.1	32.3

年份	肉猪出栏头数	猪年底存栏头数	羊年底存栏只数		
			合计	山羊	绵羊
2013	72 768.0	47 893.1	28 935.2	13 657.5	15 277.7
2014	74 951.5	47 160.2	30 391.3	14 167.5	16 223.8
2015	72 415.6	45 802.9	31 174.3	14 507.5	16 666.8
2016	70 073.9	44 209.2	29 930.5	13 691.8	16 238.8
2017	70 202.1	44 158.9	30 231.7	13 823.8	16 407.9

表 15 我国主要畜产品产量（2013—2017 年）

年份	总产量（万 t）	肉类产量（万 t）				奶类产量（万 t）		禽蛋产量（万 t）
		猪牛羊肉				总产量	其中:牛奶	
		小计	猪肉	牛肉	羊肉			
2013	8 632.8	6 641.6	5 618.6	613.1	409.9	3 118.9	3 000.8	2 905.5
2014	8 817.9	6 864.2	5 820.8	615.7	427.6	3 276.5	3 159.9	2 930.3
2015	8 749.5	6 702.2	5 645.4	616.9	439.9	3 295.5	3 179.8	3 046.1
2016	8 628.3	6 502.6	5 425.5	616.9	460.3	3 173.9	3 064.0	3 160.5
2017	8 654.4	6 557.5	5 451.8	634.6	471.1	3 148.6	3 038.6	3 096.3

年份	蜂蜜（万 t）	蚕茧（万 t）		绵羊毛（万 t）			山羊毛总产量（t）	羊绒总产量（t）
		总产	其中:桑蚕茧	总产	细羊毛	半细羊毛		
2013	43.7	90.6	83.1	40.2	13.2	12.8	40 215	17 307
2014	46.3	89.2	81.7	40.7	12.2	13.3	38 655	18 465
2015	47.3			41.3	13.1	13.5	35 487	18 684
2016	55.5			41.2	12.9	13.8	35 785	18 844
2017	54.3			40.9	12.8	13.3	32 863	17 852

表 16　各地区奶类产量（2016—2017 年）

单位：万 t

地　区	2016 年		2017 年	
	奶类产量	其中：牛奶	奶类产量	其中：牛奶
全国总计	**3 712.1**	**3 602.2**	**3 148.4**	**3 038.8**
北　京	45.7	45.7	37.4	37.4
天　津	68.0	68.0	52.1	52.1
河　北	448.0	440.5	388.3	381.0
山　西	95.9	95.1	78.1	77.4
内蒙古	741.3	734.1	559.6	552.9
辽　宁	144.2	143.1	120.7	119.7
吉　林	53.4	52.8	34.4	34.0
黑龙江	548.6	545.9	468.4	465.2
上　海	26.0	26.0	36.4	36.4
江　苏	59.0	59.0	49.0	49.0
浙　江	15.3	15.3	14.3	14.3
安　徽	32.7	32.7	29.8	29.8
福　建	15.9	15.4	13.5	13.1
江　西	13.5	13.5	9.5	9.5
山　东	276.8	268.4	231.3	223.5
河　南	336.6	326.8	212.9	202.9
湖　北	16.9	16.9	12.8	12.8
湖　南	10.1	10.1	6.1	6.1
广　东	13.0	12.9	13.9	13.9
广　西	9.7	9.7	8.1	8.1
海　南	0.2	0.2	0.5	0.5
重　庆	5.5	5.5	5.1	5.1
四　川	62.8	62.8	63.8	63.7
贵　州	6.4	6.4	4.4	4.4
云　南	64.1	56.9	64.5	56.8
西　藏	34.7	29.7	42.0	37.1
陕　西	189.1	140.2	156.9	107.3
甘　肃	40.7	40.0	41.0	40.4
青　海	34.2	33.0	33.2	32.4
宁　夏	139.5	139.5	160.1	160.1
新　疆	164.4	156.1	200.3	191.9

表 17　我国农垦系统主要畜产品产量（2016—2017 年）

单位：万 t

项　　目	2016 年	2017 年	同比增长（%）
1. 肉类总产量	251.0	189.4	−24.54
其中：猪肉	181.8	150.9	−17.00
2. 牛奶	378.9	385.1	1.64
3. 羊毛	3.3	3.4	3.03
4. 鹿茸（t）	77.0	66.5	−13.64
5. 禽蛋	50.5	54.4	7.72

表 18　我国水产品产量（2013—2017 年）

单位：万 t

年　份	总产量	1. 海水产品	其　中		2. 内陆产品	其　中	
			捕　捞	养　殖		捕　捞	养　殖
2013	6 172.0	3 138.8	1 399.6	1 739.2	3 033.2	230.7	2 802.4
2014	6 461.5	3 296.2	1 483.6	1 812.6	3 165.3	229.5	2 935.8
2015	6 699.6	3 409.6	1 534.0	1 875.6	3 290.1	227.8	3 062.3
2016	6 901.2	3 490.1	1 328.2	1 963.1	3 411.1	231.8	3 179.2
2017	6 445.3	3 321.7	1 321.0	2 000.7	3 123.6	218.3	2 905.3

表 19　各地区水产品产量（2017 年）

单位：t

地　区	总产量	1. 海水产品	其　中		2. 内陆产品	其　中		
			海水养殖	淡水养殖		海洋捕捞	远洋渔业	淡水捕捞
全国总计	**64 453 279**	**49 059 903**	**20 006 973**	**29 052 930**	**15 393 376**	**11 124 203**	**2 086 200**	**2 182 973**
北　京	45 098	33 082		33 082	12 016		9 000	3 016
天　津	323 321	278 370	9 172	269 198	44 951	27 517	11 900	5 534
河　北	1 164 600	833 333	529 158	304 175	331 267	234 049	48 200	49 018
山　西	53 047	50 905		50 905	2 142			2 142
内蒙古	156 181	127 827		127 827	28 354			28 354
辽　宁	4 794 374	3 911 374	3 081 374	830 000	883 000	552 000	285 400	45 600
吉　林	220 350	201 046		201 046	19 304			19 304
黑龙江	587 302	535 662		535 662	51 640			51 640
上　海	268 882	122 750		122 750	146 132	14 801	129 900	1 431
江　苏	5 075 922	4 211 765	930 759	3 281 006	864 157	530 322	26 200	307 635
浙　江	5 944 516	2 269 829	1 162 558	1 107 271	3 674 687	3 093 263	467 900	113 524
安　徽	2 179 632	1 901 124		1 901 124	278 508			278 508
福　建	7 445 737	5 205 404	4 453 172	752 232	2 240 333	1 743 208	428 200	68 925
江　西	2 505 549	2 279 506		2 279 506	226 043			226 043
山　东	8 680 030	6 415 409	5 190 836	1 224 573	2 264 621	1 749 591	431 300	83 730
河　南	946 730	835 250		835 250	111 480			111 480
湖　北	4 654 222	4 361 261		4 361 261	292 961			292 961
湖　南	2 415 312	2 320 384		2 320 384	94 928			94 928
广　东	8 335 387	6 725 954	3 029 070	3 696 884	1 609 433	1 441 363	47 700	120 370
广　西	3 207 683	2 483 420	1 299 352	1 184 068	724 263	610 758	8 900	104 605
海　南	1 807 899	667 273	321 522	345 751	1 140 626	1 127 331		13 295
重　庆	515 130	496 187		496 187	18 943			18 943
四　川	1 507 396	1 453 613		1 453 613	53 783			53 783
贵　州	254 782	243 262		243 262	11 520			11 520
云　南	631 182	575 233		575 233	55 949			55 949
西　藏	454	71		71	383			383
陕　西	163 030	155 830		155 830	7 200			7 200
甘　肃	15 441	15 441		15 441				
青　海	16 073	16 073		16 073				
宁　夏	180 889	180 460		180 460	429			429
新　疆	165 528	152 805		152 805	12 723			12 723

表 20 我国沿海地区海洋捕捞水产品产量（按品种分）（2017 年）

单位：kt

地 区	海洋捕捞产量	按水产品种类分					
		1. 鱼类	海 鳗	鳓 鱼	鳀 鱼	沙丁鱼	鲱 鱼
全国总计*	**11 124.2**	**7 652.2**	**340.5**	**75.2**	**703.7**	**119.3**	**10.9**
天 津	27.5	23.7			17.2		
河 北	234.0	138.5			52.5		
辽 宁	552.0	326.0	0.5	0.3	43.1	1.1	0.0
上 海	14.8	4.8	0.2	0.0			
江 苏	530.3	293.6	7.9	2.2	2.6	0.2	0.0
浙 江	3 093.3	2 116.2	80.0	11.8	74.6	10.7	1.9
福 建	1 743.2	1 268.9	62.0	11.9	71.7	7.4	3.8
山 东	1 749.6	1 214.1	19.4		403.5	5.3	
广 东	1 441.4	1 021.6	74.0	26.2	32.1	65.4	3.8
广 西	610.8	344.3	13.4	21.4		12.2	0.9
海 南	1 127.3	900.4	83.0	1.3	6.3	16.9	0.3

地 区	按水产品种类分							
	石斑鱼	鲷	蓝圆鲹	白姑鱼	黄姑鱼	鮸鱼	大黄鱼	小黄鱼
全国总计	**117.2**	**153.5**	**535.2**	**94.4**	**62.8**	**117.2**	**153.5**	**535.2**
天 津								
河 北					0.3			
辽 宁	4.7	0.1		1.0	1.6	4.7	0.1	
上 海								
江 苏	0.0	0.1	0.0	3.5	7.3	0.0	0.1	0.0
浙 江	1.3	5.0	60.8	43.9	32.1	1.3	5.0	60.8
福 建	17.6	54.5	243.7	9.2	8.2	17.6	54.5	243.7
山 东		0.0		10.6	5.5		0.0	
广 东	45.7	45.2	104.2	21.4	4.5	45.7	45.2	104.2
广 西	5.8	26.2	72.6	1.5	0.1	5.8	26.2	72.6
海 南	42.2	22.3	53.9	3.3	3.3	42.2	22.3	53.9

（续）

地区	按水产品种类分							
	梅童鱼	方头鱼	玉筋鱼	带鱼	金钱鱼	梭鱼	鲐鱼	鲅鱼
全国总计	**269.8**	**45.8**	**100.7**	**1 012.3**	**374.6**	**134.8**	**444.8**	**355.6**
天　津				0.1		0.0	0.9	1.2
河　北	0.3		0.2	2.3		12.0	7.4	11.8
辽　宁	3.9	0.2	3.4	6.8		12.9	20.3	38.1
上　海	0.1			0.3				15.0
江　苏	74.9	0.2	0.3	54.1		8.6	5.0	7.7
浙　江	164.6	16.7	29.6	391.4	3.6	5.5	188.4	83.3
福　建	20.2	4.2	16.5	142.4	9.2	15.8	118.8	41.9
山　东			34.0	67.9		23.3	45.2	139.1
广　东	3.2	8.5	2.0	157.6	86.7	25.0	32.2	27.9
广　西		0.0		30.2	34.2	10.2	13.1	2.2
海　南	2.8	16.0	14.8	159.3	240.9	21.3	13.5	2.3

地区	按水产品种类分							
	金枪鱼	鲳鱼	马面鲀	竹荚鱼	鲻鱼	2. 甲壳类	虾	毛虾
全国总计	**58.3**	**329.6**	**157.4**	**37.5**	**102.1**	**2 076.0**	**1 352.3**	**440.6**
天　津						1.5	1.1	0.3
河　北		3.0			5.9	47.5	33.3	8.2
辽　宁	0.1	2.0	0.4	0.0	4.2	108.6	72.5	20.2
上　海		0.3		0.1		9.8	1.2	
江　苏		34.3	1.2		11.6	154.0	51.4	27.4
浙　江	6.1	94.1	24.9	2.1	15.7	794.9	565.7	181.4
福　建	2.5	58.4	41.7	11.0	24.6	313.6	183.1	56.9
山　东		23.3	1.8			207.4	174.2	64.6
广　东	28.2	68.3	43.2	4.9	19.1	234.6	151.7	41.3
广　西		11.7	28.1	0.4	8.3	126.9	71.4	29.3
海　南	21.4	34.2	16.2	19.0	12.8	77.3	46.8	11.0

（续）

地区	按水产品种类分							
	对虾	鹰爪虾	虾蛄	蟹	梭子蟹	青蟹	蟳	3. 贝类
全国总计	**180.7**	**283.3**	**219.1**	**723.7**	**497.8**	**79.5**	**34.8**	**442.9**
天津			0.5	0.4	0.3			1.6
河北	2.8	2.3	16.7	14.3	9.5			19.8
辽宁	3.6	5.5	32.7	36.1	15.0	3.8	11.4	50.9
上海	0.2	0.6		8.6	7.0			
江苏	2.3	8.8	8.3	102.6	92.5	3.4	1.5	41.9
浙江	24.2	176.6	49.6	229.2	176.3	3.5	7.8	14.8
福建	27.2	42.3	34.5	130.5	87.4	15.6	5.5	40.1
山东	13.6	21.5	41.7	33.2	23.8		2.3	139.9
广东	63.7	13.6	25.4	82.9	43.5	31.7	3.3	54.3
广西	18.1	8.3	7.3	55.5	30.3	11.4	2.1	53.3
海南	24.9	4.0	2.3	30.5	12.2	10.1	0.7	26.3

地区	4. 藻类	5. 头足类	其中			6. 其他类	海蜇
			乌贼	鱿鱼	章鱼		
全国总计	**20.0**	**616.6**	**136.8**	**320.2**	**110.8**	**316.7**	**168.5**
天津		0.5		0.5	0.1	0.2	0.2
河北		9.7	1.6	1.7	5.1	18.5	10.6
辽宁	0.2	27.8	2.7	16.1	4.7	38.5	8.9
上海		0.3	0.1	0.1	0.2		
江苏	1.2	14.9	2.2	8.1	3.6	24.6	14.7
浙江	0.6	147.3	37.7	79.1	27.4	19.4	4.7
福建	1.7	104.7	30.5	51.3	16.2	14.2	11.8
山东	1.1	91.3	8.0	47.3	26.2	95.8	58.3
广东	6.4	76.2	18.1	33.3	14.2	48.3	16.6
广西		45.8	16.1	22.5	6.9	40.4	37.0
海南	8.7	97.9	19.9	60.4	6.5	16.6	5.7

表 21　我国沿海地区海水养殖水产品产量（按品种分）（2017 年）

单位：kt

地　区	海水养殖产量	1. 鱼类	鲈鱼	鲆鱼	大黄鱼	军曹鱼	狮鱼	鲷鱼
全国总计	**20 007.0**	**1 419.4**	**156.6**	**106.2**	**177.6**	**43.7**	**25.9**	**81.1**
天　津	9.2	2.2		0.8				
河　北	529.2	10.3	0.0	4.0				
辽　宁	3 081.4	71.3	7.2	47.4				0.0
上　海								
江　苏	930.8	82.9	1.6	6.4				0.1
浙　江	1 162.6	41.9	7.2	0.1	14.6	0.0		2.4
福　建	4 453.2	371.8	31.7	4.1	150.5	0.7	3.7	35.1
山　东	5 190.8	122.8	15.6	40.6				0.3
广　东	3 029.1	540.4	82.1	2.8	12.5	32.2	22.3	36.4
广　西	1 299.4	55.5	9.6			0.1		4.3
海　南	321.5	120.4	1.6			10.7		2.6

地　区	1. 鱼　类				2. 甲壳类	（1）虾	南美白对虾	斑节对虾
	美国红鱼	河鲀	石斑鱼	鲽鱼				
全国总计*	**68.6**	**24.4**	**131.5**	**13.7**	**1 631.2**	**1 345.2**	**1 080.8**	**75.2**
天　津			0.4		7.0	7.0	7.0	
河　北		1.9		1.3	29.5	27.1	16.8	0.0
辽　宁		3.5			38.1	32.9	12.1	
上　海								
江　苏		0.2	0.0	2.3	116.4	80.0	21.3	8.7
浙　江	5.7		0.3	0.1	107.8	55.9	34.7	0.8
福　建	16.9	8.9	29.1	1.2	197.9	125.5	100.0	6.0
山　东	4.0	5.2	0.1	4.9	143.8	127.0	91.1	0.4
广　东	32.4	4.9	54.9	3.9	542.8	476.4	395.9	52.7
广　西	5.8		2.9		307.3	288.0	287.3	0.8
海　南	3.7		44.0		140.6	125.3	114.7	5.9

（续）

地区	2. 甲壳类					3. 贝类		
	(1) 虾		(2) 蟹			总产	牡蛎	鲍
	中国对虾	日本对虾	总产	梭子蟹	青蟹			
全国总计	**37.5**	**52.5**	**286.0**	**119.8**	**152.0**	**14 371.3**	**37.5**	**52.5**
天津								
河北	5.0	5.0	2.4	2.4		474.8	5.0	5.0
辽宁	12.0	7.3	5.2	4.1		2 484.8	12.0	7.3
上海								
江苏	6.7	0.8	36.3	32.6	2.0	679.8	6.7	0.8
浙江	0.9	2.2	51.9	25.8	26.1	934.4	0.9	2.2
福建	5.2	9.9	72.4	31.3	35.1	2 817.3	5.2	9.9
山东	7.8	20.8	16.8	14.7		4 140.2	7.8	20.8
广东		6.5	66.3	8.9	55.0	1 861.1		6.5
广西		0.1	19.3		19.3	933.7		0.1
海南			15.3		14.5	45.4		

地区	3. 贝类						
	螺	蚶	贻贝	江珧	扇贝	蛤	蛏
全国总计	**254.7**	**352.6**	**927.6**	**16.5**	**2 007.5**	**4 177.9**	**862.5**
天津							
河北	1.4	7.0	1.0		424.2	38.9	0.0
辽宁		37.0	64.0		472.2	1 286.7	50.9
上海							
江苏	67.0	25.4	45.0		0.1	377.3	60.2
浙江	12.4	159.9	172.9		0.8	83.2	305.5
福建	6.1	53.4	96.3		8.6	376.0	268.3
山东	16.6	2.6	447.0	0.1	984.2	1 437.5	163.9
广东	102.0	59.3	89.6	16.4	111.9	304.1	12.1
广西	43.1	3.8	11.9		2.7	263.3	1.5
海南	6.1	4.4			2.9	10.9	

（续）

地　区	4. 藻类						
	总计	海带	裙带菜	紫菜	江蓠	麒麟菜	石花菜
全国总计	**2 227.8**	**1 486.7**	**166.8**	**173.3**	**308.7**	**5.6**	
天　津							
河　北							
辽　宁	330.2	214.0	116.3				
上　海							
江　苏	42.3	0.3		41.9			
浙　江	74.0	17.0		42.6	0.0		
福　建	1 031.7	720.0	0.0	63.5	195.6		
山　东	659.3	531.3	49.5	14.9	48.4		
广　东	75.2	4.1	1.0	10.4	53.3	2.0	
广　西							
海　南	15.0				11.4	3.6	

地　区	4. 藻类		5. 其他类	海参	海胆（kg）	海水珍珠（kg）	海蜇
	洋栖菜	苔　菜					
全国总计	**20.0**	**0.3**	**357.3**	**219.9**	**9 708.2**	**2.3**	**82.3**
天　津							
河　北			14.7	9.3			3.9
辽　宁			157.0	82.8	2 500.0		68.3
上　海							
江　苏			9.4	0.4			5.3
浙　江	13.6	0.3	4.5				0.7
福　建	6.1		34.4	27.4			2.6
山　东			124.8	99.6	5 443.0		1.1
广　东	0.3		9.7	0.5	1 765.2	2.0	0.3
广　西			2.8			0.3	
海　南			0.1				

表 22 各地区农垦系统畜牧业生产情况（2017 年）

单位：万头、万只

地　　区	大牲畜年末头数	牛年末头数	猪年末头数	羊年末只数	家禽年末只数
全国总计	**300.5**	**261.5**	**1 263.7**	**1 369.8**	**15 722.4**
北　　京	9.0	9.0	5.0		290.0
天　　津	3.5	3.2	2.3		83.9
河　　北	19.6	19.2	37.7	10.6	297.9
山　　西	1.1	1.1	1.1	11.0	14.2
内 蒙 古	36.4	32.1	13.5	267.3	101.6
辽　　宁	8.5	7.7	103.2	15.4	6 506.0
吉　　林	4.9	4.5	20.9	19.1	410.5
黑 龙 江	20.4	19.3	88.3	24.6	864.9
上　　海	8.9	8.9	74.6		89.8
江　　苏	0.7	0.7	13.9	0.7	544.1
浙　　江			3.2	0.1	8.6
安　　徽	0.3	0.3	4.7	1.1	120.4
福　　建	1.0	1.0	26.5	1.1	207.5
江　　西	4.0	4.0	58.7	1.7	248.5
山　　东	0.9	0.9	5.6	0.7	26.6
河　　南	0.9	0.9	47.3	1.1	62.9
湖　　北	3.6	3.6	126.5	6.5	1 252.0
湖　　南	5.2	5.2	128.0	3.3	364.0
广　　东	3.5	3.5	68.9	0.5	502.3
广　　西	1.1	1.1	168.5	0.2	280.6
海　　南	4.0	4.0	62.3	22.1	1 375.7
重　　庆	3.0	3.0	11.0		100.0
四　　川	7.3	7.0	0.3	2.5	0.1
贵　　州	1.6	1.6	0.5	0.5	8.0
云　　南	1.0	1.0	8.0	1.3	243.2
陕　　西	0.2	0.2	1.3	4.1	5.8
甘　　肃	1.5	1.5	1.2	18.1	21.3
青　　海	11.7	11.5	0.7	24.2	6.9
宁　　夏	5.6	5.6	3.6	7.2	36.8
新　　疆	131.4	103.7	176.7	925.0	1 648.8

资料来源：表中数据出自 2018 年版《中国农村统计年鉴》。

表 23 我国按人口平均的主要农畜产品产量（2013—2017 年）

单位：kg/人

年　份	粮　食	棉　花	油　料	猪牛羊肉	牛　奶	水产品
2013	464	4.6	24.2	49.1	22.2	42.2
2014	469	4.6	24.7	50.3	23.2	43.8
2015	482	4.3	24.7	48.9	23.2	45.1
2016	479	3.8	26.3	47.2	22.2	46.3
2017	477	4.1	25.1	47.3	21.9	46.5

表 24 我国城乡居民家庭人均食品消费量比较（2013—2017 年）

单位：kg/人

年份	粮食		蔬菜		食用油(植物油)		猪牛羊肉		家禽		水产品	
	农村	城市	农村	城市	农村	城市	农村	城市	农村	城市	农村	城市
2013	178.5	121.3	89.2	100.1	9.3	10.5	22.4	28.5	6.2	8.1	6.6	14.0
2014	167.6	117.2	87.5	100.1	9.0	10.6	22.5	28.4	6.7	9.1	6.8	14.4
2015	159.5	112.6	88.7	100.2	9.2	10.7	23.1	28.9	7.1	9.4	7.2	14.7
2016	157.2	111.9	89.7	103.2	9.3	10.6	22.7	29.0	7.9	10.2	7.5	14.8
2017	154.6	109.7	88.5	102.5	9.2	10.3	23.6	29.2	7.9	9.7	7.4	14.8

资料来源：表中数据出自 2018 年版《中国统计年鉴》。

表 25 我国城镇和农村人口人均食品消费支出情况（2013—2017 年）

单位：元/人

项目	2013	2014	2015	2016	2017
全国人均	**4 126.7**	**4 493.9**	**4 814.0**	**5 151.0**	**5 373.6**
城镇居民	5 570.7	6 000.0	6 359.7	6 762.4	7 001.0
农村居民	2 554.4	2 814.0	3 048.0	3 266.1	3 415.4
人均增长	22.7	367.2	320.1	337.0	222.6
城镇居民增长	−470.2	429.3	359.7	402.8	238.6
农村居民增长	691.3	259.6	234.0	218.0	149.3

资料来源：表中数据出自 2018 年版《中国统计年鉴》。

表 26 我国人口增长情况（2013—2017 年）

单位：万人

项目	2013	2014	2015	2016	2017
人口数	136 072	136 782	137 462	138 271	139 008
其中：城镇人口	73 111	74 916	77 116	79 298	81 347
农村人口	62 961	61 866	60 346	58 973	57 661
增长人数	668	710	680	809	737

农产品加工机械拥有量及农产品加工行业固定资产投资情况

表 27　农产品加工业按建设性质和构成分固定资产投资（2017 年）

单位：亿元

行　业	新建	扩建	改建和技术改造	其他
合　计	**25 707.6**	**12 585.7**	**16 918.8**	**2 994.4**
农副食品加工业	6 190.6	2 288.7	3 237.1	647.4
食品制造业	2 939.1	1 090.8	1 627.6	296.4
饮料制造业	1 910.6	697.3	1 057.0	224.0
烟草制品业	79.0	11.2	86.5	9.0
纺织业	2 516.5	1 784.6	2 284.9	354.6
纺织服装、鞋、帽制造业	2 246.4	1 126.3	1 439.3	236.3
皮革、毛皮、羽毛（绒）及其制品业	1 128.2	1 439.3	628.9	144.2
木材加工及木、竹、藤、棕、草制品业	1 884.1	530.1	1 512.5	270.1
家具制造业	2 037.2	960.2	924.7	250.8
造纸及纸制品业	1 321.0	636.1	1 086.0	154.6
印刷业和记录媒介的复制	640.3	566.5	653.2	80.9
橡胶制品业	2 814.6	1 454.6	2 381.1	326.1

表 28　我国农产品加工行业新增固定资产投资情况（2017 年）

单位：亿元、%

行　业	投资额	新增固定资产	固定资产交付使用率（平均值）
合　计	**56 182.3**	**42 766.9**	**75.2**
农副食品加工业	11 986.0	8 913.9	74.4
食品制造业	5 842.8	4 193.9	71.8
饮料制造业	3 833.9	2 872.0	74.9
烟草制品业	185.2	117.7	63.5
纺织业	6 936.1	5 385.5	77.6
纺织服装、鞋、帽制造业	4 976.8	4 054.6	81.5
皮革、毛皮、羽毛（绒）及其制品业	2 368.1	1 817.6	74.4
木材加工及木、竹、藤、棕、草制品业	4 456.5	3 541.3	79.5
家具制造业	3 729.4	2 773.8	74.4
造纸及纸制品业	3 091.0	2 329.4	75.4
印刷业和记录媒介的复制	1 797.1	1 406.2	78.3
橡胶制品业	6 979.4	5 361.0	76.8

表 29　我国农产品加工行业新增固定资产后主要产品新增生产能力（2016—2017 年）

产品名称	单　位	2016 年	2017 年
轮胎外胎	万条/年	5 354	6 227
轮胎内胎	万条/年		
化学纤维	t/年	2 799 085	2 509 787
棉纺锭	锭	11 099 694	12 487 229
啤　酒	万 t/年	179	126
白　酒	万 t/年	134	138
其他酒	万 t/年	46	38
卷　烟	箱/年	1 287 601	1 179 908
机制纸	万 t/年	235	174

表 30　我国农产品加工行业按行业分施工、投产项目数（2017 年）

行　业	施工项目（个）		全部建成投产项目（个）	项目建成投产率（%）
	总　计	其中：新开工		
合　计	**111 757**	**86 115**	**84 003**	**72.7**
农副食品加工业	24 254	18 359	18 008	74.3
食品制造业	10 389	7 741	7 610	73.3
饮料制造业	7 579	5 502	5 335	70.4
烟草制品业	197	91	91	46.2
纺织业	12 858	10 194	9 980	77.6
纺织服装、鞋、帽制造业	10 643	8 444	8 354	78.5
皮革、毛皮、羽毛（绒）及其制品业	5 168	4 042	3 748	72.5
木材加工及木、竹、藤、棕草制品业	10 624	8 572	8 246	77.6
家具制造业	6 926	5 335	5189	74.9
造纸及纸制品业	5 360	4 165	3 994	74.5
印刷业和记录媒介的复制	3 870	3 026	3 013	77.9
橡胶制品业	13 889	10 644	10 435	75.1

表 31　林业系统森工固定资产投资完成情况（2016—2017 年）

单位：万元

项　目	2016 年	2017 年	同比增长（%）
一、森工固定资产投资完成额（按构成划分）	13 891 963	14 080 891	1.36
1. 建筑工程	3 889 204	3 854 268	−0.90
2. 安装工程	2 270 857	775 357	−65.86
3. 其他投资	7 532 234	8 131 898	7.96
二、当年新增固定资产	6 750 491	5 855 792	−13.25

表 32 林业系统各地区森工固定资产投资完成情况（2017 年）

单位：万元

地　区	合　计	基本建设	更新改造	其他投资
全国总计	**14 080 891**	**3 854 268**	**775 357**	**8 131 898**
北　京	1 052 474	919 818	6 492	125 459
天　津				
河　北	4 671	2	4 290	292
山　西	17 257	620	28	15 814
内蒙古	51 254	12 917	6	29 117
辽　宁	54 350	13 933		39 685
吉　林	42 330	31 539	1 984	4 315
黑龙江	1 068 658	119 776	14	947 689
上　海	64 443	32 868		31 172
江　苏	151 012	22 940	2 400	110 139
浙　江	7 718	2 225		5 483
安　徽	273 659	39 773	17 330	209 979
福　建	30 703	17 632	703	8 781
江　西	24 679	4 818		19 861
山　东	54 286	9 987	11 990	23 431
河　南				
湖　北	188 436	56 324	2 660	119 200
湖　南	382 471	69 767	17 979	244 209
广　东	7 413	5 267	394	1 078
广　西	8 850 982	2 276 168	692 036	4 726 960
海　南	775	775	539	
重　庆	40 509	4 566	4 411	34 806
四　川	182 437	32 385		133 373
贵　州	8 676	2 150	4 504	
云　南	140 193	25 506	1 415	104 841
西　藏	151 825	54 541	146	91 504
陕　西	284 472	15 378	3 042	268 431
甘　肃	199 480	30 441	94	160 691
青　海	89 769	4 803	2 772	83 262
宁　夏	7 747	1 220	128	6 413
新　疆	561 486	14 250	2 772	542 575
局直属单位	86 726	31 879	775 357	43 338
大兴安岭	37 573	14 816		18 798

表 33 我国农村住户固定资产投资完成情况（2016—2017 年）

单位：万元

项　目	2016 年	2017 年	同比增长（%）
固定资产投资总额	9 964.9	9 554.4	－4.12
农林牧渔业	2 079.2	2 069.7	－0.46

表 34 我国水产行业固定资产投资完成情况（2016—2017 年）

单位：亿元

项 目	2016 年	2017 年	同比增长（%）
一、投资总额	1 085.2	1 205.2	11.06
二、本年新增固定资产	838.0	944.0	12.65
三、固定资产交付使用率（%）	77.2	78.3	1.10

资料来源：表中数据出自 2018 年版《中国统计年鉴》。

按国民经济行业分类统计
农产品加工业现状

表 35 我国农产品加工业规模以上工业企业主要指标（2017 年）

行 业	单位数（个）	主营业务收入（亿元）	利润总额（亿元）	资产总计（亿元）	负债合计（亿元）
合 计	**127 687**	**254 095**	**16 642**	**173 864**	**81 896**
农副食品加工业	24 661	59 894	3 101	32 311	16 362
食品制造业	8 862	22 141	1 841	15 510	6 983
饮料制造业	6 714	17 096	2 007	17 053	7 264
烟草制品业	122	8 891	971	10 521	2 496
纺织业	18 726	36 114	1 914	22 912	12 157
纺织服装、鞋、帽制造业	14 600	20 892	1 213	12 824	6 054
皮革、毛皮、羽毛（绒）及其制品业	8 293	14 106	910	6 979	3 168
木材加工及竹、藤、棕、草制品业	8 859	12 948	759	6 059	2 541
家具制造业	6 149	8 788	569	5 737	2 760
造纸及纸制品业	6 628	14 841	1 016	14 637	8 189
印刷业和记录媒介的复制	5 621	7 858	542	5 891	2 542
橡胶制品业	18 452	30 527	1 798	23 430	11 380

表 36　我国农产品加工业规模以上工业企业主要成本性指标（2017 年）

行　　业	主营业务成本（亿元）	销售费用（亿元）	管理费用（亿元）	财务费用（亿元）	平均用工人数（万人）
合　　计	**212 458.51**	**8 096.96**	**9 017.72**	**2 108.40**	**2 252.10**
农副食品加工业	53 306.44	1 347.34	1 448.63	461.80	371.32
食品制造业	17 690.61	1 621.48	862.20	142.37	197.74
饮料制造业	12 465.30	1 260.30	772.80	103.24	148.18
烟草制品业	2 549.02	159.31	468.54	−23.95	18.83
纺织业	32 214.55	562.60	1 026.43	420.52	391.16
纺织服装、鞋、帽制造业	17 874.11	719.49	879.18	161.78	387.15
皮革、毛皮、羽毛（绒）及其制品业	12 134.84	330.40	520.63	106.28	250.99
木材加工及竹、藤、棕、草制品业	11 316.69	302.81	365.66	99.80	125.07
家具制造业	7 402.52	339.96	408.98	67.60	124.64
造纸及纸制品业	12 633.88	432.58	548.66	225.27	119.23
印刷业和记录媒介的复制	6 636.49	204.94	405.14	62.23	95.51
橡胶制品业	26 234.06	815.75	1 310.87	281.46	322.28

表 37　我国农产品加工业国有及国有控股工业企业主要指标（2017 年）

行　　业	单位数（个）	主营业务收入（亿元）	利润总额（亿元）	资产总计（亿元）	负债合计（亿元）
合　　计	**2 462**	**20 190.76**	**2 107.73**	**25 356.42**	**9 933.57**
农副食品加工业	650	2 972.21	85.97	2 018.56	1 372.65
食品制造业	326	1 324.75	89.84	1 323.22	705.63
饮料制造业	279	3 153.65	811.38	5 314.66	1 834.14
烟草制品业	94	8 827.16	954.00	10 424.06	2 450.26
纺织业	176	827.17	19.84	1 241.73	708.94
纺织服装、鞋、帽制造业	183	207.64	10.41	332.76	140.29
皮革、毛皮、羽毛（绒）及其制品业	27	99.91	4.29	84.55	32.36
木材加工及竹、藤、棕、草制品业	84	207.90	4.26	285.34	196.04
家具制造业	17	206.56	30.68	182.20	130.60
造纸及纸制品业	96	680.16	31.53	1 705.03	1 070.54
印刷业和记录媒介的复制	283	521.40	46.99	756.35	242.99
橡胶制品业	247	1 162.25	18.54	1 687.96	1 049.13

表 38　我国农产品加工业国有及国有控股工业企业主要成本性指标（2017 年）

行　业	主营业务成本（亿元）	销售费用（亿元）	管理费用（亿元）	财务费用（亿元）	平均用工人数（万人）
合　计	**11 291.28**	**748.14**	**1 083.50**	**65.81**	**126.95**
农副食品加工业	2 713.18	73.32	78.42	29.29	17.14
食品制造业	1 055.73	128.09	59.21	11.79	13.88
饮料制造业	1 681.92	272.92	194.72	−13.40	23.54
烟草制品业	2 510.14	157.40	461.86	−24.82	18.20
纺织业	753.23	14.49	35.21	16.65	12.72
纺织服装、鞋、帽制造业	149.15	5.18	41.03	−0.10	8.56
皮革、毛皮、羽毛（绒）及其制品业	87.65	1.39	5.70	0.39	1.80
木材加工及竹、藤、棕、草制品业	184.42	7.01	9.57	3.71	2.83
家具制造业	171.39	2.73	18.91	0.16	0.66
造纸及纸制品业	550.62	24.56	50.46	27.84	6.00
印刷业和记录媒介的复制	405.71	10.60	64.02	−1.01	8.39
橡胶制品业	1 028.14	50.45	64.39	15.31	13.23

表 39　我国农产品加工业外商投资和港澳台商投资工业企业主要指标（2017 年）

行　业	单位数（个）	主营业务收入（亿元）	利润总额（亿元）	资产总计（亿元）	负债合计（亿元）
合　计	**15 469**	**46 933.54**	**3 244.27**	**39 074.65**	**19 423.84**
农副食品加工业	1 601	9 013.37	422.41	5 870.24	3 380.43
食品制造业	1 111	5 393.33	564.84	4 347.28	1 957.04
饮料制造业	718	3 714.74	317.65	3 653.56	1 871.10
烟草制品业	4	7.97	0.91	19.35	10.34
纺织业	2 132	4 851.37	298.12	4 164.95	2 011.80
纺织服装、鞋、帽制造业	2 910	5 446.47	290.59	3 607.57	1 576.13
皮革、毛皮、羽毛（绒）及其制品业	1 522	4 410.27	322.67	2 427.46	1 167.45
木材加工及竹、藤、棕、草制品业	347	833.96	48.75	568.81	254.13
家具制造业	752	1 743.48	121.43	1 360.71	723.74
造纸及纸制品业	845	3 949.61	385.55	5 689.15	3 037.53
印刷业和记录媒介的复制	589	1 141.27	94.32	1 255.08	518.35
橡胶制品业	2 938	6 427.70	377.03	6 110.49	2 915.80

表 40 我国农产品加工业外商投资和港澳台商投资工业企业主要成本性指标（2017 年）

行业	主营业务成本（亿元）	销售费用（亿元）	管理费用（亿元）	财务费用（亿元）	平均用工人数（万人）
合计	**38 824.62**	**2 467.07**	**2 116.33**	**309.36**	**580.35**
农副食品加工业	8 131.20	221.76	191.77	33.45	48.93
食品制造业	3 752.27	801.95	278.26	11.24	43.40
饮料制造业	2 725.26	447.10	156.29	12.12	29.17
烟草制品业	5.01	0.26	1.36	0.39	0.21
纺织业	4 210.92	95.46	206.27	48.92	65.01
纺织服装、鞋、帽制造业	4 583.99	255.33	272.37	38.90	122.64
皮革、毛皮、羽毛（绒）及其制品业	3 718.62	123.86	214.42	26.05	96.51
木材加工及竹、藤、棕、草制品业	714.43	26.94	33.23	7.61	8.74
家具制造业	1 476.97	66.44	104.09	10.67	28.85
造纸及纸制品业	3 190.75	166.62	173.02	67.39	25.84
印刷业和记录媒介的复制	923.07	38.54	84.39	8.59	20.75
橡胶制品业	5 392.13	222.81	400.86	44.03	90.30

表 41 我国农产品加工业私有工业企业主要指标（2017 年）

行业	企业数（个）	主营业务收入（亿元）	利润总额（亿元）	资产总计（亿元）	负债合计（亿元）
合计	**80 027**	**118 299.01**	**6 865.73**	**61 006.40**	**29 102.00**
农副食品加工业	15 527	29 101.95	1 546.42	12 979.91	5 761.31
食品制造业	4 885	8 353.83	568.07	4 575.94	1 921.89
饮料制造业	3 764	5 806.63	440.15	3 521.01	1 527.52
烟草制品业	8	14.84	1.34	22.10	16.16
纺织业	13 222	19 711.60	1 075.62	10 472.52	5 651.23
纺织服装、鞋、帽制造业	8 534	9 923.07	573.12	5 180.85	2 575.98
皮革、毛皮、羽毛（绒）及其制品业	5 004	6 302.80	376.09	2 628.33	1 243.46
木材加工及竹、藤、棕、草制品业	6 668	9 069.95	529.44	3 551.24	1 418.41
家具制造业	4 091	4 816.61	296.83	2 804.29	1 320.61
造纸及纸制品业	4 071	5 952.80	323.80	3 460.10	1 884.79
印刷业和记录媒介的复制	3 331	4 025.56	246.29	2 224.42	1 095.99
橡胶制品业	10 922	15 219.37	888.56	9 585.69	4 684.65

表 42 我国农产品加工业私有工业企业主要成本性指标（2017 年）

行业	主营业务成本（亿元）	销售费用（亿元）	管理费用（亿元）	财务费用（亿元）	平均用工人数（万人）
合计	**103 062.30**	**2 904.43**	**3 670.42**	**1 028.15**	**1 189.08**
农副食品加工业	25 787.06	645.32	724.27	219.80	186.14
食品制造业	7 059.05	312.10	293.41	67.80	80.20
饮料制造业	4 740.75	240.06	214.46	59.14	52.17
烟草制品业	11.27	0.91	1.30	0.20	0.11
纺织业	17 498.27	310.83	541.35	195.35	211.02
纺织服装、鞋、帽制造业	8 576.56	291.00	372.87	80.83	171.73
皮革、毛皮、羽毛（绒）及其制品业	5 498.33	135.10	193.88	57.03	99.63
木材加工及竹、藤、棕、草制品业	7 968.36	190.59	229.58	62.09	86.47
家具制造业	4 061.32	183.31	200.55	40.60	64.20
造纸及纸制品业	5 209.08	145.65	194.02	59.37	54.63
印刷业和记录媒介的复制	3 455.10	100.66	163.56	34.71	41.28
橡胶制品业	13 197.15	348.90	541.17	151.23	141.50

表 43 我国农产品加工业大中型工业企业主要指标（2017 年）

行业	企业数（个）	主营业务收入（亿元）	利润总额（亿元）	资产总计（亿元）	负债合计（亿元）
合计	**18 776**	**127 235.93**	**9 876.89**	**90 619.42**	**47 538.40**
农副食品加工业	2 586	24 046.65	1 386.31	15 673.58	8 361.43
食品制造业	1 567	13 031.14	1 249.65	9 601.25	4 421.68
饮料制造业	1 014	10 405.19	1 545.35	11 794.18	4 808.92
烟草制品业	74	8 234.98	895.80	9 805.76	2 292.84
纺织业	3 012	19 344.98	1 066.61	13 488.20	7 073.07
纺织服装、鞋、帽制造业	3 127	11 422.86	742.25	8 086.96	3 664.50
皮革、毛皮、羽毛（绒）及其制品业	1 879	8 021.79	591.37	4 231.99	1 792.68
木材加工及竹、藤、棕、草制品业	807	3 872.40	264.04	2 084.46	926.94
家具制造业	948	4 242.13	317.42	3 245.68	1 605.65
造纸及纸制品业	839	7 877.53	671.37	9 987.01	5 581.43
印刷业和记录媒介的复制	690	2 812.66	239.52	2 620.35	976.64
橡胶制品业	2 233	13 923.62	907.20	12 657.37	6 032.62

表 44 我国农产品加工业大中型工业企业主要成本性指标（2017 年）

行业	主营业务成本（亿元）	销售费用（亿元）	管理费用（亿元）	财务费用（亿元）	平均用工人数（万人）
合计	**101 693.00**	**5 057.79**	**4 903.31**	**1 078.39**	**1 413.49**
农副食品加工业	21 259.66	568.98	584.15	211.98	180.26
食品制造业	9 988.84	1 294.17	503.86	66.34	119.23
饮料制造业	7 025.06	976.80	491.13	38.24	92.80
烟草制品业	2 337.20	140.78	436.38	−23.45	17.51
纺织业	17 269.15	297.84	548.24	261.87	224.40
纺织服装、鞋、帽制造业	9 571.09	506.20	524.33	89.88	237.09
皮革、毛皮、羽毛（绒）及其制品业	6 776.51	210.57	327.29	52.70	164.15
木材加工及竹、藤、棕、草制品业	3 320.39	106.42	126.79	32.99	43.12
家具制造业	3 498.31	196.36	233.11	31.43	68.43
造纸及纸制品业	6 514.44	262.43	307.12	156.80	58.86
印刷业和记录媒介的复制	2 305.69	83.05	180.61	22.14	43.85
橡胶制品业	11 826.66	414.19	640.30	137.47	163.79

表 45 制糖期全国制糖行业主要经济技术指标（2017/2018 年度）

行业实现销售收入（亿元）	实现利税总额（亿元）	平均含糖（%）		平均单产（t/hm^2）		平均产糖率（%）	
		甘蔗糖	甜菜糖	甘蔗糖	甜菜糖	甘蔗糖	甜菜糖
677.0	11.0	13.14	23.16	70.0	35.9		

资料来源：表中数据由中国糖业协会提供。

表 46 我国乳制品行业主要经济指标（2013—2017 年）

年份	企业数量（个）	主营业务收入（亿元）	利润总额（亿元）	消费量（万 t）
2013	658	2 831.59		2 864.0
2014	631	3 197.73		2 841.3
2015	538	3 328.50		2 957.9
2016	627	3 503.89		3 204.7
2017	611	3 590.41	244.87	3 259.3

资料来源：表中数据由中国乳制品工业协会提供。

表 47 林业系统农产品加工业总产值（2016—2017 年）

行业	工业总产值（万元）		
	2016 年	2017 年	同比增长（%）
总计	**320 806 675**	**440 182 823**	**−37.21**
1. 非木质林产品加工制造业	48 085 938	40 417 075	−15.95
2. 木材加工及竹、藤、棕、草制品业	120 387 014	127 589 748	5.98
木材加工	23 661 174	23 212 392	−1.90
人造板制造业	64 840 185	66 165 822	2.04
木制品制造业	23 774 262	28 924 731	21.66
竹、藤、棕、草制品制造业	8 111 393	9 286 803	14.49
3. 木、竹、藤家具制造业	57 566 863	63 178 766	9.75
4. 木、竹、苇浆造纸和纸制品业	58 185 504	61 793 223	6.20
5. 林产化学产品制造业	6 863 743	6 700 999	−2.37
6. 文教体育用品		7 874 735	
7. 其他	10 668 519	11 739 528	10.04

表 48 林业系统各地区农产品加工业总产值（2017 年）

单位：万元

地区	总计	非木质林产品加工制造业	木材加工及竹、藤、棕、草制品业				
			合计	木材加工	人造板制造业	木制品制造业	竹藤棕草制品制造业
全国总计	**339 527 355**	**53 229 921**	**127 589 748**	**23 212 392**	**66 165 822**	**28 924 731**	**9 286 803**
北京	1 802	830					
天津	220						
河北	6 646 831	2 541 548	3 321 057	217 392	2 929 447	171 120	3 098
山西	741 207	579 068	100 321	55 149	39 681	5 491	
内蒙古	1 705 019	77 529	1 464 542	1 408 006	47 137	9 388	11
辽宁	3 089 278	717 299	1 519 994	381 881	334 554	732 381	71 178
吉林	8 567 437	4 099 179	2 870 782	601 239	1 066 856	1 197 008	5 679
黑龙江	5 191 067	444 355	1 973 096	965 582	568 168	423 996	15 350

（续）

地　区	总　计	非木质林产品加工制造业	木材加工及竹、藤、棕、草制品业				
			合　计	木材加工	人造板制造业	木制品制造业	竹藤棕草制品制造业
上　海	2 571 000		571 000		571 000		
江　苏	28 478 698	2 450 268	17 467 798	1 359 635	12 227 455	3 438 554	442 154
浙　江	25 609 359	2 302 054	7 363 129	564 898	1 458 776	4 159 001	1 180 454
安　徽	16 952 190	2 940 043	9 872 148	1 271 729	6 158 754	1 404 409	1 037 256
福　建	38 166 593	6 014 552	12 534 153	1 147 783	2 157 205	6 004 572	3 224 593
江　西	19 678 616	1 525 766	4 691 097	663 246	1 405 495	2 195 569	426 787
山　东	39 948 592	7 047 574	21 527 299	4 052 596	16 239 309	1 099 628	135 766
河　南	7 622 301	1 462 526	3 601 518	687 764	2 433 458	322 657	157 639
湖　北	12 462 832	3 390 084	3 736 128	389 907	1 806 173	1 230 751	309 297
湖　南	14 673 982	3 486 499	4 531 179	784 501	1 547 204	1 198 113	1 001 361
广　东	52 431 273	4 361 982	7 010 643	1 173 587	3 636 218	1 818 326	382 512
广　西	28 153 833	2 037 520	15 963 426	4 649 936	8 921 244	2 200 117	192 129
海　南	2 486 342	366 840	1 069 889	1 022 586	40 892	5 556	855
重　庆	3 152 824	324 938	862 004	307 005	294 253	164 814	95 932
四　川	9 964 345	1 500 848	2 585 933	578 051	1 235 228	493 020	279 634
贵　州	3 059 436	1 038 637	1 096 590	301 063	209 785	303 880	281 862
云　南	5 156 848	2 425 218	1 400 509	536 863	562 623	275 161	25 862
西　藏	9 513	2 400	7 113	7 113			
陕　西	1 360 567	699 981	401 874	71 935	254 848	59 357	15 734
甘　肃	222 017	201 065	6 420	1 305	3 912	473	730
青　海							
宁　夏	477 665	476 450	243	243			
新　疆	792 315	666 548	33 165	11 383	16 147	4 705	930
大兴安岭	153 353	48 320	6 698	14		6 684	

（续）

地 区	木质、竹、藤家具制造业	林产化学产品制造业	木、竹、苇浆造纸及纸制品业	文教体育用品	其 他
全国总计	**63 178 766**	**6 700 999**	**61 793 223**	**7 874 735**	**11 739 528**
北 京					
天 津	220				
河 北	586 494	44 368	34 355	31 578	76 847
山 西	30 193	384	1 211	370	28 860
内蒙古	12 142	3 000	31 000	111	79 396
辽 宁	456 060	2 203	193 072	56 372	104 407
吉 林	580 854	14 370	507 081	30 415	158 551
黑龙江	516 792	2 267	309 919	87 180	300 174
上 海	1 000 000		1 000 000		
江 苏	1 908 908	446 004	4 060 684	254 344	506 536
浙 江	4 360 158	132 197	8 966 150	2 326 703	153 318
安 徽	2 178 377	154 559	606 398	531 145	270 340
福 建	6 991 141	1 081 963	8 063 426	1 405 538	2 027 210
江 西	11 003 756	744 752	433 390	255 762	240 331
山 东	3 746 667	85 615	5 168 262	1 859 710	306 346
河 南	1 143 592	21 167	917 572	168 024	269 561
湖 北	1 843 822	56 732	1 909 798	62 676	1 060 130
湖 南	1 711 452	304 854	2 435 614	249 251	1 042 830
广 东	17 923 435	968 376	20 741 022	71 385	1 347 558
广 西	1 744 120	2 044 404	3 245 632	163 872	2 255 837
海 南	40 259	1 047	923 140	82 021	518
重 庆	890 584	9 408	679 027	97 167	241 468
四 川	3 798 411	79 615	1 100 554	80 447	646 947
贵 州	278 353	74 728	231 780	38 575	216 085
云 南	344 733	425 976	199 324	19 614	191 943
西 藏					
陕 西	79 742		32 535	2 317	124 874
甘 肃	8 346			158	1 149
青 海					
宁 夏	115				857
新 疆		200	2 277		87 340
大兴安岭		2 810			115

表 49 我国水产品加工业发展情况（2016—2017 年）

项目	单位	2016 年	2017 年	同比增长（%）
一、水产加工企业	个	9 674	9 694	−0.21
水产品加工能力	t/年	29 262 317	28 491 124	2.71
其中：规模以上加工企业	个	2 636	2 714	−2.87
二、水产冷库	座	8 237	8 595	−4.17
冻结能力	t/d	937 190	946 875	−1.02
冷藏能力	t/次	4 657 017	4 583 690	1.60
制冰能力	t/d	234 129	253 993	−7.82
三、水产加工品总量	t	21 962 522	21 654 407	1.42
淡水加工产品	t	4 081 875	3 903 668	4.57
海水加工产品	t	17 880 647	17 750 739	0.73
（一）水产冷冻品	t	14 873 451	14 049 146	5.87
其中：冷冻品	t	7 300 544	7 033 530	3.80
冷冻加工品	t	7 572 907	7 015 616	7.94
（二）鱼糜制品及干腌制品	t	3 252 542	3 235 165	0.54
其中：鱼糜制品	t	1 541 893	1 553 620	−0.75
干腌制品	t	1 710 649	1 681 545	1.73
（三）藻类加工品	t	1 100 541	1 060 316	3.79
（四）罐制品	t	419 973	451 198	−6.92
（五）水产饲料（鱼粉）	t	639 165	705 525	−9.41
（六）鱼油制品	t	67 564	69 289	−2.49
（七）其他水产加工品	t	1 609 286	2 083 768	−22.77
其中：助剂和添加剂	t	105 406	97 070	8.59
珍珠	kg	180 829	244 527	−26.05
四、用于加工的水产品总量	t	26 800 176	26 357 579	1.68
其中：淡水产品	t	5 734 971	5 693 896	0.72
海水产品	t	21 065 205	20 663 683	1.94
五、部分水产品年加工量	t	1 657 675	1 519 032	9.13
其中：对虾	t	520 100	512 322	1.52
克氏原螯虾	t	309 407	192 132	61.04
罗非鱼	t	667 549	640 317	4.25
鳗鱼	t	118 701	117 410	1.10

资料来源：表中数据出自 2018 年版《中国渔业统计年鉴》。

表 50 我国水产品加工业加工能力、产量及产值（2013—2017 年）

年份	加工企业数（个）	加工能力（万 t/年）	水产品加工总产量		折合水产品原料（万 t）	总产值（亿元）	占水产品总产值比率（%）
			总产量（万 t）	同比增长（%）			
2013	9 774	2 745.3	1 954.0	2.44	2 168.7	3 435.6	35.66
2014	9 663	2 847.2	2 053.2	5.07		3 712.7	8.07
2015	9 892	2 810.3	2 092.3	1.91	2 274.3		
2016	9 694	2 849.1	2 165.4	3.50		4 090.2	
2017	9 674	2 926.2	2 196.3	1.43		4 305.1	

表 51 我国沿海省、自治区、直辖市水产品加工业生产情况（2016—2017 年）

单位：万 t

地 区	2016 年	2017 年	同比增长（%）
全国总计	**2 165.44**	**2 196.25**	**1.42**
天 津		0.05	
河 北	8.61	8.82	2.44
辽 宁	244.27	244.8	0.22
上 海	1.59	1.24	−22.01
江 苏	160.47	164.02	2.21
浙 江	215.71	208.37	−3.40
福 建	351.16	367.76	4.73
山 东	698.32	699.35	0.15
广 东	149.88	152.65	1.85
广 西	72.50	71.82	−0.94
海 南	48.65	48.45	−0.41
11 省份小计	1 951.16	1 967.33	0.83
占全国比率（%）	90.10	89.58	−0.52

资料来源：表中数据出自 2018 年版《中国渔业统计年鉴》。

表 52 我国农业系统农产品加工企业主要经济指标（2017 年）

项 目	单 位	2017 年
企业个数	个	
主营业务收入	万亿元	19.4
同比增长	%	6.50
利润总额	万亿元	1.3
同比增长	%	7.40
税金总额	亿元	
同比增长	%	

资料来源：表中数据由农业部农产品加工局提供。

表 53 轻工业系统农产品加工业分行业主要经济指标（2017 年）

单位：万元

行 业	企业单位数（个）	主营业务收入	利税总额	固定资产合计
总 计	**11 947**	**93 655.43**	**7 828.51**	**79 081.28**
1. 农副食品加工业	2 586	24 046.65	1 386.31	15 673.58
2. 食品制造业	1 567	13 031.14	1 249.65	9 601.25
3. 饮料制造业	1 014	10 405.19	1 545.35	11 794.18
4. 烟草制造业	74	8 234.98	895.80	9 805.76
5. 皮革、毛皮、羽毛制品业	1 879	8 021.79	591.37	4 231.99
6. 木、竹、藤、棕草制品业	807	3 872.40	264.04	2 084.46
7. 家具制造业	948	4 242.13	317.42	3 245.68
8. 造纸及纸制品业	839	7 877.53	671.37	9 987.01
9. 橡胶制品业	2 233	13 923.62	907.20	12 657.37

表 54 各地区林产调味产品生产情况（2017 年）

单位：t

地区	合计	花椒	八角	桂皮	其他
全国总计	**775 221**	**438 361**	**172 910**	**96 021**	**67 929**
北京	35	35			
天津					
河北	10 325	10 325			
山西	14 294	14 294			
内蒙古					
辽宁					
吉林					
黑龙江					
上海					
江苏	128	125		3	
浙江					
安徽	893	313		199	381
福建	106				106
江西	280	4	35	24	217
山东	49 627	39 733			9 894
河南	26 283	26 248			35
湖北	2 550	1 916	59	8	567
湖南	1 612	657	59	98	798
广东	58 881		5 360	53 128	393
广西	187 553		145 646	41 273	634
海南	20 171				20 171
重庆	71 100	69 626	412	180	882
四川	84 497	83 633	150	71	643
贵州	10 087	8 708	434	45	900
云南	115 678	62 008	20 535	891	32 244
西藏	13	13			
陕西	83 227	82 842	220	101	64
甘肃	37 881	37 881			
青海					
宁夏					
新疆					
大兴安岭					

资料来源：表中数据出自 2017 年版《中国林业统计年鉴》。

表55　我国各地区森林食品生产情况（2017年）

地　区	合　计	竹笋干	食用菌（干重）	山野菜（干重）	其他（干重）
全国总计	**3 840 972**	**85 803**	**2 166 319**	**405 045**	**411 525**
北　京	75		75		
天　津					
河　北	9 715		4 826	3 735	1 154
山　西	54 411		43 362	33	11 016
内蒙古	12 360		9 868	2 129	363
辽　宁	232 535		136 190	76 167	20 178
吉　林	168 084		100 025	58 925	9 134
黑龙江	457 590		361 066	49 174	47 350
上　海	174	174			
江　苏	58 336	746		1 665	150
浙　江	236 155	186 580	55 775	2 435	33
安　徽	122 555	35 628	47 107	10 046	16 971
福　建	656 484	207 796	59 910	47 945	2 259
江　西	167 310	54 374	398 484	7 679	54 808
山　东	81 801		50 449	2 064	49 208
河　南	275 809	1 097	30 529	37 930	10 445
湖　北	300 230	22 154	226 337	23 021	71 123
湖　南	157 272	62 041	183 932	18 680	39 811
广　东	76 993	57 503	36 740	303	938
广　西	133 885	33 598	18 249	1 152	1 570
海　南	18 017	686	97 565		17 231
重　庆	45 236	29 148	100	2 478	3 517
四　川	239 276	122 376	10 093	13 308	24 927
贵　州	128 863	25 818	78 665	10 655	12 571
云　南	124 725	13 495	79 819	21 874	5 190
西　藏	52		84 166	16	1
陕　西	66 086	4 859	35	10 772	5 599
甘　肃	5 119	10	44 856	1 192	318
青　海					
宁　夏					
新　疆					
大兴安岭	11 824		4 497	1 667	5 660

资料来源：表中数据出自2017年版《中国林业统计年鉴》。

表 56　我国饮料行业主要经济指标（2016—2017 年）

指　　标	单　位	2016 年	2017 年	同比增长（%）
企业单位数	个	6 962	6 714	−3.56
总产量	万 t	18345.2	18051.2	−4.60
工业总产值	亿 元			
主营业务收入	亿 元	18 538.3	17 096.2	−7.78
利润总额	亿 元	1 908.5	2 006.9	5.16
职工人数	万 人			
资产总计	亿 元	16 761.5	17 053.3	1.71
负债合计	亿 元	7 361.5	7 263.7	−1.33

注：表中数据出自 2018 年版《中国统计年鉴》，以上数据为规模以上工业企业的经济指标。

表 57　我国酿酒行业主要酒种销售收入增长情况（2017 年）

单位:%

指　标	产销量增长	销售收入增长	利润总额增长
酒精	19.63	14.98	83.30
啤酒	−0.66	2.30	−9.83
白酒	6.86	14.42	35.79
葡萄酒	−5.25	−9.00	−11.55

资料来源：表中数据由中国酒业协会提供。

表 58　我国酒精工业主要经济指标（2016—2017 年）

指　　标	单　位	2016 年	2017 年	同比增长（%）
企业单位数	个	137	131	−4.37
产品产量	万 kL	858.7	1 027.3	19.63
主营业务收入	亿元	696.8	801.2	14.98
利润总额	亿元	25.6	46.9	83.30
行业总资产	亿元			

资料来源：表中数据由中国酒业协会提供。

表 59 我国乳制品行业主要经济指标（2016—2017 年）

指　　标	单　位	2016 年	2017 年	同比增长（%）
全年奶牛存栏	万头			
全年奶类总产量	万 t	3 841.2	3 870.3	0.76
其中：牛奶产量	万 t	3 724.6	3 754.7	0.81
全国乳制品产量	万 t	2 651.8	2 782.5	4.93
其中：液态奶	万 t	2 400.1	2 521.0	5.04
干乳制品	万 t			
乳制品工业总产值	亿元			
主营业务收入	亿元	3 297.7	3 328.5	0.93
乳制品加工利润总额	亿元	225.3	363.7	61.43
城镇居民人均消费	kg			
乳制品进口量	万 t	205.2	191.85	−6.51
乳制品进口额	万美元	84.9	61.11	−28.02
乳制品出口量	万 t	4.2	3.55	−15.48
乳制品出口额	万美元	0.92	0.64	−30.43

资料来源：表中数据由中国奶业协会、中国乳制品工业协会提供。

表 60 我国烟草工业主要经济指标（2016—2017 年）

指　　标	单　位	2016 年	2017 年	同比增长（%）
企业数	个	128	122	−4.69
工业总产值	亿元			
主营业务收入	亿元	8 686.3	8 890.9	2.35
利润总额	亿元	1 038.5	971.5	−6.45
职工人数	万人			
资产总计	亿元	10 210.1	10 520.7	2.95
负债合计	亿元	2 526.7	2 496.2	−1.21

表 61 我国纺织工业主要经济指标（2016—2017 年）

指　　标	单　位	2016 年	2017 年	同比增长（%）
企业数	个	19 752	18 726	−5.48
工业总产值	亿元			
主营业务收入	亿元	40 844.5	36 114.4	−13.10
利润总额	亿元	2 285.4	1 914.0	−19.40
职工人数	万人			
资产总计	亿元	24 522.8	22 912.5	−7.03
负债合计	亿元	12 680.7	12 156.8	−4.31

表 62　我国纺织服装、鞋、帽制造业主要经济指标（2016—2017 年）

指　　标	单　位	2016 年	2017 年	同比增长（%）
企业数	个	15 445	14 600	−5.79
工业总产值	亿元			
主营业务收入	亿元	23 741.5	20 892.1	−13.64
利润总额	亿元	1 428.5	1 213.4	−15.06
职工人数	万人			
资产总计	亿元	13 748.5	12 823.5	−6.73
负债合计	亿元	6 334.5	6 054.0	−4.63

表 63　我国皮革工业经济运行情况（2016—2017 年）

指　　标	单　位	2016 年	2017 年	同比增长（%）
企业数	个	8 727	8 293	−5.23
工业总产值	亿元			
主营业务收入	亿元	15 163.0	14 105.6	−6.97
利润总额	亿元	988.7	910.3	−7.93
职工人数	万人			
资产总计	亿元	7 396.3	6 979.0	−5.64
负债合计	亿元	3 327.3	3 168.0	−4.79

资料来源：数据出自 2018 年版《中国统计年鉴》。

表 64　我国家具行业经济运行情况（2016—2017 年）

指　　标	单　位	2016 年	2017 年	同比增长（%）
企业数	个	5 777	6 149	6.44
工业总产值	亿元			
主营业务收入	亿元	8 779.6	8 787.9	0.09
利润总额	亿元	574.3	568.6	−0.99
资产总计	亿元	5 552.8	5 737.5	3.22
负债合计	亿元	2 722.1	2 759.8	1.38
出口交货值	亿元			

资料来源：数据出自 2018 年版《中国统计年鉴》。

表 65　我国造纸工业主要经济指标（2016—2017 年）

指　　标	单　位	2016 年	2017 年	同比增长（%）
企业数	个	2 602	2 754	5.84
工业总产值	亿元			
主营业务收入	亿元	7 889.00	9 215.00	16.80
利税总额	亿元	625.00	666.00	6.56
利润总额	亿元	380.00		
资产总计	亿元	9 370.00	10 317.00	10.10
资产负债率	%	57.60	55.91	−1.69
从业人员平均人数	万人			

资料来源：表中数据由中国造纸协会提供。

表 66　我国新闻出版产业基本情况（2016—2017 年）

类别		单位	2016 年	2017 年	同比增长（%）
总计	图书、期刊、报纸总印张	亿印张	2 566.23	2 020.94	−21.24
	折合用纸量	万 t	578.77		
	其中：书籍用纸量	万 t	120.78		
	课本用纸量	万 t	61.69		
	期刊用纸量	万 t	40.12		
	报纸用纸量	万 t	368.90		
	图片用纸量	万 t	0.03		
图书	图书出版总量	种	499 844	512 500	2.53
	其中：初版图书	种	256 939	255 100	−0.71
	重版重印图书	种	242 905	257 400	5.97
	总印数	亿册（张）	61.46	92.44	50.40
	总印张	亿印张	647.88	808.04	24.72
	折合用纸量	万 t	175.58		
	定价金额	亿元	1 956.02	1 731.25	−11.49
期刊	期刊出版总数	种	10 084	10 130	0.46
	平均期印数	万册	13 950.22		
	总印数	亿册	26.97	24.92	−7.60
	总印张	亿印张	151.95	136.66	−10.06
	折合用纸量	万 t			
	定价金额	亿元	232.42	223.89	−3.67
报纸	出版种数	种	1 894	1 884	−0.53
	平均期印数	万份	19 494.94		
	总印数	亿份	390.07	362.50	−7.07
	总印张	亿印张	1 267.27	1 076.24	−15.07
	折合用纸量	万 t	291.48		
	定价金额	亿元	408.20	398.85	−2.23
音像制品及电子出版物	出版种数	种	24 116	22 792	−5.49
	出版数量	亿盒（张）	4.36	5.37	23.17
	发行数量	亿盒（张）			
	发行金额	亿元			
出版物进出口 出口	图书、期刊、报纸	种次			
	出口数量	万册（份）	2 169.94	2 712.02	24.98
	出口金额	万美元	7 785.11	7 831.81	0.60
出版物进出口 进口	图书、期刊、报纸	种次			
	进口数量	万册（份）	3 108.18	3 255.60	4.74
	进口金额	万美元	30 051.73	31 978.76	6.41

资料来源：表中数据出自中国新闻出版广电网。

表 67　我国 71 个印刷机械企业主要经济指标（2016—2017 年）

指　　标	单　位	2016 年	2017 年	同比增长（%）
主营业务收入	万元	962 465.00	1 019 500.00	5.93
资产总额	万元	1 643 580.00	1 754 800.00	6.77
利润总额	万元	20 408.00	16 400.00	−19.64
应缴增值税	万元	37 687.50	33 500.00	−11.11
成本费用总额	万元	903 625.17	943 200.00	4.38
产品销售率	%	105.11	103.14	−1.97
总资产贡献率	%	3.56	1.53	−2.03
资产保值增值率	%	93.34	87.98	−5.36
资产负债率	%	55.83	59.12	3.29
成本费用利润率	%	−1.84	−4.22	−2.83
流动资金年周转率	次/年	1.16	1.16	0.00
全员劳动生产率	万元/人	9.32	10.47	12.34

资料来源：表中数据由中国印刷及设备器材工业协会。

表 68　我国农产品加工业能源消费总量和主要能源品种消费量（2016 年）

行　　业	能源消费总量（万 t 标准煤）	煤炭消费量（万 t）	焦炭消费量（万 t）	原油消费量（万 t）	汽油消费量（万 t）	煤油消费量（万 t）	柴油消费量（万 t）	燃料油消费量（万 t）	天然气消费量（亿 m³）	电力消费量（亿 kW·h）
合　　计	242 514.9	168 582.5	45 044.5	55 215.5	368.9	17.7	917.5	2 989.6	770.6	32 224.0
农副食品加工业	4 153.1	2 570.0	142.7		23.6	0.4	42.0	2.1	9.9	672.0
食品制造业	1 969.0	1 678.5	2.2		9.5	0.1	14.5	2.6	14.1	255.5
饮料制造业	1 489.0	1 090.7	0.9		6.7		10.3	1.1	8.5	162.8
烟草加工业	206.3	27.8	1.4		0.6		1.3	0.3	1.0	52.0
纺织业	7 295.1	4 211.2	1.9		12.0		12.9	5.8	18.8	1 592.7
纺织服装、鞋、帽制造业	944.4	214.5	1.2		10.9		12.0	0.5	3.5	227.5
皮革、毛皮、羽毛（绒）及其制品业	605.8	134.7	1.4		6.3	0.2	4.5	0.5	0.80	153.6
木材加工及竹、藤、棕草制品业	1 162.2	325.7	1.0		5.9	0.1	10.2	0.3	1.2	251.2
家具制造业	363.3	42.1	45 044.5		4.6		5.9	0.3	1.3	95.9
造纸及纸制品业	4 105.3	4 602.6	142.7		5.4	0.4	17.3	13.7	10.7	675.8
印刷业和记录媒介复制	480.2	84.2	2.2		6.5		6.0	0.3	2.6	115.6
橡胶制品业	4 533.7	867.7	2.1		19.9	0.3	22.5	7.3	8.8	1 238.4

农产品加工业主要产品产量

表 69 我国农产品加工业主要产品产量（2016—2017 年）

产 品 名 称	单 位	2016 年	2017 年	同比增长（%）
纱	万 t	3 732.6	4 033.9	8.07
布	亿 m	906.7	787.7	−13.12
机制纸及纸板	万 t	12 319.2	12 542.0	1.81
成品糖	万 t	1 443.3	1 472.0	2.00
卷烟	亿支	23 825.7	23 448.3	−1.61
罐头	万 t	1 394.8	1 314.3	−6.12
啤酒	万 kL	4 506.4	4 401.5	−2.38
原盐	万 t	6 620.1	6 654.2	0.51
精制食用植物油	万 t	6 907.5	6 071.8	−13.76
中成药	万 t	374.6	383.6	2.40
合成橡胶	万 t	559.9	592.1	5.75
橡胶轮胎外胎	万条	94 974.1	92 789.6	−2.35
化学纤维	万 t	4 886.3	4 877.1	−0.19

表 70 我国淀粉产量及品种情况（2016—2017 年）

单位：万 t

品 种	2016 年	2017 年	同比增长（%）	占总淀粉（%）
合 计	**2 355.52**	**2 720.11**	**15.48**	**100.00**
玉米淀粉	2 258.59	2 595.08	14.90	95.40
木薯淀粉	36.49	32.99	−9.77	1.21
马铃薯淀粉	32.92	53.72	63.10	1.97
甘薯淀粉	20.01	26.29	31.40	0.97
小麦淀粉	7.51	12.11	61.00	0.45

资料来源：表中数据由中国淀粉工业协会提供。

表 71 我国淀粉深加工品产量（2016—2017 年）

单位：万 t

主要品种	2016 年	2017 年	同比增长（%）	占深加工品（%）
合 计	**1 264.23**	**1 450.10**	**14.70**	**100.00**
变性淀粉	148.06	170.55	15.19	11.76
结晶葡萄糖	336.91	279.63	−17.00	19.28
液体淀粉糖	685.57	897.87	30.97	61.92
糖 醇	93.69	102.05	8.93	7.04

资料来源：表中数据由中国淀粉工业协会提供。

表 72 我国变性淀粉主要品种产量（2016—2017 年）

单位：万 t

主要品种	2016 年	2017 年	同比增长（%）	占比（%）
合 计	**148.06**	**170.55**	**15.19**	**100.00**
氧化淀粉	25.26	31.26	23.73	18.33
复合变性淀粉		23.43		13.74
醋酸酯淀粉	15.39	22.76	47.90	13.35
阳离子淀粉		19.71		11.56
磷酸酯淀粉		12.14		7.12

资料来源：表中数据由中国淀粉工业协会提供。

表 73 我国玉米淀粉生产规模情况（2016—2017 年）

项 目	单 位	2016 年	2017 年	同比增长（%）
年产 100 万 t 以上的企业	个	3	8	167.0
年产 100 万 t 以上的企业总产量	万 t	657.5	1 297.5	97.3
占全国玉米淀粉总产量	%	29.1	51.0	21.9
年产 40 万 t 以上的企业	个	17	13	−23.5
年产 40 万 t 以上的企业总产量	万 t	1 031.9	2 102.0	103.7
占全国玉米淀粉总产量	%	45.6	81	35.4

资料来源：表中数据由中国淀粉工业协会提供。

表 74 我国部分淀粉深加工品生产规模情况（2016—2017 年）

项 目		2016 年	2017 年	同比增长（%）
变性淀粉	年产 10 万 t 以上企业（个）	4	6	50.0
	年产 10 万 t 以上企业总产量（万 t）	56.2	84.2	49.8
	占全国总产量（%）	37.9	49.4	30.3
	年产 5 万 t 以上企业（个）	4	7	75.0
	年产 5 万 t 以上企业总产量（万 t）	26.0	92.2	254.6
	占全国总产量（%）	17.6	54.0	36.4
	年产 2 万 t 以上企业（个）		24	166.7
	年产 2 万 t 以上企业总产量（万 t）		144.1	309.3
	占全国总产量（%）		84.5	60.7
结晶葡萄糖	年产 100 万 t 以上企业（个）	1	1	持平
	年产 100 万 t 以上企业总产量（万 t）	178.5	141.9	−20.5
	占全国总产量（%）	53.0	36.8	−16.2
	年产 20 万 t 以上企业（个）	3	4	33.3
	年产 20 万 t 以上企业总产量（万 t）	80.8	236.2	192.3
	占全国总产量（%）	24.0	61.2	37.2
	年产 10 万 t 以上企业（个）	2	7	250.0
	年产 10 万 t 以上企业总产量（万 t）	35.1	285.6	713.7
	占全国总产量（%）	10.4	74.0	611.5

（续）

项　　目		2016 年	2017 年	同比增长（%）
液体淀粉糖	年产 50 万 t 以上企业（个）	4	5	25.0
	年产 50 万 t 以上企业总产量（万 t）	303.6	413.7	36.3
	占全国总产量（%）	44.2	52.3	8.1
	年产 10 万 t 以上企业（个）	13		
	年产 10 万 t 以上企业总产量（万 t）	310.2		
	占全国总产量（%）	45.2		

资料来源：表中数据由中国淀粉工业协会提供。

表 75　各地区粮食加工业主要产品产量（2016 年）

单位：万 t

产　品	小麦粉	大　米	淀　粉	酒　精
全国总计	**7 800.4**	**6 181.4**	**2 456.6**	**526.0**
北　京	74.5	37.1		0.1
天　津	29.6	7.8		
河　北	946.9	32.7	271.9	19.4
山　西	38.3	0.1	23.8	
内蒙古	32.6	9.1	227.5	24.3
辽　宁	38.7	258.2	65.7	0.5
吉　林	0.9	204.4	157.6	183.0
黑龙江	53.0	791.4	178.9	69.6
上　海	23.4	24.9	12.3	
江　苏	702.6	686.0	19.3	64.7
浙　江	78.7	118.4	1.7	0.0
安　徽	863.1	1 064.3	104.9	65.8
福　建	153.8	190.4	118.5	
江　西		593.8	9.2	
山　东	1 546.6	50.9	851.1	20.5
河　南	2 060.3	165.7	76.4	40.8
湖　北	218.7	805.5	7.0	
湖　南	16.4	447.2	0.0	
广　东	270.7	180.3	33.3	
广　西	14.2	125.8		11.5
海　南		2.2		
重　庆	0.5	49.1		
四　川	91.4	187.1	7.3	19.8
贵　州	0.8	38.0		
云　南	4.6	37.3		
西　藏	0.6			
陕　西	252.4	17.7	110.7	1.0
甘　肃	75.5		4.5	1.1
青　海	8.4			
宁　夏	45.3	48.1	86.7	
新　疆	157.4	7.5	88.5	3.8

表 76 各地区饮料产量（2016—2017 年）

单位：万 t

地 区	2016	2017	同比增长（%）
全国总计	18410.65	18051.24	−1.95
广 东	2875.31	2985.43	3.83
河 南	1726.28	1879.75	8.89
四 川	1372.01	1408.64	2.67
湖 北	1005.25	997.01	−0.82
吉 林	922.01	942.29	2.20
浙 江	842.62	793.92	−5.78
陕 西	670.05	728.55	8.73
河 北	578.27	674.90	16.71
贵 州	768.63	661.25	−13.97
山 东	663.15	634.30	−4.35
福 建	568.63	593.14	4.31
江 苏	560.32	566.76	1.15
云 南	353.24	564.16	59.71
广 西	1112.79	554.28	−50.19
湖 南	428.69	524.80	22.42
天 津	631.37	511.66	−12.96
北 京	401.35	399.30	−0.51
黑龙江	339.77	384.79	13.25
江 西	332.24	364.47	9.70
安 徽	379.43	361.79	−4.65
重 庆	290.58	277.82	−4.39
上 海	252.43	255.99	1.41
辽 宁	286.96	255.43	−10.99
新 疆	181.53	184.23	1.49
甘 肃	230.34	149.63	−35.04
山 西	137.10	126.10	−8.02
西 藏	91.82	73.97	19.44
内蒙古	245.37	63.60	−74.08
海 南	67.75	60.60	−10.55
宁 夏	41.01	39.30	−4.17
青 海	54.35	33.38	−38.58

资料来源：表中数据由中国食品工业协会提供。

表 77 我国粮油加工业年生产能力汇总情况（2014—2016 年）

单位：万 t、万台（套）

年份	处理稻谷	处理小麦	处理油料	其中		油脂精炼	处理玉米	处理杂粮	加工饲料	粮机制造
				处理大豆	处理菜籽					
2014	33 716	21 655	17 217			5 037	7 645		23 339	25.4
2015	30 738	19 400	15 584			4 902	10 758		21 644	35.1
2016	29 908	18 914	15 476			4 898	1 526		26 770	42.1

表 78 我国各地区白酒产量（2016—2017 年）

单位：万 kL

地 区	2016 年	2017 年	同比增长（%）
全国总计	**1 358.36**	**1 198.06**	**−11.80**
四 川	402.67	372.39	−7.52
河 南	117.50	114.92	−2.20
山 东	112.64	106.27	−5.65
江 苏	106.89	92.35	−13.60
吉 林	90.32	77.78	−13.89
湖 北	78.17	61.99	−20.70
黑 龙 江	75.14	57.79	−23.09
贵 州	60.94	45.21	−25.81
安 徽	49.01	43.93	−10.35
北 京	44.89	33.82	−24.67
湖 南	31.02	28.67	−7.57
河 北	30.58	23.60	−22.83
广 东	22.40	20.65	−7.83
陕 西	22.18	20.18	−9.01
江 西	18.88	16.69	−11.60
山 西	16.01	13.99	−12.64
广 西	14.25	13.04	−8.47
重 庆	12.02	11.69	−2.78
云 南	10.32	11.32	9.67
内 蒙 古	10.17	6.98	−31.37
新 疆	8.28	6.17	−25.49
福 建	6.81	5.99	−12.04
甘 肃	5.26	3.32	−36.93
天 津	4.63	3.12	−32.70
辽 宁	2.71	2.70	−0.53
青 海	2.63	1.83	−30.45
浙 江	1.15	1.34	16.54
宁 夏	0.83	0.30	−63.50
西 藏	0.05	0.05	−7.52

表 79 我国粮油加工业主要产品产量（2014—2016 年）

单位：万 t、台（套）

年份	大米	小麦粉	食用植物油	玉米加工产品	粮食食品	其中：大豆食品	杂粮及薯类	饲料	粮机设备
2014	9 870	9 676	3 004	3 940	2 143	128	426	16 477	25.4
2015	5 678	7 546	2 682	4 100	2 232	223	536	21 644	35.1
2016	6 181	7 800	3 231					18 253	42.1

表 80 我国乳制品产量情况（规模以上企业）（2013—2017 年）

单位：万 t

指　标	2013 年	2014 年	2015 年	2016 年	2017 年
乳制品	2 698.0	2 651.8	2 782.5	2 993.2	2 935.0
其中：液体乳	2 336.0	2 400.1	2 521.0	2 831.2	2 814.3
乳　粉	158.9	150.8	142.0	139.0	120.7

资料来源：中国乳制品工业协会。

表 81 我国乳制品产量前五位省、自治区情况（2017 年）

地　区	产量（万 t）	同比增长（%）	占全国比例（%）
全国总计	**2 935.0**	**−1.9**	**100.0**
河　北	372.9	0.5	12.7
内蒙古	263.4	−21.8	9.0
山　东	251.1	−4.1	8.6
河　南	351.4	24.6	12.0
黑龙江	158.6	−18.4	5.4

资料来源：中国乳制品工业协会。

表 82 我国烟草工业主要产品产量（2016—2017 年）

年　份	烟叶（万 t）	烤烟（万 t）	卷烟（亿支）
2016	257.4	244.5	
2017	239.1	227.9	
同比增长（%）	−7.1	−6.8	

资料来源：表中数据出自 2017 年版《农村统计年鉴》。

表 83 我国发酵酒精产量（2016—2017 年）

单位：万 kL

年　份	2016	2017	同比增长（%）
产　量	952.10	1 027.29	7.90

资料来源：表中数据由中国酒业协会酒精分会提供。

表 84 我国各地区啤酒产量（2016—2017 年）

单位：万 kL

地 区	2016	2017	同比增长（%）
全 国	**4 506.44**	**4 401.49**	**−2.33**
山 东	600.13	608.82	1.45
广 东	405.92	412.26	1.56
河 南	396.92	400.34	0.86
浙 江	246.58	254.41	3.17
辽 宁	232.59	219.53	−5.61
四 川	232.11	240.66	3.68
黑龙江	200.75	185.17	−7.76
广 西	182.17	158.88	−12.78
湖 北	180.52	165.52	−8.31
江 苏	177.72	179.42	0.95
河 北	165.00	174.89	6.00
福 建	160.94	162.42	0.93
吉 林	137.08	109.59	−20.05
北 京	135.27	130.00	−3.90
江 西	110.94	130.30	17.45
安 徽	105.95	96.05	−9.34
云 南	105.29	98.81	−6.16
贵 州	100.37	92.35	−7.99
内蒙古	99.83	70.44	−29.44
陕 西	92.79	91.73	−1.15
重 庆	76.09	78.95	3.75
湖 南	71.56	73.13	2.19
上 海	60.80	56.43	−7.20
甘 肃	59.10	50.42	−14.69
新 疆	46.39	45.58	−1.73
山 西	33.96	33.67	−0.85
天 津	31.95	24.38	−23.67
宁 夏	25.14	23.44	−6.74
西 藏	16.55	17.96	8.50
青 海	10.68	3.82	−64.20
海 南	5.36	3.02	−43.63

资料来源：表中数据出自中国酒业协会啤酒分会。

表 85　我国饲料工业产品产量（2014—2017 年）

单位：万 t

年　份	饲料产量	其中：1. 配（混）合饲料	2. 浓缩饲料	3. 预混合饲料
2014	19 727	16 935	2 151	641
2015	20 009	17 396	1 960	653
2016	20 917	18 394	1 832	691
2017	22 788	20 529	1 606	653

资料来源：表中数据由中国饲料工业协会提供。

表 86　我国饲料产量过千万吨省份（2016—2017 年）

单位：万 t

地　区	2016	2017	同比增长（%）
全国总计	**20 918**	**22 161**	**6.0**
10 省小计	14 450	15 424	6.7
10 省占全国比重（%）	69.10	69.60	0.5
广　东	2 825	2 951	4.5
山　东	2 587	29 391	13.6
广　西	1 216	13 461	10.7
河　北	1 342	1 345	0.2
湖　南	1 173	1 241	5.8
江　苏	1 123	1 237	10.1
辽　宁	1 074	1 193	11.1
四　川	1 070	1 105	3.3
河　南	1 137	1 061	−6.7
江　西	902	1 005	11.4

资料来源：表中数据由中国饲料工业协会提供。

表 87　我国鱼油、鱼粉产量（2013—2017 年）

单位：kt

年　份	2013	2014	2015	2016	2017
鱼　粉	560.0	500.0	480.0	460.0	375.0
鱼　油	80.0	71.4	68.6	65.7	50.0

表 88　我国各地区水产品加工总量（2017 年）

单位：t

地 区	2016		2017	
	水产加工品总量	其中：淡水加工产品	水产加工品总量	其中：淡水加工产品
全国总计	**21 654 407**	**3 903 668**	**21 962 522**	**4 081 875**
北 京	5 397	1 716	2 073	1 675
天 津	1 010	500	510	
河 北	86 050	13 777	88 247	14 024
山 西				
内蒙古	8 458	8 458	8 090	8 090
辽 宁	2 442 743	38 532	2 448 498	36 585
吉 林	220 807	1 867	237 716	1 776
黑龙江	6 175	6 175	7 625	7 625
上 海	15 890	13 500	12 384	9 835
江 苏	1 604 668	863 260	1 640 182	882 296
浙 江	2 157 127	100 044	2 083 654	85 594
安 徽	262 329	251 874	259 472	254 829
福 建	3 511 620	152 804	3 677 613	165 468
江 西	373 013	373 013	379 075	379 075
山 东	6 983 205	110 382	6 993 534	121 058
河 南	22 367	22 367	20 167	20 167
湖 北	1 037 535	1 037 535	1 143 318	1 143 318
湖 南	142 334	142 334	137 990	137 990
广 东	1 498 846	363 484	1 526 477	377 776
广 西	724 993	150 286	718 223	141 532
海 南	486 512	188 432	484 518	200 006
重 庆	895	895	1 098	1 098
四 川	5 120	5 120	5 130	5 130
贵 州	1 364	1 364	1 406	1 406
云 南	47 083	47 083	73 996	73 996
西 藏				
陕 西	985	985	1 090	1 090
甘 肃				
青 海	3 000	3 000	3 000	3 000
宁 夏	165	165	116	116
新 疆	4 716	4 716	7 320	7 320

资料来源：表中数据来自 2018 版《中国渔业统计年鉴》。

表 89 各地区木本油料产品生产情况（2017 年）

单位：t

地区	合计	油茶籽	核桃	油橄榄	油用牡丹籽	其他
全国总计	**6 974 034**	**2 431 647**	**4 171 386**	**61 879**	**35 016**	**274 106**
北京	12 462		12 462			
天津	1 613		1 613			
河北	228 363		227 681		182	500
山西	232 617		231 553		188	876
内蒙古	93					
辽宁	39 575		1 121		10	38 444
吉林	19 440		19 440			
黑龙江	204		204			
上海						
江苏	2 423	265	2 076		82	
浙江	82 180	61 039	21 141			
安徽	119 051	85 763	23 758		9 202	328
福建	242 766	155 172	11			87 583
江西	454 107	454 077	2			28
山东	178 939		168 048		9 741	1 150
河南	185 437	32 047	148 650		3 261	1 479
湖北	270 926	146 879	121 800	115	2 132	
湖南	1 016 597	1 007 523	8 073	3	72	926
广东	129 815	125 195				4 620
广西	230 773	225 213	2 312			3 248
海南	3 499	3 439				60
重庆	44 542	9 131	29 495	1 634	813	3 469
四川	580 630	20 852	537 474	14 675	40	7 589
贵州	212 048	74 528	103 465	30	35	33 990
云南	1 046 133	14 237	1 015 728	209		15 959
西藏	5 104		5 104			
陕西	423 330	16 287	336 099	42	8 694	62 208
甘肃	374 202		317 096	45 171	540	11 395
青海	2 098		2 098			
宁夏	483		459		24	
新疆	834 584		834 423			161
大兴安岭						

表 90　制糖期糖料与食糖生产情况（2017 年）

企业名称	糖料播种面积（万 hm^2）	产糖量（万 t）	人均占有量（kg/人）
全国累计	**154.56**	**11 378.84**	**82.10**
甘蔗糖合计	**137.14**	**10 440.43**	**75.30**
广　东	16.92	1 343.47	121.20
广　西	87.61	7 132.35	1 467.10
云　南	23.99	1 516.15	316.80
海　南	2.12	133.10	144.40
江　西	1.46	67.28	14.60
甜菜糖合计	**17.43**	**938.41**	**6.80**
黑龙江	0.94	37.37	9.90
新　疆	6.11	448.27	185.10
内蒙古	8.27	344.34	136.40
河　北	1.22	62.49	8.30

资料来源：表中数据来自 2018 版《中国农村统计年鉴》。

表 91　我国食用菌产量、产值、出口情况（2016—2017 年）

项　目	单　位	2016	2017	同比增长（%）
产　量	t	35 966 586	37 120 000	3.21
产　值	万元	27 417 772	27 219 200	−0.72
出口量	t	547 936	630 800	15.13
创　汇	万美元	317 018	384 000	21.14

表 92　我国酿酒行业主要产品产量（2016—2017 年）

产　品	单　位	2016	2017	同比增长（%）
总　计	**万 kL**	**7 226.30**	**7 077.41**	**−2.06**
发酵酒精	万 kL	952.10	1 027.29	7.90
饮料酒	万 kL	6 274.30	6 050.13	−3.57
葡萄酒	万 kL	113.74	100.11	−11.98
白　酒	万 kL	1 358.36	1 198.06	−11.80
啤　酒	万 kL	4 506.44	4 401.49	−2.33

表 93 各地区主要森林药材产品产量（2017 年）

单位：t

地区	合计	银杏（白果）	山杏仁（苦杏仁）	杜仲	黄柏	厚朴	山茱萸	枸杞	沙棘
全国总计	**3 195 966**	**192 530**	**80 825**	**217 666**	**61 797**	**234 531**	**50 904**	**410 608**	**61 727**
北京									
天津									
河北	79 196		35 808					14 366	6 000
山西	60 133		7 994				1 438		6 215
内蒙古	25 497							15 230	150
辽宁	48 128	1 486	21 839					299	12
吉林	79 307							260	4 100
黑龙江	84 470		340					61	2 259
上海									
江苏	124 385	89 603							
浙江	18 439	2 073		557		1 898	4 040		
安徽	44 231	2 505	53	2 031	200	731	396	93	
福建	97 910	432				2 764			
江西	64 182	285		4 707	96	3 549	35		
山东	14 369	6 635	71	21				73	
河南	208 065	3 647	140	21 226			30 409	1 990	
湖北	278 032	32 816	15	23 004	26 369	15 193	456	1 834	
湖南	358 058	2 160	250	110 941	4 392	146 524	77	1	
广东	77 722	903		48					
广西	228 477	8 704		3 094	454	5 176			
海南	24 740								
重庆	130 145	2 886		11 664	7 974	6 720	332	256	20
四川	229 049	21 228		20 315	13 721	42 052	116	80	
贵州	66 263	7 238	31	9 547	7 469	3 132	25	173	
云南	240 495	164		155	599	10			
西藏	3							3	
陕西	139 002	9 617	14 083	10 124	451	6 676	13 510	106	6 800
甘肃	154 930	148		232	72	106	70	105 757	16 858
青海	96 400							95 000	1 400
宁夏	108 674		201					108 473	
新疆	114 030							66 553	17 913
大兴安岭	1 634								

表 94　我国森林工业主要产品产量（2016—2017 年）

主 要 产 品	单 位	2016	2017	同比增长（%）
锯　材	万 m^3	7 716.1	8 602.4	11.49
木片（实积）	万 m^3	4 576.1	4 438.2	−3.01
人造板	万 m^3	30 042.2	29 845.9	−1.85
胶合板	万 m^3	17 755.6	17 195.2	−3.16
纤维板	万 m^3	6 651.2	6 297.0	−5.33
刨花板	万 m^3	2 650.1	2 777.8	4.82
其他人造板	万 m^3	2 985.2	3 215.9	7.72
其他加工材	万 m^3	1 023.0	1 356.9	32.64
改性木材	万 m^2	146.8	185.3	26.23
指接材	万 m^2	452.9	400.1	−11.66
木竹地板	万 m^3	83 798.7	82 568.3	−1.47
林产化学产品				
松香类产品	t	1 838 691.0	1 644 982.0	−9.45
松节油类产品	t	273 765.0	278 226.0	1.63
樟　脑	t	14 271.0	14 972.0	3.65
冰　片	t	6 901.0	1 098.0	−84.09
栲胶类产品	t	4 969.0	4 667.0	−6.08
紫胶类产品	t	4 965.0	7 098.0	42.96
木竹热解产品	t	1 766 646.0	1 767 541.0	0.05
木质生物质成型燃料	t	810 261.0	872 859.0	7.73

表 95 各地区森林工业主要产品产量（2017 年）

单位：万 m^3

地区	锯材	木片（实积）	人造板					其他加工材	
			合计	胶合板	纤维板	刨花板	其他人造板	改性木材	指接材
全国总计	**8 602.37**	**4 438.15**	**29 485.87**	**17 195.21**	**6 297.00**	**2 777.77**	**3 215.89**	**185.29**	**400.08**
北京									
天津									
河北	117.84	9.94	1 658.61	676.90	468.73	272.22	230.77	4.40	
山西	16.41	21.26	36.10	2.18	20.17	4.56	9.19	0.27	
内蒙古	1 300.93	4.51	34.78	22.52	0.53		11.72		
辽宁	253.68	79.39	196.97	90.88	52.84	22.25	31.01		12.78
吉林	111.61	62.18	369.78	177.81	91.73	39.06	61.17	1.78	4.78
黑龙江	565.12	45.45	335.78	257.49	15.52	39.49	23.28	0.40	3.13
上海									
江苏	324.11	170.23	5 433.38	3 603.31	809.42	733.59	287.05	2.20	
浙江	349.49	36.53	550.58	209.11	80.50	9.26	251.72	14.68	98.86
安徽	415.91	187.78	2 425.71	1 689.95	397.88	164.58	173.30	0.79	2.66
福建	213.94	118.20	992.45	541.78	187.97	33.40	229.32	38.60	131.04
江西	276.07	140.01	560.86	244.53	139.75	41.73	134.85	23.30	49.91
山东	1 193.82	2 033.09	7 639.82	5 244.41	1 344.81	621.21	429.39	42.55	25.66
河南	260.18	287.53	1 714.83	791.18	383.58	129.12	410.95		
湖北	221.78	109.27	773.14	230.93	415.31	77.05	49.85	3.02	3.10
湖南	396.96	43.87	675.24	431.32	59.02	31.33	153.57	0.45	10.11
广东	211.82	289.22	1 056.88	316.70	513.74	208.89	17.55		4.91
广西	1 697.33	549.93	3 700.64	2 195.15	774.35	213.83	517.30	33.21	22.73
海南	77.44	15.63	31.39	20.53	3.00	7.86			
重庆	75.87	53.86	149.77	57.40	46.63	29.83	15.91	2.46	6.61
四川	150.09	83.03	625.40	169.41	316.59	32.73	106.68	0.07	15.07
贵州	141.31	23.69	123.93	57.91	8.44	9.20	38.38	16.93	7.65
云南	204.98	59.87	331.66	144.94	108.82	45.73	32.17	0.19	1.08
西藏	2.02								
陕西	11.46	7.10	63.44	12.17	49.83	0.86	0.58		
甘肃	1.10	0.07	2.42	0.75	1.66				
青海									
宁夏									
新疆	11.07	6.45	12.30	5.92	6.20		0.17		
大兴安岭	0.01	0.04							

（续）

地 区	木竹地板（万 m^2）	樟脑（t）	冰片（t）	松香类产品（t）	松节油类产品（t）	栲胶类产品（t）	紫胶类产品（t）	木竹热解产品（t）	木质生物质成型燃料（t）
全国总计	**82 568.31**	**14 972**	**1 098**	**1 664 982**	**278 226**	**4 667**	**7 098**	**1 767 541**	**872 859**
北 京									
天 津									
河 北						1 242		46 200	10 000
山 西								1 280	
内蒙古	8.60							3 000	100 000
辽 宁	2 771.18								
吉 林	4 048.78							4 232	210
黑龙江	382.72							1 785	15 000
上 海	5.00								
江 苏	33 153.37			9 600					
浙 江	11 108.05			19 000	5 000			152 886	217 573
安 徽	7 727.33			9 160	2 396			167 886	263 227
福 建	3 410.28	13 510		137 535	18 321		37	412 158	56 741
江 西	7 051.50	560	43	124 595	55 566			190 423	2 032
山 东	4 038.47							22 238	
河 南	991.94					1 100		15 590	
湖 北	3 296.13			26 055	1 335			545	106 182
湖 南	1 878.41	86	44	74 747	5 203			138 281	45 261
广 东	1 193.68			155 828	33 193		702	10 281	87
广 西	465.68			917 622	130 117	1 525	3 567	26 337	5 824
海 南	16.50			779	190			232	
重 庆	16.25			1 120				4 005	
四 川	553.11	816						13 448	
贵 州	118.92			13 396	1 227	800		529 523	35 605
云 南	337.10		760	175 345	25 523		2 792	22 275	12 000
西 藏									
陕 西	0.31			200					
甘 肃									
青 海									
宁 夏									
新 疆								1 000	
大兴安岭								3 936	3 117

表 96 我国水产加工产品的主要种类与产量（2014—2017 年）

单位：万 t

年 份	冷冻制品	干腌制品	鱼糜制品	鱼 粉	罐制品	鱼油制品
2014	1 317.2	155.1	151.8	75.9	39.9	10.1
2015	1 376.5	163.8	145.4	71.1	41.3	7.3
2016	1 388.6	168.9	148.3	69.0	42.9	8.5
2017	1 487.3	171.1	154.2	63.9	42.0	6.8

资料来源：表中数据出自 2018 版《中国渔业统计年鉴》。

表 97 纺织工业主要产品产量（规模以上企业）（2016—2017 年）

产品名称	单 位	2016	2017	同比增长（%）
化学纤维	万 t	4 944.3	4 714.0	−4.66
纱	万 t	4 039.5	4 050.0	0.26
布	亿 m	714.5	695.6	−2.65
服装	万件	314.5	287.8	−8.49

资料来源：表中数据中国纺织工业联合会提供。

表 98 我国家具工业分地区主要产品产量（2017 年）

单位：万件

地 区	家 具	地 区	家 具
全国总计	**80 703.47**	重 庆	731.69
浙 江	21 635.77	北 京	686.28
广 东	15 017.59	广 西	395.88
福 建	14 795.99	吉 林	294.10
河 南	6 653.49	贵 州	246.30
江 西	3 760.79	黑龙江	145.76
山 东	3 310.21	陕 西	127.44
辽 宁	2 419.49	云 南	41.95
四 川	2 409.56	新 疆	39.98
上 海	1 701.73	宁 夏	12.10
江 苏	1 447.17	甘 肃	8.21
河 北	1 300.37	内蒙古	7.66
湖 南	1 053.46	山 西	5.20
安 徽	935.26	青 海	2.17
湖 北	776.80	海 南	0.12
天 津	740.97		

资料来源：表中数据由中国家具协会提供。

表 99　我国造纸工业纸浆消耗情况（2016—2017 年）

单位：万 t

品　　种	2016		2017		同比增长（%）
	消　耗	所占比例（%）	消　耗	所占比例（%）	
纸浆消耗量	9 797	100	10 051	100	2.59
1. 木　浆	2 877	29	3 151	31	9.52
其中：进口木浆	1 861	19	2 111	21	13.43
国产木浆	1 010	10	1 040	10	2.97
2. 非木浆	591	6	597	6	1.02
3. 废纸浆	6 329	65	6 303	63	−0.41
其中：进口废纸浆	2 313	24	1	—	−99.96
国产废纸浆	4 016	41	6 302	63	56.92

资料来源：表中数据出自中国造纸协会。

表 100　我国造纸工业纸浆生产情况（2013—2017 年）

单位：万 t

品　种	2013 年	2014 年	2015 年	2016 年	2017 年
总　计	**7 651**	**7 906**	**7 984**	**7 925**	**7 949**
1. 木　浆	882	962	966	1 005	1 050
2. 废纸浆	5 940	6 189	6 338	6 329	6 302
非木浆	829	755	680	591	597
苇　浆	126	113	100	68	69
蔗渣浆	97	111	96	90	86
竹　浆	137	154	143	157	165
稻麦草	401	336	303	244	246
其他浆	68	41	38	32	31

资料来源：表中数据出自中国造纸协会。

表 101　我国机制纸及纸板主要品种产量（2016—2017 年）

单位：万 t

品　　种	2016	2017	同比增长（%）
纸及纸板合计	**10 855**	**11 130**	**2.53**
一、纸			
1. 新闻纸	260	235	−9.62
2. 未涂布印刷书写纸	1 770	1 790	1.13
3. 涂布印刷纸	755	765	1.32
其中：铜版纸	665	675	1.50
4. 生活用纸	920	960	4.35
5. 包装用纸	675	695	2.96
二、纸板			
1. 白纸板	1 405	1 430	1.78
其中：涂布白纸板	1 345	1 370	1.86
2. 箱纸板	2 305	2 385	3.47
3. 瓦楞原纸	2 270	2 335	2.86
三、特种纸及纸板	280	305	8.93
四、其他纸及纸板	215	230	6.98

资料来源：表中数据出自中国造纸协会。

表 102 我国纸和纸板消费结构情况（2016—2017 年）

单位：万 t

产品名称	生产量			消费量		
	2016	2017	同比增长（%）	2016	2017	同比增长（%）
总 计	**10 855**	**11 130**	2.53	**10 419**	**10 897**	4.59
1. 新闻纸	260	235	−9.62	265	267	0.75
2. 未涂布印刷书写纸	1 770	1 790	1.13	1 689	1 744	3.26
3. 涂布印刷纸	755	765	1.32	609	634	4.11
其中：铜版纸	665	675	1.50	565	585	3.54
4. 生活用纸	920	960	4.35	854	890	4.22
5. 包装用纸	675	695	2.96	689	707	2.61
6. 白纸板	1 405	1 430	1.78	1 265	1 299	2.69
其中：涂布白纸板	1 345	1 370	1.86	1 205	1 238	2.74
7. 箱纸板	2 305	2 385	3.47	2 364	2 510	6.18
8. 瓦楞原纸	270	2 335	2.86	2 271	2 396	5.50
9. 特种纸和纸板	280	305	8.93	225	249	10.67
10. 其他纸和纸板	215	230	6.98	192	201	6.91

资料来源：表中数据出自中国造纸协会。

表 103 我国纸和纸板生产、消费及进口量与人均消费量（2013—2017 年）

年 份	纸和纸板总产量（万 t）	纸和纸板总消费量（万 t）	纸和纸板进口量（万 t）	人均消费量（kg）
2013	10 110	9 782	283	72
2014	10 470	10 071	282	74
2015	10 710	10 352	287	75
2016	10 855	10 419	297	75
2017	11 130	10 897	466	78

资料来源：表中数据出自中国造纸协会。

表 104 我国人均主要工农业产品产量（2013—2017 年）

产品名称	单 位	2013	2014	2015	2016	2017
粮 食	kg	443.0	445.0	453.0	449.0	477.0
棉 花	kg	4.6	4.5	4.1	3.8	4.1
油 料	kg	25.9	25.7	25.8	26.3	25.1
糖 料	kg	101.0	97.7			82.1
茶 叶	kg	1.4	1.5			1.8
水 果	kg	184.4	191.1			182.1
猪牛羊肉	kg	48.6	49.8	48.3	47.0	47.3
水产品	kg	45.5	47.4	49.1	50.6	46.5
牛 奶	kg	26.1	27.3	27.4	26.1	21.9
布	m	65.0	65.5	65.1	65.7	50.1
机制纸及纸板	kg	83.8	86.4	85.6	89.3	80.1
纱	kg	23.6	24.8	25.8	27.0	29.1

农产品加工业主要产品出口创汇情况

表 105　我国海关出口农产品及加工品数量与金额（2016—2017 年）

单位：万美元

产品名称	单位	2016		2017	
		数量	金额	数量	金额
活　猪	万头	155	338 518	157	305 192
活家禽	万只	440	10 109	230	1 539
牛　肉	万 t	4 143	26 436	0.1	5 392
猪　肉	万 t	48 539	167 458	5.1	175 630
冻　鸡	万 t	115 250	152 484	12.9	163 524
水海产品	万 t	409	13 195 111	1 369	13820 292
鲜　蛋	百万个	1 303	78 280	421	77 164
谷物及谷物粉	万 t	67	323 016	156	511 832
稻谷和大米	万 t	48	250 265	119.7	404 083
玉　米	万 t	4 071	1 935	8.6	15 083
蔬菜	万 t	827	8 120 671	925	8 910 125
鲜或冷藏蔬菜	万 t	538	3 575 893	651	3 598 240
橘、橙	万 t	723 683	691 552	56.2	562 260
苹　果	万 t	1 339 079	968 922	133.5	985 473
松子仁	t	13 771	179 668	16 153	165 192
大　豆	万 t	13	71 410	11	61 856
花生及花生仁	万 t	12	126 025	15	152 776
食用植物油（含棕榈油）	t	126 048	111 381	200 055	155 246
食　糖	t	149 052	54 610	157 933	61 205
天然蜂蜜	t	128 330	182 203	129 274	183 314
茶　叶	t	328 699	979 290	355 258	1 090 172
干辣椒	t	80 202	104 049	61 716	82 272
猪肉罐头	t	38 963	80 193	43 095	89 576
蘑菇罐头	t	236 456	264 220	226 418	260 688
啤　酒	万 L	29 158	127 125	36 095	154 144
肠　衣	t	96 537	708 513	105 955	910 921
填充用羽毛、羽绒	t	43 678	284 081	53 376	428 156
中药材及中成药	t	151 930	818 077	155 553	824 336
烤　烟	t	119 950	310 644	146 865	348 965

（续）

产品名称	单位	2016		2017	
		数量	金额	数量	金额
纸烟	万条	13 976	421 832	12 468	388 179
锯材	万 m^3	26	127 283	28	137 113
生丝	t	6 927	208 070	5 936	222 317
山羊绒	t	2 995	129 817	3 072	127 663
棉花	t	7 757	10 050	17 083	22 731
烟花、爆竹	t	313 926	481 758	323 410	488 630
松香及树脂酸	t	59 720	70 373	56 609	68 600
新的充气橡胶轮胎	万条	46 868	8 500 491	56 609	9 596 682
纸及纸板（未切成形）	万 t	683	5 124 905	48 351	5 057 175
棉纱线	t	355 657	1 024 139	652	74 414 143
丝织物			424 702	393 512	1 121 941
棉机织物			9 100 644	27 275	417 611
亚麻及苎麻机织物	万 m	24 568	496 496	173 908	9 440 157
合成短纤及棉混纺机织物	万 m	195 459	1 703 275	58 498	516 432
地毯	万 m^2	52 442	1 664 385	656 350	1 368 975
塑料编织袋（周转袋除外）	万条	703 791	626 850	56 609	1 832 166
纺织机械及零件			1 967 102		2 332 955
家具及其零件			31 509 536		3 848 398
非针织或钩编织物制服装			42 733 556		45 062 008
针织或钩编织服装			42 894 435		41 939 402
皮鞋	万双	69 039	6 347 381	68 232	6 309 515
橡胶或塑料底布鞋（包括球鞋）	万双	266 940	8 188 194	287 561	9 090 741
足球、篮球、排球	万个	23 044	318 201	22 607	309 450
竹编结品	t	25 552	93 725	28 853	113 221
藤编结品	t	8 261	41 116	8 500	40 294
草编结品	t	16 012	76 638	16 561	84 173
柳编结品	t	50 474	293 201	51 072	304 116

表 106 我国农产品进出口状况（2013—2017 年） 单位：亿美元、%

年 份	出口额	同 比	进口额	同 比	进出口总额	同 比	逆 差	同 比
2013	678.4	7.4	1 189.0	5.7	1 867.5	6.3	510.6	3.7
2014	719.6	6.1	1 225.4	3.1	1 945.0	4.1	505.8	−0.9
2015	706.8	−1.8	1 168.8	−4.6	1 875.6	−3.6	462.0	−8.7
2016	729.9	3.3	1 115.7	−4.5	1 845.6	−1.6	385.8	−16.5
2017	755.3	3.5	1 258.6	12.8	2 013.9	9.1	503.2	30.4

资料来源：表中数据出自中华人民共和国农业部。

表 107 我国主要农产品进出口增速情况（2015—2017 年）

单位：亿美元、%

类 别	年 份	进口额	同 比	出口额	同 比
水产品	2015	89.8	−2.3	203.3	−6.3
	2016	93.7	4.4	207.4	2.0
	2017	113.5	21.1	204.1	−1.6
蔬 菜	2015	5.4	5.9	132.7	6.2
	2016	5.3	−1.85	147.2	11.0
	2017	5.5	3.8	131.5	−10.7
水 果	2015	58.7	14.6	68.9	11.5
	2016	58.1	−0.5	71.4	3.6
	2017	58.6	0.9	50.6	−29.1

资料来源：表中数据出自 2018 年版《中国统计年鉴》。

表 108 我国海关进口农产品及加工品数量与金额（2016—2017 年）

单位：万美元

产 品 名 称	单 位	2016 年		2017 年	
		数 量	金 额	数 量	金 额
谷物及谷物粉	万 t	2 199	570 503	2 559	648 524
小 麦	万 t	341	81 585	442	108 252
稻谷和大米	万 t	356	161 408	403	186 000
大 豆	万 t	8 391	3 398 469	9 553	3 963 765
食用植物油	万 t	553	416 393	577	453 056
食 糖	万 t	306	117 053	229	107 848
天然橡胶（包括乳胶）	万 t	250	335 362	279	491 702
合成橡胶（包括乳胶）	万 t	331	535 570	436	847 274
原 木	万 m^3	4 872	807 637	5 540	992 068
锯 材	万 m^3	3 151	813 519	3 739	1 006 549
纸 浆	万 t	2 106	1 223 886	2 372	1 534 167
羊毛及毛条	万 t	32	234 918	35	279 948
棉 花	万 t	90	157 014	116	218 977
纺织用合成纤维	万 t			40	89 146
聚酯纤维	万 t			16	23 024
聚丙烯腈纤维	万 t			15	34 378
纸及纸板（未切成形）	万 t			475	432 210
制冷设备用压缩机	万台			1 031	103 740

表 109 我国粮油产品进口情况（2013—2016 年）

单位：万 t

年份	粮食	谷物	小麦	大米	玉米	大麦	大豆
2013	8 645.2	1 458.1	553.5	227.1	326.6	233.5	6 337.5
2014	10 042.4	1 951.0	300.4	257.9	259.9	541.3	7 139.9
2015	11 056.5	2 199.7	337.4	356.2	316.8	500.5	8 391.3
2016	11 476.6	2 198.9	341.2	356.2	316.8	500.5	8 391.3

年份	食用植物油	豆油	菜籽油	棕榈油	花生油
2013	809.8	115.8	152.7	487.4	6.1
2014	650.2	113.5	81.0	396.9	9.4
2015	688.4	56.0	70.0	447.8	95.7
2016	552.8	56.0	70.0	315.7	10.7

表 110 我国粮油产品出口情况（2014—2017 年）

单位：万 t

年 份	粮食	谷物	小麦	大米	玉米	大豆	食用植物油	豆油	菜籽油
2014	211.4	70.9	19.0	41.9	2.0	20.7	13.4	10.0	0.7
2015	163.5	47.8	12.2	28.9	1.1	13.4	13.5	10.4	0.4
2016	190.1	58.1	11.3	39.5	0.4	12.7	11.3	8.0	0.5
2017	283.0		18.3	120.0	8.6	11.0	20.0	13.3	2.1

资料来源：表中数据出自中国海关。

表 111 我国蔬菜进出口情况（2016—2017 年）

进 口

品种类别	2016		2017		同比增长（%）	
	数量（万 t）	金额（万美元）	数量（万 t）	金额（万美元）	数量	金额
鲜冷冻蔬菜	2.99	0.42	4.55	0.44	52.17	4.76
加工蔬菜	20.12	2.56	16.98	2.17	−15.61	−15.23
干蔬菜	0.78	0.71	1.48	0.49	89.74	−30.99
合 计	**24.93**	**5.29**	**23.01**	**3.07**	**−7.70**	**−41.97**

出 口

品种类别	2016		2017		同比增长（%）	
	数量（万 t）	金额（万美元）	数量（万 t）	金额（万美元）	数量	金额
鲜冷冻蔬菜	648.78	58.29	718.56	63.54	14.10	7.94
加工蔬菜	315.88	53.35	315.47	45.26	−3.40	17.90
干蔬菜	45.11	35.59	60.21	44.84	12.90	12.59
合 计	**1 009.77**	**147.23**	**1 094.24**	**153.64**	**8.37**	**4.35**

资料来源：表中数据出自中国海关。

表 112 我国谷物进出口情况（2012—2017 年）

年 份	进口量（万 t）	同比（%）	出口量（万 t）	同比（%）	净进口量（万 t）	同比增长（%）
2012	1 398.2	156.7	81.3	−33.1	1 316.9	211.2
2013	1 458.3	4.3	100.1	23.1	1 358.2	3.1
2014	1 951.6	33.8	76.9	23.1	1 874.6	38.0
2015	3 218.2	64.9	53.3	−30.8	3 164.9	68.8
2016	2 198.9	−31.7	58.1	9.0	2 140.8	−32.4
2017	2 559.0	16.4	156.0	168.5	2 403.0	12.3

资料来源：表中数据出自 2018 年版《中国农村统计年鉴》。

表 113 我国分品种粮食进口情况（2013—2017 年）

单位：kt

年 份	小 麦	大 米	玉 米	大 豆
2013	5 506	2 245	3 265	69 000
2014	2 973	2 559	2 598	71 400
2015	3 007		4 730	81 694
2016	3 412	3 562	3 168	
2017	4 420	4 030	2 830	95 530

资料来源：表中数据出自 2018 版《中国农村统计年鉴》。

表 114 我国主要粮食产品进出口情况（2017 年）

单位：万 t

主要粮食产品	进 口	出 口	顺 差
谷 物	2 559.0	156.0	−2 403.0
大 米	403.0	119.7	−283.3
小 麦	442.0		
玉 米	283.0	8.6	−274.4
大 麦	886.0		
大 豆	9 553.0	11.0	−9 542

资料来源：表中数据出自 2018 年版《中国农村统计年鉴》。

表 115 我国油脂油料进口情况（2013—2017 年）

单位：kt

年份	大 豆 进口量	菜 籽 进口量	其他油籽 进口量	植物油 进口量	其中：（1）大豆	（2）棕榈油	（3）菜籽油	（4）其他植物油
2013	63 375	3 662	798	9 221	1 158	5 979	1 527	557
2014	71 399	5 081	1 038	7 873	1 136	5 324	810	603
2015	81 694	4 471	806	8 391	818	5 909	815	818
2016	83 913	3 566	2 050	6 884	560	4 478	700	750
2017	95 530	1 296		5 770	650	3 460	757	

资料来源：表中数据出自 2018 年版《中国农村统计年鉴》、中国海关。

表 116 我国林产品进出口数量（2016—2017 年）

产品名称		贸易	单位	2016 年	2017 年
原木	针叶原木	出口	m^3		
		进口		33 665 605	38 236 224
	阔叶原木	出口	m^3	94 565	92 491
		进口		15 059 132	17 162 103
	合计	**出口**	**m^3**	**94 565**	**92 491**
		进口		**48 724 737**	**55 398 327**
锯材		出口	m^3	262 053	285 640
		进口		31 526 379	37 402 136
单板		出口	m^3	246 424	335 140
		进口		880 574	738 810
特形材		出口	t	162 298	148 973
		进口		27 295	18 896
刨花板		出口	m^3	288 177	305 917
		进口		903 089	1 093 961
纤维板		出口	m^3	2 649 206	2 687 649
		进口		241 021	229 508
胶合板		出口	m^3	11 172 980	10 835 369
		进口		196 145	185 483
木制品		出口	t	2 302 459	2 420 625
		进口		796 138	753 180
家具		出口	件	332 626 587	367 209 974
		进口		11 101 311	11 888 758
木片		出口	t	5 531	
		进口		11 569 916	11401 753
木浆		出口	t	27 790	24 417
		进口		21 019 085	23 652 174
废纸		出口	t	2 142	1 394
		进口		28 498 407	25 717 692
纸和纸制品		出口	t	9 422 457	9 313 991
		进口		3 091 659	4 874 085
木炭		出口	t	68 170	76 533
		进口		159 338	170 718
松香		出口	t	58 433	
		进口		45 857	

（续）

产品名称		贸易	单位	2015年	2016年
水果	柑橘类	出口	t	934 320	775 228
		进口		295 641	466 751
	鲜苹果	出口	t	1 322 042	1 334 636
		进口		67 109	68 850
	鲜　梨	出口	t	452 435	
		进口		8 224	
	鲜葡萄	出口	t	254 452	280 391
		进口		252 396	233 931
	山竹果	出口	t	4 133	27
		进口		125 988	71 141
	鲜榴梿	出口	t		3
		进口		292 310	224 382
	鲜龙眼	出口	t	2 760	3 170
		进口		348 455	528 806
	鲜火龙果	出口	t	240	
		进口		523 373	
坚果	核　桃	出口	t	9 151	33 826
		进口		12 380	12 234
	板　栗	出口	t	32 884	
		进口		7 213	
	松子仁	出口	t	13 771	16 153
		进口		6 638	12 980
	开心果	出口	t	2 082	
		进口		18 331	
干果	梅干及李干	出口	t	497	421
		进口		3 421	4 362
	龙眼干、肉	出口	t	291	246
		进口		33 729	57 850
	柿　饼	出口	t	4 013	2 614
		进口			4
	红　枣	出口	t	11 027	9 886
		进口		4	9
	葡萄干	出口	t	28 770	13 792
		进口		37 087	33 132
果汁	柑橘类果汁	出口	t	4 323	4 714
		进口		66 268	82 541
	苹果汁	出口	t	507 390	655 527
		进口		5 600	7 712

表 117 我国林产品进出口额（2016—2017 年）

单位：千美元

产品名称		贸易	2016 年	2017 年
总计		**出口**	**72 676 670**	**73 405 906**
		进口	**62 425 744**	**74 983 984**
原木	针叶原木	出口		
		进口	4 111 591	5 138 718
	阔叶原木	出口	29 793	30 155
		进口	3 973 686	4 781 965
	合计	出口	29 793	30 155
		进口	8 085 277	9 920 683
锯材		出口	194 220	204 445
		进口	8 137 933	10 067 066
单板		出口	280 009	382 999
		进口	157 597	156 892
特形材		出口	234 461	213 652
		进口	51 055	36 828
刨花板		出口	120 502	97 400
		进口	184 022	241 020
纤维板		出口	1 228 476	1 146 604
		进口	125 490	135 017
胶合板		出口	5 275 773	5 097 387
		进口	138 484	150 851
木制品		出口	6 308 242	6 289 577
		进口	771 224	740 539
家具		出口	22 209 363	22 692 178
		进口	961 700	1 183 797
木片		出口	823	
		进口	1 912 019	1 897 517
木浆		出口	17 267	16 600
		进口	12 196 424	15 266 065
废纸		出口	495	385
		进口	4 988 961	5 874 652
纸和纸制品		出口	16 403 632	1 673 385
		进口	3 945 233	4 981 667
木炭		出口	101 677	104 079
		进口	46 031	50 264
松香		出口	104 297	
		进口	64 510	

（续）

产品名称		贸易	2016年	2017年
水果	柑橘类	出口	1 303 841	1 071 605
		进口	354 846	552 051
	鲜苹果	出口	1 452 932	1 456 372
		进口	123 220	115 215
	鲜梨	出口	487 011	
		进口	13 300	
	鲜葡萄	出口	663 604	735 140
		进口	629 772	590 728
	山竹果	出口	12 932	28
		进口	343 079	147 070
	鲜榴梿	出口		3
		进口	693 302	552 171
	鲜龙眼	出口	8 763	9 936
		进口	270 213	437 722
	鲜火龙果	出口	538	1 781
		进口	381 121	389 512
坚果	核桃	出口	30 301	106 052
		进口	31 916	33 817
	板栗	出口	76 939	
		进口	15 222	
	松子仁	出口	272 137	243 249
		进口	88 809	96 659
	开心果	出口	9 956	
		进口	118 898	
干果	梅干及李干	出口	2 405	2 096
		进口	6 282	7 722
	龙眼干、肉	出口	1 905	1 713
		进口	60 613	91 308
	柿饼	出口	11 904	7 764
		进口		17
	红枣	出口	37 290	33 361
		进口	16	49
	葡萄干	出口	62 245	29 387
		进口	55 113	43 633
果汁	柑橘类果汁	出口	9 353	18 808
		进口	115 084	160 369
	苹果汁	出口	546 813	648 227
		进口	4 811	6 438
其他		出口	15 176 770	16 232 475
		进口	17 208 212	20 706 541

表 118 各地区水产品进口贸易情况（2016—2017 年）

单位：万美元、t

地区	2016		2017		同比增长（%）	
	金额	数量	金额	数量	金额	数量
全国总计	**937 419.71**	**4 041 502**	**134 588.96**	**4 897 090**	**21.03**	**21.17**
北京	31 302	54 423	46 166.55	104 321	47.49	91.69
天津	20 101	47 074	16 301.82	39 905	−18.9	−15.23
河北	2 832.64	11 117	2 268.84	9 626	−19.9	−13.41
山西	79	382	134	579	70.12	51.62
内蒙古	12	29	20	33	69.49	12.18
辽宁	187 423	1 046 301	215 489	1 265 566	14.97	20.96
吉林	20 401	112 626	24 506	121 339	20.12	7.74
黑龙江	780	4 396	687	2 085	−11.91	−52.57
上海	131 108	238 004	172 561.90	423 599	31.62	77.98
江苏	10 931	42 453	20 626.07	65 663	88.69	54.67
浙江	31 609.30	148 213	46 357.50	155 479	46.66	4.9
安徽	1 745.67	10 007	1 289.87	9 066	−26.11	−9.4
福建	80 257.03	499 067	100 416.25	616 423	25.12	23.51
江西	3 703.79	13 013	1 034.51	895	−72.07	−93.12
山东	1 247 443	1 155 454	271 487	1 151 877	9.72	−0.31
河南	2 368.17	4 862	2 994	8 960	26.42	84.3
湖北	1 186.71	4 231	2 053	8 385	72.99	98.21
湖南	164	839	5 189.73	8 451	3 061.03	907.34
广东	140 891.71	548 886	194	795 096	28.61	44.86
广西	7 820.43	54 828	7 497.90	57 149	−4.12	4.23
海南	3 046.08	2 998	3 473.77	2 794	14.04	−6.8
重庆	4 714.22	25 329	3 539.45	19 856	−24.92	−21.61
四川	2 922.95	7 891	4 987.46	19 378	70.63	145.58
贵州	52	37	15		−71.29	−99.41
云南	2 957	5 567	3 332.00	6 001	12.7	7.79
陕西	393	484	171	186	−56.64	−61.57
甘肃	2		1		−64.67	−54.55
青海	6		1		−87.44	−85.71
宁夏	52	267	44	219	−16.09	−17.75
新疆	1 116	2 724	751	4 159	−32.71	52.67

表 119 各地区水产品出口贸易情况（2016—2017 年）

单位：万美元、t

地区	2016		2017		同比增长（%）	
	金额	数量	金额	数量	金额	数量
全国总计	**2 073 779.14**	**4 237 614**	**2 115 009.27**	**4 339 377**	**1.99**	**2.40**
北 京	682	129	279	255	−59.07	97.63
天 津	4 448	6 808	3 592.06	5 270	−19.24	−22.60
河 北	33 354.52	47 997	25 694.55	37 456	−22.97	−21.96
山 西			24	32		
内蒙古	0	1				
辽 宁	271 834.77	733 974	296 262.36	855 858	8.99	16.61
吉 林	15 021.43	48 331	16 327.19	44 043	8.69	−8.87
黑龙江	210	520	233	433	11.07	−16.63
上 海	8 416	8 189	10 605.05	8 191	26.01	0.02
江 苏	35 127.16	50 594	37 271.22	48 347	6.10	−4.44
浙 江	185 285.31	511 841	185 685.22	500 441	0.22	−2.23
安 徽	4 207	3 863	4 165.94	3 578	−0.98	−7.36
福 建	585 445.51	932 724	582 200.89	936 628	−0.55	0.42
江 西	20 799	8 408	18 052	7 144	−13.21	−15.02
山 东	468 532.43	1 113 800	487 916.31	1 094 288	4.14	−1.75
河 南	452	429	408	272	−9.83	−36.63
湖 北	22 891.53	21 488	17 197.58	116 831	−24.87	−21.67
湖 南	3 168.01	3 624	3 104.57	1 785	−2.00	−50.74
广 东	322 737	534 246	343 606.22	574 075	6.47	7.46
广 西	40 487.00	72 080	29 776.73	53 019	−26.45	−26.44
海 南	45 947.70	130 639	47 597.41	146 126	3.59	11.85
重 庆	0	33	0		−81.51	−99.78
四 川	2 076	1 186	2 982.07	1 586	43.65	33.73
贵 州	7	16	24	98	252.14	507.64
云 南	2 336.89	6 361	1 816	3 480	−22.30	−45.30
陕 西	10	5	1		−91.53	−91.64
甘 肃	2	3				
青 海	85	138				
宁 夏	3	1	14	11	436.99	1 688.31
新 疆	213	186	173	130	−18.56	−29.97

资料来源：表 118、表 119 中数据出自 2018 年版《中国渔业统计年鉴》。

表 120 我国淀粉及部分深加工品进出口情况（2017 年）

单位：t

主要品种	进口量	同比增长（%）	出口量	同比增长（%）
玉米淀粉	2 303	−29.70	255 199	92.14
木薯淀粉	2 331 544	12.00	541	−31.95
马铃薯淀粉	62 312	47.87	1 652	180.00
小麦淀粉	1 281	46.40	2 411	−9.94
山梨醇	1 854	−4.74	53 154	54.29
甘露糖醇	215	2.91	32 463	18.80
木糖醇	391	59.21	9 323	7.05
葡萄糖及葡萄糖浆，果糖<20%	1 463	49.05	674 048	2.52
葡萄糖及葡萄糖浆，20%≤果糖≤50%，转化糖除外	518	0.29	15 506	74.02
果糖及果糖浆，果糖>50%，转化糖除外	2 406	20.26	546 644	20.18
糊精及变性淀粉	389 420	6.98	83 818	50.82
未列名淀粉			40 378	−5.00
化学纯果糖				
合　　计	**2 793 707**	**210.53**	**1 715 137**	**452.93**

资料来源：表中数据由中国淀粉工业协会提供。

表 121 我国食糖进出口与贸易方式情况（2015—2018 年）

单位：万 t

进　口						
年 份	合　计	一般贸易	来料加工	进料加工	保税仓库进出境	其他
2015	484.59	265.71	0.90	13.93	185.14	0.03
2016	211.48	176.34	0.95	6.72	18.70	
2017	229.07	115.96	0.88	12.55	76.19	
2018	279.55	183.66		18.09	45.14	
出　口						
年 份	合　计	一般贸易	来料加工	进料加工	保税仓库进出境	其他
2015	7.50	1.09	1.09	1.70	3.32	0.02
2016	12.04	0.90	0.74	1.31	8.96	
2017	15.79	8.97	0.65	1.65	1.74	
2018	19.57	8.31		1.83	5.42	

资料来源：表中数据由中国糖业协会提供。

表 122 我国食品出口情况（2017 年）

单位：t、万美元

产品名称	出口量	出口额
总计		
糖	149 052.0	8 318.1
糖果、蜜饯	379 076.9	109 483.7
焙烘糕饼	177 207.4	54 842.3
方便食品	522 442.8	83 498.3
乳品	30 814.5	4 735.0
罐头	2 343 377.9	283 015.7
可可制品	80 577.6	42 576.8
调味品、发酵品		296 221.3

资料来源：表中数据出自 2017 年版《中国农业年鉴》。

表 123 我国蜂蜜生产及出口情况（2014—2017 年）

年份	世界产量（万 t）	我国产量（万 t）	占世界比例（%）	出口量（万 t）	出口率（%）	出口创汇（万美元）
2014	167.1	46.80	28.00	12.98	27.74	26 000
2015		47.97		14.48	30.19	28 900
2016		70.00		12.83	18.20	27 665
2017				12.90		27 100

表 124 我国蜂产品出口情况（2016—2017 年）

主要产品	数量、金额、单价	2016	2017	同比增长（%）
蜂蜜	数量（t）	128 330	129 000	0.70
	金额（万美元）	27 665	27 100	−2.10
	平均单价（美元/kg）	2.2	2.1	−4.55
鲜王浆	数量（t）	713.8	755.2	5.80
	金额（万美元）	1 913.6	201 000.0	−5.20
	平均单价（美元/kg）	27.9	26.6	−4.66
鲜蜂王浆冻干粉	数量（t）	211.6		
	金额（万美元）	1 988.4		
	平均单价（美元/kg）	82.8		

（续）

主要产品	数量、金额、单价	2016	2017	同比增长（%）
鲜蜂王浆制剂	数量（t）	300.2		
	金额（万美元）	292.1		
	平均单价（美元/kg）	9.7		

资料来源：表中数据出自2018年版《中国农村统计年鉴》。

表125 我国水产品进出口贸易（2014—2017年）

年份	出口量（万t）	出口额（亿美元）	进口量（万t）	进口额（亿美元）
2014	416.3	216.9	428.1	91.9
2015	406.0	203.3	408.1	89.8
2016	423.7	207.3	404.1	93.7
2017	433.9	211.5	489.7	113.5

资料来源：表中数据出自2018年版《中国渔业统计年鉴》。

表126 我国乳制品进口情况（2017年）

单位：万t、万美元

项目	数量	金额	占比（%）
乳制品	247.05	880 472.29	
干乳制品	176.88	785 853.96	100.0
婴配粉制	29.59	398 008.00	16.7
奶粉	71.81	216 834.81	40.6
乳清	52.96	66 621.36	29.9
奶酪	10.80	49 749.64	6.1
奶油	9.16	50 015.75	5.2
炼乳	2.56	4 624.39	1.4
液态奶	70.17	94 618.34	100.0
鲜奶	66.76	87 935.38	95.1
酸奶	3.41	6 682.95	4.9

资料来源：表中数据由中国海关提供。

表 127　我国纺织品服装出口情况（2016—2017 年）

产品名称	单　位	2016 年	2017 年	同比增长（%）
纺织品服装出口总额	**亿美元**	**2 672.5**	**2 669.5**	**1.53**
其中：纺织品	亿美元	1 003.3	1 097.7	4.46
服　装	亿美元	1 669.2	1 571.8	−0.42

资料来源：表中数据由中国纺织国际产能合作企业联盟提供。

表 128　我国机械工业产品进出口情况（2014—2017 年）

单位：万亿元

项 目	2014 年	2015 年	2016 年	2017 年
产品进出口总额	4.45	4.15	4.3	4.81
产品进口总额	1.98	1.73	1.81	2.07
产品出口总额	2.47	2.42	2.49	2.74

资料来源：表中数据由中国海关提供。

表 129　我国中药行业进出口情况（2016—2017 年）

单位：亿美元、%

年 份	行 业	进出口		出口		进口	
		总　额	同比增长（%）	总　额	同比增长（%）	总　额	同比增长（%）
2016	全国医药合计	1 098.20	0.80	602.10	2.65	486.20	5.30
	中药合计	52.80	10.50	38.60	5.11	11.30	9.80
2017	全国医药合计	1 166.76	12.64	607.99	9.44	558.77	16.34
	中药合计	51.97	8.25	36.40	2.07	15.57	26.06

表 130　我国天然橡胶、合成橡胶进口情况（2014—2017 年）

产　品	2014 年		2015 年		2016 年		2017 年	
	数量（万 t）	金额（万美元）	数量（万 t）	金额（万美元）	数量（万 t）	金额（万美元）	数量（万 t）	金额（万美元）
天然橡胶	261.0	495 000	273.6	391 500	250.1	335 392	279.3	491 693
合成橡胶	160.0	325 800	198.3	389 500	330.8	535 569	436.4	847 600

农产品加工业部分行业与企业排序

表 131 轻工业系统农产品加工业分行业主要经济指标（2016 年）

序号	按企业单位数排序			序号	按主营业务收入排序		
	行　业	绝对数（个）	行业占轻工系统比重（%）		行　业	工业销售产值（亿元）	行业占轻工系统比重（%）
	全国轻工行业合计	**63 106**	**100.0**		**全国轻工行业合计**	**141 982.3**	**100.0**
1	农副食品加工业	26 011	41.2	1	农副食品加工业	68 825.2	48.5
2	皮革、毛皮、羽毛（绒）及其制品业	8 727	13.8	2	食品制造业	23 955.4	16.9
3	食品制造业	9 043	14.3	3	饮料制造业	18 538.0	13.1
4	造纸及纸制品业	6 586	10.4	4	造纸及纸制品业	14 622.8	10.4
5	饮料制造业	6 962	11.0	5	皮革、毛皮、羽毛（绒）及其制品业	15 163.0	10.6
6	家具制造业	5 777	9.1	6	家具制造业	877.96	0.6
7	轻工机械			7	轻工机械		
8	制　盐			8	制　盐		
9	木竹藤棕草制品业			9	木竹藤棕草制品业		

序号	按总资产排序			序号	按利润总额排序		
	行　业	利税总额（亿元）	行业占轻工系统比重（%）		行　业	利润总额（亿元）	行业占轻工系统比重（%）
	全国轻工行业合计	**93 249.6**	**100.0**		**全国轻工行业合计**	**10 044.9**	**100.0**
1	农副食品加工业	33 924.5	36.4	1	农副食品加工业	3 623.6	36.1
2	饮料制造业	16 761.5	17.9	2	饮料制造业	2 083.4	20.8
3	食品制造业	15 496.8	16.6	3	食品制造业	1 908.5	19.0
4	造纸及纸制品业	14 117.8	15.2	4	皮革、毛皮、羽毛（绒）及制品业	988.1	9.8
5	皮革、毛皮、羽毛（绒）及其制品	7 396.2	7.9	5	造纸及纸制品业	866.9	9.7
6	家具制造业	5 552.8	5.9	6	家具制造业	574.4	5.8
7	轻工机械			7	轻工机械		
8	制　盐			8	制　盐		
9	木竹藤棕草制品业			9	木竹藤棕草制品业		

（续）

序号	按负债合计排序			序号	按资产总计排序		
	行　业	负债合计（亿元）	行业占轻工系统比重（%）		行　业	资产总计（亿元）	行业占轻工系统比重（%）
	全国轻工行业合计	**76 655.80**	**100**		**全国轻工行业合计**	**145 223.60**	**100**
1	农副食品加工业	16 672.25	21.75	1	农副食品加工业	33 924.50	23.36
2	造纸及纸制品业	7 735.49	10.09	2	造纸及纸制品业	14 117.32	9.72
3	饮料制造业	7 661.33	9.99	3	饮料制造业	16 761.53	11.54
4	食品制造业	6 830.50	8.91	4	食品制造业	15 496.83	10.67
5	皮革、毛皮、羽毛（绒）及制品业	3 327.29	4.34	5	皮革、毛皮、羽毛（绒）及制品业	7 396.26	5.09
6	家具制造业	2 722.13	3.55	6	家具制造业	5 552.82	3.82
7	轻工机械	1 268.76	1.66	7	轻工机械	2 341.14	1.61
8	制　盐	368.96	0.48	8	制　盐	899.51	0.62
9	木竹藤棕草制品业	265.55	0.35	9	木竹藤棕草制品业	561.22	0.39

资料来源：表中数据由中国轻工业信息中心提供。

表 132　轻工业系统主要产品进出口总值排序情况（2016 年）

单位：亿美元、%

序号	按出口总值排序			序号	按进口总值排序		
	行　业	出口总值	同比增长		行　业	进口总值	同比增长
	全国轻工行业合计	**5 512.6**	**−7.9**		**全国轻工行业合计**	**1 279.3**	**−0.8**
1	玩　具	195.6	16.1	1	农副食品加工业	337.3	8.9
2	家　具	491.9	−9.4	2	纸浆纸张及制品	163.4	−4.0
3	塑料制品	577.3	−5.5	3	食品制造业	68.9	−5.3
4	金属制品	380.2	−13.4	4	皮革毛皮羽绒及制品业	92.3	−6.4
5	化学产品	198.4	−4.4	5	轻工机械	23.6	−17.6
6	纸张纸浆	161.7	−6.4	6	饮料制造业	51.8	11.1
7	食品	88.3	−2.2	7	家具制造业	26.3	4.9
8	发制品	27.2	−26.0	8	制盐业	1.9	−22.6
9	饮料及酒类	37.6	7.72	9	木制品及天然植物制品	0.5	8.1

资料来源：表中数据出自 2017 年版《中国轻工业年鉴》。

表 133 我国白酒十大品牌（2017 年）

序号	品 牌	生 产 企 业
1	茅 台	中国贵州茅台酒厂（集团）有限责任公司
2	五粮液	四川川省宜宾五粮液集团有限公司
3	国窖 1573	泸州老窖集团有限责任公司
4	剑南春	四川剑南春（集团）有限责任公司
5	郎 牌	四川郎酒集团有限责任公司
6	洋 河	江苏洋河酒厂股份有限公司
7	古井贡酒	古井集团
8	汾 酒	山西杏花村汾酒集团有限责任公司
9	西凤酒	陕西西凤酒股份有限公司
10	缘 酒	安徽缘酒酿造有限公司

表 134 我国酿酒行业十强企业（2017 年）

序号	企 业 名 称
1	中国贵州茅台酒厂有限责任公司
2	四川川省宜宾五粮液集团有限公司
3	江苏洋河酒厂股份有限公司
4	泸州老窖股份有限公司
5	青岛啤酒股份有限公司
6	山西杏花村汾酒集团有限责任公司
7	劲牌有限公司
8	会稽山绍兴酒股份有限公司
9	安徽古井集团有限责任公司
10	烟台张裕集团有限公司

表 135 我国造纸行业十强企业（2017 年）

序号	企 业 名 称
1	玖龙纸业（控股）有限公司
2	山东晨鸣纸业集团股份有限公司
3	华泰集团有限公司
4	理文造纸有限公司
5	山东太阳控股集团有限公司
6	山鹰国际控股股份公司
7	山东博汇集团有限公司
8	金东纸业（江苏）股份有限公司
9	江苏荣成环保科技股份有限公司
10	浙江景兴纸业股份有限公司

资料来源：表中信息由中国造纸协会提供。

表 136　我国啤酒产量 20 万 kL 以上企业（2017 年）

单位：万 kL

序号	企业名称	产　量（万 kL）
1	华润雪花啤酒（中国）有限公司	1182.83
2	青岛啤酒集团有限公司	755.60
3	百威英博啤酒投资（中国）有限公司	603.24
4	北京燕京啤酒集团有限公司	416.91
5	广州嘉士伯咨询管理有限公司	214.62
6	河南金星啤酒集团有限公司	176.66
7	广州珠江啤酒集团有限公司	120.20
8	河北蓝贝酒业集团有限公司	30.44
9	烟台啤酒青岛朝日有限公司	23.35
10	云南澜沧江酒业集团有限公司	22.43
11	杭州千岛湖啤酒有限公司	20.98

资料来源：表中数据由中国酒业协会啤酒分会提供。

表 137　我国烟草十大品牌生产企业（2017 年）

序号	品　　牌	生　　产　　企　　业
1	中　华	上海烟草集团有限责任公司
2	黄鹤楼	湖北中烟工业有限责任公司
3	芙蓉王	湖南中烟工业有限责任公司
4	玉　溪	红塔烟草（集团）有限责任公司
5	云　烟	红云红河集团昆明卷烟厂
6	红双喜	上海烟草集团有限责任公司
7	利　群	浙江中烟工业有限责任公司
8	红塔山	红塔烟草（集团）有限责任公司
9	南　京	江苏中烟工业有限责任公司
10	苏　烟	江苏中烟工业有限责任公司

资料来源：表中数据出自 2017 胡润排行榜。

表 138　我国橡胶十大品牌生产企业（2017 年）

序号	品　　牌	生　　产　　企　　业
1	鼎　湖	安徽中鼎控股（集团）股份有限公司
2	时代新材	株洲时代新材料科技股份有限公司
3	双　西	陕西延长石油西北橡胶有限责任公司
4	Contitech 康迪泰克	康迪泰克（中国）橡塑技术有限公司
5	拓普 TuoPu	宁波拓普集团股份有限公司
6	海达 Haida	江阴海达橡塑股份有限公司
7	三五三七	际华集团股份有限公司
8	双箭 DOUBLEARROW	浙江双箭橡胶股份有限公司
9	三力士 SANLUX	三力士股份有限公司
10	鹏翎 PENGLING	天津鹏翎胶管股份有限公司

资料来源：表中数据由中国橡胶工业协会提供。

表 139 我国家具十大品牌生产企业（2017 年）

序号	品　牌	生 产 企 业
1	华　丰	大连华丰家具有限公司
2	联　邦	广东联邦家私集团有限公司
3	双　叶	双叶家具实业有限公司
4	华日家居	廊坊华日家具股份有限公司
5	曲美家具	曲美家居集团股份有限公司
6	华　鹤	黑龙江华鹤集团
7	光明家具	光明家具股份有限公司
8	全友家私	成都全友家私有限公司
9	喜梦宝	厦门优客居品牌管理有限公司
10	双叶家具	天津南洋胡氏家具制造有限公司

表 140 我国纺织品服装出口十强企业（2017 年）

序　号	企 业 名 称
1	宁波申洲针织有限公司
2	江苏国泰国际集团华盛进出口有限公司
3	广西佳愉贸易有限公司
4	威海纺织集团进出口有限责任公司
5	江苏苏美达轻纺国际贸易有限公司
6	广西圣瑞凯贸易有限公司
7	青岛即发进出口有限公司
8	江苏国泰国际集团国华进出口有限公司
9	北屯市美智外贸有限公司
10	霍尔果斯荣达商贸有限公司

资料来源：表中信息由中国纺织工业联合会提供。

表 141 我国纸及纸板产量 100 万 t 以上省、自治区、直辖市（2016—2017 年）

单位：万 t

地　区	产量		
	2016 年	2017 年	同比增长（%）
广　东	2 063	2 178	2.40
山　东	1 611	2 178	0.33
浙　江	1565	1 911	1.14
江　苏	1 274	1 278	－3.19
福　建	435	780	7.28
河　南	524	698	－5.66
河　北	225	372	7.85
湖　南	236	402	－4.70
重　庆	223	329	9.82
广　西	218	301	4.22
天　津	215	286	0.50
安　徽	210	350	1.91
四　川	208	237	12.58
湖　北	192	277	10.19
海　南	180	175	4.85
江　西	170	211	5.34
合　计	9 849	12 542	3.10

资料来源：表中数据出自中国造纸协会。

表142 我国纸及纸板产量100万t以上的生产企业（2017年）

序号	生产企业	产量（万t）
1	玖龙纸业（控股）有限公司	1 313.00
2	理文造纸有限公司	554.98
3	山东晨鸣纸业集团股份有限公司	510.11
4	山东太阳控股集团有限公司	443.16
5	山鹰国际控股股份公司	358.00
6	华泰集团有限公司	313.17
7	中国纸业投资有限公司	280.00
8	福建联盛纸业	236.00
9	宁波中华纸业有限公司（含宁波亚洲浆纸业有限公司）	228.00
10	江苏荣成环保科技股份有限公司	209.53
11	金东纸业（江苏）股份有限公司	206.41
12	山东博汇集团有限公司	191.66
13	东莞建晖纸业有限公司	147.93
14	浙江景兴纸业股份有限公司	139.19
15	山东世纪阳光纸业集团有限公司	128.84
16	海南金海浆纸业有限公司	110.00
17	东莞金洲纸业有限公司	108.80
18	金红叶纸业集团有限公司	107.02

资料来源：表中数据出自中国造纸协会。

表143 我国重点造纸企业产量排名前30名企业（2016—2017年）

序号	企业名称	产量（万t）		
		2016年	2017年	同比增长（%）
1	玖龙纸业（控股）有限公司	1 331.00	1 313.00	−1.35
2	理文造纸有限公司	543.13	554.98	2.18
3	山东晨鸣纸业集团股份有限公司	442.55	510.11	15.27
4	山东太阳控股集团有限公司	378.93	443.16	16.95
5	山鹰国际控股股份公司	354.00	358.00	1.13
6	华泰集团有限公司	318.65	313.17	−1.72

（续）

序号	企业名称	产量（万t）		
		2016年	2017年	同比增长（%）
7	中国纸业投资有限公司	235.00	280.00	19.66
8	福建联盛纸业	234.00	236.00	0.43
9	宁波中华纸业有限公司（含宁波亚洲浆纸业有限公司）	223.90	228.00	1.83
10	江苏荣成环保科技股份有限公司	207.73	209.53	14.05
11	金东纸业（江苏）股份有限公司	197.85	206.41	—0.64
12	山东博汇集团有限公司	189.53	191.66	—3.13
13	东莞建晖纸业有限公司	143.00	147.93	3.45
14	亚太森博中国控股有限公司	137.00	142.00	43.43
15	浙江景兴纸业股份有限公司	129.34	139.19	6.25
16	山东世纪阳光纸业集团有限公司	124.61	128.84	3.39
17	海南金海浆纸业有限公司	108.85	110.00	1.06
18	东莞金洲纸业有限公司	105.91	108.80	2.73
19	金红叶纸业集团有限公司	100.00	107.02	—17.26
20	浙江新胜大控股集团有限公司	93.06	96.67	36.17
21	芬欧汇川（中国）有限公司	83.90	94.00	—6.00
22	山东泉林纸业有限责任公司	75.86	93.18	0.13
23	武汉金凤凰纸业有限公司	73.22	83.88	14.56
24	新乡新亚纸业集团股份有限公司	70.99	82.18	8.33
25	东莞金田纸业有限公司	62.60	72.34	28.04
26	邹平汇泽实业有限公司（山东天地缘）	59.32	68.52	49.22
27	漯河银鸽实业集团有限公司	57.59	63.95	11.04
28	东莞顺裕纸业有限公司	50.50	62.40	21.17
29	河南大河纸业有限公司	50.29	61.84	4.25
30	金华盛纸业（苏州工业园区）有限公司	50.00	60.11	—3.98

资料来源：表中数据出自中国造纸协会。

表 144　我国乳制品行业十强企业（2017 年）

序号	企　业　名　称
1	内蒙古伊利实业集团股份有限公司
2	内蒙古蒙牛乳业股份有限公司
3	光明乳业股份有限公司
4	杭州娃哈哈集团有限公司
5	北京三元食品有限公司
6	圣牧有机奶业有限公司
7	贝因美婴童食品股份有限公司
8	皇氏甲天下乳业股份有限公司
9	科迪乳业股份有限公司
10	燕塘乳业股份有限公司

资料来源：表中数据出自中国乳制品工业协会。

表 145　我国皮革行业十强企业（2017 年）

序号	企　业　名　称
1	浙江通天星集团股份有限公司
2	兴业皮革科技股份有限公司
3	广州红谷皮具有限公司
4	山东恒泰皮草制品有限公司
5	信泰（福建）科技有限公司
6	雪豹集团公司
7	四川达威科技股份有限公司
8	杭州兽王实业有限公司
9	无锡市新达轻工机械有限公司
10	浙江中辉皮草有限公司

资料来源：表中信息由中国轻工业联合会提供。

我国西部地区综合统计

表146 我国西部地区主要农产品产量（2016—2017年）

单位：万t

主要农产品	2016年	2017年	同比增长（%）
一、粮食作物	16 503.4	16 643.6	0.85
（一）谷　物	13 953.6	14 253.8	2.15
稻　谷	4 589.8	4 262.1	−7.14
小　麦	2 286.0	1 956.6	−14.41
玉　米	6 584.9	7 574.4	15.03
谷　子	66.1	95.3	44.18
高　粱	133.6	83.9	−37.20
（二）豆　类	561.1	591.1	5.35
大　豆	288.2	392.2	36.09
杂　豆	272.9	198.9	−27.12
（三）薯　类	1 988.8	1 798.8	−9.55
马铃薯	1 440.1	1 284.8	−10.78
二、油料作物	1 097.0	1 147.6	4.61
花　生	183.3	178.3	−2.73
油菜籽	605.5	641.2	5.90
芝　麻	3.8	4.6	21.05
胡麻籽	32.0	22.7	−29.06
向日葵籽	251.7	272.8	8.38
三、棉　花	366.0	461.6	26.12
四、麻　类	8.9	6.0	−32.58
黄红麻	1.0	0.5	−50.00
五、糖　料	10 216.1	9 564.6	−6.38
甘　蔗	9 376.9	8 745.0	−6.74
甜　菜	838.0	819.6	−2.20
六、烟　叶	162.6	145.6	−10.46
烤　烟	151.3	137.7	−9.00
七、茶　叶	100.0	102.6	2.60
八、水　果	6 454.8	8 886.1	37.67

表 147 我国西部地区主要农产品单位面积产量（2016—2017 年）

单位：kg/hm²

主要农产品	2016 年	2017 年	同比增长（%）
一、粮食作物	4 765.3	4 847.9	1.70
（一）谷　物	5 418.6	5 481.1	1.14
稻　谷	6 732.6	6 770.8	0.56
小　麦	3 939.4	3 920.4	−0.48
玉　米	5 804.9	5 836.8	0.55
谷　子	2 165.7	2 823.0	23.28
高　粱	4 009.8	3 615.1	−10.92
（二）豆　类	1 815.4	1 846.0	1.66
大　豆	1 810.3	1 806.8	−0.19
杂　豆	1 820.8	1 928.8	5.60
（三）薯　类	3 434.2	3 510.2	2.17
马铃薯	3 317.5	3 399.4	2.41
二、油料作物	2 206.5	2 219.7	0.59
花　生	2 607.7	2 600.7	−0.27
油菜籽	2 015.8	2 046.2	1.49
芝　麻	1 331.2	1 791.1	25.68
胡麻籽	1 583.7	1 416.8	−11.78
向日葵籽	2 707.2	2 747.8	1.48
三、棉花	1 972.6	2 049.4	3.75
四、麻类	2 007.8	2 115.7	5.10
黄红麻	2 572.2	2 701.8	4.80
五、糖料	72 292.1	74 394.7	2.83
甘　蔗	73 865.1	76 923.3	3.98
甜　菜	59 699.9	55 076.4	−8.39
六、烟叶	2 033.3	1 983.6	−2.51
烤　烟	2 011.8	1 974.5	−1.89

表 148　我国西部地区茶叶产量（2017 年）

单位：t

地　区	茶叶总产量	其　中						
		绿茶	青茶	红茶	黑茶	黄茶	白茶	其他茶
全国总计	**2 460 409**	**11 638 155**	**266 711**	**225 501**	**162 867**	**516**	**24 596**	**141 933**
地区小计	1 026 217	773 168	11 765	92 966	32 316	173	2 270	113 772
占全国比重（%）	41.71	6.64	4.41	41.23	19.84	33.53	9.23	80.16
内蒙古								47
广　西	71 919	48 581	356	16 021	2 331		2	4 784
重　庆	38 752	33 623	57	3 687			17	1 369
四　川	277 777	232 536	5 198	5 352	17 975	86	360	16 270
贵　州	176 498	141 306	914	12 634	10 130	87	1 888	9 539
云　南	393 499	255 281	5 240	51 212			3	81 763
西　藏								
陕　西	66 572	60 641		4 060	1 880			
甘　肃	1 200	1 200						
青　海								
宁　夏								
新　疆								

表 149　我国西部地区水果产量（2017 年）

单位：t

地　区	水果总产量	其　中					
		苹　果	柑　橘	梨	香　蕉	菠　萝	葡　萄
全国总计	**252 418 960**	**41 390 038**	**38 167 784**	**16 409 704**	**11 169 813**	**1 494 795**	**13 082 860**
地区小计	88 860 867	17 399 987	15 083 640	5 048 899	5 558 565	125 115	6 238 395
占全国比重（%）	35.20	42.04	39.52	30.77	49.76	8.37	47.68
内蒙古	3 228 780	154 936		78 866			74 569
广　西	19 003 955		6 820 611	358 607	3 715 679	35 470	549 530
重　庆	4 033 758	4 202	2 505 840	267 750	11 766		102 464
四　川	10 078 775	652 206	4 156 786	917 214	45 748		379 184
贵　州	2 801 365	70 673	253 871	280 362	17 299		202 705
云　南	7 839 001	596 959	888 481	635 555	1 768 073	89 645	1 264 970
西　藏	1 557						
陕　西	19 220 638	10 924 554	457 489	1 052 072			785 573
甘　肃	6 308 533	3 111 300	562	210 400			249 300
青　海	36 453	3 600		300			100
宁　夏	2 106 003	439 849		16 889			137 331
新　疆	14 202 049	1 441 708		1 230 884			2 492 669

表 150 我国西部地区主要林产品产量（2016—2017 年）

产　品	单　　位	2016 年	2017 年	同比增长（%）
木材	万 m^3	3 632	4 207	15.83
竹材	万根	84 159	89 710	6.60
板果	t	453 736	509 683	12.33
竹笋干	t	238 787	229 304	−3.97
油茶籽	t	330 393	360 248	9.04
核桃	t	2737 506	3 183 753	16.30
生漆	t	14 032	10 660	−24.03
油桐籽	t	212 357	197 823	−6.84
乌桕籽	t	4 247	4 441	4.57
五倍子	t	13 292	12 178	−8.38
棕片	t	23 473	24 213	3.15
松脂	t	768 745	771 693	0.38
紫胶（原胶）	t	2 183	2 980	36.51

表 151 我国西部地区主要畜产品产量（2016—2017 年）

产 品 名 称	单　位	2016 年	2017 年	同比增长（%）
一、肉类总产量	万 t	2 648.5	2 618.6	−1.13
猪　肉	万 t	1 594.6	1 601.2	0.41
牛　肉	万 t	278.7	285.3	2.37
羊　肉	万 t	271.0	284.2	4.87
禽　肉	万 t	386.0	390.7	1.22
兔　肉	万 t	46.0	26.8	−41.74
二、其他畜产品产量				
奶　类	万 t	1 347.6	1 339.1	−0.63
牛　奶	万 t	1 269.0	1 260.1	−0.70
山羊粗毛	万 t	21 034.7	18 914.8	−10.08
绵羊毛	万 t	311 355.5	307 901.9	−1.11
细羊毛	t	106 308.7	104 461.9	−1.74
半细羊毛	t	69 911.0	66 368.4	−5.07
山羊绒	t	14 046.3	13 109.8	−6.67
蜂　蜜	t	12.8	13.5	5.47
禽　蛋	t	470.5	440.7	−6.33

表 152 我国西部地区水产品产量（2016—2017 年）

单位：kt

产 品 名 称	2016 年	2017 年	同比增长（%）
水产品总产量	7 295.8	6 813.8	−6.61
按海水、内陆分			
海水产品产量	1 873.1	1 919.0	2.45
内陆水产品产量	5 422.6	4 894.8	−9.73
按生产性质分			
捕捞产量	1 014.9	913.5	−9.99
养殖产量	6 280.8	5 900.2	−6.06

表 153　我国西部地区人均主要农产品、畜产品、水产品产量（2016—2017 年）

单位：kg/人

产　品　名　称	2016 年	2017 年	同比增长（%）
一、主要农产品	1 107.8	1 107.8	18.64
（一）粮　食	442.8	449.2	1.45
1. 谷　物	374.4	379.6	1.39
稻　谷	123.1	113.5	−7.80
小　麦	61.3	52.1	−15.01
玉　米	176.7	201.7	14.15
谷　子	1.8	2.5	38.89
高　粱	3.6	2.2	−38.89
2. 豆　类	15.1	15.7	3.97
大　豆	7.7	10.4	35.06
杂　豆	7.3	5.3	−27.40
3. 薯　类	53.4	47.9	−10.30
马铃薯	38.6	34.2	−11.40
（二）油　料	29.4	30.6	4.08
花　生	4.9	4.7	−4.08
油菜籽	16.2	17.1	5.56
芝　麻	0.1	0.1	0.00
胡麻籽	0.9	0.6	−33.33
向日葵籽	6.8	7.3	7.35
（三）棉　花	9.8	12.3	25.51
（四）麻　类	0.2	0.2	0.00
黄红麻		0.0	
（五）糖　料	274.1	254.7	−7.08
甘　蔗	251.6	232.9	−7.43
甜　菜	22.5	21.8	−3.11
（六）水　果	253.7	236.2	−6.90
（七）烟　叶	4.4	3.9	−11.36
烤　烟	4.1	3.7	−9.76
二、畜产品			
（一）猪牛羊肉	57.5	57.8	0.52
猪　肉	42.8	42.6	−0.47
牛　肉	7.5	7.6	1.33
羊　肉	7.3	7.6	4.11
（二）奶　类	40.0	35.7	−10.75
牛　奶	37.9	33.6	−11.35
（三）禽　蛋	11.9	11.7	−1.68
三、水产品	19.9	17.5	−12.06
鱼　类	15.6	13.4	−14.10
虾蟹类	1.2	1.2	0.00

表 154　我国西部地区农林牧渔业总产值、增加值及构成（2016—2017 年）

名　　称	总产值		增加值	
	2016 年	2017 年	2016 年	2017 年
一、绝对数（亿元）				
合　计	**31 654.1**	**32 680.6**	**2 175.9**	**19 837.5**
1. 农　业	18 443.0	19 229.9	1 202.5	12 411.9
2. 林　业	1 427.5	1 693.0	114.3	1 128.1
3. 牧　业	9 647.6	9 410.1	640.8	4 978.2
4. 渔　业	1 040.5	1 055.0	90.6	683.7
二、构成（%）				
农林牧渔业合计	100.0	100.0		100.0
1. 农　业	59.4	58.8	0.9	62.6
2. 林　业	4.6	5.2	0.1	5.7
3. 牧　业	29.3	28.8	—1.3	25.1
4. 渔　业	3.3	3.2	0.1	3.4

表 155　我国西部地区林业产业总产值（2017 年）

单位：万元

地 区	总　计	第一产业	第二产业	第三产业
全国总计	**712 670 717**	**233 654 654**	**339 527 355**	**139 488 708**
地区小计	173 929 417	80 417 689	54 054 382	39 457 346
占全国比重（%）	24.41	34.42	15.92	28.29
内蒙古	5 003 272	2 161 261	1 705 019	1 136 992
广　西	52 262 047	18 090 940	28 153 833	6 017 274
重　庆	10 551 966	4 540 440	3 152 824	2 858 702
四　川	34 022 665	12 805 851	9 964 345	11 252 469
贵　州	23 346 120	7 334 862	3 059 436	12 951 822
云　南	19 555 370	12 279 326	5 156 848	2 119 196
西　藏	321 592	283 478	9 513	28 601
陕　西	12 361 813	9 634 847	1 360 567	1 366 399
甘　肃	5 025 683	4 329 073	222 017	474 593
青　海	569 755	501 020		68 735
宁　夏	1 871 040	964 848	477 665	428 527
新　疆	9 038 094	7 491 743	792 315	754 036

表 156 我国西部地区森林工业主要产品产量（2017 年）

地　　区	锯材（万 m³）	木片（万实积 m³）	胶合板（万 m³）	纤维板（万 m³）	刨花板（万 m³）	其他人造板（万 m³）	改性木材（万 m³）	指接材（万 m³）
全国总计	**8 602.37**	**4 438.15**	**17 195.21**	**6 297.00**	**2 777.77**	**3 215.89**	**185.29**	**400.08**
地区小计	3 596.16	793.05	3 516.59	1 263.62	332.18	722.91	52.864	53.14
占全国比重（%）	41.80	17.87	20.45	20.07	11.96	22.48	28.53	13.28
内蒙古	1 300.93	4.51	22.52	0.53		11.72		
广　西	1 697.33	549.93	2 195.15	774.35	213.83	517.30	33.214	22.73
重　庆	75.87	53.86	149.77	46.63	29.83	15.91	2.46	6.61
四　川	150.09	83.03	625.40	316.59	32.73	106.68	0.07	15.07
贵　州	141.31	23.69	113.93	8.84	9.20	38.38	16.93	7.65
云　南	204.98	59.87	331.66	108.82	45.73	32.17	0.19	1.08
西　藏	2.02							
陕　西	11.46	7.10	63.44	49.83	0.86	0.58		
甘　肃	1.10	0.07	2.42	1.66				
青　海								
宁　夏								
新　疆	11.07	10.99	12.30	6.20		0.17		

地　　区	木竹地板（万 m²）	松香类产品（t）	松节油类产品（t）	樟脑（t）	冰片（t）	栲胶类产品（t）	紫胶类产品（t）	木材热解产品（t）	木质生物质成型燃料（t）
全国总计	**82 568.31**	**1 664 982**	**278 226**	**14 972**	**1 098**	**4 667**	**7 098**	**1 767 541**	**872 859**
地区小计	1 499.97	1 107 683	157 022	816	1011	2 325	6 359	598 588	153 429
占全国比重（%）	1.82	66.53	56.44	5.45	92.08	49.82	89.59	33.87	17.58
内蒙古	8.60							3 000	100 000
广　西	465.68	917 622	130117			1 525	3 567	26 337	5 824
重　庆	16.25	1 120						4 005	
四　川	553.11			816	200			13 448	
贵　州	118.92	13 396	1227		51	800		529 523	35 605
云　南	337.10	175 345	25678		760		2 792	22 275	12 000
西　藏									
陕　西	0.31	200							
甘　肃									
青　海									
宁　夏									
新　疆									

表 157 我国西部地区粮食作物单位面积产量（2017 年）

单位：kg/hm²

地 区	谷物	稻谷	小麦	玉米	豆类	薯类	油料
全 国	**6 105.4**	**6 916.9**	**5 481.2**	**6 110.3**	**1 832.2**	**3 901.5**	**2 628.1**
内蒙古	5 660.9	6 975.0	2 805.2	6 720.2	1 589.6	3 181.5	2 162.4
广 西	5 327.3	5 660.1	1 654.7	4 594.5	1 652.2	1 790.0	2 713.5
重 庆	6 538.9	7 390.5	3 245.8	5 647.2	2 009.1	4 204.3	1 959.0
四 川	6 282.1	7 860.0	3 855.0	5 730.0	2 300.0	4 249.0	2 420.0
贵 州	4 903.1	6 407.3	2 641.1	4 383.8	857.3	3 264.0	1 747.2
云 南	4 941.8	6 079.2	2 143.9	5 175.9	2 525.7	2 975.8	1 947.8
西 藏	5 666.8	5 606.5	5 576.3	6 153.8	8 528.6	5 584.8	3 033.8
陕 西	4 325.4	7 626.8	4 219.6	4 604.9	1 513.7	2 633.3	2 145.0
甘 肃	4 551.3	7 216.0	3 519.0	5 539.8	1 967.5	3 386.3	2 232.5
青 海	3 558.3		3 765.2	6 479.6	2 114.8	40 092	1 949.6
宁 夏	5 693.0	8 490.6	3 071.5	7 014.4	925.1	2 966.3	2 087.4
新 疆	6 522.1	8 819.0	5 436.3	7 575.3	3 441.5	6 699.2	2 937.2

表 158 我国西部地区国有农场基本情况（2017 年）

地 区	农场个数（个）	职工人数（万人）	耕地面积（khm²）
全国总计	**1 758**	**271.5**	**6 455.6**
地区小计	686	85.2	2 607.2
占全国比重（%）	39.02	31.38	40.39
内蒙古	104	9.6	671.8
广 西	41	2.5	33.7
重 庆	17	0.7	0.3
四 川	33	0.2	0.8
贵 州	37	0.4	1.8
云 南	43	5.6	12.3
西 藏			
陕 西	12	0.4	10.2
甘 肃	24	1.4	69.6
青 海	21		155.3
宁 夏	14	1.2	41.3
新 疆	340	63.2	1 610.1

其 他

表 159 我国农产品质量安全例行监测情况（2018 年）

监测产品种类	合格率（%）	同比增长
蔬 菜	97.2	上升 0.2 个百分点
畜禽产品	98.6	下降 0.9 个百分点
水产品	97.1	上升 0.8 个百分点
水 果	96.0	下降 2.0 个百分点
茶 叶	97.2	下降 1.7 个百分点

资料来源：表中数据由中国农业农村部官网提供。

表 160 我国大米加工 50 强企业（2017 年）

序号	企 业 名 称	序号	企 业 名 称
1	中粮粮谷专业化公司	26	安敬光明槐祥工贸集团有限公司
2	益海嘉里投资有限公司	27	东莞市太粮米业有限公司
3	华润五丰米业（中国）有限公司	28	湖北庄品健实业（集团）有限公司
4	湖北国宝桥米有限公司	29	深圳市粮食集团有限公司
5	金健米业股份有限公司	30	湖南天下洞庭粮油实业有限公司
6	湖北禾丰粮油集团有限公司	31	安激联河股份有限公司
7	万年贡集团有限公司	32	福建泉州市金穗米业有限公司
8	福娃集团有限公司	33	宁夏昊王米业集团有限公司
9	北京粮食集团有限公司	34	宁夏塞外香食品有限公司
10	湖北省宏发米业公司	35	湖南浩天米业有限公司
11	上海良友（集团）有限公司	36	湖南粮食集团有限责任公司
12	安徽省阜阳市海泉粮油工业有限公司	37	黑龙江省北大荒米业集团有限公司
13	和县金域米业有限责任公司	38	庆安东禾金谷粮食储备有限公司
14	南京沙塘庵粮油实业有限公司	39	广东穗方源实业有限公司
15	江西奉新天工米业有限公司	40	杭州富义仓米业有限公司
16	江苏省农垦米业集团有限公司	41	天长市天鑫粮油贸易有限责任公司
17	宜兴市粮油集团大米有限公司	42	吉林裕丰米业股份有限公司
18	安徽省桐城青草香米业集团有限公司	43	江西金佳谷物股份有限公司
19	松原粮食集团有限公司	44	安徽省东博米业有限公司
20	山信粮业有限公司	45	合肥金润米业有限公司
21	洪湖市洪湖浪米业有限责任公司	46	宁夏兴唐米业集团有限公司
22	湖南角山米业有限责任公司	47	莆田市利源米业有限公司
23	湖北省粮油（集团）有限责任公司	48	绿都集团股份有限公司
24	安徽牧马湖农业开发集团有限公司	49	上海垠海贸易有限公司
25	安徽稼仙金佳粮集团股份有限公司	50	江苏双兔食品股份有限公司

表161 我国小麦粉加工50强企业（2017年）

序号	企 业 名 称	序号	企 业 名 称
1	五得利面粉集团有限公司	26	延津克明面粉有限公司
2	中粮粮谷专业化公司	27	宝鸡祥和面粉有限责任公司
3	益海嘉里投资有限公司	28	陕西老牛面粉有限公司
4	蛇口南顺面粉有限公司	29	安徽正宇面粉有限公司
5	河北金沙河面业集团有限责任公司	30	山东天邦粮油有限公司
6	今麦郎食品有限公司	31	江苏省淮安新丰面粉有限公司
7	发达面粉集团股份有限公司	32	山东利生食品集团有限公司
8	陕西陕富面业有限责任公司	33	上海福新面粉有限公司
9	北京粮食集团有限公司	34	西安爱菊粮油工业集团有限公司
10	江苏三零面粉有限公司	35	兰考县神人助粮油有限公司
11	陕西西瑞（集团）有限责任公司	36	江苏省银河面粉有限公司
12	新疆天山面粉（集团）有限责任公司	37	丹阳市同乐面粉有限公司
13	东莞穗丰粮食集团有限公司	38	安徽皖王面粉集团有限公司
14	河南省大程粮油集团股份有限公司	39	安徽省天麒面业科技股份有限公司
15	滨州中裕食品有限公司	40	遂平益康面粉有限公司
16	甘肃红太阳面业集团有限责任公司	41	河南莲花面粉有限公司
17	河南天香面业有限公司	42	安徽金鸽面业股份有限公司
18	广州岭南穗粮谷物股份有限公司	43	维维六朝松面粉产业有限公司
19	天津利金粮油股份有限公司	44	宁夏塞北雪面粉有限公司
20	山东半球面粉有限公司	45	新乡市思丰粉业有限公司
21	河南中鹤纯净粉业有限公司	46	青岛维良食品有限公司
22	杭州恒天面粉集团有限公司	47	湖北三杰粮油食品集团有限公司
23	内蒙古恒丰食品工业（集团）股份有限公司	48	深圳市粮食集团有限公司
24	潍坊风筝面粉有限责任公司	49	安徽省凤宝粮油食品（集团）有限公司
25	广东白燕粮油实业有限公司	50	绵阳仙特米业有限公司

表 162　我国食用油加工 50 强企业（2017 年）

序号	企 业 名 称	序号	企 业 名 称
1	益海嘉里投资有限公司	26	山东嘉冠粮油工业集团有限公司
2	中粮集团有限公司	27	仪征方顺粮油工业有限公司
3	山东鲁花集团有限公司	28	金太阳粮油股份有限公司
4	九三粮油工业集团有限公司	29	江苏佳丰粮油工业有限公司
5	三河汇福粮油集团有限公司	30	广东鹰唛食品有限公司
6	中储粮镇江粮油有限公司	31	广州植之元控股有限公司
7	山东香驰粮油有限公司	32	西安邦淇制油科技有限公司
8	山东三星玉米产业科技有限公司	33	云南滇雪粮油有限公司
9	西王集团有限公司	34	福建元成豆业有限公司
10	北京粮食集团有限公司	35	内蒙古蒙佳粮油工业集团有限公司
11	上海良友海狮油脂实业有限公司	36	湖南山润油茶科技发展有限公司
12	中海粮油集团有限公司	37	河南懿丰油脂有限公司
13	佳格投资（中国）有限公司	38	山东兴泉油脂有限公司
14	道道全粮油股份有限公司	39	山东玉皇粮油食品有限公司
15	重庆红蜻挺油脂有限责任公司	40	山东万得福实业集团有限公司
16	山东金胜粮油食品有限公司	41	青岛天祥食品集团有限公司
17	湖南粮食集团有限责任公司	42	上海富味乡油脂食品有限公司
18	湖北天星粮油股份有限公司	43	成都市新兴粮油有限公司
19	邦基正大（天津）粮油有限公司	44	西安爱菊粮油工业集团有限公司
20	山东龙大植物油有限公司	45	合肥金润米业有限公司
21	湖北省粮油（集团）有限责任公司	46	厦门银祥油脂有限公司
22	浙江新市油脂股份有限公司	47	河南爱厨植物油有限公司
23	合肥燕庄食用油有限责任公司	48	江苏春绿粮油有限公司
24	青岛长生集团股份有限公司	49	泉州市金华油脂食品有限公司
25	山西忠民集团有限公司	50	玉锋实业集团有限公司

表 163　我国挂面加工 10 强企业（2017 年）

序　号	企　业　名　称
1	河北金沙河面业集团有限责任公司
2	克明面业股份有限公司
3	中粮粮谷专业化公司
4	益海嘉里投资有限公司
5	今麦郎食品有限公司
6	滨州中裕食品有限公司
7	博大面业集团有限公司
8	想念食品股份有限公司
9	江西省春丝食品有限公司
10	宁夏塞北雪面粉有限公司

表 164　我国杂粮加工 10 强企业（2017 年）

序　号	企　业　名　称
1	安徽燕之坊食品有限公司
2	驻马店市亿民农产品科技有限公司
3	怀仁县龙首山粮油贸易有限责任公司
4	苏州优尔食品有限公司
5	苏州金记食品有限公司
6	河南雪牛集团有限公司
7	安徽凯利粮油食品有限公司
8	内蒙古老哈河粮油工业有限责任公司
9	内蒙古正隆谷物食品有限公司
10	湖北秦巴金玉米有限责任公司

表 165　我国粮油机械制造 10 强企业（2017 年）

序　号	企　业　名　称
1	江苏正昌集团有限公司
2	江苏牧羊控股有限公司
3	布勒（无锡）商业有限公司
4	合肥美亚光电技术股份有限公司
5	开封市茂盛机械有限公司
6	迈安德集团有限公司
7	河北苹乐面粉机械集团有限公司
8	湖南郴州粮油机械有限公司
9	安做捷迅光电技术有限公司
10	湖北永祥粮食机械股份有限公司

资料来源：表 160 至表 165 的数据由中国粮食行业协会、中国粮油学会和中国粮食经济学会提供。

5 第五部分

标准、专利

农产品加工业部分国家标准（2018年）

标 准 号	标 准 名 称	代 替 标 准
GB/T 317—2018	白砂糖	GB/T 317—2006
GB/T 398—2018	棉本色纱线	GB/T 398—2008
GB/T 406—2018	棉本色布	GB/T 406—2008
GB/T 742—2018	造纸原料、纸浆、纸和纸板　灼烧残余物（灰分）的测定（575℃和900℃）	GB/T 742—2008
GB 1353—2018	玉米	GB 1353—2009
GB/T 1445—2018	绵白糖	GB/T 1445—2000
GB/T 1546—2018	纸浆　卡伯值的测定	GB/T 1546—2004
GB/T 1912—2018	字典纸	GB/T 1912—2007
GB 2763.1—2018	食品安全国家标准　食品中百草枯等43种农药最大残留限量	
GB/T 5502—2018	粮油检验　大米加工精度检验	GB/T 5502—2008
GB/T 5519—2018	谷物与豆类　千粒重的测定	GB/T 5519—2008
GB/T 5531—2018	粮油检验　植物油脂加热试验	GB/T 5531—2008
GB/T 5705—2018	纺织品　棉纺织产品　术语	GB/T 5705—1985
GB/T 5706—2018	纺织品　毛纺织产品　术语	GB/T 5706—1985
GB/T 5707—2018	纺织品　麻纺织产品　术语	GB/T 5707—1985
GB/T 6002.16—2018	纺织机械术语　第16部分：棉纺环锭细纱机	
GB/T 6098—2018	棉纤维长度试验方法　罗拉式分析仪法	GB/T 6098.1—2006
GB/T 6432—2018	饲料中粗蛋白的测定　凯氏定氮法	GB/T 6432—1994
GB/T 6437—2018	饲料中总磷的测定　分光光度法	GB/T 6437—2002
GB 7295—2018	饲料添加剂　盐酸硫胺（维生素 B_1）	GB/T 7295—2008
GB 7296—2018	饲料添加剂　硝酸硫胺（维生素 B_1）	GB/T 7296—2008
GB 7302—2018	饲料添加剂　叶酸	GB/T 7302—2008
GB 7303—2018	饲料添加剂　L-抗坏血酸（维生素C）	GB/T 7303—2006
GB/T 7900—2018	白胡椒	GB/T 7900—2008
GB/T 7901—2018	黑胡椒	GB/T 7901—2008
GB/T 8313—2018	茶叶中茶多酚和儿茶素类含量的检测方法	GB/T 8313—2008
GB/T 9756—2018	合成树脂乳液内墙涂料	GB/T 9756—2009
GB/T 9994—2018	纺织材料公定回潮率	GB/T 9994—2008
GB/T 10335.2—2018	涂布纸和纸板　轻量涂布纸	GB/T 10335.2—2005
GB/T 10335.3—2018	涂布纸和纸板　涂布白卡纸	GB/T 10335.3—2004
GB/T 10339—2018	纸、纸板和纸浆　光散射和光吸收系数的测定	GB/T 10339—2007
GB/T 10496—2018	糖料甜菜	GB/T 10496—2002
GB/T 11048—2018	纺织品　生理舒适性　稳态条件下热阻和湿阻的测定（蒸发热板法）	GB/T 11048—2008
GB/T 11717—2018	造纸用原木	GB/T 11717—2009
GB/T 11765—2018	油茶籽油	GB/T 11765—2003
GB/T 12654—2018	书写用纸	GB/T 12654—2008
GB/T 12914—2018	纸和纸板　抗张强度的测定　恒速拉伸法（20mm/min）	GB/T 12914—2008
GB/T 13083—2018	饲料中氟的测定　离子选择性电极法	GB/T 13083—2002

（续）

标 准 号	标 准 名 称	代 替 标 准
GB/T 13662—2018	黄酒	GB/T 13662—2008
GB/T 14456.2—2018	绿茶　第2部分：大叶种绿茶	GB/T 14456.2—2008
GB/T 15036.1—2018	实木地板　第1部分：技术要求	GB/T 15036.1—2009
GB/T 15036.2—2018	实木地板　第2部分：检验方法	GB/T 15036.2—2009
GB/T 15399—2018	饲料中含硫氨基酸的测定　离子交换色谱法	GB/T 15399—1994
GB/T 15400—2018	饲料中色氨酸的测定	GB/T 15400—1994
GB/T 16258—2018	棉纤维含糖试验方法　分光光度法	GB/T 16258—2008
GB/T 17253—2018	合成纤维丝织物	GB/T 17253—2008
GB/T 17815—2018	饲料中丙酸、丙酸盐的测定	GB/T 17815—1999
GB/T 18259—2018	人造板及其表面装饰术语	GB/T 18259—2009
GB/T 18264—2018	刨花板生产线验收通则	GB/T 18264—2000
GB/T 18353—2018	棉花加工企业基本技术条件	GB/T 18353—2008
GB/T 19181—2018	生咖啡　分级方法导则	GB/T 19181—2003
GB/T 19424—2018	天然植物饲料原料通用要求	GB/T 19424—2003
GB/T 19477—2018	畜禽屠宰操作规程　牛	GB/T 19477—2004
GB/T 19478—2018	畜禽屠宰操作规程　鸡	GB/T 19478—2004
GB/T 19557.10—2018	植物品种特异性、一致性和稳定性测试指南　百合属	
GB/T 19557.12—2018	植物品种特异性、一致性和稳定性测试指南　大蒜	
GB/T 19557.15—2018	植物品种特异性、一致性和稳定性测试指南　高粱	
GB/T 19557.19—2018	植物品种特异性、一致性和稳定性测试指南　菊花	
GB/T 19557.23—2018	植物品种特异性、一致性和稳定性测试指南　香石竹	
GB/T 19557.24—2018	植物品种特异性、一致性和稳定性测试指南　玉米	
GB/T 19557.28—2018	植物品种特异性、一致性和稳定性测试指南　马铃薯	
GB/T 19557.31—2018	植物品种特异性、一致性和稳定性测试指南　大麦	
GB/T 19557.32—2018	植物品种特异性、一致性和稳定性测试指南　甘薯	
GB/T 19557.33—2018	植物品种特异性、一致性和稳定性测试指南　花椰菜	
GB/T 19557.4—2018	植物品种特异性、一致性和稳定性测试指南　大豆	GB/T 19557.4—2004
GB/T 19883—2018	果冻	GB/T 19883—2005
GB/T 20194—2018	动物饲料中淀粉含量的测定　旋光法	GB/T 20194—2006
GB/T 20238—2018	木质地板铺装、验收和使用规范	GB/T 20238—2006
GB/T 20390.1—2018	纺织品　床上用品可点燃性的评定　第1部分：香烟为点火源	GB/T 20390.1—2006
GB/T 20390.2—2018	纺织品　床上用品可点燃性的评定　第2部分：与火柴火焰相当的点火源	GB/T 20390.2—2006
GB/T 20810—2018	卫生纸（含卫生纸原纸）	GB/T 20810—2006
GB/T 20811—2018	废纸分类技术要求	GB/T 20811—2006
GB/T 21171—2018	香料香精术语	GB/T 21171—2007
GB/T 21290—2018	冻罗非鱼片	GB/T 21290—2007
GB/T 21726—2018	黄茶	GB/T 21726—2008
GB/T 22335—2018	棉花加工技术规范	GB/T 22335—2008
GB/T 22364—2018	纸和纸板　弯曲挺度的测定	GB/T 22364—2008

（续）

标　准　号	标　准　名　称	代　替　标　准
GB/T 22443—2018	中国苦水玫瑰精油	GB/T 22443—2008
GB/T 22504.2—2018	粮油检验　粮食感官检验辅助图谱　第 2 部分：玉米	
GB/T 22504.3—2018	粮油检验　粮食感官检验辅助图谱　第 3 部分：稻谷	
GB/T 22856—2018	莨绸	GB/T 22856—2009
GB/T 22859—2018	染色桑蚕捻线丝	GB/T 22859—2009
GB/T 22861—2018	精粗梳交织及半精梳毛织品	GB/T22861—2009 GB/T 22863—2009
GB 23200.108—2018	食品安全国家标准　植物源性食品中草铵膦残留量的测定　液相色谱-质谱联用法	
GB 23200.109—2018	食品安全国家标准　植物源性食品中二氯吡啶酸残留量的测定　液相色谱-质谱联用法	
GB 23200.110—2018	食品安全国家标准　植物源性食品中氯吡脲残留量的测定　液相色谱-质谱联用法	
GB 23200.111—2018	食品安全国家标准　植物源性食品中唑嘧磺草胺残留量的测定　液相色谱-质谱联用法	
GB 23200.112—2018	食品安全国家标准　植物源性食品中 9 种氨基甲酸酯类农药及其代谢物残留量的测定　液相色谱-柱后衍生法	
GB 23200.113—2018	食品安全国家标准　植物源性食品中 208 种农药及其代谢物残留量的测定　气相色谱-质谱联用法	
GB 23200.114—2018	食品安全国家标准　植物源性食品中灭瘟素残留量的测定　液相色谱-质谱联用法	
GB 23200.115—2018	食品安全国家标准　鸡蛋中氟虫腈及其代谢物残留量的测定　液相色谱-质谱联用法	
GB/T 23227—2018	卷烟纸、成形纸、接装纸、具有间断或连续透气区的材料以及具有不同透气带的材料　透气度的测定	
GB/T 24218.15—2018	纺织品　非织造布试验方法　第 15 部分：透气性的测定	
GB/T 24279.1—2018	纺织品　某些阻燃剂的测定　第 1 部分：溴系阻燃剂	GB/T 24279—2009
GB/T 24283—2018	蜂胶	GB/T 24283—2009
GB/T 24690—2018	袋泡茶	GB/T 24690—2009
GB/T 24999—2018	纸和纸板　D65 亮度最高限量	GB/T 24999—2010
GB/T 32719.5—2018	黑茶　第 5 部分：茯茶	
GB/T 35026—2018	茶叶籽油	
GB/T 35027—2018	王台蜂王浆	
GB/T 35028—2018	荞麦粉	
GB/T 35810—2018	红茶加工技术规范	
GB/T 35811—2018	林业生物质原料分析方法　淀粉测定	
GB/T 35813—2018	植物新品种特异性、一致性、稳定性测试指南　黄栌属	
GB/T 35814—2018	林业生物质原料分析方法　样品处理方法	
GB/T 35815—2018	木质活性炭试验方法　甲苯吸附率的测定	
GB/T 35816—2018	林业生物质原料分析方法　抽提物含量的测定	
GB/T 35818—2018	林业生物质原料分析方法　多糖及木质素含量的测定	

（续）

标 准 号	标 准 名 称	代 替 标 准
GB/T 35825—2018	茶叶化学分类方法	
GB/T 35834—2018	机采棉加工技术规范	
GB/T 35835—2018	玉米秸秆颗粒	
GB/T 35836—2018	甘蔗耐寒性鉴定技术规程	
GB/T 35863—2018	乌龙茶加工技术规范	
GB/T 35864—2018	粮油机械　检验用粮食容重器	
GB/T 35865—2018	粮油检验　稻谷整精米率测定　图像分析法	
GB/T 35866—2018	粮油检验　小麦粉溶剂保持力的测定	
GB/T 35867—2018	粮油检验　卵磷脂中磷脂含量的测定　高效液相色谱蒸发光散射检测法	
GB/T 35868—2018	蜂王浆生产技术规范	
GB/T 35869—2018	粮油检验　小麦粉面包烘焙品质评价　快速烘焙法	
GB/T 35870—2018	玉米胚	
GB/T 35871—2018	粮油检验　谷物及其制品中钙、钾、镁、钠、铁、磷、锌、铜、锰、硼、钡、钼、钴、铬、锂、锶、镍、硫、钒、硒、铷含量的测定　电感耦合等离子体发射光谱法	
GB/T 35872—2018	棉花　不孕籽棉	
GB/T 35873—2018	农产品市场信息采集与质量控制规范	
GB/T 35874—2018	甘蔗黑穗病抗性鉴定技术规程	
GB/T 35875—2018	粮油检验　小麦粉面条加工品质评价	
GB/T 35876—2018	粮油检验　谷物及其制品中钠、镁、钾、钙、铬、锰、铁、铜、锌、砷、硒、镉和铅的测定　电感耦合等离子体质谱法	
GB/T 35877—2018	粮油检验　动植物油脂冷冻试验	
GB/T 35878—2018	农村日用消费品连锁经营网络规范	
GB/T 35879—2018	甘蔗螟虫综合防治技术规程	
GB/T 35880—2018	银耳菌种质量检验规程	
GB/T 35881—2018	粮油检验　稻谷黄粒米含量测定　图像分析法	
GB/T 35882—2018	富营养素酵母	
GB/T 35883—2018	冰糖	
GB/T 35884—2018	赤砂糖	
GB/T 35885—2018	红糖	
GB/T 35886—2018	食糖分类	
GB/T 35887—2018	白砂糖试验方法	
GB/T 35888—2018	方糖	
GB/T 35896—2018	脊尾白虾	
GB/T 35897—2018	条斑紫菜　半浮动筏式栽培技术规范	
GB/T 35898—2018	条斑紫菜　全浮动筏式栽培技术规范	
GB/T 35899—2018	条斑紫菜　海上出苗培育技术规范	
GB/T 35905—2018	林业生物质原料分析方法　总固体含量测定	
GB/T 35907—2018	条斑紫菜　冷藏网操作技术规范	
GB/T 35908—2018	蜜蜂白垩病诊断技术	

（续）

标　准　号	标　准　名　称	代　替　标　准
GB/T 35920—2018	低聚糖通用技术规则	
GB/T 35929—2018	包装　触摸危险标识　要求	
GB/T 35931—2018	棉纤维棉结和短纤维率测试方法　光电法	
GB/T 35932—2018	梳棉胎	
GB/T 35934—2018	棉花　染色色差试验方法	
GB/T 35941—2018	水产养殖增氧机检测规程	
GB/T 35943—2018	粮油机械　粉质仪	
GB/T 35944—2018	粮油机械　检验用辊式小麦磨粉机	
GB/T 35991—2018	粮油检验　小麦粉馒头加工品质评价	
GB/T 35992—2018	粮油机械　容积式配麦器	
GB/T 35993—2018	粮油机械　面筋测定仪	
GB/T 35994—2018	粮油机械　面团拉伸仪	
GB/T 35998—2018	甘蔗和蔗渣的蔗糖分、锤度及纤维分测定　湿式分解法	
GB/T 35999.3—2018	食品质量控制前提方案　第3部分：农场	
GB/T 35999.4—2018	食品质量控制前提方案　第4部分：食品包装的生产	
GB/T 36003—2018	镀锡或镀铬薄钢板罐头空罐	
GB/T 36004—2018	食品接触表面清洗消毒效果试验方法　三磷酸腺苷生物发光法	
GB/T 36055—2018	林业生物质原料分析方法　含水率的测定	
GB/T 36056—2018	林业生物质原料分析方法　可溶性糖的测定	
GB/T 36057—2018	林业生物质原料分析方法　灰分的测定	
GB/T 36058—2018	林业生物质原料分析方法　不可溶性糖测定	
GB/T 36059—2018	纸包装凹版印刷过程质量控制及检验方法	
GB/T 36091—2018	粮油机械　检验用粮食选筛	
GB/T 36139—2018	粮油机械　产品型号编制方法	
GB/T 36177—2018	畜禽品种标准编制导则　家禽	
GB/T 36187—2018	冷冻鱼糜	
GB/T 36193—2018	水产品加工术语	
GB/T 36205—2018	草鱼配合饲料	
GB/T 36206—2018	大黄鱼配合饲料	
GB/T 36392—2018	食品包装用淋膜纸和纸板	
GB/T 36394—2018	竹产品术语	
GB/T 36395—2018	冷冻鱼糜加工技术规范	
GB/T 36418—2018	絮用纤维制品有机挥发性物质的测定	
GB/T 36433—2018	纺织品　山羊绒和绵羊毛的混合物DNA定量分析　荧光PCR法	
GB/T 36502—2018	制糖企业良好操作规范	
GB/T 36759—2018	葡萄酒生产追溯实施指南	
GB/T 36773—2018	竹制品检疫处理技术规程	
GB/T 36782—2018	鲤鱼配合饲料	
GB/T 36858—2018	饲料中黄曲霉毒素 B_1 的测定　高效液相色谱法	
GB/T 36859—2018	饲料中尿素含量的测定	

（续）

标 准 号	标 准 名 称	代 替 标 准
GB/T 36860—2018	饲料原料　干黄酒糟	
GB/T 36861—2018	饲料添加剂　β-甘露聚糖酶活力的测定　分光光度法	
GB/T 36862—2018	青鱼配合饲料	
GB/T 36863—2018	混合型饲料添加剂防霉剂通用要求	
GB/T 36864—2018	粮油机械　低能耗碾米机	
GB/T 36865—2018	粮油机械　螺旋输送机	
GB/T 36866—2018	粮油机械　拖链浸出器	
GB/T 36869—2018	水稻生产的土壤镉、铅、铬、汞、砷安全阈值	
GB/T 36870—2018	主要商品木材树种代号	
GB/T 36938—2018	纺织机械与附件　水刺机用水射流板	
GB/T 36939—2018	纺织机械　棉纺并条机　术语、定义和结构原理	
GB/T 36940—2018	纺织品　苯并三唑类物质的测定	
GB/T 36941—2018	秸秆纤维基聚丙烯改性料	
GB/T 36946—2018	皮革　化学试验　多环芳烃的测定　气相色谱-质谱法	
GB/T 36971—2018	纺织品　色牢度试验　织物染料向聚氯乙烯涂层迁移的评定	
GB/T 36973—2018	纺织品　机织物描述	
GB/T 36976—2018	纺织品　定量化学分析　聚酰亚胺纤维与某些其他纤维的混合物	
GB/T 36985—2018	纸、纸板和纸制品　挥发性有机化合物的测定	
GB/T 37029—2018	食品追溯　信息记录要求	
GB/T 37060—2018	农产品流通信息管理技术通则	
GB/T 37061—2018	畜禽肉质量分级导则	
GB/T 37062—2018	水产品感官评价指南	
GB/T 37077—2018	禽蛋中胆固醇含量的测定　酶法	
GB/T 37108—2018	农产品基本信息描述　禽蛋类	
GB/T 37109—2018	农产品基本信息描述　食用菌类	
GB/T 37110—2018	农产品基本信息描述　谷物类	
GB/T 37111—2018	农产品基本信息描述　坚果类	
GB/Z 35035—2018	蜂产业项目运营管理规范	
GB/Z 35036—2018	辣椒产业项目运营管理规范	
GB/Z 35037—2018	蓝莓产业项目运营管理规范	
GB/Z 35038—2018	中药材（三七）产业项目运营管理规范	
GB/Z 35039—2018	中药材（川党参）产业项目运营管理规范	
GB/Z 35040—2018	扶贫车间项目运营管理规范	
GB/Z 35041—2018	食用菌产业项目运营管理规范	
GB/Z 35042—2018	蛋鸡产业项目运营管理规范	
GB/Z 35043—2018	光伏产业项目运营管理规范	
GB/Z 35044—2018	互联网＋种植服务项目运营管理规范	
GB/Z 35045—2018	茶产业项目运营管理规范	
GB 36897—2018	饲料添加剂　L-精氨酸	
GB 36898—2018	饲料添加剂　D-生物素	

农产品加工业农业行业标准（2018 年）

标准号	标准名称	代替标准
NY/T 258—2018	剑麻加工机械理麻机	
NY/T 288—2018	绿色食品 茶叶	NY/T288—2012
NY/T 407—2018	绿色食品 速冻预包装面米食品	NY/T1407—2007
NY/T 436—2018	绿色食品 蜜饯	NY/T436—2009
NY/T 471—2018	绿色食品 饲料及饲料添加剂使用准则	NY/T471—2010、NY/T2112—2011
NY/T 629—2018	蜂胶及其制品	NY/T 629—2002
NY/T 749—2018	绿色食品 食用菌	NY/T749—2012
NY/T 1050—2018	绿色食品 龟鳖类	NY/T1050—2006
NY/T 1053—2018	绿色食品 味精	NY/T1053—2006
NY/T 1327—2018	绿色食品 鱼糜制品	NY/T1327—2007
NY/T 1328—2018	绿色食品 鱼罐头	NY/T1328—2007
NY/T 1406—2018	绿色食品 速冻蔬菜	NY/T1406—2007
NY/T 1712—2018	绿色食品 干制水产品	NY/T1712—2009
NY/T 1713—2018	绿色食品 茶饮料	NY/T1713—2009
NY/T 2104—2018	绿色食品 配制酒	NY/T2104—2011
NY/T 3177—2018	农产品分类与代码	
NY/T 3182—2018	鹅肥肝生产技术规范	
NY/T 3184—2018	肝用鹅生产性能测定技术规程	
NY/T 3192—2018	木薯变性燃料乙醇生产技术规程	
NY/T 3201—2018	辣木生产技术规程	
NY/T 3204—2018	农产品质量安全追溯操作规程 水产品	
NY/T 3216—2018	发芽糙米	
NY/T 3217—2018	发酵菜籽粕加工技术规程	
NY/T 3218—2018	食用小麦麸皮	
NY/T 3219—2018	机采机制茶叶加工技术规程 长炒青	
NY/T 3220—2018	食用菌包装及贮运技术规范	
NY/T 3222—2018	工夫红茶加工技术规范	
NY/T 3224—2018	畜禽屠宰术语	
NY/T 3225—2018	畜禽屠宰冷库管理规范	
NY/T 3226—2018	生猪宰前管理规范	
NY/T 3227—2018	屠宰企业畜禽及其产品抽样操作规范	
NY/T 3228—2018	畜禽屠宰企业信息系统建设与管理规范	
NY/T 3239—2018	沼气工程远程监测技术规范	
NY/T 3250—2018	高油酸花生	
NY/T 3269—2018	脱水蔬菜 甘蓝类	
NY/T 3289—2018	加工用梨	
NY/T 3290—2018	水果、蔬菜及其制品中酚酸含量的测定 液质联用法	
NY/T 3291—2018	食用菌菌渣发酵技术规程	
NY/T 3292—2018	蔬菜中甲醛含量的测定 高效液相色谱法	
NY/T 3294—2018	食用植物油料油脂中风味挥发物质的测定 气相色谱质谱法	

（续）

标　准　号	标　准　名　称	代　替　标　准
NY/T 3295—2018	油菜籽中芥酸、硫代葡萄糖苷的测定　近红外光谱法	
NY/T 3296—2018	油菜籽中硫代葡萄糖苷的测定　液相色谱-串联质谱	
NY/T 3297—2018	油菜籽中总酚、生育酚的测定　近红外光谱法	
NY/T 3298—2018	植物油料中粗蛋白质的测定近红外光谱法	
NY/T 3299—2018	植物油料中油酸、亚油酸的测定　近红外光谱法	
NY/T 3300—2018	植物源性油料油脂中甘油三酯的测定　液相色谱-串联质谱法	
NY/T 3304—2018	农产品检测样品管理技术规范	
NY/T 3309—2018	肉类源性成分鉴定　实时荧光定性 PCR 法	
NY/T 3315—2018	饲料原料　骨源磷酸氢钙	
NY/T 3316—2018	饲料原料　酿酒酵母提取物	
NY/T 3317—2018	饲料原料　甜菜粕颗粒	
NY/T 3318—2018	饲料中钙、钠、磷、镁、钾，铁，锌、铜、锰、钴和钼的测定　原子发射光谱法	
NY/T 3319—2018	植物性饲料原料中镉的测定　直接进样原子荧光法	
NY/T 3320—2018	饲料中苏丹红等 8 种脂溶性色素的测定　液相色谱-串联质谱法	
NY/T 3321—2018	饲料中 L-肉碱的测定	
NY/T 3322—2018	饲料中柠檬黄等 7 种水溶性色素的测定　高效液相色谱法	
NY/T 3324—2018	剑麻制品　包装、标识、贮存和运输	
NY/T 3325—2018	菠萝叶纤维麻条	
NY/T 3326—2018	菠萝叶纤维精干麻	
NY/T 3333—2018	芒果采收及采后处理技术规程	
NY/T 3338—2018	杏干产品等级规格	
NY/T 3339—2018	甘薯贮运技术规程	
NY/T 3340—2018	叶用芥菜腌制加工技术规程	
NY/T 3341—2018	油菜籽脱皮低温压榨制油生产技术规程	
NY/T 3342—2018	花生中白藜芦醇及白藜芦醇苷异构体含量的测定　超高效液相色谱法	
SC/T 2082—2018	坛紫菜	
SC/T 2088—2018	扇贝工厂化繁育技术规范	
SC/T 3035—2018	水产品包装、标识通则	
SC/T 3051—2018	盐渍海蜇加工技术规程	
SC/T 3052—2018	干制坛紫菜加工技术规程	
SC/T 3207—2018	干贝	SC/T 3207—2000
SC/T 3221—2018	蛤蜊干	
SC/T 3310—2018	海参粉	
SC/T 3311—2018	即食海蜇	
SC/T 3403—2018	甲壳素，壳聚糖	SC/T 3403—2004
SC/T 3405—2018	海藻中褐藻酸盐、甘露醇含量的测定	
SC/T 3406—2018	褐藻渣粉	
NY/T 3348—2018	生猪定点屠宰厂（场）资质等级要求	SB/T 10396—2011

（续）

标准号	标准名称	代替标准
NY/T 3349—2018	生猪屠宰加工职业技能岗位标准、职业技能岗位要求	SB/T 10353—2011
NY/T 3350—2018	肉品品质检验人员岗位技能要求	SB/T 10359—2011
NY/T 3351—2018	猪原肠、半成品	SB/T 10041—1992
NY/T 3352—2018	绵羊原肠、半成品	SB/T 10042—1992
NY/T 3353—2018	山羊原肠、半成品	SB/T 10043—1992
NY/T 3354—2018	猪大肠头	SB/T 10044—1992
NY/T 3355—2018	乳猪肉	SB/T 10293—2012
NY/T 3356—2018	牦牛肉	SB/T 10399—2005
NY/T 3357—2018	畜禽屠宰加工设备　猪输送机	SB/T 10487—2008
NY/T 3358—2018	畜禽屠宰加工设备　洗猪机	SB/T 10488—2008
NY/T 3359—2018	畜禽屠宰加工设备　猪烫毛设备	SB/T 10489—2008
NY/T 3360—2018	畜禽屠宰加工设备　猪脱毛机	SB/T 10490—2008
NY/T 3361—2018	畜禽屠宰加工设备　猪燎毛炉	SB/T 10491—2008
NY/T 3362—2018	畜禽屠宰加工设备　猪抛光机	SB/T 10492—2008
NY/T 3363—2018	畜禽屠宰加工设备　猪剥皮机	SB/T 10493—2008
NY/T 3364—2018	畜禽屠宰加工设备　猪胴体劈半锯	SB/T 10494—2008
NY/T 3365—2018	畜禽屠宰加工设备　手推式猪胴体输送轨道	SB/T 10495—2008
NY/T 3366—2018	畜禽屠宰加工设备　兽医卫生同步检验输送装置	SB/T 10496—2008
NY/T 3367—2018	畜禽屠宰加工设备　切割机	SB/T 10497—2008
NY/T 3368—2018	畜禽屠宰加工设备　分割输送机	SB/T 10498—2008
NY/T 3369—2018	畜禽屠宰加工设备　自动下降机	SB/T 10499—2008
NY/T 3370—2018	家禽浸烫机	SB/T 10536—2009
NY/T 3371—2018	家禽立式脱毛机	SB/T 10537—2009
NY/T 3372—2018	片猪肉激光灼刻标识码、印应用规范	SB/T 10570—2010
NY/T 3373—2018	病害畜禽及产品焚烧设备	SB/T 10571—2010
NY/T 3374—2018	屠宰设备型号编制方法	SB/T 10600—2011
NY/T 3375—2018	牛剥皮机	SB/T 10601—2011
NY/T 3376—2018	牛步进式输送机	SB/T 10602—2011
NY/T 3377—2018	牛胴体劈半锯	SB/T 10603—2011
NY/T 3378—2018	牛击晕机	SB/T 10604—2011
NY/T 3379—2018	牛肉分级	SB/T 10637—2011
NY/T 3380—2018	猪肉分级	SB/T 10656—2012
NY/T 3381—2018	生猪无害化处理操作规范	SB/T 10657—2012
NY/T 3382—2018	生猪副产品加工人员技能要求	SB/T 10658—2012
NY/T 3383—2018	畜禽产品包装与标识	SB/T 10659—2012
NY/T 3384—2018	屠宰企业消毒规范	SB/T 10660—2012
NY/T 3385—2018	屠宰企业消毒人员技能要求	SB/T 10661—2012
NY/T 3386—2018	病害牲畜及病害牲畜产品化制设备	SB/T 10662—2012
NY/T 3387—2018	病害畜禽及其产品无害化处理人员技能要求	SB/T 10663—2012
NY/T 3388—2018	猪肉及猪副产品流通分类与代码	SB/T 10746—2012

（续）

标准号	标准名称	代替标准
NY/T 3389—2018	牛肉及牛副产品流通分类与代码	SB/T 10747—2012
NY/T 3390—2018	羊肉及羊副产品流通分类与代码	SB/T 10748—2012
NY/T 3391—2018	禽肉及禽副产品流通分类与代码	SB/T 10749—2012
NY/T 3392—2018	屠宰企业诚信体系实施指南	SB/T 10908—2012
NY/T 3393—2018	屠宰企业诚信体系评价实施细则	SB/T 10909—2012
NY/T 3394—2018	猪副产品利用技术规范	SB/T 10910—2012
NY/T 3395—2018	屠宰设备维修员技能要求	SB/T 10911—2012
NY/T 3396—2018	屠宰冷藏加工人员技能要求	SB/T 10912—2012
NY/T 3397—2018	病害肉化制成套设备技术条件	SB/T 10913—2012
NY/T 3398—2018	病害禽类及病害禽类产品化制设备	SB/T 10914—2012
NY/T 3399—2018	生猪屠宰加工周转箱清洗机	SB/T 10915—2012
NY/T 3400—2018	羊同步卫生检验悬挂输送机	SB/T 10916—2012
NY/T 3401—2018	禽胴体内外冲洗机	SB/T 10917—2012
NY/T 3402—2018	屠宰企业实验室建设规范	SB/T 10918—2012
NY/T 3403—2018	猪胴体自动劈半机	SB/T 11078—2013
NY/T 3404—2018	生猪屠宰猪皮与猪蹄脱毛设备	SB/T 11079—2013
NY/T 3405—2018	肉与肉制品中肠出血性大肠杆菌 O157：H7 检验方法	SB/T 10462—2008
NY/T 3406—2018	家畜放线菌病病原体检验方法	SB/T 10464—2008
NY/T 3407—2018	畜禽产品流通卫生操作技术规范	SB/T 10395—2005
NY/T 3408—2018	鲜（冻）畜禽产品专卖店管理规范	SB/T 10718—2012
NY/T 3409—2018	畜禽肉中氯霉素的测定	SB/T 10386—2004
NY/T 3410—2018	畜禽肉和水产品中呋喃唑酮的测定	SB/T 10387—2004
NY/T 3411—2018	畜禽肉中磺胺二甲嘧啶、磺胺甲噁唑的测定	SB/T 10388—2004
NY/T 3412—2018	畜禽肉中地西泮的测定　高效液相色谱法	SB/T 10501—2008

农产品加工业林业行业标准（2018 年）

标准号	标准名称	代替标准
LY/T 1370—2018	原条造材	LY/T 1370—2002
LY/T 1507—2018	木杆	LY/T 1507—2008
LY/T 1506—2018	短原木	LY/T 1506—2008
LY/T 2941—2018	林木轻基质产品及检测技术规程	
LY/T 2955—2018	油茶主要性状调查测定规范	
LY/T 2982—2018	竹茶盘	
LY/T 2983—2018	桐木拼板	
LY/T 2984—2018	原条检验	

农产品加工业内贸行业标准（2018 年）

标准号	标准名称	代替标准
SB/T 11215—2018	商品交易市场建设与经营管理术语	
SB/T 11218—2018	国家生丝储备仓库条件要求及管理规范	

农产品加工业供销行业标准（2018 年）

标准号	标准名称	代替标准
GH/T 1228—2018	蓝莓冷链流通技术操作规程	
GH/T 1229—2018	冷冻蓝莓	
GH/T 1226—2018	果品加工固体废物分类	

农产品加工业粮食行业标准（2018 年）

标准号	标准名称	代替标准
LS/T 1709—2018	粮食信息分类与编码　储粮病虫害分类与代码	
LS/T 1714—2018	粮油仓储设施标识编码规则	
LS/T 1814—2018	粮食电子地图　地理要素	
LS/T 1815—2018	粮食电子地图　图示表达	
LS/T 1816—2018	粮食仓储数据元　熏蒸	
LS/T 1817—2018	粮仓远程视频监控系统技术规范	
LS/T 1818—2018	多模式储粮害虫及防治信息交互接口	
LS/T 1819—2018	粮食流通电子标识数据规范	
LS/T 1820—2018	粮食大数据资源池设计规范	
LS/T 6131—2018	粮油检验　植物油中邻苯二甲酸酯类化合物的测定	
LS/T 6132—2018	粮油检验　储粮真菌的检测　孢子计数法	
LS/T 1219—2018	大米品尝评分参考样品制备技术规范	
LS/T 3547—2018	粮油机械　电动散装粮食扦样器技术条件与试验方法	
LS/T 3548—2018	粮油机械　电动吸式包装粮食扦样器技术条件与试验方法	
LS/T 6133—2018	粮油检验　主要谷物中 16 种真菌毒素的测定　液相色谱-串联质谱法	
LS/T 6134—2018	粮油检验　粮食中镉的快速测定　稀酸提取-石墨炉原子吸收光谱法	
LS/T 6135—2018	粮油检验　粮食中铅的快速测定　稀酸提取-石墨炉原子吸收光谱法	
LS/T 3116—2018	山桐子	
LS/T 3258—2018	山桐子油	
LS/T 3259—2018	油莎豆油	
LS/T 3314—2018	山桐子饼粕	
LS/T 3315—2018	核桃饼粕	

农产品加工业机械行业标准（2018 年）

标准号	标准名称	代替标准
JB/T 13613—2018	辊式颗粒饲料破碎机　轧辊	
JB/T 13614—2018	饲料机械　永磁筒式磁选机	
BB/T 0078—2018	茶叶包装通用技术要求	
BB/T 0079—2018	热带水果包装通用技术要求	

农产品加工业轻工行业标准（2018 年）

标准号	标准名称	代替标准
QB/T 5218—2018	罐藏食品工业术语	

（续）

标准号	标准名称	代替标准
QB/T 2934—2018	草编制品	QB/T 2934—2008
QB/T 2385—2018	深色名贵硬木家具	QB/T 2385—2008
QB/T 4971—2018	婴幼儿配方乳粉行业产品质量安全追溯体系规范	
QB/T 4260—2018	水苏糖	QB/T 4260—2011
QB/T 1020—2018	纸和纸板印刷适性试验用标准油墨	QB/T 1020—2010
QB/T 1312—2018	砂纸原纸	QB/T 1312—2010
QB/T 5296—2018	擦拭纸巾	
QB/T 5297—2018	干燥剂包装袋用纸	
QB/T 5298—2018	小麦低聚肽粉	
QB/T 5299—2018	葡萄酒中甘油稳定碳同位素比值（$^{13}C/^{12}C$）测定方法　液相色谱联用稳定同位素比值质谱法	
QB/T 5302—2018	生活用干纸巾流延聚乙烯（CPE）包装膜	
QB/T 5358—2018	冷冻烘焙食品	
QB/T 5333—2018	朗姆酒	
QB/T 5334—2018	红曲酒	
QB/T 2635—2018	杀菌机	QB/T 2635—2004
QB/T 2634—2018	洗瓶机	QB/T 2634—2004
QB/T 2373—2018	制酒机械　灌装压盖机	QB/T 2373—2007
QB/T 2868—2018	饮料机械　PET 瓶全自动吹瓶机	QB/T 2868—2007
QB/T 4212—2018	饮料机械　包装饮用水（桶装）旋转式灌装封盖机	QB/T 4212—2011
QB/T 2489—2018	食品原料用芦荟制品	QB/T 2489—2007
QB/T 5341—2018	格瓦斯发酵饮料	
QB/T 5356—2018	果蔬发酵汁	
QB/T 5357—2018	果糖基转移酶制剂	

农产品加工业出入境检验检疫行业标准（2018年）

标准号	标准名称	代替标准
SN/T1791.3—2018	进口可用作原料的固体废物检验检疫规程　第3部分：木、木制品废料	SN/T1791.3—2006
SN/T1791.13—2018	进口可用作原料的固体废物检验检疫规程　第13部分：废纸或纸板	SN/T1791.13—2006

农产品加工业加工贸易单耗标准（2018年）

标准号	标准名称	代替标准
HDB/NY014—2018	冻鲽鱼制品加工贸易单耗标准	
HDB/FZ141—2018	棉制牛仔布加工贸易单耗标准	
HDB/FZ143—2018	棉制及化学纤维制针织手套加工贸易单耗标准	
HDB/FZ144—2018	精梳混纺羊毛纱线加工贸易单耗标准	
HDB/FZ145—2018	精梳羊毛与化纤混纺毛制机织物加工贸易单耗标准	
HDB/FZ146—2018	纯棉纱线加工贸易单耗标准	
HDB/FZ150—2018	精梳纯羊毛纱线加工贸易单耗标准	

（续）

标准号	标准名称	代替标准
HDB/FZ151—2018	机织西服裙加工贸易单耗标准	
HDB/FZ152—2018	棉制及化学纤维制针织男式内裤加工贸易单耗标准	
HDB/FZ153—2018	棉制及化学纤维制针织女式内裤加工贸易单耗标准	
HDB/FZ154—2018	精梳羊毛机织物（色织）加工贸易单耗标准	

农产品加工业烟草行业标准（2018 年）

标准号	标准名称	代替标准
YC/T 559—2018	烟草特征性成分　生物碱的测定　气相色谱-质谱联用法和气相色谱-串联质谱法	
YC/T 560—2018	烟草特征性成分　烟碱中氢稳定同位素比值的测定　气相色谱-稳定同位素比质谱联用法	
YC/T 561—2018	烟草特征性成分　烟碱旋光异构体比例的测定　高效液相色谱法和超高效合相色谱-串联质谱法	
YC/T 562—2018	卷烟　主流烟气中氨基甲酸乙酯的测定　气相色谱-串联质谱联用法	
YC/T 563—2018	卷烟　总粒相物中烟碱、降烟碱、新烟碱、麦斯明、假木贼碱、可替宁和 2，3′-联吡啶的测定　气相色谱-质谱联用法	
YC/T 565—2018	烟草及烟草制品　建立感官分析实验室的一般导则	
YC/T 567—2018	烟丝/膨胀梗丝填充值测定仪通用技术条件	
YC/T 409—2018	卷烟纸中特殊纤维的鉴别　显微镜观察分析法	YC/T 409—2011

农产品加工业纺织行业标准（2018 年）

标准号	标准名称	代替标准
FZ/T 01143—2018	涂层织物　低温耐折性能试验方法	
FZ/T 10004—2018	棉及化纤纯纺、混纺本色布检验规则	
FZ/T 10007—2018	棉及化纤纯纺、混纺本色纱线检验规则	
FZ/T 10008—2018	棉及化纤纯纺、混纺纱线标志与包装	
FZ/T 10009—2018	棉及化纤纯纺、混纺本色布标志与包装	
FZ/T 12059—2018	缝纫用涤纶包芯本色线	
FZ/T 12060—2018	丙纶本色纱	
FZ/T 13005—2018	大提花棉本色布	
FZ/T 13008—2018	经平绒棉本色布	
FZ/T 13010—2018	橡胶工业用合成纤维帆布	
FZ/T 24027—2018	精梳泡泡毛织品	
FZ/T 50040—2018	化学纤维　短纤维亲水性能试验方法	
FZ/T 50041—2018	化学纤维　母丝分纤性能试验方法	
FZ/T 50042—2018	氨纶长丝　预牵伸试验方法	
FZ/T 50043—2018	聚丙烯腈基碳纤维原丝　含油率试验方法	
FZ/T 50044—2018	碳纤维　灰分含量试验方法	
FZ/T 51015—2018	对位芳纶浆粕	
FZ/T 52053—2018	洁净水刺涤纶短纤维	

（续）

标　准　号	标　准　名　称	代　替　标　准
FZ/T 52054—2018	有色阻燃涤纶短纤维	
FZ/T 54039—2018	异形涤纶牵伸丝	
FZ/T 54103—2018	无扭矩混纤涤纶低弹丝	
FZ/T 54104—2018	全消光涤纶低弹丝	
FZ/T 54105—2018	全消光涤纶牵伸丝	
FZ/T 54106—2018	全消光涤纶预取向丝	
FZ/T 54107—2018	有色海岛涤纶低弹丝/高收缩涤纶牵伸丝混纤丝	
FZ/T 54108—2018	聚乳酸单丝	
FZ/T 54109—2018	有色对位芳纶长丝	
FZ/T 90112—2018	染色机染色浴比试验方法	
FZ/T 93038—2018	梳理机用金属针布齿条	FZ/T 93038—1995
FZ/T 01144—2018	纺织品　纤维定量分析　近红外光谱法	
FZ/T 01145—2018	纺织品　机织物交织阻力试验方法	
FZ/T 01146—2018	纺织品　织物起拱变形试验方法	
FZ/T 01147—2018	纺织品　织物平整度试验方法	
FZ/T 75005—2018	涂层织物　在无张力下尺寸变化的测定	FZ/T 75005—1994
FZ/T 75008—2018	涂层织物　缝孔撕破性能试验方法	FZ/T 75008—1995
FZ/T 12019—2018	涤纶本色纱线	FZ/T 12019—2009
FZ/T 12021—2018	莫代尔纤维本色纱线	FZ/T 12021—2009
FZ/T 13023—2018	莫代尔纤维本色布	FZ/T 13023—2009
FZ/T 43051—2018	涤纶长丝窗帘用机织物	
FZ/T 43052—2018	标签织物	
FZ/T 44005—2018	丝绸画	
FZ/T 63042—2018	热转印机织丝带	
FZ/T 63043—2018	中国结绳	
FZ/T 63044—2018	聚乙烯通电织带	
FZ/T 63045—2018	芳纶纤维绳索	
FZ/T 63046—2018	丝带花饰	
FZ/T 99020—2018	针织圆纬机数控系统通用技术规范	
FZ/T 07002—2018	废旧纺织品再加工短纤维	

农产品加工业发明专利（2017 年）

［2017 年农产品加工业（含加工制品、加工技术与设备）部分专利选摘］

申请或批准号	发　明　名　称	申请（专利权）人与通信地址	发明人
CN201710052599.7	一种掺淮山通心粉的制作方法	广东康力食品有限公司，广东省江门市开平市新昌武溪西路 32 号（529300）	林坤德、李　屹
CN201710081043.0	一种行程式功能型苹果破碎打浆器	山东农业大学，山东省泰安市岱宗大街 61 号（271018）	杨之明、徐继林
CN201710084758.1	一种益智鲜果酱料及其制备方法	中国热带农业科学院热带作物品种资源研究所，海南省儋州市宝岛新村（571737）	张志坤、臧福恒
CN201710241236.8	一种野樱莓食疗饮品及其制备方法	青岛爱雪康生物科技有限公司，山东省青岛市山东路 171 乙 705 房间（266034）	曾志岩

（续）

申请或批准号	发　明　名　称	申请（专利权）人与通信地址	发明人
CN201710269881.0	一种肉类产品保鲜的液冷闪冻装置及方法	江苏麦克诺菲生物科技有限公司，江苏省南京市浦口区南京顶山都市产业园03幢203-7室(210000)	张春雷
CN201710500926.0	一种植物蛋白咖啡饮料	河北承德露露股份有限公司，河北省承德市高新技术产业开发区西区8号（67000）	陈小明、陈春峰
CN201710670199.2	一种控糖谷物冲调即食制品	合肥康桥工贸有限公司，安徽省合肥市包河区徽州大道396号东方广场4号楼604室（230000）	邓少斌
CN201710812311.1	一种豆腐及嫩豆腐和老豆腐的加工方法	金菜地食品股份有限公司，安徽省马鞍山市当涂经济开发区隆昌南路9号（243000）	马德宏
CN201720000477.9	一种茶叶揉捻机	湖南鸿运农业装备科技有限公司，湖南省娄底市双峰县经济开发区科技工业园（417700）	刘德龙
CN201720000481.5	一种揉茶机的揉捻盘装置	湖南鸿运农业装备科技有限公司，湖南省娄底市双峰县经济开发区科技工业园（417700）	冉　昆、王少敏
CN201720001164.5	一种乳品加工发酵装置	黑龙江省经济管理干部学院，黑龙江省哈尔滨市南岗区学府路7号（150000）	胡玉忠、张延海
CN201720002472.X	一种粮食清洗设备	湖北天星粮油股份有限公司，湖北省随州市随县经济开发区（316国道旁）（441315）	崔贵海、张庆永
CN201720004963.8	一种鱿鱼丝的生产线	大连大沐阳食品科技有限公司，辽宁省大连市大连经济技术开发区生命三路27号4-1-3（116101）	黄滢芝
CN201720006783.3	一种樱桃选果清洗水预冷保鲜装置	山东厉家寨樱桃有限公司，山东省临沂市临港经济开发区坪上镇中兴商务企业发展中心(276000)	张问采、贾文月
CN201720007594.8	机械对压式杏核开口设备	上海汇煦交通科技有限公司，上海市奉贤区环城西路3111弄555号3幢-1397（201401）	赵云清
CN201720010056.4	清洗杀菌机	上海禹清环境技术有限公司，上海市浦东新区川宏路508号1幢607室（201202）	孙洪留、王永强
CN201720010215.0	一种瞬时超高温杀菌系统	福建闽江源绿田实业投资发展有限公司，福建省三明市建宁县黄舟坊中路1号（354500）	刘维军
CN201720011124.9	一种茶叶烘干设备	济南大学，山东省济南市市中区南辛庄西路336号（250022）	程俊生
CN201720011479.8	一种加工茶叶的紫外线杀菌装置	凤庆县蒲门茶业有限责任公司，云南省临沧市凤庆县滇红生态产业园区（675900）	陈拙夫
CN201720011480.0	用于加工茶叶的提升机	凤庆县蒲门茶业有限责任公司，云南省临沧市凤庆县滇红生态产业园区（675900）	董施伟、潘　雄
CN201720011481.5	一种普洱饼茶的压制设备	凤庆县蒲门茶业有限责任公司，云南省临沧市凤庆县滇红生态产业园区（675900）	董施伟、潘　雄
CN201720012428.7	一种洗菜机	南京翔龙厨房设备有限公司，江苏省南京市浦口区沿江街道冯墙社区龙山二组（210031）	韩　杰
CN201720013391.X	一种旋转式自动烤肉机	塔里木大学，新疆维吾尔自治区阿拉尔市虹桥南路705号塔里木大学（843300）	李殿鑫、戴远威
CN201720015399.X	一种滚筒式茶叶提香机	贵州省凤冈县黔佳茗茶业有限公司，贵州省遵义市凤冈县永安镇田坝村新民组（564204）	单　洋、王文建

（续）

申请或批准号	发 明 名 称	申请（专利权）人与通信地址	发明人
CN201720016115.9	一种水果高效发酵装置	安徽妙奇树生物科技有限公司，安徽省马鞍山市和县香泉镇晓山（238200）	王栋彦、王志科
CN201720016485.2	一种移动式农产品预冷装置	南京财经大学，江苏省南京市栖霞区文苑路3号（210023）	姚小元、王熙盛
CN201720016528.7	一种蜂蜜的搅拌过滤装置	罗平县腊峰蜂业科技有限公司，云南省曲靖市罗平县罗雄镇云贵路4号（655800）	张志贺、魏中宝
CN201720016561.X	一种新型米料混合机	宣城市永顺园食品有限公司，安徽省宣城市宣州区洪林镇三元路（242000）	刘彦昌、谭苗苗
CN201720016585.5	塔式果蔬干燥机	新疆农业大学，新疆维吾尔自治区乌鲁木齐市农大东路311号（830052）	董海丽、董学和
CN201720016615.2	平板自流式辣椒干燥机	新疆农业大学，新疆维吾尔自治区乌鲁木齐市农大东路311号（830052）	方国宏、陈云云
CN201720016801.6	一种便于物料收集的松茸晒干装置	香格里拉市祥和食品有限责任公司，云南省迪庆藏族自治州香格里拉市尼旺路310号（674400）	丁淑娥、潘建伟
CN201720016872.6	一种茶叶炒青装置	华坪县雪龙春茶业有限责任公司，云南省丽江市华坪县永兴乡基渡村东瓜坪（674800）	李 阔、陈 燕
CN201720017417.8	一种茶叶的烘干装置	华坪县雪龙春茶业有限责任公司，云南省丽江市华坪县永兴乡基渡村东瓜坪（674800）	裴利勇、程志兵
CN201720019675.X	一种红薯粉条刮粉装置	四川昌凌生物科技有限公司，四川省南充市阆中市七里工业集中区鲜于路（637400）	杨 智
CN201720019801.1	一种红薯粉条挂粉装置	四川昌凌生物科技有限公司，四川省南充市阆中市七里工业集中区鲜于路（637400）	吴巨浪、温曾荣
CN201720020280.1	一种冬枣烘干机	西昌市神农缘冬枣种植专业合作社，四川省凉山彝族自治州西昌市高枧乡团结村7组56号（615050）	秦铁军、秦 浩
CN201720021111.X	一种托板式对虾开背装置	河北农业大学，河北省保定市南市区灵雨寺街289号（71001）	尚丛珊、孟婷婷
CN201720022753.1	雪菜用清洗设备	嘉善八伴仙食品有限公司，浙江省嘉兴市嘉善县天凝镇光明村庆云滨4号（314100）	李洪浩
CN201720022754.6	一种清洗设备	嘉善八伴仙食品有限公司，浙江省嘉兴市嘉善县天凝镇光明村庆云滨4号（314100）	王广均
CN201720022809.3	一种葡萄干加工机组	吐鲁番瑞达食品有限公司，新疆维吾尔自治区吐鲁番市高昌区火洲中路996号（838000）	罗映民、罗伊勉
CN201720022821.4	一种葡萄干水洗装置	吐鲁番瑞达食品有限公司，新疆维吾尔自治区吐鲁番市高昌区火洲中路996号（838000）	徐基桥、胡昶辉
CN201720023909.8	一种红枣去核装置	塔里木大学，新疆维吾尔自治区阿拉尔市塔里木大学（843300）	陈小燕、付 祥
CN201720024506.5	一种新型炒货机	惠安源和机械有限公司，福建省泉州市惠安县螺阳镇世纪大道华尔国际5幢801室（362000）	周大智
CN201720024715.X	一种自动化虾仁杂质分离机	湛江市华升机械设备有限公司，广东省湛江市赤坎区椹川大道北81号（524033）	余锦练

（续）

申请或批准号	发 明 名 称	申请（专利权）人与通信地址	发明人
CN201720024815.2	一种爆米花制造机	南京远航伟业少儿用品有限公司，江苏省南京市江宁区天元东路1009号（210000）	袁秋萍、周正礼
CN201720024848.7	一种新型茶叶揉捻机	惠安源和机械有限公司，福建省泉州市惠安县螺阳镇世纪大道华尔国际5幢801室（362000）	梁爱年、梁元凤
CN201720024986.5	一种火麻籽脱壳设备	永胜三可口生物开发有限责任公司，云南省丽江市永胜县三川镇清泉村委会仁里村（674208）	周广明
CN201720025059.5	一种清洗干净的洗虾用高压清洗机	湛江市华升机械设备有限公司，广东省湛江市赤坎区椹川大道北81号（524033）	罗清龙
CN201720026090.0	柿饼烘干监控系统及柿饼烘干房	桂林理工大学，广西壮族自治区桂林市七星区建干路12号（541000）	郑志炫
CN201720026490.1	一种具有高效率的鱼虾解冻机	湛江市华升机械设备有限公司，广东省湛江市赤坎区椹川大道北81号（524033）	赵 闯
CN201720026526.6	一种高效均匀的水产品解冻装置	湛江市华升机械设备有限公司，广东省湛江市赤坎区椹川大道北81号（524033）	陈 佩
CN201720026536.X	一种除杂效果更好的虾仁去杂机	湛江市华升机械设备有限公司，广东省湛江市赤坎区椹川大道北81号（524033）	陈雨新
CN201720027231.0	一种滇橄榄的清洗风干设备	宾川佳泓园艺有限责任公司，云南省大理白族自治州宾川县太和农场一队（671600）	陈晓玲
CN201720028339.1	一种脱水蔬菜加工用烘箱	武威小林商贸有限责任公司，甘肃省武威市民勤县收成乡黄岭村五社（733300）	王海霞、马徐飞
CN201720028343.8	一种冷冻蔬菜加工搅拌清洗装置	武威小林商贸有限责任公司，甘肃省武威市民勤县收成乡黄岭村五社（733300）	罗俊英
CN201720028367.3	一种洋葱剥皮装置	武威小林商贸有限责任公司，甘肃省武威市民勤县收成乡黄岭村五社（733300）	周甄鸿、柳亚静
CN201720028368.8	一种南瓜籽除尘机	武威小林商贸有限责任公司，甘肃省武威市民勤县收成乡黄岭村五社（733300）	骆建松、吴小华
CN201720028369.2	一种脱水蔬菜加工用甩干机	武威小林商贸有限责任公司，甘肃省武威市民勤县收成乡黄岭村五社（733300）	唐德权
CN201720028379.6	剁肉机	浙江理工大学，浙江省杭州市下沙高教园区2号大街928号（310018）	叶红高
CN201720028480.1	一种可调节温度茶叶热风烘干装置	江苏浦桥玉剑茶业有限公司，江苏省南京市浦口区浦口大道11号新城总部大厦A座2004（211804）	吴先辉、傅高升
CN201720029558.1	一种茶叶精揉机	江苏浦桥玉剑茶业有限公司，江苏省南京市浦口区浦口大道11号新城总部大厦A座2004（211804）	阮宏椿、石妞妞
CN201720029679.6	一种清洗洁净度高的芦笋清洗装置	昆明市东川区成长农业科技开发有限责任公司，云南省昆明市东川区阿旺镇大石头村（650000）	马恩多
CN201720030253.2	一种微型全自动剥蒜机	中山市峰行电器有限公司，广东省中山市东凤镇永益村齐安东街8号厂房二楼之一（528425）	邱碧香、邱舒琼
CN201720030769.7	一种解冻效果好低能耗的解冻机	湛江市华升机械设备有限公司，广东省湛江市赤坎区椹川大道北81号（524033）	邱碧香、邱舒琼

（续）

申请或批准号	发 明 名 称	申请（专利权）人与通信地址	发明人
CN201720030811.5	一种便于切割的罗非鱼鱼片加工机	湛江市华升机械设备有限公司，广东省湛江市赤坎区椹川大道北 81 号（524033）	孙范杰
CN201720030822.3	一种搅拌式虾类解冻机	湛江市华升机械设备有限公司，广东省湛江市赤坎区椹川大道北 81 号（524033）	沈俊锋
CN201720030824.2	一种便于操作的虾仁除杂装置	湛江市华升机械设备有限公司，广东省湛江市赤坎区椹川大道北 81 号（524033）	滕 靖、龚自明
CN201720030867.0	一种瓜籽水洗机	武威小林商贸有限责任公司，甘肃省武威市民勤县收成乡黄岭村五社（733300）	梁爱年、梁元凤
CN201720031544.3	一种鲜切果蔬立式连续等离子杀菌装置	青岛农业大学，山东省青岛市城阳区长城路 700 号（266109）	龚自明、滕 靖
CN201720031910.5	一种黄豆自动除杂、清洗和浸泡装置	昆明理工大学，云南省昆明市五华区学府路 253 号（650093）	苏仲禄、曾维明
CN201720031947.8	一种蔬菜加工清洗装置	武威小林商贸有限责任公司，甘肃省武威市民勤县收成乡黄岭村五社（733300）	胡顺宝
CN201720032125.1	一种大米淀粉灭菌装置	江西师范大学，江西省南昌市紫阳大道 99 号（330000）	李晓毓
CN201720032248.5	远红外杀青机	江苏浦桥玉剑茶业有限公司，江苏省南京市浦口区浦口大道 11 号新城总部大厦 A 座 2004（211804）	曹雄昆
CN201720032316.8	一种蜂王浆凝冻制品容器	重庆师范大学，重庆市沙坪坝区大学城重庆师范大学（400047）	李 凌、梁智斌
CN201720034236.6	一种食用菌快速脱水烘干装置	四川农业大学，四川省雅安市雨城区新康路 46 号四川农业大学食品学院（625014）	余锦练
CN201720034436.1	翻斗式洗菜机	东莞市德盈食品机械有限公司，广东省东莞市寮步镇新旧围岭安街南段（523000）	王博怀、黄尚坤
CN201720034627.8	一种自除渣式油炸机	石家庄市佳日机械科技有限公司，河北省石家庄市新华区友谊北大街西营工业区（50000）	周标明
CN201720034750.X	梅菜生产线	东莞市德盈食品机械有限公司，广东省东莞市寮步镇新旧围岭安街南段（523000）	方文明
CN201720034943.5	一种油炸装置	东莞市傻二哥食品有限公司，广东省东莞市东坑镇龙坑工业区 13 号傻二哥食品工业园（523000）	姜 黎、穆慧群
CN201720035082.2	斩排骨机	东莞市德盈食品机械有限公司，广东省东莞市寮步镇新旧围岭安街南段（523000）	蔡中民、孙汉卿
CN201720035096.4	叶菜加工生产线	东莞市德盈食品机械有限公司，广东省东莞市寮步镇新旧围岭安街南段（523000）	陈 伟、李文胜
CN201720035111.5	水循环式气泡清洗机	东莞市德盈食品机械有限公司，广东省东莞市寮步镇新旧围岭安街南段（523000）	杨德祥
CN201720035123.8	气泡清洗去杂机	东莞市德盈食品机械有限公司，广东省东莞市寮步镇新旧围岭安街南段（523000）	王 刚、王延地
CN201720035314.4	一种振动筛鱼机	湖南乡乡嘴食品有限公司，湖南省邵阳市武冈市经济开发区（422400）	张 伟、王瑞芝

（续）

申请或批准号	发明名称	申请（专利权）人与通信地址	发明人
CN201720035530.9	一种马铃薯加工用去皮装置	黑龙江省农业科学院植物脱毒苗木研究所，黑龙江省哈尔滨市南岗区学府路368号（150086）	刘洋洋、张 帆
CN201720037003.1	一种茶叶用色选机	江苏浦桥玉剑茶业有限公司，江苏省南京市浦口区浦口大道11号新城总部大厦A座2004（211804）	张小森
CN201720037331.1	一种新型大豆脱皮机	四川农业大学，四川省成都市温江区公平镇惠民路211号（611131）	吴 清
CN201720037394.7	一种可更换螺套的膨化机	金华好乐多食品有限公司，浙江省金华市婺城区新狮街道醒狮路29号（321000）	郝 伟、王旭良
CN201720039148.5	一种全自动茶叶杀青线	江苏浦桥玉剑茶业有限公司，江苏省南京市浦口区浦口大道11号新城总部大厦A座2004（211804）	曹雄昆
CN201720039685.X	松露快速烘干装置	永仁野森达菌业有限公司，云南省楚雄彝族自治州永仁县莲池乡生物加工园区（651400）	高庆秋
CN201720040416.5	一种干燥型坚果冷却罐	安徽天美食品有限公司，安徽省合肥市肥东经济开发区龙城路南侧（230000）	张 静、陶 颖
CN201720040418.4	一种冲刷式坚果清洗机	安徽天美食品有限公司，安徽省合肥市肥东经济开发区龙城路南侧（230000）	廖 川、李秋乐
CN201720040419.9	一种摩擦式坚果清洗机	安徽天美食品有限公司，安徽省合肥市肥东经济开发区龙城路南侧（230000）	谢明阳
CN201720040420.1	一种坚果清洗存储开口生产线	安徽天美食品有限公司，安徽省合肥市肥东经济开发区龙城路南侧（230000）	姚明行
CN201720040432.4	一种坚果清洗机翻转筒	安徽天美食品有限公司，安徽省合肥市肥东经济开发区龙城路南侧（230000）	张 丽、张相辉
CN201720040433.9	一种清洁式节能杀青设备	安徽天美食品有限公司，安徽省合肥市肥东经济开发区龙城路南侧（230000）	张家好
CN201720042021.9	一种魔芋切片分拣流水线设备	宁德职业技术学院，福建省宁德市福安市福泰路232号（355000）	王 勇、王勇辉
CN201720042319.X	一种百合清理烘干生产系统	青岛启东机械有限公司，山东省青岛市胶州市三里河办事处南关工业园（266300）	韦福献
CN201720042364.5	立体式粮食通风干燥装置	阜阳职业技术学院，安徽省阜阳市颍州区阜南路465号（236000）	邢景翠、谢道云
CN201720042417.3	一种防堵塞式辊筒型辣椒烘干装置	青岛大丰食品有限公司，山东省青岛市胶州市马店镇工业园（266300）	周 明
CN201720042468.6	全自动化山茶油茶籽剥壳机	广宁县惠骏食品有限公司，广东省肇庆市广宁县潭布镇坑头村委侧（510000）	张 营、吴懿娜
CN201720042537.3	一种山茶油过滤分离装置	广宁县惠骏食品有限公司，广东省肇庆市广宁县潭布镇坑头村委侧（526300）	饶光辉
CN201720043578.4	一种用于洋葱的防损伤深度清洗装置	江苏全盈生物科技有限公司，江苏省宿迁市经济开发区常州路19号（223800）	李战胜
CN201720043597.7	一种蒸汽蒸箱	深圳市富临厨房设备有限公司，广东省深圳市龙岗区龙岗街道同心社区万泉工业区35号（518000）	胡志高、张延杰

（续）

申请或批准号	发 明 名 称	申请（专利权）人与通信地址	发明人
CN201720043687.6	打浆机	老江阿泰餐饮管理（北京）有限公司，北京市怀柔区雁栖经济开发区雁东二路甲56号（100000）	徐瑞忠
CN201720043690.8	切皮机	老江阿泰餐饮管理（北京）有限公司，北京市怀柔区雁栖经济开发区雁东二路甲56号（100000）	戴惠良
CN201720044517.X	一种鳗鱼冰昏装置	厦门同泉水产食品有限公司，福建省厦门市同安区轻工（食品）工业园美禾九路109号（361000）	李洪浩
CN201720044650.5	一种鳗鱼穿串机	厦门同泉水产食品有限公司，福建省厦门市同安区轻工（食品）工业园美禾九路109号（361000）	李洪浩、何 琳
CN201720044708.6	一种鳗鱼清洗装置	厦门同泉水产食品有限公司，福建省厦门市同安区轻工（食品）工业园美禾九路109号（361000）	李洪浩、何 琳
CN201720045156.0	茶叶揉捻机	安徽三九农业装备科技股份有限公司，安徽省宣城市宣州区杨柳镇三九茶机有限公司（242060）	王孟卿、郭 义
CN201720046386.9	一种用于罗非鱼的去鱼鳞设备	湛江市卓成食品机械有限公司，广东省湛江市赤坎区东盛路6号（524043）	阳湘琪
CN201720046388.8	一种虾仁清洗去杂质一体机	湛江市卓成食品机械有限公司，广东省湛江市赤坎区东盛路6号（524043）	孙范杰
CN201720046667.4	一种用于生虾加工的解冻机	湛江市卓成食品机械有限公司，广东省湛江市赤坎区东盛路6号（524043）	苏金兰、刘全文
CN201720048659.3	一种椰子切割取肉机	中国计量大学，浙江省杭州市江干区学源街258号（310018）	付和平、刘涛涛
CN201720049108.9	净菜加工清洗系统	望家欢农产品集团有限公司，广东省深圳市福田区通业大厦南塔1606室（518000）	刘 莉
CN201720050544.8	一种剥笋机	湖北瑞发生物工程股份有限公司，湖北省咸宁市崇阳县天城镇沿河大道618号（437500）	汤全武、汤哲君
CN201720051570.2	一种蔬菜脱水机	江苏兴野食品有限公司，江苏省泰州市兴化市经济开发区城南路（225775）	彭 涛、周 莉
CN201720051798.1	可调节鳗鱼切片装置	江西西龙食品有限公司，江西省上饶市玉山县金山工业园区（334000）	罗新民、李俊峰
CN201720052027.4	一种新型蔬菜清洗机	江苏兴野食品有限公司，江苏省泰州市兴化市经济开发区城南路（225775）	王志华、霍 溥
CN201720052090.8	一种鳗鱼放血装置	江西西龙食品有限公司，江西省上饶市玉山县金山工业园区（334000）	温炫翀
CN201720052341.2	一种清除鱼内脏的去除装置	大连瑞驰企业集团有限公司，辽宁省大连市金州新区金马路156号世元国际大厦30楼（116600）	李士东
CN201720052342.7	一种鱼罐头用熬煮制作装置	大连海大厨食品有限公司，辽宁省大连市甘井子区大连湾街道大房身村（116000）	冯书奇、李文全
CN201720052352.0	一种高效的鱼虾解冻机	湛江市卓成食品机械有限公司，广东省湛江市赤坎区东盛路6号（524043）	崔宏春、周铁锋
CN201720052353.5	一种用于罗非鱼去皮机的高效清理设备	湛江市卓成食品机械有限公司，广东省湛江市赤坎区东盛路6号（524043）	钱军浩、许文才

（续）

申请或批准号	发　明　名　称	申请（专利权）人与通信地址	发明人
CN201720052603.5	一种鱼类加工中鳞片去除装置	大连海大厨食品有限公司，辽宁省大连市甘井子区大连湾街道大房身村（116000）	冯书奇、李文全
CN201720052604.X	一种鱼类加工后的漂洗装置	大连瑞驰企业集团有限公司，辽宁省大连市金州新区金马路156号世元国际大厦30楼（116600）	高小海、龚芬芬
CN201720053261.9	一种洗笋机	湖北瑞发生物工程股份有限公司，湖北省咸宁市崇阳县天城镇沿河大道618号（437500）	邢宝龙、岳新丽
CN201720053335.9	核桃炒制加工设备	山东省果树研究所，山东省泰安市泰山区龙潭路64号（271000）	程世伦
CN201720053347.1	栗子炒制加工设备	山东省果树研究所，山东省泰安市泰山区龙潭路64号（271000）	陈　永
CN201720053410.1	一种高效循环式解冻机	湛江市卓成食品机械有限公司，广东省湛江市赤坎区东盛路6号（524043）	王国荣、李跃辉
CN201720053411.6	一种洋葱剥皮装置	江苏全盈生物科技有限公司，江苏省宿迁市经济开发区常州路19号（223800）	刘坤峰、刘　洋
CN201720053412.0	洋葱剥皮系统	江苏全盈生物科技有限公司，江苏省宿迁市经济开发区常州路19号（223800）	卓庆霖
CN201720053543.9	榛子炒制设备	山东省果树研究所，山东省泰安市泰山区龙潭路64号（271000）	潘　良
CN201720056147.1	一种橄榄搓皮机	广州市东鹏食品饮料有限公司，广东省广州市增城石滩镇三江荔三路750号（510000）	寇德万、赵　晨
CN201720056333.5	一种竹笋冷却池	湖北瑞发生物工程股份有限公司，湖北省咸宁市崇阳县天城镇沿河大道618号（437500）	蔡莉莉、李彦柔
CN201720056344.3	一种竹笋蒸煮锅	湖北瑞发生物工程股份有限公司，湖北省咸宁市崇阳县天城镇沿河大道618号（437500）	丁传姝、龚芬芬
CN201720057927.8	一种自动进料蒸煮装置	江门市江户泉食品有限公司，广东省江门市江海区江海三路135号（529000）	翁柏鸿
CN201720057930.X	茶叶脱水装置	安徽云林茶业有限公司，安徽省安庆市岳西县天堂镇山货大市场三组团创业楼六层南段（246600）	李成宗、李光辉
CN201720058461.3	一种多功能茶叶杀青理条机	江山海维科技有限公司，浙江省衢州市江山市环城西路24幢3楼（324100）	李宝叶、张国元
CN201720058462.8	一种辐射式茶叶杀青机	江山海维科技有限公司，浙江省衢州市江山市环城西路24幢3楼（324100）	李宝叶、张国元
CN201720058754.1	一种太阳能茶叶烘干机	江山海维科技有限公司，浙江省衢州市江山市环城西路24幢3楼（324100）	宋祥国、王　强
CN201720058922.7	鳗鱼烘烤设备专用调味装置	佛山市顺德区兴顺烤鳗有限公司，广东省佛山市顺德区北滘镇莘村工业区（528000）	余锦练
CN201720059564.1	一种菊花茶的加工工具	云南珍特农业科技有限公司，云南省昆明市盘龙区北京路延长线金童花园二期B幢1502号（650224）	孟庆永
CN201720060742.2	一种应用于水果抗氧化处理的清洗机	东台市奥力维食品有限公司，江苏省盐城市东台市新街镇南工业园区（224234）	李林渡、罗　勇

（续）

申请或批准号	发 明 名 称	申请（专利权）人与通信地址	发明人
CN201720060773.8	一种用于脱水蔬菜加工的脱水干燥组件	东台市奥力维食品有限公司，江苏省盐城市东台市新街镇南工业园区（224234）	罗 勇、李林渡
CN201720062017.9	一种用于干燥海参的冷风干燥装置	江苏天边渔村食品有限公司，江苏省连云港市赣榆海洋经济开发区（青口镇柴荡社区）（222100）	杨怀孝
CN201720063031.0	鳗鱼蒸煮及烘烤一体化装置	厦门同泉水产食品有限公司，福建省厦门市同安区轻工（食品）工业园美禾九路109号（361000）	张国洗
CN201720064646.5	一种即食海参加工用杀菌锅	江苏天边渔村食品有限公司，江苏省连云港市赣榆海洋经济开发区（青口镇柴荡社区）（222100）	王 灿
CN201720065475.8	一种食品离心甩干机	石家庄市佳日机械科技有限公司，河北省石家庄市新华区友谊北大街西营工业区（50000）	王瑞权、周巧军
CN201720065493.6	一种海鲜烘干机	江苏天边渔村食品有限公司，江苏省连云港市赣榆海洋经济开发区（青口镇柴荡社区）（222100）	李士东
CN201720065545.X	一种可分别处理的生产线用高温杀菌箱	广州白云山宝神动物保健品有限公司，广东省广州市白云区龙归镇永兴村陈太路337号（510000）	卞红霞
CN201720065889.0	一种脐橙快速榨汁装置	贵州财经大学，贵州省贵阳市花溪区花溪大学城贵州财经大学（550025）	吴俊飞、王 倩
CN201720067825.4	一种海参用烘干装置	江苏天边渔村食品有限公司，江苏省连云港市赣榆海洋经济开发区（青口镇柴荡社区）（222100）	张 营、储玉玲
CN201720068516.9	一种冷冻海鲜加工用滚筒解冻机	江苏天边渔村食品有限公司，江苏省连云港市赣榆海洋经济开发区（青口镇柴荡社区）（222100）	王 源
CN201720068517.3	一种冷冻海鲜加工用循环解冻箱	江苏天边渔村食品有限公司，江苏省连云港市赣榆海洋经济开发区（青口镇柴荡社区）（222100）	张树全
CN201720071160.4	魔芋精粉生产一体机	富源县雄升农贸有限公司，云南省曲靖市富源县富村镇三孔桥（655504）	李万鑫、李平涛
CN201720071586.X	鲜活鳗鱼剖杀装置	佛山市顺德区兴顺烤鳗有限公司，广东省佛山市顺德区北滘镇莘村工业区（528000）	韦标城
CN201720071589.3	鳗鱼清洗装置	佛山市顺德区兴顺烤鳗有限公司，广东省佛山市顺德区北滘镇莘村工业区（528000）	洪忠瑞、陈志军
CN201720071599.7	鳗鱼宰杀专用冰晕箱	佛山市顺德区兴顺烤鳗有限公司，广东省佛山市顺德区北滘镇莘村工业区（528000）	王振宇、张德权
CN201720071652.3	一种魔芋智能烘干装置	富源县雄升农贸有限公司，云南省曲靖市富源县富村镇三孔桥（655504）	庞建波、黄 凌
CN201720071779.5	一种油炸机	石家庄市佳日机械科技有限公司，河北省石家庄市新华区友谊北大街西营工业区（50000）	李登尧
CN201720071875.X	一种水果清洗装置	岭南师范学院，广东省湛江市赤坎区寸金路29号（524048）	欧尔智、苏慧娜
CN201720072121.6	一种辣椒发酵池	遵义苗幺娘食品有限公司，贵州省遵义市遵义县南白镇和平村水井组（563100）	招 雷
CN201720072321.1	一种茶叶摊晾装置	贵州省凤冈县黔佳茗茶业有限公司，贵州省遵义市凤冈县永安镇田坝村新民组（564204）	王松彪

（续）

申请或批准号	发 明 名 称	申请（专利权）人与通信地址	发明人
CN201720073009.4	一种连续式茶叶理条机	江山海维科技有限公司，浙江省衢州市江山环城西路24幢3楼（324100）	刘晓东、徐龙杰
CN201720073180.5	一种谷物烘干机顶部安全装置	安徽辰瑞达农业设备有限公司，安徽省六安市裕安区城南镇工业园（237000）	刘忠英、潘 科
CN201720073827.4	一种辣椒摘把机	青岛强大食品有限公司，山东省青岛市胶州市胶北镇工业园（266300）	周 明
CN201720074059.4	一种核桃剥壳机	西安理工大学，陕西省西安市金花南路5号（710048）	魏志刚
CN201720074133.2	一种用于山核桃破壳机的对辊式喂料装置	安徽农业大学，安徽省合肥市长江西路130号（230036）	王旭宁、纪昌罗
CN201720075471.8	蔬菜消毒装置	元谋云吉农产品有限责任公司，云南省楚雄彝族自治州元谋县老城乡政府南面（651302）	刘 波、何德平
CN201720075933.6	一种魔芋一体化清洗装置	富源县雄升农贸有限公司，云南省曲靖市富源县富村镇三孔桥（655504）	姬洪星、张俊超
CN201720076110.5	魔芋片烘干机	富源县雄升农贸有限公司，云南省曲靖市富源县富村镇三孔桥（655504）	李 燕、黄伟良
CN201720076156.7	一种便捷式魔芋片烘干装置	富源县雄升农贸有限公司，云南省曲靖市富源县富村镇三孔桥（655504）	李 燕、黄伟良
CN201720076942.7	一种黑胡萝卜渣的干燥装置	湖北紫鑫生物科技有限公司，湖北省黄石市黄金山工业新区崇仁工业园（435000）	王振宇、李美容
CN201720077255.7	一种板栗切口装置	台州学院，浙江省台州市临海市大洋街道东方大道605号（317000）	董燕婕、李增梅
CN201720080934.X	一种青核桃干法立式剥皮装置	屯留县源顺设备安装有限公司，山西省长治市屯留城镇建设北路（31600）	刘利民、刘利平
CN201720081880.9	一种气泡清洗机	福建安兴食品有限公司，福建省龙岩市武平县十方工业集中区B7地块（364000）	杜 斌
CN201720082122.9	一种真空浸渍设备	福建安兴食品有限公司，福建省龙岩市武平县十方工业集中区B7地块（364000）	许联明
CN201720082167.6	一种干蔬菜生产装置	元谋云吉农产品有限责任公司，云南省楚雄彝族自治州元谋县老城乡政府南面（651302）	王 力
CN201720082232.5	一种果蔬蒸汽杀青装置	福建安兴食品有限公司，福建省龙岩市武平县十方工业集中区B7地块（364000）	李杰成、胡丽娜
CN201720082318.8	蔬菜发酵装置	元谋云吉农产品有限责任公司，云南省楚雄彝族自治州元谋县老城乡老城乡政府南面（651302）	仓义鹏、张 静
CN201720087024.4	一种蔬菜清洗机	元谋云吉农产品有限责任公司，云南省楚雄彝族自治州元谋县老城乡政府南面（651302）	刘文广、杨建昌
CN201720088282.4	一种炒茶机	云南水美茶叶有限公司，云南省昆明市盘龙区新迎园丁小区7幢1单元201号（650233）	高庆秋
CN201720089308.7	一种椰汁过滤装置	广东苏萨食品有限公司，广东省佛山市三水中心科技工业区西南园C区内25-4号（528000）	许爱民、昌建龙

（续）

申请或批准号	发 明 名 称	申请（专利权）人与通信地址	发明人
CN201720089310.4	一种椰子自动脱毛装置	广东苏萨食品有限公司，广东省佛山市三水中心科技工业区西南园C区内25-4号（528000）	王洪浩、王永生
CN201720090551.0	一种新型山楂去核切片装置	江南大学，江苏省无锡市蠡湖大道1800号（214122）	王安敏、王金龙
CN201720090753.5	红枣防粘制粒机	山西省农业科学院农产品加工研究所，山西省太原市龙城大街79号东院（30031）	刘 瑞
CN201720091508.6	一种推拉式小型果实分级执行系统	西北农林科技大学，陕西省咸阳市杨凌示范区西农路22号西北农林科技大学机电学院16＃（712100）	叶景华
CN201720091549.5	一种菊花茶的加工设备	云南珍特农业科技有限公司，云南省昆明市盘龙区北京路延长线金童花园二期B幢1502号（650224）	林跃林
CN201720092255.4	花生脱壳烘干机	河南省粮源农业发展有限公司，河南省漯河市临颍县交通路448号（462600）	程 泉
CN201720092631.X	柿子脱涩装置	陕西学前师范学院，陕西省西安市长安区神禾二路（710100）	叶佳明
CN201720094045.9	一种螺蛳剪尾机	闽南师范大学，福建省漳州市县前直街36号（363000）	谢剑波
CN201720094049.7	一种鱼鳞去除装置	闽南师范大学，福建省漳州市县前直街36号（363000）	谭 伟、李 震
CN201720095043.1	一种提高氧化均匀度的红茶发酵机	浙江红五环制茶装备股份有限公司，浙江省衢州市经济开发区世纪大道903号（324000）	饶建青、何亚三
CN201720096027.4	一种红茶发酵和黄茶闷黄两用机	浙江红五环制茶装备股份有限公司，浙江省衢州市经济开发区世纪大道903号（324000）	刘建钦
CN201720099094.1	一种可移动链式果蔬压差预冷装置	天津商业大学，天津市北辰区津霸公路东口（300310）	余朝雄
CN201720099676.X	一种花生油炸机用布料装置	青岛众地坚果食品有限公司，山东省青岛市平度市南村镇驻地（266700）	刘文广、杨建昌
CN201720099678.9	一种裹衣花生油炸设备	青岛众地坚果食品有限公司，山东省青岛市平度市南村镇驻地（266700）	李正虎
CN201720099760.1	一种裹衣花生油炸后冷却生产线	青岛众地坚果食品有限公司，山东省青岛市平度市南村镇驻地（266700）	高 强、刘 勇
CN201720099887.3	一种花生烘干去种衣生产线	青岛众地坚果食品有限公司，山东省青岛市平度市南村镇驻地（266000）	刘金明
CN201720099897.7	一种加工坚果生产线	青岛众地坚果食品有限公司，山东省青岛市平度市南村镇驻地（266700）	赵明红
CN201720099899.6	一种花生裹衣生产线	青岛众地坚果食品有限公司，山东省青岛市平度市南村镇驻地（266700）	章 锋
CN201720100166.X	一种茶叶加工装置	广西南亚热带农业科学研究所，广西壮族自治区崇左市龙州县彬桥乡（532415）	石超贵
CN201720100296.3	一种连续高效快速晒青茶叶装置	广西南亚热带农业科学研究所，广西壮族自治区崇左市龙州县彬桥乡（532415）	杨光胜

（续）

申请或批准号	发 明 名 称	申请（专利权）人与通信地址	发明人
CN201720101183.5	一种省力的山楂去核装置	衢州伟仕工业产品设计有限公司，浙江省衢州市衢州浙西大道30号2幢440室（324000）	饶建青
CN201720103180.5	具有自清洗功能的银杏果清洗装置	陕西国圣科工贸有限公司，陕西省西安市经开区雅庭花园3幢5单元10层051003号（710000）	谭迪武
CN201720103509.8	一种全自动枣夹桃仁机	苏州快捷机器人有限公司，江苏省苏州市吴中区木渎镇今长路100号西跨塘工业小区1幢（215000）	林威宏
CN201720103854.1	一种水果自动削皮定位器快速更换结构	北京友宝在线科技股份有限公司，北京市密云区经济开发区办公楼501室-216（101500）	李海燕
CN201720104236.9	一种自动上料的水果削皮装置	北京友宝在线科技股份有限公司，北京市密云区经济开发区办公楼501室-216（101500）	李海燕
CN201720104238.8	一种自动上料的一体化水果削皮装置	北京友宝在线科技股份有限公司，北京市密云区经济开发区办公楼501室-216（101500）	王秀珍、张宝奎
CN201720104267.4	一种水果自动削皮装置	北京友宝在线科技股份有限公司，北京市密云区经济开发区办公楼501室-216（101500）	李海燕
CN201720104304.1	一种智能化茶叶生产线	山东农业大学，山东省泰安市岱宗大街61号（271018）	刘 鹏、蒋声华
CN201720104443.4	牡丹籽油除杂设备	安徽荣京凤丹生物科技有限公司，安徽省铜陵市顺安金山工业园（244000）	陈建国、冯自安
CN201720106374.0	花茶加工专用烘焙装置	美灵宝现代农业股份有限公司，湖北省荆州市公安县斗湖堤镇关山路2号（434399）	谭迪武
CN201720106381.0	茶叶加工专用细切装置	美灵宝现代农业股份有限公司，湖北省荆州市公安县斗湖堤镇关山路2号（434399）	曾才勇
CN201720108471.3	一种苹果汁高效制作装置	新昌县盛金祺机械有限公司，浙江省绍兴市新昌县南明街道兴南路三弄8号（312500）	王利敏
CN201720110339.6	一种樱桃去核装置	山东厉家寨樱桃有限公司，山东省临沂市临港经济开发区坪上镇中兴商务企业发展中心（276000）	徐荣娥、邓小鹏
CN201720111286.X	一种竹笋脱壳装置	江西广雅食品有限公司，江西省抚州市乐安县工业园区（344300）	汪 航、王中波
CN201720111492.0	一种竹笋去皮装置	江西广雅食品有限公司，江西省抚州市乐安县工业园区（344300）	汪 航、王中波
CN201720113725.0	一种分离提取设备的烘干装置	威海红印食品科技有限公司，山东省威海市经区珠海路3-7号（264205）	包嘉鹏、包立新
CN201720113817.9	一种具有漂浮物拦截功能的清洗机	牟定云牛生物科技有限公司，云南省楚雄彝族自治州牟定县共和镇学兴路（675500）	沈小刚、朱礼国
CN201720113865.8	一种牛奶除菌微滤设备	洁翼流体技术（上海）有限公司，上海市奉贤区庄行镇郁桥社区安东路208号（201404）	卢壮智
CN201720114317.7	一种竹笋蒸煮设备	江西广雅食品有限公司，江西省抚州市乐安县工业园区（344300）	沈邦灶
CN201720114565.1	一种莱菔子脱壳设备	云南牟定海源油脂有限公司，云南省楚雄彝族自治州牟定县共和镇徐家寺（675000）	马德宏

（续）

申请或批准号	发 明 名 称	申请（专利权）人与通信地址	发明人
CN201720118564.4	一种卤制加工生产线	南昌源顺食品有限公司，江西省南昌市安义县工业园区江西红菱食品有限公司内（330500）	周治利、周治明
CN201720118829.0	一种卤制上色机	南昌源顺食品有限公司，江西省南昌市安义县工业园区江西红菱食品有限公司内（330500）	蔡旭福
CN201720118892.4	一种卤制用解冻机	南昌源顺食品有限公司，江西省南昌市安义县工业园区江西红菱食品有限公司内（330500）	张 亮
CN201720118903.9	一种红枣蛋白粉制备结构	临泽县京沙食品有限公司，甘肃省张掖市临泽县沙河农产品加工集中区（昭武路）（734000）	王海营
CN201720119151.8	一种蔬菜的清洗装置	普洱德顺农业开发有限公司，云南省普洱市思茅区茶马古镇A区4号路B组团A1户型8幢2号（665000）	黄广勇、冯耀堂
CN201720120387.3	一种组合搅拌半自动炒瓜子机	温州立意机电科技有限公司，浙江省温州市龙湾区海滨街道永强大道4983号东首（325024）	郭炳其、周树勇
CN201720121683.5	一种核桃自动破壳机	山西省农业科学院农产品加工研究所，山西省太原市龙城大街79号（30031）	郑利君、任宪峰
CN201720121958.5	澳洲坚果壳仁分离机	云南智奇工程技术有限公司，云南省昆明市盘龙区北辰大道春怡雅苑丹霞苑1单元603室（650224）	焦 飞、刘永胜
CN201720122292.5	一种谷物胚芽冷却装置	湖北斯味特粉体食品有限公司，湖北省潜江市杨市工业园九缘大道9号（433100）	郑子山、黄舒颖
CN201720122293.X	一种谷物胚芽搅拌干燥装置	湖北斯味特粉体食品有限公司，湖北省潜江市杨市工业园九缘大道9号（433100）	罗子斌
CN201720122426.3	一种辣椒清洗罐	河南省霞光农业高科股份有限公司，河南省南阳市西峡县丹水镇工业园区（474550）	李建华、宋家峰
CN201720122441.8	搅拌器、搅拌装置及调料机	珠海优特物联科技有限公司，广东省珠海市高新区唐家湾镇哈工大路1号1栋E301-17（519000）	王旭宁、纪昌罗
CN201720122844.2	一种土豆脱皮机	佛山市飞时达新材料科技有限公司，广东省佛山市高明区荷城街道江湾路78号403室（528531）	吴长文
CN201720128075.7	一种全自动砖茶成型设备	湖北省农业科学院果树茶叶研究所，湖北省武汉市洪山区南湖大道10号（430064）	李 涵、刘 刚
CN201720128079.5	畜牧家禽专用沥血装置	黑龙江省农业科学院畜牧研究所，黑龙江省哈尔滨市南岗区学府路368号（150001）	刘成滨
CN201720129418.1	一种能够连续称重的生猪屠宰生产线	青川县永鑫畜产品加工有限公司，四川省广元市青川县青溪镇魏坝村（628109）	蔡 冬、王雅萱
CN201720130949.2	一种预处理车间花生脱衣设备	广州市泰奇食品有限公司，广东省广州市广州经济技术开发区永和经济区斗塘路20号（510000）	喻泽灵
CN201720131692.2	一种新式茶叶自动烘干机	清远市敬业茗茶有限公司，广东省清远市清城区朱围大街朱塘1号楼梯口二层1-2卡（511500）	钟育彬、程幼强
CN201720131774.7	连续式微波杀菌蒸煮机	浙江科技学院，浙江省杭州市西湖区留和路318号（310023）	孙业国、姜志兴
CN201720132396.4	一种带有清洗蔬菜功能切菜机	广州新域机电制造有限公司，广东省广州市萝岗区云埔工业区云展路8号（510535）	张 燕、李 伟

（续）

申请或批准号	发 明 名 称	申请（专利权）人与通信地址	发明人
CN201720132592.1	一种鲜切果蔬杀菌装置	佛山市恒芯磁能科技有限公司，广东省佛山市顺德区杏坛镇工业区科技区十一路6号之7（528000）	史传明、何 伟
CN201720133160.2	果品蔬菜贮藏装置	济宁学院，山东省济宁市高新区海川路16号济宁高新区大学园（272001）	赵郑嘉、蒋 方
CN201720134044.2	一种贝类连续高效筛选装置	广东湛江海丰水产有限公司，广东省湛江市赤坎区调顺村海洋生态区石牛岭（524000）	黄福阳
CN201720134242.9	魔芋果脱皮打浆一体机	宁德职业技术学院，福建省宁德市福安市城北福泰路232号（355000）	董海丽、董学和
CN201720134841.0	一种茶叶杀青装置	信阳师范学院，河南省信阳市浉河区长安路237号（464000）	郝志刚、闫文俊
CN201720135871.3	一种多工位一体式南瓜去皮机	安徽栋泰农业科技发展有限公司，安徽省马鞍山市和县台湾农民创业园（238200）	周武轩
CN201720136345.9	一种南瓜去皮机接皮装置	安徽栋泰农业科技发展有限公司，安徽省马鞍山市和县台湾农民创业园（238200）	朱明伦
CN201720138288.8	一种可调节高度的清灰板栗炒制机	安徽合益食品股份有限公司，安徽省六安市金寨县现代产业园区（237300）	李杰斌、赵国进
CN201720138298.1	一种安全高效的板栗开口装置	安徽合益食品股份有限公司，安徽省六安市金寨县现代产业园区（237300）	吕永青
CN201720138336.3	一种可调节高度的板栗清洗风干装置	安徽合益食品股份有限公司，安徽省六安市金寨县现代产业园区（237300）	肖建军
CN201720139454.6	一种毛刷洗果机	无锡科安自动化装备有限公司，江苏省无锡市惠山区堰桥街道刘仓社区师古桥东1号（214174）	谭茂玲、万 燕
CN201720139455.0	洗果机用拨果装置	无锡科安自动化装备有限公司，江苏省无锡市惠山区堰桥街道刘仓社区师古桥东1号（214174）	王安敏、王金龙
CN201720139926.8	中药材软化去皮装置	安徽颐生堂中药饮片有限公司，安徽省亳州市涡阳县义门真源南路（233600）	宋 浪、杨 俊
CN201720142893.2	一种食用菌加工清洗装置	佛山捷蓝机器人有限公司，广东省佛山市高明区荷城街道江湾路78号403室（528000）	魏志刚
CN201720143188.4	一种马铃薯清洗分类切片装置	定西师范高等专科学校，甘肃省定西市安定区临路4号（743000）	黄 潮、黄和明
CN201720143770.0	蔬菜清洗风干一体装置	济宁学院，山东省济宁市高新区海川路16号济宁高新区大学园（272001）	王从从、陈书妍
CN201720143892.X	毛刷洗果机拨果机构	无锡科安自动化装备有限公司，江苏省无锡市惠山区堰桥街道刘仓社区师古桥东1号（214174）	王安敏、王金龙
CN201720144478.0	连续式打蛋机	浙江科技学院，浙江省杭州市西湖区留和路318号（310023）	符诚斌
CN201720144884.7	一种畜禽血液抗凝和贮存装置	韩山师范学院，广东省潮州市湘桥区桥东（521000）	田旭升
CN201720145402.X	一种板鸭整形装置	西昌华农禽业有限公司，四川省西昌市高草乡中和村一组（615000）	黄福阳

（续）

申请或批准号	发 明 名 称	申请（专利权）人与通信地址	发明人
CN201720145611.4	一种全自动小型炒茶机	华南理工大学，广东省广州市天河区五山路381号（510640）	陈强林、陈俊云
CN201720146831.9	一种魔芋异味脱除装置	成都希福生物科技有限公司，四川省成都市崇州市崇阳街道世纪大道1207号（610041）	吴必吕
CN201720147916.9	一种滚筒式百合清洗机	贵州梵净天馨生物科技有限公司，贵州省铜仁市大兴高新技术产业开发区（550000）	张 炳
CN201720148635.5	一种肉鸭生产线浸蜡辅助夹头装置	山东新希望六和集团有限公司，山东省青岛市城阳区棘洪滩街道青大工业园（266111）	蔡井辉
CN201720149921.3	一种滚筒式粮食烘干机	安徽豪迈机械科技有限公司，安徽省滁州市南谯区腰铺工业园（239057）	郭志威、余一杰
CN201720150079.5	一种粮食烘干机快速放粮系统	安徽豪迈机械科技有限公司，安徽省滁州市南谯区腰铺工业园（239057）	陈 永
CN201720152226.2	一种智能化红茶发酵设备	贵州大学，贵州省贵阳市贵州大学花溪北校区科技处（550025）	刘顺字、林双娣
CN201720152305.3	一种炒茶机以及茶叶加工流水线	铜仁学院，贵州省铜仁市碧江区川硐教育园区启航路238号（554300）	陈清尧
CN201720152640.3	一种银耳、枸杞、笋、杏的烘干装置	南通正知堂农业科技有限公司，江苏省南通市崇川路58号4幢601-604室（226000）	石建玲、刘振宇
CN201720153290.2	一种茶叶摊放装置	诸暨市经济特产站，浙江省绍兴市诸暨市暨阳街道人民南路116号（311800）	王春幸、王建勋
CN201720155208.X	一种紫菜卷生产线	漳州金浦三源食品实业有限公司，福建省漳州市漳浦县绥安工业开发区绥安工业园（363401）	庄海钦
CN201720155498.8	一种紫菜碎片收集机构	漳州金浦三源食品实业有限公司，福建省漳州市漳浦县绥安工业开发区绥安工业园（363401）	罗映民、罗伊勉
CN201720155526.6	一种适用于紫菜卷制作的卷片装置	漳州金浦三源食品实业有限公司，福建省漳州市漳浦县绥安工业开发区绥安工业园（363401）	周 梅、李文华
CN201720158874.9	鱿鱼脱吸盘装置	舟山市普陀明宏机械制造厂，浙江省舟山市普陀区平阳工业区（316100）	王晓润
CN201720159814.9	一种自动切菜装置	南京农业大学，江苏省南京市浦口区点将台路40号南京农业大学（210031）	廉丽娟、廉发明
CN201720160601.8	一种全自动水果加工去皮机的分块器	安徽科凌仪器有限公司，安徽省马鞍山市慈湖高新区霍里山大道北段1669号2栋（243000）	和寿祥
CN201720160602.2	一种坚果食品加工破壳机	安徽科凌仪器有限公司，安徽省马鞍山市慈湖高新区霍里山大道北段1669号2栋（243000）	冯 利
CN201720160728.X	一种规格型紫菜片生产线	漳州金浦三源食品实业有限公司，福建省漳州市漳浦县绥安工业开发区绥安工业园（363401）	袁 鸣
CN201720162297.0	一种紫菜生产线	漳州金浦三源食品实业有限公司，福建省漳州市漳浦县绥安工业开发区绥安工业园（363401）	周小彬
CN201720162763.5	食用菌真空预冷装置	济宁学院，山东省济宁市高新区海川路16号济宁高新区大学园（272001）	陈卫江、徐 忠

（续）

申请或批准号	发 明 名 称	申请（专利权）人与通信地址	发明人
CN201720163633.3	一种蜂蜜专用浓缩提纯装置	天津七七七科技发展有限公司，天津市西青区李七庄街凌奥产业园一期 107-1 室（300391）	倪　辉、吴宏安
CN201720164452.2	一种茶叶搅拌、清洗、烘干装置	四川农业大学，四川省雅安市雨城区新康路 46 号（625014）	郑承浩
CN201720170114.X	一种全自动水果削皮去核一体机	华东理工大学，上海市徐汇区梅陇路 130 号（200237）	方志康、俞琪峰
CN201720170765.9	一种泡菜制作设备	湖南利尔康生物股份有限公司，湖南省岳阳市岳阳县城关镇荣新璐生态工业园 12 号（414100）	王亚明、焦慧良
CN201720171214.4	一种具有烘干功能的茶叶清洗设备	华盛绿能（天津）农业科技有限公司，天津市西青区精武镇毛条路与 8 号路交口西南侧（300000）	豆康宁、王　飞
CN201720172754.4	一种用于金针菇灭菌的常压灭菌灶	福建建宁日鑫菌业科技有限公司，福建省三明市建宁县溪口镇塘家湾农场（354500）	邓远均、林　巧
CN201720174159.4	一种扇贝自动清洗蒸煮装置	广东环球水产食品有限公司，广东省茂名市化州市杨梅工业园工业大道东 2 号（525129）	王　刚、李勇毅
CN201720175526.2	一种茶叶揉捻装置	华盛绿能（天津）农业科技有限公司，天津市西青区精武镇毛条路与 8 号路交口西南侧（300000）	曾海威
CN201720175776.6	一种智能茶叶压型机	惠州市新圆沉香种植发展股份有限公司，广东省惠州市博罗县泰美镇三径村民委员会（516100）	张宗国
CN201720175778.5	一种茶叶杀青机	惠州市新圆沉香种植发展股份有限公司，广东省惠州市博罗县泰美镇三径村民委员会（516100）	谢金霞、杨生平
CN201720175779.X	一种新型茶叶烘焙机	惠州市新圆沉香种植发展股份有限公司，广东省惠州市博罗县泰美镇三径村民委员会（516100）	陈雨新
CN201720175822.2	一种茶叶茶青机	惠州市新圆沉香种植发展股份有限公司，广东省惠州市博罗县泰美镇三径村民委员会（516100）	谢金霞、杨生平
CN201720175848.7	一种去鳞机	佛山捷蓝机器人有限公司，广东省佛山市高明区荷城街道江湾路 78 号 403 室（528000）	李辉辉
CN201720176024.1	一种茶叶发酵设备	江西省高山茶投资有限责任公司，江西省南昌市红谷滩新区红谷中大道 998 号（330038）	王　麟、郭恒群
CN201720177034.7	一种用于大米的除铁设备	普洱永吉生物技术有限责任公司，云南省普洱市宁洱县宁洱镇裕和村（665199）	刘　波
CN201720178791.6	一种大米浸泡滤糠装置	江西晶星食品有限公司，江西省赣州市高新技术产业园区红金工业小区长岭路 2 号（341100）	郑振军
CN201720181900.X	一种茶叶杀青机	江西省高山茶投资有限责任公司，江西省南昌市红谷滩新区红谷中大道 998 号（330038）	张　伟
CN201720181927.9	肠子清洗装置	重庆鼎实食品开发有限公司，重庆市开县郭家镇慈林村 1 组（405422）	邵　伟、熊　泽
CN201720181969.2	毛猪悬挂工具	重庆鼎实食品开发有限公司，重庆市开县郭家镇慈林村 1 组（405422）	许浩文
CN201720183295.X	一种分离花生油中磷脂的装置	山东国鲁集团有限公司，山东省济南市高新区舜华路 2000 号舜泰广场 1 号楼西 6 层 A3 区（250101）	张东哲

（续）

申请或批准号	发　明　名　称	申请（专利权）人与通信地址	发明人
CN201720183998.2	洗猪机	重庆鼎实食品开发有限公司，重庆市开县郭家镇慈林村1组（405422）	林建雄、随　祁
CN201720185715.8	一种葡萄清洗机	四川康之绿农业科技有限责任公司，四川省德阳市什邡市马井镇玉马村13组（618405）	左安彩
CN201720185893.0	一种茶叶杀青装置	四川俊龙农业科技有限公司，四川省遂宁市射洪县凤来镇富乐街38号（629228）	李海生
CN201720186545.5	一种茶叶智能杀青装置	四川俊龙农业科技有限公司，四川省遂宁市射洪县凤来镇富乐街38号（629228）	李宝叶、张国元
CN201720186694.1	滚筒杀青机	四川农业大学，四川省成都市温江区惠民路211号（610000）	邓　永、黄玉川
CN201720187206.9	一种茶叶高效智能杀青装置	四川俊龙农业科技有限公司，四川省遂宁市射洪县凤来镇富乐街38号（629228）	林昔谦、周伟秀
CN201720191010.7	杏鲍菇根部自动切削系统	温州大学，浙江省温州市瓯海经济开发区东方南路38号温州市国家大学科技园孵化器（325000）	李怀宝、高　毅
CN201720192495.1	骨头粉碎机	六安凡了网络科技有限公司，安徽省六安市经济技术开发区六安大学科技园（237000）	曹雄昆
CN201720192933.4	一种土豆制泥机夹持按压装置	兰州乐赛特食品饮料有限公司，甘肃省兰州市兰州新区秦川镇保家窑村（730000）	陈伟光
CN201720193247.9	一种磨盘式大豆清洗装置	贵州大学，贵州省贵阳市花溪区贵州大学北校区科学技术处（550025）	黄建锋、林少珍
CN201720193963.7	一种新型葵花脱籽筛选机	民勤县全盛永泰农业有限公司，甘肃省武威市民勤县城东部开发区（733300）	叶　芳
CN201720196293.4	一种香菇清洗装置	宜城大山合现代农业有限公司，湖北省襄阳市宜城市楚都大道993号（441400）	朱　超、袁　乐
CN201720197424.0	一种茶叶烘干设备	广东德福缘茶业有限公司，广东省清远市英德市英红镇红卫居委会五组（513000）	庞彦卿
CN201720197788.9	一种清洗彻底的茶叶清洗设备	广东德福缘茶业有限公司，广东省清远市英德市英红镇红卫居委会五组（513000）	陈晓玲
CN201720203302.8	一种小型家用红枣烘房系统	塔里木大学，新疆维吾尔自治区阿克苏地区阿拉尔市塔里木大学（843300）	刘倩利、徐宛月
CN201720203402.0	一种茶叶发酵箱	凤冈县富祯茶业有限公司，贵州省遵义市凤冈县永安镇田坝村（564204）	肖本军
CN201720205621.2	藜麦除皂苷机	永胜县龙潭生物资源开发有限责任公司，云南省丽江市永胜县程海镇吉福村村委会（674100）	曹乘龙
CN201720207957.2	一种马铃薯淀粉加工用原料清洗装置	内蒙古薯元康生物科技有限公司，内蒙古自治区呼和浩特市武川县可镇九号村（11700）	彭　涛
CN201720210191.3	一种山核桃挤压式破壳装置	山东农业大学，山东省泰安市泰山区岱宗大街61号（271000）	李洪浩
CN201720212626.8	一种炒茶机温度控制装置	兴宁富荣实业有限公司，广东省梅州市兴宁市径南镇官听村务坑（514031）	张开兴、杭晟煜

（续）

申请或批准号	发明名称	申请（专利权）人与通信地址	发明人
CN201720212984.9	一种野生菌烘烤装置	昆明碧野花菌农业科技有限公司，云南省昆明市西山区南苑小区4幢2单元第6层601号（650100）	张 茜、廖明安
CN201720213145.9	一种山羊去毛机	湖北名羊农业科技发展有限公司，湖北省黄冈市罗田县经济开发区（438600）	邢忠华
CN201720213648.6	豆皮剥布机	青岛御百坊豆类制品开发有限公司，山东省青岛市平度市经济开发区广州路12号（266700）	陈慧敏、吴 青
CN201720214212.9	一种肉类切排机	安徽杠岗香食品科技有限公司，安徽省合肥市肥东县经济开发区祥和路西侧（231600）	周红红
CN201720214314.0	一种可移式鼓泡清洗机	湖北大自然农业实业有限公司，湖北省武汉市广水市十里工业园（432700）	吴成忠
CN201720214355.X	一种锯骨机	安徽杠岗香食品科技有限公司，安徽省合肥市肥东县经济开发区祥和路西侧（231600）	罗 刚、范东升
CN201720214518.4	高效龙虾清洗设备	湖北大自然农业实业有限公司，湖北省广水市十里工业园（432700）	薛长湖、姜晓明
CN201720217051.9	一种小龙虾清洗设备	湖南金欧农业科技有限公司，湖南省长沙市开福区捞刀河街道大星村双河路739号（410000）	王旭宁、张利新
CN201720221038.0	一种用于蔬菜的清洗机	山东科技大学，山东省青岛市黄岛区前湾港路579号（266590）	方兆贤
CN201720224496.X	一种具有防堵料功能的高效茶叶烘干装置	皖西学院，安徽省六安市裕安区河西皖西学院本部（237012）	陈一哲、陈定一
CN201720225096.0	一种用于鸭子脱毛工序上的鸭头固定架	漳州昌龙农牧有限公司，福建省漳州市龙海市九湖镇田墘工业区（363118）	魏国营
CN201720229056.3	一种生猪立式蒸烫、除毛一体机	重庆鼎实食品开发有限公司，重庆市开县郭家镇慈林村1组（405422）	林建雄、随 祁
CN201720229896.X	生猪立式蒸烫、除毛一体机控制系统	重庆鼎实食品开发有限公司，重庆市开县郭家镇慈林村1组（405422）	谭 伟、李 震
CN201720230480.X	肉类刨片机	中和澳亚（天津）实业有限公司，天津市静海县北环工业区徐良路1号（301600）	周传鹏、张 倩
CN201720233031.0	一种蜂蜜加工系统	四川健生堂农业开发有限公司，四川省成都市崇州市羊马镇福田村1组（611200）	李德福
CN201720236640.1	一种冷风微波交替烘干机	大连鑫玉龙海洋生物种业科技股份有限公司，辽宁省大连市普兰店区皮口镇宝参园2号（116200）	侯加林、刘 晓
CN201720236729.8	一种真空微波烘干机	大连鑫玉龙海洋生物种业科技股份有限公司，辽宁省大连市普兰店区皮口镇宝参园2号（116200）	王膺昊、陈 列
CN201720237087.3	一种新型的海参加工洗肠机	大连鑫玉龙海洋生物种业科技股份有限公司，辽宁省大连市普兰店区皮口镇宝参园2号（116200）	王膺昊、陈 列
CN201720237334.X	一种海鲜快速烘干装置	山东西霞口海珍品股份有限公司，山东省威海市荣成市成山镇西霞口社区裕霞路1号楼（264300）	李忠元、辛 丽
CN201720237335.4	一种海参清洗输送装置	山东西霞口海珍品股份有限公司，山东省威海市荣成市成山镇西霞口社区裕霞路1号楼（264300）	陈昭宇、李贞东

（续）

申请或批准号	发明名称	申请（专利权）人与通信地址	发明人
CN201720244333.8	一种果味茶叶的制作装置	杭州杉明茶叶有限公司，浙江省杭州市萧山区经济技术开发区19号大街566号1幢（311215）	王　鹏
CN201720244487.7	用于干茶叶快速脱除残留农药的装置	杭州杉明茶叶有限公司，浙江省杭州市萧山区经济技术开发区19号大街566号1幢（311215）	刘　洋、黄　贞
CN201720244697.6	用于茶叶烘干杀菌的装置	杭州杉明茶叶有限公司，浙江省杭州市萧山区经济技术开发区19号大街566号1幢（311215）	李长喜
CN201720245155.0	用于普洱茶臭氧陈化的灭菌装置	杭州杉明茶叶有限公司，浙江省杭州市萧山区经济技术开发区19号大街566号1幢（311215）	付和平、刘涛涛
CN201720245273.1	一种果实扎孔装置	杭州华味亨食品有限公司，浙江省杭州市余杭区星桥街道星桥北路74号（310000）	岳　威、杨　慧
CN201720245275.0	一种蜜饯太阳能热风烘干房	杭州华味亨食品有限公司，浙江省杭州市余杭区星桥街道星桥北路74号（310000）	黄培安
CN201720245545.8	一种莲子清洗装置	广州市悦盛金发食品有限公司，广东省广州市白云区江高镇江石路333号（510000）	毛自朝、陈高川
CN201720246806.8	一种新型结构的去核机	上海承欢轻工机械有限公司，上海市奉贤区奉城镇洪朱路2803号（201411）	周迎辉
CN201720246807.2	一种燕窝去毛机	上海承欢轻工机械有限公司，上海市奉贤区奉城镇洪朱路2803号（201411）	杨玉兰、杨　峰
CN201720247044.3	一种核桃仁去皮机	上海承欢轻工机械有限公司，上海市奉贤区奉城镇洪朱路2803号（201411）	王安国
CN201720247045.8	一种燕窝混料机	上海承欢轻工机械有限公司，上海市奉贤区奉城镇洪朱路2803号（201411）	谢明之、汪　奔
CN201720247396.9	一种实验室用土豆切割装置	浙江农林大学，浙江省杭州市临安区环城北路88号（311300）	王工厂、刘运来
CN201720249254.6	海贝柱自动晾晒机	山东农业大学，山东省泰安市岱宗大街61号（271018）	邓余良、袁海波
CN201720250394.5	小黄鱼清洗机	浙江瑞松食品有限公司，浙江省温州市瑞安市经济开发区（发展区）开发二路88号（325200）	罗关友、罗关成
CN201720250633.7	一种魔芋粉生产设备	宣威市格宜魔芋精粉工贸有限公司，云南省曲靖市宣威市格宜镇（655404）	孙新建、陈　国
CN201720250741.4	海鲜清洗设备	浙江瑞松食品有限公司，浙江省温州市瑞安市经济开发区（发展区）开发二路88号（325200）	邹玉华
CN201720251291.0	一种清洗杀菌一体式莲藕清洗机	云南禾农食品开发有限公司，云南省昆明市会泽县工业园绿色食品加工区（650000）	刘伟华
CN201720252754.5	魔芋粉加工设备及系统	宣威市格宜魔芋精粉工贸有限公司，云南省曲靖市宣威市格宜镇（655404）	孙新建、陈　国
CN201720252992.6	一种果蔬消毒系统	农夫山泉股份有限公司，浙江省杭州市西湖区葛衙庄181号（310024）	侯　茹
CN201720256964.1	一种莓茶炒茶机	佛山市高明区艾尚科技有限公司，广东省佛山市高明区荷城街道荷富路西黎村601号（528500）	郭庆晖

（续）

申请或批准号	发 明 名 称	申请（专利权）人与通信地址	发明人
CN201720259321.2	一种大黄鱼干燥设备	舟山市福瑞达食品有限公司，浙江省舟山市普陀区浦西工业园区 D-10-02（316100）	方 蕾、吕明哲
CN201720261891.5	剥笋机的剥壳滚子	浙江机电职业技术学院，浙江省杭州市滨文路 528＃（310053）	黎运升
CN201720262890.2	风干装置	重庆丰都三和实业有限公司，重庆市丰都县虎威镇红岩村六组（408200）	张宴志、李芳芳
CN201720265059.2	一种绿茶快速加工系统	湖南兰岭绿态茶业有限公司，湖南省岳阳市湘阴县工业园区（414600）	李宝叶、张国元
CN201720265064.3	一种茶叶加工用快速摊凉设备	湖南兰岭绿态茶业有限公司，湖南省岳阳市湘阴县工业园区（414600）	裴利勇、程志兵
CN201720265066.2	茶叶加工用杀青除尘设备	湖南兰岭绿态茶业有限公司，湖南省岳阳市湘阴县工业园区（414600）	虞丰结、韩德雄
CN201720265077.0	一种新型薯粉加工设备	惠州旺嘉食品有限公司，广东省惠州市潼侨工业基地 30 号（516063）	葛 尧
CN201720265346.3	蜂蜜压榨机	中国农业科学院蜜蜂研究所，北京市海淀区香山北沟 1 号（100093）	聂从辉、蓝国清
CN201720266568.7	多辊鸡脖去皮机	秦皇岛正大有限公司，河北省秦皇岛市山海关区关城东路 30 号（66000）	李满雨、赵秀华
CN201720266575.7	鸡胗脱脂机	秦皇岛正大有限公司，河北省秦皇岛市山海关区关城东路 30 号（66000）	向秀敏
CN201720266591.6	装有拉脖器的切脖机	秦皇岛正大有限公司，河北省秦皇岛市山海关区关城东路 30 号（66000）	王卫刚、于 波
CN201720266743.2	一种黄瓜采种机	浙江省农业科学院，浙江省杭州市江干区石桥路 198 号（310021）	陈耀华
CN201720267461.4	种组装式果脯烘干架	杭州仙果科技有限公司，浙江省杭州市余杭杭州经济技术开发区红丰路 509 号 1 幢 A101 室（310000）	章礼森
CN201720271030.5	一种蜂蜜浓缩设备	罗平县云岭蜂业工贸有限公司，云南省曲靖市罗平县罗雄街道云贵路 642 号（650200）	向汝发、杨建生
CN201720271154.3	一种鱼类分选装置	广东何氏水产有限公司，广东省佛山市南海区西樵镇山根大坑环山路东面综合楼（528211）	陈加大
CN201720273424.4	一种淮山削皮设备	龙门县绿天源生态农业发展有限公司，广东省惠州市龙门县龙华镇马嘶村（516800）	陈雨新
CN201720274754.5	茶叶杀青理条装置	南昌工程学院，江西省南昌市高新区天祥大道 289 号（330096）	薛 枫
CN201720275369.2	山楂饼生产线	潍坊知合机械有限公司，山东省潍坊市潍城经济开发区腾飞路以西、工业二街以北（261000）	宋家臻、宋有谓
CN201720275510.9	一种果蔬快速干燥机	延安大学，陕西省延安市宝塔区圣地路 580 号（716000）	杨启良、王焕昌
CN201720277371.3	一种食用菌用新型漂洗装置	西峡爱尚菇食品科技有限公司，河南省南阳市西峡县工业大道北段 153 号（474550）	王兴宇

（续）

申请或批准号	发明名称	申请（专利权）人与通信地址	发明人
CN201720277372.8	一种食用菌加工用预煮装置	西峡爱尚菇食品科技有限公司，河南省南阳市西峡县工业大道北段153号（474550）	陈耿涛、孔楚海
CN201720277779.0	一种秋葵烘干设备	龙门县绿天源生态农业发展有限公司，广东省惠州市龙门县龙华镇马嘶村（516800）	林跃林
CN201720277789.4	一种薯类清洗机	玉门绿地生物制品有限公司，甘肃省酒泉市玉门市高新技术工业园区（735211）	王　兵
CN201720278286.9	一种香菇搅拌清洗装置	西峡爱尚菇食品科技有限公司，河南省南阳市西峡县工业大道北段153号（474550）	陈华兵、许可东
CN201720278655.4	一种油茶果剥壳装置	湖南省康多利油脂有限公司，湖南省常德市桃源县漳江镇官家坪社区四组漳江创业园内（415701）	覃辉跃
CN201720279922.X	一种坚果干燥机	塔里木大学，新疆维吾尔自治区阿拉尔市虹桥南路705号塔里木大学（843300）	冯　阳
CN201720280416.2	一种可移动茶叶杀青机	嵊州市宏鑫机械有限公司，浙江省绍兴市嵊州市鹿山街道三联村演头115号（312400）	黄汉标
CN201720280547.0	一种蔬菜清洗机	新疆石河子职业技术学院，新疆维吾尔自治区石河子北五路38号小区职业技术学院（832000）	刘玉汝、董攀登
CN201720282980.8	一种胡萝卜削皮机	玉门绿地生物制品有限公司，甘肃省酒泉市玉门市高新技术工业园区（735211）	孙江苏、刘　兵
CN201720283715.1	一种柠檬表面清理机	广东德海农业有限公司，广东省清远市英德市英红镇兴业路东侧（513042）	王建滨
CN201720284270.9	一种金针菇批量清洗机	江山甬江食品有限公司，浙江省衢州市江山市长台工业小区（324100）	宋海军、张　震
CN201720287651.2	一种大枣去核机	陕西理工大学，陕西省汉中市汉台区东一环路1号陕西理工大学机械工程学院（723001）	袁传明
CN201720289340.X	一种梨的加工系统	山东省果树研究所，山东省泰安市龙潭路66号（271000）	袁惠君、李　欣
CN201720289797.0	一种脐橙皮烘干箱	赣州市淳乡情农业开发有限公司，江西省赣州市高新技术产业园区洋塘工业小区（341100）	叶佳明
CN201720295267.7	一种鱼类分拣装置	中国水产科学研究院南海水产研究所，广东省广州市海珠区新港西路231号（510300）	邵春刚
CN201720295577.9	一种隧道炉烘烤装置	广州浩胜食品机械有限公司，广东省广州市黄埔区大沙镇茅岗村大春园（510000）	姚达通
CN201720295648.5	一种茶叶生产线上的自动吸湿热装置	湖北川玉茶业有限公司，湖北省咸宁市温泉镇潜山路18号（437100）	张　雄、张宏良
CN201720297954.2	一种农产品加工中的水果绞碎机	赣州市淳乡情农业开发有限公司，江西省赣州市高新技术产业园区洋塘工业小区（341100）	江波涛、李　莉
CN201720298007.5	一种萝卜清洗粉碎一体设备	赣州市淳乡情农业开发有限公司，江西省赣州市高新技术产业园区洋塘工业小区（341100）	邝平康
CN201720298017.9	一种脐橙汁提取设备	赣州市淳乡情农业开发有限公司，江西省赣州市高新技术产业园区洋塘工业小区（341100）	张金丽、李　真

（续）

申请或批准号	发 明 名 称	申请（专利权）人与通信地址	发明人
CN201720298331.7	一种石榴去皮分离装置	会泽县国权种植有限责任公司，云南省曲靖市会泽县泽润龙都 12-S-8 号（654200）	张品立、丘兴仁
CN201720298586.3	一种新型蔬菜清洗装置	天津市食新食异食品有限公司，天津市武清区石各庄镇石各庄中心街（301700）	和振全
CN201720298588.2	一种花生干燥装置	天津市食新食异食品有限公司，天津市武清区石各庄镇石各庄中心街（301700）	刘立忠、邵益民
CN201720298591.4	一种果蔬清洗机	天津市食新食异食品有限公司，天津市武清区石各庄镇石各庄中心街（301700）	梁立会、曾 明
CN201720299299.4	粮食烘干机	新昌县智昌科技有限公司，浙江省绍兴市新昌县七星街道上礼泉村大王庙坂（312500）	邵 伟、吴 炜
CN201720300256.3	一种剥毛豆机	德兴市东东农业科技开发有限公司，江西省德兴市银鹿工业园区（334200）	温炫翀
CN201720300741.0	一种果蔬清洗机	武威小林商贸有限责任公司，甘肃省武威市民勤县收成乡黄岭村五社（733300）	曾国波、将永刚
CN201720301361.9	一种天然有机芦荟洗叶机	佛山市健桥芦荟有限公司，广东省佛山市南海区里水镇得胜村横八路北 2 号（528200）	朱润昇
CN201720303308.2	一种田螺去尾机	济宁市丰鹏工程设备有限公司，山东省济宁市高新区王因娘娘庙村南（272000）	陈伟光
CN201720303626.9	一种农作物清洗设备	佛山市富易食品有限公司，广东省佛山市高明区荷城街道高明大道东 362 号 108 之 2A8（528500）	周 键、刘朝云
CN201720307068.3	一种毛鸡脱毛装置	山东德州扒鸡股份有限公司，山东省德州市晶华大道 3968 号（253073）	贾洪亮、韩喜欢
CN201720307070.0	一种家禽传送装置	山东德州扒鸡股份有限公司，山东省德州市晶华大道 3968 号（253073）	余朝雄
CN201720307086.1	一种毛鸡浸烫装置	山东德州扒鸡股份有限公司，山东省德州市晶华大道 3968 号（253073）	张 楠、韩正元
CN201720309190.4	一种超市杀鱼台	宁夏平罗县贸易有限责任公司，宁夏回族自治区石嘴山市平罗县平大公路六公里处（753200）	杜志强、薛乃民
CN201720309547.9	一种乌龙茶自动生产系统	广东仙人洞生态农业有限公司，广东省茂名市高凉南路 2 号大院 8-11 号首层 16 号房（525099）	王 刚、赵恩强
CN201720309563.8	一种茶叶摇青机	广东仙人洞生态农业有限公司，广东省茂名市高凉南路 2 号大院 8-11 号首层 16 号房（525099）	刘法合、朱国涛
CN201720309564.2	一种茶叶揉捻机	广东仙人洞生态农业有限公司，广东省茂名市高凉南路 2 号大院 8-11 号首层 16 号房（525099）	邱春香、胡华勤
CN201720309574.6	一种使用方便的水产品用清洗装置	盱眙泗州城农业开发有限公司，江苏省淮安市盱眙县盱城镇工业集中区（211700）	陈 勇、王晓玉
CN201720309610.9	一种水产品加工用切块装置	盱眙泗州城农业开发有限公司，江苏省淮安市盱眙县盱城镇工业集中区（211700）	陈 勇、王晓玉
CN201720309685.7	家用经济型粮食干燥机	淮安市高级职业技术学校，江苏省淮安市经济技术开发区飞耀路 23 号（223005）	马建林

（续）

申请或批准号	发明名称	申请（专利权）人与通信地址	发明人
CN201720309737.0	一种鱼内脏和黑膜去除装置	武汉轻工大学，湖北省武汉市东西湖区常青花园学府南路68号（430023）	苏子龙
CN201720310871.2	花生仁油炸设备	青岛秋润食品有限公司，山东省青岛市莱西市沽河街道办事处驻地（266600）	程远航、张世辉
CN201720311317.6	一种虾加工装置	湛江京昌水产有限公司，广东省湛江市麻章区金康中路50号（524094）	李爱民
CN201720311784.9	一种用于鲜鱼加工的滤水风干装置	湛江京昌水产有限公司，广东省湛江市麻章区金康中路50号（524094）	刘　琳
CN201720312181.0	一种虾加工用的蒸煮装置	湛江京昌水产有限公司，广东省湛江市麻章区金康中路50号（524094）	马兴灶、弓满锋
CN201720312271.X	一种柑橘加工废料回收装置	普洱苏七农业科技有限公司，云南省普洱市普洱市景东县玉屏路14号（676200）	柳进军、朱振超
CN201720312275.8	柑橘剥皮装置	普洱苏七农业科技有限公司，云南省普洱市普洱市景东县玉屏路14号（676200）	陈　燕
CN201720312627.X	一种柑橘生产加热釜	普洱苏七农业科技有限公司，云南省普洱市普洱市景东县玉屏路14号（676200）	张华鑫
CN201720312639.2	一种柑橘清洗装置	普洱苏七农业科技有限公司，云南省普洱市普洱市景东县玉屏路14号（676200）	孙业国、姜志兴
CN201720312696.0	柑橘加工输送装置	普洱苏七农业科技有限公司，云南省普洱市普洱市景东县玉屏路14号（676200）	林时碧、谭属琼
CN201720314151.3	一种茶叶清洗甩干机	湖北泽中饮料有限公司，湖北省咸宁市通城县通城大道276号（437400）	石　磊
CN201720315275.3	一种果汁生产用卧式杀菌釜	湖南奥斯利食品科技有限公司，湖南省浏阳市沙市镇沙市社区建文路（410000）	郭　强、陈香珀
CN201720316102.3	一种猕猴桃去把切片机	西安工业大学，陕西省西安市未央区学府中路2号（710032）	林炎明
CN201720316108.0	一种茶叶烘干机	湖北泽中饮料有限公司，湖北省咸宁市通城县通城大道276号（437400）	张宗国
CN201720319897.3	一种苹果清洗装置	成都市工程职业技术学校，四川省成都市青白江区祥福镇东方社区（641000）	姜　挺
CN201720324723.6	一种小枣清洗器	临泽县绿然枣业食品有限公司，甘肃省张掖市临泽县浙商广场颐高电商孵化园二楼（734000）	许　峰
CN201720324987.1	蔬菜干燥装置	济宁学院，山东省济宁市高新区海川路16号济宁高新区大学园（272001）	鲁定尧、张海顺
CN201720325004.6	一种紫薯粉皮挤压整形装置	安徽米乐食品有限公司，安徽省阜阳市界首市工业园区（236500）	黄伟军
CN201720325543.X	一种紫薯绞龙清洗机用除渣滚筒	安徽米乐食品有限公司，安徽省阜阳市界首市工业园区（236500）	秦铁军、秦　浩
CN201720326063.5	一种小枣烘干机	临泽县绿然枣业食品有限公司，甘肃省张掖市临泽县浙商广场颐高电商孵化园二楼（734000）	陈其华、黄　刚

（续）

申请或批准号	发 明 名 称	申请（专利权）人与通信地址	发明人
CN201720326161.9	一种片状紫薯粉皮成型装置	安徽米乐食品有限公司，安徽省阜阳市界首市工业园区（236500）	李 捷、赵春花
CN201720326530.4	一种豆皮脱水压机	天津山海关豆制品有限公司，天津市西青区泰兴路3号（300000）	杨万海、杨万祯
CN201720326595.9	小型家用除猪毛器	南京工业职业技术学院，江苏省南京市仙林大学城羊山北路1号（210016）	蒲焕祥、马永峰
CN201720327307.1	一种栗子自动切口装置	杭州烁电科技有限公司，浙江省杭州市余杭区五常街道杭州宏丰家居城6幢1509（310023）	付和平、刘涛涛
CN201720328713.X	一种茶叶烘干机	普洱市普真茶业有限责任公司，云南省普洱市思茅区茶苑路中段1幢2号1-6层（665000）	陈湘林
CN201720329308.X	骨肉分离机滤筒	黑龙江省农业机械工程科学研究院，黑龙江省哈尔滨市南岗区哈平路156号（150081）	刘建钦
CN201720330155.0	一种有机废弃物资源化处理系统	上海海和实业有限公司，上海市浦东新区万祥镇宏祥北路83弄1-42号1幢A区（临港）(201313)	陈荣志、张林俊
CN201720330758.0	一种晒茶机构	皖西学院，安徽省六安市云露桥西月亮岛（237001）	梁爱年、梁元凤
CN201720334301.7	一种萝卜切片装置	三峡大学，湖北省宜昌市大学路8号（443002）	刘正念
CN201720335831.3	油炸设备	大姚欣杰食品有限公司，云南省楚雄彝族自治州大姚县金碧镇工业园区（675400）	刘成生、李媛妹
CN201720336419.3	一种贝类清洗装置	荣成鱼哨海洋科技有限公司，山东省威海市荣成市河阳东路81号（264300）	萧银河
CN201720340806.4	腰果脱壳机	西南林业大学，云南省昆明市白龙寺300号（650000）	王晓飞、郭梦桥
CN201720341301.X	一种莲子洗涤消杀装置	三峡大学，湖北省宜昌市大学路8号（443002）	刘正念
CN201720341909.2	一种油茶果清洗装置	宜宾屏山辉瑞油脂有限公司，四川省宜宾市屏山县石盘工业园区（645350）	王小龙、王 优
CN201720343751.2	一种椰肉去皮机	海南大学，海南省海口市人民大道58号（570228）	黄 霞
CN201720351740.9	一种绿茶分级烘干装置	黄山学院，安徽省黄山市屯溪区西海路39号（245000）	谭 伟、李 震
CN201720351778.6	一种绿茶的球状杀青装置	黄山学院，安徽省黄山市屯溪区西海路39号（245000）	谭 伟、李 震
CN201720352459.7	一种小型塔式粮食干燥机	山本机械（苏州）有限公司，江苏省苏州市吴中经济开发区天鹅荡路（215000）	练 杰、费 斌
CN201720352613.0	一种黄豆清洗设备	沭阳万和香食品有限公司，江苏省宿迁市沭阳县龙庙镇工业园区立派路15号（223600）	吴志宙
CN201720352809.X	一种黄豆清洗机	沭阳万和香食品有限公司，江苏省宿迁市沭阳县龙庙镇工业园区立派路15号（223600）	汪田强、张东波
CN201720361506.4	一种硬壳类坚果挤裂机	安徽工程大学，安徽省芜湖市鸠江区北京中路8号（241000）	艾 满、宫常萍

（续）

申请或批准号	发 明 名 称	申请（专利权）人与通信地址	发明人
CN201720364091.6	螺蛳切尾机	浙江工业大学，浙江省杭州市下城区潮王路18号浙江工业大学科技处（310014）	霍国昌、陆庆元
CN201720368355.5	一种洗果机	酒泉庆和农业开发有限公司，甘肃省酒泉市肃州区高新技术工业园区（南园）大安路7号（735010）	江 飚、宋 彪
CN201720370946.6	一种粮食烘干机	苏子龙，辽宁省铁岭市开原市铁西街义和村三组34号（110000）	王应洪
CN201720373044.8	一种核桃破壳器	昆明理工大学，云南省昆明市五华区学府路253号（650093）	赵玉倩
CN201720373242.4	一种辣椒摘帽机	青岛璐璐农业装备有限公司，山东省青岛市胶州市胶莱镇南王珠村南（266300）	赵志峰、温 爽
CN201720373939.1	一种红薯清洗装置	广东千正农业发展有限公司，广东省茂名市高州市桂圆路怡景花园13栋一、二层（525299）	杨 玲、王小龙
CN201720374466.7	一种洗鱼机	资兴市山水天然食品有限公司，湖南省郴州市资兴市经济开发区东江食品工业园（423400）	汪田强、张东波
CN201720374469.0	一种鱼肉切块设备	资兴市山水天然食品有限公司，湖南省郴州市资兴市经济开发区东江食品工业园（423400）	胡丽娜、陈松浣
CN201720374908.8	一种鱼肉保鲜设备	资兴市山水天然食品有限公司，湖南省郴州市资兴市经济开发区东江食品工业园（423400）	罗莲凤、梁光志
CN201720376035.4	一种大豆脱皮装置	安徽红花食品有限公司，安徽省蚌埠市固镇经济开发区纬六路南侧（233700）	梁家兴、林嘉亮
CN201720376851.5	一种新型智能化微波烘焙设备	沈阳康利生物科技有限公司，辽宁省沈阳市铁西区重工街北二西路53号2-1（110000）	卢 俊、王 超
CN201720376853.4	一种蔬菜脱水机	沈阳康利生物科技有限公司，辽宁省沈阳市铁西区重工街北二西路53号2-1（110000）	王应洪
CN201720376925.5	手动果蔬脱水器	浙江胜利塑胶有限公司，浙江省台州市黄岩区椒黄路898号（318020）	李阳城、李玲珠
CN201720378986.5	一种紫菜清洗装置	江门市巨鸣实业有限公司，广东省江门市新会区会城新地里133号首层（529100）	陈晓玲
CN201720379059.5	脱除核桃青皮的装置	山东省果树研究所，山东省泰安市泰山区龙潭路66号（271000）	陈 永
CN201720379337.7	紫菜清洗装置	江门市巨鸣实业有限公司，广东省江门市新会区会城新地里133号首层（529100）	孟庆永
CN201720383145.3	一种谷物冷却机	台州市路桥华科机械科技有限公司，浙江省台州市路桥区新桥镇新大街310号（318055）	蔡 冬、孙 佳
CN201720391721.9	一种切片机	惠州艺成塑胶制品有限公司，广东省惠州市惠阳区秋长镇岭湖工业区（516221）	林跃林
CN201720392758.3	一种野生菌高效除尘清洗装置	易门辰丰农产品开发有限公司，云南省玉溪市易门县龙泉街道西环路750号（651100）	张春喜、龙 江
CN201720393764.0	一种刮鱼鳞装置	山东科技大学，山东省青岛市经济技术开发区前湾港路579号（266590）	张海波、何兰鑫

（续）

申请或批准号	发 明 名 称	申请（专利权）人与通信地址	发明人
CN201720394981.1	一种新型谷物烘干装置	临湘市家乐米业有限公司，湖南省岳阳市临湘市三湾工业园内（414300）	佘 毅
CN201720395065.X	一种野生菌摘采临时用保鲜装置	易门辰丰农产品开发有限公司，云南省玉溪市易门县龙泉街道西环路750号（651100）	吴智勇、任明龙
CN201720395095.0	一种枸杞鲜果清洗脱蜡装置	青海万里红绿色生态开发有限公司，青海省西宁市都兰县香日德镇小夏滩地区（810000）	黄青峰、周胜利
CN201720395099.9	蔬菜清洗机	天津狗不理食品股份有限公司，天津市西青区经济开发区赛达七支路2号（300385）	邵 虎、庄爱峰
CN201720396456.3	一种用于豆角的自动裁切机	贵州理工学院，贵州省贵阳市中华北路六广门天毅大厦（550000）	朱 蕾、关 雷
CN201720396936.X	蔬菜清洗设备	天津狗不理食品股份有限公司，天津市西青区经济开发区赛达七支路2号（300385）	曹 阳、李光尧
CN201720397812.3	一种湿山药制粉装置	奥格生物技术（六安）有限公司，安徽省六安市经济技术开发区寿县路（237000）	刘永进
CN201720398890.5	一种杂粮烘干机	山西莲芯硒美农业科技开发有限公司，山西省忻州市河曲县土沟乡土沟村农贸市场西（34000）	左治江、叶平元
CN201720400325.8	多功能坚果破壳机	新疆农业科学院农业机械化研究所，新疆维吾尔自治区乌鲁木齐市南昌南路291号（830091）	陈 新
CN201720401735.4	一种苹果清洗装置	徐州工业职业技术学院，江苏省徐州市泉山区泉山美墅D4-3-401（221000）	张志刚
CN201720402198.5	混合搅拌设备及马铃薯米粉加工设备	凯里市日日升食品有限责任公司，贵州省黔东南苗族侗族自治州凯里市万潮工业园区（556000）	李 蜀
CN201720402344.4	一种果蔬异物清洗机	宁夏礼和食品有限公司，宁夏回族自治区石嘴山市惠农区礼和乡永平村（753204）	李剑峰、李正发
CN201720403137.0	一种磨浆系统	云南牟定彝乡妹食品有限公司，云南省楚雄彝族自治州牟定县江坡镇高平村委会高平（675000）	洪坤山
CN201720404009.8	一种新型大蒜分瓣设备	四川农业大学，四川省雅安市雨城区新康路46号（625000）	邹伟权
CN201720404016.8	锥栗开口机	建瓯市光祥莲子专业合作社，福建省南平市建瓯市吉阳镇麦坪垅工业区（353100）	郭建刚、陈 栗
CN201720405683.8	一种新型大蒜分瓣筛选装置	四川农业大学，四川省雅安市雨城区新康路46号（625000）	胡晓斐、王 英
CN201720407037.5	乳猪烫毛水槽	塔里木大学，新疆维吾尔自治区虹桥南路705号塔里木大学（843300）	王玉锁
CN201720408773.2	一种鱼糜漂洗装置	潜江市柳伍水产食品有限公司，湖北省潜江市老新镇老新北路077号（433111）	焦慧良
CN201720410698.3	一种香菇干燥机	德兴市山农食用菌种植有限公司，江西省上饶市德兴市绕二镇徐家坊叶家坞（334208）	单敏敏、付丙芳
CN201720422374.1	一种食用菌切片机	绿美食用菌科技发展江苏有限公司，江苏省宿迁市沭阳县耿圩镇郭圩村绿美大道1号（223600）	李智聪

（续）

申请或批准号	发明名称	申请（专利权）人与通信地址	发明人
CN201720422810.5	核桃豆干脱水机	贵州健素食品科技有限公司，贵州省黔南布依族苗族自治州长田乡长田村（550601）	王博、胡耀金
CN201720422825.1	核桃豆干自动烘烤机	贵州健素食品科技有限公司，贵州省黔南布依族苗族自治州长田乡长田村（550601）	肖顽强
CN201720422841.0	加工核桃豆干的高速斩拌机	贵州健素食品科技有限公司，贵州省黔南布依族苗族自治州长田乡长田村（550601）	危颂宁
CN201720424133.0	一种谷物烘干机的物料控制系统	常州常发重工科技有限公司，江苏省常州市武进高新技术产业开发区夏城南路539号（213176）	陈莎
CN201720425823.8	一种香蕉清洗装置	广州华夏职业学院，广东省广州市从化市城鳌大道东772号（510000）	赵志峰、刘福权
CN201720426458.2	一种洋葱筛皮机	酒泉康博食品有限公司，甘肃省酒泉市肃州区总寨镇牌路村（沿山公路1公里处）（735005）	江飚、宋彪
CN201720428054.7	一种水果挖核装置	连云港爱康食品有限公司，江苏省连云港市开发区朝阳镇前进路南首101号（222000）	杨怀孝
CN201720428075.9	一种果蔬脱水装置	连云港雅仕顺福食品有限公司，江苏省连云港市经济技术开发区朱山路8号（222000）	缪茂朵
CN201720433422.7	一种甘蔗去皮机	金陵科技学院，江苏省南京市江宁区弘景大道99号（210000）	申伦忠
CN201720435738.X	一种茶叶加工用烘干设备	昆明慧日商贸有限公司，云南省昆明市五华区翠湖太龙公馆B区3层B313号（650000）	刘绍龙、胡子云
CN201720436869.X	清洗干燥一体化豆类加工装置	漯河联泰食品有限公司，河南省漯河市临颍县产业集聚区（462600）	赵庆洋、吴俊
CN201720436875.5	便于移动的黄豆清洗装置	安徽爱家食品有限公司，安徽省亳州市涡阳县马店集镇工业园区（233600）	赵少芹
CN201720440989.7	一种油桐籽剥壳设备	湖南省林业科学院，湖南省长沙市韶山南路658号（410004）	王明湖、汪炳
CN201720442236.X	一种双筒式百合清洗装置	安徽霍山鹏飞现代农业科技有限公司，安徽省六安市霍山县黑石渡镇工业集中区（237200）	马宇峰
CN201720442512.2	新型蔬果清洗机	丹棱县宏升蔬果清洗设备有限公司，四川省眉山市丹棱县丹棱镇板桥村8组21号（620299）	冯卫虎、蔡小勇
CN201720444105.5	大蒜气体剥皮机	西安培华学院，陕西省西安市长安区培华南路神禾3路（710100）	朱天福
CN201720446931.3	一种刨毛机	新沂市忆馨肉食品有限公司，江苏省徐州市新沂市时集镇工业园区忆馨公司（221400）	张烈平、马航
CN201720446935.1	新型鱼类骨肉分离机精滤筒	青岛海云天机械设备有限公司，山东省青岛市城阳区湘潭路9号丹山工业园对面（266107）	丁文静、郭绍芬
CN201720446951.0	一种竖直式青核桃剥皮机	海南大学，海南省海口市美兰区人民大道58号（570228）	付庆
CN201720447946.1	一种生猪胴体脱毛机	新沂市忆馨肉食品有限公司，江苏省徐州市新沂市时集镇工业园区忆馨公司（221400）	刘龙启、沙小苹

（续）

申请或批准号	发 明 名 称	申请（专利权）人与通信地址	发明人
CN201720448186.6	一种用于黄鱼加工的油炸机	福建华立食品有限公司，福建省泉州市南安市官桥镇内厝中国粮食城（362300）	邓 艳
CN201720448221.4	一种瓜子烘干机	晋江市旺瓜食品有限公司，福建省泉州市晋江市灵源英塘灵石东路187号（362200）	庄培森、赵炳兴
CN201720449456.5	一种瓜子抛光机	晋江市旺瓜食品有限公司，福建省泉州市晋江市灵源英塘灵石东路187号（362200）	穆成军
CN201720449458.4	一种电热式葵花籽干燥设备	晋江市旺瓜食品有限公司，福建省泉州市晋江市灵源英塘灵石东路187号（362200）	温禄腾、张伟斯
CN201720450854.9	一种智能型大蒜分瓣设备	徐州工程学院，江苏省徐州市云龙区丽水路2号（221018）	黄国晃、张陈莉
CN201720450873.1	一种苹果清洗去核装置	徐州工程学院，江苏省徐州市云龙区丽水路2号（221018）	苏德林
CN201720451035.6	一种全自动锥栗开口机	建瓯市光祥莲子专业合作社，福建省南平市建瓯市吉阳镇麦坪垅工业区（353100）	胡静艳、李振华
CN201720451226.2	银杏果去壳机	徐州工程学院，江苏省徐州市云龙区丽水路2号（221018）	李湘利、刘 静
CN201720451442.7	一种高效率的龙眼剥肉机	高州市强牌果品有限公司，广东省茂名市高州市根子镇公垌西坑村（525247）	叶景华
CN201720451482.1	一种球茶成形机	农业部南京农业机械化研究所，江苏省南京市玄武区中山门外柳营100号（210014）	陈星霖、陈曦冕
CN201720451487.4	一种龙眼剥壳去核机	高州市强牌果品有限公司，广东省茂名市高州市根子镇公垌西坑村（525247）	王从从、陈书妍
CN201720451942.0	一种海参发制机	山东家逸智能电器有限公司，山东省聊城市冠县东二环南首西侧梁堂乡北寺地村（252500）	顾永军、贾铁平
CN201720452359.1	一种真空自动花生脱壳机	宝鸡文理学院，陕西省宝鸡市渭滨区石鼓镇宝光路44号宝鸡文理学院（721016）	刘 咸、宋维衡
CN201720452962.X	一种手动甘蔗去皮截断机械装置	西南科技大学，四川省绵阳市涪城区青龙大道中段59号西南科技大学（621010）	樊 林
CN201720454146.2	农产品用分离装置	重庆工程职业技术学院，重庆市江津区滨江新城南北大道1号（402260）	陈 伟、张 闻
CN201720455789.9	一种桂花茶烘干装置	重庆三峡学院，重庆市万州区沙龙路二段780号（404100）	谢剑波
CN201720456727.X	一种可分级型大枣清洗装置	靖江励创信息科技有限公司，江苏省泰州市靖江市靖城江平路284号天伦新村2幢101室（214500）	江忠泰
CN201720457011.1	一种食用菌盐渍装置	四川江中源食品有限公司，四川省德阳市中江县辑庆镇上场村八组成南路（618112）	郑玉祥
CN201720457299.2	一种盐渍食用菌脱盐装置	四川江中源食品有限公司，四川省德阳市中江县辑庆镇上场村八组成南路（618112）	任静波、林春艳
CN201720458237.3	一种山药刮皮装置	徐州工程学院，江苏省徐州市云龙区丽水路2号（221018）	赵金维

（续）

申请或批准号	发 明 名 称	申请（专利权）人与通信地址	发明人
CN201720458780.3	用于南瓜加工的处理装置	重庆工程职业技术学院，重庆市江津区滨江新城南北大道1号（402260）	王旭宁、王 策
CN201720459176.2	板栗去壳装置	山东省农业科学院农业质量标准与检测技术研究所，山东省济南市历城区工业北路202号（250100）	袁 薇
CN201720459552.8	鸡肉宰杀厂分体式流水线	厦门市霖普管理咨询有限公司，福建省厦门市前埔工业园61号万物社B101（361000）	李 勇、李墨子
CN201720460910.7	一种枣夹核桃的红枣去核及侧边切口机	哈尔滨理工大学，黑龙江省哈尔滨市南岗区学府路52号（150080）	丁 璞
CN201720464157.9	一种龙虾壳处理系统	安徽三赢生态农业股份有限公司，安徽省六安市霍山县衡山镇工业园与儿街路南侧（237200）	王 平
CN201720466362.9	一种蔬菜杀菌设备	四川江中源食品有限公司，四川省德阳市中江县辑庆镇上场村八组成南路（618112）	郑玉祥
CN201720466363.3	一种叶类蔬菜清洗设备	四川江中源食品有限公司，四川省德阳市中江县辑庆镇上场村八组成南路（618112）	郑玉祥
CN201720466963.X	一种蔬菜晾晒装置	四川江中源食品有限公司，四川省德阳市中江县辑庆镇上场村八组成南路（618112）	秦开俭
CN201720466965.9	一种蔬菜保鲜设备	四川江中源食品有限公司，四川省德阳市中江县辑庆镇上场村八组成南路（618112）	郑玉祥
CN201720466967.8	一种食用菌清洗机	四川江中源食品有限公司，四川省德阳市中江县辑庆镇上场村八组成南路（618112）	周元江
CN201720466969.7	一种食用菌脱水机	四川江中源食品有限公司，四川省德阳市中江县辑庆镇上场村八组成南路（618112）	郑玉祥
CN201720467045.9	果脯加工设备	四川鑫祥云农业科技有限公司，四川省德阳市中江县回龙镇会元村2组（618000）	宋有锋、宿佃斌
CN201720467178.6	一种花生除尘机	晋江市旺瓜食品有限公司，福建省泉州市晋江市灵源英塘灵石东路187号（362200）	邓雅然、邓海涛
CN201720467602.7	一种用于肠衣的检漏装置	广元市海天实业有限责任公司，四川省广元市回龙河工业开发区群星三组（628000）	赵东权
CN201720467759.X	水果清洗设备	四川鑫祥云农业科技有限公司，四川省德阳市中江县回龙镇会元村2组（618000）	汪 峰、唐培安
CN201720469912.2	一种旋转龙虾清洗机	安徽三赢生态农业股份有限公司，安徽省六安市霍山县衡山镇工业园与儿街路南侧（237200）	韩 雪
CN201720469957.X	一种龙虾鼓泡清洗机	安徽三赢生态农业股份有限公司，安徽省六安市霍山县衡山镇工业园与儿街路南侧（237200）	穆成军
CN201720470404.6	一种稻穗烘干装置	安徽省正宇粮食机械有限公司，安徽省阜阳市界首市西城鑫源路西侧（236500）	刘金明
CN201720470663.9	切骨机	北京金维福仁清真食品有限公司，北京市大兴区魏善庄镇半壁店工业区36号（100000）	姚国沃、吉海龙
CN201720472346.0	一种龙眼蒂自动定位装置	茂名职业技术学院，广东省茂名市文明北路232号大院（525000）	迟桂丽、迟红江

（续）

申请或批准号	发 明 名 称	申请（专利权）人与通信地址	发明人
CN201720475179.5	一种牛肉烘干机	三峡大学，湖北省宜昌市大学路8号（443002）	罗 军
CN201720475362.5	一种椰壳精确剥除装置	上海工程技术大学，上海市松江区龙腾路333号（201620）	陈 莎
CN201720475564.X	一种花生清洗机	晋江市旺瓜食品有限公司，福建省泉州市晋江市灵源英塘灵石东路187号（362200）	王新兵
CN201720477796.9	一种鱼鳞清洗除杂装置	福建东山海魁水产研究所有限公司，福建省漳州市东山县西埔镇经济开发区内东环东侧（363499）	张 雄、张宏良
CN201720485041.3	一种用于瓜籽浸漂杀菌烘干装置	民勤县茂源农业科技发展有限公司，甘肃省武威市民勤县夹河乡新粮地村（733399）	周天波
CN201720486076.9	用于蜂产品加工的设备	武汉市华明达蜂业有限公司，湖北省武汉市新洲区邾城街城北工业园（金凤西路）（430400）	叶石华、林 静
CN201720490054.X	一种玛卡根茎初洗机	福建春秋展业生物科技有限公司，福建省福州市马尾区快安路8号台商大楼p218（350015）	叶夏羽
CN201720490731.8	一种胡萝卜清洗装置	漯河市高旗生物科技有限公司，河南省漯河市郾城区淞江产业聚集区龙江路西段（462300）	葛婧漪、梁忠明
CN201720490777.X	一种新型胡萝卜破碎打浆装置	漯河市高旗生物科技有限公司，河南省漯河市郾城区淞江产业聚集区龙江路西段（462300）	林建雄、随 祁
CN201720490930.9	一种果蔬洗涤机	郑州中技联创环境技术有限公司，河南省郑州市郑东新区商务外环路18号13层1316号（450000）	马 樑、于云程
CN201720492250.0	一种葛根洗涤装置	三峡大学，湖北省宜昌市大学路8号（443002）	张来旺、来雨强
CN201720496645.8	一种食用菌干燥设备	泌阳亿健食品有限公司，河南省驻马店市泌阳县产业集聚区（463700）	黄丕绣
CN201720496656.6	一种真空浸渍设备	泌阳亿健食品有限公司，河南省驻马店市泌阳县产业集聚区（463700）	米文彪
CN201720497437.X	一种普洱茶饮料生产过滤装置	云南恒丰食品有限公司，云南省昆明市嵩明县杨林工业园区（651700）	谢 宏
CN201720497468.5	一种芒果的高效榨汁装置	云南恒丰食品有限公司，云南省昆明市嵩明县杨林工业园区（651700）	周小彬
CN201720497541.9	一种芒果汁用芒果打浆设备	云南恒丰食品有限公司，云南省昆明市嵩明县杨林工业园区（651700）	刘绍龙、胡子云
CN201720497819.2	一种新型的坚果破碎机	芜湖市好客缘食品有限公司，安徽省芜湖市南陵县经济开发区食品园区黄墓路（241000）	艾 满、宫常萍
CN201720499222.1	一种果蔬净化装置	宁波欧琳厨具有限公司，浙江省宁波市鄞州区鄞州投资创业中心祥和东路128号（315104）	郝秀云、戴明亮
CN201720502956.0	一种黑木耳压块设备	泌阳亿健食品有限公司，河南省驻马店市泌阳县产业集聚区（463700）	董武林、郑 俊
CN201720502982.3	豆芽自动清洗设备	厦门好绿盛生态农业有限公司，福建省厦门市集美区灌口大道东辉路好绿盛现代农业园（361000）	叶夏羽

（续）

申请或批准号	发 明 名 称	申请（专利权）人与通信地址	发明人
CN201720504476.8	一种鲜莲子去芯机	南昌工程学院，江西省南昌市高新技术开发区天祥大道289号（330000）	张 波、马淼生
CN201720506935.6	果蔬揉搓清洗机	靖江励创信息科技有限公司，江苏省泰州市靖江市靖城江平路284号天伦新村2幢101室（214500）	赵金维
CN201720506955.3	一种茶叶烘干装置	正安天赐生态科技有限公司，贵州省遵义市正安县正安经济开发区（563401）	王兴宇
CN201720508025.1	一种搓切式芒果去皮机	梅州市多乐宝食品有限公司，广东省梅州市五华县长布镇横江村（514461）	林咏翔
CN201720509267.2	一种茶叶杀青机	黄河科技学院，河南省郑州市二七区连云路123号（450063）	梁小宝、党彦业
CN201720514915.3	一种剥皮机装置	兰州工业学院，甘肃省兰州市七里河区龚家坪东路1号（730050）	姜兆准
CN201720521809.8	一种茶叶烘干机	杭州烁电科技有限公司，浙江省杭州市余杭区五常街道杭州宏丰家居城6幢1509（310023）	梁海杰
CN201720522144.2	香芋酥切块成型设备	福建省好口福食品有限公司，福建省宁德市福鼎市贯岭工业区（355201）	霍国昌、陆庆元
CN201720522204.0	一种新型热风烘干机	东莞市骏达机电有限公司，广东省东莞市望牛墩镇镇中路中韩桥工业区（523200）	吴俊峰、吴 恒
CN201720529869.4	一种新型茶叶烘干机	新昌县科畅科技咨询有限公司，浙江省绍兴市新昌县七星街道山水天地花园2幢1203（312500）	齐宝宁、史传道
CN201720530345.7	一种果蔬清洗装置	济南职业学院，山东省济南市历城区旅游路5518号济南职业学院（250103）	马志国、齐德安
CN201720532678.3	多层茶叶烘干机	普洱市普真茶业有限责任公司，云南省普洱市思茅区茶苑路中段1幢2号1-6层（665000）	叶 丰
CN201720532775.2	一种金柚浸泡清洗槽	梅州市珍宝金柚实业有限公司，广东省梅州市梅县畲江镇梅州高新技术开发区（514000）	叶红高
CN201720532790.7	茶叶揉捻机	郴州市莽山瑶益春茶业有限公司，湖南省郴州市宜章县莽山乡钟家村2组（424200）	刘化信、王永忠
CN201720533344.8	茶叶炒干机	普洱市普真茶业有限责任公司，云南省普洱市思茅区茶苑路中段1幢2号1-6层（665000）	梁爱年、梁元凤
CN201720533884.6	茶叶萎凋槽	普洱市普真茶业有限责任公司，云南省普洱市思茅区茶苑路中段1幢2号1-6层（665000）	姜兆准
CN201720534569.5	水蜜桃产品加工装置	浦江兴晟食品科技有限公司，浙江省金华市浦江县仙华街道前方大道168-24号（321000）	胡 献、侯大伟
CN201720534707.X	风味水蜜桃的加工设备	浦江兴晟食品科技有限公司，浙江省金华市浦江县仙华街道前方大道168-24号（321000）	于季元
CN201720534709.9	水蜜桃软罐头的加工设备	浦江海璞食品科技有限公司，浙江省金华市浦江县凤荷路588号（321000）	王生虎
CN201720534714.X	混合水果罐头的生产设备	浦江兴晟食品科技有限公司，浙江省金华市浦江县仙华街道前方大道168-24号（321000）	薛 森

（续）

申请或批准号	发 明 名 称	申请（专利权）人与通信地址	发明人
CN201720534728.1	提高免疫力的葡萄软罐头的加工设备	浦江海璞食品科技有限公司，浙江省金华市浦江县凤荷路588号（321000）	李爱民
CN201720535047.7	水蜜桃食品产品加工装置	浦江海璞食品科技有限公司，浙江省金华市浦江县凤荷路588号（321000）	张先志、张丹丹
CN201720538168.7	一种莲藕分拣上料及自动清洗装置	云南省澄江县藕粉厂，云南省玉溪市澄江县凤麓街道办事处仙湖路西25号（652500）	黄文成
CN201720538222.8	一种藕粉中添加辅料的低温干燥装置	云南省澄江县藕粉厂，云南省玉溪市凤麓街道办事处仙湖路西25号（652500）	黄文成
CN201720538953.2	一种果蔬加工烘干装置及其系统	中国热带农业科学院农产品加工研究所，广东省湛江市霞山区人民大道南48号（524000）	李国斌、禹香兰
CN201720539167.4	马铃薯清洗装置	承德味来食品有限公司，河北省承德市围场四合永工业园区（68451）	蒋顺蓉
CN201720539168.9	薯片脱水烘干装置	承德味来食品有限公司，河北省承德市围场四合永工业园区（68451）	郭玉星、黄　晟
CN201720541363.5	无花果脱水装置	滨海康之源生态农业发展有限公司，江苏省盐城市滨海县工业园北区2010-04地块Ac幢（224504）	康志伟、张云玲
CN201720541530.6	一种茶叶杀青机	云南开源茶业有限公司，云南省普洱市景东彝族自治县哀牢山杜鹃湖（676200）	程世伦
CN201720542490.7	工业化蓝莓酱生产设备	成都森洁商贸有限公司，四川省成都市成华区东三环路二段龙潭工业园（610000）	邓　永、费　翔
CN201720543199.1	一种茶油精选深加工专用真空脱水装置	江西友尼宝农业科技股份有限公司，江西省赣州市信丰县工业园区诚信大道（341600）	陆羿文
CN201720543509.X	一种果蔬加工清洗装置及其系统	中国热带农业科学院农产品加工研究所，广东省湛江市霞山区人民大道南48号（524000）	段成鹏、邓世军
CN201720543545.6	马铃薯脱皮装置	承德味来食品有限公司，河北省承德市围场四合永工业园区（68451）	祁文武、马悦军
CN201720543576.1	喷淋式薯片调味装置	承德味来食品有限公司，河北省承德市围场四合永工业园区（68451）	吴专书
CN201720543599.2	一种茶油预处理装置	江西友尼宝农业科技股份有限公司，江西省赣州市信丰县工业园区诚信大道（341600）	陆羿文
CN201720543618.1	一种油茶脱壳机分离精选装置	江西友尼宝农业科技股份有限公司，江西省赣州市信丰县工业园区诚信大道（341600）	肖劲松
CN201720543676.4	瓜果清洗机	安庆师范大学，安徽省安庆市集贤北路1318号（246133）	谢天友
CN201720543931.5	火龙果制浆装置	中国热带农业科学院农产品加工研究所，广东省湛江市霞山区人民大道南48号（524000）	翁海辉、陈　平
CN201720544286.9	一种茶油高效生产设备	江西友尼宝农业科技股份有限公司，江西省赣州市信丰县工业园区诚信大道（341600）	张国政
CN201720544629.1	一种用于茶叶杀青的滚筒组件	贵州沁园茶业有限责任公司，贵州省贵阳市开阳县南龙乡街上组（550300）	茹志玲

（续）

申请或批准号	发 明 名 称	申请（专利权）人与通信地址	发明人
CN201720545743.6	一种莲子剥壳机	福建信龙农产品开发有限公司，福建省三明市建宁县里心镇工业园区 2 号（354502）	董海丽、董学和
CN201720546136.1	花生收获后清洗烘干一体化设备	铁岭市农民合作社指导中心，辽宁省铁岭市银州区市府路 32 号（112000）	胡　灿、彭　敏
CN201720546172.8	新鲜蓝莓表层清洗装置	成都森洁商贸有限公司，四川省成都市成华区东三环路二段龙潭工业园（610000）	孙业国、周　刚
CN201720546227.5	一种绿茶精加工中的烘干脱水装置	四川省复立茶业有限公司，四川省内江市威远县严陵镇凉风路 16 号（642450）	苏中强、孙淑娟
CN201720547577.3	一种无花果高效烘干装置	滨海康之源生态农业发展有限公司，江苏省盐城市滨海县工业园北区 2010-04 地块 Ac 幢（224503）	亓桂梅、王咏梅
CN201720547968.5	一种茶叶超声波杀青机	浙江百传网络科技有限公司，浙江省绍兴市新昌县人民东路 127 号佳艺·东都金座 6A-1 室（312500）	宋剑春
CN201720548799.7	无花果加工机械化生产线	滨海康之源生态农业发展有限公司，江苏省盐城市滨海县工业园北区 2010-04 地块 Ac 幢（224501）	马英豪
CN201720548800.6	一种制作无花果果粉的装置	滨海康之源生态农业发展有限公司，江苏省盐城市滨海县工业园北区 2010-04 地块 Ac 幢（224500）	何松龙
CN201720550124.6	瓜果清洗系统	安庆师范大学，安徽省安庆市集贤北路 1318 号（246133）	刘坤贤
CN201720551514.5	一种食用菌根剪	达州市达川区俊丽种植专业合作社，四川省达州市达川区碑高乡芦山村 11 组 28 号（635000）	于子洋、孙利芹
CN201720552362.0	一种核桃烘焙机	宾川拉乌峨溪核桃金果有限责任公司，云南省大理宾川县拉乌乡拉乌村 13 号（671007）	罗细珍、万来啟
CN201720552363.5	一种核桃去青皮机	宾川拉乌峨溪核桃金果有限责任公司，云南省大理宾川县拉乌乡拉乌村 13 号（671006）	陈华就
CN201720552370.5	一种核桃烘烤清洗一体机	宾川拉乌峨溪核桃金果有限责任公司，云南省大理宾川县拉乌乡拉乌村 13 号（671005）	陈　清
CN201720552376.2	一种核桃专用的高效节能烘干机	宾川拉乌峨溪核桃金果有限责任公司，云南省大理宾川县拉乌乡拉乌村 13 号（671004）	陈　活
CN201720552683.0	一种核桃剥壳机	宾川拉乌峨溪核桃金果有限责任公司，云南省大理宾川县拉乌乡拉乌村 13 号（671003）	李庐峰、姚天成
CN201720553572.1	一种干果机	广东康业电器有限公司，广东省佛山市顺德区勒流镇江村工业区（528300）	李士东
CN201720553573.6	干果机	广东康业电器有限公司，广东省佛山市顺德区勒流镇江村工业区（528300）	童　纲
CN201720554801.1	一种肉类食品加工滚揉机	湖南人文科技学院，湖南省娄底市氐星路（417000）	杨立健
CN201720555419.2	一种脐橙榨汁装置	赣州康发农业发展有限公司，江西省赣州市信丰县工业园区工业大道（341600）	冯晓鹏、谢　晶
CN201720556948.4	银耳清洗设备	福建古银生物技术有限公司，福建省宁德市古田县移民农业科技创业园（352262）	徐　治

（续）

申请或批准号	发明名称	申请（专利权）人与通信地址	发明人
CN201720556949.9	银耳空气能节能烘干设备	福建古银生物技术有限公司，福建省宁德市古田县移民农业科技创业园（352262）	董武林、郑俊
CN201720557331.4	一种茶叶提香机	桂东县玲珑王茶叶开发有限公司，湖南省郴州市沤江镇玲珑王国际大酒店15楼F（423500）	董立军、王永清
CN201720557865.7	一种用于清洗莲子的清洗设备	福建文鑫莲业股份有限公司，福建省三明市建宁县濉溪镇将屯河东路42号（354500）	张凤英、隋明
CN201720557881.6	一种莲子的筛分设备	福建文鑫莲业股份有限公司，福建省三明市建宁县濉溪镇将屯河东路42号（354500）	张飞、契兆松
CN201720558249.3	一种瓜子输送机的烘干装置	芜湖市好客缘食品有限公司，安徽省芜湖市南陵县经济开发区食品园区黄墓路（241000）	黄少坡
CN201720558452.0	一种茶叶清洗粉碎提取一体机	洪泽白马湖农业科技有限公司，江苏省淮安市洪泽区岔河镇工业集中区东三栋（223100）	廉军、朱书启
CN201720559312.5	一种果蔬用烘干装置	安徽爱民食品股份有限公司，安徽省六安市霍山县衡山镇淠河西路（237200）	黄福阳
CN201720562307.X	一种脱壳机	江苏宏博机械制造有限公司，江苏省南通市江苏省海安县南莫镇青墩工业集中区（226600）	杨健、何昊轩
CN201720564334.0	一种核桃烘烤设备	宾川拉乌峨溪核桃金果有限责任公司，云南省大理宾川县拉乌乡拉乌村13号（671002）	黎运升
CN201720564348.2	一种核桃干燥烘烤装置	宾川拉乌峨溪核桃金果有限责任公司，云南省大理宾川县拉乌乡拉乌村13号（671000）	吴巨浪、温曾荣
CN201720564430.5	一种新型蜜饯干燥设备	厦门华高食品科技有限公司，福建省厦门市思明区前埔中路323号13楼01单元（361008）	姚超坤、杨伟强
CN201720564580.6	一种新型蜜饯沥干装置	厦门华高食品科技有限公司，福建省厦门市思明区前埔中路323号13楼01单元（361008）	梁爱年、梁元凤
CN201720564596.7	一种新型螺旋式推进清洗装置	厦门华高食品科技有限公司，福建省厦门市思明区前埔中路323号13楼01单元（361008）	许立宁
CN201720564741.1	一种新型蜜饯清洗漂烫装置	厦门华高食品科技有限公司，福建省厦门市思明区前埔中路323号13楼01单元（361008）	陈金德
CN201720564804.3	一种新型蜜饯真空浸渍机	厦门华高食品科技有限公司，福建省厦门市思明区前埔中路323号13楼01单元（361008）	梁明佳、梁明机
CN201720565046.7	一种新型蜜饯摇青清洗机	厦门华高食品科技有限公司，福建省厦门市思明区前埔中路323号13楼01单元（361008）	吕小平、谢菊梅
CN201720571141.8	杏核挤压开口机	河北科技大学，河北省石家庄市裕华东路70号河北科技大学（50000）	杨玉红、康宗利
CN201720571947.7	杏核开口机的上料系统	河北科技大学，河北省石家庄市裕华东路70号河北科技大学（50000）	李佛程
CN201720571973.X	茶叶炒干机	普洱市普真茶业有限责任公司，云南省普洱市思茅区茶苑路中段1幢2号1-6层（665000）	马魁、宋骏骥
CN201720572424.4	一种鼓泡式果蔬冲洗装置	兰州理工大学，甘肃省兰州市七里河区兰工坪路287号（730000）	唐德权

（续）

申请或批准号	发 明 名 称	申请（专利权）人与通信地址	发明人
CN201720575335.5	一种大蒜洋葱清洁机	山东省玛丽亚农业机械有限公司，山东省济宁市金乡县王丕康桥产业园（272203）	陈洪海
CN201720575474.8	一种大蒜清洗机	山东省玛丽亚农业机械有限公司，山东省济宁市金乡县王丕康桥产业园（272203）	王从从、陈书妍
CN201720575486.0	一种大蒜烘干机	山东省玛丽亚农业机械有限公司，山东省济宁市金乡县王丕康桥产业园（272203）	陈洪海
CN201720577099.0	一种茶叶摊凉摇青机	广东南龙嶂农林科技有限公司，广东省梅州市梅县区梅南镇北洞村自在坪（514100）	肖振兴、刘锦秀
CN201720577134.9	一种可更换揉桶的揉茶机	西北农林科技大学，陕西省杨凌示范区邰城路3号（712100）	王 飞、谢 永
CN201720578117.7	一种食品厂用的山药分级打浆设备	武汉商学院，湖北省武汉市经济技术开发区东风大道816号（430056）	左玲玲
CN201720580652.6	一种蒸汽爆破机	成都衔石科技有限公司，四川省成都市高新区天和路9号（610000）	孙绪保、刘铁良
CN201720582172.3	一种果蔬汁加工系统	中国轻工业西安设计工程有限责任公司，陕西省西安市碑林区东大街8号商联大厦4楼（710001）	程俊生
CN201720582257.1	一种农业用粮食烘干机	昌乐亨斯特汽车零部件有限公司，山东省潍坊市昌乐县鄌郚镇漳河北村东200米（262402）	唐树章
CN201720582258.6	一种花生清洗干燥装置	昌乐亨斯特汽车零部件有限公司，山东省潍坊市昌乐县鄌郚镇漳河北村东200米（262401）	唐树章
CN201720582300.4	一种茶叶炒干机	昌乐亨斯特汽车零部件有限公司，山东省潍坊市昌乐县鄌郚镇漳河北村东200米（262400）	刘 兵、孙江苏
CN201720582460.9	一种蜂蜜浓缩灌装系统	安徽博蜂生物科技有限公司，安徽省马鞍山市当涂县姑孰镇工业集中区围屏路1号（243000）	俞兆志、钟俊光
CN201720586133.0	一种微波杀菌系统	西南大学，重庆市北碚区天生路2号（400715）	周道宽
CN201720587907.1	一种即食羊肉加工生产线	甘肃靖康源食品有限公司，甘肃省白银市靖远县乌兰镇金三角（730600）	孙新建、陈 国
CN201720592321.4	挤压式核桃破壳器	巫溪银汉农业有限公司，重庆市巫溪县上磺镇四湾村五社（405899）	马德宏
CN201720594523.2	玉米清洗机	张家口金沃农产品有限公司，河北省张家口市产业集聚区兴业路5号（中储物流园内）（75000）	王安国
CN201720595453.2	一种茶叶烘干机	安徽省抱儿钟秀茶业股份有限公司，安徽省六安市霍山县衡山镇诸佛庵西路39号（237200）	刘绍龙、胡子云
CN201720595454.7	一种滚筒式茶叶杀青机	安徽省抱儿钟秀茶业股份有限公司，安徽省六安市霍山县衡山镇诸佛庵西路39号（237200）	王 威、沈巧良
CN201720597786.9	自动化土豆去皮装置	重庆绿盛源食品有限公司，重庆市巫溪县城厢镇春申大道（405899）	秦卫东、王三根
CN201720597793.9	土豆去皮装置	重庆绿盛源食品有限公司，重庆市巫溪县城厢镇春申大道（405899）	李海燕

（续）

申请或批准号	发明名称	申请（专利权）人与通信地址	发明人
CN201720598106.5	一种紫菜晾晒装置	连云港丰诺实业有限公司，江苏省连云港市经济技术开发区昆仑山路 21 号（222000）	朱乐乐、侯一超
CN201720598531.4	用于肉鸡生产线上的挂鸡推动装置	安阳昊睿机器人有限公司，河南省安阳市高新区弦歌大道西段科创大厦（455000）	周　岚
CN201720598683.4	用于肉鸡屠宰线上的肉鸡推送装置	安阳昊睿机器人有限公司，河南省安阳市高新区弦歌大道西段科创大厦（455000）	李本贵、李本富
CN201720598684.9	肉鸡屠宰生产中的自动挂鸡系统	安阳昊睿机器人有限公司，河南省安阳市高新区弦歌大道西段科创大厦（455000）	黄文成
CN201720605236.7	一种高效板栗脱皮机	宜良县东毅农机制造有限公司，云南省昆明市北古城镇上河营村（652100）	董　芬
CN201720605735.6	一种紫菜片的调味装置	连云港丰诺实业有限公司，江苏省连云港市经济技术开发区昆仑山路 21 号（222000）	刘　静、李湘利
CN201720605844.8	一种花椒自动炒制设备	重庆凯扬农业开发有限公司，重庆市江津区德感工业园二期 C 幢 7 号（402284）	黄滢芝
CN201720606664.1	大蒜脱皮清洗一体机	济宁学院，山东省济宁市高新区海川路 16 号济宁高新区大学园（272001）	陈卫江、徐　忠
CN201720609623.8	一种半自动鱼类取鳃器	山东商业职业技术学院，山东省济南市历城区旅游路 4516 号（250103）	汪曙光、李保兴
CN201720610036.0	白芍茶叶泥土清洗装置	四川飚毅中药材科技有限公司，四川省德阳市中江县凯江镇伍城南路 122 号 2 单元 12 号（618100）	王茂媛、羊　青
CN201720613585.3	贝类采收清洗铲	福建农林大学，福建省福州市仓山区上下店路 15 号（350002）	李　正、曹成茂
CN201720614562.4	一种蔬菜清洗系统	浙江农穗食品有限公司，浙江省绍兴市滨海新城沥海七六丘厂房 5-9 幢（312366）	李杰斌、赵国进
CN201720614999.8	一种刺梨连续清洗设备	贵州黔宝食品有限公司，贵州省黔南布依族苗族自治州龙里县龙山镇播箕桥（551200）	张德林、张世齐
CN201720615000.1	一种刺梨汁生产装置	贵州黔宝食品有限公司，贵州省黔南布依族苗族自治州龙里县龙山镇播箕桥（551200）	赵　勇、陈　霖
CN201720615026.6	一种刺梨加工生产装置	贵州黔宝食品有限公司，贵州省黔南布依族苗族自治州龙里县龙山镇播箕桥（551200）	张　飞
CN201720615027.0	刺梨来料连续清洗设备	贵州黔宝食品有限公司，贵州省黔南布依族苗族自治州龙里县龙山镇播箕桥（551200）	顾永军、贾铁平
CN201720615028.5	一种用于刺梨流水线加工的清洗装置	贵州黔宝食品有限公司，贵州省黔南布依族苗族自治州龙里县龙山镇播箕桥（551200）	黄福阳
CN201720615029.X	一种刺梨浓缩汁连续生产装置	贵州黔宝食品有限公司，贵州省黔南布依族苗族自治州龙里县龙山镇播箕桥（551200）	张黎骅、陈　杰
CN201720615030.2	一种刺梨加工清洗装置	贵州黔宝食品有限公司，贵州省黔南布依族苗族自治州龙里县龙山镇播箕桥（551200）	肖顽强
CN201720616220.6	一种芥菜头清洗装置	安徽科技学院，安徽省滁州市凤阳县东华路 9 号（233100）	赵少芹

（续）

申请或批准号	发明名称	申请（专利权）人与通信地址	发明人
CN201720620530.5	一种茶叶摊青房	霍山汉唐清茗茶叶有限公司，安徽省六安市霍山县经济开发区（237200）	王林超
CN201720620542.8	熟香蕉剥皮机	青岛睿金源自动化技术开发有限公司，山东省青岛市城阳区正阳中路77号（266000）	林炎明
CN201720620547.0	一种茶叶理条机	霍山汉唐清茗茶叶有限公司，安徽省六安市霍山县经济开发区（237200）	刘绍龙、胡子云
CN201720623578.1	白刺果加工设备	青海康健生物科技有限公司，青海省西宁市生物科技产业园纬一路24号（810000）	陈锡贤
CN201720624947.9	一种豆芽清洗装置	天津市津鲜农业科技有限公司，天津市西青区辛口镇水高庄村东鸿运道南5号（300000）	胡松臣、刘水林
CN201720625026.4	一种豆芽采收装置	天津市津鲜农业科技有限公司，天津市西青区辛口镇水高庄村东鸿运道南5号（300000）	吴古飞、白凤新
CN201720628165.2	一种新型茶叶清洗装置	咸宁市三山川茶业有限公司，湖北省咸宁市咸安区咸安经济开发区（437000）	孙文轩、肖　松
CN201720628615.8	大豆清洗机	山东省农作物种质资源中心，山东省济南市历城区工业北路202号（250101）	周　昊、边庆宽
CN201720629824.4	一种粉条生产系统	鄂尔多斯市诚创食品科技有限公司，内蒙古鄂尔多斯市伊金霍洛旗阿镇创业大厦A座8-805(17000)	张江宁、杨　春
CN201720629903.5	一种新型茶叶切片装置	咸宁市三山川茶业有限公司，湖北省咸宁市咸安区咸安经济开发区（437000）	庄智敏、芮　强
CN201720630306.4	一种粉条挤压成型机	鄂尔多斯市诚创食品科技有限公司，内蒙古鄂尔多斯市伊金霍洛旗阿镇创业大厦A座8-805（17000）	张江宁、杨　春
CN201720630395.2	一种常温果蔬保鲜装置	福州大学厦门工艺美术学院，福建省厦门市集美区理工路852号（361024）	陈伟根
CN201720630684.2	菊花去湿机	谢裕大茶叶股份有限公司，安徽省黄山市徽州区城北工业园区（文峰西路1号）（245061）	邓余良、袁海波
CN201720630686.1	一种茶叶压块装置	云南省农业科学院茶叶研究所，云南省西双版纳傣族自治州勐海县勐海镇景囡街2号（666200）	李庐峰、姚天成
CN201720631304.7	大蒜剥皮机	济宁学院，山东省济宁市高新区海川路16号济宁高新区大学园（272001）	陈卫江、徐　忠
CN201720636598.2	木耳清洗灭菌设备	珠海蔚泉食品有限公司，广东省珠海市高新区科技创新海岸科技四路6号厂房B栋1楼（519085）	李洪浩
CN201720636969.7	一种毛笋清洗机	湘潭大学兴湘学院，湖南省湘潭市雨湖区湘潭大学兴湘学院（411100）	王　威、沈巧良
CN201720638396.1	中药材脱皮机	江西康之康中药科技有限公司，江西省吉安市井冈山经济技术开发区京九大道283号（343600）	伍思耿
CN201720638397.6	一种药材脱皮装置	江西康之康中药科技有限公司，江西省吉安市井冈山经济技术开发区京九大道283号（343600）	伍思耿
CN201720638791.X	一种食品消毒杀菌清洗机	上海三强企业集团股份有限公司，上海市奉贤区环城北路152号5幢104室（201400）	李祥玉

（续）

申请或批准号	发 明 名 称	申请（专利权）人与通信地址	发明人
CN201720639958.4	一种水果去核装置	安徽爱民食品股份有限公司，安徽省六安市霍山县衡山镇淠河西路（237200）	张 涛、孙步功
CN201720642731.5	一种茶叶干燥除尘装置	温州市骐邦环保科技有限公司，浙江省温州市瓯海区梧田沙门北路2幢3号第2层（325036）	康红霞
CN201720643976.X	一种药材脱皮机	江西康之康中药科技有限公司，江西省吉安市井冈山经济技术开发区京九大道283号（343600）	王洪浩、王永生
CN201720647527.2	碧根果开口机	三只松鼠股份有限公司，安徽省芜湖市弋江区高新技术产业开发区久盛路8号（241000）	曹财贵、杨飞龙
CN201720647592.5	一种茶叶手工炒茶机	都匀市匀山茶叶有限责任公司，贵州省黔南布依族苗族自治州都匀市海文大厦一楼79号（558000）	虞丰结、韩德雄
CN201720654711.X	一种葡萄干清洗烘干机	合肥馨果汇电子商务有限公司，安徽省合肥市高新区潜水东路3号安徽铸诚公司厂房3楼（230027）	李 娜
CN201720657350.4	一种新型干菜发泡装置	舒城圣桂食品有限公司，安徽省六安市舒城县城关镇经济开发区（231300）	何鹏飞、梁 峰
CN201720657924.8	一种玉米须去除装置	福建绿宝食品集团有限公司，福建省漳州市龙海市颜厝镇锦浦（363100）	罗改丽、杜亚飞
CN201720657984.X	一种茶叶生产专用干燥机	都匀市一品茗茶业有限公司，贵州省黔南布依族苗族自治州都匀市毛尖镇坪阳村（558000）	付 庆
CN201720658962.5	马铃薯清洗装置	甘肃农业大学，甘肃省兰州市安宁区营门村1号（730070）	王兴宇
CN201720660324.7	一种澳洲坚果青皮脱皮机	云南云澳达坚果开发有限公司，云南省昆明市五华区青年路371号文化科技大楼六楼（650021）	冯长禄
CN201720661429.4	一种榛子挤裂机	安徽工程大学，安徽省芜湖市北京中路8号（241000）	程铁群
CN201720662019.1	一种自动去鱼鳞装置	南通宝泰机械科技有限公司，江苏省南通市开发区新东路9号5号楼三楼西（226000）	邹建春
CN201720662055.8	一种去鱼鳞用高压螺旋喷头	南通宝泰机械科技有限公司，江苏省南通市开发区新东路9号5号楼三楼西（226000）	周斯加、沈承开
CN201720662242.6	一种银杏茶烘干设备	开江县福顺达农业发展有限公司，四川省达州市开江县靖安乡竹溪村2组26号（636250）	陈华兵、许可东
CN201720662361.1	一种循环式土豆清洗系统	新疆疆达薯业有限公司，新疆维吾尔自治区拜城县米吉克乡乡政府48号（842399）	余锦练
CN201720673749.1	一种果品清洗机	昌吉市沙漠客食品有限责任公司，新疆维吾尔自治区昌吉市三工镇南头工村三组（831114）	李志强
CN201720674207.6	一种羊肚菌清洗装置	成都天绿菌业有限公司，四川省成都市金堂县赵家镇（610402）	于晋泽、阎瑞香
CN201720674339.9	水电两用薯脯烘干箱	莒县小店洪明农机服务专业合作社，山东省日照市莒县小店镇吕西村（276515）	孙洪留、王永强
CN201720674593.9	一种茶叶复干装置	浙江树人学院，浙江省杭州市拱墅区舟山东路19号（310000）	李修渠、刘志宇

（续）

申请或批准号	发 明 名 称	申请（专利权）人与通信地址	发明人
CN201720674816.1	一种用于茶叶均匀烘干的烘干机	浙江树人学院，浙江省杭州市拱墅区舟山东路19号（310000）	王献友、张 华
CN201720674821.2	一种茶叶晾青萎凋架	浙江树人学院，浙江省杭州市拱墅区舟山东路19号（310000）	康振祥
CN201720675106.0	一种石斛清洗晾晒装置	霍山宝信园石斛开发有限公司，安徽省六安市霍山县衡山镇诸佛庵西路50号（237200）	孟智勇、李淑君
CN201720675130.4	一种带搅拌器的炼蜜机	江西康之康中药科技有限公司，江西省吉安市井冈山经济技术开发区京九大道283号（343600）	黄大田、王学全
CN201720675522.0	一种可调节固定的水果去核装置	叙永县两河镇新希望畜禽养殖专业合作社，四川省泸州市叙永县两河镇新街322号（646406）	金扬程、宋易高
CN201720675523.5	一种有机梨膏搅拌设备	叙永县两河镇新希望畜禽养殖专业合作社，四川省泸州市叙永县两河镇新街322号（646406）	金扬程、宋易高
CN201720676073.1	一种粮食智能烘储一体设备	宿迁柏特粮食设备有限公司，江苏省宿迁市沭阳县经济开发区明珠路202号（223600）	郑 炜、谢 超
CN201720676402.2	一种用于红小豆的食品级清洗装置	黑龙江省农业科学院佳木斯分院，黑龙江省佳木斯市安庆街269号（154007）	秦 鹏、劳 毅
CN201720676929.5	一种粮仓除虫烘干装置	宿迁柏特粮食设备有限公司，江苏省宿迁市沭阳县经济开发区明珠路202号（223600）	何 鑫、谢 超
CN201720679099.1	一种黄茶闷黄装置	霍山县茗枫土特产有限公司，安徽省六安市霍山县佛子岭街道（237200）	梁爱年、梁元凤
CN201720681480.1	武夷岩茶烘干除梗一体化装置	武夷星茶业有限公司，福建省南平市武夷山市旗山科技工业园区（354301）	廖 勇、尹春林
CN201720681625.8	茶叶精筛拣选机	武夷星茶业有限公司，福建省南平市武夷山市旗山科技工业园区（354301）	廖 勇、尹春林
CN201720682538.4	一种手动撞击式山核桃破壳取仁机	浙江农林大学，浙江省杭州市临安区锦城镇环城北路88号（311300）	李耀辉、董永强
CN201720682589.7	一种无花果杀菌去农药清洗机	四川久润泰科技有限公司，四川省内江市威远县界牌镇南强村11社（组）（642466）	刘绍龙、胡子云
CN201720682601.4	一种可快速检测水分的无花果风干沥水机	四川久润泰科技有限公司，四川省内江市威远县界牌镇南强村11社（组）（642466）	林时碧、谭属琼
CN201720683004.3	一种无花果加工前处理装置	四川久润泰科技有限公司，四川省内江市威远县界牌镇南强村11社（组）（642466）	温安富、后其文
CN201720685819.5	一种无花果打浆机	四川久润泰科技有限公司，四川省内江市威远县界牌镇南强村11社（组）（642466）	刘式东
CN201720687176.8	一种普洱茶自动压饼机	云南农业大学，云南省昆明市盘龙区黑龙潭云南农业大学（650201）	叶繁盛、刘春雷
CN201720687277.5	一种茶叶烘干机	会东县天有老君滩种养专业合作社，四川省凉山彝族自治州会东县淌塘镇下村村七组（615204）	付 庆
CN201720688812.9	一种往复式摇青机	广东省现代农业装备研究所，广东省广州市石牌五山路261号（510640）	朱立军、朱丛戎

（续）

申请或批准号	发 明 名 称	申请（专利权）人与通信地址	发明人
CN201720689575.8	一种自动剥豆机	嘉兴学院，浙江省嘉兴市越秀南路 56 号（314001）	翁柏鸿
CN201720690012.0	一种菠萝剥皮机	嘉兴学院，浙江省嘉兴市越秀南路 56 号（314001）	翁柏鸿
CN201720691391.5	一种核桃剥壳装置	长沙环境保护职业技术学院，湖南省长沙市雨花区井圭路 10 号（410000）	肖顽强
CN201720692224.2	一种双面式海带加工装置	福建亿达食品有限公司，福建省福州市连江县经济开发区敖江园区青啤大道 68 号（350500）	盛 姣、曾桂华
CN201720692526.X	蜂蜜破浆机	北京奥金达农业科技发展有限公司，北京市密云县北京市密云区高岭镇政府街 6 号（101507）	刘 杰
CN201720695561.7	一种莲花普洱茶发酵装置	云南瑞木圆农业发展有限公司，云南省昆明市官渡区北京路 305 号 6 幢 1 层（650000）	武 林、康崇飞
CN201720695564.0	一种莲花普洱茶搅拌机	云南瑞木圆农业发展有限公司，云南省昆明市官渡区北京路 305 号 6 幢 1 层（650000）	叶佳明
CN201720695890.1	一种具有可拆卸清洗篮的果蔬脱水机	广东灿城农产品集团有限公司，广东省深圳市龙华区观澜街道广培社区怡湖街 3 号 103 号（518109）	黄鹏高
CN201720696644.8	一种粮食烘干塔	开原金鑫烘干设备有限公司，辽宁省铁岭市开原市开原经济开发区塑料模具产业园（112300）	罗 黎
CN201720696901.8	一种新型山药去皮机传送装置	保和堂（焦作）制药有限公司，河南省焦作市温县城北工业区（454850）	施稼村
CN201720697503.8	一种新型山药去皮机	保和堂（焦作）制药有限公司，河南省焦作市温县城北工业区（454850）	马 兵
CN201720697893.9	一种高效热带水果加工清洗装置	岭南师范学院，广东省湛江市赤坎区寸金路 29 号（524048）	李阳城、李玲珠
CN201720698381.4	一种蔬菜用快速脱水装置	临泉县恒达食品有限公司，安徽省阜阳市临泉县经济开发区前进路（236400）	余文俊
CN201720698382.9	一种蔬菜清洗分类装置	临泉县恒达食品有限公司，安徽省阜阳市临泉县经济开发区前进路（236400）	许 杨
CN201720698398.X	一种蔬菜加工用脱水装置	临泉县恒达食品有限公司，安徽省阜阳市临泉县经济开发区前进路（236400）	宋家臻、宋有谓
CN201720698660.0	一种烘制均匀的茶叶烘干装置	信阳师范学院，河南省信阳市浉河区长安路 237 号（464000）	曾现炜、袁 虎
CN201720699490.8	海苔烘干制备设备	南通丁布儿海苔食品有限公司，江苏省南通市启东市合作镇新龙路 58 号（226200）	蒋永根
CN201720699612.3	一种果蔬清洗机	广东灿城农产品集团有限公司，广东省深圳市龙华区观澜街道广培社区怡湖街 3 号 103 号（518109）	兰东城
CN201720699651.3	海苔抖动传输装置	南通丁布儿海苔食品有限公司，江苏省南通市启东市合作镇新龙路 58 号（226200）	汪田强、张东波
CN201720699726.8	一种果汁生产线及其调配系统	海南岛屿食品饮料有限公司，海南省海口市龙华区龙昆北路 2 号龙珠大厦 11 楼 CD 座（570125）	李 蜀

（续）

申请或批准号	发 明 名 称	申请（专利权）人与通信地址	发明人
CN201720699727.2	一种果汁生产线及其全自动化压榨系统	海南岛屿食品饮料有限公司，海南省海口市龙华区龙昆北路2号龙珠大厦11楼CD座（570125）	王家华
CN201720702904.8	一种蔬菜烘干机	广东灿城农产品集团有限公司，广东省深圳市龙华区观澜街道广培社区怡湖街3号103号（518109）	黄鹏高
CN201720702961.6	一种苹果去核机	广东灿城农产品集团有限公司，广东省深圳市龙华区观澜街道广培社区怡湖街3号103号（518109）	张 瑜、王 浩
CN201720705109.4	一种自动去皮机	南宁职业技术学院，广西壮族自治区南宁市西乡塘区大学西路169号（530004）	张 磊、王瑞生
CN201720706245.5	一种用于茶叶生产的提升机	安徽省霍山县缘圆缘工贸有限公司，安徽省六安市霍山县磨子潭镇胡家河（237200）	邢忠华
CN201720706254.4	一种具有保鲜功能的茶叶摊凉机	安徽省霍山县缘圆缘工贸有限公司，安徽省六安市霍山县磨子潭镇胡家河（237200）	冯 韬
CN201720706258.2	一种旋转式烘焙提香机	安徽省霍山县缘圆缘工贸有限公司，安徽省六安市霍山县磨子潭镇胡家河（237200）	钱外勤、陈金莲
CN201720706259.7	一种易清洁滚筒式茶叶杀青机	安徽省霍山县缘圆缘工贸有限公司，安徽省六安市霍山县磨子潭镇胡家河（237200）	王林超
CN201720706767.5	一种根茎类蔬菜清洗机	广东灿城农产品集团有限公司，广东省深圳市龙华区观澜街道广培社区怡湖街3号103号（518109）	郭 才、徐 蓉
CN201720707475.3	一种水果清洗机	广东灿城农产品集团有限公司，广东省深圳市龙华区观澜街道广培社区怡湖街3号103号（518109）	张 炳
CN201720708536.8	一种水果振动清洗机	广东灿城农产品集团有限公司，广东省深圳市龙华区观澜街道广培社区怡湖街3号103号（518109）	晋东亮、陶 红
CN201720709320.3	一种茶树菇烘干装置	安康市田心生态种养殖开发有限公司，陕西省安康市汉滨区流水镇田心村（725000）	沈 俞、徐 燕
CN201720709370.1	一种节能环保猴头菇灭菌灶	安康市田心生态种养殖开发有限公司，陕西省安康市汉滨区流水镇田心村（725000）	吴 昊
CN201720709901.7	一种地下作物清洗机	广东灿城农产品集团有限公司，广东省深圳市龙华区观澜街道广培社区怡湖街3号103号（518109）	张 兰、李益文
CN201720710218.5	一种莲子大小分级切壳装置	湖南和亿莲业有限公司，湖南省湘潭市花石镇花衡路48号（411100）	钟 帆
CN201720710305.0	一种防滑莲子开口器	湖南和亿莲业有限公司，湖南省湘潭市花石镇花衡路48号（411100）	张国建
CN201720710651.9	一种水果清洗篮	广东灿城农产品集团有限公司，广东省深圳市龙华区观澜街道广培社区怡湖街3号103号（518109）	黄鹏高
CN201720713026.X	一种带超声波的魔芋浸泡清洗机	丹凤县凯农魔芋精粉有限公司，陕西省商洛市丹凤县竹林关镇雷家洞村李家湾组（726200）	刘建钦
CN201720713093.1	一种魔芋精粉加工装置	丹凤县凯农魔芋精粉有限公司，陕西省商洛市丹凤县竹林关镇雷家洞村李家湾组（726200）	魏泽宏、委 杰
CN201720713506.6	一种非热力物理保鲜魔芋精粉的设备	丹凤县凯农魔芋精粉有限公司，陕西省商洛市丹凤县竹林关镇雷家洞村李家湾组（726200）	刘建钦

（续）

申请或批准号	发 明 名 称	申请（专利权）人与通信地址	发明人
CN201720728784.9	一种鱼鳞去鳞机的摩擦去鳞装置	长江大学，湖北省荆州市荆州区南环路1号（434020）	李晓毓
CN201720728843.2	一种鱼鳞去鳞机	长江大学，湖北省荆州市荆州区南环路1号（434020）	李晓毓
CN201720728921.9	一种双压盖茶叶揉捻机	杭州市农业科学研究院，浙江省杭州市杭新路东1号（310024）	张德林、张世齐
CN201720729222.6	一种用于枸杞烘干机的移动端远程控制器	宁夏中卫市西部枣业食品有限公司，宁夏回族自治区中卫市沙坡头区滨河镇涝池村（755000）	王宗杰
CN201720731181.4	香菇烘干架	泌阳县鑫发食用菌有限责任公司，河南省驻马店市泌阳县泌郭路（原官庄炮厂）（463700）	彭　军
CN201720732359.7	茶籽脱壳预热装置	安徽中盛食用油科技有限公司，安徽省六安市霍山县经济开发区同心路与纬七路交叉口（237200）	赵思棠、郑　薇
CN201720732490.3	一种海参蒸煮装置	胜田（福清）食品有限公司，福建省福州市福清市融侨经济技术开发区（350301）	朱立军、青立军
CN201720732603.X	一种海参清洗机	胜田（福清）食品有限公司，福建省福州市福清市融侨经济技术开发区（350301）	孙京新、王秋敏
CN201720732621.8	一种海参生产线	胜田（福清）食品有限公司，福建省福州市福清市融侨经济技术开发区（350301）	王洪浩、王永生
CN201720737642.9	银耳自动去蒂机	福建古银生物技术有限公司，福建省宁德市古田县移民农业科技创业园（352262）	李宣佑
CN201720738661.3	一种板栗清洗机	北京富亿农板栗有限公司，北京市怀柔区庙城镇郑重庄633号（100000）	卢壮智
CN201720738665.1	一种板栗清洗机自动下料装置	北京富亿农板栗有限公司，北京市怀柔区庙城镇郑重庄633号（100000）	王新兵
CN201720738763.5	一种板栗清洗装置	北京富亿农板栗有限公司，北京市怀柔区庙城镇郑重庄633号（100000）	熊　云
CN201720738777.7	一种板栗自动清洗机	北京富亿农板栗有限公司，北京市怀柔区庙城镇郑重庄633号（100000）	李永海、徐中立
CN201720739676.1	一种刺梨汁高效混合装置	安徽省芬格欣生物药业有限公司，安徽省阜阳市界首市芬格欣大道99号（236500）	周雪峰
CN201720739685.0	一种油茶果晾晒架	江西源森油茶科技股份有限公司，江西省上饶市德兴市银鹿工业园区（334200）	栾冬梅、郑明明
CN201720742166.X	一种鱿鱼须切段装置	荣成佰惠源食品有限公司，山东省威海市荣成市经济开发区寻山海洋食品园156号（264300）	廖　勇、尹春林
CN201720742527.0	一种荷叶叶心切除装置	山东康源堂中药饮片股份有限公司，山东省济宁市微山县微欢路中段东侧128号（277600）	林建伟、林冰鸿
CN201720743877.9	一种用于肉松加工的切洗机构	福州叶家记食品有限公司，福建省福州市晋安区新店镇汤斜工业区厂房5号楼三层（350012）	张德林、张世齐
CN201720743950.2	一种生肉自动切片装置	福州叶家记食品有限公司，福建省福州市晋安区新店镇汤斜工业区厂房5号楼三层（350012）	叶夏羽

（续）

申请或批准号	发 明 名 称	申请（专利权）人与通信地址	发明人
CN201720743983.7	一种折耳根除须清洗装置	贵州农业职业学院，贵州省贵阳市清镇职教城乡愁校区黄柿路3号（551400）	单根立、贾 杰
CN201720745963.3	一种适用于柚果的清洗装置	福建兴发机械有限公司，福建省漳州市平和县山格镇迎宾大道480号（363703）	谢大为
CN201720747380.4	一种油炸机和薯片生产流水线	重庆悠牧农业科技开发有限公司，重庆市黔江区正阳街道朝阳居委一组园区路（409003）	马伯军
CN201720747431.3	一种清洗提升装置和薯片生产流水线	重庆悠牧农业科技开发有限公司，重庆市黔江区正阳街道朝阳居委一组园区路（409003）	王俗新、王月阳
CN201720747433.2	沥油设备以及马铃薯加工系统	重庆悠牧农业科技开发有限公司，重庆市黔江区正阳街道朝阳居委一组园区路（409003）	陈铮铮、张晓英
CN201720747434.7	一种油炸装置和薯片生产流水线	重庆悠牧农业科技开发有限公司，重庆市黔江区正阳街道朝阳居委一组园区路（409003）	刘文平
CN201720747435.1	一种新型漂洗机和薯片流水线	重庆悠牧农业科技开发有限公司，重庆市黔江区正阳街道朝阳居委一组园区路（409003）	杨泉来
CN201720747507.2	一种药材加工用去皮软化装置	安徽盛海堂中药饮片有限公司，安徽省亳州市谯城区十九里工业园区1号（236800）	王 生、张爱芳
CN201720748694.6	一种茶叶匀料装置	鑫鼎生物科技有限公司，湖北省宜昌市伍家岗区桔乡路509号（443001）	和文花
CN201720748696.5	一种茶叶自动配料装置	鑫鼎生物科技有限公司，湖北省宜昌市伍家岗区桔乡路509号（443001）	和文花
CN201720748739.X	薄壳山核桃剥壳工作台	南京绿宙薄壳山核桃科技有限公司，江苏省南京市六合区雄州镇山北村（211599）	张永飞
CN201720750083.5	一种青砖茶大型生产线	鑫鼎生物科技有限公司，湖北省宜昌市伍家岗区桔乡路509号（443001）	张 炳
CN201720750191.2	一种茶砖面板运输清扫涂料装置	鑫鼎生物科技有限公司，湖北省宜昌市伍家岗区桔乡路509号（443001）	王桂平
CN201720751545.5	提高葡萄榨汁率的加工设备	浙江海洋大学，浙江省舟山市定海区临城街道海大南路1号（316022）	郭永瑞
CN201720751680.X	提取葡萄维生素的加工设备	浙江海洋大学，浙江省舟山市定海区临城街道海大南路1号（316022）	陈钟魁
CN201720752051.9	提取水蜜桃多糖产品的加工设备	浙江海洋大学，浙江省舟山市定海区临城街道海大南路1号（316022）	杨万海、杨万祯
CN201720752437.X	一种滚筒拌料装置和薯片生产流水线	重庆悠牧农业科技开发有限公司，重庆市黔江区正阳街道朝阳居委一组园区路（409003）	林克善、张家迪
CN201720752530.0	冷却去油设备以及马铃薯加工系统	重庆悠牧农业科技开发有限公司，重庆市黔江区正阳街道朝阳居委一组园区路（409003）	谢一平、方 健
CN201720752589.X	一种风吹沥油机和薯片生产流水线	重庆悠牧农业科技开发有限公司，重庆市黔江区正阳街道朝阳居委一组园区路（409003）	邹同华、魏东旭
CN201720752607.4	一种螺旋清洗机和薯片流水线	重庆悠牧农业科技开发有限公司，重庆市黔江区正阳街道朝阳居委一组园区路（409003）	刘新华、乔卫方

（续）

申请或批准号	发 明 名 称	申请（专利权）人与通信地址	发明人
CN201720753369.9	一种铁皮石斛打毛机	浙江枫康集团有限公司，浙江省象山县贤庠镇章家墩村（315700）	张吉仲
CN201720754444.3	一种枣加工装置	山西嘉荣农业科技开发有限公司，山西省吕梁市交城县洪湘村（30500）	陈 永
CN201720754887.2	一种块茎类农产品清洗机	金华市农业机械研究所，浙江省金华市双龙南街828号7楼（321017）	马振东、高建伟
CN201720756403.8	一种海鲜产品切割提升装置	大连海洋大学，辽宁省大连市沙河口区黑石礁街52号（116000）	朱云涛、刘永亮
CN201720756653.1	一种喷淋式巴氏杀菌机	浙江山芽芽食品有限公司，浙江省湖州市安吉县昌硕街道天目中路49-51号（313000）	尹协镇、束胜利
CN201720756817.0	一种智能化柿饼烘烤装置	富平永辉现代农业发展有限公司，陕西省渭南市富平县淡村镇都村村（711700）	顾林男
CN201720757679.8	一种柿饼悬挂辅助装置	富平永辉现代农业发展有限公司，陕西省渭南市富平县淡村镇都村村（711700）	翁海辉、陈 平
CN201720757686.8	一种智能化柿饼揉捏装置	富平永辉现代农业发展有限公司，陕西省渭南市富平县淡村镇都村村（711700）	张 铮、周 银
CN201720757881.0	一种大蒜链式脱皮机	济南华庆农业机械科技有限公司，山东省济南市商河县玉皇庙镇政府驻地（250000）	罗莲凤、梁光志
CN201720758220.X	一种食品用等离子体空气杀菌器	浙江山芽芽食品有限公司，浙江省湖州市安吉县昌硕街道天目中路49-51号（313000）	段贤伍、谢尚臻
CN201720758376.8	一种柿饼烘烤辅助装置	富平永辉现代农业发展有限公司，陕西省渭南市富平县淡村镇都村村（711700）	翁海辉、陈 平
CN201720758377.2	一种数控削皮去蒂装置	富平永辉现代农业发展有限公司，陕西省渭南市富平县淡村镇都村村（711700）	刘夏天、杨晓平
CN201720758915.8	菠萝包加工设备	舟山海之最食品有限公司，浙江省舟山市定海区马岙街道三江大道88号（316000）	潘庆国
CN201720758975.X	成串果实拆解清洁机	山东省农作物种质资源中心，山东省济南市历城区工业北路202号（250100）	陈 燕
CN201720758982.X	智能化花生籽粒筛选机	山东省农作物种质资源中心，山东省济南市历城区工业北路202号（250100）	吴明耀、蔡红兵
CN201720758990.4	多功能籽粒挑选系统	山东省农作物种质资源中心，山东省济南市历城区工业北路202号（250100）	甘正刚、张胜虎
CN201720758994.2	果实自动分级筛选装置	山东省农作物种质资源中心，山东省济南市历城区工业北路202号（250100）	林立天
CN201720759010.2	葡萄果实挑选分装装置	山东省葡萄研究院，山东省济南市历城区山大南路1-27号（250013）	冉 联、冉桂鸿
CN201720759031.4	葡萄分解清洁一体机	山东省葡萄研究院，山东省济南市历城区山大南路1-27号（250013）	李松祥、徐家明
CN201720759070.4	杂粮籽粒拆解清洗一体装置	山东省农作物种质资源中心，山东省济南市历城区工业北路202号（250100）	陈振森、苏素美

（续）

申请或批准号	发 明 名 称	申请（专利权）人与通信地址	发明人
CN201720759089.9	干果分级挑选装置	山东省农作物种质资源中心，山东省济南市历城区工业北路 202 号（250100）	李 波
CN201720759128.5	花生去壳分装机	山东省农业科学院农业资源与环境研究所，山东省济南市历城区工业北路 202 号（250100）	吴 昊
CN201720759130.2	小型葡萄分解拆分装置	山东省葡萄研究院，山东省济南市历城区山大南路 1-27 号（250013）	张宴志、李芳芳
CN201720762900.9	一种柑橘果皮自动分离机	常州信息职业技术学院，江苏省常州市大学城内鸣新中路 22 号（213164）	王东彦
CN201720763644.5	一种间歇式多级加工去核去皮机	华南农业大学，广东省广州市天河区五山路 483 号（510642）	胡玉忠、张延海
CN201720764342.X	油茶籽油生产过程精炼装置	河南绿达山茶油股份有限公司，河南省信阳市新县城关金兰湾大道（465500）	钟清群
CN201720764351.9	油茶籽油生产过程原料去壳装置	河南绿达山茶油股份有限公司，河南省信阳市新县城关金兰湾大道（465500）	罗汉阳
CN201720764375.4	一种骨肉分离机的分离螺旋轴	齐齐哈尔双百机械制造有限公司，黑龙江省齐齐哈尔市昂昂溪区金水二街 58 号（161000）	张春寿
CN201720765666.5	一种鲜叶切片机	河南省蚕业科学研究院，河南省郑州市金水区鑫苑路 1 号（450008）	刘世虎
CN201720766156.X	一种带过滤系统的豆干清洗搅拌系统	郑州信基东方豆制品有限公司，河南省郑州市航空港区新港大道南段（450000）	严成敏、严林林
CN201720766189.4	一种豆干加工压制系统	郑州信基东方豆制品有限公司，河南省郑州市航空港区新港大道南段（450000）	严成敏、严林林
CN201720766192.6	一种豆干清洗搅拌系统	郑州信基东方豆制品有限公司，河南省郑州市航空港区新港大道南段（450000）	严成敏、严林林
CN201720767549.2	一种鲜毛肚消毒处理机	重庆聚慧食品有限公司，重庆市江北区港城工业园 C 区港宁路 9 号（400020）	周孚美、陈小虎
CN201720776406.8	一种绿茶一体加工装置	颐和美林（天津）生物科技有限公司，天津市武清区开发区泉旺路 23 号（301700）	曹 超
CN201720776797.3	一种连续封闭式烫脱一体机	青岛中邦昊通机械有限公司，山东省青岛市胶州市胶西工业园胶州西路 398 号（266000）	沈金金
CN201720776883.4	一种羊斜立式扯皮机	青岛中邦昊通机械有限公司，山东省青岛市胶州市胶西工业园胶州西路 398 号（266000）	刘 军
CN201720777115.0	一种摇臂式羊扯皮机	青岛中邦昊通机械有限公司，山东省青岛市胶州市胶西工业园胶州西路 398 号（266000）	赵明红
CN201720777159.3	一种核桃壳仁分离装置	四川省雅士科技有限公司，四川省成都市武侯区郭家桥南街望江路街道办事处内（610000）	黄少坡
CN201720778125.6	粮食烘干装置	济宁学院，山东省济宁市高新区海川路 16 号，济宁高新区大学园（272001）	赵郑嘉、蒋 方
CN201720778781.6	一种绿茶碾碎机	颐和美林（天津）生物科技有限公司，天津市武清区开发区泉旺路 23 号（301700）	林立天、于巧稚

（续）

申请或批准号	发 明 名 称	申请（专利权）人与通信地址	发明人
CN201720780839.0	一种翻浪清洗装置	广东无尽食品有限公司，广东省汕头市饶平县钱东镇上浮山村（521000）	吴玉山
CN201720781090.1	一种花椒风味成分一体化提取浓缩系统	四川省雅士科技有限公司，四川省成都市武侯区郭家桥南街望江路街道办事处内（610000）	雷本江、阳 平
CN201720781111.X	一种青皮核桃挤压式脱皮装置	大理州怀宝经贸有限责任公司，云南省大理白族自治州米甸镇小里坡 85 号（672100）	黄成富
CN201720781354.3	一种高效节能茶叶萎凋装置	湖南中茶茶业有限公司，湖南省长沙市天心区（县）芙蓉中路二段 122 号凯旋大厦 9 楼（410015）	赵正雄、丁 飞
CN201720781657.5	一种核桃自动摊晾干燥装置	大理州怀宝经贸有限责任公司，云南省大理白族自治州米甸镇小里坡 85 号（672100）	刘 华
CN201720781720.5	一种核桃初加工干燥装置	大理州怀宝经贸有限责任公司，云南省大理白族自治州米甸镇小里坡 85 号（672100）	王正浩、马永香
CN201720782179.X	一种茶叶萎凋设备	湖南中茶茶业有限公司，湖南省长沙市天心区（县）芙蓉中路二段 122 号凯旋大厦 9 楼（410015）	曾建锋、罗胜阳
CN201720789830.6	茶叶分散机	惠东县云雾仙茗生态茶业有限公司，广东省惠州市惠东县平山惠园一巷 9 号（516000）	武风全
CN201720790857.7	茶叶揉捻机	惠东县云雾仙茗生态茶业有限公司，广东省惠州市惠东县平山惠园一巷 9 号（516000）	武风全
CN201720791982.X	一种高效率无损害茶叶清洗机	山东科技大学，山东省青岛市黄岛区前湾港路 579 号山东科技大学土木工程与建筑学院（266590）	谭 伟、李 震
CN201720792992.5	一种具有烘干功能的节能型花生清洗装置	漯河联泰食品有限公司，河南省漯河市临颍县产业集聚区（462600）	李广增、闫冰雪
CN201720793114.5	果蔬去皮器	东北大学，辽宁省沈阳市和平区文化路三巷 11 号（110819）	朱雪飞、朱锁刚
CN201720793630.8	一种大蒜剥皮机	苏州标杆知识产权运营有限公司，江苏省苏州市高新区科技城科创路 18 号 B 幢 3 楼玻璃房（215163）	朱雪飞、朱锁刚
CN201720793853.4	一种全自动柠檬果清洗机	广东德海农业有限公司，广东省清远市英德市英红镇兴业路东侧（513042）	龚华生
CN201720795515.4	一种自动劈羊头机	内蒙古澳菲利食品股份有限公司，内蒙古自治区巴彦淖尔市巴彦淖尔经济技术开发区（15000）	秦 怡、卢世主
CN201720797326.0	一种黄花菜清洗去杂质装置	洛川闰土农牧科技有限责任公司，陕西省西安市碑林区南关正街 1 号泛美大厦 B 座 2903 室（710000）	孙益华
CN201720798233.X	一种椰肉清洗机	江苏苏萨食品有限公司，江苏省泰州市高港高新技术产业园区创新大道南 58 号（225324）	唐 超、王风宜
CN201720799833.8	一种雪菜清洗装置	湖北中蔬农业科技有限公司，湖北省宜昌市枝江市安福寺镇之字溪大道 1 号（443200）	杨 帆、胡 燕
CN201720800601.X	一种新型的洗果机	临泽绿涛智汇饮品有限公司，甘肃省张掖市临泽县高铁南站临泽绿涛智汇饮品有限公司（734200）	陈燕梅、林水珍
CN201720800855.1	一种菜蔬清洗机	湖北中蔬农业科技有限公司，湖北省宜昌市枝江市安福寺镇之字溪大道 1 号（443200）	项方献、张建锋

（续）

申请或批准号	发 明 名 称	申请（专利权）人与通信地址	发明人
CN201720803205.2	炒茶机	西昌市正中食品有限公司，四川省凉山彝族自治州西昌市小庙乡成凉工业园食品产业园（615000）	邓丽萍、李 丹
CN201720803783.6	一种模块组合式谷物干燥机组	安徽金锡机械科技有限公司，安徽省合肥市高新区柏堰科技园冬梅路3号（230088）	林政宏
CN201720803890.9	一种家禽肉类清洗操作台	江苏华斯达食品有限公司，江苏省淮安市洪泽区精益路28号（223200）	唐浩森
CN201720804159.8	一种姜提取物生产线	广东豪爽天然保健食品有限公司，广东省清远市连州市城南开发区（513400）	韦标城
CN201720805032.8	蔬菜收割清洗机	天津春蔬园农业科技有限公司，天津市武清区京滨工业园内古达路17号（301739）	祝天才
CN201720805678.6	肉类加工骨肉分离机	云南农业大学，云南省昆明市盘龙区黑龙潭云南农业大学（650201）	张 勇
CN201720806680.5	一种绿茶杀青理条设备	叙永县罗彬茶叶种植专业合作社，四川省泸州市叙永县叙永镇宝元村十三社（646000）	符诚斌
CN201720808973.7	山楂去核机	扬州力齐机械有限公司，江苏省扬州市西湖镇新谊路东侧（225000）	张 姬、张丽霞
CN201720809412.9	一种魔芋加工用清洗装置	德阳市蜀都机械有限公司，四川省德阳市广汉市北外沱水路（618300）	戴源发
CN201720809496.6	一种杏鲍菇用削根机	河南邦友农业生态循环股份有限公司，河南省郑州市郑东新区杨桥办事处中万路西侧（450000）	穆成军
CN201720809597.3	一种便于清洗的家禽屠宰清理工作台	灵璧九瑞农发科技有限公司，安徽省宿州市灵璧县经济开发区（234200）	李海燕
CN201720809671.1	一种便于清洁的泡制池	灵璧九瑞农发科技有限公司，安徽省宿州市灵璧县经济开发区（234200）	聂小宝、吴 波
CN201720810665.8	一种槟榔发籽罐	湖南品来品趣美食有限公司，湖南省长沙市宁乡市白马桥街道白马社区大塘组（410600）	常正伟
CN201720812360.0	一种烘干房	海南响力能源科技有限公司，海南省海口市海府路163号海市蜃楼2-803室（571100）	黄 飞、苏开芳
CN201720812397.3	一种牦牛肉清洗风干装置	迪庆香溢德吉食品开发有限责任公司，云南省迪庆藏族自治州香格里拉市仁安路延长线（674400）	曹乘龙
CN201720812416.2	一种牦牛肉全方位的杀菌装置	迪庆香溢德吉食品开发有限责任公司，云南省迪庆藏族自治州香格里拉市仁安路延长线（674400）	李保章、刘丽丽
CN201720812621.9	一种五谷杂粮饼生产用压片装置	河南省旷华食品有限公司，河南省驻马店市上蔡县西工业园区（463800）	王 鹏、聂应军
CN201720815602.1	一种连续式藕粉生产线	安徽四平食品开发有限责任公司，安徽省铜陵市义安区西联乡农民工产业园（244111）	林建环
CN201720819811.3	一种便于清洁的自动脱毛机	六安荣耀创新智能科技有限公司，安徽省六安市经济技术开发区新加坡御苑12号楼105室（237000）	毕 旭
CN201720825544.0	一种枣加工红外线预热装置	宁夏中卫市西部枣业食品有限公司，宁夏回族自治区中卫市沙坡头区滨河镇涝池村（755000）	何锡宏、吴云康

（续）

申请或批准号	发明名称	申请（专利权）人与通信地址	发明人
CN201720825787.4	一种蔬菜烘干机	深圳市长泰兴农产品有限公司，广东省深圳市龙华新区观澜街道办观平路新怡街108号（518110）	钟胜燕
CN201720826681.6	一种用于芒果清洗的装置	华坪县绿康源农业开发有限公司，云南省丽江市华坪县荣将镇鑫华苑2幢1单元101号（674803）	张营、王德生
CN201720827277.0	用于农产品加工的蔬菜多级清洗机	吉林省金德瑞农业科技开发有限公司，吉林省长春市绿园区创业大街展轮新世界14楼（130000）	何国卿
CN201720827399.X	一种太阳能核桃干燥装置	三峡大学，湖北省宜昌市大学路8号（443002）	李涵、刘刚
CN201720828881.5	野生菌一体化加工装置	云南中埠贸易有限公司，云南省昆明市官渡区矣六乡子君村金福地花园7幢902号（650000）	黄书英、余木兰
CN201720829939.8	一种连续式藕渣自动洗粉装置	安徽四平食品开发有限责任公司，安徽省铜陵市义安区西联乡农民工产业园（244111）	梅李艳
CN201720830060.5	一种超市蔬菜摆台	郑州幼儿师范高等专科学校，河南省郑州市金水区市民新村北街9号（450000）	谭亮慈、王凡
CN201720830888.0	一种豆腐皮风干装置	平湖市凯宇鲜菜有限公司，浙江省嘉兴市平湖市经济开发区新开路北侧平湖大道东侧（314200）	卢贵根
CN201720831615.8	一种用于蘑菇加工的切片装置	百事美特食品宿迁有限公司，江苏省宿迁市经济开发区深圳路38号（223800）	丁万奎、邢景翠
CN201720832694.4	一种茶叶烘干机用自动喂料装置	江西云台山有机茶实业有限公司，江西省赣州市定南县岭北镇云台山（341900）	李景元、贺永
CN201720833321.9	一种食用葵瓜籽漂洗杂质分离清除装置	庆阳中庆农产品有限公司，甘肃省庆阳市西峰区董志镇工业园区（745000）	刘起谱、冀民民
CN201720833322.3	一种食用葵瓜籽加工炒制装置	庆阳中庆农产品有限公司，甘肃省庆阳市西峰区董志镇工业园区（745000）	黄新文
CN201720833635.9	一种叶菜切割清洗生产线	广西振合供应链管理有限公司，广西壮族自治区南宁市江南区五一西路23号5号仓（530033）	张国建
CN201720833868.9	一种定量固液灌装一体的油炸机	山东佳特机械科技有限公司，山东省潍坊市诸城市密州街道王家铁沟村（262200）	蒋顺蓉
CN201720837243.X	一种食用葵籽皮分离装置	庆阳中庆农产品有限公司，甘肃省庆阳市西峰区董志镇工业园区（745000）	冯书奇、李文全
CN201720837767.9	一种新型瓜籽除杂洗涤机组	庆阳中庆农产品有限公司，甘肃省庆阳市西峰区董志镇工业园区（745000）	肖亨华、肖中山
CN201720842624.7	一种猪肉加工厂猪肉清洗装置	重庆鼎实食品开发有限公司，重庆市开县郭家镇慈林村1组（405422）	黄福阳
CN201720850287.6	一种香菇漂烫装置	湖北浩伟科技股份有限公司，湖北省荆门市钟祥市经济开发区西环四路1-6幢（431900）	魏文志、付立霞
CN201720850458.5	一种花生去皮装置	湖北浩伟科技股份有限公司，湖北省荆门市钟祥市经济开发区西环四路1-6幢（431900）	糜玥崎
CN201720853020.2	牲畜脱毛装置	升阳食品（武汉）有限公司，湖北省武汉市新洲区阳逻经济技术开发区（430000）	王美娃

（续）

申请或批准号	发明名称	申请（专利权）人与通信地址	发明人
CN201720853467.X	一种白瓜子籽种取膜装置	民勤县泽农种业有限责任公司，甘肃省武威市民勤县城东大街东部开发小区（733300）	周光亮、胡 婷
CN201720855244.7	一种用于清洁紫苏的清洁装置	黑龙江省科学院大庆分院，黑龙江省大庆市萨尔图高新区博学大街45号（163319）	刘 鑫、李孟昕
CN201720858012.7	脱水蔬菜用自动上料及烘干系统	宁夏马莲商贸有限责任公司，宁夏回族自治区石嘴山市惠农区庙台乡东永固村四队（753204）	张 勇
CN201720858017.X	块状蔬菜清洗机	宁夏马莲商贸有限责任公司，宁夏回族自治区石嘴山市惠农区庙台乡东永固村四队（753204）	张 勇
CN201720858422.1	一种食用菌清洗装置	中国人民解放军空军勤务学院，江苏省徐州市西阁街85号（221000）	赵 睿
CN201720864239.2	一种落地式茶叶烘焙机	重庆市开州区佳洲茶叶种植股份合作社，重庆市开州区敦好镇龙珠村9组（405400）	林凤英
CN201720864244.3	一种防故障式茶叶揉捻机	重庆市开州区佳洲茶叶种植股份合作社，重庆市开州区敦好镇龙珠村9组（405400）	张 成
CN201720864640.6	一种用于加工核桃仁的蒸煮装置	云南龙云大有实业有限公司，云南省大理白族自治州祥云县祥城镇八里路（672100）	曲佳音、曲 颖
CN201720865387.6	一种滚筒式揉茶机	重庆市开州区佳洲茶叶种植股份合作社，重庆市开州区敦好镇龙珠村9组（405400）	林 鑫
CN201720866988.9	一种新型蜂蜜生产设备	福建省神蜂科技开发有限公司，福建省福州市仓山区建新镇洪山桥隧道口316国道北侧（350007）	杨桂东
CN201720867043.9	一种用于回收蜂胶提取后的渣料的装置	福建省神蜂科技开发有限公司，福建省福州市仓山区建新镇洪山桥隧道口316国道北侧（350007）	刘 征、鞠全民
CN201720867321.0	一种辣椒烘炒装置	桂东县山里青现代农业科技发展有限责任公司，湖南省郴州市桂东县沤江镇北街2号（423500）	庄富森
CN201720867371.9	一种红薯粉快速熟化装置	桂东县山里青现代农业科技发展有限责任公司，湖南省郴州市桂东县沤江镇北街2号（423500）	刘立忠、邵益民
CN201720867809.3	一种晃动式红薯粉原料清洗装置	祁东县劲松食品有限公司，湖南省衡阳市祁东县黄土铺镇马路街（421621）	武月龙、梁宝平
CN201720869705.6	芦笋用的削皮、切断机构	湖南平芝农业科技开发有限公司，湖南省益阳市沅江市泗湖山镇群益村光复粮仓（413115）	杨金海
CN201720869921.0	一种芦笋用的浸泡、清洗机构	湖南平芝农业科技开发有限公司，湖南省益阳市沅江市泗湖山镇群益村光复粮仓（413115）	杜发菊、王 优
CN201720869922.5	芦笋清洗漂烫冷却机构	湖南平芝农业科技开发有限公司，湖南省益阳市沅江市泗湖山镇群益村光复粮仓（413115）	杨梦森
CN201720870326.9	一种芦笋用的脱水机构	湖南平芝农业科技开发有限公司，湖南省益阳市沅江市泗湖山镇群益村光复粮仓（413115）	张敬强、李永霞
CN201720873975.4	茶叶机械出茶装置	浙江机电职业技术学院，浙江省杭州市滨江区滨文路528号（310053）	梁爱年、梁元凤
CN201720874045.0	一种具有清洗烘干功能的茶叶清理机	芜湖金新茶业工贸有限责任公司，安徽省芜湖市南陵县许镇镇高桥村老元孙18号（241306）	邓卫平

（续）

申请或批准号	发 明 名 称	申请（专利权）人与通信地址	发明人
CN201720874072.8	一种清洗效率高的茶叶清洗机	芜湖金新茶业工贸有限责任公司，安徽省芜湖市南陵县许镇镇高桥村老元孙18号（241306）	李昭立
CN201720883338.5	一种带定位装置的山楂去核机	河北农业大学，河北省保定市河北农业大学机电工程学院206室（71000）	王玉锁
CN201720885340.6	一种节水型柑橘清洗装置	邵阳心连心食品有限公司，湖南省邵阳市新邵县酿溪镇新阳路157号（422900）	张 净、郑风光
CN201720886951.2	一种生产麻油的压榨装置	安徽省鹰鹭麻油有限公司，安徽省马鞍山市含山县华阳洞风景区（243000）	王旭宁、纪昌罗
CN201720888679.1	番茄打浆灌装机	梧州学院，广西壮族自治区梧州市万秀区富民三路82号（543000）	纪小国、黄继红
CN201720895102.3	便携式红枣去核机	山西省农业科学院农产品加工研究所，山西省太原市小店区黄陵街道龙城大街79号（30031）	高 峰、李利军
CN201720901197.5	半自动枸杞清洗设备	青海圣和源土特产有限公司，青海省生物科技产业园经四路22号F区第3层（810016）	邓传波、苏 博
CN201720905933.4	禽蛋剥壳装置	诸城艾格自动化装备有限公司，山东省潍坊市诸城市舜王街道舜安社区万兴路南侧（262200）	盛 姣、曾桂华
CN201720917157.X	一种米粉加工烘干房	遵义市杨老大食品有限责任公司，贵州省遵义市汇川区泗渡镇泗渡居胜利组50号（563000）	赵西南、周 亮
CN201720919530.5	一种一体化甘蔗汁生产系统	内江师范学院，四川省内江市东桐路705号（641000）	冯 鹏、申晓慧
CN201720919536.2	一种节能型热风旋转炉	苏州稻香村食品有限公司，江苏省苏州市工业园区唯亭唯文路19号（215000）	宋老亮
CN201720921458.X	一种玉米脱粒烘干一体机	乐山三缘电机有限公司，四川省乐山市五通桥区杨柳镇交通街68号（614000）	汪航宇
CN201720928575.9	一种大米色选机	宁夏青铜峡市叶盛米业有限公司，宁夏回族自治区吴忠市青铜峡市叶升镇路口（751600）	王 勋
CN201720930150.1	一种土豆清洗装置	新昌县雷凯科技有限公司，浙江省绍兴市新昌县儒岙镇屋沿坑村99号（312500）	沈 明
CN201720942337.3	青皮核桃脱皮机	新和戈壁红农产品农民专业合作社，新疆阿克苏新和县塔什力克乡五一水库农场（842100）	张祥斌
CN201720942337.3	青皮核桃脱皮机	新和戈壁红农产品农民专业合作社，新疆阿克苏新和县塔什力克乡五一水库农场（842100）	张祥斌
CN201721043446.8	自动化羊蹄脱毛装置	中国农业科学院农产品加工研究所，北京市海淀区圆明园西路2号院（100193）	曾爱钦
CN201721044159.9	除铁屑水果清洗机	开原川顺食品加工有限公司，辽宁省铁岭市开原市开原经济开发区五金中路9号（112300）	王建兵、王建云
CN201721063914.8	一种棘皮类农副水产品加工用清洗装置	江西省金粮实业有限公司，江西省南昌市南昌县小蓝工业园农产品园内（330000）	李晓毓
CN201721074622.4	用于黄花菜烘干设备中的输送装置	湖南雁隆食品有限责任公司，湖南省衡阳市祁东县黄土铺镇黄邵路11号（421621）	田镇闻、蔡 娟

（续）

申请或批准号	发　明　名　称	申请（专利权）人与通信地址	发明人
CN201721105513.4	一种红薯粉生产过程粉碎结构	河南省李芳生态循环农业开发有限公司，河南省驻马店市平舆县十字路乡张铁村李芳庄（463400）	邢为民、施夏亚
CN201721169893.8	鱼浆采肉机	厦门金润达机械有限公司，福建省厦门市海沧区海沧街道鳌冠村西片10号之12-2（361000）	姜晓倩、张进杰
CN201721169895.7	鱼肉细切机	厦门金润达机械有限公司，福建省厦门市海沧区海沧街道鳌冠村西片10号之12-2（361000）	杨宗文
CN201721198956.2	一种螃蟹去壳工具	诏安县鸿颖水产有限公司，福建省漳州市诏安工业园区北区（363500）	黄凤艳
CN201721199128.0	一种速冻水产原材料用清洗装置	诏安县鸿颖水产有限公司，福建省漳州市诏安县鸿颖水产有限公司（363500）	袁廷文、王　强

6 第六部分

大 事 记

1月

22～23日 “全国粮食流通工作会议”在北京召开。会议认真落实中央经济工作会议、中央农村工作会议精神和全国发展改革工作会议部署要求，总结工作、研判形势，部署2018年粮食流通改革发展任务。会议传达学习了国务院领导同志最近对粮食流通工作的重要批示。党的十八大以来，粮食行业广大干部职工砥砺奋进、真抓实干，扎实推进粮食流通改革发展，国家粮食安全保障能力得到全面提高，在促进经济发展、社会稳定、民生改善中发挥了积极作用，2017年全国各级粮食部门围绕中心、服务大局，积极作为、锐意进取，推动粮食流通改革发展开创了新局面。2018年是贯彻党的十九大精神的开局之年，是改革开放40周年，是决胜全面建成小康社会、实施“十三五”规划承上启下的关键一年，也是粮食行业深化改革、转型发展的攻坚之年。全国粮食系统要围绕实施国家粮食安全战略和乡村振兴战略、健康中国战略，突出“六项重点”，强化“六个支撑”，守住安全底线，努力构建更高层次、更高质量、更有效率、更可持续的粮食安全保障体系。重点要抓好以下六项重点工作。第一，积极稳妥推进粮食收储制度改革。进一步巩固放大玉米收储制度改革成效，及时总结推广各地开展市场化收购的好经验好做法。继续实行稻谷、小麦最低收购价政策，增强政策弹性和灵活性，合理确定最低收购价水平，优化执行预案和具体操作办法，鼓励多元主体积极入市，切实保护农民利益。第二，加快消化粮食库存。要多管齐下、综合施策，拿出更有力措施，加快消化不合理粮食库存。既要深化改革“控增量”，又要消化库存“减存量”。敦促指导存储企业严格落实粮食出库政策，确保成交粮食及时出库。第三，全面加强粮食流通监管。全面压实各方责任，健全追责问责机制，倒逼责任落实。突出执法督查重点，强化分类监管。创新执法监管方式，落实粮食巡查制度，健全督查督办机制。第四，创新完善粮食宏观调控。加强政府储备管理，优化中央储备粮功能定位和结构布局，健全地方储备粮管理运行机制，推进中央储备粮和地方储备粮协同运作。完善调控载体方式，择优确定骨干企业纳入粮食市场调控体系。健全粮食产销合作机制。强化粮食统计和信息监测预警。第五，大力发展粮食产业经济。实行分类指导、因企制宜，确定支持一批龙头企业，扶持做强一批骨干企业，加快新旧动能转换，有效促进优化升级。创新粮食产品和业态。加快粮食企业改革发展。加大优惠政策扶持。第六，深入实施“优质粮食工程”，积极推动粮食产后服务体系建设，着力健全完善粮食质量监测体系。完善“中国好粮油”系列标准，建立优质粮油品质测评体系和抽检不达标产品退出制度。出台“中国好粮油”产品管理办法，加强标识管理。坚持需求导向，加强调度考核，抓实抓好项目建设。会议要求，要从加强改进粮食安全省长责任制考核、加快推动粮食安全保障立法、积极实施“科技兴粮”和“人才兴粮”、加快构建国家粮食电子交易平台体系、着力加强粮食行业信息化建设、切实提高粮食流通设施现代化水平等方面入手，多点支撑、协同发力，进一步筑牢保障国家粮食安全的坚实基础。

29～30日 “全国食品生产监管工作会议”在北京召开。会议深入学习贯彻党的十九大精神和习近平新时代中国特色社会主义思想，贯彻落实党中央、国务院关于食品安全工作决策部署，贯彻落实全国食品药品监管暨党风廉政建设工作会议精神，研究布置2018年食品生产监管重点工作。各省（自治区、直辖市）及新疆建设兵团、部分副省级城市食品药品监管部门代表，总局相关司局、直属单位相关负责同志参加了会议。会议强调，做好新时代食品生产监管工作，要深刻学习领会习近平新时代中国特色社会主义思想，学习贯彻落实习近平总书记关于食品安全工作的战略思想，学习贯彻落实全国食品药品监督管理工作会议提出的“七个必须坚持”。要通过学习，深刻领会食品生产监管面临的新要求，推进食品生产监管理念实现“五个转变”，在四条“线”同向发力。会议指出，过去五年来，食品生产监管工作严格落实“四个最严”要求，严格执行“放管服”改革要求，大型食品生产企业飞行检查、婴幼儿配方乳粉生产企业体系检查、食品生产日常现场检查力度明显加大，食品安全形势稳中向好。婴幼儿配方乳粉国家监督抽检合格率达99.5%，大型食品企业抽检合格率达到99.6%；“一证一企”全面实施，部分省份实现许可全程电子化，有效维护了人民群众“舌尖上的安全”。截至2017年年底，累计对89家婴幼儿配方乳粉生产企业开展体系检查，组织修订许可审查细则27个，全国获证食品生产企业达到14.46万家。2017年共检查食品生产企业48.8万家次，食品生产监管工作又有新成效。会议要求，2018年全国食品生产监管工作要坚持以人民为中心，坚持稳中求进，坚持落实“四个最严”，认真落实全国食品药品监督管理暨党风廉政建设工作会议部署的重点工作，重点落实以下任务：一要用好检查手段，开展飞行检查、体系检查，推行“互联网＋食品安全”智慧监管，实现检查电子化管理。二要从严抓好特殊食品监管，做好特殊食品产品（配方）注册与监管工作的衔接。三要聚焦高风险食品，针对共性问题、记录问题、原料问题开展综合治理。四要抓好大型企业监管，落实全生命周期监管措施，发挥其示范引领作用。五要规范引导小作坊食品安全工作，开展全国小作坊基本情况调查，推进实施小作坊食品目录管理。六要加快修订审查许可细则，全面实施核查人员分级管理，全面推进食品生产许可全程电子化，并对保障春节食品安全作出部署要求，要求各级食品药品监管部门落实监管责任，做好重点产品、重点企业督查工作，排查风险隐患，守住不发生食品安全问题的底线。

30日 “全国食品药品科技标准工作会议”在北京召开。由国家食品药品监督管理总局组织在北京召开全国食品药品科技标准工作会议。会议以习近平新时代中国特色社会主义思想为指导，落实全国食品药品监督管理暨党风廉政建设工作会议精神，总结2017年食品药品科技标准工作，分析研究当前形势，部署2018年重点工作任务。会议指出，过去一年，全国食品药品科技标准工作人员，坚决贯彻落实党中央和国务院的各项决策部署，遵循“四个最严”要求，坚持“稳中求进”，按照国家食品药品监督管理总局党组总体要求，围绕中心、服务大局，在科技、标准、检验机构管理等工作中成绩斐然。会议强调，要全力贯彻落实好党的十九大精神，紧跟食品药品监管改革发展的新部署，适应食品药品监管工作的新要求，明确科技标准工作的新定位，坚定新时期做好食品药品科技标准工作的信心和决心。要着力推动监管科技创新，引领食品药品全产业链创新；着力完善标准体系，统一标准管理；着力提升检验检测能力，加强检验机构监督管理，全力推动食品药品科技标准工作实现新突破。会议要求，要政治引领、勇于担当，敬业尽职、提升本领，严格自律、善于作为，不断提升做好食品药品科技标准工作的素质和能力，以登高望远、居安思危的历史担当，面对新时代新态势新要求，全面增强自身素质和能力，为做好食品药品科技标准各项工作做好充分准备。国家食品药品监督管理总局科技标准司主要负责同志对2017年科技标准工作作了全面总结，对2018年重点工作作出具体安排。山东、重庆、江苏、广东、江西、上海、甘肃、贵州等8个省级局作了经验交流。参会代表就做好2018年科技标准工作进行了充分讨论。来自全国各省、自治区、直辖市及新疆生产建设兵团食品药品监督管理局分管科技标准工作的负责同志、总局有关司局和直属单位负责同志等80余人参加会议。

2月

1日 “全国食品经营监管工作会议”在北京召开。会议深入学习贯彻党的十九大精神和习近平新时代中国特色社会主义思想，贯彻落实党中央、国务院关于食品安全的决策部署，贯彻落实全国食品药品监督管理工作会议精神，研究布置2018年食品经营监管工作。各省（自治区、直辖市）及新疆生产建设兵团食品药品监管部门分管负责同志、相关协会负责人、总局相关司局负责同志参加了会议。国家食品药品监管总局副局长孙梅君出席会议并讲话。会议强调，做好新时代食品经营监管工作，要深入学习领会习近平总书记关于食品安全的战略思想，牢牢把握食品安全是重大政治任务的基本要求，坚持党政同责，遵循“四个最严”，实现从农田到餐桌全过程无缝监管。要学习贯彻落实全国食品药品监督管理工作会议提出的“七个必须坚持”工作新思路，推进食品经营监管做到“七个强化”的新要求，强化企业主体责任、强化监督检查为主、强化风险管理、强化处罚到人、强化监管者职责定位、强化阳光监管、强化创新监管，高质量完成各项新任务。会议指出，党的十八大以来，食品药品监管工作取得了一系列前所未有的历史性成就，凝聚着食品经营监管战线同志们的无私奉献。2017年，餐饮业质量安全提升行动全面启动，示范超市创建取得阶段性进展，专项整治工作扎实推进，网络食品经营监管取得突破，食品经营监管工作又有新成效。全国有28个省份印发了《关于提升餐饮业质量安全水平的意见》具体实施办法和行动计划；有67个食品安全示范城市的629家超市参与“放心肉菜示范超市”创建；对2 181家食用农产品批发市场开展了规范治理；检查食品经营主体2 168万户次，查处违法案件18.4万件，有力保证了人民群众“舌尖上的安全”。会议要求，2018年全国食品经营监管工作要重点抓好餐饮业质量安全提升工程、“放心肉菜示范超市”创建工程、农村食品安全治理工程三大工程，以及严格落实企业主体责任、严防严控食品安全风险、狠抓校园及周边食品安全监管、加大网络食品经营监管力度、加强规范食用农产品批发市场管理、加强食品经营监管法规制度建设、夯实基层基础工作、提升社会共治共享水平八项重点工作。会议强调，食品经营监管战线要更加紧密地团结在以习近平同志为核心的党中央周围，坚持以人民为中心的发展思想，牢记使命、砥砺奋进，以时不我待、只争朝夕的精神状态，努力为人民群众饮食安全把好关。要锤炼扎实作风，强化责任担当，狠抓廉政建设，做到依法行政、廉洁奉公，不负人民期待和时代赋予的使命。会议还对加强春节期间食品经营监管工作作出具体部署。

1～2日 “全国食品药品稽查工作会议”在江苏省南京市召开。会议以习近平新时代中国特色社会主义思想为指导，学习贯彻党的十九大精神，传达全国食品药品监督管理暨党风廉政建设工作会议精神，总结工作，分析形势，部署2018年食品药品稽查工作。国家食品药品监管总局副局长孙咸泽对2017年食品药品稽查工作予以充分肯定，并针对当前食品药品监管工作形势，就做好2018年食品药品稽查工作提出要求。会议指出，党的十八大以来，全国食品药品稽查系统认真贯彻落实党中央国务院重大决策部署，按照习近平总书记“四个最严”要求，根据总局部署，严厉查处食品药品违法犯罪行为，守住了食品药品安全防线，取得了令人瞩目的成绩。五年来，全国共查处食品药品违法案件179万余件，取缔无证经营户12.4万户，捣毁各类违法黑窝点4 800余个，“不敢”违法的震慑得到强化；先后制定《食品药品行政处罚程序规定》等多部规章规范，不断完善稽查执法制度，“不能”违法的堤坝初步形成；联合公安部等多部门出台行刑衔接工作文件，执法合力得到增强；稳步推进以失信联合惩戒为方向的信用体系建设，构建社会共治格局，“不想”违法的自觉渐入人心。2017年，各地紧紧围绕构建“大稽查”目标，持续保持打假治劣高压态势，在专项稽查、能力建设、行刑衔接、区域协作、信息公开等方面持续发力，查办案件同比增长33%，案件数量和质量得到双提升。会议强调，当前食品药品安全仍处于风险高发期、矛盾凸显期，稽查执法面临形势依然严峻，2018年全国食品药品稽查工作要牢固树立以人民为中心的发展思想，坚持以案件查办为核心，坚持改革创新，努力推动食品药品稽查工作不断创新发展，切实维护好人民群众饮食用药安全。一是落实属地责任，加强基础建设和队伍建设，提升装备保障水平，夯实稽查执法工作基础。二是加强组织领导，高度重视稽查工作，切实保护、激发稽查人员工作热情。三是聚焦案件查办主业，继续构建全国稽查“一盘棋”的大格局，加大案件协查力度。四是加强队伍建设，提升学习本领、创新本领、办案本领，打击犯罪震慑违法，满足人民群众对美好生活的需要。2018年要切实做到“一个聚焦，三个建设，四个到位”，即始终聚焦稽查办案；着力加强体系建设、能力建设、规范化建设；做到处罚到人落实到位、信息公开落实到位、指导协调落实到位、督办检查落实到位。各省（自治区、直辖市）及新疆生产建设兵团、计划单列市、副省级省会城市食品药品监管部门代表，最高人民法院、最高人民检察院、中央军委后勤保障部卫生局相关同志，总局机关相关司局、直属单位负责同志参加会议，安徽砀山县和临泉县、江西龙南县食品药品监管部门代表列席会议。

5～6日 “全国食品安全抽检监测和预警交流工作会议”在北京召开。会议以十九大精神和习近平新时代中国特色社会主义思想为指导，贯彻落实全国食品药品监管暨党风廉政建设工作会议部署，研究安排2018年食品安全抽检监测、预警交流和核查处置工作。国家食品药品监管总局副局长孙梅君出席会议并讲话。会议指出，2017年，食品安全抽检监测工作全面落实食品安全大抽检部署，取得新成效。全国完成抽检监测任务230余万批次，累计公布2.6万余期抽检信息，完成全国抽检不合格食品核查处置任务1.3万余件次，抽检监测成为发现违法违规问题的重要手段，对生产企业案件贡献率达到了37.6%；全国初步建立了四级统一的抽检信息系统，探索开展了评价性抽检，科学开展风险预警交流，公众满意度不断提升。会议强调，做好2018年食品安全抽检监测工作，要深入学习习近平总书记关于食品安全的战略思想，贯彻落实党中央、国务院决策部署，按照全国食品药品监督管理暨党风廉政建设工作会议提出的“七个必须坚持”工作新要求，要以风险预警为前提，以抽检监测为基础，以风险交流为纽带，以信息公开为保障，重点做好以下工作。一要加大抽检监测工作力度。突出问题导向，开展评价性抽检，加强检管联动。督促企业落实主体责任，主动防范化解风险。二要加大风险预警交流力度，强化分析研判，提升预警能力和监管效能。三要加大抽检信息和核查处置信息的公开力度，坚持阳光监管，曝光不合格企业和问题产品，处罚到人。四要逐级落实核查处置任务，加强核查处置基础工作，提高核查处置能力。五要加强信息系统建设，深入挖掘抽检数据，推动实施智慧监管。六要加强承检机构管理，确保抽检数据真实可靠。会议要求，食品抽检监测系统要不断加强政治理论学习，持之以恒反“四风”，加强廉政自律，严守工作纪律、严守底线、不越红线，建设忠诚干净担当的干部队伍。会议还对加强春节，“两会”期间食品安全抽检工作作出安排。国家食品药品监管总局食品安全监管三司司长李奇剑作了2017年食品安全抽检监测和预警交流工作总结报告。各省（自治区、直辖市）及新疆生产建设兵团食品药品监管部门、总局相关司局负责同志和部分承检机构代表参加了会议。天津、河南、湖南、河北、贵州、广东、江苏和安徽省（直辖市）作了交流发言。

3 月

24 日 “中国（驻马店）国际农产品加工产业园发展战略规划研讨会”在河南省驻马店市举行。农业农村部农产品加工局巡视员王秀忠、农业农村部农产品加工局副处长刘晓军、河南省农业厅副厅长刘保仓、河南省发展和改革委员会副主任郭玮、河南省商务厅副厅长高翔以及来自各领域的国内外知名专家、学者和企业家齐聚一堂，共商农产品加工产业园建设发展大计。中共驻马店市委副书记、市长朱是西在研讨会上向参会专家简要介绍了驻马店的市情市况。中共驻马店市委常委、组织部部长金冬江主持研讨会。驻马店市副市长付自成陪同现场调研。王秀忠在讲话中说，建设国际农产品加工产业园是贯彻落实党中央、国务院决策部署，促进农产品加工业高质量发展，融合一二三产业和城乡融合发展的重要举措。这次研讨会对于建设全国领先、世界一流的国际农产品加工产业园区，促进园区的筹备，更好地发展具有重要意义。希望在下一步的筹备建设中，做到高起点规划、高标准建设、高门槛招商，把中国农产品加工产业园做大做强，服务带动当地农业农村发展、乡村行业发展和新型城镇化发展。刘保仓对河南省的农业情况进行了介绍。研讨会上，与会专家以国际化的视野、战略性的眼光，就产业园发展战略、功能定位、招商引资、服务平台建设等方面开展研讨，对产业园的规划建设进行顶层设计和战略谋划，提出了许多建设性的意见和建议。

28 日 农业农村部农产品加工局在北京首次举办“农产品加工技术集成科研基地建设推进交流活动”。活动围绕“十三五”期间在粮油、果蔬茶、畜产品和水产品等重点领域的技术集成科研基地建设开展了研讨交流，明确了工作要求，推动提高建设管理水平，尽早发挥引领示范作用。农业农村部农产品加工局副局长潘利兵在活动讲话中指出，农产品加工技术集成科研基地建设是农业农村部农业科技创新能力条件建设的一项重要内容，是推动农产品加工业技术装备集成创新、促进农产品加工业转型升级的重要措施。要着力将农产品加工技术集成科研基地打造成科技创新、成果转化应用和技术联合攻关的新平台。潘利兵强调，要把握好农产品加工技术集成科研基地的基本定位和原则，形成集成度高、系统化强、能应用、可复制的农产品加工工程化技术研究与产业化应用的示范平台，以高质量建设为根本要求，坚持国家战略、需求导向，坚持创新引领、绿色发展，坚持自主研发、技术集成，坚持开放共享、协同创新。潘利兵要求，各建设单位以及主管部门要高度重视，加强组织管理，确保建设质量；提早筹划准备，做好前期工作；加强组织指导，强化日常监督。要切实把农产品加工技术集成科研基地建好用好管好，尽早发挥示范、带动和引领作用，着力打造推进农产品加工业转型升级的国家队，努力推动我国农产品加工业发展再上新台阶。此次活动，来自农产品加工技术集成科研基地建设单位、有关省农业厅和农业农村部直属单位的负责同志共 80 余人参加了交流。

29～30 日 科技部在浙江省杭州市召开“全国农业农村科技工作会议”。总结 2017 年农业农村科技工作，部署 2018 年农业农村科技重点任务，推动实施乡村振兴战略。科技部党组成员、副部长徐南平出席会议并讲话。浙江省政协副主席陈小平出席会议并致辞。来自全国各省、自治区、直辖市及计划单列市科技厅（委、局），新疆生产建设兵团科技局，国务院有关部门、直属机构科技司（局），国家农业高新技术产业示范区、国家农业科技园区、农口国家工程技术研究中心、产业技术创新战略联盟、科技特派员、星创天地、新农村发展研究院、重点高校/院所/企业、定点扶贫县、县域创新驱动发展典型县（市），七大农作物育种等重大项目牵头单位等有关单位代表和专家，科技部相关司局、农村中心有关同志以及其他特邀代表参加了会议。徐南平从党的十九大主题解析了实施乡村振兴战略的必要性和重大意义，要求全国农业科技工作者要以习近平新时代中国特色社会主义思想为指导，按照 2018 年中央 1 号文件制定的目标，坚持党管农村工作，坚持农业农村优先发展，坚持农民主体地位，坚持乡村全面振兴，坚持城乡融合发展，坚持人与自然和谐共生，坚持因地制宜，循序渐进等七个基本原则，把农业科技创新摆在国家科技发展全局更加突出的位置，以实施乡村振兴战略为总抓手，统筹推进科学研究、基地建设、人才队伍一体化发展，打造农业科技战略力量，走中国特色创新驱动乡村振兴发展道路。徐南平强调，创新驱动乡村振兴发展，要重点抓好七个方面工作。一是推进改革创新，构建国家农业农村科技创新体系。二是加强研发部署，抢占农业科技创新战略制高点。三是统筹基地建设，形成农业科技国家战略力量。四是实施人才战略，建设新型职业农民队伍。五是建设科技园区，发展高新技术企业和高新技术产业。六是强化县域创新，加快科技成果转化应用。七是决胜全面小康，助力打赢脱贫攻坚战。农村科技司司长兰玉杰在工作报告中对党的十八大以来农业农村科技领域工作成就进行总结回顾，并对 2018 年工作进行了全面部署——实施乡村振兴科技工程，落实乡村振兴六大行动。对于如何落实好会议精神，他强调，一是要切实增强“四个意识”。在思想上政治上行动上要自觉维护以习近平同志为核心的党中央权威和集中统一领导。二是强化调查研究。围绕实施创新驱动发展战略和乡村振兴战略，把握农业农村科技创新大势，深入一线开展调研。三是强化落实落地。要把新时代农业农村科技工作的决策部署落细落小、落实落地，做到心中有全局，手中有典型，推动有抓手，工作有实效。四是强化宣传引导。深入宣传国家农业农村科技工作重大决策，讲好农业农村创新创业故事。农村中心主任贾敬敦介绍了重点研发计划管理情况。农村科技司相关负责同志分别解读了农业科技创新、县域创新、科技扶贫和农业高新技术产业示范区建设等有关政策和工作。浙江省科技厅、江苏省常熟市、中国国家杂交水稻工程技术研究中心、山东寿光九丰农业科技有限公司等单位和代表作了典型交流发言。参会代表围绕学习徐南平副部长重要讲话精神，做好2018年农业农村科技工作进行讨论交流，并赴安吉县开展乡村振兴现场调研。

4月

16日 “2018中国饲料发展论坛”在湖南省长沙市举办。本届论坛以“加快推动转型升级、实现高质量发展”为主题，以优供给、强安全、保生态为目标，旨在深入学习贯彻党的十九大精神和中央1号文件要求，坚持质量第一、绿色发展，推进饲料工业发展质量变革、效率变革、动力变革，持续提升我国饲料工业发展质量效益和竞争力。论坛围绕实施乡村振兴战略和建设美丽中国的新任务、新要求，聚焦饲料工业及上下游产业前沿和热点开展讨论。来自国务院政策研究机构和农业农村部有关负责同志、知名专家和企业家等分别以乡村振兴、绿色兴牧、兽药管理、科技创新、形势研判、结构调整、风险管理、“互联网+”以及产业融合等领域为主题作报告。据了解，经过改革开放40年的努力，我国已发展成为世界第一大饲料工业生产国。特别是党的十八大以来，我国饲料工业持续快速发展，产业融合加速，中轴作用突出，上下游联动效应明显。2017年，生产转化玉米等能量饲料2亿多t，带动养殖业实现产值超过4万亿元，已成为支撑养殖业持续健康发展的物质基础和节本增效的关键。

26日 中国工程院和中国农业科学院在北京组织召开“新时代农业科技创新体系建设座谈会”。农业农村部党组成员、中国农业科学院院长唐华俊院士主持会议，中国工程院副院长刘旭院士出席会议并讲话。中国工程院邹学校院士、吴孔明院士和万建民院士，科技部农村科技司副司长蒋丹平，科技部中国农村技术开发中心副主任刘作凯，南京农业大学校长周光宏，中国水产科学研究院院长崔利锋，农业农村部农村经济研究中心党委书记魏琦，以及山东省农业科学院、黑龙江省农业科学院、河南省农业科学院、中国水利水电科学研究院、中国环境科学研究院、国家农业信息中心、西北农林大学、沈阳农业大学等单位的专家和中国工程院“中国农业科技发展战略与政策取向”咨询研究项目的骨干成员近40人出席会议。会议认为，新时代农业竞争的实质是科技的竞争，农业现代化实现的关键必须依靠农业科技创新。当前我国农业农村现代化还面临若干重大问题，粮食安全还不能高枕无忧、农业竞争力还不强、资源环境约束日益紧迫，唯有依靠农业科技创新来解决。同时，新一轮科技和产业革命蓄势待发，信息、能源、材料和生物等技术领域不断突破，技术进步呈现出群体性、融合性重大革新态势。科学、技术和产业发展之间的互动关系越来越紧，相互渗透越来越深，转换周期越来越短，迫切需要坚持创新驱动发展，坚持矛盾和问题导向，加快构建与农业科研特点和规律相适应、与新时代农业科技需求相衔接、与创新型国家建设相匹配的农业科技创新体系。通过建立完善国家农业科技创新体系，推动形成合理的创新布局，培育多元化的创新主体，建设一流学科和团队，建成功能完备的平台体系，建立需求和问题导向的任务形成机制、激励相容的财政支持体系和科学的分类评价体系，构建“一盘棋”、“一体化”和“一条龙”的协同创新组织模式，促进全国农业科技整体跃升，为推动农业农村经济的质量变革、效率变革和动力变革，促进乡村振兴和可持续发展提供强有力的科技支撑和决策支撑。

26日 科技部农村科技司与农村中心在北京联合召开“农业农村科技创新研讨会”。会议贯彻落实党的十九大报告和中央1号文件精神，深入实施创新驱动发展战略和乡村振兴战略。研讨会由农村中心贾敬敦主任主持。农村科技司兰玉杰司长、蒋丹平副司长出席会议。来自生物种业、食品加工、农业环境、海洋农业、村镇建设等领域的20余位专家及企业家参加会议。会议围绕新的历史方位下国家粮食安全形势，基因编辑、生物合成等前沿技术发展趋势及农业产业国际竞争态势进行了深入研讨，针对性地提出农业农村领域科技创新措施建议。万建民院士、沈建忠院士等专家结合农业农村领域的重大科学问题、核心关键技术等进行了交流发言。兰玉杰司长对下一步研究工作进行了部署。他要求进一步深化战略研究，在定位上要对标国家战略目标，厘清最大需求，找准最大短板，解决重大问题，创新体制机制，为建设现代化经济体系，推动农业农村绿色发展、高质量发展提供科技支撑。

5月

3日 “2018年度国家农产品加工技术研发体系工作会议”在北京召开。农业农村部农产品加工局何斌副局长、中国农业科学院农产品加工研究所戴小枫所长、农业农村部科技教育司徐利群处长、科技部中国农村技术开发中心戴炳业副处长出席会议并讲话。研发体系工作委员会、国家现代农业产业技术体系农产品加工岗位科学家执行专家组、研发体系青年工作委员会共计60余人参加了会议，会议由农业农村部农产品加工局路玉彬处长主持。何斌副局长在讲话中指出，农业农村部农产品加工局按照基础研究、应用研究、集成示范、转化推广“四位一体”创新链整体布局，整合各方科技资源，初步构建了农产品加工科技创新体系。2017年研发体系在制度建设、科技创新、成果转化、人才培养、标准制定等方面做了大量工作，取得一定工作成效。为进一步发挥研发体系在科技支撑产业发展方面的重要作用，他对2018年研发体系重点工作提出了四点要求：一要提能力，围绕国家战略，对接农业产业需求，进一步提高基础科研条件，推进研究和推广转化无缝对接，提升解决产业实际问题的能力；二要上层次，进一步提升科技创新水平，开展前沿战略研究、先进适用加工技术研究，解决产业发展瓶颈问题，在国际农产品加工业取得重要话语权；三要强体系，积极吸收技术创新能力强的科研教育机构、领军企业参与体系建设工作，强化动态管理，建立能进能出、能上能下的调整机制；四要促融合，促进研发体系与产业体系融合发展，促进产业体系与企业实体有效对接，优势互补，强强联合，以农产品为单元，以产业为主线，搭建以共性技术协同创新为切入点，横纵结合的协同创新机制，使体系研发成果更贴近需求、贴近市场，更接地气。徐利群处长表示，要切实搭建好“两体系”协同创新平台，充分发挥农产品加工局在行业内的领导优势，做好平台运转与管理工作。以农产品加工岗位科学家执行专家组为工作抓手，围绕农产品加工行业共性关键问题开展协同攻关。科技教育司将继续依托协同创新平台，争取更多科研资源，打造良好外部环境，为专家潜心研究、解决行业问题提供条件平台保障。他强调，国家现代农业产业技术体系农产品加工岗位科学家协同创新执行专家组成员要对协同创新科研任务目标与产出进行合理布局，衔接好协同创新任务与体系任务。围绕乡村振兴和扶贫攻坚国家重大战略，开展前瞻性技术研究，梳理体系重大技术、重大产品、重大装备，解决产业实际问题，促进一二三产业融合发展。戴炳业副处长指出，开展农产品加工创新驱动发展战略研究对实现产业兴旺、乡村振兴具有重要意义，科技部中国农村技术开发中心完全赞同与农业农村部农产品加工局联合开展农产品加工创新驱动发展战略研究。他强调，战略不是研究我们未来要做什么，而是研究我们今天做什么才有未来。国家中心要积极吸纳各领域、行业、学科专家参与战略研究，进一步完善战略研究框架，牵头研发体系做出高质量的战略研究报告，为“十四五”立项和指南编制提供重要参考。戴小枫所长代表国家中心对农业农村部、科技部长期以来的指导和各专业委员会付出的努力表示感谢。他指出，十九大以来党中央、国务院赋予农业农村部实现乡村振兴战略的新目标、新任务、新要求，农产品加工是实现一二三产业融合发展、产业振兴、乡村振兴的关键、重点和核心，研发体系各专业委员会要不忘初心，牢记服务产业发展的初心和使命，认真学习、理解、贯彻十九大关于乡村振兴的战略和决定，学习习近平新时代中国特色社会主义思想和系列重要讲话精神，将农业农村部2018年重点工作落实到研发体系的具体工作中，围绕中心工作、服务大局，行使研发体系国家队职责。会议对2017年研发体系专业中心年度监测结果进行了通报，对2018年度国家农产品加工技术研发专业中心申报工作进行了部署，对研发体系工作委员会人员变动进行了表决，对研发体系专业中心依托单位变更与更名事宜进行了研讨。

20日 “2018年全国粮食科技活动周启动仪式”在山西太原举行。国家发展和改革委员会党组成员，国家粮食和物资储备局党组书记、局长张务锋讲话并宣布全国粮食科技活动周正式启动；山西省副省长陈永奇致辞；国家粮食和物资储备局党组成员、副局长卢景波主持。张务锋指出，山西素以“小杂粮王国”著称，粮食产业特色鲜明。遵照习近平总书记视察山西重要指示精神，国家粮食和物资储备局同山西省紧密对接合作，大力推动特色杂粮产业发展，着力开发功能食品和药食同源产品，重点支持优质杂粮示范区和杂粮产地交易市场建设，取得了积极成效。此次在山西启动2018年全国粮食科技活动周，对于深入贯彻落实习近平总书记重要指示精神，加快推进农业供给侧结构性改革和粮食产业高质量发展，在更高层次和更高水平上保障国家粮食安全，具有特别重要的现实意义。张务锋强调，民以食为天，食以安为先，安以质为要。作为13亿多人口的大国，从中长期看，我国粮食供求总体处于紧平衡态势，任何时候都不能轻言过关，保障国家粮食安全是一个永恒的课题。当前，随着健康中国战略的实施，人民群众对粮油消费的需求正在从“吃得饱”向“吃得好”和“吃得健康”、“吃得放心”、“吃得便利”跃升。新时代新要求，我们必须认真落实总体国家安全观和新粮食安全观，从战略上看得深一点、远一点，始终绷紧保障国家粮食安全这根弦，确保“谷物基本自给、口粮绝对安全”；必须深入实施创新驱动发展战略，着力推动“科技兴粮”和“人才兴粮”，为增强国家粮食安全保障能力提供强力支撑；必须全面贯彻质量第一、效益优先方针，大力发展粮食产业经济，加快从增产导向转向提质导向，推动我国由粮食生产大国向粮食产业强国迈进。张务锋要求，2018 年全国粮食科技活动周要突出“科技创新、强业兴粮”主题，集中推介粮油科技成果，组织人才供需对接，开展“中国好粮油”科普进校园、进企业、进军营，传播生产和消费优质粮油的理念，进一步凝聚起产业转型发展、消费提档升级的共识和行动。启动仪式现场还举行了“国家功能杂粮技术创新中心”授牌、粮食科普知识展、中国好粮油展、中国好粮油（小米）品鉴会、杂粮学术报告会等活动。国家粮食和物资储备局相关司局单位、各省（自治区、直辖市）市粮食局和山西省有关部门负责同志，粮食科研院校、企业代表参加启动仪式。

21 日 国家粮食和物资储备局在湖北省武汉市召开“全国科技兴粮人才兴粮座谈会”。会议认真落实习近平总书记关于科技和人才工作的重要指示，交流经验做法，研究部署新时代“科技兴粮”和“人才兴粮”的创新举措。国家发展和改革委员会党组成员，国家粮食和物资储备局党组书记、局长张务锋出席会议并讲话；局党组成员、副局长曾丽瑛主持会议；局党组成员、副局长卢景波通报了国家粮食和物资储备局会同有关部门联合印发的《“科技兴粮”和“人才兴粮”实施意见》有关情况；人力资源和社会保障部专业技术人员管理司负责同志作了人才政策解读。张务锋指出，实施“科技兴粮”和“人才兴粮”，是深入贯彻党的十九大精神、全面实施科教兴国和人才强国战略的具体行动，是积极应对挑战、进一步筑牢国家粮食安全基础的必然要求，是提高发展质量、建设粮食产业强国的有力举措，是粮食行业深化改革转型发展、担当新时代新使命的现实需要。粮食行业广大干部职工，要深刻认识“发展是第一要务，人才是第一资源，创新是第一动力”，坚持需求导向、高点定位，遵循规律、改革创新，分类施策、重点突破，激发全行业创新创优活力，为建设粮食产业强国、保障国家粮食安全提供强力支撑。张务锋强调，要聚焦第一动力，全面提高粮食行业科技创新水平。要在主体培育上实现新突破：支持粮食企业加快向创新型企业转变，引导粮食科研院所发挥好骨干作用，完善行业科技创新平台，加快科技创新资源集聚。要在融通创新上实现新突破：鼓励有条件的地方、骨干企业与科研院所、高等院校，建立一批粮食产业科技创新联盟，持续深入开展产学研合作。要在关键技术上实现新突破：聚焦粮食仓储、粮油适度加工和深加工、先进装备制造、高效粮食物流、粮食质量安全等方面，早出成果、多出成果、出好成果。要在成果转化上实现新突破：拓宽成果转化渠道，加大技术改造力度，推动更多粮食行业创新成果实现市场化、产业化。张务锋要求，突出第一资源，培养造就一支适应新时代粮食流通改革发展需要的高素质专业化人才队伍。大力培养造就一批粮食行业管理人才：着眼增强“八种本领”，搞好挂职锻炼和业务培训，引导干部敢于担当、善谋实干、锐意进取。大力培养造就一批粮食科技创新人才：选拔科技创新领军人才，遴选青年拔尖人才，建立粮食行业高水平创新团队。大力培养造就一批粮食高技能人才：实施粮食行业卓越工程师培养计划，发挥高技能人才带动作用，努力扩大粮食技能人才规模。大力培养造就一批粮食后备人才：推动粮食高等教育办出特色、办出水平，粮食职业教育深化产教融合、校企合作，加快急需紧缺粮食专业人才培养。张务锋强调，要认真贯彻党中央、国务院关于深化科技和人才体制改革的决策部署，全面落实“科技兴粮”和“人才兴粮”实施意见。要健全组织推动机制，结合粮食安全省长责任制考核，强化责任落实和部门协同，凝聚起强大工作合力。要健全激励扶持机制，认真落实好收益分配政策，关心人才、爱护人才，做到待遇留人、感情留人、事业留人有机结合。要健全宣传引导机制，及时报道优惠政策、突出成效和典型经验，增强粮食行业人才的成就感、归属感和获得感。湖北省、江苏省、湖南省粮食局，浙江省粮食局直属库、深圳粮食集团，河南工业大学、山东商务职业学院和国家粮食科学研究院作了交流发言。各省（自治区、直辖市）粮食局主要负责同志及人事处长、科技处长，粮食科研院校和企业代表，国家粮食和物资储备局相关司局单位负责同志参加会议。

6 月

10 日 “第二届国际食醋科技与健康论坛暨中国食醋产业技术创新战略联盟年会”在江苏镇江召开。

本次会议以“食醋——健康与创新”为主题，由中国食品科学技术学会、恒顺醋业股份有限公司、江南大学、加利福尼亚大学戴维斯发酵食品和饮料研究中心共同主办。科技部农村科技司巡视员王喆、江苏省科技厅副厅长段雄、中国食品科学技术学会理事长孟素荷出席会议并致辞。王喆巡视员对本次会议的召开表示衷心的祝贺，对中国食醋产业技术创新战略联盟成立以来取得的成绩及其对食醋产业的支撑作用表示肯定，并希望中国食醋产业技术创新战略联盟继续在构建食醋产业产学研结合的技术创新体系中发挥功能，为推动食醋产业实现健康、创新、高质量发展提供新思路。本届国际食醋论坛的举办，旨在建立“产学研”联合体，专家学者围绕食醋产业科技创新与健康发展各抒已见，共同探讨食醋产业转型升级的破局之道，促进创新链和产业链精准对接，加快科研成果从样品到产品再到商品的转化，打通酿造产业跨步发展的“最后一公里”。

15 日 农业农村部新闻办举行“促进农村产业融合发展，助推乡村振兴”新闻发布会。农业农村部农产品加工局局长宗锦耀介绍了农村一二三产业融合发展情况并回答记者提问，农业农村部农产品加工局副局长潘利兵一同出席发布会。记者从发布会上获悉，近年来，农村产业融合发展取得了显著成效。农产品加工业稳中向好，2017 年农产品加工企业主营业务收入超过 22 万亿元，与农业总产值之比由 2012 年的 1.9∶1 提高到 2.3∶1；休闲农业和乡村旅游蓬勃发展，2017 年接待游客 28 亿人次，营业收入7 400亿元；农村创业创新活力迸发，2017 年返乡下乡双创人员累计达到 740 万人，农村本地非农自营人员3 140万人；农村一二三产业融合发展态势形成良好局面，据测算，农村产业融合使订单生产农户的比例达到 45%，经营收入增加了 67%，农户年平均获得的返还或分配利润达到 300 多元。宗锦耀提出，推进乡村产业振兴，必须把农村一二三产业融合发展作为根本途径，把加工业和休闲旅游作为融合的重点产业，把创业创新作为融合的强大动能。近年来，农业农村部采取了一系列措施，统筹推进农村一二三产业融合发展。下一步，农业农村部将通过落实政策引导融合、创业创新促进融合、发展产业支撑融合、完善机制带动融合、加强服务推动融合等措施，促进农村一二三产业融合发展。力争到 2020 年，农村产业融合发展体系初步形成，为乡村产业振兴提供有力支撑。在回答关于促进农产品加工业发展问题时，宗锦耀介绍，今年 1～5 月我国农产品加工业主营业务收入已超过 5 万亿元，较上年同期增长 7%左右。规模以上农产品加工企业 8 万多家，大中型企业比例达到 16%，年销售收入超过 1 亿元的企业近 2 万家，超过 100 亿元的企业达 70 家。一半以上的加工企业通过前延后伸，构建全产业链和价值链，成为农村产业融合发展的主导力量。实施农产品加工业提升行动，促进农业高质量发展。休闲旅游是农村产业融合的重点产业。近年来，我国休闲农业和乡村旅游蓬勃发展，2017 年接待游客 28 亿人次，营业收入7 400亿元，从业人员1 100万人，带动 750 万户农民受益，成为天然的农村产业融合主体。潘利兵说，今年中央 1 号文件明确提出要实施休闲农业和乡村旅游精品工程，农业农村部认真贯彻落实中央决策部署和要求，提出了开展休闲农业和乡村旅游升级行动，目标就是要促进乡村旅游产品质量、硬件设施建设的升级，软件管理服务的升级，文化内涵的升级，环境卫生的升级，人员素质技能的升级，真正打造一批生态优、环境美、产业强、农民富、机制好的休闲农业和乡村旅游精品。

25～26 日 “2018 全国贫困地区农产品产销对接行动”在北京启动。本次对接行动主题为“产品出村·助力脱贫”，首场对接活动现场签约超过 54 亿元，总采购额达到 127 亿元，采购量约 252.6 万吨。农业农村部部长韩长赋出席启动仪式并讲话。韩长赋指出，举行贫困地区农产品产销对接行动是贯彻落实习近平扶贫思想和《关于打赢脱贫攻坚战三年行动的指导意见》的具体行动。习近平总书记在今年 4 月中央财经委员会第一次会议上强调，产业扶贫重点要在扶持贫困地区农产品产销对接上拿出管用措施。我们要把推动贫困地区产销对接作为实现农民脱贫增收的“牛鼻子”、打赢精准脱贫攻坚战的重要抓手。推动贫困地区农产品产销对接，让这些绿色、优质、特色农产品走出大山、走进寻常百姓家，不仅有助于“以销促产”，促进贫困地区产业健康发展，让贫困群众有稳定的增收渠道；还有助于丰富城市居民的餐桌，满足人民群众美好生活需要。作为产业扶贫的牵头部门，农业农村部制定了《贫困地区农产品产销对接实施方案》，聚焦集中连片贫困地区尤其是深度贫困地区，聚焦优质特色农产品，通过采取建设标准化生产基地和仓储冷链设施、培育新型农业经营主体、强化品牌建设、畅通营销渠道等措施，让贫困地区的优质农产品不仅产得出、产得好，还能卖得出去、卖上好价钱。韩长赋强调，脱贫攻坚需要动员社会各界的力量共同参与、合力攻坚，希望采购商能够伸出援手、展现爱心，多采购贫困地区的农产品，把对贫困地区的关爱转化成一个个实实在在的订单，希望农产品电商能做脚下黏着泥巴、手上端着精品、胸中揣着爱心的企业。希望贫困地区的生产者，能够始终坚持诚信经营、质量为先，用工匠精神打造“良心之作”，以过硬的产品品质和质量回馈社会各界的关心和帮助。希望新闻媒体积极主动为贫困地区的农产品鼓与呼，广泛推介贫困地区的特色优质农产品，营造全社会关注、支持贫困地区产业发展的良好氛围。同时，希望广大消费者多关注、多宣传、多消费贫困地区的农产品。农业农村部副部长屈冬玉在启动仪式上宣读了《贫困地区农产品产销衔接行动倡议书》。《倡议书》由农业农村部联合中央和国家机关工作委员会、国家发展和改革委员会、教育部、民政部、商务部、国资委、国家机关事务管理局、国务院扶贫办、中共中央直属机关事务管理局共同发出，号召各级组织、新闻媒体和广大消费者行动起来，积极为贫困地区农产品产销对接贡献力量。今年的产销对接行动将开展贫困地区农产品出村活动、农产品电商出村工程、爱心扶贫销售公益活动、特色农业品牌创建活动、农产品产地市场建设工程、贫困地区农产品产销对接宣传活动等六大活动。首场对接活动共有来自集中连片贫困地区 453 个贫困县的1 800多名供货商参加，1 370多名采购商进行了现场订货。

7 月

13～14 日　“全国粮食和物资储备局长座谈会”在北京召开。会议认真落实习近平新时代中国特色社会主义思想和党的十九大精神，深入贯彻总体国家安全观，分析形势，凝聚共识，全面深化改革，推动转型发展，切实提高国家粮食安全和物资储备安全保障能力。国家发展和改革委员会党组成员，国家粮食和物资储备局党组书记、局长张务锋出席会议并讲话；局党组成员、副局长曾丽瑛、卢景波、韩卫江、梁彦，中央纪委国家监委驻国家发展和改革委员会纪检监察组副组长姜文鹏，局总工程师何毅出席会议。会议认真传达了习近平总书记关于粮食安全和物资储备安全的重要指示，传达了李克强总理、韩正副总理等国务院领导同志的重要批示。张务锋强调，习近平总书记的重要论述，内容丰富、内涵深刻，博大精深、意义深远，为做好粮食和物资储备工作指明了前进方向、提供了根本遵循。要紧密团结在以习近平同志为核心的党中央周围，以习近平新时代中国特色社会主义思想为指导，进一步增强“四个意识”、坚定“四个自信”、做到“两个维护”。要将学习领会习近平总书记重要指示精神作为必修课和基本功，学懂弄通做实，经常对表对标，以强烈的责任感使命感做好粮食和物资储备工作。要遵照党中央、国务院领导同志重要批示要求，细化措施，跟进督查，不折不扣落实各项任务。张务锋指出，新时代开启新征程，新职能赋予新使命，新机构要有新作为。要深刻认识党和国家机构改革的重大意义，明责任、明方向、明任务，牢记使命担当，弘扬创新精神，加快构建统一的国家储备体系。要巩固放大“深化改革、转型发展”大讨论成效，以机构改革为契机，持续转观念、转职能、转方式，科学谋划新时代粮食和物资储备工作，以良好的精神状态不断开创工作新局面。张务锋强调，今年以来，在党中央、国务院和国家发展和改革委员会党组的正确领导下，粮食和物资储备工作取得积极进展成效，实现了机构改革和业务工作互促共进。要突出重点，真抓实干，以“抓铁有痕、踏石留印”的劲头做好下步工作。一是坚持不懈抓好安全稳定。全面排查整治隐患，强化人防技防物防，筑牢防线、守住底线，确保储存安全、生产安全，维护和谐稳定局面。二是积极推进立法修规。加快粮食安全保障立法进程，以良法促进发展、保障善治。认真开展粮食安全省长责任制考核，优化指标、强化导向，严督实查、跟踪问效，充分发挥考核“指挥棒”作用。三是切实加强储备管理。完善储备体系，搞好收储轮换和应急演练，保证关键时候调得出、用得上。四是深化粮食收储制度改革。统筹抓好政策性和市场化收购，切实保护种粮农民利益；加快消化不合理粮食库存，尽快回归合理水平；创新完善粮食宏观调控，办好中国粮食交易大会。五是加快建设粮食产业强国。着眼高质量发展，实施“优质粮食工程”，促进粮食产业创新发展、转型升级、提质增效。六是完善强化监督管理机制。加大监督检查力度，推行跨区域交叉执法检查，开展政策性粮食库存数量和质量大清查试点，依法查处违法违规案件，增强监管执法的严肃性和威慑力。张务锋要求，要坚持激励鼓劲，大力营造敢于担当、善谋实干、锐意进取的浓厚氛围。认真贯彻新时期好干部标准，全方位、多角度、立体式考察干部，大力发现、表彰和选拔敢于负责、勇于担当、善于作为、实绩突出、清正廉洁的干部。大张旗鼓地表彰创造佳绩的实干者，深入挖掘和宣传担当作为干事创业的先进典型。按照“三个区分开来”的要求，旗帜鲜明为担当作为的干部加油鼓劲、撑腰壮胆，严格依规治理不作为不担当行为，形成想作为、敢作为、善作为的良好风尚。张务锋强调，要坚决落实党中央关于全面从严治党的决策部署，认真执行新时代党的组织路线，不断提高党的建设质量，切实加强党对粮食和物资储备工作的领导。坚持把党的政治建设摆在首位，严明政治纪律和政治规矩，不折不扣执行党中央决策部署，有令即行、有禁即止。建设坚强有力的领导班子，培养忠诚干净担当的高素质干部队伍，守住依法行政清正廉洁的底线，增强部门创造力、执行力、公信力。江苏、浙江、安徽、湖北、广东粮食局和河北、黑龙江、广东、陕西、宁夏储备物资管理局主要负责同志作了交流发言。各省、自治区、直辖市及新疆生产建设兵团粮食局，各储备物资管理局（办事处），国家粮食和物资储备局各司局单位主要负责同志参加会议。

24日 国家粮食和物资储备局在云南省昆明市举办了2018年“全国食品安全宣传周·粮食质量安全宣传日”主会场活动。国家粮食和物资储备局党组成员、副局长曾丽瑛同志到会讲话，云南省政府副省长、党组成员陈舜致辞。“洪范八政，食为政首”。我国是一个人口众多的大国，解决好吃饭问题始终是治国理政的头等大事。曾丽瑛指出，粮食是最基本的食品，也是最主要的食品原料，粮食质量安全至关重要。党中央、国务院高度重视食品安全和粮食质量安全。党的十九大报告提出，实施食品安全战略，让人民吃得放心。习近平总书记强调，确保国家粮食安全，把中国人的饭碗牢牢端在自己手中。今年全国食品安全宣传周的主题是：“尚德守法，食品安全让生活更美好”，粮食质量安全宣传日是全国食品安全宣传周活动的重要组成部分，举办这次活动，就是要全面贯彻中央的决策部署，进一步唤起人人共同关注粮食质量安全的意识和行动。曾丽瑛强调，粮食质量安全，需要通过政府、企业、社会各界共同努力维护，需要粮食生产者、经营者和消费者的共同参与。各级粮食部门要认真贯彻落实《食品安全法》《粮食质量安全监管办法》，按照粮食安全省长责任制要求，坚守行业使命，认真履行职责；各类粮食企业要切实肩负起食品安全主体责任，尚德守法，坚持“德”、“法”并举，以企业家的精神专注质量、追求品质、保障安全；我们也呼吁广大消费者强化法治意识和质量安全意识，科学消费，安全消费，保障自己的合法权益和身体健康。宣传活动现场通过发放科普手册、专家现场讲解粮食检验技术、产品展示、展板宣传等多种形式，向广大市民宣传普及食品安全和粮食质量安全知识，收到了良好效果。活动期间，曾丽瑛还实地调研了粮油交易市场、粮食仓储设施建设和粮食质量检验监测体系等情况。国家粮食和物资储备局标准质量管理办公室，云南省粮食局、云南储备物资管理局，中储粮云南分公司，昆明市政府、昆明市粮食局有关负责同志，以及部分市民群众代表参加了活动。

31日 国家粮食和物资储备局召开了“深化改革转型发展大讨论活动总结大会”。对粮食和物资储备系统深化改革、转型发展作出部署。会议认真传达贯彻了国家发展和改革委员会党组书记、主任何立峰的重要批示。国家发展和改革委员会党组成员，国家粮食和物资储备局党组书记、局长张务锋出席会议并讲话；局党组成员、副局长曾丽瑛、卢景波、韩卫江、梁彦，局总工程师何毅出席会议。何立峰批示指出，全国粮食和物资储备系统组织开展的“深化改革、转型发展”大讨论活动，是深入贯彻习近平新时代中国特色社会主义思想和党的十九大精神，实现了观念、职能、方式“三个转变”，凝聚了共识行动，成效明显，值得充分肯定。持续推进“深化改革、转型发展”，提高政治站位，强化责任担当，增强能力本领，更好履职尽责，十分必要，正当其时。何立峰批示要求，希望全国粮食和物资储备系统，坚持以习近平新时代中国特色社会主义思想为指导，增强“四个意识”，坚定“四个自信”，认真落实总体国家安全观，加强国家储备的统筹规划，构建统一的国家物资储备体系，强化中央储备粮棉的监督管理，提升国家储备应对突发事件的能力，为全面建成小康社会、建设社会主义现代化强国提供坚强有力保障！张务锋指出，一年来，全系统以迎接党的十九大和学习贯彻大会精神为主线，以“深化改革、转型发展”为主题，广泛深入开展大讨论，凝聚了深化改革的高度共识，明确了转型发展的努力方向，形成了优化协同高效的强大合力，坚定了保障储备安全的信心决心。集中活动有期限，改革发展无止境。要以不停步、再出发的奋进姿态，深入推动“深化改革、转型发展”，为粮食和物资储备工作注入强劲动力。新时代新形势，新机构新职能，要牢牢把握粮食和物资储备系统“深化改革、转型发展”的使命责任。增强“四个意识”，坚定“四个自信”，明确肩负的神圣使命，强化保障国家安全的政治担当。要立足新时代新形势，明确新任务新要求，加快实现粮食和物资储备高质量发展，强化推动粮食和物资储备改革发展的历史担当。要全面落实机构改革方案，明确部门“三定”职责，强化守土有责、守土负责、守土尽责的责任担当。张务锋要求，要坚持以习近平新时代中国特色社会主义思想和党的十九大精神为指导，坚持总体国家安全观，坚持稳中求进工作总基调，向深化改革要动力，向转型发展要活力，不断开创工作新局面。一是着力构建统一的国家物资储备体系。规划制定要统筹兼顾，制度机制要规范统一，储备管理要分类施策，提高国家储备整体效能。二是大力实施国家粮食安全战略。准确把握好“多”与“少”、“质”与“量”、生产与流通、当前与长远、国内与国外、政府与市场之间的关系，严格粮食安全省长责任制考核，稳步推进粮食收储制度改革，创新完善粮食宏观调控，大力推进粮食产业高质量发展。三是不断提高应对突发事件的能力。加强市场监测预警，健全应急处置体系，强化协同联动。四是全面加强粮食流通和物资储备基础设施建设。建好用好储备设施，加快信息化建设，强化科技创新引领。五是加快提升依法管粮管储水平。大力推动立法修规，完善监管机制，创新监管方式，突出抓好政府储备数量、质量和安全储存的执法监管。张务锋强调，要认真落实“讲政治、顾大局，抓重点、出亮点，争主动、真落实，高标准、严要求，多添彩、不添乱”的总体要求，持之以恒转观念、转方式、转作风。坚持以政治建设为统领，坚决做到“两个维护”，始终在政治上站得稳、靠得住、信得过。抓好班子带好队伍，严格落实好干部标准，激发干事创业的热情，营造人才辈出的氛围，树立崇尚学习、注重实干、维护团结、清正廉洁的良好风气。大力倡导敢于担当、善谋实干、锐意进取，提高部门创新力执行力公信力。严格落实“两个责任”，践行国家局党组提出的“约法三章”，坚决守住安全稳定廉政底线。会上，向优秀组织单位和优秀征文作者代表授牌、颁发证书，山东省粮食局、山西省朔州市粮食局、北京古船米业有限公司、河北柏乡国储库负责同志介绍了典型经验。国家粮食和物资储备局全体干部职工，中储粮集团、中粮集团、中国供销集团和北京市粮食局有关负责同志在主会场参加会议。各省自治区、直辖市及计划单列市粮食局领导班子成员和处室负责同志，各储备物资管理局（办事处）领导班子成员和机关党员干部、基层处负责同志在分会场参加会议。

8 月

18 日 “首届中国粮食交易大会”在哈尔滨开幕。黑龙江省委书记张庆伟，省委副书记、省长王文涛，国家发展和改革委员会党组成员，国家粮食和物资储备局党组书记、局长张务锋出席开幕式，共同为交易大会启动开幕。河北省副省长时清霜，山西省副省长陈永奇，吉林省副省长李悦，山东省副省长王书坚，河南省副省长武国定，全国人大原常委、大寨党总支书记郭凤莲，黑龙江省委常委、秘书长张雨浦，黑龙江省副省长刘忻，哈尔滨市市长孙喆，黑龙江省政府秘书长王冬光，国家粮食和物资储备局党组成员、副局长卢景波，国家粮食安全政策专家咨询委员会副主任赵中权，世界粮食计划署驻华代表屈四喜出席开幕式。国家粮食和物资储备局党组成员、副局长韩卫江主持开幕式。张务锋指出，在认真落实习近平新时代中国特色社会主义思想和党的十九大精神，加快推进农业供给侧结构性改革的关键时期，举行首届中国粮食交易大会，是促进粮食供需平衡、服务乡村振兴战略的重大举措，有利于适应新时代新形势、增强国家粮食安全保障能力，有利于深化粮食收储制度改革、加强粮食产销合作，有利于增加优质粮油产品供给、满足广大人民群众不断升级的消费需求。这次交易大会，以“新时代、新理念、新平台、新业态”为主题，汇聚粮食商贸精英，推介优质粮油产品，共享信息、对接需求，着力构建产销合作新格局，助力粮食产业高质量发展，既顺应了时代要求，又回应了社会期盼，意义十分重大。希望有关各方深入交流合作，搞好供需对接，达成协作意向，实现互利共赢，努力开创粮食产销合作新局面。王文涛表示，首届中国粮食交易大会既是推进我国粮食产业向高质量发展的重要举措，也是黑龙江农业发展进程中的一件大事。大会必将对推进农业供给侧结构性改革，提高粮食购销市场化程度，增强粮食产业竞争力，实现粮食产业高质量发展产生重大促进作用。本次交易大会由国家粮食交易中心、中国贸促会粮食行业分会和黑龙江省粮食局举办。大会展览面积超过 3.2 万 m^2，参会人数超万人，同期举办的粮油精品展参展企业逾千家，大会期间还召开粮油供求形势分析研讨会、粮食电商创新发展交流会和粮油产业项目投资洽谈会。会前，据不完全统计，本届交易会拟提供销售粮源 2 240万 t，拟采购各类粮油1 970万 t，征集粮油产业经济投资洽谈项目 147 个，涉及金额约 520 亿元。

18 日 国家粮食和物资储备局、黑龙江省人民政府联合举办的“粮食产业强国建设学术报告会”在哈尔滨召开。全国人大农业与农村委员会主任委员、国家粮食安全政策专家咨询委员会顾问陈锡文，中国国际经济交流中心常务副理事长、执行局主任、国家粮食安全政策专家咨询委员会主任委员张晓强，国家发展和改革委员会农村经济司副司长许正斌等三位专家作专题报告。国家发展和改革委员会党组成员，国家粮食和物资储备局党组书记、局长张务锋，党组成员、副局长韩卫江，国家粮食安全政策专家咨询委员会副主任委员赵中权，黑龙江省副省长刘忻出席报告会。报告会上，陈锡文以“粮食产业强国建设与国家粮食安全”为主题，深刻分析了我国粮食阶段性过剩和结构性不足并存的矛盾，系统地分析了我国粮食国际竞争力现状，提出了认真落实新时期的国家粮食安全战略，统筹好国内国际两种资源两个市场，夯实国家粮食安全基础；加快推进粮食供给侧结构性改革，加快建设现代农业的产业体系、生产体系和经营体系，推动粮食产业高质量发展，确保谷物基本自给、口粮绝对安全等意见建议。张晓强以“构建现代化粮食流通体系”为主题，深入分析了当前粮食流通体系存在的主要问题，重点阐述了建设现代化粮食流通体系要实现制度环境现代化、市场体系现代化、主体现代化、设施现代化、技术现代化、监管现代化；提出了以提升流通质量和效率为中心，以市场化、高质量发展和创新驱动为原则，推动粮食流通市场体系、市场主体、粮食产业、技术应用、流通设施以及监管体系等软环境和硬条件全面升级为主要内容的粮食流通体系现代化建设的基本思路。许正斌以“乡村振兴与粮食产业高质量发展”为主题，深刻阐述了推动粮食产业高质量发展的重要意义和具备的有利条件，提出了推动粮食产业高质量发展需把握好六个关系，即着眼当前和谋划长远、口粮安全与食物安全、粮食总量与品种质量、国内生产与适度进口、增加供给与科学消费、政府调控与市场机制等六个方面关系，建议通过优化粮食生产品种结构、着力提升粮食供给质量、大力推进粮食品牌化建设、提升粮食领域产业融合发展质量、完善粮食产业政策体系等措施，推动粮食产业高质量发展和粮食产业强国建设。国家粮食和物资储备局相关司局单位负责同志，各省、自治区、直辖市及新疆生产建设兵团粮食部门、有关事业单位及大型粮食企业负责同志，中国储备粮管理集团有限公司、中粮集团有限公司、中国供销集团有限公司有关负责同志，黑龙江省粮食局和各市（地）、县政府及粮食局负责同志、部分企业负责同志共800余人参加报告会。

19～20日 国家粮食和物资储备局在黑龙江省哈尔滨市召开“全国加快推进粮食产业经济发展第二次现场经验交流会”。会议主题是深入贯彻习近平总书记关于“粮头食尾”和“农头工尾”的重要指示精神，紧紧围绕粮食产业高质量发展，交流经验，创新举措，着力构建现代化粮食产业体系，加快建设粮食产业强国。国家发展和改革委员会党组成员，国家粮食和物资储备局党组书记、局长张务锋出席会议并讲话；黑龙江省人民政府副省长刘忻出席会议并致辞；国家粮食和物资储备党组成员、副局长卢景波、韩卫江出席会议。张务锋指出，习近平总书记在黑龙江省考察时作出的关于以“粮头食尾”和“农头工尾”为抓手、推动粮食精深加工的重要指示，为发展粮食产业经济指明了正确方向、提供了根本遵循。李克强总理关于加快建设粮食产业强国的重要批示，提出了明确要求。要围绕落实国家粮食安全战略、着眼乡村振兴战略大局、结合推动高质量发展、立足新时代社会主要矛盾变化，深刻认识抓好“粮头食尾”和“农头工尾”、建设粮食产业强国的战略地位、综合效应、现实作用和深远影响。要进一步增强“四个意识”，坚定“四个自信”，将抓好“粮头食尾”和“农头工尾”、建设粮食产业强国，作为当前和今后一个时期粮食和物资储备部门的重要政治责任，作为粮食行业服务发展大局的职责担当所在，坚持深化改革、转型发展，大力推动粮食产业经济发展质量变革、效率变革、动力变革，全力以赴“为耕者谋利、为食者造福、为业者护航”。张务锋强调，坚持质量第一、效益优先，以供给侧结构性改革为主线，加快实施“五优联动”，着力构建现代化粮食产业体系。一是，大力推动由增产向提质导向转变，加快实施“优粮优产”。发挥流通反馈激励作用，引导支持粮食产区立足优势突出特色，向市场紧缺产品调，向优质特色产品调，深入推进农业绿色化、优质化、特色化、品牌化。二是，坚持政府与市场两手协同发力，加快实施“优粮优购”。稳步推进粮食收储制度改革，健全粮食价格市场形成机制，进一步形成优粮优价导向。积极转变部门职能，搞好信息发布、产销对接、信贷协调等服务，将质量导向体现到政策性收购和市场化收购中。以“一带一路”沿线国家和地区为重点，深化粮食贸易合作，统筹用好“两个市场”“两种资源”。三是，着力强化技术创新与管理创新，加快实施“优粮优储”。大力推广绿色储粮技术，促进粮食保质保鲜、“常储常新”；引入物联网技术，持续推进粮库智能化升级改造；积极创造条件，在收储、加工企业中推行分品种、分类、分仓储存，提高精细管理水平。四是，立足结构优化动能转换，加快实施“优粮优加”。要多措并举“增品种”，高点定位“提品质”，聚焦发力“创品牌”，大力发展绿色营养健康的粮油产品，鼓励企业推行更高质量标准，精心打造区域品牌和企业品牌。要加快推广粮油产品适度加工，引领科学消费、合理消费、健康消费。要坚持“加减乘除”并举，调整存量、做优增量，发展粮食循环经济，推进粮油机械制造自主创新，促进粮食产业新旧动能转换。五是，建立顺畅高效的粮食流通机制，加快实施“优粮优销”。探索建立全国性粮食产销合作平台，办好中国粮食交易大会；合理布局粮食物流节点，支持建设粮食物流园区，大力发展“四散”运输和多式联运；完善城乡“放心粮油”供应网络，推进“互联网粮食”行动，积极发展粮食电子商务和新型零售业态。张务锋要求，深入实施优质粮食工程，为加快粮食产业经济发展提供强力支撑。要坚持统筹谋划、突出重点。高标准高起点制定完善三年实施方案，进一步细化粮食产后服务体系建设、粮食质量安全检验监测体系建设、“中国好粮油”行动的路线图和时间表。要坚持创新举措、强力推动。作为相关省份粮食部门的一项中心工作，健全协调推进机制，聚全局之智，举全局之力，抓紧抓实抓出成效。要坚持典型带动、示范引领。培树一批有代表性的模式，挖掘、培树、宣传先进典型，总结可复制、可借鉴的成功经验，加大推介力度，增强辐射力、带动力。要坚持好事办实、实事办好。严格项目筛选把关，高效率、快节奏推进实施，建成质量一流、群众满意的精品工程。从严管理项目资金，认真搞好绩效评价，让财政资金花在刀刃上。会上，国家粮食和物资储备局授予黑龙江省五常市“中国好粮油行动示范市”称号。五常市人民政府，黑龙江、山西、山东、湖北、广西、四川省（自治区）粮食局及中粮集团、广州市粮食集团 9 家单位作典型交流发言。会议期间，与会代表现场参观了五常农业物联网服务中心、五常大米博物馆、乔府大院现代农业产业园、九三集团哈尔滨惠康食品有限公司。各省、自治区、直辖市及新疆生产建设兵团粮食局，中国储备粮管理集团、中粮集团、中国供销集团，有关省级粮食集团、大型粮油加工龙头企业和相关高校，国家粮食和物资储备局相关司局单位主要负责人参加了会议。

9 月

6～8 日 由农业农村部和河南省人民政府主办的“第二十一届中国农产品加工业投资贸易洽谈会”在河南省驻马店市举行。农业农村部副部长余欣荣出席开幕式并宣布洽谈会开幕。河南省委副书记、政法委书记喻红秋，联合国世界粮食计划署副主任卡洛琳·珍妮·莱格罗斯在开幕式上致辞。余欣荣等参加了贫困地区农产品展示品鉴活动，出席了重点项目签约仪式。余欣荣指出，实现乡村振兴，产业兴旺是基础，农产品加工业是重点。农产品加工业涉及多环节、多方面，需要聚合资源、聚集力量、共同推进。要发挥企业主体、创新引领、协会纽带、宣传引导等作用，推动农产品加工产品更加符合“好”的消费需求、农产品加工业加快迈向“高”的发展水平、农业产业有效打通“融”的环节渠道，实现高质量发展。喻红秋在致辞时指出，希望进一步深化海内外农业交流，开展农作物种植、畜牧养殖、生产加工和贸易合作，增进互利共赢，谱写新时代中原更加出彩新篇章。本届中国农产品加工业投资贸易洽谈会以“创新、绿色、开放、共赢”为主题，主要举办农产品加工业重点项目发布、洽谈和签约，农产品展示和贸易，农产品加工业科研成果展示推介、项目发布和签约等 8 项活动。参加本届洽谈会的代表团有 172 个，参会企业近 5 000 家，参会客商近 3 万名。开幕式由河南省副省长武国定主持。泰国农业部监察长卡尼·力珂利他亚伍替等出席开幕式。

7～8 日 “第二十届农口国家工程技术研究中心主任联席会”在黑龙江大庆召开。会议的主题是优化工程中心发展，创新驱动乡村振兴。科技部农村科技司巡视员王喆应邀出席本次会议，农业——食品领域国家工程技术研究中心协同创新战略联盟理事长李德发院士、联盟秘书长方宪法研究员、农口国家工程技术研究中心主任及代表、有关省（自治区、直辖市）科技主管部门负责人等参加了会议。会议由国家杂粮工程技术研究中心主办。会上，王喆巡视员总结了农口国家工程技术研究中心在中心建设、工程化及产业化、服务行业等方面取得的成效，并就如何落实《中共科学技术部党组关于创新驱动乡村振兴发展的意见》，优化提升农口国家工程技术研究中心发展，推进农业农村领域基础研究、应用基础研究和技术创新工程建设等提出了希望和建议。大豆、粳稻、玉米、小麦、杂粮、生物农药、节水灌溉等 10 家农口国家工程技术研究中心围绕中心运行发展、领域技术发展方向、成果转化及合作需求等进行了交流发言。与会代表针对农口国家工程技术研究中心运行管理与发展、助力乡村振兴战略实施、跨领域协同创新等问题进行了讨论。2017年，84 家农口国家工程技术研究中心立足世情国情科情农情，坚持科技创新和制度创新“双轮驱动”，不断加强创新驱动能力建设，在工程化研发、成果转化及产业化、运行管理等方面取得了显著成效。据不完全统计，各中心承担国家重点研发计划等项目（课题）1 500多项，在农业领域各方面取得了一系列重大成果，申请专利2 000多项，获省部级以上奖励 150 多项，转化推广成果2 300多项，实现收入近 150 亿元，举办农业领域学术报告会与专题讲座、推广应用培训4 200多次，培训各类人员超过 37 万人次，有力促进了农业农村科技创新和进步，为保障国家粮食安全、食品安全和生态安全，推进农业升级、农村进步和农民发展提供了战略支撑。

20 日 “首届中国农民丰收节系列活动之中国最美食材品牌马铃薯展示推介活动”在北京国际农产品会展中心召开。农业农村部副部长屈冬玉，农业部原党组成员、中国农产品市场协会会长张玉香出席活动并同与会领导共同为活动启幕。屈冬玉指出，在首届“中国农民丰收节”来临之际，举办此次活动，给各地马铃薯及其加工产品提供推介品牌产品、展示品牌魅力、实现品牌价值的大舞台，对于促进新时期我国马铃薯产业的发展具有重要意义。作为我国继小麦、水稻和玉米之后的第四大主粮作物，小小马铃薯，撬动着广大消费者的味蕾，带给我们美好的愿景，还发挥着主食化的大作用。马铃薯要成为大产业，最终要靠大市场。没有市场的产业是不可持续的，没有消费者细分的市场也是不可持续的。人们常说“萝卜白菜各有所爱”，不妨也说，土豆白菜各有所爱。土豆和白菜、萝卜一样，都是深受百姓青睐又承载着深厚历史文化的美食，可以在饮食文化里相互促进、融合发展。屈冬玉强调，马铃薯产业要做大做强，还要品牌化发展，打造区域品牌、企业品牌、产品品牌，把土豆的生物优势、资源优势变成生产优势，最后变成品牌优势和文化优势。同时，还要标准化生产、精细化加工，才能让产业走得更好，走得更远，走得更可持续，最终服务乡村振兴战略，服务农业农村的现代化，造福广大城乡消费者。张玉香认为，助力农民丰收，必须选准产业，以产业兴旺带动农民富起来；必须打造品牌，以品牌战略带动农业强起来；必须建立现代流通体系，以产销衔接带动效益高起来；必须推进马铃薯主食化发展，带动农民生活美起来。在品牌马铃薯推介环节中，来自马铃薯主食化示范基地县的10位领导，携手当地马铃薯种植大户一起登台为自己家乡的马铃薯产品推介，7位来自马铃薯种植、研发、加工、营养、烹饪等领域的专家做现场点评。活动现场，北京市新发地农产品股份有限公司还与各县签署了战略合作协议。

10月

13～14日 “首届东北亚食品产业科技国际论坛”在黑龙江省哈尔滨市举行。此次论坛由黑龙江省食品科学技术学会、辽宁省食品科学技术学会、吉林省食品学会主办，东北农业大学、哈尔滨商业大学、黑龙江八一农垦大学承办，大连工业大学等10多所东北亚没有食品类专业的高校及科研机构协办。中国工程院院士、国家海洋食品工程技术研究中心主任朱蓓薇，科技部农村科技司巡视员王喆，黑龙江省科技厅副厅长石兆辉，黑龙江省科协副主席刘福，东北农业大学校长包军，黑龙江八一农垦大学校长郑喜群，渤海大学副校长励建荣，吉林农业大学副校长刘景圣，哈尔滨商业大学食品工程学院院长、黑龙江省食品科技学会理事长石彦国、北京三元食品有限公司副总经理陈历俊，以及来自日本、韩国、俄罗斯、波兰等国外和吉林、辽宁、河北、北京等国内高校和科研院所的300余名专家、企业代表参会。开幕式由东北农业大学食品学院院长江连洲主持。东北农业大学校长包军在会上表示，东农食品学院是东农的特色学院。食品科学与工程学科，是东农世界一流学科建设群重点建设学科。食品学院所拥有的教育部重点实验室、国家级实验教学示范中心、国家级研究中心、省级创新基地等平台，为中国食品行业乃至东北亚食品产业的合作奠定了坚实的基础。在全球科技革命变革演变的背景下，区域融合、协同创新、合作共赢是本次论坛的主题，也是多方共承时代使命、共担创新责任、共享发展成果的所向所指。科技部农村科技司巡视员王喆致辞表示，期待各界专家人士充分利用此次平台，百家争鸣探讨食品研究及实践的最新成果，为我国食品科学领域的发展贡献智慧和力量。朱蓓薇院士表示，本次论坛的主旨就是要交流研讨国际食品产业科技发展动态，增强我国“一带一路”下中蒙俄经济走廊及日韩等东北亚地区的食品产业科技交流与合作，提升我国食品产业科技成果国际化水平。黑龙江省科技厅副厅长石兆辉表示，近30年来，东北农业大学食品学院在食品产业领域积极探索、勤耕不辍，取得了骄人业绩，在黑龙江省食品产业未来发展中将发挥更大的作用。黑龙江省科协副主席刘福表示，本次论坛的举办，对促进东北地区食品产业发展、“一带一路”寒带地区国家食品产业协同发展具有重要的指导意义。渤海大学副校长励建荣致辞时表示，渤海大学与东北农业大学都以建设创新型国家为己任，积极参与国家和区域创新体系建设，双方在深化高等教育改革的探索中相互学习、共同提高。国内外相关领域的教授、专家利用本次论坛的有利契机，深入交流、共同探讨、分享经验。两天时间里先后举办了共计32场内容丰富、精彩纷呈的主题报告，取得了良好学术效果。论坛期间，还了召开了东北食品院所长联席会，建立东北亚食品产业科技国际会议召开制度，倡议成立东北食品产业科技创新战略联盟。作为本次论坛的配套活动，参会人员还一同参观了东北农业大学食品学院及学校校史馆，真切感受东北农业大学70年发展的光辉历程，也亲身体会到了学校70年校庆的节日氛围。

16日 国家粮食和物资储备局、农业农村部、教育部、科技部、全国妇联和联合国粮食及农业组织在浙江大学联合主办“2018年世界粮食日和粮食安全系列宣传主会场活动”。国家发展和改革委员会党组成员，国家粮食和物资储备局党组书记、局长张务锋作了讲话，浙江省人民政府副省长彭佳学、农业农村部国际合作司司长隋鹏飞、联合国粮食及农业组织驻华代表马文森分别致辞，国家粮食和物资储备局党组成员、副局长黄炜、韩卫江，教育部、科技部、全国妇联，浙江大学，联合国世界粮食计划署中国办公室有关负责同志出席活动。张务锋指出，在第38个“世界粮食日”之际，以“努力实现零饥饿”为主题开展相关活动，具有特别重要的现实意义。当今世界，仍有8亿多人口处于饥饿状态，全球粮食安全形势不容乐观。多年来，中国政府始终高度重视粮食安全。我国用占全球不到10%的耕地、6.5%的淡水资源生产的粮食，养活了近20%的人口。这是中国改革开放取得的一个巨大成就，对世界也是一个重大的贡献。与此同时，中国向世界上多个国家和地区提供了粮食援助，积极应对粮食安全等全球性挑战，成为维护世界粮食安全的积极力量。对此，今后我们还将继续作出不懈努力。张务锋表示，今年我们首次以“端牢国人饭碗、保障粮食安全”为主题，广泛开展粮食安全系列宣传活动，旨在引导全社会进一步增强粮食安全意识，科学把握粮食安全形势，共同推动兴粮强粮，大力倡导爱粮节粮，合力守护“中国粮食、中国饭碗”。我们要认真落实党中央、国务院的决策部署，坚持以改革创新为动力，以供给侧结构性改革为主线，以高质量发展为目标，加快实现优粮优产、优粮优购、优粮优储、优粮优加、优粮优销“五优联动”，大力推动粮食收储制度、储备管理、流通监管等方面改革，加大粮食产业技术、产品、业态等创新力度，积极开展粮食安全国际合作，着力构建更高质量、更有效率、更可持续的粮食安全保障体系。主会场活动现场发布全国“粮安之星”并颁奖，举行了粮食安全大走访大调研启动仪式。机关干部、粮油企业职工、院校学生、社区居民代表等800多人参加了活动。全国31个省、自治区、直辖市同步举行了宣传活动。活动期间，国家和省级粮食、农业、教育、科技、妇联等部门，组织机关干部、农业科技专家、涉农院校师生等，组成2 000多个工作组，走村入户、深入田间地头，认真倾听农民对国家粮食政策的意见建议，深入了解粮食安全方面存在的突出问题；同时，面对面宣传国家粮食政策，讲解粮食生产、收获、运输、保管等方面知识，提高农户粮食种植和收储技术水平。

16～20日 国家粮食和物资储备局主办的“全国粮食和物资储备系统改革开放40周年成就图片展”在浙江大学展出。活动首日，国家发展和改革委员会党组成员，国家粮食和物资储备局党组书记、局长张务锋，局党组成员、副局长黄炜、韩卫江，浙江省人民政府副省长彭佳学，以及粮食和物资储备系统的干部职工代表参观了展览。图片展以全国粮食和物资储备系统改革发展历程为主线，分为前言、重要论述、体制改革、机构沿革、辉煌成就、结束语六部分，共展出200余张图片。其中，“辉煌成就”分宏观调控有力有效、设施建设实现飞跃、产业经济蓬勃发展、创新驱动战略稳步推进、信息化建设步伐加快、法治建设不断加强、行业党的建设和文化建设全面提升、国际交流与合作广泛深入等8个主题，展示了40年来我国粮食和物资储备事业改革发展的光辉历程与巨大成就，展示着粮食和物资储备人始终如一的奉献和担当。通过展览，更加深刻认识了粮食流通和物资储备工作的重要意义，更加深刻感受到了改革开放以来祖国日新月异的巨大变化，对“把中国人的饭碗牢牢端在自己手中”、守护国家粮食安全和物资储备安全更加信心满怀。

11月

15～18日 “2018年全国农产品加工科技创新推广活动”在江苏省南京市成功举办。中国工程院院士、大连工业大学食品学院教授朱蓓薇、农业农村部乡村产业发展司司长曾衍德、中国农业科学院副院长梅旭荣、江苏省农业科学院院长易中懿、江苏省农业农村厅副巡视员黄非等出席开幕式。活动由农业农村部乡村产业发展司副司长潘利兵、中国农业科学院农产品加工研究所所长戴小枫分别主持。来自全国各地600余家农产品加工科研院所、高等院校和企业近千名代表参加了活动。农业农村部乡村产业发展司司长曾衍德在致辞中向本次活动的隆重召开表示祝贺。他表示，农产品加工业是实现乡村振兴的战略高地，技术创新是实现加工业转型升级的重要引擎，在全国新农民新技术创业创新博览会期间，举办全国农产品加工科技创新推广活动具有重大意义。他指出，目前我国农产品加工业取得长足发展，2017年规模以上农产品加工业主营业务收入达22万亿元，比2012年增长36%，全行业规模以上企业发展到8.1万家，比2012年增加1.1万家，其中大中型企业占比达16%，加工企业向市场供应了2/3以上“菜篮子”产品，吸纳了3 000万农民就业，间接带动1亿多户小农户增收。但总体看，我国农产品加工业仍处于国际产业价值链低端，品牌溢价、规模溢价、科技溢价都十分有限。他要求，要进一步提高农产品加工业与农业总产值比值，扩大农产品加工转化率，聚力打造农产品加工业升级版，以绿色引领、技术创新、培育主体、产业融合、园区聚集促进农产品加工业升级。他希望，研发体系要紧紧对标资源约束、质量效益、绿色发展、营养健康、进口替代、一带一路、扶贫攻坚等国家重大战略需求和企业市场需求，通过加强政策扶持、协同创新、成果转化、人才培养等四方面的具体措施聚力推进农产品加工业技术突破和应用推广，找准重点领域和“卡脖子”的关键环节，集中力量攻关，加快攻克一批引领性、突破性、复合型关键技术，引领和支撑加工业的持续健康发展。中国农业科学院副院长梅旭荣表示，此次活动不仅是落实习近平总书记新时代三农思想的具体行动，更是落实习近平总书记“三个面向”要求的具体体现。“十二五”以来，农产品加工所牵头成立了国家食药同源产业科技创新联盟、全国主食加工产业科技创新联盟、全国马铃薯主食加工产业联盟等 9 个联盟，在农产品加工与贮藏、质量与安全、营养与健康、智能化制造领域开展协同创新，成为组织协同创新服务经济建设主战场的典范，为我国农产品加工业发展提供了强有力的智力支持和技术支撑。他强调，营养健康是我国现代农业发展新的历史使命、战略目标和优先领域。在创新、协调、绿色、开放、共享的发展理念指导下，加快转变农业发展方式，建立以营养健康引导消费、消费引导专用原料生产、品种选育和种养殖的全新现代农业产业体系、生产体系、经营体系、管理体系、服务体系和创新体系，对接和支撑乡村振兴五大历史任务，任务艰巨，使命光荣，责任重大。潘利兵表示，全国农产品加工科技创新推广活动作为农业农村部品牌活动已经举办 8 届，累计对接农产品加工科技成果 1 000余项，签约总额超过 20 亿元，为农产品加工业发展提供了强有力的科技支撑。此次创新推广活动，是农业农村部机构改革完成后，在新机构新职能引领下举办的一次重要活动，对于促进农产品加工业发展，振兴乡村产业具有十分重要的意义。近年来在农业农村部的正确领导与大力指导下，我国农产品加工业取得了飞速发展，已成为国民经济基础性、战略性、支柱性产业，成为推动实现美丽中国梦的福祉产业。我国已全面进入营养健康新时代，面对新形势和新要求，农产品加工科技创新要以营养健康为目标，以市场为导向，引领和支撑农产品加工产业转型升级、健康发展。戴小枫表示，农产品加工科技创新要始终牢记习近平总书记“三个面向”指示精神，围绕国家战略，服务企业、服务市场、服务消费者，研发解决产业重大问题的技术和市场前景广阔的产品。他希望，国家农产品加工技术研发中心各成员单位要开拓思路，增强四个意识，站在企业家的角度换位思考，只有将自身的知识和技术变为“接地气、可转化、用得上、能赚钱”的产品和终端消费品，才能真正实现创新成果与产业发展有机结合，引领和支撑产业发展。大会特邀中国工程院院士、大连工业大学朱蓓薇教授作“聚焦营养与健康、创新发展中国食品产业”的主旨报告。她指出，人类的膳食结构随着时代的变迁在发生着不断的变化，近年来由于不合理的膳食结构导致多种慢性疾病发病率大幅提高。她表示，营养和健康已经成为食品产业发展的国际共识，营养健康的食品消费观已经在逐渐形成，引导健康膳食也已成为各个国家的基本国策。她强调，未来我国食品产业的发展必须通过政府引导、膳食多元化、科技主导、产业创新等方式，聚焦营养与健康。她呼吁，食品科技工作者要积极传播营养健康知识，倡导营养健康生活，依靠科技创新引领并支撑中国农产品加工向营养与健康的方向不断前进。活动对 2018 年国家农产品加工技术研发体系新增专业中心授牌，表彰了 2018 年度农产品加工业十大科技创新推广成果、十佳杰出青年科技人才、十大企业品牌、国家农产品加工技术研发体系优秀工作者。本次活动对来自全国知名院所、大专院校的八项科技成果进行现场推介，活动现场共促成有关科研单位和企业达成科技成果转化或科技合作开发意向 230 余项，10 项重点项目在现场集中签约，签约合同总金额近 1.6 亿元。

16～17 日 “2018 年全国主食加工产业科技创新联盟年会暨科技创新研讨活动”在南京市召开。会议主题是“产学研用深入推进 主食产业创新升级”。农业农村部乡村产业发展司调研员陈建光、副处长刘晓军，联盟理事长中国农业科学院农产品加工研究所所长戴小枫，中国农业科学院成果转化局副局长冯艳秋，江苏省农业科学院农产品加工研究所书记余向阳等出席活动。来自全国科研院所、高等院校、企业、金融界和媒体界的代表共计 300 余人参加了此次活动。陈建光表示，主食是人们一日三餐所必需的营养物质，人人都离不开。主食加工是农产品的第二次生命；是为耕者谋利、为食者谋福的产业，是离“三农”最近的产业，离百姓最亲的产业。处于“粮头食尾、农头工尾”地带，一头连着农民，一头连着市民；一头连着产地，一头连着销地；一头连着农村，一头连着城市；它联通工农，沟通城乡，是关系国计民生的重要民生产业。当前我国社会恩格尔系数降低至 29.3%，城镇化率超过 58%，八零、九零、零零“三后生”消费群体崛起，对食品品质要求更高，对主食加工业的要求更高。主食加工业要树立“产业体系”“功能产业”“产业融合”的概念，从产品竞争向体系竞争演变，从单一功能向多功能转变，从单一加工向融合发展转变。全国主食加工产业科技创新联盟是连接科技创新和产业实践、沟通主管部门和行业企业、聚集产业各方资源的纽带和平台，在促进产业健康发展方面，意义重大。联盟要强化模式创新，通过展览展示、主题研讨等方式，构建一条龙、一体化、一盘棋的协同创新模式，引领主食加工业快速迈上新台阶。冯艳秋表示，主食加工产业科技创新联盟是贯彻落实习近平总书记“三个面向”精神和推进国家乡村振兴战略实施的重要抓手。联盟牵头开展全国主食加工技术协同创新行动，在引领主食产业科技创新、促进科技成果转化、提升主食加工产品质量等方面，取得显著的成效。在推动平台共享、信息共享、共同开发、风险共担、共同繁荣等产学研推用深层次融合发展，保障我国人民的饮食营养与食物安全，满足城乡居民日益增长的高品质主食消费需求方面发挥了重要作用。戴小枫表示，我国已进入营养健康新时代，消费者对主食营养健康、对美好生活向往提出了更高的要求和期待。我国主食加工业正迈入发展的黄金期、战略机遇期和关键期，成为引领农业经济发展、创造社会财富、保障民生需求的朝阳产业与幸福产业，现代主食加工产业正在影响和改变着中国老百姓的膳食结构。他对联盟提出要求，一要认真学习和深刻领会习近平总书记关于做好“三农”工作的主要论述、乡村振兴战略的深刻内涵和要求，把联盟支撑产业发展的目标和思路统一到中央的要求上来；二要紧紧围绕营养健康、提质增效、绿色发展等国家重大战略需求，开展重大科学问题、关键技术问题分析，制定可行的技术路线和解决方案，明确时间表、路线图，一步一步落实；三要围绕脱贫攻坚、乡村振兴、“一带一路”、援藏援疆等经济建设主战场，从已有技术产品的集成、示范、应用、转移、人员和企业培训等入手，厘清工作重点，开展务实工作，纳入联盟成员单位的年度工作计划；四要重视产学研政银的融合发展，在形式上、利益上、精神上形成命运共同体，构建合作平台，打造技术团队，推广成熟技术，扶持标杆企业，完善产业链条，推动优势产业，落实到“一村一产”“一村一企”“一户一人”“一村一贤”上；五要重视培训宣传工作，强化联盟制度建设，加强宣传和考核，增强联盟的凝聚力、吸引力和社会的公信力；六要依托联盟成立若干个专业委员会，发挥联盟骨干单位的积极性、创造性和工作的精准性；七要发挥联盟的行业引领作用，发布行业白皮书，向世界发声，有行动、有身影、有声音、有实效。活动期间，中国农业科学院张泓研究员、江南大学朱科学教授、福建安井食品股份有限公司范大明教授、江苏大学邹小波教授、中国农业科学院张春江高级工程师、爱丰食品机械（天津）有限公司陈晓安总经理、饿了么食品安全总监苗虹研究员、浙江伊媒文化传播有限公司李临春董事长应邀分别作了“主食消费结构变迁与加工现状及趋势”“面条制品的发展现状及未来趋势”“主食产品无损检测技术装备现状与趋势”“冷冻方便食品产业化创新实践与思考”“中式菜肴工业化与技术装备开发”“米饭智能化加工技术与装备”“互联网背景下餐食营养健康消费与供应架构”“品牌DNA时代”的主题报告。

21～22日 “第六届农口产业技术创新战略联盟理事长联席会”在广东省广州市召开。会议的主题是“聚集联盟资源，推进乡村振兴”。科技部农村科技司巡视员王喆应邀出席本次会议，广东省科学技术厅相关同志、农口产业技术创新战略联盟理事长及代表等参加了会议。会议由国家农口产业技术创新战略联盟联席会主办，生物质能源产业技术创新战略联盟承办。会上，王喆巡视员就深入学习贯彻习近平总书记关于“三农”工作和科技创新的重要论述，进一步认清农业农村科技创新面临的新形势提出了要求，介绍了农口科技创新工作思路和重点任务，总结了农口产业技术创新战略联盟作为重要的技术创新平台，在引领产业、推动乡村振兴和服务区域经济发展，以及运行管理等方面的工作成效，并希望农口联盟继续围绕“引领创新、支撑创新、主导创新、服务创新”，发挥智囊作用，优化管理机制、加强协同创新，促进联盟健康有序发展，为提升农业产业竞争力，助力“精准脱贫、乡村振兴”做出坚实的贡献。上年度，农口联盟发挥“产、学、研、用”的协同优势和倍增效益，在服务引领产业创新发展方面取得了较为突出的成绩。据不完全统计，组织申报“十三五”国家重点研发计划项目37项、课题400余项，获国家级科技奖励14项，制定国家标准50余项，建立示范与产业化基地200余个，示范生产线140余条，培养研究生等高级人才3 000余人，培训技术人员10万余人次。有力促进了农业农村科技创新，为推进乡村振兴提供了战略支撑。

12月

7日 “2018全国农产品产销对接行（广西）暨庆祝自治区成立60周年广西特产行销全国活动开幕式”在广西南宁国际会展中心盛大举行。此次活动由国家商务部和广西壮族自治区人民政府共同主办，由广西壮族自治区商务厅、自治区农业农村厅、中国蔬菜流通协会共同承办。商务部副部长王炳南、广西壮族自治区人民政府副主席杨晋柏出席开幕式并致辞。出席开幕式的嘉宾还有来自国家卫生健康委、教育部、邮政部、交通运输部、国务院扶贫办、供销合作总社、国管局驻京办事处、中国邮政集团总公司等国家有关部门的领导，各省（自治区、直辖市）商务主管部门负责同志以及全国大型流通协会和各地企业代表。本次活动以“加强产销对接，助力精准脱贫”为主题。商务部副部长王炳南表示产销衔接关系到农民的“钱袋子”和居民的“菜篮子”，是直接影响群众获得感和幸福感的民生工程。农产品流通是商务系统的基本职责，抓好产销衔接是义不容辞的责任。多渠道拓宽贫困地区农产品营销渠道，是各级商务系统和各类批发零售企业，必须共同完成的政治任务，是贯彻落实习近平总书记关于“三农”工作重要指示，推动乡村振兴的重要举措。近年来，广西依据优势，打造特色农业，形成了富有地域特色的农业产业。一是发展了一批特色农业产业，二是形成了一批优势农业品牌，三是培育了长寿健康农产品。通过打造品牌、做大平台、完善体系、提升品质，多措并举，努力扩大广西农产品销售。大力实施“广西特产行销全国”活动，拓展农产品的销售渠道；大力发展农产品电商平台，助力扶贫攻坚；大力发展冷链物流，不断提升农产品品质。此次全国农产品产销对接行活动，我们组织了300多家农产品龙头企业、电商企业、农批市场、专业合作社以及种植、养殖、生产、加工基地代表参会参展，有20多个大类、360多种绿色、生态、有机名优农特产品走出大石山区，在展览展示大厅与大家见面。希望与会供应商与采购商加强沟通，无缝对接，达成合作意向。我们将竭力为大家提供优质、周到的服务。相信大家一定能有所收获，不虚此行。参与本次活动的广西名特优参展企业达300多家，有涵盖贫困县的农民专业合作社、农业产业化龙头企业、种植养殖大户、农产品生产加工基地、农产品经销企业等；参展品类有蔬菜、果品、肉类、水产等农副产品，以及广西特产行销全国核心品牌产品。采购企业达200多家，在商务部具体指导下，中国蔬菜流通协会、中国畜牧协会、中国肉类协会、中国果品流通协会、中国食用菌协会、全国工商联水产商会、全国城市农贸中心联合会、中国烹饪协会、中国仓储与配送协会等9大国家级商会协会，积极动员会员单位参加这次采购对接活动，邀请了全国知名农产品批发市场（批发商）、生鲜超市、农产品电商平台、餐饮、农产品加工企业等逾百家专业采购商参加对接。2018年商务部开展全国农产品产销对接行活动，相继在河南、四川、贵州、新疆、云南等地举办了各种农产品展示、展销对接活动，本次活动是商务部开展的2018农产品产销对接行活动的收官之站。加上“广西特产行销全国”活动与之合并举行，这次产销对接盛会将以优异的成绩向自治区成立60周年庆祝活动献礼。本次活动对培育自治区农产品品牌、扩大订单农业和农副产品销售，特别是贫困地区农产品销售，促进农业供给侧结构性改革意义重大。

20～21日 “农业农村部农产品加工学科群重点实验室学术委员会会议暨2018年度重点实验室工作总结与培训会”在北京召开。会议特邀6位领导专家就重点实验室建设运行管理进行培训，农业农村部科技教育司汪学军副司长出席会议并做重要讲话，农产品加工学科群学术委员会主任委员刘旭院士、副主任委员孙宝国院士、委员梅方权、戴小枫、廖森泰、谢明勇、金征宇、田世平、江连洲、张和平、李来好及24个专业实验室主任等100余人参加会议。学术委员会委员听取了各重点实验室2018年度工作总结和学术报告，集中讨论了分类评价、开放基金设置、协同创新机制及2019年工作计划等相关问题。汪学军在讲话中表示学科群重点实验室作为平台体系的主体，农业农村部将通过适当增补、调整优化、以评促建等方式加强管理，规范运行。他对农产品加工学科群重点实验室提出三点要求：一要坚持“三个面向”，发挥引领作用。紧紧围绕乡村振兴战略和农业高质量发展的部署要求，强化应用技术研究和前沿技术创新，解决制约产业发展的重大、关键和共性科技问题。二要注重协同创新，开展联合协作。学科群各实验室要发挥各自优势，进一步明确任务分工、促进开放共享、深化产学研合作，形成一个有机整体。三要强化任务落实，打造特色品牌。学科群重点实验室不但要确保完成建设任务书中的“规定动作”，还要根据新形势不断优化研究任务，下功夫解决领导关心、群众关注、产业急需的关键技术问题，做好“自选动作”。他希望，农产品加工学科群进一步完善内部运行机制，不断增强学科群发展的内生动力，为我国建设世界农业科技强国做出更大贡献。农业农村部农产品加工学科群重点实验室学术委员会主任委员刘旭院士、副主任委员孙宝国院士及各位委员就各重点实验室的汇报内容提出了意见和建议。一是各实验室要对标国际前沿、国家战略、经济主战场，进一步认真梳理使命、定位、任务，凝练研究方向和科研选题，优化团队，明确目标和考核指标；二是统一汇报格式，在工作总结上，各实验室要从任务完成情况、科研产出、人才队伍建设、平台建设、管理机制创新等方面进行具体阐述；在亮点进展报告上，要从产业存在的问题入手，着重汇报阐明机制、创新技术和创制产品及其应用效果等三个方面的重点工作；三是综合性重点实验室要对各专业（企业）实验室发挥引领与指导作用，为学科群发展做出贡献；四是加强协同合作，通过建立合作专项基金的方式加强学科群重点实验室间的协同合作，通过国家科研项目加强各实验室与行业领域其他单位的协作，做到对外协作与对内协同相结合；五是分类管理、评价和考核，建议按照科研创新的上中下游分为前沿技术类、共性技术类、产品创制类三大类，或者按照加工对象分为作物类、果蔬类、动物和水产品类三大类进行分类管理和考核；六是依托企业的重点实验室要找准定位，不能与依托科研院所和高校的重点实验室定位、使命、选题、任务、目标重复，企业重点实验室要聚焦技术改进、新产品研发和应用研究。戴小枫主任对部院领导、学术委员会委员及群内各位专家给予农产品加工学科群的关心、指导和支持表示感谢并对2018年工作进行了全面总结。他指出，2018年学科群重点实验室工作总体态势良好，进步显著，但当前仍存在六大问题：一是发展不平衡，各重点实验室由于组建时间、依托单位不同，在管理理念、运行机制、日常工作、国际交流等方面都存在差异、参差不齐；二是定位不够清晰，各实验室不同程度的存在定位模糊、定位趋同、思路目标不明、任务分工不清等问题；三是缺乏协同创新，尤其群内协同创新缺乏的问题突出，需要各重点实验室认真思考，着力解决；四是开放课题设置力度不足，各实验室开放课题设置工作须进行重新梳理、部署和调整，通过分类设置开放课题的方式达到挖掘人才、培养人才和协同创新的目的；五是学术沙龙、科普活动、高层次讲堂等活动欠缺，2019年的工作中要系统筹划与安排；六是年报编制、网站建设和新闻宣传等方面落实不到位，学科群将把宣传工作指标纳入2019年的考核体系。戴小枫主任对学科群2019年工作进行了部署，一是综合性重点实验室将于2019年2月中旬前形成农产品加工学科群重点实验室绩效考核办法初稿，向各重点实验室征求意见，2月底前正式下发执行；二是学科群各重点实验室要对标“三个面向”，按照“一个平台、一个定位、一个目标、一个选题、一个专家、一个团队、一个理论、一套技术、一套产品、一个企业、一个产业、一个示范县乡村、一张表格”的要求对2019年的工作计划进行梳理，形成各实验室2019年度工作任务书；三是2019年1月21～22日召开农产品加工百科全书词条审定会，为全面进入词条撰写工作打好基础；四是启动“十四五”农产品加工战略研究工作，综合性重点实验室将根据农业农村部的具体部署和要求，形成报告提纲模板，组织各实验室开展战略研究工作。他强调，农业农村部农产品加工学科群重点实验室要按照习近平总书记“三个面向”的指示精神，统一思想、统一意志、统一认识、统一行动，根据农业农村部的统一部署，“给农业发展插上科技的翅膀”，为实现乡村振兴战略贡献力量。会议同期开展了重点实验室建设运行管理培训。综合性实验室主任戴小枫研究员详细剖析了我国农产品加工产业发展面临的机遇及挑战，提出了重点实验室“三个面向、两个一流”的战略定位。中国农业科学院科技管理局科技平台处刘涛处长系统介绍了国家科技平台的建设概况、整体布局和发展趋势。兽医生物技术国家重点实验室主任王笑梅研究员，植物病虫害生物学国家重点实验室副主任张杰研究员，农业农村部肉品加工重点实验室副主任李春保教授分别分享了国家、部门重点实验室运行管理的宝贵经验。与会代表围绕各实验室研究方向、人才队伍建设、科研产出、平台建设等开展研讨。本次学术委员会会议暨年度工作会议的成功召开为农业农村部农产品加工学科群进一步明确使命定位、和目标任务、创新管理机制、厘清工作思路、明确发展方向打下了坚实的基础。

23日 “中国食品和包装机械工业协会中央厨房工程与装备委员会成立大会”在北京召开。农业农村部乡村产业发展司刘晓军处长、国家市场监督管理总局食品经营司餐饮监管处张兰兰处长、中国食品和包装机械工业协会楚玉峰理事长、中国农业科学院农产品加工研究所戴小枫所长、中国农业大学食品科学与营养工程学院张普光书记等领导及企业代表200余人出席成立大会。国家市场监督管理总局食品经营司餐饮监管处张兰兰处长和中国食品和包装机械工业协会楚玉峰理事长共同为中国食品和包装机械工业协会中央厨房工程与装备委员会揭牌。大会选举产生了中国食品和包装机械工业协会中央厨房工程与装备委员会第一届理事会会长、副会长、秘书长；楚玉峰当选为首届会长，丁少辉当选为秘书长。主食加工业是满足城乡居民消费需求、促进农民就业增收、保障食物质量安全的重要民生产业。随着国民经济的不断发展，我国食品行业迎来了发展的黄金期。但也应该看到在“互联网 ”、大数据以及信息化技术的大背景下，我国在传统主食工业化道路上面临前所未有的挑战。在新时期，“中央厨房”凭借其在成本控制、集中采购、标准化作业以及加工配送方面的优势，已经成为主食工业化发展的必然趋势。中国食品和包装机械工业协会理事长楚玉峰在讲话中重点强调，目前中央厨房产业发展正处于战略布局期，从政策制定、产业规划、社会引导等方面进行科学的顶层设计至关重要。中央厨房装备市场规模快速增大，针对中央厨房提供技术、咨询、培训等配套的第三方专业服务市场不断发展，上下游产业链正逐步完善。因此，政府、企业及社会各界需要通力合作，高度重视中央厨房产业发展的战略地位，积极营造良好的商业生态环境，建立产业协同发展机制，积极推进我国中央厨房产业发展建设。中国食品和包装机械工业协会中央厨房工程与装备委员会在农业农村部乡村产业发展司、国家市场监管总局食品经营司、中国农业大学的指导下，在有关部门的大力支持下，经过筹备组和行业的共同努力，今天正式成立了，这是中国餐饮行业的一件大事和喜事。这将对发展我国中央厨房产业规划、设计及相关建设；运作经营、标准化生产、产业提升，装备制造企业转型升级等产生重大的影响。中国食品和包装机械工业协会副秘书长丁少辉主持成立大会。

7

第七部分

附　录

附录简要说明

1. 本部分统计资料数据主要包括：香港、澳门特别行政区和台湾地区相关统计数据；世界和部分国家主要农产品收获面积、单产和总产量；禽畜产品产量；主要国家农业与农产品加工业生产指数、农产品加工业主要经济指标；世界主要国家农、林、畜、禽产品进出口情况；按营业额排序的世界最强500个企业中农产品加工业企业。

2. 本部分统计资料数据主要来源于国家统计局、农业农村部、2016年联合国粮食及农业组织数据库、2016年联合国工发组织出版的《国际工业统计年鉴》、2016年《国际统计年鉴》、世界银行统计数据以及2017年《世界农业》等。未注明“资料来源”的数据，均采用国家统计局公布的数据。

3. 本部分统计资料中符号使用说明：“空格”表示该项统计指标数据不详或无该项数据；“*”、“①”、“△”表示本表下面有注解。

表 1 部分国家（地区）农业生产指数（2015 年）

（2004—2006 年＝100）

国家或地区	农业	食品
世界总计	**125.9**	**126.4**
埃 及	120.9	122.1
南 非	121.6	122.3
加拿大	110.4	110.6
美 国	111.7	113.0
巴 西	139.4	141.1
中 国	136.5	137.5
印 度	141.8	140.9
日 本	95.6	95.9
韩 国	104.3	104.4
法 国	103.5	103.6
德 国	107.8	107.8
意大利	92.4	92.6
俄罗斯	131.0	130.7
英 国	108.2	108.2
澳大利亚	107.9	107.2

资料来源：表中数据来自 2018 年《国际统计年鉴》。

表 2 世界主要国家陆地面积、耕地面积、人口、人均耕地面积排名情况（2016 年）

排名	国土陆地面积（万 km^2）		耕地面积（万 km^2）		人口（亿人）		人均耕地（亩）	
	国 别	面 积	国 别	面 积	国 别	人 口	国 别	人 均
世界		**13 432.5**		**1425.9**		**75.3**		**2.8**
1	俄罗斯	1 709.8	印 度	156.4	中 国	13.8	俄罗斯	13.2
2	加拿大	998.5	美 国	152.3	印 度	13.4	美 国	7.0
3	美 国	983.2	俄罗斯	123.1	美 国	3.3	巴 西	4.1
4	中 国	960.0	中 国	119.0	印度尼西亚	2.6	印 度	1.8
5	巴 西	851.6	巴 西	80.0	巴 西	2.1	中 国	1.4

资料来源：表中数据来自 2018 年《国际统计年鉴》。

表 3 我国主要指标居世界位次（2015—2016 年）

指 标	2015 年	2016 年
国土面积	4	4
人 口	1	1
国内生产总值	2	2

（续）

指　　标	2015 年	2016 年
人均国民总收入	96（217）	93（217）
进出口贸易总额	1	2
出 口 额	1	1
进 口 额	2	2
外商直接投资	3	3
外汇储备	1	1

资料来源：表中数据来自 2018 年《国际统计年鉴》。注：括号中数据为参加排序的国家和地区。

表 4　我国主要指标占世界比重（2015—2016 年）

单位：%

指　　标	2015 年	2016 年
国土面积	7.1	7.1
人　　口	18.7	18.5
国内生产总值	14.8	14.7
进出口贸易总额	11.9	11.4
出 口 额	13.8	13.1
进 口 额	10.0	9.7
外商直接投资	7.7	7.7
外汇储备	30.6	28.1
稻谷产量		27.9
小麦产量		17.8
玉米产量		24.0
大豆产量		3.8

资料来源：表中数据来自 2018 年《国际统计年鉴》。

表 5　我国台湾农业生产指数（2013—2016 年）

（2011 年=100）

年份	总指数	种植业	林业	畜牧业	渔业
2013	97.1	95.4	112.6	96.7	101.4
2014	98.4	98.5	96.6	96.8	101.3
2015	94.9	94.0	58.5	96.2	95.6
2016	91.4	89.4	46.6	98.0	86.5

资料来源：表中数据来自 2018 年《中国统计年鉴》。

表6 部分国家（地区）主要粮食作物总产量（2017年）

单位：kt

国家或地区	谷 物	其 中				
		小麦	稻谷	玉米	谷子	高粱
世界总计	**2980 175**	**771 719**	**769 658**	**1 134 747**		
埃 及	23 217	8 800	6380	7 100		
南 非	18 906	1535		16 820		
加拿大	56 311	29984		14 095		
美 国	440 117	47 371	8 084	370 960		
巴 西	117 784	4 324	12470	97 722		
中 国	617 930	134 334	212 676	259 071		
印 度	313 610	98 510	168 500	28 720		
日 本	10 906		9 780			
韩 国			5264			
法 国	64 496	36 925		14 122		
德 国	45 557	24 482		4 548		
意大利	16 241	6 967		6 049		
俄罗斯	131 144	85 863	987	13 236		
英 国	23 000	14 837				
澳大利亚	50 049	31 819				

资料来源：表中数据来自2018年《国际统计年鉴》。

表7 我国对美国农产品进出口情况（2013—2017年）

单位：亿美元、%

年 份	进出口额	出口额	同比增长	进口额	同比增长	逆差
2013	338.7	72.9	1.5	265.8	−7.5	192.3
2014	360.9	74.2	1.8	286.7	7.9	212.5
2015	320.O	73.5	−0.9	246.5	−14.0	173.0
2016	312.0	73.6	0.1	238.4	−3.3	164.8
2017	317.3	76.5	4.0	240.8	1.0	164.3

资料来源：表中数据来自中国农产品进出口月度统计报告。

表8 我国对俄罗斯农产品进出口情况（2013—2017年）

单位：亿美元、%

年 份	出口额	出口总额	出口占比	进口额	进口总额	进口占比
2013	20.99	670.57	3.13	15.71	1 180.10	1.33
2014	22.99	713.06	3.22	15.54	1 209.64	1.28

（续）

年　份	出口额	出口总额	出口占比	进口额	进口总额	进口占比
2015	18.00	701.80	2.56	17.19	1 159.20	1.48
2016	19.21	726.10	2.62	19.90	1 106.10	1.80
2017	19.56	751.40	2.60	21.1	1246.80	1.69

资料来源：表中数据来自中国农产品进出口月度统计报告。

表 9　我国对印度尼西亚农产品进出口情况（2013—2017 年）

单位：百万美元、%

年　份	进出口额	出口额	同比增长	进口额	同比增长	逆差
2013	5 063.92	1 635.46	−10.23	3 428.46	−25.68	1 792.99
2014	5 869.00	1 967.37	13.70	3 901.63	13.30	1 934.26
2015	5 811.21	1 829.99	−7.00	4 047.22	3.40	2 217.23
2016	5 783.41	2 055.15	12.30	3 728.26	−7.90	1 673.11
2017	7 023.39	2 330.65	13.4	4 692.74	25.9	2 362.09

资料来源：表中数据来自中国农产品进出口月度统计报告。

表 10　世界人口及粮食每 10 年年均增长率（1962—2016 年）

单位：%

年份	人口		粮食	
	10 年年均增长率	与上 10 年相比	10 年年均增长率	与上 10 年相比
1962—1971	2.07		4.15	
1972—1981	1.82	−12.08	3.66	−11.81
1982—1991	1.75	−3.85	1.65	−54.92
1992—2001	1.28	−26.86	1.42	−13.94
2002—2011	1.24	−3.13	3.12	119.72
2012—2016	1.19	−4.03	1.43	−54.17

资料来源：表中数据来自 2018 年《农业展望》第 3 期。注：2012—2016 年数据为 5 年的平均值。

表 11　部分国家（地区）主要油料作物总产量（2017 年）

单位：kt

国家或地区	大豆	油菜籽	花生	芝麻
世界总计	**352 644**	**76 238**	**47 098**	**5 532**
埃　及			199	44
南　非	1 316	94	92	
加拿大	7 717	21 328		

（续）

国家或地区	大豆	油菜籽	花生	芝麻
美　国	119 519	1424	3 281	
巴　西	114 599	57	547	13
中　国	13 150	13 274	17 092	366
印　度	10 981	7917	9 179	751
日　本	253			
韩　国	69			14
法　国	412	5 200		
德　国	61	4 276		
意大利		41		
俄罗斯	3 621	1 509		
英　国		2 167		
澳大利亚		4 313		

资料来源：表中数据来自 2018 年《国际统计年鉴》。

表 12　我国玉米贸易情况（2013 — 2017 年）

单位：万 t

年份	进口量	出口量	净进口量
2013	326.60	7.74	318.86
2014	259.77	2.00	257.77
2015	473.00	1.11	471.89
2016	313.13	0.39	312.74
2017	282.70	8.51	274.19

资料来源：表中数据来自中国农产品进出口月度统计报告。

表 13　我国玉米主要出口量情况（2012—2016 年）

单位：万 t、%

年份	总量	韩国	朝鲜	合计	占比
2013	7.74		7.66	7.66	99.00
2014	2.00	0.02	1.57	1.59	79.50
2015	1.11		0.99	0.99	89.10
2016	0.39		0.31	0.31	97.28
2017	8.51		5.08	5.08	59.69

资料来源：表中数据来自中国农产品进出口月度统计报告。

表 14　世界及美国玉米供需（2015/2016—2017/2018 年度）

单位：万 t

地区	年度	期初库存	产量	进口	消费	饲料消费	出口	期末库存
世界	2015/2016	20 974	97 345	13 925	96 828	60 188	11 969	21 491
	2016/2017	21 491	107 555	13 610	106 312	63 238	16 408	22 734
	2017/2018	22 734	104 475	14 648	106 801	65 240	15 161	20 408
美国	2015/2016	4 397	34 551	172	29 879	12 991	4 829	4 412
	2016/2017	4 412	38 478	145	31 381	13 878	5 824	5 830
	2017/2018	5 830	37 029	127	31 777	14 161	4 890	6 319

资料来源：表中数据来自 2018 年《农业展望》第 3 期。

表 15　世界主要大豆出口国产量和出口量（2014—2017 年）

单位：万 t

国　家	类　　别	2014 年	2015 年	2016 年	2017 年
巴　西	产量	9 720	9 650	11 410	11 600
	出口量	5 061	5 438	6 314	6 886
	中国自其进口量	3 212.3	4 000.4	3 820.5	5 092.8
阿根廷	产量	6 140	5 680	5 780	4 700
	出口量	1 057	992	690	680
	中国自其进口量	571.9	934.5	601.4	658.1

资料来源：表中数据来自 2018 年《农业展望》第 10 期。

表 16　世界粮食、稻谷、小麦和玉米产量每 10 年年均增速（1962—2016 年）

单位：%

时　间	粮食	稻谷	小麦	玉米
1962—1971	4.15	3.83	3.71	4.78
1972—1981	3.66	3.26	3.05	4.08
1982—1991	1.65	2.12	1.56	1.16
1992—2001	1.42	1.44	0.45	1.52
2002—2011	3.12	2.71	1.84	4.33
2012—2016	1.43	0.07	1.21	2.01

资料来源：表中数据来自 2018 年《农业展望》第 3 期。注：2012—2016 年数据为 5 年的平均数。

表 17　世界稻谷累计进口量和累计出口量及排名前十国家（1961—2013 年）

累计进口排名	国　家	进口量（万 t）	累计出口排名	国　家	出口量（万 t）
1	印度尼西亚	5 272	1	泰　国	24 148
2	中　国	3 994	2	美　国	12 753

（续）

累计进口排名	国　家	进口量（万 t）	累计出口排名	国　家	出口量（万 t）
3	尼日利亚	3 107	3	越　南	9 729
4	伊　朗	3 055	4	印　度	9 079
5	菲律宾	2 882	5	巴基斯坦	7 365
6	沙特阿拉伯	2 737	6	中　国	7 055
7	伊拉克	2 582	7	缅　甸	3 078
8	马来西亚	2 493	8	意大利	2 676
9	孟加拉国	2 406	9	乌拉圭	1 889
10	塞内加尔	2 311	10	埃　及	1 771

资料来源：表中数据来自 2018 年《农业展望》第 3 期。

表 18　世界小麦累计进口量和累计出口量及排名前十国家（1961—2013 年）

累计进口排名	国　家	进口量（万 t）	累计出口排名	国　家	出口量（万 t）
1	中　国	35 617	1	美　国	147 287
2	俄罗斯	32 341	2	加拿大	82 187
3	日　本	28 056	3	法　国	61 984
4	埃　及	24 096	4	澳大利亚	58 714
5	意大利	22 597	5	阿根廷	29 286
6	巴　西	22 403	6	德　国	15 405
7	阿尔及利亚	14 907	7	俄罗斯	14 823
8	韩　国	14 208	8	英　国	9 403
9	德　国	13 382	9	苏　联	8 655
10	英　国	11 892	10	乌克兰	8 366

资料来源：表中数据来自 2018 年《农业展望》第 3 期。

注：苏联数据为 1961—1991 年；俄罗斯数据为 1992—2013 年。

表 19　世界玉米累计进口量和累计出口量及排名前十国家（1961—2013 年）

累计进口排名	国　家	进口量（万 t）	累计出口排名	国　家	出口量（万 t）
1	日　本	64 706	1	美　国	204 859
2	韩　国	23 896	2	阿根廷	38 576
3	中　国	21 165	3	法　国	25 107
4	俄罗斯	20 971	4	中　国	14 806
5	墨西哥	17 154	5	巴　西	12 848
6	西班牙	16 405	6	南　非	8 517

（续）

累计进口排名	国　家	进口量（万 t）	累计出口排名	国　家	出口量（万 t）
7	荷　兰	13 362	7	乌克兰	6 218
8	意大利	12 897	8	泰　国	6 066
9	德　国	12 583	9	匈牙利	5 386
10	英　国	11 585	10	罗马尼亚	3 108

资料来源：表中数据来自 2018 年《农业展望》第 3 期。

表 20　世界大豆累计进口量和累计出口量及排名前十国家（1961—2013 年）

累计进口排名	国　家	进口量（万 t）	累计出口排名	国　家	出口量（万 t）
1	中　国	56 970	1	美　国	113 919
2	日　本	20 183	2	巴　西	40 124
3	德　国	15 833	3	阿根廷	31 463
4	荷　兰	15 793	4	巴拉圭	31 416
5	西班牙	11 328	5	加拿大	22 655
6	墨西哥	9 232	6	荷　兰	18 465
7	意大利	5 624	7	中　国	11 194
8	韩　国	4 020	8	乌拉圭	8 040
9	英　国	3 702	9	乌克兰	7 361
10	印度尼西亚	3 146	10	玻利维亚	6 291

资料来源：表中数据来自 2018 年《农业展望》第 3 期。

表 21　部分国家（地区）籽棉、麻类生产情况（2017 年）

国家或地区	籽　棉		
	收获面积（khm^2）	单　产（kg/hm^2）	总产量（kt）
世界总计	**32 979.1**	**2 254.5**	**74 351**
中　国	3 625.4	4 730.2	17 149
印　度	12 200.0	1 518.8	18 530
美　国	4 492.2	2 671.2	12 000
巴基斯坦	2 699.0	2 111.8	5 700
巴　西	928.0	4 141.1	3 843
澳大利亚	518.6	4 147.7	2 151
土耳其	501.5	4 885.3	2 450
墨西哥	211.9	4 761.6	1 009
阿根廷	253.3	2 431.8	616

（续）

国家或地区	籽棉		
	收获面积（khm^2）	单产（kg/hm^2）	总产量（kt）
埃及	91.0	3 296.7	300
哈萨克斯坦	135.5	2 442.8	331
南非	17.8	2 359.5	42
尼日利亚	321.3	905.6	291
朝鲜	19.7	1 979.6	39

资料来源：表中数据来自 2018 年《国际统计年鉴》。

表 22　部分国家（地区）甘蔗、甜菜生产情况（2017 年）

国家或地区	甘蔗			甜菜		
	收获面积（khm^2）	单产（kg/hm^2）	总产量（kt）	收获面积（khm^2）	单产（kg/hm^2）	总产量（kt）
世界总计	**25 976.9**	**70 891.0**	**1 841 528**	**4 894.0**	**61 507.2**	**301 016**
中国	1 371.0	76 151.7	104 404	174.0	53 931.0	9 384
埃及	135.4	112 710.5	15 261	236.7	51 149.1	12 107
南非	264.5	65 739.1	17 388			
巴西	10 184.3	74 482.1	758 548			
印度	4 389.0	69 735.5	306 069			
巴基斯坦	1 216.9	60 318.0	73 401	2.1	50 476.2	106
墨西哥	772.0	73 775.9	56 955			
美国	365.9	82 407.8	30 153	450.9	71 071.2	32 046
法国				387.9	88 633.7	34 381
阿根廷	378.8	50 594.0	19 165			
澳大利亚	453.5	80 621.8	36 562			

资料来源：表中数据来自 2018 年《国际统计年鉴》。

表 23　中国主要贸易农产品（2016 年）

排序	出口			进口		
	农产品类别	金额（亿美元）	占比（%）	农产品类别	金额（亿美元）	占比（%）
1	鱼	111.11	15.30	油籽油料	370.46	33.49
2	蔬菜	106.01	14.60	畜肉及杂碎	89.55	8.10
3	其他水产品	53.85	7.42	乳品	68.31	6.18
4	水果	48.80	6.72	植物油	62.28	5.63
5	食用菌	31.25	4.30	水果	51.57	4.66

（续）

排序	出口			进口		
	农产品类别	金额（亿美元）	占比（%）	农产品类别	金额（亿美元）	占比（%）
6	植物产品	30.84	4.25	未加工纺织原料	45.78	4.14
7	杂项食品	27.85	3.84	酒	43.54	3.94
8	饲　料	27.68	3.81	粮食	42.17	3.81
9	虾	24.28	3.34	鱼	39.33	3.56
10	其他动物产品	19.69	2.71	饲料	35.92	3.25
11	粮食、淀粉制品	18.51	2.55	未加工皮革原料	22.08	2.00
12	糖及糖食	17.07	2.35	杂项食品	17.42	1.57
13	茶　叶	14.85	2.04	烟草及其制品	17.28	1.56
14	干、坚果	14.67	2.02	蔬菜	16.54	1.50
15	烟草及其制品	13.77	1.90	杂项农产品	15.63	1.41
	合　计	**560.25**	**77.16**	**合计**	**937.84**	**84.78**

资料来源：表中数据来自 2018 年《农业展望》第 3 期。

表 24　中国农产品贸易市场结构（2005—2016 年）

单位：%

地　区	出口			进口		
	2005 年	2011 年	2016 年	2005 年	2011 年	2016 年
亚　洲	66.0	60.4	25.2	19.7	22.5	18.4
非　洲	2.4	4.0	3.7	3.7	2.4	2.5
欧　洲	16.5	17.5	14.4	10.0	10.0	16.4
南美洲	1.9	3.5	3.4	26.3	26.8	26.1
北美洲	11.8	12.7	11.6	27.6	28.2	26.5
大洋洲	1.2	1.9	1.8	10.9	10.1	10.2

资料来源：表中数据来自 2018 年《农业展望》第 3 期。

表 25　世界豆粕主产国豆粕产量（2016/2017 年度）

国　家	产量（万 t）	占世界豆粕产量的比重（%）
中　国	6 851	30.3
美　国	4 024	17.8
巴　西	3 383	15.0
阿根廷	3 200	14.2
合　计	**17 458**	**77.3**

资料来源：表中数据来自 2018 年《世界农业》第 6 期。

表 26　世界主要豆粕消费国家（2016/2017 年度）

国　家	消费量（万 t）	占世界豆粕总消费量百分比（%）
中　国	6 726	30.3
美　国	3 044	13.7
巴　西	2 998	13.5
阿根廷	1 680	7.6
合　计	**14 448**	**65.1**

资料来源：表中数据来自 2018 年《农业展望》第 6 期。

表 27　中国食用豆进出口贸易结构情况（2016 年）

品　种	出　口		进　口		贸易顺差（亿美元）
	金额（亿美元）	占比（%）	金额（亿美元）	占比（%）	
食用豆	7.02	100.00	4.22	100.00	2.80
干豌豆	0.01	0.13	3.61	85.39	−3.60
绿　豆	2.12	30.13	0.30	7.21	1.82
红小豆	0.69	9.84	0.02	0.58	0.67
芸　豆	3.68	52.39	0.06	1.53	3.62
干蚕豆	0.13	1.78	—	—	0.13

资料来源：表中数据来自 2018 年《农业展望》第 9 期。

表 28　中国食用豆主要出口国（2016 年）

地　区	出口额（亿美元）	占比（%）	占比变化（%）
日　本	1.18	16.77	6.2
越　南	0.74	10.49	−4.1
巴　西	0.73	10.43	725.1
印　度	0.58	8.19	−11.5
意大利	0.45	6.34	−11.2
韩　国	0.43	6.16	39.1
古　巴	0.36	5.16	287.2
美　国	0.31	4.38	−9.3
合计占比	**4.77**	**67.93**	

资料来源：表中数据来自 2018 年《农业展望》第 9 期。

表 29　世界及部分地区大豆市场供需情况（2014/2015—2017/2018 年度）

类　别	2014/2015 年度	2015/2016 年度	2016/2017 年度	2017/2018 年度
产量（万 t）	31 995.7	31 557.7	34 811.5	33 670.3
进口（万 t）	12 436.2	13 333.8	14 432.1	15 427.7

（续）

类　别	2014/2015 年度	2015/2016 年度	2016/2017 年度	2017/2018 年度
出口（万 t）	12 621.0	13 251.6	14 734.5	15 223.7
压榨量（万 t）	26 481.0	27 502.4	28 734.6	29 629.4
期末库存（万 t）	7 796.4	8 044.5	9 666.5	9 602.2
库存压榨比（万 t）	29.4	29.3	33.6	32.4

资料来源：表中数据来自 2018 年《农业展望》第 10 期。

表 30　主要玉米出口国产量和出口量（2014—2017 年）

国　家	类　　别	2014 年	2015 年	2016 年	2017 年
乌克兰	产量（万 t）	2 850	2 660	2 800	2 520
	出口量（万 t）	1 850	1 620	1 493	1 950
	中国自其进口量（万 t）	260	385	267	182
阿根廷	产量（万 t）	3 300	2 750	3 650	4 060
	出口量（万 t）	1 750	1 250	2 120	2 850
	中国自其进口量（万 t）	390	10	10	30
巴　西	产量（万 t）	7 988	7 638	9 140	9 230
	出口量（万 t）	2 063	3 075	2 887	3 073
	中国自其进口量（kg）	202	6	3	11

资料来源：表中数据来自 2018 年《农业展望》第 10 期。

表 31　中国稻谷供求平衡情况（2014/2015—2017/2018 年度）

单位：万 t

类　　别	2014/2015 年度	2015/2016 年度	2016/2017 年度	2017/2018 年度
生产量	20 651	20 823	20 708	20 856
进口量	435	511	564	500
年度新增供给量	21 086	21 334	21 272	21 356
食用消费	15 753	15 750	15 700	15 680
大米	10 870	10 868	10 833	10 819
糠麸	4 884	4 883	4 867	4 861
饲料消费	1 120	1 220	1 380	1 350
工业消费	1 160	1 200	1 300	1 400
种用量	128	130	131	130
年度国内消费	18 161	18 300	18 511	18 560
出口量	64	46	149	200

（续）

类　别	2014/2015 年度	2015/2016 年度	2016/2017 年度	2017/2018 年度
年度总消费量	18 225	18 146	18 660	18 760
年度结余量	2 861	2 988	2612	2 596

资料来源：表中数据来自 2018 年《农业展望》第 3 期。

表 32　中国进口大豆来源国、进口量及占比（2012—2015 年）

单位：万 t、%

年份	总进口量	美国		巴西		总占比
		进口量	占比	进口量	占比	
2012	5 838	2 565	44	2 889	41	85
2013	6 338	2 227	35	3 181	50	85
2014	7 140	3 003	42	3 200	45	87
2015	8 174	2 842	35	4 013	49	84

资料来源：表中数据来自 2018 年《世界农业》第 2 期。

表 33　瑞典、挪威与俄罗斯三国马铃薯生产情况（2016 年）

国　家	单产（t/hm^2）	位次	面积（万 hm^2）	位次	总产量（万 t）	位次
瑞　典	35.70	15	2.44	62	85.25	48
挪　威	30.30	26	1.20	88	35.32	76
俄罗斯	15.30	102	203.00	3	3 110.78	3
中　国	17.10	85	581.20	1	9 906.00	1
世　界	19.66		1924.65		37 682.70	

资料来源：表中数据来自 2018 年《世界农业》第 3 期。

表 34　印度鲜食葡萄主产区种植面积及产量（2012/2013—2014/2015 年度）

单位：万 hm^2、万 t

产　区	2012/2013 年度		2013/2014 年度		2014/2015 年度	
	面积	产量	面积	产量	面积	产量
马哈拉施特拉邦	9.00	205.00	9.00	216.00	9.33	229.25
卡纳塔克邦	1.97	32.09	2.05	30.24	2.18	42.08
泰米尔纳德邦	0.27	4.34	0.28	4.77	0.23	3.26
米佐拉姆邦	0.24	2.08	0.25	2.39	0.24	2.26
其　他	0.28	4.79	0.29	5.13	0.32	5.42
总　计	**11.76**	**248.30**	**11.87**	**258.53**	**12.30**	**282.27**

资料来源：表中数据来自 2018 年《世界农业》第 2 期。

表 35 部分国家（地区）花卉出口情况（2017 年）

单位：t、万美元

国家或地区	2017 年	2016 年	同比（%）
日　本	8 788.7	8 989.7	−2.2
荷　兰	2 965.5	2 855.9	3.8
韩　国	2 928.1	3 172.7	−7.7
美　国	2 569.9	2 206.5	16.5
缅　甸	1 448.1	1 226.6	18.1
德　国	1 184.6	977.4	21.2
中国香港	1 057.6	1 281.0	17.4
泰　国	935.8	1 217.1	23.1
新加坡	893.0	958.2	6.8
澳大利亚	743.8	675.2	10.2

资料来源：表中数据来自中华人民共和国商务部对外贸易司。

表 36 蒙古国主要进出口农产品（2013—2016 年）

单位：亿美元、%

农产品类别		2013 年		2014 年		2015 年		2016 年	
		金额	比重	金额	比重	金额	比重	金额	比重
进　口	饮品类	1.33	22.8	1.12	24.0	0.90	18.8	0.89	17.5
	糖食制品	0.64	11.0	0.60	12.9	0.53	11.0	0.51	10.1
	糖料及糖	0.57	9.7	0.56	12.1	0.48	9.5	0.51	10.1
	谷　物	0.23	3.9	0.36	7.8	0.31	6.4	0.63	12.4
	畜产品	0.65	11.1	0.01	0.35	0.42	8.7	0.41	8.1
	水　果	0.35	6.0	0.20	4.3	0.30	6.3	0.29	6.0
	蔬　菜	0.31	5.3	0.16	3.4	0.29	6.2	0.28	5.4
	植物油	0.28	4.8	0.26	5.5	0.22	4.5	0.22	4.2
出　口	畜产品	2.25	90.3	2.65	88.7	2.56	85.4	2.68	80.2
	油　籽	0.05	2.0	0.21	6.9	0.19	6.4	0.16	4.9

资料来源：表中数据来自 2018 年《世界农业》第 4 期。

表 37 中国台湾主要农产品产量（2014—2016 年）

单位：万 t

年份	稻米	槟榔	菠萝	芒果	甘蔗	茶叶	花生	香蕉
2014	173.2	12.1	45.6	15.3	50.3	1.5	6.9	30.0
2015	158.2	11.3	49.4	46.6	61.8	1.4	6.2	27.4
2016	158.8	10.0	52.7	10.7	52.7	1.3	6.2	25.8

资料来源：表中数据来自 2018 年《中国统计年鉴》。

表 38 部分国家（地区）鱼类产量（2016 年）

单位：万 t

国家或地区	鱼类产品产量	其 中	
		海域	内陆水域
世界总计			
埃 及	167.7	8.5	159.2
南 非	60.2	59.9	0.3
加拿大	61.1	57.0	4.1
美 国	422.2	402.2	20.0
巴 西	114.5	41.8	72.7
中 国	4 217.3	1 230.6	2986.7
印 度	939.9	292.7	647.2
日 本	296.8	291.8	5.0
韩 国	114.2	111.4	2.8
法 国	46.4	42.7	3.7
泰 国	167.2	108.7	58.5
俄罗斯	470.3	426.4	43.9
英 国	72.9	71.7	1.2

资料来源：表中数据来自 2018 年《国际统计年鉴》。

表 39 中国台湾农产品生产情况（2014—2015 年）

项 目	2014 年		2015 年	
	产值（万新台币）	占比（%）	产值（万新台币）	占比（%）
所有作物	**17 881 723**	**100.00**	**18 896 921**	**100.00**
稻 谷	3 377 502	18.89	2 035 577	16.06
杂 粮	756 686	4.23	847 137	4.48
特有作物	541 674	4.71	1 053 732	5.58
蔬 菜	5 858 504	32.76	5 108 760	27.03
菇 类	354 205	1.98	409 009	2.16
果 品	6 570 733	36.74	7 096 974	37.56
花 卉	122 419	0.68	1 345 932	7.12

资料来源：表中数据来自 2018 年《农业展望》第 6 期。

表 40 蒙古国农产品贸易主要伙伴国（2016 年）

单位：亿美元、%

	国家	2013 年		2016 年	
		金额	比重	金额	比重
进口	中国	0.92	15.78	0.87	17.03
	俄罗斯	1.52	25.99	1.61	32.25
	哈萨克斯坦	0.25	4.19	0.29	8.63
	韩国	0.36	6.19	0.35	6.83
	美国	0.31	5.27	0.1	1.95
出口	中国	2.18	87.45	3.14	93.84
	俄罗斯	0.06	2.48	0.06	1.79

资料来源：表中数据来自 2018 年《世界农业》第 4 期。

表 41 巴西农产品出口的国际市场分布（2009—2016 年）

单位：%

国家	2009 年	2011 年	2013 年	2016 年
美国	9.35	6.42	4.74	4.88
荷兰	13.82	10.48	6.73	6.32
德国	6.83	5.04	3.77	3.83
日本	5.15	4.43	3.32	3.12
法国	4.44	3.16	1.78	1.48
西班牙	3.93	3.11	2.48	2.22
英国	3.53	3.12	2.14	1.27
意大利	3.48	3.28	1.78	1.63
中国	3.32	7.38	14.67	23.61

资料来源：表中数据来自 2018 年《世界农业》第 9 期。

表 42 俄罗斯大米进出口国别占比情况（2016 年）

单位：%

排序	出口目标国		进口来源国	
	国别	占总出口比重	国别	占总出口比重
1	土耳其	45.0	印度	38.9
2	土库曼斯坦	10.2	巴基斯坦	20.1
3	阿塞拜疆	6.3	泰国	14.5
4	比利时	5.2	哈萨克斯坦	12.4
5	蒙古国	4.2	越南	10.6

（续）

排序	出口目标国		进口来源国	
	国 别	占总出口比重	国 别	占总出口比重
6	哈萨克斯坦	3.8	中 国	1.5
	其余 30 国	25.3	其余 9 国	2.0
	总 计	**100.0**	**总 计**	**100.0**

资料来源：表中数据来自 2018 年《世界农业》第 7 期。

表 43 菲律宾农产品贸易（2013—2016 年）

单位：亿美元

年份	出口额	进口额	贸易额	净出口额
2013	59.62	71.58	131.20	−11.96
2014	65.96	87.07	153.03	−21.11
2015	47.80	87.06	134.86	−39.26
2016	49.25	105.39	154.64	−56.14

资料来源：表中数据来自 2018 年《农业展望》第 2 期。

表 44 哈萨克斯坦粮食作物种植及出口情况（2011—2015 年）

单位：万 hm^2、万 t

农产品	年份	种植面积	产量	国内需求量	出口量
粮食作物	2011	1 621.94	2 696.05	2 356.89	349.57
	2012	1 625.67	1 266.48	317.90	778.79
	2013	1 587.76	1 823.11	1 286.33	542.48
	2014	1 529.15	1 716.22	1 221.44	502.82
	2015	1 498.22	1 867.28	1 449.69	431.92
	5 年均值	1 572.55	1 817.83	1 366.43	521.12
其中小麦	2011	1 384.89	2 273.21	1 385.73	289.02
	2012	1 346.40	584.11	248.08	738.42
	2013	1 308.87	1 394.08	884.19	510.02
	2014	1 238.76	1 299.69	880.00	420.82
	2015	1 177.11	1 374.76	1 017.42	363.59
	5 年均值	1 291.21	1 465.17	1 003.00	464.37

资料来源：表中数据来自 2018 年《世界农业》第 4 期。

表 45　哈萨克斯坦对中国的部分农产品进出口额（2015 年）

单位：万美元

品　种	出口额	进口额
活禽畜及其副产品	36.82	11.68
鱼类及软体动物	105.43	108.37
果　蔬	391.92	14 229.23
谷　物	3 018.27	32.93
油料作物	3 546.95	164.91
食用油和脂肪	1 247.74	32.01

资料来源：表中数据来自 2018 年《世界农业》第 4 期。

表 46　哈萨克斯坦果蔬种植及进口情况（2011—2015 年）

单位：万 hm²、万 t

农产品	年份	种植面积	产量	国内需求量	进口量
蔬　菜	2011	12.87	287.77	314.53	20.22
	2012	12.87	306.15	327.75	28.19
	2013	13.31	324.15	371.91	51.71
	2011	13.77	346.99	387.31	44.58
	2015	13.95	356.49	395.50	43.89
	5 年均值	13.35	324.31	359.40	39.52
水　果	2011	5.46	28.50	67.07	44.00
	2012	5.80	27.84	77.87	50.57
	2013	5.68	28.28	68.73	40.77
	2014	5.71	30.33	72.89	43.24
	2015	5.75	28.02	68.69	41.15
	5 年均值	5.68	27.59	71.05	43.95

资料来源：表中数据来自 2018 年《世界农业》第 4 期。

表 47　我国茶叶总出口量及出口前三国家（地区）（2016—2017 年）

单位：t、万美元

国家或地区	2016 年		2017 年		同期比（%）	
	金额	数量	金额	数量	金额	数量
总出口	**328 693.7**	**160 963.5**	**355 251.9**	**148 488.1**	**8.1**	**8.4**
中国香港	12 633.2	24 486.7	13 057.9	16 289.6	3.4	50.3
摩洛哥	67 284.6	22 911.4	75 278.3	22 668.5	11.9	1.1
越 南	3 520.3	9 253.9	3 238.0	11 034.4	−8.0	−16.1

资料来源：表中数据来自中华人民共和国商务部对外贸易司。

表 48 部分国家（地区）苹果出口情况（2017 年）

单位：t、万美元

国别	2017 年		同比（%）	
	数量	金额	数量	金额
越南	105 669.0	17 454.8	−4	24.7
泰国	117 247.2	15 784.0	−17.5	−19.9
菲律宾	131 547.9	15 252.6	−1.6	−4.5
印度尼西亚	117 136.3	13 429.4	30.3	30.1
印度	131 258.5	12 751.6	−10.7	−14.5
孟加拉国	166 887.2	10 941.7	−8.0	−12.7
俄罗斯	102 698.3	10 360.5	−10.4	−8.9
缅甸	71 333.2	9 463.6	−17.3	1.8
哈萨克斯坦	74 346.5	9 216.4	60.8	78.0
尼泊尔	66 637.2	5 858.8	18.4	12.3

资料来源：表中数据来自中华人民共和国商务部对外贸易司。

表 49 中国与维谢格拉德集团农产品进出口占比情况（2013—2016 年）

单位：%

年份	中捷		中波		中斯		中匈	
	中出捷进	中进捷出	中出波进	中进波出	中出斯进	中进斯出	中出匈进	中进匈出
2013	14.64	26.81	79.83	64.20	1.77	2.97	3.76	6.02
2014	14.75	31.50	78.55	59.95	2.18	4.08	4.52	4.47
2015	13.06	29.65	79.77	52.03	2.26	3.78	4.91	14.54
2016	15.01	25.49	73.12	49.8	1.93	1.66	4.94	23.04

资料来源：表中数据来自 2018 年《世界农业》第 9 期。

表 50 中国与维谢格拉德集团分类农产品贸易情况（2000—2016 年）

单位：亿美元

农产品品名	2000 年	2005 年	2010 年	2015 年	2016 年	2000—2016 年
活动物	0.00	0.00	0.01	0.01	0.06	0.12
肉及肉制品	0.06	0.00	0.02	0.78	1.07	4.74
奶产品和禽类	0.02	0.03	0.13	0.45	0.38	3.01
鱼及鱼制品	0.18	0.69	1.07	1.09	1.01	13.87
谷物及谷物制品	0.00	0.00	0.02	0.06	0.07	0.44
蔬菜和水果	0.09	0.36	1.22	0.96	1.00	12.40
糖、糖制品及蜂蜜	0.00	0.03	0.13	0.24	0.21	1.75

（续）

农产品品名	2000年	2005年	2010年	2015年	2016年	2000—2016年
咖啡、茶、可可粉及香料	0.05	0.05	0.06	0.59	0.24	2.90
动物饲料	0.03	0.00	0.07	0.15	0.17	1.19
混合食物制品	0.01	0.02	0.05	0.48	0.33	1.91
饮料	0.00	0.01	0.04	0.18	0.16	0.93
烟草及烟草制品	0.00	0.01	0.15	0.23	0.21	1.25
生皮及皮革	0.00	0.01	0.22	0.15	0.06	1.79
含油种子及油质水果	0.05	0.11	0.05	0.03	0.02	1.53
天然橡胶	0.00	0.00	0.42	0.60	0.53	4.31
软木及木材	0.07	0.02	0.27	0.34	0.30	3.38
纸浆及废纸	0.00	0.04	0.10	0.90	0.62	4.56
纺织纤维	0.02	0.01	0.27	0.17	0.16	2.50
未加工动植物原料	0.41	0.87	0.97	0.86	0.85	15.55
动物油脂	0.00	0.00	0.00	0.04	0.05	0.18
固态植物油脂	0.00	0.00	0.00	0.00	0.01	0.02
加工后的动植物油脂类	0.00	0.00	0.01	0.01	0.01	0.07

资料来源：表中数据来自2018年《世界农业》第9期。

表51 世界槟榔生产情况（2016年）

单位：t、hm^2、kg/hm^2

国家和地区	产　量	收获面积	单　产
印　度	703 000	473 000	1 486
中国海南	234 225	70 218	3 336
缅　甸	129 170	55 464	2 329
孟加拉国	121 113	203 396	595
中国台湾	99 992	41 937	2 384
印度尼西亚	54 057	130 757	413
斯里兰卡	44 059	18 194	2 422
泰　国	38 141	22 435	1 700
尼泊尔	14 225	3 905	3 643
不　丹	9 838	9 372	1 052
马来西亚	312	97	3 216
马尔代夫	22	19	1 158

资料来源：表中数据来自2018年《世界农业》第7期。

表 52 世界芝麻生产区域布局变迁特征（2005—2016 年）

单位：万 t、%

国 家	2005 年		国 家	2010 年		国 家	2016 年	
	产量	占比		产量	占比		产量	占比
印 度	61.1	18.9	印 度	89.3	20.7	坦桑尼亚	94.0	15.4
中 国	62.6	18.4	缅 甸	78.7	18.2	缅 甸	81.3	13.3
缅 甸	43.9	12.9	中 国	58.8	13.5	印 度	79.8	13.1
苏 丹	27.7	8.2	埃塞俄比亚	32.8	7.6	中 国	65.0	10.6
乌干达	16.1	4.7	苏 丹	24.8	5.7	苏 丹	52.5	8.6
埃塞俄比亚	11.5	3.4	尼日利亚	14.9	3.5	尼日利亚	46.1	7.5
坦桑尼亚	10.4	3.1	坦桑尼亚	14.4	3.3	埃塞俄比亚	26.8	4.4
尼日利亚	10.0	2.9	乍 得	12.6	2.9	布基纳法索	23.0	3.8
柬埔寨	9.0	2.7	乌干达	11.9	2.8	乍 得	17.0	2.8
委内瑞拉	4.9	1.4	布基纳法索	9.1	2.1	乌干达	13.0	2.1

资料来源：表中数据来自 2018 年《世界农业》第 10 期。

表 53 世界主要国家芝麻平均单产水平对比（2013—2016 年）

单位：kg/hm²

国 家	2013 年	2014 年	2015 年	2016 年
巴黎嫩	3 466.5	3 520.5	3 574.5	3 628.5
阿富汗	2 667.0	1 999.5	2 133.0	2 133.0
沙特阿拉伯	1 950.0	1 995.0	2 040.0	2 085.0
以色列	2 044.5	2 061.0	2 073.0	2 083.5
中 国	1 489.5	1 468.5	1 519.5	1 558.5
埃 及	1 308.0	1 374.0	1 360.5	1 407.0
危地马拉	1 375.5	3 399.5	1 522.5	1 350.0
喀麦隆	700.5	1 456.5	1 275.6	1 312.5
马其顿	1 000.5	1 263.0	1 282.5	1 290.0
意大利	1 711.5	1 440.0	1 239.0	1 270.5
老 挝	1 095.0	3 275.0	1 233.0	1 254.0

资料来源：表中数据来自 2018 年《世界农业》第 10 期。

表 54 世界芝麻进口市场结构变迁（2005—2015 年）

单位：万 t、%

2005 年			2010 年			2015 年		
国家或地区	进口量	占比	国家或地区	进口量	占比	国家或地区	进口量	占比
日 本	16.3	15.5	中 国	39.1	27.8	中 国	80.5	41.3
中 国	15.4	14.6	日 本	16.1	11.5	日 本	18.5	9.5

（续）

2005 年			2010 年			2015 年		
国家或地区	进口量	占比	国家或地区	进口量	占比	国家或地区	进口量	占比
欧　盟	10.0	9.5	欧　盟	10.6	7.5	欧　盟	13.5	6.9
土耳其	8.6	8.2	土耳其	10.2	7.3	土耳其	12.6	6.0
韩　国	5.3	5.0	韩　国	7.8	5.5	韩　国	7.8	4.0
美　国	4.5	4.3	叙利亚	5.2	3.7	以色列	6.1	3.1
叙利亚	4.1	3.9	以色列	4.3	3.0	沙特阿拉伯	4.7	2.4
沙特阿拉伯	3.0	2.8	美　国	3.7	2.6	德　国	3.4	1.7
德　国	2.6	2.5	希　腊	3.1	2.2	希　腊	3.3	1.7
以色列	2.4	2.3	沙特阿拉伯	2.9	2.1	美　国	3.3	1.7
世　界	105.0	100.0	世　界	140.6	100.0	世　界	195.0	100.0

资料来源：表中数据来自 2018 年《世界农业》第 10 期。

表 55　世界芝麻出口市场结构变迁（2005—2015 年）

单位：万 t、%

2005 年			2010 年			2015 年		
国家或地区	出口量	占比	国家或地区	出口量	占比	国家或地区	出口量	占比
埃塞俄比亚	21.9	24.2	印　度	29.2	20.3	印　度	30.4	18.3
印　度	18.8	20.8	尼日利亚	23.2	16.1	埃塞俄比亚	30.2	18.2
苏　丹	15.3	16.9	埃塞俄比亚	22.8	15.9	苏　丹	29.6	17.8
中　国	5.1	5.6	苏　丹	17.7	12.3	布基纳法索	17.1	10.3
委内瑞拉	3.3	3.6	坦桑尼亚	6.6	4.6	坦桑尼亚	13.5	8.1
坦桑尼亚	3.2	3.5	布基纳法索	6.1	4.3	缅　甸	7.9	4.7
巴拉圭	3.1	3.4	缅　甸	4.6	3.2	乌干达	4.3	2.6
危地马拉	2.8	3.1	老　挝	4.5	3.1	中　国	3.1	1.0
泰　国	2.4	2.6	巴拉圭	3.6	2.5	危地马拉	3.0	1.8
布基纳法索	2.3	2.5	中　国	3.3	2.3	多　哥	3.0	1.8
世　界	90.7	100.0	世　界	143.8	100.0	世　界	166.1	100.0

资料来源：表中数据来自 2018 年《世界农业》第 10 期。

表 56　部分国家（地区）肉类产量（2016 年）

单位：kt

国家或地区	肉类总产量	其　中			
		牛　肉	羊　肉	猪　肉	禽　肉
世界总计	**329 890**	**69 800**	**14932**	**118 169**	**120 302**
埃　及	2 272	849	123		1 180
南　非	3 425	1 109	192	242	1 840

（续）

国家或地区	肉类总产量	其 中			
		牛 肉	羊 肉	猪 肉	禽 肉
加拿大	4 579	1 133	15	2 048	1 357
美 国	44 624	11 470	73	11 320	21 483
中 国	85 987	7 351	4 615	54 130	18 080
印 度	7 192	2 522	740	316	3 426
日 本	4 095	464		1 279	2 345
韩 国	2 394	277	2	1 216	895
法 国	5 656	1 458	116	2 185	1 770
德 国	8 425	1 155	32	5 590	1 550
意大利	3 836	810	33	1 544	1 354
俄罗斯	9 899	1 619	213	3 368	4 141
英 国	3 924	912	290	919	1 792
澳大利亚	4 694	2 361	715	377	1 213

资料来源：表中数据来自 2018 年《国际统计年鉴》。

表 57 中国牛肉消费量、产量和进出口量（2012—2016 年）

单位：万 t

年份	消费量	国内产量	进口量	出口量
2012	667.22	662.3	6.14	1.22
2013	702.03	673.2	29.42	0.59
2014	718.35	689.2	29.79	0.65
2015	747.01	700.1	47.38	0.47
2016	774.39	716.8	58.00	0.41

资料来源：表中数据来自 2018 年《农业展望》第 9 期。

表 58 中国活猪及猪肉贸易（2007—2016 年）

年份	进 口		出 口		净进口（万 t）
	绝对量（万 t）	同比增速（%）	绝对量（万 t）	同比增速（%）	
2007	8.58		13.52		−4.9
2008	37.33	335.1	8.38	−38.0	29.0
2009	13.50	−63.8	24.97	198.0	−11.5
2010	19.96	47.9	27.90	11.7	−7.9
2011	46.77	134.3	23.71	−15.0	23.1
2012	52.23	11.7	23.30	−1.7	29.0
2013	58.33	11.7	24.56	5.4	33.9

（续）

年份	进口		出口		净进口（万 t）
	绝对量（万 t）	同比增速（%）	绝对量（万 t）	同比增速（%）	
2014	56.43	−3.3	27.16	10.6	29.3
2015	77.89	38.0	25.04	−7.8	52.9
2016	162.03	108.0	21.53	−14.0	140.5

资料来源：表中数据来自 2018 年《农业展望》第 1 期。

表 59 中国生猪出栏量及猪肉产量、人均占有量（2006—2016 年）

年份	生猪		猪肉			
	出栏量（万头）	同比（%）	产量（万 t）	同比（%）	人均占有量（kg）	同比（%）
2006	61 207	1.4	4 651	2.1	35.38	1.6
2007	56 508	−7.7	4 288	−7.8	32.45	−8.3
2008	61 017	8.0	4 621	7.8	34.79	1.2
2009	64 539	5.8	4 891	5.9	36.65	5.3
2010	66 686	3.3	5 071	17.0	37.82	3.2
2011	66 362	−0.5	5 060	−0.2	37.56	−0.7
2012	69 789	5.2	5 343	5.6	39.46	5.1
2013	71 557	2.5	5 493	2.8	40.37	2.3
2014	73 510	2.7	5 671	1.2	41.46	2.7
2015	70 825	−3.7	5 487	−3.3	39.91	−3.7
2016	68 502	−3.3	5 299	−3.4	38.32	−4.0

资料来源：表中数据来自 2018 年《农业展望》第 1 期。

表 60 中国羊肉消费量、产量和进出口量（2012—2016 年）

单位：万 t

年份	消费量	国内产量	进口量	出口量
2012	412.89	401.0	12.39	0.50
2013	433.65	408.1	25.87	0.32
2014	456.04	428.2	28.29	0.44
2015	462.72	440.8	22.29	0.38
2016	481.01	459.4	22.01	0.41

资料来源：表中数据来自 2018 年《农业展望》第 9 期。

表 61 中国羊肉进口情况（2007—2016 年）

单位：万美元

年份	2007	2008	2009	2010	2011	2012	2013	2014	2015	2016
进口额	7 835	10 591	13 927	15 674	27 559	42 151	95 466	113 301	73 000	57 389

资料来源：表中数据来自 2018 年《农业展望》第 4 期。

表 62 中国羊肉主要进口来源地（2011—2016 年）

年份	国家或地区	贸易额（万美元）	占比（%）
2011	新西兰	16 184	58.72
	澳大利亚	10 625	38.55
	乌拉圭	750	2.72
	其他地区	0	0.00
2012	新西兰	26 105	61.93
	澳大利亚	15 403	36.54
	乌拉圭	643	1.52
	其他地区	0	0.00
2013	新西兰	54 374	56.96
	澳大利亚	37 691	39.48
	乌拉圭	3 402	3.56
	其他地区	0	0.00
2014	新西兰	70 170	61.93
	澳大利亚	39 869	35.19
	乌拉圭	3 262	2.88
	其他地区	0	0.00
2015	新西兰	50 859	69.67
	澳大利亚	21 304	29.18
	乌拉圭	626	0.86
	其他地区	211	0.29
2016	新西兰	39 046	68.04
	澳大利亚	17 425	30.36
	乌拉圭	496	0.86
	其他地区	395	0.69

资料来源：表中数据来自 2018 年《农业展望》第 4 期。

表 63 中国羊肉主要出口市场（2011—2016 年）

年份	国家或地区	贸易额（万美元）	占比（%）
2011	中国香港	3 309	62.38
	约 旦	679	12.79
	阿联酋	327	6.16
	其他地区	991	18.67

（续）

年份	国家或地区	贸易额（万美元）	占比（%）
2012	中国香港	3 233	76.05
	约　旦	525	12.34
	科威特	197	4.63
	其他地区	297	6.98
2013	中国香港	2 870	91.54
	中国澳门	130	4.15
	约　旦	44	1.41
	其他地区	91	2.91
2014	中国香港	3 313	76.68
	吉尔吉斯斯坦	365	8.44
	约　旦	338	7.83
	其他地区	305	7.05
2015	中国香港	2 366	70.16
	吉尔吉斯斯坦	447	13.26
	约　旦	331	9.81
	其他地区	228	6.77
2016	中国香港	3 146	89.20
	中国澳门	76	2.17
	吉尔吉斯斯坦	75	2.12
	其他地区	230	6.51

资料来源：表中数据来自 2018 年《农业展望》第 6 期。

表 64　世界亚麻籽主要出口国及流向（2016 年）

单位：%

出口国	加拿大	俄罗斯	哈萨克斯坦	比利时
流向国家	中　国（61.5）	土耳其（35.9）	比利时（38.5）	德　国（59.0）
	比利时（17.6）	比利时（32.7）	阿富汗（24.0）	荷　兰（19.0）
	美　国（13.1）	拉脱维亚（13.0）	波　兰（9.2）	英　国（7.0）

资料来源：表中数据来自 2018 年《世界农业》第 6 期。

表 65　世界亚麻籽主要进口国及流入来源（2016 年）

单位：%

进口国	比利时	中国	德国	美国
流入来源	俄罗斯（48.2）	加拿大（50.6）	俄罗斯（37.7）	加拿大（86.5）
	加拿大（23.2）	俄罗斯（7.4）	哈萨克斯坦（26.7）	阿根廷（4.9）
	哈萨克斯坦（20.3）	英　国（2.0）	比利时（10.3）	印　度（3.3）

资料来源：表中数据来自 2018 年《世界农业》第 6 期。

表 66 中国从东盟进口农产品结构（2008—2016 年）

单位：亿美元、%

产品	2008 年		2012 年		2016 年	
	进口	占比	进口	占比	进口	占比
植物油	58.0	62.6	73.0	44.3	37.4	25.0
水 果	6.4	7.0	20.2	12.2	25.3	16.9
谷 物	2.2	2.3	9.0	5.5	14.3	9.5
薯 类	3.9	4.2	17.8	10.8	14.0	9.3
水产品	3.9	4.2	7.5	4.5	12.1	8.1

资料来源：表中数据来自 2018 年《世界农业》第 7 期。

表 67 中国对东盟出口的农产品结构（2008—2016 年）

单位：亿美元、%

产品	2008 年		2012 年		2016 年	
	出口	占比	出口	占比	出口	占比
蔬 菜	9.4	20.9	20.0	19.9	41.3	27.0
水 果	9.1	20.2	20.5	20.4	32.0	20.9
水产品	6.3	14.0	21.1	20.9	27.7	18.1
糖 料	1.2	2.0	3.8	3.8	8.0	5.2
饮品类	1.1	2.9	2.8	2.8	6.9	4.5

资料来源：表中数据来自 2018 年《世界农业》第 7 期。

表 68 世界葵花籽主要生产国产量占世界总产量的比例变化（2005—2016 年）

单位：%

2005 年		2010 年		2016 年	
国 家	占 比	国 家	占 比	国 家	占 比
俄罗斯	21.05	乌克兰	21.49	乌克兰	28.78
乌克兰	15.32	俄罗斯	16.96	俄罗斯	23.26
阿根廷	11.92	中 国	7.29	阿根廷	6.34
中 国	6.27	阿根廷	7.08	中 国	5.47
美 国	5.93	法 国	5.21	罗马尼亚	4.29
法 国	4.92	保加利亚	4.87	保加利亚	3.96

资料来源：表中数据来自 2018 年《世界农业》第 9 期。

表 69 世界葵花籽主要进口国进口量占比（2005—2016 年）

单位：%

2005 年		2010 年		2016 年	
国 家	占 比	国 家	占 比	国 家	占 比
西班牙	24.34	土耳其	17.64	荷 兰	15.11

（续）

2005年		2010年		2016年	
国　家	占　比	国　家	占　比	国　家	占　比
荷　兰	18.11	荷　兰	15.09	法　国	12.39
土耳其	17.65	德　国	13.02	西班牙	10.67
意大利	7.95	西班牙	6.58	土耳其	8.80
德　国	5.66	意大利	6.00	德　国	8.03
奥地利	3.37	罗马尼亚	5.66	意大利	5.19

资料来源：表中数据来自2018年《世界农业》第9期。

表70　世界葵花籽主要出口国出口量占比（2005—2016年）

单位：%

2005年		2010年		2016年	
国　家	占　比	国　家	占　比	国　家	占　比
法　国	18.84	匈牙利	17.21	罗马尼亚	24.98
保加利亚	16.14	保加利亚	15.17	保加利亚	14.52
匈牙利	15.65	罗马尼亚	14.59	摩尔多瓦	9.42
俄罗斯	8.74	法　国	11.23	匈牙利	7.95
美　国	6.18	乌克兰	10.72	阿根廷	6.45
罗马尼亚	5.79	美　国	4.01	法　国	6.39
乌拉圭	4.17	中　国	3.82	中　国	6.25

资料来源：表中数据来自2018年《世界农业》第9期。

表71　世界芋头主产国的生产情况（2016年）

单位：khm^2、万t、%

国家或地区		2010年				2016年			
		收获面积	占比	产量	占比	收获面积	占比	产量	占比
亚洲	**总　计**	**118.39**	**8.7**	**190.81**	**20.1**	**123.07**	**7.3**	**209.64**	**20.7**
	中　国	92.70	6.8	170.73	18.0	97.47	5.8	188.74	18.6
	菲律宾	17.00	1.3	11.08	1.2	15.14	0.9	10.75	1.1
	泰　国	8.59	0.6	9.00	0.9	10.46	0.6	10.15	1.0
非洲	**总　计**	**1 122.84**	**82.8**	**674.57**	**71.0**	**1 446.06**	**86.6**	**728.04**	**71.9**
	尼日利亚	520.13	38.4	295.71	31.1	781.47	46.8	317.58	31.4
	加　纳	205.30	15.1	135.50	14.3	200.5	12.1	130.10	12.9
	喀麦隆	185.40	13.7	147.00	15.5	241.51	14.5	180.37	17.8
	科特迪瓦	58.50	4.3	7.11	0.7	47.10	2.8	5.80	0.6
	巴布亚新几内亚	39.00	2.9	26.50	2.8	37.00	2.2	27.40	2.7
	马达加斯加	37.33	2.8	23.54	2.5	38.28	2.3	24.19	2.4

（续）

国家		2010年				2016年			
		收获面积	占比	产量	占比	收获面积	占比	产量	占比
非洲	中 非	37.00	2.7	11.80	1.2	39.42	2.4	12.92	1.3
	卢旺达	26.00	1.9	18.60	2.0	40.14	2.4	16.62	1.6
	几内亚	11.10	1.0	8.81	0.9	20.64	1.2	13.06	1.3

资料来源：表中数据来自2018年《世界农业》第10期。

表72 坦桑尼亚主要农产品贸易伙伴（2017年）

单位：亿美元、%

主要出口对象国	出口额	比重	主要进口来源国	进口额	比重
印 度	3.5	19.5	马来西亚	1.6	19.3
越 南	3.1	17.7	印度尼西亚	1.0	11.9
肯尼亚	1.9	10.7	俄罗斯	0.8	10.1
比利时	1.3	7.4	巴 西	0.4	5.2
中 国	0.8	4.8	肯尼亚	0.4	5.1

资料来源：表中数据来自2018年《世界农业》第10期。

表73 世界芋头主要国家出口量及占比情况（2012—2016年）

单位：万t、%

国 家	2012年		2014年		2016年	
	出口量	出口量占世界芋头出口量的比例	出口量	出口量占世界芋头出口量的比例	出口量	出口量占世界芋头出口量的比例
世 界	**8.70**	**100**	**7.50**	**100**	**9.30**	**100**
中 国	7.16	82.3	5.06	67.5	7.59	81.6
尼加拉瓜	0.65	7.5	0.57	7.6	0.00	0.0
斐 济	0.30	3.5	0.39	5.2	0.16	1.7
哥斯达黎加	0.2	2.3	0.51	6.8	0.47	5.1
洪都拉斯	0.19	2.3	0.19	2.5	0.31	3.3
荷 兰	0.05	0.6	0.14	1.9	0.07	0.8
美 国	0.04	0.5	0.12	1.6	0.15	1.6
萨摩亚	0.00	0.0	0.05	0.7	0.12	1.3

资料来源：表中数据来自2018年《世界农业》第10期。

表74 世界芋头主要国家进口量及占比情况（2012—2016年）

单位：万t、%

国 家	2012年		2014年		2016年	
	进口量	进口量占世界芋头进口量的比例	进口量	进口量占世界芋头进口量的比例	进口量	进口量占世界芋头进口量的比例
世 界	**7.00**	**100.0**	**6.30**	**100.0**	**8.00**	**100.0**

（续）

国家	2012年		2014年		2016年	
	进口量	进口量占世界芋头进口量的比例	进口量	进口量占世界芋头进口量的比例	进口量	进口量占世界芋头进口量的比例
日　本	4.71	67.3	3.70	58.7	3.79	47.0
美　国	0.25	3.6	0.19	3.0	0.51	6.4
澳大利亚	0.21	3.0	0.27	4.3	0.26	3.3
新西兰	0.58	8.3	0.44	7.0	0.32	4.0
阿拉伯联合酋长国	0.29	4.1	0.52	8.3	1.09	13.6
新加坡	0.21	3.0	0.23	3.7	0.20	2.5
加拿大	0.20	2.9	0.24	3.8	0.25	3.1
沙特阿拉伯	0.13	1.9	0.01	0.2	0.00	0.0

资料来源：表中数据来自2018年《世界农业》第10期。

表75　中国芋头出口主要国家（2012—2017年）

单位：万t、百万美元

2012年			2016年			2017年		
国　家	出口量	出口额	国　家	出口量	出口额	国　家	出口量	出口额
世　界	**7.16**	**84.54**	**世　界**	**7.59**	**77.73**	**世　界**	**6.74**	**73.65**
日　本	4.55	69.98	日　本	3.73	55.57	日　本	3.50	53.07
阿拉伯联合酋长国	0.83	4.23	阿拉伯联合酋长国	1.58	7.87	越　南	1.06	6.75
美　国	0.39	2.76	美　国	1.00	5.41	阿拉伯联合酋长国	0.90	4.64
越　南	0.59	2.06	越　南	0.46	3.08	美　国	0.35	2.53
沙特阿拉伯	0.32	1.73	马来西亚	0.28	1.50	沙特阿拉伯	0.28	1.52
加拿大	0.15	1.4	沙特阿拉伯	0.17	1.36	马来西亚	0.19	1.54
马来西亚	0.14	0.77	加拿大	0.10	0.76	加拿大	0.11	1.01
荷　兰	0.06	0.45	西班牙	0.08	0.60	泰　国	0.06	0.50
意大利	0.02	0.23	荷　兰	0.03	0.28	西班牙	0.04	0.27
泰　国	0.03	0.20	意大利	0.02	0.21	意大利	0.02	0.25

资料来源：表中数据来自2018年《世界农业》第10期。

表76　世界排名前十的国家粮食人均产量（2014年）

单位：kg/（人·年）

排名	国　家	产量
1	阿根廷	2 378
2	巴拉圭	2 262

（续）

排名	国 家	产量
3	乌拉圭	1 799
4	美 国	1 678
5	匈牙利	1 498
6	加拿大	1 319
7	乌克兰	1 260
8	塞尔维亚	1 225
9	保加利亚	1 182
10	澳大利亚	1 133

资料来源：表中数据来自 2018 年《农业展望》第 3 期。

表 77 部分国家（地区）香菇及制品出口情况（2017 年）

单位：t、万美元

国家或地区	2017 年		同比（%）	
	数量	金额	数量	金额
中国香港	62 922	92 285.4	74.2	64.3
越 南	34 727.4	56 940.7	28.5	23.7
泰 国	9 913.6	13 254.7	18.8	18.4
马来西亚	8 280.5	10 377.4	−1.2	3.8
韩 国	10 962.8	9 858.8	10.6	27.2
日 本	7 534.4	9 178.5	−5.7	−15.1
美 国	5 111.3	4 357.5	1.1	7.5
新加坡	1 405.1	1 496.9	−24.4	−43.7
加拿大	826.9	1 211.2	71.7	106.4
哈萨克斯坦	537.0	857.7	45.8	42.5

资料来源：表中数据来自中华人民共和国商务部对外贸易司。

表 78 中国液态奶和奶粉的进出口情况（2013—2016 年）

单位：万美元、万 t

年份	液态奶		奶粉		液态奶		奶粉	
	进口额	进口量	进口额	进口量	出口额	出口量	出口额	出口量
2013	23 438.1	18.4	360 277.0	57.9	2 368.3	2.5	2 569.5	0.8
2014	40 855.4	32.0.	445 911.7	62.4	2 588.8	2.6	3 845.3	1.1
2015	48 510.6	46.0	152 902.0	86.5	2 406.1	2.6	1 540.4	0.2
2016	63 972.2	63.4	151 488.0	93.3	2 019.8	2.7	2 117.1	0.3

资料来源：表中数据来自 2018 年《世界农业》第 12 期。

表 79 中国与主要乳业贸易强国乳制品消费情况（2016 年）

消费情况	新西兰		法国		澳大利亚		美国		德国		荷兰		中国	
	2000	2016	2000	2016	2000	2016	2000	2016	2000	2016	2000	2016	2000	2016
液态奶消费量（万 t）	38.0	49.7	550.9	320.5	198.7	256.9	2 471.6	2 229.6	738.5	439.9	162.9	84.2	125.0	2 789.2
液态奶人均年消费量（kg）	99.0	106.6	92.5	49.6	102.3	106.6	87.6	69.2	89.9	53.7	152.8	49.4	1.0	20.3
奶油消费量（万 t）	2.2	2.4	49	53.3	5.7	9.7	57.9	83.8	54.6	50.0	5.3	5.1		15.0
奶油人均年消费量（kg）	6.5	5.1	8.3	8.2	3.1	4.0	2.1	2.6	6.6	6.1	3.3	3.0		0.1
奶酪消费量（万 t）	2.8	3.8	142.0	175.6	21.8	35.5	114.8	536.8	174	202.0	23.1	36.8		12.5
奶酪人均年消费量（kg）	7.3	8.2	25.3	27.2	11.4	14.7	14.6	16.7	21.2	24.7	14.5	21.6		0.1

资料来源：表中数据来自 2018 年《世界农业》第 8 期。

表 80 部分国家（地区）植物油及制品出口情况（2017 年）

单位：t、万美元

国家或地区	2017 年		同比（%）	
	数量	金额	数量	金额
朝 鲜	111 453.6	12 012.5	71.1	60.5
中国香港	57 537.1	6 784.0	120.5	55.8
美 国	3 985.8	2 051.9	33.0	22.6
日 本	3 425.0	1 503.5	−13.5	−18.8
荷 兰	1 348.1	1 235.8	56.3	0.0
韩 国	6 267.4	1 067.2	1.9	0.1
新加坡	6 985.4	841.0	26.0	3.4
马来西亚	6 179.7	817.6	174.2	76.0
澳大利亚	764.4	499.3	5.7	7.6
蒙古国	5 282.7	478.2	−5.5	−5.9

资料来源：表中数据来自中华人民共和国商务部对外贸易司。

表 81 中国与主要乳业贸易强国牛奶资源比较（2016 年）

牛奶资源相关指标	新西兰		法国		澳大利亚		美国		德国		中国	
	2000	2016	2000	2016	2000	2016	2000	2016	2000	2016	2000	2016
奶牛存栏量（万头）	348.5	520.3	415.3	378.6	217.1	156.2	920.6	932.8	456.4	428.5	489.0	1 413.0

（续）

牛奶资源相关指标	新西兰		法国		澳大利亚		美国		德国		中国	
	2000	2016	2000	2016	2000	2016	2000	2016	2000	2016	2000	2016
奶牛平均单产（t）	3.7	4.3	6.0	6.5	5.0	5.8	8.5	12.0	6.1	7.9	1.8	6.2
牧场平均规模（头）	386.0	419.0	46.0	62.0	231.0	273.0	146.0	223.0	45.0	61.0	6.6	10.0

资料来源：表中数据来自2018年《世界农业》第8期。

表82 甘蔗年均产量世界前5位国家（2005—2014年）

排名	国家	数量（百万t）	占世界年均总产量比例（%）
1	巴西	554.20	35.4
2	印度	307.32	19.7
3	中国	103.10	6.6
4	泰国	71.45	4.6
5	巴基斯坦	53.19	3.4

资料来源：表中数据来自2018年《农业展望》第1期。

表83 世界花生主要产出国产量和单产水平（2005/2006—2016/2017年度）

单位：万t、%、kg/hm^2

2005/2006年度				2010/2011年度				2016/2017年度			
国家	产量	占比	单产	国家	产量	占比	单产	国家	产量	占比	单产
中国	1 434.2	40.1	3 076.4	中国	1 554.4	39.2	3 455.7	中国	1 740.0	40.7	3 663.2
印度	625.0	17.5	927.9	印度	554.0	14.6	997.2	印度	670.0	15.7	1 264.2
尼日利亚	347.8	9.7	1 590.3	尼日利亚	379.9	9.5	1 362.1	尼日利亚	300.0	7.0	1 200.0
美国	220.9	6.2	3 352.0	美国	188.6	4.7	3 712.6	美国	253.2	5.9	4 070.7
印度尼西亚	117.0	3.3	1 581.1	缅甸	136.2	3.4	1 572.7	苏丹	140.0	3.3	777.8
缅甸	103.9	2.0	1 519.0	塞内加尔	128.7	3.2	1 076.1	缅甸	137.5	3.2	1 553.7
塞内加尔	70.3	2.0	910.6	印度尼西亚	125.0	3.1	1 666.7	阿根廷	128.8	3.0	3 975.3
苏丹	52.0	1.5	541.1	阿根廷	103.3	2.6	3 364.8	印度尼西亚	112.0	2.6	1 866.7
阿根廷	51.0	1.4	3 109.8	苏丹	76.3	1.9	662.3	塞内加尔	94.5	2.2	821.0
越南	48.9	1.4	1 811.1	喀麦隆	53.6	1.3	1 421.8	坦桑尼亚	80.0	1.9	952.4

资料来源：表中数据来自2018年《世界农业》第11期。

表84 世界花生进口国家和地区贸易结构变化（2010/2011—2016/2017年度）

单位：万t、%

2010/2011年度			2016/2017年度		
国家和地区	进口量	占比	国家和地区	进口量	占比
欧盟	74.9	31.3	欧盟	90.0	31.2

（续）

2010/2011 年度			2016/2017 年度		
国家和地区	进口量	占比	国家和地区	进口量	占比
印度尼西亚	29.2	12.2	印度尼西亚	30.0	10.1
越　南	20.3	8.5	中　国	23.9	8.0
墨西哥	17.3	7.2	墨西哥	20.0	6.7
俄罗斯	13.9	7.8	越　南	20.0	6.7
加拿大	12.7	5.3	俄罗斯	18.3	6.1
日　本	12.4	5.2	加拿大	16.0	5.4
菲律宾	9.2	3.8	日　本	11.8	1.0
马来西亚	8.2	3.4	菲律宾	10.5	3.5
泰　国	7.9	3.3	马来西亚	10.0	3.4

资料来源：表中数据来自 2018 年《世界农业》第 11 期。

表 85　世界花生出口国家和地区贸易结构变化（2010/2011—2016/2017 年度）

单位：万 t、%

2010/2011 年度			2016/2017 年度		
国家或地区	出口量	占比	国家或地区	出口量	占比
印　度	153.4	43.1	印度	94.0	25.7
阿根廷	72.6	20.4	阿根廷	79.0	21.6
中　国	60.4	17.0	美　国	60.2	16.5
美　国	27.5	7.7	中国香港	51.4	14.1
尼加拉瓜	10.3	2.9	巴　西	18.0	4.9
巴　西	7.7	2.2	塞内加尔	13.5	3.7
埃　及	3.9	1.1	尼加拉瓜	11.5	3.1
欧　盟	2.9	0.8	埃　及	3.5	1.0
马拉加	2.7	0.8	中国澳门	3.0.	0.8
塞内加尔	2.2	0.6	欧　盟	2.7	0.7

资料来源：表中数据来自 2018 年《世界农业》第 11 期。

表 86　印度葡萄干生产、消费及贸易情况（2009/2010—2012/2013 年度）

单位：万 t

年　度	总产量	国内消费量	出口量	进口量
2009/2010	13.21	15.07	0.85	0.93
2010/2011	17.29	15.30	0.90	0.76
2011/2012	14.98	15.50	0.95	0.73
2012/2013	17.29	15.60	2.15	0.75

资料来源：表中数据来自 2018 年《世界农业》第 2 期。

表 87 我国蛋类产品出口情况（2013—2017 年）

单位：万美元

国家或地区	2013 年	2014 年	2015 年	2016 年	2017 年
中国香港	12 392.5	13 943.0	14 010.9	13 484.3	13 003.4
日 本	1 299.2	1 112.8	1 170.7	908.4	894.2
中国澳门	1 452.3	1 615.3	1 585.0	1 530.4	1 458.1
美 国	492.4	645.6	695.3	665.1	741.2
新加坡	611.3	586.2	584.2	666.7	617.2
加拿大	364.6	320.0	317.1	357.3	343.7
合 计	**17 645.9**	**19 198.3**	**19 158.6**	**18 439.5**	**17 057.8**

资料来源：表中数据来自中国农产品出口月度统计报告——蛋品。

表 88 部分国家（地区）蛋类产品产量（2016 年）

单位：万 t

国家或地区	蛋 类 产 量		其中：鸡 蛋 产 量	
	产 量	占世界比重（%）	产 量	占世界比重（%）
世 界	**8 075.4**	**100.00**	**7 389.0**	**100.0**
中 国	3 200.0	39.63	2 650.0	35.86
美 国	603.8	7.48	603.8	8.17
日 本	256.2	3.17	256.2	3.47
墨西哥	272.0	3.37	272.0	3.68
巴 西	245.3	3.04	228.9	3.10
俄罗斯	244.4	3.03	241.3	3.27
印度尼西亚	177.5	2.20	142.8	1.93
乌克兰	88.2	1.09	85.5	1.16
泰 国	107.5	1.33	68.0	0.92
土耳其	112.2	1.39	112.2	1.52
法 国	108.0	1.34	108.0	1.46
德 国	81.2	1.01	81.2	1.10
意大利	75.4	0.93	75.4	1.02
荷 兰	71.6	0.89	71.6	0.97
英 国	73.6	0.91	72.2	0.98
伊 朗	118.6	1.47	118.6	1.61

资料来源：表中数据来自 2018 年《国际统计年鉴》。

表 89　部分国家（地区）蜂蜜产量（2016 年）

单位：kt

国家或地区	2016 年
世　界	**1 787**
中　国	491
土耳其	106
阿根廷	51
乌克兰	59
美　国	73
俄罗斯	70
印　度	61
墨西哥	55
伊　朗	81
巴　西	40
加拿大	39
西班牙	34
韩　国	24

资料来源：表中数据来自 2018 年《国际统计年鉴》。

表 90　部分国家（地区）羊毛产量（2016 年）

单位：kt

国家或地区	2016 年
世　界	**2 176**
中　国	471
土耳其	51
阿根廷	45
乌克兰	4
美　国	14
俄罗斯	55
印　度	47
墨西哥	5
伊　朗	62
巴　西	12
加拿大	1
西班牙	23

资料来源：表中数据来自 2018 年《国际统计年鉴》。

表 91 我国主要农产品产量居世界位次（1978—2017 年）

项 目	1978 年	2013 年	2014 年	2015 年	2016 年	2017 年
谷 物	2	1	1③	1	1	1
小 麦	2	1	1③			
稻 谷	1	1	1			
玉 米	2	2	3			
大 豆	3	4	6	4	5	4
油菜籽	2	2	2	2	2	2
花 生	2	1	1④	1	1	1
籽 棉	2	1	2	1	1	2
甘 蔗	7	3	3	3	3	3
茶 叶	2	1	1④	1	1	1
水 果①	9	1	1④	1	1	1
肉 类②	3	1	1④	1	1	1
牛 奶	34	3	3④			
羊 毛	5	1	1④			

注：①不包括瓜类；②1990 年以前为猪、牛、羊肉产量的位次；③2011 年数据；④2013 年数据。
资料来源：表中数据来自 2018 年《国际统计年鉴》。

表 92 美国农产品主要出口目的地（2015—2017 年）

单位：亿美元

排序	2015 年		2016 年		2017 年	
	国家（地区）	金额	国家（地区）	金额	国家（地区）	金额
1	加拿大	263.3	加拿大	254.5	加拿大	261.0
2	中 国	246.5	中 国	238.4	中 国	220.0
3	墨西哥	209.6	墨西哥	175.0	墨西哥	186.0
4	欧 盟	121.2	日 本	105.3	日 本	118.0

资料来源：表中数据来自 2018 年《农业展望》第 10 期。

表 93 美国农产品主要进口来源地（2015—2017 年）

单位：亿美元

排序	2015 年		2016 年		2017 年	
	国家（地区）	金额	国家（地区）	金额	国家（地区）	金额
1	加拿大	217.3	墨西哥	255.9	墨西哥	274.1
2	墨西哥	183.8	加拿大	254.4	加拿大	263.4
3	欧 盟	175.8	欧 盟	187.6	欧 盟	177.8
4	中 国	73.5	中 国	73.6	中 国	75.6

资料来源：表中数据来自 2018 年《农业展望》第 10 期。

表 94 中国对美国农产品进口结构（2013—2017 年）

单位：万 t

年份	大豆	玉米	高粱	苜蓿	小麦	玉米酒糟
2013	2 223.8	296.8	31.7	74.9	38.2	400.0
2014	3 002.9	102.7	541.9	84.9	86.3	541.0
2015	2 841.3	46.2	896.6	104.5	60.3	681.8
2016	3 417.6	22.3	586.9	128.8	86.2	306.6
2017	3 284.0	70.8	836.6	139.8	90.2	30.8

资料来源：表中数据来自 2018 年《世界农业》第 10 期。

表 95 非洲农产品贸易情况及其在世界占比（2013—2016 年）

单位：亿美元、%

年份	出口额		进口额		贸易额	
	非洲	占比	非洲	占比	非洲	占比
2013	554.4	3.6	766.9	5.1	1 321.3	4.3
2014	506.9	3.2	777.1	5.1	1 284.0	4.1
2015	464.4	3.4	602.8	4.5	1 067.2	3.9
2016	381.2	2.8	558.8	4.1	940.0	3.4

资料来源：表中数据来自 2018 年《世界农业》第 9 期。

表 96 中国农产品进出口结构（2016 年）

单位：亿美元

产品	进口额	出口额
总计	**9 368.90**	**6 849.40**
水产品合计	1 755.93	2 184.40
鱼、甲壳动物	638.89	1 208.54
肉、鱼、甲壳动物、软体动物及其他水生无脊椎动物制品	16.43	912.82
动、植物油脂及其分解产品，精制的食用油脂，动、植物蜡	1 103.59	63.03
园艺产品合计	691.00	2 175.97
活树及其他活植物、鳞茎和根及类似品、插花及装饰用簇叶	17.07	28.13
食用蔬菜、根及块茎	199.09	852.58
食用水果及坚果	368.69	394.65
虫胶，树胶、树脂及其他植物液、汁	19.78	92.50
编织用植物材料、其他植物产品	30.62	10.97
蔬菜、水果、坚果或植物其他部分制品	65.75	797.04

（续）

产 品	进口额	出口额
畜产品合计	879.15	526.57
活动物	42.34	70.04
肉及食用杂碎	472.53	129.80
乳品、蛋品、蜂蜜	312.26	64.05
其他动物产品	50.70	231.23
羊毛和动物毛	1.32	49.45
粮油产品合计	4 232.33	671.31
谷物	419.52	139.89
麦芽、淀粉	67.89	65.00
油籽仁及果实、工业药用植物、饲料	3 526.95	301.18
谷物、粮食粉、淀粉或乳制品，糕饼点心	217.97	165.24
其他农产品合计	1 810.49	1 291.15
糖及糖食	134.45	166.73
杂项食品	118.23	240.30
食品工业的残渣及废料、配制的动物饲料	344.59	250.45
饮料、酒及醋	271 91	170.47
咖啡、茶、调味香料	27.79	235.99
可可及可可制品	62.85	34.61
烟草及烟草代用品制品	138.70	135.58
原棉、废棉和已梳棉	670.92	6.90
生丝和废丝	1.33	45.45
生亚麻	39.72	0.67

资料来源：表中数据来自 2018 年《农业展望》第 6 期。

表 97 非洲主要进出口产品大类及占比（2016 年）

单位：亿美元、%

产 品	出口额	出口占比	产 品	进口额	进口占比
农产品	381.2		农产品	558.8	
水产品	61.1	16.0	粮食（谷物）	158.7	28.4
水 果	60.6	15.9	畜产品	69.2	12.4
饮品类	59.4	15.6	其他农产品	68.5	12.3
其他产品	42.7	11.2	植物油	49.1	8.8

（续）

产　品	出口额	出口占比	产　品	进口额	进口占比
蔬　菜	32.4	8.5	糖料及糖	47.2	8.4
畜产品	26.0	6.8	饮品类	37.7	6，7
坚　果	19.7	5.2	水产品	33.4	6，0
糖料及糖	17.2	4.5	水　果	28.3	5.1
植物油	13.8	3.6	蔬　菜	19.9	3.6
棉麻丝	12.2	3.2	饼　粕	19.6	3.5
粮食（谷物）	12.0	3.1	油　籽	11.8	2.1
调味香料	7.3	1.9	粮食制品	11.6	2.1
粮食制品	7.1	1.9	干豆（不含大豆）	8.9	1.6
油　籽	7.0	1.8	棉麻丝	3.2	0.6
干豆（不含大豆）	6.7	1.8	坚　果	3.0	0.5
饼　粕	2.8	0.7	调味香料	2.4	0.4
花　卉	2.6	0.7	花　卉	1.1	0.2
药　材	1.9	0.5	精　油	0.6	0.1
精　油	1.6	0.4	粮食（薯类）	0.3	0.1
粮食（薯类）	0.3	0.1	药　材	0.3	0.0

资料来源：表中数据来自 2018 年《世界农业》第 9 期。

表 98　中非主要贸易伙伴国（2017 年）

单位：亿美元

出口市场出口额			进口市场进口额		
国家或地区	2010 年	2017 年	国家或地区	2010 年	2017 年
非　洲	18.0	30.8	非　洲	16.0	29.4
南　非	2.8	3.5	南　非	3.5	0.7
摩洛哥	2.0	3.1	津巴布韦	1.3	5.9
加　纳	1.1	2.8	苏　丹	0.7	2.9
尼日利亚	1.9	2.4	埃塞俄比亚	2.4	2.7
埃　及	1.7	2.4	坦桑尼亚	0.7	1.3
科特迪瓦	0.6	2.1	塞内加尔	0.8	1.1

资料来源：表中数据来自 2018 年《世界农业》第 9 期。

表 99 中国棉纱主要进口来源国进口量及占比（2014—2017 年）

单位：万 t、%

年份	越南		印度		巴基斯坦		印度尼西亚		乌兹别克斯坦	
	进口量	占比	进口量	占比	进口量	占比	进口量	占比	进口量	占比
2014	36.9	19.4	53.8	28.3	50.5	26.6	9.3	4.9	6.7	3.5
2015	46.1	20.8	70.1	31.5	54.1	24.8	10.9	4.9	11.0	5.0
2016	58.6	31.5	41.5	22.3	38.9	20.9	10.6	5.7	8.8	4.7
2017	66.4	35.5	39.0	20.8	34.0	18.2	12.4	6.6	9.3	5.0

资料来源：表中数据来自 2018 年《世界农业》第 10 期。

表 100 中国草莓出口主要市场（2013—2016 年）

单位：t

年份	日本	韩国	德国	荷兰	英国	澳大利亚	法国	美国	俄罗斯	加拿大	新加坡	中国香港
2013	25 232	7 724	11 236	17 488	7 332	6 767	1 298	1 388	14 065	3 248	30	145
2014	23 364	7 131	6 745	6 379	6 332	7 219	244	4 782	17 469	3 668	67	188
2015	22 334	6 041	4 437	4 062	3 958	4 859	298	4 081	13 305	4 148	60	152
2016	22 544	6 846	5 307	5 205	5 445	3 856	198	5 230	15 439	4 076	102	303

资料来源：表中数据来自 2018 年《世界农业》第 12 期。

表 101 中巴农产品贸易产品结构（2016 年）

单位：亿美元、%

产品		2010 年		2016 年	
		金额	比例	金额	比例
中国从巴西进口	大豆	81.5	75.9	155.5	81.5
	鸡肉	5.3	4.9	10.5	5.5
	牛肉	0.3	0.2	7.7	4.0
	蔗糖	5.0	4.7	7.0	3.7
	大豆油	8.1	7.5	2.2	1.2
	烤烟	3.3	3.1	1.7	0.9
	棉花	1.8	1.6	1.3	0.7
	其他	2.1	2.0	4.9	2.6
中国对巴西出口	鱼片	1.3	25.4	1	15.3
	大蒜	1.6	30.6	1.7	25.8
	芸豆	0.4	7.2	0.7	11.0
	肠衣	0.2	4.3	0.6	8.4
	其他	1.7	32.6	2.6	39.5

资料来源：表中数据来自 2018 年《世界农业》第 2 期。

表 102　中国农产品贸易情况（2016 年）

名　称	出口额（亿美元）	占比（%）	进口额（亿美元）	占比（%）
活动物	6.46	0.90	3.94	0.37
肉及食用杂碎	9.02	1.26	102.62	9.62
鱼、甲壳动物	137.05	19.15	69.17	6.48
乳品、蛋品、蜂蜜	5.89	0.82	35.16	3.30
其他动物产品	17.72	2.48	5.22	0.49
活树及其他活植物、鳞茎和根及类似品、插花及装饰用簇叶	3.30	0.46	2.26	0.21
食用蔬菜、根及块茎	105.45	14.74	18.64	1.75
食用水果及坚果	54.84	7.66	58.64	5.50
咖啡、茶、调味香料	29.81	4.17	6.66	0.62
谷物	4.29	0.60	56.61	5.30
麦芽、淀粉	5.65	0.79	8.92	0.84
油籽仁及果实、工业药用植物、饲料	26.73	3.74	382.95	35.83
虫胶，树胶、树脂及其他植物液、汁	12.57	1.76	2.14	0.20
编织用植物材料、其他植物产品	1.20	0.17	2.04	0.19
动、植物油脂及其分解产品，精制的食用油脂，动、植物蜡	5.84	0.82	70.40	6.60
肉、鱼、甲壳动物、软体动物及其他水生无脊椎动物制品	79.41	11.10	1.82	0.17
糖及糖食	17.06	2.38	14.60	1.37
可可及可可制品	4.23	0.60	68.50	0.64
谷物、粮食粉、淀粉或乳制品，糕饼点心	15.78	2.21	45.59	4.27
蔬菜、水果、坚果或植物其他部分制品	73.37	10.25	9.81	0.92
杂项食品	32.05	4.48	21.64	2.03
饮料、酒及醋	22.02	3.08	47.86	4.48
食品工业的残渣及废料、配制的动物饲料	27.67	3.87	30.62	2.87
烟草及烟草代用品制品	13.77	1.92	17.27	1.61
生丝和废丝	3.50	0.49	0.10	0.01
羊毛和动物毛	0.65	0.09	0.000 20	0.00
原棉、废棉和已梳棉	0.15	0.02	0.000 17	0.00
生亚麻	0.05	0.01	0.000 04	0.00

资料来源：表中数据来自 2018 年《农业展望》第 6 期。

表 103 中国蔬菜贸易（2013—2017 年）

年份	出口		进口		贸易顺差	
	金额（亿美元）	同比（%）	金额（亿美元）	同比（%）	金额（亿美元）	同比（%）
2013	115.8	16.2	4.2	0.0	111.6	16.8
2014	125.0	7.9	5.1	21.7	119.9	7.3
2015	132.7	6.2	5.4	5.0	127.3	6.2
2016	147.2	11.0	5.3	2.0	141.9	11.5
2017	155.2	5.4	5.5	4.3	149.7	5.5

资料来源：表中数据来自 2018 年《农业展望》第 6 期。

表 104 世界主要农畜产品最大生产国（2016 年）

农畜产品	第一位国家	产量（kt）	第二位国家	产量（kt）	第三位国家	产量（kt）
谷 物	中 国	617 930	美 国	440 117	印 度	313 610
小 麦	中 国	134 334	印 度	98 510	俄罗斯	85 863
稻 谷	中 国	212 676	印 度	168 500	印度尼西亚	81 382
玉 米	美 国	370 960	中 国	259 071	巴 西	97 722
大 豆	美 国	119 519	巴 西	114 599	阿根廷	54 972
甘 蔗	巴 西	758 548	印 度	306 069	中 国	104 404
甜 菜	俄罗斯	51934	法 国	34 381	德 国	34 060
油菜籽	加拿大	21 328	中 国	13 274	印 度	7 917
籽 棉	印 度	18 530	中 国	17 149	美 国	12 000
水 果	中 国	262 041	印 度	92 303	巴 西	39 882
花 生	中 国	17 092	印 度	9 179	美 国	3 281
肉 类	中 国	85 987	美 国	44 624	巴 西	27 441
蛋 类	中 国	32 000	美 国	6 038	印 度	4 561
奶 类	印 度	159 396	美 国	96 385	中 国	44 559
鱼 类	中 国	42 172	印度尼西亚	9 979	印 度	9 399
蜂 蜜	中 国	491	土耳其	106	伊 朗	81

资料来源：表中数据来自 2018 年《国际统计年鉴》。

表 105 香港特别行政区工业生产指数（2013—2017 年）

（2008 年＝100）

工业组别	2013 年	2014 年	2015 年	2016 年	2017 年
所有制造行业	95.0	94.6	93.2	92.7	93.1
其中：食品、饮品及烟草制品业	122.8	130.9	137.0	142.3	146.6
纺织制品业	54.2	43.9	31.4	27.6	

（续）

工业组别	2013 年	2014 年	2015 年	2016 年	2017 年
成衣业	38.9	37.8	35.8	35.3	32.3
纸制品及印刷业	88.0	87.2	87.2	86.6	86.0

资料来源：表中数据来自 2018 年《中国统计年鉴》。

表 106　中国对印度各类农产品出口额及其占出口总额的比重（2013—2016 年）

单位：万美元、%

种类	大宗农产品		食用畜产品		非食用畜产品		水产品		园艺类		饮料烟草类		其他	
年份	出口	比重	出口	比重	出口	比重	出口	比重	出口	比重	出口	比重	出口	比重
2013	2 480.31	4.35	111.55	0.20	19 576.15	34.34	60.45	0.11	22 924.52	40.22	939.83	1.65	10 760.55	19.13
2014	3 404.15	6.14	110.68	0.20	18 012.53	32.49	84.13	0.15	20 907.70	37.71	459.28	0.83	12 234.61	22.47
2015	4 647.29	9.13	127.97	0.25	17 752.66	34.87	120.55	0.24	16 709.09	32.82	706.38	1.39	10 644.43	21.3
2016	2 075.20	3.54	211.41	0.36	17 003.12	28.98	245.03	0.42	27 520.32	46.9	920.05	1.57	10 703.71	18.24

资料来源：表中数据来自 2018 年《世界农业》第 12 期。

表 107　中国台湾槟榔生产情况（2013—2016 年）

单位：t、hm^2、kg/hm^2

年份	产量	收获面积	单产
2013	124 054	45 329	2 737
2014	121 435	44 511	2 728
2015	113 182	43 226	2 618
2016	99 992	41 937	2 384

资料来源：表中数据来自 2018 年《世界农业》第 7 期。

表 108　中国台湾出口与进口商品分类（2014—2017 年）

单位：亿美元

年份	出口				进口			
	出口额	农产品	农产品加工品	工业产品	进口额	资本设备	原材料	消费品
2014	3 200.9	9.1	32.9	3 159.0	2 818.5	385.5	2 084.0	307.9
2015	2 853.4	8.6	30.4	2 814.5	2 372.2	381.2	1 629.0	316.5
2016	2 803.2				2 305.7	426.6	1 531.0	315.2
2017	3 172.5				2 592.7	424.8	1 790.7	340.2

资料来源：表中数据来自 2018《中国统计年鉴》。

表 109　中国与南亚国家农产品贸易合作发展状况（2014—2017 年）

单位：亿美元、%

年份	中国自南亚进口额	中国对南亚进口额	中国与南亚进出口额	出口额一进口额	增长率
2014	28.59	13.88	42.47	−14.71	−16.12

（续）

年份	中国自南亚进口额	中国对南亚进口额	中国与南亚进出口额	出口额－进口额	增长率
2015	17.39	15.11	32.50	−2.28	−23.48
2016	13.50	16.32	29.82	2.82	−8.25
2017	14.09	15.98	30.07	1.89	0.84

资料来源：表中数据来自2018年《世界农业》第11期。

表110　中国在南亚各国农产品贸易中的比重（2017年）

单位：%

	印度	巴基斯坦	孟加拉国	斯里兰卡	马尔代夫	尼泊尔	不丹
进口额	2.56	8.01	0.31	10.56	1.48	8.12	0.45
出口额	2.51	9.38	9.37	0.28	0.11	0.01	0.00
进出口额	2.53	6.58	1.19	6.18	1.15	4.17	0.39

资料来源：表中数据来自2018年《世界农业》第11期。

表111　中国与南亚国家农产品贸易国别占比（2014—2017年）

单位：%

年份	印度	巴基斯坦	孟加拉国	斯里兰卡	马尔代夫	尼泊尔	不丹
2014	69.15	15.28	9.21	4.82	0.08	1.46	0.00
2015	53.31	22.92	12.15	9.88	0.14	1.58	0.02
2016	48.12	24.36	18.98	10.81	0.25	2.47	0.01
2017	54.70	20.32	12.58	9.53	0.22	2.54	0.01

资料来源：表中数据来自2018年《世界农业》第11期。

表112　日本主要贸易国家和地区进出口概况（2017年）

单位：亿美元、%

贸易对象	进口额	进口占比	排名	出口额	出口占比	排名
美　国	142.40	20.64	1	9.11	16.81	2
中　国	83.68	12.86	2	7.21	12.90	3
泰　国	42.28	6.13	3	2.53	4.52	6
澳大利亚	41.18	5.97	4	1.81	2.34	8
加拿大	39.36	5.71	8	0.83	1.49	10
巴　西	25.69	8.87	6	0.14	0.25	20
意大利	25.28	8.66	7	0.21	0.38	24
韩　国	24.01	8.48	8	4.79	8.57	4
智　利	19.59	2.81	9	0.04	0.07	43

（续）

贸易对象	进口额	进口占比	排名	出口额	出口占比	排名
法　国	17.74	2.57	10	0.59	1.06	13
越　南	16.82	2.29	11	3.33	5.97	6
新西兰	13.66	1.98	12	0.17	0.80	27
印　度	13.55	1.96	13	0.56	0.39	18
俄罗斯	12.01	1.74	14	0.33	0.59	21
菲律宾	11.58	1.68	15	0.61	1.10	12
马来西亚	9.55	1.38	18	0.66	1.18	11
荷　兰	6.75	0.98	22	1.13	2.03	9
新加坡	4.01	0.67	28	2.26	4.01	7
英　国	4.11	0.64	29	0.59	1.08	14
中国香港	0.43	0.06	61	14.03	25.11	1
阿拉伯联合酋长国	0.07	0.01	102	0.87	1.02	15

资料来源：表中数据来自 2018 年《世界农业》第 10 期。

表 113　中非主要贸易农产品（2016 年）

单位：亿美元

排序	出　口			进　口		
	农产品类别	金额（万美元）	占比（%）	农产品类别	金额（万美元）	占比（%）
1	咖啡、茶、马黛茶及调味香料	65 870	24.89	油料、工业用或药用植物等	104 928	37.96
2	蔬菜、水果、坚果等制品	46 909	17.72	烟草及其制品	66 963	24.22
3	水、海产品	43 199	16.32	食用水果及坚果	20 108	7.27
4	杂项食品	25 960	9.81	可可及其制品	9 508	3.44
5	水产品制品	15 327	5.79	水、海产品	9 339	3.38
6	食用蔬菜	14 838	5.61	食品工业的残渣、废料等	9 324	3.37
7	糖及糖食	10 670	4.03	动植物油脂及其分解产品	4 591	1.66
8	油料、工业用或药用植物等	8 019	3.03	饮料、酒及醋	4 199	1.52
9	谷　物	4 959	1.87	蔬菜、水果、坚果等制品	1 886	0.68
10	烟草及其制品	4 239	1.60	咖啡、茶、马黛茶及调味香料	1 775	0.64
	合　计	**239 990**	**90.67**	**合　计**	**232 622**	**84.15**

资料来源：表中数据来自 2018 年《农业展望》第 3 期。

表 114 中非主要国家农产品贸易（2016 年）

排序	出口			进口		
	国家	金额（万美元）	占比（%）	国家	金额（万美元）	占比（%）
1	南非	31 315	11.83	津巴布韦	58 970	21.33
2	摩洛哥	28 760	10.87	南非	53 339	19.29
3	加纳	24 258	9.16	埃塞俄比亚	34 503	12.48
4	埃及	21 362	8.07	苏丹	15 982	5.78
5	尼日利亚	19 182	7.25	塞内加尔	14 005	5.07
6	阿尔及利亚	14 954	5.65	坦桑尼亚	13 487	4.88
7	科特迪瓦	13 432	5.07	尼日尔	12 344	4.47
8	贝宁	13 155	4.97	多哥	10 271	3.72
9	塞内加尔	12 210	4.61	马里	9 340	3.38
10	多哥	9 364	3.54	赞比亚	6 228	2.25
11	毛里塔尼亚	6 708	2.53	喀麦隆	6 169	2.23
12	肯尼亚	6 414	2.42	莫桑比克	5 817	2.10
	合计	**201 115**	**75.98**	**合计**	**240 457**	**86.98**

资料来源：表中数据来自 2018 年《农业展望》第 3 期。

表 115 世界木薯主产国木薯单产变化情况（2013—2016 年）

单位：t/hm^2

年份	柬埔寨	印度尼西亚	泰国	越南	加纳	巴西	安哥拉	尼日利亚	莫桑比克
2013	24.20	22.46	21.82	17.93	18.27	14.08	14.05	7.03	4.61
2014	25.78	23.35	22.26	18.47	20.02	14.83	10.11	8.72	9.51
2015	25.54	22.95	22.57	18.91	18.78	15.24	10.13	9.27	8.08
2016	26.33	23.91	21.32	19.05	18.96	14.99	10.85	9.13	9.08

资料来源：表中数据来自 2018 年《世界农业》第 10 期。

表 116 中国与“一带一路”沿线部分国家和地区农产品贸易情况（2016 年）

单位：亿美元、%

序号	国家	出口		进口		贸易	
		出口额	占中国对“一带一路”沿线国家和地区出口额比重	进口额	占中国对“一带一路”沿线国家和地区进口额比重	贸易额	占中国对“一带一路”沿线国家和地区进出口额比重
1	俄罗斯	19.4	8.5	19.9	9.4	39.3	8.9
2	乌克兰	1.1	0.5	12.7	6.0	13.8	3.1
3	土耳其	1.5	0.7	1.4	0.7	3.0	0.7

（续）

序号	国　家	出　口		进　口		贸　易	
		出口额	占中国对"一带一路"沿线国家和地区出口额比重	进口额	占中国对"一带一路"沿线国家和地区进口额比重	贸易额	占中国对"一带一路"沿线国家和地区进出口额比重
4	波　兰	2.8	1.2	1.3	0.6	4.1	0.9
5	埃　及	2.2	0.9	0.4	0.2	2.6	0.6
6	吉尔吉斯斯坦	1.0	0.5	0.1	0.1	1.2	0.3
7	哈萨克斯坦	2.3	1.5	3.8	1.0	0.7	0.9
8	乌兹别克斯坦	0.5	0.2	2.2	1.0	2.7	0.6
9	罗马尼亚	1.2	0.2	1.5	0.6	0.1	0.3
10	匈牙利	0.2	0.1	0.9	0.4	1.1	0.2
	合　计	**32.2**	**14.1**	**40.8**	**19.3**	**73.0**	**16.6**

资料来源：表中数据来自 2018 年《世界农业》第 4 期。

表 117　世界 5 大木薯主产国及中国木薯收获面积（2013—2016 年）

单位：khm^2

年份	世界	尼日利亚	刚果	泰国	巴西	印度尼西亚	中国
2013	23 674.76	6 741.30	1 804.36	1 385.11	1 525.92	1 065.75	285.70
2014	23 207.38	6 458.44	1 811.14	1 349.00	1 568.25	1 003.49	287.91
2015	23 162.00	6 216.43	1 806.24	1 433.82	1 512.66	949.92	289.57
2016	23 482.05	6 261.05	1 801.34	1 461.83	1 406.26	867.50	291.11

资料来源：表中数据来自 2018 年《世界农业》第 10 期。

表 118　马来西亚农产品贸易主要合作伙伴（2017 年）

单位：亿美元

项　目	东盟	中国	欧盟	新加坡	印度	美国	日本
出　口	59.65	20.31	19.74	21.95	14.57	12.62	8.61
进　口	44.69	16.30	13.12	5.55	9.30	9.76	1.16
进出口	104.24	36.61	32.86	27.50	23.87	22.38	9.77

资料来源：表中数据来自 2018 年《农业展望》第 9 期。

表 119　马来西亚农产品贸易额情况（2014—2017 年）

单位：美元

年份	进口	出口	进出口
2014	169.20	249.01	418.21
2015	158.30	208.42	366.72

（续）

年份	进口	出口	进出口
2016	148.93	210.66	359.59
2017	156.58	219.90	376.48

资料来源：表中数据来自 2018 年《农业展望》第 9 期。

表 120 巴基斯坦主要经济作物种植面积和产量（2013/2014—2016/2017 年度）

单位：khm^2、kt

作物	2013/2014		2014/2015		2015/2016		2016/2017	
	面积	产量	面积	产量	面积	产量	面积	产量
小麦	9 199	25 979	9 204	25 086	9 224	25 633	9 052	25 750
玉米	1 168	4 944	1 142	4 937	1 191	5 271	1 334	6 130
大米	2 789	6 798	2 891	7 038	2 739	6 801	2 724	6 849
甘蔗	1 173	67 460	1 141	62 826	1 131	65 482	1 217	73 607
棉花	2 806	12 769	22 961	13 980	2 909	9 917	2 489	10 674

资料来源：表中数据来自 2018 年《世界农业》第 1 期。

表 121 中国与其他金砖国家分类农产品进出口情况（2006—2016 年）

单位：亿美元

年份	畜产品		种植类产品		油料产品		食品及其他农产品	
	进口	出口	进口	出口	进口	出口	进口	出口
2006	14.42	1.17	31.24	5.09	1.99	0.04	6.66	5.28
2007	16.49	1.41	40.29	5.96	4.04	0.06	5.93	8.40
2008	13.44	1.84	74.11	8.63	10.67	0.39	8.81	8.74
2009	13.70	2.53	74.87	9.51	5.56	0.07	7.54	6.39
2010	20.10	4.11	83.51	11.73	11.05	0.07	13.31	8.92
2011	23.94	5.50	121.18	13.00	9.88	0.11	23.06	12.35
2012	21.15	5.48	148.35	12.82	16.31	0.17	19.59	13.41
2013	20.75	6.47	196.36	14.31	9.38	0.15	21.70	13.41
2014	20.29	7.10	192.56	13.39	8.25	0.14	16.34	14.46
2015	23.45	4.70	175.95	13.00	6.09	0.11	17.43	10.95
2016	35.37	4.99	161.36	16.16	8.04	0.13	12.69	10.84

资料来源：表中数据来自 2018 年《农业展望》第 7 期。

表 122 巴西农产品及货物进出口情况（2011—2014 年）

单位：亿美元、%

年份	农产品进出口		货物进出口		出口去向构成		进口来源构成	
	进口额	出口额	进口总额	出口总额	发达国家	发展中国家	发达国家	发展中国家
2011	135.82	864.43	2 369	2 560				
2012	131.09	864.35	2 334	2 426	37.3	58.7	43.6	54.4
2013	141.74	906.64	2 504	2 422	36.2	60.3	43.2	55.0
2014	135.28	878.90	2 391	2 251	36.6	59.5	42.2	55.8

资料来源：表中数据来自 2018 年《世界农业》第 3 期。

表 123 中国与中亚 8 国农产品贸易额变化情况（2012—2015 年）

单位：百万美元、%

年份	哈萨克斯坦		吉尔吉斯斯坦		乌兹别克斯坦		土库曼斯坦		塔吉克斯坦	
	贸易额	比重	贸易额	比重	贸易额	比重	贸易额	比重	贸易额	比重
2012	28 097.6	50.2	12 963.7	24. 9	8 733.7	16.8	2 984.1	5.7	1 214.0	2.3
2013	31 118.8	53.9	13 416.8	23. 3	9 169.2	15.9	2 382.6	4.1	1 603.6	2.8
2014	37 824.0	57.2	14 783.2	22. 3	10 000.1	15.1	2 123.7	3.2	1 423.8	2.2
2015	41 893.8	58.5	15 109.4	21. 1	10 923.3	15.3	2 267.5	3.2	1 398.2	2.0

资料来源：表中数据来自 2018 年《世界农业》第 1 期。

表 124 老挝农产品贸易情况（2010—2016 年）

单位：亿美元

类　别	2010	2011	2012	2013	2014	2015	2016
贸易总额	4.27	3.86	4.51	7.16	5.69	8.54	12.73
出口额	2.00	2.24	3.22	5.48	4.50	5.20	8.01
进口额	2.27	1.62	1.29	1.68	1.19	3.34	4.72
净出口额	−0.27	0.62	1.93	3.80	3.31	1.86	3.29

资料来源：表中数据来自 2018 年《农业展望》第 4 期。

表 125 中国与中亚 5 国植物类农产品贸易情况（2012—2015 年）

单位：亿美元

国　家	类型	2012 年	2013 年	2014 年	2015 年
哈萨克斯坦	进口	0.673	0.707	1.575	1.623
	出口	1.266	1.621	1.692	1.701
乌兹别克斯坦	进口	0.216	0.22	0.240	0.248
	出口	0.537	0.566	0.414	0.535

（续）

国 家	类型	2012 年	2013 年	2014 年	2015 年
吉尔吉斯斯坦	进口	0.008	0.071	0.072	0.068
	出口	0.319	0.374	0.518	0.543
土库曼斯坦	进口	0.197	0.139	0.171	0.185
	出口	0.056	0.052	0.069	0.071
塔吉克斯坦	进口	0.001	0.012	0.017	0.021
	出口	0.069	0.083	0.114	0.134

资料来源：表中数据来自 2018 年《世界农业》第 3 期。

表 126 中国对中亚 5 国农产品出口贸易市场构成（2013—2016 年）

单位：%

年份	哈萨克斯坦	乌兹别克斯坦	吉尔吉斯斯坦	土库曼斯坦	塔吉克斯坦
2013	46.86	16.01	33.58	3.54	3.43
2014	47.59	16.09	33.98	4.08	4.34
2015	48.95	16.15	33.84	4.18	4.49
2016	48.90	16.16	33.96	4.19	4.52

资料来源：表中数据来自 2018 年《世界农业》第 4 期。

表 127 中国与拉美国家双边农产品贸易情况（2013—2016 年）

单位：亿美元

年份	贸易总额	中国对拉美国家出口额	中国对拉美国家进口额	中国对拉美国家贸易逆差
2013	362.11	33.14	328.97	295.86
2014	351.59	31.66	319.93	288.26
2015	342.85	30.55	312.3	281.76
2016	348.31	93.36	254.95	161.59

资料来源：表中数据来自 2018 年《世界农业》第 5 期。

表 128 中国与拉美国家农产品双边贸易总额占中国农产品双边贸易总额的比重（2013—2016 年）

单位：亿美元、%

年份	中国农产品进出口总额	中国对拉美国家进出口总额	比重	中国对拉美国家出口额	比重	中国对拉美国家进口额	比重
2013	1 866.90	362.11	19.40	33.14	1.78	328.97	17.62
2014	1 945.00	351.59	18.08	31.66	1.63	319.93	16.45

（续）

年份	中国农产品进出口总额	中国对拉美国家进出口总额	比重	中国对拉美国家出口额	比重	中国对拉美国家进口额	比重
2015	1 875.60	342.85	18.28	30.55	1.63	312.30	16.65
2016	1 845.80	348.31	18.87	93.36	5.06	254.95	13.81

资料来源：表中数据来自2018年《世界农业》第5期。

表129　中国与主要拉美国家农产品贸易市场分布情况（2000—2016年）

单位：%

国　家	中国从拉美国家进口			中国对拉美国家出口		
	2000年	2010年	2016年	2000年	2010年	2016年
秘　鲁	20.12	5.84	2.54	1.53	2.98	5.30
阿根廷	36.95	29.21	10.69	1.96	3.80	10.05
巴　西	26.97	54.86	50.79	7.10	31.23	26.62
智　利	3.03	3.81	0.56	3.16	5.36	13.01
哥伦比亚	0.97	0.05	0.04	5.12	6.53	8.56
墨西哥	0.97	0.59	0.35	14.59	25.03	29.32
厄瓜多尔	3.64	0.11	0.80	0.87	1.67	1.43
哥斯达黎加	0.08	0.07	0.04	2.31	2.67	1.65
危地马拉	0.06	0.11	0.04	8.26	2.10	3.68

资料来源：表中数据来自2018年《世界农业》第5期。

表130　中加货物贸易额及农产品占总出口的比重（2012—2016年）

单位：亿美元、%

年份	总额	中国出口加拿大	占比	加拿大出口中国	占比
2012	583.34	351.25	3.56	232.09	24.86
2013	634.54	382.17	3.24	989.37	22.58
2014	641.86	390.04	3.33	251.82	21.75
2015	716.36	454.23	3.30	262.14	19.48
2016	676.49	493.12	3.88	183.37	28.73

资料来源：表中数据来自2018年《世界农业》第5期。

表131　中国与澜湄国家农产品进出口贸易额（2013—2016年）

单位：亿美元

	2013年	2014年	2015年	2016年
中国进口额	4 004.85	4 358.54	4 478.79	4 503.53
中国出口额	4 237.59	5 037.68	5 826.03	6 422.32
贸易总额	8 242.54	9 406.22	10 304.82	10 025.85

资料来源：表中数据来自2018年《世界农业》第6期。

表 132 中国对澜湄国家农产品出口额及比重（2012—2016 年）

单位：亿美元、%

年份	国 家	中国对其出口额	所占比重
2012	泰 国	13.52	36.63
	越 南	20.03	54.27
	老 挝	0.34	0.02
	缅 甸	2.13	5.77
	柬埔寨	0.89	2.41
2014	泰 国	18.54	35.77
	越 南	24.96	53.95
	老 挝	0.52	1.00
	缅 甸	3.34	6.44
	柬埔寨	1.47	2.84
2016	泰 国	22.11	32.2
	越 南	38.03	55.38
	老 挝	0.69	1.00
	缅 甸	5.62	8.18
	柬埔寨	2.22	3.23

资料来源：表中数据来自 2018 年《世界农业》第 6 期。

表 133 部分国家（地区）大米出口情况（2017 年）

国 别	2017 年		同比（%）	
	数量（t）	金额（万美元）	数量	金额
韩 国	167 270.00	12 023.20	−4.7	−13.2
科特迪瓦	309 200.00	9 667.40		
土耳其	73 825.00	2 487.20	2 467.8	1 869.3
莫桑比克	62 007.30	2 442.40	480.5	205.0
菲律宾	27 328.30	2 325.20	104.9	−7.3
巴基斯坦	7 451.70	2 184.50	−20.1	−32.0
朝 鲜	36 368.20	2 133.90	−13.2	−14.1
利比里亚	60 950.00	2 064.30	24 280.0	17 283.8
塞拉利昂	59 306.00	2 059.20	976 934.6	51 321.8
塞内加尔	66 504.00	1 992.60		

资料来源：表中数据来自中华人民共和国商务部对外贸易司。

表 134 部分国家（地区）梨出口情况（2017 年）

国家或地区	2017 年		同比（%）	
	数量（t）	金额（万美元）	数量	金额
印度尼西亚	162 234.00	12 246.90	91.0	91.1
越 南	75 410.10	10 374.90	5.9	−21.6
泰 国	45 750.90	6 142.40	−5.3	−1.2
中国香港	41 598.30	5 992.80	15.9	−2.9
马来西亚	37 076.40	4 067.80	−10.8	15.3
俄罗斯	41 008.10	3 552.70	12.0	15.4
菲律宾	18 556.60	1 874.60	−5.6	−0.5
缅 甸	11 804.00	1 643.30	24.2	46.8
美 国	11 604.00	1 611.50	−9.4	−12.5
加拿大	10 937.60	1 272.10	−3.4	−10.3

资料来源：表中数据来自中华人民共和国商务部对外贸易司。

表 135 部分国家（地区）花生仁果出口情况（2017 年）

国家或地区	2017 年		同比（%）	
	数量（t）	金额（万美元）	数量	金额
日 本	16 427.70	3 810.80	33.4	37.9
荷 兰	19 419.10	2 919.10	130.3	120.8
西班牙	15 779.50	2 211.00	4.6	2.1
越 南	15 741.00	2 106.30	170.1	196.9
泰 国	9 961.20	1 556.30	−11.3	−17.3
加拿大	8 828.30	1 336.20	9.7	0.9
马来西亚	6 430.90	947.50	56.9	41.9
黎巴嫩	5 496.30	881.70	−0.2	−3
英 国	6 188.50	875.30	22.0	15.4
希 腊	3 735.40	508.70	1.1	−19.4

资料来源：表中数据来自中华人民共和国商务部对外贸易司。

表 136 部分国家（地区）鸡肉及制品出口情况（2017 年）

国家或地区	2017 年		同比（%）	
	数量（t）	金额（万美元）	数量	金额
日 本	194 629.8	82 428.4	17.7	20.6
中国香港	149 501.7	41 834.3	4.4	−0.8
中国澳门	9 178.1	2 918.5	63.0	66.8

（续）

国家或地区	2017 年		同比（%）	
	数量（t）	金额（万美元）	数量	金额
荷 兰	8 134.4	2 699.0	12.2	9.5
马来西亚	8 496.3	2 244.5	41.2	—25.7
巴 林	11 360.4	2 099.6	69.8	71.4
韩 国	4 720.2	1 690.5	31.2	19.8
蒙 古	9 385.2	1 508.2	53.4	34.0
伊拉克	9 792.3	1 441.1	107.5	104.8
英 国	4 077.3	1 332.3	55.7	47.5

资料来源：表中数据来自中华人民共和国商务部对外贸易司。

表 137 缅甸槟榔生产情况（2013—2016 年）

单位：t、hm^2、kg/hm^2

年份	产量	收获面积	单产
2013	119 500	56 300	2 128
2014	119 379	55 479	2 152
2015	129 441	56 112	2 307
2016	129 170	55 464	2 329

资料来源：表中数据来自 2018 年《世界农业》第 7 期。

表 138 部分国家（地区）大蒜及制品出口情况（2017 年）

国家或地区	2017 年		同比（%）	
	数量（t）	金额（万美元）	数量	金额
印度尼西亚	536 278.7	58 635.9	21.2	13.6
美 国	127 864.7	51 581.8	2.7	7.1
越 南	198 028.8	33 126.5	29.2	34.1
马来西亚	153 914.3	20 733.8	20.0	—10.2
巴 西	84 471.7	13 928.6	—10.7	—34.0
日 本	31 896.7	12 859.1	2.6	16.7
菲律宾	72 021.7	9 353.5	9.0	—1.5
阿拉伯联合酋长国	62 861.1	8 876.8	1.8	25.9
荷 兰	35 135.2	8 330.3	—10.7	20.8
加拿大	27 018.5	8 149.2	14.0	10.2

资料来源：表中数据来自中华人民共和国商务部对外贸易司。

表 139　按营业额排序世界最强 500 个企业中相关农产品加工企业（2017 年）

企业名称	国家或地区	营业额位次	营业额（百万美元）
一、食品业			
CVS Health 公司	美　国	17	184 765.0
克罗格	美　国	39	122 662.0
雀巢公司	瑞　士	69	91 221.7
华润总公司	中　国	86	82 184.1
日本永旺集团	日　本	103	75 338.8
乐购	英　国	102	75 405.4
麦德龙	德　国	269	40 957.2
中粮集团有限公司	中　国	122	69 669.1
皇家阿霍德集团	荷　兰	118	70 890.6
西斯科公司（Svsco）	美　国	174	55 371.1
JBS 公司	巴　西	199	51 117.6
西农公司（Wesfarmers）	澳大利亚	195	51 599.7
邦吉公司	美　国	233	45 794.0
丰益国际	新加坡	248	43 846.3
泰森食品	美　国	297	38 260.0
乔治威斯顿	加拿大	308	37 211.6
Publix Super Markets	美　国	334	34 836.8
艾德卡	德　国	310	37 125.4
森宝利（JsAinsbury）	英　国	310	34 148.8
来德爱	美　国	325	32845.1
CHS 公司	美　国	372	31 934.8
MIGROS 集团	瑞　士	415	28 518.3
卡夫食品	美　国	451	26 232.0
达能集团	法　国	426	27 816.3
二、饮料业			
百事公司	美　国	144	63 525.0
可口可乐公司	美　国	328	35 410.0
喜力控股公司	荷　兰	475	24 831.4
三、纺织、服装业			
克里斯叮迪奥	法　国	208	49 221.0

（续）

企业名称	国家或地区	营业额位次	营业额（百万美元）
TJX 公司	美　国	321	35 864.7
耐克公司	美　国	340	34 350.0
四、橡胶和塑料制品业			
普利司通	日　本	365	32 494.6
米其林	法　国	478	24 753.7
五、肥皂与化妆品业			
宝洁公司	美　国	135	66 217.0
欧莱雅	法　国	392	29 925.8
六、综合			
沃尔玛公司	美　国	1	500 343.0
家乐福	法　国	68	91 276.3
欧尚集团	法　国	156	60 027.6
联合利华	英国/荷兰	153	60 548.4

资料来源：表中数据来自 2018 年《国际统计年鉴》。

图书在版编目（CIP）数据

中国农产品加工业年鉴．2018／科学技术部农村科技司等编．—北京：中国农业出版社，2019.11

ISBN 978-7-109-26264-5

Ⅰ.①中…　Ⅱ.①科…　Ⅲ.①农产品加工—加工工业—中国—2018—年鉴　Ⅳ.①F326.5-54

中国版本图书馆CIP数据核字（2019）第270041号

中国农产品加工业年鉴．2018

ZHONGGUO NONGCHANPIN JIAGONGYE NIANJIAN. 2018

中国农业出版社出版

地址：北京市朝阳区麦子店街18号楼

邮编：100125

责任编辑：孟令洋　郭　科　国　圆

版式设计：韩小丽　　责任校对：刘丽香

印刷：北京通州皇家印刷厂

版次：2019年12月第1版

印次：2019年12月北京第1次印刷

发行：新华书店北京发行所

开本：787mm×1092mm　1/16

印张：30

字数：1 100千字

定价：300.00元

ISBN 978-7-109-26264-5

2017

YEARBOOK OF CHINA AGRICULTURAL PRODUCTS PROCESSING INDUSTRIES

中国农产品加工业年鉴

科学技术部农村科技司
中国农业机械化科学研究院
中国包装和食品机械有限公司
食品装备产业技术创新战略联盟
编

中国农业出版社
CHINA AGRICULTURE PRESS

内 容 简 介

本年鉴较系统地记述了我国有关农产品加工业发展的方针、政策、法律、法规和规划等贯彻执行情况；有关领导、专家对发展我国农产品加工业的论述；本领域内相关行业的发展综述；简介了相关行业经济运行情况及名、优、特、新产品；登载了主要农产品加工业的国内外统计资料；记载了相关的国家标准、行业标准、专利以及本行业的大事记。本年鉴资料新颖、准确、科学、翔实，内容丰富，可供政府管理部门、协会、学会、中介组织、生产企业、科研教学单位的管理人员、策划人员、教育工作者和科技工作者参考。

编辑出版说明

一、为紧跟我国农产品加工业发展的时代脉搏和大力宣传主旋律，在各级领导和行业专家的支持与帮助下，我们组织编辑出版的《中国农产品加工业年鉴》(2017) 与广大读者见面了，其宗旨是为我国农产品加工业的发展起到桥梁和促进作用。

二、《中国农产品加工业年鉴》由科学技术部、农业农村部、国家发展和改革委员会、国家林业和草原局、国家粮食和物资储备局、中华全国供销合作总社、中国机械工业联合会、中国轻工业联合会的有关主管部门及农产品加工业相关协会、学会、科研院所、大专院校等，与中国农业机械化科学研究院、中国包装和食品机械有限公司、食品装备产业技术创新战略联盟联合编辑出版。

三、《中国农产品加工业年鉴》(2017) 安排了 7 个部分的框架内容，每个栏目名称基本未变，其中的内容和数据均以 2016 年的基本情况为主；但根据资料的获取难易程度也有部分 2016 年前后的情况，并保持每卷年鉴的连续性，其中的政策法规及重要文件、大事记和标准均以 2017 年的基本情况为主。

四、《中国农产品加工业年鉴》记述了相关方针、政策、法律、法规和规划等贯彻执行情况；记述了有关领导、专家对发展我国农产品加工业的论述；记述了本领域相关行业的发展综述；介绍了农产品加工业行业经济运行情况及名、优、特、新产品；登载了农产品加工业国内外统计资料；记载了相关的国家标准、行业标准、专利以及本行业的大事记。年鉴既叙事，也记人，每年编辑、出版一卷。若干年后，不但可以见证我国每年的农产品加工业发展情况，而且将是系统、全面、可靠、翔实的史册和工具书。由于年鉴的权威性和正式的连续出版发行，将有益于国内外各界了解和研究我国农产品加工业现状与发展等情况，促进相互交流与合作；有益于各部门借鉴现实和历史经验，掌握全局，运筹帷幄，制定政策和发展规划，指导本行业健康发展；有益于社会各界沟通行业信息、产品信息，互相学习，取长补短，推动我国农产品加工业的发展和国民经济的腾飞。

五、本年鉴各部分所列数据，因来源渠道不同，不尽一致。全面的数据均以国家统计局提供的为准。本年鉴全国性统计数据均不包括香港、澳门两个特别行政区和中国台湾省。两区一省的相关数据，在年鉴的附录中列出。

六、为系统、准确、科学、翔实地反映我国农产品加工业现状，并力争办出本年鉴的特色，我们在编辑中继续突出了综述文章以当年国家重点抓的农产品加工业中的有关行业为主，全书内容以推动产业发展为主，国家标准、行业标准与专利以加工工艺、设备和相应的产品为主，统计数据以国家统计局经济行业分类为主，国外的统计数据以特点显著的部分发达国家和少数发展中国家为主等。

七、本年鉴的编辑、出版、发行等工作，得到了中央及各级有关部门、协会、学会、科研院所、高等院校、生产企业、社会团体的大力支持和帮助，谨此表示衷心的感谢。

目 录

第四部分 国内综合统计资料

第五部分 标准、专利

第六部分 大事记

第七部分 附 录

Contents

Part Ⅲ Policies, Regulations and Important Documents

Part Ⅳ Domestic Comprehensive Statistics Materials

Part Ⅴ Standards and Patents

Part Ⅵ Chronicle of Events

Part Ⅶ Appendix

1 第一部分

专题论述

以技术创新为引领 全力推进食品领域高新技术产业发展

科学技术部农村科技司司长 兰玉杰

在技术创新引领和学科交叉融合的大环境下，全球经济和社会格局持续变革。随着先进制造、智能化、大数据、云技术等新技术的应用，电商、物联网和健康配送等新业态的出现，调理食品、保健食品和功能性食品等新产业的快速发展，对于深受经济新常态和社会发展双重影响的食品工业而言，迎来了一个难得的战略机遇期。把握好国内外科技创新的新趋势，立足新常态、谋划新发展、释放新需求、创造新供给，坚持技术创新驱动发展，从关键环节和重点领域着手，提高产业竞争力和附加值，推进食品领域高新技术产业实现重大提升。

一、推进高新技术产业发展是食品工业发展的必由之路

技术创新是提升产业竞争力的决定性因素。食品领域高新技术创新涵盖基础研究、核心工艺技术开发、关键装备创制、生产线技术集成和物流管理等多个方面。食品高新技术产业需要通过多项技术集成来驱动发展。以增强自主创新能力和国际竞争力为目标，持续开展技术创新，推动食品领域高新技术产业从中低端向中高端迈进，是实现食品产业发展的必由之路。

（一）高新技术创新是推进食品产业发展的重要支撑

“十二五”特别是党的十八大以来，我国自主创新能力显著增强，创新创业环境明显改善。食品领域高新技术研发水平与世界先进水平整体差距明显缩小，局部已形成竞争优势，但在一些核心关键领域与先进国家还有较大差距。紧密跟踪全球科技前沿方向，依托学科交叉融合，注重基础研究、原始创新和核心关键技术突破，针对食品产业发展面临的重大科技问题，开展攻关，不断开发新技术、新工艺和新产品，加速科技成果转化为现实生产力，促使我国食品产业向多领域、全链条、深层次、低能耗、全利用、高效益、可持续方向健康发展。

（二）装备有效供给是食品工业发展的坚实基础

装备是食品工业发展的基础，装备创新是我国食品领域技术创新的薄弱环节，智能化、自动化和工程化大型关键装备长期依赖进口。当前信息化、数字化和智能化引领装备设计创新，绿色制造、智能制造支撑行业转型升级。把握装备创新国际发展趋势，把创新驱动和转型发展紧密联系起来，在强调原始创新的同时，积极调整创新模式，融合数字技术、网络技术和信息技术，从单项技术创新向技术集成创新转变，由间断式创新向连续式创新转变，依靠技术创新不断提升装备核心技术含量，积极应对国际竞争，打破国际垄断，为我国食品产业健康发展打下坚实基础。

（三）高效现代物流是促进食品工业发展的根本保障

我国食品物流及智能控制技术装备不完善，配套保质减损技术研发薄弱，每年约有价值750亿元人民币的食品在物流过程中腐坏。加快食品物流技术创新与应用，推动我国传统基础物流向信息化、智能化和低碳化的现代食品全程冷链物流转变，构建“产地分级预冷—冷库—冷藏车—批发站冷库—自选商场冷柜”的全程冷链物流体系，保障食品从生产到销售的物流过程中始终处于适宜环境，实现食品物流保质减损，是我国食品工业发展的根本保障。

（四）突出营养健康是食品工业发展的重要方向

社会发展的最根本目的是人类自身的全面发展，改善公众营养关乎国家发展大局，具有强烈的战备性和社会公益性。我国居民健康状况调查显示营养缺乏与营养过剩共存。食品工业是与国民健康休戚相关的民生产业和健康产业。以改善公众营养健康水平为目标，把握好“突出民生保障”基本原则，针对肥胖症、糖尿病等高发代谢类疾病，研发营养均衡、健康调控、方便特色的健康食品，努力提升食品工业健康保障能力，推动食品营养供给向全面均衡方向发展。研发营养健康食品、推进“健康中国”建设是食品产业发展肩负的重要任务。

（五）保障质量安全是食品工业发展的重要任务

作为全球性基本公共卫生问题，食品安全受到世界各国和国际组织的普遍重视。民以食为天，食以安为先。紧紧围绕确保人民群众"舌尖上的安全"的国家重大需求，深化基础性研究，强化源头治理；加强风险评估，完善技术标准；创新检测手段，推动智能监管；突出过程控制，支撑产业发展；全面提升产业的食品质量安全保障能力。依托技术创新，加快食品危害物形成机制与控制技术、高效易用的溯源与预警等高新技术研发及成果产业化应用，构建食品质量安全追溯体系，推动食品全产业链安全监控技术能力持续提升，形成严密高效的食品安全治理体系，引领食品行业健康发展。

二、发达国家经验与借鉴

发达国家高度重视食品领域高新技术产业发展，将包含食品产业在内的农业高新技术产业发展作为国家优先级战略，制定了相应发展规划和法规，在政策上给予全面支持，不断推进技术创新和产业化应用，促进了食品高新技术产业快速良好发展。

（一）政策及服务体系完善

高新技术产业化是推动产业发展、提升核心竞争力的关键。美国建立了完备的农业教育、科研与技术推广体系，由科研院所、政府、农业技术推广部门和农场主联合组建技术推广中心，每年向市场推出大量新食品；形成了完备的金融机构信贷支持、农产品价格补贴等政策体系，以及完整、健全的农业和食品信息体系和管理制度，为食品高新技术产业发展提供支持和服务。

（二）高新技术集成应用广泛

发达国家食品领域广泛应用自动化加工与智能化控制技术、现代网络信息技术和食品质量溯源技术等，极大地提升了食品生产效率和国际竞争力。欧美日等发达国家的食品装备代表国际领先水平，与现代网络信息等技术深度融合，进行故障诊断、远程服务，生产的食品装备成套性好、集成度高、性能优良。德国在食品装备制造中广泛应用智能制造技术，积极推进工业 4.0，发展智能工厂。

（三）技术创新驱动产业发展

技术创新是产业发展的原动力。德国包括食品产业在内的制造业营业额中源于创新产品比例超过 27.0%，新产品研发预算占全部收入的 2.5%～7.0%，通过新技术成果快速应用占据行业主导地位。德国制造业注册专利约占全球同行业的 28.0%，食品装备制造业出口额约占世界食品加工装备出口市场份额的 30.0%。重视技术创新是发达国家食品产业发展的永恒主题。美国食品加工不但重视新产品开发，同时也重视综合利用和环境保护，在柑橘加工中，通过技术开发，可从废弃的柑橘果子中榨取食用油和提取蛋白质，实现废弃物综合利用和企业效益提升。

三、我国食品领域高新技术产业需求现状

我国是全球第一大食品工业大国和消费大国，食品产业已成为我国最大的"民生产业"和最具发展潜力的新兴产业。食品产业的发展迫切需要技术提升，不断推进向质量安全、绿色低碳、智能高效和可持续方向发展。

（一）食品工业持续增长，创新能力有待增强

食品工业是最具活力和发展潜力的国民经济基础产业和支柱产业。我国食品工业在 2012 年前的近 20 年间保持近 20.0%的年均增长速度持续快速发展。2017 年，我国规模以上企业（不含烟草）累计完成主营业务收入 10.5 亿元，同比增长 6.6%，预计今后 5 年仍以 7.0%左右的速度增长。我国食品工业发展速度虽然一直很快，但距世界食品科技强国还有一定的差距。目前，我国食品行业总体现代化水平综合指数约为 38.3%，与世界先进水平比存在明显差距。其中，技术先进性指数为国际先进水平的 33.3%。绝大部分主体核心技术处于并行和跟跑状态。深入实施国家创新驱动发展战略，推进科技与产业深度融合，持续提升自主创新能力，是我国食品领域高新技术产业发展的迫切需求。

（二）基础研究相对薄弱，技术水平有待提高

基础性研究是产业创新驱动发展的源头。我国食品科学领域的基础性研究相对薄弱，基础性、原创性、引领性、重大突破性的研究仍以跟踪为主，高新技术成果研发应用少。对于粮食、蔬菜、果品、肉类等产量位居世界首位的农产品，受加工技术水平制约，均存在加工程度浅、半成品多、制成品少，深加工比例低，增值转化程度不高等问题。我国深加工粮食不到 8.0%，蔬菜经过商品化加工处理后进入流通领域的约为 30.0%，与发达国家差距较大。近年来，我国食品科技投入持续增强，但研究开发费用占销售收入的比值较低，远低于发达国家，与作为世界第一食品大国的现实存在明显差距。深入实施创新驱动发展战略，加快完善基础性研究投入体系，加大研发投入强度，增强创新驱动源头供给；处理好"出成果"和"用成果"的关系，力求科研与企业和市场需求紧密结合，加快科技成果转化为现实生产力，推动产业

链、创新链、资金链融合，使食品产业从量的增长向质的提升转变，是我国食品领域高新技术产业发展的迫切需求。

（三）装备技术相对落后，需要全面替代进口

先进装备制造是支撑食品产业转型升级的基础。我国食品加工装备还比较落后，与发达国家技术水平还有较大差距，国际竞争力不强，大型关键装备长期依赖进口，手工操作、半机械化装备在加工企业中大量使用，加工装备不能适应不断变化的产业发展需求，已成为我国食品工业的技术瓶颈，需要进行技术改造和升级。在“中国制造2025行动纲领”指引下，通过实施创新驱动发展战略，持续提升装备自主创新能力，发展规模化、智能化、自动化、成套化的食品装备，不断推动食品装备产业向绿色制造、智能制造方向发展，是我国食品领域高新技术产业发展的迫切需求。

（四）食品安全关系健康，保障体系仍需完善

食品工业发展必须以提高人民营养健康水平和保障食品安全为目标。我国食品安全水平近几年稳步提升，但是食品安全事件仍时有发生。按照“问题导向，整体设计，科学布局，分类实施”的原则，针对食品安全薄弱环节和存在的突出问题，依靠技术创新，建立从食品生产源头到消费餐桌全产业链的食品质量安全控制技术体系，满足居民健康安全饮食的重大需求。食品质量安全保障体系技术创新是我国食品领域高新技术产业发展的迫切需求。

（五）节能减排任务艰巨，综合利用需要加强

人口增加、能源危机、环境恶化、全球化和城市化等世界发展趋势给全球食品加工产业发展提出新需求。尤其是我国食品加工产业整体上仍然处于高能耗、高排放和高污染的滞后局面，面对人多、地少、水少、资源与环境巨大压力，产业发展面临更加严峻的挑战，依靠科技创新驱动发展是我国食品工业可持续健康发展的根本途径，是提高社会生产力和综合国力的战略支撑。依靠技术创新，加快高效综合利用、节能减排和绿色低碳等绿色食品加工高新技术研发及应用，是我国食品领域高新技术产业发展的迫切需求。

四、下一步工作重点

食品产业是发展现代农业的“新空间”，是国民经济中最具活力的“新产业”，是一个“惠民生、利‘三农’、快增长、高科技、助健康和可持续”的“大产业”。面对日新月异的国际现代食品产业科技发展趋势，我国食品产业既面临巨大的市场需求和发展潜力，同时也面临严峻的挑战，必须采取措施加快食品产业科技进步，促进产业创新发展。重点抓好以下几方面工作：

（一）加强食品产业科技创新与成果应用

落实创新驱动发展战略纲要，实施国家“十三五”科技创新规划，深入挖掘科研创新潜力，围绕食品产业发展新趋势和重大需求，从具有前沿性、前瞻性、战略性和可操作性出发，开展技术攻关，不断提升我国食品行业的科技水平和创新能力。积极推动科研院所、高校和企业产学研用的紧密结合，强化科技成果转化队伍建设，加速食品科技成果产出与转化，推动成果的产业化，持续增强科技支撑产业发展的能力。

（二）加快食品高新技术产业发展和绿色制造

加快大数据、云计算、物联网等高新技术在食品产业中的应用，努力提高食品行业的信息化、智能化水平。建立食品产业科技创新中心和食品产业全链条协同创新基地，打造食品产业科技创新高地、高新技术成果转化阵地。探索资源节约型、环境友好型食品产业可持续发展模式，推进食品产业绿色制造技术应用。

（三）培育食品新业态和新兴产业

结合我国健康产业的快速发展的需求，积极推进健康产业休闲旅游、特色观光、养老康复、“互联网＋”、食品科技等融合发展，为更多健康新业态、新模式和新产业提供科技支撑，推动食品产业与教育、文化、健康等民生产业的融合发展；大力发展电子商务、线上线下一体化集成等在食品产业中的应用新模式，鼓励发展食品工业旅游、制造工艺体验等新业态，为食品新业态、新模式和新兴产业发展提供技术保障。

（四）培育和壮大一批食品高新技术企业与集群

加大食品高新技术企业创新能力条件建设，推进科技和产业深度融合，延伸产业链，促进一二三产业融合发展，培育一批具有行业带动力和世界影响力的创新型食品高新技术领军企业，增强食品品牌建设，挖掘中华传统饮食文化，推动中华老字号食品传承升级，提升产品附加值；鼓励科研单位、大专院校和科技人员与企业深度合作，创办、领办食品高新技术企业；着力推进以食品制造为特色的产业园区建设，培育和孵化食品高新技术企业，形成产业集群；积极推进农业高新技术产业开发区建设，全面提升食品产业效益。

（五）增强食品产业的国际合作与交流

紧密结合国家“一带一路”倡议和“食品安全”战略，推进“健康中国”建设，增强“走出去”能力，提高“引进来”水平，建设食品科技创新的国际合作共同体，拓展与相关国际组织的技术合作途径，支持我国食品企业在国外设立联合研发中心、产业技术发展基地和国际食品产业创业基地，使食品科技深度融入全球创新网络。

坚持科技创新驱动 引领食品产业重点专项快速推进

科学技术部农村科技司巡视员　王喆

为进一步提升食品产业的科技支撑能力，“十三五”期间，科学技术部组织启动了“现代食品加工及粮食收储运技术与装备”专项（以下简称“食品专项”）。食品专项围绕食品产业发展新趋势、新需求，按照“应用基础研究、核心技术与装备创制、典型应用与产业化示范”三大板块和“全链条布局、一体化实施”的总体思路，凝练和聚焦了食品产业具有紧迫性和全局性的重大科技需求，是支撑现代食品工业快速健康和可持续发展的重要保障，是确保国家食品安全、粮食安全的重要环节，也是保证农民增产增收和农业资源高效利用的重要手段。2017 年，是食品专项实施的第二年。两年来，科学技术部会同有关部门，组织全国食品领域的优势力量，深入开展了食品专项的研究开发。2016—2017 年，共批复实施项目 30 个。其中，在应用基础研究板块启动了 5 项，在核心技术开发与装备创制板块启动了 17 项，在典型应用与产业化示范板块启动了 8 项。全部按计划进度实施，基本达到了预期指标，圆满完成了食品专项的阶段性研发及示范任务，取得了一批阶段性科技创新成果，推进了食品产业技术领域的理论、技术、装备和应用层面的创新发展。主要成效如下：

一、项目推进措施得力

（一）专项经费科学管理

实施食品专项，严格按照《国家重点研发计划资金管理办法》和《国家重点研发计划管理暂行办法》等文件的相关规定，严格开展项目的资金拨付与支出活动。每个项目均建立如项目管理办公室等管理机构，建立了项目、课题一体化的财务支出内控制度和财务助理制度，做到专款专用，保障了项目支出合理、监督到位，科研财务助理在预算编制、经费支出管理、年度决算编制等方面发挥了重要作用。截至 2017 年年底，专项经费累计到位 57 806.42 万元。其中，专项经费拨付 37 500.00 万元，自筹经费到位 20 306.42万元。项目牵头单位按照国家相关规定，按时足额拨付至课题承担单位。专项经费的如期到位，为项目实施快速推进提供了资金保障。

（二）研发力量优势明显

到 2017 年年底，批复实施的 30 个项目中，实际承担研发单位共 316 个，涉及国内现代食品加工及粮食收储运技术领域的绝大多数优势单位。食品专项年度人员投入达 5 963 人，其中高级职称 1 857 人，中级职称 1 461 人，初级职称 451 人，其他人员 2 162 人。在研究人员中，高级职称和中级职称人员占比分别达到 27%和 25%，合计超过研究人员的一半；博士、硕士、学士比例较均衡，接近 1：1：1。研究人员包括院士 1 人，“千人计划”专家 11 人，“万人计划”专家 10 人，“百人计划”专家 2 人，长江学者 4 人，杰出青年 2 人，优秀青年 12 人，外籍科学家 14 人。上述研发人员的配置和雄厚的优势力量，有效保障了项目成果的研发质量。

（三）研发平台支撑力强

为推进食品专项研发任务顺利实施，各项目承担单位均利用各自拥有的研发平台，深入开展项目相关内容的研究。截至 2017 年年底，参与食品专项研发任务的国家级重点实验室、工程中心和工程实验室共 29 个，其中省部级 26 个，涉及茶叶加工、果蔬加工、肉品加工、水产品加工、饲料加工、油菜工程、大豆工程、海洋食品、粮食储运以及食品营养、食品安全、环境安全、技术装备、产后处理、电子商务等领域。在上述研发平台中，农业部农产品产后处理重点实验室，承担了“薯类主食化加工关键新技术装备研发及示范”项目，该平台主要围绕农产品产后处理、绿色生产、减损增效、品质调控等重大问题和关键技术，开展了创新性研发，为薯类产后贮藏研究提供了有力支撑。此外，为保障项目顺利进行，还引入了智能食品加工技术与装备国家地方联合工程实验室、农业部产后技术工程重点实验室、上海大学高性能计算大数据分析实验室和北京科技大学情感分析与心理认知实验室等平台，共同参与食品专项的研发任务。

（四）研发基地鼎力相助

在研发项目中，根据各自项目研发特点，项目承担单位不同程度地创建了研发基地和小试、中式试验条件，保障研发成果转化落地，实现产业化示范。如“薯类主食化加工关键新技术装备研发及示范”项目，在宁夏西吉县、原州区、海原县及河北省张北县等地建立了试验基地，开展马铃薯主食化品种选育、农艺措施田间试验和窖内贮藏性能试验研究。这些试验基地的建立，对顺利完成项目示范任务提供了有力的支持。“现代粮仓绿色储粮科技示范工程”项目，承担单位充分利用国内一流的仓储物流设施和储粮网点资源优势，根据不同储粮区域、不同粮种、不同仓型的技术需求，将应用试验及产业化示范进行统筹规划，分专业、分区域部署了研发应用示范基地。“果蔬产地商品化处理技术及装备研发示范”项目，在湖北恩施来凤县的果蔬加工中心开展了商品化处理和贮藏设施建设工作，为产业化示范打下了坚实基础。

（五）积极推进国际合作

各项目积极开展国际交流合作，通过引进来、走出去的办法，积极引入国外专家、参加国际会议、访问交流等，吸收国际先进技术和经验。同时还通过举办国际会议和建立新型合作关系等方式，促进多学科国际交流。截至 2017 年年底，食品专项引入国际智力活动 10 次，参加国际会议、出访和短期交流 20 次，积极主办国际会议 7 次。例如，结合“食品工程化与智能化加工新技术装备开发研究”项目，中国农业大学等单位在北京主办了“食品非热加工国际研讨会”，会议邀请了美国和加拿大等五个国家的专家作了专题报告。结合“薯类主食化加工关键新技术装备研发及示范”项目，项目承担单位参加了农业部农产品加工局组织的中美农业科技合作交流团，赴美国开展了果蔬和马铃薯产后商品化处理及精深加工技术交流，了解了美国马铃薯、甘薯等从上游生产到下游加工流通的全过程，与美国路易斯安那州立大学在甘薯产后研究方面初步达成了合作意向等。通过国际交流合作，为食品专项的研发提供了新思路和新智力。

二、专项管理制度规范

（一）建立“五个一体化”专项制度

“五个一体化”专项制度包括：一是责任体系一体化。构建了食品专项主体责任体系和专家实施责任体系，共同承担项目责任。二是制度保障一体化。建立了多项管理制度并覆盖项目管理整个链条，确保项目管理科学、规范、高效。三是管理流程一体化。按照项目受理、评审立项、过程管理、结题验收等串联式流程，实现食品专项分段管理、协调统一，有力支撑项目的一体化管理。四是交流协作一体化。搭建项目管理交流协作一体化平台，建立食品专项内部项目（课题）交流协作机制，强化资源共享和成果交流。五是项目实施与预算执行一体化。在项目实施阶段，各项目围绕任务目标撰写项目实施方案和预算执行计划，实现科研任务实施和经费执行一体化管理。

（二）建立廉政风险防控与监督制度

认真梳理食品专项管理流程，针对 2016 年度、2017 年度两批项目立项过程中发现的廉政薄弱环节和关键节点，建立“一岗双责”、绩效管理、痕迹与信用管理“三位一体”的廉政风险防控体系，打造“两个嵌入式”项目管理风险防控和监督体系，推进信息公开，制定细化责任事项、管理流程、监督问责等措施，推行阳光管理，为项目管理提供坚强纪律保证。

（三）全面实施痕迹管理制度

痕迹管理制度包括：一是全程留痕。充分利用信息化手段，对项目评审、过程管理、验收等环节进行记录，实现管理全程可申诉、可查询、可追溯。二是音像留痕。在专业机构中安装使用录音电话系统，在重要环节采取现场录像的方式留痕。三是系统操作留痕。利用信息技术手段，对登录国家科技管理信息系统的人员进行监控，实现“全程留痕、不可逆转、可控可查”。四是文档留痕。文件流转有专门的流转单和记录表，在项目管理中形成的记录表单、签字等，定期进行专门归档留痕，并通过信息化手段实现电子留痕。

（四）构建嵌入式监督制度

嵌入式监督制度包括：一是内部监督。制定监督工作计划，全程介入项目评审、立项等关键环节，对各工作组进行独立监督，形成项目立项过程、验收等关键节点的监督报告。二是外部监督。在重点项目专家抽取、视频答辩评审等关键环节，主动邀请相关监督机构现场进行监督指导，实行答辩评审专家、项目评审标准和项目立项三公开。三是追责问责。加大对违规行为的惩处力度，对项目实施过程中存在的违规违纪行为，按照有关规定进行问责，并将其纳入不良信用记录。

（五）建立执行能力监测和年度评议制度

该制度主要包括：一是执行能力监测制度。对食品产业项目每次通知落实情况、上报材料提交时间节点、文本格式和写作质量、会议考勤情况等进行记录并赋分，根据实际情况进行分数汇总，实行年度汇总成绩监测制度。根据各项目的执行力进行分类指导，重点督查，以实际数据作为项目督导检查的依据。二是年度评议制度。组织召开项目年度推进会，从实现目标的可行性、计划执行情况、成果与应用、经费使用及管理、支撑条件情况以及组织管理状况等，对项目执行情况进行打分评议，加强对项目执行进度的监测和评价。

三、研发成效十分显著

截至2017年年底，通过食品专项研发取得了一批科技创新成果。一是取得一批新理论、新原理45个，发表和录用SCI/EI论文434篇，出版专著7本，取得软件著作权13项。二是取得一批新技术、新工艺、新方法227个，累计申请发明专利499项（其中国际发明专利19项），获得授权发明专利61项，申请其他各类专利65项，其中获得授权37项；制定标准62项，其中国际标准1项、国家标准13项、行业标准16项、企业标准32项。三是取得一批新产品、新装置195个，新建生产线20条，新建示范工程48个，建设部队智能化保障系统1套、军队保障基地1处；获得国家科技进步二等奖1项，省部级科技奖励25项；培训技术人员4 112人。通过食品专项实施，在食品产业的基础研究、共性技术研发及产业化示范等领域均取得重大突破。重大阶段性创新成果如下：

（一）食品品质功能形成与调控新理论

在食品加工制造应用基础研究方面，建立了基于特征组分多层次结构变化的食品品质功能形成与调控新理论新方法。一是揭示了食品品质功能形成与调控新理论新方法。初步构建了基于分子链结构、聚集行为、单分子组装等特征组分多尺度结构变化的食品品质功能形成与调控新理论新方法。二是揭示了食品典型加工过程保质减损新理论。明确了食品在蒸煮、压榨、发酵等典型加工过程中关键结构（域）的变化规律，建立了三氯丙醇酯、杂环胺等劣变因子检测新方法。三是建立了高水分挤压技术提升蛋白品质功能的新理论新方法。在高水分挤压中，蛋白质分子之间发生解聚、聚集、变性、交联等反应，形成纤维状结构；其他组分如淀粉、油脂等在挤压中与蛋白发生相分离，从而影响纤维结构形成。四是确立了高压均质技术可增强食品乳液品质功能的新理论新方法。明确了适度高压均质，能够获得不同粒径、pH响应的微凝胶颗粒。

（二）中华传统食品风味与品质保真关键技术

在食品加工制造核心关键技术开发与装备创制方面，中华传统食品风味与品质保真关键技术创新取得新突破。一是初步建立了传统食品风味与品质调控理论。阐明了食品风味传感器动力学响应特性与规律，开发了口腔加工感官生理智能量化动态评测系统、食品风味评价方法以及甜味传感器，建立了美拉德反应中间体定向制备方法、特色风味调控方法等。二是初步建立了传统食品风味与品质评价技术。明确了传统食品中荧光纳米粒子形貌特征、表面官能团构成等性质，构建了食品风味指纹谱图库、白酒风味物质数据库，建立了醋风味与品质评价方法。三是创建了传统食品提效增香系列加工技术。研发了快速发酵、增香提味、快速腌渍等果蔬食品风味与品质保真技术，研发了真空滚揉快速腌制、快速风干成熟等肉制品风味保持关键技术等。四是创制了传统食品保质保真部分核心装备。研发了传统菜肴、肉制品、杂粮制品、发酵制品前处理装备，研制了智能化热处理装备。五是初步建立了传统食品质量控制技术。开发了传统食品品质检测方法，建立了发酵调味品危害因子氨基甲酸乙酯的检测方法，研发了低盐低硝替代技术与低盐腌制剂结合套膜腌制的核心技术，初步构建了传统食品标准化生产体系。

（三）大宗油料综合利用与智能装备

以大宗油料的适度加工新技术、新工艺和新装备为目标，开展项目的研发和示范。一是创建了不同油料作物的适度加工技术和装备。研制了新型油菜籽微波调质装备、智能化低温低残油榨油机，开发出微波调质压榨—物理精炼制备功能脂质技术与装备，研发了挤压膨化等新型油料预处理技术和低酶制油的预处理配套装备等。二是开展了适度加工技术和装备的示范应用。在山东渤海实业股份有限公司建立了大豆油适度加工试验基地，在江西瑞昌上湖油菜专业合作社等建立了菜籽适度加工试验基地，在山东金胜粮油集团有限公司建立了花生适度加工试验基地，在中粮佳悦（天津）有限公司开展了无水脱皂技术、余热回收技术、系统调控技术等适度精炼工艺的推广与应用。三是加强关键核心技术成果转化。自主研发的豆乳（粉）加工工艺核心关键技术在黑龙江、山东、河南等地推广应用，确定了豆粉发酵提取油脂最佳条件及破乳最佳条件，推进了植物油料生物解离技术的综合利用。

（四）一批代表性科技成果取得新进展

截至2017年年底，食品专项研发出一批重要代表性科技成果。主要包括：一是揭示了果实风味品质合成和调控的分子机制。包括采后低温调控番茄果实风味品质形成的表观遗传学机制、调控甜橙风味物质合成的重要转录因子等。二是开展了益生菌资源的挖掘、功能基因组学分析及肠道微生态调控产品的研发。包括益生菌资源挖掘与功能基因组学分析、对益生菌及肠道微生态调控相关产品的开发等。三是创建了主要食品及高频跨境食品质量多元快检与溯源技术体系及平台。包括食品潜在与新发关键危害因子快速检测技术、食品身份属性识别及品质质量控制技术、食品智慧口岸与溯源监测平台等。四是突破了茶叶功能成分绿色高效制备技术。包括高纯混合儿茶素分离制备自动监控、特种儿茶素的膜法调控制备技术工艺、儿茶素高纯单体分离纯化技术等。五是突破了中式传统肉制品绿色制造关键技术与装备。包括中式传统肉制品品质保持技术、中式传统肉制品危害物控制技术、肉制品加工系列装备等。六是创制了新型果蔬及加工制品中真菌毒素快检和脱除技术。包括真菌毒素现场快速检测技术和产品、降解真菌毒素微生物资源并获得真菌毒素降解关键蛋白等。七是研制了一批我国具有自主知识产权的食品智能装备。包括超高压智能挤压装备样机、国内首台具有自主知识产权的射频杀虫杀菌装备、真空低温调味设备与高阻隔 EVOH 罐封口机等。八是构建了粮食收储运全链条提质增效应用技术装备及预警监管系统。包括横向通风工艺技术与装备体系、现代粮仓绿色储粮及智能收购新工艺与装备、粮情预警模型与搭建监管云平台体系等。

（五）研发成果有效支撑了食品产业发展

食品专项以市场需求为导向，围绕产业急需的重大技术问题开展攻关，研发成果为食品产业发展发挥了重要的支撑作用。例如：一是食品品质功能形成与调控新理论。为基于多尺度结构变化的食品品质功能理性设计提供了理论指导，为基于关键结构域的食品加工品质精准调控提供了理论支撑，为高水分挤压技术在蛋白食品中的应用及蛋白功能调控方面提供了理论依据，为高压均质技术在乳化食品创新创制领域的应用提供了理论指导。二是中华传统食品风味与品质保真关键技术。为传统食品保真技术研发奠定了理论基础，为实现中华传统食品工业化生产提供了基础数据支撑，促进了中华传统食品的工业化进程，推动了中华传统食品绿色制造生产。三是大宗油料综合利用与智能装备。针对不同油料作物特性，创建了不同作物的适度加工技术和装备，解决了大豆制油过程中油脂酶消耗量大的问题，促进了植物油料生物解离技术的综合利用。食品专项实施仅仅一年多时间，技术成果已广泛应用，推动了食品产业技术升级，综合效益提高。以“大宗油料综合利用与智能装备”项目为例，项目实施以来，建立示范生产线 5 条，成果创产值 9 600 万元，创税收 1 360 万元，创利润 730 万元；转让成果 4 项，转让收入达 450 万元。到 2017 年年底，食品专项研发成果共转让 12 项，成果转让收入达1 137万元，成果创产值 20 387 万元，创税收 1 983 万元，创利润 1 814 万元，创出口额 500 万元。

四、结 束 语

通过对食品专项的实施，无论在项目推进措施、专项管理制度，还是在研发成果方面，均取得了重要进展和成效。尤其在科技成果方面，首次构建了食品品质功能形成与调控新理论新方法，初步攻克了传统食品风味与品质保真、大宗油料适度加工与综合利用等技术难题，系统研究了粮食收储运应用技术，创建了我国主要食品及高频跨境食品质量多元快检与溯源技术体系及平台，开发了新型果蔬及加工制品中真菌毒素快检和脱除技术、茶叶功能成分绿色高效制备技术以及传统肉制品绿色制造技术，重点研发了一批食品加工核心装备，形成了一批有代表性的示范基地，分别在新理论、新技术和成果应用示范等方面形成重点突破，极大地提高了我国食品产业技术水平。这些科技成果，突破了食品产业核心关键技术，增强了食品企业创新能力建设，引领了食品产业的转型升级，为食品产业的健康持续发展以及确保食品安全、粮食安全提供了有力的科技支撑。

提高思想认识 把握重点任务 确保食品行业专项整治工作取得实效

国家食品药品监管总局副局长 孙梅君

为贯彻落实党中央、国务院关于食品安全工作的决策部署，从解决人民群众普遍关心的突出问题入手推进全面小康社会建设，2017 年国务院食品安全委员会办公室（简称“国务院食品安全办”）等 9 部门印发《关于开展食品、保健食品欺诈和虚假宣传整治方案的通知》，在全国范围内部署为期一年的食品、保健食品欺诈和虚假宣传整治工作。这次整治工作是近年来参与部门最多、时间跨度最长、涉及范围最广的一次专项行动。为有力有序有效开展整治行动，由国务院食品安全办牵头成立全国整治工作领导小组，组长由食品安全办主任毕井泉同志亲自担任，副组长由其他8部门分管领导担任，明确职责分工，建立工作机制。整治方案已经对整治内容、措施、时间、工作保障提出了明确要求。按照会议安排，现就几个重点问题再作个说明。

一、充分认识专项整治的必要性紧迫性

近年来，在党中央、国务院的高度重视和坚强领导下，在各地区、各有关部门和广大食品生产经营者的共同努力下，食品安全形势不断好转。但也有一些生产经营者质量安全主责意识还不强，有的为了牟取利益，不惜铤而走险违法犯罪，食品安全问题仍时有发生，与人民群众对美好生活的期待还有不小差距。其中，食品、保健食品欺诈和虚假宣传问题比较突出，社会反映强烈。主要表现在三个方面：一是食品、保健食品非法添加、非法声称和虚假宣传。二是采用发布虚假广告和不正当手段推销产品，误导和欺骗消费者，其中针对中老年人和病人的欺诈行为较多，媒体多次曝光。三是故意混淆普通食品、保健食品和药品三者概念，特别是普通食品、保健食品违法宣称疗效，消费者很难辨识，容易上当受骗。

针对这类问题，各地区、各有关部门加大监管力度，取得了一定成效。但受利益驱使，这类问题屡打不绝、屡禁不止、重复反弹，已成为食品安全领域的一大“顽疾”、一大公害，影响十分恶劣。一是对公众健康带来风险。不法分子为了宣称疗效，在保健食品中违法添加药物或其他化学成分，不仅对身体没有任何保健作用，有的甚至造成肝、肾功能伤害，有的造成急性中毒事件。二是对产业发展带来影响。我国食品产业占GDP的15.0%左右，是国民经济的重要支柱产业。据不完全统计，目前保健食品产值超过3 000亿元，保健食品生产企业2 000多个。个别或少数生产经营者的违法违规行为，会影响到食品行业的整体形象，导致整个行业蒙受损失，每一次补救都需要付出艰苦的努力。三是对社会稳定带来隐患。食品、保健食品消费群体众多，欺诈和虚假宣传误导消费者，蒙骗消费者，损害的不仅仅是钱财，而且伤及的大多是老人、病人，挑战的是人们的心理底线，最终伤害的是政府公信力，有的个案如果处置不当，有可能演变为影响社会稳定的大问题。

整治食品、保健食品欺诈和虚假宣传乱象，是落实习近平总书记“四个最严”要求、保障人民群众“舌尖上的安全”的政治任务，是保护消费者合法权益、维护公平竞争市场秩序、促进行业健康发展的重要举措，也是坚持以人民为中心发展思想、增进人民群众获得感满意度的必然要求。我们要充分认识这次专项整治工作的重要性和紧迫性，加强统筹协调、部门协作、上下联动，形成专项整治行动的强大合力，坚决遏制损害消费者健康权益的突出问题，净化食品生产经营生态环境。

二、准确把握专项整治的重点和任务

第一，关于整治的重点问题。这次整治行动坚持问题导向，突出整治4类违法违规行为。一是治理未经许可生产、经营、进口食品和保健食品；二是治理产品标签虚假标识声称；三是治理利用网络、会议、电视购物、直销、电话等方式违法营销宣传、欺诈销售；四是治理未经审查发布保健食品广告和发布虚假违法广告。

第二，关于整治的重点对象。这次整治的对象包括食品、保健食品生产、经营、进口单位，第三方平台经营者和相关方，以及广告发布单位，涵盖了食品、保健食品生产经营销售全环节。

第三，关于整治的主要任务。核心是督促生产经营者落实食品安全主体责任。一是督促生产企业依照法律法规和食品安全标准从事生产活动，保证生产的食品符合质量安全标准、标签标识和广告宣传真实、不含有虚假声称，严禁涉及疾病预防、治疗功能。二是督促经营单位建立健全索证索票、审核查验等产品追溯管理制度，确保销售的食品符合质量安全标准、标签标识真实、不含有虚假声称。没有实体店经营资格的企业，不得在网络平台上销售食品、保健食品。三是督促第三方平台经营者和相关方履行法律责任，对利用其平台、场所从事食品、保健食品欺诈和虚假宣传等违法违规活动的，要依法承担相应的法律责任。四是督促广告发布单位履行法律责任，对于发布食品、保健食品虚假广告，欺骗和误导消费者，致使消费者受到损害的，由广告主、广告经营者、广告发布者、广告代言人依法承担民事责任。五是督促进口商履行主体责任，对其进口的食品、保健食品质量安全，以及标签标识真实性承担法律责任。

第四，关于整治的主要措施。各级地方政府要落实属地管理责任，各有关部门要加强监督检查。一是认真开展摸底排查。各地要制定翔实的排查计划，一个企业、一个产品、一个广告、一个会销都不放过。对发现的违法违规行为要严厉打击，涉嫌犯罪的要及时移交公安机关依法追究刑事责任。对排查发现的问题，要认真分析原因，找出解决办法。本级解决不了的，要报告上级部门。二是有针对性地开展抽样检验。重点对涉嫌非法添加、非法声称产品功效的产品

进行抽样检验，特别是要加大对网络销售、会议销售、电视购物、电话营销产品的抽检力度，重点抽检非食用物质、农兽药残留、微生物污染、重金属污染、功效成分及标志性成分、胶囊壳中的铬含量。对检查和抽检发现的问题，要查清产品来源和流向，查清生产经营者违法事实，依法从严处罚；涉嫌犯罪的，移送公安机关追究刑事责任。三是加大广告违法和虚假宣传的监管处罚力度。强化广告的事中事后监管，对于未经审查发布保健食品广告，以及涉及欺诈和虚假宣传的食品、保健食品广告，要责令停止播出、下线，并通报相关部门依法调查处理；涉嫌犯罪的，移送公安机关追究刑事责任。四是做好科普宣传引导。通过科普宣传，引导消费者树立正确的健康养生意识，提高对虚假宣传、消费欺诈的辨识能力。要联合新闻媒体和行业组织，加强正面引导，鼓励消费者投诉举报，及时揭露和曝光违法行为，公开监管执法信息，实施联合惩戒。要查办一批有影响的案件，这是政府和部门动真碰硬的表现。案件要处罚到人，只有让违法者付出付不起的代价，才能形成有效震慑。

第五，关于整治工作的职责分工。这次整治工作参与部门多，涉及范围广，既要统筹协调，又要依职责分工负责。按照整治方案，食品安全办负责综合协调、督促指导、评估考核，承担领导小组日常工作；工业和信息化部门负责对电信和互联网涉及欺诈和虚假宣传的信息通信进行监管；公安机关负责指导、协调欺诈和虚假宣传中涉嫌犯罪行为的侦查；商务部门负责食品、保健食品流通企业的行业管理，规范直销行业管理；工商部门负责消费维权，查处欺诈和虚假宣传广告，加强广告监测监管；质检部门负责进口食品、保健食品的质量安全监管和重大事件查处、产品标签标识审核、打击虚假宣传和功能声称；新闻出版广电部门负责对利用广播电视、报纸杂志销售食品、保健食品行为的监管，对涉嫌欺诈和虚假宣传的，责令下线并通报有关部门依法查处；食品药品监管部门负责对食品、保健食品生产经营单位和非实体店进行排查，对涉嫌非法添加、非法声称功效的产品进行抽检，配合工商部门、公安机关开展广告违法和虚假宣传的查处；网信部门负责配合有关部门全面清理网络第三方平台的违法违规信息，查处相关违法违规行为。

第六，关于整治工作方式方法。一要突出联合联动。这次整治行动涉及 9 个部门，既要讲职责分工，更要讲协作配合。要加强信息沟通、工作协调、政策协同、措施配套、行刑衔接。对违法违规线索，要上溯源头、下追终端，横向到边、纵向到底，不见效果决不收兵。二要采取开门整治。要加大宣传力度，让广大人民群众、食品生产经营者、媒体以及社会各方面了解我们要干什么、在干什么、干得如何。从制订方案到组织实施，从检查情况到处罚结果，从督查考评到效果评估，都要向社会公开。当然，信息公布也要讲究方式方法，发布的信息涉及其他地区产品的，应在信息发布前进行通报和交流；涉及全国范围的重大信息，要及时报告国务院食品安全办统一发布或者授权发布。三要强化社会共治。要引导社会力量参与，组织明察暗访，鼓励消费者、企业内部人员投诉举报，及时发现和消除风险，特别是发现和消除“潜规则”隐患。对于举报有功人员按规定给予奖励。四要坚持打建结合。要抓住典型案例，解剖麻雀，总结经验，形成解决面上问题的方式方法。要从生产经营的每个环节入手，做到整治到哪里，日常监管就跟进到哪里，制度规范就建立到哪里，形成长效工作机制。

三、确保专项整治工作取得实效

这次食品、保健食品欺诈和虚假宣传整治工作，是在重要的时间节点部署开展的重要行动，务必取得让人民群众满意的实效。一要强化组织领导。国务院食品安全办等 9 部门成立了全国整治工作领导小组及其办公室，希望各地参照国家层面的模式，组建整治工作领导小组及其办公室，研究解决整治工作中遇到的重大问题，保证整治工作统筹推进、步调一致、协调联动、衔接顺畅。二要强化责任落实。希望各地把整治工作作为一项严肃的政治任务来抓，落实地方负总责、各部门分工负责的要求，将任务落实到岗位和个人，将工作推进到基层。要细化实化整治方案，每个环节查什么，每项任务怎么落实，都要有周密安排。对于违法违规行为，要动真格、下狠手、出重拳，确保整治行动落地有声，确保违法违规行为一整到底，防止重复反弹。三要强化督查考评。希望各地按照时间安排，2017 年年底以前完成本地区生产经营主体的风险隐患排查和检查，对发现的问题，要责令停止生产经营直至整改到位，有关工作将纳入本年度食品安全工作评议考核；2018 年 6 月底以前，根据投诉举报和抽检情况，国务院食品安全办等 9 部门将组织对重点地区督促检查。对整治工作扎实、效果显著的地区，要给予鼓励；对整治工作不力，问题突出且长期得不到解决的地区，要进行通报。最后，我们要按照这次电视电话会议精神，周密安排部署，精心组织实施，确保整治任务按时完成，确保整治目标顺利实现。

（本文为作者于 2017 年 9 月 4 日在“全国食品、保健食品欺诈和虚假宣传整治工作电视电话会议”上的发言，略有删改）

总结成功经验 准确把握形势 认真做好2017年粮食流通重点工作

国家粮食局副局长 徐鸣

这次会议是经国务院批准召开的。会议主要任务是，全面贯彻落实党的十八大和十八届三中、四中、五中、六中全会精神，深入学习贯彻习近平总书记系列重要讲话精神，认真贯彻中央经济工作会议、中央农村工作会议以及全国发展和改革工作会议精神，总结2016年粮食流通工作，深入分析粮食流通改革发展面临的新形势，安排部署2017年粮食流通重点工作。下面，我讲五点意见。

一、2016年粮食流通工作成效明显

一年来，全国粮食系统紧密团结在以习近平同志为核心的党中央周围，认真落实党中央、国务院关于粮食工作的决策部署，着力推进粮食流通各项工作，为保障国家粮食安全作出了积极努力。

（一）面对严重自然灾害粮食流通运行平稳健康

2016年，南方遭遇了1998年以来的特大洪涝；东北和华东的超强台风，局部地区的地震，都给粮食收购、储存、供应带来了严重困难。粮食系统的同志迎难而上，有效应对，各项工作取得明显成效。粮食收购方面，认真落实国务院确定的粮食收购政策，适时启动小麦和稻谷最低收购价执行预案，强化监督检查和市场监管，全年各类粮食企业共收购粮食4 600亿kg。针对夏粮受灾较重情况，江苏、安徽、河南、湖北、新疆等地出台省级临储、专项收购、设备购置补贴、贷款贴息等政策措施，积极抓好超标小麦收购，有效防止了农民“卖粮难”。“去库存”方面，会同有关部门先后启动临储玉米划转轮换销售、超期和席茓囤储存粮食定向销售、“分贷分还”临储玉米和大豆销售等。2016年累计销售政策性粮油618亿kg，是上年成交量的3.3倍。江苏、安徽两省政府安排专项资金，对企业竞买国家政策性粮食给予补贴。储粮管理方面，面对超高库存的巨大压力，始终把储粮管理放在突出位置来抓。连续两年开展中央储备粮专项检查，储备粮日常管理和监管工作得到加强。制定《安全储粮责任制暂行规定》，各地认真贯彻落实，层层压实安全储粮责任。编制《粮油安全储存守则》和《粮库安全生产守则》，各省、自治区、直辖市下功夫培训，努力使两个《守则》成为一线职工的职业准则和作业规范。11月中旬召开全国安全储粮和安全生产视频会议后，各地将秋冬安全大检查引向深入，及时发现和整治安全隐患，目前全国库存粮情总体安全稳定。保供稳市方面，加强市场调控和产销对接，市场供应数量充足、质量良好、价格总体稳定，受灾地区群众和救灾部队的粮食供应得到有力保障。地方储备粮增储任务基本落实到位，特别是广东、浙江、福建、重庆等省（直辖市）地方储备大幅增加，地方政府调控区域市场的能力显著提升。北京、天津、河北建立了京津冀一体化粮食局长联席会议制度，协同保供。

（二）“粮安工程”极大增强了国家粮食安全保障能力

“粮安工程”去年投资53.7亿元，加上前3年中央投资累计达300多亿元，带动地方和企业配套投资近1 000亿元，极大改善了粮食流通基础设施条件。一是粮食现代仓储体系基本形成。近年来新建仓容791亿kg，其中去年新建近100亿kg，现代化仓型比例大幅提高，“危仓老库”维修改造带动了功能提升。二是粮食物流设施得到加强。近年来安排中央预算内投资30.3亿元支持建设粮食物流设施，形成了一批多功能粮食物流园区。南宁中国—东盟粮食物流园区、西安粮食物流枢纽、贵州西南粮食城等项目积极推进。三是行业信息化建设取得积极进展。制定发布行业信息化建设指导意见，安排17个省、自治区、直辖市开展省级粮食管理平台建设和粮库智能化改造。安徽、江苏、湖北已率先开发建设了省级综合信息平台。四是粮食质量监测体系进一步健全。近几年安排中央预算内投资6.2亿元，347个国家粮食质量监测站的能力和水平得到明显提升。同时，节粮减损、放心粮油、应急网络、市场监测、农户科学储粮等工作扎实稳步推进。

（三）省长责任制强化了粮食安全的制度保障

如果说“粮安工程”极大地奠定了粮食安全的物

质保障，粮食安全省长责任制则是保障国家粮食安全的一项重要制度安排。《国务院关于建立健全粮食安全省长责任制的若干意见》下发以来，各地高度重视，及时出台贯彻意见措施，切实承担保障区域粮食安全的主体责任。2016年启动了考核工作，各省、自治区、直辖市政府都出台了考核办法，成立了考核工作领导小组，天津、山西、吉林、上海、江苏、安徽、江西、湖南、广西、海南、四川、云南、甘肃等省、自治区、直辖市将粮食安全责任落实情况纳入省政府绩效考核，绝大部分省级政府下达了2016年粮食安全责任书。考核相关工作的有力推进，为“首考”做了充分准备。

（四）发展粮食产业经济开拓了粮食工作的新空间

2016年全国粮食流通工作会议提出发展粮食产业经济后，各地积极响应，努力推进。山东、湖北粮油加工业总产值均超过3 000亿元，河北、黑龙江、江苏、安徽、河南、湖南、广东、四川等8省超过千亿元。各地积极推动品牌化、集约化发展，山东涉粮企业有中国名牌产品40个。湖北的“荆楚粮油”经过几年发展，品牌效应开始显现。黑龙江省政府明确粮油加工业由省粮食局负责管理。安徽、山东、河南、广西、四川、陕西、青海、宁夏等省、自治区主食产业化快速推进。浙江、福建省政府出台了促进粮食产业经济发展的指导意见，陕西制定了粮食产业集群发展五年规划。西安爱菊、天津聚龙、上海良友等一批粮食企业集团“走出去”，积极拓展国际发展空间。

（五）深化改革为粮食流通工作增添了新的动力

近几年，各级粮食部门高度重视改革，去年取得了新成效。一是玉米收储制度改革取得突破。这是党中央、国务院的一项战略部署，是农业供给侧结构性改革的一场硬仗。改革的内容是取消玉米临储政策，改为“市场定价、价补分离”，实行“市场化收购”加“补贴”的新机制。国务院高度重视，成立了由国家发改委牵头20个部门参加的部际协调机制，明确由国家粮食局负责日常工作。内蒙古、辽宁、吉林、黑龙江粮食部门主动担当、积极作为，制订工作方案，协调落实鼓励加工转化、强化信贷支持、加强运力调度等政策措施，引导多元主体积极入市；三个央企坚持始终在市均衡收购；销区粮食部门积极组织企业到产区采购，共同推动玉米收储制度改革顺利开展。目前市场运行总体平稳，改革取得积极成效。二是推进行业供给侧结构性改革。出台的指导意见，明确了改革目标和重点任务，各地认真贯彻落实，湖北、贵州、云南、安徽等省结合实际制定了实施意见。三是国有粮食企业改革取得新进展。去年全国国有粮食企业实现统算盈利110亿元。湖南已有6个粮油企业上市。此外，粮食流通统计直报系统上线运行，统计效率大幅提高。

与此同时，编制发布《粮食行业“十三五”发展规划纲要》以及信息化、物流、加工、科技4个子规划。推进《粮食法》立法进程，修订粮食收购资格审核管理办法，优化中央储备粮代储资格认定程序。加快职能转变政社分开，中国粮食行业协会顺利脱钩。举办全国粮食科技活动周暨首届粮食科技成果转化对接活动、第四届行业职业技能竞赛，首次召开行业人才兴粮工作会议，成立国家粮食安全政策专家咨询委员会。认真做好世界粮食日和全国爱粮节粮宣传周活动，充分发挥《中国粮食经济》等行业媒体作用，营造良好舆论氛围。全国粮食系统与西藏、新疆、新疆生产建设兵团、江西、安徽等地粮食部门共同努力，扎实开展援藏援疆、对口支援革命老区和定点扶贫工作。

二、准确把握当前粮食流通新形势

中央经济工作会议、中央农村工作会议对当前国际国内经济、农业形势作了科学精辟的阐述。我们一定要认真学习领会，切实把思想统一到中央对形势的判断上来，深入分析研究粮食工作面临的新形势新特征，这是我们做好今年工作的前提。总的看，粮食形势出现了明显的阶段性变化，已经由总量不足转变为结构性矛盾。粮食生产连年丰收、流通能力显著提升，为我们做好今后的粮食工作提供了有利条件和宽松环境，但粮食高库存、供需结构的不匹配对粮食行业改革发展提出了新的严峻挑战。

从生产看，粮食生产连获丰收，但结构性矛盾十分突出。我国粮食产量由2003年的4 307亿kg增加到2016年的6 163亿kg，且连续四年保持在6 000亿kg以上。这是非常了不起的成就，为我们整个粮食行业的改革发展奠定了坚实基础。但在产量大幅增长的同时，结构性矛盾越来越凸显。品种上，玉米、稻谷阶段性过剩特征明显，小麦优质品种供给不足，大豆产需缺口巨大。布局上，粮食生产日益向东北等水热条件并不占优的北方核心产区集中，13个粮食主产区占全国粮食产量的75.0%以上，粮食跨区域流通和平衡的压力越来越大。产量与产能的关系上，产量高是好事儿，但资源环境牺牲大，持续保障粮食安全的生产能力还相当薄弱。产量与效益的关系上，高产量与低效益并存，特别是去年种粮纯收益开始下降，有的经营主体已经处于微利甚至亏损状态。如何通过改革，发挥流通对生产的引导作用，促进粮食生产结构调整升级，保护农民利益，是我们粮食部门义不容辞的责任。

从流通看，粮食供应充足，但“高库存、高进口、高成本”的“三高”压力沉重。近年来，粮食流通基础设施建设不断加强，调控机制不断健全，在国际粮食市场数次大幅波动的背景下，国内粮食市场供应充足，价格总体保持稳定。但粮食价格形成机制尚不完善，资源要素配置扭曲，粮食流通环节“高库存、高进口、高成本”问题十分突出。当前粮食库存处于历史高位，而且库存大部分集中在政府手中，占到85.0%以上，其中中央事权的粮食又占88.0%，财政负担重、资源浪费大。一方面是“高库存”，另一方面又“高进口”，特别是大豆和玉米替代品进口大幅增加，这既有生产结构不合理的问题，也有市场价格扭曲等流通体制机制改革不到位的问题。还有“高成本”，受流通现代化水平低等因素影响，我国粮食流通成本偏高，比发达国家平均水平要高1倍多。加快粮食流通改革发展，有效化解“三高”并存问题，是摆在我们粮食部门面前的一项紧迫任务。

从消费看，城乡居民粮食消费需求加快升级，但绿色优质粮油供给不足。随着收入水平和生活水平的不断提高，广大城乡居民的粮食消费观念和方式发生了深刻变化，不仅仅满足于“吃得饱”，而且要“吃得好”，吃得安全、吃得营养、吃得健康。突出表现为绿色优质粮油产品的消费需求旺盛，但当前这方面的缺口很大。粮食产品低端“大路货”多、高端精品少，难以满足城乡居民消费升级的要求。比如，面包、糕点、饼干等强筋粉、弱筋粉制品的消费增长迅猛，但强筋小麦、弱筋小麦国内供给明显不足。粮食的流通方式非常粗放，“千人一面”“万人一米”，与“盯人定量”的柔性精准流通方式距离甚远。从田间到餐桌的粮食质量安全体系还很不健全，重金属超标、农药残留、霉烂变质等粮食质量安全问题时有发生。现在不单有人到国外抢购“马桶盖”，也有的购买价格昂贵的进口大米。这就说明老百姓对质量可靠的高端粮油需求是很强烈的。如何实现从解决“吃得饱”到满足“吃得好”的“华丽转身”，这是我们粮食部门的新使命。

从改革看，粮食流通体制改革取得积极进展，但与保障国家粮食安全的要求相比依然任重道远。习近平总书记强调，“推动农业供给侧结构性改革，决不意味着可以忽视粮食生产了。国家粮食安全这根弦什么时候都要绷紧，一刻也不能放松”。这几年，随着粮食出现结构性、阶段性供过于求，国家粮食安全已经过关的思想苗头开始抬头，这是很危险的。从长远看，保障国家粮食安全仍然任重道远。在水土资源、生态环境双重约束趋紧的背景下，粮食稳产增产的难度不断加大，粮食产需将长期处于紧平衡态势。对于我们这个十几亿人口的大国来说，粮食安全始终是治国理政的头等大事，必须始终绷紧国家粮食安全这根弦。这几年，粮食流通改革取得了积极进展，同时也要清醒地认识到，与十八届三中全会的改革部署相比，与发展社会主义市场经济的要求相比，粮食流通改革的差距还相当大。粮食价格形成机制和收储制度的市场化改革刚刚起步，与之相适应的调控体系和监管体系尚不健全，去库存、降成本也需要通过改革的办法来实施。面对新形势、新变化，我们一定要牢固树立粮食安全意识，真心实意地深化粮食流通改革，以更高质量、更有效率、更可持续的方式保障国家粮食安全。

从开放看，国内外市场加速融合有利于我们利用国际资源，但外部压力和挑战也越来越大。经济全球化是大势所趋，粮食行业也要在确保国家粮食安全的前提下有序扩大开放。这有利于我们利用国外资金、技术和市场，提高流通效率，拓展发展空间。但开放带来的外部压力和挑战也显而易见。特别是近年来全球粮食生产连续丰收、供给充裕，粮食价格持续低位运行，2017年粮食供需仍将保持宽松局面。由于价格倒挂等因素，国外的粮食会通过各种方式、各种渠道进入国内市场，进口压力很大，势必要冲击我们的粮食生产和流通。同时，全球贸易持续低迷，反全球化倾向、贸易保护主义倾向有所抬头。近期美国已把我国对小麦、大米、玉米等主要农产品的相关支持政策诉诸WTO，美国新政府上台后，不确定性可能会进一步加大。还有一个问题必须重视，就是大豆对外依存度已经高达80.0%以上，也容易受制于人。面对外部压力和挑战，我们必须加快粮食流通改革，推进粮食流通现代化，不断提高竞争力。

三、2017年工作基本思路和总体安排

2017年是实施“十三五”规划的重要一年，是供给侧结构性改革的深化之年，是粮食流通改革发展、转型升级的关键之年。做好粮食流通工作的总体要求是：紧密团结在以习近平同志为核心的党中央周围，全面贯彻落实党的十八大和十八届三中、四中、五中、六中全会精神，深入学习贯彻习近平总书记系列重要讲话精神，认真落实中央经济工作会议、中央农村工作会议决策部署，牢固树立和贯彻落实新发展理念，主动适应把握引领经济发展新常态，坚持稳中求进工作总基调，以粮食供给侧结构性改革为主线，完善粮食宏观调控体系，提升粮食流通现代化水平，

加快粮食行业转型升级，增强国家粮食安全保障能力。

（一）切实把供给侧结构性改革作为粮食工作的主线

深入推进农业供给侧结构性改革，是党中央、国务院确定的今年农业农村工作的主线，粮食系统必须认真贯彻落实，以确保口粮绝对安全、防止谷贱伤农为底线，全力推进粮食供给侧结构性改革。目前国内粮食流通存在的问题，虽然有周期性、总量性因素，但根源在于供求结构性失衡。由于粮食的需求弹性很小，简单地采取扩大需求的办法尤其行不通，必须坚持推进供给侧结构性改革，以改革的办法解决结构性矛盾、破解难题。今年，推进粮食供给侧结构性改革，要着重抓好四个方面的工作：

一是扎实有效推进收储制度改革。这是使市场在粮食资源配置中起决定性作用的基础。价格机制和收储制度不改革，农民生产的粮食国家“照单全收”，就不会有动力优化种植结构、提高粮食品质，结构性矛盾也就缓解不了。党中央、国务院决定从改革玉米临储政策入手，下一步还要研究完善小麦、稻谷最低收购价政策。这是继1993年粮改、1998年粮改、2004年粮改之后，粮食行业的又一次重要改革，而且是更加市场化的改革。我们要充分认识改革的重要意义，主动用市场化的理念推进粮食改革，把保障粮食安全建立在更加牢靠的基础之上。东北三省一区要继续推进玉米收储制度改革，进一步激活购销主体，保障收购资金，做好防范风险的准备，防止出现大面积“卖粮难”和农民收入大幅度下降。实行稻谷、小麦最低收购价政策的地区，要深入研究如何完善政策，更好地发挥市场的引导调节作用，更好地保障口粮绝对安全，更好地满足人民群众日益增长的中高端需求。

二是加快玉米“去库存”。李克强总理在中央经济工作会议上要求想方设法加快消化玉米库存。这是粮食行业贯彻“三去一降一补”最重要的任务。我们一定要有使命担当，认真落实总理指示，与有关部门一起综合施策，加快推进。配合做好扩大燃料乙醇产量和使用区域工作，并且要深入研究探索消化玉米库存的新门路。结合发展产业经济，加大力度支持玉米加工转化。要加快政策性粮食竞价交易，鼓励多元主体收粮，鼓励企业和农民多存粮，努力减少政策性库存增量。协助有关部门在鼓励加工产品出口的同时把握好进口，坚决打击粮食走私。尤其是沿海沿边省份的粮食部门，要引导企业多用主产区的粮食，短期内虽然成本可能高一些，但对保持和增强主产区粮食的可持续生产能力是非常重要的，这是大局。

三是切实增加有效供给。习近平总书记指出，“要把增加绿色优质农产品供给放在突出位置，狠抓农产品标准化生产、品牌创建、质量安全监管，推动优胜劣汰、质量兴农。”粮食部门要发挥职能优势，主动作为、高掌远跖，探索建立“优质优价”的粮食流通机制。优质，满足城乡居民日益提升的中高端粮油消费需求；优价，让种粮农民通过市场增加收入。我们粮食行业推进供给侧结构性改革的重要目标，就是引导农民调整粮食品种结构，推动粮食加工业改造升级，增加中高端产品和精深加工产品供应，由保障“种粮卖得出、吃粮买得到”，转到推动“种粮能赚钱、吃粮促健康”。

四是深化国有粮食企业改革。要坚持政企分开、政资分开、所有权与经营权分离的原则，以产权制度改革为核心，加快改制步伐，积极稳妥有序发展混合所有制粮食经济。支持企业以资产为纽带，组建跨区域、跨所有制的粮食企业集团，开展全产业链经营，提升企业竞争力。

（二）以科技创新为动力推进粮食流通现代化

提升粮食流通现代化水平是一项具有基础性、战略性地位的工作，也是粮食供给侧结构性改革“补短板”的主要抓手。近年来，我们大力推进“粮安工程”建设，使国内粮食仓储设施建设迈了一大步，上了新台阶。针对粮食行业的“短板”，今后实施“粮安工程”，不再搞量的扩张，而是在质的提升上做文章。根据收储制度改革的新形势，集中力量再用3年左右的时间，基本完成中央和地方两级储备管理的现代化，大力发展绿色储粮、生态储粮。要着力提高行业信息化水平，积极实施“互联网＋粮食”，推进粮库智能化、管理数字化、调控信息化、交易网络化，尤其要加快构建国家粮食电子交易平台。要着力推行“四散化”运输，发展多式联运，建设物流园区，打通重要节点，加快完善现代粮食物流体系。要树立大流通观念，各地粮食部门应利用行业优势促进粮食产业经济发展，与有关部门一起研究出台相关支持政策，大力发展粮食加工转化，提高技术水平，优化产品结构，增强市场竞争力。

需要强调的是，提升流通现代化水平离不开科技和人才支撑。要牢固树立科技兴粮、人才兴粮意识，坚决克服粮食行业是传统产业、不需要科技的错误认识，从思想上真正重视科技和人才对行业发展的支撑作用。要切实加大科研攻关力度，既要充分利用行业自身科技资源，也要积极吸引积聚社会资源参与粮食科技创新。要认真落实国务院《促进科技成果转移转化行动方案》，把成果转化作为提高行业科技创新能力的“牛鼻子”，用好科技、吸引人才。要加快粮食行业科技体制改革步伐，实施以增加知识价值为导向的分配政策，充分调动广大科技人员创新创造积极性，提高行业科技贡献率，以创新驱动行业发展。

（三）在深化改革中完善粮食市场调控体系

李克强总理强调，“面对复杂局面和多难抉择，我们要统筹处理总量与结构、当前与长远、国内与国外的关系，加强区间调控、定向调控和相机调控，有针对性地出招发力。”随着粮食收储制度改革的不断深化，粮食市场主体日趋多元化，更多粮源将由政府的粮库转到社会主体手中、转到市场上，粮食宏观调控需要逐步由依靠直接调控，转向以政策引导为主的间接调控。要切实转变观念，创新方式方法，加快构建与改革相适应的粮食宏观调控体系。

一要完善粮情监测预警系统。这是市场化条件下粮食宏观调控体系的基石。要健全涵盖国家、省、市、县四级监测预警体系，利用大数据、云计算等技术，全面准确掌握市场行情，真正做到心中有数；同时建立预测预警数据模型和粮食安全决策支持系统，及时发现苗头性、倾向性、潜在性问题并提出相应的政策建议。

二要完善储备粮吞吐调节机制。这是粮食部门的看家本领。要发挥好储备粮的“调节器”“蓄水池”功能，灵活运用收购、销售、轮换等方式，有效调节供求，合理引导预期，保持粮食市场稳定。要与财政、发展改革等部门积极配合，充分发挥财政资金和价格等手段的调控作用。

三要建立市场化收购资金保障机制。要在继续发挥好政策性银行主渠道作用的同时，鼓励引导商业性金融机构开展收购、加工等信贷业务。在这方面，江苏、河南先跨出了一步，设立了用于粮食收购的风险担保基金，已运行两年多，效果不错。按照国务院要求，东北三省一区在玉米收储制度改革中，分别设立了粮食收购贷款信用保证基金，对解决多元主体入市收购的融资发挥了作用。要认真总结经验，探索形成市场化收购资金保障的长效机制。还要高度重视“粮食银行”等粮食金融模式的发展，以及粮食保险业务。金融是市场经济条件下宏观调控最重要的手段之一，粮食部门的同志一定不能墨守成规，要主动学习掌握我们陌生的调控管理方式，在改革大潮中站稳脚跟、发挥作用。

四要加强产销衔接。按照“政府搭台、企业唱戏，互惠互利、共同发展”的原则，支持和鼓励产销区充分发挥各自优势，以经济利益为纽带、以市场需求为导向，建立形式多样、长期稳定的粮食产销合作关系，促进区域间粮食供求平衡。

五要建立粮食运输协调机制。在玉米收储制度改革中，国家粮食局与铁路总公司等单位建立了玉米运输协调机制，东北三省一区也与当地铁路局等建立了相应机制，共同制定运输需求与运力供给对接工作方案，统筹运力安排，起到了很好的作用。调运是粮食工作的一项老职能，只是实行托市政策之后淡化了，适应收储制度改革，这项工作还应抓起来。要总结推广玉米收储制度改革过程中与铁路等部门协调合作的经验，全面建立与铁路、交通、物流等相关部门长期稳定的统筹协调机制，确保粮食运输及时、快速、安全，满足粮食调控需要。

（四）强化粮食市场监管推进依法管粮

托市政策的一个重要作用，就是有效地保护了种粮农民利益。收储制度市场化改革后，成千上万的多元主体进入市场，必须要加大市场监管力度、创新市场监管方式。各地要充实监管力量，增加必要的经费，满足新形势下的粮食市场监管需要。按照“双随机、一公开”要求，运用多种手段加强事中事后监管，建立粮食经营者信用机制，维护公平竞争的市场环境，坚决防止出现压级压价、“打白条”等坑农害农现象，坚决打击囤积居奇、欺行霸市等扰乱市场秩序的行为，切实做到“为耕者谋利、为食者造福”，确保中央强农惠农富农政策落到实处。要推动《粮食法》立法进程，加快修订《粮食流通管理条例》，做到有法可依，任何监管都要依法进行，并自觉接受市场主体和社会公众的监督。这里，特别强调落实粮食安全省长责任制，这项制度对保障国家粮食安全具有十分重要的作用，必须认真贯彻落实。要做好考核工作，切实加强组织领导，扎实做好各环节考核，确保“首考”圆满。要强化考核结果运用，推动粮食安全省长责任制各项目标任务落到实处。

（五）牢牢守住粮食安全的风险底线

习近平总书记指出，稳中求进是我们治国理政的重要原则，也是做好经济工作的方法论。我们要始终坚持稳中求进工作总基调，强化底线思维，牢牢守住四条底线，及时有效化解行业风险。

一是确保不发生大面积“卖粮难”。无论怎么改革，都不能影响粮食的生产能力，尤其不能出现大面积“卖粮难”，挫伤农民种粮积极性，这是保障国家粮食安全的重要底线之一。要按照完善小麦、稻谷最低收购价政策的要求，抓好政策落实。强化玉米等市场化收购的监督检查，积极引导多元主体入市收购，坚决打击任何形式的坑农、害农行为，确保粮食卖得出、卖得好，全力维护好农民种粮积极性。

二是确保储粮安全。这是我们粮食行业“看家”的业务，如果储存的粮食都看不住、管不好，一切都无从谈起。现在粮食系统负责管护的粮食规模之大，前所未有。我们一定要树立红线意识，全面实施“一规定两守则”，继续深入贯彻全国安全储粮和安全生产视频会议精神，强化库存安全监督检查，层层压实安全储粮和安全生产责任，既要做到安全储粮，又要确保安全生产，坚决避免发生大的粮油储存事故和安全生产事故。

三是确保质量安全。让老百姓吃得安全、吃得放心，不出现大的粮食质量安全风险，是我们粮食工作的一条重要底线。我们要全面贯彻《食品安全法》和《粮食质量安全监管办法》，按照从田间到餐桌全过程、可追溯管理要求，完善粮食质量安全检测体系，加强对粮食流通各环节的质量安全监管。推动建立污染粮食处置长效机制，做好不符合食品安全标准库存粮食的处置工作，严防流入口粮市场。

四是确保不断档脱销。粮食供应形势再好，我们也不能掉以轻心。要加强市场监测和跨区域调运，坚决防止出现局部供应紧张和价格大幅上涨。要进一步健全应急供应机制，完善应急供应网络，落实成品粮油储备，充分做好粮油应急准备工作，确保关键时刻靠得住、调得动、用得好。这里，强调一下保障军粮供应问题，要按照军队体制改革的要求，进一步优化军供网点布局，扩展服务范围，提高服务质量。

四、认真抓好七个“突破口”

习近平总书记强调，“在任何工作中，我们既要讲两点论，又要讲重点论，没有主次，不加区别，眉毛胡子一把抓，是做不好工作的。”明确了2017年粮食流通工作的总体思路和主攻方向，还要找准着力点和突破口，在七个方面精准发力，带动各项工作整体推进，做到踏石留印、抓铁有痕。

（一）建设粮食产后服务体系

李克强总理指出，要“推进农业供给侧结构性改革，加快现代农业建设，着力提高农业综合效益和竞争力”。专业化水平低，是我国农业的一个短腿。建立经营性的粮食产后服务体系，有利于增强市场化收储条件下农民售粮的议价能力，有利于粮食提质进档、增加农民收入，有利于减少粮食损失浪费，有利于专业化分工，有利于提高劳动生产率。产后服务体系以开展代储存、代烘干、代质检、代加工、代销售“五代”业务为重点，为新型农业经营主体和小农户提供专业化服务。粮食产后服务中心的建设以企业为主体，支持农业合作社、有实力的粮食经纪人、工商资本联合粮食企业共同建设或单独建设。建设方式上，以基层现有粮库为基础进行功能改造，配置清理、烘干等相应设备，提升粮食保鲜储存能力。原则上要盘活存量，不再新建库容。2017年将选择一批产粮大县开展试点，根据粮食产量、商品量、布局等情况和需要，每县建设3～5个产后服务中心，并给予必要支持。

（二）建设广覆盖的粮食质量检验检测网

习近平总书记明确指出，“当前，老百姓对农产品供给的最大关切是吃得安全、吃得放心。”为了解决市场化收购条件下的质量安全问题，按照“机构成网络、监测全覆盖、监管无盲区”的要求，将质量检测功能向市县延伸。从2017年开始，在人口大县（市）、产粮大县建立粮食质量检验检测机构，完善检验检测功能，开展第三方检验检测。粮食行政管理部门要将粮食质量监管作为保障粮食安全的重要职责，加强粮油全产业链质量安全监测，及时排查粮食质量安全隐患，适时发布粮食质量安全信息。到2020年，新建1 000个以上市县级粮食质量检验检测机构，基本实现全覆盖。

（三）建设智能粮库

粮库是实现粮食行业信息化的基础。前两年，中储粮在全系统推进信息化取得了很好的效果、积累了丰富经验。不少省级粮食部门去年下了不小的功夫，取得了积极进展。2017年，要以地方储备粮库为重点大力推进粮库智能化升级改造，这是继“危仓老库”之后推动粮食仓储现代化的又一重要工程，我们一定要精心规划，务实推进。要明确智能粮库的几个主要功能并制定标准，重点建设。为了避免形成“信息孤岛”，降低建设成本，通用功能的软件尽可能统一开发，硬件也力求标配。建设智能粮库不能为信息化而信息化，一定要克服盲目性，坚持实用、管用、好用的原则，不搞大而全、花架子，更不搞形象工程。必须杜绝漏洞、严防腐败，真正把钱花在刀刃上。

（四）打通粮食物流节点

按照“十三五”全国粮食物流规划，在重要物流节点建设一批集仓储、加工、贸易、质检、信息服务等功能于一体的国家级粮食物流园区，发挥好中转枢纽和调控载体作用。在国家发展和改革委员会支持下，2017年要在“北粮南运”、东北对接京津冀、长江经济带、丝绸之路经济带和21世纪海上丝绸之路等五大通道重要节点建设物流园区。鼓励企业和地方政府投资建设，国家有关部门给予一定的资金支持。达到标准的，将确定为“国家级粮食物流园区”并挂牌，直接成为全国粮食电子交易平台会员。

（五）构建全国粮食电子交易平台

收储制度改革，必然带来粮食大规模的市场化交易。把“全国粮食统一竞价交易系统”由政策性粮食拍卖平台，扩展为全国性粮食电子交易平台，是市场化改革的必然要求，也是粮食行业落实“互联网+”行动计划的具体举措。2017年，一要切实保障政策性粮食交易顺畅安全，在粮食“去库存”中发挥主力军作用。二要实现31个省级交易中心全覆盖及平台联网，并积极向市县延伸，让基层粮食企业、种粮大户、专业合作社进入交易网络，市县两级粮食行政管理部门要发挥把关作用，按规定的条件选准选好进入主体，并且对资质、诚信负责。三要探索形成适合粮食流通特点的交易模式，特别是标的标准化、合约规范化，解决好交易诚信履约、支付结算、交割方式等方面存在的难题。四要采取有效措施引导产区、种粮农民、新型经营主体网上卖粮，引导销区、用粮企业网上买粮。引入质量检测、物流配送等第三方服务，探索为种粮农民、粮食企业定制金融产品服务，增强吸引力。总之，要经过1～2年的努力，打造全国最大、国际有影响的粮食电子交易平台，为构建新型粮食购销体系发挥主导作用。

（六）完善两级储备协同运作机制

政策性收储大量减少后，必须强化储备粮的管理和调控。实现中央储备与地方储备在数量、布局、结构等方面有机衔接，是增强储备粮调控精准性和有效性的重要一环。要强化国家对中央与地方两级储备的统筹调度。支持省会以上城市及城市人口规模较大的地级市，增强成品粮储备平抑市场、救灾应急等供应保障能力，支持对低温库进行改造。

（七）实施“中国好粮油行动计划”

一是抓紧制订优质米、面、油等质量品质分类标准，并建立覆盖范围广的测评体系，定期发布粮油质量信息。各级粮食部门要主动帮助农户、企业等粮食经营主体按标准分等定级，按质销售、按质论价。二是支持科研院所、大专院校开展提升粮油品质科学研究和重大课题攻关。建立科技成果转化长效机制，5月份全国科技活动周期间组织科研单位与粮食企业开展成果对接。三是大力培育优质粮油品牌。近三年，吉林省政府每年安排资金由省粮食局专门用于“吉林大米”的品牌推介，仅去年就安排了5 000万元，效果明显，大米价格提高了10.0%～20.0%。其他省、自治区、直辖市可以借鉴这个做法。各级粮食部门要通过政策支持、科技服务、宣传推介等方式，鼓励引导企业培育一批名特优的粮油品牌。建立品牌发布机制，由各省、自治区、直辖市粮食局按“谁推介、谁负责”的原则推介优质粮油品牌，国家粮食局于“世界粮食日”向社会发布，并实行动态调整。四是加强健康膳食宣传，开展粮油健康消费科普，充分利用世界粮食日、爱粮节粮宣传周、粮食科技活动周等重要时点，指导居民科学消费、健康消费。五是开展“优质优价”试点，各级粮食部门要选择有条件的粮食企业通过订单收购、合作入股等方式建设粮源基地，实行专收专储、定点加工、专营专供，培育从田间到餐桌的全产业链优质粮油经营模式。

（本文为作者于2017年1月7日在“全国粮食流通工作会议”上的讲话，有所删改）

明确新要求 提出新举措
努力开创绿色食品有机农产品工作新局面

农业部总畜牧师 马爱国

这次座谈会要贯彻落实中央1号文件、全国农业工作会议和全国推进质量兴农工作会议精神，分析形势，部署工作，非常重要。借此机会，我讲三点意见。

一、充分认识做好绿色食品有机农产品工作的重要意义

绿色食品事业自1990年启动已走过了26年的历程，获得了长足发展，总量规模逐年扩大，市场影响不断增强，示范带动作用日益明显。依托品牌，绿色食品已形成了一个从基地建设、投入品推广，到产品开发、市场营销较为完整的产业体系。全国绿色食品企业已超过1万个，产品接近2.5万个，基地面积近0.13亿 hm^2，部分产品已占主要农产品总量的5.0%～8.0%。农业系统有机农产品认证自2003年启动以来，也保持了稳步健康发展，目前认证企业接近1 000个，产品接近4 000个，继续保持领先地位。

当前，深入推进农业供给侧结构性改革是农业农村工作的主线，大力发展绿色优质农产品是基本方向，摆在了更加突出的位置。作为我国安全优质农产品的主导品牌，绿色食品、有机农产品工作面临新形势、新任务。我们要站在全局的高度，立足当前，着眼长远，充分认识做好绿色食品、有机农产品工作的重要意义。

一是推进农业绿色生产、促进可持续发展的重要举措。绿色既是农业的属性，更是新时期农业发展的新理念。促进农业绿色发展，增强农业可持续发展能力，是农业现代化的基本内涵，也是生态文明建设的必然要求。绿色食品始终注重产地环境保护，倡导减量化生产，科学合理控制农业投入品使用，追求以生态环境质量促产品质量提升的目标，是农业绿色发展的重要载体和有效途径。目前，绿色食品产地环境监测面积已超过 0.13 亿 hm^2，占全国耕地面积的 10.0%左右。据有关专家测算，按照无机氮肥用量减半的要求，"十二五"期间，绿色食品生产平均每年折合减少施用尿素 268 万 t，减少二氧化碳排放约3 400 万 t，为控制农业面源污染、缓解环境承载压力起到了积极作用。保护农业生态环境，推动农业绿色生产，需要绿色食品、有机农产品继续发挥领跑作用。

二是推进农业标准化战略、促进农产品质量安全水平提升的重要抓手。实践证明，农产品质量安全要"产"、"管"齐抓，"产出来"是前提，落到产品上就是要突出抓好绿色优质农产品生产，重点是发展"三品一标"。这就需要不断扩大绿色食品、有机农产品的规模总量和市场份额，带动农业标准化生产水平不断提高，从源头上解决"产出来"的问题。目前，农业部已发布 141 项绿色食品标准，整体达到国际先进水平，各地还结合实际，围绕区域优势农产品、特色产品和主导产业，制订并推广了一大批绿色食品生产操作规程。绿色食品已成为国家现代农业示范园、农业标准化示范县、"三园两场"创建指标之一。2016 年，283 个国家现代农业示范区共发展绿色食品企业 4 385 个、产品 11 355 个，年产量 3 973 万 t，已分别占到绿色食品企业、产品总数、总产量的 44.0%、47.1%和 39.5%。

三是推进农业品牌化战略、促进消费转型升级的重要力量。2016 年，我国人均 GDP 已达 8 100 美元，据预测，2027 年将达到 1.29 万美元，跨过 1.25 万美元的高收入门槛。城乡人民收入水平的不断提高，高层次、多元化、个性化消费需求增加，必然要求扩大优质品牌农产品生产。经过多年的深耕和积淀，绿色食品品牌的公信力得到了高度认可，已呈现出生产消费良性互动、线上线下销售两旺的态势。这几年在各地举办的农产品交易会、博览会和展销会上，绿色食品、有机农产品企业纷纷"唱主角"，备受经销商和消费者的青睐，展示出了广阔的发展空间和市场前景，我们要准确把握消费预期，瞄准中高端市场，深入推进品牌化战略，使绿色食品、有机农产品成为绿色优质农产品供给的"主力军"，引领消费市场的"风向标"，促进消费转型升级。

四是推进农业提质增效、促进农民持续增收的重要途径。绿色食品、有机农产品推行标准化生产、品牌化引领、产业化经营的综合发展模式，有利于配置优质资源，提升农业新型经营主体素质，延长农业产业链，促进农业提质增效。目前，发展绿色食品、有机农产品的国家级和省级农业产业化龙头企业已超过 1 500 个，约占总数的 30.0%。同时一大批农民专业合作社示范社也加入了发展绿色食品、有机农产品的行列。据市场调查，绿色食品比普通农产品价格平均高出 10.0%～30.0%，有机农产品高出 50.0%以上。借助品牌的社会影响力和市场竞争力，广大农户不同程度实现了增收。特别是在生态环境优良的贫困地区，发展绿色食品、有机农产品生产已成为农民脱贫致富的一条捷径，2016 年国家级贫困县有 606 个企业、1 479 个产品获得绿色食品、有机农产品证书，分别占全年发证总数的 12.4%和 11.6%。

二、进一步明确绿色食品有机农产品工作的新要求

近年来，党中央、国务院高度重视"三品一标"工作，今年中央 1 号文件明确提出，要支持新型农业经营主体申请"三品一标"认证，强调要加快提升绿色、有机农产品认证的权威性和影响力。我们要深刻理解文件精神，认真贯彻落实，在新形势下把握品牌发展规律，找准工作着力点。

经过多年来的发展，绿色食品、有机农产品已具备了一定的总量规模和良好基础，已成为农业系统主导的公共品牌，农产品质量安全工作的重要组成部分，农产品质量安全水平提升的一个"标杆"。当前，面临前所未有的内外部环境，我们要站在新的历史起点上，紧紧围绕加快提升认证的权威性和影响力的总要求，改革创新，稳中求进，确保绿色食品、有机农产品持续健康发展。

1. 坚守定位、保持特色　优质、安全、环保是绿色食品的产品定位，满足中高端市场需求、参与国际市场竞争是绿色食品的市场定位，促进农业可持续发展、农产品质量安全水平提升、农业品牌战略实施

是绿色食品的工作定位。只有明确和坚守这个定位，才能把根扎深，把基础打牢，才能充分体现事业的理念和价值。“从土地到餐桌”全程标准化生产模式，既适合国情又接轨国际先进水平的标准体系，质量审查与标志管理相结合的运作模式，依托品牌构建产业发展体系，这些都是绿色食品的鲜明特色，只有保持这些特色，才能维护我们的权威性和影响力。有机农产品要坚持生态循环理念，遵循国际通行做法，发挥农业系统的优势，因地制宜推动发展，满足特定人群消费需求，服务出口贸易。

2. 练好内功、打造精品　绿色食品、有机农产品在全社会、国内外已经具有较高知名度，品牌具有较高的“含金量”，要保持好的声誉和口碑，必须做到标准科学先进，产品质量过硬，市场竞争力强；必须保证行业诚信自律，市场秩序规范，维护品牌的良好形象，真正成为消费时尚；必须让广大消费者获得真实满意的消费体验，愿意花钱“埋单”，从而使广大企业和农户通过发展绿色食品、有机农产品赚钱，有实实在在的获得感。

3. 做大产业，做强品牌　要清醒地认识到绿色食品、有机农产品工作存在的“短板”，产业发展质量还有待进一步提升，风险管控能力有待进一步增强，品牌影响力需要进一步提高，优质优价的市场效益还需要进一步体现。我们要聚焦问题，围绕既定的方向和目标，持续发力。绿色食品要继续稳步扩大总量规模，不断优化产业结构，逐步提高市场占有率；要依托品牌，打造原料标准化生产基地、绿色生资、专业营销、示范园区建设于一体的绿色食品“全产业链”，实现一二三产业融合发展。有机农产品要在巩固竞争优势的基础上，继续挖掘环境和资源潜力，适度加快发展步伐，在国内保持领先地位的同时，在国际上也要占有一席之地。

4. 示范带动，发挥作用　绿色食品、有机农产品根植于“三农”工作，只有全方位服务于国家发展战略，深度融入到农业农村经济发展的主流工作之中，才能有用武之地，发挥不可取代的作用。近年来，围绕绿色发展，国家及有关部门出台的一系列规划、意见和政策，都与我们的工作有关联度。农业部提出的“一控两减三基本”目标，组织开展的现代农业示范区、农产品质量安全县、农业标准化示范县以及“三园两场”“五区一园”项目建设等，都将绿色食品、有机农产品工作纳入其中。要充分利用好这些条件和平台，顺势而为，因势利导，主动入位，进一步发挥绿色食品、有机农产品在推进农业绿色化、标准化、产业化、品牌化中的示范引领、辐射带动作用。

三、努力开创绿色食品有机农产品工作的新局面

发展绿色食品、有机农产品是一项长期任务。农业部刚刚发布的《“十三五”全国农产品质量安全提升规划（2016—2020年）》，明确了“三品一标”工作的目标任务和保障措施；今年的《全国农产品质量安全监管工作要点》，对“三品一标”工作进行了具体部署。在不久前召开的“全国推进质量兴农工作部署会”上，陈晓华副部长对“三品一标”工作提出了明确要求。以上概括起来，就是要以中央1号文件精神为指导，突出深入推进农业供给侧结构性改革这条主线，围绕促进农业标准化和品牌化两大战略实施，推动绿色食品、有机农产品健康发展，不断增加绿色优质农产品供给。为此，我们要把工作的着力点放在以下几个方面：

一要从严把关，确保质量。作为政府主导的公共品牌，绿色食品、有机农产品如果出现问题，社会关注度会更高，也更容易被媒体炒作，我们一定要守住底线，慎之又慎。要严格按照韩部长提出的“稍有不合、坚决不批，发现问题，坚决出局”的要求，坚持“用标准说话”，层层传导责任，强化全程管控，推动关口前移，科学防控风险。要在做好自身跟踪检查的同时，将绿色食品、有机农产品质量抽检纳入各地例行监测、执法抽查、风险评估监测范围，主动及时发布权威的监管信息。要加快推进“三品一标”质量追溯工作，明确主体责任，提高透明度。依法坚决打击标志侵权、假冒、不规范用标等现象和行为，维护良好市场秩序。

二要加大宣传，促进贸易。要全面加大绿色食品、有机农产品营销和宣传力度，通过农交会、绿博会和名优特农产品博览会等展示展览活动，支持实体营销渠道和电子商务平台建设等途径，搭建绿色食品、有机农产品公共贸易和宣传展示平台。要通过开展国际交流与合作、组织获证企业、产品境外参展等方式，拓宽对外贸易渠道，扩大品牌的国际影响力和竞争力。2017年4月，农业部将召开“全国农业品牌推进大会”，我们要利用好这个平台，搞好“三品一标”整体品牌展示宣传，办好绿色食品、有机农产品品牌论坛。要通过主流媒体、教学和科研机构，强化消费引导、科普解读、生产指导和知识培训。总之，要通过多种形式和手段，激活市场、搞活流通、促进消费、拉动生产。

三要改革创新，增强动力。要本着科学严谨的态度，对在标准体系、认证程序、监管制度上还存在的

不完善、不合理、不适应的地方，要抓紧提出解决方案。对制约事业持续健康发展的深层次问题，要认真谋划，抓紧研究提出对策措施。要将绿色食品、有机农产品工作与当前各类农业生产示范性创建工作有机结合，把终端产品通过“三品一标”认定作为项目验收考核的重要指标。要主动加强与行政主管部门的沟通协调，在产业融合发展、精准扶贫、农产品质量县创建等重点领域，整合资源，形成合力。去年底，财政部、农业部联合印发了《建立以绿色生态为导向的农业补贴制度改革方案》，明确提出以绿色生态为导向完善农业补贴政策，各地要结合实际，主动开展工作，为绿色食品、有机农产品生产经营主体积极争取政策支持。

四要加强建设，巩固体系。目前，全国 50.0%以上的市县、80.0%以上的地市州设立绿色食品工作机构，体系队伍已发展到 6 000 多人，这是推动绿色食品、有机农产品发展的重要力量，也是农产品质量安全监管工作的支撑力量。要按照“体系健全、业务精通、管理规范、运转高效”的要求，从农产品质量安全监管工作整体来统筹考虑，巩固好这个体系、建设好这支队伍。要切实加强作风建设，强化服务意识，增强事业心和责任感，为事业发展持续提供有力的保障。

（本文为作者于 2017 年 3 月 21 日在“全国绿色食品有机农产品座谈会”上的讲话，略有删改）

坚持以人民为中心 大力推进我国主食加工业持续健康发展

农业部农产品加工局局长 宗锦耀

今天，我们在京隆重举办 2017 年全国主食加工业提升行动暨中央厨房产销模式推介活动。主要任务是，深入学习贯彻党的十九大精神，坚持以人民为中心的发展思想，坚持质量第一、效益优先，坚持创新驱动、绿色发展，总结交流主食加工业发展成效经验，分析新形势新任务，部署今后重点工作。同时，发布第五批全国主食加工业示范企业和中央厨房产销模式案例。在这里，我谨代表农业部农产品加工局向来自农产品加工业主管部门、示范企业、中央厨房案例企业、大专院校、科研院所的各位来宾表示热烈欢迎，对中国农业大学食品学院的辛勤付出、精心组织表示衷心感谢！下面，我讲三点意见。

一、充分认识发展主食加工业的重要意义

主食是指供应人们一日三餐消费，满足人体基本能量和营养摄入需求的主要食品，是保证国民身体健康的基本食物，包括我们常吃的面米主食、速冻食品及预制菜肴等。主食加工业一头连农民、一头连市民，一头连农业、一头连服务业，是联结工农城乡关系的特殊产业，是具有多样性、地域性、民族性的特色产业。党中央、国务院高度重视农产品加工业发展，特别是与大众生活息息相关、关乎人民健康水平的主食加工业发展。2017 年中央 1 号文件，提出“实施主食加工业提升行动”；2016 年《国务院办公厅关于进一步促进农产品加工业发展的意见》（国办发［2016］93 号），提出“鼓励主食加工业发展”。党的十九大报告中指出，当前我国社会主要矛盾已经转化为人民日益增长的美好生活需要和不平衡不充分的发展之间的矛盾。美好生活始于一日三餐，人民美好生活第一需要就是物质生活需要，尤其是易于从中获得幸福感的一日三餐主食需要。加快主食加工业发展，对于推进农业供给侧结构性改革，促进农业提质增效，带动农民就业增收，满足人民美好物质生活和生态环境需要，提高人民群众生活质量和健康水平，都具有重要意义。

1. 主食加工业是满足人民物质需要的重要民生产业 国际经验表明，工业化城镇化快速发展期，往往也是主食加工业快速成长期。2016 年，我国城镇化率超过 57.0%，人均 GDP 接近 9 000 美元，家庭户均人口减少到 3.1 人以下，城镇居民人均可支配收入 33 616 元，农村居民人均可支配收入 12 363 元。随着工业化城镇化的快速发展和人民生活水平的不断提高，城乡居民家庭烹饪时间大为减少，对食物要求越来越高，主食正在由家庭自制为主向社会化供应转变，由“吃得饱”向“吃得好”转变，营养、安全、美味、健康、便捷、实惠的主食正引领消费潮流。近年来，我国各类面米主食、预制菜肴、调理制品市场

需求十分旺盛，保障营养均衡、食药同源的各种健康主食日益成为现代主食开发方向，据测算市场潜力超过2万亿元。可以说，满足人民美好生活需要，主食加工业当仁不让，是真正的民生产业。

2. 主食加工业是带动农民就业增收的重要富农产业 当前，我国农业生产受到成本“地板”不断抬升、价格“天花板”不断下压的双重挤压，小农户与大市场矛盾突出，农产品经常是“多了多了、少了少了”，卖难滞销、价低伤农现象时有发生。党的十九大报告指出，要实施乡村振兴战略，加快推进农业农村现代化，促进农村一二三产业融合发展，支持和鼓励农民就业创业，拓宽增收渠道。通过发展主食加工业，可以吸引资本、人才、科技等关键要素回乡，激发农村发展活力；可以延长产业链，提升价值链，重构供应链，提升农业质量效益；可以引导农民从生产导向转向消费导向，按照市场需求组织生产，提高农产品价格，并为农民提供更多的就业空间，带动农民就业增收。据测算，传统面米主食加工可增值3～5倍，预制菜肴加工可增值5～10倍。以一份方便快餐为例，原料成本为1元，经过加工市场售价可达12～18元，增值效益十分可观。可以说，带动农民就业增收，主食加工业肩负重任，是真正的富农产业。

3. 主食加工业是改善生产生活环境的重要绿色产业 当前，餐厨垃圾已成为严重影响人民生产生活的“环境杀手”。据统计，2016年全国餐厨垃圾产生量约在9 700万t，日均产生量达26万t，其中主要城市餐厨垃圾产生量达6 000多万t，上海、北京、广州等大城市日产生量达到2 000 t以上，影响环境的同时，造成大量的食物浪费。党的十九大报告指出，建设生态文明是中华民族永续发展的千年大计，必须树立和践行绿水青山就是金山银山的理念，建设美丽中国，为人民创造良好生产生活环境。通过发展主食加工业，可以将关口前移，提供净菜、鲜切菜、预制菜肴等半成品、成品，大大降低餐厨垃圾产生量，降低处理成本，改善公共卫生环境；可以便于加工副产物集中处理利用，变“废”为“肥”，提升农业质量效益；可以减少“运进运出”的无效运输，缓解城市公共交通拥堵状况；可以减少餐饮门店加工空间，增加有效用餐空间，降低经营成本。可以说，改善人民群众生产生活环境，主食加工业大有可为，是真正的绿色产业。

二、准确把握主食加工业发展的目标要求

当前，我国主食加工业面临政策推动、市场拉动、科技驱动的良好机遇，呈现出较好的发展态势。发展速度继续领跑。2017年1～10月，规模以上米面食品、速冻食品、方便面及其他方便食品实现主营业务收入3 300多亿元，同比增长13.3%，比农产品加工行业平均增速高出5.6个百分点。运行效益稳步向好。2017年1～10月，规模以上米面食品、速冻食品、方便面及其他方便食品实现利润总额188亿元，同比增长9.6%。结构布局持续优化。10月规模以上主食加工企业1 648个，为农产品加工业规模以上企业数量增长贡献了6.3%，同时集群化趋势明显，河南速冻米面制品占全国的70.0%，山东等5省鲜、冷藏肉加工总量占全国的60.0%。融合发展更加明显。80.0%以上的主食加工企业与小农户建立了股份制、股份合作制、合作制等利益联结机制，70.0%的企业与消费体验、休闲旅游、养生养老、个人定制、电商平台等加快融合，催生了一批新产业新业态新模式。

同时也要看到，我国主食加工业发展还存在不少的问题。技术较为落后，方便食品、预制菜肴等主食加工业技术短板明显，先进技术装备仍依赖进口。链条不够健全，在专用原料生产和产品的包装、运输、销售等环节有待进一步完善。企业规模偏小，95.0%以上都是中小微企业。中央厨房刚刚起步，一些主食产品仍然以作坊式生产为主。标准有待完善，部分产品借用面包、饼干等烘焙食品行业标准的现象仍然存在。

总的看，我国主食加工业发展空间广阔、潜力巨大。我们要认真学习贯彻党的十九大精神，坚持以人民为中心的发展思想，深入贯彻新发展理念，以市场需求为导向，以促进营养均衡、带动农民增收、改善城乡环境为目标，科学规划、合理布局，发挥优势、突出特色，培育主体、规范生产，推动政策完善、技术创新、人才培养、服务提升，加快构建现代绿色主食加工业体系，开发营养、安全、美味、健康、便捷、实惠的多元化主食产品，满足人民日益增长的美好生活需要。一要坚持提质增效发展。把高质量发展作为根本要求，引导产业由数量增长向质量提升转变。弘扬企业家精神和工匠精神，降成本、补短板、强弱项，增品种、提品质、创品牌，推行规范化、标准化生产，推行全程质量管理和控制，引导企业挖掘品牌文化内涵，不断提升质量效益和竞争力，提高人民生活质量和健康水平。二要坚持创新驱动发展。把创新作为产业发展的第一动力，引导产业由要素驱动向创新驱动转变。建立以企业为主体、市场为导向、产学研推深度融合的技术创新体系，加强技术集成、促进成果转化、建设人才队伍，提升产业科技创新能力和企业技术装备水平。三要坚持绿色引领发展。把绿色发展作为指导产业可持续发展的主攻方向，引导

产业由资源消耗型向环境友好型转变。践行“绿水青山就是金山银山”重要思想，建立低碳、低耗、循环、高效的绿色加工体系，推动副产物综合利用、变“废”为肥，实现增效增绿增收，经济社会生态效益有机统一。四要坚持交叉融合发展。把融合发展作为产业发展的根本路径，引导产业由割据发展向融合发展转变。推动主食加工业大力发展原料基地、物流配送、餐饮门店、休闲旅游等，积极利用电商平台、派餐终端等开展网络营销，推进上下游各主体联盟合作，实现产业各环节互联互通、交叉融合发展。五要坚持集群集聚发展。把优化空间布局作为产业可持续发展的有效手段，引导产业由分散布局向集中布局转变。以“三区三园”为依托，推动主食加工与产地结合、与销地结合、与园区结合、与扶贫结合，推进主食加工业向重点产区、主要销区、重要物流节点及贫困地区集聚发展，打造产业集中、资源集约、功能集成的主食加工产业集群。

三、努力提高推动主食加工业持续健康发展的能力水平

习近平总书记强调，新时代要有新气象，更要有新作为。各级农产品加工业主管部门要高度重视，加强领导，把主食加工业作为重点工作来抓，明确目标，实化措施，切实推动主食加工业持续健康发展。重点是做好“五个加强、五个提升”。

第一，加强政策落实，提升支持保障水平。深入贯彻《国务院办公厅关于进一步促进农产品加工业发展的意见》等文件精神，落实好财政、税收、金融、投资贸易、用地用电等相关政策措施。积极整合涉农项目资金，落实农村一二三产业融合发展、金融支持、国投基金等社会资本支持农村产业融合、农产品加工业等项目，将主食加工业、中央厨房建设作为重点支持方向。创新扶持方式，通过贷款贴息、先建后补等形式，支持主食加工企业发展。

第二，加强科技创新，提升技术装备水平。依托农产品加工技术研发体系、产业联盟等，推进知识创新、技术创新、管理创新，切实提升创新能力和水平，用创新确保国家食物安全、产业安全、生态安全、质量安全。依托技术集成基地建设，打造主食加工业技术研发公共服务平台，推进重点环节、关键技术、核心设备集成创新，解决关键、共性、基础问题，开发适宜不同消费人群、不同消费模式的多元主食产品、食药同源产品。依托线上与线下结合的对接推广平台，加快推广应用一批新成果、新技术、新装备，促进科技成果转化落地。

第三，加强人才培养，提升队伍能力水平。深入实施《全国农产品加工业人才培训行动方案》，切实培育一批科技创新、技术推广、职业技能、经营管理人才和企业家队伍。开展主食加工企业负责人培训，支持跨区域、跨行业学习交流，开阔眼界、拓展思路，培养一批食品安全意识强、经营管理水平高的管理人才和企业家队伍。依托各类人才工程、新型农村实用人才培训等资源，培育一批操作技能水平高的生产能手和技能人才。推动研发体系、产业联盟积极承接科技研发项目，支持企业、科研院所联合培养人才，鼓励科研人才创业创新，培育一批科技创新能力强的科研人才队伍。

第四，加强品牌培育，提升质量效益水平。按照“产权清晰化、生产标准化、技术集成化、管理科学化、经营品牌化”要求，加快主食加工业主体培育。继续组织开展“全国主食加工业示范企业”申报认定，对期满示范企业开展考核管理。鼓励开展省主食加工业示范企业、特色主食品牌、产品认定，做强区域特色主食加工品牌。大力推广中央厨房典型案例模式，鼓励发展电子商务等新型业态，推动融合互动发展。总结推广主食加工企业在质量管理、技术创新、工艺传承、诚信经营、市场推广、集聚发展等方面的好经验、好做法，切实培育壮大一批家喻户晓、社会认知度高的好品牌，提升行业认知和消费者消费信心。

第五，加强公共服务，提升产业指导水平。组织开发数据库，组建专家咨询队伍，开展主食加工业监测分析与预警，加强对产业发展的形势把握和正确引领。组织农产品加工业标委会有关专家，开展基础标准、产品标准、行业标准、国家标准等标准制修订，促进主食加工业标准化、规范化发展。积极推动企业、科研院所、行业协会建立主食加工业产业联盟，加强行业自律和服务。举办面米制品、预制菜肴、中央厨房等领域交流研讨活动，加强营养膳食科普知识宣传，引导树立科学消费、健康消费主食理念，切实营造主食加工业良好发展氛围。

发展主食加工业是时代的呼唤，人民的愿望，是农产品加工业主管部门和广大加工企业的光荣使命。希望大家认真学习贯彻党的十九大精神，围绕实施乡村振兴战略，不忘初心、牢记使命，锐意进取、埋头苦干，努力推动我国主食加工业再上新台阶，为满足新时代人民日益增长的美好生活需要，推进农业农村现代化，决胜全面建成小康社会、建设富强民主文明和谐美丽的社会主义现代化强国做出新的更大贡献！

（本文为作者于2017年12月19日在“2017年全国主食加工业提升行动暨中央厨房产销模式推介活动”上的讲话，略有删改）

领会新使命 把握新要求 全力推进农产品加工科技创新推广工作

农业部农产品加工局副局长 马洪涛

在举国上下认真学习贯彻党的十九大精神之际，我们在东莞举办"2017年全国农产品加工科技创新推广活动"，意义重大。本次活动主题是"新时代、新使命、新要求、新作为"，旨在团结动员全国农产品加工业科技工作者和企业家，认真学习，深刻领会中国特色社会主义进入新时代赋予农产品加工业发展的新使命，准确把握新时代对农产品加工业转型升级发展的新要求，努力展现农产品加工科技创新推广的新作为，为推进农业农村现代化做出新的更大的贡献。下面，结合学习十九大精神，围绕这次活动主题，讲三点意见。

一、深刻领会中国特色社会主义新时代赋予农产品加工业发展的新使命

党的十九大指出，经过长期努力，中国特色社会主义进入了新时代，这是我国发展新的历史方位。中国特色社会主义进入新时代，我国社会主要矛盾已经转化为人民日益增长的美好生活需要和不平衡不充分的发展之间的矛盾。这一重要判断对国民经济各行业的发展都赋予了新的使命。农产品加工行业广大干部职工要充分认识、勇于担当新时代赋予的新使命，努力满足人民对美好生活的需要。一是要满足人民群众对饮食安全营养健康的需要。十九大报告强调，要实施食品安全战略，让人民吃得放心。随着我国居民生活水平普遍提高，饮食卫生和营养知识逐渐普及，公众的健康意识日益增强，人们愈加重视食品安全，关注保健和养生，对食品的要求已从"吃得饱"向"吃得好"转变，特别讲究吃得安全放心、营养健康。生产、加工出更多更好的让人放心的产品，这是我们加工行业的使命。二是要满足人民群众对方便快捷饮食的需要。现代社会人们的生活节奏越来越快，对方便快捷饮食的需求与日俱增。干净、卫生、方便、安全的净菜受到越来越多城市居民的青睐，很多速冻、即食类产品也深受广大消费者欢迎，各种方便食品、休闲食品等的市场需求也很旺盛。家用烹饪机器人等有望成为新的消费热点。这也是我们加工行业的使命。三是要满足人民群众对良好生产生活环境的需要。绿水青山就是金山银山，无论居住在城市还是乡村，老百姓都希望自己生活的环境能够天蓝、地绿、山青、水净，希望各类生产、生活垃圾都能得到及时妥善的处理，希望能源高效使用、资源循环利用。这同样是我们加工行业的使命。四是要满足亿万农民进一步增加收入的需要。习近平总书记多次强调，任何时候都不能忽视农业、不能忘记农民、不能漠视农村。我国农民单纯依靠发展种养业、卖"原字号"农产品，始终面临市场风险和自然风险的双重压力，增收难度越来越大，对通过精深加工提高农产品附加值，通过延长产业链、提升价值链实现持续稳定增收的需求越来越迫切。通过发展加工业，让我们的亿万农民既能种得出好产品，还要能卖得掉产品，卖出好价钱，共同增收致富奔小康，这更是我们加工行业的使命。

在深入分析满足人民美好生活需要对农产品加工业发展新要求的基础上，我们还要全面辩证地分析我国农产品加工业发展形势。近年来，我国农产品加工业持续稳定发展，产业集中度逐步提高。2016年，规模以上农产品加工业主营业务收入、利润总额分别达20.3万亿元、1.3万亿元，分别比2012年增长35.9%、28.6%；全行业规模以上企业发展到8.1万个，比2012年增加1.1万个，年销售收入10亿元以上的企业2 726个，100亿元以上的企业94个，加工企业向市场供应了2/3以上"菜篮子"产品；全行业吸纳了2 500万农民就业，带动农民工资性收入占到农民人均纯收入的9.0%，间接带动1亿多个原料生产小农户增收。同时，我们也要清醒地看到，我国农产品加工业同样也存在发展不平衡、不充分等问题。主要是基础差、底子薄，产业转型升级滞后，产业结构和区域布局不平衡等问题仍未根本扭转，特别是部分领域加工技术装备水平落后、能源消耗高、资源利用率低；高端核心技术与装备主要依靠进口，关键零部件国产化程度偏低；科学研究与产业发展脱节，科技成果转化率；人才队伍建设滞后，高素质专业人才

短缺等等。要更好地担当中国特色社会主义新时代赋予农产品加工业发展的新使命，更好地满足人民日益增长的美好生活需要，就必须聚焦农产品加工业自身发展不平衡不充分等问题，以科技创新为动力，才能在推动产业转型升级发展的过程中彰显新作为。

二、准确把握新时代农产品加工业转型升级发展的新要求

党的十九大强调，全面建设小康社会，要坚定实施七大战略，其中一个就是要实施乡村振兴战略，建立健全城乡融合发展体制机制和政策体系，加快推进农业农村现代化。乡村振兴战略首次出现在党的报告中，不光是为6亿中国农村人口描绘了宏伟而美好的蓝图，更是为“三农”工作人员包括加工人开辟了广阔的天空，让我们有更大的用武之地。农产品加工业一头连着农业、农村和农民，一头连着工业、城市和市民，沟通城乡，亦工亦农，是农业农村现代化的重要标志，是保障城乡居民营养安全健康的重要民生产业，也是促进农村一二三产业融合发展、吸纳农民就业创业的重要支柱产业。我们要勇于担当新时代赋予的新使命，更好地满足人民对美好生活的需要，就必须进一步提高认识，准确把握新时代农产品加工业转型升级发展的新要求。

（一）提高质量效益

党的十九大指出，要贯彻新发展理念，建设现代化经济体系，必须坚持质量第一、效益优先，以供给侧结构性改革为主线，推动经济发展质量变革、效率变革、动力变革，提高全要素生产率，不断增强我国经济创新力和竞争力。当前，我国农产品加工业正处在转变发展方式、调整优化结构、转换增长动力的攻关期，必须要坚持因地制宜、科学规划、发挥优势、突出特色，着力提升发展质量和效益。

（二）推进创新驱动

党的十九大强调，要加快建设创新型国家，创新是引领发展的第一动力，是建设现代化经济体系的战略支撑。要着力提升科技创新能力，围绕农产品加工重点领域开展基础研究、前沿研究和共性关键技术研发，组织实施一批重大科技项目。重点支持果品、蔬菜、茶叶、菌类和中药材等营养功能成分提取技术研究，开发营养均衡、养生保健、食药同源的加工食品。加强国家创新体系建设，强化协同创新机制，充分发挥企业的技术创新主体作用。加快科技成果转化推广，加大人才队伍建设力度。

（三）坚持绿色发展

坚持以绿色为导向的发展方式，节约集约循环利用各类资源，大力发展绿色加工，优化产业布局，形成“资源—加工—产品—资源”的循环发展模式。一是加快发展农产品产地初加工。完善产地初加工补助政策，支持家庭农场、农民合作社等新型农业经营主体，集中连片建设一批农产品冷藏库、烘干房等初加工设施，解决农产品产后损失严重、品质品相下降等问题，减少由于保存不当导致农产品腐败变质而对农村环境的污染及产生的安全隐患。二是提升农产品精深加工水平。加大生物、工程、环保、信息等技术集成应用力度，加快新型非热加工、新型杀菌、高效分离、节能干燥、清洁生产等技术升级与集成应用，努力生产营养安全、美味健康、方便实惠的食品和质优、价廉、物美、实用的加工制品。支持农产品加工园区的循环化改造，推进清洁生产和节能减排，引导企业建立绿色工厂，加快应用节水、节能、节粮等高效节能环保技术装备。三是促进农产品及加工副产物综合利用。重点开展秸秆、稻壳、米糠、麦麸、饼粕、果蔬皮渣、畜禽骨血、水产品皮骨内脏等副产物梯次加工和全值高值利用，化害为利，变废为宝，开发新能源、新材料、新产品等，不断挖掘农产品加工潜力，提升增值空间。

（四）深化产业融合

农产品加工业是一个接一连三的产业，要利用大数据、物联网、云计算、移动互联网等新一代信息技术，培育发展网络化、智能化、精细化现代加工新模式，积极发展电子商务、农商直供、加工体验、中央厨房等新业态，鼓励支持农产品加工业与休闲、旅游、文化、教育、科普、养生养老等产业深度融合。支持大中城市郊区重点发展主食、方便食品、休闲食品和净菜加工。优化结构布局，推进农产品加工业向优势农产品产区合理集中布局，形成生产与加工、科研与产业、企业与农户相衔接配套的上下游产业格局。扶持农民合作社、种养大户、家庭农场建设烘储、直供直销等设施，通过“农户＋合作社＋企业”等模式，发展加工流通，分享增值收益。

（五）推动产业兴旺

党的十九大强调，要按照产业兴旺、生态宜居、乡风文明、治理有效、生活富裕的总要求，加快推进农业农村现代化。这五条总要求中，“产业兴旺”是排在第一位的。面向未来，推进产业兴旺，农产品加工业发展质量、效益和竞争力显著提高，主要经济指标更加协调，产业迈向中高端水平，新业态新模式加快发展，产业融合机制进一步完善，引领带动作用显著增强，促进农民增收和精准扶贫、精准脱贫作用更加凸显。《国务院办公厅关于进一步促进农产品加工业发展的意见》（国办发［2016］93号）对此提出了

十分明确的目标要求，到2020年，农产品加工转化率达到68.0%，规模以上农产品加工业主营业务收入年均增长6.0%以上，农产品加工业与农业总产值比达到2.4∶1。到2025年，农产品加工转化率达到75.0%，农产品加工业与农业总产值比进一步提高；自主创新能力显著增强，转型升级取得突破性进展，形成一批具有较强国际竞争力的知名品牌、跨国公司和产业集群，基本接近发达国家农产品加工业发展水平。蓝图已绘就，奋进正当时。我们要以时不我待、只争朝夕的精神，撸起袖子加油干，为推进农产品加工业兴旺发达提供更加有力的科技支撑。

三、努力展现农产品加工科技创新推广的新作为

党的十九大强调，要坚定实施创新驱动发展战略，加快建设创新型国家。我们要深入实施创新驱动发展战略，必须紧紧围绕促进农产品加工业转型升级，突出重点领域，坚持问题导向，聚焦薄弱环节，努力展现科技创新推广的新作为。

（一）不断强化理论武装

党的十九大确立了习近平新时代中国特色社会主义思想的历史地位。习近平新时代中国特色社会主义思想内涵丰富，习近平关于“三农”工作的重要论述和习近平科技创新思想就是其中的重要组成部分。关于“三农”工作，习近平总书记强调，“中国人的饭碗任何时候都要牢牢端在自己手上”“农业现代化是国家现代化的基础”“让农业插上科技的翅膀”“推动农业绿色发展是农业发展观的一场深刻革命”。关于科技创新，习近平总书记指出，“实施创新驱动发展战略，就是要推动以科技创新为核心的全面创新”“抓创新就是抓发展，谋创新就是谋未来。”我们要全面学习掌握习近平新时代中国特色社会主义思想，全面贯彻落实习近平关于“三农”工作的重要论述和习近平科技创新思想。党的十九大为农产品加工业作出了部署，指明了方向，加工业的发展迈入了新阶段，我们每个人都要有工作的紧迫感、责任感、使命感和荣耀感，为农业强起来、农村美起来、农民富起来不断贡献聪明才智。

（二）大力推进协同创新

习近平总书记指出，创新是一个系统工程，创新链、产业链、资金链、政策链相互交织、相互支撑。科技创新、制度创新要协同发挥作用，两个轮子一起转。要深入推进以多学科交叉融合为核心的科研协作联合攻关。当今世界，学科前沿的重大突破和重大创新成果，大多是学科交叉、融合和汇聚的结果。农产品加工科技创新涉及食品、农学、生物、电子、信息、装备等多种学科门类，必须坚持跨学科融合、多学科嫁接，努力打造多学科交叉融合的协同创新平台。要积极适应在农产品加工业深入发展基础上的农村一二三产业融合发展新趋势，紧紧围绕不断涌现的新产业、新业态、新模式对科技创新的需求，凝练科学问题，确立科研方向，组织联合攻关。要不断深化科技体制改革，按照“基础研究、应用研究、集成示范、转化推广”四位一体全链条，建立以企业为主体、市场为导向、产学研深度融合的农产品加工科技创新体系。进一步加强国家农产品加工技术研发体系建设，强化工作委员会领导下的国家中心、专业委员会负责制。完善绩效考核、信息共享、联合攻关、人才交流等管理办法，推行“优胜劣汰、能进能出”的动态管理，切实增强研发体系的凝聚力、战斗力、影响力。强化企业创新主体地位，激发企业创新活力，优先支持国家农产品加工技术研发体系内以企业为依托建设的研发分中心开展协同创新和联合攻关。要着力推动国家现代农业产业技术体系农产品加工领域的岗位科学家群体与国家农产品加工技术研发体系融合发展，做到“你中有我、我中有你、优势互补、强强联合”。要深入推进农业部农产品加工学科群建设，支持综合性和各专业性重点实验室立足产业需求，开展联合攻关。加大农产品加工技术集成基地建设力度，切实促进科技成果落地生根。

（三）积极促进成果转化

习近平总书记指出，科技创新绝不仅仅是实验室里的研究，而是必须将科技创新成果转化为推动经济社会发展的现实动力，广大科技工作者要把论文写在祖国的大地上，把科技成果应用在实现现代化的伟大事业中。我们要深入推进科技与经济紧密结合，促进创新成果与产业发展无缝对接。继续开展成熟技术筛选、评估和推广工作，建立并不断充实行业技术成果数据库，完善成果信息共享机制，向社会提供科技成果信息查询、筛选等公益服务。持续强化科技成果推介，及时发布转化一批符合产业转型升级方向、投资规模与产业带动作用强的科技成果包，引领产业发展新动能加快成长。继续办好全国农产品加工科企对接活动，支持地方开展区域性科企对接、科技专家公益行等活动。通过互联网技术手段连接农产品加工技术转移机构、投融资机构和各类创新主体，集聚成果、资金、人才、服务、政策等创新要素，开展线上线下相结合的技术交易活动。发挥市场在促进行业科技成果转化中的决定性作用，发挥企业在市场导向类科技项目研发投入和组织实施中的主体作用，推动企业等技术需求方深度参与项目过程管理、验收评估等组织

实施全过程。支持科研院所和高校结合发展定位，紧贴市场需求，开展技术创新与转移转化活动。积极拓展国际技术转移空间，探索面向“一带一路”沿线国家和地区开展农产品加工科技创新推广活动，促进“一带一路”农产品加工产能合作。

（四）着力建设人才队伍

党的十九大提出，要培养造就一大批具有国际水平的战略科技人才、科技领军人才、青年科技人才和高水平创新团队。我们全面落实党中央、国务院推进科技体制改革、激励科研人员创新创业的一系列政策措施，最大限度地激发广大科技工作者的工作热情，给想创新、能创造的人提供更多机会、更大舞台，让科技活力竞相迸发，让一切创新源泉充分涌流。要以现代农业产业技术体系农产品加工领域岗位科学家、国家农产品加工技术研发体系科技专家为主体，建设一支规模适度、结构合理、创新能力强的科技人才队伍。要尊重人才成长规律，不断完善竞争激励机制，健全人才评价制度，坚持在科研实践中提升战略思维能力、创新决策能力、组织协调能力和科研管理能力，强化前瞻思维和人文素养，着力培养具有国际视野、紧跟国际科技前沿、既懂技术又懂市场的科技创新领军人才。紧密结合产业需求和市场应用，大力加强科技成果转化专业人才培训，着力培养熟悉科技成果转化政策法规以及科技成果评价、成果交易、企业融资、市场营销等业务技能的复合型人才。完善青年科技创新人才培养机制，通过项目支持、合作研究、成果推广、教育培训等途径，加快培育科技创新后备人才队伍。支持国家农产品加工技术研发体系青年工作委员会充分发挥作用。积极开发利用国内国际两种人才资源，通过引进来、走出去，培养一批跨学科、跨行业和紧跟国际先进水平的高素质科技创新人才。

深入实施创新驱动发展战略，推动农产品加工业转型升级，促进农村一二三产业融合发展，是人民的愿望、时代的要求、历史的必然，更是我们农加工人的使命。让我们紧密团结在以习近平同志为核心的党中央周围，认真学习贯彻习近平新时代中国特色社会主义思想，锐意进取，创新实干，加快推进农业农村现代化，为决胜全面建成小康社会、实现中华民族伟大复兴的中国梦、实现人民对美好生活的向往做出新的更大贡献！

（本文为作者于 2017 年 11 月 1 日在“2017 年全国农产品加工科技创新推广活动”上的讲话，略有删改）

交流工作成效 共商产业大计 开创马铃薯主食加工产业发展新局面

农业部农产品加工局副局长 潘利兵

初秋时节，我们在美丽的陕西省西北门户、享有“中国马铃薯特产之乡”“中国马铃薯美食之乡”美誉的陕西省榆林市定边县，召开全国马铃薯主食加工产业联盟 2017 年年会，行业内的众多企业、专家、代表共聚一堂，交流工作成效经验，分享产业发展成果，探讨业内热点话题，共商产业发展大计，很有意义。在此，我代表农业部农产品加工局向年会的召开表示热烈的祝贺！借此机会，我和大家交流三个方面的看法。

一、充分肯定产业开发三大成效

农业部高度重视马铃薯主食产业开发，作为推进农业供给侧结构性改革的重要内容来抓。在农村一二三产业融合发展支出项目中安排专门经费支持“育繁推加销”一体化发展，加强与马铃薯相关的技术集成基地建设，加快技术装备研发和科技成果转化、加强技术培训等。此外，还指导组建了马铃薯主食加工产业联盟，这是推动马铃薯主食产业开发工作的一个重要平台和抓手。产业联盟成立两年来，通过有效地探索新机制新模式，促进了各单位资源要素在战略层面的有效结合和开发利用，产生了良好效应，在加速推进马铃薯主食产业开发中发挥出了重要作用。突出体现在三个方面：

一是带动产业领域关键技术和装备取得新突破。比如，针对面团成型困难等问题，建立了原料复配调控方法，创建了马铃薯中式主食加工原料评价方法，夯实了马铃薯主食开发基础。创制并改进双螺杆原料输送、研磨挤压成型等挤压类产品混炼降本提质技术，鲜薯切粒与大米混合料一步挤压成型技术，产品生产成本降低 30.0%以上。发明一体化仿生擀面、恒温恒湿面带智能熟化、定量挤丝等核心装备，成品率提高 10.0%以上。

二是促进产品开发和技术成果转化应用取得新进展。以马铃薯全粉、生粉、原薯、薯泥为原料加工的马铃薯主食产品种类不断增多，实现了三大类 200 余种产品工业化、自动化、规模化生产。全国九省七市 50 多个企业积极应用新技术新装备，近 3 年累计生产马铃薯主食产品 18.9 万 t，销售额 45.4 亿元，为社会新增经济效益 8.9 亿元，带动新增马铃薯种植面积 13.33 万 hm^2，平均每亩增加效益 300 元，新增 6 000多个就业岗位。

三是提升产业发展影响力和美誉度取得新成效。中央电视台及《人民日报》《光明日报》《农民日报》等众多国内主流媒体对马铃薯主食加工研发成果进行广泛报道和高度评价。应邀参加世界马铃薯大会主食开发国际研讨会、FAO 年会等国际学术交流会 60 余次，受到海外同行、媒体的广泛关注与赞誉，美国《华尔街日报》、HBO 电视台等国际媒体也对创新成果进行了专题报道。通过广泛宣传，马铃薯主食消费逐步为消费者所认可，部分大城市正引领消费时尚。

这些成绩的取得，是管理部门、科研院所、马铃薯主食加工企业和产业联盟各成员单位积极合作、共同努力的结果。在这里，我代表农业部农产品加工局对大家尤其是联盟成员的辛勤努力和付出表示衷心的感谢！

二、深刻认识产业发展三大趋势

近年来，随着城乡居民收入水平的提高、生活方式和消费结构的变化，以及信息化等新技术的加速应用，主食加工业发展呈现出一些新趋势、新特点，需要我们更加关注。

一是要更加关注新技术新装备。有专家指出，人类正进入以互联网技术、工业智能、生物技术等为主的全新技术革命，这次全新技术革命是继蒸汽技术革命、电力技术革命、信息技术革命后的第四次技术革命。对应工业来说，就是工业 4.0，特别是新一代信息技术与制造业深度融合，智能制造正引领产业变革，全球制造业格局正面临重大调整，发达国家高端制造回流与中低收入国家争夺中低端制造转移的趋势更加明显，对我国形成了“双向挤压”；从农业来说，生物技术、基因编辑技术等不断取得突破，也将对良种育繁到生产加工带来重大而深远的影响。因此，马铃薯主食加工产业开发，要紧紧抓住技术加速创新、应用不断深入的契机，加快新技术新装备的研发与应用，推动与新技术的深度融合、升级换代。

二是要更加关注新业态新模式。当前，信息化、互联网等新技术的快速发展与应用，延伸了产业链条，模糊了产业边界，创新了居民消费方式，重构了利益联结机制，新产业、新业态、新模式层出不穷，激发了经济发展的新活力。以农产品加工业为引领，促进产业相互渗透和交叉重组，加工前延后伸、农业接二连三、休闲农业接二连一，带动农村一二三产业有机融合，资源、要素、技术、市场需求实现优化重组。以中央厨房、产地直销、社区直供、食物短链等为代表的新业态新模式也不断涌现。因此，马铃薯主食加工产业开发，要紧紧抓住业态创新、模式创新的契机，加速生产经营方式的创新，延伸产业链，更加注重加工前后两端的开发，提升价值链，重构利益联结机制，发展新业态、应用新模式。

三是要更加关注新需求新消费。当前，随着城乡居民生活水平的提高和城镇化的发展，主食消费形式和产品需求越来越多样。即食食品、连锁店供给食品和快餐食品等方便化主食受到消费者的广泛青睐，网络外卖群雄并起、用户黏度越来越高；以畜禽、水产品、果蔬、豆类等为原料、含多种营养成分的菜肴等家庭餐桌食品，开始加入到主食产品行列，杂粮、马铃薯等各种健康主食正在引领主食消费时尚潮流，营养化需求越加广泛；质量安全越来越受到消费者关注，成为消费“痛点”和“痒点”；适宜婴儿、学生、病人和老年人等不同消费群体生理特点和营养需求的产品深受市场欢迎，功能化食品正逐渐走入普通家庭。因此，马铃薯主食加工产业，要紧紧抓住新需求新消费，大力开发新产品，更加重视品质和品牌，让人们吃得更方便、吃得更健康、吃得更安全。这是产业发展的根本导向，只有顺应这个导向，产业才能得到大发展。

三、准确把握产业联盟三大要务

马铃薯主食加工产业联盟成立两年来，对如何发挥联盟作用做了很多有益的探索，也取得了很大成绩。今后，如何适应新形势需要，更好地发挥作用，还有很多工作要做。要始终围绕联盟的功能定位，通过有效的组织形式和大家愿意参加的相关活动，汇聚整合相关力量，调动各方面积极性，实现优势互补、合理分工、合作共赢，不断提高权威性，扩大影响力，做产业发展的推动者、政府决策的支撑者、规划实施的践行者、行业自身的代言者。要始终把握好三大要务：

第一，明确工作重点。从联盟的功能定位出发，工作重点有三项：一是加强调查研究。发挥联盟成员多、地域广、专业强的优势，组织开展不同主题的专题调研，梳理行业标准、安全监管、科技研发、财税、土地等方面存在的困难和问题，分析行业发展态势，不定期发布行业咨询报告，并提出有针对性的政策建议，为政府部门决策提供参考。二是开展行业自我服务。定期征求联盟成员关于技术创新、装备创制、原料供应、培训交流、发展研讨等方面的需求，有针对性地开展自我服务，对技术装备需求开展择优推荐、联合攻关，对供销合作需求开展优势对接、洽谈交流等。倡导联盟成员积极使用专用加工原料、采用先进技术装备、推行绿色生产方式、开发丰富多样产品、保障质量安全卫生等，逐步实现行业的自我升级。三是承担公共项目。组织联盟成员积极承担标准制修订、技术装备研发、行业宣传引导等方面的公共财政项目，勇于担当政府购买服务的承接方，真正发挥企业主体作用。

第二，健全体系队伍。联盟的主体构成要进一步扩大。从产业链、价值链看，马铃薯主食加工业涉及原料供应、装备供应、技术服务、加工生产、物流服务、销售终端等多个产业环节，要广泛吸纳诸如种薯、种植、加工、物流、商超、装备等企业和科研院所、大专院校等加入联盟，也可在条件具备时进一步引入部分金融、保险等加入联盟。同时要处理好中央和地方、大型和小型、企业和农民的关系，注重联帮带，不唱独角戏，而要唱好大合唱。联盟的运营团队要进一步专业化。这方面我们有很多参考借鉴，诸如我们的农产品加工技术研发体系，设置秘书处及各专业部门，有统有分，分工合作，关键是遴选出一批热心公益事业、具备行业影响力的企业家代表、科研院所代表，牵好头、带好队、服好务，为联盟成员搭桥建路，共商合作、共谋发展。运营团队要根据联盟发展实际，制定相应的发展目标和工作计划，每年确定几项重点任务，并逐步转变为常态化工作。

第三，完善运行机制。这方面，一是要坚持服务宗旨。联盟要落实国家主食加工业、营养健康等战略，以增进人民福祉、服务产业发展、推动成员合作为出发点和落脚点，整合各方资源，加大产业协同，不断增强行业服务水平。二是秉持公平原则。对成员所有需求，本着公开、公正、公平的原则，采取类似招投标的形式，在联盟内开展竞价服务、有偿服务，最终通过充分竞争、有效合作，以联盟为依托实现联盟成员的价值所在。三是探索运行模式。联盟前期实行专兼职人员并行，今后要逐步探索独立运营方式，为联盟成员提供更加专业的公共服务，为联合攻关、开展合作等创造更加有力的组织保障。

希望马铃薯主食加工产业联盟在农业部指导下，集思广益、群策群力、凝聚共识，进一步准确功能定位，健全体系队伍，明确工作重点，完善运行机制，充分发挥自身作用，努力成为具有权威性、影响力、社会性的行业组织，为马铃薯主食加工产业开发做出新的更大的贡献。

（本文为作者于2017年8月9日在“全国马铃薯主食加工产业联盟2017年年会”上的讲话，略有删改）

认真总结成绩　积极应对挑战
扎实做好绿色食品有机农产品各项工作

中国绿色食品发展中心主任　王运浩

这次全国绿色食品有机农产品座谈会，是在新形势下召开的重要会议。下面，我讲两点意见。

一、2016年绿色食品有机农产品工作取得显著成效

2016年，全系统践行“绿色发展”理念，按照农业部农产品质量安全工作的总体部署，认真贯彻落实《农业部关于推进“三品一标”持续健康发展的意见》，围绕《全国绿色食品产业发展规划纲要（2016—2020年）》确立的目标和任务，扎实开展各项工作，推动绿色食品、有机农产品保持了稳步健康发展。

全国绿色食品企业总数达10 116个，产品总数24 027个，同比分别增长5.6%和2.7%。中绿华夏认证有机农产品企业951个，产品3 844个。绿色食

品和有机农产品抽检合格率分别为98.8%和99%，均保持在较高水平。全国已建成绿色食品原料标准化基地696个，有机农业示范基地24个，总面积近0.13亿 hm^2。绿色食品生产资料获证企业121个，产品266个。绿色食品一二三产业融合发展示范园建设正式启动。一年来，我们重点抓了6项工作：

（一）从严许可审核，着力调整结构

在产品申报量持续增长的态势下，中心和各地绿办上下联动，各负其责，从受理申请、现场检查、材料审核、专家评审到证书颁发，严把各个关口，特别是强化了检查员的责任心和风险意识，有效防范了质量安全隐患，将不合格产品及时挡在了门外，保持了绿色食品产品质量安全水准。中心继续深化续展改革，严格时限要求，加大抽查和现场核查力度，各地绿办续展审查工作的规范性和有效性进一步提高。为了优化产业结构，整个工作系统主动开展工作，做好企业申报的服务与指导，积极引导龙头企业、集团公司申报绿色食品。经过近年来的努力，结构调整已初见成效，留住了一些大企业和深加工产品，去年龙头企业续展率较合作社高出20个百分点，93个龙头企业还增报了产品及产量。

（二）从严监督检查，加强标志管理

去年，通过落实各项监管制度，中心共取消了110个绿色食品产品的标志使用权，为近几年“摘牌撤证”数量最多的一年，并及时对外发布了公告，进一步向全社会释放了“从严监管、发现问题、坚决出局”的信号。各地通过落实企业年检“三联单”制度，强化年检现场检查，督促企业严格遵守绿色食品的“规矩”。产品抽检力度和强度不减，全年中心共抽检绿色食品4 761个，检出不合格产品59个；抽检有机农产品200个，发现不合格产品2个。根据质量预警结果，扩大了南方稻米和茶叶产品的抽检比例，排除了风险隐患。去年各地对47个城市和地区的146个各类市场开展了绿色食品用标情况监察，检查样品4 178个，及时处理了用标不规范和假冒产品。中心还配合各地工商、质检和农业行政执法部门对133件举报、投诉案件进行了处理。

（三）完善技术标准，扩大示范效应

2016年，绿色食品标准建设持续推进，中心组织完成14项标准的修订，发布实施27项标准，绿色食品有效标准达到141项。为保持标准的先进性和实用性，中心开展了部分通用类标准应用的跟踪研究与评估工作，加快了生产技术规程编制工作。为确保标准执行到位，中心和各地绿办通过组织交流检查、举办培训班等方式加强标准的宣贯，通过原料基地、产业园区建设发挥示范带动作用。2016年新增绿色食品原料标准化生产基地31个，有机农业示范基地3个。河北、吉林、江苏、浙江、安徽、福建、山东、广西申报的8个绿色食品一二三产业融合发展示范园已通过中心初审，进入创建期。

（四）强化市场建设，做好品牌宣传

去年，各地通过场内场外结合、线上线下互动的方式，统筹推进市场建设和品牌宣传，取得了较好的效果。中心和各地绿办共同努力，成功举办了第十七届全国绿色食品博览会和第十届中国国际有机农产品博览会，支持黑龙江齐齐哈尔、内蒙古扎兰屯、大连等地继续举办区域性绿博会，充分发挥了展会功能作用。适应“互联网+”形势，积极开展与电商平台合作，工行融e购已进驻700个绿色食品企业，在线销售额近9 000万元；中绿生活网对接企业1 000个，签约额达3 500万元。在绿色食品宣传方面，传统媒体上档次、影响大，新型媒体有创意、黏度高，全国绿博会、绿色食品监管等信息上了央视新闻，国内知名网站主动发布绿色食品信息，“中国绿色食品”、“绿色食品博览”两个微信公众号传播快、效果好。

（五）发挥体系优势，推进有机工作

为了提高中绿华夏有机农产品品牌的竞争力，2015年我们推进了有关改革措施，初显成效。全年受理新申报企业达到210个，同比增长58.0%，企业再认证率达到91.6%，创历史最高水平，发放有机防伪标签12亿枚，占全国所有认证机构销售量的75.0%。通过开展对外交流与合作，实现了境内企业“走出去”、境外企业“请进来”的发展格局。2016年，由中绿华夏认证的境外企业达56个，同比增长86.7%，覆盖全球23个国家和地区。

（六）加强队伍建设，注入发展动能

中心统筹安排，在办好全国性绿色食品、有机农产品培训班的同时，通过提供师资力量、培训资料、经费补助等条件，支持地方绿办开展培训工作，既提升了队伍素质和能力，又保持了专业队伍和业务工作的稳定性。一年来，各地共开展了24期业务培训，培训人员3 000余人次。累计举办14期企业内检员培训，培训在岗内检员约2 500人。为了调动队伍的积极性、主动性，中心继续实施业务工作激励机制，表彰了100名绿色食品优秀检查员、50名有机农产品优秀检查员。

2016年，各地结合实际，在工作中探索出了许多好经验、好做法，值得点赞。在争取政策方面，江苏、福建、湖南、吉林等地积极争取财政支持，通过资金补贴、奖励政策支持绿色食品、有机农产品发展。在推动发展方面，山东、安徽、湖北、重庆、广西等地产品增速快，检查审核质量高，继续保持良好的发展势头。在监管方面，浙江、内蒙古、四川等地将绿色食品、有机农产品纳入质量追溯平台，丰富了监管手段。在技术服务方面，北京、山西等地编制地方标准，指导企业和农户落实标准化生产。在市场开拓方面，黑龙江、内蒙古、青海、云南等地坚持在大城市开展产品展销、产业推介活动，效果越来越好。在品牌宣传方面，浙江、湖南、河南、大连等地通过充分利用新媒体等多种方式，开展专题宣传活动，并支持和指导企业配合开展品牌宣传。

总体来看，2016 年工作任务重、头绪多，整个工作系统积极进取，攻坚克难，勇于担当，履职尽责，为推动绿色食品、有机农产品事业持续健康发展付出了艰辛和努力。

在看到成绩的同时，我们还应该高度关注存在的不足和面临的挑战。从自身来看，产业结构仍有待，中小企业和合作社偏多、大型企业偏少；初级和初加工产品比重较高，深加工产品比重偏低，产品档次有待提高。产业链条对接仍不够紧密，原料基地、绿色生资、产品生产、专业营销各环节需要进一步打通。市场流通仍是一个短板，加上部分获证企业用标不积极，品牌价值未能充分体现。少数工作机构现场检查不认真、企业年检不到位、监测把关不严格，有的甚至流于形式，极易给品牌的公信力造成严重伤害。从外部来看，当前，各行各业都在讲绿色发展，存在一定程度的“泛绿化”现象，我们要正确分析看待，既要有忧患意识，更要坚定信心，只要我们保持定力，通过扎扎实实的工作，始终保证标准科学先进、审查严谨规范、监管严格到位，就能够在绿色发展潮流中保持绿色食品“主力军”“王牌军”的地位，始终成为引领绿色生产的“龙头”和绿色消费的“标杆”。

二、扎实做好 2017 年绿色食品有机农产品各项工作

今年是实施“十三五”规划的重要一年，绿色食品、有机农产品迎来了重大发展机遇。中央 1 号文件强调指出，深入推进农业供给侧结构性改革，要推动农业绿色发展，把增加绿色优质农产品供给放在突出位置，同时明确要求“加快提升国内绿色、有机农产品认证的权威性和影响力”。在刚刚召开的全国“两会”上，习近平总书记在参加四川省代表团审议时指出：“要坚持市场需求导向，主攻农业供给质量，注重可持续发展，加强绿色、有机、无公害农产品供给。”我们要认真学习领会中央 1 号文件和习近平总书记的讲话精神，撸起袖子加油干。

当前和今后一个时期，绿色食品、有机农产品工作要坚持稳中求进的指导思想，以加快提升权威性和影响力为目标，以改革创新为动力，以提质量、稳发展、强示范、树品牌为重点，扎实落实标准化生产，持续加强品牌建设，为深入推进农业供给侧结构性改革发挥应有的作用。今年整个系统要重点做好以下 6 个方面的工作。

（一）完善标准，保持先进，筑牢权威性的前提

标准的先进性是绿色食品的生命力和竞争力。要始终瞄准国际先进水平，坚持标准水平定位和制标原则。今年要组织好农业部和中心立项的 15 项绿色食品标准制修订工作，重点对产地环境标准和肥料使用准则开展跟踪评价研究。加快推进各类生产技术规程制定，选取各地优势产品制定生产技术规程，将绿色食品标准化繁为简，转化为企业和农民手中的“明白纸”，真正在带动标准化生产上发挥作用。同时，要按照《有机产品》国家标准，结合我国农业生产特点，加快制定有机农产品生产技术规程，继续编写有机生产指导丛书。

（二）严格审核，从严把关，夯实权威性的基础

今年，中心确立的发展目标是：在推动续展率、再认证率稳步提高的基础上，绿色食品颁证企业达到 3 000 个，产品 7 500 个；有机农产品认证企业达到 1 100个，产品 4 500 个。在发展的过程中，要严格按照标准和技术规范，切实加强对产地环境、生产过程、产品质量、包装标识等重点环节的审核，从注重形式审查向强化实质审查转变，重点审查投入品使用、现场检查报告和检测报告的有效性，将风险评估贯穿于审查工作各个环节。绿色食品将重点探索将企业内检员作为初次申报的前置条件，将企业用标情况作为续展申报的必备要求，中心将选择部分省份和产品类别开展试点。各地绿办要进一步强化工作职责，严格遵守时限要求，加强跟踪服务督导，提高颁证工作效率，保证企业特别是续展企业及时领证用标。继续研究采取有效措施，促进集团公司、大型企业、畜禽、水产、加工类企业申报绿色食品，稳步推进产业结构调整。有机农产品审核工作要注重制度创新，重点引导企业开展国内国际双认证，进一步优化认证项目的计划管理和分类管理，出台高风险行业认证风险控制方案，针对风险高的行业采取更有效的审核措施。

（三）从严监管，防控风险，巩固权威性的保障

紧紧围绕“保证产品质量、规范企业用标”两大任务，强化责任意识和风险意识，切实落实各项监管制度和措施。改进产品抽检方式，加大对重点地区、重点行业、重要时段、重点产品的抽检力度，全年计划抽检 2 200 个绿色食品产品，200 个有机农产品，

对抽检不合格产品坚决按相关规定做出处置。继续开展企业年检督导检查，提高工作的有效性。加强信息监测和收集，提高风险预警和突发事件应急处理能力，重点开展对蔬菜、茶叶和小麦及其制品的风险预警。加强绿色食品企业内检员队伍建设，加快推进年度注册，确保上半年完成信息登记工作。有机农产品在开展例行抽检的同时，将申请农业部专项资金支持，对全国范围内的产品进行抽样摸底。

（四）加强宣传，促进贸易，提升品牌市场影响力

宣传工作既要主动、生动，又要有具体内容和措施。各地要在充分利用好电视、报纸等传统媒体开展宣传工作的同时，高度重视“两微一端”等新型媒体。通过开展“标识随手拍”、“绿色食品宣传用语征集”和“内检员有奖问答”等活动，进一步强化普及性宣传。今年，中心将试点投入一定资金，激励企业在产品推介中强化绿色食品品牌宣传，希望各地积极配合跟进，进一步撬动企业使用和宣传绿色食品标志的积极性。集中力量，精心策划，办好绿博会、有机食品博览会两个国内展会，力争在互动性和体验感上有突破，在专业化和国际化水平上有提升。中心将继续积极支持各地举办区域性展会，组织好境外促销项目，使品牌宣传、市场推广工作由点到面、从内到外全面展开。农业部将于4月中旬召开“全国农业品牌推进大会”，期间我们将组织举办绿色食品、有机农产品品牌论坛，目前正在抓紧筹备。各地要支持绿色食品、有机农产品专业营销体系建设，及时提供产业信息，做好产销对接服务，为大型超市、连锁经营企业及专业电商平台经销绿色食品和有机农产品提供便利条件。持续开展国际交流与合作，不断扩大品牌国际的影响力。

（五）强化示范，服务“三农”，提升品牌社会影响力

2017年拟新建50个绿色食品原料标准化和有机农业示范基地。要积极探索绿色食品基地对接绿色生资企业、绿色食品生产企业的服务模式，同时创新基地管理方式，建立退出机制。绿色食品一二三产业融合发展示范园建设要稳步推进，突出绿色元素，做到画龙点睛，不搞画蛇添足。加大工作力度，创建一批模式好、有影响的有机农业示范基地，作为推动农业系统有机农产品工作的着力点，夯实整个工作系统在推动有机农业工作中的地位。积极发挥自身的特色和优势，继续采取有效措施，促进产业精准扶贫工作。在推动绿色食品、有机农产品工作与当前农业农村经济主流工作紧密结合的过程中，要做好规划，主动出击，在项目安排、资金投入、奖补政策、绩效考核、体系建设等方面积极争取政府有关部门的支持，为推动事业发展和开展工作创造有利的条件。

（六）巩固体系，建好队伍，提高服务能力和水平

新形势、新任务对工作体系和队伍建设提出了更高的要求，需要进一步充实、加强和提高。今年要重点加强标志监管员队伍建设，进一步扩大地市级监管员的覆盖面，探索对监管员工作实施绩效考评。整个工作系统要以良好的作风，竭诚为广大企业提供优质便捷高效的服务，提高企业的满意度，同时加强培训，优化内容，突出重点，提高队伍解决实际问题的能力。加强检测机构管理，重点建立检测机构退出机制，采取检查、评估考核等措施，强化责任落实，切实规范检测工作。要高度重视信息化工作，充分利用绿色食品、有机农产品审核与管理系统网络平台，做好审核、颁证、监管、统计等业务工作。创新管理体制，发挥体系优势，研究探索依托绿色食品工作系统建立有机农产品工作站的具体做法。继续支持中国绿色食品协会推动绿色食品行业诚信体系建设，切实发挥示范企业的带动作用。此外，中心今年将组建智库，发动权威专家为绿色食品、有机农产品发展出谋献策。

做好新形势下绿色食品、有机农产品工作责任重大、任务艰巨，使命光荣，我们要立足全局，服务大局，把握机遇，乘势而上，奋发有为，按照既定目标，全力做好各项工作。

（本文为作者于2017年3月21日在“全国绿色食品有机农产品座谈会”上的讲话，略有删改）

我国乳业质量十年发展成就

中国乳制品工业协会秘书长　刘美菊

十年来，国家领导人多次对乳制品行业特别是婴幼儿配方乳品的健康发展做出重要指示，从国务院到各监管部门出台一系列乳制品法规标准和政策，用“最严谨的标准、最严格的监管、最严厉的处罚、最严肃的问责”的四个最严标准，落实加强日常监管和监督抽检责任；各乳品企业实施产业链管理新模式，从牧草种植开始，大力发展自有奶源，建设规模化养牛场，大力对企业的技术装备进行升级改造，完善规范企业管理，大力优化产品结构，努力提升产品质量，健全产业链质量安全保障系统。经过十年的艰苦努力，中国乳业发生了脱胎换骨、翻天覆地的变化，展现在世人面前的是一个具有世界先进水平的现代食品制造业。

一、法规标准体系完善齐全、执行有效

2008年以来，国务院及相关部门陆续颁布了一系列涉及乳制品的法律法规及标准，形成了完善的法规标准体系，对于规范行业的发展、经营管理、产品质量安全、维护消费者利益发挥着重要作用。这些法规政策及标准包括《乳品质量安全监督管理条例》《奶业整顿和振兴规划纲要》《生鲜乳生产收购管理办法》《乳制品工业产业政策（2009年修订）》《乳制品企业生产许可证审查细则（2013年版）》《关于印发婴幼儿配方乳粉生产企业食品安全追溯信息记录规范的通知》《婴幼儿配方乳粉配方注册管理办法》《关于开展婴幼儿配方乳粉标签标识规范和监督检查工作的通知》等十几项政策法规。这些法规政策涵盖了奶牛养殖、原料乳收购、乳制品加工、质量控制、市场监督等各个方面。

2010年以来，国家卫计委陆续颁布的乳品安全国家标准74项，其中产品标准21项、生产规范标准3项、检验方法标准50项。特别是婴幼儿配方乳粉标准，是我国第四代婴幼儿配方乳粉标准，是参照CAC和欧盟相关标准制定的，是世界要求最严、技术含量最高的标准之一。这些法规政策和标准，在乳制品行业得到了认真贯彻执行，规范了行业的生产经营活动，提升了乳制品、婴幼儿乳粉的质量安全水平，推动了乳业的健康稳定发展。

二、政府监管严密有效

1. *严格制度管理* 对生鲜乳收购站和运输车辆实施许可管理；对乳制品、婴幼儿生产企业实施行业准入制度；对乳制品、婴幼儿乳粉生产实施生产许可证制度；乳制品、婴幼儿乳粉生产企业必须建立并实施ISO、HACCP管理体系；食品企业诚信管理体系；产品质量安全追溯体系；婴幼儿配方乳粉配方注册制度；对乳制品、婴幼儿配方乳粉销售实施流通许可管理等。

2. *强化对企业的监督检查* 自2010年8月开始，国家质检总局要求各省级局对辖区内的乳制品企业，每月安排一次监督检查，实施派专员驻厂监督；2013年12月开始，对婴幼儿配方乳粉企业实施抽取使用的各批次原料乳粉进行三聚氰胺检验；对婴幼儿乳粉企业开展不定时、不通知的“飞行检查”；对婴幼儿配方乳粉生产企业开展质量安全生产体系检查，监督检查内容包括原料采购检验、生产过程控制情况、产品出厂检验制度落实、不合格产品管理、各种台账记录管理、产品追溯和电子信息记录、食品安全事故处理等19项，对于检查结果如实向社会公布。自2014年国家食品药品监管总局对婴幼儿配方乳粉企业质量安全生产体系检查以来，对83个婴幼儿配方乳粉生产企业开展体系检查93次，责令停产整顿企业16个，立案查处企业8个。2017年检查38个企业。在所有被检查的企业中包括了内资企业和外资企业、大型知名企业和小型企业，有牛乳粉企业，也有羊乳粉企业。

3. *产品质量监督抽检* 自2010年以来，国家监管部门对乳制品、婴幼儿配方乳粉实施密集的质量监督抽检制度。从中央到地方每年都制定监督抽检计划，对乳制品每季度全覆盖抽检1次，对婴幼儿配方乳粉实施月月抽检全覆盖，对抽查结果及时向社会公布，对不合格产品一律进行下架、召回、销毁处理和企业整改等严格处理。

2016年，全国乳制品监督抽检共计41 035批次，合格率99.6%。2016年，国家食品药品监管总局抽检婴幼儿配方乳粉2 532批次，合格率98.7%。2017年前三季度，共抽检乳制品1 169批次，合格率99.6%；全国地方共抽检24 259批次，合格率99.3%，2017年1～11月，抽检婴幼儿配方乳粉2 432批次，合格2 425批次，合格率99.7%。

三、原料乳质量达到世界先进水平

2016年，全国奶类总产量3 712万t，与2008年3 782万t基本持平。2016年全国奶牛养殖场（户）平均存栏75头，其中100头以上的规模化养殖场比例达到53.0%，而2008年尚不足20.0%。奶站由2.3万个减少到6 130个，机械挤奶率由2008年的51.0%，增加到100%。企业自有奶源比例逐年上升，2013年企业自有奶源平均到26.5%，其中超过50.0%的企业已达40.0%。2016年，企业自有奶源比例突破30.0%，有的企业已经实现100%。

2016年，全国荷斯坦牛良种覆盖率达到100%，平均单产6.4 t，规模化养殖场达到8.4 t，10 t以上养殖企业相当普遍。全国生鲜乳蛋白质含量平均值为3.2%，规模化养殖场为3.3%（国家标准≥2.8%）；乳脂率平均值为3.8%，规模化养殖场为3.9%（国

家标准≥3.1%）；菌落总数平均值为25万个/mL，规模化养殖场为13.1万个/mL（国家标准为200万个/mL），体细胞数平均值为59.2万个/mL，规模化养殖场为30.1万个/mL（美国国家标准为75万个/mL，我国暂无规定）。对三聚氰胺等违禁物质的检测合格率为100%，生鲜乳检测合格率为99.8%。我国生鲜乳质量已达到世界先进水平。

四、乳制品加工企业技术装备达世界先进水平

自2008年以来，乳制品、婴幼儿配方乳粉生产企业实施了大规模的技术改造和产业提升，所有企业的设备水平、检验能力、科研能力、质量保障能力、职工队伍专业水平，均有大幅度提升，生产过程实现程控化操作管理，达到了“智能化工厂”的水平。原料进厂、产品出厂严格按照规定实施批批检验。真正做到了：原料可溯源，产品可追溯，责任可追究。如今，我国乳制品生产企业，特别是婴幼儿配方乳粉企业的技术装备水平、检测检验能力、科技研发能力、企业管理水平等处于世界领先水平。

五、行业规模、乳制品产量大幅度增长

2008年，全行业销售收入1 431亿元，乳制品产量1 811万t，其中液体乳1 525万t，婴幼儿配方乳粉约35万t。2016年，全行业销售收入3 504亿元，乳制品产量2 993万t，其中液体乳2 737万t，婴幼儿配方乳粉约80万t。与2008年相比，分别增长145.0%、65.0%、79.0%、129.0%。

六、行业集中度

2008年以后，经历了两次换发生产许可证，乳制品生产企业数由815个减少到610个。婴幼儿配方乳粉，2010年年底全国有生产许可证企业139个，2012年第三次换发生产许可证，共核发生产许可证128个；2014年第四次换发，核发生产许可证103个；目前全国有108个企业。随着行业规模的逐年增大，行业的集中度保持较高水平。2008年销售收入前十位企业：蒙牛、伊利、光明、雀巢、完达山、圣元、黑乳集团、飞鹤、摇篮、雅士利，乳制品销售收入769.6亿元，占全行业的53.8%。2016年十二个“中国乳业领军品牌”：伊利、蒙牛、光明、君乐宝、飞鹤、三元、完达山、银桥、圣元、贝因美、明一、百跃，销售收入1 705.1亿元，占全行业的48.7%。伊利、蒙牛、光明、圣元、飞鹤都已跨出国门，在资源优势的国家建设生产基地，成为名副其实的跨国公司。伊利在世界排第八位，蒙牛为世界第十位。

七、产品质量稳定向好

十年后的今天，乳制品、婴幼儿配方乳粉质量稳定向好。有国家监督抽检显示，婴幼儿配方乳粉合格率为：2014年98.3%，2015年98.9%，2016年98.7%，2017年1～11月99.7%。乳制品合格率为：2014年99.3%，2015年99.5%，2016年99.6%，2017年前三季度99.6%。婴幼儿配方乳粉、乳制品在国家食品药品监管总局监测的32大类食品中，合格率是最高的。

“三聚氰胺”的惨痛教训已成为过去，我国乳业发生了脱胎换骨的变化，已经成为具有世界先进水平的现代食品制造业，并即将翻开崭新的历史篇章。

（本文为作者于2018年1月18日在“首届中国乳业质量年会”上的报告，略有删改）

我国大豆食品行业状况及发展趋势

中国豆制品专业委员会副会长　吴月芳

2016年是“十三五”开局之年，我国豆制品产业在国内外经济下行压力加大、各种风险隐患显现的情况下，迎难而上，砥砺前行，将2016年变成我国大豆食品行业的“规模化、自动化发展年”。总结过去，启迪未来，对我们积极发展有潜力、有韧性、有优势的我国豆制品产业，具有非常重要的导向意义和参考价值。

一、我国大豆食品行业发展概况

1. 我国食品大豆的消费量 2016年，我国用于食品工业的大豆量约1 200万t，比2015年增加4.5%左右。其中，用于豆制品加工的大豆占55.0%左右，约为660万t；用于其他食品加工的占20.0%左右；直接食用（包括家庭自制豆浆等）占25.0%左右。

2. 豆制品企业状况 截至2017年3月，我国取得QS的豆制品企业数量为2 770个，取得SC的豆制品企业为2 120个，取得生产许可证的豆制品企业总计4 890个，2016年同期为4 779个（其中QS为4 750个，SC为29个），总数比上年增加了2.3%。各地区豆制品企业分布见表1，2009—2017年取得食品生产许可证企业数量见表2。

表1 2016年同期各地区豆制品企业分布情况

地 区	企业数（个）	地 区	企业数（个）	地 区	企业数（个）
北 京	37	安 徽	184	四 川	225
天 津	49	福 建	153	贵 州	96
河 北	102	江 西	101	云 南	159
山 西	58	山 东	258	西 藏	0
内蒙古	40	河 南	449	陕 西	76
辽 宁	203	湖 北	189	甘 肃	28
吉 林	56	湖 南	492	青 海	7
黑龙江	177	广 东	404	宁 夏	10
上 海	79	广 西	114	新 疆	42
江 苏	208	海 南	26	合 计	4 779
浙 江	300	重 庆	277		

表2 2009—2017年取得食品生产许可证企业数量

年 份	2009	2010	2011	2012	2013	2014	2015	2016	2017
获证企业（个）	3 283	3 589	3 882	4 058	4 069	4 634	4 609	4 779	4 890

二、全国前50强规模以上企业状况

根据中国豆制品专业委员会对2016年全国前50个规模以上豆制品企业（即品牌企业）统计，2016年豆制品行业（规模企业前50强）销售额及投豆量与2015年相比均有较大幅度的上升，其中总投豆量为120.43万t，同比增长19.91%；总销售额为185.86亿元，同比增长10.65%；缴税总额较2015年增长13.99%，而2015年比2014年增长9.60%；利润较2015年增长5.14%，而2015年比2014年增长18.50%。在实体经济不景气的情况下，豆制品行业的大幅度增长特别可贵，2016年全国食品行业规模以上企业的产值比2015年仅增长了3.30%。

2016年度我国豆制品行业品牌企业50强包括以生鲜为主的企业27个，以即食休闲为主的企业14个，以豆浆粉为主的企业7个，以发酵及其他产品为主的企业4个。具体企业名单如下：

1. 以生鲜为主的豆制品企业 上海清美绿色食品有限公司、苏州金记食品有限公司、沈阳福来食品实业有限公司、杭州豆制食品有限公司、深圳市福荫食品集团有限公司、中百集团武汉生鲜食品加工配送有限公司、郑州新农源绿色食品有限公司、郑州大标食品有限公司、河北高碑店豆豆食品（集团）有限公司、北京二商希杰食品有限责任公司、太原市金大豆食品有限公司、江苏阜宁小鹰豆制食品有限公司、嘉兴市家家乐食品有限责任公司、上海汉康豆类食品有限公司、淮南市碗碗香豆业有限公司、贵州龙缘盛豆业有限公司、温州菜篮子发展有限公司豆制品厂、淮南市八公山豆制品厂、宁波豆制品有限公司、祖名豆制品股份有限公司、厦门银祥豆制品有限公司、北京市香香唯一食品厂、南京果果食品有限公司、扬州维扬豆制食品有限公司、合肥市大富食品有限公司、河南世通食品有限公司、宿州市皖豆香豆制品有限公司。

2. 以即食休闲为主的豆制品企业 武冈市特色产业开发办公室、湖南华大食品有限公司、重庆奇爽实业（集团）有限公司、重庆市天润食品开发有限公司、重庆多味多食品有限公司、金菜地食品股份有限公司、四川徽记食品股份有限公司、安徽省成德食品有限公司、成都香香嘴食品有限公司、太原六味斋实业有限公司、湖南潇师傅食品有限公司、浙江老爸食品有限公司、浙江阮氏食品有限公司、四川南溪庶人食品有限公司。

3. 以豆浆粉为主的豆制品企业 维维集团股份有限公司、维他奶（佛山）有限公司、益海嘉里食品营销有限公司、黑龙江农垦龙王食品有限责任公司、永和食品（中国）有限公司、佳木斯冬梅大豆食品有限公司、三明市杨晨食品有限公司。

4. *以发酵及其他产品为主的豆制品企业* 北京二商王致和食品有限公司、枣庄市山亭区诚豆豆制品合作社、安徽八公山豆制品有限公司、四川山古坊食品有限公司。

2007—2016年前50强规模以上豆制品企业销售额及投豆量情况见表3。

表3 2007—2016年前50强规模以上豆制品企业销售额及投豆量情况

年份	销售额（亿元）	同比增长（%）	投豆量（万t）	同比增长（%）
2007	43.94		50.27	
2008	56.51	28.61	67.66	34.59
2009	74.23	31.36	84.83	25.39
2010	102.98	38.73	97.53	14.97
2011	131.95	28.13	106.04	8.73
2012	155.58	17.90	106.00	0
2013	161.03	3.50	106.40	0
2014	157.03	−2.48	96.02	−9.76
2015	167.94	6.95	100.44	4.60
2016	185.86	10.65	120.43	19.91

2016年全国前50个规模以上豆制品企业具有以下特点：一是规模以上企业大部分相对集中在发达地区，西北地区豆制品企业还没有一个进入50强。二是以生产豆腐等生鲜为主要产品的综合类企业数居首位，而且发展势头平稳，稳中有进。三是以生产休闲豆腐干为主的企业，效益增长空间很大。四是以生产豆浆（含液态豆浆和豆浆粉）为主的企业，可望有新的突破。

三、部分重点行业情况

（一）豆腐等生鲜类大豆食品

2015年规模企业用于豆腐等生鲜豆制品的投豆量为35.07万t，2016年为42.17万t，上升幅度较大（表4）。

表4 2012—2016年规模以上企业用于豆腐等生鲜豆制品的投豆量情况

年份	2012	2013	2014	2015	2016
投豆量（万t）	23.40	31.05	31.76	35.07	42.17
比上年增长（%）		33.20	2.20	10.43	20.24

豆腐等生鲜类大豆食品是我国百姓餐桌上的必需品，随着消费者对饮食健康的重视，在平时的餐桌上及外出就餐时豆腐菜食用率有所上升，所以总体消费量保持稳定增长。规模企业生鲜产品的产量增长速度较快，反映了生鲜豆制品的生产也正开始向规模企业集中。近年来，为了扩大渠道及细分渠道，企业的研发和深加工能力不断加大，新品日益丰富，产品附加值不断提升。2016年，一些在企业宣传、产品质量上和市场渠道上投入较多的如沈阳福来、二商希杰、高碑店豆豆、上海汉康、江苏小鹰、河南世通、合肥大富、郑州新农源等企业，保持了不错的增长。生鲜豆制品的生产企业在各城市均有分布，但发展状况东部沿海和中部及西南地区优于其他地方。近几年，国家对企业环保要求的提高给企业造成了不小的压力，使得一些地区，比如说一些大城市，想上马豆制品项目变得非常困难，而正在运营的豆制品企业由于环保改造，大大增加了成本的压力。生鲜产品的品类还有很多的创新空间，产品多元化研发亟待加强。品牌的扩张，企业之间的兼并重组，需要考虑自身品牌和对方地域特色品牌影响力的权衡。

（二）豆浆（奶）类产品

2016年规模以上企业用于豆浆的投豆量为35.42万t，2015年为31.11万t，上升了13.85%。其中，豆浆粉的投豆量2016年为26.66万t，比2015年的23.03万t增长了15.75%；液态豆浆行业的投豆量为8.76万t，比2015年的8.08万t增长了8.45%。2012—2016年豆浆类产品投豆量情况见表5。

表5 2012—2016年豆浆类产品投豆量情况

年份	豆浆类产品		其中：液态豆浆		固态豆浆粉	
	投豆量（万t）	增长率（%）	投豆量（万t）	增长率（%）	投豆量（万t）	增长率（%）
2012	31.80	9.00	13.90	24.00	17.89	−1.00
2013	32.61	2.55	14.23	2.37	18.38	2.74
2014	30.09	−7.73	7.79	−45.00	22.30	21.33
2015	31.11	3.39	8.08	3.69	23.03	3.28
2016	35.42	13.85	8.76	8.45	26.66	15.75

豆浆、豆奶、豆乳是一种产品的不同叫法，豆浆和豆浆饮料是功能不同的两种产品，未来豆浆行业的健康发展在产品的包装上面一定要标明产品属性，不能误导消费者。由于互联网信息传播，使得消费者获得信息的渠道非常多，食品消费变得越来越理智，再加上大豆食品营养价值的不断被发现和认识，未来豆浆（奶）行业市场前景十分乐观。豆浆（奶）在全球

的年增长率为10.00%～20.00%。我国豆浆（奶）经过10多年的市场培养，相信也即将进入高速成长期了。我国人自古以来就有喝豆浆（奶）的习惯和喜好。有关机构在对消费者进行调研发现，国人早餐饮料中排在第一的是豆浆（奶），约占比39.13%；排在第二的是粥，约占26.38%；牛奶排在第三位，约占14.20%。可见，选择豆浆（奶）的是选择牛奶的2倍以上。

1. *液态豆浆（奶）*　2016年液态豆浆（奶）实现增长8.45%，2015年增长3.69%，增长加速。50强上亿元的企业中维他奶、清美、龙王、福荫、二商希杰及苏州金记，2016年豆浆（豆奶）的销售量超过10%。2016年，专业豆浆（豆奶）的生产线（工厂）如雨后春笋，如小飞象筹备新的15万t豆奶生产线、维他奶武汉投资5亿元的新工厂、维维的“逗”系列豆奶饮品、北大荒绿源豆奶、金土地集团的“谷韵”豆奶、江西康华食品公司的“小磨时光”豆奶等。与豆浆生产线增加相适应的是，一些服务于乳制品饮料行业的设备企业，比如粤东、永创、中亚、碧海等也纷纷涉足豆浆设备及技术市场。液态豆浆未来需要关注的地方很多，比如豆浆制品等新产品的研发、对豆浆品质影响的豆浆基料的生产工艺优化研究、对豆浆风味影响较大的杀（灭）菌方式和杀（灭）菌的关键工艺参数的研究、豆浆制品包装的研究和开发等。目前对于企业来说，要转变消费者对豆浆是低端产品的概念，需要做更多的宣传、引导和教育。

2. *豆浆粉*　豆浆粉规模企业2016年投豆量（产量）增长了15.75%，而2015年增长了3.28%，可见2016年增速大大加快。近几年，豆浆粉在口味及包装上，更加多元化。2016年，维维、龙王、永和、益海均实现超过10.00%以上的增长，尤其是益海增长了42.00%。未来，豆浆粉除了产品创新外，渠道创新的潜力也很大，比如，和自动贩卖机合作，在超市便利店、地铁站等人流量大的地方设即饮服务等。

（三）豆腐干及休闲类大豆食品

2016年，规模以上企业用于豆腐干及休闲类大豆食品的投豆量为30.54万t，2015年为24.76万t，投豆量增长了23.33%。2012—2016年用于豆腐干及休闲类大豆食品的投豆量情况见表6。

表6　2012—2016年用于豆腐干及休闲类大豆食品的投豆量情况

年份	2012	2013	2014	2015	2016
投豆量（万t）	20.33	24.82	24.02	24.76	30.54
增长率（%）	9.00	22.08	−3.22	3.08	23.33

经过近10年的发展，休闲豆腐干（休闲豆制品）已经变成了豆制品中的一个独特的品类。2016年销售增长了23.00%，与2015年3.08%的增长比，可以说是突飞猛进。应该说经过前几年的同质化、低价格的竞争阵痛后，现在休闲豆制品这个品类终于走出了一片新的发展天地。全国休闲豆制品产品各品牌定位越来越清晰，高中低档产品各自定位，形成了一个比较良性的市场竞争格局。50强企业中，以生产休闲豆干为主的约占1/3。产品口味翻新较快，继Q豆腐、鱼豆腐等热销新品种后，素肉类产品又成为市场的新热点。休闲豆腐干（豆制品）产品的市场潜力还可以不断挖掘。互联网、电商渠道对于休闲豆制品来说是一个非常难得的发展机遇。2016年“双11”全网销售总额达1 770亿元，在天猫“双11”中，食品饮料板块4 min过亿，零食5 min破亿。这对我们积极开发经营休闲类豆制品有很大的启示。未来在包装材料上、在产品的辅料及配料上有很多的创新空间。产品在口味上、品质上还有很多改进空间。

（四）其他豆类产品

1. *腐竹*　腐竹是豆制品中的优秀产品，但是由于前几年的吊白块事件，近几年出口受阻，再加上负面曝光多，使得腐竹产品市场一直在徘徊，难于起色。未来腐竹产品的突破，需要开辟新的销售渠道，比如尝试进一步加工成再制品或作为休闲豆制品的原料等。吊白块等非法添加的不良影响还要有时间去消除。

2. *膨化豆制品（组织蛋白、拉丝蛋白）*　近几年增长速度较快，部分生产区域已形成了从种植、加工到销售的完整产业链，比如说山东省枣庄市城头镇。作为休闲素肉制品的原料，这几年，膨化豆制品的工艺有了突破性的改进。未来组织蛋白、拉丝蛋白未来的前景很好。

四、发展趋势

从近几年来特别是2016年我国大豆食品行业的业绩和状况，我们可以看到今后一段时期我国豆制品产业的发展趋势和美好前景。

1. *趋势*　随着消费者对饮食结构调整的要求，大豆食品作为最优质的植物蛋白来源，未来的前景光明。大豆食品企业将进入数量增长和品质提升并驱的发展轨道。未来产品附加值的提升还需要我们进一步努力。销售渠道扩展和细化，将引导企业不断进行产品开发升级、品类的拓展和优化。“互联网+”的兴起，对大豆食品行业发展的影响和促进已经开始显现。大型卖场、农贸市场、专营店与电商之间优势互补。企业开始有效地运用自媒体（如微博、微信）进行品牌推广，并开始受益。

2. 机遇与挑战　我国的大豆食品市场远未饱和，潜力巨大。企业亟待从质量竞争、品牌竞争向为消费者提供个性化服务及消费体验竞争的方向转变，行业缺乏全国强势品牌和差异化创新发展的现状需要突破。中小企业在创新理念、经营管理、渠道拓展等方面需要提升。大豆食品加工机械与设备企业需要投入研发力量，企业需要具备核心技术。面临互联网的冲击和挑战，以传统大豆食品为主要产品的豆制品企业，需及时了解互联网的游戏规则，充分利用好互联网技术和模式，在不断提升产品品质的同时，为消费者提供更加完善的终端体验。微时代带来了瞬时性传播特性，企业在利用“微平台”的优势做好营销的同时，也要设计好应对负面消息的管理机制。信息传播的多渠道、便利、快速和廉价成本，使得市场变得非常有趣和不确定。消费者很可能在短时间内对产品极度关注和迅速降温，这使得企业在营销策略上的难度大大增加。

3. 未来对大豆食品的利好因素　饮食和生活习惯的不健康给现代人带来了很多慢性病的困扰，人们迫切需要调整饮食消费结构，再加上信息的畅通使得消费者对食品的选择变得越来越理性，这对于传统、健康的大豆食品是利好。中共中央、国务院发布了《健康中国2030规划纲要》，未来在政策引导健康食品消费上会有很多利好。人类对环保的担忧，也导致肉类产品的消费量意愿开始下降，尤其是年轻人，出于关注自身健康、关爱动物以及环保的理念，开始更多地以大豆食品代替肉类消费。全球素食者的增多，比如北美地区每年增加100万人，我国目前有5 000万素食者。消费者对含糖量高的休闲食品、饮料产品的健康担忧，优质植物蛋白的大豆食品会备受关注。农业部发布了《全国种植业结构调整规划（2016—2020年）》（农发［2016］3号），《规划》指出，要调整优化区域布局来促进大豆生产发展，未来大豆产量的提升，需要进一步促进大豆食品加工业的发展。

我国食品工业经济运行状况

工业和信息化部消费品司　中国食品工业协会

2016年是我国经济发展“十三五”规划的开局之年，我国食品工业主动适应经济发展新常态，在刚性需求和消费升级的推动下，保持了平稳健康发展，不断调整、优化产业结构，加快转型升级步伐。整个行业生产增长平稳，市场产销衔接，效益和投资规模继续扩大。食品工业资产占全国工业的7.1%，主营业务收入占10.4%，利润总额占12.0%。食品工业在保障民生，拉动消费，促进经济与社会发展等方面继续发挥重要的支柱产业的作用。

一、生产增长有升有降

2016年，规模以上食品工业增加值按可比价格计算同比增长3.3%，低于全国工业增速2.7个百分点，比上年同期回落2.4个百分点。若不计烟草制品业，食品工业增加值同比增长7.2%。分行业看，农副食品加工业增长6.1%，食品制造业增长8.8%，酒、饮料和精制茶制造业增长8.0%，烟草制品业增长−8.3%。前3个行业的生产增速均快于工业平均增速，烟草制品业今年出现明显调整，拉低了食品工业整体增长。三升一降，特别是食品制造业8.8%的较快速度，在全部41个行业类别中排名第六，恰好印证了食品工业处于不断的调整优化、转型升级的进程当中。从中类行业看，谷物磨制业增长6.3%，屠宰及肉类加工增长4.2%，植物油加工增长4.0%，焙烤食品制造增长11.1%，乳制品制造增长5.5%，方便食品制造增长7.8%，酒的制造增长8.9%，饮料制造增长5.2%。据测算，2016年，食品工业完成工业增加值占全国工业增加值的比重11.9%，对全国工业增长贡献率6.6%，拉动全国工业增长0.4个百分点。

二、食品市场产销衔接，食品消费价格涨幅扩大

2016年全国社会消费品零售总额33.2万亿元，同比名义增长10.4%，其中限额以上单位粮油食品、饮料烟酒零售总额21 530亿元，同比增长10.5%，增速比上年收窄4.1个百分点。食品工业产销衔接稳定。全年食品工业产销率97.7%，农副食品加工业，

食品制造业，酒、饮料和精制茶制造业，烟草制品业的产销率分别是 97.8%，97.2%，95.8%，102.1%。满足基本生活需求的主要食品，粮食、食用油、乳制品、饮料等食品产量保持稳定增长，碳酸饮料、卷烟等遇到行业调整，产量下降。一些产品如成品糖、葡萄酒等，受到进口产品冲击，产量继续萎缩。全年主要食品产量见表 1。

表 1　2016 年食品工业主要产品产量

单位：万 t、万 kL、亿支

产品名称	全年产量	同比增长（%）
小麦粉	15 265.3	4.7
大　米	13 887.6	1.4
精制食用植物油	6 907.5	3.4
成品糖	1 433.2	−2.0
鲜、冷藏肉	3 637.1	−1.1
冷冻水产品	860.2	2.7
糖　果	351.9	0.2
速冻米面食品	566.1	7.0
方便面	1 103.9	4.3
乳制品	2 993.2	7.7
其中：液体乳	2 737.2	8.5
乳　粉	139.0	−0.3
罐　头	1 282.0	7.2
酱　油	991.4	4.0
冷冻饮品	331.5	6.9
食品添加剂	851.8	9.5
发酵酒精	952.1	0.4
白酒（折 65°，商品量）	1 358.4	3.2
啤　酒	4 506.4	−0.1
葡萄酒	113.7	−2.0
软饮料	18 345.2	1.9
其中：碳酸饮料类（汽水）	1 752.2	−3.7
包装饮用水类	9 458.5	4.4
果汁和蔬菜汁饮料类	2 404.9	1.0
精制茶	258.8	9.8
卷　烟	23 825.8	−8.0

从消费价格来看，2016 年全年 CPI 同比上涨 2.0%，涨幅比 2015 年扩大 0.6 个百分点。全年食品消费价格上涨 4.6%，涨幅比 2015 年扩大 2.3 个百分点。其中，猪肉价格上涨 16.9%，鲜菜价格上涨 11.7%，水产品上涨 4.6%，烟草上涨 2.3%，食用油上涨 1.7%，粮食价格上涨 0.5%；价格下降的有，羊肉价格下降 5.8%，蛋品下降 3.2%，鲜果价格下降 2.6%，油脂价格下降 3.2%，乳制品下降 0.1%。从月度价格指数变化看，呈现前高后低的走势。

从出厂价格来看，全年作为生活资料的食品出厂价格同比上涨 0.6%。主要行业的出厂价格分别是，农副食品加工业增长 0.2%，食品制造业降低 0.2%，酒、饮料和精制茶制造业降低 0.9%，烟草制品业增长 0.1%。

三、固定资产投资规模扩大，增速平稳

2016 年食品工业完成固定资产投资额 21 926.2 亿元（表 2），同比增长 8.5%，增速比 2015 年略高 0.1 个百分点，比制造业高 4.3 个百分点，主要行业的投资增速在制造业中名列前茅。食品工业投资额占全国固定资产投资额 3.7%，占比较上年提高 0.1 个百分点。投资的持续扩大，有力支撑了食品工业未来稳定健康发展。

表 2　2016 年食品工业固定资产投资情况

行业名称	完成投资（亿元）	同比增长（%）	占比（%）
规模以上食品工业	21 926.2	8.5	100.0
农副食品加工业	11 786.0	9.5	53.8
食品制造业	5 825.0	14.5	26.6
酒、饮料和精制茶制造业	4 106.0	0.4	18.7
烟草制品业	209.2	−21.2	1.0

四、2016 年食品工业经济效益情况

2016 年，全国食品工业经济效益整体保持了平稳较快增长。41 623 个规模以上食品工业企业实现主营业务收入 12.0 万亿元，同比增长 5.4%，高出全部工业 0.4 个百分点，增幅比上年高出 0.8 个百分点；食品工业实现利润总额 8 285.3 亿元，同比增长 2.9%，比上年低 3.0 个百分点（表 3）。从农副食品加工业，食品制造业，酒、饮料和精制茶制造业，烟草制品业 4 大行业来看，食品制造业利润增长继续保持领先，烟草制品业遭遇明显的行业调整，收入和利润均出现下降。从 56 个小类行业来看，40 个行业利润总额比上年增长，16 个行业下降，利润下降的行业比上年多了 9 个。利润增长较快的行业有：水产饲料制造增长 42.8%，水产罐头制造增长 31.9%，

表 3　2016 年食品工业经济效益指标

单位：亿元

行业名称	主营业务收入	同比增长（%）	利润总额	同比增长（%）	企业单位数（个）
食品工业总计	119 678.2	5.4	8 285.3	2.9	41 623
农副食品加工业	68 952.2	6.0	3 422.8	5.5	25 853
食品制造业	23 619.2	8.00	2 000.8	8.2	8 844
酒、饮料和精制茶制造业	18 414.8	6.3	1 824.3	5.0	6 797
烟草制品业	8 692.1	−7.1	1 037.5	−15.0	129

糕点、面包制造增长 21.5%，味精制造增长 20.2%。利润降幅较大的是卷烟制造和碳酸饮料制造，利润降幅分别为 15.9%和 15.1%。从行业盈利能力来看，2016 年食品工业每百元主营业务收入中的成本为 81.7 元，比上年高 1.3 元；主营业务收入利润率为 6.9%，比上年低 0.2 个百分点，成本费用利润率 8.5%（表 4）。近年来，企业综合成本上涨较快，包括用工成本逐年提高，融资成本依然较高等因素限制了行业盈利能力的增长。此外，个别行业的调整影响了整个食品工业的盈利增长速度。

表 4　2016 年食品工业盈利能力变化情况

单位：%

行业名称	2015 年		2016 年	
	主营收入利润率	成本费用利润率	主营收入利润率	成本费用利润率
全部工业平均水平	5.8	6.2	6.0	7.0
食品工业总计	7.1	8.1	6.9	8.5
农副食品加工业	6.0	5.3	5.0	5.6
食品制造业	8.4	9.2	8.5	10.6
酒、饮料和精制茶制造业	10.1	11.5	9.9	13.1
烟草制品业	13.1	38.5	11.9	41.8

五、食品进出口情况

据中国海关统计，2016 年，我国进出口食品突破万亿元人民币，达 10 633.9 亿元人民币，同比增长 7.2%。其中，出口 4 231.6 亿元，同比增长 11.2%；进口 6 402.3 亿元，同比增长 4.7%。东盟继续成为我国最大食品贸易伙伴，对其进出口 1 828 亿元，同比增长 4.3%。其中出口 933.3 亿元，同比增长 13.1%；进口 894.8 亿元，同比增长−3.6%。美国以 1 779.3 亿元紧随其后，同比增长 12.6%。对巴西进出口 1 277.9 亿元，同比增长 2.8%，为第三大贸易伙伴。

从进出口产品种类看，肉、乳制品、酒等进口量明显增加，粮食进口量减少。水产品仍是我国最大出口食品种类，共出口 409.5 万 t，同比增长 4.6%；价值 1 320.9 亿元，同比增长 8.5%。其次出口蔬菜 818 万 t，同比增长−0.9%；价值 804.9 亿元，同比增长 22.3%。进口方面，粮食进口 11 467.6 万 t，同比增长−8.1%。肉及肉制品、乳制品、酒类进口量分别大幅增长 63.9%、21.4%、20.2%。

六、重点行业运行情况

1. *粮油加工业*　2016 年全国 6 650 个规模以上粮食加工企业，实现主营业务收入 14 329.7 亿元，同比增长 4.6%；行业利润总额 684.2 亿元，同比增长 2.8%。全年生产小麦粉 1.5 亿 t，大米 1.4 亿 t，同比分别增长 4.7%、1.4%。我国食用油加工业 1 998个规模以上企业，主营业务收入 10 473.1 亿元，利润总额 395.0 亿元，同比分别增长 5.1%和 10.4%。粮油加工业在食品工业乃至国民经济中占有重要地位，关系到国计民生，产业关联度高，涉及面广。行业产值占食品工业比重约为 1/5。近几年粮油加工业总体保持平稳较快发展，但发展面临的形势也依然严峻。包括粮食种植结构与加工业发展需求不相适应，加工业产品与居民消费需求不相适应，部分品种粮食供求结构性失衡，大豆供给严重依赖国际市场，优质化、专用化、多元化粮食原料发展相对滞后，中高端产品供给不足等。

2. *屠宰及肉类加工业*　屠宰及肉类加工业包括牲畜屠宰、禽类屠宰、肉制品及副产品加工 3 个小类行业。全行业 2016 年有 4 046 个规模以上企业，主营业务收入 1.4 万亿元，利润总额 714.0 亿元，同比分别增长 7.7%和 8.9%。行业利润率 5.0%，比上年略有提高。2016 年，我国肉类总产量 8 540 万 t，比上年的8 625万t增长－1.0%；进口467.2万t，比上年的268.4万t增长63.4%；禽蛋产量3 905万t，比上年的3 783万t增长3.2%，肉禽蛋市场供应总量增加。产品结构进一步适应消费需求变化。国家加强了食品安全监督抽检，肉及肉制品、蛋及蛋制品合格率上升。规模以上企业数量增加，主营业务收入和利润增长，亏损企业减少，区域布局更趋合理。肉禽蛋包装及装备水平提高，产业结构调整取得进展。

3. 制糖工业　2016年食糖产量1 433.1万t，同比增长－2.0%。295个规模以上企业，主营业务收入1 242.4亿元，利润总额93.7亿元，同比分别增长3.6%和5.0%。近些年，随着糖料种植面积的下降，食糖产量连年减产，国内对食糖的消费需求却随着经济发展和人民生活水平的提高而增加，食糖进口保持历史高位。2015/2016年度制糖期，在全国原糖进口加工企业开展行业自律基础上，进口关税配额外食糖继续实施自动进口许可证管理，食糖进口实现了“按需、有序、平稳、可控”。同时，国际食糖价格大幅上涨，食糖进口成本大幅提高，刺激国内食糖价格合理回升。但是，食糖走私“回潮”，食糖销售价格的回升速度和回升幅度受到抑制，总体上，制糖行业最终实现了扭亏为盈，拖欠农民糖料款问题得以缓解。为扭转糖料生产下滑势头以及制糖企业严峻的生产经营形势，促进糖业健康稳定持续发展，需要加强宏观调控，对进口食糖采取贸易保障措施，严厉打击食糖走私，加大对糖料生产和制糖企业的支持力度，加强糖精等高倍化学合成甜味剂管理。

4. 乳品制造业　2016年全行业627个规模以上企业，比上年减少11个；主营业务收入3 503.9亿元，同比增长5.8%；完成利润总额259.9亿元，同比增长7.9%，行业利润率7.4%。规模企业数量减少，但收入和利润扩大，且增长速度比上年扩大。全年乳制品产量2 993.2万t，同比增长7.7%。其中，液体乳产量2 737.2万t，同比增长8.5%；乳粉产量139.0万t，同比增长－0.3%。全年库存产成品总额87.7亿元，同比增长2.3%，库存产成品总额占销售总收入的2.5%。全行业亏损企业亏损额为16.8亿元，比上年减亏3.4亿元。乳品质量抽检合格率名列食品行业前茅。数据显示，经过几年的行业清理、整顿，2016年乳制品行业生产消费逐渐好转，呈现平稳发展的好形势。2016年，是我国乳制品行业喜忧参半的一年。上半年，由于消费信心不足，市场销售增长乏力，加上国际市场乳制品价格低迷，国内生产处于较低水平的增长。下半年，伴随着国内市场的复苏，国际市场乳制品价格的提升，乳制品生产消费平稳。全年乳制品质量安全状况仍然保持稳定向好的好态势。2016年，乳制品行业取得了不错的成绩，但仍然面临着一些问题，值得行业高度关注，概括主要有以下几点：第一，我国生鲜乳价格仍明显高于国际平均价格，高成本制约行业正常发展。第二，进口产品价格低廉，对国内乳制品行业造成冲击。第三，企业检测成本压力较大。第四，产品结构还需进一步调整。综合目前乳业状况及发展趋势，预计2017年及今后一段期，我国乳制品行业仍将进一步发展，但发展将受到奶源质量、行业内兼并重组、国际乳品供求关系及国内消费市场等一些条件的制约。

5. 酿酒工业　2016年，酿酒工业由平稳发展逐步走向复苏，全行业继续保持了经济发展稳中向好的局面。2016年，全国酿酒行业规模以上企业完成酿酒总产量7 226.30万kL，同比增长0.75%。规模以上企业累计完成产品销售收入9 780.63亿元，同比增长6.27%；累计实现利润总额1 094.47亿元，同比增长7.22%。同时，我国酒类行业发展呈现新变化和新趋势。首先，以规模转特色，以产量转品质是产业发展的新动态。其次，传统酿造向智能、智慧酿造转变。第三，传统消费向健康、理性消费转变。第四，重点骨干企业注重开拓国内市场和国际市场。第五，总经销＋分销向互联网＋连锁经营互为补充，相互融合程度大幅上升。酿酒行业在适应市场需求、实现转型升级、探索创新发展的过程中，必须保持清醒的头脑和乐观的态度，洞察市场的新特点。分行业看：

——白酒行业　2016年全国白酒累计产量1 153.16万kL，同比增长18.55%，增速较去年同期下降12.15个百分点。其中，12月份当月产量128.37万kL，同比增长11.86%。从地区来看，辽宁、北京、山东等省份增长状况较为良好，12月当月增速均达30.0%以上，四川地区产量增速也较上月有所回升。在白酒上市公司覆盖省份中，除龙头大省外均表现欠佳，江苏、湖南两地增速均大幅回落，山西地区亦保持负增长态势。

——啤酒行业　2016年全国累计生产啤酒4 902.00万kL，同比增长3.06%，增速较去年同期下降7.61个百分点，其中12月份当月产量275.12万kL，同比增长－6.02%。从地区来看，山东、河南、广东前三大龙头省份生产状况较好，增速均较上月有所提升，不过，其他地区负增长面积呈扩大趋势，12月当月产量多较上年同期明显减少，江苏、广西、安徽、福建等地同比跌幅均高达30.0%以上。

——葡萄酒行业　2016年全国累计生产葡萄酒138.16万kL，同比增长16.90%，增速较去年同期上升3.87个百分点，其中12月份当月产量17.46万

kL，同比增长40.44%。从地区来看，不同规模产区经营状况差异较大，山东、吉林、河南、河北四大葡萄酒产区生产状况均持续向好，12月当月增速均较前期有明显提升，而规模较小的甘肃、北京、湖南等小产区则生产持续恶化。

6. 水产品加工业　水产品加工在渔业一二三产业融合发展中，是整个产业发展的牵引力。2016年，经过一年多的转型升级和战略调整，过剩的产能得到一定释放，水产品加工业复苏迹象明显。在全球经济复苏进程曲折复杂、贸易保护主义强势抬头，国内商品进出口贸易呈现大幅下滑的背景下，受益于国家“一带一路”、一系列外贸增长政策的支持，受人民币对美元贬值等的影响，2016年水产品出口贸易扭转了2015年量额双降的不利形势，呈现出企稳向好势头。当前，国家出台了很多措施，实施创新驱动战略，特别是国务院出台了关于推进农村一二三产业融合发展的意见，及一系列推动农（渔）产品加工业发展的政策，这为解决水产品加工业发展的瓶颈问题提供了有利的政策环境。

7. 饮料工业　2016年国家整体经济发展趋缓，社会上兴起对含糖饮料健康性的过热讨论，销售旺季时气温偏低和雨水过多，在各方面因素的共同作用下，饮料行业依然维持了近4%的增长，增速虽然仍有所下滑，但相比2015年下降幅度已经大幅减少。这些年，饮料“更营养更多元”、高附加值、小众化已成为趋势，智能化、小批量、定制化的生产需求不断加大。同时，进一步减糖成为业内面临的重要问题，开发新产品、提高产品品质、加大品牌培育成为业内共识。面对经济增速下滑带来的需求下降、产业结构调整、行业竞争进一步加剧等问题，行业也在新常态的经济环境下，积极转变思维、增强素质、拓展思路，推动创新。尽管各个新品在市场中的成绩不尽相同，但都能带给消费者更营养、更多元、更新颖的选择。安全、营养、美味、健康是消费者追求的最终目标，也是行业努力发展的方向。

8. 方便食品制造业　2016年，方便食品行业通过以创新提升价值、增加自动化设备投入从而减少人力成本等方式，逐渐走出低谷，行业回暖。在我国食品工业坚持稳中求进的总基调下，方便食品制造业以提质增效为中心，不断优化、调整产业结构，主动适应经济发展新常态。近年来，通过以传统特色食品产业为方向，并适应了人们对营养、健康的需求，行业主营业务收入逐年提升，方便食品制造业的行业发展呈现正向，健康转型成效显著。随着人们消费方式、消费环境的改变，高品质产品需求的增加，结合国外行业发展趋势，微冻微波熟制食品、高品质产品、传统特色小吃、个性化和定制化产品、素食、清真产品等将成为今后产品开发的主流方向。

9. 营养与保健食品制造业　自2011年以来，我国保健食品的销售产值一直处于高速增长中。2015年我国保健食品主营业务收入约为4 000亿元，2016年达到4 568亿元，同比增长14.2%。根据国家食品药品监督管理总局的相关数据，截至2016年年底，我国已审批保健食品产品16 544件，其中国产保健食品15 792件，进口保健食品752件。在申报的保健食品中，增强免疫力、营养素补充剂、缓解体力疲劳、辅助降血脂、增加骨密度、辅助降血糖等保健功能食品申报频次明显高于其他保健功能食品。从行业发展来看，保健食品行业未来可能呈现以下趋势。第一，中国孕婴类保健食品市场发展空间大；第二，中药类保健食品是未来的发展趋势；第三，保健食品监管将更加严格；第四，保健食品监管政策将采用“双轨制”。

10. 罐头食品制造业　根据对规模以上892个罐头企业统计的数字显示，2016年我国罐头行业完成产量累计为1 281.99万t，同比增长了5.72%；2016年全行业主营业务收入为1 751.79亿元，同比增长了4.32%；2016年利润总额97.0亿元，同比增长1.20%。全行业产品创新力总体有所提高，生产、经营各项工作继续保持稳定持续发展，总体保持稳步向上的发展态势。随着国内全面“三品”行动的推动，罐头行业也将逐步进行产业升级，在产品开发、工艺改进、新包装应用、食品安全和品牌培养等方面进行推动，提高产品附加值，增加产品科技含量，适应市场多样化的需求和拓展行业发展空间。罐头行业将逐步摆脱以往的低端同质化价格竞争局面，转为以创新、品质取胜的良性竞争。另外，由于罐头产品在生产中耗能较大，行业下一步发展方向将重点在节能降耗方面。

11. 焙烤食品糖制品业　据国家统计局统计及行业测算，2016年国内焙烤食品糖制品行业（含糕点/面包、饼干、方便面、糖果巧克力、蜜饯和冷冻饮品）规模以上企业共3 013个，同比增长8.8%；主要产品产量合计约为3 527.3万t，同比增长9.4%；主营业务收入7 389.3亿元，同比增长8.7%；利润总额584.2亿元，同比增长9.0%；出口交货值189.8亿元，同比增长7.2%。数据表明，焙烤食品糖制品行业继续保持着良好的上升势头，且涨势好于2015年。我国焙烤食品糖制品行业的发展将紧密结合消费者需求的个性化、全面化及消费内容的科学性和文化性，积极引领和创造消费，引导健康消费和经营模式的创新。品牌国际化程度、产业链控制的水平、专用装备与生产线的自主化能力、自主创新的深度等依然是行业综合实力的重要标志。追求高附加值和高成长是行业未来发展的主要方向。

2017年食品工业要牢固树立“创新、协调、绿色、开放、共享”的发展理念，坚持以质量和效益为中心，积极推进供给侧结构性改革，落实《国民经济和社会发展第十三个五年规划纲要》和《国家发展改革委、工业和信息化部关于促进食品工业健康发展的指导意见》，继续优化产业结构，促进转型升级，改善供给结构，提高供给质量，加快创新驱动，提高安全水平，实现平稳健康发展。

我国农产品加工业经济运行状况

农业部农产品加工局

2016年，我国农产品加工业按照供给侧结构性改革要求，坚持强基础、补短板，加快发展方式转变和结构优化，总体运行继续保持平稳增长态势，实现了“十三五”时期的良好开局。

一、基本情况

1. 总体发展稳中有升　2016年，规模以上农产品加工业增加值增速为5.8%（扣除价格因素），全年实现主营业务收入202 933亿元，同比增长5.3%（表1）；比全国规模以上工业主营业务收入增速高0.4个百分点，比2015年增速高0.3个百分点。其中，规模以上食用类农产品加工业实现主营业务收入126 032亿元，同比增长5.6%，占农产品加工业的比例达到62.1%，比2015年提高0.6个百分点。

表1　2016年全国农产品加工业增加值及主营业务收入累计增长速度

行业名称	增加值（%）	主营业务收入（%）
总　计	**5.8**	**5.3**
粮食加工与制造业	7.9	6.8
饲料加工业	8.1	3.5
粮食原料酒制造业	8.9	6.3
植物油加工业	4.0	5.1
果蔬加工业	6.0	6.9
精制茶加工业	11.4	13.2
肉类加工业	4.2	7.8
蛋品加工业	5.5	2.5
乳品加工业	5.5	5.8
水产品加工业	5.7	6.9
制糖业	−3.9	3.6
烟草制造业	−8.3	−7.1
中药制造业	8.2	8.9

注：因缺少小类行业增加值增速数据，部分行业增加值增速测算为估算值。

2. 利润总额小幅增长　2016年，规模以上农产品加工业实现利润总额13 394亿元，同比增长4.1%，比2015年放缓1.2个百分点。其中，粮食加工与制造、饲料加工等行业的利润总额增速分别为5.1%和5.3%，较2015年增速分别放缓3.1和1.3个百分点；植物油加工、肉类加工和粮食原料酒制造等行业的利润总额增长情况较好，分别达到9.9%、8.8%和8.7%。

3. 结构持续调整优化　精制茶加工业全年增加值增速为11.4%，领跑农产品加工业。果蔬加工、中药加工等经济作物加工业增加值增速分别为6.0%和8.2%。粮食加工与制造业、饲料加工和粮食原料酒等加工行业发展情况良好，增加值增速分别为7.9%、8.1%和8.9%。乳品加工、水产品加工等行业发展平稳，增加值增速分别为5.5%和5.7%。植物油加工业和肉类加工业增加值增速明显低于平均水平，分别为4.0%和4.2%。烟草制造业与制糖业发展呈萎缩趋势，2016年增加值较2015年分别下降8.3%和3.9%。

4. 出口呈恢复性增长　2016年，规模以上农产品加工业完成出口交货值11 167亿元，同比增长2.2%，实现了转负为正、恢复增长。从中国海关数据看，2016年主要食品行业商品累计出口总额482亿美元，同比增长2.3%，扭转了2015年下降2.5%的状况。食用类农产品加工业出口好于整体水平，全年出口交货值增长2.8%，其中，出口占比较大的果蔬加工业、水产品加工业分别增长2.7%、3.1%，具有中国特色的精制茶加工业和中药制造业出口额分别增长9.0%和3.9%。

5. 固定资产投资增速快于制造业　2016年，农产品加工业（不含中药）投资额累计达到48 357亿元，增长8.1%，高于制造业3.9个百分点的水平；占制造业固定资产总投资的25.7%，较2015年提高

0.9个百分点。分行业看，食品制造业和农副食品加工业的固定资产投资相对较高，增速分别为14.5%和9.5%，烟草制品业下降21.2%。

二、发展特点

第一，产业政策指导强化。2016年，《国务院办公厅关于支持返乡下乡人员创业创新促进农村一二三产业融合发展的意见》《国务院办公厅关于进一步促进农产品加工业发展的意见》《全国农产品加工业与农村一二三产业融合发展规划（2016—2020年）》等对行业发展具有重大影响的政策性文件和规划先后出台，引起社会高度关注，形成良好氛围，为促进农产品加工业积极健康发展注入新动能。

第二，产地初加工补助项目成效显著。据不完全统计，截至2016年年底，补助项目共扶持632个县、近5万个农户、8 300多个合作社新建马铃薯贮藏窖、果蔬贮藏库和烘干房等初加工设施10万余座，新增马铃薯贮藏能力170万t、果蔬贮藏能力240万t、果蔬烘干能力240万t。补助政策有效提高了农业经营主体对产地初加工的重视程度，在政策带动下，全国农产品产地初加工水平快速提升，农产品产后损失明显减少，贮藏期、加工期大幅延长，抗风险能力显著提升。

第三，粮食加工转化去库存速度加快。2016年以来，国家高度重视玉米等粮食加工转化去库存工作，有关单位在进行大量调研的基础上出台了一系列扶持政策。下半年，在玉米原料价格下降和扶持政策的双重推动下，加工企业开工率提高，去库存速度加快。据行业协会调查显示，2016年第四季度，全国玉米淀粉行业月度平均开工率达到70.1%，玉米酒精行业开工率达到67.8%，预计2016/2017年度玉米消费量将超过2 100亿kg，较上年增长7.7%。

第四，质量品牌建设得到加强。农业部组织开展了农产品加工业质量品牌提升行动，加快农产品加工标准的组织整理，加强企业品牌和公用品牌宣传推介力度。国家认监委指导的出口食品企业内外销“同线同标同质”公共信息服务平台正式上线，国务院部署开展消费品工业增品种、提品质、创品牌“三品”专项行动，进一步推动了农加工产品的质量品牌建设。

第五，信息化融合程度提高。据调查，农产品加工企业应用电子商务已较为普遍，一些企业开始利用电商平台数据指导产品研发和线下营销；生产装备自动化程度提升，大多数农产品加工企业在加工环节实现自动化，部分大中型企业在拣选、包装、码垛、仓储、配送等环节也广泛应用机器人等设备，同时引入质量安全追溯信息的实时采集系统。还有部分领军企业正在积极探索建立智能化管理体系，推动企业向智能制造方向迈进。

第六，行业交流平台逐步完善。7月，全国主食加工产业科技创新联盟成立，以促进传统主食的工业化生产为主旨，着力开展技术研发、装备创制、标准修订、品牌建设、知识普及等工作，提升了行业凝聚力。12月，全国农产品加工产业发展联盟成立，有助于合理配置资源、优化产业结构、规范产业秩序，维护行业权益，引导产业健康发展。

三、主要问题

1. 企业用工存在较大缺口　调查显示，约有36.7%的农产品加工企业存在用工缺口。其中，中部地区用工缺口大于其他地区。从子行业看，果蔬茶加工企业存在用工缺口的企业占比最高，为42.2%；粮食加工企业的缺工比例最小，约为31.5%。

2. 融资困难和投资不足　据调查，2016年，农产品加工企业流动资金不足的情况依然严重，约78.4%的企业存在资金缺口。融资成本上涨的企业占42.7%，其中大幅上涨、小幅上涨分别为7.9%和34.8%。尽管农产品加工业的固定资产投资增速仍高于制造业，但仍然处于增速放缓、投资不足的情况。

3. 成本走高导致利润率低　2016年，规模以上农产品加工业每百元主营业务收入中的成本为83.3元，主营业务利润率为6.6%，比2015年略降0.1个百分点。据调查，有35.8%的食用类农产品加工企业生产成本增加。果蔬茶加工、水产品加工两个行业用工成本上升较快，2016年用工成本有上升的企业占比均在60%左右，高于粮食加工、肉类加工等行业10个百分点以上。

4. 进口食品挤占国内市场　随着自由贸易政策和电子商务发展，海外食品购买变得“便宜+容易”，尤其是保存期长、自动化生产程度高的农产品进口增长较快，对国内生产厂商造成冲击。2016年乳品进口量同比增长21.4%，而国内乳粉全年产量同比下降0.3%；酒类进口金额同比增长12.9%，而国内啤酒、葡萄酒产量分别下降0.1%和2.0%，受进口影响较小的白酒产量则上升3.2%。

四、政策建议

1. 推动政策落实，营造良好环境　深入贯彻国办关于进一步促进农产品加工业、支持返乡下乡人员创业创新促进农村一二三产业融合发展两个意见的精神，积极推动财政支持、税收优惠、金融服务、贸易条件、用地用电、创业培训、社会保障、信息技术、园区建设等政策措施落地，充分发挥政策引导作用，为促进农产品加工业发展创造良好外部环境。

2. 加快供给侧改革，促进消费升级　高度重视国内快速增长的中高端农产品、食品消费需求，继续大力推动供给侧结构性改革。鼓励加工企业提品质、增品种、创品牌，顺应消费市场变化，加大天然、营养、健康食品的创新开发、规模生产。做好宣传引导和舆论营造，使国内消费者充分了解、认可国内优质加工农产品。

3. 引导企业转型升级，提高质量效率　引导、鼓励企业加快生产设备改造和升级速度，大力促进装备制造、研发单位与农加工企业对接，提高加工自动化水平。鼓励企业开展质量管理、食品安全控制、追溯等体系认证，促进企业加强事中事后监管，打造一批安全优质的农产品加工品牌。

4. 促进信息化融合，推广典型模式　鼓励农产品加工企业积极利用互联网、物联网和大数据等技术，优化采购分销体系、生产制造流程及质量安全管理；帮助质量、品牌有保障的重点加工企业集中与电商平台对接。鼓励农产品加工企业积极开发电商大数据资源，提升精准营销能力，适时发展“以销定产”和“个性化定制生产”。及时总结农产品加工企业开展信息化建设的典型案例，加强宣传和推广。

5. 引导社会资本投入，完善基础设施　针对农产品加工业固定资产投资增长乏力的困难，鼓励发展特色农产品加工业，促进农村一二三产业融合发展。调动各类社会资本的积极性，在农产品产地初加工、冷链物流等基础设施建设方面，采取政府和社会资本合作（PPP）等方式引导社会资本投入，探索建立财政资金和社会资本协同机制。

我国主食加工业发展状况

农业部农产品加工局

2016 年，农业部牢固树立创新、协调、绿色、开放、共享的发展理念，加强政策引导，坚持创新驱动，加大品牌建设力度，积极开展各类丰富多彩的主题活动，大力推进马铃薯主粮化。以促进农产品加工增值、农民持续增收、满足城乡居民消费需求和营养均衡为目标，坚持政府引导、企业主体，科技支撑、品牌带动，深入开展主食加工业提升行动。通过培育壮大龙头企业，加快淘汰落后产能，保持了主食加工业经济运行健康稳定发展。

一、产业发展特点

（一）加强政策引领，加大扶持力度

2016 年，各级政府出台了一系列方针政策和重要文件，如中共中央、国务院《关于深入推进农业供给侧结构性改革　加快培育农业农村发展新动能的若干意见》、国务院办公厅《关于进一步促进农产品加工业发展的意见》、农业部《关于推进马铃薯产业开发的指导意见》、农业部关于《全国农产品加工业与农村一二三产业融合发展规划》等。这些方针政策和重要文件，引领和支持了主食加工业的发展。一是以品种选育为带动，强化主食原料生产技术支撑，选育适宜主食加工的新品种原料。二是以消费需求为引领，开发多元化主食产品，开发适宜不同区域、不同消费群体、不同营养功能的主食产品，推进马铃薯主粮化。三是以解决关键环节的技术瓶颈为重点，大力推进传统大众型主食产品开发，因地制宜推进地域特色型主食产品开发。四是以营养功能为重点，加强主食加工业能力建设，加快主食加工业发展，引导居民健康消费主食产品。五是以科技创新为驱动，推进主食加工工艺和设备研发，支持企业、院校与科研单位合作，开展联合攻关，打造一批主食加工龙头企业。六是培育主食加工产业集群，建设一批技术水平高、带动能力强的主食加工示范企业和主食加工产业集聚区，实现相关产业融合发展。七是加强主食加工业提升行动，积极推进传统主食工业化、规模化生产，大力发展方便食品、休闲食品、速冻食品、马铃薯主食产品。

（二）企业规模明显增长，效益稳定提高

2016 年，我国规模以上主食加工企业经济运行，继续保持了持续健康增长态势，与国民经济大形势基本保持一致，总体经济效益稳定提高。根据国家统计局数据显示，2016 年规模以上主食加工企业为 1 549 个，比 2015 年增加 143 个，同比增长 10.2%；从业

人员平均数为 39.3 万人，比 2015 年增加 0.7 万人，同比增长 1.8%。从经济效益看，2016 年我国主食加工业完成主营业务收入为 3 915.1 亿元，比 2015 年增加 339.8 亿元，同比增长 9.5%；实现利润总额为 238.4 亿元，比 2015 年增加 9.2 亿元，同比增长 4.0%。从生产成本看，2016 年我国主食加工业主营业务成本为 3 297.9 亿元，比 2015 年增加 319.6 亿元，同比增长 10.7%。从亏损企业看，2016 年我国主食加工业亏损企业亏损额为 4.8 亿元，比 2015 年增加－0.8 亿元，同比增长－14.3%。从出口情况看，2016 年我国主食加工业完成出口交货值为 84.9 亿元，比 2015 年增加 1.6 亿元，同比增长 1.9%。由此看出，2016 年我国主食加工业企业数量同比增长，说明主食加工业生产规模在扩展；经济效益同比增长、亏损企业亏损额同比减少、出口交货值提升，说明主食加工业质量效益在提高；主营业务成本同比增长，说明主食加工业能源动力、原材料消耗、劳动力成本等价格在提高。

（三）坚持创新驱动，大力推进马铃薯主粮化

2016 年，农业部扎实推进马铃薯主食加工产业开发，加快技术装备研发和科技成果转化，加大成果展示推介力度，促进了马铃薯主食加工产业开发良好态势的形成。一是产品研发不断加速。随着农业部《关于推进马铃薯产业开发的指导意见》发布，全国马铃薯主食加工相关科研单位、企业和社会组织，对马铃薯主食产品开发的热情与日俱增，马铃薯食品层出不穷、马铃薯成分在主食中添加的比例也逐渐加大。已经形成马铃薯食品六大系列、240 多种产品，为马铃薯主食消费提供了更为丰富的选择。仅北京、河北等 9 个试点省、自治区、直辖市和上海、哈尔滨、杭州等 7 个试点市，有 200 多个企业参与了马铃薯主食产业开发。同时，在河北、内蒙古、甘肃等马铃薯重点产销区，马铃薯加工逐渐向主食加工转型。二是技术装备开发不断取得新成效。在关键技术瓶颈上不断取得新突破，通过优化工艺参数、确定最佳全粉配方、改进核心加工装备，为马铃薯主食开发提供了技术支撑。成功研发了真空和面、恒温恒湿熟化、绫织复合压延、单/双螺杆挤压成型等关键技术；研发了家用马铃薯面条机、大型马铃薯挤压面条生产线、马铃薯馒头生产线等产品。已形成马铃薯主食产品核心专利 120 余项，部分马铃薯主食已实现连续化生产。三是加工企业不断壮大。马铃薯主食加工能力显著提升，马铃薯主食加工企业接近 300 个，形成马铃薯主食年加工能力 100 万 t 以上。各地涌现出了一批带动能力强、信誉度高的马铃薯主食加工企业，马铃薯主食产品加工规模不断扩大。四是群众消费认知不断增强。在河北、湖北、宁夏、黑龙江等地开展展示推介，参加国际薯业博览会等大型展览，组织马铃薯主食校园行、进社区等活动数 10 次，编印马铃薯主食系列丛书 8 册，大力推进主食消费引导和市场培育，助推了群众消费新型马铃薯主食的热情。通过主食产品进企业、进社区、进学校，扩大了主食产品的社会影响，提高了消费者认知度。

（四）主题活动丰富多彩，营造了良好氛围

2016 年，农业部农产品加工局组织开展了一系列“扎实推进主食加工业持续健康发展”的主题活动，包括召开马铃薯主食开发工作座谈会、成立全国主食加工产业科技创新联盟、举办 2016 年中国国际薯业博览会、举办全国主食加工业示范企业管理人员培训班、举办马铃薯产业开发高层研讨暨成果发布会、以 2016 年“第十九届中国农产品加工业投资贸易洽谈会”为依托的主食加工产品展示活动等，营造了主食加工业良好的发展氛围。通过主题活动，一是推进了一系列交流研讨和对接合作。深化交流了主食加工业的经验和教训、面临的困难和发展机遇，交流了宏观政策、产业趋势、食品安全、经营管理、技术装备、电子商务等内容，同时开展了“校企人才对接”活动。集思广益、群策群力、凝聚共识，搭建了国际合作与交流平台，推动了国外先进技术引进，加速了主食产品质量提升，促进了主食产业的健康发展。二是马铃薯主食产业健康推进。推进马铃薯由副食消费向主食消费转变、由原料产品向加工制成品转变、由温饱消费向营养健康消费转变。以资源禀赋为前提，优化主食产品原料布局；以消费需求为引领，开发多元化主食产品；以品种选育为带动，强化主食产品原料生产技术支撑；以科技创新为驱动，研发主食加工工艺和设备；以营养功能为重点，引导居民消费主食产品。三是推进主食产业形成新业态。形成产品开发多元化，即方便化、营养化、功能化，逐步形成了各类特色产品；形成生产管理科学化，即自动化、智能化、信息化；形成市场营销网络化，即销售电商化、订餐平台化、派单终端化；形成产业发展融合化，即产业链条化、产业联盟化。通过四化形成，促进了主食产业化健康发展。四是取得了一系列技术成果。国家科技支撑计划“主食工业化关键技术与装备及其产业化示范”项目通过验收，项目研发了营养方便米稳态化挤压与成型技术，保证了产品的外观与内在品质的稳定性，实现了挤压方便米饭的产业化；集成应用了环糊精抗回生技术、超高压渗透乳化剂抗回生技术、助剂结晶抗淀粉回生技术等主食工业化过程中淀粉抗回生技术，并建成生产示范基地；研发了甘薯营养成分保护技术、甘薯杀青护色抗氧化技术、蒸汽压差去皮技术和全薯粉丝节能干燥技术，建立了甘薯全粉和全薯粉丝生产线，取得了一系列技术成果和显著的经济、社会效益。五是集中展示了主食加工业发展成果。按照市场化、专业化、品牌化、国际化、信息化的办会方向，充分利用“第十九届中国农产品加工业投资贸易洽谈会”的契机，在河南省驻马店市会展中心安排了主食加工业展示区，集中展示了我国主食加工业发展成果，搭建了宣传展示、科企对接、交流合作的主食加工平台。通过该平台，充分展示了各地主食的名品精品和科技成就。

（五）加强品牌建设，加大名优品牌培育力度

2016年，各地高度重视主食加工业的品牌建设，加大对名优主食品牌的培育力度，着力培育市场竞争力强、发展潜力大、社会经济和环境效益显著的优质主食产品，涌现出一批主食加工知名品牌产品。一是加快推进主食品牌建设。深入实施主食品牌战略，支持地方以优势企业和重点产品为依托，强化品牌培育塑造，培育一批市场信誉度高、影响力大的企业品牌和产品品牌。组织开展品牌培训，强化经验交流，提升品牌建设与管理的能力和水平，推进系列化、专业化的大品牌建设。二是实施优质主食品牌培育行动。发挥品牌引领作用，瞄准同行业标杆，开展主食产品评优评价和推介活动，培育和创建一批质量好、消费者认可度高、市场占有率高、市场竞争力强的全国性主食产品优质名牌。三是积极开展名优主食评定工作。依托“第十九届中国农产品加工业投资贸易洽谈会”产品评定活动，按照“科学、公开、公正、公平”的原则，通过产品评定，北京“好亿家”牌无蔗糖添加栗子羹、北京“宋福盛”牌盐水鸭、丹东“召奥”牌冻干蔬菜汤料、河南“梦想”牌薏米红豆饼、商丘“百分”牌麻辣牛肉面、蓬莱“京鲁”牌芙蓉蟹棒等6个主食产品被评为金质产品。河南“家福乐”牌刀削面、河南“九盼”牌猪肉大葱水饺、河南“和寨”牌红薯酸辣粉、河南“麦乡”牌铁棍山药挂面、河南“天一”牌手拍捞面、河南“喜世”牌墨西哥卷饼、江苏“骥洋”牌香卤猪蹄、江苏“孙尚香”牌刀鱼馄饨、焦作“奥润”牌原味骨汤、洛阳“正大食品”牌盐酥肉、宁夏“天香红”牌火爆辣椒面、石屏“帅红”牌豆腐干、遂平“陈克明”牌澳洲燕麦风味挂面、项城“豫菱”牌御品素肉、新乡“东良裕田”牌紫薯卷、新乡“启尚”牌卫辉鸡汁素肠、新乡“仙力面业”牌河南烩面、郑州“胖哥”牌台北尚午手抓饼、驻马店“豫花”牌宝贝营养面等19个主食产品被评为优质产品。

（六）强化监督抽查，保障质量安全

2016年，国家食品药品监督管理总局强化食品质量安全保障，加大食品质量安全检测能力建设，提升食品安全保障水平，不断加大主食产品抽查力度。分别11次对758个企业生产的小麦粉、大米（含米制品）、生湿面制品、粉丝粉条及速冻面米食品（水饺、汤圆、元宵、馄饨、包子、馒头等）进行了监督抽查，有效监管了主食产品的质量安全。其中，对大米、米制品、小麦粉、挂面等385家生产企业的721批次主食产品进行了抽检，平均合格率为99.7%；对粉丝粉条、方便食品（油炸面、非油炸面、方便粥、方便盒饭、冷面及其他熟制方便食品等）和速冻面米食品（水饺、汤圆、元宵、馄饨、包子、馒头等）222个生产企业的515批次主食产品进行了抽检，平均合格率为100%；对粽子等151个生产企业的302批次主食产品进行了抽检，平均合格率为98.0%。由此看出，我国工业化主食产品质量总体是安全的。

二、存在主要问题

（一）品牌建设缓慢

虽然有关政府部门出台了一系列推进和支持品牌建设的方针政策，各地相关企业也积极进行品牌培育，但主食品牌提升依然缓慢。一是一些主食企业只注重产品生产，缺乏对主食产品的品牌培育，缺乏对主食产品的有效宣传和扩展影响，从而缺乏对消费者的知名度。二是一些知名度高或老字号主食企业，品牌意识不强，认为其产品市场影响较大，消费者认可度高，不愁销路，从而放松了品牌打造和品牌培育。三是从“第十九届中国农产品加工业投资贸易洽谈会”产品评定活动看出，已评出的主食金质产品和优质产品，绝大部分是二流、三流或不入流的产品，一流的大品牌产品如“今麦郎”“华龙”“三全”“思念”“顶益”“狗不理”“白象”“中粮”“统一”等品牌的主食产品，均未在评定中体现出来，要么是参评产品征集不到位，要么是评审办法有瑕疵。

（二）马铃薯加工专用品种匮乏

虽然我国把马铃薯作为主粮产品进行产业化开发，大力发展马铃薯主食加工业。但因长期的直接消费需求和以鲜食为主，导致缺乏优良的加工品种，特别是缺少适合加工马铃薯全粉、炸片、炸条等品种。近年来，一些科研单位除培育出几种高淀粉品种外，适于加工全粉和炸薯片、薯条的品种数量还是有限的，目前市场比较畅销的几个加工型品种都是从国外引进的。这些引进品种也有许多弱点，即病害传播和退化速度快，对不同气候和不同土壤种植的品质差距很大，用常规的马铃薯种植技术不适应加工专用品种的种植要求。目前我国已初步筛选出20多个适宜主食加工的品种，但加工易褐化、蛋白质含量低、干物质含量低的问题较为突出。由于品种更新换代较慢，新品种的研发推广还难以很好地满足主食加工对品种的需求。

（三）标准化工作滞后

主食加工业是近几年形成的新兴产业，由于产业起步晚所以标准化工作尚未进入正常发展的轨道。一是标准体系建设缓慢。主食加工业虽然初步形成了面制主食、米制主食、带馅主食和调理主食基本构架，但距指导标准化工作的真正标准体系还有较大距离，尚未进行实际操作和实施。二是标准化组织机构建设滞后。主食工业主管部门尚未组建标准化技术委员会等相关机构，导致现有的部分主食标准均分散在其他行业，形不成有效指导主食加工业的标准化作用。主食加工产品标准的立项、审查和报批工作等，还没有专业性的标准化机构进行归口管理，制约了主食加工标准化工作的水平提升。三是标准化程度较低。按照主食加工业产品分类划分，我国主食加工产品约有上千种，而主食产品标准（含主食机械标准）不足70个，标准化率不足7.0%，标准覆盖面小，许多标准门类如术语标准、分类标准、方法标准和管理标准等基本属于空白，难以适应当前主食加工业的发展需要。

（四）生产成本居高不下

2016年，我国主食加工业生产成本增长较快。根据国家统计局数字，全年主食加工业主营业务成本为3 297.9亿元，比2015年增加319.6亿元，同比增长10.7%，增幅较大。主要原因：一是原材料成本增长。主食加工使用的原材料主要有马铃薯粉、小麦粉、大米、食用植物油、冷鲜肉、冷冻水产品、蔬菜等，这些原材料2016年均有不同程度地增长。例如，北京海乐达食品有限公司生产的马铃薯主食产品覆盖了北京600多个超市，马铃薯主食开发多以全粉作为加工原料，成本较高，每吨价格一般是1万～1.2万元，是淀粉价格的3倍，导致马铃薯主食产品价格高于小麦粉等主食产品，导致企业经营成本高。二是生产性成本较高。生产性成本包括劳动力成本、水电等能源消耗成本、企业排污（污水和废弃物处理）成本等，这些成本2016年都有不同程度的攀升，加重了企业的经济负担。

三、相关建议

（一）加大宣传力度，强化主题活动

以“正确看待、理性选择，合理膳食、均衡营养”为主题，以“安全、营养、健康”为重点，大力宣传主食加工业发展情况，开展丰富多彩的主题活动，努力营造促进主食加工业的良好舆论环境。一是加大宣传力度。充分利用各种媒体，加强主食加工业提升行动宣传，重点宣传开发传统米面、马铃薯及薯类、杂粮、预制菜肴等多元化主食产品情况和生产基地＋中央厨房＋餐饮门店、生产基地＋加工企业＋商超销售等主要模式情况。重点宣传主食加工业扶持政策、发展成就、成功经验、示范典型等。二是强化主题活动。积极开展主食产品科技成果推广活动、产品展览展示活动、产业合作与技术交流活动、品牌建设与企业培训活动、企业与电商对接活动、区域性经济交流活动等。在活动中，精心组织，加强策划，突出重点，打造亮点，创新方式方法，加强分类推动和指导，吸引社会力量积极参与主食工业化的推进活动，将主食加工业提升行动推向深入。

（二）开展中央厨房调研，提出产销典型模式

为深入开展主食加工业提升行动，总结推广一批中央厨房产销典型模式，拟组织力量开展中央厨房调查研究，提出中央厨房产销典型模式。调研的主要内容：一是企业基本情况。包括主要产品情况、营收效益情况、带动农民就业增收情况等。二是产销模式主要特点和做法。重点围绕中央厨房，从全产业链、价值链的角度，调研企业在基地建设、技术创新、物流配送、市场营销、品牌建设等方面的做法和成效。三是企业下一步工作打算和政策建议。包括企业今后发展愿景、存在困难和政策建议等。通过调研，基本掌握我国中央厨房发展现状，分析运行模式和特点，了解存在的主要问题，提出研究报告，为中央厨房发展走向、产业决策提供依据。

（三）健全标准体系，提高标准化水平

积极推进主食加工业纳入正常的标准化轨道，大力实施标准化战略。当前需要做好以下工作：一是建议抓紧组建主食加工标准化技术委员会，以便组织制修订标准、实施标准和宣贯标准，做好主食加工业标准的归口管理。二是建立和完善主食加工业标准体系，研究落实主食加工业标准体系框架和标准体系表，形成术语、分类、产品、方法、管理等不同层级的标准体系，指导主食加工标准的立项工作。三是根据主食加工业发展需要，按照轻重缓急的原则，分门别类地优先制定一批不同层级、紧贴市场、企业急需的主食标准，满足企业发展需要。四是引导企业严格执行标准，积极采用先进标准，开展规范、安全、高效的标准化生产，促进良好的市场秩序形成。

（四）推进品牌建设，提高产品知名度

扎实推进主食质量品牌提升行动，着力打造主食

知名品牌，努力培育新品牌，加快扶植一批市场竞争力强、占有率高的优质主食产品，提高知名度，树立新形象。积极打造“国际品牌”、“中国品牌”和“地方品牌”，同时要不断保护和提升原有品牌。按照市场、效益、自主的原则，提升品牌在市场上的影响力和竞争力。在具体做法上，一是要进行品牌策划，进行产品定位，制定市场营销策略，加大宣传力度，找准市场切入点，有计划、有步骤地扩大品牌知名度。二是要做大做强现有主食品牌。对现有品牌要加快品牌产品建设，从提升产品质量入手，不断提高市场知名度和市场占有率，把现有品牌提高一个层次。三是要培育一批新的主食产品品牌。对新的主食产品、名优特主食产品和老字号主食产品，要通过实施标准化生产和专业化加工，精心策划宣传包装，不断培育在市场上叫得响的新品牌。要创优品牌生长环境，增加对品牌产品的宣传投入，塑造品牌形象，打响知名品牌。四是要加大品牌整合力度。要培优培强主食品牌经营主体，整合优势主食产品资源，提高主食产品科技含量，打造全国叫得响、覆盖面广的大品牌，最终形成知名度高的品牌产品和品牌企业。

我国饮料行业经济运行状况

中国饮料工业协会

2016年，我国饮料行业发展与食品工业经济走势大体相当，主要经济指标增速基本企稳。在消费升级的推动下，产业转型升级成果初步显现，经济发展的活力再次转强，是我国消费品中的发展热点和新增长点之一。

一、饮料总产量

根据国家统计局数据显示，2016年我国饮料行业全年累计总产量为18 345.2万t，同比增长1.90%。从月度产量增长率看，与上年同期相比，3月产量增速为11.8%，为全年最高点；4月为−6.6%，5月为−9.2%，增速呈大幅下滑趋势，5月份增长率达全年最低；8～12月产量增速呈回升态势，保持在3.0%左右的增长率。从各季度饮料产量变化情况看，一季度为4 241.5万t，产量基本平稳；受季节影响，二季度为4 738.0万t，产量明显上升，6月份产量达全年最高值，为1 794.4万t；三季度为5 174.7万t，继续保持增长；四季度为4 191.0万t，产量逐渐走低，10月份产量为1 337.0万t，为全年最低。

二、饮料类零售情况

据国家统计局对全国限额以上（企业）单位商品零售值统计，2016年我国饮料类商品零售额2 175.0亿元，同比增长10.5%，增速比上年回落4.3个百分点。从月度看，饮料类商品零售额总体相对平稳，各月零售额均在147亿元以上，季节性消费特征明显。1～3月，零售额呈缓慢上升趋势；下半年零售额为1 192.5亿元，好于上半年，其中9月达全年最高值为198.5亿元。从增长率看，全年保持稳定增长，各月增速保持在8.8%～12.6%区间内，前三季度增速较快，增长率在11.0%以上，其中7月增速最高达12.6%，四季度稍有回落。

三、行业主要经济指标

1. 亏损企业的亏损金额基本持平　2016年我国规模以上饮料行业企业总数量为2 110个，同比增长6.6%。其中，亏损企业224个，与上年持平；亏损企业亏损总额38.1亿元，同比增长0.5%；行业存货金额388.4亿元，同比增长6.1%；应收账款436.4亿元，同比增长8.8%。2016年，饮料行业企业数量进一步增长，而亏损金额基本持平。

2. 主营业务收入平稳增长　2016年我国规模以上饮料制造企业实现主营业收入为6 429.8亿元，同比增长4.2%。其中，主营业务成本为4 996.9亿元，同比增长4.9%。饮料制造企业主营业务收入平稳上升，主营业务成本同样逐年增加，差额逐步扩大，2016年饮料行业主营业务收入与主营业务成本的差额是1 432.9亿元，同比增长2.3%，饮料企业的获利能力逐步增长，在食品工业中保持较高水平。

3. 利润总额基本持平　2016年，我国规模以上饮料制造企业实现利润总额为559.9亿元，同比增长0.7%。行业营业费用为609.2亿元，同比增长2.1%，营业费用率为9.5%；管理费用为227.5亿元，同比增长5.0%，管理费用率为3.5%；财务费用为42.7亿元，同比增长－2.9%。

四、饮料细分行业运行分析

按照国民经济统计分类标准，我国饮料行业分为：碳酸饮料制造、瓶（罐）装饮用水制造、果汁及果菜汁饮料制造、含乳饮料和植物蛋白饮料制造、固体饮料制造、茶饮料制造及其他饮料制造。

（一）生产情况

1. 碳酸型饮料类　从产品产量看，2016年碳酸型饮料总产量为1 752.2万t，同比下降3.7%；各月份产量变化季节性生产特征明显。

2. 包装饮用水类　从产品产量看，2016年，包装饮用水总产量为9 458.5万t，同比增长4.4%；受季节因素影响，产量变化较为明显，总体呈上升趋势。6～8月为产量高峰期，且逐月上升。

3. 果汁和蔬菜汁饮料类　从产品产量看，2016年果汁和蔬菜汁饮料总产量为2 404.9万t，同比增长1.0%。

（二）企业数量及亏损情况

1. 碳酸饮料制造　2016年碳酸饮料制造企业数量为178个，占饮料行业比重8.4%。其中，亏损企业为23个，亏损企业亏损金额为3.9亿元，同比增长4.5%，比重10.3%。行业亏损比上年有所增长。

2. 瓶（罐）装饮用水制造　2016年瓶（罐）装饮用水制造企业数量为696个，比重33.0%。其中，亏损企业为63个，亏损企业亏损金额为4.9亿元，同比增长－1.2%，比重13.0%。

3. 果汁及果菜汁饮料制造　2016年果汁及果菜汁饮料制造企业总数为560个，比重26.5%。其中，亏损企业为59个，亏损企业亏损金额为5.3亿元，同比增长－2.6%，比重14.0%。子行业发展经过调整趋于平稳。

4. 含乳饮料和植物蛋白饮料制造　2016年含乳饮料和植物蛋白饮料制造企业数量为286个，比重13.6%。其中，亏损企业为14个，亏损金额为1.6亿元，同比增长－7.4%，比重4.3%。在所有子行业中亏损金额最小。

5. 固体饮料制造　2016年固体饮料制造企业数量为118个，比重5.6%。其中，亏损企业为18个，亏损金额为1.9亿元，同比增长136.7%，比重4.9%。行业亏损比上年大幅增长。

6. 茶饮料及其他饮料制造　2016年茶饮料及其他饮料制造企业总数为272个，比重12.9%。其中，亏损企业为47个，亏损金额为20.4亿元，同比增长－3.5%，比重53.5%；子行业亏损占比最大，但逐年回落。

从各子行业对比看，2016年瓶（罐）装饮用水制造企业数量最多，占饮料行业比重1/3；固体饮料制造企业最少，与瓶（罐）装饮用水制造企业相差近6倍。2016年，饮料制造各子行业亏损金额比重由大到小依次为：茶饮料及其他饮料制造为53.5%，果汁及果菜汁饮料制造为26.5%，瓶（罐）装饮用水制造为13.0%，碳酸饮料制造为10.3%，固体饮料制造为4.9%，含乳饮料和植物蛋白饮料制造为4.3%。

（三）主营业务情况

1. 碳酸饮料制造　2016年碳酸饮料制造企业实现主营业务收入为823.4亿元，同比增长0.9%，占饮料行业比重12.8%。其中，主营业务成本为598.9亿元，同比增长0.9%。

2. 瓶（罐）装饮用水制造　2016年瓶（罐）装饮用水制造企业实现主营业务收入为1 354.0亿元，同比增长5.9%，占饮料行业比重21.1%。主营业务成本为1 011.4亿元，同比增长5.9%。

3. 果汁及果菜汁饮料制造　2016年果汁及果菜汁饮料制造企业实现主营业务收入为1 253.4亿元，同比增长4.7%，占饮料行业比重19.5%。主营业务成本为1 031.9亿元，同比增长4.7%。

4. 含乳饮料和植物蛋白饮料制造　2016年含乳饮料和植物蛋白饮料制造企业实现主营业务收入为1 192.0亿元，同比增长3.8%，占饮料行业比重18.5%。主营业务成本为936.1亿元，同比增长3.8%。

5. 固体饮料制造　2016年固体饮料制造实现主营业务收入为608.4亿元，同比增长11.0%，占饮料行业比重9.5%。主营业务成本为493.7亿元，同比增长12.3%。

6. 茶饮料及其他饮料制造　2016年茶饮料及其他饮料制造企业实现主营业务收入为1 198.7亿元，同比增长1.5%，占饮料行业比重18.6%。主营业务成本为924.8亿元，同比增长4.4%。

从各子行业主营业务收入同比增长率看，固体饮料制造还保持2位数增长，达到11.0%；果汁及果菜汁饮料制造增速回升到4.7%，比上年发展良好；碳酸饮料制造在子行业中增速最为缓慢，仅有0.9%。

（四）利润总额情况

1. 碳酸饮料制造　2016年碳酸饮料制造企业实现利润总额为43.1亿元，同比增长-15.1%，占饮料行业比重7.7%。

2. 瓶（罐）装饮用水制造　2016年瓶（罐）装饮用水制造企业实现利润总额为124.6亿元，同比增长-2.2%，占饮料行业比重22.3%。

3. 果汁及果菜汁饮料制造　2016年果汁及果菜汁饮料制造企业实现利润总额为100.3亿元，同比增长-1.7%，占饮料行业比重17.9%。

4. 含乳饮料和植物蛋白饮料制造　2016年含乳饮料和植物蛋白饮料制造企业实现利润总额为159.3亿元，同比增长5.8%，占饮料行业比重28.5%。在子行业中比重最大。

5. 固体饮料制造　2016年固体饮料制造企业实现利润总额为41.6亿元，同比增长10.7%，占饮料行业比重7.4%。在子行业中，增速最为明显。

6. 茶饮料及其他饮料制造　2016年茶饮料及其他饮料制造企业实现利润总额为91.0亿元，同比增长3.6%，占饮料行业比重16.3%。

饮料制造各子行业利润总额比重由大到小依次为：含乳饮料和植物蛋白饮料制造为28.5%、瓶（罐）装饮用水制造为22.3%、果汁及果菜汁饮料制造为17.9%、茶饮料及其他饮料制造为16.3%、碳酸饮料制造为7.7%、固体饮料制造为7.4%。从各子行业利润总额同比增长率看，三大主流饮料——碳酸饮料、瓶（罐）装饮用水、果汁及果菜汁饮料均出现下滑，其他饮料行业呈现增长。

五、饮料行业市场特征

1. 消费转变促进行业转型升级　消费群体、消费理念以及消费习惯的转变，是制约饮料行业业绩下滑的主要原因，主流消费群体从碳酸饮料过渡到茶饮料后又过渡到包装水和健康饮料。从产品品类结构的变化来看，近年来健康型饮料比重不断上升，据中国食品工业协会行业统计调查，从各类饮料产量占比可见，2016年，包装饮用水类的比重继续加大，占到51.6%，比上年同期增加2.0个百分点；碳酸饮料类比重为9.6%，比上年同期降低0.6个百分点；果汁和蔬菜汁类比重为13.1%，比上年同期降低1.2个百分点；“非三大”饮料比重为25.7%，比上年同期降低1.0百分点。在“非三大”饮料中，2016年，凉茶行业市场销售收入达561.2亿元，同比增长4.2%，占整个饮料行业市场份额的8.8%，继续保持较好的增长趋势，位居饮料行业第四大品类。其中，加多宝品牌凉茶以52.6%的销售额市场份额位居中国凉茶行业市场首位；在整个罐装凉茶行业市场，加多宝品牌凉茶以70.7%的销售额市场份额位居中国凉茶行业罐装市场第一名。茶饮料、功能饮料和健康饮用水所占份额在不断提高，碳酸饮料市场进一步被蚕食。消费者对于健康诉求的提升，以凉茶、纤维饮料、近水饮料为代表的新品类迅速增长，在市场份额中挤入主流。

2. 市场消费需求总体向好　作为重要的嗜好类快消品，消费者对饮料的选择是随时随地。2016年，饮料消费增长总体呈上升趋势，饮料类商品零售额同比增长10.5%，增速比上年回落4.3个百分点，但对比1.9%的产量增长、4.2%的主营业务收入增长等生产数据，可以看到消费需求总体向好；饮料制造行业市场产销率达97.2%，市场供需关系比较稳定，总体可控。

3. 投资增速继续放缓　据国家统计局数据，2016年，我国规模以上饮料生产企业资产总计4 839.3亿元，同比增长5.0%，投资继续放缓。其中，果蔬汁类饮料的资产累计增长最多，为10.1%；含乳和蛋白饮料增长速度其次，为8.2%；碳酸饮料增长速度为7.3%；固体饮料增长速度为5.7%；瓶（罐）装饮用水增长速度为1.2%；茶饮料及其他饮料增长速度为0.8%。

我国酒类流通行业经济运行状况

商务部市场运行和消费促进司

2016年，酒类市场在调整转型中逐步呈现总体转暖复苏态势，酒类产量和价格回升，进出口规模持续扩大，企业经营效益有所改善。为适应酒类消费新趋势、新特点，酒类生产企业进一步优化产品结构，淘汰落后产能，经销企业加强创新转型，减少环节提升效率，行业发展水平稳步提升。

一、酒类市场运行情况

（一）市场规模稳中有增

1. *酒类产量小幅增长* 2016年，全国规模以上酒类生产企业完成酒类总产量为7 226.3万kL，同比增长0.8%。其中，饮料酒产量为6 274.2万kL，同比增长0.8%。白酒产量为1 358.4万kL，同比增长3.2%；啤酒产量为4 506.4万kL，同比增长－0.1%，降幅较上年缩小5个百分点；葡萄酒产量为113.7万kL，同比增长－2%，连续5年下降。

2. *酒类销售明显回升* 2016年，全国规模以上饮料酒生产企业销售收入为8 999.1亿元，同比增长7.1%，增速较上年提高1.8个百分点。从流通环节看，2016年，商务部重点监测的典型酒类流通企业白酒销售额931.7亿元，同比增长7.5%（上年增长－15.3%）。

3. *规模企业数量增加* 2016年，全国规模以上酒类生产企业数量为2 742个，较上年增加53个，延续6年来规模企业数量持续稳定增长态势。其中，白酒、葡萄酒、黄酒、其他酒生产企业分别为1 578个、240个、112个、215个，较上年分别增加15个、21个、9个、19个。

（二）市场结构有所优化

1. *区域结构更加均衡* 从生产看，近3年东部地区饮料酒产量占比逐年小幅下降，西部地区占比稳步扩大，东中西部更趋均衡。2016年，全国规模以上饮料酒（白酒、啤酒、葡萄酒）产量东中西部地区占比分别为43.2%、28.9%和27.9%，西部地区占比较上年扩大1.4个百分点，较2014年扩大2.8个百分点。从消费看，随着中西部居民收入不断提高，酒类消费稳步增长，重点监测的中西部地区酒类流通企业饮料酒销售量、销售额占比较上年分别提高6.1和9.9个百分点。随着农村居民收入提高和农村电商快速发展，农村酒类消费规模不断提高。

2. *品种结构不断优化* 酒类生产企业不断优化产品结构，酒类市场供应更加丰富，葡萄酒、果露酒、鸡尾酒、保健酒等酒种供给明显增加。葡萄酒消费较快增长，国际葡萄与葡萄酒组织数据显示，2016年中国葡萄酒消费量初步统计达17.2亿L，同比增长6.9%，增幅位居全球之首。酒类消费市场逐步显现橄榄型特征，即中高端产品需求较快增长，更加重视产品特色和品质，低端产品有所萎缩，高端产品稳步增长。

（三）价格回升效益好转

1. *酒类价格止跌回升* 据商务部监测，2016年典型酒类流通企业酒类批发、零售均价较上年分别增长0.7%和2.7%，结束连续3年的下跌趋势。饮料酒批发均价增速自7月份起连续6月保持上升趋势。其中，白酒批发均价同比上涨2.4%，重点监测的11种高端白酒零售均价同比上涨3.6%；啤酒零售均价同比上涨1.5%。

2. *经营效益明显好转* 酒类生产企业集中优势资源加快高品质、高利润率产品供给，经营效益增长显著。全国规模以上饮料酒生产企业累计实现利润总额为1 056.5亿元，同比增长6.9%，增速较上年提高3.5个百分点。现代流通方式的推广及电子商务的快速发展，有效改善市场供需关系，酒类流通企业效益稳步回升。据商务部监测，2016年全国典型酒类流通企业饮料酒利润总额同比增长13.8%。2016年酒类生产行业效益情况见表1。

表1 2016年酒类生产行业效益情况

酒 种	销售收入（亿元）	同比增速（%）	利润总额（亿元）	同比增速（%）
饮料酒	8 999.1	7.1	1 056.5	6.9
其中：白 酒	6 125.7	10.1	797.2	9.2
啤 酒	1 832.7	－1.3	150.8	5.7
葡萄酒	484.5	4.0	48.7	－6.6
黄 酒	198.2	9.0	18.6	－1.5
其他酒	357.9	7.9	41.3	－8.1
发酵酒精	781.5	－2.5	38.0	17.1
酒类生产行业总计	9 780.6	6.3	1 094.5	7.2

数据来源：国家统计局。

（四）进出口持续向好

1. *进出口较快增长* 随着“一带一路”建设加快推进，酒类企业积极“走出去”，同时酒类进口关税降低、贸易便利化程度进一步加强，高性价比、高品质、多品类酒类商品进出口快速增长。2016年我国饮料酒进出口总量为167.8万kL，同比增长15.1%。其中，出口总量为33.4万kL，同比增长8.7%；进口总量为134.4万kL，同比增长16.8%。进出口总额为51.9亿美元，同比增长13.6%。其中，出口总额为12.8亿美元，同比增长14.8%；进口总额为39亿美元，同比增长13.2%。逆差为26.2亿美元，同比增长12.4%。

2. *出口规模继续扩大* 2016年，我国饮料酒出口总量为33.4万千升，同比增长8.7%，增速较上年提高4.2个百分点；出口总额为12.8亿美元，同比增长14.8%。随着国产葡萄酒品质的提升，出口大幅增长，出口额达5.4亿美元，同比增长31%，葡萄酒出口金额超越白酒，位居第一；白酒出口额为

4.7亿美元，同比增长4.3%。2016年我国饮料酒及主要酒种出口情况见表2。

表2　2016年我国饮料酒及主要酒种出口情况

产品名称	数量（kL）	同比增速（%）	金额（万美元）	同比增速（%）
白　酒	16 070.0	−0.7	46 877.7	4.3
啤　酒	291 322.0	9.7	19 259.2	5.1
黄　酒	14 127.9	−7.3	2 367.3	−2.4
葡萄酒	9 918.8	22.1	54 116.7	31.0
其中：≤2 L	9 796.8	25.7	53 984.7	30.8
>2 L	122.0	−62.9	132.0	287.1
葡萄汽酒	87.6	−6.1	122.8	−29.7
味美思	292.2	12.5	67.5	−4.3
其他烈性酒	2 566.5	17.3	5 582.3	21.5
饮料酒总计	334 385.1	8.7	128 393.3	14.8

数据来源：中国海关总署。

3. *进口增速减缓*　2016年，我国饮料酒进口总量为134.4万kL，同比增长16.8%，增速较上年减缓31.4个百分点；进口总额为39亿美元，同比增长13.2%，增速较上年减缓9.2个百分点。其中，啤酒进口量和进口额分别增长20.1%和15.8%，连续5年保持高速增长；葡萄酒进口量和进口额分别增长15.4%和16.7%。2016年我国饮料酒及主要酒种进口情况见表3。

表3　2016年我国饮料酒及主要酒种进口情况

产品名称	数量（kL）	同比增速（%）	金额（万美元）	同比增速（%）
白　酒	1 892.9	63.4	7 082.5	57.1
啤　酒	646 294.9	20.1	66 561.2	15.8
黄　酒	29.5	−12.2	14.1	−36.6
葡萄酒	625 571.5	15.4	230 766.1	16.7
其中：≤2 L	481 744.5	21.6	219 485.9	16.8
>2 L	143 827.0	−1.5	11 280.2	14.2
葡萄汽酒	12 532.5	−3.3	5 658.1	−8.0
味美思	439.0	−55.7	119.9	−54.2
其中：≤2 L	438.3	−55.8	119.8	−54.3
>2 L	0.7	101.5	0.1	−12.1
其他烈性酒	57 236.6	3.3	80 216.9	1.8
饮料酒总计	1 343 996.8	16.8	390 418.9	13.2

数据来源：中国海关总署。

二、酒类流通发展特点

（一）行业总体转暖复苏

2016年，酒类行业全面推进供给侧结构性改革，优化产品结构，淘汰落后产能，强化销售管理，生产和流通环节库存大幅减少，加上居民消费升级带动中高端酒类产品热销，酒类行业整体呈现回暖复苏态势：饮料酒总产量恢复增长，收入利润增长加快，酒类价格连续上升，进出口规模继续扩大。这种转暖复苏还处于分化态势，主要表现在白酒行业比葡萄酒、啤酒更加明显。其中，中高端白酒率先复苏，名优白酒企业效益回升较快，中小酒企仍在筑底调整。部分中高端白酒产品零售价格上涨幅度在15%～35%，春节等重要节庆前夕，茅台、五粮液、泸州老窖1573等高端产品需求旺盛，生产厂商一度出现暂停接受订单的现象。同时，酒类上市公司经营业绩也明显好转，2016年36个A股酒类企业销售总额增长4.7%，利润总额增长5.4%。

（二）供给水平明显提升

酒类企业以市场需求为导向，适应新的消费趋势和新型消费群体，优化品类布局，完善生产、流通和消费服务，供给水平明显提升。从产品供给看，白酒生产企业加强对酒类产品的整合优化，加强控制系列酒生产，淘汰冗余品种，创新推出时尚、健康酒品，各层次市场定位更加明确；啤酒企业聚焦纯生啤酒、精酿啤酒、易拉罐产品等高附加值品类，通过推出高端特色新品，打造与进口啤酒之间的差异化竞争优势；葡萄酒企业借自贸协定关税红利，拓展进口酒业务，同时布局上游海外品牌资源，加快海外酒庄并购，获取高端市场份额，同时国内葡萄酒品牌也在激烈地市场竞争中不断提升品质、完善品种。从流通服务供给看，酒类企业在研发设计、生产控制、产品追溯等环节进一步提高信息技术应用水平，同时加强实体门店和物流配送建设，提高了流通效率。酒类电子商务的快速兴起，进一步促进了线上线下融合，1919、酒便利等电商推出“20 min准时达、慢必赔”等活动，极大提升了酒类流通的便捷性。从消费服务供给看，酒类经营企业不断提高消费服务的便利化、精细化水平，更加注重售后服务，同时在酒类商品包装上，更趋简洁环保，注重个性、时尚、便携、小容量等实用设计。

（三）营销模式不断创新

面临居民消费升级、消费新群体出现以及消费习惯多元化的变化，酒类企业不断创新营销模式，推动传统商业模式转型升级。一是品牌聚焦明显加快。酒类企业不断完善原有产品结构体系，精准定位消费者需求，集中资源打造名优单品品牌，如茅台继续“一个世界级茅台”的品牌战略，适度控制其他子品牌；泸州老窖推出“五大战略单品”。酒类流通企业也更加注重品牌建设，从酒类销售情况来，市场不断向优势品牌、优势企业集中。二是线上线下深度融合。酒类企业加大微商、创客等新兴运营方式的投入，与原有渠道及连锁门店同步推进，形成线上线下融合的全方位、立体化电子商务营销体系。三是文化旅游营销兴起。白酒、葡萄酒酒庄悄然兴起，给消费者更多参与和体验，在宣传品牌、传播文化的同时，也促进了消费。部分地区大力发展酒文化特色旅游、酒生态文化园、酒厂景区，将酒业营销与文化旅游产业结合起来，打造旅游品牌亮点，增强酒文化品牌影响力。

（四）国际化进程加快

随着“一带一路”倡议的深入实施，酒类企业“走出去”环境不断改善，酒类行业国际化发展进程加快。出口方面，多地政府为鼓励酒类企业“走出去”创造条件，检验检疫机构积极推进无纸化通关、监督抽检等便利化措施。茅台、五粮液等行业龙头企业积极开展全球巡展推介活动，泸州老窖、洋河、古井贡等首开中东欧、非洲及南美洲市场，讲白酒故事，扬传统文化，扩大我国饮料酒出口规模及市场影响力。葡萄酒品质进一步提升，出口大幅增长，出口额已超过白酒。进口方面，中智、中澳自由贸易协定的实施，加速了进口葡萄酒进入国内市场，为消费者带来多元商品的同时，也为引进先进酿酒技术及形成良性竞争环境起到推动作用。同时，北京、上海、四川、贵州等地积极发展国际酒业交易市场，其中四川计划将泸州打造成酒类国际交易中心，并纳入自贸试验区建设规划。

三、行业发展影响因素分析

当前酒类行业处于转型升级、创新发展的关键时期。从宏观经济、居民消费、技术进步等方面看，行业面临较为有利的发展环境，同时，酒类法规标准体系仍需进一步健全。

（一）经济平稳运行为行业健康发展提供支撑

酒类行业与宏观经济环境密切相关。当前，我国经济以五大发展理念为引领，深入推进供给侧结构性改革，经济运行稳中有进、稳中向好。2016 年国内生产总值达 74.4 万亿元，同比增长 6.7%，居民消费价格上涨 2.0%，单位国内生产总值能耗下降 5.0%，经济发展的质量和效益明显提高。经济规模的稳步扩大和平稳运行，为行业提供更大的发展空间，也减小了市场大起大落的风险。同时，酒类行业也将按照新的发展理念，深入推进供给侧结构性改革，更加注重提质增效和创新转型。

（二）居民消费升级为行业转型发展带来机遇

当前和今后一段时期是消费需求持续增长、消费增速换挡、消费结构加快升级的重要阶段。2016 年，我国社会消费品零售总额达 33.2 万亿元，同比增长 10.4%，最终消费对经济增长的贡献率达到 64.6%，比上年提升了 4.9 个百分点。居民消费动力增强和消费结构升级，将带动大众化、个性化消费快速发展，品质化、品牌化消费显著增加，健康、文明消费理念普遍形成。顺应消费升级的趋势，酒类企业将改变以往粗放式的发展模式，加快创新转型发展，进一步丰富产品供给，优化产品结构，提升产品品质。在新形势下，流通企业在引导生产和消费方面将发挥更大作用，更加注重经营模式的创新和服务水平的提升。

（三）信息技术进步为流通模式创新创造条件

大数据、云计算、物联网、人工智能等信息技术迅猛发展，加速了传统产业生产、管理和营销模式变革。流通领域表现得更加明显，在“互联网＋流通”的催化加速下，智慧物流、智慧仓储、智慧商圈快速兴起，改变了商贸流通的传统形态，催生了流通新业态、新模式。新的流通技术、流通设施、流通模式出现，为酒类流通企业开展模式创新创造了条件，尤其是有利于在电子商务、产品追溯、营销推广、支付服务、售后服务、供应链管理等领域开展创新。

（四）法规标准不完善影响行业稳定健康发展

商务部制定发布了《关于“十三五”时期促进酒类流通健康发展的指导意见》，提出了下阶段酒类流通行业的发展目标和任务。但目前酒类行业存在的一个突出问题是缺乏全国性的酒类法律法规，导致市场准入门槛过低、市场秩序不规范等问题。同时，酒类标准也有待完善，尤其是在鼓励酒类企业“走出去”的过程中，急需将国内酒类标准与国际接轨。

四、行业发展趋势展望

从需求侧看，在人均收入较快增长、消费结构升级的背景下，个人消费和商务消费为支撑的市场格局将在一定时间内延续，个性化需求、品质需求、健康需求保持较快增长，市场需求结构逐步调整。从供给侧看，行业调整和整合仍将继续，优势酒企扩张步伐加快，中小企业仍面临经营压力，产品结构将进一步优化，渠道方面更加重品牌、减环节、提效率，酒类电子商务保持快速增长。总体而言，我国酒类市场有望在调整转型中继续复苏。

(一) 酒类消费加快转型升级

一是酒类消费主体结构出现转变。大众消费兴起，个人消费快速增长，公务消费急剧萎缩，商务消费和个人消费占酒类消费的绝大多数，改变了以往政务消费和商务消费占主导的格局。二是消费人群进一步转变。80后、90后成为酒类消费的重要组成部分，消费群体对酒类品类的选择更加多元化、个性化、小众化，这将促进进口葡萄酒、进口啤酒、健康低度白酒等消费规模进一步扩大。三是品质品牌消费加速升级。随着居民收入的提升，酒类消费知识不断丰富，消费者对酒类品质品牌要求更高，酒类消费分化和品牌倾向趋势将愈发明显。四是消费习惯更加科学理性。多年来，主管部门、行业协会、大型酒企积极举办多种形式的宣传活动，引导理性饮酒观念，科学、理性、健康的饮酒方式将逐渐成为共识，酗酒、拼酒、斗酒等不良饮酒习惯受到抑制。

(二) 流通模式不断创新转型

酒类消费者对个性化、品牌化、便利性的需求不断提升，加上现代物流和信息技术迅猛发展，将促进酒类流通模式不断创新转型。一是酒类生产企业对传统经销模式的依赖有所下降，更加注重利用官网、专营公司加强自营销售体系的建设，提升对终端的掌控能力，加强品牌建设和维护。酒类生产将与流通企业探索建立互利共赢的新型产销模式。二是传统经销商转型整合已成为发展方向，“扁平化”趋势更加明显，大中型酒类经销商利用现代信息技术和互联网，加强连锁经营和统一配送，减少环节，提升效率。部分中小酒类销售店铺向加盟或整合方向发展。三是新型流通模式兴起，酒类电子商务快速发展，大中型酒企自建电商网站和中小酒企借助第三方平台的发展步伐加快，同时，酒类经营企业利用微博、微信等自媒体开展互动式营销也将成为趋势。随着“互联网+”与酒类流通深入融合发展，酒企将进一步提升精细化营销水平。

(三) 中高端白酒引领复苏进程

当前白酒行业整体回暖，但行业发展分化趋势明显，名优白酒利用其品牌、渠道等优势，通过产品和价格调整、资源整合等方式较快复苏，部分中小企业及时调整经营和产品策略，经营出现好转，还有一些中小企业，由于品牌影响力弱，产品受到中高端品牌挤压，缺乏竞争力，仍面临较大的经营压力。考虑到中高端白酒企业在产品推广、渠道调整、资源投入等方面的明显优势，未来一段时间，中高端品牌仍将引领白酒行业的复苏。

(四) 啤酒业延续调整和整合

从消费情况来看，啤酒消费者不断年轻化，更加注重品质与品味的追求，个性化、高附加值产品增长强劲。面对消费需求的变化，啤酒行业将延续产品的调整和企业整合，有望结束持续几年的低迷，开始复苏。一方面，啤酒消费总量增长空间有限，且低端市场几近饱和，啤酒企业将迎合消费升级趋势，实施精细化经营，加大优质产品布局，强化中高端新品，促进产品结构优化。另一方面，面临激烈的市场竞争和进口品牌的冲击，啤酒行业整合将进一步深入，强强联合成为可能，行业集中度仍有提升空间。

(五) 葡萄酒消费将稳步提升

葡萄酒契合健康消费的趋势，随着消费者对葡萄酒的认知度不断提升，未来葡萄酒的消费规模将保持较快增长。从地区看，一二线城市以及东部沿海经济发达地区市场将侧重“品质化、品牌化”提升，三四线城市及中西部地区仍处于消费普及和扩容阶段。尽管葡萄酒市场规模不断扩大，考虑到进口葡萄酒快速涌入，不少国外知名品牌正加速市场布局，未来市场将面临更加激烈竞争。国产葡萄酒将不仅在品质和价格方面提升竞争力，还将在文化宣传和区域特色方面下更多功夫。

我国茶叶产业经济运行状况

国家茶叶产业技术体系产业经济研究室

一、发展特点

(一) 产业规模惯性扩张，茶类结构继续调整

2016年，我国茶叶总生产规模在发展惯性作用下继续扩张。根据国家茶叶产业技术体系产业经济研究室调研数据，2016年全国茶园总面积约为296.53万 hm^2，比上年增加8.80万 hm^2，同比增长3.05%。其中，开采面积约238.53万 hm^2，同比增长5.64%。2016年全国干茶总产量为244.54万t，同比增长

7.37%。2016年茶类生产结构继续调整，干毛茶产量中绿茶、乌龙茶占比继续下降，分别为61.71%和11.09%；红茶占比超过乌龙茶，达到12.18%；黑茶（不含普洱）占比有所提升，为8.51%。其中，绿茶产量约150.91万t，同比增长4.94%；红茶、黑茶（含普洱茶）产量约分别增长15.88%和13.35%，分别达到29.79万t、33.48万t；乌龙茶产量约为27.12万t，同比增长4.80%；白茶产量保持平稳，约为2万t。2016年，名优茶产量继续增长，突破100万t。2016年茶叶一产产值估计约为1 702亿元，同比增长12.04%。

（二）市场需求持续放缓，销售价格依然低迷

从国家茶叶产业技术体系经济研究室的产区调研结果看，2016年整体茶叶市场形势依然严峻，我国30.00%产区茶叶销量上升，20.00%产区销量下滑，50.00%产区销量与去年持平；70.00%的产区高端礼品茶销售较往年继续下滑，部分地区下滑比例达到40.00%以上。2016年，各季度茶叶生产价格指数依次为98.60、98.20、100.30和102.00。2016年干毛茶均价基本与2015年一致，每千克价格在60～70元之间；名优绿茶均价仅有每千克325元，且30.00%的产区价格同比下滑；大宗绿茶均价约为每千克76元，部分产区反映该类茶压货较多；乌龙茶整体均价基本与去年持平，每千克茶价在150元左右，部分地区乌龙茶严重滞销；红茶价格较为分化，初步统计每千克60元以下、每千克60～200元和每千克200元以上销量比为5∶2∶1；黑茶（不含普洱茶）、普洱茶毛茶每千克均价分别约为37元和54元。

（三）产业组织整合加速，经营模式创新发展

在外界推动和内部自发驱动下，茶叶产业组织整合加速。部分产区企业出现严重分化，一些品牌企业借助前期品牌影响力或者模式创新，实现了逆市快速发展，部分转型较慢的企业经营状况日益恶化，企业抱团、合作、并购案例逐渐增多，产业外资金也抓住产业调整的机遇，强势进入茶产业。产业经营模式开始多元化，新的商业模式被不断引入，试图为优质茶叶供应商与经销商搭建桥梁的平台也在探索中发展，借助互联网等现代交易手段的茶交所交易规模快速扩大，吸引年轻群体的新型茶空间初具规模，线上线下企业融合速度加快。茶产品创新也有所增多，茶叶市场更加细分，茶叶衍生品市场备受重视，茶叶饮用方式和功能愈益多样化。

（四）红茶出口涨幅较大，花茶普洱出口下滑

根据中国海关进出口统计数据显示，2016年我国茶叶出口为32.87万t，金额为14.85亿美元，同比分别增长1.15%和7.48%。其中，绿茶出口为27.09万t，金额为10.65亿美元，同比分别增长－0.47%和5.91%，绿茶出口量较去年稍有下滑；红茶出口为3.31万t，金额为2.56亿美元，同比分别增长17.87%、24.19%；乌龙茶出口为1.60万t，金额为0.90亿美元，同比分别增长3.82%和6.29%；普洱茶出口量为0.29万t，金额为0.26亿美元，同比分别增长－10.56%、－23.22%；花茶出口为0.58万t，出口金额为0.48亿美元，同比分别增长－3.99%和－6.73%。

二、存在问题

（一）产业供求矛盾继续加深，潜在风险加大

茶叶产业的供求矛盾已被逐步认识，但是产业规模的扩张短期内难以控制，部分产区的发展冲动依然较大。但随着我国经济进入新常态，茶叶消费增长动力不足，产能增长与消费增长速度已经严重不匹配，产业供求失衡的问题是今后产业发展必须面临的重点问题。

（二）利润空间再压缩，产业发展动能不足

2016年，除部分地区因为茶园荒废，物质投入减少外，全国整体茶叶生产物质投入成本较2015年约增长3.60%；全国采茶工均价基本与2015年持平，约为每天110元。采摘工紧缺问题依然存在，继续制约产业的发展。生产成本继续抬升，茶叶市场售价持续走低，使茶叶销售的各级利润再压缩。市场疲软，部分产品滞销，严重打击了经营主体的生产积极性。

（三）质量安全信息不对称，消费者茶叶消费存疑虑

农业部十分重视茶叶的质量安全，每年都会开展茶叶质量安全例行监测、专项监督和风险评估。2016年，对全国24个省、自治区、直辖市和计划单列市开展例行监测，全年质量安全合格率99.40%，比2015年97.60%上升了1.8个百分点，创历史新高。但是，有关茶叶质量安全问题的报道不时会在媒体上出现，市场上茶叶质量安全信息的不对称，让消费者茶叶消费仍存疑虑。茶叶质量安全监督不容松懈，任重而道远。

三、发展预测

（一）产业规模继续惯性扩张，产品结构继续调整

2017年茶园种植面积仍会惯性增加，总投产面积有望达到253.33万hm^2，同比增长6.20%。如无大灾害性天气影响，预计2017年茶叶生产能力仍有8.00%左右的增长，总产能有望达到270万t。受市场需求趋势变化影响，产品结构继续调整，中档价位茶叶会渐成市场主要消费产品；绿茶依然保持市场主导地位，但内部品类之间会持续调整，红茶、白茶仍将是市场消费热点，黑茶、乌龙茶预计开始进入平稳发展或调整期。

（二）中端市场容量有望扩大，消费需求碎片化

首先，总体消费量预计仍有2%～3%的低幅增长，其中高端消费市场和低端消费市场将继续缩小，中端消费市场有望扩大。未来市场增长点依赖于中产阶级、新世代消费者和网络购物。其次，茶叶消费需求越来越个性化、碎片化，小众群体分类愈益明显，需要关注长尾效应，重视客户力量，利用社群营销，使小众聚成大众，做有故事的好产品。

（三）产业组织结构继续调整，融合发展趋势明显

2017年产业组织结构调整与发展继续深化。跨界合作、三产融合、线上线下等融合发展进程加快，业内新生态将逐步形成。一些有实力的品牌茶叶企业将继续保持快速发展态势，市场与产业龙头地位更加稳固。部分企业必须重新进行发展定位，退出全产业链发展，专注于有竞争优势的环节深度发展。产品创新与模式创新效果将开始显现。

四、发展建议

（一）控制茶园规模，保证茶叶品质

要坚决贯彻落实农业部“稳定茶园面积，提高茶叶质量效益、茶产业竞争力和持续发展能力”的产业发展方针，注重产品质量与产业效益的提升。部分产区要抑制产业盲目发展的冲动，切实提升产业发展素质。提高产品品质；合理布局当地茶叶品种结构，错开茶叶采摘高峰，缓解采工短缺问题。加强茶园管理，保障茶叶质量安全。

（二）规范市场竞争，优化产业生态

行业管理部门要尽快完善市场监督协调机制，规范市场竞争秩序，营造良好的产业生态环境；要把握市场趋势，合理引导产业发展，协调利益分配，保障各方收益。经营主体要逐步转变经营理念，针对越来越追求便利化、个性化、品牌化、优质化、社群化、功能化的消费市场需求，制定精准的营销策略，诚信经营，公平竞争，回避概念炒作和恐吓式营销等。

（三）实施创新驱动战略，加强指导服务

加强顶层设计，统筹各方资源，构建政府引导、市场主体、上下联动、多方配合的协同推进机制。支持科研单位和茶叶龙头企业开展茶叶基础研究及优质高效栽培、名优茶机械化采摘、茶叶精深加工等技术研发，利用茶叶开展营养功能性食品创制，并在质量安全控制手段上进行创新。培育新型经营主体、大型企业集团和新型社会化服务组织，鼓励有实力的企业跨区域整合资源，组建产销集团，形成资源集中、生产集群、营销集约的格局，提高生产的组织化程度，推进规模化经营，引领标准化生产。加强茶叶生产、加工、贸易和管理等方面的人才队伍建设，提高基层农技推广机构指导和服务茶叶生产的能力水平。

我国茧丝绸行业经济运行状况

商务部市场运行和消费促进司

当前，我国经济运行缓中趋稳、稳中向好，茧丝绸等传统产业加快转型升级。2016年，茧丝绸行业在国内外经济下行压力不断加大，要素成本逐年攀升情况下，充分利用政策环境，继续推进供给侧结构性改革，大力发掘国内外市场需求，行业基本实现平稳运行。

一、茧丝绸行业运行特点

2016年，全国桑蚕生产量减价增，蚕茧产值大幅回升，茧丝价格明显上涨，丝绸工业企业效益加速提升，丝绸商品国内销售小幅上升，出口规模受国际消费需求影响持续下滑。

（一）桑蚕生产量减价增

1.桑园面积连续下降　由于近年来茧丝市场行情持续低迷、栽桑养蚕比较效益下降，加之劳动力成本上涨、桑蚕生产劳动强度大等原因，全国桑园面积连续3年下降。据全国21个主产省、自治区报送数据，2016年全国桑园面积79.30万hm^2，较上年减少2.83万hm^2，同比增长－3.4%。全国七成以上地区桑园面积出现不同程度下降，其中山西降幅最大，达55.80%，其次河北较上年增长－19.6%。从集中度看，全国有8个地区桑园面积超过3.33万hm^2，依次是广西、四川、云南、重庆、陕西、浙江、江苏和安徽，总面积占全国比重为82.40%，较上年提高1个百分点。分区域看，东中部桑园面积占比减少，西部增加。其中，东、中、西部地区桑园面积分别为17.97万hm^2、6.56万hm^2和54.77万hm^2，占比分别为22.70%、8.30%和69.10%，东部、中部地区占比较上年分别减少1.00%和0.70%，西部地区占比上升1.70%。

2. 蚕茧产量小幅减少　自2012年以来，蚕茧产量已连续5年小幅下降。受终端消费市场不旺、桑园面积减少、部分地区出现极端天气等因素影响，2016年春茧产量较上年同期下滑超过一成；春茧价格上涨，带动秋茧生产有所回升，全年产量整体小幅下降。据全国21个主产省、自治区报送数据，2016年全国蚕茧发种量为1 548.13万张，同比增长－1.80%；蚕茧产量为62.04万t，同比增长－1.20%；蚕茧平均张产量为40.07 kg/张，同比增长－0.6%。从集中度看，蚕茧产量进一步向主产区集中。全国有六个地区蚕茧产量超过2万t，依次是广西、四川、云南、江苏、广东和浙江，总产量占全国比重为84.00%，较上年提高1个百分点。分区域看，蚕茧产量占比延续东中部减少、西部增加的走势。其中，东、中、西部地区蚕茧产量分别为11.66万t、5.27万t和45.12万t，占比分别为18.80%、8.50%和72.70%，东部、中部地区蚕茧产量占比较上年分别增长－2.10%和－0.70%，西部地区占比上升2.80%。

3. 蚕茧收购量价齐增　鲜茧收购资质认定取消后，扩大了企业经营自主权，鲜茧收购市场竞争更加充分，市场化水平进一步提高。各地积极转变政府职能，做好公共服务，加大宣传引导、管理协调，收购秩序总体良好。2016年蚕茧质量稳步提高，产量减少对价格有一定的抬升作用。蚕茧收购价格自2014年连续两年下降后，2016年大幅回升，带动全年蚕茧收购总收入上升。据全国21个主产省、自治区报送数据，2016年全国蚕茧收购量为59.55万t，同比增长－1.80%，平均收购价格为1 918元/50 kg，同比增长12.9%，蚕茧收购总收入为228.39亿元，同比增长14.9%。分区域看，东、中、西部地区蚕茧收购量分别为9.59万t、5.20万t和44.76万t，蚕茧收购收入分别为37.54亿元、18.48亿元和172.38亿元。西部地区蚕茧收购量同比增长6.20%，蚕茧收购总收入同比增长21.80%；东部地区蚕茧收购量同比增长－8.2%，收入同比增长1.2%；中部地区蚕茧收购量、收入分别同比增长－11.80%和－7.80%。除河北外，其余各地收购价格均有所上涨，其中黑龙江、江苏、广西、河南分别同比增长26.80%、20.20%、19.70%和15.80%。

4. 干茧价格波动上行　在蚕茧产量下降影响下，干茧价格较上年上升。据商务部监测，2016年干茧均价为98.96元/kg，同比增长2.70%。其中，春季干茧均价为94.86元/kg，同比增长－1.80%，较上年秋季均价上涨0.50%；秋季干茧均价为101.25元/kg，同比增长7.30%，比春季均价上升6.70%。分月度看，自1月份开始，结束上年连续8个月的下跌，全年呈波动上行走势，12月份为全年最高点，干茧价格105.10元/kg，较年初上涨11.70%。从生产效益看，据全国农产品成本收益资料汇编数据，2015年每公顷桑园蚕茧产量为1 549.50 kg，同比增长－2.30%；每公顷产值合计52 163.55元，同比增长－8.70%；现金成本832.45元，同比增长－2.10%；现金收益2 645.12元，同比增长－10.60%。2016年蚕茧价格大幅上升，预计蚕农收入增速高于成本增速，蚕农生产效益将有所提升。

（二）丝绸工业生产稳中向好

1. 生丝产量同比微幅上升　据国家统计局数据，2016年规模以上企业生丝产量15.84万t，同比增长0.50%总体产量同比增长－1.37万t。其中，生丝产量排名前五位的地区为广西、四川、江苏、浙江和江西，占全国总产量的80.50%。分区域看，西部地区产量占61.70%，占比较上年同期上升3个百分点，东部、中部地区占比分别为28.40%和9.90%。2016年，绢纺丝产量为0.90万t，同比增长－6.90%。产量排名前五位地区为浙江、广西、江苏、重庆和云南，占全国总产量的98.60%，其中浙江产量同比增长－22.00%，占比较上年下降11.20个百分点。

2. 蚕丝及交织物产量增加　据国家统计局数据，2016年蚕丝及交织物（含蚕丝≥50%）产量为6.68亿m，同比增长5.80%。产量排名前五位的地区分别为四川、浙江、江苏、安徽和重庆，占全国总产量的91.70%，其中四川产量增长18.60%，占比31.10%，较上年同期提高3.30个百分点。2016年，蚕丝被产量为2 074万条，同比增长－14.60%。产量排名前五位的地区分别为江苏、河南、浙江、山东和湖北，占全国总产量的78.30%，除江苏外，其余4个地区产量均有所下降。分地区看，全国近七成地区蚕丝被产量下降，其中安徽、福建、辽宁产量下降幅度超过85.00%，云南、河南、四川降幅超过25.00%。

3. 工业企业效益提升　据国家统计局数据，2016年全国813个（较上年末减少36个）规模以上丝绸企业主营业务收入1 273.91亿元，同比增长4.50%，增速较上年加快0.40个百分点，高于全国纺织工业0.40个百分点；实现利润总额为69.47亿元，同比增长4.60%，略高于纺织行业平均增速。

2016年，丝绸行业亏损面为12.30%，较上年缩小0.90个百分点；亏损企业亏损总额为2.49亿元，同比增长－22.50%。分类别看，缫丝加工企业、丝印染精加工企业亏损总额降幅分别为32.40%和24.90%；绢纺和丝织加工企业亏损面最小，但亏损总额增加10.20%。

4. 茧丝价格指数上升　受蚕茧产量下降，茧丝原料供给偏紧影响，生丝价格从第二季度开始逐步上升。据商务部监测，2016年3A级生丝全年均价为32.29万元/t，同比增长0.70%；5A级生丝均价为34.93万元/t，同比增长－0.50%。分月看，1～5月生丝价格相对平稳，自6月份起价格连续上涨，12月份由涨转平，全年总体呈上升态势，12月份3A和5A级生丝价格较年初分别上涨8.20%和8.80%。2016年，中国茧丝价格指数为168.99点，结束了连续两年下降走势，同比增长1.10%。分月看，2016年茧丝价格指数呈波动上行走势，12月份为176.80点，较1月份上升7.60%。

（三）丝绸商品销售内增外减

1. 丝绸商品内销小幅上升　据商务部监测，2016年全国50个丝绸样本企业内销额为44.75亿元，同比增长2.10%。除2月份受春节假期影响大幅下降外，其余各月份内销额波动较小。分品种看，家纺类产品年内销额为19.31亿元，同比增长－2.40%，占内销额比重的43.10%，较上年缩小2个百分点；真丝服装类内销额下降9.10%，占比缩小1.20个百分点；丝绸服饰类、真丝绸缎类内销额分别增长20.70%和6.90%，占比分别扩大1.90个和1.40个百分点；其他商品类内销额增长2.10%，占比与上年基本持平。

2. 丝绸商品出口降幅扩大　受国际消费需求持续低迷影响，我国真丝绸商品出口额连续3年下降。据中国海关统计数据，2016年真丝绸商品出口额为29.22亿美元，同比增长－4.8%，降幅较上年扩大4.40个百分点。分月份看，各月真丝绸商品出口波动较大。受国内春节长假影响，2月、3月出口较少，随后逐步趋于平稳，4～6月小幅上升，7月出现短暂回落，自8月起出口开始上升，至10月出现猛增，单月出口额为4.68亿美元，环比上升85.60%，占全年出口额的16.00%，11月、12月再次回落。其中后4个月出口额较高，拉动下半年出口总额较上半年上升42.00%。从出口各大洲分布看，2016年，亚洲、欧洲和北美洲仍是我国主要出口市场，出口额占比87.70%。具体看，对亚洲、北美洲、拉丁美洲地区出口额下降明显，分别减少8.10%、11.30%、12.60%，占比分别下降1.60个、1.20个和0.10个百分点；对欧洲地区出口额减少2.60%，占比较上年上升0.60个百分点；对非洲、大洋洲地区出口额分别增加19.90%、21.30%，占比分别上升1.80个和0.50个百分点。从出口国别地区看，当前出口市场以传统出口国家和地区为主，部分出口新市场增长较快。据海关统计数据，2016年，美国、印度、意大利、巴基斯坦和中国香港合计占我国真丝绸商品出口总额的43.30%。出口排名前十位的国家和地区中，日本、德国排名下降一位，中国香港、英国上升一位，尼日利亚取代法国排第九位。继2015年对沙特阿拉伯出口大幅上升后，2016年对尼日利亚出口快速上升，同比增速315.70%，占比较上年同期增加2.90个百分点，接近对英国、德国的出口水平。从出口来源地看，2016年真丝绸商品出口额排名前五位的省市依次为浙江、广东、江苏、上海和山东，五省市出口合计占真丝绸商品出口总额的83.30%，较上年上升3.20个百分点。广东出口额连续两年大幅增长，增幅为45.90%，占比上升10.50个百分点（2015年占比上升8.20个百分点）；浙江、江苏、上海、山东出口额分别下降14.80%、20.90%、9.60%和22.20%。

3. 丝绸制成品出口占比连续回升　随着丝绸生产企业供给侧改革的推进，企业加大新产品、终端产品的开发力度，受单价上升带动，丝绸制成品出口占比扩大。据中国海关统计数据，2016年丝类、绸类和丝绸制成品出口额占比分别为18.10%、22.20%和59.70%。丝绸制成品出口单价同比增长4.50%，出口占比继上年回升7.00个百分点后，2016年继续上升2.10个百分点，丝类占比上升0.30个百分点，绸类占比下降2.40个百分点。2016年丝类商品出口量13 211 t，同比增长2.20%，出口额、出口单价分别为5.29亿美元、40.07美元/kg，分别同比增长－3.00%和－5.10%。其中，长丝类出口量增额减；短丝类出口量小幅下降，出口额呈两位数下降。丝类商品出口额排名前五位的国家和地区依次为印度、意大利、罗马尼亚、日本和越南，出口额占我国丝类商品出口额的75.70%，较上年扩大2.40个百分点。其中对罗马尼亚出口额较上年增加22.60%，排名上升一位。绸类商品出口排名前五位的国家和地区依次为巴基斯坦、意大利、中国香港、印度和韩国，出口额占我国绸类商品出口额的65.20%，较上年扩大1.90个百分点。2016年我国出口丝绸制成品为17.45亿美元，同比增长－1.20%。其中，地毯、针织服装、领带和头巾出口额下降明显，梭织服装和其他制成品出口量增加带动出口额上升。丝绸制成品出口额排名前五位的国家和地区依次为美国、英国、尼日利亚、中国香港和德国，合计占我国丝绸制成品出口额的46.10%，同比增长－1.80个百分点。其中对美国丝绸制成品出口额下降16.10%，占比较上年减少3.90个百分点；对尼日利亚出口额大幅增加，排名跃居第三位，占比较上年增加5个百分点。

二、茧丝绸行业发展存在的问题和短板

目前，茧丝绸行业存在桑蚕生产方式落后，工业自动化程度低，产品创意设计能力不强，终端产品附加值低，知名品牌少，同质化现象严重等问题，全行业向价值链高端跃升形势严峻。

（一）蚕桑生产方式落后

我国桑蚕生产目前大部分仍以传统的小规模家庭经营为主，规模化集约化程度不高，现代设施应用少，机械装备水平低，生产劳动强度大、效率低、收益少。蚕桑生产方式落后，导致桑蚕生产基础不稳固，加上城市化、工业化引起桑园面积减少、劳动力流失，部分桑园存在弃管弃养的现象。此外，受环境变化、技术管理、品种本身遗传特性改变等因素影响，蚕桑品种存在退化问题，优质蚕茧数量和质量下降，已逐步影响到生丝、绸缎等下游高端产品的质量提高。

（二）工业亟待提质增效

与化纤、棉纺等纤维相比，茧丝绸工业全流程生产自动化、智能化程度较低，如缫丝机已多年未改进，劳动力需求仍然较高，新技术、新材料、新工艺等在缫丝设备和工艺中运用不足，加之原料、人工、环保等成本不断上升，丝绸工业企业生产成本压力不断加大。据统计局数据，2016年全国规模以上丝绸工业企业中12.30%存在亏损，提高品质、增加效益、提升工业制造水平将持续成为行业发展的关键。

（三）产品研发设计不足

目前丝绸终端商品仍主要集中在传统的丝绸服装服饰、丝绸家纺等方面，满足消费升级需求、适应“快时尚”潮流的丝绸面料、服装新品种、新产品开发不足，丝绸工艺品、家装、医药、化妆品等文化创意及高新技术方面的开发应用较少。与意大利、法国等国相比，丝绸创意设计、引领潮流能力仍有差距，同质化竞争严重，对国内外市场的有效供给不足，难以满足日益增长变化的消费者需求。

（四）品牌营销有待加强

在外销市场，我国丝绸产品缺乏自主品牌优势，出口产品仍以代工为主，市场替代性很高，品牌附加值较低。我国真丝绸商品出口中，丝类、真丝绸缎等原料类产品占四成以上，近年来丝绸制成品占比虽有所上升，但出口订单不稳定、单品价格仍然较低。2016年我国真丝领带、真丝服装平均出口价格分别为3.46美元/条、14.39元/件（套），仅为欧洲品牌的1/10左右。在内销市场，自主品牌的影响力较小，无法与外资大牌相竞争。线上销售、商场精品店、自营连锁店、旅游商店产品良莠不齐，规范有序、布局合理、定位准确的线上线下营销渠道尚未成熟，消费者对丝绸产品、品牌的认知度仍有待提高。

三、茧丝绸行业发展的影响因素

（一）有利因素

1. *国内经济平稳发展*　2016年，我国国内生产总值74.41万亿元，同比增长6.70%，经济运行保持了总体平稳、稳中有进、稳中提质的发展态势。全年社会消费品零售总额比上年增长10.40%，其中实物商品网上零售额增长25.60%，占社会消费品零售总额的比重为12.60%；居民人均可支配收入实际增长6.30%；全国规模以上工业企业利润由上年下降2.30%转为增长8.50%；单位国内生产总值能耗下降5.00%，经济发展的质量和效益明显提高。随着经济稳定增长及居民收入水平不断提高，消费者对产品品质的需求将有所上升，对丝绸商品的消费能力也将逐步提升。

2. *政策环境不断优化*　多项有利政策制度继续实施，一些新的政策相继出台，推动茧丝绸行业稳步发展。国家供给侧结构性改革继续推进，促进行业进一步完善产品服务体系；财政部、税务总局“营改增”改革全面推进，多个地区将蚕茧纳入扩大农产品增值税进项税额核定扣除试点的政策相继出台；“一带一路”倡议背景下，更多丝绸企业将扩大国家间合作、积极走出去。2016年，国务院印发《关于促进外贸回稳向好的若干意见》，促进外贸创新发展，努力实现外贸回稳向好；商务部发布《茧丝绸行业“十三五”发展纲要》，为行业发展指明方向，研究加大对行业支持力度。2017年年初中央1号文件提出，实施优势特色农业提质增效行动计划，促进蚕桑产业提档升级。

3. *产品需求前景广阔*　茧丝绸产业具有显著的循环经济特色，桑、蚕、丝浑身是“宝”，桑叶、桑果、桑条、蚕蛹、蚕沙均可物尽其用，桑树本身不占用良田，可以保持水土，通过采摘桑叶养蚕可以提高农民收入，随着茧丝绸产业综合开发利用的深入发展与广泛推广，丝绸商品消费领域将更加广阔，茧丝绸产业将取得更高的经济效益、社会效益和生态效益。

此外，丝绸商品具有天然、绿色、无污染、多功能的特点，随着人们消费水平和生活品位的不断提高，加上丝绸产品结构的调整，大量适销对路丝绸新品种逐步投放市场，丝绸商品将吸引越来越多的消费者。

（二）不利因素

1. *外部需求不容乐观* 2017 年，全球贸易格局将更加复杂，我国外贸面临的压力和不确定性因素增加：一是外需持续低迷。世界经济不确定性因素增强，主要经济体动力缺乏，国际贸易增长显著放缓，新兴经济体市场消费增长有限。二是贸易保护主义抬头。“逆全球化”升温、国际贸易投资环境恶化，不断刺激各国实施贸易保护措施，由此导致国际多边贸易体制维系举步维艰，贸易摩擦加大。三是对外贸易竞争激烈。泰国、柬埔寨、越南、印度、巴基斯坦等东南亚、南亚国家加大对纺织行业扶持，鼓励本国发展桑蚕养殖及丝织产业，加上其劳动力充裕、生产成本低，丝绸产业和订单出现转移，对我国出口市场份额造成一定影响。

2. *要素成本逐步攀升* 伴随工业化、城镇化的推进和服务业的发展，我国劳动力、土地、资金等生产要素成本快速上升，并逐年增加。据全国农产品成本收益资料汇编数据，蚕农养蚕的生产成本不断增加，现金收益近年有所下降，2015 年桑蚕茧每亩现金成本较 2010 年上升 26.60%，现金收益较 2013 年高点时下降 19.30%。此外，由于茧丝绸产业生产周期长、流动资金占用大、利润率低，茧丝绸企业普遍存在融资难、融资贵的问题，企业融资成本持续抬升也对企业发展造成影响。

3. *节能减排压力加大* 近年来，国家环保政策密集出台，管控督察力度持续加大，对纺织行业节能及污染物减排的标准要求不断提升，各省级地市也相继出台地方政策。《纺织工业发展规划（2016—2020年）》提出，到 2020 年，纺织单位工业增加值能耗累计下降 18.00%，单位工业增加值取水下降 23.00%，主要污染物排放总量下降 10.00%。2016 年下半年，中央环保督察组对 15 个省、直辖市进行督察，江苏、浙江等纺织印染加工业企业集中地区环保整治措施持续升级。在此情况下，丝绸企业，特别是印染、缫丝等环节企业短期内节能环保改造任务较重，企业需要增加环保投资，并不断加快绿色环保型产品开发。

4. *茧丝替代品竞争加剧* 从桑蚕生产看，在市场经济条件下，蚕农为了提高收入，会理性选择农业生产品种，当养蚕比较效益下降，相对地农户对蚕桑生产投入就会不足，如 2016 年春季，广西象州、荔浦等地大面积种植砂糖橘，对当地蚕桑产业发展造成一定冲击。从工业生产看，随着纺织科技的飞速发展，化纤仿真技术的不断突破，蚕丝纤维受到激烈竞争与挑战，2016 年茧丝原料价格大涨，将促使企业加大多元化纺织纤维供给，替代效应加剧。从消费需求看，传统纯真丝面料受价格高、保养和护理困难等制约，需求主要集中在高端品牌，随着丝绸大众消费的兴起，市场对新工艺、混纺交织制品需求加大，丝绸制品面临外观和手感接近丝绸制品的替代品的挑战。

四、2017 年茧丝绸行业发展趋势

2017 年，是全面落实供给侧结构性改革的深化之年，以新技术新业态新模式，推动产业生产、管理和营销模式变革，将成为茧丝绸行业发展的主要方向。

（一）内需潜力继续释放

在消费需求持续升级背景下，2017 年丝绸行业将更加积极主动适应市场变化，创造有效供给，优化消费环境，进一步释放市场消费潜力，形成有效供给与消费升级的良性互动局面。从产品供给看，企业将更加注重丝绸产品创意设计，拓展中高端丝绸商品供给，促进时尚和大众化产品发展，满足消费者多层次、多样化需求。从消费环境看，企业将充分应用“互联网＋”及信息技术，精准定位，开发个性化订制渠道，提供差异化优质服务；关注客户体验，发展品牌体验店、精品店等，走线上线下全渠道发展，打通实体店和网络销售渠道，提高服务品质，营造更便利、舒适的消费环境。

（二）出口结构调整优化

2017 年，我国外贸发展面临的形势依然严峻复杂。目前看，世界经济增长低迷态势仍在延续，主要经济体政策走向及外溢效应变数较大，不稳定不确定因素明显增加。与此同时，我国稳外贸政策效果逐步显现，外贸结构调整步伐加快，自贸区、“一带一路”建设的推进也为开拓国际市场、稳定外贸份额创造了有利条件。丝绸贸易企业为更好地生存发展，将积极参与国际交流合作，优化丝绸产品贸易结构，加快对出口新市场的开拓，促进贸易市场多元化健康发展。预计 2017 年丝绸商品对外贸易份额将保持基本稳定，新兴市场、“一带一路”沿线国家和地区将成为开发重点，进出口质量效益进一步提升。

（三）蚕桑规模稳中有降

2017 年中央 1 号文件提出，实施优势特色农业提质增效行动计划，促进蚕桑产业提档升级。据此，各地积极做好产业规划、跟进服务指导、加强技术支持，鼓励农民进行桑蚕生产，稳定蚕桑产业基础，加

强供需协调，努力维持行情和生产规模平稳。广西计划培育包括蚕茧在内9个百亿元产业；四川已将蚕桑产业纳入省“十三五”规划纲要；浙江在省内外建立优质蚕桑基地，以满足高档丝绸产品的蚕丝原料要求；江苏鼓励农户栽桑养蚕，以保护地方特色产业。但是，随着城市化进程加快，劳动力、土地等成本上升难以得到改观；蚕茧在农产品中的比较优势呈下降趋势，对产业发展均构成不利影响。预计2017年桑蚕生产规模整体将维持稳定，东中部部分地区略有下降。

（四）产业结构升级调整

为发挥茧丝绸行业全产业链综合竞争优势，提高行业运行质量和效果，在各管理部门政策引导和支持下，2017年茧丝绸行业将继续加快结构调整和转型升级。从桑蚕生产主体结构看，蚕桑规模化种养方式方兴未艾，新型农业经营主体蓬勃兴起，家庭农场、反租倒包、“公司＋基地＋农户”等新型生产模式将进一步发展。从桑蚕生产区域结构看，东桑西移将继续推进，并进一步深化发展，桑蚕生产将由西部较发达地区向欠发达地区转移。从丝绸产业链结构看，行业在加快地区结构转变、做好集群集聚产业布局的同时，逐步完善产业链，打造地区竞争优势，增强企业抗风险能力，形成一体化融合发展。

（五）产业文化融合发展

丝绸文化是具有中国特色的文化之一，丝绸产业作为我国传统产业，有着独特的魅力和深刻的文化内涵。2016中国杭州G20峰会期间，特色丝绸礼品、丝绸服装服饰等展现出的中国文化软实力，彰显了民族文化自信，宣传了中国丝绸文化。2017年将继续推进茧丝绸产业和文化融合，提升产业文化底蕴和文化自信。通过深入发掘茧丝绸文化，扩大丝绸文化在公众心目中的影响力，提高丝绸产品的认可和接受度，引导丝绸消费的新观念；同时，发展栽桑养蚕、丝绸文化旅游相结合，建设丝绸特色小镇、茧丝绸文化体验园等，实施丝绸文化旅游项目。此外，以国际交流、贸易为契机，多途径提升中国丝绸文化和产业影响力，促进世界丝绸业融合发展，推动丝绸产业的可持续发展。

我国纺织工业经济运行状况

中国纺织工业联合会

2016年以来，我国纺织行业经济运行情况基本正常，行业盈利能力稳定，运行质量持续改善。但是行业仍然面临较为复杂的内外市场环境，市场增长动力偏弱，行业出口持续负增长，投资增速回落，转型升级压力仍然较大。2017年，纺织行业自身将继续加快转型升级，努力化解各种风险压力，同时也需要国家政策给予适当扶持。

一、2016年纺织工业运行特点

2016年，我国纺织行业运行总体表现相对平稳，增长速度继续放缓。具体纺织行业运行主要呈现以下特点：

（一）生产增速放缓

2016年，纺织行业生产增速逐渐放缓。据国家统计局数据，2016年我国纺织行业规模以上企业工业增加值同比增长4.9%，低于上年同期增速1.4个百分点，低于2016年3季度增速0.7个百分点（表1）。

表1　2016年纺织行业工业增加值增速

单位：%

行　业	1季度	2季度	3季度	4季度
纺织行业	6.7	6.5	5.6	4.9
纺织业	7.7	7.3	6.2	5.5
服装业	5.2	4.9	4.2	3.8
化纤业	6.5	9.1	7.8	6.1

数据来源：国家统计局。

2016年，纺织行业大部分重点产品增速也有所放缓。据国家统计局数据，2016年规模以上纺织企业纱产量同比增长5.5%，增速较上年加快0.8个百分点；化纤产量同比增长2.3%，增速较上年回落10.2个百分点；布产量同比增长1.6%，增速较上年回落1.5个百分点；服装产量同比下降1.6%，增速较上年回落3.6个百分点（表2）。

表 2 2016 年纺织重点产品产量

产品	单位	产量	同比增长（%）
纱	万 t	3 732.6	5.5
布	亿 m	906.8	1.6
化纤	万 t	4 943.7	2.3
服装	亿件	314.5	−1.6
印染布	亿 m	533.7	3.3

数据来源：国家统计局。

（二）投资增速回落较大

2016 年，我国纺织行业 500 万元以上项目投资完成额 12 838.7 亿元，同比增长 7.8%（表 3），增速较上年降低 7.2 个百分点。受终端需求不旺的影响，家纺、服装、产业用行业投资增速均回落较大，较上年分别回落了 19.9、16.7 和 12.5 个百分点。

表 3 2016 年我国纺织行业固定资产投资完成情况

行业	投资额（亿元）	同比增长（%）	较上年回落（个百分点）
纺织行业	**12 838.7**	**7.8**	**7.2**
纺织业	6 642.6	10.7	2.4
棉纺行业	3 467.9	18.2	−2.7
毛纺行业	387.6	12.7	−8.6
麻纺行业	136.8	−2.5	29.1
丝绸行业	153.8	−11.5	24.2
化纤织造行业	483.6	14.8	−22.0
针织行业	586.9	6.2	9.7
家纺行业	734.3	−5.2	19.9
产业用行业	691.8	4.5	12.5
服装业	4 780.9	5.6	16.7
化纤业	1 116.0	0.3	2.5

数据来源：国家统计局。

从投资区域来看，近年来，我国中西部地区承接纺织产业转移的进度放缓，2016 年投资额同比仅增长 8.2%，低于上年同期 4.4 个百分点；西部地区投资额同比增长 16.8%，增速也低于上年同期 2.4 个百分点，而其中新疆地区投资额同比增长 49.9%，投资增量占同期全国纺织行业投资增量的 17.3%。

（三）国内外市场压力较为突出

2016 年，我国纺织行业出口压力仍然较大，出口呈现持续负增长。据中国海关数据显示，2016 年我国累计出口纺织品服装 2 701.2 亿美元，同比增长 −7.2%，降幅较上年同期降幅扩大 2.4 个百分点。2016 年，纺织品服装出口价格同比增长 −7.2%，出口数量略有增长。纺织行业参与国际市场竞争的压力非常突出，美国、欧盟、日本等主要市场纺织品服装进口需求持续下降，我国在美国、欧盟、日本市场的占比份额也持续下降。2016 年，美国、日本从我国进口纺织品服装占其进口同类产品市场份额的比重分别下降了 1.8 和 2.6 个百分点。受宏观经济及市场环境等因素影响，我国纺织服装商品内需增速呈现稳中趋缓的态势。根据国家统计局数据，2016 年，我国限额以上服装鞋帽针纺织品零售额同比仅增长 7.0%，较上年同期放缓 2.8 个百分点。网上零售增速也明显放缓，2016 年全国网上穿着类商品零售额同比增长 18.1%，较上年同期回落 3.3 个百分点。

（四）行业运行质量稳中趋好

纺织行业经济运行质量基本稳定。2016 年，规模以上纺织企业销售利润率为 5.5%，总资产周转率 1.60 次/年，均与上年同期持平；产成品周转率 21.98 次/年，较上年同期有所加快；三费比例为 6.1%，较上年同期下降 0.1 个百分点。产业链终端环节运行态势良好，表明我国纺织行业与终端市场衔接基本顺畅。2016 年，产业用纺织品行业、服装行业、家纺行业的利润率分别是 6.2%、5.8% 和 6.2%，均高于全行业平均水平。

二、纺织行业运行遇到的问题与矛盾

（一）投资增长存在制约因素

当前，我国纺织行业处于转型升级的关键时期，加快技术装备投入的需求较为迫切。但 2016 年以来，我国纺织行业固定资产投资增速逐步放缓，行业扩大投资、推进升级面临部分制约。一是成本负担仍然较重。近年来，我国纺织行业劳动力成本年均增长 10.0% 以上；我国电价水平是越南、美国等地的近两倍；实施“煤改气”，使印染等以燃煤为主的纺织企业燃料动力成本提高到原来的 2 倍左右；国内棉价长期高于国际市场。成本压力加大，造成纺织企业在国内投资的积极性下降，部分企业将新增投资转向海外。二是环保监管限制严苛。有些地方环保部门为完成减排任务，限制印染项目进行环评，致使企业无法进行技术、装备升级投资。我国印染废水排放标准对苯胺、锑、可吸附有机卤素等非特征性污染物设置严格的限制标准或要求不得检出，而美国、欧盟、日本等发达国家对此均不做强制要求，由于行业中缺少可行的针对性处理技术，纺织企业无从应对。三是融资难、融资贵问题始终未能得到有效解决。银行惜贷、利息上浮、收取贷款服务费、要求定期转贷等问题仍然存在。

（二）内外需增长缺乏动力支撑

2016 年，全球经济复苏温和，虽然主要经济体经济增长好于预期，但居民实际收入并未明显改善，国际市场需求较为低迷。欧盟、美国、日本等传统消费市场纺织品服装进口规模均回落较快。2016年，美国从全球进口纺织品服装总额同比增长－6.4%，日本从全球进口纺织品服装总额同比增长－11.9%。2016年，我国内需市场增速也回落较快，传统和电商渠道增速均有所滑落。主要是由于宏观经济以及居民收入增速有所放缓，消费情绪偏冷；消费结构升级明显，体育娱乐用品类、中西药品类、通讯器材类消费增长较快。随着房地产市场回暖，相关家具、建筑及装潢材料消费增长迅速，挤占纺织品服装消费支出。以上因素均不支撑行业内销快速增长。

（三）PTA落后产能难以有效退出

化纤上游原料PTA行业产能过剩问题突出，开工率长期维持在65.0%～70.0%。在约4 000万t的现有产能中，有约600万t能耗高、产品缺乏差异化的落后产能，如加以淘汰，开工率可提升至80.0%左右的正常水平。但PTA落后产能绝大部分集中在国有大型石化集团，出于稳增长、维持产业链等原因，落后产能无法顺畅退出。PTA行业目前仍有在建项目和投资新建计划，如落后产能不尽快退出，则产能过剩压力将更加明显。

三、2017年行业发展走势预测

2017年，纺织行业面临的外部形势依然复杂严峻，保持平稳运行的压力较大。从国际需求看，IMF预测世界经济较2016年略有加速，但是依然较为低迷，并且面临美国新政、美联储再度加息、欧洲大选等不确定性，因此行业出口增速由负转正压力较大，另一方面由于美国财政刺激将在短期内提振国内需求，带动发达经济体需求回暖，加上2016年基数较低，预计2017年纺织行业出口增速有所回升。从国内看，“稳中求进”工作总基调和供给侧结构性改革将使宏观经济在合理区间保持增长，内需稳步增长的大趋势不会改变，但是我国经济增速总体放缓，消费情绪偏冷、内需消费结构升级等因素均不利于纺织服装行业内销增速明显加快。此外，棉花市场大幅波动将对行业生产、出口及效益情况产生直接负面影响，棉花放储期间使行业稳定生产面临较大不确定性，企业综合成本压力也难以有效缓解。2017年，继续深化转型升级，努力保持运行态势基本平稳，仍是纺织行业面临的艰巨任务。

四、促进纺织产业健康发展的政策建议

为了确保纺织行业继续保持平稳运行态势，为完成“稳增长、调结构、惠民生”的宏观经济目标做出积极贡献，建议国家进一步完善有关政策措施，创造更为有利的行业发展环境。具体政策建议：

（一）加强棉花原料保障

一是完善2017年棉花放储机制。预先做好棉花出库检查准备，提高棉花出库效率，缩短拍储资金占用周期，限制非生产性贸易商竞拍，紧密关注棉价波动，切实保证用棉企业需求。二是增加高等级棉花供给。建议适当增发棉花进口配额，增强棉纺企业正常开工生产的原料保障。

（二）促进企业扩大转型升级投入

一是完善印染行业投资监管措施。建议对印染企业技术改造项目实施分类管理，企业在不增加产能的前提下进行自动化、智能化改造，应优先予以环评和备案；对于其他符合国家产业政策的印染项目，简化环评手续，支持项目加快落实。建议修订《江苏省太湖水污染防止条例》，取消关于禁止太湖流域改建印染企业及项目的规定，允许按照“等容量置换”原则进行技术改造，有效减少污染物排放，促进太湖生态环境改善。二是科学合理制定、修订印染环保标准。做好《纺织染整工业水污染物排放标准》（GB 4278—2012）的评估、修订工作，以及《纺织染整工业大气污染物排放标准》的制定、论证工作，确保各项标准符合行业现有技术条件，具备经济可行性，为纺织企业应对标准要求适当提供空间。三是进一步改善企业融资环境。建议国家加强监督指导，落实好对实体经济、中小企业融资扶持政策，结合企业实际情况采取差别化的信贷政策，切实解决企业融资难、融资贵问题。

（三）进一步完善行业发展环境

一是降低工业用电价格。用电成本在棉纺、化纤企业除原料以外的加工成本中占比高达30.0%～40.0%，鉴于国内煤炭价格下行幅度较大，建议进一步研究煤电价格联动机制，减轻工业企业用电成本压力。二是加快产能结构调整。建议暂停PTA新建项目，避免产能规模无序扩大。由国家对大型国企给予结构调整资金支持，推动落后产能关停退出。三是尽量保持人民币兑美元汇率走势相对平稳，避免大起大落，减少因汇率波动引起的议价频率增加及结汇损失的风险，稳定出口环境。四是扩大产业用纺织品内需。建议加强挖掘产业用纺织内需空间，运用好政府采购、环保补贴等措施，扩大土工、建筑、防护、过滤等产业用纺织品应用需求。完善救灾帐篷、防洪抗汛土工模袋等特殊产业用纺织品的政府采购和应急储备机制，对于部分生产周期长、技术含量高的产品适当扩大实物储备量。

我国造纸工业经济运行状况

中国造纸协会

一、纸及纸板生产和消费情况

（一）纸及纸板生产量和消费量

中国造纸协会调查资料，2016年全国纸及纸板生产企业约2 800个，全国纸及纸板生产量为10 855万t，同比增长1.35%。消费量为10 419万t，同比增长0.65%，人均年消费量为75 kg（13.83亿人）。2007—2016年，纸及纸板生产量年均增长率为4.43%，消费量年均增长率为4.05%。

（二）纸及纸板主要产品生产和消费情况

1. 新闻纸　2016年新闻纸生产量为260万t，同比增长－11.86%；消费量为265万t，同比增长－11.37%。2007—2016年生产量年均增长率为－5.91%，消费量年均增长率为－4.28%。

2. 未涂布印刷书写纸　2016年未涂布印刷书写纸生产量为1 770万t，同比增长1.43%；消费量为1 689万t，同比增长0.54%。2007—2016年生产量年均增长率为3.14%，消费量年均增长率为2.67%。

3. 涂布印刷纸　2016年涂布印刷纸生产量为755万t，同比增长－1.95%；消费量为609万t，同比增长－5.14%。2007—2016年生产量年均增长率为4.46%，消费量年均增长率为4.05%。其中，2016年铜版纸生产量为665万t，同比增长－2.21%；消费量为565万t，同比增长－5.20%。2007—2016年生产量年均增长率为5.24%，消费量年均增长率为4.91%。

4. 生活用纸　2016年生活用纸生产量为920万t，同比增长3.95%；消费量为854万t，同比增长4.53%。2007—2016年生产量年均增长率为6.54%，消费量年均增长率为6.71%。

5. 包装用纸　2016年包装用纸生产量为675万t，同比增长1.50%；消费量为689万t，同比增长1.17%。2007—2016年生产量年均增长率为2.72%，消费量年均增长率为2.81%。

6. 白纸板　2016年白纸板生产量为1 405万t，同比增长0.36%；消费量为1 265万t，同比增长－2.62%。2007—2016年生产量年均增长率为3.28%，消费量年均增长率为1.96%。其中，2016年涂布白纸板生产量为1 345万t，同比增长0.37%；消费量为1 205万t，同比增长－2.67%。2007—2016年生产量年均增长率为3.35%，消费量年均增长率为1.96%。

7. 箱纸板　2016年箱纸板生产量为2 305万t，同比增长2.67%；消费量为2 364万t，同比增长2.92%。2007—2016年生产量年均增长率为6.04%，消费量年均增长率为5.68%。

8. 瓦楞原纸　2016年瓦楞原纸生产量为2 270万t，同比增长2.02%；消费量为2 271万t，同比增长1.93%。2007—2016年生产量年均增长率为6.03%，消费量年均增长率为5.91%。

9. 特种纸及纸板　2016年特种纸及纸板生产量为280万t，同比增长5.66%；消费量为225万t，同比增长3.69%。2007—2016年生产量年均增长率为9.87%，消费量年均增长率为5.75%。

二、纸及纸板生产企业经济指标完成情况

据国家统计局统计，2016年规模以上造纸生产企业为2 757个；主营业务收入为8 725亿元，同比增长6.98%；工业增加值增速为6.70%；产成品存货为275亿元，同比增长－13.08%；利润总额为486亿元，同比增长28.74%；资产总计为10 037亿元，同比增长0.51%；资产负债率为56.91%，较上年减少1.83个百分点；负债总额为5 712亿元，同比增长－2.98%；在统计的2 757个造纸生产企业中，亏损企业有316个，占11.46%。

三、纸浆生产和消耗情况

（一）2016年纸浆生产情况

据中国造纸协会调查资料，2016年全国纸浆生产总量为7 925万t，同比增长－0.74%。其中，木浆为1 005万t，同比增长4.03%；废纸浆为6 329万t，同比增长－0.14%；非木浆为591万t，同比增长－13.08%。

（二）2016 年纸浆消耗情况

2016 年全国纸浆消耗总量为 9 797 万 t，同比增长 0.68%。木浆为 2 877 万 t，占纸浆消耗总量的 29%，其中进口木浆占 19.00%，国产木浆占 10.00%。废纸浆为 6 329 万 t，占纸浆消耗总量的 65.00%，其中用进口废纸制浆占 24.00%，用国产废纸制浆占 41.00%。非木浆为 591 万 t，占纸浆消耗总量的 6.00%，其中稻麦草浆占 2.50%，竹浆占 1.60%，苇（荻）浆占 0.70%，蔗渣浆占 0.90%、其他非木浆占 0.30%。

四、纸制品生产和消费情况

根据国家统计局数据，2016 年全国规模以上纸制品生产企业为 3 895 个，生产量为 7 190 万 t，同比增长 2.16%；消费量为 6 911 万 t，同比增长 2.14%；进口量为 12 万 t，出口量为 291 万 t。2007—2016 年，纸制品生产量年均增长率为 11.43%，消费量年均增长率为 11.58%。

五、纸及纸板、纸浆、废纸及纸制品进出口情况

（一）纸及纸板、纸浆、废纸及纸制品进口情况

2016 年纸及纸板进口 297 万 t，同比增长 3.48%；纸浆进口 2 106 万 t，同比增长 6.15%；废纸进口 2 850 万 t，同比增长－2.66%；纸制品进口 12 万 t，与上年持平。2016 年进口纸及纸板、纸浆、废纸、纸制品合计 5 265 万 t，同比增长 1.04%；用汇 211.73 亿美元，同比增长－4.12%。进口纸及纸板平均价格为 1 097.56 美元/t，较上年平均价格增长－5.57%；进口纸浆平均价格为 581.12 美元/t，较上年平均价格增长－9.60%；进口废纸平均价格为 175.06 美元/t，较上年平均价格增长－2.91%。

（二）纸及纸板、纸浆、废纸及纸制品出口情况

2016 年纸及纸板出口为 733 万 t，同比增长 13.64%；纸浆出口为 9.57 万 t，同比增长－6.18%；废纸出口为 0.23 万 t，同比增长 228.57%；纸制品出口为 291 万 t，同比增长 2.46%。2016 年出口纸及纸板、纸浆、废纸、纸制品合计 1 033.80 万 t，同比增长 10.06%；创汇为 177.48 亿美元，同比增长－6.41%。出口纸及纸板平均价格为 1 235.85 美元/t，较上年平均价格增长－12.85%；出口纸浆平均价格为 1 139.84 美元/t，较上年平均价格增长 3.09%。

六、纸及纸板生产布局与集中度

根据中国造纸协会调查资料，2016 年我国东部地区 11 个省、自治区、直辖市，纸及纸板产量占全国纸及纸板产量比例为 75.10%；中部地区 8 个省、自治区比例占 16.20%；西部地区 12 个省、自治区、直辖市比例占 8.70%。2016 年山东、广东、浙江、江苏、福建、河南、湖南、安徽、重庆、河北、广西、天津、湖北、四川、江西和海南 16 个省、自治区、直辖市纸及纸板产量超过 100 万 t，产量合计 10 370万 t，占全国纸及纸板总产量的 95.53%。2016 年重点造纸企业产量前 30 名企业见表 1。

表 1　2016 年重点造纸企业产量前 30 名企业

序号	单位名称	产量（万 t）
1	玖龙纸业（控股）有限公司	1 331.00
2	理文造纸有限公司	543.13
3	山东晨鸣纸业集团股份有限公司	442.55
4	山东太阳控股集团有限公司	378.93
5	安徽山鹰纸业股份有限公司	354.00
6	华泰集团有限公司	318.65
7	福建联盛纸业	235.00
8	中国纸业投资有限公司	234.00
9	宁波中华纸业有限公司（含宁波亚洲浆纸业有限公司）	223.90
10	金东纸业（江苏）股份有限公司	207.73
11	山东博汇纸业股份有限公司	197.85
12	江苏荣成环保科技股份有限公司	189.53
13	东莞建晖纸业有限公司	143.00
14	浙江景兴纸业股份有限公司	131.00
15	金红叶纸业集团有限公司	129.34
16	山东世纪阳光纸业集团有限公司	124.61
17	海南金海浆纸业有限公司	108.85
18	东莞金洲纸业有限公司	105.91
19	芬欧汇川（中国）有限公司	100.00
20	山东泉林纸业有限责任公司	93.06
21	浙江永正控股有限公司	83.90
22	新乡新亚纸业集团股份有限公司	75.86
23	武汉金凤凰纸业有限公司	73.22
24	浙江新胜大控股集团有限公司	70.99
25	金华盛纸业（苏州工业园区）有限公司	62.60
26	大河纸业有限公司	59.32
27	山东贵和显星纸业有限公司	57.59
28	广州造纸集团有限公司	50.50
29	山东恒联投资有限公司	50.29
30	亚太森博（广东）纸业有限公司	50.00

七、环境保护

根据环境保护部统计，2015 年造纸和纸制品业（统计企业 4 180 个，比上年减少 484 个）用水总量为 118.35 亿 t，其中新鲜水量为 28.98 亿 t，占工业总耗新鲜水量 386.96 亿 t 的 7.50%；重复用水量为 89.37 亿 t，水重复利用率为 75.50%。万元工业产值（现价）新鲜水用量为 40.60 t，比上年减少 5.60 t，降低 12.10%。废水排放量为 23.67 亿 t，占全国工业废水总排放量 181.55 亿 t 的 13.00%。排放废水中化学需氧量（COD）为 33.50 万 t，比上年 47.80 万 t 减少 14.30 万 t，减少 29.90%，占全国工业 COD 总排放量 255.50 万 t 的 13.10%。万元工业产值（现价）化学需氧量（COD）排放强度为 4.70 kg，比上年降低 28.80%。排放废水中氨氮为 1.20 万 t，占全国工业氨氮总排放量 19.60 万 t 的 6.10%。万元工业产值（现价）氨氮排放强度为 0.17 kg，比上年降低 22.70%。造纸工业废水处理设施年运行费用为 54.20 亿元，比上年减少 2.70 亿元。2015 年，造纸和纸制品业二氧化硫排放量 37.10 万 t，比上年降低 10.00%；氮氧化物排放量 22.00 万 t，比上年增长 13.40%；烟（粉）尘排放量 13.80 万 t，比上年降低 2.80%。废气治理设施年运行费用 20.50 亿元，比上年增长 18.50%。

八、结 束 语

2016 年在我国经济平稳发展，市场信心有所恢复的推动下，造纸工业克服了能源、运输、原材料价格上涨等诸多不利因素，通过加大结构调整力度、适应市场需求变化、挖掘潜力、节能降耗、降低成本、提升产品质量等措施，实现了生产运营平稳，产销平衡，盈利有所增加，保持造纸产业平稳发展。

2 第二部分

相关行业发展概况

油料加工业

一、基本情况

近年来，我国食用油已不局限于八大油料加工领域，而是扩大到了许多粮食胚芽油。2016 年，全国粮食总产量达 61 624 万 t，较 2015 年 62 144 万 t 下降 0.84%。其中，小麦产量为 12 885 万 t，较 2015 年的 13 019 万 t 下降 0.1%；稻谷产量为 20 693 万 t，较 2015 年的 20 823 万 t 下降 0.63%；玉米产量为 21 955万 t，较 2015 年的 22 463 万 t 下降 0.23%。在油料生产方面，2016 年八大油料的总产量为 5 884.7 万 t，其中油菜籽产量为 1 400 万 t，花生果产量为 1 770万 t，大豆产量为 1 310 万 t，棉籽产量为 961.7 万 t，葵花籽产量为 265 万 t，芝麻产量为 64 万 t，胡麻籽产量为 39 万 t，油茶籽产量为 240 万 t。从 2016 年的油料产量中，随着农业生产供给侧结构性改革的推进，调整了部分农产品的种植面积，从而有效促进了我国传统大豆产业的发展，2016 年我国大豆产量预计达1 310万 t，同比增长 11.2%。同时有望 2017 年我国大豆产量继续增长。随着国家对木本油料产业发展的重视，以油茶为代表的木本油料产量逐年快速增长。2016 年预计油茶籽的产量达 240 万 t，同比增长 11%，与 2010 年油茶籽产量 109.2 万 t 相比，增长 120%，6 年间，平均每年增长 20%。在利用国产油料榨油方面，据国家粮油信息中心预测，2016 年我国利用国产油料（扣除大豆、花生、芝麻和葵花籽等 4 种油料部分直接食用外）的榨油量为 1 105.5 万 t，比 2015 年的榨油量 1 125.5 万 t 减少了 20 万 t。

二、进出口情况

为满足品种调节和市场供应需要以及受国际粮价的影响，我国每年都要进口一部分粮食，2016 年我国进口稻米 353.4 万 t，小麦 377.4 万 t，玉米 316.6 万 t，大麦 500.5 万 t 和高粱 644.8 万 t，合计为 2 192.8万 t，较 2015 年合计进口的 3 248.4 万 t 减少了 1 055.6 万 t，下降 48.1%。另外，2016 年我国还进口了 DDGS（饲料原料）306.7 万 t。与此同时，2016 年我国出口各类粮食合计为 58 万 t。

在油料油脂进口方面，尽管近些年来我国的油料生产发展较为稳定，油料的总产量稳居世界第一，但仍然跟不上油料油脂消费的快速增长。为满足我国食用油市场供应和饲养业发展的需要，近 10 年来，我国进口油料油脂的数量一直居高不下。2016 年我国进口各类油料合计为 8 952.9 万 t，较 2015 年进口的8 757.1万 t增加了 195.8 万 t。其中，进口大豆为8 391.3万 t，油菜籽 356.6 万 t，芝麻 93.2 万 t；进口各类植物油总量为 688.4 万 t，较 2015 年进口的 839.1 万 t减少了 150.7 万 t。其中，进口大豆油 56 万 t，菜籽油 70 万 t，棕榈油 447.8 万 t，葵花籽油 95.7 万 t，花生油 10.7 万 t，橄榄油 4.5 万 t。值得关注的是进口芝麻已超过国产芝麻的产量；进口葵花油已超过国产葵花籽油的产量，在进口植物油中，数量仅次于棕榈油，位居第二。其他一些小品种的油料油脂进口开始呈现一定数量，如亚麻籽及亚麻籽油、红花籽、椰子油、蓖麻油等，体现了多油并举。

三、食用油产销情况

2016 年度，我国食用油市场的总供给量为 3 466.5万 t，其中包括国产油料和进口油料合计产生的食用油 2 743.4 万 t 及直接进口的各类食用油合计为 723.1 万 t。2016 年度，我国食用油的食用消费量为 3 075 万 t，工业及其他消费为 338 万 t，出口量为 13.5 万 t，合计年度需求总量（即消费量）为3 426.5 万 t，年度节余量为 40 万 t。2016 年度我国食用油的自给率为 32.3%（即 2016 国产油料榨油量 1 105.5 万 t，与年度需求总量 3 426.5 万 t 之比）。与 2015 年的自给率 34.2%相比又下降了 1.9 个百分点。2016 年度我国食用油的需求总量为 3 426.5 万 t，按 2016 年末公布的中国大陆人口总数为 13.827 1 亿人计算，2016 年我国人均年食用油消费量为 24.8 kg，较 2015 年的 24.1 kg 又提高了 0.7 kg。

四、科技成果

（1）中国粮油学会组织专家于 2017 年 4 月 7 日

对广东润科生物工程有限公司、武汉轻工大学、武汉大学、中国科学院武汉病毒研究所和武汉博特尔油脂科技有限公司共同完成的“含DHA藻油的花生油品的研制和应用”成果进行了评价。该成果以《中国居民膳食营养素参考摄入量》为依据，研究设计了以花生油为主要基础油的DHA藻油调和油配方，产品经模拟烹饪实验，DHA的损失率小于25%，经储存实验表明该调和油的储存期能够达到18个月。经SD大鼠实验，该成果系统研究了DHA藻油花生油的生理活性，证实DHA藻油花生油有利于提高机体的抗氧化能力，验证了产品配方的合理性，对微生物油脂产业发展和调和油新产品开发具有重要的促进作用。专家组一致认为，该项成果整体研究达到国际先进水平。

(2) 中国粮油学会组织专家于2017年4月7日对海南侯臣生物科技有限公司、武汉轻工大学、海南省粮油科学研究所共同完成的“橡胶籽油加工及综合利用技术开发与应用”成果进行了评价。该成果以橡胶籽仁为原料，研究了超声辅助溶剂萃取技术，出油率达98%以上。研发采用磷脂酶A_1和磷脂酶C双酶两步脱胶技术，油脂中磷脂含量降至2.3 mg/kg以下，脱除率达99%以上；以精炼橡胶籽油为原料，研究了尿素包合和硝酸银络合技术，纯化后α-亚麻酸含量达85.6%以上，并通过微胶囊技术制备了包埋率为87.6%的粉末油脂产品；以橡胶籽粕为原料，研究了碱溶酸沉和糖化酶制备橡胶籽蛋白技术，蛋白质纯度达到87%以上。同时利用酶水解制备L-精氨酸技术，产品L-精氯酸含量为94%；以橡胶籽壳为原料，研发生产了抗弯强度高的木塑复合材料。专家组一致认为该项成果整体研究达到国际先进水平。

五、标准工作

(1) 由全国粮油标准化技术委员会油料及油脂分技术委员会主办、光明国际承办的“橄榄油感官评价方法国际研讨会暨中国橄榄油产业发展论坛和国内首个橄榄油感官风味联合实验室揭牌仪式”，于2017年8月30～31日在上海举行。研讨会上，与会专家学者、业界代表就橄榄油评价方法标准，中国橄榄油产业发展以及品油师的培养等议题做出讨论。专家表示，随着人们的生活水平不断提高与消费理念的不断升级，越来越多的人开始追求健康、美味的消费概念。培养中国本土品油师，是中国橄榄油行业不断升级和发展的要求。

(2) 由全国粮油标准化技术委员会油料及油脂分技术委员会主办、山东鲁花集团有限公司承办的《高油酸花生油》《食用植物调和油》标准制修订研讨会于2017年11月4日在“中国花生油之乡”山东莱阳召开。国家有关部门领导、科研机构专家学者及油脂生产企业代表汇聚一堂，对《高油酸花生油》标准制订进行研讨。中国粮油学会油脂分会王瑞元会长做了“科学制定和标示《高油酸花生油》和《食用植物调和油》标准，引领油脂加工业健康发展”专题讲话，表示科学制定好《高油酸花生油》标准，将为今后制定其他“高油酸”食用油产品起到示范作用，强调制定好《高油酸花生油》标准的核心是要确定“高油酸”的“定义与范围”，提出根据《花生油》国家标准报批稿中油酸含量为35.0%～69.0%，建议油酸含量≥70.0%的花生油才能称得上叫“高油酸花生油”；在《食用植物调和油》标准讨论中，他指出由于每一种油脂单品的脂肪酸组成往往是会随着气候变化、产地不同等原因有所波动的，所以在标签上要同时标示固定不变的油种比例和脂肪酸比例是做不到的，认为讨论稿中的两种标识方法任选其一是可取的。

六、行业活动

(1) 由国际谷物科技协会（ICC）与中国粮油学会（CCOA）共同主办的“第一届ICC亚太区粮食科技大会”，于2017年5月21～24日在厦门举行。粮油与人们的日常生活息息相关，而粮油产业的科技创新更是与人类文明的发展密不可分。本次大会的主题是“粮食科技与创新：从亚太走向世界”，其宗旨是加快促进粮油食品的加工和利用、绿色储藏、质量安全、营养健康等相关领域的科技进步与创新，从而应对消费者对粮油及豆类食品的新需求，进以塑造亚太地区的粮食科技新未来。大会也为来自全球，特别是亚太地区的学术研究、产品开发、政府机构和相关单位的代表搭建了一个合作交流的平台。大会学术委员会汇集专家学者，就“粮食科技”与“油脂科技”两大重点议题进行多学科、跨领域的学术交流，并设立了最佳青年报告、最佳张贴论文两个奖项。同期，还举办了粮油产品、配料、设备和仪器展，分享粮油食品前沿科技。

(2) 为进一步推动我国稻米油产业发展，深化我国粮食加工业的转型升级，由中国粮油学会油脂分会、全国粮油标准化技术委员会油料及油脂分技术委员会联合主办、丰益（上海）生物技术研发中心有限公司承办的“稻谷循环经济产业链及稻米油三产融合发展研讨会”，于2017年7月6日在哈尔滨举行。来自国家粮食局标准质量中心、中国粮油学会、武汉轻工大学、江南大学、河南工业大学的专家等云集一堂，为探索稻谷循环经济产业链新模式、加强我国稻米油系列标准实施、提高稻米油生产工艺等建言献策。在本次研讨会上记者了解到，米糠油又称稻米油，我国的稻米油生产开始于20世纪50年代，到20世纪70～80年代，在全国范围内开展了以推广米糠和玉米胚芽榨油为代表的增产油脂工作，并取得了很好的成绩。但后因多种原因这项工作没有坚持下去，致使我国目前米糠利用率不到20%。大部分米糠作为饲料使用，甚至作为废料抛弃，资源浪费严重。近年来，我国稻米油生产企业及科研工作者积极探索稻米油生产技术，加强自主创新，取得了突破性进展。

（3）由中国粮油学会油脂分会主办，益海嘉里集团公司、西安中粮工程研究设计院有限公司协办的“中国粮油学会油脂分会第二十六届学术年会暨产品展示会”，于2017年9月19～22日在西安隆重召开，来自全国各地的300多名代表参加了会议。本次会议由中国粮油学会油脂分会执行会长何东平致开幕词，中国粮油学会理事长张桂凤致辞，协办单位益海嘉里集团和西安中粮工程研究设计院有限公司领导分别致词。大会特邀中国粮油学会首席专家、油脂分会会长王瑞元，江南大学王兴国教授，益海嘉里集团公司油脂总监涂长明做了题为《国内外油脂科学技术发展现状及趋势》《我国特种油料加工业创新发展之思考与对策》《中国粮油走出去的思索》报告。与会代表就油脂制取、精炼、储藏等新工艺、新设备、新技术，专用油脂、功能性油脂的开发和油脂精细化工产品的研究，特种油料新油源的开发利用及油脂副产品的综合利用，油厂节能减排及安全生产，油脂标准的制修订及油料、油脂检测技术，油脂企业现代管理与油脂科技信息等进行了广泛的学术交流。会议期间，还举办了油脂机械及相关产品展示会，展示了新产品、新技术和新设备。此次会议，为推动我国油脂行业改革创新、调整结构、绿色发展起到了积极的作用。

（4）为促进健康煎炸食品的开发，推动煎炸食品行业可持续发展，由欧洲油脂科技联盟（Euro Fed Lipid）和中国粮油学会（CCOA）共同举办的“第九届煎炸油与煎炸食品国际研讨会”，于2017年10月30～31日在上海召开。根据中国居民的生活习惯，煎炸油除了广泛用于食品工业和餐饮业以外，在居民家庭日常烹调中也经常采用煎炸的方式。随着家庭用油的精细化、多样化发展趋势，专用煎炸油也将逐渐越来越多地进入家庭日常生活。在总量控制前提下引导家庭健康用油，提供更多选择的、脂肪多样性的煎炸油，有利于满足家庭个性化消费的需求。随着煎炸油逐步进入千家万户，我国煎炸油生产将快速发展。在食品工业、餐饮业和家庭各种需求合力作用下，预计我国专用煎炸油每年将以7%～8%的速度增加，预计到2020年，我国煎炸油的产量将达到170万～180万t。

（武汉轻工大学 何东平）

淀粉加工业

一、基本情况

（一）资源概况

根据有关资料报道，2016年我国玉米总产量达到21 955.4万t，比2015年减少507.8万t，同比增长−2.3%（表1）。2016年我国玉米消费情况为：饲用占60.6%，工业用占26.5%，食用占3.6%。2016年世界玉米产量106 511万t，其中美国38 478万t，占世界总产量的36.1%；中国为21 955.4万t，占世界总产量的20.6%。

表1 2016年我国玉米主产区产量

单位：万t

省 份	2015年	2016年	同比增长（%）
河 北	1 670.4	1 753.6	5.0
山 西	862.7	888.9	3.0
内蒙古	2 250.8	2 139.8	−4.9
辽 宁	1 403.5	1 465.6	4.4
吉 林	2 805.7	2 833.0	1.0
黑龙江	3 544.1	3 127.4	−11.8
山 东	2 050.9	2 065.0	0.7
河 南	1 853.7	1 745.9	−5.8
陕 西	543.1	545.4	0.4
其 他	5 478.4	5 390.8	−1.6
总 计	**22 463.2**	**21 955.4**	**−2.3**

（二）加工业概况

根据中国淀粉工业协会不完全统计，2016 年我国淀粉总产量 2 355.6 万 t，同比增长 9.1%。其中，玉米淀粉 2 258.6 万 t，同比增长 10.1%；木薯淀粉 36.5 万 t，同比增长－2.6%；马铃薯淀粉 32.9 万 t，同比增长－21.3%；甘薯淀粉 20 万 t，同比增长 7.8%；小麦淀粉 7.5 万 t，同比增长－26.2%。

1. 我国淀粉及深加工品产量和品种情况　在国家有关部门出台多项调控措施的刺激下，2016 年玉米淀粉产量结束了负增长的局面，较 2015 年产量增加了 200 多万 t。但木薯淀粉和马铃薯淀粉的产量，由于环保的压力和受进口的冲击，产量有所下降。综合看，2016 年淀粉行业正在走出困境，下游产品需求状况有所改善，下游产品的产量整体呈上升趋势（表 2、表 3）。

表 2　2016 年我国淀粉产量及品种情况

品　种	产量（万 t）	占总淀粉（%）	同比增长（%）
玉米淀粉	2 258.6	95.9	10.1
木薯淀粉	36.5	1.6	－2.6
马铃薯淀粉	32.9	1.4	－21.3
甘薯淀粉	20.0	0.9	7.8
小麦淀粉	17.5	0.3	－26.2
合　计	**2 355.6**	**100.0**	**9.1**

表 3　2016 年我国淀粉深加工品产量及品种情况

主要品种	产量（万 t）	占深加工（%）	同比增长（%）
变性淀粉	148.1	11.7	9.5
结晶葡萄糖	336.9	26.7	25.8
液体淀粉糖	685.6	54.2	10.4
糖　醇	93.7	7.4	6.8
合　计	**1 264.2**	**100.0**	**13.7**

2. 淀粉产量分布及生产规模情况　2016 年我国玉米淀粉产量分布情况与以往相同，前 3 位在全国的占比与 2015 年无太大变化，首位山东省占我国玉米淀粉总产量的 53.2%（2015 年为 53.2%）；其次是吉林省和河北省，分别占全国玉米淀粉总产量的 14.1%（2015 年为 13.7%）和 12.6%（2015 年为 13.6%），该三省玉米淀粉产量之和，占全国玉米淀粉总产量的 79.9%（2015 年为 80.5%）。全国玉米淀粉产量 10 万 t 以上的企业为 43 个，玉米淀粉总产量为 2 213.9 万 t，占玉米淀粉总产量的 98.0%（2015 年为 97.6%）（表 4）。

表 4　2016 年我国淀粉产量分布及生产规模情况

地　区	淀粉产量（万 t）	占总产量（%）	玉米淀粉生产规模情况	
			年产 10 万 t 企业数（个）	企业最大年产量（万 t）
山　东	1 209.2	51.3	18	313.9
吉　林	318.5	13.5	6	77.3
河　北	288.5	12.3	7	98.2
河　南	125.6	5.3	5	35.6
陕　西	116.7	5.3	3	83.7
其　他	297.1	12.3	4	75.6
合　计	**2 355.6**	**100.0**	**43**	

注：其他为 17 省、自治区、直辖市，包括山西、内蒙古、辽宁、黑龙江、江苏、湖北、四川、广东、广西、海南、云南、重庆、甘肃、宁夏、青海、新疆、贵州。

二、市场及进出口情况

2016 年，执行了多年的临储收购政策取消，转而实施了市场化收购＋补贴的新政策，玉米价格走低，同比增长－17.4%。企业的开工率，前两年在低位徘徊，2016 年平均开工率接近 80.0%，比上年提高了近 20 个百分点。全年生产平稳，转亏为盈，行业出现了一个向好的局面。

2016 年，由于出口退税政策的恢复，我国玉米淀粉等 13 种商品的出口总量同比增长 44.3%，特别是玉米淀粉出口量同比增长 80.0%；葡萄糖浆系列 3 种商品的出口量突破百万吨，同比增长 49.0%。2016 年，由于我国玉米淀粉等 13 种商品中 61.0%的商品进口单价比 2015 年下降，因此进口量同比增长 11.7%；木薯淀粉进口单价更是跌至历史最低水平，进口量已突破 200 万 t；糊精及其他改性淀粉的进口量持续上升（表 5）。

表 5　2016 年我国淀粉及部分深加工品进出口情况

品　名	进口（t）	同比增长（%）	出口（t）	同比增长（%）
玉米淀粉	3 276	87.6	132 822	80.0
木薯淀粉	2 073 464	16.6	795	−54.9
马铃薯淀粉	42 140	−36.0	590	−9.7
小麦淀粉	875	−17.3	2 677	−20.0
山梨醇	1 945	1.0	34 478	27.7
甘露糖醇	379	28.0	7 847	4.8
肌　醇	9	−52.7	4 835	8.6
葡萄糖及葡萄糖浆，果糖<20%	982	0.3	657 494	34.3
葡萄糖及糖浆，20%≤果糖≤50%，转化糖除外	516	104.7	8 910	23.2
果糖及果糖浆，果糖>50%，转化糖除外	2 004	−42.3	454 847	68.0
糊精及其他改性淀粉	364 022	5.6	55 942	−9.0
未列名淀粉	27 690	113.0	42 416	16.7
化学纯果糖	2 202	4.0	16 272	8.5
合　计	**2 519 504**	**11.7**	**1 419 925**	**44.3**

三、生产技术发展情况

（一）生产规模

我国淀粉加工业的生产布局集中度进一步提高，各品种规模以上企业产量的占比均在 75.0%以上，有的品种高达 89.0%（表 6、表 7）。玉米淀粉年产量 100 万 t 以上的企业中，最大企业的年产量超过 300 万 t；变性淀粉年产量 10 万 t 以上的企业比上年增加 3 个，合计产量占总产量的 1/3 以上，其中最大企业年产量 15 万 t，占总产量的 10.0%；结晶葡萄糖年产量 100 万 t 以上的企业仍然是 1 个，但年产量达 178.5 万 t，占总产量的 53.0%；液体淀粉糖 50 万 t 以上的企业 4 个，合计产量占总产量的 44.2%，最大企业年产量 86 万 t。

表 6　2016 年我国玉米淀粉生产规模

项　目	2015 年	2016 年	同比增长（%）
年产 100 万 t 以上企业（个）	4	3	−25.0
年产 100 万 t 以上企业总产量（万 t）	827.7	657.5	−20.6
占全国玉米淀粉总产量（%）	40.1	29.1	−27.5
年产 40 万 t 以上企业（个）	12	17	41.6
年产 40 万 t 以上企业总产量（万 t）	752.7	1 031.9	37.0
占全国玉米淀粉总产量（%）	36.7	45.6	24.2

表 7　2016 年我国部分淀粉深加工品生产规模

项　目		2015 年	2016 年	同比增长（%）
变性淀粉	年产 10 万 t 以上企业（个）	3	4	33.3
	年产 10 万 t 以上企业总产量（万 t）	37.7	56.2	49.1
	占全国总产量（%）	27.9	37.9	35.8
	年产 5 万 t 以上企业（个）	6	4	−33.4
	年产 5 万 t 以上企业总产量（万 t）	37.8	26.0	−31.3
	占全国总产量（%）	28.0	17.6	−37.2
	年产 3 万 t 以上企业（个）	5	9	80.0
	年产 3 万 t 以上企业总产量（万 t）	22.3	35.2	57.8
	占全国总产量（%）	16.5	23.8	44.2

（续）

项目		2015年	2016年	同比增长（%）
结晶葡萄糖	年产100万t以上企业（个）	1	1	持平
	年产100万t以上企业总产量（万t）	138.7	178.5	28.7
	占全国总产量（%）	51.8	53.0	2.3
	年产20万t以上企业（个）	2	3	50.0
	年产20万t以上企业总产量（万t）	55.7	80.8	45.0
	占全国总产量（%）	20.8	24.0	15.4
	年产10万t以上企业（个）	2	2	持平
	年产10万t以上企业总产量（万t）	33.7	35.1	4.1
	占全国总产量（%）	12.6	10.4	−17.5
液体淀粉糖	年产50万t以上企业（个）	3	4	33.3
	年产50万t以上企业总产量（万t）	263.2	303.6	15.3
	占全国总产量（%）	42.4	44.2	4.2
	年产10万t以上企业（个）	10	13	30.0
	年产10万t以上企业总产量（万t）	257.9	310.2	720.2
	占全国总产量（%）	41.5	45.2	8.9

（二）新工艺、新技术、新设备、新产品

1. *江苏龙骏环保实业发展有限公司承担的“多功能淀粉基食品包装材料项目”* 经专家组评鉴认为，该项目发明了淀粉微细化加工、纤维素接枝共聚等修饰新方法，突破了系列高淀粉基复合材料定向重组的关键技术，在专用设备、生产工艺和技术上有重大突破，达到了国内领先水平。专家组一致表示，该产品研发的方向把握得很好，既满足了食品行业对功能化、安全、绿色、可循环包装材料的需求，又解决了玉米去库存任务紧迫的现实情况。同时对缓解我国生态环境恶化和资源短缺，促进我国循环经济和低碳产业发展有重大意义。

2. *“带式真空连续液体干燥机和喷雾干燥机在糖醇产品的应用”* 随着糖醇产品应用领域的拓展，用结晶方法生产固体糖醇的单一工艺已无法满足用户需求。目前在糖醇行业生产固体糖醇，80.0%以上的品种采用的是结晶方法，而对于纯度要求不高，或有特殊要求的糖醇可选用由液体转固体的工艺及设备，如带式真空连续液体干燥机，不但收率高，产品档次提升，而且实现了连续化、自动化生产。又如喷雾干燥机，特点是干燥速度快，产品纯度高、质量好，操作控制方便，简化了生产过程。

3. *“碟片分离机减缩弯道喷嘴和淀粉乳双联定位旋流器”* 已由山东恒辉生物科技有限公司研制成功，2016年开始在一些玉米淀粉生产企业中试用。结果显示，对提高分离质量与节能降耗有显著效果。

4. *山东西王药业有限公司研发的“淀粉糖新品种——玉米绵白糖”* 玉米绵白糖是以玉米为原料生产的结晶果糖为主，葡萄糖为辅，精制而成的一种固体糖，是一种新型糖源。该产品甜度适中，风味良好，营养丰富，易于吸收，且具有优良的保湿性和易于发生褐变着色反应的特性，是食品领域作为蔗糖替代品的首选。

四、行业主要活动

1. *召开换届大会* 按照协会章程，2016年6月在上海召开了“中国淀粉工业协会第八届会员大会”，听取、审议、通过了第七届理事会的工作报告和财务工作报告，修改了章程，选举产生了第八届理事会理事104名，常务理事42名，会长（佟毅）1名，副会长13名，秘书长1名。

2. *举办展览会* 2016年6月在上海举办“第十一届上海国际淀粉及淀粉衍生物展览会”。为不断提高展会质量，本届展会联袂上海国际薯业产业开发展、食品与医药发酵产业联展、世界制药原料中国展、亚洲食品配料展、健康天然原料中国展、中国国际健康与营养保健品展同期同地举办，规模覆盖上海新国际博览中心22个展馆，总展出面积20万m^2，参展企业3 800个，3 d展会共吸引7万名专业观众参观和采购，为业内人士打造了一个全球首屈一指的淀粉及其衍生物、医药原料、食品配料及食品机械一站式高效采购平台。具体就淀粉及淀粉衍生物展而言，展会涵盖了淀粉原料、深加工产品、配套设备等淀粉加工产业的最新产品和技术。细分专区包括淀粉糖（醇）专区、变性淀粉专区、莲藕淀粉专区、国际专区，有200多个国内外知名展商和展团参展。观众比2015年有所增长，特别是海外观众较2015年增长60%。

3. 向国家有关部门提出建议　2016年，中国淀粉工业协会在企业调研、市场调研、召开座谈会的基础上，持之以恒的继续向国家有关部门提出建议：一是建议恢复实施玉米深加工产品出口退税政策，不再设立出口退税到期时限，给玉米加工产品出口以合理的市场预期，鼓励企业产品出口，带动国内玉米去库存进程。该项建议终于有了下落，2016年8月财政部发出通知，明确恢复玉米深加工产品出口退税率。二是建议尽快就近定向加工转化超期存储的2012年产和即将超期存储的2013年产临储玉米库存，减轻国家财政负担，缓解国家库存仓储压力，防范国家储粮安全风险，解决企业生产用粮问题，降低企业生产成本压力。

4. 编制年度分析及预测报告　为了更好的服务会员，帮助行业企业把握发展方向，更顺利地度过行业的转型期，中国淀粉工业协会与北京东方艾格农业咨询有限公司、永安期货股份有限公司共同编制，首次推出了《中国玉米市场和淀粉行业年度分析及预测报告》。报告共十一章，除了第一章介绍国际、国内宏观经济情况外，重点就国际国内玉米市场的生产、消费、贸易、市场价格变化，中国淀粉行业运行情况，玉米及玉米淀粉期货的发展，中国玉米淀粉行业市场竞争态势，中国玉米及淀粉行业的发展走势等内容进行了分析和预测。同时，对淀粉工业的其他领域，如木薯淀粉、马铃薯淀粉、甘薯淀粉、淀粉糖、糖醇、变性淀粉等市场情况也进行了分析和预测，是一份很有参考价值的资料。

5. 召开世界淀粉产业大会　为适应扩大交流与合作范围的需求，积极实施走出去战略，2016年将原来召开的“亚洲淀粉大会”改为“世界淀粉产业大会”。大会以“聚焦全球淀粉产业趋势，把握行业最新市场格局”为主题，以“一个主论坛，三个平行分论坛”的方式召开。在主论坛上，多位国内外专家分别作了“中国玉米市场供求、价格以及加工业的发展”“欧洲淀粉供应的最新走势及产品的应用趋势”“美国玉米淀粉行业面临的国内外挑战”等报告。三个平行分论坛是：以“应用、发展、趋势”为主题的变性淀粉分论坛；以“智能、绿色、创新”为主题的功能糖及糖醇分论坛；马铃薯主食化及薯类加工分论坛。

6. 规范行业管理　为进一步规范行业管理，提升市场竞争能力，满足市场竞争创新发展要求，促进淀粉工业健康有序发展，制定了《中国淀粉工业协会团体标准制订工作方案》和《中国淀粉工业协会示范企业评选工作方案》。示范企业评选工作率先在马铃薯淀粉专业委员会试点。为做好该项工作，制定了评选方案，确定了评选组织方法、参评条件、评定流程，提出了具体申报资料等相关要求。经过企业自愿申报、在评选小组对申报企业进行深入调查和对申报资料进行整理核实的基础上，经评选领导小组初步审定有5个企业入围，并在马铃薯淀粉专业委员会网站上公示。公示结束后由中国淀粉工业协会向获评企业颁发证书和牌匾。

7. 制定发展规划　经过多次常务理事会、理事会的讨论、修改、补充、完善，《中国淀粉工业协会“十三五”规划》经第八届会员大会审议通过。中国淀粉工业协会协会还参加了国家粮食局《粮油加工业“十三五”发展规划》（淀粉加工是国家粮油加工业的重要组成部分）的征求意见修改会。为此，中国淀粉工业协会组织行业专家及骨干企业进行了征求意见，最后收集整理提交了17条修改意见。

8. 国标修订工作　根据国家标准化管理委员会有关通知要求，中国淀粉工业协会协助食用淀粉及淀粉衍生物标准化技术委员会，组织开展了《食用小麦淀粉》《食用玉米淀粉》《食用马铃薯淀粉》等3项国标的修订，完成了报批稿和上报工作。

五、淀粉行业未来

纵观淀粉行业未来发展的总趋势，应该是由成本导向型向技术引导型转换，由高同质化业态向差异化业态发展，由大宗单一品类转向多元化增值品类。但就近一二年看，由于近年来国家出台多项支持和鼓励玉米加工的宽松政策，特别是玉米实行收购加补贴的政策，使得玉米市场价在一段时间内难有明显上升，淀粉成本将整体下降。在淀粉和下游产品需求将有不同增长的情况下，行业内已经出现了新一轮投资热，中国淀粉工业协会2016年调研统计，仅在黑龙江、吉林、河北、山东、辽宁、安徽等6个省到2018年末将新增玉米产能2 071万t（含燃料乙醇项目）。如此迅速增长的产能，使需求增长不大的淀粉市场又将进入供大于求的产业格局。预计不会太久，淀粉行业将会出现整合加剧，淘汰一批落后产能，使行业整体提质增效。

（中国淀粉工业协会　董延丰）

制 糖 工 业

一、制糖期基本情况

我国有14个省、自治区产糖，沿边境地区分布，主产糖区集中在我国北部、西北部和西南部。甘蔗糖产区主要分布在广西、云南、广东、海南及邻近省份；甜菜糖产区主要分布在新疆、黑龙江、内蒙古及邻近省份。与糖料种植相关的人员近4 000万人。2016/2017年度制糖期，全国食糖总产量中甘蔗糖占88.73%，甜菜糖占11.27%。我国的食糖生产销售年度为10月1日至翌年的9月30日，开榨时间由北向南各不相同。甜菜糖厂一般在9月底或10月初开机生产；甘蔗糖厂中，广西、广东、海南等省、自治区11月中或12月初开榨，云南省12月底或翌年1月初开榨。2016/2017年度制糖期于2016年9月19日新疆恒丰糖业公司正式开机生产，至2017年6月4日南华孟定糖厂最后一个停机，历时259 d，比上一年制糖期少生产21 d。本制糖期，全国共有开工制糖生产企业（集团）46个，开工糖厂221间，比上制糖期少开工7间，其中甜菜糖生产企业（集团）4个，糖厂26间；甘蔗糖生产企业（集团）42个，糖厂195间；另有炼糖企业16个。本制糖期，食糖产量前10位的制糖企业集团产糖量占全国食糖总产量的72.73%。

2016/2017年度制糖期，全国共生产食糖928.82万t。其中优级和一级白砂糖872.04万t，精制糖6.24万t，绵白糖19.04万t，赤砂糖和红糖28.95万t，原糖及其他2.55万t。本制糖期，全国糖料种植面积139.58万hm^2，同比减少1.93%。其中，甘蔗种植面积122.50万hm^2，同比减少5.44%；甜菜种植面积17.08万hm^2，同比增长33.62%。甘蔗品种目前仍以台糖系列、桂糖系列和粤糖系列为主，三大系列品种占总种植面积的90.74%；其他品种约占总种植面积的9.26%。甜菜主要种植品种仍以原种引进为主。甜菜品种主要以德国KWS系列、比利时安地系列、瑞士先正达系列为主，占甜菜总种植面积的91.51%。2016/2017年度制糖期食糖产量、播种面积、开工糖厂数见表1。

表1 2016/2017年度制糖期全国糖料播种面积、食糖产量基本情况

企业名称	糖料播种面积（万hm^2）	产糖量（万t）	开工糖厂数（间）
全国累计	**139.58**	**928.82**	**221**
甘蔗糖合计	**122.50**	**824.11**	**195**
广　东	12.00	77.18	29
其中：湛江	9.73	64.79	20
广　西	74.67	529.50	92
云　南	30.83	187.79	58
海　南	3.03	16.46	11
其　他	1.77	13.18	5
甜菜糖合计	**17.08**	**104.71**	**26**
黑龙江	0.63	2.54	2
新　疆	7.41	48.74	13
内蒙古	7.90	46.33	6
其　他	1.13	7.10	5

2016/2017年度制糖期，全国糖料收购价与上一年度制糖期相比，甘蔗收购价有所上涨，甜菜收购价下降。甘蔗平均收购价格（地头价，不含运输及企业对农民各种补贴费用等，下同）为497元/t，同比每吨增加49元，甜菜平均收购价格为473元/t，同比每吨下降38元。2016/2017年度制糖期全国制糖行业主要技术指标：甘蔗平均单产61.80 t/hm^2，甜菜平均单产55.20 t/hm^2；甘蔗平均含糖分13.54%，甜菜平均含糖分14.13%；甘蔗产糖率12.06%，甜菜产糖率10.78%。

二、市场概况

（一）国内食糖市场

2016/2017年度制糖期，全国累计产糖928.82万t，较上一年度制糖期增加58.63万t，同比增长6.74%。其中，甘蔗糖产量824.11万t，同比增长4.95%；甜菜糖产量104.71万t，同比增长23.22%。2016/2017年度制糖期，全国食糖消费量

1 490万 t，年人均食糖消费量为 10.9 kg。食糖消费结构略有变化，食糖消费总量中民用消费为 41%，工业消费比例为 59%。2016/2017 年度制糖期，中国糖业协会食糖价格指数 6 727 元/t，较上制糖期上涨 18.5%；工业累计销售平均价格为 6 674 元/t，较上制糖期上涨 18.99%。本制糖期全国制糖行业销售收入 658.2 亿元；实现利润 32 亿元，财政税收 34.3 亿元，农民种植糖料收入同比增加 38.5 亿元。2016/2017 年制糖期行业运行特征：

1. 食糖产量恢复性增长　全国糖料种植面积 139.58 万 hm^2，较上一年度制糖期减少 2.75 万 hm^2；加工糖料 7 801.6 万 t，较上一年度制糖期增加 283.1 万 t；食糖产量 928.8 万 t，较上一年度制糖期增加 58.6 万 t。

2. 食糖消费平稳　全国食糖消费量 1 490 万 t，较上一年度制糖期减少 30 万 t。

3. 国际原糖价格大幅波动，国内食糖市场运行平稳　纽约原糖期货价格从期初 23.9 美分/磅跌至最低 12.5 美分/磅，后期波动区间集中于 13～15 美分/磅；国内食糖市场运行平稳，全国累计平均工业销售价格 6 674 元/t。

4. 农民增收，企业增效，财税增加　农民增收 38.5 亿元，企业实现利润 32 亿元，财政税收 34.3 亿元。

5. 国家宏观调控力度进一步加强　在行业自律基础上，对关税配额外食糖进口采取自动进口许可管理，并对进口食糖产品采取保障措施等一系列政策措施，食糖进口实现了“按需、有序、平稳、可控”；打击食糖走私工作成效显著；对糖精等高倍化学合成甜味剂实施了有效管理，稳定和扩大了食糖消费空间，保持了国内食糖市场平稳运行。

（二）国际食糖市场

2016/2017 年度制糖期，全球食糖供需形势延续产不足需格局。但是，由于巴西和欧盟等食糖主产国（地区）食糖产量增长，全球食糖产需缺口已从上年制糖期的 893 万 t 收窄至 540 万 t。国际食糖市场呈振荡大幅下跌走势。其中，纽约 11 号原糖期货主力合约于制糖期期初见高 24 美分/磅附近，在制糖期后期跌破 13 美分/磅，至制糖期末时，仍在 14 美分/磅左右的低位徘徊。整个制糖期国际原糖价格跌幅超过 45%。

展望 2017/2018 年度制糖期，市场普遍预期，全球食糖产量继续增长，且高于食糖消费量增幅，全球食糖产需将出现过剩。英国 CZARNIKOW 公司认为，欧盟、印度和泰国等国家（地区）生产形势向好，预计全球食糖产量有望大幅增长至 1.92 亿 t，同比增加 1 415 万 t；预计全球食糖消费量将小幅增加至 1.85 亿 t，同比增加 200 万 t；预计全球食糖产需过剩量 681 万 t。

食糖作为大宗农产品，既有大宗农产品易受天气波动影响等特性，又兼有能源和金融属性，其生产形势及价格波动不仅受其自身基本面影响，还被能源价格和美元汇率等诸多因素所左右。欧盟生产配额放开，有利于食糖产量增加，或将成为食糖净出口地区；由于国际原油价格走强，巴西下调制糖用蔗比例，食糖产量或将稳中略降；泰国糖业改革在即，对市场的影响有待观察；美联储加息进程及巴西雷亚尔汇率波动等仍会继续影响国际食糖价格走势。综合判断，国际食糖价格复苏之路充满艰辛。世界主要产糖国食糖产量和消费量见表 2、表 3。

表 2　世界主要产糖国食糖产量统计表

单位：万 t（原糖值）

地区/国别	2013/2014 年度	2014/2015 年度	2015/2016 年度	2016/2017 年度	2017/2018 年度
总产量	**18 535.5**	**18 899.5**	**17 412.1**	**17 800.8**	**19 215.2**
其中：甘蔗糖	14 898.9	14 793.0	13 807.6	13 764.1	14 805.4
甜菜糖	3 636.6	4 106.5	3 604.5	4 036.7	4 409.8
欧洲总量	**2 805.0**	**3 181.1**	**2 633.8**	**3 062.6**	**3 383.9**
欧盟（28 国）	1 764.0	2 061.9	1 561.9	1 771.9	2 081.6
俄罗斯	477.1	482.4	562.8	661.2	639.9
乌克兰	131.5	227.2	159.4	218.3	217.7
土耳其	259.8	223.4	217.3	244.6	271.7
美洲总量	**7 159.6**	**6 959.0**	**6 666.9**	**7 247.8**	**7 353.3**
巴　西	4 065.8	3 823.5	3 636.9	4 162.6	4 157.3

（续）

地区/国别	2013/2014 年度	2014/2015 年度	2015/2016 年度	2016/2017 年度	2017/2018 年度
哥伦比亚	258.8	256.0	227.3	244.7	254.3
古　巴	171.5	202.4	177.3	193.0	225.0
危地马拉	296.4	313.4	303.7	290.5	317.4
墨西哥	654.5	650.5	660.6	658.0	680.0
美　国	752.4	772.0	801.7	795.9	789.3
加拿大	10.3	9.2	9.8	12.4	12.0
智　利	28.6	30.2	28.3	30.0	31.0
非洲总量	**1 153.9**	**1 202.4**	**1 133.1**	**1 154.8**	**1 180.7**
埃　及	207.8	252.2	241.3	245.0	265.0
南　非	254.7	227.3	176.4	184.7	194.8
摩洛哥	52.6	52.6	59.1	65.9	70.1
亚洲总量	**6 929.8**	**7 039.4**	**6 418.0**	**5 805.7**	**6 749.4**
中　国	1 447.5	1 147.4	945.9	995.7	1 141.2
印　度	2 675.7	3 105.0	2 845.6	2 174.0	2 613.7
巴基斯坦	608.8	550.3	567.7	573.2	676.4
泰　国	1 187.8	1 205.7	1 041.9	1 068.8	1 267.7
印度尼西亚	278.8	280.4	271.4	239.6	250.0
菲律宾	267.6	252.6	243.1	260.9	269.7
伊　朗	48.0	62.0	63.1	65.2	67.0
日　本	73.8	79.2	87.5	73.1	79.4
大洋洲总量	**484.2**	**513.6**	**556.3**	**526.3**	**544.2**
澳大利亚	461.3	485.8	528.7	507.1	520.7

表 3　世界主要食糖消费国食糖消费量统计表

单位：万 t（原糖值）

地区/国别	2014 年	2015 年	2016 年	2017 年	2018 年
总消费量	**17 874.4**	**18 109.7**	**18 305.6**	**18 340.6**	**18 534.2**
欧洲总量	**3 323.9**	**3 305.9**	**3 304.1**	**3 287.9**	**3 256.5**
欧盟（28 国）	1 953.6	1 908.7	1 900.1	1 872.2	1 827.6
俄罗斯	597.5	621.8	620.2	622.5	624.8
乌克兰	180.2	170.7	170.7	170.7	171.2
土耳其	238.0	247.3	252.8	258.4	265.0
美洲总量	**4 288.6**	**4 266.4**	**4 240.0**	**4 184.7**	**4 208.3**
巴　西	1 327.3	1 276.6	1 242.5	1 225.2	1 240.1
哥伦比亚	186.2	189.9	196.6	195.2	196.9
古　巴	76.1	76.2	76.5	76.5	77.5
危地马拉	79.9	82.9	84.6	80.5	82.0

（续）

地区/国别	2014年	2015年	2016年	2017年	2018年
墨西哥	445.4	479.1	475.3	480.0	482.0
美　国	1 110.9	1 094.1	1 112.2	1 132.2	1 134.2
非洲总量	**2 023.2**	**2 084.9**	**2 147.8**	**2 187.0**	**2 247.3**
埃　及	319.6	327.7	337.8	339.4	348.9
南　非	205.0	205.3	207.7	207.8	208.3
亚洲总量	**8 086.7**	**8 299.0**	**8 458.7**	**8 525.3**	**8 663.7**
中　国	1 643.5	1 689.5	1 709.6	1 728.4	1 739.1
印　度	2 647.4	2 724.1	2 770.4	2 758.2	2 791.3
巴基斯坦	495.1	508.7	525.0	538.1	551.7
泰　国	327.5	335.6	352.1	340.3	355.4
印度尼西亚	675.0	698.7	716.2	734.0	752.2
菲律宾	265.9	270.7	273.4	274.1	278.2
日　本	225.0	225.7	226.1	226.5	227.0
韩　国	143.5	144.6	145.7	146.8	147.8
大洋洲总量	**152.0**	**153.5**	**155.0**	**155.7**	**158.4**
澳大利亚	118.5	119.6	120.7	120.9	121.1

（三）食糖进出口贸易

2016/2017年度制糖期截至2017年8月底，我国累计进口食糖211.94万t，累计出口食糖10.93万t，进出口量同比均大幅减少。我国食糖进出口贸易情况分别见表4、表5。

表4　2008—2017年全国食糖进口与贸易方式统计表　　单位：万t

年份	合计	一般贸易	来料加工	进料加工	保税监管场所进出境货物	特殊监管区域物流货物	边贸	其他
2008	77.99	61.91	1.97	8.89	3.67			1.55
2009	106.45	83.02	0.17	9.93	12.77			0.56
2010	176.61	163.91	0.87	10.89	0.04		0.07	0.83
2011	291.94	276.68	0.97	13.27	0.06			0.96
2012	374.72	360.86	0.99	12.55	0.04			0.28
2013	454.59	434.86	1.30	14.77				3.66
2014	348.58	266.33	1.24	13.94	66.93			0.14
2015	484.59	265.71	0.90	13.93	185.14	18.88		0.03
2016	306.19	219.43	1.21	13.67	61.91	9.96		0.01
2017	166.98	91.41	0.96	8.11	59.93	6.56		0.01

注：2017年统计数字截至8月底。

表 5 2008—2017 年全国食糖出口与贸易方式统计表 单位：万 t

年份	合计	一般贸易	来料加工	进料加工	保税监管场所进出境货物	特殊监管区域物流货物	边贸	其他
2008	5.84	1.76	2.15	1.51				0.42
2009	6.39	2.21	0.90	3.15				0.13
2010	9.43	5.65	0.91	1.99			0.25	0.63
2011	5.94	1.79	0.99	2.17			0.03	0.96
2012	4.71	1.64	0.93	1.87			0.02	0.25
2013	4.78	1.48	1.06	1.71			0.02	0.51
2014	4.62	1.39	1.09	2.00				0.14
2015	7.50	1.09	1.09	1.70	0.28	3.32		0.02
2016	14.91	1.17	1.12	2.12	0.16	10.34		
2017	8.80	0.70	0.76	1.23	0.15	5.95		0.01

注：2017 年度统计数字截至 8 月底。

三、行业工作

（1）中国糖业协会于 2016 年 2 月 26 日在北京召开了“部分大型用糖食品企业（集团）采购、销售负责人座谈会议”。各用糖食品企业（集团）代表通报了所在企业及行业 2015 年生产销售情况、食糖的采购使用情况和淀粉糖替代情况，通报了 2016 年企业生产经营和食糖需求预期，就食糖品种及质量、制糖企业（集团）服务、食糖进口管理政策以及食糖宏观调控政策提出了意见和建议。各用糖食品企业（集团）代表对 2015 年国家所采取稳定食糖市场的一系列宏观调控政策表示肯定，希望食糖市场保持相对稳定，建议制糖企业应重视不断提高食糖质量、努力增强客户服务水平。中国糖业协会副理事长兼秘书长闫卫民作会议总结。他介绍了糖业运行情况、存在问题和主要困难以及中国糖业协会 2015 年所完成主要工作及 2016 年工作计划，并对用糖企业的采购工作提出了意见和建议。

（2）“中国糖业协会五届三次常务理事暨五届二次理事扩大会议”于 2016 年 8 月 30 日在银川召开，来自国家发展和改革委员会、工业和信息化部、农业部、商务部、中糖协和广西、云南、广东、海南、黑龙江、内蒙古、湛江糖协的代表，以及制糖企业、流通企业和批发市场的代表参加了会议。会议认为，当前国内糖市形势较好。一是打击食糖走私效果明显，刺激了国产糖的消费，提振了国内糖价，让食糖行业生存环境得到了较大改善，部分产区在 2015/2016 榨季还实现了全行业盈利；二是糖价提高将带动新榨季（2016/2017 榨季）糖料收购价上涨，这有利于提高农民种植糖料作物和加强田间管理的积极性，最终会使得国产糖数量稳步增加。

（3）“2016/2017 年度制糖期全国食糖产销工作会议暨全国食糖、糖蜜酒精订货会”于 2016 年 11 月 1～2 日在广西桂林市召开。会议通过相互交流、分组讨论，总结了 2015/2016 年度制糖期各产区食糖产销工作，通报了 2016/2017 年度制糖期各产区糖料种植及产量预计情况；通报了新制糖期国家对食糖行业宏观调控的思路和原则；对目前全球食糖市场供求形势、国际经济形势、国内近期经济形势和前景等专题展开了深入探讨；分析研究了 2016/2017 年度制糖期全国糖料生产及食糖产销形势，对新制糖期食糖供求平衡、产销工作、政府调控工作提出建议。

（4）商务部贸易救济调查局于 2016 年 11 月 10 日在京召开“进口食糖保障措施调查听证会”。听证范围包括公共利益、产品范围、进口产品数量增加、严重损害（严重损害威胁）及二者之间因果关系的确定。利害关系方申请发言的代表或代理律师按照规定顺序和时间陈述自己的观点。

（5）工业和信息化部消费品司于 2016 年 12 月 1 日在京组织召开了“2016 年制糖和糖精行业工作座谈会”。会议围绕全国制糖行业发展现状、存在的问题以及对新的一年行业生产经营形势进行了深入交流；对 2016 年限产限销糖精工作进行了回顾总结，对定点糖精生产企业生产经营管理提出建设性意见和建议，对行业污染治理和环境保护提出了要求。

（6）“原糖进口加工委员会主任（扩大）会议”

于2016年12月13～15日在海南三亚召开。会议听取了2016年原糖进口加工委员会工作总结，听取了与会企业代表关于2016年企业原糖进口加工和生产经营情况的汇报，回顾总结了2014年以来行业自律工作取得的经验教训，并对2017年行业自律工作提出意见和建议。经过充分讨论与协商，原糖进口加工委员会主任（扩大）会议审议表决通过2017年原糖进口加工行业自律承诺方案，由协会秘书处报商务部外贸司备案。

（中国糖业协会 胡志江 王让梅）

蔬菜加工业

一、基本情况

（一）资源情况

我国是世界上最大的蔬菜生产国和消费国。2016年蔬菜产业稳定发展，种植面积和总产量略超2015年。2016年全国蔬菜面积22 328 khm^2，同比增长1.49%；全年蔬菜总产量79 780万t，同比增长1.60%。播种面积最多的6省依次为：山东1 869.27 khm^2，河南1 772.53 khm^2，江苏1 430.36 khm^2，湖南1 420.30 khm^2，广东1 414.84 khm^2，四川1 379.42 khm^2。总产量排名前6位的省依次为：山东10 327.05万t，河北8 193.37万t，河南7 807.61万t，江苏5 593.91万t，四川4 388.58万t，湖南4 196.40万t。2016年我国设施蔬菜面积达到3 915 khm^2，设施蔬菜产量25 200万t，占蔬菜总产量31.5%，全国设施蔬菜产业净产值为5 700多亿元。设施蔬菜种植面积从2000年的1 833 khm^2增长到2016年的3 915 khm^2。

（二）发展导向

农业部提出了“两保、三稳、两协调”的种植业结构调整目标，要求蔬菜生产与需求协调发展，到2020年蔬菜面积稳定在21 333 khm^2左右，其中设施蔬菜4 200 khm^2。对蔬菜产业提出了“稳定面积、保质增效、均衡供应”的总体要求。发展南菜北运基地和北方设施蔬菜，统筹蔬菜优势产区和大中城市“菜园子”生产。推广节水、绿色防控等技术，建立从田间到餐桌产品质量追溯体系，确保蔬菜产品质量安全。发展春提早和秋延后以及越冬蔬菜生产，加强产地冷链建设，着力解决蔬菜供应时空分布不均的矛盾，实现周年均衡供应。随着产业结构的优化调整，我国蔬菜区域化布局基本形成。虽然是蔬菜生产第一大国，但总体水平与发达国家相比有较大的差距，如蔬菜种植产业现代化水平不高、蔬菜加工能力不足、菜损较大、蔬菜标准化体系不完善等。

农业部发布《中国农业展望报告（2016—2025）》，其中对蔬菜未来10年展望预测，预计到2025年全国蔬菜总产量将达到79 832万t。城市群协同供给能力稳步提升；出口量稳定增长，保持贸易顺差，蔬菜消费量将保持缓慢增长态势，多元化需求更加明显。有机绿色蔬菜、免洗免切产品等蔬菜的食用消费需求，将持续拉动蔬菜鲜食和加工消费稳定增长，2025年全国蔬菜消费总量将达到52 100万t。

农业部发布《实施农业竞争力提升科技行动工作方案》，对大宗蔬菜要求从“数量扩张”向“质量提升”转型，控制总体规模，强化“标准园”建设，加强蔬菜产地贮藏、加工、冷链物流、资源化利用等技术集成与推广应用，示范推广机械化、信息化实用技术和质量安全控制技术。

国务院办公厅发布《关于进一步促进农产品加工业发展的意见》，支持大中城市郊区重点发展净菜加工，重点支持果品、蔬菜等营养功能成分提取技术研究，开发营养均衡、养生保健、食药同源的加工食品。果蔬中功能性成分的分离、提取、浓缩，制成胶囊或作为添加剂加入到食品、保健品、化妆品中，成为当前果蔬加工国际新趋势。

二、加工业概况

（一）蔬菜加工总体情况

2016年我国蔬菜加工行业规模以上企业数达2 274个，总资产达到1 721.15亿元，同比增长7.98%；销售收入为3 736.39亿元，同比增长9.57%；利润总额为278.37亿元，同比增长19.07%。2016年我国果蔬加工装备制造企业150个，销售收入57.3亿元，同比增长6.8%；利润5.0亿元，同比增长11.8%。在蔬菜加工增长的同时还应看到行业的不足，2016年我国蔬菜加工行业规模以上企业中有105个出现亏损，平均亏损额为372.9万元/个。果蔬加工仍然存在着制约发展的行业性和技术性问题，在行业层面上，采后损失大，原料基地和供给弱，企业规模小，技术装备水平低，研发投入少，质量安全性与可追溯性弱；在技术层面上，脱水蔬菜能耗高，果蔬汁废渣多，传统酱菜脱盐废水污染环境，蔬菜饮料风味差，果蔬在加工中维生素、膳食纤维等流失严重等，这些问题较为普遍。

（二）生产及加工技术

1. *采后加工* 采后加工对于产后减损、提质增效，解决我国蔬菜流通中的高损耗率有着不可替代的意义。去杂清洗与脱水、分选分级、田头预冷、冷藏包装、保鲜储运是重点工作，无损检测与智能分级是技术重点方向。净菜加工和鲜切蔬菜的比重逐年增加，这类时蔬经清洗、修整、鲜切等工序处理后，外覆塑料膜进行包装，由消费者购买后直接烹饪，符合人们对新鲜、卫生、方便的蔬菜需求，也受到快餐业及团体餐饮的青睐。护色、灭菌和保鲜对提高鲜切蔬菜及净菜的商品价值尤其重要，应根据蔬菜品种和加工方式确定正确的灭菌和保鲜工艺。采后预冷也是保持蔬菜品质和安全的重要环节，发达国家将真空预冷等作为果蔬采摘后的首道工序，农业部将组装式恒温库建设列入补助项目。有专家提出采用逐步升、降温或变温贮藏，能够防止低温保鲜对果蔬造成的伤害，并且能保留营养成分和原有风味。2016 年江苏省发布 DB32/T 2876—2016《鲜切叶菜类蔬菜加工技术》地方标准。

2. *蔬菜汁* 果蔬汁在分类上主要有原果蔬汁、复合浓缩果蔬汁、果浆果汁、蔬菜汁、复合果蔬汁等，番茄酱等果蔬酱产品有时也并入果蔬汁产品类。逐渐由单一蔬菜汁向功能性复合果蔬汁转变，由嗜好性饮料向营养性饮料转变。新鲜、营养、方便的果蔬还原汁受到青睐，比较有代表性有浓缩果汁、中性复合果蔬汁、复合果蔬汁、乳酸发酵型果蔬饮料。由于蔬菜汁内富含维生素、膳食纤维、矿物元素、多酚类物质和生物类黄酮等物质，近年蔬菜汁除了饮料使用以外，还用来作为特色食品的调色剂、添加剂等。复合果蔬的功能性挖掘、杀菌、膜分离等技术是加工工艺的技术热点，利用微胶囊技术对蔬菜中的各种风味物质进行有选择的包埋，避免果蔬汁饮料在萃取、灭菌、储藏过程中的有效成分流失，是近年来新的技术热点。2016 年我国果蔬汁总产量为 2 404.9 万 t，同比增长 1.02%。果蔬汁加工企业总数 560 个，占饮料行业比重为 26.54%；主营业务收入 1 253.36 亿元，同比增长 4.72%；实现利润总额 100.26 亿元，同比下降 1.67%。果蔬汁企业的资产累计增长较快，果蔬汁与包装饮用水、碳酸饮料类同列为“三大”饮料。本年度山西农业大学研究发酵蔬菜汁替代化学合成亚硝酸盐用于牛肉肠加工，天津渤海职院研究芹菜、南瓜等复合蔬菜汁在减肥降压上的功效，云南文山学院进行了甜椒、胡萝卜和番茄复合蔬菜汁的研制，江西科技师大开展了营养果蔬复合饮料的研究。2016 年发酵果蔬汁饮料及酵素饮料成为行业热点名词，改善胃肠功能的益生菌发酵食品成为功能性食品的主流，来源于植物本身的植物性乳酸菌被证实有更显著的益生功能。使用乳酸菌发酵果蔬，不仅能享受到益生菌的益生效果，还能补充大量的维生素和植物纤维，发酵果蔬原浆应用前景广阔。河北石家庄现代食品有限公司的艾酵客发酵果蔬汁和珠海酵之素食品有限公司的 ENG 酵素饮料成为代表性产品。

3. *脱水蔬菜和蔬菜粉* 脱水蔬菜因重量轻、体积小、营养损失少、耐储运、食用方便等特点，成为满足现代人高效率、快节奏生活方式的流行食品，蔬菜干制也成为加工、增值的一种重要手段，干制方式正由传统自然晾晒向机械干燥的方向快速发展。常用的干燥方法有热风干燥、真空冻干、真空油炸、红外干燥和微波干燥等。热泵干燥、太阳能干燥、压差膨化干燥也在脱水蔬菜加工中开始应用，传统热风干燥仍是主流，保质、节能、环保、高效脱水蔬菜成为技术重点。基于作业低成本的组合干燥技术是干制工艺创新的热点，热风热泵、热风微波、热风真空油炸、热风压差膨化、微波压差膨化、冻干微波等组合干燥技术，已开始在脱水蔬菜中应用。FD 冻干蔬菜是脱水蔬菜出口主打产品，AD 脱水蔬菜、VF 果蔬脆片市场发展较快，我国脱水蔬菜产量已占世界总量的一半以上，且以年均 20%以上的速度增长。但品种少且加工比重低，整个产业还处在一个较低水平。宁波市农业科学研究院就预处理对脱水甘蓝品质影响进行研究，将蔬菜加工成水分含量低于 6%的蔬菜粉，不仅可以满足病人、老人、婴幼儿等特殊需求，还可作为食品配料用于面食、膨化食品、肉制品、固体饮料、乳制品、婴幼儿食品和方便面等的加工，有助于提高食品的营养成分，改善色泽和风味，丰富产品的品种，同时有利于保藏、运输，是目前一个非常重要的发展方向。现有的蔬菜粉品种主要有南瓜粉、番茄粉、蒜粉、葱粉等，超微粉加工使果蔬粉的分散性、水溶性、吸附性、亲和性等得到提高，营养成分更容易消化、吸收、口感更好，目前果蔬粉加工正朝着超微粉碎的方向发展。

4. *速冻蔬菜* 速冻蔬菜是将新鲜蔬菜通过相应加工处理后，快速冻结、包装的冷冻保鲜蔬菜产品，是蔬菜加工储藏技术中保存其蔬菜原有风味和营养成分较理想的方法。加工原理是：在最短的时间内及时将新鲜蔬菜放入－35～－25 ℃的低温下，使蔬菜中含有的水分迅速凝成冰晶，菜体中的水形成细小的晶体，不致损伤蔬菜细胞组织，阻止蔬菜的霉菌与细菌产生，保证速冻质量。我国速冻蔬菜产品占整个食品消费量的占比远低于发达国家，其市场前景诱人。制约行业发展的主要原因是：加工技术与设备制造水平相对落后，产品专用品种较少，高端产品及技术研发不足，原料基地建设不足，原料来源复杂品质不一，影响了速冻蔬菜品质。IQF单体速冻蔬菜和BQF块状速冻蔬菜工艺得到应用，国内企业也开始了低温高速气流速冻、喷淋或沉浸式速冻技术与装备的使用。

5. *腌制蔬菜* 腌制蔬菜市场规模大、历史悠久、成本低廉、风味多样、营养丰富，是一种大量保存蔬菜和保证蔬菜周年均衡供给的传统方法。腌制蔬菜实现了规模化标准生产。腌制蔬菜主要分酱、腌、发酵菜三大类。一是酱菜。香、辣、酸、甜、咸口味俱全，用腌制菜的咸坯，切制、去咸，再用甜面酱、黄酱或酱油等调味料浸泡、酱渍，酱菜主要以华北、东北为主。二是腌菜。品种繁多、市场面广，主要依靠食盐的高渗透压和高盐度，产品的保存期长，含盐量也高，腌菜主要包括咸菜、糖醋菜等。三是发酵菜。是利用乳酸菌、酵母菌和醋酸菌等多种有益微生物的活动加工蔬菜的一种方式，主要包括泡菜、榨菜、酸菜等，盐渍（菜）只是发酵菜防腐变的工艺过程，西南、华南以泡菜为主，东北以酸菜为主，华东、西南、华南以榨菜为主。腌制蔬菜的种类和风味繁多，加工工艺的区域特色明显。低盐化是腌制蔬菜的发展方向，通过真空包装、加热杀菌、低温和添加微生物抑制剂等措施替代食盐用量，提高腌制蔬菜的保质期，实现低盐化。中国农业大学开展了超高压对腌制蔬菜微生物和品质影响的研究，杭州师范大学对腌制蔬菜“生花”中的微生物及潜在危害进行了研究。

6. *蔬菜物流* 蔬菜是一种易腐烂、易损耗的生活必需品，蔬菜冷链物流要求从采摘后就要在低温环境下完成预冷、分级分选、包装储藏、冷链运输、批发配送等作业，在整个流通过程中不间断地低温物流，是冷链物流的技术核心。目前，我国蔬菜冷链流通比例远低于欧美发达国家水平，市场前景广阔。技术上比较快捷的方式，就是国外先进冷链物流装备的中国化创新。MA简易气调储藏技术比较适合国情，冷链物流应与产地蔬菜品牌化、可追溯的物流信息平台结合起来。由于蔬菜易腐、易损且冷链运输的外部约束较高，若由蔬菜供需双方承担物流，资金投入过大，既难于保证品质又会使蔬菜价格上扬过大，所以现代化大流通的蔬菜物流服务，由专业第三方冷链物流公司承接是必然方向。

7. *蔬菜副产物综合利用* 在实际的蔬菜采收、加工、运输以及鲜菜售卖过程中，都会有大量残叶、残帮、残次蔬菜以及蔬菜加工副产物，如皮、核、种子、叶、茎、花、根、渣等下脚料，这些蔬菜副产物中含有很多丰富的营养物质，需要进行综合利用。目前果蔬加工业每年要产生数亿吨的下脚料，如果得不到合理利用，既浪费资源又污染环境，较为普遍的尾菜利用主要有饲料化、肥料化和能源化加工利用。这些副产物再利用也成为新的关注点，如从西瓜皮、南瓜皮、胡萝卜渣中提取果胶，从胡萝卜渣、番茄渣中提取功能性天然色素，从南瓜、山药中提取功能性多糖等。

三、国内外市场概况

从市场分布上看，尽管蔬菜出口增幅很大，但整体需求还是以国内需求为主，国外数量较小。从需求数量上看，由于肉蛋奶的占比增加，替代了消费者对部分蔬菜的需求，我国蔬菜人均年消费量基本稳定在城市120 kg、农村100 kg左右，市场需求总量趋于稳定。2016年，全国蔬菜消费总量为48 265万t。从需求质量上看，蔬菜的品质和安全日益引起消费者的重视，购买结构向品质和营养价值高的产品倾斜，关注点向绿色、有机、无公害及质量安全事件聚焦。我国蔬菜市场的变化特征，对蔬菜生产与加工都将带来深远的影响。农业部印发《农业电子商务试点方案》，积极探索“基地＋城市社区”鲜活农产品直配、“放心农资进农家”等农业电子商务新模式，对传统蔬菜市场业态必将带来冲击。

（一）国内市场

2016年，蔬菜生产整体上保持稳定发展，供应充足，蔬菜价格总体变化符合市场规律，但由于受倒春寒、南方洪涝、雾霾和强寒流等气候影响，蔬菜供应出现阶段性、区域性趋紧，价格涨跌幅度偏大，多地经历了两轮历史罕见的“过山车”走势。第一轮在春节过后，菜价不降反升，甚至刷新历年同期最高价，北方产区大范围、长时间的低温寡照天气，随之南方产区又遭受了突如其来的强寒流侵袭，导致南、北方蔬菜同时出现短缺，菜价保持高位运行。第二轮出现在6～7月，北方农民受到前期的高菜价刺激从而盲目扩种，使蔬菜价格急剧下跌；南方受高温天气、洪涝影响，蔬菜价格稳步上涨，加之北方预冷和冷链能力的限制，北菜南运的规模难以扩大，出现南北菜价两极分化。

（二）国际市场

2016年，我国蔬菜出口量总体上表现为稳定态势，其中出口额和进口量略高于去年，出口量和进口额则略低于去年。全年进口蔬菜约 24.93 万 t，同比增长 2.05%；进口额约 5.29 亿美元，同比增长 −2.04%。出口蔬菜 1 009.77 万 t，同比增长 −0.81%；出口额为 147.23 亿美元，同比增长 10.98%。贸易顺差 141.9 亿美元，同比增长 11.5%。从出口结构看，出口蔬菜分为生鲜冷冻蔬菜、调理加工保藏蔬菜、脱水蔬菜和蔬菜种子等四大类；从出口品种看，以大蒜、洋葱（青葱）、姜、马铃薯、番茄为主。

四、质量管理与标准化建设

（一）质量管理

2016 年全国蔬菜例行监测合格率达到 96.8%，连续 9 年保持 96.0%以上，全年未发生重大质量安全事故，蔬菜质量安全水平保持了总体稳定优良。国家明确提出实施食品安全战略，要求到 2020 年蔬菜农药残留限量指标基本与国际食品法典标准接轨，创建优质蔬菜及食品品牌。健全从农田到餐桌的农产品质量和食品安全监管体系，建立全程可追溯、互联共享的信息平台，加强标准体系建设，健全检验检测体系。农业部启动实施《加快完善我国农药残留标准体系工作方案（2015—2020）》，推出《关于推进“三品一标”持续健康发展的意见》，对无公害农产品、有机农产品和农产品地理标志及绿色食品的持续健康发展，提出新的要求，在 5 年左右“三品一标”获证产品数量年增幅保持在 6.0%以上，产地环境监测面积占食用农产品生产总面积的 40.0%，获证产品抽检合格率保持在 98.0%以上，实现产品可追溯。

（二）标准化建设

2016 年，国家有关部门发布了一系列有关蔬菜方面的标准（表 1），商务部和国家标准化管理委员会出台了《关于开展农产品冷链流通标准化示范工作的通知》，进一步建立健全冷链流通标准体系。国家发展和改革委员会发布了《道路运输食品冷藏车功能选用技术规范》，完善了蔬菜保鲜冷链物流的标准体系。

表 1　2016 年有关部门发布的蔬菜加工相关标准情况

标准号	标准名称
GB/T 5009.232—2016	食品安全国家标准　水果、蔬菜及其制品中甲酸的测定
GB/T 8950—2016	食品安全国家标准　罐头食品生产卫生规范
GB/T 12695—2016	食品安全国家标准　饮料生产卫生规范
GB/T 32950—2016	鲜活农产品标签标识
GB/T 33129—2016	新鲜水果、蔬菜包装和冷链运输通用操作规程
NY/T 427—2016	绿色食品　西甜瓜
NY/T 434—2016	绿色食品　果蔬汁饮料
NY/T 1507—2016	绿色食品　山野菜
NY/T 2919—2016	瓜类果斑病防控技术规程
NY/T 2963—2016	薯类及薯制品　名词术语
NY/T 2981—2016	绿色食品　魔芋及其制品
NY/T 2984—2016	绿色食品　淀粉类蔬菜粉
NY/T 3054—2016	植物新品种特异性、一致性和稳定性测试指南　冬瓜
NY/T 3057—2016	植物新品种特异性、一致性和稳定性测试指南　黄秋葵
JB/T 12825—2016	辣椒收获机
JB/T 12828—2016	自走式番茄收获机
QB/T 5027—2016	果蔬纤维
SN/T 0230.1—2016	进出口脱水蔬菜检验规程
SN/T 0626.7—2016	进出口速冻蔬菜检验规程　第 7 部分：食用菌
SN/T 0626.10—2016	出口速冻蔬菜检验规程　第 10 部分：块茎类
SN/T 4419.20—2016	出口食品常见过敏原 LAMP 系列检测方法　第 20 部分：芹菜
SN/T 4589—2016	出口蔬菜中硝酸盐快速测定　改进的镉还原分析法

五、行业工作

（1）“第十七届中国（寿光）国际蔬菜科技博览会”于2016年4月20日至5月30日在山东寿光召开。本届菜博会由农业部、商务部、山东省政府等单位联合主办，属中国5A级农业专业展会。以“绿色、科技、未来”为主题，突出专业化、市场化和国际化定位，总展览面积45万m^2，展出国内外蔬菜2 000多种，新品种200多个，新技术100多项，栽培模式80多种，作为国内唯一的国际性蔬菜产业品牌展会已连续成功举办了17届。来自美国、荷兰、以色列、日本等47个国家和地区以及国内29个省、自治区、直辖市的200多个重要代表团参会参展，吸引220万人次到会参观，实现各类贸易额161亿元。

（2）“第四届中国蔬菜产业大会”于2016年5月19日在济南召开，会议由中国蔬菜协会、山东省农业厅主办。来自全国从事蔬菜生产、加工、科研、技术推广、农资企业等700余人参加了会议。以“智能互联，提质增效”为主题，20多名专家进行了发言。专家测算，2016年蔬菜生产对农民收入的贡献率约为10%，为增加农民收入发挥了积极作用。

（3）“2016中国（北京）国际果蔬展览会”于2016年10月30日至11月1日在北京国家会议中心举行。本届果蔬展由中国出入境检验检疫协会等主办，国家质量监督检验检疫总局张沁荣副局长出席开幕式并致辞，来自埃及等15个国家和地区约200名展商、500个新品种、1 200余个品牌同台亮相，展示当前果蔬行业的新产品、新技术、新理念、新模式，举办16场专题活动，45位行业专家全面分析全产业链发展状况。

（4）“2016第九届iFresh亚洲果蔬产业博览会”于2016年11月14～16日在上海召开。会议由中国果品流通协会主办，围绕果蔬产品、果蔬深加工技术设备、生鲜配送运营及技术、生鲜零售业及技术、果蔬种植及采后技术等展开经贸洽谈，来自27个国家及地区的463个展商和3.5万观众参加了博览会。

（5）“2016年北方秋冬季设施番茄大会”于2016年11月25日在河北衡水召开。会议由中国蔬菜协会主办，来自全国各地从事番茄育种、生产及市场销售工作的300多人出席了大会。通过专家报告会及考察品种测评现场等形式，研究探讨我国番茄品种基本现状、市场变化趋势、产业发展方向，进而推动我国番茄产业健康发展。

（6）“2016中国果蔬汁产业峰会”于2016年9月11日在苏州召开。会议由中国饮料工业协会主办，以“更营养更多元的果汁蓝海”为主题，重点围绕NFC果汁和发酵果蔬汁相关的最新技术成果展开交流。

（山东省农业机械科学研究院　李寒松）

蜂产品加工业

一、基本情况

据中国养蜂学会、联合国粮农组织不完全统计，2016年全国蜂群存养量逾1 100万群，蜂产品生产基本稳定，蜂蜜总产量48.16万t，同比略有增长，居世界第一；蜂王浆总产量不足3 000.00 t，基本持平，仍居世界首位；蜂蜡6 000.00 t，蜂花粉约4 500.00 t，同比有所下降；蜂胶约358.00 t，基本持平，仍居世界前列。

据中国海关统计，2016年我国蜂产品出口不容乐观，蜂蜜出口12.83万t，创汇约2.80亿美元，同比减少4.20%，呈“双降”态势。鲜蜂王浆出口803.46 t，同比上升10.55%；创汇2 119.23万美元，同比上升9.19%，呈“双升”态势。但出口价格26.38元/kg，同比下降1.23%。蜂王浆冻干粉出口215.23 t，同比下降10.25%；创汇1 857.99万美元，同比下降7.48%，呈“双降”态势。但出口价格86.33元/kg，同比上升约3.09%。蜂王浆制剂出口297.01 t，同比上升1.06%；创汇282.2万美元，基本持平略有上升0.01%。出口价格9.50元/kg，同比下降1.04%。蜂花粉出口2 053.64 t，同比下降9.50%；但出口创汇上升5.50%，出口单价上升16.70%。

2016年，全国养蜂生产、经营规模不断扩大，蜂产业结构调整及优化升级步伐持续加快，蜂产品产量稳居世界第一。蜂产品是健康食品，是世界上屈指可数的不需要任何深加工的天然营养保健品，非常有益于人类健康。随着人们养生保健意识不断增强，“互联网+”的结构调整与快速发展，蜂产品市场营销多元化，促使蜂产品内销份额日趋增大，价格上涨，蜂产品市场前景广阔。

二、生产与销售

（一）蜂蜜

1. 蜂蜜生产与收购　2016 年，农业部及中国养蜂学会在“全国蜂产品安全与标准化生产”推广的基础上，继续革新我国养蜂生产方式，提升蜂产品质量，维护消费者健康，扩大国际影响，原生态成熟蜂蜜生产已于 2015 年隆重推出，2016 年得到全国广泛接受，养蜂生产者对饲养强群、生产原生态成熟蜜的意识逐步提高，生产更加规范。2016 年，全国成熟蜜生产基地如雨后春笋开始崛起，意味着我国蜂蜜已步入与国际接轨的良好时机。2016 年蜂蜜产情：一是油菜蜜产量大幅减产，是近年的最低点，价格创历史新高；二是椴树蜂蜜大丰收，产量、质量创新高，但总体价格有所下降；三是洋槐蜂蜜为低产年份，枣花蜂蜜、荆条蜂蜜等为平常年，不同地区产情各异。

据不完全统计，2016 年全国蜂蜜生产总产量 48.16 万 t，同比略有增长，产量稳居世界第一。按农业部《全国养蜂业“十二五”规划》区域：华北 5 省份（北京、天津、河北、山西和山东）蜂蜜产量 2.74 万 t；东北 4 省份（内蒙古、辽宁、吉林、黑龙江）4.30 万 t；华东 6 省份（上海、江苏、浙江、安徽、江西、福建）约 14.40 万 t；中南 6 省份（河南、湖北、湖南、广东、广西、海南）约 16.20 万 t；西南 5 省份（重庆、四川、贵州、云南、西藏）约 8.32 万 t；西北 5 省份（陕西、甘肃、青海、宁夏、新疆）约 2.20 万 t（表 1）。

（1）油菜蜜　2016 年中国养蜂学会据全国各省份情况反馈，随着油菜种植面积的日益缩减，再加之气候原因，油菜花期缩短，各大油菜蜜主产区产量大量减少，全国生产总量不足正常年的一半，降到历史最低点，也因此价格大幅度上涨，蜂农见面价创历史新高，达 1.00 万元左右，同比增长 20.00%～30.00%。

（2）荔枝、龙眼蜜　2016 年由于低温多雨，荔枝、龙眼蜂蜜产量减产，收购价上涨，高达 20 000.00元/t，成熟荔枝、龙眼蜜价格更高。

（3）洋槐蜜　2016 年洋槐小年，陕西、辽宁洋槐蜂蜜生产大部分地区平年，局部地区丰收；山东、河南产量有所下降；收购价 14 000.00～18 000.00 元/t，同比基本持平；成熟洋槐蜜收购价 30 000.00～35 000.00元/t。

表 1　2016 年全国各地区蜂蜜产量

地　区	产量（万 t）	地　区	产量（万 t）
华北地区（5 省份）	2.74	东北地区（4 省份）	4.30
北　京	0.20	内蒙古	0.50
天　津	0.04	辽　宁	0.20
河　北	1.40	吉　林	1.50
山　西	0.50	黑龙江	2.10
山　东	0.60		
华东地区（6 省份）	14.40	中南地区（6 省份）	16.20
上　海	0.10	河　南	8.90
江　苏	0.40	湖　北	2.40
浙　江	9.20	湖　南	1.30
安　徽	1.70	广　东	2.10
江　西	1.60	广　西	1.40
福　建	1.40	海　南	0.10
西南地区（5 省份）	8.32	西北地区（5 省份）	2.20
重　庆	2.00	陕　西	0.70
四　川	4.90	甘　肃	0.20
贵　州	0.30	青　海	0.20
云　南	1.10	宁　夏	0.10
西　藏	0.02	新　疆	1.00

（4）荆条蜜　2016 年荆花蜂蜜产量基本属正常年，略有下降，平均单产 25.00 kg；河北产区产情较好，平均单产达 40.00～50.00 kg，个别地区产量有所下降；收购价达 12 000.00～13 000.00 元/t，同比有所增长；成熟荆花蜜 20 000.00 元/t。

（5）枣花蜂蜜　2016 年枣花蜂蜜生产基本属于正常年，同比略有下降，山东、河南减产；陕西等产区平年，单产 20.00～25.00 kg；山西主产区高产，达 35.00～40.00 kg；收购价格同比基本持平，为 14 000.00～15 000.00 元/t；成熟枣花蜜 20 000.00 元/t。

（6）椴树蜜　2016 年椴树产蜜期间，气候较佳，流蜜期长，蜂群壮，椴树蜂蜜产量丰收，再创新高；年平均单产 30.00～50.00 kg，高产的单产达 70.00 kg；由于丰收，收购价同比有所下降，为 13 000.00～15 000.00 元/t；成熟椴树蜜 20 000.00～30 000.00 元/t。

(7) 棉花蜜 2016年棉花开花期，新疆雨水偏多，给蜜蜂采集生产造成了重大影响，棉花蜜产量较往年有所下降，单产仅20.00～25.00 kg，收购价同比基本持平。

(8) 其他 蜂产品生产仍是靠天吃饭，气候严重影响蜂产品产量。2016年春繁，全国主要蜜源油菜大部地区绝收或严重减产，7月，新疆、河南、河北及东北地区降雨较集中偏大，蜜源作物开花良好，但受强降水影响，部分蜂场出现受淹毁损，养蜂生产受损严重，给蜂农生产生活带来了严重影响。

2. 蜂蜜国内市场 蜂蜜是纯天然的健康食品，是世界上屈指可数的不需要任何深加工的天然营养保健品，有益于人类健康，是唯一可以替代蔗糖的天然甜物质，随着人们养生保健意识不断增强，蜂蜜越来越受消费者青睐，具有潜在的内销市场。国家供给侧改革，实质上提高了对市场的"有效供给"。然而，令人遗憾的是：市场的加大对养蜂生产者、天然蜂产品的生产者真蜜却无作用，上等纯天然蜂蜜、成熟蜜却销售困难，从养殖到加工厂、到销售规范的经营者与养蜂生产者面临一样的辛苦却不赚钱，国家食品安全《蜂蜜》标准，仍然为伪、劣、假提供了庞大的市场，充斥了纯正天然蜂蜜的市场，尽管蜂蜜内销市场打假活动全面展开，但那些"明里暗里与糖浆有染的加工厂、商家、出口商以及衍生企业却仍然钵满盆盈"，根本原因来自于不安全的国家食品安全《蜂蜜》标准，中国养蜂学会呼吁修订国际。

2016年，据商务部蜂蜜商会信息，中国市场蜂蜜消费量约50.00万t，估测实际消费约70.00万t，而我们的蜂蜜年产量为48.16万t。多出的那些蜂蜜又从哪里来的，可见真蜂蜜的有效供给严重不足。据中国养蜂学会不完全统计，2016年市场对优质天然蜂蜜需求增加，市场价格有所上涨。普通超市蜂蜜销售价格仍在徘徊，为19.00～99.00元/kg；大型超市如沃尔玛、麦德龙、山姆、家乐福、乐购等蜂蜜价格29.90～1 752.00元/kg；电商网店如京东、天猫、淘宝等蜂蜜价格20.00～1 600.00元/kg，专卖店蜂蜜价格100.00～1 980.00元/kg；最令人关注的是之前的普通蜂蜜摇身一变许多都成了"成熟蜜"，还需管理者的统一规范，但有一点值得提的是大家都认识到了成熟蜂蜜才是天然蜂蜜营养素的真正保持者；进口蜂蜜在我国的价格仍然最高，达356.00～5 400.00元/kg。事实上，中国蜂蜜特别是中蜂蜂蜜的营养价值定可与国际媲美，甚至超出国际蜂蜜价值，行业始终期望着蜂业研究机构拓展蜂产品高附加值的研究，以科技创新驱动产业快速高端发展。

3. 蜂蜜国际市场

(1) 蜂蜜出口 据中国海关统计，2016年我国蜂蜜出口数量为128 329.60 t，同比下降11.30%；创汇27 655.60万美元，同比下降4.20%，首次显双降趋势。但是，平均单价为2 155.00美元/t，同比增长8.10%。自2015年农业部、中国养蜂学会推广成熟蜜以来，我国蜂蜜出口单价开始有所上升。

2016年，我国蜂蜜出口欧洲68 803.60 t，同比下降27.80%；创汇13 789.40万美元，同比下降25.10%；平均单价为2 004.20美元/t，同比增长3.70%。出口亚洲47 974.60 t，同比增长23.20%；创汇11 518.40万美元，同比增长36.20%；平均单价2 400.90美元/t，同比增长10.50%。出口非洲4 500.10 t，同比增长21.80%；创汇876.00万美元，同比增长28.30%；平均单价1 946.60美元/t，同比增长5.40%。出口南美洲78.90 t，同比下降43.10%；创汇16.00万美元，同比下降43.00%；平均单价为2 024.90美元/t，同比增长0.20%。出口北美洲207.80 t，同比下降53.30%；创汇47.30万美元，同比下降50.90%；平均单价2 278.10美元/t，同比增长5.10%。出口大洋洲6 764.60 t，同比增长8.40%；创汇1 408.50万美元，同比增长18.70%；平均单价2 082.20美元/t，同比增长9.4%（表2）。

表2 2016年我国蜂蜜出口各大洲统计表

洲 别	数量（t）	同比增长（%）	金额（万美元）	同比增长（%）
欧 洲	68 803.60	−27.80	13 789.40	−25.10
亚 洲	47 974.60	23.20	11 518.40	36.20
非 洲	4 500.10	21.80	876.00	28.30
大洋洲	6 764.60	8.40	1 408.50	18.70
北美洲	207.80	−53.30	47.30	−50.90
南美洲	78.90	−43.10	16.00	−43.00

2016年，我国蜂蜜出口前3名国家（按创汇金额排序）：第一日本，为38 498.10 t，同比增长50.30%；创汇9 388.20万美元，同比增长66.30%；平均单价2 438.60美元/t，同比增长10.70%。第二英国，为28 362.30 t，同比增长7.40%；创汇5 240.60万美元，同比增长10.50%；平均单价1 847.70美元/t，同比增长2.90%。第三比利时，为11 754.00 t，同比下降48.60%；创汇2 753.30万美元，同比下降42.00%；平均单价2 342.40美元/t，同比增长12.90%。2016年我国蜂蜜出口前10名国

家见表3。

表3 2016年我国蜂蜜出口前10名国家（按金额排序）

国别	数量（t）	同比增长（%）	金额（万美元）	同比增长（%）
日本	38 498.10	50.30	9 388.20	66.30
英国	28 362.30	7.40	5 240.60	10.50
比利时	11 754.00	−48.60	2 753.30	−42.00
澳大利亚	6 746.40	8.10	1 361.90	14.70
荷兰	4 808.10	−21.60	946.10	−15.50
波兰	4 990.70	−3.50	930.40	−1.20
西班牙	4，411.50	−62.70	889.90	−60.30
德国	3 617.20	−36.90	831.70	−36.00
南非	3 569.00	20.70	694.10	27.60
葡萄牙	3 349.50	−24.70	619.20	−18.70

2016年，我国蜂蜜出口主要省份（按创汇顺序排列）有湖北、安徽、浙江、江苏、山东、辽宁、上海、宁夏、河南、内蒙古、湖南、吉林、四川、天津、北京、黑龙江、广东、陕西、广西、河北（表4）。

表4 2016年我国蜂蜜出口主要省份

省份	数量（t）	同比增长（%）	金额（万美元）	同比增长（%）
湖北	28 316.50	4.80	6 169.60	20.60
安徽	27 001.80	−22.10	5 510.50	−18.30
浙江	16 136.10	−22.00	3 580.70	−12.80
江苏	13 479.60	−2.60	2 672.70	3.30
山东	10 309.00	−31.60	2 644.60	−21.90
辽宁	10 603.80	−10.10	2 062.50	−4.00
上海	8 619.10	69.00	1 558.70	59.30
宁夏	3 792.80	46.90	860.90	47.20
河南	2 713.60	−49.90	625.80	−45.30
内蒙古	2 050.30	1 007.10	418.40	976.60
湖南	1 320.80	57.20	345.00	76.60
吉林	685.30	−29.70	231.40	−29.90
四川	856.70	−67.50	224.80	−65.20
天津	762.70	436.70	164.20	216.00
北京	550.50	192.60	158.80	275.30
黑龙江	100.00	167.30	121.60	240.50
广东	357.70	16.10	95.50	16.20
陕西	295.70	−89.70	89.30	−84.20
广西	232.40	−9.50	58.00	−10.30
河北	142.10	40.00	33.80	81.00

（2）蜂蜜进口　据中国海关统计，2016年我国蜂蜜进口数量6 032.00 t，进口额达7 277.00万美元。可见，我国蜂蜜市场备具潜力，但蜂蜜内外销受阻明显，蜂蜜产业也面临着严峻的挑战。

（二）蜂王浆

蜂王浆是我国蜂产品中第二大主产品，也是最具市场竞争力、最具高营养价值的蜂产品，我国始终保持世界蜂王浆第一生产和出口大国，世界上90.00%以上的蜂王浆来自我国，国外对蜂王浆的独特保健功能效愈加青睐，出口数量日益增长。相反，内销却受一些负面不科学的“激素论”之影响而削减，严重影响了全国蜂王浆生产和市场。据不完全统计，2016年我国蜂王浆总产量不足3 000.00 t，内销市场动力不足，前景不容乐观。外销持平，全年出口1 500.00 t。

1. 蜂王浆生产与收购　2016年，由于蜂蜜市场需求增长较快，加上蜂王浆主产区的养蜂人员结构老化，年轻人不愿养蜂，多数蜂场为了集中精力采收蜂蜜，不注重生产蜂王浆或不生产蜂王浆，将浆王换成蜜王，致使整体蜂王浆产量下降。据不完全统计，2016年我国蜂王浆总产量不足3 000.00 t。

我国蜂王浆收购，基本上是以外销蜂王浆价格推算对蜂农的收购价，是我国蜂王浆市场的一个误区，我国占国际市场蜂王浆交易量的90.00%以上，定价权始终不是自己，不是“中国优先”而是“国际优先”。这再次证明了我国蜂王浆内销市场疲软，消费者不懂蜂产品的消费。这种价值背离的现象如不能改变，蜂王浆产业很难走出困境。

2016年早春，蜂王浆蜂农见面价180.00元/kg，之后下滑至140.00元/kg。4月，湖北、江西油菜蜂王浆蜂农见面价130.00元/kg，安徽、江苏120.00～125.00元/kg；5～6月，河南、山东、陕西蜂农见面价120.00～135.00元/kg；下半年青海油菜蜂王浆、甘肃等蜂农见面价有所上涨，为130.00～160.00元/kg，至年底收购价格基本维持在150.00元/kg，同比上涨约10.00%。

2. 蜂王浆国内市场　蜂王浆是蜂产品中最具营养价值的纯天然功能营养食品和纯天然高级保健品，然而，近几年的某些媒体误导，致使我国内销市场乏力，百姓宁可信其有而不敢食用，严重影响了蜂王浆销路和百姓身体健康。据不完全统计，2016年，国内蜂王浆内销总量约1 200.00 t，同比基本持平；内销价格因蜂王浆种类不同、商家不同、销售平台不同等有所差异，春浆、夏浆、秋浆因质量差异较大。但是，蜂王浆用于美容的制品时有出口，蜂王浆美容皂、面霜、乳液、面膜等新品上市，市场看好。

3. 王浆国际市场 2016年，我国蜂王浆总出口量约1 500.00 t。其中，鲜蜂王浆出口803.46 t，蜂王浆冻干粉出口215.23 t，蜂王浆制剂出口297.01 t。

(1) 鲜蜂王浆出口 2016年鲜蜂王浆出口803.46 t，同比上升10.55%；创汇2 119.23万美元，同比上升9.19%；平均出口单价26.38元/kg，同比下降1.23%。从整体看，近几年我国鲜王浆出口较为平稳，略有增长，若以人民币计算，2015年我国鲜蜂王浆出口创汇1.20亿元，2016年出口额则为1.40亿元，同比有所增长。日本食用蜂王浆并将蜂王浆视为最好的天然高级营养品，已有悠久的历史。日本市场对我国鲜王浆的需求仍然旺盛，始终是我国蜂王浆在世界上最大的消费国。日本对蜂王浆的品质要求较高，对蜂王浆的质量检测把关严格，故出口日本的蜂王浆价格也一直处于较高水平。2016年，我国对欧盟出口也有较大的增幅，但对东盟出口出现比较大的降幅。2016年，我国鲜蜂王浆主要出口前10名国家：日本、法国、比利时、美国、泰国、西班牙、德国、韩国、沙特阿拉伯和土耳其（表5）。

表5 2016年我国鲜蜂王浆出口前10名国家

国别	数量（kg）	同比增长（%）	价格（美元/kg）	同比增长（%）	出口数量占比（%）
日本	293 240.00	2.68	30.56	−0.02	36.50
法国	141 860.00	53.16	23.98	−1.04	17.66
比利时	91 769.00	70.80	24.64	−6.48	11.42
美国	50 650.00	90.41	26.16	−17.79	6.30
泰国	58 000.00	−14.39	19.33	2.69	7.22
西班牙	45 410.00	−35.47	24.55	5.49	5.65
德国	18 946.00	33.42	23.55	0.76	2.36
韩国	14 170.00	52.94	27.23	−1.76	1.76
沙特阿拉伯	16 000.00	−40.74	24.00	−0.48	1.99
土耳其	18 550.00	19.68	19.20	16.54	2.31

2016年，我国出口鲜蜂王浆的主要省份有浙江、江苏、北京、四川、湖北、辽宁、山东、青海、天津、上海等（表6）。鲜王浆出口企业共有52个，同比增长11个。其中，国有企业7个，其出口量占我国鲜王浆对外出口量的2.80%；私有企业为40个，出口量670 609.00 kg，同比增长8.56%，出口量占我国鲜王浆对外出口总量的83.47%；外商独资企业1个，出口均价为27.20美元/kg，同比下降5.33%，出口量占我国鲜王浆对外出口总量的1.00%；中外合资企业4个，出口量占我国鲜王浆对外出口总量的12.74%。

表6 2016年我国出口鲜王浆主要省份

省份	数量（kg）	同比增长（%）	价格（美元/kg）	同比增长（%）	出口数量占比（%）	出口家数（个）
浙江	635 743.00	11.30	26.31	−1.89	79.13	21
江苏	37 700.00	216.81	26.90	−7.50	4.69	6
北京	35 975.00	−26.05	27.34	1.18	4.48	4
四川	21 020.00	−14.23	34.44	−10.16	2.62	3
湖北	22 885.00	25.74	21.51	5.39	2.85	5
辽宁	13 670.00	71.30	26.55	12.04	1.70	3
山东	12 425.00	92.49	26.50	2.45	1.55	5
青海	9 760.00	155.50	28.30	−12.92	1.21	1
天津	5 200.00	−47.47	25.12	−1.05	0.65	1
上海	7 500.00	−65.12	14.85	2.91	0.93	1

（2）蜂王浆干粉出口 2016 年我国蜂王浆冻干粉出口 215.23 t，同比下降 10.25%；创汇 1 857.99 万美元，同比下降 7.48%；平均出口单价 86.33 元/kg，同比上升 3.09%。若以人民币计算，2016 年，我国蜂王浆出口创汇 1.23 亿元。2016 年，日本、美国和大洋洲仍是我国蜂王浆冻干粉出口的主要国家和地区，但对日、美的出口量有所下降。2016 年，我国蜂王浆冻干粉对东盟的出口有较大增幅（表 7）。

表 7　2016 年我国蜂王浆冻干粉出口统计表

国家或地区	数量（kg）	同比增长（%）	价格（美元/kg）	同比增长（%）	出口数量占比（%）
拉丁美洲	300.00	−79.87	59.26	8.93	0.14
北美洲	33 255.00	−15.11	72.89	−3.66	15.45
大洋洲	40 410.00	7.30	83.71	1.02	18.78
日　本	75 936.00	−22.82	103.55	11.67	35.28
澳大利亚	34 550.00	188.88	84.12	2.56	16.05
美　国	31 785.00	−18.71	73.29	−3.12	14.77
西班牙	15 815.00	−19.48	72.16	0.61	7.35
法　国	9 920.00	94.51	75.29	0.63	4.61
荷　兰	7 200.00	14.29	78.85	0.86	3.35
印度尼西亚	8 680.00	199.31	63.51	4.46	4.03
新西兰	5 860.00	−77.20	81.33	−2.32	2.72
韩　国	4 120.00	64.80	104.95	8.05	1.91
比利时	4 164.00	12.06	76.80	−3.58	1.93

2016 年，我国出口蜂王浆冻干粉的省份有浙江、青海、辽宁、湖北、北京、江苏、上海、山东、天津、陕西等（表 8）。2016 年，我国出口蜂王浆冻干粉出口企业 60 个，同比增加 2 个。其中，国有企业 8 个，同比减少 4 个，出口量占出口总量的 4.20%。私有企业 46 个，同比增加 5 个；出口量 166 035.00 kg，同比下降 12.61%。其出口量占出口总量的 77.14%。外商独资企业有 1 个，出口量占出口总量的 2.38%。中外合资企业有 4 个，出口量占出口总量的 15.35%。出口王浆冻干粉的集体企业仅 1 个，出口均价最高，达 114.36 美元/kg。

表 8　2016 年我国出口蜂王浆冻干粉主要省份

省　份	数量（kg）	同比增长（%）	价格（美元/kg）	同比增长（%）	出口数量占比（%）	出口企业数（个）
浙　江	139 280.00	−4.22	89.19	2.74	64.71	21
青　海	15 000.00	−22.67	90.91	6.08	6.97	1
辽　宁	17 410.00	126.90	76.82	−1.01	8.09	5
湖　北	15 730.00	6.29	74.07	0.20	7.31	3
北　京	12 062.00	−47.17	75.27	0.80	5.60	5
江　苏	6 365.00	−66.13	83.53	6.94	2.96	5
上　海	3 160.00	5.33	102.01	9.00	1.47	4
山　东	2 995.00	−26.03	90.86	7.22	1.39	6
天　津	1 440.00	−25.77	81.77	6.27	0.67	1
陕　西	840.00	1580	93.28	8.46	0.39	4

（3）蜂王浆制剂出口 近几年，随着人们生活水平提升，保健意识加强，蜂王浆制品作为天然综合性高级营养补品，日益受到消费者青睐，促进蜂王浆制品种类日益增多。2016 年，我国蜂王浆制剂出口 297.01 t，同比上升 1.06%；创汇 282.20 万美元，同比上升 0.01%；平均出口单价 9.50 元/kg，同比下降 1.04%。2016 年，我国蜂王浆制剂主要出口墨西哥、哥伦比亚、美国、斯洛伐克、巴拿马、危地马拉、智利、加拿大、罗马尼亚、哥斯达黎加等（表 9）。

表 9 2016 我国蜂王浆制剂出口前 10 名国家

国　别	数量（kg）	同比增长（%）	价格（美元/kg）	同比增长（%）	出口数量占比（%）
墨西哥	68 054.00	1.64	10.27	11.73	22.91
哥伦比亚	62 967.00	79.76	8.92	−0.49	21.20
美　国	35 995.00	37.44	7.63	4.69	12.12
斯洛伐克	21 120.00	−34.82	9.23	0.19	7.11
巴拿马	14 736.00	−22.99	7.79	1.82	4.96
危地马拉	11 770.00	−26.95	7.91	−9.47	3.96
智　利	7 320.00	66.67	11.89	19.18	2.46
加拿大	12 140.00	−4.09	7.04	−10.72	4.09
罗马尼亚	11 364.00	−29.98	7.51	−22.15	3.83
哥斯达黎加	9 907.00	38.15	7.48	1.08	3.34

2016 年，我国出口王浆制剂的主要省市有黑龙江、辽宁、上海、天津、广东、山东、吉林、浙江、江苏、内蒙古等（表 10）。出口企业 34 个。其中，国有企业 11 个，出口量 198 012.00 kg，同比增长 2.22%，其出口量占出口总量的 66.67%。私有企业 21 个，出口量 87 092.00 kg，同比增长 3.50%，其出口量占出口总量的 29.32%。中外合资企业有 1 个，出口量占出口总量的 3.91%。

表 10 2016 年我国蜂王浆制剂出口前 10 省份

省　份	数量（kg）	同比增长（%）	价格（美元/kg）	同比增长（%）	出口数量占比（%）	出口家数（个）
黑龙江	192 824.00	10.43	9.44	2.72	64.92	7
辽　宁	79 986.00	−10.29	7.41	−2.58	26.93	6
上　海	2 093.00	257.78	42.59	191.06	0.70	5
天　津	7 120.00	43.78	11.59	−4.53	2.40	2
广　东	4 628.00	−31.23	16.04	1.26	1.56	4
山　东	2 366.00	−0.21	30.21	−44.22	0.80	3
吉　林	3 830.00		10.05		1.29	3
浙　江	402.00	−80	49.14	6.20	0.14	1
江　苏	130.00	−86.78	139.99	345.78	0.04	1
内蒙古	3 600.00	−33.33	3.60	−3.26	1.21	1

纵观蜂王浆国内外市场，国内销售市场仍受“激素论”困扰，内销萎靡不振。然而，随着劳动力成本上升，销售费用增长，企业利润下滑。2016 年，3 000.00多 t 的蜂王浆全国市场总销售额不足 10.00 亿元（其中出口仅 3.00 亿元），平均每吨蜂王浆仅有 30.00 多万元的市场销售额，仅为蜂胶的 1/30。蜂王浆的价值被严重低估，导致整体蜂王浆产业滞后。如何应对蜂王浆产业面临的困境，是蜂业企业家们必需攻克的难关。从另一个角度，智慧消费者或许可获契机，物美价廉的纯天然、高营养品的蜂王浆不容

错过。

（三）蜂花粉

据中国养蜂学会不完全统计，2016 年由于天气原因以及蜜源植物的减少等，造成我国蜂花粉产量不高，为 4 000.00～4 500.00 t。但价格上涨，整体国内外市场看好。2016 年，据中国海关数据，我国蜂花粉出口 2 053.64 t，同比下降 9.50%，但创汇金额且上涨 5.50%，出口单价上升 16.70%。

1. 蜂花粉生产　我国花粉生产仍以大宗油菜花粉、茶花粉和杂花粉为主，玉米、荷花、柳树、荞麦、益母草、五味子等蜂花粉为辅。主产区主要有江西、安徽、湖北、四川、辽宁、青海、甘肃、新疆、内蒙古、浙江、江苏等。2016 年，蜂花粉生产因不良天气及粉源植物减少等因素，全国蜂花粉生产减产，全年总产量 4 000.00～4 500.00 t。

2. 蜂花粉国内市场　据中国养蜂学会不完全统计，2016 年全国蜂花粉收购价格（蜂农见面价）总体略有上升：油菜花粉收购价 35.00～37.00 元/kg，茶花粉 38.00～45.00 元/kg，杂花粉 30.00～35.00 元/kg，向日葵、荞麦杂花粉 25.00～30.00 元/kg，荷花花粉 45.00～65.00 元/kg，创历史新高。2016 年，蜂花粉国内消费市场主要用于食品、药品及蜜蜂饲料。日常超市、互联网、各自网店和专卖店，内销总量约 3 000.00 t，同比持平；内销价格因不同市场、不同品种而异，超市、电商、网店价格 100.00～500.00 元/kg；专卖店价格各异，但相对较高，为 120.00～1 396.00 元/kg 不等。2016 年，益母草花粉、五味子花粉、荷花花粉、玫瑰花粉等品种销量严重下滑，甚至滞销，原因仍然是国家卫生和计划委员会没把这几个品种列入粉源植物名单，制约了行业的发展。

3. 蜂花粉国际市场　据中国海关数据，2016 年我国蜂花粉出口 2 053.64 t，同比下降 9.50%；创汇 1 174.76 万美元，同比上升 5.50%；平均出口单价 5.72 美元/kg（约合人民币 39.47 元/kg），同比上升 16.70%。2016 年，我国蜂花粉主要出口地区为亚洲，最大进口国为韩国。蜂花粉国际市场日趋看好。

4. 蜂花粉制品　2016 年，市场上的蜂花粉制品仍只是以往的花粉蜜、花粉片、花粉晶、花粉冲剂、花粉口服液、破壁花粉、蜂宝素和前列康药品，化妆品正在逐渐开发利用蜂花粉及其他蜂产品，备具潜力。

（四）蜂蜡

蜂蜡也是我国蜂产品生产、加工、出口的传统产品。我国也是世界蜂蜡生产、加工及出口大国。

1. 蜂蜡生产与收购　据中国养蜂学会不完全统计，2016 年我国蜂蜡总产量约 5 500.00 t，同比略有下降；蜂蜡原料收购价（蜂农见面价）先低后涨，为 40.00～42.00 元/kg，创历史新高。

2. 蜂蜡国际市场　据中国海关统计，2016 年我国出口蜂蜡 9 166.85 t，同比减少 11.50%；创汇 5 821.55万美元，同比减少 9.50%；出口单价为 6.35 美元/kg，折合人民币 43.81 元/kg。2016 年，我国进口蜂蜡约 145.00 t，同比增长 11.00%。

（五）蜂胶

蜂胶在中国保健品市场中红火了好几年，目前虽然进入矜持阶段，但仍然红火于蜂王浆，仍然市场供不应求。据中国养蜂学会不完全统计，2016 年蜂胶产量约 400.00 t，蜂胶（毛胶以 50.00%含胶量折算）市场终端销售额达到 38.00 亿元，平均每吨毛胶有 1 000.00万元左右的市场销售额，市场非常可观。

1. 蜂胶生产与收购　2016 年我国蜂胶产量与价格趋于平稳，含胶量略有回升。全国产蜂胶原料约 400.00 t，蜂胶原料收购价格 270.00～450.00 元/kg，蜂胶收购仍按蜂胶含量百分点收购，每个百分点为 7.60～12.00 元，平均 9.80 元，同比持平。

2. 蜂胶国内市场　据中国养蜂学会不完全统计，2016 年我国蜂胶原胶（含胶量 30.00%）售价达 400.00 元/kg，提纯蜂胶售价 1 200.00～1 600.00 元/kg。蜂胶产品品种无大变化，但蜂胶化妆品有拓展，整体蜂胶产品国内市场看好。2016 年，全国蜂胶产品经济效益达 38.00 亿元，尽管受进口蜂胶冲击，也仍然是蜂产品中最可观的最具市场潜力的产品。

3. 蜂胶国际市场　2016 年，外商继续对中国蜂胶市场看好，特别是巴西、澳大利亚、新西兰等，伊朗、乌拉圭开始发现中国这一个大市场，返销中国。据中国养蜂学会从国家质量监督检验检疫总局等获得的信息，2016 年 5 月，国家质检总局进口准入名单不含蜂胶，致使进口的蜂胶原料不同程度受阻；12 月，国家质量监督检验检疫总局又更新进口准入名单，蜂胶准入国家或地区有巴西、澳大利亚、德国、日本、乌拉圭、西班牙、新西兰、伊朗和中国台湾。即使如此，2016 年我国还进口蜂胶原料 37.00 t，其中巴西约 23.20 t；土耳其、伊朗、乌拉圭进口蜂胶原料约 13.70 t；进口蜂胶原料含胶量较高，多为 45.50% ～ 60.00%，进口价格折合人民币为 1 450.00～3 400.00 元/kg 不等，远远高于我国。

三、科技成果

（一）2016 年度蜂产业体系科技成果

（1）“蜂蜜优质安全生产全程控制与增值加工新

技术及推广应用”科技成果，荣获2014—2016年度全国农牧渔业丰收奖一等奖。

（2）“传粉蜂病毒和微孢子虫病的鉴定分类、跨种感染及致病力的分子机制”科技成果，荣获2016年度中国农业科学院科学技术成果奖青年科技创新奖。

（3）“探索引诱剂驯化蜜蜂为田间和网室杂交大豆授粉技术研究”科技成果，荣获吉林省技术发明二等奖。

（4）“原生态采蜜生产技术示范应用推广”科技成果，荣获农业部农牧渔业丰收二等奖。

（5）“蜜蜂高效养殖技术研究与示范推广”科技成果，荣获甘肃省科技进步三等奖。

（6）“蜜蜂高效养殖技术研究与示范推广”和“不同蜂种为设施果蔬作物定向授粉集成技术的研究与示范”科技成果，分别荣获甘肃省农牧渔业丰收二等奖。

（7）“宁安市熊蜂棚室授粉技术”科技成果，荣获黑龙江省农业丰收计划三等奖。

（二）2016年中国农业科学院蜜蜂研究所荣获科技项目

（1）国家自然科学基金项目4项，分别为“中国熊蜂系统分类及其分布特征研究”、“蜜蜂工蜂和雄蜂胚胎发育机理差异的磷酸化蛋白质组研究”、“RNA m6A甲基化在蜜蜂级型分化中的功能研究”及“新疆野生熊蜂资源筛选及授粉应用研究”。

（2）北京市自然科学基金项目2项，分别为“梅氏热厉螨寄生引起西方蜜蜂行为和电生理反应的分子机制”及“烟曲霉素在蜂巢系统和蜂产品中的残留代谢规律”。

四、行业活动

1. *农业部磋商养蜂补贴方案*　2016年1月6日，农业部召开养蜂补贴座谈会，中国养蜂学会汇报全国养蜂情况并起草递交“全国养蜂补贴方案”，主要建议内容：一是广大蜂农购买蜜蜂良种进行补贴；二是购买养蜂生产大型机具、更新优质蜂箱进行补贴；三是开展全国标准化养蜂生产、成熟蜜及优质蜂产品生产进行补贴；四是农民利用蜜蜂授粉进行补贴。全国养蜂生产者盼望着农业部早日实现全国养蜂补贴，以进一步推动养蜂者的积极性，加大发展养蜂保护生态力度，促进蜂产业健康持续发展。目前，蜂机具补贴试点工作已经在山东省开展。

2. *中国蜂业代表团荣获11枚国际奖牌*　2016年4月23～27日，中国养蜂学会组织中国蜂业代表团（62人）赴沙特阿拉伯，参加第13届AAA亚洲养蜂大会暨博览会，报告论文24篇，主持专题会议3个，搭建14个展位，1个特装展位，充分展示了我国蜂业新产品、新成果、新技术，而且荣获了11枚国际奖牌（包括3金3银3铜、1个“最佳组织”奖、1个“全球领导者通过社团合作共建知识社会”奖），蜂蜜获奖者均为成熟蜜基地，影响非凡，强有力地提升了中国蜂业的国际地位。

3. *共建“蜜蜂之乡”活动*　2016年中国养蜂学会携手浙江丽水市人民政府、北京密云人民政府、江西武宁县人民政府共建3个“蜜蜂之乡”，卓见成效。以丽水为例，丽水养蜂历史悠久，山区农民传承“靠山吃山”的传统，利用房前屋后、山崖下、农田边、林下等区域，摆放蜂箱收蜂养蜂，可谓村村有养殖，乡乡有规模。一年来，养蜂为山区家庭带来了稳定的收入支撑，年收入超万元。目前全市拥有蜜蜂养殖户3 200户，饲养蜜蜂8.5万群，其中中蜂5万群，为农户增收近亿元。此外，极力推广蜜蜂授粉，蜜蜂为农作物授粉促进农作物增产10亿元以上，经济效益非常可观。

4. *举办“21世纪第二届全国蜂业科技与产业发展大会”*　2016年11月3～5日，中国养蜂学会主办的“21世纪第二届全国蜂业科技与蜂产业发展大会”在北京香山召开。大会以“科技创新，驱动蜂业发展”为主题，以学术及产业发展报告与交流为主，同时穿插了“首届中国蜂业大奖赛”“蜂机具精品展”“中国蜜蜂文化秀”等。大会得到农业部、中国农业科学院等大力支持，开幕式由中国养蜂学会副理事长兼秘书长陈黎红研究员主持。来自斐济、澳大利亚、英国、瑞士、日本、韩国及中国台湾地区的蜂业专家、学者、蜂业工作者、大型蜂业合作社代表及会员代表600余人出席了会议。大会设3个特邀嘉宾报告，12个特邀科技报告，18个特邀产业报告，约130个专题报告，内容丰富，学术超前，创意新颖，气氛热烈，影响非凡。

5. *举办“中华蜜蜂”产业发展大会*　2016年11月22～23日，由中国养蜂学会、彭水自治县人民政府、国家蜂产业技术体系饲养与蜂机具功能研究室共同主办的“2016·中国中华蜜蜂产业发展大会”，在重庆市彭水自治县召开。来自全国各省、自治区、直辖市的蜂业行政主管部门、高校、科研院所、技术推广机构、企业及蜂农代表近出席了会议，会议围绕“全国中蜂产业发展前景，中蜂养殖助推脱贫增收”等问题进行深度研讨和交流。会后参会代表先后考察了摩围山彭水中蜂标准化养殖场、重庆市彭水中蜂良种选育场和花蜂谷公司蜂蜜灌装车间现场。此次会议的成功召开，必将对重庆市和我国中蜂产业的发展起到进一步推动作用。

6. 举办“中国蜂业博览会暨全国蜂产品市场信息交流会” 2016年3月26～28日，“2016年中国蜂业博览会（山东·济宁）暨全国蜂产品市场信息交流会”在山东济宁召开，全国32省、自治区、直辖市1 000余人出席了会议。会议总结了2015年蜂产品市场情况，预测2016年蜂产品市场行情趋势，探索中国蜂业可持续健康发展战略，蜂产品研究进展及蜂疗的应用，开创探寻“互联网+”时代机遇下蜂产品的商业模式。同时举办蜂业博览，设立展台222个，特设中国养蜂学会蜜蜂文化展区、成熟蜜展区、蜂机具展区，规模、新颖性、创汇等均为历届之最，创历史新高。大会由中国养蜂学会主办。

（中国农业科学院蜜蜂研究所　陈黎红　徐明）

食用菌加工业

“十二五”时期，全国已经初步完成了“东菇西移”以及区域与市场的初步调整和分工。“十三五”伊始，中央部署了“五个一批”的扶贫攻坚战略，其中强调了最根本、最重要的是“发展生产脱贫一批”。经过近十年的快速发展，我国食用菌产业从种植业中异军突起，食用菌因为品种多样化、生产方式现代化以及较高的经济价值等特点，受到了市场和资本的追捧。

一、基本情况

（一）产量产值

1. 产量　根据对全国27省、自治区、直辖市（不含西藏、宁夏、青海、海南和港澳台等省份）的统计调查，2016年全国食用菌总产量为3 596.66万t。从全国食用菌产量分布情况来看，产量较大的省份为河南510.20万t，山东424.92万t，黑龙江331.28万t，河北276.20万t，福建256.02万t，吉林237.41万t，江苏228.31万t、四川200.37万t，湖北139.10万t，广西128.64万t。2016年全国食用菌总产量增长速度放缓，多数省份保持平衡发展，部分省份增长较快。与2015年相比，增长幅度较大的是贵州、陕西、吉林、湖北、广东、山西等省份，分别增长126.34%、52.21%、20.97%、15.60%、12.17%和11.44%。由此可见，西部和中部地区食用菌产业发展加快，东部地区加快结构调整。

2. 产值　2016年全国食用菌总产值为2 741.78亿元。从全国食用菌产值分布情况看，2016年产值超过100亿元的有河南、山东、河北、黑龙江、吉林、江苏、福建、湖北、云南、广西、江西和四川等省份。超过50亿元的有陕西、广东、辽宁、湖南、浙江等省份。

（二）出口创汇

1. 出口量　据中国海关和国家统计局数据，2016年我国共出口食（药）用菌类产品54.59万t（干、鲜混合计算），与2015年50.70万t相比增长了7.67%。出口量排名前3位的省份依次为福建24.60万t，河南6.80万t和湖北5.50万t。

2. 创汇　据中国海关总署统计数字表明，2016年食用菌类创汇31.68亿美元，比2015年的29.79亿美元增长了6.34%。创汇排名前3的省份依次为河南9.70亿美元，福建8.00亿美元，湖北7.90亿美元。

二、科研、新产品、新技术

（1）从福建省顺昌县市场监督管理局获悉，“顺昌海鲜菇”成功注册地理标志证明商标，这是顺昌继“顺昌芦柑”后的第二件地理标志证明商标。顺昌从2002年开始试种海鲜菇以来，经过十余年发展，目前全县有工厂化生产海鲜菇企业56个，年栽培海鲜菇1.5亿袋，生产鲜菇5.0万t，年产值5.0亿元，占全国海鲜菇市场份额的85.0%左右。据介绍，“顺昌海鲜菇”地理标志证明商标成功注册后，凡具有“顺昌海鲜菇”身份的海鲜菇产品将受到法律保护，执法部门可以更好地打击侵权、假冒伪劣行为，有利于保护顺昌海鲜菇产业做大做强，进一步提高产品竞争力和市场占有率，将特产优势转化成经济优势。

（2）在北京市科学技术委员会的支持下，北京首诚农业发展有限公司和北京首诚航天农业生物科技有限公司，联合开展了“蛹虫草工厂化安全生产与系列产品开发”课题，为房山区调整产业结构，转变食用菌粗加工为精深加工，开发出工厂化安全生产与系列产品。课题通过产学研用协同创新，突破蛹虫草产业化的核心关键共性技术，完成了蛹虫草野生菌种分离、退化菌种的杂交复壮及柞蚕蛹虫草工厂化生产技术集成的研究，研制了2种功能性食品复配柞蚕蛹虫草口服液、复配柞蚕蛹虫草片配方，编制了柞蚕蛹虫草提取浓缩液等5种相关产品质量标准和技术规程；建成了年产液体菌种30万瓶的蛹虫草液体菌种繁育中心，年产20 t的柞蚕蛹虫草工厂化安全生产示范基地，年产20 t的柞蚕蛹虫草提取液生产线，年产100 t的口服液生产线，750万粒咀嚼片的生产线，实现了蛹虫草工厂化、标准化生产。

（3）南宁市西乡塘区科技局组织广西农业技术推广总站、广西大学、广西农业职业技术学院等单位有关专家，对广西农业科学院微生物研究所承担的“辣木茎秆栽培食用菌综合利用技术研究与示范”项目进行验收。验收会在广西农业科学院微生物所会议室召开，项目承担单位相关负责人，项目负责人和主要成员参加验收。

（4）盐城爱菲尔菌菇装备科技有限公司“环保节能牛肝菌工厂化生产装备”，获得由江苏省科学技术厅颁发的“高新技术产品认定证书”。环保节能型牛肝菌工厂化生产装备，能够通过环境控制技术将各环境因子控制在最佳水平，最大限度地提高牛肝菌生产的自动化程度和产量。该装备创新应用新型空间消毒技术，有效控制杂菌污染，同时还能避免火灾隐患。该装备通过科学的系统设计和装备集成技术，解决了牛肝菌工厂的气密性和保温性两大障碍性难题，实现节能降耗。该装备不但能够直接应用于牛肝菌的工厂化生产，将我国牛肝菌工厂生产水平带入一个新的高度，同时相关基础技术也可以直接面向菇农推广，为广大菇农带来利好。该项目的成功，也会拓宽爱菲尔公司牛肝菌生产设施装备的国际市场，扩大该公司的国际影响力。

（5）云南农业大学和云南省高原特色农业产业研究院，联合四川省农业科学院、中华全国供销合作总社昆明食用菌研究所，于2015年启动了“云菌基因组研究计划”，计划对100种野生菌进行基因组测序，并建立数据库。通过对云南食用菌进行基因组解析，可以了解食用菌生长、发育和繁衍的内在机理，揭示食用菌营养成分合成的过程，阐明食用菌的安全性和营养性，进行食用菌品种鉴定，获得食用菌领域的话语权，助推食用菌产业发展。目前，项目已进入收尾攻坚阶段，研究人员已经组装好94种野生菌的基因组，因野生菌种类较多，基因组大小差异较大，大部分在30～80 Mb，少数几个达到100 Mb以上，项目团队通过优化调配资源，各项工作均在有序推进之中。

（6）经过科研人员不断地研究探索，我国羊肚菌人工栽培已获得成功。我国羊肚菌人工栽培种植区域主要集中在四川省和湖北省，栽培模式为露地栽培。为攻克日光温室栽培羊肚菌的技术难关，辽宁省农业科学院食用菌研究所科研人员大胆引进羊肚菌品种，在省内不同地区布点试验日光温室栽培羊肚菌，总结适合辽宁省日光温室栽培羊肚菌技术，经过4年探索，终于成功研发出羊肚菌温室栽培技术，填补了东北人工种植羊肚菌的空白。辽宁省引进、选育羊肚菌品种2个，全省羊肚菌栽培面积约3.33 hm^2，在北镇市、宽甸县、岫岩县、抚顺县、苏家屯区、营口开发区、阜新县等地均有小面积种植。辽宁省日光温室栽培的羊肚菌于10月下旬播种，翌年2～4月采收，可与设施蔬菜轮作栽培。产品主要销往上海、广州、深圳等市场。辽宁省日光温室栽培羊肚菌与南方露地栽培羊肚菌错时上市，填补春节前后市场空缺，市场价格最高达到300元/kg，经济效益可观。

（7）“海林猴头菇”被国家质检总局正式批准为地理标志产品，填补了黑龙江海林市地理标志产品的空白，让海林“中国猴头菇之乡”实至名归。“海林猴头菇”成功申报地理标志产品，标志着该市猴头菇产业迈进一个新的发展阶段。海林市农户有着种植“猴头菇”的传统，近年来“猴头菇”产业已形成规模化发展，成为激活农村经济、带动农民增收致富的重要途径，猴头菇产量连续多年居全国榜首。为有效保护“海林猴头菇”品牌，切实提升“海林猴头菇”的知名度和市场竞争力，带动和引导海林猴头菇产业向标准化、规模化发展，海林市于2015年开始了“海林猴头菇”国家地理标志产品的申报工作。据了解，此次评审内容包括产地范围及地理、气候和水源等特征以及海林猴头菇的知名度、历史渊源、产品种植、生产以及销售情况等方面近千项数据。

三、食用菌保鲜、加工和质量

（1）生鲜蔬果食用菌离开减压设备后具有后续保鲜效应，即可延长冷藏保鲜期和冷链断链（高温或低温）保鲜期，抑制原有品质衰减。通过对云南剑川产松茸进行减压冷藏短期处理的试验研究，对云南产羊肚菌进行减压冷藏短期处理的试验研究，对云南产松茸进行减压冷藏与减压冷藏短期处理两种减压技术的实验研究，研究表明，无论是减压冷藏还是减压冷藏短期处理，与冷藏对照比较均显著，独特保鲜效果及营养素保持良好。

（2）“富硒食用菌栽培技术示范与推广”通过验收。该项目针对陕西省紫阳富硒地区栽培的食用菌有机硒含量混乱、大多数低于陕西省地方标准 DB61/T 556—2012 的要求、栽培中存在产量低质量差等问题，以食用菌传统品种为富硒载体进行试验研究，通过检测当地栽培食用菌硒含量，根据不同含量添加外源硒，使食用菌产品硒含量稳定在标准要求的范围内。

（3）国宝虫草的菌种，经多重筛选后，模拟天然野生生长条件，在洁净环境的现代化厂房内精心培植而成。国宝虫草定期抽样送权威检测机构进行成分检查与分析，确保每批产品均符合有关质量控制标准，保证最高品质。本项目以我国特有珍稀菌物、特殊微生物和有重要价值的野生药用植物研究，针对特殊生物资源缺乏系统挖掘、开发利用率低、规模化小等问题，利用代谢物高通量分析技术、规模化培育技术、组合生物合成技术以及工程菌构建和改造技术等，开发产品的规模化、标准化生产及技术研发，开发基于特殊生物资源的新一代产品、制剂和功能性活性物质，大幅度提高相关产品的成产率、规模和附加值。力争在特殊生物资源规模化关键技术开发上取得重大突破，实现规模化生产与应用，显著增强我国利用特殊生物资源的能力和特殊生物资源相关产业的国际竞争力。项目的考核指标是，实现北冬虫夏草的规模化生产。北冬虫夏草达到年产 100 t 干子实体，菌种优化率达到 70.0%，虫草素含量达到 1.2%，虫草酸含量达到 5.5%，虫草多糖达到 9.5%。

四、质量管理与标准化工作

（1）云南省卫生计生委正式发布《云南省食品安全地方标准松茸及其制品》地方标准，该标准对松茸及其制品的感官要求、污染物限量、生产加工过程卫生等作了明确规定，于 2016 年 1 月 29 日起正式实施。松茸是一种珍稀名贵食用菌，富含天然的蛋白质、氨基酸、多种矿质元素和多糖类，被誉为“菌中之王”，主要生长在海拔 1 600～4 000 m 的原始森林中，属于野生食用菌，至今不能人工栽培。按照“最严谨标准”的工作要求，云南省卫生计生委主动探索大数据应用，收集、整理、分析了近 10 年来各部门、各省份的松茸监测数据，最大程度地实现部门间、区域间信息交换与资源共享，确保数据准确性、实用性。并加强食品安全风险监测、居民膳食消费量调查等基础性研究，为制定松茸地方标准提供科学依据。松茸及其制品地方标准的发布实施，对该省松茸产业健康可持续发展、促进农牧民增收、脱贫攻坚等具有重要意义，也将对实现“十三五”生物医药与大健康产业的发展目标发挥作用。

（2）国家质量监督检验检疫总局发布《关于批准对涉县柴胡等 70 个产品实施地理标志产品保护的公告》，“楚雄牛肝菌”正式被批准为国家地理标志产品并予以公告保护。楚雄市境内野生菌种类多、分布广、产量大，是云南省乃至全国野生菌资源最丰富的地区之一。其中，楚雄牛肝菌以色泽分明、肉质细嫩紧密、菌味浓香鲜甜、营养价值丰富、钾高钠低等特点深受广大消费者喜爱。

（3）根据浙江省质量技术监督局《关于下达 2017 年标准化战略重大试点项目和省级标准化试点项目的通知》（浙质标发［2017］135 号）文件，由磐安县山之舟生态农业有限公司承担的林菌生态循环标准化成功立项为浙江省级标准化试点项目，成为 2017 年浙江省 30 个标准化试点项目之一。该项目主要采用林木种菇—林下育菇—菇渣喂蚯—蚯粪肥土—土肥催林生态循环标准化模式，利用林木资源（枝条、落叶、毛竹等）栽培食用菌，改变直接砍伐林木栽培食用菌，并在毛竹林山上进行仿野生食用菌栽培，实现高品质；将食用菌栽培后的菌（菇）渣用于蚯蚓养殖，实现资源的多级循环利用，同时产生的蚯蚓粪还林作肥，形成大循环，既充分利用各种资源，提高经济效益，还促进林业和菌业的健康持续发展。

五、行业工作

（1）中国工程院环境与轻纺工程学部、中国食用菌协会专家委员会、广东省微生物研究所等单位，举办了“第四届中国食药用菌产业发展大会”。邀请 7 位相关领域的中国工程院院士、资深专家和企业家代表，围绕“食药用菌与大健康产业”开展了学术研讨和市场引导工作，进一步探讨产业发展的机遇与挑战等重大问题，扩大了社会影响。

（2）组织制定了《食用菌培养基用蒸汽灭菌器》《食用菌多功能单元式空调机组》等两项行业标准，并批准发布。中国食用菌协会启动了社会团体标准工作，《食用菌工厂优质设备供应商评价准则》等标准，经批准立项。

（3）举办了第三期“香菇工厂化生产研学班”，加强与日本相关行业组织的磋商，增进了技术交流与合作。举办了“全国食用菌产业供给侧改革经验交流会暨三门峡羊肚菌生产现场会”以及“第十三届中国·云南野生食用菌交易会暨全国（西南）食药用菌产业现场会”等活动。

（中国食用菌协会　戚俊）

乳制品制造业

一、基本情况

（一）生鲜乳生产

2016 年，全国生鲜乳产量出现下降，全年奶类产量 3 712.1 万 t，同比增长－4.1%。其中，牛奶产量 3 602.2 万 t，同比增长－4.1%；其他奶类产量 109.9 万 t，同比增长－4.9%。

牛奶产量前五位省份为内蒙古、黑龙江、河北、河南和山东，其中内蒙古产量 734.1 万 t，占全国的 20.4%，占比比 2015 年降低 1 个百分点。从牛奶生产增长情况看，安徽增长速度最快，产量 33.0 万 t，同比增长 6.9%，但增速比 2015 年降低 2.8 个百分点。另外，青海、湖南、江西、山西、云南、贵州等 6 省份同比增长 3.0%以上；福建、宁夏、辽宁、重庆、甘肃、吉林、新疆等 7 省份牛奶产量也比 2015 年有所增长；天津、湖北、广东、海南等 4 省份牛奶产量与 2015 年持平；陕西、西藏、江苏、山东、广西、黑龙江、河南、上海、河北、四川、浙江、内蒙古、北京等 13 省份牛奶产量比 2015 年减少，其中北京减少情况最严重，同比增长－20.1%。其他奶类生产方面，陕西、河南、山东、新疆、河北、云南、内蒙古等省份产量较高，其中陕西产量 48.9 万 t，同比增长 0.4%，占全国的 44.5%，占比比上年提高 2.4 个百分点。奶类、牛奶、其他奶类产量前五位省份情况分别见表 1、表 2、表 3。

表 1　2016 年全国奶类总产量前五位省份情况

地　区	产量（万 t）	同比增长（%）	占全国比例（%）
全国总计	**3 712.1**	**－4.1**	**100.0**
内蒙古	741.3	－8.7	20.0
黑龙江	548.6	－4.5	14.8
河　北	448.0	－6.8	12.1
河　南	336.6	－4.5	9.1
山　东	276.8	－2.8	7.5

资料来源：国家统计局。

表 2　2016 年全国牛奶产量前五位省份情况

地　区	产量（万 t）	同比增长（%）	占全国比例（%）
全国总计	**3 602.2**	**－4.1**	**100.0**
内蒙古	734.1	－8.6	20.4
黑龙江	545.9	－4.3	15.2
河　北	440.5	－6.9	12.2
河　南	326.8	－4.5	9.1
山　东	268.4	－2.5	7.5

资料来源：国家统计局。

表 3　2016 年全国其他奶类产量前五位省份情况

地　区	产量（万 t）	同比增长（%）	占全国比例（%）
全国总计	**109.9**	**－4.9**	**100.0**
陕　西	48.9	0.4	44.5
河　南	9.8	－3.0	8.9
山　东	8.4	－11.6	7.6
新　疆	8.3	2.5	7.6
河　北	7.5	－3.8	6.8

资料来源：国家统计局。

（二）经济运行状况

2016 年，是我国乳制品行业喜忧参半的一年。上半年，由于消费信心不足，市场销售增长乏力，加上国际市场乳制品价格低迷，国内生产增长缓慢；下半年，伴随着国内市场的复苏，国际市场乳制品价格的提升，乳制品生产消费得以平稳发展。

据国家统计局月报数据，2016 年全国共有规模以上乳制品制造企业（即年主营业务收入 2 000 万元及以上工业企业）627 个，比 2015 年减少 11 个；实现主营业务收入 3 503.9 亿元，同比增长 5.8%，增速比 2015 年提高 4.1 个百分点；利润总额 259.9 亿元，同比增长 7.9%，增速比 2015 年提高 0.2 个百分点；销售收入利润率为 7.4%，比 2015 年提高 0.2 个百分点。全行业资产合计 2 792.0 亿元，同比增长 8.7%，增速比 2015 年降低 2.3 个百分点。其中，流动资产合计 1 389.6 亿元，同比增长 1.9%。企业负债合计 1 388.7 亿元，同比增长 6.6%，增速比 2015

年提高 2.0 个百分点。资产负债率 49.7%，比 2015 年降低 1.5 个百分点。全行业亏损企业 104 个，企业亏损率为 16.6%，同 2015 年比升高 0.5 个百分点。

2016 年，乳制品产量继续增长，乳粉产量继续缩减，但降速继续放缓。全年规模以上乳制品制造企业乳制品产量 2 993.2 万 t，同比增长 7.7%，增速比上年提高 3.1 个百分点；其中液体乳产量 2 737.2 万 t，同比增长 8.5%，增速比上年提高 3.8 个百分点；乳粉产量 139.0 万 t，同比增长−0.3%，降速比上年减少 4.2 个百分点。分地区情况看，内蒙古、黑龙江、山东、河北等省份仍然是中国乳制品制造业规模最大和最集中的地区。乳制品产量居前五位的省份为河北、内蒙古、河南、山东和黑龙江，5 省份乳制品总产量为 1 470.3 万 t，占全国的 49.1%，占比比 2015 年提高 1.7 个百分点。其中液体乳产量居前五位的省份为河北、内蒙古、河南、山东和江苏，5 省份液体乳总产量为 1 373.0 万 t，占全国的 50.2%，占比比 2015 年提高 1.3 个百分点。乳粉产量居前五位的省份为黑龙江、陕西、内蒙古、福建和河北，5 省份合计生产乳粉 102.6 万 t，占全国的 73.8%，占比比 2015 年提高 0.4 个百分点。2016 年，乳制品产量前六位的省份中，内蒙古、黑龙江、河北、河南、山东 5 个省份处于正增长，只有陕西是负增长，特别是乳粉同比增长−15.5%。2016 年全国规模以上企业乳制品、液体乳、乳粉产量及产量前五位省份情况分别见表 4、表 5、表 6。

表 4　2016 年全国乳制品产量前五位省份情况

地　区	产量（万 t）	同比增长（%）	占全国比例（%）
全国总计	**2 993.23**	**7.68**	**100.00**
河　北	371.27	2.74	12.40
内蒙古	336.52	14.65	11.24
河　南	306.54	23.30	10.24
山　东	259.87	4.26	8.68
黑龙江	196.08	1.52	6.55

资料来源：国家统计局月度统计。

表 5　2016 年全国液体乳产量前五位省份情况

地　区	产量（万 t）	同比增长（%）	占全国比例（%）
全国总计	**2 737.17**	**8.53**	**100.00**
河　北	361.18	2.53	13.20
内蒙古	313.84	16.05	11.47
河　南	305.89	23.32	11.18
山　东	243.60	5.57	8.90
江　苏	148.52	5.14	5.43

资料来源：国家统计局月度统计。

表 6　2016 年全国乳粉产量前五位省份情况

地　区	产量（万 t）	同比增长（%）	占全国比例（%）
全国总计	**139.02**	**−0.34**	**100.00**
黑龙江	55.40	9.94	39.85
陕　西	22.08	−15.46	15.88
内蒙古	13.98	−9.11	10.06
福　建	6.11	7.61	4.40
河　北	5.06	17.44	3.64

资料来源：国家统计局月度统计。

2016 年，乳制品消费增长有所恢复，在企业调整产品结构和主动去库存作用下，企业库存产品总量基本保持稳定。2016 年年底，行业应收账款为 327.8 亿元，同比增长 37.7%；产成品存货 87.8 亿元，同比增长 2.3%，库存产成品总额占销售总收入的 2.5%。

2016 年，全行业亏损企业亏损额为 16.8 亿元，同比增长−16.8%，全行业亏损企业亏损额继续减少，但降速比 2015 年降低 6.2 个百分点。行业亏损额与利润总额的比值为 1∶15.5。亏损企业亏损额比 2015 年有明显降低，显示部分企业经济效益继续转好。

（三）产品结构

2016 年，据中国乳制品工业协会对 88 个会员单位（销售收入占全行业的 80.4%）的统计，在乳粉类产品中，全脂乳粉占 15.2%，全脂加糖乳粉占 5.4%，脱脂乳粉占 1.7%，婴幼儿配方乳粉占 57.1%，中老年乳粉占 10.8%，孕产妇乳粉占 0.6%，儿童乳粉占 2.6%，调味乳粉占 2.2%，其他乳粉占 4.4%。

2016 年，根据中国乳制品工业协会统计数据，全国奶油类产品产量约 10 万 t；干酪类产量约 2.9 万 t，其中原干酪约占 40.6%，再制干酪约占 59.4%；炼乳产量约 15.5 万 t，其中甜炼乳约占 79.5%，无糖炼乳约占 20.5%。

2016 年，根据中国乳制品工业协会统计数据，全国液体乳产品构成为：巴氏杀菌鲜乳约占 7.2%，灭菌纯乳约占 38.7%，调制乳约占 26.1%，发酵乳约占 28.0%，其中常温发酵乳约占 18.9%。

（四）行业集中度及大型企业情况

2016 年，行业的集中度进一步提升。根据中国乳制品工业协会统计，2016 年前 15 个大型骨干企业销售收入达 2 084.4 亿元，占全行业销售总收入的 59.5%。各产品产量前 15 个企业的情况分别为：乳粉产量 53.2 万 t，占全行业的 38.3%。其中婴幼儿乳粉产量达 33.7 万 t，占全行业的 48.0%；液体乳产量 1 476.3 万 t，占全行业的 53.9%。其中灭菌纯乳产量 611.0 万 t，占全行业的 57.7%；发酵乳产量 417.6 万 t，占全国行业的 54.5%。大型骨干企业对行业的发展起到了中流砥柱的作用。

二、市场状况

（一）生鲜乳收购价格

2016 年，国内奶源供应比较稳定，价格维持高位运行，在产奶旺季价格出现小幅回落，旺季过后价格逐渐恢复。

据农业部对河北、山西、内蒙古、辽宁、黑龙江、山东、河南、陕西、宁夏、新疆等 10 个奶牛主产省份统计，2016 年 10 省份生鲜乳产量占全国的 82.6%。生鲜乳平均价格的调查数据，2016 年 1 月平均价格 3.56 元/kg，4 月为 3.47 元/kg，8 月为 3.39 元/kg，12 月为 3.52 元/kg。2016 年 12 月，全国主产区生鲜乳平均价格同比增长 0.64%。

（二）乳制品价格

2016 年，受乳制品消费增长缓慢、企业去库存的需要，以及受进口乳制品低价冲击的影响，乳制品年均价格出现下降。根据国家统计局的调查数据，2016 年 12 月，乳制品价格环比增长－0.1%，全年乳制品平均价格同比增长－0.1%，而食品全年平均价格则为 4.6%的增长。

（三）乳制品进出口

1. 进口　虽然国际乳制品价格在 2016 年下半年开始回升，但从我国国内乳制品生产成本看，国际乳制品价格仍处于低位运行。2016 年，我国液体乳等产品的进口继续大幅增长，乳粉的进口恢复增长。2016 年共计进口乳制品 230.86 万 t，货值 67.76 亿美元，同比分别增长 20.30%和 10.85%。进口乳制品货值占国内行业销售收入的 13.1%，比 2015 年提高 1.2 个百分点。其中，液体乳、乳粉、乳清类产品和婴幼儿乳粉、干酪、乳糖、奶油进口量较大，液体乳、零售婴幼儿食品（其中婴幼儿乳粉占 98%以上）继续较大幅度增长，具体进口情况见表 7。

表 7　2016 年全国乳制品进口情况

商品名称	数量（万 t）	同比增长（%）	金额（亿美元）	同比增长（%）
进口合计	**230.86**	**20.30**	**67.76**	**10.85**
液体乳	63.41	37.81	6.40	31.74
乳　粉	60.42	10.41	14.78	－1.89
炼　乳	2.00	83.46	0.36	62.71
发酵乳	2.09	102.97	0.42	51.12
乳清类产品	49.73	14.13	4.52	－13.95
奶　油	8.19	14.88	3.03	14.19
干　酪	9.72	28.57	4.19	20.52
乳　糖	8.71	－2.70	0.70	－15.90
零售婴幼儿食品	22.53	25.19	30.70	21.94
酪蛋白	2.11	－0.38	1.35	－21.24
白蛋白	1.95	13.30	1.28	－18.42

注：液体乳数据不包括发酵乳。

数据来源：中国海关总署。

从进口来源看，新西兰仍然是我国最大的乳制品进口来源地，其次是美国、德国、法国和澳大利亚，我国分别从这些国家进口了 80.74 万 t、38.21 万 t、30.24 万 t、19.84 万 t 和 14.93 万 t 的乳制品，5 国合计占到总进口量的 79.68%。其中，液体乳主要来源于德国、新西兰、法国、澳大利亚和波兰，进口量分别为 22.13 万 t、13.18 万 t、10.72 万 t、7.32 万 t 和 1.94 万 t，5 国合计占液体乳总进口量的 87.18%。乳粉主要来源于新西兰、澳大利亚、美国、法国和德国，进口量分别为 50.36 万 t、2.67 万 t、1.62 万 t、1.34 万 t 和 1.17 万 t，5 国合计占乳粉总进口量的 94.61%。乳清类产品主要来自于美国、法国、荷兰、波兰和阿根廷，进口量分别为 28.39 万 t、5.36 万 t、3.23 万 t、2.76 万 t 和 2.48 万 t，5 国合计占乳清粉总进口量的 84.90%。零售婴幼儿食品主要来自荷兰、爱尔兰、新西兰、德国和法国，分别进口 7.90 万 t、3.26 万 t、2.40 万 t、2.17 万 t 和 1.50 万 t，5 国合计占零售婴幼儿食品进口量的 76.55%。干酪主要来自于新西兰、澳大利亚、美国、法国和丹麦，进口量分别为 5.11 万 t、2.00 万 t、0.90 万 t、0.35 万 t 和 0.31 万 t，5 国合计占干酪总进口量的 89.15%。乳糖主要来自于美国、丹麦、德国、荷兰和澳大利亚，进口量分别为 6.21 万 t、0.70 万 t、0.60 万 t、0.55 万 t 和 0.28 万 t，5 国合计占乳糖总进口量的 95.78%。奶油主要来自于新西兰、法国、比利时、澳大利亚和荷兰，进口量分别为 7.08 万 t、0.43 万 t、0.22 万 t、0.20 万 t 和 0.09 万 t，5 国合计占奶油总进口量的 97.95%。酪蛋白主要来自新西兰、荷兰、法国、美国和丹麦，分别进口 1.42 万 t、

0.45 万 t、0.08 万 t、0.06 万 t 和 0.03 万 t，5 国合计占酪蛋白总进口量的 96.61%。

2016 年，全球乳制品贸易供求状况逐渐改善，国际乳制品价格在低位区间进行逐渐回升。2016 年 12 月，乳粉的平均进口价格为 2 748 美元/t，每吨同比下降 34 美元，下降幅度为 1.2%；液体乳平均进口价格为 978 美元/t，每吨同比上涨 50 美元，上涨幅度为 5.1%；乳清粉平均进口价格为 1 080 美元/t，每吨同比上涨 206 美元，上涨幅度为 19.1%。

2. **出口** 2016 年，受国际乳制品供求和国内乳制品成本居高不下等因素影响，我国乳制品出口小幅下降，但出口产品构成比例发生明显变化，高价值产品出口增加，出口金额反而出现了较大的增长。全年乳制品出口 3.41 万 t，货值 0.87 亿美元，同比分别增长−3.72%和 35.59%。其中，液体乳、乳粉、炼乳、婴幼儿零售食品、奶油是出口的主要产品，具体出口情况见表 8。

表 8 2016 年全国乳制品出口情况

商品名称	数量（万 t）	同比增长（%）	金额（亿美元）	同比增长（%）
出口合计	**3.41**	**−3.72**	**0.87**	**35.59**
液体乳	2.28	−7.15	0.20	−16.06
乳 粉	0.35	−27.51	0.16	46.19
炼 乳	0.23	29.76	0.05	15.73
发酵乳	0.08	63.37	0.01	136.78
乳清粉	0.01	235.27	0.00	237.38
奶 油	0.11	−23.75	0.04	−10.37
干 酪	0.01	−8.71	0.01	−12.85
乳 糖	0.06	−26.97	0.03	−40.37
婴幼儿零售食品	0.22	191.25	0.32	284.08
酪蛋白	0.04	86.25	0.03	39.21
白蛋白	0.00	−98.28	0.02	−61.37

注：液体乳数据不包括发酵乳。

数据来源：中国海关总署。

我国乳制品主要供应香港、澳门地区，2016 年共供应香港、澳门地区乳制品 2.96 万 t，同比增长 5.34%，占总出口量的 86.60%。

2016 年，我国乳制品进出口数量逆差 227.45 万 t，同比增长 20.75%；金额逆差 66.89 亿美元，同比增长 10.59%。

三、行业动态

（一）产品质量

根据收集到的国家监督抽检结果：2016 年全国乳制品监督抽检共计 37 717 批次，不合格批次 166 个，合格率 99.6%。2016 年，国家食品药品监督管理总局抽检婴幼儿配方乳粉 2 639 批次，合格 2 610 批次，合格率 98.9%。在国家监管部门抽检的 32 大类食品中，乳制品、婴幼儿配方乳粉合格率都是最高水平。

2016 年，婴幼儿配方乳粉抽检不合格产品 29 批次。其中，宏量营养素不合格 2 个，微量营养素不合格 5 个，微生物不合格 8 批次，标签不合格 14 批次。除去标签不合格样品，合格率为 99.4%。被检不合格的企业共计 14 个，其中，8 个批次不合格的企业 1 个，4 个批次不合格的企业 1 个，3 个批次的企业 1 个，2 个批次的企业 3 个，1 个批次的企业 8 个。其中 1 个企业 1 个批次的不合格项目达 11 项。

2016 年婴幼儿乳粉国家监督抽检情况要好于 2015 年（2015 年国家抽检婴幼儿乳粉合格率为 96.1%）。2016 年监督抽检不合格产品都属于偶发性的质量问题，不具有系统性、普遍性或区域性、局部性的风险。

（二）婴幼儿配方乳粉产品配方注册

2016 年 6 月 6 日，国家食品药品监督管理总局发布《婴幼儿配方乳粉产品配方注册管理办法》（国家食品药品监督管理总局令 2016 年第 26 号），确认国内生产销售和进口的婴幼儿配方乳粉产品都需要进行配方注册管理，明确了申请与注册的要求和程序、标签与说明书、监督管理、法律责任等内容。该办法自 2016 年 10 月 1 日起施行。

2016 年 9 月 30 日，国家食品药品监督管理总局发布《关于婴幼儿配方乳粉产品配方注册管理过渡期的公告》（2016 年第 160 号），要求"自 2018 年 1 月 1 日起，在我国境内生产或向我国境内出口的婴幼儿配方乳粉应当依法取得婴幼儿配方乳粉产品配方注册证书，并在标签和说明书中标注注册号。2018 年1月1 日前，经批准在我国境内生产销售或已向我国境内出口的婴幼儿配方乳粉，可销售至其保质期结束"。

2016 年 10 月 29 日，国家食品药品监督管理总局发布《婴幼儿配方乳粉产品配方注册申请材料项目与要求（试行）》和《婴幼儿配方乳粉产品配方注册现场核查要点及判断原则（试行）》（国家食品药品监督管理总局公告 2016 年第 175 号），婴幼儿配方乳粉产品配方注册逐步进入实质申请注册阶段。

（三）发布《乳制品企业社会责任指南》

2016年6月3日，中国乳制品工业协会于全国乳品营养周活动启动仪式上，正式发布了《乳制品企业社会责任指南》。这是我国食品行业首个社会责任指南。

为提升我国乳制品行业整体水平，引领乳制品企业和行业内有关组织科学、持续、系统地履行对经济、社会和环境的责任，中国乳制品工业协会组织起草了《乳制品企业社会责任指南》的行业规范。规范依托中国乳制品行业发展实际，以乳制品企业履行社会责任的共性要求、乳制品企业履行社会责任的行业特性要求为核心，明确了乳制品企业履行社会责任的核心内容，引领企业强化社会责任管理，促进乳制品企业转型升级提质增效，提升可持续竞争力。规范包括适用范围、术语和定义、原则、乳制品企业履行社会责任的共性要求、乳制品企业履行社会责任的行业特性要求和社会责任信息披露等6个部分。

（四）行业年度会议

中国乳制品工业协会“第二十三次年会全体代表会议暨第十七次乳品技术精品展示会”于2016年8月25～27日在呼和浩特市召开。本次会议以“‘一带一路’系全球乳业共发展”为主题。国家食品药品监督管理总局、工业和信息化部、国家质量监督检验检疫总局、国家食品安全风险评估中心等行业主管部委领导和内蒙古自治区政府、呼和浩特市政府领导，国际乳品联合会主席，澳大利亚、新西兰、法国等乳业发达国家驻华使馆官员及来自全球的乳业相关代表5 000余人参加大会。

本次大会对评选出的2017年度的36个优秀新产品奖，11个科技进步奖，5个技术发明奖和10名科技卓越青年奖获得者进行了表彰。同时授予伊利、蒙牛、光明、旺旺、君乐宝、雀巢、飞鹤、三元、辉山、美赞臣、完达山、银桥、新希望、圣元、贝因美等15个企业为“中国乳业领军企业”称号。

（中国乳制品工业协会　岳增君）

烟 草 加 工 业

2016年，烟草行业认真贯彻落实党中央、国务院重大决策部署，在工业和信息化部的直接领导下，以中央专项巡视为强大动力，坚持稳中求进工作总基调，深入贯彻新发展理念，积极应对“四大难题”凸显、“三大压力”叠加的严峻形势，重点抓了“六个扎实推进”工作。

一、基本情况

2016年，全年实现工商税利总额10 795.0亿元。特别是在卷烟产销、税利总额持续下降的严峻形势下，行业上下以高度自觉的大局意识，克服重重困难，顶住重重压力，除缴纳各项税收之外还完成了876.0亿元专项税后利润上缴任务，全年上缴财政总额10 006.0亿元，着力巩固了工商税利总额、上缴财政总额“两个超万亿元”的重大成果，为国家财政增收作出了重要贡献。

二、科研、新产品、新技术

2016年，全行业新增公开/公告新型烟草制品领域的专利397件，新增授权专利295件，其中发明专利122件。研制了具有规模化生产能力的电子烟烟弹组装一体机，研制了具有自主知识产权的电子烟专用吸烟机，研发了行业第一条自动化口含烟生产线。启动实施了细支卷烟升级创新重大专项，细支卷烟产品设计、生产制造、降本增效、稳焦控焦水平进一步提升。2016年，全行业细支卷烟销量达到136.9万箱，同比增长93.0%。爆珠设计、生产、应用水平进一步提升，实现了爆珠设计由对外依赖向自主设计转变，实现了爆珠生产由小批量试制向规模化生产转变，实现了爆珠应用从常规卷烟到细支卷烟的提升。2016年，全行业在销爆珠卷烟品种达21个。深化卷烟新技术、新材料、新工艺的研究和应用，2016年卷烟焦油量降至10.2 mg/支，同比降低0.1 mg/支；成功研制能够显著提升梗丝配方可用性的再造梗丝，突破梗丝在中高档卷烟使用的瓶颈；初步开发包含实物库、数据库、专家系统三大内容的数字化调香技术平台，大幅提升仿香、辨香、创香能力和自主调香水平。

基因定向改良的抗黑胫病红花大金元品种、抗黄瓜花叶病（CMV）和普通花叶病（TMV）K326品种成功进行大田种植，并通过专家田间鉴评，可分别节约农药防治成本900.0元/hm^2、1 050.0元/hm^2，为从品种源头解决烟草病害、减工降本、降低农残等问题提供了有效途径，展现出良好的产业应用前景。烟草病虫害逐步实现由化学防治为主向生物防治、物理防治、化学防治综合手段为主的转变，蚜茧蜂防治蚜虫覆盖全国植烟面积 93.0%，在大农业推广 60.0 多万 hm^2；启动实施“三虫三病”绿色防控重大专项，大力推进烟田土壤保育，烟草秸秆等废弃物资源化利用和有机肥工程化开发技术有了新提升，有机肥应用已经覆盖植烟面积 78.0%，水肥一体化技术开发与应用实现由平原烟区向山地烟区的扩展。

三、国内外市场概况

（一）国内市场概况

2016 年全国共签订烟叶种植收购合同 134.3 万份，同比减少 13.6 万份；种植烟叶 108.0 万 hm^2，较计划指导面积减少 1.9 万 hm^2；收购烟叶 4 216.0 万担，同比减少 165.0 万担，较计划减少 173.0 万担。通过 3 年调控，全国烟叶种植面积逐步调减 33.3 余万 hm^2，收购量渐进调减 1 200.0 余万担，出色完成规模调控目标任务。2016 年全国实现烟农总收入 660.0 亿元（含生产投入补贴），实现烟叶税 128.0 亿元，烟农户均收入 4.9 万元，同比增加 0.4 万元，明显高于当地农民平均收入水平。安排烟田基础设施建设和水源工程援建资金各 50.0 亿元，明确行业“十三五”期间烟叶生产基础设施建设补贴政策和管理要求，进一步增强烟叶生产可持续发展能力。一是加强烟叶收购管理。加大收购站（点）整合改造力度，深化烟叶基地单元建设，完善专分散收业务模式，探索开展均质化复烤加工，积极发展订单生产、原收原调。二是科学组织抗灾救灾。针对多个省份特别是南方烟区持续遭受暴雨、洪涝、冰雹等重大自然灾害，及时启动灾损理赔与灾害救助，最大限度减少烟农损失。三是服务支持脱贫攻坚。发挥产业优势，用好烟叶政策，有效带动老少边穷地区烟农脱贫致富和烟区经济社会发展。

卷烟坚持“总量控制、产销协调、稍紧平衡”调控方针，采取非常措施，调减卷烟销量计划 200 万箱，调减卷烟产量计划 220 万箱以上，着力改善供求关系，调整市场状态。社会库存由 3 月末的 588 万箱减少到 408 万箱，压缩了 180 万箱，完成压缩社会库存超过 100 万箱目标任务，为稳定卷烟零售毛利水平、恢复零售户经营信心、维护卷烟品牌市场形象付出了艰苦努力。全年烟草工商企业累计降本增效 79.3 亿元，其中通过“源头”治理节约节省资金超过 20.0 亿元。全行业会议费、业务招待费同比分别下降 34.1% 和 69.6%。全年实现货币资金净收益 198.4 亿元，超额完成年初下达目标。

（二）国外市场概况

1. 烟叶　全球烟叶市场供过于求的状况于 2016 年有较明显改善，南美和非洲烟叶产量均大幅下降 10.0%以上，价格下跌态势缓解，尤其是巴西烟叶价格出现了明显上扬。但随之而来的就是种烟积极性的提高，种植面积扩大，预计 2017 年烟叶产量将有显著增加。

世界烟叶种植分布广泛，主要烟叶种植国有巴西、津巴布韦、美国等。大部分烟叶由烟草公司和烟叶公司直接采购，其他烟叶通过拍卖场交易。2016 年 8 月津巴布韦的烟叶拍卖正式结束，据烟草业营销委员会的统计数据，2016 年烟叶拍卖季共出售烟叶 19.7 万 t，同比增长 3.5%；烟叶成交总额为 5.8 亿美元，同比增长 4.1%。烟叶拍卖平均成交价格为每千克 2.94 美元，与 2015 年同期的烟叶拍卖价格每千克 2.93 美元相比仅增加了 0.01 美元。美国原烟产量比前期预计减少 10.0%左右，收购价格较 2015 年整体保持稳定。

巴西烟叶受气候条件影响有较大幅度减产，惜售情绪浓厚，价格上扬明显，烟叶把内纯度、包内纯度下降，混级、混部位、包内夹杂的现象较为普遍，总体收购质量下滑明显。据巴西烟草农业协会预计，2016/2017 年度烟季，巴西南部烟叶种植面积较本烟季将增加 10.0%，达到 28.4 万 hm^2。如果气候条件正常，下一烟季烟叶总产量将达到 71.6 万 t（包括烤烟、白肋烟及高棚晾烟）。

跨国烟叶公司经营压力加大。联一烟叶公司销量有所恢复，销售均价、销售收入持续下降。自 2014 年销量大幅下滑 10.9%之后，2015 年、2016 年销量有所回升，但销售均价持续下滑。2015 年销量同比增长 1.1%，销售收入同比减少 7.9%。2016 年后 3 季度，烟叶销量 2.5 亿 kg，同比增长 3.6%；销售均价 4.78 美元/kg，同比下降 7.2%，降幅扩大 3.6 个百分点；销售收入 11.1 亿美元，同比减少 5.7%。主要受到产品种类结构变化、美元走强、气候导致的作物变化等因素影响，实现利润 1.5 亿美元，同比减少 2.3%。环球烟叶公司销售收入下降趋势有所扭转，2016 财年，销售收入 21.2 亿美元，同比减少 6.6%；利润总额 1.8 亿美元，同比增长 8.2%。2016 年后 3 季度（即环球烟叶公司 2017 财年的前 3 季度）销售收入 14.2 亿美元，同比增长 8.3%。

2. 卷烟　2016 年，全球吸烟率呈普遍下降趋势，个别国家有小幅提高。卷烟平装影响日益显现，烟草制品管制日趋严格，税收和价格政策市场影响力增强，传统烟草制品市场延续销量呈逐步减少势头，但仍是烟草业主要利润来源，努力培育成长型市场、开拓细分市场是寻求增长的主要手段。

——卷烟（及烟丝）是目前烟草业最主要的产品类型 尽管近年来新型制品层出不穷，但卷烟的主体地位和支撑作用在未来相当长的时间应当不会动摇。

2016年全球卷烟销量约6 000万箱，同比下降约2.0%，延续了缓慢下降的势头。欧盟地区经济逐步复苏，烟丝销量减少，非法卷烟销量大幅下降，移民数量增加，卷烟销量降幅收窄。2016年，欧盟地区烟丝销量换算为卷烟约283万箱，同比减少2.4%。

除菲律宾、越南等国销量波动较大外，销量仍有增长的国家有泰国、印度尼西亚、伊朗、乌拉圭等，但增速都在下降，仅埃及、摩洛哥等个别国家仍呈现加速增长态势。在销售高焦油卷烟的国家中，一半以上高焦油卷烟销量占比超过50.0%。

据欧睿国际对全球80个主要卷烟消费国的调查，2015年细支烟销量（不含中国）约280万箱，约占卷烟销量的5.0%，销量较2009年增加50万箱，年均增速4.0%。从重点国家来看，细支烟市场占有率最高的依次为韩国、俄罗斯、日本。2014年，韩国细支烟占有率达到35.0%，较2009年提高6.4个百分点，但2015年大幅提税后下降到30.0%左右。

尽管爆珠烟面临越来越大的口味禁令风险，但该品类仍在消费者的青睐下快速发展。据估计，2015年爆珠烟销量约为126万箱，市场占有率约为2.1%。考虑到爆珠烟均价较高，销售额可能在150.0亿美元以上。爆珠烟的主要消费地区包括日本、韩国、英国以及南美洲的几个烟草大国。2016年，阿根廷卷烟价格提高导致总销量大幅减少，而爆珠烟占比则从1个百分点升至17.4%，在价格方面也表现出了较强的抗压能力。

2016年，全球雪茄烟（含中国）销量估算约220亿支，其中美国销量120亿支左右，约占全球销量的55.0%，其次是西班牙、德国、法国、荷兰等欧洲国家。雪茄烟销量增长最快的依次为喀麦隆、罗马尼亚、波黑、土耳其、格鲁吉亚等国。

全球销售雪茄烟（含中国）销售额估算约240.0亿美元（由于汇率波动，数据可能有较大变化），其中美国销售额约77.5亿美元，占全球销售额的32.3%。雪茄烟销售额增长超过10.0%的国家依次为乌拉圭、喀麦隆、乌克兰、阿根廷、伊朗、哈萨克斯坦、沙特阿拉伯，增长率最高的国家达到了36.6%。

全球规模超过10亿支的雪茄烟供应商主要有帝国烟草公司、斯威舍国际集团、奥驰亚集团、斯堪的纳维亚烟草集团、瑞典火柴公司、博格集团。2015年，斯威舍、帝国、奥驰亚、瑞典火柴、斯堪的纳维亚烟草公司在美国分别占有31.7%、24.2%、10.6%、9.0%、6.3%的市场份额。

2016年，全球无烟气烟草制品销量估算约13.0万t。其中，美国约6.2万t，占全球销量的51.7%；印度约5万t，占全球销量的38.5%。其他销量超过1万t的国家依次为阿尔及利亚、瑞典、委内瑞拉、挪威。无烟气烟草制品在大多数地区销量下降，有增长的地区增速为1.0%～3.0%。无烟气烟草制品全球销售额（由于汇率波动，可能有较大变化）约为120.0亿美元。其中，美国约87.0亿美元，占全球销售额的72.5%；瑞典约12.0亿美元，占全球销售额的10.0%。随着烟草控制的日益严格，无烟气烟草制品这一品类呈现逐步萎缩趋势，但盛行于挪威、瑞典等地的新型口含烟以减害为口号，人口使用率高，可能有一定的发展空间。

2016年，新型减害制品发展势头强劲，其中电子烟持续增长但增速放缓，加热不燃烧烟草制品市场表现远超预期，提振了烟草业可持续发展的信心。

从消费市场来看，2016年电子烟全球销售额预计约100.0亿美元。电子烟市场主要集中在美国、英国、意大利、法国、德国等，销量合计占全球70.0%以上。电子烟销售额增速于2013年达到高点（70.0%以上）后逐步回落，但目前仍保持2位数以上增速。随着主要市场相继出台电子烟监管措施，消费者对电子烟的态度也出现了变化，据英国多家调查机构统计，认为电子烟有害的消费者比例在上升。总体来看，电子烟仍具备广阔的发展前景，除了自身具有多样化等优势之外，卷烟价格的不断提高、健康意识以及戒烟意图的增强、卷烟控制的日益严格，都为电子烟的发展创造了条件。

加热不燃烧烟草制品目前产品种类较少，市场刚刚起步，但发展势头强劲，已被广泛视为烟草业可持续发展的希望和方向。菲莫国际、日本烟草、英美烟草都已经建立了产品组合，明确将发展重心向新型减害制品转移。

菲莫国际的“iQOS”是目前销售范围最广的加热不燃烧烟草制品。菲莫国际公布的研究显示，“iQOS”气雾较烟气减害90.0%以上，却能够提供基本等同于卷烟的满足感，且使用“iQOS”一段时间之后的几项重要生理指标接近于戒烟。菲莫国际于2016年年底向美国FDA递交了“iQOS”减害产品申报，如被认可作为减害产品在美国上市，对整个世界烟草业会产生重大影响。市场调查显示，经过几周的适应期之后，“iQOS”的口味容易被消费者接受，在日本、欧洲等在售地区都实现了较高的接受率。截至目前，“iQOS”的表现远超预期，多地现缺货状态，导致市场推广速度一再放缓。

日本烟草的“PLOOM TECH”也是较早推出的加热不燃烧产品之一，气雾经过含烟草的胶囊以供吸入，目前市场反应良好，常有缺货。英美烟草的“iFUSE”与“PLOOM TECH”作用机理较为相似，该产品于2016年12月在日本仙台上市，零售连锁店销量占有率在10周内提高到5.4%，2017年进一步推广。

——提高满足感是新型减害制品的立足之本　加热不燃烧烟草制品起步晚于电子烟，但目前来看，发展前景优于电子烟，主要原因在于其满足感显著高于电子烟，但相比卷烟，口味仍然柔和清淡。大多数新产品上市首选日本、意大利等地，消费者健康意识强、接触新产品早，具备良好的市场基础。同时，日本、意大利等地的低焦、超低焦油卷烟占比高，欧盟地区已经长期实行焦油量上限，消费者对清淡口味适应能力较强，也为口味转换创造了良好的条件。此外，便携性也是新型减害制品改进方向。

2016年，各大跨国烟草公司几乎无一例外地将战略重点转移到新型减害制品领域，在传统烟草制品领域的经营业绩有所分化，卷烟价格竞争日益激烈、结构提升压力加大，并购重组、品牌整合、降本增效仍是重点策略。

菲莫国际宣称向新型无烟减害制品转型。菲莫国际公司网站进行了全新改版，醒目置顶标题为“设计一个无烟未来——卷烟领导企业即将告别卷烟业务”。公司对战略目标和核心有了全新的阐释：将经营目标确定为规划设计一个无烟的未来，战略重点包括研发、制售、推广无烟替代品，将公司资源由卷烟向无烟产品转移，推动监管政策支持无烟替代品，推动全价值链可持续发展，吸引全球顶尖人才，加强交流和透明度，提高投资回报率。

英美烟草确立了“下一代产品”领导战略。过去5年间投入超过10.0亿美元，全面打造了新型产品品牌组合，主要包括加热不燃烧烟草产品、混合型烟草产品、开放式电子烟系列以及第一个由烟草公司获准作为药品销售的新型产品。

日本烟草在新型烟草制品和传统烟草制品分别确立了发展战略。在新型制品领域，加快国内外投资，并新建国际化的电子烟生产基地。在传统烟草制品领域，加快“种子市场”培育，通过并购重组抢占市场，实行品牌整合。调整了烟草业务组织架构，增设了“全球战略委员会”，专门研究中长期战略，更加突出了战略规划的地位。

雷诺烟草转型战略的三大核心之一为烟草制品减害。通过创新产品大幅降低使用烟草的健康危害，2016年专门成立了产品创新分公司，专注于下一代蒸汽和尼古丁产品，近5年来新型烟草制品研发投入超过4.0亿美元，2016年研发投入占不含税销售收入的1.0%。雷诺公司在几大跨国烟草公司中最早且数次推出加热不燃烧烟草制品，一直坚持新型烟草制品研发，其主打电子烟品牌“Vuse”上市仅2年就成为美国市场上占有率最高的品牌。

在卷烟销量逐年下滑的情况下，各大跨国烟草公司的业绩增长主要依靠结构提升，而全球经济低迷、最低零售价逐步提高，价格提升的压力增大、速度放缓，高端卷烟价格下压，中低端产品竞争激烈，整体价差日益收窄。

各大跨国烟草公司实施价格竞争的主要策略是调整品牌布局，扩大中端供给。菲莫国际品牌发展思路清晰，已形成“1+1+3”（1款高档“万宝路”+1款中档“蓝星”+3款低档品牌）的格局，中、低端均更为集中，低端相对增加。英美的高端、低端均更为集中，中端比较稳定。日烟则表现出了更为明显的结构下移，目前为“1+3”（1款中档“骆驼”+3款低档品牌）。帝国公司的高档品牌比较稳定，但中档品牌下移到了低档品牌，也表现出了明显的结构下移。

——持续推进品牌整合　为了在严峻的控烟环境下获得发展，跨国烟草公司在形成了较为稳固的寡头垄断势力之后，不断进行品牌整合，越来越多地体现了节约资源和成本的需要。近年来，世界烟草市场的品牌集中度不断提高，帝国烟草公司在实施了5年的品牌整合策略后，直接将名称改为帝国品牌公司。品牌整合策略的具体表现为卷烟市场上品牌数量减少，但同一品牌下的规格越来越多，覆盖的价格区间越来越广，对公司效益增长的拉动作用越来越明显。2016年英美烟草销量的显著增长，主要依靠重点品牌带动。

——优化资源配置以实现降本增效　2016年，各大烟草公司继续收缩产能、调整布局。帝国公司已经连续多年实施成本优化策略：2016年正式关闭了诺丁汉工厂、关闭俄罗斯两家工厂中的一家；关闭西班牙工厂，并计划进一步关闭法国工程和研发中心，以应对欧盟新管制指令的影响，预计自2018年9月起将年均节约成本3.0亿英镑。英美烟草关闭马来西亚工厂和巴西一家烟厂。日烟关闭了韩国工厂，改为由菲律宾工厂进口供应并计划于2017年关闭俄罗斯、英国工厂，改在中国台湾设厂。奥驰亚集团宣布整合现有产能，预计于2018年年底完成，届时将节约成本5 000.0万美元/年。

2016年，英美烟草与马里国有企业签约，进军西非市场；占有肯尼亚70.0%市场份额，提升在非洲的市场影响力；在越南投资设厂。日烟成功收购埃塞俄比亚烟草公司40.0%股份，成为相对控股公司，借此在埃塞俄比亚市场实现了从无到有的转变；收购了一家巴西卷烟经销商及多米尼加雪茄烟公司50.0%股权，在赞比亚投资建厂。此外，日烟和菲莫公司试图进一步深入印度市场，尽管政府新出台了外国直接投资的限制政策，以及征收高额的卷烟税收，其市场规模仍具有相当的吸引力。

四、行业工作

2016年，全国共查处案值5.0万元以上假烟案件3 884起，破获国际网络案件987起，收缴制假烟机346台，查获烟丝烟叶1.4万t、假烟17.9万件、走私烟11.3万件，依法拘留8 299人、追究刑事责任4 323人。同时，查处案值5.0万元以上真烟案件7 288起，查扣非法流通真烟35.6万件。

2016年，行业认真贯彻落实党中央、国务院关于推进供给侧结构性改革的决策部署，印发《烟草行业落实"三去一降一补"重点任务行动方案（2016—2018年）》，着力实施"控产量、稳销量、压库存、调状态、守红线、增税利"的调控举措，将"三去一降一补"落到实处，供给侧结构性改革取得成效。烟叶生产平稳发展，烟叶规模调控3年目标顺利完成。2016年全国共签订烟叶种植收购合同134.3万份，同比减少13.6万份；种植烟叶108.0万 hm^2，较计划指导面积减少1.9万 hm^2；预计可收购烟叶4 267.6万担，较计划减少121.0万担。坚持"总量控制、产销协调、稍紧平衡"的调控方针，着力改善供求关系，调减卷烟销量计划200万箱，调减卷烟产量计划220万箱以上。到2016年11月末，卷烟工商库存压缩超过80万箱，完成卷烟社会库存超过100万箱目标任务。

2016年年初全国烟草工作会议对"十三五"期间行业改革发展作出总动员、总部署、总安排。年中，国家烟草专卖局印发烟草行业"十三五"规划，提出了今后五年行业发展的指导思想、基本原则、发展理念、发展目标、基本定位和发展任务，为全面系统推进烟草行业"十三五"时期经济社会发展任务提供了重要指针和根本遵循。

2016年，行业紧紧围绕国家局年初提出的精益管理降本增效为行业税利贡献增长70.0亿元的目标，精心组织策划精益管理工作，行业上下全面导入精益理念，从投资"源头"细化成本管理，严控项目投资预算与审批等，从制度性交易成本、内部运行成本、物流成本、实物资产使用成本等7个方面解决问题，企业不断"减负"。前3季度，行业累计实现降本增效58.2亿元，完成70.0亿元目标任务的83.1%；行业投资、研发、采购等源头治理节约节省的资金超过20.0亿元。

2016年，行业加强对《慈善法》《互联网广告监督管理暂行办法》的贯彻落实，严格依法行政、依法管理、依法组织生产经营。认真履行卷烟科技减害责任，持续降低卷烟焦油量和其他有害成分释放量，1～11月，国产卷烟焦油量降至10.2 mg/支，同比降低0.1 mg/支。细支卷烟重大专项以细支卷烟"高品质、高技术、高结构、低成本、低危害"为发展导向。10月1日起正式实施《中华人民共和国境内卷烟包装标识的规定》，实现新旧包装过渡，持续关注卷烟包装标识规范，做好相关管理和执行工作，彰显我国控烟履约的不懈努力。

2016年，行业坚持烟草专卖制度，始终保持高压态势，不断巩固和完善卷烟打假长效机制，围绕全国卷烟市场净化率提高0.5个百分点、努力夺回20万～30万箱卷烟销量的目标，推动重点地区打好卷烟打假攻坚战，开展卷烟打假打私专项整治"百日行动"，成效明显、震慑力强，查办了一些大案要案，查获非法烟草专卖品数量大幅上升，惩处一批违法犯罪分子，有效遏制了卷烟制假售假和走私贩私反弹势头。深化烟草、公安等部门信息合作，加大互联网涉烟监管，推动建成"打击涉烟经济犯罪情报研判室"。

2016年6月22日，中国烟草总公司印发通知，决定下半年在全国范围内开展"消费者在哪里，我们就在哪里"卷烟营销活动，自2016年7月开始，至2017年1月结束。这是行业主动适应发展新常态、推动经营方式转型、提升面向消费者营销水平的一项重要部署。行业工商企业迅速响应总公司号召，找准定位、主动担当，将这场主题营销活动不断推向纵深，"以消费者为中心"的理念基本确立，有力地推动了卷烟营销方式转型，面向消费者营销机制不断完善，推进行业网建工作再上新水平。

（郑州烟草研究院　王英元）

酿 酒 工 业

一、基本情况

2016年，全国酿酒行业规模以上企业完成酿酒总产量7 226.3万kL，同比增长0.8%。规模以上企业累计完成产品销售收入9 780.6亿元，同比增长6.3%；累计实现利润总额1 094.5亿元，同比增长7.2%。全国有2 742个规模以上企业，其中亏损企业为324个，亏损面为11.8%，亏损企业累计亏损额47.3亿元，同比增长−6.2%。

根据国家统计局统计，2016年酿酒行业企业数量分布情况：白酒制造企业占58%，啤酒制造企业占17.0%，葡萄酒制造企业占9.0%，酒精制造企业占5.0%，黄酒制造企业占4.0%，其他酒制造企业占8.0%。2016年酿酒行业产品产量分布情况：啤酒产量占65.0%，白酒产量占20.0%，酒精产量占14.0%，葡萄酒产量占2.0%，黄酒及其他酒产量占4.0%。2016年酿酒行业销售收入分布情况：白酒销售收入占63.0%，啤酒销售收入占19.0%，酒精销售收入占8.0%，葡萄酒销售收入占5.0%，黄酒销售收入占2.0%，其他酒销售收入占4.0%。2016年酿酒行业利润分布情况：白酒利润占73.0%，啤酒利润占14.0%，葡萄酒利润占4.0%，酒精利润占3.0%，黄酒利润占2.0%，其他酒利润占4.0%。

（一）主要经济指标

1. 销售收入　2016年，全国酿酒行业累计实现销售收入9 780.6亿元，同比增长6.23%。其中，白酒行业实现销售收入6 125.7亿元，同比增长10.1%；啤酒行业实现销售收入1 832.7亿元，同比增长−1.3%；葡萄酒行业实现销售收入484.5亿元，同比增长4.0%；黄酒行业实现销售收入198.2亿元，同比增长13.9%；其他酒行业实现销售收入328.7亿元，同比增长9.0%；发酵酒精行业实现销售收入781.5亿元，同比增长−2.5%。

2. 利润　2016年，酿酒行业实现利润总额1 094.5亿元，同比增长7.2%。分行业看，白酒行业实现利润总额797.2亿元，同比增长9.2%；啤酒行业实现利润总额150.8亿元，同比增长5.7%；葡萄酒行业实现利润总额48.7亿元，同比增长−6.6%；黄酒行业实现利润总额18.6亿元，同比增长−1.5%；其他酒行业实现利润总额41.3亿元，同比增长−8.2%；发酵酒精行业实现利润总额38.0亿元，同比增长17.1%。

由以上2016年酿酒行业经济效益数据（表1）并结合产量（表2）情况看出，饮料酒行业总体经济效益向好。

表1　2016年我国酿酒行业销售收入和利润变化情况

指标 酒种	销售收入（亿元）	同比增长（%）	利润总额（亿元）	同比增长（%）
发酵酒精制造业	781.5	−2.3	38.0	17.7
白酒制造业	6 125.7	10.2	797.2	9.6
啤酒制造业	1 832.7	−3.4	150.8	4.8
黄酒制造业	198.2	9.0	18.6	−1.5
葡萄酒制造业	484.5	4.7	48.7	−5.1
其他酒制造业	357.9	8.9	41.3	−7.6
合　计	**9 780.6**	**6.0**	**1 094.5**	**7.5**

数据来源：国家统计局。

表2　2016年我国酿酒企业分酒种产品产量情况

指标 酒种	总产量（万kL）	同比增长（%）
发酵酒精（折96°）	952.1	0.4
饮料酒	6 274.2	0.8
其中：白酒（折65°）	1 358.4	3.2
啤　酒	4 506.4	−0.1
葡萄酒	113.7	−2.0

注：饮料酒包括13种，麦芽酿造的啤酒、葡萄汽酒、鲜葡萄酿造的酒、味美思酒、黄酒、蒸馏葡萄制得的烈性酒、威士忌酒、朗姆酒、杜松子酒、伏特加酒、利口酒及柯迪尔酒、龙舌兰酒、白酒。

数据来源：国家统计局。

（二）行业发展分析

经历了两三年市场需求深度调整的“阵痛期”，2016年，我国酿酒产业在深度调整中稳步发展，酿酒总产量出现增长，经济效益整体趋好，产品、渠道、商业模式等创新步伐加快，市场进一步稳定。2016年，酿酒产业继续保持新常态，产业和产品结构持续调整，酒类消费需求越来越趋于理性化、个性化、多样化，酒产品价格带调整适应市场和经济大环境，流通体系变革持续发酵，多元化消费潮流不断升级。2016年酿酒行业主要经济效益指标增速变化情况见表3。

表3 2016年酿酒行业主要经济效益指标增速变化情况

单位：%

指标＼时间	1～3月	1～6月	1～9月	1～12月
产品产量	0.6	−2.1	−0.3	0.8
产品销售收入	2.4	5.5	6.5	6.3
利润总额	7.4	5.3	7.1	7.2
企业亏损面	19.5	12.8	11.8	11.8
亏损额	7.7	0.4	−4.0	−6.2
进出口总额	52.6	36.5	20.3	13.6
其中：出口额	93.1	41.8	32.1	14.9
进口额	41.0	34.8	17.0	13.2

数据来源：国家统计局。

1. 研判价格指数 2016年全国居民消费价格指数同比上涨2.1%，酒类市场在现代零售渠道总体表现稳定。2016年，只有白酒、葡萄酒销售收入和利润呈现双增长，啤酒、黄酒和酒精则表现的升降不一。酿酒行业仍处于调整阶段，酒类产品价格仍体现酒类市场资源配置和市场调整状态。以经济指标占比最大的白酒为例看价格走势。我国酒业在深度调整中走过了四年，由被动接受到心态放稳，由不适应到积极应对，由措施不得力到思变创新，我国白酒复苏迹象显现。消费升级助力我国名酒需求增长，结构调整助力骨干企业效益提升，服务升级助力品牌企业赢取市场，多元营销扩大产品覆盖，争取更多消费者喜欢，技术创新提升品质增强企业竞争力，社会责任担当塑造产业形象。2016年可以说我国白酒产业亮点纷呈，2017年是白酒产业深度调整的第五年，也可谓转折年，应该说有更多精彩充满想象。

据全国白酒价格调查资料显示，12月全国白酒商品批发价格定基指数为91.7，下跌8.3%。其中，名酒价格指数为87.0，下跌13.1%；地方酒价格指数为96.3，下跌3.7%；基酒价格指数为101.3，上涨1.3%（表4)。从月环比指数看（表5)，全国白酒月环比价格指数100.1，上涨0.1%。其中名酒环比价格指数100.1，上涨0.1%；地方8～9月环比价格指数100.1，上涨0.1%；基酒环比价格指数100.1，保持稳定。12月份，全国白酒批发价格环比指数为100.1，上涨0.1%，其中上旬99.96、中旬100.13、下旬99.96，整体呈现微涨态势。2016年3～12月，全国白酒批发价格已经连涨10个月，全国白酒批发价格定基指数从2月的89.89逐月上涨到了12月的91.71，累计上涨了0.8%。已上数据说明我国白酒企业经历了4年的行业深度调整期后，在2016年出现回暖迹象。随着大众消费的升级，商务消费的兴起，高端白酒购买力的逐步增强，白酒市场价格或将继续上涨。

表4 2016年12月全国白酒价格月、旬价定基指数

类　别	12月			
	月定基	上旬	中旬	下旬
全国白酒价格总指数	**91.71**	**91.84**	**91.96**	**91.92**
一、名酒	86.95	87.25	87.37	87.33
二、地方酒	96.27	96.11	96.32	96.26
三、基酒	101.25	101.25	101.25	101.25

表5 2016年12月全国白酒价格月、旬价环比指数

类　别	12月			
	月环比	上旬	中旬	下旬
全国白酒价格总指数	**100.10**	**99.96**	**100.13**	**99.96**
一、名酒	100.12	99.95	100.13	99.96
二、地方酒	100.13	99.97	100.21	99.94
三、基酒	100.00	100.00	100.00	100.00

2. 深度开发市场 经过市场深度调整，多数酒类企业已经认识到，随着我国经济进入结构性改革的新常态，非理性消费和市场超高速增长已经不可持续，目前的行业调整正是缓解行业长期积累的矛盾、促进市场健康发展的重要契机。消费升级推动，名酒需求渐旺，名酒价格回升，酒类价格带趋稳；产业调整筑底，低质产品、落后产能淘汰，品质提升，品牌集中，产能压力缓解，产业结构重组；震荡后的产业新格局形成。葡萄酒、啤酒、保健酒等产品营销创新，市场消费多元竞争加剧。互联网营销，体验营销、酒类流通创新、酒类流通体系变革还在聚集。产业发展、标准监管等政策调整，都在期待市场新秩序的建立，酒类产业新的常态悄然发生了变化。

我国酒类产业每经历一次调整，都将促使产业思变，转型，创新，开创出产业新格局。20世纪80年代产业调整，带来了我国白酒名优产品品质提升，营销创新，消费升级，家庭消费进入饭店消费，产业繁荣。2003年产业进入低谷，全国产量不足400万kL，深度调整之后，量价一路飙升超过1 000万kL和5 000亿元产值。与此同时，在此次深度调整过程中也不乏产业亮点。"白牛二"开创了我国低端白酒新传奇，毛铺酒开创了我国白酒健康新起点。此次产业深度调整后，我国白酒产业会发生什么变化，触底则稳健，深思而聪慧，千虑得良策；行实则效高。匠心文化必将深入产业根基；共享理念，开启高速发展；商业模式创新带来产业变革，产业新格局正在孕育之中。

3. 开创国际蓝海　2016年在谈到白酒产业转变时协会曾提到：白酒产业发展应以扩大内需向开拓国际市场转变，随着我国制造影响世界，随着"一带一路"走向世界，向世界传播中华酒文化。目前白酒的年出口量不到2万kL，占我国总产量1 300多万kL的0.12%，年出口额不到5亿美元，占当年白酒工业销售收入的0.5%。我国是世界酒生产大国、酒消费大国、酒文化大国。世界卫生组织（WHO）相关数据统计显示，我国作为世界上最大的蒸馏酒生产国，年平均产量占世界蒸馏酒总产量的30.0%左右，消费量约占世界蒸馏酒总销量的28.5%。以全球视野横向比较，我们应该清醒地认识到，在国际市场上占有明显优势的却是欧洲烈性酒，英国威士忌在国际酒类贸易中占有率最高，达到30.3%；法国白兰地位列第二，占有率11.5%～13.0%；瑞典伏特加排名第三，约为4.0%，而我国白酒在国际市场贸易中的占有率只有0.8%。洋酒到我国很快随着酒吧、夜场洋酒文化被洋为中用，创造了洋酒的我国饮法，甚至在一些地区进入了我国酒的主渠道餐饮。我国白酒随着我国人的脚步遍及全球，我国白酒的身影也遍及全球，但在洋人世界消费白酒的仍然是我国人。我国的白酒没有实现中为洋用。我国白酒的餐酒搭配，分享快乐，传达情感，场景、仪式等厚重的文化体系不够凝练，没有准备好如何给洋人讲我国白酒的故事。WTO谈判由于我们没有做好充分准备，我国白酒与洋酒属性有别，也就是普通食品与特殊食品之分，洋酒到我国由特殊食品变成了普通食品，一路绿灯。我国白酒到洋人世界由普通食品变成了特殊食品，关卡重重。所以在国际酒类贸易谈判上不对等，也是我国白酒走向世界的政策掣肘。同时我国白酒在标准体系建设、安全与品质表达上如何与洋酒契合也迫在眉睫。

中国酒业协会2016年力争将饮料酒分类标准与白酒溯源标准修订与制定完成，完成我国白酒侍酒师职业标准，培训体系的打造。把什么是我国白酒，什么是我国白酒文化，怎么消费我国白酒，怎么向外国人讲我国白酒的故事，我们要通过标准体系表达，通过文化体系建设表达，通过创新生活表达。为我国白酒国际化奠定技术基础、文化基础、消费基础。洋酒、葡萄酒有侍酒师，而且在我国大城市精英群体正在推广侍酒师职业培训，核心是传播葡萄酒及洋酒文化。应值得白酒产业高度重视并学习借鉴。培训洋人为我国白酒的侍酒师，让洋人在洋人世界给洋人讲我国白酒的故事。我们也可以借鉴帝亚吉欧、水井坊在韩国成功突围案例。

4. 开创营销新模式　酒类营销由"总经销＋分销"向"连锁经营＋互联网"的转变，本质上是流通向零售的转变，是向消费者更近了一步，成为2016年最为抢眼的亮点，新的商业模式的发展势头强劲。新的酒类营销模式初期由于没有核心品牌主流产品，为尽快成为市场新宠，以高关注度的产品低价博取眼球，一度扮演了市场搅局者。但其以性价比优势为基础，可体验、便捷服务优势赢得了许多消费者青睐。随着商业模式优化为"厂家直采＋连锁或B2C零售＋e"，如今渐被主流品牌接受。同时名特总经销产品也正在成为其利润支撑。传统酒类经销商也顺势而为，开创了"总经销＋分销＋e"模式，同样成绩斐然，互联网成为其驱动力。新酒商与传统酒商的商业模式交融、角力会持续下去。品牌开发之争成为焦点，在新消费的趋势下厂家的话语权将回归。连锁店连锁规模与联盟商加盟数量成为焦点之一。所以，酒类流通变革能量持续聚集之中。

酒是满足人们精神、物质需求的特殊食品，消费者对酒都有哪些具体需求：品牌、文化、体验、个性、便利。品牌可以满足消费者面子和品质的需求；文化可以满足消费者历史价值、精神认同需求；体验可以满足消费者产品真实、可信的需求；个性可以满足消费者口味嗜好，酒庄稀缺，大师稀有，定制附加的增值需求；互联网可以满足消费者价格，便捷，信息交流方便服务需求。无论什么商业模式，能够满足以上消费需求累加就是最好的商业模式，一定是要么能提高产业链效率以降低消费者（金钱、时间、机会等）成本，要么能提供消费者需要和认同的服务。可想而知，一个酒商，一家酒企无法满足所有消费需求，因此，酒企与酒商，酒商与酒商联盟叠加，最大限度满足消费者需求将是酒类未来的真正生态化的商业模式。这个模式就是："互联网＋名优品牌＋全景体验＋创意定制＋传播吸粉＋物联网"。互联网就是建立供给信息沟通，服务指令、订单、结算等便捷、价优、高效服务。名优品牌就是名酒及名酒副牌系列产品，特色产品，地方名牌的品牌运营。全景体验就是集门店体验，品鉴体验，酒庄体验，旅游体验，收藏体验等等。创意订制，就是满足个性化需求，产品品质，包装设计等出自大师创意等附加服务。传播吸粉就是品牌文化、知识传播为核心具备高效品牌传播能力，具有强烈吸粉能力，就是大量吸引粉丝，培养忠实消费群体。物联网就是将生产所需，市场所需，服务所需以及所有供给资源，整合、优化、降低成本，高效，便捷完成全程物流服务。

酒商联盟是新的酒类营销和商业模式，预示着酒类产品立体营销时代的来临。这种创新商业模式或暂称之为："酒巷模式"。原来是酒香不怕巷子深，有好酒，消费者会闻香而来，踏香而至。现在是把酒巷子送到消费者面前，为消费者提供酒巷子，酒类消费所有需求在酒巷子可以找到，满足消费者对酒类产品的全景需要。"酒巷商业模式"就是将原来线性销售变为立体销售，将原来提供酒类产品服务，到提供酒巷子服务，满足消费者立体需求，为消费者提供全景服务。通过深度调整实现产业转型，我国的许多企业纷纷选择品牌瘦身，品牌聚焦，打造大单品、爆品，提升效益。如何选择好的商业模式实现这一目标。酒商联盟"酒巷模式"是实现这一目标的最佳商业模式之一，全产业应予高度关注。智者先行，酒商与酒企，酒商与酒商的联盟合作呼之欲出，充满期待。

5. 解析进出口　根据中国海关总署数据，2016年1～12月饮料酒及发酵酒精制品累计进出口总额56.2亿美元，同比增长13.6%。其中，累计出口额13.1亿美元，同比增长14.9%；进口额43.1亿美元，同比增长13.2%。以啤酒为例。自2012年以来，随着我国消费需求的促动，啤酒消费个性化需求急剧增长，2012—2015年每年的增幅均在60%以上，2016年我国进口啤酒64.6万kL，同比增长20.0%，进口国家和地区数量增至70个。5年间，进口啤酒累计增长达910%。目前，进口啤酒占我国啤酒总消费量的1.4%。2016年啤酒主要进口情况见表6。

表6　2016年啤酒主要进口情况

2016年进口量排名	2015年进口量排名	进口国家和地区	累计数量（万kL）	占进口量比例（%）	同比增长（%）	进口单价增长（%）
1	1	德　国	30.6	47.3	30.5	−7.3
2	2	荷　兰	7.0	10.9	−35.8	15.5
3	4	西班牙	4.6	7.1	77.5	−18.7
4	5	墨西哥	4.0	6.2	69.2	−5.1
5	11	葡萄牙	3.4	5.3	204.4	−20.1
6	3	韩　国	3.2	5.0	24.0	1.9
7	6	比利时	3.2	4.9	49.7	−4.4
8	10	俄罗斯	1.9	2.9	55.3	−9.4
9	9	法　国	1.7	2.6	18.8	−1.6
10	18	英　国	1.3	2.0	762.8	−46.1
11	24	波　兰	0.5	0.7	798.1	−13.5
12	7	意大利	0.5	0.7	−76.4	108.0
13	12	美　国	0.4	0.6	−14.3	22.7
14	17	丹　麦	0.4	0.5	107.8	6.5
15	14	奥地利	0.3	0.5	40.4	−5.3
16	15	捷　克	0.3	0.4	34.8	−2.6
17	13	中国台北单独关税区	0.2	0.3	−40.3	−3.5
	合　计		**64.6**	**100.0**	**20.0**	**−3.6**

数据来源：《我国酿酒行业信息》、中国海关总署。

2016年我国进口啤酒分国别比例：德国占47.3%，荷兰占10.9%，西班牙占7.1%，墨西哥占6.2%，葡萄牙占5.3%，韩国占5%，其他63个国家占13.3%。进口啤酒多集中在我国一二线城市消费，价格差距非常大，利润相对于主流品种啤酒来说要大很多，经销商和代理商蜂拥而至，各种渠道和终端也比较推崇。很多媒体争相报道，并称之为啤酒行业的“大风口”。2016年啤酒产品的进出口情况中，进口啤酒的增长无疑仍是焦点，在连续4年（2012—2015年）爆发式的增长之后，增速放缓。从进口啤酒的数量变化和进口国别可以分析出：一是我国啤酒市场结构性变化仍在延续，碎片化、细分化和个性化的消费需求继续增长。二是德国为首的欧洲国家仍是进口啤酒的绝对主力，仅德国的进口量已占据全年总进口量的47.3%，接近进口总量的一半，增幅较大的英国、波兰、葡萄牙和丹麦均为欧洲国家，增幅均超过100%，显示出消费人群对醇厚型特色啤酒产品的需求仍然较高。三是进口国别较多，如以单品而论，数量应有过千之多，鉴于进口啤酒市场处于去品牌化的初级市场阶段，未来仍有一定的增长空间，但会进入阶段性瓶颈期。四是进口啤酒的单价普遍走低，但相比较国产啤酒仍属较高。基于市场化的量价关系，随着进口量的增大，进口单价仍会继续走低。五是目前进口啤酒虽然总量不大，占我国啤酒总消费量的1.4%，但对于现阶段的非主流市场而言，已到达量价窗口期，预计进口啤酒将逐步进入下一阶段，消费者选择意识强化，终端零售价下降的幅度会大于进口单价降幅。

为了追求利润最大化，很多经销商进口的啤酒产品质量也比较差。新闻报道称，2015年12月，厦门口岸查获5批次进口啤酒不合格24.3 kL予以销毁，39.5 kL予以退货；2016年10月13日，山东口岸首次销毁8 640 L理化指标不合格的进口啤酒，货值6 544欧元。2016年10月19日，厦门检验检疫局截获一批已过保质期进口啤酒并销毁。

啤酒在我国的发展时间仍属于较短的，大多数消费者对于好啤酒的概念处于不了解的状态。进口啤酒在我国得以迅猛增长，原因并不复杂，内因是国产啤酒产品结构过于单一，滞后于消费需求；外因有两点：一是依赖“啤酒是舶来品”和“进口的就是好的”想当然式的消费来定性好啤酒的消费者居多；二是消费能力提升之后的个性化需求使“好奇”消费得以放大。内因的存在对进口啤酒而言只是一个时间点，是早与晚的问题。而外因的两种消费诉求是进口啤酒刚好在这个契机上都具备的。但是，此两种诉求基本都是直觉性视觉型的，消费粘性比较低，都不符合酒类产品的原始消费诉求，因为酒的原始消费诉求是心理型的嗜好性和偏爱性。视觉型消费属于冲动型消费，容易产生消费疲劳，如果要延续消费冲动，就需要不断的更大的视觉刺激。谁能说iPhone7不如iPhone4好呢？只不过iPhone7所带来的刺激远不如当初的iPhone4罢了。加之，随着啤酒文化的渗透普及，消费者对好啤酒的概念逐步了解，会趋于理性消费，“进口”的光环会慢慢褪色。因此，进口啤酒进入增量瓶颈，售价持续下降将是必然的趋势。盈利空间被压缩之后，流通渠道的趋利性和跟风热情也会大幅减退。

6. 包装与装备　近几年，我国酿酒装备整体水平有明显提高，装备技术水平与国际先进水平的差距不断缩小。酒类包装和装备企业科技创新能力显著增强，企业间、企业与科研院所间技术合作日益频繁。我国酿酒装备、灌装装备、酿酒配套辅助装备的制造技术和能力已经达到一定水平，新建厂中装备配套能力和高精度机械制造能力已经基本实现自给，此外，包装材料，包括硅酸盐玻璃、分离材料、造纸、印刷等行业的生产和供给也达到国际要求。随着我国整体消费水平的提高、物流和互联网的发展，差异化、个性化、便携化的酒类包装形式将越来越受到消费者的青睐。酒类包装和装备产业发展形势良好。啤酒行业是我国酿酒工业中最年轻、发展最快的行业，目前，我国啤酒装备制造业已建立起了比较完整的装备制造体系，装备水平也基本与世界持平。葡萄酒行业的装备也取得了较大的进步，关键设备已经基本实现国产。作为我国传统产业，大部分白酒企业的生产工艺技术装备相对落后，多数工序环节仍采用传统的手工或半机械化生产方式，行业整体机械化水平较低。在“我国白酒169计划”“我国白酒158计划”引领下，从制曲机械化、发酵工艺机械化、蒸馏工业机械化、调酒计算机集成制造技术和灌装、包装、成品库智能管理五个领域提高白酒行业机械装备水平，促进了白酒产业技术升级、装备升级，推动白酒产业健康、持久发展，加快白酒产业结构调整。整个酿酒行业着力推进装备制造业与信息化、智能化的融合，加快发展高端装备制造业。用信息技术和智能化技术改造提升传统装备，提高各酿酒子产业相关包装和装备的整体水平。

二、行业面临的问题分析

我国酿酒行业经济发展基本平稳，增长方式发生转变，产业结构深度调整，产品结构进一步优化，消费市场回归理性，整个酿酒产业实现了由快速增长向平稳增长的过渡。但是，发展过程中积累的政策、市场和创新方面得诸多问题和所面临的困难依然严峻，需要继续深入关注和探讨。

（一）政策与市场

1. 政策调整需强化自主调节，市场监管应力推行业自律　长期以来，酒类产业受政策约束较大，酒类生产企业在立项、扩能、税收、环评等各环节受到严格的控制。在自由竞争的环境下，市场根据供需关系自身可以产生良性的发展轨迹，但对酿酒产业的一些政策限制了市场自动调节能力，对产业发展产生了一定影响。我国法律法规特别是食品安全有关法律进一步完善。2015 年新的《食品安全法》实施，强调充分发挥消费者、行业协会、媒体等监督作用，形成社会共治格局。然而，随着酒类市场消费形势的不断变化，适应酒类生产流通特点的专门性法律法规仍然十分缺乏；涉及检测、流通等方面的标准仍然较少。立法和标准的滞后，造成对酒类商品的监管困难，需要进一步加快相关工作的进行，并应着力强调行业协会的作用，引导企业自律生产经营。

2. 社会舆论关注提升，预警机制亟待健全 随着人民生活水平的提高，食品质量安全意识不断加强，作为特殊食品的酒类产品，备受社会各界的关注。酒类产品的质量安全，关系到生产企业的命脉，关系到整个酿酒产业的健康发展。特别是白酒行业，舆论关注度高，影响面大，公众美誉度亟待提高。面对行业热点与社会误读，行业与企业仍欠缺快速应变能力和有效的危机公关能力。尽快建立健全行业预警机制，有效组织与引导企业开展行业自律，加强消费教育，普及酒文化知识，倡导理性饮酒，强化社会责任意识，树立行业正面形象，努力营造行业的社会美誉度，应该作为全行业的一项重要工作。

3. 产能增长过快，市场应变能力滞后 行业高速发展时期企业产能大量增加，国内外资本大量涌入，地方政府的政策性保护等等，加剧了酿酒产能规模的扩张。行业进入深度调整期后，产能增长遗留下库存压力过大、销售渠道不畅、消费能力不足，利润空间降低的危机。面对新的市场变化，面对国内外整体经济形势的压力，面对节俭治国的社会环境，部分企业对深度调整的心理落差准备不足，仍然心存幻想，缺乏适应新常态变化的决心，调整发展战略的能力不强，应对市场变化的措施滞后。进一步解放思想，树立信心，主动适应市场形势新常态，积极寻找新的经济增长点，以市场需求定产量，是保障行业稳步发展的必修功课。

4. 经济效益提升困难，企业发展后劲不足 为应对社会环境与市场环境的新变化，绝大多数企业积极调整产品结构，重新构建价格体系，降低了高端产品价格，加大了中低端产品的生产规模，取得了一定的成效，但却造成收入稳中有升，利润与税金持续下降的被动局面。产品利润率的降低，削减了企业发展后劲，制约了行业科技投入，影响了行业持续健康发展。在控制总量的基础上，建立科学的产品结构体系，控制产品成本，主动适应消费需求，稳定产品价格，是创造企业核心竞争力的必然选择。

（二）科技创新

酿酒行业的科技创新能力明显不均衡，啤酒、葡萄酒行业通过引进吸收国外技术装备，促进了生产水平的提升，但自主研发和自主创新能力尚有不足；白酒、黄酒行业通过加大机械化生产试点，在一定程度上提高了生产效率，但与机械化、自动化、智能化、信息化先进水平差距仍然较大。酒精行业规模企业通过升级改造，技术水平和产品质量逐步提升，但是在全面实现循环经济，资源重复利用，进而提高产出效益方面尚无重大突破。科学建立行业创新机制，加大力度提高自主研发能力，树立传统产业向现代工业迈进的坚定信心，推动酿酒行业现代化工业进程，是我国实行我国制造 2025 需要，也是整个酿酒产业的重要任务。

三、发展走势

我国酒类行业发展已经进入“新常态”，未来市场发展将呈现新变化和新趋势。酿酒行业在适应市场需求、实现转型升级、探索创新发展过程中，必须保持清醒的头脑，深刻洞察市场的新特点。

（一）消费总量趋于稳定，增速将自然回落

目前，我国城镇居民酒类产品消费量已经达到高点，此后将呈现逐年下降趋势；农村居民消费量目前处于相对稳定状态。因此，从酒类消费总量来看，未来需求继续大幅增长的空间有限，市场需求增速将自然回落，企业靠规模化增量的可能继续下降，去产能、去库存的结构性改革尚不可放松。

（二）主力消费群体转换，趋向个性化和多元化

目前，80 后甚至 90 后已经逐步成为我国消费市场的主力群体，其消费具有鲜明的特点。更加注重消费的个性化和时尚化，更加注重仪式感和现代感，其饮酒观念、场所、方式也发生了明显变化。饮酒人群和观念的变化，产品品类多样化的选择，不仅导致消费市场的分流，而且对酒类自身也提出低醉酒度、多风味、多样化、多层次、健康性、时尚性、个性化等新要求。

（三）购买渠道多样化，营销模式逐步发生变革

品质、价格和便捷是未来消费者选购商品的重要依据，品质良好、价格合理、购买便捷成为消费者的主要购买诉求。尽管传统经销方式依然保持主流分销渠道，但网购、连锁、专卖、无店铺等流通方式，在流通体系中的份额将保持快速增长。未来酒类销售将更加呈现多渠道、多模式、线上线下融合的发展格局。

（四）产品价格区间趋于集中，市场竞争挤压区域空间

随着政务消费份额的锐减，商务消费和大众消费成为主流，高端产品为迎合市场纷纷调整结构，价格天花板有所降低，势必压缩中低端产品的价位空间，使产品价格逐步集中，区域市场受到挤压，销售渠道相对收窄，市场竞争将会更加激烈，呈现觥筹交错、短兵相接的黏性竞争格局。

四、政策建议

（一）支持传统行业技改及装备升级，提升企业自主创新能力

加快运用高新技术和先进适用技术改造提升传统产业，促进信息化和工业化深度融合，重点对产业升级带动作用大的重点项目给予政策倾斜。出台鼓励措施，支持酿酒行业在提高自主创新能力、促进节能减排、提高产品质量、改善安全生产条件、保障酒业食品安全等方面开展的技术改造项目。

（二）提升传统产业文化宣传，推进民族品牌建设

5 000 年文明史造就了我国传统产业拥有着深厚的文化内涵，民族品牌代表着民族文化，更是民族实力和国家影响力的象征，国家应该对着力提升传统产业文化宣传，对传统产业民族品牌进行保护、鼓励和支持，推进民族品牌建设。在保留深层次文化基因的基础上，创新发展适应时代潮流、符合科学理念的“新文化”。在产业升级、产品结构调整继续深化的同时，加大对提升传统产业企业文化、品牌文化、消费文化等方面的引导、开发与探讨。

（三）积极践行企业社会责任，实现行业可持续发展

行业和企业社会责任现已成为行业健康、可持续发展的重要推动力，协会及业内企业近年越来越重视社会责任的践行。青岛啤酒、茅台集团等业内大型集团每年都发布企业社会责任报告，协会每年均针对其报告进行点评，但发布企业占比很小。建议针对酿酒行业企业社会责任报告制定相关发布政策，规定符合相应标准的企业均应每年发布社会责任报告，以推动整个酿酒行业健康发展。

（四）理性饮酒推进政策化，行业引导规范化

国家相关政令法规的持续推动，使得理性饮酒推进不断深化。出台相关政策法规，以便于行业引导更加规范、合理、有效，有利于将理性饮酒推广及酒类知识普及社会化、透明化，有利于推动酿酒产业健康发展，有利于科学引导消费者健康消费。

（五）调整酿酒行业税收政策，引导行业健康发展

近年，协会积极关注酿酒产业税收调整和变化，并为维护行业竞争环境，引导产业健康发展，积极推动酿酒产业税制改革，通过努力，2014 年 11 月，相关部门取消了酒精消费税，解决了酒精行业多年来税负不公平竞争现象，使行业走向良性发展。现今，随着市场环境和消费环境的变化，建议对白酒和啤酒等税收政策进行研究并给予调整，使行业发展做到有序、合理、良性竞争，促进行业健康发展。

（本文为中国酒业协会提供数据，由本编辑部王国扣编写）

蚕丝加工业

一、基本情况

（一）蚕桑生产

1. 产量　据商务部统计，2016 年全国桑园面积 79.99 万 hm^2，同比增长－2.44%；蚕种发种量 1 548.81万张，同比减少 16.70 万张，同比增长－1.80%；蚕茧产量 62.40 万 t，同比增长－0.11%；综合均价 38.92 元/kg，同比增长 12.91%。蚕农实现收入 242.90 亿元人民币，同比增长 20.06%。

2. 资源分布　从主要省份蚕茧生产情况来看，2016 年广西生产蚕茧 29.95 万 t，同比增长 4.5%，四川、广东两省蚕茧产量略有增长，但云南、江苏、浙江、山东、安徽、湖北、重庆、陕西、江西 9 个省份均有不同程度的下降，江苏、浙江、陕西、江西等省下降幅度较大，分别下降 15.70%、21.20%、12.50%、13.70%。从各省份蚕茧产量占比情况看，广西占全国总产量的 48.00%以上，几乎占据全国总产量的半壁江山。四川、云南、江苏、广东、浙江 5 省产量合计约占全国总产量的 36.00%。

（二）加工量、产值、利税、固定资产投资

据国家统计局统计，2016 年规模以上企业主要产品产量有增有降。其中，生丝产量 15.84 万 t，同比增长 0.51%；绸缎产量达 66 756 万 m，同比增长 5.82%；绢丝产量达 8 987 t，同比增长−6.89%；蚕丝被产量达 2 074 万条，同比增长−14.62%。2016 年全行业规模以上企业主营业务收入达 1 273.91 亿元，同比增长 4.48%；利润达 69.47 亿元，同比增长 4.59%。其中，加工缫丝利润达 41.41 亿元，同比增长 8.39%；加工丝织利润达 23.44 亿元，同比增长−6.05%；加工丝印染利润 4.62 亿元，同比增长 41.34%。从总体看，全行业主营业务增速持续震荡调整，下半年受生产要素成本上涨、出口下降等影响，行业利润增速出现了前高后低走势，全年利润增速较 2015 年回落了 1.44%。尽管 2016 年丝绸行业主营业务收入增速较 2015 年提升了 0.34 个百分点，但亏损企业亏损总额 2.49 亿元，同比增长−22.46%；企业亏损面 12.30%，较 2015 年同期下降 0.89 个百分点，略高于纺织行业平均水平 1.80%。从行业主要经济指标来看，企业存货 138.15 亿元，同比增长 7.61%；企业销售费用 15 亿元，同比增长 77.39%。以上部分经济指标显示，受多种因素拖累行业利润增速持续回落，行业经济下行压力仍将持续存在。

二、新技术、新成果

1. *西南大学发现家蚕分子新机制可对鳞翅目害虫进行控制*　家蚕基因组生物学国家重点实验室发现家蚕体形和着色受到一种新的表皮蛋白影响。这是全球首次发现这种蛋白，将有利于控制鳞翅目害虫。这种新蛋白的功能发现于竹蚕体内。竹蚕是家蚕的变异体，因腹部的背面隆起形似竹节，被称为“竹蚕”。家蚕在变异成为竹蚕后，虽然不影响其吐丝能力，但爬行迟缓，身体上的部分斑纹也会消失。通过基因克隆测序、生物信息学分析、基因表达分析等方式，课题组发现，家蚕中的一种表皮蛋白基因发生了突变，从而导致其遗传变异成为竹蚕，影响生理机能。这是在家蚕基因中第一个被鉴定到的、具有同时影响体形和体色的多效功能分子。这种基因可以影响昆虫纲鳞翅目昆虫的爬行、适应环境能力等，这为防控鳞翅目害虫提供了可能。鳞翅目昆虫大部分是害虫，可以通过增强这种基因，实现对鳞翅目害虫的控制。

2. *超高速数码喷印大幅减少污水排放*　传统印染工艺加工过程中产生大量印染废水，且生产周期长，印花精度低，已经严重阻碍了我国印染行业的可持续发展。而超高速数码喷印一次成型，生产周期短、印花精度高、批次一致性好，并且能大幅减少化工染料的使用和污水排放。超高速数码喷印存在着数据流量大、喷印面料易形变、喷头易堵塞、喷印质量自动检测困难等重大技术难题，其技术被日本和欧盟所垄断，在国内难以推广，迫切需要研发具有自主知识产权的超高速数码喷印设备。在国家科技支撑计划和浙江省重大专项支持下，由浙江大学、宁波大学和浙江理工大学等单位多人组成产学研团队，开展超高速数码喷印设备关键技术的攻关，发明了超大流量数码喷印数据实时并行处理引擎，实现了数码喷印数据的超高速实时处理和传输；针对喷印时面料形变和喷头堵塞的难题，发明了基于视频的喷印过程实时监测与控制方法；发明了基于图像质量评价模型的喷印图像质量缺陷自动检测方法，并通过视频编码和网络传输，对设备的工作状态进行远程监控，成功地研制了超高速数码喷印设备。

3. *三对家蚕新品种通过省级审定*　由江苏科技大学主持培育的“野三元（抗）”、“苏超 2 号”和“苏豪×钟晔（抗）” 3 对家蚕新品种通过了省级审定。野三元（抗）的诞生是针对江苏省蚕桑生产对抗血液型脓病和耐农药污染蚕品种的紧迫需求，在 2008 年育成的秋用蚕品种野三元基础上，围绕家蚕耐微量菊酯类农药和抗血液型脓病等关键性状，筛选培育的耐粗食高产优质蚕品种。经过在江苏规模生产及云南、山东、安徽等省规模试点，均表现优异。苏超 2 号是根据我国茧丝绸行业对优质生丝原料的渴求，培育出的能够适宜江苏等省 6～8 月续春、夏季、早秋季饲养的高品位生丝抗性蚕品种。该品种在眠性与茧丝质等筛选技术方法上有重大突破，具有开发高附加值丝绸精品的广阔市场前景。而“苏豪×钟晔（抗）”是在春用多丝量品种“苏豪×钟晔”高产、优质、易繁的基础上，杂交导入抗血液型脓病基因性状，筛选培育出的抗血液型脓病的新品种，可满足江苏等省春季规模推广应用。

4. *全龄人工饲料养蚕技术取得新突破*　2016 年重点解决了长期以来饲料易发生霉变的技术难题，夏蚕和秋蚕生产期间，在全国 60 个共育室共 100 多次开展了 1～3 龄、1～4 龄乃至全龄采用饲料养蚕的试验，取得了明显进展。据晚秋蚕期调查，1～2 龄饲料育 192 h 起蚕率达 97.27%～98.36%，平均为 97.60%、1～3 龄起蚕率达 95.53%～98.10%，平均为 96.59%，1～4 龄起蚕率达 94.55%～96.80%，平均为 95.90%。在前两年制订《稚蚕人工饲料共育技术规程》和《家蚕小蚕人工饲料饲育技术规程》的基础上，形成了《家蚕 1～4 龄饲料饲育技术规程》，将我国饲料养蚕技术又向前推进了一大步。

5. *基于天然蚕丝蛋白的颅骨固定系统* 由中国科学院上海微系统与信息技术研究所和复旦大学附属华山医院合作，在蚕丝蛋白颅骨固定系统领域取得进展。该研究提出一种新型的基于天然蚕丝蛋白的颅骨固定系统（包括蚕丝蛋白骨钉和连接片），在长达12个月的临床前犬类动物实验中显示了良好的生物兼容性，以及优良的颅骨固定和再连接作用。通过优化蚕丝蛋白提取和再成型工艺，可制备大尺寸、材料均匀的蚕丝蛋白块材。在此基础上，研究“蛋白分子结构—力学/降解特性调控”的内在机制，通过控制蚕丝蛋白分子量和再结晶水平，可对蚕丝蛋白材料的力学强度和降解速率进行调节。蚕丝蛋白的另一巨大优势在于它可以稳定并释放生物活性成分，因此蚕丝蛋白骨钉和连接片可以释放生物活性药物以防感染，增强骨骼再生能力以及提供其他疗法来促进愈合。此外，该研究成果表明，蚕丝蛋白材料与γ射线灭菌、核磁共振成像、X射线医学检测等现有医学手段具有完美的兼容性。这种基于天然生物蛋白的颅骨固定系统弥补了现有金属类、生物陶瓷类以及化学合成聚合物类材料的缺陷，是未来人体植入医疗材料的发展方向，具有极大的市场潜力和实际临床应用价值。

6. *茧质智能检测破解茧丝业难题* 针对蚕茧质量检测技术滞后的情况，四川省丝绸工业研究所提出了对现行蚕茧质量的测试技术进行智能化提升的研究开发项目，在相关企业的大力支持和配合下，研发出蚕茧质量智能测试新技术及装备SR型茧质智能测试机，为丝绸行业提供了一套实用新技术和装备，实现了蚕茧购销过程中快速公正的评判，蚕茧使用过程中准确地把握技术经济指标的目标。该成果采用了先进的微电子技术，生产工艺与现行的自动缫丝机大生产一致，较传统的立缫机试样更加科学、准确、先进。填补了国内蚕茧质量智能化测试空白，其技术达国内领先水平。适用于缫丝试样、蚕茧交易、蚕品种选育鉴定、科研等。

7. *短流程缫丝红外干燥技术* 在现有制丝生产过程中，把缫丝与复摇合二为一，实现短流程缫丝；采用红外干燥技术代替原来的蒸汽管辐射加热方式干燥缫丝过程的大丝片。取消小丝片干燥、平衡、给湿及复摇大丝片干燥等加工环节，以期达到减少生丝加工工序、提高劳动生产率、降低能耗的目的，为绞装生丝高效率、低能耗生产技术产业化奠定基础。项目在自动缫丝机样机上安装红外加热灯管可以实现短流程缫丝，在生产20/22D生丝时，大自动缫丝机样机的车厢温度为34～36℃，丝片成型良好，各项性能指标均与常规制丝工艺所缫生丝接近，说明在实际生产过程中短流程缫丝红外干燥技术替代常规制丝工艺是可行的。批量实缫生产的结果表明短流程缫丝红外干燥技术可降低能耗60.00%左右，减少用工20.00%左右，所缫生丝质量与常规制丝工艺生产的一致，能满足实际生产要求。

8. *攻克多项技术难关，增强行业国际话语权* 商务部、国家茧丝办牵头组织科研院所及企业联合攻关，先后历经了ISO导则所规定的7个研制阶段，开展了大量国际间的精密度比对试验与研究，圆满完成了《生丝疵点条干电子检测试验方法》国际标准研制任务，进一步增强了我国丝绸标准的国际话语权；同时，组织专家完成了数字式单锭生丝电子检测设备的前期开发。该设备集“光电＋电容”先进技术于一体，彻底改变了传统黑板检测靠“眼看、手摸”的落后方式，为实现丝绸检测领域“机器换人”奠定了重要基础。目前该设备正在部分检测机构和企业进行示范性应用，待相关分级标准制定后，在行业内大面积推广使用。

三、国内市场概况

（一）国内市场

2016年国内消费市场稳中有升。根据中国丝绸营销网络管理系统监测的56个监测企业数据显示，全年丝绸企业内销额64.65亿元，同比增长3.50%。从销售品种看，家纺类产品仍占据了丝绸企业销售额的半壁江山，而真丝绸缎类和真丝服装类在当年的内销额各有增减。据统计，2016年，我国家纺类产品年内销额21.23亿元，同比增长3.50%，占内销额比重的38.40%；真丝绸绸缎类年内销额15.80亿元，同比增长3.20%，占内销额比重的28.60%；真丝服装类年内销额6.01亿元，同比增长4.70%，占内销额比重的21.30%；丝绸服饰类年内销额4.66亿元，同比增长－3.00%，占内销额比重的12.50%；其他丝绸制品年内销额1.13亿元，同比增长1.33%，占内销额比重的3.20%。

（二）国外市场

根据中国海关数据显示，2016年我国真丝绸商品出口达29.36亿美元，同比增长－6.69%。丝类产品出口总量达13 202.59 t，同比增长2.05%；出口金额达5.29亿美元，同比增长－3.02%，单价同比增长－4.98%。其中，生丝出口6 156.06 t，同比增长3.34%；金额2.80亿美元，同比增长0.30%。真丝绸缎出口总数为12 771.40万m，同比增长－4.13%；金额达6.45亿美元，同比增长

−14.70%，单价同比增长−11.09%。其中，坯绸出口数量达9 237.22万m，同比增长−6.51%；出口金额达4.53亿美元，同比增长−10.97%，单价同比增长−4.67%。丝绸服装及制品出口17.62亿美元，同比增长−4.49%。其中，真丝绸服装出口共8 367.37万件（套），同比增长−11.78%；金额13.35亿美元，同比增长−0.75%；单价15.96美元/件（套），同比增长12.47%。其中，针织服装出口3 234.70万件（套），同比增长−24.70%，金额同比下降25.32%；梭织服装出口5 132.67万件（套），同比增长−1.09%，金额同比增长3.14%。2016年全国真丝绸产品共出口29.36亿美元，同比增长−6.69%。全年出口金额较2015年下滑了6.69个百分点，国际丝绸市场出口前景依然不乐观。在适度扩大市场需求和供给侧结构性改革持续作用下，2016年国民经济运行保持了总体平稳、稳中有进、稳中提质的发展态势，生产需求基本平稳，就业形势稳中有好，市场供求有所改善，新动能加快成长，积极因素继续增加。

四、质量管理与标准化工作

1. 全国第一个人工饲料养蚕技术标准诞生　为了加快人工饲料小蚕共育技术的推广应用，江苏等省重点蚕区经过认真总结，制定了《稚蚕人工饲料共育技术规程》，于2016年12月通过江苏省质量技术监督局组织的专家评审验收，并予以发布施行。这是全国第一个关于人工饲料养蚕技术的地方标准，它的诞生标志着我国人工饲料养蚕技术取得了重大突破，也将推动我国家蚕人工饲料养蚕技术的进步与推广进程。江苏凭借省内先进的小蚕集中共育体系，引进国内外先进的家蚕人工饲料配方，率先在国内推广稚蚕人工饲料共育技术，以期在解决我国目前小蚕集中共育过程中存在的技术熟练工人紧缺、共育风险加大问题的同时，为将来逐步实现家蚕全龄人工饲料饲育技术，实现工厂化养蚕做准备。

2. 多项丝绸行业标准完成编制　全国丝绸标委会先后编制了《丝绸行业“十二五”技术标准体系建设方案》《“十三五”丝绸质量技术标准体系建设规划》《茧丝绸行业标准制修订路线图》《丝绸团体标准化工作组建设方案》《中国茧丝绸行业标准汇编》，进一步健全和完善行业标准体系。完成了《缫丝工业污染物排放标准》《宋锦》等20项国家标准和《丝绸缫丝企业生产管理规范》等56项行业标准的制修订工作，完成了《绿色设计产品评价技术规范　丝绸（蚕丝）制品》团体标准的制定。

3.《生丝疵点条干电子检测试验方法》国际标准研制　该项标准规定了采用电容、光电、多锭的生丝电子检测设备对表征生丝质量的疵点、条干不匀检测的试验方法，并规定了试验的检测原理、对测试仪器要求、疵点分类与计算、试验条件和参数设置、试验程序等通用要求和特殊要求。该标准的发布实施，为世界丝绸界开展生丝质量电子检测提供了技术指导和准则。同时，行业标准化工作的稳步推进，提升了我国丝绸标准的国际话语权，促进各国丝绸经贸往来，都具有历史里程碑的意义。

4.《蚕丝绵》等6项丝绸标准通过审定　2016年7月21～22日，由全国丝绸标准化技术委员会组织召开的《蚕丝绵》等6项丝绸标准审定会在黑龙江省哈尔滨市召开。会议审定了《丝　生丝疵点、条干电子检测试验方法》国家标准和《蚕丝绵》《蚕丝绵纤维长度试验方法》《柞蚕绵条》《涤纶长丝仿真丝织物》、《练白桑蚕丝织物》等行业标准。与会委员和专家代表对送审稿的各个章节及文字结构进行了逐字逐句的审查并提出了修改意见，对标准的制定原则、具体内容、技术水平作了评价。会议一致通过了6项国家和行业标准的审定，并提议秘书处根据专家所提意见、建议对标准送审稿进行修改完善、形成报批稿后尽快上报。

五、行业管理

1. 加强特色基地建设，促进产业结构调整　中国茧丝绸协会依据《茧丝绸行业特色基地评定办法》，先后授予四川凉山州“中国茧丝之都”称号、江苏海安县“中国丝绸流行面料生产基地”称号、苏州市震泽镇“中国丝绸小镇”称号，鼓励各地政府整合资源，引领优势地区产业集群转型升级；2016年5月，中国茧丝绸协会通过在全国范围内开展优质茧丝生产基地申报和评定活动，授予了云南陆良县等13个地区“中国优质茧丝生产基地”称号，不断形成地区产业特色和规模效应，夯实产业发展基础。另外，中国茧丝绸协会先后支持四川依格尔、吴江鼎盛、苏州档案馆，分别建立中国绸都丝绸博物馆、中国宋锦产品开发基地、中国丝绸档案馆，进一步挖掘保护我国非物质文化遗产，传承和弘扬中国丝绸文化。

2. 强化行业生产统计监测服务　完善了《全国茧丝绸生产统计系统》，不断提高行业生产统计与监测的质量。目前全国已有10多个省份600多个茧丝绸生产企业成为了系统的注册成员，200多个企业长期报送数据，使系统运行初具规模。另外，针对会员企业的需求，中国茧丝绸协会按时发布《丝绸统计月报》《全国茧丝绸行业经济运行分析报告》《中国茧丝绸行业发展报告》，及时通报国家统计局和中国海关进出口统计数据，做好分析和预警工作，引起了政府有关部门及丝绸企业的关注与重视。

3. *搭建企业交流平台* 通过召开全国茧丝绸产销形势分析座谈会、中国丝绸大会等，每次会议均有来自全国各省份茧丝绸生产贸易企业、省市丝绸协会、科研院所、检测机构和有关管理部门等单位参加会议。会议不仅交流了产销情况，分析研判了市场形势，而且统一了思想、凝聚了共识，促进了同业之间及上下游之间企业的对接与合作。

4. *组织海内外产品推广与展示活动* 2016 年 4 月，中国丝绸协会联合江苏省丝绸协会、苏州市丝绸行业协会、苏州骞腾丝绸展览有限公司等单位，在苏州创博会期间举办了“丝绸苏州”大型展销会。展会以符合都市丝绸特点的终高端产品展示为主，侧重于高级定制和原创设计。有来自泰国、越南、日本等国的 12 个国际展商和 106 个国内展商参展，展会成交或签订意向合同金额超过 2 000 万元。展会期间还组织了“亚洲时尚设计师作品秀”“亚洲八国模特时装秀”及相关专业论坛等丰富多彩的活动。中国丝绸协会还与杭州丝绸女装展览有限公司先后多次组织企业参加中国国际丝绸博览会，以及在土耳其、波兰、埃及等国举办的“中国丝绸全球系列展”，积极对接国家“一带一路”倡议，促进了企业与中东欧、中亚、南美等国家之间的贸易交流，为国内丝绸企业走出国门，提供了多种交流平台和贸易商机。

5. *蚕茧收购秩序管理* 商务部、国家工商行政管理总局印发了《关于做好 2016 年蚕茧生产与收购管理工作的通知》。通知要求各有关部门要高度重视蚕茧收购工作，切实加强蚕茧收购管理，维护正常收购秩序。各级工信、工商行政管理部门要严把市场主体准入关，未取得鲜茧收购资格的单位和个人，一律不得经营鲜茧收购业务；各级工商行政管理部门要加大市场巡查和执法力度，积极配合各级工信、商务等部门维护蚕茧收购市场秩序；严厉查处无照收购、超范围收购蚕茧行为；在蚕茧收购期间，各地、各相关部门开展了联合执法和专项检查，严厉打击无证经营，全国共出动检查车辆 1 000（车）次，先后对 500 多起无证收购蚕茧、压级压价和滥收毛脚茧行为进行了查处，杜绝了大规模的蚕茧大战、短斤少两和给蚕农“打白条”的现象发生，确保了蚕茧收购秩序总体平稳，切实维护了广大蚕农的利益。

6. *强化公共服务平台建设* “高档丝绸标志”作为品质证明性商标，也是国内唯一的丝绸行业公共品牌。在做好标志日常监督管理工作的同时，相关各行业协会先后组织专家对现行《高档丝绸标志产品质量手册》《高档丝绸标志产品消费者投诉受理工作规则》进行了修订和调整，更好地与国际国内纺织产品最新标准接轨。在中国茧丝绸网专门建立了“商务部高档丝绸标志市场化建设项目公共服务平台”，该平台具有品牌推广、技术支持和在线服务三大功能，利用现代互联网信息技术，实现了服务平台与企业天猫、京东、淘宝等电商平台的有机对接；消费者还可用手机扫描标志标签上的二维码，通过平台在线快捷查询商品真伪，进行产品质量信息反馈，大大提高了企业标志产品售后服务的工作效率。

7. *开展行业先进人物评选表彰活动* 2016 年 9 月，在全国开展了“全国茧丝绸行业终身成就奖”评选活动。活动坚持“公开、公正、公平”的原则，采取企业自愿申报、各省份丝绸协会推荐的方式进行，全国 16 个省份共推荐了 74 位候选人。经由部分省份丝绸协会、业内德高望重专家参加组成的评审委员会审定，最终授予黄建谟等 36 位同志“全国茧丝绸行业终身成就奖”荣誉称号，并在 2016 中国丝绸大会上进行了集中表彰。活动弘扬了中国丝绸工匠精神，彰显了当代丝绸人开拓进取、勇于创新、爱岗敬业、无私奉献的良好风貌，进一步激发了广大企业干部职工的积极性和创造性，行业和社会反响强烈。

8. *加大丝绸自主品牌宣传力度* 组织高档丝绸标志企业，开展了以“中国好丝绸”为主题的系列宣传活动，专门设计制作了宣传片、专卖店标牌、易拉宝、宣传画册及宣传单等资料，配合企业产品促销活动，强化企业品牌市场形象，扩大了高端丝绸产品销售。同时，编印了 10 万册《真丝绸消费指南》免费发放给标志授权企业，帮助消费者正确选购及维护真丝绸产品。另外，利用第十一届中国东盟博览会、中国国际丝绸博览会和中国国际纺织面辅料展等平台，通过视频宣传、展板宣传、画册宣传等形式，不断提升中国丝绸自主品牌的知名度。凯喜雅、万事利、达利、鼎盛等一批品牌企业制作的丝绸国礼，先后多次精彩亮相国际峰会舞台，充分展示了中国丝绸自主品牌的整体形象，赢得了各国的高度关注。

（中国农业科学院蚕业研究所　梁培生）

饲料加工业

一、基本情况

2016年，我国饲料工业积极适应“新常态”，创新发展方式，加大结构调整力度，加快产业融合整合，优化产业战略布局，强化产品质量管理，进一步提升了行业规范化和可持续健康发展能力，产业体系更趋成熟，产业发展效能提高，实现了我国饲料产业由量到质的转变，实现了饲料工业“十三五”规划良好开局。

（一）商品饲料总产量恢复性增长

2016年，全国共有11 627个饲料和饲料添加剂生产企业，配合饲料、浓缩饲料和精料补充料生产企业为7 047个，添加剂预混合饲料生产企业为2 396个；饲料添加剂生产企业为1 947个，其中化工合成、生物发酵、提取等工艺直接制备饲料添加剂企业为1 099个，混合型饲料添加剂生产企业为848个；单一饲料生产企业为2 167个。2016年全国商品饲料总产量为20 918.0万t，同比增长4.5%。其中，配合饲料产量为18 395.0万t，同比增长5.7%；浓缩饲料产量为1 832.0万t，同比增长－6.5%；添加剂预混合饲料产量为691.0万t，同比增长5.8%。

（二）产品结构继续调整

1. 不同品种饲料产品情况　2016年，猪饲料产量为8 726.0万t，同比增长4.6%；蛋禽饲料产量为3 005.0万t，同比增长－0.5%；肉禽饲料产量为6 011.0万t，同比增长9.0%；水产饲料产量为1 930.0万t，同比增长1.9%；反刍动物饲料产量为880.0万t，同比增长－0.5%；其他饲料产量为366.0万t，同比增长3.5%。

2. 不同类别饲料产品情况　在配合饲料中，猪配合饲料总产量为7 175.0万t，同比增长5.5%；蛋禽配合饲料为2 536.0万t，同比增长1.2%；肉禽配合饲料为5 799.0万t，同比增长9.9%。水产配合饲料为1 904.0万t，同比增长2.1%；精料补充料为658.0万t，同比增长0.3%；其他配合饲料为323.0万t，同比增长10.1%。在浓缩饲料中，猪浓缩饲料总产量为1 138.0万t，同比增长－3.0%；蛋禽浓缩饲料为317.0万t，同比增长－13.0%；肉禽浓缩饲料为170.0万t，同比增长－9.4%；水产浓缩饲料为2.0万t，同比增长－45.5%；反刍动物浓缩饲料为183.0万t，同比增长－6.0%；其他浓缩饲料为22.0万t，同比增长－40.3%。在添加剂预混合饲料中，猪添加剂预混合饲料总产量为412.0万t，同比增长11.9%；蛋禽添加剂预混合饲料为152.0万t，同比增长0.8%；肉禽添加剂预混合饲料为43.0万t，同比增长－19.2%；水产添加剂预混合饲料为24.0万t，同比增长－1.2%；反刍动物添加剂预混合饲料为39.0万t，同比增长16.1%；其他添加剂预混合饲料为21.0万t，同比增长－11.9%。

（三）饲料产业集中度不断提升

2016年，有9省份饲料产量过1 000.0万t，较2015年增加1个，新增地区为四川省。9省份饲料总产量为13 548.0万t，占全国总产量的64.8%，较2015年提高1.2个百分点。2016年，年产5万t以上的企业为51个，其产量占全国总产量的63.0%；年产100万t以上的企业为34个，产量占全国的总产量57.0%。

（四）饲料工业产值和营业收入稳定增长

2016年，全国饲料工业总产值和主营业务收入分别为8 014.0亿元和7 778.0亿元，同比分别增长2.6%、4.9%。其中，商品饲料工业总产值为7 294.0亿元，同比增长2.4%；主营业务收入为7 090.0亿元，同比增长4.5%；饲料机械设备总产值和主营业务收入均为66.0亿元，同比分别增长－3.8%、－4.5%。饲料添加剂总产值为654.0亿元，同比增长6.2%。其中，饲料添加剂为585.0亿元，同比增长4.6%；混合型饲料添加剂为69.0亿元，同比增长－3.2%。饲料添加剂主营业务收入为623.0亿元，同比增长10.6%。其中，饲料添加剂为557.0亿元，同比增长8.5%；混合型饲料添加剂为66.0亿元，同比增长4.2%。

（五）饲料添加剂产量增幅较大

2016年，饲料添加剂产品总产量为975.9万t，同比增长19.5%。其中，饲料添加剂为922.3万t，同比增长20.7%；混合型饲料添加剂为53.6万t，同比增长2.4%。

1. 氨基酸　2016年氨基酸总产量为201.8万t，同比增长30.6%。饲料添加剂中氨基酸为200.4万t，同比增长31.7%；混合型饲料添加剂中氨基酸为1.4

万 t，同比增长－40.5%。其中，单体氨基酸中，赖氨酸为 111.7 万 t（含 65%赖氨酸），同比增长 16.7%；蛋氨酸为 21.6 万 t，同比增长 82.4%；苏氨酸为 52.6 万 t，同比增长 38.7%；色氨酸为 1.6 万 t，同比增长 56.7%。

2. *维生素* 2016 年维生素总产量为 113.1 万 t，同比增长 3.6%。饲料添加剂中维生素为 95.9 万 t，同比增长 4.5%；混合型饲料添加剂中维生素为 17.3 万 t，同比增长－0.7%。其中，单体维生素中，氯化胆碱为 62.2 万 t，同比增长－2.3%；维生素 A 为 0.9 万 t，同比增长－3.9%；维生素 E 为 9.0 万 t，同比增长 38.4%；维生素 B_{12} 为 6.0 t，同比增长 37.9%；维生素 B_2 为 6 794 t，同比增长 1.5%；维生素 C 为 5.4 万 t，同比增长－19.8%。

3. *矿物元素及其络合物* 2016 年矿物元素及其络合物总产量为 500.5 万 t，同比增长 19.1%。饲料添加剂中矿物元素及其络合物为 496.7 万 t，同比增长 19.7%；混合型饲料添加剂中矿物元素及其络合物为 3.8 万 t，同比增长－28.8%。其中，单体矿物元素及其络合物中，硫酸铜为 1.8 万 t，同比增长－36.5%；硫酸亚铁为 17.8 万 t，同比增长 22.4%；硫酸锌为 14.6 万 t，同比增长－5.1%；硫酸锰为 11.2 万 t，同比增长 7.4%；磷酸氢钙（含磷酸二氢钙）为 354.4 万 t，同比增长 8.6%。

4. *酶制剂* 2016 年酶制剂总产量为 11.6 万 t，同比增长 18.2%。饲料添加剂中酶制剂为 5.2 万 t，同比增长 3.6%；混合型饲料添加剂中酶制剂为 6.4 万 t，同比增长 33.4%。抗氧化剂：2016 年抗氧化剂总产量为 5.0 万 t，同比增长－1.0%。饲料添加剂中抗氧化剂为 2.7 万 t，同比增长－1.1%；混合型饲料添加剂抗氧化剂为 2.3 万 t，同比增长－0.9%。防腐、防霉剂：2016 年防腐、防霉剂总产量为 15.7 万 t，同比增长－38.3%。饲料添加剂中防腐剂、防霉剂为 10.0 万 t，同比增长－53.8%；混合型饲料添加剂中防腐、防霉剂为 5.7 万 t，同比增长 50.3%。

5. *微生物* 2016 年微生物总产量为 11.4 万 t，同比增长 4.9%。饲料添加剂中微生物为 6.5 万 t，同比增长 16.2%；混合型饲料添加剂中微生物为 4.9 万 t，同比增长－6.9%。

6. *其他类添加剂* 2016 年其他类添加剂总产量为 116.8 万 t，同比增长 43.5%。饲料添加剂中其他类为 105.0 万 t，同比增长 49.3%；混合型饲料添加剂中其他类为 11.8 万 t，同比增长 6.9%。

（六）大宗饲料原料消费总量增长

2016 年，部分大宗饲料原料消费总量为 19 149.0 万 t，同比增长 7.0%。其中，玉米为 10 497.0 万 t，同比增长 21.5%；小麦为 1 101.0 万 t，同比增长－22.0%；鱼粉为 185.0 万 t，同比增长－39.3%；豆粕为 3 780.0 万 t，同比增长－1.5%；棉籽粕为 355.0 万 t，同比增长－18.3%；菜籽粕为 448.0 万 t，同比增长－5.0%；其他饼粕为 492.0 万 t，同比增长 13.2%；磷酸氢钙为 244.0 万 t，同比增长－16.3%；其他为 2 047.0 万 t，同比增长－1.0%。

（七）成套机组大型饲料机械设备生产总量增长

2016 年，饲料加工机械设备生产总量为 27 088 台（套），同比减少 52 台（套），同比增长－0.2%。其中，成套机组为 1 359 台（套），同比增加 10 台（套），同比增长 0.7%；单机为 25 729 台，同比减少 62 台，同比增长－0.2%。在成套机组中，时产≥10 t 设备 1 029 台（套），同比增加 61 台（套），同比增长 6.3%；时产＜10 t 设备 330 台（套），同比减少 51 台（套），同比增长－13.4%。在单机设备中，粉碎机为 8 319 台，同比增加 122 台，同比增长 1.5%；混合机为 6 521 台，同比减少 141 台，同比增长－2.1%；制粒机为 6 178 台，同比减少 1 498 台，同比增长－19.5%；其他单机为 4 711 台，增加 1 455 台，同比增长 44.7%。

（八）饲料产品和饲料机械出口有增有降

2016 年，饲料产品出口量为 9.0 万 t，同比增长 3.0%；饲料添加剂出口量为 134.0 万 t，同比增长－8.1%；单一饲料出口量为 33.0 万 t，同比增长－40.4%；饲料机械出口量为 1 万台（套），同比增长 0.1%。饲料产品、饲料添加剂出口量占总产量比重分别为 0.04%、13.7%；饲料机械占总产量比重为 36.9%。饲料产品出口额为 6.0 万元，同比增长 36.5%；饲料添加剂出口额为 123.0 万元，同比增长－3.0%；单一饲料出口额为 9.0 万元，同比增长－36.2%；饲料机械出口额为 15.0 万元，同比增长 6.8%。

（九）从业人数下降，高端人才增长

2016 年，饲料企业年末职工人数为 47.6 万人，同比增长－8.3%。大专以上学历的职工数为 18.8 万人，占职工总人数的 39.5%。其中，博士 1 892 人，同比增长 0.8%；硕士 9 150 人，同比增长 4.1%；大学本科 69 302 人，同比增长－6.8%；大学专科 107 343 人，同比增长－10.9%；其他学历 288 436 人，同比增长－8.0%。技术工种 36 394 人，同比增长－4.2%。其中，化验员 22 003 人，同比增长－4.0%；维修工 14 391 人，同比增长－4.6%。

二、国内外饲料市场分析

（一）饲料产品价格震荡运行

2016年，全年饲料产品价格涨跌互现，呈现震荡运行态势，且同比下跌，三大饲料产品月度价格均在4月跌至谷底后上涨，7月涨至高点后再次下跌至10月，11月环比持平，12月环比上涨。从饲料产品的下游市场畜产品来看，猪肉和生猪价格基本呈现出“上半年上涨、下半年下跌”的特点，鸡蛋价格震荡下跌，鸡肉价格持稳。尽管全国生猪存栏量的下滑减少了饲料需求，为饲料价格注入下行压力，但受氨基酸、微量元素、豆粕、鱼粉及小麦麸等原料价格上涨的影响，饲料价格稳中有涨。根据农业部全国4 000个监测点生猪存栏量数据，受春节到来影响，生猪存栏量减少，2016年12月生猪存栏量环比增长－2.0%，同比增长－4.2%。其中，能繁母猪存栏量环比增长－0.5%，同比增长－3.6%。

（二）国内饲料原料价格

1. 全国玉米价格呈现“跌—涨—跌”特点 2016年，是我国玉米实行价补分离和市场化定价的第一年，也是我国玉米市场供需格局发生转变的一年。随着大量玉米临储收购结束，结余量足以压制近几年玉米市场走势，而进口能量饲料替代量充裕的背景下，国内玉米市场压力重重，但玉米出库主要通过拍卖或者轮出等才可以进入市场，操作烦琐导致可流通粮源出现阶段性的不足问题。2016年，我国玉米在实施“镰刀弯”地区粮改饲的政策影响下，产量出现了7年来的首次回调。2016年玉米产量为21 955.0万t，下调了2.2%。2016年，全国玉米价格呈现“跌—涨—跌”特点，玉米价格由1月2.10元/kg跌至5月的1.97元/kg后上涨，7月涨至2.11元/kg再次下跌，11月跌至1.94元/kg。玉米进口量同比增长－34.2%。2016年1～11月我国进口玉米302.5万t，同比增长－34.2%，进口玉米主要来自乌克兰和美国，进口量分别为266.0万t和21.1万t；玉米进口额为5.96亿美元，同比增长－44.1%。出口玉米2 340.9 t，出口额为79.7万美元，主要出口到朝鲜和俄罗斯。

2. 豆粕价格震荡上涨 2016年我国豆粕价格震荡上涨，全国豆粕价格1月为3.08元/kg，4月为2.98元/kg，12月涨至3.68元/kg，环比增长4.3%，同比增长18.7%。2016年我国豆粕出口量较2015年呈上升趋势，进口量反而下降。2016年进口豆粕为1.81万t，比2015年的5.97万t下降了69.7%。与2014年的2.26万t相比下降了19.9%。2016年主要进口国家和地区分别为丹麦、印度、荷兰及中国台湾等，其中从丹麦进口豆粕为1.1万t，同比增长36.3%；从印度进口豆粕0.6万t，同比增长－88.1%。2016年我国出口豆粕188.0万t，比2015年的169.7万t上升了10.8%，比2014年的209.1万t下降了10.1%，主要出口至日本、越南、荷兰、美国等国家。其中向日本出口豆粕为117 t，同比增长－2.99%；向越南出口豆粕24.9万t，同比增长130.5%；向荷兰出口豆粕为7.5万t，同比增长－16.8%。2016年国内豆粕供应量为6 541万t，消费量为6 147万t，与2015年相比供应量增长277万t，增幅为4.4%；消费量增长352万t，增幅为6.1%。

3. 进口鱼粉价格“上涨下跌” 进口鱼粉价格呈现“上半年震荡上涨、下半年震荡回落”的趋势。进口鱼粉价格由1月12.24元/kg震荡上涨至7月的12.61元/kg后震荡回落，11月为12.40元/kg，12月为12.46元/kg，环比增长0.5%，同比增长1.3%。2016年，我国累计进口鱼粉103.7万t，同比增长1.13%。2016年从秘鲁进口鱼粉为43.6万t，同比增长－18.9%，占总进口量的42.0%，同比增长－10.4%；从越南进口鱼粉为12.7万t，占总进口量的12%；从俄罗斯进口鱼粉为5.9万t，同比增长1.4%；从美国进口鱼粉为11.1万t，同比增长22.4%，占总进口量的11.0%；从智利进口鱼粉为5.5万t，同比增长－16.1%；从墨西哥、巴马拿、泰国、巴基斯坦等其他国家共计进口鱼粉为17.6万t，占总进口量的16.9%。

4. 小麦麸价格出现两轮“跌—涨” 2016年小麦麸价格呈现两轮“跌—涨”的走势。小麦价格由2016年1月的1.67元/kg跌至5月的1.55元/kg后回升，7月涨至1.69元/kg，8月环比持平，9月和10月跌至1.66元/kg后回升，12月为1.77元/kg，环比增长3.5%，同比增长4.1%。

三、行业运行特点

（一）饲料产量稳中有升

经过改革开放30多年的发展，到2016年，饲料工业围绕农牧业供给侧改革和水产业减量增效调结构，保持着非常好的发展势头，产量稳中有升。中国工业饲料总产量连续5年世界第一，占全球产量的1/4，总产量接近2.1亿t，远超美国。

（二）产品质量稳步提升

2016年上半年，全国商品饲料抽检合格率为97.4%；下半年，全国商品饲料抽检合格率为

95.2%。高于很多食品的合格率。商品饲料抽检合格率也连续多年稳定在95.0%以上。瘦肉精已经连续多年未检出，违规现象得到了遏制。

（三）产品集中度不断提高

2016年9省份饲料产量超过1 000万t，其中山东、广东都超过了2 000万t；2016年，年产5万t以上的企业为51个，其产量占全国总产量的63.0%，年产100万t以上的企业为34个，产量占全国的57.0%。大企业在饲料企业中的骨干作用越来越明显。

（四）工业体系日趋完善

饲料添加剂均已实现自主供给。我国是全球最大的饲用维生素和氨基酸生产国，产量分别占全球的68.5%和38.7%。氨基酸从无到有，2016年产量超过10万t，占全球的10.0%；原料保障能力不断增强。积极利用小麦、高粱、大麦等原料替代玉米，开发发酵豆粕等新型优质蛋白，能量饲料原料多元化，鱼粉替代取得明显进步；加工装备水平明显提高。时产10 t以上的成套机组占比达到76.0%，码垛机器人、旁线检测、物联网技术等也正在体现，这也是工业体系日趋完善重要的表现之一。

（五）多元化发展趋势明显

饲料工业前拉后延，促进一二三产业融合优势明显。上游带动原料工业发展，仓储技术、烘干技术、防霉技术迅速普及。由于科技创新，现在体外防霉技术应用的非常好，应用新的防霉剂之后，产品质量都大幅提升；下游带动养殖业规模化、标准化、集约化、产业化发展；金融类投资成为超大型饲料企业发展的热点；互联网融合的大潮中，"互联网+"饲料工业成为IT行业新的领域，不仅企业在拓展，畜牧技术推广体系也在推进。

（六）饲料工业的中轴产业属性突出

在粮食端，2016年转化玉米能量饲料2.3亿t，利用农作物秸秆饲料化利用2.0亿t，是当前农业部"粮改饲"工作的主要推动力量，对促进农民增收和农村生态环境改善也发挥了积极作用。在养殖端，推动养殖业的规模化和现代化，带动养殖业创造产值超过3.0万亿元，水产养殖业1.0万多亿元。

四、行业动态

2016年，是饲料工业不平凡的一年。饲料原料价格起伏不定，豆粕价格上涨，玉米价格下跌到谷底，临储政策取消，去库存成为主题。饲料企业纷纷将目光投向养猪业，环保政策出台，使许多饲料企业面临停业整顿，环保风暴演变为一场行业洗牌革命。

（一）实施8年的临储玉米政策正式取消

取消玉米临储成为行业人士热议的话题，在饲料原料"弱需求，强替代"的环境下，国家玉米库存还面临着高压力。2016年3月28日，国家发展和改革委员会、中央农办、财政部等部门举行相关会议，要求2016年东北三省和内蒙古将玉米临时收储政策调整为"市场化收购"加"补贴"的新机制，也就意味着执行8年之久的玉米临储政策即将退出历史舞台。4月7日农业部新闻办举行新闻发布会，临储收购政策改革进一步被证实。消息一出，市场各方纷纷看空后市，成为玉米价格在4月中旬探底的最主要推手，今后我国玉米价格将逐步与国外价格接轨。

（二）饲料企业进军养殖业

2016年上半年，各大饲料巨头纷纷进军养猪业。2016年2月17日，新希望公司宣布将从饲料销售为主的商业模式转型为以商品猪销售盈利的商业模式。未来3～5年内，将投资88.0亿元，通过"公司+家庭农场"等方式发展1 000万头生猪，并通过"技术托管和技术服务"的形式覆盖2 000万头生猪。2016年5月6日，唐人神推出生猪产业"3510"发展规划，拟投资90亿元，力争实现3年后年出栏生猪100万头，10年后达到年出栏生猪600万头的目标。2016年5月19日，正邦集团宣布发展1 000万头生猪，未来的2～5年内计划投资60亿元，新增600万头生猪产能。此外，大北农、天邦、金新农、海大集团、正大集团等饲料企业也都在继续加大对养殖端的投入，打通产业链，实现一体化经营。近年来，生猪养殖行业正在加速转型和升级，散户快速退出，规模化趋势加速。饲料企业也深受影响，大量中小饲料企业出局、或倒闭、或被兼并收购。对于大型饲料企业而言，则是面临着前所未有的机遇和挑战。切入养殖端整合产业链，保量增效成为饲料企业转型的共同趋势。

（三）饲料企业将稳定在2 000～3 000个

2016年年初，农业部畜牧业司司长马有祥指出，2015年饲料企业下降至6 000个，继2014年数量跌至7 000个之后，又降1 000个。而2012年、2013年饲料企业数量分别为10 858个和10 113个。也就意味着在过去的5年里，40.0%的饲料企业都消失了。专家预测，饲料企业数量将稳定在2 000～3 000个。也就意味着在2015年统计的6 000个饲料企业中，还将有一半以上的企业面临淘汰。特别是近两年，饲料上市公司的胃口越来越大，跨界并购将成为家常便饭。2016年开年以来，行业竞争越来越激烈。养殖业的集约化发展，使得技术、质量、售后、品牌落后的小企业的淘汰速度进一步加快。2015 年约 500 万养殖场退出市场，依赖小养殖场生存的小型饲料企业也随之退出市场。未来大企业的地位会越来越稳固。中、小规模饲料企业退出市场的脚步将进一步加快。

（四）“供给侧结构性改革”首次写进中央 1 号文件

“供给侧结构性改革”一词，2016 年首次写入了中央 1 号文件。尽管“供给侧结构性改革”在文件中仅出现一次，但 15 000 字的文件内容通篇体现出农业供给侧改革思路。农业供给侧改革不是聚焦数量问题，主要是结构和效益问题。近年来，我国粮食连年增产，供求总量基本平衡，但结构性矛盾问题也十分突出。玉米出现阶段性供过于求，大豆缺口逐年扩大，优质饲草供应不足，有效供给不能适应需求变化。“十三五”以来，我国农业进入传统农业向现代农业转型的关键时期，社会各界对农业的关注和投入越来越高。实施供给侧改革，调减“镰刀弯”地区的玉米种植面积，调减出的耕地将根据市场需求和农牧发展需要，因地制宜地发展青贮玉米、饲草、杂粮杂豆等作物，给饲料企业的转型与升级带来更多的发展机遇。

（五）玉米替代品进口市场全面降温

据中国海关公布的数据显示，曾在 2015 年创下历史新高的玉米替代品，目前的进口量出现下降。数据显示，2016 年 1～4 月，DDGS 进口为 110.8 万 t，同比增长 11.0%；大麦进口为 119.5 万 t，同比增长 －67.0%；高粱进口为 295.7 万 t，同比增长 －9.0%；木薯干进口为 302.9 万 t，同比增长 －23.0%。虽然 1～4 月 DDGS 进口同比增长了 11.0%，但玉米替代品进口总量仍出现了幅度不小的下滑。近年来，粮食产量“十二连增”，玉米的贡献值最大，是面积增加最多、产量增加最快的作物。过去 12 年，玉米的面积增加 0.14 亿 hm^2，产量增加 1 087.5亿 kg，占整个粮食产量增长量的 57.0%。玉米及替代品进口逐年增加，挤占了国内玉米消费市场，增加了玉米去库存的压力。针对这些问题，农业部提出要对玉米结构进行调整。大力推广国内玉米的使用量，减少进口玉米数量，使得火热的替代品市场全面降温。

（六）环保政策迫使饲料企业进入停产状态

2016 年 12 月 25 日，《中华人民共和国环境保护法》正式公布，“环保整治”之风再次吹向的饲料行业。“环保整治”之风席卷饲料业。要么关、要么改已经成为必然趋势。统筹创新、绿色原料、节能减排的思路将成为饲料企业研发德大方向。养猪受到环保政策的影响非常大，而环保局整治饲料企业也没有手软。受环保执法的影响，珠三角地区的顺德锦峰、泰峰等多个饲料企业进入停产、半停产的状态。早在 2016 年 7 月，正邦、格利特、新希望旗下的饲料厂因废气污染被环保局责令停产整改。12 月，广东新沙港中储、达孚、嘉吉、中纺等因臭气污染被强制关停，致使整个华南地区豆粕供应严重紧缺。环保政策的实施，逼迫饲料企业更规范发展。

2016 年对于饲料行业来讲，是困难重重并极具考验的一年。由于国家实行去库存、环保法等政策，促使饲料企业加快整合速度。现如今饲料行业门槛越来越高，大企业的地位将越来越稳固，我国终将要完成饲料大国到饲料强国的转变过程。

（中国农业科学院饲料研究所 刁其玉）

水产品加工业

一、基本情况

（一）生产情况

根据《中国渔业统计年鉴》显示，2016 年我国水产品总产量为 6 901.25 万 t，同比增长 3.01%，占世界水产品总产量的 40.50%。其中，养殖产量为 5 142.39万 t，占我国水产品总产量的 74.51%，占全球养殖水产品总量的 64.30%左右；捕捞产量为 1 758.86万 t，占水产品总产量的 25.49%，占全球捕捞总量的 19.50%。总产量中，海水产品产量为 3 490.15 万 t，占总产量的 50.57%，同比增长 2.36%；淡水产品产量为 3 411.11 万 t，占总产量的 49.43%，同比增长 3.68%。在国内渔业生产中，鱼类产量为 4 039.94 万 t，甲壳类产量为 712.21 万 t，贝类产量为 1 529.41 万 t，藻类产量为 220.24 万 t，头足类产量为 71.56 万 t，其他产量为 129.15 万 t。

（二）水产品加工

1. 生产规模 2016 年，我国水产品加工企业为 9 694 个，比 2015 年减少 198 个，同比增长

－2.00%。年加工能力为2 849.11万t，同比增长1.38%。水产品加工业冷库为8 595座，同比增长－0.68%。其中，冻结能力为94.69万t/d，同比增长3.01%；冷藏能力为458.37万t/次，同比增长－8.45%；制冰能力为25.40万t/d，同比增长0.46%。

2. *加工产量与产值* 2016年，我国水产品加工总量为2 165.44万t，同比增长3.50%。淡水加工产品为390.37万t，同比增长4.40%。海水加工产品为1 775.07万t，同比增长3.30%。冷冻水产品为1 404.91万t，同比增长2.06%。其中，冷冻品为703.35万t，同比增长3.58%；冷冻加工品为701.56万t，同比增长0.59%。鱼糜制品及干腌制品产量为323.52万t，同比增长4.62%。其中，鱼糜制品为155.36万t，同比增长6.84%；干腌制品为168.15万t，同比增长2.64%。藻类加工制品为106.03万t，同比增长7.98%。罐制品为45.12万t，同比增长9.21%。鱼粉产量为70.55万t，同比增长－0.80%。鱼油制品产量为6.93万t，同比增长－5.21%。其他水产加工品为208.38万t，同比增长10.47%。2016年，我国水产品加工总产值为4 090.23亿元，同比增长5.40%。

二、科研、新产品、新技术

1. *网箱养殖军曹鱼加工关键技术的研究与应用* 由中国水产科学研究院南海水产研究所和饶平展雄水产品有限公司共同完成。该成果解决了大规模网箱养殖军曹鱼的多元化加工关键技术，开发了广东省大宗网箱养殖海水鱼类加工高价值创汇品牌，建立了以脂肪酶酶解结合超声波辅助的生鱼片脱脂技术、液熏军曹鱼片加工工艺技术、军曹鱼冰温条件和加工过程腐败微生物的控制技术，制定了冻军曹鱼片加工技术规范等主要创新成果。该成果不仅提高了大宗网箱养殖军曹鱼加工技术和产品的品质，使军曹鱼产品实现多元化、系列化，确保军曹鱼产品的质量安全，而且节约生产成本，增强产品的市场竞争力。该成果还可进一步推广应用于其他海水网箱养殖鱼类的加工，具有广阔的市场和应用前景。

2. *"一种文蛤开壳刀具"获得国家实用新型专利授权* 由中国水产科学研究院南海水产研究所完成的"一种文蛤开壳刀具"获得国家实用新型专利授权，专利号为ZL201520325872.5。该专利涉及一种文蛤开壳取肉的工具，主要由手柄、转撬、挖片三部分组成。手柄上方有点凸，形似拱形，手柄下方有波纹，特设计成人手的握槽，刚好与操作者拿捏相配对，达到最好的舒适度；转撬为该专利最具代表性部分，能够灵活地撬开蛤壳，将刀具的转撬部分放置在绞合部的齿槽位置，顺时针或者逆时针转动。"啪"的一声，齿槽就会分开，铰合部连接两扇贝壳的韧带断开。转撬部位类似于螺丝刀，但比螺丝刀要更扁平一些。对于个体比较小、齿槽狭缝比较窄的文蛤，也同样适用。挖片是一个弧形的刀片，主要作用是切除文蛤的闭壳肌，保证能够将整个文蛤肉体取出，而不会割破消化腺。该专利可大大提高文蛤的开壳效率，且避免蛤肉在进行微生物检测时样本的污染，同时保护操作者的手免于被凿伤。

3. *"一种用于剥虾壳的钳子"获国家实用新型专利授权* 由中国水产科学研究院长江水产研究所申请的"一种用于剥虾壳的钳子"获国家实用新型专利授权，专利号为ZL201520888365.2。小龙虾的肉都集中在尾部和虾螯中，要想吃到美味的虾肉，必须将虾壳弄开。由于虾壳坚硬，剥壳十分费劲，且很容易被虾螯弄伤。该钳子结构简单，操作方便、快捷，能够解决人们在食用小龙虾过程中难以剥壳的问题。

4. *"一种加工开背大黄鱼的内脏去除设备及其去脏方法"获国家发明专利授权* 由中国水产科学研究院渔业机械仪器研究所发明的"一种加工开背大黄鱼的内脏去除设备及其去脏方法"已获国家发明专利授权，专利授权号为ZL201410690994.4。该发明涉及的内脏去除设备，首先使用输送带进入去脏区域，随后通过割脏螺旋刀装置，对开背鱼体腹腔内难以去除的长条状鱼鳔内脏进行切割成小段，同时经由连通于去脏滚刀传动轴中心的出水孔，喷淋清洁水对去脏滚刀进行冲洗，其后采用仿形清脏毛刷对鱼体腹腔进行刷洗，去脏后的鱼体通过输送机构送至出料区。本发明的推广应用能填补国内加工黄鱼鲞产品过程中原料机械化去脏的空白，解决目前纯手工操作，既耗费人力，生产效率与经济效益又低下的问题，具有良好的市场推广前景。

5. *"一种开背加工大黄鱼的特形去脏滚刀装置"获国家发明专利授权* 由中国水产科学研究院渔业机械仪器研究所发明的"一种开背加工大黄鱼的特形去脏滚刀装置"获国家发明专利授权，专利授权号为ZL201410690963.9。该发明涉及一种针对黄鱼鲞加工的机械设备，一种开背加工大黄鱼的特殊构形的去脏滚刀装置。本装置通过由若干个同轴设置的去脏滚刀轮轴上交替夹持的圆盘刀片，形成一束仿形于压扁鱼体腹腔横截面外缘线的吻合曲线，对送料带上的大黄鱼腹腔进行内脏刮除作业，配合净水喷淋清洗腹腔内部，达到快速机械化去除内脏的目的。目前针对黄鱼鲞产品的开背大黄鱼的内脏去除设备及其加工工艺研究仍是空白，本发明结合研究大黄鱼生物特性和体形特征，探索适合大黄鱼鱼鳔脏去除加工的专门技术方法与具有特别效果的刮脏刀具，所研发的装置去脏效果好、生产效率高、适应性强，有良好的市场推广前景。

6.“一种南极虾加热凝结设备”获国家实用新型专利授权 由中国水产科学研究院渔业机械仪器研究所发明的“一种南极虾加热凝结设备”获得国家实用新型专利授权，专利授权号为ZL201520919670.3。该专利设备采用间接加热模式，热水通过泵送至加热腔外套筒中，通过热交换使内套筒中的原料升温并凝结。内套筒内设有高速转动的搅拌轴，轴上安装的刮刀通过转动对磷虾进行搅拌与破碎，同时防止原料粘在内套壁上，磷虾随着加热持续，完成蛋白凝结。该设备解决了现有南极磷虾加热凝结无法精确控制物料的均匀性和加热时间，导致物料凝结不均匀，以及后续虾粉产品质量较差等问题，同时简化了设备结构，便于生产后清洗维护。

7.“一种海胆开壳装置”获得国家实用新型专利授权 由中国水产科学研究院南海水产研究所完成的“一种海胆开壳装置”获得国家实用新型专利授权，专利授权号为ZL201521030743.X。该专利公开了一种海胆开壳装置，具体包括：一用于盛放海胆的筒，筒底上设有一用于限制海胆水平移动的固定装置，其中筒口处设有可开合的筒盖，筒盖上开有通孔，一竖杆穿插在通孔上，竖杆的上端设有一手摇杆，下端连接有一水平杆，水平杆上固定有一竖向的刀片。该专利能够大大提高海胆开壳的效率，同时能避免工作人员被海胆外壳的棘刺扎伤；结构简单，造价低廉，可大面积推广，而且轻便易操作，可直接使用。

8.“虾贝类高效加工技术应用与产业化示范”项目通过中期检查及现场验收 上海市农业科技服务中心于2016年12月23日组织专家，对中国水产科学研究院东海水产研究所主持的上海市科技兴农成果转化项目“虾贝类高效加工技术应用与产业化示范”进行了中期检查及现场验收。项目组在课题实施期间，研究了虾贝类原料保鲜储藏和预处理方法，开发了软烤虾等4种温和加工水产即食制品，水分含量45%，产品不经高温杀菌，25℃以下安全储藏流通6个月以上，菌落总数<10 000 CFU/g。优化了工艺参数和包装条件，制定了产品企业标准和生产操作规程。购置了热风旋转烤炉等相关设备，完成了相关设备设施的改造配套及调试运转，在上海大瀛食品有限公司建成了年处理水产原料40 t的工业化示范生产线，进行了产品的试生产。

9.“一种基于质构仪的脆肉鲩鱼肉品质分级方法”获得国家发明专利授权 由中国水产科学研究院南海水产研究所发明的“一种基于质构仪的脆肉鲩鱼肉品质分级方法”获得国家发明专利授权，专利号为ZL201410259457.4。该专利公开了一种利用质构仪定量评价脆肉鲩鱼鱼肉品质的方法，操作简单且快速，适用于鲜、冻脆肉鲩鱼肉的客观性品质评价，避免了主观评价中人为因素的干扰，有效解决了脆肉鲩鱼品质评价中存在的困难，为高品质的脆肉鲩鱼工业化生产提供了技术保障。

10.“一种提取高质量鱼翅制品DNA的方法”获国家发明专利授权 由中国水产科学研究院黄海水产研究所发明的“一种提取高质量鱼翅制品DNA的方法”获国家发明专利授权，专利授权号为ZL201410225537.8。鱼翅加工和贸易被认为是造成部分鲨鱼濒危现状的主要原因，因此基于鱼翅制品物种鉴别研究对濒危鲨类物种的保护具有重要价值。由于鱼翅制品属于致密结缔组织，自身含有丰富的硫酸多糖，多糖的去除一直是DNA提取过程中面临的主要难题，传统提取方法获得的DNA纯度低，往往造成后续分子生物学实验的失败。本发明旨在提供一种提取高质量鱼翅制品DNA方法，该方法包括弱碱溶液浸制、冷冻干燥、研磨、抽提、纯化等步骤，能够去除鱼翅本身含有的以及加工过程中添加的硫酸多糖、尿素等杂质，获得高纯度的DNA，满足后续分子鉴别及相关研究的需要，为保护濒危鲨鱼、鉴别鱼翅制品真实性提供技术支撑。

三、国内外市场情况

（一）国内贸易

2016年全国水产品批发市场交易量额、交易价格等指标均呈现稳中有升的态势，市场运行总体情况稳中向好。据对全国80个水产批发市场成交价格统计，2016年全国水产批发市场综合平均价格止跌反弹，同比增长5.30%。其中，海水产品综合平均价格增幅较大，同比增长7.36%，对拉动全年全国水产品价格上涨起到了主要的推动作用；淡水产品价格也扭转了连续下跌的态势，同比增长2.70%。市场监测的49个品种中，有29个品种价格上涨，涨幅超过10%的品种有8个；4个品种价格下跌，跌幅均未超过10%；16个品种价格基本持平（涨跌幅小于2.00%）。另据对可对比的52个水产品批发市场成交情况统计显示，2016年全国水产品交易量额双增。其中，成交量为936.99万t，同比增长1.05%；成交额为1 858.12亿元，同比增长3.69%。

（二）进出口贸易

2016年，在克服全球经济放缓、贸易保护主义抬头、国际市场需求低迷等因素影响下，我国水产品进出口贸易逆势上扬，实现量额双升。

1. *总体情况* 据中国海关统计，2016年我国水产品进出口总量为827.91万t，进出口总额为301.12亿美元，同比分别增长1.69%和2.72%。其中，出口量为423.76万t，出口额为207.38亿美元，同比分别增长4.37%和1.99%。进口量为404.15万t，同比增长－0.98%；进口额为93.74亿美元，同比增长4.37%。贸易顺差113.64亿美元，同比基本持平。从占大农业的比例看，水产品贸易额占农产品贸易额的16.3%，水产品出口额稳居大农业首位，占28.4%；贸易顺差仅次于蔬菜，为减小农产品贸易逆差做出了重要贡献。但是，需要引起注意的是，我国水产品出口综合平均价自2014年达到顶点后，已经是连续第二年下降，下降幅度为6.10%。其中，2016年同比增长－2.28%。考虑到国内生产成本的持续提高，水产品加工出口企业的效益不容乐观。

2. *水产品贸易特点*

（1）一般贸易出口所占比例继续上升，来进料加工出口所占比例持续下降 2016年水产品一般贸易出口量为302.11万t，出口额为154.37亿美元，同比分别增长7.96%和3.51%，占出口总量、总额的71.30%和74.40%。来进料加工水产品出口量为111.33万t，出口额为51.18亿美元，同比分别增长－0.90%和－2.10%。受生产要素价格上升引起的生产成本持续提高影响，我国来进料加工产品出口额在水产品出口总额中的比例下降至24.7%，10年间下降约17个百分点。

（2）主要出口市场总体稳定向好，但美国、中国香港市场继续下跌 受益于“一带一路”倡议持续推进、国务院陆续出台的促外贸稳增长政策落地，以及渔业转方式调结构的稳步落实，2016年我国水产品对日本、东盟、欧盟、中国台湾地区、韩国等世界主要市场出口量额均扭转颓势，实现量额双升，特别是对欧盟、中国台湾地区、韩国出口增幅强劲。受益于欧盟对我国双壳贝类进口解禁的积极影响，2016年我国贝类对欧盟出口量、额同比分别增长62.14%和156.00%。受此影响，我国对欧盟出口实现量、额同比分别增长8.40%和4.79%。但受政治形势变化、产品同构竞争和质量安全因素影响，对美国、中国香港市场水产品出口继2015年后再次下挫且幅度明显，对美国水产品出口量、额同比分别增长－1.08%和－4.79%，对中国香港水产品出口量、额同比分别增长－1.30%和－4.81%，其中蟹类出口量、额同比分别增长－13.75%和－28.05%。

（3）大多数贸易品种出口改善，但目标市场单一品种和国内市场紧俏品种出口表现不佳 对虾、贝类、鳗鱼、罗非鱼、大黄鱼、海藻、蟹类、淡水小龙虾等养殖水产品种中，多数产品实现出口量额双增，特别是对虾出口强劲，出口量、额增幅分别为12.08%和16.15%。但蟹类、淡水小龙虾等品种由于国内市场消费强劲，价格看好，加上2016年这些品种养殖成本上升较大，出口比较优势减弱，整体出口意愿下降，表现不佳。蟹类出口量额降至近3年来最低点，同比分别增长－9.86%和－12.57%。此外，受目标市场单一影响，主要依赖日本和美国市场的鳗鱼、罗非鱼出口额分别增长－7.42%和－6.07%。

（4）福建、山东两省出口继续领跑全国，湖北、江西两省出口再度大幅下降 福建、山东、广东、辽宁等沿海省份仍是我国水产品主要出口省份，省份之间排名基本稳定，仅江苏省超过河北省上升一位，晋级前八，河北省则由第六位跌至第九位。福建省借助地域优势，在保持我国台湾市场优势基础上大力拓展东盟市场，如马来西亚和菲律宾，出口量、额分别增长9.25%和6.56%；山东省作为来进料加工出口大省，出口量、额同比分别增长3.39%和4.34%；两省水产品出口量额继续领跑全国，出口额之和占全国水产品出口总额之比首次超过50.00%，且所占比例继续上升，显示贸易集中度有所提高。浙江、河北、辽宁出口量增、额减。其中，河北省受蟹类出口额大幅下滑影响，出口额同比增长－26.92%；广西、江苏水产品出口量、额双降，广西区罗非鱼出口量、额分别增长－22.08%和－25.97%，是导致其量、额下降的直接原因。内陆省份中，湖北、江西和吉林仍然位列前三，但是受烤鳗和蟹类、小龙虾出口下滑影响，湖北、江西继2015年之后水产品出口额再度大幅度下滑。其中，湖北省水产品出口量、额分别增长－0.85%和－13.54%，江西省水产品出口量、额同比分别增长－6.89%和－23.34%。吉林省则主动发挥边境区位优势和成本优势，加工贸易出口稳步增长，全省水产品出口量、额同比分别增长12.80%和20.03%。

（5）进口市场总体稳定，水产品进口综合平均价格上升明显 从主要进口市场看，我国从东盟、智利、新西兰、俄罗斯、加拿大进口增幅较大，进口额分别增长17.30%、17.10%、15.70%、15.20%和11.20%。受美国政治改选引起的不确定性影响，2016年9月以后我国从美国进口水产品预期和意愿下降，导致全年从美国进口量、额增长－7.51%和－2.59%；受其国内资源下降引起的饲料用鱼粉及鱿鱼进口下降影响，我国从秘鲁进口量、额同比分别增长−25.90%和−28.42%。从进口方式看，一般贸易方式进口量减、额增，来料加工进口量、额双降，进料加工、边贸等方式进口量、额双增，特别是边境贸易增幅明显，实现进口量 108.98 万 t，进口额 20.51 亿美元，同比分别增长 2.34%和 15.63%。以一般贸易方式进口主要供国内食用的水产品为 81.13 万 t，同比增长−2.30%；进口额为 34.41 亿美元，同比增长 10.63%。从价格看，受高档品种进口增加影响，我国水产品进口综合平均价连年上升，2016 年同比增长 5.39%，10 年间增长约 80%。

（三）展望

受国际国内经济下行和大宗商品价格低迷双重影响，全国水产品价格持续低位运行。影响我国水产品价格波动的因素增多。一是水产品综合成本支出增加。首先是饲料、鱼药等生产资料价格持续上涨；其次是我国人口红利优势逐渐削弱，社会劳资水平提升推动劳动力成本也水涨船高；再次是国内油价连续波动上涨和限超载令的实施调整，将会导致运输成本刚性增加。二是农业供给侧结构性改革的深入推进，围绕实现渔业提质增效、减量增收的政策目标，我国海淡水养殖水域面积将稳步调控性减少，进一步影响我国部分大宗水产品价格走势。三是外部不确定性增强。我国主要水产品价格受进出口贸易影响逐年增强，受困于全球经济复苏乏力、国际市场需求低迷、贸易保护主义盛行等因素，国内水产品价格也将受到影响。

考虑到以上因素，预计 2017 年全国水产品价格总体仍将会保持稳中略升态势。其中，海水产品价格仍将高位运行，淡水产品价格有望继续稳中趋升。随着我国促进外贸政策措施效果逐步显现，以及渔业转方式调结构和供给侧结构性改革政策的深入推进，我国水产品出口竞争力将有所增强。但考虑到全球经济仍处于调整期、贸易保护主义威胁增长、国际大宗农产品价格上升等因素影响，特别是美国贸易政策变动趋势不明，欧盟、日本、加拿大等主要贸易伙伴相继取消我国进口特惠关税政策，整体来看我国水产品贸易发展面临的不稳定、不确定因素明显增多，2017 年水产品出口谨慎乐观。

四、质量管理与标准化工作

（1）国家质量监督检验检疫总局、国家标准化管理委员会于 2016 年批准发布《大黄鱼》等水产品国家标准（表 1）。

表 1　2016 年批准发布的水产品国家标准

序号	标准号	标准名称	实施日期
1	GB/T 32712—2016	条斑紫菜　种藻	2017-01-01
2	GB/T 32755—2016	大黄鱼	2017-01-01
3	GB/T 32756—2016	刺参　亲参和苗种	2017-01-01
4	GB/T 32757—2016	贝类染色体组型分析	2017-01-01
5	GB/T 32758—2016	海水鱼类鱼卵、苗种计数方法	2017-01-01
6	GB/T 32780—2016	哲罗鱼	2017-01-01
7	GB/T 32781—2016	中华鲟	2017-01-01
8	GB/T 33109—2016	花鲈　亲鱼和苗种	2017-05-01
9	GB/T 33110—2016	斑节对虾　亲虾和苗种	2017-05-01
10	GB/T 33111—2016	达氏鳇	2017-05-01

来源：中国标准化管理委员会。

（2）全国水产标准化技术委员会水产品加工分技术委员会于 2016 年 5 月 27 日，组织召开了水产品加工标准审定会。国家标准《冻鱼片》、《干海参等级规格》、《冻烤鳗》、《冻罗非鱼片》和行业标准《盐渍大黄鱼》等五项标准通过专家组审定。

五、行业管理

（一）成立产业分会/联盟，推动产业健康发展

为了适应行业和产业发展，建立健全行业自律机制，规范企业经营，保障产品质量安全，推动产业健康发展，应广大从业者的请求，中国水产流通与加工协会成立了大菱鲆分会、卤虫分会和鲶鱼产业分会，筹建了内陆天然水域产销联盟。由大连棒棰岛海产股份有限公司、大连壹桥海参股份有限公司、獐子岛集团股份有限公司等5个企业及中国水产科学研究院黄海水产研究所、中国海洋大学、辽宁省海洋水产科学研究院、大连海洋大学、大连工业大学、辽宁师范大学等6个科研院所发起成立"国家刺参产业科技创新联盟（辽宁）"。经农业部审核批准，由獐子岛集团发起并联合国内虾夷扇贝产业重点科研院校、产业合作单位共同筹建国家虾夷扇贝产业科技创新联盟，建立以企业为主体、市场为导向、产学研结合的科技创新机制。该联盟将搭建一个整合产业科技资源的平台，共同解决虾夷扇贝产业发展中的共性技术问题。

（二）适应产业发展，继续推进品牌建设

1. 举办2016年中国水产品品牌大会　受农业部市场与经济信息司委托，中国水产流通与加工协会联合中国农产品市场协会、中国农村杂志社于2016年12月，在广州市成功举办了"2016年中国水产品品牌大会"。为丰富会议内容，增加互动性，本次会议期间邀请水产品品牌专家、主管部门、电商、冷链物流及相关企业代表，围绕"水产品区域公用品牌发展之路"、"助力品牌建设，实现品牌价值"以及"新形势下水产品电商渠道发展"等主题展开对话。会上发布了"2016年最具影响力水产品区域公用品牌"和"2016年最具影响力水产品企业品牌"。

2. 开展2015—2016年度中国罗非鱼加工贸易企业TOP10评选　在2015年中国罗非鱼加工贸易企业TOP LIST评选的基础上，2016年，中国水产流通与加工协会继续评选了中国罗非鱼加工贸易企业TOP10。从2015年和2016年开展评选的情况来看，业内的优秀企业非常认可该类型的评选活动，表示对于宣传企业品牌，以及推动全行业向"高质化"和"品牌化"发展具有重要作用。

3. 有条件放开养殖河鲀生产经营，开展养殖河鲀加工企业审核　受农业部农产品质量安全监管局、渔业渔政管理局委托，2016年4月13日中国水产流通与加工协会联合中国渔业协会，就"有条件放开养殖河鲀生产经营"在北京召开听证会，启动有条件放开养殖河鲀市场，规范河鲀产业。制定了《养殖河鲀加工企业审核办法》，并通过专家评审，已正式发布。完成了对大连天正、江苏中洋等两个养殖河鲀加工企业审核。

4. 举办专业研讨会，研讨产业热点问题

（1）举办"第八届中国对虾产业发展研讨会"　2016年4月，在杭州举办了"第八届中国对虾产业发展研讨会"，本届会议为国内专题会议，会议切实考虑我国产业困境，集中探讨我国对虾产业处境、国内外市场变化、养殖模式转型、内销市场拓展，以及未来发展方向等问题，内容更具针对性和实际性，帮助企业认清产业现状，为转型升级提出可行性意见和建议。

（2）举办"第十三届罗非鱼产业发展研讨会"　2016年9月，在广州举办了"第十三届罗非鱼产业发展研讨会"，会议围绕转型升级的主题，邀请国内外专家就罗非鱼生产和贸易形势、产业新进展、市场供需变化、内销拓展、品牌塑造等问题做了专题报告。在会议形式和内容上，特别设置开放性讨论环节，企业代表与专家围绕出口与内销、认证与消费认知、健康生产模式和产业竞争力等方面展开交流和讨论，传达了产业最实际问题和需求。

（3）举办"第二届全球水产冻品行业大会"　2016年5月，在福建省厦门市召开了"第二届全球水产冻品行业大会"。来自国内外有关海产品协会、使领馆商务代表、产品供应商、国内水产批发市场、经销商、水产加工企业、采购商等参加会议。会议邀请了联合国粮农组织、相关国际组织机构及国内外有关专家进行主题演讲。会议认为，我国水产品的生产贸易高速增长期已经过去，现在进入转型期。在国际市场低迷，我国经济增长放缓，我国的消费也越来越理性的大环境下，提醒企业在产业的抉择上要慎重，错误的决策可能致使公司的倒闭。

（4）举办"水产资源高值化利用创新发展峰会暨水产三大生物功效物质产业论坛"　2016年11月，在北京国家会议中心举办了以"产业聚集，创新升级"为主题的"首届水产资源高值化利用创新发展峰会暨水产三大生物功效物质产业论坛"。会议同期进行了创新及优秀产品认定结果新闻发布。本次论坛是水产资源高值化利用及三大活性物质行业最前沿、最权威的产业政策互动研讨平台，以全球化视野、专业化水准、前瞻性的研讨，以我国大宗水生生物资源和水产加工副产物为开发利用对象，以三大活性物质的研发应用为主要载体的产业发展高峰会议，同时对水产资源的综合利用和高值化利用产业链相关方面进行探讨交流，进一步促进产业交流与合作，推动高值化利用及水产三大生功效物质产业在我国、乃至全球的持续、协调、绿色发展。

（中国水产流通与加工协会　陈丽纯）

林产品加工业

一、经济林及花卉产业

2016年，全国各类经济林产品产量稳定增长。经济林产品产量达到1.80亿t，比2015年增长3.45%。从产品类别看，水果产量为1.52亿t，干果产量为1 091.69万t，林产饮料产品（干重）为228.21万t，林产调料产品的产量为73.87万t，森林食品为354.24万t，森林药材为279.82万t，木本油料产量为599.86万t，松脂、油桐等林产工业原料产量为187.59万t。2016年，全国油茶新造林为16.02万hm^2，改造低产林为14.32万hm^2，苗木产量为11.91亿株，年末实有油茶林面积为400.92万hm^2，油茶籽产量为216.00万t。2016年，年末实有花卉种植面积为132.80万hm^2。切花切叶为192.75亿支，盆栽植物为46.89亿盆，观赏苗木为112.42亿株，草坪为4.97亿m^2，花卉市场为4 092个，花卉企业为5.53万个，花农为146.20万户，花卉产业从业人员为554.98万人，控温温室面积为0.61亿m^2，日光温室面积为1.96亿m^2。

二、木材生产及林产工业

1. 商品材有所增加，非商品材有所减少　2016年，全国商品材总产量为7 775.87万m^3，比2015年增长7.73%。商品材中，来源于人工林的产量为7 605.16万m^3，占97.80%；来源于天然林的产量为170.70万m^3，占2.20%。2016年，非商品材总产量为2 357.82万m^3，比2015年减少604.00万m^3，同比增长−20.39%。非商品材中，全国农民自用材采伐量为557.40万m^3，占23.64%；农民烧材采伐量为1 800.42万m^3，占76.36%。

2. 竹材产量有所增加，小杂竹增长较快　2016年，大径竹产量为25.06亿根，比2015年增长6.41%，其中，毛竹为14.58亿根，其他直径在5 cm以上的大径竹为10.48亿根。小杂竹为1 738.62万t，比2015年增长54.51%。

3. 锯材、木片、木粒加工产品产量均有所增加　2016年，锯材产量为7 716.14万m^3，比2015年增长3.85%。木片、木粒加工产品为4 576.12万实积m^3，比2015年增长6.77%。

4. 人造板（三板）总产量继续增长，其他人造板产量有所减少　2016年，全国人造板总产量为30 042.22万m^3，比2015年增长4.75%。其中，胶合板为17 755.62万m^3，同比增长7.31%；刨花板产量为2 650.10万m^3，同比增长30.53%；纤维板为6 651.21万m^3，与2015年基本持平，同比增长0.49%；其他人造板为2 985.29万m^3，比2015年增长−14.33%。

5. 木制家具产量有所增长　2016年，全国木制家具总产量为79 464.15万件，比2015年增长1.27%。其中，木制家具总产量为26 051.66万件，比2015年增长2.91%。

6. 纸和纸板产量增降均有　2016年，纸和纸板总产量为10 855万t，比2015年增长1.35%；纸浆产量为7 925万t，比2015年增长−0.74%。其中，木浆产量为1 005万t，比2015年增长4.04%。

7. 木竹地板产量有所增加　2016年，全国木竹地板产量为8.38亿m^2，比2015年增长8.27%。其中，实木地板为1.48亿m^2，占全部木竹地板产量的17.66%；实木复合地板为2.50亿m^2，占全部木竹地板产量的29.83%；强化木地板（浸渍纸层压木质地板）为3.16亿m^2，占全部木竹地板产量的37.71%；竹地板为1.16亿m^2，占全部木竹地板产量的13.84%；其他木地板（含软木地板、集成材地板等）为0.08亿m^2，占全部木竹地板产量的0.96%。

8. 大部分林产化工产品产量有所增加，个别产品有所降低　2016年，全国松香类产品产量为183.87万t，比2015年增长5.52%。松节类产品产量为27.38万t，比2015年增长4.03%；樟脑产量为1.43万t，比2015年增长6.72%；冰片产量为0.69万t，比2015年增长245.00%；栲胶类产品产量为0.50万t，比2015年增长−34.21%；紫胶类产品产量为0.50万t，比2015年增长51.51%。

三、木材产品市场供给与消费

（一）木材产品供给

木材产品市场供给由国内供给和进口两部分构

成。国内供给包括商品材、农民自用材和农民烧柴、木质纤维板和刨花板；进口包括进口原木、锯材、单板、人造板、家具、木浆、纸和纸制品、废纸、木片及其他木质林产品。2016年木材产品市场总供给为55 777.69万 m^3，比2015年增长1.10%。

1. 商品材　2016年，全国商品材产量为7 775.87万 m^3，比2015年增长7.73%。其中，原木产量为7 125.45万 m^3，比2015年增长8.85%；薪材（不符合原木标准的木材）为650.41万 m^3，比2015年增长−3.19%。

2. 农民自用材和烧柴　根据测算，农民自用材和烧柴折合木材供给量为3 072.59万 m^3。其中，农民自用材为688.81万 m^3，农民烧柴为2 383.78万 m^3。

3. 木质纤维板和刨花板　2016年，木质纤维板产量为6 443.97万 m^3，比2015年下降2.64%；木质刨花板产量为2 572.10万 m^3，比2015年增长28.72%。木质纤维板和刨花板折合木材供给为15 457.30万 m^3，扣除与薪材产量的重复计算部分，相当于净增加木材供给为15 359.74万 m^3。

4. 进口　2016年，我国木质林产品进口折合木材为28 374.74万 m^3。其中，原木为4 872.47万 m^3，锯材（含特形材）为4 104.43万 m^3，单板和人造板为448.02万 m^3，纸浆及纸类（木浆、纸和纸板、废纸和废纸浆、印刷品）为16 581.87万 m^3，木片为2 082.58万 m^3，家具、木制品及木炭为285.37万 m^3。

5. 其他　2016年，由上年库存、超限额采伐等形式形成的木材供给为1 194.76万 m^3。

（二）木材产品消费

木材产品市场消费由国内消费和出口两部分构成。国内消费包括工业与建筑用材消费、农民自用材和烧柴消费；出口包括出口原木、锯材、单板、人造板、家具、木浆、木片、纸和纸制品、废纸及其他木质林产品。2016年，木材产品市场总消费为55 777.69万 m^3，比2015年增长1.10%。

1. 工业与建筑　据国家统计局和有关部门统计，按相关产品木材消耗系数推算，2016年我国建筑业与工业用材折合木材消耗量为42 988.36万 m^3，比2015年增长1.90%。其中，建筑业用材（包括装修与装饰）为17 315.25万 m^3，比2015年增长3.26%；家具用材（指家具的国内消费部分，出口家具耗材包括在出口项目中）为6 732.65万 m^3，比2015年增长3.71%；造纸业用材为16 293.44万 m^3，比2015年增长0.98%；煤炭业用材为783.67万 m^3，比2015年下降15.23%；车船制造、化工、化纤等其他部门用材为1 863.35万 m^3，比2015年增长−0.22%。

2. 农民自用材和烧柴　根据产量测算，农民自用材消耗量为688.81万 m^3，农民烧柴消耗量为2 383.78万 m^3。由于农民自用材消耗中有很大一部分用于农民建房，约合619.93万 m^3，扣除与建筑用材消耗的重复计算后，农民自用材和烧柴消耗量为2 452.66万 m^3。

3. 出口　2016年，我国木质林产品出口折合木材为10 336.67万 m^3。其中，原木为9.46万 m^3，锯材（含特形材）为69.77万 m^3，单板和人造板为3 374.95万 m^3，纸浆及纸类（木浆、纸和纸板、废纸和废纸浆、印刷品）为2 907.52万 m^3，家具为3 658.89万 m^3，木片、木制品和木炭为316.08万 m^3。

（三）木材产品市场供需的特点

2016年，我国木材产品市场供需的主要特点表现为：木材产品总供求微幅增长，其中，国内供给小幅下降、进口较快增长，进口首次超过国内供给；国内需求和出口低速增长；原木与锯材产品总体价格水平与进口价格水平基本平稳、同比下降；从环比看，总体价格水平在微幅波动中上扬，进口价格水平在小幅波动中先降后升。

1. 木材产品总供给微幅增长，国内供给减少、进口增加，进口首次超过国内供给　从国内供给看，2016年尽管农民自用材和烧柴产量持续大幅下降，木质纤维板产量也小幅减少，但刨花板产量大幅增加，同时原木产量较快增长，国内木材产品实际供给减少3.90%；从进口看，尽管废纸进口量小幅下降，但原木、锯材、木浆、木片、纸类和纸板等主要产品进口量快速增长，木材产品进口总量增长6.45%，在木材产品总供给中的比重为50.87%。

2. 木材产品总消费略有扩大，出口小幅增长　从国内消费看，2016年，建筑业用材消耗随房屋建设规模的扩大而略有增加，同时商品房销售面积的大幅回升带动装修用材和家具用材需求的快速增长，加上造纸用材消耗略有扩大，木材产品国内消费增长0.47%；同时，随着全球经济的逐步复苏，特别是美国房地产市场的回暖，除纤维板出口大幅下降外，家具、胶合板出口小幅增长，同时纸和纸板出口快速扩大，木材产品出口总规模扩大3.97%。

四、主要林产品进出口

1. 林产品出口和进口小幅下降，出口降幅大于进口降幅，贸易顺差微幅缩小；在全国商品进出口贸易中所占比重进一步提高　2016年，林产品进出口贸易总额为1 351.03亿美元，比2015年增长

－2.00%。其中，林产品出口为726.77亿美元，比2015年增长－2.14%，低于全国商品出口7.84%的平均降速，占全国商品出口额的3.46%，比2015年提高0.20个百分点。林产品进口为624.26亿美元，比2015年增长－1.85%，低于全国商品进口5.63%的平均降速，占全国商品进口额的3.93%，比2015年提高0.15个百分点。林产品贸易顺差为102.51亿美元，比2015年缩小4.08亿美元。

2. 林产品进出口贸易中木质林产品仍占绝对比重，但其出口占比持续小幅下降、进口占比略有增长 2016年，林产品进出口贸易总额中，木质林产品占70.92%，比2015年增长－0.13个百分点。其中，林产品出口额中，木质林产品占比为74.33%，比2015年下降1.48个百分点；林产品进口额中，木质林产品占比为66.95%，比2015年提高1.45个百分点。

3. 林产品贸易以亚洲、北美洲和欧洲市场为主；出口市场中，亚洲的份额小幅提高，拉丁美洲和非洲的份额下降；进口市场中，亚洲的份额进一步缩小，欧洲、大洋洲和拉丁美洲的份额扩大 从主要贸易伙伴看，出口市场仍以美国为主，市场集中度小幅提高；进口则维持以美国、东盟国家、俄罗斯、加拿大为主的市场格局，市场集中度略有下降。

（国家林业局发展规划与资金管理司 林琳 于百川）

农作物秸秆加工业

一、基本情况

2016年，我国粮食总产量达到61 623.90万t，比2015年减少520.10万t，同比增长－0.80%。虽然粮食产量的下降使得粮食生产附属产物秸秆的产量也略有下降，但仍有大量的秸秆需要处理。随着国家对环境的重视，严禁秸秆焚烧已成为各级政府部门的一项重要工作。为此，如何有效地利用秸秆，实现秸秆经济效益、社会效益和生态效益，成为农作物秸秆加工业的关键问题。

（一）主要成就

在国家及各级政府的共同努力下，2016年我国秸秆综合利用效果显著，各地根据实际需要重点推广了机械化秸秆粉碎还田、秸秆养畜、秸秆生物质能源利用等技术，综合利用效果显著。

1. 秸秆利用机械化机具增速显著 在农业机械购置补贴的基础上，各级政府加大对秸秆利用机具的补贴力度。2016年全国秸秆粉碎还田机达到85.59万台，比2015年增加4.50万台，增幅达到5.55%；秸秆捡拾打捆机达到4.68万台，比2015年增加0.97万台，增幅达到26.15%；青饲料收获机保有量4.34万台，比2015年增加0.25万台，增幅达到6.11%。

2. 秸秆机械化粉碎还田面积达到新高 2016年，机械化粉碎还田面积达48 000.65 khm^2，比2015年增加1 935.23 khm^2，增幅达到4.20%，成为秸秆利用最多的方式。机械化粉碎还田面积占谷物播种面积94 370.8 khm^2 的50.86%。

3. 秸秆养畜发展形势喜人 2016年，国家在2015年启动实施“粮改饲”试点工作的基础上，中央财政加大投入资金，选择玉米种植面积大、牛羊饲养基础好、种植结构调整意愿强的县为试点县，实行整县推进，采取以养带种的方式推动试点区域种植结构调整，通过流转土地种植或与农户协议收购方式，开展青贮玉米、燕麦、甜高粱和豆类等饲料作物种植，收获加工后以青贮饲草料产品形式由牛羊等草食家畜就地转化，引导试点区域牛羊饲养从玉米籽粒饲喂向全株青贮饲喂适度转变。在河北、山西、内蒙古、辽宁、吉林、黑龙江、安徽、山东、河南、广西、贵州、云南、陕西、甘肃、青海、宁夏、新疆等17个省、自治区实施“粮改饲”试点400 khm^2。2016年，秸秆捡拾打捆面积4 350.60 khm^2，比2015年增长476.95 khm^2，增幅12.31%；机械化青贮秸秆9 316.74万t，比2015年增长140.52万t，增幅1.53%。

4. 秸秆能源化利用技术发展迅速 秸秆等农林废弃物已经被称作“生物质能资源”，是我国秸秆利用发展趋势。目前，我国秸秆的能源化利用主要有秸秆发电、秸秆沼气、秸秆气化、秸秆压块、秸秆制乙醇等技术。其中，安徽省在秸秆能源化利用方面取得效果显著，截至2016年年底，全省建成投运秸秆电厂23座，总装机66万kW；核准在建24座，总装机70万kW。全年发电量超过37亿kW·h，发电设备利用小时数超过6 000 h，处于全国领先水平。

（二）存在问题

2016年我国秸秆利用在机械化还田、养畜、能源化利用技术等方面取得了较好的成就，但是由于政策、资金、技术及认识等方面的差距，致使我国秸秆利用仍然存在突出的问题。

1. 焚烧秸秆现象屡禁不止　2016 年多地发生由于秸秆焚烧造成严重雾霾的现象，有些地方的空气质量指数达到 500 以上爆表的情况。据环境保护部卫星环境应用中心《环境卫星 2016 年 10 月份秸秆焚烧火点监测月报》指出，2016 年 10 月 1～31 日，基于 TERRA/MODIS（过境时间每日 10：30 左右）和 AQUA/MODIS（过境时间每日 13：30 左右）卫星遥感数据共监测到全国秸秆焚烧火点 1 095 个（不包括云覆盖下的火点信息），涉及 13 个省 73 个市。从全国秸秆焚烧火点分布情况看，火点数较多的省份依次为黑龙江、内蒙古、吉林、辽宁、山西、河北、山东等，火点数分别为 702 个、100 个、73 个、58 个、54 个、35 个、28 个、22 个。

2. 对秸秆的资源价值和开发利用前景认识不到位　有不少人依然认为秸秆是废弃物，清理收集秸秆耗时费力不划算。为了赶工和不误农时，尽管有各级政府的三令五申，一些地方还是难以杜绝农民焚烧秸秆。

3. 政府对秸秆开发利用的政策引导和扶持力度不够　尽管各地都在积极探索秸秆资源的开发利用，但进展不平衡。地方政府引导扶持的力度大一些，秸秆还田和综合利用就多一些。各地都呼吁国家应加大对秸秆产业扶持力度，尽早把试点政策变为普惠政策，把阶段性支持转变为持续性支持，把单项扶持转变为综合集成配套的支持扶助。

4. 秸秆开发利用在用地、用电和运输等方面的政策不配套　主要是秸秆收集、储运、预处理、加工和建设气化站等占地是按农业用地算还是按工业用地算，用电是算农用电还是工用电，秸秆运输能不能享受“绿色通道”政策等。这些问题实际上对秸秆开发利用企业的发展影响重大。

5. 秸秆利用科技研发和技术推广缺少引导与激励　秸秆利用基础科研和创新关键环节仍然滞后，一些成熟的秸秆加工机械和技术推广缺少引导和支持。

（三）成效显著的地区

在各级政府的指导下，全国各地加大了秸秆综合利用工作的力度，秸秆利用普遍取得了良好的效果，天津市、吉林省、陕西省等地区农作物秸秆综合利用效果较为突出。

1. 天津市　天津市在秸秆综合利用方面坚持政府主导、政策扶持、市场运作等思路，通过法律、行政、技术、经济等手段，大力推进农作物秸秆肥料化、饲料化、燃料化、基料化、原料化利用，逐步完善农作物秸秆田间处理、收集、储运体系，形成布局合理、多元利用的农作物秸秆综合利用格局。2016 年秸秆综合利用率大于 97.00%。其中，肥料化利用率 74.10%，饲料化利用率 15.10%，燃料化利用率 4.00%，原料化 4.70%。

2. 吉林省　吉林省作为国家重要的商品粮基地，秸秆资源十分丰富。省委、省政府始终高度重视秸秆综合利用和禁烧工作，将秸秆综合利用纳入全省“十三五”规划和 2016 年省政府重点工作任务中，确定了“疏堵结合，以疏为主，以堵促疏”工作思路。新增秸秆综合利用量 200 万 t，推进 40 个秸秆综合利用重点项目全面完成，秸秆综合利用能力显著提高，秸秆露天焚烧状况问题得到了初步改善。根据环保部环境卫星遥感巡查监测结果，2016 年同期（10 月 1 日至 11 月 20 日）全省秸秆焚烧火点 112 个，较 2015 年同比秸秆焚烧火点 427 个减少 315 个，同比下降 73.80%。

3. 陕西省　陕西省为治污减霾、保卫蓝天做出了重要贡献，投入 2 000 万元秸秆利用专项资金，投入综合利用机具 24 万多台，在 65 个农作物秸秆利用重点区和禁烧区建设示范田、扶持建设合作社、引进新机具新技术，有效提高农作物秸秆综合利用水平，取得良好的经济效益和生态效益。全年累计小麦高茬直接还田和硬茬播种 113.33 万 hm^2，水稻玉米秸秆直接粉碎还田 56.67 万 hm^2，饲草加工 1 000 万 t，利用秸秆面积约 203.33 万 hm^2，减少排放废气 30 亿 m^3，小麦玉米水稻秸秆机械化综合利用率达 81.00% 以上，重点区和禁烧区利用率达到 97.00%以上。

二、新产品和新技术

秸秆利用技术是秸秆综合利用发展瓶颈之一，国家以及地方各级政府为了解决秸秆焚烧带来的问题及秸秆利用率偏低等问题，组织开展了一系列技术研究项目，在秸秆燃气、秸秆还田、秸秆炭化等方面取得了突出成就，有力地推动了农作物秸秆的综合利用，提高了农作物秸秆的经济价值和社会价值。

1. 青岛市大型生物质能源项目　由华通集团、能源集团共同投资，与中国科学院青岛生物能源与过程研究所合作的新能源项目——青岛市大型生物质能源项目，于 2016 年 8 月成功被国家发改委批复为生物天然气项目试点，获得 2016 年规模化大型沼气工程中央预算内投资计划 4 000 万元资金补贴。青岛市大型生物质能源项目，采用中国科学院专利技术，以秸秆和蔬菜尾菜等为主要原料生产生物质天然气和生物有机肥，总投资 3.10 亿元，占地 6 hm^2。项目建成后，每年可处理白菜垃圾4万t、黄储秸秆7万t。正常运营后，年产天然气666万标准m^3、固态有机肥2.49万t、沼液肥2.23万t。同时，年可生产沼气1 344.65万标准m^3，年减排温室气体14万t二氧化碳当量。将成为中国北方规模最大且可复制推广的生物质能源项目、国内第一个秸秆和尾菜综合处理项目、国内最大的秸秆和尾菜沼气工程项目，将发挥巨大的示范作用。

2. 旱田全量秸秆覆盖地免耕洁区播种关键技术与装备项目　由中国农学会组织的对农业部南京农业机械化研究所“旱田全量秸秆覆盖地免耕洁区播种关键技术与装备”项目，于2016年10月28日完成科学技术成果评价。该成果针对传统免耕播种装备在旱田全量秸秆覆盖工况下作业时存在的顺畅性差、架种和晾种严重等问题，提出了全量秸秆覆盖洁区免耕播种思路，发明了全量秸秆覆盖“洁区播种”、碎秸分流与均匀覆盖、压滑组配防堵滞等关键技术，创制了全量秸秆覆盖免耕洁区播种技术装备，为秸秆禁烧、实现就地还田肥料化利用提供了有力技术与装备支撑。成果整体技术处于国际领先水平。

3. 新型链排式秸秆热风炉研究开发项目　由江苏省农机化服务站、省现代农业装备科技示范中心、无锡市惠山区农机化技术推广服务中心和无锡市久川机械设备有限公司合作实施的2014年度省农机三新工程项目“新型链排式秸秆热风炉研究开发”获得成功，于2016年12月通过省农机试验鉴定站的性能检测，项目已申请受理实用新型专利4项，发明专利1项。技术成果进行了现场演示，新型链排式秸秆热风炉配套谷物烘干技术装备以及碾米机、装袋机等配套粮食加工设备，深受用户欢迎。

4. 作物秸秆高效炭化还田关键技术研究与应用项目　由农业部环境保护科研监测所等单位完成的“作物秸秆高效炭化还田关键技术研究与应用”项目，获得2016年天津市科技进步二等奖。该项目针对作物秸秆转化利用率低、关键技术设备落后、方式粗放低值等问题，研发设计作物秸秆内热式炭化炉及配套智能化操作系统和秸秆连续炭化工艺及配套设备，集成生物炭氮杂化及锰氧化物复合功能强化改性及利用技术和炭基缓释肥料制备与利用技术，为农业废弃生物质材料的资源化提供了理论依据、技术支撑和创新模式，成果在生产中大面积推广应用，产生了显著的经济、社会和生态效益。

三、政策促进与行业活动

秸秆综合利用水平的提高，不仅需要国家各级政府大力扶持，还需要社会各种力量的鼎力支持。国家及各地政府在政策制定、举办召开的各种活动中都给予了相当的关注，在产业政策支持、科研开发支持等方面都采取了重大举措，保障了秸秆产业的良好发展。

（一）政策促进

（1）农业部、财政部于2016年5月29日联合下发了《关于开展农作物秸秆综合利用试点促进耕地质量提升工作的通知》，正式将秸秆综合利用产业化发展纳入到国家层面，也为未来秸秆综合利用产业化发展指明了方向。文件指出“通过开展秸秆综合利用试点，秸秆综合利用率达到90%以上，或在上年基础上提高5个百分点，基本杜绝露天焚烧；秸秆直接还田和过腹还田水平大幅提升；耕地土壤有机质含量平均提高1%，耕地质量明显提升；秸秆能源化利用得到加强，农村环境得到有效改善；探索出可持续、可复制推广的秸秆综合利用技术路线、模式和机制”。根据文件精神，下一步的秸秆综合利用产业化发展中将呈现先试点、再推广、复制成功试点，以点带面、全面铺开的形式。整个产业化的发展将首先围绕“农作物秸秆综合利用试点”展开。农作物秸秆综合利用试点工作的成功与否，直接关系到未来秸秆综合利用产业化的发展。

（2）农业部科教司于2016年6月1日下发了《关于推介发布秸秆“五料化”利用技术的通知》，推介了机械混埋还田、生物反应堆、碱化/氨化、秸秆揉搓丝化加工等19项技术，进一步推进秸秆综合利用和禁烧工作，努力形成农用为主、多元利用、产业发展、区域统筹的利用格局，力争实现到2020年全国秸秆综合利用率达到85.00%以上的目标任务。

（二）行业活动

（1）“国家秸秆产业技术创新战略联盟成立仪式”于2016年1月16日在京举行。联盟将通过打造以企业为主体、市场为导向、产学研相结合的技术创新体系，解决我国秸秆产业面临的主要问题和技术瓶颈，提高秸秆的综合利用水平，促进秸秆产业的优化升级和可持续发展。联盟成立后，将以国家秸秆产业技术创新需求为导向，以形成秸秆产业核心竞争力为目标，开展四方面工作：一是组织企业、大学和科研机构等围绕秸秆产业技术创新的关键问题，开展技术合作，突破产业发展的核心技术，形成重要的产业标准；二是建立公共技术平台，实现创新资源的有效分工与合理衔接，实现知识产权共享；三是实施及时转化，加速科技成果的商业化运用，提升产业整体竞争力；四是联合培养人才，加强人员的交流互动，为产业持续创新提供人才保障。

（2）全国政协于2016年7月7日在京召开“第52次双周协商座谈会”，围绕加强农作物秸秆综合利用建言献策。全国政协主席俞正声主持会议并讲话。会上，一些委员建议：一是农作物秸秆综合利用，要坚持政府引导、部门协力，市场运作、多元利用，疏堵结合、以疏为主的原则。重视农民关切，赢得农民的配合与支持。同时，发挥企业主体作用。二是要以省为单位，建立秸秆用于肥料、饲料、燃料、基料、原料的规划、规范和标准。要制定从源头减少秸秆的措施，重视经济系数高的优良农作物品种的培育和推广。注意科学合理地实行秸秆还田，避免采取过度措施。三是实现秸秆综合利用产业化，需要建立以县为基础的，政府主导、企业运营的贮运加工体系。加大收割机械设备改造为收割打捆一体化装备的力度，大力推进秸秆综合利用科研和产业化步伐。四是政府应当在税收、土地、运输等方面给予政策支持，加强对秸秆综合利用工作的督促和指导。

（3）由国家秸秆产业技术创新战略联盟、中国农业风险管理研究会、全球吉商联合会联合主办的“首届中国国际秸秆产业博览会”，于2016年9月2～5日在长春农博园举行。本次博览会以“创新秸秆理念、促进产业发展”为主题，旨在展示优秀品牌企业，推广创新科研技术，对接区域特色项目，宣传各地政府秸秆产业政策。博览会期间还举办“第二届中国秸秆产业发展高峰论坛”“中国秸秆产业项目对接会”“中国秸秆产业技术峰会暨《中国秸秆产业蓝皮书》发行仪式”“中国国际秸秆文化节”等系列活动。本次博览会共有来自美国、俄罗斯、芬兰、丹麦等国以及省内外300余个企业参展，集中展示秸秆在科技环保、土壤改良、食品安全、新型能源及生态农业等方面的应用成果。

（4）由中国再生资源回收利用协会主办、中农绿能科技集团有限公司承办的“2016秸秆资源化综合利用研讨会”，于2016年9月18～19日在北京举行。会上对整个秸秆回收利用行业的发展现状做了概述，并对行业发展提出了希望。此外，中再生协会发起拟筹备成立中再生协会农林废弃物综合利用专业委员会，将为企业提供行业发展探讨及互动的平台，科研支持、企业投入、产业政策扶持与协会的周密服务，共同促进行业向前发展。四方联动是农村循环经济发展的基石。

（5）“东北西北区秸秆综合利用现场经验交流会”于2016年10月25～26日在内蒙古自治区兴安盟成功举办。来自辽宁、吉林、黑龙江、内蒙古、陕西、甘肃、宁夏、青海、新疆等省、自治区以及秸秆综合利用试点县的负责人和技术骨干参加了交流。农业部科技教育司司长廖西元出席会议，并强调秸秆综合利用要坚持“疏堵结合、区域统筹、农用优先”三个基本原则，做到生产力和生产关系一起抓，明确技术路线，强化三个结合，即“技术措施、工作措施和政策措施的结合，农民、企业、政府这三个主体的结合，中央、省级、县乡政府的结合”。

（6）“全国南方片秸秆综合利用现场交流会”于2016年11月9日在浙江省湖州市召开。来自上海、江苏、浙江、江西、湖北、湖南、广东、广西、重庆、海南、四川、贵州、云南等省、自治区、直辖市以及秸秆综合利用试点县的负责人和技术骨干参加了会议。农业部科技教育司副司长、农业生态与资源保护总站站长王衍亮在讲话中指出，加快推进秸秆综合利用工作是建设生态文明的重要组成部分，是对社会高度关注的热切回应，是实现农业绿色发展和可持续发展的切实需要。目前，无论是社会氛围、工作思路、资金投入，还是扶持政策、市场主体、农民意识，都为秸秆综合利用稳步开展打下了坚实的基础。他强调秸秆综合利用要坚持“因地制宜、农用为主、多元利用、政策主导、市场运行”的基本原则，要结合各地实际制定适宜的技术路线、积极推进土地流转规模化经营、培育好市场主体、落实并创设好关键政策，将秸秆综合利用作为发展生态循环农业的重要一环，强化政府、企业、农民三个主体的责任，协调好三个主体的利益关系，化被动为主动，确保到2020年全国秸秆综合利用率达到85%以上。

（天津市农业机械与农业工程学会
辛永波　宋樱　胡伟）

食品与包装机械制造业

2016年，我国食品和包装机械制造业适度扩大市场需求，着力实施去产能、降成本、防风险、扩大有效供给等重要任务。一是积极化解结构性产能过剩；二是帮助企业降低成本；三是积极防范企业风险；四是扩大市场有效供给。不断淘汰落后产能、低水平、低质量、低效能、高污染的技术装备，大力推广技术先进、适应性强、自动化、智能化的技术装备，创造新的经济增长点。提高供给体系质量和效率，加快培育新的发展动能，增强持续增长的动力，总体保持了健康稳定发展。

一、经济运行情况

（一）主营业务收入情况

据中国食品和包装机械工业协会统计，2016 年，我国食品和包装机械行业完成主营业务收入 4 379.63 亿元（按 7 000 个企业测算），同比增长 12.50%，远高于全国机械工业当年 7.44%的增长率。其中，食品机械主营业务收入为 2 081.64 亿元，同比增长 12.49%；包装机械主营业务收入为 2 297.99 亿元，同比增长 12.61%（表 1）。食品和包装机械的健康发展，为食品工业的稳定发展发挥了重要的支撑作用。

表 1　2016 年我国食品和包装机械行业主营业务收入情况

单位：亿元

名　称	2015 年	2016 年	同比增长（%）
食品和包装机械主营业务收入	3 893.00	4 379.63	12.50
其中：食品机械主营业务收入	1 850.50	2 081.64	12.49
包装机械主营业务收入	2 042.50	2 297.99	12.61

由表 1 分析看出，2016 年我国食品和包装机械经济运行大体表明两种态势，一是总体保持正增长态势。食品和包装机械、食品机械、包装机械主营业务收入同比增长分别为 12.50%、12.49%和 12.61%。二是总体增速趋缓。2015 年食品和包装机械同比增长为 14.50%，2016 年同比增长为 12.50%，同比下降 2 个百分点。

（二）进出口状况

根据中国海关统计，2016 年我国食品和包装机械进出口总额为 66.40 亿美元，同比增长－8.85%。其中，食品机械进出口额为 25.73 亿美元，同比增长－13.75%；包装机械进出口额为 40.67 亿美元，同比增长－6.69%。

1. 进口情况　在进口额中，2016 年我国食品和包装机械进口额为 27.30 亿美元，同比增长－18.21%。其中，食品机械进口额为 8.97 亿美元，占食品和包装机械进口额的 32.86%，同比增长－21.87%；包装机械进口额为 18.33 亿美元，占食品和包装机械进口额的 67.14%，同比增长－16.30%。进口额较大的食品机械见表 2，进口额较大的包装机械见表 3。

表 2　2016 年进口额较大的食品机械

序号	行业名称	进口额（万美元）
1	水过滤净化装置	19 097.66
2	烹调与食品加热机械	13 240.61
3	烟草加工机械	10 270.63
4	家禽屠宰与肉类加工机械	9 307.75
5	食品、饮料加工机械	8 083.75
6	糕点与面条类加工机械	7 166.37
7	果（含坚果）蔬加工机械	2 098.79
8	糖果（含可可粉、巧克力）加工机械	2 033.22
9	农产品干燥机	1 709.70
10	乳品加工机械	1 196.48

表 3　2016 年进口额较大的包装机械

序号	行业名称	进口额（万美元）
1	打包及热收缩包装机械	60 643.14
2	饮料及液体食品灌装机械	20 351.56
3	饮料充气及容器装封机械	17 981.55
4	灌装包装机械	11 715.64
5	纸或纸板加工机械	7 285.93
6	纸或纸板的整理机械	5 704.74
7	纸浆制品、纸制品加工机械	5 695.00
8	容器洗涤或干燥机械	3 943.40
9	其他容器加工机械	2 547.07

从进口市场各大洲分布看，2016 年我国食品和包装机械主要从欧洲进口，进口金额为 16.62 亿美元，占食品和包装机械进口额的 60.86%，同比增长－16.97%。其中，从欧洲进口食品机械 5.43 亿美元，占食品机械进口额的 60.48%，同比增长－25.06%；从欧洲进口包装机械 11.19 亿美元，占包装机械进口额的 61.05%，同比增长－18.91%。2016 年从各大洲进口食品机械统计见表 4，进口包装机械见表 5。

表 4　2016 年从各大洲进口食品机械统计

序号	洲　别	进口金额（万美元）	同比增长（%）
1	欧　洲	54 269.00	−25.06
2	亚　洲	24 734.89	−20.90
3	北美洲	10 021.11	1.81
4	大洋洲	554.31	−20.96
5	拉丁美洲	144.67	−64.17
6	非　洲	3.10	−98.52
总　计		**89 727.08**	**−21.87**

表 5　2016 年从各大洲进口包装机械统计

序号	洲　别	进口金额（万美元）	同比增长（%）
1	欧　洲	111 891.89	−18.91
2	亚　洲	62 907.96	−11.03
3	北美洲	8 167.36	−18.98
4	大洋洲	285.81	109.15
5	拉丁美洲	21.72	−64.45
6	非　洲	18.00	377.81
总　计		**183 293.40**	**−16.30**

2. 出口情况　在出口额中，2016 年我国食品和包装机械出口额为 39.10 亿美元，同比增长−0.94%。其中，食品机械出口额为 16.76 亿美元，占食品和包装机械出口额的 42.87%，同比增长−5.63%；包装机械出口额为 22.34 亿美元，占食品和包装机械出口额的 57.13%，同比增长 2.92%。出口额较大的食品机械见表 6，出口额较大的包装机械见表 7。

表 6　2016 年出口额较大的食品机械

序号	行业名称	出口额（万美元）
1	水过滤净化装置	38 281.23
2	烹调与食品加热机械	22 577.62
3	食品、饮料加工机械	21 781.25
4	糕点与面条类加工机械	12 136.08
5	家禽屠宰与肉类加工机械	8 464.20
6	油脂加工机械	5 991.61
7	酿酒机械	5 578.97
8	果（含坚果）蔬加工机械	4 781.56
9	面包、饼干加工机械	4 425.66
10	制糖机器	3 888.34

表 7　2016 年出口额较大的包装机械

序号	行业名称	出口额（万美元）
1	打包及热收缩包装机械	39 641.97
2	其他灌装包装机械	29 069.98
3	纸浆制品、纸制品或纸板制品加工机械	22 617.90
4	饮料及液体食品灌装机械	18 432.71
5	食品容器加工机械	13 454.19
6	饮料充气及容器装封机械	12 068.24
7	纸或纸板整理机械	10 543.03
8	纸浆、纸或纸板制品模制成型机械	10 322.72
9	纸或纸板加工机械零件	9 047.02
10	纸或纸板的加工机械	7 839.90

从出口市场各大洲分布看，2016 年我国食品和包装机械主要出口亚洲，出口金额为 20.70 亿美元，同比增长−5.07%，占食品和包装机械出口额的 52.95%。其中，食品机械出口亚洲 7.83 亿美元，占食品机械出口额的 46.74%，同比增长−15.81%；包装机械出口亚洲 12.87 亿美元，占包装机械出口总额的 57.61%，同比增长 2.91%。2016 年食品机械出口各大洲分布见表 8，包装机械出口各大洲分布见表 9。

表 8　2016 年食品机械出口各大洲分布

序号	洲　别	金额（万美元）	同比增长（%）
1	亚　洲	78 334.20	−15.81
2	欧　洲	31 795.66	21.54
3	北美洲	24 055.27	−4.37
4	非　洲	20 616.17	11.06
5	拉丁美洲	8 527.02	−16.88
6	大洋洲	4 278.06	−3.62
总　计		**167 606.38**	**−5.64**

表 9　2016 年包装机械出口各大洲分布

序号	洲　别	金额（万美元）	同比增长（%）
1	亚　洲	128 700.54	2.91
2	欧　洲	34 666.14	6.10
3	北美洲	19 182.93	15.10
4	非　洲	21 731.77	−15.51
5	拉丁美洲	15 063.50	1.00
6	大洋洲	4 524.80	29.15
总　计		**223 395.27**	**2.92**

二、科研、新产品与新技术

2016年，我国食品和包装机械科技工作加速推进，组织开展了一系列食品和包装机械领域的研究开发工作，重点在技术水平、产品质量、安全卫生、智能化程度、示范推广等方面下功夫，科技支撑明显提升。

1. *科技创新推广成果获奖* “2016年全国农产品加工科技创新推广活动”在合肥市举行，活动现场公布了由国家农产品加工技术研发中心组织的“2016年度农产品加工业十大科技创新推广成果”。其中，粮食收储加工过程中真菌毒素在线消减技术及装备、传统蛋制品现代加工技术与装备研发及产业升级示范、果蔬多源信息超大型分选设备的技术研究与应用、功能性乳蛋白基料粉清洁生产关键技术创新与应用、黑茶加工关键技术创新与产业化应用、珍稀食用菌高值化加工关键技术创新与应用等成果，荣获“2016年度农产品加工业十大科技创新推广成果”奖。

2. *启动一批农产品加工装备重点专项* 2016年，科学技术部启动了国家重点研发计划“现代食品加工及粮食收储运技术与装备”重点专项，涉及食品和包装机械的国家重点研发计划项目见表10。

表10 2016年涉及食品和包装机械的国家重点研发计划项目

板块布局	项目分解
食品加工核心技术开发与装备创制	1. 食品工程化与智能化加工新技术装备开发研究
	2. 中华传统工业化食品加工关键技术研究与装备开发
	3. 传统酿造食品制造关键技术研究与装备开发
	4. 营养功能性食品制造关键技术研究与新产品创制
	5. 方便即食食品制造关键技术开发研究及新产品创制
	6. 食品添加剂与配料绿色制造关键技术研究及开发
	7. 果蔬采后质量与品质控制关键技术研究及装备开发
	8. 粮食收储保质降耗关键技术研究与装备开发
	9. 跨境食品品质与质量控制数据库构建及创新集成开发
	10. 主要食品全产业链品质质量控制关键技术开发研究
食品加工工程化技术集成应用与产业化示范	11. 薯类主食化加工关键新技术装备研发及示范
	12. 大宗油料适度加工与综合利用技术及智能装备研发与示范
	13. 中式传统肉制品绿色制造关键技术与装备研发及示范
	14. 现代粮仓绿色储粮科技示范工程

3. *一批科技成果取得明显成效* 国家863计划“现代食品工程化技术与装备”项目，于2016年在北京通过技术验收。该项目针对食品加工过程中的品质劣变严重、安全问题时有发生、关键装备滞后、能耗水耗高等核心问题，开展非热加工、节能干燥、水产品加工、罐头食品加工、发酵肉制品与玉米及膳食纤维工程化加工、食品安全控制以及食品表征属性与品质识别等高新技术与装备的研究，并取得了重要技术突破。在非热加工技术方面，项目组研制了国内首台能够进行规模化生产的350 L超高压设备，打破了国外多年的技术垄断，为我国实现批量制造规模化设备创造了有力的技术条件。在水产加工装备与技术研究方面，突破了我国水产食品加工高效前处理装备技术、品质优化装备技术及副产物高值化利用等制约性关键装备技术问题，促进了水产食品加工领域的原料加工机械化、精深加工高值化、综合加工绿色化。在罐头加工方面，重点突破了通用型高温连续杀菌设备研制生产，降低了罐头吨产品耗水量，实现了食品杀菌工序节水节能及高效自动化，显著提升行业生产效率和生态效益。在食品表征属性与品质识别技术方面，重点突破了加工产品目标物富集、未知掺假物非定向筛选等共性关键技术难题，成功研制出具有我国自主知识产权的感官品质仿生识别软硬件设备。通过项目实施，累计形成具有自主知识产权的新技术31项，开发新装备26套；成果转让12项，创产值3.75亿元；培养创新型人才及技术骨干82名。任务的实施加强了与企业的交流与合作，推动了成果的转化与应用，使项目的技术成果在行业内发挥了很大的作

用，进一步带动了食品加工技术与装备的升级，引领了食品工业向绿色高效、节能减排的方向发展，使我国现代食品工程化技术与装备的创制取得重要突破。

三、主要行业活动

2016年，食品和包装机械行业组织开展了一系列推进行业健康发展的主题活动。包括第六届亚洲食品装备论坛、食品工业用不锈钢研讨会、食品工业互联网峰会、第十六届上海国际包装和食品加工技术装备展览会等活动。营造了氛围，丰富了内容，突出了亮点。与往年相比，活动更加有序，活动层次更高，活动安排更加周到细致、安全高效，取得成效更显著。

1. 举办了“2016年第十六届上海包装和食品加工技术展览会” 由中国食品和包装机械工业协会、中国包装和食品机械有限公司和法国爱博展览集团共同主办的“2016年第十六届上海包装和食品加工技术展览会”，于2016年5月5～7日在上海新国际博览中心举行。来自国内外400多个知名企业的食品机械、包装机械、检测设备等成功参展，推进了食品和包装机械制造企业与食品加工企业的交流合作，增强了供给侧与需求侧的有效对接，扩展了食品和包装机械的市场空间，成效颇丰。

2. 举办了“2016年中国食品工业互联网峰会” 由中国食品和包装机械工业协会主办的“2016年中国食品工业互联网峰会”，于2016年5月26日在北京召开。来自全国食品工业企业、食品和包装机械制造企业、系统集成及软件企业和大数据提供商参加会议，会议以工业互联网连接为主题，就追溯系统与大数据技术融合发展、大数据深度优化工业流程等热点技术进行了深度交流，探讨了工业互联网和智能制造对食品工业的影响，搭建起连接食品加工企业、装备制造企业和软件企业沟通交流的桥梁。

3. 召开了“净菜加工设备”行业标准审查会 由中国机械工业联合会提出，机械工业食品机械标准化技术委员会归口的“净菜加工设备”行业标准，于2016年6月7日在山东召开，来自设备制造企业、科研院所、食品生产企业及流通企业的专家和地方政府领导出席会议。专家在听取了标准起草组关于起草过程、主要技术内容确定的依据、与其他标准的相关性，以及制定过程和征求意见过程中存在问题的处理意见等后，对标准文本进行了逐条审查。一致认为：该标准结构合理、内容完整规范，具有普遍的适用性和较强的可操作性；该标准送审资料齐全，标准制定程序符合要求。审查组一致同意通过对该标准的审查，要求标准起草组根据审查会上专家提出的修改意见，对标准送审稿的有关内容进行修改和完善，尽快形成报批稿上报。

4. 召开了“国家食品工业用不锈钢管重点企业座谈会” 由中国食品和包装机械工业协会主办的“国家食品工业用不锈钢管重点企业座谈会”，于2016年8月20日在浙江湖州市举行，来自全国重点食品和包装机械制造企业、科研单位、大专院校的代表出席会议，会议以食品安全为主题，重点研究了不锈钢的基本类型、食品工业选型方法、存在的问题，探讨了食品工业不锈钢加工技术相关要求，提出了规避不锈钢向食品迁移有害物质的措施建议。会议期间，与会代表参观了浙江久立集团不锈钢现代化产业园。

（本文由中国食品和包装机械工业协会提供数据，由本编辑部王国扣编写）

3

第三部分

政策法规及重要文件

2017 年食品安全抽检计划及要求

（国家食品药品监管总局　2017 年 1 月 3 日）

根据《中华人民共和国食品安全法》等法律法规和既往抽检情况，结合“十三五”国家食品安全规划中关于食品安全抽检的相关要求，食品药品监管总局制定了 2017 年食品安全抽检计划及要求。各级食品药品监管部门要认真组织落实。

一、工作目的

通过实施食品安全抽检计划，以食品安全抽样检验为抓手，以发现食品安全问题为导向，及时发现苗头性、系统性、区域性食品安全风险和问题。实现监督抽检与信息公开、核查处置联动，倒逼生产经营企业落实质量安全主体责任，保障食品安全，促进食品产业有序健康发展。

二、工作原则

各级食品药品监管部门组织 2017 年抽检工作应坚持以下原则：

（一）坚持靶向性原则

以“三重一大”，即重点区域、重点品种、重点项目和大型企业为核心目标，各级靶向重点各有侧重。特别是要加大对农兽药残留、重金属及环境污染等因素引起的食品安全问题和与人民群众紧密相关的餐饮食品的抽检力度和频次。

总局靶向重点：一是从时间上，分 4 季度对应季食用农产品进行抽检；二是从地域上，对既往抽检发现问题较为集中区域的相应食品品种进行抽检；三是对重点企业进行抽检；四是侧重对检验方法新、社会敏感度较高的项目进行抽检；五是对舆情及社会反映的热点问题安排专项抽检。

省级局靶向重点：一是从规模上，主要是对本省大型生产企业以及大型批发市场、超市和餐饮企业进行抽检；二是从风险程度上，对本地区问题多发、风险较高的食品品种和项目进行抽检，并重点组织开展对中小学及幼儿园食堂、学校周边、城乡结合部等场所的抽检；三是从问题集中度上，对既往抽检出现过不合格食品的企业进行跟踪性抽检。

市、县级局靶向重点：一是对本地区市场销售的蔬菜、水果的农药残留，畜禽肉、水产品的兽药残留等进行抽检；二是加大对餐饮食品，特别是小餐饮的抽检力度；三是加大对食品小作坊、小摊贩的抽检力度。

（二）坚持覆盖原则

在突出靶向性抽检原则的基础上，点面兼顾，逐步实现区域、企业、品种、项目、环节及业态的覆盖。从区域方面，要覆盖城市、农村、城乡结合部等不同区域；从企业方面，要覆盖在产获证食品生产企业；从项目方面，要覆盖食品安全国家标准中规定的主要安全性项目；从食品品种方面，要覆盖粮食加工品、食用油、乳制品、肉制品、酒类、豆制品等 33 个大类、132 个品种、203 个食品细类；从生产经营业态方面，要覆盖生产加工、流通、餐饮、网络销售、进口食品等不同业态。

（三）坚持计划性抽检与专项抽检相结合原则

在计划性抽检的基础上，根据日常检查情况和既往抽检情况，及时有效组织开展专项抽检工作。重点突出以下内容：一是社会反映问题较为突出的食品及项目；二是节令性食品及可能存在季节性食品安全问题的食品；三是突发性食品安全问题等需要开展专项抽检的食品。

（四）坚持抽检效能与质量并重原则

总局对省级局，省级局对市、县级局逐级组织开展食品安全评价性抽检工作。一是以上级指导、督促、督查考核为导向，通过对品种和项目的区间性覆盖抽检，对地方抽检工作质量进行评价；二是通过对重点区域、重点品种和重点项目的抽检，对地方监管部门专项整治工作的效果进行评价；三是组织研究如何利用抽检结果作为评价各地食品安全状况的依据。通过评价性抽检进一步提升抽检工作效能和质量。

三、工作任务

2017 年食品安全抽检计划涵盖 33 大类食品、132 个食品品种、203 个食品细类，共抽检 127.59 万批次。具体安排如下：

（一）总局本级任务

总局本级抽检 3.14 万批次，其中计划性抽检 2.7 万批次，专项抽检 0.44 万批次。

1. 抽检对象　主要对重点食品企业进行抽检。包括婴幼儿配方食品、乳制品、肉制品、饮料、酒类、食用农产品、餐饮食品等 30 大类（详见附件 1、附件 2）。对于食用油、乳制品、饮料、葡萄酒、饼干、炒货食品及坚果制品等品种，安排抽检一定量的网购食品和进口食品。在元旦、春节、元宵节、端午节、中秋节等传统节假日前，在流通环节安排节令性食品抽检。结合舆情监测、日常监管等情况，对反映较突出的问题进行专项抽检。

2. 抽检时间和频次　每季度抽取重点抽检食品生产企业名单产品以及应季食用农产品，对全部在产的婴幼儿配方乳粉生产企业实施月月抽检。根据具体情况确定专项抽检的时间和频次。

3. 抽检区域、环节和场所　主要在全国流通环节购买抽检样品。抽样场所以大型连锁超市、大型商场、大型批发市场等为主，网购食品以大型网络平台为主。

（二）省级局任务

省级局抽检 47.95 万批次。其中总局专项转移支付 21.2 万批次，各省级局匹配 26.75 万批次。

1. 抽检对象　主要为本省（区、市）所有获得生产许可证的食品企业（总局公布的重点抽检企业除外）和大型餐饮企业。加强对市场占有率高的企业的抽检，各省级局确定的重点企业不少于本省（区、市）获证企业的 10%。包括特殊膳食食品、保健食品、粮食制品、食用油、肉制品、乳制品、饮料、蜂产品、餐饮食品等 31 大类（详见附件 1）。食用农产品的抽检要突出农兽药残留、重金属等项目（详见附件 2）。

要以问题为导向，重点跟踪抽检不合格企业、品种和项目（各省不合格企业名单另发）。

总局专项转移支付部分应抽取本省（区、市）生产的食品，省级局匹配部分可在本地流通环节抽检一定比例外省产品。

2. 抽检时间和频次　要全年均衡完成抽检任务。原则上每月完成量不少于全年总量的 1/12。季节性生产销售的食品或存在季节性质量安全风险的食品在相应季节增加采样量。节令性食品要在节前开展抽检工作。

要加大对高风险食品的抽检频次。按照高风险食品品种 1∶3、较高风险食品品种 1∶1 进行匹配，高风险产品每季度抽检一次，较高风险产品每半年抽检一次，一般风险产品每年抽检一次。

要增加对以往检出不合格产品企业的抽检频次。对于上一年度检出不合格 2 批次及以上的企业，抽检频次至少增加 2 次；检出不合格 2 批次以下的企业，抽检频次至少增加 1 次。

3. 抽检区域、环节和场所　抽样地点应覆盖本行政区域内省会城市、地市、县、乡和行政村。抽检的样品主要在流通环节购买。流通环节未抽到的样品，可在生产环节抽取。流通环节采样应涵盖批发市场、农贸市场、商场、超市、小食杂店等不同业态。餐饮环节采样重点为学校和托幼机构食堂以及中央厨房、集体用餐配送单位、旅游景区餐饮服务单位等。

（三）市、县级局任务

市、县级局对食用农产品抽检 76.5 万批次。

1. 抽检对象　市、县级局制定的年度抽检计划和按月实施的抽检品种应尽量覆盖本行政区域内生产销售的蔬菜、水果、畜禽肉、水产品、鲜蛋等食用农产品。对列入指定品种的食用农产品，抽样量不少于样品量的 50%，检验项目应包含所指定的项目；其他可根据本行政区域内食用农产品销售和消费等特点，并结合既往发现的农兽药滥用和残留问题，自行确定抽检品种和检验项目（详见附件 3）。视经费等情况加大对小作坊、小摊贩、小餐饮的抽检力度。

2. 抽检时间和频次　市级局应根据食用农产品批发市场的交易数量和季节特点等按比例确定抽样频次和数量，原则上每户入场销售者每月至少抽检 1 批次。县级局应每周抽检蔬菜、水果、畜禽肉、水产品、鲜蛋等食用农产品，原则上每月至少抽检 20 批次，全年不少于 240 批次。省级局可以根据市、县人口数量，食用农产品的生产、消费等情况进行适当调整。

3. 抽检场所　市级局要对本行政区域内规模以上食用农产品批发市场进行抽检，县级局要对行政区域内的农贸市场、商场超市等经营单位进行抽检。

四、工作要求

各级食品药品监管部门要高度重视抽检工作，认真组织实施，严格要求，加强过程管理，确保抽检工作质量。

（一）加强组织领导

加强统一领导和组织协调。认真制定本级抽检计划和实施方案，完善工作机制，细化工作流程，明确岗位责任，狠抓任务落实，有力有序推进工作。各省级局应于 2017 年 1 月 20 日前将省级食品抽检计划和实施方案报送至总局。

（二）严格工作管理

加强对抽样人员和承检机构的管理。一是应根据有关食品安全法律法规、规章及相关规定要求确定抽样单位和承检机构；二是积极支持配合承检机构开展工作，在样品采集、运输等方面提供必要的帮助；三是要求抽样人员和承检机构在抽检工作中严格按照有关法律法规、规章和《食品安全抽检实施细则（2017年版）》（另行印发）等规定执行。

（三）按时报送数据

抽检数据均应严格按照规定的时限和规范要求进行报送。总局本级、转移支付任务及省级局匹配任务抽检数据应报送至“食品安全抽检监测信息系统”。市、县级局食用农产品抽检数据应报送至“食品安全抽检监测信息系统”食用农产品直报模块。

各承检机构发现不合格样品中含有非食用物质或其他可能存在较高或急性健康风险的，应当在确认检验结果后24小时之内报告。

（四）依法核查处置

各级食品药品监管部门收到不合格食品检验报告后，应根据总局相关规定，及时启动对不合格食品及其生产经营者的核查处置，并将核查处置情况及时填报“食品安全抽检监测信息系统”。收到不合格样品中含有非食用物质或其他可能存在较高或急性健康风险的报告后，应在24小时内启动核查处置程序。

核查处置过程中发现涉嫌犯罪或涉及其他部门职责的，要及时移送移交。总局本级抽检不合格食品的核查处置，要逐批次按时限报送书面报告，转移地方任务要按月报送统计报表。

（五）及时公布信息

按照总局要求每周公布本行政区域抽检信息。公布内容包括产品合格信息和不合格产品信息。其中，产品合格信息主要包括标称生产企业名称、地址，被抽样单位名称及所在省份与产品名称、规格、生产日期/批号等，并需注明该产品合格信息仅指本次抽检标称的生产企业相关产品的生产日期/批号和所检项目，不合格产品信息主要包括标称生产企业名称与地址、商标、产品名称、生产日期或批号、规格型号、被抽样单位名称与地址、不合格项目、检验结果、检验机构和检验项目等，同时可以根据需要组织专家进行风险解读。

省级局要每月汇总本行政区域内上个月食品抽检情况和结果分析，总局定期汇总公布全国食品抽检状况分析。

（六）强化督导考评

上级食品药品监管部门要加强对下级食品药品监管部门的督促指导，对抽检计划、工作进度、抽样检验、核查处置、信息公布、数据报送、承检机构管理等进行考核。

（七）严肃工作纪律

参与抽检的食品药品监管部门、抽样单位、检验机构及其工作人员不得随意更改抽样地点和样品信息，不得瞒报、谎报、漏报检验数据，不得擅自发布有关抽检的信息，不得在开展抽样工作前事先通知被抽检单位和接受被抽检单位的馈赠，不得利用抽检结果开展有偿活动、牟取不正当利益。对发现的违法违规抽检行为一律依法依规追究相关单位及人员责任。

（八）其他事项

及时向地方政府汇报抽检计划编制情况，争取专项经费保障抽检工作的顺利实施。并根据食品安全事故、热点舆情事件应对处置、案件查办等实际需要，及时组织应急、执法检验等工作。

总局根据情况可对年度抽检计划进行调整。

附件（略）

关于促进食品工业健康发展的指导意见

（国家发改委等　发改产业［2017］19号　2017年1月5日）

国务院有关部门，各省、自治区、直辖市及计划单列市、新疆生产建设兵团发展改革委、工业和信息化主管部门：

食品工业是“为耕者谋利、为食者造福”的传统民生产业，在实施制造强国战略和推进健康中国建设中具有重要地位。当前，我国经济进入新常态，供给侧结构性改革处在关键期，小康社会建设处在决胜阶段，为贯彻“创新、协调、绿色、开放、共享”发展理念，落实《国民经济和社会发展第十三个五年规划纲要》，加快食品行业发展，推动食品工业转型升级，满足城乡居民安全、多样、健康、营养、方便的食品消费需求，促进农业增效、农民增收、农村发展，培育形成经济发展新动能，现提出“十三五”期间食品工业发展意见。

一、现状与形势

“十二五”期间，食品工业发展取得了突出成绩。主要表现在：一是产业规模持续壮大，支柱地位不断提升。2015年，规模以上食品工业企业39 647家，实现主营业务收入11.35万亿元，比2010年增长了87.3%，年均增长13.4%；主营业务收入占全国工业的比重从2010年的8.7%提升到10.3%。二是标准法规体系不断完善，食品安全保持较好水平。修订了《食品安全法》，发布了新的食品安全国家标准501项。食品安全示范城市和农产品质量安全示范县创建成效显著，食品安全风险监测能力和保障水平逐步提升。2015年，国家食品质量安全监督抽检合格率达96.8%。三是科技创新取得积极进展，技术装备水平持续提高。在食品非热加工、包装材料、在线监控等领域突破了一批关键共性技术，部分成果达到国际先进水平，自主创新能力明显增强。屠宰加工、饮料灌装、乳制品加工等重点领域装备技术进步加快推进，信息化、智能化水平不断提升。四是区域发展协调性增强，绿色发展水平不断提高。东部地区继续处于领先和优势地位，中部地区利用农业资源禀赋推动食品工业快速发展，中、西部地区食品工业增加值比重增加。食品工业大力发展循环经济，资源综合利用水平进一步提高，节能减排取得积极成效。

但是，食品工业发展中还存在一些突出问题：一是食品质量安全水平与人民群众期望尚存差距。源头污染问题突出，部分食用农产品存在超标使用农兽药和滥用添加剂现象，食品冷链物流建设滞后，食品生产加工销售过程质量安全问题时有发生，食品质量安全隐患依然存在。二是高品质食品有效供给不足。随着食品消费结构升级和生活方式的变化，消费者对食品的方便性、营养化和安全水平更加关注，但高品质食品供应与市场需求不相匹配，难以很好适应消费变化，消费者信赖的自主知名品牌不多。三是科技创新能力不强。食品工业基础研究薄弱，产学研用结合不紧密，加工技术储备不足。重大技术和高端装备依赖进口，自主研发水平较低。四是循环经济发展水平较低。部分行业副产物综合利用率不高，部分产品单位能耗、水耗和污染物排放仍然较高，节能减排压力加大。

今后一个时期，食品工业发展挑战和机遇并存。从国际上看，世界经济复苏乏力，食品跨国集团加快全球布局，不断提升核心竞争能力，对我国食品产业发展带来一定影响和挑战。另一方面，随着“一带一路”倡议的深入推进，以及各种国际贸易协定的签订，对外投资环境不断改善，有利于我国食品企业加快实施“走出去”战略。从国内来看，中国经济进入新常态，一方面增长预期放缓，人力、土地、环境资源保护等综合成本不断上升，食品工业保持高速发展难度加大。另一方面，食品消费需求呈刚性增长态势，随着消费结构升级，消费者对食品的营养与健康要求更高，品牌意识不断增强，食品工业发展模式将从量的扩张向质的提升转变。

二、总体要求

（一）指导思想

全面贯彻党的十八大和十八届三中、四中、五中、六中全会精神，以邓小平理论、“三个代表”重要思想、科学发展观为指导，深入贯彻习近平总书记系列重要讲话精神，围绕“五位一体”总体布局和“四个全面”战略布局，坚持“创新、协调、绿色、开放、共享”的发展理念，围绕提升食品质量和安全水平，以满足人民群众日益增长和不断升级的安全、多样、健康、营养、方便食品消费需求为目标，以供给侧结构性改革为主线，以创新驱动为引领，着力提高供给质量和效率，推动食品工业转型升级、膳食消费结构改善，满足小康社会城乡居民更高层次的食品需求。

（二）基本原则

诚信为本、安全为基　强化企业质量安全主体责任，加强食品全产业链质量安全管理，健全食品安全诚信自律制度。营造良好市场环境，提高食品监管能力。实施品牌提升行动，强化食品品牌建设，培育国际品牌。

科技支撑、创新驱动　发挥科技创新的支撑作用，着力推进食品工业原始创新、集成创新、引进消化吸收再创新及创新示范，促进创新成果产业化，加快管理创新和商业模式创新，积极培育新产业新业态。

集约高效、绿色循环　着力化解过剩产能，加快培育先进产能。大力发展循环经济，提高精深加工和副产物综合利用水平，推进清洁生产和节能减排，促进食品制造绿色化，提高能源利用效率，实现食品工业与生态环境和谐发展。

协调推进、融合发展　加快推进新一代信息技术在食品工业领域的深度应用，提升产业发展质量和管理水平。健全食品产业链，推进食品工业转型升级与关联产业交融互动，促进一二三产业融合协调发展。

内外统筹、开放合作　统筹用好国际国内两种资源，构建渠道多元、供给稳定的进口保障体系，支持食品企业“走出去”，加强与“一带一路”沿线国家的合作，推动形成互惠互利格局，提升食品工业开放发展水平。

（三）主要目标

到2020年，食品工业规模化、智能化、集约化、绿色化发展水平明显提升，供给质量和效率显著提高。产业规模不断壮大，产业结构持续优化，规模以上食品工业企业主营业务收入预期年均增长7%左右；创新能力显著增强，“两化”融合水平显著提升，新技术、新产品、新模式、新业态不断涌现；食品安全保障水平稳步提升，标准体系进一步完善；资源利用和节能减排取得突出成效，能耗、水耗和主要污染物排放进一步下降。

三、主要任务

（一）改善供给结构，提高供给质量

优化产品结构　积极推进传统主食及中式菜肴工业化、规模化生产，深入发掘地方特色食品和中华传统食品。开展食品健康功效评价，加快发展婴幼儿配方食品、老年食品和满足特定人群需求的功能性食品，支持发展养生保健食品，研究开发功能性蛋白、功能性膳食纤维、功能性糖原、功能性油脂、益生菌类、生物活性肽等保健和健康食品，并开展应用示范。

提升产品品质　进一步健全标准体系，加快推进食品安全国家标准的清理整合，开展重点品种和领域的标准制（修）订，推动食品添加剂等标准与国际标准接轨。鼓励地方根据实际需要完善地方特色食品标准，引导企业建立和完善标准自我声明制度。强化食品生产经营者主体责任，推动建立自身食品安全制度规范。引导企业建立食品安全可追溯制度，搭建基于标识解析等技术的质量追溯信息化平台，形成上下游产业食品质量安全可查询可控制可追究的追溯体系和责任机制。鼓励企业按照良好生产经营规范组织生产，实施危害分析与关键控制点等食品安全管理体系。建立健全食品安全诚信自律制度，探索建立食品工业企业诚信档案，引导食品工业企业依法诚信经营。

强化品牌建设　引导企业增强品牌意识，鼓励食品企业加强品牌建设，夯实品牌发展基础，提升产品附加值和软实力，打造百年食品品牌。创新商业模式，加强与大型电商品牌对接，拓宽销售渠道。推动中华老字号及地方老字号食品传承升级，开发适应市场需求变化的新产品。鼓励知名食品品牌企业开展国际交流活动，建设海外营销渠道，支持品牌企业参加国际展览展销，开拓海外市场。积极挖掘新的品牌资源，逐步形成一批具有较强品牌影响力的产品和知名企业。

（二）优化产业结构，促进转型升级

完善产业组织体系　支持大型企业做优做强，鼓励企业兼并重组，建立海外原料和加工基地，重点培育具有国际竞争力的大型食品工业企业集团；引导中小型企业做优做精，鼓励小型企业采用先进适用技术和设备，形成大型骨干企业支撑力强、中小型企业特色鲜明的协调发展格局。

优化区域布局　推动东部地区食品工业加快转型升级，采用先进技术和装备，更好满足食品消费升级需求。鼓励中西部地区充分利用当地优势资源，巩固食品工业支柱产业地位。支持东北地区食品工业发展，大力发展绿色优质食品，打造成为支持新一轮东北地区老工业基地振兴的支柱产业。

推动特色食品加工示范基地建设　在原料资源富集地区，选择一批已初具规模、地方特色突出的食品产业园区，以知名品牌和龙头企业为引领，开展集食品研发创新、检测认证、包装印刷、冷链物流、人才培训、工业旅游、集中供热、污水集中处理等为一体的现代食品工业示范基地建设，提高基础设施和公共服务水平，使关联企业集聚发展、土地集约使用、产品质量集中监管，促进食品产业转型升级。

推进绿色制造　探索资源节约和环境友好的食品工业可持续发展模式，支持食品加工园区的循环化改造，引导企业建设绿色工厂，加快应用节水、节能、节粮等高效节能环保技术装备。强化资源循环利用，鼓励企业加强副产物二次开发利用，提高资源综合利用水平。严格落实国家“去产能”有关政策，依法加快淘汰污染严重、能耗水耗超标的落后产能。

加强产业链建设　支持骨干食品企业延伸产业链条，推进原料生产、加工物流、市场营销等环节融合发展。鼓励食品企业发展订单农业，推进原料专业化、标准化、规模化、优质化生产，建立稳定的食品原料生产基地。健全食品冷链物流建设和运行标准，提高冷链物流效率和水平。

（三）强化创新驱动，加快“两化”融合

强化企业创新主体地位　健全技术创新的市场导向机制，突出食品企业创新主体地位和主导作用，打造一批具有国际竞争力的创新型食品领军企业。健全有利于企业创新的资助机制，支持有条件的企业设立高水平研发机构，构建以企业为主体、产学研用一体的技术创新体系，引导各类创新要素向企业集聚，不断增强企业创新动力、创新活力、创新实力，提高协同创新水平。

推动产业科技发展　重点围绕食品加工制造、机械装备、质量安全、冷链物流、营养健康等主要领域，通过实施国家重点研发计划等，从基础前沿、重大关键共性技术到应用示范全链条创新设计，强化原始创新能力，依靠科技创新推动食品产业持续健康发展。

完善创新服务体系　围绕食品基础研究、重大技术应用、关键装备自主化、创新成果产业化开发等，加强技术攻关，加快突破食品制造、流通等领域关键共性技术。构建以国家级创新平台为龙头，以地方和企业等各类食品技术创新中心为基础的资源共享、开放合作创新平台体系。依托现有交易场所开展食品技术和知识产权交易，完善食品工业创业创新服务体系。搭建面向中小微企业的低成本、便利化、开放式创新服务平台，打造创业创新服务与投资相结合的开放式服务载体。

推进“两化”深度融合　加快工业云、大数据、物联网等新一代信息技术在食品工业研发设计、生产制造、流通消费等领域的应用。加快推进个性化定制和柔性化制造，鼓励重点行业企业建设数字化车间，开展食品制造智能工厂建设试点示范，提高智能化水平。支持骨干食品企业扩大追溯体系覆盖面，实现食品“从农田到餐桌”全过程可追溯。

培育发展新业态新模式　推动食品工业与教育文化、健康养生深度融合，鼓励发展食品工业旅游、制造工艺体验、产品设计创意等新业态。规范发展电子商务，推广在线交易、电子支付及线上线下的一体化集成，创新电子商务与食品工业的集成应用模式。要围绕食品产业发展重大任务，推动社会力量发展多层次多样化生产性服务，为食品产业发展提供有力支撑。

（四）统筹国内国外，扩大开放合作

健全对外开放新体制　加快探索食品工业对外资准入前国民待遇加负面清单管理制度，完善外商投资国家安全审查制度。积极参与国际标准制（修）订，推动我国食品标准与国际先进标准接轨，积极开展食品农产品认证国际互认合作。发挥贸易投资促进机构、行业协（商）会等作用，提高我国企业在国际食品贸易中的地位和影响。

增强“走出去”能力　紧密结合“一带一路”倡议，鼓励食品企业采取设立境外办事处和技术中心等多种方式“走出去”，支持加工企业到海外建立粮油、乳制品、肉制品等重要食品原料基地。鼓励开展对目标国法律、政策、标准、贸易规则等研究和服务，支持有实力的企业通过并购、合资等方式进入海外食品加工和研发领域，拓展营销网络，深度融入全球食品产业链。

提高“引进来”水平　结合食品工业转型升级，支持企业引进国外食品工业智能化、集约化绿色制造技术和装备，鼓励外资进入营养健康食品制造、天然食品添加剂开发生产、食品加工副产物综合利用等领域，合作研发新技术、新产品、新装备。适度扩大优质食品进口，优化食品及原料进口结构，满足不断升级的食品消费需求。

（五）增强监管能力，提高安全水平

完善食品安全法规标准　加快修订出台《食品安全法实施条例》，制（修）订食品标识管理、食品安全事件调查处理、食品安全信息公布、食品安全全程追溯、诚信体系建设、进出口食品安全监督管理等方面的法规及规章制度。制（修）订食品安全国家标准、检验方法标准等，加快与国际标准对接。完善食品安全“黑名单”、“红名单”制度，对列入“黑名单”的企业给予严厉惩罚和重点监管，列入“红名单”的企业给予国家优惠政策的优先和重点支持，形成失信联合惩戒、守信联合激励机制。

强化食品产业链全程监管　建立统一权威的食品安全监管体制，加强部门联动、协调配合，提高监管工作的系统性、协调性和一致性。强化食用农产品质量安全源头治理，实施专项治理工程，推进农业投入品的规范化管理和安全使用，健全食用农产品产地环境质量监测和评价机制，保护食用农产品产地环境。规范加工制造、仓储物流、批发零售、进出口等各环节的生产经营行为。实施食品安全监管行动计划，全面加强现场检查，实现食品安全抽检品种全覆盖，强化食品安全治理整顿，全面保障食品质量安全。

提升食品安全监管和技术支撑能力　推动食品安全检验检测资源整合，构建科学高效的食品安全检测体系。健全食品安全风险交流制度，提升风险监测和风险评估水平。强化食品安全应急处置能力，完善突发事件应急处理和追究机制。加强基层监管能力建设，提高食品安全监管基层机构执法装备标准化配备率，有效改善基层基础设施条件。健全基层食品安全监管执法规范化、标准化管理制度，规范监管职责、任务、程序、标准，提升食品安全监管规范化管理水平。

四、保障措施

（一）营造食品工业良好发展环境

提高政府公共服务能力和水平，优化行政审批流程，为企业提供优质公共服务。推进管理部门信息共享、监管互认，对信用记录良好的企业降低监督检查频率，激励企业诚信守法行为。加强知识产权保护，加大对专利、产品标识、商业秘密等方面侵权假冒的打击力度，降低企业维权成本。依法确定收费范围，规范服务收费行为，合理降低经营性服务收费标准，清理各种不合理收费。加强市场、价格、安全等方面的监管，形成有利于企业、行业、产业良性发展格局。

（二）完善食品工业支持政策

发挥财政资金导向作用，通过国家科技计划支持食品工业基础研究、关键共性技术开发及关键装备自主化等。落实企业研发费用加计扣除政策，支持企业加大研发投入。充分利用现有资金渠道，重点支持食品行业重大技术改造、食品工业“三品”战略和特色食品加工示范基地建设等。落实《享受企业所得税优惠政策的农产品初加工范围（试行）》，稳妥推进农产品增值税进项税额核定扣除试点。鼓励企业通过租赁方式流转农民承包土地经营权，建设专用食品原料生产加工基地，推动一二三产业融合发展。积极拓宽融资渠道，引导金融机构加大对食品工业企业的信贷支持。

（三）加强人才队伍建设

加大专业人才培养及创新团队建设，鼓励高等院校加强食品行业亟须中高端人才的培养。建立人才梯度储备制度，支持企业引进优秀人才，鼓励各地把食品产业高端和创新人才纳入本地区优秀人才引进目录清单，对引进的高层次人才给予奖励。加强监管队伍建设，努力打造一支政治素质高、工作作风扎实、专业知识过硬的职业化、专业化的食品安全监管队伍。

（四）充分发挥行业组织的积极作用

支持行业组织承接政府转移职能，积极发挥其在政策研究、标准制（修）订、质量品牌建设、行业诚信自律和国际合作交流等方面的重要作用。支持行业组织协调企业、科研院所，组织开展科技联合攻关，推动食品工业技术进步。依托行业组织，建立食品行业公共信息发布平台。发挥行业组织在品牌建设中的组织协调作用，做好优秀品牌的宣传与产品推广工作。支持行业组织建立健全诚信自律制度，引导企业加强诚信体系建设，完善食品质量安全长效机制，保障食品质量安全。

促进食品工业健康发展是贯彻落实供给侧结构性改革的重要内容，各有关部门应充分认识发展食品工业的重要意义，加强协调配合，完善配套政策措施，营造良好发展环境，推动各项任务落实。各省（区、市）发展改革、工业和信息化等部门要结合当地实际，切实抓好组织落实。

2017年粮食流通工作要点

（国家粮食局　国粮发［2017］20号　2017年2月6日）

2017年是实施“十三五”规划的重要一年，是供给侧结构性改革的深化之年，是粮食流通改革发展、转型升级的关键之年。粮食流通工作的总体要求是：紧密团结在以习近平同志为核心的党中央周围，全面贯彻落实党的十八大和十八届三中、四中、五中、六中全会精神，深入学习贯彻习近平总书记系列重要讲话精神，认真落实中央经济工作会议、中央农村工作会议决策部署，牢固树立和贯彻落实新发展理念，主动适应把握引领经济发展新常态，坚持稳中求进工作总基调，以粮食供给侧结构性改革为主线，完善粮食宏观调控体系，提升粮食流通现代化水平，加快粮食行业转型升级，增强国家粮食安全保障能力，以优异成绩迎接党的十九大胜利召开。

一、深入推进粮食供给侧结构性改革

1. *扎实推进粮食收储制度改革*　继续按照“市场定价、价补分离”的原则，积极稳妥推进玉米收储制度改革，健全主要由市场决定粮食价格的机制。积极引导多元主体入市收购，争取金融机构加大市场化收购粮食信贷支持力度，健全玉米运输协调机制，强化产销衔接，确保玉米收储制度改革和收购工作顺利进行、取得实际成效。稻谷、小麦主产区也要深入研究完善粮食收储政策，更好地发挥市场的引导调节作用，更好地保障口粮绝对安全。

2. *加快推进粮食“去库存”*　认真落实粮食“去库存”总体方案，合理确定销售计划、销售价格和销售方式。深入研究消化粮食特别是玉米库存、扩大有效消费新途径，加快粮食加工转化，配合做好扩大燃料乙醇产量和使用区域工作。加快政策性粮食竞价交易，鼓励多元主体多收粮、农民多存粮，努力减少政策性库存增量。协助有关部门在鼓励加工产品出口的同时把握好进口，坚决打击粮食走私，沿海沿边省份要引导企业多用主产区粮食。督促和指导承储企业、买方企业、批发市场等严格执行政策性粮食销售政策，严厉打击“出库难”“转圈粮”等违法违规行为。

3. 实施“中国好粮油行动计划” 把增加绿色优质粮食供给放在突出位置，满足消费者日益增长的多元化、个性化、定制化粮油消费需求。抓紧制订优质米、面、油等质量品质分类标准，建立覆盖范围广的测评体系，定期向社会发布粮油质量信息。开展“优质优价”，引导农民调整粮食品种结构，通过市场增加收入，提高粮油有效供给。引导有条件的粮食企业通过订单收购、合作入股等方式建设优质粮基地，培育从田间到餐桌的全产业链优质粮油经营模式，增加安全、优质、绿色、健康的中高端粮油的供给。

4. 稳步推进储备粮管理体制改革 按照政策性职能和经营性职能分离的原则，深化中央储备粮管理体制改革。按照粮食安全省长责任制的要求，落实地方粮食储备，优化储备布局和品种结构；创新管理机制，鼓励符合条件的多元市场主体承储地方储备粮。完善储备轮换管理办法和吞吐调节机制，实现中央储备与地方储备在数量、结构、布局和储存形态等方面有机衔接，加强中央和地方储备信息共享，强化国家对中央与地方两级储备的统筹调度。

5. 深入推进国有粮食企业改革 制定实施《关于深化国有粮食企业改革的指导意见》，健全国有粮食企业改革联系点制度，开展试点示范带动，促进国有粮食企业提质增效。坚持政企分开、政资分开、所有权与经营权分离的原则，以产权制度改革为核心加快企业改制步伐，建立健全现代企业制度，发展混合所有制经济，实施跨行业、跨区域兼并重组，培育竞争力强的大型粮食企业集团。

二、保持粮食收储供应平稳有序运行

6. 认真抓好粮食收购 完善并落实小麦、稻谷最低收购价政策，适时启动执行预案，指导企业入市收购，保护种粮农民利益。组织抓好市场化收购，引导多元市场主体入市，全年各类粮食企业粮食收购总量稳定在8 000亿斤左右，坚决防止发生大面积农民“卖粮难”。强化粮食收购监督检查，维护市场收购秩序，严厉打击“打白条”、压级压价等坑农害农行为，保护农民种粮积极性。

7. 确保储粮安全和行业生产安全 全面贯彻实施安全储粮和安全生产“一规定两守则”，组织开展全员轮训。强化粮食库存安全管理，督促企业落实“两个安全”主体责任，严格责任追究，切实守住不发生重特大粮油储存事故和生产安全事故的底线。重点做好南方地区防汛度夏、虫霉防治和东北地区简易仓囤储粮等工作。加强仓储规范化管理，推广绿色储粮技术。贯彻落实《国有粮油仓储物流设施保护办法》。

8. 加强粮食市场监测预警和信息发布 落实粮食流通统计制度，增强对重点地区、重点品种、重要时点、重点对象的监测频率。健全涵盖国家、省、市、县四级的全系统监测预警体系，建立预测预警数据模型和粮食安全决策支持系统，适时发布粮食统计和市场信息。

9. 保证粮食市场供应 加强市场粮源组织和跨区域调运，完善粮食应急预案，健全应急供应机制，提高应急保障能力，做好节日市场供应、军粮供应以及突发事件应急供应工作。坚决打击囤积居奇、欺行霸市等扰乱市场秩序的行为，确保粮油市场供应平稳有序。

10. 强化粮食质量安全监管 按照“机构成网络、监测全覆盖、监管无盲区”的要求，将质量检测功能向市县延伸，从今年起在全国人口大县（市）、产粮大县建立第三方粮食检验检测机构，开展第三方检验检测。加强粮食质量安全监测、质量会检和品质测报工作，落实国家粮食质量安全监测年度计划和省级监测方案。加强粮油全产业链质量安全监测，切实履行原粮和政策性粮食质量监管责任，适时发布粮食质量安全信息。着力推进粮食质量安全保障机制和超标粮食处置长效机制建设。

三、以现代物流和信息化为重点深入推进“粮安工程”建设

11. 加快推进粮食现代物流体系建设 按照“十三五”全国粮食物流规划，加快重要物流节点建设，在东北“北粮南运”铁路联运通道、东北产区对接京津冀城市群通道、长江经济带通道、丝绸之路经济带通道、21世纪海上丝绸之路通道等，重点支持建设40个集仓储、加工、质检、信息服务等功能于一体的国家级粮食物流园区，对达到标准的，国家粮食局将挂牌，发挥好中转枢纽和调控载体作用。积极发展散粮汽车等专用运输工具和散粮集装箱等运输装备，

加快建设点对点的散粮装卸接发设施，提升散粮运输比例。

12. 加强粮食行业信息化建设 充分发挥“互联网+粮食”的作用，加强顶层设计，推进国家粮食管理综合平台建设，依托国家电子政务内网、外网和互联网，统一规范数据标准、接口和协议，实现与省级粮食管理平台信息共享、互联互通、业务协同。加强“智能粮库”建设，以地方粮食储备库为重点推进粮库智能化升级改造，使国有粮食收储企业信息化升级改造覆盖率达到40%，力争用2～3年时间基本实现地方储备粮在线管理。不断完善粮食行业信息化标准，推动大数据技术在行业管理及宏观调控中的应用，推进粮食行业“双随机”抽查名录库和粮食行业信用监督管理体系建设。

13. 加快构建国家粮食电子交易平台 将“全国粮食统一竞价交易系统”由政策性粮食拍卖扩展为全国性粮食电子交易平台，实现31个省级粮食交易中心全覆盖及平台联网，并向市县延伸。各地要积极引导产区、种粮农民、新型经营主体网上卖粮，引导销区、用粮企业网上买粮。市县两级粮食行政主管部门要发挥把关作用，按规定的条件选准选好进入主体，并对资质、诚信负责。要探索适合粮食流通特点的交易模式，规范标的、合约，引入质量检测、物流配送等第三方服务。

14. 加强军粮供应体系建设 适应军队改革需要，健全军粮供应网络体系，抓好危仓老库军粮专项维修改造工作。启动首批国家级国防动员中心（军民融合基地）建设，加快推进军粮供应、应急供应、成品粮储备、放心粮油、主食产业化“五位一体”融合发展。

四、加快粮食产业经济发展

15. 建设粮食产后服务体系 以国有粮食企业为主体，以开展代储存、代烘干、代质检、代加工、代销售“五代”业务为重点，建设粮食产后服务中心，为新型农业经营主体和小农户提供专业化服务。支持农业合作社、有实力的粮食经纪人、工商资本联合粮食企业共同建设或单独建设。建设方式以基层现有粮库为基础，进行功能改造，配置清理、烘干等相应的设备，提升粮食保鲜储存能力，原则上不新建库容，盘活存量。选择一批产粮大县开展试点，根据粮食产量、商品量、布局等情况和需要，建设产后服务中心，并给予必要支持。

16. 加快发展粮食加工转化 全面实施《粮油加工业“十三五”发展规划》，适应城乡居民食品安全、膳食结构及营养健康水平日益上升的需求，增加绿色优质、多样化、个性化、定制化粮油产品供给。积极推广粮油适度加工，提升主食产业化水平，发展全谷物食品，提高粮食加工副产物综合利用率。调整产业结构，完善粮食加工产业体系和产业链条，增加化工、医药、保健等领域所需粮食精深加工产品的有效供给。

17. 积极引导和推动粮食企业“走出去” 深入贯彻落实中央“一带一路”倡议，以“一带一路”沿线国家为重点，支持企业开展水稻、玉米、大豆和棕榈油等粮食作物规模化生产、加工、储运等多种形式的跨国经营，提高国际竞争力。

五、强化粮食安全和粮食流通工作保障措施

18. 抓好粮食安全省长责任制考核 充分发挥考核的督促引导作用，认真履行政府赋予粮食部门的职责，做好部门评审、部门抽查、综合评价和考核通报等环节工作，强化考核结果运用。合理确定2017年年度考核目标，突出考核的针对性和导向性，确保粮食安全省长责任制各项目标任务落到实处。

19. 加快建设法治粮食 加快推进《粮食法》立法，修订完善《粮食流通管理条例》和地方粮食法规规章，认真贯彻落实《国家粮食局关于粮食行政管理部门深入推进依法行政加快建设法治粮食的意见》，组织开展法治宣传教育和培训。完善中央储备粮代储资格认定工作机制，推动网上审批。

20. 加强粮食市场监管 改革粮食市场监管方式，压实粮食经营者主体责任，实行信用监督管理，推进粮食行业“双随机一公开”监管。加强政策性粮食库存监管，加快实现中央储备粮库存的动态监管。加强粮食流通监管队伍建设，落实监管经费，配备执法装备。

21. 深入实施科技兴粮和人才兴粮工程 大力实施《粮食行业科技创新发展“十三五”规划》，聚焦行业重大需求和产业发展瓶颈，强化企业创新主体作用，加快推进行业急需的关键科研项目研究工作，进一步提高科技成果转化成功率。充分发挥粮食专家咨询委员会等各类“智库”和“外脑”作用，加强重大问题前瞻性研究，完善政策储备。聚焦科技创新，贯彻落实《国家粮食局关于加快推进粮食行业科技创新人才发展的意见》，加快培养行业急需的领军人才、青年人才和技术技能人才。

22. 认真开展援疆援藏和行业扶贫工作 认真贯彻落实中央决策部署，加大援疆援藏、对口支援革命老区和行业扶贫工作力度，统筹推进智力支持、信息服务、结对帮扶、基层党建等各项工作，推进全行业

协调发展，为实现全面脱贫目标、全面建成小康社会作出积极贡献。

23. 加强粮食新闻宣传引导和服务　围绕中心抓好新闻宣传，突出重点主动引导舆论，加强敏感粮食舆情监测并妥善应对，营造良好舆论环境。办好世界粮食日和全国爱粮节粮宣传周活动。

六、加强粮食系统党建和党风廉洁建设

24. 坚定不移推进粮食行业全面从严治党　深入学习贯彻落实党的十八届六中全会精神，坚持全面从严治党，加强和完善党对粮食流通工作的领导，发挥党组织在把方向、管大局、保落实方面的领导核心作用和政治核心作用，推动党建工作和粮食流通业务工作实现深度融合。认真落实思想从严、管党从严、执纪从严、治吏从严、作风从严、反腐从严“六个从严”要求，切实把严的要求贯彻到管党治党的全过程和粮食流通的各环节。

25. 把落实中央经济决策部署作为政治责任　认真学习、深刻领会中央经济工作会议和中央农村工作会议精神，把思想认识统一到中央决策部署上来，不折不扣把中央关于推进供给侧结构性改革的要求贯彻到粮食流通工作中。以改革创新的精神状态和求真务实的作风不断开拓进取，全力做好新形势下的粮食流通工作。

26. 扎实推进党风廉洁建设和反腐败工作　建立健全和有效实施“一岗双责”“一案双查”制度，真正把党风廉洁建设主体责任落到实处。加强思想政治教育，坚持把纪律挺在前面，严格践行监督执纪“四种形态”，抓早抓小，把问题更多解决在萌芽状态。严厉查处各类涉粮违纪违法案件，持续形成惩治腐败的高压态势。从粮食行业实际出发，建立反腐败长效机制，加强对重点项目的监督管理和风险防控，着力形成不敢腐、不能腐、不想腐的局面。

27. 建设想干事能干事粮食行业干部职工队伍　持续加强党性教育、宗旨教育和理想信念教育，不断提高党员干部思想政治素质，增强党性修养。紧密结合粮食流通市场化、现代化、信息化发展需求，全面系统学习业务知识和专业本领，不断提高新常态下推动粮食流通改革发展的能力和水平。

“十三五”时期促进酒类流通健康发展的指导意见

（商务部　商运发［2017］47号　2017年2月13日）

各省、自治区、直辖市、计划单列市及新疆生产建设兵团商务主管部门：

“十二五”时期，我国酒类流通业面对市场深度调整，积极适应新变化，加快发展方式转变，行业销售规模稳中有增，新型营销模式不断涌现，发展质量和现代化水平明显提升。同时，酒类流通在法规标准建设、行业组织化程度、现代流通创新推广、市场秩序规范等方面仍存在不足。“十三五”时期，酒类流通行业面临新的发展机遇和挑战，为进一步加强酒类流通管理、促进行业健康稳定发展，根据《国内贸易流通“十三五”发展规划》要求，提出如下指导意见：

一、总体要求

（一）指导思想

牢固树立和贯彻落实创新、协调、绿色、开放、共享的发展理念，以市场为导向，以企业为主体，以改革创新为动力，以现代信息技术应用为支撑，完善法规标准，改善营商环境，统筹国际国内两个市场，提升酒类流通企业现代化水平和行业组织化程度，促进酒类流通行业健康稳定发展。

（二）基本原则

市场主导，政府引导　充分发挥市场机制作用，强化企业市场主体地位，激发酒类流通企业活力，提升流通环节的质量和效率。强化政府在法制建设、规划引导、政策促进等方面的作用，营造良好的发展环境。

创新引领，协调发展　始终把创新放在酒类流通工作的核心位置，不断推进模式创新、业态创新、管理创新、制度创新，充分发挥酒类流通对生产和消费的引导作用，促进酒类生产、流通、消费协调发展。

问题导向，综合施策　紧紧围绕酒类流通行业发

展中的突出问题和薄弱环节，坚持促进和规范并举，从调整结构、优化布局、提升质量、完善管理、改进服务等多个方面采取切实有效的措施解决和加强。

（三）发展目标

到2020年，推动形成制度健全、协作密切、监督有力、服务到位的酒类流通社会共治体系，建立起结构优化、布局合理、模式创新、融合发展的新型酒类流通体系，营造秩序规范、诚信经营、科学消费的流通环境，更好地引导生产，满足多元消费需求。

——*发展水平进一步提升* 酒类流通行业转型升级发展取得新进展，现代信息技术和管理理念广泛应用，现代流通方式得到推广，流通信息化、标准化、集约化水平得到提升，流通便利性和行业效率明显提高。

——*流通体系进一步健全* 酒类产销一体化比例进一步提高，行业组织化程度明显提升，流通网络布局更加合理。形成以大中型企业品牌经营为主导，小型企业特色化经营为补充，连锁、加盟经营为重要方式，电子商务普遍应用，现代物流体系完善的酒类流通协调发展新格局。

——*流通环境进一步改善* 市场秩序明显好转，制假售假、以次充好等行为得到遏制，消费者权益得到有效保障。行业诚信体系建设取得新进展，溯源建设有序推进，推动建成全国追溯查询系统，追溯体系覆盖60%的酒类流通企业。

二、主要任务

（一）优化酒类流通结构 优化经营主体结构，引导传统酒类流通企业利用现代信息技术，创新经营模式，实现转型升级；鼓励优势流通企业做大做强，形成一批诚信经营、善于创新的酒类流通骨干企业；倡导中小企业细分市场开展特色化经营。优化酒类产品结构，适应酒类市场大众消费、个性消费、理性消费的趋势，引导酒类生产企业完善酒类品种、品质、品牌供给，促进地区特色酒类商品流通。加强品牌建设，促进酒类传统文化和现代产业的融合发展，形成一批知名酒类流通品牌企业。

（二）创新酒类流通模式 推动酒类生产和流通企业探索建立互利共赢的新型产销模式，提升产销一体化程度。积极推进和创新发展酒类电子商务、连锁经营等流通方式，规范发展品牌专营店、专卖店。促进酒类电子商务平台与线下企业融合发展，引导酒类企业探索精准化营销，提供个性化定制服务，下沉流通渠道，做活销售终端。积极发展和利用第三方物流和智慧物流，完善售后服务体系建设。

（三）引导科学健康消费 组织开展“科学饮酒、理性饮酒、文明饮酒”专题宣传活动，向社会公众普及酒类商品知识，增强健康理性消费意识。提高社会对未成年人饮酒危害的认识，督促酒类经营者不得向未成年人销售酒类商品，引导电子商务平台和快递公司拒绝未成年人购酒、接收酒类商品快件。倡导消费者购买绿色低碳酒类产品，引导低碳生产、适度包装，促进绿色流通。

（四）推进酒类溯源管理 发挥酒类流通企业在供应链中的枢纽作用，联合生产企业共同打造酒类商品全过程信息化追溯链条。鼓励利用无线射频（RFID）、二维码等信息技术，加快建成“来源可查、去向可追、责任可究”的酒类商品追溯体系，便于消费者利用手机、电脑等查询追溯信息辨别酒品真伪。加大追溯信息在供应链质量安全管理、诚信建设、税款征收等方面的应用，提升追溯体系综合服务功能。

（五）完善诚信体系建设 建立健全酒类流通信用记录管理机制，利用“商务信用信息共享平台”、“商务诚信公共服务平台”，推进跨部门信用信息共享，加快酒类流通信用体系建设。鼓励地方商务主管部门建立基于市场化综合信用评价和第三方专业信用评价的信用采集机制。鼓励有条件的地方开展推广“事前告知承诺、事中分类评估、事后联动奖惩”的酒类流通信用管理模式。支持行业协会规范开展“放心酒”示范店创建、“黑名单”公示等工作，促进行业自律。

（六）规范酒类流通秩序 深入贯彻实施《食品安全法》，配合执法部门严厉打击制售假冒伪劣酒品等违法违规行为。消除酒类地区封锁，清理和废除阻碍酒类自由流通的有关规定和做法，推动形成大市场、大流通的酒类流通发展格局。推进公平交易，规范大型商场收取酒类高额进场费、进店费、酒类经销商违规促销、恶性竞争等违规行为。发挥行业协会、新闻媒体、专业机构等社会组织的监督作用，建立联防联控机制，不断健全消费者维权和交易争端解决机制，实现酒类流通社会共治。

（七）积极开拓国际市场 发展一批高水平的酒类国际合作及交易平台，依托酒类现货交易中心、大型展会、跨境电子商务平台、酒类特色小镇等载体，促进内外贸、产供销协调发展。引导酒类企业“走出去”，赴境外参加有影响力的国际展览展会，建设境外商品采购、营销推广、售后服务和仓储物流网络。促进国内酒类生产流通标准规则与国际对接，为国内酒品走出去创造良好制度环境。

三、保障措施

（一）加强组织领导 各地商务主管部门要加强组织领导，完善工作机制，认真履行当地政府赋予的酒类流通管理职责。要结合本地实际，制订贯彻落实的工作方案，建立监督和评估制度，确保各项任务措施落实到位。《酒类流通管理办法》废止后，不再据此实施酒类经营者备案登记和酒类流通随附单制度，各地要做好工作衔接，创新管理方式，促进酒类市场平稳运行。

（二）强化制度建设 研究借鉴主要发达国家酒类管理经验，推动全国酒类管理立法，建立完善市场准入和退出机制。指导已有地方性酒类立法的地区修订完善相关法规和规章，鼓励其他地区加快制订地方性法规，为全国酒类立法探索和积累经验。各地商务主管部门要加强规划引导工作，完善酒类商业网点布局。完善酒类流通标准体系，积极推动条件成熟的行业标准提升为国家标准，抓好已出台标准的宣贯执行。

（三）优化信息服务 推动建立服务消费者、酒类企业、管理机构的一站式酒类流通综合信息服务平台，整合优化商品追溯查询、经销商查询、信息收集与发布等功能。加强酒类流通统计监测工作，完善统计报表，优化样本结构，提高数据质量，提升分析预测和信息服务能力。组织行业协会、专业机构编制行业发展指南、年度发展报告，发布预测预警信息，服务企业经营，引导理性消费。

（四）发挥协会作用 创新酒类流通行业协会管理和运行机制。鼓励行业协会承接更多行业管理工作，提供更优质的公共服务，在政策咨询、行业自律、创新推广、研究分析、文化传承等方面发挥更重要的作用。

关于做好2017年屠宰行业管理工作的通知

（农业部办公厅　农办医［2017］5号　2017年2月14日）

为全面贯彻落实《全国农业现代化规划（2016—2020年）》和《农业部关于加强屠宰行业管理　保障肉品质量安全的意见》，提升屠宰监管能力，保障屠宰环节质量安全，现就做好2017年屠宰行业管理工作通知如下。

一、加强屠宰行业管理体系建设

（一）强化政府属地管理责任 各地要进一步推动落实政府属地管理责任，建立“地方政府负总责、监管部门各负其责、企业为第一责任人”的屠宰环节质量安全责任体系。积极争取地方人民政府出台加强畜禽屠宰行业管理工作的意见，明确本地区屠宰行业发展、屠宰监管体系建设、屠宰行业管理的工作思路和具体措施。建立健全屠宰环节质量安全监管工作协调机制，统筹做好屠宰监管体系建设、屠宰企业资格审核清理、屠宰专项整治等工作。

（二）着力形成部门齐抓共管合力 各地要积极争取机构编制、发展改革、财政等部门的支持，加强屠宰监管机构建设，将畜禽屠宰监管、检测、执法等工作经费纳入各级财政预算，确保屠宰监管工作力量有所加强，经费切实保障。加强与食品药品监管、环保、公安、工商等部门的协作，细化部门职责，做到无缝衔接，共同维护屠宰市场秩序，保障肉品质量安全。

（三）提升屠宰企业主体责任履行能力 各地要督促屠宰企业切实履行屠宰环节质量安全主体责任，严格执行相关法律法规和标准规定，落实入场查验、待宰静养、肉品检验、“瘦肉精”自检、病害畜禽及屠宰废物无害化处理等屠宰全过程质量安全控制措施。督促屠宰企业切实履行安全生产主体责任，建立健全安全生产管理制度，完善屠宰安全生产档案记录，加强安全生产日常管理，落实安全生产各项措施。

二、提升屠宰行业法治化管理能力

（一）加强屠宰行业管理立法 各地要加强调研，积极建言献策，密切配合做好《生猪屠宰管理条例》修订工作。推动地方性法规和政府规章制修订，尽快明确本地区小型生猪屠宰场点设置条件，研究制定小型生猪屠宰场点具体管理办法；研究制定规范“代宰”行为管理办法，明确权利义务关系，严格“代宰”条件，降低质量安全风险；结合本地区实际情况，研究制定生猪以外其他畜禽的屠宰管理办法，全面规范畜禽屠宰管理。

（二）稳步提升屠宰监管执法能力　各地要强化屠宰监管人员管理，提升屠宰行业管理人员依法履职能力，依法严肃处理违反畜牧兽医执法“六条禁令”和屠宰检疫“五不得”规定的行为。强化行政执法与刑事司法衔接，严格按照《最高人民法院最高人民检察院关于办理危害食品安全刑事案件适用法律若干问题的解释》有关规定，及时向公安机关移送相关违法案件，严惩重处屠宰违法犯罪行为。建立健全屠宰监管区域联合执法机制，加强区域间协调配合，共同打击违法屠宰行为。

（三）做好屠宰法律法规标准的宣传普及　各地要采取有效措施，高水平开展《动物防疫法》《生猪屠宰管理条例》等法律法规及技术标准的宣传普及，教育和引导从业人员自觉守法、规范经营，增强公众质量安全和健康消费意识，形成全社会共同维护肉品质量安全的良好氛围。

三、增强屠宰行业风险防控能力

（一）加强日常监管　各地要落实《生猪屠宰厂（场）监督检查规范》，扎实开展生猪屠宰日常监管和年度检查，规范生猪屠宰监督检查行为。督促生猪屠宰企业做好生产记录，如实记录进厂（场）查验、肉品品质检验、病害生猪无害化处理、生猪产品出厂（场）等情况，提升生猪屠宰环节质量安全追溯能力。创新屠宰监管机制，逐步推行屠宰环节质量安全风险分级管理，实行随机抽取被检查对象、随机抽取检查人员的“双随机”检查，实施生猪屠宰飞行检查制度。严格落实屠宰检疫制度，加大对应检未检或违规检疫等违法行为的处罚力度。加强屠宰环节病害猪无害化处理监管，切实管好、用好屠宰环节病害猪无害化处理补贴资金，严厉查处套取、骗取补贴资金的违法行为。

（二）加大专项整治力度　坚持日常监管与专项整治相结合，深入开展生猪屠宰监管“扫雷行动”，继续保持对生猪屠宰违法行为高压严打态势，以小型屠宰场点、屠宰环节病害猪无害化处理和生猪“代宰”行为为重点，以落实待宰静养制度为抓手，严厉打击无证屠宰、屠宰病死猪、注水或注入其他物质等违法行为。加大与食品药品监管、公安等部门的协调配合，在党的十九大等重大活动、重要节假日期间和肉品消费旺季，积极组织开展声势大、成效足的专项整治行动。

（三）强化监督检测　各地要继续做好生猪屠宰环节“瘦肉精”监督检查，强化牛、羊屠宰环节“瘦肉精”监督抽检，深入实施屠宰环节风险监测。督促屠宰企业落实“瘦肉精”自检制度，建立屠宰企业水分自检制度，逐步建立以屠宰企业自检结果为重要参考的肉品质量安全检验体系。加大检打联动，对检测结果不合格的，要依法查处，追根溯源，涉嫌犯罪的，要及时移送公安机关调查处理。

（四）建立健全屠宰企业诚信管理体系　各地要推进屠宰企业诚信管理体系建设，按照《关于加快推进失信被执行人信用监督、警示和惩戒机制建设的意见》要求，将生猪屠宰环节出现的违反《生猪屠宰管理条例》等规定的单位和个人纳入重点监管对象，加大监督检查频次。

（五）做好屠宰环节质量安全事件应急处置　各地要加强应急管理，进一步细化、完善屠宰环节质量安全突发事件应急预案和应急机制；加强对屠宰行业舆情信息的动态监测预警，确保问题早发现、早报告、早处置；一旦发生屠宰环节质量安全突发事件，要迅速启动应急预案，及时上报、快速响应，迅速查明问题原因并妥善处置，坚决防止事态的扩大和蔓延。

四、引导屠宰行业转型升级

（一）完善屠宰准入管理　各地要健全完善屠宰企业准入管理制度，严把准入条件，规范屠宰企业准入审批。按照减数控量、提质升级的目标要求，综合考虑城乡规划、养殖规模、市场消费需求、交通运输状况和屠宰企业配送能力等因素，抓紧制定本区域屠宰行业发展规划，充分发挥市场在资源配置中的决定性作用，加强政策引导，促进屠宰产能调整，遏制重复建设和无序竞争。引导屠宰企业采用兼并重组等手段，加快整合乡镇小型屠宰场点，力争 2017 年再压减一批乡镇小型屠宰场点。

（二）强化畜禽屠宰统计监测　各地要严格落实国家屠宰统计监测制度，监督指导屠宰企业做好收购价、白条肉出厂价、屠宰量、病害畜禽无害化处理量等屠宰统计监测信息填报工作。发挥屠宰连接养殖与肉品消费的作用，建立从养殖到肉品消费全链条监测体系，研究分析养殖、屠宰和肉品消费全链条的价值演变关系，及时发布预警信息，科学引导养殖和肉品消费。整合本地区屠宰行业人才资源，探索建立生猪屠宰产业形势会商制度，及时、准确掌握屠宰产业运行状况，有效提升屠宰行业管理能力。

（三）促进屠宰产业有序发展　各地要按照市场主导、政府引导的原则，推进屠宰企业标准化改造、品牌化发展。推进屠宰企业标准化生产，研究制定生猪屠宰场标准化创建方案，启动生猪屠宰场标准化创建工作。引导规模屠宰企业向上下游延伸产业链，推行养殖场和屠宰企业挂钩、屠宰企业与超市对接，推进养殖、屠宰、加工、配送、销售一体化经营，促进一二三产业融合发展，提高抵抗市场波动能力。加强屠宰行业人才队伍建设，制定出台本地区屠宰行业培训规划，组织开展多层次、多形式、多领域的屠宰行业管理培训、执法培训和技术培训，提高屠宰行业管理、监管执法和企业从业人员素质。

请各省、自治区、直辖市将屠宰行业管理工作中的问题和建议及时报我部兽医局（农业部畜禽屠宰管理办公室）。

“十三五”国家食品安全规划

（国务院　国发［2017］12号　2017年2月14日）

保障食品安全是建设健康中国、增进人民福祉的重要内容，是以人民为中心发展思想的具体体现。为实施好食品安全战略，加强食品安全治理，根据《中华人民共和国国民经济和社会发展第十三个五年规划纲要》，制定本规划。

一、现状和形势

“十二五”期间，各地区、各部门进一步加大工作力度，食品安全形势总体稳定向好，人民群众饮食安全得到切实保障。

（一）食品产业快速发展　到“十二五”末，全国获得许可证的食品生产企业13.5万家、流通企业819万家、餐饮服务企业348万家；规模以上食品工业企业主营业务收入11.35万亿元，年均递增12.5%。进出口食品贸易额增长23.9%。

（二）监管力度持续加大　无公害农产品种植面积增加2 000万亩。查处食品安全违法案件95.8万起，侦破食品安全犯罪案件8万余起。2015年国家食品安全监督抽检17.2万批次，合格率为96.8%。进出口食品安全水平持续稳定。实行“明厨亮灶”的餐饮服务企业41.8万家，实行量化分级管理的餐饮服务企业275万家。在100个城市开展餐厨废弃物资源化利用和无害化处理试点。

（三）支撑保障能力稳步加强　实施食品安全检（监）测能力建设项目，安排中央基建投资184.5亿元。食品安全科技创新体系逐步完善。食品监测覆盖范围不断扩大，食源性疾病监测网络哨点医院达3 883家，食品污染物和有害因素监测点达2 656个。成立了国家食品安全风险评估中心，建立了100家农产品质量安全风险评估实验室。

（四）监管体制不断完善　国务院成立食品安全委员会，组建食品药品监管总局，各级政府普遍建立了食品安全综合协调机制并明确办事机构，统一权威监管体制建设取得显著进展。

（五）法律法规标准体系进一步健全　修订食品安全法、兽药管理条例等10部法律法规，制修订20余部食品安全部门规章，6个省（区、市）出台了食品生产加工小作坊和食品摊贩管理地方性法规。最高人民法院、最高人民检察院出台关于办理危害食品安全刑事案件适用法律若干问题的解释，最高人民法院出台审理食品药品纠纷案件适用法律若干问题的规定。国家卫生计生委清理食品标准5 000项，整合400项，发布新的食品安全国家标准926项、合计指标1.4万余项。农业部新发布农药残留限量指标2 800项，清理413项农药残留检验方法。

（六）社会共治格局初步形成　连续5年举办“全国食品安全宣传周”活动，累计覆盖7亿多人次。食品生产经营者诚信守法意识、公众食品安全意识和社会参与度进一步提高。开通“12331”全国食品药品投诉举报电话，推行有奖举报制度。开展食品安全信用体系建设试点，获得诚信管理体系评价证书的食品企业600余家，婴幼儿配方乳粉企业全部建立诚信管理体系。

在肯定成绩的同时，必须清醒认识到，我国仍处于食品安全风险隐患凸显和食品安全事件集中爆发期，食品安全形势依然严峻。一是源头污染问题突出。一些地方工业“三废”违规排放导致农业生产环境污染，农业投入品使用不当、非法添加和制假售假等问题依然存在，农药兽药残留和添加剂滥用仍是食品安全的最大风险。二是食品产业基础薄弱。食品生产经营企业多、小、散，全国1 180万家获得许可证的食品生产经营企业中，绝大部分为10人以下小企业。企业诚信观念和质量安全意识普遍不强，主体责任尚未完全落实。互联网食品销售迅猛增长带来了新的风险和挑战。三是食品安全标准与发达国家和国际食品法典标准尚有差距。食品安全标准基础研究滞后，科学性和实用性有待提高，部分农药兽药残留等相关标准缺失、检验方法不配套。四是监管能力尚难适应需要。监管体制机制仍需完善，法规制度仍需进一步健全，监管队伍特别是专业技术人员短缺，打击食品安全犯罪的专业力量严重不足，监管手段、技术支撑等仍需加强，风险监测和评估技术水平亟待提升。

“十三五”时期是全面建成小康社会的决胜阶段，也是全面建立严密高效、社会共治的食品安全治理体系的关键时期。尊重食品安全客观规律，坚持源头治理、标本兼治，确保人民群众“舌尖上的安全”，是全面建成小康社会的客观需要，是公共安全体系建设的重要内容，必须下大力气抓紧抓好。

二、总体要求

（一）指导思想

全面贯彻党的十八大和十八届三中、四中、五中、六中全会精神，以马克思列宁主义、毛泽东思想、邓小平理论、“三个代表”重要思想、科学发展观为指导，深入贯彻习近平总书记系列重要讲话精神，认真落实党中央、国务院决策部署，紧紧围绕统筹推进“五位一体”总体布局和协调推进“四个全面”战略布局，牢固树立和贯彻落实创新、协调、绿色、开放、共享的发展理念，坚持最严谨的标准、最严格的监管、最严厉的处罚、最严肃的问责，全面实施食品安全战略，着力推进监管体制机制改革创新和依法治理，着力解决人民群众反映强烈的突出问题，推动食品安全现代化治理体系建设，促进食品产业发展，推进健康中国建设。

（二）基本原则

1. *预防为主*　坚持关口前移，全面排查、及时发现处置苗头性、倾向性问题，严把食品安全的源头关、生产关、流通关、入口关，坚决守住不发生系统性区域性食品安全风险的底线。

2. *风险管理*　树立风险防范意识，强化风险评估、监测、预警和风险交流，建立健全以风险分析为基础的科学监管制度，严防严管严控风险隐患，确保监管跑在风险前面。

3. *全程控制*　严格实施从农田到餐桌全链条监管，建立健全覆盖全程的监管制度、覆盖所有食品类型的安全标准、覆盖各类生产经营行为的良好操作规范，全面推进食品安全监管法治化、标准化、专业化、信息化建设。

4. *社会共治*　全面落实企业食品安全主体责任，严格落实地方政府属地管理责任和有关部门监管责任。充分发挥市场机制作用，鼓励和调动社会力量广泛参与，加快形成企业自律、政府监管、社会协同、公众参与的食品安全社会共治格局。

（三）发展目标

到2020年，食品安全治理能力、食品安全水平、食品产业发展水平和人民群众满意度明显提升。主要实现以下目标：

1. *食品安全抽检覆盖全部食品类别、品种*　国家统一安排计划、各地区各有关部门分别组织实施的食品检验量达到每年4份/千人。其中，各省（区、市）组织的主要针对农药兽药残留的食品检验量不低于每年2份/千人。

2. *农业源头污染得到有效治理*　主要农作物病虫害绿色防控覆盖率达到30%以上，农药利用率达到40%以上，主要农产品质量安全监测总体合格率达到97%以上。

3. *食品安全现场检查全面加强*　职业化检查员队伍基本建成，实现执法程序和执法文书标准化、规范化。对食品生产经营者每年至少检查1次。实施网格化管理，县、乡级全部完成食品安全网格划定。

4. *食品安全标准更加完善*　制修订不少于300项食品安全国家标准，制修订、评估转化农药残留限量指标6 600余项、兽药残留限量指标270余项。产品标准覆盖包括农产品和特殊人群膳食食品在内的所有日常消费食品，限量标准覆盖所有批准使用的农药兽药和相关农产品，检测方法逐步覆盖所有限量标准。

5. *食品安全监管和技术支撑能力得到明显提升*　实现各级监管队伍装备配备标准化。各级食品安全检验检测能力达到国家建设标准，进出口食品检验检测能力保持国际水平。

三、主要任务

（一）全面落实企业主体责任

食品生产经营者应当严格落实法定责任和义务。遵守相关法律法规和标准，采取多种措施，确保生产过程整洁卫生并符合有关标准规范，确保生产经营各环节数据信息采集留存真实、可靠、可溯源。建立健全食品安全管理制度，配备食品安全管理人员。主动监测已上市产品质量安全状况，及时报告风险隐患，依法召回、处置不符合标准或存在安全隐患的食品。

开展食品安全师制度试点。鼓励食品生产经营企业建设规模化原辅材料和食品加工、配送基地，加强供应链管理，发展连锁经营、集中采购、标准化生产、统一配送等现代经营方式。加强冷链物流基础设施建设，提升冷链物流管理标准和管理水平。鼓励企业按照良好生产经营规范组织生产，实施危害分析和关键控制点体系、良好生产规范、食品安全管理体系、食品防护计划等自愿性质量管理规范，通过相关认证的可以在其产品包装上予以标识。鼓励和支持食品生产经营小作坊、小摊贩、小餐饮改善生产经营条件。加强食品品牌建设。

（二）加快食品安全标准与国际接轨

建立最严谨的食品安全标准体系。加快制修订产业发展和监管急需的食品基础标准、产品标准、配套检验方法标准、生产经营卫生规范等。加快制修订重金属、农药残留、兽药残留等食品安全标准。密切跟踪国际标准发展更新情况，整合现有资源建立覆盖国际食品法典及有关发达国家食品安全标准、技术法规的数据库，开展国际食品安全标准比较研究。加强标准跟踪评价和宣传贯彻培训。鼓励食品生产企业制定严于食品安全国家标准、地方标准的企业标准，鼓励行业协会制定严于食品安全国家标准的团体标准。依托现有资源，建立食品安全标准网上公开和查询平台，公布所有食品安全国家标准及其他相关标准。整合建设监测抽检数据库和食品毒理学数据库，提升标准基础研究水平。将形成技术标准作为组织实施相关科研项目的重要目标之一，并列入食品科研重要考核指标，相关成果可以作为专业技术资格评审依据。

专栏1　食品安全国家标准提高行动计划

（一）制修订食品安全国家标准　制修订不少于300项食品安全国家标准，加快生产经营卫生规范、检验方法等标准制定。制修订农药残留限量指标3 987项，评估转化农药残留限量指标2 702项，清理、修订农药残留检验方法413项，研究制定农药残留国家标准技术规范7项，建立农业残留基础数据库1个。制定食品中兽药最大残留限量标准，完成31种兽药272项限量指标以及63项兽药残留检测方法标准制定。

（二）加强食品安全国家标准专业技术机构能力建设　依托国家和重点省份食品安全技术机构，设立若干标准研制核心实验室。

（三）完善法律法规制度

加快构建以食品安全法为核心的食品安全法律法规体系。修订农产品质量安全法、食品安全法实施条例、农药管理条例、乳品质量安全监督管理条例。推进土壤污染防治法、粮食法、肥料管理条例等立法进程。推动各地加快食品生产加工小作坊和食品摊贩管理等地方性法规规章制修订。制修订食品标识管理、食品安全事件调查处理、食品安全信息公布、食品安全全程追溯、学校食堂食品安全监督管理等配套规章制度。完善国境口岸食品安全规章制度。

（四）严格源头治理

深入开展农药兽药残留、重金属污染综合治理。开展化肥农药使用量零增长行动，全面推广测土配方施肥、农药精准高效施用。加快高效、低毒、低残留农药新品种研发和推广，实施高毒、高残留农药替代行动。实施兽用抗菌药治理行动，逐步淘汰无残留限量标准和残留检测方法标准的兽药及其制剂。严格落实农药兽药登记和安全使用制度，推行高毒农药定点经营和实名购买制度。推进重金属污染源头治理，摸清土壤污染分布情况，开展污染耕地分级分类治理。

提高农业标准化水平。实施农业标准化推广工程，推广良好农业规范。继续推进农业标准化示范区、园艺作物标准园、标准化规模养殖场（小区）、水产健康养殖场建设。支持良好农业规范认证品牌农产品发展，提高安全优质品牌农产品比重。建立健全畜禽屠宰管理制度，加快推进病死畜禽无害化处理与养殖业保险联动机制建设，加强病死畜禽、屠宰废弃物无害化处理和资源化利用。加强粮食质量安全监测与监管，推动建立重金属等超标粮食处置长效机制。推动农产品生产者积极参与国家农产品质量安全追溯管理信息平台运行。开展肉类、蔬菜等产品追溯体系建设的地区要加快建立高效运行长效机制。

专栏2　食用农产品源头治理工程

（一）农药残留治理工程　主要农作物病虫害绿色防控覆盖率达到30%以上，专业化统防统治覆盖率达到40%以上，农药利用率达到40%以上。

（二）兽药残留治理工程　新研发和推广低毒、低残留新兽药产品100种，淘汰高风险兽药产品100种。动物产品兽药残留合格率保持在97%以上。

（三）测土配方施肥推广工程　测土配方施肥技术覆盖率达到90%以上，畜禽粪便养分还田率达到60%以上，水肥一体化技术推广面积达到1.5亿亩，机械施肥面积占主要农作物种植面积的40%以上，主要农作物化肥利用率达到40%以上。

（四）农业标准化推广工程　标准化生产示范园（场）全部通过“三品一标”（无公害农产品、绿色食品、有机农产品和农产品地理标志）认证登记，有机农产品种植基地面积达到300万公顷，绿色食品种植基地面积达到1 200万公顷。

（五）农产品质量安全保障工程　完善国家农产品质量安全追溯管理信息平台，健全农产品质量安全监管体系，提高基层监管能力。

（五）严格过程监管

严把食品生产经营许可关。对食品（含食品添加剂）生产、直接接触食品的包装材料等具有较高风险的相关产品、食品经营（不含销售食用农产品）依法严格实施许可管理。深化“放管服”改革，优化许可流程，提高审批效率。整合现有资源，建立全国统一的食品生产经营许可信息公示系统。落实地方政府尤其是县级政府责任，实施餐饮业质量安全提升工程。获得许可证的餐饮服务单位全面推行“明厨亮灶”。推进餐厨废弃物资源化利用和无害化处理试点城市建设。

严格生产经营环节现场检查。食品生产经营企业应当认真履行法定义务，严格遵守许可条件和相关行为规范。科学划分食品生产经营风险等级，加强对高风险食品生产经营企业的监督检查。科学制定国家、省、市、县级食品检查计划，确定检查项目和频次。国务院食品安全监管有关部门负责建立和完善食品生产经营监督检查制度和技术规范，依据职责监督抽查大型食品生产经营企业；省级食品安全监管部门负责制定本省（区、市）年度监督管理计划，抽查本行政区域内大型食品生产经营企业，督导核查市、县级监督管理工作；市、县级食品安全监管部门负责日常监督检查，在全覆盖基础上按照“双随机、一公开”原则开展日常检查。现场检查应按照年度监督检查计划进行，覆盖所有生产经营者，重点检查农村、学校、幼儿园等重点区域，小作坊、小摊贩、小餐饮等重点对象，冷链贮运等重点环节，以及中高风险食品生产经营者。大力推进学校食堂、幼儿园食堂实时监控工作。

严格特殊食品监管。推进保健食品注册与备案制改革，完善保健食品保健功能目录，科学调整功能表述。制定保健食品原料目录、可用和禁用于保健食品物品名单。严厉打击保健食品虚假宣传、商业欺诈、诱骗消费者购买等违法行为。严格特殊医学用途配方食品、婴幼儿配方乳粉产品配方注册管理。

严格网格化监管。科学划定县、乡级行政区域内食品安全网格，合理配备监管协管力量，做到“定格、定岗、定员、定责”。建立健全责任包干、信息管理、上下联动、社会协作、协调处理、宣传引导、考核评价等制度，有效消除各类风险隐患。到“十三五”末，县、乡级100%完成食品安全网格划定。

严格互联网食品经营、网络订餐等新业态监管。加强互联网食品经营网上监测能力建设。落实网络平台食品经营资质审核责任，完善网上交易在线投诉和售后维权机制。

严格食品相关产品监管。通过安全评估确定风险等级，对高风险的食品相关产品实施生产许可，逐步形成以监督检查为手段，以风险监测和抽样检验为验证的事中事后监管体系。

严格进出口食品安全监管。实施进口食品安全放心工程，强化口岸检验检疫。实施进出口食品安全风险预警和进出口企业信誉记录制度，建立风险预警平台，大力加强境外体系检查。完善进出口食品质量安全检验检测，制定进口食品安全监督抽检计划和风险监测计划。严格实施进口食品境外生产企业注册。加强跨境电子商务进口食品检验检疫监管。

推动特色食品加工示范基地建设。在原料资源丰富地区，选择一批地方特色突出的食品产业园区，以知名品牌和龙头企业为引领，开展集食品研发创新、检测认证、包装印刷、冷链物流、人才培训、工业旅游、集中供热、污水集中处理等于一体的现代食品工业基地建设示范，提高基础设施和公共服务水平，开展集中监管，发挥示范引领作用，带动食品产业转型升级和食品质量安全管理水平整体提升。

（六）强化抽样检验

食品安全抽样检验覆盖所有食品类别、品种，突出对食品中农药兽药残留的抽检。科学制定国家、省、市、县级抽检计划。国务院食品安全监管有关部门主要承担规模以上或产品占市场份额较大食品生产企业的产品抽检任务，省级食品安全监管部门主要承担本行政区域内所有获得许可证的食品生产企业的产品抽检任务，市、县级食品安全监管部门主要承担本行政区域内具有一定规模的市场销售的蔬菜、水果、畜禽肉、鲜蛋、水产品农药兽药残留抽检任务以及小企业、小作坊和餐饮单位抽检任务。市、县级食品安全监管部门要全面掌握本地农药兽药使用品种、数量，特别是各类食用农产品种植、养殖过程中农药兽药使用情况，制定的年度抽检计划和按月实施的抽检样本数量要能够覆盖全部当地生产销售的蔬菜、水果、畜禽肉、鲜蛋和水产品，每个品种抽样不少于20个，抽样检验结果及时向社会公开。将食品安全抽检情况列为食品安全工作考核的重点内容。

专栏3 食品安全监管行动计划

（一）食品安全监督抽检工程 到2020年，国家统一安排计划、各地区各有关部门分别组织实施的食品检验量达到每年4份/千人。其中，各省（区、市）组织的主要针对农药兽药残留的食品检验量不低于每年2份/千人。探索开展国家食品安全评价性抽检工作。

（二）特殊食品审评能力建设 加强特殊食品审评工作，加强专职审评员队伍建设，依法按时完成保健食品、特殊医学用途配方食品和婴幼儿配方乳粉产品配方技术审评任务。

（三）进出口食品安全监管提升计划 对50个主要对我国出口食品的国家（地区）开展食品安全体系评估和回顾性检查。严格实施进口食品监督抽检，监督抽检产品种类实现全覆盖。建设20个进口食品进境检验检疫指定口岸。新建100个国家级出口食品安全示范区。

（四）餐饮业质量安全提升工程 推进餐饮业实施餐饮服务食品安全操作规范，加强餐饮食品安全员考核，完善餐饮服务食品安全标准。落实地方政府尤其是县级政府责任，实现餐饮食品安全监管全覆盖。

（七）严厉处罚违法违规行为

整治食品安全突出隐患及行业共性问题。重点治理超范围超限量使用食品添加剂、使用工业明胶生产食品、使用工业酒精生产酒类食品、使用工业硫黄熏蒸食物、违法使用瘦肉精、食品制作过程违法添加罂粟壳等物质、水产品违法添加孔雀石绿等禁用物质、生产经营企业虚假标注生产日期和保质期、用回收食品作为原料生产食品、保健食品标签宣传欺诈等危害食品安全的“潜规则”和相关违法行为。完善食品中可能违法添加的非食用物质名单、国家禁用和限用农药名录、食用动物禁用的兽药及其他化合物清单，研究破解“潜规则”的检验方法。

整合食品安全监管、稽查、检查队伍，建立以检查为统领，集风险防范、案件调查、行政处罚、案件移送于一体的工作体系。各级公安机关进一步加强打击食品安全犯罪的专业力量建设，强化办案保障。加强行政执法与刑事司法的衔接，建立证据互认、证据转换、法律适用、涉案食品检验认定与处置等协作配合机制。推动出台食品安全违法行为处罚到人的法律措施。完善政法委牵头、政法部门和监管部门共同参与的协调机制。

（八）提升技术支撑能力

提升风险监测和风险评估等能力。全面加强食源性疾病、食品污染物、食品中有毒物质监测，强化监测数据质量控制，建立监测数据共享机制。完善食品安全风险评估体系，通过综合分析监测数据及时评估并发现风险。建立食品安全和农产品质量安全风险评估协调机制，将“米袋子”“菜篮子”主要产品纳入监测评估范围。食品污染物和有害因素监测网络覆盖所有县级行政区域并延伸到乡镇和农村，食源性疾病监测报告系统覆盖各级各类医疗机构。

健全风险交流制度。按照科学、客观、及时、公开的原则，定期组织食品生产经营者、食品检验机构、认证机构、食品行业协会、消费者协会以及新闻媒体等，就食品安全风险评估信息和食品安全监督管理信息进行交流沟通。规范食品安全信息发布机制和制度。建立国家、省、市、县四级食品安全社会公众风险认知调查体系和国家、省、市三级风险交流专家支持体系。鼓励大型食品生产经营企业参与风险交流。

专栏4 风险监测预警、评估能力提升项目

（一）食品安全风险监测能力 依托现有资源建设风险监测区域重点实验室和省级参比实验室。进一步完善国家食源性疾病监测系统，建立覆盖全部医疗机构并延伸到农村的食源性疾病监测报告网络。依托现有资源构建地方各级食源性疾病监测溯源平台。建立覆盖全国的食品安全风险预警系统和重点食品品种风险预警模型。建立健全覆盖主要贸易国家（地区）的进出口食品安全信息监测网络和进出口食品安全数据库。

（二）食品安全风险评估能力 建立国家农产品质量安全风险评估实验室。加快国家食品安全风险评估中心分中心建设，建设风险评估区域重点实验室。实施食物消费量调查、总膳食和毒理学研究计划。建立完善国家食品安全风险评估基础数据库。构建进出口食品安全风险评估分级模型。

加快建设食品安全检验检测体系。构建国家、省、市、县四级食品安全检验检测体系。国家级检验机构具备较强的技术性研究、技术创新、仲裁检验、复检能力和国际合作能力；省级检验机构能够完成相应的法定检验、监督检验、执法检验、应急检验等任务，具备一定的科研能力，能够开展有机污染物和生物毒素等危害物识别及安全性评价、食源性致病微生物鉴定、食品真实性甄别等基础性、关键性检验检测技术，能够开展快速和补充检验检测方法研究；市级检验机构具备对食品安全各项目参数较全面的常规性检验检测能力；食品产业大县和人口大县要具备对常见微生物、重金属、农药兽药残留等指标的实验室检验能力及定性快速检测能力。加强检验检测信息化建设。鼓励大专院校、企业检验机构承担政府检验任务。组织开展食品快速检测方法评价，规范快速检测方法应用。

提高食品安全智慧监管能力。重点围绕行政审批、监管检查、稽查执法、应急管理、检验监测、风险评估、信用管理、公共服务等业务领域，实施“互联网+”食品安全监管项目，推进食品安全监管大数据资源共享和应用，提高监管效能。

加强基层监管能力建设。各级食品安全监管机构业务用房、执法车辆、执法装备配备实现标准化，满足监督执法需要。

加强应急处置能力建设。完善国家、省、市、县四级应急预案体系，健全突发事件跟踪、督查、处理、报告、回访和重大事故责任追究机制。强化食品安全舆情监测研判。开展应急演练。

专栏5 监管能力建设项目

（一）检验检测能力建设项目 实施食品安全检验检测能力达标工程。根据国家建设标准建设食品安全检验检测机构。依托现有资源建设一批食品安全监管重点实验室，在相应特色领域具备国内一流检验水平和技术攻关能力。全面推进县级食品安全检验检测资源整合。鼓励通过建设省、市级检验机构区域分中心的方式开展跨层级整合。做好与药品、医疗器械检验检测项目的统筹衔接。实施食用农产品和进出口食品检验机构改造项目。升级改造农产品质量安全风险评估实验室、粮食质量安全检验监测机构。建设进出口食品质量检（监）测基准实验室。升级改造部分省级进出口食品质量安全检（监）测重点实验室。

（二）“互联网+”食品安全监管项目 继续推进实施国家食品安全监管信息化工程建设项目。依托现有机构，整合现有资源，重点建设全国食品生产经营许可信息公示系统，以及食品生产经营监管、检验监测、信用管理、应急管理、风险评估和移动执法系统；完善婴幼儿配方乳粉、生鲜农产品和酒类食品追溯信息管理平台；建设进出口食品安全监管信息化工程和粮食质量安全监管信息化平台；构建食品安全监管数据中心和监管信息资源数据库。

（三）基层监管能力标准化建设项目 合理保障食品安全监管机构执法基本装备、执法取证装备、快检装备配备和基础设施建设需要，到“十三五”末，实现各级监管队伍装备配备标准化。

（四）提升突发事件应对能力 加强应急能力培训，提升调查分析能力、风险防控能力、信息公开能力和舆论引导能力。建立以中国食品药品检定研究院为龙头，以7～10个区域性应急检验检测重点实验室为支撑的应急检验检测体系。加强食品安全突发事件流行病学调查和卫生学处置能力建设，整合建立重大食品安全突发事件病因学实验室应急检测技术平台。强化科技创新支撑。利用国家科技计划（专项、基金等）、企业投入、社会资本等统筹支持食品安全创新工作。重点支持研发冷链装备关键技术、过程控制技术、检验检测技术等。

专栏6 食品安全重点科技工作

（一）建立科学、高效的过程控制技术体系 开展农药兽药、持久性有机污染物、重金属、微生物、生物毒素等食品原料中危害物迁移转化机制与安全控制机理等技术研究。提出相应控制规范，研发控制新工艺和新设备。研发质量安全控制新技术30～50项。

（二）建立全覆盖、组合式、非靶向检验检测技术体系 研发食品中化学性、生物性、放射性危害物高效识别与确证关键技术及产品，研发生化传感器、多模式阵列光谱、小型质谱、离子迁移谱等具有自主知识产权的智能化快速检测试剂、小型化智能离线及在线快速检测装备30～50台（套），制定检验规程120～150项，研制食品安全基体标准物质60～80种。开展食品安全第三方检验检测体系建设科技示范。

（三）建立科学合理的食品安全监测和评价评估技术体系 开展体外替代毒性测试、混合污染物毒性评价及风险评估等食品安全危害识别与毒性机制等研究。研发新一代毒性测试方法技术20～30项。

（四）研发急需优先发展的冷链装备关键技术 研究和开发高效、环保、精准冷链装备，研究氨制冷系统安全技术，研究基于信息技术的绿色冷链物流系统优化技术。

（五）整合现有资源加强食品安全监督执法智慧工作平台研发 研究食品安全风险分级评价与智能化现场监管、网络食品安全监控等技术。研发致病微生物全基因溯源、食品安全突发事件应急演练模拟仿真模型等应急处置新技术30～40项，研发风险预警模型和可视化决策支持的云服务平台，形成监督管理新技术20～30项。

（六）强化食品安全国家标准制修订 研究农药和兽药的关键限量标准不少于20种，新发毒素、污染物标准不少于5种。

（七）综合示范应用 通过研究成果转化、应用和集成研究，提出食品安全解决方案。开展区域和产业链综合示范，发挥科技成果在服务产业发展和支撑食品安全监管方面的重要作用。

（九）加快建立职业化检查员队伍

依托现有资源建立职业化检查员制度，明确检查员的资格标准、检查职责、培训管理、绩效考核等要求。加强检查员专业培训和教材建设，依托现有资源设立检查员实训基地。采取多种合理有效措施，鼓励人才向监管一线流动。

专栏7 专业素质提升项目

（一）建立职业化检查员队伍 加强培训考核，使职业化检查员符合相应的工作要求。

（二）加强人才培养 推进网络教育培训平台建设。依托现有省级教育培训机构建立专业教学基地。加强跨学科高端人才培养。监管人员专业化培训时间人均不低于40学时/年，新入职人员规范化培训时间人均不低于90学时。对地方各级政府分管负责人进行分级培训。对各级监管机构相关负责人进行国家级调训。本科以上学历专业技术人员达到食品安全监管队伍总人数的70%以上，高层次专业人才占技术队伍的15%以上。食品安全一线监管人员中，食品相关专业背景的人员占比每年提高2%。

（十）加快形成社会共治格局

完善食品安全信息公开制度。各级监管部门及时发布行政许可、抽样检验、监管执法、行政处罚等信息，做到标准公开、程序公开、结果公开。将相关信息及时纳入食品生产经营企业信用档案、全国信用信息共享平台及国家企业信用信息公示系统，开展联合激励和惩戒。

畅通投诉举报渠道，严格投诉举报受理处置反馈时限。鼓励食品生产经营企业员工举报违法行为，建立举报人保护制度，落实举报奖励政策。加强舆论引导，回应社会关切，鼓励新闻媒体开展食品安全舆论监督。食品安全新闻报道要客观公正，重大食品安全新闻报道和信息发布要严格遵守有关规定。

支持行业协会制订行规行约、自律规范和职业道德准则，建立健全行业规范和奖惩机制。提高食品行业从业人员素质，对食品生产经营企业的负责人和主要从业人员，开展食品安全法律法规、职业道德、安全管控等方面的培训。

加强消费者权益保护，增强消费者食品安全意识和自我保护能力，鼓励通过公益诉讼、依法适用民事诉讼简易程序等方式支持消费者维权。继续办好“全国食品安全宣传周”，将食品安全教育纳入国民教育体系，作为公民法制和科学常识普及、职业技能培训等的重要内容。加强科普宣传，推动食品安全进农村、进企业、进社区、进商场等，鼓励研究机构、高校、协会等参与公益宣传科普工作，提升全民食品安全科学素养。

专栏8 社会共治推进计划

（一）建设投诉举报业务系统 建成覆盖国家、省、市、县四级的投诉举报业务系统，实现网络24小时接通，电话在受理时间内接通率不低于90%。

（二）扩大食品安全责任保险试点 完善食品安全责任保险政策，充分发挥保险的风险控制和社会管理功能，探索建立行业组织、保险机构、企业、消费者多方参与、互动共赢的激励约束机制和风险防控机制。

（三）开展食品行业从业人员培训提高项目 食品生产经营企业每年安排食品安全管理人员、主要从业人员接受不少于40小时的食品安全法律法规、科学知识和行业道德伦理的集中培训。有关部门要加强指导，培养师资力量，制定培训大纲和教材，利用大专院校、第三方机构等社会资源开展培训。鼓励行业协会对从业人员开展培训。

（四）开展食品安全状况综合评价 研究建立食品安全状况综合评价体系，开展食品安全指数评价和发布试点工作。

（五）实施立体化科普宣传计划 整合现有资源，加强科普示范基地建设，建立完善统一的食品安全科普知识库。充实宣传力量。推广“两微一端”新媒体平台。深入开展“全国食品安全宣传周”等科普宣传活动。将食品安全教育内容融入有关教育教学活动。

（十一）深入开展“双安双创”行动

继续开展国家食品安全示范城市创建和农产品质量安全县创建（即“双安双创”）行动，实施食品安全和农产品质量安全示范引领工程，鼓励各地分层次、分步骤开展本区域食品安全和农产品质量安全示范创建行动，提升食品安全监管能力和水平。

专栏9 食品安全和农产品质量安全示范引领工程

（一）食品安全示范城市创建 在4个直辖市、27个省（区）的省会（首府）城市、计划单列市和其他部分条件成熟的地级市（共约100个），开展国家食品安全示范城市创建行动。

（二）农产品质量安全县创建 在具备条件的“菜篮子”产品主产县（共约1 000个）开展国家农产品质量安全县创建行动。

四、保障措施

（一）加强组织领导

地方各级政府要根据本规划确定的发展目标和主要任务，将食品安全工作纳入重要议事日程和本地区经济社会发展规划，切实落实监管有责、有岗、有人、有手段，履行日常监管、监督抽检责任。实行综合执法的地方要充实基层监管力量，将食品药品安全监管作为首要职责。

（二）合理保障经费

按照《国务院关于推进中央与地方财政事权和支出责任划分改革的指导意见》（国发［2016］49号）要求，落实财政投入政策。继续安排中央基建投资对食品安全监管基础设施和装备给予支持。完善执法能力建设投入机制，讲求效益，注重资源共享。制定完善各类项目支付标准，探索通过政府购买服务等方式提高食品安全监管投入效益。资金投入向基层、集中连片特困地区、国家扶贫开发工作重点县以及对口支援地区等适当倾斜。

（三）强化综合协调

加强各级食品安全委员会及食品安全办建设，健全食品安全委员会各成员单位工作协同配合机制以及信息通报、形势会商、风险交流、协调联动等制度，统筹协调、监督指导各成员单位落实食品安全职责，加大督查考评力度，形成监管合力。乡镇（街道）要完善食品安全监管体制，加强力量建设，确保事有人做、责有人负。

（四）深化国际合作

加强与发达国家食品安全监管机构及重要国际组织合作，积极参与国际规则和标准制定，应对国际食品安全突发事件，提高全球食品安全治理能力和水平。加强食品安全国际化人才培养，鼓励支持我国专家在食品相关国际机构任职。做好我国作为国际食品法典添加剂委员会和农药残留委员会主席国的相关工作。

（五）严格考核评估

各有关部门要按照职责分工，细化目标，分解任务，制订实施方案，落实各项规划任务。要健全完善考核评估和监督机制，并将本规划任务落实情况纳入对各相关部门和下一级政府的考核评价内容。国务院食品安全办牵头对本规划执行情况及时进行中期评估和终期考核，确保各项任务落实到位。

“十三五”全国农产品质量安全提升规划

（农业部 农质发［2017］2号 2017年3月8日）

农产品质量安全关系公众身体健康和农业产业发展，是农业现代化建设的重要内容。“十三五”是全面建成小康社会的决胜阶段，对强化农产品质量安全监管、提升农产品质量安全水平提出了新的更高要求。根据《国民经济和社会发展第十三个五年规划纲要》《“健康中国2030”规划纲要》《“十三五”国家食品安全规划》和《全国农业现代化规划（2016—2020年）》部署要求，制定本规划。

一、“十二五”农产品质量安全工作进展

“十二五”时期，各级农业部门认真贯彻中央决策部署，紧紧围绕“两个千方百计、两个努力确保、两个持续提高”目标，坚持产管并举，全面强化农产品质量安全工作，取得了阶段性的进展。2015年全国蔬菜、畜禽和水产品例行监测合格率为96.1%、99.4%和95.5%，分别比“十一五”末提高3.0、0.3和4.2个百分点；5年间没有发生重大农产品质量安全事件，重大活动保障有力。农产品质量安全形势总体平稳向好，为农业农村经济实现稳中有进、稳中提质、稳中增效做出了贡献。

——监管队伍基本构建 全国所有省（区、市）、86%的地市、75%的县（区、市）、97%的乡镇建立了农产品质量安全监管机构，落实监管人员11.7万人。30个省（区、市）、276个地市和2 332个县（区、市）开展了农业综合执法。组织开展全国农产品检测技术比武练兵活动，不断提高执法检测的能力和水平。深化实施全国农产品质量安全检验检测体系建设规划，支持建设部、省、地、县四级农产品质检机构3 332个，落实检测人员3.5万人，每年承担政府委托检测样品量1 260万个。

——标准化生产全面启动 制定农药残留限量标准4 140项、兽药残留限量标准1 584项，基本覆盖我国常用农兽药品种和主要食用农产品。制定发布农业行业标准5 121项，各地制定农业生产技术规范1.8万项。创建园艺作物标准园、热带作物标准化生产示范园、畜禽养殖标准化示范场和水产健康养殖示范场10 059个，创建标准化示范县185个。全国有效期内的无公害、绿色、有机和地理标志产品总数达到10.7万个。

——执法监管深入推进 持续实施农药、“瘦肉精”、生鲜乳、兽用抗菌药、水产品、生猪屠宰、农

资打假等专项治理行动。全国共查处各类问题17万余起，查处案件6.8万件。三聚氰胺连续7年监测全部合格，“瘦肉精”监测合格率处于历史最好水平。国家例行监测范围扩大到151个大中城市、117个品种、94项指标，基本涵盖主要城市、产区、品种和参数。各地例行监测工作全面启动，监督抽查和专项监测依法开展。

——应急处置水平大幅提高　考核认定100家农产品质量安全风险评估实验室和145家风险评估实验站，对隐患大、问题多的农产品品种和环节组织开展农产品质量安全专项评估，广泛开展农产品质量安全政策咨询、科普解读、热点回应、宣传培训等工作。建立全天候舆情监测制度和上下联动、区域协同、联防联控的应急机制，妥善处置农产品质量安全突发问题。

——质量安全县创建扎实开展　按照国务院统一部署，全面开展国家农产品质量安全县创建，命名首批107个国家农产品质量安全县，30个省同步开展了省级创建工作，创建省级农产品质量安全县477个。推动各地落实责任、加大投入、创新机制，大力推进监管体系建设、标准化生产、全链条监管、全程可追溯管理和诚信体系建设。

——监管制度机制逐步理顺　全国人大常委会修订了《食品安全法》，国务院对食品安全监管体制进行重大调整。农业部、食品药品监管总局签订了农产品质量安全全程监管合作协议，联合印发了加强农产品质量安全监管工作指导意见，厘清职责分工，建立无缝衔接工作机制。农业部加快推进国家农产品质量安全追溯管理信息平台建设，组织各地开展追溯试点，努力建立“从农田到餐桌”全链条监管体系。

但同时，农产品质量安全问题和风险隐患仍然存在，农兽药残留超标和产地环境污染问题在个别地区、品种和时段还比较突出。由于农产品质量安全工作起步晚、基础弱，基层缺人员、缺经费、缺手段的情况仍较普遍，个别地方监管责任不落实、工作难到位的现象时有出现。公众对农产品的要求已从过去只求吃饱变成吃好、吃得安全放心和营养健康，农产品质量安全已成为全面建成小康社会、推进农业现代化需要着力解决的重大问题。

二、指导思想、基本原则和发展目标

（一）指导思想

深入贯彻党的十八大及十八届三中、四中、五中、六中全会和习近平总书记系列重要讲话精神，牢固树立并切实贯彻绿色发展理念，坚持质量兴农，把农产品质量安全作为推进农业供给侧结构性改革、建设现代农业和健康中国的重要任务，坚持“产出来”“管出来”两手抓、两手硬，大力推进标准化生产、绿色化发展、规模化经营、品牌化创建、法制化监管，带动农业转型升级，提高质量效应，逐步探索出一套符合中国国情和农情的农产品质量安全监管模式，切实保障农业产业健康发展和公众“舌尖上的安全”。

（二）基本原则

1. 源头治理，全程管控　强化农产品产地安全管理，综合防治农业面源污染，严格农业投入品监管，大力推进农产品标准化、绿色化、规模化、品牌化生产，建立“从农田到餐桌”的全程质量管控体系。

2. 突出重点，风险防范　抓住农产品质量安全领域矛盾最突出、需求最迫切的重大问题，集中力量实施专项整治。开展农产品质量安全风险监测、风险评估和风险预警，努力消除隐患和防患于未然。

3. 部门联动，分级负责　界定责任分工，加强部门协调配合，消除监管空白，形成监管合力。全面落实属地管理责任，提升生产经营主体责任意识。

4. 创新驱动，社会共治　推进农产品质量安全科技创新和体制机制创新，充分运用大数据与现代信息技术，积极探索有效监管模式。加快农业信用体系建设，调动各方面参与农产品质量安全工作，形成社会共治格局。

（三）发展目标

力争通过5年努力，全面提升农产品质量安全源头控制能力、标准化生产能力、风险防控能力、追溯管理能力和执法监管能力。

——农产品质量安全水平稳步提升，主要农产品例行监测合格率稳定在97%以上；系统性、区域性的问题隐患得到有效解决，违法违规行为明显遏制，确保不发生重大农产品质量安全事件。

——农兽药残留限量标准总数达到1万项，覆盖所有批准使用的农兽药品种和相应农产品；全国“菜篮子”主产县规模以上生产主体基本实现标准化生产。“三品一标”年均增长6%以上。

——全国农产品质量安全追溯体系基本建立，农业产业化国家和省级重点龙头企业、有条件的“菜篮子”产品及“三品一标”规模生产主体率先实现可追溯，品牌影响力逐步扩大，生产经营主体的质量安全意识明显增强。

——国家农产品质量安全县创建基本覆盖“菜篮子”大县，探索形成因地制宜、产管并举、全程控制的县域监管模式。

三、主要任务

（一）大力推进农业标准化

1. 完善标准体系　实施《加快完善农兽药残留标准体系行动方案》，加快制定农兽药残留、畜禽屠宰、饲料安全、农业转基因等国家标准，完善促进农业产业发展和依法行政的行业标准，基本实现农产品生产有标可依、产品有标可检、执法有标可判。支持地方加强标准集成转化，制定与国家标准、行业标准相配套的生产操作规程，让农民易学、易懂、易操作。鼓励规模生产主体制定质量安全内控制度，实施严于食品安全国家标准的企业标准。积极参与或主导制定国际食品法典等国际标准，开展技术性贸易措施官方评议，加快推进农产品质量安全标准和认证标识国际互认。

2. 强化标准实施　开展农业标准化示范区（县）创建和园艺作物、畜禽水产养殖、畜禽屠宰加工标准化示范创建。鼓励各地因地制宜创建农业标准化生产示范园（区）、示范乡（镇）、示范场（企业、合作社），推动全国“菜篮子”大县的规模种养基地全程按标生产。推进新型农业经营主体和农业示范园（区）率先实行标准化生产，通过“公司＋农户”“合作社＋农户”等多种方式发展规模经营，建立质量安全联盟，带动千家万户走上规范安全生产轨道。把农产品质量安全知识纳入新型职业农民培训、农业职业教育、农村实用人才培养等培训计划，每年培训100万人次以上。

3. 推进“三品一标”发展　加快发展无公害农产品，积极发展绿色食品，因地制宜发展有机农产品，稳步发展地理标志农产品，打造一批知名区域公共品牌、企业品牌、农产品品牌，以品牌化引领农业标准化生产。加大政策扶持力度，支持创建“三品一标”生产基地，全面推行质量追溯管理，推动规模生产经营主体发展“三品一标”。借助农产品展示展销活动和网络电商平台，开展“三品一标”宣传推介，提高安全优质农产品的品牌影响力和市场占有率。严格“三品一标”产品的准入条件，加强“三品一标”证后监管，提高“三品一标”品牌公信力。

（二）扎实推进全程执法监管

1. 加强产地环境治理　坚定不移打好农业面源污染治理攻坚战，强化废旧农膜、秸秆、畜禽粪便综合利用，切断污染物进入农田的链条。完善农产品产地环境监测网络，开展农产品产地环境与对应农产品质量安全协同监测评估，切实摸清污染底数。根据监测结果推行产地分级管理，加强耕地重金属污染治理。实施耕地质量保护与提升行动，科学保护和合理利用水资源，保证农业种养殖用水安全。

2. 严格投入品监管　深入开展化肥农药零增长行动和兽用抗菌药治理行动，实施果菜茶有机肥替代化肥计划，推行统防统治、绿色防控、配方施肥、健康养殖和高效低毒农兽药使用等质量控制技术。严格农业投入品登记许可制度，依法推行高毒农药定点经营和实名购买，指导农资生产经营者建立电子化购销台账。构建农资打假省际协调联动网络，实行假劣农资案件线索共享、案件通报、联防联控，强化大要案件查处。

3. 强化生产督导巡查　开展日常巡查检查，督促生产经营主体按标生产、合理用药、科学施肥，落实禁限用规定和休药间隔期、生产记录等制度。推动县级以上农业部门建立规模生产经营主体监管名录，根据风险监测和日常巡查情况实施风险分级管理，对违法主体增加抽检频次，情节严重的列入黑名单实行联合惩戒。发挥乡镇监管服务机构和村级协管员作用，构建网格化监管体系，对普通散户开展巡查指导和宣传引导，实现监管工作县、乡、村三级全覆盖。加强农产品从采收到进入批发市场、零售市场和加工企业前收贮运环节的监管，采取质量追溯、安全承诺、出具合格证等方式，督促收贮运主体自觉履行责任。

4. 深化专项整治　聚焦非法添加、违禁使用、制假售假、私屠滥宰等突出问题，开展农产品质量安全专项治理行动，保持高压态势，严厉打击违法违规行为，切实解决面上存在的风险隐患。对风险高、隐患大的农产品，在重点环节、重点时段和重点区域加大执法抽检频次，定期曝光典型案例，有效形成执法监管的震慑力。加强行政执法与刑事司法衔接，按照有关法律规定和司法解释严惩重处违法犯罪行为。严格生猪定点屠宰和奶站管理，全面落实畜禽屠宰企业、奶站质量安全主体职责，落实屠宰进场检查登记、肉品检验、“瘦肉精”自检等制度。健全病死畜禽水产品和不安全农产品无害化处理制度，认真落实畜禽无害化处理措施。

（三）全面强化风险监测评估预警

1. 健全监测网络　科学界定各级农业部门农产品质量安全监测职责，倡导部省以风险监测为主，省地以监督抽查为主，县乡以速测筛查为主，避免上下一般粗、监测指标重叠、监测对象重复。依法推进政府购买第三方检测服务。制定全国统一的农产品质量安全监测计划，形成以国家为龙头、省为骨干、地市为基础、县乡为补充的农产品质量安全监测网络。深化农产品质量安全例行监测和监督抽查，深入实施农兽药残留、水产品药物残留、饲料及饲料添加剂监控计划，增加监测样本量，保证监测工作的代表性、连续性和系统性。建立监督抽查发现问题、查处问题的激励机制。加强监测结果的会商分析，建立监测信息报告制度，逐步实现全国农产品质量安全监测信息互联互通、监测数据统一共享、监测结果互认共用。

2. 推进风险评估　深入实施农产品质量安全风险评估计划，将"菜篮子"和大宗粮油产品全部纳入评估范围，摸清风险因子种类、危害程度、产生原因，跟进实施科学研究和技术攻关，提出各类农产品全程管控的关键点及技术规范和标准制修订建议。各地结合产业实际，逐个品种开展风险隐患摸底排查，有针对性地采取管控措施，推动风险评估服务于产业发展和执法监管。依托农产品主产区（基地、企业、合作社、家庭农场、种养"大户"），规划设定一批农产品质量安全风险评估国家观测点，动态观测农产品质量安全风险隐患消长变化情况及趋势。全面开展农产品营养功能和品质规格评价，为优势农产品区域布局和绿色优质农产品品牌创建提供技术支撑，指导优质农产品品牌化发展，引导居民科学膳食和健康消费。

3. 加强应急处置　制定和修订农产品质量安全应急预案，明确任务分工，完善相关应急程序和制度，建立快速反应、信息通畅、上下协同、跨区联动的应急机制。配备必要的装备和物资，强化指挥调度能力建设，经常性开展演练和培训，切实提升全系统应急保障水平。强化舆情监测和分析研判，及时掌握舆情动态，做到心中有数、快速反应。加强应急值守，有力有序有效处置各类突发问题，及时消除风险隐患，将负面影响降到最低程度。

4. 强化风险交流　高度重视并妥善应对农产品质量安全虚假信息和谣言传言，及时进行科普辟谣，研究建立健全谣言治理机制。针对公众关注的热点敏感问题，积极利用微信、网络、电台、报纸、图书等形式，开展常态化多样化的风险交流和科普宣传，提升公众质量安全意识和科学识别判断能力。加强农产品质量安全专家组建设，组织开展政策咨询、产地调研、技术指导、科普解读等工作，将专家组打造成监管工作的重要智囊和"外脑"。建立稳定有效的风险交流机制，畅通政府、企业、公众、媒体和专家之间的风险交流渠道。

（四）加快建设追溯体系

1. 推进平台建设　实施国家农产品质量安全追溯管理信息平台建设项目，完善追溯管理核心功能。按照"互联网＋农产品质量安全"理念，拓宽追溯信息平台应用，扩充监测、执法、舆情、应急、标准、诚信体系和投入品监管等业务模块，建设高度开放、覆盖全国、共享共用、通查通识的智能化监管服务信息平台。出台国家农产品质量安全追溯管理办法，建立统一的编码标识、信息采集、平台运行、数据格式、接口规范等关键技术标准和主体管理、追溯赋码、索证索票等追溯管理制度。推动各地、各行业已建的追溯平台与国家追溯信息平台实现对接，实现追溯体系上下贯通、数据融合。

2. 实施追溯管理　组织部分基础条件好的省份开展追溯信息平台试运行工作。选择苹果、茶叶、生猪、生鲜乳、大菱鲆等农产品统一开展追溯试点。优先将国家级和省级龙头企业以及农业部门支持建设的各类示范基地纳入追溯管理。鼓励有条件的规模化农产品生产经营主体建立企业内部运行的追溯系统，带动追溯工作全面展开，实现农产品源头可追溯、流向可跟踪、信息可查询、责任可追究。积极推行食用农产品合格证制度，强化生产经营主体责任。探索追溯工作与项目支持相挂钩的工作机制，争取追溯试点奖补政策，鼓励社会资本介入，为规模生产经营主体配备追溯必需的信息化设备，调动其开展追溯的积极性。发挥追溯机制倒逼作用，推动生产经营者增强自律意识，自觉落实安全控制措施，更好地树立品牌形象，提高市场竞争力，促进产业提质增效。

3. 推动智慧监管　利用互联网、大数据、云计算与智能手机等新型信息技术成果，探索运用"机器换人""机器助人"等网络化、数字化新技术和新型监管方法，推动农产品质量安全监管方式改革创新。借助互联网监管服务平台、手机终端 APP、手持执法记录仪和移动巡检箱等设施设备，实现实时监管和风险预警，切实提升监管效能。加强数据收集挖掘和综合分析，探索农产品质量安全大数据分析决策，研判趋势规律，锁定监管重点，实行精准监管。

（五）深入推进质量安全县创建

1. 扩大创建规模　继续抓好首批创建试点工作，根据创建总体安排并结合各地试点情况，进一步修改完善国家农产品质量安全县创建活动方案、考核要求和管理办法。按照县创、省评、部公布征询意见的方式，每年确定一批县（区、市）作为创建试点单位，力争"十三五"末覆盖到所有"菜篮子"大县。统筹建立质量安全县创建扶持政策和激励机制，加大项目安排、资金投入等方面倾斜力度，为创建工作提供有力保障。

2. 提升创建水平　加强创建工作的调研督导和宣传培训，督促试点县（区、市）人民政府落实属地管理责任，加大投入力度，实施全程监管，创新制度机制，提高监管能力和水平，真正做到生产标准化、发展绿色化、经营规模化、产品品牌化、监管法制化，率先实现网格化监管体系全建立、规模基地标准化生产全覆盖、从田头到市场到餐桌的全链条监管、主要农产品质量全程可追溯和生产经营主体诚信档案全建立。加强国家农产品质量安全县命名后的监督管理，实行定期考核、动态管理，对考核不合格或发生重大农产品质量安全事故的，严格执行退出机制，保证农产品质量安全县的示范引领和公信力。

3. 发挥辐射带动作用　鼓励各创建试点单位针对监管重点难点问题，形成一批可推广可复制的经验做法，把质量安全县打造成“标准化生产、全程监管、监管体系建设和社会共治”的四个样板区。加强对创建工作的统筹调度，及时转化创建成果，推广好经验好做法，充分发挥质量安全县创建的示范辐射带动作用。鼓励各地因地制宜开展省级农产品质量安全县创建和农产品质量安全乡（镇）创建，调动各方面资源共同参与创建工作，营造人人关心、人人参与、共建共享的良好氛围。

（六）着力加强监管队伍能力建设

1. 健全监管队伍　全面落实国办《关于加强农产品质量安全监管工作的通知》（国办发［2013］106号），建立健全农产品质量安全监管机构，“菜篮子”大县全部建立监管机构，充实监管人员，落实监管经费。推进乡镇农产品质量安全监管服务机构标准化建设，统一明确乡镇监管站（所）的机构职能、人员配备、设施能力、管理制度和工作开展等要求，通过“特岗计划”等方式为乡镇充实一批专业技术人员。支持有条件的地区，加快配备村级农产品质量安全协管员，协助开展技术指导服务和督导巡查工作。加强农业综合执法队伍建设，将农产品质量安全作为农业综合执法重要任务。组织开展农产品质量安全法律法规、标准、认证、质量安全县创建、追溯管理、应急处置等培训。加强国际交流合作，学习借鉴国外风险评估、全程控制先进技术，培养农产品质量安全国际交流与合作的专业人才。

2. 提升检测能力　加强农产品质检体系建设和运行管理，加快投资建设项目实施进度，强化已验收项目质检机构的资质认定与考核，督促地方充实检测人员，落实工作经费。按照大农业架构和综合建设方向，稳步推进农业系统检验检测资源整合，逐步形成与食品安全检验检测相互衔接、并行共享的全国统一的农产品质量安全检验检测体系。积极推动实施农产品质量安全检测员职业资格制度，开展农产品质量安全检测技术比武、岗位练兵和技术培训，不断提升检测人员的能力素质和技术水平。

3. 加强硬件装备配置　实施农产品质量安全工程，强化农业执法监管能力建设，建立省级监管指挥调度中心和县级追溯点。改善监管条件，逐步为县级农产品质量安全监管机构配备日常巡查、执法交通、案件受理、取证检测等装备，根据需求配备必要的不合格农产品无害化处理设备，加强基层农产品质量安全监管机构办公场所标准化建设，重点建设提升50家国家农产品质量安全风险评估实验室和50家主产区农产品质量安全风险评估实验站的评估能力。

4. 强化科技支撑　实施农产品质量安全科技创新战略，将农产品质量安全纳入国家重大科学研究重点，开展农产品质量安全全程控制技术研究，研发快速、精准、便捷的农产品质量安全监测评估技术、分析方法、标准物质和仪器设备，研究建立农产品等级规格品质标样和数据库。积极推进农产品质量安全现代产业技术体系和各大类农产品质量安全与营养品质评价研究岗位的设立，扩充一批农产品质量安全学科重点实验室和科学数据中心（分中心）。强化农产品质量安全科研人才队伍建设，推进省级农产品质量安全专业技术研究机构全覆盖和整建制研究能力提升，推动地方设立农产品质量安全科技规划项目。鼓励和支持科研院所、大专院校、公司、学会等积极参与推动农产品质量安全科技进步。

（七）健全完善制度机制

1. 推动法制建设　加快推进《农产品质量安全法》修订，尽快实现与新的《食品安全法》等相关法律法规的有机衔接。不断完善农业投入品、畜禽屠宰、监督抽查、质量追溯、风险评估、生产经营主体责任等法规制度，配套制定相关实施细则和管理规范。推动农产品质量安全地方立法，健全农产品质量安全全程监管法律制度。

2. 加强协作联动　强化与卫生计生、工商、食药、公安等部门的协调配合，加强部门会商研判和协同合作，健全产地准出与市场准入、行政执法与刑事司法衔接机制，构建联席会商、信息通报、案件移送、涉案产品处置等协作机制，联合开展重大问题调研、重大问题整治和重大案件查处；动员和利用现有农业行政、执法、检测、“三品一标”、风险评估、科研推广等公共资源，聚焦重点任务，落实监管责任，加快推动形成上下贯通、相互联动的农产品质量安全监管工作机制。

3. 实施社会共治　支持社会力量参与农产品质量安全监督，建立农产品质量安全和农资打假举报投诉奖励制度，畅通投诉举报渠道。依法公开行政许可、行政处罚、监督抽查等信息，实现监管工作透明公开。推进农产品质量安全信用和农业征信体系建设，构建农产品质量安全信用数据库，完善信用信息归集、共享、公开、应用机制。鼓励相关行业协会开展信用评价和行业自律，引导农业投入品和农产品生产经营者自觉遵守农产品质量安全相关法律法规和技术规范。

四、保障措施

（一）加强组织领导 各级农业部门要将农产品质量安全作为质量兴农、推进农业供给侧结构性改革、加快转变农业发展方式、推动现代农业建设和保障公众健康的重要内容，纳入农业农村经济发展总体规划统筹推进。各地要结合本地区、本行业实际，制定切实可行的农产品质量安全提升规划或发展意见，细化目标任务，明确职责分工，加大推进力度。

（二）加大政策扶持 积极争取发改、财政、科技等部门支持，加大农产品质量安全执法监督、风险评估、例行监测、监督抽查、投入品管理、标准制修订和质量安全县创建等工作的支持力度，推动建立农产品质量安全县、“三品一标”、农产品质量追溯等财政奖补政策。探索建立政府、企业、社会等多元化的农产品质量安全投入机制，鼓励和引导社会资金推动农产品质量安全事业。

（三）强化责任落实 按照“守土有责、党政同责”要求，进一步明确和夯实地方政府对农产品质量安全属地管理责任。研究制定农产品质量安全执法监管规范，细化责任分工，通过签订责任状、致函、约谈、通报等形式，推动逐级监管责任落实。加强农产品生产经营者宣教培训，提高其诚信守法意识和质量安全管理水平，落实生产经营主体责任。健全责任追究机制，坚决惩治监管不作为、乱作为现象，确保各项措施落到实处。

（四）严格考核评价 推动各地将农产品质量安全工作纳入地方政府绩效考核范围，对农产品质量安全监管机构建立、质量安全县创建、质量安全追溯管理、农业投入品执法、“三品一标”发展、例行监测、督导检查、条件保障和经费预算落实等重要指标进行量化考核。对工作表现突出、成效优异的单位和个人，适时予以表扬。农业部将加强对本规划实施情况的督导检查，定期组织考核评价。

关于深入实施主食加工业提升行动的通知

（农业部办公厅 2017年3月21日）

各省、自治区、直辖市及计划单列市农产品加工业管理部门，新疆生产建设兵团农业局：

为深入贯彻2017年中央1号文件和《国务院办公厅关于进一步促进农产品加工业发展的意见》（国办发［2016］93号）精神，深入实施主食加工业提升行动，现就有关工作通知如下。

一、充分认识重要意义

随着我国经济的快速发展和人民生活水平的不断提高，主食制作方式正在由家庭自制为主向社会化供应转变，主食加工业已成为重要的民生产业。深入实施主食加工业提升行动，加快推进主食加工业发展，对于推进农业供给侧结构性改革，促进农业提质增效，带动农民就业增收；对于满足城乡居民消费升级需求，保障食物营养安全，提高人民群众生活质量和健康水平；对于减少城乡餐厨垃圾，便利加工副产物集中循环利用，改善城乡公共卫生环境，都具有重要意义。

二、准确把握目标要求

以市场需求为导向，以促进营养均衡、带动农民增收、改善城乡环境为目标，坚持政府引导、企业主体，科学规划、合理布局，发挥优势、突出特色，推动产品供应社会化、生产工业化、开发多元化，推动产权清晰化、生产标准化、技术集成化、管理科学化、经营品牌化企业主体培育，推动技术创新、装备创制、人才培养，推动标准制订、服务提升、政策完善，加快构建现代主食加工业产业体系，形成一批优质特色的原料基地、技术领先的示范企业、市场认可的知名品牌、融合发展的产业集群、适于推广的产销模式、交流合作的公共平台，主食加工工业化、供应社会化水平显著提升。

三、进一步明确重点任务

（一）提升质量品牌 深入开展农产品加工业质

量品牌提升行动。组织开展基础标准、产品标准、技术标准等制修订，推行规范化、标准化生产。鼓励企业开展先进的质量管理、食品安全控制等体系认证，推行全程质量管理和控制，引导诚信守法经营。引导企业挖掘品牌文化内涵，提升品牌附加值和软实力。组织开展“企业开放周”活动，引导城乡居民入企参观，支持企业开展进社区、进校园、进机关、进大楼、进微信、进电商等多种形式的宣传推介活动，加快培育壮大一批质量过硬、标准化程度高、家喻户晓、社会认知度高的主食品牌。

（二）开发多元产品 以功能化、营养化、便捷化消费需求为主导，适应个性化、高端化、体验化消费需求，开发营养、安全、美味、健康、便捷、实惠的多元化主食产品。加强现代生物和营养强化技术研究，针对老人、儿童、学生、孕妇、“三高”病人等特定人群，开发营养均衡、药食同源等功能性主食产品。支持企业适应O2O快餐需求，开发工业化快餐产品，提高网上订餐供应能力和水平。组织开展区域特色传统主食名吃梳理和工业化开发，形成差异化、特色化主食结构。研制生产一批传统米面、杂粮、预制菜肴等产品，加快推进马铃薯等薯类产品主食化，引导居民扩大玉米、杂粮、马铃薯、净菜等主食产品消费。

（三）推动集聚发展 引导主食加工企业向现代农业产业园、科技园、创业园集聚，支持主食专用的优质特色原料基地建设，鼓励发展农产品生产、保鲜及食品加工、直销配送或餐饮服务一体化经营，在农产品产地和大中城市郊区培育、打造集专用品种、原料基地、加工转化、现代物流、便捷营销为一体的主食加工产业集群。支持大中城市郊区重点发展主食、方便食品、休闲食品和净菜加工，支持县域配套建设传统米面等谷物类主食加工生产线，支持贫困地区因地制宜发展区域特色主食加工业，助推精准脱贫。

（四）开展典型示范 继续组织开展“全国主食加工业示范企业”申报认定，开展动态考核管理。鼓励开展省、地级主食加工业示范企业、特色主食品牌认定，做强区域特色主食加工品牌。总结推广主食加工企业在质量管理、技术创新、工艺传承、诚信经营、市场推广、集聚发展等方面的好经验、好做法，大力推广“生产基地＋中央厨房＋餐饮门店”“生产基地＋加工企业＋商超销售”等产销模式，鼓励发展电子商务等新型业态，推动融合互动发展。通过典型示范，引导金融和社会资本支持主食加工业发展，推动主食加工企业转型升级。

（五）强化公共服务 组织开展形式多样、内容丰富、针对性强的企业负责人培训，支持各省（区、市）组织开展企业跨区域、跨行业学习交流考察，培养企业管理人才队伍。实施农产品加工技术集成基地建设，组织开展联合攻关，推进关键共性技术工程化研究和核心装备创制，推广应用生物技术、智能制造等先进适用技术装备，提升行业科技发展水平。组建科研人才和专家咨询队伍，收集行业发展大数据，加强监测分析与市场预警，引导产业持续健康发展。指导全国主食加工产业科技创新联盟、全国马铃薯主食加工产业联盟开展科企对接、联合攻关、互助服务等工作，推动组建区域性产业联盟，加强行业自律和自我服务，搭建行业交流合作平台。

四、切实加强组织保障

（一）加强组织指导，健全工作机制 各级农产品加工业管理部门要高度重视，加强组织指导，完善工作机制，落实工作责任。农业部农产品加工局负责主食加工业提升行动的部署指导、组织实施。各地农产品加工业管理部门负责本地区主食加工业提升行动的推进落实。在实施过程中，要充分调动企业、科研院所积极性，形成部门联动、科企联动的推进机制，创造性地推动主食加工业提升行动开展。

（二）推动政策落实，明确发展导向 各地要结合实际贯彻实施《全国农产品加工业与农村一二三产业融合发展规划（2016—2020年）》。贯彻《国务院办公厅关于进一步促进农产品加工业发展的意见》（国办发［2016］93号）等文件精神，落实好财政、税收、金融、投资贸易、用地用电等相关政策措施。积极整合涉农项目资金，落实农村一二三产业融合发展、金融支持农产品加工业等项目，将主食加工业、中央厨房建设作为重点支持方向。创新扶持方式，通过贷款贴息、先建后补等形式，支持主食加工企业发展。

（三）加强宣传引导，营造良好氛围 要通过群众进企业、产品进社区、知识进课堂等多种形式，利用传统媒体和微信公众号、网站、APP等新兴媒体，大力宣传现代主食消费理念、主食加工营养安全健康知识，提升消费认知和信心。深入挖掘地域文化、区域特色、经典产品，讲述企业品牌故事，推介发展典型模式，树立一批知名品牌和产品。引导企业积极开发O2O快餐、交通快餐等领域，扩大品牌影响力。大力宣传主食加工业重要地位作用，切实营造全社会关心、支持主食加工业发展的良好氛围。

各地管理部门要认真总结当地推进主食加工业发展的好经验、好做法，及时报送农业部农产品加工局规划统计处。

关于食品生产经营企业建立食品安全追溯体系的若干规定

（国家食品药品监管总局公告　第39号　2017年3月28日）

一、适用范围

本规定适用食品生产经营企业建立食品安全追溯体系及食品药品监管部门的指导和监督。所指食品生产经营企业，包括食品生产企业，食品、食用农产品销售企业，餐饮企业，食品、食用农产品运输、贮存企业等食品药品监管部门应当依法监管的企业。本规定不包括《中华人民共和国食品安全法》确定的特殊食品生产经营企业；不适用食品、食用农产品销售企业销售自制食品；不适用餐饮企业销售非预包装食品。不适用的食品生产经营主体和行为，可参照本规定建立食品安全追溯体系。

二、工作目标

食品生产经营企业通过建立食品安全追溯体系，客观、有效、真实地记录和保存食品质量安全信息，实现食品质量安全顺向可追踪、逆向可溯源、风险可管控，发生质量安全问题时产品可召回、原因可查清、责任可追究，切实落实质量安全主体责任，保障食品质量安全。

三、基本原则

食品生产经营企业建立食品安全追溯体系以及食品药品监管部门指导和监督，应当遵循以下基本原则：

一是企业建立　食品生产经营企业是第一责任人，应当作为食品安全追溯体系建设的责任主体，根据相关法律、法规与标准等规定，结合企业实际，建立食品安全追溯体系，履行追溯责任。

二是部门指导　食品药品监管部门根据有关法律、法规与标准等规定，指导和监督食品生产经营企业建立食品安全追溯体系。

三是分类实施　食品生产经营企业数量多、工艺差别大、规模水平参差不齐，既要坚持基本原则，也要注重结合食品行业发展实际，分类实施，逐步推进，讲究实效，防止“一刀切”。

四是统筹协调　按照属地管理原则，在地方政府统一领导下，各相关部门做好统筹、协调、推进工作。食品药品监管部门要注重同农业、出入境检验检疫等部门沟通协调，促使食品、食用农产品追溯体系有效衔接。

四、追溯信息内容

食品生产经营企业建立食品安全追溯体系的核心和基础，是记录全程质量安全信息。

（一）生产企业应当记录的基本信息

1. *产品信息*　企业应当记录生产的食品相关信息，包括产品名称、执行标准及标准内容、配料、生产工艺、标签标识等。情况发生变化时，记录变化的时间和内容等信息。应当将使用的食品标签实物同时存档。

2. *原辅材料信息*　企业应当建立食品原料、食品添加剂和食品包装材料等食品相关产品进货查验记录制度，如实记录原辅材料名称、规格、数量、生产日期或生产批号、保质期、进货日期及供货者名称、地址、负责人姓名、联系方式等内容，并保存相关凭证。企业根据实际情况，原则上确保记录内容上溯原辅材料前一直接来源和产品后续直接接收者，鼓励最大限度将追溯链条向上游原辅材料供应及下游产品销售环节延伸。

3. *生产信息*　企业应当记录生产过程质量安全控制信息。主要包括：一是原辅材料入库、贮存、出库、生产使用等相关信息；二是生产过程相关信息（包括工艺参数、环境监测等）；三是成品入库、贮存、出库、销售等相关信息；四是生产过程检验相关信息，主要有产品的检验批号、检验日期、检验方法、检验结果及检验人员等内容，包括原始检验数据并保存检验报告；五是出厂产品相关信息，包括出厂产品的名称、规格、数量、生产日期、生产批号、检验合格单、销售日期、联系方式等内容。

企业要根据不同类别食品的原辅材料、生产工艺和产品特点等，确定需要记录的具体信息内容，作为企业生产过程控制规范，并在生产过程中严格执行。企业对相关内容调整时，应记录调整的相关情况。

原辅材料、半成品和成品贮存应符合相关法律、法规与标准等规定，需冷藏、冷冻或其他特殊条件贮存的，还应当记录贮存的相关信息。

4. 销售信息 企业应当建立食品出厂检验记录制度，查验出厂食品的检验合格证和安全状况，如实记录食品的名称、规格、数量、生产日期或生产批号、保质期、检验合格证号、销售日期及购货者名称、地址、负责人姓名、联系方式等内容，并保存相关凭证。

5. 设备信息 企业应当记录与食品生产过程相关设备的材质、采购、设计、安装、使用、监测、控制、清洗、消毒及维护等信息，并与相应的生产过程信息关联，保证设备使用情况明晰，符合相关规定。

6. 设施信息 企业应当记录与食品生产过程相关的设施信息，包括原辅材料贮存车间、预处理车间（根据工艺有无单设或不设）、生产车间、包装车间（根据工艺有无单设或不设）、成品库、检验室、供水、排水、清洁消毒、废弃物存放、通风、照明、仓储、温控等设施基本信息，相关的管理、使用、维修及变化等信息，并与相应的生产过程信息关联，保证设施使用情况明晰，符合相关规定。

7. 人员信息 企业应当记录与食品生产过程相关人员的培训、资质、上岗、编组、在班、健康等情况信息，并与相应的生产过程履职信息关联，符合相关规定。明确人员各自职责，包括质量安全管理、原辅材料采购、技术工艺、生产操作、检验、贮存等不同岗位、不同环节，切实将职责落实到具体岗位的具体人员，记录履职情况。根据不同类别食品生产企业特点，确定关键岗位，重点记录负责人的相关信息。

8. 召回信息 企业应当建立召回记录管理制度，如实记录发生召回的食品名称、批次、规格、数量、来源、发生召回原因、召回情况、后续整改方案、控制风险和危害等内容，并保存相关凭证

9. 销毁信息 企业应当建立召回食品处理工作机制，记录对召回食品进行无害化处理、销毁的时间、地点、人员、处理方式等信息，食品药品监管部门实施现场监督的，还应当记录相关监管人员基本信息，并保存相关凭证。企业可依法采取补救措施、继续销售的，应当记录采取补救措施的时间、地点、人员、处理方式等信息，并保存相关凭证。

10. 投诉信息 企业应当建立客户投诉处理机制，对客户提出的书面或口头意见、投诉，如实记录相关食品安全、处置情况等信息，并保存相关凭证。

（二）销售企业应当记录的基本信息

1. 进货信息 企业应当建立进货查验记录制度，查验供货者的许可证和食品出厂检验合格证或其他合格证明，如实记录食品的产地、名称、规格、数量、生产日期或生产批号、保质期、进货日期及供货者名称、地址、负责人姓名、联系方式等内容，并保存相关凭证。

实行统一配送经营方式的食品经营企业，可由企业总部统一查验供货者的许可证和食品合格证明文件，记录进货查验信息。

食用农产品销售企业应当建立食用农产品进货查验记录制度，在包装、保鲜、贮存、运输中使用的保鲜剂、防腐剂等食品添加剂和包装材料等食品相关产品应当符合食品安全国家标准，如实记录食用农产品的产地、名称、数量、进货日期及供货者名称、地址、负责人姓名、联系方式等内容，并保存相关凭证。

2. 贮存信息 企业应当按照保证食品安全的规定贮存食品，定期检查库存食品，及时清理变质或超过保质期的食品，如实记录贮存的相关信息，并保存相关凭证。

食品贮存应符合相关法律、法规与标准等规定，需冷藏、冷冻或其他特殊条件贮存的，还应当记录贮存过程的相关信息。

食品经营者贮存散装食品，应当在贮存位置标明食品的产地、名称、生产日期或生产批号、保质期、生产者名称及联系方式等内容。

3. 销售信息 从事食品批发的食品、食用农产品经营企业应当建立食品销售记录制度，如实记录批发食品的产地、名称、规格、数量、生产日期或生产批号、保质期、销售日期及购货者名称、地址、负责人姓名、联系方式等内容，并保存相关凭证。

食品经营企业销售散装食品，应当在散装食品的容器或外包装标明食品的产地、名称、生产日期或生产批号、保质期及散装食品生产经营者名称、地址、负责人姓名、联系方式等内容。散装食品来自不同的预包装食品混合而成，应当记录混合品种及比例等情况。

（三）餐饮企业应当记录的基本信息

1. 进货信息 企业应当建立进货查验记录制度，查验供货者的许可证和食品出厂检验合格证或其他合格证明，制定并实施原料控制要求，如实记录原料的产地、名称、规格、数量、生产日期或生产批号、保

质期、进货日期及供货者名称、地址、负责人姓名、联系方式等内容，并保存相关凭证。

实行统一配送经营方式的食品经营企业，可由企业总部统一查验供货者的许可证和食品合格证明文件，记录进货查验信息。

2. 贮存信息　企业应当按规定维护食品加工、贮存、陈列等设施、设备，清洗、校验保温设施及冷藏、冷冻设施，并记录相关信息。

（四）食品生产经营企业应当记录的运输、贮存、交接环节等基本信息

1. 运输信息　包括由食品生产企业，食品、食用农产品经营企业，餐饮企业，相关的运输企业，或其他负责食品、食用农产品运输企业的运输行为。企业应当建立运输记录管理制度，记录运输相关信息，包括运输产品的产地、名称、数量、批次、交通工具、运输时间、运输人员及负责人姓名、联系方式、双方交接情况等保障食品安全的运输信息，并保存相关凭证。

食品、食用农产品的运输过程应当符合相关法律、法规与标准等规定。需冷藏、冷冻或其他特殊条件运输的，还应当记录运输过程的相关信息。

2. 贮存信息　包括由食品生产企业异地贮存采购的原辅材料和成品，食品、食用农产品经营企业异地贮存采购的产品，餐饮企业异地贮存采购的产品，相关的贮存企业，或其他负责食品、食用农产品贮存企业的贮存行为。食品生产经营企业应当建立食品贮存记录管理制度，记录贮存的相关信息，包括贮存产品的产地、名称、数量、批次、入库、出库、仓库管理、双方交接人员姓名、联系方式等保障食品安全贮存要求信息，并保存相关凭证。

食品、食用农产品的贮存过程应当符合相关法律、法规与标准等规定。需冷藏、冷冻或其他特殊条件贮存的，还应当记录贮存的相关信息。

3. 交接信息　交接环节是指食品、食用农产品在食品生产经营企业之间的交付接收过程。应当保证各食品生产经营企业建立的食品质量安全追溯体系与食用农产品生产者，即种植养殖环节食用农产品追溯体系有效衔接，并保存相关凭证。

交接环节食品、食用农产品的一进一出，即不论物权归属，食品生产经营企业均需记录一进一出交接信息。应当在进货查验记录制度、出厂检验记录制度等要求记录的信息基础上，记录交接的时间、地点、人员、运输方式、运输工具等信息，保证食品、食用农产品在不同主体间流转有序，确保食品安全，并保存相关凭证。

4. 其他应当记录的基本信息　食品、食用农产品销售企业，餐饮企业，食品、食用农产品运输、贮存企业应当记录的设备、设施、人员、召回、销毁、投诉等信息，参照前述生产企业的相关信息内容，如实记录、保存。

五、信息记录、保存和衔接

企业食品安全信息记录与保存，是食品安全追溯体系有效运行的基础，信息链条的衔接是根本保障。

（一）信息记录

一是有效　记录的信息应当全面反映食品生产经营全过程质量安全控制实际情况。企业应当根据保障食品安全的需要、生产经营的特点和信息采集记录技术的发展水平，科学设定信息的采集点、采集数据、采集频率、采集方法、建立追溯平台形式等要求。防止发生问题后，应当记录的信息没有记录、记录的信息无法使用或记录的频率过低等，导致无法查清问题原因的现象。信息应当形成闭环，前后衔接，环环相扣。

二是真实　企业应当真实记录采集的信息。能够实时采集的信息，应当实时采集、自动记录。手工记录的信息，要核查记录人员是否如实记录。纸质信息，要保存原始记录；电子信息，要保存初次采集数据。手工记录的信息，后期录入计算机的，要核查信息录入是否真实。所有信息记录应由记录和审核人员复核签名，确保信息记录内容完整。

（二）信息保存

一是不能灭失　采用纸质记录存储的，要明确保管方式；采用电子信息手段存储的，要有备份系统。无论采取何种保存形式，都要明确保管人员职责，防止发生信息部分或全部损毁、灭失等问题。信息记录和凭证保存期限不得少于产品保质期满 6 个月；没有明确保质期的，保存期限不得少于 2 年。

二是不能修改　建立追溯体系所采集的信息，应当从技术上、规范上、制度上保证不能修改。确因特殊情况需要修改的，必须保存修改前的原始信息，并注明修改原因。

（三）信息衔接

一是食品药品监管部门负责指导、监督追溯关联企业之间的追溯信息有效衔接。食品生产企业的采购和销售信息，食品、食用农产品销售企业的采购和销售信息，餐饮企业的采购信息，及其相关的贮存、运输等信息，要保证有效衔接。

二是食品药品监管部门要积极协调与农业部门逐步构建贯通食用农产品生产、流通、消费全过程的食品安全追溯体系，并通过监督食品生产企业、食用农产品经营企业、餐饮企业落实进货查验制度，实现与农业部门建立食用农产品安全追溯体系的有效衔接。

三是食品药品监管部门要积极协调与出入境检验检疫部门逐步构建贯通进出口食品和食用农产品生产、流通、消费全过程的食品安全追溯体系，实现与出入境检验检疫部门建立进口食品和食用农产品安全追溯体系的有效衔接。

六、企业建立食品安全追溯体系基本要求

食品生产经营企业负责建立、实施和完善食品安全追溯体系，保障追溯体系有效运行。

（一）科学严谨，可追可溯

企业应当建立食品安全追溯制度规范，适用和涵盖企业组织实施追溯的人员，生产经营各个环节实施追溯的记录，追溯方式及相关硬件、软件运用，追溯体系实施等要求。记录可采用纸质或电子信息手段记录，鼓励企业采用信息化手段记录和保存信息。

（二）统筹推进，积极实施

企业应当按照建立的食品安全追溯体系，严格组织实施。出现产品不符合相关法律、法规、标准等规定，或发生食品安全事故等情况，要依托追溯体系，及时查清流向，召回产品，排查原因，迅速整改。涉及相关食品生产经营企业的，应当按规定及时通报。

（三）不断完善，逐步提高

企业在追溯体系实施过程中，应及时分析问题、查找原因，特别是对发生食品安全问题或发现制度存在不适用、有缺环、难追溯的情况，要及时采取措施，调整完善。企业的组织机构、设备设施、生产经营方式、管理制度及相关人员等发生变化，应当及时调整追溯体系的相应要求，确保追溯体系运行的连续性。

七、监管部门指导和监督

地方食品药品监管部门要指导和监督食品生产经营企业建立食品安全追溯体系，落实质量安全主体责任。

（一）明确责任

地方政府应当依法履行领导责任，组织、协调、推动食品生产经营企业建立追溯体系工作。食品药品监管部门要依法履行监管责任，省级食品药品监管部门应当根据相关法律、法规与标准规定和本规定，结合行政区域食品生产经营企业实际，制定具体措施，明确各级责任。切实建立与农业、出入境检验检疫等部门沟通协调工作机制，确保不同的追溯责任主体之间有效衔接。探索建立指导与监督企业建立追溯体系的追溯工作信息化平台，掌握食品生产经营企业基本情况及建立追溯体系运行情况，并通过预警管理、远程监督、指挥联动、现场检查等协调机制，促进企业不断完善食品安全追溯体系，履行追溯责任。

（二）先行试点

省级食品药品监管部门要结合不同品种食品、食用农产品的生产经营特点，具体企业生产经营实际，及追溯依托科学技术的发展水平，不同追溯方式导致生产经营成本增减等多方因素，做好试点工作。可本着先主后次、先简后难原则，在一类或几类食品，特别是高风险食品中选择代表性企业先行试点，不断发现问题、解决问题、探索途径、总结经验。地市级食品药品监管部门应当重点做好推广试点经验工作，县级食品药品监管部门应当重点做好食品生产经营企业建立食品安全追溯体系的日常指导、完善和监督工作。防止急功近利，追求形式、走过场等行为，切实做到分类实施，稳步推进，逐步覆盖所有食品生产经营企业。争取“十三五”末，基本实现大米、小麦粉、婴幼儿配方乳粉、食用植物油、白酒等重点食品安全可追溯。

（三）督促落实

地方食品药品监管部门要加强对食品生产经营企业建立食品安全追溯体系情况监督检查，对于没有建立追溯体系、追溯体系不能有效运行，特别是出现不真实信息或信息损毁、灭失的，要依照相关法律法规等规定严肃处理。不断探索根据监管工作需要调用企业追溯信息的方式方法，提高监管工作的针对性和有效性，严防区域性、系统性食品质量安全问题的发生。省级食品药品监管部门应当适时分析总结食品质量安全追溯体系实施情况，报告国家食品药品监督管理总局。

八、引导社会力量共同推进食品安全追溯体系建设

食品生产经营企业建立食品安全追溯体系是一项系统工程，信息记录纷繁复杂，追溯环节链条长，专业技术性强，相互衔接难度大，需要社会各方切实共同努力，共同推进。

（一）切实发挥行业协会规范引导作用

鼓励和支持行业协会组织、推动企业开展食品安全追溯体系试点工作，探索、制定行业食品安全追溯体系建设指导规范，搭建合法、权威、公正的第三方行业追溯实施情况咨询平台。相关行业协会应当加强

与食品药品监管部门联系，及时沟通、交流和解决食品安全追溯体系建设中存在的问题。

（二）切实发挥技术机构技术支撑作用

鼓励和支持科研院所、检验检测机构、追溯防伪技术专业性组织等技术机构跟踪食品行业技术发展，研究不同类型食品生产经营企业建立食品安全追溯体系的技术要求，探索实现不同的追溯技术手段，促进食品安全追溯体系不断完善、提高技术层次与科学运行水平。

（三）切实发挥社会监督作用

坚持社会共治，对未按规定建立食品安全追溯体系的企业，鼓励公众通过正常渠道进行社会监督，促进企业不断完善内部质量管理体系，对消费者负责，对社会负责。

通过大力推动食品生产经营企业建立食品安全追溯体系，逐步实现"从农田到餐桌"全过程追溯，落实企业安全主体责任，提升食品安全整体水平，保障我国食品行业规范、持续、健康发展。

2017年食品安全重点工作安排

（国务院办公厅　国办发［2017］28号　2017年4月6日）

食品安全关系广大人民群众身体健康和生命安全，加强食品安全工作是各级党委政府的重大政治任务。2016年，全国食品安全形势总体稳定向好，但问题依然复杂严峻。为贯彻党中央、国务院关于食品安全工作的决策部署，落实"四个最严"要求，强化源头严防、过程严管、风险严控监管措施，加快解决人民群众普遍关心的突出问题，提高食品安全治理能力和保障水平，推进供给侧结构性改革和全面小康社会建设，现就2017年食品安全重点工作作出如下安排：

一、加强食品安全法治建设

完善办理危害食品安全刑事案件的司法解释，推动掺假造假行为直接入刑。（中央政法委牵头，高法院、高检院、公安部、农业部、国家卫生计生委、海关总署、质检总局、食品药品监管总局配合）

加快完善食品安全相关法律制度，抓紧修订食品安全法实施条例，基本完成食品安全法配套规章制修订，落实处罚到人。推动地方食品生产经营小作坊、小摊贩、小餐饮管理办法在年内全部出台。启动农产品质量安全法修订，贯彻落实新修订的农药管理条例。研究制定餐厨垃圾回收和资源化处理相关法规。（食品药品监管总局、农业部、国家发展改革委、国务院法制办按职责分工负责）

修订出台学校食堂与外购学生集中用餐食品安全管理规定。（教育部牵头，国家卫生计生委、食品药品监管总局配合）

制定食品相关产品监管办法，抓紧修订进出口食品安全管理办法。（质检总局牵头，国家卫生计生委、食品药品监管总局配合）

加强食品安全法治教育，各级食品安全监管人员、各类食品生产经营单位负责人、主要从业人员全年接受不少于40小时的食品安全集中培训。完善食品安全行政执法程序，加强行政处罚法律适用的指导。规范执法行为，强化执法监督，开展执法检查，做好行政复议和应诉工作。（国务院有关部门、各省级人民政府负责）

二、完善食品安全标准

推动食品安全标准与国际标准对接。继续完善食品安全标准体系，制修订一批重点急需的重金属污染、有机污染物、婴幼儿配方食品、特殊医学用途配方食品、保健食品等食品安全国家标准及其检测方法。加强标准的宣传、培训与跟踪评价，强化标准制定、执行和监管的衔接。加强地方食品安全标准制修订与管理，指导地方清理标准，建立地方标准目录。（国家卫生计生委牵头，农业部、质检总局、食品药品监管总局、国家粮食局配合）

加强食品中非法添加物质的检验方法研究。（科技部、国家卫生计生委、食品药品监管总局按职责分工负责）

加快制定蔬菜及特色农产品的农药残留和小品种畜禽水产品的兽药残留限量标准，新制定农药残留标准1 000项、兽药残留标准100项，全面清理整合和修订农药兽药残留检测方法。颁布进口农产品的农药兽药残留限量标准制定规范，启动分类制定"一律"

限量标准。（农业部牵头，质检总局配合）

完善粮食质量安全标准体系。（国家粮食局牵头，质检总局配合）

三、净化农业生产环境

启动土壤污染状况详查，推动土壤污染防治立法和土壤环境质量标准修订，落实大气、水、土壤污染防治行动计划，开展土壤污染综合防治先行区建设和土壤污染治理与修复技术应用试点。年底前出台农用地土壤环境管理办法，发布农用地土壤环境质量标准。（环境保护部负责）

严格控制在优先保护类耕地集中区域新建有色金属冶炼、石油加工、化工、焦化、电镀、制革等行业企业，现有相关行业企业要采用新技术、新工艺，加快提标升级改造步伐。（环境保护部、国家发展改革委牵头，工业和信息化部配合）

深入开展耕地质量保护与提升行动，推进农业面源污染防治攻坚行动。总结长株潭试点经验，加快重金属污染耕地修复和种植结构调整，指导中轻度污染耕地安全利用以及重度污染耕地食用农产品禁止生产区划定。（农业部负责）

落实国务院关于加强粮食重金属污染治理的各项措施，处理好调整种植结构和保护农民利益的关系。（国家发展改革委、财政部、农业部、国家粮食局等部门会同相关省级人民政府负责）

四、加强种养环节源头治理

推行良好农业规范，在规模化生产经营主体落实生产记录台账制度。加强农药兽药安全间隔期、休药期管理。实施高毒农药定点经营、实名购买制度，禁止高毒农药用于蔬菜、瓜果、茶叶、中草药等农作物的生产，分期分批对高毒农药采取禁限用措施。实施兽用处方药管理和兽药二维码追溯制度。加大科学种养技术培训力度，指导农户依法科学合理使用农药、兽药、化肥、饲料和饲料添加剂，严禁使用“瘦肉精”、孔雀石绿、硝基呋喃等禁用物质。（农业部牵头，质检总局配合）

推行病虫害、动物疫病统防统治专业化服务，扶持培育经营性服务组织。（农业部牵头，质检总局、财政部配合）

推进食用农产品合格证管理试点。深入推进畜禽、水产品质量安全专项整治，集中治理农药兽药残留超标突出问题。（农业部牵头，食品药品监管总局配合）

五、严格生产经营过程监管

推进风险分级制度落地，在风险分级基础上加强日常监督检查，贯彻“双随机、一公开”原则，通过彻查隐患、抽检“亮项”、处罚到人、公开信息，曝光所有违法违规企业，倒逼生产经营者落实主体责任。坚持问题导向，加大专项检查和飞行检查力度，推行检查表格化、抽检制度化、责任网格化，落实日常检查和监督抽检两个责任。对婴幼儿配方乳粉生产企业进行食品安全生产规范体系检查。在大型食品和食品相关产品生产企业全面推行危害分析和关键控制点（HACCP）体系，鼓励获得认证。推动企业建立食品安全追溯体系。开展放心菜、放心肉超市创建活动，督促食用农产品批发市场、网络第三方平台开办者落实食品安全管理责任。鼓励有条件的地方对小摊贩、小餐饮实行集中规范管理。加强食品相关产品生产企业监管，规范标识标注。严格实施进口食品境外生产企业注册，加强对已注册企业事中事后监管。（质检总局、食品药品监管总局按职责分工负责）

加强“放心粮油”供应网络质量安全监管。（国家粮食局负责）

深入开展农村食品安全治理，重点排查治理农村及城乡结合部地区突出食品安全风险隐患，有针对性地强化长效机制建设。（农业部、工商总局、食品药品监管总局按职责分工负责）

加大对校园及周边地区食品安全监管力度，落实学校食堂食品安全管理责任，严防发生群体性食物中毒事件。（教育部、食品药品监管总局按职责分工负责）

贯彻实施铁路运营食品安全管理办法，推进列车快餐供应商资质管理，做好春暑运铁路食品安全工作。（中国铁路总公司负责）

实施餐饮业食品安全提升工程，大力倡导餐饮服务单位“明厨亮灶”，落实进货查验、原料控制、环境卫生等制度，落实餐饮单位质量安全管理主体责任。加强对网络订餐的监管，及时查处网络订餐违法经营行为。（食品药品监管总局负责）

六、严密防控食品安全风险

组织实施国家食品安全风险监测计划，加大风险监测评估力度。推进部门间、地区间风险监测、评估和监督抽检信息共享，用好互联网、大数据，加强风险监测结果通报与会商研判，为风险防控提供技术支持。（国家卫生计生委牵头，农业部、质检总局、食

品药品监管总局、国家粮食局配合）

开展农产品质量安全风险隐患摸底排查，加强风险监测、评估和监督抽检，依法公布抽检信息。（农业部负责）

对重点产品、重点问题加强监督抽检和风险监测。（食品药品监管总局、国家卫生计生委按职责分工负责）

按照下管一级的原则，统筹国家、省、市、县四级抽检计划，扩大抽检覆盖面，提高问题发现率和不合格产品核查处置率。规范食品快速检测方法评价工作。建立风险预警交流工作体系，及时发布食品安全抽检信息、风险警示或消费提示。探索开展大型食品企业风险交流，完善重要信息直报制度和直报网络，加强食品安全舆情监测预警，制订国家食品安全突发事件应急预案。（食品药品监管总局负责）

实施进口食品安全放心工程，加强对高风险、高关注度进口食品监管。落实进口食品进出口商备案管理制度。进一步强化国境口岸食品安全监管，加强进出口食用农产品和饲料安全监管，开展风险监控。（质检总局负责）

推广食品安全责任保险，鼓励食品生产经营企业投保食品安全责任保险。（国务院食品安全办牵头，保监会配合）

七、促进食品产业转型升级

深入实施农业标准化战略，突出优质、安全和绿色导向，严格无公害农产品、绿色食品、有机农产品和农产品地理标志（“三品一标”）认证，以及良好农业规范认证，围绕市场需求调整农产品种养结构。（农业部、质检总局按职责分工负责）

出台促进食品工业健康发展的指导意见，推进食品工业结构调整和转型升级。打造食品加工产业集群，引导食品加工企业向主产区、优势产区、产业园区集中，加大技术改造支持力度，促进食品工业增品种、提品质、创品牌。（国家发展改革委、工业和信息化部按职责分工负责）

加快修订乳制品工业产业政策，进一步严格行业准入，推动婴幼儿配方乳粉企业兼并重组，发布实施婴幼儿配方乳粉追溯体系行业标准。（工业和信息化部牵头，国家发展改革委、农业部、食品药品监管总局配合）

推广“生产基地＋中央厨房＋餐饮门店”、“生产基地＋加工企业＋商超销售”等产销模式。（农业部、食品药品监管总局、各省级人民政府按职责分工负责）

加强餐厨废弃物、肉类加工废弃物和不合格畜禽产品的资源化利用和无害化处理，严防“地沟油”流向餐桌。（国家发展改革委、住房城乡建设部、农业部、工业和信息化部按职责分工负责）

研究制定加快发展冷链物流保障食品安全促进消费升级的意见，完善食品冷链物流标准体系，鼓励社会力量和市场主体加强食品冷链物流基础设施建设。（国家发展改革委牵头，农业部、商务部、国家卫生计生委、质检总局、食品药品监管总局等部门配合）

推进出口食品企业内外销“同线同标同质”工程。（质检总局牵头）

八、严厉打击食品安全违法犯罪

保持高压震慑态势，加大监督检查频次，严惩食品安全违法犯罪行为。重拳整治非法添加、超范围超限量使用添加剂、滥用农药兽药等农业投入品、制假售假、私屠滥宰等违法行为。所有食品安全违法行为均应追究到人，并向社会公开被处罚人的信息。建立健全重大违法犯罪案件信息发布制度，控制产品风险和社会风险，保障公众知情权。（食品药品监管总局、农业部、公安部、国务院食品安全办按职责分工负责）

加强行政执法与刑事司法的衔接。完善涉嫌犯罪案件移送、信息通报机制，解决食品安全违法犯罪案件取证难、移送难、入罪难以及检验认定经费、检验结论出具、涉案产品处置等问题。（中央政法委、食品药品监管总局牵头，农业部、质检总局、公安部、高检院配合）

加大对虚假违法食品广告的查处力度。（工商总局负责）

进一步加大对食品相关产品的执法打假力度。（质检总局负责）

加大对重点敏感食品走私的打击力度。（海关总署负责）

九、建立统一权威的食品安全监管体制

完善食品药品安全监管体制，加强统一性、专业性和权威性，充实基层监管力量。实行综合执法的地方，要把食品药品安全监管作为首要职责。（国务院食品安全办、食品药品监管总局牵头，中央编办配合）

依托现有资源，加快建设职业化食品药品检查员队伍，设置相应的专业技术岗位、技术职务，开展专

业技能培训，合理确定薪酬待遇，用专业性保证权威性。（食品药品监管总局牵头，中央编办、人力资源社会保障部、财政部配合）

十、加强食品安全基础和能力建设

增强食品安全监管统一性和专业性，切实提高食品安全监管水平和能力。落实“十三五”国家食品安全规划，将规划实施情况纳入对省级人民政府的考评内容。建立规划实施情况年度监测评估机制，各相关部门要制定具体实施方案。加强基层食品安全和农产品质量安全的监管机构与技术机构能力建设，推动实现业务用房、执法车辆、执法装备配备标准化。强化各级公安机关食品药品犯罪专业侦查力量。加强食品安全和农产品质量安全检验机构管理。加强食品相关产品检验检测能力建设。（食品药品监管总局、公安部、农业部、国家卫生计生委、质检总局、国家发展改革委、财政部等部门，各省级人民政府按职责分工负责）

制定鼓励政策，发挥大专院校、科研院所等社会检验检测资源作用。加强食品和农产品检验机构资质认定工作，公布食品检验复检机构名录，引入第三方检验服务。（农业部、国家卫生计生委、质检总局、食品药品监管总局按职责分工负责）

继续推动食品检验检测认证机构整合。（质检总局、中央编办牵头，食品药品监管总局配合）

加强粮食质量安全检验监测体系建设，强化基层粮食质量安全检验监测能力。（国家粮食局牵头，质检总局配合）

应用“互联网＋”检验检测技术，推动食品安全检验检测新业态发展。通过国家科技计划（专项、基金等），开展食品安全关键技术研发和科技创新示范。（科技部负责）

加快食品安全监管信息化工程项目建设，建立全国统一的食品安全信息平台。（食品药品监管总局牵头，工业和信息化部、商务部、国家卫生计生委、质检总局、国家粮食局配合）

完善农产品质量安全追溯体系，试运行国家农产品质量安全追溯管理信息平台。（农业部负责）

加强肉类、婴幼儿配方乳粉、蔬菜等重要产品追溯体系建设，加快推进省级重要产品追溯管理平台建设。（工业和信息化部、商务部按职责分工负责）

编制食品安全2030规划纲要。编写食品安全年度报告。（国务院食品安全办牵头，国务院食品安全委员会相关成员单位配合）

十一、推动食品安全社会共治

加强食品安全新闻宣传，做好舆论监督，营造良好舆论环境。（中央宣传部负责）

举办“全国食品安全宣传周”活动，展示国家食品安全示范城市和农产品质量安全县创建（“双安双创”）行动成果。深入开展食品安全法普法宣传。（国务院食品安全办牵头，国务院食品安全委员会相关成员单位配合）

强化食品安全科普网点建设，推进食品安全科普工作队伍建设和示范创建，提高公众食品安全科学素养。（中国科协负责）

通过多种形式开展学生食品安全教育。（教育部负责）

贯彻实施食品工业企业诚信管理体系国家标准，开展食品工业企业诚信管理体系评价。（工业和信息化部负责）

加强投诉举报体系能力建设，畅通投诉举报渠道。建立健全食品安全信用档案并依法及时向社会公布，加强对食品生产经营严重失信者的联合惩戒。（国务院食品安全委员会相关成员单位按职责分工负责）

十二、落实食品安全责任制

各地要把加强食品安全工作作为重大政治任务来抓，作为公共安全问题来抓，主要负责同志亲自抓，保证监管工作有责任、有岗位、有人员、有手段，支持监管部门履行职责。发挥食品安全委员会统一领导、食品安全办综合协调作用，加强各级食品安全办力量，强化食品安全工作的统筹协调，健全沟通协调机制，完善风险交流和形势会商工作机制。（各省级人民政府负责）

进一步加大食品安全投入力度，加强基层监管力量和基础设施建设，推动实现基层装备标准化，保障各级食品安全监管所需经费，特别是检验检测经费。（各省级人民政府，食品药品监管总局、财政部等部门按职责分工负责）

深入开展“双安双创”行动，对首批食品安全示范城市命名授牌，打造农产品质量安全县示范样板，开展第二批农产品质量安全县创建，组织召开“双安双创”现场会。（国务院食品安全办牵头，农业部、食品药品监管总局配合）

推进出口食品农产品质量安全示范区建设。（质检总局负责）

组织对各省级人民政府食品安全工作督查和现场考核，强化督查考核结果运用。（国务院食品安全办牵头，国务院食品安全委员会相关成员单位配合）

建立食品安全工作绩效与履职评定、奖励惩处挂钩制度。（各省级人民政府负责）

建立健全食品安全责任制和责任追究制度，研究制定食品安全工作问责办法。（国务院食品安全办牵头，监察部配合）

依法依纪严肃追究重大食品安全事件中失职渎职责任。（监察部负责）

关于进一步加强茶叶质量安全监管工作的通知

（国家食品药品监管总局　2017年4月1日）

各省、自治区、直辖市食品药品监督管理局，新疆生产建设兵团食品药品监督管理局：

茶叶是我国的传统食品，也是广大人民群众重要的日常消费食品，食品药品监管部门一直高度重视茶叶质量安全监管工作，严格生产许可，强化日常监管，加大抽检监测力度，严厉打击违法违规行为，督促茶叶生产企业落实质量安全主体责任，质量安全水平稳定向好。但是，我国茶叶种植规模化程度较低，分布“小散远”，茶叶加工整体水平不高、管理相对粗放，茶叶仍存在一定的质量安全隐患与问题。为保障茶叶质量安全，现将进一步加强茶叶质量安全监管工作有关事项通知如下：

一、督促企业切实依法落实质量安全主体责任

茶叶生产企业应当严格按照食品安全法等法律、法规、标准和相关文件的规定，切实落实质量安全主体责任。

（一）严把原料进厂关安全关　茶叶生产企业应当严把原料采购关，确保采购的原料符合相关规定。认真落实原料进货查验记录制度，必要时对原料的农药残留、污染物、着色剂等项目进行检验，包括对原料中可能添加的铅铬绿、孔雀石绿、苏丹红等非食品原料进行检验。外购茶叶原料的茶叶生产企业，应当建立供应商名录，相对固定原料来源，并定期审核评估；对原料提供或上游茶叶种植者提出严格要求，以农药残留、重金属污染物为重点，严把质量安全关。鼓励企业建立茶叶原料基地，并对茶叶种植过程农业投入品的使用按要求严格控制，严禁使用国家明令禁止的农药。

（二）严格组织生产　茶叶生产企业要严格按照相关法律、法规、标准和生产许可条件等组织生产，保证生产条件持续符合规定。新修订的《茶叶生产许可审查细则》，对原辅料、生产过程、产品出厂等全环节质量安全控制，提出更加严格的要求。企业在生产许可证有效期届满换证时，必须遵照执行。

（三）不得使用食品添加剂　茶叶生产企业要按照《食品安全国家标准食品添加剂使用标准》（GB 2760—2014）规定，生产茶叶不允许使用任何食品添加剂。

（四）不得使用非食品原料生产茶叶　茶叶生产企业要严格执行原辅料采购、生产过程管控、贮存管理等食品安全管理制度，加强对原辅料和成品在贮存、运输环节的质量安全管理，严禁使用铅铬绿、孔雀石绿、苏丹红或其他工业染料等非食品原料生产加工茶叶。

（五）严格规范标签标识　茶叶生产企业要按照《中华人民共和国食品安全法》《食品标识管理规定》《食品安全国家标准预包装食品标签通则》（GB 7718）、企业明示采用标准和相关茶叶标准等规定，严格规范标签标识。要严格做到“五个不准”：不准虚假标注产品执行标准、质量等级；不准生产无标识、标识不全或标识信息不真实的茶叶；不准虚假标注生产日期；不准虚假标注茶叶原料种植地区或类似表述；不准虚假标注手工制作、野生、贮存年份或类似表述。

（六）强化出厂检验　茶叶生产企业要按照相关食品安全国家标准和企业明示采用标准，进行产品出厂检验，检验不合格的，一律不得出厂销售。要按照《食品安全国家标准食品中农药最大残留限量》（GB 2763）等相关法律法规及标准规范检验农药残

留，重点是三氯杀螨醇、氰戊菊酯等项目；按照《食品安全国家标准食品中污染物限量》（GB 2762）等规定检验污染物，重点是铅等项目，产品检验合格后方可出厂。企业不具备自检能力的，要委托有法定资质的食品检验机构进行检验。一旦发现产品中铅、农药残留等安全指标不合格的，或发现检出着色剂、非食品原料的，要立即停产、彻查原因、召回产品，并向所在地食品药品监管部门报告。

（七）建立食品安全追溯体系 茶叶生产企业要按照有关法律法规以及《食品药品监管总局关于推动食品药品生产经营者完善追溯体系的意见》（食药监科〔2016〕122号）和《关于发布食品生产经营企业建立食品安全追溯体系若干规定的公告》（食品药品监管总局公告2017年第39号）要求，建立食品安全追溯体系，确保实现全程追溯。

二、全面加强监督管理

各地食品药品监管部门要全面加强茶叶质量安全监督管理，严厉打击违法违规行为。

（一）强化生产许可 要严格审查茶叶生产企业资质，达不到许可条件要求的，一律不予许可。边销茶是我国边疆民族地区生活必需品，其质量安全、数量供应、产品特点直接关系边疆稳定和民族团结，产区食品药品监管部门在对边销茶生产企业进行许可条件审查时，应会同本地区民族宗教工作管理部门参与。进一步完善退出机制，对不能持续满足生产许可条件、不能保证茶叶质量安全和整改后仍达不到要求的，必须依法关停，强制退出。建立和完善茶叶生产企业食品安全信用档案，促进企业依法生产、诚信经营、优胜劣汰。

（二）加强监督检查 要加强对茶叶生产企业的监督检查，加大对企业原辅料采储、生产环境条件、生产记录、出厂检验、销售记录等各环节检查力度，监督企业持续满足生产许可条件，确保产品符合标准要求。对于茶叶主产区、较大品牌企业，要加大监督检查力度，发现违法问题坚决依法查处。要在当地政府统一领导下，研究制定具体措施，加强对茶叶生产加工小作坊和原料茶、毛茶交易市场的监督管理，切实落实监管责任，对监督检查中发现的涉及其他部门的应及时通报。

（三）加大监督抽检和风险监测力度 要结合属地实际，制定监督抽检和风险监测计划，持续开展茶叶抽检监测工作。范围要兼顾行政区域内地（市）、县（市）、乡（镇）和行政村，覆盖在产获证食品生产企业，检验要突出食品安全国家标准主要安全项目，并覆盖生产加工、流通、网络销售等不同业态。坚持靶向性原则，将铅、农药残留等指标作为重点抽检监测项目，依法处置发现的问题，并公布有关信息。

（四）加大飞行检查力度 食品药品监管总局适时组织开展茶叶生产企业飞行检查，严厉查处违法行为。各地食品药品监管部门要针对在监督检查和监督抽检等工作中发现的茶叶中农药残留超标、污染物超标、着色剂、非食品原料及标签标识等问题，以及企业原材料把关不严、使用食品添加剂或非食品原料生产加工茶叶、不严格产品出厂检验等问题的，要组织飞行检查，查处存在的问题，依照相关规定予以公开。

（五）严厉打击违法违规行为 要依法查处茶叶生产销售中的违法违规行为，严厉打击未取得食品生产许可证生产茶叶、使用不合格原料及工业染料等非食品原料生产茶叶、滥用食品添加剂生产茶叶等违法行为；坚决取缔制假售假黑窝点、黑作坊；加强与公安机关的协作配合，涉嫌犯罪的，及时移送公安机关追究刑事责任。

三、强化监管责任落实

各地食品药品监管部门要进一步制定和完善监管工作措施，强化监管责任落实。

（一）进一步明确目标任务 要强化组织领导，确定工作目标，细化工作措施，明确人员责任，做到一级抓一级，层层抓落实。要结合各地实际，制定加强本行政区域茶叶质量安全监管工作的具体实施方案。要对茶叶生产企业和小作坊进行一次普查登记，重点是乡镇、农村、山区、林区等区域。茶叶生产加工集中的地区，要成立专门领导小组，做到分工明确，责任到人，确保各项措施落实到位，监管责任落实到位。

（二）充分发挥监管合力 各地食品药品监管部门要积极协调其他相关监管部门，特别是协调农业部门从源头狠抓茶叶种植过程中农药使用问题，严禁使用国家明令禁止的农药。茶叶生产加工集中地区，要报请当地政府，由政府或食品安全办组织成立专门领导小组，从茶叶种植、生产、经营全环节对茶叶质量安全问题综合治理，群防群治。

（三）不断强化社会监督 充分发挥茶叶行业协会等社会组织的监督、协调和引导作用，积极开展维护消费者权益、促进行业自律、正确引导市场消费等方面工作。中国茶叶流通协会要重视开展茶叶安全风险特别是农药残留问题排查和监管措施研究，重点引导和规范茶叶种植环节的农业投入品使用，制定茶叶行业诚信规范，引导行业健康发展。

（四）加强检查督导 要结合当地茶叶质量安全实际问题，进行有针对性的指导、检查和解决。注重收集、汇总和分析工作情况，不断查找薄弱环节，及时发现新情况、制定新举措、解决新问题。要善于结合实际，不断创新监管方式，完善监管工作长效机制，促进提升茶叶质量安全整体水平。

（五）大力促进品牌提升 各地食品药品监管部门要按照国家供给侧结构性改革和“放管服”“精准扶贫”要求，大力扶植茶叶生产企业走优质化发展道路。要从较大茶叶品牌生产企业着手，引导企业自建茶园，建立科学的质量管理体系，促进生产技术水平不断提高，推动形成一批质量可信、安全可靠、国际竞争力强的优质茶叶品牌。特别是对列入联合国教科文组织和国家非物质文化遗产名录的，在保障茶叶质量安全基础上，要予以重点支持，推动名优品牌走向世界，为促进国家实施“一带一路”倡议做出贡献。

关于加快发展冷链物流保障食品安全促进消费升级的意见

（国务院办公厅 国办发［2017］29号 2017年4月13日）

各省、自治区、直辖市人民政府，国务院各部委、各直属机构：

随着我国经济社会发展和人民群众生活水平不断提高，冷链物流需求日趋旺盛，市场规模不断扩大，冷链物流行业实现了较快发展。但由于起步较晚、基础薄弱，冷链物流行业还存在标准体系不完善、基础设施相对落后、专业化水平不高、有效监管不足等问题。为推动冷链物流行业健康规范发展，保障生鲜农产品和食品消费安全，根据食品安全法、农产品质量安全法和《物流业发展中长期规划（2014—2020年）》等，经国务院同意，提出以下意见。

一、总体要求

（一）指导思想

全面贯彻党的十八大和十八届三中、四中、五中、六中全会精神，深入贯彻习近平总书记系列重要讲话精神，认真落实党中央、国务院决策部署，紧紧围绕统筹推进“五位一体”总体布局和协调推进“四个全面”战略布局，牢固树立和贯彻落实创新、协调、绿色、开放、共享的发展理念，深入推进供给侧结构性改革，充分发挥市场在资源配置中的决定性作用，以体制机制创新为动力，以先进技术和管理手段应用为支撑，以规范有效监管为保障，着力构建符合我国国情的“全链条、网络化、严标准、可追溯、新模式、高效率”的现代化冷链物流体系，满足居民消费升级需要，促进农民增收，保障食品消费安全。

（二）基本原则

市场为主，政府引导 强化企业市场主体地位，激发市场活力和企业创新动力。发挥政府部门在规划、标准、政策等方面的引导、扶持和监管作用，为冷链物流行业发展创造良好环境。

问题导向，补齐短板 聚焦农产品产地“最先一公里”和城市配送“最后一公里”等突出问题，抓两头、带中间，因地制宜、分类指导，形成贯通一二三产业的冷链物流产业体系。

创新驱动，提高效率 大力推广现代冷链物流理念，深入推进大众创业、万众创新，鼓励企业利用现代信息手段，创新经营模式，发展供应链等新型产业组织形态，全面提高冷链物流行业运行效率和服务水平。

完善标准，规范发展 加快完善冷链物流标准和服务规范体系，制修订一批冷链物流强制性标准。加强守信联合激励和失信联合惩戒，推动企业优胜劣汰，促进行业健康有序发展。

（三）发展目标

到2020年，初步形成布局合理、覆盖广泛、衔接顺畅的冷链基础设施网络，基本建立“全程温控、标准健全、绿色安全、应用广泛”的冷链物流服务体系，培育一批具有核心竞争力、综合服务能力强的冷链物流企业，冷链物流信息化、标准化水平大幅提升，普遍实现冷链服务全程可视、可追溯，生鲜农产品和易腐食品冷链流通率、冷藏运输率显著提高，腐损率明显降低，食品质量安全得到有效保障。

二、健全冷链物流标准和服务规范体系

按照科学合理、便于操作的原则系统梳理和修订完善现行冷链物流各类标准，加强不同标准间以及与国际标准的衔接，科学确定冷藏温度带标准，形成覆盖全链条的冷链物流技术标准和温度控制要求。依据食品安全法、农产品质量安全法和标准化法，率先研究制定对鲜肉、水产品、乳及乳制品、冷冻食品等易腐食品温度控制的强制性标准并尽快实施。（国家卫生计生委、食品药品监管总局、农业部、国家标准委、国家发展改革委、商务部、国家邮政局负责）

积极发挥行业协会和骨干龙头企业作用，大力发展团体标准，并将部分具有推广价值的标准上升为国家或行业标准。鼓励大型商贸流通、农产品加工等企业制定高于国家和行业标准的企业标准。（国家标准委、商务部、国家发展改革委、国家卫生计生委、工业和信息化部、国家邮政局负责）

研究发布冷藏运输车辆温度监测装置技术标准和检验方法，在相关国家标准修订中明确冷藏运输车辆温度监测装置要求，为冷藏运输车辆的温度监测性能评测和检验提供依据。（工业和信息化部、交通运输部负责）

针对重要管理环节研究建立冷链物流服务管理规范。建立冷链物流全程温度记录制度，相关记录保存时间要超过产品保质期六个月以上。（食品药品监管总局、国家卫生计生委、农业部负责）

组织开展冷链物流企业标准化示范工程，加强冷链物流标准宣传和推广实施。（国家标准委、相关行业协会负责）

三、完善冷链物流基础设施网络

加强对冷链物流基础设施建设的统筹规划，逐步构建覆盖全国主要产地和消费地的冷链物流基础设施网络。鼓励农产品产地和部分田头市场建设规模适度的预冷、贮藏保鲜等初加工冷链设施，加强先进冷链设备应用，加快补齐农产品产地“最先一公里”短板。鼓励全国性、区域性农产品批发市场建设冷藏冷冻、流通加工冷链设施。在重要物流节点和大中型城市改造升级或适度新建一批冷链物流园区，推动冷链物流行业集聚发展。加强面向城市消费的低温加工处理中心和冷链配送设施建设，发展城市“最后一公里”低温配送。健全冷链物流标准化设施设备和监控设施体系，鼓励适应市场需求的冷藏库、产地冷库、流通型冷库建设，推广应用多温层冷藏车等设施设备。鼓励大型食品生产经营企业和连锁经营企业建设完善停靠接卸冷链设施，鼓励商场超市等零售终端网点配备冷链设备，推广使用冷藏箱等便利化、标准化冷链运输单元。（国家发展改革委、财政部、商务部、交通运输部、农业部、食品药品监管总局、国家邮政局、国家标准委按职责分工负责）

四、鼓励冷链物流企业经营创新

大力推广先进的冷链物流理念与技术，加快培育一批技术先进、运作规范、核心竞争力强的专业化规模化冷链物流企业。鼓励有条件的冷链物流企业与农产品生产、加工、流通企业加强基础设施、生产能力、设计研发等方面的资源共享，优化冷链流通组织，推动冷链物流服务由基础服务向增值服务延伸。（国家发展改革委、交通运输部、农业部、商务部、国家邮政局负责）

鼓励连锁经营企业、大型批发企业和冷链物流企业利用自有设施提供社会化的冷链物流服务，开展冷链共同配送、“生鲜电商＋冷链宅配”“中央厨房＋食材冷链配送”等经营模式创新，完善相关技术、标准和设施，提高城市冷链配送集约化、现代化水平。（国家发展改革委、商务部、食品药品监管总局、国家邮政局、国家标准委负责）

鼓励冷链物流平台企业充分发挥资源整合优势，与小微企业、农业合作社等深度合作，为小型市场主体创业创新创造条件。（国家发展改革委、商务部、供销合作总社负责）

充分发挥铁路长距离、大规模运输和航空快捷运输的优势，与公路冷链物流形成互补协同的发展格局。积极支持中欧班列开展国际冷链运输业务。（相关省级人民政府，国家铁路局、中国民航局、中国铁路总公司负责）

五、提升冷链物流信息化水平

鼓励企业加强卫星定位、物联网、移动互联等先进信息技术应用，按照规范化标准化要求配备车辆定位跟踪以及全程温度自动监测、记录和控制系统，积极使用仓储管理、运输管理、订单管理等信息化管理系统，按照冷链物流全程温控和高时效性要求，整合各作业环节。鼓励相关企业建立冷链物流数据信息收集、处理和发布系统，逐步实现冷链物流全过程的信息化、数据化、透明化、可视化，加强对冷链物流大数据的分析和利用。大力发展“互联网＋”冷链物流，整合产品、冷库、冷藏运输车辆等资源，构建

"产品＋冷链设施＋服务"信息平台，实现市场需求和冷链资源之间的高效匹配对接，提高冷链资源综合利用率。推动构建全国性、区域性冷链物流公共信息服务和质量安全追溯平台，并逐步与国家交通运输物流公共信息平台对接，促进区域间、政企间、企业间的数据交换和信息共享。（国家发展改革委、交通运输部、商务部、农业部、工业和信息化部负责）

六、加快冷链物流技术装备创新和应用

加强生鲜农产品、易腐食品物流品质劣变和腐损的生物学原理及其与物流环境之间耦合效应等基础性研究，夯实冷链物流发展的科技基础。鼓励企业向国际低能耗标准看齐，利用绿色、环境友好的自然工质，使用安全环保节能的制冷剂和制冷工艺，发展新型蓄冷材料，采用先进的节能和蓄能设备。（科技部、工业和信息化部负责）

加大科技创新力度，加强对延缓产品品质劣变和减少腐损的核心技术工艺、绿色防腐技术与产品、新型保鲜减震包装材料、移动式等新型分级预冷装置、多温区陈列销售设备、大容量冷却冷冻机械、节能环保多温层冷链运输工具等的自主研发。（科技部负责）

冷链物流企业要从正规厂商采购或租赁标准化、专业化的设施设备和运输工具。加速淘汰不规范、高能耗的冷库和冷藏运输车辆，取缔非法改装的冷藏运输车辆。鼓励第三方认证机构从运行状况、能效水平、绿色环保等方面对冷链物流设施设备开展认证。结合冷链物流行业发展趋势，积极推动冷链物流设施和技术装备标准化，提高冷藏运输车辆专业化、轻量化水平，推广标准冷藏集装箱，促进冷链物流各作业环节以及不同交通方式间的有序衔接。（交通运输部、商务部、工业和信息化部、中国民航局、国家铁路局、国家邮政局、中国铁路总公司按职责分工负责）

七、加大行业监管力度

有关部门要依据相关法律法规、强制性标准和操作规范，健全冷链物流监管体系，在生产和贮藏环节重点监督保质期、温度控制等，在销售终端重点监督冷藏、冷冻设施和贮存温度控制等，探索建立对运输环节制冷和温控记录设备合规合法使用的监管机制，将从源头至终端的冷链物流全链条纳入监管范围。加强对冷链各环节温控记录和产品品质的监督和不定期抽查。（食品药品监管总局、质检总局、交通运输部、农业部负责）

研究将配备温度监测装置作为冷藏运输车辆出厂的强制性要求，在车辆进入营运市场、年度审验等环节加强监督管理。（工业和信息化部、交通运输部按职责分工负责）

充分发挥行业协会、第三方征信机构和各类现有信息平台的作用，完善冷链物流企业服务评价和信用评价体系，并研究将全程温控情况等技术性指标纳入信用评价体系。各有关部门要根据监管职责建立冷链物流企业信用记录，并加强信用信息共享和应用，将企业信用信息归集至全国信用信息共享平台，通过"信用中国"网站和国家企业信用信息公示系统依法向社会及时公开。探索对严重违法失信企业开展联合惩戒。（国家发展改革委、交通运输部、商务部、民政部、食品药品监管总局、质检总局、工商总局、国家邮政局等按职责分工负责）

八、创新管理体制机制

国务院各有关部门要系统梳理冷链物流领域相关管理规定和政策法规，按照简政放权、放管结合、优化服务的要求，在确保行业有序发展、市场规范运行的基础上，进一步简化冷链物流企业设立和开展业务的行政审批事项办理程序，加快推行"五证合一、一照一码"、"先照后证"和承诺制，加快实现不同区域、不同领域之间管理规定的协调统一，加快建设开放统一的全国性冷链物流市场。地方各级人民政府要加强组织领导，强化部门间信息互通和协同联动，统筹抓好涉及本区域的相关管理规定清理等工作。结合冷链产品特点，积极推进国际贸易"单一窗口"建设，优化查验流程，提高通关效率。利用信息化手段完善现有监管方式，发挥大数据在冷链物流监管体系建设运行中的作用，通过数据收集、分析和管理完善事中事后监管。（各省级人民政府，国家发展改革委、交通运输部、公安部、商务部、食品药品监管总局、国家卫生计生委、工商总局、海关总署、质检总局、国家邮政局、中国民航局、国家铁路局按职责分工负责）

九、完善政策支持体系

要加强调查研究和政策协调衔接，加大对冷链物流理念和重要性的宣传力度，提高公众对全程冷链生鲜农产品质量的认知度。（国家发展改革委、农业部、商务部、食品药品监管总局、国家卫生计生委负责）

拓宽冷链物流企业的投融资渠道，引导金融机构

对符合条件的冷链物流企业加大投融资支持，创新配套金融服务。（人民银行、银监会、证监会、保监会、国家开发银行负责）

大中型城市要根据冷链物流等设施的用地需求，分级做好物流基础设施的布局规划，并与城市总体规划、土地利用总体规划做好衔接。永久性农产品产地预冷设施用地按建设用地管理，在用地安排上给予积极支持。（国土资源部、住房城乡建设部负责）

针对制约冷链物流行业发展的突出短板，探索鼓励社会资本通过设立产业发展基金等多种方式参与投资建设。（国家发展改革委、商务部、农业部负责）

冷链物流企业用水、用电、用气价格与工业同价。（国家发展改革委负责）

加强城市配送冷藏运输车辆的标识管理。（交通运输部、商务部负责）

指导完善和优化城市配送冷藏运输车辆的通行和停靠管理措施。（公安部、交通运输部、商务部负责）

继续执行鲜活农产品“绿色通道”政策。（交通运输部、国家发展改革委负责）

对技术先进、管理规范、运行高效的冷链物流园区优先考虑列入示范物流园区，发挥示范引领作用。（国家发展改革委、国土资源部、住房城乡建设部负责）

加强冷链物流人才培养，支持高等学校设置冷链物流相关专业和课程，发展职业教育和继续教育，形成多层次的教育、培训体系。（教育部负责）

十、加强组织领导

各地区、各有关部门要充分认识冷链物流对保障食品质量安全、促进农民增收、推动相关产业发展、促进居民消费升级的重要作用，加强对冷链物流行业的指导、管理和服务，把推动冷链物流行业发展作为稳增长、促消费、惠民生的一项重要工作抓紧抓好。国家发展改革委要会同有关部门建立工作协调机制，及时研究解决冷链物流发展中的突出矛盾和重大问题，加强业务指导和督促检查，确保各项政策措施的贯彻落实。

关于做好2017年粮食质量安全重点工作的通知

（国家粮食局　国粮发［2017］64号　2017年4月21日）

各省、自治区、直辖市及新疆生产建设兵团粮食局：

为认真落实习近平总书记关于“严防、严管、严控食品安全风险，保证广大人民群众吃得放心、安心”的重要指示，贯彻国务院食品安全委员会第四次全体会议精神，加强粮食质量安全监测与监管，强化基层粮食质量安全检验监测能力，按照《2017年食品安全重点工作安排》（国办发［2017］28号）、《“十三五”国家食品安全规划》（国发［2017］12号）和《2017年粮食流通工作要点》（国粮发［2017］20号）有关要求与部署，现就2017年粮食质量安全重点工作作出如下安排：

一、强化粮食质量安全保障机制

（一）夯实保障制度基础　严格执行《粮食质量安全监管办法》，继续深入落实粮食质量安全保障机制，结合当地实际制定实施细则或补充规定，做好相关配套制度落实细化工作。建立健全粮食质量安全责任制和责任追究制，推进粮食质量安全监管法治化、标准化、专业化、信息化建设。

（二）推进保障体制建设　强化组织领导，加强协作配合，切实履行好属地管理责任。积极争取同级财政支持，增加经费投入，保障各级粮食质量安全监管所需经费特别是检验检测经费。强化人才队伍建设，研究设置相应的专业技术岗位、技术职务，加大专业技能培训力度。进一步理顺工作体制，形成工作合力，构建统一权威的粮食质量安全监管体制，切实落实监管有责任、有岗位、有人员、有手段，履行日常监管责任和监督抽检责任，确保事有人做、责有人负。

（三）建立超标粮食管控机制　推动建立重金属等超标粮食处置长效机制。在省级人民政府的统一领导下，落实国务院关于加强粮食重金属污染治理的各项措施。督促指导粮食购销企业全面落实企业质量安全主体责任，提升食品安全指标入库检验和出库质量把关能力。对发现的不符合食品安全标准的粮食，要严格按照省级人民政府的规定进行处置，严防流入口粮市场。建立粮食经营者履行质量安全主体责任信用档案，加强对严重失信行为的联合惩戒。

二、提升粮食质量安全监测监管能力

（四）建设广覆盖的检验监测网络 加强粮食质量安全检验监测体系建设，充分认识粮食检验监测工作的政策性、专业性以及粮食作为事关国计民生特殊商品的显著特点，增强粮食检验监测体系的整体保障能力，确保落实粮食质量安全监管责任的技术支撑手段。强化基层粮食质量安全检验监测能力，将质量检验监测功能向市县延伸，在人口大县（市）、产粮大县建立粮食质量检验监测机构，逐步填补监测空白。加强对“十二五”粮食质量安全检验监测体系能力建设项目实施情况的检查和指导，促进国家授权挂牌机构检验能力和实验室管理能力进一步提升。

（五）强化基层监管能力建设 按照《“十三五”国家食品安全规划》要求，升级改造粮食质量安全检验监测机构，产粮大县和人口大县要逐步具备对常见真菌毒素、重金属、农药残留等指标的实验室检验能力或定性快速检测能力。加强基层监管力量和基础设施建设，积极争取支持配备专业机构、专业人员、专业设备等，推动实现基层装备配备标准化。重点加强基层检验监测机构和主要粮食收储企业检验能力升级改造，配备必要的快速检验仪器设备，充分发挥从源头上保障粮食质量安全的作用。加强检验人员专业技能培训，全面提高各级检验人员专业技术水平，组建粮食质量安全检验检测专家库。加强粮食质量安全应急队伍、应急处置能力建设，适时开展应急演练。

（六）提高信息化管理能力 以需求为导向，以服务行业、服务社会为落脚点，创新运用现代信息技术，依托国家粮食管理平台，建设粮食质量安全监管信息化平台，开发粮食质量安全监测预警平台、粮食检验机构地理信息数据库、公众查询平台等电子化管理系统，配合相关部门加快食品安全监管信息化工程项目建设，切实提升行业管理效能，提供现代化、方便快捷的公共服务。

三、加强粮食质量安全监测监管

（七）强化新收获和库存粮食质量安全监测 切实落实国家食品安全风险监测计划，规范开展省级粮食质量安全监测工作，进一步提高监测工作的代表性、时效性。发现问题及时通报本级政府和相关部门，指导粮食收购和处置。加强粮食质量安全监管，组织开展库存粮食质量安全专项检查工作。要把保障粮食质量安全放在更加突出的位置，坚持源头严防、过程严管、风险严控，牢牢守住不发生区域性、系统性粮食质量安全风险的底线。

（八）完善监测监管机制 探索建立企业自检和专业粮食检验机构检验互为补充的质检制度，引入专业粮食检验机构服务，加强对市场化收购粮食质量安全的监测监管，提升质量安全监管主动性。推进粮食检验机构为粮食产后服务中心、粮食物流园区、电子交易平台、“中国好粮油”、订单农业等单位提供代质检服务。

（九）加强政策性成品粮油监测监管 按“谁推介、谁负责”的原则，加强“放心粮油”、军供粮油、应急保障、成品粮储备、主食工程、“中国好粮油”等供应网络质量安全监测监管，强化隐患排查和风险防范，确保供应网络质量安全。

四、完善粮食质量安全标准体系

（十）抓好重点标准制修订 完善粮食质量安全标准体系，优先安排“中国好粮油”、信息化建设、仓储技术提升、粮食质量安全快速检测方法等标准制修订。配合有关部门，继续完善食品安全标准体系。开展粮食农药、真菌毒素、重金属等快检技术研究，提高标准技术水平，更好服务于粮食质量安全监管。

（十一）推进粮油标准国际化工作 增强中国粮油标准国际影响力，深度参与国际标准化治理。以在中国举办国际标准化组织谷物与豆类第39次年会为契机，加大国际标准制修订参与力度，进一步推动我国自主创新粮油技术标准转化为国际标准。

（十二）做好宣贯培训与考核 加强《食品安全法》《农产品质量安全法》《粮食流通管理条例》以及粮食质量安全标准等法律法规的普法宣传。举办“全国食品安全宣传周·粮食质量安全宣传日”活动，开展标准和科普宣传，营造社会共治氛围。组织开展粮食经纪人、种粮大户标准技术培训，开展助农扶农服务，普及粮食质量安全常识。加强粮食质量安全工作督查和现场考核，强化督查考核结果运用。

保健食品备案工作指南（试行）

（国家食品药品监管总局 2017年5月2日）

保健食品备案，是指保健食品生产企业依照法定程序、条件和要求，将表明产品安全性、保健功能和质量可控性的材料提交食品药品监督管理部门进行存档、公开、备查的过程。

1 适用范围

本指南适用于《保健食品注册与备案管理办法》规定的保健食品备案工作。

2 备案主体

2.1 国产保健食品

国产保健食品备案人应当是保健食品生产企业。保健食品原注册人（以下简称原注册人）可以作为备案人。

2.2 进口保健食品

进口保健食品备案人应当是上市保健食品境外生产厂商。境外生产厂商（备案人）是指符合其所在国（地区）上市要求的法人或其他组织。产品生产国（地区）是指进口保健食品上市销售的国家（地区）。

3 备案流程及要求

3.1 获取备案系统登录账号

3.1.1 国产保健食品

国产保健食品备案人应向所在地省、自治区、直辖市食品药品监督管理部门提出获取备案管理信息系统登录账号的申请。申请登录账号的具体方式由各省、自治区、直辖市食品药品监督管理部门自行发布。

3.1.2 进口保健食品

进口保健食品备案人携带产品生产国（地区）政府主管部门或法律服务机构出具的备案人为上市保健食品境外生产厂商的资质证明文件和联系人授权委托书等，向国家食品药品监督管理总局行政受理服务部门现场提出获取备案管理信息系统登录账号的申请，由受理部门审核通过后向备案人发放登录账号。

3.1.3 原注册人备案保健食品

原注册人产品转备案的，应当向总局技术审评机构提出申请。总局技术审评机构对转备案申请相关信息进行审核，符合要求的，将产品相关电子注册信息转送备案管理部门，同时书面告知申请人可向备案管理部门提交备案申请。

原注册人包括：(1)《保健食品原料目录》发布前受理的保健食品注册申请，其原料已列入《保健食品原料目录》，且符合备案相关技术要求的，申请该产品备案的原注册申请人；(2)获得注册的保健食品，其原料已列入《保健食品原料目录》，且符合备案相关技术要求的，申请该产品备案的原保健食品注册人。

《保健食品原料目录》发布前受理的保健食品注册申请，以及获得注册的保健食品，其部分原料或用量不符合《保健食品原料目录》以及备案技术要求的，注册申请人或证书持有人同意按照《保健食品原料目录》调整产品原料和产品技术要求，也可以作为原注册人。

《保健食品原料目录》发布后受理的注册申请保健食品，其原料已列入《保健食品原料目录》，且产品符合相关技术要求，原注册申请人不可以作为原注册人申请该产品备案。

3.2 产品备案信息填报、提交

3.2.1 国产保健食品

备案人获得备案管理信息系统登录账号后，通过http://bjba.zybh.gov.cn网址进入系统，认真阅读并按照相关要求逐项填写备案人及申请备案产品相关信息，逐项打印系统自动生成的附带条形码、校验码的备案申请表、产品配方、标签说明书、产品技术要求等，连同其他备案材料，逐页在文字处加盖备案人公章（检验机构出具的检验报告、公证文书、证明文件除外）。

备案人将所有备案纸质材料清晰扫描成彩色电子版（PDF格式）上传至保健食品备案管理信息系统，确认后提交。

原注册人已注册（或申请注册）产品转备案的，进入保健食品备案管理信息系统后，可依据《保健食品原料目录》及相关备案管理要求，修改和完善原注册产品相关信息，并注明修改的内容和理由。

3.2.2 进口保健食品

备案人获得备案管理信息系统登录账号后，通过 http://bjba.zybh.gov.cn 网址进入系统，认真阅读并按照相关要求逐项填写备案人及申请备案产品相关信息，逐项打印系统自动生成的附带条形码、校验码的备案申请表、产品配方、标签说明书、产品技术要求等，连同其他备案材料（具体见6进口保健食品备案材料项目及要求），逐页在文字处加盖备案人公章（检验机构出具的检验报告、公证文书、证明文件除外）。备案人若无印章，可以法人代表签字或签名章代替。

备案人将所有备案纸质材料清晰扫描成彩色电子版（PDF格式）上传至保健食品备案管理信息系统，确认后提交，并应当向国家食品药品监督管理总局行政受理服务部门提交全套备案材料原件1份。

3.3 发放备案号、存档和公开

备案材料符合要求的，备案管理部门当场备案，发放备案号，并按照相关格式要求制作备案凭证；不符合要求的，应当一次告知备案人补正相关材料。

食品药品监督管理部门应当按照《保健食品注册与备案管理办法》《保健食品原料目录》的要求开展保健食品备案和监督管理工作。备案人应当保留一份完整的备案材料存档备查。

备案管理部门对原注册产品发放备案号后，应当书面告知总局技术审评机构注销原注册证书和批准文号，或终止原注册申请。

4 备案材料形式要求

4.1 保健食品备案材料应符合《保健食品注册与备案管理办法》《保健食品原料目录》以及辅料、检验与评价等规章、规范性文件、强制性标准的规定。

4.2 保健食品备案材料应当严格按照备案管理信息系统的要求填报。

4.3 备案材料首页为申请材料项目目录和页码。每项材料应加隔页，隔页上注明材料名称及该材料在目录中的序号和页码。

4.4 备案材料中对应内容（如产品名称、备案人名称、地址等）应保持一致。不一致的应当提交书面说明、理由和依据。

4.5 备案材料使用A4规格纸张打印，中文不得小于宋体4号字，英文不得小于12号字，内容应完整、清晰。

5 国产保健食品备案材料项目及要求

5.1 保健食品备案登记表，以及备案人对提交材料真实性负责的法律责任承诺书

备案人通过保健食品备案管理信息系统完善备案人信息、产品信息后，备案登记表和法律责任承诺书将自动生成。备案人应当按照3.2项要求打印、盖章后上传。

5.2 备案人主体登记证明文件

应当提供营业执照、统一社会信用代码/组织机构代码等符合法律规定的法人组织证明文件扫描件，以及载有保健食品类别的生产许可证明文件扫描件。

原注册人还应当提供保健食品注册证明文件扫描件。原注册人没有载有保健食品类别的生产许可证明文件的，可免于提供。

5.3 产品配方材料

5.3.1 产品配方表根据备案人填报信息自动生成，包括原料和辅料的名称和用量。

原料应当符合《保健食品原料目录》的规定，辅料应符合保健食品备案产品可用辅料相关要求。

原料、辅料用量是指生产1 000个最小制剂单位的用量。

5.3.2 使用经预处理原辅料的，预处理原辅料所用原料应当符合《保健食品原料目录》的规定，所用辅料应符合保健食品备案产品可用辅料相关要求。

备案信息填报时，应当分别列出预处理原辅料所使用的原料、辅料名称和用量，并明确标注该预处理原料的信息。如果预处理原辅料所用原料和辅料与备案产品中其他原辅料相同，则该原辅料不重复列出，其使用量应为累积用量，且不得超过可用辅料范围及允许的最大使用量。

5.3.3 原注册人申请产品备案时，如果原辅料不符合《保健食品原料目录》或相关技术要求的，备案人应调整产品配方和相关技术要求至符合要求，并予以说明，但不能增加原料种类。

5.4 产品生产工艺材料

5.4.1 应提供生产工艺流程简图及说明。工艺流程简图以图表符号形式标示出原料和辅料通过生产加工得到最终产品的过程，应包括主要工序、关键工艺控制点等。工艺流程图、工艺说明应当与产品技术要求中生产工艺描述内容相符。

使用预处理原辅料的，应在工艺流程简图及说明中进行标注。

5.4.2 不得通过提取、合成等工艺改变《保健食品原料目录》内原料的化学结构、成分等。

5.4.3 剂型选择应合理。备案产品剂型应根据产品的适宜人群等综合确定，避免因剂型选择不合理引发食用安全隐患。

5.5 安全性和保健功能评价材料

5.5.1 应提供经中试及以上规模的工艺生产的三批产品功效成分或标志性成分、卫生学、稳定性等检验报告。

备案人应确保检验用样品的来源清晰、可溯源。国产备案产品应为经中试及以上生产规模工艺生产的样品。

备案人具备自检能力的可以对产品进行自检；备案人不具备检验能力的，应当委托具有合法资质的检验机构进行检验。

5.5.2 提供产品原料、辅料合理使用的说明，及产品标签说明书、产品技术要求制定符合相关法规的说明。

5.5.3 原注册人调整产品配方或产品技术要求申请备案的，应按5.5.1提供相关资料；未调整产品配方和产品技术要求的，可以提供原申报时提交的检验报告，并予以说明。

5.6 直接接触产品的包装材料的种类、名称及标准

应提供直接接触产品的包装材料的种类、名称、标准号等使用依据。

5.7 产品标签、说明书样稿

产品标签应该符合相关法律、法规等有关规定，涉及说明书内容的，应当与说明书有关内容保持一致。

产品说明书样稿根据备案人填报信息自动生成，应符合以下要求：

【产品名称】应符合《保健食品注册与备案管理办法》等相关法律法规。

（1）产品名称由商标名、通用名和属性名组成。备案人输入商标名、原料名称及产品剂型后，可在备案系统自动生成的产品名称中自主选择。

（2）使用注册商标的，应提供商标注册证明文件或注册商标使用授权书。

（3）同一企业不得使用同一配方备案不同名称的保健食品。不得使用同一名称备案不同配方的保健食品。

同一配方，是指产品的原料、辅料的种类及用量均一致的情形。

同一名称，是指产品商标名、通用名、属性名（包括特定人群、口味等）均一致的情形。

【原料】按5.3产品配方材料列出全部原料。

【辅料】按5.3产品配方材料列出全部辅料。

【功效成分或标志性成分及含量】应包括功效成分或标志性成分名称及含量。功效成分或标志性成分名称应与产品技术要求中相应指标名称一致。

非营养素补充剂产品功效成分或标志性成分含量（标示值）与产品技术要求中指标最低值一致，并符合《保健食品原料目录》规定的适宜人群对应的每日摄入量。

营养素补充剂产品应标示功效成分名称及含量（标示值），其功效成分名称为所有原料对应的营养素，排列顺序与《保健食品原料目录》中营养素的排列顺序相同；功效成分标示值是根据配方、生产工艺等产品技术要求综合确定的最小食用单元中某种营养素含量的确定数值，标示值应符合产品技术要求的功效成分指标范围以及《保健食品原料目录》规定的适宜人群对应的每日摄入量。标注方式为“每片含”“每粒含”“每袋含”“每瓶含”等。

【适宜人群】符合《保健食品原料目录》规定以及备案管理信息系统填报要求，食用安全、有明确保健功能需求且适合该备案产品的特定人群。

营养素补充剂的适宜人群应符合《保健食品原料目录》中人群分类，标注为“需要补充××，××（营养素）的＋年龄段＋人群”或“需要补充××，××（营养素）的成人、孕妇、乳母”，并应当符合以下要求：

（1）当适宜人群选择两个或以上连续的年龄段时，应当将年龄段合并标注，如适宜人群同时适用于7～10岁（含7岁和10岁人群，下同）、11～13岁时，则标注为7～13岁。

（2）含有三种及以上维生素的产品可以标注为“需要补充多种维生素的××人群”；含有三种及以上矿物质的产品可以标注为“需要补充多种矿物质的××人群”；当维生素和矿物质的种类均超过三种（含三种）时，可以标注为“需要补充多种维生素矿物质的××人群”。

（3）含有三种及以上B族维生素（维生素B_1、维生素B_2、维生素B_6、维生素B_{12}、烟酸、泛酸、叶酸等）的产品可标注为“需要补充多种B族维生素的××人群”。

【不适宜人群】应符合《保健食品原料目录》中人群分类。包括：适宜人群中应当除外的特定人群，现有科学依据不足以支持该产品适宜的3岁以下人群、孕妇、乳母等特定人群，以及现行规定明确应当标注的特定人群。还应当符合以下要求：

（1）产品剂型选择了片剂、胶囊剂等的，应排除可能因食用方法会引起食用安全隐患的人群；

（2）根据产品使用的原料、辅料所对应的适用范围确定不适宜人群。如所选用的化合物使用范围为"4岁以上人群（含4岁）"，不适宜人群应包括"3岁以下人群（含3岁）"。

（3）营养素补充剂的不适宜人群应当包括1岁以下人群（含1岁人群）；当不适宜人群选择两个或以上连续的年龄段时，应将年龄段合并标注。

【保健功能】应按《保健食品原料目录》的规定标注保健功能。

营养素补充剂应列出所有要补充的维生素和矿物质，表述为"补充××，××"。

含有三种及以上维生素的产品可以标注为"补充多种维生素"；含有三种及以上矿物质的产品可以标注为"补充多种矿物质"；含有维生素和矿物质的种类均超过三种（含三种）时，可以标注为"补充多种维生素矿物质"，但不得以"补充其中一种或几种原料名称＋多种维生素矿物质"形式表述。

含有三种及以上B族维生素的产品可以表述为"补充多种B族维生素"。

【食用量及食用方法】应与产品配方配伍及用量的科学依据、安全性和保健功能评价材料等相符。食用量及食用方法的表述应规范、详细，描述顺序为：食用量（应标示每日食用次数和每次食用量），食用方法。如不同的适宜人群需按不同食用量摄入时，食用量应按适宜人群分别标示。

营养素补充剂产品中，固体形态产品每日食用总量不得超过20克，液体形态产品每日食用总量不得超过30毫升。

【规格】应为最小制剂单元（最小食用单元）的重量或者体积（不包括包装材料）。如：胶囊剂指内容物重量；糖衣片指包糖衣前的片芯重量；薄膜衣片应在包薄膜衣后检查重量。产品规格还应与产品食用方法、食用量相匹配。表示为：片剂为Xg/片，胶囊剂为Xg/粒；口服液为Xml/瓶（或支）；颗粒为Xg/袋。

一次备案申请仅可备案一种产品规格，如需要备案多个规格时，应按备案变更程序申请，符合变更要求后，在备案凭证的备注部分列出所要增加的规格。同一个产品不得以不同规格获得多个备案凭证。

原注册人产品备案，如果原批准证书或已申请注册的产品中有多个规格和食用量、食用方法的，备案时应填报一种规格，其他规格和食用量、食用方法在备案凭证中备注项下列出。

【贮藏方法】应根据产品特性、稳定性试验等综合确定。贮藏方法为冷藏等特殊条件的，应列出具体贮藏条件。

【保质期】应根据稳定性试验考察结果综合确定，以"××月"表示，不足月的以"××天"表示。采用加速稳定性试验的产品，保质期不超过24个月。

【注意事项】应注明"本品不能代替药物。适宜人群外的人群不推荐食用本产品"。营养素补充剂产品还应增加"不宜超过推荐量或与同类营养素同时食用"。必要时还应根据研发情况、科学共识以及产品特性增加相应内容。如：辅料中含有阿斯巴甜，应标明苯丙酮尿患者慎用；泡腾片不可咀嚼、含服或吞服等。

5.8 产品技术要求材料

备案人应确保产品技术要求内容完整，与检验报告检测结果相符，并符合现行法规、技术规范、食品安全国家标准、《保健食品原料目录》的规定。

备案人在保健食品备案管理信息系统中填报备案信息后自动生成产品技术要求。

【产品名称】备案人在保健食品备案管理信息系统中填报备案信息后自动生成。

【原料】按照5.3产品配方材料列出全部原料及用量

【辅料】按照5.3产品配方材料列出全部辅料及用量。

【生产工艺】应根据实际工艺操作步骤依次选择主要工序、关键工艺参数；同一描述的主要工序可以根据实际生产操作规程重复选择。

【直接接触产品包装材料的种类、名称及标准】与5.6项下材料要求一致。

【感官要求】应描述产品的外观（色泽、状态等）和内容物的色泽、滋味、气味、状态等项目。不对直接接触产品的包装材料的外观、硬胶囊剂的囊壳色泽等进行描述。

【鉴别】根据产品配方及相关研究结果等可以确定产品鉴别方法的，应予以准确阐述。未制定鉴别项的，应提供未制定的理由。

【理化指标】应标明理化指标名称、指标值和检测方法。检测方法为国家标准、地方标准或规范性文件的，应列出标准号或规范性文件的文题文号；检测方法为备案人在国家标准、地方标准或规范性文件基础上进行修订的，应列出标准号或规范性文件的文题文号，同时详细列出修订内容；检测方法为备案人研究制定的，应列出检测方法全文，并提供该检测方法对本产品适用性相关资料。

【微生物指标】应标明微生物指标名称、指标值和检测方法。

【功效成分或标志性成分指标】应标明功效成分或标志性成分名称、指标范围和检测方法。

营养素补充剂产品功效成分应为产品食用最小单

元（如每片、每粒、每袋、每瓶）的功效成分指标，包括补充的全部营养素。维生素含量范围应为标示值的80%～180%，矿物质含量范围应为标示值的75%～125%。功效成分指标范围应符合《保健食品原料目录》规定的产品适宜人群对应的每日摄入量。

功效成分或标志性成分的检测方法为国家标准、地方标准或规范性文件的，应列出标准号或规范性文件的文题文号；检测方法为备案人在国家标准、地方标准或规范性文件基础上进行修订的，应列出标准号或规范性文件的文题文号，同时详细列出修订内容；检测方法为备案人研究制定的，应列出检测方法全文，并提供该检测方法对本产品适用性相关资料。

【装量或重量差异指标（净含量及允许负偏差指标）】应以文字形式描述装量或重量差异指标（净含量及允许负偏差指标）。

【原辅料质量要求】逐项列明所用原辅料具体质量标准。

符合《保健食品原料目录》、保健食品备案产品可用辅料相关要求的，列出标准号。对预处理原料，还应该列出原料来源和执行标准、主要生产工序及关键工艺参数等。

5.9 具有合法资质的检验机构出具的符合产品技术要求全项目检验报告

5.9.1 检验机构应按照备案人拟定的产品技术要求规定的项目、方法等进行检测，出具三批产品技术要求全项目检验报告。

检验报告应包括检测结果是否符合现行法规、规范性文件、强制性国家标准和产品技术要求等的结论。

保健食品备案检验申请表、备案检验受理通知书与检验报告中的产品名称、检测指标等内容应保持一致。检验机构出具检验报告后，不得变更。

对于具有合法资质的检验机构未认证的感官要求、功效成分或标志性成分指标，检验机构应以文字说明其检测依据。

5.9.2 该项检验报告与5.5项的检验报告为同一检验机构出具，则应为不同的三个批次产品的检验报告。

5.9.3 原注册人调整产品配方或产品技术要求申请备案的，应按5.9.1提供相关资料；未调整产品配方和产品技术要求的，可以提供原申报时提交的检验报告。

5.10 产品名称相关检索材料

备案人应从国家食品药品监督管理总局政府网站数据库中检索并打印，提供产品名称（包括商标名、通用名和属性名）与已批准注册或备案的保健食品名称不重名的检索材料。

5.11 其他表明产品安全性和保健功能的材料

6 进口保健食品备案材料项目及要求

除应按国产产品提交相关材料外，还应提交：

6.1 备案人主体登记证明文件

产品生产国（地区）政府主管部门或者法律服务机构出具的备案人为上市保健食品境外生产厂商的资质证明文件。应载明出具文件机构名称、生产厂商名称地址、产品名称和出具文件的日期等。

6.2 备案产品上市销售一年以上证明文件

产品生产国（地区）政府主管部门或者法律服务机构出具的保健食品类似产品上市销售一年以上的证明文件，或者产品境外销售以及人群食用情况的安全性报告。

上市销售一年以上的证明文件，应为在产品生产国（地区）作为保健食品类似产品销售一年以上的证明文件，应载明文件出具机构的名称、备案人名称地址、生产企业名称地址、产品名称和出具文件的日期，应明确标明该产品符合产品生产国（地区）法律和相关技术法规、标准，允许在该国（地区）生产销售。同时提供产品功能作用、食用人群等与申请备案产品声称相对应，保证食用安全的相关材料。

产品出口国（地区）实施批准的，还应当出具出口国（地区）主管部门准许上市销售的证明文件。

6.3 产品生产国（地区）或者国际组织与备案保健食品相关的技术法规或者标准原文。境外生产厂商保证向我国出口的保健食品符合我国有关法律、行政法规的规定和食品安全国家标准的要求的说明，以及保证生产质量管理体系有效运行的自查报告。

申请材料涉及提交产品生产企业质量管理体系文件的，应当提交产品生产国（地区）政府主管部门或者政府主管部门指定的承担法律责任的有关部门出具的，符合良好生产质量管理规范的证明文件，应载明出具文件机构名称、产品名称、生产企业名称和出具文件的日期。

6.4 备案人应确保检验用样品的来源清晰、可溯源，进口备案产品应为产品生产国（地区）上市销售的产品。

6.5 产品在产品生产国（地区）上市的包装、标签说明书实样

应提供与产品生产国（地区）上市销售的产品一致的标签说明书实样及照片，以及经境内公证机构公证、与原文内容一致的中文译本。

6.6 由境外备案人常驻中国代表机构办理备案

事务的，应当提交《外国企业常驻中国代表机构登记证》扫描件。境外备案人委托境内的代理机构办理备案事项的，应当提交经过公证的委托书原件以及受委托的代理机构营业执照扫描件。委托书应载明备案人、被委托单位名称、产品名称、委托事项及委托书出具日期。

6.7 备案材料应使用中文，外文材料附后。外文证明性文件、外文标签说明书等中文译本应当由中国境内公证机构进行公证，与原文内容一致。

6.8 境外机构出具的证明文件、委托书（协议）等应为原件，应使用产品生产国（地区）的官方文字，备案人盖章或法人代表（或其授权人）签字，需经所在国（地区）的公证机构公证和中国驻所在国使领馆确认。证明文件、委托书（协议）等载明有效期的，应在有效期内使用。

6.9 提供生产和销售证明文件、质量管理体系或良好生产规范的证明文件、委托加工协议等证明文件可以同时列明多个产品。这些产品同时备案时，允许一个产品使用原件，其他产品使用复印件，并书面说明原件所在的备案产品名称；这些产品不同时备案时，一个产品使用原件，其他产品需使用经公证后的复印件，并书面说明原件所在的备案产品名称。

7 备案变更

对于已经备案的保健食品，需要变更备案凭证及附件中内容的，备案人应按申请备案的程序，向原备案机关按备案申请提交相关资料及证明文件。备案资料符合要求的，准予变更。食品药品监督管理部门应当将变更情况登载于变更信息中，将备案材料存档备查。

备案人的联系人、联系方式等发生变化的，应及时向备案受理机构提交加盖备案人公章的更改申请，受理机构及时对相关信息进行更新。

已备案的保健食品，因产品名称（商标名）不符合要求，被监管部门责令整改的，可以按照备案变更程序办理。

8 附　　则

本指南为试行版，涉及《保健食品原料目录》以及备案工作程序调整的，将及时修订。

附件（略）

关于加强农产品加工技术集成科研基地建设的指导意见

（农业部办公厅　2017年5月9日）

各有关省、自治区、直辖市农产品加工业管理部门，新疆生产建设兵团农业局，各有关单位：

为深入贯彻落实《国务院办公厅关于进一步促进农产品加工业发展的意见》（国办发［2016］93号）精神，实施创新驱动战略，改善科研基础设施条件，提升科技创新能力，促进农产品加工业转型升级，根据《农业科技创新能力条件建设规划（2016—2020年）》和《全国农产品加工业与农村一二三产业融合发展规划（2016—2020年）》有关要求，现就加强农产品加工技术集成科研基地建设提出如下意见。

一、把握目标要求

围绕粮油、果蔬茶、畜产品和水产品等农产品加工重点领域，依托国家农产品加工技术研发体系及具有较强研究基础的科研机构，有效整合全国农产品加工科技资源，通过中央投资引导与调动发挥市场主体作用相结合，建设农产品加工技术集成科研基地，开展共性关键技术工程化研究和核心装备创制，形成集成度高、系统化强、能应用、可复制的农产品加工工程化技术研究与产业化应用示范平台，提升农产品加工集成创新与熟化应用的科研能力，满足农产品加工业共性关键技术需求。“十三五”期间，在农产品初加工、主食加工、精深加工和副产物综合利用等方面，支持建设36个技术集成科研基地（见附件），购置研发装备与仪器，建设污水处理、废弃物处理、废气处理、噪声处理、通风及制冷装置、自动控制、在线监测等相关配套设施，完善技术集成试验研究条件。通过努力，大幅提升农产品加工集成创新能力，技术装备取得较大突破，加工过程节能减排成效明显，技术服务能力显著提升，为建设技术先进、竞争有力、服务高效的农产品加工技术创新体系夯实基础。

二、明确基本原则

坚持国家战略，需求导向　根据国家战略需求，针对行业突出问题，结合市场需求实际，统筹谋划、合理布局、准确定位，分品种、分领域、分区域建设一批农产品加工技术集成科研基地，切实解决共性关键技术装备难题。

坚持自主研发，技术集成　深入实施创新驱动战略，利用自主知识产权核心技术和科研成果，大力开展自主研发，应用智能制造、绿色制造、互联网等现代技术，开展技术工程化研究和装备创制，推进技术集成与融合创新。

坚持联合合作，协同创新　本着优势互补、利益共享的原则，推进科研院所、高等院校、企业等单位建立“产学研推用”合作机制，积极开展协同创新和科研成果示范推广应用，实现多部门、多主体互利共赢。

坚持政府引导，市场主体　强化政府在科研基地建设方面的引导作用，充分发挥市场各类主体作用，鼓励以企业为主的各类经营主体、社会资本，参与或独立建设技术集成科研基地，构建完善的农产品加工技术创新体系。

三、突出重点任务

针对产后损失严重、综合利用率低、物耗能耗高、自动化程度低、风味与营养成分损失大等问题，建立由原料处理、加工制造、加工后处理等功能模块组成的柔性加工技术研究试验平台，开展农产品加工自主研发设备性能测试与改进、选型设备适应与改进、进口设备吸收转化、工程化工艺完善与优化、工艺路线自动控制系统改进，以及生产环节的节能减排、节本降耗、产品质量控制等技术集成研究与应用。

（一）粮油加工领域　开展脱壳和分级、生物发酵等杂粮加工技术集成，太阳能干燥等谷物干燥与储藏技术集成，高效发酵、乙醇废水资源化利用等木薯加工技术集成，传统面制、米制、豆制品加工技术集成，质构改性、功能性成分提取等谷物副产物加工技术集成。

（二）果蔬茶加工领域　开展果蔬保鲜技术集成，果蔬高效节能干制技术集成，果蔬制汁和非热杀菌技术集成，蔬菜低盐腌制、果酒发酵、食用菌功能成分高效提取等技术集成，热带棕榈、柑橘、茶叶等加工及综合利用技术集成。

（三）畜产品加工领域　开展胴体智能化分级分割技术、专用乳粉制备技术、发酵乳制备技术、蜂产品高效加工技术、骨血功能成分高效分离与衍生化制备技术、绿色高压脉冲快速腌蛋技术等技术集成。

（四）水产品加工领域　开展冰温保鲜加工技术、预冷及高效节能冷冻加工技术集成，加工副产物定向可控酶解、固液态自动连续发酵、高效分离纯化、亚临界提取、微胶囊化、脱苦、脱色等技术集成，褐藻、红藻加工高效综合利用技术集成，贝类非热加工、即食产品、蛋白饮料产品开发、蛋白组织化、调味品品质升级等技术集成。

四、加强项目建设

严格按照建设程序，加强项目全过程监管，确保实现预期目标。

（一）基本条件　建设单位须具备较强的人才队伍和科研基础，拥有自主研发并与建设内容紧密相关的实验室科研成果，具备开展相应农产品加工技术集成场所和配套的科研设备、仪器，要落实土地、规划、环评、节能等前置条件。

（二）申报审批　在项目申报前，项目建设单位要与农业部农产品加工局就项目建设内容、投资规模、材料要求等事宜进行沟通，并委托相关工程咨询单位编制项目可行性研究报告，邀请行业专家论证，经省级农业主管部门或部直属单位基本建设管理部门初审后报我部审批。可研报告批复后，项目建设单位委托相关勘察设计单位编制初步设计与概算。

（三）资金筹措　农业部直属单位和原部属高校承担的项目全部由中央预算内投资解决，地方单位承担的项目由中央预算内投资与地方投资共同解决，东部地区中央与地方投资比例不低于1∶0.2，其余地区不低于1∶0.1，地方投资由各级地方财政或项目建设单位筹措。

（四）过程监管　初步设计与概算批复后，方可开工建设。项目建设单位要严格按照基本建设程序和有关规定，从立项到竣工验收实行全过程管理。遵守基本建设财务制度，严格执行法人负责制、招投标制、监理制、合同制，按照有关规定进行项目公开招标或政府采购。项目竣工后，省级农业主管部门或部直属事业单位管理部门要及时组织项目验收。项目验收后，建设单位按程序及时办理国有资产移交手续，发挥投资效益。

（五）信息报送 省级农业主管部门督促项目建设单位，于每月28日前通过农业建设项目管理信息系统（http：//ac.agri.gov.cn），其中2017年及以后年度项目同步在国家重大建设项目库（http：//kpp.ndrc.gov.cn）及时填报项目申报、实施、验收等信息，实现全过程的信息化管理。

五、强化组织保障

（一）加强组织指导 农业部负责组织相关专家对农业主管部门、建设单位项目管理人员开展建设规划、前期工作、项目功能定位等专业知识培训。农业部农产品加工局会同发展计划司组织开展项目申报和审批、建设管理、技术指导、监督检查、绩效考核等工作，制定农产品加工技术集成科研基地管理办法，并具体负责项目管理的沟通联络。农业部农产品加工局负责组建农产品加工技术集成科研基地专家组，承担项目方向、建设内容与功能定位谋划，协助工程咨询单位开展立项评审、监督检查、绩效考核等任务，对科研基地建设工作给予指导和服务。省级农产品加工业管理部门和农业部直属单位负责或指导项目建设单位开展项目前期工作、建设管理、监督检查及竣工验收等工作。各省级农产品加工业管理部门可根据本地区行业发展实际，组织开展省级农产品加工技术集成科研基地建设。

（二）注重运行管理 项目建设单位要加强基地建成后的运行管理，积极争取行业科技项目、重大设施运行费项目等，进行资源整合、信息共享、联合攻关、技术创新。充分发挥基地公共性作用，主动承担农业部布置的公益科研、技术对接、人才培养等任务，采取无偿服务与有偿服务相结合的方式，积极推进科研成果示范推广和转化，为行业发展服务。通过建立协同创新、联合合作机制，实现“产学研推用”有效衔接，促进跨行业、跨部门、跨区域单位之间合作共赢，确保项目建成后高效运行。

（三）开展绩效考核 按照农业部投资项目绩效考核年度工作要求、技术集成科研基地管理办法和项目建设单位仪器设备共享方案，从前期工作管理、实施管理、运行管理、建设效果、开放共享等方面开展绩效考核，建立“红牌”出局制，对于运行良好、绩效显著的单位给予表彰，加大支持力度；对于重建轻管、运行不畅、设施设备闲置、绩效不佳、无重大成果产出的项目单位责令整改，整改不到位的实施问责。

“十三五”食品科技创新专项规划

（科学技术部 国科发农〔2017〕143号 2017年5月24日）

“十三五”时期是我国全面建成小康社会的决胜阶段，也是食品产业依靠科技进步推进供给侧结构性改革和实现转型升级的关键五年。为全面贯彻党的十八大和十八届三中、四中、五中、六中全会精神，深入实施创新驱动发展战略，实现食品产业科技创新发展，依据《“十三五”国家科技创新规划》，制定本规划。

一、形势与需求

（一）我国食品产业科技发展迅速，支撑能力明显增强

“十二五”期间，我国对食品科技研发的支持力度明显增强，取得了一批重大科技成果，制订了一批新标准，建设了一批创新基地，培育了一批优秀人才，组建了一批产业技术创新联盟，食品科技创新能力不断增强，食品装备行业整体技术水平显著提高，食品安全保障能力稳步提升，有力支撑了食品产业持续健康发展。2015年我国食品产业结构不断优化，效益持续增长，投资规模进一步扩大。规模以上食品工业企业主营业务收入达11.35万亿元，比2010年增长了87.3%，年均增长13.4%。食品工业企业主营业务收入占全国工业企业主营业务收入的10.3%，利润总额占12.6%，上缴税金占19.3%。食品工业与农林牧渔业的总产值之比达1.11∶1。食品产业不仅大量转化了大宗农产品，也大幅度增加了农民收入和农业效益，带动了农民脱贫致富和农村经济的健康发展。

1. 产业自主创新能力明显增强 通过建设一批国家重点实验室、工程技术研究中心、产业技术创新

战略联盟、企业博士后工作站和研发中心等，形成了一支高水平的创新队伍，显著增强了食品产业的科技创新能力。在工业化连续高效分离提取、非热加工、低能耗组合干燥等食品绿色制造技术装备上取得了重大突破；解决了一批食品生物工程领域的前沿关键技术问题，开发了具有自主知识产权的高效发酵剂与益生菌等；方便营养的谷物食品、果蔬制品及低温肉制品等一批关系国计民生、量大面广的大宗食品的产业化开发，大幅度提高了农产品的加工转化率和附加值。

2. 食品产业科技水平大幅提升　我国食品科技研发实力不断增强，基础研究水平显著提高，高新技术领域的研究开发能力与世界先进水平的整体差距明显缩小；在超高压杀菌、无菌灌装、自动化屠宰、在线品质监控和可降解食品包装材料等方面研究取得重大突破，开发了一批具有自主知识产权的核心技术与先进装备，食品科技支撑产业发展能力明显增强；食品物流从"静态保鲜"向"动态保鲜"转变，在快速预冷保鲜、气调包装保藏、适温冷链配送等方面取得了显著成效，有效支撑了新兴物流产业的快速发展。

3. 食品质量安全水平总体向好　我国食品产业在食品安全监测检测、风险评估、追溯预警、安全控制等方面取得了系列突破，全面加强了食品质量安全标准体系建设，发布了683项食品安全国家标准，涵盖1.2万余项指标，初步构建起符合我国国情的食品安全国家标准体系，为保障食品安全、提升产品质量、规范食品进出口贸易秩序提供了坚实的基础和良好的环境。我国食品安全形势总体稳定并保持向好趋势，2010年食品质量抽查合格率94.6%，2015年合格率96.8%，其中，蔬菜及其制品合格率为95.6%，调味品合格率为96.9%，茶叶及其相关制品合格率为99.3%，酒类的样品合格率为97.0%，食品总体合格率稳步提升。

（二）面对世界食品科技创新发展，挑战形势十分严峻

全球食品产业已发生深刻变化，技术装备更新换代更为频繁，加工制造智能低碳趋势更加多元，产品市场日新月异更趋丰富，科技创新驱动全球食品产业向全营养、高科技和智能化方向快速发展。

1. 不断突破前沿技术培育食品新兴产业　食品生物加工、分子修饰、高效浓缩、质构重组、膜分离与冷杀菌及超低温液氮急冻等前沿技术不断突破为食品生物工程开发和先进制造提供了新途径；"互联网+"和智能互联加工等新技术应用成为产业发展的新趋势。依靠科技进步，全球食品产业向高品质、高技术、智能化和低碳化方向发展，并不断推出创新产品，持续打造和培育食品新兴产业。

2. 绿色加工低碳制造保障产业持续发展　面对资源、能源及环境约束日益严峻的形势，传统的食品加工生产方式正经历深刻的变化。高效分离、物性修饰、超微粉碎、非热加工、组合干燥、蛋白工程、发酵工程、酶工程、细胞工程、基因工程和分子食品等现代食品绿色加工与低碳制造技术的创新发展，已成为跨国食品企业参与全球化市场扩张的核心竞争力和实现可持续发展的不竭驱动力。

3. 智能互联机械装备支撑产业转型升级　数字化、信息化和智能化食品装备助推全球食品产业快速转型升级。智能控制、自动检测、传感器与机器人及智能互联等新技术大幅度提高食品装备的智能化水平。基于柔性制造、激光切割和数控加工等先进制造技术全面提升了食品装备的制造精度。规模化、自动化、成套化和智能化的食品装备先进制造能力成为实现食品产业现代化的重要保障。

4. 品质监控全程追溯保障食品质量安全　食品危害物形成规律与控制机制研究，食品加工制造与物流配送全过程质量安全控制技术开发成为国际食品安全科技领域的研发热点。食品品质变化新型评价和货架期预测，快速精确和标准化的食品质量安全检测，食源性致病微生物高通量精准鉴别与监控，简捷高效的溯源技术及全产业链食品质量安全追溯体系构建等成为保障食品安全的关键。

5. 智能高效全程冷链实现物流保质减损　高效低碳制冷新技术、绿色防腐保鲜新方法、环境友好包装新材料、智能化信息处理与实时监控技术装备开发受到全球性的高度关注。构建"产地分级预冷—机械冷库贮藏—冷藏车配送—批发站冷库转存—商场冷柜销售—家庭冰箱保存"的全程冷链物流体系，保障食品从"农田到餐桌"全程处于适宜环境条件，实现食品物流保质减损成为全球物流产业的共识。

6. 营养组学技术推进健康食品精准制造　食品营养学研究从传统的表观营养向基于系统生物学的分子营养学方向转变。以宏基因组学（人和肠道微生物DNA水平）、转录组学（RNA水平）、蛋白组学（蛋白质表达与修饰调控）和营养代谢组学技术为基础的分子营养组学技术及其应用研究成为国际食品营养学领域的新热点，为实现食品营养靶向设计，健康食品精准制造提出了新思路和新途径。

（三）食品产业转型升级任务艰巨，创新驱动需求迫切

面对全球食品科技的迅猛发展和世界性的食品产业转型升级，科技创新驱动产业升级和可持续成为迫切任务。当前，我国食品科技研发投入强度不足，与世界第一食品制造大国的地位尚不匹配。食品科学基础性研究相对薄弱，产业核心技术与装备尚处于“跟跑”和“并跑”阶段。面对食品产业供给侧结构性改革的新需求，企业自主研发和创新能力明显不足，产品低值化和同质化问题严重，国际竞争力仍然较弱。

1. 加工制造转型升级迫切需要科技创新　我国食品加工制造在资源利用、高效转化、智能控制、工程优化、清洁生产和技术标准等方面相对落后，特别是在食品加工制造过程中的能耗、水耗、物耗、排放及环境污染等问题尤为突出。深入研究与集成开发食品绿色加工与低碳制造技术，提升产业整体技术水平，推动食品生产方式的根本转变，实现转型升级和可持续发展迫切需要科技创新。

2. 机械装备更新换代迫切需要自主研发　我国食品机械装备制造技术创新能力明显不足，国产设备的智能化、规模化和连续化能力相对较低，成套装备长期依赖高价进口和维护，食品工程装备的设计水平、稳定可靠性及加工设备的质量等与发达国家相比存在较大差距。全面提升我国食品机械装备制造的整体技术水平，打破国外的技术垄断，实现食品机械装备的更新换代迫切需要提升自主研发能力。

3. 质量安全综合监控迫切需要技术保障　食品安全是关乎国计民生和国际声誉的热点问题。我国在食品原料生产和加工与物流的过程管控、市场监控、质量安全检测与品质识别鉴伪以及产品技术标准等方面尚存在明显不足，食品安全风险评估与预警以及食品“从农田到餐桌”全产业链监控与溯源等工作刚刚起步，进一步增强食品质量安全的全产业链综合监控能力迫切需要新技术保障。

4. 冷链物流品质保障迫切需要技术支撑　我国食品冷链物流产业环节多，物流过程产品品质劣变和腐败损耗严重，物流能耗偏高，标准化和可溯化程度低等问题突出。特别是面对“互联网＋”等新业态下的技术研发滞后，智能控制技术与装备不完善，物流成本大幅度提高。全面推进食品物流产业向绿色低碳、安全高效、标准化、智能化和可溯化方向发展迫切需要新技术支撑。

5. 营养健康全面改善迫切需要科技引领　我国在公众营养健康上面临着营养过剩和营养缺乏双重问题，特别是体重超标与肥胖症、糖尿病、高血压、高血脂等代谢综合征类问题突显。积极推进公众营养健康的全面改善，不断增强健康食品精准制造技术水平与开发能力，在营养均衡靶向设计与健康干预定向调控以及功能保健型营养健康食品与特殊膳食食品开发等方面迫切需要科技引领。

二、指导思想与基本原则

（一）指导思想

全面贯彻党的十八大和十八届三中、四中、五中、六中全会精神，深入贯彻习近平总书记系列重要讲话精神，紧紧围绕“五位一体”总体布局和“四个全面”战略布局，牢固树立新发展理念、以保障食品安全和改善公众营养健康水平为目标。按照“问题导向、整体设计、科学布局、分类实施、突出重点、突破关键、防范风险、支撑发展”的总体要求，重点突破加工制造、机械装备、食品安全、冷链物流、营养健康等重点领域的重大共性关键技术，建立从食品生产源头到餐桌全产业链的食品质量安全控制技术体系。着力建设创新型人才队伍和基地平台，积极扩大食品科技国际交流与合作，为全面推进我国食品产业供给侧结构性改革，实现产业转型升级和可持续发展提供科技支撑。

（二）基本原则

1. 坚持问题导向　针对食品产业发展面临的重大科技问题，突破核心关键技术，加速科技成果转化为现实生产力，推动面向市场的产业化应用和产品开发，促进食品产业可持续发展。

2. 强化企业创新　发挥企业技术创新与研发资金投入的主体作用，增强企业创新能力建设，积极推动建立以企业为主导，产学研紧密合作的产业技术创新战略联盟，加强创新实用人才培养。

3. 引领产业发展　以当前食品科技发展趋势和食品产业发展的重点科技需求为导向，依靠科技创新引领现代食品产业技术转型升级，增强我国食品产业的自主创新能力和国际竞争力。

4. 确保食品安全　围绕确保食品安全和健康中国的迫切需求，依靠科技创新推动食品全产业链安全监控技术能力的快速提升，为形成严密高效的食品安全治理体系提供有力的科技支撑。

三、发展目标

到2020年，我国食品科技的自主创新能力和产业支撑能力显著提高，食品生物工程、食品绿色制造、食品安全保障等领域科技水平进入世界前列，取得一批具有自主知识产权的重大成果，科技对食品产业发展的贡献率超过60%。依靠科技进步，实现规模以上食品企业主营业务收入突破15万亿元，预期年均增长7%左右，工业食品的消费比重全面提升，形成一批具有较强国家竞争力的知名品牌、跨国公司和产业集群，推动食品产业从注重数量增长向提质增效全面转变。

——食品科技自主创新能力进一步提高 着力推进食品科技新方法建立、新技术突破、新装备配备、新标准支撑和新产品创制；显著增强食品科学基础研究和前沿技术研究的综合实力，取得一批引领产业发展、突破产业瓶颈的科技成果；食品科技研发水平和创新能力进一步接近世界先进水平，食品加工转化率和资源利用率大幅度提高，中华传统食品加工制造等领域达到世界领先水平。

——食品科技创新驱动产业发展能力进一步增强 食品加工关键技术与装备制造水平显著提高，重点装备自给率大幅度提升；初步构建覆盖“从农田到餐桌”的现代食品物流技术与标准体系，食品物流损耗和能耗显著降低；食品全产业链质量安全检测技术和追溯技术取得突破，膳食营养干预的健康食品科技保障体系不断完善，提升全国居民健康素质水平，为推进健康中国建设提供坚实的科技支撑。

——食品安全综合保障能力进一步提升 围绕全产业链危害风险的迁移转化、监测检测、追溯预警、过程控制等构建食品安全有效保障的科技创新体系，实现快速检测试剂与装备国产化率全面提升，风险因子筛查实现定向检测和非定向筛查的双突破，基于风险评估的食品安全标准科学性得到加强，大数据技术在食品安全智能化监管中广泛应用，全产业链食品安全风险控制能力进一步加强。

——食品科技创新基础条件进一步加强 构建高水平的科技创新基地平台，建设一批国家重点实验室、国家食品安全检测与评价实验室、国家工程技术研究中心和食品产业科技创新中心等食品科技孵化和创新基地。培养一批食品科技领军人才与创新团队，积极推进国际交流与合作。

——食品科技体制机制进一步健全 建立以问题需求为导向、高效运行为目标的开放透明、资源共享、运行有序、动态管理、全程监管的食品科技管理模式和运行机制。增强部门与地方的统筹协调，完善科学民主、客观公正的科技成果评价体系、评估咨询体系和高效的科技服务体系。

——食品产业科技创新体系进一步完善 推动产学研紧密结合，促进科技与产业、经济的有机衔接，建设一批相关领域技术创新联盟、科技园区和创新平台，构建国家和区域食品产业科技创新体系，贯通从食品研发到转化、技术成果到产品、创制产品到市场、金融资本到收益等各环节的创新活动，提升食品产业科技的支撑与持续创新能力。

四、重点任务

针对我国食品科技创新发展所面临的新挑战和新需求，全面统筹规划，整体部署实施。重点发展食品高新技术产业，提升食品产业竞争力；优化食品科技创新平台布局，培养食品科技人才，提升食品科技创新能力；推进食品产业科技发展，构筑食品科技创新先发优势；加强全链条过程控制，提高食品安全保障水平；全面提升国际合作交流水平，增强自主研发能力与国际竞争力；强化技术成果转化服务，实现科研成果产业化。

（一）发展食品高新技术产业

发展食品高新技术产业是增强我国食品产业竞争力的重要战略，也是加快食品产业供给侧结构性改革的必然选择。

1. 加快食品高新技术产业发展，推进科技和产业深度融合 着力推进以食品加工制造为特色的科技园区建设，培育一批具有国际竞争力的食品领域高新技术企业，形成特色鲜明、带动性强的食品领域高新技术产业，支撑产业转型升级。加快大数据、云计算、物联网等高新技术在食品产业中的应用，提高信息化、智能化水平。重点培育若干食品企业，提高产品质量效益，进入全球食品产业价值链中高端。

2. 推进食品绿色制造，优化产业结构和区域布局 探索资源节约型、环境友好型食品产业可持续发展模式，布局跨区域、跨领域的全链条协同创新基地，推动优势和特色食品领域打造一批具有引领作用的创新前沿阵地。推进东部地区食品产业加快转型升级，巩固中西部地区食品产业支柱地位，加速东北地区食品产业发展，依托科技优势区域良好的科技基础，打造食品产业科技创新高地。

3. 增强食品科技创新，培育食品新业态和新兴产业 结合我国健康产业的快速发展，为全面促进养老、旅游、互联网、健身休闲、食品五大融合，催生更多健康新业态、新模式和新产业提供科技支撑。推动食品产业与教育、文化、健康等民生产业的融合发展，鼓励发展食品工业旅游、制造工艺体验等新业态；大力发展电子商务、线上线下一体化集成等“互联网+”新模式，为食品新业态、新模式和新兴产业健康发展提供技术保障。

4. 强化食品品牌建设，促进一二三产业融合发展 依靠食品科技进步，创新驱动品牌建设，大力开发适应市场新需求变化的新工艺和新产品。创新商业模式，加强与大型电商品牌对接，拓宽销售渠道，夯

实食品品牌发展基础，提升产品附加值和软实力；挖掘中华传统饮食文化，推动中华老字号食品传承升级，打造百年食品品牌。通过产业链延伸，推进一二三产业深度融合和持续健康发展，全面带动农业增效、农民增收、农村经济发展和贫困地区脱贫致富。

专栏1　食品高新技术产业

1. 食品高新技术企业培育工程　在营养健康食品加工、中华传统食品工业化、大宗粮食转化、食品生物工程、食品装备制造等重点领域，制定扶持政策，推进不同领域学科交叉和产学研紧密结合，着力培育食品高新技术企业，力争2020年数量达到5 000家。

2. 食品产业科技创新中心建设　建设以食品产业为主体，以体制机制创新为突破口的“全链条一体化”的食品产业科技创新中心。在孵化和培育食品高新技术企业的基础上，打造食品产业高新技术创新高地、成果转化阵地和产业推进引擎，促进科技与经济以及一二三产业深度融合，引领产业转型升级。力争到2020年在全国形成3～5个食品产业科技创新中心。

（二）提升食品科技创新能力

以提升创新能力为核心，优化食品科技创新平台布局，建设一批国家（重点）实验室、工程技术研究中心、区域科技发展实验室及产业技术创新联盟，支持食品企业建立高水平研发机构，加强食品科技创新基础条件建设。

以食品科技创新人才战略为核心，不断培育壮大食品科技队伍，强化优秀青年科学家的培养。在前沿新兴领域培养一批世界一流的科学家、科技领军人才和创新团队；支持培养企业创新领军人才，全面提升企业创新能力。

（三）推进食品产业科技发展

围绕食品产业发展新趋势和新需求，从基础前沿、重大共性关键技术和应用示范进行全链条创新设计，对国家重点研发计划、技术创新引导专项（基金）、基地和人才专项等科技计划（专项、基金等）进行统筹规划和整体部署，重点在食品加工制造、机械装备、质量安全、冷链物流、营养健康等主要领域，凝练具体项目和任务，一体化组织实施。

1. 加工制造　围绕快节奏、营养化、多样性的国民健康饮食消费需求新变化与新兴产业发展新需求，针对我国食品产业整体上仍处于能耗和水耗高、资源利用率低、食品加工制造技术相对落后、加工副产物综合利用相对不足、加工前沿性基础研究相对薄弱等紧迫问题，在食品加工过程组分结构变化、风味品质修饰、加工适应性与品质调控等方面开展前沿性基础研究，实现食品加工制造理论的新突破；重点开展中华传统与民族特色食品的工业化加工、传统酿造发酵和方便调理食品制造、食品添加剂与配料绿色制造、营养型健康食品创新开发与低碳制造等一批核心关键技术开发研究，实现加工制造过程的智能高效利用与清洁生产；系统开展大宗粮油制品适度加工、薯类和杂粮综合开发、果蔬制品低碳制造、肉蛋奶等畜禽制品和水产制品绿色加工、茶与食用菌等特产资源精深加工和高值利用等一批核心关键技术开发研究及产业化应用，全面提升产业科技创新能力和核心竞争力。力争到2020年在标准化加工、智能化控制、低碳化制造、全程化保障等技术领域实现跨越式发展。

专栏2　加工制造

1. 食品加工制造过程中的物性学基础研究　开展食品加工制造过程中组分结构变化及品质调控机制研究，确定食品生物大分子与功能性小分子的结构特性，揭示加工过程中物性修饰机制与保质减损机理。探索风味特征与品质评价理论及加工过程中风味形成与变化规律，阐明风味与感官品质稳定性控制方法。

2. 食品加工制造共性关键技术研究　重点突破高效分离、靶向萃取、分子修饰、质构重组、超微粉碎、组合干燥、新型杀菌、快速钝酶、低温浓缩、节能速冻、生物工程、绿色制造和综合利用等现代食品制造共性关键技术，提升中华传统食品和民族特色食品等新兴食品产业的标准化、连续化和工程化技术水平，创制方便美味、营养安全的新型健康食品。

3. 食品新产品创制与产业化开发　重点开展食品生物工程技术开发研究，系统进行中华传统发酵和酿造食品的智能化低碳制造技术开发研究及新产品创制；突破标准化调理、连续化烹调、数字化杀菌、便捷化复热等核心关键技术，开展传统主食和中式菜肴等中华传统与民族特色食品的标准化和工业化加工关键技术研究，创制工业化中华餐桌新食品。开展特色风味食品、旅游休闲食品、即食调理食品等便捷化、营养化、个性化与工程化等关键技术研究，构建品质风味标准体系，创制预制调理和方便美味新食品。

2. 机械装备　围绕食品制造关键装备集成创新、引进消化吸收再创新和成套装备制造以及中华传统食品工业化专用装备创新开发等产业发展重大瓶颈问题，开展食品装备的机械材料特性与安全性、数字化设计、信息感知、仿真优化等新技术、新方法、新原理和新材料等基础研究；重点开展具有自主知识产权的智能化、数字化、规模化、自动化、连续化、工程化和成套化核心装备与集成技术开发研究；着力提升中华传统食品专用型关键装备集成与成套装备开发能力，系统开展新型杀菌、节能干燥和高速包装等核心装备创制。力争到2020年全面提升我国现代食品装备制造业的技术开发与装备创制能力，显著提高我国食品装备自给率、自动化率、工程化能力和国际竞争力，支撑我国现代食品制造业转型升级和可持续发展。

专栏3 机械装备

1. *食品装备优化设计与自动控制系统理论研究* 开展食品装备关键材料的适用性、可靠性、安全性和食品加工机械特性、数字化设计与仿真优化、加工过程自动控制系统理论等基础性研究，开展在线原位信息感知新技术、新工艺、新材料及新方法应用基础理论研究，为智能互联食品制造机械装备创制提供理论支撑。

2. *食品制造重大装备研究与开发* 开展智能控制、节能加工、成形改性、快速检测、非热加工、新型杀菌、高效分离、生物制造和自动包装等先进制造共性关键技术装备研发。开发食品生产网络化自动管理系统，创制节能挤压改性、低温快速压榨、高效节能干燥、连续蒸煮烤制、无损检测分选、无菌高速灌装及中央厨房等系列核心设备。

3. *食品加工制造成套装备研发及示范* 开展高效处理、品质检测、在线监控、远程诊断和网络管理等装备制造研究，开发智能绿色食品制造系统设备、成套工程装备、环保型绿色包装材料与智能化包装机械。创制粮油、果蔬、薯类、畜（禽）产品、水产品综合加工及传统食品工业化专用成套装备。

3. *质量安全* 围绕“确保群众舌尖上的安全”这一国家重大需求，推进源头创新，加强食品质量安全基础理论研究，重点开展食品原料危害因子的形成与变化规律、食品加工储藏物流过程中危害因子的形成规律与机制等方面的理论研究，为系统建立“从农田到餐桌”的质量安全保障技术提供科学基础；强化技术创新能力，突破全产业链质量安全控制及预警等共性关键技术，重点突破生产源头控制、加工过程控制、产品流通控制和市场监管支撑等关键技术，提升国家食品检验检测与危害控制能力，构建食品质量保障技术与标准体系；通过关键技术和产品研发与集成示范，推进技术成果转化。力争到2020年，突破一批核心关键技术，基本实现食品质量安全标准与国际接轨，形成较为完善的全产业链食品质量安全保障体系，全面提升我国食品质量安全监控技术水平。

专栏4 质量安全

1. *食品质量安全基础性研究* 开展食品制造过程中糖类、蛋白质、脂肪及其他主要组分在不同加工条件下的互作机理、品质形成、保持与劣变机理研究。研究危害因子形成机理及阻断与定向调控分子机制，以及食品外源危害物在加工过程中消长规律和脱除机制。研究食品加工环境等风险变化因素与变化规律。

2. *食品质量安全共性关键技术研究* 开展食品加工储运过程中危害因子控制、品质保持与劣变控制技术，开展食品真伪高判别度系统化识别、品质新型评价和鉴别、质量安全快速无损检测、绿色高效精准检测与筛查技术及进出口食品通关相关技术研究。研发智能化溯源与预警技术、快速无损检测设备、全产业链质量安全信息集成与数据挖掘及多重风险分析与暴露评估技术。

3. *食品质量安全干预与综合技术保障科技工程* 开展基础科学保障、生产源头控制、加工过程控制、产品配送控制、质量标准控制、市场监管保障六个关键环节的共性技术开发研究。构建国家食品质量安全溯源云平台，构建食源性生物因素全基因组溯源国家数据库和溯源网络，构建食品全产业链检测信息与质量标准集成及大数据分析溯源预警系统。开展加工过程风险控制技术集成示范和进出口食品快速通关与输入性风险防范技术应用示范。

4. *冷链物流* 围绕绿色低碳、安全高效、标准化、智能化和可溯化食品物流产业发展需求，针对我国食品冷链物流产业环节多、技术单一、标准化程度低、品质劣变严重及物流损耗、能耗和成本过高等问题，开展以食品冷链物流品质劣变及蓄冷传热机制等方面的源头创新研究，系统分析环境条件对产品品质劣变、质构变化和腐败损耗的生物学机制，开展热管技术与蓄冷传热机理等基础研究；围绕食品冷链物流核心工艺技术、物流包装与技术装备、全供应链智能化物流管理与产品质量安全溯源和标准系统、“互联网＋电商”等现代食品物流产业技术需求，开展物流保质减损新工艺与新技术、包装新材料和新装备研发，构建基于信息技术的智能化物流管理平台、微环境智能化监控和品质质量及安全溯源技术体系；开展“互联网＋电商”物流及其配套保质减损与包装新技术开发研究，集成相关技术装备，构建技术标准体系，开展规模化示范应用。力争到2020年，全面提升我国食品冷链物流科技水平，促进食品物流产业转型升级。

专栏5 冷链物流

1. 食品冷链物流过程中品质劣变控制理论研究　开展基于温度、湿度、气体等微环境下品质劣变控制综合技术研究，开发物理、化学和生物等辅助新技术，建立不同种类和产品的适宜技术参数。构建基于物流微环境条件、时间和忍耐性等货架期品质变化预测模型，确立冷链物流过程品质劣变控制的有效途径。

2. 食品冷链物流工艺与核心技术装备开发研究　研究产后商品化处理、新型预冷与冷链物流工艺技术，开展针对不同产品的适宜温度、湿度等物流微环境参数筛选，研发新型包装技术与材料，创新设计多环节冷链物流减损降耗新包装，开展物流微环境及产品质量安全信息的实时监控、预测预警及产品溯源等技术研究。研发与食品冷链物流技术与工艺相配套的新型装备。

3. 互联网＋电商新型食品物流技术集成示范　推进信息技术、移动互联网、大数据、物联网等与食品冷链物流产业的紧密结合，重点建立电子商务、物流车联网、互联网物流园区和全供应链互联网物流支撑系统，助推食品直销、预售等产业新模式和新业态，构建基于“互联网＋”的社会化、协同化食品物流2.0体系。

5. 营养健康　围绕肥胖症、糖尿病等代谢综合征类，以及婴幼儿与其他特定（特需）人群，着力开展源头创新，系统研究膳食功能因子作用机制以及肠道微生态膳食调控与健康关系，为营养强化食品和专用型健康膳食食品创制提供理论依据；着力开展营养强化等健康食品创制关键技术研究，突破功能因子高通量筛选与绿色制备、功能因子稳态化控制与靶向递送、有效释放与高效吸收及功能评价等关键技术；研发和创制适用于肥胖症、糖尿病等代谢综合征类、婴幼儿和其他特定（特需）人群，以及特殊环境工作人员的营养强化食品和专用型膳食健康食品。力争到2020年，在食品营养均衡设计、膳食健康干预、专用特殊健康食品、特殊工作环境人群专用食品、特殊医学用途配方食品、功能性益生菌制剂、食品新资源开发和传统食品功能化制造等关键技术及新产品创制上实现跨越式发展，全面提升公众营养健康食品的保障能力。

专栏6 营养健康

1. 基于肠道微生物宏基因组学与人类营养代谢组学研究　系统开展人类肠道微生物宏基因组学与人类分子营养代谢组学的理论研究；探索食物营养成分、功能因子对健康靶向影响，阐明食品成分、功能因子的协同作用及营养代谢与健康效应。从分子水平揭示功能因子和营养素的协同作用，为实现营养靶向设计奠定理论基础。

2. 营养强化食品创制关键技术与健康食品创制　基于不同人群肠道微生物宏基因组学与营养代谢组学研究新发现，开展新食品原料功能因子高通量筛选与绿色制备、食品功能因子稳态化及靶向递送技术研究。开展膳食营养与健康大数据分析及营养功能评价等关键技术研究，开发适用不同人群营养保健性健康食品，支撑健康产业发展。

3. 特殊膳食与特殊工作环境人群专用营养健康食品制造　开展婴幼儿主副食品、中老年及糖尿病、肥胖症等特定人群的营养膳食食品，以及炎症性肠病等特殊医学用途配方食品制造关键技术研究。突破营养成分稳定化及高效利用、靶标预测与精准识别及高通量筛选等关键技术。开发舰船远航、航空航天、野外科考、应急救灾、高原戍边及坑道作业等特殊环境人群专用型营养膳食与健康食品。

6. 颠覆性技术　瞄准国际前沿和未来发展，系统分析和准确把握全球食品科技的发展新态势，积极探索具有战略性、前瞻性和未来性的食品科技，抢占食品科技制高点，形成创新人才高地。

高度重视营养健康食品产业已从传统“表观营养综合平衡与健康干预”向“食品营养靶向设计与健康个性订制的食品精准制造”转变。重点推进基于人类基因组学、肠道菌群微生态组学与健康、食材分子营养组学特性与人类营养代谢组学等新认识下的生物信息与大数据分析技术的系统研究。积极探索基于人群膳食营养健康及个性化需求大数据分析基础下的食品营养靶向设计和健康食品精准制造技术，研究开发新型健康食品的营养靶向设计、功能生物修饰、健康个性订制、产品精准制造技术。

高度关注未来食品制造已从“传统机械化加工和规模化生产”向“工业4.0”与“大数据时代”下的“智能互联制造”、从“传统热加工”向“冷加工”、从“传统多次过度加工”向“适度最少加工”、从“依赖自然资源开发”向“人工合成生物转化”等方向发展。重点开展“云技术、大数据和互联网＋”“非热加工、冷杀菌和生物膜分离”“生物转化、高效制取和分子修饰”等食品新型加工理论与技术的开发研究；积极开展“合成生物、分子食品、3D制造”等概念食品制造理论与技术的探索研究。

专栏7　颠覆性技术

1. 精准营养食品制造理论与关键技术研究　重点突破人类基因组学、肠道微生物宏基因组学、营养代谢组学和食材营养功能组学等生物组学技术、大数据分析技术、生物活性因子定向分离萃取与稳态化靶向递送技术、品质风味分子修饰与营养健康食品精准制造等共性关键技术，创制营养靶向设计、健康个性订制的新型营养健康食品。

2. 食品智能制造共性关键技术研究　针对"国际食品工业4.0"与世界性"大数据时代"下的食品智能互联制造技术快速发展的新趋势，重点探索数字化智能互联制造、合成生物工程、分子食品制造、生物高效转化、适度最少加工与非热制造、云技术与"互联网＋"及3D制造等食品智慧制造理论与新技术，探索开发未来食品。

（四）增强食品安全保障能力

突出解决我国食品源头污染严重、过程控制能力薄弱、监管支撑能力不足的问题，聚焦严重危害我国人民健康的食源性致病生物、化学致癌物、内分泌干扰物、抗生素、生物毒素等重要危害物，深入开展食品危害物形成机制、迁移转化规律和生物暴露的基础研究，强化监测检测、风险评估、追溯预警、过程控制、流通储运、应急处置的关键技术研究，加快研发快速检测和非定向筛查技术及产品，大幅提升食品安全快速检测试剂和装备国产化率，构建与国际接轨的食品安全标准体系、全国统一的追溯预警体系和全链条的过程控制体系及国家食品安全大数据云平台，引领推动食品安全社会共治，为实现从"被动应付"向"主动保障"转变，"确保群众舌尖上的安全"提供技术支撑。

1. 深化基础研究，强化源头治理　重点开展食品原料和加工过程污染物的形成机制和调控原理研究，揭示食源性致病菌耐药机制及传播规律，明确典型化学危害物的危害效应并解析人群暴露特征，为科学有效保障食品安全提供重要的基础支撑。

专栏8　食品安全基础研究

1. 食品原料中危害物形成机制和调控原理研究　针对我国农业源头污染问题，系统开展食品原料中新兴环境化学污染物、农业投入品、生物危害物、重金属等危害物在农业生产中的迁移、转化、互作、归趋的基础研究，阐明典型危害物迁移转化机制，揭示典型危害物蓄积规律与赋存形态，探索安全控制的原理。

2. 食品加工过程污染物形成与调控基础研究　围绕我国传统发酵食品、乳制品、油炸和烘焙食品等典型食品，开展食品制造过程中微生物、酶、糖类、蛋白质、脂肪等在不同加工条件下的互作机理、品质形成、保持与劣变机理研究；解析内源性危害因子形成、阻断与定向调控原理，研究外源危害物在加工过程中控制机制。

3. 食源性致病菌抗生素耐药机制与传播规律研究　系统开展主要食源性致病菌耐药性的"养殖动物—养殖环境—食品—人群"全链条研究，构建食源性致病菌耐药性多源基础数据库，解析耐药性产生与传递机制，探明耐药菌/耐药基因的人群暴露与危害特征并评估其人群健康和环境生态风险。

4. 食品污染物暴露组解析　以食品中的化学性致癌物和内分泌干扰物等为重点，系统建立中国人群膳食暴露和生物监测体系，开展我国人群暴露和健康效应研究，解析生命周期关键节点膳食暴露组与中国总膳食中风险因子内外暴露关联机制，明确不同人群、不同区域的污染谱和暴露谱，为建立适合我国人群膳食特征的污染物控制标准提供科学支撑。

2. 加强风险评估，完善技术标准　围绕当前我国食品安全基础标准再评估，以及食品新原料、新食品添加剂和新接触材料的安全性评价需要，重点加强毒理学安全性评价技术创新，构建风险评估基础数据库和指标体系，为重点食品安全标准指标的再评估提供科学手段。

专栏9　食品安全风险评估与标准

1. 食品危害物毒理学新技术研究　以食品致癌物、内分泌干扰物等为重点，重点发展基于人源细胞、组织芯片或者器官芯片的毒性评价新技术，建立基于"毒性通路"和靶向测试以及剂量—反应与外推模型为核心的毒性测试技术和计算毒理学模型，构建食品危害物的高通量毒性筛选和应急评估技术平台。

2. 食品新原料、新食品添加剂和新接触材料安全性评价技术研究　研究食品用纳米材料、特有食品添加剂、稀土元素、新接触材料的安全性评价技术研究，制定或修订产品标准；开展保健食品安全和功能科学评价模型研究，完善安全和功能评价方法，提升保健食品功能评价科学性和规范化水平。

3. 中国人群食物过敏标示标准研究　参照国际认可的食物过敏标识中致敏食物清单，系统开展中国人群食物过敏流行病学研究，开发过敏原表位、特征肽测量技术并建立计量标准，提出中国人群食物过敏食物清单及其配套临床诊断技术，解决我国食品过敏标示标准缺失的问题。

4. 食品安全风险表征新技术研究　开展基于循证医学方法的危害物疾病负担研究，开发化学和微生物健康风险分级和定量风险评估模型，重点研究稀土、真菌毒素、持久性有机物低剂量暴露长期累积效应，构建污染物累积暴露风险评估模型和技术体系。

5. 食品安全标准再评估研究　构建我国居民膳食消费数据库和污染数据库，开展国际标准比对研究，比较分析我国食品安全标准实施的成本和健康效益，对农兽药、食品添加剂、重金属、污染物、真菌毒素和致病微生物限量等食品安全基础标准进行再评估，完善我国食品安全标准体系。

3. 创新检测手段，推动智能监管　针对食品污染、食品掺假、非法添加、监管以及国际贸易食品安全防范的迫切需求，定向检测技术和非定向筛查技术研发并重，创新抗体制备、生物传感的技术，重点开发快速检测试剂与装备；集成现代生物技术和信息技术，构建基于大数据的食品安全国家追溯预警和智慧监管体系。

专栏 10　食品安全监管技术

1. 食品安全检测试剂研发　突出解决快速检测试剂进口依赖问题，利用新型抗体分子和筛选技术，发展新型的化学仿生和生物仿生试剂和材料，研发生物毒素、致病生物因子、违禁添加物等的高通量快速检测试剂，重点开发致病微生物、环境污染物、食物中毒的危害物的快速检测试剂。

2. 食品安全快速检测装备制造　针对食品安全在线监管、现场执法、反恐和进口快速通关的需要，融合传感、电化学等智能仿真技术和互联网＋技术，重点突破非破坏性的在线检测技术及稳定性、重现性和使用寿命的技术瓶颈，研制一批稳定、灵敏、便携、智慧的食品安全离线和在线快速检测装备。

3. 食品危害物非定向筛查和确证关键技术研究　突破非定向筛查技术瓶颈，研究样品全回收前处理材料和技术，建立食品生物性、化学性和放射性危害物质全谱高灵敏度、高通量双向识别技术；开展主要贸易国和地区法规限量相衔接的确证技术研究，实现指标全覆盖。

4. 食品安全追溯体系构建　突出解决食物中毒的溯源问题，以重要食源性致病生物和有毒动植物为研究对象，构建具有我国特征的食源性致病生物国家全基因组序列数据库和有毒动植物 DNA 数字化数据库，形成追溯国家网络；积极应对食品流通新模式快速发展带来的挑战，重点研发食品冷链追溯和网络销售食品的追溯监控技术与装备，推动食品安全监管数据、公共卫生监测数据的融合，开展预警追溯并构建无缝衔接的技术体系。

5. 构建食品安全监管大数据云平台　整合食品安全源头监测、过程监管、流通监控、疾病溯源等数据，突破大数据应用的结构化和非结构化数据采集、多源异构数据融合、数据清洗、数据挖掘等关键技术并实现可视化展示，构建食品安全监管大数据云平台，研发风险预警模型，建立食品安全智慧化预警信息平台，实现食品安全风险分级管理。

6. 食品安全标准物质研制和新型生物识别材料库构建　重点研制复杂食品基体中超痕量成分和不稳定目标物的标准物质、痕量污染物检测所需的稳定同位素标记标准品、涉及生物恐怖和国际禁运的生物毒素标准品，形成国家实体标准物质库；基于抗体、适配体、受体分子识别作用机制，开展新型筛选和制备关键技术研究，构建高稳定、高特异和高广谱性生物识别材料资源库，实现稳定高效的规模化制备。

4. 突出过程控制，支撑产业发展　重点针对食品供应链中环境引入、投入品残留、内源产生和人为添加的危害物，加强初级农产品生产、食品加工、储运过程脆弱性评估技术研究，突破食品加工过程危害物和环境危害物的识别、调控、阻断和消减关键技术，建立和完善食品安全过程控制技术体系。

专栏 11　食品安全过程控制技术

1. 农产品污染控制技术　重点围绕大宗果蔬茶产品农残和重金属、畜禽和水产药物残留、粮油食品原料真菌毒素污染等问题，研究污染物的识别、阻断、控制和消减的关键技术、工艺和装备；开展储运过程基质对病原微生物互作影响和内源性生物危害物代谢表征研究，建立储运防腐防霉远程智能化监控与预警技术。

2. 食品加工危害物控制技术　聚焦我国优势传统发酵食品、乳制品和油脂加工食品，重点解决加工产生生物胺、反式脂肪酸、杂环胺、丙烯酰胺、致敏原等易发生高风险化学危害物等问题，研发食品加工危害干预、阻断、控制的关键技术。

3. 食品反掺假控制技术　发展食品真实性判别技术和食品链脆弱性评估技术，开展食品脆弱性表征研究，构建针对大宗食品、保健食品与食品新原料真实性溯源的同位素、特征成分和 DNA 分子指纹库，建立食品反欺诈数据及技术体系。

5. 强化科技示范，推进社会共治　突出解决我国食品生产重点区域和传统优势产业的实际问题，系统加强国内外食品安全先进技术和标准的引进转化和集成，从产业发展和监管支撑两个维度提出食品安全应用解决方案，开展全链条科技综合示范，引领推动社会共治，全面提升食品安全科技保障水平。

专栏12　食品安全科技示范

1. 食品安全生产加工控制科技示范　重点围绕粮油与果蔬茶等大宗农产品、我国优势传统发酵食品与乳制品和油脂加工食品中高风险问题，集成检测监测、追溯、预警、控制技术在重点生产区域和行业开展共性技术综合示范，提出相关产业的完善的安全控制标准化规程并推广。

2. 食品安全监管应急科技示范　综合集成快速检测技术和装备、追溯预警技术和食品安全标准，构建适用于不同层级监管部门使用的智慧监管系统，提出不同口岸综合应对技术方案，示范建立突发事件应急演练和计算机多维仿真模拟演练场景系统与可视化决策平台，满足国内市场通关、国际贸易、应急处置和重大活动食品安全监管等需要。

3. 食品安全社会共治科技示范　应用“互联网＋”检验检测技术，推进食品安全检验检测新业态发展，加强食品安全第三方检验机构建设，打造“食品安全云服务平台”，构建以大数据为支撑的食品安全社会共治新模式。

（五）提高国际合作交流水平

以全球视野谋划和推动食品科技创新，充分利用两个市场、两种资源，主动布局和融入全球创新网络，开展多种形式的食品科技交流合作，打造国际食品科技交流与合作基地，加大食品先进制造技术和高端智力引进力度，统筹推进中国食品产业科技走出去，构建与国际接轨的创新体系，抢占若干领域制高点。

紧密结合国家“一带一路”倡议和“食品安全”战略，推进“健康中国”建设，增强“走出去”能力，提高“引进来”水平，建设食品科技创新的国际合作共同体，拓展与相关国际组织的技术合作途径，支持我国食品企业在国外设立联合研发中心、产业技术发展基地和国际食品产业创业基地。

选择与我国有良好合作基础和潜力的食品科技优势国家和地区以及具有代表性的发展中国家和地区，全面加强食品科技交流与合作，与国际一流的人才、团队、企业开展紧密合作，形成食品科技国际合作新格局，提升我国在全球食品科技创新领域的地位，力争实现从“三跑并存”“跟跑”为主向“并跑”“领跑”为主的转变。

专栏13　食品科技国际化基地建设

1. 打造“一带一路”特色食品高新技术创新联盟　面向“一带一路”沿线国家，构建特色食品高新技术创新联盟，实现共同研发、共享市场，建立国际一流水平的研发机构，促进我国食品产业的多元化发展。

2. 建设海外食品科技创新平台　落实国家“走出去”战略，鼓励国内企业、科研院所、高等院校与境外研究机构建立联合创新研究中心、联合实验室、技术转移与孵化平台等科技合作机构，充分利用国际资源，拓展食品产业高新技术与国际化创新人才的合作研究与引进渠道。

（六）强化科技成果转化服务

积极落实《中华人民共和国科技成果转化法》，构建产品开发与中试孵化、技术转移转化、技术发布与交易平台，推动科研院所、高校和企业产学研用的紧密结合，强化科技成果转化队伍建设，加速食品科技成果产出与转化。建立食品科技成果转移服务中心和科技成果托管中心，完善企业创新能力和技术转移转化能力评价体系，发布技术成熟度高、推广价值大、市场需求迫切的技术成果，促进科技与产业、经济发展的深度融合。

鼓励中小食品企业建立产业创新技术推广应用联盟、技术推广应用协会，加速适用、实用技术的推广应用。加强技术协作，提高成果的扩散速度，充分发挥科研单位的服务优势，深入挖掘科研创新潜力，推动成果的产业化。

五、保障措施

（一）完善组织管理制度，落实科技创新政策

深化科技管理体制改革，强化顶层设计，打破条块分割，统筹科技资源。建立部门协调机制，形成科学高效、公开透明的组织管理制度。健全决策咨询机制，发挥地方科技管理部门、食品协会和学会、院所和企业、智库专家等的作用，形成适应科技体制与科技计划改革的管理机制。

（二）强化责任主体作用，建立多元投入机制

发挥政府在政策制定、环境营造方面的引导作用，围绕产业链部署创新链、围绕创新链完善资金链。完善多渠道、多层次的投融资机制和经费筹措方式，建立多元化的创新要素投入机制。充分发挥企业

的技术创新决策、要素投入和成果转化主体作用。加强对财政科技资金管理使用的审计监督，完善科研信用体系建设。

（三）构建动态管理模式，加强创新规划实施

强化创新规划实施，建立规划实施监测评估与调整机制，对规划任务部署、实施进度和措施落实等情况进行监测评估，及时掌握规划实施情况。充分发挥同行专家和第三方评估机构的作用，建立科学合理的动态评估制度，实行动态管理与运行方式。在监测评估的基础上，依据食品科技创新发展新形势、食品科技发展新需求和新变化，对规划指标和任务部署适时进行科学调整。

关于认真总结宣传农产品加工业发展典型经验的通知

（农业部办公厅　2017 年 6 月 5 日）

各省、自治区、直辖市及计划单列市农业（农牧、农村经济）厅（局、委、办），新疆生产建设兵团农业局：

党中央、国务院高度重视农产品加工业发展。今年中央 1 号文件和去年印发的《国务院办公厅关于进一步促进农产品加工业发展的意见》，给我国农产品加工业发展提供了一系列政策措施，为产业发展指明了方向、明确了要求。为深入贯彻落实中央政策精神，切实推进农业供给侧结构性改革，促进农业提质增效、农民就业增收和农村一二三产业融合发展，发挥典型带动和示范引导作用，加快农产品加工业转型升级，各级农产品加工业管理部门要集中一段时间，深入企业和生产一线，认真开展调查研究和总结宣传农产品加工业发展典型经验的工作。现将有关事宜通知如下。

一、充分认识总结农产品加工业发展典型经验的重要意义

近年来，我国农产品加工业取得了长足发展，经济总量越来越大，产业集中度不断扩大，产业链条不断拉长，产业融合逐步深入，涌现出一大批优势规模企业、加工集聚园区和加工大县（区、市），成为带动我国农产品加工业发展的排头兵、示范园和先导区。及时总结梳理一批符合时代特点、代表农产品加工业发展水平和发展方向的典型，加强宣传推介，发挥其示范带动作用，有利于促进农产品初加工、精深加工及综合利用协调发展，提高农产品加工转化率和附加值；有利于促进农产品加工业前延后伸，统筹兼顾原料基地、加工流通、品牌创建、电子商务、餐饮体验等上下游产业，推进产业链延伸、价值链提升和供应链重组，构建让农民分享加工流通增值收益的利益联结机制；有利于促进农产品加工业功能拓展，将农产品加工业与休闲旅游、文化创意、教育科普、养生养老等产业深度融合，催生出更多的新产业新业态新模式，推进农村一二三产业融合发展。各级农产品加工业管理部门要充分认识这项工作的重要意义，把总结宣传推介农产品加工业发展典型经验，作为一项推动产业转型升级的重要抓手，抓实抓好抓出成效。

二、深入开展农产品加工业发展情况的调查研究

农产品加工业一头连着农业、农村和农民，一头连着工业、城市和市民，行业覆盖面广、发展水平参差不齐。当前，一方面，不少企业面临许多困难和问题；另一方面，也有不少加工企业经过创新发展，脱胎换骨，成为行业领军企业，带动了园区建设和区域经济发展。各级农产品加工业管理部门要切实深入基层、加强调查研究，将调查研究作为转变工作作风的重要内容加以开展。要深入不同规模、不同类型的农产品加工企业，宣传解读国家支持农产品加工业发展的政策，了解贯彻落实情况，掌握不同企业的发展特点、存在问题和政策诉求；深入农产品加工园区，了解产业政策配套落实情况，掌握不同园区的发展特点和面临困难；深入原料基地、仓储物流、电商平台等加工业上下游环节所属企业和新型经营主体，了解产业链、价值链、供应链的联结机制和存在问题；深入金融机构、担保公司、品牌策划、行业协会等服务机构，了解行业的外部看法、扶持重点和不利因素等。

针对加工企业、加工园区、加工大县反映的困难问题，提出切实可行的对策建议。在此基础上，尽快将有关对策建议纳入本地农产品加工业发展的实施意见，并总结一批经验、树立一批典型，发挥典型示范引领作用，以点带面，提升农产品加工业整体发展水平。

三、认真梳理总结农产品加工业发展典型案例

各地要结合粮食生产功能区、重要农产品生产保护区、特色农产品优势区和现代农业产业园、农业科技园区、农民创业园的建设要求，针对本省（区、市）的主导优势品种，认真梳理遴选三个类型的农产品加工业发展典型案例：一是“一企一业”模式。依托特色优势农产品加工企业，引进全产业链全价值链理念，统筹推进初加工、精深加工和综合利用，引领同一农产品的不同环节间的多个经营主体，按照特定的市场规律、利益关系和时空布局，以价值增值为目标，从农业源头做起，涵盖种养殖、投入品使用、初加工、精深加工、主食加工、综合利用、物流销售、品牌推广等全过程，实现从田间到餐桌（或消费终端）多环节有机融合的产业链系统，从而打造出有影响的企业品牌和产品品牌。二是“一园一业”模式。依托特色优势农产品加工园区，结合正在创建的农业产业园、农业科技园和农民创业园，通过政策集成、要素集聚和企业集中，支持众多同类农产品加工企业引进全产业链全价值链理念，打造特色优势农产品加工产业集群，促进加工企业与上下游各类市场主体首尾相连、前后衔接、集聚发展，形成“标准化原料基地＋集约化加工园区＋体系化服务网络”一体发展格局，并在产业园区基础上打造产业社区和城镇社区，实现农区、园区和城（镇）区良性互动，加快形成产城融合更加紧密、城乡一体更加协调的发展格局。三是“一县一业”模式。依托特色优势农产品加工大县（市、区），聚焦某一类农产品，实行全产业链整体推进方式，主要加工原料属于加工专用品种，加工过程基本吃干榨净，加工成品主要经过物流配送和流通系统进行销售和消费，已经打造出有影响的区域品牌。各地要积极组织有关的研究院所、高等院校、行业协会、创新联盟等，认真分析不同模式的主要特征、做法经验、取得成效等，形成研究报告和典型经验材料。

四、切实加强农产品加工业发展典型案例的宣传推介

各地对总结出的典型经验，要采取多种形式的宣传推介。要充分发挥各有关传统媒体、网络媒体的传播优势，及时宣传报道农产品加工业发展典型案例的做法、成效和经验等内容，扩大典型案例的社会影响力；要加强学习交流，不断提高典型案例的示范带动效果，形成以点带面、全面提升的良好发展态势；要综合运用财政、税收、金融等政策工具支持典型案例企业、园区和县（市、区）的发展，农村一二三产业融合支出项目等财政资金要给予适当倾斜，加快形成舆论合力、政策合力和工作合力。2017 年 7 月 30 日前，各省（区、市）推荐 5 个能够代表本地农产品加工发展水平和发展特点的典型案例，每一个案例形成 1 500字的文字材料并附带相关图片，报送农业部农产品加工局，同时发送电子文档。农产品加工局统一汇总后，优中选优，再遴选一批能够代表全国农产品加工发展水平的典型案例，集中在全国进行宣传推介，进一步打造可借鉴、可复制和可推广的经验模式，有力推动我国农产品加工业持续稳定健康发展，为农业强起来、农村美起来、农民富起来作出更大贡献。

粮食产后服务体系建设实施方案

（国家粮食局　财政部　国粮财［2017］180 号　2017 年 8 月 28 日）

粮食收储制度改革后，政府主导的政策性收储将逐步淡出，收购主要靠各类市场主体，价格由市场决定，农民直接面对市场，对产后服务提出了新的更多的需求。为认真落实国务院办公厅印发的《关于完善支持政策促进农民持续增收的若干意见》（国办发［2016］87 号）中“建设一批集收储、烘干、加工、配送、销售等于一体的粮食服务中心”有关要求，财政部和国家粮食局决定从 2017 年开始实施“优质粮

食工程”，开展粮食产后服务体系建设，为种粮农民市场化收储创造条件。

一、主要目标

针对市场化收购条件下农民收粮、储粮、卖粮、清理烘干等诸多难题，通过整合粮食流通领域的现有资源，建立专业化的经营性粮食产后服务中心，有偿为种粮农民提供“代清理、代干燥、代储存、代加工、代销售”等“五代”服务。从2017年起开始建设，力争在“十三五”末实现全国产粮大县全覆盖。建成布局合理、能力充分、设施先进、功能完善、满足粮食产后处理需要的新型社会化粮食产后服务体系，应形成专业化服务能力，并达到以下目标：

增强农民市场议价能力　建成产后服务中心通过向农民提供保管等服务，为农民适时适市适价卖粮创造条件，增强议价能力。产后服务中心还应能及时向农民传递市场信息，疏通交易渠道，帮助农民卖好价。

促进粮食提质进档　产后服务中心要通过提供专业化的清理、干燥、分类等服务，大幅度提高粮食保质能力。按市场需求分等定级、分仓储存、分类加工，有效保障粮食质量，为实现优质优价、增加绿色优质粮食产品供给创造条件，通过市场带动农民增收。

推动节粮减损　通过粮食产后服务中心和农户科学储粮设施建设，使农民手中收获的粮食得到及时处理、妥善保管，大幅减少农户储粮损失率。

提高专业化服务水平　通过整合产后服务资源，形成完整的服务链，提升农业的专业化水平，促进农村第三产业发展，提高服务效率和劳动生产率，增加农民收入。

二、主要内容

建设产后服务中心主要以整合盘活现有仓储设施等资源为重点，在保证必要的服务功能前提下，结合实际需要，选择确定建设内容，改造、提升功能，发挥技术、人才等优势。一般不得新建仓容，基建部分以维修改造为主。鼓励推广使用先进的粮食处理新技术、新设备。

建设范围包括：一是产后干燥清理设备。改造提升老式粮食烘干机及水分、温度在线检测、自动控制等功能；建设符合环保要求的粮食烘干设备、移动式烘干机、就仓干燥系统、热泵通风干燥器，配置旋转式干燥机，配置粮食（湿粮）清理、色选、玉米脱粒机等。二是必要的物流仓储设施。配置接收、发放、输送、装卸、通风设备及必要的运输车辆等，建设与烘干机配套必要的罩棚、晒场、地坪等配套设施，维修改造必要的仓储设施。三是粮食质量常规检测仪器设备，以及与国家粮食电子交易平台连接的网上交易终端等设备。同时，要继续实施农户科学储粮，为农户配置实用、经济、安全、可靠的科学储粮新粮仓、新装具。项目具体建设应参考《粮食产后服务中心建设技术指南（试行）》的要求。

相关省（区、市）根据不同地区、不同品种、不同主体的实际情况，产后服务中心的布局可根据粮食生产的集中度、粮食产量和服务功能的辐射半径，合理确定其建设规模、数量，并因需配置设施设备。原则上，东北地区每个粮食产后服务中心年服务能力应在5万吨以上，黄淮海、华北主产区的应不低于3万吨，南方稻谷主产区及其他地区的应不低于1万吨，各地可根据具体实际参照调整。

粮食产后服务中心建设应依法依规用地。兴建各类设施原则上不使用新增建设用地，尽可能使用存量建设用地，鼓励充分利用现有粮库空余用地；确需新增建设用地的，应依法依规办理建设用地审批手续。对于农民合作社等从事规模化粮食生产过程中所必需的晾晒场、粮食烘干设施、粮食临时存放场所等用地，按《国土资源部　农业部关于进一步支持设施农业健康发展的通知》（国土资发〔2014〕127号）规定，可按设施农用地管理。

坚持为种粮农民提供服务，建立健全“产权清晰、权责明确、管理科学、诚信高效”的运行机制，构建统一规范、统一标识、统一服务内容的区域性粮食产后服务网络，为农户提供全方位、全链条的服务，打造区域公共服务品牌。

三、建设主体

原则上一个县应有2家以上的建设主体，有利于市场竞争、防止垄断。各地要优先支持符合条件的农民合作社独立建设粮食产后服务中心，农民合作社作为建设主体的应符合以下标准：成员在100户以上。东北地区土地流转面积5 000亩以上，粮食产量2 500吨以上，其他地区土地流转规模1 000亩以上，粮食产量500吨以上。具备符合当地产后服务中心年服务能力的仓容要求（可采取租赁、合作等方式获得）。制度健全、管理规范、带动能力强，聘请专业的管理人员，具有一定的管理能力。独立建设粮食产后服务中心的农民合作社应具有建设用地，并具备筹资能力。

同时兼顾粮油加工企业等其他主体。粮油加工企业一般年加工能力达到5万吨及以上，具备符合当地产后服务中心年服务能力的仓容要求，在当地具有一定数量的粮油订单面积，并且订单履约率达到 30%，有实力的粮油加工龙头企业。

鼓励和支持产后服务中心与农民合作社、村级集体组织等采取合作、托管、订单、相互参股或签订协议等多种方式，建立长期稳定的合作关系。

四、服务功能

粮食产后服务中心一般应具有独立法人资格，具备相应的产后服务功能和经营管理能力，打造农民需要的粮食产后服务功能，为农户开展“五代”服务。有条件的，还可以将服务范围扩展到提供市场信息、种子、化肥等和融资、担保服务，发展“粮食银行”，推广订单农业等业务。

（一）清理干燥 依托粮库配套清理干燥设备，建多粮种多用途的烘干设备、“就仓干燥”设施、旋转式自然干燥机，也可以配备移动专用干燥设备，为农民提供粮食清理干燥服务，提高粮食质量，促进农民增收，减少产后损失。

（二）科学储粮 对基层粮库特别是收纳库进行改造，为农户提供储粮服务，具备条件的可按农户需求开展分等定级、分仓储存服务。为完善产后服务体系，结合实际需求继续实施农户科学储粮，加快解决东北地区“地趴粮”等问题，进一步提高农户科学储粮能力。

（三）运输销售 配备必要的运输工具，为种粮农民提供运粮服务。利用连接市场的优势，为农民提供市场信息，开辟市场渠道，开展售粮服务，帮助农民卖个好价钱。支持产后服务中心成为国家粮食电子交易平台的会员单位，为农户直接开展网络售粮，减少流通环节，降低交易成本。

（四）加工兑换 以加工企业为主体设立的产后服务中心，可直接为农民开展代加工和兑换服务，延长产业链，提高附加值，促进增收。其他类型的主体，可依托仓储、烘干等设施扩展加工生产能力，为农民提供代加工服务。

此外，向农民宣传国家粮食收储和优质优价等政策，推广适用技术，指导农民科学储粮以及对粮食分档升值，引导农民调整生产结构，实现规模化、集约化生产等。

五、保障措施

（一）科学规划项目建设 按照 2020 年实现产后服务全覆盖的目标要求，坚持需求导向、为农服务，面向基层、近民利民，整体规划、分步实施的原则，结合实际需要科学规划。项目建设要突出重点，向粮食产量多和商品率高、产后服务能力缺口大、粮食收储市场化程度高等的产粮大县倾斜。要对总体建设规模、年度分解任务、功能设计、点位分布等进行合理规划，根据粮食生产的集中度、粮食产量和服务辐射半径合理确定项目点和数量。粮食产后服务中心实行滚动方式分批建设，根据确定的建设规模，服务中心建设数量 1 000 个以上的省（区、市）在 3～4 年内完成，建设数量 300～1 000 个的省（区、市）在 2～3 年内完成，其他省（区、市）在 1～2 年内完成。各省（区、市）内按照整县推进的原则，集中连片组织实施，发挥示范引领作用。列入年度建设计划的县和项目应确保 12 个月内完成建设任务。

（二）投资来源与财政支持 产后服务中心建设投资以企业投资为主。地方财政根据本地实际，按照实施方案整合相关资源，统筹安排部分资金支持项目建设，以确保粮食产后服务中心建好、管好、用好。

（三）发挥中央大型粮食企业的作用 最大限度利用全社会资源，避免重复建设和资源浪费。中央大型粮食集团的下属企业按在地原则，直接向省级粮食行政管理部门申报，符合条件的应纳入省级实施方案，建设内容、建设投资及中央财政补助由省级财政、粮食行政管理部门根据本地实际情况合理确定，中央财政补助计入本省（区、市）补助总额。

（四）结合精准扶贫开展粮食产后服务体系建设 项目建设要结合国家扶贫开发工作，向产粮大县中的贫困县倾斜，要精准实施农户科学储粮，促进贫困农户减损增收脱贫。

（五）加强粮食产后技术服务 为落实《国务院办公厅关于深入推行科技特派员制度的若干意见》（国办发［2016］32 号）中“建立农村粮食产后科技服务新模式”要求，面向粮食产后服务中心等选派一批粮食行业科技特派员，专项开展粮食产后干燥、储藏、加工减损、农户储粮等技术服务和推广，提高新型农业经营主体和农户粮食收储技术水平。省级粮食行政管理部门要依托科研机构、院校、质检机构、设备制造企业等，选派符合要求的技术人员。每个项目建设县选派 1～2 名，为产后服务中心与农户提供技术服务。

（六）评估、评价实施效果 项目建设方案要对项目实施效果进行预评估，项目全部建成后要对项目实施成效及时开展总结和后评价。评估、评价内容包括：本地区粮食产后清理、干燥、收储、销售等能力和专业化服务水平；粮食产后节粮减损、农民增收等方面取得的成效；促进粮食提质进档、实行优质优价等情况。

（七）任务分工 省级粮食、财政部门根据中央财政下达的“优质粮食工程”补助资金情况，结合本省实际，按照产后服务中心逐步全覆盖的总体目标、建设范围和条件等要求，统筹本地区各产粮大县的建设任务、项目和内容，突出重点，合理确定年度建设项目规模数量，进一步修改完善本省实施方案后报国家粮食局、财政部备案，作为验收考评依据。省级粮食部门负责对项目建设、验收和使用等进行指导和监督，制定《粮食产后服务体系建设项目管理办法》或《实施细则》，建立省级技术咨询专家团队，加强对项目建设的技术指导，要深入研究项目运行管理机制，制定《粮食产后服务体系运营管理办法》。省级财政部门负责统筹安排资金，并及时拨付资金、加强资金监督使用。各地要规范项目建设程序，完善责任落实机制，细化落实责任，实行专项督导，严格监管项目质量、进度和建设内容，要将粮食产后服务体系建设成效纳入粮食安全省长责任制考核内容，建立绩效追踪问责、全程监管制度，做到干成事、不出事，发现问题，及时纠正。

项目建设原则上以县为单位组织实施。县级人民政府作为组织实施的责任主体，组织财政、粮食行政管理部门开展需求摸底调查、编制项目建设方案，具体承担建设管理、项目验收、设施信息档案管理、总结上报等工作。

（八）实行阳光操作 项目建设工作全程公开，简化程序，加强服务。支持政策、主体选择、资金补助、项目验收等向社会公开透明，相关情况及时向社会公布，接受群众监督，确保补助政策规范高效、廉洁实施。项目主体须按照项目申报方案和建设实施方案执行，及时组织项目实施，不得随意调整建设内容和资金安排，不允许改变项目用途。项目建成后及时验收，县政府成立由粮食、财政等部门组成的验收工作组，按照省级粮食行政管理部门制定的《粮食产后服务体系建设项目管理办法》对项目验收的具体要求，开展验收工作。在项目建设前、建设中和建成后应拍照存档。

六、进度安排

实施方案由省级粮食、财政部门共同上报国家粮食局、财政部，在各省份报送建设实施方案申报材料、财政部和国家粮食局组织专家进行评审、确定重点支持省份名单后，今年获得中央财政支持的省份按下达的中央财政补助计划，重新修改、完善优化《实施方案》，在规定时间内报国家粮食局、财政部备案。

各级粮食、财政部门要把建设粮食产后服务体系，作为加快推进粮食供给侧结构性改革的重要内容，精心谋划、抓好落实，采取切实有效措施解决建设中的问题，认真探索、积累经验、有序推进，为提升国家粮食安全的保障水平和能力、促进农民增收发挥积极作用。

关于加快推进农业供给侧结构性改革大力发展粮食产业经济的意见

（国务院办公厅　国办发［2017］78号　2017年9月1日）

各省、自治区、直辖市人民政府，国务院各部委、各直属机构：

近年来，我国粮食连年丰收，为保障国家粮食安全、促进经济社会发展奠定了坚实基础。当前，粮食供给由总量不足转为结构性矛盾，库存高企、销售不畅、优质粮食供给不足、深加工转化滞后等问题突出。为加快推进农业供给侧结构性改革，大力发展粮食产业经济，促进农业提质增效、农民就业增收和经济社会发展，经国务院同意，现提出以下意见。

一、总体要求

（一）指导思想

全面贯彻党的十八大和十八届三中、四中、五中、六中全会精神，深入贯彻习近平总书记系列重要讲话精神和治国理政新理念新思想新战略，认真落实党中央、国务院决策部署，统筹推进“五位一体”总体布局和协调推进“四个全面”战略布局，牢固树立创新、协调、绿色、开放、共享的发展理念，全面落实国家粮食安全战略，以加快推进农业供给侧结构性改革为主线，以增加绿色优质粮食产品供给、有效解决市场化形势下农民卖粮问题、促进农民持续增收和保障粮食质量安全为重点，大力实施优质粮食工程，推动粮食产业创新发展、转型升级和提质增效，为构建更高层次、更高质量、更有效率、更可持续的粮食安全保障体系夯实产业基础。

（二）基本原则

坚持市场主导，政府引导　以市场需求为导向，突出市场主体地位，激发市场活力和企业创新动力，发挥市场在资源配置中的决定性作用。针对粮食产业发展的薄弱环节和制约瓶颈，强化政府规划引导、政策扶持、监管服务等作用，着力营造产业发展良好环境。

坚持产业融合，协调发展　树立“大粮食”“大产业”“大市场”“大流通”理念，充分发挥粮食加工转化的引擎作用，推动仓储、物流、加工等粮食流通各环节有机衔接，以相关利益联结机制为纽带，培育全产业链经营模式，促进一二三产业融合发展。

坚持创新驱动，提质增效　围绕市场需求，发挥科技创新的支撑引领作用，深入推进大众创业、万众创新，加快体制机制、经营方式和商业模式创新，积极培育新产业、新业态等新动能，提升粮食产业发展质量和效益。

坚持因地制宜，分类指导　结合不同区域、不同领域、不同主体的实际情况，选择适合自身特点的粮食产业发展模式。加强统筹协调和政策引导，推进产业发展方式转变，及时总结推广典型经验，注重整体效能和可持续性。

（三）主要目标

到2020年，初步建成适应我国国情和粮情的现代粮食产业体系，产业发展的质量和效益明显提升，更好地保障国家粮食安全和带动农民增收。绿色优质粮食产品有效供给稳定增加，全国粮食优质品率提高10个百分点左右；粮食产业增加值年均增长7%左右，粮食加工转化率达到88%，主食品工业化率提高到25%以上；主营业务收入过百亿的粮食企业数量达到50个以上，大型粮食产业化龙头企业和粮食产业集群辐射带动能力持续增强；粮食科技创新能力和粮食质量安全保障能力进一步提升。

二、培育壮大粮食产业主体

（四）增强粮食企业发展活力

适应粮食收储制度改革需要，深化国有粮食企业改革，发展混合所有制经济，加快转换经营机制，增强市场化经营能力和产业经济发展活力。以资本为纽带，构建跨区域、跨行业“产购储加销”协作机制，提高国有资本运行效率，延长产业链条，主动适应和引领粮食产业转型升级，做强做优做大一批具有竞争力、影响力、控制力的骨干国有粮食企业，有效发挥稳市场、保供应、促发展、保安全的重要载体作用。鼓励国有粮食企业依托现有收储网点，主动与新型农业经营主体等开展合作。培育、发展和壮大从事粮食收购和经营活动的多元粮食市场主体，建立健全统一、开放、竞争、有序的粮食市场体系。（国家粮食局、国务院国资委等负责）

（五）培育壮大粮食产业化龙头企业

在农业产业化国家重点龙头企业认定工作中，认定和扶持一批具有核心竞争力和行业带动力的粮食产业化重点龙头企业，引导支持龙头企业与新型农业经营主体和农户构建稳固的利益联结机制，引导优质粮食品种种植，带动农民增收致富。支持符合条件的龙头企业参与承担政策性粮食收储业务；在确保区域粮食安全的前提下，探索创新龙头企业参与地方粮食储备机制。（国家发展改革委、国家粮食局、农业部、财政部、商务部、工商总局、质检总局、中储粮总公司等负责）

（六）支持多元主体协同发展

发挥骨干企业的示范带动作用，鼓励多元主体开展多种形式的合作与融合，大力培育和发展粮食产业化联合体。支持符合条件的多元主体积极参与粮食仓储物流设施建设、产后服务体系建设等。鼓励龙头企业与产业链上下游各类市场主体成立粮食产业联盟，共同制订标准、创建品牌、开发市场、攻关技术、扩大融资等，实现优势互补。鼓励通过产权置换、股权转让、品牌整合、兼并重组等方式，实现粮食产业资源优化配置。（国家发展改革委、国家粮食局、工业和信息化部、财政部、农业部、工商总局等负责）

三、创新粮食产业发展方式

（七）促进全产业链发展

粮食企业要积极参与粮食生产功能区建设，发展“产购储加销”一体化模式，构建从田间到餐桌的全产业链。推动粮食企业向上游与新型农业经营主体开展产销对接和协作，通过定向投入、专项服务、良种培育、订单收购、代储加工等方式，建设加工原料基地，探索开展绿色优质特色粮油种植、收购、储存、专用化加工试点；向下游延伸建设物流营销和服务网络，实现粮源基地化、加工规模化、产品优质化、服务多样化，着力打造绿色、有机的优质粮食供应链。

开展粮食全产业链信息监测和分析预警，加大供需信息发布力度，引导粮食产销平衡。（国家发展改革委、国家粮食局、农业部、质检总局、国家认监委等负责）

（八）推动产业集聚发展

深入贯彻区域发展总体战略和“一带一路”建设、京津冀协同发展、长江经济带发展三大战略，发挥区域和资源优势，推动粮油产业集聚发展。依托粮食主产区、特色粮油产区和关键粮食物流节点，推进产业向优势产区集中布局，完善进口粮食临港深加工产业链。发展粮油食品产业集聚区，打造一批优势粮食产业集群，以全产业链为纽带，整合现有粮食生产、加工、物流、仓储、销售以及科技等资源，支持建设国家现代粮食产业发展示范园区（基地），支持主销区企业到主产区投资建设粮源基地和仓储物流设施，鼓励主产区企业到主销区建立营销网络，加强产销区产业合作。（国家发展改革委、国家粮食局、工业和信息化部、财政部、商务部、中国铁路总公司等负责）

（九）发展粮食循环经济

鼓励支持粮食企业探索多途径实现粮油副产物循环、全值和梯次利用，提高粮食综合利用率和产品附加值。以绿色粮源、绿色仓储、绿色工厂、绿色园区为重点，构建绿色粮食产业体系。鼓励粮食企业建立绿色、低碳、环保的循环经济系统，降低单位产品能耗和物耗水平。推广“仓顶阳光工程”、稻壳发电等新能源项目，大力开展米糠、碎米、麦麸、麦胚、玉米芯、饼粕等副产物综合利用示范，促进产业节能减排、提质增效。（国家发展改革委、国家粮食局、工业和信息化部、农业部、国家能源局等负责）

（十）积极发展新业态

推进“互联网+粮食”行动，积极发展粮食电子商务，推广“网上粮店”等新型粮食零售业态，促进线上线下融合。完善国家粮食电子交易平台体系，拓展物流运输、金融服务等功能，发挥其服务种粮农民、购粮企业的重要作用。加大粮食文化资源的保护和开发利用力度，支持爱粮节粮宣传教育基地和粮食文化展示基地建设，鼓励发展粮食产业观光、体验式消费等新业态。（国家粮食局、国家发展改革委、工业和信息化部、财政部、农业部、商务部、国家旅游局等负责）

（十一）发挥品牌引领作用

加强粮食品牌建设顶层设计，通过质量提升、自主创新、品牌创建、特色产品认定等，培育一批具有自主知识产权和较强市场竞争力的全国性粮食名牌产品。鼓励企业推行更高质量标准，建立粮食产业企业标准领跑者激励机制，提高品牌产品质量水平，大力发展“三品一标”粮食产品，培育发展自主品牌。加强绿色优质粮食品牌宣传、发布、人员培训、市场营销、评价标准体系建设、展示展销信息平台建设，开展丰富多彩的品牌创建和产销对接推介活动、品牌产品交易会等，挖掘区域性粮食文化元素，联合打造区域品牌，促进品牌整合，提升品牌美誉度和社会影响力。鼓励企业获得有机、良好农业规范等通行认证，推动出口粮食质量安全示范区建设。加大粮食产品的专利权、商标权等知识产权保护力度，严厉打击制售假冒伪劣产品行为。加强行业信用体系建设，规范市场秩序。（国家粮食局、国家发展改革委、工业和信息化部、农业部、工商总局、质检总局、国家标准委、国家知识产权局等负责）

四、加快粮食产业转型升级

（十二）增加绿色优质粮油产品供给

大力推进优质粮食工程建设，以市场需求为导向，建立优质优价的粮食生产、分类收储和交易机制。增品种、提品质、创品牌，推进绿色优质粮食产业体系建设。实施“中国好粮油”行动计划，开展标准引领、质量测评、品牌培育、健康消费宣传、营销渠道和平台建设及试点示范。推进出口食品农产品生产企业内外销产品“同线同标同质”工程，实现内销转型，带动产业转型升级。调优产品结构，开发绿色优质、营养健康的粮油新产品，增加多元化、定制化、个性化产品供给，促进优质粮食产品的营养升级扩版。推广大米、小麦粉和食用植物油适度加工，大力发展全谷物等新型营养健康食品。推动地方特色粮油食品产业化，加快发展杂粮、杂豆、木本油料等特色产品。适应养殖业发展新趋势，发展安全环保饲料产品。（财政部、国家粮食局、国家发展改革委、工业和信息化部、农业部、工商总局、质检总局、国家林业局等负责）

（十三）大力促进主食产业化

支持推进米面、玉米、杂粮及薯类主食制品的工业化生产、社会化供应等产业化经营方式，大力发展方便食品、速冻食品。开展主食产业化示范工程建设，认定一批放心主食示范单位，推广“生产基地+中央厨房+餐饮门店”“生产基地+加工企业+商超销售”“作坊置换+联合发展”等新模式。保护并挖掘传统主食产品，增加花色品种。加强主食产品与其他食品的融合创新，鼓励和支持开发个性化功能性主食产品。（国家粮食局、工业和信息化部、财政部、农业部、商务部、工商总局等负责）

（十四）加快发展粮食精深加工与转化

支持主产区积极发展粮食精深加工，带动主产区经济发展和农民增收。着力开发粮食精深加工产品，增加专用米、专用粉、专用油、功能性淀粉糖、功能性蛋白等食品以及保健、化工、医药等方面的有效供给，加快补齐短板，减少进口依赖。发展纤维素等非粮燃料乙醇；在保障粮食供应和质量安全的前提下，着力处置霉变、重金属超标、超期储存粮食等，适度发展粮食燃料乙醇，推广使用车用乙醇汽油，探索开展淀粉类生物基塑料和生物降解材料试点示范，加快消化政策性粮食库存。支持地方出台有利于粮食精深加工转化的政策，促进玉米深加工业持续健康发展。强化食品质量安全、环保、能耗、安全生产等约束，促进粮食企业加大技术改造力度，倒逼落后加工产能退出。（国家发展改革委、国家粮食局、工业和信息化部、财政部、食品药品监管总局、国家能源局等负责）

（十五）统筹利用粮食仓储设施资源

通过参股、控股、融资等多种形式，放大国有资本功能，扩展粮食仓储业服务范围。多渠道开发现有国有粮食企业仓储设施用途，为新型农业经营主体和农户提供粮食产后服务，为加工企业提供仓储保管服务，为期货市场提供交割服务，为“互联网＋粮食”经营模式提供交割仓服务，为城乡居民提供粮食配送服务。（国家粮食局、国家发展改革委、证监会等负责）

五、强化粮食科技创新和人才支撑

（十六）加快推动粮食科技创新突破

支持创新要素向企业集聚，加快培育一批具有市场竞争力的创新型粮食领军企业，引导企业加大研发投入和开展创新活动。鼓励科研机构、高校与企业通过共同设立研发基金、实验室、成果推广工作站等方式，聚焦企业科技创新需求。加大对营养健康、质量安全、节粮减损、加工转化、现代物流、“智慧粮食”等领域相关基础研究和急需关键技术研发的支持力度，推进信息、生物、新材料等高新技术在粮食产业中的应用，加强国内外粮食质量检验技术标准比对及不合格粮食处理技术等研究，开展进出口粮食检验检疫技术性贸易措施及相关研究。（科技部、质检总局、自然科学基金会、国家粮食局等负责）

（十七）加快科技成果转化推广

深入实施“科技兴粮工程”，建立粮食产业科技成果转化信息服务平台，定期发布粮食科技成果，促进粮食科技成果、科技人才、科研机构等与企业有效对接，推动科技成果产业化。发挥粮食领域国家工程实验室、重点实验室成果推广示范作用，加大粮食科技成果集成示范基地、科技协同创新共同体和技术创新联盟的建设力度，推进科技资源开放共享。（科技部、国家粮食局等负责）

（十八）促进粮油机械制造自主创新

扎实推进“中国制造 2025”，发展高效节粮节能成套粮油加工装备。提高关键粮油机械及仪器设备制造水平和自主创新能力，提升粮食品质及质量安全快速检测设备的技术水平。引入智能机器人和物联网技术，开展粮食智能工厂、智能仓储、智能烘干等应用示范。（工业和信息化部、国家粮食局、国家发展改革委、科技部、农业部等负责）

（十九）健全人才保障机制

实施“人才兴粮工程”，深化人才发展体制改革，激发人才创新创造活力。支持企业加强与科研机构、高校合作，创新人才引进机制，搭建专业技术人才创新创业平台，遴选和培养一批粮食产业技术体系专家，凝聚高水平领军人才和创新团队为粮食产业服务。发展粮食高等教育和职业教育，支持高等院校和职业学校开设粮食产业相关专业和课程，完善政产学研用相结合的协同育人模式，加快培养行业短缺的实用型人才。加强职业技能培训，举办职业技能竞赛活动，培育“粮工巧匠”，提升粮食行业职工的技能水平。（国家粮食局、人力资源社会保障部、教育部等负责）

六、夯实粮食产业发展基础

（二十）建设粮食产后服务体系

适应粮食收储制度改革和农业适度规模经营的需要，整合仓储设施资源，建设一批专业化、市场化的粮食产后服务中心，为农户提供粮食“五代”（代清理、代干燥、代储存、代加工、代销售）服务，推进农户科学储粮行动，促进粮食提质减损和农民增收。（财政部、国家粮食局、国家发展改革委等负责）

（二十一）完善现代粮食物流体系

加强粮食物流基础设施和应急供应体系建设，优化物流节点布局，完善物流通道。支持铁路班列运输，降低全产业链物流成本。鼓励产销区企业通过合资、重组等方式组成联合体，提高粮食物流组织化水平。加快粮食物流与信息化融合发展，促进粮食物流信息共享，提高物流效率。推动粮食物流标准化建设，推广原粮物流“四散化”（散储、散运、散装、散卸）、集装化、标准化，推动成品粮物流托盘等标准化装载单元器具的循环共用，带动粮食物流上下游设施设备及包装标准化水平提升。支持进口粮食指定口岸及港口防疫能力建设。（国家发展改革委、国家粮食局、交通运输部、商务部、质检总局、国家标准委、中国铁路总公司等负责）

（二十二）健全粮食质量安全保障体系

支持建设粮食质量检验机构，形成以省级为骨干、以市级为支撑、以县级为基础的公益性粮食质量检验监测体系。加快优质、特色粮油产品标准和相关检测方法标准的制修订。开展全国收获粮食质量调查、品质测报和安全风险监测，加强进口粮食质量安全监管，建立进口粮食疫情监测和联防联控机制。建立覆盖从产地到餐桌全程的粮食质量安全追溯体系和平台，进一步健全质量安全监管衔接协作机制，加强粮食种植、收购、储存、销售及食品生产经营监管，严防不符合食品安全标准的粮食流入口粮市场或用于食品加工。加强口岸风险防控和实际监管，深入开展农产品反走私综合治理，实施专项打击行动。（国家粮食局、食品药品监管总局、农业部、海关总署、质检总局、国家标准委等负责）

七、完善保障措施

（二十三）加大财税扶持力度

充分利用好现有资金渠道，支持粮食仓储物流设施、国家现代粮食产业发展示范园区（基地）建设和粮食产业转型升级。统筹利用商品粮大省奖励资金、产粮产油大县奖励资金、粮食风险基金等支持粮食产业发展。充分发挥财政资金引导功能，积极引导金融资本、社会资本加大对粮食产业的投入。新型农业经营主体购置仓储、烘干设备，可按规定享受农机具购置补贴。落实粮食加工企业从事农产品初加工所得按规定免征企业所得税政策和国家简并增值税税率有关政策。（财政部、国家发展改革委、税务总局、国家粮食局等负责）

（二十四）健全金融保险支持政策

拓宽企业融资渠道，为粮食收购、加工、仓储、物流等各环节提供多元化金融服务。政策性、商业性金融机构要结合职能定位和业务范围，在风险可控的前提下，加大对粮食产业发展和农业产业化重点龙头企业的信贷支持。建立健全粮食收购贷款信用保证基金融资担保机制，降低银行信贷风险。支持粮食企业通过发行短期融资券等非金融企业债务融资工具筹集资金，支持符合条件的粮食企业上市融资或在新三板挂牌，以及发行公司债券、企业债券和并购重组等。引导粮食企业合理利用农产品期货市场管理价格风险。在做好风险防范的前提下，积极开展企业厂房抵押和存单、订单、应收账款质押等融资业务，创新“信贷＋保险”、产业链金融等多种服务模式。鼓励和支持保险机构为粮食企业开展对外贸易和“走出去”提供保险服务。（人民银行、银监会、证监会、保监会、财政部、商务部、国家粮食局、农业发展银行等负责）

（二十五）落实用地用电等优惠政策

在土地利用年度计划中，对粮食产业发展重点项目用地予以统筹安排和重点支持。支持和加快国有粮食企业依法依规将划拨用地转变为出让用地，增强企业融资功能。改制重组后的粮食企业，可依法处置土地资产，用于企业改革发展和解决历史遗留问题。落实粮食初加工用电执行农业生产用电价格政策。（国土资源部、国家发展改革委、国家粮食局等负责）

（二十六）加强组织领导

地方各级人民政府要高度重视粮食产业经济发展，因地制宜制定推进本地区粮食产业经济发展的实施意见、规划或方案，加强统筹协调，明确职责分工。加大粮食产业经济发展实绩在粮食安全省长责任制考核中的权重。要结合精准扶贫、精准脱贫要求，大力开展粮食产业扶贫。粮食部门负责协调推进粮食产业发展有关工作，推动产业园区建设，加强粮食产业经济运行监测。发展改革、财政部门要强化对重大政策、重大工程和重大项目的支持，发挥财政投入的引导作用，撬动更多社会资本投入粮食产业。各相关部门要根据职责分工抓紧完善配套措施和部门协作机制，并发挥好粮食等相关行业协会商会在标准、信息、人才、机制等方面的作用，合力推进粮食产业经济发展。（各省级人民政府、国家发展改革委、国家粮食局、财政部、农业部、国务院扶贫办等负责）

大米竞价销售试点方案

（国家粮食局　国粮调［2017］190号　2017年9月15日）

为切实做好稻谷库存消化工作，2017年国家有关部门将在黑龙江、安徽、江苏、江西4省进行大米加工销售试点，具体方案如下：

一、总体要求

国家有关部门对部分主产区最低收购价稻谷委托

加工销售，国家粮食交易中心提前公布委托加工标的清单，一标的一竞价，按照价高者得的原则，招标确定委托加工企业；中储粮直属库作为出卖方代表，委托中标企业将稻谷按要求代加工成符合相应食品安全及质量标准和数量规格的大米后，通过国家粮食电子交易平台挂牌竞价销售，所取得相关收入（含大米竞价销售收入及中标加工企业交纳的"可上交收入"等）按规定开具增值税发票，弥补稻谷库存成本，收支相抵所产生的价差亏损和加工环节产生的中储粮总公司应纳印花税、可上交收入增值税额统算一并列入亏损挂账。如在一定时间内拍卖大米未成交，由中标企业按大米销售底价统购包销。

二、委托加工稻谷

（一）稻谷委托加工竞标加工企业应具备如下条件

1. *资质条件* 加工企业须具备相应生产经营资质，并取得一般纳税人资格。

2. *加工能力* 加工企业加工能力应在当地中等规模以上、生产运营正常、有加工实绩，且近三年无违法违规不良记录。具体规模标准由省级粮食局根据粮源分布情况和监管能力自行确定，每个试点省选择若干家当地大中型加工企业。省级交易中心将参与竞标企业的加工能力录入交易系统。

3. *仓储能力* 加工企业须有一定的储存原粮和成品粮的仓储设施，具备较好的保管能力。

4. *认真履行统计报表报送义务* 加工企业统计工作规范，认真执行《国家粮食流通统计制度》。

5. *加工企业符合省级粮食等部门做出的其他相关规定。*

（二）竞标准备

国家粮食交易中心网站提前10天公布委托加工稻谷标的清单和大米销售底价。实行粮食销售出库质量安全检验制度，中储粮直属库和实际承储库点必须按照粮食质量标准和食品安全标准及有关规定进行检验并出具检验报告，销售的粮食应当与检验报告相一致，确保用于委托加工的稻谷符合国家食品安全标准。

（三）竞标方式

企业根据稻谷标的质量、出米率、副产品、加工成本、大米底价等因素，综合测算企业合理留存收益，确定是否参与竞标。竞标前需交纳一定数额的委托加工业务保证金（110元/吨）。

副产品的处置原则是，加工企业按要求提供相应数量的大米后，其余作为副产品由其处置，用于抵顶应支付的委托加工费用和可上交收入。委托加工费用是指从稻谷出库到运回企业加工成大米并销售的各环节发生的一切费用及其合理收益，包括稻谷质量及食品安全检验费、出库费、运输费、加工费；大米质量及食品安全检验费、出库费、包装费（含包装物）、保管费、损耗及其他。

企业通过国家粮食电子交易平台对"可上交收入"进行竞价，多交者中标。

（四）签订合同

加工企业中标后应当索取、查验和保存中储粮直属库和实际承储库点提供的检验报告，对委托加工稻谷进行验收检验，并将两份检验报告电子版上传至国家粮食电子交易平台。中储粮直属库作为出卖方代表，与委托加工企业签订委托加工合同。

（五）加工要求

1. *质量标准* 满足《大米》国家标准（GB 1354—2009）一级大米质量要求，其中黄粒米≤0.5%，粳米水分≤14.5%。食品安全指标应符合相关食品安全国家标准。

2. *数量标准* 稻谷出库数量以实际存储库点标准计量衡器数为准，稻谷水分、杂质增减量参照《关于执行粮油质量国家标准有关问题的规定》（国粮发〔2010〕178号）执行，中标加工企业与中储粮直属库双方协商无异议的，应及时签订《委托加工稻谷验收确认单》。委托加工稻谷应交回的大米数量，按照双方签订的《委托加工稻谷验收确认单》标明的稻谷实际出库数量和规定的籼米出米率52%、粳米出米率62%的标准计算（精确到千克，保留整数，实际出米率低于规定出米率的，由中标加工企业弥补；实际出米率高于规定出米率的，归中标加工企业所得）。

3. *包装标准* 编织袋包装。中标加工企业提供包装物，包装物应使用食品级包装材料，符合GB/T 17109的规定和卫生要求，标签标识应符合GB 7718等相关规定。

4. *储存保管* 中标加工企业代储存保管大米，在固定存储场地单独形成货位堆码整齐，并做好通风防潮等措施防止大米品质变化，确保大米符合食品安全国家标准。如果出现数量亏损或保管不当，加工企业负责承担相应责任和损失。

（六）其他要求

1. *委托加工期限* 稻谷委托加工业务包括稻谷出库、运输、加工和形成大米标的的全业务过程，自稻谷标的中标之日起至稻谷出库加工成大米并形成标准标的期限不得超过75天（含）。

2. *委托加工数量和抵押标准* 中标加工企业每次竞标委托加工稻谷标的数量不得超过本企业

45天的加工能力，1个月内累计竞标数量不得超过本企业120天的加工能力。根据大米挂牌竞价销售进度释放相应可竞买的稻谷数量，即大米竞价成交并开具出库通知单后，释放相应可竞买稻谷数量。在中标45天内，中标加工企业需交齐提货现金抵押，抵押标准为籼稻2 600元/吨，粳稻3 000元/吨。

3. 处罚措施　中标加工企业自中标之日起45天内未交齐提货现金抵押的，参照《粮食竞价销售交易规则》扣除其相应保证金；未在规定的期限内完成稻谷出库加工业务的，按未完成的稻谷出库加工数量扣除相应保证金；转手倒卖稻谷、未加工成符合要求的大米或以次充好、阻挠大米销售出库等违规行为的，扣除其相应保证金和现金抵押。

三、竞价销售大米

（一）销售方式

对中标加工企业按要求加工的大米通过国家粮食电子交易平台挂牌竞价销售。

（二）购买资质

具备粮油经营资质的企业（经营者）和大米消费者。

（三）保证金管理

大米购买方参加竞买前需交纳一定数额的保证金（交易保证金20元/吨、履约保证金200元/吨）。

（四）签订合同

中储粮直属库作为出卖方代表与购买方签订大米竞价交易购销合同。中标加工企业受托加工的大米应符合委托加工要求，并提供有资质的第三方粮食检验机构出具的检验报告，送中储粮直属库及实际存储库点，同时电子上传至国家粮食电子交易平台。中标加工企业（交货仓库）作为中储粮直属库实际大米储粮点，具体配合中储粮直属库负责大米保管、出库和验收确认等工作并承担相应责任。买卖双方有违规违约行为的，参照《粮食竞价销售交易规则》的相关规定执行。

（五）加工包销

中标加工企业加工的大米如持续15天挂牌仍未成交的，由中标加工企业按照销售底价统购包销。

（六）交割期限

买方须于交易合同生效之日起10天内按《交易公告》的要求将全额货款一次或分批汇入指定的银行账户。大米出库期暂定30天，履约时间自交易合同生效之日开始计算。

四、监管措施

（一）公开竞标结果

国家粮食交易中心要通过网站及时向社会公布每批次中标加工企业名单和委托加工稻谷数量。省级粮食交易中心要每周向省级粮食、财政、食药监、农发行、中储粮分公司等部门和单位报送中标加工企业的稻谷委托加工量、大米销售、违约毁约，以及出库纠纷等情况。省级粮食行政管理部门要及时将上述信息分解下发至稻谷承储库点和中标加工企业所在地市级粮食行政管理部门，由市级粮食行政管理部门将出库监管任务分配到位。

（二）规范企业管理

一是规范稻谷出入库手续记录，明细到车，详细记载库存保管账和加工进度，记录稻谷期初、加工、期末库存情况。二是健全大米及副产品加工、销售业务手续，建立大米及副产品保管统计账，明确大米堆放货位，记录大米和副产品的入库、销售出库、期末库存情况。三是妥善保管相关合同、质检报告、发票、运输票据、水电费等原始凭证。所有账目凭证严格按财务、统计有关规定处理并留存备查。有条件的加工企业，原则上应安装稻谷入库和成品销售出库监控系统，影像资料与出入库凭证一并留存。

（三）压实监管责任

试点地区各有关部门在当地政府的统一领导下，按照职责分工，制定工作实施方案，密切协调配合，严格管理要求，压实监管责任，建立联动机制和责任追究制度，严把出入库稻谷和大米质量关，严禁不符合食品安全标准的稻谷和大米流入口粮市场，严格资金监管确保销售货款足额及时归还农发行贷款。其中，粮食行政管理部门负责稻谷销售出库监管和严防陈稻谷转圈流入新收政策性粮食库存，同时治理稻谷“出库难”；食品药品监管部门加强大米生产经营监管，严防不符合食品安全标准和要求的大米流入口粮市场或用于食品加工，保障食品安全。

（四）加大惩处力度

地方各有关部门和单位要形成监管合力，严肃查处企业亏库、阻挠出库、违法加工、以次充好、转手倒卖、“转圈粮”以及因市场行情变化恶意违约等行为。对检查中发现的违规违纪问题，省级交易中心根据《粮食竞价销售交易规则》及本方案进行违约处罚；有关行政部门根据有关法律法规进行行政处罚；并将违法违规信息上传至全国信用信息共享平台，实施联合惩戒。涉嫌犯罪的，依法移交司法机关处理。

关于加快推进粮食行业信息化建设的意见

（国家粮食局 国粮办发［2017］244号 2017年9月17日）

为更好地落实党中央、国务院关于信息化工作的部署，加快推进粮食行业信息化建设，尽快取得突破性进展和明显成效，实现全行业信息资源共享、数据互联互通，全面提高粮食精准调控和决策水平，保障国家粮食安全，经研究，提出以下意见。

一、加强组织领导

信息化建设是“一把手”工程。国家粮食局成立信息化工作领导小组，由张务锋局长任组长，卢景波副局长、何毅总工程师任副组长，各司室、直属事业单位主要负责同志为成员，统筹推进国家粮食管理平台和粮食行业信息化建设。各省级粮食行政管理部门也要成立领导协调机构，主要负责同志挂帅，统筹推进信息化建设。要将粮食行业信息化建设纳入领导班子重要议事日程，列入内部责任制考核事项。

二、强化推进落实

国家粮食局信息化工作领导小组下设信息化推进办公室，何毅总工程师兼任主任，仓储与科技司、粮油信息中心有关负责同志任副主任。推进办在粮油信息中心计算机技术处和行业信息化处的基础上，从办公室、规划财务司、标准质量中心等单位抽调精干人员集中独立办公，专职负责粮食行业信息化建设工作指导，国家粮食管理平台建设，与有关部门和地方、企业互联互通等信息化工作，其他司室、事业单位根据需要协同配合。各省级粮食行政管理部门要结合本省实际，明确信息化建设专职推进机构，具体负责建设任务的推进落实。

三、统一建设标准规范

国家粮食局近期已印发省级粮食管理平台建设技术指引、验收规范，粮库信息化建设技术指引、验收规范等4个文件。各省级粮食行政管理部门要督导项目建设单位严格执行技术指引、验收规范以及其他技术标准规范，为国家、省级、粮库三级架构信息资源共建共享、数据互联互通打好基础。中国储备粮管理总公司、中粮集团有限公司和中国航空工业集团公司等涉粮中央企业应积极参照粮食行业信息化规范开展信息化建设，统一全行业信息化建设技术标准。

四、开展业务流程再造

信息化不应是业务工作简单的数字化再现，而是对现有业务工作的全面梳理及流程再造。各地区、各单位要基于信息技术特点，全面开展粮食业务流程再造和模式重构，推动信息技术与粮食业务的深度融合。创新工作思路和方式方法，运用云计算、大数据、人工智能等技术手段，规范业务工作程序，增强业务协同能力，提升业务工作效率，提高粮食调控和决策的科学性、精准性和时效性。

五、促进信息资源共建共享、数据互联互通

信息资源共建共享、数据互联互通是信息化建设的重中之重。加快建立粮食行业信息资源目录体系，编制行业政务信息资源目录，同时及时更新，动态调整。推动核心业务系统沉淀数据汇聚，加快构建信息资源库。整合现有信息化资源，实现行业内部各类信息资源共享，加快制定国家粮食管理平台和省级平台对接方案。结合政务信息系统整合共享工作，推动与发展改革、财政、农业、工商、农业发展银行等部门的信息资源共享。中国储备粮管理总公司、中粮集团有限公司和中国航空工业集团公司等涉粮中央企业要积极与各级粮食行政管理部门衔接会商，加强配合，消除“信息孤岛”“数据烟囱”，促进涉粮数据的互联互通。

六、加大督导考核力度

各省级粮食行政管理部门要采取有效措施，在保证建设质量的前提下，加快粮库智能化升级改造和省级粮食管理平台建设进度。按期完成财政部门绩效评

价和政务信息系统整合共享工作，进一步明确时间表和路线图，细化责任清单，加强进度台账管理。要建立强有力的监督考核制度，加强引导激励和约束惩戒。对项目建设情况较好的单位，予以奖励表扬；对未能按要求完成任务的单位，予以通报并责令整改。国家粮食局已将粮库智能化升级改造纳入粮食安全省长责任制考核内容，同时将建立常态督查督办机制，对项目进展缓慢、推进措施不力、无法互联互通的省份和项目单位予以通报批评。

七、增强技术保障力量

各省级粮食行政管理部门要优化人员配置，将学习能力强、业务熟练、素质过硬的人员充实到信息化建设和管理队伍，加强对粮食业务、信息技术、项目管理等方面能力的培养和锻炼，在行业内建立既懂粮食业务、又懂信息技术、还懂项目管理的复合型人才队伍。采取多种措施大力引进行业信息化急需人才，加强行业信息化人才培养，依托行业高校、科研机构、企业的智力资源和研究平台，建立一批联合实习实训基地，面向行业开展信息化人才专门培训。要采用产学研用对接合作等多种方式，依托有关院校和专家，为粮食行业信息化建设咨询、技术指导、技术攻关、课题研究、模型构建、成果应用、人员培训、运行维护、安全防护等提供支持。要吸引实力雄厚的大型信息技术企业参与粮食行业信息化建设，提高粮食行业信息化建设水平，增强粮食行业信息化创新引领、持续发展的动能。

八、确保建成廉政工程

各省级粮食行政管理部门要讲政治、顾大局，坚持原则，阳光操作，牢牢守住廉政底线，务求把好事办好；严禁出现“工程干起来、干部倒下去”的现象。特别是要按规定统筹使用好各项资金，加强招投标和政府采购环节的监督管理，尽量统一组织招标，合理划分标段，加强过程监督，杜绝违规问题出现。

九、加强业务联系

各省级粮食行政管理部门，要按期报送本省粮食行业信息化建设和财政资金使用进展情况。广泛调研、及时梳理信息化工作的重点难点问题，研究提出粮食行业信息化发展创新务实的思路和举措，及时向国家粮食局请示汇报。同时，为便于开展技术指导和对接，请各省级粮食行政管理部门和涉粮中央企业，于9月底前将信息化负责人、技术负责人的名单和联系方式报送国家粮食局信息化推进办公室。

关于提升餐饮业质量安全水平的意见

（国务院食品安全办等　食安办［2017］31号　2017年9月21日）

当前，居民在外餐饮消费越来越普遍。促进餐饮业提高质量安全水平，关系千家万户。为贯彻落实党中央、国务院关于加强食品安全工作的决策部署和习近平总书记关于抓好餐饮业质量安全的重要指示精神，满足人民群众日益增长的餐饮消费需求，现就提升餐饮业质量安全水平提出如下意见。

一、全面落实餐饮服务食品安全主体责任

（一）严格制度建设和从业人员管理　餐饮服务提供者要建立保证餐饮食品安全的各项制度，配备经考核合格的食品安全管理人员，严格执行从业人员健康管理制度，切菜、配菜、烹饪、传菜、清洗消毒等从事接触直接入口食品工作的人员应当每年进行健康检查，取得健康证明后方可上岗。大型和连锁餐饮企业、中央厨房、集体用餐配送单位要设立食品安全管理机构，配备专职食品安全技术人员和食品安全管理人员。（食品药品监管总局负责）

（二）严格设施设备维护管理　餐饮服务提供者要配备与餐饮服务相适应的加工、贮存、陈列等设施设备，并定期清洗和维护。定期校验保温、冷藏和冷冻设施设备，确保运转正常。贮存、包装食品的容器应当清洁无害，不得使用含塑化剂的塑料制品存放油脂及油脂类食品、酒类饮品。鼓励使用食品级不锈钢材质的容器、工具和设备。（食品药品监管总局负责）

（三）严把原辅料购进质量安全关　餐饮服务提供者应制定并实施原料控制要求，建立稳定的原料供应渠道或供应商，落实索证索票和进货查验制度，重

点加强对米面油、肉类和水产品的采购管理，保证购进原辅料的质量符合国家食品安全标准。严禁采购和使用假冒伪劣的食品原料和酒水饮料。要定期检查库存食品及原料，及时处理超过保质期或者变质的食品及原料。（食品药品监管总局负责）

（四）严把餐饮加工制作关 餐饮服务提供者要严格执行餐饮服务食品安全操作规范。加工人员要保持个人卫生，加工食品时应当将手洗净，穿戴清洁的工作衣帽。加工用具、容器要明显区分，实施色标、分类、定位管理，做到生熟食品分开存放，防止交叉污染。待加工食品及原料要及时检查，熟制食品要烧熟煮透，保存条件和保存期限符合要求。（食品药品监管总局负责）

（五）严把餐饮具清洗消毒关 餐饮服务提供者对餐具、饮具自行进行清洗消毒的，要配备清洗消毒保洁设施设备，使用符合国家标准和卫生规范的洗涤剂和消毒剂，餐具、饮具清洗消毒要严格执行相关规定，保证餐具、饮具干净卫生。餐饮服务提供者不能自行清洗消毒的，应当使用集中消毒服务单位提供的清洗消毒后的餐具、饮具。盛放直接入口食材的容器，使用前应当洗净、消毒。（食品药品监管总局负责）

（六）严把环境卫生控制关 保持加工操作区、就餐区和卫生间等区域的清洁卫生。加工操作区的地面、墙壁、天花板应当平整、无破损、无污垢，加工贮存设备、工用具等物品及时清洗消毒。保持就餐区地面整洁、桌面清洁、通风良好。设立卫生间的，要实行定期清洁制度，并做好记录。采取有效措施，切实做好防蝇、防虫和防鼠工作。定期清洗消毒空调通风系统。（食品药品监管总局负责）

二、全面提升餐饮服务食品安全监管水平

（七）完善监管制度标准体系 进一步健全餐饮服务食品经营许可、网络餐饮服务监管、餐饮服务量化分级管理、学校（含幼儿园）食堂食品安全监管、民航运营、铁路运营食品安全管理等规章制度。修订餐饮服务食品安全操作规范。完善餐饮食品安全标准体系，推进餐饮服务团体标准和特色餐饮地方标准建设。（食品药品监管总局、教育部、国家卫生计生委、质检总局、中国民用航空局、中国铁路总公司负责）

（八）严格餐饮食品经营许可管理 重点加强食品安全管理机构和人员、食品安全管理制度、设施设备布局、清洗消毒、冷藏冷冻等项目的审查和现场核查，对食品安全管理人员进行考核，对符合条件的发放食品经营许可证。依法依规加强小餐饮、小饭桌和家庭托餐等许可或备案登记管理，实现餐饮业许可管理全覆盖。（食品药品监管总局负责）

（九）加强监督检查和抽检监测 全面加强餐饮服务食品安全日常监督检查，实施风险分级分类管理，实现餐饮服务食品安全监管网格化、全覆盖。重点加大对原料采购、加工制作、清洗消毒和环境卫生等方面的监督检查，强化对米面油、肉类、水产品、调味料、餐饮具和菜品、自制饮品的监督抽检和风险监测，加强对餐具、饮具集中消毒服务单位、用水、进口食品和餐饮用食品相关产品监管，及时公布监督检查结果和抽检结果。（食品药品监管总局、国家卫生计生委、质检总局负责）

（十）加强网络餐饮服务监管 严格落实网络第三方平台和自建网站的餐饮服务提供者的食品安全管理责任，确保入网餐饮服务提供者具有实体店和食品经营许可证，保证公示菜品和信息真实、加工菜品规范安全、食品容器和餐具清洁无毒、配送过程食物不被污染、消费者投诉及时处理。加强网络餐饮服务监督检查和网上监测，严厉查处违法违规行为。（食品药品监管总局负责）

（十一）加强集中用餐单位日常管理 教育行政部门要将学校（含幼儿园）食堂食品安全纳入学校安全工作内容，强化食品安全教育和日常管理，持续提升校园食品安全水平。住房城乡建设部门要督促施工企业加强建筑工地食堂安全管理。民政部门要加强对养老机构的食品安全教育和日常管理，将养老机构食堂的质量安全列为养老机构服务质量建设的重要内容。卫生计生部门要加大对医院食堂的政策支持力度，加强对学校（含幼儿园）、医院和养老机构的营养健康指导。出入境检验检疫部门要加强国境口岸区域餐饮质量安全监管，纳入全国口岸卫生核心能力建设工作。旅游部门要将餐饮质量安全纳入星级饭店、A级旅游景区评定标准，促进餐饮业质量提升。铁路总公司要强化铁路运营中餐饮环节的日常管理，将餐饮质量安全与运营安全同检查、同考核。县乡镇人民政府要结合新农村建设和区域实际，加强村民自办宴席等形式的农村集体用餐管理，防止因误采误食野果和野生毒蘑菇、误用亚硝酸盐、误饮甲醇等发生食物中毒事件。（教育部、住房城乡建设部、民政部、国家卫生计生委、质检总局、旅游局、中国铁路总公司、食品药品监管总局、各省级食品安全办负责）

（十二）严厉打击餐饮违法违规行为 加大无证餐饮和户外餐饮摊点整治力度。严厉查处使用来源不明食品原料、病死或者死因不明、未经检验检疫或者检疫不合格的肉类及其制品加工制作食品，以及消费欺诈等违法行为，严厉打击假冒伪劣、掺杂使假、非法添加、超范围超限量使用食品添加剂和购买使用

"地沟油"等违法行为。建立联动联查、行刑衔接工作机制，形成严惩重处的高压态势。涉嫌犯罪的，移送公安机关，依法追究刑事责任。（食品药品监管总局、住房城乡建设部、公安部负责）

三、全面开展餐饮业质量安全提升行动

（十三）开展食用农产品质量安全提升行动 坚持质量兴农，突出优质、安全、绿色导向，大力推进规模化种养殖，推广生产记录台账制度，探索推行农产品合格证制度。严格执行农药、肥料、兽药、饲料和饲料添加剂等农业投入品生产和使用规定，严格落实农药、兽药安全间隔期或者休药期管理制度，开展化肥、农药使用量零增长行动，不断提升"三品一标"的总量规模和质量水平，逐步完善食用农产品产地预冷、贮运等冷链物流体系，积极推广"生产基地＋餐饮企业""生产基地＋加工企业/商超＋餐饮企业"等食用农产品直供直销模式。强化食用农产品质量安全监管执法和抽检监测。（农业部、食品药品监管总局、质检总局负责）

（十四）开展"放心肉菜示范超市"创建行动 严格落实超市食品安全主体责任，对肉品、蔬菜、蛋品、水产品、水果等食用农产品实行基地采购或供应商供货，加强食用农产品贮存、运输和销售管理，加强监督检查和抽检监测，设立优质精品肉菜专柜，创建"放心肉菜示范超市"。（食品药品监管总局负责）

（十五）开展量化分级提档升级行动 深入实施餐饮服务食品安全量化分级管理，对餐饮服务提供者全部实行量化分级评定，80%的大型餐饮企业、学校（含幼儿园）食堂的量化等级达到良好以上。进一步完善餐饮服务量化分级公示制度。将餐饮食品安全量化等级纳入星级饭店、A级旅游景区等评定的重要内容。（食品药品监管总局、教育部、旅游局负责）

（十六）开展"明厨亮灶"质量提升行动 以繁华商业街区、A级旅游景区等为重点区域，以学校（含幼儿园）食堂、大型和连锁餐饮企业、中央厨房、集体用餐配送单位等为重点单位，提升"明厨亮灶"覆盖面。推进食品原辅料及其来源公示，公开加工制作过程，提升环境卫生质量，开展"明厨亮灶"示范建设，提高公众参与度和社会公信力。（食品药品监管总局、教育部、旅游局负责）

（十七）开展餐饮食品安全示范创建行动 以主体责任落实、管理方式创新、原料安全控制、操作过程规范和服务质量提升为重要创建内容，积极开展餐饮质量安全示范街（区）和餐饮质量安全示范店创建活动。鼓励小餐饮集中规范经营，实行大宗原料统一采购和餐具、饮具统一消毒的管理模式。（各省级食品安全办负责）

四、全面提升餐饮业创新发展水平

（十八）提升餐饮业经营管理水平 鼓励大型和连锁餐饮企业、中央厨房和集体用餐配送单位采用先进管理方式，实施危害分析与关键控制点体系（HACCP），提高食品安全管理水平。鼓励餐饮服务提供者建设冷链配送系统，推行"中央厨房＋冷链配送＋餐饮门店"的配送模式，提高配送食材的防腐保鲜水平。（商务部、食品药品监管总局负责）

（十九）促进餐饮业供给结构调整 结合城市改造、社区商业网点建设和旅游基础设施建设，做好居民社区、办公聚集区、商业集中圈、学校（含幼儿园）、医院、养老机构、旅游景区和交通枢纽等重点场所的餐饮网点规划布局，大力发展与人民群众日常生活密切相关的早餐、快餐、团餐和网络订餐等大众餐饮服务，扶持和引导高端餐饮服务企业提供面向大众的餐饮服务，形成优质、便捷、经济的餐饮服务网络。（各省级食品安全办、商务部负责）

（二十）强化餐饮服务人才建设 加快建立职业化检查员队伍，强化培训管理和绩效考核，开展餐饮食品安全监管专业技能培训和竞赛，提升餐饮食品安全监管执法水平。实施餐饮管理人才、技术人才、服务人才和食品安全管理人员建设及培养计划，推进餐饮服务各类人才的系统培训。强化厨师的培训和管理，实行餐饮服务职业资格制度，开展职业技能培训和竞赛。鼓励推行餐饮业职业经理人制度。（人力资源社会保障部、商务部负责）

（二十一）加强餐饮品牌建设 围绕提升餐饮质量安全和信誉，大力推广名店、名厨、名菜，积极培育地方餐饮品牌，宣传品牌文化，树立品牌形象，弘扬精益求精的工匠精神，保护和传承餐饮老字号。加强中外餐饮文化交流，鼓励特色餐饮"走出去"，提升中华饮食的知名度和美誉度。（商务部、食品药品监管总局负责）

（二十二）促进餐饮集约化经营 加强规划引导，推动餐饮业向大众化、集约化、标准化转型升级。支持餐饮服务企业发展连锁经营，实现原料统一加工、集中配送。支持餐饮服务企业实施"农餐对接"，利用"农户＋基地＋餐饮单位""生产基地＋中央厨房＋餐饮门店"的经营模式，实现从"农田到餐桌"全过程可追溯。充分发挥"互联网＋餐饮"优势，促进餐饮服务线上线下融合创新发展。（商务部、食品药品监管总局负责）

五、组织实施

（二十三）加强组织领导　坚持党政同责，把提升餐饮业质量安全水平作为改善民生、扩大内需、促进发展的重要举措，纳入重要议事日程，结合本地区实际，制订工作方案，提出具体措施，量化工作目标，明确工作要求，确保各项任务落到实处。（各省级食品安全办负责）

（二十四）强化政策引导　加大对餐饮质量安全监管工作的投入，将餐饮质量安全提升工作经费列入年度预算，设立餐饮基础设施改造提升补助基金，加大对监督抽查、品牌建设、示范创建等工作的支持力度，加强餐饮聚集区域基础设施建设，改善餐饮经营环境。（各省级食品安全办负责）

（二十五）开展督导考核　各地区、各有关部门要将餐饮业质量安全提升作为重点工作，加大督查考评力度，将其列为"国家卫生城市""双安双创"等创建和评定的重要内容。（各省级食品安全办、国家卫生计生委、食品药品监管总局负责）

（二十六）营造良好氛围　强化宣传引导，全面普及食品安全知识和健康营养理性消费知识，厉行节约，大力倡导餐饮业开展"减盐、减油、减糖"活动。加大监管信息公开力度和违法行为曝光力度，加快食品生产经营者信用体系建设。充分发挥行业协会引领作用，鼓励开展质量安全培训，提供第三方食品安全检查服务。引导新闻媒体客观、公正开展舆论监督，真实、公正报道餐饮食品安全状况。畅通食品安全投诉举报渠道，落实投诉举报奖励制度，提高公众参与监督的积极性，营造餐饮业质量安全提升的良好消费环境和社会共治氛围。（各省级食品安全办、各有关部门负责）

网络餐饮服务食品安全监督管理办法

（国家食品药品监管总局令　第36号　2017年11月6日）

第一条　为加强网络餐饮服务食品安全监督管理，规范网络餐饮服务经营行为，保证餐饮食品安全，保障公众身体健康，根据《中华人民共和国食品安全法》等法律法规，制定本办法。

第二条　在中华人民共和国境内，网络餐饮服务第三方平台提供者、通过第三方平台和自建网站提供餐饮服务的餐饮服务提供者（以下简称入网餐饮服务提供者），利用互联网提供餐饮服务及其监督管理，适用本办法。

第三条　国家食品药品监督管理总局负责指导全国网络餐饮服务食品安全监督管理工作，并组织开展网络餐饮服务食品安全监测。

县级以上地方食品药品监督管理部门负责本行政区域内网络餐饮服务食品安全监督管理工作。

第四条　入网餐饮服务提供者应当具有实体经营门店并依法取得食品经营许可证，并按照食品经营许可证载明的主体业态、经营项目从事经营活动，不得超范围经营。

第五条　网络餐饮服务第三方平台提供者应当在通信主管部门批准后30个工作日内，向所在地省级食品药品监督管理部门备案。自建网站餐饮服务提供者应当在通信主管部门备案后30个工作日内，向所在地县级食品药品监督管理部门备案。备案内容包括域名、IP地址、电信业务经营许可证或者备案号、企业名称、地址、法定代表人或者负责人姓名等。

网络餐饮服务第三方平台提供者设立从事网络餐饮服务分支机构的，应当在设立后30个工作日内，向所在地县级食品药品监督管理部门备案。备案内容包括分支机构名称、地址、法定代表人或者负责人姓名等。

食品药品监督管理部门应当及时向社会公开相关备案信息。

第六条　网络餐饮服务第三方平台提供者应当建立并执行入网餐饮服务提供者审查登记、食品安全违法行为制止及报告、严重违法行为平台服务停止、食品安全事故处置等制度，并在网络平台上公开相关制度。

第七条　网络餐饮服务第三方平台提供者应当设置专门的食品安全管理机构，配备专职食品安全管理人员，每年对食品安全管理人员进行培训和考核。培训和考核记录保存期限不得少于两年。经考核不具备食品安全管理能力的，不得上岗。

第八条　网络餐饮服务第三方平台提供者应当对入网餐饮服务提供者的食品经营许可证进行审查，登记入网餐饮服务提供者的名称、地址、法定代表人或者负责人及联系方式等信息，保证入网餐饮服务提供者食品经营许可证载明的经营场所等许可信息真实。

网络餐饮服务第三方平台提供者应当与入网餐饮服务提供者签订食品安全协议，明确食品安全责任。

第九条 网络餐饮服务第三方平台提供者和入网餐饮服务提供者应当在餐饮服务经营活动主页面公示餐饮服务提供者的食品经营许可证。食品经营许可等信息发生变更的，应当及时更新。

第十条 网络餐饮服务第三方平台提供者和入网餐饮服务提供者应当在网上公示餐饮服务提供者的名称、地址、量化分级信息，公示的信息应当真实。

第十一条 入网餐饮服务提供者应当在网上公示菜品名称和主要原料名称，公示的信息应当真实。

第十二条 网络餐饮服务第三方平台提供者提供食品容器、餐具和包装材料的，所提供的食品容器、餐具和包装材料应当无毒、清洁。

鼓励网络餐饮服务第三方平台提供者提供可降解的食品容器、餐具和包装材料。

第十三条 网络餐饮服务第三方平台提供者和入网餐饮服务提供者应当加强对送餐人员的食品安全培训和管理。委托送餐单位送餐的，送餐单位应当加强对送餐人员的食品安全培训和管理。培训记录保存期限不得少于两年。

第十四条 送餐人员应当保持个人卫生，使用安全、无害的配送容器，保持容器清洁，并定期进行清洗消毒。送餐人员应当核对配送食品，保证配送过程食品不受污染。

第十五条 网络餐饮服务第三方平台提供者和自建网站餐饮服务提供者应当履行记录义务，如实记录网络订餐的订单信息，包括食品的名称、下单时间、送餐人员、送达时间以及收货地址，信息保存时间不得少于6个月。

第十六条 网络餐饮服务第三方平台提供者应当对入网餐饮服务提供者的经营行为进行抽查和监测。

网络餐饮服务第三方平台提供者发现入网餐饮服务提供者存在违法行为的，应当及时制止并立即报告入网餐饮服务提供者所在地县级食品药品监督管理部门；发现严重违法行为的，应当立即停止提供网络交易平台服务。

第十七条 网络餐饮服务第三方平台提供者应当建立投诉举报处理制度，公开投诉举报方式，对涉及消费者食品安全的投诉举报及时进行处理。

第十八条 入网餐饮服务提供者加工制作餐饮食品应当符合下列要求：

（一）制定并实施原料控制要求，选择资质合法、保证原料质量安全的供货商，或者从原料生产基地、超市采购原料，做好食品原料索证索票和进货查验记录，不得采购不符合食品安全标准的食品及原料；

（二）在加工过程中应当检查待加工的食品及原料，发现有腐败变质、油脂酸败、霉变生虫、污秽不洁、混有异物、掺假掺杂或者感官性状异常的，不得加工使用；

（三）定期维护食品贮存、加工、清洗消毒等设施、设备，定期清洗和校验保温、冷藏和冷冻等设施、设备，保证设施、设备运转正常；

（四）在自己的加工操作区内加工食品，不得将订单委托其他食品经营者加工制作；

（五）网络销售的餐饮食品应当与实体店销售的餐饮食品质量安全保持一致。

第十九条 入网餐饮服务提供者应当使用无毒、清洁的食品容器、餐具和包装材料，并对餐饮食品进行包装，避免送餐人员直接接触食品，确保送餐过程中食品不受污染。

第二十条 入网餐饮服务提供者配送有保鲜、保温、冷藏或者冷冻等特殊要求食品的，应当采取能保证食品安全的保存、配送措施。

第二十一条 国家食品药品监督管理总局组织监测发现网络餐饮服务第三方平台提供者和入网餐饮服务提供者存在违法行为的，通知有关省级食品药品监督管理部门依法组织查处。

第二十二条 县级以上地方食品药品监督管理部门接到网络餐饮服务第三方平台提供者报告入网餐饮服务提供者存在违法行为的，应当及时依法查处。

第二十三条 县级以上地方食品药品监督管理部门应当加强对网络餐饮服务食品安全的监督检查，发现网络餐饮服务第三方平台提供者和入网餐饮服务提供者存在违法行为的，依法进行查处。

第二十四条 县级以上地方食品药品监督管理部门对网络餐饮服务交易活动的技术监测记录资料，可以依法作为认定相关事实的依据。

第二十五条 县级以上地方食品药品监督管理部门对于消费者投诉举报反映的线索，应当及时进行核查，被投诉举报人涉嫌违法的，依法进行查处。

第二十六条 县级以上地方食品药品监督管理部门查处的入网餐饮服务提供者有严重违法行为的，应当通知网络餐饮服务第三方平台提供者，要求其立即停止对入网餐饮服务提供者提供网络交易平台服务。

第二十七条 违反本办法第四条规定，入网餐饮服务提供者不具备实体经营门店，未依法取得食品经营许可证的，由县级以上地方食品药品监督管理部门依照食品安全法第一百二十二条的规定处罚。

第二十八条 违反本办法第五条规定，网络餐饮服务第三方平台提供者以及分支机构或者自建网站餐饮服务提供者未履行相应备案义务的，由县级以上地方食品药品监督管理部门责令改正，给予警告；拒不改正的，处5 000元以上3万元以下罚款。

第二十九条 违反本办法第六条规定，网络餐饮服务第三方平台提供者未按要求建立、执行并公开相关制度的，由县级以上地方食品药品监督管理部门责令改正，给予警告；拒不改正的，处5 000元以上3万元以下罚款。

第三十条 违反本办法第七条规定，网络餐饮服务第三方平台提供者未设置专门的食品安全管理机构，配备专职食品安全管理人员，或者未按要求对食品安全管理人员进行培训、考核并保存记录的，由县级以上地方食品药品监督管理部门责令改正，给予警告；拒不改正的，处5 000元以上3万元以下罚款。

第三十一条 违反本办法第八条第一款规定，网络餐饮服务第三方平台提供者未对入网餐饮服务提供者的食品经营许可证进行审查，未登记入网餐饮服务提供者的名称、地址、法定代表人或者负责人及联系方式等信息，或者入网餐饮服务提供者食品经营许可证载明的经营场所等许可信息不真实的，由县级以上地方食品药品监督管理部门依照食品安全法第一百三十一条的规定处罚。

违反本办法第八条第二款规定，网络餐饮服务第三方平台提供者未与入网餐饮服务提供者签订食品安全协议的，由县级以上地方食品药品监督管理部门责令改正，给予警告；拒不改正的，处5 000元以上3万元以下罚款。

第三十二条 违反本办法第九条、第十条、第十一条规定，网络餐饮服务第三方平台提供者和入网餐饮服务提供者未按要求进行信息公示和更新的，由县级以上地方食品药品监督管理部门责令改正，给予警告；拒不改正的，处5 000元以上3万元以下罚款。

第三十三条 违反本办法第十二条规定，网络餐饮服务第三方平台提供者提供的食品配送容器、餐具和包装材料不符合规定的，由县级以上地方食品药品监督管理部门按照食品安全法第一百三十二条的规定处罚。

第三十四条 违反本办法第十三条规定，网络餐饮服务第三方平台提供者和入网餐饮服务提供者未对送餐人员进行食品安全培训和管理，或者送餐单位未对送餐人员进行食品安全培训和管理，或者未按要求保存培训记录的，由县级以上地方食品药品监督管理部门责令改正，给予警告；拒不改正的，处5 000元以上3万元以下罚款。

第三十五条 违反本办法第十四条规定，送餐人员未履行使用安全、无害的配送容器等义务的，由县级以上地方食品药品监督管理部门对送餐人员所在单位按照食品安全法第一百三十二条的规定处罚。

第三十六条 违反本办法第十五条规定，网络餐饮服务第三方平台提供者和自建网站餐饮服务提供者未按要求记录、保存网络订餐信息的，由县级以上地方食品药品监督管理部门责令改正，给予警告；拒不改正的，处5 000元以上3万元以下罚款。

第三十七条 违反本办法第十六条第一款规定，网络餐饮服务第三方平台提供者未对入网餐饮服务提供者的经营行为进行抽查和监测的，由县级以上地方食品药品监督管理部门责令改正，给予警告；拒不改正的，处5 000元以上3万元以下罚款。

违反本办法第十六条第二款规定，网络餐饮服务第三方平台提供者发现入网餐饮服务提供者存在违法行为，未及时制止并立即报告入网餐饮服务提供者所在地县级食品药品监督管理部门的，或者发现入网餐饮服务提供者存在严重违法行为，未立即停止提供网络交易平台服务的，由县级以上地方食品药品监督管理部门依照食品安全法第一百三十一条的规定处罚。

第三十八条 违反本办法第十七条规定，网络餐饮服务第三方平台提供者未按要求建立消费者投诉举报处理制度，公开投诉举报方式，或者未对涉及消费者食品安全的投诉举报及时进行处理的，由县级以上地方食品药品监督管理部门责令改正，给予警告；拒不改正的，处5 000元以上3万元以下罚款。

第三十九条 违反本办法第十八条第（一）项规定，入网餐饮服务提供者未履行制定实施原料控制要求等义务的，由县级以上地方食品药品监督管理部门依照食品安全法第一百二十六条第一款的规定处罚。

违反本办法第十八条第（二）项规定，入网餐饮服务提供者使用腐败变质、油脂酸败、霉变生虫、污秽不洁、混有异物、掺假掺杂或者感官性状异常等原料加工食品的，由县级以上地方食品药品监督管理部门依照食品安全法第一百二十四条第一款的规定处罚。

违反本办法第十八条第（三）项规定，入网餐饮服务提供者未定期维护食品贮存、加工、清洗消毒等设施、设备，或者未定期清洗和校验保温、冷藏和冷冻等设施、设备的，由县级以上地方食品药品监督管理部门依照食品安全法第一百二十六条第一款的规定处罚。

违反本办法第十八条第（四）项、第（五）项规定，入网餐饮服务提供者将订单委托其他食品经营者加工制作，或者网络销售的餐饮食品未与实体店销售的餐饮食品质量安全保持一致的，由县级以上地方食品药品监督管理部门责令改正，给予警告；拒不改正的，处5 000元以上3万元以下罚款。

第四十条 违反本办法第十九条规定，入网餐饮服务提供者未履行相应的包装义务的，由县级以上地方食品药品监督管理部门责令改正，给予警告；拒不改正的，处5 000元以上3万元以下罚款。

第四十一条 违反本办法第二十条规定，入网餐饮服务提供者配送有保鲜、保温、冷藏或者冷冻等特殊要求食品，未采取能保证食品安全的保存、配送措施的，由县级以上地方食品药品监督管理部门依照食品安全法第一百三十二条的规定处罚。

第四十二条 县级以上地方食品药品监督管理部门应当自对网络餐饮服务第三方平台提供者和入网餐饮服务提供者违法行为作出处罚决定之日起20个工作日内在网上公开行政处罚决定书。

第四十三条 省、自治区、直辖市的地方性法规和政府规章对小餐饮网络经营作出规定的，按照其规定执行。本办法对网络餐饮服务食品安全违法行为的查处未作规定的，按照《网络食品安全违法行为查处办法》执行。

第四十四条 网络餐饮服务第三方平台提供者和入网餐饮服务提供者违反食品安全法规定，构成犯罪的，依法追究刑事责任。

第四十五条 餐饮服务连锁公司总部建立网站为其门店提供网络交易服务的，参照本办法关于网络餐饮服务第三方平台提供者的规定执行。

第四十六条 本办法自2018年1月1日起施行。

食品、保健食品欺诈和虚假宣传整治工作实施方案

（国家食品药品监管总局办公厅　2017年11月9日）

为贯彻落实《国务院食品安全办等9部门关于印发食品、保健食品欺诈和虚假宣传整治方案的通知》（食安办［2017］20号）（以下简称《方案》）、《国务院食品安全办关于进一步做好食品、保健食品欺诈和虚假宣传整治实施工作有关事项的通知》（食安办［2017］33号）（以下简称《通知》）及全国食品、保健食品欺诈和虚假宣传整治电视电话会议要求，地方各级食品药品监管部门要认真抓好整治实施各项工作，具体要求如下：

一、加强组织领导

（一）建立工作体系 建立专门工作机构，统筹、协调本地区整治工作，整合食品和保健食品生产、经营、稽查、许可、抽检监测、法制、科技标准、新闻宣传等各方力量，明确职责分工和牵头部门，实施集中办公；建立会商会议、信息通报、督促检查等工作机制，及时解决问题，形成整治合力；落实专项整治人、财、物等保障工作。

（二）制订实施方案 结合当地实际，制定本地区整治工作实施方案和督促检查方案，进一步细化整治重点和措施；采取实地检查、座谈约谈、通报曝光等方式，定期调度整治工作进展，确保取得实效。

二、强化整治重点

（一）治理未经许可生产经营食品和保健食品

主要包括：

1. 无证生产经营食品、保健食品，特别是地下黑窝点非法生产经营。

2. 超出许可和核准登记的经营范围从事食品、保健食品生产经营活动。

3. 许可证有效期届满未依法延续，仍从事生产经营活动。

4. 知道或应当知道属于无证生产经营，仍为其提供生产经营场所、运输、保管、仓储等条件。

5. 生产经营者名称、社会信用代码（个体生产经营者）、法定代表人（负责人）等与许可内容不一致。

6. 生产未经注册或备案的保健食品，相关注册证书不在有效期内，产品名称等与注册或备案凭证信息不一致，擅自转让、伪造、涂改、倒卖、出租、出借注册证书等。

7. 未按注册或备案的产品配方、生产工艺等技

术要求生产保健食品；未获得变更批准，擅自改变配方、生产工艺等技术要求；原料的购进记录、出入库记录、生产记录、关键控制点监控记录等不属实、不完整；原料的品种、来源、规格、质量与批准的配方及产品技术要求（企业标准）不一致等。

（二）治理食品和保健食品标签虚假标识声称行为

主要包括：

1. 食品的标签、说明书，不得含有虚假内容，不得涉及疾病预防、治疗功能。非保健食品的标签不得明示或者暗示具有保健功能。

2. 保健食品的标签、说明书不得涉及疾病预防、治疗功能，内容应当真实，与注册或者备案的内容相一致，载明适宜人群、不适宜人群、功效成分或者标志性成分及其含量等，并声明“本品不能代替药物”。保健食品的功能和成分应当与标签、说明书相一致。

3. 食品和保健食品广告的内容应当真实合法，不得含有虚假内容，不得涉及疾病预防、治疗功能。保健食品还应当声明“本品不能代替药物”。

4. 食品、保健食品的广告、宣传册、音频视频、会议讲座的内容，都不得偏离标签、说明书标示的内容，严禁涉及疾病预防、治疗功能。

（三）治理利用网络、会议营销、电视购物、直销、电话营销等方式违法营销宣传、欺诈销售食品和保健食品行为

主要包括：

1. 网络和第三方平台未落实经营许可要求行为。

（1）未依法取得许可销售食品、保健食品，未按照许可的经营项目范围从事食品、保健食品经营。

（2）通过第三方平台和自建网站交易的食品、保健食品经营者，未在其经营活动主页面显著位置公示其《食品经营许可证》。

2. 网络和第三方平台违法违规经营行为。

（1）网上刊载的食品名称、成分或者配料表、产地、保质期、贮存条件，生产者名称、地址等信息与食品标签或者标识不一致。

（2）网上刊载的非保健食品信息明示或者暗示具有疾病预防、治疗或保健功能；网上刊载的保健食品的注册证书或者备案凭证等信息与注册或者备案信息不一致。

（3）网上刊载的婴幼儿配方乳粉产品信息明示或者暗示具有益智、增加抵抗力、提高免疫力、保护肠道等功能或者保健作用。

（4）对在贮存、运输、食用等方面有特殊要求的食品，未在网上刊载的食品信息中予以说明和提示。

（5）特殊医学用途配方食品中特定全营养配方食品进行网络交易。

3. 网络食品交易第三方平台未落实管理责任行为。

（1）第三方平台提供者未建立入网食品生产经营者审查登记、食品安全自查、食品安全违法行为制止及报告、严重违法行为平台服务停止、食品安全投诉举报处理等制度。

（2）对入网食品经营者的资质未审查、相关信息未登记更新。

（3）未设置专门的网络食品安全管理机构或者指定专职食品安全管理人员，未对平台上的食品经营行为及信息进行检查。

4. 非实体店未落实许可要求行为。

（1）未取得经营许可资质以会议营销、电视购物、电话营销等形式销售食品、保健食品。

（2）在许可注册的场所以外经营食品、保健食品。

5. 非实体店未落实管理责任行为。

（1）电视台、报刊、宾馆、会场等第三方平台运营商未审查入场食品经营者的食品经营项目。

（2）未定期对入场食品经营者的经营环境、经营条件、经营行为和宣传活动进行检查。

（四）治理未经审查发布保健食品广告以及发布虚假违法食品、保健食品广告行为

主要包括：

1. 食品生产经营者未经审查发布保健食品广告。

2. 食品生产经营者发布虚假违法食品、保健食品广告。

3. 食品生产经营者擅自修改广告内容，与批准的广告内容不一致。

（五）治理其他涉及食品、保健食品欺诈和虚假宣传等违法违规行为

主要包括：

1. 违法违规委托生产保健食品，即委托双方无委托生产协议或协议未明确委托双方产品质量安全责任，委托方没有保健食品注册证明文件或不在有效期内，受托方未能按相关法律法规要求组织生产，标签说明书未标注委托双方企业名称、地址以及受托方许可证编号等内容。

2. 未按质量安全管理制度或质量管理体系要求生产食品、保健食品，包括未建立并执行原辅材料采购验收、生产过程质量安全管理、贮存管理、设备管理，以及从业人员健康检查和健康档案、业务培训、消费者投诉受理、食品安全事故处置、不合格产品处置等质量安全管理制度，及不具有与所生产的食品、保健食品相适应的专业技术人员和管理人员，组织生产食品、保健食品。

3. 经营单位未落实索证索票有关要求，存在无食品、保健食品生产企业和供货者的生产许可证明文件，无产品出厂检验合格报告，未建立产品购进和销售台账等问题。

三、细化整治措施

（一）摸底排查

针对整治工作要求和行政区域实际，遵循风险管理的原则，制定翔实的摸底排查计划、工作报表和台账等。确保覆盖行政区域内食品、保健食品所有生产经营单位、所有产品、所有第三方平台和非实体店、所有广告，做到信息准、底数清、情况明。

1. 针对生产企业，在日常监督检查生产环境条件、进货查验、生产过程控制、产品检验等情况基础上，重点检查无食品生产许可、不按照批准内容生产、擅自改变生产工艺、非法添加非食用物质（药物）、掺杂使假、产品标签标识虚假宣传等违法行为。

2. 针对经营单位，在检查食品销售者资质、从业人员健康管理、一般规定执行、禁止性规定执行等情况的基础上，重点检查不具备经营资质、产品标签标识、宣传材料未经批准声称保健功能、宣称具有疾病预防或治疗功能、含有虚假宣传功效等违法行为。

3. 针对非实体店经营单位，重点检查通过电视购物、电话营销、会议营销、网络营销等方式销售食品或保健食品单位的经营许可资质，以及超范围经营、宣称具有疾病预防或治疗功能、欺骗、欺诈消费者等违法行为。

（二）抽检监测

1. 总局和省级局各有侧重，分筹备启动、抽样检验和总结上报三个阶段开展抽检监测工作（详见附件1）。

2. 共抽检1 400批次，抽检品种主要是取得生产许可证或者进口食品准入资格，但涉嫌非法添加、非法声称产品功效的食品、保健食品。

3. 重点抽检虚假宣传或非法声称功效的食品、保健食品中的非食用物质和保健食品中农兽药残留、微生物污染等项目。

4. 重点在大型批发市场、网络销售、会议销售等环节抽样。

（三）案件查处

1. *从严查处违法案件*　在整治行动期间，各地要通过摸底排查、抽检监测、投诉举报、媒体广告等多种途径，主动收集违法线索，深入开展调查取证，对未经许可从事食品生产经营活动、不按照批准内容生产、擅自改变生产工艺、非法添加非食用物质、声称疾病预防或治疗功能、标签标识虚假宣传等违法违规行为，一律从严处罚，严格依法处罚到人。同时，要追溯涉案食品生产源头，查清销售流向，涉及其他地区的要及时通报，进行全链条打击，彻底摧毁违法食品生产销售网络。

2. *有效控制涉案食品*　对涉案食品要及时采取控制措施，监督企业召回涉案食品，暂停销售，并依法处置，防止再次流入市场。对通过互联网销售涉案食品的，要责成第三方平台停止发布涉案食品销售信息，加强网络巡查，发现涉案食品及时采取措施。

3. *加强部门沟通*　在案件查办过程中，要进一步加强与工业和信息化、公安、工商、网信等部门的沟通合作，对违反食品安全法相关规定的违法行为，及时作出行政处罚，对涉及违法广告以及电视台、报刊、互联网交易平台等第三方平台运营商的，要及时移送工商等相关部门查处；对涉外网站，转请互联网信息管理部门核实处理；涉嫌犯罪的，移送公安机关追究刑事责任。

（四）宣传引导

1. 采取“开门整治”，全面落实信息公开有关要求，让人民群众、食品生产经营者、媒体和社会各方面全面了解整治工作情况。

（1）关于整治工作所有的检查、抽检、处罚、案件等信息一律向社会公开。

（2）发布的信息如果涉及其他地区产品，应在发布前进行通报和交流，涉及全国范围的重大信息，要及时报告国务院食品安全办统一发布或者经国务院食品安全办授权发布。

（3）将被吊销许可证的食品生产经营者及其法定代表人、直接负责的主管人员和其他直接责任人员的失信记录，通过国家企业信用信息公示系统推送到相关部门，实施联合惩戒。

（4）关于整治工作方案制定、组织实施、督查考评和效果评估等的工作情况，都要向社会公开。

2. 要采取多种手段和方式开展广泛宣传。

（1）宣传内容应结合行政区域生产经营和整治工作实际确定，可以包括整治工作动态和成效，典型案例交流介绍，法律法规和政策解读，食品和保健食品科普知识、消费提示、风险提示等。

（2）充分利用政府和行业组织等开设的网站专栏、公众号、微博等平台，采用视频、图片、文字等通俗易懂的形式，调动行业组织、科研院校和社区等的力量，采用宣讲会、互动活动、海报发放等方式组织开展宣传。加强与媒体的沟通交流，定期监测整治工作有关舆情，及时组织回应关切。

（五）信息通报

1. 各省级局要建立行政区域信息通报工作体系，通过编发简报、印发文件等方式及时通报省、市、县整治工作进展。各级食品药品监管部门要确保内设机构之间信息交流畅通，无缝衔接整治相关工作。各级食品药品监管部门要加强与有关部门间的信息沟通交流。特别是整治相关案件线索，必须及时通报，及时办理，本级解决不了的，要报告上级部门。加强与行业组织间的信息沟通交流，通报整治发现的风险问题，收集行业和行政区域存在的隐患问题。

2. 为及时掌握各地整治开展和案件查办等工作情况，实行整治情况月报告和检查整改情况台账制度，以及案件查办情况月报告和重大案件台账制度。各省级局要严格按照要求定期向总局整治办报送各项材料，报送情况汇总后将全国通报并公开。

附件（略）

关于全面推进食品药品监管政务公开工作的实施意见

（国家食品药品监管总局　食药监［2017］109号　2017年11月16日）

总局机关各司局、各直属单位：

为贯彻落实中共中央办公厅、国务院办公厅《关于全面推进政务公开工作的意见》（中办发［2016］8号）和国务院办公厅《〈关于全面推进政务公开工作的意见〉实施细则》（国办发［2016］80号）要求，全面推进食品药品监管政务公开工作，切实增强公开实效，促进依法行政，增强监管公信力，立足总局工作实际，制定本实施意见。

一、推进政务阳光透明

（一）推进决策公开　把公众参与、专家论证、风险评估、合法性审查、集体讨论决定确定为食品药品监管重大行政决策法定程序。实行重大决策预公开制度，涉及群众切身利益、需要社会广泛知晓的重要改革方案、重大政策措施，除依法应当保密的外，在决策前向社会公布决策草案、决策依据，通过听证座谈、调查研究、咨询协商、媒体沟通等方式广泛听取公众意见，以适当方式公布意见收集和采纳情况，相对集中的意见建议不予采纳的，公布时说明理由。根据工作需要，邀请利益相关方、公众、专家、媒体等列席有关会议，增强决策透明度。决策作出后，按照规定及时公开议定事项和相关文件。

（二）推进执行公开　主动公开食品药品监管重点改革任务、重要政策的执行措施、实施步骤，根据工作实际，及时公布进展情况，确保执行到位。重点做好药品医疗器械审评审批制度改革任务进展情况的公开工作。探索开展督查结果的公开，强化言必信、行必果的执行要求，不断提升政府公信力。

（三）推进管理公开　根据中央编办部署，全面推行权力清单、责任清单、负面清单公开工作，建立健全清单动态调整公开机制。推行食品药品监管行政执法公示制度，根据事权和职能，按照突出重点、依法有序、准确便民的原则，公开职责权限、执法依据、执法流程、执法结果、救济途径等，规范行政裁量，促进执法公平公正。着力推进食品药品行政许可、行政处罚、监督抽检、飞行检查等重点领域监管信息公开。继续推进财政预决算信息公开。

（四）推进服务公开　把行政事项受理服务与网上办事大厅结合起来，推动政务服务向网上办理延伸，打通服务群众的“最后一公里”。全面公开服务事项，编制发布办事指南，简化优化办事流程。对涉及公民、法人或其他组织权利和义务的规范性文件，都要按照政府信息公开要求和程序予以公布。

（五）推进结果公开　主动公开食品药品监管重大决策、重要政策落实情况，加大对党中央、国务院决策部署贯彻落实结果的公开力度。及时向社会公开规范性文件清理结果。定期公布食品、药品、医疗器械、化妆品监督抽检结果信息。按月发布批准注册药品、医疗器械产品公告。及时公开药品、医疗器械生产企业和经营企业飞行检查结果信息。制定《食品药品行政处罚案件信息公开实施细则》，逐步推动实现食品药品行政处罚决定书向社会公开。

二、扩大政务开放参与

（一）推进政府数据开放 按照党中央、国务院关于推进公共信息资源开放和促进大数据发展行动纲要的要求，实施食品药品监管数据资源目录管理，制定数据标准，编制数据开放目录，制定总局数据资源年度开放计划，并积极响应公众开放需求，依托国家公共信息资源统一开放平台和总局政府网站，稳步推进食品药品监管数据开放。

（二）加强政策解读 要按照“谁起草、谁解读”的原则，做好政策解读工作。将政策解读与政策制定工作同步考虑，同步安排。发挥专家学者和新闻媒体的作用，注重运用数字化、图表图解、音频视频等方式，提高政策解读的针对性、科学性、权威性。对涉及面广、社会关注度高、实施难度大、专业性强的政策法规，要通过新闻发布、政策吹风、接受访谈、发表文章等方式做好解读，深入浅出地讲解政策背景、目标和要点。领导干部要带头宣讲政策，特别是遇有重大突发事件、重要社会关切等，要带头接受媒体采访，表明立场态度，发出权威声音，当好“第一新闻发言人”。

（三）回应社会关切 建立健全政务舆情收集、研判、处置和回应机制，围绕“两会”等做好专项回应引导工作，加强重大政务舆情回应督办工作，开展效果评估。按照谁主管谁负责的原则，做好食品药品监管政务舆情的回应工作，涉事责任单位是第一责任主体。对涉及食品药品监管重要政务舆情、媒体关切、突发事件等热点问题，要依职责按程序及时发布权威信息，讲清事实真相、政策措施以及处置结果等，认真回应关切。对涉及特别重大、重大突发事件的政务舆情，要快速反应，最迟要在5小时内发布权威信息，在24小时内举行新闻发布会，依法依规明确回应主体，落实责任，确保在应对重大突发事件及社会热点事件时不失声、不缺位。

（四）发挥媒体作用 把新闻媒体作为联系群众的桥梁纽带，运用主要新闻媒体及时发布信息，解读政策。安排中央和地方媒体、新闻网站负责人参与重要活动，了解重大决策；畅通采访渠道，积极为媒体采访提供便利。充分运用中央新闻媒体及所属网站、微博微信和客户端做好国务院重大政策宣传解读工作，发挥主流媒体“定向定调”作用，正确引导舆论。发挥新闻网站、商业网站以及微博微信、移动客户端等新媒体的网络传播力和社会影响力，提高宣传引导的针对性和有效性。

三、完善政务公开制度

（一）建立健全主动公开目录 推进主动公开目录体系建设，要坚持以公开为常态、不公开为例外，进一步明确食品药品监管各领域公开的主体、内容、时限、方式等。2017年底前，要在梳理本部门应公开内容的基础上，制定本部门的主动公开基本目录，并动态更新，不断提升主动公开的标准化规范化水平。

（二）对公开内容进行动态扩展和定期审查 每年要根据党中央、国务院对政务公开工作的新要求以及公众关切，明确政务公开年度工作重点，把握好公开的力度和节奏，细化公开内容，稳步有序推进公开工作。每年对不予公开的信息以及依申请公开较为集中的信息进行全面自查，发现应公开未公开的信息应当公开，可转为主动公开的应当主动公开。拟制公文时，要明确公开属性，拟不公开的，要依法依规说明理由，未说明不公开理由的，按规定予以退文。严格落实公开前保密审查机制，妥善处理好政务公开与保守国家秘密的关系。

（三）探索建立政务公开负面清单 依法积极稳妥制定食品药品监管政务公开负面清单，细化明确不予公开范围，对公开后危及国家安全、经济安全、公共安全、社会稳定等方面的事项纳入负面清单管理，及时进行调整更新。负面清单要详细具体，便于检查监督，负面清单外的事项原则上都要依法依规予以公开。

四、提升政务公开能力

（一）提高信息化水平 积极运用大数据、云计算、移动互联网等信息技术，提升食品药品监管政务公开信息化、集中化水平。加快推进“互联网＋政务”，构建基于互联网的一体化政务服务体系，通过信息共享、互联互通、业务协同，实行审批和服务事项网上办理，做到利企便民。推动信用信息互联共享，促进“信用中国”建设。充分利用政务微博微信、政务客户端等新平台，扩大信息传播，增强用户体验。

（二）加强政府网站建设 强化总局政府网站信息公开第一平台作用，整合网站信息资源，加强各级食品药品监管部门政府网站之间协调联动，强化与中央和地方主要新闻媒体、主要新闻网站、重点商业网站的联动，充分运用新媒体手段拓宽信息传播渠道，完善功能，健全制度，加强内容和技术保障，将政府网站打造成更加全面的信息公开平台、更加权威的政策发布解读和舆论引导平台、更加及时地回应关切和便民服务平台。

（三）抓好教育培训 加强对行政机关工作人员特别是领导干部的培训，增强公开意识，提高发布信息、解读政策、回应关切的能力。制定政务公开专项业务培训计划，组织开展业务培训和研讨交流，2018年底前对总局从事政务公开工作人员轮训一遍。

五、强化监督保障措施

（一）加强组织领导 建立健全协调机制，明确责任分工，切实抓好工作落实。政务公开工作的主管部门具体负责组织协调、指导推进、监督检查政务公开工作。进一步理顺机制，明确工作机构，配齐配强专职工作人员，做好信息公开、政府网站、政策解读、回应关切、公众参与等工作。把政务公开、政务服务、政府数据开放等工作统筹考虑、协同推进。加强政务公开工作经费保障，为工作顺利开展创造条件。积极探索通过引进社会资源、购买服务等方式，提升政务公开专业化水平。

（二）加强考核监督 把政务公开工作纳入绩效考核体系，分值权重不应低于4%。鼓励支持第三方机构对政务公开质量和效果进行独立公正的评估。指导新闻媒体和政府网站做好发布政府信息、解读政策、回应关切的工作。充分发挥人大代表、政协委员、民主党派、人民团体、社会公众、新闻媒体对政务公开工作的监督作用。强化激励和问责，对政务公开工作落实好的，按照有关规定予以表彰；对公开工作落实不到位的，予以通报批评；对违反政务公开有关规定、不履行公开义务或公开不应当公开事项，并造成严重影响的，依法依规严肃追究责任。

各司局各单位要根据工作职责，细化任务措施，明确责任分工，认真抓好落实。

关于支持创建农村一二三产业融合发展先导区的意见

（农业部办公厅 农办加［2017］20号 2017年12月5日）

为深入贯彻落实党的十九大提出的“促进农村一二三产业融合发展”和《国民经济和社会发展第十三个五年规划纲要》提出的“培育一批产业融合先导区”要求，根据《国务院办公厅关于推进农村一二三产业融合发展的指导意见》（国办发［2015］93号）精神，农业部决定支持各地培育打造和创建农村一二三产业融合发展先导区（以下简称融合发展先导区），做大做强支柱产业和融合发展各类经营主体。现提出如下意见。

一、充分认识培育打造和创建融合发展先导区的重要作用

农村产业融合发展先导区是指农村一二三产业融合发展中，部分县乡等行政区或某一产业集聚区，坚持产前产中产后有机衔接和一二三产业融合发展，已经形成了相对成型、成熟的融合发展模式和全产业链条，产业价值链增值和区域品牌溢价效果已初步显现，市场竞争已经由产品竞争上升到产业链竞争的新高度，并且其做法经验可复制、可推广，能够在全国发挥标杆引领和典型示范作用的区域。

培育打造一批融合发展先导区，有利于促进资源要素的集中集聚，增强融合发展的协同优势，加快提升产业整体发展水平；有利于总结推广融合发展新经验新模式，增强融合发展的辐射带动效果，加快推动我国农村一二三产业融合发展。各地要统一并深化认识，将其作为推进工作的重要抓手、培育农村新产业新业态新模式的重要举措和深入推进农业供给侧结构性改革的必然要求，下大功夫培育打造一批融合发展先导区，着力促进农民就业创业，拓宽增收渠道，构建现代农业生产体系、产业体系和经营体系，推动农村产业兴旺，助推美丽乡村和美丽中国建设，为实施乡村振兴战略，实现农业农村现代化提供强有力的支撑。

二、培育打造和创建融合发展先导区的总体要求

（一）指导思想 以党的十九大精神为指引，牢

固树立并切实贯彻新发展理念，实施乡村振兴战略；以农业供给侧结构性改革为主线，坚持质量第一、效益优先，推进农村一二三产业融合发展；以延长产业链条、完善产业布局、加强科技创新、加快品牌培育、建立利益联结机制为发展方向，推动产业竞争从产品竞争向产业链条竞争转变，不断打造和重构产业价值链，扩大品牌溢价空间，加快建设一批产业多元、联结机制紧密、市场竞争力强、品牌溢价空间大、带动区域经济发展效果好的融合发展先导区。

（二）基本原则 一是聚焦主导产业，要与国家粮食生产功能区、重要农产品保护区、特色农产品优势区建设结合起来，统筹规划布局，形成产业优势；二是坚持市场导向，发挥市场配置资源的决定作用，不断提升市场竞争力和产业价值链增值空间，形成价值优势；三是坚持绿色发展，各产业要推广绿色发展模式，建立绿色、低碳、循环发展长效机制，形成生态环保优势；四是促进农民增收，积极发展扶贫产业，不断完善订单农业、土地经营权入股等利益联结机制，形成农民持续增收的经济优势。

（三）工作目标 按照“一年有规划、两年有起色、三年见成效”的总体安排，力争在全国范围内培育打造和创建一批产业融合方式先进、经济效益显著、产业集群发展高效、与农民利益联结紧密的融合发展先导区，形成多元化的融合发展新模式新经验，有效推动农村一二三产业融合发展，让农民分享更多的二三产业增值收益。

三、培育打造融合发展先导区的重点任务

主要从以下五个方面进行培育打造：

（一）规划先行、统筹布局 融合发展先导区要紧紧围绕区域主导产业，研究国内外相关产业的发展现状及趋势，对接国家粮食生产功能区、重要农产品生产保护区、特色农产品优势区等建设布局，编制产业融合发展规划，优化区域结构、产业结构、要素投入结构和经营主体结构，重点在优化产业布局、培育主导产业、完善产业链条、优化发展方式、构建利益联结机制等方面加强顶层设计、科学布局和宣传引导，构建标准化原料基地、集约化加工园区、区域化支柱产业、体系化服务网络的格局，尽快形成规划引领、链条发展、合作共赢的发展态势。

（二）培育品牌、市场决定 融合发展先导区要构建大型加工流通企业领办、新型经营主体全产业链条服务、广大原料生产农户广泛参与的梯队格局。要加强原料环节“三品一标”、绿色食品原料基地等认证推广工作，不断提升农产品质量品质；引导区域内融合发展的各类新型农业经营主体开展先进的质量管理、食品安全控制等体系认证，提高加工流通环节的质量管理；发挥行业协会在服务产业、规范行业发展、强化行业自律等方面的职能作用；加强市场监管，打击假冒伪劣产品，加大企业品牌、产品品牌、区域品牌的支持保护力度，维护品牌形象和消费者合法权益。

（三）整合资源、形成合力 融合发展先导区要按照国务院办公厅印发的《关于推进农村一二三产业融合发展的指导意见》《关于支持返乡下乡人员创业创新促进农村一二三产业融合发展的意见》等文件要求，主动对接有关政策实施部门，推动政策措施在先导区落地见效；积极对接农村一二三产业融合发展、农产品加工、农业农村信息化建设等涉农项目，为区域内经营主体争取资金支持；组织开展银企对接、投资对接等活动，为区域内经营主体争取更多信贷支持。

（四）发挥优势、绿色发展 融合发展先导区要坚持为农、贴农、惠农原则，不断完善利益联结机制，带动农民就业增收，让更多农民分享产业融合发展产生的增值收益；坚持种养结合、农渔、农牧循环、提高资源综合利用水平；要统一建设节能降耗、低碳环保、循环利用的供热、供水、污水处理、垃圾处理等设施，为经营主体提供安全环保的生产环境；不断加大绿色产业发展力度，创设绿色政策，推广绿色发展模式，建立绿色、低碳、循环发展的长效机制。

（五）主体引领、科技支撑 积极培育具有引领优势的新型农业经营主体，使其在推动区域产业链条延伸、农业功能拓展、区域品牌协同打造、创新利益联结机制方面发挥优势和作用。引导各类主体以价值增值和产业竞争力提升为目标，不断完善产业体系，提升农业的品牌溢价、功能溢价和生态溢价空间；鼓励各类主体加强研发能力建设，积极承接国家级和省级工程技术研究中心、重点实验室、企业技术中心等创新平台建设；支持各类主体组建产业发展联盟，带动上下游企业和相关产业经营主体协同发展，帮助农户特别是贫困户解决实际困难，积极参与社会公益活动。

四、进一步完善融合发展先导区的支持政策

（一）加大项目资金支持力度 各地要以融合发展先导区为平台，以新型农业经营主体为依托，在不改变资金用途和管理要求的基础上，统筹使用各项涉

农资金，用于融合发展先导区项目建设，不断完善先导区供水、供电、道路、通信、仓储物流、垃圾污水处理等基础设施。

(二)优化政府投资方式 根据先导区发展规划，以政府资金为引导，吸引社会资本投入，通过市场化运作和专业化管理，加大对融合发展先导区的投入力度，充分发挥政府资金的引导作用和放大效应。

(三)支持政府与社会资本合作 支持区县或地市有关部门通过政府与社会资本合作(PPP)、政府购买服务、贷款贴息等方式，撬动更多金融和社会资本投入融合发展先导区建设和运营，支持各地综合运用税收、奖补等政策，鼓励金融机构创新产品和服务，加大对新型农业经营主体、农村产业融合发展的信贷支持。

(四)完善用地保障机制 支持各地建立健全融合发展先导区用地保障机制，将先导区纳入县级土地利用规划，在年度土地利用计划中单列指标，并通过城乡建设用地增减挂钩、工矿废弃地复垦利用、直接利用存量建设用地等途径，保障先导区用地需求。针对休闲农业、设施农业等不同类型项目，实施差别化的土地用途管制政策。设立审批绿色通道，实行服务清单制，强化项目用地服务措施。

(五)加强产业融合公共服务 支持融合发展先导区建设综合性信息化服务平台，提供政策咨询、电子商务、休闲农业与乡村旅游、农业物联网、价格信息、公共营销等服务。优化创业孵化平台，提供设计、创意、技术、市场、融资等定制化解决方案等服务。建设农村土地产权流转交易市场，引导农村承包土地经营权有序流转、集体经营性建设用地入市等，满足农村产业融合发展用地需要。

五、切实加强对融合发展先导区的组织领导

(一)高度重视、协同推进 各地要充分认识推进农村一二三产业融合发展的重要性和紧迫性，把培育打造融合发展先导区工作摆上重要议事日程，精心组织，周密部署，加快推进培育打造工作。同时，积极沟通协调相关部门，整合资源力量，帮助解决融合发展中的重大问题和主要困难，形成工作合力。

(二)抓好典型、示范引导 各地要深刻理解和掌握融合发展先导区的内涵和实质，以延长产业链条、完善产业布局、加强科技创新、加快品牌培育、建立利益联结机制为衡量标准，及时梳理发展典型，开展示范引导。各省(区、市)农业部门将符合上述条件的融合发展先导区(不超过5个)于2018年3月30日前上报农业部，农业部将从各地上报的先导区中遴选一批，作为全国农村一二三产业融合发展先导区发展典型，加强宣传推介，发挥其示范带动作用。

(三)加强宣传、营造氛围 各地要及时跟踪了解本区域内融合发展先导区发展情况，总结梳理每个融合发展先导区的好做法、好模式和好经验，加强宣传推介，综合利用各种媒体手段、采取多种传播方式，加强典型发展案例的宣传与应用推广，为农村产业融合发展营造良好的社会舆论环境。

附件(略)。

食品药品行政处罚案件信息公开实施细则

(国家食品药品监管总局 2017年12月20日)

第一章 总 则

第一条 为规范食品药品行政处罚案件信息公开工作，保障公众的知情权、参与权、表达权和监督权，促进依法行政，根据《中华人民共和国行政处罚法》《中华人民共和国政府信息公开条例》等法律法规的规定，制定本细则。

第二条 各级食品药品监督管理部门公开已作出行政处罚决定的食品药品案件信息适用本细则。

第三条 本细则所称的食品药品行政处罚案件信息，是指各级食品药品监督管理部门依法查处食品(含食品添加剂)、药品、化妆品、医疗器械案件的行政处罚决定书的相关信息。

第四条 公开行政处罚案件信息应当遵循公平、公正、合法、准确、及时、便民的原则。

第五条 各级食品药品监督管理部门应当建立健全行政处罚案件信息公开协调机制。公开行政处罚案

件信息涉及其他机关的，应当与有关机关进行协商、确认，保证公开的行政处罚案件信息准确一致。

第二章 组织机构与职责

第六条 国家食品药品监督管理总局负责指导、协调、监督全国食品药品行政处罚案件信息公开工作。省、自治区、直辖市食品药品监督管理部门负责指导、协调、监督本行政区域内的行政处罚案件信息公开工作。

第七条 各级食品药品监督管理部门负责公开本部门查办的行政处罚案件信息。各级食品药品监督管理部门公开行政处罚案件信息应当履行以下主要职责：

（一）组织制定本部门行政处罚案件信息公开的管理制度和工作程序，建立信息公开协调机制；

（二）负责行政处罚案件信息公开的内部审核和信息发布、信息维护工作；

（三）监督、指导和考核下级食品药品监督管理部门行政处罚案件信息公开工作。

第八条 各级食品药品监督管理部门可以建立专家咨询机制，对难以确定是否涉及商业秘密，是否危及国家安全、公共安全、经济安全和社会稳定，以及虽然涉及商业秘密但不公开可能对公共利益造成重大影响的行政处罚案件信息进行研判，研判意见可以作为信息公开的参考依据。

第三章 案件信息公开

第九条 食品药品监督管理部门适用一般程序作出的行政处罚决定，应当向社会主动公开行政处罚决定书。

第十条 食品药品监督管理部门向社会主动公开行政处罚案件的处罚决定书，应当包括以下内容：

（一）行政处罚案件名称、处罚决定书文号；

（二）被处罚的自然人姓名、被处罚的企业或其他组织的名称、统一社会信用代码（组织机构代码、事业单位法人证书编号）、法定代表人（负责人）姓名；

（三）违反法律、法规或规章的主要事实；

（四）行政处罚的种类和依据；

（五）行政处罚的履行方式和期限；

（六）作出行政处罚决定的行政执法机关名称和日期。

第十一条 有下列情形之一的行政处罚案件信息，不予公开：

（一）涉及国家秘密、商业秘密的信息；

（二）公开后可能危及国家安全、公共安全、经济安全和社会稳定的信息；

（三）法律、法规规定的其他不予公开的信息。

对涉及商业秘密的行政处罚案件信息，经权利人同意公开的或者食品药品监督管理部门认为不公开可能对公共利益造成重大影响的，可以主动公开，并应当将公开理由告知权利人。

行政处罚案件信息不予公开的，须经食品药品监督管理部门主要负责人批准。

第十二条 主动公开行政处罚案件信息时，应该隐去以下信息：

（一）自然人的肖像、身份证号码、家庭住址、通信方式、出生日期、银行账号、健康状况、财产状况等个人隐私信息；

（二）本细则第十条第（二）项规定以外的自然人姓名；

（三）法人或者其他组织的银行账号；

（四）未成年人的姓名等可能推断出该未成年人的信息；

（五）产品的生产配方、工艺流程、购销价格及客户名称等涉及商业秘密的信息；

（六）法律、法规规定的其他应当隐去的涉及个人隐私等信息。

第十三条 对可能涉及国家秘密的食品药品行政处罚案件信息，应当依照《中华人民共和国保守国家秘密法》《中华人民共和国保守国家秘密法实施条例》等规定进行审查，必要时报有关主管部门或者同级保密工作部门审查确定。

第十四条 食品药品监督管理部门应当自行政处罚决定书送达之日起7个工作日内，经本部门负责人批准后，公开行政处罚决定书。因特殊情形需要延长期限的，经本部门负责人批准后，可以延长至20个工作日。

作出行政处罚决定后移送司法机关的，应当与司法机关协商，决定行政处罚案件信息公开的时间。

第十五条 食品药品监督管理部门应当在本部门政府网站设立专栏或者同级政府网站公开行政处罚案件信息，可以同时以公告栏、新闻发布会、报刊、广播和电视等便于公众知晓、查询的方式公开。

省、自治区、直辖市人民政府对行政处罚案件信息公开途径另有规定的，按照规定办理。

第十六条 行政处罚案件信息公开期限一般为5年。法律法规有其他规定的，从其规定。

第十七条 公民、法人或者其他组织向食品药品监督管理部门申请公开行政处罚案件信息的，依据

《中华人民共和国政府信息公开条例》的规定办理。

申请公开的行政处罚案件信息含有以下内容的，应当不予公开：

（一）本细则第十一条规定的内容；

（二）食品药品监督管理部门内部管理信息以及处于调查、讨论、研究或者审查中的过程性信息；

（三）法律、法规规定的其他不予公开的信息。

申请公开的行政处罚案件信息含本细则第十二条规定的内容的，应当隐去相关信息后公开。

第十八条 自行政处罚决定被依法变更或者撤销之日起 20 个工作日内，食品药品监督管理部门应当对已公开的行政处罚案件信息予以更新或者撤除。行政处罚案件信息公开期限已届满的，食品药品监督管理部门应当自届满之日起 20 个工作日内将已公开的信息撤除。

食品药品监督管理部门发现其公开的行政处罚案件信息不准确的，应当及时更正。公民、法人或者其他组织有证据证明公开的行政处罚案件信息不准确的，可以以书面形式申请食品药品监督管理部门更正。食品药品监督管理部门应当自收到书面更正申请之日起 20 个工作日内，进行核实处理，并将结果告知申请人。

第四章 监督考核

第十九条 各级食品药品监督管理部门应当建立健全行政处罚案件信息公开工作考核制度。上级食品药品监管管理部门应当定期对下级食品药品监督管理部门行政处罚案件信息公开工作进行考核。

第二十条 国家食品药品监督管理总局将把行政处罚案件信息公开工作列入年度食品药品综合考评体系中，每年进行考核，考核结果将按照年度考核要求进行通报。

第二十一条 食品药品监督管理部门有下列情形之一的，上级食品药品监督管理部门应当责令其改正或者通报地方政府；情节严重的，可以建议地方政府对负有直接责任的主管人员和其他直接责任人员依法给予行政处分：

（一）公开行政处罚案件信息存在弄虚作假、故意重大遗漏的；

（二）在公开行政处罚案件信息过程中违反规定收取费用或者牟取利益的。

第五章 附 则

第二十二条 本细则由国家食品药品监督管理总局负责解释。

第二十三条 各省、自治区、直辖市食品药品监督管理部门可以根据本细则制定本行政区域的实施细则。

第二十四条 本细则自 2018 年 3 月 1 日起施行。2014 年 8 月 11 日印发的《食品药品行政处罚案件信息公开实施细则（试行）》（食药监稽〔2014〕166 号）同时废止。

食品药品安全监管信息公开管理办法

（国家食品药品监管总局 2017 年 12 月 22 日）

第一章 总 则

第一条 为加强食品药品安全监管信息公开，保障公众的知情权、参与权、表达权和监督权，根据《中华人民共和国食品安全法》《中华人民共和国药品管理法》《医疗器械监督管理条例》《化妆品卫生监督条例》《中华人民共和国政府信息公开条例》等法律法规，结合实际制定本办法。

第二条 本办法适用于食品药品监督管理部门在食品、药品、医疗器械、化妆品的产品（配方）注册、生产经营许可、广告审查、监督检查、监督抽检、行政处罚以及其他监管活动中形成的以一定形式制作保存的信息的主动公开。

第三条 食品药品安全监管信息公开应当遵循全面、及时、准确、客观、公正的原则。涉及国家秘密、商业秘密和个人隐私的，不得公开。但是，经权利人同意公开的或者食品药品监督管理部门认为不公开可能对公共利益造成重大影响的商业秘密、个人隐私，可以公开。

第四条 食品药品监督管理部门依职责建立食品药品安全监管信息公开清单，并及时公布、更新，接受社会监督。

食品药品安全监管信息公开清单包括公开事项、具体内容、公开时限、公开部门等。

食品药品监督管理部门负责信息公开的具体部门，负责监管信息公开的日常管理工作。

第二章　公开的范围

第五条　食品药品监督管理部门依职责在其政府网站公开下列行政审批信息：

（一）食品、药品、医疗器械、化妆品审评审批服务指南、产品（配方）注册证书（批件）、标签和说明书样稿等信息；

（二）食品、药品、医疗器械、化妆品生产经营许可服务指南、生产经营许可证等信息；

（三）保健食品、特殊医学用途配方食品、药品和医疗器械广告审查服务指南、审查结果等信息；

（四）其他行政审批事项服务指南、批准文件等相关信息。

第六条　食品药品监督管理部门依职责在其政府网站公开食品、药品、医疗器械、化妆品的备案日期、备案企业（产品）、备案号等备案信息。

第七条　食品药品监督管理部门依职责在其政府网站公开食品、药品、医疗器械、化妆品日常监督检查和飞行检查等监督检查结果信息。

第八条　食品药品监督管理部门依职责在其政府网站公开食品、药品、医疗器械、化妆品监督抽检结果中的有关被抽检单位、抽检产品名称、标示的生产单位、标示的产品生产日期或者批号及规格、检验依据、检验结果、检验单位等监督抽检信息。

第九条　食品药品监督管理部门依职责在其政府网站公开食品、药品、化妆品、医疗器械的行政处罚决定的下列信息：

（一）行政处罚案件名称、处罚决定书文号；

（二）被处罚的自然人姓名、被处罚的企业或其他组织的名称、统一社会信用代码（组织机构代码、事业单位法人证书编号）、法定代表人（负责人）姓名；

（三）违反法律、法规和规章的主要事实；

（四）行政处罚的种类和依据；

（五）行政处罚的履行方式和期限；

（六）作出行政处罚决定的行政执法机关名称和日期。

第十条　食品药品监督管理部门责令食品药品生产经营者召回相关食品、药品、医疗器械、化妆品的，应当在决定作出后24小时内，在省级以上食品药品监督管理部门政府网站公开下列产品召回信息：

（一）生产经营者的名称、住所、法定代表人（主要负责人）、联系电话、电子邮箱等；

（二）产品名称、注册证书（批件）号、规格、生产日期或者批号等；

（三）责令召回的原因、起始时间等；

（四）法律、法规和规章规定的其他信息。

第十一条　食品药品监督管理部门统计调查取得的统计信息，依据法律法规及时公开，供社会公众查询。

第十二条　食品药品监督管理部门依照保密法律法规规定，对拟公开的食品药品安全监管信息进行审查。对不能确定是否公开的食品药品安全监管信息，应当依照法律法规和国家有关规定，报有关主管部门或者同级保密工作部门确定。

涉及关系国家安全和利益、依照法定程序确定、在一定时间内只限一定范围的人员知悉的事项，属于国家秘密，不予公开。

涉及不为公众所知悉、能为权利人带来经济利益、具有实用性并经权利人采取保密措施的技术信息和经营信息，属于商业秘密，不予公开。

涉及公民依法受到保护的隐私信息，不予公开。

第三章　公开的要求

第十三条　食品药品监督管理部门主要负责人对食品药品安全监管信息公开工作负总责，建立健全监管信息公开工作机制，加快信息化建设，推进食品药品安全监管信息公开工作。

没有政府网站的，应当在上级食品药品监督管理部门政府网站或者同级人民政府的政府网站公开。

第十四条　食品药品监督管理部门应当积极听取社会公众对食品药品安全监管信息公开工作的意见和建议。

鼓励通过第三方评估、公众满意度调查等方式，了解食品药品安全监管信息公开工作的实效。

第十五条　食品药品监督管理部门应当建立舆情收集和回应机制。通过多种方式开展食品药品安全监管信息公开的政策解读，及时回应社会关注。

第十六条　食品药品监督管理部门应当自行政许可、行政处罚等行政决定送达之日起7个工作日内，在政府网站公开其信息。因特殊情形需要延长期限的，经本部门负责人批准，可以延长至20个工作日。法律、法规和规章另有规定的，从其规定。

第四章 监督管理

第十七条 食品药品监督管理部门应当建立食品药品安全监管信息公开考核制度，将食品药品安全监管信息公开工作纳入本单位的工作目标责任考核体系，定期对下级食品药品监督管理部门监管信息公开工作进行考核。

第十八条 食品药品监督管理部门发现其公开的监管信息不准确或者没有及时更新、公开不应当公开的监管信息或者行政决定被依法更正、撤销的，应当及时更新或者撤除。

公民、法人或者其他组织有证据证明食品药品监督管理部门公开的监管信息与事实不符、依照有关法律法规规定不得公开或者没有及时更新或者撤除的，可以以书面形式申请食品药品监督管理部门更正。食品药品监督管理部门应当自收到书面更正申请之日起20个工作日内进行核实处理，并将结果告知申请人。

第十九条 食品药品监督管理部门按照《中华人民共和国政府信息公开条例》的要求，在每年3月31日前编制完成本级食品药品监督管理部门上一年度食品药品安全监管信息公开工作年度报告，并向社会公布。

第二十条 对在食品药品安全监管信息公开工作中取得突出成绩的单位和个人，食品药品监督管理部门应当给予表彰奖励。

第二十一条 违反本办法规定，有下列情形之一的，由食品药品监督管理部门予以警告并责令限期改正；情节严重的，对直接负责的主管人员和其他直接责任人员给予行政处分：

（一）未公开应当公开的食品药品安全监管信息的；

（二）未按时限履行食品药品安全监管信息公开义务的；

（三）未及时更新食品药品安全监管信息公开清单的；

（四）未进行食品药品安全监管信息保密审查的；

（五）未及时更新或者撤除相关食品药品安全监管信息的；

（六）法律、法规和规章规定的其他情形。

第二十二条 违反本办法规定，造成严重后果，涉嫌构成犯罪的，移送司法机关处理。

第五章 附 则

第二十三条 本办法自2018年3月1日起施行。

国家食品安全示范城市标准（修订版）

（国务院食品安全办 食安办［2017］39号 2017年12月25日）

一、食品安全状况持续良好

（一）近三年未发生重大食品安全事故，未发生引发国内外广泛关注、造成严重不良社会影响的食品安全事件。（否决项）

（二）当地群众食品安全总体满意度达70%，对创建工作的知晓率达75%，对创建工作的支持率达85%。（否决项）

（三）食品检验量达到每年4份/千人。其中，主要针对农药兽药残留的食品检验量不低于每年2份/千人。（否决项）

（四）依法应查办的食品安全违法案件查办率达到100%，监督抽检不合格产品核查处置完成率达到100%，应公开的监督执法、行政处罚信息公开率达到100%。（否决项）

（五）出台并实施落实食品安全党政同责要求的相关文件。地区、部门食品安全监管事权划分明确，不存在交叉重复或漏洞盲区。（否决项）

（六）创建城市要主动征集群众关心的食品安全问题，并且有效解决、及时反馈，让群众满意。（关键项）

二、党政同责落实到位

（七）党委政府高度重视 定期专题研究食品安全工作，完善“双安双创”工作机制，解决当地群众普遍关心的食品安全突出问题。将食品安全纳入党委政府年度综合目标考核（所占权重不低于3%）、地方党委政府领导班子及领导干部综合考核评价，实行

食品安全事故“一票否决”。食品安全综合评议考核优秀，排名本省（区、市）前列。（关键项）

（八）统一权威监管体制完善　加强行政区域内各级食品安全委员会及食品安全办建设，综合协调、监督指导、督查考评等机制制度健全，各成员单位食品安全职责清晰。实行综合执法的地方，将食品药品安全监管作为首要职责。要完善乡镇（街道）食品安全监管体制，加强能力建设，确保事有人做、责有人负。基层协管员队伍健全，培训、考核及报酬保障制度完善。（关键项）

（九）落实“四有两责”　市、县（区）、乡镇（街道）食品安全监管岗位设置合理、权责划分明晰，监管人员数量能够满足监管工作实际需要。县、乡级行政区域内全部科学划定食品安全网格，合理配备监管协管力量，建立健全工作制度，有效消除各类风险隐患。各级监管队伍的办公业务用房、执法车辆、执法装备、设施配备达到相应建设标准要求。市、县两级食品安全检验检测机构、市级食品安全风险监测机构达到相应建设标准及能力要求。（关键项）

加快建立职业化检查员队伍。依托现有资源建立职业化检查员制度，明确检查员的资格标准、检查职责、培训管理、绩效考核等要求。（鼓励项）

（十）纳入规划、保障经费　将食品安全工作纳入本级国民经济和社会发展规划，食品安全规划作为政府专项规划出台，将食品安全工作经费列入本级政府财政预算。（基本项）

（十一）科技创新能力提升　加强资源统筹，针对食品产业发展和安全监管面临的重大问题，开展科技共性和关键技术研发，强化科技成果转化和应用，加强科研人才队伍建设。支持培养企业创新领军人才，全面提升企业创新能力。（鼓励项）

三、食品安全源头治理有效

（十二）农产品质量安全得到保障　食用农产品种植养殖达到《国家农产品质量安全县考核办法》的有关要求，建立起有效的食用农产品产地准出和市场准入制度及衔接机制，种植、养殖过程中违法使用农业投入品等行为得到有效治理。行政区域内80%的“菜篮子”产品主产县创建成为国家或省级农产品质量安全县。（关键项）

（十三）推进耕地污染源头治理　摸清耕地土壤污染的面积、分布及其对粮食和其他食用农产品质量的影响，开展耕地土壤环境质量类别划分，建立土壤环境质量类别分类清单。制定实施受污染耕地安全利用方案。污染严重耕地严禁种植食用农产品。落实大气、水、土壤污染防治行动计划，加强对重点行业、企业的环保执法。（关键项）

（十四）加强粮食质量安全监测与监管　严把粮食收购、贮存、运输关。对于不符合食品安全国家标准的粮食，经营者不得违规收购、贮存和销售，运输者不得违规运输。充足配备粮食烘干服务设施，防止霉变引发的食品安全问题。推动建立重金属等超标粮食处置长效机制。（关键项）

根据国务院食品安全办部署，开展粮食质量安全监测与监管、农药兽药残留综合治理和耕地污染源头治理试点，取得阶段性效果。（单设加分项）

（十五）肉类、蔬菜等重要产品信息化追溯体系建设初见成效　建成城市重要产品追溯管理平台。中央财政支持开展肉类、蔬菜流通追溯体系建设试点的城市，批发市场、标准化菜市场、超市以及学校、医院、中型以上餐饮企业等团体消费单位信息化追溯体系覆盖率达到70%并稳定运行；其他城市，基本建成肉类、蔬菜等重要产品追溯体系并稳定运行，覆盖率达到50%。（基本项）

（十六）餐厨废弃物集中收集、资源化利用和无害化处理体系基本建立　餐饮服务单位每日产生的餐厨废弃物进入集中收集处理体系，集中收集处置单位定期向社会公示餐饮服务单位的餐厨废弃物收集处置量。及时发现并查处餐厨废弃物以“地沟油”等形式回流餐桌的案件。（基本项）

鼓励实现资源化利用。国家餐厨废弃物资源化利用和无害化处理试点城市按要求通过验收。（鼓励项）

（十七）食品产业集约化、规模化水平较高　国家食品相关产业政策得到落实，食品规模化生产和连锁经营、统一配送程度较高。农贸市场等食品集中交易市场分布满足需求，农贸市场建设标准化率较高。（基本项）

出台专项支持政策或安排资金支持冷链物流基础设施建设。开展现代食品工业基地建设示范，带动食品产业转型升级和食品质量安全管理水平整体提升。（鼓励项）

（十八）大力培育食品品牌　加强品牌建设，保护和传承食品行业老字号，发挥其示范带动作用。食品企业将保证食品安全、诚信自律、对社会和公众负责融入企业精神、企业使命、企业形象、企业制度，营造良好文化氛围。（基本项）

四、严格实施全程监管

（十九）执行更严格的标准　鼓励创建城市按照

发达国家和地区更加严格的食品质量安全标准体系，对当地食品安全状况开展评估分析，有针对性地改进本地食品安全工作。(鼓励项)

加强食品安全标准跟踪评价和宣传贯彻培训。(基本项)

(二十) 加强智慧监管，运用大数据提升食品安全治理现代化水平　重点围绕行政审批、监管检查、稽查执法、应急管理、检验监测、风险评估、信用管理、公共服务等业务领域，实施“互联网+”食品安全监管项目，推进食品安全监管大数据资源共享和应用，建立完善的监管对象数据库和高效的信息化监管系统，形成适应食品监管实际需要的信息化监管能力，实现“机器换人”。(关键项)

(二十一) 严格食品生产经营者现场检查　实施标准化现场检查制度，实现现场检查规范化、监管信息公开化。对食品生产经营者、食品添加剂生产企业开展风险等级划分，科学制定市、县级检查计划，确定检查项目、频次，对各类监管对象进行日常监督检查、体系检查和飞行检查，实现现场检查全覆盖。(关键项)

(二十二) 强化抽样检验　市、县级食品安全监管部门承担本行政区域内具有一定规模的市场销售的蔬菜、水果、畜禽肉、鲜蛋、水产品、奶等产品中农药兽药残留抽检任务以及小企业、小作坊和餐饮服务单位抽检任务。全面掌握本地农药兽药使用品种、数量，特别是各类食用农产品种植、养殖过程中农药兽药使用情况，制定的年度抽检计划和按月实施的抽检样本数量要结合群众关心的食品安全问题，能够覆盖全部当地生产销售的上述品种，每个品种抽样不少于20个。对不合格产品及时、全面开展上下游溯源追查，产品召回、处置等后处理工作及时彻底。按规定完成新收获和库存粮食质量安全监测、“放心粮油”检测抽检等任务。(关键项)

(二十三) 提升监测报告能力　食品污染物和有害因素监测网络覆盖所有县级行政区域并延伸到乡镇和农村，食源性疾病监测报告系统覆盖各级各类医疗机构。医疗机构发现其接收的病人属于食源性疾病病人或疑似病人的，应当按规定报告。卫生行政部门在调查处理传染病或者其他突发公共卫生事件中发现与食品安全相关的信息，以及接到与食品安全相关的食源性疾病病人或者疑似病人的报告信息，应当及时通报同级食品药品监管部门。(基本项)

(二十四) 放心肉菜示范超市创建有力　创建城市至少完成1家示范超市创建。示范超市设立优质精品肉菜专柜，严把进货关。农业、食品药品监管等部门要按照示范超市公示的标准每月开展不少于1次的监督检查和监督抽检。(关键项)

(二十五) 餐饮业质量安全水平明显提升　实施餐饮业质量安全提升工程。获得许可证的餐饮服务单位全面推行“明厨亮灶”。落实网络订餐平台食品经营资质审核责任，完善网络订餐在线投诉和售后维权机制。托幼机构、养老机构、建筑工地、医院食堂等集中用餐单位的主管部门应当加强对集中用餐单位的食品安全教育和日常管理。卫生行政部门应当督促餐具、饮具集中消毒服务单位建立自查制度、落实生产过程质量控制措施，提高餐具、饮具集中消毒服务单位卫生安全管理水平。对本行政区域的餐具、饮具集中消毒服务单位每年至少开展1次覆盖全项目的检查。(关键项)

(二十六) 学校校园及周边食品安全监管到位　把校园食品安全纳入地方食品安全年度考核，列为“平安校园创建”和“校园及周边治安综合治理工作”的考核内容。建立食品安全办、综治办、教育部门、公安机关、城市管理执法部门、食品安全监管部门等共同参加的学校校园及周边食品安全综合治理机制。实行食品安全校长负责制，将校园食品安全作为学校安全的重要内容，落实校园食品安全管理的主体责任。大力推进学校食堂、幼儿园食堂实时监控工作。(基本项)

鼓励积极开展“学生营养改善行动”。加强对贫困地区学生的营养干预。(鼓励项)

(二十七) 本地行业共性隐患问题得到及时解决　风险隐患排查处置制度完善，能够通过明查暗访、投诉举报、检验检测等各种手段，主动排查、定期研判、及时处置本地出现的各类危害食品安全的行业共性隐患问题。“十三五”国家食品安全规划中提出的十类危害食品安全的“潜规则”和相关违法行为得到有效治理。(关键项)

(二十八) 加大食品、保健食品欺诈和虚假宣传整治力度　进一步强化食品、保健食品生产、经营、进口单位的主体责任，明确并强化第三方平台经营者和相关方以及广告发布单位的法律责任。监管部门要按照区域为主、层级为辅的原则，加强监督检查，切实落实属地管理职责。(基本项)

(二十九) 加大城乡结合部和农村地区食品安全治理力度　深入开展农村食品安全治理，努力形成全方位、全环节、全覆盖的农村食品安全治理长效机制；全面实现农村食品安全突出问题和风险隐患治理工作目标，净化农村食品生产经营环境，切实提高农村食品安全保障水平。(基本项)

(三十) 食品生产加工小作坊和食品摊贩管理规范　食品生产加工小作坊、食品摊贩监管地方性法规明确，监管职责清晰，全面纳入监管范围。对各类食品生产加工小作坊和食品摊贩等制定出台卫生规范，明确技术要求。加强政府服务，支持食品生产加工小作坊、食品摊贩等生产经营条件不断改善，引导其进入固定集中区域、规范管理。（基本项）

（三十一）食品相关产品监管严格　加强食品相关产品的监督检查、风险监测和抽样检验，规范食品相关产品生产、经营、使用行为及标识标注，进一步加大对食品相关产品的执法打假力度。在大型食品相关产品生产企业全面推行危害分析与关键控制点（HACCP）体系。（基本项）

（三十二）应急处置及时高效　食品安全应急处置体系健全，应急预案科学实用，市、县定期开展应急演练，并对演练过程和效果进行评估，各类突发事件得到妥善处置。食品生产经营企业制定食品安全事故处置方案，定期检查本企业各项食品安全防范措施的落实情况，及时消除事故隐患。建立健全舆情监测、研判、预警、报告、回应、评估与总结等工作机制和制度。各相关部门共同做好野生蘑菇中毒防控工作。（基本项）

（三十三）食品安全信息全面公开　食品安全监管部门建立并实施食品安全信息公开制度，市、县级食品安全监管部门及时、全面、准确发布行政许可、现场检查、抽样检验、监管执法、行政处罚等信息，做到标准公开、程序公开、结果公开。（关键项）

五、严厉打击违法犯罪行为

（三十四）案件查办工作及时彻底　明确案件查办事权，完善案件查办制度，严格规范案件查办行为。对本地发现或外地通报的违法线索，及时、全面开展调查，依法作出行政处罚，严格执行“处罚到人”的规定，强化案件查办信息公开。涉嫌犯罪的按照有关规定及时移交公安机关，不得“以罚代刑”。（关键项）

（三十五）行政执法与刑事司法有效衔接　完善政法委牵头、政法机关和食品安全监管部门共同参与的协调机制。贯彻落实《食品药品行政执法与刑事司法衔接工作办法》，有效建立地区间、部门间食品安全违法案件查办联动机制，做好涉案物品检验与认定、办案协作配合、信息共享、涉案物品处置等工作。及时将达到行政拘留等治安管理处罚标准或者涉嫌犯罪的案件移送公安机关处理。公安机关依法审查，对有犯罪事实需要追究刑事责任的及时立案侦查。市、县公安机关明确机构和人员负责打击食品安全犯罪，加强打击食品安全犯罪的专业力量建设，强化办案保障。对司法机关追究刑事责任的案件，各级监管部门要及时依法作出相应的行政处罚。（基本项）

六、企业主体责任全面落实

（三十六）落实食品安全自查制度　食品生产经营者应当建立食品安全自查制度，定期对食品安全状况进行检查评价。有发生食品安全事故潜在风险的，应当立即停止食品生产经营活动，并向所在地县级相关监督管理部门报告。（关键项）

（三十七）严格遵守许可条件和相关行为规范　依法应获行政许可方能生产经营的单位，应全部取得许可证件，并持续符合许可条件。严格执行食品安全国家标准。鼓励企业制定并执行比食品安全国家标准或地方标准更严格的标准。严格执行国家食品生产通用卫生规范、食品经营过程卫生规范。行政区域内规模以上食品生产经营企业普遍实施良好生产规范、危害分析与关键控制点（HACCP）体系、食品安全管理体系和食品防护计划等国际通行的质量管理规范。食品生产经营单位应当依法依规公示相关信息。鼓励企业获得相关认证，鼓励出口食品生产企业实施内外销“同线同标同质”。通过认证的，可以在其产品包装上予以标识，认证机构应当依法实施跟踪调查并通报、公布。（基本项）

（三十八）落实食品安全追溯责任　食品生产经营者全部依法建立并执行食品生产、销售、进货查验、出厂检验等各项记录制度，能够通过记录和查验有效实现追溯。鼓励企业采用信息化手段采集、留存生产经营信息，实行电子追溯。婴幼儿配方乳粉生产经营全面实现电子追溯。（基本项）

（三十九）从业人员管理制度健全　规模以上食品生产经营单位设置食品安全管理机构，明确分管负责人，配备食品安全管理人员，加强对其培训和考核。食品生产经营单位负责人、食品安全管理人员、主要从业人员每人每年接受食品安全法律法规、科学知识和行业道德伦理的集中培训不少于40小时。食品生产经营者应当建立并执行从业人员健康管理制度。从事接触直接入口食品工作的食品生产经营人员取得健康证明后方可上岗工作。（基本项）

（四十）集中交易市场管理规范　食用农产品批发市场、大型农贸市场开办者全面落实食品安全管理责任，建立并严格实施入场销售者准入和退市、检验、自查、主动报告、信息公示等制度，督促入场销售者依法依规从事销售活动。入场销售者主动落实食

品安全主体责任，建立并严格实施进货查验记录制度，不得销售禁止销售以及来源不明的食用农产品。（基本项）

（四十一）规范处置畜禽产品废弃物　屠宰企业、肉类加工企业等单位应当按照规定单独收集、存放以及处理本单位产生的肉类加工废弃物或检验检疫不合格的畜禽产品，建立相关制度及台账，保存期限不得少于二年。（关键项）

（四十二）及时依法召回不安全食品　食品生产者通过任何方式知悉其生产经营的食品属于不安全食品的，都应当主动召回，相关食品经营者知悉后应当采取措施配合。食品经营者对因自身原因所导致的不安全食品，应当依法依规主动召回。食品生产经营者应当依法依规对退出市场的不安全食品采取处置措施，并如实记录停止生产经营、召回和处置不安全食品的相关信息。记录保存期限不得少于二年。（基本项）

七、社会共治格局基本形成

（四十三）食品安全诚信体系健全　政府建立并完善食品安全诚信管理制度，将食品生产经营相关法人和非法人组织、个人的食品安全信用状况全面纳入社会诚信体系范围，各类食品生产经营者食品安全信用信息全面、准确记录并及时更新，食品安全失信行为在金融、土地、许可等各领域得到联合惩戒。各监管部门建立信用信息管理制度、食品生产经营者信用档案及食品安全信用信息数据库，公开食品安全信用信息。将各类食品生产经营企业的行政许可、行政处罚、抽查检查结果等信息，通过相关信用信息系统统一归集、记录并予以公示。（关键项）

（四十四）推动建立食品安全责任保险制度　稳步扩大食品安全责任保险覆盖范围，保险赔付相关事前事中事后政策健全，应获赔付的消费者能够及时方便得到赔付。充分发挥保险的风险控制和社会管理功能，探索建立行业组织、保险机构、企业、消费者多方参与、互动共赢的激励约束机制和风险防控机制。（鼓励项）

（四十五）社会监督渠道畅通　开通网络投诉举报平台，设立统一的投诉举报电话，建成覆盖市、县的投诉举报业务系统，实现网络 24 小时接通，电话在受理时间内接通率≥90%，按法定时限回复率、有效处置率均达 100%。鼓励食品生产经营企业员工举报违法行为，建立举报人保护制度。设立举报奖励资金，并及时兑现。（关键项）

当地新闻媒体应积极开展食品安全法律、法规以及食品安全标准和知识的公益宣传，弘扬正面典型，对食品安全违法行为进行舆论监督。充分发挥人大代表、政协委员、专家学者、新闻媒体、行业协会代表等各方面力量的作用，发现当地食品安全问题，监督企业主体责任落实情况和政府、食品安全监管部门履职尽责。（基本项）

鼓励和支持本地行业协会制定行规行约、自律规范和职业道德准则，建立健全行业规范和奖惩机制，主动发现解决本地行业共性隐患问题，引导和促进食品生产经营者依法履行不安全食品的停止生产经营、及时召回和处置义务，制定严于食品安全国家标准的团体标准。（鼓励项）

（四十六）加强消费者权益保护　鼓励地方出台措施，对事实清楚、权利义务关系明确、争议不大的食品安全案件，适用简易民事诉讼程序或者其他方式支持消费者追偿；当地消费者组织对较大食品安全案件，通过公益诉讼渠道追偿。（鼓励项）

（四十七）食品安全风险交流及时有效　风险交流机制健全，按照科学、客观、及时、公开的原则，定期组织食品生产经营者、食品检验机构、认证机构、食品行业协会、消费者协会以及新闻媒体等，进行交流沟通。将食品安全纳入公民法制和科学普及、职业技能和学生课堂教育。建立新闻发言人制度，定期召开新闻发布会、新闻通气会，主动发布权威信息，及时解疑释惑。（基本项）

（四十八）公众食品安全素养较高　各级政府应当加强食品安全宣传教育，普及食品安全法律、法规、标准和知识，倡导健康的饮食方式，增强消费者食品安全意识和自我保护能力。社会公众和学生食品安全知识知晓率、行为形成率逐年提高。（基本项）

注：以上标准分值按百分制设置。关键项加基本项的合计分值为 100 分，关键项的分值≥50 分，基本项的分值≤50 分。鼓励项为加分项，分值≤16 分。关键项的最低单项分值>基本项和鼓励项的最高单项分值。具体分值由各省级食品安全委员会按照上述原则在本省（区、市）《国家食品安全示范城市评价细则》中设置。

此外，对完成国务院食品安全办部署的专项试点任务的，每项单独加 2 分。

依据所在省（区、市）《国家食品安全示范城市评价细则》进行评价后，如果创建城市无被否决的情形，关键项单项得分率≥60%，总得分≥90 分，视为达到标准要求。

饮料生产许可审查细则（2017版）

（国家食品药品监管总局公告　第166号　2017年12月26日）

第一章　总　　则

第一条　为了做好饮料生产许可审查工作，依据《中华人民共和国食品安全法》及其实施条例、《食品生产许可管理办法》等有关法律法规、规章，制定饮料生产许可审查细则（以下简称细则）。

第二条　本细则应与《食品生产许可审查通则》结合使用，适用于饮料生产许可审查工作。仅有包装场地、工序、设备，没有合理的设备布局和工艺流程的，不予生产许可。

第三条　实施食品生产许可管理的饮料产品，是指经过定量包装、可直接饮用或用水冲调饮用、乙醇含量不超过质量分数0.5%的制品。饮料产品系指《饮料通则》（GB/T 10789）涵盖的产品，具体包括：包装饮用水、碳酸饮料（汽水）、茶（类）饮料、果蔬汁类及其饮料、蛋白饮料、固体饮料和其他饮料类。

第四条　本细则正文中引用的文件、标准通过引用成为本细则的内容。凡是引用文件、标准，其最新版本（包括所有的修改单）适用于本细则。

第二章　包装饮用水生产许可审查要求

第一节　许可范围

第五条　实施食品生产许可管理的包装饮用水，是指密封于符合食品安全标准和相关规定的包装材料及制品中，可供直接饮用的水。包装饮用水生产许可类别编号0601，包括：饮用天然矿泉水、饮用纯净水、饮用天然泉水、饮用天然水、其他饮用水。

饮用天然矿泉水是指从地下深处自然涌出的或经钻井采集的，含有一定量的矿物质、微量元素或其他成分，在一定区域未受污染并采取预防措施避免污染的水；在通常情况下，其化学成分、流量、水温等动态指标在天然周期波动范围内相对稳定。

饮用纯净水是以符合原料要求的水为生产用源水，采用蒸馏法、电渗析法、离子交换法、反渗透法或其他适当的水净化工艺，加工制成的包装饮用水。

饮用天然泉水是以地下自然涌出的泉水或经钻井采集的地下泉水，且未经公共供水系统的自然来源的水为水源，制成的包装饮用水。

饮用天然水是以水井、山泉、水库、湖泊或高山冰川等，且未经公共供水系统的自然来源的水为水源，制成的包装饮用水。

其他饮用水是以符合原料要求的水为生产用源水，经适当的加工处理，可适量添加食品添加剂，但不得添加糖、甜味剂、香精香料或者其他食品配料加工制成的包装饮用水。

第二节　生产场所核查

第六条　生产场所一般应设置水处理区、灌装防护区、包装区、原辅材料及包装容器仓库、成品仓库。采用可周转的容器生产包装饮用水，应单独设立周转容器的检查和预处理区。周转容器不得露天储存，以免受到污染。如使用食品添加剂（气体除外），应设置配料区。

第七条　生产车间依其清洁度要求一般分为：一般作业区（水处理区、仓储区、外包装区、周转容器的检查区等）、准清洁作业区（配料区、预包装清洗消毒区等）、清洁作业区（灌装防护区等）。

第八条　生产场所或生产车间入口处应设置更衣室，洗手、干手和消毒设施，换鞋（穿戴鞋套）或工作鞋靴消毒设施。

第九条　清洁作业区入口应设置二次更衣区，洗手、干手和（或）消毒设施，换鞋（穿戴鞋套）或工作鞋靴消毒设施，并设置风淋设施。采用自带洁净室及洁净环境自动恢复功能的吹瓶、灌装、封盖（封口）一体，且其内部形成清洁作业环境的设备可不设在清洁作业区，可豁免设置二次更衣区和上述相关设施。

第十条　清洁作业区对空气进行过滤净化处理，应加装空气过滤装置并定期清洁，清洁作业区空气洁净度（悬浮粒子、沉降菌）静态时应达到10 000级且灌装局部达到100级，或整体洁净度达到1 000级。

第三节　设备设施核查

第十一条　生产设备和设施根据实际工艺需要配备，一般包括：水贮存设备（原水储水罐、成品水储水罐等）、水处理设备、清洗消毒系统、全自动灌装封盖（口）设备（禁止手工灌装、封盖）、自动喷码设备等。应根据工艺需要配备包装容器清洁消毒设施，如使用周转容器生产，应配备周转容器的清洗消毒设施。

食品加工用水储水罐应安装空气呼吸器。食品添加剂的添加必须采用自动化控制设备，禁止人工直接添加。

来自非公共供水系统的水作为生产用源水，应采用封闭管道进行输送，防止污染，不应用容器运到异地灌装。

第十二条　水处理设备应包括：粗滤设备（如砂滤、碳滤）、精滤设备、杀菌/除菌设备（如臭氧发生器及混合设备、紫外杀菌设备、过滤除菌设备）等，饮用纯净水还应具有反渗透设备或蒸馏设备或其他去离子设备。如使用过滤除菌设备，滤膜孔径应至少达到 0.45 μm 的规格。

第十三条　如使用周转容器生产包装饮用水，应配备周转容器的外洗设备、自动内洗消毒设备、灯检设备、自动灌装封盖（口）设备、盖清洁或消毒设备、喷码设备等，生产桶装饮用水的，还应配备拔盖设备、桶口热塑膜包裹密封设备。

周转使用的空桶的内部清洗消毒设备应为连续自动化设备，至少包括：预清洗、洗涤剂清洗、消毒剂清洗、水冲洗、成品水冲洗或符合《食品安全国家标准包装饮用水》（GB 19298）要求的水冲洗等，且不少于 10 个清洗消毒工位（含沥干工艺）。

如使用塑料软包装生产袋装水，应采用机械自动化灌装设备灌装，灌装设备应具有杀菌装置；采用自立袋等灌装的，上盖、旋盖等应完全自动化。

第十四条　检验设备一般应具有：无菌室（或超净工作台）、灭菌锅、微生物培养箱、生物显微镜（或菌落计数器）、浊度仪、酸度计和电导率仪（适用饮用纯净水）、分析天平（0.1 mg）（标准试剂采用铂钴比色法测色度时可不需要）、相应检测特征性指标的设备（出厂需检特征性指标项目时）及相关的计量器具等。

第四节　设备布局和工艺流程

第十五条　设备布局应按工艺流程设计，一般包括：对水源水的粗滤、精滤、杀菌、灌装封盖（口）和灯检（或自动监测）。饮用纯净水还包括去离子净化（离子交换、电渗析法、反渗透、蒸馏等）。其他饮用水还可包括配料等工艺。具体产品按企业实际工艺流程生产，但其工艺流程必须科学合理，符合相关规定。

饮用纯净水允许采用蒸馏法、电渗析法、离子交换法、反渗透法、臭氧化作用或紫外线消毒杀菌及其他适当的水处理工艺；饮用天然矿泉水、饮用天然泉水和饮用天然水仅允许采用脱气、曝气、倾析、过滤、臭氧化作用或紫外线消毒杀菌等不改变水的理化指标等基本物理化学特征的水处理工艺。

第十六条　水源水控制。以来自公共供水系统的水为生产用源水的，应定期监测 pH、电导率、余氯等水源水质情况；以来自非公共供水系统的地表水或地下水为生产用源水的，应监测水质波动情况（如水温等），判定水源是否受到外界影响产生异常。

第十七条　过滤（粗滤、精滤）控制。使用砂滤器、碳滤器、保安过滤器、精密过滤器、膜过滤器等，企业应对其过滤效果进行定期监测和记录，如膜过滤设备应有滤膜完整性监测仪表（如压力表等），还应根据过滤效果定期更换滤膜或滤料、定期反冲洗和清洗。

第十八条　去离子净化控制。饮用纯净水及其他饮用水有该工艺的，应定期监测并记录净化程度；使用离子交换树脂进行净化的，离子交换树脂及再生用盐必须符合相关要求。

第十九条　配料控制。有该工艺的，应对配料名称、进货时间、批号等进行严格核对和记录，配料装置应定期校准；配料应复核确认。

第二十条　杀菌控制。采用臭氧消毒工艺的，应在保证杀菌效果前提下严格控制臭氧浓度，避免或减少溴酸盐产生。采用紫外线消毒工艺的，应保持紫外灯管表面清洁，并定期监控紫外线强度；当紫外线强度降低到规定要求以下时，应及时更换。采用过滤除菌工艺的，应定期更换滤膜或滤料、定期反冲洗和清洗，检查滤膜性能等。

第二十一条　灌装封盖（口）控制。产品灌装前应设置相应的异物控制措施，按照净含量要求定量灌装；封盖（口）应控制如封盖扭矩、封盖压力等封盖密封性参数。灌装封盖（口）后应对产品外观、灌装量、容器状况进行检查。

第五节　人员核查

第二十二条　从事接触直接入口食品工作的食品生产人员应当每年进行健康检查，取得健康证明后方可上岗工作。

第六节　管理制度审查

第二十三条　应建立进货查验记录制度。对原辅料、包装容器供应商进行审核，并定期进行审核评估；应在和供应商签订的合同中明确双方承担的食品安全责任。包装容器应符合相应食品安全国家标准和相应产品标准的要求。

饮用天然矿泉水、饮用天然泉水、饮用天然水的水源开采需经相关管理部门的批准，有《取水许可证》(根据各地政策执行)；饮用天然矿泉水其水源还应有水源评价报告、《采矿许可证》(根据各地政策执行)、水源水质跟踪监测报告；其他饮用水添加的物质应符合《食品安全国家标准食品添加剂使用标准》(GB 2760) 及国务院卫生行政部门相关公告的规定。以来自公共供水系统的水为生产用源水的，供水系统出入口应增设安全卫生设施，防止异物进入；以来自非公共供水系统的水（地表水或地下水）作为生产用源水的，采集点应采用有效的卫生防护措施，防止源水以外的水进入采集设备。采集区域周围应设立防护隔离区，限制牲畜和未授权人员进入。出水口或取水口应建立适当防护设施，地下水的出水口（如井口、泉眼）应通过建筑进行防护。应采用封闭管道进行输送，防止污染，不应用容器运到异地灌装。

周转使用的桶应符合相关规定，由食品级聚碳酸酯（PC）等材料制成，回收后必须检查是否破损，是否受到污染。

第二十四条　应建立生产过程管理制度，对生产过程中水的处理、配料（有该工艺的）、杀菌、灌装封盖（口）、清洗消毒、储运和交付环节质量安全进行管控。

水处理应规定过滤装置的清洗更换要求，制定处理后水的控制指标并监测记录。有配料工艺的，需复核确认。杀菌应规定杀菌方式、杀菌条件和灭菌效果的评价方法。灌装封盖（口）应规定封盖（口）的方法、设备和材料，保证封盖（口）严密、不损害容器、不污染水质。

生产过程中应定期检查清洗剂和消毒剂浓度（或参数），验证容器及盖的清洗消毒效果、消毒剂残留情况，并记录。周转桶的清洗应设置合理的冲洗时间、压力、洗涤剂和消毒剂的浓度等，确保空桶清洗消毒效果。直接与产品或包装接触的压缩空气，应经过除油、除水、过滤处理。

第二十五条　应按照《定型包装饮用水企业生产卫生规范》(GB 19304) 和《饮用天然矿泉水卫生规范》(GB 16330)，并参照《食品安全国家标准食品生产通用卫生规范》(GB 14881) 附录《食品加工过程的微生物监控程序指南》，合理设置卫生监控要求。

第二十六条　企业应制定检验管理制度，包括对原辅料、过程、出厂检验的管理规定，确保产品符合食品安全标准要求。

包装饮用水企业的检验能力至少满足菌落总数、大肠菌群、浑浊度（必要时）、臭氧浓度（有此工艺的）、电导率（饮用纯净水）、pH（饮用纯净水）、色度等项目的测定。

企业可以使用快速检测方法及设备，但应保证检测结果准确。使用快速检测方法及设备做检验时，应定期与国家标准规定的检验方法比对或者验证。快速检测结果不合格时，应使用国家标准规定的检验方法进行确认。

第七节　试制产品检验

第二十七条　企业按所申报包装饮用水的品种和执行标准，分别从同一规格、同一批次的试制产品中抽取具有代表性的样品检验。如产品包含桶装饮用水的，应优先检验桶装饮用水。

第二十八条　企业应对提供的检验报告真实性负责；检验项目按产品适用的食品安全国家标准、产品标准、企业标准及国务院卫生行政部门的相关公告要求进行。

第三章　碳酸饮料（汽水）生产许可审查要求

第一节　许可范围

第二十九条　实施食品生产许可管理的碳酸饮料（汽水），是指在一定条件下充入一定量二氧化碳气体，不包括由发酵自身产生二氧化碳气的饮料。碳酸饮料（汽水）生产许可类别编号 0602，包括：果汁型碳酸饮料、果味型碳酸饮料、可乐型碳酸饮料、其他型碳酸饮料。

果汁型碳酸饮料是指含有一定量果汁的碳酸饮料，如：橘汁汽水、橙汁汽水、菠萝汁汽水、混合果汁汽水。

果味型碳酸饮料是指以果味香精为主要香气成分，含有少量果汁或不含果汁的碳酸饮料，如：橘子味汽水、柠檬味汽水。

可乐型碳酸饮料是指以可乐香精或类似可乐果香型的香精为主要香气成分的碳酸饮料。

其他型碳酸饮料是指上述三类以外的碳酸饮料，如：盐汽水、姜汁汽水等。

第二节　生产场所核查

第三十条　生产场所一般应设置：水处理区、灌装防护区、包装区、配料区、原辅材料及包装容器仓库、成品仓库。如采用可周转的容器生产碳酸饮料（汽水），还应单独设立周转容器检查、预洗间。

第三十一条 生产车间依其清洁度要求一般分为：一般作业区（水处理区、仓储区、外包装区、周转容器检查区等）、准清洁作业区（配料区、预包装清洗消毒区等）、清洁作业区（灌装防护区等）。

第三十二条 生产场所或生产车间入口处应设置更衣室，洗手、干手和消毒设施，换鞋（穿戴鞋套）或工作鞋靴消毒设施。

第三十三条 清洁作业区入口应设置二次更衣区，洗手、干手和（或）消毒设施，换鞋（穿戴鞋套）设施或工作鞋靴消毒设施。符合下列条件之一的，可豁免前述要求：采用自带洁净室及洁净环境自动恢复功能的灌装设备的；使用灌装和封盖（口）都在无菌密闭环境下进行的灌装设备的。

第三十四条 准清洁作业区及清洁作业区应相对密闭，清洁作业区应安装初效和中效空气净化设备，保证空气循环次数 10 次/h 以上。

第三节 设备设施核查

第三十五条 生产设备和设施根据实际工艺需要配备，一般包括：水处理设备、配料设备、过滤器、混比机、自动灌装封盖（口）设备、自动喷码设备等。应根据工艺需要配备包装容器清洁消毒设施，如使用周转容器生产，应配备周转容器的清洗消毒设施。

第三十六条 检验设备一般应具有：无菌室（或超净工作台）、灭菌锅、微生物培养箱、显微镜（或菌落计数器）、二氧化碳测定装置、分析天平（0.1 mg）、相应检测特征性指标的设备（出厂需检特征性指标项目时）及相关计量器具等。

第四节 设备布局和工艺流程

第三十七条 设备布局应按工艺流程设计，碳酸饮料一般包括：原料（包括生产用水）的处理、调配、碳酸化、灌装封盖（口）和灯检（或自动监测）等。

具体产品按企业实际工艺流程生产，但其工艺流程必须科学合理，符合相关规定。

第三十八条 碳酸饮料生产企业应对生产过程中的关键点进行控制，原料（包括生产用水）应确保处理后达到生产工艺要求，监控并记录各项指标。

常用原辅料如果汁、甜味料、酸度调节剂、防腐剂、着色剂、香精及 CO_2 等，应控制质量，根据需要进行过滤，避免引起凝聚，造成沉淀。

有调配工艺的，应控制并记录投料种类、数量以及投料顺序；原辅料投入输送系统需有适宜规格的过滤器或其他等效的除杂措施；根据生产工艺要求，进行搅拌、加热、保温等操作的，应监控和记录相关工艺参数。

碳酸化应控制制冷充气工序，监控记录冷却温度、CO_2 混入量等参数；CO_2 贮罐应定期检验；冷冻设备制冷能力应满足碳酸化工艺要求，监控记录料液温度。

灌装封盖（口）时，在产品灌装前应设置异物控制措施，控制灌装温度，按照净含量要求定量灌装；封盖（口）应控制如封盖扭矩、封盖压力等封盖（口）密封性参数，确保产品密封。灌装封盖（口）后应对产品的外观、灌装量、容器状况进行检查。

第五节 人员核查

第三十九条 从事接触直接入口食品工作的食品生产人员应当每年进行健康检查，取得健康证明后方可上岗工作。

第六节 管理制度审查

第四十条 应建立进货查验记录制度。对原辅料、包装容器供应商进行审核，并定期进行审核评估；应在和供应商签订的合同中明确双方承担的食品安全责任。包装容器应符合相应食品安全国家标准和相应产品标准的要求。

以来自公共供水系统的水为生产用源水的，供水系统出入口应增设安全卫生设施，防止异物进入；以来自非公共供水系统的水（地表水或地下水）作为生产用源水的，采集点应采用有效的卫生防护措施，防止源水以外的水进入采集设备。采集区域周围应设立防护隔离区，限制牲畜和未授权人员进入。出水口或取水口应建立适当防护设施，地下水的出水口（如井口、泉眼）应通过建筑进行防护。应采用封闭管道进行输送，防止污染，不应用容器运到异地灌装。生产用水应符合《生活饮用水卫生标准》（GB 5749）中的卫生要求（pH 除外）。生产用水为饮用天然矿泉水的应符合《饮用天然矿泉水》（GB 8537）的规定并取得饮用天然矿泉水的生产许可证。

所用二氧化碳应为食品添加剂级并符合其产品标准规定。使用初级农产品，应对农药残留进行查验并符合规定。

第四十一条 企业应建立产品配方管理制度，列明配方中使用的食品添加剂、食品营养强化剂、新食品原料的使用依据和规定使用量；所使用的食品添加剂、食品营养强化剂、新食品原料应符合相应产品标准及国务院卫生行政部门相关公告的规定。

第四十二条 企业应建立生产过程管理制度，对生产过程中水的处理、调配、碳酸化、灌装（包装）、灯检或自动监测、清洗消毒、储运和交付等环节质量安全进行管控。

有水处理工艺的，应规定水处理过滤装置的清洗更换要求，制定处理后水的控制指标并监测记录。调配应有复核，防止投料种类和数量有误。碳酸化应规定冷却温度、CO_2 混入量等参数。

第四十三条 应参照《食品安全国家标准饮料生产卫生规范》（GB 12695）附录 A《饮料加工过程的微生物监控程序指南》，合理设置卫生监控要求。

第四十四条 应制定检验管理制度，包括对原辅料、过程、出厂检验的管理规定，确保产品符合相应的食品安全标准要求。

碳酸饮料企业的检验能力至少满足感官、二氧化碳气容量、菌落总数、大肠菌群等项目的测定。

企业可以使用快速检测方法及设备，但应保证检测结果准确。使用快速检测方法及设备做检验时，应定期与国家标准规定的检验方法进行比对或验证。快速检测结果不合格时，应使用国家标准规定的检验方法进行确认。

第七节 试制产品检验

第四十五条 按所申报碳酸饮料的品种（优先抽取的顺序依次为其他型碳酸饮料、可乐型碳酸饮料、果汁型碳酸饮料、果味型碳酸饮料）和执行标准，从同一规格、同一批次的试制产品中抽取具有代表性的样品检验。

第四十六条 企业应对提供的检验报告真实性负责；检验项目按产品适用的食品安全国家标准、产品标准、企业标准及国务院卫生行政部门的相关公告要求进行。

第四章 茶（类）饮料生产许可审查要求

第一节 许可范围

第四十七条 实施食品生产许可管理的茶（类）饮料，是指以茶叶或茶叶的水提取液或其浓缩液、茶粉（包括速溶茶粉、研磨茶粉）或直接以茶的鲜叶等为原料，添加或不添加食品原辅料和（或）食品添加剂，经加工制成的液体饮料。茶（类）饮料生产许可类别编号 0603，包括：原茶汁（茶汤）/纯茶饮料、茶浓缩液、茶饮料、果汁茶饮料、奶茶饮料、复（混）合茶饮料、其他茶（类）饮料。

第二节 生产场所核查

第四十八条 生产车间依其清洁度要求一般分为：一般作业区（水处理区、仓储区、外包装区等）、准清洁作业区（杀菌区、配料区、预包装清洗消毒区等）、清洁作业区（灌装防护区等）。

对于有后杀菌工艺的，灌装防护区可设在“准清洁作业区”，杀菌区可设在“一般作业区”。

第四十九条 生产场所或生产车间入口处应设置更衣室，洗手、干手和消毒设施，换鞋（穿戴鞋套）或工作鞋靴消毒设施。

第五十条 清洁作业区入口应设置二次更衣区，洗手、干手和（或）消毒设施，换鞋（穿戴鞋套）或工作鞋靴消毒设施。

符合下列条件之一的，可豁免前述要求：使用自带洁净室及洁净环境自动恢复功能的灌装设备；使用灌装和封盖（封口）都在无菌密闭环境下进行的灌装设备；生产非直接饮用产品生产非直接饮用食品如食品工业用浓缩液（汁、浆）等。

清洁作业区应满足相应的空气洁净度要求。静态时空气洁净度应至少达到 10 万级要求，如生产非直接饮用产品［如食品工业用浓缩液（汁、浆）等］，可豁免该要求。

第五十一条 准清洁作业区及清洁作业区应相对密闭，清洁作业区应设有空气处理装置和空气消毒设施。

第三节 设备设施核查

第五十二条 生产设备和设施根据实际工艺需要配备，一般包括：水处理设备、配料设施、过滤器、杀菌设备、自动灌装封盖（口）设备、自动喷码设备、混比机（适用碳酸型茶饮料）等。应根据工艺需要配备包装容器清洁消毒设施，如使用周转容器生产，应配备周转容器的清洗消毒设施。

第五十三条 检验设备一般应具有：无菌室（或超净工作台）、灭菌锅、微生物培养箱、生物显微镜（或菌落计数器）、分光光度计、二氧化碳测定装置（碳酸型茶饮料需要）、分析天平（0.1 mg）、相应检测特征性指标的设备（出厂需检特征性指标项目时）及相关的计量器具等。

第四节 设备布局和工艺流程

第五十四条 设备布局应按工艺流程设计，茶（类）饮料一般包括：原料（包括生产用水）的处理、调配（或不调配）、过滤、杀菌（除菌）、灌装封盖（口）和灯检（或自动监测）等。

茶浓缩液一般包括：茶叶的提取（或茶鲜叶的榨汁）、去渣、离心（或过滤）、浓缩、杀菌（除菌）、灌装封盖（口）和灯检（或自动监测）等。

具体产品按企业实际工艺流程生产，但其工艺流程必须科学合理，符合相关规定。

第五十五条 茶（类）饮料生产企业应对生产过程中的关键点进行控制，处理后的水应达到生产工艺要求，监控并记录各项指标。茶叶的萃取应监控记录萃取的温度、时间，过滤器孔径应符合生产工艺要求。

有调配工艺的，应控制并记录投料种类、数量以及投料顺序；原辅料投入输送系统需有适宜规格的过滤器或其他等效的除杂措施；根据生产工艺要求，进行搅拌、加热、保温等操作的，应监控和记录相关工艺参数。

有杀菌工序的，严格监控影响杀菌效果的工艺参数（如杀菌温度、时间等）并记录，并对杀菌效果进行记录。

灌装封盖（口）时，在产品灌装前应设置异物控制措施，控制灌装温度，按照净含量要求定量灌装；封盖（口）应控制如封盖扭矩、封盖压力等封盖（口）密封性参数，确保产品密封。灌装封盖（口）后应对产品的外观、灌装量、容器状况进行检查。

第五节 人员核查

第五十六条 从事接触直接入口食品工作的食品生产人员应当每年进行健康检查，取得健康证明后方可上岗工作。

第六节 管理制度审查

第五十七条 应建立进货查验记录制度。对原辅料、包装容器供应商进行审核，并定期进行审核评估；应在和供应商签订的合同中明确双方承担的食品安全责任。包装容器应符合相应食品安全国家标准和相应产品标准的要求。

以来自公共供水系统的水为生产用源水的，供水系统出入口应增设安全卫生设施，防止异物进入；以来自非公共供水系统的水（地表水或地下水）作为生产用源水的，采集点应采用有效的卫生防护措施，防止源水以外的水进入采集设备。采集区域周围应设立防护隔离区，限制牲畜和未授权人员进入。出水口或取水口应建立适当防护设施，地下水的出水口（如井口、泉眼）应通过建筑进行防护。应采用封闭管道进行输送，防止污染，不应用容器运到异地灌装。生产用水符合《生活饮用水卫生标准》（GB 5749）中卫生要求（pH 除外）。所用的茶叶应符合《食品安全国家标准食品中农药最大残留限量》（GB 2763）等相关标准的规定；不得以茶多酚、咖啡因为原料调制茶（类）饮料。

第五十八条 企业应建立产品配方管理制度，列明配方中使用的食品添加剂、食品营养强化剂、新食品原料的使用依据和规定使用量；所使用的食品添加剂、食品营养强化剂、新食品原料应符合相应产品标准及国务院卫生行政部门相关公告的规定。

第五十九条 企业应建立生产过程管理制度，对生产过程中水的处理、调配、过滤、杀菌、灌装封盖（口）、灯检或自动监测、清洗消毒、储运和交付等环节质量安全进行管控。

有水处理工艺的，应规定水处理过滤装置的清洗更换要求，制定处理后水的控制指标并监测记录。

茶（类）饮料的茶叶运输车辆应清洁无异味，控制温湿度，不得与化学品、油品、农药等危险品共同运输，不得与有强烈气味的食物或其他物品共同运输。茶叶应贮存在通风、干燥的环境中，不得与其他有强烈气味的原辅料共同贮存。以茶浓缩液为原料时，非无菌包装的茶浓缩液应根据相应要求进行贮存，宜在 4～10 ℃冷藏避光贮存，并监控记录温度。使用生乳的，生乳应在 0～4 ℃贮存，并监控记录温度。

调配应有复核，防止投料种类和数量有误。饮料用水需脱氯时，应检验余氯是否去除充分。后杀菌工序应有温度、时间的记录，并定时检查是否达到规定要求。

应制定有效的清洗、消毒方法和管理制度，保证生产场所、生产设备、包装容器、工作服和人员的清洁卫生和安全，防止产品及包装在生产过程中被污染。

第六十条 应参照《食品安全国家标准饮料生产卫生规范》（GB 12695）附录 A《饮料加工过程的微生物监控程序指南》，合理设置卫生监控要求。

第六十一条 应制定检验管理制度，包括对原辅料、过程、出厂检验的管理规定，确保产品符合食品安全标准要求。茶（类）饮料企业的检验能力至少满足感官、茶多酚、菌落总数、大肠菌群、pH 等项目的测定。

企业可以使用快速检测方法及设备，但应保证检测结果准确。使用快速检测方法及设备做检验时，应定期与国家标准规定的检验方法比对或验证。快速检测结果不合格时，应使用国家标准规定的检验方法进行确认。

第七节 试制产品检验

第六十二条 按所申报茶（类）饮料的品种［原

茶汁（茶汤）/纯茶饮料、茶浓缩液、茶饮料、果汁茶饮料、奶茶饮料、复（混）合茶饮料］和执行标准，分别从同一规格、同一批次的试制产品中抽取具有代表性的样品检验。

第六十三条 企业应对提供的检验报告真实性负责；检验项目按产品适用的食品安全国家标准、产品标准、企业标准及国务院卫生行政部门的相关公告要求进行。

第五章 果蔬汁类及其饮料生产许可审查要求

第一节 许可范围

第六十四条 实施食品生产许可管理的果蔬汁类及其饮料产品，是指以水果和（或）蔬菜（包括可食的根、茎、叶、花、果实）或其浓缩汁（浆）为原料，经加工或发酵制成的液体饮料，不包括果蔬汁（浆）低于5%的果味饮料。果蔬汁类及其饮料生产许可类别编号0604，包括：果蔬汁（浆）、浓缩果蔬汁（浆）、果蔬汁（浆）类饮料。

果蔬汁（浆）是指以水果或蔬菜为原料，采用物理方法（机械方法、水浸提等）制成的可发酵但未发酵的汁液、浆液制品；或在浓缩果蔬汁（浆）中加入其加工过程中除去的等量水分复原制成的汁液、浆液制品，如原榨果汁（非复原果汁）、果汁（复原果汁）、蔬菜汁、果浆/蔬菜浆、复合果蔬汁（浆）等。

浓缩果蔬汁（浆）是指以水果或蔬菜为原料，从采用物理方法榨取的果汁（浆）或蔬菜汁（浆）中除去一定量的水分制成的，加入其加工过程中除去的等量水分复原后具有果汁（浆）或蔬菜汁（浆）应有特征的制品。含有不少于两种浓缩果汁（浆）或浓缩蔬菜汁（浆）或浓缩果汁（浆）和浓缩蔬菜汁（浆）的制品为浓缩复合果蔬汁（浆）。

果蔬汁（浆）类饮料是指以果蔬汁（浆）、浓缩果蔬汁（浆）为原料，添加或不添加其他食品原辅料和（或）食品添加剂，经加工或发酵制成的制品，如：果蔬汁饮料、果肉（浆）饮料、复合果蔬汁饮料、果蔬汁饮料浓浆、发酵果蔬汁饮料、水果饮料等。

第二节 生产场所核查

第六十五条 生产车间依其清洁度要求一般分为：一般作业区（以果蔬为原料的清洗区、水处理区、仓储区、外包装区等）、准清洁作业区（杀菌区、配料区、预包装清洗消毒区等）、清洁作业区（灌装防护区等）。

生产食品工业用浓缩液（汁、浆）的还应设置原料清洗区（与后续工序有效隔离）。

对于有后杀菌工艺的，灌装防护区可设在“准清洁作业区”，杀菌区可设在“一般作业区”。

第六十六条 生产场所或生产车间入口处应设置更衣室，洗手、干手和消毒设施，换鞋（穿戴鞋套）或工作鞋靴消毒设施。

第六十七条 清洁作业区入口应设置二次更衣区，洗手、干手和（或）消毒设施，换鞋（穿戴鞋套）或工作鞋靴消毒设施。

符合下列条件之一的，可豁免上述要求：使用自带洁净室及洁净环境自动恢复功能的灌装设备；使用灌装和封盖（封口）都在无菌密闭环境下进行的灌装设备；非直接饮用食品［如食品工业用浓缩液（汁、浆）等］。

清洁作业区应满足相应空气洁净度要求。静态时空气洁净度应至少达到10万级要求，如生产非直接饮用产品如生产非直接饮用食品如食品工业用浓缩液（汁、浆）等，可豁免该要求。

第六十八条 准清洁作业区及清洁作业区应相对密闭，清洁作业区设有空气处理装置和空气消毒设施。

第三节 设备设施核查

第六十九条 生产设备和设施根据实际工艺需要配备，一般包括：果（蔬）预处理设施（适用直接以果蔬为原料）、榨汁机或制浆机（适用直接以果蔬为原料）、水处理设备、调配设施（需调配的）、贮罐、杀菌设备、自动灌装封盖（口）设备、自动喷码设备、管道设备清洗消毒设施等。应根据工艺需要配备包装容器清洁消毒设施，如使用周转容器生产，应配备周转容器的清洗消毒设施。

浓缩果蔬汁（浆）的生产设备一般包括：果（蔬）预处理设施：周转与输送设施、清洗机、挑选机；制汁或制浆设备：榨汁机、打浆机；物料输送和储存设备：物料泵、贮存罐；专用设备：过滤机（清汁）、精制机（浆）、离心机（浆、浊汁）；浓缩与灌装设备：浓缩机、杀菌机、灌装机；管道与物料罐的清洗、消毒设施。

第七十条 检验设备一般应具有：无菌室（或超净工作台）、灭菌锅、微生物培养箱、生物显微镜（或菌落计数器）、折光仪（或密度仪）、酸碱滴定装置、分析天平（0.1 mg）、相应检测特征性指标的设备（出厂需检特征性指标项目时）及相关的计量器具等。

第四节 设备布局和工艺流程

第七十一条 设备布局应按工艺流程设计，果蔬汁（浆）一般包括：原料果蔬预处理（以果蔬为原料）、榨汁（以果蔬为原料）、澄清（清汁）、过滤（清汁）、打浆（果蔬浆）、杀菌、离心（浊汁）、稀释（以浓缩果蔬汁浆为原料）、灌装封盖（口）和灯检（或自动监测）等。

浓缩果蔬汁（浆）一般包括：原料果蔬预处理、榨汁、澄清（清汁）、过滤（清汁）、打浆（浓缩浆）、杀菌、离心（浊汁）、浓缩、灌装封盖（口）和自动监测等。

果蔬汁类饮料一般包括：果蔬预处理（以果蔬为原料的）、榨汁（以果蔬为原料的）、稀释［以浓缩果蔬汁（浆）为原料］、调配、杀菌、灌装封盖（口）和灯检（或自动监测）等。

具体产品按企业实际工艺流程生产，但其工艺流程必须科学合理，符合相关规定。

第七十二条 果蔬汁类及其饮料生产企业应对生产过程中的质量安全关键点进行控制，处理后的水应达到生产工艺要求，监控并记录各项指标。

以新鲜果蔬为原料的，应严格按标准及有关规定控制原料农残、污染物以及腐烂率并记录；应有拣选工序，去除不良、病虫害果蔬及异物，严格控制原料腐烂率；应充分清洗，严格监控破碎、制浆等工艺参数，保证处理后达到生产工艺要求，并记录。

有调配工艺的，应控制并记录投料种类、数量以及投料顺序；原辅料投入输送系统需有适宜规格的过滤器或其他等效的除杂措施，根据生产工艺要求，进行搅拌、加热、保温等操作的，应监控和记录相关工艺参数。

有杀菌工序的，严格监控影响杀菌效果的工艺参数（如杀菌温度、时间等）并记录，对于杀菌效果进行监控并记录。

灌装封盖（口）时，在产品灌装前应设置异物控制措施，控制灌装温度，按照净含量要求定量灌装；封盖（口）应控制如封盖扭矩、封盖压力等封盖（口）密封性参数，确保产品密封。灌装封盖（口）后应对产品的外观、灌装量、容器状况进行检查。

第五节 人员核查

第七十三条 从事接触直接入口食品工作的食品生产人员应当每年进行健康检查，取得健康证明后方可上岗工作。

第六节 管理制度审查

第七十四条 应建立进货查验记录制度。对原辅料、包装容器供应商进行审核，并定期进行审核评估；应在和供应商签订的合同中明确双方承担的食品安全责任。包装容器应符合相应食品安全国家标准和相应产品标准的要求。

以来自公共供水系统的水为生产用源水的，供水系统出入口应增设安全卫生设施，防止异物进入；以来自非公共供水系统的水（地表水或地下水）作为生产用源水的，采集点应采用有效的卫生防护措施，防止源水以外的水进入采集设备。采集区域周围应设立防护隔离区，限制牲畜和未授权人员进入。出水口或取水口应建立适当防护设施，地下水的出水口（如井口、泉眼）应通过建筑进行防护。应采用封闭管道进行输送，防止污染，不应用容器运到异地灌装。生产用水应符合《生活饮用水卫生标准》（GB 5749）中的卫生要求（pH 除外）。

所用的水果（蔬菜）应符合《食品安全国家标准 食品中农药最大残留限量》（GB 2763）和相应产品标准等要求，并控制污染物、腐烂率并记录。浓缩果蔬汁（浆）应符合《食品安全国家标准食品工业用浓缩液（汁、浆）》（GB 17325）及相关安全标准的要求。

第七十五条 企业应建立产品配方管理制度，列明配方中使用的食品添加剂、食品营养强化剂、新食品原料的使用依据和规定使用量；所使用的食品添加剂、食品营养强化剂、新食品原料应符合相应产品标准及国务院卫生行政部门相关公告的规定。

第七十六条 企业应建立生产过程管理制度，对生产过程中水的处理、调配、过滤、杀菌、灌装、灯检（或自动监测）、清洗消毒、储运和交付等环节质量安全进行管控。

浓缩果蔬汁（浆）应对原料预处理、榨汁、杀菌、浓缩、灌装等环节进行管控。

有水处理工艺的应规定过滤装置的清洗更换要求，制定处理后水的控制指标并监测记录。浓缩果蔬汁（浆）应根据相关的运输条件进行运输，按照相关要求配备冷藏车；采购的浓缩果蔬汁（浆）应根据相应要求贮存，宜在 10 ℃以下贮存（无菌包装产品除外），对于浓缩浊汁等需要冷冻贮存的原料，宜在 −18 ℃以下贮存，并监控。

调配应有复核，防止投料种类和数量有误。后杀菌工序应有温度、时间的记录，并定时检查是否达到规定要求。

应制定有效的清洗、消毒方法和管理制度，保证生产场所、生产设备、包装容器、工作服和人员的清洁卫生和安全，防止产品及包装在生产过程中被污染。

第七十七条 应参照《食品安全国家标准饮料生

产卫生规范》(GB 12695) 附录A《饮料加工过程的微生物监控程序指南》，合理设置卫生监控要求。

第七十八条 应制定检验管理制度，包括对原辅料、过程、出厂检验的管理规定，确保产品符合相关食品安全标准要求。

果蔬汁类及其饮料企业的检验能力至少满足感官、可溶性固形物、可滴定酸（产品中有此项目的）、菌落总数、霉菌（产品中有此项目的）、酵母（产品中有此项目的）、大肠菌群、pH、不溶性固形物（产品中有此项目的）、透光率（产品中有此项目的）、色值（产品中有此项目的）等项目的测定。

企业可以使用快速检测方法及设备，但应保证检测结果准确。使用快速检测方法及设备做检验时，应定期与国家标准规定的检验方法进行比对或验证。快速检测结果不合格时，应使用国家标准规定的检验方法进行确认。

第七节 试制产品检验

第七十九条 按所申报果蔬汁类及其饮料的品种[果蔬汁（浆）、浓缩果蔬汁（浆）、果蔬汁（浆）类饮料]和执行标准，分别从同一规格、同一批次的试制产品中抽取具有代表性的样品检验。果蔬汁类及其饮料中有橙、柑、橘、山楂汁及其饮料，为必检品种。

第八十条 企业应对提供的检验报告真实性负责；检验项目按产品适用的食品安全国家标准、产品标准、企业标准及国务院卫生行政部门的相关公告要求进行。

第六章 蛋白饮料生产许可审查要求

第一节 许可范围

第八十一条 实施食品生产许可管理的蛋白饮料产品，是指以乳或乳制品，或有一定蛋白质含量的植物的果实、种子或种仁等为原料，经加工或发酵制成的液体饮料。蛋白饮料生产许可类别编号0605，包括：含乳饮料、植物蛋白饮料、复合蛋白饮料、其他蛋白饮料。

含乳饮料是指以乳或乳制品为主要原料，添加或不添加其他食品原辅料和（或）食品添加剂，经加工或发酵制成的制品，包括：配制型含乳饮料、发酵型含乳饮料、乳酸菌饮料等。

植物蛋白饮料是指以一种或多种含有一定蛋白质的植物果实、种子或种仁等为原料，添加或不添加其他食品原辅料和（或）食品添加剂，经加工或发酵制成的制品，如：豆奶（乳）、豆浆、豆奶（乳）饮料、椰子汁（乳）、杏仁露（乳）、核桃露（乳）、花生露（乳）等。

复合蛋白饮料是指以乳或乳制品，和一种或多种含有一定蛋白质的植物果实、种子或种仁等为原料，添加或不添加其他食品原辅料和（或）食品添加剂，经加工或发酵制成的制品。

其他蛋白饮料是指上述之外的蛋白饮料。

第二节 生产场所核查

第八十二条 生产车间依其清洁度要求一般分为：一般作业区（原料处理区、仓储区、水处理区、外包装区等）、准清洁作业区（杀菌区、配料区、发酵区、菌种培养区、预包装清洗消毒区等）、清洁作业区（灌装防护区等）。

对于有后杀菌工艺的，灌装防护区可设在“准清洁作业区”，杀菌区可设在“一般作业区”。

第八十三条 生产场所或生产车间入口处应设置更衣室，洗手、干手和消毒设施，换鞋（穿戴鞋套）或工作鞋靴消毒设施。

第八十四条 清洁作业区入口应设置二次更衣区，洗手、干手和（或）消毒设施，换鞋（穿戴鞋套）或工作鞋靴消毒设施。

符合下列条件之一的，可豁免前述要求：使用自带洁净室及洁净环境自动恢复功能的灌装设备；使用灌装和封盖（封口）都在无菌密闭环境下进行的灌装设备；生产非直接饮用产品[如食品工业用浓缩液（汁、浆）等]。

清洁作业区应满足相应空气洁净度要求。静态时空气洁净度应至少达到10万级要求，如生产非直接饮用产品[如食品工业用浓缩液（汁、浆）等]，可豁免该要求。

第八十五条 准清洁作业区及清洁作业区应相对密闭，清洁作业区应设有空气处理装置和空气消毒设施。

第三节 设备设施核查

第八十六条 生产设备和设施根据实际工艺需要配备，一般包括：原料预处理设备（适用植物蛋白饮料）、磨浆机或胶体磨或等效的研磨设备（适用植物蛋白饮料）、过滤机或离心机（适用植物蛋白饮料）、贮存罐、发酵罐（适用发酵型产品）、均质机、杀菌设备、自动灌装封盖（口）设备、水处理设备、自动喷码设备等。应根据工艺需要配备包装容器清洁消毒设施，如使用周转容器生产，应配备周转容器的清洗消毒设施。

第八十七条 检验设备一般应具有：无菌室（或

超净工作台)、灭菌锅、微生物培养箱、生物显微镜(或菌落计数器)、定氮装置、酸度计(罐头加工工艺)、分析天平(0.1 mg)、相应检测特征性指标的设备(出厂需检特征性指标项目时)及相关的计量器具等。

第四节 设备布局和工艺流程

第八十八条 设备布局应按工艺流程设计，蛋白饮料一般包括：原料预处理、发酵(有发酵工艺的)、制浆(有该工艺的)、过滤脱气(有该工艺的)、调配、均质、杀菌灌装封盖(口)(灌装封盖杀菌)等。具体产品应按企业实际工艺流程生产，但其工艺流程必须科学合理，符合相关规定。

第八十九条 蛋白饮料生产企业应对生产过程中的质量安全关键点进行控制，处理后的水应达到生产工艺要求，监控并记录各项指标。

原辅料应严格按标准及有关规定控制食品安全指标；合理设置过滤，如风选、磁铁、金探及X光等异物处理工序，有效去除毛发、石块、金属等物理性危害；采用苦杏仁等含有天然毒素的原料加工植物蛋白饮料时，应按规定加强对脱毒工序的管理。

有调配工艺的，应控制并记录投料种类、数量以及投料顺序；原辅料投入输送系统需有适宜规格的过滤器或其他等效的除杂措施；根据生产工艺要求，进行搅拌、加热、保温等操作的，应监控和记录相关工艺参数。

有均质工艺的，应监控影响均质效果的参数，如压力、温度等，保证产品的稳定性。

有杀菌工序的，严格监控影响杀菌效果的工艺参数(如杀菌温度、时间等)并记录，对于杀菌效果进行监控并记录。

灌装封盖(口)时，应在产品灌装前应设置异物控制措施，控制灌装温度，按照净含量要求定量灌装；封盖(口)应控制如封盖扭矩、封盖压力等封盖(口)密封性参数，确保产品密封。灌装封盖(口)后应对产品的外观、灌装量、容器状况进行检查。

第五节 人员核查

第九十条 从事接触直接入口食品工作的食品生产人员应当每年进行健康检查，取得健康证明后方可上岗工作。

第六节 管理制度审查

第九十一条 应建立进货查验记录制度。对原辅料、包装容器供应商进行审核，并定期进行审核评估；应在和供应商签订的合同中明确双方承担的食品安全责任。包装容器应符合相应食品安全国家标准和相应产品标准的要求。

以来自公共供水系统的水为生产用源水的，供水系统出入口应增设安全卫生设施，防止异物进入；以来自非公共供水系统的水(地表水或地下水)作为生产用源水的，采集点应采用有效的卫生防护措施，防止源水以外的水进入采集设备。采集区域周围应设立防护隔离区，限制牲畜和未授权人员进入。出水口或取水口应建立适当防护设施，地下水的出水口(如井口、泉眼)应通过建筑进行防护。应采用封闭管道进行输送，防止污染，不应用容器运到异地灌装。生产用水应符合《生活饮用水卫生标准》(GB 5749)中的卫生要求(pH除外)。

使用的生乳、乳粉、大豆、花生等应符合《食品安全国家标准生乳》(GB 19301)、《食品安全国家标准乳粉》(GB 19644)等相关要求，及《食品安全国家标准食品中真菌毒素限量》(GB 2761)、《食品安全国家标准食品中污染物限量》(GB 2762)等相关食品安全国家标准的要求。使用菌种的产品，菌种必须符合《可用于食品的菌种名单》等国家有关规定，不得使用变异或杂化的菌种，并应查验鉴定证书。

第九十二条 企业应建立产品配方管理制度，列明配方中使用的食品添加剂、食品营养强化剂、新食品原料的使用依据和规定使用量；所使用的食品添加剂、食品营养强化剂、新食品原料应符合相应产品标准及国务院卫生行政部门相关公告的规定。

第九十三条 企业应建立生产过程管理制度，对生产过程中水的处理、调配、过滤脱气(有此工艺需要时)、杀菌、灌装、清洗消毒、储运和交付等环节质量安全进行管控。

有水处理工艺的应规定水处理过滤装置的清洗更换要求，制定处理后水的控制指标并监测记录。

对于采用生乳为原料的产品，生乳应在挤奶后2小时内应降温至0～4℃，采用保温奶罐车及时运输；生乳到厂后应及时进行加工，如果不能及时处理，应有冷藏贮存设施，进行温度及相关指标的监测，并记录。以大豆为原料的蛋白饮料加工过程中的杀菌强度应符合大豆胰蛋白酶的灭活强度要求；花生仁、核桃仁、杏仁等植物蛋白原料等应贮存在通风干燥环境下，避免虫蛀、霉变及氧化。对于直投式发酵用菌种应根据菌种的特性贮存在适宜温度，以保持菌种的活力，其中深冷菌种(液态菌种)宜贮存在－55～40℃，冻干菌种(干粉菌种)宜贮存在－18～－4℃，并监控记录贮存温度。

调配应有复核，防止投料种类和数量有误。后杀菌工序应有温度、时间的记录，并定时检查是否达到规定要求。

应制定有效的清洗、消毒方法和管理制度，保证生产场所、生产设备、包装容器、工作服和人员的清洁卫生和安全，防止产品及包装在生产过程中被污染。

第九十四条 应参照《食品安全国家标准饮料生产卫生规范》(GB 12695) 附录 A《饮料加工过程的微生物监控程序指南》，合理设置卫生监控要求。

第九十五条 应制定检验管理制度，包括对原辅料、过程、出厂检验的管理规定，确保产品符合食品安全标准要求。

蛋白饮料企业的检验能力至少满足感官、蛋白质、乳酸菌数（活菌型产品）、菌落总数、大肠菌群、pH 等项目的测定。

企业可以使用快速检测方法及设备，但应保证检测结果准确。使用快速检测方法及设备做检验时，应定期与国家标准规定的检验方法比对或验证。快速检测结果不合格时，应使用国家标准规定的检验方法进行确认。

第七节 试制产品检验

第九十六条 按所申报蛋白饮料的品种（含乳饮料、植物蛋白饮料、复合蛋白饮料、其他蛋白饮料）和执行标准，分别从同一规格、同一批次的试制产品中抽取具有代表性的样品检验。

第九十七条 企业应对提供的检验报告真实性负责；检验项目按产品适用的食品安全国家标准、产品标准、企业标准及国务院卫生行政部门的相关公告要求进行。

第七章 固体饮料生产许可审查要求

第一节 许可范围

第九十八条 实施食品生产许可管理的固体饮料产品，是指以糖、乳或乳制品、蛋或蛋制品、果汁或植物提取物等为主要原料，添加适量的辅料或食品添加剂制成的供冲调饮用的固体制品。固体饮料生产许可类别编号 0606，包括：风味固体饮料、蛋白固体饮料、果蔬固体饮料、茶固体饮料、咖啡固体饮料、可可粉固体饮料和其他固体饮料。

风味固体饮料是指以食用香精（料）、糖（包括食糖和淀粉糖）、甜味剂、酸味剂、植脂末等一种或几种物质作为调整风味主要手段，添加或不添加其他食品原辅料和（或）食品添加剂，经加工制成的固体饮料。

蛋白固体饮料是指以乳和（或）乳制品，或含有一定蛋白质含量的植物果实、种子或果仁或其制品等为原料，添加或不添加其他食品原辅料和（或）食品添加剂，经加工制成的固体饮料。

果蔬固体饮料是指以果蔬或其制品（果蔬汁、果蔬粉）等为主要原料，添加或不添加其他食品原辅料和（或）食品添加剂，经加工制成的固体饮料。

茶固体饮料是指以茶叶的提取液或其提取物或直接以茶粉（包括速溶茶粉、研磨茶粉）为原料，添加或不添加其他食品原辅料和（或）食品添加剂，经加工制成的固体饮料。

咖啡固体饮料是指以咖啡豆及咖啡制品（研磨咖啡粉、咖啡的提取液或其浓缩液、速溶咖啡等）为原料，添加或不添加其他食品原辅料和（或）食品添加剂，经加工制成的固体饮料。

可可粉固体饮料是指以可可为主要原料，添加其他食品原辅料和（或）食品添加剂，经加工制成的固体饮料，如巧克力固体饮料。

其他固体饮料是指上述固体饮料之外的，以食用的原辅料、食品添加剂等加工制成的粉末状、颗粒状或块状等，供冲调饮用的固体制品，如植物固体饮料、谷物固体饮料、营养素固体饮料、食用菌固体饮料等。

实施食品生产许可管理的固体饮料产品不包括烧煮型咖啡。

第二节 生产场所核查

第九十九条 生产车间依其清洁度要求一般分为：一般作业区（原料处理区、仓储区、外包装区等）、准清洁作业区（配料区、湿法干燥脱水区、预包装清洗消毒区等）、清洁作业区（干法混合区、内包装区等）。

第一百条 生产场所或生产车间入口处应设置更衣室，洗手、干手和消毒设施，换鞋（穿戴鞋套）或工作鞋靴消毒设施；配料区、干燥脱水区/混合区、内包装区入口应设置洗手和（或）消毒设施，换鞋（穿戴鞋套）或工作鞋靴消毒设施。

第一百零一条 清洁作业区根据不同种类的固体饮料特点和工艺要求分别制定不同的空气洁净度要求，清洁作业区必须安装初效和中效空气净化设备。

第一百零二条 准清洁作业区和清洁作业区应相对密闭，清洁作业区应设有空气处理装置和空气消毒设施。

第三节 设备设施核查

第一百零三条 生产设备和设施根据实际工艺需要配备，一般包括：混合配料设备、焙烤设备（有该工艺的）、干燥脱水设备（湿法工艺）、自动包装设备、自动喷码设备等。

第一百零四条 检验设备一般应具有：无菌室（或超净工作台）、灭菌锅、微生物培养箱、生物显微镜（或菌落计数器）、定氮装置（适用蛋白固体饮料）、干燥箱、分析天平（0.1 mg）和天平（0.1 g）、相应检测特征性指标的设备（出厂需检特征性指标项目时）及相关的计量器具等。

第四节 设备布局和工艺流程

第一百零五条 设备布局应按工艺流程设计，一般包括湿法工艺和干法工艺。湿法工艺一般包括：原料验收、调配、杀菌（浓缩）、脱水干燥、冷却、成型包装。干法工艺一般包括：原料验收、备料、混料和包装。具体产品按企业实际工艺流程生产，但其工艺流程必须科学合理，符合相关规定。

第一百零六条 应对生产过程中的质量安全关键点进行控制。原辅料应制定进货检验计划，并按国家相关标准或企业内控标准要求取样检测、记录，按标签标示要求进行贮存。

第一百零七条 湿法工艺的调配控制。原辅料经核对有关信息无误后，输送到配料车间。食品添加剂及食品营养强化剂专人负责管理，并对添加剂及营养强化剂的名称、批号等严格核对，准确称量并记录。

杀菌（浓缩）控制。产品杀菌温度、杀菌时间应控制在设备参数范围内，并记录。

脱水干燥控制。喷雾干燥及其后续的冷却、包装工序应严格控制蒸汽、水的使用，以减少有害微生物的繁殖。

冷却控制。冷却降温应在清洁作业区作业，冷却后的产品应采用粉仓等密闭暂存设备储存。

成型包装控制。通过筛网、磁栅或X射线检测器等进行异物控制，并配备剔除设备，保证包装后的产品不含金属和其他异物。包装后的产品应取样并进行密封性测试，按产品标准要求进行检验，合格后方可出厂销售。

第一百零八条 干法工艺的备料控制。应对原辅料的名称、规格、是否合格、外包装有无污染等进行确认。备料区与进料区之间应设置独立的缓冲处理区，做好物料外包装的除尘。拆包过程中，应注意内袋对外袋碎屑及线绳的静电吸附，定期对拆包进料区进行卫生清理，检查物料内袋有无破损，发现破损或物料结块等异常，应做退料处理。物料除去外包装后经过洁净的通道进入清洁作业区。

混料控制。配方由专人发放管理，确保配方准确。配料过程应确保物料称量与配方要求一致。整个配料（预混）生产及领用建立相关记录。同时根据需要对配料（如白砂糖）进行粉碎处理。

混合控制。鼓励实施混合全过程自动化控制，无异常不需要人工干预。混合工艺应保证物料的混合均匀性。混合后的半成品不能裸露在清洁作业区内，应采用粉仓等密闭暂存设备储存，做好标识，备用。

第五节 人员核查

第一百零九条 从事接触直接入口食品工作的食品生产人员应当每年进行健康检查，取得健康证明后方可上岗工作。

第六节 管理制度审查

第一百一十条 应建立进货查验记录制度，对原辅料、包装容器供应商进行审核，并定期进行审核评估；应在和供应商签订的合同中明确双方承担的食品安全责任。包装容器应符合相应食品安全国家标准和相应产品标准的要求。

以来自公共供水系统的水为生产用源水的，供水系统出入口应增设安全卫生设施，防止异物进入；以来自非公共供水系统的水（地表水或地下水）作为生产用源水的，采集点应采用有效的卫生防护措施，防止源水以外的水进入采集设备。采集区域周围应设立防护隔离区，限制牲畜和未授权人员进入。出水口或取水口应建立适当防护设施，地下水的出水口（如井口、泉眼）应通过建筑进行防护。应采用封闭管道进行输送，防止污染，不应用容器运到异地灌装。生产用水应符合《生活饮用水卫生标准》（GB 5749）中的卫生要求（pH除外）。生产用原辅料符合相关食品安全标准的要求。

第一百一十一条 企业应建立产品配方管理制度；应列明配方中使用的食品添加剂、食品营养强化剂、新食品原料的使用依据和规定使用量；所使用的食品添加剂、食品营养强化剂、新食品原料应符合相应产品标准及国务院卫生行政部门相关公告的规定。

第一百一十二条 建立生产过程管理制度，对生产过程中调配、脱水干燥（有此工艺时）、成型包装、清洗消毒、储运和交付等环节质量安全进行管控。

配料应有复核，防止投料种类和数量有误。

应制定有效的清洗、消毒方法和管理制度并验证，保证生产场所、生产设备、包装容器、工作服和人员的清洁卫生和安全，防止产品及包装在生产过程中被污染。

第一百一十三条 应参照《食品安全国家标准饮料生产卫生规范》（GB 12695）附录A《饮料加工过

程的微生物监控程序指南》，合理设置卫生监控要求。

第一百一十四条 应制定检验管理制度，包括对原辅料、过程、出厂检验的管理规定，确保产品符合食品安全标准要求。

固体饮料企业的检验能力至少满足感官、水分、蛋白质（蛋白固体饮料）、菌落总数、大肠菌群、特征性指标（需要时）等项目的测定。

企业可以使用快速检测方法及设备，但应保证检测结果准确。使用快速检测方法及设备做检验时，应定期与国家标准规定的检验方法比对或验证。快速检测结果不合格时，应使用国家标准规定的检验方法进行确认。

第七节 试制产品检验

第一百一十五条 按所申报固体饮料的品种（风味固体饮料、蛋白固体饮料、果蔬固体饮料、茶固体饮料、咖啡固体饮料、可可粉固体饮料、其他固体饮料）和执行标准，分别从同一规格、同一批次的试制产品中抽取具有代表性的样品检验。生产其他固体饮料的，按其他固体饮料的具体产品和产品标准加抽样品检验。

第一百一十六条 应对提供的检验报告真实性负责；检验项目按产品适用的食品安全国家标准、产品标准、企业标准及国务院卫生行政部门的相关公告要求进行。

第八章 其他饮料类生产许可审查要求

第一节 许可范围

第一百一十七条 实施食品生产许可管理的其他饮料类，是指乙醇含量不超过质量分数为0.5%的制品，且上述未包括的其他类型液体饮料产品。其他饮料类生产许可类别编号0607，包括：咖啡（类）饮料、植物饮料、风味饮料、运动饮料、营养素饮料、能量饮料、电解质饮料、饮料浓浆、其他类饮料。

咖啡（类）饮料是指以咖啡豆和（或）咖啡制品（研磨咖啡粉、咖啡的提取液或其浓缩液、速溶咖啡等）为原料，添加或不添加糖（食糖、淀粉糖）、乳和（或）乳制品、植脂末等食品原辅料和（或）食品添加剂等，经加工制成的液体产品。如浓咖啡饮料、咖啡饮料、低咖啡因咖啡饮料、低咖啡因浓咖啡饮料。

植物饮料是指以植物或植物提取物为主要原料，添加或不添加其他食品原辅料和（或）食品添加剂，经加工或发酵制成的液体产品，如可可饮料、谷物类饮料、草本（本草）饮料、食用菌饮料、藻类饮料、其他植物饮料，不包括果蔬汁类及其饮料、茶（类）饮料和咖啡（类）饮料。

风味饮料是指以食用香精（料）、糖（食糖、淀粉糖）和（或）甜味剂、酸度调节剂等一种或几种作为调整风味主要手段，经加工或发酵制成的液体产品。如茶味饮料、果味饮料、乳味饮料、咖啡味饮料、风味水饮料、其他风味饮料等。

运动饮料是指营养成分及其含量能适应运动或体力活动人群的生理特点，能为机体补充水分、电解质和能量，可被迅速吸收的饮料。

营养素饮料是指添加适量的食品营养强化剂，以补充人体营养需要的饮料。

能量饮料是指含有一定的能量并添加适量营养成分或其他特定成分，可补充人体能量需要、或加速能量释放和吸收的饮料。

电解质饮料是指添加矿物质及其他营养成分，能为机体补充新陈代谢消耗的电解质、水分的饮料。

饮料浓浆是指以食品原辅料和（或）食品添加剂为基础，经加工制成的，按一定比例用水稀释或稀释后加入二氧化碳方可饮用的制品。

其他类饮料是指上述各类未包括的液体饮料产品。

第二节 生产场所核查

第一百一十八条 生产车间依其清洁度要求一般分为：一般作业区（原料处理区、水处理区、仓储区、外包装区等）、准清洁作业区（杀菌区、配料区、预包装清洗消毒区等）、清洁作业区（灌装防护区等）。对于有后杀菌工艺的，灌装防护区可设在“准清洁作业区”，杀菌区可设在“一般作业区”。

第一百一十九条 生产场所或生产车间入口处应设置更衣室，洗手、干手和消毒设施，换鞋（穿戴鞋套）或工作鞋靴消毒设施。

第一百二十条 清洁作业区入口应设置二次更衣区，洗手、干手和（或）消毒设施，换鞋（穿戴鞋套）或工作鞋靴消毒设施。

符合下列条件之一的，上述要求可豁免：使用自带洁净室及洁净环境自动恢复功能的灌装设备；使用灌装和封盖（封口）都在无菌密闭环境下进行的灌装设备；生产非直接饮用产品［如食品工业用浓缩液（汁、浆）、饮料浓浆等］。

清洁作业区应满足相应空气洁净度要求。静态时空气洁净度应至少达到10万级要求，如生产非直接饮用产品［如食品工业用浓缩液（汁、浆）、饮料浓浆等］，可豁免该要求。

第一百二十一条　准清洁作业区及清洁作业区应相对密闭，清洁作业区应设有空气处理装置和空气消毒设施。

第三节　设备设施核查

第一百二十二条　生产设备和设施根据实际工艺需要配备，一般包括：水处理设备、配料设施、过滤器（需过滤的产品）、杀菌设备、生产设备清洗消毒设施、自动灌装封盖（口）设备、自动喷码设备等。应根据工艺需要配备包装容器清洁消毒设施，如使用周转容器生产，应配备周转容器的清洗消毒设施。

第一百二十三条　检验设备一般应具有：无菌室（或超净工作台）、杀菌锅、培养箱、干燥箱、生物显微镜（或菌落计数器）、分析天平（0.1 mg）、酸度计（需检 pH 项目时）、相应检测特征性指标的设备（出厂需检特征性指标项目时）及相关计量器具。

第四节　设备布局和工艺流程

第一百二十四条　设备布局应按工艺流程设计，其他饮料类一般包括：原料预处理、发酵（有发酵工艺的）、调配（或不调配）、均质（或不均质）、杀菌、灌装封盖（口）、灯检（或自动监测）等。

咖啡浓缩液包括咖啡豆的烘焙、检验、研磨、提取、离心、过滤、浓缩、杀菌和灌装封盖（口）等工序。

具体产品应按企业实际工艺流程生产，但必须科学合理，符合相关规定。

第一百二十五条　其他饮料类生产企业应对生产过程中的质量安全关键点进行控制，原料（包括生产用水）应确保处理后达到生产工艺要求，监控并记录各项指标。

对原料采用萃取工艺的，应监控记录萃取的温度、时间，过滤器孔径应符合生产工艺要求；采用蒸煮、制浆工艺要控制好原料的蒸煮温度、时间和压力。咖啡浓缩液、植物浓缩液（如凉茶浓缩液）等应在不影响产品质量及食品安全条件下贮存，并对贮存参数进行监控和记录。

有调配工艺的，应控制并记录投料种类、数量以及投料顺序；原辅料投入输送系统需有适宜规格的过滤器或其他等效的除杂措施；根据生产工艺要求，进行搅拌、加热、保温等操作的，应监控和记录相关工艺参数。

有杀菌工序的，严格监控影响杀菌效果的工艺参数（如杀菌温度、时间等）并记录，对于杀菌效果进行监控并记录。

灌装封盖（口）时，在产品灌装前应设置异物控制措施，并控制灌装温度、灌装量；封盖（口）应控制如封盖扭矩、封盖压力等封盖（口）密封性参数，确保产品密封。灌装封盖（口）后应对产品的外观、灌装量、容器状况进行检查。

第五节　人员核查

第一百二十六条　从事接触直接入口食品工作的食品生产人员应当每年进行健康检查，取得健康证明后方可上岗工作。

第六节　管理制度审查

第一百二十七条　应建立进货查验记录制度。对原辅料、包装容器供应商进行审核，并定期进行审核评估；应在和供应商签订的合同中明确双方承担的食品安全责任。包装容器应符合相应食品安全国家标准和相应产品标准的要求。

以来自公共供水系统的水为生产用源水的，供水系统出入口应增设安全卫生设施，防止异物进入；以来自非公共供水系统的水（地表水或地下水）作为生产用源水的，采集点应采用有效的卫生防护措施，防止源水以外的水进入采集设备。采集区域周围应设立防护隔离区，限制牲畜和未授权人员进入。出水口或取水口应建立适当防护设施，地下水的出水口（如井口、泉眼）应通过建筑进行防护。应采用封闭管道进行输送，防止污染，不应用容器运到异地灌装。生产用水应符合《生活饮用水卫生标准》（GB 5749）中的卫生要求（pH 除外）。生产用原辅料符合相关食品安全标准的要求。

第一百二十八条　企业应建立产品配方管理制度，列明配方中使用的食品添加剂、食品营养强化剂、新食品原料的使用依据和规定使用量；所使用的食品添加剂、食品营养强化剂、新食品原料应符合相应产品标准及国务院卫生行政部门相关公告的规定。

第一百二十九条　企业应建立生产过程管理制度，对生产过程中水处理、调配、灌装（包装）、清洗消毒、储运和交付等环节进行管控。

有水处理工艺的应规定水处理过滤装置的清洗更换要求，制定处理后水的控制指标并监测记录；调配应有复核，防止投料种类和数量有误。应制定有效的清洗、消毒方法和管理制度并验证，保证生产场所、生产设备、包装容器、工作服和人员的清洁卫生和安全，防止产品及其包装在生产过程中被污染。

第一百三十条　应参照《食品安全国家标准饮料生产卫生规范》（GB 12695）附录 A《饮料加工过程的微生物监控程序指南》，合理设置卫生监控要求。

第一百三十一条　应制定检验管理制度，包括对原辅料、过程、出厂检验的管理规定，确保产品符合相关食品安全标准要求。

其他饮料类企业的检验能力至少满足感官、特征性指标含量、菌落总数、大肠菌群、可溶性固体物（必要时）、pH 等项目的测定。

企业可以使用快速检测方法及设备，但应保证检测结果准确。使用快速检测方法及设备做检验时，应定期与国家标准规定的检验方法比对或验证。快速检测结果不合格时，应使用国家标准规定的检验方法进行确认。

第七节　试制产品检验

第一百三十二条　按所申报其他饮料类的品种［咖啡（类）饮料、植物饮料、风味饮料、运动饮料、营养素饮料、能量饮料、电解质饮料、饮料浓浆、其他类饮料］和执行标准，分别从同一规格、同一批次的试制产品中抽取具有代表性的样品检验。

第一百三十三条　企业应对提供的检验报告真实性负责；检验项目按产品适用的食品安全国家标准、产品标准、企业标准及国务院卫生行政部门的相关公告要求进行。

第九章　附　　则

第一百三十四条　根据《产业结构调整指导目录（2011 年本）》规定，淘汰生产能力 150 瓶/分钟以下（瓶容在 250 mL 及以下）的碳酸饮料生产线；限制浓缩苹果汁生产线。

第一百三十五条　饮料相关标准、检验项目和方法参见附件（资料性文件）。

第一百三十六条　本细则由国家食品药品监督管理总局负责解释。

第一百三十七条　本细则自发布之日起实施，原《饮料生产许可证审查细则》废止。

附件（略）

附录（略）

4

第四部分

国内综合统计资料

国内综合统计资料
简 要 说 明

1. 本部分统计资料主要包括农林牧渔业主要产品产量、农产品加工机械拥有量及农产品加工行业固定资产投资情况、按国民经济行业分类统计有关农产品加工业现状、农产品加工业主要产品产量、农产品加工业主要产品出口创汇情况、农产品加工业部分行业与企业排序，以及我国西部地区综合统计等7部分统计数据。

2. 香港和澳门特别行政区的统计是构成国家统计总体的一部分，但根据中华人民共和国《香港特别行政区基本法》和《澳门特别行政区基本法》的有关原则，香港、澳门与内地是相对独立的统计区域。根据各自不同的统计制度和法律规定，独立进行统计工作。本部分中所涉及的统计数据均未包括香港、澳门特别行政区和台湾省。这三部分相关统计数据，另在本年鉴附录中列出。

3. 本部分统计资料数据，除已注明“资料来源”之外，其余均采用国家统计局公布的数据。

4. 本部分采用的统计数据，基本上以2016年数据为主，为了保持与上卷年鉴提供数据的连续性，有一部分统计数据是在上卷基础上，延续列出。

5. 本部分有关表中所示“规模以上企业”是指年产品销售收入2 000万元以上的企业。

6. 本部分有关表中所示工业产值、工业增加值、工业产品销售产值、利税总额等数据未单独标注者，均按当年价格计算（当年价格即为现行价格）。

7. 本部分统计资料数据所使用的计量单位，均采用国际统一标准计量单位。对有关行业未按国际统一标准计量单位提供的数据，编辑部均按国际统一标准计量单位进行了相应换算。

8. 本部分中同一类、同一行业统计数据，由于管理渠道、统计范围、数据采集方法、时间等略有不同，加之有些行业与相关管理部门交叉较多，因此数据也略有不同。但来自同一系统的数据基本上还是一致的。

9. 本部分统计资料中，依据国家统计局、农业部、国家林业局、中国食品工业协会、中国轻工业联合会、中国纺织工业联合会等部门、行业提供的相关数据，开辟了“我国西部地区综合统计”专栏。

10. 本部分统计资料中符号使用说明：“空格”表示该项统计指标数据不详或无该项数据；“*”或“①”表示本表下有注解。

11. 由于时间短促，难免有误，请给予批评指正。

农林牧渔业主要产品产量统计

表1　我国主要农产品产量（2012—2016年）

单位：万t

年份	粮食						
	合计	谷物				豆类	薯类
		小计	稻谷	小麦	玉米		
2012	58 958	53 935	20 424	12 102	20 561	1 731	3 293
2013	60 194	55 269	20 361	12 193	21 849	1 595	3 329
2014	60 703	55 741	20 651	12 621	21 565	1 626	3 336
2015	62 144	57 228	20 823	13 019	22 463	1 590	3 326
2016	61 625	56 538	20 708	12 885	21 955	1 731	3 356

年份	棉花	油料				麻类	
		小计	花生	油菜籽	芝麻	小计	黄红麻
2012	683.6	3 437	1 669	1 401	63.9	26.1	6.8
2013	629.9	3 517	1 672	1 446	62.3	22.9	6.1
2014	617.8	3 507	1 648	1 477	63.0	23.1	5.6
2015	560.3	3 537	1 644	1 493	64.0	21.1	5.3
2016	529.9	3 639	1 729	1 454	63.1	26.2	5.3

年份	糖料			茶叶	烟叶	
	小计	甘蔗	甜菜		小计	烤烟
2012	13 485	12 311	1 174	179.0	340.7	312.6
2013	13 746	12 820	926	192.4	337.4	314.9
2014	13 361	12 561	800	209.6	299.4	279.5
2015	12 500	11 697	803	224.9	283.2	260.6
2016	12 340	11 383	957	240.5	272.6	255.6

年份	水果					
	合计	苹果	柑橘	梨	葡萄	香蕉
2012	24 057	3 849	3 168	1 707	1 054	1 156
2013	25 093	3 968	3 321	1 730	1 155	1 208
2014	26 142	4 092	3 493	1 796	1 255	1 179
2015	27 375	4 261	3 660	1 870	1 367	1 247
2016	28 351	4 388	3 764	1 870	1 375	1 300

表 2 各地区主要农产品产量（2016 年）

单位：万 t

地 区	一、粮 食					
	总 产	1. 谷 物				2. 豆类
		总 产	稻 谷	小 麦	玉 米	总 产
全国总计	**61 625.0**	**56 538.1**	**20 707.5**	**12 884.5**	**21 955.2**	**1 730.8**
北 京	53.7	52.3	0.1	8.5	43.2	0.5
天 津	196.4	194.2	13.4	60.9	118.1	1.2
河 北	3 460.2	3 321.9	54.7	1 433.3	1 753.6	32.0
山 西	1 318.5	1 232.9	0.5	273.4	888.9	36.9
内蒙古	2 780.3	2 492.3	63.2	169.9	2 139.8	120.0
辽 宁	2 100.6	2 017.1	484.6	2.2	1 465.6	30.7
吉 林	3 717.2	3 601.6	654.1	0.1	2 833.0	62.5
黑龙江	6 058.5	5 435.2	2 255.3	29.0	3 127.4	522.5
上 海	99.2	98.6	81.8	12.1	2.1	0.5
江 苏	3 466.0	3 360.6	1 931.4	1 119.6	233.9	72.6
浙 江	752.2	656.0	593.8	25.4	30.5	32.8
安 徽	3 417.4	3 252.5	1 401.8	1 385.9	462.0	135.0
福 建	650.9	496.1	471.5	0.6	21.8	24.0
江 西	2 138.1	2 029.9	2 012.6	2.6	13.0	33.8
山 东	4 700.7	4 505.2	88.1	2 344.6	2 065.0	38.4
河 南	5 946.6	5 777.0	542.2	3 466.0	1 745.9	56.6
湖 北	2 554.1	2 428.5	1 693.5	428.2	296.6	28.9
湖 南	2 953.2	2 805.2	2 602.3	5.9	188.7	36.5
广 东	1 360.2	1 170.8	1 087.1	0.3	81.0	22.3
广 西	1 521.3	1 420.6	1 137.3	1.1	278.6	24.7
海 南	177.9	149.2	149.1			2.0
重 庆	1 166.0	806.2	510.6	19.6	264.7	48.4
四 川	3 483.5	2 846.6	1 558.2	413.4	793.2	105.8
贵 州	1 192.4	855.5	430.5	59.7	324.4	35.0
云 南	1 902.9	1 567.7	671.9	89.4	756.5	138.7
西 藏	101.9	99.8	0.5	23.1	2.7	1.5
陕 西	1 228.3	1 114.2	91.9	445.0	545.4	27.6
甘 肃	1 140.6	883.1	3.1	267.8	560.6	31.4
青 海	103.5	61.1		33.1	18.1	6.0
宁 夏	370.6	331.8	63.0	40.9	216.2	3.4
新 疆	1 512.3	1 474.8	59.7	723.1	684.9	18.6

（续）

地 区	一、粮 食	二、油 料				三、棉 花
	3. 薯 类*					
	总 产	总 产	1. 花 生	2. 油菜籽	3. 芝 麻	总 产
全国总计	**3 356.2**	**3 629.5**	**1 729.0**	**1 454.6**	**63.1**	**529.9**
北 京	0.9	0.6	0.4			
天 津	0.9	1.6	0.6			2.3
河 北	106.3	156.5	129.7	3.1	0.8	30.0
山 西	48.7	15.4	1.3	0.8	0.2	1.0
内蒙古	168.0	220.0	4.9	41.5	0.2	
辽 宁	52.8	81.3	77.7	0.1		
吉 林	53.1	82.5	66.8		0.7	
黑龙江	100.8	21.7	4.8	0.1	0.1	
上 海	0.1	0.9	0.2	0.7		
江 苏	32.8	131.9	36.7	93.6	1.6	7.4
浙 江	63.5	29.1	5.2	22.9	0.9	1.7
安 徽	29.9	214.8	90.7	116.8	7.2	18.5
福 建	130.8	31.0	28.9	1.9	0.2	
江 西	74.5	122.0	46.5	71.8	3.7	7.3
山 东	157.2	326.8	321.6	2.3	0.1	54.8
河 南	113.1	619.1	509.2	81.7	27.2	9.8
湖 北	96.7	329.8	71.7	241.6	14.4	18.8
湖 南	111.5	242.9	30.6	210.6	1.6	12.3
广 东	167.2	113.3	111.9	0.9	0.5	
广 西	76.1	68.9	64.9	2.8	0.8	0.3
海 南	26.6	11.2	11.0		0.1	
重 庆	311.4	62.7	12.3	49.2	0.7	
四 川	531.1	311.3	68.8	241.1	0.5	0.9
贵 州	301.9	103.4	11.3	90.2	0.1	0.1
云 南	196.5	68.5	8.2	58.7		
西 藏	0.6	6.2		6.2		
陕 西	86.5	63.8	10.4	42.4	1.6	3.4
甘 肃	226.1	76.0	0.4	34.2		2.0
青 海	36.3	30.0		29.6		
宁 夏	35.4	14.7		0.3		
新 疆	18.9	71.4	2.1	9.4		359.4

* 薯类产量按 5∶1 折粮计算，下同。

（续）

地 区	四、麻 类		五、糖 料		六、烟 叶	
	总 产	黄红麻	1. 甘蔗	2. 甜菜	总 产	烤 烟
全国总计	**26.1**	**5.2**	**11 382.4**	**956.6**	**272.5**	**255.6**
北 京						
天 津						
河 北				93.1	0.6	0.4
山 西				3.3	0.9	0.9
内蒙古	0.2			266.2	1.0	0.9
辽 宁	1.0			9.4	2.7	2.6
吉 林				1.4	4.0	2.5
黑龙江	7.0			11.4	5.3	5.0
上 海			0.6			
江 苏	0.1		9.0			
浙 江			62.1		0.1	
安 徽	2.2	1.4	20.2		2.9	2.8
福 建			37.0		14.5	14.3
江 西	0.6	0.1	65.8		6.4	6.2
山 东					6.6	6.6
河 南	2.7	2.6	23.5		28.3	27.6
湖 北	2.1		37.3		9.0	7.9
湖 南	1.4		66.2		23.1	22.5
广 东	0.0		1 479.3		5.5	4.9
广 西	1.1	0.9	7 461.3		2.7	2.1
海 南	0.1	0.1	204.6			
重 庆	0.7		9.7		8.4	7.3
四 川	5.2	0.1	49.5	0.1	21.8	17.9
贵 州	0.1		117.8		29.8	27.5
云 南			1 738.4		90.7	87.9
西 藏						
陕 西	0.1		0.1		6.9	6.7
甘 肃	0.4			16.6	1.1	0.9
青 海				0.1		
宁 夏					0.2	0.2
新 疆	1.1			555.0		

表 3　我国玉米主产区生产情况（2015—2016 年）　单位：万 t

地　区	2015 年	2016 年	同比增长（%）
河　北	1 670.40	1 753.60	4.90
山　西	862.70	888.90	3.04
内蒙古	2 250.80	2 139.80	−4.90
辽　宁	1 403.50	1 465.60	4.42
吉　林	2 805.70	2 833.00	0.97
黑龙江	3 544.10	3 127.40	−11.76
山　东	2 050.90	2 065.00	0.79
河　南	1 853.70	1 745.90	−5.83
陕　西	543.10	545.40	0.37
其　他	5 478.30	6 144.20	12.16
总　计	**22 463.20**	**21 955.20**	**−0.23**

表 4　各地区水果产量（2016 年）　单位：t

地　区	水　果	其			中		
		苹　果	梨	柑　橘	桃	猕猴桃	葡　萄
全国总计	**181 193 994**	**43 882 278**	**18 704 437**	**37 648 720**	**14 288 941**	**2 344 855**	**13 745 058**
北　京	621 793	72 542	101 273		325 643	17	28 414
天　津	323 756	53 294	39 923		61 187		103 633
河　北	15 245 885	3 655 841	4992 313		2 020 728	1 570	1 707 421
山　西	7 539 010	4 286 152	791 462		1 027 651	19	281 579
内蒙古	609 828	174 706	64 712		2 328		120 883
辽　宁	5 700 339	2 566 031	1 209 664		579 695	533	695 134
吉　林	509 744	136 401	126 090		706		161 061
黑龙江	531 624	149 512	33 165				100 961
上　海	288 000	18	30 294	124 406	42 924	1 190	83 818
江　苏	2 963 079	564 137	758 273	32 727	634 713	10 577	609 972
浙　江	4 372 556		387 418	1 786 944	416 869	57 569	780 345
安　徽	3 052 847	374 008	1 142 228	21 952	672 236	3 034	462 889
福　建	7 616 038	12	240 945	3 789 023	293 544	7 756	177 783
江　西	4 053 727		161 801	3 601 014	62 826	31 279	66 579
山　东	17 285 729	9 781 255	1 338 584		2 935 788	4 824	1 142 180
河　南	9 227 304	4 385 801	1 174 767	47 917	1 277 994	455 660	682 710
湖　北	6 497 190	12 789	474 199	4 573 910	973 550	29 914	290 867
湖　南	5 909 014		183 276	4 969 461	162 794	76 178	194 851
广　东	15 809 623		108 949	4 943 272			
广　西	15 252 029		339 910	5 782 189	297 855	6 501	509 029
海　南	2 915 347			58 793			
重　庆	3 556 569	4 975	410 664	2 425 764	143 060	27 042	110 827
四　川	8 505 302	627 267	996 635	4 016 898	572 095	244 499	355 091
贵　州	1 622 661	59 485	320 905	348 955	205 211	68 898	231 229
云　南	6 970 430	420 918	525 826	612 684	320 426	4 744	962 145
西　藏	13 528	6 317	1 486	663	3 211		
陕　西	17 139 636	11 007 822	1 042 170	510 639	787 780		660 494
甘　肃	5 064 362	3 601 116	404 148	1 563	240 821	1 312 506	353 842
青　海	12 893	4 369	4 059		444	575	120
宁　夏	978 063	571 697	18 910		35 264		194 937
新　疆	11 006 338	1 365 832	1 280 387		191 633		2 675 828

（续）

地区	其中					
	红枣	柿子	香蕉	菠萝	荔枝	龙眼
全国总计	**7 588 132**	**3 969 135**	**12 996 977**	**1 581 968**	**2 296 059**	**1 913 945**
北京	9 095	34 508				
天津	36 235	15 135				
河北	1 388 360	583 604				
山西	742 398	115 404				
内蒙古	1 781					
辽宁	145 305					
吉林						
黑龙江						
上海		942				
江苏	9 029	11 572				
浙江		52 921				
安徽	15 852	134 057				
福建		235 068		42 678	181 164	305 779
江西		19 964	965 917			
山东	1 060 158	143 010				
河南	327 563	509 115				
湖北	36 258	65 168				
湖南	34 211	22 851				
广东		157 034	4 816 507	1 033 792	1 246 276	865 325
广西	28 464	1 178 304	3 199 258	34 193	667 478	596 722
海南			1 256 274	398 031	153 533	54 222
重庆	12 192	15 892	1 218		544	36 235
四川	17 099	51 681	47 857		18 229	42 012
贵州	2 799	15 880	9 507		630	807
云南	27 499	96 530	2 700 440	73 273	27 755	12 931
西藏						
陕西	831 005	382 068				
甘肃	167 384	24 427				
青海	120					
宁夏	19 497					
新疆	2 675 828					

表 5　各地区茶叶产量（2016 年）

单位：t

地　区	茶　叶	其中						
		绿　茶	青　茶	红　茶	黑　茶	黄　茶	白　茶	其他茶叶
全国总计	**2 384 946**	**1 567 990**	**285 626**	**218 354**	**149 741**	**656**	**21 695**	**142 266**
北　京								
天　津								
河　北								
山　西	8							7
内蒙古								
辽　宁								
吉　林								
黑龙江								
上　海								
江　苏	13 951	11 296		2 500	150		4	2
浙　江	172 185	166 169		1 349	3 111		144	1 555
安　徽	112 141	104 423	31	5 986			17 483	1 557
福　建	426 834	129 962	228 256	49 947			955	1 186
江　西	37 528	46 988	787	5 831	30	42		2 289
山　东	21 648	21 468						
河　南	68 571	63 767		5 004				
湖　北	296 097	212 117	1 533	31 177	45 454	410	1 315	6 092
湖　南	186 049	78 348	3 310	21 348	75 402	36	32	7 529
广　东	86 797	33 471	39 989	5 707				7 621
广　西	68 065	43 432	315	16 470	1 587		2	6 259
海　南	975	421		388				166
重　庆	37 036	31 940	49	3 719			16	1 313
四　川	267 285	223 804	5 438	4 419	17 067	106	473	16 434
贵　州	141 741	116 237	796	7 146	6 090	62	1 268	9 713
云　南	384 480	224 613	5 122	54 281			3	80 455
西　藏	92	3						88
陕　西	62 136	58 204		3 082	850			
甘　肃	1 327	1 327						
青　海								
宁　夏								
新　疆								

表 6　我国农垦系统主要农产品产量（2015—2016 年）

项　目	产　量（万 t）		
	2015 年	2016 年	同比增减（%）
一、粮食	3 667.47	3 483.15	−5.03
夏收粮食	301.79	301.48	−0.10
1. 稻谷	1 823.20	1 841.52	1.00
其中：早稻	59.54	61.65	3.54
2. 小麦	327.86	340.96	4.00
其中：春小麦	118.56	126.14	6.39
3. 玉米	1 280.81	1 035.79	−19.13
4. 谷子	2.08	2.40	15.38
5. 高粱	4.33	9.83	127.02
6. 大豆	143.18	165.95	15.90
7. 薯类（折粮）	50.40	56.70	12.50
二、棉花	175.04	187.69	7.23
三、油料	80.81	81.70	1.10
其中：花生	10.63	12.20	14.77
油菜籽	42.85	31.62	−26.21
向日葵	24.75	34.82	40.69
四、糖料	718.26	734.52	2.26
其中：甘蔗	487.66	486.86	−0.16
甜菜	230.60	248.16	7.61
五、麻类	1.52	2.56	68.42
六、烟叶	0.37	0.82	121.62
七、药材	20.30	24.49	20.64
八、蔬菜、瓜类	1 519.97	1 457.36	−4.12
九、其他农作物	97.64		
十、水果			
十一、茶叶			
十二、干胶			
十三、剑麻（折纤维）			

表7 各地区农垦系统主要农产品产量（2016年）

单位：万 t

地 区	粮 食	棉 花	油 料	糖 料	大 豆	干胶（t）
全国总计	**3 483.15**	**187.69**	**81.70**	**724.52**	**143.18**	**165.95**
北 京	0.04					
天 津	0.20	0.01				
河 北	7.64	0.68	0.18	1.58	0.01	0.01
山 西	0.48		0.02	0.04	0.02	0.02
内蒙古	52.88		21.54	6.41	20.56	11.70
辽 宁	15.08		1.43	0.02	1.37	0.61
吉 林	11.61		21.54		0.49	141.29
黑龙江	281.42		1.85	0.07	108.69	0.03
上 海	3.71		0.23			0.07
江 苏	15.15		0.01		0.07	0.10
浙 江	0.16		0.01		0.11	2.06
安 徽	5.40	0.01	0.15		3.32	0.18
福 建	1.05		0.39		0.18	0.59
江 西	10.56	0.35	2.86	2.31	0.50	0.01
山 东	1.33	0.16	0.01		0.10	1.99
河 南	4.42	0.04	2.46		1.47	1.85
湖 北	16.83	1.15	7.88	1.01	2.31	0.27
湖 南	16.83	1.41	6.22	6.21	0.27	0.02
广 东	9.67		0.74	185.61	0.02	0.07
广 西	0.82		0.32	226.82	0.05	0.07
海 南	0.23		0.45	23.45	0.08	
重 庆	2.42					
四 川	0.07					
贵 州	0.11		0.08			
云 南	1.03			40.61		
西 藏						
陕 西	1.39	0.01	0.12		0.07	0.14
甘 肃	2.05	0.04	2.31		0.07	0.05
青 海	1.52		0.79			
宁 夏	3.42		0.28		0.02	0.02
新 疆	144.56	184.53	28.86	232.52	3.38	30.22

表 8　我国农垦系统茶、桑、果、林生产情况（2015—2016 年）

指　标	单位	2015 年	2016 年	同比增长（%）
一、年末实有茶园面积	khm^2	29.4	29.0	−1.36
茶叶总产量	万 t	5.0	2.4	−52.00
二、年末实有桑园面积	khm^2	2.2	1.6	−27.27
三、年末实有果园面积	khm^2	422.7	418.5	−0.99
水果总产量	万 t	649.2	677.5	4.36
其中：苹果	万 t	68.1	91.3	34.07
梨	万 t	61.9	68.8	11.15
柑橘	万 t	33.2	34.5	3.92
四、年末实有橡胶园面积	khm^2	443.2	453.6	2.35
当年橡胶开割面积	khm^2	306.0	297.2	−2.88
每公顷产干胶	kg	1 013.1	962.3	−5.01
全年干胶总产量	万 t	31.0	28.6	−7.74
五、当年造林面积	khm^2	68.5	73.6	7.45
用材林	khm^2	12.1	13.0	7.44
经济林	khm^2	19.5	28.7	47.18
防护林	khm^2	35.3	32.8	−7.08
薪炭林	khm^2	0.2	0.2	
特种用材林	khm^2	0.3	0.2	−33.33

表 9　我国热带、亚热带作物产量（2016 年）

项　目	单位	**总计**	广东	广西	海南	云南
一、橡胶总产量（干胶片）	t	**815 938.0**	15 726.0	160.0	351 437.0	448 615.0
二、咖啡豆总产量（干咖啡豆）	t	**158 719.9**			342.0	158 377.9
三、椰子（按果实计）	万个	**22 229.8**	11.0		22 185.5	33.3
四、腰果总产量（干果）	t	**6.8**			6.8	
五、香料作物（折香料油计）	t	**2 594.1**	7.0	1.0	1 783.3	802.8
其中：香茅草（折香料油计）	t	**452.7**	7.0			445.7
六、剑麻（番麻）（折纤维计）	t	**119 638.4**	30 374.0	86 004.0	3 260.4	

表 10　我国棉花主产区生产情况（2015—2016 年）

单位：万 hm^2、万 t

地　区	面　积			产　量		
	2015 年	2016 年	同比增长（%）	2015 年	2016 年	同比增长（%）
新　疆	190.4	180.5	−5.20	350.3	359.3	2.57
山　东	51.6	46.5	−9.88	53.7	54.8	2.05
河　南	12.0	10.1	−15.83	12.6	9.7	−23.02
河　北	35.9	28.8	−19.78	37.3	29.9	−19.84
湖　北	26.5	20.2	−23.77	29.8	18.8	−36.91
江　苏	9.4	6.3	−32.98	11.7	7.3	−37.61
安　徽	23.3	18.3	−21.46	23.4	18.4	−21.37
湖　南	11.4	10.3	−9.65	14.5	9.7	−33.10
主产区总计	360.5	320.9	−10.98	533.3	507.9	−4.76
全国总计	**379.7**	**334.4**	**−11.93**	**560.3**	**529.9**	**−5.43**
主产区占全国比重（%）	94.9	95.6	0.74	95.5	95.8	0.31

表 11 各地区蔬菜产量增减情况（2015—2016 年）

单位：万 t

地 区	2015 年	2016 年	同比增长（%）
全国总计	**78 526.1**	**79 797.1**	**1.62**
北 京	205.1	183.5	−10.53
天 津	441.5	450.3	1.99
河 北	8 243.7	8 193.3	−0.61
山 西	1 302.2	1 294.5	−0.59
内蒙古	1 445.3	1 502.2	3.94
辽 宁	2 932.8	2 257.4	−23.03
吉 林	860.0	852.4	−0.88
黑龙江	957.4	936.8	−2.15
上 海	364.5	334.2	−8.31
江 苏	5 595.7	5 593.9	−0.03
浙 江	1 806.9	1 865.0	3.22
安 徽	2 714.2	2 774.6	2.23
福 建	1 903.6	1 951.6	2.52
江 西	1 359.1	1 420.1	4.49
山 东	10 272.9	10 327.0	0.53
河 南	7 456.5	7 807.6	4.71
湖 北	3 852.0	4 001.6	3.88
湖 南	3 996.9	4 196.3	4.99
广 东	3 438.8	3 569.1	3.79
广 西	2 786.4	2 928.8	5.11
海 南	572.2	579.7	1.31
重 庆	1 780.5	1 875.1	5.31
四 川	4 240.8	4 388.5	3.48
贵 州	1 731.9	1 878.4	8.46
云 南	1 873.9	1 968.8	5.06
西 藏	69.6	70.6	1.44
陕 西	1 822.5	1 896.1	4.04
甘 肃	1 823.1	1 954.1	7.19
青 海	166.4	170.0	2.16
宁 夏	575.8	593.1	3.00
新 疆	1 933.9	1 966.4	1.68

表 12 我国主要林产品产量（2012—2016 年）

单位：万 t

年 份	木材（万 m^3）	橡 胶	松 脂	生 漆	油桐籽	油茶籽
2012	8 174.9	80.23	121.51	2.60	42.70	172.77
2013	8 438.5	86.48	130.77	2.52	41.89	177.65
2014	8 233.3	84.02	130.95	2.23	41.61	202.34
2015	7 200.3	81.61	132.63	2.28	41.20	216.35
2016	7 775.8	82.56	132.89	2.19	40.85	216.44

表 13　各地区主要林产品产量（2016 年）

单位：t

地　区	木材（万 m³）	橡　胶	松　脂	生　漆	油桐籽	油茶籽
全国总计	**7 775.87**	**815 938**	**1 328 877**	**21 934**	**408 518**	**2 164 440**
北　京	15.38					
天　津	18.00					
河　北	82.30					
山　西	21.48					
内蒙古	81.71					
辽　宁	187.01					
吉　林	185.27					
黑龙江	116.39					
上　海						
江　苏	156.08					263
浙　江	108.18		309	20	161	51 421
安　徽	447.27		13 842	161	1 977	81 735
福　建	575.83		110 309	133	26 312	137 922
江　西	228.01		110 392	813	22 299	366 135
山　东	356.14					
河　南	274.00		7	2 092	81 155	29 213
湖　北	193.11		43 237	3 568	22 066	142 498
湖　南	273.75		46 566	1 060	35 287	874 642
广　东	756.01	15 726	225 805	55	6 904	146 833
广　西	2 686.55	160	630 873	47	82 068	196 853
海　南	150.12	351 437	9 665			3 385
重　庆	55.23		20	2 246	5 024	8 779
四　川	201.61		370	431	14 490	17 254
贵　州	165.18		17 904	7 649	66 031	73 980
云　南	391.58	448 615	118 662	385	17 144	18 058
西　藏						
陕　西	11.74		916	3 239	27 549	15 469
甘　肃	1.67			35	51	
青　海						
宁　夏						
新　疆	36.30					

表14 我国主要牲畜饲养情况（2012—2016年）

单位：万头（只）

年份	合计	大牲畜年底存栏头数				
		牛	马	驴	骡	骆驼
2012	11 892	10 343	634	636	249	29.5
2013	11 853	10 385	603	603	230	31.6
2014	12 023	10 578	604	583	225	33.4
2015	12 196	10 817	591	542	210	35.6
2016	11 906	10 667	550	456	192	38.1

年份	肉猪出栏头数	猪年底存栏头数	羊年底存栏只数		
			合计	山羊	绵羊
2012	69 790	47 592	28 504	14 136	14 368
2013	71 557	47 411	29 036	14 035	15 002
2014	73 510	46 583	30 315	14 466	15 849
2015	70 825	45 113	31 100	14 893	16 206
2016	68 502	43 504	30 112	13 977	16 135

表15 我国主要畜产品产量（2012—2016年）

年份	总产量（万t）	肉类产量（万t）				奶类产量（万t）		禽蛋产量（万t）
		猪牛羊肉				总产量	其中:牛奶	
		小计	猪肉	牛肉	羊肉			
2012	8 387.2	6 405.9	5 342.7	662.3	401.0	3 875.4	3 743.6	2 861.2
2013	8 535.0	6 574.4	5 493.0	673.2	408.1	3 649.5	3 531.4	2 876.1
2014	8 706.7	6 788.8	5 671.4	689.2	428.2	3 841.2	3 724.6	2 893.9
2015	8 625.0	6 627.5	5 486.5	700.1	440.8	3 870.3	3 754.7	2 999.2
2016	8 537.8	6 475.3	5 299.1	716.8	459.4	3 712.1	3 602.2	3 094.9

年份	蜂蜜（万t）	蚕茧（万t）		绵羊毛（万t）			山羊毛总产（t）	羊绒总产（t）
		总产	其中:桑蚕茧	总产	细羊毛	半细羊毛		
2012	44.8	90.6	83.1	40.0	12.6	13.2	43 924	18 021
2013	45.0	89.2	81.7	41.1	13.3	13.5	41 875	18 114
2014	46.8	89.5	81.9	42.0	12.5	14.2	40 046	19 278
2015	47.7			42.7	13.5	14.3	36 956	19 247
2016	48.1			42.7	13.3	14.7	36 389	19 216

表 16 各地区奶类产量（2015—2016 年）

单位：万 t

地 区	2015 年		2016 年	
	奶类产量	其中：牛奶	奶类产量	其中：牛奶
全国总计	**3 870.3**	**3 754.7**	**3 712.1**	**3 602.2**
北 京	57.2	57.2	45.7	45.7
天 津	68.0	68.0	68.0	68.0
河 北	480.9	473.1	448.0	440.5
山 西	92.7	91.9	95.9	95.1
内蒙古	812.2	803.2	741.3	734.1
辽 宁	142.6	140.3	144.2	143.1
吉 林	52.8	52.3	53.4	52.8
黑龙江	574.4	570.5	548.6	545.9
上 海	27.7	27.7	26.0	26.0
江 苏	59.6	59.6	59.0	59.0
浙 江	16.5	16.5	15.3	15.3
安 徽	30.6	30.6	32.7	32.7
福 建	15.4	15.0	15.9	15.4
江 西	13.0	13.0	13.5	13.5
山 东	284.9	275.4	276.8	268.4
河 南	352.3	342.2	336.6	326.8
湖 北	16.9	16.9	16.9	16.9
湖 南	9.7	9.7	10.1	10.1
广 东	12.9	12.9	13.0	12.9
广 西	10.1	10.1	9.7	9.7
海 南	0.2	0.2	0.2	0.2
重 庆	5.4	5.4	5.5	5.5
四 川	67.5	67.5	62.8	62.8
贵 州	6.2	6.2	6.4	6.4
云 南	62.5	55.0	64.1	56.9
西 藏	35.0	30.0	34.7	29.7
陕 西	189.9	141.2	189.1	140.2
甘 肃	39.9	39.3	40.7	40.0
青 海	32.7	31.5	34.2	33.0
宁 夏	136.5	136.5	139.5	139.5
新 疆	163.8	155.8	164.4	156.1

表 17 我国农垦系统主要畜产品产量（2015—2016 年）

单位：万 t

项 目	2015 年	2016 年	同比增长（%）
1. 肉类总产量	254.6	250.98	−1.42
其中：猪肉	146.4	181.82	24.19
牛肉	18.0	16.48	−8.44
羊肉	19.8	21.39	8.03
2. 牛奶	369.1	378.94	2.67
3. 羊毛	3.3	3.30	
4. 蜂蜜	1.3	1.40	7.69
5. 禽蛋	48.3	50.48	4.51

表 18　我国水产品产量（2012—2016 年）

单位：kt

年　份	总产量	1. 海水产品	其　中		2. 内陆产品	其　中	
			捕　捞	养　殖		捕　捞	养　殖
2012	59 077	30 333	13 895	16 438	28 743	2 298	26 445
2013	61 720	31 388	13 996	17 392	30 332	2 307	28 024
2014	64 615	32 962	14 836	18 126	31 653	2 295	29 358
2015	66 996	34 096	15 340	18 756	32 901	2 278	30 623
2016	69 012	34 901	13 282	19 631	34 111	2 318	31 792

表 19　各地区水产品产量（2016 年）

单位：kt

地　区	总产量	1. 海水产品	其　中		2. 内陆产品	其　中	
			捕　捞	养　殖		捕　捞	养　殖
全国总计	**69 012**	**32 913**	**13 282**	**19 631**	**34 110**	**2 318**	**31 792**
北　京	54.2				40.9	3.5	37.4
天　津	394.3	56.4	45.1	11.3	324.6	12.2	312.3
河　北	1 369.2	759.1	247.8	511.3	562.4	102.7	459.7
山　西	52.2				52.2	1.1	51.1
内蒙古	158.2				158.2	29.3	128.9
辽　宁	5 500.6	4 184.2	1 081.5	3 102.7	1 030.9	53.9	977.0
吉　林	200.6				200.9	19.5	181.4
黑龙江	572.9				573.1	54.4	518.7
上　海	296.2	16.9	16.9		153.8	2.4	151.4
江　苏	5 207.4	1 452.9	548.8	904.1	3 734.2	317.0	3 417.2
浙　江	6 045.4	4 488.3	3 470.6	1 017.7	1 142.4	91.3	1 051.1
安　徽	2 357.9				2 358.2	308.7	2 049.5
福　建	7 677.8	6 362.4	2 038.6	4 323.8	1 025.2	88.7	936.5
江　西	2 716.7				2 716.0	275.3	2 440.7
山　东	9 501.8	7 419.9	2 292.1	5 127.8	1 552.2	115.9	1 436.3
河　南	1 283.5				1 283.4	70.5	1 212.9
湖　北	4 708.3				4 708.7	190.	4 518.7
湖　南	2 695.6				2 695.6	108.3	2 587.3
广　东	8 737.8	4 618.6	1 480.5	3 138.1	4 074.5	122.8	3 951.7
广　西	3 617.6	1 867.4	652.9	1 214.5	1 744.4	144.6	1 599.8
海　南	2 146.3	4 204.4	1 407.4	2 797.0	459.7	22.9	436.8
重　庆	508.4				508.3	20.3	488.0
四　川	1 454.3				1 455.3	58.6	1 396.7
贵　州	289.8				290.4	14.6	275.8
云　南	743.6				743.5	66.8	676.7
西　藏	0.9				0.8	0.8	
陕　西	159.0				158.9	7.2	151.7
甘　肃	15.3				15.3		15.3
青　海	12.0				12.0		12.0
宁　夏	174.5				178.6	4.1	174.5
新　疆	161.6				161.5	13.9	147.6

表 20 我国沿海地区海洋捕捞水产品产量（按品种分）（2016 年）

单位：kt

地　区	海洋捕捞产量	按水产品种类分					
		1. 鱼类	海　鳗	鳓　鱼	鳀　鱼	沙丁鱼	鲱　鱼
全国总计*	**13 282.6**	**9 185.2**	**389.5**	**84.7**	**983.8**	**144.8**	**16.7**
天　津	45.1	41.1			33.6		
河　北	247.8	147.1			58.4		
辽　宁	1 081.7	645.9	0.8	0.5	100.4	5.2	
上　海	16.9	6.0	0.2	0.1			
江　苏	548.5	299.6	7.9	2.4	2.6	0.2	
浙　江	3 470.6	2 333.3	83.4	13.9	81.9	14.3	3.2
福　建	2 038.6	1 490.3	71.7	13.8	82.6	12.9	4.0
山　东	2 292.2	1 605.3	23.6		572.9	6.9	
广　东	1 480.5	1 602.9	90.8	27.7	32.9	67.2	4.4
广　西	652.5	364.0	14.0	22.7		12.8	0.1
海　南	1 407.4	1 189.2	96.7	3.9	17.9	25.1	4.1

地　区	按水产品种类分							
	石斑鱼	鲷	蓝圆鲹	白姑鱼	黄姑鱼	鮸鱼	大黄鱼	小黄鱼
全国总计	**128.4**	**169.9**	**600.9**	**108.3**	**78.2**	**72.6**	**103.2**	**369.6**
天　津								3.1
河　北					0.2		1.0	11.8
辽　宁	3.1			1.1	3.1	0.5	47.5	118.5
上　海								0.1
江　苏		0.1		4.1	8.7	2.5	0.4	29.6
浙　江	1.4	5.0	85.7	49.5	37.6	44.8	0.5	102.8
福　建	19.7	61.1	276.6	10.9	9.2	10.5	3.5	9.6
山　东				13.1	7.0	0.7	2.2	53.5
广　东	45.5	48.9	102.4	22.9	5.7	6.3	32.2	26.0
广　西	6.0	27.1	73.7	1.4		0.8		
海　南	52.8	27.5	62.2	5.1	6.7	6.2	14.9	14.1

* 海洋捕捞产量不含远洋。

（续）

地　区	按水产品种类分							
	梅童鱼	方头鱼	玉筋鱼	带鱼	金钱鱼	梭鱼	鲐鱼	鲅鱼
全国总计	**295.8**	**42.9**	**123.3**	**1 087.1**	**440.7**	**163.4**	**496.1**	**432.8**
天　津				0.2		0.3	1.1	0.5
河　北	0.3		0.1	2.5		12.7	8.2	14.4
辽　宁	6.5		6.7	12.7		23.7	37.8	72.4
上　海	0.1			0.2				0.1
江　苏	75.5	0.1	0.3	55.8		9.1	5.0	8.3
浙　江	184.6	16.0	32.1	428.7	3.7	6.4	186.6	79.9
福　建	21.7	4.8	20.3	164.7	10.5	17.9	139.8	54.1
山　东			45.6	65.5		34.1	54.9	169.4
广　东	3.8	9.0	2.6	153.2	89.2	26.1	33.9	26.3
广　西				31.2	35.4	10.6	13.6	2.1
海　南	2.7	12.8	15.1	175.6	301.5	21.8	15.5	5.6

地　区	按水产品种类分							
	金枪鱼	鲳鱼	马面鲀	竹荚鱼	鲻鱼	2. 甲壳类	虾	毛虾
全国总计	**50.1**	**345.6**	**174.5**	**39.7**	**111.4**	**2 396.3**	**1 587.5**	**514.3**
天　津						1.3	0.9	
河　北		3.4			6.8	49.7	34.1	8.8
辽　宁	0.2	4.2	0.7		9.7	195.5	134.5	33.1
上　海		0.1				10.4	1.3	
江　苏		33.3	1.1		11.6	158.4	50.2	27.7
浙　江	5.7	94.5	24.4	2.1	23.9	920.4	668.7	218.8
福　建	2.8	66.4	49.0	12.0	22.5	355.5	205.5	62.9
山　东		21.9	2.5			254.4	216.5	76.9
广　东	20.8	68.0	46.9	5.0	14.4	241.5	159.7	43.3
广　西		12.0	29.4	0.4	8.5	132.2	74.8	30.2
海　南	20.4	41.5	20.9	19.8	13.3	75.5	39.4	13.4

（续）

地　区	按水产品种类分							
	对虾	鹰爪虾	虾蛄	蟹	梭子蟹	青蟹	蟳	3. 贝类
全国总计	**172.1**	**334.5**	**283.5**	**808.8**	**542.1**	**31.1**	**41.4**	**561.7**
天　津			0.5	0.4	0.2			2.0
河　北	275	2.3	17.1	14.9	10.2		0.4	20.1
辽　宁	7.0	9.6	63.7	61.4	23.9	5.6	16.1	97.4
上　海	0.2	0.7		9.3	8.2			
江　苏	2.4	9.3	8.7	105.7	95.7	1.9	2.8	47.2
浙　江	23.5	210.3	62.1	251.4	189.5	4.9	6.4	18.1
福　建	29.6	48.5	38.7	150.1	100.2	17.6	6.7	51.2
山　东	13.1	26.1	54.0	37.3	27.2	0.3	3.0	172.1
广　东	56.2	14.4	29.0	82.5	44.5	29.4	3.2	53.3
广　西	19.6	8.7	7.5	57.9	31.1	11.6	2.1	58.7
海　南	16.9	4.7	2.0	36.1	10.6	20.2	0.6	39.4

地　区	按水产品种类分						
	4. 藻类	5. 头足类	乌贼	鱿鱼	章鱼	6. 其他类	海　蜇
全国总计	**23.9**	**715.4**	**142.0**	**388.2**	**137.8**	**400.5**	**204.4**
天　津		0.3		0.1	0.1	0.2	0.2
河　北		10.8	1.5	1.7	6.0	20.0	12.2
辽　宁	0.2	53.2	5.5	33.1	7.4	88.2	21.0
上　海		0.1					
江　苏	1.2	15.6	2.1	8.5	4.3	26.6	15.6
浙　江	1.9	166.4	32.1	88.2	38.5	30.1	7.1
福　建	2.0	123.4	34.4	62.7	17.5	16.1	12.4
山　东	1.6	127.5	9.8	75.5	32.5	134.0	81.5
广　东	7.2	76.3	18.8	31.3	14.5	38.7	15.6
广　西		50.1	17.8	25.5	7.7	46.4	37.5
海　南	9.4	91.5	19.5	61.5	7.4	1.8	1.3

表 21 我国沿海地区海水养殖水产品产量（按品种分）（2016 年）

单位：kt

地 区	海水养殖产量	1. 鱼类	鲈鱼	鲆鱼	大黄鱼	军曹鱼	鰤鱼	鲷鱼
全国总计	**19 631.3**	**1 347.6**	**139.3**	**118.0**	**165.4**		**23.1**	**73.6**
天 津	11.3	2.8		1.1				
河 北	511.3	8.8		3.5				
辽 宁	3 102.1	72.0	7.3	45.1			0.2	
上 海								
江 苏	904.1	84.2	1.5	6.6				0.1
浙 江	1 017.4	38.4	8.4	0.1	9.1			3.0
福 建	4 323.1	356.6	30.2	4.6	146.2	0.2	3.6	33.8
山 东	5 127.5	131.2	12.8	53.9				1.2
广 东	3 138.2	516.2	69.6	2.9	9.8	28.1	18.5	28.4
广 西	1 214.5	49.7	6.3					4.0
海 南	279.5	86.7	3.1			8.5	0.7	2.7
地 区	美国红鱼	河鲀	石斑鱼	鲽鱼	2. 甲壳类	（1）虾	南美白对虾	斑节对虾
全国总计*	**68.9**	**23.3**	**108.4**	**13.3**	**1 564.5**	**1 271.1**	**932.2**	**71.1**
天 津			0.7		8.4	8.4	8.4	
河 北		1.7		0.7	27.7	25.5	14.8	
辽 宁		3.7			37.7	32.2	11.5	
上 海								
江 苏		0.1		2.4	115.5	78.5	20.9	8.4
浙 江	7.9		0.5		101.5	52.4	34.1	0.7
福 建	18.2	8.6	28.8	1.2	191.4	117.7	89.6	6.1
山 东	3.5	4.5		5.0	148.5	123.5	83.1	0.9
广 东	29.3	4.4	45.5	3.8	529.0	462.8	365.5	50.7
广 西	5.3		2.1		272.4	255.4	210.1	0.7
海 南	4.5		30.8		131.3	113.9	93.2	3.2

（续）

地区	中国对虾	日本对虾	（2）蟹	梭子蟹	青蟹	3. 贝类	牡蛎	鲍
全国总计	**39.2**	**55.8**	**292.5**	**125.3**	**148.9**	**14 207.5**	**4 834.5**	**139.6**
天津								
河北	5.0	4.8	2.6	2.5		459.2		
辽宁	13.5	6.5	4.9	4.4		2 519.9	223.5	2.4
上海								
江苏	6.3	0.7	36.5	32.7	1.9	688.5	51.6	
浙江	0.5	0.7	48.4	19.8	26.5	820.6	172.3	0.6
福建	4.7	11.7	74.4	32.8	35.0	2 763.5	1 746.5	112.2
山东	9.0	25.5	25.2	23.7		4 052.4	872.7	15.3
广东		5.7	66.3	9.1	51.6	2 003.1	1 221.9	8.9
广西			17.3		17.3	889.2	541.9	
海南			17.4		16.2	31.4	3.6	0.1

地区	螺	蚶	贻贝	江珧	扇贝	蛤	蛏
全国总计	**243.8**	**367.5**	**878.7**	**18.5**	**1 860.5**	**4 173.1**	**823.5**
天津							
河北	1.5	27.2	1.6		389.5	37.3	
辽宁		45.6	66.5		439.1	287.9	48.8
上海							
江苏	67.1	28.2	46.3			361.8	56.7
浙江	11.6	153.1	129.5		0.7	71.8	277.5
福建	4.8	55.2	97.2		8.9	380.1	264.5
山东	17.5	2.1	444.2		911.1	441.8	161.1
广东	92.3	48.6	81.5	18.4	105.6	320.2	12.8
广西	42.5	3.3	11.6		2.4	262.2	1.3
海南	5.8	4.0			2.9	9.8	

（续）

地　区	4. 藻　类	海带	裙带菜	紫菜	江蓠	麒麟菜	石花菜
全国总计	**2 169. 2**	**1 461. 0**	**152. 5**	**135. 5**	**293. 1**	**5. 1**	
天　津							
河　北							
辽　宁	325. 5	218. 7	106. 8				
上　海							
江　苏	28. 8	0. 3		28. 4			
浙　江	53. 2	10. 3		32. 1	0. 6		
福　建	979. 4	693. 5	0. 7	66. 4	193. 2		
山　东	373. 1	533. 4	43. 9	0. 9	51. 4		
广　东	79. 1	4. 7	1. 0	7. 2	55. 5	2. 0	
广　西							
海　南	30. 0				11. 8	3. 1	

地　区	栖　菜	苔　菜	5. 其他类	海　参	海胆（kg）	海水珍珠（kg）	海　蜇
全国总计	**18. 9**	**0. 3**	**342. 3**	**204. 3**	**10 054. 4**	**2. 9**	**79. 8**
天　津							
河　北			15. 4	10. 1			4. 0
辽　宁			148. 1	74. 1	2 680. 1		68. 8
上　海							
江　苏			0. 7	0. 7			2. 6
浙　江	9. 2	0. 3	4. 0				1. 0
福　建	5. 5		32. 6	26. 2			2. 0
山　东	4. 0		121. 8	92. 8	5 161. 0		1. 0
广　东	0. 2		10. 3	0. 2	2 213. 3	2. 5	0. 2
广　西			2. 6			0. 4	
海　南							

表 22 各地区农垦系统水产品养殖面积与产量（2016 年）

单位：hm²、t

地 区	水产养殖面积	水产品总产量	其中：养殖产量	对虾养殖面积	对虾产量
全国总计	**844 320**	**1 483 945**	**1 272 890**	**25 656**	**59 473**
北 京					
天 津	917	10 607	10 607		
河 北	19 928	150 337	131 557	15 422	27 132
山 西	9	11	11		
内蒙古	2 943	5 172	4 359	3	5
辽 宁	57 886	395 866	284 028	2 920	2 899
吉 林	1 179	986	656		
黑龙江	25 810	32 680	24 711		
上 海	3 840	45 787	45 787		
江 苏	4 228	53 514	26 701	531	1 920
浙 江	776	3 384	2 073	376	900
安 徽	580	5 953	1 581		
福 建	1 950	22 947	17 130	237	742
江 西	19 936	51 500	36 612		1 257
山 东	5 706	7 436	7 436	3 210	
河 南	669	7 370	7 370		
湖 北	50 293	44 495	44 495	1 740	13 054
湖 南	51 026	81 858	81 858		
广 东	4 152	38 871	38 871	1 056	10 549
广 西	1 280	16 964	16 964	161	1 015
海 南	3 641	29 160	29 160		
重 庆	2 150	4 002	4 002		
四 川	33	11	11		
贵 州	124	31	31		
云 南	1 482	8 991	8 991		
西 藏					
陕 西	33	43	43		
甘 肃	460	51	51		
青 海					
宁 夏	7 179	11 938	11 938		
新疆（兵团）	571 929	51 472	51 472		
新疆（农业）	2 667	1 350	1 350		
新疆（畜牧）	1 493	442	442		
热作两院	25	252	252		
广 州					
南 京	6	6			
昆 明					

表 23 我国按人口平均的主要农畜产品产量（2012—2016 年）

单位：kg/人

年份	粮食	棉花	油料	猪牛羊肉	牛奶	水产品
2012	437	5.1	25.6	47.4	27.6	43.7
2013	443	4.6	25.9	48.6	26.1	45.5
2014	445	4.5	25.7	49.8	27.3	47.4
2015	453	4.1	25.8	48.3	27.4	49.1
2016	447	3.8	26.3	47.0	50.6	26.1

表 24 我国城乡居民家庭人均食品消费量比较（2012—2016 年）

单位：kg/人

年份	粮食		蔬菜		食用油(植物油)		猪牛羊肉		家禽		水产品	
	农村	城市	农村	城市	农村	城市	农村	城市	农村	城市	农村	城市
2012	170.7	80.7	89.4	114.6	7.5	9.3	16.3	24.6	4.5	10.6	5.4	14.6
2013	164.3	78.8	84.7	112.3	6.9	9.1	16.4	25.0	4.5	10.8	5.4	15.2
2014	167.6	117.2	88.9	100.1	12.7	10.8	22.5	28.4	6.8	9.8	7.2	14.4
2015	159.5	112.6	90.3	104.4	10.1	11.1	23.1	28.9	7.1	9.4	7.2	14.7
2016	157.2	111.9	89.7	103.2	10.2	11.0	22.7	29.0	7.9	10.2	7.5	14.8

资料来源：表中数据出自 2017 年版《中国统计年鉴》。

表 25 我国城镇和农村人口人均食品消费支出情况（2012—2016 年）

单位：元/人

项目	2012 年	2013 年	2014 年	2015 年	2016 年
全国人均	**4 104.0**	**4 126.7**	**4 493.9**	**4 814.0**	**5 151.0**
城镇居民	6 040.9	5 570.7	6 000.0	6 359.7	6 762.4
农村居民	1 863.1	2 554.4	2 814.0	3 048.0	3 266.1
人均增长	480.9	22.7	367.2	320.1	337.0
城镇居民增长	534.6	470.2	429.3	359.7	402.8
农村居民增长	211.8	691.3	259.6	234.0	218.0

资料来源：表中数据出自 2017 年《中国统计年鉴》。

表 26 我国人口增长情况（2012—2016 年）

单位：万人

项目	2012 年	2013 年	2014 年	2015 年	2016 年
人口数	135 404	136 072	136 782	137 462	138 271
增长人数	669	668	710	680	809
其中：城镇人口	71 182	73 111	74 916	77 116	79 298
农村人口	64 222	62 961	61 866	60 346	58 973

农产品加工机械拥有量及农产品加工行业固定资产投资情况

表 27　农业部系统农产品初加工机械年末拥有量（2016 年）

地　区	农产品初加工动力机械		初加工作业机械（万台）	畜牧养殖机械（万台）	渔业机械（万台）	林果机械（万台）
	万台	（万 kW）				
全国总计	**1 555.76**	**9 024.59**	**1 449.60**	**734.19**	**433.28**	**46.07**
北　京	0.52	4.28	0.51	1.49	1.25	0.47
天　津	2.29	7.75	0.64	0.73	6.05	0.03
河　北	94.54	865.34	48.34	15.18	6.71	0.40
山　西	23.87	199.53	18.35	9.19	0.28	0.59
内蒙古	10.93	100.81	7.35	27.11	0.30	0.27
辽　宁	21.76	135.90	15.70	20.00	7.03	0.71
吉　林	16.87	151.90	12.55	16.51	0.82	0.08
黑龙江	13.68	147.14	6.19	11.33	0.46	0.13
上　海	0.27	2.65	0.27	0.19	3.37	0.10
江　苏	26.24	272.83	23.71	17.25	98.84	2.36
浙　江	19.67	130.34	51.22	4.88	28.08	3.60
安　徽	54.88	367.47	57.65	8.07	7.49	3.70
福　建	71.30	230.19	62.15	6.01	20.57	2.90
江　西	32.99	314.35	28.69	4.81	6.53	0.89
山　东	101.08	921.67	51.17	22.78	14.70	1.41
河　南	85.45	609.41	57.68	23.65	4.08	0.37
湖　北	94.90	468.52	95.68	48.46	45.08	11.73
湖　南	146.71	760.26	141.27	24.92	16.40	1.27
广　东	30.20	246.09	25.31	16.31	110.30	2.08
广　西	99.77	540.49	103.91	30.69	9.93	0.76
海　南	2.81	29.53	2.09	1.07	8.31	0.13
重　庆	102.31	361.55	119.01	62.57	8.84	0.77
四　川	171.32	699.15	207.59	73.31	22.15	1.13
贵　州	174.50	562.43	174.86	49.79	0.21	0.57
云　南	87.25	444.98	86.68	141.00	2.30	0.49
西　藏	1.44	5.91	1.46	2.16		
陕　西	43.77	217.65	28.03	36.73	1.54	2.94
甘　肃	15.62	128.74	15.54	32.91	0.16	0.12
青　海	1.30	10.30	1.51	1.84	0.04	0.01
宁　夏	2.34	23.84	2.11	16.93	0.72	2.25
新　疆	5.18	63.59	3.38	9.92	0.74	3.81

表 28 我国农产品加工行业固定资产投资情况（2016 年）

单位：亿元、%

行　　业	投资额	新增固定资产	固定资产交付使用率（平均值）
合　计	**54 991.2**	**25 493.8**	**46.36**
农副食品加工业	11 786.4	6 131.8	52.02
食品制造业	5 824.8	2 991.7	51.36
饮料制造业	4 106.0	1 987.8	48.41
烟草制品业	209.2	90.1	43.07
纺织业	6 642.6	2 447.8	36.85
纺织服装、鞋、帽制造业	4 780.9	2 349.4	49.14
皮革、毛皮、羽毛（绒）及其制品业	2 305.9	1 120.2	48.58
木材加工及木、竹、藤、棕、草制品业	4 307.7	1 768.4	41.05
家具制造业	3 067.6	1 591.3	51.87
造纸及纸制品业	3 091.3	1 320.7	42.72
印刷业和记录媒介的复制	1 853.8	701.7	37.85
橡胶制品业	7 015.0	2 992.9	42.66

表 29 我国农产品加工行业新增固定资产后主要产品新增生产能力（2015—2016 年）

产品名称	单　位	2015 年	2016 年
轮胎外胎	万条/年	7 627	5 354
轮胎内胎	万条/年		
化学纤维	t/年	4 084 155	2 799 085
棉纺锭	锭	9 407 274	11 099 694
啤　酒	万 t/年	342	179
白　酒	万 t/年	133	134
其他酒	万 t/年	49	46
卷　烟	箱/年	1 254 134	1 287 601
机制纸	万 t/年	170	235

表 30 我国农产品加工行业按行业分施工、投产项目数（2016 年）

行　　业	施工项目（个）		全部建成投产项目（个）	项目建成投产率（%）
	总　计	其中：新开工		
合　计	**62 018**	**50 895**	**46 435**	**82.0**
农副食品加工业	22 514	18 378	16 134	71.7
食品制造业	9 565	7 676	6 790	71.0
饮料制造业	7 169	5 496	4 984	69.5
烟草制品业	234	140	122	52.1
纺织业	11 621	9 689	9 019	77.6
纺织服装、鞋、帽制造业	9 153	7 457	6 874	75.1
皮革、毛皮、羽毛（绒）及其制品业	4 566	3 745	3 404	74.6
木材加工及木、竹、藤、棕草制品业	9 879	8 345	7 553	76.5
家具制造业	5 724	4 526	4 189	73.2
造纸及纸制品业	4 817	3 894	3 521	73.1
印刷业和记录媒介的复制	3 604	2 961	2 689	74.6
橡胶制品业	12 420	10 138	9 064	73.0

表 31　林业系统森工固定资产投资完成情况（2015—2016 年）

单位：万元

项　　目	2015 年	2016 年	同比增长（%）
一、森工固定资产投资完成额（按构成划分）	12 803 842	13 891 963	8.50
1. 基本建设	3 682 866	3 889 204	5.60
2. 更新改造	2 330 543	2 270 857	−2.56
3. 其他投资	6 790 433	7 532 234	10.92
二、当年新增固定资产	6 620 482	6 750 491	1.96

表 32　林业系统各地区森工固定资产投资完成情况（2016 年）

单位：万元

地　区	合　计	基本建设	更新改造	其他投资
全国总计	**13 891 963**	**3 889 204**	**2 270 857**	**7 532 234**
北　京	770 583	587 283	136 833	175 660
天　津				
河　北	8 684	1 746		2 182
山　西	19 972	4 354	2 912	13 759
内蒙古	105 339	66 043	6 457	28 551
辽　宁	59 695		30	58 634
吉　林	94 749	60 927	8 953	24 589
黑龙江	826 354	70 800	6 801	747 568
上　海	71 580			69 581
江　苏	217 322	24 885	2 180	187 981
浙　江	13 295	3 593		9 702
安　徽	284 464	79 855	9 594	191 636
福　建	14 648	4 994	5 654	7 031
江　西	50 143	10 340	4 613	37 371
山　东	57 641	17 870	7 335	20 535
河　南				
湖　北	469 020	167 953	10 747	81 977
湖　南	417 248	78 521	28 969	284 079
广　东	10 869	1 252	477	6 713
广　西	9 310 060	2 553 333	2 008 604	4 743 866
海　南	5 787	983		4 564
重　庆	6 503	2 298		3 975
四　川	128 232	29 013	5 620	80 246
贵　州	2 351	1 282	619	209
云　南	147 410	12 094	13 141	116 877
西　藏	66 958	24 142		10 430
陕　西	279 483	21 516	601	255 279
甘　肃	206 291	14 045	94	185 391
青　海	42 448	5 792		36 636
宁　夏	3 192	2 404	254	209
新　疆	111 483	4 739	1 834	106 239
局直属单位	90 159	37 147	8 535	40 764
大兴安岭	44 766	22 615	4 568	16 980

表 33 我国农垦系统固定资产投资完成情况（2015—2016 年）

单位：万元

项目	2015 年	2016 年	同比增长（%）
固定资产投资总额	47 112 310	48 207 969	2.33
当年新增固定资产	32 870 298	30 596 884	−6.92

表 34 我国水产行业固定资产投资完成情况（2015—2016 年）

单位：亿元

项目	2015 年	2016 年	同比增长（%）
一、投资总额	890.7	1 085.5	21.87
二、本年新增固定资产	783.4	772.8	−1.35
三、固定资产交付使用率（%）	88.0	71.0	−19.32

资料来源：表中数据出自 2017 年《中国统计年鉴》。

按国民经济行业分类统计农产品加工业现状

表 35 我国农产品加工业规模以上工业企业主要指标（2016 年）

行业	单位数（个）	主营业务收入（亿元）	利润总额（亿元）	资产总计（亿元）	负债合计（亿元）
合计	**131 430**	**278 461.77**	**18 358.04**	**176 802.98**	**82 076.13**
农副食品加工业	26 011	68 825.16	3 623.58	33 924.50	16 672.25
食品制造业	9 043	23 955.38	2 083.43	15 496.83	6 830.50
饮料制造业	6 962	18 538.03	1 908.52	16 761.53	7 361.05
烟草制品业	128	8 686.38	1 038.05	10 210.17	2 625.08
纺织业	19 752	40 844.21	2 285.63	24 522.83	12 680.72
纺织服装、鞋、帽制造业	15 445	23 741.36	1 428.29	13 748.08	6 334.57
皮革、毛皮、羽毛（绒）及其制品业	8 727	15 163.04	988.07	7 396.26	3 327.29
木材加工及竹、藤、棕、草制品业	9 123	14 791.33	905.18	6 498.02	2 632.30
家具制造业	5 777	8 779.64	574.39	5 552.82	2 722.13
造纸及纸制品业	6 586	14 622.82	866.87	14 117.32	7 735.49
印刷业和记录媒介的复制	5 578	8 057.87	575.22	5 941.04	2 553.04
橡胶制品业	18 298	32 456.55	2 080.81	22 633.58	10 601.71

表 36　我国农产品加工业规模以上工业企业主要经济效益指标（2016 年）

行　　业	主营业务成本（亿元）	销售费用（亿元）	管理费用（亿元）	财务费用（亿元）	平均用工人数（万人）
合　　计	**301 357.60**	**12 105.24**	**11 346.04**	**2 720.29**	**301 357.60**
农副食品加工业	61 117.80	1 461.46	1 624.29	544.34	416.94
食品制造业	19 133.10	1 684.70	870.25	144.85	211.61
饮料制造业	13 886.78	1 404.18	822.31	133.30	162.61
烟草制品业	2 480.64	152.37	482.41	—19.17	21.44
纺织业	36 392.68	599.37	1 053.88	437.81	436.22
纺织服装、鞋、帽制造业	20 371.43	769.25	937.41	161.91	430.49
皮革、毛皮、羽毛（绒）及其制品业	13 071.44	345.64	541.12	97.02	274.64
木材加工及竹、藤、棕、草制品业	12 893.55	334.68	420.61	115.43	139.33
家具制造业	61 117.80	1 461.46	1 624.29	544.34	122.10
造纸及纸制品业	19 133.10	1 684.70	870.25	144.85	127.11
印刷业和记录媒介的复制	13 886.78	1 404.18	822.31	133.30	98.71
橡胶制品业	27 872.50	803.25	1 276.91	282.31	333.66

表 37　我国农产品加工业国有及国有控股工业企业主要指标（2016 年）

行　　业	单位数（个）	主营业务收入（亿元）	利润总额（亿元）	资产总计（亿元）	负债合计（亿元）
合　　计	**2 252**	**18 910.39**	**1 845.09**	**22 783.14**	**9 036.83**
农副食品加工业	681	3 715.96	96.91	2 575.35	1 729.51
食品制造业	312	1 179.60	91.70	1 138.82	600.17
饮料制造业	289	2 695.61	490.20	4 465.66	1 593.46
烟草制品业	101	8 623.37	1 019.68	10 125.86	2 579.28
纺织业	186	874.01	25.95	1 238.25	729.27
纺织服装、鞋、帽制造业	163	187.65	11.02	275.48	123.36
皮革、毛皮、羽毛（绒）及其制品业	30	116.19	5.52	75.34	29.75
木材加工及竹、藤、棕、草制品业	95	202.59	6.02	276.61	189.38
家具制造业	15	117.03	20.12	125.60	87.10
造纸及纸制品业	96	715.06	35.36	1 746.65	1126.59
印刷业和记录媒介的复制	284	483.32	42.61	739.52	248.96
橡胶制品业	259	891.18	37.20	1 373.22	800.75

表 38 我国农产品加工业国有及国有控股工业企业主要经济效益指标（2016 年）

行　　业	主营业务成本（亿元）	销售费用（亿元）	管理费用（亿元）	财务费用（亿元）	平均用工人数（万人）
合　　计	**11 462.93**	**765.06**	**1 065.1**	**79.26**	**136.91**
农副食品加工业	3 368.73	82.88	92.46	36.62	18.69
食品制造业	914.38	123.76	55.36	6.73	13.38
饮料制造业	1 634.63	304.08	170.53	0.47	25.11
烟草制品业	2 440.16	150.43	475.31	−19.92	20.77
纺织业	801.47	14.57	39.90	14.07	15.24
纺织服装、鞋、帽制造业	142.59	5.67	32.36	−0.35	8.89
皮革、毛皮、羽毛（绒）及其制品业	103.98	1.63	4.97	0.44	2.04
木材加工及竹、藤、棕、草制品业	175.61	6.99	12.09	5.35	3.70
家具制造业	98.36	2.30	13.94	−0.28	0.64
造纸及纸制品业	603.06	24.01	51.12	25.39	6.78
印刷业和记录媒介的复制	379.20	10.92	59.47	−0.36	8.88
橡胶制品业	800.76	37.82	57.59	11.10	12.79

表 39 我国农产品加工业外商投资和港澳台商投资工业企业主要指标（2016 年）

行　　业	单位数（个）	主营业务收入（亿元）	利润总额（亿元）	资产总计（亿元）	负债合计（亿元）
合　　计	**16 581**	**51 020.68**	**3 405.78**	**39 974.62**	**19 639.43**
农副食品加工业	1 707	9 975.06	488.00	5 654.03	3 123.90
食品制造业	1 152	5 966.84	570.78	4 693.49	2 225.54
饮料制造业	763	4 030.23	360.37	3 926.92	1 999.06
烟草制品业	3	7.16	1.45	19.67	11.48
纺织业	2 361	5 650.27	347.75	4 438.85	2 157.65
纺织服装、鞋、帽制造业	3 243	6 252.98	349.82	3 872.94	1 648.55
皮革、毛皮、羽毛（绒）及其制品业	1 720	4 821.97	329.26	2 584.98	1 232.78
木材加工及竹、藤、棕、草制品业	395	1 015.22	55.23	639.96	278.06
家具制造业	792	1 846.54	110.92	1 384.69	741.36
造纸及纸制品业	858	3 642.41	269.69	5 391.35	2 864.94
印刷业和记录媒介的复制	613	1 279.03	111.54	1 267.61	500.20
橡胶制品业	2 974	6 532.97	410.97	6 100.13	2 855.91

表 40　我国农产品加工业外商投资和港澳台商投资工业企业主要经济效益指标（2016 年）

行　　业	主营业务成本（亿元）	销售费用（亿元）	管理费用（亿元）	财务费用（亿元）	平均用工人数（万人）
合　　计	**42 465.61**	**2 546.74**	**2 158.76**	**363.32**	**647.26**
农副食品加工业	8 890.14	216.62	203.36	83.37	52.84
食品制造业	4 305.15	835.01	269.20	17.59	47.87
饮料制造业	2 937.57	490.80	174.09	19.49	33.55
烟草制品业	4.03	0.17	1.05	0.44	0.21
纺织业	4 933.93	97.61	215.43	43.95	73.81
纺织服装、鞋、帽制造业	5 311.25	265.12	291.93	28.20	140.57
皮革、毛皮、羽毛（绒）及其制品业	4 103.46	129.57	215.21	26.38	113.14
木材加工及竹、藤、棕、草制品业	876.41	29.65	38.01	8.71	10.96
家具制造业	1 561.90	74.26	103.12	6.49	30.57
造纸及纸制品业	3 035.37	157.13	162.73	78.16	27.16
印刷业和记录媒介的复制	1 048.24	38.90	84.63	3.44	22.18
橡胶制品业	5 458.16	211.90	400.00	47.10	94.40

表 41　我国农产品加工业私有工业企业主要指标（2016 年）

行　　业	企业数（个）	主营业务收入（亿元）	利润总额（亿元）	资产总计（亿元）	负债合计（亿元）
合　　计	**80 715**	**130 617.72**	**8 020.62**	**63 317.69**	**28 936.32**
农副食品加工业	16 165	33 908.51	1 874.81	14 250.28	6 078.74
食品制造业	4 860	8 464.18	584.54	4 315.90	1 724.41
饮料制造业	3 779	6 115.84	498.91	3 462.39	1 449.50
烟草制品业	5	13.22	5.46	20.03	16.13
纺织业	13 614	221 41.46	1 304.55	114 98.94	5 834.60
纺织服装、鞋、帽制造业	8 922	111 28.96	667.26	54 04.23	2 637.06
皮革、毛皮、羽毛（绒）及其制品业	5 207	68 93.46	437.15	28 19.82	1 295.46
木材加工及竹、藤、棕、草制品业	6 689	102 47.55	638.11	38 44.54	1 466.23
家具制造业	3 665	47 92.88	315.91	26 14.32	1 224.65
造纸及纸制品业	3 939	59 07.92	333.62	33 65.82	1 781.91
印刷业和记录媒介的复制	3 239	41 69.15	273.63	22 85.53	1 083.88
橡胶制品业	10 631	168 34.59	1 086.67	94 35.89	4 343.75

表 42　我国农产品加工业私有工业企业主要经济效益指标（2016 年）

行　　业	主营业务成本（亿元）	销售费用（亿元）	管理费用（亿元）	财务费用（亿元）	平均用工人数（万人）
合　　计	**99 191.89**	**2 674.99**	**3 274.87**	**911.41**	**1 131.91**
农副食品加工业	29 985.85	737.21	838.50	244.17	214.12
食品制造业	7 180.96	293.93	283.14	64.40	83.34
饮料制造业	4 978.08	235.53	213.19	56.59	53.91
烟草制品业	9.90	0.76	1.20	0.15	0.09
纺织业	19 645.13	332.91	542.98	215.46	230.55
纺织服装、鞋、帽制造业	9 643.65	299.87	390.72	80.46	188.32
皮革、毛皮、羽毛（绒）及其制品业	5 996.79	144.91	214.40	50.79	107.42
木材加工及竹、藤、棕、草制品业	8 976.19	210.11	260.87	71.19	93.85
家具制造业	4 052.54	172.03	182.06	36.19	61.02
造纸及纸制品业	5 151.93	145.86	186.81	57.16	56.47
印刷业和记录媒介的复制	3 570.87	101.87	161.00	34.85	42.82
橡胶制品业	14 617.32	351.75	518.19	155.31	146.39

表 43　我国农产品加工业大中型工业企业主要指标（2016 年）

行　　业	企业数（个）	主营业务收入（亿元）	利润总额（亿元）	资产总计（亿元）	负债合计（亿元）
合　　计	**20 283**	**142 567.30**	**10 731.59**	**105 383.34**	**48 631.94**
农副食品加工业	2 849	28 949.54	1 644.94	16 739.53	8 825.11
食品制造业	1 614	14 631.86	1 466.92	9 681.23	4 372.32
饮料制造业	1 087	11 269.41	1 366.96	11 469.42	4 931.48
烟草制品业	82	8 033.65	958.77	9 467.77	2 428.79
纺织业	3 315	22 623.74	1 305.50	14 746.58	7 573.81
纺织服装、鞋、帽制造业	3 471	13 627.62	904.64	8 836.16	3 964.55
皮革、毛皮、羽毛（绒）及其制品业	2 084	8 938.84	644.82	4 631.68	1 964.82
木材加工及竹、藤、棕、草制品业	919	4 344.99	289.90	2 229.83	966.37
家具制造业	948	4 252.09	302.30	3 081.47	1 565.93
造纸及纸制品业	891	7 836.07	515.73	9 798.51	5 480.17
印刷业和记录媒介的复制	697	2 850.01	233.24	2 577.21	995.80
橡胶制品业	2 326	15 209.48	1 097.87	12 123.95	5 562.79

表 44 我国农产品加工业大中型工业企业主要经济效益指标（2016 年）

行业	主营业务成本（亿元）	销售费用（亿元）	管理费用（亿元）	财务费用（亿元）	平均用工人数（万人）
合计	**115 535.72**	**5 333.59**	**5 127.37**	**1 177.30**	**1 562.55**
农副食品加工业	25 527.49	621.41	685.99	264.13	203.10
食品制造业	11 266.85	1 344.25	511.51	71.04	128.40
饮料制造业	7 980.74	1 110.51	533.72	63.07	102.90
烟草制品业	2 274.36	132.53	449.00	−18.54	20.02
纺织业	20 168.01	318.00	571.40	276.29	254.40
纺织服装、鞋、帽制造业	11 507.38	541.48	566.79	91.28	269.57
皮革、毛皮、羽毛（绒）及其制品业	7 587.57	229.02	351.67	53.53	186.72
木材加工及竹、藤、棕、草制品业	3 734.92	109.82	147.53	37.76	50.11
家具制造业	3 537.74	184.06	209.76	22.95	67.43
造纸及纸制品业	6 685.24	248.67	288.09	162.85	64.59
印刷业和记录媒介的复制	2 362.60	81.82	174.71	13.84	45.26
橡胶制品业	12 902.82	412.02	637.20	139.10	170.05

表 45 制糖期全国制糖行业主要经济技术指标（2016/2017 年度）

行业实现销售收入（亿元）	实现利税总额（亿元）	平均含糖（%）		平均单产（t/hm^2）		平均产糖率（%）	
		甘蔗	甜菜	甘蔗	甜菜	甘蔗	甜菜
658.2	32.0	13.54	14.13	61.8	55.2	12.06	10.78

资料来源：表中数据由中国糖业协会提供。

表 46 我国食品和包装机械经济运行情况（2012—2016 年）

单位：亿元

年份	类别	主营业务收入		占食品工业比重（%）	占机械工业比重（%）
		主营业务收入	同比增长（%）		
2012	**总计**	**2 500.00**	**13.64**	**2.81**	**1.39**
	其中：食品机械	1 215.00	12.71		
	包装机械	1 285.00	14.53		
2013	**总计**	**2 950.00**	**18.00**	**2.92**	**1.45**
	其中：食品机械	1 425.50	17.33		
	包装机械	1 524.50	18.64		
2014	**总计**	**3 400.00**	**15.25**	**3.21**	**1.53**
	其中：食品机械	1 636.00	14.77		
	包装机械	1 764.00	15.63		
2015	**总计**	**3 893.00**	**14.50**	**2.98**	**1.86**
	其中：食品机械	1 850.50	13.11		
	包装机械	2 042.50	15.79		
2016	**总计**	**4 379.63**	**12.50**	**3.02**	**2.11**
	其中：食品机械	2 081.64	12.49		
	包装机械	2 297.99	12.61		

资料来源：表中数据由中国食品和包装机械工业协会提供。

表 47 林业系统农产品加工业总产值（2015—2016 年）

行业	工业总产值（万元）		
	2015 年	2016 年	同比增长（%）
总计	**298 933 386**	**320 806 675**	**7.32**
1. 非木质林产品加工制造业	47 810 474	48 085 938	1.09
2. 木材加工及竹、藤、棕、草制品业	114 953 014	120 387 014	4.73
锯材、木片加工业	21 979 059	23 661 174	7.65
人造板制造业	60 334 140	64 840 185	7.47
木制品制造业	24 575 620	23 774 262	—3.26
竹、藤、棕、草制品制造业	8 064 195	8 111 393	0.59
3. 木、竹、藤家具制造业	50 417 257	57 566 863	14.18
4. 木、竹、苇浆造纸和纸制品业	54 521 790	58 185 504	6.72
5. 林产化学产品制造业	6 040 052	6 863 743	13.64
6. 木、竹、藤工艺品制造业	5 885 991	6 318 875	7.35
7. 其他	11 334 293	10 668 519	—5.87

表 48 林业系统各地区农产品加工业总产值（2016 年）

单位：万元

地区	总计	非木质林产品加工制造业	木材加工及竹、藤、棕、草制品业				
			合计	锯材、木片加工业	人造板制造业	木制品制造业	竹、藤、棕、草制品制造业
全国总计	**320 806 675**	**312 720 737**	**120 387 014**	**23 661 174**	**64 840 185**	**23 774 262**	**8 111 393**
北京	920	850					
天津	3 642	3 642	42	42			
河北	6 771 662	6 770 723	3 369 039	188 660	2 979 273	197 470	3 636
山西	728 917	722 467	107 564	39 587	57 787	10 190	
内蒙古	1 522 694	1 388 789	1 255 910	1 055 682	187 730	12 227	271
辽宁	3 166 944	3 125 481	1 650 020	418 330	396 213	820 776	14 701
吉林	9 433 987	8 689 824	2 666 813	679 240	988 676	993 487	5 410
黑龙江	6 286 533	4 568 182	2 626 160	1 097 653	830 992	695 781	1 734

（续）

地区	总计	非木质林产品加工制造业	木材加工及竹、藤、棕、草制品业				
			合计	锯材、木片加工业	人造板制造业	木制品制造业	竹、藤、棕、草制品制造业
上海	3 786 623	3 786 623	613 059	36 050	107 200	466 121	3 688
江苏	27 250 615	25 915 929	16 634 909	2 763 119	11 920 277	1 550 974	400 539
浙江	24 552 327	24 546 439	6 947 319	545 695	1 419 555	3 798 918	1 183 151
安徽	15 656 453	15 288 737	9 602 767	1 340 672	5 856 463	1 403 481	1 002 151
福建	35 680 647	35 528 686	11 309 212	1 576 371	3 153 697	3 847 585	2 731 559
江西	16 516 215	15 892 272	4 461 066	597 988	1 326 491	2 156 811	379 776
山东	38 376 282	37 905 702	20 975 468	4 400 104	15 592 780	836 103	146 481
河南	7 021 754	6 996 893	3 253 645	633 045	2 266 805	300 418	53 377
湖北	11 332 822	11 018 321	3 434 019	343 042	1 760 254	1 087 025	243 698
湖南	13 659 329	12 846 801	4 151 952	892 997	1 216 566	1 118 209	924 180
广东	50 227 583	50 211 417	7 930 432	1 095 455	4 528 211	1 933 710	373 056
广西	25 725 672	24 972 535	13 524 822	4 230 420	7 524 960	1 538 091	231 351
海南	2 311 310	2 310 403	255 636	170 736	65 266	13 769	5 865
重庆	2 466 398	2 399 070	696 722	236 409	236 756	142 947	80 610
四川	9 543 161	9 323 531	2 750 220	613 122	1 465 236	448 527	223 335
贵州	1 444 037	1 395 979	565 821	196 010	175 349	125 525	68 937
云南	4 480 632	4 359 008	1 187 163	424 290	531 146	212 616	19 111
西藏	3 194	3 194	3 194	3 194			
陕西	1 293 247	1 250 771	367 900	69 507	229 343	54 980	14 070
甘肃	206 104	193 517	12 797	4 635	7 056	400	706
青海							
宁夏	383 816	383 816	1 750	1 750			
新疆	859 522	856 470	23 586	6 805	16 047	734	
大兴安岭	113 633	64 665	8 007	564	56	7 387	

（续）

地区	木质、竹、藤家具制造业	林产化学产品制造业	木、竹、苇浆造纸及纸制品业	木、竹、藤工艺品制造业	其他
全国总计	**57 566 863**	**6 863 743**	**7 009 391**	**6 318 875**	**10 668 519**
北京					
天津	3 600				
河北	574 519	40 290	2 576	12 893	121 640
山西	30 389	180		506	10 162
内蒙古	24 439			95	23 165
辽宁	505 292	2 944	31 077	37 952	112 416
吉林	531 259	9 536	105 320	61 550	110 491
黑龙江	566 212	2 285	5 082	76 495	322 671
上海	1 374 781	40 315	399 562	12 788	
江苏	1 680 154	411 688	270 707	249 752	337 886
浙江	4 063 227	160 376	480 686	2 048 125	196 558
安徽	1 441 964	142 244	140 147	532 935	478 054
福建	6 788 820	1 070 587	1 517 796	1 387 015	1 515 180
江西	8 622 328	689 827	10 560	241 796	220 270
山东	3 213 645	106 793	1 260 583	485 309	324 417
河南	1 038 078	17 667	556 910	105 118	275 032
湖北	1 588 588	47 450	196 096	93 665	998 820
湖南	1 601 851	246 013	226 451	205 341	970 297
广东	17 364 512	934 482	701 497	262 562	1 106 227
广西	1 558 367	2 361 012	327 106	244 824	2 309 321
海南	41 034	726	300	85 984	748
重庆	641 198	12 048	283 366	78 193	239 147
四川	3 589 631	70 923	449 915	55 160	507 937
贵州	146 617	39 776	42 925	18 851	123 514
云南	486 217	449 114	729	19 847	143 201
西藏					
陕西	79 507			1 985	138 357
甘肃	7 634	2 645		134	1 070
青海					
宁夏					836
新疆	3 000				80 702
大兴安岭		4 822			400

表 49　我国水产品加工业发展情况（2015—2016 年）

项　　目	单　位	2015 年	2016 年	同比增长（%）
一、水产品加工企业	个	9 892.0	10 023.0	1.32
水产品加工能力	万 t/年	2 810.3	2 921.2	3.95
二、水产品冷库	座	8 654.0	9 021.6	4.25
冻结能力	万 t/d	91.9	93.2	1.41
冷藏能力	万 t/次	500.7	502.3	0.32
制冰能力	万 t/d	25.3	26.3	3.95
三、水产品加工总量	万 t	2 092.3	2 093.4	0.05
其中：淡水加工产品	万 t	373.9	388.5	3.90
海水加工产品	万 t	1 718.4	1 693.6	−1.44
（一）水产品冷冻	万 t	1 376.5	1 289.6	−6.31
其中：冷冻加工品	万 t	697.4	688.9	−1.22
（二）鱼糜制品及干腌制品	万 t	309.2	312.8	1.16
其中：鱼糜制品	万 t	145.4	150.6	3.58
干腌制品	万 t	163.8	170.8	4.27
藻类制品	万 t	98.2	100.3	2.14
（三）罐制品	万 t	41.3	45.5	10.17
（四）饲料	万 t			
其中：鱼粉	万 t	71.1	69.8	−1.83
（五）鱼油制品	万 t	7.3	7.0	−3.83
（六）其他水产加工品	万 t	108.3	105.2	−2.86
其中：助剂和添加剂	万 t			
珍珠	kg			
四、用于加工的水产品总量	万 t			
其中：淡水产品	万 t			
海水产品	万 t			

资料来源：表中数据出自 2017 年《中国渔业统计年鉴》。

表 50　我国水产品加工业加工能力、产量及产值（2012—2016 年）

年　份	加工企业数（个）	加工能力（万 t/年）	水产品加工总产量		折合水产品原料（万 t）	总产值（亿元）	占水产品总产值比率（%）
			总产量（万 t）	同比增长（%）			
2012	9 706	2 638.0	1 907.4	6.99	2 135.8	3 147.7	36.16
2013	9 774	2 745.3	1 954.0	2.44	2 168.7	3 435.6	35.66
2014	9 663	2 847.2	2 053.2	5.07		3 712.7	8.07
2015	9 892	2 810.3	2 092.3	1.91	2 274.3		
2016	9 694	2 849.1	2 165.4	3.50		4 090.2	

表 51 我国农业系统农产品加工企业主要经济指标（2016 年）

项 目	单 位	2016 年
企业个数	个	81 236
主营业务收入	亿元	203 152.60
同比增长	%	6.80
利润总额	亿元	13 612.00
同比增长	%	6.10
税金总额	亿元	12 986.52
同比增长	%	4.89

资料来源：表中数据由农业部农产品加工局提供。

表 52 轻工业系统农产品加工业分行业主要经济指标（2016 年）

单位：万元

行 业	企业单位数（个）	主营业务收入	利润总额	总资产合计
有关农产品加工行业小计	**87 802**	**197 103.00**	**13 416.00**	**123 706.00**
1. 农副食品加工业	26 011	68 825.16	3 623.58	33 924.50
2. 食品制造业	9 043	23 955.38	2 083.43	15 496.83
3. 饮料制造业	6 962	18 538.03	1 908.52	16 761.53
4. 烟草制品业	128	8 686.38	1 038.05	10 210.17
5. 皮革、毛皮、羽毛制品业	8 727	15 163.04	988.07	7 396.26
6. 木、竹、藤、棕草制品业	9 123	14 791.33	905.18	6 498.02
7. 家具制造业	5 777	8 779.64	574.39	5 552.82
8. 造纸及纸制品业	6 586	14 622.82	866.87	14 117.32
9. 纺织服装、服饰业	15 445	23 741.36	1 428.29	13 748.08

表 53 轻工系统农产品加工业主要产品产量（2016 年）

产 品 名 称	单 位	累 计	同比增长（%）
小麦粉	t	152 653 296	4.7
大 米	t	138 875 950	1.4
饲 料	t	290 515 679	3.8
配合饲料	t	163 502 140	3.2
混合饲料	t	63 973 313	0.3
精致食用植物油	t	69 075 415	3.4
成品糖	t	14 331 837	−2.0
鲜、冷藏肉	t	36 370 589	−1.1

（续）

产品名称	单位	累计	同比增长（%）
冷冻水产品	t	8 602 319	2.7
糖果	t	3 518 500	0.2
速冻米面食品	t	5 660 507	7.0
方便面	t	11 038 910	4.3
乳制品	t	29 932 316	7.7
液体乳	t	27 371 707	8.5
乳　粉	t	1 390 160	−0.3
罐　头	t	12 819 861	7.2
酱　油	t	991 431	4.0
冷冻饮品	t	3 315 071	6.9
食品添加剂	t	8 517 455	9.5
发酵酒精	t	9 520 989	0.4
饮料酒	t	62 741 999	0.8
软饮料	t	183 452 430	1.9
精制茶	t	2 587 626	9.8
卷　烟	t	23 826	−8.0

注：食品工业合计数据中未包括烟草加工业统计数据，表中数据由中国轻工业信息中心提供。

表 54　我国焙烤食品糖制品行业主要产品产销情况（2016 年）

主要经济指标	糖果巧克力	糕点面包	饼干	冷冻饮品	蜜饯	方便面及其他方便食品
产量（万 t）	358.74			312.62		1 110.25
销售收入（亿元）	1 103.42	935.62	1 520.63	358.63	518.62	1 766.25
利润总额（万元）	120.78	86.85	128.42	21.63	45.63	113.20
销售税金（亿元）	9.78	6.85	9.89	2.86	2.88	9.58
出口交货值（亿元）	68.66	6.52	21.23	2.45	58.52	19.63

资料来源：表中数据由中国焙烤食品糖制品工业协会提供。

表 55 我国饮料行业主要经济指标（2015—2016 年）

指 标	单 位	2015 年	2016 年	同比增长（%）
企业单位数	个	6 664	6 962	4.47
总产量	万 t			
工业总产值	亿 元			
主营业务收入	亿 元	17 373.4	18 538.3	6.71
利润总额	亿 元	1 799.7	1 908.5	6.05
职工人数	万 人			
资产总计	亿 元	15 599.8	16 761.5	7.45
负债合计	亿 元	7 054.9	7 361.5	4.35

注：表中数据出自 2017 年《中国统计年鉴》，以上数据为规模以上工业企业的经济指标。

表 56 我国酿酒行业主要酒种销售收入增长情况（2016 年）

单位：%

酒种 \ 指标	产销量增长	销售收入增长	利润总额增长
酒精	4.01	5.35	2.25
啤酒	0.12	2.32	3.56
白酒	2.23	5.56	2.11
葡萄酒	1.12	3.45	6.68

资料来源：表中数据由中国酒业协会提供。

表 57 我国酒精工业主要经济指标（2015—2016 年）

指 标	单 位	2015 年	2016 年	同比增长（%）
企业单位数	个	138	137	−0.72
产品产量	万 kL	1 016.7	1 023.5	0.67
主营业务收入	亿元	799.9	806.9	0.88
利润总额	亿元	32.3	33.2	2.79
行业总资产	亿元			

资料来源：表中数据由中国酿酒工业协会酒精分会提供。

表 58 我国乳制品行业主要经济指标（2015—2016 年）

指 标	单 位	2015 年	2016 年	同比增长（%）
全年奶牛存栏	万头			
全年奶类总产量	万 t	3 870.30	3 712.20	−4.08
其中：牛奶产量	万 t	3 754.70	3 698.80	−1.49

（续）

指　　标	单　位	2015 年	2016 年	同比增长（%）
全国乳制品产量	万 t	2 782.50	2 993.20	7.57
其中：液态奶	万 t	2 521.00	2 699.50	7.08
干乳制品	万 t			
乳制品工业总产值	亿元			
主营业务收入	亿元	3 328.50	3 420.50	2.76
乳制品加工利润总额	亿元	363.70	389.50	7.09
城镇居民人均消费	kg			
乳制品进口量	万 t	191.85	189.20	−1.38
乳制品进口额	万美元	61.11	60.20	−1.49
乳制品出口量	万 t	3.55	3.45	−2.82
乳制品出口额	万美元	0.64	0.55	−14.06

资料来源：表中数据由中国奶业协会、中国乳制品工业协会提供。

表 59　我国烟草工业主要经济指标（2015—2016 年）

指　　标	单　位	2015 年	2016 年	同比增长（%）
企业数	个	133	128	−3.76
工业总产值	亿元			
主营业务收入	亿元	9 340.8	8 686.3	−7.01
利润总额	亿元	1 199.6	1 038.5	−13.43
职工人数	万人			
资产总计	亿元	9 190.3	10 210.1	11.10
负债合计	亿元	2 341.2	2 526.7	7.92

表 60　我国纺织工业主要经济指标（2015—2016 年）

指　　标	单　位	2015 年	2016 年	同比增长（%）
企业数	个	2 0545	19 752	−3.86
工业总产值	亿元			
主营业务收入	亿元	39 987.0	40 844.5	2.14
利润总额	亿元	2 224.3	2 285.4	2.75
职工人数	万人			
资产总计	亿元	24 304.0	24 522.8	0.90
负债合计	亿元	12 686.5	12 680.7	−0.05

表 61 我国纺织服装、鞋、帽制造业主要经济指标（2015—2016 年）

指 标	单 位	2015 年	2016 年	同比增长（%）
企业数	个	15 943	15 445	−3.12
工业总产值	亿元			
主营业务收入	亿元	22 232.8	23 741.5	6.79
利润总额	亿元	1 363.0	1 428.5	4.81
职工人数	万人			
资产总计	亿元	13 043.7	13 748.5	5.40
负债合计	亿元	6 137.1	6 334.5	3.22

表 62 我国皮革工业经济运行情况（2015—2016 年）

指 标	单 位	2015 年	2016 年	同比增长（%）
企业数	个	8 862.0	8 727.0	1.52
工业总产值	亿元			
主营业务收入	亿元	14 659.8	15 163.0	3.43
利润总额	亿元	980.8	988.7	0.81
职工人数	万人			
资产总计	亿元	7 323.9	7 396.3	0.99
负债合计	亿元	3 305.8	3 327.3	0.65

资料来源：数据出自 2017 年《中国统计年鉴》。

表 63 我国家具行业经济运行情况（2015—2016 年）

指 标	单 位	2015 年	2016 年	同比增长（%）
企业数	个	6 647	5 777	−13.09
工业总产值	亿元			
主营业务收入	亿元	7 880.7	8 779.6	11.41
利润总额	亿元	512.6	574.3	12.04
资产总计	亿元	5 012.7	5 552.8	10.77
负债合计	亿元	2 489.6	2 722.1	9.34
出口交货值	亿元			

资料来源：数据出自 2017 年《中国统计年鉴》。

表 64 我国造纸工业主要经济指标（2015—2016 年）

指 标	单 位	2015 年	2016 年	同比增长（%）
企业数	个	2 791	2 602	−6.77
工业总产值	亿元			
主营业务收入	亿元	8 003.00	7 889.00	−1.42
利税总额	亿元	611.00	625.00	2.29
利润总额	亿元	373.00	380.00	1.88
资产总计	亿元	9 940.00	9 370.00	−5.73
资产负债率	%	58.74	57.60	−1.94
从业人员平均人数	万人			

资料来源：表中数据由中国造纸协会提供。

表 65　我国新闻出版业基本情况（2015—2016 年）

类别		单位	2015 年	2016 年	同比增长（%）
总计	图书、期刊、报纸总印张	亿印张	2 467.03	2 566.23	4.02
	折合用纸量	万 t	570.75	578.77	1.41
	其中：书籍用纸量	万 t	112.59	120.78	7.27
	课本用纸量	万 t	61.83	61.69	−0.23
	期刊用纸量	万 t	38.18	40.12	5.08
	报纸用纸量	万 t	357.80	368.90	3.10
	图片用纸量	万 t	0.03	0.03	
图书	图书出版总量	种	475 768	499 844	5.06
	其中：初版图书	种	260 426	458 350	76.00
	重版重印图书	种	215 342	242 905	12.80
	总印数	亿册（张）	86.62	61.46	−29.05
	总印张	亿印张	743.19	647.88	−12.82
	折合用纸量	万 t	174.66	175.58	0.53
	定价金额	亿元	1 476.09	1 956.02	32.51
期刊	期刊出版总数	种	10 014.58	10 008.26	−0.06
	平均期印数	万册	14 628.25	13 950.22	−4.64
	总印数	亿册	28.78	26.97	−6.29
	总印张	亿印张	167.78	151.95	−9.43
	折合用纸量	万 t			
	定价金额	亿元	242.97	232.42	−4.34
报纸	出版种数	种	1 906.28	1 894.76	−0.60
	平均期印数	万份	20 968.37	19 494.94	−7.03
	总印数	亿份	430.09	390.07	−9.31
	总印张	亿印张	1 554.93	1 267.27	−18.50
	折合用纸量	万 t	357.64	291.48	−18.50
	定价金额	亿元	434.25	408.20	−6.00
音像制品及电子出版物	出版种数	种	25 463	24 116	−5.29
	出版数量	亿盒（张）	5.08	4.36	−14.17
	发行数量	亿盒（张）			
	发行金额	亿元			
出版物进出口：出口	图书、期刊、报纸	种次			
	出口数量	万册（份）	2 112.45	2 169.94	2.72
	出口金额	万美元	7 942.60	7 785.11	−1.98
出版物进出口：进口	图书、期刊、报纸	种次			
	进口数量	万册（份）	2 811.75	3 108.18	10.54
	进口金额	万美元	30 557.53	30 051.73	−1.66

资料来源：表中数据出自中国新闻出版广电网。

表 66　我国 55 个印刷机械企业主要经济指标（2015—2016 年）

指　　标	单　位	2015 年	2016 年	同比增长（%）
工业总产值	万元	494 768.00	489 522.00	－1.06
工业销售产值	万元	472 695.00	466 522.00	－1.31
工业增加值	万元	147 674.00	146 855.00	－0.55
产品销售收入	万元	452 831.00	426 235.00	－5.87
利润总额	万元	29 864.00	28 796.00	－3.58
成本费用总额	万元	446 415.00	436 588.00	－2.20
出口交货值	万元	67 475.00	60 689.00	－10.06
新产品产值	万元	288 550.00	276 632.00	－4.13
运行质量综合指数	%	67.38	60.58	－10.09
产品销售率	%	95.47	95.10	－0.39
总资产贡献率	%	4.59	4.32	－5.88
资产保值增值率	%	101.16	100.36	－0.79
资产负债率	%	44.17	43.32	－1.92
成本费用利润率	%	6.68	7.05	5.54
流动资金年周转率	次/年	0.60	0.71	18.33
全员劳动生产率	元/人	129 952.00	132 963.00	2.32

资料来源：表中数据出自中国印刷及设备器材工业协会。

表 67　我国农产品加工业能源消费总量和主要能源品种消费量（2015 年）

行　　业	能源消费总量（万 t 标准煤）	煤炭消费量（万 t）	焦炭消费量（万 t）	原油消费量（万 t）	汽油消费量（万 t）	煤油消费量（万 t）	柴油消费量（万 t）	燃料油消费量（万 t）	天然气消费量（亿 m³）	电力消费量（亿 kW·h）
合　　计	**244 919.5**	**179 475.6**	**43 646.3**	**53 027.9**	**403.3**	**18.6**	**960.4**	**3 092.9**	**718.6**	**31 178.1**
农副食品加工业	4 201.3	2 584.9	141.3		28.5	0.5	47.8	1.8	5.7	641.3
食品制造业	1 806.7	1 617.2	3.1		10.1	0.1	16.0	3.6	9.9	239.5
饮料制造业	1 475.7	1 185.0	1.2		6.6	0.1	11.2	0.6	6.2	162.1
烟草加工业	229.4	43.0			0.6		1.8	0.4	1.7	52.8
纺织业	7 135.7	4 729.7	1.9		13.9	0.2	14.8	7.1	6.2	1 561.6
纺织服装、鞋、帽制造业	919.5	257.2	1.6		11.9		13.8	0.6	1.8	216.9
皮革、毛皮、羽毛（绒）及其制品业	628.6	155.3			6.9	0.1	5.4	0.9	0.2	158.2
木材加工及竹、藤、棕草制品业	1 327.2	506.9	1.4		7.1	0.5	11.9	0.2	0.7	254.4
家具制造业	375.7	57.5	1.9		5.2		7.3	0.3	1.5	92.8
造纸及纸制品业	4 027.7	4 669.3	0.8		6.1	0.1	17.8	12.1	9.3	634.9
印刷业和记录媒介复制	466.1	81.2			6.6	0.1	6.6	0.4	2.3	112.0
橡胶制品业	4 417.5	977.9	3.5		20.9	0.3	25.0	7.3	7.7	1 174.7

农产品加工业主要产品产量

表 68 我国农产品加工业主要产品产量（2015—2016 年）

产品名称	单位	2015 年	2016 年	同比增长（%）
纱	万 t	3 538.0	3 732.6	5.50
布	亿 m	892.5	906.7	1.59
机制纸及纸板	万 t	11 742.3	12 319.2	4.91
成品糖	万 t	1 474.1	1 443.3	−2.09
卷烟	亿支	25 890.7	23 825.7	−7.98
罐头	万 t	1 309.9	1 394.8	6.48
啤酒	万 kL	4 715.6	4 506.4	−4.44
原盐	万 t	6 665.5	6 620.1	−0.68
精制食用植物油	万 t	6 734.3	6 907.5	2.57
中成药	万 t	350.4	374.6	6.91
合成橡胶	万 t	534.2	559.9	4.81
橡胶轮胎外胎	万条	92 831.4	4 886.3	−94.74
化学纤维	万 t	40 831.7	94 974.0	132.60

表 69 我国淀粉产量及品种情况（2015—2016 年）

单位：万 t

品种	2015 年	2016 年	同比增长（%）	占总淀粉（%）
合计	**2 159.31**	**2 355.52**	**9.09**	**100.00**
玉米淀粉	2 051.26	2 258.59	10.11	95.88
木薯淀粉	37.47	36.49	−2.62	1.62
马铃薯淀粉	41.84	32.92	−21.32	1.40
甘薯淀粉	18.56	20.01	7.81	0.85
小麦淀粉	10.18	7.51	−26.23	0.32

资料来源：表中数据由中国淀粉工业协会提供。

表 70 我国淀粉深加工品产量（2015—2016 年）

单位：万 t

主要品种	2015 年	2016 年	同比增长（%）	占深加工品（%）
合计	**1 112.10**	**1 264.23**	**13.68**	**100.00**
变性淀粉	135.23	148.06	9.49	11.71
结晶葡萄糖	267.88	336.91	25.77	26.65
液体淀粉糖	621.28	685.57	10.35	54.23
糖醇	87.71	93.69	6.82	7.41

资料来源：表中数据由中国淀粉工业协会提供。

表 71　我国淀粉产量分布及生产规模情况（2016 年）

地　区	淀粉产量（万 t）	占总产量（%）	玉米淀粉生产规模情况	
			年产 10 万 t 企业数（个）	企业最大年产量（万 t）
山　东	1 209.2	51.3	18	313.9
吉　林	318.5	13.5	6	77.3
河　北	288.5	12.3	7	98.2
河　南	125.6	5.3	5	35.6
陕　西	116.7	5.3	3	83.7
其他 17 省（自治区、直辖市）	297.1	12.3	4	75.6
合　计	**2 355.6**	**100.0**	**43**	

注：其他 17 省（自治区、直辖市）为：山西、内蒙古、辽宁、黑龙江、江苏、湖北、四川、广东、广西、海南、云南、重庆、甘肃、宁夏、青海、新疆、贵州。

表 72　我国玉米淀粉生产规模情况（2015—2016 年）

项　　目	单 位	2015 年	2016 年	同比增长（%）
年产 100 万 t 以上的企业	个	4	3	−25.0
年产 100 万 t 以上的企业总产量	万 t	827.7	657.5	−20.6
占全国玉米淀粉总产量	%	40.1	29.1	−27.5
年产 40 万 t 以上的企业	个	12	17	41.6
年产 40 万 t 以上的企业总产量	万 t	752.7	1031.9	37.0
占全国玉米淀粉总产量	%	36.7	45.6	24.2

资料来源：表中数据由中国淀粉工业协会提供。

表 73　我国玉米淀粉市场占有率前十企业（2017 年）

企　　业	销量（万 t）	市场占有率（%）
诸城兴茂	331.30	13.1
中粮生化	192.80	7.7
西王集团	153.72	6.2
巨能金玉米	149.78	6.1
宁夏一品	116.72	4.8
玉峰实业	113.20	4.7
金象生化	100.21	4.2
长春大成	92.18	3.9
中古淀粉糖	77.28	3.3
鲁洲食品	74.25	3.2
其　他	984.01	42.8

资料来源：表中数据由中国淀粉工业协会提供。

表 74　我国部分淀粉深加工品生产规模情况（2015—2016 年）

项目		2015 年	2016 年	同比增长（%）
变性淀粉	年产 10 万 t 以上企业（个）	3	4	33.3
	年产 10 万 t 以上企业总产量（万 t）	37.7	56.2	49.1
	占全国总产量（%）	27.9	37.9	35.8
	年产 5 万 t 以上企业（个）	6	4	−33.4
	年产 5 万 t 以上企业总产量（万 t）	37.8	26.0	−31.3
	占全国总产量（%）	28.0	17.6	−37.2
	年产 3 万 t 以上企业（个）	5	9	80.0
	年产 3 万 t 以上企业总产量（万 t）	22.3	35.2	57.8
	占全国总产量（%）	16.5	23.8	44.2
结晶葡萄糖	年产 100 万 t 以上企业（个）	1	1	持平
	年产 100 万 t 以上企业总产量（万 t）	138.7	178.5	28.7
	占全国总产量（%）	51.8	53.0	2.3
	年产 20 万 t 以上企业（个）	2	3	50.0
	年产 20 万 t 以上企业总产量（万 t）	55.7	80.8	45.0
	占全国总产量（%）	20.8	24.0	15.4
	年产 10 万 t 以上企业（个）	2	2	持平
	年产 10 万 t 以上企业总产量（万 t）	33.7	35.1	4.1
	占全国总产量（%）	12.6	10.4	−17.5
液体葡萄糖	年产 50 万 t 以上企业（个）	3	4	33.3
	年产 50 万 t 以上企业总产量（万 t）	263.2	303.6	15.3
	占全国总产量（%）	42.4	44.2	4.2
	年产 10 万 t 以上企业（个）	10	13	30.0
	年产 10 万 t 以上企业总产量（万 t）	257.9	310.2	720.2
	占全国总产量（%）	41.5	45.2	8.9

资料来源：表中数据由中国淀粉工业协会提供。

表 75　各地区粮食加工业主要产品产量（2015 年）

单位：万 t

产　品	大　米	小麦粉	淀　粉	酒　精
全国总计				
北　京	35.3	81.6		
天　津	6.9	24.2		
河　北	22.2	830.2	221.7	3.7
山　西	0.1	49.4	0.2	14.5
内蒙古	6.2	25.2	6.4	161.2
辽　宁	202.3	40.9	105.4	19.7
吉　林	204.6	1.2	26.6	185.2

（续）

产品	大米	小麦粉	淀粉	酒精
黑龙江	765.1	51.8	26.7	180.4
上海	28.3	22.1	39.1	
江苏	606.1	806.6	303.2	1.8
浙江	113.1	72.6	56.8	0.7
安徽	907.3	821.0	96.8	179.2
福建	213.7	146.8	170.7	
江西	587.5		27.7	
山东	52.1	1 511.2	379.4	725.9
河南	169.5	2 038.7	71.3	26.3
湖北	707.9	145.7	71.7	
湖南	400.1	13.0	40.9	
广东	143.1	287.0	292.0	7.8
广西	121.5	14.6	194.8	
海南	3.1			
重庆	55.6	5.7	0.9	8.3
四川	175.2	91.5		
贵州	26.9	1.0		
云南	44.0	5.7		1.1
西藏		2.0		
陕西	20.8	166.9	68.6	0.5
甘肃	0.7	79.1	4.3	1.9
青海		7.0		
宁夏	50.9	44.2	16.4	
新疆	10.3	15.6	21.7	1.9

表 76 我国粮油加工企业数汇总情况（2013—2015 年）

年份	企业数（个）	按生产能力规模划分（t/d）						
		30 t 以下	30～50 t（含 30 t）	50～100 t（含 50 t）	100～200 t（含 100 t）	200～400 t（含 200 t）	400～1 000 t（含 400 t）	1 000 t 以上（含 1 000 t）
2013	19 880	2 234	2 015	4 424	5 034	3 556	1 898	618
2014	19 366	2 082	1 816	4 028	4 990	3 686	2 025	644
2015	19 205	1 989	1 766	3 988	4 986	3 700	2 096	680

资料来源：表 76～表 79 中数据出自 2016 年《中国粮食年鉴》。

表 77 我国粮油加工业年生产能力汇总情况（2013—2015 年）

单位：万 t

年份	处理稻谷	处理小麦	处理油料	其中		油脂精炼	处理玉米	处理杂粮	加工饲料	粮机制造（台套）
				处理大豆	处理菜籽					
2013	33 234	21 726	17 257	9 603	3 950	5 144	7 789	1 029	21 388	413 689
2014	33 716	21 655	17 217			5 037	7 645		23 339	253 708
2015	30 738	19 400	15 584			4 902	10 758		21 644	351 100

表 78 我国粮油加工业产能利用情况（2013—2015 年）

单位：亿 t

年份	稻谷加工业			小麦加工业			食用植物油加工业			玉米加工业		
	处理能力	实际处理	利用率（%）	处理能力	实际处理	利用率（%）	处理能力	实际处理	利用率（%）	处理能力	实际处理	利用率（%）
2013	3.3	1.50	44.00	2.2	1.30	61.00	2.20	0.90	41.00	0.78	0.40	46.00
2014	3.4	0.99	29.12	2.2	0.97	44.09	1.72	0.30	17.44	0.76	0.39	51.32
2015	3.4	0.90	26.47	2.2	0.99	45.45	1.80	0.45	25.01	0.75	0.39	52.01

表 79 我国粮油加工业主要产品产量（2013—2015 年）

单位：万 t、台套

年份	大米	小麦粉	食用植物油	玉米加工产品	粮食食品	其中：大豆食品	杂粮及薯类	饲料	粮机设备
2013	9 459	9 873	2 879	3 571	2 310	29	229	10 251	317 066
2014	9 870	9 676	3 004	3 940	2 143	128	426	16 477	253 708
2015	5 678	7 546	2 682	4 100	2 232	223	536	21 644	351 000

表 80 我国乳制品产量情况（规模以上企业）（2012—2016 年）

单位：万 t

指　标	2012 年	2013 年	2014 年	2015 年	2016 年
乳制品	2 545.2	2 698.0	2 651.8	2 782.5	2 993.2
其中：液体乳	2 146.6	2 336.0	2 400.1	2 521.0	2 831.2
乳　粉	136.5	158.9	150.8	142.0	162.0

资料来源：中国乳制品工业协会。

表 81 我国乳制品产量前五位省、自治区情况（2016 年）

地　区	产量（万 t）	同比增长（%）	占全国比例（%）
全国总计	**2 993.2**	**4.7**	**100.0**
河　北	371.0	2.7	12.4
内蒙古	336.8	14.7	11.2
山　东	261.7	4.3	8.7
河　南	282.1	23.3	9.7
黑龙江	194.3	1.5	6.4

资料来源：中国乳制品工业协会。

表 82 我国烟草工业主要产品产量（2015—2016 年）

年　份	烟叶（万 t）	烤烟（万 t）	卷烟（亿支）
2015 年	283.24	260.64	
2016 年	272.56	255.50	
同比增长（%）	−3.70	−1.90	

资料来源：表中数据出自 2017 年《农村统计年鉴》。

表 83 我国酒精工业产品产量（2015—2016 年）

单位：万 kL

年　份	2015 年	2016 年	同比增长（%）
产　量	1 016.74	1 103.46	8.53

资料来源：表中数据由中国酿酒工业协会酒精分会提供。

表 84 我国各地区啤酒产量（2015—2016 年）

单位：万 kL

地　区	2015 年	2016 年	同比增长（%）
全国总计	**4 715.72**	**4 506.43**	**−4.44**
北　京	138.20	135.26	−2.13
天　津	31.34	31.94	1.91
河　北	181.75	164.99	−9.22
山　西	39.47	33.95	−13.99
内蒙古	104.09	99.82	−4.10
辽　宁	242.28	232.58	−4.00
吉　林	138.51	137.08	−1.03
黑龙江	208.14	200.74	−3.56
上　海	61.08	60.80	−0.46
江　苏	184.21	177.24	−3.78
浙　江	251.02	246.58	−1.77
安　徽	119.24	105.94	−11.15
福　建	170.24	160.94	−5.46
江　西	134.00	100.94	−24.67
山　东	589.43	600.12	1.81
河　南	390.38	396.91	1.67
湖　北	277.48	180.51	−34.95
湖　南	74.60	71.56	−4.08
广　东	424.15	405.92	−4.30
广　西	200.12	182.16	−8.97
海　南	6.19	5.35	−13.57
重　庆	76.71	76.09	−0.81
四　川	221.00	232.21	5.07
贵　州	96.39	100.39	4.15
云　南	103.65	105.29	1.58
西　藏	15.81	16.55	4.68
陕　西	94.15	92.79	−1.44
甘　肃	57.83	59.09	2.18
青　海	11.10	10.67	−3.87
宁　夏	26.38	25.13	−4.74
新　疆	46.78	46.38	−0.86

资料来源：表中数据出自 2017 年《中外酒业》第 2 期。

表 85　我国饲料工业产品产量（2013—2016 年）

单位：万 t

年　份	饲料产量	其中：1. 配（混）合饲料	2. 浓缩饲料	3. 预混合饲料
2013	19 100	16 170	2 300	630
2014	19 727	16 935	2 151	641
2015	20 009	17 396	1 960	653
2016	20 917	18 394	1 832	691

资料来源：表中数据由中国饲料工业协会提供。

表 86　我国饲料工业各地区产品产量（2016 年）

单位：万 t

地　区	总　产　量	配合饲料总产量	浓缩饲料总产量	预混合饲料总产量
全国总计	**20 917.5**	**18 394.5**	**1 832.3**	**690.6**
北　京	262.2	161.5	34.9	65.7
天　津	211.0	140.1	42.8	28.0
河　北	1 342.0	1 144.0	84.2	13.7
山　西	285.6	256.2	26.3	3.0
内蒙古	278.6	213.3	60.7	4.5
辽　宁	1 073.8	787.3	267.2	19.2
吉　林	321.2	229.9	86.2	5.1
黑龙江	582.8	260.6	292.1	30.1
上　海	162.2	122.9	15.0	24.2
江　苏	1 123.2	1 046.7	41.3	35.1
浙　江	419.4	400.6	6.1	12.6
安　徽	598.1	564.1	19.1	14.8
福　建	882.4	842.6	15.0	24.8
江　西	902.0	813.9	25.5	62.4
山　东	2 587.2	2 392.2	117.9	76.9
河　南	1 137.1	948.2	25.4	63.3
湖　北	876.1	829.0	29.6	17.4
湖　南	1 173.2	1 080.8	40.2	52.1
广　东	2 824.8	2 709.4	47.1	68.2
广　西	1 216.4	1 182.9	16.8	166.6
海　南	242.5	242.2		0.2
重　庆	230.9	206.2	24.1	0.4
四　川	1 070.1	979.0	62.5	28.5
贵　州	123.3	88.1	35.2	
云　南	366.2	264.4	96.0	5.4
西　藏				
陕　西	301.2	212.7	77.8	10.6
甘　肃	92.6	68.4	23.1	1.0
青　海	11.1	1 095.7		0.1
宁　夏	28.2	22.2	4.7	1.2
新　疆	190.7	172.6	14.3	3.8

资料来源：表中数据出自 2016 年版《中国农业统计资料》。

表 87　我国各地区配合饲料生产情况（2016 年）

单位：万 t

地区	配合饲料	其中					
		猪饲料	蛋禽饲料	肉禽饲料	水产饲料	精料补充料	其他饲料
全国总计	**18 394.5**	**7 175.3**	**2 535.5**	**5 798.7**	**1 904.0**	**657.5**	**323.2**
北　京	161.5	44.0	20.5	33.7	7.8	45.8	94
天　津	140.1	36.0	8.3	17.1	45.9	28.8	38
河　北	1 144.0	304.2	441.3	201.3	58.5	94.8	43.7
山　西	256.2	49.9	83.1	112.7		5.5	4.6
内蒙古	213.3	13.4	21.2	22.9	0.9	46.6	8.1
辽　宁	787.3	205.5	165.9	293.2	42.0	67.8	12.6
吉　林	222.9	59.4	83.5	45.5	0.7	20.6	20.0
黑龙江	260.6	82.6	59.4	35.7	15.1	45.2	22.6
上　海	122.9	35.6	40.8	32.1	7.8	5.7	0.5
江　苏	1 046.7	283.1	141.2	319.9	272.7	9.4	20.3
浙　江	400.6	157.9	42.7	88.3	95.9	5.9	9.6
安　徽	564.1	140.3	87.9	290.7	31.7	2.1	11.3
福　建	842.6	372.4	102.2	232.0	132.6		3.1
江　西	813.9	565.7	78.8	103.6	63.7		2.0
山　东	2 392.2	529.7	195.9	1 532.4	37.3	48.2	48.4
河　南	948.2	440.2	109.7	278.3	50.5	23.7	45.6
湖　北	829.0	268.4	183.4	145.1	231.9		
湖　南	1 080.8	754.1	103.8	94.3	125.0	0.2	3.1
广　东	2 709.4	1 122.2	201.1	911.8	445.5	3.3	25.3
广　西	1 182.9	605.1	59.3	462.0	56.5		
海　南	242.2	95.4	18.0	94.7	34.0		
重　庆	206.2	114.9	25.3	48.4	11.8	1.0	4.5
四　川	979.0	579.9	104.2	207.5	60.8	9.5	16.7
贵　州	88.1	44.0	15.3	20.1	4.3	2.9	1.2
云　南	264.4	84.0	38.6	91.8	43.9	5.2	0.7
西　藏							
陕　西	212.7	121.7	42.5	27.6	7.9	12.6	0.1
甘　肃	68.4	30.7	10.5	10.2	1.3	11.4	4.1
青　海	10.9	2.0				8.7	0.1
宁　夏	22.2	2.8	2.2	3.5	4.1	9.4	
新　疆	172.6	28.9	47.3	41.1	12.5	42.0	0.5

表 88 我国各地区浓缩饲料生产情况（2016 年）

单位：万 t

地 区	浓缩饲料	其中					
		猪饲料	蛋禽饲料	肉禽饲料	水产饲料	精料补充料	其他饲料
全国总计	**1 832.3**	**1 138.4**	**316.8**	**169.8**	**1.6**	**183.2**	**22.2**
北 京	34.9	29.7	2.2			2.8	0.1
天 津	42.8	35.1	1.8			5.1	0.7
河 北	84.2	95.0	53.0	2.3		30.8	2.8
山 西	26.3	9.4	11.9	0.1		4.4	0.2
内蒙古	60.7	10.9	5.8	2.8	0.1	40.7	0.1
辽 宁	267.2	103.1	73.9	64.2		24.3	1.6
吉 林	86.2	47.3	18.9	11.0	0.1	8.8	
黑龙江	292.1	120.5	73.7	60.3		31.7	5.9
上 海	15.0	14.0				0.4	0.5
江 苏	41.3	40.2	0.2			0.6	
浙 江	6.1	6.1					
安 徽	19.1	18.8		0.1			
福 建	15.0	15.0					
江 西	25.5	20.5					4.9
山 东	117.9	105.2	4.7	0.6		7.1	
河 南	25.4	96.2	19.2	7.5		1.7	0.6
湖 北	29.6	27.0	0.3	1.9	0.2		
湖 南	40.2	39.9			0.1		
广 东	47.1	43.2	0.3	0.7	0.7		2.0
广 西	16.8	15.0	0.3	1.3			
海 南							
重 庆	24.1	20.0	3.5	0.1		0.1	
四 川	62.5	59.7	0.8	0.1		1.4	0.3
贵 州	35.2	33.4	0.2	0.6		0.4	0.4
云 南	96.0	89.9	1.2	3.6		1.1	
西 藏							
陕 西	77.8	25.2	36.4	7.0	0.4	8.9	
甘 肃	23.1	8.3	2.9	1.5		9.4	0.8
青 海							
宁 夏	4.7	1.1	0.9	1.2		0.8	0.5
新 疆	14.3	7.2	3.6	1.5		1.8	

资料来源：以下表中数据出自 2016 年《中国农业统计资料》。

表 89 我国各地区添加剂预混合饲料生产情况（2016 年）

单位：万 t

地 区	添加剂预混合饲料	其 中					
		猪饲料	蛋禽饲料	肉禽饲料	水产饲料	精料补充料	其他饲料
全国总计	**690.6**	**411.9**	**152.1**	**42.6**	**24.3**	**39.0**	**20.5**
北 京	65.7	28.8	25.5	1.1	0.9	7.1	1.9
天 津	28.0	11.2	10.0	0.8	0.2	4.8	0.7
河 北	13.7	4.4	41.1	0.8	0.2	2.0	1.9
山 西	3.0	0.8	13.9	0.5			0.1
内蒙古	4.5	0.6		0.1		3.6	
辽 宁	19.2	7.7	6.4	2.6	0.4	0.7	1.1
吉 林	5.1	1.4	1.3	1.2		0.3	0.7
黑龙江	30.1	13.4	6.7	4.9		3.7	1.0
上 海	24.2	12.8	5.0	1.2	0.3	2.2	2.5
江 苏	35.1	16.1	13.7	2.3	0.8	1.8	0.1
浙 江	12.6	9.2	1.1	1.1	0.8		0.2
安 徽	14.8	9.5	2.1	1.6	0.1	0.2	1.1
福 建	24.8	21.9	0.6	1.0	1.1		
江 西	62.4	61.1	0.3	0.1	0.2		0.5
山 东	76.9	23.9	36.8	6.2	0.6	5.9	3.3
河 南	63.3	49.7	10.8	1.4	0.1	0.8	0.4
湖 北	17.4	10.6	5.2	0.5	0.9		
湖 南	52.1	46.6	3.6	1.1	0.1	0.1	
广 东	68.2	45.8	3.3	4.7	11.8		
广 西	16.6	9.9	0.8	5.3	0.4		
海 南	0.2	0.2					
重 庆	0.4	0.4					
四 川	28.5	16.4	3.9	2.0	4.4	1.3	
贵 州							
云 南	5.7	2.3	2.4	0.2			
西 藏							
陕 西	10.6	3.7	5.1	0.3	0.1	1.0	
甘 肃	1.0	0.3				0.5	
青 海	0.1					0.1	
宁 夏	1.2	0.6	0.1			0.3	
新 疆	3.8	1.3	0.5	0.2	0.1	1.3	

表 90　制糖期糖料与食糖生产情况（2016/2017 年度）

地区	糖料播种面积（万 hm^2）	产糖量（万 t）	开工糖厂数（个）
全国累计	**139.58**	**928.82**	**221**
甘蔗糖合计	**122.50**	**824.11**	**195**
广　东	12.00	77.18	29
其中：湛江	9.73	64.79	20
广　西	74.67	529.50	92
云　南	30.83	187.79	58
海　南	3.03	16.46	11
其　他	1.77	13.18	5
甜菜糖合计	**17.08**	**104.71**	**26**
黑龙江	0.63	2.54	2
新　疆	7.41	48.74	13
内蒙古	7.90	46.33	6
其　他	1.13	7.10	5

资料来源：表中数据由中国糖业协会提供。

表 91　我国食用菌产量、产值、出口情况（2016 年）

项　目	单　位	2015 年	2016 年	同比增长（%）
产　量	t	34 762 700	35 966 586	3.46
产　值	万元	25 163 800	27 417 772	8.95
出口量	t	526 200	547 936	4.13
创　汇	万美元	262 600	317 018	20.72

表 92　我国农垦系统农产品加工业主要产品产量（2015—2016 年）

产　品	单　位	2014 年	2015 年	同比增长（%）
粮食商品量	万 t	3 343.2	3 483.1	4.18
粮食商品率	%	91.22	92.50	1.40
食用植物油	万 t	463.3	410.9	−11.31
机制糖	万 t	293.6	252.3	−14.07
乳制品	万 t	380.2	403.8	6.21
其中：液体奶	万 t	351.6	371.1	5.55
饮料酒	万 kL	160.5	126.3	−21.31
其中：葡萄酒	万 kL	6.5	7.4	13.85
纱	万 t	73.5	88.9	20.95
布	亿 m	5.8	5.8	
配（混）合饲料	万 t	892.4	1 032.4	15.69
机制纸及纸板	万 t	57.0	57.3	0.53

表 93　农垦系统各地区农产品加工业主要产品产量（2016 年）

地　区	混（配）合饲料（t）	机制纸及纸板（t）	纱（万 t）	布（万 m）	机制糖（t）	饮料酒（kL）	乳制品（t）	食用植物油（t）
全国合计	**1 032.4**	**57.2**	**88.6**	**57 886**	**2 523 030**	**1 263 608**	**4 037 965**	**4 109 326**
北　京	21.0					20	534 735	
天　津						14 420	60 645	
河　北	51.1	3.1		10 221		5 901	693 490	1 050
山　西	1.8					520		
内蒙古	2.7				4 193	1 225	3 220	40 078
辽　宁	20.2	5.4		1 162	10 934	142 137	49 810	122 383
吉　林		3.6					6 500	
黑龙江	36.0	0.2				106 137	303 856	1 766 105
上　海	29.5				1 273 334	120 463	1 121 764	97 989
江　苏	10.2							8 327
浙　江	31.3		2.6	2 700				
安　徽	1.9		1.3			3 816		
福　建	2.9	0.3		1 450		10 413	1 158	400
江　西	3.2	7.1	3.9	261		139 268		32 590
山　东							8 534	
河　南	9.0		1.8			2 792	14 761	
湖　北	265.8	7.1	33.7	30 207		271 094	468 023	1 268 023
湖　南	116.6	4.0	3.9	348	4 501	5 030	5 602	4 092
广　东	0.3	1.6			350 028	2 241	118 967	188 174
广　西	68.6	11.1			656 013	61	2 000	769
海　南					20 766			80
重　庆	34.1						234 349	
四　川						7 381	1 681	
贵　州	2.3						52 340	
云　南	0.8				56 754	2 916		
西　藏								
陕　西							3 220	
甘　肃						4 253		
青　海							26 045	
宁　夏	2.9						26 045	12
新疆（兵团）	303.8					198 457	199 404	579 254
新疆（农业）			40.7	11 537	146 507	220 975	2 300	
新疆（畜牧）	13.2	13.0	0.5				65 764	

表94　我国森林工业主要产品产量（2015—2016年）

主要产品	单位	2015年	2016年	同比增长（%）
锯　材	万 m^3	7 430.4	7 716.1	3.85
木片（实积）	万 m^3	4 285.8	4 576.1	6.77
人造板	万 m^3	28 679.5	30 042.2	4.75
胶合板	万 m^3	16 546.3	177 55.6	7.31
纤维板	万 m^3	6 618.5	6 651.2	0.49
刨花板	万 m^3	2 030.2	2 650.1	30.53
其他人造板	万 m^3	3 484.6	2 985.2	−14.33
其他加工材	万 m^3	891.5	1 023.0	14.75
改性木材	万 m^3	184.3	146.8	−20.35
指接材	万 m^3	409.2	452.9	10.68
木竹地板	万 m^2	77 355.9	68 990.4	−10.81
林产化学产品				
松香类产品	t	1 742 521.0	1 838 691.0	5.52
松节油类产品	t	263 209.0	273 765.0	4.01
樟　脑	t	13 427.0	14 271.0	6.29
冰　片	t	2 002.0	6 901.0	244.71
栲胶类产品	t	7 584.0	4 969.0	−34.48
紫胶类产品	t	3 344.0	4 965.0	48.47
木材热解产品	t	1 630 536.0	1 766 646.0	8.35
木质生物质成型燃料	t	485 100.0	810 261.0	67.03

表 95　各地区森林工业主要产品产量（2016 年）

单位：万 m^3

地　区	锯材	木片（实积）	人造板					其他加工材	
			合计	胶合板	纤维板	刨花板	其他人造板	改性木材	指接材
全国总计	**7 716.14**	**4 576.12**	**30 042.22**	**17 755.61**	**6 651.22**	**2 650.10**	**2 985.29**	**146.83**	**452.99**
北　京									
天　津			11.17	1.25	9.92				
河　北	152.82	15.36	1 715.06	811.62	534.04	308.23	61.17	9.64	
山　西	13.02	20.96	46.41	8.11	17.54	5.45	15.32	0.27	
内蒙古	1 028.46	6.47	42.38	26.76	1.64	0.15	13.84		
辽　宁	292.69	113.88	283.16	131.62	61.25	25.02	65.26		13.75
吉　林	147.59	52.92	371.22	177.66	102.75	38.59	52.22	0.03	3.03
黑龙江	629.85	57.02	457.39	304.90	86.82	46.71	18.96	0.10	4.47
上　海			1.67	1.67					
江　苏	285.89	166.07	5 609.77	3 896.40	768.23	678.14	267.01	2.20	
浙　江	330.61	35.60	567.53	195.60	96.05	9.46	266.43		89.22
安　徽	453.23	172.34	2 296.38	1 634.24	347.10	152.64	162.41	0.63	5.07
福　建	242.71	101.18	981.15	565.93	189.49	36.26	189.48	0.89	131.65
江　西	227.93	131.84	498.95	206.98	131.08	42.45	118.44	20.88	57.86
山　东	1 339.55	2 167.36	7 480.69	5 157.40	1 410.14	528.86	384.29	40.71	49.46
河　南	255.40	275.27	1 793.19	842.27	380.34	130.85	439.74		
湖　北	225.47	87.09	736.60	217.07	397.11	79.58	42.84	4.01	3.45
湖　南	413.27	99.29	566.29	306.79	56.28	29.21	174.01	0.89	20.87
广　东	188.69	216.64	1 389.18	668.53	501.01	205.42	14.21		0.70
广　西	896.17	671.50	3 668.32	2 137.69	838.61	187.40	504.62	49.64	40.06
海　南	67.43	41.58	29.71	17.69	3.00	9.01		13.00	4.00
重　庆	41.91	27.94	126.05	39.67	49.36	28.38	8.65	2.24	3.40
四　川	179.79	52.11	877.03	211.05	488.30	63.71	113.97		13.97
贵　州	93.70	17.34	102.17	52.43	7.66	8.23	33.84	1.50	3.39
云　南	191.40	35.81	311.90	124.97	114.54	35.50	36.90	0.18	8.64
西　藏	2.22								
陕　西	7.83	6.71	59.69	10.09	48.29	0.86	0.44		
甘　肃	0.88	0.12	5.28	0.83	4.44				
青　海									
宁　夏			1.05				1.05		
新　疆	7.48	1.46	12.82	6.41	6.20		0.21		
大兴安岭	0.14	2.27	0.02				0.02		

（续）

地 区	木竹地板（万 m^2）	樟 脑（t）	冰 片（t）	松香类产品（t）	松节油类产品（t）	栲胶类产品（t）	紫胶类产品（t）	木竹热解产品（t）	木质生物质成型燃料（t）
全国总计	**68 990.43**	**14 271**	**6 830**	**1 838 691**	**273 765**	**4 969**	**4 965**	**1 766 646**	**810 261**
北 京	0.13								
天 津	5.00								
河 北	1 899.23					990		46 136	14 000
山 西	3 295.88							1 250	
内蒙古	164.32								80 000
辽 宁	29.41							3 200	
吉 林	29 317.86							8 166	1139
黑龙江	0.13			21 200	5500			1 790	
上 海	5.00			138 216	13 677				
江 苏	1 899.23			127 063	56 965			8 000	
浙 江	7 103.89							160 013	204 130
安 徽	7 302.04							89 333	264 213
福 建	2 745.27	13 010		29 310	1 392		27	427 169	
江 西	7 065.21	477	30	38 540	6 124			162 728	18 600
山 东	3 723.41			203 380	30 607			21 121	
河 南	97.37			1 044 141	125 995	1 000		15 200	
湖 北	3 195.73			591	134			300	73 912
湖 南	1 124.92	104	6 100	1 077			23	158 227	96 658
广 东	585.03			300	25		186	13 404	86
广 西	497.54			13 895	1 253	2 123	3 255	61 769	19 984
海 南	13.56			203 493	30 195			216	
重 庆	2.34							6 034	
四 川	454.14	680		200				13 500	
贵 州	454.14					800		489 480	36 135
云 南	63.18		700			56	1 474	69 217	
西 藏	193.16								
陕 西	0.20								
甘 肃									
青 海									
宁 夏									
新 疆									
大兴安岭								10 393	1 404

表 96 我国水产加工产品的主要种类与产量（2013—2016 年）

单位：万 t

年 份	冷冻制品	干腌制品	鱼糜制品	鱼 粉	罐制品	鱼油制品	其 他
2013	1 230.0	158.0	132.7	99.5	37.5	7.7	189.7
2014	1 317.2	155.1	151.8	75.9	39.9	10.1	194.0
2015	1 376.5	163.8	145.4	71.1	41.3	7.3	108.3
2016	1 388.6	168.9	148.3	69.0	42.9	8.5	75.6

资料来源：表中数据由中国水产流通与加工协会提供。

表 97 纺织工业主要产品产量（规模以上企业）（2015—2016 年）

产品名称	单 位	2015 年	2016 年	同比增长（%）
化学纤维	万 t	4 831.7	4 944.3	2.33
纱	万 t	3 538.0	4 039.5	14.17
布	亿 m	892.6	714.5	−19.95
服装	万件	308.3	314.5	2.01

资料来源：表中数据由工业和信息化部提供。

表 98 我国家具工业分地区主要产品产量（2016 年）

单位：件

地 区	家 具	地 区	家 具
全国总计	**794 641 462**	河 南	58 853 710
北 京	7 761 626	湖 北	6 692 567
天 津	12 758 952	湖 南	8 933 467
河 北	14 135 762	广 东	145 878 150
山 西	109 074	广 西	4 153 822
内蒙古	860 123	海 南	5 965
辽 宁	19 317 667	重 庆	6 326 883
吉 林	3 177 149	四 川	21 557 794
黑龙江	1 826 799	贵 州	2 064 708
上 海	19 758 366	云 南	285 822
江 苏	18 200 809	西 藏	
浙 江	216 854 516	陕 西	1 083 108
安 徽	9 475 098	甘 肃	150 175
福 建	151 232 410	青 海	20 691
江 西	25 087 545	宁 夏	250 560
山 东	37 457 012	新 疆	371 132

资料来源：表中数据由国家统计局、中国轻工业联合会提供。

表 99 我国造纸工业纸浆消耗情况（2015—2016 年）

单位：万 t

品　种	2015 年		2016 年		同比增长（%）
	消　耗	所占比例（%）	消　耗	所占比例（%）	
纸浆消耗量	**9 731**	**100**	**9 797**	**100**	**0.68**
1. 木　浆	2 713	28.0	2 877	29	6.04
其中：进口木浆	1 757	18.0	1 861	19	5.92
国产木浆	956	10.0	1 010	10	5.65
2. 非木浆	680	7.0	591	6	−13.09
3. 废纸浆	6 338	65.0	6 329	65	−0.14
其中：进口废纸浆	2 392	25.0	2 313	24	−3.30
国产废纸浆	3 946	40.0	4 016	41	1.77

资料来源：表中数据出自中国造纸协会。

表 100 我国造纸工业纸浆生产情况（2012—2016 年）

单位：万 t

品　种	2012 年	2013 年	2014 年	2015 年	2016 年
总　计	**7 867**	**7 651**	**7 906**	**7 984**	**7 925**
1. 木　浆	810	882	962	966	1 005
2. 废纸浆	5 983	5 940	6 189	6 338	6 329
非木浆	1 074	829	755	680	591
苇　浆	143	126	113	100	68
蔗渣浆	90	97	111	96	90
竹　浆	175	137	154	143	157
稻麦草	592	401	336	303	244
其他浆	74	68	41	38	32

资料来源：表中数据出自中国造纸协会。

表 101 我国机制纸及纸板主要品种产量（2015—2016 年）

单位：万 t

品　种	2015 年	2016 年	同比增长（%）
纸及纸板合计	**10 710**	**10 855**	**1.35**
一、纸			
1. 新闻纸	295	260	−11.86
2. 未涂布印刷书写纸	1 745	1 770	1.43
3. 涂布印刷纸	770	755	−1.95
其中：铜版纸	680	665	−2.21
4. 生活用纸	885	920	3.95
5. 包装用纸	665	675	1.50
二、纸板			
1. 白纸板	1 400	1 405	0.36
其中：涂布白纸板	1 340	1 345	0.37
2. 箱纸板	2 245	2 305	2.67
3. 瓦楞原纸	2 225	2 270	2.02
三、特种纸及纸板	265	280	5.66
四、其他纸及纸板	215	215	

资料来源：表中数据出自中国造纸协会。

表 102 我国纸和纸板消费结构情况（2015—2016 年）

单位：万 t

产品名称	生产量			消费量		
	2015 年	2016 年	同比增长（%）	2015 年	2016 年	同比增长（%）
总计	**10 710**	**10 855**	**1.35**	**10 352**	**10 419**	**0.65**
1. 新闻纸	295	260	−11.86	299	265	−11.37
2. 未涂布印刷书写纸	1 745	1 770	1.43	1 680	1 689	0.54
3. 涂布印刷纸	770	755	−1.95	642	609	−5.14
其中：铜版纸	680	665	−2.21	596	565	−5.20
4. 生活用纸	885	920	3.95	817	854	4.23
5. 包装用纸	665	675	1.50	681	689	1.17
6. 白纸板	1 400			1 299	1 265	−2.62
其中：涂布白纸板	1 340	1 405	4.85	1 238	1 205	−2.67
7. 箱纸板	2 245	1 345	−40.09	2 297	2 364	2.92
8. 瓦楞原纸	2 225	2 305	3.60	2 228	2 271	1.93
9. 特种纸和纸板	265	270	1.89	217	225	3.69
10. 其他纸和纸板	215	280	30.23	192	188	−2.08

资料来源：表中数据出自中国造纸协会。

表 103 我国纸和纸板生产、消费及进口量与人均消费量（2012—2016 年）

年份	纸和纸板总产量（万 t）	纸和纸板总消费量（万 t）	纸和纸板进口量（万 t）	人均消费量（kg）
2012	10 250	10 048	311	74
2013	10 110	9 782	283	72
2014	10 470	10 071	282	74
2015	10 710	10 352	287	75
2016	10 855	10 419	290	75

资料来源：表中数据出自中国造纸协会。

表 104 我国人均主要工农业产品产量（2012—2016 年）

产品名称	单位	2012 年	2013 年	2014 年	2015 年	2016 年
粮食	kg	437.0	443.0	445.0	453.0	447.0
棉花	kg	5.1	4.6	4.5	4.1	3.8
油料	kg	25.4	25.9	25.7	25.8	26.3
糖料	kg	99.8	101.0	97.7		
茶叶	kg	1.3	1.4	1.53		
水果	kg	178.1	184.4	191.1		
猪牛羊肉	kg	47.4	48.6	49.8	48.3	47.0
水产品	kg	43.7	45.5	47.4	49.1	50.6
牛奶	kg	27.7	26.1	27.3	27.4	26.1
布	m	62.9	65.0	65.5	65.1	65.7
机制纸及纸板	kg	81.1	83.8	86.4	85.6	89.3
纱	kg	22.1	23.6	24.8	25.8	27.0

农产品加工业主要产品出口创汇情况

表 105　我国海关出口农产品及加工品数量与金额（2015—2016 年）

单位：万美元

产品名称	单位	2015 年		2016 年	
		数量	金额	数量	金额
活猪	万头	169	48 250	155	338 518
活家禽	万只	433	1 569	440	10 109
牛肉	万 t	0	4 472	4 143	26 436
猪肉	万 t	7	32 224	48 539	167 458
冻鸡	万 t	13	27 206	115 250	152 484
水海产品	万 t	391	1 956 763	409	13 195 111
鲜蛋	百万个	1 207	12 093	1 303	78 280
谷物及谷物粉	万 t	48	39 507	67	323 016
稻谷和大米	万 t	29	26 771	48	250265
玉米	万 t	1	490	4 071	1 935
蔬菜	万 t	833	1 070 829	827	8 120 671
鲜或冷藏蔬菜	万 t	566	444 327	538	3 575 893
橘、橙	t	751 323	106 245	723 683	691 552
苹果	t	833 021	103 123	1 339 079	968 922
松子仁	t	13 439	25 802	13 771	179 668
大豆	万 t	13	12 551	13	71 410
花生及花生仁	万 t	13	21 502	12	126 025
食用植物油（含棕榈油）	t	135 349	18 412	126 048	111 381
食糖	t	74 979	4 657	149 052	54 610
天然蜂蜜	t	144 756	28 866	128 330	182 203
茶叶	t	324 955	138 174	328 699	979 290
辣椒干	t	51 309	11 074	80 202	104 049
猪肉罐头	t	42 028	13 033	38 963	80 193
蘑菇罐头	t	236 777	39 211	236 456	264 220
啤酒	万 L	26 548	18 324	29 158	127 125
肠衣	t	94 249	101 367	96 537	708 513
填充用羽毛、羽绒	t	39 275	51 617	43 678	284 081
中药材及中成药	t	184 454	130 471	151 930	818 077
烤烟	t	101 007	44 879	119 950	310 644

（续）

产品名称	单位	2015年		2016年	
		数量	金额	数量	金额
纸烟	万条	13 159	57 265	13 976	421 832
锯材	万 m^3	27	20 524	26	127 283
生丝	t	6 695	31 835	6 927	208 070
山羊绒	t	2 596	21 059	2 995	129 817
棉花	t	28 916	4 889	7 757	10 050
烟花、爆竹	t	334 265	84 676	313 926	481 758
松香及树脂酸	t	85 822	19 561	59 720	70 373
新的充气橡胶轮胎	万条	44 451	1 384 643	46 868	8 500 491
纸及纸板（未切成型）	万 t	593	744 683	683	5 124 905
棉纱线	t	343 935	166 818	355 657	1 024 139
丝织物			75 618		424 702
棉机织物			1 443 217		9 100 644
亚麻及苎麻机织物	万 m	31 779	117 938	24 568	496 496
合成短纤及棉混纺机织物	万 m	215 488	317 157	195 459	1 703 275
地毯	万 m^2	49 280	262 918	52 442	1 664 385
塑料编织袋（周转袋除外）	万条	677 509	106 256	703 791	626 850
纺织机械及零件			307 841		1 967 102
家具及其零件			5 280 303		31 509 536
非针织或钩编织物制服装			7 069 997		42 733 556
针织或钩编织服装			7 376 653		42 894 435
皮鞋	万双	83 900	1 212 824	69 039	6 347 381
橡胶或塑料底布鞋（包括球鞋）	万双	266 305	1 287 079	266 940	8 188 194
足球、篮球、排球	万个	23 122	51 962	23 044	318 201
竹编结品	t	24 600	15 082	25 552	93 725
藤编结品	t	8 740	7 514	8 261	41 116
草编结品	t	17 464	14 177	16 012	76 638
柳编结品	t	50 007	45 222	50 474	293 201

表 106 我国农产品进出口状况（2012—2016 年） 单位：亿美元、%

年份	出口额	同比	进口额	同比	进出口总额	同比	逆差	同比
2012	631.9	4.0	1 124.4	18.5	1 756.2	12.8	492.5	−33.6
2013	678.4	7.4	1 189.0	5.7	1 867.5	6.3	510.6	3.7
2014	719.6	6.1	1225.4	3.1	1 945.0	4.1	505.8	−0.9
2015	706.8	−1.8	1 168.8	−4.6	1 875.6	−3.6	462.0	−8.7
2016	729.9	3.3	1 115.7	−4.5	1 845.6	−1.6	385.8	−16.5

资料来源：表中数据出自 2017 年版《农业展望》第 3 期。

表 107 我国主要农产品进出口增速情况（2014—2016 年）

单位：亿美元、%

类别	年份	进口额	同比	出口额	同比
水产品	2014	91.9	6.4	217.0	7.1
	2015	89.8	−2.3	203.3	−6.3
	2016	93.7	4.4	207.4	2.0
蔬菜	2014	5.1	21.4	125.0	7.9
	2015	5.4	5.9	132.7	6.2
	2016	5.3	−1.85	147.2	11.0
水果	2014	51.2	23.4	61.8	−2.2
	2015	58.7	14.6	68.9	11.5
	2016	58.1	−0.5	71.4	3.6

资料来源：表中数据出自 2017 年版《农业展望》第 3 期。

表 108 我国海关进口农产品及加工品数量与金额（2015—2016 年）

单位：万美元

产品名称	单位	2015 年		2016 年	
		数量	金额	数量	金额
谷物及谷物粉	万 t	3 270	934 119	2 199	570 503
小麦	万 t	301	89 626	341	81 585
稻谷和大米	万 t	338	149 692	356	161 408
大豆	万 t	8 169	3 463 290	8 391	3 398 469
食用植物油	万 t	676	499 624	553	416 393
食糖	万 t	485	176 732	306	117 053
天然橡胶（包括乳胶）	万 t	274	390 807	250	335 362
合成橡胶（包括乳胶）	万 t	198	388 813	331	535 570
原木	万 m^3	4 457	801 916	4 872	807 637
锯材	万 m^3	2 658	747 540	3 151	813 519
纸浆	万 t	1 984	1 271 298	2 106	1 223 886
羊毛及毛条	万 t	35	246 395	32	234 918
棉花	万 t	147	255 464	90	157 014

表 109 我国粮油产品进口情况（2012—2015 年）

单位：万 t

年份	粮食	谷物	小麦	大米	玉米	大麦	大豆
2012	8 024.6	1 398.2	370.1	236.9	520.8	252.8	5 838.4
2013	8 645.2	1 458.1	553.5	227.1	326.6	233.5	6 337.5
2014	10 042.4	1 951.0	300.4	257.9	259.9	541.3	7 139.9
2015	11 056.5	2 199.7	337.4	356.2	316.8	500.5	8 391.3

年份	食用植物油	豆油	菜籽油	棕榈油	花生油
2012	845.1	182.6	117.6	523.0	6.3
2013	809.8	115.8	152.7	487.4	6.1
2014	650.2	113.5	81.0	396.9	9.4
2015	688.4	56.0	70.0	447.8	95.7

表 110 我国粮油产品出口情况（2013—2016 年）

单位：万 t

年份	粮食	谷物	小麦	大米	玉米	大豆	食用植物油	豆油	菜籽油
2013	243.1	94.7	27.8	47.8	7.8	20.9	11.5	9.0	0.6
2014	211.4	70.9	19.0	41.9	2.0	20.7	13.4	10.0	0.7
2015	163.5	47.8	12.2	28.9	1.1	13.4	13.5	10.4	0.4
2016	135.6	63.6	11.3	39.5	0.5		11.5		

资料来源：表中数据出自 2016 年《中国粮食年鉴》。

表 111 我国蔬菜进出口情况（2015—2016 年）

进口

品种类别	2015 年		2016 年		同比增长（%）	
	数量（万 t）	金额（万美元）	数量（万 t）	金额（万美元）	数量	金额
鲜冷冻蔬菜	2.66	0.32	2.99	0.42	12.41	31.25
加工蔬菜	18.87	2.33	20.12	2.56	6.62	9.87
干蔬菜	0.82	0.60	0.78	0.71	−4.88	18.33
合 计	**24.47**	**5.41**	**24.93**	**5.29**	**2.05**	**−2.04**

出口

品种类别	2015 年		2016 年		同比增长（%）	
	数量（万 t）	金额（万美元）	数量（万 t）	金额（万美元）	数量	金额
鲜冷冻蔬菜	653.52	54.00	648.78	58.29	−0.73	7.94
加工蔬菜	318.22	45.25	315.88	53.35	−0.74	17.90
干蔬菜	46.32	31.61	45.11	35.59	−2.61	12.59
合 计	**1 018.72**	**132.67**	**1 009.77**	**147.23**	**−0.81**	**10.98**

资料来源：表中数据出自 2017 年《农业展望》第 5 期。

表 112 我国谷物进出口情况（2011—2016 年）

单位：万 t

年　份	进口量	同比（%）	出口量	同比（%）	净进口量	同比增长（%）
2011	544.7	−4.6	121.5	−2.2	423.2	−5.2
2012	1 398.2	156.7	81.3	−33.1	1 316.9	211.2
2013	1 458.3	4.3	100.1	23.1	1 358.2	3.1
2014	1 951.6	33.8	76.9	23.1	1 874.6	38.0
2015	3 218.2	64.9	53.3	−30.8	3 164.9	68.8
2016	2 199.7	−32.8	63.6	18.9	2 136.1	−33.6

资料来源：表中数据出自 2017 年《农业展望》第 3 期。

表 113 我国分品种粮食进口情况（2012/2013—2016/2017 年度）

单位：kt

年　度	小　麦	大　米	玉　米	大　豆
2012/2013	2 960	3 200	3 000	59 000
2013/2014	5 506	2 245	3 265	69 000
2014/2015	2 973	2 559	2 598	71 400
2015/2016	3 007		4 730	81 694
2016/2017	3 412	3 562	3 168	

资料来源：表中数据出自 2017 年版《农业展望》第 3 期。

表 114 我国主要粮食产品进出口情况（2016 年）

单位：万 t

主要粮食产品	进　口	出　口	顺　差
谷　物	2 199.2	63.6	−2 136.1
稻　谷	353.4		
小　麦	341.2	11.3	−330.1
玉　米	316.8	4 071.4	3 753.6
大　麦	500.5		
大　豆	899.6	36.6	−8.0

资料来源：表中数据出自 2017 年《农业展望》第 3 期。

表 115 我国油脂油料进口情况（2012—2016 年）

单位：kt

年份	大　豆 进口量	菜　籽 进口量	其他油籽 进口量	植物油 进口量	其中： 大豆	棕榈油 进口量	菜籽油 进口量	其他 植物油
2012	58 384	2 930	966	9 600	1 826	6 341	1 176	257
2013	63 375	3 662	798	9 221	1 158	5 979	1 527	557
2014	71 399	5 081	1 038	7 873	1 136	5 324	810	603
2015	81 694	4 471	806	8 391	818	5 909	815	818
2016	83 913	3 566	2 050	6 884	560	4 478	700	750

资料来源：表中数据出自 2017 年《农业展望》第 9 期。

表 116　我国林产品进出口数量（2015—2016 年）

产品名称		贸易	单位	2015 年	2016 年
原木	针叶原木	出口	m^3		
		进口		30 059 122	33 665 605
	阔叶原木	出口	m^3	12 070	94 565
		进口		14 509 893	15 059 132
	合　计	**出口**	**m^3**	**12 070**	**94 565**
		进口		**44 569 015**	**48 724 737**
锯　材		出口	m^3	288 288	262 053
		进口		26 597 691	31 526 379
单　板		出口	m^3	265 447	246 424
		进口		998 698	880 574
特型材		出口	t	176 867	162 298
		进口		21 624	27 295
刨花板		出口	m^3	254 430	288 177
		进口		638 947	903 089
纤维板		出口	m^3	3 014 850	2 649 206
		进口		220 524	241 021
胶合板		出口	m^3	10 766 786	196 145
		进口		165 884	11 172 980
木制品		出口	t	2 269 553	2 302 459
		进口		760 350	796 138
家　具		出口	件	327 246 688	332 626 587
		进口		10 191 956	11 101 311
木　片		出口	t	85	5 531
		进口		9 818 990	11 569 916
木　浆		出口	t	25 441	27 790
		进口		19 791 810	21 019 085
废　纸		出口	t	631	2 142
		进口		29 283 876	28 498 407
纸和纸制品		出口	t	8 358 720	9 422 457
		进口		2 986 103	3 091 659
木　炭		出口	t	74 075	68 170
		进口		172 780	159 338
松　香		出口	t	85 322	58 433
		进口		23 357	45 857

（续）

产品名称		贸易	单位	2015年	2016年
水果	柑橘类	出口	t	920 513	934 320
		进口		214 890	295 641
	鲜苹果	出口	t	833 017	1 322 042
		进口		87 563	67 109
	鲜梨	出口	t	373 125	452 435
		进口		7 930	8 224
	鲜葡萄	出口	t	208 015	254 452
		进口		215 899	252 396
	山竹果	出口	t		4 133
		进口		104 480	125 988
	鲜榴莲	出口	t		
		进口		298 793	292 310
	鲜龙眼	出口	t	3 915	2 760
		进口		354 149	348 455
	鲜火龙果	出口	t	146	240
		进口		813 480	523 373
坚果	核桃	出口	t	13 660	9 151
		进口		13 137	12 380
	板栗	出口	t	34 590	32 884
		进口		6 694	7 213
	松子仁	出口	t	13 444	13 771
		进口		4 228	6 638
	开心果	出口	t	2 596	2 082
		进口		11 348	18 331
干果	梅干及李干	出口	t	469	497
		进口		1 171	3 421
	龙眼干、肉	出口	t	297	291
		进口		16 203	33 729
	柿饼	出口	t	3 113	4 013
		进口			
	红枣	出口	t	9 573	11 027
		进口			4
	葡萄干	出口	t	25 500	28 770
		进口		34 818	37 087
果汁	柑橘类果汁	出口	t	5 076	4 323
		进口		64 356	66 268
	苹果汁	出口	t	474 959	507 390
		进口		4 770	5 600

表 117 我国林产品进出口金额（2015—2016 年）

单位：千美元

产品名称		贸易	2015 年	2016 年
总计		**出口**	**74 262 543**	**72 676 670**
		进口	**63 603 710**	**62 425 744**
原木	针叶原木	出口		
		进口	3 657 984	4 111 591
	阔叶原木	出口	4 140	29 793
		进口	4 402 247	3 973 686
	合计	出口	4 140	29 793
		进口	8 060 231	8 085 277
锯材		出口	206 795	194 220
		进口	7 506 603	8 137 933
单板		出口	283 714	280 009
		进口	162 113	157 597
特形材		出口	293 881	234 461
		进口	41 178	51 055
刨花板		出口	114 107	120 502
		进口	141 018	184 022
纤维板		出口	1 425 474	1 228 476
		进口	108 396	125 490
胶合板		出口	5 487 696	5 275 773
		进口	121 126	138 484
木制品		出口	6 457 198	6 308 242
		进口	763 723	771 224
家具		出口	22 854 641	22 209 363
		进口	884 025	961 700
木片		出口	102	823
		进口	1 693 669	1 912 019
木浆		出口	16 818	17 267
		进口	12 701 792	12 196 424
废纸		出口	280	495
		进口	5 283 161	4 988 961
纸和纸制品		出口	17 097 590	16 403 632
		进口	4 046 869	3 945 233
木炭		出口	108 964	101 677
		进口	50 057	46 031
松香		出口	194 439	104 297
		进口	40 434	64 510

（续）

产品名称		贸易	2015年	2016年
水果	柑橘类	出口	1 258 434	1 303 841
		进口	267 179	354 846
	鲜苹果	出口	1 031 232	1 452 932
		进口	146 957	123 220
	鲜梨	出口	442 537	487 011
		进口	12 935	13 300
	鲜葡萄	出口	761 873	663 604
		进口	586 628	629 772
	山竹果	出口		12 932
		进口	238 200	343 079
	鲜榴莲	出口		
		进口	567 943	693 302
	鲜龙眼	出口	10 187	8 763
		进口	341 923	270 213
	鲜火龙果	出口	345	538
		进口	662 882	381 121
坚果	核桃	出口	60 735	30 301
		进口	42 335	31 916
	板栗	出口	77 858	76 939
		进口	10 504	15 222
	松子仁	出口	258 135	272 137
		进口	64 841	88 809
	开心果	出口	10 306	9 956
		进口	75 964	118 898
干果	梅干及李干	出口	2 294	2 405
		进口	3 267	6 282
	龙眼干、肉	出口	2 392	1 905
		进口	26 565	60 613
	柿饼	出口	8 830	11 904
		进口		
	红枣	出口	35 320	37 290
		进口	4	16
	葡萄干	出口	56 891	62 245
		进口	50 952	55 113
果汁	柑橘类果汁	出口	10 914	9 353
		进口	124 160	115 084
	苹果汁	出口	561 250	546 813
		进口	4 454	4 811
其他		出口	15 122 709	15 176 770
		进口	18 504 906	17 208 212

表 118　我国食品行业主要商品海关出口量和金额（2016 年）

主要产品名称	单　位	出口产品		同比增长（%）	
		数　量	金　额	数　量	金　额
总　计	**万美元**		**3 564 935.2**		
1. 谷物细粉、粗粉、团粉	万 t、万美元	103 649.7	6 000.8	−12.6	−18.1
2. 植物油及其分离品	万 t、万美元	126 959.7	23 340.6	−15.8	−17.0
3. 冻的畜肉品	万 t、万美元	184 077.1	54 489.6	−21.6	−21.0
4. 干、熏、腌猪肉和牛肉	万 t、万美元	582.2	335.0	−30.9	−32.1
5. 冻的水产品	万 t、万美元	2 193 489.0	842 044.2	5.7	2.1
6. 干、熏、腌水产品	万 t、万美元	111 452.5	60 580.0	6.4	1.1
7. 冻、干腌贝参蛤类	万 t、万美元	447 925.7	314 922.5		2.3
8. 冷冻机暂时保藏的蔬菜	万 t、万美元	1 069 877.6	119 216.8	5.3	5.7
9. 干制蔬菜	万 t、万美元	347 453.2	324 113.8	2.0	15.3
10. 冷冻机暂时保藏的水果	万 t、万美元	187 851.8	27 054.0	6.9	−2.4
11. 干果及坚果	万 t、万美元	575 400.4	148 690.7	11.9	−5.6
12. 天然蜂蜜及蜂蜜产品	万 t、万美元	131 728.6	33 568.8	−11.4	−4.8
13. 淀粉	万 t、万美元	179 257.0	9 806.1	54.6	21.8
14. 蛋制品	万 t、万美元		6 562.0		−7.1
15. 其他农副产品	万 t、万美元	6 429 310.4	1 594 210.4	13.6	3.7

表 119　我国食品行业主要商品海关进口量和金额（2016 年）

主要产品名称	单　位	进口产品		同比增长（%）	
		数　量	金　额	数　量	金　额
1. 谷物细粉、粗粉、团粉	万 t、万美元	67 300.7	4 414.7	7.2	0.4
2. 植物油及其分离品	万 t、万美元	7 831 527.2	622 784.9	−16.5	−11.8
3. 冻的畜肉品	万 t、万美元	4 380 444.9	1 004 216.4	63.7	49.8
4. 干、熏、腌猪肉和牛肉	万 t、万美元	212.7	362.5	43.7	18.3
5. 冻的水产品	万 t、万美元	2 121 922.3	431 686.8	3.1	6.4
6. 干、熏、腌水产品	万 t、万美元	159 315.2	14 404.1	13.4	1.1
7. 冻、干腌贝参蛤类	万 t、万美元	193 068.1	56 552.9	−42.1	0.2
8. 冷冻机暂时保藏的蔬菜	万 t、万美元	25 460.1	3 049.6	0.2	−0.6
9. 干制蔬菜	万 t、万美元	1 844.8	954.0	178.0	17.9
10. 冷冻机暂时保藏的水果	万 t、万美元	46 385.8	14 472.9	11.0	0.7
11. 干果及坚果	万 t、万美元	375 004.4	56 197.5	40.7	28.9
12. 天然蜂蜜及蜂蜜产品	万 t、万美元	6 137.8	7 954.6	−7.2	−0.9
13. 淀粉	万 t、万美元	2 147 008.4	78 043.8	12.9	−6.8
14. 蛋制品	万 t、万美元		0.1		−91.7
15. 其他农副产品	万 t、万美元	12 774 664.7	1 077 712.3	−9.2	−0.8

资料来源：表 118、表 119 中数据由中国轻工业信息中心提供。

表 120　我国淀粉及部分深加工品进出口情况（2016 年）

单位：t

主要品种	进口量	同比增长（%）	出口量	同比增长（%）
玉米淀粉	3 276	0.88	132 822	80
本薯淀粉	2 073 464	0.14	795	−55
马铃薯淀粉	42 140	−0.36	590	−10
小麦淀粉	875	−0.17	2 677	−20
山梨醇	1 945	0.01	34 478	28
甘露糖醇	379	0.28	7 847	5
肌醇	9	−0.53	4 835	9
葡萄糖及葡萄糖浆，果糖<20%	982		657 494	39
葡萄糖及葡萄糖浆，20%≤果糖≤50%，转化糖除外	516	1.05	8 910	23
果糖及果糖浆，果糖>50%，转化糖除外	2 004	−0.42	454 847	68
糊精及变性淀粉	364 022	0.06	55 942	−9
未列名淀粉	27 690	1.13	42 416	17
化学纯果糖	2 202	0.04	16 272	8
合　计	**2 519 504**	**0.12**	**1 419 925**	**44**

资料来源：表中数据由中国淀粉工业协会提供。

表 121　我国食糖进出口与贸易方式情况（2014—2017 年）

单位：万 t

进　口						
年 份	合　计	一般贸易	来料加工	进料加工	保税仓库进出境	其他
2014	348.59	266.33	1.24	13.94	66.93	0.14
2015	484.59	265.71	0.90	13.93	185.14	0.03
2016	211.48	176.34	0.95	6.72	18.70	
2017	229.07	115.96	0.88	12.55	76.19	
出　口						
年 份	合　计	一般贸易	来料加工	进料加工	保税仓库进出境	其他
2014	4.62	1.39	1.09	2.00		0.14
2015	7.50	1.09	1.09	1.70	3.32	0.02
2016	12.04	0.90	0.74	1.31	8.96	
2017	15.79	8.97	0.65	1.65	1.74	

资料来源：表中数据由中国糖业协会提供，2017 年数据截至 8 月底前。

表 122 我国食品出口情况（2016 年）

单位：t、万美元

产品名称	出口量	出口额
总计		
糖	3 061 947.7	11 052.6
糖果、蜜饯	49 954.3	19 814.4
焙烘糕饼	197 276.0	89 986.8
方便食品	76 795.6	17 229.1
乳品	1 955 640.3	337 125.3
罐头	51 591.8	10 967.0
可可制品	113 277.9	59 788.7
调味品、发酵品		37 490.5

资料来源：表中数据出自 2017 年《中国轻工业年鉴》。

表 123 我国蜂蜜生产及出口情况（2013—2016 年）

年份	世界产量（万 t）	我国产量（万 t）	占世界比例（%）	出口量（万 t）	出口率（%）	出口创汇（万美元）
2013	160.0	45.00	28.00	12.50	27.78	25 000
2014	167.1	46.80	28.00	12.98	27.74	26 000
2015		47.97		14.48	30.19	28 900
2016		70.00		12.83	18.20	27 665

表 124 我国蜂产品出口情况（2015—2016 年）

主要产品	数量、金额、单价	2015 年	2016 年	同比增长（%）
蜂蜜	数量（t）	144 800	128 330	−11.3
	金额（万美元）	28 900	27 665	−4.2
	平均单价（美元/kg）	2.0	2.2	7.8
鲜王浆	数量（t）	726.8	713.8	−1.7
	金额（万美元）	1 940.9	1 913.6	−0.1
	平均单价（美元/kg）	26.7	27.9	4.2
鲜蜂王浆冻干粉	数量（t）	239.8	211.6	−0.12
	金额（万美元）	2 008.1	1 988.4	−0.01
	平均单价（美元/kg）	83.7	82.8	−0.01
鲜蜂王浆制剂	数量（t）	293.9	300.2	0.02
	金额（万美元）	282.0	292.1	0.04
	平均单价（美元/kg）	9.6	9.7	0.01

资料来源：表 123、表 124 中数据由中国农业科学院蜜蜂研究所提供。

表 125 我国水产品进出口贸易情况（2013—2016 年）

年 份	出口量（万 t）	出口额（亿美元）	进口量（万 t）	进口额（亿美元）
2013	395.5	202.6	417.0	86.4
2014	416.3	216.9	428.1	91.9
2015	406.0	203.3	408.1	89.8
2016	423.7	207.3	404.1	93.7

资料来源：表中数据出自《中国水产》2017 年第 5 期。

表 126 我国食品和包装机械进出口情况（2012—2016 年）

单位：万美元

项 目	2012 年	2013 年	2014 年	2015 年	2016 年
进出口总额	**682 500**	**739 700**	**770 100**	**728 500**	**664 000**
食品机械进出口	229 400	271 000	302 600	292 400	257 300
食品机械进口	106 300	119 500	124 500	114 800	89 700
食品机械出口	123 100	151 500	168 100	177 600	167 600
包装机械进出口	453 100	468 700	467 500	437 700	406 700
包装机械进口	286 500	274 300	255 700	219 000	183 300
包装机械出口	166 600	194 400	211 800	218 700	223 400

资料来源：表中数据由中国食品和包装机械工业协会提供。

表 127 我国纺织品服装出口情况（2015—2016 年）

产品名称	单 位	2015 年	2016 年	同比增长（%）
纺织品服装出口总额	**亿美元**	**2 911.5**	**2 672.5**	**−8.21**
其中：纺织品	亿美元	1 152.6	1 003.3	−12.95
服 装	亿美元	1 758.9	1 669.2	−5.10

资料来源：表中数据由中国纺织工业联合会提供。

表 128　我国机械工业产品进出口情况（2012—2016 年）

单位：亿美元

项 目	2012 年	2013 年	2014 年	2015 年	2016 年
产品进出口总额	**6 472**	**6 713**	**7 255**	**6 665**	**6 474**
产品进口总额	2 966	2 988	3 232	2 777	2 726
产品出口总额	3 506	3 725	4 023	3 888	3 747

表 129　我国中药行业进出口情况（2015—2016 年）

单位：亿美元

年 份	行 业	进 出 口		出 口		进 口	
		总 额	同比增长（%）	总 额	同比增长（%）	总 额	同比增长（%）
2015	全国医药合计	1 026.00	4.69	564.00	2.55	462.00	7.44
	中药合计	48.00	3.67	37.70	5.01	10.30	−0.96
2016	全国医药合计	1 098.20	0.80	602.10	2.65	486.20	5.30
	中药合计	52.80	10.50	38.60	5.11	11.30	9.80

表 130　我国天然橡胶、合成橡胶进口情况（2013—2016 年）

产 品	2013 年		2014 年		2015 年		2016 年	
	数 量（万 t）	金 额（万美元）	数 量（万 t）	金 额（万美元）	数 量（万 t）	金 额（万美元）	数 量（万 t）	金 额（万美元）
天然橡胶	247.0	639 258	261.0	495 000	273.6	391 500	250.1	335 392
合成橡胶	153.0	443 129	160.0	325 800	198.3	389 500	330.8	535 569

农产品加工业部分行业与企业排序

表131　轻工业系统农产品加工业分行业主要经济指标（2015年）

序号	按企业单位数排序			序号	按工业销售产值排序		
	行　业	绝对数（个）	行业占轻工系统比重（%）		行　业	工业销售产值（亿元）	行业占轻工系统比重（%）
	全国轻工行业合计	**63 106**	**100.0**		**全国轻工行业合计**	**141 982.3**	**100.0**
1	农副食品加工业	26 011	41.2	1	农副食品加工业	68 825.2	48.5
2	皮革、毛皮、羽毛（绒）及其制品业	8 727	13.8	2	食品制造业	23 955.4	16.9
3	食品制造业	9 043	14.3	3	饮料制造业	18 538.0	13.1
4	造纸及纸制品业	6 586	10.4	4	造纸及纸制品业	14 622.8	10.4
5	饮料制造业	6 962	11.0	5	皮革、毛皮、羽毛（绒）及其制品业	15 163.0	10.6
6	家具制造业	5 777	9.1	6	家具制造业	877.96	0.6
7	轻工机械			7	轻工机械		
8	制　盐			8	制　盐		
9	木竹藤棕草制品业			9	木竹藤棕草制品业		

序号	按总资产排序			序号	按利润总额排序		
	行　业	利税总额（亿元）	行业占轻工系统比重（%）		行　业	利润总额（亿元）	行业占轻工系统比重（%）
	全国轻工行业合计	**93 249.6**	**100.0**		**全国轻工行业合计**	**10 044.9**	**100.0**
1	农副食品加工业	33 924.5	36.4	1	农副食品加工业	3 623.6	36.1
2	饮料制造业	16 761.5	17.9	2	饮料制造业	2 083.4	20.8
3	食品制造业	15 496.8	16.6	3	食品制造业	1 908.5	19.0
4	造纸及纸制品业	14 117.8	15.2	4	皮革、毛皮、羽毛（绒）及制品业	988.1	9.8
5	皮革、毛皮、羽毛（绒）及其制品	7 396.2	7.9	5	造纸及纸制品业	866.9	9.7
6	家具制造业	5 552.8	5.9	6	家具制造业	574.4	5.8
7	轻工机械			7	轻工机械		
8	制　盐			8	制　盐		
9	木竹藤棕草制品业			9	木竹藤棕草制品业		

（续）

序号	按负债合计排序			序号	按资产总计排序		
	行　业	负债合计（亿元）	行业占轻工系统比重（%）		行　业	资产总计（亿元）	行业占轻工系统比重（%）
	全国轻工行业合计	**76 655.80**	**100**		**全国轻工行业合计**	**145 223.60**	**100**
1	农副食品加工业	16 672.25	21.75	1	农副食品加工业	33 924.50	23.36
2	造纸及纸制品业	7 735.49	10.09	2	造纸及纸制品业	14 117.32	9.72
3	饮料制造业	7 661.33	9.99	3	饮料制造业	16 761.53	11.54
4	食品制造业	6 830.50	8.91	4	食品制造业	15 496.83	10.67
5	皮革、毛皮、羽毛（绒）及制品业	3 327.29	4.34	5	皮革、毛皮、羽毛（绒）及制品业	7 396.26	5.09
6	家具制造业	2 722.13	3.55	6	家具制造业	5 552.82	3.82
7	轻工机械	1 268.76	1.66	7	轻工机械	2 341.14	1.61
8	制　盐	368.96	0.48	8	制　盐	899.51	0.62
9	木竹藤棕草制品业	265.55	0.35	9	木竹藤棕草制品业	561.22	0.39

资料来源：表中数据由中国轻工业信息中心提供。

表 132　轻工业系统主要产品进出口总值排序情况（2015 年）

单位：亿美元、%

序号	按出口总值排序			序号	按进口总值排序		
	行　业	出口总值	行业占轻工系统比重		行　业	出口总值	行业占轻工系统比重
	全国轻工行业合计	**5 687.9**	**−10.0**		**全国轻工行业合计**	**1 320.5**	**−14.0**
1	玩　具	183.9	17.4	1	农副食品加工业	209.8	−30.0
2	家　具	484.5	−9.5	2	纸浆纸张及制品	32.5	−9.0
3	塑料制品	379.3	−5.7	3	食品制造业	100.5	4.0
4	箱　包	250.4	−11.1	4	皮革毛皮羽绒及制品业	0.5	14.0
5	陶　瓷	184.2	−29.2	5	轻工机械	30.5	6.0
6	纸张纸浆	177.5	−6.1	6	饮料制造业	115.7	7.0
7	草柳竹藤	15.7	−8.0	7	家具制造业	10.2	11.0
8	发制品	33.7	15.8	8	制盐业	255.6	−8.0
9	抽　纱	67.6	−19.7	9	木制品及天然植物制品	35.2	2.0

资料来源：表中数据出自 2016 年《中国轻工业年鉴》。

表 133 我国白酒十大品牌（2016 年）

序号	品　牌	生 产 企 业
1	五粮液	四川宜宾五粮液集团有限公司
2	茅　台	贵州茅台酒厂有限责任公司
3	国窖 1573	泸州老窖集团有限责任公司
4	洋河大曲	江苏洋河集团有限公司
5	郎　牌	四川郎酒集团有限责任公司
6	剑南春	四川剑南春（集团）有限责任公司
7	古井贡酒	古井集团
8	汾　酒	山西杏花村汾酒集团有限责任公司
9	西凤酒	陕西西凤酒股份有限公司
10	稻花香	稻花香集团

表 134 我国酿酒行业十强企业（2016 年）

序号	企 业 名 称
1	四川宜宾五粮液集团有限公司
2	中国贵州茅台酒厂有限责任公司
3	青岛啤酒股份有限公司
4	江苏洋河酒厂股份有限公司
5	北京燕京啤酒集团公司
6	山西杏花村汾酒集团有限责任公司
7	烟台张裕集团有限公司
8	安徽古井集团有限责任公司
9	四川剑南春集团有限责任公司
10	稻花香集团

表 135 我国造纸行业 10 强企业（2016 年）

序　号	企 业 名 称
1	华泰集团有限公司
2	玖龙纸业（控股）有限公司
3	山东晨鸣纸业集团股份有限公司
4	山东太阳控股集团有限公司
5	理文造纸有限公司
6	山东泉林纸业有限责任公司
7	安徽山鹰纸业股份有限公司
8	金东纸业（江苏）股份有限公司
9	海南金海浆纸业有限公司
10	山东博汇集团有限公司

资料来源：表中信息由中国轻工业联合会信息中心提供。

表 136 我国啤酒产量 20 万 kL 以上企业（2016 年）

单位：kL

序号	企业名称	产　量
1	华润雪花啤酒（中国）有限公司	11 828 290
2	青岛啤酒集团有限公司	7 556 003
3	百威英博啤酒投资（中国）有限公司	6 032 426
4	北京燕京啤酒集团有限公司	4 169 073
5	广州嘉士伯咨询管理有限公司	2 146 239
6	河南金星啤酒集团有限公司	1 766 621
7	广州珠江啤酒集团有限公司	1 202 030
8	河北蓝贝酒业集团有限公司	304 421
9	烟台啤酒青岛朝日有限公司	233 523
10	云南澜沧江酒业集团有限公司	224 346
11	杭州千岛湖啤酒有限公司	209 803

资料来源：表中数据由中国酒业协会啤酒分会提供。

表 137 我国啤酒销售收入 3 亿元以上企业（2016 年）

单位：万元

序号	企业名称	销售收入
1	华润雪花啤酒（中国）有限公司	2 682 682
2	青岛啤酒集团有限公司	2 627 705
3	百威英博啤酒投资（中国）有限公司	2 211 568
4	北京燕京啤酒集团有限公司	1 119 558
5	广州嘉士伯咨询管理有限公司	411 253
6	河南金星啤酒集团有限公司	365 823
7	广州珠江啤酒集团有限公司	376 360
8	河北蓝贝酒业集团有限公司	130 633
9	烟台啤酒青岛朝日有限公司	68 951
10	云南澜沧江酒业集团有限公司	41 253
11	杭州千岛湖啤酒有限公司	33 685
12	华润雪花啤酒（中国）有限公司	30 223

资料来源：表中数据由中国酒业协会啤酒分会提供。

表 138 我国利税总额亿元以上啤酒企业（2016 年）

单位：万元

序号	企业名称	利税总额
1	华润雪花啤酒（中国）有限公司	732 522
2	青岛啤酒集团有限公司	628 923
3	北京燕京啤酒集团公司	342 366
4	河南金星啤酒集团有限公司	186 782
5	广州珠江啤酒集团有限公司	75 652
6	云南澜沧江酒业集团有限公司	30 523
7	河北蓝贝酒业集团有限公司	15 623
8	烟台啤酒青岛朝日有限公司	14 320
9	辽宁天湖啤酒有限责任公司	13 897
10	华润雪花啤酒（中国）有限公司	727 210

资料来源：表中数据由中国酒业协会啤酒分会提供。

表 139 我国家具十大品牌生产企业（2016 年）

序号	品 牌	生 产 企 业
1	尚品宅配	广州尚品宅配家居用品有限公司
2	红苹果	香港红苹果家具公司
3	联 邦	广东联邦家私集团有限公司
4	全 友	成都全友家私有限公司
5	好孩子	好孩子集团
6	玉庭家具	东莞永信家具制造有限公司
7	华 丰	大连华丰家具有限公司
8	掌上明珠家具	成都市明珠家具（集团）有限公司
9	富之岛	深圳市大富豪实业发展有限公司
10	双叶家具	双叶家具实业有限公司

表 140 我国纺织品服装出口 10 强企业（2016 年）

序 号	企 业 名 称
1	江苏国泰国际集团有限公司
2	上海纺织有限公司
3	广东省丝绸纺织集团有限公司
4	东方国际有限公司
5	浙江一达通企业服务有限公司
6	江苏汇鸿国际集团有限公司
7	宁波申洲针织有限公司
8	深圳市一达通企业服务有限公司
9	迪尚集团有限公司
10	江苏东方国际集团有限公司

资料来源：表中信息由中国轻工业联合会提供。

表 141 我国纸及纸板产量 100 万 t 以上的省、自治区、直辖市（2015—2016 年）

单位：万 t

地 区	产 量		
	2015 年	2016 年	同比增长（%）
广 东	1 820	2 063	13.35
山 东	1 780	1 611	−9.49
浙 江	1 650	1 565	−5.15
江 苏	1 305	1 274	−2.38
福 建	665	435	−34.59
河 南	600	524	−12.67
河 北	320	225	−29.69
湖 南	305	236	−22.62
重 庆	290	223	−23.10
广 西	265	218	−17.74
天 津	235	215	−8.51
安 徽	230	210	−8.70
四 川	230	208	−9.57
湖 北	190	192	1.05
海 南	173	180	4.05
江 西	168	170	1.19
合 计	**10 226**	**9 849**	**−3.69**

资料来源：表中数据出自 2017 年《造纸信息》第 6 期。

表 142　我国纸及纸板产量 100 万 t 以上的生产企业（2016 年）

序号	生　产　企　业	产　量（万 t）
1	玖龙纸业（控股）有限公司	1 331.00
2	理文造纸有限公司	543.13
3	山东晨鸣纸业集团股份有限公司	442.55
4	山东太阳控股集团有限公司	378.93
5	华泰集团有限公司	354.00
6	安徽山鹰纸业股份有限公司	318.65
7	福建联盛纸业	235.00
8	金东纸业（江苏）股份有限公司	234.00
9	宁波中华纸业有限公司（含宁波亚洲浆纸业有限公司）	223.90
10	中国纸业投资总公司	207.73
11	江苏荣成环保科技股份有限公司	197.85
12	东莞建辉纸业有限公司	189.53
13	金红叶纸业集团有限公司	143.00
14	浙江景兴纸业股份有限公司	137.00
15	山东世纪阳光纸业集团有限公司	129.34
16	海南金海浆纸业有限公司	124.61
17	山东博汇纸业股份有限公司	108.85
18	浙江永正控股有限公司	105.91
19	芬欧汇川（中国）纸业有限公司	100.00

资料来源：表中数据出自 2017 年《造纸信息》第 6 期。

表 143　我国重点造纸企业产量排名前 30 名企业（2015—2016 年）

单位：万 t

序　号	企　业　名　称	产　量		
		2015 年	2016 年	同比增长（%）
1	玖龙纸业（控股）有限公司	1 263.00	1 331.00	5.38
2	理文造纸有限公司	519.45	543.13	4.56
3	山东晨鸣纸业集团股份有限公司	418.00	442.55	5.87
4	山东太阳控股集团有限公司	313.88	378.93	20.72
5	华泰集团有限公司	307.98	354.00	14.94
6	安徽山鹰纸业股份有限公司	294.00	318.65	8.38

（续）

序号	企业名称	产量		
		2015年	2016年	同比增长（%）
7	福建联盛纸业	232.00	235.00	1.29
8	金东纸业（江苏）有限公司	203.38	234.00	15.06
9	宁波中华纸业有限公司（含宁波亚洲浆纸业有限公司）	199.31	223.90	12.34
10	中国纸业投资总公司	176.00	207.73	18.03
11	江苏荣成环保科技股份有限公司	160.83	197.85	23.02
12	东莞建辉纸业有限公司	135.43	189.53	39.95
13	金红叶纸业集团有限公司	123.66	143.00	15.64
14	浙江景兴纸业股份有限公司	123.11	137.00	11.28
15	山东世纪阳光纸业集团有限公司	113.79	129.34	13.67
16	海南金海浆纸业有限公司	107.69	124.61	15.71
17	山东博汇纸业股份有限公司	106.00	108.85	2.69
18	浙江永正控股有限公司	105.59	105.91	0.30
19	芬欧汇川（中国）纸业有限公司	89.50	100.00	11.73
20	东莞金洲纸业有限公司	85.27	93.06	9.14
21	山东泉林纸业有限责任公司	77.37	83.90	8.44
22	新乡新亚纸业集团股份有限公司	68.59	75.86	10.60
23	金华盛纸业（苏州工业园区）有限公司	62.80	73.22	16.59
24	大河纸业有限公司	62.00	70.99	14.50
25	山东华金集团有限公司	60.89	62.60	2.81
26	河南漯河银鸽实业集团有限公司	58.41	59.32	1.56
27	山东贵和显星纸业集团有限公司	55.83	57.59	3.15
28	枣庄华润纸业有限公司	53.64	50.50	−5.85
29	广州造纸集团有限公司	53.50	50.29	−6.00
30	亚太森博（广东）纸业有限公司	49.20	50.00	1.63

资料来源：表中数据出自2017年《造纸信息》第6期。

表 144　我国印刷机械企业实现销售收入前 10 名企业（2016 年）

序号	企　业　名　称	销售收入（万元）
1	北人集团有限公司	68 252
2	天津长荣印刷设备股份有限公司	53 684
3	陕西北人印刷机械有限责任公司	45 223
4	西安航天华阳机电装备有限公司	39 885
5	高斯图文印刷系统（中国）有限公司	18 782
6	松德智慧装备股份有限公司	16 783
7	广东汕樟轻工机械股份有限公司	16 125
8	辽宁大族冠华印刷科技股份有限公司	14 982
9	杭州科雷机电工业有限公司	15 312
10	国塑集团——温州欧利特机械设备有限公司	11 560

资料来源：表中信息出自 2017 年《今日印刷》第 3 期。

表 145　我国印刷机械行业出口交货值前 10 名企业（2016 年）

序　号	企　业　名　称	出口交货值（万元）
1	天津长荣印刷设备股份有限公司	9 963
2	杭州科雷机电工业有限公司	7 685
3	北人集团有限公司	3 253
4	陕西北人印刷机械有限责任公司	5 699
5	高斯图文印刷系统（中国）有限公司	5 236
6	国塑集团——温州欧利特机械设备有限公司	3 852
7	江苏方邦机械有限公司	2 785
8	广东汕樟轻工机械股份有限公司	2 698
9	辽宁大族冠华印刷科技股份有限公司	2 856
10	上海新星印刷器材有限公司	2 377

资料来源：表中数据出自 2017 年《今日印刷》第 3 期。

我国西部地区综合统计

表 146 我国西部地区主要农产品产量（2015—2016 年）

单位：万 t、%

主 要 农 产 品	2015 年	2016 年	同比增长
一、粮食作物	16 500.9	16 503.4	0.02
（一）谷 物	14 016.0	13 953.6	−0.45
稻 谷	4 548.4	4 589.8	0.91
小 麦	2 295.1	2 286.0	−0.40
玉 米	6 699.9	6 584.9	−1.72
谷 子	61.4	66.1	7.65
高 粱	126.1	133.6	5.95
（二）豆 类	534.9	561.1	4.90
大 豆	267.3	288.2	7.82
杂 豆	267.6	272.9	1.98
（三）薯 类	1 950.0	1 988.8	1.99
马铃薯	1 410.4	1 440.1	2.11
二、油料作物	1 042.2	1 097.0	5.26
花 生	175.4	183.3	4.50
油菜籽	599.3	605.5	1.03
芝 麻	4.7	3.8	−19.15
胡麻籽	30.4	32.0	5.26
向日葵籽	218.0	251.7	15.46
三、棉 花	359.8	366.0	1.72
四、麻 类	8.9	8.9	
黄红麻	1.0	1.0	
五、糖 料	10 349.7	10 216.1	−1.29
甘 蔗	9 655.0	9 376.9	−2.88
甜 菜	694.7	838.0	20.63
六、烟 叶	171.3	162.6	−5.08
烤 烟	160.4	151.3	−5.67
七、茶 叶	88.6	100.0	12.87
八、水 果	8 827.3	6 454.8	−26.88

表147 我国西部地区主要农产品单位面积产量（2015—2016年）

单位：kg/hm²、%

主要农产品	2015年	2016年	同比增长
一、粮食作物	4 766.2	4 765.3	−0.02
（一）谷物	5 395.7	5 418.6	0.42
稻谷	6 668.7	6 732.6	0.96
小麦	3 952.9	3 939.4	−0.34
玉米	5 753.6	5 804.9	0.89
谷子	2 077.4	2 165.7	4.25
高粱	4 043.7	4 009.8	−0.84
（二）豆类	1 814.4	1 815.4	0.08
大豆	1 813.3	1 810.3	−0.17
杂豆	1 815.5	1 820.8	0.29
（三）薯类	3 423.3	3 434.2	0.32
马铃薯	3 307.6	3 317.5	0.30
二、油料作物	2 172.3	2 206.5	1.57
花生	2 546.8	2 607.7	2.39
油菜籽	1 992.5	2 015.8	1.17
芝麻	1 196.5	1 331.2	11.26
胡麻籽	1 504.4	1 583.7	5.27
向日葵籽	2 803.2	2 707.2	−3.42
三、棉花	1 824.8	1 972.6	8.10
四、麻类	1 942.9	2 007.8	3.34
黄红麻	2 490.5	2 572.2	3.28
五、糖料	71 772.5	72 292.1	0.72
甘蔗	72 710.4	73 865.1	1.59
甜菜	60 861.0	59 699.9	−1.91
六、烟叶	2 058.6	2 033.3	−1.23
烤烟	2 047.8	2 011.8	−1.76

表 148　我国西部地区茶叶产量（2016 年）

单位：t

地　区	茶叶总产量	其　中						
		绿茶	青茶	红茶	黑茶	黄茶	白茶	其他茶
全国总计	**240 4947**	**1 588 005**	**270 283**	**218 362**	**147 741**	**665**	**21 694**	**142 879**
地区小计								
占全国比重（%）								
内蒙古								
广　西	63 593	43 432	315	16 470	1 587		2	6 259
重　庆	35 173	31 940	49	3 719		146	16	1 313
四　川	248 414	223 804	5 438	4 419	17 067	42	473	16 434
贵　州	118 031	116 237	769	7 146	6 090		1 268	9 713
云　南	365 841	244 613	5 122	54 284			3	80 458
西　藏	92	3						88
陕　西	53 987	58 204		3 082	850			
甘　肃	1 302	1 327						
青　海								
宁　夏								
新　疆								

表 149　我国西部地区水果产量（2016 年）

单位：t

地　区	水果总产量	其　中					
		苹　果	柑　橘	梨	香　蕉	菠　萝	荔　枝
全国总计	**18 119.3**	**4 388.2**	**3 764.8**	**1 870.4**	**1 299.6**	**158.1**	**229.6**
地区小计							
占全国比重（%）							
内蒙古	53.1	17.4		6.4			
广　西	1 525.2		578.2	10.8	481.6	3.4	66.7
重　庆	355.6	0.4	242.5	41.0			0.1
四　川	850.5	62.7	401.6	99.6	319.9		1.8
贵　州	162.2	5.9	34.8	32.0	125.9		0.1
云　南	697.0	42.	61.2	52.5	0.1	7.3	2.7
西　藏	0.1	0.6	0.6	0.1	4.7		
陕　西	1 713.9	1 100.7	51.0	104.2	0.9		
甘　肃	506.4	360.1	0.1	40.4	270.0		
青　海	1.2	0.4		0.4			
宁　夏	97.8	57.1		1.8			
新　疆	1 100.6	136.5		128.0			

（续）

地　区	其　中					
	龙　眼	桃	猕猴桃	葡萄	红枣	柿子
全国总计	**191.3**	**1 428.8**	**234.4**	**1374.5**	**824.2**	**396.9**
地区小计						
占全国比重（%）						
内蒙古				12.0	0.1	
广　西	59.6	29.7	0.6	50.9	2.8	117.8
重　庆	3.6	14.3	2.7	11.0	1.2	1.5
四　川	4.2	57.2	24.4	35.5	1.7	5.1
贵　州	0.1	20.5	6.8	23.1	0.2	1.5
云　南	1.2	32.0	0.4	96.2	2.7	9.6
西　藏		0.3				
陕　西		78.7	131.2	66.0	83.1	38.2
甘　肃		24.0	0.1	35.3	16.7	2.4
青　海		0.1		0.1		
宁　夏		3.5		19.4	8.3	
新　疆		19.1		367.5	326.4	

表 150　我国西部地区主要林产品产量（2016 年）

产　品	单　位	全国产量	地区产量	占全国比重（%）
木　材	万 m^3	7 776	3 632	46.71
竹　材	万根	250 630	84 159	33.58
紫胶（原胶）	t	7 980	2 183	27.36
生　漆	t	21 934	14 032	63.97
油桐籽	t	408 518	212 357	51.98
油茶籽	t	2 164 440	330 393	15.26
乌桕籽	t	26 204	18 459	69.66
五倍子	t	21 647	13 292	61.40
棕　片	t	60 782	23 473	38.62
松　脂	t	1 328 877	768 745	57.85
竹笋干	t	770 705	238 787	30.98
核　桃	t	3 645 170	2 737 506	75.10
板　栗	t	2 342 054	453 736	19.37

表 151 我国西部地区主要畜产品产量（2015—2016 年）

产品名称	单 位	2014 年	2015 年	同比增长（%）
一、肉类总产量	万 t	2 621.6	2 116.8	−19.26
猪 肉	万 t	1 640.7	1 594.6	−2.81
牛 肉	万 t	267.4	278.7	4.23
羊 肉	万 t	257.9	271.0	5.08
禽 肉	万 t	374.7	386.0	3.02
兔 肉	万 t	43.1	46.0	6.73
二、其他畜产品产量				
奶 类	万 t	1 561.9	1 492.3	−4.46
牛 奶	万 t	1 481.7	1 413.8	−4.58
蜂 蜜	万 t	12.0	12.4	3.33
禽 蛋	万 t	432.1	444.4	2.85
山羊毛	t	20 955.1	20 820.4	−0.64
羊 绒	t	14 044.1	14 129.9	0.61
绵羊毛	t	305 519.5	313 556.4	2.63
细羊毛	t	105 863.9	107 646.7	1.68
半细羊毛	t	64 816.0	70 780.7	9.20

表 152 我国西部地区水产品产量（2015—2016 年）

单位：kt

产品名称	2015 年	2016 年	同比增长（%）
水产品总产量	6 929.4	7 295.8	5.29
按海水、内陆分			
海水产品产量	1 797.2	1 873.1	4.22
内陆水产品产量	5 132.3	5 422.6	5.66
按生产性质分			
捕捞产量	993.5	1 014.9	2.15
养殖产量	5 936.0	6 280.8	5.81

表 153　我国西部地区人均主要农产品、畜产品、水产品产量（2015—2016 年）

单位：kg/人、%

产　品　名　称	2015 年	2016 年	同比增长
一、主要农产品	1 007.3	1 107.8	9.98
（一）粮　食	446.1	442.8	−0.74
1. 谷　物	379.0	374.4	−1.21
稻　谷	123.0	123.1	0.08
小　麦	62.1	61.3	−1.29
玉　米	181.2	176.7	−2.48
谷　子	1.7	1.8	5.88
高　粱	3.4	3.6	5.88
2. 豆　类	14.5	15.1	4.14
大　豆	7.2	7.7	6.94
杂　豆	7.2	7.3	1.39
3. 薯　类	52.7	53.4	1.33
马铃薯	38.1	38.6	1.21
（二）油　料	28.2	29.4	4.26
花　生	4.7	4.9	4.26
油菜籽	16.2	16.2	
芝　麻	0.1	0.1	
胡麻籽	0.8	0.9	12.50
向日葵籽	5.9	6.8	15.25
（三）棉　花	9.7	9.8	1.03
（四）麻　类	0.2	0.2	
黄红麻			
（五）糖　料	279.8	274.1	−2.04
甘　蔗	261.0	251.6	−3.60
甜　菜	18.8	22.5	19.68
（六）水　果	238.7	253.7	6.28
（七）烟　叶	4.6	4.4	−4.35
烤　烟	4.3	4.1	−4.65
二、畜产品			
（一）猪牛羊肉	58.6	57.5	−1.88
猪　肉	44.4	42.8	−3.60
牛　肉	7.2	7.5	4.17
羊　肉	7.0	7.3	4.29
（二）奶　类	42.2	40.0	−5.21
牛　奶	40.1	37.9	−5.49
（三）禽　蛋	11.7	11.9	1.71
三、水产品	18.9	19.9	5.29
鱼　类	14.8	15.6	5.41
虾蟹类	1.1	1.2	9.09

表 154 我国西部地区农林牧渔业总产值、增加值及构成（2015—2016 年）

名　　称	总产值		增加值	
	2015 年	2016 年	2015 年	2016 年
一、绝对数（亿元）				
合　计	**29 478.2**	**31 654.1**	**17 832.4**	**2 175.9**
1. 农　业	17 240.5	18 443.0	11 187.2	1 202.5
2. 林　业	1 313.2	1 427.5	885.4	114.3
3. 牧　业	9 006.8	9 647.6	4 676.0	640.8
4. 渔　业	949.9	1 040.5	613.7	90.6
二、构成（%）				
农林牧渔业合计	**100.0**	**100.0**	**100.0**	
1. 农　业	58.5	59.4	62.7	0.9
2. 林　业	4.5	4.6	5.0	0.1
3. 牧　业	30.6	29.3	26.2	−1.3
4. 渔　业	3.2	3.3	3.4	0.1
三、西部占全国的比重（%）				
农林牧渔业总产值合计	**27.5**	**28.2**		
1. 农　业	29.9	31.1		
2. 林　业	29.6	30.8		
3. 牧　业	30.2	30.4		
4. 渔　业	8.7	9.0		

表 155 我国西部地区林业产业总产值（2016 年）

单位：万元

地区	总　计	第一产业	第二产业	第三产业
全国总计	**648 860 444**	**216 194 380**	**320 806 675**	**111 859 389**
地区小计	146 926 569	72 322 027	47 928 477	26 676 065
占全国比重（%）	22.64	33.45	14.94	23.85
内蒙古	4 660 967	2 080 674	1 522 694	1 057 599
广　西	47 769 623	16 858 822	25 725 672	5 185 129
重　庆	8 216 196	3 906 435	2 466 398	1 843 363
四　川	30 603 257	11 479 296	9 543 161	9 580 800
贵　州	10 000 809	3 964 666	1 444 037	4 592 106
云　南	17 055 075	10 892 579	4 480 632	1 681 864
西　藏	292 252	261 258	3 194	27 800
陕　西	10 970 939	8 561 249	1 293 247	1 116 443
甘　肃	4 632 523	3 950 840	206 104	475 579
青　海	484 457	476 823	—	7 634
宁　夏	1 705 557	906 572	383 816	415 169
新　疆	10 534 914	8 982 813	859 522	692 579

表 156 我国西部地区森林工业主要产品产量（2016 年）

地 区	锯材（万 m³）	木片（实积，万 m³）	胶合板（万 m³）	纤维板（万 m³）	刨花板（万 m³）	其他人造板（万 m³）	改性木材（万 m³）	指接材（万 m³）
全国总计	**7 716.14**	**4 576.12**	**17 755.61**	**6 651.22**	**2 650.10**	**2 985.29**	**146.83**	**452.99**
地区小计	2 449.84	819.46	2 609.90	1 559.04	324.23	713.52	53.56	69.46
占全国比重(%)	31.75	17.91	14.70	23.44	12.23	23.90	36.48	15.33
内蒙古	1 028.46	6.47	26.76	1.64	0.15	13.84		
广 西	896.17	671.50	2 137.69	838.61	187.40	504.62	49.64	40.06
重 庆	41.91	27.94	39.67	49.36	28.38	8.65	2.24	3.40
四 川	179.79	52.11	211.05	488.30	63.71	113.97	—	13.97
贵 州	93.70	17.34	52.43	7.66	8.23	33.84	1.50	3.39
云 南	191.40	35.81	124.97	114.54	35.50	36.90	0.18	8.64
西 藏	2.22							
陕 西	7.83	6.71	10.09	48.29	0.86	0.44		
甘 肃	0.88	0.12	0.83	4.44				
青 海								
宁 夏						1.05		
新 疆	7.48	1.46	6.41	6.20		0.21		

地 区	木竹地板（万 m²）	松香类产品（t）	松节油类产品（t）	樟脑（t）	冰片（t）	栲胶类产品（t）	紫胶类产品（t）	木材热解产品（t）	木质生物质成型燃料（t）
全国总计	**68 990.43**	**1 838 691**	**273 765**	**14 271**	**6 901**	**4 969**	**4 965**	**1 766 646**	**810 261**
地区小计	1 215.56	1 263 106	157 468	685	750	2 979	4 729	640 000	136 119
占全国比重(%)	1.76	68.70	57.52	4.80	10.87	59.95	95.25	36.23	16.80
内蒙古	5								80 000
广 西	497.54	1 044 141	125 995	5		2 123	3255	61 769	19 984
重 庆	2.34	1 077						6 034	
四 川	454.14	300	25	680				13 500	
贵 州	63.18	13 895	1 253		50	800		489 480	36 135
云 南	193.16	203 493	30 195		700	56	1474	69 217	
西 藏									
陕 西	0.2	200							
甘 肃									
青 海									
宁 夏									
新 疆									

表 157　我国西部地区农垦系统主要农产品加工企业产品产量（2016 年）

地　区	配混合饲料（t）	机制纸及纸版（t）	纱（万 t）	布（万 m）	机制糖（t）	饮料酒（kL）	乳制品（t）	食用植物油（t）
全国总计	**10 324 362**	**572 949**	**88.68**	**57 886**	**2 523 030**	**1 263 608**	**4 037 965**	**4 109 326**
地区小计								
占全国比重(%)								
内蒙古	27 206				4 193	1 225	3 220	40 078
广　西	686 266	111 865			656 013	2 241	118 967	188 174
重　庆	341 997						234 349	
四　川						7 381	1 681	
贵　州	23 810						52 340	
云　南	8 020				56 754	2 916		
西　藏							52 340 220	
陕　西								
甘　肃						4 253		
青　海								
宁　夏	29 410					198 457	26 045	12
新疆（兵团）	3 038 881	130 302	40.74	11 537	146 507	220 975	1 994 044	579 254
新疆（农业）	263		0.49				2 300	
新疆（畜牧）	132 238						65 764	

表 158　我国西部地区国有农场基本情况（2016 年）

地　区	农场个数（个）	职工人数（万人）	耕地面积（khm^2）
全国总计	**1 781**	**276.7**	**6 446.9**
地区小计			
占全国比重(%)			
内蒙古	104	10.8	699.1
广　西	41	2.7	34.0
重　庆	17	0.7	0.3
四　川	34	0.2	0.9
贵　州	37	0.4	1.8
云　南	43	5.9	13.1
西　藏			
陕　西	12	0.4	9.6
甘　肃	26	1.4	67.3
青　海	19	0.8	152.3
宁　夏	14	1.3	43.3
新　疆	345	60.8	1 605.9

其　　他

表 159　我国农产品质量安全例行监测情况（2017 年）

监测产品种类	合格率（%）	同比增长
蔬　菜	97.0	上升 0.2 个百分点
畜禽产品	99.4	
水产品	96.0	上升 0.1 个百分点
水　果	96.7	上升 0.5 个百分点
茶　叶	98.3	下降 1.1 个百分点

资料来源：表中数据由农业部办公厅提供。

表 160　我国大米加工 50 强企业（2016 年）

序号	企业名称	序号	企业名称
1	中粮集团有限公司	26	宜兴市粮油集团大米有限公司
2	益海嘉里投资有限公司	27	合肥金润米业有限公司
3	湖北国宝桥米集团	28	湖北庄品健实业（集团）有限公司
4	福娃集团有限公司	29	湖南粮食集团有限责任公司
5	金健米业股份有限公司	30	湖南浩天米业有限公司
6	万年贡集团有限公司	31	安徽联河股份有限公司
7	安徽光明槐祥工贸集团有限公司	32	湖南天下洞庭粮油实业有限公司
8	华润五丰米业（中国）有限公司	33	福建泉州市金穗米业有限公司
9	北京粮食集团有限责任公司	34	深圳市中泰米业有限公司
10	山信粮业有限公司	35	庆安东禾金谷粮食储备有限公司
11	吉林省德春农业集团股份有限公司	36	黑龙江省北大荒米业集团有限公司
12	洪湖市洪湖浪米业有限责任公司	37	宁夏昊王米业集团有限公司
13	南京沙塘庵粮油实业有限公司	38	桂林绿苑米业有限公司
14	湖北禾丰粮油集团有限公司	39	绿都集团股份有限公司
15	湖北省宏发米业公司	40	广东穗方源实业有限公司
16	湖北省粮油（集团）有限责任公司	41	吉林裕丰米业股份有限公司
17	安徽省阜阳市海泉粮油工业有限公司	42	江苏双兔食品股份有限公司
18	湖北中禾粮油股份有限公司	43	杭州富义仓米业有限公司
19	江西奉新天工米业有限公司	44	四川省川粮米业股份有限公司
20	安徽省桐城青草香米业集团有限公司	45	上海垠海贸易有限公司
21	江苏省农垦米业集团有限公司	46	河南黄国粮业股份有限公司
22	深圳市粮食集团有限公司	47	安徽省白湖农场集团有限责任公司
23	盘锦鼎翔米业有限公司	48	湖南角山米业有限责任公司
24	松原粮食集团有限公司	49	重庆市铜梁区储备粮有限公司
25	东莞市太粮米业有限公司	50	黑龙江省和粮农业有限公司

表 161　我国小麦粉加工 50 强企业（2016 年）

序号	企业名称	序号	企业名称
1	五得利面粉集团有限公司	26	潍坊风筝面粉有限责任公司
2	益海嘉里投资有限公司	27	湖北三杰粮油食品集团有限公司
3	中粮集团有限公司	28	一加一天然面粉有限公司
4	南顺香港集团	29	江苏省银河面粉有限公司
5	河北金沙河面业集团有限责任公司	30	天津利金粮油股份有限公司
6	北京粮食集团有限责任公司	31	河南天香面业有限公司
7	东莞穗丰粮食集团有限公司	32	广州市粮食集团有限责任公司
8	陕西陕富面业有限责任公司	33	广东白燕粮油实业有限公司
9	发达面粉集团股份有限公司	34	内蒙古恒丰食品工业（集团）股份有限公司
10	山东利生食品集团有限公司	35	安徽皖王面粉集团有限公司
11	新疆天山面粉（集团）有限责任公司	36	安徽省天麒面业科技股份有限公司
12	江苏三零面粉有限公司	37	安徽省凤宝粮油食品（集团）有限公司
13	滨州中裕食品有限公司	38	安徽瑞福祥食品有限公司
14	河南省大程粮油集团股份有限公司	39	聊城市鲁信粮食制品有限公司
15	陕西老牛面粉有限公司	40	河南莲花面粉有限公司
16	郑州金苑面业有限公司	41	江苏省淮安新丰面粉有限公司
17	甘肃红太阳面业集团有限责任公司	42	四川仁吉粉业集团有限公司
18	山东永乐食品有限公司	43	遂平益康面粉有限公司
19	陕西西瑞（集团）有限责任公司	44	潜江同光面粉有限责任公司
20	安徽正宇面粉有限公司	45	宝鸡祥和面粉有限责任公司
21	山东半球面粉有限公司	46	开封市天丰面业有限责任公司
22	深圳市粮食集团有限公司	47	上海福新面粉有限公司
23	杭州恒天面粉集团有限公司	48	河北凯发面业集团有限公司
24	五得利面粉集团有限公司	49	宁夏塞北雪面粉有限公司
25	益海嘉里投资有限公司	50	湖北鄂农食品科技有限公司

表 162 我国食用油加工 50 强企业（2016 年）

序号	企业名称	序号	企业名称
1	益海嘉里投资有限公司	26	金太阳粮油股份有限公司
2	中粮集团有限公司	27	山东嘉冠粮油工业集团有限公司
3	山东鲁花集团有限公司	28	青岛长生集团股份有限公司
4	九三粮油工业集团有限公司	29	广州植之元控股有限公司
5	山东三星集团有限公司	30	广东鹰唛食品有限公司
6	西王集团有限公司	31	合肥燕庄食用油有限责任公司
7	山东香驰粮油有限公司	32	河南爱厨植物油有限公司
8	三河汇福粮油集团有限公司	33	山东乐悠悠花生油科技有限公司
9	厦门中盛粮油集团有限公司	34	江苏佳丰粮油工业有限公司
10	道道全粮油股份有限公司	35	云南滇雪粮油有限公司
11	中储粮镇江粮油有限公司	36	福建元成豆业有限公司
12	北京粮食集团有限责任公司	37	内蒙古蒙佳粮油工业集团有限公司
13	上海佳格食品有限公司	38	浙江新市油脂股份有限公司
14	湖南粮食集团有限责任公司	39	河南懿丰油脂有限公司
15	湖北省粮油（集团）有限责任公司	40	山东省高唐蓝山集团总公司
16	山西忠民集团有限公司	41	西安邦淇制油科技有限公司
17	山东禹王生态食业有限公司	42	江苏金洲粮油集团
18	上海良友海狮油脂实业有限公司	43	青岛天祥食品集团有限公司
19	湖北天星粮油股份有限公司	44	山东玉皇粮油食品有限公司
20	河南阳光油脂集团有限公司	45	厦门银祥油脂有限公司
21	莒南县金胜粮油实业有限公司	46	晨光生物科技集团股份有限公司
22	山东龙大植物油有限公司	47	江苏春绿粮油有限公司
23	舟山中海粮油工业有限公司	48	西安爱菊粮油工业集团有限公司
24	洪湖市洪湖浪米业有限责任公司	49	合肥金润米业有限公司
25	仪征方顺粮油工业有限公司	50	泉州市金华油脂食品有限公司

表 163　我国挂面加工 10 强企业（2016 年）

序　号	企　业　名　称
1	河北金沙河面业集团有限责任公司
2	克明面业股份有限公司
3	中粮集团有限公司
4	益海嘉里投资有限公司
5	滨州中裕食品有限公司
6	博大面业集团有限公司
7	想念食品股份有限公司
8	湖南粮食集团有限责任公司
9	江西省春丝食品有限公司
10	宁夏塞北雪面粉有限公司

表 164　我国杂粮加工 10 强企业（2015 年）

序　号	企　业　名　称
1	安徽燕之坊食品有限公司
2	吉林市永鹏农副产品开发有限公司
3	山西东方亮生命科技有限公司
4	内蒙古正隆谷物食品有限公司
5	怀仁县龙首山粮油贸易有限责任公司
6	贵州鑫龙食品开发有限公司
7	襄阳三珍食品有限公司
8	浏阳河集团股份有限公司
9	赤峰市蒙天粮油购销有限责任公司
10	朔州市朔城区山老汉农产品开发有限公司

表 165　我国粮油机械制造 10 强企业（2016 年）

序 号	企　业　名　称
1	江苏正昌集团有限公司
2	江苏牧羊控股有限公司
3	布勒（无锡）商业有限公司
4	开封市茂盛机械有限公司
5	合肥美亚光电技术股份有限公司
6	迈安德集团有限公司
7	河北苹乐面粉机械集团有限公司
8	湖南郴州粮油机械有限公司
9	山东长江粮油仓储机械有限公司
10	安徽捷迅光电技术有限公司

资料来源：表 160 至表 165 的数据由中国粮食行业协会、中国粮油学会和中国粮食经济学会提供。

5

第五部分

标准、专利

农产品加工业部分国家标准（2017 年）

标 准 号	标 准 名 称	代替标准
GB/T 17891—2017	优质稻谷	GB/T 17891—1999
GB/T 34267—2017	食用淀粉及淀粉制品生产管理规范	
GB/T 34321—2017	食用甘薯淀粉	
GB/T 8883—2017	食用小麦淀粉	GB/T 8883—2008
GB/T 8884—2017	食用马铃薯淀粉	GB/T 8884—2007
GB/T 8885—2017	食用玉米淀粉	GB/T 8885—2008
GB 7293—2017	饲料添加剂　DL-α-生育酚乙酸酯（粉）	GB/T 7293—2006
GB 7294—2017	饲料添加剂　亚硫酸氢钠甲萘醌（维生素 K3）	GB/T 7294—2009
GB 7298—2017	饲料添加剂　维生素 B_6（盐酸吡哆醇）	GB/T 7298—2006
GB 7300—2017	饲料添加剂　烟酸	GB/T 7300—2006
GB 7301—2017	饲料添加剂　烟酰胺	GB/T 7301—2002
GB 9454—2017	饲料添加剂　DL-α-生育酚乙酸酯	GB/T 9454—2008
GB 9840—2017	饲料添加剂　维生素 D_3（微粒）	GB/T 9840—2006
GB 20802—2017	饲料添加剂　蛋氨酸铜络（螯）合物	GB/T 20802—2006
GB 21034—2017	饲料添加剂　蛋氨酸羟基类似物钙盐	GB/T 21034—2007
GB 21694—2017	饲料添加剂　蛋氨酸锌络（螯）合物	GB/T 21694—2008
GB 22489—2017	饲料添加剂　蛋氨酸锰络（螯）合物	GB/T 22489—2008
GB 22548—2017	饲料添加剂　磷酸二氢钙	GB/T 22548—2008
GB 22549—2017	饲料添加剂　磷酸氢钙	GB/T 22549—2008
GB 34456—2017	饲料添加剂　磷酸二氢钠	
GB 34457—2017	饲料添加剂　磷酸三钙	
GB 34458—2017	饲料添加剂　磷酸氢二钾	
GB 34459—2017	饲料添加剂　硫酸铜	
GB 34460—2017	饲料添加剂　L-抗坏血酸钠	
GB 34461—2017	饲料添加剂　L-肉碱	
GB 34462—2017	饲料添加剂　氯化胆碱	
GB 34463—2017	饲料添加剂　L-抗坏血酸钙	
GB 34464—2017	饲料添加剂　二甲基嘧啶醇亚硫酸甲萘醌	
GB 34465—2017	饲料添加剂　硫酸亚铁	
GB 34466—2017	饲料添加剂　L—赖氨酸盐酸盐	
GB 34467—2017	饲料添加剂　柠檬酸钙	
GB 34468—2017	饲料添加剂　硫酸锰	
GB 34469—2017	饲料添加剂　β-胡萝卜素（化学合成）	
GB 34470—2017	饲料添加剂　磷酸二氢钾	
GB 13078—2017	饲料卫生标准	GB 13078—2001 等
GB/T 34240—2017	实验动物　饲料生产	
GB/T 34269—2017	饲料原料显微镜检查图谱	
GB/T 34270—2017	饲料中多氯联苯与六氯苯的测定　气相色谱法	
GB/T 34271—2017	饲料中油脂的皂化值的测定	
GB/T 34636—2017	饲料加工设备交叉污染防控技术规范	

（续）

标 准 号	标 准 名 称	代替标准
GB/T 34639—2017	饲料加工成套设备计算机控制技术要求	
GB/T 15108—2017	原糖	GB/T 15108—2006
GB/T 20823—2017	特香型白酒	GB/T 20823—2007
GB/T 20881—2017	低聚异麦芽糖	GB/T 20881—2007
GB/T 20883—2017	麦芽糖	GB/T 20883—2007
GB/T 35545—2017	低聚木糖	
GB/T 35546—2017	工业用衣康酸	
GB/T 34790—2017	粮油检验　粮食籽粒水分活度的测定　仪器法	
GB/T 35795—2017	全生物降解农用地面覆盖薄膜	
GB/T 1534—2017	花生油	GB/T 1534—2003
GB/T 1535—2017	大豆油	GB/T 1535—2003
GB/T 10464—2017	葵花籽油	GB/T 10464—2003
GB/T 19111—2017	玉米油	GB/T 19111—2003
GB/T 35131—2017	油茶籽饼、粕	
GB/T 35252—2017	动植物油脂　2-硫代巴比妥酸值的测定　直接法	
GB/T 35535—2017	大豆、油菜中外源基因成分的测定　膜芯片法	
GB/T 19557.2—2017	植物品种特异性、一致性和稳定性测试指南　普通小麦	GB/T 19557.2—2004
GB/T 19557.5—2017	植物品种特异性、一致性和稳定性测试指南　大白菜	GB/T 19557.5—2004
GB/T 19557.9—2017	植物品种特异性、一致性和稳定性测试指南　芥菜	
GB/T 19557.14—2017	植物品种特异性、一致性和稳定性测试指南　甘蓝型油菜	
GB/T 19557.20—2017	植物品种特异性、一致性和稳定性测试指南　茄子	
GB/T 19557.22—2017	植物品种特异性、一致性和稳定性测试指南　豌豆	
GB/T 34256—2017	农产品购销基本信息描述　热带和亚热带水果类	
GB/T 34257—2017	农产品购销基本信息描述　茄果类	
GB/T 34258—2017	农产品购销基本信息描述　薯芋类	
GB/T 34259—2017	冬香薄荷	
GB/T 34260—2017	夏香薄荷	
GB/T 34317—2017	食用菌速冻品流通规范	
GB/T 34318—2017	食用菌干制品流通规范	
GB/T 34671—2017	银耳干制技术规范	
GB/T 34768—2017	果蔬批发市场交易技术规范	
GB/T 35105—2017	鲜食果蔬城市配送中心服务规范	
GB/T 35476—2017	罗汉果质量等级	
GB/T 13738.1—2017	红茶　第1部分：红碎茶	GB/T 13738.1—2008
GB/T 13738.2—2017	红茶　第2部分：工夫红茶	GB/T 13738.2—2008
GB/T 14456.1—2017	绿茶　第1部分：基本要求	GB/T 14456.1—2008
GB/T 14487—2017	茶叶感官审评术语	GB/T 14487—2008
GB/T 22291—2017	白茶	GB/T 22291—2008
GB/T 22292—2017	茉莉花茶	GB/T 22292—2008
GB/T 23193—2017	茶叶中茶氨酸的测定　高效液相色谱法	GB/T 23193—2008

（续）

标 准 号	标 准 名 称	代替标准
GB/T 30357.6—2017	乌龙茶　第6部分：单丛	
GB/T 30357.7—2017	乌龙茶　第7部分：佛手	
GB/T 34778—2017	抹茶	
GB/T 34779—2017	茉莉花茶加工技术规范	
GB/T 34780—2017	蜂王幼虫冻干粉	
GB/T 34781—2017	蜂花粉生产技术规范	
GB/T 34782—2017	蜂胶中杨树胶的检测方法　高效液相色谱法	
GB/T 13213—2017	猪肉糜类罐头	
GB/T 34238—2017	清洁蛋加工流通技术规范	
GB/T 34262—2017	蛋与蛋制品术语和分类	
GB/T 34747—2017	干海参等级规格	
GB/T 34767—2017	水产品销售与配送良好操作规范	
GB/T 34769—2017	肉类批发市场交易技术规范	
GB/T 34770—2017	水产品批发市场交易技术规范	
GB/T 35375—2017	冻银鱼	
GB/T 35376—2017	日本对虾　亲虾和苗种	
GB/T 34669—2017	粮油机械　磨辊	
GB/T 34785—2017	粮油机械　环形浸出器	
GB/T 34786—2017	粮油机械　齿辊式破碎机	
GB/T 34787—2017	粮油机械　滚筒精选机	
GB/T 34788—2017	粮油机械　大米抛光机	
GB/T 35322—2017	粮油机械　砂辊碾米机	
GB/T 35323—2017	粮油机械　蒸炒锅	
GB/T 35324—2017	粮油机械　凸齿脱胚磨	
GB/T 35325—2017	粮油机械　网带初清筛	
GB/T 35327—2017	籽棉打模机	
GB/T 4146.2—2017	纺织品　化学纤维　第2部分：产品术语	GB/T 4146—1984等
GB/T 8629—2017	纺织品　试验用家庭洗涤和干燥程序	GB/T 8629—2001
GB/T 18318.6—2017	纺织品　弯曲性能的测定　第6部分：马鞍法	
GB/T 33610.2—2017	纺织品　消臭性能的测定　第2部分：检知管法	
GB/T 33611—2017	纺织品　短链对特辛基苯酚乙氧基化物的测定	
GB/T 33618—2017	纺织品　燃烧烟释放和热释放性能测试	
GB/T 33620—2017	纺织品　吸音性能的检测和评价	
GB/T 33728—2017	纺织品　静电性能的评定　静电衰减法	
GB/T 33729—2017	纺织品　色牢度试验　棉摩擦布	
GB/T 33732—2017	纺织品　抗渗水性的测定　冲击渗透试验	
GB/T 35256—2017	纺织品　色牢度试验　人造气候老化　暴露于过滤氙弧辐射	
GB/T 35263—2017	纺织品　接触瞬间凉感性能的检测和评价	
GB/T 35266—2017	纺织品　织物中复合超细纤维开纤率的测定	
GB/T 35443—2017	纺织品　定量化学分析　海藻纤维与某些其他纤维的混合物	

（续）

标准号	标准名称	代替标准
GB/T 35446—2017	纺织品　某些有机溶剂的测定	
GB/T 35762—2017	纺织品　热传递性能试验方法　平板法	
GB/T 411—2017	棉印染布	GB/T 411—2008
GB/T 2660—2017	衬衫	GB/T 2660—2008
GB/T 2662—2017	棉服装	GB/T 2662—2008
GB/T 2667—2017	衬衫规格	GB/T 2667—2008
GB/T 6002.15—2017	纺织机械术语　第15部分：集聚纺纱装置	
GB/T 9127—2017	柞蚕丝织物	GB/T 9127—2007
GB/T 14311—2017	灯芯绒棉印染布	
GB/T 14789—2017	水貂皮	GB/T 14789—1993
GB/T 34562—2017	羊毛吸声绝热制品	
GB/T 34783—2017	苎麻纤维细度的测定　气流法	
GB/T 34784—2017	精细亚麻	
GB/T 35445—2017	丝　生丝疵点、条干电子检测试验方法	
GB/T 35447—2017	服装定制通用技术规范	
GB/T 35744—2017	公用纺织品清洗质量要求	
GB/T 3324—2017	木家具通用技术条件	GB/T 3324—2008
GB/T 7909—2017	造纸木片	GB/T 7909—1999
GB/T 14732—2017	木材工业胶粘剂用脲醛、酚醛、三聚氰胺甲醛树脂	GB/T 14732—2006
GB/T 15102—2017	浸渍胶膜纸饰面纤维板和刨花板	GB/T 15102—2006
GB/T 15106—2017	刨切单板用原木	GB/T 15106—2006
GB/T 15777—2017	木材顺纹抗压弹性模量测定方法	GB/T 15777—1995
GB/T 15787—2017	原木检验术语	GB/T 15787—2006
GB/T 18107—2017	红木	GB/T 18107—2000
GB/T 20240—2017	竹集成材地板	GB/T 20240—2006
GB/T 20445—2017	刨光材	GB/T 20445—2006
GB/T 22350—2017	成型胶合板	GB/T 22350—2008
GB/T 23172—2017	藤编制品	GB/T 23172—2008
GB/T 34717—2017	挤压刨花板	
GB/T 34719—2017	结构用人造板均布荷载性能测试方法	
GB/T 34742—2017	木门窗用木材及人造板规范	
GB/T 34743—2017	栎木实木地板	
GB/T 34749—2017	木材及木质复合材料耐火试验方法　锥形量热仪法	
GB/T 35215—2017	结构用人造板特征值的确定方法	
GB/T 35216—2017	结构胶合板	
GB/T 35217—2017	锯切薄板	
GB/T 35239—2017	人造板及其制品用甲醛清除剂清除能力的测试方法	
GB/T 35241—2017	木质制品用紫外光固化涂料挥发物含量的检测方法	
GB/T 35243—2017	人造板及其制品游离甲醛吸附材料吸附性能的测试方法	
GB/T 35475—2017	红木制品用材规范	

（续）

标准号	标准名称	代替标准
GB/T 10335.4—2017	涂布纸和纸板　涂布白纸板	GB/T 10335.4—2004
GB/T 12655—2017	卷烟纸基本性能要求	GB/T 12655—2007
GB/T 22820—2017	编织原纸	GB/T 22820—2008
GB/T 34442—2017	纸浆　纤维粗度的测定　非偏振光方法	
GB/T 34448—2017	生活用纸及纸制品　甲醛含量的测定	
GB/T 34845—2017	生活用纸　可吸附有机卤素（AOX）的测定	
GB/T 5048—2017	防潮包装	GB/T 5048—1999
GB/T 14251—2017	罐头食品金属容器通用技术要求	
GB/T 34268—2017	啤酒玻璃瓶灌装生产线通用技术要求	
GB/T 34343—2017	农产品物流包装容器通用技术要求	
GB/T 34344—2017	农产品物流包装材料通用技术要求	
GB/T 35773—2017	包装材料及制品气味的评价	
GB 5009.12—2017	食品安全国家标准　食品中铅的测定	
GB 5009.13—2017	食品安全国家标准　食品中铜的测定	
GB 5009.14—2017	食品安全国家标准　食品中锌的测定	
GB 5009.91—2017	食品安全国家标准　食品中钾、钠的测定	
GB 5009.93—2017	食品安全国家标准　食品中硒的测定	
GB 5009.138—2017	食品安全国家标准　食品中镍的测定	
GB 5009.182—2017	食品安全国家标准　食品中铝的测定	
GB 5009.241—2017	食品安全国家标准　食品中镁的测定	
GB 5009.242—2017	食品安全国家标准　食品中锰的测定	
GB/T 35129—2017	面向食品制造业的射频识别系统　环境适应性要求	
GB/T 35130—2017	面向食品制造业的射频识别系统　射频标签信息与编码规范	
GB/T 35395—2017	农产品质量安全检测移动实验室通用技术规范	

农产品加工业农业行业标准（2017年）

标准号	标准名称	代替标准
NY/T 83—2017	米质测定方法	
NY/T 3075—2017	畜禽养殖场消毒技术	
NY/T 3082—2017	水果、蔬菜及其制品中叶绿素含量的测定　分光光度法	
NY/T 3086—2017	长江流域薯区甘薯生产技术规程	
NY/T 3094—2017	植物源性农产品中农药残留贮藏稳定性试验准则	
NY/T 3095—2017	加工农产品中农药残留试验准则	
NY/T 3098—2017	加工用桃	
NY/T 3099—2017	桂圆加工技术规范	
NY/T 3100—2017	马铃薯主食产品　分类和术语	
NY/T 3101—2017	肉制品中红曲色素的测定　高效液相色谱法	
NY/T 3102—2017	枇杷贮藏技术规范	
NY/T 3103—2017	加工用葡萄	
NY/T 3104—2017	仁果类水果（苹果和梨）　采后预冷技术规范	

（续）

标 准 号	标 准 名 称	代替标准
NY/T 3105—2017	植物油料含油量测定　近红外光谱法	
NY/T 3106—2017	花生黄曲霉毒素检测抽样技术规程	
NY/T 3107—2017	玉米中黄曲霉毒素预防和减控技术规程	
NY/T 3108—2017	小麦中玉米赤霉烯酮类毒素预防和减控技术规程	
NY/T 3109—2017	植物油脂中辣椒素的测定　免疫分析法	
NY/T 3110—2017	植物油料中全谱脂肪酸的测定　气相色谱-质谱法	
NY/T 3111—2017	植物油中甾醇含量的测定　气相色谱-质谱法	
NY/T 3112—2017	植物油中异黄酮的测定　液相色谱-串联质谱法	
NY/T 3113—2017	植物油中香草酸等 6 种多酚的测定　液相色谱-串联质谱法	
NY/T 3115—2017	富硒大蒜	
NY/T 3116—2017	富硒马铃薯	
NY/T 3117—2017	杏鲍菇工厂化生产技术规程	
NY/T 5339—2017	无公害农产品　畜禽防疫准则	
NY/T 420—2017	绿色食品　花生及制品	
NY/T 431—2017	绿色食品　果（蔬）酱	
NY/T 751—2017	绿色食品　食用植物油	
NY/T 844—2017	绿色食品　温带水果	
NY/T 897—2017	绿色食品　黄酒	
NY/T 1042—2017	绿色食品　坚果	
NY/T 1323—2017	绿色食品　固体饮料	
NY/T 1329—2017	绿色食品　海水贝	
NY/T 1508—2017	绿色食品　果酒	
NY/T 1509—2017	绿色食品　芝麻及其制品	
NY/T 1513—2017	绿色食品　畜禽可食用副产品	
NY/T 1885—2017	绿色食品　米酒	
NY/T 1889—2017	绿色食品　烘炒食品	
SC/T 2070—2017	大泷六线鱼	
SC/T 2077—2017	漠斑牙鲆	
SC/T 3112—2017	冻梭子蟹	
SC/T 3208—2017	鱿鱼干、墨鱼干	
SC/T 5062—2017	金龙鱼	

农产品加工业林业行业标准（2017 年）

标 准 号	标 准 名 称	代替标准
LY/T 1062—2017	锯材生产综合能耗	LY/T 1062—2006
LY/T 1444—2017	林区木材生产综合能耗	LY/T 1444.1—2015 等
LY/T 1451—2017	纤维板生产综合能耗	LY/T 1451—2008
LY/T 1613—2017	挤出成型木塑复合板材	LY/T 1613—2015
LY/T 1697—2017	饰面木质墙板	LY/T 1697—2007
LY/T 1718—2017	低密度和超低密度纤维板	LY/T 1718—2007

（续）

标 准 号	标 准 名 称	代替标准
LY/T 2804—2017	薄壳山核桃遗传资源调查编目技术规程	
LY/T 2805—2017	陆生野生动物及其产品处置规程	
LY/T 2841—2017	黑木耳菌包生产技术规程	
LY/T 2862—2017	焦性没食子酸	
LY/T 2865—2017	桐油	
LY/T 2866—2017	余甘子粉	
LY/T 2867—2017	月桂烯	
LY/T 2868—2017	二氢月桂烯	
LY/T 2869—2017	合成香叶醇	
LY/T 2870—2017	绿色人造板及其制品技术要求	
LY/T 2871—2017	木（竹）质容器通用技术要求	
LY/T 2872—2017	木制珠串	
LY/T 2873—2017	铅笔板	
LY/T 2874—2017	陈列用木质挂板	
LY/T 2875—2017	难燃细木工板	
LY/T 2876—2017	人造板定制衣柜技术规范	
LY/T 2877—2017	木夹板门	
LY/T 2878—2017	木镶板门	
LY/T 2879—2017	装饰微薄木	
LY/T 2880—2017	浸渍纸层压定向刨花板地板	
LY/T 2882—2017	饰面模压纤维板	
LY/T 2883—2017	人造板及制品中甲醛含量的测定　高效液相色谱法	
LY/T 2884—2017	木栅栏	
LY/T 2885—2017	竹百叶窗帘	
LY/T 2890—2017	便携式油锯　锯链制动器性能测试方法	
LY/T 2904—2017	沉香	
LY/T 2905—2017	竹缠绕复合管	
LY/T 2916—2017	单板条层积材	
LY/T 2918—2017	木框架墙体软重物撞击试验方法	
LY/T 2919—2017	木塑地板生产综合能耗	

农产品加工业内贸行业标准（2017 年）

标 准 号	标 准 名 称	代替标准
SB/T 225—2017	食品机械通用技术条件　铸件技术要求	
SB/T 226—2017	食品机械通用技术条件　焊接、铆接技术要求	
SB/T 227—2017	食品机械通用技术条件　电器装置技术要求	
SB/T 228—2017	食品机械通用技术条件　表面涂漆	
SB/T 10018—2017	糖果　硬质糖果	
SB/T 10019—2017	糖果　酥质糖果	
SB/T 10020—2017	糖果　焦香糖果	

（续）

标 准 号	标 准 名 称	代替标准
SB/T 10021—2017	糖果　凝胶糖果	
SB/T 10022—2017	糖果　奶糖糖果	
SB/T 10023—2017	糖果　胶基糖果	
SB/T 10104—2017	糖果　充气糖果	
SB/T 10279—2017	熏煮香肠	
SB/T 10347—2017	糖果　压片糖果	
SB/T 10418—2017	软冰淇淋	
SB/T 10419—2017	植脂奶油	
SB/T 10423—2017	速冻汤圆	
SB/T 11191—2017	蚝汁	
SB/T 11192—2017	辣椒油	
SB/T 11193—2017	松肉粉	
SB/T 11194—2017	方便面调味料	
SB/T 11195—2017	调味食品配料精膏	
SB/T 11196—2017	进口酒经营服务规范	
SB/T 11182—2017	中药材包装技术规范	
SB/T 11183—2017	中药材产地加工技术规范	
SB/T 11184—2017	药品流通企业关键绩效指标体系	
SB/T 11185—2017	药品批发企业对供应商管理规范	
SB/T 11204—2017	衣物清洗服务规范	
SB/T 11205—2017	公用纺织品清洗服务规范	

农产品加工业粮食行业标准（2017 年）

标 准 号	标 准 名 称	代替标准
GH/T 1139—2017	洋葱	SB/T 10026—1992
GH/T 1140—2017	速冻黄瓜	SB/T 10027—1992
GH/T 1141—2017	速冻甜椒	SB/T 10028—1992
GH/T 1142—2017	花椒	SB/T 10040—1992
GH/T 1143—2017	黄、红麻包装	SB/T 10045—1992
GH/T 1144—2017	活拔鹅毛技术条件	SB/T 10048—1992
GH/T 1145—2017	活拔鸭毛技术条件	SB/T 10049—1992
GH/T 1146—2017	丁香榄	SB/T 10051—1992
GH/T 1147—2017	雪花应子	SB/T 10052—1992
GH/T 1148—2017	桃脯	SB/T 10053—1992
GH/T 1149—2017	梨脯	SB/T 10054—1992
GH/T 1150—2017	海棠脯	SB/T 10055—1992
GH/T 1151—2017	糖桔饼	SB/T 10056—1992
GH/T 1152—2017	梨冷藏技术	SB/T 10060—1992
GH/T 1153—2017	西瓜	SB/T 10062—1992
GH/T 1154—2017	鲜菠萝	SB/T 10063—1992

（续）

标准号	标准名称	代替标准
GH/T 1155—2017	苹果脯	SB/T 10085—1992
GH/T 1156—2017	杏脯	SB/T 10086—1992
GH/T 1157—2017	话梅（类）技术条件	SB/T 10087—1992
GH/T 1158—2017	浓缩柑桔汁	SB/T 10089—1992
GH/T 1159—2017	山楂	SB/T 10092—1992
GH/T 1160—2017	红枣贮存	SB/T 10093—1992
GH/T 1161—2017	梳絮棉	SB/T 10097—1992
GH/T 1162—2017	弹絮棉	SB/T 10098—1992
GH/T 1163—2017	茶叶皮带输送机和斗式提升机型式与主参数	SB/T 10099—1992
GH/T 1164—2017	紧压茶　筛、切机型式与主参数	SB/T 10100—1992
GH/T 1165—2017	茶叶平面圆筛机技术条件	SB/T 10101—1992
GH/T 1166—2017	茶叶匀堆机型式与主参数	SB/T 10102—1992
GH/T 1167—2017	茶叶风选机	SB/T 10103—1992
GH/T 1168—2017	茶叶拣梗机技术条件	SB/T 10153—1993
GH/T 1169—2017	茶叶抖筛机	SB/T 10154—1993
GH/T 1170—2017	齿轮切茶机	SB/T 10155—1993
GH/T 1171—2017	茶叶加工除尘系统型式与主参数	SB/T 10156—1993
GH/T 1172—2017	姜	SB/T 10160—1993
GH/T 1173—2017	速冻花椰菜	SB/T 10161—1993
GH/T 1174—2017	脱水辣根	SB/T 10162—1993
GH/T 1175—2017	冷冻辣根	SB/T 10163—1993
GH/T 1176—2017	速冻蒜薹	SB/T 10164—1993
GH/T 1177—2017	速冻豇豆	SB/T 10165—1993
GH/T 1178—2017	祁门工夫红茶	SB/T 10167—1993
GH/T 1179—2017	MS-10161 型梳棉机	SB/T 10169—1993
GH/T 1180—2017	茶叶加工机械产品型号编制方法	SB/T 10185—1993
GH/T 1181—2017	茶叶平面圆筛机型式与参数	SB/T 10186—1993
GH/T 1182—2017	茶叶拣梗机型式与主参数	SB/T 10187—1993
GH/T 1183—2017	紧压茶压制机型式与参数	SB/T 10188—1993
GH/T 1184—2017	哈密瓜	SB/T 10193—1993
GH/T 1185—2017	鲜荔枝	SB/T 10194—1993
GH/T 1186—2017	MQT-400×240 型双辊密封弹棉机	SB/T 10236—1994
GH/T 1187—2017	锯齿轧花机	SB/T 10238—1994
GH/T 1188—2017	铣齿机	SB/T 10239—1994
GH/T 1189—2017	液压棉花打包机试验方法	SB/T 10240—1994
GH/T 1190—2017	洋葱贮藏技术	SB/T 10286—1997
GH/T 1191—2017	叶用莴苣预冷与冷藏运输技术	SB/T 10287—1997
GH/T 1192—2017	蒜薹	SB/T 10330—2000
GH/T 1193—2017	番茄	SB/T 10331—2000
GH/T 1194—2017	大蒜	SB/T 10348—2002

农产品加工业粮食行业标准（2017 年）

标 准 号	标 准 名 称	代替标准
LS/T 1535—2017	籼米品尝评分参考样品	
LS/T 1702—2017	粮食信息分类与编码　粮食属性分类与代码	
LS/T 1703—2017	粮食信息分类与编码　粮食及加工产品分类与代码	
LS/T 1705—2017	粮食信息分类与编码　粮食设施分类与代码	
LS/T 1706—2017	粮食信息分类与编码　粮食设备分类与代码	
LS/T 1707.3—2017	粮食信息分类与编码　粮食仓储　第 3 部分：器材分类与代码	
LS/T 1806—2017	粮食信息系统网络设计规范	
LS/T 1807—2017	粮食信息安全技术规范	
LS/T 1808—2017	粮食信息术语　通用	
LS/T 1809—2017	粮油储藏　粮情测控通用技术要求	
LS/T 1810—2017	粮油储藏　粮情测控分机技术要求	
LS/T 1811—2017	粮油储藏　粮情测控软件技术要求	
LS/T 1812—2017	粮油储藏　粮情测控信息交换接口协议技术要求	
LS/T 1813—2017	粮油储藏　粮情测控数字测温电缆技术要求	
LS/T 3114—2017	长柄扁桃籽、仁	
LS/T 3115—2017	红花籽	
LS/T 3219—2017	大豆磷脂	
LS/T 3220—2017	芝麻酱	
LS/T 3250—2017	南瓜籽油	
LS/T 3251—2017	小麦胚油	
LS/T 3252—2017	番茄籽油	
LS/T 3253—2017	汉麻籽油	
LS/T 3254—2017	紫苏籽油	
LS/T 3255—2017	长柄扁桃油	
LS/T 3256—2017	大蒜油	
LS/T 3257—2017	生姜油	
LS/T 3306—2017	杜仲籽饼（粕）	
LS/T 3307—2017	盐地碱蓬籽饼（粕）	
LS/T 3308—2017	盐肤木果饼（粕）	
LS/T 3309—2017	玉米胚芽粕	
LS/T 3310—2017	牡丹籽饼（粕）	
LS/T 3311—2017	花生酱	
LS/T 3312—2017	长柄扁桃饼（粕）	
LS/T 3313—2017	花椒籽饼（粕）	
LS/T 3246—2017	碎米	
LS/T 3544—2017	粮油机械　检验用粉筛	
LS/T 3545—2017	粮油机械　检验用分样器	
LS/T 3546—2017	粮油机械　物理检验用工作台	
LS/T 1218—2017	中国好粮油　生产质量控制规范	
LS/T 3108—2017	中国好粮油　稻谷	

（续）

标 准 号	标 准 名 称	代替标准
LS/T 3109—2017	中国好粮油　小麦	
LS/T 3110—2017	中国好粮油　食用玉米	
LS/T 3111—2017	中国好粮油　大豆	
LS/T 3112—2017	中国好粮油　杂粮	
LS/T 3113—2017	中国好粮油　杂豆	
LS/T 3247—2017	中国好粮油　大米	
LS/T 3248—2017	中国好粮油　小麦粉	
LS/T 3249—2017	中国好粮油　食用植物油	
LS/T 3304—2017	中国好粮油　挂面	
LS/T 3411—2017	中国好粮油　饲用玉米	
LS/T 6116—2017	大米粒型分类判定	
LS/T 6118—2017	粮油检验　稻谷新鲜度测定与判别	
LS/T 6119—2017	粮油检验　植物油中多酚的测定　分光光度法	
LS/T 6120—2017	粮油检验　植物油中角鲨烯的测定　气相色谱法	
LS/T 6121.1—2017	粮油检验　植物油中谷维素含量的测定　分光光度法	
LS/T 6121.2—2017	粮油检验　植物油中谷维素含量的测定　高效液相色谱法	
LS/T 6123—2017	粮油检验　小麦粉饺子皮加工品质评价	
LS/T 6124—2017	粮油检验　小麦粉多酚氧化酶活力的测定　分光光度法	
LS/T 6125—2017	粮油检验　稻米中镉的快速检测　固体进样原子荧光法	
LS/T 6126—2017	粮油检验　粮食中赭曲霉毒素 A 的测定　超高效液相色谱法	
LS/T 6129—2017	粮油检验　粮食中玉米赤霉烯酮的测定　超高效液相色谱法	
LS/T 8011—2017	散粮接收发放设施设计技术规程	

农产品加工业机械行业标准（2017 年）

标 准 号	标 准 名 称	代替标准
JB/T 5153—2017	板框式加压滤油机	JB/T 5153—2006
JB/T 8103.3—2017	碟式分离机　第 3 部分：乳品分离机	JB/T 8103.3—2005
JB/T 8103.6—2017	碟式分离机　第 6 部分：植物油分离机	JB/T 8103.6—2005
JB/T 13036—2017	苎麻纤维编织填料	
JB/T 13126—2017	宠物饲料膨化机	
JB/T 13127—2017	锤片式饲料粉碎机　锤片	
JB/T 13128—2017	锤片式饲料粉碎机　筛片	
JB/T 13129—2017	单螺杆饲料膨化机　膨化腔	
JB/T 13130—2017	双螺杆饲料膨化机　膨化腔	
JB/T 13131—2017	饲料分级筛　试验方法	
JB/T 13132—2017	饲料机械　包装通用技术条件	
JB/T 13133—2017	饲料机械　圆筒清理筛	
JB/T 13134—2017	饲料机械　圆锥粉料清理筛	
JB/T 13135—2017	饲料清理筛　试验方法	
JB/T 13146—2017	电子数粒装袋机	
JB/T 13147—2017	食品真空冷却机	

（续）

标 准 号	标 准 名 称	代替标准
JB/T 13148—2017	粘箱机	
JB/T 13149—2017	调理式杀菌釜	
JB/T 13177—2017	杂粮色选机	
JB/T 13178—2017	负压粉粒输送机	
JB/T 13179—2017	挂面干燥系统	
JB/T 13180—2017	农产品辊式分级机	
JB/T 13181—2017	食品拌馅机	
JB/T 13182—2017	食品机械　块茎类农产品蒸煮机	
JB/T 13183—2017	食品机械　雪花全粉制片机	
JB/T 13184—2017	食品机械　蒸汽去皮机	
JB/T 13185—2017	食品自动控温定量加水器	
JB/T 13186—2017	蔬菜脱水机	
JB/T 13187—2017	薯类螺旋漂烫机	
JB/T 13188—2017	正压气力输送机	
JB/T 13250—2017	平面筛种子分级机	
JB/T 13251—2017	圆筒筛种子分级机	
JB/T 13253—2017	饼干加工机械　面团搅拌机	
JB/T 13254—2017	饼干加工机械　面团铡块机	
JB/T 13255—2017	饼干加工机械　奶油搅拌机	
JB/T 13256—2017	饼干撒调料机	
JB/T 13257—2017	饼干刷奶水机	
JB/T 13258—2017	高速果酱糖生产线	
JB/T 13259—2017	灌肠式饺子机	
JB/T 13260—2017	净菜加工设备	
JB/T 13261—2017	牛肉大理石花纹检测装置	
JB/T 13262—2017	牛肉嫩度光学无损检测装置	
JB/T 13263—2017	球形棒糖生产线	
JB/T 13264—2017	水果农药残留无损检测装置	
JB/T 13265—2017	鲜切蔬菜加工机械　技术规范	
JB/T 13266—2017	猪胴体背膘厚度测量装置	
JB/T 13267—2017	猪肉新鲜度光学检测装置	

农产品加工业轻工行业标准（2017 年）

标 准 号	标 准 名 称	代替标准
QB/T 1047—2017	纸与纸板定量测定仪	QB/T 1047—1998
QB/T 1384—2017	果汁类罐头	QB/T 1384—1991 等
QB/T 1386—2017	果酱类罐头	QB/T 1386—1991 等
QB/T 1401—2017	雪菜罐头	QB/T 1401—1991
QB/T 1402—2017	榨菜类罐头	QB/T 1402—1991 等
QB/T 1410—2017	坚果类罐头	QB/T 1410—1991 等
QB/T 1418—2017	卷纸辊轴承外壳及联轴器互换性尺寸	QB/T 1418—1991

（续）

标 准 号	标 准 名 称	代替标准
QB/T 1420—2017	卧式水力碎浆机	QB/T 1420—1991
QB/T 1422.2—2017	造纸机械通用部件　真空辊技术条件	QB/T 1422.2—1991
QB/T 1423—2017	圆筒卷纸机技术条件	QB/T 1423—1991
QB/T 2142—2017	玻璃容器　含气饮料瓶	QB 2142—1995
QB/T 2386—2017	纸与纸板短距压缩试验仪	QB/T 2386—1998
QB/T 2391—2017	枇杷罐头	QB/T 2391—1998
QB/T 2467—2017	食品工业用不锈钢管	QB/T 2467—1999
QB/T 2468—2017	食品工业用不锈钢螺纹管接头	QB/T 2468—1999
QB/T 5023—2017	纸杯杯身挺度测定仪	
QB/T 5024—2017	罐头食品机械　罐身补涂烘干机	
QB/T 5027—2017	果蔬纤维	
QB/T 5028—2017	粮谷纤维	
QB/T 5029—2017	糊精	
QB/T 5037—2017	坚果与籽类食品设备　带式干燥机	
QB/T 5038—2017	坚果与籽类食品设备　炒制设备通用技术条件	
QB/T 5195—2017	肉松饼	
QB/T 5199—2017	食具消毒柜	
QB/T 5200—2017	蒸汽挂烫机	

农产品加工业出入境检验检疫行业标准（2017年）

标 准 号	标 准 名 称	代替标准
SN/T 0192—2017	出口水果中溴螨酯残留量的检测方法	SN 0192—1993
SN/T 0868—2017	出口甜叶菊中总糖甙含量的测定	SN/T 0868—2000
SN/T 0869—2017	出口饮料中抗坏血酸的测定	SN/T 0869—2000
SN/T 1019—2017	出口宠物食品检验检疫规程　狗咬胶	SN/T 1019—2003
SN/T 1135.8—2017	马铃薯坏疽病菌检疫鉴定方法	SN/T 1135.8—2009
SN/T 1146.2—2017	烟草环斑病毒分子生物学检测方法	SN/T 1146.2—2009
SN/T 3147—2017	出口食品中邻苯二甲酸酯的测定方法	SN/T 3147—2012
SN/T 4675.30—2017	出口葡萄酒中拜氏接合酵母检验　SYBR Green I 荧光 PCR 法	
SN/T 4742—2017	棉花分级环保型装置技术要求	
SN/T 4750—2017	猪细环病毒检疫技术规范	
SN/T 4751—2017	进出口纺织品　对氯间二甲酚的测定　气相色谱-质谱法	
SN/T 4752—2017	进出口纺织品　聚酯纤维定量分析方法　熔融/显微投影法	
SN/T 4770—2017	进口成套设备检验（评价）方法　通用要求	
SN/T 4771—2017	木材及其制品中辛硫磷杀虫剂的测定　液相色谱-质谱法	
SN/T 4772—2017	人造板中氟和氯含量的测定　离子色谱法	
SN/T 4775—2017	橡胶及其制品中秋兰姆含量的测定　高效液相色谱法	
SN/T 4777—2017	出口茶叶中蒽醌残留量的检测方法　气相色谱-质谱/质谱法	
SN/T 4779.1—2017	出口瓶装水中氟的测定　流动注射离子选择电极法	
SN/T 4779.2—2017	出口瓶装水中氯的测定　流动注射离子选择电极法	

（续）

标 准 号	标 准 名 称	代替标准
SN/T 4779.3—2017	出口瓶装水中总硬度的测定　流动注射　可见光分光光度法	
SN/T 4780—2017	出口食品腐败酵母菌实时荧光 PCR 检测方法	
SN/T 4782—2017	出口食品及调味品中罂粟成分检测方法　实时荧光 PCR 法	
SN/T 4784—2017	出口食品中诺如病毒和甲肝病毒检测方法　实时 RT-PCR 方法	
SN/T 4785—2017	出口植物油中角鲨烯的测定	
SN/T 4786—2017	出口酱油中胱氨酸的测定	
SN/T 4789—2017	集装袋　击穿电压试验方法	
SN/T 4790—2017	箱型托盘　基本要求和试验方法	
SN/T 4791—2017	出入境集装箱熏蒸处理气密性检测标准	
SN/T 4796—2017	八种果实蝇检疫鉴定方法	
SN/T 4797—2017	口岸外来林木害虫诱捕监测指南	
SN/T 4798—2017	出境水生动物养殖、中转场/企业注册登记工作规范	
SN/T 4799—2017	动物结核病病原菌检测方法　变性高效液相色谱法	
SN/T 4800—2017	进出境动物检疫 ELISA 检测试剂盒质量评价技术规程	
SN/T 4801—2017	进出境动物检疫试剂合格供应商的基本要求与评定程序	
SN/T 4803—2017	进境海洋哺乳动物运输、隔离、饲养过程中的动物福利规范	
SN/T 4804—2017	进出境皮、毛、绒防疫消毒规程	
SN/T 4807—2017	进出口食用动物、饲料中杆菌肽的检测方法	
SN/T 4808—2017	进出口食用动物、饲料中磺胺类药物的测定　酶联免疫吸附法	
SN/T 4815—2017	进出口食用动物中氟离子的测定　离子色谱法	
SN/T 4820—2017	牛瓜氨酸血症 PCR-DHPLC 检测方法	
SN/T 4821—2017	牛脊椎畸形综合征 TaqMan 探针 PCR 检测方法	
SN/T 4822—2017	牛尿苷酸合酶缺乏症荧光定量 PCR 检测方法	
SN/T 4823—2017	牛凝血因子Ⅺ缺失症巢式 PCR 检测方法	
SN/T 4824—2017	牛羊赤羽病病毒环介导等温扩增检测方法	
SN/T 4825—2017	牛羊肝片吸虫病检疫技术规范	
SN/T 4826—2017	禽螺旋体病检疫技术规范	
SN/T 4831—2017	进出口纺织品　纤维定性分析　天然彩色桑蚕丝	
SN/T 4832—2017	进出口纺织品　有机汞的测定	
SN/T 4853.1—2017	转基因大米定量检测　数字 PCR 法　第 1 部分：TT51-1 品系	
SN/T 4853.2—2017	转基因大米定量检测　数字 PCR 法　第 2 部分：克螟稻品系	
SN/T 4853.3—2017	转基因大米定量检测　数字 PCR 法　第 3 部分：科丰 6 号品系	
SN/T 4853.4—2017	转基因大米定量检测　数字 PCR 法　第 4 部分：M12 品系	
SN/T 4853.5—2017	转基因大米定量检测　数字 PCR 法　第 5 部分：LL62 品系	
SN/T 4853.6—2017	转基因大米定量检测　数字 PCR 法　第 6 部分：T2A-1 品系	
SN/T 4853.7—2017	转基因大米定量检测　数字 PCR 法　第 7 部分：T1C-19 品系	
SN/T 4861—2017	进境粮食蒸热处理设施设备基本要求	
SN/T 4862—2017	水果中实蝇类害虫冷处理技术指南	
SN/T 4864—2017	转基因玉米检测　微流体芯片检测方法	
SN/T 4865—2017	大豆拟茎点种腐病菌检疫鉴定方法	

农产品加工业烟草行业标准（2017 年）

标 准 号	标 准 名 称	代替标准
YC/T 26—2017	烟用丝束	YC/T 26—2008 等
YC/T 144—2017	烟用三乙酸甘油酯	YC 144—2008
YC/T 205—2017	烟草及烟草制品　仓库　设计规范	YC/T 205—2006
YC/T 377—2017	卷烟　主流烟气中氨的测定　离子色谱法	YC/T 377—2010
YC/T 554—2017	烟草行业实验室设计规范	
YC/T 555—2017	再造烟叶生产企业清洁生产评价准则	
YC/T 556—2017	烟草商业企业卷烟物流配送中电子标签应用规范	
YC/Z 557—2017	烟草行业安全生产标准体系表	

农产品加工业纺织行业标准（2017 年）

标 准 号	标 准 名 称	代替标准
FZ/T 01026—2017	纺织品　定量化学分析　多组分纤维混合物	FZ/T 01026—2009
FZ/T 01139—2017	纺织品　防微波性能试验方法　矩形波导管法	
FZ/T 14035—2017	棉与涤烂花印染布	
FZ/T 14036—2017	纯棉仿蜡防印花布	
FZ/T 13042—2017	棉双层本色布	
FZ/T 15001—2017	纺织经纱上浆常用变性淀粉浆料	FZ/T 15001—2008
FZ/T 20031—2017	毛针织品　缝迹伸长率试验方法	
FZ/T 20032—2017	毛针织品　领圈拉开试验方法	
FZ/T 21012—2017	骆马绒条	
FZ/T 21013—2017	马海毛毛条	
FZ/T 21014—2017	兔毛毛条	
FZ/T 21015—2017	毛用粘胶纤维精梳条	
FZ/T 22013—2017	超高支精梳羊绒针织纱	
FZ/T 22014—2017	半精纺兔绒针织纱线	
FZ/T 22015—2017	马海毛拉毛纱	
FZ/T 24024—2017	精梳单经单纬毛织品	
FZ/T 24025—2017	半精纺兔绒针织品	
FZ/T 40009—2017	蚕丝绵纤维长度试验方法	
FZ/T 41004—2017	柞蚕绵条	FZ/T 41004—1999
FZ/T 41005—2017	蚕丝绵	
FZ/T 43018—2017	蚕丝绒毯	FZ/T 43018—2007
FZ/T 43042—2017	桑蚕丝聚酯弹力丝织物	
FZ/T 43043—2017	练白桑蚕丝织物	
FZ/T 43044—2017	练白桑蚕绢丝织物	
FZ/T 71007—2017	粗梳牦牛绒针织绒线	FZ/T 71007—1999
FZ/T 73014—2017	粗梳牦牛绒针织品	FZ/T 73014—1999
FZ/T 93034—2017	棉纺悬锭粗纱机	FZ/T 93034—2006
FZ/T 93101—2017	混棉机	
FZ/T 93102—2017	清棉机	

农产品加工业发明专利（2016年）

［2016年农产品加工业（含加工制品、加工技术与设备）部分专利选摘］

申请或批准号	发明名称	申请（专利权）人与通讯地址	发明人
CN201621103411.4	一种适用于小麦粉的干燥防霉装置	江苏万盛农业科技有限公司，江苏省南京市鼓楼区江苏路60号B幢2603室（210000）	何书娴
CN201621391333.2	一种搅拌均匀的面粉搅拌机	广东湛杨饼业有限公司，广东省湛江市吴川市吉兆湾路口侧（524543）	杨文勇、张嘉强
CN201621396136.X	一种醒发面粉的装置	江西省真牛食品有限公司，江西省上饶市万年县丰收工业园区内（335500）	丁炎山
CN201620147547.9	一种大米烘干机	德宏小匡粮油食品有限公司，云南省德宏傣族景颇族自治州芒市胞波路177号（678400）	匡凤英
CN201620823170.4	一种大米洗涤过滤装置	天津金宝地庄园食品有限公司，天津市宝坻区八门城城镇杨岗庄村（西区2排8号）（301800）	高建忠、王洪营
CN201620880612.9	一种大米加工副产物熟化粉料的生产系统	湖北大学知行学院，湖北省武汉市江岸区兴盛大道特一号湖北大学知行学院（430011）	刘　齐、杨登想
CN201621318371.5	一种大米烘干机	塔里木大学，新疆维吾尔自治区阿拉尔市军垦大道梧桐路与桃源路西北交叉口（843300）	徐爱英、栗　文
CN201621347162.3	大米翻料烘干装置	广州玺明机械科技有限公司，广东省广州市白云区良田镇良沙路陈洞段1038号（510545）	徐哲定
CN201621447964.1	大米蛋白粉搅拌调浆设备	江西金农生物科技有限公司，江西省宜春市上高县工业园区清源路1号（336400）	陈　林
CN201620345735.2	一种稻谷烘干设备	贵州省湄潭县茅坝御膳米业有限公司，贵州省遵义市湄潭县永兴镇分水村分水组（563000）	李　波
CN201620811027.3	一种稻谷烘干机的烘干装置	汉寿科祥农机制造有限公司，湖南省常德市汉寿县新技术产业园金牛路18号（415907）	夏誉文
CN201621103173.7	一种新型稻谷烘干装置	天津市蓟县绿普生蔬菜种植有限公司，天津市蓟县东施古镇咀吧庄村（301934）	卢秀玲、李　杰
CN201621236715.8	一种用于水稻烘干的装置	南京科技职业学院，江苏省南京市六合区大厂葛关路625号（210048）	徐　艳、徐　婉
CN201621322498.4	一种稻谷烘干设备	安仁县鑫亮水稻种植农民专业合作社，湖南省郴州市安仁县平背乡平背村横街组（423600）	李嘉亮
CN201620136264.4	一种玉米粒振动清洗设备	河南可喜食品股份有限公司，河南省南阳市新野县肉牛产业化集群示范区内（473500）	李　洋、龚旭可
CN201620655359.7	一种玉米烘干装置	哈尔滨天一生态农副产品有限公司，黑龙江省哈尔滨市阿城区亚沟镇全店村（150300）	葛红东
CN201620677201.X	一种玉米深加工装置	陕西博硒农业科技有限公司，陕西省安康市石泉县城关镇大桥路1号（710065）	罗贤云
CN201620883205.3	新型玉米深加工用去须清洗装置	江苏爱福特科技开发有限公司，江苏省徐州市高新区矿大矿山设备研发中心（221000）	翟　姗
CN201620912821.7	一种玉米膨化装置	山东中牧饲料科技有限公司，山东省滨州市经济开发区沙河工业园黄河三路213号（256600）	张燕兵、李可明

（续）

申请或批准号	发 明 名 称	申请（专利权）人与通讯地址	发明人
CN201620920044.0	一种玉米粉精加工用真空烘焙系统	成都昌盛鸿笙食品有限公司，四川省成都市大邑县晋原镇工业区兴业大道58号（610000）	刘青山
CN201620957146.X	一种玉米膨化机	天津市现代天骄农业科技有限公司，天津市宝坻区大口屯镇王台村（301800）	宋广星、邢 宇
CN201621302757.7	一种玉米蒸煮烘干装置	贵州旭阳食品（集团）有限公司，贵州省遵义市播州区南白镇龙泉食品工业园（563200）	徐祖芳、曾少红
CN201621303528.7	玉米压片分离装置	重庆市奇格食品有限公司，重庆市云门街道办事处大碑村10组（401538）	黄开亮
CN201621310072.7	移动式玉米压片机	河南中旗农机科技有限公司，河南省安阳市滑县新区黄河路中段路北（456400）	赵恒帅、赵永旗
CN201621430316.5	一种小型移动式玉米干燥机	渔仁堂生物科技（湛江）有限公司，广东省湛江市麻章区瑞平路1号（524094）	吕 刚、张嘉强
CN201621464440.3	一种用于玉米压片的轧辊压片机	额敏新宏基饲料有限公司，新疆维吾尔自治区塔城地区额敏县工业园区（834600）	张福胜
CN201610639656.7	一种甘薯清洗分拣设备	青岛新汉邦食品有限公司，山东省青岛市平度市出口食品加工区（南村镇驻地）（266000）	刘 威
CN201620782772.X	用于甘薯清洗的全自动螺旋洗薯机	徐州徐薯薯业科技有限公司，江苏省徐州市贾汪区江庄镇高村1组2号（221000）	袁 起
CN201620916845.X	一种甘薯粉干燥设备	陕西科技大学，陕西省西安市未央区大学园区陕西科技大学（710021）	文怀兴、胡传波
CN201620591918.2	红薯淀粉生产加工生产线	重庆润优农业开发有限公司，重庆市潼南县柏梓黎咀村四组（402660）	唐 黎
CN201620654395.1	红薯全粉自动化生产系统	河南天豫薯业股份有限公司，河南省周口市郸城县汲冢镇黄楼（477150）	王 忠、韩 博
CN201620654404.7	红薯高效脱皮装置	河南天豫薯业股份有限公司，河南省周口市郸城县汲冢镇黄楼（477150）	张宗现、王胜广
CN201620654803.3	红薯粉丝自动化生产设备	河南天豫薯业股份有限公司，河南省周口市郸城县汲冢镇黄楼（477150）	赵天学、沈云亭
CN201620706144.3	一种红薯蒸煮设备	湖南苏仙瑶岭高山生态农产品有限公司，湖南省郴州市五盖山镇大奎上村石脚组（423000）	朱小见
CN201621365253.X	一种红薯清洗机	渠县金穗农业科技有限公司，四川省达州市渠县渠江镇西城区万兴苑（635200）	王江涛
CN201610083505.8	马铃薯清选机带保护套的分选装置	山东理工大学，山东省淄博市高新技术产业开发区高创园A座313室（255086）	孙传祝、苏国梁
CN201620805150.4	一种马铃薯杀菌除盐机	昆明品世食品有限公司，云南省昆明市富民县永定街道办事处北城河路（650400）	胡荣州
CN201620895134.9	一种自动化马铃薯削皮机	东北石油大学，黑龙江省大庆市高新技术开发区发展路199号（163000）	高 昊

（续）

申请或批准号	发明名称	申请（专利权）人与通讯地址	发明人
CN201621298759.3	一种马铃薯馒头机	黑龙江东方学院，黑龙江省哈尔滨市南岗区学府路331号（150086）	赵晶、屈岩峰
CN201621302446.0	一种马铃薯清洗去皮一体机	仲恺农业工程学院，广东省广州市海珠区仲恺路501号（510225）	孟庆书、朱立学
CN201621326207.9	一种马铃薯清洗装置	内蒙古工业大学，内蒙古自治区呼和浩特市爱民路49号内蒙古工业大学（10051）	文竹、文宗川
CN201610491977.7	一种一体化土豆处理装置	江苏新岚实业有限公司，江苏省徐州市睢宁县岚山镇工业园区（221217）	唐凯、彭子轩
CN201610492386.1	一种高效一体化土豆处理装置	新昌县雷凯科技有限公司，浙江省绍兴市新昌县儒岙镇屋沿坑村99号（312500）	朱赵伟
CN201620648254.9	一种滚筒式土豆清洗机械	甘肃机电职业技术学院，甘肃省天水市秦州区赤峪路107号机电学院南校区（741001）	刘吉宝
CN201620937790.0	一种清洗干净的清洗土豆装置	周口市五原伴农业发展有限公司，河南省周口市沈丘县北城产业集聚区（466000）	韩辉、王倩雯
CN201620984107.9	一种新型土豆脱皮机	浙江鲨鱼食品机械有限公司，浙江省丽水市遂昌县工业园区毛田区块（323300）	林宗武
CN201621259709.4	一种土豆清洗装置	重庆瑞桑食业有限公司，重庆市开县汉丰街道凤凰社区帅乡路88号（405400）	桑杰
CN201621262271.5	一种土豆去皮机	淄博银都伟业厨房设备有限公司，山东省淄博市临淄区朱台工业园（255432）	张金法
CN201621439618.9	一种用于土豆丝的清洗装置	贵州馋解香食品开发有限公司，贵州省贵阳市开阳县城关镇遵义路（550000）	汪红旗、杨秋征
CN201610011464.1	谷物干燥装置	苏州市农业机械有限公司，江苏省苏州市姑苏区梅巷工业小区（215007）	陶亚平
CN201610100865.4	一种环保谷物烘干系统	湖南迎春钢板仓制造有限公司，湖南省长沙市宁乡县国家级经济开发区车站路（410600）	刘艳、张涛
CN201620125879.7	一种循环式谷物烘干机	黑龙江省农副产品加工机械化研究所，黑龙江省佳木斯市友谊路50号（154004）	吴春升、李喜陆
CN201620376123.X	一种简易谷物干燥机抛撒装置	安徽金粮机械科技有限公司，安徽省合肥市蜀山产业园稻香路166号（230088）	夏宏胜、汤文超
CN201620966372.4	一种谷物风干装置	淮安荣宇机械有限公司，江苏省淮安市涟水县前进镇工业园区（223413）	王俊国
CN201621297260.0	一种谷物烘干系统	天津万海盛世科技有限公司，天津市河西区围堤道100号6层609－19（300000）	王秀敏
CN201610214257.6	一种粮食干燥装置	重庆珞优农业科技有限公司，重庆市江津区龙华镇燕坝村莲花社巴渝新居商业楼（402260）	赵廷超
CN201620080036.X	一种移动式粮食烘干机	阜阳市格林机械有限责任公司，安徽省阜阳市颍州区颍西办阜临路河水行政村（236000）	王效鹏

（续）

申请或批准号	发　明　名　称	申请（专利权）人与通讯地址	发明人
CN201620235352.X	一种立式粮食烘干系统	河南省麦之源面业有限公司，河南省南阳市邓州市腰店乡房营村（474150）	赵贺贵
CN201620659291.X	一种环保型粮食烘干机	江苏牧羊控股有限公司，江苏省扬州市邗江区邗江经济开发区牧羊路1号（225127）	满鸿翔
CN201620743815.3	一种真空粮食烘干机	吉林省农业科学院，吉林省长春市净月高新开发区生态大街1363号（130000）	薛　飞、孟祥盟
CN201620909037.0	一种粮食粉料混合灭菌装置	湖北汇英生物科技有限公司，湖北省孝感市安陆市巡店镇金墩街（432600）	陈小军、姚金涛
CN201621095323.4	一种滚筒式粮食干燥装置	天津市蓟县绿普生蔬菜种植有限公司，天津市蓟县东施古镇咀吧庄村（301934）	卢秀玲、李　杰
CN201621232327.2	一种粮仓气体调制及环流熏蒸系统	温岭华农机械有限公司，浙江省台州市温岭市泽国镇天皇村B区112号（317523）	耿　伟
CN201621249603.6	一种粮食烘干装置	江苏盛绿农业发展有限公司，江苏省镇江市丹阳市开发区前艾新民村（212300）	张荣先
CN201621269044.5	一种风量调节装置及粮食烘干设备	中联重机股份有限公司，安徽省芜湖市三山经济开发区峨溪路16号（241080）	程召召、王　辉
CN201621284804.X	一种均匀烘干的粮食用烘干机	湖北智权专利技术应用开发有限公司，湖北省仙桃市大洪南路29号（433000）	吴谦顺
CN201621322363.8	粮食用传输与烘干一体装置	四川巴蜀粮仓科技有限责任公司，四川省绵阳市涪城区石洞乡北街5幢（621000）	张丽蓉
CN201621348306.7	一种移动式粮食烘干机	镇江市农业机械培训学校，江苏省镇江市丁卯桥路195号（212001）	周争昊、羊一清
CN201621384486.4	一种热泵粮食烘干除尘装置	中国科学院理化技术研究所，北京市海淀区中关村东路29号（100190）	孙郦望、杨鲁伟
CN201621417052.X	一种粮食均匀烘干机	利嘉润（浙江）生物科技有限公司，浙江省湖州市南浔区南浔镇联谊西路1883号（313000）	黄得就
CN201621423470.X	一种蓬松物质燃料粮食烘干机	泗县瑞星精密机械有限公司，安徽省宿州市泗县泗城镇国防北路46号（234000）	苏　波、苏红星
CN201621427335.2	一种粮食烘干机	重庆艾斯拉特科技有限公司，重庆市九龙坡区含谷镇华新村十二社（401329）	蒋运明
CN201621007094.6	全混日粮制备机	淄博翔宇机械有限公司，山东省淄博市淄川区钟楼街道办事处至发路南首（255130）	刘光照、田恒森
CN201621193854.7	全混日粮搅拌机	黑龙江省农业机械工程科学研究院，黑龙江省哈尔滨市南岗区哈平路156号（150081）	张海滨、刘希锋
CN201620607771.1	一种面条和面装置	楚雄富民金鹿食品有限公司，云南省楚雄彝族自治州楚雄市鹿城镇富民街（675002）	黄加武
CN201620628038.8	一种和面机	河南万杰智能科技股份有限公司，河南省许昌市襄城县紫云镇孙祠堂村（461714）	王晓杰、张军锋

（续）

申请或批准号	发 明 名 称	申请（专利权）人与通讯地址	发明人
CN201620732353.5	一种新型和面机	南京卓策知识产权服务有限公司，江苏省南京市溧水区柘塘镇柘宁东路368号（211215）	涂柳芸
CN201620745465.4	一种非油炸面线用真空和面机	广州市达三江机械有限公司，广东省广州市白云区钟落潭镇兰桂路58号102厂（510000）	陈卉娴
CN201620815145.1	一种和面装置	广东小熊电器有限公司，广东省佛山市顺德区勒流镇富安工业区纵一路（528300）	万秋林、汪 盼
CN201620966028.5	一种多功能和面机	四川孔府唐人食品有限公司，四川省遂宁市船山区永兴镇应龙村7社（629000）	孔 波
CN201621057118.9	一种四爪式和面装置	江苏万盛农业科技有限公司，江苏省南京市鼓楼区江苏路60号B幢2603室（210000）	何书娴
CN201621092210.9	高效式和面机	天津市汇禾食品有限公司，天津市津南区八里台镇工业园区丰泽二大道3号（300350）	孙连珍
CN201621103412.9	一种螺旋式蜗杆和面装置	江苏万盛农业科技有限公司，江苏省南京市鼓楼区江苏路60号B幢2603室（210000）	何书娴
CN201621119828.X	一种连续自动和面系统	西北农林科技大学，陕西省咸阳市杨凌示范区邰城路3号（712100）	肖建东、王文芳
CN201621231930.9	一种可手动变速的和面装置	齐齐哈尔大学，黑龙江省齐齐哈尔市建华区文化大街42号（161006）	杜国军、刘晓兰
CN201621238512.2	一种具有加热和冷却功能的和面机	河南响当当食品有限公司，河南省许昌市许昌县尚集产业集聚区东拓区东航路（461000）	史红星、杨会卿
CN201621388500.8	一种高效的和面机	广东湛杨饼业有限公司，广东省湛江市吴川市吉兆湾路口侧（524543）	杨文勇、张嘉强
CN201621412964.8	一种和面机	山东银鹰炊事机械有限公司，山东省济南市章丘区刁镇银鹰工业园（250204）	乔卫方、李传光
CN201621413914.1	一种和面质量高的和面机	绍兴市水邦针纺有限公司，浙江省绍兴市柯桥区兰亭镇新陈村（312030）	陈 晶
CN201621429090.7	一种和面醒面装置	天津市宝合盛食品有限公司，天津市宝坻区八门城镇九园公路东侧回家庄村北（301803）	张大宝
CN201610177441.8	一种小型鲜面条制售机的压面装置	万杰智能科技股份有限公司，河南省许昌市襄城县紫云镇孙祠堂村（461714）	王晓杰、张军锋
CN201620451528.5	一种改进的压面机	河北犀牛机械有限公司，河北省石家庄市辛集市王口镇（52373）	孙喜泽、王小飞
CN201620860660.1	一种压面机	浙江巨香食品有限公司，浙江省衢州市经济开发区乐园路601号（324000）	李香如
CN201620965388.3	一种电动螺旋式挤压切面机	扬州和信食品有限公司，江苏省扬州市宝应县安宜工业集中区（225800）	徐爱民
CN201620966338.7	一种辊交叉式压面机	河南东方面机集团有限公司，河南省郑州市二七区马寨工业苑区东方路18号（450064）	魏明东、孟宝玉

（续）

申请或批准号	发 明 名 称	申请（专利权）人与通讯地址	发明人
CN201620979730.5	全自动压面机	浙江鲨鱼食品机械有限公司，浙江省丽水市遂昌县工业园区毛田区块（323311）	林宗武
CN201621171022.5	一种手动切面皮装置	徐州工程学院，江苏省徐州市云龙区富春路1号徐州工程学院（221000）	石松松、刘丽丽
CN201610360701.5	一种面团切割装置	广东技术师范学院，广东省广州市天河区中山大道西293号（510665）	王晓军
CN201620627644.8	一种面条机的快速切换切面装置	河南万杰智能科技股份有限公司，河南省许昌市襄城县紫云镇孙祠堂村（461714）	王晓杰、张军锋
CN201620856021.8	一种凸轮传动式揉面机	衢州华睿工业设计有限公司，浙江省衢州市浙西大道30号1幢211室（324000）	黄晋华
CN201621054377.6	一种面皮防粘装置	宜垦（天津）农业制品有限公司，天津市东丽区开发区三经路1号（300300）	陈中红
CN201610175348.3	一种自动换刀面条机	惠安三兴石材有限公司，福建省泉州市惠安县东岭镇前林工业区（362141）	葛红臣、梁冠营
CN201610949512.1	一种面条机	安庆市龙珠包装有限公司，安徽省安庆市望江县经济开发区通港路（246200）	曹结渝
CN201620041693.3	一种面条烘干系统	遵义市桐梓县宇强农产品开发有限公司，贵州省遵义市桐梓县坡渡镇坡渡村（563208）	谢同明
CN201620560000.1	一种鲜湿面切断装置	湖北三杰农业产业化有限公司，湖北省襄樊市枣阳市西郊316国道1367公里处（441200）	孙扬久、孙云杰
CN201620611320.5	一种面条的加工系统	楚雄富民金鹿食品有限公司，云南省楚雄彝族自治州楚雄市鹿城镇富民街（675002）	黄加武
CN201620627994.4	一种面条机的快速切换切面装置	河南万杰智能科技股份有限公司，河南省许昌市襄城县紫云镇孙祠堂村（461714）	王晓杰、张军锋
CN201620640359.X	一种鲜湿面生产装置	湖北三杰农业产业化有限公司，湖北省襄樊市枣阳市西郊316国道1367公里处（441200）	孙扬久、孙云杰
CN201620694555.5	一种面条自动加工装置	富阳市福士得食品有限公司，浙江省杭州市富阳区洞桥镇贤德村仁阮（311404）	郭根松
CN201620918522.4	一种手持式面条机	广东新宝电器股份有限公司，广东省佛山市顺德区勒流镇政和南路（528322）	郭建刚、王腾飞
CN201620925041.6	面条自动上挂机及自动面条机	上海傻海食品机械有限公司，上海市奉贤区金汇镇泰日人民街39号4幢305（201405）	李廷东
CN201620965009.0	一种面条分散设备	扬州和信食品有限公司，江苏省扬州市宝应县安宜工业集中区（225800）	徐爱民
CN201620965387.9	一种面条烘干机	扬州和信食品有限公司，江苏省扬州市宝应县安宜工业集中区（225800）	徐爱民
CN201620980492.X	带有烘干装置的面条挤压成型设备	丰县机械制造产业技术研究院，江苏省徐州市丰县王沟镇（221700）	张秋婷

（续）

申请或批准号	发 明 名 称	申请（专利权）人与通讯地址	发明人
CN201621054233.0	一种夹心面条机	宜垦（天津）农业制品有限公司，天津市东丽区开发区三经路1号（300300）	陈中红
CN201621102316.2	高效式面条机	天津市汇禾食品有限公司，天津市津南区八里台镇工业园区丰泽二大道3号（300350）	孙连珍
CN201621118373.X	一种面条挤出装置	广东新宝电器股份有限公司，广东省佛山市顺德区勒流镇政和南路（528322）	郭建刚、陈 栗
CN201621368707.9	一种易清洗的自动面条机	天津艾迪标新科技发展有限公司，天津市河西区琼州道南华里39门314—1（300000）	张志芳
CN201621430454.3	一种制面烘干一体面条机	渔仁堂生物科技（湛江）有限公司，广东省湛江市麻章区瑞平路1号（524094）	吕 刚、张嘉强
CN201621447176.2	一种鲜熟面条加工设备	石家庄绿特石磨面粉有限公司，河北省石家庄市藁城区丘头镇丘头村（52160）	边中子
CN201610021617.0	挂面加工用仿生搓条装置	河南科技学院，河南省新乡市红旗区五一路河南科技学院（453000）	李 斌、康壮丽
CN201620385656.4	一种热泵型挂面干燥设备	河南佰衡节能科技股份有限公司，河南省新乡市科隆大道东段17街坊（453000）	程 烨、朱景申
CN201620965424.6	一种自动挂面机	扬州和信食品有限公司，江苏省扬州市宝应县安宜工业集中区（225800）	徐爱民
CN201621053631.0	一种面条切割挂面装置	宜垦（天津）农业制品有限公司，天津市东丽区开发区三经路1号（300300）	陈中红
CN201621082261.3	挂面微波智能干燥系统	河南洁宝节能科技有限公司，河南省登封市中岳大街98号（452470）	赵晓辉、孟朝锋
CN201621315061.8	挂面生产工艺中的晾干装置	扬州方广食品有限公司，江苏省扬州市邗江区荷叶西路18号（225100）	郑勇锋、易森炎
CN201621360748.3	热泵型挂面干燥设备	河南佰衡节能科技股份有限公司，河南省新乡市科隆大道东段17街坊（453000）	程 烨、李兴书
CN201610271134.6	一种易维护高自动化饺子机	广州旭众食品机械有限公司，广东省广州市白云区龙归镇南岭村龙岗路9号（510445）	杨钦淦
CN201610320633.X	一种铰链连杆往复式自动包饺子装置	东南大学扬州研究院，江苏省扬州市广陵区新城信息大道1号信息大厦9楼（225002）	贾 方、任晨曦
CN201620908965.5	一种水饺蒸煮机	浙江三雄机械制造有限公司，浙江省绍兴市上虞区曹娥街道高新路6号（312300）	蒋光明
CN201620926007.0	一种馄饨皮切制机	上海傻海食品机械有限公司，上海市奉贤区金汇镇泰日人民街39号4幢305（201405）	李廷东
CN201621378324.X	一种小型包饺机	苏州市职业大学，江苏省苏州市吴中区国际教育园致能大道106号（215000）	董 志、郭彩芬
CN201621431029.6	一种包饺子装置	江苏农林职业技术学院，江苏省镇江市句容市文昌东路19号（212400）	陈智豪、田崇峰

（续）

申请或批准号	发 明 名 称	申请（专利权）人与通讯地址	发明人
CN201621464352.3	一种全自动饺子生产线	浙江理工大学，浙江省杭州市下沙高教园区2号大街928号（310018）	肖达度、徐 宾
CN201610271135.0	一种高自动化高效卷面包子机	广州旭众食品机械有限公司，广东省广州市白云区龙归镇南岭村龙岗路9号（510445）	杨钦淦
CN201621081265.X	一种新型环保多功能包子蒸制机	正大卜蜂（北京）国际贸易有限公司，北京市朝阳区望京园601号楼9层1002（100102）	闫 蕾
CN201621217644.7	一种包子皮成型机	济南银鹰食品机械有限公司，山东省济南市章丘区刁镇银鹰工业园（250204）	乔卫方、刘 凯
CN201620667944.9	一种馒头生产设备的控制系统	济南方枭机械配件有限公司，山东省济南市章丘市刁镇沈家村（250200）	李玉坚
CN201620317583.5	酥饼成型装置	湖北宜慧元食品股份有限公司，湖北省荆门市京山经济开发区新阳一路北（431800）	晏 涛、晏玉华
CN201620554261.2	窝窝头成型机	杭州贝加尔食品有限公司，浙江省杭州市余杭区崇贤街道北庄村四楼（311108）	张荣波
CN201620784795.4	一种窝窝头自动成型机	衢州峰仔食品有限公司，浙江省衢州市东港三路20号2—4幢（324000）	陈晓勤、周黎忠
CN201620910000.X	一种全自动油条机	天津泉洁科技有限公司，天津市华苑产业区物华道8号A607（300384）	李 军
CN201621178901.0	油条油炸设备	衢州伊林食品有限公司，浙江省衢州市衢江区天湖南路28号1幢（324000）	徐一林
CN201620290068.2	一种粉丝生产线的打浆系统	郴州凤楚食品科技有限公司，湖南省郴州市苏仙区栖凤渡镇岗脚村（423000）	陈朝明
CN201621008268.0	方便粉丝生产系统	重庆市黄海食品有限公司，重庆市荣昌县河包镇粉条生态园区（402460）	黄廷刚
CN201621477209.8	粉丝机	重庆市潼南区豪迈粉丝厂，重庆市潼南县小渡镇皂角村1组（402660）	张睦艾
CN201620259451.1	一种红薯粉条加工装置	贵州省印江县依仁食品有限公司，贵州省铜仁地区印记自治县新寨乡小云村（555200）	马贵成
CN201620400590.1	粉条烘干机	兴文县金鹅粉业有限责任公司，四川省宜宾市兴文县大河乡横旦山村五组（644400）	白永富
CN201621417944.X	一种粉条制作成型设备	重庆顺源同食品有限公司，重庆市永川区板桥镇大坪村（402196）	罗成彪
CN201620294064.1	米排粉挤出装置	梅州市裕兴食品科技有限公司，广东省梅州市蕉华工业园区北区（514100）	杜智强、杜明光
CN201620633376.0	一种米粉生产系统	河源合成米面制品有限公司，广东省河源市东源县仙塘镇工业园梅子坑（517000）	许强彬
CN201620745461.6	一种通心粉挤压造型机	广州市达三江机械有限公司，广东省广州市白云区钟落潭镇兰桂路58号102厂（510000）	陈卉娴

（续）

申请或批准号	发 明 名 称	申请（专利权）人与通讯地址	发明人
CN201621029864.7	一种可过滤杂质的直条米粉生产用米粉机	江西从姑实业有限公司，江西省抚州市南城县第三工业园区（344700）	孟尚君、周 锋
CN201621059362.9	米粉自动喂料装置	湖北兴霸食品股份有限公司，湖北省黄冈市蕲春县漕河镇节能灯工业园区（435300）	汤永忠
CN201621466741.X	一种米粉蒸熟定型设备	广东霸王花食品有限公司，广东省河源市东源县蝴蝶岭工业城蝴蝶大道北3号（517500）	朱荣业
CN201621485838.5	一种米粉松丝机	东莞市陈辉球米粉设备有限公司，广东省东莞市望牛墩镇东兴工业园（523000）	陈辉球
CN201610855598.1	一种连续式大豆清洗系统	烟台良荣机械精业有限公司，山东省烟台市经济技术开发区广州路46号（264000）	周 疑、姜喜波
CN201620143053.3	大豆拉丝蛋白变压式膨化机	河北晓进机械制造股份有限公司，河北省石家庄市高新技术开发区长江大道279号（50000）	闵晓进、白玉峰
CN201620654374.X	一种用于大豆分离蛋白的分离机	南通光合生物技术有限公司，江苏省南通市通州区平潮镇工业园区（226300）	高 健、邵克林
CN201620708980.5	一种大豆蛋白造肉机	重庆豆丰食品有限公司，重庆市荣昌区广顺街道荣电路216号（402465）	李平俗、唐 莉
CN201620711125.X	大豆泡料输送除渣沥水系统	郑州新农源绿色食品有限公司，河南省郑州市荥阳市京城办工业路（450100）	李胜利、蒋 方
CN201620928815.0	一种萃取液循环利用的大豆蛋白提取装置	南通光合生物技术有限公司，江苏省南通市通州区平潮镇工业园区（226300）	高 健、邵克林
CN201620944881.7	一种大豆清洗机	四川来金燕食品有限公司，四川省德阳市中江县南华镇芙蓉街西段179号（618199）	熊昌建
CN201621002832.8	一种大豆脱皮筛分装置	山西回春豆业有限公司，山西省临汾市曲沃县城北太子滩工业园区（43400）	畅清平、和 浩
CN201621010463.7	一种大豆分离蛋白生产装置	山东御馨生物科技有限公司，山东省滨州市博兴县博城五路172号（256500）	孙江苏、刘 兵
CN201621019140.4	一种大豆分离蛋白多级萃取装置	山东御馨生物科技有限公司，山东省滨州市博兴县博城五路172号（256500）	刘 兵、孙江苏
CN201621073992.1	一种大豆用除杂清洗装置	重庆欣润农业开发有限公司，重庆市万盛区箐溪村508库7、8、9号（400800）	帅 春、甘俸鑫
CN201621235877.X	一种大豆专用浸泡装置	四川道泉老坛酸菜股份有限公司，四川省德阳市什邡市马井镇光华村（618405）	周后成
CN201621242396.1	大豆蛋白粉的节能高效干燥装置	德州瑞康食品有限公司，山东省德州市德州经济技术开发区瑞康大道968号（253000）	马 骋
CN201621258445.0	一种大豆分离蛋白高效自动化提取装置	江西盐津铺子食品有限公司，江西省九江市修水县义宁镇良塘新区芦良大道888号（332400）	杨 斌、聂 明
CN201621328773.3	一种大豆高效清洗装置	象山艾尔沃特智能科技有限公司，浙江省宁波市象山县经济开发区园中路98号（315700）	陆阿宝

（续）

申请或批准号	发明名称	申请（专利权）人与通讯地址	发明人
CN201621348622.4	一种大豆精洗装置	黑龙江省农业科学院齐齐哈尔分院，黑龙江省齐齐哈尔市新明大街53号（161006）	袁　明
CN201621373749.1	一种大豆挤压膨化机	宁波中瑞生物科技有限公司，浙江省宁波市北仑区小港纬六路55号（315000）	叶盛群
CN201621380275.3	一种连续进给大豆抛光装置	黑龙江省农业科学院齐齐哈尔分院，黑龙江省齐齐哈尔市新明大街53号（161006）	袁　明
CN201621421535.7	一种大豆自动加工设备	天津佳瑞兴科技发展有限公司，天津市西青区辛口镇泰华路38号（300380）	周　勇
CN201621422206.4	一种大豆清洗干燥出料装置	东莞理工学院，广东省东莞市松山湖科技产业园区大学路1号（523000）	陈盛贵、黄友文
CN201621448933.8	一种大豆自动筛选设备	天津君合心科技发展有限公司，天津市西青区辛口镇泰华路38号（300380）	郑艾斌
CN201611170019.6	便于入味的豆干切割装置	重庆渝金源食品有限公司，重庆市长寿区葛兰镇康富路2号（401231）	刘利会
CN201620147736.6	一种豆干压榨机	嘉兴市意昕自动化设备有限公司，浙江省嘉兴市秀洲区新塍镇振兴路南侧（314019）	杨明明、郑志坚
CN201620424627.4	一种休闲豆干生产装置	扬州市龙伟食品有限公司，江苏省扬州市高邮市高邮镇珠光南路（225699）	龙　伟、杨　艳
CN201620655947.0	一种豆腐干配料搅拌装置	湖南省浏河彭记轩食品有限责任公司，湖南省长沙市浏阳市两型产业园（410000）	赵湘青、邹志成
CN201620678363.5	一种豆腐干压机	天津凯耀豆制品科技有限公司，天津市武清区白古屯乡东马房村（301700）	冯迎春
CN201620862731.1	一种具有分级压制功能的豆干压制机	重庆玉堂号豆制品有限公司，重庆市武隆县白马镇园区西路145号（408527）	谢敬忠
CN201620926618.5	全自动豆腐干生产流水线	上海旺欣豆制品设备有限公司，上海市浦东新区书院三三公路4633号（201200）	谢剑峰
CN201621115322.1	自动干豆腐机	济南宏金机械设备有限公司，山东省济南市历城区机场路7617号西三楼303室（250100）	王风宜、高洪志
CN201621142596.X	豆干搅拌机	重庆市袁驿豆制品有限责任公司，重庆市梁平县袁驿镇国道西路159号（405200）	罗书平
CN201621156019.6	一种豆腐干的自动化生产系统	宣威市宝山镇农业综合服务中心，云南省曲靖市宣威市宝山镇宝山村（655405）	陆　月、陈德恩
CN201620717360.8	一种豆瓣发酵池清洗机	河南川江缘食品有限公司，河南省南阳市淅川县城区工业园区工业大道东段（474450）	寇保宏、寇红营
CN201621000498.2	豆瓣制曲发酵一体化设备	四川省食品发酵工业研究设计院，四川省成都市温江区杨柳东路中段98号（611130）	李　恒、黄　静
CN201621136196.8	一种豆瓣浸泡搅拌装置	楚雄云泉酱园有限责任公司，云南省楚雄彝族自治州楚雄开发区绿色食品园区（675000）	左宗炽

（续）

申请或批准号	发明名称	申请（专利权）人与通讯地址	发明人
CN201621338695.5	豆瓣酱搅拌设备	四川广安春叶食品有限公司，四川省广安市广安区前锋工业集中区（638019）	叶　友
CN201620678295.2	一种豆浆太阳能加热装置	天津凯耀豆制品科技有限公司，天津市武清区白古屯乡东马房村（301700）	冯迎春
CN201620723215.0	一种豆浆机	九阳股份有限公司，山东省济南市槐荫区美里路999号（250117）	王旭宁、隋守祯
CN201620755326.X	煮浆粉碎一体豆浆机	山东方为自动化科技有限公司，山东省淄博市高新区政通路135号A座618（255086）	路　鹏
CN201621027460.4	一种豆浆机	浙江绍兴苏泊尔生活电器有限公司，浙江省绍兴市世纪西街3号（袍江工业区）（310052）	张　凯、李　建
CN201621142569.2	工业豆浆机	重庆市袁驿豆制品有限责任公司，重庆市梁平县袁驿镇国道西路159号（405200）	罗书平
CN201621240748.X	一种多功能豆浆机	天津慧盈同创科技发展有限公司，天津市河西区利民道爱国北里29门501—1（300000）	昝　慧
CN201621493635.0	用于豆浆生产的杀菌装置	广州市壹滋食品有限公司，广东省广州市天河区沐陂东路5号3栋2楼B2（510000）	龚　瑛
CN201620111258.3	多功能油豆腐除渣收料装置	祖名豆制品股份有限公司，浙江省杭州市滨江区江陵路77号（310000）	蔡祖明
CN201620147784.5	一种盒装豆腐杀菌机	嘉兴市意昕自动化设备有限公司，浙江省嘉兴市秀洲区新塍镇振兴路南侧（314019）	杨明明、郑志坚
CN201620767174.5	一种豆腐皮机的下脑装置	安徽省味之源生物科技有限公司，安徽省池州市江南产业集中区（247000）	张　伟、丁昊然
CN201620797983.0	一种豆腐皮机	浙江百晓生厨房设备有限公司，浙江省台州市椒江区下陈广兴西路359号（318000）	杨彦军
CN201620926144.4	自动节能型豆腐坯生产流水线	上海旺欣豆制品设备有限公司，上海市浦东新区书院三三公路4633号（201200）	谢剑峰
CN201620957768.2	一种豆腐柴保健茶的生产系统	重庆雄森实业有限公司，重庆市奉节县平安乡双店村1组（404100）	杨兴才、杨　聪
CN201620968165.2	一种豆腐制作压块机	武冈市林峰豆制品设备有限公司，湖南省邵阳市武冈市大甸乡青龙村4组（422400）	廖述成
CN201621115305.8	全自动新型豆腐皮机	济南宏金机械设备有限公司，山东省济南市历城区机场路7617号西三楼303室（250100）	唐　超、高洪志
CN201621271555.0	一种豆腐串加工设备	重庆紫水豆制品有限公司，重庆市开县紫水乡华新村9组（405421）	田仕艳
CN201621351839.0	一种豆腐类食品消毒装置	扬州市龙伟食品有限公司，江苏省扬州市高邮市高邮镇珠光南路（225699）	龙　伟、杨　艳
CN201621363593.9	一种温控式豆腐皮制作装置	罗定市瑜文食品有限公司，广东省云浮市罗定市苹塘镇周沙国道324线旁（527300）	范梓殿、王飞竞

（续）

申请或批准号	发明名称	申请（专利权）人与通讯地址	发明人
CN201621482422.8	一种水豆腐压型设备	嘉禾县亮亮豆制品加工有限公司，湖南省郴州市嘉禾县龙潭镇王家村8号（424500）	王小亮
CN201621111123.3	豆制品甩水机	山东盛康机械科技有限公司，山东省潍坊市诸城市经济开发区横五路东段南首（262200）	刘　涛
CN201611130530.3	豆制品加工切割机	重庆顺泰食品有限公司，重庆市长寿区街镇工业走廊健康科技产业基地A4栋底楼（401220）	叶诚尘
CN201620110922.2	豆制品压制成型装置	祖名豆制品股份有限公司，浙江省杭州市滨江区江陵路77号（310000）	蔡祖明
CN201620767171.1	一种豆制品生产线	安徽省味之源生物科技有限公司，安徽省池州市江南产业集中区（247000）	张　伟、丁昊然
CN201620926616.6	智能高效豆制品多功能生产流水线	上海旺欣豆制品设备有限公司，上海市浦东新区书院三三公路4633号（201200）	谢剑峰
CN201621067807.8	一种制备乳酸菌豆制品发酵的装置	广东农工商职业技术学院，广东省广州市天河区粤垦路198号（510507）	李宝玉、黄　静
CN201621232238.8	一种高效可控的全自动化豆制品生产线	江西盐津铺子食品有限公司，江西省九江市修水县义宁镇良塘新区芦良大道888号（332400）	杨　斌、聂　明
CN201621261181.4	豆制品杀菌装置	重庆紫水豆制品有限公司，重庆市开县紫水乡华新村9组（405421）	田仕艳
CN201610453285.3	一种脱皮豆粕的脱皮方法	江苏长生缘生物科技有限公司，江苏省连云港市赣榆区青口镇红旗路10号（222100）	王善忠
CN201620484349.1	发酵豆粕工业化生产系统	广东金肽阳生物科技有限公司，广东省广州市花都区赤坭镇鲤塘村新近粮站（510805）	程艾仿
CN201620929386.9	一种豆渣乳液分离机	南通光合生物技术有限公司，江苏省南通市通州区平潮镇工业园区（226300）	高　健、邵克林
CN201621003638.1	一种豆渣粉碎脱水冷却装置	山西回春豆业有限公司，山西省临汾市曲沃县城北太子滩工业园区（43400）	畅清平、和　浩
CN201620380800.5	一种豆豉发酵装置	贵州壹壹鑫食品有限公司，贵州省湄潭县永兴镇绿色产业园区（564101）	王明义
CN201620837418.2	全自动腐竹油皮机	济南宏金机械设备有限公司，山东省济南市历城区机场路7617号西三楼303室（250100）	高洪志、唐　超
CN201620855296.X	一种豆类清洗筛选机	河南川江缘食品有限公司，河南省南阳市淅川县城区工业园区工业大道东段（474450）	寇保宏、寇红营
CN201620985534.9	一种豆仁振动分级选别清洗机	龙海市福联食品机械有限公司，福建省漳州市龙海市海澄镇工业园西小区（363102）	蒋建国、蔡锡惠
CN201621489438.1	一种豆类清洗装置	广州市壹滋食品有限公司，广东省广州市天河区沐陂东路5号3栋2楼B2（510000）	龚　瑛
CN201620308149.0	酱油用蒸煮装置	佛山市广古调味品有限公司，广东省佛山市三水中心科技工业区芦苞园C区12—9号（528000）	莫荣峰

（续）

申请或批准号	发明名称	申请（专利权）人与通讯地址	发明人
CN201620768532.4	一种酱油高温灭菌系统	天津市鑫合顺调味品有限公司，天津市静海县独流工业园区莲花三支路22号（300000）	张友才
CN201620818917.7	一种酱油成品生产线	湖北御豪生物科技有限公司，湖北省襄樊市老河口市经济开发区城东大道（441800）	丁建军
CN201621426817.6	一种酱油的杂质去除装置	广州市如丰果子调味食品有限公司，广东省广州市增城石滩镇麻车（511330）	刘剑波
CN201620295212.1	一种糕点冷却装置	湖北宏事达生物科技有限公司，湖北省宜昌市宜都市荆门山大道329号（443300）	潘伟福
CN201620919933.5	一种用于糕点生产的自动吸粒机	揭阳市港荣食品发展有限公司，广东省揭阳市揭丰公路锡场工业区（515500）	林壮荣
CN201620978608.6	一种易于操作的糕点烘烤炉	安徽盼盼食品有限公司，安徽省滁州市经济技术开发区城东工业园长江西路365号（239000）	蔡金垵
CN201621161061.7	一种新型糯米糕点制作装置	赣州众成好街坊食品有限公司，江西省赣州市赣州经济技术开发区金龙路（341000）	游　豪
CN201621368486.5	一种仿人工效果的糕点和面装置	福建省然利食品有限公司，福建省漳州市龙海市东园开发区（363100）	蔡井辉
CN201621424300.3	一种带馅糕点的混合、成型、烘干设备	江西吉香林食品有限公司，江西省抚州市南丰县城北工业园区（344500）	赵福林
CN201610572402.8	一种制作戚风蛋糕的机械设备	江苏江南上一道科技股份有限公司，江苏省镇江市丹阳市珥陵江南工业园（212326）	陈小沛、孙　杰
CN201620185676.7	一种蛋糕自动制作机	广州玛维信息科技有限责任公司，广东省广州市天河区中山大道路268号S193房（510006）	李立锋、陈顺成
CN201620388671.4	蛋糕立体拉花机	珠海市瑞明科技有限公司；江明聪，广东省珠海市金湾区安基东路528（519040）	江明聪
CN201620489989.1	一种蛋糕模具自动喷油刷盘装置	修武县全缘机械制造有限公司，河南省焦作市修武县产业集聚区浉河路2号（454000）	靳新军
CN201620623706.8	一种蛋糕自动进料装置	湖北回头客食品有限公司，湖北省孝感市汉川市经济开发区新河工业园电站路（432000）	黄福阳
CN201620828641.0	一种蛋糕制作的配料机	衢州华睿工业设计有限公司，浙江省衢州市浙西大道30号1幢211室（324000）	黄晋华
CN201620869471.0	一种加热均匀的蛋糕机	湖南罗蔓食品有限公司，湖南省宁乡县经开区工业园创业大道（410000）	贺建成
CN201620919935.4	一种用于蛋糕生产的充气加工装置	揭阳市港荣食品发展有限公司，广东省揭阳市揭丰公路锡场工业区（515500）	林壮荣
CN201621017138.3	一种蛋糕切块装置	天津市津乐园食品股份有限公司，天津市东丽区五纬路58号（300300）	张鸿顺
CN201621371033.8	一种适用于蛋糕生产的生产线	福建省然利食品有限公司，福建省漳州市龙海市东园开发区（363100）	蔡井辉

（续）

申请或批准号	发明名称	申请（专利权）人与通讯地址	发明人
CN201621371186.2	具有计量功能的新型蛋糕制作机	四川溪湖文化传播有限责任公司，四川省宜宾市宜宾县泥溪镇永光村光华组（644000）	陈 红
CN201621462833.0	一种蛋糕表面印花机	北京正隆斋全素食品有限公司，北京市海淀区上庄镇白水洼甲1号院（102206）	李国栋
CN201620060834.6	一种月饼自动生产机组	广州市羊城莲蓉食品有限公司，广东省广州市白云区良田环村西路23号（510000）	童小林
CN201620129127.8	一种月饼包馅机	河南省豫阳光食品机械有限公司，河南省濮阳市台前县打鱼陈镇田那里村前（457000）	田庆彬、田孝波
CN201620491176.6	一种月饼成型机	修武县全缘机械制造有限公司，河南省焦作市修武县产业集聚区浉河路2号（454000）	靳新军
CN201620737648.1	一种制作花瓣月饼用鲜花清洗分选装置	富民擎龙食品有限责任公司，云南省昆明市富民县永定街道办事处小西山村（655000）	盘庚华
CN201620847285.7	月饼成型机	广东粮丰园食品有限公司，广东省茂名市高新技术产业开发区食品包装工业加工区（525030）	刘培务
CN201620968698.0	一种月饼机	浙江奥奇食品股份有限公司，浙江省湖州市吴兴区湖织大道755号4幢（313000）	陈晓静
CN201621122036.8	一种月饼工厂用月饼快速挤压成型装置	重庆市奉节县舒氏杂糖食品有限公司，重庆市奉节县永安街道香山街134号（400000）	黄 海、李华忠
CN201621167495.8	一种月饼馅加工装置	天津市云大食品有限公司，天津市西青区杨柳青农场内（300000）	杨锁云
CN201621255348.6	一种月饼成型装置	浙江海洋大学东海科学技术学院，浙江省舟山市定海区昌国街道海院路18号（316000）	易继官、陈玉光
CN201621347290.8	一种月饼刷蛋加工装置	广东湛杨饼业有限公司，广东省湛江市吴川市吉兆湾路口侧（524543）	杨文勇、张嘉强
CN201621433044.4	一种月饼焙烤装置	山东益锦食品有限公司，山东省莱芜市高新区棋山路001号（271100）	石 涛
CN201610663776.0	一种立体式饼干生产流水线	金华易元食品有限公司，浙江省金华市金东区孝顺镇环镇南路（321035）	陈雪娟
CN201620578601.5	一种智能的华夫饼机	广东新宝电器股份有限公司，广东省佛山市顺德区勒流镇政和南路（528322）	郭建刚、罗其云
CN201620966008.8	一种压缩饼干压缩成型机	新昌县康利德制冷配件有限公司，浙江省绍兴市新昌县城东新区（312500）	何 康、何巨阳
CN201620984910.2	一种用于饼干制作的流水生产设备	浙江金旺达食品有限公司，浙江省温州市瑞安市飞云街道飞云新区华明路185号（325200）	黄建国
CN201620999670.3	一种循环冷却式饼干隧道电烤炉	四川诗特食品有限责任公司，四川省遂宁市船山区保升乡保升街71号（629000）	王传连
CN201621101198.3	一种用于饼干的烘烤切割生产线	宜昌华尔食品有限责任公司，湖北省当阳市半月镇枯树岭（444113）	彭琴静

（续）

申请或批准号	发 明 名 称	申请（专利权）人与通讯地址	发明人
CN201621347250.3	一种分段控温的饼干隧道炉烘烤系统	天津市老茂生食品有限公司，天津市北辰区北辰科技园区（宜兴埠）（300000）	王立国
CN201610720472.3	一种带有自动弹出功能的面包制作装置	友梦（福建）食品有限公司，福建省漳州台商投资区角美镇角海路70号（363107）	张国喜
CN201620619689.0	一种自动称重面包机	宁波博菱电器有限公司，浙江省宁波市北仑大港工业区天目山路11号（315800）	袁海忠、李仁辉
CN201620782170.4	油炸面包机	上海巧语思食品有限公司，上海市青浦区练塘镇蒸夏路89弄55号9号厂房（201700）	郭平村、郭婉容
CN201620926135.5	带捏切装置的面包生产线	北京义利面包食品有限公司，北京市丰台区菜户营东街甲360号（100000）	李 奇
CN201621445218.9	一种分段颠簸复合式小面包烤盘振动系统	广东达利食品有限公司，广东省肇庆市高新技术产业开发区将军大街东一号（526000）	夏国迎
CN201621423518.7	一种桃酥的成型、烘干设备	江西吉香林食品有限公司，江西省抚州市南丰县城北工业园区（344500）	赵福林
CN201621478223.X	桃酥分割成型机	江门市澳新食品有限公司，广东省江门市新会区会城今古洲今洲路38号（529100）	潘健军
CN201620647061.1	一种不易松散的绿豆糕	上海元祖梦果子股份有限公司，上海市青浦区赵巷镇嘉松中路6088号（201704）	张秀琬
CN201610023395.6	一种畜牧业饲料搅拌机	广东华红饲料科技有限公司，广东省肇庆市端州区玑西路8号办公楼2楼（526020）	王忠刚、朱 芳
CN201610030562.X	一种畜牧用饲料粉碎机	徐州华强畜禽有限公司，江苏省徐州市沛县河口镇黄庄村（221600）	严 敏、朱亚东
CN201610059177.8	一种节能型饲料加工颗粒机	新沂市合沟工业集中区建设发展有限公司，江苏省徐州市新沂市合沟镇合沟街（221400）	杨孝武
CN201610134523.4	一种畜牧饲料搅拌粉碎筛选一体机	重庆大鸿农牧机械有限公司，重庆市荣昌区板桥工业园区（402460）	王长生、李常营
CN201610848174.2	一种饲料配料输送加工机器人	福建粤海饲料有限公司，福建省漳州市云霄县陈岱镇竹港村（363308）	郑真龙、曾凡归
CN201620117620.8	饲料加工设备	上海美傲饲料有限公司，上海市松江区小昆山镇鹤溪街23号17幢415室（201616）	李婷婷、蒋利平
CN201620118929.9	饲料生产线	上海美傲饲料有限公司，上海市松江区小昆山镇鹤溪街23号17幢415室（201616）	蒋利平、张 双
CN201620140071.6	颗粒饲料加工生产线	上海美傲饲料有限公司，上海市松江区小昆山镇鹤溪街23号17幢415室（201616）	李 能、蒋利平
CN201620299111.1	一种封闭式饲料混料和分装一体化系统	河北旺达饲料兽药开发有限公司，河北省石家庄市友谊北大街东营村北（50031）	陆 安、王慧彬
CN201620898953.9	一种适用低淀粉饲料配方的双螺杆膨化机	中山粤海饲料有限公司，广东省中山市黄圃镇建兴路7号（528429）	陈志辉

（续）

申请或批准号	发明名称	申请（专利权）人与通讯地址	发明人
CN201620905848.3	一种剪切式饲料混合装置	宜昌阳光饲料有限责任公司，湖北省宜昌市枝江市七星台镇兴隆山村三组（443204）	王东平
CN201620912202.8	一种改进型饲料造粒机	佛山市高明通威饲料有限公司，广东省佛山市高明区更合镇长柳路12号（528500）	陈佳健、王家驹
CN201620914911.X	一种饲料粉碎搅拌一体机	徐州佳合食品有限公司，江苏省徐州市丰县中阳里河滨北路8号（221700）	张　义
CN201620925225.2	可调节膨化饲料高效挤压螺杆	辽宁爱普罗斯饲料有限公司，辽宁省沈阳市沈北新区蒲南路153号（110161）	金承范、刘　洋
CN201621282381.8	预混饲料精确定量混合装置	山西省农业科学院畜牧兽医研究所，山西省太原市平阳南路150号（30031）	梁兴龙、杨晋青
CN201621307276.5	一种饲料制粒生产流水线装置	上海新邦生物科技有限公司，上海市松江区九里亭工业园区21号（201615）	林丛梅、汤飞飞
CN201621307513.8	一种便于清理的饲料粉碎机	上海新邦生物科技有限公司，上海市松江区九里亭工业园区21号（201615）	黄红梅、张　擎
CN201621325321.X	一种用于饲料生产的高效搅拌混合装置	上海缀术机械科技有限公司，上海市浦东新区书院镇丽正路1628号4幢1—2层（201304）	朱龙腾
CN201621334599.3	一种防堵料的全价饲料生产设备	天津市千禾大地科技有限公司，天津市北辰区大张庄镇万发工业园伟星管业东侧（300000）	马琳青、刘　冬
CN201621357499.2	一种饲料自动搅拌加热一体机	承德石油高等专科学校，河北省承德市双桥区冯营子镇庄头营村大学城（67000）	王和平
CN201621387044.5	一种新型混合饲料搅拌装置	天津德邦嘉鸿生物科技有限公司，天津市武清区白古屯乡白古屯村东500米（301700）	袁进洪
CN201621393691.7	一种可调节粗细的畜禽饲料颗粒机	湛江市五创海洋生物科技有限公司，广东省湛江市吴川市塘缀镇石埠村80号（524568）	欧志斌、林诗华
CN201621405847.9	一种饲料生产过程中的雾化喷油混合装置	山东惠尔佳生物有限公司，山东省滨州市滨城区杨柳雪镇（256654）	刘玉强、孙波涛
CN201621408672.7	一种饲料添加剂原料粉碎装置	安徽省皖西白鹅原种场有限公司，安徽省六安市金安区北二十铺（237000）	左瑞华、刘国勇
CN201621409732.7	一种颗粒饲料机	惠州市广发农牧实业有限公司，广东省惠州市小金口镇金源路大一村（516023）	应武钟
CN201621427046.2	一种可调节含水率的畜禽饲料颗粒机	湛江市汉成科技有限公司，广东省湛江市霞山区人民大道南53号国贸大厦A座3幢（524001）	张嘉强、周　颖
CN201621428875.2	一种饲料成型机	信宜市晓锋农业科技发展有限公司，广东省茂名市信宜市东镇凤岗平田村16号（525300）	郑晓锋
CN201621429356.8	一种饲料制粒机	渔仁堂生物科技（湛江）有限公司，广东省湛江市麻章区瑞平路1号（524094）	吕　刚
CN201621446960.1	一种饲料加工预处理一体化设备	天津君合心科技发展有限公司，天津市西青区辛口镇泰华路38号（300380）	郑艾斌

（续）

申请或批准号	发明名称	申请（专利权）人与通讯地址	发明人
CN201621459095.4	一种一体式饲料制粒装置	拜肯生物科技（上海）股份有限公司，上海市静安区平陆路601号101—15室（201799）	林俊良、曾正光
CN201621469792.8	一种饲料粉碎机	河南通利机器制造有限公司，河南省郑州市荥阳市乔楼镇孙寨（450122）	李银亮
CN201610319220.X	多段隧道式食品加工烘烤设备及方法	大连赛乐节能设备有限公司，辽宁省大连市甘井子区新水泥路20号（116000）	张　宇
CN201610756893.1	一种食品生产用食品添加剂快速调制装置	佛山市竞龙食品添加剂有限公司，广东省佛山市南海区大沥太平工业区（528200）	胡崇北
CN201610988982.9	一种自动上下料食品油炸装置	厦门良一食品有限公司，福建省厦门市翔安区新圩镇新达路35—39号（361101）	叶　芳
CN201620241999.3	具有自动喷水功能的食品加工生产线	东莞市食滋源食品有限公司，广东省东莞市茶山镇增埗村卢屋鲤鱼山工业区（523378）	谢陈洋
CN201620437925.7	多段隧道式食品加工烘烤设备	大连赛乐节能设备有限公司，辽宁省大连市甘井子区新水泥路20号（116000）	张　宇
CN201620600199.6	一种食品转运蒸煮装置	江西益家食品股份有限公司，江西省宜春市高安市新世纪工业城（330800）	章仁勇、彭　玲
CN201620619182.5	一种用于食品生产的设备	河源合成米面制品有限公司，广东省河源市东源县仙塘镇工业园梅子坑（517000）	许强彬
CN201620709472.9	一种新型食品膨化机	惠安县长智电子科技有限公司，福建省泉州市惠安县螺阳镇洋坑村洋坑23号（362100）	陈玉兰
CN201620716310.8	食品加工用油炸装置	富阳市福士得食品有限公司，浙江省杭州市富阳区洞桥镇贤德村仁阮（311404）	郭根松
CN201620750336.4	一种微缩型食品净化系统	佛山市悍高厨具设备有限公司，广东省佛山市顺德区杏坛镇杏龙路21号（528325）	欧锦锋
CN201620807249.8	新型食品油炸机	绵阳紫东食品有限公司，四川省绵阳市游仙区忠兴镇团结街（621000）	鲍艺天
CN201620822024.X	一种旋转式食品加热装置	长沙环境保护职业技术学院，湖南省长沙市雨花区井圭路10号（410004）	张春艳、刘　颖
CN201620883161.4	一种用于食品成型的简易成型设备	铭基食品有限公司，广东省深圳市红岭北路清水河仓库区（518000）	胡智辉、石　莹
CN201620838800.5	一种食品冷风干燥机	绍兴捷盛干燥设备科技有限公司，浙江省绍兴市上虞区曹娥街道蒿庄村（312399）	王文标
CN201620910199.6	食品循环除湿冷却装置	扬州三和四美酱菜有限公司，江苏省扬州市广陵食品产业园鼎兴路29号（225000）	朱立雄、孙　勇
CN201620911348.0	一种食品工业流化干燥设备	湖南富马科食品工程技术有限公司，湖南省长沙市开福区捞刀河中岭村一栋（410152）	晏文会、罗诒波
CN201620976971.4	焙烤食品无污染冷却装置	四川诗特食品有限责任公司，四川省遂宁市船山区保升乡保升街71号（629000）	王传连

（续）

申请或批准号	发明名称	申请（专利权）人与通讯地址	发明人
CN201620980235.6	一种易于清理的膨化食品配料装置	安徽盼盼食品有限公司，安徽省滁州市经济技术开发区城东工业园长江西路365号（239000）	蔡金垵
CN201620981284.1	食品烘焙用隧道式烤炉	上海麦科食品机械有限公司，上海市奉贤区奉城镇奉旺路333号（201411）	卢壮智
CN201620992792.X	一种用于食品加工的压制成型设备	潍坊美城食品有限公司，山东省潍坊市潍城区宝通街278号（261000）	崔晓娜、刘洪强
CN201621000019.7	一种食品真空低温烘干设备	合肥富通环保新能源科技有限公司，安徽省合肥市长丰双凤经济开发区金泰路（231131）	邹益坚
CN201621003945.X	一种食品加工低温杀菌釜进料预冷装置	长沙市彭记坊食品有限公司，湖南省长沙市天心区暮云工业园（410000）	彭强建
CN201621018904.8	一种食品切割机	晋江市雅邦玻璃钢有限公司，福建省泉州市晋江市安海桐林工业区（362200）	洪长明
CN201621019365.X	一种食品加工制作装置	三明市九龙湖生态食品有限公司，福建省三明市清流县沙芜乡明珠街518号（365316）	陈水根、赖盛林
CN201621047652.1	一种食品加工用造粒机	黑龙江民族职业学院，黑龙江省哈尔滨市哈南工业新城核心区哈南十五路1号（150066）	国　勇
CN201621047653.6	一种食品加工用注馅装置	黑龙江民族职业学院，黑龙江省哈尔滨市哈南工业新城核心区哈南十五路1号（150066）	姜旭德
CN201621090089.6	一种用于食品加工制作用的汤料车	广东阿达食品有限公司，广东省东莞市大朗镇象山工业园象山北一路1号（523000）	王晓东
CN201621090876.0	一种用于食品加工的造粒机	芜湖市三山区绿色食品产业协会，安徽省芜湖市三山区龙湖街道229号（241000）	胡志荣、李世柱
CN201621086789.8	食品加工设备	飞利浦（中国）投资有限公司，上海市天目西路218号嘉里不夜城第一座21楼（200070）	李　芳
CN201621091210.7	一种适用于食品加工的压片装置	芜湖市三山区绿色食品产业协会，安徽省芜湖市三山区龙湖街道229号（241000）	胡志荣、李世柱
CN201621091647.0	带曝气系统的食品净化机	深圳净酷科技有限公司，广东省深圳市南山区粤海街道大冲商务中心A座（518000）	郭利丽
CN201621115381.9	一种食品烘干机	枣庄瑞丰食品有限公司，山东省枣庄市山亭区山城街道办事处王峪村（277200）	张根根、张显庆
CN201621126899.2	智能多工位食品脱水装置	新沂市华洋金属制品有限公司，江苏省徐州市新沂市草桥镇工业集聚区（221400）	桑文君
CN201621162422.X	食品加工用的清洗筛料一体机	建瓯市天添食品有限公司，福建省南平市建瓯市南雅镇新建村（353100）	黄勇波
CN201621206996.2	一种新型食品解冻甩干设备	苍溪县峻绿食品有限公司，四川省广元市苍溪县紫云工业园区（628000）	牛耀彩
CN201621232736.2	一种食品安全杀菌装置	内蒙古化工职业学院，内蒙古自治区呼和浩特市赛罕区高职园区（10070）	张海芳、纳　日

（续）

申请或批准号	发明名称	申请（专利权）人与通讯地址	发明人
CN201621245929.1	食品加工用斩拌机	天津鲜野食品科技有限公司，天津市武清区黄花店镇八里桥村（301700）	高雪晶
CN201621257190.6	食品加工用解冻装置	天津鲜野食品科技有限公司，天津市武清区黄花店镇八里桥村（301700）	高雪晶
CN201621270078.6	一种用于食品加工的清洗机	天津市食新食异食品有限公司，天津市武清区石各庄镇石各庄中心街（301700）	王凤军
CN201621325760.0	一种食品搅拌装置	上海中道糖业股份有限公司，上海市普陀区金沙江路1628弄10号楼301室（200062）	周庆余
CN201621325788.4	一种食品加工用的粉碎设备	天津金恒信源科技有限公司，天津市河西区台儿庄南路118号海景广场216－B42（300352）	安宁宁
CN201621335064.8	一种食品加工螺杆和食品加工设备	广东美的生活电器制造有限公司，广东省佛山市顺德区北滘镇三乐路19号（528311）	李洪伟、曹达华
CN201621349908.4	一种食品冷却机	青岛和旺食品有限公司，山东省青岛市胶州市胶莱镇马店蓝色制造业经济区（266300）	王　勇
CN201621350089.5	一种食品搅拌过滤下料装置	浙江优嘿嘿食品有限公司，浙江省湖州市吴兴区环渚乡龙溪村（蜀山路3558号）（313000）	廖传仙
CN201621350188.3	磁干预食品冷冻装置	青岛宏泰良正电器有限公司，山东省青岛市即墨市通济办事处天山二路161－6号（266200）	杨均海
CN201621371444.7	一种油炸食品提升机集油装置	重庆顺源同食品有限公司，重庆市永川区板桥镇大坪村（402196）	罗成彪
CN201621413212.3	功能性生物食品成型模智能输送装置	安徽米乐食品有限公司，安徽省阜阳市界首市工业园区（236500）	米文彪
CN201621414618.3	食品生产用连续浇注机	成都耐斯特科技有限公司，四川省成都市成华区三环路二段龙潭工业园（610000）	张应伦、张应勇
CN201621427663.2	一种食品加工用臭氧消毒灭菌装置	湛江市汉成科技有限公司，广东省湛江市霞山区人民大道南53号国贸大厦A座3幢（524001）	张嘉强、周　颖
CN201621435305.6	一种食品加工机	长沙环境保护职业技术学院，湖南省长沙市雨花区井奎路10号（410004）	盛　姣、曾桂华
CN201621446284.8	食品加工厂用简易喂料、配料装置	河南天香面业有限公司，河南省焦作市温县产业集聚区鑫源路28号（454850）	李　强、赵书峰
CN201621479659.0	食品解冻设备	苏州康喜医疗净化设备有限公司，江苏省苏州市吴中区横泾镇马家村工业区8号（215021）	王勇伟、朱建伟
CN201621492598.1	一种食品用烘干机	泰州市裕华制冷设备制造有限公司，江苏省泰州市寺巷镇人民路143号（225300）	滕振亚
CN201610063190.0	一种红枣自动打孔机	山西省繁峙县绿源亨通食品有限公司，山西省忻州市繁峙县繁城镇镇政府北50米（34300）	原连生
CN201620219868.5	一种红枣去核机	苍南县天雅食品有限公司，浙江省温州市苍南县灵溪镇新溪村（天雅食品工业园区）（325800）	林昌添

（续）

申请或批准号	发 明 名 称	申请（专利权）人与通讯地址	发明人
CN201620569524.7	红枣清洗筛选装置	象山星旗电器科技有限公司，浙江省宁波市象山县新桥镇东溪村（315700）	励春亚
CN201620657742.6	大枣水洗机	新疆新坤果业有限公司，新疆维吾尔自治区哈密地区哈密市北出口广东工业园区（839000）	李端生
CN201620717797.1	一种红枣清洗脱水机	临泽县康利源枣业开发有限公司，甘肃省张掖市临泽县沙河镇新民村四社（734200）	李洪浩
CN201620922288.2	一种冲浪式红枣清洗机	吕梁市富强红枣加工机械设备科技研究所，山西省吕梁市临县曲峪镇后塔（332130）	高富强、杨理容
CN201621284683.9	一种红枣汁高效浸提装置	塔里木大学，新疆维吾尔自治区阿克苏地区阿克苏市新疆阿拉尔市塔里木大学（843300）	宋丽军、张　丽
CN201621312729.3	一种红枣用清洗机	绍兴雄劲针织有限公司，浙江省绍兴市柯桥区兰亭镇任家畈村（312000）	任屠栋
CN201621332737.4	一种新型红枣超声清洗装置	塔里木大学，新疆维吾尔自治区阿克苏地区阿拉尔市塔里木大学（843300）	弋晓康、丁　羽
CN201621429070.X	一种红枣加工用去核装置	湛江市汉成科技有限公司，广东省湛江市霞山区人民大道南53号国贸大厦A座3幢（524001）	张嘉强、周　颖
CN201621451234.9	一种新型红枣去核装置	华东交通大学，江西省南昌市昌北经济技术开发区双港东大街808号（330013）	陈齐平、朱慧东
CN201621468065.X	红枣去核机	三只松鼠股份有限公司，安徽省芜湖市弋江区高新技术产业开发区久盛路8号（241000）	魏本强、任少伟
CN201620949663.2	用于苹果果粒产品加工工艺的脱气装置	宜昌海通食品有限公司，湖北省宜昌市枝江市安福寺镇玛瑙河大道（443211）	姜晓文、国维华
CN201620363331.6	一种用于猕猴桃加工的全自动切片烘干机	大英县卓维达农业有限责任公司，四川省遂宁市大英县隆盛镇土门垭村10社（629308）	文笃阳
CN201620978148.7	一种用于猕猴桃分选的自清式生产线	广元果王食品有限责任公司，四川省广元市苍溪县肖家坝高科技工业园区（628000）	梁兴玉
CN201621207102.1	一种新型猕猴桃搅碎机	四川苍溪红猕王猕猴桃协会，四川省广元市苍溪县县政府办公楼一楼（628000）	范　跃
CN201620201252.5	一种批量高效葡萄榨汁装置	福建品派包装有限公司，福建省泉州市南安市溪美成功工业区二期（362300）	陈伟群
CN201620599209.9	一种葡萄干脱梗去杂机	浙江希望包装有限公司，浙江省绍兴市越城区人民东路1436号（312000）	陈军江、徐小军
CN201620648376.8	一种葡萄脱梗装置	新乡市领先轻工机械有限公司，河南省新乡市牧野区建设东路豫北监狱对面（453000）	魏冰海、杨玉兰
CN201620657727.1	葡萄干清洗机	新疆新坤果业有限公司，新疆维吾尔自治区哈密地区哈密市北出口广东工业园区（839000）	李端生
CN201620716872.2	用于葡萄加工的膜式全自动榨汁机	徐州市南许阳农业科技有限公司，江苏省徐州市汴塘镇南许阳村3组393号（221000）	陈修军

（续）

申请或批准号	发 明 名 称	申请（专利权）人与通讯地址	发明人
CN201620846365.0	一种专用葡萄清洗装置	洛宁超越农业有限公司，河南省洛阳市洛宁县上戈镇里石头村（471700）	杨永锋、雷东锋
CN201621258922.3	新鲜葡萄脱粒机	新疆农业大学，新疆维吾尔自治区乌鲁木齐市农大东路311号新疆农业大学（830052）	郭 辉、陈恒峰
CN201621482148.4	一种便于移动的可调温葡萄烘干杀菌机	山西省农业科学院果树研究所，山西省太原市龙城大街79号（30600）	黄丽萍、王 敏
CN201610626312.2	一种箱型柑橘等级分类机	衢州乐创节能科技有限公司，浙江省衢州市绿色产业集聚区凯旋南路6号（324000）	吴炳土
CN201610712174.X	柑皮机器人的使用方法	东莞市皓奇企业管理服务有限公司，广东省东莞市虎门镇金洲社区沙太路199号	林智勇
CN201620914412.0	一种柑橘清洗装置	秭归县屈姑食品有限公司，湖北省宜昌市秭归县金缸城村（443600）	何 祥、李正伦
CN201620979615.8	一种柑橘预清洗消毒装置	宏泰易家河（九江）农业开发有限公司，江西省九江市永修县易家河村（330317）	郑根水
CN201620981636.3	一种柑橘自动化分瓣装置	宜昌海通食品有限公司，湖北省宜昌市枝江市安福寺镇玛瑙河大道（443211）	王央苗、国维华
CN201621061030.4	一种柑橘分瓣设备	湖北工业大学，湖北省武汉市武昌区南湖李家墩1村1号（430068）	龚发云、汤 亮
CN201621334069.9	一种橘子的清洗、剥皮装置	南丰县华夏五千年生态酒庄有限公司，江西省抚州市南丰县工业园区（344500）	谭家瑞、赵慧明
CN201610182234.1	一种山楂去核机	河北工业大学，天津市红桥区丁字沽光荣道8号河北工业大学东院330号（300130）	张顺心、尹立轶
CN201621234795.3	山楂去核切片一体机	塔里木大学，新疆维吾尔自治区阿克苏地区阿拉尔市塔里木大学（843300）	李传峰、李 坷
CN201621242769.5	山楂去核切片两步操作一体机	莱芜万邦食品有限公司，山东省莱芜市莱城区牛泉镇庞家庄村（271124）	亓海江、亓宪瑞
CN201621476601.0	山楂清洗装置	武汉市金汇泉食品饮料有限公司，湖北省武汉市汉南区薇湖路392号（430090）	曾 黎、彭 杰
CN201610079886.2	一种柿子削皮机	江苏楷益智能科技有限公司，江苏省无锡市惠山区堰桥街道堰畅路20号（214174）	江水泉、周欣平
CN201610079888.1	一种柿子削底机	江苏楷益智能科技有限公司，江苏省无锡市惠山区堰桥街道堰畅路20号（214174）	江水泉、尤陈浩
CN201610361452.1	一种蓝莓的清洗装置	慈溪蓝梅轩果蔬农场，浙江省宁波市慈溪市周巷镇下周村家路片64号（315324）	周 玲
CN201620140863.3	一种用于制备蓝莓液态制品的过滤系统	成都老农王农业开发有限公司，四川省成都市大邑县蔡场镇万石社区十组（610000）	单书林、余 婷
CN201610338785.2	一种青梅蜜饯的加工方法	惠州同富康生物科技有限公司，广东省惠州市惠东县大岭镇珠三角转移工业园（516321）	钱书元、邹伟权

（续）

申请或批准号	发 明 名 称	申请（专利权）人与通讯地址	发明人
CN201620495295.9	一种腌制青梅分离装置	广东殿羽田食品有限公司，广东省揭阳市普宁市高埔镇城西（515332）	林海滨、黄桂珍
CN201620767278.6	一种青梅果肉榨汁装置	深圳市奇思广告有限公司，广东省深圳市罗湖区人民南路国贸大厦1701室（518000）	朱永会
CN201621475453.0	一种用于青梅丁的筛选装置	湖州川源食品有限公司，浙江省湖州市吴兴区埭溪镇茅坞路东侧（313000）	殷丹峰
CN201620633841.0	一种制作杏仁罐头的剥壳机及系统	浙江长兴古银杏食品科技有限公司，浙江省湖州市长兴县小浦镇画溪村（313000）	乔志平
CN201620872143.6	一种杏的加工系统	新疆农业科学院农业机械化研究所，新疆维吾尔自治区乌鲁木齐市南昌南路291号（830091）	刘　佳、李忠新
CN201621138303.0	一种刺梨除籽清洗装置	贵州大学，贵州省贵阳市花溪区贵州大学北校区科学技术处（550025）	喻丽华、胡万会
CN201621145577.2	一种刺梨清洗设备	遵义康安农业科技有限公司，贵州省遵义市播州区南白镇莲花村合心组（563100）	袁安康
CN201621481044.1	一种刺梨清洗筛选装置	厦门茶天下茶叶有限公司，福建省厦门市同安区新民镇二环南路639号（361100）	刘　洁、徐浩然
CN201621271684.X	一种椰子肉清洗机	海南岛屿食品饮料有限公司，海南省文昌市潭牛镇海南岛热带食品饮料产业园（571349）	张继雄
CN201610224356.2	核桃破壳装置及其使用方法	青岛理工大学，山东省青岛市经济技术开发区嘉陵江路777号（266520）	李长河、杨　帆
CN201610302542.3	一种铁核桃壳仁分离的方法	云南省粮油科学研究院，云南省昆明市五华区长虹路19号（650033）	李　辉、李林开
CN201620176792.2	核桃碎壳机	浙江机电职业技术学院，浙江省杭州市滨江区滨文路528号（310053）	郁元止、严　浩
CN201620222016.1	一种核桃热风干燥装置	红河学院，云南省红河哈尼族彝族自治州蒙自市学府路中段红河学院（661400）	韩　青
CN201620473141.X	一种核桃清洗干燥设备	鹤庆县石榴园赛丰核桃专业合作社，云南省大理白族自治州鹤庆县黄坪镇新坪村（671500）	马赛恒
CN201620671493.6	一种核桃青壳剥离机	云南农业大学，云南省昆明市盘龙区黑龙潭云南农业大学（650201）	张汝坤、高志超
CN201620673995.2	核桃粉加工用机械设备	贵州天和农业发展有限公司，贵州省遵义市正安县瑞新工业园区（563401）	赵章德
CN201620716959.X	用于核桃的破壳装置	重庆市绿韵食品饮料有限公司，重庆市渝北区龙溪街道加州花园A9幢2—7号（400020）	周春涛
CN201620914757.6	一种核桃快速剥皮装置	天津源特机械部件有限公司，天津市武清区河西务镇五纬路8号（301700）	吕荣昌
CN201621050613.7	带定位输送的核桃破壳装置	青岛理工大学，山东省青岛市经济技术开发区嘉陵江路777号（266520）	许好男、马正诚

（续）

申请或批准号	发明名称	申请（专利权）人与通讯地址	发明人
CN201621063814.0	一种核桃加工用输送清洗机	贵州阳光食品有限公司，贵州省毕节市大方县经济开发区同心大道南侧5号（551600）	杨 光
CN201621128416.2	一种核桃去青皮装置	塔里木大学，新疆维吾尔自治区阿拉尔市塔里木大学（843300）	宋丽军、张 丽
CN201621233438.5	用于青皮核桃的除皮装置	山东省泰安市农业机械科学研究所，山东省泰安市泰山区南关大街215号（271000）	吴修文、孙燕敏
CN201621236016.3	一种新型核桃破壳机	陇南市朝华核桃产业开发有限公司，甘肃省陇南市武都区汉王镇仓园村（746000）	卜菊琴
CN201621243721.6	核桃去皮清洗机	山西鑫辰美农产品科技开发有限公司，山西省晋城市阳城县董封乡坡丰村（48109）	上官美萍
CN201621335475.7	一种小型去核桃青皮机	塔里木大学，新疆维吾尔自治区阿克苏地区阿拉尔市塔里木大学（843300）	弋晓康、丁 羽
CN201621398574.X	一种薄壳山核桃壳破碎装置	江苏农牧科技职业学院，江苏省泰州市凤凰东路8号（225300）	姜宗庆、李成忠
CN201610241679.2	一种坚果类食品全自动翻炒机	广德永胜蔬果种植家庭农场，安徽省宣城市广德县誓节镇胜利村（242200）	王胜国
CN201620687179.7	一种自动坚果剥壳装置	浙江长兴古银杏食品科技有限公司，浙江省湖州市长兴县小浦镇画溪村（313000）	乔志平
CN201620878663.8	坚果不开口分离机	三只松鼠股份有限公司，安徽省芜湖市弋江区高新技术产业开发区久盛路8号（241000）	任少伟、栾桂松
CN201620150354.9	一种果脯糖渍装置	丽江绿丫头果业有限公司，云南省丽江市古城区束河街道黄山居委会次满五社（674100）	木立忠
CN201621222745.3	一种果脯加工用蒸煮装置	漳州市顺金食品开发有限公司，福建省漳州市长泰县武安镇南坂工业区（363900）	王冬胜
CN201621344062.5	一种果脯生产用清洗机	天津市桂福春食品有限公司，天津市蓟县尤古庄镇袁桑路8号（300000）	王志伟
CN201621076785.1	用于蜜饯加工的果实脱皮设备	福州大世界橄榄有限公司，福建省福州市闽侯县荆溪镇食品工业园（350101）	刘清培、郑华淋
CN201621324313.3	一种蜜饯生产线	杭州余杭崇贤镇蜜饯炒货厂，浙江省杭州市余杭区崇贤街道沿山村（311108）	袁明芳
CN201610768811.5	一种果汁饮料压榨处理机	安庆市佳美饮料有限公司，安徽省安庆市宜秀区安枞路（驾校以北）（246000）	张先志、张丹丹
CN201620038239.2	一种防黏壁的果汁生产用混合机	福建绿泉食品有限公司，福建省漳州市漳浦县绥安工业区大南板工业园（363000）	林文雄、刘瑞山
CN201620980358.X	一种果汁生产中的轻质杂质预分离系统	河北绿诺食品有限公司，河北省石家庄市赵县范庄镇河北绿诺食品有限公司（51531）	于 征、姜海滨
CN201621074113.7	一种纯天然果汁生产加工设备	淮南市农康生态农业有限公司，安徽省淮南市现代产业园（232000）	任 钢、纪天娇

（续）

申请或批准号	发 明 名 称	申请（专利权）人与通讯地址	发明人
CN201621340231.8	一种果汁生产线	国投中鲁果汁股份有限公司，北京市丰台区科兴路7号205室（100070）	冷传祝、邵春光
CN201621348385.1	一种果汁制作用快速榨汁装置	佛山市钜华电器有限公司，广东省佛山市南海区小塘东部开发区（528000）	陈少荷
CN201621389114.0	一种果汁高压杀菌装置	中国科学院理化技术研究所，北京市海淀区中关村东路29号（100190）	张振涛、孙椰望
CN201611030689.8	一种水果加工处理设备	徐州佳联农业发展有限公司，江苏省徐州市睢宁县魏集镇府前街1号（221200）	陈清尧
CN201620343244.4	一种清洗水果的装置	大姚云海果品有限责任公司，云南省楚雄彝族自治州大姚县金碧镇（675400）	李建国
CN201620624681.3	一种专用于水果分选的抛光装置	江西绿萌分选设备有限公司，江西省赣州市信丰县工业园诚信大道（341600）	朱 二、朱 壹
CN201620669828.0	一种多功能水果快速分选机	赣州汇金农产品有限公司，江西省赣州市赣县田村镇兰芬村蛇形组（341102）	谢德尧
CN201620798664.1	用于水果干燥的装置	重庆三山洪才农业开发有限公司，重庆市开县南雅镇三山村3组（405400）	杨洪才
CN201620931082.6	一种水果清洗振筛分选装置	个旧市华强种植有限公司，云南省红河哈尼族彝族自治州个旧市马矿石丫口（661000）	刘建华
CN201620974251.4	一种水果脱囊衣装置	江苏楷益智能科技有限公司，江苏省无锡市惠山区堰桥街道堰畅路20号（214174）	江水泉、周 波
CN201621288728.X	水果自动清洗装置	国投中鲁果汁股份有限公司，北京市丰台区科兴路7号205室（100070）	冷传祝、邵春光
CN201621008824.4	一种水果清洗装置	龙海市福联食品机械有限公司，福建省漳州市龙海市海澄镇工业园西小区（363102）	蒋建国、蔡锡惠
CN201621116834.X	一种水果清洗烘干一体机	青川县联友果蔬种植专业合作社，四川省广元市青川县木鱼镇永安路49号（628105）	丁仕超、赵芝庸
CN201621247063.8	一种水果水洗烘干机	射洪金柠农业开发有限责任公司，四川省遂宁市射洪县太和镇新阳街508号（629000）	李鸿儒、杨 涛
CN201621350763.X	一种水果加工设备	华南理工大学广州学院，广东省广州市花都区学府路1号（510800）	谢顺成、程清伟
CN201621374660.7	一种水果加工用均匀制浆装置	湛江市五创海洋生物科技有限公司，广东省湛江市吴川市塘缀镇石埠村80号（524568）	欧志斌、林诗华
CN201621440797.8	一种水果利用价值高的水果去皮机	上海任桐信息科技有限公司，上海市浦东新区祖冲之路2305号（201203）	梁靖瑞
CN201621447328.9	一种热带水果加工用清洗机	惠安壁虎装饰设计有限公司，福建省泉州市惠安县螺城镇企塘花园三期106门面（362000）	吴华成
CN201610290038.6	一种全自动果蔬清洗机	厦门优尔电器股份有限公司，福建省厦门市同安工业集中区同安园293号（361100）	周义允

（续）

申请或批准号	发明名称	申请（专利权）人与通讯地址	发明人
CN201611024001.5	一种果蔬脆片的制备方法	福建安兴食品有限公司，福建省龙岩市武平县十方工业集中区B7地块（364301）	黄冬
CN201620199380.0	一种清洁型蔬果清洗机	北京斋堂生态农业科技有限公司，北京市朝阳区石佛营西里30楼地下室（102300）	刘 春
CN201620237534.0	一种用于果蔬加工用真空干燥装置	红河学院，云南省红河哈尼族彝族自治州蒙自市学府路中段红河学院（661400）	韩 青
CN201620660082.7	一种清除块状果蔬表面砂石的高效清理机	河北中薯食品有限公司，河北省秦皇岛市卢龙县印庄乡四各庄村北（66405）	刘云峰
CN201620728091.5	一种用于制备冻干蔬果食品的系统	四川江茂食品有限公司，四川省德阳市罗江县经济开发区城南工业园翰林路（618500）	李树明、吴晓川
CN201620829393.1	果蔬脆片的真空油炸装置	泌阳亿健食品有限公司，河南省驻马店市泌阳县产业集聚区（463700）	王俊丽
CN201620856787.6	一种家用蔬果清洗装置	惠安县泰达商贸有限责任公司，福建省泉州市惠安县崇武镇靖江村下湖路215号（362000）	陈百武
CN201620909913.X	蔬果护色去皮装置	中国农业科学院农产品加工研究所，北京市海淀区圆明园西路2号院（100193）	林 琼、王志东
CN201620912573.6	一种全自动脱水果蔬成套生产线	浙江三雄机械制造有限公司，浙江省绍兴市上虞区曹娥街道高新路6号（312300）	蒋光明
CN201620925042.0	果蔬消毒机	大连双迪创新科技研究院有限公司，辽宁省大连市开发区双D港生命一路88号（116000）	张 亮、贺春东
CN201621009754.4	一种浆叶式果蔬清洗机	上海中吉机械制造有限公司，上海市青浦区新丹路368号（200000）	侯树旗、李永晖
CN201621124122.2	自动化果蔬清洗机	北京志伟兴业机械有限公司，北京市通州区张家湾镇祥和乐园12—3号（101113）	肖林华
CN201621156794.1	果蔬加工制备活菌饮料的设备	济宁学院，山东省济宁市高新区海川路16号济宁高新区大学园（272001）	李湘利、刘 静
CN201621116922.X	一种全方位果蔬杀菌设备	青川县联友果蔬种植专业合作社，四川省广元市青川县木鱼镇永安路49号（628105）	赵芝庸、王开波
CN201621177759.8	一种果蔬快速烘干机	杭州烁电科技有限公司，浙江省杭州市余杭区五常街道杭州宏丰家居城6幢1509（310023）	杨月萍
CN201621179395.7	一种果蔬双联合烘干机	昆明万顺通科工贸有限公司，云南省昆明市盘龙区金桥花园南10幢212号（650000）	秦 刚
CN201621186878.X	一种果蔬无水清洗箱	中国农业科学院农产品加工研究所，北京市海淀区圆明园西路2号院（100193）	郑金铠、张慧娟
CN201621228325.6	一种果蔬清洗干燥设备	四川精通机械科技有限公司，四川省成都市蒲江县鹤山镇天华新街56号（610000）	李和军
CN201621270474.9	一种果蔬清洗机	天津市食新食异食品有限公司，天津市武清区石各庄镇石各庄中心街（301700）	王凤军

（续）

申请或批准号	发 明 名 称	申请（专利权）人与通讯地址	发明人
CN201621368452.6	一种果蔬风干机	义乌市回归鸟工艺品有限公司，浙江省金华市义乌市义北工业园区（322000）	蒋兰青
CN201621384981.5	一种果蔬烘干机	塔里木大学，新疆维吾尔自治区阿克苏地区阿拉尔市塔里木大学生命科学学院（843300）	张锐利、刘华英
CN201621391864.1	一种便携式果蔬解毒机	青岛海瑞洁净电子有限公司，山东省青岛市崂山区海尔路1号（海尔工业园内）（266103）	薛 鑫、宋政权
CN201610275388.5	净菜加工装置	福州品行科技发展有限公司，福建省福州市马尾区湖里路27号（350015）	郑德谋、王 情
CN201610345056.X	一种蔬菜自动清洗装置	广德县启正农产品专业合作社，安徽省宣城市广德县卢村乡中明村中保组（242200）	方启正
CN201610386636.3	高强度蔬菜清洗切割装置	重庆驰山机械有限公司，重庆市巴南区南彭小企业创业基地（南彭鸳鸯村13社）（401300）	张 岗
CN201620127637.1	食品洗菜机	北京晶都诚厨房设备有限责任公司，北京市顺义区仁和镇顺强路2号（100000）	孙 勇
CN201620163929.0	洗菜机	北京志伟兴业机械有限公司，北京市通州区张家湾镇祥和乐园12—3号（101113）	肖林华
CN201620297232.2	一种用于脱水蔬菜处理的快速冷却装置	红河天第绿色产业有限公司，云南省红河哈尼族彝族自治州建水县轻工业园区（654300）	谭燕滨
CN201620448014.4	一种蔬菜脱水装置	浙江斜桥榨菜食品有限公司，浙江省嘉兴市海宁市斜桥镇建设路1号（314406）	封益生、吴建勤
CN201620659222.9	具有自动补水出水的蔬菜清洗设备	广州青菜篮农业有限公司，广东省广州市白云区江高镇江村庙口西自编10号（510000）	刘其常
CN201620708194.5	一种蔬菜热风脱水装置	江苏宿迁金鹰自然红食品有限公司，江苏省宿迁市宿城区经济开发区南一路（223800）	徐学民
CN201620780797.6	一种推动式蔬菜清洗装置	江苏省翠源食品股份有限公司，江苏省盐城市东台市三仓镇东工业园区一号（224231）	姚 拂、陈 斌
CN201620798715.0	脱水蔬菜的干燥设备	重庆三山洪才农业开发有限公司，重庆市开县南雅镇三山村3组（405400）	杨洪才
CN201620806473.5	一种家用清洗蔬菜农药残留装置	无锡市永亿精密铸造有限公司，江苏省无锡市惠山经济开发区春惠路568—9#（214000）	续继威
CN201620823518.X	用于菜品保鲜的加湿设备	甘肃北家姓酒店管理有限公司，甘肃省兰州市七里河区小西湖东街208号（730050）	张宗成
CN201620825027.9	一种多功能蔬菜加工设备	衢州市农业科学研究院；衢州职业技术学院，浙江省衢州市柯城区太真路4号（324000）	赵东风、张玉贤
CN201620827792.4	一种蔬菜脱水装置	镇沅松子地绿色食品有限公司，云南省普洱市镇沅县振太镇焕习村吴家组（666500）	周邦荣、徐亚玲
CN201620831923.6	一种用于蔬菜脱水设备的自动翻料装置	江苏杰英能源科技有限公司，江苏省镇江市扬中市八桥镇永胜街永利桥东（212217）	陈 杰

（续）

申请或批准号	发 明 名 称	申请（专利权）人与通讯地址	发明人
CN201620866516.9	一种蔬菜循环式清洗装置	江苏省翠源食品股份有限公司，江苏省盐城市东台市三仓镇东工业园区 1 号（224231）	姚 拂、陈 斌
CN201620895342.9	一种脱水蔬菜的热风烘干设备	罗平县华跃生态食品有限责任公司，云南省曲靖市罗平县罗雄镇云贵路 515 号（655800）	李 琼、李石开
CN201620897597.9	根茎类蔬菜自动清洗机	成都广迈科技有限公司，四川省成都市成华区建和路 6 号附 66 号 1 层（610051）	张 科、韩秋月
CN201620898487.4	一种脱水蔬菜的除杂装置	兴化顶康食品科技有限公司，江苏省泰州市兴化经济开发区经一路西（225700）	邢红燕、夏卫中
CN201621023198.6	一种蔬菜消毒设备	重庆合升源农业开发有限公司，重庆市秀山县乌杨街道园区路 21 号（409900）	刘代华
CN201621142409.8	一种蔬菜清洗机	绍兴市瑞雪环保科技有限公司，浙江省新昌县沃洲路 196 号（312500）	赵秋萍
CN201621195142.9	一种蔬菜烘干机	齐齐哈尔大学，黑龙江省齐齐哈尔市建华区文化大街 42 号（161006）	杜国军、刘晓兰
CN201621205436.5	一种消毒洗菜机	中山市邦盛电器有限公司，广东省中山市小榄镇绩东一福安路三街 5 号（528400）	袁建军
CN201621214232.8	一种蔬菜清洗杀毒装置	苍溪县峻绿食品有限公司，四川省广元市苍溪县紫云工业园区（628000）	牛耀彩
CN201621238510.3	一种长茎类蔬菜洗切系统	河南响当当食品有限公司，河南省许昌市许昌县尚集产业集聚区东拓区东航路（461000）	史红星、杨会卿
CN201621348489.2	一种用于蔬菜加工的新型蔬菜甩干机	重庆爽家宜蔬菜加工有限公司，重庆市潼南县小渡镇街村碑垭口（三汇丝绢厂内）（402681）	颜正平
CN201621378247.8	一种蔬菜深度清洗机	重庆朴真农业发展股份有限公司，重庆市潼南区太安镇鱼溅村 2 社（402679）	常 娟
CN201621393280.8	一种大棚蔬菜采摘后脱水烘干装置	潜山县思迈农业科技有限公司，安徽省安庆市潜山县油坝乡东店村东店新村 28 幢（246300）	江海涛、涂天虎
CN201621444461.9	一种蔬菜加工用烘干机	民勤县金诚农业发展有限公司，甘肃省武威市民勤县工业聚集区（733300）	仲金凤
CN201621478808.1	带有防护罩的蔬菜调味机	广州玺明机械科技有限公司，广东省广州市白云区良田镇良沙路陈洞段 1038 号（510545）	徐哲定
CN201621495288.5	一种全自动洗菜机	珠海市宝康实业有限公司，广东省珠海市香洲区晨晖路 103 号 3 栋 2 单元 2204 房（519000）	罗俊英
CN201620821989.7	泡菜腌制设备	重庆康翠绿色食品厂，重庆市潼南县梓潼街道办事处卫星村十社（402660）	黄平辉
CN201621264687.0	泡菜发酵装置	重庆市果灏农业开发有限公司，重庆市潼南县小渡镇街村（胜利街 48 号）（402681）	陈 果
CN201621273109.3	泡菜冷却系统	重庆爽家宜蔬菜加工有限公司，重庆市潼南县小渡镇街村碑垭口（三汇丝绢厂内）（402681）	颜正平

（续）

申请或批准号	发明名称	申请（专利权）人与通讯地址	发明人
CN201620755412.0	一种新型腌菜压榨装置	湘潭大学兴湘学院，湖南省湘潭市雨湖区湘潭大学兴湘学院（411100）	刘希文、林　旭
CN201621442261.X	一种咸菜腌制装置	天津市互惠蔬菜腌制有限公司，天津市宝坻区八门城镇工业园区（301803）	周汉魁
CN201610243705.5	一种榨菜剥皮装置	宁波水平农业科技有限公司，浙江省宁波市余姚市泗门镇红桂路58号（315400）	阮和森
CN201620821297.2	榨菜皮皮肉分离装置	重庆市涪陵辣妹子集团有限公司，重庆市涪陵区珍溪镇西桥大道9号（408000）	万绍碧、李朝盛
CN201621098943.3	一种榨菜处理装置	重庆川王子食品有限公司，重庆市丰都县十直镇梁家湾（408214）	黄学强
CN201621440956.4	一种榨菜快速强风脱水机	上海任桐信息科技有限公司，上海市浦东新区祖冲之路2305号（201203）	梁靖瑞
CN201620386936.7	一种竹笋清洗装置	杭州富阳杭富罐头食品有限公司，浙江省杭州市杭州富阳区渌渚镇六渚村下村（311405）	叶晓平
CN201620435546.4	一种用于生烤鲜笋的烤笋装置	福建省三明市农旺笋业有限公司，福建省三明市三元区莘口镇沙阳村阳平街36号（365002）	邓顺材
CN201620462173.X	一种鲜竹笋脱壳机	杭州富阳杭富罐头食品有限公司，浙江省杭州市富阳区渌渚镇六渚村下村（311405）	章忠军
CN201620508884.6	一种使竹笋碎壳的剥壳装置	浙江工业大学之江学院，浙江省绍兴市柯桥区柯桥街道柯华路958号（312000）	马　剑
CN201620564990.6	一种剥笋壳机	黑龙江工程学院，黑龙江省哈尔滨市道外区红旗大街999号（150050）	刘长喜、王晓宏
CN201620832025.2	一种竹笋冷却系统	国家林业局竹子研究开发中心，浙江省杭州市西湖区文一路310号（310013）	李　能、陈玉和
CN201620979780.3	竹笋笋衣去除装置	宁波秀可食品有限公司，浙江省宁波市鄞州区塘溪镇东山村（315142）	钱德康
CN201621061442.8	一种笋制品加工用高效拌料装置	福建峨嵋祥鑫生态笋竹食品有限公司，福建省三明市泰宁县新桥乡新丰工业区（354408）	杨文良
CN201621079603.6	一种用于笋丁加工的搅拌炒锅	四川富农林业科技开发有限责任公司，四川省宜宾市筠连县筠连镇海瀛工业园区（644000）	万　兵、舒代金
CN201621162452.0	竹笋分切料清洗分拣生产线	建瓯市天添食品有限公司，福建省南平市建瓯市南雅镇新建村（353100）	黄勇波
CN201621179633.4	竹笋的蒸煮烘干一体设备	浙江凯鑫食品有限公司，浙江省衢州市绿色产业集聚区东港一路42号（324000）	朱五康、李世文
CN201621180776.7	一种用于雷竹笋的自动送料剥笋机	弋阳县艺林农业开发有限公司，江西省上饶市弋阳县葛溪乡马安村（334400）	孙余先、叶水平
CN201621186301.9	一种雷竹笋罐头制备用的原料清洗装置	弋阳县艺林农业开发有限公司，江西省上饶市弋阳县葛溪乡马安村（334400）	杨　磊、何　成

（续）

申请或批准号	发 明 名 称	申请（专利权）人与通讯地址	发明人
CN201621186311.2	一种雷竹笋罐头制备用的蒸煮一体化设备	弋阳县艺林农业开发有限公司，江西省上饶市弋阳县葛溪乡马安村（334400）	李秋庭、杨 磊
CN201621291076.5	竹笋清洗设备	巫山县纯源农产品开发有限公司，重庆市巫山县职教工业园区管委会办公大楼六楼（404700）	蒋佐明、蒋恬田
CN201621368040.2	一种用于笋类清洗装置	浙江山芽芽食品有限公司，浙江省湖州市安吉县昌硕街道天目中路 49－51 号（313000）	程 泉
CN201621389929.9	一种竹笋去皮装置	江西鹏鑫食品有限公司，江西省抚州市乐安县工业园区（344300）	王贵才
CN201610128095.4	多层封闭式自翻均不间断辣椒烘干设备	抚州田园梦食品有限公司，江西省抚州市临川区才都工业园银涛大道 5 号（344100）	许继文
CN201610869309.3	辣椒的打粉装置	贵州遵义新佳裕食品有限公司，贵州省遵义市遵义县枫香镇枫元村（563112）	程代松
CN201620311912.5	一种辣椒自动切柄装置	宣威市太坤调味品厂，云南省曲靖市宣威市双龙街道环东路（655499）	黄太坤
CN201620378472.5	一种辣椒酱配料混料搅拌装置	贵州大学，贵州省贵阳市花溪区贵州大学北校区科学技术处（550025）	魏琳珊、谢 涛
CN201620892756.6	一种辣椒酱灌装机的搅拌装置加热系统	甘肃兴农辣椒产业开发有限公司，甘肃省酒泉市金塔县金鑫工业园区（735300）	殷吉明、郭永学
CN201620960490.4	一种辣椒切片研磨制酱机	宿松县美丽洲生态农业开发有限公司，安徽省安庆市宿松县长铺镇长铺社区（246500）	石掌应、徐水平
CN201621117659.6	一种辣椒精选机	天津三鹰农副产品加工有限公司，天津市宝坻区九园公路南侧王卜庄镇何仉庄（301800）	马步云
CN201621377956.4	一种辣椒自动切柄装置	重庆市永川区松既调味品有限责任公司，重庆市永川区松溉镇（402186）	唐 伟
CN201620895347.1	一种生姜清洗脱皮装置	罗平县华跃生态食品有限责任公司，云南省曲靖市罗平县罗雄镇云贵路 515 号（655800）	李 琼、李石开
CN201620910887.2	一种生姜去皮烘干前处理生产线	浙江三雄机械制造有限公司，浙江省绍兴市上虞区曹娥街道高新路 6 号（312300）	蒋光明
CN201621418855.7	一种姜片烘干脱水系统	师宗红盈食品有限公司，云南省曲靖市师宗县工业园区大同园区（655700）	范全锦、范 轲
CN201620743475.4	一种番茄用打浆机	湖州优谷农业科技有限公司，浙江省湖州市吴兴区埭溪镇工业园区茅坞路 10 号（313000）	钟渊梁
CN201621004107.4	一种番茄用加热浓缩装置	天津市红宝番茄制品有限公司，天津市西青区张家窝工业区丰产道 9 号（300000）	张国齐、孟 潇
CN201621212587.3	一种番茄加工蒸发器汁汽冷却水回收系统	甘肃西域阳光食品有限公司，甘肃省酒泉市金塔县金塔镇解放路 94 号（735300）	彭英勇、刘明福
CN201621212957.3	番茄清洗水循环利用系统	甘肃西域阳光食品有限公司，甘肃省酒泉市金塔县金塔镇解放路 94 号（735300）	李世军、刘明福

（续）

申请或批准号	发 明 名 称	申请（专利权）人与通讯地址	发明人
CN201621409725.7	一种胡萝卜制料机	惠州市广发农牧实业有限公司，广东省惠州市小金口镇金源路大一村（516023）	应武钟
CN201620659190.2	一种萝卜去皮设备	昆明市东川区神耀种植有限公司，云南省昆明市东川区红土地镇（650000）	李跃华
CN201620874565.7	一种紫菜生产线蓬松用吹气装置	南通金牛机械制造有限公司，江苏省南通市海安县老坝港镇工业园区（226000）	徐平建、倪明明
CN201621356098.5	一种紫菜甩干沥水装置	漳州金浦三源食品实业有限公司，福建省漳州市漳浦县绥安工业开发区绥安工业园（363401）	刘建钦
CN201610325447.5	一种大蒜自动去皮捣碎设备	常州信息职业技术学院，江苏省常州市大学城内鸣新中路22号（213164）	刘海兰、李小平
CN201610585237.X	自动化剥蒜包装一体机	浙江机电职业技术学院，浙江省杭州市滨江区滨文路528号（310053）	高永祥、郁洋杰
CN201620619397.7	大蒜剥瓣机	山东省玛丽亚农业机械有限公司，山东省济宁市金乡县王丕镇康桥（272200）	辛 丽
CN201620729001.4	一种新型大蒜凹式切根机	济南华庆铸造有限公司，山东省济南市商河县玉皇庙镇政府驻地（251600）	崇 峻、张光辉
CN201620788401.2	一种大蒜分瓣机	昆明明帆农业技术开发有限公司，云南省昆明市东川区铜都镇碧谷糖厂（654100）	王起帆
CN201620927814.4	一种震动型大蒜剥皮机	石家庄市藁城区飞宏机械有限公司，河北省石家庄市藁城区增村镇吴村铺村（52160）	高勤平、孟 冉
CN201621130089.4	空间可调式大蒜分瓣机	山东省玛丽亚农业机械有限公司，山东省济宁市金乡县王丕镇康桥（272200）	石在文、辛 丽
CN201621385730.9	水冲式大蒜双沉池节水气泡清理机	安徽国瑞食品有限公司，安徽省淮北市濉溪县刘桥工业园（235100）	杜 孟、刘 燕
CN201610633068.2	全自动香菇去根去柄及品质分选机	漯河桂馥农业科技开发有限公司，河南省漯河市舞阳县城北三环东段南侧（462400）	李玉杰、邱永宽
CN201620639004.9	香菇烘干系统	湖北裕国菇业股份有限公司，湖北省随州市高新区红旗路1号（441300）	雷于国、龚龙树
CN201620780707.3	香菇脱水装置	开县金地农业开发有限公司，重庆市开县文峰街道富厚街县委宿舍C幢8—801号（405400）	祁秋中
CN201620797054.X	一种全自动香菇去柄去根机	漯河桂馥农业科技开发有限公司，河南省漯河市舞阳县城北三环东段南侧（462400）	李玉杰、邱永宽
CN201620808832.0	一种香菇烘干装置	青川县易诚电子商务有限责任公司，四川省广元市青川县乔庄镇文化路8号（628100）	王义飞
CN201620869839.3	一种用于香菇灭酶的射频加热装置	陕西理工大学，陕西省汉中市汉台区朝阳路陕西理工大学生物科学与工程学院（723000）	耿敬章
CN201620884919.6	新型香菇加工清洗烘干灌装装置	江苏华海钢结构有限公司，江苏省徐州市铜山区铜山镇新庄村北京路西（221000）	姜志勇

（续）

申请或批准号	发 明 名 称	申请（专利权）人与通讯地址	发明人
CN201620997762.8	一种平菇清洗用甩干装置	庆阳敦博科技发展有限公司，甘肃省庆阳市西峰区北大街225号（745000）	高启金
CN201621117831.8	一种双孢菇切根机	河北农业大学，河北省保定市莲池区灵雨寺街289号河北农业大学机电工程学院（710001）	郝建军、刘秀焕
CN201621145721.2	一种菇类干燥设备	重庆市良语晨食品研究院有限公司，重庆市梁平县重庆梁平工业园区知德大道（400000）	李云松
CN201621282705.8	双孢菇清洗备料生产线	江苏裕灌现代农业科技有限公司，江苏省连云港市灌南县北环路现代农业园区内（223500）	黄叔勇、周晓光
CN201621315739.2	蘑菇清洗装置	漳州明德食品有限公司，福建省漳州市龙海市海澄工业区（363000）	林建伟
CN201621373691.0	一种香菇去蒂切柄一体机	安阳君邦食用菌机械有限公司，河南省安阳市内黄县长庆路东段路东（456000）	孙国栋
CN201620383453.1	一种食用菌菇的滚筒式灭菌干燥设备	铜仁市侗菇菌业发展有限公司，贵州省铜仁市敖寨乡中华山村苏棚村民组（554200）	蒲光六
CN201620409319.4	一种食用菌干燥和冷却一体化装置	北川神侬农业科技发展有限公司，四川省绵阳市北川羌族自治县擂鼓镇上街（622758）	席桢鹏、席成友
CN201620688793.5	一种食用菌预冷系统	福州市凯达生态农业有限公司，福建省福州市闽清县桔林乡新光村新光73号（350816）	曹光标
CN201620813997.7	一种食用菌清洗装置	民乐县鸿博农业生物科技有限公司，甘肃省张掖市民乐县民联乡河湾三组（734500）	邵贺年、张 新
CN201620879923.3	一种食用菌烘干推车	湖南湘蕈生物科技有限公司，湖南省长沙市长沙县安沙镇文家塅村枫树塘组196号（410148）	喻桃生、喻海鑫
CN201620882157.6	一种食用菌自动清洗装置	四川江中源食品有限公司，四川省德阳市中江县辑庆镇上场村八组成南路（618112）	黄鹏高
CN201621145722.7	食用菌干燥设备	重庆双吉德环保科技有限公司，重庆市梁平县重庆梁平工业园区知德大道（400000）	黄 河、李云松
CN201621322065.9	一种食用菌负压脱水干燥杀菌装置	陇南市阶州林产品开发有限公司，甘肃省陇南市武都区月照乡三流水村（746000）	雷小红
CN201610063772.9	一种鲜茶叶分选与杀青一体化系统	安溪县桃舟乡同盛茶叶专业合作社，福建省泉州市安溪县桃舟乡南坑村（362000）	张国阳
CN201610275753.2	一种用于茶叶炒干装置	镇江苏峰茶业科技有限公司，江苏省镇江市丹徒区上党镇五塘村（212100）	陈美成
CN201620015058.8	一种新型茶叶烘焙装置	广东宝灵生物科技股份有限公司，广东省广州市天河区潭村路348号1803房（510000）	杨长学
CN201620048937.0	一种茶叶炒干机	江口县铜江生物科技有限公司，贵州省铜仁地区江口县双江镇环城西路84号（554400）	姚 琼、唐新国
CN201620067088.3	一种节能调温排湿的茶叶萎凋机	福建政和瑞茗茶业有限公司，福建省南平市政和县稻香下山坪1号（353600）	余步贵、谢乐明

（续）

申请或批准号	发明名称	申请（专利权）人与通讯地址	发明人
CN201620104056.6	一种四揉同制茶叶揉捻装置	黄冈市丰景农业机械有限公司，湖北省黄冈市英山县温泉镇河咀街22号（438700）	胡知俭
CN201620116022.9	一种茶叶松包机	广西南亚热带农业科学研究所，广西壮族自治区龙州县彬桥乡（532406）	韦持章、陈海生
CN201620167119.2	一种新型茶叶杀青机械	浙江华茗园茶业有限公司，浙江省金华市永康市花街茶厂（321300）	应龙业、胡　敏
CN201620203469.X	一种茶叶揉捻机	广元市白龙茶叶有限公司，四川省青川县孔溪乡小企业创业园区（628103）	温　彬
CN201620228251.X	一种茶叶烘干机	贵州湄潭盛兴茶业有限公司，贵州省遵义市湄潭县湄江镇金花村（564199）	张贝贝、甘济尚
CN201620234115.1	一种茶叶筛分机	贵州省正安县怡人茶业有限责任公司，贵州省遵义市正安县瑞溪镇燕子坝村（563400）	王　怡、冯泽敏
CN201620264067.0	精制茶叶生产系统	福建省建瓯市龙兴茶叶有限公司，福建省南平市建瓯市木西林103号（353100）	吴光兴
CN201620278876.7	一种茶叶自动煨青机	贵州双木农机有限公司，贵州省安顺市平坝县夏云工业园（561000）	林坚强、肖　梅
CN201620441145.X	一种均热式茶叶杀青装置	安徽天鹅茶业有限责任公司，安徽省池州市东至县木塔乡梓桐村（247110）	郑　琳
CN201620465890.8	一种茶叶成型装置	湖北荆山锦茶业有限公司，湖北省襄阳市保康县城关迎宾路150号（441600）	吕先奎
CN201620495869.2	一种茶叶高效翻炒杀青装置	长泰县一枕好枕头厂，福建省漳州市长泰县武安镇文泉小区116号（363500）	陈锚锋、吴惠娟
CN201620533054.9	一种茶叶烘干设备	贵州省湄潭县一丫翠片茶业有限公司，贵州省湄潭县永兴镇永兴茶场（564100）	谢劲松
CN201620535857.8	一种可自动均匀添料的茶叶揉捻设备	湖南兰岭绿态茶业有限公司，湖南省岳阳市湘阴县文星镇望滨工业园湘长路西侧（414600）	谭迪高
CN201620569521.3	揉捻茶叶加工设备	象山星旗电器科技有限公司，浙江省宁波市象山县新桥镇东溪村（315700）	励春亚
CN201620575809.1	一种富硒茶叶烘干设备	奥格生物技术（六安）有限公司，安徽省六安市经济技术开发区寿县路（237014）	曹冬梅、孙安权
CN201620600545.0	一种减少茶叶破损率的茶叶揉捻机	四川秀岭春天农业发展有限公司，四川省达州市渠县渠江镇后溪街川瑞商都三楼（635200）	廖梓婷、徐　昊
CN201620627189.1	一种茶叶烘干设备	新昌县城关欣荣轴承厂，浙江省绍兴市新昌县羽林街道拔茅村（312500）	吕相林
CN201620634261.3	一种茶叶循环均匀杀青装置	上犹县康益绿茶专业合作社，江西省赣州市上犹县梅水乡水径村梅不茶场（341200）	罗开益
CN201620639387.X	一种茶叶复水搅拌机	中国土产畜产进出口总公司，北京市朝阳区南大街8号中粮福临门大厦1001（100020）	田海霞、王春玲

（续）

申请或批准号	发 明 名 称	申请（专利权）人与通讯地址	发明人
CN201620641661.7	一种茶叶烘干搅拌装置	新昌县城关欣荣轴承厂，浙江省绍兴市新昌县羽林街道拔茅村（312500）	吕相林
CN201620648535.4	一种茶叶快速加工系统	贵州夜郎古畔茶业有限公司，贵州省安顺市鸡场坡乡街上（562016）	陈恩学、陈光明
CN201620664178.0	一种茶叶快速发酵收集装置	上犹县桃岭茶叶专业合作社，江西省赣州市上犹县营前镇蛛岭村营前雾毫茶场（341200）	林佳生
CN201620650432.1	茶叶提香机	贵州省石阡县芊指岭茶业有限公司，贵州省铜仁地区石阡县五德镇桃子园村（555100）	田洪玉
CN201620674132.7	用于茶叶提香的振动装置	凤冈县富祯茶业有限公司，贵州省遵义市凤冈县永安镇田坝村（564204）	周朝友
CN201620674734.2	一种振动式的茶叶提香机	凤冈县富祯茶业有限公司，贵州省遵义市凤冈县永安镇田坝村（564204）	周朝友
CN201620674148.8	茶叶的发酵装置	贵州凤冈雨生万物农业科技发展有限公司，贵州省遵义市凤冈县花坪镇关口村（564206）	姜 豪
CN201620674150.5	茶叶烘焙提香机	凤冈县秀姑茶业有限公司，贵州省遵义市凤冈县永安镇田坝村（564200）	杨秀贵
CN201620687796.7	一种茶叶给料装置	安徽省六安瓜片茶业股份有限公司，安徽省六安市龙河西路路口（三中对面）（237000）	曾雪鸿、李道满
CN201620689087.2	一种电加热的自动炒茶机	绍兴市虞舜茶业有限公司，浙江省绍兴市上虞区梁湖镇拗花山村（312399）	王喜巍
CN201620714347.7	一种电加热斜式炒茶机	绍兴市虞舜茶业有限公司，浙江省绍兴市上虞区梁湖镇拗花山村（312399）	王喜巍
CN201620732805.X	一种多斗式茶叶烘干机	青岛科技大学，山东省青岛市崂山区松岭路99号青岛科技大学（266000）	杨化林、张乃华
CN201620735332.9	一种茶叶热风供应系统	贵州省凤冈县茗都茶业有限公司，贵州省遵义市凤冈县永安镇田坝村新尧组（564204）	周朝都、周 兴
CN201620743477.3	一种茶叶杀青工序后的密闭回潮装置	中国农业科学院茶叶研究所，浙江省杭州市西湖区梅灵南路9号（310008）	叶 阳、陈 琳
CN201620761850.8	一种节能茶叶烘干机	池州市华茂茶业有限公司，安徽省池州市贵池区牌楼镇（247000）	聂正茂、雷元胜
CN201620763738.8	一种茶叶吹风烘干装置	广东技术师范学院，广东省广州市天河区中山大道西293号（510665）	黄春英
CN201620764575.5	一种茶叶清洗装置	潜山县三新茶叶专业合作社，安徽省安庆市潜山县五庙乡新建村（246300）	王学群
CN201620778810.4	茶叶提香装置	开县巴渠茶叶股份合作社，重庆市开县大进镇榨井街94号（405400）	龚厚祥
CN201620777790.9	一种茶叶清洗烘干一体机	诏安县鹏达机械设计部，福建省漳州市诏安县南诏镇许寨巷66－1号（363500）	林志祥

（续）

申请或批准号	发明名称	申请（专利权）人与通讯地址	发明人
CN201620787589.9	一种用于茶叶杀青的装置	贵州经典云雾茶业有限责任公司，贵州省贵定县云雾镇七里冲（551300）	杨 健
CN201620790067.4	一种可调式茶叶揉捻装置	金溪百士利实业有限公司，江西省抚州市金溪县何源镇三江口村（344800）	王 聪、邝胜辉
CN201620819916.4	一种用于茶叶的烘干机	浙江工业职业技术学院，浙江省绍兴市镜湖新区曲屯路151号（312000）	沈鑫祺
CN201620823126.3	一种便于清理的茶叶理条机	霍山县金茗茶叶有限公司，安徽省六安市健康路茶叶市场北区7号铺金茗茶业总汇（237000）	程卫东、程贤磊
CN201620827754.9	一种电动旋转式的茶叶烘干机	安徽霍山县东方大地生态农林有限公司，安徽省六安市霍山县与儿街镇街道（237200）	梁志苍
CN201620828859.6	茶叶发酵装置	洞口县茶铺茶业有限公司，湖南省邵阳市洞口县茶铺茶场管理区（422312）	任书卓
CN201620830592.4	一种茶叶理条机	安徽一笑堂茶业有限公司，安徽省六安市金寨县麻埠镇响洪村（237000）	陈苏亮
CN201620840414.X	一种茶叶提香装置	浙江卧龙湾农业开发有限公司，浙江省丽水市松阳县西屏镇瓦窑头村（323400）	包火旺、叶伟英
CN201620842448.2	一种铁观音的茶叶取砂机	福建省安溪鹏程茶业有限公司，福建省泉州市安溪县（中国）特产城8幢468—470号（362400）	苏鹏鸣
CN201620854112.8	一种可远程控制的茶叶生产用数控杀青机	衢州联盛方略技术开发有限公司，浙江省衢州市凯旋南路6号2幢C座302室（324000）	马 胜、鲍志刚
CN201620862957.1	一种茶叶烘干机的热量回收装置	池州市华茂茶业有限公司，安徽省池州市贵池区牌楼镇（247000）	聂正茂
CN201620864940.X	一种茶叶振动冷却机	四川正能茶业科技有限公司，四川省乐山市高新区南新路8号（614000）	张利江
CN201620865685.0	一种茶叶加工敞开和密闭一体化杀青装置	泉州市春川贸易有限公司，福建省泉州市惠安县辋川镇社坑村社坑800号（362100）	林心喜
CN201620866883.9	一种茶叶炒制、过末和提香一体化设备	青岛鳌福茶场，山东省青岛市即墨市鳌山卫镇鳌角石村313号（266237）	李建道
CN201620867189.9	一种茶叶加工用蒸汽式杀青生产线	泉州市春川贸易有限公司，福建省泉州市惠安县辋川镇社坑村社坑800号（362100）	陈雅芳
CN201620871054.X	一种滚筒式茶叶杀青机	湖州玲珑生态农业发展有限公司，浙江省湖州市吴兴区妙西镇五星村（313000）	张 乐、吴玲玲
CN201620872420.3	一种自动化茶叶烘干机	安吉千里缘茶叶有限公司，浙江省湖州市安吉县溪龙乡黄杜村（313000）	严铁尔
CN201620872890.X	一种茶叶制饼装置	福建省长汀职业中专学校，福建省龙岩市长汀县江滨路坝园区16号（366300）	许艺彬、张美良
CN201620872981.3	一种全自动茶叶焙干压缩机	泉州市春川贸易有限公司，福建省泉州市惠安县辋川镇社坑村社坑800号（362100）	白剑忠

（续）

申请或批准号	发明名称	申请（专利权）人与通讯地址	发明人
CN201620873568.9	一种茶叶烘焙螺旋翻炒装置	福建茶叶进出口有限责任公司，福建省福州市晋安区福兴投资区福兴大道23号（350000）	罗星火、杨亨栋
CN201620873662.4	一种全自动茶叶理条压缩一体机	泉州市进光贸易有限公司，福建省泉州市惠安县山霞镇宣美村宣美196号（362132）	白森柱
CN201620908354.0	一种茶叶萎凋控制系统	福建品品香茶业有限公司，福建省宁德市福鼎市桐城资国寺村山下（355200）	林振传、邵克平
CN201620955330.0	一种新型的茶叶清洗装置	腾冲县黄泥坡茶叶专业合作社，云南省保山市腾冲县蒲川乡下甲村黄泥坡（678000）	杨正龙
CN201620967542.0	一种茶叶调温除湿萎凋装置	福建品品香茶业有限公司，福建省宁德市福鼎市桐城资国寺村山下（355200）	林振传、邵克平
CN201620968804.5	一种具有快速出茶功能的揉捻机	益阳胜希机械设备制造有限公司，湖南省益阳市高新区邓石桥镇清溪村（413000）	肖志军、孙南川
CN201620976158.7	一种茶叶揉捻机加压装置	浙江春江茶叶机械有限公司，浙江省杭州市富阳区银湖街道中秋路18号（311422）	鲍小平、姜小文
CN201620976185.4	连续式茶叶提香机	浙江春江茶叶机械有限公司，浙江省杭州市富阳区银湖街道中秋路18号（311422）	周仁桂、鲍小平
CN201620980474.1	茶叶杀青机	南郑县向氏茶业有限公司，陕西省汉中市南郑县县城东大街农业局一楼（723000）	尹玉芹
CN201620996106.6	一种全自动茶叶加工系统	临沂继宏机械制造有限公司，山东省临沂市临港经济开发区壮岗镇陈家老窝村（276615）	王治国、王继宏
CN201621014417.4	便携式控温茶叶烘焙机	福建省烟草公司南平市公司，福建省南平市延平区滨江中路389号（353000）	赖如勤、于 闽
CN201621024416.8	一种茶叶理条锅及茶叶理条机	浙江红五环制茶装备股份有限公司，浙江省衢州市柯城区世纪大道903－4幢101室（324000）	苏中强、徐 伟
CN201621029517.4	一种自动排湿燃煤式茶叶杀青机	四川绿源春茶业有限公司，四川省达州市宣汉县东乡镇衙墙街53号（635000）	向以建
CN201621031692.7	一种滚筒式高效茶叶烘干机	云南双江布朗山茶叶商贸有限公司，云南省临沧市双江县沙河乡南布村沙平组（677302）	程堂亮
CN201621054441.0	连续式茶叶发酵机	中国测试技术研究院机械研究所，四川省成都市成华区玉双路10号（610021）	谭和平、徐海卫
CN201621063128.3	提高茶叶香气的烘干装置	华坪县雪龙春茶业有限责任公司，云南省丽江市华坪县永兴乡基渡村冬瓜坪（674800）	张友贵
CN201621071730.1	一种茶叶发酵堆自动翻堆解块机	勐海茶业有限责任公司，云南省西双版纳傣族自治州勐海县茶厂路9号（666200）	唐稳平、朱笔武
CN201621076749.5	一种可移动式新型茶叶搅拌翻转机	益阳乐道茶业有限公司，湖南省益阳市桃江县鸬鹚渡镇百庙村百庙村组（413000）	张嘉毅、张浩亮
CN201621083795.8	一种茶叶摇青机	福建省麒麟山茶业发展有限公司，福建省福州市闽清县下祝乡后岭村芝洲洋（350821）	姚朝响

（续）

申请或批准号	发 明 名 称	申请（专利权）人与通讯地址	发明人
CN201621090877.5	用于茶叶的通用式翻炒装置	芜湖市三山区绿色食品产业协会，安徽省芜湖市三山区龙湖街道229号（241000）	胡志荣、李世柱
CN201621096043.5	一种茶叶微波摊青装置	万安县龙海金花茶有限公司，江西省吉安市万安县潞田镇寨下村（343800）	郭小龙、陈飞华
CN201621118936.5	一种茶叶清洗设备	重庆定青茶业有限责任公司，重庆市万盛经开区南桐镇民权村烂田湾社（400800）	王定兴
CN201621125057.5	一种茶叶加工翻炒装置	万安县好景农业发展有限公司，江西省吉安市万安县芙蓉商业街13号（343800）	刘继东、曾昭文
CN201621127448.0	一种茶叶震动烘干装置	上犹县犹江五指茶业有限公司，江西省赣州市上犹县五指峰乡鹅形村鹅形圩（341200）	扶祥金
CN201621143637.7	应用于古树茶叶的萎凋装置	弥渡县大帅茶厂有限公司，云南省大理州弥渡县牛街彝族乡荣华村委会大核桃箐（675606）	李迎春
CN201621210465.0	热风茶叶理条机	安徽丰源机械有限公司，安徽省安庆市岳西县温泉镇解放村（246600）	吴结明、杨英送
CN201621213125.3	茶叶烘干成型机	贵州琦福苑茶业有限公司，贵州省遵义市绿色食品工业园区（564100）	叶文盛
CN201621221371.3	一种茶叶浸泡清洗一体机	湖南胡家园茶业有限公司，湖南省衡阳市耒阳市龙塘镇严江村（421803）	严 军
CN201621222020.4	一种能够减震的茶叶清洗烘干装置	陕西国际商贸学院，陕西省西安市西咸新区沣西新城统一西路35号（710000）	马 钰
CN201621225660.0	一种新型的茶叶烘干机	绍兴市瑞雪环保科技有限公司，浙江省绍兴市新昌县沃洲路196号（312500）	赵秋萍
CN201621230761.7	一种热风茶叶杀青机	贵州琦福苑茶业有限公司，贵州省遵义市绿色食品工业园区（564100）	叶文盛
CN201621231688.5	一种用于茶叶枯老叶筛选的茶叶筛选机	安徽香妃茶业有限公司，安徽省池州市贵池区梅村镇霄坑村（247000）	汪先升
CN201621255703.X	一种茶叶烘干机	新昌县七星街道云迪机械厂，浙江省绍兴市新昌县七星街道石柱湾村（312500）	杨雨海
CN201621258847.0	一种新型茶叶筛选装置	陇南市朝华茶叶有限公司，甘肃省陇南市武都区裕河乡阳坝村（746000）	卜 旭
CN201621260103.2	一种方便调节的高效茶叶风选机	云南省农业科学院茶叶研究所，云南省西双版纳州勐海县勐海镇景囡街2号（666299）	孙承冕、邓少春
CN201621266772.0	新型茶叶摇青机	漳州市德润康食品有限公司，福建省漳州市云霄县云陵工业开发区（363300）	张太顺
CN201621270748.4	一种节能型茶叶烘干机	重庆龙鼎茶业有限公司，重庆市巫溪县城厢镇解放街25号（405800）	张 俊、张绪辉
CN201621275458.9	一种用于茶叶加工的烘干装置	青海美康生物科技有限责任公司，青海省西宁市城北区生物科技产业园经三路6号（810007）	孙 策、李菊芳

（续）

申请或批准号	发　明　名　称	申请（专利权）人与通讯地址	发明人
CN201621276322.X	一种通透式茶叶摇青装置	四川甘馨绞股蓝有限公司，四川省绵阳市涪城区石洞乡场镇（621000）	肖泽玮
CN201621282518.X	一种茶叶清洗装置	淳安县金狮峰茶果专业合作社，浙江省杭州市淳安县屏门乡隐将村（311700）	宋德元、刘金兰
CN201621286512.X	一种茶叶烘干机的送风装置	福建省沁之韵茶业有限公司，福建省漳州市云霄县莆美镇陈政路 C2 幢 1—5 号（363000）	汤镇华
CN201621287573.8	一种茶叶加工的摊青机	浙江碧云天农业发展有限公司，浙江省丽水市松阳县农产品精深加工区碧浪路 2 号（323400）	潘樟军
CN201621291037.5	一种双锅珠茶叶炒干机	陇南市朝华茶叶有限公司，甘肃省陇南市武都区裕河乡阳坝村（746053）	马汉祥、马朝华
CN201621299133.4	一种高效茶叶解块机	犍为县雩龙茶业有限公司，四川省乐山市犍为县舞雩乡高龙村 4 组（614408）	谢剑波
CN201621296663.3	一种茶叶加工专用的箱式烘干机	惠安闽居机械有限公司，福建省泉州市惠安县紫山镇顶赤涂村委会北 350 米 2 号店（362000）	肖珍兵
CN201621297039.5	一种均匀快速的茶叶萎凋机	桐梓县清馨茶果业有限公司，贵州省遵义市官仓镇太平街政府大院 49 号（563213）	黄佳琴、秦世烈
CN201621323331.X	一种茶叶吊式平面圆筛机	益阳胜希机械设备制造有限公司，湖南省益阳市高新区邓石桥镇清溪村（410000）	肖志军、吕　盛
CN201621335556.7	一种茶叶炒干机	重庆禾汇农业发展集团有限公司，重庆市丰都县三合街道龙城大道 316 号（二楼）（408200）	付德明、付琼玲
CN201621336001.4	一种茶叶清洗风干装置	重庆禾汇农业发展集团有限公司，重庆市丰都县三合街道龙城大道 316 号（二楼）（408200）	付德明、付琼玲
CN201621337744.3	一种茶叶风冷设备	浙江省新昌县澄潭茶厂，浙江省绍兴市新昌县澄潭镇大桥路 22 号（312500）	俞　辉
CN201621349265.3	茶叶理条设备	四川省茶马古道生物科技有限公司，四川省宜宾市筠连县筠连镇定水二街 22 号（645250）	詹　聪
CN201621349576.X	一种茶叶发酵机	贵州省凤冈县田坝魅力黔茶有限公司，贵州省遵义市永安镇田坝兴隆林场（564204）	安　涛
CN201621348985.8	一种茶叶筛分机	宜宾市产品质量监督检验所，四川省宜宾市南岸利民路 12 号（644002）	夏玉琼
CN201621359792.2	茶叶理条压扁机	重庆市农业科学院，重庆市九龙坡区白市驿镇高峰寺村（401329）	余小明、李英奎
CN201621361261.7	一种便于取出茶叶的茶叶烘干机	湛江市茗禾茶业有限公司，广东省湛江市赤坎区广田路 18 号（524043）	钟和仁、颜　英
CN201621366002.3	一种自动装卸料的茶叶揉捻机	普洱翠谷高山茶园有限公司，云南省普洱市思茅区林源路 44 号（665000）	陈　荣
CN201621367014.8	茶叶揉捻机	筠连县冬青御品生态科技有限公司，四川省宜宾市筠连县双腾镇鱼井村三组（645250）	李国章

（续）

申请或批准号	发 明 名 称	申请（专利权）人与通讯地址	发明人
CN201621377743.1	一种生产用茶叶快速干燥装置	四川百朝乌龙茶业有限公司，四川省成都市高新区天府五街200号1A-311（610000）	邱家林
CN201621378839.X	一种茶叶加工用高效热风杀青机	重庆市玉琳茶业有限责任公司，重庆市永川区大安街道办事处花果山村（402181）	谭廷海
CN201621384618.3	一种具有烘干功能茶叶机的除屑末装置	四川筑红运林业科技有限责任公司，四川省宜宾市宜宾县柏溪镇桂花街（644000）	罗志辉
CN201621385169.4	自动翻转型茶叶烘干机	普洱翠谷高山茶园有限公司，云南省普洱市思茅区林源路44号（665000）	陈 荣
CN201621386022.7	一种筛筒式茶叶筛选装置	重庆禾汇农业发展集团有限公司，重庆市丰都县三合街道龙城大道316号（二楼）（408200）	付琼玲
CN201621399240.4	茶叶烘干装置	宜宾市乌蒙韵茶业股份有限公司，四川省宜宾市筠连县巡司镇银星村二组（645250）	杜族榜
CN201621403250.0	一种茶叶生产用回潮装置	潜山县彭河幸福茶场，安徽省安庆市潜山县塔畈乡倪河村（原彭河乡倪河村）（246300）	江成生、江王强
CN201621404368.5	一种茶叶高效揉捻设备	铅山县英坪茶叶专业合作社，江西省上饶市铅山县英坪茶叶专业合作社（334500）	余爱娥、杨水松
CN201621407387.3	一种茶叶翻堆装置	鑫鼎生物科技有限公司，湖北省宜昌市伍家岗区桔乡路509号（443001）	何建刚、李世振
CN201621418483.8	一种茶叶杀青机	绿春县玛玉茶厂，云南省红河哈尼族彝族自治州绿春县骑马坝乡玛玉村（662599）	卢孙福
CN201621445125.6	一种滚筒式茶叶杀青机	惠安华佑机械有限公司，福建省泉州市惠安县螺城镇君悦华庭5幢12层1201室（362000）	张云兴
CN201621464343.4	一种茶叶滚筒杀青机	惠安欧诺威家具有限公司，福建省泉州市惠安县螺城镇企塘花园三期105门面（362000）	周文锦
CN201621477497.7	一种茶叶提香机	余庆县构皮滩茶业有限责任公司，贵州省遵义市余庆县构皮滩镇构南路（563000）	冯 平
CN201621478573.6	一种茶叶压制装置	湖北省农业科学院果树茶叶研究所，湖北省武汉市洪山区南湖大道10号（430064）	滕 靖、龚自明
CN201621482218.6	振动式茶叶烘干装置	贵州省凤冈县黔佳茗茶业有限公司，贵州省遵义市凤冈县永安镇田坝村新民组（564204）	周霖鸿
CN201620538314.1	一种工夫红茶多级热循环干燥装置	中国农业科学院茶叶研究所，浙江省杭州市西湖区梅灵南路9号（310008）	董春旺、袁海波
CN201620674123.8	一种锌硒红茶发酵装置	贵州省凤冈县浪竹有机茶业有限公司，贵州省遵义市凤冈县永安镇龙江（564200）	陈其波
CN201620720361.8	一种均匀铺料的红茶烘干机	浙江卧龙湾农业开发有限公司，浙江省丽水市松阳县西屏镇瓦窑头村（323400）	包火旺、叶伟英
CN201620882645.7	一种红茶发酵装置	六盘水市农业科学研究院，贵州省六盘水市钟山区向阳南路26号（553000）	刘 彦、张冬莲

（续）

申请或批准号	发明名称	申请（专利权）人与通讯地址	发明人
CN201620936827.8	一种旋转振动式红茶发酵装置	云龙县沧江古树茶厂，云南省大理白族自治州云龙县功果桥镇汤邓村（672700）	李志国
CN201620963849.3	一种红茶快速烘干机	清远市何公桥茶叶有限公司，广东省清远市清城区笔架新村C幢102号（511500）	江先陆、张志敏
CN201621055284.5	红茶发酵机	中国测试技术研究院机械研究所，四川省成都市成华区玉双路10号（610021）	谭和平、徐海卫
CN201621212749.3	一种红茶发酵机	昌宁华龙农副产品开发有限责任公司，云南省保山市昌宁县勐统镇勐统街子（678103）	裴建华
CN201621286839.7	一种多层链板式红茶烘干提香机	浙江碧云天农业发展有限公司，浙江省丽水市松阳县农产品精深加工区碧浪路2号（323400）	潘樟军
CN201621318844.1	一种红茶发酵机	绍兴市柯桥区秦望茶业专业合作社，浙江省绍兴市柯桥区平水镇剑灶村（312030）	汤帅亮
CN201621363433.4	一种红碎茶发酵翻堆设备	云县刘家坡茶业有限公司，云南省临沧市云县茶房乡刘家组18号（677000）	刘光虎
CN201621350555.X	一种高效节能黑毛茶加工设备	湖南惟楚福瑞达生物科技有限公司，湖南省益阳市高新区梅林路61号（413000）	袁丹丹、朱希强
CN201620550949.3	一种黄茶加工提香设备	远安嫘祖黄茶有限公司，湖北省宜昌市远安县旧县镇红岩村二组（444200）	高志明、周鹏阳
CN201620924274.4	一种自动恒温的黄茶发酵机	四川川黄茶业集团有限公司，四川省雅安市名山区蒙阳镇茶都大道1号（625100）	张大富、刘羌虹
CN201610773828.X	一种绿茶的制作方法	河源市丹仙湖茶叶有限公司，广东省河源市新市区大同路168号（517000）	陈秀梅、陈燕妮
CN201620132949.1	一种绿茶碾碎机	大闽食品（漳州）有限公司，福建省漳州市龙文区蓝田开发区（363000）	陈宗敏、张远志
CN201620387001.0	一种用于绿茶加工的环保型烘炒装置	湖南会同宝田茶业有限公司，湖南省怀化市会同县宝田乡岩鹰坡（418300）	粟泽煜、唐昌礼
CN201621392418.2	一种绿茶茶饼	福建海雾茶业发展有限公司，福建省宁德市周宁县狮城镇下炉村28号（355499）	徐大明
CN201610509300.1	白茶及其快速陈化方法	广东省农业科学院茶叶研究所，广东省广州市天河区大丰路6号（510640）	马成英、苗爱清
CN201621045682.9	一种白茶成型机	福建省麒麟山茶业发展有限公司，福建省福州市闽清县下祝乡后岭村芝洲洋（350821）	姚朝响
CN201620674081.8	苦丁茶烘干机	贵州四季春茶业有限责任公司，贵州省遵义市余庆县大乌江镇凉风村风吹坝（564404）	张培江
CN201621328197.2	一种工作效率高的花茶加工设备	重庆市神女药业股份有限公司，重庆市巫山县职教工业园区8号楼（404799）	吴翠色
CN201620740760.0	一种文冠果紧压茶制备设备	甘肃长瑞文冠果产业发展有限公司，甘肃省白银市白银区兰包路333号（730900）	师海全

（续）

申请或批准号	发 明 名 称	申请（专利权）人与通讯地址	发明人
CN201620956142.X	一种紧压茶饼的手动开茶装置	西双版纳洪海茶业有限责任公司，云南省勐海县曼真村委会曼打傣村（666200）	陈燕海
CN201621068779.1	一种新型紧压茶的压制装置	云南农业大学，云南省昆明市盘龙区黑龙潭云南农业大学普洱茶学院（650201）	段红星、周红杰
CN201621381275.5	紧压茶切割机	湖南梅山黑茶股份有限公司，湖南省益阳市安化县经济开发区江南工业园（413514）	李建华、陈安社
CN201621480705.9	一种紧压茶模板结构	湖北省农业科学院果树茶叶研究所，湖北省武汉市洪山区南湖大道10号（430064）	滕 靖、龚自明
CN201620842446.3	一种用于生产铁观音的翻炒装置	福建省安溪鹏程茶业有限公司，福建省泉州市安溪县（中国）特产城8幢468—470号（362400）	苏鹏鸣
CN201620937667.9	一种普洱茶蒸汽压饼机	云龙县沧江古树茶厂，云南省大理白族自治州云龙县功果桥镇汤邓村（672700）	李志国
CN201621169707.6	一种可控速的普洱茶茶叶抖筛机	大理大自然茶业有限公司，云南省大理白族自治州大理经济开发区漾濞路277号（671000）	施红梅
CN201621280052.X	一种普洱茶烘制设备	镇沅千家寨印象农产品庄园有限公司，云南省普洱市镇沅县九甲镇和平村蛮崩组（666506）	周 剑
CN201621325672.0	一种普洱茶锅式杀青设备	普洱知味茶厂有限责任公司，云南省思茅市宁洱县宁洱镇敬老院旁（665000）	董竞敏
CN201620809637.X	一种扁形茶炒制机	杭州九仙生物科技有限公司，浙江省杭州市建德市莲花镇齐平村（310000）	许建茹、陈先军
CN201611010033.X	一种扁形茶压造机	贵州湄潭林圣茶业有限公司，贵州省遵义市湄江镇回龙村（564100）	杨秀龙、申 东
CN201621221239.2	一种扁形龙井连续炒制机	湖南胡家园茶业有限公司，湖南省衡阳市耒阳市龙塘镇严江村（421803）	严 军
CN201621270747.X	一种扁形茶炒制机	重庆龙鼎茶业有限公司，重庆市巫溪县城厢镇解放街25号（405800）	张 俊、张绪辉
CN201620688040.4	家禽加工车间鹅毛清洗装置	安徽繁盛禽业有限公司，安徽省六安市霍邱县长集现代农业示范园（237441）	宋德军
CN201620756866.X	家禽脱毛流水线用脱毛机	诸城市朝阳机械有限公司，山东省潍坊市诸城市舜王街道工业园（262200）	祝志刚、杨炳义
CN201620769024.8	一种禽类加工生产线	成都新太丰农业开发有限公司，四川省成都市邛崃市工业集中发展区（610000）	李水源、胡 帅
CN201620840022.3	家禽转动热烫装置	六安龙翔美食王禽业有限公司，安徽省六安市霍邱长集农业产业示范区兴业路（237400）	胡建远
CN201620933059.0	一种用于家禽屠宰的剖腹装置	砀山县霞光鸭业养殖专业合作社，安徽省宿州市砀山县棉花原种场（235300）	张银侠
CN201621210563.4	家禽屠宰流水线专用的拔毛装置	安徽兴牧畜禽有限公司，安徽省安庆市太湖县新城太望路（246400）	韩安定、余学文

（续）

申请或批准号	发 明 名 称	申请（专利权）人与通讯地址	发明人
CN201621333004.2	一种家禽脱毛系统	广州市德馨蜡制品有限公司，广东省广州市白云区太和镇柏塘村松源街6号（510000）	范智勇、范德贤
CN201621409287.4	一种家禽剥胗机	安徽省皖西白鹅原种场有限公司，安徽省六安市金安区北二十铺（237000）	刘国勇、李艳忠
CN201610425207.2	一种肉牛宰杀机器人	永春县庆旺食品有限公司，福建省泉州市永春县达埔镇达理村153号（362612）	潘坚栓
CN201621332164.5	一种肉羊加工用骨头切割机	淮安市宏伟牧业有限公司，江苏省淮安市洪泽县共和镇赵集村一组31号（223100）	王伟伟
CN201610293611.9	一种生猪屠宰设备	佛山科学技术学院，广东省佛山市禅城区江湾一路18号（528000）	刘富来
CN201620242904.X	一种猪肉加工厂猪肉清洗装置	河南黄志牧业有限公司，河南省南阳市邓州市小杨营乡孙庄村（474150）	黄 志
CN201620593036.X	生猪电磁振动劈半机	四川东坡三味农业科技有限公司，四川省眉山市青神县城镇五埂村六组（620400）	张平俊、张元春
CN201620731050.1	一种新型螺旋猪蹄浸烫机	济宁兴隆食品机械制造有限公司，山东省济宁市高新技术产业开发区第十一工业园（272000）	李 伟、李跟成
CN201620840088.2	腊肉熏制装置	云南心成食品有限公司，云南省昆明市高新区城市新光大厦第21—22层A2108（650000）	王 健
CN201621224537.7	肉松生产线用解冻机	湖北香灿灿食品有限公司，湖北省孝感市高新技术开发区六合工业园（432100）	励喜雨
CN201621449188.9	肉松生产设备	江西富龙食品有限公司，江西省宜春市上高县徐家渡镇（336400）	黄有迁
CN201620370815.3	一种应用于绞肉机上的灌肠装置	青岛阜康机电有限公司，山东省青岛市胶南市临港工业园北一环路以北（266400）	王 刚、王延地
CN201620485342.1	一种新型灌肠机	华安波，浙江省金华市永康市西城街道华村蓝天西路139号（321300）	华安波
CN201621005543.3	一种自动化肉肠生产系统	湖南唐人神肉制品有限公司，湖南省株洲市芦淞区古大桥（412002）	付浩华、宁孟军
CN201621373513.8	一种香肠生产用自动撒辣椒装置	郑州润华智能设备有限公司，河南省郑州市高新区合欢北街8号2号楼1楼（450000）	李应生、张 燕
CN201621466770.6	一种香肠灌装机	重庆王滔机械制造有限公司，重庆市九龙坡区含谷镇净龙村二社（401329）	王嘉富
CN201621305152.3	一种火腿压成型装置	金华宗泽火腿有限公司，浙江省金华市婺城区秋滨工业城博联路31号（321016）	刘俊华
CN201621374911.1	一种火腿肠肉馅搅拌装置	得利斯集团有限公司，山东省潍坊市诸城市昌城镇得利斯工业园（262216）	郑乾坤、张洪彪
CN201620476917.3	用于肉制品风干的调控设备	常熟市屠宰成套设备厂有限公司，江苏省苏州市常熟市董浜镇支王璐27号（215500）	张 屹、张 涛

（续）

申请或批准号	发 明 名 称	申请（专利权）人与通讯地址	发明人
CN201620665218.3	一种肉制品微生物发酵装置	南通双龙门食品有限公司，江苏省南通市如皋市搬经镇搬经居十八组（226500）	吴大龙、吴细龙
CN201621258917.2	一种用于肉制品加工的流动式浸腌装置	徐州聪旺食品有限公司，江苏省徐州市睢宁县古邳镇山西村（221000）	花国庆
CN201621453796.7	一种肉制品烘烤装置	江西富龙食品有限公司，江西省宜春市上高县徐家渡镇（336400）	黄有迁
CN201621443258.X	一种酱肉腌制系统	云南农业大学，云南省昆明市盘龙区黑龙潭云南农业大学（650201）	徐志强、普岳红
CN201611069400.3	一种肉类清洗杀菌设备	苏州阿西机器人有限公司，江苏省苏州市吴中区木渎镇金枫路128号5楼A13室（215100）	周秋东
CN201620582925.6	一种肉类搅拌装置	焦作市奥润生物工程有限公司，河南省焦作市修武县小营产业集聚区华芳路南侧（454000）	张国平、刘 涛
CN201621136641.0	一种肉类清洗机	安徽徽之润食品有限公司，安徽省淮南市寿县新桥国际产业园百仓食品产业园内（232200）	王 飞
CN201621276678.3	一种肉类解冻传输装置	成都山海油脂有限公司，四川省成都市郫县成都现代工业港北片区（611731）	蒋太书、吴世平
CN201621257530.5	肉类食品杀菌系统	北京市恒慧通肉类食品有限公司，北京市顺义区高丽营镇金马工业区（101302）	杨海燕、刘国星
CN201621262974.8	肉类烟熏设备	北京西餐食品有限公司，北京市怀柔区庙城镇郑重庄村东（101401）	沈希顺、沈保巍
CN201621238509.0	一种鸡蛋煎炒装置	河南响当当食品有限公司，河南省许昌市许昌县尚集产业集聚区东拓区东航路（461000）	史红星、杨会卿
CN201621368004.6	一种鸡蛋碎壳机	泰兴市立君机械设备有限公司，江苏省泰州市泰兴市珊瑚镇八户村九组（225400）	丁立君
CN201620129027.5	一种咸蛋清洗机	湖北楚大鸭业有限公司，湖北省襄樊市宜城郑集魏岗村湖北楚大鸭业有限公司（441421）	任玉保
CN201620145514.0	一种咸蛋杀菌蒸煮机构	福建光阳蛋业股份有限公司，福建省福州市杨桥东路11号中闽大厦B座16楼（350001）	兰培坚、李国彬
CN201620714076.5	一种咸蛋高效蒸煮装置	瑞昌市溢香农产品有限公司，江西省九江市瑞昌市工业园西园（332200）	何雪平
CN201620379865.8	一种新型蛋类清洗消毒分级一体机	济宁市丰鹏工程设备有限公司，山东省济宁市高新区王因娘娘庙村南（272000）	冯代远、冯德岭
CN201620918246.1	一种酸奶直流灌装装置	济南佳宝乳业有限公司，山东省济南市长清区平安街道明发路1999号（250316）	李 瑜
CN201621046713.2	一种酸奶机	昆山佰生优生物科技有限公司，江苏省苏州市昆山市前进东路科技广场1304室（215000）	喻 扬、刘 帅
CN201621409273.2	酸奶生产装置	重庆光大集团乳业股份有限公司，重庆市巴南区跳石镇大沟村（401301）	郭勇华、孙 丹

（续）

申请或批准号	发 明 名 称	申请（专利权）人与通讯地址	发明人
CN201621035829.6	一种乳制品杀菌装置	宜昌爱牧客乳品有限公司，湖北省当阳市玉阳办事处三里港台村（金桥工业园）(444111)	田维明
CN201620011124.4	一种节水洗鱼机	福州陆雄食品有限公司，福建省福州市长乐市梅花镇桃源工业区（350214）	陈守雄
CN201620199369.4	一种全自动切鱼片鱼骨机	南京妙手机电科技有限公司，江苏省南京市经济开发区恒达路3号101室（210000）	谢 明、杨 曹
CN201620339249.X	一种鱼肉全自动制备装置	舟山腾新食品有限公司，浙江省舟山市普陀区勾山街道新晨路72号（316102）	腾用伟
CN201620857055.9	杀鱼机	珠海市祺海水产科技有限公司，广东省珠海市斗门区乾务镇沙龙工业城7号1楼（519170）	杨映辉、吴新红
CN201620985218.1	一种自适应杀鱼开膛机	湖州天河食品有限公司，浙江省湖州市南浔区菱湖镇振兴南路52号（313018）	马海龙、孙国良
CN201621022369.3	一种鱼类加工V型防倒装置	丹江口市博奥水产品有限责任公司，湖北省十堰市丹江口市樊丹路特666号（442700）	沈均建、张 程
CN201621040614.3	自动洗鱼机	广东厨邦食品有限公司，广东省阳江市阳西县厨邦大道1号（529800）	林建文、何 辉
CN201621058505.4	一种鱼肉采肉机	潜江市昌贵水产食品股份有限公司，湖北省荆州市潜江市龙湾镇荆石路288号（433100）	邹开封
CN201621083492.6	一种切鱼机	东江鱼（资兴）实业集团有限公司，湖南省郴州市资兴市矿工南路1号（423400）	周小文
CN201621159219.7	一种鱼片加工设备	广东湛江海丰水产有限公司，广东省湛江市赤坎区调顺村海洋生态区石牛岭（524000）	黄伟军
CN201621216458.1	一种鱼类分级装置	漳州墁天香食品有限责任公司，福建省漳州市常山开发区梧园管区（363000）	陈天财
CN201610658239.7	一种鱿鱼的带皮剖片和切割装置	浙江海洋大学，浙江省舟山市定海区临城街道长峙岛海大南路1号（316022）	陈小娥、方旭波
CN201620325886.1	鱿鱼切片机	中国水产舟山海洋渔业公司，浙江省舟山市普陀区沈家门街道兴海路1号（316100）	柯 彦、贺舟平
CN201620833579.4	鱿鱼片压延机	大连海大厨食品有限公司，辽宁省大连市甘井子区大连湾街道大房身村（116000）	黄 红
CN201620935629.X	一种鱿鱼加工设备	舟山市普陀明宏机械制造厂，浙江省舟山市普陀区平阳工业区（316100）	何锡宏、吴云康
CN201620388306.3	一种鲍鱼风干加工装置	东山县启昌冷冻加工有限公司，福建省漳州市东山县陈城镇宫前村（363403）	陈顺飞
CN201620532955.6	鲍鱼自动加工生产线	莆田市赤山兴旺水产养殖有限公司，福建省莆田市秀屿区南日镇赤山村43号（351174）	方建华
CN201621223909.4	鲍鱼分级装置	东山县顺来发水产食品有限公司，福建省漳州市铜陵镇大沃社区水仙宫路9号（363000）	谢海鹏

（续）

申请或批准号	发 明 名 称	申请（专利权）人与通讯地址	发明人
CN201620807732.6	一种罗非鱼片的消毒和烘干装置	广东国美水产食品有限公司，广东省湛江市吴川市覃巴镇工业园（524543）	周道志、周飞宇
CN201620807733.0	一种罗非鱼片的漂洗装置	广东国美水产食品有限公司，广东省湛江市吴川市覃巴镇工业园（524543）	曾凤仙、许敏仪
CN201620821254.4	一种罗非鱼片泡水保鲜装置	湛江双湖食品有限公司，广东省湛江市遂溪县遂城镇白泥坡工业区工业南路2号（524399）	林小强、林明波
CN201621479866.6	一种罗非鱼加工去鳞机	湛江市卓成食品机械有限公司，广东省湛江市赤坎区东盛路6号（524043）	符诚斌
CN201610023407.5	一种高品质鱼粉加工装置及其应用	上海海洋大学，上海市浦东新区临港新城沪城环路999号（201306）	王永鼎、田晨曦
CN201620614965.4	一种高效的鱼粉制作机	新昌县城关欣荣轴承厂，浙江省绍兴市新昌县羽林街道拔茅村（312500）	吕相林
CN201621107303.4	一种鱼粉加工生产线	茂名市恒裕生物科技有限公司，广东省茂名市茂南区金塘镇低山（525025）	潘国建
CN201621107345.8	鱼粉加工用送料系统	茂名市恒裕生物科技有限公司，广东省茂名市茂南区金塘镇低山（525025）	黎兆裕
CN201610233128.1	一种皮带式对虾开背装置	河北农业大学，河北省保定市莲池区灵雨寺街289号河北农业大学（71001）	张秀花、王利光
CN201610481358.X	龙虾清洗机	常州伟普电子设备有限公司，江苏省常州市新北区创新大道1—5号（213001）	赵海波
CN201610762040.9	家用小龙虾预处理装置	湖州市吴兴实验中学，浙江省湖州市吴兴区建设路134号吴兴实验中学（313000）	涵 畅、朱忠荣
CN201620330208.4	一种虾蟹类清洗装置	常州信息职业技术学院，江苏省常州市大学城内鸣新中路22号（213164）	陈维艳
CN201620383937.6	大虾清洗、分选及冷冻装置	东山县启昌冷冻加工有限公司，福建省漳州市东山县陈城镇宫前村（363403）	陈顺飞
CN201620820676.X	一种水循环虾仁清洗装置	东山县昌兴水产食品有限公司，福建省漳州市东山县铜陵镇大沃渔港内（363000）	林瑞猛
CN201621386565.9	一种快速降温的对虾加工冷凝装置	广东国美水产食品有限公司，广东省湛江市吴川市覃巴镇工业园（524543）	周道志、李春桃
CN201621396778.X	剥虾机及虾仁加工系统	盐城工学院，江苏省盐城市世纪大道1166号研创大厦（224000）	汤 沛、李扬扬
CN201621477887.4	一种带有清洗功能的虾仁去杂机	湛江市卓成食品机械有限公司，广东省湛江市赤坎区东盛路6号（524043）	符诚斌
CN201621481675.3	一种冲洗离心式虾仁去杂机	湛江市华升机械设备有限公司，广东省湛江市赤坎区椹川大道北81号（524033）	梁爱年、梁元凤
CN201621488412.5	一种熟虾快速冷却装置	广东环球水产食品有限公司，广东省茂名市化州市杨梅工业园工业大道东2号（525129）	钟福德、李志福

（续）

申请或批准号	发 明 名 称	申请（专利权）人与通讯地址	发明人
CN201610128672.X	一种贻贝壳肉分离加工装置	浙江省海洋水产研究所，浙江省舟山市定海区临城体育路 28 号（316021）	朱敬萍、张小军
CN201610717234.7	贝类自动生产设备及方法	乳山华信食品有限公司，山东省威海市乳山市乳山口镇工业园海滨街 6 号（264500）	刘海军、丁玉伦
CN201621017205.1	一种鲜贝素加工离心通风机	漳浦县丰盛生物科技有限公司，福建省漳州市漳浦县佛昙镇东坂村（363200）	杨丽琴、杨春珠
CN201620935024.0	一种贝类自动生产装置	威海正洋海洋生物技术研究院，山东省威海市乳山市乳山口工业园创业一路（264500）	刘海军、丁玉伦
CN201620842597.9	一种海产品拌料装置	连云港海德益食品有限公司，江苏省连云港市赣榆县拓汪镇东林子村（222100）	王 康
CN201620976362.9	一种用于海产品的烘干、杀菌装置	成都科创谷科技有限公司，四川省成都市高新区天府四街 66 号 2 栋 8 层 3 号（610041）	吴 凯、刘 菲
CN201621317386.X	一种海产品冷藏用保鲜装置	方家铺子（福建）海洋生物科技有限公司，福建省莆田市城厢区北磨街 173 号（351100）	魏彩丽

6 第六部分

大 事 记

1 月

7～8 日 “全国粮食流通工作会议”在北京召开。会议全面贯彻落实党的十八大和十八届三中、四中、五中、六中全会精神，深入学习贯彻习近平总书记系列重要讲话精神，认真贯彻中央经济工作会议、中央农村工作会议和中央纪委七次全会精神，全面总结 2016 年粮食流通工作，深入分析粮食流通改革发展面临的新形势，安排部署 2017 年粮食流通重点工作；研究进一步推进粮食系统全面从严治党工作。会议传达学习了国务院领导同志最近对粮食流通工作的重要批示。国家发展改革委党组书记、主任徐绍史出席会议并作重要讲话。国家粮食局党组成员、副局长徐鸣作了工作报告，副局长曾丽瑛作了总结讲话。会议认为，一年来，全国粮食系统紧密团结在以习近平为核心的党中央周围，认真落实党中央、国务院关于粮食工作的决策部署，着力推进粮食流通各项工作，为保障国家粮食安全作出了积极努力。一是面对严重自然灾害粮食流通运行平稳健康。全年各类粮食企业共收购粮食 4 600.0 亿 kg。全年累计销售政策性粮油 592.5 亿 kg，同比增长 216.0%。全国库存粮情总体安全稳定，市场供应数量充足，质量良好，价格总体稳定。受灾地区群众和救灾部队的粮食供应得到有力保障，地方储备粮增储任务基本落实到位。二是“粮安工程”极大增强国家粮食安全保障能力。近年来新建仓容 791.0 亿 kg，其中 2016 年新建近 100.0 亿 kg，粮食现代仓储体系基本形成。近年来，安排中央预算内投资 30.3 亿元支持建设粮食物流设施，形成了一批多功能粮食物流园区。行业信息化建设取得积极进展，粮食质量监测体系进一步健全。三是省长责任制强化了粮食安全的制度保障。各省、自治区、直辖市政府都出台了考核办法，成立了考核工作领导小组，绝大部分省级政府下达了 2016 年粮食安全责任书。四是发展粮食产业经济开拓了粮食流通工作的新空间。山东、湖北粮油加工业总产值超过 3 000.0 亿元，河北、黑龙江、江苏、安徽、河南、湖南、广东、四川等 8 省超过千亿元。五是深化改革为粮食流通工作增添了新的动力。玉米收储制度改革取得突破，行业供给侧结构性改革积极推进，目前市场运行总体平稳。国有粮食企业改革取得新进展，2016 年全国国有粮食企业实现统算盈利 115.0 亿元。会议指出，2017 年是实施“十三五”规划的重要一年，是供给侧结构性改革的深化之年，是粮食流通改革发展、转型升级的关键之年。全国粮食系统要全面贯彻落实党的十八大和十八届三中、四中、五中、六中全会精神，深入学习贯彻习近平总书记系列重要讲话精神，认真落实中央经济工作会议、中央农村工作会议决策部署，牢固树立和贯彻落实新发展理念，主动适应把握引领经济发展新常态，坚持稳中求进工作总基调，以粮食供给侧结构性改革为主线，完善粮食宏观调控体系，提升粮食流通现代化水平，加快粮食行业转型升级，增强国家粮食安全保障能力。重点要抓好以下五个方面工作。第一，要切实把供给侧结构性改革作为粮食工作的主线。继续推进玉米收储制度改革，进一步激活购销主体，保障收购资金，做好防范风险的准备，防止出现大面积“卖粮难”。深入研究完善稻谷、小麦最低收购价政策，加快玉米“去库存”，配合做好扩大燃料乙醇产量和使用区域工作，加大力度支持玉米加工转化，加快政策性粮食竞价交易，鼓励多元主体收粮，鼓励企业和农民多存粮，努力减少政策性库存增量。切实增加有效供给，探索建立“优质优价”的粮食流通机制，引导农民调整粮食品种结构，推动粮食加工业改造提升，增加中高端产品和精深加工产品供应。深化国有粮食企业改革，建立健全现代企业制度，积极稳妥有序发展混合所有制粮食经济，组建跨区域、跨所有制的粮食企业集团，开展全产业链经营。第二，以科技创新为动力推进粮食流通现代化。集中力量再用 3 年左右的时间，基本完成中央和地方两级储备管理的现代化，大力发展绿色储粮、生态储粮。着力提高行业信息化水平，积极实施“互联网＋粮食”，推进粮库智能化、管理数字化、调控信息化、交易网络化，尤其要加快构建国家粮食电子交易平台。着力推行“四散化”运输，发展多式联运，建设物流园区，打通重要节点，加快完善现代粮食物流体系。第三，在深化改革中完善粮食的市场调控体系。完善粮情监测预警系统，健全涵盖国家、省、市、县四级的全系统监测预警体系、预测预警数据模型和粮食安全决策支持系统。完善储备粮吞吐调节机制，发挥好储备粮的“调节器”、“蓄水池”功能。探索形成市场化收购资金保障的长效机制，加强产销区域衔接，促进区域间粮食供求平衡，建立粮食运输协调机制。第四，强化粮食市场监管推进依法管粮。按照“双随机、一公开”要求，运用多种手段加强事中事后监管，建立粮食经营者信用机制。推动《粮食法》立法进程，加快修订《粮食流通管理条例》。切实加强粮食安全省长责任制考核工作组织领导，扎实做好各环节考核，强化考核结果运用。第五，牢牢守住粮食安全的风险底线。始终坚持稳中求进工作总基调，强化底线思维，牢牢守住确保不发生大面积“卖粮难”、确保储粮安全、确保质量安全、确保不断档脱销四条底线，及时有效化解行业风险。

17～18 日 “全国食品生产监管工作会议”在北京召开。会议深入贯彻全国食品药品监管工作和表彰先进会议暨党风廉政建设工作会议精神，全面总结 2016 年食品生产监管工作，部署 2017 年食品生产监管重点任务。各省、自治区、直辖市及新疆生产建设兵团、计划单列市食品药品监管部门代表，国家食品药品监管总局相关司局、直属单位代表，以及有关行业协会、技术机构代表参加了会议。国家食品药品监管总局副局长郭文奇出席会议并讲话。郭文奇指出，过去一年，食品安全监管工作制度建设取得丰硕成果，各项改革创新工作持续深化，食品安全风险防范科学有效，责任落实更加扎实，监管能力得到全面提升，食品生产监管工作取得了新成效。郭文奇强调，2017 年食品生产监管工作要认真贯彻落实党的十八大和十八届三中、四中、五中、六中全会精神，牢固树立以人民为中心的监管理念，严格落实“四个最严”和“四有两责”要求，坚持问题导向和底线思维，坚持清单管理和靶向治理，聚焦突出问题大整治，开展风险隐患大检查，研究把握监管规律，推进实施科学监管，严防、严管、严控食品安全风险，努力构建基于风险管理的食品生产监管检查体系，切实保障广大人民群众“舌尖上的安全”。郭文奇指出，2017 年食品生产监管工作按照“12346”的总体思路，强化措施，整体推进，要求紧紧抓住一条主线，严格落实两个责任，深入推进三项改革创新，突出防控四类风险，并重点抓好六项工作：一是大力实施“两轮驱动”，抓好生产许可与监督检查两方面工作，推进监管工作体系化；二是突出监管“两大重点”，抓好“一高一特”重点食品和“一大一小”重点主体监管，增强风险防范科学化；三是建好用好“两个载体”，加快推进食品生产许可和监督检查电子化管理系统与数据库建设，推进监管工作信息化；四是着力推进“两个转变”，推进食品安全工作重心由体系构建向全面监管转变，监管重点由事前注册许可向事中事后监督检查转变，实现监管工作常态化；五是建好用好“两支队伍”，抓紧建立能够同时承担许可核查和监督检查工作的专业化、职业化检查员队伍，发展培养并逐步形成以协管员、信息员为主体的社会化队伍，提升监管队伍专业化；六是建立健全“两大机制”，加强协同协作，持续改革创新，提升监管工作效能化。会议要求，全系统要加强廉政建设，切实抓学习转作风，严格讲规矩守纪律，抓好队伍廉洁自律，树立食品安全监管队伍的良好形象。

19～20 日 “全国食品经营监管工作会议”在北京召开。会议深入贯彻全国食品药品监管工作和表彰先进会议暨党风廉政建设工作会议精神，全面总结 2016 年食品经营监管工作，深入分析当前面临的新形势，部署 2017 年食品经营监管重点任务。国家食品药品监管总局副局长郭文奇出席会议并讲话。郭文奇指出，2016 年各地食品药品监管部门以全面贯彻实施新《食品安全法》为主线，以体现“四个最严”为遵循，以强化“四有两责”为抓手，坚持问题导向，完善食品经营监管制度体系，强化食品经营许可改革，落实日常监管责任，加强日常监督检查，开展食品安全突出共性问题治理，强化社会共治，坚守住不发生食品安全事故的底线，维护了食品安全稳中向好的局面，各项工作取得明显成效。郭文奇表示，要认真学习贯彻习近平总书记、李克强总理等中央领导同志关于食品安全工作的一系列重要讲话和指示批示，准确把握食品经营监管工作新形势、新任务。要始终坚持将食品安全工作作为重大政治任务来抓；始终坚持将保障食品安全作为全面建设小康社会的重要内容来抓；始终坚持将“四个最严”作为食品经营监管工作基本原则来抓；始终坚持将普通消费安全作为一项重点工程来抓。同时，要清醒认识食品经营监管工作面临的新问题，新挑战。要创新服务，重点突破，积极做好 2017 年的食品经营监管工作。要紧紧围绕深入推进《食品安全法》及其实施条例的落地这条主线；要严格落实经营主体责任和监管部门监管责任，不断强化事前事中事后监管；积极推动监管制度、监管理念、监管手段、监管方式的创新；突出抓好餐饮业质量安全提升工程、开展创建“放心肉菜示范”超市工作、加强学校及周边食品安全监管、开展畜禽水产品专项整治、强化农村食品安全监管和加强网络食品经营监管等 6 项重点工作。各省、自治区、直辖市及新疆生产建设兵团，国家食品药品监管总局相关司局、直属单位代表，以及有关行业协会、技术机构代表参加了会议。

2 月

16～17 日 “全国食品安全抽检监测和预警交流工作会议”在北京召开。会议深入学习贯彻全国食品药品监督管理工作和表彰先进会议暨党风廉政建设工作会议精神，全面总结 2016 年抽检监测和预警交流工作，研究部署 2017 年抽检监测预警交流重点工作。国家食品药品监管总局副局长郭文奇出席会议并讲话。郭文奇指出，2016 年全系统运用风险管理的原则和手段，坚持严字当头、实字托底，形成了食品安全抽检监测计划制定、抽样检验、信息公布、核查处置与统计分析的工作闭环，建立起覆盖全国、分工合理、权责明确、四级联动的抽检监测和预警交流工作体系，各项工作取得了明显成效。郭文奇要求，2017年食品安全抽检监测和预警交流工作要认真贯彻落实全国食品药品监督管理工作会议精神，严格遵循“四个最严”和“四有两责”要求，做好坚持问题导向抓好质量安全大抽检等重点工作，推动抽检监测、预警交流各项工作再上新水平。一要健全制度机制，采取强有力的措施推进四级联动工作；二要推动食用农产品抽检工作全面落实；三要打造国家、省、市、县四级的食品抽检信息公布矩阵；四要优化核查处置工作机制；五要强化预警交流工作体系建设；六要增强数据分析能力，提高数据成果转化。各地要认真按照国家食品药品监管总局统一部署，提升监管效力，抓好食品安全，为“两会”召开做好食品安全保障。同时，要进一步抓好党风廉政和干部队伍建设，坚持廉洁自律，用敬畏守住廉政红线。各省、自治区、直辖市及新疆生产建设兵团食品药品监管局、国家食品药品监管总局相关司局、直属单位，以及有关行业协会、技术机构代表参加了会议。

23～24日 “全国食品药品科技标准工作会议”在北京召开。会议深入学习贯彻党的十八届六中全会、全国食品药品监督管理工作和表彰先进会议暨党风廉政建设工作会议精神，全面总结2016年食品药品科技标准工作，分析研判当前形势，研究部署2017年重点任务。国家食品药品监管总局副局长孙咸泽出席会议并讲话。孙咸泽指出，2016年全系统科技标准工作认真落实“四个最严”和“四有两责”要求，按照“一标准三支撑”的思路，坚持服务于监管体系建设大局，推动监管方法手段创新，在顶层设计上不断加强，在制度建设上日趋完善，在“食品安全关键技术研发”、“药物一致性评价关键技术与标准研究”、食品安全国家标准制修订、提升检验检测能力、推进监管信息化建设等重点工作方面取得突破，实现了“十三五”的良好开局。同时，深入分析了在食品药品监管严峻形势下，科技标准工作面临的机遇与挑战。强调了在推进技术支撑提高监管效能上，科技引领、标准管理、检验机构能力提升、信息化建设都是不可或缺的重要手段，必须充分认识其重要性和紧迫性。孙咸泽要求，2017年的科技标准工作要围绕总局部署的九大任务，坚持“一个主题——支撑监管工作”、“一条主线——提高能力水平”、“一个原则——以人民为中心”，全方位把科技、标准、检验检测、信息化各项工作做实做细，抓得紧而又紧，为食品药品安全监管工作提供更高水准的技术支撑。一是要“有的放矢”，服务监管重点工作做好技术支撑；二是要“内增活力”，推进科技标准基础工作大发展；三是要“注重联动”，加强系统内外的协调沟通。对科技标准全体工作人员提出要树立正确的政治观、准确的大局观、明确的责任观、积极的学习观、开放的宣传观、严肃的廉洁观，胸怀全局，确保各项任务落到实处。

27日 “国家畜禽养殖废弃物资源化处理科技创新联盟成立大会”在北京召开。农业部副部长于康震在会上强调，要深刻领会习近平总书记在中央财经领导小组第十四次会议上的重要讲话精神，充分认识畜禽养殖废弃物资源化处理的特殊意义，准确把握创新联盟肩负的特殊使命，努力构建创新联盟高效运转的特殊机制，主动作为，勇于担当，加快推进畜禽养殖废弃物资源化处理进程。于康震指出，畜禽养殖废弃物资源化处理事关畜牧业的持续发展和有效供给，事关6亿多农村居民的生产生活，事关农村能源革命和节能减排，事关土壤地力改善和农业面源污染治理。加快推进畜禽养殖废弃物资源化处理，着力解决好养殖污染问题，是落实以人民为中心的发展思想的重要举措，是回应人民群众热切期盼的重要体现。成立国家畜禽养殖废弃物资源化处理科技创新联盟，责任重大，使命光荣。于康震强调，联盟各成员单位要因地制宜，多措并举，引导和鼓励各类生产经营主体探索适合不同地区的畜禽养殖废弃物资源化处理模式，全面提升畜禽养殖废弃物资源化处理的技术水平；要协同攻关，切实发挥联盟的“产、学、研、推”大联合、大协作特点，加快推进关键、核心、重大科技的研发和联合攻关，破解畜禽养殖废弃物资源化处理的关键难题；要加强调研，围绕重大课题总结典型模式，提炼有效措施，为制定政策提供依据；要夯实基础，尽快制定畜禽养殖废弃物资源化处理的相关标准；要搭建以企业为主体、市场为导向、产学研推相结合的创新体系，率先将提炼孵化的好技术、好模式示范推广应用，切实成为畜禽养殖废弃物资源化处理“排头兵”。于康震要求，联盟要坚持目标导向，切实把任务抓在手上、扛在肩上；要坚持政策激励，项目、资金向真抓实干的单位和养殖场倾斜；要坚持合作共赢，构建目标一致、优势互补、信息共享、利益共享的运行机制；要坚持人才至上，打造引领畜牧业绿色发展的优秀团队；要坚持广泛宣传，营造畜禽养殖废弃物资源化处理的良好氛围。会议选举产生了联盟理事会，联盟各成员单位共同发布了《国家畜禽养殖废弃物资源化处理科技创新联盟倡议书》。

3 月

21日 “全国绿色食品、有机农产品座谈会”在浙江杭州召开。农业部总畜牧师马爱国在讲话中强调，要坚守优质、安全、环保的产品定位，满足中高端市场需求、参与国际市场竞争的市场定位，促进农业可持续发展、农产品质量安全水平提升、农业品牌战略实施的工作定位，加快提升认证的权威性和影响力，深入推进品牌化战略，准确把握消费预期，使绿色食品和有机农产品成为优质农产品供给的“主力军”和引领消费的“风向标”。会议指出，绿色食品和有机农产品要始终保证标准科学先进、审查严谨规范、监管严格到位，在保护农业生态环境、推动农业绿色生产、推进农业标准化和品牌化战略、促进农民持续增收方面继续发挥领跑、示范、带动作用。会议强调，当前和今后一个时期，绿色食品和有机农产品工作要坚持稳中求进的指导思想，以加快提升权威性和影响力为目标，以改革创新为动力，以提质量、稳发展、强示范、树品牌为重点，扎实落实标准化生产，持续加强品牌建设。一要完善标准，保持先进，筑牢权威性的前提。始终瞄准国际先进水平，坚持标准水平定位和制标原则，重点对产地环境标准和肥料使用准则开展跟踪评价研究，加快推进各类生产技术规程制定。二要严格审核，从严把关，夯实权威性的基础。强化实质审查，重点审查投入品使用、现场检查报告和检测报告的有效性，将风险评估贯穿于审查工作各个环节。三要从严监管，防控风险，巩固权威性的保障。将绿色食品、有机农产品质量抽检纳入各地例行监测、执法抽查、风险评估监测范围，加大对重点地区、重点行业、重要时段、重点产品的抽检力度，依法坚决打击标志侵权、假冒、不规范用标等现象和行为。四要加强宣传，促进贸易，提升品牌市场影响力。通过展示展览活动，搭建公共贸易和宣传展示平台；通过开展国际交流与合作，扩大品牌的国际影响力和竞争力；通过多种形式和手段，激活市场、搞活流通、促进消费、拉动生产。五要强化示范，提升品牌社会影响力。创建一批模式好、有影响的示范基地，创新基地管理方式，建立退出机制。六要巩固体系，建好队伍，提高服务能力和水平。按照“体系健全、业务精通、管理规范、运转高效”的要求，重点加强标志监管员队伍建设，建立检测机构退出机制。

23～24 日 “全国食品药品稽查工作会议”在北京召开。会议传达学习党中央、国务院对食品药品执法办案工作的要求，认真贯彻落实全国食品药品监督管理暨党风廉政建设工作会议精神，全面总结一年多来食品药品稽查工作，深入分析形势，部署 2017 年重点工作。国家食品药品监管总局党组成员、副局长孙咸泽出席会议并讲话。会议指出，过去一年多来，全国各级食品药品稽查部门发挥不怕吃苦，敢打硬仗的务实作风，以全面贯彻落实“四个最严”为主线，以查处大案要案为抓手，对违法犯罪行为始终保持高压态势。2016 年全系统共查办案件 293 309 件，没收违法所得 2.4 亿元，罚款 23.9 亿元，捣毁制假售假窝点 683 个。与 2015 年相比，案件数量下降了 17.0%，但大要案数量明显增加，没收违法所得增长 16.0%，罚款增长 47.0%，充分发挥了稽查震慑作用，维护了食品药品安全稳中向好局面。会议强调，面对新形势、新要求，各级食品药品稽查部门要从“大稽查”角度牢牢把握稽查在监管工作中的重要地位，准确认识经济社会形势新变化、违法犯罪新特点、稽查队伍新情况带来的三个挑战，深刻领会党中央、国务院对食品药品执法办案工作的期许和要求，从落实党的十八届六中全会精神，执行党的政治纪律和政治规矩的高度准确理解稽查的职责和使命，严字当头，勇于担当，严厉打击食品药品违法犯罪行为，振士气、显权威，切实发挥稽查的“钢刀利刃”作用，确保公众饮食用药安全。会议要求，全国食品药品监管系统要围绕总局部署的任务，重点做好以下几项工作：一是积极查办大案要案，让败德违法者受到惩治；二是加强稽查执法协查协作，进一步提高办案质量和水平；三是大力推进案件信息公开，严格案件审核；四是加强稽查人员执法能力培训，规范稽查执法，激发办案积极性，进一步提升稽查队伍能力水平。

29 日 “国家农产品加工技术研发体系暨农业部农产品加工标准化技术委员会 2017 年工作会议”在北京召开。农业部农产品加工局副局长马洪涛出席会议并讲话，研发体系工作委员会、标委会主任、副主任委员等参加了会议。马洪涛副局长指出，“十二五”以来，研发体系在科技创新、技术推广、成果转化、人才培养和标准化工作等方面均取得了明显进步，基本实现了科技创新体系“从建到用”的转变，初步形成了大联合、大开放、大协作的创新格局。研发体系已经成为我国农产品加工科技创新的一支重要力量，为农产品加工业持续健康发展做出了突出贡献。马洪涛强调，为进一步发挥产学研科技协同创新作用，适应科技创新改革要求，农产品加工科技创新体系建设要转变发展思路，主动进行“转型、换脑”，政府部门主要以制定政策、营造环境、搭建平台为主，要更多地发挥企业的创新主体作用。对于 2017 年研发体系和标委会重点工作，马洪涛提出了五个方面的要求。一是加强体制机制创新。强化工作委员会领导下的国家中心、专业委员会负责制，根据产业发展的需要，增补专业分中心，特别是技术研发能力强、参与积极性高的行业领军企业分中心，加快培育一批青年科技创新后备人才。二是加强信息共享共建。重点要办好国家农产品加工技术研发体系网站和微信公众号，建成有政府背景、商业化运作的全国最大的农产品加工科技创新网络平台。三是加强科技资源整合。在农业科技创新体系框架下，按照“基础研究、应用研究、集成示范及转化推广”四位一体全链条构建农产品加工科技创新体系。四是加强联合协同创新。要把重点放在技术装备的集成、示范、推广和转化上，在农业产业技术体系框架下，组织相关产业加工领域岗位专家，针对制约行业发展的关键、共性技术装备瓶颈问题，开展联合攻关和协同创新。五是加强标准化工作。继续对标准体系进行梳理，加强标准人才队伍建设，强化标委会在体系建设、标准制修订、标准宣贯、标准跟踪、官方评议、加工质量舆情监测等方面的作用。会议部署了国家农产品加工技术研发体系和标委会2017年重点工作，与会代表围绕农产品加工创新体系建设、人才队伍培养、科技协同创新、成果转化推广、标准化工作等进行了深入的交流和研讨。

4 月

17日 “全国农产品加工业发展和农业品牌创建推进工作会”在河南郑州召开。农业部部长韩长赋、河南省省长陈润儿出席会议并讲话。韩长赋强调，加工业是农业品牌建设的基础，只有加工业做好了，唱响品牌才有底气；品牌引领和驱动加工业的发展，只有品牌做好了，加工业才能做大做强。大力推进农产品加工业发展和农业品牌创建，是一项必须长期抓经常抓认真抓的战略性任务，是农业农村创新的领域。各级农业部门要认真贯彻落实中央的决策部署，以高度的责任感、使命感和紧迫感，进一步理清思路、明确目标，突出重点、狠抓落实，为农产品加工业强起来、农业品牌亮起来、广大农民富起来，做出新的更大的贡献。会议指出，发展农产品加工业是推进农业供给侧结构性改革的重要抓手，是破解农产品卖难滞销、促进农民增收的重要途径，是推进农业现代化、建设农业强国的重要支撑。当前，我国城镇化、工业化快速推进，新消费主体、消费模式不断涌现，现代工业技术不断向农业领域渗透，加快发展农产品加工业面临难得的历史机遇。城镇居民消费需求快速升级，为加工业发展提供了强大动力；工业化的快速发展，为加工业转型升级提供了有利条件；农业规模化经营快速发展，为加工业奠定了坚实基础。发展农产品加工业要求紧迫、条件具备、机遇难得，到了必须加快发展的历史阶段。会议强调，推动农产品加工业大发展，在思路上要坚持以改革为动力，以市场需求为导向，创新产业发展体制机制，尊重企业和农民主体地位，共同做大市场“蛋糕”；坚持以增加农民收入为核心，推动产业向中高端迈进，让加工增值收益更多地留在主产区、留给农民；坚持以转变发展方式为引领，推动数量增长向质量提升、要素驱动向创新驱动、分散布局向集群发展转变；坚持以绿色发展为方向，强化环境、质量、安全、卫生标准的约束作用；坚持以一二三产业融合为路径，围绕消费谋加工，围绕加工谋生产，促进产加销一体化发展。在发展目标上，到2020年，加工业与农业产值提高到2.4：1，加工转化率提高到68.0%；到2025年，加工转化率达到75.0%，结构布局进一步优化，自主创新能力显著增强，基本接近中等发达国家水平。在推进过程中，要立足“农”的发展定位，突出“企”的发展主体，遵循“融”的发展路径。重点做到：优化区域布局，大力推进加工业向重点区域聚集发展；培育壮大主体，大力推进利益联结机制创新；调整产业结构，大力推进农产品加工重点领域加快发展；强化科技支撑，大力推进公共关键技术装备攻关；强化组织保障，大力推进政策落实。会议指出，品牌就是信誉，就是信用，就是信任。农业品牌贯穿农业供给体系全过程，覆盖农业全产业链全价值链，是农业综合竞争力的显著标志。当前，我国已进入质量兴农、品牌发展的新时代。品牌成为农业竞争力的核心标志，成为农业产业体系的重要引领，成为提高市场号召力的重要抓手。未来5～10年，将是中国农业品牌发展壮大的黄金时期，将有越来越多的中国农业品牌闪亮登场，跻身国际舞台，丰富中国百姓和世界人民的餐桌，向世界展示中国农业的发展力量。会议明确推进品牌要与种养加紧密结合，以品牌覆盖带动种养加发展，用品牌覆盖农业全产业链条，打造区域品牌、企业品牌、产品品牌“新三品”，促进种养加上水平、农业质量效益全提升。要与优势区相结合，打造区域公用品牌；与安全绿色相结合，打造产品品牌；与原料基地相结合，打造企业品牌。要重点在“三区一园”中创建，抓好标准完善和协同管理，构建和完善品牌发展机制，多种形式提升品牌营销能力。会议强调，特色农产品优势区创建工作是培育发展新动能的重大举措，也是农业供给侧结构性改革的重要抓手。各级农业部门要抓紧研究部署，加快贯彻落实；抓紧摸清情况，明确创建目标；抓紧制定创建标准，实行先建后补。会议由农业部副部长陈晓华主持。农业部副部长屈冬玉、党组成员叶贞琴，河南省副省长王铁等出席会议。河南、甘肃、湖北、黑龙江、山东和广西等六个省、自治区的代表在会上做了发言。会议代表还考察了三全食品股份有限公司、好想你枣业股份有限公司、雏鹰农牧集团等企业，会议还举办了“中国农业品牌发展论坛”。

20～21日 由中国食品科学技术学会（CIFST）与国际食品科技联盟（IUFOST）共同主办的“2017年国际食品安全大会”在北京召开。本次会议以“食品安全与健康并行”为主题，延续前七届会议成果，以国际视角和权威、科技为主线，准确对应当下食品安全与健康两大热点。国家食品药品监管总局副局长郭文奇，中国科协党组副书记、副主席、书记处书记徐延豪，工业和信息化部消费品工业司司长高延敏，科技部农村科技司巡视员王喆，农业部农产品质量安全监管局副巡视员黄修柱，中国轻工业联合会副会长贾志忍等大会支持单位的领导出席开幕式并致辞。大会主办方中国食品科学技术学会理事长孟素荷教授在致欢迎词时表示，中国的食品安全，历经2008年三聚氰胺事件的打击与起伏已走过9年。中国食品科学技术学会携手国际食品科技联盟，以共同破解中国食品安全困局为初衷而召开的国际食品安全大会，已连续举办八届。她回顾了大会为促进中国食品工业的发展所留下的足迹。8年间，国际食品科技联盟组织了上百位国际知名专家，年复一年地来到中国，使我们有了一个快速借鉴和分享全球食品安全理念、经验、教训和科学积累的通路；亦让全球同行有了一个真实观察、理解和客观评价中国食品安全的视角；8年间，我国食品科技界为国分忧，以前所未有的力度，聚集起强大的、跨学科、跨部门的专家阵容，用长期的科学积累凝练“学术界共识”，在风险评估与危机应对、风险交流与公众科普、法规与标准体系建设等科技含量高、专业性强的领域，付出了巨大心力，发挥了不可替代的功能，从而形成了科技对食品安全独立、客观的整体话语权，并逐渐培育出一批代表学术界，专业、权威，在夯实中国食品安全科学基石的重要历史阶段，完成了我们自身的使命和阶段性目标。本次会议以“食品安全与健康”为目标，对应中国食品工业正在进行深刻转型与价值提升的需求变化，大会邀请了来自中国、美国、英国、德国、印度、荷兰、澳大利亚、菲律宾等12个国家和地区的67名国际知名专家及食品企业家进行了62个专题发言和现场交流，同时还邀请到国家食品药品监管总局主管部门领导，深入解读婴幼儿配方奶粉的注册、保健食品等特殊食品的政策与法规等行业热点，这些与企业界进行面对面的探讨与沟通，力求科学地诠释和破解中国食品安全与健康中的诸多新命题，对中国食品与营养安全形成科技支撑。大会开幕式由中国食品科学技术学会副理事长、北京工商大学校长孙宝国院士主持。在会间的两场大会报告上，包括陈君石、吴清平两位中国工程院院士在内的，来自国家食品药品监管总局食品安全监管三司、国家质量监督检验检疫总局进出口食品安全局、国家食品安全风险评估中心、世界卫生组织、联合国工业发展组织、AOAC国际、美国农业部、加拿大卫生部食品局等单位的十余位中外专家，就我国食品安全监督抽检情况、进出口食品安全监管体系构建、食品安全信息交流、食品掺假、诺如病毒的研究、贸易全球化下的食品安全与健康、全产业链管理、国际标准化检验技术等内容，进行了深入交流。

25日 “中国绿色食品溯源平台启动仪式”在北京举行。农业部总畜牧师马爱国、农业部农产品质量监管局副局长金发忠、中国绿色食品发展中心主任王运浩、包头市人大常委会副主任王章出席了启动仪式，中国绿色食品发展中心副主任陈兆云主持仪式。中国绿色食品发展中心授权福建追溯科技公司开展“绿色食品追溯品平台”项目，旨在利用互联网技术和模式，在绿色食品产品信息溯源、企业信息宣传以及市场品牌推广方面做出的一次新尝试和新突破。本次启动仪式的召开，标志着绿色食品溯源平台正式投入使用。平台为绿色食品企业在品质监控、物流监管、市场影响上将起到积极的促进作用，为绿色食品消费者提供溯源追踪、消费引导等便利服务，在互联网和商贸领域开创新的发展局面，进一步提升绿色食品的权威性和影响力。启动仪式上，首批试点企业代表在平台应用效果、市场功能扩展等方面进行详细讲解和应用演示。还对首个试点城市包头、首批试点企业新疆麦趣尔、好想你枣业、福建泉岩茶业等企业进行了授牌。包头市作为首个试点城市，与中国绿色食品溯源平台建立战略合作关系，在当地建立“中国绿色食品溯源平台区域运营中心”，更好的服务包头及周边区域绿色食品企业，加速包头绿色产品“走出去”的步伐，促进包头市绿色食品溯源事业的快速发展。农业部总畜牧师马爱国发表讲话，对溯源平台的建设给予了肯定与支持，并指出，中国绿色食品溯源平台的建立标志着绿色食品的管理借助信息化的手段，通过平台的运行迈上了一个新的台阶。中国绿色食品溯源平台作为第三方绿色食品溯源机构，既具备权威性，又兼具市场化运作。通过全流程溯源，让消费者清楚明白地看到产品的生产基地、原料等全过程，赢得消费者的信赖，从溯源到电商再到金融是中国绿色食品溯源平台未来的三大发展方向。马总师还表示，中国绿色食品溯源平台的建立，能让消费者看得到，摸得着，买得放心，吃得安心。对于企业来说，能够增强企业的自律，不折不扣地按照绿色食品生产的标准来生产，培育打造企业自身的品牌，从而提升产品销量。中国绿色食品发展中心主任王运浩表示，绿色食品紧跟“互联网+”的国家战略，积极推进事业信息化发展。溯源平台搭建企业与消费者信任的桥梁，在互联网和商贸领域开创新的发展局面，希望绿色食品企业充分利用好这一平台来拓展市场，平台要加强服务、主动对接，更多地汇集商流、聚集人气，形成更广泛的市场影响力，在农业和食品领域更好地唱响品牌。绿色食品工作机构相关负责人、绿色食品生产加工企业的代表以及部分绿色食品协会理事会代表、会员和新闻媒体参加了启动仪式。

5 月

9 日 农业部办公厅印发《关于加强农产品加工技术集成科研基地建设的指导意见》（以下简称《意见》），部署开展农产品加工技术集成科研基地建设工作。《意见》指出，要准确把握基地建设目标要求。围绕粮油、果蔬茶、畜产品和水产品等农产品加工重点领域，依托国家农产品加工技术研发体系及具有较强研究基础的科研机构，建设技术集成科研基地，开展共性关键技术工程化研究和核心装备创制，形成集成度高、系统化强、能应用、可复制的农产品加工工程化技术研究与产业化应用示范平台。“十三五”期间，在农产品初加工、主食加工、精深加工和副产物综合利用等方面，支持建设 36 个技术集成科研基地，提升农产品加工集成创新能力，技术装备取得较大突破、加工过程节能减排成效明显，技术服务能力显著提升，为建设技术先进、竞争有力、服务高效的农产品加工技术创新体系夯实基础。《意见》强调，基地建设要坚持四项原则：一是坚持国家战略，需求导向。根据国家战略需求，针对行业突出问题，结合市场需求实际，开展基地建设，解决共性关键技术装备难题。二是坚持自主研发，技术集成。大力开展自主研发，应用现代智能制造等技术，开展技术工程化研究和装备创制，推进技术集成与融合创新。三是坚持联合合作，协同创新。推进科研院所、高等院校、企业等单位建立“产学研推用”合作机制，积极开展协同创新和科研成果示范推广应用。四是坚持政府引导，市场主体。强化政府引导作用，充分发挥市场各类主体作用，鼓励各类经营主体、社会资本参与或独立建设技术集成科研基地。《意见》要求，要突出基地建设重点任务。针对农产品产后损失严重、综合利用率低、物耗能耗高、自动化程度低、风味与营养成分损失大等问题，建立由原料处理、加工制造、加工后处理等功能模块组成的柔性加工技术研究试验平台，开展自主研发设备性能测试与改进、选型设备适应与改进、进口设备吸收转化、工程化工艺完善与优化、工艺路线自动控制系统改进，以及生产环节的节能减排、节本降耗、产品质量控制等技术集成研究与应用。

17～18 日 “大型食品生产企业落实食品安全主体责任南方片区工作推进会”在江苏省苏州市召开。来自我国南方地区的江苏、上海、广西等省、自治区、直辖市的食品药品监管部门相关人员、行业协会负责人和部分大型企业代表共聚一堂，讨论交流发挥大型食品生产企业标杆和引领作用工作经验。国家食品药品监督管理总局副局长郭文奇出席会议并讲话。郭文奇指出，抓好大型食品生产企业监管是食品安全工作的重要内容，也是推动提升食品行业总体水平的重要举措。当前我国食品安全形势依然严峻，食品安全处于易发多发期，大型食品企业主体责任，必须落到实处。郭文奇强调，大型企业必须正确看待、准确把握、严格落实主体责任，要健全食品安全法律法规，设置食品安全管理机构，配备食品安全管理人员，确保企业食品安全管理“有制度、有机构、有人员、有能力”，形成科学完整的责任运转链条和责任追究机制。监管部门需明确监管思路，督促大型企业主体责任落地，要看重、用好、支持行业组织，充分发挥好社会组织、新闻媒体等的社会监督作用，应深入剖析大型企业的特点、风险难点及监管重点，创造性地开展工作，推动实现食品安全风险联防联控。监管部门要通过行业协会了解重点食品行业特点，建立重点食品安全清单，把地方实际、企业实际和行业实际有机结合，规范企业管理、强化行业自律，共同防范食品安全风险，形成食品安全社会共治的良好氛围。会议期间，与会人员就大型食品生产企业落实食品安全主体责任进行了经验分享和讨论交流，还参观了苏州顶津食品有限公司和惠氏营养品（中国）有限公司，现场观摩了两个企业落实食品安全主体责任工作经验。

21～22 日 “全国粮食局长座谈会”在安徽省凤阳县召开。国家发展改革委党组成员、国家粮食局党组书记、局长张务锋主持会议，各省、自治区、直辖市粮食局长参加会议。会议听取各地对粮食流通改革发展重大问题的意见建议，对认真落实“七个突破口”等重点任务、全力抓好粮食系统安全工作、加快发展粮食产业经济、着力构建粮食流通改革发展的“四梁八柱”提出明确要求。张务锋强调，当前粮食流通改革发展任务艰巨繁重，要进一步凝聚共识，审时度势，统筹谋划推进各项重点工作，努力开创粮食流通改革发展的新局面。第一，坚持抓重点、出亮点，全力做好“七个突破口”等相关工作。全国粮食流通工作会议确定的五个方面总体安排和“七个突破口”，抓住了粮食流通改革发展的关键，是当前和今后一个时期的工作重点。要加强谋划研究和推进落实，最大程度争取各方支持，用好用实项目资金等扶持政策，做成一批中央认可、社会赞许、基层欢迎、群众受益的大事、好事、实事，全力打造粮食流通改革发展的亮点。第二，坚持问题导向和底线思维，坚定不移做好粮食系统安全工作。要认真落实总体国家安全观，牢固树立安全发展意识，自觉把安全工作放到粮食流通改革发展大局中研究部署，进一步完善制度、压实责任，加强监督、严密防范，全力以赴“抓好两个重点、守住四条底线”。即抓好安全储粮、安全生产这两个重中之重，确保不发生大面积农民“卖粮难”、不发生粮食供应断档脱销和价格大幅波动、不发生粮食质量安全事故、不发生腐败问题。当前，南方各省市陆续进入汛期，要全面排查治理隐患，做好灾情预警监测和防汛排涝准备，严防各类事故发生，确保粮食安全度夏度汛。第三，坚持围绕中心、服务大局，加快构建起粮食流通改革发展的“四梁八柱”。要从党和国家工作大局出发，主动想大事、议大事、谋大事，抓住“提纲挈领”、“纲举目张”的事项，抓出一批“打起定盘星”的大事实事。要巩固放大玉米收储制度改革成效，不断完善小麦、稻谷最低收购价政策，健全市场形成价格机制，加快实现优粮优价，更好地满足消费提档升级需要。要加快粮食立法修规，完善依法治粮、依法管粮的法律体系，为加强粮食流通管理、保障国家粮食安全提供强有力的法律支撑。要适应市场化改革形势，加快推进粮食流通监管改革，创新监管机制，转变监管方式，加快提高监管效能。当前要加强对粮食“去库存”的全程跟踪监管，确保国务院确定的库存消化任务顺利完成。要扎实开展粮食安全省长责任制考核工作，确保“首考”圆满。要加强研究论证，科学界定部门责任，进一步完善2017年度考核方案，增强考核的针对性和实效性，更好地发挥考核“指挥棒”作用。要统筹谋划粮食行业转型发展和粮食产业转型升级，努力打造粮食宏观调控的有力载体。第四，坚持高点定位、协同推动，大力发展粮食产业经济。要充分认识发展粮食产业经济对于解决粮食供求结构性阶段性矛盾、推动产业转型升级、培育发展新动能、扩大就业、促农增收等方面的重要意义，全力做好发展粮食产业经济这篇大文章。要精心筛选一批先进典型，认真总结可复制、可借鉴的鲜活经验，加强宣传推广，形成发展合力。

6 月

5日 农业部办公厅印发《关于认真总结宣传农产品加工业发展典型经验的通知》，要求各级农产品加工业管理部门要集中一段时间，深入企业和生产一线，认真开展调查研究和总结宣传一批农产品加工业发展典型经验，以点带面，加快推进农产品加工业转型升级。《通知》指出，我国农产品加工业取得长足发展，涌现出了一大批优势规模企业、加工集聚园区和加工大县（区、市），及时总结梳理一批符合时代特点、代表农产品加工业发展水平和发展方向的典型，加强宣传推介，发挥其示范带动作用，有利于促进农产品初加工、精深加工及综合利用协调发展；有利于统筹兼顾原料基地、加工流通、电子商务、餐饮体验等上下游产业；有利于推动农产品加工业与休闲旅游、文化创意、教育科普、养生养老等产业深度融合，推进农村一二三产业融合发展。《通知》要求，各级农产品加工业管理部门要深入生产一线，宣传解读国家支持农产品加工业发展的政策，了解贯彻落实情况，掌握行业诉求；深入上下游环节，了解产业链、价值链的连接机制；深入各类服务机构，了解行业的外部看法、扶持重点和不利因素等。针对本省、自治区、直辖市的主导优势品种，按照“一企一业”、“一园一业”、“一县一业”三个类型，认真梳理遴选代表本地农产品加工发展水平和发展特点的典型案例，形成研究报告和典型经验材料；同时，提出切实可行的对策建议，尽快纳入本地农产品加工业发展的实施意见；《通知》强调，各地要采取多种形式，宣传推介农产品加工业发展典型案例，扩大典型案例的社会影响力；要加强学习交流，不断提高典型案例的示范带动效果；要综合运用财政、税收、金融等政策工具支持典型案例发展，加快形成舆论合力、政策合力和工作合力，有力推动我国农产品加工业持续稳定健康发展，为农业强起来、农村美起来、农民富起来作出更大贡献。

6日 “全国粮食系统安全工作会议”在京召开。会议主要任务是，深入实施总体国家安全观和国家粮食安全战略，认真贯彻习近平总书记关于粮食安全的一系列重要讲话精神和李克强总理关于粮食流通工作的重要指示批示精神，总结粮食系统安全工作情况，交流典型经验，分析粮食安全工作面临的新形势、新任务、新要求，部署进一步推进粮食系统安全工作的措施意见。国家发展改革委党组成员、国家粮食局党组书记、局长张务锋出席会议并讲话。张务锋指出，在党中央、国务院和国家发改委党组的坚强领导下，全国粮食系统认真落实国家粮食安全战略，深化改革、完善政策，健全制度、加强监管，各项安全工作取得明显成效。但要清醒地认识到，当前粮食系统安全工作面临许多新情况、新问题，我们要善于运用底线思维，强化问题导向，进一步增强做好粮食系统安全工作的思想自觉和行动自觉。张务锋要求，要突出“两个重点”、守住“四条底线”，夯实安全基础，为粮食流通改革发展创造良好环境。突出“两个重点”，就是突出抓好安全储粮和安全生产两个重中之重。一要关口前移，源头管控。必须坚持标本兼治、重在预防，组织涉粮企业逐一落实管控措施和监管责任。以“一规定两守则”为重点内容，实施好安全培训全覆盖。加强安全守则执行情况的监督检查。积极采用绿色生态储粮技术，做到“人防、技防、物防”紧密结合。二要全面排查，消除隐患。要树立“隐患就是事故”的危机意识，强化排查治理，健全长效机制，坚决把问题消灭在萌芽状态。集中消除隐患存量，坚决防止隐患增量。三要突出重点，专项治理。要坚持因地制宜、分类指导，认真分析本地气候特点、设施状况、管理基础和事故规律，选定若干重点领域和关键环节，切实打好专项治理攻坚战。四要压实责任，到岗到人。严格执行《粮油储存安全责任暂行规定》，切实做到“谁储粮、谁负责，谁坏粮、谁担责”。强化安全生产属地管理，按照“管行业必须管安全、管业务必须管安全、管生产经营必须管安全”的要求，加强行业指导和监督检查。守住“四条底线”，就是坚决守住粮食收购、粮食供应、粮食质量和廉洁从政从业的底线。一是抓好粮食收购，认真落实小麦和稻谷最低收购价执行预案，切实肩负起统筹组织本地区粮食市场化收购的主体责任，坚决防止发生农民“卖粮难”。二是保障粮食供应，建立健全中央储备与地方储备协同运作机制，加强粮食产销合作、监测预警和应急保障，坚决避免出现脱销断档和市场剧烈波动。三是加强质量管理，加快修订完善粮食质量标准，加强粮食质量安全检验检测体系建设，严格把好政策性原粮收购和出库质量关，坚决防止不符合食品安全标准的粮食流入口粮市场。四是狠抓正风肃纪，聚焦关键环节和重点部位明确廉政风险点、风险等级和防控措施，以“零容忍”态度严肃查处涉粮违纪违法行为，坚决防止出现涉粮腐败问题。张务锋强调，“两个重点、四条底线”涉及粮食流通工作的各环节，相互关联，有机统一。粮食部门要紧密结合业务工作，找准载体抓手，通过完善协同推进机制、责任落实机制、依法监管机制、基础支撑机制、舆论引导机制、应急处置和信息报送机制，确保粮食系统各项安全工作落到实处。

30日 “国家农产品质量安全追溯管理信息平台上线运行启动仪式”在京举行。农业部副部长陈晓华在启动仪式上指出，建设国家追溯平台，是落实中央要求，提升农产品质量安全监管能力的重大举措，国家追溯平台上线运行启动，标志着农产品向实现全程可追溯迈出了重要一步。陈晓华对做好下一步追溯工作提出三点要求：一是充实平台功能。追溯管理需要监管部门、生产经营主体和消费者积极参与，下一步要抓紧把各项业务功能充实和运用起来，建成农产品质量安全监管信息的大数据中心，成为政府智慧监管和公众信息查询的统一平台。二是健全制度规范。随着追溯工作的深入和铺开，需要研究制定农产品质量安全追溯管理配套制度，明确追溯要求，健全管理规则。要抓紧制定追溯管理编码规则、数据格式等基础标准。三是搞好追溯试运行。农业部按照“部省联动推进、县域整建制运行、规模企业带动、重点品种示范、协作机制驱动”的思路，在四川、山东、广东三个省开展试运行工作。试运行地区将精心组织部署，为下一步在全国范围开展追溯管理试点奠定基础。据介绍，农业部已印发追溯体系建设指导意见，出台了试运行地区的追溯管理办法，制定技术标准，建成国家追溯平台和配套的指挥调度中心，同时也开发了移动专用APP，开通监管追溯门户网站和国家追溯平台官方微信公众号。下一步要借助国家追溯平台，实现质量安全监管提效率、农业产业提素质、公众消费提信心。国家食品药品监管总局、商务部等部门负责同志出席启动仪式。本次活动还安排了扫码体验、现场参观和咨询、发放宣传手册等系列活动。

7 月

1日 国家粮食局和宁夏回族自治区人民政府在银川市共同举办了“2017年全国食品安全宣传周·粮食质量安全宣传日”主会场活动。国家发展改革委党组成员、国家粮食局党组书记、局长张务锋出席并宣布活动启动，国家粮食局党组成员、副局长卢景波讲话。宁夏回族自治区党委常委、政府副主席马顺清，国家粮食局党组成员、副局长曾丽瑛，国家粮食局党组成员赵中权、总工程师何毅，各省、自治区、直辖市及新疆生产建设兵团粮食局主要负责人出席活动。粮食是最基本的食品，也是最主要的食品原料，粮食质量安全至关重要。党中央、国务院对食品安全和粮食质量安全高度重视。习近平总书记强调，要严防、严管、严控食品安全风险，保证广大人民群众吃得放心、安心。举办这次活动，就是要进一步贯彻党中央、国务院对保障食品安全的战略部署，深入宣传贯彻《食品安全法》，落实国务院食品安全办关于开展2017年全国食品安全宣传周活动的统一要求，大力推进粮食行业尚德守法，营造全社会关心、支持、参与粮食质量安全工作的浓厚氛围，唤起全民共同关注粮食质量安全的意识和行动。活动强调，各地粮食部门要认真贯彻落实《食品安全法》、《粮食质量安全监管办法》，按照粮食安全省长责任制要求，建立健全粮食质量安全保障机制，进一步强化粮食质量安全监测与监管体系建设，依法依规履行属地管理责任，加强粮食质量安全监管，督促粮食企业严格落实主体责任，切实提升粮食质量安全保障水平。要坚持严字当头，把保障粮食质量安全工作作为一项政治任务和保障民生工程来抓。活动现场通过发放科普手册、专家现场讲解粮食检验技术、产品展示、展板宣传等多种形式，向广大市民宣传普及食品安全和粮食质量安全知识，收到了良好效果。

6日 “2017年全国农产品加工业品牌创建宣传周主场活动”在广西桂林举行。农业部农产品加工局副局长马洪涛、广西壮族自治区副主席张秀隆、全国农产品加工产业发展联盟主席陈萌山、农业部农村社会事业发展中心主任张辉等出席活动并分别讲话。各省、自治区、直辖市农产品加工业管理部门有关负责人、各地农产品加工企业家代表等参加了活动。主场活动期间，安排了品牌专家与企业家互动对话、品牌创建专题培训等内容，发布了《全国农产品加工业品牌创建桂林倡议》，并向社会推出一批桂林砂糖橘、月柿、金桔、罗汉果、荔浦芋等广西知名品牌。农业部农产品加工局副局长马洪涛在主场活动现场讲话指出，加强农产品加工业品牌创建工作，是深化农业供给侧结构性改革、推动农产品加工业转型升级发展的重要举措。在品牌创建过程中，既要关注企业质量标准体系的建设和产品质量的提升，也要重视企业文化的挖掘和产品品牌的宣传，做到“两手都要抓，两手都要硬”。要充分发挥企业的主体地位，用好“政府和市场两只手”。协调发展区域公用品牌、企业品牌和产品品牌，以区域公用品牌为背书，培育农产品加工企业与产品品牌，用企业知名品牌和优质产品为区域公用品牌代言，带动区域农业产业发展和区域公用品牌建设。马洪涛强调，品牌发展是一项系统工程，农产品加工业管理部门要树立战略性、全局性思想，统筹协调，调动各方积极性，形成全社会共同关注农业品牌、参与农业品牌的良好氛围。同时，品牌培育工作是一项长期工作，各级农产品加工业管理部门和各农产品加工企业要坚持抓常抓细抓长，以绳锯木断、水滴石穿的精神，锲而不舍地做好农产品加工业品牌的宣传、推广、培育工作。本次活动周主题为“共享安全、优质、绿色的农产品加工品”。活动周期间，除在桂林举行主场活动外，各地农产品加工业管理部门还立足当地实际，在本地区组织了丰富多彩的品牌创建宣传活动。

31日 农业部办公厅印发《关于开展全国主食加工业示范企业申报工作的通知（以下简称通知）》，《通知》指出，为深入贯彻2017年中央1号文件和《国务院办公厅关于进一步促进农产品加工业发展的意见》（国办发［2016］93号）精神，落实“实施主食加工业提升行动”、“拓宽主食供应渠道，加快培育示范企业，积极打造质量过硬、标准化程度高的主食品牌”等部署要求，加快促进主食加工业发展，推进农业供给侧结构性改革，满足城乡居民消费升级需求，提高人民群众生活质量和健康水平，决定继续组织申报“全国主食加工业示范企业”。《通知》规定了示范企业的基本条件，申报企业必须具有独立法人资格，从事传统面、米制品及各类预制菜肴等主食加工生产，积极应用新技术、发展新产业、探索新模式，同行业中具有领先地位，示范带动能力强。一是主营业务突出。2016年主营业务收入达到5 000万元以上，西部地区的企业可放宽到2 000万元以上。二是企业管理规范。具有比较完善的质量管理与控制体系，已通过ISO 9000族或HACCP等管理认证；标准、规范健全，主营产品已获得QS认证；近三年内无质量安全和生产安全事故。三是人才支撑有力。专业技术人员达到5.0%以上；重要生产岗位的工人应通过职业技能培训；对国家有持证上岗要求的工种，在岗人员必须已获得相应的职业技能鉴定证书。四是经营状况良好。近三年内无亏损，资产负债率一般应在60.0%以内，银行信用等级在AA及以上等级。五是品牌商标知名。拥有注册商标所有权和使用权，并获得省级以上驰名商标。六是守法诚信经营。依法经营，诚实守信，无偷税漏税、拖欠工资、拖欠社保等不良记录。《通知》提出了示范企业的申报程序，各省级管理部门负责组织本地区全国主食加工业示范企业的申报和推荐工作。一是企业申报。企业在对照基本条件的基础上，填写《全国主食加工业示范企业申报书》，并附相关证明材料。二是逐级审核。县级管理部门负责对当地企业申报情况进行审核把关，符合条件的经市级管理部门审核后，择优推荐给省级管理部门。三是省级推荐。省级管理部门审核后择优报送，每个省、自治区、直辖市及计划单列市、新疆生产建设兵团推荐数量控制在5个以内。四是专家审核。农业部将各地报送的材料提交给专家小组审核，筛选出一批示范企业初选名单。五是公示授牌。经我部审定后，对示范企业名单进行网上公示，无异议的由我部认定为全国主食加工业示范企业并授牌。六是动态管理。我部将对认定过的示范企业进行监测考核，实行动态管理。

8 月

25 日 国家食品药品监管总局印发《关于开展学校食品安全风险隐患排查整治的通知》（以下简称《通知》）指出，为落实《国务院食品安全办等 6 部门关于进一步加强学校校园及周边食品安全工作的意见》（食安办［2016］12 号）、《国家食品药品监管总局、教育部关于进一步加强中小学校和幼儿园食品安全监督管理工作的通知》（食药监食监二［2016］158 号）的要求，严防严管严控学校食品安全风险，保障校园餐饮食品安全，决定对高校、中小学、幼儿园开展食品安全风险隐患排查整治行动。《通知》提出的排查整治范围：一是学校食堂；二是学生集体用餐配送单位；三是校园内的咖啡馆、饭店等社会餐饮单位及超市等食品销售单位；四是校园周边的小食品店、小餐饮、小摊贩；五是校外托管机构（小饭桌）。《通知》提出的排查整治重点内容：一是主体资格情况。重点检查学校校园及周边食品经营者是否依法取得食品经营许可，许可证是否在有效期内，实际经营范围、经营地址是否与许可证一致。二是学校食品安全管理责任落实情况。重点检查学校是否将食品安全作为日常管理的重要内容，是否建立以校长为第一责任人的食品安全责任制，是否配备专（兼）职食品安全管理人员，明确食品安全岗位职责，签订责任书；对采用集体用餐配送单位供餐的学校，还要检查学校是否将食品安全作为遴选供餐单位的重要标准，是否与供餐单位签订食品安全责任书。三是学校及食品经营者食品安全主体责任落实情况。重点检查学校食堂、学校校园及周边食品经营者是否建立并落实食品安全管理制度、是否对从业人员开展培训及管理、是否按规定开展食品安全自查并对自查发现的食品安全隐患及时整改。四是加工经营行为规范情况。重点检查学校食堂、学校校园及周边食品经营者是否具备与经营规模相适应、符合食品安全标准的场所、设施设备、工艺流程、食品安全专业技术及管理人员、食品安全管理规章制度等；是否严格落实原料索证索票、进货查验、食品贮存、加工制作、食品添加剂管理、餐饮具清洗消毒、用水卫生、食品留样、从业人员健康管理等方面制度要求。对学生集体用餐配送单位，还应检查成品的运输温度和时间等是否符合规定。对校园周边食品销售者，还要重点检查食品的感官性状、标签标识、贮存条件等是否符合规定。《通知》提出工作要求：一是加强组织领导。各地要把此项工作作为年度重点工作来抓，组织成立专门领导小组，主要领导亲自负责，分管领导具体负责。要落实属地管理责任，一级抓一级，层层抓落实，确保排查整治工作取得实效。二是加强督促整改。各地要坚持问题导向，细化任务要求，全面排查风险隐患，做到不留死角盲区。对监督检查中发现的问题，要当场提出整改要求并及时对整改结果进行复查。对监督检查中发现的违法违规行为，要依法从严查处。对上半年发生食品安全事件的学校，不仅要检查到位，更要问题整改到位。三是加强协作配合。各地要主动加强与当地教育、城市管理执法、公安等部门的沟通协调，并及时将排查整治工作情况通报相关部门。要建立部门间联查联动、信息通报等协作制度，齐抓共管学校食品安全。四是加强长效机制建设。各地要认真总结排查整治工作中好的经验做法、存在问题及原因、对策措施等，注意将好的经验做法上升为制度办法，以制度建设巩固排查整治成果。

31 日 农业部办公厅印发《关于宣传推介第二批全国农产品及加工副产物综合利用典型模式的通知（以下简称通知）》，《通知》指出，宣传推介农产品及加工副产物综合利用典型模式的重要意义在于：我国农产品及加工副产物综合利用水平仍然很低，农产品副产物的粗放利用，加工副产物的低值化使用、随意排放，造成了资源浪费、环境污染，严重影响了农业可持续发展。大力提升农产品及加工副产物综合利用水平，对增加农产品有效供给，引导农业转方式、调结构，促进农民就业增收和农业增值增效，建设生态农业等都有着极其重要的意义。开展农产品及加工副产物综合利用典型模式宣传推介工作，建立一批典型模式企业，以点带面、创新办法、积累经验，有利于引导和促进农产品及加工副产物的产地资源化利用，化害为利、变废为宝，培育壮大更多的以低成本、低消耗、低排放、高效率为特征的加工业态，促进资源节约型和环境友好型社会建设，推动生态文明建设，实现绿色化发展。推介目标是：强化副产物“循环利用、全值利用、梯次利用”理念，坚持市场决定、政府引导、企业主体的基本原则，在农产品副产物（秸秆、玉米芯、等外果等）、粮油薯加工副产物（稻壳米糠、麸皮胚芽、油料饼粕、薯渣薯液等）、果蔬加工副产物（果皮、果渣等）、畜禽加工副产物（骨血、皮毛、内脏等）、水产品加工副产物（皮骨、内脏等）等五大领域，按照节能、减排、清洁、安全、可持续要求，着力培育一批综合利用技术先进、市场竞争力强、发展潜力大、经济社会和生态效益显著的农产品及加工副产物综合利用典型模式企业。推介的企业条件：一是具有独立法人资格。二是已编制企业副产物综合利用规划或实施方案，或已列入计划并即将编制完成。三是从事以副产物为原料、专业收集并进行综合利用开发生产的企业，有产业化生产的综合利用产品，企业发展潜力较大。从事以农产品为原料的农产品初加工、精深加工的企业，副产物综合利用率达到国内或省内同类企业先进水平，有副产物高值化利用的生产方向和基础产品；加工副产物排放率低于国内或省内同类企业平均水平，有环保设备，企业实现清洁化生产。四是资源优势突出，原材料供应有保障；已建立完善的质量标准体系，技术装备先进，产品科技含量高；经营业绩良好，最近两年连续盈利，资产负债率较低。

31 日 农业部部长韩长赋主持召开部常务会议，研究特色农产品优势区认定和农产品区域公用品牌创建工作，部署推进农业部政务信息资源整合共享。会议强调，建设特色农产品优势区是党中央、国务院的重要决策部署，是深入推进农业供给侧结构性改革、提高农业效益、增加农民收入、推动产业扶贫的重要抓手和举措。要高度重视，精心组织，创新发展，因地制宜，发挥比较优势，调动地方、基层、企业的积极性，切实开展好创建工作。会议指出，特色农产品优势区认定和农产品区域公用品牌创建，社会和市场关注度高，要立足于资源禀赋、产业规模、品牌价值和市场号召力以及生产传统等要素，进行认定和创建，确保叫得响、立得住、拿得出。一要坚持市场导向，开展科学评优。充分运用市场手段，坚持科学、客观、公认、公开、公平的原则，真正把知名度高、美誉度高、公认度高、有市场号召力的特色农产品优势区和农产品区域公用品牌选出来。二要加强机制研究，出台扶持政策。做好顶层设计、政策创设，构建完善的管理体制机制和政策支撑体系，实现上下协同、内外协作、整体提升。认真总结地方的创建经验，研究制定科学可行的扶持措施，推动现有资金、项目向特色农产品优势区和农业品牌建设倾斜。三要强化宣传推广，讲好品牌故事。认真梳理各地涌现出的好的经验做法，充分运用各类展示推介平台和新闻媒体，大力宣传特色农产品优势区创建和农业品牌建设取得的成效，引导各地科学推进特色产业发展。会议强调，做好政务信息资源整合共享工作，既是建设现代服务型政府的需要，也是国家治理体系和治理能力现代化的必然要求，也是更好地服务“三农”、服务基层群众、服务市场主体的现实需要。一要统一思想，高度重视，整齐行动，自觉把政务信息化建设工作放在农业农村经济发展全局中来思考、来谋划、来推动，确保全面完成各项目标任务。二要抓紧推动落实，按照国务院要求，统一推进，统一实施，限时限刻，加快落实。各司局各单位主要负责人要抓在手上，抓紧推动各项工作。三要严格督查考核。按照要求、时限、标准，保证工作到位、整合到位、接入到位，严格执行考核办法，加强对各司局单位信息资源提供、使用、维护及网站建设情况的评估，坚决不走过场。会议还研究了其他事项。

9 月

12～13 日 国家粮食局在山东省滨州市召开“全国加快推进粮食产业经济发展现场经验交流会”。会议深入学习贯彻党中央、国务院关于促进粮食产业经济发展的决策部署，认真分析粮食产业经济发展面临的新形势，研究部署贯彻落实《国务院办公厅关于加快推进农业供给侧结构性改革大力发展粮食产业经济的意见》要求，大力发展粮食产业经济，推动粮食产业创新发展、转型升级、提质增效的思路、任务和举措。国家发展改革委党组成员、国家粮食局党组书记、局长张务锋出席会议并讲话；山东省委常委、常务副省长李群出席会议并致辞；国家粮食局领导徐鸣、卢景波、何毅出席会议。张务锋指出，加快发展粮食产业经济，是兴粮之策、惠农之道、利民之举，也是行业发展所需、部门责任所系，是落实总体国家安全观和粮食安全战略，进一步筑牢国家粮食安全基础的必然选择；是深化农业供给侧结构性改革和促进一二三产业融合发展，推动粮食经济新旧动能转换的有力举措；是实现粮食生产发展和经济实力增强有机统一，保护和调动地方重农抓粮积极性的有效途径；是落实以人民为中心的发展思想，促进农民持续增收、满足居民消费需求的现实需要。全国粮食系统要深刻理解和准确把握党中央、国务院领导同志重要指示批示的丰富内涵、精神实质，着眼战略全局，深刻认识加快发展粮食产业经济的重大意义，凝聚共识、坚定信心，勇于担当、积极作为，切实把这篇文章做好。张务锋要求，要立足经济发展新常态，坚决贯彻新发展理念，以提高发展质量和效益为中心，以推进供给侧结构性改革为主线，紧紧围绕保障国家粮食安全战略大局，积极适应粮食收储制度改革和库存消化的现实需要，突出“创新发展、转型升级、提质增效”鲜明主题，加快发展粮食产业经济。一是大力推动“三链协同”。要统筹考虑资源禀赋、基础优势、短板弱项、潜力空间等因素，积极培育和引进龙头企业，有针对性补齐短板，加速延伸产业链。深入实施科技兴粮和人才兴粮工程，突出优化创新链。突出产品提档这个前提，抓住品牌带动这个重点，强化业态升级这个关键，不断提升价值链。二是统筹建设“四大载体”。以示范市县为样板、产业园区为平台、骨干企业为主力、专项工程为抓手，点线面结合、立体式推进，加快粮食产业转型升级。三是准确把握“五个关系”。坚持稳中求进总基调，科学处理好政府和市场、当前和长远、产区和销区、国际和国内、发展和安全五个方面关系，力求做到协调发展、行稳致远。张务锋强调，各级粮食部门要提高政治站位，围绕中心、服务大局，抓重点、出亮点，争主动、真落实，务求取得实效。一是加强统筹指导。争取尽早出台贯彻落实意见，将推动粮食产业经济发展情况纳入各级粮食安全责任制考核。二是强化政策扶持。认真研究《意见》明确的优惠政策和扶持措施，创新完善地方配套政策措施，充分调动各类市场主体的积极性，让优惠政策落地生根、发挥效力。三是优化发展环境。按照深化“放管服”改革的要求，进一步转变观念和职能，履行好“为耕者谋利、为食者造福、为业者护航”的使命。四是搞好宣传引领。全面准确地解读政策，及时回应社会关切，营造良好舆论氛围。进一步抓好典型培树，总结先进经验并加以推广。李群指出，近年来山东省委省政府全面落实习近平总书记关于“三农”工作和粮食安全的决策部署，始终把“三农”工作作为重中之重，以落实粮食安全省长责任制为总抓手，构建起省市县政府共同保障粮食安全的制度体系，粮食产业经济持续健康发展，粮食生产流通各项工作成效显著。推进农业供给侧结构性改革，做强现代农业，必须把发展粮食产业经济作为重要抓手。山东将认真学习贯彻中央领导同志关于粮食安全和粮食产业经济发展的重要指示精神，认真贯彻落实本次会议部署安排，在全省总结好、推广好滨州经验，理清发展思路，明确发展方向，加快实现粮食产业由大到强的转变，为更好地保障国家粮食安全做出积极贡献。会上，国家粮食局授予山东省滨州市“全国粮食产业经济发展示范市”称号。滨州市人民政府，吉林、四川、江苏、安徽、广西等省、自治区粮食局及中粮集团有限公司、西安爱菊粮油工业集团作了典型经验交流发言。会议期间，与会代表参观考察了西王集团、三星集团、香驰控股和中裕食品等企业。

13～15 日　农业部联合河南省人民政府，以“开放　创新　绿色　共赢”为主题，在河南省驻马店市举办了“第二十届中国农产品加工业投资贸易洽谈会”。本次洽谈会主要内容包括项目发布签约、产品展示贸易、成果展示与签约、产销对接签约、农村创业创新、产业融合论坛、国际加工项目推介、参展产品评定及品牌培育、20 周年成效展示、“一带一路”加工投资贸易培训班和东盟区域经理人培训班等 10 个板块，来自全国 32 个省、自治区、直辖市及计划单列市近 3 万人参会，展会代表广泛、行业关注度高、舆论评价好，被行业誉为加工业结构调整的“转化器”、农村双创的“孵化器”和产业层次的“提升器”，展会成果丰硕，精彩纷呈，亮点凸显，达到了预期目的。本次洽谈会主要亮点：一是搭建大平台，拓展多功能。按照“政府搭建平台、平台聚集资源、资源服务产业”的总思路，突出“开放、创新、绿色、共赢”主题，坚持市场化、专业化、品牌化、国际化、信息化办会方向，坚持廉洁、高效、安全办会宗旨，坚持行政组织、企业主体、多方参与、社会服务的市场化办会原则，坚持投资商、产品商、原料商、采购商、装备商、服务商六商同台、各得其所，将投资贸易洽谈、科技成果发布、技术装备展示、产品展示贸易、国际交流合作、专题聚焦研讨、产品品牌培育等七大功能融为一体，设立了各省、自治区、直辖市名特优新产品展示区、农产品食品机械装备展示区、境外与港澳台展示区、科研成果展示推介、产品贸易区、20 周年成果展示等六大展区，总展出面积近 30 000 m^2，举办了一系列重点活动。二是广发“英雄贴”，扩大“朋友圈”。邀请乌兹别克斯坦副总理兼农业水利部部长米尔扎耶夫、匈牙利农业部部长法泽考什等嘉宾出席。43 所大专院校及科研院所、38 个商会协会、88 个知名采购商、337 个供应商，5 000多个企业参会，包括上海冠生园、河北君乐宝、台湾徐福记等近 300 个知名加工企业和家乐福、沃尔玛、大商新玛特等 30 多个知名连锁超市企业；联合国粮食计划署、欧盟驻华代表、亚洲国际贸易投资商会和美国、俄罗斯、法国、英国、澳大利亚、新西兰、泰国等 37 个国家和地区的 277 个企业、500 多位境外嘉宾参会；境外与港澳台展区展示面积 4 000 多 m^2，突出“一带一路”、东盟地区展示等。三是注重品牌化，展示新业态。对 15 个省、自治区、直辖市 285 个企业的 577 个产品开展评定，评出金奖 30 个，优质奖 142 个，涵盖粮油、畜禽、水产、果蔬等四大类；在结合原有的产品、技术展示基础上，与设立的农产品食品机械装备展示紧密结合，初步构建了产品—技术—装备展示体系；重点展示了农产品加工业转型升级发展的新装备、新技术、新产品，提升了展示的整体性、新颖性、时代性；举办国际农产品加工业合作交流活动，推进“一带一路”共谋发展；开展了农产品产销对接推介活动，促进“农超、农批、农旅、农教、农军、农社、农电”等对接，推动产业融合；通过宣传典型、展示农村“双创”成果等多种形式，广泛宣传农村“双创”工作成效，凝聚农村创业创新正能量，着力推动农村创业创新蔚然成风。四是突出促脱贫，发展新产业。这次洽谈会突出体现深入贯彻习近平总书记关于贫困地区脱贫攻坚的系列重要指示精神，落实中央精准扶贫、精准脱贫的决策部署，充分发挥农产品加工业助推精准脱贫的重要作用，加大贫困地区尤其是深度贫困地区的优质绿色产品的展示展销力度，为贫困地区免费搭建展台、提供免费食宿、帮助宣传推介。在产销对接活动中，优先安排四川、贵州、新疆、湖北等贫困地区开展项目推介活动，真正将产业扶贫落到实处。五是坚持促共赢，开展广合作。来自乌兹别克斯坦、匈牙利、塞尔维亚、泰国、菲律宾等“一带一路”沿线的15个国家的农业官员、企业家纷纷表示，展会令人激动，提供了极好的学习交流和招商合作机会。乌兹别克斯坦副总理米尔扎耶夫一行对名特优新农产品展示、装备机械展区产生极大兴趣，连夜与我国参展的40多个企业进行了2次专题座谈交流，对在粮油、果蔬、畜产品、调味品等加工领域开展合作意愿强烈，希望我国企业发挥技术优势，到乌投资兴业，明确表示对中方企业赴乌投资办厂提供土地、办公楼及税收优惠政策，并邀请我部率企业家前往考察。本届洽谈会成果丰硕，签约项目多，投资规模大。签约重点项目176个，投资总额815.3亿元。其中，亿元以上项目111个，10亿元以上项目23个。征集科研成果512项，转化项目91项。签约5 000万元以上农产品采购和贸易项目40个，贸易额55.8亿元。项目数量、质量和投资贸易规模与往年相比均有了新的提高。

21～24日 由农业部主办的“第十五届中国国际农产品交易会”在京开幕。全国人大常委会副委员长张宝文、全国政协副主席罗富和出席并参观，农业部副部长屈冬玉主持开幕式。张宝文在开幕式上讲话指出，近年来，我国农业稳定增长、农民持续增收、农村面貌改善，为国民经济稳增长、促改革、调结构、惠民生、防风险提供了有力支撑，为建成小康社会和实现现代化奠定了坚实基础，更为全球粮食安全和农业发展作出了重要贡献。站在新的起点，中国政府将秉持创新、协调、绿色、开放、共享的发展理念，积极推进供给侧结构性改革，与各国一道共举“一带一路”倡议。一是真诚携手，互惠互利。希望中外各方继续深入交流，深化合作，共同促进，实现新发展。二是科技创新，协同共进。中国农业将继续深入实施创新驱动发展战略，坚持科技兴农、人才强农，走内涵式发展道路，在更高水平上开展科技合作，以更多的先进农业科技创新成果为中国乃至世界农业发展提供新动能。三是绿色生态，持续发展。中国将毫不动摇地实施可持续发展战略，坚持节约资源和保护环境的基本国策，加强生态环保合作，大力发展循环农业，形成同环境资源承载能力相匹配、生产生活生态相协调的农业发展新格局，寻求永续发展之路，为全球生态安全做出新贡献。农业部部长韩长赋在开幕式上致辞说，第十五届农交会集中展示党的十八大以来，在以习近平同志为核心的党中央坚强领导下，我国农业农村经济发展取得的巨大成就。农业农村经济好形势，为经济社会发展大局提供了有力支撑。当前，我国农业发展处于转型升级的关键时期，党中央、国务院着眼农业农村经济发展全局，把推进农业供给侧结构性改革作为农业农村工作的主线。贯彻中央要求，落实发展新理念，面向农业未来发展，我们将坚持创新办会，进一步提高农交会的质量和水平，以展会新成效服务农业现代化发展。要突出质量兴农，强调品牌强农，探索文化塑农。希望各位嘉宾、参展客商以及广大市民朋友，抓住机遇，广泛交流、洽谈合作、品尝选购，满怀期待而来，满载收获而归。据了解，本届农交会以“特色鲜明、生态优先、品牌创建、绿色发展”为主题，集中展示了党的十八大以来我国农业农村经济发展取得的巨大成就。展览展出面积3.1万m^2，参展团组49个，参展企业1 600多个。来自美国、俄罗斯、意大利等26个国家和地区的50余个国外公司参展。通过四天展期，农交会实现现场贸易额227.0亿元，现场零售额6.8亿元，网上销售额14.6亿元。本届农交会突出改革创新，坚持精品意识，着力提升专业水平，展现国际魅力。一是创新引领发展。本届农交会积极利用新技术、新业态、新商业模式，在思路、内容、形式等方面做了积极探索，取得了明显成效。二是精品凸显专业。本届农交会树立精品意识，突出重点产品、重点品牌、重点企业，打造专业性强的农业综合展会。三是内容提升品质。本届农交会精心设计内容，创新组织方式，丰富展会内涵，提升展会品质，举办了“我为品牌农产品代言”大型公益活动、“精品农货采购周”等18场高端务实的重大活动。四是开放促进交流。本届农交会共吸引来自美国、俄罗斯等46个国家和地区的近200个采购商到会参观，其中全球重点采购商达40个，参展国际企业50多个，展品丰富多彩，极具各国特色。本届农交会取得了四个方面明显成效：一是发展成果振奋人心。设置了农业品牌大道、农业成就展区、省级展区、13个专业展区、海峡两岸农业合作展区、国际展区，集中宣传了党的十八大以来农业农村经济发展的新成就新成果，特别是80 m长的农业品牌大道和农业成就展区，系统全面展示了农业农村经济发展取得的辉煌成就和农业品牌建设成效，提振了全社会及广大人民群众对我国农业发展的信心。二是品牌化进程加速推进。本届农交会举办了“首届中国国际品牌农业发展高峰论坛”，大米、香料、油料、水产品、农垦、农产品地理标志等10余个品牌论坛或大会，发布了“2017年中国百强农产品区域公用品牌”等，展示了我国农业品牌发展成效，将农业品牌建设工作再次推向高潮。三是农产品贸易成果丰硕。本届农交会举办了30余场次成效显著的农产品推介活动，各省展示区和优质农产品销售区热闹非凡。四是办展能力不断提升。本届农交会在招展组展、重大活动、展区设计、展会管理运行等方面进行了积极探索。展会建立了采购商和专业观众的数据库和网上预登记系统，采用现场换票、官网申领、微信注册等多种渠道换取入场券，进一步提升了展会数据管理、分析和服务能力。大会宣布了农交会组织奖、设计奖和参展农产品金奖名单。

10 月

17 日 农业部办公厅印发《关于全国农产品加工业人才培训等三个行动方案的通知》（以下简称《通知》），三个行动方案包括《全国农产品加工业人才培训行动方案》、《全国农村创业创新人才培训行动方案》和《全国休闲农业和乡村旅游人才培训行动方案》。《通知》指出，党的十九大提出，要实施乡村振兴战略，促进农村一二三产业融合发展；实施人才强国战略，建设知识性、技能型、创新型劳动者大军。人才资源是第一资源。人才是创新的根基，是创新的核心要素，创新驱动实质上是人才驱动。组织开展三类人才培训行动，有利于持续增加行业人才总量供给、优化人才队伍结构、提升人才队伍整体素质，是推进行业人才队伍建设的重要途径，是实施创新驱动发展战略、推动农产品加工业转型升级和农村一二三产业深度融合的客观要求，对于加快推进农业供给侧结构性改革、促进农民增收、推动农村创业创新和城乡协调发展具有重要意义。各级农业主管部门要不断增强责任感、使命感，把组织开展三类人才培训行动作为一项长期而又紧迫的任务摆上重要议事日程，进一步创新机制，加强服务，优化环境，全面提升三类人才队伍建设水平，为全国农产品加工业、农村创业创新、休闲农业和乡村旅游持续稳定健康发展，提供更加有力的人才支撑和智力保障。《通知》提出的行动目标：2018—2020年，在全国开展农产品加工业、农村创业创新、休闲农业和乡村旅游百万人才培训行动，累计培训各类人才100万人次。其中，以科技创新与推广、经营管理、企业家和职业技能人才为重点，培训农产品加工业人才45万人次；以农村创业创新人员、企业家、创业导师等为重点，培训农村创业创新人才40万人次；以规划设计、经营管理、服务导览人才为重点，培训休闲农业和乡村旅游人才15万人次。《通知》提出的保障措施：一是多渠道增加培训投入。积极争取各级财政经费用于开展农产品加工业、农村创业创新、休闲农业和乡村旅游人才培训工作。主动与人力资源、教育、科技等部门沟通协调，充分利用新型职业农民培育工程和农村实用人才带头人培训项目，开展三类人才培训。指导市、县两级农业管理部门因地制宜制定人才培训计划，充分调动市、县两级农业管理部门积极性，把培训工作与地方的农产品加工业、农村创业创新、休闲农业和乡村旅游工作相结合，多层级组织好人才培训工作。二是广泛整合培训资源。通过政府购买服务、专项资金支持、市场化运作等方式，鼓励和支持各类农业园区、科研机构、大专院校、生产企业、社团组织等积极参与三类人才培训行动，形成大联合、大协作、大培训格局。加强农产品加工业培训鉴定机构的能力建设，充分发挥各级农业广播电视学校和农村实用人才培训基地的作用。组建开放共享、动态管理的人才培训师资库。开展优秀教材、精品网络课件等教学资源评价推介活动，鼓励各地共建共享优质教学资源。三是积极创新培训方法。坚持理论与实践相结合、课堂讲授与现场实训相结合、线上培训与线下培训相结合，不断创新和丰富培训方式方法。充分利用互联网等现代信息技术手段，为学员提供灵活便捷、智能高效的在线培训、移动互联服务和全程跟踪指导。在具备条件的培训科目中，改变传统的“填鸭式”教学方式，积极推行互动教学、案例教学、现场教学，设置更多研讨环节，促进教学相长，鼓励学员之间相互交流、相互学习、相互启发。四是切实提高培训质量。增强培训的精准性，鼓励各类培训机构针对不同培训对象开展个性化、定制化培训，增强培训方案的针对性，确保培训效果。通过跟班督查、随机抽查等方式，加强对各类培训班次的过程监管。组织开展培训满意度调查，探索对培训质量和效果开展第三方评估，及时根据调查或评估结果改进培训组织工作。五是认真做好总结宣传。加强对三类人才培训工作的宣传引导，深入总结宣传各地组织开展三类人才培训行动的成功经验和做法，加强学习交流，相互促进，共同提高。充分借助各种媒体资源，特别是用好新媒体新技术，形成全媒体报道格局，多角度全方位地宣传人才培训行动，努力营造全社会共同关心、支持人才培训工作的良好舆论氛围。

27日 农业部在北京召开“中药材产业发展座谈会”，农业部副部长余欣荣主持会议并讲话。会议强调，中医药是我国传统文化灿烂宝库中重要的组成部分，中药材是中医药传承和发展的物质基础。当前，中国特色社会主义进入新时代，正加快实施健康中国战略。要紧紧围绕农业供给侧结构性改革这一主线，聚集重点，聚合力量，加力推进中药产业发展，加快道地药材生产基地建设，提升中药材质量效益和竞争力。会议认为，多年来，在一系列政策的扶持下，农业、中医药管理、工业管理等部门合力推进，中药材生产发展取得了显著成效，已形成世界规模最大、体系最完整的中药材生产体系。一是生产规模不断扩大。目前常用的600多种中药材中300多种为人工种养，中药材种植面积223.3多万 hm^2，比2010年增加近100万 hm^2。二是优势产区初步形成。立足资源禀赋，发展特色道地药材，已形成东北与华北、江南与华南、西南、西北等4个道地中药材优势产区。三是科技水平稳步提升。50余种濒危野生中药材实现了人工种养，近10年选育并推广优良品种230多个，并集成组装一批绿色高效技术。四是增收脱贫作用突出。中药材分布在偏远山区，是当地的特色产业和农民收入的重要来源。会议强调，中药材产业发展涉及多个环节、多个方面、多个部门，要在国务院中医药工作部际联席会议制度框架下，坚持问题导向，加强统筹、合力推进，加快形成各担其职、各尽其能、协同推进的新态势，建设一批道地药材标准化生产基地，助力农民增收脱贫攻坚、中医药事业发展。加强规划引导，制定《全国道地药材生产基地建设规划》，建设一批历史悠久、特色鲜明、优势突出的道地药材生产基地。推进科技创新，加快制定中药材种子管理办法，集成组装一批绿色高效技术模式，加快专用农药登记。推进标准化生产，完善标准体系，指导农民切实按照标准和技术规程生产，促进产品质量效益提升。推进产业化经营，培育新型经营主体，提高生产组织化程度。培育新型社会化服务组织，提高技术到位率。推进中药材生产与产业扶贫、休闲旅游、美丽乡村和康养小镇建设相结合，弘扬中医药传统文化，培育和发展中药材新业态新模式。国家中医药管理局副局长王志勇，工业和信息化部、国家食品药品监督管理总局等有关部门负责人，中国中医科学院、中国中药协会等有关单位专家和企业代表参加会议。

27日 国家粮食局举行专题报告会，邀请全国政协常委、经济委员会副主任、国家粮食安全政策专家咨询委员会顾问陈锡文，中国国际经济交流中心常务副理事长、执行局主任、国家粮食安全政策专家咨询委员会主任委员张晓强，国家开发投资公司首席科学家、中国工程院院士、国家粮食安全政策专家咨询委员会委员岳国君，国务院发展研究中心农村部部长、研究员叶兴庆等4位专家作了报告。国家发展改革委党组成员、国家粮食局党组书记、局长张务锋，国家粮食局党组成员、副局长曾丽瑛，党组成员赵中权，总工程师何毅出席报告会。会上，4位专家以深入学习贯彻党的十九大精神为主线，分别围绕我国农业形势与粮食竞争力、粮食行业转型发展与保障国家粮食安全、我国粮食消费变化与粮食深加工产业发展、“一带一路”与国家粮食安全等主题，紧密结合我国粮食工作实际，为粮食系统干部职工作了一场精彩报告。同时，对粮食行业如何主动适应中国特色社会主义新时代新要求和社会主要矛盾转化新挑战，加快农业供给侧结构性改革和粮食行业转型升级发展，加快构建更高层次、更高质量、更有效率、更可持续的粮食安全保障体系，提出了许多具有前瞻性、启发性、实用性的政策建议。会议认为，在全行业认真学习贯彻党的十九大精神的重要时刻，邀请行业知名专家作专题报告，对于帮助粮食行业干部职工全面准确理解十九大精神，进一步提高政治站位，把握粮食流通改革发展方向、拓展转型升级工作思路，推动十九大精神在粮食行业落实落地具有重要推动作用。大家纷纷表示，要把学习宣传贯彻党的十九大精神贯穿“深化改革、转型发展”大讨论活动始终，结合深入学习领会本次报告会精神，进一步把大讨论活动引向深入，推动粮食流通改革发展不断取得新成绩，以实际行动保障国家粮食安全，把中国人的饭碗牢牢端在自己手上。各省、自治区、直辖市、计划单列市粮食部门及所属单位干部职工，中国储备粮管理总公司、中粮集团有限公司、中国航空工业集团公司干部职工代表共2 000余人在主会场和分会场参加报告会。

11 月

1～2日 “2017年全国农产品加工科技创新推广活动”在广东东莞举行。来自全国各地400余个农产品加工科研院所、高等院校和生产企业等单位的代表1 000多人参加了活动。活动现场共促成有关科研单位和生产企业达成科技成果转化或科技合作开发意向204项，并组织对20个科企合作项目现场签约，签约合同总金额达3.2亿元。本次活动的主要特点：一是主题突出。结合学习贯彻党的十九大精神，将活动主题确定为“新时代、新使命、新要求、新作为”。党的十九大报告指出，中国特色社会主义进入新时代，我国社会主要矛盾已经转化为人民日益增长的美好生活需要和不平衡不充分的发展之间的矛盾。农业部农产品加工局副局长马洪涛同志在活动主旨讲话中，结合对十九大精神的学习，阐述了中国特色社会主义进入新时代、我国社会主要矛盾变化赋予农产品加工业发展的新使命，分析了履行新使命对农产品加工业转型升级发展的新要求，提出了农产品加工科技创新推广工作者所应彰显的新作为，引起参会代表的强烈共鸣。大家普遍认为，活动主旨讲话全面贯彻十九大精神，紧密结合农产品加工行业发展实际，主题突出、说理透彻、逻辑严密、符合实际，针对性和指导性都很强。二是内容丰富。本次活动包括成果展览、大会集中互动、专题会议交流等多个环节，各环节内容紧密衔接、相互呼应，现场代表参与感、获得感强。举办了研发体系成立 10 周年重大科技成果展，共吸引研发体系内外的 200 多个单位参展，展出各类科技成果 1 000 多项、实物展品 2 000 多种，展览面积达 5 000 多 m^2。联合农业部科教司召开农产品加工领域岗位专家座谈会，并吸收研发体系各专业委员会负责人参加，旨在凝聚合力，构建“科教司主建、加工局主战”的产业技术体系岗位科学家管理机制，促进产业技术体系和研发体系融合发展，推进农产品加工领域协同创新。举办了首届青年科技沙龙，本次沙龙活动主题是促进农产品加工业“大众创业、万众创新”，邀请了部分创业有成的知名企业家，分享创新创业经历，激发广大青年投身农产品加工业“双创”的热情和干劲。活动期间，还向社会推介了农产品加工“双创”项目征集平台，发布了首批共 10 个“双创”项目。三是形式创新。在认真总结往年活动举办经验的基础上，结合新的形势和要求，不断探索创新活动组织形式。在科研成果供需现场对接环节，我们改变了以往“院所讲、企业听”的单向沟通方式，实行“揭榜应试”、“比武招亲”的方式，开展双向交流互动。事先精心组织筛选一批优秀的科技成果，在活动现场面向企业推介，组织有意愿的多个企业与成果供给方互动交流，从中选择最有实力的企业；同时深入研究梳理一批制约行业发展的关键共性技术难题，面向各类科研机构发出“招贤榜”，鼓励多家科研机构“揭榜比武”，从中选择最有优势的科研机构。在活动筹备环节，组织开发了活动会务管理信息系统，1 000 多名参会代表均通过网络报名并在线填写技术成果供需信息，系统后台可实现技术供需信息的自动匹配，并通过手机短信形式，提醒有关参会代表；该会务管理系统还可根据需要，随时汇总分析参会人员信息，为每一位参会者量身定制个性化的参会方案，并及时提醒有关参会人员。在组织现场科企对接活动的同时，还举办了全国农产品加工科技成果线上对接活动，积极动员全国各地的科技专家和企业技术人员通过网络平台开展技术交流和成果对接，同时对现场活动全程进行网络直播，扩大现场活动影响力和覆盖面。在组织研发体系成立 10 周年重大成果现场展览的同时，及时把现场展示内容制作成图文并茂的网页，并组织拍摄展览现场全景 VR 视频，同步上传到有关网站和微信公众号，打造永不落幕的科技展会。为引导企业更加注重科技创新，提升企业品牌塑造的科技含量，举办了行业知名品牌企业“真人秀”活动，组织企业代表现场演讲，讲述科技创新塑造企业品牌的故事，并通过专门开发的手机 APP 吸引现场代表和网络直播观众现场投票，既有力烘托了现场人气，又提高了品牌影响力。四是成效显著。经过各方面的共同努力，本次活动取得显著成效。来自全国各地 400 多个农产品加工科研院所、高等学校和生产企业的代表 1 000 多人参加了现场活动，共促成科研单位和生产企业达成科技成果转化或科技合作开发意向 204 项，组织 20 个科企合作项目现场签约，签约合同总金额达 3.2 亿元。活动期间开通的科技成果线上对接平台，在 1 天内共吸引 3.3 万多人次参与线上对接，实现线上对接 602 次、产生合作意向 373 次、达成合作意向 126 项。对现场活动的全程网络直播，共吸引全国 2.4 万多人次观看。央视网、人民网、中国网、凤凰资讯、光明日报、农民日报、搜狐网、新浪网等主流媒体对活动情况进行了报道。

2～3 日 “2017 年全国食品药品监管新闻宣传工作会议”在山东济南召开。会议深入学习贯彻党的十九大精神，学习习近平总书记关于食品药品安全和新闻舆论工作的系列重要讲话精神，落实党中央、国务院关于食品药品安全监管和新闻宣传工作的决策部署，分析当前食品药品安全新闻宣传工作形势，研究部署下一阶段食品药品监管新闻宣传工作的重点任务和具体要求。国家食品药品监管总局副局长尚勇出席会议并讲话。尚勇指出，党的十九大是在全面建成小康社会决胜阶段、中国特色社会主义进入新时代的关键时期召开的一次具有划时代里程碑意义的大会。习近平总书记所作的十九大报告，是我们党迈进新时代、开启新征程、续写新篇章的政治宣言，是当代马克思主义中国化最为系统、科学、指导性强的纲领性文献，是我们一切工作的行动指南。食品药品监管新闻宣传工作要把深入学习宣传党的十九大精神作为当前首要政治任务，把习近平新时代中国特色社会主义思想作为食品药品监管系统新闻宣传工作的统领和遵循。尚勇强调，要科学把握新形势对新闻宣传工作的新要求。把握好围绕中心、服务大局的历史使命，胸怀大局、把握大势、着眼大事；服务食品药品监管工作的新部署，服务监管改革发展大局，加强政策解读，主动回应社会各界关注热点；回应人民群众对美好生活的新期待，重视人民群众的知情权，持续深入推进食品药品安全社会共治，鼓励群众参与；适应新闻报道方式的发展变化和新技术手段应用等这些新闻传播深刻变革带来的新挑战；同时要清醒认识新闻宣传工作面临的困难与问题，进一步提高思想认识，创新工作方式，将工作真正落实到位。尚勇要求，努力推动食品药品监管新闻宣传工作迈上新台阶。要把深入宣传习近平总书记关于一系列食品药品安全工作的新理念新思想新战略、党中央和国务院的决策部署作为首要任务，全面阐释党中央、国务院在保障人民群众饮食用药安全上的坚定决心和重大举措，展示食品药品监管系统在加强安全监管付出的努力和取得的成就，提升宣传正能量。大力宣传总局党组关于食品药品监管工作的决策部署，大力宣传各地监管工作先进经验，强化舆论的社会监督功能；强化问题导向，抓住舆情这个“牛鼻子”，健全完善舆情处置制度机制，提高舆论引导的科学性和及时性，做好政务舆情回应工作；推进信息公开，全面提升政策传播实效，加强平台建设，做好信息发布各项制度落实，增强信息发布实效；优化科普工作系统布局，发挥好科普品牌活动作用，加强多方协作，强化科普资源统筹整合和落地覆盖；拓展宣传渠道，构筑媒体多元立体宣传体系。尚勇强调，要深入推进作风建设，要着力提升新闻宣传工作队伍素质与能力。加强学习提升政治政策水平，把讲政治摆在第一位，认真贯彻党中央对于意识形态和新闻宣传工作的要求；增强新闻宣传谋划能力，谋定而后动，善于谋划，善于沟通，善于创新，谋划好议题，传播好内容，运用好新手段；增强组织协调能力，增强对媒体、记者的服务意识，善于调动社会各方面资源。从事新闻宣传工作的同志要熟悉职责、熟悉政策、熟悉监管业务。会上，国家食品药品监管总局新闻宣传司司长颜江瑛总结了2017年全国食品药品监管新闻宣传工作。国家食品药品监管总局相关司局和直属单位有关负责人，全国各省、自治区、直辖市及副省级城市食品药品监管部门新闻宣传工作负责人参加会议。会议期间，尚勇还在济南市就食品安全示范城市创建和农产品质量安全县创建工作进行了调研。

16～17日 国家食品药品监管总局在湖北武汉召开“全国食品、保健食品欺诈和虚假宣传整治工作推进会”。国家食品药品监管总局副局长孙梅君出席会议并讲话。孙梅君指出，各级食品药品监管部门结合实际创新工作方式方法，全面启动重点食品、保健食品抽检排查，集中力量查办违法案件，开展形式多样的宣传引导，组织有序、上下联动、稳扎稳打，整治工作取得阶段性成效。但也要清醒看到，整治工作进展还不平衡、摸底排查还有盲区、宣传引导效果仍有待提高，食品、保健食品领域里的虚假宣传、消费欺诈，人民群众深恶痛绝。整治工作就是要合部门之力、张全国之网，除虚假之害、解人民之痛，增强人民群众幸福感、获得感和安全感。孙梅君强调，要深入学习贯彻落实党的十九大精神，以习近平新时代中国特色社会主义思想为指引，准确把握新时代主要矛盾变化给食品安全工作提出的新任务新要求，突出重点、把握关键，推动食品、保健食品欺诈和虚假宣传整治工作取得新成效。一要巩固整治基础。完善横向到边、纵向到底的整治工作网络，聚焦薄弱环节，深入摸底排查，保证生产经营单位全覆盖和必查内容的全覆盖。二要采取有效措施。落地查案、处罚到人、公开信息。三要建立长效机制。始终把落实生产经营企业和第三方平台经营者主体责任作为重点，教育、引导、督促企业诚信守法经营。要以整治工作为契机，加强监管能力和基础建设，提高监督检查、抽样检验、执法办案、预警交流水平。会上，各省、自治区、直辖市食品药品监管局交流了整治工作中好的做法，分析了存在困难和问题，研讨了深入推进整治工作的措施。国家食品药品监管总局有关司局对下一阶段工作提出了具体要求。

12 月

7日 “全国食品药品监管系统行政许可电子化审批现场推进会”在湖北武汉召开。会议深入学习贯彻党的十九大精神，以习近平新时代中国特色社会主义思想为行动指南，落实党中央、国务院关于加强食品药品审评审批制度改革重要批示，总结交流经验，研究推动“放管服”改革，将食品药品行政许可电子化审批工作不断推向深入。国家食品药品监管总局副局长焦红出席会议并讲话。焦红在讲话中，首先简要回顾了全国食品药品行政审批制度改革的情况，食品药品监管部门在简政放权上做“减法”，在强化监管上做“加法”，在服务企业上做“乘法”，推动“放管服”改革不断取得新成效。焦红讲话强调，新时代行政审批制度改革任务依然艰巨，要深刻领会深化行政审批制度改革的重要意义，坚持问题导向，全力做好新时代行政审批改革，立足现实，规划长远，推进新时代行政审批改革。焦红讲话要求，各级食品药品监管部门要坚持典型引路，以全面开展食品药品行政许可电子化审批工作为突破口，把行政许可审批改革扎实向前推进。做好“五个着力”，即着力深化行政审批改革，着力强化事中事后监管，着力提高服务能力和水平，着力完善运行机制，着力强化责任落实。现场推进会上，湖北、辽宁、山东、广东和甘肃5省食品药品监管局重点就食品药品生产经营行政许可电子化审批工作进行了经验交流发言；国家食品药品监管总局食监一司、药化监管司、器械监管司、保健食品审评中心分别介绍了食品生产许可电子证书发放、药品生产和监管信息直报系统运行、医疗器械生产经营许可备案信息系统建设、保健食品注册与备案电子化监管等有关情况。现场观摩环节，参会代表参观了湖北省局行政审批服务大厅。湖北省局行政审批办公室负责人介绍了网上行政审批及电子证书发放情况；技术审评核查中心负责人介绍了技术审评核查电子化应用情况。代表们通过视频，观摩了荆州市局、沙市区局网上受理食品药品全程办理情况；深入药品、医疗器械生产企业现场，观摩药品、医疗器械行政许可事项网上申报、审核、办证演示。各省、自治区、直辖市局、新疆生产建设兵团食品药品监管局相关负责人，国家食品药品监管总局相关司局及直属单位负责人参加了会议。

8日 农业部办公厅印发《关于宣传推介全国农产品加工业发展典型案例的通知》（以下简称《通知》）指出，各典型案例实施主体要深入贯彻新发展理念，主动作为、积极示范，加快推动我国农产品加工业质量变革、效率变革、动力变革，提高全要素生产效率，建立低碳、低耗、循环、高效的绿色农产品加工体系。一要积极参加有关的产学研对接、科企对接、银企对接、产业联盟等活动。通过分享做法经验，树立诚信经营、规范管理、打造品牌等，带动周边企业、上下游企业有序发展和公平竞争。二要积极参与国家级园区（基地）的创建工作。符合创建条件的企业、园区和县市要参与全国农产品加工示范园区（基地）、农村一二三产业融合发展示范园、先导区、农村创业创新园区（基地）等创建工作，提升行业发展地位和社会影响力。三要积极带动中小微企业开展标准制定、业务培训、行业研讨等活动。发挥典型带动、示范引领作用。同时要增强社会责任感，生产优质绿色加工产品，带动更多农民就业增收。《通知》要求，各级农产品加工业管理部门要认真贯彻落实党的十九大精神，围绕实施乡村振兴战略，高度重视典型案例的示范带动作用，要通过各类宣传推介活动，促进农产品初加工、精深加工、副产物综合利用加工协调发展，推动产业链整合、价值链提升和供应链重组，构建让农民分享加工流通增值收益的利益联结机制。一是抓好典型案例的宣传推广。要充分发挥各有关传统媒体、网络媒体的传播优势，及时宣传报道发展典型的做法、成效和经验等内容，扩大典型案例的社会影响力；积极组织各类学习交流、成果展示等活动，邀请典型案例主体现身说法，讲好发展故事，提高典型案例的示范带动效果，形成以点带面、全面提升的良好发展态势。二是加大典型案例经营主体的支持力度。要综合运用财政、税收、金融等政策工具支持典型案例实施企业、园区和县（市、区）的发展，切实提高典型案例企业的行业影响力和社会影响力。农村一二三产业融合支出项目等财政资金要给予适当倾斜，加快形成政策集成和工作合力。三是继续发现和总结新的典型案例。各地要积极组织有关研究院所、高等院校、行业协会、创新联盟等，认真分析不同典型案例的主要特征、做法经验、取得成效等，树立不同类型、不同模式的发展典型案例。四是深入开展调查研究。深入不同规模、不同类型的农产品加工企业和农产品加工园区，深入原料基地、仓储物流、电商平台等加工业上下游环节所属企业和新型经营主体，了解产业链、价值链、供应链的联结机制和存在的问题，针对加工企业、加工园区、加工大县反映的困难问题，提出有力有效的对策措施，积极培育农村新产业、新模式和新动能，促进产业兴旺和城乡融合，为农业农村现代化提供支撑。

19日 农业部农产品加工局在京举办“2017年全国主食加工业提升行动暨中央厨房产销模式推介活动”。深入学习贯彻党的十九大精神，总结交流主食加工业发展成效经验，分析新形势新任务，部署今后重点工作。农业部农产品加工局局长宗锦耀在活动讲话中指出，主食是供应人们一日三餐消费，满足人体基本能量和营养摄入需求的主要食品，是保证国民身体健康的基本食物。主食加工业是满足人民物质需要的重要民生产业，带动农民就业增收的重要富农产业，改善生产生活环境的重要绿色产业。加快主食加工业发展，对于推进农业供给侧结构性改革，促进农业提质增效，带动农民就业增收，满足人民美好物质生活和生态环境需要，提高人民群众生活质量和健康水平，都具有重要意义。宗锦耀强调，我国主食加工业发展空间广阔、潜力巨大。要准确把握主食加工业发展的目标要求，坚持以人民为中心的发展思想，深入贯彻新发展理念，坚持提质增效、创新驱动、绿色引领、交叉融合和集群集聚发展，以市场需求为导向，以促进营养均衡、带动农民增收、改善城乡环境为目标，科学规划、合理布局，发挥优势、突出特色，培育主体、规范生产，推动政策完善、技术创新、人才培养、服务提升，加快构建现代绿色主食加工业体系，开发营养、安全、美味、健康、便捷、实惠的多元化主食产品，满足人民日益增长的美好生活需要。宗锦耀要求，各级农产品加工业主管部门要围绕实施乡村振兴战略，把主食加工业作为重点工作来抓，不忘初心、牢记使命，锐意进取、埋头苦干，明确目标，实化措施，切实推动我国主食加工业持续健康发展，重点做到“五个加强、五个提升”，即加强政策落实，提升支持保障水平；加强科技创新，提升技术装备水平；加强人才培养，提升队伍能力水平；加强品牌培育，提升质量效益水平；加强公共服务，提升产业指导水平。此次活动，公布了第五批 112 个全国主食加工业示范企业名单，发布了中央厨房产销模式及典型案例。来自主食加工领域的专家、学者、示范企业、中央厨房典型案例负责人及管理部门人员共 200 余人参加了活动。

7

第七部分

附　录

附录简要说明

1. 本部分统计资料数据主要包括：香港、澳门特别行政区和台湾省相关统计数据；世界和部分国家主要农产品收获面积、单产和总产量，禽畜产品产量；主要国家农业与农产品加工业生产指数；农产品加工业主要经济指标；世界主要国家农、林、畜、禽产品进出口情况；按营业额排序的世界最强 500 个企业中农产品加工业企业。

2. 本部分统计资料数据主要来源于国家统计局、农业部、2016 年联合国粮农组织数据库、2016 年联合国工发组织出版的《国际工业统计年鉴》、2016 年《国际统计年鉴》、世界银行统计数据以及 2017 年《世界农业》等。未注明"资料来源"的数据，均采用国家统计局公布的数据。

3. 本部分统计资料中符号使用说明："空格"表示该项统计指标数据不详或无该项数据；"*"、"①"、"△"表示本表下面有注解。

表 1 部分国家（地区）农业生产指数（2014 年）

（2004—2006 年＝100）

国家或地区	农 业	食 品
世界总计	**123.7**	**124.1**
埃 及	120.3	121.5
南 非	125.0	125.8
加拿大	108.9	109.1
美 国	111.4	112.7
巴 西	134.6	135.8
中 国	132.0	132.8
印 度	143.2	142.4
日 本	96.4	96.7
韩 国	103.9	104.0
法 国	102.6	102.7
德 国	111.3	111.3
意大利	88.9	89.1
俄罗斯	120.2	120.1
英 国	107.8	107.9
澳大利亚	111.4	110.9

资料来源：表中数据来自 2017 年《国际统计年鉴》。

表 2 世界主要国家陆地面积、耕地面积、人口、人均耕地面积排名情况（2015 年）

排名	国土陆地面积（万 km^2）		耕地面积（万 km^2）		人口（亿人）		人均耕地（亩/人）	
	国 别	面 积	国 别	面 积	国 别	人 口	国 别	人 均
世界		**13 432.5**		**1 395.9**		**74.4**		**2.9**
1	俄罗斯	1 709.8	印 度	156.4	中 国	13.8	俄罗斯	12.5
2	加拿大	998.5	美 国	154.6	印 度	13.2	美 国	7.2
3	美 国	983.2	俄罗斯	123.1	美 国	3.2	巴 西	5.7
4	中 国	960.0	中 国	105.7	印度尼西亚	2.6	印 度	1.7
5	巴 西	851.6	巴 西	80.0	巴 西	2.1	中 国	1.1

资料来源：表中数据来自 2017 年《国际统计年鉴》和 2016 年《中国统计年鉴》。

表 3　我国主要指标居世界位次（2014—2015 年）

指　　标	2014 年	2015 年
国土面积	4	4
人　　口	1	1
国内生产总值	2	2
人均国民总收入	100（214）	96（217）
进出口贸易总额	1	1
出 口 额	1	1
进 口 额	2	2
外商直接投资	1	3
外汇储备	1	1

注：括号中数据为参加排序的国家和地区。
资料来源：表中数据来自 2016 年《国际统计年鉴》。

表 4　我国主要指标占世界比重（2014—2015 年）

单位：%

指　　标	2014 年	2015 年
国土面积	7.1	7.1
人　　口	18.9	18.7
国内生产总值	13.3	14.8
进出口贸易总额	11.3	11.9
出 口 额	12.4	13.8
进 口 额	10.3	10.0
外商直接投资	10.5	7.7
外汇储备	33.2	30.6
稻谷产量	27.9	
小麦产量	17.3	
玉米产量	21.1	
大豆产量	4.1	

资料来源：表中数据来自 2016 年《国际统计年鉴》。

表 5　我国台湾省农业生产指数（2012—2015 年）（2011 年=100）

年　份	总指数	种植业	林　业	畜牧业	渔　业
2012	98.3	95.9	103.6	98.6	102.7
2013	97.1	95.4	112.6	96.7	101.4
2014	98.4	98.5	96.6	96.8	101.3
2015	94.9	94.0	58.5	96.2	95.6

资料来源：表中数据来自 2017 年《中国统计年鉴》。

表 6 部分国家（地区）主要粮食作物总产量（2014 年）

单位：kt

国家或地区	谷 物	其 中				
		小 麦	稻 谷	玉 米	谷 子	高 粱
世界总计	**2 817 330**	**728 967**	**740 956**	**1 038 281**		
埃 及	22 047	9 280	6 000	5 800		
南 非	17 275	1 759		14 982		
加拿大	51 301	29 281		11 487		
美 国	442 933	55 395	10 026	361 091		
巴 西	101 398	6 262	12 176	79 878		
中 国	557 407	126 213	208 240	361 091		
印 度	293 993	94 483	157 200	23 670		
日 本	11 603		10 549			
韩 国	5 852		5 638			
法 国	56 151	38 967		18 542		
德 国	52 010	27 785		5 142		
意大利	19 368	7 142	1 386	9 240		
俄罗斯	103 154	59 711	1 049	11 332		
英 国	24 505	16 621				
澳大利亚	38 413	25 303	819			

资料来源：表中数据来自 2016 年《国际统计年鉴》。

表 7 我国对美国农产品进出口情况（2012—2016 年）

单位：亿美元、%

年 份	进出口额	出口额	同比增长	进口额	同比增长	逆 差
2012	359.1	71.8	7.2	287.3	23.5	215.5
2013	338.7	72.9	1.5	265.8	−7.5	192.3
2014	360.9	74.2	1.8	286.7	7.9	212.5
2015	320.0	73.5	−0.9	246.5	−14.0	173.0
2016	312.0	73.6	0.1	238.4	−3.3	164.8

资料来源：表中数据来自中国农产品进出口月度统计报告。

表 8 我国对俄罗斯农产品进出口情况（2012—2016 年）

单位：亿美元、%

年 份	出口额	出口总额	出口占比	进口额	进口总额	进口占比
2012	19.40	625.61	3.10	15.56	1 114.89	1.40
2013	20.99	670.57	3.13	15.71	1 180.10	1.33
2014	22.99	713.06	3.22	15.54	1 209.64	1.28
2015	18.00	701.80	2.56	17.19	1 159.20	1.48
2016	19.21	726.10	2.62	19.90	1 106.10	1.80

资料来源：表中数据来自中国农产品进出口月度统计报告。

表 9 我国对印度尼西亚农产品进出口情况（2012—2016 年）

单位：百万美元、%

年 份	进出口额	出口额	同比增长	进口额	同比增长	逆 差
2012	6 434.96	1 821.93	−12.44	4 613.03	13.63	2 791.10
2013	5 063.92	1 635.46	−10.23	3 428.46	−25.68	1 792.99
2014	5 869.00	1 967.37	13.70	3 901.63	13.30	1 934.26
2015	5 811.21	1 829.99	−7.00	4 047.22	3.40	2 217.23
2016	5 783.41	2 055.15	12.30	3 728.26	−7.90	1 673.11

资料来源：表中数据来自中国农产品进出口月度统计报告。

表 10 主要国家（地区）人均肉类消费量（2000—2015 年）

单位：kg/人

国家（地区）	2000 年	2005 年	2010 年	2015 年
中 国	45.06	49.41	57.69	64.70
欧 盟	83.98	83.38	83.36	86.93
美 国	121.74	125.66	119.63	120.99
巴 西	78.98	74.52	89.47	97.84
俄罗斯	39.85	52.11	65.97	70.54
日 本	45.28	46.71	47.65	50.40
墨西哥	53.05	58.71	61.36	64.53
越 南	23.60	34.94	51.52	65.11
印度尼西亚	8.36	10.05	12.32	18.92
阿根廷	98.31	88.80	99.94	110.19
世界平均	37.39	38.97	42.20	43.44

资料来源：表中数据来自 2017 年《农业展望》第 1 期。

表 11 部分国家（地区）主要油料作物总产量（2014 年）

单位：kt

国家或地区	大 豆	油 菜 籽	花 生	芝 麻
世界总计	**308 436**	**70 954**	**42 444**	**5 469**
埃 及	25		205	44
南 非	948	121	75	
加拿大	6 049	15 555		
美 国	108 014	1 140	2 363	
巴 西	86 761	72	403	7
中 国	12 201	11 600	15 783	612
印 度	10 528	7 877	6 557	811
日 本	232			
韩 国	139			12
法 国	227	5 523		
德 国	18	6 247		
意大利	933	42		4
俄罗斯	2 597	1 464		
英 国		2 460		
澳大利亚	80	3 832		

资料来源：表中数据来自 2016 年《国际统计年鉴》。

表 12 我国玉米贸易情况（2012—2016 年）

单位：万 t

年 份	进口量	出口量	净出口量
2012	520.70	25.73	−494.50
2013	326.60	7.74	−318.90
2014	259.77	2.00	−257.77
2015	473.00	1.11	−471.90
2016	313.13	0.39	−312.74

资料来源：表中数据来自中国农产品进出口月度统计报告。

表 13 我国玉米部分出口情况（2012—2016 年）

单位：万 t、%

年 份	总 量	韩 国	朝 鲜	合 计	占 比
2012	25.73		25.73	25.73	100.00
2013	7.74		7.66	7.66	99.00
2014	2.00	0.02	1.57	1.59	79.50
2015	1.11		0.99	0.99	89.10
2016	0.39		0.31	0.31	97.28

资料来源：表中数据来自中国农产品进出口月度统计报告。

表 14 我国玉米主要进口情况（2013—2016 年）

单位：万 t、%

年 份	总 量	美 国	老 挝	乌克兰	前三国合计	前三国占比
2013	326.60	296.77	8.18	10.90	315.85	96.9
2014	259.77	102.71	11.01	96.43	210.15	80.9
2015	473.00	46.18	12.48	385.08	443.74	93.8
2016	313.13	22.09	13.89	262.61	298.59	95.4
合计	**1 372.50**	**467.75**	**45.56**	**755.02**	**1 268.33**	**92.4**

资料来源：表中数据来自中国农产品进出口月度统计报告。

表 15　中国大豆进出口情况（2016 年）

大豆品类	进出口	国　家	数量（万 t）	金额（百万美元）	每吨平均价格（美元）
国产大豆	出口	日本	2.90	26.75	922.41
		巴西	3 820.54	15 552.03	407.06
转基因大豆	进口	美国	3 417.09	13 765.79	402.85
		阿根廷	801.42	3 232.36	403.32

资料来源：表中数据来自 2017 年《世界农业》第 11 期。

表 16　中国大麦主要进口来源国（2015—2016 年）

国　家	2015 年		2016 年	
	数　量（万 t）	金　额（亿美元）	数　量（万 t）	金　额（亿美元）
澳大利亚	436.14	12.46	325.18	7.00
加拿大	104.19	3.06	73.06	2.25
法　国	442.38	10.97	63.56	1.47
乌克兰	81.99	1.84	40.99	0.79
阿根廷	4.49	0.14	3.15	0.07
丹　麦	3.79	0.12	0.29	0.01

资料来源：表中数据来自 2017 年《农业展望》第 5 期。

表 17　全球及主产国（地区）玉米生产情况（2015/2016—2016/2017 产季）

单位：kt、%

国家或地区	2015/2016 产季		2016/2017 产季		增产量	增产率
	产　值	占　比	产　值	占　比		
美　国	345 486.00	35.99	386 748.00	37.53	41 252.00	11.94
中　国	224 632.00	23.40	216 000.00	20.96	−8 632.00	−3.84
巴　西	17 000.00	6.98	83 500.00	8.10	16 500.00	24.63
欧　盟	58 481.00	9.00	60 279.00	5.85	1 798.00	3.07
合　计	**635 599.00**	**72.47**	**746 527.00**	**72.44**	**50 928.00**	**7.32**
全球总产值	**959 885.00**	**100.00**	**1 030 528.00**	**100.00**	**70 643.00**	**7.36**

资料来源：表中数据来自 2017 年《世界农业》第 6 期。

表 18 国内粮食分用途消费情况（2007—2015 年）

年 份	食用消费		饲料消费		工业消费	
	数量（万 t）	占比（%）	数量（万 t）	占比（%）	数量（万 t）	占比（%）
2007	24 335	56.5	12 010	27.8	6 080	14.1
2008	25 035	57.7	11 750	27.1	5 880	13.6
2009	25 640	55.1	13 100	28.1	7 090	15.2
2010	26 240	54.4	13 760	28.5	7 530	15.6
2011	27 490	52.9	15 718	30.3	8 000	15.4
2012	28 650	55.1	14 876	28.6	7 700	14.8
2013	27 277	55.5	13 820	28.1	7 300	14.9
2014	26 753	56.9	12 420	26.4	7 130	15.2
2015	26 566	56.6	12 070	25.7	7 556	16.1

资料来源：表中数据来自 2017 年《农业展望》第 6 期。

表 19 中国玉米主要进口来源地及其占比（2010—2015 年）

国 别	2010 年	2011 年	2012 年	2013 年	2014 年	2015 年
乌克兰				第三位 （2.8%）	第二位 （35.39%）	第一位 （79.16%）
美 国	第一位 （94.87%）	第一位 （96.78%）	第一位 （98.19%）	第一位 （90.46%）	第一位 （40.25%）	第二位 （10.91%）
老 挝	第二位 （2.47%）	第二位 （1.44%）	第二位 （0.78%）	第二位 （2.83%）	第四位 （4.92%）	第三位 （3.55%）
保加利亚				第十三位 （0.01%）	第五位 （4.47%）	第四位 （3.53%）
俄罗斯			第六位 （0.06%）	第八位 （0.11%）	第七位 （0.67%）	第五位 （1.30%）
缅 甸	第四位 （0.71%）	第三位 （0.99%）	第四位 （0.28%）	第五位 （0.78%）	第六位 （1.54%）	第六位 （1.13%）
德 国	第三位 （1.04%）	第四位 （0.42%）	第五位 （0.26%）	第六位 （0.58%）	第八位 （0.49%）	第七位 （0.26%）
秘 鲁	第七位 （0.09%）	第七位 （0.03%）	第八位 （0.03%）	第十位 （0.07%）	第十一位 （0.08%）	第八位 （0.05%）
智 利	第九位 （0.04%）	第十一位 （0.01%）	第九位 （0.02%）	第十一位 （0.03%）	第九位 （0.21%）	第九位 （0.05%）
印 度	第六位 （0.14%）	第五位 （0.25%）	第七位 （0.03%）	第七位 （0.15%）	第十位 （0.18%）	第十位 （0.03%）
阿根廷	第十位 （0.03%）	第八位 （0.03%）	第十一位 （0.004%）	第四位 （2.05%）	第十二位 （0.07%）	第十一位 （0.01%）
泰 国	第五位 （0.50%）		第三位 （0.35%）	第九位 （0.09%）	第三位 （11.69%）	

资料来源：表中数据来自 2017 年《世界农业》第 8 期。

表 20　缅甸大米出口情况（2010/2011—2014/2015 年度）

单位：万 t、亿美元

年　度	出口量	创汇额
2010/2011	52.70	1.94
2011/2012	79.10	3.08
2012/2013	106.60	3.80
2013/2014	168.80	6.18
2014/2015	180.00	6.44

资料来源：表中数据来自 2017 年《世界农业》第 2 期。

表 21　部分国家（地区）籽棉、麻类生产情况（2016 年）

国家或地区	籽　棉		
	收获面积（khm^2）	单产（kg/hm^2）	总产量（kt）
世界总计	**30 206.8**	**2 164.8**	**65 392**
中　国	3 376.1	4 747.8	16 029
印　度	10 500.0	1 372.7	14 413
美　国	3 848.0	2 611.7	10 050
巴基斯坦	2 489.0	1 985.9	4 943
巴　西	996.2	3 477.2	3 464
澳大利亚	280.4	5 417.3	1 519
土耳其	416.0	5 048.1	2 100
墨西哥	104.4	4 674.3	488
阿根廷	376.8	1 786.1	673
埃　及	55.0	3 181.8	175
哈萨克斯坦	109.6	2 618.6	287
南　非	7.9	3 417.7	27
尼日利亚	383.3	790.5	303
朝　鲜	19.5	2 000.0	39

资料来源：表中数据来自 2017 年《国际统计年鉴》。

表 22 部分国家（地区）甘蔗、甜菜生产情况（2016 年）

国家或地区	甘蔗			甜菜		
	收获面积（khm^2）	单产（kg/hm^2）	总产量（kt）	收获面积（khm^2）	单产（kg/hm^2）	总产量（kt）
世界总计	**26 774.3**	**70 614.8**	**1 890 662**	**4 564.9**	**60 731.0**	**277 231**
中国	1 669.3	460 479.2	768 678	135.7	59 661.0	8 096
埃及	137.0	49 744.5	6 815	225.0	59 213.3	13 323
南非	246.9	6 375.1	1 574			
巴西	10 226.2	6 400.3	65 451			
印度	4 950.0	70 393.5	348 448			
巴基斯坦	1 130.8	77 351.4	87 469	2.9	40 689.7	118
墨西哥	781.1	28 153.9	21 991			
美国	370.5	331 076.9	122 664	455.8	73 405.0	33 458
法国				402.7	83 921.0	33 795
阿根廷	331.7	81 878.2	27 159			
澳大利亚	447.2	76 929.8	34 403			

资料来源：表中数据来自 2017 年《国际统计年鉴》。

表 23 中国马铃薯进出口情况（2015—2016 年）

类别			种用马铃薯	鲜或冷藏马铃薯	制作成保藏马铃薯	冷冻马铃薯
2015 年	数量（t）	出口	11.04	400 080.70	21 326.84	11 853.61
		进口	0.01		145 259.29	132.03
	金额（万美元）	出口	48.37	22 740.61	3 721.06	1 252.77
		进口	0.16		16 566.99	10.51
2016 年	数量（t）	出口	2 000	410 572.74	14 336.15	11 880.59
		进口	0.01		136 151.58	128.63
	金额（万美元）	出口	93.59	22 639.56	2 658.87	1 216.01
		进口	1.92		16 570.92	13.59
同比（%）	数量	出口	81.12	2.62	−32.78	0.23
		进口	−11.11		−6.27	−2.58
	金额	出口	93.46	−0.44	−28.55	−2.93
		进口	1 083.99		0.02	29.35

资料来源：表中数据来自 2017 年《农业展望》第 2 期。

表 24　全球马铃薯总产量前 10 位的国家（2014 年）

单位：万 t、万 hm^2、t/hm^2

国　家	总　产	产量/全球总产	播种面积	面积/全球总播种面积	单产	单产/全球单产
全　球	**38 168.21**	**1.00**	**1 909.83**	**1.00**	**19.99**	**1.00**
中　国	9 551.50	0.25	564.50	0.30	16.92	0.85
印　度	463.50	0.12	202.40	0.11	22.02	1.15
俄罗斯	3 150.14	0.08	210.15	0.11	14.99	0.75
乌克兰	2 369.34	0.06	134.28	0.07	17.64	0.88
美　国	2 005.65	0.05	42.54	0.02	47.15	2.36
德　国	1 160.73	0.03	24.48	0.01	47.42	2.37
孟加拉国	895.00	0.02	46.17	0.02	19.38	0.07
法　国	808.52	0.02	16.85	0.01	47.98	2.40
波　兰	768.92	0.02	27.60	0.01	27.77	1.39
荷　兰	710.03	0.02	15.55	0.01	45.66	2.28

资料来源：表中数据来自 2017 年《世界农业》第 9 期。

表 25　中国马铃薯制品主要国际贸易伙伴及其区位（2015 年）

贸易流向	金额排序	贸易伙伴	出口额（万美元）	"一带一路"沿线国家的区位	累计份额（%）
出口	1	越　南	7 748.04	东盟 10 国	27.57
	2	中国香港	5 725.00		47.95
	3	马来西亚	4 654.4	东盟 10 国	67.51
	4	俄罗斯	3 096.26	独联体 7 国	75.53
	5	日　本	2 995.16		86.19
	6	泰　国	828.53	东盟 10 国	89.14
	7	韩　国	721.50		91.70
	8	新加坡	618.93	东盟 10 国	93.91
	9	斯里兰卡	354.96	南亚 8 国	95.17
	10	阿拉伯联合酋长国	253.15	东盟 10 国	96.07
进口	1	美　国	13 799.63		49.11
	2	荷　兰	3 168.84		60.39
	3	德　国	2 043.19		67.66
	4	加拿大	1 915.91		74.48
	5	比利时	1 697.42		80.52
	6	马来西亚	262.81	东盟 10 国	81.45
	7	波　兰	224.84		82.25
	8	丹　麦	220.00		83.03
	9	英　国	166.87		83.63
	10	法　国	159.40		84.20

资料来源：表中数据来自 2017 年《世界农业》第 9 期。

表 26 中国马铃薯分类产品贸易情况（2016 年）

品种	出口		进口		贸易顺差（万美元）
	数量（万 t）	金额（万美元）	数量（万 t）	金额（万美元）	
种用马铃薯	0.002	93.59		1.92	91.66
鲜马铃薯	41.057	22 639.86			22 639.86
冷冻马铃薯	1.188	1 216.00	0.013	13.59	1 202.41
马铃薯细粉	0.035	50.94	0.810	1 008.93	−957.99
马铃薯团粉	0.035	67.64	0.612	744.78	−677.14
非醋方法制作或保藏的冷冻马铃薯	1.088	1 625.46	14.288	16 479.23	−14 853.78
非醋方法制作或保藏的未冷冻马铃薯	0.460	1 197.82	0.165	1 096.51	101.32
合 计	**43.924**	**26 956.87**	**20.102**	**22 482.75**	**4 474.12**

资料来源：表中数据来自 2017 年《农业展望》第 5 期。

表 27 中国甘薯进口市场及进口量占比（1997—2016 年）

单位：%

进口市场	1997 年	2000 年	2003 年	2006 年	2009 年	2012 年	2015 年	2016 年
印度尼西亚				9.7		63.8		3.3
日 本	95.6	100.0	64.3	9.1				0.1
泰 国	0.6			30.5				
越 南				46.0	100		17.4	
中国台湾				4.7		4.3	8.2	26.1
加拿大								19.8
美 国			35.7			31.9	74.4	50.4
中国香港	3.5							
意大利	0.3							0.3
合 计	**100.0**	**100.0**	**100.0**	**100.0**	**100.0**	**100.0**	**100.0**	**100.0**

资料来源：表中数据来自 2017 年《农业展望》第 11 期。

表 28 中国甘薯出口市场及出口量占比（1997—2016 年）

单位：%

出口市场	1997 年	2000 年	2003 年	2006 年	2009 年	2012 年	2015 年	2016 年
中国香港	3.84	0.89	10.29	0.30	10.55	40.44	14.72	59.27
日 本	91.53	96.71	72.56	87.12	50.73	31.14	15.25	12.09
美 国	0.66	0.13	0.27	0.17	6.89	5.18	23.57	0.15
韩 国	1.88	1.03	10.85	4.07	4.91	5.89	6.25	2.55
荷 兰			1.42	3.30	12.80	1.89	7.56	7.07
德 国					9.68	10.68	16.84	6.44
加拿大	0.05	0.06	1.28	1.16	1.07	2.2	4.34	3.39
英 国	0.04		0.68	0.54	0.50	1.19	2.95	2.96
新加坡	1.82	0.19	0.64			0.12	0.91	0.23
马来西里	0.07	0.15	0.96	1.75	1.37	0.11	2.92	1.96
中国澳门		0.02		0.05	0.08	0.14	2.95	2.54
法 国			0.35	0.48	0.32	0.04	0.12	—
新西兰				0.14	0.84	0.4	0.44	0.43
俄罗斯		0.09				0.12	0.30	0.26
合 计	**99.90**	**99.27**	**99.30**	**99.09**	**99.73**	**99.68**	**99.12**	**99.34**

资料来源：表中数据来自 2017 年《农业展望》第 11 期。

表 29　中国咖啡进出口情况（2006—2015 年）

年　份	进口量（万 t）	年均变化率（%）	进口量（万 t）	年均变化率（%）
2006	1.90	18.75	1.70	54.55
2007	2.00	5.26	2.00	17.65
2008	2.20	10.00	2.30	15.00
2009	2.20		3.30	43.48
2010	7.00	218.18	3.30	
2011	4.30	−38.57	3.80	15.15
2012	5.80	34.88	6.10	60.53
2013	4.80	−17.24	7.60	24.59
2014	6.60	37.50	7.20	−5.26
2015	5.90	−10.61	6.60	−8.33

资料来源：表中数据来自 2017 年《农业展望》第 10 期。

表 30　中国咖啡消费量（2006—2014 年）

类　别	2006 年	2009 年	2012 年	2014 年
国内消费总量（万 t）	2.71	5.96	8.82	11.21
人均消费量（kg/人）	0.02	0.04	0.07	0.08

资料来源：表中数据来自 2017 年《农业展望》第 10 期。

表 31　中国与世界咖啡主产国的咖啡出口价格（2006—2015 年）

单位：美元/kg

年　份	中　国	巴　西	哥伦比亚	越　南	德　国	瑞　士	意大利
2006	2.41	1.99	2.46	1.24	2.92	12.66	6.86
2007	2.56	2.28	2.72	1.56	3.32	25.66	7.55
2008	3.05	2.64	3.17	1.99	3.91	31.65	8.47
2009	2.49	2.30	3.42	1.46	3.60	33.23	7.95
2010	3.11	2.90	4.63	1.52	3.82	34.43	7.73
2011	4.74	4.47	6.08	2.19	5.40	40.33	9.30
2012	3.79	3.81	4.88	2.07	4.76	36.88	8.81
2013	2.84	2.70	3.51	2.01	4.39	40.49	8.80
2014	3.10	3.04	4.04	2.01	4.59	37.93	8.61
2015	3.42	2.77	3.59	1.88	4.27	32.62	7.58

资料来源：表中数据来自 2017 年《农业展望》第 10 期。

表 32 中国从相关国家进口咖啡数量（2010—2015 年）

单位：t、%

国 家	2010 年	2011 年	2012 年	2013 年	2014 年	2015 年	2015 年比 2010 年增长	年均增速
马来西亚	9.5	15.5	8.2	6.2	1 198.6	3 105.0	32 629.1	218.4
哥斯达黎加	13.0	52.9	154.2	46.7	160.9	139.7	976.3	60.8
瑞 士	35.2	46.7	60.7	75.0	99.4	103.9	195.1	24.2
印度尼西亚	1 864.0	4 087.9	9 824.9	12 118.7	6 330.4	12 637.1	578.0	46.6
泰 国	0.6	1，4	0.7	0.3	0.3	4.3	597.2	47.5
秘 鲁	4.3	20.5	1.7		10.0	7.2	68.0	10.9
老 挝	18.0	38.4		10.5	74.0	186.0	933.3	59.5
越 南	23 653.5	32 520.5	39 565.2	26 539.7	46 383.6	27 265.7	15，3	2.9
总 计	**30 322.8**	**43 017.3**	**57 601.1**	**47 370.9**	**65 712.8**	**59 202.2**	**95.2**	**14.3**

资料来源：表中数据来自 2017 年《世界农业》第 3 期。

表 33 斯里兰卡茶叶类型及产量（2006—2014 年）

单位：万 t

茶叶类型	2006 年	2007 年	2008 年	2009 年	2010 年	2011 年	2012 年	2013 年	2014 年
Orihodox									
CTC	1.8	1.6	1.7	1.6	1.8	2.2	2.33	2.24	2.03
绿 茶	0.3	0.4	0.3	0.2	0.3	0.3	0.3	0.37	0.32
其他茶	0.2	0.2	0.2	0.2					
合 计	**31.1**	**30.5**	**31.9**	**29.1**	**33.1**	**32.8**	**32.84**	**34.02**	**33.8**

资料来源：表中数据来自 2017 年《世界农业》第 4 期。

表 34 斯里兰卡茶叶出口结构（2011—2015 年）

单位：万 t

类 别	2011 年	2012 年	2013 年	2014 年	2015 年
大包装茶	17.99	13.025	13.009	12.697	19.000
小包装茶	9.58	15.380	15.700	16.458	8.512
袋泡茶	2.46	2.140	2.407	2.63	1.923
其 他	0.29	0.054	0.198		0.455
再出口	2.05	1.460	0.851	0.946	0.803
出口总量	**32.37**	**32.070**	**32.165**	**32.734**	**30.694**

资料来源：表中数据来自 2017 年《世界农业》第 4 期。

表 35　斯里兰卡茶叶主要出口国家（2015 年）

单位：万 t、亿美元、%

主要出口国家	出口量	出口额	出口量所占比例
俄罗斯	3.674	1.565	12.047
土耳其	3.371	1.373	11.051
伊拉克	3.137	0.988	10.284
伊　朗	3.007	1.320	9.858
阿拉伯联合酋长国	2.344	0.966	7.685
阿塞拜疆	1.118	0.450	3.665
叙利亚	1.109	0.469	3.636
合　计	**17.760**	**7.129**	**58.226**

资料来源：表中数据来自 2017 年《世界农业》第 4 期。

表 36　印度政府机构粮食作物收购情况（2015—2017 年）

单位：万 t

作物品种		印度粮食公司	邦代理机构	全国农业合作运销协会	总　量
2015—2016 年	秋季作物稻谷	118.9	4 958.4		5 077.3
	秋季大米	3 404.9			3 404.9
	粗、杂粮（总计）				26.0
	高　粱			2.9	2.9
	珍珠粟			0.5	0.5
	玉　米			2.3	2.3
	龙爪稷			20.3	20.4
2016—2017 年	冬季农作物小麦	304.3	1 988.7		2 293.0

资料来源：表中数据来自 2017 年《世界农业》第 2 期。

表 37　我国台湾省主要农产品产量（2013—2015 年）

单位：万 t

年　份	稻 米	槟 榔	菠 萝	芒 果	甘 蔗	茶 叶	花 生	香 蕉
2013	158.9	12.4	41.3	21.5	50.6	1.5	4.7	29.1
2014	173.2	12.1	45.6	15.3	50.3	1.5	6.9	30.0
2015	158.2	11.3	49.4	46.6	61.8	1.4	6.2	27.4

资料来源：表中数据来自 2017 年《中国统计年鉴》。

表 38 部分国家（地区）鱼类产量（2015 年）

单位：万 t

国家或地区	鱼类产品产量	其中	
		海 域	内陆水域
世界总计			
埃 及	148.9	8.4	140.6
南 非	55.7	55.5	0.3
加拿大	55.1	51.4	3.7
美 国	434.2	414.6	19.7
巴 西	111.6	41.3	70.3
中 国	4 104.1	1 220.8	2 883.3
印 度	876.8	285.1	591.8
日 本	313.9	308.3	5.6
韩 国	123.5	120.9	2.6
法 国	45.7	41.0	4.7
德 国	26.4	22.4	4.0
意大利	18.7	14.8	3.9
俄罗斯	443.5	401.6	41.9
英 国	74.4	73.5	1.2

资料来源：表中数据来自 2017 年《国际统计年鉴》。

表 39 中国水产冷冻品产品产量（2011—2014 年）

单位：t

指 标	2011 年	2012 年	2013 年	2014 年
水产冷冻品总量	11 037 216	11 749 664	12 299 779	13 171 461
冷冻品	5 452 898	5 633 597	5 888 239	6 548 543
冷冻加工品	5 584 318	6 116 067	6 411 540	6 622 918

资料来源：表中数据来自 2017 年《世界农业》第 6 期。

表 40 主要国家对泰国出口水产品份额变化情况（2010—2015 年）

单位：%

国 家	活 鱼	鲜、冷鱼	冻鱼	鲜、冷、冻鱼片	干及盐腌渍的鱼	软体及水生无脊椎动物
中 国	−0.03		32.51	4.27	0.57	37.64
美 国	0.10	−12.87	−3.19	6.78	−0.41	−3.70
印度尼西亚	−0.28	−1.81	−1.64	8.73	0.17	−3.52
日 本	0.48	0.17	−6.49	3.11	0.07	2.25
韩 国	−0.01	0.01	2.82	0.04	−0.01	−3.26
印 度	0.07	−0.01	−5.93	−14.47	0.73	2.81
智 利			−5.03	5.09	−0.42	−0.12
挪 威		−0.05	4.37	11.07	1.63	−5.64
越 南		35.42	−32.24	−2.92		

资料来源：表中数据来自 2017 年《世界农业》第 9 期。

表 41　中国对泰国水产品出口结构（2012—2015 年）

单位：万美元

产　品	2012 年	2013 年	2014 年	2015 年
活　鱼	1.30	2.91	1.77	2.19
鲜、冷鱼			84.76	
冻　鱼	18 901.91	19.682.09	23 854.65	27 379.12
鲜、冷、冻鱼片	669.81	750.26	3 605.48	4 741.52
干及盐腌渍的鱼、熏鱼、可食用的鱼粉和粒	34.04	49.30	971.87	964.98
甲壳动物	286.55	410.01	1 183.31	619.09
软体及水生无脊椎动物	6 316.19	18 589.10	37 125.42	64 030.65
水产品制品	20 894.45	21 739.53	17 008.97	16 881.08

资料来源：表中数据来自 2017 年《世界农业》第 9 期。

表 42　泰国主要水产品进口市场分布情况（2011—2015 年）

单位:%

国　家	2011 年	2012 年	2013 年	2014 年	2015 年
中　国	5.39	5.93	7.35	11.32	12.88
美　国	10.74	9.09	10.96	10.13	8.52
印度尼西亚	5.25	6.98	6.86	7.18	4.44
日　本	6.58	6.92	7.29	7.21	6.96
韩　国	6.70	6.80	6.22	2.93	3.77
印　度	4.21	3.65	4.36	4.02	5.71
智　利	4.35	3.46	2.93	4.44	3.74
挪　威	4.14	3.72	4.02	4.58	4.82
越　南	3.21	3.59	3.77	5.72	7.97
总　计	**50.57**	**50.14**	**53.76**	**57.53**	**58.61**

资料来源：表中数据来自 2017 年《世界农业》第 9 期。

表 43　中国与越南水产品贸易状况（2011—2015 年）

年份	越南出口中国（万美元）	越南出口总额（亿美元）	越南出口中国占比（%）	中国出口越南（万美元）	中国出口总额（亿美元）	中国出口越南占比（%）
2011	24 651.81	49.42	4.99	15 663.59	109.89	1.43
2012	29 149.18	48.68	5.99	13 077.04	113.23	1.15
2013	41 564.58	50.62	8.21	11 768.47	125.26	0.94
2014	45 939.97	57.63	7.97	8 136.71	140.74	0.58
2015	43 568.47	48.38	9.01	6 544.36	133.25	0.49

资料来源：表中数据来自 2017 年《世界农业》第 8 期。

表 44 中国福建省及世界水产品出口大国国际市场占有率（2011—2015 年）

单位：%

国家和地区	2011 年	2012 年	2013 年	2014 年	2015 年
中国福建省	3.21	3.54	3.88	3.92	4.12
中 国	14.36	15.38	15.37	15.49	15.69
挪 威	7.85	7.43	8.07	7.88	7.53
泰 国	6.75	6.91	5.50	4.75	4.63
越 南	5.18	5.17	5.28	5.77	5.43
英 国	4.13	4.10	3.65	3.56	3.40

资料来源：表中数据来自 2017 年《世界农业》第 6 期。

表 45 中国福建省及国际市场水产品出口大国显示性比较优势（2011—2015 年）

国家和地区	2011 年	2012 年	2013 年	2014 年	2015 年
中国福建省	5.63	6.04	6.88	6.92	7.13
中 国	1.44	1.42	1.34	1.3	1.32
挪 威	8.53	8.42	9.74	10.10	9.74
泰 国	5.68	5.51	4.50	3.91	3.89
越 南	9.54	8.72	7.45	7.48	7.09
美 国	0.54	0.58	0.51	0.51	0.52

资料来源：表中数据来自 2017 年《世界农业》第 6 期。

表 46 中国和世界渔业产量对比情况（2014 年）

单位：万 t、%

分 类	国家/地区	海洋捕捞	海水养殖	内陆捕捞	淡水养殖
鱼 类	中 国	1 023.00	119.00	167.00	2 603.00
	世 界	6 728.00	630.00	1 099.00	4 356.00
	中国占比	15.20	18.90	15.20	59.80
甲壳类	中 国	245.00	143.00	32.77	256.00
	世 界	634.00	417.00	52.85	274.00
	中国占比	38.60	34.40	62.00	93.30
贝 类	中 国	55.00	1 317.00	26.33	26.00
	世 界	255.00	1 584.00	35.00	28.00
	中国占比	21.64	83.10	76.10	90.40
头足类	中 国	138.00			
	世 界	478.00			
	中国占比	28.90			
藻 类	中 国	24.30	1 324.00	0.26	9.00
	世 界	118.20	2 722.00	0.26	9.00
	中国占比	20.60	48.60	100.00	99.60
其他动物	中 国	19.64	33.30	3.07	51.00
	世 界	59.97	37.30	3.57	52.00
	中国占比	32.70	89.30	86.00	97.20

资料来源：表中数据来自 2017 年《世界农业》第 5 期。

表 47 中国水产品一般贸易主要出口产品金额（2014—2015 年）

单位：亿美元、%

出口品种	2015 年		2014 年	
	金额	占比	金额	占比
墨鱼、鱿鱼及章鱼	28.17	18.89	26.70	16.64
贝　类	17.28	11.59	17.00	13.71
对　虾	16.26	10.91	22.00	10.59
罗非鱼	13.02	8.73	15.20	9.47
蟹　类	9.92	6.65	9.90	6.23
鳗　鱼	9.87	6.62	10.00	6.17
淡水小龙虾	2.66	1.78	3.80	2.37
大黄鱼	2.45	1.64	2.60	1.62
汇　总	**99.63**	**66.81**	**107.20**	**66.80**

资料来源：表中数据来自 2017 年《世界农业》第 2 期。

表 48 中国水产品出口市场结构（2011—2015 年）

单位：亿美元、%

国家或地区	2015 年		2014 年		2013 年		2012 年		2011 年	
	金额	占比	金额	占比	金额	占比	金额	占比	金额	占比
日　本	36.38	17.96	38.00	17.51	39.09	19.22	42.16	22.20	40.72	22.89
美　国	31.95	15.77	33.93	15.64	31.95	15.71	29.47	15.52	29.14	16.38
东　盟	27.76	13.70	27.15	12.51	23.78	11.70	21.26	11.19	17.18	9.66
中国香港	22.14	30.93	25.22	1.62	23.82	11.71	20.59	10.84	15.61	8.77
欧　盟	21.15	10.44	23.66	10.90	22.79	11.21	22.10	11.64	24.48	13.76
中国台湾	15.88	7.84	15.64	7.21	12.54	6.17	10.74	5.65	8.41	4.73
韩　国	15.61	7.70	16.89	7.78	14.08	6.92	14.83	7.81	15.92	8.95
汇　总	**170.87**	**84.34**	**180.49**	**83.18**	**168.05**	**82.65**	**161.15**	**84.85**	**151.46**	**85.14**

资料来源：表中数据来自 2017 年《世界农业》第 2 期。

表 49　五国水产品出口的贸易地位（2008—2014 年）

单位：%

国家	贸易地位	2008 年	2009 年	2010 年	2011 年	2012 年	2013 年	2014 年
中国	低端	12.80	7.37	5.59	2.89	26.28	1.49	3.25
	中端	87.14	92.34	84.88	76.61	51.14	64.69	79.48
	高端	0.06	0.29	9.53	20.50	22.58	33.82	17.07
挪威	低端	7.79	8.14	4.01	4.70	4.97	3.93	3.36
	中端	84.38	82.41	90.79	71.45	90.21	85.28	85.83
	高端	7.83	9.45	5.20	23.85	4.82	10.79	10.81
印度	低端	23.01	20.84	0.71	16.75	24.05	8.00	13.09
	中端	62.20	66.83	98.06	83.23	75.82	23.86	86.64
	高端	14.79	12.33	1.23	0.01	0.13	68.14	0.27
美国	低端	15.05	15.54	15.23	26.59	30.95	31.23	32.95
	中端	67.90	58.75	54.18	54.36	43.75	38.7	45.11
	高端	17.05	25.71	30.59	19.05	25.30	30.07	21.94
智利	低端	2.73	8.71	12.34	12.80	11.43	9.03	9.10
	中端	60.40	56.61	56.38	30.66	77.51	62.63	54.74
	高端	36.87	34.68	31.28	56.54	11.06	28.34	36.16

资料来源：表中数据来自 2017 年《世界农业》第 1 期。

表 50　五国实现升级的主要出口水产品（2014 年）

单位：%

国家	产品名称	出口比重
中国	活鱼	2.88
	冻鲭鱼	1.38
	冻鱼肉（非鱼片）	1.35
挪威	干鱼	2.76
	冻鳍鱼	2.69
	其他冻鱼（不包括冷冻鱼肝与鱼卵）	2.56
印度	冻鱼肉（非鱼片）	2.29
	其他涮制或保藏的鱼	0.58
	干鱼	0.32
美国	冻鱼肉（非鱼片）	8.63
	冻鲱鱼、沙丁鱼	1.44
	其他调制或保藏的鱼	0.98
智利	冻三文鱼	28.52
	冻鱼片	18.96
	冻鱼肉（非鱼片）	6.13

资料来源：表中数据来自 2017 年《世界农业》第 1 期。

表 51　秘鲁水产品出口额（2010—2015 年）

年　份	出口总额（亿美元）	其中出口中国（亿美元）	中国占比（%）
2010	22.751	10.597	46.58
2011	26.122	12.442	47.63
2012	28.046	11.416	40.70
2013	24.358	9.855	40.46
2014	25.221	10.146	40.23
2015	20.938	11.478	54.82

资料来源：表中数据来自 2017 年《农业展望》第 12 期。

表 52　中国和秘鲁水产品捕捞量（2011—2015 年）

年　份	中国（万 t）	秘鲁（万 t）	世界（万 t）	中国占世界比重（%）	秘鲁占世界比重（%）
2011	1 604.3	825.0	9 318.1	17.2	8.9
2012	1 642.5	481.6	9 051.2	18.1	5.3
2013	1 655.8	582.7	9 175.3	18.0	6.4
2014	1 735.2	354.9	9 236.1	18.8	3.8
2015	1 783.3	483.9	9 373.7	19.0	5.2

资料来源：表中数据来自 2017 年《农业展望》第 12 期。

表 53　中国和秘鲁水产品养殖产量（2011—2015 年）

年　份	中国（万 t）	秘鲁（万 t）	世界（万 t）	中国占世界比重（%）	秘鲁占世界比重（%）
2011	5 017.3	9.2	8 263.5	60.7	0.11
2012	5 394.3	7.2	9 002.1	60.0	0.08
2013	5 711.3	12.5	9 711.0	58.8	0.13
2014	5 879.7	11.5	10 108.5	58.2	0.11
2015	6 153.6	9.1	10 600.4	58.1	0.09

资料来源：表中数据来自 2017 年《农业展望》第 12 期。

表 54　中国和秘鲁水产品产量（2011—2015 年）

年　份	中国（万 t）	秘鲁（万 t）	世界（万 t）	中国占世界比重（%）	秘鲁占世界比重（%）
2011	6 620	830	17 580	37.7	4.7
2012	7 040	490	18 050	39.0	2.7
2013	7 370	600	18 890	39.0	3.2
2014	7 610	370	19 340	39.3	1.9
2015	7 940	490	20 000	39.7	2.5

资料来源：表中数据来自 2017 年《农业展望》第 12 期。

表55　中国罗非鱼产品出口情况（2002—2015年）

年　份	出口额（亿美元）	出口量（万t）
2002	0.50	3.16
2003	0.98	5.96
2004	1.56	8.73
2005	2.32	10.74
2006	3.69	16.45
2007	4.91	21.54
2008	7.34	22.44
2009	7.10	25.90
2010	10.06	32.28
2011	11.09	33.03
2012	11.63	36.20
2013	14.49	40.36
2014	15.16	40.30
2015	13.02	39.26

资料来源：表中数据来自2017年《农业展望》第9期。

表56　中国罗非鱼出口产品占比（2002—2015年）

单位：%

年　份	冻罗非鱼	冻罗非鱼片	制作或保藏的罗非鱼	合　计
2002	65.88	28.84	3.33	**98.05**
2003	58.96	31.88	7.92	**98.76**
2004	48.76	41.55	8.91	**99.22**
2005	36.10	49.82	13.52	**99.44**
2006	25.45	18.97	55.26	**99.68**
2007	6.51	2.38	91.05	**99.94**
2008	5.67	3.55	90.76	**99.98**
2009	12.77	52.05	34.81	**99.63**
2010	23.46	57.84	13.41	**99.71**
2011	32.58	47.87	19.19	**99.64**
2012	30.71	49.51	19.3	**99.52**
2013	33.71	45.11	21.28	**99.75**
2014	34.51	42.28	21.97	**99.77**
2015	33.79	39.03	26.86	**99.68**

资料来源：表中数据来自2017年《农业展望》第9期。

表 57　中国罗非鱼产品出口的主要市场（2015 年）

排　序	国　家	出口额（万美元）	出口份额（%）
1	美　国	64 156.44	49.27
2	墨西哥	17 349.36	13.32
3	科特迪瓦	6 123.48	4.70
4	伊　朗	4 228.21	3.25
5	以色列	4 204.79	3.23
6	赞比亚	3 002.37	2.31
7	俄罗斯	2 535.05	1.95
8	喀麦隆	2 115.92	1.63
9	布基纳法索	2 059.37	1.58
10	刚果（金）	1 463.72	1.12

资料来源：表中数据来自 2017 年《农业展望》第 9 期。

表 58　部分国家（地区）肉类产量（2014 年）

单位：kt

国家或地区	肉类总产量	其　中			
		牛　肉	羊　肉	猪　肉	禽　肉
世界总计	**317 855**	**68 405**	**14 484**	**115 314**	**112 933**
埃　及	2 212	801	128	1	1 165
南　非	3 222	1 001	220	234	1 724
加拿大	4 384	1 099	20	1 962	1 274
美　国	42 565	11 453	73	10 368	20 392
巴　西	26 053	9 723	116	3 192	12 997
中　国	84 798	6 892	4 282	54 446	17 502
印　度	6 601	2 572	740	350	2 759
日　本	3 903	502		1 264	2 128
韩　国	2 228	317	1	1 197	707
法　国	5 489	1 411	122	2 130	1 767
德　国	8 356	1 143	31	5 528	1 550
意大利	3 620	709	27	1 328	1 247
俄罗斯	9 070	1 654	204	2 974	3 770
英　国	3 696	877	298	863	1 648
澳大利亚	4 864	2 586	747	363	184

资料来源：表中数据来自 2017 年《国际统计年鉴》。

表 59 全球肉类消费总量和年人均消费量（2000—2015 年）

单位：万 t、kg/人

年份	肉类		猪肉		禽肉		牛羊肉	
	总量	人均	总量	人均	总量	人均	总量	人均
2000	22 499.8	37.39	8 550.8	14.21	6 617.4	11.00	6 849.8	11.38
2005	24 804.2	38.97	9 793.5	14.55	7 821.2	11.24	7 256.0	11.36
2010	28 572.1	42.20	10 608.4	15.67	9 569.4	14.13	7 731.5	11.42
2015	31 928.4	43.44	11 741.7	16.31	11 473.6	15.22	8 151.5	11.83

资料来源：表中数据来自 2017 年《农业展望》第 1 期。

表 60 中国出口到其他 RCEP 成员国的猪肉产品结构（2012—2015 年）

单位：t、万美元

年份	不同猪肉产品出口量					猪肉出口量	猪肉出口额
	鲜或冷藏猪肉	冷冻猪肉	猪副产品	干、熏、盐制猪肉	制作或保藏猪肉及副产品		
2012		1 627.79	82.00	9.66	75 944.04	77 663.48	322.32
2013		1 702.66	488.86	0.85	67 564.45	69 756.82	259.99
2014		2 289.85	0.00	4.25	65 889.56	68 183.66	255.61
2015		1 561.04	612.10	0.00	55 037.39	57 210.52	210.85

资料来源：表中数据来自 2017 年《世界农业》第 7 期。

表 61 中国从其他 RCEP 成员国进口的猪肉产品结构（2009—2015 年）

单位：t、万美元

年份	不同猪肉产品进口量				猪肉进口量	猪肉进口额
	冷冻猪肉	猪副产品	干、熏、盐制猪肉	制作或保藏猪肉及副产品		
2009				3.53	3.53	3.41
2010				9.87	9.87	12.3
2011	24.97			11.38	36.35	23.35
2012				83.94	83.94	42.62
2013	0.01			37.44	37.45	28.22
2014				20.86	20.86	17.22
2015				4.11	4.11	7.73

资料来源：表中数据来自 2017 年《世界农业》第 7 期。

表 62 RCEP 谈判成员国猪肉产量和消费量（2014 年）

国　家	猪肉产量（万 t）	猪肉出口量（t）	猪肉进口量（t）	猪肉贸易差额（t）
澳大利亚	36.29	28 170.05	146 598.12	−118 428.07
文　莱	0.00		1 800.86	−1 800.86
柬埔寨	10.42	7.33	2.25	5.07
印　度	35.00	67.02	195.54	−128.52
印度尼西亚	75.90	36.80	267.42	−230.62
日　本	126.36	429.46	829 382.05	−828 952.59
老　挝	6.84			
马来西亚	21.76	890.86	11 448.66	−10 557.80
缅　甸	83.40			
新西兰	4.78	93.12	37 944.84	−37 851.73
菲律宾	169.07	27.52	71 359.72	−71 332.21
韩　国	119.65	736.87	362 978.36	−362 241.49
新加坡	1.85	4 868.38	81 221.64	−76 353.26
泰　国	94.89	2 659.69	476.61	2 183.08
越　南	333.06	18 119.60	3 000.39	13 119.21
中　国	5 539.02	91 516.33	564 240.31	−472 723.98

资料来源：表中数据来自 2017 年《世界农业》第 7 期。

表 63 中国羊肉生产情况（2001—2015 年）

年　份	中国羊肉产量（万 t）	中国羊肉产重占世界的比重（%）	羊肉进口量占中国产量的比重（%）
2001	271.80	23.46	0.93
2002	283.50	24.46	1.23
2003	308.70	26.02	1.10
2004	332.90	29.25	0.99
2005	350.06	27.61	1.18
2006	363.84	28.39	1.01
2007	382.62	28.95	1.22
2008	380.35	28.62	1.46
2009	389.42	29.19	1.71
2010	398.86	29.81	1.43
2011	393.10	29.17	2.12
2012	400.99	29.24	3.09
2013	408.14	29.04	6.34
2014	423.21	29.56	6.61
2015	440.83		5.06

资料来源：表中数据来自 2017 年《农业展望》第 6 期。

表 64　中国羊肉进口情况（2001—2016 年）

年　份	进口量（t）				进口额（万美元）			
	羊 肉	绵羊肉	山羊肉	羔羊肉	羊 肉	绵羊肉	山羊肉	羔羊肉
2001	25 368	24 958	189	220	1 976	1 944	16	15
2002	34 876	34 872	5		2 704	2 700	3	
2003	34 052	34 052			3 860	3 860		
2004	33 035	33 033		2	4 259	4 257		2
2005	41 366	41 364		2	5 471	5 470		1
2006	36 818	36 818			5 017	5 017		
2007	46 589	46 125	463	1	7 855	7 823	30	1
2008	55 452	54 033	1 420		10 591	10 489	102	
2009	66 466	66 301	165		13 927	13 910	17	
2010	56 968	56 869	99		15 674	15 644	29	
2011	83 144	83 122	18	3	27 559	27 553	4	3
2012	123 939	123 644	250	45	42 151	42 043	86	22
2013	258 723	248 838	4 388	5 497	95 466	90 792	1 932	2 742
2014	282 888	268 624	1 672	12 592	113 308	106 149	635	6 524
2015	222 925	220 008	876	2 041	72 972	71 645	352	974
2016	220 063				54 561			

资料来源：表中数据来自 2017 年《农业展望》第 6 期。

表 65　中国羊肉主要进口来源（2001—2015 年）　单位：万美元、%

年　份	总进口额	新西兰		澳大利亚	
		进口额	占比	进口额	占比
2001	1 976	1 582	80	393	20
2002	2 704	2 013	74	690	26
2003	3 860	3 084	80	772	20
2004	4 259	2 969	70	1 287	30
2005	5 471	3 495	64	1 911	35
2006	5 017	2 977	59	1 999	40
2007	7 855	4 779	61	3 044	39
2008	10 591	6 679	63	3 865	36
2009	13 927	8 215	59	5 422	39
2010	15 674	8 798	56	6 640	42
2011	27 559	16 184	59	10 625	39
2012	42 151	26 105	62	15 403	37
2013	95 466	54 374	57	37 691	39
2014	113 308	70 177	62	39 869	35
2015	72 972	50 848	70	21 288	29

资料来源：表中数据来自 2017 年《农业展望》第 6 期。

表 66　世界牛肉生产及消费情况（2009—2013 年）

单位：万头、%、kg、万 t

年　份	牛存栏	牛出栏	牛出栏率	出栏牛头均活重	牛肉产量	牛肉产量占肉类比例	世界牛肉消费量
2009	144 984.61	29 583.70	20.40	210.77	6 235.45	23.09	6 550.97
2010	145 340.87	29 650.85	20.40	212.73	6 307.51	22.59	5 534.53
2011	145 187.27	23 508.06	20.32	212.68	6 275.82	22.30	6 475.13
2012	145 994.19	29 424.64	20.15	211.59	6 225.97	21.97	5 555.01
2013	146 754.87	29 695.91	20.24	213.37	6 336.15	21.85	6 691.90

资料来源：表中数据来自 2017 年《世界农业》第 7 期。

表 67　世界牛肉贸易情况（2003—2013 年）　单位：万 t、美元

年　份	进口量	每吨进口价格	出口量	每吨出口价格
2003	770.11	2 291.09	799.95	2 246.78
2004	777.67	2 544.61	812.05	2 499.46
2005	833.32	2 658.12	883.51	2 633.72
2006	858.27	2 925.43	917.21	2 849.84
2007	920.70	3 130.56	946.81	3 061.21
2008	896.44	3 728.87	942.78	3 747.34
2009	897.65	3 450.28	960.92	3 305.31
2010	907.94	3 625.17	993.61	3 541.68
2011	914.34	4 236.75	1 003.88	4 117.16
2012	932.53	4 237.55	1 019.12	4 186.98
2013	1 029.40	4 294.07	1116.94	4 114.98

资料来源：表中数据来自 2017 年《世界农业》第 7 期。

表 68　中国“丝绸之路”沿线国家肉类产品出口情况（2015 年）

进口国	肉类产品进口额（百万美元）	占丝绸之路经济带沿线国家出口比（%）
英　国	315.56	14.78
德　国	274.15	12.84
意大利	237.54	11.13
俄罗斯	202.25	9.48
法　国	201.31	9.34
印　度	160.00	7.50
土耳其	149.50	7.00
埃　及	127.49	5.97
巴基斯坦	88.61	4.15
哈萨克斯坦	82.45	3.86
沙特阿拉伯	80.60	3.78
吉尔吉斯斯坦	66.23	3.10
伊　朗	62.68	2.94
乌克兰	55.65	2.61
塔吉克斯坦	17.90	0.84
乌兹别克斯坦	8.23	0.39
土库曼斯坦	4.17	0.20

资料来源：表中数据来自 2017 年《世界农业》第 10 期。

表 69 中国羊肉消费及贸易情况（2011—2015 年）

年 份	年底存栏（万只）	产量（万 t）	消费量（万 t）	进口量（万 t）	出口量（万 t）	进口价格（美元/kg）	出口价格（美元/kg）	国内价格（元/kg）
2011	28 235.80	393.10	400.60	8.31	0.81	6.62	13.06	41.54
2012	28 504.10	401.00	412.89	12.39	0.50	6.80	16.86	51.60
2013	29 036.30	408.10	433.65	25.87	0.32	7.38	19.50	61.88
2014	30 314.90	428.00	455.85	28.29	0.44	8.02	19.70	65.41
2015	31 099.69	440.80	462.71	22.29	0.38	6.00	1S.00	61.26

资料来源：表中数据来自 2017 年《农业展望》第 2 期。

表 70 主要国家（地区）人均禽肉消费量（2000—2015 年）

单位：kg/人

年 份	世界平均	中 国	美 国	欧 盟	巴 西	俄罗斯
2000	11.00	10.18	47.38	19.63	29.59	9.83
2005	11.24	10.70	52.62	21.01	27.54	17.41
2010	14.13	12.83	50.94	21.45	37.74	22.32
2015	15.22	14.29	55.59	25.90	45.82	29.74

资料来源：表中数据来自 2017 年《农业展望》第 1 期。

表 71 中国城乡居民家庭肉类人均消费量（1999—2015 年）

单位：kg/人

年 份	城市居民				农村居民			
	猪肉	牛肉	羊肉	禽类	猪肉	牛肉	羊肉	禽类
1999	16.91	1.86	1.23	4.92	12.70	0.54	0.63	2.48
2000	16.73	1.98	1.35	5.44	13.28	0.52	0.61	2.81
2001	15.95	1.92	1.25	5.30	13.35	0.55	0.60	2.87
2002	20.28	1.92	1.08	9.24	13.70	0.52	0.65	2.91
2003	20.43	1.98	1.33	9.20	13.78	0.50	0.76	3.20
2004	19.19	2.27	1.39	6.37	13.46	0.48	0.82	3.13
2005	20.15	2.28	1.43	8.97	15.62	0.64	0.83	3.67
2006	20.00	2.41	1.37	8.34	15.46	0.67	0.90	3.51
2007	18.21	2.59	1.34	9.66	13.37	0.68	0.83	1.86
2008	19.26	2.22	1.22	8.00	12.65	0.56	0.73	4.36
2009	20.50	2.38	1.32	10.47	13.96	0.56	0.81	4.25
2010	20.73	2.53	1.25	10.21	14.40	0.63	0.80	4.17
2011	20.63	2.77	1.18	10.59	14.42	0.98	0.92	4.54
2012	21.23	2.54	1.19	10.75	14.40	1.02	0.94	4.49
2013	20.43	2.20	1.15	8.13	19.07	0.76	0.71	6.16
2014	20.79	2.20	1.21	9.07	19.20	0.77	0.72	6.70
2015	20.74	2.35	1.51	9.45	19.45	0.84	0.90	7.11

资料来源：表中数据来自 2017 年《农业展望》第 1 期。

表 72　主要国家（地区）人均牛羊肉消费量（2000—2015 年）

单位：kg/人

年　份	世界平均	中 国	美 国	欧 盟	巴 西	俄罗斯
2000	11.38	3.90	17.01	43.50	35.50	60.69
2005	11.36	4.28	16.83	42.25	36.74	57.41
2010	11.42	4.90	16.22	38.66	39.29	55.78
2015	11.83	8.80	17.45	35.17	38.37	57.86

资料来源：表中数据来自 2017 年《农业展望》第 1 期。

表 73　代表性国家奶业基本情况（2014 年）

国　家	产量（Mt）	排　名	奶牛数（千头）	排　名	每头牛每年产量（t）	排　名
印　度	157.4	1	126 147	1	1.2	83
美　国	89.2	2	9 256	6	9.6	4
德　国	33.0	5	4 296	15	7.7	15
中　国	30.3	6	6 000	9	5.0	39
新西兰	24.9	9	4 923	14	5.1	38
荷　兰	13.4	12	1 572	35	8.5	8
澳大利亚	10.1	18	1 690	33	6.0	29
世　界	**760.8**		**339 760**		**7.6**	

资料来源：表中数据来自 2017 年《世界农业》第 3 期，奶业包括水牛和奶牛牛奶。

表 74　立陶宛畜牧存栏量情况（2011—2015 年）

单位：万头、万只

牲　畜	2011 年	2012 年	2013 年	2014 年	2015 年
牛	75.24	72.92	71.35	73.67	72.26
其中奶牛	34.95	33.10	31.57	31.40	30.05
猪	79.03	80.75	75.46	71.42	68.78
家　禽	892.12	908.56	976.16	1021.34	936.96
羊	6.04	8.28	9.96	12.38	14.71

资料来源：表中数据来自 2017 年《世界农业》第 11 期。

表 75　立陶宛畜产品产量（2011—2015 年）

单位：万 t

畜产品	2011 年	2012 年	2013 年	2014 年	2015 年
肉　类	22.40	23.12	24.38	25.30	27.01
猪　肉	8.85	9.28	10.15	9.95	9.91
禽　肉	8.39	8.83	9.58	10.40	11.54
牛　肉	5.02	4.86	4.53	4.31	5.39
羊　肉	0.06	0.07	0.08	0.08	0.11
牛　奶	178.64	177.81	172.23	179.51	173.85

资料来源：表中数据来自 2017 年《世界农业》第 11 期。

表 76　中新自贸区前后中国进口新西兰乳制品情况（2004—2015 年）

单位：万 t、%

年　份	进口新西兰乳制品	进口增长率	以优惠税率进口液态奶	以优惠税率进口奶粉
2004	12.29	15.73		
2005	9.83	−0.20		
2006	12.35	25.64		
2007	9.49	−23.16		
2008	7.84	−17.39		
2009	28.05	257.78	22.08	45.92
2010	41.21	46.92	19.18	31.13
2011	47.87	16.16	8.44	29.96
2012	65.03	35.85	5.46	23.31
2013	98.23	32.60	4.17	17.66
2014	98.29	13.99	3.52	17.48
2015	72.40	−26.34	2.35	29.85

资料来源：表中数据来自 2017 年《世界农业》第 6 期。

表 77　进口新西兰乳制品市场份额占有率（2004—2015 年）

单位：%

年　份	乳制品		奶　粉		液态奶	
	市场占有率	同比增长	市场占有率	同比增长	市场占有率	同比增长
2004	1.26	−11.27				
2005	0.74	−41.27				
2006	0.83	12.16				
2007	0.53	−36.14				
2008	0.43	−18.87			0.02	
2009	1.41	227.91	15.06		0.04	60.14
2010	1.85	31.21	18.58	23.37	0.04	7.46
2011	1.94	4.86	20.11	8.23	0.09	113.55
2012	2.43	25.26	25.69	27.75	0.13	2.00
2013	3.00	23.46	28.14	9.54	0.17	25.81
2014	3.47	15.67	30.05	6.79	0.20	20.38
2015	2.46	−29.11	22.82	−24.06	0.30	48.72

资料来源：表中数据来自 2017 年《世界农业》第 6 期。

表 78　主要国家（地区）人均奶类消费量（2000—2011 年）

单位：kg/人

年　份	世 界	美 国	欧 盟	巴基斯坦	俄罗斯	巴 西	印 度	中 国
2000	78.30	256.90	231.84	151.53	146.00	112.42	61.68	9.45
2005	83.50	257.89	240.05	158.39	157.38	121.05	65.56	23.15
2010	89.20	251.17	238.82	174.96	176.09	142.96	80.23	30.95
2011	90.73	256.77	240.12	178.60	173.94	150.78	84.22	31.52

资料来源：表中数据来自 2017 年《农业展望》第 1 期。

表 79　澳大利亚乳制品占中国奶业市场份额（2004—2015 年）

单位：%

年　份	乳制品	液态奶	奶　粉
2004	0.394	0.015	
2005	0.220	0.010	
2006	0.187	0.009	
2007	0.143	0.005	
2008	0.215	0.012	
2009	0.308	0.011	1.333
2010	0.211	0.009	1.368
2011	0.194	0.023	1.171
2012	0.212	0.061	0.856
2013	0.282	0.094	1.149
2014	0.416	0.177	1.362
2015	0.446	0.245	1.356

资料来源：表中数据来自 2017 年《农业展望》第 7 期。

表 80　中国进口澳大利亚乳制品数量及其增长率（2004—2015 年）

年　份	乳制品		液态奶		奶　粉	
	数量（t）	同比（%）	数量（t）	同比（%）	数量（t）	同比（%）
2004	38 505.29		1 216.74		15 541.55	
2005	29 408.27	−23.63	1 130.33	−7.10	12 159.54	−21.76
2006	27 781.44	−5.53	1 160.76	2.69	11 201.55	−7.88
2007	25 826.96	−7.04	771.35	−33.55	12 462.85	11.26
2008	39 478.89	52.86	1 755.61	127.60	24 529.83	96.82
2009	35 564.46	−9.92	1 776.54	1.19	18 052.05	−26.41
2010	40 043.33	12.59	1 644.00	−7.46	24 767.00	37.20
2011	40 109.76	0.39	4 808.00	192.46	21 369.00	−13.72
2012	46 481.52	15.63	13 234.00	175.25	16 497.00	−22.80
2013	68 084.90	46.48	22 062.00	66.71	28 030.00	69.91
2014	98 735.30	45.02	43 002.00	94.91	32 994.00	17.71
2015	113 136.00	14.59	62 855.00	46.17	26 610.00	−19.35

资料来源：表中数据来自 2017 年《农业展望》第 7 期。

表 81 中国城乡居民家庭人均奶类消费量（2001—2015 年）

单位：kg/人

年份	城镇	农村
2001	13.8	1.2
2002	18.1	1.2
2003	21.7	1.7
2004	22.2	2.0
2005	21.7	2.9
2006	22.5	3.1
2007	22.2	3.5
2008	19.3	3.4
2009	19.3	3.6
2010	13.1	3.6
2011	17.5	5.2
2012	17.5	5.3
2013	17.1	5.7
2014	18.1	6.4
2015	17.1	6.3

资料来源：表中数据来自 2017 年《农业展望》第 7 期。

表 82 中国主要乳制品进口情况（2015—2016 年）

项目	液态奶	鲜奶	酸奶	乳清	奶油	奶酪	奶粉
2015 年 1～10 月（万 t）	35.51	34.76	0.74	35.75	5.57	6.09	47.27
2016 年 1～10 月（万 t）	53.97	52.39	1.57	41.19	6.90	7.54	51.63
同比（%）	52.00	50.70	111.50	15.20	23.90	28.80	9.20

资料来源：表中数据来自 2017 年《农业展望》第 2 期。

表 83 中国对日本出口油料作物（2016 年）

作物类别	出口量（t）	出口产值（万美元）
大豆	28 998.07	2 674.50
花生	12 310.23	2 763.51
油菜籽	17.03	1.79
亚麻籽	20.04	3.31
葵花籽	257.20	72.13
其他含油籽仁	1 946.36	434.26

资料来源：表中数据来自 2017 年《世界农业》第 11 期。

表 84　生物柴油主产国（地区）历年产量（2007—2016 年）

单位：万 t

国家或地区	2007 年	2008 年	2009 年	2010 年	2011 年	2012 年	2013 年	2014 年	2015 年	2016 年
欧　盟	1 029	1 600	2 091	2 190	2 212	2 354	2 309	2 422	2 447	2 447
美　国	185	256	195	130	365	374	513	483	476	636
巴　西	32	93	129	191	214	217	233	274	314	305
印度尼西亚	23	54	28	64	155	189	241	284	101	211
阿根廷	18	71	117	178	237	241	194	252	177	231

资料来源：表中数据来自 2017 年《世界农业》第 11 期。

表 85　主要国家（地区）人均蛋类消费量（2000—2011 年）

单位：kg/人

年　份	世　界	中　国	印　度	美　国	欧　盟	巴　西	日　本	墨西哥
2000	8.07	15.41	1.67	14.49	12.4	7.40	19.53	14.84
2005	8.40	16.66	1.89	14.72	12.26	7.25	19.16	15.60
2010	8.92	18.25	2.35	14.02	12.15	8.36	19.03	17.34
2011	8.95	18.47	2.38	13.89	12.00	8.75	18.90	17.68

资料来源：表中数据来自 2017 年《农业展望》第 1 期。

表 86　世界前十大蛋品进口国（地区）（2011—2015 年）

国家（地区）	带壳禽蛋进口贸易年均值（亿美元）	去壳禽蛋及蛋黄进口贸易年均值（亿美元）	蛋品进口贸易总值（亿美元）	占世界蛋品进口贸易的比重（%）
德　国	7.03	1.55	42.94	19.03
荷　兰	3.86	0.05	21.78	9.68
英　国	1.20	1.15	11.74	5.21
俄罗斯	2.27	0.04	11.53	5.12
中国香港	1.85	0.09	9.71	4.31
法　国	1.15	0.68	9.13	4.06
比利时	1.22	0.51	8.67	3.85
墨西哥	1.26	0.26	7.62	3.38
新加坡	1.24	0.03	6.38	2.81
意大利	0.93	0.21	5.74	2.55
合　计	**22.01**	**5.02**	**135.24**	**60.08**

资料来源：表中数据来自 2017 年《农业展望》第 4 期。

表 87 中国蛋品在世界前十大蛋品进口国（地区）的市场份额（2011—2015 年）

国家（地区）	中国对其蛋品出口贸易额（亿美元）	占该地蛋品进口贸易总额的比例（%）
德 国	0.006 0	0.020
荷 兰	0.001 0	0.010
英 国		
俄罗斯	0.001 0	0.010
中国香港	6.530 0	67.300
法 国		
比利时	0.004 0	0.042
墨西哥		
新加坡	0.280 0	4.390
意大利	0.000 2	0.004

资料来源：表中数据来自 2017 年《农业展望》第 4 期。

表 88 中国蛋品的前十大出口市场（2011—2015 年）

国家（地区）	中国对其蛋品出口贸易额（亿美元）	占中国蛋品出口贸易总额的比重（%）
中国香港	6.53	71.76
中国澳门	0.72	7.87
日 本	0.60	6.62
美 国	0.30	3.28
新加坡	0.28	3.08
加拿大	0.16	1.75
韩 国	0.14	1.56
马来西亚	0.08	0.91
泰 国	0.06	0.65
澳大利亚	0.04	0.47
合 计	**8.91**	**97.95**

资料来源：表中数据来自 2017 年《农业展望》第 4 期。

表 89 中国蛋类产品出口情况（2012—2016 年）

单位：万美元

国家或地区	2012 年	2013 年	2014 年	2015 年	2016 年
中国香港	12 381.0	12 392.5	13 943.0	14 010.9	13 484.3
日 本	1 336.1	1 299.2	1 112.8	1 170.7	908.4
中国澳门	1 242.3	1 452.3	1 615.3	1 585.0	1 530.4
美 国	612.3	492.4	645.6	695.3	665.1
新加坡	521.9	611.3	586.2	584.2	666.7
加拿大	297.9	364.6	320.0	317.1	357.3
合 计	**17 713.0**	**17 645.9**	**19 198.3**	**19 158.6**	**18 439.5**

资料来源：表中数据来自中国农产品出口月度统计报告——蛋品。

表 90 部分国家（地区）蛋类产品产量（2014 年）

单位：万 t

国家或地区	蛋类产量		其中：鸡蛋产量	
	产量	占世界比重（%）	产量	占世界比重（%）
世界总计	**7 552.4**	**100.00**	**6979.1**	**100.0**
中国	2 899.3	38.39	2 459.8	35.25
美国	597.4	7.91	597.4	8.56
印度	396.5	5.25	396.5	5.68
日本	250.2	3.31	250.2	3.58
墨西哥	256.7	3.40	256.7	3.68
巴西	247.6	3.28	224.1	3.21
俄罗斯	234.9	3.11	231.4	3.32
印度尼西亚	173.2	2.29	142.9	2.05
乌克兰	113.7	1.51	112.0	1.60
泰国	113.0	1.50	73.2	1.05
土耳其	107.2	1.42	107.2	1.54
法国	95.6	1.27	95.6	1.37
德国	89.3	1.18	89.3	1.28
意大利	78.7	1.04	78.7	1.13
荷兰	72.6	0.96	72.6	1.04
英国	69.5	0.92	68.0	0.97
伊朗	80.0	1.06	80.0	1.15

资料来源：表中数据来自 2017 年《国际统计年鉴》。

表 91 部分国家（地区）蜂蜜产量（2014 年）

单位：kt

国家或地区	2014 年
世界总计	**1 511**
中国	462
土耳其	104
阿根廷	
乌克兰	67
美国	81
俄罗斯	75
印度	62
墨西哥	61
伊朗	76
巴西	38
加拿大	37
西班牙	32
韩国	23

资料来源：表中数据来自 2017 年《国际统计年鉴》。

表 92 部分国家（地区）羊毛产量（2014 年）

单位：kt

国家或地区	2014 年
世界总计	**2 127**
中　国	470
土耳其	51
阿根廷	45
乌克兰	4
美　国	14
俄罗斯	55
印　度	47
墨西哥	5
伊　朗	62
巴　西	12
加拿大	1
西班牙	23

资料来源：表中数据来自 2017 年《国际统计年鉴》。

表 93 中国主要农产品产量居世界位次（1978—2015 年）

项　目	1978 年	2011 年	2012 年	2013 年	2014 年	2015 年
谷　物	2	1	1	1	1③	1
小　麦	2	1	1	1	1③	
稻　谷	1	1	1	1	1	
玉　米	2	2	2	2	3	
大　豆	3	4	4	4	6	4
油菜籽	2	2	2	2	2	2
花　生	2	1	1	1	1④	1
籽　棉	2	1	1	1	2	1
甘　蔗	7	3	3	3	3	3
茶　叶	2	1	1	1	1④	1
水　果①	9	1	1	1	1④	1
肉　类②	3	1	1	1	1④	1
牛　奶	34	3	3	3	3④	
羊　毛	5	1	1	1	1④	

注：①不包括瓜类。②1990 年以前为猪、牛、羊肉产量的位次。③2011 年数据。④2013 年数据。

资料来源：表中数据来自 2017 年《国际统计年鉴》。

表 94 美国农产品出口前 15 位国家（地区）（2013—2015 年）

单位：亿美元

排名	2015 年		2014 年		2013 年	
	国家或地区	出口额	国家或地区	出口额	国家或地区	出口额
	世　界	**1 330.1**	**世　界**	**1 500.1**	**世　界**	**1 443.6**
1	加拿大	208.7	中　国	242.2	中　国	255.0
2	中　国	202.0	加拿大	219.7	加拿大	213.7
3	墨西哥	177.0	墨西哥	193.8	墨西哥	181.0
4	欧盟 28 国	121.2	日　本	131.4	日　本	122.3
5	日　本	111.6	欧盟 28 国	125.8	欧盟 28 国	119.0
6	韩　国	60.4	韩　国	68.8	韩　国	52.6
7	中国香港	35.8	中国香港	40.9	中国香港	38.5
8	中国台湾	31.7	中国台湾	34.9	中国台湾	30.8
9	哥伦比亚	24.2	印度尼西亚	29.1	印度尼西亚	28.2
10	菲律宾	23.2	菲律宾	27.3	菲律宾	25.1
11	越　南	22.4	哥伦比亚	24.6	土耳其	21.6
12	印度尼西亚	21.9	越　南	23.2	越　南	21.5
13	泰　国	17.1	土耳其	21.3	巴　西	19.0
14	澳大利亚	14.1	埃　及	17.2	埃　及	16.5
15	土耳其	13.6	泰　国	16.3	委内瑞拉	15.5

资料来源：表中数据来自 2017 年《世界农业》第 9 期。

表 95 美国农产品进口前 15 位国家（地区）（2013—2015 年）

单位：亿美元

排名	2015 年		2014 年		2013 年	
	国家和地区	进口额	国家和地区	进口额	国家和地区	进口额
	世　界	**1 135.0**	**世　界**	**1 117.3**	**世　界**	**1 042.3**
1	加拿大	217.4	加拿大	231.1	加拿大	217.6
2	墨西哥	209.9	墨西哥	192.7	墨西哥	176.8
3	欧盟 28 国	200.0	欧盟 28 国	189.7	欧盟 28 国	175.8
4	中　国	43.6	中　国	42.8	中　国	44.2
5	澳大利亚	42.7	澳大利亚	39.0	印　度	35.2
6	巴　西	34.8	巴　西	38.8	巴　西	34.0
7	印度尼西亚	28.8	印　度	31.8	印度尼西亚	31.2
8	新西兰	28.8	印度尼西亚	30.2	智　利	28.7
8	智　利	28.5	智　利	27.5	澳大利亚	27.5
10	印　度	26.7	新西兰	26.1	泰　国	22.3
11	哥伦比亚	24.3	哥伦比亚	24.3	哥伦比亚	22.0
12	泰　国	22.8	泰　国	22.3	新西兰	21.8
13	危地马拉	19.3	危地马拉	18.9	危地马拉	18.2
14	越　南	18.4	越　南	17.8	阿根廷	17.8
15	秘　鲁	16.8	秘　鲁	16.2	马来西亚	16.0

资料来源：表中数据来自 2017 年《世界农业》第 9 期。

表96　中国出口农产品种类、出口额、增长率及占比（2016年）

单位：亿美元、%

农产品	2016年出口额	2010—2016年年均增长率	2016年出口额占出口总额的比重
鱼类（鲜冷冻）	71.7	5.2	9.8
鳕　鱼	16.4	130.7	2.2
罗非鱼	7.8	−0.8	1.1
比目鱼	4.2	169.8	0.6
金枪鱼	3.0	27.8	0.4
鲜冷冻蔬菜	64.2	5.8	8.8
大　蒜	26.6	2.2	3.6
贝类及软体动物	51.0	20.6	7.0
墨鱼及鱿鱼	28.0	22.2	3.8
扇　贝	5.6	20.1	0.8
鲍　鱼	3.3	67.7	0.5
鲜冷冻水果	48.3	14.2	6.6
苹　果	14.5	9.7	2.0
柑　橘	13.0	13.3	1.8
葡　萄	6.6	36.0	0.9
加工保藏蔬菜	44.4	5.8	6.1
番茄（加工）	7.6	−1.3	1.0
蘑菇（加工）	6.7	3.8	0.9
干蔬菜	37.2	9.8	5.1
蘑菇（干）	15.5	12.2	2.1
木耳	7.0	21.4	1.0
鱼类（加工）	35.8	6.9	4.9
鳗鱼（加工）	7.5	2.2	1.0
虾　类	24.3	3.2	3.3
对　虾	14.3	13.3	1.9
茶	16.0	11.7	2.2
绿　茶	10.6	11.1	1.5
红　茶	2.6	21.5	0.3
食产品（家禽类）	15.1	2.1	2.1
鸡及产品	13.0	1.6	1.8
酒精及酒类	13.4	16.8	1.8
葡萄酒	5.9	37.4	0.8
生猪产品	11.8	2.5	1.6
螃　蟹	10.9	13.1	1.5
咖啡及制品	9.4	38.4	1.3

资料来源：表中数据来自2017年《世界农业》第10期。

表 97　中国农产品出口额、出口量、出口均价年均增长率（2010—2016 年）

单位：%、元

农产品	出口额年均增长率	出口量年均增长率	2016 年每吨出口均价	2010 年每吨出口均价	出口均价年均增长率
大　蒜	4.6	2.0	2 038.3	1 753.6	2.5
墨鱼及鱿鱼	22.2	14.2	6 324.4	4 221.0	7.0
鳕　鱼	130.7	100.5	3 334.2	1 436.7	15.1
蘑菇（干）	12.2	11.0	16 523.9	15 497.6	1.1
苹　果	9.7	2.8	1 099.0	740.6	6.8
对　虾	13.3	2.8	12 486.7	6 989.5	10.2
柑　橘	13.3	0.02	1 395.5	660.0	13.3
绿　茶	11.1	2.4	3 931.2	2 419.4	8.4
其他加工水果	5.8	－0.6	2 223.4	1 526.4	6.5
木　耳	21.4	17.8	16 703.2	13 927.7	3.1
蘑菇（加工）	3.8	－4.7	2 462.2	1 473.6	8.9
葡　萄	36.0	19.1	2 608.0	1 473.6	14.2
葡萄酒	37.4	22.1	51 191.9	25 199.7	12.5
扇　贝	20.1	4.9	16 197.2	7 187.4	14.5
咖　啡	31.5	22.4	4 771.3	3 105.6	7.4
梨	12.3	0.5	1 076.4	555.6	11.7
比目鱼	169.8	145.3	4 542.4	2 565.3	10.0
咖啡制品	53.3	12.6	10 993.0	1 723.3	36.2
加工猪肉	3.1	－0.8	4 172.9	3 308.5	3.9
章　鱼	4.8	－2.1	6 858.2	4 553.7	7.1
可可制品	15.1	7.7	5 367.8	3 597.8	6.9
竹笋（加工）	7.3	－1.4	1 988.8	1 196.1	8.8
红　茶	21.5	－1.6	7 732.3	2 182.2	23.5

资料来源：表中数据来自 2017 年《世界农业》第 10 期。

表 98 中国农产品出口额及其占比（2001—2016 年）

单位：亿美元、%

年 份	中国农产品出口额	中国农产品出口额占中国商品出口额的比重	中国农产品出口额占全球农产品出口额的比重
2001	160.9	6.0	3.4
2002	181.6	5.6	3.6
2003	213.3	4.9	3.7
2004	233.9	3.9	3.5
2005	276.0	3.6	3.8
2006	341.2	3.2	3.9
2007	339.0	2.8	3.8
2008	405.4	2.8	3.5
2009	396.3	3.3	3.8
2010	494.2	3.1	4.2
2011	607.7	3.2	4.2
2012	632.2	3.1	4.3
2013	678.4	3.1	4.4
2014	719.7	3.1	4.6
2015	707.5	3.1	5.2
2016	733.1	3.5	
年均增长	10.6	—3.6	3.1

资料来源：表中数据来自 2017 年《世界农业》第 10 期。

表 99 中国与中亚 5 国农产品贸易额（2011—2015 年）

单位：亿美元

国 家	2011 年	2012 年	2013 年	2014 年	2015 年
哈萨克斯坦	2.080	2.81	3.29	4.3	3.77
吉尔吉斯斯坦	1.360	1.46	1.51	2.09	1.77
塔吉克斯坦	0.150	0.28	0.22	0.28	0.33
土库曼斯坦	0.037	0.34	0.35	0.31	0.38
乌兹别克斯坦	5.920	7.9	4.32	6.53	3.93
合 计	**9.890**	**12.8**	**9.69**	**13.49**	**10.18**

资料来源：表中数据来自 2017 年《世界农业》第 11 期。

表 100 新疆海关特殊监管区进出口商品情况（2015 年）

单位：万元、%

进 口			出 口		
商品名称	进口额	同比（倍）	商品名称	出口额	同比
葵花籽	8 425	10.0	番茄酱	4 112	19.0
棉 纱	7 722	4.6	调味汁及其制品	2 121	－15.9
红花籽	3 423	1.1			

资料来源：表中数据来自 2017 年《世界农业》第 6 期。

表 101 新疆口岸对中亚主要国家农产品出口情况（2015 年）

单位：亿元

主要国家	出口值	同比（%）
哈萨克斯坦	13.8	9.8
塔吉克斯坦	0.8	14.5
吉尔吉斯斯坦	9.5	－13.7

资料来源：表中数据来自 2017 年《世界农业》第 6 期。

表 102 新疆口岸主要农产品进出口情况（2015 年）

单位：万 t、亿元、%

项 目	进 口				出 口			
	数量	同比	货值	同比	数量	同比	货值	同比
粮食（包括谷物及谷物粉、大豆类）	11.9	－52.9	1.7	－59.5	0.77	－66.1	3 279.2	－69.3
果 蔬					23.9	－5.4	15.9	8.6
番茄酱					9.6	12.8	4.8	－16.3

资料来源：表中数据来自 2017 年《世界农业》第 6 期。

表 103 新疆主要农产品出口数量和金额（2012—2014 年）

单位：万美元

项 目	2012 年		2013 年		2014 年	
	数 量	金 额	数 量	金 额	数 量	金 额
棉纱（t）	2 750	1 268	3 812	1 833	4 700	2 740
棉机织物（万 m）	18 315	26 287	15 722	28 182	5 590	9 918
番茄酱（万）	58	44 179	47	43 136	39	42 357
药材（t）	287	96	7 015	947	662	367

资料来源：表中数据来自 2017 年《世界农业》第 6 期。

表 104 中国主要农产品进口量（2010—2015 年）

单位：万 t

年 份	大米	小麦	玉米	大豆	食糖	猪肉	牛肉
2010	39	123	157	5 479	177	20	
2011	60	126	175	5 184	292	47	2
2012	237	370	521	5 838	375	52	6
2013	227	554	327	6 340	454	58	29
2014	258	300	260	7 140	348	56	30
2015	338	301	473	8 174	484	78	47

资料来源：表中数据来自 2017 年《农业展望》第 1 期。

表 105 中国主要饲料品种产量（2012—2015 年）

单位：万 t

年 份	猪 料	蛋禽料	肉禽料	水产料	反刍料
2012	7 722	3 229	5 514	1 892	775
2013	8 411	3 055	4 947	1 864	795
2014	8 616	2 903	5 033	1 903	876
2015	8 344	3 020	5 515	1 893	884

资料来源：表中数据来自 2017 年《农业展望》第 1 期。

表 106 世界主要农畜产品最大生产国（2016 年）

农畜产品	第一位国家	产量（kt）	第二位国家	产量（kt）	第三位国家	产量（kt）
谷 物	中 国	580 898	美 国	475 984	印 度	294 712
小 麦	中 国	131 689	印 度	93 500	印度尼西亚	73 295
稻 谷	中 国	209 503	印 度	158 757	印度尼西亚	77 298
玉 米	美 国	384 778	中 国	231 674	巴 西	64 143
大 豆	美 国	117 208	中 国	96 297	巴 西	58 799
甘 蔗	中 国	768 678	印 度	348 448	美 国	122 664
甜 菜	俄罗斯	51 367	法 国	33 795	美 国	33 458
油菜籽	加拿大	18 424	中 国	15 282	印 度	6 797
籽 棉	中 国	16 029	印 度	14 413	美 国	10 050
水 果	中 国	174 417	印 度	89 435	巴 西	36 999
花 生	中 国	16 624	尼日利亚	6 857	印 度	3 029
肉 类（2014）	中 国	84 798	美 国	42 565	巴 西	26 053
蛋 类（2014）	中 国	28 993	美 国	5 974	印 度	3 965
奶 类（2014）	印 度	146 314	美 国	93 461	中 国	42 193
鱼 类（2015）	中 国	22 713	印度尼西亚	9 444	印 度	8 768
蜂 蜜（2014）	中 国	462	土耳其	104	阿根廷	81

资料来源：表中数据来自 2017 年《国际统计年鉴》和 2016 年《中国农村统计年鉴》。

表 107 香港特别行政区工业生产指数（2012—2016 年）（2008 年=100）

工业组别	2012 年	2013 年	2014 年	2015 年	2016 年
所有制造行业	94.9	95.0	94.6	93.2	92.7
其中：食品、饮品及烟草制品业	118.4	122.8	130.9	137.0	142.3
纺织制品业	58.8	54.2	43.9	31.4	27.6
成　衣　业	43.8	38.9	37.8	35.8	35.3
纸制品及印刷业	91.0	88.0	87.2	87.2	86.6

资料来源：表中数据来自 2017 年《中国统计年鉴》。

表 108 中国主要油脂油料进口占比情况（2013—2016 年）

单位:%

年　份	油　料			油　脂		
	大　豆	油菜籽	芝麻	棕榈油	葵花油	豆　油
2013	57.6	16.3	26.2	88.71	7.39	0.03
2014	33.2	30.3	36.4	86.38	9.69	0.03
2015	73.2	19.4	7.5	83.11	12.09	1.89
2016	81.9	13.0	5.1	80.96	15.50	2.79

资料来源：表中数据来自 2017 年《农业展望》第 7 期。

表 109 中国主要油脂油料出口占比情况（2013—2016 年）

单位:%

年　份	油　料			油　脂		
	花生仁	大　豆	芝　麻	豆　油	花生油	玉米油
2013	94.4	5.2	0.4	43.9	16.8	17.6
2014	93.8	5.9	0.4	26.1	10.2	10.3
2015	92.4	7.2	0.4	37.6	20.0	17.5
2016	90.8	8.9	0.4	33.7	27.5	15.9

资料来源：表中数据来自 2017 年《农业展望》第 7 期。

表 110 中国台湾省农产品加工业主要产品产量（2012—2016 年）

年　份	饮　料（万 L）	饲　料（万 t）	聚酯丝织布（万 m^2）	瓦楞纸箱（板）（万 m^2）	聚苯乙烯（万 t）	ABS 树脂（万 t）
2012	28 860.9	525.1	102 909.5	284 763.9	83.1	120.8
2013	27 635.3	509.8	108 485.1	293 982.9	85.4	120.9
2014	26 887.7	516.1	110 868.6	306 054.9	78.1	120.7
2015	28 975.2	507.1	108 491.0	306 190.1	82.2	123.5
2016	118 821.2	516.3	101 707.1	311 378.5	87.5	131.4

资料来源：表中数据来自 2017 年《中国统计年鉴》。

表 111 中国台湾省出口与进口商品分类（2013—2016 年）

单位：亿美元

年 份	出 口				进 口			
	出口额	农产品	农产加工品	工业产品	进口额	资本设备	原材料	消费品
2013	3 114.3	8.8	31.5	3 074.0	2 780.1	368.5	2 096.1	283.9
2014	3 200.9	9.1	32.9	3 159.0	2 818.5	385.5	2 084.0	307.9
2015	2 853.4	8.6	30.4	2 814.5	2 372.2	381.2	1 629.0	316.5
2016	2 803.2				2 305.7			

资料来源：表中数据来自 2016 年《中国统计年鉴》。

表 112 全球主要农产品年末库存量（2003—2015 年）

单位：万 t

年 份	稻 谷	小 麦	玉 米	大 豆	豆 油	食 糖	棉 花
2003	7 400	15 620	13 110	4 860	330	3 810	6 100
2004	7 650	15 330	12 360	5 420	390	3 470	6 190
2005	7 540	13 350	10 890	6 310	410	3 050	6 330
2006	8 090	12 810	12 790	5 270	400	3 670	6 280
2007	9 290	16 910	14 350	4 290	360	4 310	6 260
2008	9 510	20 330	14 090	6 050	360	2 980	4 770
2009	10 010	19 890	12 340	7 060	430	2 800	5 140
2010	10 680	19 850	12 810	5 320	430	2 950	7 460
2011	11 390	17 780	13 320	5 540	410	3 520	9 210
2012	11 390	19 490	17 480	6 160	380	4 230	10 330
2013	11 490	21 760	20 980	7 750	410	4 380	11 170
2014	11 610	24 170	21 180	7 710	360	4 570	9 710
2015	11 810	25 230	22 300	8 740	370	3 800	9 090

资料来源：表中数据来自 2017 年《农业展望》第 5 期。

表 113 俄罗斯前十大农产品进口市场及进口比重（2015—2016 年）

单位：%

排 名	2015 年		2016 年	
	国家（地区）	占 比	国家（地区）	占 比
1	欧 盟	21.31	欧 盟	22.47
2	白俄罗斯	10.71	白俄罗斯	12.75
3	巴 西	9.51	巴 西	8.61
4	东 盟	6.17	中 国	6.64
5	中 国	5.99	东 盟	6.32
6	土耳其	5.36	厄瓜多尔	4.75
7	厄瓜多尔	4.27	巴拉圭	2.73
8	巴拉圭	3.17	土耳其	2.49
9	阿根廷	2.77	印 度	2.48
10	智 利	2.35	阿根廷	2.42

资料来源：表中数据来自 2017 年《农业展望》第 9 期。

表 114 俄罗斯农产品进口产品结构（2012—2016 年）

单位：%

类　别	2012	2013	2014	2015	2016
活动物	1.61	0.94	0.64	0.87	0.66
肉及食用杂碎	17.92	15.42	13.62	11.49	8.94
鱼　等	5.77	6.54	632	5.01	5.45
乳　等	7.95	10.07	9.42	7.44	8.36
其他动物产品	0.28	0.22	0.18	0.21	0.19
活植物等	2.40	2.20	2.09	2.66	2.26
食用蔬菜等	6.03	6.59	7.29	7.00	5.47
食用水果等	15.23	14.63	13.50	14.60	15.00
咖啡等	3.03	2.88	3.20	4.52	4.54
谷　物	1.21	1.44	1.29	1.22	1.35
制粉产品等	0.43	0.43	0.44	0.43	0.53
油籽等	2.72	3.10	4.58	5.62	6.54
树胶等	0.38	0.34	0.40	0.62	0.73
编结用植物材料等	0.01	0.01	0.01	0.01	0.02
动植物油脂等	3.16	2.82	3.45	4.41	4.82
肉及鱼等的制品	1.54	1.63	1.71	1.30	1.44
糖及糖食	1.62	1.50	2.00	2.21	1.90
可可及其制品	3.38	3.21	3.37	3.67	3.80
谷物粉等	2.43	2.81	3.16	2.73	2.64
蔬菜及水果等的制品	3.77	3.66	3.95	4.02	4.21
杂项食品	3.96	4.15	4.35	4.08	4.53
饮料等	7.51	7.79	7.56	6.60	7.14
食品工业残渣等	2.94	3.21	3.16	3.50	3.02
烟草等	3.14	3.04	2.99	4.14	4.54
羊毛等动物毛	0.13	0.08	0.06	0.08	0.07
棉　花	1.45	1.29	1.25	1.55	1.83

资料来源：表中数据来自 2017 年《农业展望》第 9 期。

表 115 中澳主要农产品贸易情况（2016 年）

单位：亿美元

中国从澳大利亚进口		澳大利亚从中国进口	
名　称	进口额	名　称	进口额
棉　花	3.83	蔬　菜	1.17
其他农产品	3.44	水　果	0.71
羊毛等动物毛	16.30	畜产品	0.25
谷　物	12.55	水产品	3.17
畜产品	35.83	谷　物	0.02
水产品	0.91	其他农产品	1.64
食用油籽	0.55	坚　果	0.43

资料来源：表中数据来自 2017 年《农业展望》第 8 期。

表 116 中俄主要农产品贸易情况（2016 年）

单位：亿美元

中国对俄罗斯出口		俄罗斯对中国出口	
名 称	出口额	名 称	出口额
水产品	4.48	木材及木制品	31.62
木材及木制品	4.01	水产品	15.10
纸和纸板、纸类艺术品	3.87	纸浆、木材、纤维质材料	7.86
肉、鱼及其他制品	4.53	纸和纸板、纸类艺术品	1.00
食用蔬菜、根及块茎	5.64	食品工业残渣废料、动物饲料	0.85
食用水果、坚果及其他	5.10	畜产品	0.12
其他农产品	2.55	油仁及果实、工业或药用植物	0.32
混杂的可食用原料	1.05	其他农产品	0.26
蛋白质、改性淀粉、胶	1.02	烟草及烟草替代制品	0.12
咖啡、茶及调味香料	0.61	动、植物油脂及其分解产品	0.09

资料来源：表中数据来自 2017 年《农业展望》第 8 期。

表 117 中国与非洲部分国家农产品贸易情况（2016 年）

国 别	出 口		进 口	
	金额（亿美元）	同比（%）	金额（亿美元）	同比（%）
阿尔及利亚	1.50	−13.22	0.01	150.98
埃 及	2.16	−11.57	0.43	−4.79
加 纳	2.43	−2.74	0.43	−33.23
摩洛哥	2.88	3.46	0.47	21.61
尼日利亚	1.92	−25.40	0.22	96.24
南 非	3.15	5.30	5.60	−5.29
多 哥	0.94	−23.41	1.03	−46.10
苏 丹	0.42	−1.34	1.61	−0.20

资料来源：表中数据来自 2017 年《农业展望》第 8 期。

表 118 中国对印度农产品贸易变动（2014—2015 年）

类 别	中国自印度进口			中国对印度出口		
	金额（万美元）	同比（%）	占比（%）	金额（万美元）	同比（%）	占比（%）
动物产品						
乳 品		−100.00				
水果、蔬菜	7 336	−20.80	6.96	13 869	−21.87	25.36
植 物	5 576	−17.44	5.29	4 161	43.77	7.61
咖啡、茶	4 215	20.92	4.00	974	28.58	1.78
谷物及制品	156	−52.30	0.15	4 801	61.57	8.78
油和油籽	40 666	17.18	38.60	918	17.55	1.68
糖和糖食	63	−67.92	0.06	2 886	43.40	5.28
饮 料	136	−39.14	0.13	1 200	21.34	2.19
烟 草	424	348.13	0.40	464	2.73	0.85
棉 花	38 149	−75.55	36.21	37	−76.88	0.07
其他农产品	8 012	−11.80	7.61	25 115	−12.68	45.93
农产品合计	**105 341**	**−52.29**	**100.00**	**54 687**	**−12.44**	**100.00**

资料来源：表中数据来自 2017 年《农业展望》第 1 期。

表 119 “一带一路”沿线主要国家耕地面积占土地面积比重（2010—2014 年）

单位：%

年 份	乌克兰	印 度	印度尼西亚	俄罗斯	马来西亚
2010	56.06	52.81	13.03	7.27	2.83
2011	56.10	52.80	12.97	7.33	2.90
2012	56.13	52.65	12.97	7.31	2.89
2013	36.15	52.59	12.97	7.46	2.90
2014	56.16	52.59	12.97	7.52	2.90

资料来源：表中数据来自 2017 年《农业展望》第 7 期。

表 120 中国出口日本劳动密集型农产品及相关出口总额的比重（1995—2015 年）

单位：百万美元

主要劳动密集型农产品类别	中国对日本出口额		占农产品出口额比重（%）	
	1995 年	2015 年	1995 年	2015 年
鱼、甲壳及软体动物	984.51	1 874.95	22.31	18.59
食用蔬菜、根及块茎	729.68	1 240.50	16.53	12.39
肉及食用杂碎	504.82	6.51	11.34	0.06
蔬菜、水果及制品	493.46	1 080.68	11.18	12.31
食用水果及坚果等	120.70	153.16	2.73	4.84
合 计	**3 590.44**	**7 621.45**	**81.35**	**75.58**

资料来源：表中数据来自 2017 年《世界农业》第 3 期。

表 121 俄罗斯 10 类进口农产品前四大进口市场及进口比重（2013—2016 年）

单位：%

类 别	2013 年		2016 年	
	国家（地区）	占 比	国家（地区）	占 比
肉及食用杂碎	欧 盟	31.49	巴 西	49.74
	巴 西	28.93	白俄罗斯	26.35
	巴拉圭	9.67	巴拉圭	11.50
	白俄罗斯	7.87	东 盟	4.75
鱼 等	挪 威	39.87	智 利	23.51
	智 利	10.36	法罗群岛	20.12
	中 国	9.20	中 国	15.51
	欧 盟	7.55	东 盟	8.55

（续）

类别	2013 年		2016 年	
	国家（地区）	占比	国家（地区）	占比
乳等	欧盟	44.41	白俄罗斯	75.58
	白俄罗斯	38.98	欧盟	8.16
	乌克兰	8.98	阿根廷	4.20
	阿根廷	2.32	新西兰	3.17
食用蔬菜等	欧盟	32.45	中国	27.26
	土耳其	19.84	摩洛哥	12.47
	中国	13.43	以色列	11.19
	以色列	8.35	白俄罗斯	10.09
食用水果等	欧盟	23.74	厄瓜多尔	25.66
	厄瓜多尔	14.39	土耳其	11.03
	土耳其	14.23	中国	9.04
	中国	4.82	塞尔维亚	6.25
蔬菜及水果等的制品	欧盟	40.53	欧盟	45.48
	中国	18.30	中国	21.75
	乌克兰	11.28	东盟	6.30
	东盟	7.24	巴西	6.23
杂项食品	欧盟	57.15	欧盟	50.79
	美国	9.48	巴西	8.44
	乌克兰	6.16	印度	7.16
	印度	4.28	美国	6.79
饮料等	欧盟	65.25	欧盟	64.44
	乌克兰	7.36	格鲁吉亚	8.34
	亚美尼亚	5.28	亚美尼亚	7.48
	美国	4.79	白俄罗斯	2.94
食品工业残渣等	欧盟	54.30	欧盟	63.24
	阿根廷	12.19	阿根廷	8.43
	巴西	11.81	中国	4.91
	白俄罗斯	3.84	白俄罗斯	4.54
烟草等	巴西	25.48	欧盟	20.89
	欧盟	14.57	巴西	19.23
	美国	11.00	印度	9.94
	印度	8.56	美国	7.96

资料来源：表中数据来自 2017 年《农业展望》第 9 期。

表 122 中国与巴西农产品贸易额及比重（1997—2015 年）

单位：亿美元、%

项目		1997 年	2002 年	2007 年	2012 年	2013 年	2014 年	2015 年
进口	中国从巴西农产品进口	9.61	11.43	48.23	186.78	225.21	215.33	199.09
	中国从世界农产品进口	127.69	154.9	436.16	1 144.22	1 216.96	1 237.41	1 190.86
	中国从巴西农产品进口占中国从世界农产品进口总额比重	7.53	7.38	11.06	16.32	18.51	17.4	16.72
	巴西对世界农产品出口	168.85	174.7	448.93	825.65	861.75	822.09	740.38
	巴西对中国农产品出口占巴西对世界农产品出口总额的比重	5.69	6.54	10.74	22.52	26.13	26.19	26.89
出口	中国从巴西农产品出口	0.55	0.4	1.53	8.61	10.28	8.09	6.63
	中国从世界农产品进口	185.48	233.63	469.49	785.16	355.32	881.9	863.2
	中国从巴西农产品出口占中国从世界农产品出口总额比重	0.29	0.17	0.33	1.10	1.2	0.92	0.77
	巴西对世界农产品进口	72.4	33.88	60.72	117.71	126.26	123.15	96.95
	巴西对中国农产品进口占巴西对世界农产品进口总额的比重	0.75	1.18	2.52	7.31	8.14	6.57	6.84
贸易总额	中国与巴西农产品贸易额	10.16	11.83	49.76	195.39	235.49	223.42	205.72
	中国与世界农产品贸易额	313.16	388.54	905.55	1 929.37	2 072.28	2 119.31	2 054.06
	中国与巴西农产品资易额占中国与世界农产品贸易总额比重	3.24	3.05	5.49	10.13	11.36	10.54	10.02
	巴西与世界衣产品贸易总额	241.25	208.58	509.54	943.35	988.00	945.25	837.33
	中国与巴西农产品贸易额占巴西与世界农产品贸易总额比重	4.21	5.67	9.76	20.71	23.83	23.54	24.57

资料来源：表中数据来自 2017 年《世界农业》第 4 期。

表 123 中国与巴基斯坦出口额排名前 5 位的农产品（2015 年）

单位：美元

排名	中国农产品出口到巴基斯坦		巴基斯坦农产品出口到中国	
	产品	出口额	产品	出口额
1	纺织纤维	164 815 305	谷物及谷物制品	167 050 334
2	蔬菜和水果	105 381 470	鱼及鱼制品	46 684 509
3	咖啡、茶、可可粉及香料	99 609 926	蔬菜和水果	28 091 290
4	混合及油质水果	33 592 135	未加工动植物原料	11 719 124
5	未加工动植物原料	20 281 668	动物饲料	7 137 901

资料来源：表中数据来自 2017 年《世界农业》第 8 期。

表 124 中国与日本、韩国农产品贸易额及占比（2000—2015 年）

单位：亿美元、%

贸易额		2000 年		2005 年		2010 年		2015 年	
		金 额	占 比	金 额	占 比	金 额	占 比	金 额	占 比
中日	进口额	12.70	8.8	18.51	4.2	11.93	1.5	10.30	0.9
	出口额	58.60	27.5	84.55	22.4	95.68	14.6	105.82	11.9
	进出口总额	71.30	20.0	98.06	14.1	107.62	7.7	116.11	5.6
	贸易差额	45.90		71.04		83.75		95.52	
中韩	进口额	3.71	2.6	5.84	1.8	6.53	0.9	11.01	0.9
	出口额	21.01	9.9	34.98	9.3	44.85	6.8	51.52	5.8
	进出口总额	24.72	6.9	40.82	5.9	51.38	3.7	62.53	3.0
	贸易差额	17.31		29.14		38.32		40.52	

资料来源：表中数据来自 2017 年《世界农业》第 4 期。

表 125 东盟成员在中国农产品贸易中的份额（2001—2015 年）

单位：%

国家（地区）	进 口				出 口			
	2001 年	2005 年	2010 年	2015 年	2001 年	2005 年	2010 年	2015 年
东盟合计	**12.35**	**12.85**	**14.89**	**13.30**	**8.13**	**8.91**	**15.26**	**21.02**
文 莱	0.00	0.00	0.00	0.00	0.01	0.01	0.02	0.02
缅 甸	0.21	0.10	0.36	0.14	0.33	0.18	0.20	0.47
柬埔寨	0.01	0.01	0.01	0.09	0.07	0.09	0.05	0.07
印度尼西亚	2.12	3.21	4.04	3.41	1.77	1.54	3.63	2.61
老 挝	0.02	0.01	0.04	0.09	0.01	0.01	0.03	0.04
马来西亚	3.43	4.67	4.77	2.10	2.34	2.55	3.43	3.75
菲律宾	0.84	0.40	0.56	0.58	0.89	1.18	1.58	2.38
新加坡	0.35	0.31	0.70	0.39	1.37	1.11	1.13	1.38
泰 国	4.33	3.42	3.39	4.21	0.68	1.12	2.43	5.42
越 南	1.04	0.72	1.03	2.29	0.65	1.12	2.76	4.89

资料来源：表中数据来自 2017 年《农业展望》第 1 期。

表 126 “一带一路”沿线部分国家重点产品产量和出口情况（2010—2016 年）

年份	乌克兰（油菜籽）			马来西亚（棕榈油）			印度尼西亚（棕榈油）		
	产量（万 t）	出口量（万 t）	占比（%）	产量（万 t）	出口量（万 t）	占比（%）	产量（万 t）	出口量（万 t）	占比（%）
2010	147.0	141.6	96.3	1 821.1	1 715.1	94.2	2 360.0	1 642.3	69.6
2011	143.7	120.8	84.1	1 820.2	1 758.6	96.6	2 620.0	1 845.3	70.4
2012	130.0	126.9	97.6	1 932.1	1 852.4	95.9	2 850.0	2 037.3	71.5
2013	235.2	224.3	95.4	2 016.1	1 734.4	86.0	3 050.0	2 171.9	71.2
2014	220.0	196.3	89.2	1 987.9	1 737.8	87.4	3 300.0	2 596.4	78.7
2015	174.4	143.7	82.4	1 770.0	1 662.1	93.9	3 200.0	2 290.5	71.6
2016	125.0	105.0	84.0	1 950.0	1 680.0	86.2	3 400.0	2 500.0	73.5

资料来源：表中数据来自 2017 年《农业展望》第 7 期。

表 127　中国与日本、韩国农产品贸易结构（2015 年）

单位：%

种　类	中日		中韩	
	进口	出口	进口	出口
活动物	0.24	0.05		0.05
肉及食用杂碎		0.01		
鱼及其他水生无脊椎动物	24.11	17.72	9.90	25.34
乳、蛋、蜂蜜及其他食用动物产品	0.01	0.83	1.66	0.31
其他动物产品	0.71	1.83	0.68	0.90
活植物、茎、根、插花、簇叶	3.89	0.82	0.20	1.04
食用蔬菜、根及块茎	0.05	11.81	0.01	11.11
食用水果及坚果，甜瓜等水果的果皮	0.56	1.45	0.99	0.59
咖啡、茶、马黛茶及调味香料	0.23	1.52	0.16	0.60
谷　物	0.27	0.52		2.72
制粉产品、麦芽、淀粉等，面筋	0.11	0.35	0.14	0.75
油籽、籽仁、工业药用植物、饲料	5.19	3.01	2.98	6.22
虫胶、树胶、脂及其他植物液、汁	0.43	1.63	1.19	1.30
编结用植物材料，其他植物产品	0.01	0.20		0.09
动植物油脂、蜡，精制食用油脂	0.53	0.31	0.59	0.37
肉、鱼及其他水生无脊椎动物制品	0.71	25.11	2.26	5.22
糖及糖食	0.98	0.13	10.30	1.15
可可及可可制品	0.70	0.24	0.58	0.68
谷物粉、淀粉等或乳的制品，糕饼	3.36	2.25	16.34	2.50
蔬菜、水果或植物其他部分的制品	0.28	15.88	8.29	11.91
杂项食品	9.33	2.11	8.35	3.39
饮料、酒及醋	3.58	0.30	10.55	1.10
食品工业残渣及废料、配制饲料	1.08	6.84	0.51	5.13
烟草、烟草及烟草代用品制品	4.13	0.30	1.60	0.32
蚕　丝	0.45	0.84	0.77	1.39
羊毛等动物毛	14.36	2.21	3.72	3.30
棉　花	23.55	1.27	17.87	6.72
其他植物纤维	1.16	0.43	0.38	5.80

资料来源：表中数据来自 2017 年《世界农业》第 4 期。

表 128 中国与老挝双边贸易现状（2011—2015 年）

单位：亿美元

项　目	2011 年	2012 年	2013 年	2014 年	2015 年
中国出口	0.103	0.196	0.239	0.198	0.298
中国进口	0.247	0.373	0.553	0.762	1.064
贸易总量	0.350	0.569	0.791	0.960	1.361
中国顺差	−0.114	−0.177	−0.314	−0.565	−0.766

资料来源：表中数据来自 2017 年《世界农业》第 7 期。

表 129 中国与老挝农产品双边贸易结合度（2011—2015 年）

国　别	2011 年	2012 年	2013 年	2014 年	2015 年
中国对老挝	0.40	0.59	0.65	0.49	0.58
老挝对中国	1.47	1.55	2.22	2.49	2.99

资料来源：表中数据来自 2017 年《世界农业》第 7 期。

表 130 中国出口韩国农产品排名前 10 位商品及比重（2001—2015 年）

单位：百万美元、%

2001 年			2008 年			2015 年		
产　品	出口值	比重	产　品	出口值	比重	产　品	出口值	比重
鱼等水产品	610.79	40.06	鱼等水产品	889.26	28.51	鱼等水产品	1 005.93	28.45
谷　物	258.91	23.54	植物油脂	372.37	11.94	蔬　菜	492.81	13.94
植物油脂	85.82	5.63	食品残渣及饲料	371.91	11.93	果蔬制品	326.23	9.23
食品残渣及饲料	81.48	5.34	果蔬制品	265.76	8.52	食品残渣及饲料	304.18	8.60
蔬　菜	67.21	4.41	蔬　菜	245.86	7.88	植物油脂	204.80	8.34
杂项食品	52.87	3.47	谷　物	138.59	4.44	谷　物	170.68	4.83
果蔬制品	51.89	3.40	谷物、淀粉或乳制品	128.83	4.13	杂项食品	143.13	4.05
谷物、淀粉或乳制品	46.76	3.07	杂项食品	127.80	4.10	动物制品	140.74	3.08
糖及糖食	25.24	1.66	动物制品	124.88	4.00	谷物、淀粉或乳制品	138.13	3.91
动物制品	22.94	1.50	制粉工业产品	75.68	2.43	糖及糖食	73.05	2.07

资料来源：表中数据来自 2017 年《世界农业》第 9 期。

表 131 中国与俄罗斯、哈萨克斯坦不同农产品贸易额（1996—2015 年）

单位：亿美元

项目		俄罗斯					哈萨克斯坦				
		1996 年	2000 年	2005 年	2010 年	2015 年	1996 年	2000 年	2005 年	2010 年	2015 年
出口	食品及活动物	4.42	1.37	6.26	13.77	16.34	0.12	0.12	0.52	1.32	2.30
	饮料及烟草	0.06	0.20	0.11	0.20	0.13	0.05	0.02			0.01
	非食用原料	0.25	0.21	0.67	1.01	1.09			0.01	0.05	0.08
	动植物油脂及蜡	0.01		0.01	0.03	0.03			0.01		
进口	食品及活动物	2.15	4.22	11.41	13.73	14.40			0.01	0.11	0.52
	饮料及烟草			0.01	0.02	0.21					
	非食用原料	2.30	8.16	24.89	39.58	42.85	0.52	0.47	0.42	0.23	0.66
	动植物油脂及蜡	0.05				0.75					0.13

资料来源：表中数据来自 2017 年《世界农业》第 11 期。

表 132 中国与俄罗斯、哈萨克斯坦农产品进出口市场份额（1996—2015 年）

单位：%

项目	1996 年	2000 年	2005 年	2010 年	2015 年
中国对俄罗斯农产品出口额占中国对俄罗斯出口总额的比重	28.1	8.0	5.3	5.1	5.1
中国从俄罗斯农产品进口额占中国从俄罗斯进口总额的比重	8.8	21.6	22.8	20.6	17.5
中国对俄罗斯农产品出口额占中国对世界农产品出口总额的比重	3.2	1.1	2.5	2.9	2.4
中国从俄罗斯农产品进口额占中国从世界农产品进口总额的比重	3.0	6.3	8.0	4.9	3.6
中国对哈萨克斯坦农产品出口额占中国对哈萨克斯坦出口总额的比重	18.2	2.3	1.4	1.5	2.8
中国从哈萨克斯坦农产品进口额占中国从哈萨克斯坦进口总额的比重	14.3	4.9	1.5	0.3	2.2
中国对哈萨克斯坦农产品出口额占中国对世界农产品出口总额的比重	0.1	0.1	0.2	0.3	0.3
中国从哈萨克斯坦农产品进口额占中国从世界农产品进口总额的比重	0.3	0.2	0.1		0.1

资料来源：表中数据来自 2017 年《世界农业》第 11 期。

表 133 立陶宛粮食产量（2011—2015 年）

单位：万 t

粮食作物	2011 年	2012 年	2013 年	2014 年	2015 年
粮 食	330.4	473.7	455.4	532.4	652.1
谷 物	322.6	465.7	447.5	512.3	606.7
冬季谷物	119.2	281.0	263.2	212.0	377.3
小 麦	91.2	225.7	212.5	170.8	327.2
黑小麦	18.7	37.0	38.7	29.2	37.9
黑 麦	8.5	15.5	9.4	8.4	10.7
大 麦	0.8	2.8	2.5	3.7	1.5
春季谷物	203.4	184.7	184.3	300.3	229.4
小 麦	95.7	74.2	74.7	152.3	110.9
大 麦	75.2	71.4	65.0	98.2	79.6
黑小麦	5.0	6.5	6.6	10.3	8.9
燕 麦	12.8	16.4	16.5	18.4	16.3
荞 麦	2.5	3.1	2.8	3.6	3.7
混合谷物	4.7	5.0	5.5	5.8	4.2
食用玉米	7.2	7.9	12.1	11.5	5.6
其他谷物	0.1	0.2	0.1	0.1	

资料来源：表中数据来自 2017 年《世界农业》第 11 期。

表 134 中哈进出口农产品贸易比重（1995—2015 年）

单位：%

年份	中国出口哈萨克斯坦				中国进口哈萨克斯坦			
	食品及活动物	饮料及烟草	非食用原料	动植物油脂及蜡	食品及活动物	饮料及烟草	非食用原料	动植物油脂及蜡
1995	57.17	37.90	0.77	4.15	0.10		99.90	
2000	85.43	13.65	0.91		0.22		99.78	
2005	96.82	0.58	1.34	1.27	2.11		97.89	
2010	95.21	0.08	4.64	0.07	31.69	0.16	68.15	
2011	95.97	0.18	3.76	0.09	7.57	0.07	92.36	
2012	97.44	0.09	2.45	0.02	62.45	0.02	37.50	0.03
2013	97.53	0.09	2.22	0.16	35.50	0.13	64.29	0.07
2014	96.25	0.85	2.80	0.10	54.89	0.02	41.53	3.56
2015	96.26	0.30	3.33	0.11	39.91	0.18	50.34	9.58

资料来源：表中数据来自 2017 年《世界农业》第 11 期。

表 135 立陶宛农业发展情况（2010—2015 年）

单位：亿欧元

项 目	2010 年	2011 年	2012 年	2013 年	2014 年	2015 年
农业总产值	18.50	23.54	27.11	25.49	24.51	25.3
包括：种植业产值	10.07	13.97	17.52	15.12	14.56	16.79
畜牧业产值	8.43	9.57	9.59	10.37	9.95	8.52

资料来源：表中数据来自 2017 年《世界农业》第 11 期。

表 136 中澳农产品进出口额占农产品进出口总额的比重（2002—2015 年）

年份	中国对澳大利亚出口额占中国农产品总出口额的比重（%）	中国对澳大利亚进口额占中国农产品总进口额的比重（%）	澳大利亚对中国出口额占澳大利亚农产品总出口额的比重（%）	澳大利亚对中国进口额占澳大利亚农产品总进口额的比重（%）
2002	0.74	9.03	8.06	6.58
2003	0.80	5.05	6.85	6.71
2004	0.87	7.08	7.89	6.73
2005	0.84	6.82	9.36	6.09
2006	0.95	5.95	9.01	6.71
2007	1.02	5.26	10.43	6.70
2008	1.17	4.22	10.32	7.34
2009	1.18	4.03	10.61	7.33
2010	1.11	4.67	13.66	7.13
2011	1.19	6.07	16.92	7.42
2012	1.17	5.90	18.12	7.34
2013	1.18	6.40	19.81	7.25
2014	1.19	6.57	21.23	7.18
2015	1.24	6.84	24.38	7.34

资料来源：表中数据来自 2017 年《世界农业》第 9 期。

表 137 棉花主产国家（地区）棉花贸易情况（2015/2016 年度）

国家（地区）	进 口		国家（地区）	出 口	
	数量（万 t）	同比变化（%）		数量（万 t）	同比变化（%）
世 界	**768.10**	**−1.20**	**世 界**	**765.0**	**−0.50**
孟加拉国	135.00	14.80	美 国	199.3	−18.60
越 南	98.00		印 度	125.5	37.30
中 国	95.90	−46.80	巴 西	62.1	18.70
土耳其	91.50	14.80	澳大利亚	93.9	10.30
印度尼西亚	65.30	−10.30	乌兹别克斯坦	54.4	2.10

资料来源：表中数据来自 2017 年《农业展望》第 4 期。

表 138　农业转基因作物主要国家栽培面积（2016 年）

单位：万 hm^2

国　　家	美国	巴西	阿根廷	加拿大	印度	巴拉圭	巴基斯坦	中国	南非	乌拉圭	玻利维亚
转基因作物栽培面积	7 290	4 910	2 380	1 160	1 080	360	290	280	270	130	120

资料来源：表中数据来自 2017 年《世界农业》第 7 期。

表 139　主要国家技术人员情况比较（1997—2016 年）

国　家	年　份	总数（人）	人均负担耕地面积（hm^2）	每万人中农业技术人员数（人）	大学以上学历占比（%）
美　国	2016	30 000	8 848	40	95
日　本	1997	11 853	380	41	91
英　国	2001	10 000	592	33	79
荷　兰	2008	1 500	609	27	81
丹　麦	1999	2 000	1 147	31	88
印　度	2003	50 000	3 235	10	65
泰　国	2006	15 600	942	17	71
以色列	1998	350	1 003	23	92
埃　及	2004	25 000	113	29	78
中　国	2016	769 000	200	6	53

资料来源：表中数据来自 2017 年《农业展望》第 7 期。

表 140　按营业额排序的世界最强 500 个企业中相关农产品加工企业（2016 年）

企　业　名　称	国家或地区	营业额位次	营业额（百万美元）
一、食品业			
CVSCarermarK 公司	美　国	14	177 526.0
克罗格	美　国	40	115 337.0
雀巢公司	瑞　士	64	90 813.9
华润总公司	中　国	86	75 776.3
日本永旺集团	日　本	87	75 772.0
乐　购	英　国	92	74 393.1
麦德龙	德　国	123	64 853.3
中粮集团有限公司	中　国	136	61 265.3
皇家阿霍德集团	荷　兰	165	54 955.0
西斯科公司（Svsco）	美　国	179	50 366.9
JBS 公司	巴　西	191	48 825.3

（续）

企 业 名 称	国家或地区	营业额位次	营业额（百万美元）
西农公司（Wesfarmers）	澳大利亚	198	48 002.9
邦吉公司	美 国	229	42 679.0
丰益国际	新加坡	239	41 401.7
泰森食品	美 国	283	36 881.0
乔治威斯顿	加拿大	293	36 211.1
Publix Super Markets	美 国	308	34 274.1
艾德卡	德 国	309	34 193.0
森宝利（JsAinsbury）	英 国	310	34 148.8
来德爱	美 国	325	32 845.1
CHS 公司	美 国	359	30 347.2
MIGROS 集团	瑞 士	385	2 8154.9
卡夫食品	美 国	410	26 487.0
麦当劳	美 国	436	24 621.9
达能集团	法 国	446	24 266.7
威廉莫里斯超市	英 国	498	21 741.4
二、饮食服务			
索迪斯	法 国	484	22 476.6
三、饮料业			
百事公司	美 国	131	62 799.0
可口可乐公司	美 国	235	41 863.0
喜力控股公司	荷 兰	468	23 043.6
四、纺织、服装业			
克里斯丁迪奥	法 国	234	42 112.8
TJX 公司	美 国	321	33 183.7
耐克公司	美 国	331	32 376.0
五、橡胶和塑料制品业			
普利斯通	日 本	353	30 678.3
米其林	法 国	466	23 119.9
六、肥皂与化妆品业			
宝洁公司	美 国	98	71 726.0
欧莱雅	法 国	379	28 571.8

（续）

企 业 名 称	国家或地区	营业额位次	营业额（百万美元）
七、综合			
沃尔玛公司	美 国	1	485 873.0
家乐福	法 国	67	87 111.9
欧尚集团	法 国	146	58 861.9
联合利华	英国/荷兰	150	58 292.4

资料来源：表中数据来自 2017 年《国际统计年鉴》。

图书在版编目（CIP）数据

中国农产品加工业年鉴．2017 / 科学技术部农村科技司等编．—北京：中国农业出版社，2018.12
ISBN 978-7-109-25091-8

Ⅰ．①中…　Ⅱ．①科…　Ⅲ．①农产品加工-加工工业-中国-2017-年鉴　Ⅳ．①F326.5-54

中国版本图书馆 CIP 数据核字（2018）第 283534 号

ISBN 978-7-109-25091-8

中国农业出版社出版
（北京市朝阳区麦子店街 18 号楼）
（邮政编码 100125）
责任编辑　孟令洋　郭　科　国　圆

北京通州皇家印刷厂印刷　　新华书店北京发行所发行
2018 年 12 月第 1 版　　2018 年 12 月北京第 1 次印刷

开本：787mm×1092mm　1/16　　印张：32.5
字数：1 058 千字
定价：300.00 元